Imprimerie de MIGNE, au Petit-Montrouge.

DICTIONNAIRE
DES
ORDRES RELIGIEUX.

O

OBERMUNSTER.

Voy. Cologne.

OBLATES DE SAINTE-FRANÇOISE.

Des Oblates de Sainte-Françoise, avec la Vie de cette sainte, leur fondatrice.

Quoique les Oblates de Sainte-Françoise ne soient pas religieuses, et qu'elles ne soient point liées par des vœux solennels, leur étant même libre de sortir de la congrégation pour se marier, nous les mettons néanmoins au rang des congrégations Bénédictines, tant à cause qu'elle suivent la règle de saint Benoît, qu'à cause qu'elles ont été sous la juridiction des moines du Mont-Olivet, dont nous avons parlé ailleurs. Sainte Françoise, leur fondatrice, naquit à Rome l'an 1384, et eut pour père Paul de Buxo, et pour mère Jacqueline Rofredeschi. On rapporte qu'elle fit paraître dès le berceau l'aversion qu'elle avait pour ce qui pouvait blesser tant soit peu la pureté. Elle fuyait dès l'enfance tous les amusements puérils, et surmontant les faiblesses de son âge, elle ne se plaisait que dans la solitude. Dès lors, éloignée de tout bruit pour éviter les conversations, elle se tenait enfermée dans sa chambre, où elle était continuellement appliquée ou à la prière ou à la lecture, et elle y joignait encore toutes les mortifications dont elle était capable.

Elle aurait bien voulu consacrer à Dieu sa virginité. Dès l'âge de douze ans elle songeait à se retirer dans un monastère; mais ses parents en disposèrent autrement; elle avait pour eux une obéissance si respectueuse, que, ne voulant pas s'opposer à leur volonté, malgré l'inclination qu'elle avait de consacrer son cœur à Dieu dans un monastère, elle consentit à épouser un gentilhomme romain, nommé *Louis de Pontianis*, qui était riche et de grande naissance.

Le chagrin qu'elle conçut de n'avoir pu éviter les engagements du mariage, la fit tomber dans une maladie extrême, de laquelle elle ne put être guérie que par miracle, après que tous les remèdes humains eurent été inutiles. Ayant recouvré la santé, elle reprit ses exercices ordinaires de dévotion. L'oraison continuelle, la visite des églises, l'assistance aux messes et aux divins offices, partageaient également les heures du jour, avec le soin qu'elle prenait pour régler son domestique. Pour lors elle embrassa la troisième règle de saint François, avec la permission de son mari, selon ce que disent les Annales du tiers ordre de ce saint; et elle obtint aussi son consentement pour ne porter plus que des habits de laine. L'amour qu'elle avoit pour lui était si respectueux, qu'elle lui était soumise comme à son maître. Elle aimait ses domestiques comme ses frères et ses sœurs, et agissait envers eux plutôt comme inférieure que comme maîtresse, se réduisant à faire les fonctions les plus basses, et elle n'usait jamais à leur égard de son autorité, que quand elle voyait que Dieu était offensé; c'était alors qu'elle faisait rentrer chacun dans le devoir, avec toute la fermeté d'une maîtresse zélée pour la gloire du Seigneur.

Dieu voulut éprouver sa vertu par des afflictions domestiques. Rome ayant été affligée, du temps du pape Jean XXIII, par les guerres civiles causées par le schisme qui partageait l'Eglise, son mari et son beau-frère Pauluci furent exilés dans une invasion que Ladislas, roi de Naples, fit dans cette capitale du monde, et son fils aîné resta en otage. Françoise supporta avec une constance admirable cette disgrâce. Elle ne fit pas paraître moins de vertu et de grandeur d'âme dans la perte qu'elle fit de deux autres de ses enfants, dont l'un, nommé *Evangéliste*, mourut à l'âge de neuf ans, et fut suivi un an après par sa sœur Agnès, qui n'en avait que cinq; et quoiqu'elle les aimât tendrement, comme elle ne les avait élevés que pour le ciel, elle fut ravie de les rendre à celui qui les lui avait donnés, en lui faisant un sacrifice volontaire de l'amour qu'elle avait pour eux.

Après que la paix et la tranquillité eurent été rétablies dans Rome, par l'abdication volontaire du souverain pontificat que fit Jean XXIII dans le concile de Constance, où Martin V fut élu à sa place l'an 1417, le mari de sainte Françoise retourna à Rome, et ses biens lui furent restitués. Il fut si touché des grâces que Dieu faisait à sa femme, qu'il ne la regarda plus que comme sa sœur, lui donnant toute liberté pour ses dévotions: ce qui fit que l'an 1425 elle se rendit Oblate du Mont-Olivet, sous la direction des Pères du même ordre. Cet engagement n'était autre chose qu'une espèce de confrérie

ENCYCLOPÉDIE

THÉOLOGIQUE,

OU

SÉRIE DE DICTIONNAIRES SUR TOUTES LES PARTIES DE LA SCIENCE RELIGIEUSE,

OFFRANT EN FRANÇAIS

LA PLUS CLAIRE, LA PLUS FACILE, LA PLUS COMMODE, LA PLUS VARIÉE
ET LA PLUS COMPLÈTE DES THÉOLOGIES.

CES DICTIONNAIRES SONT :

D'ÉCRITURE SAINTE, DE PHILOLOGIE SACRÉE, DE LITURGIE, DE DROIT CANON, D'HÉRÉSIES ET
DE SCHISMES, DES LIVRES JANSÉNISTES, MIS A L'INDEX ET CONDAMNÉS, DES PROPOSITIONS
CONDAMNÉES, DE CONCILES, DE CÉRÉMONIES ET DE RITES, DE CAS DE CONSCIENCE,
D'ORDRES RELIGIEUX (HOMMES ET FEMMES), DES DIVERSES RELIGIONS, DE GÉOGRAPHIE
SACRÉE ET ECCLÉSIASTIQUE, DE THÉOLOGIE DOGMATIQUE ET MORALE, DE
JURISPRUDENCE RELIGIEUSE, DES PASSIONS, DES VERTUS ET DES VICES,
D'HAGIOGRAPHIE, D'ICONOGRAPHIE RELIGIEUSE, DE MUSIQUE
CHRÉTIENNE, DE BIOGRAPHIE CHRÉTIENNE, DES PÈLERINAGES
CHRÉTIENS, DE DIPLOMATIQUE, DE SCIENCES OCCULTES,
DE GÉOLOGIE ET DE CHRONOLOGIE RELIGIEUSES.

PUBLIÉE

PAR M. L'ABBÉ MIGNE,

ÉDITEUR DE LA BIBLIOTHÈQUE UNIVERSELLE DU CLERGÉ,

OU

DES COURS COMPLETS SUR CHAQUE BRANCHE DE LA SCIENCE ECCLÉSIASTIQUE.

50 VOLUMES IN-4°.

PRIX : 6 FR. LE VOL. POUR LE SOUSCRIPTEUR A LA COLLECTION ENTIÈRE, 7 FR., 8 FR., ET MÊME 10 FR. POUR LE
SOUSCRIPTEUR A TEL OU TEL DICTIONNAIRE PARTICULIER.

TOME VINGT-DEUXIÈME.

DICTIONNAIRE DES ORDRES RELIGIEUX.

TOME TROISIÈME.

4° VOL. PRIX : 40 FRANCS, A CAUSE DES INNOMBRABLES GRAVURES.

CHEZ L'ÉDITEUR,

AUX ATELIERS CATHOLIQUES DU PETIT-MONTROUGE,
BARRIÈRE D'ENFER DE PARIS.

1850

DICTIONNAIRE
DES
ORDRES RELIGIEUX
OU
HISTOIRE
DES ORDRES MONASTIQUES, RELIGIEUX ET MILITAIRES
ET DES CONGRÉGATIONS SÉCULIÈRES DE L'UN ET DE L'AUTRE SEXE, QUI ONT
ÉTÉ ÉTABLIES JUSQU'A PRÉSENT ;

CONTENANT :
LEUR ORIGINE, LEUR FONDATION, LEURS PROGRÈS,
LES ÉVÉNEMENTS LES PLUS CONSIDÉRABLES QUI LEUR SONT ARRIVÉS,
LA DÉCADENCE DES UNS ET LEUR SUPPRESSION,
L'AGRANDISSEMENT DES AUTRES PAR LE MOYEN DES DIFFÉRENTES RÉFORMES QUI Y ONT
ÉTÉ INTRODUITES,
LES VIES DE LEURS FONDATEURS ET DE LEURS RÉFORMATEURS,
AVEC DES FIGURES QUI REPRÉSENTENT LES DIFFÉRENTS HABILLEMENTS DE CES
ORDRES ET DE CES CONGRÉGATIONS,

PAR LE R. P. HÉLYOT,
RELIGIEUX PÉNITENT DU TIERS ORDRE DE SAINT-FRANÇOIS, DE LA COMMUNAUTÉ DE PICPUS.

MISE PAR ORDRE ALPHABÉTIQUE,
CORRIGÉE ET AUGMENTÉE D'UNE INTRODUCTION, D'UNE NOTICE SUR L'AUTEUR,
D'UN GRAND NOMBRE D'ARTICLES OU PARTIES D'ARTICLES, DE DEUX OUVRAGES, LE PREMIER INTITULÉ :
DE L'ÉTAT RELIGIEUX, PAR L'ABBÉ BONNEFOY DE BONYON ET BERNARD DE BRINDELLES,
AVOCAT AU PARLEMENT ; LE SECOND : **CONSIDÉRATIONS SUR LES ORDRES RELIGIEUX, ADRESSÉES AUX
AMIS DES SCIENCES**, PAR LE BARON AUGUSTIN CAUCHY, MEMBRE DE L'ACADÉMIE
DES SCIENCES DE PARIS, ETC. ; ENFIN D'UN **SUPPLÉMENT** OU L'ON TROUVE L'HISTOIRE DES
CONGRÉGATIONS OMISES PAR HÉLYOT,

ET L'HISTOIRE DES SOCIÉTÉS RELIGIEUSES
ÉTABLIES DEPUIS QUE CET AUTEUR A PUBLIÉ SON OUVRAGE,
PAR MARIE-LÉANDRE BADICHE,
VICAIRE DE SAINT-LOUIS-EN-L'ILE A PARIS, LICENCIÉ EN THÉOLOGIE, MEMBRE DE LA SOCIÉTÉ ASIATIQUE, DE L'INSTITUT HISTORIQUE,
DE L'ACADÉMIE IMPÉRIALE ET ROYALE D'AREZZO, ETC.

Publiée par M. l'abbé Migne,
ÉDITEUR DE LA BIBLIOTHÈQUE UNIVERSELLE DU CLERGÉ,
OU DES **COURS COMPLETS** SUR CHAQUE BRANCHE DE LA SCIENCE ECCLÉSIASTIQUE.

TOME TROISIÈME.

4 VOL. PRIX : 40 FR.

CHEZ L'ÉDITEUR,
AUX ATELIERS CATHOLIQUES DU PETIT MONTROUGE,
BARRIÈRE D'ENFER DE PARIS.

1850

(comme dit M. Baillet, dans son Recueil des Vies des saints) où les femmes étaient reçues comme les hommes, sans changer ni la condition de laïque, ni l'habit séculier, et sans autre engagement que celui d'une ferme résolution de continuer dans les pratiques de dévotion qui y étaient attachées, chacun demeurant dans son particulier et dans les engagements de son état. Mais la sainte, qui cherchait non-seulement le salut de son âme, mais encore celui du prochain, en voulut former une congrégation de filles et de femmes veuves, qui vécussent en commun sous l'obéissance d'une supérieure et sous la juridiction des Pères du Mont-Olivet. C'est ce qu'elle exécuta l'an 1433, ayant assemblé, le jour de l'Annonciation de la sainte Vierge, plusieurs filles et plusieurs femmes veuves dans une maison qu'on appelle encore *la Torre de' Spechi*, ou *la Tour des Miroirs*, dans la rue des Cordiers, au pied du Capitole, et au quartier Campitelli. Ainsi le nom de *Collatine*, que M. Baillet donne à ces Oblates, et qu'elles ne connaissent point, ne peut venir ni du quartier ni de la rue où leur maison est située, comme cet auteur le croit. La sainte trouva d'abord de la difficulté dans l'exécution de son dessein; mais l'ayant surmontée avec l'aide de Dieu, pour la gloire duquel elle travaillait, elle donna à ses filles la règle de saint Benoît avec des constitutions particulières, et les soumit aux religieux de l'ordre du Mont-Olivet; et afin qu'elle ne fût plus inquiétée dans cet établissement, elle en demanda la confirmation au pape Eugène IV. ou plutôt elle la fit demander par ses filles ; et ce pontife, par une bulle du mois de juillet de la même année 1433, donna commission à Gaspard, évêque de Cozenza, qui se trouvait pour lors à Rome, de s'informer de la vérité de l'exposé, lui donnant pouvoir d'accorder à ces Oblates une maison dans Rome, si les choses étaient telles qu'on le lui avait exposé, dans laquelle maison elles pourraient recevoir celles qui se présenteraient pour y être Oblates, et y vivre avec elles en commun selon leurs constitutions. Ce prélat, après avoir fait les informations, et avoir pris le consentement de l'abbé ou prieur de Sainte-Marie-la-Neuve, des religieux du Mont-Olivet, qui fit pour ce sujet un concordat avec les Oblates, leur accorda, entre autres choses, par ses lettres du 21 du même mois de juillet, la permission de demeurer dans une maison proche l'église de Saint-André des Cordiers, située au quartier de Campitelli, en attendant qu'elles en pussent trouver une plus commode dans quelque autre quartier de la ville; mais ayant agrandi cette maison dans la suite, elles y sont restées jusqu'à présent.

M. Baillet, qui prétend que cet ordre des Oblates a commencé dès l'an 1425, dit que « la bénédiction que Dieu lui donna le rendit si fécond, que la maison que sainte Françoise lui avait acquise ne se trouva pas longtemps en état de loger commodément toutes les personnes qui venaient s'y réfugier pour fuir la corruption du siècle, et que c'est ce qui obligea la fondatrice à des mesures plus étendues, qu'elle transporta ses filles, l'an 1433, au pied du Mont-Capitolin, dans une maison plus spacieuse que l'on appelle *della Torre de' Spechi*, ou *de la Tour des Miroirs.* » Et il ajoute que « ce n'est que de ce dernier transport, qui se fit le 25 mars 1433, que l'on compte le véritable établissement de cette congrégation. » Il est certain néanmoins que la Tour des Miroirs a été leur première demeure, et le lieu où la congrégation a commencé ; car nous lisons dans la Vie de sainte Françoise, composée par Madeleine d'Auguillare, supérieure de ces Oblates, ou par quelque autre sous son nom (que M. Baillet a exactement suivie dans les autres faits), que ce fut positivement cette année 1433 que la congrégation des Oblates commença, et que, pour cet effet, on acheta une maison au quartier Campitelli, dans le lieu où est la tour qu'on appelle *des Miroirs*, que ce n'était pas pour y demeurer toujours, mais en attendant qu'on eût trouvé un lieu plus commode: *Tandem datum est congregationi principium, eumque in finem comparata domus in regione Campitelli, eo in loco ubi turris est, Speculorum vulgo dicta: non quidem ut isthac perpetuo remanerent, sed interim dum alia opportunior, quæ tunc studiose quærebatur, inveniri posset* (1). Voilà donc la première demeure des Oblates, et non pas la seconde, comme prétend M. Baillet, et il y a bien de l'apparence qu'elles ne trouvèrent pas de quartier plus commode, puisqu'elles y ont demeuré jusqu'à présent : car elles sont encore proche l'église de Saint-André *in Vinchi*, c'est-à-dire *des Liens* ou *des Cordiers*, où elles demeuraient déjà dès le temps de leur fondation, comme il paraît par la permission de l'évêque de Cozenza : *Ut commorari possent in domo vicina ecclesiæ S. Andreæ funarorium in Campitelli.* Si cette maison avait été aussi spacieuse que M. Baillet le dit, elles n'auraient pas eu la pensée de la quitter en y entrant, et d'en chercher une autre plus commode ; mais elle était pour lors fort petite, et l'évêque de Cozenza ne leur permit d'y demeurer que jusqu'à ce qu'elles en eussent trouvé une plus commode : *Donec commodiorem alteram reperissent;* encore ne leur donna-t-il pas le choix de tous les quartiers de Rome, il ne leur en marqua seulement que huit, qui étaient ceux *di Ponte, di Parione, della Regola, di Transtevere, di S. Angelo, di S. Eustachio, della Pigna et di Campitelli.* Mais cette demeure ayant été rendue plus spacieuse par les bâtiments qu'elles y firent faire, elles s'y accoutumèrent insensiblement, et ne voulurent plus en sortir ; elles en sollicitèrent au contraire la confirmation, qui leur fut accordée sans peine par le même commissaire apostolique (l'évêque de Cozenza), l'année qui suivit immédiatement la retraite de sainte Françoise dans cette maison, qui fut 1437;

---

(1) *Vita sanctæ Franciscæ*, apud Bolland. tom. II Martii, p. 192.

car cette sainte fondatrice ayant perdu son mari vers le commencement de l'année 1436, après qu'elle lui eut rendu les derniers devoirs, et qu'elle eut mis ordre à son domestique, n'ayant plus d'obstacles qui l'empêchassent de suivre son attrait pour la solitude et l'ardent désir qu'elle avait de se consacrer entièrement à Jésus-Christ, se retira avec ses filles, auxquelles elle demanda la grâce d'être reçue dans leur sainte compagnie. Elle aurait pu se servir de son droit de fondatrice, mais une vertu aussi consommée que la sienne ne lui permit pas de demander cette grâce autrement que prosternée aux pieds de ses sœurs, les priant, les larmes aux yeux, d'avoir pitié d'une pauvre pécheresse qui cherchait la voie du salut et de la pénitence. Il n'est pas facile d'exprimer avec quelle satisfaction ces saintes filles reçurent une mère si accomplie, et avec quelle marque de distinction et de respect elles lui rendaient leurs devoirs; mais il n'est pas moins difficile d'exprimer ou plutôt de concevoir quels étaient les sentiments d'humilité et de mépris que cette sainte avait d'elle-même; car, dans le temps que ces sœurs s'efforçaient de lui témoigner leur respect et leur soumission, elle cherchait toutes les occasions de s'humilier et de se rendre méprisable : elle servait exprès dans les ministères les plus bas de la communauté; elle allait elle-même quérir le bois hors de la ville, pour l'usage de la communauté, et le portait sur ses épaules, ou le mettait sur un âne qu'elle conduisait, comme aurait fait la femme de la dernière condition. En un mot, il ne se présentait aucune occasion de pratiquer l'humilité qu'elle ne l'embrassât avec joie : le grand amour qu'elle avait pour les humiliations lui avait fait toujours préférer l'obéissance à la qualité de supérieure de sa congrégation, dont Agnès de Lellis, qui en était en possession, voulait se démettre en sa faveur; mais enfin, après toutes ses résistances, il fallut céder aux prières de ses filles : elle accepta le gouvernement de sa communauté, mais trop tard pour le bonheur de ces saintes âmes, puisque Dieu, qui sait le nombre de nos jours, et qui en fixe le cours selon qu'il plaît à sa divine sagesse, voulant récompenser les travaux de sa servante, et l'élever à un degré de gloire proportionné à la grandeur de ses abaissements, l'appela à la possession de la couronne qui lui était préparée de toute éternité, ce qui arriva le 9 mars de l'année 1440, après sept jours de maladie, la cinquante-sixième année de son âge.

Cinq mois après la mort de cette sainte, son ordre, qui jusqu'alors avait été sous la juridiction de l'ordre du Mont-Olivet, en fut entièrement séparé par le général dom Jérôme de Mirabello de Naples, nonobstant la ratification du contrat passé entre les religieux de cet ordre et les sœurs Oblates, laquelle ratification avait été faite de l'avis de l'évêque de Cozenza. Cette séparation se fit ainsi. Dom Jean-Baptiste Podio Bonzi, qui succéda au général Laurent Marsupini, l'an 1439, voulant se décharger de la conduite de ces saintes âmes, plutôt pour se délivrer de quelques petits soins que demandait cette direction, que par aucun autre motif, défendit à ses religieux de plus recevoir les Oblates qui voudraient entrer dans la congrégation, se servant pour prétexte que ce contrat semblait être opposé à la bulle d'Eugène IV, puisque dans celle-ci le pouvoir était donné aux Oblates et à leurs supérieures de recevoir celles qui se présenteraient pour être reçues dans leur compagnie, et que l'autre (c'est-à-dire le contrat) donnait ce pouvoir aux religieux, et qu'ainsi il ne voulait point préjudicier à leur droit. Et, afin de mieux couvrir son véritable dessein, il approuva les autres conditions du même concordat par un acte du 9 août 1439; mais l'année suivante, cinq mois après la mort de la sainte fondatrice, il ne garda plus aucune mesure; car, par un acte du 26 juillet 1440, il renonça à tout droit de juridiction qu'il pouvait prétendre sur les Oblates, défendant à ses religieux de se mêler de leurs affaires sous prétexte de visite, correction ou confession, consentant néanmoins qu'elles jouissent de tous les priviléges de son ordre.

Ces servantes de Jésus-Christ furent donc obligées de prendre d'autres mesures, et se pourvoir de confesseurs, ce qu'elles firent par élection, en vertu de la permission qu'elles en avaient reçue du pape. Mais elles eurent dans la suite un scrupule, qui est qu'elles doutaient si ces confesseurs ainsi élus pouvaient les absoudre, lorsque, pour raison de quelques infirmités ou maladies, elles demeuraient dans la maison de leurs parents. Mais Eugène IV leur leva ce scrupule par un bref du 30 mai 1444, par lequel il donna toute juridiction à ces confesseurs, tant au dehors qu'au dedans du monastère.

Cette congrégation ne s'est point étendue : il n'y a que la maison de Rome dans laquelle il n'y a l'ordinairement que cinquante filles du chœur ou environ, et trente converses pour le service en général de la communauté; mais tant celles du chœur que les converses peuvent être en plus grand nombre, parce qu'il n'est point fixe. Outre ces converses destinées pour la communauté, chaque Oblate a encore une servante à qui elle donne l'habit de converse, et au dehors un laquais pour faire ses commissions. On ne reçoit dans cette maison que des filles de la première qualité, auxquelles on donne le titre d'*illustrissimes*, et lorsqu'elles sont princesses on leur donne celui d'*excellentissimes*. Elles ne font point de vœux solennels. On leur demande, à leur prise d'habit, si elles promettent obéissance à la supérieure : elles répondent qu'elles la lui promettent suivant la coutume : *Prometto obedienza alla madra superiore secondo la consuetudine*. Elles font une année de probation et font leur oblation dans l'église de Sainte-Marie-la-Neuve des Pères du Mont-Olivet, sur le tombeau de sainte Françoise leur fondatrice, qui est un des plus beaux monuments de Rome. Elles peuvent sortir de la congrégation pour se marier.

La supérieure a le nom de présidente, et elle est perpétuelle. Elle ne dépend de personne ni d'aucun tribunal. Toutes les Oblates ont de grosses pensions : elles peuvent même hériter de leurs parents ; elles sortent souvent pour aller à une maison de plaisance qu'elles ont, ou pour aller visiter les églises de Rome, et pour lors elles sont ordinairement trois ou quatre ensemble dans un carrosse. Quoiqu'elles fassent profession de la règle de saint Benoît, elles ne l'observent pas à la rigueur. Elles mangent de la viande trois fois la semaine à dîner, mais jamais à souper. Outre les jeûnes ordonnés par l'Eglise, elles jeûnent encore pendant l'avent, et depuis le troisième jour après l'Ascension jusqu'à la Pentecôte, depuis le premier jour d'août jusqu'à la fête de l'Assomption de Notre-Dame, et tous les vendredis et samedis de l'année. Mais la supérieure les en peut dispenser quand elle le juge à propos. Lorsqu'elles meurent, elles sont portées à Sainte-Marie-la-Neuve, où elles ont une chapelle et leur sépulture. Elles ont aussi une chapelle magnifique dans l'intérieur de leur maison. Cette chapelle est en forme de chœur avec des stalles ; elles y disent l'office en commun et se servent du bréviaire de l'ordre de Saint-Benoît. Elles peuvent faire entrer les femmes séculières dans leur maison tous les jours et le jour de la fête de sainte Françoise, et pendant toute l'octave elles y donnent entrée à tous les prêtres, tant réguliers que séculiers, qui y vont pour célébrer la sainte messe, ou pour y rendre visite à leurs connaissances. La maison n'est pas moins magnifique que leur chapelle : il y a un très-bel escalier de marbre. Leur sacristie est une des plus riches de Rome, tant pour la quantité d'argenterie qu'il y a, que pour la beauté des ornements ; elles ont, entre autres choses, un soleil d'un très-grand prix par la quantité de diamants et de perles dont il est chargé, ce qui le rend si pesant qu'on a de la peine à le soulever. Ces diamants sont des présents de plusieurs princesses qui, en se retirant dans cette sainte maison, s'en sont dépouillées pour en revêtir celui qu'elles prenaient pour l'époux de leur âme. Elles font beaucoup de charités, et soulagent principalement les pauvres prisonniers, auxquels elles envoient à manger aux fêtes solennelles et à certains jours de la semaine. Leur habillement consiste en une robe noire et un voile blanc, comme nous le représentons dans la planche suivante, telle que nous l'avons tirée du Père Bonanni (1).

Sainte Françoise fut canonisée par le pape Paul V l'an 1608, et son office se fait double dans l'ordre du Mont-Olivet et dans celui de Saint-François, dont les religieux prétendent qu'elle a été de leur tiers ordre. M. Baillet dit qu'il ne sait pas ce qui a pu tromper ces derniers, à moins que cette fausse opinion ne soit venue de ce que la sainte avait eu un religieux de Saint-François pour confesseur pendant quelque temps, ce qui est, dit-il, contesté avec raison, parce que le frère Barthélemy était son directeur pour les avis, et non pas pour la confession. Mais si ce Barthélemy était son directeur pour les avis, ne pouvait-il pas lui avoir conseillé de se mettre du tiers ordre ? Et si, lorsqu'elle se fit Oblate du Mont-Olivet, avant que d'avoir établi sa congrégation, elle ne contracta qu'un engagement qui, selon cet auteur, n'était autre chose qu'une confrérie, sainte Françoise ne pouvait-elle pas être en même temps du tiers ordre de Saint-François et d'une confrérie telle que celle des Oblates, du Rosaire, du Scapulaire ou de quelque autre? Les continuateurs de Bollandus n'apportent pas de meilleures raisons pour disputer cette sainte à l'ordre de Saint-François. Ils disent qu'il est impossible qu'elle ait été du tiers ordre de Saint-François après la mort de son mari, puisque, immédiatement après sa mort, elle entra dans la congrégation des Oblates. On convient qu'elle est entrée dans sa congrégation après la mort de son mari ; mais on ne demeure pas d'accord qu'elle se soit mise du troisième ordre de Saint-François dans ce temps-là : car, quoiqu'il y ait des auteurs qui ont avancé que ce fut après la mort de son mari qu'elle se fit Tertiaire, comme Camboni, que citent ceux qui suivent le sentiment de Bollandus, il y en a d'autres néanmoins qui disent que ce fut immédiatement après son mariage, et qu'elle en obtint le consentement de son mari ; ce qui n'est pas impossible, puisque ce sacrement n'est pas un obstacle au troisième ordre séculier, dont on peut embrasser les observances sans être obligé au célibat, puisqu'il y a eu des empereurs, des rois, des reines, des princes et des princesses, qui, nonobstant les engagements du mariage, se sont fait un honneur de professer cette règle et de porter l'habit de l'ordre. Ce qui est certain, c'est que si les religieux de Saint-François manquent de preuves solides pour s'attribuer cette sainte, ceux qui suivent Bollandus, aussi bien que M. Baillet, en manquent aussi pour la disputer à cet ordre.

Bollandus, tom. II *Mart.*, *ad diem* 10. Giulio Orsini, *Vita della. B. Francesca*. Baillet, *Vies des Saints*, 9 mars. Philippe Bonanni, *Catalog. Ord. relig.*, part. II. Joan. Maria Vennoner, *Annal. tertii ord. S. Francisci*, et *Mémoires envoyés de Rome*.

OBLATES DES SEPT-DOULEURS.

Voy. Philippines.

OBLATIONNAIRES DE L'ÉCOLE DE SAINT-AMBROISE.

Des Oblationnaires de l'école de Saint-Ambroise à Milan.

De toutes les églises catholiques, il n'y en a point qui ait plus retenu de l'ancienne coutume des Oblations que celle de Milan, et c'est ce qui a donné lieu à l'établissement des Oblationnaires de l'école de Saint-Ambroise. Mais afin de donner une intelligence

---

(1) *Voy.*, à la fin du vol., n° 1.

plus claire de leur office et institut, il faut expliquer en peu de mots ce que c'est que cette ancienne pratique, qui a duré dans toute l'Eglise jusqu'au XIII° siècle, et dont nous avons encore des restes dans la coutume que l'on a conservée en beaucoup d'endroits de présenter le pain bénit les dimanches à la messe de paroisse, et de porter du pain et du vin à l'offrande de la messe du sacre des évêques, de la bénédiction des abbés et abbesses, du sacre des rois, de la canonisation des saints, et aux messes des morts. Cette ancienne coutume ou pratique consistait en ce que l'on faisait deux oblations à la messe, l'une par le prêtre, et l'autre par les assistants ; et de celle-ci on en prenait une partie pour le sacrifice, et l'autre servait pour la subsistance et l'entretien des ministres : car comme l'Eglise, dans les commencements, n'avait ni fonds ni revenus, elle n'était pas en état de faire les frais du pain et du vin nécessaires pour la célébration de la messe, d'autant plus que tous les fidèles y communiaient, et que ce qui n'avait pas été consacré était porté à ceux qui n'avaient pu assister au saint sacrifice. Ainsi il fallait que cette dépense fût supportée par les particuliers, surtout par ceux qui devaient communier : c'est pourquoi saint Césaire, archevêque d'Arles, dans un sermon attribué à saint Augustin, exhortait ses auditeurs d'offrir les oblations que l'on devait consacrer à l'autel, leur disant qu'un homme qui pouvait le faire devait rougir de communier d'une hostie qu'il n'aurait pas offerte : *Oblationes quæ in altario consecrentur offerte. Erubescere debet homo idoneus, si de oliena oblatione communicaverit* (1). Les prêtres offraient seulement du pain, et les laïques, tant hommes que femmes, offraient du pain et du vin, excepté les pauvres, qui en étaient dispensés, à cause de leur pauvreté, aussi bien que les excommuniés, les catéchumènes, les énergumènes, les pénitents, et les autres qui, n'étant point reçus à la communion, étaient exclus des oblations : ce qui s'étendit dans la suite à ceux qui entretenaient des inimitiés et qui opprimaient les pauvres ; et cela par une défense qui en fut faite pour ces derniers par le quatrième concile de Carthage, comme indignes que leur nom fût proféré sur les sacrés autels, où on récitait celui de ceux qui y apportaient leurs offrandes ; et c'était là les diptyques sacrés, ou les mémoires solennelles qui se récitaient publiquement.

L'église de Milan ayant donc conservé cet ancien usage de présenter tous les jours, à la messe de l'office qui se dit dans sa cathédrale, du pain et du vin, cette offrande est présentée par deux vieillards et deux vieilles femmes, qui représentent tout le peuple du diocèse. Pour cet effet il y a deux communautés, l'une d'hommes avancés en âge, et l'autre de vieilles femmes, qui sont au nombre de dix dans chaque communauté, et qui forment une congrégation que l'on appelle l'*Ecole de Saint-Ambroise*. Le plus ancien des hommes a le titre de prieur, et la plus ancienne des femmes celui de prieure. Leur habillement est noir, et consiste en une robe serrée d'une ceinture de cuir. Les uns et les autres assistent aux processions sous leur croix particulière, et précèdent le clergé (2). Pour lors les hommes portent un surplis avec un bonnet en forme de toque, mais d'une manière particulière, et les femmes ont un grand voile noir avec un tablier blanc (3). Lorsqu'ils vont à l'offrande, deux de ces vieillards ont chacun sur les épaules une nappe blanche, avec laquelle l'un tient trois hosties, et l'autre un vase plein de vin blanc, et par-dessus cette nappe ils mettent un grand capuce, se terminant en pointe, avec une grosse houpe au bout, qui descend par derrière jusqu'au bas du surplis. Deux femmes, avec une pareille nappe et un petit voile noir, présentent autant de pain et autant de vin (4) ; mais il n'y a que les hommes qui entrent dans le chœur : ils s'approchent jusques aux degrés de l'autel, et en offrant au célébrant ce qu'ils portent, ils lui disent : *Benedicite, Pater reverende;* le célébrant répond : *Benedicat te Deus et hoc tuum munus, in nomine Patris*, etc., et leur donne le manipule à baiser. Il va ensuite recevoir les offrandes des femmes à la porte du chœur. Ces Oblationnaires sont entretenus de revenus ecclésiastiques, assignés sur des abbayes de l'ordre de Saint-Benoît.

Voyez pour les Oblations, Bona, *Res liturg.* lib. II, cap. 8, n. 4. Martène, *de Antiq. Eccles. Ritibus*, t. I, lib. I, cap. 4, art. 6. Thomassin, *Discipline de l'Eglise*, part. I, liv. II, chap. 6, et part. IV, liv. III, chap. 4; et le Vert, *Explication des cérémonies de l'Eglise*, t. II, chap. 2; et pour les Oblationnaires de Milan, Philipp. Bonanni, *Catalog. Ord. relig.*, part. III.

OBLATS DE SAINT-AMBROISE.

De la congrégation des Oblats de Saint-Ambroise, avec la Vie de saint Charles Borromée, cardinal et archevêque de Milan, leur fondateur.

Entre les œuvres pieuses que saint Charles Borromée a établies pour le bien de l'Eglise, l'une des plus signalées est l'institution des Oblats de Saint-Ambroise. Ce grand cardinal, qui, dans les derniers siècles, a fait revivre la sainteté de l'épiscopat, naquit dans le Milanais le 2 octobre de l'an 1538, dans le château d'Arone. Il était fils du comte Gilbert Borromée, et de Marguerite, sœur de Jean-Jacques de Médicis, marquis de Marignan, et du cardinal Jean-Ange de Médicis, qui fut depuis élevé au souverain pontificat sous le nom de Pie IV. Dès ses plus tendres années il donna des marques d'une

---

(1) Serm. 257, in Append., tom. V S. Augustini, nov. edit.
(2) *Voy.*, à la fin du vol., n° 2.
(3) *Voy.*, à la fin du vol., n°s 3 et 3 *bis*.
(4) *Voy.*, à la fin du vol., n° 4.

singulière piété, employant à la prière ou à d'autres exercices de dévotion le temps que les personnes de son âge employaient ordinairement aux divertissements ou à la promenade, après avoir satisfait au devoir de leurs études. Ces marques qu'il donnait déjà de sa vocation au service de Dieu obligèrent son père à lui faire recevoir la tonsure, et à lui en faire aussi porter l'habit, tout enfant qu'il était : ce qui fut pour lui un sujet de joie, d'autant plus sensible, que son père ne faisait en cela que suivre ses inclinations. A l'âge de douze ans il fut revêtu de l'abbaye de Saint-Gratinien et de Saint-Félix, située dans le territoire d'Arone, que son oncle le cardinal Jules-César Borromée lui résigna. Le jeune abbé, dont les pensées et les connaissances étaient beaucoup élevées au-dessus de celles que son âge lui permettait naturellement d'avoir, comprit d'abord les obligations que les bénéficiers ont d'user saintement des biens de l'Eglise : c'est pourquoi il ne voulut pas souffrir que le revenu de son abbaye fût confondu avec celui de sa famille, et pria son père de lui en laisser la disposition, pour en faire l'usage qu'il croyait en conscience être obligé d'en faire, qui était celui de la charité.

Lorsqu'il eut achevé ses humanités à Milan, il fut envoyé à Pavie à l'âge de seize ans, pour y étudier en droit sous le célèbre Alçiat, qu'il fit élever depuis au cardinalat, par reconnaissance du soin qu'il avait pris de lui pendant qu'il demeura dans cette ville. Il y vécut avec tant de régularité et de prudence, qu'il sut éviter une infinité de pièges qu'on voulut tendre à sa chasteté. Il était encore dans cette ville, lorsque son oncle, le cardinal Jean-Ange de Médicis, lui donna une seconde abbaye et un prieuré considérable ; mais son père étant mort quelque temps après, il fut obligé d'en sortir et d'interrompre ses études de droit pour aller à Milan, afin d'y prendre le soin de sa famille, qu'il régla avec la prudence d'un homme consommé dans les affaires. Lorsqu'il eut mis ordre à tout ce qui regardait ses intérêts, il alla, en 1559, prendre le bonnet de docteur à Pavie, d'où étant retourné à Milan, il y apprit, peu de temps après son arrivée, l'élection de son oncle au souverain pontificat, sous le nom de Pie IV, qui peu de temps après l'appela auprès de lui, le fit d'abord protonotaire et ensuite référendaire de l'une et l'autre signature. Le dernier jour de janvier de l'année 1560, il le créa cardinal, et le 8 février suivant il lui conféra l'archevêché de Milan, n'étant pour lors âgé que de vingt-deux ans. La manière admirable dont il réussissait dans tous les emplois qu'on lui donnait fit que le pape lui confia tout ce qu'il y avait de plus grand dans le gouvernement de l'Eglise et dans l'administration de l'Etat ecclésiastique, avec une autorité si absolue, que le saint, doutant de ses forces pour soutenir un si grand poids, fit quelques difficultés pour accepter cet honneur : ce qui lui attira quelques reproches du saint-père, aussi bien que de ses parents, qui, espérant toutes choses de son crédit et de son autorité, ne pouvaient souffrir son humilité, qu'ils traitaient de bassesse de cœur.

Son frère unique, Frédéric Borromée, étant mort à la fleur de son âge, on croyait que, pour le soutien de sa famille, il quitterait le chapeau de cardinal pour se marier. Son oncle, ses parents, ses amis, lui conseillaient de le faire ; mais le saint, envisageant ces conseils comme une tentation dangereuse, prit les ordres sacrés, et se fit ordonner prêtre par le cardinal Césis, dans l'Eglise de Sainte-Marie Majeure, dont il fut fait archiprêtre par le pape, qui l'honora encore de la dignité de grand pénitencier, de plusieurs légations, et de la protection de plusieurs ordres religieux et Militaires. Après avoir reçu la prêtrise, il ne songea plus qu'à travailler fortement à la réforme des mœurs, au rétablissement de la discipline de l'Eglise, et à remédier aux maux causés par les hérésies de Luther et de Calvin, qui venaient d'être condamnées dans le concile de Trente, assemblé depuis près de dix-huit ans, lequel fut enfin conclu par ses soins l'an 1563, malgré les délais que l'on voulait encore apporter.

Après que le concile eut été terminé, il fit de grandes instances auprès du pape pour obtenir de Sa Sainteté la permission de se retirer à son église de Milan, préférant ses obligations et son devoir à tous les avantages qu'il avait à Rome ; mais le pape, persuadé qu'il y allait de l'intérêt du saint-siège et de toute l'Eglise de conserver auprès de sa personne un homme si plein de zèle pour le bien public, n'y voulut jamais consentir : ainsi il fut obligé de céder par obéissance à la volonté du saint-père, qui le dispensa de la résidence ordonnée par le concile de Trente, et il demeura dans les exercices de ses charges ordinaires, à la réserve du gouvernement de l'Etat, qu'il abandonna pour vaquer avec plus d'attention aux affaires purement spirituelles et ecclésiastiques. Il envoya pour son grand vicaire à Milan Nicolas Ormanette, dont il connaissait la capacité, la prudence et la piété, et qui, secondant les intentions du saint cardinal, s'efforça de réformer ce diocèse, qui était fort déréglé ; mais les contradictions qu'il trouva, principalement dans le clergé, firent prendre la résolution au saint prélat de se rendre à Milan, avec la permission du pape, qui, avant qu'il partît de Rome, le nomma son légat *a latere* pour toute l'Italie. Il arriva à Milan au mois de septembre de l'an 1565, et il y fut reçu aux applaudissements du peuple, qui l'attendait avec des désirs qu'on ne saurait s'imaginer. Cet abrégé ne nous permet pas de rapporter tout ce que saint cardinal fit pour la réforme de son diocèse ; ce qui se passa dans les six conciles provinciaux qu'il tint et les onze synodes qu'il assembla ; les règlements qu'il fit pour les personnes consacrées au service de Dieu ; ce qu'il eut à souffrir pour la défense de la juridiction ecclésiastique ; le zèle avec lequel il entreprit de rétablir les observances régulières dans plusieurs ordres religeux, où le relâchement s'était introduit, et les fondations qu'il fit d'un grand nombre de monastères, de séminaires et de colléges. Nous nous contenterons de parler ici de l'établissement qu'il fit de la congrégation des Oblats de Saint-Ambroise, comme celle à laquelle peut être rapporté tout ce qu'il a fait de plus beau, tant pour le bon ordre de son Église, que pour l'utilité du prochain.

Ce grand saint, ayant reconnu par une longue expérience de plusieurs années, qu'il lui était difficile de maintenir dans son diocèse la discipline ecclésiastique, d'y faire exécuter les saintes ordonnances qu'il avait faites, d'y gouverner les colléges, les séminaires et les autres lieux de piété qu'il avait fondés, sans être assisté de quelques bons ouvriers qui, étant dégagés de tous les embarras et de toutes les affaires du siècle, ne s'appliquassent uniquement qu'à gouverner les églises qu'il leur confierait; sachant surtout combien on avait besoin de bons pasteurs dans les paroisses qui étaient proches des pays infectés d'hérésie, et combien il était souvent à propos de changer les curés, et de les envoyer en d'autres cures vacantes où ils étaient plus nécessaires, particulièrement dans les paroisses abandonnées, prit la résolution, après avoir tenu son cinquième synode l'an 1578, de fonder une congrégation de prêtres séculiers, qui, étant unis à lui comme à leur chef, fussent entièrement soumis à faire tout ce qu'il leur ordonnerait, et dont il pût disposer ainsi qu'il le jugerait à propos pour le gouvernement de son diocèse. Pour cet effet il fit choix de quelques ecclésiastiques qu'il connaissait avoir de l'inclination pour ce saint institut, et qui étaient propres pour ce dessein, auxquels il en joignit plusieurs autres, qui, touchés des discours qu'il leur avait faits au dernier synode, vinrent s'offrir volontairement à lui, pour être agrégés dans cette nouvelle congrégation qu'il mit sous la protection de la sainte Vierge et de saint Ambroise, dont il leur donna le nom, auquel il ajouta celui d'Oblats, à cause qu'ils s'étaient offerts d'eux-mêmes. Cette sainte société commença le jour de la fête de saint Simplicien, l'un des prédécesseurs de notre saint, qui arrivait le 16 du mois d'août de la même année 1578. Elle fut approuvée par le pape Grégoire XIII, qui lui accorda plusieurs grâces spirituelles, et quelques revenus qui avaient appartenu à l'ordre des Humiliés, qui, comme nous avons dit ailleurs, fut supprimé à cause des déréglements de ses sectateurs, et de l'attentat qu'ils commirent contre la personne de ce saint cardinal, qui enfin assigna à ces Oblats, pour faire leurs fonctions, l'église du Saint-Sépulcre, qui était en grande vénération à Milan, et qui acheta des maisons voisines pour les loger. Ce ne fut pas sans beaucoup de raisons qu'il choisit particulièrement cette église pour les placer; car, outre qu'elle est ancienne, ayant été bâtie dès l'an 1171, elle est au milieu de la ville et fort commode pour le peuple, qui y a grande dévotion, à cause du sépulcre de Notre-Seigneur, et de quelques mystères de sa Passion qui y sont représentés en relief, fort dévots et touchants. Depuis longtemps elle avait été desservie par des prêtres de sainte vie, et quand saint Charles vint à Milan, il y trouva le père Gaspard Belinzago, homme de grande piété et fort zélé pour la gloire de Dieu et le salut des âmes, avec quelques autres prêtres qui vivaient sous sa conduite et s'employaient à toutes sortes de bonnes œuvres sans être engagés à aucun bénéfice, assistant les pauvres, visitant les malades, et tâchant, autant qu'ils pouvaient, de rétablir la piété chrétienne dans un temps qu'elle était presque éteinte à Milan. Quelques-uns de ces prêtres, après la mort du P. Gaspard, qui arriva en 1575, entrèrent dans la congrégation des Oblats, et entre autres le P. François Gripa, qui fut un homme véritablement apostolique, et regardé de tout le monde comme un saint. La piété de ces bons prêtres fut un puissant motif au saint cardinal pour établir dans ce lieu sa congrégation des Oblats auxquels il les associa, dans l'espérance qu'il eut qu'ils la soutiendraient par leur vertu, qui était comme héréditaire depuis plusieurs années dans cette célèbre église.

Après que le saint cardinal eut ainsi établi cette nouvelle congrégation, qui, comme nous l'avons déjà dit, n'était qu'une assemblée d'ouvriers évangéliques dont il pût disposer, aussi bien que ses successeurs, selon le besoin de son diocèse, il leur prescrivit des règles et obligations convenables à cet état, dont les principales étaient qu'ils feraient un vœu simple d'obéissance entre les mains de l'archevêque de Milan; qu'ils le reconnaîtraient comme leur supérieur; qu'ils lui seraient unis comme les membres à leur chef; qu'ils n'auraient point d'autre volonté que la sienne; qu'ils ne chercheraient que la gloire de Dieu et le salut des âmes; qu'ils se comporteraient en toutes choses avec une modestie et une sainteté qui fût digne de cette union; qu'ils n'auraient point d'autre occupation que celle d'assister l'archevêque dans la conduite et le gouvernement de son diocèse, et de travailler avec beaucoup de zèle dans tous les emplois et les différentes fonctions auxquelles il les appliquerait, comme de visiter la ville et le diocèse, d'aller en mission, à l'exemple des apôtres, dans les lieux les plus difficiles et les plus fâcheux, où les âmes sont abandonnées et ont besoin d'instruction, de desservir les cures vacantes, d'être grands vicaires ou archiprêtres, de diriger les colléges ou séminaires, les écoles de la doctrine chrétienne et les confréries, de faire faire les exercices spirituels à ceux qui aspiraient aux ordres sacrés, en un mot, d'être disposés pour toutes les fonctions ecclésiastiques, comme de prêcher, confesser, enseigner et administrer les sacrements. Il voulut encore que dans l'église du Saint-Sépulcre on fît tous les jours les mêmes exercices qui se pratiquent à Rome dans l'église des prêtres de l'Oratoire, qui sont très-utiles pour les âmes, et qui donnent lieu à quantité de personnes qui n'ont point d'affaires d'employer saintement leur temps.

Ces Oblats furent divisés en deux ordres. Les uns résidaient toujours dans la maison du Saint-Sépulcre, sans être engagés dans aucun bénéfice, afin d'être plus libres pour s'employer aux principaux exercices que nous venons de rapporter; et les autres étaient dispersés par la ville et par le diocèse dans les bénéfices où on les envoyait. Quoiqu'ils fussent ainsi séparés les uns des autres, saint Charles trouva cependant un moyen pour les tenir aussi unis d'esprit que s'ils avaient demeuré ensemble, afin de les conserver dans le premier esprit de l'institut, de les avancer dans la piété et de les perfectionner de jour en jour dans les fonctions ecclésiastiques et la conduite des âmes : ce fut de partager toute la congrégation en six assemblées ou communautés, dont il y en avait deux dans la ville et quatre dehors, c'est-à-dire dans le reste du diocèse, et il donna à chacune un supérieur et un directeur pour le spirituel, ordonnant que tous les Oblats de chaque communauté s'assemblassent une fois par mois, ceux de la ville dans la maison du Saint-Sépulcre, en présence de l'archevêque, et ceux de la campagne, tantôt dans un lieu, tantôt dans un autre, selon que le réglerait le supérieur ou le directeur de la communauté; que l'on commencerait ces assemblées par lire la règle des Oblats : qu'ensuite on traiterait par manière de conférence du moyen de la pratiquer fidèlement, de s'avancer dans la piété et de se perfectionner dans la conduite des âmes; et que le supérieur ou président de l'assemblée ferait une conférence particulière à tous ceux qui la composeraient pour les exhorter à la vertu. Par ce moyen tous ces prêtres, quoique dispersés en divers endroits de la ville et du diocèse de Milan, ne laissaient pas d'être toujours étroitement unis ensemble par les liens d'un même esprit et d'une charité fraternelle, et étaient toujours disposés à recevoir de l'archevêque, comme de leur chef, les lumières qui leur étaient nécessaires pour se conduire eux-mêmes et pour conduire les peuples qui leur étaient confiés.

Saint Charles témoignait assez par les effets combien il aimait ces Oblats : il les considérait comme ses propres enfants, et leur donnait ordinairement ce nom. Il les allait voir souvent à la maison du Saint-Sépulcre, où il avait une chambre pour lui, dans laquelle il se retirait quelquefois pour jouir plus familièrement de leur conversation, et dans laquelle il se comportait avec autant d'humilité que s'il eût été le dernier de la maison. Il assistait à tous les exercices qui s'y pratiquaient, avec tant de joie et de satisfaction, qu'il disait qu'il n'avait point de plus grand plaisir que lorsqu'il s'y trouvait : aussi avait-il coutume d'appeler cette maison les *Délices de l'archevêque de Milan*. Il avait dessein d'en établir de pareilles dans les villes, les bourgs et les lieux les plus considérables du diocèse, comme on peut voir dans les règles qu'il avait dressées pour cela, et il voulait mettre dans toutes ces maisons plusieurs Oblats; mais la mort l'empêcha d'exécuter ce dessein. Il associa à la même congrégation des laïques qui, restant dans le monde, demeuraient dans leurs propres maisons, et il leur donna aussi des règles particulières. Leur principale obligation était de s'employer à toute sorte d'œuvres pieuses, et surtout à enseigner la doctrine chrétienne. Il institua encore dans l'église du Saint-Sépulcre une congrégation de femmes, qu'il appela *la Compagnie des Dames de l'Oratoire*, auxquelles il prescrivit quantité de règles et d'exercices convenables aux personnes même les plus qualifiées de la ville, qu'il souhaitait attirer dans cette compagnie, dont les principales obligations étaient d'assister fidèlement à tous les sermons et à tous les autres exercices de piété qui se pratiquaient au Saint-Sépulcre, selon l'usage de l'Oratoire, et à s'appliquer souvent à la méditation de la passion de Notre-Seigneur Jésus-Christ, ce qui eut un succès admirable.

Le zèle de ce saint cardinal pour le salut des âmes était infatigable : il allait partout chercher les brebis égarées de son troupeau, et même quelquefois dans des lieux si inaccessibles, qu'il était obligé de mettre des crampons de fer à ses souliers pour pouvoir grimper sur les rochers escarpés, où leurs crimes, leurs dérèglements ou leur rébellion à l'Eglise les obligeaient de se retirer, sans que les rigueurs les plus insupportables du froid et du chaud, de la faim, de la soif et de la lassitude, qu'il souffrait avec joie, fussent capables de le rebuter. Comme un bon pasteur, il exposa sa vie pour son troupeau dans la peste qui affligea la ville de Milan, allant lui-même confesser les malades, leur donnant le viatique et l'extrême-onction, et les ensevelissant de ses propres mains. Ses aumônes n'avaient point de bornes : non-seulement il distribua tous les revenus de son archevêché aux pauvres et aux affligés, mais encore il vendit, pour les soulager, ses meubles et sa principauté d'Oria, en sorte qu'il se vit réduit à n'avoir plus que de la vaisselle de terre et à n'avoir pas un lit pour se coucher. Ses austérités étaient si surprenantes qu'elles abrégèrent ses jours, étant mort dans la quarante-septième année de son âge, le 3 novembre 1584. Le grand nombre des miracles qui se firent à son tombeau obligèrent le pape Clément VIII, l'an 1601, à changer la messe des morts que l'on disait tous les ans pour lui dans l'église du grand hôpital, en une messe solennelle du Saint-Esprit. Et trois ans après, il donna commission à la sacrée congrégation des Rites de travailler aux procédures de sa canonisation. L'année suivante, 1605, son successeur, Léon XI, donna ordre, dès les premiers jours de son pontificat, de poursuivre cette affaire, et il se disposait à faire bâtir une église à Rome en l'honneur de ce saint et d'en faire même un titre de cardinal ; mais son pontificat n'ayant duré qu'un mois, il ne put exécuter son dessein. Paul V, qui lui succéda, mit la dernière main à cette canonisation, qu'il célébra avec une solennité toute particulière le premier jour de novembre de l'an 1610. Saint Charles eut pour successeur dans l'archevêché de Milan le cardinal Frédéric Borromée, son cousin, qui fit imprimer, en 1613, les Constitutions des Oblats de Saint-Ambroise. Jean-Baptiste Giussano, de la même congrégation, a été l'un des écrivains de la Vie de ce saint fondateur.

Gio. Baptist. Giussano, *Vit. di san Carlo.* La même, traduite en français par le P. Edme Cloiseaut, de la congrégation de l'Oratoire. Baillet, *Vies des saints*, 4 novembre. Herman, *Hist. des ord. relig.*, tom. III. *Epitom. institutionum ad Oblatos S. Ambrosii pertinentium, et Constitutiones ejusd. congreg.*

OBRÉGONS.

Des Frères hospitaliers du tiers ordre de Saint-François, appelés les Frères infirmiers Minimes, ou les Obrégons, avec la Vie du vénérable Père Bernardin d'Obrégon, leur fondateur.

De tous les historiens il n'y a que le P. Dominique de Gubernatis qui ait parlé, dans son *Orbis Seraphicus*, de la congrégation des pauvres Infirmiers Minimes, ou Obrégons, et dom Joseph Michieli Marquez, vice-chancelier de l'ordre militaire de Constantin, dans son livre intitulé, *Tesoro militar de cavaleria*, etc.; mais ces deux écrivains en ont parlé d'une manière si succincte, que, sans ce qu'en a écrit le docteur François Herrera Maldonat, dans la Vie de Bernardin d'Obrégon, qu'il a composée, nous n'en pourrions dire que fort peu de chose.

Ce fondateur naquit à las Huelgas, proche Burgos en Espagne, le 20 mai 1540, et eut pour père François d'Obrégon, et pour mère Jeanne d'Obrégon, tous deux de même famille, qui tiraient leur origine des anciens chevaliers d'Obrégons. On lui donna le nom de *Bernardin*, à cause que la fête de ce saint arrivait le jour qu'il vint au monde, qui fut un jour heureux pour lui : car il fonda sa congrégation, prit l'habit avec ses premiers disciples, et fit aussi vœu d'hospitalité à pareil jour. Ses parents eurent un grand soin de l'élever dans la vertu, et le mirent sous la conduite de bons maîtres, pour lui enseigner les lettres humaines et l'élever à la vertu; mais à peine commençait-il à se connaître, qu'ils le laissèrent orphelin, et avec très-peu de biens, par rapport à sa naissance. Un de ses oncles, qui était chantre dans l'église de Siguença, lui servit de père, aussi bien qu'à deux de ses sœurs, dont il en fit une religieuse au royal monastère de Sainte-Marie de las Huelgas, et maria l'autre honorablement à Burgos. Pour le jeune Bernardin, il le mena avec lui à Siguença, et le mit dans la maison de l'évêque. Mais ce prélat étant mort quelque temps après, il prit le parti des armes, et servit le roi d'Espagne Philippe II, dans la guerre qu'il eut avec Henri II, roi de France. Un jour qu'il passait dans une des rues de Madrid, qui était fort sale et que l'on nettoyait, un des balayeurs ayant jeté par hasard de la boue sur son habit, il se mit si fort en colère, qu'il donna un soufflet à ce pauvre homme, qui, au lieu d'en témoigner du ressentiment, se mit aussitôt en devoir de nettoyer son habit, et le remercia du soufflet qu'il lui avait donné, en lui disant qu'il ne s'était jamais vu si honoré que par ce soufflet qu'il recevait volontiers pour l'amour de Jésus-Christ.

Bernardin fut si confus d'entendre ainsi parler cet homme, qu'il lui demanda aussitôt pardon de l'affront qu'il lui avait fait, et faisant réflexion sur cet exemple de patience qu'il venait de voir, il se dit à lui-même ce que saint Augustin dit à Alipe après avoir entendu le récit de la vie de saint Antoine : *Qu'est-ce que je viens d'entendre? quoi! des ignorants s'élèvent et s'emparent du ciel; et nous autres, avec notre science et toute notre prudence, nous sommes assez misérables que de le perdre, abîmés dans la chair et dans le sang! Est-ce parce que de tels gens ont pris les devants, que nous avons honte de les suivre? et ne devrions-nous pas plutôt mourir de honte de n'avoir pas même le courage de les suivre, et de faire ce qu'ils ont fait* (*Confess.*, lib. VIII, c. 8)? De si saintes réflexions, qui ne venaient que de la grâce de Dieu, qui agissait dans son cœur, lui firent prendre la résolution de quitter les armes et de se donner entièrement au service de Dieu, auquel il demanda par de ferventes prières la grâce de lui faire connaître l'état qu'il devait embrasser pour le servir plus parfaitement. Ses prières ne furent pas inutiles : car Dieu lui donna de si fortes inspirations de servir les pauvres malades, que, ne doutant point que ce ne fût sa sainte volonté, il s'y adonna avec beaucoup de ferveur, allant tous les jours pour cet effet à l'hôpital de la cour à Madrid, comme faisaient plusieurs personnes pieuses, qui s'y rendaient soir et matin aux heures qu'on leur donnait à manger. Son zèle ne se borna pas à cet exercice de charité : il alla ensuite consoler les malades, faisait leurs lits, balayait leurs chambres et s'occupait aux mêmes fonctions que les serviteurs qui étaient à gages. L'assiduité de Bernardin d'Obrégon à rendre ces services aux malades lui attira l'amitié et l'estime de l'administrateur de cet hôpital, auquel il voulut, par un plus grand désir de perfection, soumettre sa volonté, en lui obéissant comme à son supérieur. Non content de cela, commençant à se dégoûter entièrement du monde, il voulut en quitter non-seulement les maximes, mais même l'habit, se revêtant d'une robe de couleur minime, et enfin de l'habit du tiers ordre de Saint-François qu'il prit quelque temps après; et sous l'un et l'autre de ces habillements il portait un rude cilice, qu'il ne quitta point pendant tout le temps qu'il vécut. Il passa ainsi douze ans au service de cet hôpital : on ne parlait à Madrid que de ses vertus, et il y eut plusieurs personnes qui vinrent à l'hôpital de la cour, dans le dessein d'imiter son zèle et son assiduité à servir les pauvres malades. Quelques-uns de ces imitateurs de son zèle et de sa charité lui ayant demandé avec instance de les recevoir pour disciples et de leur donner un habit pareil à celui qu'il portait, il forma le dessein d'établir sa congrégation, y étant porté par l'administrateur de l'hôpital, qui en avait un très-grand désir. Mais comme le roi était protecteur de cet hôpital, Bernardin ne voulut pas exécuter son dessein sans en avoir eu la permission de ce prince. Philippe II régnait pour lors, et comme ce grand roi joignait à ses autres vertus celle d'une grande piété, il accorda la demande de Bernardin, et lui permit de donner l'habit à ceux qui se présenteraient pour le recevoir. Ce zélé fondateur, muni de cette permission, demanda aussi le consentement de l'archevêque de Tolède, qui lui ayant été accordé, il donna, l'an 1567, l'habit de sa congrégation à six jeunes gens. Le premier qui le reçut fut Jean de Mata, natif de Suen-Major, qui mourut en odeur de sainteté. Le second fut Jean de Mendoça, de Ségovie, qui, après avoir servi les pauvres malades sous sa conduite pendant quelque temps, entra chez les Déchaussés de l'ordre de Saint-François, et mourut gardien du couvent de Medina del Campo. Le troisième se nommait Jean de Montès, de Madrid, qui entra quelque temps après dans l'ordre des Minimes. Le quatrième, Pierre de Hurtado de Cuença, qui entra dans la compagnie de Jésus, et souffrit le martyre au Japon. Le cinquième, Jean de Garcias, qui entra dans la même société, et le sixième, nommé Jean de Dieu, qui mourut dans sa congrégation, que plusieurs autres auxquels il donna l'habit augmentèrent encore : en sorte que la même année il eut vingt disciples. L'habit qu'il leur donna consistait en une robe de drap de couleur brune et un manteau de même, à la manière de celui des ecclésiastiques. Leur robe était serrée d'une ceinture de cuir. Ils avaient des chemises de serge et portaient des chapeaux noirs quand ils sortaient; mais dans la maison ils avaient de petits bonnets noirs.

Ce fondateur, se voyant un nombre suffisant de disciples, leur distribua à chacun les offices de la maison, voulant qu'ils obéissent en toutes choses à l'administrateur, et qu'ils ne s'employassent qu'au service des pauvres. Ils avaient les heures marquées pour faire l'oraison, se rendant pour cet effet à l'oratoire quand ils avaient donné aux malades ce dont ils avaient besoin. Bernardin était le premier à leur donner l'exemple. Cette charité qu'ils exerçaient envers les malades tant de jour que de nuit, jointe à tous les autres exercices de piété et de mortification qu'ils pratiquaient, leur attira une si grande estime, que tout le monde leur apportait comme à l'envi : ce qui ayant considérablement augmenté les revenus de l'hôpital, le pieux fondateur, qui ne cherchait pas à s'enrichir aux dépens des pauvres, mais au contraire qui les servait par une charité désintéressée, augmenta à proportion des revenus le nombre des infirmiers, afin que les malades en fussent mieux servis et plus soulagés dans leurs maux. Il en reçut encore vingt l'année suivante 1568, ce qui le détermina à demander la confirmation de sa congrégation, qu'il obtint, en 1569, de M. Caraffa, archevêque de Damas et nonce du pape en Espagne.

La réputation de ces nouveaux hospitaliers se répandant par toute l'Espagne, il y eut plusieurs villes qui en voulurent avoir. La première qui en demanda fut celle de Burgos, où ils entrèrent dans l'hôpital royal; ensuite ils furent établis à Guadalaxara, Murcie, Najara, Belmonte, et en d'autres lieux.

Bernardin ayant compassion des pauvres malades qui sortaient des hôpitaux encore faibles, persuada au roi d'en fonder un pour les convalescents dans la ville de Madrid : ce que ce prince fit l'an 1569, et comme les fondements en furent jetés le jour de sainte Anne, on donna pour ce sujet le nom de cette sainte à cet hôpital. Il y avait pour lors à Madrid dix-huit hôpitaux ; mais comme la plupart n'avaient pas suffisamment de revenus pour l'entretien des malades, le roi, voulant supprimer une partie de ces hôpitaux et unir leurs revenus à ceux que l'on conserverait, et ayant obtenu pour cette suppression la permission du pape Grégoire XIII l'an 1581, l'hôpital des convalescents fut du nombre des supprimés et fut uni à l'hôpital général, dont on donna la conduite à Bernardin d'Obrégon et à ses infirmiers. Comme on en unit encore d'autres à cet hôpital, ce saint fondateur eut de quoi exercer davantage sa charité par le grand nombre de malades qui s'y trouva, et Dieu lui voir combien elle lui était agréable, en pourvoyant miraculeusement à leur subsistance en plusieurs rencontres où les revenus n'étaient pas encore suffisants pour tous ceux qui y étaient reçus tous les jours.

La congrégation des pauvres Infirmiers augmentant tous les jours, Bernardin d'Obrégon voulut l'affermir en obligeant ces Infirmiers à faire les vœux de chasteté, de pauvreté, d'hospitalité, et d'obéissance aux ordinaires des lieux où ils seraient établis. Il proposa son dessein au roi et au cardinal-archevêque de Tolède, dom Gaspard de Guiroga, qui, l'ayant approuvé, commit son grand vicaire à Madrid pour faire les informations de vie et de mœurs de ces pauvres Infirmiers, et recevoir ensuite leurs vœux. Ce grand vicaire ayant fait ces informations, et n'ayant trouvé que des sujets d'édification dans la conduite de ces Hospitaliers, en rendit un bon témoignage à Son Éminence, et reçut leurs vœux sous la troisième règle de saint François, le 6 décembre 1589, leur donna à tous un habit tel qu'on le portait déjà dans la congrégation, et permit au fondateur de recevoir les vœux de ceux qui se présenteraient à l'avenir après les avoir éprouvés pendant deux ans.

Le cardinal de Tolède leur fonda ensuite un

hôpital dans sa ville archiépiscopale, l'an 1590. Celle de Talavéra, Pampelune, Saragosse, Valladolid, Medina del Campo, et quelques autres les demandèrent aussi. La ville de Lisbonne en Portugal fit des instances auprès du roi d'Espagne pour obliger Bernardin d'Obrégon de venir réformer les hôpitaux de cette ville. Il y alla l'an 1592, avec douze de ses Infirmiers, auxquels on confia le soin de l'hôpital de tous les Saints. Il en donna aussi d'autres pour plusieurs hôpitaux de ce royaume, et fonda une maison de filles orphelines dans la même ville de Lisbonne, où on lui suscita de grandes persécutions, qu'il souffrit avec une patience admirable.

Il demeurait dans l'hôpital de tous les Saints, lorsque, pour donner la dernière forme à sa congrégation, il voulut lui prescrire des règlements par écrit : mais comme ses occupations auprès des malades ne lui en auraient pas donné le loisir, il pria le roi d'Espagne de lui permettre de sortir de cet hôpital, et il se retira au monastère de Notre-Dame de Lumière, de l'ordre de Christ, où il écrivit ses Constitutions, qui furent achevées l'an 1594.

De Lisbonne il alla demeurer à l'hôpital d'Evora, d'où il revint en Espagne pour assister le roi dans sa dernière maladie, et après la mort de ce prince, qui arriva l'an 1598, le 13 septembre, à l'Escurial, il retourna à l'hôpital général de Madrid, où il fut reçu avec beaucoup de joie des frères qui avaient été privés de sa présence pendant près de six ans, mais leur joie se changea bientôt après en tristesse, par la perte qu'ils firent de ce saint instituteur, qui mourut le 6 août 1599.

Ces pauvres Infirmiers firent encore après sa mort d'autres établissements, et passèrent dans les Indes. Ils eurent aussi un hôpital en Flandre dans la ville de Malines. Quelques autres personnes, s'étant revêtues de leur habit pour avoir plus aisément des aumônes, à cause de l'estime que l'on avait pour eux, obtinrent du pape Paul V, l'an 1609, la permission de porter une grande croix noire sur le côté gauche tant de leur robe que de leur manteau, afin d'être par ce moyen distingués de ceux dont nous venons de parler. Nous avons dit ci-devant quel était cet habillement (1).

Dominique de Gubernatis, *Orb. Seraphic.*, tom. II. Joseph Michieli, *Tesoro militar de cavaleria antiguo y moderno*; et Francisc. Herrera y Maldonado, *Vida y virtudes del siervo de Dios Bernardino de Obregon*.

OBSERVANCE.

Voy. OBSERVANTINS (*Frères Mineurs*).

OBSERVANCE DE CITEAUX (ETROITE).

Voy. CITEAUX, § 3.

OBSERVANCE DE..... (ETROITE).

Voy. l'article et le § spécial de l'ordre dont il est question.

(1) *Voy.*, à la fin du vol., n° 5.

OBSERVANTINS.

Des Frères Mineurs de l'Observance, appelés Soccolants, Observantins et Cordeliers.

La réforme que Jean des Vallées et Gentil de Spolette avaient entreprise, et qui échoua par l'imprudence de ce dernier, eut un sort plus heureux sous la conduite du bienheureux Paulet de Foligni, qui avait été disciple de ces deux réformateurs, avec lesquels il avait demeuré dans la solitude de Bruliano. Il renouvela, l'an 1368, cette même réforme, à laquelle on a donné le nom d'observance et qui s'est si fort multipliée qu'elle est présentement composée de plusieurs provinces et vicairies. Frère Paulet eut pour père un gentilhomme suédois, appelé Vagnotius de Trinci, qui s'établit à Foligni n'ayant encore que quatorze ans; il reçut l'habit de l'ordre de Saint-François l'an 1323 : on lui avait donné au baptême le nom de Paul, mais à cause de sa jeunesse et qu'il était fort petit, les religieux l'appelaient communément Paulet. Il ne voulut être que frère lai, afin de s'adonner aux exercices les plus humbles, auxquels il joignit celui de la méditation, qu'il faisait d'une manière si fervente et avec de si grands transports de l'amour de Dieu qu'on fut obligé de lui donner une cellule séparée des autres, parce qu'il troublait ses voisins par ses soupirs et par les cris qui lui échappaient dans ses extases. Les abus qui s'étaient glissés dans l'ordre lui faisaient tant de peine, qu'il ne cessait de prier Dieu qu'il voulût bien y apporter quelque remède, et qu'il plût à sa divine bonté de toucher les cœurs des religieux, qui s'étaient si fort éloignés de l'esprit de leur saint fondateur, qu'ils ne faisaient aucun scrupule de transgresser la pauvreté et les autres observances de la règle. Le bienheureux Thomas de Foligni, qui fut martyrisé par les Bulgares, demeurait alors dans le même couvent, et y était alors dans une si grande réputation de sainteté, que frère Paulet se le proposa pour modèle et l'imita si bien, qu'il acquit bientôt la même estime et la même sainteté. Ils conféraient souvent ensemble sur les moyens que l'on pouvait prendre pour rétablir l'ordre dans sa première ferveur; mais toutes ces conférences ne servaient qu'à augmenter en eux le désir qu'ils en avaient, sans oser se flatter d'y pouvoir jamais réussir, les sentiments humbles qu'ils avaient d'eux-mêmes ne leur permettant pas de se croire capables d'une telle entreprise, ni même d'y penser; mais Dieu qui se plaît à donner sa grâce aux humbles, et à les élever à proportion qu'ils s'humilient, voulut récompenser la confiance que Paulet avait en sa divine miséricorde, aussi bien que son humilité, en le choisissant pour exécuter ce qu'il demandait par de si ferventes prières et désirait avec tant d'empressement, ce qui arriva de la manière suivante.

La congrégation de Gentil de Spolette ayant été dissipée, comme nous avons dit dans un autre article, frère Paulet se retira seul sur le Mont-Cési, en un lieu solitaire, où le patriarche saint François avait dressé une cabane de branches d'arbres dans laquelle il se retirait souvent, et dont frère Paulet fit un petit couvent, y joignant une petite église qu'il bâtit en l'honneur de l'Annonciation de la sainte Vierge, et mit toutes choses en un tel état, que les novices qu'il prétendait y élever pourraient y recevoir et entretenir l'esprit de piété et de pauvreté; mais les persécutions qu'il eut à souffrir de la part des religieux relâchés lui firent abandonner cette solitude, et l'obligèrent à se retirer seul, avec la permission des supérieurs, dans une tour de Foligni qui avait autrefois servi de prison, et que son parent Hugolin de Trinci, qui était seigneur de cette ville, lui donna. Paulet ne se servit de cette retraite que pour vaquer avec plus d'assiduité à la prière, et pour pratiquer la mortification avec plus de rigueur. Son exemple animait quelques autres religieux à la vertu, et leur inspirait l'amour de la pauvreté et des autres observances, auxquels il les encourageait par ses entretiens et par ses lettres, les fortifiant de plus en plus dans le dessein qu'ils avaient de s'unir avec lui pour travailler à la réforme de l'ordre.

Pendant que Paulet demeurait dans sa tour, et s'exerçait dans la pratique de la vertu et de la piété, Thomas de Farignano, général de l'ordre, vint à Foligni pour y présider au chapitre de la province de Saint-François, qui y avait été convoqué. Hugolin de Trinci, seigneur de cette ville, ayant fourni tout ce qui était nécessaire pour les frais de ce chapitre, le général, avant son départ, crut qu'il était de l'honnêteté de le remercier de ses libéralités. Hugolin le reçut avec toutes les marques d'estime et tous les honneurs que méritait sa dignité, et se servit de cette occasion pour lui demander l'ermitage de Bruliano pour le frère Paulet, qui l'en avait prié; ce que ce général lui promit, s'estimant heureux de ce qu'il lui procurait cette occasion de lui témoigner sa reconnaissance; mais étant arrivé au couvent, quelques religieux lui ayant dit qu'il avait accordé une chose qui pourrait porter préjudice à l'ordre par les troubles et les divisions qu'elle y pourrait causer, il fit réflexion à celles dont l'ordre avait été agité, et aux difficultés que l'on avait eues pour les dissiper; c'est pourquoi, se repentant de la parole qu'il avait donnée, il retourna le lendemain vers Hugolin, pour lui permettre de révoquer la permission qu'il avait donnée à frère Paulet de demeurer à Bruliano, à cause des inconvénients qu'il n'avait pas prévus, et qui seraient sans doute nuisibles à l'ordre. Ce seigneur, ne se payant pas de ces raisons, lui répondit qu'il ne souffrirait pas qu'on lui manquât de parole, ce qu'il dit dans des termes à faire connaître qu'il s'en offenserait beaucoup; en sorte que le général ne voulant pas déplaire à un bienfaiteur si illustre, et d'ailleurs son ami, fut obligé, par honneur et par reconnaissance, de confirmer ce qu'il lui avait promis, nonobstant les oppositions des religieux.

Ce fut donc l'an 1368 que frère Paulet de Foligni jeta les fondements de l'Observance dans l'ermitage de Bruliano, situé dans un lieu désert, entre Foligni et Camerino. Il eut d'abord plusieurs compagnons qui le voulurent suivre et imiter son zèle; mais la plupart n'eurent pas le courage de soutenir toutes les incommodités que l'on ressentait dans ce lieu : car, outre qu'il y avait auprès du couvent un lac où une infinité de grenouilles ne cessaient de coasser jour et nuit, il était environné de marais qui exhalaient des brouillards épais qui corrompaient l'air; l'humidité engendrait une multitude de serpents qui allaient jusque dans les chambres des religieux, et les piquaient souvent dans leurs lits; on n'y avait aucune fréquentation avec les hommes, on n'y buvait point de vin, la terre ne produisait rien : c'était un pays inculte, et l'on trouvait seulement dans les montagnes quelques gens rustiques, mais pauvres, vêtus de peaux de brebis, et qui avaient pour chaussure des socques ou sandales de bois. Ce fut de ces sortes de gens que frère Paulet apprit à porter des socques ou sandales de bois, dont l'usage devint commun dans plusieurs provinces, où les religieux ont été appelés pour ce sujet *Soccolanti* (qui veut dire *porte-socque*).

L'inconstance de ces religieux fut fort sensible au frère Paulet; mais il eut la consolation de voir que leurs places furent bientôt remplies par d'autres plus constants. F. Ange de Mont-Léon, et F. Jean de Stronconio, prédicateurs célèbres, en furent les plus remarquables par leur mérite et par leur zèle; leur nombre augmenta de telle sorte, qu'il fallut agrandir les bâtiments de Bruliano. Hugolin de Trinci y contribua par ses libéralités, et le général leur accorda quelques autres couvents de la province de Saint-François, qui furent ceux des prisons sur le Mont-Subaze de Pistia, de Dani, de Mont-Luci, de Mont-Joio et de Stronconio. Mais celui de Bouliano fut toujours regardé comme le chef de l'Observance. Jules II, revenant de Bologne à Rome, l'an 1511, voulut voir ce lieu; il y vint avec sept cardinaux, mangea avec les religieux, et leur accorda des indulgences à perpétuité pour le jour de saint Barthélemy, en l'honneur duquel l'église était dédiée.

Ce fut la même année de cet établissement 1368 que le général Thomas de Farignano fut déféré au pape, comme suspect d'hérésie. Cette accusation ne provenait, selon les apparences, que du déplaisir que les religieux portés au relâchement avaient de ce qu'il favorisait ceux qui étaient zélés pour l'observance : il les avait soustraits de la juridiction des provinciaux. Guillaume, évêque de Narni, qui avait été religieux de l'ordre, et le provincial de la province de Saint-François, étaient ses principales parties. Cette affaire dura six mois, pendant lesquels il fut suspendu de son office; mais il fut pleinement justifié par une sentence qui fut publiée dans l'église de Saint-Pierre, en présence de trois cardinaux et d'une grande foule de peuple; et son innocence fut si bien reconnue, que non-seulement il fut rétabli dans les fonctions de sa charge, mais que le pape Grégoire XI le fit patriarche de Grade, et ensuite cardinal.

Il eut pour successeur dans le gouvernement de l'ordre Léonard de Giffon, qui fut élu l'an 1373 dans le chapitre qui se tint à Toulouse. Ce général ayant fait la visite des couvents qui étaient sous la conduite du frère Paulet, fut si satisfait de la manière de vie des religieux qui y demeuraient, et si édifié de leur modestie, de leur simplicité, de leur pauvreté, de leur humilité et de la solitude qu'ils gardaient (car on les retenait dans les limites de ces petits lieux, de peur qu'ils ne s'étendissent trop), qu'il les crut fort propres à remettre tous les autres dans la pure observance de la règle. C'est pourquoi il donna permission au frère Paulet et aux gardiens de ces couvents d'aller et d'envoyer leurs religieux dans les provinces voisines et partout où ils jugeraient à propos.

Dans ce temps-là la secte des Frérots ou Fraticelli avait trouvé tant de protecteurs à Pérouse, qu'ils y avaient deux maisons : l'une dans la ville et l'autre hors la ville. Ces hérétiques avaient commencé à semer leurs hérésies vers l'an 1260, ayant eu pour chef Herman Pongiloup de Ferrare, qui avait tellement trompé les peuples par son hypocrisie, qu'on avait érigé après sa mort des autels en son honneur dans la ville de Ferrare, et que même dans l'église cathédrale on y avait exposé son portrait à la vénération des fidèles; mais vingt-neuf ans après sa mort, l'an 1300, ses impostures étant reconnues et avérées, son corps fut déterré, et brûlé par le commandement du pape Boniface VIII, et sa mémoire condamnée comme celle d'un hérétique. Ces Frérots, qu'on appelait aussi *Béghards* et *Béguins*, se répandirent presque dans toute l'Europe; ils avaient des maisons dans lesquelles ils établissaient des supérieurs, à qui ils donnaient les titres de ministres, de custodes et de gardiens. Ils portaient un habit religieux, demandaient l'aumône, et disaient qu'ils gardaient à la lettre la règle de Saint-François, quoiqu'ils ne reconnussent pas les supérieurs de l'ordre, sous le prétexte d'avoir été établis par le pape Célestin V. Quelques-uns disaient avoir reçu l'habit de la main des évêques, d'autres se faisaient du tiers ordre de Saint-François; et parmi toutes ces impostures, ils mêlaient des erreurs contre la foi. Jean XXI, dit XXII, informé de ce désordre, condamna cette secte (qu'il appela des Frérots, Béguins ou Béghards et Bisoches), comme une assemblée profane de gens qui s'étaient établis contre les saints canons, et avaient usurpé le nom et les droits d'une religion approuvée, défendant aux évêques de la tolérer. La bulle de ce pape est du mois de décembre 1317; mais cette secte, nonobstant la condamnation de ce pontife, ne fut pas sitôt détruite. Ces Frérots subsistèrent encore plusieurs années en différentes provinces. Ils avaient deux maisons à Pérouse, lorsque Léonard de Giffon fut élu général de l'ordre de Saint-François l'an 1373. Ils s'y assemblaient en grand nombre, et la protection que les bourgeois de cette ville leur donnaient, les rendait tellement insolents, qu'ils insultaient les religieux de Saint-François, qui avaient aussi un couvent hors les murs de Pérouse, leur reprochant publiquement qu'ils avaient dégénéré de la pauvreté qui leur avait été prescrite par leur Père, qu'ils voulaient avoir des bâtiments somptueux, des mets délicats et des habits de prix; et ces hérétiques avaient même l'insolence de les arrêter lorsqu'ils passaient dans les places publiques, et de mettre la main sous leurs robes pour faire voir qu'ils portaient du linge, leur demandant si c'était là l'austérité que saint François leur avait enseignée, et s'il était permis par la règle de porter des chemises. Ils reprochaient ainsi et en d'autres manières le relâchement où les religieux de Saint-François étaient tombés. Le peuple croyait ces hypocrites; il les regardait comme les véritables enfants de ce saint, et n'avait que du mépris pour les frères Mineurs, qui n'osaient plus sortir de leur couvent.

Le provincial, voulant chercher un remède à ce désordre, assembla ses religieux pour avoir leur avis, et il y en eut qui crurent qu'il n'y avait pas de meilleur moyen pour arrêter l'insolence de ces hérétiques, que de donner le couvent de Pérouse à frère Paulet et à ses compagnons, parce que leur vie austère confondrait celle de ces hypocrites. Ce conseil fut approuvé; on fit venir à Pérouse frère Paulet, qui commença par une belle prédication qu'il fit au peuple; il y défia les Frérots d'entrer en dispute avec lui, pour savoir qui étaient les véritables disciples de saint François. Au jour assigné frère Paulet se présenta avec son compagnon devant une foule de peuple, que la curiosité avait attirée. Les Frérots y vinrent avec beaucoup de fierté, et traitèrent d'abord avec mépris ces deux frères lais, les regardant comme des ignorants. Frère Paulet, qui mettait toute sa confiance en Dieu, ne s'étonna point de leur insolence; il écouta tout ce qu'ils avaient à lui reprocher touchant les abus qui s'étaient glissés dans l'ordre, d'où ils concluaient que ceux qui étaient tombés dans le relâchement ne pouvaient pas être les véritables enfants de saint François, mais bien ceux qui avaient souffert des persécutions pour pratiquer et soutenir l'étroite pauvreté, et qui vivaient dans un abaissement conforme à cet état. Après qu'ils eurent cessé de parler, Paulet leur répondit avec beaucoup d'humilité que saint François n'avait rien commandé dans sa règle avec tant d'exactitude que l'obéissance au saint-siège. Vous vous moquez, leur dit-il, de ce commandement; car vous résistez aux ordres du pape et des prélats ecclésiastiques; donc vous n'êtes qu'en apparence ses imitateurs, et c'est à tort que vous vous glorifiez d'être ses disciples. A ce reproche, ils restèrent confus, et s'en allèrent sans répliquer un seul mot. Le peuple se moqua de ces hérétiques, et leur hypocrisie ayant été reconnue peu de temps après, ils furent chassés de la ville et de tout son territoire. Frère Paulet ayant été ainsi victorieux, reçut pour sa récompense le couvent de Saint-François du Mont près de Pérouse, l'an 1374. L'honneur qu'il acquit dans cette rencontre, aussi bien que la protection des supérieurs, qu'il mérita par sa bonne conduite, aidèrent beaucoup à fortifier et à augmenter sa congrégation, à laquelle le général Léonard Giffon donna plusieurs privilèges, et la recommanda à Pierre de Sora, provincial de la province de Saint-François, qui la favorisa de tout son pouvoir.

Dans ce temps-là on commença à distinguer les religieux de l'ordre de Saint-François par quatre noms différents, savoir des Conventuels, des frères des Ermitages, des frères de la Famille, et des frères de l'Observance. Il est vrai que depuis le pape Innocent IV on appelait Conventuels tous ceux qui vivaient en communauté; mais après les différentes réformes dont nous avons parlé, on donna principalement le nom de Conventuels à ceux qui suivaient le relâchement qui s'était introduit dans l'ordre. Les frères des Ermitages étaient ceux qui demeuraient dans de petits couvents et dans des lieux solitaires, et ce nom fut toujours donné aux disciples de frère Paulet, jusqu'à ce qu'ayant réformé les grands couvents, on leur donna le nom de frères de l'Observance, et enfin on appela frères de la Famille tous ceux qui entreprenaient une nouvelle façon de vie comme s'ils eussent fait une famille particulière. C'étaient les noms que donnaient les généraux et les provinciaux au frère Paulet en lui écrivant, car celui d'Observance ne fut approuvé qu'au concile de Constance, et s'étendit depuis dans toutes les provinces. La congrégation se trouvait déjà composée de douze couvents l'an 1380, dans la province de Saint-François. Frère Mathieu d'Amerino, qui en était provincial, lui en confirma la possession, et donna à frère Paulet un pouvoir absolu pour le gouvernement de ses religieux et pour les envoyer où il jugerait à propos, et le général Louis Donat lui donna encore le couvent de Forano dans la province de la Marche.

Il y avait pour lors schisme dans l'ordre au sujet des généraux, et ce schisme avait commencé avec celui de l'Eglise après la mort du pape Grégoire XI, arrivée en 1378. Ce pontife avait reporté le saint-siége d'Avignon à Rome, d'où il avait été transféré depuis soixante-douze ans; il y arriva au commencement de l'année 1377, et y mourut l'année suivante. Les Romains, craignant que si l'on faisait un pape français il ne transférât encore le siége à Avignon, obligèrent par force les cardinaux d'élire un pape italien. Les cardinaux protestèrent de cette violence et choisirent Barthélemy Pignani, archevêque de Bari, quoiqu'il ne fût pas cardinal : il fut élu le 8 avril 1378, et prit le nom d'Urbain VI. Mais les cardinaux français et espagnols, s'étant assemblés quelque temps après à Fondi, au royaume de Naples, avec trois cardinaux italiens, prétendant qu'on les avait violentés en leurs suffrages lorsqu'ils étaient au pouvoir du peuple romain, élurent pour pape Robert de Genève, qui prit le nom de Clément VII; Léonard Giffon, général de l'ordre de Saint-François, prit le parti de ce dernier, dont Urbain VI voulant le détacher et l'attirer dans le sien, lui envoya le chapeau de cardinal; mais Jeanne Ire, reine de Naples, pour laquelle ce général avait beaucoup de déférence, l'obligea de le refuser et de le prendre de la main de Clément VII, ce qui fit qu'Urbain VI le déposa, et dans le chapitre qui se tint à Strigonie l'an 1379, Louis Donat fut élu pour général par les vocaux de douze provinces. D'un autre côté, Léonard Giffon, qui, comme nous venons de le dire, avait été fait cardinal par l'antipape Clément, et qui, nonobstant sa déposition, gouvernait encore l'ordre, tint un autre chapitre général à Naples, où il fit élire un autre général pour lui succéder dans le gouvernement de l'ordre, dont il se démettait. Cette élection se fit le 1er octobre de la même année, et ce schisme, qui avait commencé avec celui de l'Eglise, ne finit aussi que quand celui de l'Eglise cessa.

Louis Donat fut fait aussi cardinal par le pape Urbain VI, l'an 1381, et retint le gouvernement de l'ordre jusqu'au chapitre général qui se tint à Ferrare l'an 1383, où Pierre de Conza fut élu pour son successeur. Il ne vécut qu'un an et quelques mois; mais dans ce peu de temps il gouverna l'ordre avec tant de sagesse et de prudence, que la petite famille de l'Observance fit du progrès. Elle croissait de jour à autre par la faveur des princes, qui estimaient beaucoup ces saints religieux, dont la solide piété confondait l'hypocrisie des Frérots : plusieurs villes les appelaient pour les mettre en possession des couvents de ces hérétiques, qui, malgré la condamnation de Jean XXII et la confusion qu'ils avaient eue à Pérouse, avaient encore l'audace de se dire les véritables enfants de saint François; les supérieurs de l'ordre leur donnaient de petits couvents où les non-réformés ne se plaisaient pas; les Conventuels les souffraient volontiers, parce qu'ils voyaient qu'ils agissaient en toutes choses avec beaucoup d'humilité et qu'ils étaient soumis aux supérieurs; et enfin Guillaume d'Ast, provincial de la province de Saint-François, accorda l'an 1384 au frère Paulet le pouvoir de recevoir partout des novices et d'établir des couvents dans tous les lieux où il serait appelé et où on lui en offrirait; ce qui étant confirmé par Ferdinand, patriarche de Jérusalem et légat du pape Urbain VI, dans le duché de Spolette, acheva et affermit l'établissement de cette réforme.

Martin de Riparole, qui avait été élu général après la mort de Pierre de Conza, dans le chapitre qui se tint à Pavie l'an 1385, ne gouverna l'ordre que pendant deux ans, étant mort au couvent de Castelnovo l'an 1387. Henri Alfero d'Ast lui succéda et fut élu dans le chapitre qui se tint aussi à Pavie la même année. Ce nouveau général confirma, l'an 1388, tous les pouvoirs que ses prédécesseurs avaient donnés au frère Paulet pour le gouvernement de sa congrégation de l'Observance, et l'établit son commissaire sur quinze couvents qui en dépendaient et sur ceux qu'il établirait de nouveau, et il lui donna encore la conduite d'une maison qu'il avait fondée à Foligni pour des sœurs du tiers ordre de Saint-François : avec ce secours cette réforme s'étendit en Italie et y fit de grands progrès.

Comme la France reconnaissait pour pape légitime Clément VII, les religieux de l'ordre de Saint-François en ce royaume, qui suivaient aussi le parti de ce pontife, ne reconnaissaient point pour général Henri d'Alfero, et obéissaient au Père Ange, qui était celui qui avait été élu l'an 1379, dans le chapitre tenu à Naples par Léonard Giffon. Quoiqu'il ne possédât pas légitimement cette charge (son élection n'ayant pas été canonique), il ne laissa pas de contribuer de tout son possible au bien de l'ordre; car trois religieux de la province de Touraine s'étant adressés à lui pour commencer une nouvelle réforme, non-seulement il leur accorda les permissions nécessaires pour cela, mais encore il ordonna à Jean Philippe, provincial de Touraine, de leur donner le couvent de Mirebeau en Poitou; ces réformes y acquirent une si grande réputation qu'en peu de temps ils eurent onze couvents en France : cette observance s'étendit aussi en Espagne, en Portugal, en Allemagne et même en Orient.

Pendant que celle-ci s'établissait en France, celle du frère Paulet continuait toujours à faire de grands progrès en Italie, où ce zélé réformateur obtint, l'an 1390, trois couvents dans la province de la Marche, avec pouvoir de les gouverner avec la même autorité que s'il eût été provincial. Il en eut encore un autre proche Fabriano, et ayant envoyé Jean de Stronconio et frère Ange de Mont-Léon prêcher en Toscane, ils y firent un si grand fruit par la ferveur de leurs prédications et par la sainteté de leur vie, que cela leur donna moyen de s'établir premièrement à Fiesoli, où ils bâtirent un couvent, et ensuite à Cortone, à Colombare et à Saint-Processe, où il y avait des couvents de l'ordre qui leur furent donnés par le provincial de cette province. Ce fut cette même année que frère Paulet mourut à Foligni. Demeurant l'année précédente à Bruliano, il y avait perdu la vue; il supporta cette affliction avec une patience admirable, et en profita pour faire ses oraisons avec moins de distraction. Ses parents et les principaux de Foligni souhaitaient avec passion qu'il finît ses jours dans sa patrie, afin qu'ils eussent l'avantage de posséder ses précieuses reliques. Ils lui envoyèrent des députés pour le supplier d'y venir; il y consentit facilement, parce que Dieu lui avait révélé qu'il devait bientôt mourir; mais il ne voulut point monter les chevaux, ni se servir des voitures qu'on lui avait amenées. Quoiqu'il fût aveugle, et qu'il eût plus de quatre-vingts ans, il se contenta de son bâton pour s'appuyer, et de son compagnon pour lui servir de guide. Il arriva à Foligni le 17 septembre 1389, et alla loger au couvent de Saint-François, qui appartenait aux Conventuels, où il ne s'engagea qu'à se préparer à la mort. Il voulut néanmoins encore visiter le tombeau de saint François à Assise; et ce fut à son retour de ce voyage qu'il fut attaqué de la maladie dont il mourut l'an 1390.

Après la mort du bienheureux Paulet, Jean de Stronconio fut chargé de la conduite de l'Observance en Italie, et en fut fait commissaire général l'an 1405, par le général Antoine de Pireto. Grégoire XII l'augmenta par les couvents qu'il lui donna à Pistoie, à Ascoli, à Foligni, à Nocera, et proche Florence; et Jean de Stronconio envoya des religieux à Naples pour y faire des établissements. Les généraux et les provinciaux contribuaient volontiers à l'agrandissement de la réforme : c'est pourquoi ils accordèrent à Jean de Stronconio la permission de tenir des chapitres particuliers, d'y élire des vicaires généraux et provinciaux, de faire des règlements pour le maintien de l'Observance, et de recevoir des religieux, soit qu'ils sortissent de chez les Conventuels pour embrasser la réforme, ou qu'ils quittassent immédiatement le monde.

Les Observants de France ne jouissaient pas d'une si grande tranquillité. Le provincial de la Touraine, qui succéda à Jean Philippe, leur ôta les couvents que celui-ci leur avait donnés par ordre du général Ange. Cette mauvaise disposition aurait dès lors empêché le progrès de la réforme en ce royaume, si le général Jean Bardolin, qui, ayant succédé au Père Ange, était reconnu par les Français, ne leur eût fait rendre ces couvents par l'autorité de Benoît XIII (qui était aussi reconnu en France pour pape légitime), leur donnant en même temps pour commissaire Thomas de la Cour; mais lorsque l'Observance se fut étendue dans les provinces de France et de Bourgogne, les provinciaux s'opposèrent aux exemptions que les Observants avaient reçues de l'antipape Benoît et des deux antigénéraux, Ange et Jean. Antoine de Pireto, légitime général, qui d'ailleurs favorisait les réformés, appréhendant que ces exemptions n'augmentassent le schisme dans l'ordre, les fit révoquer par le pape Alexandre V, qui de plus soumit les réformés à la juridiction des provinciaux, leur défendant de recevoir des novices sans leur permission, ni de changer la forme de leur habillement; ce qui causa du trouble et de la division : car les provinciaux voulant détruire l'Observance, et les religieux zélés voulant la maintenir, cela ne se put faire sans quelque altération de la paix et de l'union. Jean XXIII, en ayant eu connaissance, donna aux Observants un vicaire provincial; mais les provinciaux le firent encore révoquer, et suspendre les réformes de la prédication. Enfin le concile de Constance ayant été convoqué par le même pape pour mettre fin au schisme qui divisait l'Eglise, et l'ouverture en ayant été faite l'an 1414, les Observants et les Conventuels y portèrent leurs différends, qui furent décidés en faveur des Observants, auxquels le concile accorda, dans la neuvième session, qui se tint le 13 mai de l'an 1415, que les maisons qu'ils avaient dans les provinces de France, de Bourgogne et de Touraine leur demeureraient, qu'ils auraient des supérieurs particuliers ; que dans chacune de ces provinces il y aurait un vicaire provincial, soumis à un vicaire général, dont le concile se réserva la nomination du premier, qui fut Nicolas Rodolphe ; qu'ils pourraient faire des règlements pour le maintien de leur réforme, et qu'ils pourraient tenir des chapitres généraux. Ainsi les Observants en France eurent les premiers un vicaire général ; et le nom d'Observance fut confirmé à la réforme dans le même concile. Ils assemblèrent l'année suivante leur premier chapitre général dans le couvent de Bercore, où Nicolas Rodolphe présida, comme vicaire général en France ; l'on y fit plusieurs règlements nécessaires pour la réforme ; et Rodolphe étant mort l'an 1419, ils lui donnèrent pour successeur Thomas de la Cour, qui avait été leur premier commissaire, et que le pape Alexandre V, avait déposé, lorsqu'il les soumit aux provinciaux.

Les Conventuels, qui souffraient avec peine les décisions du concile en faveur de la réforme, et qui ne la laissaient tranquille que parce qu'ils appréhendaient de ne pas réussir dans leurs entreprises, renouvelèrent leurs poursuites contre elle quelques années après les décisions de ce même concile, sous prétexte que le pape Martin V avait annulé tout ce qui avait été fait ; mais ce pontife, qui était aussi convaincu de la malice et de la jalousie des Conventuels, qu'il l'était de la simplicité et de la droiture des réformés, ayant été averti de ce qui se passait, bien loin de casser le décret du concile qui avait favorisé ceux-ci, le confirma au contraire par une bulle de l'an 1420. Cette confirmation, mettant la réforme à couvert des poursuites de ses adversaires, lui donna lieu de faire de nouveaux progrès tant en France qu'en Italie, où elle obtint la même année le Mont-Alverne, si célèbre par le miracle qui s'y fit en la personne de saint François, lorsqu'il y reçut les stigmates, de même qu'elle avait obtenu dès l'an 1415 la maison de Notre-Dame-des-Anges, autrement dit de la Portioncule, où l'ordre avait pris naissance.

Ces progrès augmentèrent encore la jalousie des Conventuels, qui, fâchés de perdre leurs maisons et ce qu'il y avait de plus saint et de plus respectable dans l'ordre, et ne pouvant souffrir que les réformés fussent quasi soustraits de leur juridiction par le moyen de leurs vicaires généraux, se déclarèrent encore plus ouvertement contre l'Observance, et conçurent plus d'éloignement pour elle. Le pape, qui avait autant de chagrin de voir cette division qu'il avait envie d'y remédier, fit assembler, à la sollicitation de saint Jean Capistran, le premier chapitre généralissime de l'ordre à Assise, l'an 1430, dans le dessein de procurer à l'ordre une parfaite union, et d'y établir une même observance : les commencements en furent si heureux, que l'on se flattait de voir l'exécution du projet de ce pontife ; car tous les Conventuels consentirent à recevoir les Constitutions qui avaient été dressées par saint Jean Capistran, par ordre du cardinal de Cervantes, qui présidait au chapitre de la part du pape, lesquelles Constitutions retranchaient tous les abus qui avaient été introduits dans l'ordre, et étaient conformes à la règle, selon les explications de Nicolas III et de Clément V, et promirent tous de les garder exactement, s'y engageant même par serment ; et les Observants, de leur côté, renoncèrent aux vicaires généraux qu'ils avaient eus jusqu'alors, se soumettant en tout à l'obéissance du général. Mais le chapitre n'était pas encore fini, que les Conventuels ayant examiné attentivement ces Constitutions auxquelles ils s'étaient engagés, se repentirent de les avoir acceptées si aisément, et prièrent le cardinal de les relever de leur serment, ce qu'il leur accorda ; et non-seulement le général demanda aussi d'être relevé de son serment, mais pour assurer la conscience de ses religieux, il obtint de ce pontife une bulle qui leur permettait de posséder des biens meubles et immeubles, de recevoir des legs, d'avoir des rentes et des procureurs pour faire valoir leurs biens et toucher leurs revenus. Ainsi cette réunion ne se fit pas ; au contraire, les Conventuels, profitant de la mort du pape, qui arriva l'année suivante, recommencèrent à persécuter les Observants, qu'ils chassèrent du Mont-Alverne, dont ils les avaient laissés paisibles possesseurs pendant la vie de ce pontife (parce que c'était lui qui le leur avait procuré), et afin que l'on ne rendît plus à l'Observance un lieu si saint et si célèbre, ils obtinrent d'Eugène IV, successeur de Martin V, que cette affaire serait commise au cardinal des Ursins, protecteur de l'ordre, duquel ils espéraient une décision favorable pour eux ; mais ce prélat, après avoir écouté les deux partis, ordonna au général Guillaume de Casal, l'an 1431, qu'il eût à rendre sans délai le Mont-Alverne aux Observants, que le pape mit aussi en possession vers l'an 1434 des saints lieux de la Palestine qui avaient été honorés de la présence de Jésus-Christ et arrosés de son précieux sang.

Les religieux qui aimaient l'Observance, ne pouvant souffrir les mauvaises manières des Conventuels à leur égard, non plus que les adoucissements qu'ils avaient obtenus de Martin V contre l'esprit de la règle, s'adressèrent à Eugène IV, qui, comme nous l'avons déjà dit, lui succéda au souverain pontificat, le priant qu'il voulût bien les mettre à couvert de leur jalousie et de leurs entreprises ; ce qu'il leur accorda, en leur permettant de tenir un chapitre séparément des Conventuels, afin d'y élire des vicaires provinciaux, comme ils en avaient eu avant le chapitre généralissime d'Assise. En conséquence de cette permission, ils s'assemblèrent à Saint-Paul hors les murs de Bologne, et y élurent des vicaires provinciaux pour toutes les provinces de l'Observance en Italie. Les Français, comme nous avons dit, avaient eu permission d'élire des vicaires généraux, par un décret du concile de Constance. Le pape Martin V en avait aussi accordé aux Observants d'Espagne, de Portugal, de Bavière et du marquisat de Brandebourg, avec cette différence, qu'on n'avait pas donné tant d'autorité à ceux-ci qu'à ceux de France, qui furent les premiers qui eurent des vicaires généraux, puisqu'ils en avaient en 1415, et que l'on n'en trouve point d'établis en Italie par autorité apostolique avant l'an 1438, que le général Guillaume de Casal nomma pour son vicaire général sur tous les religieux de l'Observance en Italie, saint Bernardin de Sienne, que le pape confirma dans cet office, par un bref donné à Ferrare le 1er septembre de la même année. Ce pontife était si affectionné pour les religieux de l'Observance, qu'à la considération de Nicolas d'Auximas, vicaire de la province de Saint-Ange, qu'il considérait beaucoup, il exempta entièrement les Observants de la juridiction des généraux des Conventuels, et donna toute autorité à leurs vicaires généraux; mais Guillaume de Casal, qui était allé en France, en étant de retour, fit une sévère réprimande à ce Nicolas d'Auximas, en présence des religieux et de saint Bernardin de Sienne, et obtint du pape la révocation de cette exemption.

L'an 1443, on tint un chapitre général à Padoue : Albert de Sarthiano, vicaire général de l'ordre, qui des Conventuels était passé chez les Observants, y présida. Il se trouva à ce chapitre plus de deux mille religieux tant Conventuels qu'Observants. Le pape souhaitait que cet Albert de Sarthiano, dont il connaissait le mérite et le zèle pour la réforme, fût élu général; mais comme les Conventuels étaient en plus grand nombre, l'élection tomba sur Antoine de Rusconi de Côme. Quoique cette élection déplût à Sa Sainteté, il la confirma néanmoins, pour ne pas déplaire à Philippe-Marie Sforze, duc de Milan, avec lequel il s'était réconcilié depuis peu, craignant que, s'il refusait d'accepter pour général un de ses sujets, il n'attribuât ce refus à un reste de ressentiment ou de vengeance.

Ce pontife divisa les Observants en deux familles, l'une de deçà les monts, l'autre de delà les monts. Saint Jean Capistran fut fait vicaire général sur les cismontains, et Jean Maubert sur les ultramontains : il y eut des conférences au sujet de l'autorité qu'on donnerait à ces vicaires généraux; on s'en rapporta à quatre cardinaux, qui décidèrent qu'ils auraient la même autorité sur les Observants que le général avait sur tout l'ordre. Les divisions augmentant tous les jours entre les Observants et les Conventuels, le pape jugea que, pour les mettre d'accord, il n'y avait pas de meilleur expédient que celui de les séparer, ordonnant, par une bulle de 1446, que les Observants cismontains tiendraient leurs chapitres généraux séparément de ceux des Conventuels, qu'ils y éliraient un vicaire général qui serait confirmé par le général, et qu'il aurait toute autorité sur les religieux de son obéissance, et donna aussi une autre bulle de la même teneur en faveur des Observants ultramontains. En vertu de cette bulle, les cismontains tinrent leur chapitre général à Rome, dans le couvent d'*Aracœli*, où saint Jean Capistran ayant renoncé à son office de vicaire général, on en élut un autre à sa place. Les Conventuels tinrent dans le même temps un chapitre général à Montpellier. Le général étant de retour de France, ne voulut pas confirmer le nouveau vicaire général des Observants cismontains; mais le pape lui écrivit fortement sur le refus qu'il en faisait, et le confirma de son autorité. Il fit en même temps expédier deux bulles en faveur des Observants : par la première il ordonna que tous les couvents et tous les ermitages que ces religieux avaient avant la célébration du chapitre général seraient entièrement soumis à leurs vicaires généraux, et par la seconde il donna pouvoir à Jean Maubert, vicaire général des Observants ultramontains, de convoquer un chapitre général, d'y faire des statuts ou règlements et tout ce qui conviendrait pour le maintien et l'augmentation de la réforme.

Les Conventuels se récrièrent fort contre ces bulles; ils n'entreprirent rien néanmoins du vivant d'Eugène IV; mais Nicolas V lui ayant succédé l'an 1447, ils le sollicitèrent de révoquer ce que son prédécesseur avait fait, et de remettre les Observants sous la juridiction des Conventuels : il y avait quelques-uns de ces Observants qui, lassés de mener une vie austère, le souhaitaient. Saint Jean Capistran prit le parti de la réforme, et parla fortement au pape ; mais il ne put empêcher que les maisons de l'Observance en Castille ne fussent soumises par ce pontife à la juridiction du général par une bulle de l'an 1449. Elle fut néanmoins révoquée presque dans le même temps, lorsqu'on eut fait connaître à ce pontife que les Conventuels l'avaient obtenue sur un faux exposé. Calixte III, qui succéda à Nicolas V l'an 1455, voyant ces divisions, crut les pacifier en donnant une bulle l'an 1456, qui fut appelée la bulle d'union et de paix, par laquelle, après avoir révoqué celle d'Eugène IV, il ordonna entre autres choses, que tous les religieux de l'ordre de Saint-François, de quelque nom qu'on les appelât, obéiraient au général; que les Observants se trouveraient aux chapitres généraux et y donneraient leurs voix pour son élection; qu'ils lui nommeraient trois sujets, desquels il en choisirait un pour vicaire général de l'Observance. Mais les Conventuels n'observèrent pas mieux cette bulle que celle d'Eugène IV, qui avait été révoquée, et n'en usèrent pas mieux pour cela avec les Observants, qui, se voyant toujours molestés, s'adressèrent au pape Pie II, qui, par une autre bulle de l'an 1458, ordonna que celle d'Eugène IV serait exécutée, et que pour le bien de la paix les Conventuels ne pourraient s'emparer des maisons des Observants, ni réciproquement les Observants s'introduire dans celles des Conventuels; et que l'on n'inquiéterait point ceux qui étaient passés des uns aux autres.

Les Observants furent de nouveau inquiétés par les Conventuels sous le pontificat de Sixte IV, qui avait été général de l'ordre. Ce pape était assez porté pour l'Observance, mais le cardinal de Riario, son neveu, qui avait été aussi religieux Conventuel, appuyant ceux qui voulaient vivre dans le relâchement, sollicita tellement le pontife de modérer la bulle d'Eugène IV, qui avait tant accordé d'exemptions aux Observants, qu'il se laissa vaincre par ses importunités, et résolut non-seulement de modérer cette bulle, mais encore de mettre tout l'ordre de Saint-François sous la conduite des Conventuels; et afin que cela fût plus stable, il voulut que cela se fît dans un consistoire qu'il fit assembler à ce sujet, où il exposa son dessein aux cardinaux avec tant de chaleur, qu'aucun de ceux qui avaient pris jusqu'alors la défense de l'Observance n'osa parler en sa faveur. Il fit ensuite entrer dans le consistoire Marc de Bologne, vicaire des Observants cismontains, auquel il demanda les raisons qu'il pouvait alléguer pour empêcher que ses religieux ne fussent soumis à la juridiction des Conventuels. Marc de Bologne apporta pour sa défense le décret du concile de Constance, les bulles d'Eugène IV, confirmées par ses successeurs, et la délicatesse de conscience de ceux qui ne pouvaient pas observer la règle dans sa pureté en demeuraient avec des religieux qui étaient portés au relâchement; mais, voyant que, nonobstant la justice de sa cause et la force de ses raisons, il ne pouvait adoucir l'esprit du pape, il jeta à ses pieds la règle de saint François, et élevant ses yeux au ciel, il s'écria: Défendez donc vous-même, Père saint François, votre règle; car tous les efforts que je fais pour la défendre sont inutiles. Cette sainte fermeté étonna le pape et suspendit l'exécution de son décret, en sorte qu'il ne décida rien pour lors; cependant les princes et les potentats de l'Europe ayant été avertis de ce qui se passait, s'intéressèrent pour l'Observance, et menacèrent de chasser tous les Conventuels de leurs États, si l'on détruisait cette réforme. Ils en écrivirent au pape, qui, ayant reçu leurs lettres, dit qu'il avait cru n'avoir affaire qu'à des religieux mendiants et à des gueux, et non pas à tous les princes. Ces menaces firent néanmoins un bon effet et empêchèrent le pape d'agir avec tant de précipitation. Il témoigna seulement être fort irrité contre le vicaire général Marc de Bologne, de ce qu'il avait parlé dans le consistoire avec tant de hardiesse, et de ce qu'il avait eu recours aux puissances temporelles. Il lui ordonna de revenir de Naples, où il était allé; mais le roi lui ayant donné avis des mauvaises dispositions du pape à son égard, il alla en Toscane. Ce pontife l'ayant su, lui envoya ordre de revenir, mais les religieux lui conseillèrent de n'en rien faire. Enfin l'esprit du pape se calma; mais Marc de Bologne, ne voulant pas encore s'y fier, aima mieux remettre le gouvernement de l'Observance entre les mains de Pierre de Naples, qui fut ensuite élu vicaire général dans le chapitre qu'il avait convoqué à Naples en 1475, en conséquence du pouvoir que Marc de Bologne lui en avait donné. Après que ce nouveau vicaire général eut obtenu sa confirmation du général, il alla trouver le pape, qui le reçut avec un accueil favorable, et ce pontife lui promit de ne plus inquiéter l'Observance.

Gilles Delphino, qui fut élu général dans le chapitre qui se tint à Terni l'an 1500, était si opposé à l'Observance, qu'il fit tout ce qu'il put pour la détruire. C'était un esprit inquiet, qui ne contenta pas plus les Conventuels que les Observants. Il n'y eut pendant son gouvernement que des troubles et des divisions dans l'ordre. Jules II les voulant apaiser ordonna un chapitre généralissime à Rome l'an 1506, dans lequel, selon le projet de Gilles Delphino, tous ces troubles et divisions devaient cesser par la réunion des Conventuels et des Observants que ce général avait persuadé au pape être très-facile; mais lorsqu'il fallut examiner cette affaire, bien loin de trouver la chose aisée, on la trouva impossible; c'est pourquoi les cardinaux que le pape avait nommés pour présider à ce chapitre, après lui avoir reproché qu'il avait trompé Sa Sainteté, lui conseillèrent de renoncer lui-même à son office, afin de n'avoir pas la confusion de se voir déposé. Le pape avait obligé les Observants de se trouver au chapitre; mais ayant représenté aux cardinaux que la bulle d'Eugène IV leur défendait de se trouver aux élections des Conventuels, les cardinaux eurent égard à leur remontrance, et leur permirent de se retirer; ainsi l'orage dont les Observants avaient été menacés fut dissipé. Le pape donna une bulle le 16 juin pour empêcher les troubles et divisions entre les Conventuels et les Observants au sujet des frères qui passaient des uns aux autres, ordonnant que les Observants qui voudraient passer chez les Conventuels ne le pourraient pas faire sans en avoir auparavant demandé la permission à leurs supérieurs et l'avoir obtenue, et que réciproquement les Conventuels ne pourraient pas passer chez les Observants sans en avoir aussi demandé auparavant la permission à leurs supérieurs; cependant avec cette différence, que les derniers pourraient être reçus chez les Réformés ou Observants, quoique cette permission ne leur eût pas été accordée, pourvu qu'ils l'eussent demandée. Ce pontife, par la même bulle, commanda aux frères Clarenins, Amadéistes, Colletants, du Capuce ou du Saint-Évangile, de se mettre sous l'obéissance ou des Conventuels ou des Observants, comme nous avons déjà dit ailleurs, et que les maisons de ceux où il y aurait un plus grand nombre de religieux qui feraient choix des uns ou des autres, seraient réputées unies à ceux dont ce plus grand nombre aurait fait choix. Mais comme il y a toujours des esprits inquiets, ennemis du repos et de la paix, plusieurs religieux, trouvant mauvais que les congrégations des Amadéistes, des Clarenins, des Colletants, et des autres s'unissaient plutôt aux Observants qu'aux Conventuels, portèrent le général Rainaud de Cottignola à obtenir du pape une bulle en faveur des Conventuels qui était fort préjudiciable aux Observants, et réduisirent toutes les anciennes constitutions à de nouvelles qu'ils avaient accommodées à leur mode et qu'ils avaient fait approuver par le cardinal protecteur pour leur donner plus de force; mais le pape s'aperçut, quelque temps après, qu'il avait été surpris par le général, et qu'il avait plutôt extorqué qu'obtenu la bulle qu'il avait donnée en faveur des Conventuels, et, afin de faire connaître combien cette action du général lui déplaisait, il voulut qu'il fût déposé et qu'on en élût un autre à sa place; néanmoins, ne voulant pas qu'il quittât cet office sans quelque honneur, il lui donna l'archevêché de Raguse, et, par une autre bulle du 22 novembre 1510, il révoqua celle qu'il avait donnée à la sollicitation de ce général.

Toutes les persécutions que les Conventuels avaient suscitées aux Observants en tant de différentes rencontres, dans l'intention de les détruire, n'empêchèrent point qu'ils ne fissent un progrès considérable; car la famille cismontaine était déjà divisée, l'an 1506, en vingt-cinq provinces, sans compter la custodie de Terre-Sainte, qui comprenait plus de sept cents couvents; et la famille ultramontaine avait vingt provinces et trois custodies, qui étaient composées de plus de six cents couvents : de sorte que la seule Observance avait en tout quarante-cinq provinces, quatre custodies, et près de quatorze cents couvents. Elle s'étendit davantage lorsqu'on eut envoyé de ses religieux pour annoncer l'Evangile dans les Indes orientales, et que les Clarenins, les Amadéistes et les autres congrégations réformées s'y joignirent. Mais elle reçut un nouveau lustre lorsque le pape Léon X lui eut donné la prééminence sur tout l'ordre de Saint-François.

Les souverains pontifes, n'ayant jamais pu terminer les différends que les Conventuels et les Observants avaient eus ensemble, leurs bulles, leurs décrets, leurs ordonnances ayant été inutiles, Léon X, absolument résolu de mettre fin à ces différends, fit assembler à Rome, l'an 1517, un chapitre généralissime au couvent d'*Aracœli*, qui appartenait aux Observants. Ceux-ci prièrent le pape et les cardinaux de ne les point contraindre à faire union avec les Conventuels: cette demande, qui était opposée à la paix que l'on avait résolu de rétablir, souffrit d'abord quelque difficulté, paraissant une mauvaise disposition dans les Observants, auxquels on objecta qu'ils étaient obligés, en vertu de leur règle, de vivre sous un même chef; mais la réponse qu'ils donnèrent qu'ils le feraient volontiers si les Conventuels voulaient se réduire à observer la règle dans toute sa pureté, détruisit les mauvaises impressions qu'aurait pu donner cette demande, et ne servit pas peu à leur mériter l'estime du pontife et des cardinaux, qui se déclarèrent en leur faveur. Les Conventuels ayant été appelés pour déclarer leur sentiment, dirent qu'ils n'approuvaient pas l'union, si on voulait les contraindre à vivre d'une autre manière qu'ils avaient vécu jusqu'alors, et qu'ils voulaient jouir des privilèges qui leur avaient été accordés par les souverains pontifes qui avaient mis leur conscience en repos : ce que le pape ayant entendu, il les fit sortir du chapitre et leur donna l'exclusion pour l'élection du général et du chef de l'ordre, déférant cet honneur aux Observants et aux Réformés, de quelque congrégation qu'ils fussent et de quelque nom qu'on les appelât. On lut dans ce chapitre la bulle que ce pontife fit à ce sujet, en date du 1er juin de la même année 1517, par laquelle il ordonnait, entre autres choses, que l'on élirait un ministre général de tout l'ordre de Saint-François, dont l'office ne pourrait durer que six ans; que dans cette élection il n'y aurait que les religieux réformés qui y auraient voix, et que, sous le nom de Réformés, il entendait les Observants, Amadéistes, Clarenins, Colletants, du Capuce ou du Saint-Évangile et Déchaussés, auxquels il ordonna qu'à l'avenir ils quitteraient tous ces noms pour prendre celui de Frères Mineurs de la Régulière Observance; et il défendit à qui que ce fût, sous peine d'excommunication, qu'on les appelât par moquerie les Privilégiés, les Colletants, les Bulistes, les Amadéistes, les Clarenins, de l'Évangile ou du Capuce et Bigots, ou qu'on leur donnât d'autres noms semblables. Après la lecture de cette bulle, les vocaux ayant procédé à l'élection d'un ministre général de tout l'ordre de Saint-François, le sort tomba sur Christophe de Forli, qui était vicaire général de la famille cismontaine. Les Conventuels, ayant aussi tenu leur chapitre séparément dans le même temps, élurent pour général Antoine Marcel Cherino, qui prit aussi le titre de ministre général. Le pape, ayant appris cette élection, la cassa, et d'autorité apostolique nomma le même Antoine Marcel Cherino maître général, le confirmant dans cet office, sans qu'il fût obligé d'avoir recours au ministre général pour avoir sa confirmation. Il donna ensuite une autre bulle, qu'il appela la bulle de paix et d'union, par laquelle ce pontife déclara qu'ayant su que les deux élections du ministre et du maître général avaient été faites selon ses intentions avec beaucoup de charité et de paix, il avait confirmé, seulement pour cette fois, le général des Conventuels; mais qu'il voulait qu'à l'avenir il fût confirmé par le ministre général de tout l'ordre de Saint-François, de la même manière que les vicaires généraux de l'Observance étaient auparavant confirmés par le général des Conventuels. Il fit défense à celui-ci et aux provinciaux de prendre à l'avenir le titre de ministres, mais seulement celui de maîtres; et leur ordonna de recevoir le ministre général comme chef de tout l'ordre de Saint-François, lorsqu'il irait chez eux, et de lui rendre tous les honneurs qu'ils devaient à leur propre supérieur, à condition néanmoins qu'il ne pourrait avoir sur eux que la même juridiction que les généraux avaient auparavant eue sur les Observants, et qu'enfin ils céderaient le pas et la préséance dans les actes publics aux Observants. Les Conventuels leur remirent aussi le sceau de l'ordre: ainsi Léon X mit fin aux différends qui duraient dans l'ordre depuis si longtemps: il y eut dans la suite des Observants qui voulurent encore observer la règle plus exactement, et pratiquer une plus grande pauvreté: c'est ce qui a produit les réformes particulières des Déchaussés d'Espagne, de Saint-Pierre d'Alcantara, des Réformés d'Italie, des Récollets de France, et des Capucins, dont nous parlerons en leur lieu, mais qui sont néanmoins restés sous l'obéissance du ministre général de tout l'ordre de Saint-François, à l'exception des Capucins, qui ont présentement un général séparé. Nous rapporterons en leur lieu toutes les différentes réformes qui sont sorties de l'Observance, et qui ont été soumises au général de tout l'ordre (1).

Luc Wading, *Annal. Minor.*, tom. II et III. Franciscus Gonzague, *de Orig. Seraph. relig.* Rodulph. Tussinian., *Hist. Seraphic.* Marc de Lisboa, *Chronicas de los Menores.* Juan et in Nino, *Chronicas de los Menores.* Francisc. de Roias, *Annal. de la Orden de los Menores*, Dominique de Gubernatis, *Orb. Seraphic. Monument. ord. Minor. et firmament. tertii. ord. S. Francisci.*

L'histoire des religieux Franciscains de l'Observance n'offre rien de bien remarquable dans le cours du dernier siècle. Grâce à Dieu, leur conduite en France fut exemplaire, lorsque tant d'autres instituts étaient livrés aux nouveautés, qui troublèrent l'Eglise; aussi les jansénistes ne les épargnèrent pas; et dans leur gazette hypocrite et calomnieuse ils tombèrent souvent sur le chapitre des Cordeliers. Ce qui leur déplaisait surtout en ceux-ci, était la conformité de leur doctrine avec celle des Jésuites, manifestée dans des actes publics. Ils leur reprochèrent donc quatre thèses de ce genre soutenues par ceux de Pézenas; une autre sur la grâce suffisante soutenue dans leur couvent de Marseille; une autre, plus énorme encore, soutenue dans la même maison et dédiée *à la société de Jésus, colonne inébranlable de l'Eglise romaine*, ou *l'Appui de l'Eglise militante*; telles autres soutenues à Troyes sur l'infaillibilité du pape et l'infaillibilité de l'Eglise dans le jugement des faits, sur l'état de pure nature, la grâce, etc. Les attaques du journal janséniste n'étaient pas les seuls désagréments que leur attirassent leur franchise à défendre la doctrine orthodoxe; une thèse, soutenue par eux à Toulouse, fut censurée par la faculté de théologie de cette ville; une, soutenue à Pézenas, fut supprimée par les parlements de Toulouse et de Paris; une, soutenue à Vire, supprimée par le parlement de Rouen. Leurs prédications et la direction des Cordeliers étaient aussi selon le même esprit, et leur procuraient devant Dieu des mérites, auprès des gens de bien des bénédictions, et devant d'autres quelquefois des désagréments. Il y eut, il faut en convenir, quelques ombres à ce portrait flatteur, et l'on vit des concessions faites à l'esprit de révolte, soit par des particuliers, soit par des communautés entières; mais ces exceptions malheureuses furent en petit nombre. Par exemple, ceux de Saint-Quentin furent tous interdits en 1754 par l'évêque de Noyon, pour une chose qui n'était peut-être qu'un acte de complaisance mal placée; un Cordelier de Paris eut la faiblesse ou l'audace de porter au parlement de Paris un appel comme d'abus, sous l'administration courageuse de Mgr de Beaumont; mais ces exemples, auxquels nous pourrions en joindre quelques autres, furent rares, et d'ailleurs, n'étaient pas seulement le fait des Cordeliers de l'Observance, mais aussi des Conventuels à qui on donnait aussi cette dénomination. Malheureusement, à ces sentiments et à cette direction conformes aux règles de l'orthodoxie, les Observantins ne joignaient pas partout une rigoureuse observance des constitutions de leur réforme. Cette réforme, presque abandonnée en pratique, sembla leur peser par son nom. Puisque nous parlons d'abord et spécialement des Observantins français, nous allons raconter la démarche affligeante qu'ils firent pour se réunir aux Franciscains Conventuels.

Les malheureuses entreprises dirigées par Brienne et autres indignes évêques contre les ordres religieux avaient occasionné des réunions et des chapitres nationaux dans les différents instituts de France, qui presque tous firent des constitutions nouvelles, et parurent dans l'illusion sur les projets réels du gouvernement et des mauvais évêques, qui n'étaient que les exécuteurs des hautes œuvres de la philosophie. Les Franciscains subirent une révolution importante dans la réunion des Conventuels et des Observantins qui se fit comme nous allons le dire ici en abrégé.

Le R. P. Husson fut le député général des *Observantins* de France pour la réunion avec les RR. PP. *Conventuels*, et son secrétaire écrivit la relation dont nous extrayons ces notes.

Les Observantins avaient *huit provinces* en France. En 1769 ils députèrent 24 députés qui s'assemblèrent avec le R. P. gardien du grand couvent à Paris, sous la présidence du R. P. Barbé, définiteur général et commissaire pour le R. P. général de ladite Observance. A la session du 2 octobre, en présence de Brienne, archevêque de Toulouse et de la Luzerne, depuis cardinal et évêque de Langres, commissaires du roi, ils insérèrent à la fin des actes capitulaires cette délibéra-

(1) *Voyez*, à la fin du vol., nos 6 et 6 bis.

tion singulière : « De plus, le chapitre a délibéré de supplier Sa Majesté de faire disparaître de son royaume la distinction des deux ordres différents des FF. Mineurs, en procurant la réunion des FF. Mineurs de l'Observance en France à celui des FF. Mineurs Conventuels. »

En 1770, le 23 avril et jours suivants, les *Conventuels* (qui avaient trois provinces en France) réunis à Aix, prirent une délibération analogue, amenèrent les choses au point qu'il intervint, le 23 juin 1770, un arrêt du conseil du roi, ordonnant un chapitre national composé d'un député de chaque province des Observantins, et de six députés pour les trois provinces des Conventuels, lequel chapitre se tint en effet la même année au grand couvent de Paris, le 17 septembre et jours suivants. On y adopta, sauf quelques changements légers convenus avec les PP. Conventuels, les Constitutions rédigées par lesdits RR. PP. Conventuels à Aix et extraites des Constitutions urbaines. — Dans l'assemblée d'Aix, les Conventuels élurent pour leur député le R. P. Pourcel, ou à son défaut le R. P. Pourret. Dans l'assemblée de Paris, composée de Conventuels et d'Observantins, ceux-ci élurent le R. P. Husson, ou à son défaut le R. P. Puz. Les députés devaient présenter au souverain pontife les Constitutions susdites, le concordat d'union fait à Paris, par les Conventuels et Observantins et la supplique des deux Observances. Toutes ces pièces, signées de huit députés Observantins, et six députés Conventuels, furent remises entre les mains du R. P. Husson, lecteur-*jubilé*, ex-provincial et ex-définiteur général de l'Observance, député et commissaire des Observantins français. Accompagné du P. ***, son secrétaire, et du P. ***, il arriva à Rome, le 26 avril 1771, et descendit au couvent des SS. Apôtres, résidence ordinaire du R. P. général, qui le reçut avec toute politesse, et donna rang auprès de lui au P. Husson. Ce P. Husson alla saluer le cardinal de Bernis, ambassadeur français, et dans son compliment lui dit, entre autres choses singulières, qu'il venait chercher « *l'approbation de notre nouveau code*, et la réunion à une branche de l'ordre *dont nous n'aurions jamais dû nous séparer*. Approbation qui calmera les vraies, qui dispersera les fausses alarmes de la conscience, qui fixera notre manière d'être, qui nous donnera de la constance.. Réunion qui, par le plus édifiant spectacle, va lever le scandale de la division... Réunion si chère à nos cœurs.... Puissent les nations étrangères marcher sur nos traces... Les cardinaux d'Amboise en France, Ximénès en Espagne, et tant de grands et puissants zélateurs de l'Observance, avaient sans doute des vues saintes... Mais leur zèle était-il assez éclairé ? Leur zèle n'était-il pas trop amer ? » Le 1er mai, le pape Clément XIV donna audience au P. Husson, qu'il reçut avec des démonstrations d'affection. Le P. Husson harangua le souverain pontife en latin, mais dans sa harangue (il) est d'un style classique et affecté jusqu'au ridicule.

Le pape répondit en la même langue, et se félicita de voir les Observantins français se réunir à son ordre (il avait été Conventuel), etc.… Le P. Pourret avait été député par les Conventuels ; il reçut aussi les marques des bonnes grâces du pape, qui promit d'examiner l'affaire. Quelques jours après, le pape nomma, pour examiner les Constitutions des Observantins demandant l'union, les PP. Marzoni, procureur général des Conventuels, Pastrovichi, consulteur du saint-office, Martinelli, consulteur des Rites et procureur général des Missions apostoliques ; Husson et Pourret, députés français, avec pouvoir au P. procureur d'appeler aux séances d'autres religieux, s'il était nécessaire. Les PP. Castan, Virret et le secrétaire du P. Husson assistèrent à quelques séances, et il fut d'abord proposé par le procureur général de s'occuper de la dernière phrase des Constitutions, dans laquelle les Français disaient que le pape serait prié que, en ce qui ne concerne pas les trois vœux, les Constitutions n'obligeaient pas sous peine de péché mortel. Les deux consulteurs s'opposèrent à cette demande, pour éviter le scandale parmi les Observantins d'Italie, pour maintenir à l'institut de Saint-François cette prérogative sur les autres ordres, etc. ; qu'au reste, les Français pouvaient faire la demande en leur privé nom ; que pour eux ils feraient savoir au pape leur différence d'opinion. Les Français tenaient avec quelques Italiens à leur demande ; les séances furent orageuses, et dans les premiers jours il ne fut rien conclu. Le chapitre général des Conventuels devait bientôt se tenir ; les vocaux étaient presque tous arrivés ; il se répandait parmi eux des bruits peu favorables à la réunion des Observantins français. Les uns disaient que ceux-ci, par leur réunion, porteraient leur esprit de réforme, les vaines et futiles observances et tout le cagotisme qu'ils reprochent aux Observantins d'Italie. Les autres, au contraire, disaient que les Français apporteraient le relâchement, puisqu'ils demandaient déjà des dispenses, etc..… Instruit de ces propos, le député répandit dans la maison une pièce latine, dans laquelle il déclarait ne vouloir que ce qu'étaient les Conventuels pour le régime, le costume, etc... Les PP. Husson et Pourret eurent une audience du pape, et le 12 mai, le P. Husson voulut encore débiter au pape une harangue latine, que le pape interrompit en l'embrassant et lui témoignant son affabilité, et peut-être aussi pour s'épargner l'ennui de cette harangue. Le P. Husson l'a pourtant conservée et publiée. Une chose que nous voulons faire remarquer ici, et qui a son importance, c'est que le pape répondit au P. Husson, qui le consultait, que, dans un chapitre des religieux parents et même des frères pouvaient suffrager si leur nombre ne surpassait pas ou n'égalait pas le nombre des autres vocaux ; que, par exemple, sur vingt vocaux, quatre frères pouvaient suffrager sans nuire à la validité des élections. Le pape chargea le P.

Marzoni d'examiner les statuts des Français. Ce Père, empêché par l'approche et la tenue du chapitre général, où il devait être élu ministre général, ne put s'occuper de cette affaire. Il se contenta de dire aux députés français que leurs statuts étaient trop concis, qu'il leur conseillait de prendre simplement les Constitutions urbaines, d'y mettre eux-mêmes les modifications que demandait la France, etc... Le P. Husson fit remarquer avec raison à son collègue que, suivant ce conseil, ils iraient contre les termes de leur mission, qui se bornait à solliciter l'approbation du pape pour des statuts rédigés, sous les yeux des commissaires du roi, par les religieux compétents, etc... Ils consultèrent le cardinal de Bernis, qui leur dit d'abandonner les Constitutions urbaines et de s'en tenir absolument aux Constitutions rédigées au grand couvent de Paris, par l'Assemblée nationale; que les commissaires du roi et les Cordeliers de France pourraient se plaindre. Les deux députés suivirent ce conseil. L'élection du général devait avoir lieu le lendemain, et, par une décision ou disposition, le pape avait nommé vocaux aptes à suffrage à l'élection du général des Conventuels, le député des Observantins et son secrétaire. Cette élection offrit, à notre avis, des singularités si étonnantes, que nous croyons devoir en consigner quelques-unes ici.

Le 16 mai, le cardinal François Albani était venu présider à la syndication des vocaux. Cette Eminence remplaçait le cardinal Chigi, protecteur de l'ordre, que le pape avait nommé d'abord, et qui était détenu par l'infirmité dont il mourut. Le député des Observantins fut appelé au chapitre immédiatement après les officiers généraux de l'ordre. Le cardinal était seul auprès d'une table; il demanda au P. Husson, son nom, ses qualités, et à qui il donnait sa voix pour le généralat. La réponse donnée, le cardinal l'écrivit sur un registre. Le secrétaire des Observantins fut appelé immédiatement après; on lui fit les mêmes questions, et on écrivit de même ses réponses. Tous les autres vocaux furent appelés de même au scrutin préparatoire.

La veille du scrutin, le révérendissime P. André de Rossi, général, comme patron du R. P. Louis-Marie Marzoni, l'avait conduit en cortége chez tous les vocaux, pour leur demander leur suffrage en faveur de son protégé. (S'il y avait plusieurs contendants au généralat, chaque candidat serait ainsi conduit par son patron respectif.) Les RR. PP. Conventuels font le même scrutin, par le président du chapitre provincial, et les mêmes présentations pour le provincialat.

Le 17, le R. P. général avait annoncé pour le lendemain les élections générales et donné ordre à tous les vocaux de se trouver à la salle capitulaire, pour y recevoir Sa Sainteté, qui devait présider à l'élection du général. Cette salle capitulaire avait été richement ornée. Le milieu était destiné aux trois cardinaux et au trône du pape. Au centre était la table, couverte d'un riche tapis. Des deux côtés se tenaient, derrière une balustrade aussi recouverte de tapisserie, les religieux qui avaient le droit de voter.

Le 18 mai dès sept heures du matin, les suisses de la garde du pape occupèrent toutes les issues du couvent des SS. Apôtres. A huit heures, le souverain pontife arriva lui-même avec toute sa cour et entra dans la salle capitulaire précédé des officiers généraux de l'ordre, des trois cardinaux et des prélats romains; les religieux vocaux étaient déjà à leurs places respectives. Assis sur son trône, le pape commença la cérémonie de l'élection par un discours latin, dans lequel il parlait du plaisir de voir des frères, et rappelait le bonheur qu'il avait eu d'être comme eux enfant du Séraphique Père saint François. Puis il exposait les qualités que devait avoir le futur général et des dispositions où devaient être ceux qui allaient le choisir, etc. Après le *Veni Creator*, dont le pape chanta le verset et l'oraison, le secrétaire de l'ordre dit, par ordre du souverain pontife : *Exeant omnes non vocales à loco definitorii*. Le gardien du chapitre, la canne à la main, invita poliment les non vocaux à sortir, et ferma la porte. Pendant ce temps tous les vocaux étaient à leurs places, sans siéges pour s'asseoir. Les portes du chapitre étant fermées, le secrétaire de l'ordre lut la liste des vocaux, et chacun d'eux, en entendant prononcer son nom, répondait *Adsum*, en fléchissant le genou; trois étaient retenus dans leurs chambres par la maladie. Il lut ensuite le décret d'Urbain VIII, *Ut omnis officiorum ambitus præcludatur*, etc., etc.; le titre VII des Constitutions urbaines, des qualités du ministre général, *Ad præfecturam generalatus*, etc. Cette lecture faite, le pape dit par trois fois à l'assemblée : *Juratisne secundum veritatem conscientiæ vestræ, eum vos ad officium generalatus electuros, qui ad id magis idoneus in Domino videbitur*. Tous en s'agenouillant et mettant la main sur la poitrine répondirent : Nous le jurons. Ensuite le P. général fut conduit par les maîtres de cérémonies au trône pontifical, où, s'étant agenouillé, il remit sur un bassin les sceaux de l'ordre, renonça à son office, et demanda *humblement* pardon des fautes et des négligences qu'il aurait pu commettre pendant son administration. Pour que chacun des vocaux pût librement porter ses plaintes contre le général ou son administration, le pape proposa au définitoire de le faire sortir ou de le faire rester, en ces termes : *Placet ne vobis ut minister generalis remaneat in definitorio?* Tous ayant répondu *Remaneat*, le saint-père déchargea le P. André de Rossi de son généralat. Le custode du sacré couvent d'Assise fut conduit par le maître des cérémonies au pied du trône pontifical, et là, à genou, il récita d'une voix intelligible le *Confiteor*, que chacun des vocaux, également à genou, récitait en même temps à voix basse, puis le pape les releva tous des excommunications qu'ils pourraient avoir encourues. Cela étant fait, les vocaux reçurent de la main du cardinal vice-président la cédule ou billet d'élection, le remplirent et le reportèrent sur le bassin placé sur la table des trois cardinaux ; le secrétaire de l'ordre, le gardien du chapitre et deux provinciaux étaient déjà allés par ordre du pape chercher les bulletins des trois malades absents. On compta ces bulletins, on fit venir deux non vocaux pour les lire : l'un recevait le billet de la main du cardinal, s'assurait de son contenu et le passait à son confrère, qui le lisait à haute voix. Trois scrutateurs nommés *ad hoc* et en même temps le secrétaire de l'ordre et le gardien du chapitre écrivaient les noms des candidats à mesure qu'ils étaient prononcés. Les suffrages comptés, le gardien du chapitre s'approcha du saint-père et lui montra le résultat de l'inscription des noms, en lui disant : *Beatissime Pater, omnia suffragia, dempto uno, convenerunt in magistrum Fratrem Aloisium Mariam Marzoni, de vico Mercato, qui idcirco, si placet Sanctitati Vestræ, est electus in ministrum generalem.* Alors le souverain pontife dit trois fois : *Estne aliquis vestrum qui fratri magistro Aloisio Mariæ Marzoni in ministrum generalem vestri ordinis electo, vel ejusdem electionis modo opponere velit?* Trois fois on répondit : *Nemo.* Le pape ajouta trois fois : *Placetne vobis ut comburantur schedulæ?* et autant de fois on répondit : *Placet.* Les bulletins furent brûlés dans une salle voisine ; on ouvrit les portes du définitoire, et le secrétaire de l'ordre proclama l'élection du général selon la forme prescrite par les Constitutions urbaines. Le nouveau général fut conduit aux pieds du pape par les deux maîtres de cérémonies, et fit sa profession de foi. Le souverain pontife lui remit les sceaux de l'ordre, lui donna le pouvoir de continuer les sessions et les autres actes capitulaires, dit les prières d'actions de grâces, donna sa bénédiction à l'assemblée et se retira dans son appartement où il demeura quelque temps, et retourna ensuite à Monte-Cavallo. Tous les religieux l'accompagnèrent jusqu'à la porte du couvent, puis chantèrent le *Te Deum*, et se rendirent ensuite à l'église pour rendre l'obédience au nouveau général.

Le soir, tous les religieux vocaux allèrent processionnellement à Monte-Cavallo, où le pape tenait chapelle avec vingt-quatre ou vingt-six cardinaux, les généraux d'ordres. Lorsque les vêpres furent finies, on introduisit les Conventuels en la chapelle pontificale, et leur nouveau général, conduit aux pieds du pape, y demanda confirmation de sa charge (1). Le pape le bénit et confirma son élection. Le pape (Clément XIV) caressa de la main le député des Observantins, et lui renouvela une partie de ce qu'il lui avait dit de flatteur à l'occasion de leur réunion aux Conventuels. « Je m'aperçus, ose écrire le secrétaire et compagnon de celui-ci, dans la relation où je puise ces faits, je m'aperçus aussi que les cardinaux et ceux qui composaient la chapelle, excepté le général des Observantins et son procureur général, avaient du plaisir de nous voir, quoique habillés en Observantins, parmi nos nouveaux confrères. » De retour au couvent des SS. Apôtres, les religieux Conventuels assemblèrent le définitoire pour procéder à l'élection du procureur général et de deux assistants, le compagnon et le secrétaire de l'ordre. Le député des Observantins assista, selon les ordres du pape, à toutes les élections ; mais la réunion qu'il avait espérée de Sa Sainteté le jour même où fut élu le général, ne fut proposée au chapitre que le 23 mai. La veille le pape avait envoyé dire au général que l'on proposerait au définitoire en substance. 1° s'il convenait de faire cette union ; 2° quelle serait la manière de la consommer. Le définitoire général répondit, conformément aux intentions du pape, affirmativement quant à la première demande, et rémissivement au souverain pontife quant à la seconde. L'union adoptée précédemment ne fut donc signée qu'à la session du 23.

Deux jours après, les deux députés se rendirent chez le pape pour le remercier, et le saint-père serra l'Observantin entre ses bras, et lui dit qu'étant véritablement Conventuels, les Observantins devaient en prendre la marque extérieure, et qu'il voulait revêtir lui-même du nouvel habit le P. Husson et son secrétaire, et le frère convers, compagnon de voyage. En effet, il envoya le lendemain dire au couvent des SS. Apôtres de faire confectionner ces habits à ses frais, et le 13 juin, jour de saint Antoine de Padoue qui assurément n'aurait pas voulu faire de même, cette vêture fut faite par le pape, qui donna les noms aux nouveaux Conventuels. Le P. Husson fut appelé frère *Clément*, le

(1) Le général des Conventuels est le seul de tous les généraux d'ordres qui soit confirmé par le pape. Voici l'origine de cette exception. Léon X, ayant transféré le généralat et la primauté aux Observantins, pour se venger, *dit-on*, sur les Conventuels des maux qu'avait causés à sa famille Jules II, neveu de Sixte IV, et qui avait été novice chez les Conventuels, réduisit ces religieux au même état où avaient été les Observantins, tant que ceux-ci n'eurent que des vicaires généraux et provinciaux soumis au général des Conventuels. Il obligea donc le supérieur général des Conventuels, qui fut élu en même temps que les Conventuels élisaient (pour la première fois) le leur, à se faire confirmer par le général du même ordre. Les Conventuels ne purent souffrir une pareille humiliation : ils s'adressèrent au pape pour lui demander la confirmation de l'élection de leur général. Le pape leur accorda cette faveur. Depuis ce temps, ils ont conservé l'usage d'aller chez le pape immédiatement après l'élection, ou après midi. La tristesse dont ils étaient affectés la première fois qu'ils subirent cette formalité semble se renouveler chaque fois qu'on la renouvelle. En effet, rien de si triste que cette procession, faite sans dire un seul mot, une seule prière, ni chanter une seule note. — Depuis lors, la préséance dans l'ordre, dans les processions publiques, a encore varié, selon les décisions de quelques papes ; mais les faits me sont trop peu connus pour les préciser.

secrétaire reçut le nom de *Laurent* et le frère convers celui d'*Antoine*.

Pendant leur séjour à Rome, nos nouveaux députés s'occupèrent avec les Conventuels romains de l'examen et de la rédaction des Constitutions. (J'ajouterai à la fin de ce troisième volume des détails sur ces Constitutions, détails dont la place naturelle serait peut-être à l'article Conventuels, mais qui se lient aussi à l'article Observantins.) Les différents articles de ces Constitutions suscitèrent très-peu de difficultés. Il n'y eut que la dernière phrase par laquelle les Cordeliers de France demandaient que Sa Sainteté déclarât que la règle et les Constitutions n'obligeraient pas *sub gravi*. Ce seul article, grâce à Dieu, fut discuté pendant trois jours. On fit consentir les députés à supprimer cette phrase, en leur montrant son inutilité, puisque dans le corps de leurs Constitutions en France, ils n'avaient point inséré que la règle ou les Constitutions obligeraient *sub gravi*, étant certain qu'une loi n'oblige que selon la teneur des termes. On pourrait peut-être demander de quel droit les rédacteurs de Constitutions en France auraient déclaré que la règle de saint François oblige ou n'oblige pas sous peine de péché grave. Quoi qu'il en soit, le député des Observantins fit venir des copistes pour faire un cahier correct des Constitutions, lequel fut examiné de nouveau, corrigé et transcrit. Il ne pensa plus alors qu'à obtenir du saint-père une bulle confirmative de l'union et des Constitutions françaises. Il présenta plusieurs suppliques; le pape remettait de jour en jour. Enfin il fit présenter une dernière supplique le 16 juillet, et le bref, rédigé par le cardinal Negroni, sur les matériaux élaborés par le général et le P. Husson, fut confirmé et signé par le pape, le 9 août.

Le député des Observantins avait insisté fortement dans la formation du projet de bref pour qu'on y insérât que les *Observantins*, en se réunissant aux Conventuels, en adoptant leurs usages, etc., porteraient avec leur fusion et communiqueraient aux Conventuels leurs priviléges, exemptions, juridictions, etc., afin de confirmer par là leurs droits et juridictions sur les monastères de religieuses. Le général et même le cardinal Negroni ne voulurent point mettre cette clause : on pensa depuis que c'était à cause des prétentions de la province de France sur la maison de Paris, qui par cela même aurait été autorisée à conserver, après la réunion, les priviléges dont elle jouissait auparavant et dont j'ai parlé dans ce *Dictionnaire*; or, le pape ne voulait rien statuer sur ce point. Le P. Husson alla trouver le pape et lui communiqua ses craintes, quant à la juridiction sur les monastères de femmes, juridiction qu'on pourrait disputer aux Réformés devenus Conventuels, en faisant valoir contre les transfuges la bulle de Sixte V, qui ôte cette juridiction aux Conventuels. Clément XIV calma les craintes du député, et lui dit que les Conventuels n'avaient point perdu leurs droits quant à cette juridiction sur les religieuses ; qu'au moment même où ils parlaient ils exerçaient ces droits en Pologne, en Allemagne, en France même; que d'ailleurs la bulle de Sixte V ne regardait que l'Italie. Le pape ajouta que les évêques ne feraient aucune tentative à cet égard (le pape présumait beaucoup de la générosité des évêques qui cherchent toujours à méconnaître ou diminuer les droits des religieux) ; qu'au reste tant qu'il vivrait les Conventuels pouvaient être tranquilles.

Le pape fit donner le titre de docteur aux députés, paya leur pension au couvent des SS. Apôtres, et ne voulut pas que le P. Husson payât les droits et honoraires du bref d'union (grâce du pape qui n'empêcha pas que le secrétaire du cardinal Negroni ne reçût un cadeau important).

Dans la visite d'adieu, le pape prit le bref d'union et les Constitutions, et se chargea de les faire parvenir en France ou par le cardinal de Bernis, ou par son nonce. Au mois de décembre 1771, le P. Louis Marzoni, général des Conventuels, écrivit aux Conventuels français, reconnaissant leur union et leurs Constitutions.

Nouvelles ecclésiastiques. — *Lettre historique sur la réunion des PP. Cordeliers Observantins de France, avec les PP. Conventuels,* Nancy, Antoine, 1772.

Le roi donna des *lettres patentes*, confirmatives des Constitutions des Conventuels français, et un bref de Clément XIV, daté du 23 décembre 1771, approuvant l'établissement de huit provinces formées des couvents de Conventuels et d'Observantins réunis, fut aussi confirmé par lettres patentes, en février 1772. Tous les couvents qui ne furent pas désignés dans la nomenclature des custodies formant ces huit provinces, subirent la suppression, excepté cinq maisons, dans le midi, sur lesquelles le roi se réservait de statuer. J'en parlerai plus longuement dans l'article additionnel à la fin de ce volume.

Outre le grand couvent de Paris, rue de l'Observance, dépendant immédiatement du général, les Observantins avaient encore une sorte de communauté au célèbre monastère de l'*Ave-Maria*, car cette maison de femmes était desservie par douze Cordeliers des *custodies* de Normandie et de Lorraine, qui ne faisaient qu'une même province, de l'*Étroite Observance* franche-parisienne.

Avant leur réunion aux Conventuels, qui n'avaient que trois provinces, les Observantins en possédaient huit en France, et toutes comptant un grand nombre de couvents des deux sexes.

A la fin du dernier siècle, les Observantins jouissaient encore en Espagne de l'estime, de la considération et de l'influence qu'ils méritaient. A la restauration de la famille des Bourbons l'ordre de Saint-François reprit faveur, et en 1815 il occupait à Madrid les mêmes couvents qu'avant la guerre désastreuse des Français. A la suite des imprudentes et injustes mesures prises par le roi Ferdinand VII, les Franciscains ont été abolis totalement par le gouvernement d'Isabelle. La révolution opérée en Suisse en 1847, au grand détriment de la religion, chassa les ordres religieux les plus respectables du diocèse de Fribourg et de quelques contrées. Les Franciscains furent conservés, non par un reste de considération religieuse, mais peut-être à cause d'un fameux Père Girard, du couvent de Fribourg, connu par sa méthode pour l'enseignement primaire et par les idées de libéralisme, qui lui conciliaient la faveur des révolutionnaires.

A Rome, au dernier siècle, les Observantins avaient les couvents d'*Aracœli*, de Saint-Barthélemy en l'Ile, de Saint-Isidore. J'ignore si aujourd'hui ils en ont d'autres que le couvent *Aracœli*. On distingue, comme autrefois, les provinces cismontaines des provinces ultramontaines ; celles-ci, c'est-à-dire les provinces hors de l'Italie, n'ont point de supérieurs actuellement. Les provinces cismontaines ont pour général le R. P. Joseph-Marie d'Alexandrie de Sicile, et pour procureur général le P. Louis de Lorette. Les Observantins Réformés, qui avaient autrefois cinq maisons à Rome, ont aujourd'hui pour procureur général, le R. P. Ange de Locara. La préséance entre les Conventuels et les Observantins dans les cérémonies publiques a varié, suivant les décisions des souverains pontifes. Dans les *Cracos* de Rome elle est donnée, comme il paraît juste, aux Observantins, qui la gardent aussi actuellement, je crois, dans les processions. Il y a actuellement (sauf les suppressions amenées peut-être par la guerre de la révolte de Venise en 1848), dans les Etats autrichiens 247 maisons de Franciscains, et vraisemblablement les Observantins occupent le plus grand nombre.

Lettre du P. *** — *Notes communiquées*, etc.
B-D-E.

OCCITAINE (Dominicains de la congrégation).

Voy. Lombardie.

OIAN (Saint-).

Voy. Claude (*Saint-*).

ORATOIRE (Congrégation de l').

De la congrégation des Prêtres de l'Oratoire en Italie, avec la Vie de saint Philippe de Néri, son fondateur.

La congrégation des Prêtres de l'Oratoire en Italie (1) fut fondée par saint Philippe de Néri. Il naquit à Florence le 22 juillet 1515, et eut pour père François de Néri, et pour mère Lucrèce Soldi, qui prirent un grand soin de son éducation. Ils n'eurent pas de peine à lui insinuer des sentiments de piété ; il y était porté de lui-même, et avait pour eux tant de déférence, leur portait un si grand respect, que dès l'âge de cinq ans on lui donna pour ce sujet le surnom de *Bon*. Il employa presque tout son bas âge à l'étude de la grammaire, et à l'âge de dix-huit ans son père l'envoya dans la petite ville de Saint-Germain, qui est au pied du Mont-Cassin, dans la terre de Labour, chez un de ses oncles, nommé Romulle, riche marchand, dans l'espérance que, n'ayant point d'enfants, il lui laisserait son bien, en quoi il ne se trompa pas : car Romulle eut tant d'affection pour son neveu, qu'il le destina pour son héritier. Mais le désir que Philippe avait de servir Dieu et de se consacrer entièrement à son service, le rendant peu sensible à de si belles espérances, il abandonna la maison de son oncle, renonça à sa succession, qui montait à plus de vingt mille écus d'or, et alla à Rome l'an 1533, pour y achever ses études. Quand il y fut arrivé, il s'adressa d'abord à un noble Florentin, nommé Caccia, qui, ayant connu ses bonnes qualités, voulut qu'il logeât chez lui, et lui assigna pour sa subsistance une certaine quantité de blé par an, que Philippe donnait à un boulanger qui lui en rendait tous les jours un pain. Ce Florentin, concevant de jour en jour plus d'estime pour le saint jeune homme, lui donna le soin de deux de ses enfants, pour les élever dans les bonnes mœurs et dans les sciences humaines. Ils firent sous sa conduite beaucoup de progrès dans la vertu et dans l'étude des belles-lettres, et il en fit lui-même de si grands dans la philosophie et la théologie, qu'il y eut peu de personnes considérables dans Rome qui ne le voulussent connaître, pour avoir le plaisir de jouir de sa conversation, et tirer en même temps quelque profit de sa profonde érudition. Quoique sa pudeur et sa modestie le fissent respecter de ses compagnons, cela n'empêcha pas néanmoins que certains libertins ne tâchassent de temps en temps de le corrompre et de l'entraîner avec eux : mais, prévenu des grâces et des bénédictions du Ciel, il éluda leurs poursuites et conserva toujours son cœur et son corps dans une pureté inviolable.

Après qu'il eut fini ses études, quoiqu'il ne fût plus dans les mêmes occasions, il n'en eut pas moins de combats à soutenir, pendant plusieurs années, contre l'insolence et l'effronterie de quelques courtisanes, qui, ayant entrepris de vaincre sa fermeté, n'oublièrent rien pour y réussir ; mais ayant recours aux larmes, aux jeûnes et à la prière, il triompha toujours de la malice du démon et de l'impudicité de ces femmes débauchées. Il allait souvent aux hôpitaux, visitait tous les jours les sept églises de Rome, et employait une partie de la nuit à prier sur les tombeaux des martyrs, qui sont au cimetière de Caliste. Son exemple lui attira dans la suite beaucoup de compagnons, qui voulurent se joindre à lui pour faire les mêmes stations. Cette dévotion, qui se pratiquait avec beaucoup d'ordre et de modestie, édifia extrêmement la ville, et ce fut un des moyens dont notre saint se servit avec le plus de succès pour retirer beaucoup de jeunes gens de leurs dérèglements, et les porter ensuite à la piété.

---

(1) *Voy.* à la fin du vol., n° 7.

De si heureux commencements l'encourageant à travailler au salut du prochain, il prit la résolution de fonder avec Persiano Rosa, son confesseur, la célèbre confrérie de la Sainte-Trinité. Elle fut d'abord établie dans l'église de Saint-Sauveur *in Campo*, l'an 1548. Les premiers qui furent agrégés à cette confrérie n'étaient que de pauvres gens au nombre de quinze, qui s'assemblaient dans cette église tous les premiers dimanches de chaque mois, pour y pratiquer les exercices de piété qui leur étaient prescrits par le saint fondateur, et y entendre les exhortations qu'il leur faisait pour les exciter à l'acquisition des vertus et à la fuite des vices : ce qu'il faisait avec tant de force et de zèle, qu'il s'y trouvait assidûment un grand nombre de personnes, et même de distinction, dont plusieurs s'estimèrent fort honorées d'entrer dans une si sainte société : ce qui lui procura le moyen d'exécuter le dessein qu'il avait conçu d'établir un hôpital pour les pauvres pèlerins qui, venant à Rome pour visiter les tombeaux des apôtres saint Pierre et saint Paul et les autres anciens monuments de la piété des premiers chrétiens, étaient obligés de coucher dans les rues et sur les portes des églises, faute d'avoir un lieu où ils pussent se retirer : car le saint, touché de compassion pour ces pauvres misérables, engagea les confrères de la Trinité à leur donner l'hospitalité, ce qu'ils firent volontiers, ayant loué pour cet effet une maison où ils étaient logés, et pourvus de tous leurs besoins pendant trois jours, ce qu'ils continuèrent l'espace de huit ans, jusqu'à ce qu'enfin Paul IV, édifié d'une charité si exemplaire, donna à cette confrérie, en 1558, l'église paroissiale de Saint-Benoît, présentement appelée la Sainte-Trinité, auprès de laquelle on a bâti un hôpital si considérable, que pendant l'année sainte, ou du grand jubilé de 1600, on y reçut quatre cent quarante-quatre mille cinq cents hommes, et vingt-cinq mille cinq cents femmes, qui y furent défrayés pendant trois jours, selon la coutume de cet hôpital. Quoique le nombre des pèlerins n'ait pas été si grand dans l'année sainte 1700, il a néanmoins été encore fort considérable, puisqu'on y en a reçu deux cent soixante et dix mille cent cinquante-cinq de l'un et de l'autre sexe, et quatre vingt-cinq mille quatre cent quatre-vingt-quatre convalescents, cet hôpital étant aussi destiné pour recevoir les convalescents.

Saint Philippe de Néri s'exerça longtemps dans ces actes de charité, sans vouloir sortir de l'état de laïque ; mais son confesseur, persuadé qu'il deviendrait encore plus utile au public s'il entrait dans les ordres sacrés, l'obligea à les recevoir : c'est pourquoi, l'an 1551, au mois de mars, notre saint prit la tonsure, les quatre ordres mineurs et le sous-diaconat, étant âgé de trente-six ans. Il reçut le diaconat le samedi saint suivant, qui était le 29 du même mois, et enfin la prêtrise le 23 mai de la même année. Peu de temps après, il alla demeurer à l'église de Saint-Jérôme de la Charité, dans le dessein d'y passer le reste de ses jours. Il y avait déjà quelques autres prêtres qui y demeuraient, savoir : Persiano Rosa, son confesseur ; Bon-Signore Caccia-Guerra, noble Florentin ; François d'Arezzo, et un Espagnol nommé aussi François ; qui, quoiqu'ils demeurassent ensemble, vivaient chacun à leur manière et séparément. Sitôt que notre saint se fut consacré au service de cette église, il ne tarda guère à y donner de nouvelles marques de son amour et de sa charité pour le prochain : car il s'y employa à entendre les confessions avec une assiduité proportionnée au désir qu'il avait d'attirer les âmes et les gagner à Jésus-Christ, en leur inspirant l'amour de la vertu et l'horreur du péché. Non content d'exercer ce saint ministère dans l'église, il ouvrit sa chambre, sans distinction d'états ni de conditions, à tous ceux qui voulurent se mettre sous sa conduite, et commença ses conférences spirituelles avec un succès incroyable. Il n'y eut d'abord que six ou sept personnes qui se trouvèrent à ces conférences, qui furent Simon Garzini et Montizazzera, tous deux Florentins, Michel del Prato, deux orfèvres et un domestique de la maison de Massimi. Mais le nombre de ses auditeurs augmenta dans la suite, entre lesquels se trouvèrent des personnes distinguées par leur naissance et par leur science : comme Jean-Baptiste Salviati, frère du cardinal de ce nom, cousin de Catherine de Médicis, Reine de France ; François-Marie Tarruggi, qui fut ensuite cardinal ; Constance Tassovi, neveu du cardinal Bertrand, appelé le cardinal Defano ; Jean-Baptiste Modio, célèbre médecin ; Antoine Succi, et plusieurs autres. Les grands fruits qu'il faisait dans ces conférences animant son courage et excitant en lui de plus en plus le feu de la charité dont son cœur était embrasé, il lui vint en pensée d'aller dans les Indes avec Tarruggi, Modio, Succi et quelques autres, pour y porter la lumière de l'Evangile aux idolâtres et aux infidèles ; mais le prieur du monastère des Trois-Fontaines, de l'ordre de Cîteaux, qu'il consulta, lui ayant fait connaître que Dieu l'avait appelé à Rome et non pas aux Indes, et ayant été averti, par une vision qu'il eut, que ce conseil venait du Ciel, qui se servait de la bouche de ce saint religieux pour lui déclarer sa volonté, il se détermina à rester à Rome et à y continuer ses conférences dans sa chambre ; mais cette chambre se trouvant trop petite pour contenir toute l'assemblée, il obtint des députés ou administrateurs de l'église de Saint-Jérôme un lieu ample et spacieux au-dessus de leur église ; ce lieu qui jusqu'alors avait été inutile, fut accommodé en forme d'oratoire, où les exercices furent transférés l'an 1558, que, le nombre des assistants augmentant de jour en jour, le saint fondateur s'associa, pour faire les conférences, Tarruggi et Modio, qui n'étaient encore que laïques, auxquels il joignit, quelque temps après, Succio et Baronius, auteur célèbre des *Annales ecclésiastiques*. Outre les conférences et les autres exercices qui se pratiquaient dans cet oratoire, il ordonna qu'il serait ouvert tous les soirs, à six heures en été, et à cinq en hiver; que le dimanche, le mardi, le jeudi et le samedi, l'on ferait une demi-heure d'oraison mentale, après laquelle on réciterait les litanies de la sainte Vierge, et que les autres jours de la semaine l'on prendrait la discipline. Quelque temps après, il changea la première méthode qu'il avait tenue. En attendant que les confrères fussent assemblés, il faisait faire une lecture spirituelle par quelques-uns de ceux qui étaient arrivés des premiers. Celui qui présidait interrogeait ensuite deux ou trois des assistants sur la lecture qui avait été faite. Après qu'ils avaient répondu, il faisait une récapitulation de tout ce qui avait été dit, et concluait toujours par quelques réflexions qui portaient les auditeurs à l'amour de Dieu, au mépris du monde et à la pratique des vertus. On s'instruisait aussi de l'histoire ecclésiastique, et l'assemblée se terminait par des prières et des hymnes qu'on chantait à la gloire de Dieu. Le saint fondateur allait ensuite visiter plusieurs églises, où il était suivi par un grand nombre de ses disciples, qui y assistaient aux offices tant de nuit que de jour, avec une piété et une dévotion qui les rendaient la bonne odeur de Jésus-Christ. Il y en avait trente ou quarante qu'il avait choisis entre tous les autres, et qu'il distribua en trois bandes pour aller aux hôpitaux de la ville assister les malades; et certains jours de l'année, principalement pendant les jours de carnaval, il assemblait le plus de monde qu'il pouvait pour aller visiter les sept églises, afin que, ne pouvant arracher au démon toutes les conquêtes qu'il fait dans ces temps de folie et de libertinage, il en diminuât au moins le nombre, en attirant à ces pratiques de dévotion des gens qui peut-être sans cela n'auraient pas évité les pièges de cet esprit tentateur. Cette dévotion se pratique encore tous les ans à Rome le jour du jeudi gras, et on y observe le même ordre que le saint avait établi. Il s'y trouve quelquefois jusqu'à quatre ou cinq mille personnes, auxquelles on donne à manger, mais avec la même frugalité dont usait le saint fondateur à l'égard de ceux qui l'accompagnaient dans ce saint pèlerinage; car on ne leur donne à chacun qu'un pain, une tranche ou deux de saucisson, qu'on appelle en italien *mortatella*, un œuf, un morceau de fromage, et environ une chopine de vin : ce qui se fait dans une vigne, c'est-à-dire dans un grand jardin, où l'on trouve tout disposé; en sorte que lorsqu'on arrive, on n'a qu'à s'asseoir sur l'herbe, chacun dans son canton; car chaque état et condition le sien, qui est séparé des autres par de petites barrières faites exprès, en sorte que les religieux, de quelque ordre qu'ils soient, ont le leur, qui est le plus proche de celui des cardinaux, ensuite celui des séculiers, et ainsi des autres. Pendant ce repas, qui dure environ une demi-heure, on donne à toute l'assemblée le plaisir de la musique, qui est placée au milieu de toutes les barricades; en sorte qu'on entend les voix de tous côtés, en suite de quoi un enfant de huit à dix ans fait un petit discours sur le sujet de cette dévotion, après lequel tout le monde se lève pour continuer ce pèlerinage, qui ne finit que sur les quatre ou cinq heures du soir.

Un si saint exercice ne put être à l'abri de la médisance et de la calomnie. Il s'éleva de faux bruits dans la ville contre le saint. On accusa ceux qui le suivaient dans la visite des sept églises, de n'y aller que pour contenter leur gourmandise, et vivre grassement des mets exquis qu'on leur donnait en abondance; on en murmurait hautement, et les plaintes en furent portées au vicaire du pape. Philippe fut déféré à son tribunal, comme un homme ambitieux, qui introduisait des nouveautés et tenait des assemblées dangereuses contre la foi. Ce prélat, prévenu contre lui, le fit venir en sa présence; et après l'avoir traité fort rudement, il lui interdit le confessionnal, lui défendit de prêcher sans permission, et le menaça de le mettre en prison s'il menait davantage des compagnons avec lui, et s'il tenait avec eux des assemblées. Le saint, qui n'avait rien à se reprocher sur les accusations qu'on avait faites contre lui, répondit en véritable enfant de l'Église, c'est-à-dire avec beaucoup d'humilité et de soumission, à celui qui tenait la place de vicaire de Jésus-Christ, qu'ayant commencé cet ouvrage par obéissance, il le quitterait de même; mais qu'il n'avait eu d'autre intention que celle de travailler pour la gloire de Dieu et le salut des âmes. Le prélat, qui devait être édifié d'une si grande soumission à ses ordres, n'en conçut au contraire que du mépris pour lui, et le chassa de sa présence; ce qui fut pour notre saint un contretemps qui persuada à plusieurs personnes, et même à des ecclésiastiques qui demeuraient avec lui, qu'il n'était qu'un ambitieux, et dès ce temps-là il les eut pour adversaires; mais Dieu, qui humilie quelquefois ses saints pour faire paraître leur gloire avec plus d'éclat, ne laissa pas longtemps son serviteur dans cette épreuve : car ayant fait connaître sa sainteté, on lui permit de continuer ses exercices : ce qui non-seulement augmenta beaucoup le nombre de ses disciples, mais le remit dans un si haut degré de réputation, que les Florentins, qui étaient habitués à Rome, ayant fait bâtir une église dans cette ville, sous le titre de saint Jean-Baptiste, l'an 1564, pour ceux de leur nation, le prièrent de la vouloir bien desservir. Le saint fit difficulté d'accepter cet emploi : ce qui obligea les Florentins d'avoir recours à l'autorité du pape Pie IV, qui, ayant ordonné à Philippe de se charger de cette église, il fit prendre les ordres sacrés à quelques-uns de ses disciples, qui furent Baronius, Fideli et Bordin, que le pape Clément VIII choisit dans la suite pour son confesseur, et qui fut aussi archevêque d'Avignon.

Ces zélés disciples de ce saint fondateur furent les trois premiers qui allèrent demeurer à l'église des Florentins, où ils furent bientôt suivis par Tarruggi et Velli, qui fut premier supérieur de la congrégation après saint Philippe de Néri ; et c'est proprement à ce temps-là que l'on doit rapporter l'établissement de cette congrégation, qui prit le nom de l'Oratoire, à cause de l'oratoire que le saint fondateur avait dressé à Saint-Jérôme de la Charité, où il demeura encore quelque temps, pendant lequel ses disciples, qui demeuraient à l'église des Florentins, l'allaient trouver trois fois le jour. Le matin ils se confessaient à lui, et retournaient ensuite chez eux. Après le dîner ils allaient à l'oratoire pour y entendre le sermon, ou pour prêcher à leur tour, d'où ils allaient chanter les vêpres à leur église, et retournaient encore à l'oratoire pour assister aux autres exercices, sans que les ardeurs du soleil en été, ni les rigueurs du froid ou le mauvais temps en hiver les en empêchassent. Ils étaient dans une si parfaite union, qu'ils distribuèrent entre eux les offices de la maison, qu'ils faisaient tour à tour, trois fois la semaine, ou pour un temps plus considérable : ils servaient à table, avaient soin des provisions, et faisaient la cuisine : ce qu'ils tenaient à un si grand honneur, que Baronius étant à la cuisine, et souhaitant de demeurer toujours dans cet état d'humiliation, écrivit sur la cheminée en gros caractères : *Baronius, cuisinier perpétuel.* Souvent les grands seigneurs et les personnes de lettres qui recherchaient la conversation de ce grand homme, le trouvaient avec un tablier autour de lui, écurant les chaudrons et lavant la vaisselle. Germain Fideli, frère de celui dont nous avons parlé, et Octave Paravicini, élève de Baronius, et que son mérite éleva dans la suite au cardinalat, aussi bien que son maître, faisaient la lecture au réfectoire, et chacun à son tour avait soin aussi de balayer l'église tous les samedis, de parer l'autel, de préparer tout ce qui était nécessaire pour le dimanche, pendant lequel et les jours de fêtes, ceux qui étaient prêtres s'employaient à entendre les confessions et à annoncer la parole de Dieu.

Une vie si sainte et si profitable au prochain, charmant de plus en plus les Florentins, leur fit chercher les moyens de les fixer entièrement au service de leur église : c'est pourquoi, voyant qu'ils ne pouvaient aller trois fois par jour à l'oratoire de Saint-Jérôme de la Charité sans beaucoup de fatigues, ils prièrent saint Philippe de transférer ses exercices chez eux, et lui firent bâtir pour ce sujet un oratoire fort ample : ce qu'ayant accepté l'an 1574, avec la permission du pape Grégoire XIII, il y fit ses assemblées et y continua ses exhortations ordinaires. Comme la congrégation augmentait de jour en jour, le saint fondateur et ses compagnons jugèrent à propos d'avoir une maison qui leur appartînt, afin qu'étant indépendants, ils pussent faire leurs exercices avec plus de liberté. On leur offrit deux églises qui pouvaient convenir à ces mêmes exercices, et toutes deux dédiées en l'honneur de la sainte Vierge, l'une sous le titre de *Monticelli*, et l'autre sous celui de *la Vallicella*. Cette dernière était plus petite, mais sa situation était plus avantageuse, à cause qu'elle était au milieu de la ville, et par conséquent plus du goût du saint fondateur, qui, ne cherchant que l'avantage du prochain, préférait sa commodité à sa propre satisfaction. Cependant, craignant de se tromper dans son choix, il ne voulut rien faire sans avoir consulté le pape, qui lui conseilla de s'arrêter à celle de la *Vallicella*. Comme cette église était paroissiale, celui qui en était curé la céda l'an 1575, moyennant une pension viagère ; et le saint envoya pour la desservir Germain Fideli et Jean-Antoine Luccio. Quelque temps après, on y jeta les fondements d'une magnifique église, où l'on commença à célébrer les offices divins l'an 1577, et ce fut pour lors que l'on commença à mettre en pratique les constitutions que le saint avait dressées deux ans auparavant pour sa congrégation, qui fut approuvée la même année par Grégoire XIII, qui donna aussi son consentement pour transférer l'oratoire de l'église des Florentins à celle de Sainte-Marie de la *Vallicella*, qui porte présentement le nom de la *Chiesa-Nuova*, c'est-à-dire l'Église-Neuve ; et ce changement donna occasion à saint Philippe de changer la méthode de ses premiers exercices : car, au lieu des conférences, il y eut tous les jours, excepté le samedi, une lecture spirituelle, suivie de quatre sermons : ce qui se pratique encore aujourd'hui dans la même église, avec tant d'édification, qu'un saint prêtre, qui, pendant sa vie n'avait jamais manqué d'assister à ces sermons, voulut et ordonna par son testament qu'après sa mort son corps serait enterré dans cette église, vis-à-vis la chaire du prédicateur, et que l'on mettrait sur sa tombe ces paroles du prophète Ezéchiel : *Ossa arida, audite verbum Domini.* Le saint instituteur voulut aussi qu'à la fin des sermons l'on chantât quelques hymnes et prières pour les nécessités de l'Église.

L'église de Sainte-Marie de la *Vallicella* étant en état d'y faire les exercices, comme nous venons de dire, et le logement pour la demeure des prêtres étant achevé, une partie de ceux qui demeuraient à l'église des Florentins y vinrent aussi demeurer la même année 1577, et élurent pour supérieur saint Philippe de Néri, qui ne quitta pas pour cela sa demeure à Saint-Jean des Florentins, où il demeura jusqu'en 1583, qu'à la prière de ses disciples, qui étaient à Sainte-Marie de la *Vallicella*, et par obéissance au souverain pontife, qui le lui ordonna, il vint demeurer avec eux. Il en était resté encore quelques-uns chez les Florentins ; mais, par un décret de la congrégation, qui fut fait l'an 1583, il fut ordonné qu'ils viendraient tous demeurer à Sainte-Marie de la *Vallicella*. Ainsi tous les prêtres qui formaient la congrégation de l'Oratoire de Rome se virent réunis ensemble.

Cet institut était trop bien établi, et fondé sur une trop grande piété, pour tarder longtemps à faire beaucoup de progrès ; aussi, dès l'an 1586, Tarruggi avait fait des établissements à Naples et à Milan ; il s'en fit un aussi la même année à San-Severino, et il y en eut encore deux autres, l'un à Fermo et l'autre à Palerme; mais celui de Milan ne subsista pas. Les Pères de l'Oratoire de Rome, voyant que leur institut se multipliait, firent un décret par lequel ils résolurent de n'avoir jamais de maisons hors de Rome qui dépendissent de leur administration, excepté celles de Naples et de San-Severino ; mais, afin qu'on ne crût pas qu'ils désapprouvassent les établissements de pareils oratoires, ils ajoutèrent au décret qu'il était néanmoins permis à l'oratoire de Rome d'envoyer, si bon lui semblait, des personnes pour établir des maisons du même institut, à condition qu'ils reviendraient après les avoir établies, sans que ces établissements pussent être annexés à la maison de Rome, ni que les prêtres de ces établissements pussent se dire de la congrégation de l'Oratoire de cette même ville ; et ordonnèrent aussi que l'on pourrait recevoir des prêtres étrangers, auxquels on apprendrait les coutumes de la congrégation, pour pouvoir faire de pareils établissements en leur pays. Le Père Marciano dit que ce décret fut fait l'an 1595, après que les Pères de la congrégation de Rome eurent refusé l'union que ceux des maisons de Palerme et de Fermo souhaitaient faire avec eux. Ils agirent néanmoins contre ce décret l'an 1598; car, ayant fait cette année un nouvel établissement à Lanciano dans l'Abruzze, il fut uni aux maisons de Rome, de Naples et de San-Severino. Cette maison de Lanciano possède l'abbaye de Saint-Jean *in Venere*, proche cette ville, et les Pères de cette congrégation y ont établi un séminaire pour élever des jeunes gens qui veulent entrer dans l'état ecclésiastique. Il y a dix bourgs qui dépendent de cette abbaye.

L'an 1587, saint Philippe de Néri fut élu supérieur général perpétuel de la congrégation. C'était pour lors une loi que ce supérieur ne pouvait exercer cet office que pendant trois ans, ou six au plus, s'il était continué ; mais en considération du saint fondateur, ils ordonnèrent qu'il serait perpétuel ; que ceux qui lui succéderaient ne seraient que triennaux, et qu'ils pourraient être continués pour trois autres années. Cependant, après la mort de ce saint, ils jugèrent à propos, l'an 1596, d'abroger cette loi, et il fut ordonné que l'on pourrait continuer le général dans son office autant de temps que l'on jugerait le plus convenable pour le bien de la congrégation. Le saint ajouta encore à ces constitutions qu'on ne ferait point de vœux dans la congrégation, et que si quelqu'un désirait mener une vie plus parfaite ou embrasser l'état religieux, il lui serait libre de sortir, voulant seulement que ceux de sa congrégation fussent liés par les liens de la charité. Il fit encore des règlements concernant l'ordre que l'on devait tenir dans le chapitre de la congrégation, et ordonna qu'en cas qu'il se trouvât des désobéissants, et qui scandalisassent les autres par leur mauvaise conduite, on les chassât hors de la congrégation.

Les fréquentes infirmités du saint l'empêchant de paraître en public, le pape Grégoire XIV lui permit, l'an 1591, de dire la messe dans une petite chapelle à côté de sa chambre, où, se voyant plus libre de satisfaire à ses dévotions, sans être à charge aux assistants, il passait ordinairement deux heures à méditer entre le *Domine, non sum dignus* et la communion ; de sorte que celui qui lui servait à la messe s'en allait, et ne revenait qu'au bout de ce temps pour lui donner le vin et l'aider à finir. Le même pontife le dispensa de dire son bréviaire, et lui permit de réciter le chapelet, pour satisfaire à l'office divin, ce qu'il fit pendant ses maladies ; mais étant retourné en santé, il ne voulut pas se servir de cette dispense.

Enfin, ce saint fondateur, désirant mener une vie privée, renonça au généralat, et Baronius fut pourvu de cet office, qu'il exerça pendant six ans, après lesquels il fut honoré de la dignité de cardinal, aussi bien que Tarruggi, par le pape Clément VIII, qui, dans une autre promotion, fit encore cardinal Alphonse Visconti, de la même congrégation. Après que le saint eut renoncé à son office, il vécut encore près de trois ans dans tous les exercices de la plus solide piété, se préparant ainsi à la mort, dont le moment lui fut annoncé dans une vision céleste. Il continua de dire la messe avec sa ferveur ordinaire jusqu'au dernier jour ; il entendit encore ce même jour les confessions de quelques personnes, et les communia de sa main. Il passa le reste de la journée sans aucune apparence de maladie ; mais sur les onze heures du soir il lui survint un vomissement de sang, après lequel il mourut à minuit, le 25 mai 1595, étant âgé de près de quatre-vingt-deux ans. Les miracles qu'il avait faits pendant sa vie et qui continuèrent après sa mort furent cause que l'on travailla au procès de sa canonisation. L'on commença dès le temps du pape Clément VIII, et l'on poursuivit sous son successeur Paul V, à l'instance du roi de France Henri IV, qui s'y employa en reconnaissance de ce que ce saint avait travaillé pendant sa vie à sa réconciliation avec l'Église. La cérémonie de la canonisation fut faite l'an 1622, par le pape Grégoire XV, à la prière de Louis XIII et de la reine Marie de Médicis sa mère, et l'an 1629 la ville de Naples le choisit pour un de ses patrons.

Après la mort de ce saint fondateur, son institut fit de nouveaux progrès. Galonius, qui le premier a écrit sa vie, qu'il donna au commencement de l'an 1600, dit, qu'outre les oratoires de Rome, de Naples, de San-Severino et de Lanciano, qui étaient unis ensemble, il y en avait encore quatre autres, savoir : à Luques, Fermo, Palerme et Camerino, et que l'on travaillait actuellement à six autres établissements, à Fano, à Pavie, à Vicence, à Ferrare, à Thonon dans le Chablais au diocèse de Genève, et à Notre-Dame de Grâces, au diocèse de Fréjus en Provence. Il s'est fait encore depuis ce temps-là d'autres établissements en Italie. Outre les cardinaux dont nous avons déjà parlé, qui sont sortis de la congrégation de Rome, elle a encore donné à l'Église les cardinaux Octave Paravicini, Nicolas Sfondrate et Léandre Colloredo, aussi bien que plusieurs autres prélats, dont un des plus distingués par son éminente vertu a été Jean Juvénal, ancien évêque de Saluces, l'un des premiers compagnons de saint Philippe de Néri. Elle a aussi produit de célèbres écrivains, comme le cardinal Baronius, auteur des *Annales ecclésiastiques*; Oldéric Rainaldi, qui a continué les mêmes Annales ; Antoine Galonius, Thomas et François Bozius. Le Père Jean Marciano, de la même congrégation, en a donné l'histoire l'an 1693, en deux volumes in-folio. Elle a pour armes une Vierge tenant devant elle l'enfant Jésus dans un croissant entouré de rayons.

Giovanni Marciano, *Memorie istorice della congregazione dell' Oratorio*. Anton. Galonius, *Vit. sancti Philip. Nerii.* Bolland, *Act. SS.*, tom. VI maii. Oldéric Reginald, *Annal. eccles.*, ad annum 1564. Guiseppe Crispino, *Sevola. di S. Philippo Neri. Bullar. Roman.*, tom. III. Silvestr. Maurolic, *Mar. Ocean. di tutt. gl. Relig.* Herman, *Hist. des Ord. relig.*, t. III. Baillet et Giri, *Vies des saints*, 26 mai.

Au dernier siècle, cette congrégation continua les œuvres de piété dont saint Philippe lui avait légué l'esprit et l'usage. Elle avait deux maisons à Rome, celle de Saint-Philippe-Néri *in Chiesa-Nuova*, et celle des Prêtres de l'Oratoire de Saint-Jérôme *Della Carità*, dont saint Philippe était aussi le fondateur. Elle se livra aussi à l'enseignement. Dans les autres États, comme en France, l'abolition de l'institut des Jésuites laissa un grand vide dans l'enseignement. En 1769, le 13 janvier, les PP. de l'Oratoire de Marie prirent possession de la maison professe des Jésuites à Madrid, que le roi d'Espagne leur avait accordée. Le 20 du même mois, ils firent, avec une pompeuse cérémonie, l'ouverture de l'église. Le 14 février, ils commencèrent des conférences sur l'Écriture sainte et la Théologie morale, conférences qu'ils devaient continuer le mardi et le samedi de chaque semaine, excepté les jours de fête.

L'esprit d'innovation religieuse ne dominait pas dans cette estimable congrégation, tant s'en faut. Néanmoins il y avait fait quelques progrès, et y causa quelques scandales. Ainsi, à Porto, en Portugal, le 17 juin 1788, deux Oratoriens, les PP. Jos. Eduard et Jean Figueironia, soutinrent des thèses sur la *Législation et la Hiérarchie ecclésiastique établies par Jésus-Christ*, qui étaient fort au goût des Jansénistes. Mais je pense que ces Oratoriens doivent plutôt être regardés comme des Oratoriens de France, car je crois que la congrégation de Bérulle avait établi l'Oratoire de Portugal.

(1) *Voy.* à la fin du vol., n° 8.

Dans la liste des maisons religieuses existant actuellement dans les États autrichiens, je vois sept maisons de *Philippiens*, contenant trois cent quarante sujets ; ce nombre d'hommes me paraît fort pour un si petit nombre de maisons. Ces Pères n'ont plus d'établissements en Espagne, depuis les suppressions faites sous le gouvernement de la reine-régente Christine.

A Rome, les Oratoriens ont encore les deux maisons de l'Oratoire de Saint-Philippe de Néri et de Saint-Jérôme *d lla Carità*, supposé qu'on puisse compter au nombre des établissements de l'institut cet Oratoire de Saint-Jérôme, qui a pour directeur le R. P. Marciani. L'Oratoire de Saint-Philippe Néri a pour supérieur le T. R. P. Pacifique Cesarini (on sait que les maisons de cette congrégation sont indépendantes les unes des autres). L'*Oratoire* établi dans l'ile de Ceylan est, sans doute, sorti de l'*Oratoire* d'Italie ; nous en dirons quelques mots dans notre *Supplément*, ainsi que de l'*Oratoire* qui se forme maintenant en Angleterre. Il y a peu d'années, M. Newman, docteur anglais, ayant embrassé la foi catholique, a aussi embrassé, à Rome, l'institut de l'*Oratoire*, pour en enrichir son pays, où il travaille à le consolider actuellement.

Notes tirées du Cracon. — Nouvelles ecclésiastiques, — feuilles publiques, etc.

B-D-E.

ORATOIRE DE JÉSUS (CONGRÉGATION DE L').
De la congrégation des Prêtres de l'Oratoire de Jésus en France, avec la Vie du cardinal de Bérulle, leur fondateur.

La congrégation des Prêtres de l'Oratoire en France (1), qui a été formée sur le modèle de celle des Prêtres de l'Oratoire d'Italie, et qui a eu l'avantage de servir elle-même d'exemple à plusieurs communautés séculières qui se sont établies dans le même royaume, est redevable de son établissement au cardinal de Bérulle, qui naquit le 4 février 1575, au château de Sérilly en Champagne, qui appartenait à son père Claude de Bérulle, conseiller au parlement de Paris. Il fut baptisé à Paris sur les fonts de la paroisse de Saint-Nicolas-des-Champs, et y reçut le nom de Pierre. Sa mère, Louise Séguier, tante du chancelier de ce nom, était une dame d'une haute vertu, qui, après la mort de son mari, embrassa le tiers ordre des Minimes, et quelques années après entra dans l'ordre des Carmélites Déchaussées, sous le nom de *Sœur Marie des Anges*. Elle prit un si grand soin d'élever ses enfants dans la connaissance et la crainte de Dieu, qu'ils ne lui furent pas moins obligés de la vie de la grâce, qu'elle leur procura par une sainte éducation, que de celle de la nature, qu'elle leur donna en les mettant au monde. Le jeune de Bérulle, dont nous parlons, fut l'aîné de deux fils et de deux filles, qu'il surpassa en vertu aussi bien qu'en âge : car dès l'âge de sept ans il fit vœu de chasteté, et chercha tous les moyens de pratiquer cette vertu angélique, en soumettant sa chair à l'esprit par les veilles, les jeûnes et tous les autres exercices de la pénitence la plus rigoureuse.

A peine avait-il passé cet âge, qu'il perdit son père : ce qu'il supporta avec une parfaite résignation à la volonté de Dieu. Il consola même sa mère par des discours si touchants et si remplis de sagesse, qu'elle avoua que toute la consolation qu'elle avait reçue dans une perte si sensible ne venait que de lui. Elle le mit entre les mains des Pères Jésuites, pour le former, par leurs soins, dans l'étude des sciences divines et humaines, dans lesquelles il fit un si grand progrès, que rien ne lui semblait difficile, quelque relevé qu'il fût; en sorte que ses maîtres admiraient également les grandes dispositions de son âme pour les premières, et sa vivacité et pénétration pour les secondes; ce qui était soutenu d'une si grande piété, qu'il ne négligeait rien de ce qui le pouvait faire arriver à la pratique de toutes les vertus chrétiennes, dont les nouvelles lumières qu'il acquérait de jour en jour par l'étude lui découvraient de plus en plus les beautés et l'excellence : c'est pourquoi il se mit sous la direction de dom Beau-Corsin, vicaire des Chartreux de Paris, l'un des plus grands personnages de son temps, et à qui Dieu avait donné une grâce si particulière pour la conduite des âmes, que de sa solitude et de son désert il connaissait mieux ce qu'elles avaient à faire et à éviter dans le monde que ceux même qui en avaient la plus grande pratique. Ce saint solitaire entreprit volontiers la conduite du jeune Bérulle; mais à peine eut-il conversé quelquefois avec lui, qu'il le trouva si savant dans les choses spirituelles et si éclairé de la lumière de Dieu, qu'il lui adressait comme à un oracle les personnes qui avaient quelques peines d'esprit et qui avaient besoin de conseil : ce qui réussissait toujours si heureusement, qu'elles ne sortaient point d'avec lui sans recevoir du soulagement à leurs scrupules. Il aimait singulièrement l'oraison, dans laquelle il recevait des grâces et des faveurs extraordinaires. Il fréquentait souvent les églises, et y demeurait longtemps devant le saint sacrement, dans des adorations profondes de ce sacré gage de l'amour de Dieu pour ses créatures. Il se renfermait le plus qu'il pouvait dans sa chambre; et lorsqu'aux vacances il était à la campagne, il cherchait le silence des bois et des forêts, et s'y tenait plusieurs heures du jour dans la solitude, afin de penser plus librement et sans trouble ni inquiétude à celui qui était l'objet de ses désirs.

Quand il fut en âge de choisir un état de vie, il prit la résolution d'embrasser la vie religieuse; mais trois ordres différents et des plus réguliers l'ayant refusé, par une secrète disposition de la Providence divine, qui le destinait à autre chose, il n'eut plus d'autre pensée que celle du sacerdoce. Ses parents s'opposèrent à ce dessein, voulant absolument qu'il étudiât en droit pour prendre une charge de conseiller au parlement; mais il leur déclara avec tant de fermeté la résolution où il était de suivre l'esprit de sa vocation, qu'il obtint enfin la permission de continuer ses études de théologie, dans laquelle il se rendit si habile, qu'il aurait pu prétendre au doctorat, que son humilité lui fit refuser. Il donna au public, à l'âge de dix-huit ans, un petit traité *de l'Abnégation intérieure;* et dès ce temps-là il s'employa avec tant de zèle et de succès à la conversion des schismatiques et des hérétiques, qu'il ne se tenait aucune assemblée, tant pour la gloire de Dieu et l'augmentation de l'Eglise catholique que pour le salut et la perfection des âmes, où il ne fût appelé.

Le temps de recevoir les ordres sacrés approchant, il s'y prépara par la visite des prisons et des hôpitaux, par une plus grande assiduité à la prière et par une attention plus exacte sur soi-même. Ayant obtenu de Rome la permission de prendre les ordres en un même temps, il s'enferma pendant quarante jours dans le couvent des Capucins, en l'honneur des quarante jours que le Fils de Dieu passa dans le désert. Pendant ce temps-là, il porta toujours un cilice, passait les journées sans prendre aucune chose que du pain et de l'eau, couchait sur le plancher ou sur des ais, et était continuellement en oraison. Avec ces dispositions, il reçut tous les ordres en une semaine; et le lendemain, 5 juin 1599, qui était la fête de la Sainte-Trinité, il célébra sa première messe dans l'église des Capucins avec tant de ferveur et d'onction, qu'il semblait être ravi hors de lui-même; et depuis ce temps-là à peine manqua-t-il un jour à la dire, excepté lorsqu'il était sur mer, dans les différents voyages qu'il fit. Lorsqu'il se vit plus étroitement uni avec Jésus-Christ par le caractère de la prêtrise, sa ferveur le porta encore à vouloir être religieux; mais dans une retraite qu'il fit à Verdun sous le Père Magius, provincial des Jésuites, il connut que sa vocation était pour demeurer dans le monde, afin d'y travailler au salut des âmes et à la réformation de l'état ecclésiastique et séculier.

Après avoir fini cette retraite, il se consacra plus que jamais aux œuvres qui regardaient la gloire de Dieu et l'utilité spirituelle du prochain. Un des premiers exercices où il s'occupa fut de combattre l'erreur. Il avait reçu de Dieu un don si particulier pour la conversion des hérétiques, qu'il ramena au sein de l'Eglise plusieurs personnes considérables qui s'en étaient retirées ou qui étaient nées dans l'hérésie, et confondit leurs ministres dans les conférences qu'il eut avec eux. Il fit aussi une guerre si continuelle et si exacte au vice, qu'il serait difficile de dire combien de personnes il fit sortir du désordre, et combien il en fit entrer dans les voies étroites de la perfection et de la sainteté, principalement après qu'il eut amené en France les Carmélites Déchaussées, qu'il fut chercher exprès en Espagne afin qu'elles y établissent leur réforme, dans laquelle plusieurs demoiselles françaises sont arrivées, sous la conduite de ce saint directeur, à une éminente vertu. Tant de zèle et de ferveur pour l'avancement de la gloire de Dieu, joint à la sainteté de sa vie, lui acquit une telle réputation, que chacun lui souhaitait les premières dignités de l'Eglise; mais il avait déjà refusé des évêchés et des archevêchés, et il avait même fait vœu de n'en accepter aucun. Le roi Henri IV voyant que son fils le dauphin, qui lui succéda dans ses royaumes sous le nom de Louis XIII, était déjà grand, jugea qu'il ne fallait pas différer à lui donner un précepteur, et choisit M. de Bérulle, qu'il regarda comme le plus capable de remplir cette place; mais il s'excusa encore de l'accepter, parce qu'il craignait que cet emploi, qui demandait une grande application, ne l'empêchât de travailler au salut des âmes et à l'établissement d'une congrégation qu'il avait résolu de former sur le modèle de celle de l'Oratoire de Rome, afin de faire refleurir l'état ecclésiastique, qui était déchu de sa splendeur par les malheurs des guerres civiles, le mélange funeste des hérétiques et la corruption des mœurs. Ses amis, auxquels il avait communiqué son dessein, le sollicitaient fort de commencer cet ouvrage, auquel il se sentait appelé de Dieu par de secrets mouvements de sa grâce; mais la défiance qu'il avait de ses propres forces lui faisait toujours différer, jusqu'à ce qu'enfin, après avoir consulté la volonté de Dieu par de continuelles et plus ferventes prières, et après en avoir conféré avec de saints personnages, et particulièrement avec le P. César de Bus et le P. Romillon, qui alors suivaient l'institut de l'Oratoire de Rome, il résolut de travailler à l'établissement de sa congrégation, à condition néanmoins qu'il n'en aurait point le gouvernement, nonobstant les sollicitations de plusieurs personnes qui le pressaient d'en prendre la conduite, mais particulièrement le cardinal de Joyeuse, qui s'obligeait même, en ce cas, à fournir tout ce qu'il faudrait pour bâtir l'Eglise, et à aider en tout ce qu'il pourrait de pieux fondateur, qui enfin, après avoir longtemps cherché par toute la France une personne d'une vertu singulière et d'une éminente piété qui voulût prendre cette direction (dont il aurait bien souhaité que saint François de Sales se fût chargé, n'ayant rien oublié pour l'y engager), fut enfin obligé de mettre la dernière main à son ouvrage et d'en entreprendre le gouvernement, pour obéir au commandement que lui en fit Henri de Gondy, évêque de Paris, et depuis cardinal de Retz, qui en avait été sollicité par la marquise de Maignelay, sa sœur, qui avait déjà fait un fonds de plus de cinquante mille livres pour y employer, outre plusieurs ornements d'église qu'elle avait déjà disposés, et auxquels mademoiselle Acarie, dont nous avons parlé dans un autre endroit, et qui se rendit ensuite religieuse Carmélite, avait travaillé.

M. de Bérulle, ayant donc reçu cet ordre de son prélat, assembla une communauté d'ecclésiastiques, l'an 1611, dans le faubourg Saint-Jacques, à l'hôtel du Petit-Bourbon, où est à présent le célèbre monastère du Val-de-Grâce. Les premiers qui se joignirent à lui furent les Pères Jean Bance et Jacques Gastand, docteurs en théologie de la faculté de Paris; François de Bourgoing, qui fut dans la suite général de la congrégation; Paul Métezau, bachelier de la même faculté, et le P. Caran, curé de Beauvais. Ils obtinrent des lettres patentes du roi Louis XIII pour leur établissement; et l'an 1613 le pape Paul V approuva cette congrégation, sous le titre de l'Oratoire de Jésus, et lui donna M. de Bérulle pour premier général.

Le dessein de ce saint fondateur, en établissant sa congrégation, fut de former une société d'ecclésiastiques qui pratiquassent la pauvreté dans l'usage de leurs biens et qui fissent profession de s'employer aux fonctions ecclésiastiques, sans s'embarrasser de se procurer aucun bénéfice ni aucun emploi auprès des prélats ecclésiastiques, auxquels il leur recommande d'être joints, conformément à l'obéissance qu'ils promettent quand ils sont consacrés et élevés à l'état de la prêtrise, et autant que la gloire de Dieu et l'intérêt de l'Eglise le demandent, de même que les Jésuites le sont au saint-siège par le vœu d'obéissance qu'ils font au pape. Il établit dans cette congrégation deux sortes de personnes : les unes comme incorporées, et les autres seulement comme associées. Le général devait choisir parmi les premières celles qu'il jugerait capables pour gouverner les maisons de l'institut; et les associés devaient être seulement dans la congrégation pour se former pendant un temps dans la vie et les mœurs des ecclésiastiques : ce qui était le véritable esprit de cette même congrégation, dans laquelle on ne devait point enseigner les lettres humaines ni la théologie, comme dans la plupart des séminaires, mais seulement les vertus ecclésiastiques, comme nous venons de le dire : ce qui n'a pas empêché que, dans la suite, les prêtres de cette congrégation n'aient eu des colléges et des séminaires dans lesquels ils ont enseigné les lettres humaines et la théologie. Quant aux règlements, le P. de Bérulle n'en fit point, voulant qu'il fût à la disposition du supérieur général de régler et conduire la congrégation selon sa prudence, conformément aux personnes et aux temps.

Ce zélé fondateur fit paraître dans cette charge l'éminence des vertus dont Dieu l'avait avantagé. Il était à sa congrégation un exemple d'humilité, de patience, de douceur, de soumission aux avis de ses confrères, de charité envers les pauvres, les malades et les pécheurs. Quoiqu'il suivît la cour et qu'il se cachât le plus qu'il pouvait, il fut souvent employé en des négociations importantes. La reine Marie de Médicis s'étant éloignée de la cour sur des mécontentements prétendus, le roi lui envoya le P. de Bérulle pour lui persuader de revenir, et il réussit si bien dans cette commission, qu'il réconcilia Leurs Majestés. Peu de temps après, il fut envoyé à Rome afin d'obtenir du Pape la dispense nécessaire pour le mariage d'Henriette de France avec le prince de Galles, héritier présomptif de la couronne d'Angleterre; et à son retour il conduisit en ce royaume la princesse. Étant revenu en France, la pureté de sa foi et son attachement pour le saint-siège le portèrent à persuader au roi la nécessité qu'il y avait de réprimer l'insolence des hérétiques, en leur ôtant les places fortes qu'ils avaient dans le royaume, par le moyen desquelles ils se soutenaient dans leur rébellion contre l'Église et contre l'État. Peu de temps après, ce prince et la reine sa mère demandèrent au pape sa promotion au cardinalat. Urbain VIII, qui occupait pour lors le saint-siège, n'eut pas de peine à déférer à leurs prières, ayant connu le mérite du P. de Bérulle dans le voyage qu'il avait fait à Rome. Il fut donc fait cardinal l'an 1627, et le pape le dispensa en même temps du vœu qu'il avait fait de n'accepter aucun bénéfice, lui ayant commandé par sainte obéissance d'accepter la dignité de cardinal.

Son humilité parut encore davantage lorsqu'il fut revêtu de cette éminente dignité. Il demeura toujours dans la modestie, la pauvreté et la simplicité d'un prêtre de Jésus-Christ, gardant la même frugalité dans ses repas, ne prenant de domestiques que ceux qui lui étaient absolument nécessaires, et se faisant toujours accompagner, comme les autres de la congrégation, par un prêtre de la maison. Il ne permit pas qu'on changeât son lit, couchant toujours sur une paillasse; il consentit seulement que l'on mît une tapisserie et un dais de serge violette dans la salle d'audience; cependant il ne se mit jamais sous ce dais, et il y fit mettre un crucifix, comme l'image de celui à qui cet honneur appartenait. Pour sa chambre, il n'y voulut jamais souffrir ni dais ni tapisseries, et elle n'était pas plus ornée que celle des autres prêtres de la congrégation, qui avaient en lui un parfait modèle de toutes les vertus, mais particulièrement d'une profonde humilité, au milieu des honneurs de la pourpre dont il ne jouit pas longtemps, car dès l'année qui suivit sa promotion, le temps auquel Dieu voulut récompenser la fidélité de son serviteur étant arrivé, il fut saisi d'une langueur qui, lui ôtant l'appétit et le sommeil, le réduisit à une extrême faiblesse. Il ne relâcha rien néanmoins de ses exercices ordinaires. Il eut toujours la même attention pour tout ce qui regardait le gouvernement de sa congrégation et la conduite des Carmélites dont il était aussi supérieur, et il ne négligea point le service de la reine-mère, qui l'avait choisi pour chef de son conseil pendant que le roi portait ses armes victorieuses au delà des Alpes. Il ne manquait pas de dire la messe tous les jours, avec une dévotion et une tendresse de cœur qui en inspirait à ceux qui l'entendaient. Mais enfin, le deuxième jour d'octobre de l'année 1629, étant monté à l'autel et ayant continué la messe jusqu'à la fin de l'Évangile, il tomba dans une si grande faiblesse qu'on fut obligé de le soutenir et de le faire asseoir. Étant revenu à lui, il voulut poursuivre le saint sacrifice; mais comme il était sur le point de prendre l'hostie pour la consacrer, et qu'il prononçait déjà ces paroles du Canon, *Hanc igitur oblationem*, il retomba dans une plus grande défaillance. On lui ôta ses ornements sacerdotaux, et on dressa dans la chapelle même un petit lit, sur lequel on le mit demi-habillé. Il y reçut en cet état tous les sacrements de l'Église, et rendit paisiblement son âme à Dieu, après avoir exhorté ses confrères à persévérer dans la pratique de leurs saints exercices et dans la fidélité qu'ils devaient à Dieu et à son Église, dont il leur recommanda les intérêts dans la personne des hérétiques, qu'ils devaient à son exemple s'efforcer de combattre et de ramener à l'obéissance du saint-siège. Il fut ouvert après sa mort, son cœur fut porté au grand couvent des Carmélites de Paris, et son corps fut enterré dans l'église de l'Oratoire de la rue Saint-Honoré, où Dieu a fait connaître la sainteté de son serviteur par un grand nombre de miracles qui ont été faits à son tombeau : ce qui n'a pas peu contribué au grand progrès que la congrégation de l'Oratoire a fait depuis la mort de ce saint fondateur : car, sans parler des maisons qu'elle a dans les pays étrangers, qui sont au nombre de onze dans les Pays-Bas, une à Liége, deux dans le comtat d'Avignon et une en Savoie, il y en a cinquante-huit en France, dont plusieurs ont été établies du vivant du saint fondateur, du nombre desquelles est la maison de l'Oratoire de la rue Saint-Honoré, à Paris, où il y en a encore deux autres, dont l'une est au faubourg Saint-Michel, et l'autre au faubourg Saint-Jacques. Les prêtres de cette congrégation n'avaient point de règlements dans les commencements, comme nous avons dit. Leur fondateur était lui-même l'oracle et le maître de sa congrégation, et plusieurs villes leur accordèrent des établissements sur ce pied sans aucune difficulté; mais quand ils voulurent faire celui de Rouen, et qu'ils portèrent leurs lettres patentes au parlement de Normandie pour les enregistrer, les curés de la ville et le procureur général s'y opposèrent, demandant qu'ils eussent à communiquer leurs règles et statuts, sans lesquels aucune société, même ecclésiastique ne peut et ne doit être reçue. Cette difficulté, à laquelle les prêtres de l'Oratoire ne s'attendaient pas, les obligea à faire promptement des règlements qu'ils produisirent en déclarant qu'ils n'étaient point religieux, mais seulement prêtres associés ensemble, dépendant immédiatement des évêques des lieux où leur congrégation est établie, ne travaillant que par eux, que sous eux et pour eux. Ils ajoutèrent de plus qu'ils étaient dans l'ordre de la hiérarchie de l'Église, accomplissant tout ce que les curés requéraient d'eux, comme confesser, administrer les sacrements aux paroisses sous eux, et par leur autorité expresse, et non autrement, comme les chapelains de leurs paroisses. Les curés de Rouen et le parlement se contentèrent de cette déclaration, et leurs lettres patentes furent vérifiées.

Peu de temps après la mort du cardinal de Bérulle, sa congrégation prit une nouvelle forme de gouvernement. Le P. Charles de Gondren, qui lui succéda, fit une assemblée de toutes les maisons dans celle de la rue Saint-Honoré à Paris, le premier jour d'août 1631. Ils y arrêtèrent tous d'une commune voix que leur état était purement ecclésiastique, ne pouvant être engagés par aucuns vœux, ni simples, ni solennels; que ceux qui voudraient obliger les sujets de la congrégation à faire des vœux, ou se porteraient à les embrasser, encore qu'ils fussent en plus grand nombre, seraient censés se séparer du corps, et obligés de laisser les maisons et tous les biens temporels qui en dépendraient, à ceux qui voudraient demeurer dans l'institut, purement ecclésiastique et sacerdotal, quoiqu'ils fussent en petit nombre. Il fut de plus arrêté dans cette assemblée que la puissance et l'autorité suprême et entière appartiendrait à la congrégation légitimement assemblée, et non pas au général, qui serait obligé de suivre la pluralité des suffrages en toutes choses, sa voix n'étant comptée que pour deux; et comme ces assemblées, qui se doivent faire tous les trois ans, allaient à de trop grands frais, ils résolurent aussi que ces frais seraient supportés par les maisons qui auraient eu part à la députation. Enfin, appréhendant que les biens de la congrégation ne fussent dissipés par la mauvaise administration du général, qui est à perpétuité, l'assemblée fut d'avis qu'on limitât sa puissance temporelle : c'est pourquoi on lui donna trois assistants (sauf à augmenter ce nombre dans la suite), lesquels auraient voix décisive avec lui dans les délibérations pour les choses temporelles, comme fondations, établissements, emprunts et autres choses semblables; ils ordonnèrent encore que ceux qui en auraient le moyen payeraient quelques pensions, sans s'arrêter aux services qu'ils rendent, et que personne ne serait admis dans la congrégation qu'il n'eût un titre pour être reçu aux ordres, à moins que le général n'en disposât autrement.

Dans la seconde assemblée générale qu'ils tinrent, ils ordonnèrent que ceux qui entreraient dans la congrégation y seraient incorporés par ordre exprès du général, trois ans et trois mois après leur première réception. Ce décret fut confirmé dans quelques autres assemblées; mais on n'y a plus d'égard présentement, et, dans une autre assemblée générale, ils ont déclaré que la congrégation ne fait point de corps: ainsi il n'y a plus de membres qui en soient inséparables, et il est libre à chacun d'en sortir quand bon lui semble.

La première maison, qui est comme la mère des autres, est celle de la rue Saint-Honoré, à Paris, où le général doit faire sa résidence avec les assistants. Elle jouit de deux abbayes qui y sont unies: l'une dans l'île de Ré, et l'autre au diocèse de Meaux. Les deux autres maisons que ces prêtres ont dans cette capitale de la France sont l'abbaye de Saint-Magloire, au faubourg Saint-Jacques, unie à l'archevêché, et qui sert de séminaire à l'archevêque; et celle de l'Institution, au faubourg Saint-Michel, qui jouit du prieuré de Saint-Paul-au-Bois, de 8000 livres de rentes, au diocèse de Soissons. Il y a eu jusqu'à présent six généraux de cette congrégation. Le premier a été le cardinal de Bérulle, qui eut pour successeur le P. Charles de Gondren, mort l'an 1641. Le P. François Bourgoing fut mis en sa place, et gouverna jusqu'à sa mort, qui arriva l'an 1662. Le P. Jean-François Senaut lui succéda, et à celui-ci le P. Louis-Abel de Sainte Marthe, qui s'était démis de cet office l'an 1696. On élut pour général le P. Pierre-François d'Arcrès de la Tour, qui gouverne présentement la congrégation. Elle a donné à la France plusieurs prélats et un grand nombre de personnes qui se sont distinguées par leur science et par leurs écrits, dont les plus illustres sont les Pères Mallebranche, Morin et Thomassin. Cette congrégation a pour armes les noms de Jésus et Marie, d'azur en champ d'or, l'écu entouré d'une couronne d'épines de sinople.

Germain Habert, *Vie du cardinal de Bérulle*. Sainte-Marthe, *Gall. Christ.*, tom. IV. Giry, *Vies des saints*, tom. II, aux additions, 2 octobre; et Hermant, *Histoire des Ordres religieux*, tom. III.

Les préventions qu'on avait en général contre les membres de l'Oratoire, qu'on accusait de jansénisme, étaient assurément fondées, mais elles étaient basées sur des liaisons plus anciennes qu'on ne le savait en général. Jansénius, disent les Annales manuscrites de l'Oratoire, était lié avec les premiers membres de la congrégation naissante, qui l'engagèrent à écrire. Leydecker, dans son *Histoire du Jansénisme*, dit la même chose avec plus de détails, et croit parler à l'avantage de Jansénius et de deux Oratoriens, qui eurent ensemble des dissertations théologiques, dont le fruit fut pour Jansénius attachement aux Oratoriens et nouvelle résolution de s'opposer un jour aux Jésuites. Les deux PP. de l'Oratoire dont parle Leydecker étaient *Guibert* et *Gibieuf*. Ce dernier surtout est fort connu par ses liaisons aux Jansénistes, qui faisaient grand cas de sa personne et de sa doctrine. Voici les paroles de Leydecker; mais la bonne foi m'oblige à rappeler au lecteur que si l'auteur cite des faits, sa plume était celle d'un calviniste: *Porro dum Lutetiæ ageret* (Jansénius), *cum Guiberto, et Gibieufo, viris doctissimis et Oratorii sacerdotibus, amicitiam contraxit, et de theologicis studiis disseruit. Unde in proposito confirmatior, statuit sese Jesuitis opponere aliquando, quum Augustini doctrinam excoluisset. Atque inde quoque est quod inter Oratorios Patres et Jansenium, quasi icto fœdere, optime convenerit illique post hujus fata cum sectatoribus conspiraverint. Quippe ex iisdem principiis, et consiliis omnia agebantur.* (Lib. 1, p. 9.) Tout ce que j'aurai à dire sur cette célèbre congrégation roulera donc malheureusement sur son jansénisme au dernier siècle; j'aurai donc à simplifier cet article additionnel, pour éviter des répétitions inutiles.

En l'assemblée générale de 1711, on fit sentir l'inconvénient de trop de frais pour les assemblées de ce genre, qu'on proposa de ne tenir que tous les neuf ans. On répondit avec raison qu'il faudrait à cette modification des constitutions l'intervention du pape, et on ne changea rien, pas même le nombre trop grand des dépenses qu'on proposait aussi de réduire. Le P. de la Tour était alors général.

En 1717, à la 29ᵉ assemblée générale tenue depuis la fondation, le duc d'Orléans, régent, à qui on fit demander un député du roi, répondit qu'il n'en donnerait point, afin de ne pas gêner la liberté de l'assemblée, et qu'il ne nommait pour commissaire que le général de la congrégation (encore le P. de la Tour), lui laissant la latitude de se faire remplacer par qui il voudrait. Le P. de la Tour nomma le P. Patornay, supérieur de la maison Saint-Honoré. Dans cette assemblée on fit d'excellents règlements pour le renouvellement de la discipline et des études.

Je dirai, pour l'intelligence de ce qu'on vient de lire, qu'aux assemblées générales, aux élections des principaux instituts, le gouvernement envoyait, et continua jusqu'à la révolution d'envoyer un homme qui y représentait la personne du roi, et était établi pour veiller au maintien des principes reçus en France. Quelquefois ce commissaire était un laïque, quelquefois un prélat, quelquefois même un religieux. Ainsi, à la 28ᵉ assemblée générale de l'Oratoire et à quelques autres, le P. Le Porcq fut le *député du roi* : tel était le nom qu'on donnait au commissaire dont je parle.

On pourrait peut-être juger de la manière dont la discipline intérieure était gardée par les Oratoriens, d'un point qui occupa en 1720 la 30ᵉ assemblée générale. On y fit, avec raison, difficulté d'y admettre le P. Decombe visiteur, mais qui n'avait jamais fait de visites dans les établissements, et on fit pour l'avenir un cas d'exclusion à celui qui en agirait ainsi. Et néanmoins cette assemblée nomma de nouveau visiteur ce même P. Decombe avec le P. *de Laborde!*

La soumission à la bulle *Unigenitus* était censée générale dans le corps de la congrégation, mais en réalité la grande majorité des Oratoriens lui était opposée.

Dès le commencement de ce siècle commencent les luttes entre les Oratoriens et un très-grand nombre d'évêques. Lorsque la peste décima la ville de Marseille, à cette époque malheureuse dont tout le monde a entendu parler, les Oratoriens furent bien loin d'imiter le zèle des autres religieux, et s'attirèrent le mécontentement du célèbre évêque Belzunce, qui n'était déjà pas trop bien disposé pour eux, et qui les priva (en 1729) de tout exercice public de religion. En 1728, Henriau, évêque de Boulogne, eut des discussions avec les Oratoriens; et les interdit; le conseil de la congrégation voulut que ses membres satisfissent l'évêque. Après la mort de Mgr de Lorraine, les grands vicaires de Bayeux interdirent les Oratoriens de Caen. Languet, évêque de Soissons, obligea tous les Oratoriens de sa ville à lui renvoyer leurs pouvoirs. Par ordre du roi, suspension des conférences au collège de Tours, non soumis à la bulle.

Sur divers points de la France, les Oratoriens ont des discussions et des désagréments avec les évêques : ainsi à Paris, leurs prédicateurs refusent de se présenter à Mgr de Vintimille, pour faire renouveler leurs pouvoirs. La maison de Saint-Magloire était infestée de Pères récalcitrants. Interdiction des PP. Terrasson (frères), Cordier, de Vence, Hultz, Tronchon. Dans le même séminaire, le P. Leroy, assistant et premier directeur, fut destitué, ainsi que le P. Labletterie, théologien pour la scolastique. Tant de disgrâces prouvent bien à quel degré l'esprit d'opposition était déjà monté dans l'Oratoire. Cette congrégation eut du moins d'autre part une petite consolation dans ces circonstances : le roi de Sardaigne, cédant à cette inspiration mauvaise qu'on a vu, depuis un siècle surtout, perdre les rois et les princes, ne voulait plus que l'instruction de la jeunesse fût, dans ses États, confiée à des communautés; l'évêque d'Annecy s'intéressa pour les PP. de l'Oratoire et fit leur éloge.

Ce n'était pas seulement de l'opposition à la bulle que l'Oratoire se trouvait coupable; on blâmait ou on accusait plusieurs de ses membres de dispositions communes parmi les jansénistes; ainsi les PP. de l'Oratoire du Forez étaient accusés d'opposition au culte de la sainte Vierge: ils se dirent calomniés. On arrêta, sur le Pont-Neuf à Paris, un Oratorien de province, qui avait participé aux scènes scandaleuses données sur le tombeau du diacre Pâris, à l'église Saint-Médard. Ces folies étaient du goût de quelques autres et peut-être d'un très-grand nombre de ses confrères. Et, puisque j'en suis à ce sujet, j'anticiperai pour rapporter un fait passé à Saint-Séverin en 1740. Le 11 février, le P. Dulcrain, prêchant le panégyrique du saint patron de cette paroisse de Paris, rappela qu'on avait prié saint Séverin de se rendre auprès de Clovis et d'obtenir sa guérison, et à cette occasion il ajouta cette diatribe : *La cour croyait les miracles et ne mettait point sa gloire à mépriser celui que les peuples révéraient.* Allusion aux prétendus miracles du diacre Pâris, allusion qui fut comprise. Ensuite il avait dit en parlant des évêques : *Colonnes brillantes, il est vrai, mais plus propres à surcharger l'édifice qu'à le soutenir.* Mgr de Vintimille, archevêque de Paris, n'avait fait que rire de la sortie insolente du prédicateur. Mais l'excursion sur le diacre Pâris et ses miracles attira au P. Dulcrain une lettre de cachet, qui lui commandait de sortir de la capitale; et il se retira à Vannes, sa patrie. A même d'obtenir la révocation de ces ordres rigoureux en déclarant qu'il n'entendait pas parler des miracles de Pâris, le fanatique Dulcrain soutient au contraire qu'il croit à la vérité de ces prodiges.

Ces actes de vigueur contre les jansénistes n'intimidaient guère leurs confrères, partageant, en grande partie, ou toutes leurs erreurs ou leur entêtement sur quelques points. L'insubordination, qui faisait des progrès funestes dans la Congrégation, d'où elle n'avait jamais été entièrement exclue, amenait des actes vraiment déplorables. En 1732, le P. de la Tour, général, priva vingt-cinq prêtres de voix active et passive; il fit écrire par le secrétaire à cinq députés de ne point venir à Paris. Malgré cette défense ils y vinrent. M. Hérault leur ordonna de sortir de l'assemblée à laquelle deux se présentèrent néanmoins, et n'en sortirent qu'en protestant. Des *brouillons* qui se trouvaient présents voulurent délibérer sur la validité de l'assemblée, qui fut déclarée canonique, disent les actes imprimés. M. Hérault, que je viens de nommer, était *commissaire du roi* à l'assemblée; dès l'année 1729, à la 33° assemblée générale, il avait le même titre. Des lettres de cachet excluaient les députés réappelants (au futur concile). Quatre d'entre eux demandent la lecture des ordres du roi, et sortent en posant leur protestation sur le bureau. Par l'exclusion, l'assemblée se trouva réduite de cinquante et un députés à vingt-sept; mais l'assemblée inscrivit sur la liste les députés exclus comme simplement absents. Le cardinal de Fleury ordonna, après l'assemblée, de faire sortir de Paris tous les députés exclus, et une lettre de cachet porta exclusion totale des PP. de Vizé, de Gennes, et Daimé.

Dans un grand nombre de diocèses, les évêques prouvèrent aux Oratoriens la désapprobation qu'ils donnaient au mauvais esprit qui animait la plupart des membres de la congrégation. Ainsi, je citerai Toulon, où l'évêque fit des efforts pour leur enlever le collége de sa ville; Angers, où l'évêque défendit aux Bénédictins de la Fidélité de Saumur de les recevoir dans leur maison. M. de Montmorin, évêque de Langres, entreprit de déposséder les Oratoriens de leur établissement, possédé depuis 1616, et ils furent expulsés du séminaire. En 1737, l'évêque de Blois interdit les Oratoriens de Vendôme, à l'exception de deux. En 1743, l'évêque de Troyes interdit seize Pères de la maison de cette ville; la même année, M. de Charleval, évêque d'Agde, les renvoie du séminaire, et trois ans plus tard ceux de Clermont furent interdits par M. de la Garlaye, évêque de cette ville, et même au diocèse d'Annecy, l'évêque avait, en 1742, interdit ceux de la maison de Rumilly.

A une époque que je ne puis préciser ici, les Oratoriens de Flandre se séparèrent de la congrégation française. Cette rupture ne dut pas avoir lieu avant la moitié du dernier siècle, ou du moins ne brisa pas tous les liens, même d'administration qui attachaient la fille à la mère; car je vois des députés de l'Oratoire de Flandre aux assemblées de l'Oratoire de France, et je lis qu'à la 37° assemblée générale, en 1739, les Flamands n'envoient point de députés, *à cause de quelques difficultés qui s'étaient élevées entre leurs maisons*. A l'assemblée précédente, en 1736, à l'occasion d'une dispute qui s'était élevée en Flandre précisément, on décida, 1° que dans la suite on ne pourrait admettre dans le conseil de la congrégation de Flandre deux proches parents, comme frères, cousins germains, oncle et neveu, à moins qu'ils ne fussent élus à l'unanimité entière (1): 2° que les différends qui s'élèveraient sur le gouvernement de la congrégation ne pourraient être portés aux tribunaux ordinaires, sous peine d'exclusion contre celui qui les y porterait : ces différends devant être vidés en présence des supérieurs et jugés par eux. A l'occasion de ces mesures, je trouve important d'en signaler une qui fut prise à l'assemblée de 1739 : on envoya deux députés prendre à domicile le suffrage du P. Camusat, qui était logé en ville, et qui tomba malade. La même assemblée déclara exclus *ipso facto* ceux qui porteraient des perruques, ou quelque autre sorte de cheveux empruntés. L'opinion sur les perruques a bien changé depuis un siècle; et peut être aujourd'hui, dans une assemblée pareille, ne mettrait-on pas un tel sujet en question.

Pour ne pas revenir sans cesse et d'une manière fastidieuse sur le jansénisme dominant dans la congrégation de l'Oratoire, je vais parler longuement de ce qui se passa à l'occasion de l'assemblée générale qui se tint à Paris en 1746, et commença le 14 septembre. Le roi avait donné ordre de n'élire pour députés que des hommes soumis au formulaire et à la bulle. Le père de la Valette, général, avait fait des démarches pour adoucir cet ordre, et menaçait même, dit-on, de donner sa démission. Cette assemblée fut précédée de la messe du Saint-Esprit, à laquelle assista M. de Marville, commissaire du roi pour présider ladite assemblée, et ensuite on se rendit dans la salle du conseil. Le R.P. général parla le premier, et fit un discours; et quoiqu'il eût parlé pendant une demi-heure, il n'avait nullement touché aux affaires du temps. Quand il eut fini, M. de Marville prononça aussi un discours, qui parut fort bien écrit, et qui fut dit avec beaucoup de grâce et de décence : il fit remarquer que le roi, à qui la congrégation de l'Oratoire était chère, avait voulu donner à ce corps tout le temps de se consulter; que Sa Majesté attendait que cette congrégation, seul corps dans l'Etat qui n'eût point encore donné de marques de soumission, obéirait à ses ordres et qu'elle recevrait les constitutions et bulles du pape reçues en France, et notamment le formulaire, purement et simplement, et la bulle *Unigenitus*, comme loi de l'Eglise et de l'Etat. Il ajouta que si malheureusement il s'en trouvait quelques-uns parmi ceux qui composaient l'assemblée qui ne

---

(1) On peut voir à l'article OBSERVANTINS, dans ce volume, la réponse que fit à une question sur un sujet semblable à celui-ci, le pape Clément XIV, et que j'ai mentionnée dans l'*addition*.

fussent point soumis, Sa Majesté les privait de voix active et passive et les excluait des premières dignités de la congrégation. Les expressions du magistrat étaient très-ménagées, et il se comporta avec toute la politesse qu'on pouvait attendre dans une commission aussi fâcheuse. Il fit faire lecture des ordres de Sa Majesté qui lui avaient été donnés pour présider l'assemblée, et de ceux que le P. général avait reçus, pour se conformer avec tous les Pères de l'assemblée aux volontés de Sa Majesté. Cette lecture étant finie, il y eut quatorze députés qui se levèrent pour se retirer. Le P. Montenil fut le premier, et dit en passant à M. de Marville qu'il était fâché de ne pouvoir obéir, mais qu'il valait mieux obéir à Dieu qu'aux hommes. M. de Marville lui témoigna sa peine avec obligeance. Le P. de Bon-Recueil vint ensuite, et dit que sa conscience ne lui permettait pas de recevoir la bulle *Unigenitus*, et adressant la parole à l'assemblée et de la main lui montrant le crucifix, il dit: «Mes Pères, c'est Jésus-Christ qui préside ici et c'est lui qui sera le juge de tout ce que vous allez faire.» M. de Marville l'interrompit en lui disant que de tels discours étaient indécents; qu'il eût à se retirer. Ce Père obéit et sortit avec treize autres députés. L'assemblée, après l'exclusion des quatorze, resta composée de dix-neuf députés, en comptant le P. général. On procéda à la signature; le P. général dit en termes formels qu'il ne s'agissait point de recevoir la bulle comme règle de foi; que Sa Majesté ne voulait ni ne pouvait la faire recevoir avec cette qualification. Que la bulle n'était donc qu'une règle de discipline et de précaution; M. de Marville fit même un signe d'approbation. Cette explication ne fut pas mise sur la formule que l'on signa et qui fut portée à M. d'Amien, évêque de Mirepoix. Il y est dit que la bulle est une loi de l'Eglise et de l'Etat, conformément aux déclarations de Sa Majesté, et en l'enregistrement du parlement, sur les registres des actes de l'assemblée, l'acceptation est encore différente. A mesure que les députés se retiraient, ils mettaient sur le bureau les protestations dont ils étaient chargés. M. de Marville demanda au général ce que c'était que ces papiers. Il lui fut répondu qu'apparemment c'était des protestations. Quand la séance fut finie, M. de Marville alla dans la chambre du P. général et lui remit toutes les protestations, pour en faire l'usage qu'il jugerait à propos, on dit, et c'est le sentiment le plus sûr, que le magistrat les brûla chez le général. Il y en avait quatre cents, dit-on. Il y eut une deuxième séance, le soir à quatre heures. On nomma assistants le P. Viger (1), qui fut continué, le P. du Faveau, et le P. Toucas, supérieur des Vertus; celui-ci fut élu, parce que l'évêque de Mirepoix (Boyer) ne voulut point du P. Lefranc. Les visiteurs furent les PP. Boyer, supérieur de Juilly, de la Grie, supérieur de la maison d'Angers, et Etienne, supérieur à Toulon. Quant au procureur général, le P. de Murard, il s'était déclaré avant l'assemblée et avait dit qu'il ne voulait plus l'être, et même il ne voulut pas se trouver à l'assemblée, et les opposants regardèrent son absence comme un *témoignage*. Néanmoins l'assemblée décida qu'il serait continué à condition qu'il accepterait la bulle; le P. Renou fut élu à sa place. Les fonctions de secrétaire furent données au P. Moisset, supérieur de l'Institution. (*heureusement*, ainsi s'exprime le *Mémoire* où je puise, heureusement il ne fut pas question de décret pour toute la congrégation, chose que l'on craignait beaucoup.) La constitution fut donc reçue par *dix-neuf*, rejetée par *quatorze*, auxquels il faut joindre *six* absents qui devaient entrer dans l'assemblée : c'étaient les PP. Laborde, Mâne, Tatou, Batarel, Renouard, de Murard; ajoutez 400 protestations *et bien des Nicodèmes*, dit encore notre *Mémoire*.

Ces quatre cents protestations étaient-elles formulées suivant les sentiments et le style de chaque individu? c'est possible : mais il serait possible aussi que ces protestations nombreuses aient été le fruit d'un complot et les copies d'une circulaire. J'ai lieu de le penser, car ce que je viens de dire sur cette étrange assemblée se trouve bien analysé dans les Annales manuscrites d'Adry ; mais les détails, je les ai pris sur une feuille volante insérée dans ce registre, et il était à propos de faire connaître, en y puisant largement, toute la vérité qu'on n'a point dite ouvertement ailleurs. Or, au même lieu se trouvait, sur une autre feuille volante, un projet vague de *protestation*, qui vraisemblablement a servi de modèle à celles dont j'ai donné le chiffre et qui n'en auront été qu'une copie. Quoi qu'il en soit, voici cette pièce curieuse et importante, qu'il est important aussi de faire connaître :

JESUS MARIA.
Au nom du Père, et du Fils, et du Saint-Esprit.

Je soussigné, prêtre de l'Oratoire de la maison de Paris, après avoir fait de sérieuses réflexions sur la lettre circulaire que le T. R. P. général nous a fait l'honneur de nous adresser, en date du 25ᵉ jour de mars de la présente année, et sur les ordres du roi que ce R. P. y a joints par extrait, déclare :
1° que je n'adhère point à la doctrine contenue dans ladite lettre circulaire, touchant la volonté de Dieu et la mort de Jésus-Christ pour le salut du genre humain, c.-à-d. que je ne reconnais point que Dieu veuille d'une volonté intérieure et formelle sauver tous les hommes, sans excepter même les réprouvés, ni que Jésus-Christ N.-S. ait répandu son sang précieux pour leur salut éternel. Je crois au

---

(1) Ce P. *Viger* est celui qui a travaillé à la rédaction du Bréviaire de Paris ; son nom se trouve toujours écrit ainsi dans les manuscrits de l'Oratoire. C'est donc à tort que quelques personnes le nomment *Vigier*.

contraire que notre Dieu étant le Tout-Puissant, a fait tout ce qu'il a voulu dans le ciel, sur la terre, dans la mer et dans les abîmes, et que par conséquent il n'a pas voulu sauver ceux qu'il n'a pas sauvés en effet. Je crois que N. S. Jésus-Christ n'a point prié, ni par conséquent offert le sacrifice de sa vie pour le salut du monde réprouvé. Et quant au texte de l'Apôtre qui semble dire le contraire, et dont les pélagiens et demi-pélagiens ont tant abusé, je m'en tiens aux explications que le fidèle interprète de l'Eglise, saint Augustin, en a données dans les écrits qu'il a faits contre les hérétiques. Je me crois obligé de faire cette première déclaration, parce que le respectable auteur de la lettre circulaire nous y attribue à tous ses sentiments sur cette matière.

Je déclare en deuxième lieu, que la liberté des élections étant détruite par les ordres du roi joints à la lettre circulaire, en ce que Sa Majesté exclut de la députation la plus grande et la plus saine partie de la congrégation, je m'abstiens pour le présent de disputer, requérant qu'il soit fait auparavant, au nom de la congrégation, de très-humbles et très-respectueuses remontrances à sa Majesté sur l'impuissance où nous sommes d'exécuter ses ordres ; et m'opposant à toute députation avant la révocation desdits ordres.

Que si, malgré ma présente opposition, et contre toute justice, on ne laissait pas de procéder à la députation, et de tenir en conséquence l'assemblée convoquée pour le 14 septembre prochain, je déclare en troisième lieu, que je m'oppose à tout ce qu'une assemblée aussi irrégulière pourrait faire et statuer, soit par rapport au régime et à la discipline de la congrégation, soit en faveur de la signature pure et simple du formulaire d'Alexandre VII, et sur tout en faveur de la bulle UNIGENITUS, que je regarde comme l'abomination de la désolation dans le lieu saint, et que j'anathématise comme telle. Au nom du Père, et du Fils, et du Saint-Esprit.

Je requiers acte de ma présente déclaration et opposition, protestant de nullité contre tout ce que l'on entreprendrait de faire au contraire.

Fait à Paris, ce 30ᵉ jour d'août 1746.

Cette pièce fait juger suffisamment de l'esprit qui régnait en effet dans un très-grand nombre, peut-être le plus grand nombre des membres de l'Oratoire ; cependant, quelle que fût la condescendance ou la facilité des supérieurs pour les membres les plus coupables, le jansénisme semblait officiellement exclu de la congrégation par les décisions prises dans les assemblées générales ; les généraux ont toujours travaillé, avec plus ou moins de zèle et de bonne volonté, avec plus ou moins de succès, à obtenir de leurs subordonnés la soumission à l'Eglise. Il y a eu toujours dans la société des hommes soumis de bonne foi et fâchés des excès de leurs confrères, et je lis expressément dans les manuscrits de la congrégation : « M. Massillon entre en colère contre ses anciens confrères, parce qu'ils sont soupçonnés à Clermont d'avoir fourni un mémoire contre la mission de Bridaine (1). » Il nous suffit d'avoir parlé de cette fameuse assemblée de 1746, sans revenir en détail sur celles qui l'ont suivie. Elle fit, peut-être plus que toutes les autres, une commotion dans le corps de la congrégation, et dès le mois de juin avait paru contre elle un mémoire, que Gouju, par erreur, date de 1733, et qui fut donné par le P. Laborde sous ce titre : *Mémoire sur une prétendue assemblée générale de l'Oratoire, qu'on se propose de tenir au mois de septembre prochain, et sur le caractère du témoignage que l'Eglise attend, soit de la part des prêtres qui ont droit de députer aux assemblées générales, soit de la part des simples confrères.* (Juin 1746, seize pages in-4°.)

Je me bornerai aussi à dire en général, que pendant le reste du temps de son existence, les dernières années exceptées, la congrégation de l'Oratoire éprouva, de la part d'un grand nombre de supérieurs ecclésiastiques, des désagréments du genre de ceux signalés ci-dessus, et laissa dans l'esprit des fidèles des préventions défavorables sur sa soumission aux décisions de l'Eglise, préventions qui durent encore aujourd'hui dans le petit nombre de ceux qui savent apprécier ces matières spéciales ; dans le nombre plus petit des personnes qui ont connu les débris de cette corporation.

La destruction des Jésuites ne dut pas être désagréable à l'Oratoire, qui s'était toujours maintenu dans une disposition de rivalité peu édifiante. Néanmoins ce corps perdit plus peut-être qu'il ne gagna à l'extinction de la compagnie de Jésus. Elle hérita de plusieurs des colléges dirigés par cette illustre compagnie. Le premier où elle entra fut celui de Lyon, qu'elle occupa dès 1763 ; elle prit ensuite celui de Tournon. De 1776 à 1782, elle prit encore cinq colléges des Jésuites ; il fallait pourvoir à l'enseignement en tant de maisons, et l'étude de la théologie en souffrit. La réception des sujets fut peut-être avantagée dans les derniers temps, parce que n'ayant plus la rivalité des Jésuites à craindre, on était à même de faire des choix plus éprouvés, et la malheureuse commission des réguliers ayant reculé la profession religieuse à vingt et un ans, les jeunes gens pouvaient préférer l'Oratoire où l'on recevait à tout âge et où l'on ne faisait point de vœux.

J'ai eu sous les yeux le registre des réceptions, à dater de l'année 1741 jusqu'à l'année 1771 ; ce registre n'est vraisemblablement pas complet et on aura reçu des jeunes gens après cette époque, même à Paris. Le dernier qui s'y trouve inscrit est Edme-Augustin *Jacquesson Olivotte.* Il n'est

---

(1) Il est ici question de Bridaine, fameux missionnaire dans le Midi. Cet ecclésiastique distingué par sa soumission à l'Eglise comme par son zèle apostolique, est accusé, dans les Archives de l'Oratoire, d'avoir parlé en chaire contre les Pères de cette congrégation ; ce qui est possible, car les honnêtes gens étaient indignés de leur résistance.

pas sans intérêt de faire connaître textuellement le modèle d'inscription; il est rédigé ainsi : « Le C. (confrère) Edme-Augustin Jacquesson Olivotte, laïque, âgé de vingt ans, natif de Tonnerre, diocèse de Langres, fils de M. Edme Jacquesson, officier chez le roi, et de dame Marie Tenaille, ayant fait ses humanités au collége de Troyes, est entré à l'institution le 26 février 1771 et a été admis au nombre des confrères le 8 mars, même année. Il payera la pension ordinaire et s'entretiendra. » Cette addition : *il payera*, ou *il promet de payer*, se trouve à presque tous les actes; néanmoins à quelques-uns on lit : *il ne payera point la pension*. Il faut se rappeler que les Oratoriens ne renonçaient point à leurs propriétés, et souvent, comme en effet il était convenable, ils léguaient en mourant quelque chose à leur congrégation.

Quand on obligeait quelqu'un à sortir de la société, on lui adressait une lettre d'exclusion ; le modèle en est court : « Le .... *se retirera de la congrégation à laquelle il n'est pas jugé propre.* » L'intervalle qui se trouve ici rempli par des points contenait l'un de ces mots : *Père* ou *Confrère*.

La congrégation de l'Oratoire avait des maisons d'études ecclésiastiques pour les jeunes membres; la principale et la plus importante de ces maisons était celle de Montmorency. Il peut être utile à ceux qui s'intéressent davantage à ce qui concerne l'histoire de cette congrégation célèbre de faire connaître ici l'acte de visite dressé par le dernier supérieur général dans cette maison de Montmorency, en 1780. C'est peut-être le dernier acte de visite régulière dans cet établissement.

« Acte de visite de notre maison d'Anguien (1), ci-devant Montmorency, commencée le 2 août 1780 par nous Sauvé Moisset, supérieur général de la congrégation de l'Oratoire. — Au nom de la très-sainte et très-adorable Trinité P. F. et S. Esprit, et en l'honneur de J.-C., époux de l'Eglise, qualité à laquelle cette maison est spécialement consacrée. Nous l'avons visitée et y avons fait résidents :

« Le R. P. Louis Cotte, curé et supérieur pour la première année; le P. J.-B. Berthon ou *Bertton*; le P. Luc-François Lalande, professeur de théologie; le confrère Jean-Baptiste Macé; le confrère Jean-Gabriel Lévêque de Vaudebrun, économe;

« Etudiants en théologie : le C. Claude-Jacques-François Féret; le C. Claude-François Lacoste; le C. Joseph Roland; le C. Antoine Billet; le C. Pierre Daunou (2 ; le C. Etienne Dumoulin ; le C. Louis Rondeau;

« Etudiants en philosophie : le Confrère René Geandron; le C. Jean-Baptiste Croiseuil; le C. Marie-Joseph Roche-Jean; le C. Thomas Dumont; le C. André-François Lebriche; le Frère Jacque Poupart, infirmier; le F. Charle Chevance, jardinier; le F. François Bricon, portier; le F. Augustin Dessieux, dépensier; un cuisinier, un aide-cuisine, un petit portier; en tout vingt-cinq personnes; mais par le fait, vu les *sortier* (?), les dixmeurs, bedeau, enfants de chœur et journaliers, il y en a constamment trente. »

Cette visite, qui était la deuxième de l'année, et qui devait être suivie d'une autre à la fin de l'année, traite substantiellement des choses. Je remarque seulement qu'à la fin de l'année précédente la recette excédait la dépense de 907 livres 12 sous 16 deniers.

Depuis l'époque à laquelle le P. Hélyot écrivait son Histoire, la congrégation de l'Oratoire a été gouvernée par quatre généraux, que je vais rappeler succinctement au lecteur, en nommant d'abord le P. de la Tour, contemporain d'Hélyot; en parlant de ces supérieurs généraux l'affaire du jansénisme se retrouve nécessairement sous ma plume.

Le P. Pierre-François de la Tour d'Arerey, d'une famille noble et distinguée, naquit à Paris, le 21 avril 1653. Après de bonnes études il entra dans la congrégation de l'Oratoire en 1672. Employé d'abord à l'enseignement, il devint ensuite supérieur du séminaire de Saint-Magloire, et se livra à l'exercice de la prédication avec beaucoup de succès.

Lorsque le P. de Sainte-Marthe, forcé de céder aux préventions qu'avaient assez justement peut-être inspirées contre lui à Louis XIV Mgr de Harlay et le P. de la Chaise, eut pris la résolution de quitter le généralat, il se concerta avec M. de Noailles, nouvellement élevé sur le siège de Paris, pour avoir certainement le P. de la Tour pour successeur. Il l'eut en effet, et le nouveau général vit naître dans sa congrégation les troubles que l'esprit de révolte amena à l'occasion de la bulle *Unigenitus*, qui parut en France en 1714. Le Père de la Tour fut d'abord un des opposants et l'un des premiers à proposer l'appel au futur concile. Il changea d'avis, et comme il avait la confiance du cardinal de Noailles, cette Eminence se conduisait par ses conseils dans ce qu'Elle fit pour révoquer son appel de la Constitution et son opposition au concile d'Embrun. Il n'eut pas le même succès dans sa congrégation, où les appelants étaient en grand nombre; mais malgré les moyens qu'il prit pour amener les récalcitrants, et souvent en vain, il ne perdit ni leur confiance, ni l'estime qu'ils avaient pour sa vertu et son habileté. Parvenu à l'âge de quatre-vingts ans, il mourut d'apoplexie, dans la maison de Saint-Honoré, le 13 février 1733.

Le successeur du P. de la Tour fut le P. de

---

(1) On voit que dès 1780 Montmorency, qui a depuis repris son nom, était nommé *Enghien*; ce dernier nom est resté au village qui est situé au bas de la montagne, sur le bord du lac.

(2) Il est ici question de ce *Daunou* qui s'est rendu fameux à l'époque de la révolution, et dont il est parlé dans tous les dictionnaires biographiques.

la Valette, qui n'accepta que malgré lui. Ce Père, né d'une famille noble et ancienne, à Toulon, en 1678, était à peine entré dans la congrégation de l'Oratoire (1695), qu'il se retira à la Trappe, où l'appelait le désir d'une plus grande perfection, et y passa onze mois; mais le P. de la Tour le réclama. En 1710, il devint directeur de l'Institution de Paris, et le fut pendant vingt ans. Ensuite il fut supérieur de la maison-mère, puis assistant du général. Il eut aussi ses peines dans les moyens qu'il lui fallut prendre pour amener ses confrères opposants à la soumission à la bulle, et ce fut sous son administration que se tint la fameuse assemblée de 1746, dont j'ai parlé ci-dessus. Il mourut le 22 décembre 1772, à l'âge de quatre-vingt-quinze ans.

A l'assemblée générale, convoquée en 1773, pour lui donner un successeur, les députés se trouvèrent divisés en deux partis, dont le plus nombreux aurait voulu le P. Danglade, assistant et ancien supérieur du collége de Lyon. Mais ses opinions furent, à ce que je crois, un obstacle devant la cour et l'autorité ecclésiastique. M. de Dillon, archevêque de Narbonne, et M. de Conzié, évêque d'Arras, commissaires du roi (1), se trouvant en harmonie avec le plus grand nombre des membres de l'assemblée, on choisit le P. de Muly, qui, après avoir gouverné aussi l'Institution, était depuis près de quarante ans curé de Montmorency. Il avait alors quatre-vingts ans, car il était né à Meaux en 1673, dans l'une des familles les plus distinguées de la ville. A la première proposition du généralat, il se déroba aux empressements des députés, et se cacha à l'extrémité de sa paroisse. On le trouva après bien des recherches et on le décida enfin à accepter et à venir à Paris. Il gouverna pendant six ans et mourut le 9 juillet 1779.

Après la mort du P. de Muly, la congrégation fut encore plus embarrassée pour lui donner un successeur qu'elle ne l'avait été pour en donner un au P. de la Valette. Presque tous les vœux portaient toujours à cette place le P. Danglade, qui résidait alors à Tournon. Le P. de Muly l'avait désigné pour député du roi à l'assemblée ordinaire qui devait se tenir en 1779. La cour, instruite de l'intention du défunt général, crut devoir s'y conformer, et la lettre de cachet par laquelle le roi nommait le P. Danglade son député, fut adressée aux assistants. Mais les raisons qui avaient prévalu contre lui après la mort du P. la Valette eurent encore leur force, et la lettre de cachet fut révoquée par le crédit de M. de Marbeuf, évêque d'Autun, ministre de la feuille des bénéfices. On parvint même à empêcher que le P. Danglade fût député de la maison de Saint-Honoré. On lui opposait le P. Duverdier; ce concurrent avait toutes les qualités sociales, mais manquait, dit-on, de celles qu'exigeait une place dans laquelle on n'avait vu jusque-là que des hommes graves, édifiants, capables de gouverner un corps ecclésiastique, autant par l'exemple de leurs vertus que par la sagesse de leur conduite. Ce prétendant s'était néanmoins attiré la confiance de plusieurs prélats, qui peut-être ne cherchaient qu'à mettre à la tête de la congrégation un homme de saine doctrine dans ces temps difficiles, mais M. Dillon, commissaire du roi, quoique lié d'engagement avec ces prélats, s'aperçut bientôt qu'il ne réussirait point à le faire élire par l'assemblée. Au reste, ils convenaient que le P. Duverdier était un homme de beaucoup d'esprit et de talent, de mœurs douces et d'un caractère liant; mais ils craignaient avec une apparence de raison, que les jeunes gens ne prissent trop d'ascendant sur lui. C'est la principale raison qui lui fit donner l'exclusion par les anciens; ses protecteurs, pour le dédommager, lui firent obtenir l'évêché de Mariana, en Corse. On élut le P. Moisset pour général.

Ces quelques détails à l'occasion de l'élection feront voir au lecteur comment se tenaient alors ces assemblées et de quel degré de liberté jouissaient les électeurs, qui (sans considérer ici l'esprit de parti qui les animait) n'avait point besoin de commissaires, ni de député du roi pour faire leur devoir.

Le P. Sauvé Moisset, d'une famille noble et distinguée de Bayonne, avait été aussi supérieur de l'Institution de Paris, assistant du général, et était, lors de son élection, supérieur de la maison de Saint-Honoré et président de l'assemblée. Il vit éclater l'orage de la révolution, que l'esprit dominant dans sa corporation avait contribué à amener; il gouverna néanmoins paisiblement jusqu'à sa mort, arrivée en 1790, époque à laquelle il ne fut plus possible de lui donner un successeur.

La mort du P. Moisset concourut avec le bouleversement opéré dans l'Eglise de France par les décrets de l'Assemblée constituante. L'application de ces décrets fut provisoirement suspendue à l'égard des corps enseignants. Dans cet état de choses, le régime de l'Oratoire eut une tâche pénible à remplir. Il voyait avec douleur les manœuvres employées par une influence étrangère pour soustraire à la subordination ceux des membres de la congrégation qui pouvaient se laisser séduire sous l'espoir d'une prétendue liberté, ou qui pouvaient céder à l'illusion d'une amélioration chimérique dans le clergé. Il s'appliqua, et fit bien, à suivre les mouvements du corps épiscopal, qui devait lui servir de boussole. Il réussit par là à conserver, dans la plus saine partie de la congrégation, l'attachement aux principes vraiment hiérarchiques. Malheureusement un nombre considérable de ses membres donna dans les nouveautés et dans le schisme; l'esprit qui dominait dans ce corps prédisposait à ces écarts.

Le sacre des premiers évêques constitutionnels eut lieu dans l'église de la maison

---

(1) Il paraît qu'il ne faut pas, dans ces assemblées, confondre le député du roi avec les commissaires du roi

de Saint-Honoré. La communauté ne fut pour rien à cet acte sacrilége. Elle n'en eut connaissance que la veille du jour où il devait avoir lieu ; on ne l'avait point consultée. Sa première pensée fut d'opposer une protestation publique à cet acte qui allait donner naissance à un schisme déplorable : le modèle en fut même dressé par un habile avocat, ancien membre de la congrégation. On craignit que cette mesure n'attirât une persécution sur les signataires et ne fît fermer la seule église de Paris qui fût encore ouverte à la piété des fidèles unis de communion avec leurs légitimes pasteurs. On renonça à cette idée, et on député aux grands vicaires administrateurs, pour leur exprimer la triste situation où se trouvait la communauté, la douleur qu'elle éprouvait de voir son église servir à cette profanation, et les prier de donner au prélat absent avis de la conduite tenue par l'Oratoire en cette occasion, ce qui eut lieu et plut beaucoup à l'autorité.

Le lendemain la maison fut investie par les troupes du général Lafayette, et les Pères de la maison, craignant qu'on usât de violence à leur égard pour les forcer d'assister à la scène scandaleuse, se retirèrent à la maison de l'Institution, d'où ils ne revinrent que le soir. J'ai mis une sorte de complaisance à rapporter ce fait qui diminuera certaines préventions contre l'Oratoire. J'ajoute encore plus volontiers que, l'Assemblée législative ayant rendu le décret par lequel elle frappait de mort le corps enseignant, le régime de l'Oratoire crut devoir transmettre au souverain pontife un exposé de sa conduite depuis le commencement de la révolution et marquer à Sa Sainteté son entière adhésion à tous les actes émanés de l'autorité du clergé de France, destiné à maintenir l'union intime qui a toujours existé entre l'Eglise gallicane et le saint-siége. La lettre du régime, adressée à Pie VI, et rédigée en latin, est datée du 10 mai 1792, et contient les sentiments de la plus nombreuse et de la plus saine partie de la congrégation sur les fâcheux événements qui affligeaient alors l'Eglise de France. A la signature des Pères assistants étaient jointes celles des Pères de Saint-Honoré ; de la maison de l'Institution ; des membres les plus respectables de la maison de Saint-Magloire, de Juilly et d'un grand nombre d'autres qui, après avoir été obligés à quitter leurs postes, s'étaient réfugiés dans la maison-mère. Ces signatures, au nombre de soixante, se seraient considérablement multipliées, si l'urgence des circonstances eût permis d'attendre l'assentiment de ceux des provinces.

Cette lettre fut adressée par le P. Veuillet, procureur général, qui chargea le cardinal de Bernis, ambassadeur de France à Rome, de la remettre à Pie VI, qui en fut fort satisfait, et se proposait d'y répondre. On écrivit aussi à Mgr de Juigné, pour lui envoyer copie de la lettre au pape, et l'archevêque de Paris, enchanté de cette démarche, répondit par une lettre obligeante.

Ces actes honorables furent comme le dernier souffle de vie, ou le testament de la congrégation de l'*Oratoire*, dont l'esprit n'était point celui qui convient à un ordre religieux, à une congrégation même séculière. Cet esprit singulier en fit comme un corps à part, et maintint un grand nombre de ses membres dans la révolte contre les décisions de l'Eglise ; il prédisposa ceux qui, en grand nombre, donnèrent dans les erreurs et même les excès de la révolution. Un très-grand nombre de prêtres de cette corporation s'avilit jusqu'à contracter mariage. Sous plusieurs rapports, cette société eut de singulières célébrités, et il suffit de nommer Fouché de Nantes, Daunou, etc. Le P. Tabaraud, prêtre érudit et laborieux, mort il y a peu d'années, connu par ses opinions singulières sur le contrat de mariage et son jansénisme, était aussi oratorien, et il a publié la *Vie du cardinal de Bérulle*, avec un certain nombre d'autres ouvrages portant toujours le cachet de ses opinions. Nonobstant ses préjugés, il avait été opposé à l'Eglise constitutionnelle.

On a souvent répété cette phrase de Bossuet, qui fait l'éloge de l'Oratoire en le qualifiant de *corps où tout le monde obéit et personne ne commande*. Si cette parole n'était pas de Bossuet, on aurait le bon sens de n'y voir qu'une antithèse insignifiante, appuyée sur un mensonge ; car, en ce qui concerne spécialement l'affaire du jansénisme, les supérieurs de l'Oratoire avaient beau commander, généralement parlant, personne n'obéissait. — Aujourd'hui, l'église de la maison-mère, rue Saint-Honoré, sert de temple aux calvinistes ; la maison de Saint-Magloire est occupée par les sourds-muets, près de l'église Saint-Jacques du Haut-Pas, et la maison de l'*Institution* est aujourd'hui l'hospice des Enfants-Trouvés, près l'Observatoire.

On avait dressé une *carte oratorienne*, qui donnait le nombre et la position topographique des maisons de l'Oratoire de France.

Le supérieur de l'Oratoire flamand subit l'arrêt de la déportation avec les prêtres catholiques français ; cette fraction de la congrégation n'existe plus en Flandre. On a essayé de rétablir l'*Oratoire* à Juilly ; je donnerai dans le volume de Supplément l'histoire de cette congrégation éphémère, trop mal basée pour avoir un succès durable.

Journaux, passim. — *Nouvelles ecclésiastiques*. — *Notes prises sur les manuscrits de l'Oratoire, déposés aux archives de France*. — *Histoire de Pierre de Bérulle*, par Tabaraud, etc.   B-D-E.

ORATORIENS.

Voy. ORATOIRE DE JÉSUS, ci-dessus.

ORVAL (RÉFORME DE L'ABBAYE D').
Des religieux Bernardins Réformés d'Orva., avec la vie de Dom Bernard de Montgaillard, leur Réformateur.

Le dernier siècle a produit dans l'ordre de Cîteaux trois célèbres réformes qui, par leur austérité et leur exacte observance, ont eu plus d'admirateurs que d'imitateurs ; ce sont les réformes d'Orval, de la Trappe et de Sept-Fonts. La première est due au zèle de Dom Bernard de Montgaillard, qui a été si connu en France au temps de la Ligue, sous le nom du *Petit-Feuillant*. Il naquit en 1562, de Bernard de Percin, seigneur de Montgaillard, descendu de l'une des plus illustres et des plus anciennes maisons d'Angleterre, où elle a possédé longtemps les premières charges ; et sa mère se nommait Antoinette de Vellay. Dès l'âge de douze ans il eut achevé son cours d'humanités et de mathématiques ; et à seize ans, après avoir étudié la théologie, il entra dans la congrégations des Feuillants, que Dom Jean de la Barrière venait d'instituer. A peine l'année de son noviciat fut-elle finie, qu'on le vit prêcher dans les villes de Toulouse, de Rhodez et de Rouen, et ce fut avec tant d'onction et de succès, que les pécheurs se convertissaient en foule à ses prédications, ce qui le faisait regarder comme un prodige. Le roi Henri III et la reine Catherine de Médicis sa mère le firent venir à Paris, et l'ayant entendu prêcher aux Augustins, dans l'assemblée solennelle des chevaliers du Saint-Esprit, Leurs Majestés voulurent qu'il prêchât devant elles le carême suivant à Saint-Germain-l'Auxerrois. Les sermons qu'il fit dans la suite à Saint-Séverin sur le Symbole des apôtres opérèrent un nombre infini de conversions, et le firent passer pour le plus habile prédicateur de son siècle. Ces travaux apostoliques joints à la pauvreté et à l'austérité de sa vie, engagèrent le pape Grégoire XIII à lui accorder une dispense pour prendre l'ordre de prêtrise à l'âge de dix-neuf ans. La réforme de son ordre, quoique très-rigoureuse, lui paraissait encore trop douce. Il n'avait pour lit que deux ais, pour chemise qu'un cilice ; il ne mangeait ni viande, ni poisson, ni œufs, ni beurre ; ses mets ordinaires étaient des légumes, et il ne prenait qu'un peu de nourriture après le soleil couché. Heureux si, dans une vie aussi sainte et aussi pénitente, il avait su se borner au service de son Dieu et au salut du prochain, rendre à César ce qui appartient à César, respecter son roi, et comme sujet lui être fidèle et soumis, quand bien même il aurait troublé la paix et le repos de ses sujets ! Mais il eut le malheur de se laisser entraîner par le parti de la Ligue avec la plus grande partie des catholiques, et il poussa avec trop d'ardeur son zèle, aussi téméraire et indiscret dans son exécution qu'il pouvait être juste et pur dans son motif, selon l'idée qu'il s'était formée des affaires du temps.

Sur la fin des troubles, pendant lesquels il fut attaqué d'une maladie dont il ne guérit que par miracle, il fit un voyage à Rome, où il fut très-bien reçu de Clément VIII. Ce pape le fit passer de l'ordre des Feuillants dans celui de Citeaux, et lui ordonna de se retirer en Flandre. Il alla à Anvers, où il ne se fit pas moins admirer par ses prédications qu'il l'avait fait en France. Après avoir séjourné dans cette ville pendant six ans, il fut appelé à la cour de l'archiduc Albert, en qualité de prédicateur ordinaire. On accourait de toutes parts pour l'entendre, et le docteur Stepleton venait souvent de Louvain à Bruxelles dans cette seule vue. Dom Bernard ayant suivi l'archiduc en Allemagne, en Italie et en Espagne, fut pourvu à son retour de l'abbaye de Nivelle, et en 1605 de celle d'Orval. Son désintéressement était connu : il avait refusé en France les évêchés de Pamiers et d'Angers, et l'abbaye de Morimond. Aussi n'accepta-t-il celles-ci, dont le temporel et le spirituel étaient également ruinés, que pour s'appliquer à les rétablir, et y introduire une réforme austère qui approche de celles que nous avons vu introduire de nos jours à la Trappe et à Sept-Fonts. Il eut plusieurs difficultés à surmonter pour réussir dans un si bon dessein. La calomnie lui livra plusieurs assauts : tantôt elle attaquait sa charité, tantôt sa chasteté. On voulut le rendre coupable de la mort d'un de ses religieux qui était tombé dans une forge, et on alla même jusqu'à l'accuser d'avoir conspiré contre l'archiduc son bienfaiteur ; mais ces impostures, qui se détruisirent d'elles-mêmes, ne servirent qu'à mettre son intégrité dans un plus grand jour. La plus sensible pour lui fut celle qui le chargea d'être entré dans un attentat contre la personne d'Henri IV. Les hérétiques, dont il était le fléau le plus redoutable, firent naître et fomentèrent ces bruits injurieux. Cayet, qui avait été un de leurs ministres, et qui, malgré son abjuration, n'a jamais passé pour bon catholique, osa même insérer un récit de ce complot prétendu dans sa Chronologie novennaire ; et c'est sur ce faible fondement que des auteurs modernes en ont parlé ; mais pour faire voir la fausseté de cette accusation, il ne faut que leur opposer la joie que marqua Dom Bernard de Montgaillard à la conversion d'Henri IV ; l'affront qu'il essuya pour l'avoir publiée le premier ; le témoignage avantageux que M. de la Boderie, ambassadeur de France à Bruxelles, rendit à Sa Majesté du zèle de Dom Bernard pour sa personne, et la résolution que le roi avait prise de le rappeler en France, où il serait effectivement retourné, si sa reconnaissance pour les bontés de l'archiduc ne l'en eût empêché, outre qu'on ne peut disconvenir qu'il faut avoir des preuves en main, et non de fables produites par des gens suspects, pour noircir d'un crime si odieux une vertu aussi reconnue et aussi épurée que celle de cet abbé. C'est ainsi que l'un des continuateurs de Moréri a fait l'éloge et l'apologie de Dom Bernard de Montgaillard, que nous avons fidèlement suivi. Ce saint abbé, épuisé par ses austérités et accablé de longues maladies, mourut à Orval à l'âge de soixante-cinq ans, le 8 juin 1628, ayant eu la consolation d'y voir refleurir la discipline monastique au milieu d'une communauté de cinquante religieux. Mais avant de parler des observances régulières qui sont encore en pratique dans cette abbaye, et qui y attirent l'admiration de toutes les personnes qui y vont, nous raporterons son origine.

L'abbaye d'Orval, en latin *Aurea Vallis*

située dans le comté de Chini, au milieu des bois; à deux lieues de Montmédy et à six de Sedan, fut fondée l'an 1070 par des moines Bénédictins calabrois, qui sortirent de leur pays avec la permission de leur abbé, pour venir prêcher la foi de Jésus-Christ en Allemagne, du temps de l'empereur Henri IV. Comme ils allaient de province en province, étant arrivés au duché de Luxembourg, ils trouvèrent à son entrée un vallon si agréable, et qui inspirait tellement le goût de la solitude qu'ils résolurent d'y bâtir un petit monastère, pour y vivre éloignés de la conversation des hommes. Ayant appris que ce lieu appartenait au comte de Chini, ils l'allèrent trouver pour le lui demander, ce qu'il leur accorda fort volontiers. Ils bâtirent d'abord une église en l'honneur de la Reine des anges, et ensuite un monastère qu'ils nommèrent Or-val; à cause de la beauté de la vallée où il était situé. Ils y vécurent dans une observance si exacte et une si grande pauvreté, n'ayant ordinairement pour toute nourriture que des herbes et des légumes qu'ils avaient plantés ou semés, qu'ils devinrent l'admiration de tout le pays, dont les habitants leur firent de grandes aumônes et charités.

Godefroi le Bossu, duc de la basse Lorraine, ayant été tué dans un combat, sa femme Mathilde n'eut pas plutôt essuyé les larmes qu'elle avait versées pour la perte de ce prince, qu'elle aimait tendrement, que son affliction se renouvela par la perte qu'elle fit encore de son fils unique, qui se noya dans la rivière de Semoi. Arnoul, comte de Chini, étant venu pour la consoler, lui parla avec tant d'estime des religieux nouvellement établis à Orval, que cette princesse prit la résolution de les aller voir. Après une conférence qu'elle eut avec eux sur leur manière de vivre, elle se retira auprès d'une fontaine qui était proche le monastère pour se reposer. L'eau en était si claire et si fraîche qu'elle y lava ses mains, et laissa tomber dedans, sans y penser, une bague d'or qu'elle avait au doigt, laquelle se perdit au fond. Elle en fut extrêmement affligée, non pour la perte de l'anneau d'or, ni pour les pierreries dont il était garni, mais à cause que son mari le lui avait laissé comme un gage de son amitié, afin qu'elle se ressouvînt de lui. Ayant fait inutilement toutes les diligences possibles pour le retrouver, elle fit vœu à la sainte Vierge, en l'honneur de laquelle l'église de ces religieux avait été dédiée, et lui promit que si, par son moyen, son anneau se pouvait retrouver, elle ferait de nouveau consacrer ce lieu en son honneur, en y faisant bâtir un temple plus digne de la majesté de Dieu, et un monastère pour la commodité de ses serviteurs. A peine cette princesse eut-elle prononcé son vœu, que l'anneau parut au-dessus de l'eau; elle le prit et, le recevant comme la récompense de sa promesse, elle alla sur-le-champ donner part aux religieux de ce miracle, en mémoire duquel cette abbaye a toujours porté dans ses armes un anneau d'or en champ d'azur,

Mathilde, pour s'acquitter de son vœu, donna une somme considérable pour construire une magnifique église, et assigna au monastère de gros revenus; mais les bâtiments de l'église et de ce monastère n'étaient pas encore achevés, lorsque ces religieux calabrois reçurent ordre de leur abbé de retourner dans leur pays après une si longue absence. Ils obéirent aussitôt, aimant mieux quitter leurs commodités que de perdre le mérite de l'obéissance.

Tout le pays fut affligé de la retraite de ces serviteurs de Dieu, et surtout Arnoul, comte de Chini, et son fils Othon. Celui-ci, après la mort de son père, qui arriva presque dans le même temps, ne voulant pas laisser un lieu si saint et si vénérable en proie à la profanation des laïques, alla trouver l'archevêque de Trèves, pour le prier de prendre ce monastère sous sa protection, et d'y envoyer des personnes qu'il jugerait à propos pour y célébrer les divins offices. L'archevêque incorpora le monastère à son église, et y envoya des chanoines, qui mirent la dernière main aux édifices. Henri, évêque de Verdun, consacra l'église, et mit les chanoines en possession de ce monastère, qui n'avait alors que le titre de prieuré. Ils menèrent d'abord une vie très-sainte; mais autant ils édifièrent dans le commencement, autant ils causèrent de scandale dans la suite par leur vie déréglée, ce qui les fit chasser de ce monastère, pour faire place aux moines de Cîteaux. Adalbéron, de la maison des comtes de Chini, qui était monté sur le siège épiscopal de Verdun après la mort de l'évêque Henri, demanda des religieux à saint Bernard, qui lui en envoya sept, qui furent tirés de l'abbaye de Trois-Fontaines, au diocèse de Langres, et qui prirent possession d'Orval en 1131. Constantin en fut premier abbé, et il y en avait eu déjà trente-huit lorsque Dom Bernard de Montgaillard leur succéda en 1605. Les religieux de cette abbaye étaient bien déchus de l'observance régulière et de la vie tout angélique que ceux qui les avaient précédés avaient menée sous les premiers abbés. C'est pourquoi il en coûta beaucoup de peines et de fatigues à Dom Bernard, qui eut bien des obstacles à surmonter pour y pouvoir rétablir la discipline monastique et les observances qui y sont encore aujourd'hui en pratique.

M. de Ville-Forre, dans sa petite *Histoire des Pères d'Occident*, nous a donné un détail de ces observances, qu'il a tiré de la Relation qui lui a été communiquée par un chanoine de l'Église de Paris, qui visita ce lieu dans le cours d'un de ses voyages. Comme la même Relation nous a été aussi communiquée, nous la rapporterons aussi fidèlement : nous ajouterons seulement que ce savant chanoine est feu M. l'abbé Châtelain, et que ce fut en 1682 qu'il alla à Orval, où il arriva le 11 juin.

« Nous arrivâmes, dit-il, bien tard à Orval, qui est hors de France, dans le Luxembourg et le diocèse de Trèves. C'est une abbaye de l'ordre de Cîteaux, de la filiation de Clairvaux, située dans la forêt d'Ardennes, qui est l'ancienne *Hercinia*. On y vit comme à la Trappe, hors qu'on y mange ou plutôt qu'on y présente du poisson quand on pêche; mais aussi on y suit la règle de saint Benoît plus à la lettre, et l'on n'y mange en carême que le soir, sans dire vêpres le matin. Saint Bernard y a demeuré, et leur fit présent du corps de saint Menne, martyr et moine d'Egypte, qu'il avait eu de quelque chevalier, qui le lui avait apporté de Constantinople au retour d'une croisade. L'abbé de ce lieu est un gentilhomme allemand, d'une sainteté solide, mais très-agréable.

« Le vendredi 12 juin, je suivis les religieux dans la plupart des cérémonies. Je n'allai pas à matines, qu'ils commencent à deux heures, et qu'ils accompagnent d'une demi-heure de méditation. Après qu'elles sont finies, ils ne se recouchent pas, mais vont au lieu nommé *Lectrois*, qui est une salle longue à deux rangs de bancs, dont la partie antérieure est en pupitre en table, et la postérieure en siége. Il y a une allée large au milieu, et deux étroites près des murs. Les jeunes ont un autre Lectrois séparé. Ils ont sur chacun des Bibles commentées et d'autres bons livres, avec une petite écritoire et du papier. L'hiver ils sont là jusqu'à cinq heures et demie, auquel temps on sonne Laudes, et l'été jusqu'à six, que l'on sonne Prime. Après que l'on a dit l'oraison, si c'est jour de deux messes, on dit la première, puis ils vont lire le Martyrologe, et dire le *Pretiosa*, au chapitre; après l'avoir sonné en branle quelque temps avec la petite cloche du chœur. Je les suivis, et l'un d'eux m'invita d'y entrer par signe. Je demeurai à la porte en dehors. Sous la bénédiction, *Dies et actus*, etc., on lut de la règle de saint Benoît, sur le ton des leçons de Matines. Après la prière pour les morts, ils allèrent dans le vestiaire, qui est un lieu carré au bout du cloître, plein de porte-manteaux. Là ils quittèrent leur grande coule blanche, et ayant traversé le cloître par différents chemins, ils allèrent en divers endroits du bois travailler. A huit heures un quart on sonna la fin du travail avec la grosse cloche du chœur. Ils revinrent se laver au lavoir, allèrent au vestiaire prendre leurs habits de chœur, et montèrent au Lectrois pour se préparer à l'office par la lecture.

« A huit heures trois quarts on sonne Tierce avec la petite cloche. Ils furent tous rendus au chœur en très-peu de temps; récitèrent Tierce de la Vierge, et chantèrent celles de la férie, ensuite *Sub tuum*, etc. C'était le célébrant en aube et en étole, accompagné du diacre et du sous-diacre, qui avait commencé Tierce; il était allé à la sacristie dès la demie, au son de la cloche qui avait tinté. On dit la messe simple de saint Basilide; le sous-diacre vint après l'Epître recevoir la bénédiction de l'abbé dans sa chaise du chœur; le diacre alla au même lieu faire bénir l'encens et demander la bénédiction. Pendant Tierce et la messe, pas un religieux ne me regarda. Dès qu'on eut dit *Ite missa est*, on s'en alla droit au Lectrois, sans quitter l'habit de chœur. A dix heures trois quarts on sonna Sexte. Après les avoir chantées, ils allèrent droit au réfectoire sans laver leurs mains. On lut pendant le repas du livre des Rois, au ton des Matines; on vint en disant *Miserere*, achever grâces dans le chœur, après lesquelles ils dirent *De profundis*, à genoux, pour les bienfaiteurs, ce qu'ils ne font que tous les vendredis. Comme on disait la collecte, l'horloge sonna midi, et ils demeurèrent à genoux pendant l'*Angelus*. Après ils allèrent se promener, sans se parler, jusqu'à midi et demi, auquel temps on sonna la *sioste*, c'est-à-dire, la méridienne, qu'ils allèrent passer chacun dans leur cellule pendant une heure, soit en dormant, soit en reposant en silence, comme il est ordonné dans la règle de saint Benoît.

« A une heure et demie, selon la même règle, on sonna None; après les avoir chantées, ils allèrent au vestiaire quitter leurs habits blancs, et ensuite, malgré une grosse pluie qu'il faisait, ils s'enfoncèrent dans les bois pour travailler. A trois heures et demie on sonna la fin du travail; ils revinrent, ils se lavèrent, et allèrent reprendre leurs habits de chœur, et se rendirent au Lectrois. A quatre heures on sonna Vêpres; après les avoir chantées, ils allèrent pendant un petit quart d'heure satisfaire à leurs différents besoins. A cinq heures on sonna le souper.

« Cependant j'allai voir les jardins et le parc, la pluie étant un peu diminuée. Je vis dans le jardin d'un des anciens religieux, un saint Denis de bois peint, portant sa tête, et qui jette de l'eau par le haut de la gorge; et là tous les instruments de la Passion sont en buis. Sur une terre qui est dans le grand jardin est une petite église d'une fort belle architecture du temps d'Henri II, avec un jubé et des orgues feintes. Les religieux y viennent dire la grande messe le jour de la Dédicace. Un ermite couche et travaille auprès; l'abbé ne voulut pas me dire qui il était, et à mon retour à Paris, j'appris que c'était M. de Pont-Château, Sébastien Joseph du Cambout, frère de madame la duchesse d'Epernon et de feue madame d'Harcourt.

« Plus haut, il y a une autre petite chapelle de structure gothique, près laquelle est la porte du parc, où il y a de grandes allées tirées au cordeau et dont quelques-unes ont des contre-allées. La chaleur avait été si grande depuis huit jours, principalement le mercredi qu'ils devaient jeûner, que l'abbé, suivant la règle, avait relâché le jeûne de ce jour-là.

« A six heures et demie on sonna à l'église, et ils quittèrent les Lectrois où ils étaient, et vinrent au chapitre, où sous la bénédiction, *Noctem quietam*, etc., on lut le Martyrologe de Cîteaux, et tout de suite les Conférences de Cassien, du ton des leçons de Matines, jusqu'après les trois quarts. *Tu autem*, etc., ayant été dit par le président, et *Domine miserere*, etc., par le lecteur, ils sortirent, et je les suivis au chœur, où ils récitèrent les psaumes des grandes Complies, chantèrent le reste, et récitèrent les petites, pendant quoi l'on sonna pour les frères convers, qui sont habillés de tanné, et vinrent dans leur chœur séparé de celui des Pères, mais presque aussi grand. Ils entendirent le *Salve*, etc., qu'on chanta du ton des Pères de l'Oratoire, et demeurèrent à l'examen, qui dura un quart d'heure, après lequel les anciens sortant les premiers, le président leur donna de l'eau bénite avec un goupillon qui est près des degrés du dortoir. Le samedi 13, nous partîmes après avoir vu l'église de Sainte-Marguerite, paroisse des domestiques et des ouvriers d'Orval : car on y travaille dans les forges de fer. »

Leur habillement est le même que celui des autres religieux de cet ordre (1); ainsi nous n'en donnons point de représentation particulière.

Angel. Manriq. *Annal. Ord. Cistert.*, t. I. Chrysostom. Henriquez, *Fascicul. sanct. ord. Cist.* Yepes, *Chronique générale de l'ordre de Saint-Benoît*, tom. VII. Moréri. *Diction. historique*, édit. de 1704 et 1707, et *Relation manuscrite d'un voyage de M. l'abbé Châtelain*.

La réforme suivie à Orval, lorsque le P. Hélyot a écrit son Histoire, n'était point celle qu'y avait établie Dom Bernard de Montgaillard. Son récit a donc besoin d'une modification importante, ou plutôt d'une rectification ou d'un supplément sur des circonstances qu'il a ignorées et que ses scrupuleuses recherches auraient dû lui faire connaître. Je ne puis même m'expliquer comment il a donné tout l'honneur de la réforme d'Orval au Petit-Feuillant, et n'a pas nommé une seule fois celui à qui il appartenait réellement. Je vais réparer cet oubli, et conséquemment relever l'erreur dans laquelle le P. Hélyot était déjà tombé en parlant des Feuillants, puisqu'il avait dit que la réforme établie à Orval par D. B. de Montgaillard *y subsistait encore..*

Celui qui avait rendu cette maison si célèbre, était un gentilhomme nommé Charles Bentzeradt, qui s'était fait religieux à Orval même. Ce monastère était, comme le dit Hélyot, une colonie de Trois-Fontaines, et Constantin, le premier abbé, en avait pris possession avec sept autres moines, le 9 mars 1131. Saint Bernard avait visité cette maison naissante, et lui avait donné un calice doré, qu'on y conserva précieusement jusqu'à la suppression, et sur lequel on avait fait graver les armes de sa famille pour en éterniser le souvenir. L'abbaye d'Orval, une des plus riches des pays Pays-Bas, était déjà déchue de l'état heureux où l'avait replacée D. Bernard de Montgaillard et tombée dans le relâchement. Charles de Bentzeradt entreprit de réparer ce que le malheur des temps avait détruit. Ayant été nommé coadjuteur, puis abbé, en 1668, il disposa tout pour l'exécution de son dessein. Exortations publiques, entretiens particuliers, douceur, bons exemples, il n'omit rien pour préparer les esprits à féconder son œuvre. Sa prudence et sa confiance en Dieu triomphèrent des contradictions, et il parvint à donner naissance à la réforme. Néanmoins par prudence il avait différé l'exécution du projet formé dès sa promotion à la prélature; mais le voyant tombé malade et dans un état qui faisait craindre pour sa vie, cinq de ses religieux qui s'étaient dévoués à la réforme, le conjurèrent de l'introduire sans délai; elle fut donc introduite le jour de Pâques 1674. On remarqua que dès lors l'abbé de Bentzeradt commença à se mieux porter, et le jour de la Pentecôte de la même année, il fut en état de se mettre à la tête des cinq religieux réformés, auxquels les autres se joignirent sensiblement. Le pieux et zélé réformateur ajouta de temps en temps quelques nouvelles rigueurs, fit adopter l'usage suivi à la Trappe et à Sept-Fonts, où ces religieux près de mourir, étaient posés sur la cendre, et supprima l'orgue et la musique dans les offices de l'Eglise. Les jours de jeûne, la communauté ne dînait qu'à deux heures ou à quatre heures, point des anciennes coutumes auquel était aussi revenu D. Augustin dans sa réforme de la Val-Sainte, dont nous parlerons au quatrième volume. A Orval, les dortoirs ressemblaient à de grandes salles sans cellules murées, et les lits n'étaient séparés que par des planches hautes d'environ six pieds dont l'entrée était simplement fermée par une grosse toile. C'était encore un point de l'observance plus littérale de la règle de saint Benoît, auquel étaient revenus les Trappistes dans la réforme qu'ils embrassèrent ou mieux qu'ils augmentèrent après leur sortie de France. J'ai vu, au monastère du Port-du-Salut, près de Laval, l'année de sa formation (1815), les dortoirs composés de lits, séparés seulement par des cloisons de toiles, qui n'allaient point jusqu'au plafond de la salle, et fermés, comme ceux d'Orval, par un simple rideau. Aujourd'hui dans la même maison, et, à ce que je crois, dans la plupart des autres maisons de Trappistes, il en est autrement, et on sépare les couches par des cloisons qui en forment de petites cellules, plus convenables peut-être à une entière décence et n'ayant toujours pour porte d'entrée que le rideau dont j'ai parlé. On ne faisait point de collation à Orval les jours de jeûne de règle; on y exerçait l'hospitalité envers les étrangers et la charité envers les pauvres avec autant de zèle que d'édification. Pendant trente-trois ans l'abbé de Bentzeradt soutint l'œuvre qu'il avait commencée et eut la satisfaction de voir une colonie de sa maison se former sur les bords du Rhin. Quelques religieux envoyés dans le diocèse de Cologne pour y fonder un établissement, se fixèrent d'abord dans une île du Rhin, et furent ensuite transférés à Dusselthaël dans le voisinage de Dusseldorp, capitale du duché de Berg, à 5 ou 6 lieues du chef-lieu du diocèse. Vers la fin de sa vie, l'abbé prit pour coad-

(1) *Voy.*, au tome I, les gravures n°s 238, 239, 240 et 241.

juteur D. Etienne Henrion de Malines, et mourut le 12 juin 1707. Charles de Bentzeradt était d'Eternach, et avait, à sa mort, atteint l'âge de soixante et treize ans. J'insérerai ici l'épitaphe que lui fit faire son successeur; elle servira à faire connaître quelques époques de sa vie.

D. O. M.
CAROLO DE BENTZERADT, EPTERNACENSI
HUJUS ECCLESIÆ ABBATI XLV.
QUI SANCTORUM ORDINIS CISTERCIENSIS FUNDATORUM
SECTATOR PERPETUUS,
PRIMIGENIUM EJUSDEM INST. TUTI DISCIPLINAM,
CONSTANTI XXXIII ANNORUM LABORE ET VIGILANTIA,
IN HAC DOMO INSTAURAVIT.
FR. STEPHANUS SUCCESSOR, CONVENTUSQUE
AUREÆ VALLIS
PATRI PIISSIMO CUM LUCTU POSUERUNT.
OBIIT ANNO ÆTATIS LXXIII,
PROFESSIONIS MONASTICÆ LII,
ABBATIALIS DIGNITATIS XL,
ÆRÆ CHRISTIANÆ M.DCCVII. XII JUNII.

Disciplinam in pace conservate filii,
(Eccli. XLI, 17.)

Si l'abbé de Bentzeradt avait toutes les autres qualités qui conviennent à un supérieur de monastère, il n'avait pas du moins la prudence. Supposons qu'il ne fût pas lui-même épris des nouveautés qui ont troublé l'Eglise depuis deux siècles, c'était une grande imprudence que de donner une retraite et trop de latitude dans sa maison à un janséniste tel que le fameux Cambout de Pontchâteau. Peut être Bentzeradt fut-il dupe des apparences de rigorisme dont se paraient les novateurs; alors il faudrait raisonner sur lui comme sur l'abbé Lafite-Maria, réformateur de l'abbaye Saint-Polycarpe. On peut voir ce que j'en ai dit dans le supplément de la *Biographie universelle*, et surtout ce que j'en dirai au quatrième volume du présent dictionnaire, à l'article SAINT POLYCARPE. Je croirais volontiers que Bentzeradt était du moins cher au parti. On le peut conclure de l'éloge que font de lui les *Nouvelles ecclésiastiques* et des dispositions de certains sujets reçus par lui à la profession.

Son successeur, D. Henrion, maintint l'esprit de la réforme et l'établit même dans l'abbaye de Beaubré, au diocèse de Toul, en Lorraine, où le duc Léopold Ier les appela vers 1714. Ce successeur mourut en 1729. Le jansénisme fit de son temps des ravages affreux à Orval. L'abbé de Pontchâteau n'était pas le seul à avoir influencé la maison. Nicole, qui y fit un voyage, n'aura fait, il est probable, que de nourrir des dispositions mauvaises, et N., médecin et solitaire de Port-Royal, qui s'était aussi retiré à Orval, y fomenta l'esprit de révolte. Un de ceux qui en étaient le plus épris, se nommait Dom Jean-Jacques Hoffreumont, prêtre, et l'un des restaurateurs de Beaupré, qui avait fait profession sous l'abbé de Bentzeradt et devint, sous l'abbé Henrion, prieur et maître des novices. Dans ce dernier emploi, il se fit un devoir d'instruire ses novices des questions agitées à l'époque, et de les prévenir contre la bulle *Unigenitus*. Cette conduite déplut à l'abbé D. Etienne Henrion, qui, au commencement de septembre 1725, le déposa de sa charge de maître des novices. Le mal était devenu sinon général, du moins très-dangereux à Orval, et pour y remédier il fallut avoir recours à une mesure extrême. Bien que, selon les constitutions et les priviléges de l'ordre de Cîteaux, ce corps illustre ne puisse avoir pour visiteurs que des religieux qui en soient membres, en ce même mois, l'abbé de Grimbergne, de l'ordre de Prémontré, fut envoyé à Orval en qualité de visiteur apostolique. Ce visiteur exigea de D. Jean-Jacques Hoffreumont, comme des autres religieux, la signature du formulaire d'Alexandre VII et l'acceptation pure et simple de la bulle *Unigenitus*. D. Jean-Jacques répondit, relativement au formulaire, qu'il n'avait pas assez examiné cette matière; et à l'égard de la *Constitution*, qu'il s'en tenait aux ordres de l'empereur, notifiés au Père abbé par une lettre du prince Eugène, en date du 15 juin 1720, ordres par lesquels Sa Majesté impériale prescrivait une *exacte indifférence* à ce sujet. Cette réponse mérita les reproches et le mécontentement du visiteur.

Deux jours après, le bruit s'étant répandu dans le monastère, qu'on devait excommunier D. Jean-Jacques, le mettre en prison, ou le transporter avec quelques-uns de ses confrères en des maisons de l'ordre en Allemagne (ces bruits étaient peut-être mis en avant par les intéressés), il prit avec ceux qui partageaient ses sentiments le parti de fuir de son couvent. Il partit donc avec quatorze de ses confrères, le prieur en tête, du consentement de leur abbé toutefois, qui donna à l'un d'eux la clef du vestiaire, et même leur permit d'emporter quelque argent. Les fugitifs espéraient, dit-on, dans quelque maison de leur ordre; mais cette espérance leur étant enlevée, ils se déterminèrent à faire comme les trente Chartreux, sortis de leur cloître, et à se retirer en Hollande, pour vivre en commun. Dès qu'ils se crurent en lieu de sûreté, ils prirent des mesures pour rentrer dans l'ordre. Ils écrivirent à Benoît XIV, plus d'une fois aux cours de Vienne et de Bruxelles, et aux abbés de Cîteaux et de Clairvaux; bien entendu que toutes ces autorités ne purent entrer en arrangement avec des révoltés. Ils ne reçurent point de réponse, excepté peut-être de Benoît XIV, qui témoigna, dit-on, être touché de leur état. Ce fut alors qu'ils se retirèrent sous l'aile et la protection de Corneille-Jean Barchman, archevêque janséniste d'Utrecht, et se réunirent dans une même maison, à Rhynwyk. On jugera des sentiments qu'ils portèrent et nourrirent dans leur émigration par les actes qu'ils manifestèrent. Trois fois Dom Jean-Jacques fut élu supérieur; en 1725, ils signèrent une protestation tant contre la signature pure et simple du formulaire que contre la Constitution *Unigenitus*. Ils signifièrent à l'abbé d'Orval ces deux actes, qui devinrent publics dans le temps. On les trouve à la fin de l'*Apologie des Chartreux*, édition de Hollande, et dans l'écrit, format in-4°, intitulé : *Remarques d'un jurisconsulte sur la visite faite à Orval*. Dès l'année qui suivit leur retraite en Hollande, ils écrivirent à Colbert, évêque de Montpellier, et D. Jean-Jacques retracta entre ses mains la signature pure et simple qu'il avait faite du formulaire à son ordination pour le diaconat. Ils épousèrent la cause de l'Eglise d'Utrecht, celle de l'évêque de Senez, etc. La plupart de ces religieux furent enterrés dans le cloître de l'église Sainte-Marie, à Utrecht. Deux convers, survivant à leurs confrères, se retirèrent à Nettancourt, au diocèse de Châlons-sur-Marne.

Tous les opposants à la bulle n'avaient pas quitté Orval, il restait dans cette maison des discoles, et l'on fut obligé de prendre des mesures sévères contre le P. Bernard Barhom, et de l'incarcérer. Ce religieux, qui n'était pas dans les ordres, ne voulut point de sa liberté aux conditions de soumission, même généralement exprimée, que son abbé lui proposait.

Cependant l'Eglise était consolée par les sentiments de foi et de régularité dont étaient animés presque tous les autres membres de la communauté ; mais le jansénisme avait laissé son esprit de malédiction à Orval, et peut-être vit-on se réaliser dans cette maison ce que Nicole avait dit dans cette abbaye, qu'*ordinairement la ferveur des réformés durait environ cinquante ans pour Dieu et le reste pour le d...*. Quoi qu'il en soit, le P. de Tracy, théatin, ayant eu, en écrivant la *Vie de saint Bruno*, l'occasion de parler de l'abbaye d'Orval, en 1785, nous apprend que l'observance n'était plus aussi stricte dans cette maison, qu'elle l'avait été au commencement du siècle, et qu'elle ne subsistait plus à l'abbaye de Beaupré où nous avons vu qu'elle s'était introduite, et où elle avait, comme on l'a vu partout, rétabli le temporel de la maison, en même temps qu'elle y réformait le spirituel. Il est vraisemblable qu'à l'époque de la destruction de Dusselthaël, il y avait longtemps que le jansénisme, introduit dans cette maison dès son origine, en avait aussi banni la stricte observance d'Orval.

Dans la maison d'Orval, l'esprit d'opposition finit par tout gâter. A Dom Etienne Henrion succéda, en 1729, Dom Jean Matthieu Montmers, qui fit de généreux efforts pour maintenir l'esprit monastique, et n'eut pas le succès qu'il désirait. En 1752, l'extérieur même de la réforme fut ouvertement attaqué ; la plupart des religieux, lassés du joug, se récrièrent sur la simplicité des ornements de l'église, sur le temps du travail des mains, sur l'heure du dîner pendant le carême, sur l'exiguité des portions, etc. L'abbé Dom de Meuldre voulut résister au torrent, et maintenir, comme l'avait fait Dom *Montmers*, son prédécesseur, toute la rigueur extérieure, et pria son Père immédiat, l'abbé de Clairvaux, de visiter Orval, ce qui eut lieu en août 1752, au détriment de la règle et au grand regret de Dom de Meuldre, qui eut recours à Rome, et

en obtint un bref favorable, daté du 29 décembre 1754, et maintenant la réforme. Les récalcitrants se plaignirent à la cour de Bruxelles, insinuant que l'abbé avait des richesses oisives, etc. Le prince Charles, gouverneur des Pays-Bas autrichiens, fit faire, en 1757, une visite à Orval. Ses commissaires trouvèrent au trésor six cent mille florins, monnaie de Luxembourg (un million, argent de France) qu'ils enlevèrent et mirent en rente sur l'Etat. Il y avait en outre du fer, des forges à vendre. Le Père abbé, voyant qu'on approuvait et prescrivait les dispositions destructives, prises par l'abbé de Clairvaux en 1752, agit avec noblesse et constance, et donna sa démission. Il eut la permission de se retirer en tel endroit qu'il voudrait choisir dans la domination de Sa Majesté, avec une pension de six mille florins (dix mille livres de France). Le prieur, Dom Mesme, ami du relâchement, lui succéda à la dignité abbatiale, le 10 novembre 1757, par le concours de M. de Clairvaux. Mais les intrigants, jaloux de l'élévation de Dom Mesme, qu'ils avaient choisi pour leur confesseur et soutenu dans son opposition, voyant que les commissaires ne leur avaient donné aucun emploi, continuèrent dans leur esprit de mécontentement et de critique. Plus de dix ans auparavant, la discipline avait grandement souffert d'un ambitieux français, *Hubert-Loyal d'Yvoizy*, frère convers, qui par des calomnies s'était fait adjuger l'administration des biens que l'abbaye avait en France, et logeait à Montmédy, dans l'hospice de son couvent ; M. l'abbé de Clairvaux remédia à cet abus par une visite, mais plus tard sa condescendance contribua à rendre Orval méconnaissable.

Vie de saint Bruno, par le P. de Tracy. — *Essai sur l'influence de la religion en France, pendant le* XVIIe *siècle* (par Picot), tome II. *Nouvelles ecclésiastiques*, passim. — *Dictionnaire universel..... des sciences ecclésiastiques*, par les PP. Giraud et Richard, Supplément. — *Dictionnaire historique portatif des ordres religieux et militaires*, par monsieur M. C. M. D. R. D. S. J. D. M. E. G.   B-D-E.

OURS (ORDRE MILITAIRE DE L').

Voy. HELVÉTIQUE.

OUVRIERS DE LA TRINITÉ.

Voy. CLOU (*Prêtres du Sacré-*).

OUVRIERS-PIEUX.

De la congrégation des Ouvriers-Pieux, avec la Vie du R. P. Charles Caraffa, leur fondateur.

Le P. Charles Caraffa, fondateur de la congrégation des Ouvriers-Pieux, tirait son origine des ducs d'Atri et comtes de Ruro, de l'illustre maison des Caraffa, qui a donné des papes à l'Eglise, plusieurs cardinaux, grand nombre de prélats, un grand maître de l'ordre de Malte, un général de la compagnie de Jésus, des vice-rois au royaume de Naples, qui était sa patrie, et de fameux capitaines. Il vint au monde l'an 1561, et à l'âge de seize ans il entra dans la compagnie de Jésus, où, après avoir demeuré pendant cinq ans, il fut obligé d'en sortir à cause de ses maladies continuelles. Il porta quelque temps l'habit clérical; mais il le quitta pour prendre le parti des armes, dans lequel, oubliant les bonnes instructions qu'il avait reçues chez les Jésuites, et les exemples de vertu qu'il y avait vu pratiquer, il tomba dans tous les déréglements où la plupart des gens de guerre se laissent aisément entraîner. Sa bravoure lui procura des emplois considérables à l'armée, et lui donnait lieu d'en espérer de plus grands et de s'élever à une fortune plus éclatante; c'est pourquoi il vint à Naples, pour y solliciter auprès du vice-roi quelque emploi considérable qui pût le récompenser des grands services qu'il avait rendus à la couronne d'Espagne; mais Dieu, qui lui préparait des biens plus solides que ceux qu'il recherchait, en disposa autrement; car un jour qu'il allait au palais avec tous les certificats de ses services, passant devant l'église du monastère qu'on appelle *Regina Cœli*, il s'y arrêta pour entendre chanter une religieuse, dont sa divine majesté se servit pour le convertir et fixer son cœur à son service; car Caraffa, jugeant de sa grandeur par les agréments qu'il communiquait à ses créatures, n'hésita point à préférer son service aux plus grandes fortunes, pour lesquelles il commença dès lors à avoir tant de mépris, qu'il lui fit un sacrifice des certificats de ses services sur lesquels il avait fondé toutes ses espérances. Étant retourné à sa maison, il s'enferma dans une chambre pour y pleurer ses péchés et songer au genre de vie qu'il devait embrasser pour satisfaire à la justice de Dieu. Il commença par congédier la plupart de ses domestiques et principalement les femmes qui étaient à son service. Dès le même jour il voulut faire couper ses cheveux et les grandes moustaches qu'il portait, suivant la mode de ce temps-là : ce que le barbier ayant refusé de faire, il prit lui-même les ciseaux coupa ses cheveux et sa barbe et alla aussitôt au collège des Jésuites pour communiquer ses sentiments à un Père de cette compagnie qu'il prit pour son confesseur, et qui lui conseilla de se défier de ses propres forces et de ne pas faire tout d'un coup un si grand changement. Caraffa ne laissa pas cependant d'affliger son corps par des jeûnes rigoureux au pain et à l'eau et par des disciplines sanglantes. Il dormait sur la terre nue, se retirait des compagnies et partageait les heures du jour en différents exercices de piété, en employant la plus grande partie à la prière et à la méditation.

S'étant fortifié de cette manière dans la crainte de Dieu, il prit la résolution d'embrasser l'état ecclésiastique et de se donner entièrement au service de Dieu et du prochain; mais comme dans ce ministère la science est nécessaire, il se mit à l'étude de la philosophie et de la théologie à l'âge de trente-quatre ans et y employa cinq ans, après lesquels, ne pouvant plus retenir le zèle et la ferveur dont il était animé et qui le portait au mépris de soi-même, à la fuite du monde et aux œuvres de piété, il voulut recevoir les ordres sacrés. Pour s'y préparer il se retira pendant un mois chez les Pères Jésuites, qui lui firent faire les exercices de saint Ignace, et ayant obtenu, l'an 1599, un bref du pape Clément VIII, qui lui permettait de recevoir tous les ordres sacrés en trois jours de fêtes consécutives, il les reçut les fêtes de Noël de la même année et célébra sa première messe le premier jour de l'an 1600. Ce fut pour lors que, se voyant plus uni à Jésus-Christ par le caractère du sacerdoce, il crut qu'il était de son devoir de se conformer à la vie humble et crucifiée de ce divin modèle des vrais ecclésiastiques. C'est pourquoi il se contenta d'un seul domestique. Son habillement n'était qu'une étoffe vile et grossière; il ne portait que des chemises de laine avec des rudes cilices et des chaînes de fer, dont il se serrait si fort le corps qu'à peine le pouvait-il plier. Son lit ordinaire n'était que la terre, et il n'avait pour chevet qu'une pierre. Son jeûne était presque continuel, et si austère que son corps semblait un squelette vivant. Le plus souvent il faisait servir sa table splendidement, et sortant ensuite de sa maison, il allait chercher les pauvres pour les faire manger, se contentant de leurs restes. Les pauvres honteux ne ressentaient pas moins les effets de sa charité; car il allait les trouver dans leurs maisons où il leur donnait abondamment tout ce dont ils avaient besoin. Non content de ces œuvres de miséricorde à l'égard des nécessiteux, sa compassion pour les affligés l'obligea à quitter sa propre maison pour aller demeurer auprès de l'hôpital des Incurables, afin d'être plus à portée de les soulager dans leurs peines; souvent il y passait les jours et les nuits à assister les malades, les servant, faisant leurs lits, balayant leurs chambres, leur donnant tous les secours dont ils avaient besoin et aidant les moribonds à faire une bonne mort; ce qu'il faisait avec tant d'amour et de charité, que plusieurs personnes, excitées autant par son exemple que par ses exhortations, ayant entrepris les mêmes œuvres de miséricorde, il en institua dans le même hôpital une congrégation sous le titre de Saint-François, à laquelle il donna quelques règlements, obligeant les confrères de cette même congrégation d'entretenir douze lits à leurs dépens : ce qui s'observe encore aujourd'hui.

Son zèle s'étendant sur toutes sortes de personnes, il allait dans les places publiques de Naples, où, rassemblant beaucoup de monde, il leur enseignait les vérités de la religion, la manière de se bien confesser, et les invitait par ses exhortations à la fuite du péché et à la pratique des vertus, pour prévenir les suites funestes d'une méchante mort, qu'il ne craignait pas moins pour les autres que pour lui-même, et c'est ce qui l'obligea de se faire inscrire dans la compagnie des Blancs, qui est une congrégation ou confrérie établie à Naples pour assister à la mort ceux qui y sont condamnés par la justice, afin de pouvoir aider ces pauvres misérables dans ce dernier et très-important passage. Pendant que cet homme de Dieu s'appliquait ainsi au salut des âmes, deux prêtres de sa connaissance, s'estimant fort heureux de jouir de sa compagnie et de former avec lui une sainte société, l'invitèrent d'aller dans un oratoire appelé *du Saint-Sépulcre* hors la ville, où ils s'assemblaient de temps en temps pour y faire oraison; quoique Caraffa se sentît porté à ne point abandonner les pauvres, il fut néanmoins inspiré de Dieu d'accepter leur offre et d'y aller avec eux. C'était un ermitage situé au pied d'une montagne de roc dans lequel on avait taillé deux chambres qui étaient accompagnées d'une chapelle. Caraffa s'y retira donc pour obéir à la voix du Seigneur, bien résolu d'y continuer ses pénitences et de ne point abandonner pour cela le salut des âmes. C'est pourquoi il en sortait le matin et allait dans la ville au quartier des courtisanes pour les exhorter à quitter leur vie infâme : ce qui lui ayant réussi à l'égard de plusieurs, qui, touchées par la force de ses discours et poussées par un secret mouvement de l'Esprit-Saint, venaient le trouver à son ermitage pour se confesser de leurs péchés et apprendre de lui le véritable chemin du salut, il leur assigna certains jours auxquels il leur prêchait dans sa petite chapelle avec tant d'efficace, que le nombre de celles qu'il convertit fut si grand, qu'outre celles qu'il maria, il en remplit quatre monastères et leur procura de quoi subsister; enfin sa charité était si grande qu'il allait encore dans les villages annoncer la parole de Dieu aux pauvres paysans, dont plusieurs quittèrent leur vie déréglée pour retourner à Dieu par une véritable et sincère conversion.

Le cardinal Giesualdo, archevêque de Naples, voyant les grands fruits que Caraffa faisait dans la vigne du Seigneur, voulut avoir auprès de lui un si bon ouvrier, et lui ordonna de quitter son ermitage pour venir demeurer à l'église de Sainte-Marie-*de-tous-Biens*, qui était dans la ville. Plusieurs ecclésiastiques qu'il dirigeait se joignirent à lui pour l'aider dans ses fonctions apostoliques; quelques-uns même voulurent être de ses disciples, et abandonnèrent leurs propres maisons pour vivre avec lui sous sa conduite. Caraffa crut que c'était une occasion favorable pour mieux entreprendre les missions. Il en parla à l'archevêque, qui lui permit de vivre en commun avec ceux qui voulaient être ses disciples, et de recevoir sous sa direction les prêtres et les laïques qui se présenteraient. Quoique son intention ne fût pas pour lors de fonder une congrégation de prêtres, mais seulement de servir le prochain par le moyen des missions qu'il espérait faire avec le secours de ceux qui se joignaient à lui, il ne laissa pas d'être le fondateur d'un institut particulier, qui par une protection visible du Très-Haut, qui l'avait ainsi déterminé, subsista et fut autorisé et approuvé par le saint-siége, malgré toutes les contradictions qu'il reçut, comme on le verra dans la suite.

DICTIONN. DES ORDRES RELIGIEUX. III.

Caraffa, qui, depuis un mois qu'il était sorti de son ermitage, avait toujours été occupé à accommoder l'église de Sainte-Marie-*de-tous-Biens*, l'ouvrit enfin le troisième dimanche après Pâques de l'an 1601, et commença, avec huit prêtres qui s'étaient joints à lui, à y travailler au salut du prochain, soit par les exercices de piété qu'il y établit, soit par les fréquentes exhortations qui s'y faisaient, et cela avec tant de zèle et un si heureux succès, qu'outre un grand nombre de pécheurs qui changèrent de vie, il y eut encore tant de courtisanes qui voulurent faire pénitence de leur vie passée, que le P. Caraffa fut obligé de fonder deux monastères pour les renfermer, l'un sous le titre de Sainte-Illuminée, qui s'appelle aujourd'hui *le Secours*, et l'autre sous celui des Pénitentes, ceux où il en avait déjà mis ne suffisant pas pour les contenir toutes.

Les missions se faisant rarement, non-seulement dans la ville, mais dans tout le royaume, principalement à la campagne, le P. Caraffa, persuadé du fruit que l'on pouvait retirer en les faisant fréquemment, crut qu'un institut particulier qui s'emploierait à les faire serait fort utile à l'Église. Il en parla à ses confrères, qui consentirent à faire ces sortes de missions; et, après en avoir obtenu la permission de l'archevêque de Naples, il alla à Rome pour en avoir la confirmation du pape Clément VIII, qui l'exhorta à ne point se désister de cette entreprise, et lui ordonna de dresser des règlements pour ce nouvel institut. Caraffa y travailla, et les ayant finis avec assez de diligence, il retourna auprès du souverain pontife pour les faire approuver; mais il le trouva dans des sentiments bien différents : car quelques personnes malintentionnées ayant décrié le saint fondateur dans son esprit, bien loin d'approuver son institut et les règlements qu'il avait dressés, il l'aurait au contraire supprimé, si le cardinal Giesualdo, archevêque de Naples, ne l'en avait empêché, sachant le grand fruit que ces nouveaux missionnaires faisaient dans son diocèse. Le P. Caraffa, qui, après les empressements que le pape lui avait témoignés pour l'établissement de sa congrégation, ne s'attendait pas à un tel refus, le reçut comme un châtiment de ses péchés passés : c'est pourquoi, étant retourné à Naples, il redoubla ses prières, ses pénitences et ses mortifications, se conformant en toutes choses à la volonté de Dieu, qui voulut encore éprouver sa constance et sa fidélité par une autre mortification : car, peu de temps après qu'il fut arrivé à Naples, il se vit obligé de quitter son église de Sainte-Marie-*de-tous-Biens*, dont quelques personnes, qui prétendaient qu'elle leur appartenait, lui contestaient la possession : ce qui, joint aux autres difficultés que l'on suscita à sa congrégation, lui donna le chagrin de se voir abandonné par la plupart de ses disciples

Caraffa ne perdit pas pour cela courage; au contraire, son zèle et ses autres vertus se perfectionnant dans cet état d'humiliation et d'épreuve, il loua une maison proche le

4

Conservatoire de *la splendeur des vierges*, qui était sous sa conduite, et y continua, avec trois compagnons qui lui étaient restés, les mêmes exercices qu'il pratiquait avant ses disgrâces, qu'il continua à supporter avec tant de conformité à la volonté de Dieu, et avec une si grande soumission aux ordres de sa Providence, qu'il mérita d'être consolé par l'augmentation de sa communauté, dans laquelle plusieurs sujets d'un mérite distingué demandèrent à être reçus, du nombre desquels étaient le P. Antoine de Collellis, qui, après en avoir fait un des principaux ornements, mourut en odeur de sainteté et dont on imprima la Vie en 1663. Cette vie privée que le P. Caraffa menait dans cette nouvelle maison ne l'empêcha pas de travailler au salut du prochain : car, outre qu'il fonda encore un monastère pour les jeunes filles qui, à cause de leur pauvreté, couraient risque de perdre leur virginité, il s'appliqua à la conversion des infidèles (qui se trouvaient pour lors plus de vingt mille dans Naples, où ils avaient été menés en esclavage); sans parler de ses charitables soins pour les catéchumènes, dont il fut fait supérieur, non plus que de sa vigilance pour la conduite du séminaire de Naples, dont ayant été fait recteur, il entreprit la réforme, en lui donnant de nouveaux règlements remplis de sagesse et de piété.

Après avoir ainsi réglé ces maisons, dont on lui avait donné la conduite, et pourvu à l'entretien de celles que sa charité l'avait porté d'établir pour servir de refuge aux pécheresses publiques qui voulaient se convertir, ou aux vierges que la pauvreté pouvait conduire au libertinage, il travailla à l'affermissement de sa congrégation, dont il voulut que la première maison fût dans un lieu solitaire, pour servir de noviciat et de retraite aux missionnaires. C'est pourquoi il la fit bâtir à un mille de Naples, au milieu des montagnes, et lui donna le nom de *Notre-Dame-des-Monts*. Il en fonda une autre au diocèse de Caserte, sous le nom de *Notre-Dame-du-Mont-Agréable* ou *del Monte Decoro*, à cause qu'elle est située dans une belle solitude. Il en fonda aussi deux autres dans la ville de Naples, l'une sous le titre de *Saint-Georges-le-Majeur*, et l'autre sous celui de *Saint-Nicolas*, dont les églises étaient anciennes, mais qui ont été rebâties depuis de fond en comble. Il alla ensuite à Rome pour avoir l'approbation de son institut et des règles qu'il avait dressées. Paul V, qui gouvernait pour lors l'Église, et qui connaissait sa vertu, donna de grandes louanges à son zèle, et commit la congrégation des réguliers pour examiner les règles qu'il avait dressées. Ce pape étant mort quelques jours après, Grégoire XV, qui lui succéda, approuva cet institut sous le titre de *Congrégation des Ouvriers-Pieux*, et donna pour cet effet un bref en 1621. L'intention du fondateur était de donner à sa congrégation le titre de *Doctrine chrétienne*, mais les cardinaux que Paul V avait commis pour examiner l'institut et les règlements du P. Caraffa, voyant les différents exercices de piété et les œuvres de charité des prêtres de cette congrégation, lui ôtèrent le titre de *Doctrine chrétienne*, et lui donnèrent celui des *Ouvriers-Pieux*:

Le P. Caraffa, ayant obtenu à Rome ce qu'il souhaitait, s'en retourna à Naples où l'estime que l'on avait de la sainteté de sa vie lui attira des honneurs et des respects si opposés à son humilité, qu'il quitta cette ville pour se retirer dans la maison de Notre-Dame-du-Mont-Agréable, qui en était éloignée de dix-huit milles, où il passa le reste de ses jours dans des mortifications et des austérités continuelles, auxquelles il joignait un travail et un zèle infatigable pour le salut du prochain. Son humilité était admirable, sa pauvreté extrême, sa patience, sa douceur et sa charité sans pareilles; son esprit était continuellement élevé vers Dieu, dont les grandeurs le ravissaient souvent en extases, dans lesquelles il recevait de si grandes faveurs, qu'on le vit un jour entouré d'une lumière semblable à celle du soleil, Dieu voulant faire connaître par là la sainteté de son serviteur, aussi bien que par le don de prophétie et des miracles qu'il lui avait accordé. Enfin, étant accablé sous le poids de ses fatigues et de ses pénitences, il tomba malade l'an 1633; on le porta à Naples dans sa maison de Saint-Georges, où Dieu voulut encore éprouver sa patience par les grands maux qu'il endura pendant près de deux mois, après lesquels il mourut, le huit septembre, étant âgé de soixante et douze ans, trente et un ans après la fondation de sa congrégation.

Après la mort de ce saint fondateur, sa congrégation fut encore confirmée par le pape Urbain VIII; mais elle n'a pas fait d'autres progrès que celui de l'acquisition de l'ancienne église de Sainte-Balbine, sur le mont Aventin, dans Rome, par la cession que lui en fit le chapitre de Saint-Pierre en 1689. Ces Ouvriers-Pieux prétendent que la cause du peu de progrès qu'ils ont fait vient de ce que, pendant la peste qui affligea la ville de Naples l'an 1653, leurs confrères s'étant offerts au cardinal Filomarini, alors archevêque de cette ville, pour assister les pestiférés, ils moururent tous, à l'exception de deux prêtres et trois clercs.

Ces Ouvriers-Pieux ne font point de vœux; ils sont gouvernés par un général et quatre consulteurs, qui exercent leurs offices pendant trois ans, après lesquels ils peuvent être encore continués dans le chapitre général, qui se tient tous les ans. Les maisons élisent leurs supérieurs particuliers, qu'ils nomment *Recteurs*. Quoiqu'ils ne fassent point de vœux, ils vivent néanmoins à la manière des religieux les plus austères; car ils ne portent point de linge et couchent sur des paillasses sans draps. Ils font profession d'une exacte pauvreté; ils ne doivent rien avoir enfermé sous la clef. Une table, un siège et quelques images de papier font tout l'ornement de leur chambre. Ils reconnaissent plusieurs fois la semaine leurs fautes devant leurs supérieurs. Outre le carême de l'Église universelle, ils ont encore celui de l'avent et un autre à la Pentecôte. Ils jeûnent aussi tous les vendredis et samedis de l'année et les veilles des fêtes de Notre-Seigneur et de la sainte Vierge. Deux fois la semaine ils prennent la discipline. Tous les jours ils font en commun une heure d'oraison mentale, demi-heure le matin et autant le soir. Tous les ans ils font les exercices spirituels. Ils se lèvent à deux heures après minuit pour dire Matines, et, outre l'office du bréviaire romain, ils doivent dire encore tous les jours le petit office de la Vierge, les litanies des saints, et le *Salve Regina* après Complies. Telles sont les principales observances des Ouvriers-Pieux dont nous donnons l'habillement (1).

Pietro Gisolso, *Vita del Padre Carolo Caraffa. La Vida del P. Antonio de Collellis.* Carolo de Lellis, *Neapol. sacr.* D. Carolo Bartholom. Piazza, *Eusevolog. Roman.*, part. II, tract. 11, cap. 14; et *Mémoires envoyés de Rome*, par les Pères de cette congrégation.

P

PACOME (RELIGIEUX DE SAINT-).

Des religieux de Saint-Pacôme, avec la Vie de saint Pacôme, abbé, premier instituteur des congrégations religieuses.

Saint Antoine a bien, à la vérité, donné quelque perfection à la vie cénobitique; mais l'on doit donner à saint Pacôme la gloire de l'avoir affermie, par l'union de plusieurs monastères, qui, quoique gouvernés par des supérieurs particuliers, étaient néanmoins tous soumis à un abbé ou supérieur général; c'est ce qui a formé la première congrégation religieuse.

Il naquit dans la haute Thébaïde vers l'an 292; son père et sa mère étaient des païens qui l'élevèrent dans leur superstition; mais dès son enfance il témoigna tant d'opposition à l'idolâtrie, qu'ayant goûté du vin offert aux idoles, il le rejeta à l'heure même; et un jour que ses parents l'avaient mené à certains sacrifices qu'on faisait aux faux dieux pour consulter leurs oracles, il donna tant de frayeur aux démons, qu'ils ne voulurent jamais parler devant lui : de quoi les sacrificateurs étonnés et irrités, s'écrièrent qu'il fallait chasser cet ennemi de leurs dieux

A l'âge de vingt ans il fut pris pour être enrôlé dans l'armée de l'empereur Maximin qui se préparait à faire la guerre à Constantin et à Licinius. On l'embarqua sur un vaisseau avec plusieurs autres, et le soir ils arrivèrent dans une ville, dont les habitants touchés de compassion de la plupart de ces soldats, qui étaient des jeunes gens qu'on menait à la guerre contre leur gré, leur donnèrent tous les secours dont ils avaient besoin. Pacôme demanda qui étaient ces gens si charitables? On lui répondit que c'était des chrétiens. Il demanda ce que voulait dire ce nom, et quel Dieu ils adoraient. On lui dit qu'ils n'en reconnaissaient point d'autres que celui qui a fait le ciel et la terre, et son Fils unique Jésus-Christ en qui ils croyaient, et qu'ils espéraient une récompense en l'autre vie pour les biens qu'ils leur faisaient. Pacôme, touché de ce discours, se retira à l'écart, et élevant les yeux et les mains au ciel, il promit à Dieu de le servir parfaitement et de s'attacher à lui tout le reste de sa vie, s'il lui donnait une connaissance de sa divinité. Il continua son voyage, et aussitôt qu'il res-

(1) *Voy.*, à la fin du vol., n° 9.

sentait quelque mouvement déréglé de la nature corrompue, il avait recours à la prière.

La guerre étant finie et les soldats ayant été congédiés, il retourna en Thébaïde. Il alla à l'église d'un bourg nommé Chénobosque, où il fut fait catéchumène, et peu de temps après il reçut le baptême. Ayant ensuite appris qu'un vieillard nommé Palémon, servait Dieu dans le désert, il alla le trouver à l'heure même, et frappa à la porte de sa cellule; le vieillard l'entr'ouvrit et ayant su qu'il voulait être solitaire, il lui dit d'un ton sévère que la vie monastique n'était pas une chose facile; que plusieurs l'avaient embrassée, mais n'avaient pas persévéré; qu'il ne pouvait pas être reçu dans son monastère, à moins qu'il n'eût fait quelque pénitence dans un autre; mais qu'il considérât qu'il ne mangeait que du pain et du sel, et qu'il n'usait jamais d'huile, qu'il ne buvait point de vin, qu'il veillait la moitié de la nuit, qu'il l'employait à méditer l'Ecriture sainte, à psalmodier, et qu'il la passait même quelquefois sans dormir. Ces paroles firent trembler Pacôme; toutefois il s'engagea à tout avec tant de foi que Palémon lui ouvrit la porte et lui donna l'habit monastique, ce qui arriva au plus tard l'an 314.

Il demeura quelque temps avec ce saint vieillard, travaillant à filer du poil et à en faire des cilices pour avoir de quoi nourrir les pauvres; mais s'étant avancé assez loin dans un canton nommé Tabenne, comme il était en prière, il entendit une voix qui lui dit : Demeure ici, Pacôme, et fais-y un monastère; car plusieurs te viendront trouver, et tu les conduiras selon la règle que je te donnerai. Aussitôt un ange lui apparut et lui donna une table où était écrite cette règle, qui y fut observée depuis.

Il communiqua cette vision à saint Palémon, qui le fortifia dans ce dessein, et lui conseilla d'exécuter l'œuvre que Dieu lui ordonnait d'entreprendre. Il fut même avec lui jusqu'à Tabenne, et ils y demeurèrent quelque temps dans une petite maison qu'ils y bâtirent ensemble. Palémon retourna ensuite dans son ermitage, où il mourut dans une heureuse vieillesse. Saint Pacôme l'ayant été visiter, il l'assista jusqu'à la mort et lui donna la sépulture.

Pacôme étant retourné à Tabenne, Jean

son frère, qui s'était fait chrétien, l'y vint trouver. Ils vécurent ensemble dans une très-grande austérité. Ils donnaient aux pauvres le fruit de leur travail sans rien réserver pour le lendemain. Ils ne changeaient d'habits que pour la nécessité de les laver. Pacôme portait continuellement un cilice, et ne dormait que debout dans sa cellule sans s'appuyer contre la muraille. Jean étant mort, il demeura quelque temps seul et souffrit quantité de tentations et d'illusions du démon. Cependant il bâtissait un monastère assez spacieux pour recevoir cette grande multitude de moines, suivant la promesse qu'il avait reçue du ciel. Enfin, le temps étant venu qu'elle devait s'accomplir, un ange lui apparut une seconde fois pour l'en avertir. Il commença à recevoir ceux qui se présentaient à lui pour embrasser l'état monastique. Il eut bientôt jusqu'à cent disciples, dont les trois premiers furent Psentaèse, Sur et Ploys. Les plus distingués ensuite furent Pécuse, Corneille, Paul, un autre Pacôme, et Jean. Il les conduisit suivant la règle que l'ange lui avait apportée du ciel. Il était permis à chacun de manger et de jeûner selon ses forces, et on mesurait le travail à proportion. Ils logeaient trois à trois, en différentes cellules; mais la cuisine et le réfectoire étaient en commun. Leurs habits consistaient en une tunique de gros lin faite en forme de sac, nommée *lebitonne*; elle n'avait point de manches, allait jusqu'aux genoux, et était serrée d'une ceinture (1). Ils avaient par-dessus une peau blanche corroyée, d'un cuir de chèvre qu'ils appelaient melottes, quoique ce nom appartienne plutôt à une peau de mouton. Elle couvrait les épaules depuis le cou, descendait par derrière jusqu'au bas des cuisses, et leur tête était couverte d'un capuce de laine de la manière que les enfants de ces quartiers-là le portaient. Il était fort petit et sans poil, n'allait que jusqu'au haut des épaules, et était garni de petites croix. Ils avaient cet habit tant de nuit que de jour; mais venant à la communion, ils ôtaient la melotte et la ceinture, ne gardant que la tunique. Pendant le repas ils se couvraient la tête de leurs capuces pour ne se point voir les uns les autres, et observaient le silence. Les hôtes ne mangeaient point à la communauté, et les novices étaient éprouvés pendant trois ans.

Saint Pacôme animait ses religieux à l'observance de la règle plus par ses exemples que par ses paroles. Tout le monastère était divisé en vingt-quatre troupes, dont chacune portait le nom d'une des lettres de l'alphabet grec, avec un rapport secret de ceux qui la composaient. Les plus simples, par exemple, étaient rangés sous l'*iota*, les plus difficiles à conduire sous le *xi*, afin que l'abbé pût aisément s'informer de l'état de chacun dans une si grande multitude, en interrogeant les supérieurs par ce langage mystérieux qui n'était connu que des plus spirituels. Enfin, l'ange qui parlait à saint Pacôme, lui ordonna de faire douze oraisons le jour, douze le soir, et douze la nuit. Il trouvait que c'était peu; mais l'ange lui répondit que c'était afin que les faibles les pussent accomplir sans peine et que les plus parfaits n'avaient pas besoin de cette loi, parce qu'ils ne cessaient de prier dans leurs cellules.

Ses disciples augmentant de jour en jour, il bâtit un second monastère à Baum ou Prou, qui n'était pas éloigné de celui de Tabenne, quoiqu'il fût dans un autre diocèse. Ensuite Éponyme, abbé de Chenobosque, et les religieux de Monchose, s'étant offerts à lui avec leurs monastères, il les reçut et établit parmi eux son observance. A ces quatre monastères, il en joignit encore trois autres; savoir, celui de Tismène, ou de Mène, près la ville de Panos, celui de Tase ou de Thèbes, et celui de Pachum ou Chnum aux environs de Lasophe. Tous ces monastères joints ensemble formèrent une congrégation parfaite, qui avait son abbé ou supérieur général, et même son économe ou procureur pour l'administration du temporel. On y faisait la visite tous les ans : on assemblait un chapitre général où on faisait élection des officiers; et le monastère de Baum, qui était le plus considérable, fut regardé comme le chef de l'ordre.

Ce fut la première congrégation religieuse qu'on a appelée de Tabenne, à cause du premier monastère qui fut bâti en ce lieu. Saint Pacôme en fonda aussi un pour les filles. L'occasion en vint de sa propre sœur qui, étant venue pour le voir, et n'ayant pu obtenir cette consolation (car il ne parlait jamais aux femmes), suivit le conseil qu'il lui donna par le portier du monastère, de travailler à se consacrer elle-même tout entière à Dieu. Il lui fit donc bâtir une cellule dans un lieu appelé Men, un peu éloigné du monastère de Tabenne, où elle se vit bientôt mère de plusieurs filles qui suivirent son exemple. Pallade dit qu'elles étaient au nombre de quatre cents vers l'an 420. Saint Théodore, successeur de saint Pacôme, en fonda un autre auprès de Pabau, en un lieu nommé Bechré. Personne n'allait les visiter sans permission particulière, hormis le prêtre et le diacre destinés pour les servir, qui n'y allaient même que les dimanches. Les religieux qui avaient quelques parentes parmi ces saintes religieuses obtenaient la permission de les aller voir accompagnés de quelqu'un des plus anciens et des plus spirituels. Ils voyaient d'abord la supérieure, et puis leurs parentes en présence de la supérieure et des principales de la maison, sans lui faire ni en recevoir aucun présent, et sans manger en ce lieu. Les religieux allaient faire leurs bâtiments et les assister dans leurs autres besoins, conduits par quelqu'un des plus sages et des plus graves ; mais jamais ils ne buvaient ou ne mangeaient chez elles, revenant toujours à leur monastère à l'heure du repas. Leur supérieur leur envoyait du lin et de la laine dont elles faisaient, suivant l'ordre du grand économe, les étoffes nécessaires pour elles et pour les religieux ; et quand quelqu'une était morte,

---

(1) *Voy.*, à la fin du vol., nos 10 et 10 *bis*.

on apportait le corps jusqu'à un certain endroit où les religieux, en chantant, venaient le prendre, et l'allaient enterrer sur la montagne où était leur cimetière.

Vanus, évêque de Panos, ayant écrit à saint Pacôme pour le prier de venir fonder des monastères auprès de sa ville, il lui accorda sa demande. En y allant, il visita ceux qui étaient sous sa conduite; et quand il fut arrivé à Panos avec ses moines, l'évêque le reçut avec un très-grand respect, et lui donna des places pour bâtir ses monastères. Notre saint y travailla avec joie; mais comme on élevait un mur de clôture, quelques personnes malintentionnées venaient la nuit abattre ce que l'on avait construit pendant le jour. Le saint exhortait ses disciples à le souffrir avec patience; mais Dieu en fit justice. Ces méchants s'étant assemblés pour continuer leur crime, furent brûlés par un ange, et consumés, en sorte qu'ils ne parurent plus. Le bâtiment étant achevé, saint Pacôme y laissa des moines auxquels il donna un supérieur, et demeura dans ce monastère un temps assez considérable pour y mieux établir la discipline régulière, à cause qu'il n'était pas éloigné de la ville. Il retourna ensuite à Tabenne, où Dieu voulant enfin consommer ses travaux, il tomba malade avant la fête de Pâques. Deux jours avant que de mourir, il fit assembler tous ses frères; et, après leur avoir donné quelques instructions pour leur conduite, il leur nomma Petronne, l'un d'entre eux, comme le plus digne pour lui succéder, et il mourut le quatorzième jour de mai de l'an 348.

Il eut près de neuf mille moines sous sa conduite, dont le nombre augmenta encore après sa mort. Mais dans la suite cet ordre s'est entièrement aboli, les religieux de saint Pacôme et presque tous les autres d'Orient ayant embrassé la règle de saint Basile, ou s'étant rangés parmi ceux qui regardent saint Antoine pour leur patriarche. Il y a néanmoins de l'apparence que l'ordre de saint Pacôme subsistait encore avec éclat vers le milieu du XI° siècle, puisque Anselme, évêque d'Havelberg, dont nous avons déjà parlé, dit avoir vu à Constantinople, dans le monastère de Philanthropos, cinq cents moines de l'ordre de Saint-Pacôme.

Rosweide, *Vit. PP.* Bolland, *Act. SS.* 14 Maii. De Tillem. *Mém. pour l'hist. ecclés.*, tom. VII et VIII. Fleury, *Hist. ecclés.*, tom. III et IV.

PAIX (Bénédictines Réformées de Notre-Dame de la).

Des religieuses Bénédictines Réformées de Notre-Dame de la Paix à Douai, avec la Vie de la Révérende Mère Florence de Verguigneul, leur réformatrice.

Le monastère de Notre-Dame de la Paix à Douai, d'où plusieurs autres monastères de Flandre ont tiré leur origine, est redevable de son établissement à la Mère Florence de Verguigneul, autant recommandable par l'éclat de ses vertus que par la noblesse de son sang. Elle était fille de François de Verguigneul et de Gertrude de Daure, tous deux issus des plus nobles et plus anciennes familles d'Artois. Elle naquit le 24 janvier 1559, et reçut sur les fonts de baptême le nom de *Florence*. Dès les premières années de sa vie elle donna des marques de la sainteté à laquelle elle devait un jour arriver, et cela par la fidélité qu'elle avait à correspondre à la bonne éducation qu'elle recevait de ses parents, qui n'oubliaient rien pour l'élever dans la pratique des vertus et dans les exercices convenables à une personne de son sexe et de sa qualité.

Son père, lui voyant de si heureuses dispositions pour le bien, se trouvant apparemment chargé d'une grosse famille, jeta les yeux sur elle pour, en soulageant sa famille, en faire un sacrifice au Seigneur. C'est pourquoi il pria l'abbesse des chanoinesses de Monstier-sur-Sambre, qui était sa parente, de lui donner la première place vacante dans son chapitre; ce qui lui ayant été accordé, il y conduisit la jeune Florence, qui n'y fut pas plutôt reçue, qu'elle s'attira le cœur de toutes celles qui la pratiquaient, tant par sa complaisance pour tout le monde que par son amour pour les pauvres, par sa charité pour les malades et pour les affligés, dont elle préférait la compagnie à tout ce qui a coutume de faire plaisir aux jeunes personnes de son âge.

Des vertus si peu communes dans une jeune novice qui pouvait déjà servir de modèle aux plus anciennes chanoinesses de ce chapitre, lui gagnèrent tellement l'estime et l'amitié de son abbesse, qu'elle l'aurait faite sa coadjutrice, si Dieu qui la destinait à un genre de vie plus parfait n'en eût disposé autrement en la retirant de son abbaye (qui était trop exposée aux fureurs de la guerre qui affligeait la Flandre), pour la faire retourner chez ses parents, dont il se servit pour l'exécution des grands desseins qu'il avait sur sa servante : car comme son père était un gentilhomme fort réglé et fort jaloux de l'honneur de sa maison, le soin qu'il eut que ses filles ne fréquentassent aucune compagnie qui ne leur fût profitable pour la vertu, fit que Florence méprisa peu à peu les vanités du monde et s'attacha tellement aux exercices de la piété, qu'elle commença à changer le goût qu'elle avait pour les visites et pour les conversations en celui de la lecture des livres spirituels et de l'oraison mentale. Jusque-là cette sainte fille n'avait encore eu aucun dessein de quitter son état de chanoinesse; mais un tremblement de terre qui arriva en 1580, et qui mit la terreur dans les esprits les plus intrépides, fit une telle impression sur son cœur, qu'elle prit la résolution de quitter le monde et de se faire religieuse, commençant dès lors à accoutumer son corps à la pénitence la plus rigoureuse, afin de trouver le joug du Seigneur plus léger et plus supportable, lorsqu'elle serait obligée à le porter par les vœux de la religion; en quoi elle fut traversée par le démon, qui, prévoyant les fruits que devaient produire les exemples d'une vertu si consommée, lui représentait les douceurs dont elle jouirait, si elle retournait à Monstier, où elle était aimée de l'abbesse et de toutes les chanoinesses, et les rigueurs de la vie qu'elle se proposait d'embrasser ; mais l'amour de Dieu l'emporta toujours sur les attaques du démon, qui ne servirent qu'à la fortifier dans sa résolution, et à augmenter tellement son zèle et sa ferveur, que, ne pouvant plus cacher ce qui se passait dans son cœur, elle le déclara à sa sœur, qui, charmée des transports d'amour dont Florence était embrasée, se détermina à la suivre dans sa résolution, et le lui promit.

Après que Florence eut passé deux ans dans cet esprit de piété et de dévotion, son désir augmentant de jour en jour, elle prit enfin la résolution de déclarer son dessein et celui de sa sœur à son père, qui, les aimant tendrement, ne voulut pas s'opposer à leur désir, mais ne voulut aussi leur donner son consentement qu'après les avoir éprouvées en toutes manières : ce qui n'ayant pas été capable d'ébranler leur constance, ce pieux gentilhomme leur permit d'entrer dans la célèbre abbaye de Flines, où elles furent reçues sur la fin de septembre de l'an 1583. Il serait trop long de rapporter tous les exemples de vertus que ces nouvelles épouses de Jésus-Christ donnèrent pendant leur noviciat, qui dura deux ans, à cause de la grande jeunesse de la sœur de Florence, qui était sa cadette de neuf ans, n'en ayant que quatorze lorsqu'elle entra dans l'abbaye de Flines, dont l'abbesse ne les reçut qu'à condition qu'elles feraient profession ensemble ; ce qu'elles firent le 15 de juin de l'an 1585.

Lorsque Florence se vit engagée par ses vœux à travailler avec plus de zèle et de ferveur à la perfection de son âme, elle commença par éloigner de son esprit et de son cœur le reste des affections qu'elle pouvait avoir pour les choses de la terre, se privant des choses mêmes les plus licites : ce qui lui attira beaucoup de murmures de la part de sa sœur et des autres religieuses, dont tous les discours ne furent pas capables de lui faire rien diminuer de ses pratiques de pénitence et de mortification, auxquelles elle aurait bien souhaité attirer toutes les religieuses de sa maison, en leur faisant embrasser l'étroite observance : ce qui était d'autant plus difficile, que les guerres avaient introduit beaucoup de libertés dans son monastère, où, de cent religieuses qui en composaient la communauté, il n'y en avait que fort peu qui fussent disposées à la réforme, à laquelle elle se contentait d'exciter les autres par ses pratiques de pénitence, ne mangeant que fort peu, dormant encore moins, travaillant beaucoup, et priant continuellement avec tant de ferveur et tant de larmes, qu'elle mérita enfin d'être consolée par la sainte Vierge, qui, dans une de ses oraisons, l'encouragea à entreprendre la réforme, en lui disant : *Que crains-tu, fille de peu de foi ? mon Fils est tout-puissant ; je prends cette affaire en ma protection, et te réponds qu'elle arrivera.*

Ces paroles, qu'elle assura avoir entendues de la bouche de la sainte Vierge, firent une telle impression sur son cœur, qu'elle en conçut une sainte hardiesse pour exciter ses sœurs à la pratique des vertus et à l'observance parfaite de la règle. Il y en eut quatre qui suivirent ses conseils, et se résolurent de mettre la main à l'œuvre sitôt qu'elles en trouveraient l'occasion. L'abbé de Clairvaux étant venu faire sa visite dans leur monastère sur la fin de l'année 1599, elles lui communiquèrent leur dessein, qu'il approuva, leur conseillant de chercher un bienfaiteur qui leur donnât une maison, et leur assignât quelques rentes pour pouvoir subsister : ce qui leur réussit par le moyen du P. Thomas, Jésuite, qui en parla à un de ses amis, qu'il connaissait en état de leur faire ce plaisir. A peine ce serviteur de Dieu, qui s'appelait *Créancier*, eut-il écouté la proposition du P. Thomas, qu'il quitta la ville de Bapaume, où il était greffier, et vint s'établir à Douai, où il travailla fortement à l'érection d'un nouveau monastère, après avoir excité une jeune veuve fort dévote et fort riche à l'aider dans l'exécution de ce pieux dessein, qui toucha tellement le cœur de cette sainte femme, qu'après avoir pris les mesures nécessaires pour s'assurer du consentement de son père et de sa mère, qui vivaient encore, elle promit à M. Créancier d'acheter une maison à ses dépens.

Après que M. Créancier eut fait savoir une si bonne nouvelle à madame Florence, il travailla à obtenir les permissions de leurs Altesses Albert et Isabelle d'Autriche, et celle de l'évêque d'Arras : ce qui lui fut accordé après beaucoup de voyages qu'il fallut faire pour cela, aussi bien que le consentement des supérieurs de l'ordre de Cîteaux, qu'il obtint fort difficilement.

Outre les religieuses que la Mère Florence avait gagnées pour la réforme, et qui étaient encore avec elles dans l'abbaye de Flines, en attendant l'érection du nouveau monastère, cette jeune veuve, dont nous venons de parler, assemblait une autre communauté de jeunes demoiselles, qui attendaient aussi avec beaucoup d'impatience le moment de se consacrer à Dieu dans ce nouveau monastère, que l'on commença à bâtir dans un endroit de la ville le plus reculé : ce qui était conforme aux inclinations de la Mère Florence et de ses filles, qui auraient souhaité être dans un désert éloigné de tout commerce du monde. Pendant que l'on travaillait à la construction des bâtiments nécessaires à cette nouvelle communauté, toutes ces saintes filles s'exerçaient dans les exercices de la piété et dans la pratique des observances dont elles devaient faire profession. Lorsque ces mêmes bâtiments furent plus avancés, on songea à faire l'élection d'une supérieure. Toutes les postulantes s'étant assemblées pour cet effet chez M. Créancier, par ordre de l'évêque d'Arras, qui avait envoyé pour ce sujet son archidiacre à Douai, et les religieuses de Flines ayant envoyé leurs suffrages par écrit, le sort tomba sur Mme Constance, qui, après avoir fait tous ses efforts pour empêcher que l'on ne pensât à elle dans l'élection, fut enfin obligée d'accepter cette charge, par les pressantes sollicitations de l'abbesse de Flines, qui, pour l'y engager, lui promit son secours et son assistance. Enfin le temps auquel cette nouvelle communauté devait se renfermer dans le nouveau monastère étant arrivé, Mme Florence et les religieuses qui devaient la suivre quittèrent l'abbaye de Flines, après avoir demandé publiquement pardon de leurs fautes à toutes les religieuses de la communauté, qui eurent un véritable regret de perdre ces saintes filles, qu'elles embrassèrent avec beaucoup de tendresse. L'abbesse de Flines les déchargea de l'obéissance qu'elles lui avaient promise, et les accompagna avec la prieure et quelques anciennes religieuses de son monastère jusqu'à Douai, où elle demeura encore quelques jours, jusqu'à ce qu'ayant assisté à la cérémonie de la prise de possession de ce nouveau monastère, que l'on mit sous la protection de saint Pierre et de saint Paul, et sous le titre de Notre-Dame de la Paix, elle se retira à son abbaye de Flines.

Quelque temps après que ces saintes religieuses se furent renfermées dans leur nouveau monastère, M. l'évêque d'Arras y vint pour faire sa visite et régler ce qui était nécessaire, tant pour le bréviaire que pour leur habillement : il y invita l'abbesse de Flines, et après avoir dit la messe dans leur petite chapelle, le 5 décembre de l'année 1604, il leur donna l'habit de saint Benoît, et leur promit de revenir l'année suivante pour recevoir leurs vœux : ce qu'il fit effectivement ; car l'année de leur probation étant finie, il revint à Douai, où il reçut les vœux de Mme Constance et de trois religieuses qui étaient restées avec elle, deux des cinq qui s'étaient soumises à sa conduite l'ayant abandonnée pendant leur noviciat. Ce prélat, après avoir béni la nouvelle abbesse, et lui avoir promis sa protection, se retira, et fit dans la suite de grands biens à ce monastère, qui fut augmenté par la réception de cette veuve de Bapaume dont nous avons parlé, et de deux de ses filles, auxquelles Dieu, à la prière de leur mère, donna le désir de la retraite ; et mademoiselle Jolin s'y retira aussi avec deux de ses sœurs. Plusieurs personnes de différents pays, comme de France, d'Angleterre, et très-qualifiées, attirées par la réputation de cette sainte communauté, s'y retirèrent aussi ; en sorte qu'elle devint fort considérable en très-peu de temps. L'évêque de Namur voulut avoir de ces religieuses dans sa ville, et en fit venir pour cet effet du monastère de la Paix : celui de Liège en fit aussi venir trois dans sa ville capitale, où il leur donna une abbaye ; et ces saintes filles en fondèrent encore d'autres à Mons et à Grandmont. Il s'en établit encore d'autres à Arras, à Béthune, à Bruges, à Saint-Amand, à Ternemunde et à Poperingue, qui tous ont l'obligation de leur établissement à l'abbaye de la Paix de Douai, qu'ils regardent comme leur mère, sans parler de ceux qui furent réformés par les soins de Mme Florence, qui y envoya pour cela de ses religieuses. Après que cette sainte fondatrice eut rempli tous les devoirs d'une véritable supérieure, elle se démit de son abbaye en 1630, nonobstant toutes les oppositions de ses religieuses, qui, ne pouvant lui refuser cette grâce, qu'elle lui demandait depuis longtemps, élurent à sa place Mme Marie-Anne de Goudenhoue, à laquelle Mme Florence promit obéissance : ce qu'elle exécuta le reste de sa vie, qu'elle passa dans des infirmités presque continuelles, et qu'elle supporta avec une patience héroïque pendant huit ans, après lesquels Dieu, voulant la récompenser de ses travaux, l'appela à une meilleure vie, le 29 d'août 1638, après avoir reçu les sacrements de l'Eglise avec une piété vraiment chrétienne et religieuse.

Les religieuses de cette abbaye suivent la règle de saint Benoît, et leurs constitutions sont tirées en partie de celles des Bénédictines anglaises de la ville de Bruxelles. Elles se servent du bréviaire romain ; les Matines se disent à minuit ; elles observent les jeûnes de la règle, et font une perpétuelle abstinence, excepté en temps de maladie. Elles observent un silence continuel, à l'exception d'une heure après le dîner ; elles ne parlent jamais au réfectoire, où l'abbesse est servie comme ses religieuses, sans aucune distinction, ni pour la quantité, ni pour la qualité des viandes. Elles ne vont jamais au parloir sans écoute, et pour lors elles sont couvertes d'un voile qui leur tombe jusqu'au menton : elles ont une si grande simplicité dans tout ce qui est à leur usage, qu'elles ne se servent point d'argenterie, pas même à l'église, excepté les vases sacrés. Elles sont si zélées pour l'observance de la pauvreté, qu'elles n'ont rien en propre, pas même l'abbesse : elles font deux heures d'oraison mentale. Tous leurs autres exercices se font en commun. Leur habillement est conforme à celui que l'on portait autrefois au monastère de Sainte-Cécile de Rome, d'où elles en ont fait venir les patrons : il consiste en une robe ou tunique de drap, naturellement noir, pendant jusqu'à terre, et de la largeur de deux aunes et demie par le bas, et d'une aune par le haut, sans plis et sans façon. Cette robe est ceinte d'une ceinture de cuir ou de lisière : les manches sont étroites, joignant au bras ; elles ont un scapulaire de drap pareil à celui de leur tunique ; il est d'un tiers de large, et tombe jusqu'à terre ; elles ne le portent qu'aux heures du travail ; pour le reste du temps elles ont une coule d'estame en hiver, et de saie en été, dont les manches ont un peu plus d'une aune de largeur, et un peu moins en longueur : elles portent ces coules tant le jour que la nuit, couchant même avec : leur coiffure est semblable à celle que nous donnons dans l'estampe suivante (1) ; leurs sœurs converses sont habil-

---

(1) *Voy.*, à la fin du vol., nos 11 et 11 *bis*.

lées de même drap et de même couleur que les religieuses du chœur ; mais au lieu de coule elles portent un manteau qui leur tombe jusqu'aux talons : elles pratiquent les mêmes exercices que les religieuses, à l'exception de l'office divin.

Voyage littéraire de deux Bénédictins de la congrégation de Saint-Maur; et *Mémoires envoyés de l'abbaye de la Paix à Douai.*

PAIX (CHEVALIERS DE LA).
Voy. FOI.

PAMPELUNE (CHEVALIERS DE).
Voy. RONCEVAUX.

PARIS (CONGRÉGATION DE).
Voy. URSULINES, § *De la congrégation de Paris.*

PARMES (URSULINES DE).
Voy. URSULINES.

PASCHASE.
Voy. JEAN-PASCHASE.

PASSION (CHEVALIERS DE LA).
Voy. DRAGON.

PASSION (ORDRES DE LA).
De quelques ordres militaires qui n'ont été que projetés et n'ont point eu d'exécution.

Mézeray, dans son *Histoire de France,* parlant de Charles VI, roi de France, et d'Édouard II, roi d'Angleterre, qui étaient en guerre, dit que quelques gens de bien leur mirent dans l'esprit le désir de se réconcilier et de joindre leurs armes contre les Turcs ; que, pour ce sujet, le duc de Lancastre s'aboucha avec le roi Charles dans la ville d'Amiens, l'an 1392, mais que les propositions de l'Anglais furent si hautes, qu'on ne put faire qu'une trêve d'un an. Il y a de l'apparence que ce fut pendant cette entrevue que l'on dressa le projet d'un ordre militaire dont Charles VI, roi de France, et Edouard II, roi d'Angleterre, devaient être les instituteurs ; car M. Ashmole, dans son *Traité de l'Ordre de la Jarretière,* dit avoir trouvé dans la bibliothèque d'Arondel le manuscrit de l'institution de cet ordre, sous le titre de la Passion de Notre-Seigneur Jésus-Christ faite par ces deux princes. Mais comme dans ce manuscrit, qui est en langue française, il n'y a point de date, qu'il ne contient que les statuts que les chevaliers de cet ordre devaient observer, et que d'ailleurs aucun ancien historien n'a parlé de cet ordre, ce manuscrit n'est sans doute que le projet de cet ordre, qui ne fut point institué.

Quoi qu'il en soit, les règlements qui furent dressés portent que l'ordre serait fondé pour exciter les guerriers chrétiens à corriger leur vie déréglée, pour leur servir d'un puissant motif à en mener une meilleure, et comme de frein pour les retenir dans la piété ; pour renouveler la mémoire de la mort et passion de Notre-Seigneur Jésus-Christ parmi les chrétiens, et pour donner secours à ceux d'Orient ; pour délivrer la Terre Sainte du joug des infidèles ; pour y rétablir la foi catholique et l'étendre davantage, et pour s'opposer aux hérétiques et schismatiques. Lorsque les rois de France et d'Angleterre seraient arrivés en Terre Sainte, les chevaliers devaient marcher devant eux, leur servir d'avant-garde et leur donner secours en toutes occasions. Ils devaient être comme les gardes du corps de ces princes. Les volontaires qui serviraient dans l'armée et qui n'auraient point eu de chefs devaient être commandés par les chevaliers de cet ordre et ne point s'engager témérairement. En cas que la victoire penchât du côté des ennemis, ces chevaliers devaient faire l'arrière-garde, comme étant plus expérimentés que les autres, afin de rallier les troupes et retirer les blessés et les morts des mains des ennemis. En cas que l'un des deux rois fût abandonné de ses gardes, les plus braves de ces chevaliers devaient le secourir. Si l'on prenait quelque place et qu'elle fût trouvée difficile à garder, elle devait être confiée aux chevaliers, qui devaient avoir de bons espions pour savoir ce qui se passerait dans le camp ennemi, afin d'en donner avis aux deux rois. S'il y avait quelque négociation à faire entre ces princes et l'ennemi, le grand maître en personne et quelques chevaliers y devaient travailler sous les ordres des deux rois. Dans les sièges, ils devaient visiter l'armée et prendre garde qu'il ne se commit quelque trahison. Si l'on faisait courir dans l'armée quelques faux bruits pour faire naître la division, le grand maître, ou quelqu'un de ses principaux officiers, devait réunir les esprits et les porter à la paix et à l'union. Si quelque chrétien d'Occident s'engageait par vœu d'aller en la Terre Sainte, les chevaliers devaient le recevoir et l'accompagner afin qu'il pût accomplir son vœu. Si quelque pauvre gentilhomme voulait servir dans l'ordre, il devait l'entretenir selon sa condition. Enfin, si quelque roi ou prince ne pouvait pas aller à la Terre Sainte pour accomplir son vœu et l'obligation de ses prédécesseurs, l'ordre devait le solliciter de l'accomplir, et exécuter tous les points accordés par les rois, instituteurs de cet ordre.

La marque qui devait distinguer ces chevaliers était une croix de gueule, large de quatre doigts, orlée d'or en champ d'argent, chargée en cœur d'une médaille faite de quatre demi-cercles et quatre angles renfermant un agneau pascal d'or en champ de sable, et pour habillement ils devaient avoir une robe bleue descendant jusqu'à mi-jambes, serrée d'une ceinture de cuir noir, et par-dessus cette robe un manteau blanc ouvert des deux côtés depuis les épaules, ayant par devant une croix rouge large de quatre doigts. L'habit du grand maître était semblable à celui des chevaliers, avec cette différence que la croix devait être orlée d'or, et qu'il devait toujours tenir à la main un grand bâton en forme de sceptre, au haut duquel il y aurait eu un nom de Jésus. Étant en guerre, ils devaient mettre sur leur cuirasse une veste blanche descendant seulement jusqu'aux genoux, sur laquelle devait être la croix de l'ordre orlée d'or, à la différence des Frères Servants, qui auraient eu la croix orlée de soie noire. Leur casque devait être à l'antique, couvert d'un capuce rouge; et comme dans les hôpitaux qu'on avait projeté d'établir, les veuves des chevaliers devaient avoir soin des malades; on avait aussi prescrit leur habillement, qui devait consister en une robe blanche avec une ceinture rouge orlée d'or, et les manches rouges; un manteau blanc ouvert par devant bordé de rouge et doublé de noir, et pour couvrir leur tête un voile blanc bordé de rouge avec une croix de même sur ce voile et au côté du manteau.

Ces chevaliers devaient s'obliger par vœu d'obéir à leur chef, d'observer la pauvreté et garder la chasteté conjugale. Cet ordre n'était pas seulement consacré à la Passion du Sauveur, il l'était aussi à la sainte Vierge, que les chevaliers devaient prendre pour leur protectrice. Toutes les affaires devaient passer par cinq conseils différents, en présence du grand maître, dans le principal couvent de l'ordre. Le premier, qui devait être le conseil ordinaire, devait être composé de vingt-quatre conseillers; le conseil particulier, de quarante sujets, savoir: vingt-quatre conseillers, huit officiers de justice, quatre commissaires des transgressions et quatre docteurs en théologie et en droit; le grand conseil, de quatre-vingts personnes, dont quarante seraient du conseil particulier, et le reste des principaux officiers, avec un certain nombre de chevaliers qu'on aurait choisis; le conseil général, qui devait se tenir tous les ans, devait être composé de personnes tirées des autres conseils et de tous les présidents et députés des provinces; et le cinquième conseil, qu'on aurait nommé universel, et qui aurait dû s'assembler tous les quatre ans ou tous les six ans, aurait été composé de mille chevaliers. Parmi les officiers de l'ordre, le grand justicier devait tenir le premier rang, et le grand connétable aurait marché après lui. Dans la ville principale de la résidence des chevaliers, on en aurait élu un sous le nom de podestat, pour faire administrer la justice. Dans le conseil universel on en aurait aussi élu un, sous le titre de sénateur, qui devait avoir pour conseillers vingt-quatre chevaliers, auxquels on devait se rapporter pour les affaires concernant la guerre. Il devait y avoir aussi un dictateur, douze Pères conscrits, et douze coadjuteurs, qui auraient eu droit de convoquer l'assemblée universelle. Il devait y avoir de plus dix officiers de justice députés par le grand justicier pour juger les principales personnes de l'ordre, et dans le couvent quatre commissaires, appelés les charitables, pour avoir soin des veuves et des enfants des chevaliers décédés. L'ordre devait être composé de huit langues ou nations différentes. Il était permis aux chevaliers d'avoir de l'argent, des terres et des revenus; mais tout devait être en commun: le grand maître et les principaux officiers devaient avoir toujours cinq à six cents chevaliers armés, et prêts à aller où ils seraient commandés. Le principal couvent devait avoir une grande église avec un cloître spacieux pour des chanoines et prêtres de l'ordre. Chaque chevalier pouvait avoir trois valets, un pour porter son casque et sa lance, un pour combattre à pied avec lui, et l'autre pour conduire le bagage. En temps de guerre, ils pouvaient en avoir quatre, et cinq chevaux, et en temps de paix seulement trois chevaux, selon que les revenus de l'ordre en auraient pu entretenir. Tel fut en partie le projet de cet ordre de la Passion de Notre-Seigneur Jésus-Christ, qui n'eut aucun lieu.

Elie Ashmole, *Traité de l'Ordre de la Jarretière*. Bernard Giustiniani, *Hist. di tutti gli Ordini militari*; et Schoonebeck, *Hist. des Ordres militaires*.

François Ier, roi de France, eut aussi la pensée d'instituer en son royaume un ordre militaire en l'honneur de la croix du Sauveur du monde, et en demanda la permission au pape Léon X, qui la lui accorda par une bulle du 1er octobre de l'an 1576. Mais comme cette bulle ne contient seulement que cette permission et qu'elle ne donne point à connaître les obligations des chevaliers qui se devaient engager dans ce nouvel ordre, nous ne la rapporterons point. Il y en a une copie dans les manuscrits de M. de Brienne, qui sont à la bibliothèque du roi, vol. 274, fol. 54, à laquelle on peut avoir recours.

L'on trouve aussi à la même bibliothèque, parmi les manuscrits de M. de Béthune, vol. 9527, fol. 98, le projet d'un ordre militaire qui, selon les apparences, devait être institué en Allemagne, et que l'on présenta au pape Paul V, pour qu'il le confirmât; mais on ne sait point quel était l'instituteur de cet ordre. Ce projet a pour titre: *Descriptio ordinis novi equitum, ut is velut medium idoneum hac nostra tempestate, pro liberatione Christianorum ab infidelibus oppressorum confirmari possit a sanctissimo nostro papa Paulo V*. Cet ordre devait porter le nom de Milice de Jésus; et il devait y avoir deux sortes de chevaliers, les uns appelé Grands Chevaliers, et les autres Chevaliers adjoints. Le nombre des grands chevaliers ne devait pas passer soixante-douze, lesquels devaient en élire douze d'entre eux, parmi lesquels il y en aurait eu un que l'on aurait nommé Chevalier et Grand Prince de la Milice de Jésus; un autre, Grand Général, et le troisième, Lieutenant Général; les autres neuf auraient eu le titre de Chevaliers et Grands Sénateurs. Le nombre des chevaliers adjoints ne devait pas excéder le nombre de cinq cent quatre; car chaque grand chevalier devait amener avec lui sept adjoints, et en multipliant soixante-douze par sept, cela fait le nombre de cinq cent quatre. Ils pouvaient tous être mariés, et devaient faire profession de la religion catholique. Les soixante-douze grands chevaliers devaient promettre fidélité à l'ordre, faire preuves de noblesse de quatre races, avoir au moins dix-huit ans et avoir étudié. En entrant dans l'ordre, ils devaient donner au moins vingt mille dalles impériales, attendu (comme il est marqué dans ce projet) qu'il se trouvait des personnes qui offraient d'en donner cinquante mille et même jusqu'à cent mille. Après leur réception, ils devaient faire serment, entre autres choses, de ne jamais permettre, ni conseiller que l'on fît la paix avec les infidèles, et qu'ils n'auraient jamais de repos que la secte de Mahomet ne fût détruite et que l'on n'eût recouvert le saint sépulcre. Chaque grand chevalier devait dire tous les jours trente-trois fois *Gloria in excelsis Deo, et in terra pax hominibus bonæ voluntatis*, et une fois le *Te Deum laudamus*, communier quatre fois l'an, aux fêtes de Noël, de Pâques, de la Pentecôte et de Saint-Michel, et dans ces jours, aussi bien que le jour de leur réception, porter des habits d'écarlate, selon la forme que l'inventeur de l'ordre devait prescrire. Ils devaient être enterrés dans cet habillement, et les autres chevaliers devaient accompagner le convoi ainsi habillés. Le grand prince de la Milice devait, écrivant à ses amis, aussi bien que le grand général et le lieutenant général, mettre au haut de leurs lettres ces paroles : *Gratia Dei sum id quod sum*; les grands chevaliers : *Gloria in excelsis Deo* ; et les chevaliers adjoints : *Et in terra pax hominibus bonæ voluntatis*. L'on devait donner au grand prince de la Milice quinze mille dalles impériales et autant au grand général et à son lieutenant; aux grands sénateurs, cinq mille dalles ; aux grands écuyers, deux mille; et aux adjoints, deux cents. La marque de cet ordre devait être un saint Michel habillé de bleu, ayant devant lui une longue croix de bois, au milieu de laquelle il y aurait eu un nom de Jésus, et au-dessus de la tête de saint Michel, ces paroles : *Quis sicut Deus?*

Enfin, l'ordre de la Madeleine fut projeté en France par Jean Chesnel, seigneur de la Chaponeraye, gentilhomme breton qui, à son retour d'un voyage qu'il avait fait dans le Levant, touché de compassion de ce que les duels, nonobstant les défenses du roi, étaient si fréquents, et qu'une infinité de gentilshommes perdaient leur âme et leur vie en acceptant ou proposant le plus souvent, pour un point d'honneur, des combats pernicieux qu'ils n'auraient pas voulu soutenir pour la défense de la religion ou de l'État, présenta, l'an 1614, au roi Louis XIII, des Mémoires pour établir un ordre militaire sous le nom de Sainte-Madeleine, où les chevaliers se seraient engagés par un vœu spécial de renoncer aux duels et à toutes querelles particulières, sinon en ce qui pourrait regarder l'honneur de Dieu, le service du roi et l'avantage du royaume. Son dessein fut approuvé par le roi, qui le fit chevalier de cet ordre, et lui permit d'en porter la croix. Il prit, depuis ce temps-là, la qualité de chevalier de la Madeleine, et dressa les règles et constitutions de cet ordre qui contiennent vingt articles, et furent imprimées à Paris l'an 1618.

Le roi devait être chef de l'ordre et commettre un prince pour en être le général et comme son lieutenant, auquel les chevaliers auraient obéi après le roi, et ce prince, lieutenant de l'ordre, aurait pu les conduire à la guerre selon les ordres de Sa Majesté, pendant le temps seulement qu'aurait duré sa commission. Le grand maître aurait été la troisième personne de l'ordre, et aurait été élu par les chevaliers tous les trois ans. Il devait demeurer pendant ce temps-là dans la principale académie de l'ordre, que toutes les autres devaient regarder comme chef, et qu'on aurait nommée l'*Auberge royale*. On n'aurait reçu dans cet ordre que des personnes nobles de trois races faisant profession de la religion catholique. A leur réception, ils devaient faire serment de renoncer à tous jeux de hasard, de ne point blasphémer le saint nom de Dieu, de ne point faire d'excès vicieux, de ne point lire de livres défendus sans permission des supérieurs de l'ordre, de ne point chanter des chansons lascives, ni dire des paroles sales et déshonnêtes, et de ne point fréquenter de méchantes compagnies. Leur habit devait être bleu, et le collier de l'ordre composé de chiffres de doubles M de doubles A et de doubles λ liés ensemble avec d'autres chiffres et des doubles cœurs entrelacés ensemble et percés d'une flèche croisetée. La croix devait être d'or, émaillée de rouge, et attachée à un ruban de même couleur, avec une ovale au milieu de la croix, où d'un côté il y aurait eu l'image de la Madeleine et de l'autre celle de saint Louis. Ils devaient mettre aussi sur le manteau une croix de satin rouge cramoisi en broderie d'or et d'argent, avec une ovale au milieu représentant la Madeleine avec ces paroles *Dieu est pacifique*. Comme on ne sait point quelle forme devait avoir cet habillement, nous n'en donnons point d'estampe.

Il devait y avoir une maison près Paris, où il y aurait eu une chapelle, dans laquelle six prêtres religieux, portant la croix de l'ordre comme les chevaliers, auraient fait l'office divin. Cette maison devait être appelée l'*Auberge royale*, où il y aurait toujours eu cinq cents chevaliers qui y auraient demeuré pendant les deux premières années de leur réception, avec la liberté de pouvoir y demeurer dans la suite autant de temps qu'ils auraient voulu. Après ces deux premières années, ils devaient faire vœu de charité, de chasteté conjugale et d'obéissance. Ils devaient renoncer aux duels et à toutes querelles personnelles, s'il ne s'agissait pas du service du roi; et si on les eût attaqués, ils pouvaient se défendre, et devaient faire encore serment entre les mains de ce prince ou de celui qui aurait été commis de sa part, de vivre et mourir à son service.

Les chevaliers qui se seraient retirés de l'Auberge royale après les deux premières années de leur réception, auraient dû s'y trouver le jour de la Madeleine, patronne de l'ordre, afin de rendre compte au grand-maître de leurs actions, et au conseil, qui aurait été composé de douze chevaliers, auxquels le droit de connaître de leurs différends et de la transgression de leurs vœux devait appartenir. Ceux qui auraient demeuré à l'Auberge royale auraient été obligés d'assister les fêtes et dimanches au service qui aurait été célébré par les prêtres de l'ordre, communier au moins les premiers dimanches du mois, et réciter tous les jours les litanies et la couronne de la sainte Vierge, le *Salve Regina* et les oraisons de sainte Madeleine et de saint Louis. Pour empêcher les chevaliers d'être oisifs, on devait entretenir dans l'Auberge royale, des écuyers, des maîtres d'armes, de mathématiques, et autres personnes qui auraient pu leur apprendre tous les exercices qui conviennent à la noblesse; et pour leurs récréations il devait y avoir aussi des jeux de paume, un mail et les autres jeux qui conviennent pareillement à la noblesse. Chaque chevalier, en entrant, aurait donné cent pistoles pour la première année et autant pour la seconde, tant pour lui que pour un valet et deux chevaux, en attendant qu'il y eût un fonds établi pour l'entretien de tous les chevaliers. Ceux qui auraient été reconnus pour avoir mené une vie réglée, et qui auraient été capables d'instruire les autres, auraient pu être reçus dans cet ordre en faisant seulement une épreuve de quinze jours dans l'Auberge royale. Il y en aurait eu aussi d'autres qui auraient été agrégés à l'ordre, comme chevaliers d'honneur, en recevant la croix d'or ou des mains du grand maître; mais ils n'auraient pas joui des commanderies, et n'auraient pu parvenir aux dignités de l'ordre. Tous les jours il y aurait eu quatre-vingts ou cent chevaliers qui auraient monté la garde chez le roi, le nombre de cinq cents devant être toujours à l'Auberge royale. Il y aurait aussi eu des frères servants qui auraient fait les mêmes vœux que les chevaliers, et auraient porté pour marque de l'ordre une croix rouge bordée d'argent, attachée au cou à un ruban rouge. Les valets des chevaliers devaient être habillés de bleu avec un galon rouge sur leurs justaucorps, savoir chacun un métier, et faire les mêmes vœux que les chevaliers (1).

C'est ce que contiennent en substance les constitutions de cet ordre, qui ne fut point institué pour plusieurs difficultés qui se rencontrèrent, tant à cause de la maison qu'il aurait fallu bâtir pour un si grand nombre de chevaliers et de domestiques, que pour trouver un fonds suffisant pour leur entretien; de sorte que cet ordre prit sa naissance et sa fin en la personne du sieur de la Chaponeraye, qui, perdant l'espérance de voir l'exécution de ses bonnes intentions, se retira dans un ermitage qu'il fit bâtir près de Valvin en Gâtinais, au bout de la forêt de Fontainebleau, et y finit ses jours sous le nom de l'Ermite pacifique de la Madeleine.

Favin, *Théâtre d'honneur et de chevalerie.* Le P. Anselme, *Le Palais de l'Honneur.* Herman, *Hist. des ordres militaires.* Les Révélations de l'Ermite solitaire sur l'état de la France, et les Constitutions de l'ordre de la Madeleine.

PASSION (FILLES DE LA).
Voy. CAPUCINES.

(1) *Voy.*, à la fin du vol., nos 12, 13, 14, 15.

PATRICE (RELIGIEUX DE SAINT-).
Voy. IRLANDAIS.

PAUL (SAINT-).
Voy. NOTRE-DAME DE SAINT-PAUL.

PAUL (CHEVALIERS DE SAINT-).
Voy. BETHLÉEM.

PAUL (CLERCS RÉGULIERS DE SAINT-).
Voy. BARNABITES.

PAUL (ORDRE DES ERMITES DE SAINT-).

§ 1er. — *Vie de saint Paul, premier ermite, où il est parlé des différents habillements des anciens solitaires et anachorètes.*

Quoi qu'il y ait deux ordres célèbres qui portent le nom de saint Paul, premier ermite, et qui fassent gloire de combattre sous ses étendards, et qu'il y en ait eu aussi un en France sous le même nom, qui ne subsiste plus, ce n'est point en qualité de fondateur de ces ordres que nous donnons à ce saint le premier rang, ni pour avoir été le premier des solitaires, puisqu'il y en a d'autres qui l'ont précédé, comme nous l'avons fait voir dans la dissertation préliminaire, où nous avons montré que le nom de premier ermite ne lui avait été donné que par excellence, pour avoir été le plus célèbre dans cette profession. Nous donnons seulement un abrégé de sa vie, comme ayant été le premier qui ait habité le grand désert, où il a vécu pendant un si long temps inconnu aux hommes, menant plutôt une vie angélique qu'humaine, ceux qui ont embrassé la solitude avant lui ne s'étant pas beaucoup éloignés des villes et du commerce du monde.

Il naquit dans la Thébaïde. Son père et sa mère l'ayant laissé, à l'âge de quinze ans, héritier d'un grand patrimoine, l'avarice porta son beau-frère, qui voulait profiter de ses grands biens, à se rendre lui-même son dénonciateur pendant la cruelle persécution de Dèce et de Valérien. Pour la fuir, il s'était caché dans une maison de campagne; mais ayant appris la mauvaise volonté de son beau-frère, il se retira dans le désert pour laisser passer l'orage; et peu à peu il s'affectionna à la solitude, où il s'était engagé par nécessité. S'étant avancé plus avant dans le désert, il trouva une montagne de roche au pied de laquelle était une caverne fermée de pierres. Il l'ouvrit par curiosité, et trouva dedans comme un grand salon ouvert par-dessus, et ombragé d'un vieux palmier qui y étendait ses branches. Une fontaine très-claire en sortait et faisait un petit ruisseau, qui, après avoir coulé dehors, rentrait aussitôt dans la terre. Saint Paul jugea que ce lieu était la demeure que Dieu lui destinait. Il y demeura avec une persévérance admirable pendant quatre-vingt-dix ans; car il en avait pour lors vingt-trois, et il vécut jusqu'à cent treize ans.

C'est tout ce que l'on sait de la vie de ce célèbre solitaire, qui nous serait encore inconnu, si Dieu, qui prend soin de ceux qui le servent fidèlement, n'eût fait connaître à saint Antoine, environ l'an 341, celui qu'i avait tenu caché jusque-là sur la terre. Il le lui découvrit, afin d'abattre quelques pensées d'orgueil qui commençaient à se former dans son cœur, et lui révéla, la nuit, qu'il y avait plus avant dans le désert une personne qui y vivait plus saintement que lui, lui commandant de l'aller voir.

Ce saint vieillard fut fort surpris de ce que Dieu venait de lui faire connaître; et brûlant d'ardeur d'aller voir ce saint homme, il marcha appuyé sur son bâton, sans savoir où il allait; mais se confiant sur ce que Dieu lui ferait voir son serviteur, il endura avec joie une fatigue extrême pendant trois jours, au bout desquels il découvrit enfin la caverne où saint Paul s'était retiré il y avait quatre-vingt-dix ans. Saint Antoine ne vit rien d'abord, à cause que l'entrée était obscure. Il avançait doucement, s'arrêtait de temps en temps pour écouter, marchait légèrement; et ayant aperçu de loin quelque lumière, il se hâta, et choqua des pieds contre une pierre. Saint Paul, entendant du bruit, ferma la porte qui était ouverte. Saint Antoine, se prosternant devant, y demeura assez longtemps, le priant d'ouvrir en lui disant : Vous savez qui je suis, d'où je viens, le sujet qui m'amène ; je sais que je ne mérite pas de vous voir; toutefois je ne m'en irai point sans vous avoir vu; je mourrai plutôt à votre porte, et vous enterrerez mon corps. — Ce n'est point en menaçant que l'on demande, répondit Paul ; vous étonnez-vous que je ne vous reçoive pas, puisque vous n'êtes venu que pour mourir ?

Alors il lui ouvrit la porte en souriant, et en s'embrassant ils se saluèrent par leurs noms, sans jamais avoir ouï parler l'un de l'autre. Après avoir rendu ensemble grâces à Dieu, et s'être donné le baiser de paix, Paul demanda des nouvelles du genre humain; si l'on bâtissait encore des maisons dans les villes; quel prince commandait pour lors dans le monde; en quel état étaient les affaires de l'Église, et si les tyrans la laissaient en paix. Ce fut pendant cet entretien qu'un corbeau, qui depuis plus de soixante ans apportait tous les jours à saint Paul la moitié d'un pain, en apporta un entier ce jour-là, pour le dîner de ces saints solitaires. Il y eut une dispute entre eux qui pensa durer jusqu'au soir, pour savoir qui romprait ce pain. Paul alléguait l'hospitalité, Antoine l'âge. Enfin ils convinrent que chacun le tirerait de son côté; et après avoir bu un peu d'eau de la fontaine, ils passèrent la nuit en prières.

Le jour étant venu, comme saint Paul n'ignorait pas que l'heure de sa mort était proche, il dit à saint Antoine qu'il y avait longtemps qu'il savait qu'il demeurait en ce pays; que Dieu lui avait promis qu'il le verrait; mais parce que l'heure de sa mort était arrivée, il l'avait envoyé pour enterrer son corps. Saint Antoine fut frappé d'une douleur profonde, voyant qu'il était sur le point de perdre un si grand trésor au moment qu'il le découvrait. Il le priait de ne le point abandonner et de l'emmener avec lui; et comme il paraissait qu'il était résolu de ne le point quitter au moins jusqu'à sa mort, saint Paul, pour lui épargner la douleur qu'il en ressentait, le pria de lui aller quérir le manteau que lui avait donné saint Athanase, afin d'envelopper son corps, et qu'il ne fût pas enterré nu.

Saint Antoine, étonné de ce qu'il lui avait dit de ce manteau, crut voir Jésus-Christ présent en lui, et n'osa rien répliquer; n'écoutant point les sentiments de tendresse qui lui faisaient souffrir avec peine la séparation qu'il lui ordonnait, il courut à son monastère avec tant de promptitude, que ce fut un autre miracle qu'il pût faire tant de diligence, à cause de sa vieillesse et de son corps épuisé de jeûnes. Deux de ses disciples qui le servaient allèrent avec joie au-devant de lui pour le recevoir, et lui demandèrent où il avait demeuré si longtemps. Mais ce saint, tout occupé de ce qu'il avait vu, et ne songeant qu'à retourner promptement, dit seulement ces paroles : Ah! malheureux pécheur que je suis, je porte bien à faux le nom de moine! J'ai vu Elie, j'ai vu Jean dans le désert; j'ai vu Paul dans le paradis. Il ne s'expliqua pas davantage, et frappant plusieurs fois sa poitrine, il prit le manteau et s'en alla. Ses disciples le prièrent de leur dire plus clairement ce qu'il avait vu ; mais il leur dit : Il y a temps de parler, et temps de se taire.

Il sortit sans prendre aucune nourriture ; et comme il était en chemin pour retourner vers Paul, il vit son âme, tout éclatante de lumière, monter dans le ciel au milieu des anges, des prophètes et des apôtres. Il se prosterna par terre, jeta du sable sur sa tête, et dit en pleurant : Paul, pourquoi me quittez-vous ? je ne vous ai pas dit adieu; fallait-il vous connaître si tard, pour vous perdre si tôt? Il sembla voler pendant le reste du chemin, et quand il fut arrivé à la caverne, il vit le corps du saint à genoux, la tête élevée et les mains étendues vers le ciel. Il crut d'abord qu'il était vivant et qu'il priait; il se mit aussi à prier; mais ne l'entendant point soupirer à son ordinaire, il ne douta plus qu'il ne fût mort. Il l'embrassa en pleurant, il enveloppa le corps, et l'ensevelit ensuite en chantant des psaumes suivant la tradition de l'Église; et n'ayant point d'instrument pour creuser la terre, la Providence divine lui envoya deux lions qui accoururent du fond du désert, et vinrent droit au corps de saint Paul, le flattant de leurs queues. Ils se couchèrent à ses pieds, rugissant comme pour témoigner leur douleur; et ayant ensuite gratté la terre avec leurs ongles, jetant le sable dehors, ils firent une fosse où saint Antoine enterra le corps, et il éleva de la terre dessus, suivant la coutume. Il emporta la tunique que saint Paul s'était faite lui-même de feuilles de palmier, entrelacées comme dans les corbeilles. Il retourna en son monastère avec cette riche succession, et raconta à ses disciples tout ce qu'il avait découvert. Il se revêtit toujours depuis de la tunique de saint Paul aux jours solennels de

Pâques et de la Pentecôte. La vie de ce saint solitaire a été écrite par saint Jérôme. Son corps fut premièrement porté dans la suite à Venise et de là à Bude en Hongrie, dans l'église des religieux de l'ordre qui porte son nom, et dont nous rapporterons l'origine en parlant de ceux qui suivent la règle de saint Augustin.

L'habit de saint Paul, fait de feuilles de palmier, était extraordinaire, et elles n'avaient guère servi qu'à faire des paniers, des nattes pour se coucher, des sandales, des cordes et des parasols; mais la nécessité porta le saint ermite à se faire une tunique de feuilles de cet arbre, ne pouvant pas trouver d'autre étoffe pour se couvrir (1); et il s'est trouvé fort peu de solitaires qui l'aient imité dans cette façon de se vêtir.

Aymar Faucon, dans son histoire de l'ordre de Saint-Antoine de Viennois (2), dit qu'entre les reliques que l'on conserve dans l'abbaye chef de cet ordre, il y a un habillement que quelques-uns prétendent avoir été celui de saint Paul, et d'autres celui de saint Antoine; qu'on ne peut pas connaître de quelle matière il est, mais qu'il paraît avoir été tissu; que le dessus est ras, le dedans comme velu; qu'il est fermé de tous côtés, n'y ayant qu'une ouverture pour passer la tête; et que les extrémités sont redoublées, de peur que, se frottant contre terre, elles ne s'effilassent. Il ajoute que le roi François 1er l'ayant vu, crut qu'il était de feuilles de palmier, et que plusieurs personnes furent de ce sentiment. Mais je n'ai pas de peine à croire qu'étant de feuilles de palmier, ce ne soit l'habillement dont se servait saint Paul, et qu'il s'était fait lui-même. C'est ainsi qu'étaient faites les anciennes chasubles qui, dès les premiers siècles, étaient un habillement qui couvrait tout le corps, et était commun aux clercs, aux moines et aux gens du monde. On l'appelait aussi manteau, et la chasuble que porte le diacre en carême, est encore nommée *manteau* dans l'ordinaire de Besançon, et dans le Cérémonial de l'Eglise de Reims de l'an 1637. La coule des moines est aussi appelée chasuble en plusieurs endroits, comme dans la règle de saint Macaire, dans la vie de saint Grégoire et dans celle de saint Fulgence, ainsi que le remarque Dom Claude de Vert, dans son explication des cérémonies de l'Eglise (T. II). Comme les solitaires étaient presque toujours occupés au travail, hors le temps de la prière, et que cette sorte de chasuble, qu'il fallait retrousser sur les bras, les aurait incommodés, ils ne s'en servaient pas ordinairement. Mais il y a tout lieu de croire que saint Paul qui, dans sa retraite, n'était occupé qu'à la prière et à la méditation, et qui n'avait pas besoin de travailler pour sa subsistance, puisque Dieu y pourvoyait miraculeusement, s'était fait un habillement pareil à ces sortes de chasubles, et qui était même plus aisé à faire avec des feuilles de palmier qu'il entrelaçait les unes avec les autres, que de faire une tunique à laquelle il y aurait eu des manches; d'ailleurs ces chasubles pouvaient bien passer pour tuniques, puisqu'elles couvraient tout le corps; c'est pourquoi nous avons fait représenter saint Paul avec un pareil habillement.

La plupart des anachorètes d'Orient étaient vêtus de cilices, ou de tuniques faites de poil de chèvre. Plusieurs étaient couverts de peaux de brebis, ou de chèvres, ou de quelques autres animaux, quelquefois avec la laine ou le poil, d'autres fois sans laine et sans poil; ainsi, le solitaire saint Jacques de Nisibe, selon Théodoret (*Hist. Relig.*, c. 1 et 6), était couvert d'une tunique et d'un petit manteau de gros poil de chèvre, et il dit que des Juifs qui allaient pour quelques affaires dans une ville de Syrie, qu'il ne nomme point, furent surpris par une pluie si épaisse et un vent si furieux, qu'ils s'égarèrent de leur chemin, et marchant dans la solitude sans trouver aucun lieu pour se mettre à l'abri, ils se virent comme exposés sur mer à périr par la tempête; mais qu'ils arrivèrent enfin comme dans un port à la caverne de Siméon l'Ancien, qui faisait horreur à voir, tant il était crasseux et négligé; n'ayant que des peaux toutes déchirées, dont il couvrait ses épaules, et qui lui servaient de manteau; que ce saint les salua fort honnêtement, et qu'après les avoir fait reposer, il leur donna deux lions pour les remettre dans leur chemin. Mais l'habillement du solitaire Barradat, dont parle le même Théodoret (*Ibid.*, c. 27), devait encore plus épouvanter ceux qui le voyaient, et leur causer plus de frayeur; car il avait une tunique de peaux qui le couvrait depuis les pieds jusqu'à la tête, et n'avait que deux petites ouvertures vers le nez et la bouche pour respirer. Il fait encore mention (*Ibid.*, c. 12) du solitaire Zénon, qui, étant fort riche, et ayant quitté la profession des armes qu'il avait embrassée, se retira dans un sépulcre proche la ville d'Antioche, et n'avait pour tout habillement que de vieilles peaux. Un autre solitaire, nommé Sérapion, dont parle Pallade (*Laus.*, c. 83), n'eut point d'autre habit qu'un linceul ou un grand morceau de toile dont il se couvrait; ce qui lui fit donner le nom de Sindonite. Enfin il y en avait qui n'avaient point d'autres habits que ceux que la nature leur avait donnés, comme ce ui dont parle Sulpice Sévère (*Dialog.* 1, c. 11), sur le rapport d'un religieux français qui revenait d'Egypte, et qui l'assura avoir vu un solitaire caché dans une caverne du Mont-Sinaï depuis cinquante ans, qui n'était couvert que de ses cheveux et des poils de son corps; ce que confirme aussi l'auteur du Pré spirituel (Joan. Mosch., *Prat. spirit.*, cap. 191 et 159), qui fait mention d'un anachorète, nommé Grégoire, qui avait passé trente-cinq ans tout nu dans les déserts; et d'un autre, nommé Sophrone, qui demeura dans

---

(1) *Voy.*, à la fin du vol., n° 16.
(2) *Hist. Anton.*, cap. 7, et Bolland., 17 janv., p. 150.

une caverne auprès de la mer Morte, aussi tout nu, pendant soixante-deux ans, ne se nourrissant que d'herbes.

Voyez, pour la Vie de saint Paul : *Hieronym. Opera*, tom. IV, edit. Benedict., pag. 68. Rosweid., *Vit. PP.* Fleury, *Hist. Ecclés.*, om. II et III. Bolland., *Act. SS.*, 15 Jan. Bulteau, *Hist. monast. d'Orient*, pag. 50.

§ 2. — *Des religieux Ermites de l'ordre de saint Paul, premier ermite en Hongrie, avec la Vie du bienheureux Eusèbe de Strigonie, leur fondateur.*

Il est vrai que le bienheureux Eusèbe de Strigonie est le fondateur de l'ordre des Ermites de saint Paul, premier ermite, en Hongrie ; mais ce ne fut pas l'an 1215, comme nous lisons dans tous les auteurs qui ont traité des ordres religieux, et si l'on veut lui donner cette gloire, il faut convenir que ce n'a été qu'en 1250, puisqu'il ne quitta le monde, pour se retirer dans la solitude de Pisilia, qu'en 1246, et que son ordre ne prit le nom de Saint-Paul-Ermite, qu'après qu'il eut fait union avec les Ermites de Patach, et qu'il eut pris leur règle, qui leur avait été donnée en 1215, par Barthélemy, évêque de Cinq-Eglises en Hongrie, comme nous apprenons des Annales de cet ordre.

Ce prélat, voyant que dans son diocèse il y avait plusieurs Ermites qui vivaient dans une grande réputation de sainteté, les réunit ensemble, les faisant vivre en commun, et leur ayant prescrit une règle, il leur fit bâtir, l'an 1215, un monastère sous le titre de Saint-Jacques de Patach, qu'il dota de quelques revenus, se réservant la conduite de ce monastère que les religieux de cet ordre reconnaissent pour avoir été le premier de leur congrégation. Barthélemy, étant près de mourir, y nomma pour supérieur un certain Frère Antoine, qui est le seul de ces premiers Ermites de Patach dont parlent les annales de cet ordre, et qui, après l'élection d'Achille pour successeur de Barthélemy à l'évêché de Cinq-Eglises, remit à ce prélat la direction de ce monastère, que Ladislas, successeur d'Achille, gouverna aussi dans la suite. Ce fut cet évêque qui confirma le premier cette congrégation, sous le titre de saint Paul, premier ermite, appelant ainsi dans ses lettres les Ermites de ce monastère de Saint-Jacques de Patach, et ceux de Pisilia, qui avaient été unis ensemble par les soins du bienheureux Eusèbe dont nous allons parler.

Il naquit à Strigonie en Hongrie, de parents nobles, qui faisaient profession du christianisme ; et cette ville, si florissante autrefois, et qui surpassait toutes les autres de la Pannonie par ses richesses et par sa grandeur, a eu le malheur de tomber deux fois entre les mains des Turcs, qui l'ont possédée pendant plus de cent années. Ce ne fut que l'an 1684 qu'elle fut reprise par l'empereur Léopold Ier, et l'an 1699, qu'elle est restée à la maison d'Autriche par le partage qui fut fait de la Hongrie entre ce prince et l'empereur Ottoman par le traité de Carlowitz. Cette ville était pour lors dans toute sa splendeur, lorsque le bienheureux Eusèbe y prit naissance. Il suça avec le lait de sa mère la piété qu'il pratiqua toute sa vie, et ayant été envoyé aux études, il témoigna dès lors l'estime qu'il faisait de la solitude, en se séparant de ses compagnons dont il fuyait la conversation pour ne point entrer dans les parties de divertissements qui sont si ordinaires entre les jeunes gens, et qui dégénèrent le plus souvent en parties de débauches. Il fit un si grand progrès dans les sciences, qu'étant dans un âge plus avancé, ce fut une des raisons qui, jointe à sa piété et à sa noblesse, le firent pourvoir d'un canonicat dans l'église de Strigonie. Il s'acquitta si dignement de ses obligations qu'il était l'exemple de tout le chapitre. La tempérance, la chasteté, l'humilité étaient les vertus dans lesquelles il excellait, il y joignait un grand silence, et s'appliqua d'autant plus à la charité envers les pauvres, qu'il était persuadé que c'était une des obligations de son état. Il était si libéral envers eux, qu'il n'avait rien en propre, et qu'il semblait que ses biens de patrimoine leur appartenaient aussi bien qu'à lui. Il ne manquait jamais de célébrer la sainte messe tous les jours, et employait la plus grande partie de la journée à la prière et à la méditation ; mais, voulant se donner à Dieu plus parfaitement, il ne voulut plus avoir de commerce avec le monde. Il fut pour ce sujet trouver l'archevêque de Strigonie, pour remettre entre ses mains la dignité qu'il occupait dans sa cathédrale, et il lui demanda la permission de se retirer, ce que ce prélat, qui connaissait la sainteté de sa vie, ne lui accorda qu'avec peine.

Ce fut donc l'an 1246 qu'Eusèbe, après avoir distribué tous ses biens aux pauvres, choisit pour sa retraite la solitude de Pisilia, qui était une forêt proche Zante, dans le territoire de Strigonie, où il trouva des cavernes qui lui servaient de demeure, et à quelques compagnons qu'il y avait menés avec lui, et à qui il avait inspiré le mépris du monde. Ils s'excitaient les uns les autres pour arriver à la perfection, et ils y firent un si grand progrès, que le bruit de leur sainteté s'étant bientôt répandu, plusieurs personnes vinrent trouver Eusèbe pour embrasser, sous sa conduite, la vie érémitique. Si l'on en veut croire les historiens de cet ordre, comme Eusèbe était une nuit en oraison, il aperçut plusieurs flammes qui voltigeaient par la forêt, et pensant à ce qu'elles pouvaient signifier, il vit toutes ces flammes se réunir ensemble en forme de globe de feu qui éclairait de telle sorte ce bois, qu'il semblait que l'on fût en plein jour. Surpris d'une telle merveille, il se prosterna en terre, et pria Dieu avec ferveur de lui découvrir ce mystère. Ses prières furent exaucées, et il entendit une voix du ciel qui lui dit que ces flammes, qui, après s'être dispersées dans le désert, s'étaient unies ensemble, marquaient ceux qui y vivaient séparés les uns des autres, et qui feraient de plus grand fruits, si, en quittant la vie solitaire, ils embrassaient la cénobitique. C'est pourquoi, pour obéir à cette voix, il assembla ses compagnons l'an 1250, et bâtit une petite église près de ces cavernes où ils faisaient leur demeure. Cette église fut dédiée en l'honneur de sainte Croix de Pisilia, et on y joignit un monastère, qui, quatre ans après, aurait été fondé par Ladislas, roi de Hongrie, qui lui aurait donné plusieurs terres, et une grande étendue de bois, si l'on voulait encore ajouter foi aux Annales de cet ordre. Mais elles ont sans doute erré en cet endroit, puisque Ladislas II, selon quelques-uns, et III, selon d'autres, qui est regardé comme un usurpateur, ne régna que six mois, et mourut l'an 1204 ; qu'en 1254 Béla IV régnait en Hongrie ; qu'il eut pour successeur Etienne V en 1260, et que Ladislas III ou IV ne monta sur le trône qu'en 1272, lequel d'ailleurs n'était pas un prince assez pieux pour faire de si grands biens aux églises ; au contraire, l'histoire remarque qu'il était très-débauché, qu'il maltraita fort les ecclésiastiques, qu'il pilla leurs biens, et se rendit l'objet de la haine publique. Nous ne pouvons pas néanmoins suivre l'opinion de M. Baillet (1), qui dit que la congrégation des Ermites de saint Paul, premier ermite, ne commença que dans le XIV° siècle, par les soins du roi Charles, qui bâtit à ces Ermites des églises en divers endroits de ses Etats pour les rassembler, après avoir été quatre-vingts ans écartés dans les bois et les montagnes, sans règle et sans consistance.

Il est vrai que Charles II était fort affectionné à cet ordre, et que, comme nous dirons dans la suite, ce fut lui qui obtint pour ces religieux du pape Jean XXII la règle de saint Augustin, qu'ils suivent encore aujourd'hui ; mais ils avaient reçu dès l'an 1250 la règle que l'évêque de Cinq-Eglises avait donnée aux ermites de Patach. Dans la suite ils en reçurent une nouvelle de l'évêque de Wesprim, l'an 1263, et enfin, après la mort d'Eusèbe, l'évêque d'Agria leur en donna encore une autre, l'an 1297.

Ce fut donc l'an 1250 qu'Eusèbe, après avoir rassemblé tous ses disciples dans son monastère de Sainte-Croix de Pisilia, et ayant appris que le Frère Antoine, dont nous avons parlé ci-dessus, vivait dans son monastère de Patach dans une grande réputation, et qu'il observait avec ses religieux, à la lettre, la règle qui leur avait été donnée par Barthélemy, évêque de Cinq-Eglises, il le pria de la lui envoyer pour la mettre en pratique dans son monastère de Sainte-Croix de Pisilia, lui proposant en même temps de faire union ensemble, afin que, suivant tous la même règle, ils n'eussent plus qu'un même esprit. Le Frère Antoine et ses religieux consentirent à cette union, qui se fit la même année 1250. C'est ainsi que commença cet ordre, qui prit saint Paul, premier ermite pour son patron et son protecteur, et qui se multiplia beaucoup dans la suite en Hongrie, en Allemagne, en Pologne et en d'autres provinces.

Ils prirent ensuite des mesures nécessaires, afin que ces deux communautés de Patach et de Pisilia n'eussent plus qu'un chef, sous l'obéissance duquel les religieux vécussent à l'avenir. Ils s'assemblèrent pour élire un supérieur en qualité de provincial : le sort tomba sur Eusèbe qui, en effet, en était le plus digne, et pour sa science et pour sa sainteté qui était connue de tout le monde. Il demanda à Ladislas, évêque de Cinq-Eglises, la confirmation de cette nouvelle congrégation, qu'il lui accorda l'an 1252, par ses lettres, où les religieux de cet ordre sont appelés ermites de saint Paul, premier ermite, comme nous avons déjà dit ; et dans le temps qu'il s'appliquait avec un zèle infatigable au gouvernement de ce nouvel ordre, et à son agrandissement, l'on publia dans la Hongrie les décrets du concile de Latran, tenu quarante-cinq ans auparavant sous Innocent III, qui défend d'établir de nouveaux ordres religieux sans le consentement du saint-siége ; ce qui étant venu à la connaissance d'Eusèbe, il entreprit le voyage de Rome pour obtenir du pape Urbain IV la confirmation de son ordre, avec la permission d'observer la règle de saint Augustin ; mais ce pontife le renvoya à l'évêque de Wesprim, afin de faire ce qu'il jugerait à propos touchant cette affaire. Ce prélat voyant que ces religieux n'avaient pas assez de revenus pour pouvoir observer la règle de saint Augustin sans être obligés de mendier, ne voulut pas la leur accorder, et il leur en prescrivit une nouvelle l'an 1263. Arnoul Wion, et après lui Ascagne Tamburin, et quelques autres historiens de l'ordre de Saint-Benoît prétendent que l'évêque de Wesprim leur dressa seulement quelques règlements qu'ils devaient observer avec la règle de saint Benoît ; et c'est pour cela qu'ils mettent cet ordre au nombre de ceux qui ont suivi la règle de ce saint. Les religieux de Saint-Paul-Ermite n'en conviennent pas néanmoins, et leurs annales n'en font aucune mention.

Enfin le bienheureux Eusèbe, après avoir été vingt années de suite provincial de cet ordre, et avoir formé ses religieux sur le modèle des vertus les plus parfaites, étant déjà vieux, il se retira dans l'ermitage de Sainte-Croix de Pisilia, où il tomba malade peu de temps après, et ayant fait assembler ses religieux, il leur donna sa bénédiction, les exhorta à la persévérance dans toutes leurs observances et leurs exercices de piété, à l'accomplissement de leurs vœux, à une mutuelle charité, et, en prononçant les saints noms de *Jésus* et *Marie*, ayant les yeux élevés au ciel, il sortit de ce monde pour aller prendre possession de l'éternité bienheureuse le 20 janvier 1270.

Après sa mort, André, évêque d'Agria, donna encore une autre règle à ces religieux l'an 1297, qu'ils ont gardée jusqu'en l'an

---

(1) Baillet, *Vies des saints*, 10 janvier, dans la *Vie de saint Paul, premier ermite.*

1308, que le cardinal Gentilis, ayant été envoyé légat en Hongrie par le pape Clément V, leur permit (selon ce que disent les Annales de cet ordre) de suivre la règle de saint Augustin, qu'ils observent encore aujourd'hui, et de dresser des constitutions qui furent approuvées par le pape Jean XXII. Cependant, par la bulle de ce pape donnée à Avignon au mois de novembre 1319, il n'y est fait aucune mention de ce cardinal; et il paraît que c'est ce pape qui leur a accordé la règle de saint Augustin, à la prière de Charles II, roi de Hongrie, qui était fort affectionné à cet ordre. Le même pontife leur permit aussi d'élire un général, et les exempta de payer la dîme des terres et des vignes qu'ils tiendraient par leurs mains.

Cet ordre s'est étendu en Hongrie, en Pologne, en Autriche, en Croatie et dans la Souabe. Il était autrefois très-puissant en Hongrie, et selon les mêmes Annales, ces religieux y avaient cent soixante-dix monastères. Le couvent de Saint-Laurent était si considérable, qu'il y avait toujours cinq cents religieux qui y chantaient nuit et jour les louanges du Seigneur. Ils possédaient plusieurs terres et principautés, et il y avait beaucoup de seigneurs qui relevaient de ce monastère et lui payaient des redevances. Ce fut dans ce même monastère que l'on porta de Venise, l'an 1381, le corps de saint Paul, premier ermite, sous le règne de Louis Ier, roi de Hongrie, ce qui a donné lieu à quelques-uns de dire que ces religieux avaient pris le nom de ce saint au sujet de cette translation, qu'ils mettent l'an 1215. Silvestre Maurolic a été de ce sentiment, et il a été suivi par le P. Bonanni, qui a mieux aimé suivre le sentiment de Maurolic, auteur peu exact, que celui de Bollandus, son confrère, qui a donné l'histoire de cette translation faite en 1381, et le P. Bonanni a même copié jusqu'aux fautes d'impression qui se trouvent dans Maurolic, en disant que cet ordre fut confirmé par le pape Jean XII, l'an 1317, quoique ce pape soit mort l'an 964. Il était facile de voir que Jean XII avait été mis dans l'impression par inadvertance pour Jean XXII.

Le monastère de Notre-Dame de Clairmont en Pologne, communément appelé Czestochovie, à cause du bourg qui porte ce nom, et qui est au pied de la montagne, où ce monastère est bâti, est encore l'un des plus considérables de cet ordre, et est très-recommandable par une image miraculeuse de la sainte Vierge qui y attire des pèlerins de toutes parts, non-seulement de Pologne, mais encore de la Silésie, de la Moravie, de la Bohême et de la Hongrie. Il est entouré de fortes murailles, cantonnées de quatre gros bastions avec des fossés larges et profonds. La tradition du pays porte que cette sainte image est un ouvrage de saint Luc, et il semble que M. Corneille, dans son *Dictionnaire géographique* (t. I, p. 774) ait pieusement cru ce qu'il en dit, qu'elle fut trouvée par sainte Hélène, mère du grand Constantin, avec la croix de Notre Seigneur Jésus-Christ; qu'elle la fit porter à Constantinople, où elle fut en grande vénération, et se conserva contre la fureur des iconoclastes; et qu'enfin cette sainte impératrice, jugeant les Grecs indignes de posséder un si grand trésor, consentit que l'empereur Constantin la donnât à Charlemagne avec plusieurs autres reliques, qu'il fit transporter à Aix-la-Chapelle.

Supposé que la tradition du pays fût telle, M. Corneille devait, ce me semble, faire remarquer que le temps des iconoclastes ne peut pas s'accorder avec le règne de l'empereur Constantin, ni celui de cet empereur d'Orient avec le règne de Charlemagne; mais voici de quelle manière les historiens polonais racontent la translation de cette sainte image, principalement Stanislas Kobierzycki, palatin de Poméranie, et gouverneur de Skarczevie, dans l'Histoire qu'il a donnée du siége que Charles Gustave, roi de Suède, fit faire l'an 1655 de ce monastère de Czestochovie par dix mille hommes de ses troupes, qui furent obligés de le lever après six semaines de tranchées ouvertes, quoi qu'il n'y eût pour la défendre que cent soixante hommes avec cinq seigneurs Polonais, et soixante-dix religieux. Cet historien dit que cette image de la sainte Vierge fut trouvée à Jérusalem par sainte Hélène, et qu'elle la voulait envoyer à Constantinople, mais que cette sainte impératrice, prévenue par la mort, ne put exécuter son dessein.

L'impératrice Eudoxie, selon le même auteur, la porta de Jérusalem à Antioche, d'où elle fut envoyée à Constantinople, à Pulchérie, sœur de l'empereur Théodose, qui la fit mettre dans une magnifique église qu'elle fit bâtir. L'empereur Nicéphore la donna ensuite à Charlemagne, empereur d'Occident, avec plusieurs reliques, qui sont encore conservées à Aix-la-Chapelle. Léon, duc de Russie, qui avait servi ce prince dans les guerres qu'il eut contre les Sarrasins, lui demanda cette sainte image, qu'il lui accorda; et elle demeura pendant près de cinq cents ans dans la ville de Belz en Russie. Casimir III, surnommé le Grand, roi de Pologne, ayant réduit la Russie sous sa domination, Louis, roi de Hongrie et de Pologne, donna le gouvernement de cette province à Ladislas, duc d'Opoli, son cousin, qui, ayant trouvé cette image de la sainte Vierge dans la forteresse de Belz, négligée et comme abandonnée, la fit mettre dans un lieu plus décent; mais la voulant transporter de la Russie dans son duché d'Opoli en Pologne, quand elle fut arrivée sur une montagne appelée Clairmont près de Czestochovie, elle s'appesantit de telle sorte en ce lieu, que Ladislas, ayant reconnu par cet événement miraculeux qu'elle voulait y être révérée, y fit bâtir, l'an 1382, une église dont il donna la garde à des religieux de l'ordre de Saint-Paul-Ermite, qu'il fit venir de Hongrie. Quelques hérétiques hussites étant sortis de la Silésie l'an 1430, vinrent piller les richesses de cette église, ce qui obligea les religieux d'entourer de fortes murailles leur monastère; et soit pour le mettre à l'abri de pareilles incursions, ou pour assurer cette frontière du royaume de Pologne, voisine de la Silésie, le roi Ladislas VII y fit faire des fortifications qui ont été augmentées par des ouvrages détachés par le roi Jean Casimir, après que les Suédois eurent levé le siége qu'ils avaient mis devant ce monastère.

L'image de la sainte Vierge est dans une chapelle particulière qui lui est dédiée. On la voit au milieu de l'autel, et au-dessus un petit tapis tout couvert de perles et de gros diamants. Une infinité de lampes d'argent brûlent continuellement en ce lieu. L'autel, et en général toute la chapelle, est comme tapissée de tableaux d'or et d'argent, qui représentent les principaux miracles qui s'y sont faits. Il y a une grande quantité de chapes et de chasubles de drap d'or, si pesantes de grosses perles et de toutes sortes de pierreries, que l'on a peine à les porter; et il y a des calices jusqu'au nombre de deux cents, la plupart d'or massif, avec plusieurs croix de même.

Les Suédois, ayant été contraints de lever le siége de ce monastère, pillèrent et brûlèrent toutes les fermes qui lui appartenaient aux environs, qui ont été encore exposées aux insultes des soldats dans ces derniers temps, que la Pologne a vu, pendant plusieurs années, ses propres sujets s'armer les uns contre les autres, et faire entrer chez eux des armées nombreuses de Suédois, de Moscovites, de Tartares et d'autres ennemis de l'Eglise; et le monastère de Czestochovie n'a pas moins souffert de dommage que quelques autres du même royaume, où les hérétiques ont laissé des marques de leur fureur contre la religion catholique, aussi bien que dans le royaume de Hongrie, qui dans le même temps servait d'un autre théâtre à une semblable guerre intestine. Notre-Dame de Jall, à deux lieues de Presbourg, qui appartient aussi aux religieux de Saint-Paul-Ermite, est encore un lieu de grande dévotion où l'on va de toutes les provinces d'Allemagne.

Cet ordre n'est pour ainsi dire qu'un fragment de ce qu'il a été autrefois; et comme, dans les premières révolutions de Hongrie, les archives des monastères qu'il avait dans ce royaume ont été ou brûlées ou pillées, et que les religieux n'en ont pu recouvrer qu'une partie, c'est pour cette raison que leurs Annales ont pour titre: *Fragmen panis Corvi proto-eremitici, sive Reliquiæ Annalium ordinis fratrum Eremitarum sancti Pauli primi eremitæ*, etc., imprimées à Vienne en Autriche l'an 1663, dont nous avons tiré ce que nous avons dit de l'origine de cet ordre.

L'église de Saint-Etienne-le-Rond, à Rome, lui appartenait autrefois, et c'était le seul couvent que ces religieux eussent en Italie; mais le pape Grégoire XIII, ayant fondé le collége des Allemands et Hongrois à Rome, leur donna entre autres choses cette église de Saint-Etienne-le-Rond, avec les revenus qui lui appartenaient, et qui étaient considérables. On a donné dans la suite, aux religieux de Saint-Paul-Ermite, un autre petit monastère au pied du mont Esquilin, vers Sainte-Marie-Majeure, dans lequel il y a ordinairement huit ou dix religieux, avec le procureur général en cour de Rome.

Outre les priviléges accordés à cet ordre par le pape Jean XXII, Grégoire XI, par une bulle du 12 septembre 1371 et un bref du mois d'août 1377, qu'il leur accorda à la prière de Louis, roi de Hongrie, les exempta de la juridiction des ordinaires et les mit sous la protection du saint-siége. Boniface IX les fit participants de tous les priviléges des Chartreux, par un bref de l'an 1390. Martin V, en confirmant tous ces priviléges l'an 1417, défendit à tous les religieux de cet ordre de passer dans un autre d'une austérité égale, et même plus austère, sans la permission du saint-siége. Urbain VIII, l'an 1623, et Alexandre VII, l'an 1658, confirmèrent aussi tous les priviléges de cet ordre, et Clément X, par un bref du 3 avril 1676, ordonna qu'il y aurait des études établies dans huit couvents de cet ordre, savoir: en Hongrie, dans les couvents de Notre-Dame de Jall et d'Uyhélien; en Pologne, dans ceux de Czestochovie et de Saint-Stanislas, à Cracovie; en Autriche, à Neustadt; en Croatie, à Cépoglau; en Souabe, à Lagnow; et dans celui de Rome, ordonnant de plus qu'aucun religieux ne pourrait être élevé à aucune dignité de l'ordre qu'il ne fût docteur en théologie, à moins qu'il n'en fût dispensé par le définitoire pour de grandes raisons; que le général aurait pouvoir de recevoir au doctorat ceux qui y voudraient parvenir, mais que ce ne serait qu'après un long examen; que ces docteurs jouiraient des mêmes priviléges que ceux des universités, et qu'afin que le nombre n'en fût pas trop grand, ce serait au chapitre général à le limiter. Cet ordre est divisé en cinq provinces, qui sont celles de Hongrie, d'Allemagne et de Croatie unies ensemble, de Pologne, d'Istrie et de Suède. Celle de Hongrie comprend quatorze couvents, qui sont les débris de ce grand nombre dont nous avons parlé. La province d'Allemagne et de Croatie en a onze, et je n'ai pu savoir combien il y en a dans les autres provinces. Lorsque le général est Hongrois, il réside ordinairement à Notre-Dame de Jall; lorsqu'il est d'Allemagne et de Croatie, il demeure à Cépoglau; et lorsqu'il est Polonais, à Czestochovie. Il a voix dans les Etats de Hongrie, et séance parmi les prélats.

Si Arnoul Wion, Ascagne Tamburin, et quelques autres écrivains de l'ordre de Saint-Benoît, avaient écrit depuis que le pape Alexandre VII a confirmé les priviléges des religieux de Saint-Paul-Ermite, ils ne les auraient pas mis sans doute au nombre de ceux qui suivent la règle de saint Benoît; car ces religieux s'étant plaints à ce pontife de ce qu'on les avait nommés par erreur dans quelques bulles de ses prédécesseurs, religieux de l'ordre de Saint-Augustin, et que souvent ce qui est muni de bulles et de constitutions apostoliques est plus authentique et fait que l'on y ajoute plus de foi, ce qui pourrait faire croire qu'ils sont véritablement de l'ordre de Saint-Augustin, ils prièrent Sa Sainteté de déclarer que, quoiqu'ils suivent la règle de saint Augustin, ils ne sont pas pour cela de l'ordre de Saint-Augustin, mais que leur ordre s'appelle l'ordre de saint Paul, premier ermite : c'est pourquoi Alexandre VII, par un bref du 6 septembre 1658, déclara qu'ils avaient été nommés par erreur religieux de l'ordre de Saint-Augustin, et que leur véritable nom était celui de saint Paul, premier ermite, quoiqu'ils suivissent la règle de saint Augustin : *Hujusmodi supplicationibus inclinati, ordinem sancti Pauli primi eremitæ hujusmodi, et seu ejus priorem generalem, et fratres in præinsertis litteris ordinis sancti Augustini, per errorem denominatos et nuncupatos fuisse, auctoritate apostolica tenore præsentium declaramus, ipsosque priorem generalem et fratres proinde ordinis sancti Pauli primi eremitæ, sub regula ejusdem sancti Augustini, denominari, dici et nuncupari debere statuimus et decernimus.*

Après cette déclaration, je ne crois pas qu'aucun écrivain de l'ordre de Saint-Benoît mette celui des Ermites de saint Paul, premier ermite, au nombre des congrégations qui ont suivi la règle de saint Benoît; mais si les religieux de Saint-Paul s'avisent un jour de couper leur barbe et de porter le surplis, ils deviendront tout d'un coup chanoines réguliers, ils prétendront la préséance au-dessus des moines de Saint-Benoît et de tous les réguliers, et ils trouveront place dans le tableau qui est dans la sacristie de l'abbaye de Saint-Laurent *extra muros* à Rome, dont nous avons parlé ailleurs. Si on leur demande pour lors les titres en vertu desquels ils prétendront cette préséance, ils rapporteront une bulle de Grégoire XI, de l'an 1371, énoncée dans celle d'Alexandre VII, par laquelle Grégoire XI ordonne que l'ordre canonique, qui, selon Dieu et la règle de saint Augustin, a été établi leurs maisons par autorité apostolique, y sera inviolablement observé à perpétuité : *In primis siquidem statuentes, ut ordo canonicus qui secundum Deum et divi Augustini regulam in domibus ipsius auctoritate apostolica institutus esse dignoscitur, perpetuis ibidem temporibus inviolabiliter observetur.* Car lorsque les écrivains de l'ordre canonique, c'est-à-dire des chanoines réguliers, ont voulu prouver qu'une église était desservie de toute antiquité par des chanoines réguliers, ils ont rapporté des bulles des souverains pontifes où ces mêmes paroles étaient exprimées, comme celle d'Innocent II en faveur des chanoines de Sainte-Croix de Coïmbre, rapportée par Pénot : *Statuentes ut ordo canonicus, qui secundum beati Augustini regulam ibidem, cooperante Domino, noscitur institutus, perpetuis temporibus inviolabiliter observetur* (*Hist. Tripart. canonic. regul.*). Il en rapporte une autre en faveur des chanoines réguliers du monastère de Frisonaire, proche Lucques, qui est dans les mêmes termes que ceux dont s'est servi Grégoire XI en faveur des Ermites de saint Paul, premier ermite : c'est de Grégoire X, de l'an 1272 : *In primis siquidem statuentes ut ordo canonicus,* etc. Les autres bulles qui sont encore citées par cet auteur, comme de Lucius III en faveur des chanoines réguliers de l'église de Saint-Martin, dans l'un des faubourgs de Sienne, de l'an 1181; d'Urbain III en faveur des chanoines réguliers de Saint-Georges de Brimate, proche Pavie, de l'an 1186; d'Alexandre III en faveur des chanoines réguliers de Saint-Laurent d'Oulx, de l'an 1172, et d'une infinité d'autres papes en faveur de plusieurs églises que les chanoines réguliers s'attribuent, parlent toutes dans les mêmes termes. Ainsi il y a à s'étonner de ce que Pénot et les autres écrivains de l'ordre canonique n'y aient pas fait entrer l'ordre de saint Paul, premier ermite, en vertu de la bulle de Grégoire XI; mais peut-être que la barbe et l'habit monacal qu'ils portent en ont été cause, et que s'ils avaient porté des habits fourrés d'hermine, on leur aurait fait cet honneur : car l'hermine et les fourrures précieuses appartiennent à l'ordre canonique (selon le P. du Moulinet), comme nous avons remarqué ailleurs. Ce qui est vrai, c'est que lorsque certains chanoines réguliers, pour prouver leur antiquité, et qu'ils ont toujours été reconnus pour tels par les souverains pontifes, nous allèguent les bulles dont nous avons parlé, ce sont toutes raisons frivoles, qui ne prouvent pas qu'ils fussent plutôt chanoines réguliers, dans ce temps-là, que les religieux de Saint-Paul-Ermite dont le pape Grégoire XI parle en ces termes : *Statuentes ut ordo canonicus,* etc. Cependant ces religieux, depuis près de trois cent quarante ans que Grégoire XI leur a accordé cette bulle, ne se sont pas avisés de prendre le titre de chanoines réguliers. Peut-être le feront-ils dans la suite, comme nous avons dit, et prétendront-ils, comme chanoines réguliers, en vertu de cette bulle, à l'exemple de tant de communautés de chanoines réguliers, avoir la préséance sur les moines de Saint-Benoît. En effet, ils ont déjà pris le manteau noir et long, comme celui des ecclésiastiques, qu'ils portent allant par la ville, comme ont fait presque tous les chanoines réguliers, qui avaient autrefois des chapes et des capuces. Quant à leur autre habillement (1), il consiste en une robe de drap blanc, un scapulaire et un capuce attaché à une mosette; ils portent la barbe longue, et au chœur ils ont un manteau blanc. Ils étaient autrefois habillés de brun; mais vers l'an 1341 ils prirent le blanc; et comme on les inquiétait sur cet habillement qu'ils avaient pris, ils obtinrent, dans la suite, du pape Urbain V la permission de le porter, ce pontife leur ayant accordé pour cet effet une bulle, à la prière de Charles, roi de Hongrie. Pour ce qui est de leurs observances, ils mangent de la viande trois fois la semaine, excepté l'avent et les trois jours des Rogations, qu'ils ne mangent pour lors que des viandes quadra-

(1) *Voy.*, à la fin du vol., nᵒˢ 17 et 18.

gésimales ; et les veilles de toutes les fêtes de la sainte Vierge, ils ne mangent rien de cuit. Ils ont plusieurs mortifications : ils portent néaumoins du linge.

Ces religieux ont eu plusieurs personnes distinguées par leur science et par les dignités auxquelles ils ont été élevés, et l'empereur Joseph I*er* a donné l'archevêché de Colocz au P. Paul Fzecseni, l'évêché de Vatzen au P. Emeric Esterhasi, et celui de Chonad au P. Ladislas Nadarti. Mais parmi ceux qui en sont sortis, le plus fameux dans l'histoire est Georges Martinusius Utissénoviche. Il naquit en Dalmatie l'an 1341, et se fit religieux de cet ordre, dont il prit l'habit l'an 1500, dans le couvent de Laad, au diocèse d'Agria, sous le généralat du P. Etienne, qui avait été élu pour la seconde fois. Martinusius étudia dans le même couvent pendant quatre ans, et, après avoir été ordonné prêtre, il fit les fonctions de supérieur dans plusieurs monastères de l'ordre. S'étant fait connaître à Jean, vaivode de Transylvanie, qui avait été élu par quelques-uns roi de Hongrie, ce prince se servit de lui pour porter les peuples à le reconnaître, et ses négociations ayant réussi, il lui donna par reconnaissance l'évêché de Varadin, avec les principales charges de la cour, et l'établit en mourant tuteur de son fils unique, dont il gouverna le royaume avec un pouvoir absolu. Pour maintenir la paix entre son pupille et l'empereur Ferdinand I*er*, pour lors archiduc d'Autriche, il fit donner à ce dernier la Transylvanie, et eut peu de temps après l'archevêché de Strigonie, qui valait cent cinquante mille ducats de revenu. Quelque temps après, à la recommandation du même Ferdinand, il fut fait cardinal par Jules III, honneur qu'il sembla mépriser comme au-dessous de lui, afin qu'il ne parût pas en être redevable à Ferdinand, qui peu de temps après le fit assassiner, le 8 décembre 1551, sur ce que ses ennemis avaient persuadé à ce prince qu'il s'entendait avec le Turc. Mais Dieu permit que le même Ferdinand, après avoir été excommunié par le pape, perdit, en punition de son crime, la Transylvanie, laquelle fit aussi une perte bien plus considérable par la mort de ce cardinal, qui fut celle de la religion catholique qu'il y avait conservée, quoique le père de Jean Sigismond, son pupille, fût infecté d'hérésie. Florimond de Raymond dit qu'il a été Bénédictin, mais, selon le témoignage des auteurs qui ont écrit sa Vie, comme Torneus, qui l'a donnée en latin, et Martin Fumée en français, Paul Jove, le président de Thou, Baronius, Mézeray, et les autres qui en ont parlé, il a été de l'ordre de Saint-Paul-Ermite. Moréri s'est trompé lorsqu'il dit qu'il prit l'habit dans le monastère de Saint-Paul-Ermite, près de Bude, qui appartenait à la congrégation du Mont-Olivet, et ce qu'il ajoute ensuite en est une preuve, puisqu'il dit que Martinusius fut supérieur du monastère de Gestokoviano en Pologne ; car les religieux de l'ordre du Mont-Olivet n'ont jamais eu de couvents en Pologne. Il a pris sans doute Gestokoviano pour Czestochovie, qui a toujours appartenu à l'ordre de Saint-Paul-Ermite.

Voyez Andr. Eggerer. *Fragmen Corvi proto-erem., sive Relig. Annal. ord. S. Paul. pr. erem.* Paul Moriglo, *Hist. des ord. relig.* Silvest. Maurol. *Mar. Ocean. di tutt. gl. religion.* lib. 1. Bonanni, *Catalog. ord. relig.*, part. 1, et *Mémoires envoyés par le R. P. Matthieu Crassen,* procureur général de cet ordre en cour de Rome.

§ 3. — *Des religieux de l'ordre de saint Paul, premier ermite, en Portugal, avec la Vie de Mendo Gomez de Simbra, leur fondateur.*

Augustin Barbosa, fameux jurisconsulte portugais, dans son traité qui a pour titre *de Jure ecclesiastico,* parle des religieux de saint Paul, premier ermite, en Portugal, et dit que cet ordre eut pour fondateur un nommé Benoît, citoyen romain, qui se retira dans la solitude *de Serra de Ossa,* avec quelques autres personnes, et qu'ils y vécurent en anachorètes dans des cellules séparées les unes des autres ; mais que l'on ignore le temps de leur retraite. Il ajoute que, par ordre du pape Grégoire XI, ils furent réformés par l'évêque de Conimbre et quelques autres qui leur ordonnèrent de demeurer quatre ensemble ; que le pape Grégoire XII, qui apparemment ne trouvait pas ce nombre suffisant pour faire une communauté, voulut qu'ils demeurassent dix ensemble ; et qu'enfin, leur nombre s'étant augmenté considérablement, ils firent union avec les Ermites de Saint-Paul en Hongrie, et élurent un provincial ; mais que, comme la longueur du chemin qu'il y avait de Portugal en Hongrie incommodait ceux qui étaient obligés d'y aller, ils se séparèrent et furent gouvernés par leur provincial jusqu'en l'an 1578, que le pape Grégoire XIII confirma leur ordre, et leur accorda la règle de saint Augustin. Voilà ce que Barbosa rapporte de cet ordre ; mais le P. Dom Nicolas de Sainte-Marie, chanoine régulier de la congrégation de Sainte-Croix de Conimbre, donne à cet ordre un autre fondateur. Ce religieux, qui est aussi Portugais, dans les Chroniques qu'il a faites de sa congrégation, rapporte aussi l'origine des ordres qui ont été établis en Portugal ; et, parlant de celui de saint Paul, premier ermite, il dit que ce fut l'an 1186, sous le pontificat d'Urbain III et le règne de Sanche I*er*, qu'il fut fondé dans ce royaume, à *Serra de Ossa,* par Ferdinand Anez ou Yanez, qui fut depuis grand maître de l'ordre militaire d'Avis. Il se peut faire qu'il y ait eu quelques ermites qui aient formé une communauté dès l'an 1186, sous le pontificat d'Urbain III et le règne de Sanche I*er*. Mais si l'on veut leur donner pour fondateur Ferdinand Anez, grand maître de l'ordre d'Avis, c'est peut-être parce qu'il a été le fondateur de l'édifice matériel, en faisant bâtir leur ermitage, ou qu'il a pu leur prescrire des règlements, ou qu'enfin il a pu être leur supérieur de la même manière que l'abbé de Moribond, de l'ordre de Cîteaux, est supérieur en Portugal des ordres d'Avis et de Christ, et de ceux d'Alcantara, de Calatrava et de Montesa au royaume d'Espagne. Au reste, c'est chercher bien loin l'origine de l'ordre des Ermites de saint Paul, premier ermite, en Portugal, que de la rapporter à celle des Ermites de *Serra de Ossa* en 1186, comme fait notre auteur, et c'est faire un grand saut que de descendre tout d'un coup à l'an 1481, auquel temps mourut Mendo Gomez de Simbra, qui doit être regardé comme le véritable fondateur de cet ordre.

Il était noble d'extraction et avait embrassé dès sa jeunesse la profession des armes. Il servit en qualité de capitaine sous le roi Jean Ier, dans les guerres qu'il eut contre le roi de Castille, où il donna des marques de son courage et de sa valeur en plusieurs rencontres, principalement à la prise de Ceuta en Afrique, que le roi de Castille emporta sur les Maures l'an 1415. Mais, renonçant aux honneurs et aux dignités du siècle, il se retira dans une solitude proche Sétuval, où il bâtit un oratoire qui a depuis été appelé du son nom *Mendoliva*. Il y persévéra plusieurs années dans l'exercice de la prière, de l'oraison et de la pénitence, et s'y acquit une si grande réputation de sainteté, que plusieurs personnes pieuses vinrent le visiter et lui firent de grandes donations.

Les Ermites de Serra de Ossa, se voyant sans supérieur par la mort de Jean Fernandez, qui les avait gouvernés pendant un long temps, jetèrent les yeux sur Mendo Gomez pour les gouverner et l'élurent pour supérieur. Il refusa d'abord d'accepter cette charge, mais ils lui firent tant d'instances qu'il leur accorda leur demande; et comme il avait déjà bâti plusieurs ermitages qu'il gouvernait en qualité de supérieur, il les joignit à celui de Serra de Ossa, qu'il établit pour chef de la congrégation à laquelle l'on a donné le nom de saint Paul, premier ermite.

Ses vertus ne firent pas moins d'éclat à Serra de Ossa qu'elles en avaient fait à Sétuval. Son abstinence était si grande qu'il passait plusieurs jours sans manger, et son oraison si continuelle, qu'il demeurait presque tout le jour et pendant la nuit en oraison dans l'église. Le roi Dom Edouard le venait souvent visiter et recevait ses avis comme ceux d'un ange descendu du ciel. Lorsque ce prince avait quelque chagrin, il envoyait quérir ce saint homme pour se consoler avec lui. Enfin ce serviteur de Dieu, accablé d'années, mourut le 24 janvier 1481.

Il eut pour successeur Loup de Portel, qui fut élu dans un chapitre qui se tint l'an 1482, par les ordres du roi Jean II, où l'on dressa des constitutions pour le bon ordre de cette congrégation. Ces statuts et ces règlements, auxquels on fit quelques changements dans la suite, furent approuvés par le pape Grégoire XIII, qui confirma cette congrégation l'an 1578, à la prière du cardinal Henri, qui était fort affectionné à cet ordre, et ils envoyèrent à ce pape les informations authentiques des vies de plusieurs personnes qui étaient mortes parmi eux en odeur de sainteté. Le même cardinal, étant légat *a latere* en Portugal, leur avait donné la règle de saint Augustin pour se conformer aux Ermites de Saint-Paul en Hongrie, dont l'institut avait été approuvé par le pape Jean XXII, comme nous avons dit dans le paragraphe précédent. Il avait réformé quelque chose de leurs constitutions, et ce ne fut qu'après ces changements qu'ils firent des vœux solennels, et prirent l'habillement qu'ils portent à présent, qui consiste en une tunique de couleur tannée, un scapulaire, un manteau, un chapeau noir (1). Ils furent promus aux ordres sacrés, et ils s'adonnèrent ensuite à l'étude et à la prédication. Ils ont environ seize couvents et un collège à Évora, et ils sont soumis à un général.

Il y a quelques auteurs qui ont fait mention de ces religieux, mais ils n'en ont dit que fort peu de chose, et ils se sont contentés de rapporter seulement leur origine, qu'ils ne fixent qu'en l'an 1562; mais elle est bien plus ancienne, comme nous avons montré, et ils ont suivi la règle de saint Augustin avant l'an 1562, puisqu'ils l'ont reçue du cardinal Henri de Portugal, qui n'a été légat en ce royaume (selon Ciaconius) que des papes Paul III et Jules III, ce dernier étant mort en 1555. Le P. Dom Nicolas de Sainte-Marie est celui qui a le plus parlé de cet ordre, et nous avons presque rapporté tout ce qu'il en dit. Quant à l'union que Barbosa prétend qu'ils ont faite avec les Ermites de Portugal, il est vrai que cette union a été faite par autorité du pape Alexandre VI, mais ils ont été ensuite séparés, et ces deux congrégations ont chacune un général particulier. Ils ont néanmoins conservé les mêmes observances, et ils ne diffèrent que par l'habillement.

Comme Crescenze met au nombre des religieux de l'ordre de Saint-Jérôme tous ceux qui ont des habits de couleur tannée, à cause que les religieux de cet ordre en Italie ont des coules et des scapulaires de la même couleur, quoique ceux d'Espagne aient des scapulaires noirs et des chapes de même couleur, il dit qu'il y a beaucoup d'Ermites de Saint-Jérôme dans le royaume de Naples et dans la Marche d'Ancone, qui se disent de l'ordre de saint Paul, premier ermite; que dans quelques couvents ils observent la règle de saint Augustin, et que dans d'autres ils n'en ont aucune. Mais il y a grande différence entre ces Ermites d'Italie et ceux de Portugal, puisque ceux ci sont véritablement religieux, et que ceux-là ne le sont point. Schoonebeck fait aussi mention d'une certaine congrégation, dont a parlé Morigia, qui fut établie en Espagne sous le nom de saint Paul, premier ermite; mais il y a bien de l'apparence qu'ils n'étaient pas religieux.

---

(1) *Voy.*, à la fin du vol., n° 19.

D. Nicolas de S. Maria, *Chron. da ord. dos Conegos Regrant. de S. Agosthino.* Paul Morigia, *Hist. des Relig.* Schooneb. *Hist. des ord. relig.* Tambur. *de Jur. abbat.*, et Barbosa, *de Jure ecclesiastico.*

§ 4. — *Des religieux de l'ordre de saint Paul, premier ermite, en France, appelés communément les Frères de la Mort.*

Il y a encore eu des religieux en France sous le nom d'Ermites de saint Paul, premier ermite, et qu'on nommait vulgairement les Frères de la Mort, à cause qu'ils portaient la représentation d'une tête de mort sur leurs scapulaires, et qu'ils devaient toujours avoir dans la pensée le souvenir de la mort; mais je n'ai pu trouver quelle était leur origine. Si l'on en juge néanmoins par leurs constitutions, qui furent faites vers l'an 1620 par le P. Guillaume Callier, supérieur général de cette congrégation, il y a de l'apparence qu'il n'y avait pas longtemps pour lors qu'ils étaient établis, et qu'ils n'avaient pas fait encore de grands progrès, puisque, par le premier chapitre de ces constitutions, qui regarde l'office du supérieur de toute la congrégation, il est dit que lorsque l'ordre sera suffisamment agrandi pour être divisé en provinces, le supérieur général aura le pouvoir de créer les provinciaux par l'avis des Pères Discrets de la même province. Ce P. Guillaume Callier pourrait bien avoir été le fondateur de cette congrégation, puisque, dans la lettre circulaire qu'il adresse à ses religieux, et qui est à la tête des constitutions, il parle en fondateur, et leur dit que son intention a toujours été que ses constitutions fussent entièrement observées à la lettre, sans glose ou interprétation; qu'ils ne les pourront en quelque façon corrompre, altérer ou changer, ne cherchant point à les interpréter, mais seulement à les suivre selon son sens. Ce que nous pouvons dire de certain touchant cet ordre, c'est que les constitutions ayant été dressées par le P. Guillaume Callier, elles furent approuvées par le pape Paul V le 18 décembre 1620, et qu'ensuite le roi Louis XIII, par ses lettres patentes données à Saumur au mois de mai 1621, approuva et autorisa l'établissement de ces religieux en France, et leurs constitutions furent imprimées à Paris en 1622 pour la première fois. Ils avaient un couvent à Rouen, qui est maintenant occupé par les religieux Augustins Déchaussés, auxquels on a toujours donné depuis dans cette ville le nom de Pères de la Mort, à cause que ce couvent avait appartenu à ces religieux de l'ordre de saint Paul, premier ermite, que l'on appelait vulgairement les Pères de la Mort. Ne pouvant donc rien dire autre chose touchant l'origine de ces religieux, nous passons à leurs principales observances.

Leurs couvents pouvaient être dedans ou hors les villes, et en état d'entretenir au moins douze religieux, tant par le moyen des rentes et des revenus que par les aumônes; et si l'un et l'autre n'était pas suffisant, leur travail suppléait au reste. Il y avait aussi dans les bois des couvents qui avaient des cellules ou petits ermitages séparés les uns des autres de deux cent cinquante pas. Ceux qui y voulaient vivre solitaires ne le pouvaient faire qu'après deux ans de profession, et après en avoir obtenu la permission du supérieur de la congrégation et de tout le chapitre. Cette permission ne leur était accordée que pour un temps limité, et ils ne devaient pas passer les bornes qui leur avaient été marquées. S'ils étaient prêtres, on leur envoyait tous les jours un religieux du couvent pour leur servir la messe, avec la portion ordinaire que l'on donnait à la communauté, et s'ils n'étaient pas prêtres, on leur en envoyait un pour leur dire la messe. Tous les mois ils venaient au chapitre pour dire leurs coulpes, et tous les dimanches et les fêtes ils assistaient au chœur avec les autres religieux.

Ceux qui demeuraient dans les villes devaient visiter les malades, procurer que les sacrements leur fussent administrés, aussi bien que leurs besoins et leurs nécessités, et faire donner des aumônes à ceux qui étaient pauvres. Ils ensevelissaient les morts, visitaient les prisonniers deux fois la semaine, les aidaient selon la faculté du couvent, leur faisaient des exhortations, et le plus souvent leur disaient la messe. Ils devaient assister les criminels au supplice avec la permission du roi et de la justice, et tous les jours on envoyait deux religieux aux hôpitaux pour soulager les malades, leur donner à manger, faire leurs lits, nettoyer leurs chambres, et les consoler par de pieuses instructions.

Outre les jeûnes prescrits par l'Eglise, ils jeûnaient encore l'avent et tous les mercredis et les vendredis de l'année, et les trois derniers jours de la semaine sainte au pain et à l'eau. Ils ne mangeaient jamais de viande le soir, excepté les dimanches et les fêtes de la première et seconde classe. L'usage du cilice était accordé à ceux qui le demandaient et à qui on jugeait à propos de l'accorder; mais ils devaient tous prendre la discipline le lundi, le mercredi et le vendredi de chaque semaine.

Une des choses essentielles de leur institut était d'avoir toujours dans la pensée le souvenir de la mort; c'est pourquoi, lorsqu'ils se rencontraient les uns et les autres, ils se disaient: *Pensez à la mort, mon très-cher frère N.* En saluant les personnes de dehors ou en demandant l'aumône, ils leur disaient aussi de *songer qu'il fallait mourir.* Etant assemblés au réfectoire pour dîner ou pour souper, celui qui devait faire la lecture, après avoir demandé la bénédiction, disait tout haut: *Souvenez-vous de votre dernière fin, et vous ne pécherez point.* Ils baisaient tour à tour, avant que de se mettre à table, une tête de mort qui était au pied du crucifix; plusieurs en avaient devant eux en mangeant, et ils étaient tous obligés d'en avoir une dans leurs chambres. Après qu'un religieux avait fait profession, et prononcé les vœux solennels, on le mettait dans un cercueil couvert

d'un drap mortuaire; les choristes chantaient : *Ne recorderis, Domine, peccata illius, dum veneris judicare sœculum per ignem;* et pendant que tout le chœur chantait le *De profundis*, les religieux, chacun à son tour, lui jetaient de l'eau bénite, en disant : *Mon frère, vous êtes mort au monde, vivez pour Dieu.* Le *De profundis* étant dit, on chantait le *Libera* avec l'oraison *Inclina, Domine, aurem tuam*, etc.; et au lieu de ces mots, *Quam de hoc sœculo migrare jussisti*, on disait, *Quem de transitorio sœculi ad religionem migrare jussisti*, après quoi le jeune profès, se mettant à genoux, étendait les bras en croix pendant que l'on récitait d'autres prières. Voici la formule de leur profession : *Au nom de Notr.-Seigneur*, etc., *je N. fais profession et promets obéissance à Dieu tout-puissant, et à la B. V. Marie, à notre glorieux Père saint Paul, premier ermite, et à vous, mon Révérendissime Père, Frère N., et à vos successeurs canoniquement et légitimement élus, et vivre sans aucune propriété, et en perpétuelle chasteté, selon les présentes constitutions et règles, jusqu'à la mort.*
Quoiqu'il ne soit pas fait mention de la règle de saint Augustin dans cette profession, ces religieux néanmoins la suivaient, et elle se trouve à la fin de leurs constitutions. Lorsque, dans le chapitre général, qui se tenait tous les trois ans, le nouveau général était élu, il promettait de faire observer cette règle et les constitutions, en disant : *Je N. indigne supérieur, promets à Dieu tout-puissant, à la bienheureuse Vierge Marie, aux bienheureux saint Paul et saint Augustin, et à votre Révérence, Père N., et à vous, mes Révérends Pères et Frères, que, moyennant la grâce de Dieu, j'observerai et ferai observer nos constitutions et règles sans glose et à la lettre.*

Quant à leur habillement, il consistait en une robe de gros drap gris blanc qui descendait jusqu'aux talons, un manteau de même couleur qui n'allait qu'à la moitié des cuisses, un capuce un peu aigu de drap noir, tombant en rond sur les épaules, et fait en pointe sur le milieu, un scapulaire de même d'un pied et demi de large, et de la longueur de la robe, au milieu duquel ils portaient la représentation d'une tête de mort avec deux os au-dessous en croix, et ils marchaient nu-pieds avec des sandales de cuir (1). Les frères lais étaient habillés comme les prêtres, mais ils avaient aussi des frères qu'ils appelaient convers, qui ne portaient point le capuce, mais seulement un chapeau, ce qui n'était permis à aucun autre religieux, excepté au supérieur général lorsqu'il était en voyage. Le grand sceau de son office représentait saint Paul Ermite, avec une tête de mort au bas, deux os en croix au-dessous, et ces paroles autour : *Sanctus Paulus, eremitarum primus Pater, memento mori;* le petit sceau avait pour empreinte une tête de mort seulement, avec deux os en croix, et ces paroles autour : *Memento mori.* Le prieur de chaque couvent en avait aussi deux, l'un représentant saint Paul Ermite, au bas duquel étaient gravées les armes de la ville où le couvent était situé, et l'autre, pour les lettres missives, avait aussi une tête de mort. Enfin ils avaient si souvent à la bouche ces paroles, *Il faut mourir*, et l'écrivaient en tant d'endroits, qu'elles se trouvent au haut de chaque page de leurs constitutions, qui en contiennent près de deux cent soixante et dix. Il y a de l'apparence que cet ordre fut supprimé par le pape Urbain VIII; car, dans un factum imprimé en 1633, et qui a pour titre : *Défense pour le Révérendissime Père général de tout l'ordre de la Sainte-Trinité, contre la conjuration de frère Simon Chambellan, et ses adhérents sous le nom de Réformés dudit ordre*, il y est parlé d'un frère François, apostat des Frères de la Mort, chassés par l'archevêque de Paris, et supprimés il n'y avait pas longtemps par le pape.

Voyez les Constitutions de cet ordre imprimées à Paris pour la première fois en latin et en français en 1622, et pour la seconde fois en latin en 1623

PAUL et ÉTIENNE (Saints).

Voy. Césaire (Saint-).

PAUVRES-CATHOLIQUES.

De l'ordre des Pauvres-Catholiques, uni à celui des Ermites de Saint-Augustin.

Vers l'an 1160, un nommé Pierre Valdo, riche marchand de Lyon, natif du village de Vaud en Dauphiné sur le Rhône près de Lyon, fut si sensiblement touché de la mort d'un de ses amis, qu'il prit la résolution de changer de vie, et expliquant à la lettre les paroles de Jésus-Christ contre les riches, il distribua tous ses biens aux pauvres de la ville, pour faire profession d'une pauvreté volontaire, et renouveler, à ce qu'il prétendait, la manière de vivre des apôtres. Il eut plusieurs admirateurs dans ce genre de vie, qui devinrent ses disciples, et formèrent avec lui une communauté. On les appela les pauvres de Lyon, à cause de la pauvreté dont ils faisaient profession ; *Léonistes*, du nom de la ville de Lyon; *Insabatés*, à cause des sandales qu'ils portaient pour faire paraître leurs pieds nus, et enfin *Vaudois*, à cause de leur instituteur Valdo, qui était du village de Vaud. Comme il avait quelque étude, il leur expliquait le Nouveau Testament en langue vulgaire. Il les instruisit si bien, qu'il leur prit fantaisie, non-seulement d'imiter la pauvreté volontaire des apôtres, mais aussi de prêcher et d'enseigner, quoique laïques et sans mission. Le clergé de Lyon les en ayant repris, ils commencèrent à déclamer contre les ecclésiastiques et contre leurs dérèglements, disant hautement qu'ils ne s'opposaient à leurs prédications que parce qu'ils portaient envie à la sainteté de leurs mœurs et à la pureté de leur doctrine. Le pape Alexandre III leur défendit d'annoncer la parole de Dieu, mais ils méprisè-

---

(1) *Voy.*, à la fin du vol., n° 20.

rent les ordres de ce pontife et continuèrent de prêcher hardiment, ce qui fit que Lucius III les excommunia ; mais, secouant le joug de l'obéissance, ils continuèrent leurs prédications et s'engagèrent dans diverses erreurs. Leur secte se répandit en plusieurs endroits. Alphonse, roi d'Aragon, les condamna l'an 1194, et Bernard, archevêque de Narbonne, les proscrivit, après les avoir convaincus d'erreurs dans une conférence qu'il eut avec eux.

Il y en eut néanmoins quelques-uns qui se convertirent et renoncèrent à l'hérésie, l'an 1207. Ils avaient pour chef un nommé Durand de Huesca, en Aragon, et vinrent se présenter au pape Innocent III (*Epist.*, lib. II, ep. 196), l'an 1208. Ce pontife les reçut favorablement, et les ayant écoutés, il reconnut qu'ils étaient catholiques. Toutefois, pour plus grande sûreté, il leur fit faire serment et donner par écrit leur confession de foi, où ils reçoivent les trois symboles, des Apôtres, de Nicée et celui qui est attribué à saint Athanase, et reconnaissent que Dieu est le Créateur des choses corporelles, aussi bien que des spirituelles, et auteur de l'Ancien Testament comme du Nouveau ; qu'il a envoyé Jean-Baptiste, homme saint et juste ; que l'incarnation du Fils de Dieu, sa Passion, sa mort et sa résurrection ont été réelles et véritables ; qu'il n'y a qu'une Église, qui est la catholique, apostolique et romaine, et que les sacrements qu'elle célèbre ne dépendent point de la vertu du ministre.

Nous approuvons, continuent-ils, le baptême des enfants et la confirmation que l'évêque donne par l'imposition des mains. Nous croyons qu'au saint sacrifice le pain et le vin, après la consécration, sont le vrai corps et le vrai sang de Jésus-Christ, et qu'il ne doit être consacré ni offert que par un prêtre ordonné régulièrement par un évêque. Nous croyons que Dieu accorde le pardon aux pécheurs véritablement pénitents, et nous communiquons volontiers avec eux. Nous recevons l'onction des malades. Nous ne condamnons point le mariage, même les secondes noces, et nous confessons que l'homme et la femme se peuvent sauver vivant ensemble. Nous ne blâmons point l'usage de la chair pour nourriture, et croyons qu'il est permis de jurer avec vérité et justice. Nous croyons la prédication nécessaire, pourvu qu'elle se fasse par l'autorité du pape ou des évêques. Nous respectons l'office ecclésiastique dont use l'Église romaine. Nous croyons que le diable n'a pas été créé mauvais, mais qu'il est devenu tel par son libre arbitre, que les aumônes, le sacrifice et les suffrages sont utiles aux morts ; qu'il faut payer au clergé les dîmes, les prémices et les oblations ; que ceux qui demeurent dans le siècle gardant leurs biens et observant les commandements de Dieu sont sauvés (*Ibid. et ep.* 197).

Non contents d'avoir renoncé à l'hérésie, ils aspirèrent à la perfection chrétienne et se firent une règle où ils déclarèrent qu'après avoir renoncé au siècle, et avoir donné ce qu'ils avaient aux pauvres, ils avaient résolu d'être pauvres eux-mêmes, de n'avoir point soin du lendemain, et de ne recevoir de personne ni or ni argent, ni autre chose que la nourriture et le vêtement pour chaque jour ; que comme parmi eux la plus grande partie étaient clercs, et presque tous lettrés, ils prétendaient étudier, exhorter et disputer contre toutes les sectes des hérétiques, et proposer dans leurs écoles la parole de Dieu à leurs frères et à leurs amis, par ceux d'entre eux qui étaient les mieux instruits ; le tout avec la permission des prélats ; qu'ils garderaient la continence, et jeûneraient tous les deux carêmes suivant la règle de l'Église ; qu'ils porteraient un habit modeste, comme ils avaient accoutumé, avec les souliers ouverts par-dessus ; mais de manière qu'ils pussent être distingués des Lyonnais, c'est-à-dire des Vaudois ou Pauvres de Lyon ; que ceux qui voudraient entrer dans leur société demeureraient dans les maisons vivant régulièrement, travaillant de leurs mains, excepté ceux qui seraient propres pour la prédication et qui auraient suffisamment de science pour disputer contre les hérétiques. Ce sont les principaux articles de cette règle, que le pape Innocent III approuva par deux bulles du 18 décembre 1208, l'une adressée à l'archevêque de Tarragone et à ses suffragants, l'autre à Durand de Huesca et à ses frères nommés les Pauvres-Catholiques.

Les lettres que ce pape écrivit aux archevêques de Milan, de Narbonne et de Tarragone, et aux évêques de Marseille, de Barcelone et de Huesca, au sujet de ces Pauvres-Catholiques, font connaître que leur société s'étendait en France, en Italie, en Aragon et dans la Catalogne. Durand avait même une école à Milan avant sa conversion, où il assemblait ses disciples pour leur faire des exhortations. Elle avait été abattue par l'archevêque de Milan, lorsqu'ils furent excommuniés, et avait été rebâtie depuis : c'est pourquoi le pape écrivit à ce prélat et à son chapitre, le 3 avril 1209, pour faire rendre cette école à Durand, et à ses compagnons, en cas que ces mêmes compagnons voulussent se réconcilier à l'Église en la même manière que Durand l'avait été en présence de Sa Sainteté, ou de leur donner un autre lieu pour y faire leurs exhortations (*Lib.* XII, ep. 17).

Peu de temps après il reçut de grandes plaintes contre eux de la part de l'archevêque de Narbonne et des évêques de Béziers, d'Uzès, de Nîmes et de Carcassonne (*Ibid.*, ep. 66, 67 et seq.). Ces prélats écrivirent au pape que Durand et ses compagnons étaient devenus si insolents de la grâce qu'il leur avait faite, qu'ils avaient fait entrer dans l'église, en leur présence, des Vaudois qui n'étaient pas encore réconciliés, pour assister avec eux au saint sacrifice ; qu'ils retenaient en leur compagnie des religieux apostats ; qu'ils n'avaient en rien changé l'habit de leur ancienne superstition qui scandalisait les catholiques ; que les instructions qu'ils faisaient dans leurs écoles étaient une occasion à plusieurs de se retirer de l'église, et de n'entendre ni l'office divin, ni la prédication des prélats; que les clercs mêmes qui étaient parmi eux, quoique dans les ordres sacrés, n'assistaient point à l'office divin, et que quelques-uns soutenaient qu'aucun magistrat séculier ne pouvait, sans péché mortel, exercer aucun jugement de sang.

Sur ces plaintes des évêques, le pape écrivit à Durand à ses compagnons, les exhortant à se corriger en tous ces points, surtout à rejeter l'erreur que la puissance séculière ne peut exercer le jugement de sang, sur quoi il ne manque pas d'apporter la doctrine des deux glaives, et il leur ordonne de quitter leurs sandales, et de ne plus se servir à l'avenir de pareille chaussure, pour éviter le scandale. Il écrivit aussi à l'archevêque de Narbonne et à ses suffragants une lettre où il dit que si Durand agissait de mauvaise foi, il se trouverait pris dans ses finesses; mais que s'il gardait quelque chose de son ancienne superstition, pour ramener plus facilement les hérétiques, ou par la honte d'un trop prompt changement, il fallait le tolérer pour un temps, jusqu'à ce que l'on connût l'arbre par les fruits, pourvu qu'il agît de bonne foi quant à l'essentiel de la vérité. Il les exhorte de le supporter en esprit de douceur, et de chercher à l'attirer plutôt qu'à l'éloigner: que s'il méprise vos avis salutaires, ajoute-t-il, instruisez-nous-en au plus tôt, afin que nous y apportions le remède convenable. Le pape écrivit de même à l'archevêque de Tarragone et à ses suffragants. Toutes ces lettres sont datées de Viterbe le 5 juillet 1209.

Il y a bien de l'apparence que Durand et ses compagnons obéirent; car l'année suivante, le 12 mai, le pape écrivit encore séparément aux archevêques de Narbonne et de Tarragone et à leurs suffragants (*Lib.* XIII, *cp.* 98), leur disant que lorsque Durand de Huesca, Guillaume de Saint-Antonin, et Jean de Narbonne, Ermengaud et Bernard de Béziers, Raimond de Saint-Paul, Ebrin et leurs compagnons, s'étaient présentés à lui, il avait fait examiner leur doctrine, et qu'il n'y avait rien trouvé que d'orthodoxe et de conforme à la foi catholique. Il envoya à ces prélats le serment et la profession de foi qu'ils avaient faits, et s'étonne de ce que, leur ayant déjà écrit pour faire faire un pareil serment et une pareille profession de foi à ceux qui renonceraient à leurs erreurs et se présenteraient pour être réconciliés à l'Eglise, pour lever les censures qu'ils avaient encourues, et les déclarer vrais catholiques après leur profession de foi, ils s'excusaient néanmoins les uns et les autres de le faire, sur ce que l'ordre qu'il leur en avait donné était commun pour tous les prélats : c'est pourquoi il leur ordonne de nouveau de recevoir la profession de foi de ceux qui se présenteraient pour être réconciliés à l'E-

glise, et de permettre à Durand de Huesca et à Guillaume de Saint-Antonin de faire leurs exhortations dans les lieux et aux heures convenables, tant qu'ils persisteraient dans la foi catholique. Et par d'autres lettres datées du même jour, il exhorte ces mêmes prélats de traiter les Pauvres-Catholiques avec beaucoup de charité, et de ne pas permettre que l'on détournât les personnes charitables de leur faire du bien, et d'user même de censures envers ceux qui s'y opposeraient (*Epist.* 63). Par une autre lettre du 13 du même mois, adressée à Durand d'Huesca, à Guillaume de Saint-Antonin et à leurs frères qui persistaient dans la foi catholique, il défendit par autorité apostolique que, sous quelque prétexte que ce fût, on pût les obliger à reconnaître d'autre supérieur que celui qu'ils avaient élu, avec le consentement de l'évêque diocésain (*Epist.* 77).

L'an 1211, le même Durand, un autre Durand de Naiac, Guillaume de Saint-Antonin et les autres Pauvres-Catholiques, représentèrent à ce pontife que par leurs exhortations plusieurs personnes du diocèse d'Elne dans le Roussillon (1), touchées de repentir de leurs fautes passées, et après en avoir reçu l'absolution dans le tribunal de la confession, avaient pris la résolution de restituer le bien qu'ils avaient acquis injustement, de n'avoir plus rien en propre, et de mettre en commun ce qu'ils avaient, de garder la continence, de s'abstenir de tout mensonge et jurement, de porter des habits blancs ou gris, et de vivre sous la conduite des Pauvres-Catholiques, se soumettaient à leur visite et correction; qu'ils ne voulaient plus coucher dans des lits, à moins qu'ils ne fussent malades; qu'ils voulaient jeûner depuis la fête de tous les Saints jusqu'à la Nativité de Notre-Seigneur, s'abstenir de manger du poisson tous les Vendredis de l'année, à moins que les fêtes de Noël, de l'Epiphanie, ou quelques autres fêtes que l'on jeûnât la veille, ne se rencontrassent ces jours-là; comme aussi pendant le carême, excepté les dimanches; s'abstenir aussi de viande les lundis, mercredis et samedis; et jeûner huit jours avant la fête de la Pentecôte, outre les jeûnes ordonnés par l'Eglise; qu'ils s'assembleraient tous les dimanches pour entendre la parole de Dieu; que ceux qui n'étaient pas lettrés réciteraient sept fois le jour quinze *Pater*, autant de fois le *Credo*, et le *Miserere mei, Deus*; et que les clercs réciteraient les heures canoniales; que surtout ils voulaient se consacrer au service des pauvres, et que pour cet effet l'un d'entre eux voulait faire bâtir sur ses terres une maison où il y aurait deux appartements séparés, l'un pour des hommes, l'autre pour des femmes; à côté de cette maison un hôpital où l'on recevrait les pauvres et les malades; l'on aurait soin des enfants exposés; l'on recevrait aussi les pauvres femmes enceintes pour y faire leurs couches; l'on y

(1) L'évêché d'Elne fut transféré à Perpignan l'an 1604.

donnerait des habits aux pauvres pendant l'hiver, et qu'il y aurait cinquante lits dans cet hôpital, à côté duquel l'on bâtirait aussi une église, dédiée en l'honneur de la sainte Vierge, où les frères assisteraient à l'office divin. C'est pourquoi ils priaient le pape de vouloir bien permettre cet établissement. Mais comme c'était dans le diocèse d'Elne que cet établissement se devait faire, le pape renvoya cette affaire à l'évêque (*Lib.* xv, *ep.* 82), afin qu'il examinât si ces personnes qui voulaient ainsi s'unir ensemble étaient orthodoxes, et s'il n'y avait point à douter de leur foi, auquel cas il pouvait donner son consentement à cet établissement, en prenant néanmoins les précautions convenables à l'égard des hommes et des femmes, afin que d'une maison à l'autre il ne pût pas y avoir d'accès suspect; et que comme ces personnes voulaient vivre sous la discipline et la visite des Pauvres-Catholiques, il examinât aussi s'il ne pouvait y avoir rien de contraire en cela à la saine doctrine. Cette lettre est datée du 26 mai 1211. Cependant on inquiétait toujours ces Pauvres-Catholiques; c'est ce qui obligea encore le pape d'écrire en leur faveur aux évêques de Marseille, de Barcelone, d'Huesca, et à d'autres prélats; et il paraît par ces lettres que Durand n'était qu'acolyte. Il lui écrivit aussi dans le même temps, et lui dit qu'il avait eu avis que quelques Pauvres-Catholiques, depuis leur réconciliation à l'Eglise, s'étaient éloignés de leur devoir, et s'occupaient à des emplois déshonnêtes: c'est pourquoi il lui ordonna, quand cela arriverait, d'en donner avis à l'évêque du lieu, et de punir les coupables du consentement de ce prélat.

Plus de trente ans auparavant, d'autres Vaudois convertis, dont les chefs étaient Bernard Prime et Guillaume Arnauld, avaient aussi formé une société, et s'étaient aussi présentés au pape Lucius III, pour faire approuver leur institut; mais il le refusa, y trouvant quelques pratiques superstitieuses: comme de porter leurs souliers ouverts par-dessus, en sorte qu'ils semblaient marcher nu-pieds; d'avoir les cheveux coupés, comme les séculiers, quoiqu'ils portassent des chapes de religieux, et de marcher accompagnés de femmes avec lesquelles ils logeaient en même maison, et, à ce qu'on disait, en même lit. Le pape Innocent III (*Lib.* XIII, *ep.* 94, *et lib.* xv, *ep.* 137) ne laissa pas d'approuver, le 14 juin 1210, la société de Bernard, après leur avoir fait faire une abjuration semblable à celle de Durand; et par une bulle du 23 juillet 1212, il confirma leur règle, qui diffère en peu de choses de celle que l'on observait dans la société de Durand; on y remarque seulement qu'il y avait des femmes de l'institut de Bernard Prime; car il est défendu dans cette règle aux frères et sœurs de loger dans une même maison et de manger à la même table. Les frères devaient éviter toute fréquentation suspecte de femmes, et ne leur parler que lorsqu'il y avait des témoins qui les pouvaient voir et entendre. Ils ne s'engageaient qu'à observer les jeûnes des diocèses et des lieux où ils demeuraient. Ils devaient porter un habit humble et modeste, avec des souliers ou chaussures communes, selon l'ordre qu'ils en avaient reçu du pape, afin d'ôter tout sujet de murmure, et d'éviter le scandale que les sandales qu'ils avaient accoutumé de porter avaient causé parmi les catholiques; mais cette défense de porter des sandales avait été faite aussi par le même pontife, deux ans auparavant, aux Pauvres-Catholiques de la société de Durand, comme nous avons déjà dit. Celle de Bernard de Prime s'étendait encore en Italie; car le pape écrivit en leur faveur au mois d'août à l'évêque de Crémone; il lui mande qu'il les a mis sous la protection du saint-siège, et l'exhorte de les regarder comme catholiques, de les protéger et de les aider de ses conseils.

Il y a bien de l'apparence que ces deux sociétés de Durand et de Bernard, étant si conformes dans les observances, n'eurent pas de peine à s'unir ensemble, et qu'elles embrassèrent dans la suite la règle de saint Augustin. Nous ne savons point où étaient situées les maisons qu'ils avaient en France et en Espagne; mais leur principal monastère, en Italie, était à Milan, sous le titre de saint Augustin, hors la porte orientale, appelée aujourd'hui la porte Renza. Cet ordre ne fut point du nombre de ceux qui entrèrent d'abord dans l'union générale qui se fit l'an 1256, dont nous avons parlé, et qui a formé l'ordre des Ermites de Saint-Augustin; mais il y fut uni la même année, le P. Nicolas, provincial des Pauvres-Catholiques, ayant cédé les couvents que son ordre avait en Lombardie, au P. Jacques de Crémone, procureur général de celui des Ermites de Saint-Augustin, qui les reçut au nom du son général Lanfranc, nouvellement élu; et par la cession qu'en fit ce provincial, il paraît qu'il la faisait par ordre du pape Alexandre IV et du cardinal Richard de Saint-Ange, qui avait été commis par ce pontife pour faire l'union générale. Ainsi, il y a de l'apparence que les Pauvres-Catholiques avaient été cités par ce cardinal, aussi bien que les autres congrégations qui étaient entrées dans l'union générale, mais qu'ils n'avaient pas voulu se trouver à Rome dans le monastère de Sainte-Marie du Peuple, où l'assemblée se tint et où se fit cette union. Nous rapporterons ici l'acte de cette cession dans toute sa teneur.

In nomine Domini, Amen. Anno nativitatis ejusdem M.CC.LVI. *calendas Augusti, indictione* XIV, *coram infra scriptis testibus ad hoc rogatis, Ego F. Nicolaus provincialis nomine meo et omnium fratrum totius provinciæ et locorum ordinis Pauperum Catholicorum in quibus commorantur, volens obedire sanctæ Matri Ecclesiæ Romanæ, et venerabili Patri domino Richardo Sancti Angeli diacono cardinali, cui a domino papa concessa est plenitudo potestatis ad infra dictam unionem faciendam, do et offero me, et universum collegium supradictum, et domos omnes in Lombardia, quæ sunt sub protectione mea, cum omnibus rebus ad ipsas domos per-*

tinentibus; vobis F. Jacobo procuratori totius ordinis fratrum Eremitarum; volens incorporare me et universos fratres jam dicti ordinis, ordini fratrum Eremitarum, et unire jam dictum ordinem ordini vestro ; promitto obedientiam et reverentiam nomine meo et omnium fratrum qui sunt sub protectione mea, tibi Jacobo nomine et vice prædicti fratris Lanfranci, præsentibus omnibus fratribus meis in civitate Mediolanensi commorantibus F. Nicolao, et F. Ambrosio Giapa, et F. Zanino, et F. Alberto de Curris, et F. Bellota, et F. Pedreto portæ Romanæ, et F. Albertino, et F. Alberto de Cremona, et F. Gaspare, et F. Zanebellano. Actum in oratorio Præd. fratrum, sito in porta orientali extra, supra murum fossati communis Mediolanensis, et pro notario F. Arnoldus de Garioldis de Gerenzano. Interfuerunt ibi testes Gueza filius quondam Negronis de Cesate, et Anize filius quondam Cazzaguere, etc.

Le pape confirma cette union, l'an 1247, par une bulle dans laquelle cet acte est inséré, et qui est conservée dans les archives du couvent des Augustins de Milan, sous le titre de saint Marc.

Quelques-uns néanmoins de ces Pauvres-Catholiques qui avaient pris l'habit des Ermites de Saint-Augustin, et fait profession de cet ordre, et qui demeuraient de famille dans le couvent de Saint-Marc, se repentant de s'être unis si aisément aux Ermites de Saint-Augustin, sortirent de nuit de ce couvent, ayant à leur tête le frère Gaspard, dont il est parlé dans l'acte d'union, et vinrent à main armée à leur ancien couvent, dont ils chassèrent les religieux. Ils y demeurèrent pendant seize ans, ayant repris leur ancien habillement et reçu des novices. Mais ayant élu pour leur prieur, l'an 1272, un frère Anselme de Gardane, il leur conseilla de retourner parmi les Ermites de Saint-Augustin, auxquels ces Pauvres-Catholiques firent de nouveau cession de leur monastère de Saint-Augustin, et reconnurent leur faute par acte public passé devant notaires le 3 août de la même année. Le prieur de Saint-Marc leur rendit l'habit d'Ermites de l'ordre de Saint-Augustin; mais, appréhendant qu'il ne prît encore fantaisie à ces Pauvres-Catholiques de retourner au monastère de Saint-Augustin, il unit tous les biens de ce monastère à celui de Saint-Marc, et supprima ensuite le monastère de Saint-Augustin.

Le P. Torelli dit que ces Pauvres-Catholiques avaient encore des couvents à Cosme et à Crémone, et que le couvent de Saint-Martin de Tortone pouvait être aussi membre de cette congrégation : ce qui paraît par une concession faite par l'évêque de cette ville, et du chapitre de sa cathédrale, à Guillaume, prieur provincial de l'ordre des Pauvres-Catholiques de l'église de Saint-Martin, afin qu'il y pût fonder un monastère; c'est pourquoi il y envoya les frères Uberto d'Alexandrie, Anselme de Payie, et Mainfroy de Monza,

qui prirent possession de cette église, et y bâtirent un petit monastère, comme il paraît par l'acte de cette concession qui est conservé dans les archives du chapitre de Tortone; mais le P. Torelli n'en marque point la date; il ajoute seulement que ce monastère fut incorporé à l'ordre des Ermites de Saint-Augustin, dans la grande union qui se fit la même année ; il fut ensuite transféré dans la ville, au lieu où ils ont depuis bâti un beau monastère, sous le nom de la Sainte-Trinité. L'habillement de ces Pauvres-Catholiques consistait en une robe grise, ceinte d'une ceinture de cuir; ils avaient une chape de la même couleur, et étaient chaussés (1).

Epistol. Innocent. III, collect. à Stephano Baluze, tom. II; Luigi Torelli, *Secoli Agostiniani, o vero Hist. general del Sag. ord. di S. Agostino*, tom. IV, et Fleury, *Histoire ecclés.* tom. XVI, liv. LXXVI.

PAUVRES-DAMES.

Voy. CLARISSES.

PAUVRES-VOLONTAIRES (ORDRE DES).

Nous venons de parler d'un ordre sous le nom de Pauvres-Catholiques; en voici encore un qui a pris le nom de Pauvres-Volontaires. Nous ne savons ni le temps de sa fondation, ni qui en a été le fondateur; mais il y a bien de l'apparence qu'il a pu être fondé vers l'an 1370 : car Buschus, chanoine régulier de la congrégation de Windesem, qui avait été nommé par le concile de Bâle commissaire pour la réforme des monastères d'Allemagne, et qui dans le même temps avait été élu visiteur du Couvent des Pauvres-Volontaires de la ville d'Hildesem, par les religieux de ce couvent, du consentement de l'évêque Ernest, dit que ces Pauvres-Volontaires d'Hildesem embrassèrent, l'an 1470, la règle de saint Augustin, et prirent un habillement particulier; et comme ce ne fut que dans cette année qu'ils furent véritablement religieux, c'est pour ce sujet qu'il appelle leur ordre un ordre nouveau, quoiqu'ils fussent déjà établis cent ans auparavant dans cette ville et dans quelques autres d'Allemagne : *Ordo novus Fratrum Voluntarie Pauperum nominatus, anno Domini 1470, in Hildesem primo surrexit, qui licet ante centum annos in diversis Alemaniæ partibus et in Hildesem habitaverint, Voluntarie Pauperes nominati, singularem habitum et regulam almi P. Augustini jam in brevi susceperunt.*

Ce fut donc l'an 1470 que ces Pauvres-Volontaires embrassèrent la règle de saint Augustin, et l'année suivante ils firent les vœux solennels entre les mains de leur supérieur, qui jusqu'alors n'avait pris que la qualité de procureur, à cause que c'était lui qui devait pourvoir à leurs nécessités ; mais après que ces religieux eurent prononcé leurs vœux, ils lui donnèrent le titre de prieur. Ils retinrent néanmoins leurs anciens statuts et les règlements qu'ils observaient par le passé, et ils ne firent du changement que dans

(1) *Voy.*, à la fin du vol., n° 21.

l'habit. Buschus ne marque point quel était celui qu'ils portaient auparavant ; mais en faisant leurs vœux solennels ils prirent une robe grise, un scapulaire et un capuce noir. C'est ainsi qu'ils étaient habillés dans la maison ; mais lorsqu'ils sortaient ils mettaient une chape grise qui était beaucoup plissée autour du cou ; ce qu'ils firent pour se conformer aux religieux du même ordre des maisons de Cologne, d'Halberstadt, et de quelques autres villes d'Allemagne, qui avaient aussi fait des vœux solennels et qui avaient pris le même habillement. Ils formaient même une congrégation, comme le témoigne encore Buschus par ces paroles : *Conformes jam nunc sunt in habitu et in omnibus cæremoniis et modo vivendi, fratribus sui ordinis in Colonia et circa Rhenum et in Halberstad, qui fraternitatem et unionem mutuo servant tanquam capitularem.*

Ces religieux n'étaient que des frères lais, qui ne recevaient aucun prêtre parmi eux : la plupart ne savaient pas même lire, et ils s'occupaient à des arts mécaniques. Quelques-uns étaient tailleurs, cordonniers, menuisiers, forgerons : ils allaient aussi veiller les malades de la ville lorsqu'ils étaient appelés : ils leur donnaient les soulagements dont ils avaient besoin, les consolaient, les aidaient à faire une bonne mort et portaient leurs corps en terre. Ils ne possédaient aucuns revenus : le matin ils ne savaient pas ce qu'ils auraient à dîner ; ils allaient deux à deux, selon l'ordre du supérieur, demander l'aumône par la ville, et mangeaient en commun ce qu'on leur avait donné.

Ils se levaient en tout temps à minuit, pour dire dans leur oratoire Matines, qui consistaient en un certain nombre de *Pater* et d'*Ave* qu'ils récitaient à genoux, après quoi ils faisaient deux heures entières d'oraison mentale sur les mystères de la passion de Notre-Seigneur Jésus-Christ, et restaient aussi à genoux pendant ce temps-là, sans qu'ils pussent s'asseoir, n'y ayant aucun siège dans leur oratoire. Ils retournaient ensuite dans leurs cellules pour se reposer jusqu'à quatre heures et demie ou cinq heures, qu'ils sortaient tous de la maison pour aller à l'église cathédrale entendre les Matines, la messe et une partie des heures canoniales. Ils y demeuraient pendant trois heures à genoux, dans un lieu séparé destiné pour eux, et retournaient ensuite à la maison, où ils recevaient les ordres du supérieur pour aller à la quête ou au travail. Après le dîner, ils se remettaient au travail jusqu'à l'heure de Vêpres, qu'ils allaient encore à la cathédrale, où ils récitaient pour Vêpres un nombre de *Pater*. Ils y demeuraient une heure ou deux et revenaient à la maison pour souper. Ils allaient ensuite à leur oratoire, où ils disaient Complies et faisaient l'oraison mentale pendant une heure, laquelle étant finie, le supérieur donnait le signal, et ils allaient se coucher pour se relever à minuit.

(1) *Voy.*, à la fin du vol., nos 22 et 22 *bis*.

Buschus dit encore qu'ils avaient plusieurs priviléges qui leur avaient été accordés par le saint-siége, à la recommandation de Charles, duc de Bourgogne, comme d'avoir dans leurs maisons une chapelle avec un clocher, d'y pouvoir faire dire la messe et d'y communier dans la nécessité ; mais qu'ils ne devaient rien faire au préjudice de l'église matrice. Comme ces Pauvres-Volontaires avaient obtenu ces priviléges à la recommandation du duc de Bourgogne, il y a de l'apparence qu'ils avaient aussi des maisons en Flandre : en effet, Abraham Bruin, Michel Colyn, et François Modius, qui étaient Flamands, ont donné l'habillement d'un de ces Pauvres-Volontaires, tel que nous l'avons fait graver, qui est différent de celui que portaient les religieux du même ordre en Allemagne, puisque ceux de Flandre avaient un habit de gros drap tanné, qu'ils marchaient nu-pieds sans sandales, et qu'ils avaient toujours à la main un grand bâton au haut duquel il y avait un crucifix (1). Il y a déjà longtemps que cet ordre ne subsiste plus.

Joann. Buschus, *de Reformat. monastr.*, lib. I, apud God. Guillelm. Leibnitz., *Script. Brunswic.*, tom. II, pag. 857.

PÉNITENCE (Ordre de la), ou Tiers ordre de Saint-François d'Assise.

SECTION PREMIÈRE.

Origine du tiers ordre de Saint-François, appelé l'ordre de la Pénitence.

Saint François ayant institué l'ordre des Mineurs et celui des Clarisses ou Pauvres-Dames, et voyant ces deux ordres affermis par le grand nombre de monastères que l'on fondait tous les jours, et par le bon ordre qu'il y avait établi pour l'observance régulière et le maintien de la pauvreté, entra en quelque doute s'il devait continuer l'exercice de la prédication, ou s'il ne serait pas mieux de se retirer en solitude pour vaquer uniquement à l'oraison et à la contemplation des choses célestes. Dans cette perplexité, il eut recours aux prières de ses frères, afin d'obtenir de Dieu par leur mérite qu'il lui plût de lui manifester sa sainte volonté. Il en envoya aussi deux à sainte Claire et au bienheureux Silvestre, qui était un religieux qui vivait en solitude sur une montagne déserte, et dont il ne doutait pas que les prières ne fussent très-agréables à Dieu, pour leur dire de sa part de se mettre en oraison, afin d'obtenir cette même grâce, dont les sentiments humbles qu'il avait de lui-même ne lui permettaient pas d'espérer l'acquisition par ses propres prières. A leur retour, il les reçut avec beaucoup d'humilité, leur lava les pieds, les embrassa, et se mettant ensuite à genoux, la tête baissée et les bras croisés sur la poitrine, il leur demanda quelle était la volonté de Dieu. Frère Macé, qui était un de ces deux religieux qu'il avait envoyés à sainte Claire et au bienheureux Silvestre, lui répondit que

Dieu leur avait révélé qu'il ne l'avait pas appelé dans l'état où il était pour penser seulement à son salut, mais pour travailler encore à celui du prochain par la prédication de l'Evangile et par la sainteté de ses exemples. Il n'en fallut pas davantage à François, qui, sentant son cœur enflammé d'un nouveau feu de l'amour de Dieu et d'un ardent désir de lui gagner tout le monde, se releva en leur disant : *Allons, mes frères, au nom du Seigneur*, et ayant pris avec lui le frère Macé et le frère Ange de Riéti, il se mit en chemin avec eux sans se déterminer à aucun lieu en particulier, ne doutant point que Dieu ne les conduisît dans quelque endroit où il pût travailler à la gloire de son nom.

Le premier lieu où ils arrivèrent fut un petit bourg nommé *Carnerio*, éloigné de deux lieues de la ville d'Assise. Cet homme séraphique y prêcha la nécessité de la pénitence avec tant de force, que non-seulement ses habitants, mais encore plusieurs personnes, de l'un et de l'autre sexe, des bourgades voisines, dégoûtées du monde et intimidées des châtiments dus à leurs péchés, voulaient quitter leurs biens et abandonner leurs amis et ce qu'ils avaient de plus cher au monde pour suivre ce nouvel apôtre, le priant de leur donner les moyens les plus sûrs pour fuir la colère de Dieu et acquérir la vie éternelle. La plupart voulaient se retirer dans des cloîtres et dans des solitudes, les maris abandonnant leurs femmes et les femmes leurs maris. Mais ce saint prédicateur de l'Evangile, sachant qu'il y est défendu à l'homme de séparer ce que Dieu a uni, leur persuada de demeurer dans leurs maisons et d'y vivre dans la crainte de Dieu et la pratique des vertus chrétiennes, leur promettant de leur prescrire dans peu de temps une forme de vie qu'ils pourraient garder sans quitter l'état où Dieu les avait appelés, et qui pourrait en quelque façon les rendre semblables aux religieux sans en avoir toutes les rigueurs.

Ce tempérament que le saint fondateur apporta pour modérer leur zèle fut l'établissement du troisième ordre que plusieurs villes de Toscane embrassèrent en fort peu de temps et avec beaucoup de ferveur, mais principalement celle de Florence, dont les habitants firent bâtir une maison qui pût servir de retraite à des personnes du sexe, qui, sur le récit des merveilles que le saint avait opérées dans plusieurs lieux où il avait passé, étaient résolues de quitter le monde et de vivre dans la pratique de la vertu. Le saint patriarche, voyant ce zèle dont les bourgeois de Florence étaient animés, en assembla dès lors plusieurs qui, selon ce que dit Wading, dans ses Annales de l'ordre des Mineurs, formèrent une congrégation si sainte et si exemplaire, que Mariana, historien du même ordre, ne fait point de difficulté de la comparer à celle des premiers chrétiens, qui étaient unis ensemble par les liens de la charité, qui n'avaient qu'un cœur et qu'une âme, et qui mettaient tout en commun pour le distribuer à chacun selon ses besoins. Cette ferveur et cette charitable union de ces nouveaux Tiertiaires donna beaucoup de consolation à leur saint instituteur ; mais il serait difficile d'exprimer celle qu'il reçut, lorsqu'il vit qu'ils fondèrent un hôpital proche les murs de la ville pour y recevoir les vieillards et les malades. Les femmes qui voulurent aussi avoir part à cette charité formèrent entre elles une autre congrégation, s'employant aux exercices de piété et de miséricorde convenables à leur sexe. Cet hôpital, qui était appelé de Saint-Paul, subsistait encore au temps de Wading, dans la place de Sainte-Marie-la-Nouvelle, où il avait été transféré par saint Antonin, archevêque de cette ville, afin que les pauvres fussent plus aisément secourus ; et comme il fut bâti auprès de l'église de Saint-Martin, l'on donna à ces Tiertiaires le nom de Bons-Hommes de Saint-Martin, avec celui de Pénitents de Saint-François, à cause du nom de la Pénitence que ce saint donna à son troisième ordre.

Cette congrégation ayant été établie, le saint instituteur vint à Giany, village proche de Poggi-Bonzi, où le bienheureux Lucius alla au-devant de lui, et l'invita de prendre chez lui l'hospitalité. C'était un riche marchand accusé d'avarice et qui s'était laissé entraîner dans la faction des Gibelins ; mais, ayant été touché par les discours du saint lorsqu'il prêchait à Florence, il s'était retiré avec Bonne, sa femme, dans le village de Giani, où il employait ses revenus à soulager les pauvres et les misérables. Il avoua à saint François les dérèglements dans lesquels il était tombé, et lui déclara la résolution qu'il avait prise, avec sa femme, de se donner entièrement au service de Dieu. Saint François les confirma dans leur dessein, et les entretint de ce qui lui était arrivé à Carnerio, où il avait institué son troisième ordre. Ils prièrent le saint de les y admettre, ce que leur ayant accordé, il les revêtit d'un habit simple et modeste, consistant en une tunique de couleur de cendre avec une corde à plusieurs nœuds, et leur prescrivit quelques règlements, comme il avait fait aux Tiertiaires de Florence, en attendant qu'il écrivît une règle pour ce troisième ordre. Ainsi Lucius et Bonne sa femme furent les premiers revêtus de l'habit de cet ordre, et les Tiertiaires de Florence, aussi bien que les autres, les imitèrent, et prièrent le saint de leur donner la règle qu'il leur avait promise, ce qu'il fit la même année 1221, ou l'année suivante. Elle contient en vingt chapitres les plus saintes et les plus pures maximes de l'Evangile.

Premièrement, avant que de recevoir quelqu'un à ce troisième ordre, on le doit soigneusement examiner, s'il n'est point noté d'aucune infamie, s'il n'a point du bien d'autrui et s'il n'a aucun ennemi avec lequel il ne se soit pas réconcilié. On doit pareillement s'informer de son état, de son office ou de sa condition, particulièrement s'il n'est point engagé dans les liens du mariage, ce qui est un obstacle à sa réception ; s'il n'a le consentement de sa femme, et réciproquement la femme de son mari ; s'il est fidèle catholique et obéissant à l'Eglise romaine.

Ceux qui sont reçus doivent faire un an de noviciat, après lequel, si on les juge dignes de faire profession, ils y sont admis, et promettent de garder toute leur vie les commandements de Dieu, et de satisfaire aux transgressions de la règle, à la réquisition du visiteur. Après la profession, ils ne peuvent plus sortir de l'ordre, sinon pour être religieux ou religieuses ; et trois mois après ils doivent faire leur testament.

L'habit doit être de drap vil, de couleur ni tout à fait blanche ni tout à fait noire, sans aucun ornement mondain : les frères ne porteront point d'armes offensives, sinon pour la défense de la foi de l'Eglise et de la patrie, ou avec la permission des supérieurs, qui pourront aussi dispenser les sœurs, selon la condition de chacune et la coutume du lieu, de la vilité du drap et autres choses concernant leur habillement.

Les festins, les comédies, les bals et les danses leur sont défendus ; ils empêcheront soigneusement qu'aucun de leur famille ne contribue en aucune manière à ces sortes de vanités mondaines. Les frères et sœurs s'abstiendront de manger de la viande les lundis, les mercredis, les vendredis et les samedis de chaque semaine, si ce n'est pour cause d'infirmité ou pour quelque autre nécessité. Ils jeûneront depuis la Saint-Martin jusqu'à Noël, et depuis le dimanche de la Quinquagésime jusqu'à Pâques, comme aussi tous les mercredis, depuis la Toussaint jusqu'à la Quinquagésime, et tous les vendredis de l'année, excepté le jour de Noël, s'il arrive un vendredi ; et ils garderont aussi les jeûnes commandés par l'Eglise. Ils feront seulement deux repas par jour, excepté les malades, les débiles, les voyageurs, et ceux qui, pour subsister, s'occupent à un travail pénible, auxquels il est permis de faire trois repas par jour, depuis Pâques jusqu'à la Saint-Michel, et de manger tout ce qui leur sera présenté, lorsqu'ils travaillent pour autrui, excepté les vendredis et autres jours d'abstinence commandés par l'Eglise. Les femmes enceintes sont exemptes des austérités corporelles ; mais tous s'étudieront à la sobriété du boire et du manger. Ceux qui sont obligés au Bréviaire le diront selon la coutume du lieu où ils demeurent, et il sera libre aux autres de le dire aussi, ou bien douze *Pater* pour Matines, sept pour chacune des heures canoniales, avec un *Gloria Patri* à la fin de chacune ; ils ajouteront à Prime et à Complies un *Credo* avec le psaume *Miserere*, et ceux qui ne le savent pas pourront dire au lieu de ce psaume trois *Pater*. Ils tâcheront d'aller à Matines à leur paroisse pendant l'avent et le carême. Tous les jours ils entendront la sainte messe. Une fois le mois ils s'assembleront pour assister à une messe en commun, et entendre la parole de Dieu. Ils se confesseront et communieront à Noël, à Pâques et à la Pentecôte, après s'être

réconciliés et avoir restitué le bien d'autrui, s'ils en ont qui soit mal acquis.

Ils éviteront les juremens solennels, sinon dans la nécessité pour la foi, la calomnie, pour porter témoignage, et pour autoriser des contrats de vente. Ils se garderont aussi de jurer dans leurs discours ordinaires, et pour chaque jurement ou mensonge qu'ils auront fait inconsidérément, ils doivent dire le soir trois *Pater* pour pénitence. Chacun recevra l'office qui lui aura été donné, et tâchera de s'en acquitter fidèlement : aucun office ne sera perpétuel, mais pour un temps. On fera son possible pour conserver la paix entre les frères et sœurs et avec les externes ; on évitera les procès, on cherchera les moyens les plus doux pour les terminer. Le ministre ou la mère visitera une fois la semaine, par soi ou par d'autres, les frères ou sœurs qui seront malades, et les excitera à pénitence, leur faisant administrer des biens communs de la congrégation tout ce qu'il leur sera nécessaire, supposé qu'ils soient en nécessité.

Lorsque quelque frère ou sœur sera décédé, tous les autres assisteront à ses obsèques jusqu'à ce que le corps soit mis en sépulture, et pour son âme chaque prêtre dira une messe, et les autres cinquante psaumes ou cinquante *Pater*, avec le *Requiem* à la fin de chacun ; ils feront célébrer en commun dans chaque année trois messes pour les frères et sœurs, tant vivants que décédés, et diront tous un psautier ou cent *Pater* avec le *Requiem* à la fin de chacun.

Enfin, une fois l'an ou plusieurs fois, s'il est besoin, tous les frères et sœurs étant assemblés, le visiteur qui sera prêtre et religieux fera la visite et imposera pénitence à ceux et celles qui auront commis des fautes contre la règle, lesquelles lui auront été dénoncés par les ministres ou mères : les incorrigibles, après avoir été avertis par trois différentes fois, seront chassés de la congrégation avec le conseil des Discrets. Les ordinaires et les visiteurs ont pouvoir de dispenser des austérités et autres choses contenues dans la règle, laquelle n'oblige à aucun péché mortel ni même véniel.

Voilà en substance ce que contient la règle que saint François donna pour son troisième ordre. Elle fut approuvée de vive voix par les papes Honorius III et Grégoire IX, et ensuite confirmée par le pape Nicolas IV, par une bulle de l'an 1289, après qu'il y eut fait quelques changements et additions, ce qui a fait croire à quelques-uns que saint François n'avait pas été l'auteur de cette règle, l'attribuant à ce pontife. Mais ce qu'il dit dans une autre bulle de l'an 1290 marque assez que ce saint en a été l'auteur. Voici les paroles de ce pape : *Cum itaque gloriosus B. Franciscus, confessor eximius, igne charitatis successus..... ut ambulantium in tenebris pedes eruditionis, sine litteris dirigeret in viam salutis æternæ, quemdam ordinem instituerat Pœnitentium titulo insignitum, in quo normam tradidit promerendi æterna*. Les successeurs de Nicolas IV qui ont parlé de cette règle, ont reconnu que saint François en avait été l'auteur, et que le pape Nicolas l'avait seulement confirmée, comme on le peut voir plus particulièrement dans la bulle de Léon X de l'année 1521 : *Dudum siquidem Nicolaus papa IV, prædecessor noster, tertiam regulam B. Francisci. quam de Pænitentia appellavit, per quam almus confessor humilis utriusque sexus fideles, spiritu Dei plenus, salvare contendebat, confirmavit et approbavit.* Nous pourrions apporter encore d'autres témoignages de plusieurs auteurs, qui assurent que saint François a dicté cette règle ; nous nous contenterons de mettre ici la formule des vœux de quelques Tiertiaires de cet ordre, qui sont autorisés par le saint-siége : *Je N., promets et voue à Dieu, à la vierge Marie, à notre Père saint François et à tous les saints et saintes de paradis, de garder tous les commandements de Dieu, pendant tout le temps de ma vie, et de satisfaire comme il conviendra aux transgressions que j'aurai commises contre la règle et manière de vivre de l'ordre des Pénitents, instituée par saint François et confirmée par le pape Nicolas IV, selon la volonté du visiteur de cet ordre lorsque j'en serai requis.*

Saint François ayant donc donné cette règle à ses nouveaux disciples de la Pénitence, cet ordre, qui les rendait participants de toutes les grâces, indults et priviléges, accordés aux Frères Mineurs par les souverains pontifes, sans les assujetir au joug de la religion, fit en peu de temps un grand progrès en Italie dans plusieurs autres États, où l'on vit les empereurs, les rois, les reines, les princes et princesses, se faire gloire de l'embrasser, entre autres l'empereur Charles IV ; saint Louis, roi de France ; la reine Blanche de Castille, sa mère ; Marguerite de Provence, son épouse, et sa sœur la bienheureuse Isabelle de France ; Béla, roi de Hongrie ; sainte Elisabeth, sa sœur, femme du landgrave de Turinge ; sainte Elisabeth, reine de Portugal, et plusieurs autres princes, ducs, marquis, comtes, barons et gentilshommes, dont le nombre était déjà si grand dès l'an 1227, aussi bien que des personnes de différents sexe et condition, qui s'étaient engagées dans cette sainte société, que Pierre des Vignes, chancelier de Frédéric II, qui fut élevé à la dignité impériale l'an 1210, écrivant contre les Frères Mineurs (que son maître traversait, à cause qu'ils prenaient l'intérêt du saint-siége, contre lequel il était irrité, préférablement aux siens), pour se faire un mérite auprès de ce prince, en lui rendant encore plus suspects ces mêmes Frères Mineurs, par le grand appui qu'ils recevaient du troisième ordre, dit qu'ils avaient établi deux sociétés où ils avaient introduit généralement l'un et l'autre sexe, de sorte qu'il n'y avait personne dans la chrétienté dont le nom n'y fût écrit. Aussi ce prince, ne redoutant pas moins le grand nombre de ces Tiertiaires que le pouvoir de ceux d'entre eux qui, par leur mérite ou leur naissance, étaient élevés aux plus grands honneurs et aux plus hautes dignités, et qu'il regardait comme autant de défenseurs du saint-siége. exerça contre ceux qui se trouvaient dans ses États une persécution si violente, que non-seulement il les priva de leurs biens, mais que même il défendit qu'on leur donnât retraite, ni les choses nécessaires à la vie ; ce qui dura jusqu'à sa mort, qui arriva en 1250, comme l'avait prédit sainte Rose de Viterbe, qui, étant du troisième ordre, fut du nombre de ceux qui éprouvèrent la colère de ce prince, ayant été envoyée en exil avec toute sa parenté, pour avoir ramené par la force de ses raisonnements et la sainteté de ses discours plusieurs hérétiques et schismatiques à l'obéissance du saint-siége.

Avant la persécution de ce prince, les Tiertiaires en avaient déjà souffert une autre : car à peine cet ordre commençait-il à naître, que ceux qui en faisaient profession furent chargés d'impôts si insupportables, que le pape Grégoire IX, par deux bulles des années 1227 et 1228, fut obligé d'ordonner aux archevêques et évêques d'Italie, de ne pas souffrir que l'on surchargeât d'impôts les Tiertiaires, et de ne pas permettre qu'ils en payassent plus que les autres et au delà de leurs forces, selon la justice et conformément à leurs biens.

Si ces deux premières persécutions furent sensibles aux Tiertiaires, celle qu'ils souffrirent sous le pontificat de Clément V, et qui se renouvela sous celui de Jean XXII, ne le leur fut pas moins, puisque, si dans les autres on leur enleva les biens de la fortune, on les attaqua dans celle-ci sur ceux de l'honneur et de la réputation, en les accusant d'être rebelles à l'Eglise, ennemis du saint-siége et sectateurs de l'hérésie des Fraticelles, Begghards ou Béguins, qui, ayant pris naissance en Allemagne, où ils eurent pour chef un certain Jacques Juste, et s'étant introduits en Italie par un moine apostat, nommé Hernian de Pongiloup, dont nous avons parlé ailleurs, furent condamnés dans le concile général qui se tint à Vienne en 1311. Ce fut ce nom de *Begghards*, que portaient les religieux du troisième ordre établis dans les Pays-Bas, par dévotion à sainte Begghe, et celui de *Béchins et Béchines*, qu'on avait donné aux religieux et religieuses du même ordre, établis à Toulouse, à cause de leur fondateur, nommé *Béchin*, qui donna occasion à cette troisième persécution. Car le peuple, s'imaginant que l'origine de ces noms du tiers ordre ne venait que de la conformité de leurs opinions avec celles de ces hérétiques, n'oublia rien pour exercer contre les Tiertiaires tout ce qu'une fureur aveugle, soutenue d'un zèle indiscret, peut inspirer à des gens autant précipités dans l'exécution de leurs résolutions qu'ils sont aveugles et injustes dans leurs jugements et leurs décisions ; ce qui augmenta encore beaucoup après la condamnation que fit Jean XXII de ces mêmes hérétiques : car comme, nonobstant la condamnation du concile de Vienne, ils avaient la hardiesse de recommencer à semer leurs erreurs, portant un habit religieux, établissant entre eux des supérieurs, auxquels ils donnaient le nom et la qualité de ministres, de custodes et de gardiens, demandant l'aumône, et se vantant d'observer à la lettre la règle de saint François, dont ils se disaient du troisième ordre, il se confirma si fort dans sa première idée, qu'il recommença à persécuter les Tiertiaires et tous les religieux et religieuses du troisième ordre, prétendant qu'ils étaient compris dans la condamnation de Jean XXII et dans l'ordre que ce pontife avait donné à tous les évêques de ne point souffrir les hérétiques Begghards ou Béguins dans leurs diocèses; mais le pape, informé de la haine et des mauvais desseins que l'on avait contre les Tiertiaires au sujet de ces noms, donna une bulle, l'an 1319, par laquelle il recommandait à tous les prélats de l'Eglise tous ceux qui faisaient profession du tiers ordre de Saint-François, les assurant qu'ils n'étaient pas compris dans la condamnation des Fraticelles, Begghards et Béguins, qui étaient des vagabonds qui n'avaient aucune règle que celle que leur prescrivait l'amour de la liberté et de l'indépendance, et il écrivit depuis aux évêques de Toulon, de Cambrai et de Paris qu'il n'entendait pas comprendre dans ses censures ces hommes qu'on appelait *Béguins*, ni ces femmes qu'on appelait *Béguines*, qui, faisant véritablement profession de la troisième règle de saint François, vivaient avec édification sous la conduite des prélats ecclésiastiques et des supérieurs de l'ordre.

Ces deux bulles, jointes à un témoignage si authentique, ayant pleinement justifié les Tiertiaires de Saint-François des calomnies qu'on leur avait imposées, leur ordre fit de nouveaux progrès. Un grand nombre de souverains pontifes, en le confirmant derechef, lui accordèrent plusieurs privilèges. Le nombre des saints et des saintes qu'il a produits depuis le commencement de son origine est très-considérable; il se glorifie d'avoir eu entre les autres saint Louis, roi de France; saint Elzéar, comte d'Arien, en Provence, et sa femme, sainte Delphine; saint Ive, saint Roch, saint Conrad, sainte Elisabeth de Hongrie, une autre sainte Elisabeth, reine de Portugal; sainte Brigitte, princesse de Suède; sainte Françoise, dame romaine; sainte Viridienne, sainte Luce, sainte Angèle de Corbare, sainte Rose de Viterbe, sainte Humiliane, le bienheureux Lucius, et la bienheureuse Colette de Corbie, dont tout l'ordre de Saint-François célèbre les fêtes avec des offices particuliers.

Les personnes illustres, tant par la grandeur de leur naissance que par la rareté de leur mérite, qui ont aussi embrassé cet ordre, sont en trop grand nombre pour donner ici tous leurs noms. Nous nous contenterons, pour faire voir combien il a été honoré par la distinction de ses sectateurs, de rapporter le témoignage du cardinal de Tréjo, qui, écrivant au P. Walding, l'an 1621, lui dit qu'après les grâces et les faveurs qu'il avait reçues du ciel par l'intercession de saint François, il n'était entre dans le troisième ordre qu'à l'imitation de saint Louis, roi de France, de sainte Elisabeth, princesse de Hongrie, reconnus saints par l'Eglise, et d'un grand nombre d'empereurs, d'impératrices, de rois et de reines, de princes et de princesses, dont le nombre avait été augmenté de son temps par Philippe III, roi d'Espagne, par Elisabeth de France, femme de Philippe IV, aussi roi d'Espagne, par Marie d'Autriche, sœur de ce prince et femme de l'empereur Ferdinand III, et par la sœur aînée de cette impératrice Anne d'Autriche, reine de France, épouse Louis XIII et mère de Louis XIV, qui voulut ajouter à sa qualité de reine de France, de fille et de tante d'empereur et de monarques, celle d'humble sectatrice de saint François d'Assise, en prenant l'habit de son troisième ordre le jour de Noël de l'an 1643. Elle le reçut des mains de son confesseur, le P. François Ferdinand de Saint-Gabriel, religieux du premier ordre; et cette princesse, après avoir fait sa profession l'année suivante, en envoya l'acte en original signé de sa main, au couvent de Nazareth, à Paris, où il est conservé, et dont voici la teneur.

AU NOM DE NOTRE-SEIGNEUR JÉSUS-CHRIST.

Moi, sœur Anne d'Autriche, par la grâce divine reine de France, fais vœu et promesse à Dieu tout-puissant, à la bienheureuse Vierge, au bienheureux Père saint François, et à tous les saints, et à vous, mon Père, de garder tout le temps de ma vie les commandements de la loi de Dieu, et de satisfaire, comme il convient, pour les transgressions de la forme et manière de vie de la règle du troisième ordre de Saint-François ou de la Pénitence, confirmée par le pape Nicolas IV et autres papes, ses successeurs, lorsque j'en serai requise, selon la volonté et le jugement des supérieurs.

L'on conserve aussi au même couvent l'attestation du confesseur de cette princesse, par laquelle il déclare lui avoir donné l'habit du tiers ordre, et reçu sa profession en vertu du pouvoir qui lui en avait été donné par le Révérendissime Père Jean Mariano, général de tout l'ordre de Saint-François. Cette princesse a encore été imitée par sa nièce la reine Marie-Thérèse d'Autriche, épouse de Louis XIV, qui reçut l'habit du même ordre des mains du P. Alphonse Vasquez, son confesseur, le 18 octobre de l'an 1660, dans la chapelle du Louvre à Paris.

Quoique les Tiertiaires ne soient pas obligés de porter publiquement l'habit de cet ordre, et qu'on leur permette d'avoir seulement sous leurs habits séculiers une petite tunique de serge, avec un petit cordon, il y a eu néanmoins de grandes princesses qui en ont fait gloire, et l'ont préféré aux étoffes les plus précieuses. Nous en avons eu un exemple dans le dernier siècle, en la personne de l'infante Elisabeth-Claire-Eugénie d'Autriche, gouvernante des Pays-Bas, qui, après la mort de son mari, l'archiduc Albert, fit profession de cet ordre au mois d'octobre de l'an 1622, et en porta publiquement l'habit jusqu'à sa mort, qui arriva l'an 1633.

Il y a des pays, principalement en Espagne et en Italie, où plusieurs de ces Tiertiaires de l'un et de l'autre sexe portent publiquement l'habit de l'ordre. Il consiste en une robe de drap brun ou couleur de cendre, serrée d'une corde blanche, avec un manteau de même étoffe. Il y a des hommes qui ont un petit capuce, et d'autres un chapeau; les femmes ont un voile blanc. Je parle seulement des personnes séculières, pour lesquelles seules saint François établit d'abord ce troisième ordre : car pour ceux qui, tendant à une plus grande perfection, vivent en communauté, et s'engagent par les vœux solennels de la religion, ils divisent cet ordre en plusieurs branches, qui forment comme autant d'ordres et de congrégations différentes, par la diversité de leurs observances et de leurs habillements, tels que sont les religieux de la congrégation d'Italie, les religieux d'Espagne et de Portugal, les Réformés de la congrégation de France, les Begghards de Flandre, les religieuses tant celles qui sont réformées que celles qui ne le sont pas, celles qui prennent le nom de sœurs Grises, quoiqu'il y en ait plusieurs habillées de blanc, d'autres de noir, et quelques-unes de bleu, les religieuses Récollectines de Limbourg, et les congrégations séculières des Bons-Fieux, des Obrégons et autres. Nous en parlerons en particulier dans les paragraphes suivants.

Ce même ordre a donné naissance à plusieurs autres qui suivent différentes règles, ayant eu pour fondateurs des personnes qui faisaient profession du tiers ordre de Saint-François, tels qu'étaient le bienheureux Thomassucio, qui a donné commencement aux Jéronimites d'Espagne; le bienheureux Charles de Montégravello, qui a été fondateur des Ermites de Saint-Jérôme de Fiésoli; saint Jean Colombin, fondateur des Jésuates; la bienheureuse Isabelle de France, fondatrice de l'ordre de l'Humilité de Notre-Dame ou des Urbanistes; la bienheureuse Colette de Corbie, réformatrice du premier et du second ordre de Saint-François; la bienheureuse Marie Longa, fondatrice des Capucines; sainte Brigitte, fondatrice de l'ordre du Sauveur; sainte Françoise, fondatrice des Oblates qui portent son nom; le cardinal de Bérulle, fondateur de la congrégation des Prêtres de l'Oratoire; M. Olier, fondateur des séminaires de Saint-Sulpice; et le bienheureux Amédée VII, duc de Savoie, fondateur de l'ordre militaire de Saint-Maurice.

Anton. de Sillis, *Studia origin. provectum atque complementum tertii ord. S. Francisci concernentia.* Francisc. Bordon, *Chronolog. Frat. et Sor. tertii ord. S. Francisci.* Joann. Maria Vernon, *Annal. ejusd. ord.* Luc Wading. *Annal. Minorum.* Francis. Gonzaga, *De Orig. Seraph. relig.* Hilarion de Nolay, *La gloire du tiers ordre de Saint-François.* Elzéar de Dombes, *Académie de perfection. — Speculum Minor. et fundamenta trium ord. S. Francisci.*

La destruction des monastères, en France, devait entraîner nécessairement l'abolissement des tiers ordres, puisque ceux-ci étaient dirigés par les religieux des instituts auxquels les Tiertiaires étaient affiliés. Cette suppression néanmoins n'a pas été générale. Le grand bien que produisaient les associations des tiers ordres les a fait rétablir en quelques localités. La plupart des ordres rangés au nombre des Mendiants avaient de ces sortes d'agrégations. Ainsi, on voyait autrefois en France le tiers ordre des Carmes, le tiers ordre des Minimes, le tiers ordre de Saint-Dominique, le tiers ordre de Saint-François, etc. Mais de tous ces instituts séculiers, le plus répandu était *l'ordre de la Pénitence*, ou tiers ordre de Saint-François d'Assise. Il se rétablit après le Concordat en divers lieux, par les soins d'ecclésiastiques zélés et quelquefois l'empressement que mirent à cette restauration les membres de cette corporation. Ainsi on vit le tiers ordre de Saint-François à Vire, diocèse de Bayeux; à Avranches, diocèse de Coutances; on le vit à Aurillac et en d'autres localités de l'Auvergne; au diocèse de Saint-Brieuc, où M. l'abbé Tresvaux donna une nouvelle édition du livre dont se servent les frères et sœurs et dont l'auteur est le P. Frassen, Cordelier. Le rétablissement des Capucins dans la partie méridionale de la France contribua à y rétablir aussi le tiers ordre, et tout récemment, le P. Laurent d'Aoste, provincial des Capucins de France, vient de publier un *Manuel du tiers ordre*, avec approbation de son général, le P. Vénance, de Mgr le cardinal de Bonald, archevêque de Lyon, et précédé de deux bulles de Pie IX, données en faveur de cet ordre.

A Paris, un ancien confrère fit chez lui des réunions, qui d'abord se tenaient dans l'église Saint-Médard, au faubourg Saint-Marceau; elles étaient assez suivies, mais je ne sais sur quelle légalité elles étaient appuyées; pour l'établissement du tiers ordre l'autorisation de l'ordinaire ne suffit pas. Aujourd'hui le tiers ordre est légalement établi à Saint-Germain-des-Prés, où le curé de la paroisse en dirige les exercices. Comme pour les ordres qui ont une sorte de nouvelle fondation en France, je consacrerai un article spécial au tiers ordre de Saint-François dans le quatrième tome de ce Dictionnaire.

B-D-E.

SECTION II.

§ 1er. — *Origine des religieux Pénitents du tiers ordre de Saint-François.*

Quoique l'établissement du troisième ordre de Saint-François n'ait été fait par ce saint patriarche qu'en faveur des personnes de l'un et de l'autre sexe, qui, ne pouvant quitter les engagements qu'ils avaient dans le monde, voulaient embrasser un état de vie pénitent et distingué du commun des hommes, il se trouva néanmoins quelques personnes dévotes, dès le commencement de son origine, qui, poussées d'un saint zèle et d'un généreux mépris du monde, avec lequel ils n'avaient contracté aucun engagement, joignirent à cet état de pénitence volontaire celui de la retraite, en vivant en communauté, et en s'engageant aux vœux solennels de la religion, et donnèrent ainsi commencement au troisième ordre régulier. Il est difficile de savoir précisément dans quel temps il commença; c'est ce qui fait que la plupart des écrivains de l'ordre de Saint-François ne se sont point accordés sur son origine. Les uns ont prétendu qu'il n'avait commencé qu'au temps du pape Léon X, à cause que ce pontife retrancha, l'an 1521, de la règle qui avait été confirmée par Nicolas IV, tout ce qui ne convenait point aux personnes religieuses, et qui ne regardait proprement que les personnes mariées et engagées dans le monde, et qu'il dit dans sa bulle que c'est par son autorité que les frères et sœurs du tiers ordre de Saint-François ont fait des vœux solennels. D'autres ont cru que l'on pouvait faire remonter l'origine de ces religieux jusqu'au temps de Nicolas V, qui, selon eux, l'an 1448, leur permit en Italie d'avoir des généraux, et qu'ils commencèrent pour lors à faire des vœux solennels et à former un corps de religion. Il y en a d'autres qui prétendent qu'avant ce pontife il y avait déjà des personnes de cet ordre engagées à la profession religieuse par des vœux solennels. Quelques-uns disent que la bienheureuse Angeline de Corbare a fondé le premier monastère de religieuses de cet ordre l'an 1397, ce qui avait servi de modèle, non-seulement aux filles, mais encore aux hommes pour embrasser l'état régulier. Quelques autres font remonter leur origine avant le pape Nicolas IV, et prétendent qu'avant qu'il eût confirmé la règle de cet ordre, il y avait déjà des monastères d'hommes et de filles qui l'observaient. Enfin il y en a qui ont avancé que, du vivant même de saint François, son troisième ordre avait été élevé à l'état régulier; et pour appuyer ce sentiment, ils disent que le pape Grégoire IX, dans une bulle qu'il donna en faveur des Tiertiaires la première année de son pontificat (c'est-à-dire six ans après leur institution, et un an après la mort de saint François), appelle leur ordre une religion parfaite, leur assignant un cardinal protecteur, et leur permettant de construire des monastères, où ils pouvaient faire profession solennelle et vivre dans la discipline régulière.

Ce dernier sentiment, que le P. Jean-Marie de Vernon, religieux du même ordre de la congrégation réformée de France, a suivi dans son *Histoire du tiers ordre*, est si peu soutenable et si éloigné de la vérité, qu'il mérite d'être réfuté le premier, comme étant le plus mal fondé; car, outre que la bulle de Grégoire IX, qui commence par ces mots : *Nimis patenter*, ne parle point de la permission que l'on prétend que ce pontife donna aux Tiertiaires de construire des monastères où ils fissent profession solennelle de la vie religieuse, ni qu'il leur donnât un cardinal protecteur, il est évident par cette même bulle qu'ils n'étaient point religieux, puisque, s'ils l'avaient été, ils auraient été exempts d'impôts et de taxes; et ainsi elle aurait été fort inutile, n'ayant été donnée que pour les faire délivrer et exempter d'une partie de ces impôts exorbitants dont ils étaient accablés dans les solitudes où ils s'étaient retirés, et dont on les obligeait quelquefois de sortir pour prendre les armes : ce qui est une autre preuve qu'ils n'étaient point engagés dans l'état régulier; et si le P. Jean-Marie avait pris la peine de lire cette bulle, il lui aurait été facile de voir ce qui a fait l'erreur des auteurs qu'il a suivis, qui est le mot de *religion*, dont le pape se sert en parlant de ces Tiertiaires; mais l'on ne doit pas tirer de là une conséquence que les Tiertiaires fissent dès lors des vœux solennels, puisque c'était le style des bulles de ce temps-là, et même des siècles postérieurs, d'appeler ordre, religion et congrégation, toute société dans laquelle on s'engageait plus étroitement à servir Dieu sous l'obéissance d'un supérieur. Quoiqu'il soit évident par ce que nous venons de dire que les écrivains qui ont avancé que l'état régulier du troisième ordre était déjà établi du temps de saint François, se sont trompés, il faut avouer que ce n'est que de quelques années, puisque, deux ou trois ans après la mort de ce saint fondateur, sainte Elisabeth, duchesse de Thuringe, fit des vœux solennels de cette règle, comme nous le verrons dans le § 2 de la troisième section de cet article. Ce qui suffit pour faire voir l'antiquité du troisième ordre régulier (dont l'établissement, pour avoir commencé par des religieuses, n'en fut pas moins réel et certain que s'il avait commencé par des religieux), et pour détruire le sentiment de ceux qui, appuyés sur les changements que fit Léon X dans la règle approuvée par Nicolas IV, attribuent à ce souverain pontife l'établissement du troisième ordre régulier. Il est vrai que la bulle de ce pape, de l'an 1521, qui est au commencement de la règle du troisième ordre qu'il réforma et confirma particulièrement pour des personnes religieuses, est adressée à des religieux et à des religieuses auxquels il avait permis de faire des vœux solennels; mais ce n'est pas une conséquence qu'il ne fût pas déjà établi, puisque cette bulle ne dit pas qu'ils fussent les premiers. En voici les termes : « Il y a déjà longtemps, dit ce pape, que Nicolas IV, notre prédécesseur, confirma et approuva la troisième règle de saint François, par laquelle ce grand confesseur de Jésus-Christ, plein de l'esprit de Dieu, désirait sauver tous les fidèles de l'un et de l'autre sexe. Mais comme, dans la suite des temps, par l'inspiration du même Saint-Esprit, non-seulement des personnes mariées et demeurant dans le monde, pour lesquelles cette troisième règle avait été faite par saint François, mais aussi des chœurs innombrables de vierges se sont soumis au joug du troisième ordre, ayant pris par notre autorité les trois vœux essentiels, et même quelques-unes la clôture, et bâti plusieurs monastères, etc. *Dudum siquidem Nicolaus papa IV, prædecessor noster, tertiam regulam B. Francisci, quam de Pœnitentia appellavit, per quam almus confessor homines utriusque sexus fideles, Spiritu Dei plenus, salvare contendebat, confirmavit et approbavit. Verum quia temporis decursu, spirante illo Spiritu sancto, non solum viri conjugati, mundique hujus incolæ, pro quibus a B. Francisco tertia regula edita fuerat, verum etiam innumerarum virginum chori, tribus essentialibus, et a quibusdam etiam clausuræ nostra auctoritate assumptis votis, constructisque monasteriis quamplurimis, non sine militantis Ecclesiæ fructu multiplici, et œdificatione, præfati tertii ordinis jugo sua colla subdiderunt.* »

Ainsi tout ce que l'on peut conclure des termes de cette bulle, c'est que ce pape, en donnant permission à plusieurs personnes de l'un et de l'autre sexe de faire des vœux solennels, de se soumettre à l'obéissance et de se renfermer dans des monastères, a étendu le troisième ordre régulier ; d'autant plus que ce même pontife, en confirmant, par une bulle de 1527, celle de Sixte IV, qui déclarait solennels les vœux que plusieurs Tiertiaires faisaient de son temps, reconnaît par conséquent que ce troisième ordre régulier était déjà établi du temps de ses prédécesseurs. J'ajouterai à ces raisons que s'il avait été le premier qui l'eût établi, tous les religieux et religieuses de ce même ordre, tant d'Italie que d'Espagne et de Flandre, auraient suivi la règle qu'il confirma en 1521, et non pas celle de Nicolas IV, dont ils ont toujours fait profession.

C'étaient donc quelques communautés séculières du tiers ordre de Saint-François de l'un et de l'autre sexe qui avaient demandé permission à Léon X de faire des vœux solennels auxquels il adressait cette règle. Celle de Nicolas IV fut toujours suivie par les religieux de France jusqu'à la fin du XVIe siècle, qu'ayant été réformés et ayant donné commencement à la congrégation gallicane, ils s'engagèrent d'observer la règle de Léon X. Il y avait aussi des religieux en Allemagne avant ce pape, puisque ce fut à la prière du général et des religieux de ce pays-là que Denis le Chartreux (qui mourut l'an 1471, cinquante ans avant que Léon X eût réformé la règle de Nicolas IV) fit des annotations sur cette règle, comme on le peut voir dans la préface de ce savant Chartreux, où il dit positivement que les prêtres, le provincial et les autres Pères du tiers ordre de Saint-François, principalement leur général, l'avaient prié de faire des annotations sur leur règle et d'expliquer les endroits les plus difficiles : *Idcirco venerabiles ac devoti sacerdotes, ministri et Patres regulæ et ordinis hujus, specialiter generalis eorum minister parvitatem meam frequenter atque instanter rogare dignati sunt, ut super eorum regulam aliqua scribam difficiliora elucidando.*

Le P. Hilarion de Nolay, Capucin, est un peu plus modéré que ceux dont nous venons de réfuter le sentiment, puisqu'il dit, dans son livre qui a pour titre : *La gloire du tiers ordre de Saint-François*, imprimé à Lyon l'an 1694, que les religieux Pénitents du tiers ordre de Saint-François ont commencé à faire un corps de religion dans l'Église l'an 1448, sous le pontificat de Nicolas V, parce que ce pape fut le premier qui leur accorda des bulles sans restriction des lieux ni des personnes : ce qui est, selon ce Père, une condition absolument nécessaire pour qu'une congrégation puisse faire corps dans l'Église : car, quoique, selon son raisonnement, Jean XXIII eût accordé dès l'an 1413 une bulle par laquelle il permettait aux Tiertiaires de Flandre de faire des vœux solennels, déclarant en même temps personnes ecclésiastiques et véritablement religieuses ceux qui auraient fait ces vœux ; quoique Boniface IX eût permis en 1401 à ceux du diocèse d'Utrecht de tenir des chapitres généraux et d'y élire un général, et qu'Eugène IV eût donné une bulle en 1444, en faveur de ceux de Crémone, les trois bulles de ces trois souverains pontifes n'étaient pas suffisantes pour qu'ils pussent faire corps dans l'Eglise, puisqu'elles étaient particulières et limitées, d'autant plus que (comme il ajoute), un pape ayant donné une bulle pour les déclarer personnes ecclésiastiques et religieuses, c'est une marque que plusieurs en doutaient, et que l'état régulier de la Pénitence n'était pas universellement reçu dans l'Eglise et reconnu des fidèles.

Quoique ce Père fasse un peu plus de grâce au tiers ordre régulier que les autres, son sentiment n'est pas mieux fondé ni plus véritable que le leur, puisque, dès le moment qu'on a commencé à faire des vœux solennels dans le troisième ordre régulier, il a commencé à faire corps dans l'Eglise ; car il en est du troisième ordre de Saint-François comme de celui des Frères Mineurs, ou du premier ordre, qui, étant divisé en différentes branches ou congrégations, telles que sont celles des Conventuels, des Observants, des Récollets et des Capucins, font chacune en particulier un corps séparé dans l'Eglise, de même aussi le tiers ordre de Saint-François étant distingué en différentes congrégations, telles qu'étaient celles de Zeppern, de Liège, d'Espagne, de Lombardie et quelques autres, toutes ces congrégations faisaient chacune un corps séparé dans l'Eglise, nonobstant ces bulles limitées dont parle le P. Hilarion, que chacun de ces corps, tant du premier que du troisième ordre, obtenait pour soi en particulier. Car si, afin qu'une congrégation fasse corps dans l'Église, il ne faut pas qu'elle soit limitée par les lieux et les personnes, comme prétend ce même Père, il s'ensuivrait que les Capucins n'auraient commencé à faire corps dans l'Eglise que l'an 1573, quoiqu'ils eussent été fondés en Italie dès l'an 1528, puisque Paul III leur défendit de s'étendre au delà des monts, et que ce ne fut que Grégoire XIII qui leva cette défense, en leur permettant, l'an 1573, de s'établir en France. Si d'ailleurs les souverains pontifes ont été obligés de temps en temps de reconnaître la validité des vœux solennels des religieux du tiers ordre, c'était pour imposer silence à ceux qui les inquiétaient à ce sujet, comme firent encore les Capucins, qui, sur la fin du XVI° siècle, prétendirent que les religieux du troisième ordre en France n'étaient pas véritablement religieux, quoiqu'ils eussent commencé à faire des vœux solennels dès l'an 1287, trois cent quarante ans avant la naissance même des Capucins, qui firent à ce sujet plusieurs écrits, mais toujours fort inutiles, puisqu'ils furent condamnés comme libelles diffamatoires.

Enfin, pour faire voir l'erreur de ce Père et des autres écrivains qui nient l'antiquité du troisième ordre régulier, il suffit de dire que ce sont les religieux du même ordre, établis à Toulouse, qui firent confirmer leur règle par le pape Nicolas IV, qui leur donna une bulle de l'an 1289, dont l'original est conservé dans les archives de ce couvent, et que ces religieux ayant présenté cette même règle au pape Clément V, ce pontife la confirma derechef par une autre bulle de l'an 1309, dans laquelle il inséra cette règle tout au long, et y attacha un échantillon du drap de leur habit, que l'on garde aussi avec l'original de cette bulle dans les archives du même couvent. Ces religieux avaient été fondés par Barthélemy Béchin, l'un des plus qualifiés de Toulouse, qui leur donna sa maison de plaisance, avec un grand enclos proche les murs de cette même ville, dans laquelle, par l'agrandissement qui y a été fait, il se trouve présentement renfermé, et est occupé par les religieux du même ordre de l'Étroite-Observance, qui y ont succédé à ces anciens religieux, que l'on appelait *Béguins*, du nom de leur fondateur. Il y avait aussi des religieux du même ordre en Italie, lorsque Nicolas IV confirma leur règle : ce qui se justifie par la profession du P. Augustin Rapon, l'un des premiers religieux de la province de Lombardie, qui, ayant déjà fait des vœux solennels lorsque ce pontife confirma la règle, et voulant suivre le conseil qu'il donna en même temps aux Tiertiaires de prendre pour visiteur un religieux de l'ordre des Mineurs, se résolut, quinze ans après la mort de ce même pontife, de renouveler sa profession entre les mains de son évêque, afin d'éviter les contradictions qui lui furent suscitées de la part du visiteur, auquel il avait été soumis jusqu'alors : ce qu'il exécuta en ces termes : *Moi, frère Augustin Rapon de Luques, prêtre indigne, renouvelle, en présence du seigneur évêque, la profession que j'ai faite autrefois, et avec la plus grande ferveur d'esprit qu'il m'est possible, je voue et promets à Dieu tout-puissant, à la bienheureuse Vierge Marie, à saint François et à tous les saints, de garder les commandements de Dieu tout le temps de ma vie, et de satisfaire comme il convient aux transgressions que je commettrai contre cette manière de vie. De plus, je voue aussi la troisième règle de saint François, confirmée par Nicolas IV, vivant en obéissance, sans pro-pre, et en chasteté. Ainsi soit-il.* Cette profession, datée du 28 avril 1307, prouve assez qu'il y avait des religieux du tiers ordre sur la fin du XIII° siècle et le commencement du XIV°, puisque le conseil de Nicolas IV, qui mourut en 1293, ne pouvait pas être adressé aux Tiertiaires séculiers, et que le P. Augustin Rapon était véritablement religieux, ayant fait des vœux de pauvreté, chasteté et obéissance que les mêmes Tiertiaires séculiers n'ont jamais ajoutés à leur profession.

On ne peut donc pas douter qu'il n'y ait eu des religieux du tiers ordre de Saint-François du temps des papes Nicolas IV et Clément V, et qu'ils ne se soient beaucoup augmentés depuis ce temps-là, en formant de nouvelles congrégations, auxquelles les successeurs de ces deux souverains pontifes ont permis de faire des vœux solennels, approuvant de plus ceux qu'ils faisaient précédemment à cette permission, et suppléant à tous les défauts qui auraient pu s'y rencontrer, comme il paraît par plusieurs de leurs bulles, mais particulièrement par une de Jean XXII, du 18 novembre 1324, dans laquelle ce pontife déclare que ces vœux étaient fort louables, utiles et conformes à la volonté de leur instituteur saint François : ce sont toutes ces autorités, appuyées sur des fondements si solides, qui ont déterminé un grand nombre d'écrivains, tant du premier que du troisième ordre, aussi bien que d'autres qui ne sont ni de l'un ni de l'autre, à admettre un troisième ordre régulier. Entre les autres, Nicolas de l'Aubépine, de l'ordre des Mineurs, dans ses Notes sur le quatrième chapitre de la Vie de saint François, n'a pas fait difficulté de dire que, sous le pontificat de Nicolas IV, le tiers ordre était en congrégation régulière, et avait plusieurs monastères de l'un et de l'autre sexe : ce qui est d'autant plus véritable, que, comme nous avons dit, le couvent de Toulouse avait été fondé dès l'an 1287. Silvestre Maurolic, dans son Histoire des ordres religieux, assure aussi que, du temps de ce pape, la profession des trois vœux solennels de pauvreté, de chasteté et d'obéissance, était en usage dans le tiers ordre de Saint-François, et que le même pontife accorda à ceux qui faisaient ces vœux un capuce, qu'ils commencèrent à vivre eu commun et à bâtir de nouveaux monastères. Celui de Sainte-Marguerite, à Rome, au delà du Tibre, fut bâti pour des religieuses Tiertiaires l'an 1288, et on leur en donna un autre sur le Mont-Célio, sous le titre de Sainte-Croix, l'an 1300, au rapport d'Octave Panciroles. Ainsi il y avait des religieuses de cet ordre avant la bienheureuse Angeline de Corbare, qui, à la vérité, ne les a pas instituées, comme quelques-uns ont avancé, mais qui néanmoins fut la première qui les engagea à faire un quatrième vœu de clôture.

Le compilateur des Privilèges des trois ordres de Saint-François, qui était frère Mineur, parlant des privilèges qui ont été accordés au tiers ordre par les papes Nicolas IV et Sixte IV, dit qu'il faut remarquer que les Tiertiaires séculiers ne jouissent pas des priviléges accordés aux frères Mineurs, et qu'ils ne participent pas non plus à ceux qui ont été donnés aux Tiertiaires par les papes Nicolas IV et Sixte IV, qui ne doivent s'entendre que pour les Tiertiaires réguliers. Ainsi, si ces souverains pontifes ont accordé des priviléges aux Tiertiaires, qui ne peuvent convenir à des séculiers, il y avait donc de leur temps des Tiertiaires réguliers. Nous pourrions encore apporter d'autres preuves de l'antiquité de ces religieux; mais ce que nous avons dit est suffisant. Nous ajouterons seulement que, l'an 1414, Jean XXIII déclara que le vœu de chasteté des frères et sœurs du tiers ordre qui vivaient en commun, était solennel, et qu'ils devaient être censés personnes ecclésiastiques. Martin V, l'an 1429, confirma les grâces, et les priviléges que ces religieux avaient reçus de ses prédécesseurs. Il les soumit à la vérité à la juridiction du général et des provinciaux des frères Mineurs, par une bulle de l'an 1425 ; mais Eugène IV, son successeur, la révoqua la première année de son pontificat, et permit même, l'an 1433, aux religieux de Flandre d'élire un général. Nicolas V permit à ceux d'Italie, l'an 1448, de retenir les hôpitaux, les maisons et les églises qu'ils avaient déjà, d'en pouvoir bâtir d'autres en quelque lieu que ce fût ; de tenir un chapitre général, dans lequel ils éliraient un visiteur ; de faire de nouveaux statuts, et de quitter l'habit érémitique qu'ils portaient. Paul II, l'an 1467, communiqua à ces religieux d'Italie tous les priviléges dont Eugène IV et Nicolas V avaient favorisé ceux d'Espagne. Sixte IV confirma tous ces priviléges l'an 1471, et ordonna, l'an 1473, que les religieux et religieuses du troisième ordre jouiraient des priviléges et immunités accordés aux personnes ecclésiastiques, leur communiqua, l'an 1479, tous les priviléges des frères Mineurs, et déclara que les vœux que l'on faisait dans cet ordre étaient aussi solennels que ceux des autres religieux. Enfin il n'y a point eu de souverains pontifes jusqu'à présent qui ne les aient favorisés de quelques grâces.

Nous avons dit ci-devant que Nicolas V permit aux religieux d'Italie de quitter l'habit érémitique qu'ils portaient : effectivement, les premiers religieux du troisième ordre, poussés d'un saint zèle pour la pratique de leur règle et d'un saint désir de la pénitence dont ils faisaient profession et dont leur ordre portait le nom, s'étant retirés dans des solitudes, avaient pris un habillement semblable à celui des Ermites ; il consistait en une tunique et un manteau de couleur de cendre ; la tunique était serrée d'une ceinture de cuir, que les religieux de France portaient aussi anciennement ; les autres religieux de l'ordre étaient habillés diversement, selon les différentes provinces où ils étaient situés : on verra dans les paragraphes suivants, où nous parlerons des différentes congrégations de cet ordre, les règlements que les papes firent touchant cet habillement ; nous donnons ici la figure d'un de ces religieux dans son habit érémitique (1).

Anton. de Sillis, *Studia origin. provectum atque complementum tertii ord. S. Francisci concernentia.* Francisc. Bordon, *Chronolog. Fr. et Sor. tertii ord. S. Francisci.* Joan. Maria Vernon, *Annal. ejusd. ord.* Luc Wading, *Annal. Minor.*, tom. I et seq. Hilarion de Nolay, *La gloire du tiers ordre de Saint-François.* Elzéar de Dombes, *Académie de perfection.* — *Firmamenta trium ordinum S. Francisci.*

§ 2. — *Des religieux Pénitents du tiers ordre de Saint-François, de la régulière observance, en Italie, dite la* Congrégation de Lombardie.

Voy. LOMBARDIE (*Religieux de la congrégation de*).

§ 3. — *Du tiers ordre formant les congrégations de Sicile, de Dalmatie, d'Istrie..*

Voy. LOMBARDIE (*Religieux de la congrégation de*).

§ 4. — *Du tiers ordre formant la congrégation de Zepperen, ou des Begghards.*

Voy. BEGGHARDS (écrit par erreur BEGGARDS, t. I, col. 407).

§ 5. — *Des religieux Pénitents du tiers ordre de Saint-François en Allemagne.*

Jean-Baptiste Gramay, vicaire apostolique en Allemagne, primat d'Afrique, conseiller et aumônier de l'empereur Mathias, étant disciple de saint François, et sectateur de sa troisième règle, ne pouvant regarder qu'avec douleur une infinité de couvents de cet ordre en ces quartiers-là entièrement ruinés et abandonnés, ou habités par des religieux qui ne connaissaient aucune observance régulière, et ignoraient même leur règle, écrivit, vers l'an 1612, au R. P. Antoine de Sillis, général de cet ordre en Italie, pour l'exhorter de recouvrer les couvents d'Allemagne et les réduire sous son obéissance, l'assurant qu'ils étaient au nombre de plus de deux cents, que l'on pourrait aisément réunir à la congrégation de Lombardie; mais, soit que ce général ne s'en voulût pas embarrasser, soit qu'il y trouvât de la difficulté, les lettres du vicaire apostolique furent sans effet. Le R. P. François Guastamigle, l'un des successeurs du P. Antoine de Sillis, reçut un même avis de la part de Michel-Adolphe, comte d'Athlan, qui lui écrivit à ce sujet l'an 1626, lui promettant d'employer son crédit pour faire réussir cette affaire. Ce général, mieux intentionné que l'autre, ou au moins plus vigilant, envoya une procuration au vicaire apostolique d'Allemagne pour faire la recherche et la réunion de ces monastères ; mais les guerres et la mort de ces personnes bien intentionnées empêchèrent le succès de ces bons desseins, et la plupart des lieux où ces monastères étaient situés sont demeurés ensevelis dans l'oubli. Denis le Chartreux, qui avait fait ses Commentaires sur la troi-

(1) *Voy.*, à la fin du vol., n° 25

sième règle de saint François, à la prière de ces religieux d'Allemagne, observe, entre autres choses, que les Tierliaires de ces quartiers-là avaient ajouté, par la permission du saint-siège, les vœux essentiels à leur profession ordinaire : il conclut qu'ils étaient véritablement religieux : il entend parler spécialement des congrégations de Bohême, de Hongrie et du Rhin, qui comprenaient l'électorat de Cologne, et les environs de Westphalie. Ces religieux de la province du Rhin étaient autrefois unis sous un même chef, et eurent pour premier général le P. Barthélemy d'Ostegen. Le P. François Bordon dit que, l'an 1655, quatre monastères de l'électorat de Cologne, en vertu du pouvoir qu'ils en avaient reçu de Joseph de San-Felice, archevêque de Cosenza, nonce apostolique aux quartiers du Rhin et de l'Allemagne inférieure, tinrent un chapitre le 15 juin 1655, dans le couvent de Saint-Nicolas de Christ, proche Terdich, où ils élurent pour provincial le P. Servais ; mais que n'ayant pas voulu accepter cet office, on en élut un autre, qui fut Jean Conrad de Huls, et que dans ce chapitre ces religieux, voulant suivre l'exemple de la congrégation de Zepperen, prirent la résolution de s'unir à la congrégation d'Italie. Cet auteur dit avoir eu en main l'acte de ce chapitre où cette résolution avait été prise, mais que l'union ne fut pas faite.

Le P. Jean-Marie de Vernon, dans ses *Annales du tiers ordre de Saint-François*, dit que la congrégation ou province de Strasbourg, qui comprenait l'Alsace et les diocèses de Strasbourg, de Bâle et de Constance, était autrefois unie à la congrégation d'Italie, et dépendait de son général. Il se fonde apparemment sur ce que le P. Henri d'Ungaro, natif de Constance, a été général de la congrégation d'Italie en 1475, ce qui est un fondement fort peu solide ; car s'il y a eu un général en Italie, qui était allemand de nation et de la ville de Constance, l'on ne doit pas tirer de là une conséquence que tous les couvents du tiers ordre dans le diocèse de Constance et dans ceux de Bâle et de Strasbourg fussent unis à la congrégation d'Italie, d'autant plus qu'il est fort facile de prouver le contraire, tant par les écrits du P. Bordon, qui, étant de cette congrégation, n'aurait pas manqué de parler de cette union dans son *Histoire chronologique du troisième ordre*, que par une bulle du pape Innocent VIII, de l'an 1492, adressée aux évêques de Strasbourg, de Bâle et de Constance, pour terminer les différends qui étaient entre les religieux et les religieuses de cet ordre dans leurs diocèses, qui n'avaient pas voulu reconnaître pour vicaire général et pour visiteur le P. Henri Bucfuss de Delphot, religieux du même ordre, qui avait obtenu de ce pontife une bulle qui l'établissait vicaire général, en attendant que l'on tînt un chapitre général, dans lequel on élirait un général. La raison que les religieux et les religieuses apportaient pour ne pas reconnaître ce visiteur était que la bulle qu'il avait obtenue était subreptice, puisque les religieux et les religieuses de cet ordre devaient être soumis aux généraux et provinciaux des frères Mineurs, en vertu des bulles de Sixte IV et d'Innocent IV, ce qu'ils n'auraient pas allégué s'ils avaient été unis à la congrégation d'Italie. Quoi qu'il en soit, tous les couvents du tiers ordre de Saint-François qui étaient dans ces diocèses, étant tombés entre les mains des hérétiques, ont été entièrement ruinés, à l'exception de ceux des religieuses, que ces ennemis de la religion ont tolérés par raison de politique et d'intérêt.

Quant aux provinces de Magdebourg ou de Saxe, et autres en Allemagne, qui ont été infectées d'hérésie, les couvents du tiers ordre y ont eu le même sort, aussi bien que dans la Hollande et la Zélande, où ils formaient une congrégation gouvernée par un général. Il y en avait trente-six en Irlande, dont il ne reste plus que le souvenir, sans parler de ceux des religieuses. Leur nombre était aussi très-considérable en Angleterre. Les religieux qui subsistent encore en Allemagne sont habillés de noir, mais je ne sais quelle est la forme de leur habillement.

Francisc. Bordon, *Chronolog. Frat. et Soror. tertii ordnis S. Francisci*; Joan. Mar. Vernon, *Annal. ejusdem ordinis*, et Luc Wading, *Annal. Minor.*, tom. V et VI, *in Regist. pontif.*

§ 6. — *Des religieux Pénitents du tiers ordre de Saint-François, de la régulière observance, en Espagne.*

Il y avait autrefois en Espagne deux congrégations de religieux du tiers ordre de Saint-François : l'une s'étendait dans le royaume de Grenade et l'Andalousie, l'autre dans les royaumes de Castille, de Léon et de Galice. Ces religieux y avaient des monastères dès le commencement du XV⁵ siècle. Les bulles que l'antipape Benoît XIII, qui était reconnu pour légitime en ces royaumes, accorda à cet ordre, en sont des preuves si authentiques, qu'elles ne permettent pas d'en douter, puisqu'il s'en trouve une du 15 septembre 1403, par laquelle, entre plusieurs grâces et privilèges qu'il accorda aux religieux des couvents de Sainte-Catherine de Montefaro et de Sainte-Marie de Caulhero, au diocèse de Compostelle, il les exempta des décimes et de tous impôts. Il confirma, par une autre du 10 octobre de la même année, la donation que l'évêque d'Astorga leur avait faite de l'église de Notre-Dame de Val, avec quelques domaines situés dans la vallée de Lazaro, et quelques autres qui appartenaient à son église et dépendaient de la mense épiscopale. Par une autre, il permit aux religieux de cet ordre de réciter l'office selon l'usage de l'Église romaine, approuva la donation qui leur avait été faite de l'église de Notre-Dame Del-Soto, au diocèse de Zamorra ; il recommanda aux charités des fidèles le bâtiment de l'église de Saint-Julien du Mont, qu'ils faisaient construire dans le diocèse de Léon, et leur accorda encore d'autres grâces par ces bulles, dans lesquelles il est quelquefois fait mention du général des religieux du tiers ordre de la Pénitence, qui, par conséquent, était déjà établie dans ces royaumes.

Ils ne commencèrent néanmoins à s'unir ensemble sous le gouvernement d'un seul supérieur général de leur ordre que sous le pontificat de Martin V, qui, l'an 1423, leur accorda un visiteur général dans les royaumes de Grenade et d'Andalousie. Cette congrégation fut jointe en 1442 à une autre des royaumes de Castille, Léon et Galice, par une bulle d'Eugène IV, qui approuva aussi des statuts qui avaient été dressés dans le chapitre général. Ces congrégations ayant été soumises quelque temps à des supérieurs généraux du tiers ordre qui dépendaient immédiatement du saint-siége, les généraux et les provinciaux des frères Mineurs de l'Observance et des Conventuels les voulurent inquiéter pour les soumettre à leur juridiction ; mais les Pères Loup de Bolanos et Antoine de Tablade, généraux du tiers ordre, chacun dans leur triennal, défendirent si bien leur droit en cour de Rome, qu'ils les firent condamner, les premiers par une sentence contradictoire rendue sous le pontificat de Jules II, l'an 1508, et les seconds par une bulle de Clément VII, de l'an 1526, par laquelle ce pontife confirma non-seulement le général du tiers ordre en Espagne, le déclarant indépendant de toute autre personne que du souverain pontife, mais même confirma les nouveaux règlements, en forme de constitutions, qui avaient été faits pour ces religieux, voulant qu'ils servissent à l'avenir comme de règle aux religieux de cet ordre tant en Espagne qu'en Portugal, et ordonna que dans le premier chapitre général qui se tiendrait, on dresserait trois règles séparées : la première pour les religieux, la deuxième pour les religieuses, et la troisième pour les séculiers de l'un et l'autre sexe, lesquelles règles il approuva et confirma dès lors.

La première règle qui fut dressée pour les religieux a pour titre : *Regula et vita fratrum sacri ordinis de Pœnitentia regularis Observantiæ Seraphici Patris nostri Francisci*. Elle contient dix chapitres, tirés en partie de la règle de Nicolas IV, et en partie de celle de Léon X. Dans le premier de ces chapitres il est parlé des promesses auxquelles doivent s'engager ceux qui veulent entrer dans l'ordre, qui sont d'obéir au souverain pontife, de vivre en chasteté, sans propre, et sous l'obéissance de leurs supérieurs. Le second traite des conditions qu'ils doivent avoir pour être reçus, et de la manière qu'ils doivent passer leur noviciat. 1° Ils doivent être fidèles, catholiques, non suspects d'hérésie, ni engagés dans le mariage, sains de corps, nés de légitime mariage, de condition libre, exempts de dettes et suffisamment instruits des lettres humaines ; 2° ils ne pourront étudier pendant le temps de leur noviciat, et ils ne s'occuperont pendant ce temps-là qu'à la lecture des livres spirituels et à l'oraison. Ils ne seront point non plus admis au chapitre, ne seront point envoyés aux ordres, ni ne pourront pas entendre les confessions s'ils sont prêtres, et après l'année de probation ils seront admis à la profession. Le troisième détermine la forme et la couleur de l'habit de la manière suivante. Tous les religieux, tant clercs que laïcs, auront une robe de drap vil, d'une laine naturellement noire sans être teinte ; le capuce, de même couleur, sera pointu devant et derrière, fait en forme de croix, n'excédant point la ceinture par-derrière, et descendant par-devant jusqu'à l'estomac (1). Ils auront pour ceinture une corde ; le manteau, de même couleur que la robe, sera d'un demi-palme plus court, et n'aura point de plis vers le cou ; pour chaussure ils auront des souliers, et il sera permis d'avoir des sandales à ceux qui en voudront porter, et d'avoir aussi sous l'habit des tuniques et tunicelles de laine blanche. Le quatrième chapitre regarde l'office divin, que les clercs doivent réciter selon l'usage de l'Eglise romaine ; et à l'égard des frères laïques, on leur prescrit certain nombre de *Pater* et d'*Ave*, tant pour leur office ordinaire que pour celui de la sainte Vierge et des défunts. Les heures auxquelles on doit observer le silence, tant à l'église qu'au réfectoire, au dortoir et au cloître, y sont aussi marquées, aussi bien que le privilége qu'ils ont d'être pourvus, et retenir avec la permission du général tous bénéfices qui peuvent être possédés par des clercs séculiers, pourvu qu'ils ne soient pas Conventuels.

Il est porté, tant par la règle de Nicolas IV que par celle de Léon X, que les frères et sœurs du tiers ordre de Saint-François doivent s'abstenir de manger de la viande, en tout temps, les lundis, mercredis, vendredis et samedis ; et que depuis la fête de tous les Saints jusqu'à Pâques, ils jeûneront les mercredis aussi bien que tous les jours depuis la fête de Saint-Martin jusqu'à Noël, outre les vendredis de l'année et les jeûnes ordonnés par l'Eglise ; mais par le cinquième chapitre de cette règle l'abstinence du lundi est retranchée, et ils ne doivent jeûner que depuis le premier dimanche de l'avent jusqu'à Noël, tous les vendredis de l'année ; et les mercredis depuis la fête de Saint-Martin jusqu'à Pâques, outre les jeûnes ordonnés par l'Eglise, et la veille de la fête de Saint-François. Ils doivent aussi prendre la discipline les mercredis et vendredis de l'avent, et les lundis, mercredis et vendredis du carême. Le sixième chapitre concerne les prédicateurs et confesseurs, qui ne peuvent exercer ces offices qu'avec la permission du général. La charité y est aussi recommandée envers ceux qui viennent demander l'hospitalité. Les frères qui vont en campagne doivent, selon ce même chapitre, demander l'aumône. Ils ne peuvent être envoyés loin sans la permission du général, et ils ne doivent point disputer entre eux dans le chemin ; mais il faut qu'ils fassent paraître beaucoup de douceur et d'humilité, et ils ne doivent point faire difficulté de manger ce qu'on leur présentera,

(1) *Voy*., à la fin du vol., nos 24 et 25.

La charité que l'on doit exercer envers les malades est recommandée dans le septième chapitre, où sont aussi marqués les suffrages que l'on doit dire pour les défunts. Le huitième prescrit la manière de tenir les chapitres généraux et de procéder à l'élection d'un général. Ces chapitres doivent se tenir tous les trois ans, le dimanche avant la fête de Saint-Jean devant la porte Latine, dans le couvent de Notre-Dame du Val, au diocèse d'Astorga, ou dans quelque autre qui aura été désigné par le chapitre général. Chaque ministre doit nommer son vicaire pour gouverner en son absence. Ils peuvent exercer leur office pendant trois ans aussi bien que le général, qui, pendant son triennal, doit visiter chaque couvent, peut changer les religieux d'une maison à une autre, punir ceux qui se trouveraient en faute, et chasser de l'ordre les incorrigibles, avec l'avis et le consentement des religieux de la maison. Enfin, le dixième impose encore aux religieux des obligations particulières, telles que sont les suivantes. Ils ne doivent point entrer dans les monastères de religieuses sans la permission du général. Ils doivent s'éloigner de la cour des princes, où se trouvent les mollesses de ce monde, et ils n'assisteront en aucun temps aux danses, jeux, comédies et spectacles. Chaque jour, au soir, ils doivent s'examiner s'ils n'ont point fait de jurement ou proféré quelque mensonge, et pour chacun ils doivent dire trois fois le *Pater*. Ils sont tenus d'obéir à leurs supérieurs dans toutes les choses qui ne sont point contraires à la règle, laquelle n'oblige ni à péché mortel ni véniel. Les religieux néanmoins sont obligés de faire les pénitences à eux imposées, lorsqu'ils en sont requis; et lorsqu'ils reconnaissent qu'ils ne peuvent observer la règle, ils doivent avoir recours au général, auquel il appartient de l'interpréter, de dispenser des jeûnes et des abstinences, et même du vœu de pauvreté, tant en particulier qu'en commun, en sorte qu'il peut permettre à un religieux de retenir pendant toute sa vie, ou pendant un temps seulement, ce qui lui aura été accordé.

Voilà ce que contient en substance cette règle qui paraît avoir été plutôt tirée de celle de Léon X que de celle de Nicolas IV, et dressée sur les règlements qui avaient été approuvés par le pape Clément VII, et qui sont énoncés dans sa bulle de l'an 1526, par laquelle il ordonne que cette règle sera suivie à l'avenir par les religieux d'Espagne et de Portugal, qui, s'y étant soumis, la firent confirmer dans la suite par le pape Grégoire XIII. Ces religieux d'Espagne eurent toujours un général jusqu'en l'an 1568, que Pie V ayant soumis tous les religieux du tiers ordre, en quelque part qu'ils fussent, à la juridiction du général et des provinciaux des Mineurs de l'Observance, ils obéirent au souverain pontife. Mais les Pères de l'Observance voulant, en conséquence de l'ordonnance de ce saint pape, s'emparer en Espagne des couvents qui appartenaient aux religieux du tiers ordre, et les contraindre à faire profession du premier ordre, le même pontife donna un bref la même année, adressé à son nonce, par lequel il déclarait que son intention n'avait point été de supprimer le troisième ordre de Saint-François en Espagne, mais seulement de le réformer; mais cette déclaration n'empêcha pas les Pères de l'Observance de s'emparer de quelques-unes de leurs maisons, principalement de celles de Séville, et de faire leur possible pour les détruire en leur défendant de recevoir dans la suite aucuns novices. Mais le général François de Toulouse leva cette défense l'an 1592, à condition qu'ils ne pourraient plus répéter le couvent de Séville, que les Pères de l'Observance avaient usurpé; et sur ce que les visiteurs qu'ils envoyaient dans les maisons du tiers ordre, principalement dans la province d'Andalousie, emportaient les titres et papiers concernant cette province, le cardinal Vérallo, pour lors protecteur des ordres de Saint-François, ordonna, l'an 1613, que les visiteurs de l'Observance ne pourraient à l'avenir tirer aucuns papiers des archives des Pères du tiers ordre. Ces violences, qui avaient obligé dès l'année précédente le provincial de cet ordre de la même province d'Andalousie, Jérôme de Goma, avec quelques-uns des principaux de sa province, d'écrire au général qui était à Rome, pour se plaindre des torts qu'ils avaient reçus de la part des religieux de l'Observance, qui leur avaient enlevé les couvents de Notre-Dame du Val de Séville, de Sainte-Marie de Mahoda et de Saint-Jacques de Mont-Calbo, et quelques maisons qu'ils avaient à Salamanque, avec quatre bibliothèques qui appartenaient à des religieux particuliers, les obligèrent enfin à lui déclarer que, pour ces raisons et pour d'autres, ils prétendaient se soustraire à sa juridiction, et s'unir aux Pères du tiers ordre de la congrégation d'Italie, et que, pour cet effet, ils feraient les poursuites nécessaires afin d'en obtenir la permission du saint-siège.

Cette union néanmoins ne se fit pas, et les différends que ces Tiertiaires d'Espagne avaient avec les religieux de l'Observance furent terminés par la prudence des généraux de l'ordre de Saint-François, auxquels ces Pères ont toujours été soumis jusqu'à présent, depuis la suppression du général de leur corps. Ils ont deux provinces, dont l'une est sous le nom d'Andalousie, et l'autre sous celui de Galice; la couleur de leur habillement fut changée par le cardinal Mathéi (protecteur des trois ordres de Saint-François), qui, pour terminer les différends qu'il y avait entre eux et les Minimes à ce sujet, donna un décret suivant lequel il ordonnait que la couleur de leur drap serait un peu plus claire que celle des Minimes, et que pour cet effet de cinq livres de laine il y en aurait quatre naturellement noires, et une naturellement blanche. Ce décret fut confirmé en 1595 par une bulle de Clément VIII, et dans la suite par une autre de Paul V, qui en ordonna l'exécution en France et en Espagne.

Ces religieux portent pour armes tiercé en pale au premier d'argent aux cinq plaies de Notre-Seigneur, d'où sort du sang, au second de gueules au sceptre d'or surmonté d'une fleur de lis, et au troisième, les armes de France qui sont d'azur à trois fleurs de lis d'or 2 et 1, l'écu timbré d'une couronne ducale, entrelacée d'une couronne d'épines, et pour devise ces mots : *Pœnitentia coronat.*

Francisc. Bordon. *Chronolog. FF. et Soror. tertii ord. S. Francisc.* Anton. de Sillis, *Studia orig., provectum atque complementum tertii ord. S. Francisci concernentia.* Joann. Mar. Vernon, *Annal. ejusdem ordinis.* Luc Wading, *Annal. Minorum,* tom. V, in *Regest. pontif. et regul., et vit. frat. sacri ordinis de Pœnitentia.*

Cet ordre n'existe plus en Espagne dans les maisons d'hommes, depuis la régence de Christine.
·B-D-E.

§ 7.--*Des religieux Pénitents du tiers ordre de Saint-François, de la régulière observance, en Portugal.*

A peine saint François eut-il établi son troisième ordre en Italie, que le bruit de la sainteté de cet établissement s'étant répandu jusque dans le royaume de Portugal, plusieurs personnes, animées d'un saint zèle pour la pénitence, en firent profession, y ayant été excitées par l'exemple du roi Sanche II. L'on trouve une bulle de Grégoire IX, de l'an 1232, qui permet aux Tiertiaires de ce royaume et à ceux d'Espagne d'assister à l'office divin dans un temps d'interdit. L'an 1314, quelques femmes séculières de cet ordre, ayant voulu vivre en commun dans une maison proche des murs de Lisbonne, où elles se retirèrent, obtinrent du saint-siége quelques priviléges, et furent beaucoup favorisées par les rois de Portugal, qui, édifiés de leur piété, les prirent sous leur protection. Il y avait parmi elles une sainte femme, nommée Marguerite de Christ, qui était en si grande réputation de sainteté, que l'on donna à cause d'elle à cette maison le nom de *Celle de Christ.* Quelques frères du même ordre voulurent aussi, à leur imitation, vivre en commun; mais ils ne faisaient point de vœux solennels, et l'Observance régulière ne fut introduite en ce royaume que l'an 1444, sous le règne d'Alphonse V, par le moyen de deux religieux de la province de Lyon, qui, y étant arrivés en 1443, et s'étant arrêtés dans le bourg de Caria, au diocèse de Lamégo, un Tiertiaire de ce lieu, nommé Pierre Gilles, leur donna une métairie qui lui appartenait proche ce bourg, située dans un lieu très-agréable, communément appelé *Passos,* comme il paraît par les lettres de Jean, évêque de Viseu, du 28 juin 1444, qui, suivant le pouvoir qu'il en avait reçu du pape Eugène IV, donna permission à ces religieux d'y bâtir une église, qui ayant été achevée en 1445, la première messe y fut célébrée le 17 septembre de la même année. Ils accommodèrent la maison qui était dans cette métairie en forme de couvent; ils reçurent ensuite des novices qu'ils envoyèrent en France, dans la province de Lyon, pour y être élevés dans la pratique des observances régulières, et les Pères de cette province leur envoyèrent d'autres religieux, afin qu'ils fussent en nombre suffisant pour célébrer les saints offices et observer la discipline régulière. La sainteté de ces premiers religieux fut cause qu'on leur donna le nom de *Bons-Hommes de Caria,* qui est resté jusqu'à présent à ceux qui demeurent dans ce lieu, où l'on a bâti dans la suite une grande église avec un couvent fort ample, dont les bâtiments furent achevés l'an 1655. Le nombre des religieux augmentant, ils firent un nouvel établissement, l'an 1447, à Villarès, dans le même diocèse de Lamégo, dans un lieu qui leur fut laissé par saint Gonzalès, du tiers ordre séculier, qui y avait fait bâtir une petite église sous le nom de Notre-Dame de Villarès, laquelle a été aussi changée dans la suite en une grande église qui fut achevée l'an 1648.

Plus de vingt années s'écoulèrent sans qu'on leur offrît de nouveaux établissements, et ce ne fut que l'an 1470 qu'ils entrèrent dans l'ermitage de Sainte-Catherine, proche le bourg de Scalabitano, appelé communément Santaren, au Val de Mouros, dans le diocèse de Lisbonne. Dès l'an 1422, il avait été habité par des Tiertiaires séculiers, qui y avaient bâti quelques logements où ils vivaient en commun ; mais l'ayant abandonné, le roi Alphonse V le donna aux religieux du même ordre, à condition qu'ils en feraient leur chef d'ordre en ce royaume, et qu'ils y tiendraient leurs chapitres provinciaux : ce qu'ils ont observé jusqu'en l'an 1595, qu'ils obtinrent un couvent dans la ville de Lisbonne. Les supérieurs de celui de Sainte-Catherine, proche Santaren, ont eu pendant un temps le titre de Ministres provinciaux, et ensuite Ministres locaux, jusqu'en l'an 1626, que, dans le chapitre provincial qui se tint à Lisbonne, il fut ordonné que les supérieurs de cette maison de Santaren ne s'appelleraient plus Ministres locaux, mais Présidents : ce qui dura jusqu'en l'an 1633, qu'on leur donna le nom de Recteurs, à cause que l'on érigea cette maison en collège, où l'on enseigne encore à présent la philosophie et la théologie.

Ces religieux ne firent point d'autres progrés pendant près de soixante-six ans, c'est-à-dire jusqu'en 1557, qu'ils eurent un quatrième couvent sous le titre de Saint-François, dans le bourg de Vimiéro, au diocèse d'Evora. Ils en eurent un autre en 1564, dans celui de Guarda, sur le mont de Crestados, proche Belmont. L'église de ce monastère fut dédiée sous le nom de Notre-Dame de Pitié. Les religieuses du même ordre du monastère de Viana, dans l'évêché d'Evora, qui s'étaient soumises à la juridiction de ces Pères dès l'an 1554, étant toutes décédées, ils prirent possession de ce couvent l'an 1580, et l'année suivante on leur en donna encore à Pesquiera, au diocèse de Lamégo. Ils firent un autre établissement à Erra, l'an 1582, au diocèse d'Evora, et ils obtinrent, l'an 1584, un collège à Conimbre, qui avait été d'abord fondé pour douze clers séculiers par un évêque de Miranda; mais lorsqu'on eut transféré l'Université dans un autre quartier de la ville assez éloigné de ce collège, les écoliers l'abandonnèrent pour aller dans un autre, que le roi de Portugal et l'évêque de Conimbre fondèrent proche l'Université. Les héritiers de l'évêque de Miranda étant administrateurs de celui qu'il avait fondé et qui avait été abandonné, celui à qui ce droit appartenait ayant cédé ce collège à un de ses créanciers, celui-ci le laissa aux religieux du tiers ordre. Mais les héritiers de cet administrateur ayant suscité un procès à ce sujet, il ne fut terminé que l'an 1632, lorsque Henri de Borgia, l'un de ces héritiers, qui avait continué le procès, renonçant au monde, prit l'habit de ces religieux dans le même collège, et fit profession, quoique dans un âge avancé.

Enfin, l'an 1595, un bourgeois de Lisbonne leur donna une petite chapelle qu'il avait fait bâtir proche les murs de cette ville, et y joignit quelques maisons qu'il avait aux environs. Mais les Pères de l'Observance s'opposèrent à leur établissement, et leur intentèrent procès, qui fut enfin terminé en faveur des religieux du tiers ordre, par le cardinal Albert d'Autriche, pour lors vice-roi, et par le nonce du pape, ils prirent possession de cette chapelle et des maisons qui leur avaient été données, le 4 octobre 1595, et y bâtirent un couvent fort pauvre; mais l'an 1615 ils jetèrent les fondements d'une église qui, par sa grandeur, la beauté de son édifice, la richesse de ses ornements, les dorures et les peintures exquises dont elle est remplie, est devenue une des plus considérables de la ville. Elle fut bâtie en partie par la libéralité de Dom Jean Emmanuel, premièrement évêque de Viseu, ensuite de Conimbre, et enfin archevêque de Lisbonne et vice-roi de Portugal, qui y choisit sa sépulture et celle de sa famille. Cette église est accompagnée d'un couvent qui est aussi très-magnifique et capable de loger cent religieux: on admire surtout le réfectoire qui, par sa grandeur et sa beauté, surpasse ceux des autres monastères de la ville. La chapelle où s'assemblent les séculiers du même ordre pour leurs exercices de piété, et qui est attachée à l'église, peut passer elle-même pour une très-belle église, ayant six chapelles outre le maître-autel. On y est ébloui, en y entrant, par l'éclat de l'or qui y brille de toutes parts. Les tableaux dont elle est ornée, et qui sont des meilleurs maîtres, sont d'un très-grand prix, et à côté de cette chapelle il y a un hôpital où les pauvres Tiertiaires sont entretenus aux dépens de leur congrégation séculière, dont le supérieur est toujours une personne des plus distinguées de la ville.

La réputation de ces religieux augmentant tous les jours, ils passèrent en Afrique l'an 1603, et bâtirent un couvent à Loanda, dans le royaume d'Angola; ce couvent fut ruiné lorsque les Hollandais s'emparèrent de ce royaume en 1641. Mais les Portugais en ayant chassé les Hollandais, les religieux du tiers ordre firent rebâtir ce même couvent, et l'augmentèrent considérablement. Ils firent encore d'autres établissements en Portugal, comme à Santaren, où l'on transféra une partie des religieux qui demeuraient dans l'ermitage de Sainte-Catherine, proche ce bourg, à Silvès, à Mogadouro, à Monchique, à Arrocolos et à Almadouar. Ils n'obtinrent ce dernier que l'an 1680, et n'y dirent la messe qu'en 1683, après que les bâtiments du couvent et de l'église eurent été achevés. Il y a aussi deux monastères de religieuses du même ordre soumis à leur juridiction, l'un à Almeida, et l'autre à Aveiro. Quoique le couvent de Lisbonne ne soit que le dixième dans l'ordre des fondations, néanmoins sa situation dans la ville capitale du royaume, sa grandeur et sa magnificence l'ont fait regarder comme le chef de cet ordre en ce royaume, et les chapitres provinciaux y ont toujours été célébrés depuis l'an 1598.

Ces religieux furent d'abord soumis au général du tiers ordre en Espagne, qui leur envoya des commissaires généraux; ils eurent aussi d'abord des provinciaux; mais ils ne commencèrent à avoir des définiteurs que l'an 1586, dans le chapitre qui se tint à Sainte-Catherine, proche Santaren, où le P. André de la Piété ayant été élu provincial, on lui donna deux définiteurs. Dans celui qui se tint à Pesquiera, l'an 1595, on élut le P. Paul de Maya, avec quatre définiteurs; et l'an 1626, ils eurent aussi un custode, ce qui a continué jusqu'à présent. Philippe II, roi d'Espagne et de Portugal, à la sollicitation des Pères de l'Observance, qui voulaient faire supprimer ces religieux du tiers ordre, envoya, avec le consentement du pape Sixte V, vers l'an 1587, le P. Guillaume de la Passion, de l'ordre de Cîteaux et de la congrégation de Saint-Bernard, pour faire la visite de leurs couvents et réformer leur province; mais, bien loin d'y trouver des abus, il ne trouva au contraire que des sujets d'édification, et rendit témoignage de leur exacte pauvreté, de leur humilité, de leurs pénitences et mortifications, et de leur assiduité à la prière et à l'oraison: ce qui arrêta toutes les poursuites des Observants, et convainquit le roi de leurs mauvaises intentions et de l'injustice de leur demande.

Ils commencèrent l'an 1610 à avoir pour commissaire général un religieux du premier ordre et de l'Observance. De temps en temps ils eurent pour visiteurs des Capucins; mais la guerre qui s'alluma entre l'Espagne et le Portugal les empêchant d'avoir recours au général, qui était Castillan, le roi de Portugal ordonna qu'ils éliraient pour commissaire général un religieux national; en conséquence de cet ordre, ils choisirent le P. Martin du Rosaire, Capucin. Cette élection causa du trouble dans cette province: car ce nouveau commissaire l'ayant voulu gouverner contre les règles et l'esprit du troisième ordre, les religieux eurent recours au roi, qui, ayant pris l'avis des docteurs et des jurisconsultes, prescrivit au commissaire, l'an 1647, la manière dont il devait agir dans l'exercice de sa charge. Ce commissaire nomma pour visiteur le P. Benoît de Saint-Georges, aussi Capucin. Le temps du chapitre approchant, il déposa les supérieurs qui n'étaient pas dans ses intérêts, sous prétexte qu'ils ne pouvaient pas avoir voix; et en ayant établi d'autres plus conformes à son génie, il convoqua le chapitre le 18 décembre 1649, et fit élire un provincial tel qu'il le souhaitait.

Le P. Ferdinand de Caméra, qui avait autrefois exercé cette charge, voulant remédier à ces abus, entreprit le voyage de Rome, et y fit casser les élections qui avaient été faites au chapitre. Le pape Innocent X, de sa propre autorité, le nomma provincial, par un bref de l'an 1650, et institua aussi des définiteurs et un custode. Le chapitre qui se tint l'an 1657 ne fut pas encore pacifique; le P. Matthieu de Saint-François, nommé à l'évêché d'Angola, y fut élu; mais quinze vocaux, qui n'avaient pas voulu assister à cette élection, en appelèrent à Rome, où la congrégation des Réguliers ayant pris connaissance de cette affaire, cassa ce chapitre, et déclara nulles les élections qui y avaient été faites : néanmoins, pour le bien de la paix, elle confirma le P. Matthieu dans l'office de provincial. Le décret en ayant été expédié et adressé à certains juges, afin qu'ils le fissent exécuter, on assembla de nouveau le chapitre au mois de juin 1659; mais, bien loin de se soumettre à ce décret, il déclara que le P. Matthieu, qui avait été confirmé par la congrégation des Réguliers, avait encouru l'excommunication portée par la Bulle *In cœna Domini*, et par conséquent qu'il ne pouvait être provincial ; c'est pourquoi on élut pour vicaire provincial le P. Emmanuel de la Trinité. Le P. Matthieu eut encore recours à Rome, où, après deux ans de contestations, il fut confirmé dans sa charge, qu'il exerça jusqu'en l'an 1661. Ces religieux commencèrent à avoir pour visiteurs des religieux du tiers ordre l'an 1663. Ils assistent aux chapitres généraux de tout l'ordre de Saint-François, et dans quelques-uns de ces chapitres on leur a accordé des définiteurs généraux. Les emplois qu'ils ont eus dans le royaume font connaître l'estime où ils sont, puisqu'il y en a plusieurs qui ont été censeurs du Saint-Office, examinateurs des ordres militaires, et qu'il y en a toujours un qui est chapelain de la flotte royale. Il y en a aussi quelques-uns qui ont été élevés à l'épiscopat, comme le P. André de Torquémada, le P. Paul de l'Etoile, et le P. Matthieu de Saint-François, dont nous avons parlé. Ils ont eu aussi parmi eux plusieurs écrivains célèbres. Leurs premières constitutions furent dressées l'an 1520, et furent réformées dans le chapitre qui se tint l'an 1645. Le P. Jean de Meirinero, général de l'ordre de Saint-François, ordonna qu'elles seraient observées dans la province, et que celles qui avaient été imprimées l'an 1636 seraient supprimées, comme ayant été faites sans le consentement de toute la province. Ces nouvelles constitutions furent reçues et confirmées dans le chapitre qui se tint l'an 1648. Quant à leur habillement, il est semblable à celui des religieux d'Espagne.

Mémoires envoyés de Portugal.

§ 8. — *Des religieux Pénitents du tiers ordre de Saint-François de l'Etroite-Observance et congrégation de France, dits Picpus, avec la Vie du R. P. Vincent Mussart, leur réformateur.*

La France, qui a toujours été le centre de la véritable piété et dévotion, est le premier Etat qui ait reçu favorablement le troisième ordre régulier de Saint-François, puisque le premier monastère de ce même ordre fut fondé à Toulouse en 1287, par la piété d'un bourgeois de cette même ville, nommé Béchin. Le progrès qu'il fit en ce royaume fut si grand, que, sur la fin du XIIIe siècle, il avait déjà plusieurs provinces qui le rendaient fort considérable, tant par le grand nombre de leurs couvents que par le mérite de ceux qui s'y retiraient pour s'y consacrer au service de Dieu.

Les historiens de cet ordre, qui sont tous modernes, ne font mention que de deux de ses anciennes provinces, l'une sous le titre de province d'Aquitaine, l'autre sous celui de province de Normandie, à laquelle était jointe la Picardie, dont le grand sceau se conserve encore dans les archives du couvent de Picpus ; mais il y a tout lieu de croire qu'il y en avait quelques autres dont ils n'ont jamais eu connaissance, puisque, selon les anciens titres des religieux du même ordre en Portugal, il est constant que ce furent deux religieux de la province de Lyon qui allèrent en ce royaume en 1443, qu'ils bâtirent le premier couvent de cet ordre au bourg de Caria, et qu'ils envoyèrent d'abord leurs novices dans la province de Lyon, pour y être instruits des observances régulières, d'où ils firent venir aussi d'autres religieux pour les aider à faire l'établissement du couvent de Caria : ce qui étant une preuve incontestable qu'il y avait une province qui portait ce nom, nous peut faire conjecturer qu'il y en avait encore d'autres dont nous aurions également connaissance, si, dans le temps qu'elles florissaient le plus en piété et en science, elles n'avaient éprouvé la rage et la fureur des hérétiques de ces derniers siècles, qui, non contents de massacrer tous les religieux qui tombaient entre leurs mains, s'efforçaient, par une haine plus que barbare, d'ôter jusqu'au souvenir et aux moindres traces des temples du Seigneur ; en sorte que, sans le couvent de Toulouse (dont nous venons de parler), qui eut le bonheur d'échapper à leur fureur, on aurait ignoré son établissement dans ce royaume. Son antiquité paraît par les titres de sa fondation et par l'original d'une bulle de Nicolas IV, donnée en 1289, par laquelle ce pontife confirma, à la requête des religieux de ce couvent, la troisième règle, qui jusqu'alors n'avait été confirmée que de vive voix par trois souverains pontifes : ce qui est une des plus fortes preuves pour détruire le sentiment de ceux qui ont voulu combattre cette même antiquité, comme nous l'avons vu dans le premier paragraphe de cette deuxième section.

Des contre-temps si fâcheux ayant donc entièrement aboli quelques provinces de cet ordre, dont les titres furent ensevelis sous les ruines de leurs monastères, il n'est pas surprenant que les historiens modernes n'en aient point parlé et se soient contentés de lui donner ces deux provinces d'Aquitaine et de Normandie, qui sont les seules dans lesquelles se trouvaient encore quelques couvents, quoique sans ordre et sans régularité, lorsque Dieu, qui avait inspiré à saint François l'établissement de cet ordre pour le salut de plusieurs âmes, voulant en relever l'éclat, lui suscita un saint homme, nommé *Vincent Mussart*, qui par sa piété rétablit cette première ferveur dont il était déchu, et releva les autels et les sanctuaires du Seigneur, qui avaient été renversés ou profanés par les ennemis de la foi.

Il naquit à Paris, le 3 mars de l'an 1570, et reçut au baptême le nom de Vincent. Ses parents étaient de condition médiocre, mais assez avantagés des biens de la fortune pour donner à leurs enfants une bonne éducation en les mettant sous la conduite de bons maîtres, capables de les instruire des maximes du christianisme et de leur apprendre les sciences humaines. Vincent y fit un égal progrès dans la vertu et dans les sciences, et donna des marques sensibles de la libéralité de la nature et de la grâce à son égard, mais avec cette différence, qu'il préférait les dons de celle-ci aux avantages de l'autre : car, malgré l'ouverture qu'il avait pour les belles-lettres, par le moyen desquelles il pouvait espérer quelque avancement dans le monde, il témoigna un si grand mépris pour ses vanités et un si grand amour pour la solitude, qu'il résolut de s'y retirer. Il en parla à son père, qui s'y opposa, non pour le détourner de son dessein, mais pour éprouver sa vocation, tâchant en même temps de lui persuader d'entrer chez les Capucins nouvellement établis à Paris, dont il était syndic; mais Dieu en disposa autrement.

Il reçut l'ordre de sous-diacre des mains de l'évêque de Senlis, et se revêtit ensuite de l'habit d'ermite; il entra en diverses confréries, comme en celle des Pénitents gris, qui étaient du tiers ordre de Saint-François, y étant attiré non-seulement par la piété et la dévotion de ceux qui composaient cette sainte société, mais encore par l'exemple des personnes illustres qui se faisaient gloire d'y être inscrits, tels qu'étaient, entre les autres, M. de Bérulle, qui fut ensuite cardinal et instituteur de la congrégation des Prêtres de l'Oratoire en France, et M. de Marillac, que le roi Louis XIII honora de la dignité de garde des sceaux.

L'an 1592, il fit vœu de chasteté en l'honneur de la sainte Vierge, et s'engagea de réciter tous les jours son petit office. Il se proposait en toutes choses la volonté de Dieu, dont la connaissance faisait toute son application, persuadé qu'en s'y conformant il ne s'écarterait jamais du chemin de la perfection, se retirant pour cet effet dans des lieux solitaires, où il s'adonnait à la contemplation des choses célestes et à la pratique de la mortification et de la pénitence, auxquelles il joignait la prière et l'oraison, afin que Dieu lui fît la grâce de lui inspirer le genre de vie auquel il l'avait destiné; et afin de s'en rendre plus digne, sachant que c'est dans la retraite que Dieu se plaît à parler au cœur de ses fidèles et à leur manifester sa sainte volonté, il en fit une sous la conduite du P. Georges, de la compagnie de Jésus, pendant laquelle il se sentit un si ardent désir d'accomplir le dessein qu'il avait projeté de faire profession du troisième ordre et de le rétablir dans son premier état de ferveur et de régularité, qu'il ne douta point que ce ne fût la volonté de Dieu et que ce ne fût là l'état dans lequel il le devait servir. Il ne l'eut pas plus tôt achevée, que, pour ne pas perdre le fruit des grâces et des bénédictions dont Dieu l'avait prévenu dans le temps de ces exercices, il ne songea plus qu'à la solitude, espérant que Dieu lui fournirait les moyens d'exécuter son pieux dessein. Il ne tarda pas à voir l'effet de ses espérances, par la rencontre qu'il fit d'un ermite, nommé *Antoine Poupon*, qui, s'étant retiré dans un lieu solitaire proche Paris, y vivait avec beaucoup de réputation. Le P. Vincent s'étant joint à lui, ils établirent pour quelque temps leur demeure dans la forêt de Sénar, entre Corbeil et Melun. Ils avaient là une petite chapelle, et leur logement ne consistait que dans un chétif appentis, qu'ils sanctifiaient par la pratique des vertus et par leurs prières ferventes.

Ne se trouvant pas assez éloignés du monde en ce lieu, à cause de la proximité du grand chemin, ils allèrent au Val-Adam, à quatre lieues de Paris. Sa situation au milieu d'un bois taillis, les charmes et un pauvre ermitage qu'ils y trouvèrent, fut un attrait pour les y arrêter, d'autant plus que ce lieu avait été occupé par une communauté de pauvres Tiertiaires, qui vivaient du travail de leurs mains. Ils eurent beaucoup de contradictions à souffrir de la part de certains chanoines réguliers, à qui ce lieu appartenait; mais leur patience triompha de la malice du démon, qui leur suscitait ces difficultés afin de faire échouer leur bon dessein. Le P. Vincent étant tombé malade quelque temps après, il vint à Paris, que le roi Henri IV assiégeait; il y reçut dans la maison de son père le soulagement à sa maladie. Il retourna donc, étant parfaitement guéri, dans sa solitude de Val-Adam, où il trouva son ancien compagnon. Peu de temps après, il y en eut d'autres qui, attirés par la sainteté de leur vie, se joignirent à eux, dont les premiers furent le P. François Mussart, frère du réformateur, et un jeune homme de Langres, nommé Jérôme Sequin. Cette augmentation de ces nouveaux disciples de la Pénitence les obligea à changer de demeure; ils allèrent dans l'ermitage de Saint-Sulpice, au diocèse de Senlis, qu'ils trouvèrent plus propre au dessein qu'ils avaient de vivre en commun dans une solitude; mais les contradictions qu'ils reçurent encore en ce lieu les obligèrent de le quitter pour aller à Franconville-sous-Bois, au diocèse de Beauvais, à six lieues de Paris. M. d'O, seigneur de ce lieu, de Saint-Martin du Tertre et de Baillet, gentilhomme d'une grande piété, les reçut favorablement et leur donna une chapelle, sous le titre de Saint-Jacques du Vivier, qui se trouvait proche son château, avec un petit logement à côté; et ce fut là qu'ils jetèrent les fondements de leur congrégation, l'an 1594.

Dès l'année précédente ils avaient eu recours au supérieur des religieux du tiers ordre de Saint-François, du couvent de Brassi en Picardie, pour le prier de les admettre dans cet ordre, dont ils observaient la règle avec tant de zèle, que, non contents des pratiques de piété qu'elle leur prescrivait, ils y ajoutaient beaucoup d'austérités auxquelles elle ne les engageait point, comme la nudité des pieds et la privation du linge; mais le P. Vincent, qui voulait établir sa congrégation d'une manière solide, ayant fait réflexion sur l'autorité du supérieur de Brassi, crut qu'il en fallait une plus grande pour les recevoir dans l'ordre; c'est pourquoi, en vertu de la bulle de Pie V, dont nous avons parlé dans les paragraphes précédents, qui assujettissait tous les Tiertiaires au général et aux provinciaux de l'ordre des Mineurs, il s'adressa au provincial de la province de France parisienne, qui donna commission au P. Jean le Brun, religieux du couvent des Cordeliers de Pontoise, pour les diriger pendant l'année de leur noviciat, et recevoir la profession solennelle de la troisième règle, qu'ils firent entre ses mains le 1er septembre 1595. Cette profession fut ratifiée par le Révérendissime Père Bonaventure de Catalagéron, général de tout l'ordre de Saint-François, le provincial, le custode et les définiteurs de la province de France parisienne, le 24 juin 1598. Le même général donna pouvoir au Père réformateur de recevoir à l'habit et à la profession les personnes qui se présenteraient, et d'ériger de nouveaux couvents. Ces religieux ayant obtenu en 1594 les permissions nécessaires pour leur établissement à Franconville, et ayant agrandi leur église, Guillaume de Rose en fit la dédicace cette même année, à la prière du chapitre de Beauvais, qui leur avait accordé les susdites permissions pendant la vacance du siége épiscopal de cette église; mais ayant été rempli par René Poitier, qui fut sacré l'an 1595, ce prélat donna de nouvelles patentes à ces religieux l'an 1597, afin qu'ils pussent vivre dans ce couvent de Franconville sans inquiétude, conformément à la règle qu'ils avaient embrassée. Louis de Vaudetar, seigneur de Pouilly, au diocèse de Sens, édifié de la sainteté de leur vie, voulut leur fonder un couvent l'an 1598, audit Pouilly; les permissions de l'ordinaire en furent expédiées la même année par le grand vicaire Jean de Beaune, archevêque de Bourges, grand aumônier de France, et nommé à l'archevêché de Sens, qui avait les droits du chapitre; mais cette fondation ne fut pas exécutée. L'an 1601 ils furent établis à Paris, à l'extrémité du faubourg Saint-Antoine, dans un lieu appelé *Picpus*, qui a fait donner à ces Pères le nom de *Picpus*, comme on a donné celui de *Chartreux* aux disciples de Saint-Bruno, à cause qu'ils furent d'abord établis dans un lieu appelé *Chartreuse*; celui de *Feuillants* aux Réformés de Saint-Bernard, à cause qu'ils s'établirent dans un lieu appelé *Feuillant*; celui de *Prémontrés* aux disciples de Saint-Norbert, à cause de leur première demeure qui fut dans les bois de *Prémontré*; et ainsi de plusieurs autres ordres, auxquels on a donné le nom des lieux où ils se sont établis. Madame Jeanne de Sault, veuve de René de Rochechouart, chevalier des ordres du roi, comte de Mortemart, fut reconnue pour fondatrice du nouveau couvent. Henri de Gondi, évêque de Paris, donna, le 27 février, son consentement pour cet établissement, qui fut autorisé par lettres patentes du roi Henri IV, de la même année. Louis XIII posa la première pierre de la nouvelle église, qui fut commencée l'an 1611. L'archevêque d'Embrun y officia pontificalement et prêcha devant Sa Majesté, qui témoigna toujours une affection particulière pour cet ordre, comme il paraît par les lettres patentes que ce prince accorda en faveur de ces religieux au mois de juillet 1621, où il se qualifie de fondateur de leur couvent de Picpus, comme ayant mis et posé, dès les premières années de son règne, la première pierre de l'église, et contribué par ses libéralités à sa perfection.

Ces religieux ayant été ainsi établis à Franconville et à Paris, le P. Vincent Mussart envoya deux religieux à Rome pour obtenir du saint-siège l'union des anciens monastères avec les nouveaux, ce que le pape Clément VIII accorda par un bref de l'an 1603, par lequel il ordonna que toutes les maisons du tiers ordre en France seraient soumises au ministre général et au commissaire général de l'ordre des Mineurs, et que tous les deux ou les trois ans, les religieux du tiers ordre tiendraient un chapitre provincial, où l'on élirait un ministre provincial de leur corps, qui aurait une pleine juridiction sur tous les couvents et religieux du même ordre en France, et que l'on élirait aussi quatre définiteurs. En vertu de ce bref, le premier chapitre se tint à Franconville, le 13 mai 1604. Les anciens religieux de l'ordre des provinces de Normandie et de Picardie y assistèrent avec les Réformés; et quoique ces anciens fussent en plus grand nombre que les autres, le P. Vincent ne laissa pas d'avoir la plus grande partie des suffrages et fut élu provincial. Son élection fut d'abord confirmée par le P. Ponce Clérici, qui présidait à ce chapitre en qualité de commissaire du général. Il prescrivit à ce nouveau provincial pour le grand sceau de son office l'image de saint François étant à genoux au pied d'une croix qu'il embrasse, et pour le petit sceau l'image de saint Louis, roi de France, l'un et l'autre semés de fleurs de lis, et supprima en même temps tous les anciens sceaux de l'ordre en France. Et afin de conserver l'union et la paix entre les religieux anciens et Réformés, il ordonna que, conformément au concordat qui avait été passé entre eux, les anciens se conformeraient, autant qu'ils pourraient, à la manière de vie des Réformés, dont ils prendraient l'habit et la ceinture, en sorte que les uns et les autres auraient un habit uniforme, à l'exception néanmoins qu'on ne pourrait pas contraindre les anciens à la nudité des pieds, ni à ne point porter de linge, ni à d'autres austérités que celles qui étaient prescrites par la règle : leur laissant la possession des couvents qu'ils avaient en Normandie et en Picardie, sur lesquels les Réformés ne pourraient avoir aucun droit, à moins qu'ils ne les eussent abandonnés; à l'exception de celui de Sainte-Barbe de Croisset, à une lieue de Rouen, qu'ils promirent de céder aux Réformés, auxquels il fut défendu d'empêcher les anciens de recevoir des novices.

Quoique ces anciens eussent consenti à cet accord, il y en eut plusieurs qui refusèrent de reconnaître le P. Vincent Mussart pour supérieur, y étant excités par le gardien de Sainte-Barbe de Croisset, qui croyait par ce moyen se dispenser d'abandonner ce couvent aux Réformés, nonobstant l'accord qui avait été fait entre eux ; mais ce réformateur, après avoir employé inutilement les voies de douceur pour les soumettre à son obéissance, conformément au bref de Clément VIII, ayant eu recours à l'autorité du roi, dont il avait déjà éprouvé les bontés pour lui et pour sa congrégation en plusieurs rencontres, ce prince ordonna que le bref de Clément VIII serait exécuté, donna pouvoir au P. Vincent de réformer tous les couvents du tiers ordre en France, et commanda à tous les religieux anciens de le reconnaître pour provincial et légitime supérieur, et d'assister à tous les chapitres que tiendraient les Réformés, mandant à son parlement de Rouen de faire exécuter ses volontés, sur quoi il rendit un arrêt, du 4 août 1604, en vertu duquel les Réformés furent mis en possession du couvent de Sainte-Barbe de Croisset, où ils demeurèrent avec les anciens, aussi bien que dans celui de Sainte-Barbe de Louviers, où ils entrèrent quelque temps après. L'année suivante, 1605, les gardiens de Vernon, d'Andely et de Brassi, tous anciens, ayant été cités pour se trouver au chapitre qui se tint cette année à Picpus, ne purent se dispenser d'y venir en conséquence de l'ordre du roi ; mais ils ne voulurent pas concourir aux élections, et s'étant retirés ils firent, conjointement avec quelques autres mécontents, des tentatives pour s'unir aux Pères de la congrégation d'Italie : mais n'ayant pu réussir dans leurs entreprises, à cause des oppositions qui y furent formées de la part du marquis d'Alincourt, ambassadeur de France à Rome, ces trois gardiens de Vernon, de Brassi et d'Andely s'assemblèrent avec ceux de Bernay et de Neufchâtel, et quelques autres religieux, l'an 1607, dans le couvent de Vernon, où ils élurent pour provincial le P. Claude Retourné, procureur du couvent de Brassi, qui avait depuis peu de temps quitté l'habit de l'ordre pour entrer chez les Cordeliers, et en cette qualité il nomma les gardiens de quelques maisons. Il y en eut néanmoins quelques-uns qui, avouant leur faute, reconnurent pour provincial le P. Vincent Mussart, qui avait été continué dans cet office par le chapitre provincial qui se tint à Picpus l'an 1607. Le P. Claude Retourné le reconnut aussi par une lettre du dernier octobre 1608, par laquelle il se démettait de son prétendu provincialat ; mais comme c'était sous certaines conditions qui n'agréaient pas, le chapitre qui se tint la même année ordonna qu'il viendrait demander pardon au provincial, ou au commissaire provincial en l'absence du provincial, et que, ne le voulant pas faire, il serait interdit et suspendu de toutes fonctions ecclésiastiques, avec menaces de le traiter plus rigoureusement s'il ne se soumettait. Et comme les autres anciens persistaient dans le refus qu'ils faisaient de reconnaître le réformateur pour leur supérieur, l'on obtint un autre arrêt de la cour du parlement de Rouen, qui ordonnait qu'ils se soumettraient aussi à l'obéissance de leurs supérieurs légitimes.

D'un autre côté, les anciens de la province d'Aquitaine qui n'avaient point voulu se trouver à aucun des chapitres qui s'étaient tenus depuis la naissance de la réforme, voyant qu'elle s'affermissait de jour en jour, et appréhendant qu'on ne les obligeât à s'y soumettre, s'unirent à la congrégation d'Italie, dont le général envoya des religieux au couvent de Toulouse. Le P. Matthieu de Palerme en fut fait gardien, et écrivant au P. Claude Retourné, il le reconnut comme provincial des religieux du tiers ordre en la province de France. Mais le roi Henri IV, ayant été averti de l'arrivée de ces étrangers dans son royaume sans sa permission, les en chassa l'an 1608, et mit en leur place les Réformés.

Pendant que ces Réformés étaient ainsi traversés par les anciens qui les empêchaient de rétablir la régularité dans les anciens couvents, il y eut des monastères de filles qui embrassèrent la réforme, comme nous dirons dans la suite, et on offrit aux religieux Réformés des établissements en plusieurs lieux. Ils acceptèrent seulement ceux de Lyon, de la Guiche, de Pargny, de Digoine et de Rouen. Et comme le provincial ne pouvait pas satisfaire à tous ces couvents, à cause de leur éloignement, il fut résolu, dans le même chapitre de l'an 1608, de les diviser en quatre custodies : que le gardien de Picpus serait custode en France, et aurait sous sa custodie les couvents de Brassi, Franconville et Vailly ; que le gardien de Rouen serait custode en

Normandie, et aurait sous sa custodie les couvents de Louviers, Neufchâtel, Andely, Vernon, Caudebec, Merci et Bernai; que le gardien de Lyon serait custode du Lyonnais, et aurait sous sa custodie les couvents de la Guiche, Digoine, Pargny et les autres qui seraient fondés dans cette province; et que le gardien de Toulouse serait custode dans le Languedoc, et que sa custodie s'étendrait sur tous les couvents de cette province. Il fut aussi ordonné qu'ils auraient sur tous ces couvents une autorité égale à celle du provincial lorsqu'il ne serait pas présent, et qu'à cause de l'éloignement des custodies de Lyon et de Toulouse, les couvents de ces custodies seraient dispensés d'envoyer aux chapitres annuels ; mais que le provincial ou son commissaire y faisant la visite, pourraient tous les ans y tenir un chapitre. Quelques-uns de ces nouveaux couvents furent néanmoins abandonnés, comme celui de la Guiche et de Pargny, aussi bien que quelques-uns des anciens, comme ceux de Caudebec et Merci. Celui de Brassi subsista pendant plusieurs années ; mais ayant été entièrement ruiné par les guerres, il fut aussi abandonné, et il ne reste plus des anciens couvents que Sainte-Barbe de Louviers, Croisset, Toulouse, l'Ile-Jourdain, Caumont, transféré à Mazères, Vernon, Bernai, Neufchâtel et Vailly, dans lesquels la réforme fut introduite peu à peu, et à mesure que les religieux anciens mouraient ; car on ne leur permit plus de recevoir des novices après que le général, le P. Archange de Messine, eut ordonné que la réception des novices appartiendrait au provincial seul, et qu'il eut déclaré nulles toutes les professions qui seraient faites sans son consentement.

Ce fut dans le chapitre qui se tint l'an 1609, et auquel il présida, qu'il fit cette ordonnance, avec d'autres règlements, par lesquels il défendit, entre autres choses, à tous les religieux du premier ordre de se mêler à l'avenir des affaires des religieux du troisième ordre, de leur donner des obédiences, de recevoir chez eux ceux qui avaient fait profession dans le troisième, à moins qu'ils n'en eussent sa permission. Il ordonna encore à tous les religieux anciens du troisième ordre de prendre l'habit des Réformés, et il défendit à ceux qui en seraient revêtus de passer parmi les non-Réformés.

Il semble que dans ce chapitre l'on conçut déjà le dessein de séparer les couvents en deux provinces différentes, puisque le même général ordonna que la province d'Aquitaine serait nommée la *Province de Saint-Elzéar*; ce qui ne peut pas avoir été ordonné pour la province de France, comme le P. Jean-Marie de Vernon a avancé, puisque celle-ci a toujours porté le nom de *Province de France* ou *de Saint-François* jusqu'à présent, depuis l'an 1604, que le P. Vincent Mussart, réformateur, en fut le premier provincial, et que le commissaire général qui présidait à son élection prescrivit quel devait être le sceau de cette province, comme nous avons dit ci-devant ; mais ce ne fut que dans le chapitre général qui se tint l'an 1613, que l'on élut deux provinciaux, l'un de France, l'autre d'Aquitaine. Ce général approuva aussi, dans le même chapitre de l'an 1609, les premières constitutions de la congrégation : ce qu'il réitéra étant à Rome, par un acte du 15 octobre 1610, par lequel il ordonna aux religieux de cette même congrégation de quitter la ceinture de cuir qu'ils avaient portée jusqu'alors et d'en prendre une de crin. Leurs constitutions furent ensuite confirmées, l'an 1612, par le P. Jean Delhiero, son successeur, et le pape Paul V, qui avait déjà accordé beaucoup de grâces à ces religieux, et qui avait confirmé le bref que Clément VIII avait donné en leur faveur en 1603, approuva aussi leurs constitutions, par un autre bref du 22 avril 1613. Conformément à ces constitutions, ils devaient avoir un vicaire général en France ; et comme ils avaient des couvents dans les quatre principales villes du royaume, à Paris, à Rouen, à Lyon et à Toulouse, l'on songea dès lors à séparer la congrégation en quatre provinces, qui auraient le nom des provinces où ces quatre villes étaient situées ; mais en attendant que le nombre des couvents fût suffisant pour former ces quatre provinces, on en fit d'abord deux, l'une sous le nom de *France*, l'autre sous celui d'*Aquitaine*. Dans le premier chapitre général qui se tint à Picpus la même année, où le P. Vincent, réformateur, fut élu premier vicaire général de la congrégation, le P. François Mussart, son frère, fut élu provincial de la province de France, et le P. Ange de Châlons, premier provincial de la province d'Aquitaine.

A mesure que la congrégation s'augmentait, le zèle des religieux augmentait aussi, et ce fut dans le désir de pratiquer plus parfaitement la pauvreté qu'ils résolurent, dans le second chapitre général, qui se tint à Picpus l'an 1616, d'admettre dans l'ordre des frères servants pour recevoir l'argent qui leur serait offert, et que ces frères servants ne feraient que des vœux simples de chasteté, de pauvreté et d'obéissance, auxquels ils en ajouteraient un quatrième de fidélité. Ils devaient être habillés comme les religieux, sinon qu'au lieu de capuce ils devaient porter un chapeau, être chaussés, et ne faire leur profession qu'au chapitre et non pas à l'église.

Ce fut dans ce même chapitre que l'on accepta l'établissement de deux hôpitaux à Louviers, l'un pour les hommes, l'autre pour des femmes. Ces hôpitaux devaient être desservis par des frères hospitaliers et par des sœurs qui suivraient la règle du tiers ordre de Saint-François, et seraient soumis à la juridiction des supérieurs de la réforme. Les frères hospitaliers devaient porter l'habit des frères servants de l'ordre ; et la grâce qu'on leur accorda, c'est qu'ils pourraient recevoir l'habit et faire profession dans l'église de ces hôpitaux. Les sœurs hospitalières devaient faire vœu de clôture, et être appelées les *Sœurs Hospitalières de la Régulière-Observance*, à la différence des religieuses réformées de cet ordre, que l'on nommait de l'Etroite-Observance, et ces hospitalières ne devaient réciter que le petit office de la Vierge.

Ceux qui procuraient cet établissement étaient un prêtre nommé *Jean David*, qui avait été habitué dans la paroisse de Saint-Jean en Grève à Paris, et un nommé *René Broute-Sauge*, qui avait été procureur au Châtelet de la même ville. Ils avaient obtenu l'agrément de l'évêque d'Evreux pour cet établissement, qui avait été autorisé par lettres patentes du roi, vérifiées au parlement de Rouen au mois d'août de la même année, à condition qu'ils seraient sous la juridiction, visite et correction du supérieur général des religieux Réformés du tiers ordre, et qu'ils porteraient leur habit. Celui des frères servants de cet ordre leur ayant été accordé, ils s'en contentèrent, et sur ce pied-là ils firent un concordat avec les supérieurs ; mais leur vêture fut différée, parce qu'ils voulurent, contre le Concordat, porter aussi le capuce et être chaussés : ce qui aurait causé une grande difformité dans l'ordre, à quoi les supérieurs s'opposèrent.

L'établissement des sœurs hospitalières n'eut pas les mêmes difficultés, étant toutes résolues de vivre sous la juridiction et la direction des supérieurs de l'ordre, et de suivre les observances des autres religieuses du même ordre. Le P. Vincent Mussart donna l'habit de religion à treize ou quatorze, tant filles que veuves, qui commencèrent cet établissement au mois de septembre 1617. Deux religieuses du monastère de Sainte-Elisabeth, à Paris, de la même réforme, furent envoyées à Louviers pour instruire ces hospitalières des observances régulières, et l'une de ces deux religieuses fut établie supérieure; on leur donna aussi un religieux de l'ordre qui demeurait au couvent de Sainte-Barbe de la même ville, pour leur administrer les sacrements.

Les hospitaliers, qui n'avaient que de mauvaises intentions, étant d'ailleurs sollicités par des personnes jalouses du progrès de la réforme, de faire une nouvelle congrégation du tiers ordre mêlée d'hommes et de femmes, insistaient toujours pour avoir un habit différent de celui dont on était convenu par le concordat ; ne l'ayant pu obtenir des supérieurs, ils s'adressèrent à l'évêque d'Evreux, François de Péricard, qui leur accorda leur demande, leur permettant de porter l'habit semblable à celui des religieux Réformés, même le capuce, avec cette différence qu'ils auraient des bas et des souliers. Ce Prélat écrivit, le 23 décembre de la même année, au Père réformateur, pour le prier d'y consentir et de commander aux hospitaliers de prendre l'habit; mais, bien loin d'y consentir, il s'y opposa fortement. Ce refus, auquel les hospitaliers ne s'attendaient pas, leur fut si sensible, que, pour s'en venger, ils commencèrent à brouiller et à renverser le bon ordre établi chez les hospitalières, se rendirent maîtres de ce monastère, vendirent une partie des fonds qui avaient été donnés pour la fondation, déposèrent la Mère supérieure, venue de Paris, l'enfermèrent dans une prison avec sa compagne, où elles restèrent plusieurs mois sans parler à personne, mirent pour supérieure une des novices, chassèrent le confesseur et bannirent de ce monastère l'autorité des supérieurs de l'ordre qu'ils usurpèrent, administrant à ces novices les sacrements sans pouvoirs légitimes, ayant même changé les exercices, la psalmodie et les cérémonies de l'office divin, et tellement occupé les avenues du monastère, qu'il n'y avait pas moyen de parler à aucune de ces novices.

Le P. Vincent Mussart, sur ces violences, présenta requête, en 1618, au parlement de Rouen, qui rendit des arrêts favorables aux religieux de la réforme. Ces procédures empêchèrent que les hospitaliers ne réussissent à Rome, où la congrégation des Réguliers voulait leur donner la règle de saint Augustin ; car, ayant appris qu'il y avait instance au parlement de Rouen sur ce différend, elle ne voulut point décider, de peur de mettre l'autorité du saint-siège en compromis avec ce parlement. Les hospitaliers obtinrent néanmoins un bref du pape Grégoire XV, qui leur permettait de s'établir à Louviers ; mais comme ce bref n'était pas conforme aux lettres patentes du roi qui avaient été vérifiées au parlement de Rouen, puisque dans le bref ils étaient appelés *Hospitaliers de Saint-Louis*, dans les lettres patentes *Hospitaliers du troisième ordre de Saint-François*, il fut rejeté et ils ne purent obtenir l'établissement qu'ils demandaient. Les hospitalières restèrent néanmoins, mais sous l'obéissance de l'évêque d'Evreux, après que les Pères du tiers ordre les eurent abandonnées et eurent renoncé à la juridiction qu'ils avaient sur elles ; ce qu'ils firent pour éviter tous les différends avec David et Broute-Sauge, qui ne causaient que du désordre et de la confusion dans ce monastère. Nous ne parlerons point de ce qui arriva à ces hospitalières après que les Pères du tiers ordre les eurent abandonnées, et dont ce David, à qui l'évêque d'Evreux avait confié leur conduite, fut l'auteur; nous nous contenterons seulement de dire que ce prélat ne tarda pas à s'apercevoir qu'il avait accordé trop aisément sa protection à cet homme, qui n'avait dessein que de tromper les hospitalières.

Ceux qui avaient persuadé à ces hospitaliers de Louviers de faire une congrégation particulière du tiers ordre de Saint-François, indépendante de celle des Pères Réformés du même ordre, disputèrent aussi à ceux-ci la validité de leurs vœux, et portèrent quelques religieux mécontents à en douter aussi, prétendant que le P. Vincent Mussart n'avait pas eu d'autorité suffisante pour la réformation de l'ordre; mais le Révérendissime Père Bénigne de Gênes, général de l'ordre de Saint-François, faisant ses visites en France, présida au chapitre général de la congrégation des religieux du tiers ordre, qui se tint à Picpus l'an 1622, et déclara qu'ils étaient véritablement religieux. Sa sentence fut lue publiquement au chapitre, mais les supérieurs, ayant reconnu que les religieux mécontents n'acquiesçaient pas à cette décision, eurent recours au cardinal François Barberin, neveu du pape Urbain VIII, et son légat en France, qui nomma, pour présider au chapitre général qui se tint l'an 1625, l'archevêque de Bourges, Roland Hébert, avec deux assistants, dont l'un fut M. Duval, docteur et professeur royal en théologie, de la maison de Sorbonne, et l'autre, le P. Guillain, théologien de la compagnie de Jésus. Ces commissaires, après avoir examiné les raisons de part et d'autre, conclurent qu'il n'y avait jamais eu lieu de douter de la validité des vœux des religieux de cette congrégation, ni de la solennité de leurs professions. Ils appelèrent même dans leur assemblée M. Spada, nonce du pape en France, l'archevêque de Barri, nonce en Flandre, qui se trouvait pour lors à Paris, et qui ont tous deux été dans la suite cardinaux: ils y joignirent le directeur ou régent de la légation, Benoît Pamphile, auditeur de Rote, qui a été pape sous le nom d'Innocent X; M. Isambert, professeur en théologie et docteur de Sorbonne, et le P. Guerri, de la compagnie de Jésus; et après avoir eu leur avis, ils donnèrent une sentence, au mois de juillet 1625, par laquelle ils déclarèrent que les vœux des religieux du tiers ordre de Saint-François étaient canoniques et solennels. Leur sentence fut confirmée l'année suivante, 1626, par le pape Urbain VIII, qui approuva aussi, la même année, les nouveaux statuts qui avaient été dressés dans le chapitre de l'année précédente, les anciens ayant été abrégés et mis en meilleur ordre.

Nonobstant tous les troubles et les inquiétudes que l'envie et la jalousie suscitaient à cette congrégation, elle ne laissait pas de faire de nouveaux progrès, par les établissements qu'on lui donna à Charolles en Bourgogne, à Nancy, à Bayon et à Montheureux en Lorraine, à l'Aigle, à Veulles, et à Saint-Valéri en Normandie; à Courtenay, dans le Gâtinais, et à Sens. Paul V leur permit même de s'établir à Rome l'an 1622. Ils demeurèrent d'abord à la Longara, et furent ensuite transférés à Notre-Dame des Miracles, proche le Tibre, d'où enfin ils sortirent pour aller demeurer dans la place du Peuple, où le cardinal Guastaldi leur a fait bâtir une église, qui est une des plus belles de Rome. L'estime que ces religieux s'étaient acquise par la sainteté de leur vie et leur exacte observance les faisait demander de tous côtés; mais le Père réformateur, n'ayant pas suffisamment de religieux pour satisfaire tout le monde, se contenta d'accepter encore les établissement de Notre-Dame de Sion, de Vaucouleurs et de Bar-le-Duc en Lorraine; de Saint-Lô en Normandie; de Beaujeu, au diocèse de Mâcon; de Moulins en Gilbert dans le Nivernais; de Chemilli, dans le comté de Bourgogne, et un second établissement à Paris, sous le titre de Notre-Dame de Nazareth, proche le Temple, pour servir d'hospice au couvent de Picpus, à cause de son éloignement, étant situé à l'extrémité du faubourg Saint-Antoine. Il fut élu pour la seconde fois vicaire général l'an 1628. Quelques occupations que lui donnât cette charge, il sut toujours si bien allier la charité du prochain avec les intérêts de sa congrégation, que, sans négliger ceux-ci, il se rendait utile au public par l'exercice continuel de la prédication, dont il s'acquittait avec succès dans les premières villes du royaume, ce qui faisait admirer la force de son esprit. Le pape Paul V désira de le voir; le roi Henri IV en faisait une estime particulière, et la reine Marguerite, fille de Henri II et sœur des rois François II, Charles IX, et Henri III, donnait, à sa considération, au couvent de Picpus, deux mille quatre cents livres par an, qu'elle appelait la pension du P. Vincent. Enfin, après avoir beaucoup travaillé pour sa congrégation et lui avoir procuré plus de trente-quatre maisons d'hommes, et plusieurs maisons de filles de la même réforme, dont nous parlerons en un autre endroit, il mourut au couvent de Picpus, le 13e jour d'août de l'an 1637, dans sa soixante-septième année, et fut enterré dans le chœur en un cercueil de plomb.

Après la mort de ce réformateur, la congrégation s'augmenta considérablement. Louis XIII, qui, dès le commencement de son règne, l'avait honorée de son affection royale, comme nous l'avons dit ci-dessus, lui donna de nouvelles marques de sa protection en 1638, lorsque le P. Ignace le Gaut, Récollet de la province de Saint-Denis en France, ayant obtenu un bref d'Urbain VIII qui l'établissait vicaire général des trois ordres de Saint-François en ce royaume, voulut exercer sa juridiction sur la congrégation du tiers ordre, quoiqu'elle eût un vicaire général particulier: car Sa Majesté, par un arrêt du conseil, du 3 avril 1638, lui fit défense de s'ingérer dans le gouvernement des religieux de cette congrégation, qui par ce moyen se conserva le droit d'être gouvernée par un vicaire général de son propre corps, honneur dont elle jouirait encore, si ceux mêmes qui avaient poursuivi cet arrêt avec plus de zèle, n'eussent, par quelque intérêt particulier, été les premiers à en demander trois ans après la suppression et l'abolition, abusant pour cela du crédit qu'ils avaient auprès de M. Séguier, chancelier de France, pendant la minorité du roi Louis XIV. Ils se contentèrent d'abord de faire suspendre ce vicaire général par un bref d'Urbain VIII, du 2 février 1642; mais enfin, cela ne suffisant pas pour satisfaire l'envie qu'ils avaient d'être entièrement séparés du reste de la congrégation, ce qui n'aurait pas été si on avait rétabli ce même vicaire général dans son office, comme ils le craignaient, ils le firent entièrement supprimer par le pape Innocent X, en 1648. Le roi, par un arrêt du conseil d'État, du 15 mars 1674, ordonna qu'il serait rétabli, et Sa Majesté écrivit pour ce sujet au duc d'Estrées, son ambassadeur à Rome, et à son frère le cardinal d'Estrées, pour en solliciter le bref auprès du pape Innocent X. Mais ceux qui l'avaient fait supprimer usèrent d'adresse pour empêcher l'expédition de ce bref : ainsi la congrégation est demeurée sans supérieur général de son corps, ses provinces étant gouvernées par des provinciaux qui ne reconnaissent que l'autorité du général de tout l'ordre de Saint-François.

Cette congrégation est présentement divisée en quatre provinces, qui sont celles de France, d'Aquitaine, de Normandie et de Lyon, et a en tout cinquante-neuf couvents d'hommes, outre celui de Rome, qui est national et commun aux quatre provinces, qui y envoient chacune cinq religieux, et que le roi Louis XIV a bien voulu prendre sous sa protection par ses lettres patentes du mois d'octobre de l'an 1701. Il y a aussi cinq monastères de filles de la même réforme, qui dépendent de la congrégation, et plusieurs autres qui sont soumis à la juridiction des ordinaires. Les ducs de Lorraine ont toujours témoigné beaucoup d'affection pour cette congrégation, ayant permis l'établissement de sept maisons dans leurs Etats, dont il y en a quatre qui ont été fondées par leurs libéralités, entre lesquelles est celle d'Einville, fondée l'an 1708, par Léopold Ier. Charles IV, qui avait pour confesseur un religieux de cet ordre, enrichit le couvent de Notre-Dame de Sion, dans le comté de Vaudemont, et l'une des plus grandes dévotions de la Lorraine, d'une épine de la couronne de Notre-Seigneur, enchâssée dans un riche reliquaire, et le couvent de Bayon en possède aussi une, qui lui fut donnée par le duc de Croyson, fondateur. Quoique les fondements de la réforme aient été jetés à Franconville-sous-Bois proche Beaumont, et non pas à Franconville proche Pontoise, comme plusieurs ont cru, et qu'il y ait eu d'anciens couvents du tiers ordre en France avant l'établissement de celui de Franconville, le couvent de Picpus a néanmoins toujours été regardé comme le chef de cet ordre en France, depuis que les réformés en ont pris possession, et on y a toujours tenu les chapitres généraux. C'est dans ce couvent que les ambassadeurs des princes étrangers reçoivent les compliments avant que de faire leur entrée, et où le roi les envoie prendre dans ses carrosses par les princes et les seigneurs qu'il députe pour cela.

Ces religieux suivent la règle du tiers ordre de Saint-François, réformée par Léon X. Outre les jeûnes prescrits par cette règle, qui sont les mêmes que ceux qui sont ordonnés par la règle de Nicolas IV, et dont nous avons déjà parlé ailleurs, ils sont encore obligés par leurs constitutions de jeûner les veilles des fêtes de la Conception, de la Nativité, de l'Annonciation et de la Purification de la sainte Vierge, et la veille de la fête de Saint-François. Ils jeûnent aussi celles des fêtes de Saint-Michel et du patron du couvent, lorsqu'elles arrivent un jour d'abstinence. Ils se lèvent à minuit pour dire Matines,

après lesquelles ils font une demi-heure d'oraison mentale, qu'ils font encore pendant l'espace de trois quarts d'heure après Complies. Ils ont un quart d'heure d'examen de conscience avant le dîner et autant le soir avant le coucher ; trois fois la semaine ils prennent la discipline, et jeûnent au pain et à l'eau le jour du vendredi saint, mangeant à terre, en mémoire de la Passion de Notre-Seigneur. Ils gardent un étroit silence depuis sept heures du soir jusqu'à Prime du jour suivant, et depuis Pâques jusqu'à la fête de l'Exaltation de la sainte croix ; ils le gardent aussi depuis midi jusqu'à deux heures, excepté les jours de jeûnes, que le silence commence à une heure. Outre les trois vœux solennels de chasteté, de pauvreté et d'obéissance, ils en ajoutent encore deux autres, l'un d'observer les commandements de Dieu, et l'autre de faire les pénitences qui leur seront imposées quand ils en seront requis par les supérieurs. Voici la formule de leurs vœux :

Je N. voue et promets à Dieu tout-puissant, à la glorieuse Vierge Marie, à tous les saints, et à vous, mon Révérend Père, de garder toute ma vie les commandements de Dieu et la règle de Pénitence du troisième ordre de Saint-François, confirmée par notre saint Père Nicolas IV, et réformée par Léon X, et de satisfaire, comme il conviendra, lorsque j'en serai requis par mes supérieurs, aux transgressions que je pourrai commettre contre cette troisième règle et contre les constitutions et statuts des frères du même ordre de l'Étroite-Observance, vivant en obéissance, sans propre et en chasteté.

Quant à leur habillement, il consiste en une robe de drap de couleur brune, et un capuce rond, auquel est attaché une espèce de scapulaire, qui se termine en pointe, dont les extrémités, par devant et par derrière, descendent jusque sous la ceinture, qui est une corde de crin noir ou de poil de chèvre. Leur manteau, de même couleur et de même drap que la robe, descend jusqu'à mi-jambe. Ils sont nu-pieds, et ils ont des sandales de bois ; dans la maison, il leur est permis d'en avoir de cuir, à la manière des Capucins. Il ne leur est pas permis de porter du linge, sinon dans les maladies ou dans quelques autres nécessités, avec la permission des supérieurs ; c'est pourquoi leurs chemises ou tunicelles sont de serge, et ils couchent sur des paillasses sans matelas. Les frères lais sont habillés comme les prêtres, et, les uns et les autres portent la barbe longue. Il y a néanmoins des provinces où l'on ne donne le capuce aux frères lais que dix ans après leur profession, et pendant ce temps-là, ils portent un chapeau. Ces frères au chapeau ont été substitués à la place des frères servants, dont nous avons parlé, qui d'abord ne faisaient que des vœux simples : ils furent ensuite admis à la profession solennelle, après deux années de noviciat (1).

Cette congrégation a pour armes d'or à

---

(1) *Voy.*, à la fin du vol., n°s 26 à 29.

DICTIONN. DES ORDRES RELIGIEUX. III.

une couronne d'épines de sinople, au milieu de laquelle il y a un lis sans tige, au chef de sable, chargé de trois larmes d'argent, l'écu timbré d'une couronne ducale, entrelacée d'une couronne d'épines, avec cette devise : *Pœnitentia coronat*. Ce sont là les véritables armes de la congrégation. Ceux qui lui donnent un Saint-Esprit descendant sur un cœur, l'écu semé de larmes, avec cette devise : *Flabit Spiritus, et fluent aquæ*, se trompent, puisque ce n'est que le sceau des lettres, et non pas les armes de la congrégation.

Joan. Maria Vernon, *Annal. tertii ord. S. Francisc.* Francisc. Bordon, *Chronolog. Fr. et Sor. tertii ord. S. Francisci*. Elzéar de Dombes, *Académie de perfection*, et *Collectio et compilat. privileg. apostol. FF. et Soror. ejusd. ord.*, et plusieurs *Manuscrits aux archives du couvent de Picpus*.

La réforme dont nous venons de parler est celle où avait fait profession le R. P. Hélyot, auteur de l'ouvrage que nous reproduisons ici, et auquel nous ajoutons ces lignes. Il en a été le religieux, sinon le plus savant, du moins le plus distingué et le plus connu ; car son *Histoire des Ordres monastiques*, qui surpasse en mérite tout ce qu'on avait écrit en ce genre, surpasse aussi en réputation tout ce qui a été composé par les religieux Picpus. C'est dans la maison de Paris nommée Picpus, dont les Pères étaient appelés ainsi eux-mêmes, que vécut et mourut ce religieux, dont on peut voir l'histoire dans la Notice biographique que j'ai mise au commencement du premier volume de ce Dictionnaire.

Pendant tout le xviiie siècle, cette congrégation se distingua par sa soumission aux décisions de l'Église, et par son opposition au jansénisme. Dans le scandaleux entêtement que montrèrent de nombreux prêtres et religieux, quand M. de Vintimille renouvela les pouvoirs à son entrée à l'archevêché de Paris, les religieux Picpus firent une des plus honorables exceptions, et le grand vicaire dit, en leur rendant justice, qu'il serait à désirer qu'il y eût beaucoup de ministres qui les valussent. Je fais remarquer ici que les corporations les plus régulières, telles que celle-ci, celle des Augustins Réformés, des Récollets, etc., furent alors, comme toujours, les plus soumises à l'Église et aux pasteurs.

Aussi les jansénistes attaquèrent-ils de temps en temps, dans leur gazette scandaleuse, les procédés, les thèses, les sermons des religieux Pénitents. En compensation, ils donnèrent, en 1758, des éloges abondants à un P. Athanase, qui a été le plus connu, et peut-être le seul remarquable du très-petit nombre d'opposants que la bulle trouva chez les Picpus. Ce P. Athanase, de Rouen, avait eu le malheur de connaître, dans les premiers temps de sa vie religieuse, le fameux Jubé, ancien curé d'Anières, et autres appelants de cette trempe qui lui firent partager leurs préventions, et lui valurent une sorte d'exil au couvent de la Veule, près de Saint-Valéri en Caux, dans lequel il passa plus de trente ans.

On peut voir ce que j'ai dit de la maison de Picpus dans la Notice sur le P. Hélyot. Il y avait, au milieu du dernier siècle, plus de soixante religieux. A la même époque, dans le couvent dit de Nazareth, que la même congrégation possédait encore à Paris (et un troisième à Belleville), il y avait quarante-cinq religieux. Ce couvent de N.-D. de Nazareth, aujourd'hui détruit et changé en maison particulière, était dans le Marais et dans la rue à laquelle il a laissé son nom. Ce n'était, en 1613, qu'un simple hospice de l'ordre, qui ne fut érigé en couvent qu'au milieu du xviie siècle. Ce monastère dépendait de la province de Normandie, quoique situé à Paris ; mais il paraît qu'à cause de sa position plus centrale que celle de la maison de Picpus, il avait été choisi par les Pères de l'ordre, dans les dernières années, pour chef-lieu de la congrégation de France ; et quand la révolution éclata, c'était dans ce couvent de Nazareth, près du Temple, que résidait le R. P. Vincent Jannin, vicaire général. Alors, comme aujourd'hui, le supérieur général du tiers ordre résidait à Rome ; mais on a vu, dans le récit du P. Hélyot, que les Tiertiaires de la congrégation de France avaient, dans le commencement de leur réforme, été admis sous la juridiction du général de tout l'ordre de Saint-François.

La maison de Picpus ou Piquepusse, qui donnait son nom aux religieux qui l'habitaient, comme *Prémontré* aux Prémontrés (on disait dans le peuple un Père Picpus), est détruite aujourd'hui, et le lieu où elle était bâtie est habité actuellement par la société des *Sacrés-Cœurs*, dite de Picpus, que je ferai connaître dans le *Supplément*.

Nouvelles ecclésiastiques. — Tableau... de Paris. — Almanach royal, etc.   B-D-E.

§ 9. — *Des Hospitaliers du tiers ordre, ou Infirmiers minimes.*

Voy. Obrégons, ci-dessus.

§ 10. — *Des Pénitents du tiers ordre, dits Bons-Fieux.*

Voy. Bons-Fieux, au Ier volume.

SECTION III.

RELIGIEUSES DU TIERS ORDRE DE SAINT-FRANÇOIS.

§ 1er. — *Origine des religieuses du tiers ordre de Saint-François.*

Voy. Elisabeth de Hongrie (Sainte).

§ 2. — *Des religieuses du tiers ordre de Saint-François vivant en clôture, avec la Vie de la bienheureuse Angéline de Corbare, leur fondatrice et première générale de cet ordre.*

Quoique, selon Pancirole, le monastère de Sainte-Marguerite au delà du Tibre, à Rome, fût bâti dès l'an 1288 pour des religieuses du tiers ordre de Saint-François, et qu'il en eût un autre du même ordre fondé en 1309 dans la même ville, sous le nom de *Sainte-Croix au Mont-Citorio*, et nonobstant ce que dit Wading au sujet des religieuses du même ordre, dont il assure qu'il y avait un monastère fondé à Naples en 1320 et un autre à Foligny en 1348, cependant nous ne pouvons refuser à la bienheureuse Angèle ou Angéline de Corbare le titre de fondatrice des religieuses du troisième ordre de Saint-François, puisqu'elle est la première qui a établi la clôture dans le monastère qu'elle fonda à Foligny en 1397 et dans tous les autres qui furent sous sa conduite, d'autant plus que le même Wading, dans ses *Annales des Frères Mineurs*, ne fait point difficulté de dire que le couvent de Foligny est le premier de cet institut.

Cette bienheureuse institutrice naquit l'an 1377, à Monte-Giove, bourg du royaume de Naples, éloigné d'Orvietto de dix milles. Son père fut Jacques de Montemarte, comte de Corbare et de Tisiguiano, et sa mère se nommait Anne de Burgari, de la famille des comtes de Marsciano. Les premières inclinations d'Angéline firent connaître qu'elle méritait bien le nom qu'on lui avait donné; car dès son enfance elle s'adonna à la piété et n'avait point d'autres divertissements que d'orner des oratoires et de réciter des prières.

Ayant perdu sa mère à l'âge de douze ans, elle conçut un si grand mépris de toutes les choses de la terre et un si grand désir de plaire à Jésus-Christ, qu'elle lui voua sa virginité. Sa tendresse et sa compassion envers les pauvres étaient si grandes, qu'elle leur donnait tout ce qu'elle avait, et son recueillement était tel qu'elle fuyait tous les divertissements, même les plus innocents.

Son père la voulut marier à l'âge de quinze ans au comte de Civitelle, dans l'Abbruze; mais comme elle avait fait vœu de virginité depuis trois ans, elle refusa ce parti, ce qui mit son père dans une si grande colère, qu'il la menaça de la faire mourir si elle ne consentait à ce mariage, ne lui donnant que le terme de huit jours pour prendre sa résolution. Angéline, dans cette extrémité, eut recours à Dieu, qui lui révéla qu'elle pouvait consentir au mariage qu'on lui proposait, sans craindre de violer son vœu, et ainsi l'an 1393 elle épousa le comte de Civitelle. Le jour des noces se passa en jeux et en divertissements de la part des personnes qui y avaient été invitées; il n'y eut que la sainte qui était toujours dans l'inquiétude, ne pouvant comprendre comment s'accomplirait la promesse que Dieu lui avait faite de conserver sa virginité.

La nuit s'approchant, elle se retira seule dans sa chambre et se mit toute baignée de larmes au pied d'un crucifix, le sommant de sa parole et le conjurant de l'exécuter. Pendant qu'elle soupirait, un ange lui apparut et lui confirma la promesse de Dieu. Au même temps le comte de Civitelle, curieux de savoir où était son épouse et ce qu'elle faisait, regarda par une fente de la porte, et voyant l'ange sous la figure d'un jeune homme qui parlait familièrement avec elle, il entra dans la chambre transporté de jalousie; mais la trouvant seule il lui demanda d'un ton sévère où était le jeune homme qui l'entretenait. Angéline lui découvrit alors le vœu qu'elle avait fait, le commandement qu'elle avait reçu de Dieu de l'épouser sans craindre de manquer à la fidélité qu'elle avait vouée à sa divine majesté, et l'assurance qu'un ange venait de lui en donner. Le comte, touché de ces merveilles et ravi de la vertu de son épouse, ne la regarda plus que comme une personne du ciel; il la pria de lui donner son amitié, non pas comme épouse, mais comme sœur, et l'assura qu'il n'aurait jamais que du respect pour elle, puisque sa vertu était si chérie de Dieu, et qu'elle méritait d'être visitée par les anges. Angéline, de son côté, fut ravie de voir la promesse de Dieu si heureusement accomplie, et tous les deux firent vœu dans le même temps de conserver leur pureté, et passèrent la nuit en prières et à rendre grâces à Dieu de la faveur qu'ils recevaient de sa bonté.

Ils se retirèrent quelques jours après à Civitelle, où ils s'adonnèrent entièrement aux œuvres de piété. Le comte mourut saintement l'année suivante, dans la pratique de ces saints exercices, et Angéline se trouvant entièrement libre, prit l'habit du tiers ordre de Saint-François avec ses demoiselles suivantes, et renonçant à toutes les vanités du monde, elle fit de sa maison une école de vertu. Elle s'adonnait particulièrement au secours des pauvres et au soulagement des malades, et Dieu, pour faire voir combien sa charité lui était agréable, l'honora de plusieurs miracles en leur faveur.

La piété d'Angéline ne trouvant pas assez d'étendue dans sa ville, elle alla avec ses filles en divers lieux de la province de l'Abbruze, où elle convertit plusieurs pécheurs par ses exhortations, et attira tant de filles à l'amour de la virginité, qu'elle fut déférée devant Ladislas, roi de Naples, comme une prodigue qui avait dissipé le bien de son mari, et comme une hérétique vagabonde qui courait le pays de province en province, qui condamnait le mariage, et qui, sous ce prétexte, trompait un grand nombre de filles. Elle fut citée pour comparaître devant ce prince, sans qu'on lui signifiât les motifs de son accusation. Elle se mit en chemin avec une grande confiance que le Ciel serait son protecteur; et son espérance ne fut pas vaine; car Ladislas ayant écouté avec beaucoup de satisfaction l'éloge qu'elle fit de la virginité, ce prince la renvoya avec beaucoup d'honneur, et de grandes marques de l'estime qu'il en faisait. Sa puissance auprès de Dieu était si grande, qu'elle ressuscita, peu de temps après, un jeune homme qui était l'unique espérance d'une des principales familles de Naples : ce qui la mit dans une si haute réputation, que tout le monde commença à publier sa sainteté; mais son humilité ne pouvant supporter les honneurs qu'on lui rendait, elle se retira secrètement de Naples et retourna à Civitelle, où elle continua ses exercices de piété. Elle fit entrer par ses exhortations tant de filles dans des monastères, où elle leur persuada de faire vœu de virginité, que les principaux seigneurs du pays se voyant privés de leurs filles, renouvelèrent leurs plaintes contre elle; mais avec tant d'animosité que le roi la bannit de son royaume avec ses compagnes. Elle vendit tout le bien qu'elle avait, distribua aux pauvres la plus grande partie du prix qu'elle en avait reçu, et ne se réserva que ce qu'elle crut qui lui serait absolument nécessaire pour nourrir sa famille dans cet exil. Ainsi elle abandonna son pays et fut inspirée d'aller avec ses compagnes à Assise pour y gagner l'indulgence de la Portioncule, qui devait arriver peu de temps après. Etant dans l'église, après avoir satisfait à ses dévotions, elle fut ravie en extase, et Dieu lui révéla d'aller à Foligny pour y fonder un monastère de religieuses du tiers ordre de Saint-François, où elle se renferma avec ses compagnes dans une clôture perpétuelle.

Elles arrivèrent toutes ensemble à Foligny le troisième jour d'août de l'an 1395, et allèrent d'abord à l'église cathédrale, dédiée à saint Félicien, qu'elle supplia de vouloir être leur protecteur. La sainte visita aussi toutes les Églises de la ville, principalement celle de Saint-François, ou l'on conserve le corps de la bienheureuse Angèle de Foligny, qui était aussi du troisième ordre de Saint-François, et, après y avoir demeuré en prières un temps considérable, Dieu accorda à ses larmes, qu'elle y répandit en abondance, les lumières qui lui furent nécessaires pour réussir dans l'exécution de l'ordre qu'elle avait reçu de Dieu. Elle assembla ensuite ses compagnes, avec lesquelles, elle alla trouver l'évêque de cette ville, Jean d'Angelo della Popola, pour lui demander la permission d'y fonder un monastère. Ce prélat, regardant le dessein de la sainte comme une entreprise difficile et nouvelle, lui dit qu'il ne pouvait lui accorder cette permission sans avoir consulté le pape, qui était pour lors Boniface IX, auquel il lui promit qu'il écrirait sur ce sujet. Quelques semaines s'étant écoulées, l'évêque reçut la réponse du pape, qui lui ordonnait d'accorder la demande de la pieuse comtesse, dont la réputation s'était déjà répandue par toute l'Italie. Il en parla à Ugolin de Trinei, seigneur de Foligny, qui donna une place pour jeter les fondements de ce monastère. Angéline et ses compagnes achetèrent une petite maison proche de ce lieu pour y demeurer en attendant que le monastère fut bâti, et ayant été achevé au commencement de l'année 1397, l'église fut dédiée en l'honneur de sainte Anne, mère de la sainte Vierge, et bénite par Onuphre de Trinei, frère du seigneur de Foligny, qui avait succédé à Jean d'Angelo della Popola. Angéline alla demeurer dans ce monastère avec ses premières compagnes, au nombre de six. Deux demoiselles de Foligny, deux d'Assise et une de Camerino, poussées d'un saint zèle pour la vie religieuse, et animées par l'exemple de ses vertus, se joignirent à elle. Ainsi elles se trouvèrent douze, qui reçurent des mains de l'évêque l'habit régulier du troisième ordre de Saint-François, dont elles firent aussi profession solennelle entre ses mains l'année suivante, ayant ajouté aux vœux ordinaires celui de clôture perpétuelle.

La bienheureuse Angéline fut élue pour première supérieure, et cette sainte fondatrice, appréhendant que le grand nombre de religieuses n'affaiblît les observances régulières, fixa le nombre de celles qui devaient être reçues dans son monastère, ordonnant qu'on ne pourrait pas en recevoir qu'il n'y eût des places vacantes. Mais comme il y avait plusieurs filles de Foligny qui voulaient aussi embrasser le même institut, et qu'elles ne pouvaient pas entrer dans le monastère de la bienheureuse Angéline, à cause que le nombre qu'elle avait fixé était rempli, les bourgeois firent bâtir un autre monastère dans la même ville, pour celles qui ne pouvaient entrer dans le premier, et prièrent la sainte de leur accorder une de ses religieuses, pour apprendre les observances régulières à celles du nouveau monastère, qui fut achevé l'an 1399, et dédié à sainte Agnès, vierge et martyre. La bienheureuse fondatrice nomma pour première supérieure de cette autre communauté une religieuse native de la même ville, nommée sœur Marguerite, qui la gouverna avec cet esprit de piété et de ferveur qu'elle avait imité et appris de sa mère dans la vie spirituelle. La sainteté des religieuses de ces deux monastères se répandit bientôt par toute l'Italie, en sorte que plusieurs villes en souhaitant, Martin V accorda un bref à ces religieuses, en 1421, par lequel il leur permettait de faire d'autres établissements en Italie. Avec cette permission quelques disciples de la bienheureuse Angéline fondèrent de nouveaux monastères en plusieurs provinces. Elle alla elle-même à Assise, où elle fonda celui de Saint-Quirique, vulgairement appelé *San-Chierico*. Elle en envoya deux à Florence, qui y bâtirent un monastère l'an 1429; quatre autres allèrent à Viterbe, à la prière de saint Bernardin de Sienne, qui y prêchait; et en peu de temps il y eut onze monastères de cet institut en plusieurs villes d'Italie, comme à Ascoli, Rieti, Todi, Aquila, Plaisance, Pérouze et ceux dont nous avons parlé.

Martin V, par une bulle de l'an 1328, unit tous ces monastères en une congrégation, permettant aux religieuses d'élire une générale dans des chapitres généraux qu'elles devaient tenir tous les trois ans. Cette supérieure générale devait visiter, avec quelques autres religieuses, tous les monastères de la congrégation, et y établir des supérieures, ce qui fut confirmé en 1436 par le pape Eugène IV, qui accorda à la générale de pouvoir substituer à sa place une vicaire générale pour les visites. La première générale fut la bienheureuse Angéline; mais cette sorte de gouvernement ne dura pas longtemps; car l'an 1459 le pape Pie II, à la sollicitation de Louis de Vicenze, vicaire général des frères Mineurs, supprima l'office de cette générale, et ordonna qu'à l'avenir chaque monastère élirait une supérieure qui aurait dans son monastère la même autorité que la générale avait dans toute la congrégation. Quoique ces monastères fussent soumis à l'autorité d'une générale, ils dépendaient néanmoins des frères Mineurs de l'Observance, en vertu d'une bulle de Martin V, de l'an 1430, ce qui dura jusqu'en l'an 1481, que ces religieuses quittèrent les Observants pour se soumettre à la juridiction des Amadéistes. Mais ceux-ci ayant été supprimés, comme nous avons dit ailleurs, quelques-uns de ces monastères de Tiertiaires retournèrent à l'obéissance des Observants, et tous les autres furent soumis aux ordinaires.

Quant à la bienheureuse Angéline, elle mourut dans son monastère de Sainte-Anne à Foligny, le 14 juillet 1435, âgée de cinquante-huit ans, et fut enterrée dans le couvent de Saint-François comme elle avait souhaité, et le monastère de Sainte-Anne a depuis été appelé Sainte-Anne des Comtesses, à cause de la qualité de sa fondatrice, qui était comtesse de Civitelle. Après sa mort, les monastères de cet institut se multiplièrent de telle sorte que François de Gonzague, qui écrivait sur la fin du XVIe siècle, dit qu'il y en avait cent trente-cinq, dans lesquels il y avait près de quatre mille religieuses. Le nombre de ces monastères était auparavant bien plus considérable, puisqu'il est très-certain qu'il y en a eu dont les religieuses, aspirant à une plus grande perfection, ont embrassé la première règle de sainte Claire, comme firent celles du monastère de l'*Ave Maria*, à Paris, l'an 1485, avec la permission du pape Innocent VIII, qui accorda, l'an 1490, la même grâce aux religieuses Tiertiaires de Lille en Flandre, qui la lui demandèrent, à l'exemple de celles de l'*Ave Maria*, à Paris.

Ces religieuses sont présentement soumises à la juridiction des ordinaires ou à celle des frères Mineurs de l'Observance, celles qui sont soumises aux évêques ont différentes constitutions : quelques-unes suivent la règle de Nicolas IV, d'autres celle de Léon X; celles qui sont sous la juridiction des frères Mineurs de l'Observance ont les mêmes constitutions que les religieuses Urbanistes et de la Conception, lesquelles constitutions furent dressées dans le chapitre général qui se tint à Rome l'an 1629, où le R. P. Jean de Mérinéro fut élu général. Ainsi, selon ces constitutions, elles disent le grand office, se lèvent à minuit pour dire Matines, ont une heure d'oraison mentale chaque jour, demi-heure après Prime et demi-heure après Complies. Elles prennent la discipline les lundis, mercredis et vendredis. Outre les jeûnes et abstinences ordonnés par l'Eglise et ceux qui sont prescrits par la règle, et dont nous avons parlé dans les paragraphes précédents, elles doivent encore jeûner les veilles des fêtes du Saint-Sacrement, de Saint-François et de Sainte-Claire. Quant à leur habillement, il est gris et semblable à celui des Clarisses et autres religieuses du premier ordre, les unes ayant des scapulaires et les autres n'en ayant point (1).

Luc Wadling. *Annal. Minor.*, tome IV et V. Joann. Mar. Vernon, *Annal. tertii ord. S. Francisci.* Ludovico Jacobilli. *Vit. della B. Angelina et Constitutiones para todas las monjas sujetas à la obed. de la orden de S. Francisco.*

§ 3. — *Des religieuses hospitalières du tiers ordre de Saint-François.*

Voy. GRISES (*Sœurs*).

§ 4. — *Des religieuses Pénitentes du tiers ordre de Saint-François de l'Etroite-Observance, avec les Vies des Révérendes Mères Françoise et Claire-Françoise de Besançon, leurs fondatrices.*

A peine la réforme des religieux du tiers ordre de Saint-François, qui avait été établie en France par le R. P. Vincent Mussart, comme nous avons dit dans le § 8 de la troisième section de cet article, eut commencé à faire quelque progrès, qu'il se trouva des religieuses du même ordre qui, à la sollicitation de la vénérable Mère Françoise de Besançon, supérieure du monastère de Salins, dans le comté de Bourgogne, voulurent imiter le zèle et la ferveur de ces religieux, en embrassant aussi l'Etroite-Observance. Cette sainte fondatrice naquit à Besançon, d'une famille noble, et se nommait dans le monde *Marguerite Borrey*. Etant en âge d'être mariée, elle fut recherchée par M. de Reci, qui avait quelque commandement dans les troupes du duc de Savoie. Il l'épousa, et ils eurent de leur mariage une fille, qui vint au monde le 6 août 1589, et reçut au Baptême le nom d'*Odille*.

Nous ne savons point les particularités de l'enfance de la mère; mais pour la fille, dès l'âge de quatre à cinq ans, allant à la messe, elle s'arrêtait aux portes des églises avec les pauvres pour leur apprendre les prières qu'on lui avait enseignées. Etant plus âgée, elle pansait leurs plaies, raccommodait leurs habits, quoique pleins de vermine, les reprenait de leurs fautes lorsqu'ils y tombaient en sa présence, et leur distribuait toutes les confitures et les douceurs qu'elle pouvait avoir de sa mère, qui agréait toutes ces pratiques de charité. Cette pieuse femme donnait à sa fille des habits convenables à sa naissance; mais la jeune Odille, déjà prévenue des bénédictions du ciel et remplie de cet esprit de pauvreté qui devait faire un jour les délices de son cœur, l'avertit qu'appartenant à Jésus-Christ elle ne devait point avoir tous ces ajustements, et qu'elle ne voulait point avoir d'habits qui ressentissent le faste et la vanité. La mortification d'être privée de la sacrée communion à cause de son bas âge lui était très-sensible : elle en souffrit néanmoins le refus jusqu'à l'âge de huit ans, qu'on la lui accorda, à cause de ses excellentes vertus

(1) *Voy.*, à la fin du vol., n° 30 et 30 *bis*.

et de son insigne piété; et dès lors on remarqua en elle un nouveau progrès dans la perfection.

L'éclat de sa beauté lui attira des adorateurs; mais les recherches que l'on fit pour l'avoir en mariage ne servirent qu'à augmenter le désir qu'elle avait de se retirer dans un monastère. Sa mère, qui avait elle-même ce désir et qui sollicitait son mari de leur en accorder la permission, était la première à exhorter sa fille à ne point songer au mariage et à persévérer dans le dessein qu'elle avait pris de n'avoir point d'autre époux que Jésus-Christ. M. de Reci ne pouvait se résoudre à une séparation si prompte et si sensible; mais enfin, se laissant aller aux instances de sa femme, et obéissant à la voix de Dieu qui lui parlait par ses inspirations, il consentit à leur retraite, leur permettant d'emporter ce qu'elles voudraient pour leurs besoins. Cette séparation fut bientôt après suivie d'une plus grande: car Dieu, voulant récompenser le sacrifice que M. de Reci avait fait à sa divine majesté de la tendresse qu'il avait pour une si chère épouse et une si aimable fille, l'appela à une meilleure vie avant qu'elles eussent fait profession, les délivrant en même temps du seul obstacle capable de retarder l'exécution du grand désir qu'elles avaient de se consacrer à Dieu par les vœux solennels de la religion, qu'elles firent, après cette mort, dans le monastère qu'elles fondèrent au bourg de Verceil, sur les frontières d'Alsace, à trois lieues de Besançon, après en avoir obtenu la permission du pape Clément VIII. L'archiduc Albert, gouverneur des Pays-Bas, et l'infante Isabelle-Claire-Eugénie, son épouse, à qui le comté de Bourgogne appartenait, y donnèrent leur consentement, et Ferdinand de Rie, archevêque de Besançon, approuva cet établissement. Elles reçurent l'habit du tiers ordre de Saint-François des mains du commissaire général des Conventuels, l'an 1604, le jour de l'Ascension de Notre-Seigneur, avec quelques femmes dévotes qui se joignirent à elles, et l'année suivante elles firent leur profession solennelle. Madame de Reci changea son nom de Marguerite en celui de Françoise, et sa fille Odille prit celui de Claire-Françoise. Elles ne demeurèrent que trois ans dans ce lieu, qui, outre qu'il était trop exposé aux insultes des gens de guerre, n'était pas conforme au concile de Trente, qui ordonne de renfermer tous les nouveaux monastères de filles dans des villes: c'est pourquoi elles transportèrent leur demeure, l'an 1609, dans la ville de Salins, où elles bâtirent un beau monastère sous le titre de Sainte-Élisabeth, et la Mère Françoise, qui avait été élue supérieure à Verceil, fut aussi continuée dans cet office à Salins.

Le désir que ces religieuses avaient de se perfectionner dans la pratique de la troisième règle de Saint-François leur faisait souhaiter la connaissance de quelque religieux de cet ordre qui les pût instruire de leurs observances. L'éloignement où elles étaient des couvents de cet ordre rendait difficile l'accomplissement de leur désir; mais Dieu, qui n'abandonne jamais ceux qui ont confiance en lui, leur donna les moyens de réussir dans leur bon dessein, se servant pour cet effet d'un petit mercier, qui, étant venu à Salins et ayant étalé ses marchandises proche de leur monastère, vint à leur grille pour savoir si elles ne voudraient point acheter quelque chose: car la règle du troisième ordre, nouvellement imprimée avec des annotations ajoutées par les soins des supérieurs des religieux Réformés de France, s'étant rencontrée heureusement parmi ces marchandises, elles ne manquèrent pas de la prendre, et après l'avoir lue avec attention, elles écrivirent à ces religieux pour les prier de leur vouloir bien rendre quelque visite et les prendre sous leur direction; mais ils ne voulurent pas y consentir, à cause de l'éloignement. Elles firent néanmoins tant d'instances pour être soumises à l'obéissance et correction des supérieurs de cette réforme, qu'ils y consentirent enfin, et elles furent reçues et agrégées à la congrégation au chapitre provincial qui se tint à Picpus l'an 1614.

Dès l'an 1610, la Mère Françoise de Besançon avait été faire un autre établissement dans la ville de Gray, et elle envoya sa fille, la Mère Claire-Françoise, à Dôle, en 1614, pour en faire un troisième. L'an 1616, les supérieurs de l'Étroite-Observance, voulant faire aussi un établissement de ces religieuses à Paris, le P. Vincent Mussart, réformateur de cet ordre, alla en Bourgogne avec son frère le P. François Mussart, pour en amener quelques-unes. La Mère Claire-Françoise fut choisie pour être supérieure de ce nouveau monastère, et sortit de Salins avec les Mères Madeleine et Cécile de Saint-François; mais comme on leur offrit dans le même temps un autre établissement à Lyon, la Mère Claire-Françoise y laissa la Mère Madeleine pour être supérieure de ce monastère, et arriva à Paris, où douze tant filles que veuves l'attendaient pour embrasser sous sa conduite la réforme du tiers ordre, du nombre desquelles étaient la belle-mère du P. Vincent Mussart, qui prit le nom de *Sœur Gabrielle de Sainte-Anne*, et sa propre sœur, qui fit aussi profession sous le nom de *Sœur Marie de Saint-Joseph*, mais il y en eut trois qui sortirent pendant l'année de leur noviciat, en sorte qu'il n'y en eut que neuf qui prononcèrent leurs vœux solennels le 30 mai 1617. La reine Marie de Médicis, mère de Louis XIII, honora de sa protection ce nouvel établissement, et voulut assister à la solennité de la clôture de ces religieuses, se déclarant dès lors leur fondatrice conjointement avec le roi son fils, en présence de la reine Anne d'Autriche, épouse de ce prince, nouvellement arrivée en France. Elle voulut aussi poser la première pierre des nouveaux bâtiments tant de l'église que du monastère, qui furent commencés l'an 1623, et où les religieuses allèrent demeurer l'an 1630, en rendant le lieu qu'elles avaient occupé jusqu'alors, qui est de l'autre côté de la rue, aux religieux du couvent de Picpus, qui l'avaient acheté pour leur servir d'hospice, et que les religieuses avaient eu d'eux par emprunt jusqu'à ce qu'elles fussent établies.

La Mère Cécile de Saint-François, qui était venue de Bourgogne avec la Mère Claire-Françoise, après avoir été pendant cinq ans vicaire de ce monastère, fut envoyée, l'an 1621, à Nancy pour y être supérieure d'un nouveau monastère, dont M. Charles Bouvet, seigneur de Romemont et de la Tour, chevalier de l'ordre de Saint-Etienne en Toscane, chambellan du duc de Lorraine, et Marie Dieudonnée le Poignant, son épouse, furent les fondateurs, aussi bien que de celui des religieux du même ordre de la même ville. Ils ne donnèrent pas seulement la place pour bâtir celui des religieuses, mais ils firent faire tous les bâtiments, tant de l'église que des dortoirs et des autres lieux réguliers, le fournirent de meubles, et laissèrent un fonds suffisant pour l'entretien des religieuses, qui jusqu'à présent ont observé à la lettre leur règle et leurs constitutions, et ne se sont point écartées en aucune manière des premiers règlements qui furent faits pour la réforme, n'ayant pas imité en cela quelques autres monastères qui n'ont pas eu tant de scrupule. La reine Marie de Médicis s'intéressa aussi pour cet établissement, et écrivit en faveur de ces religieuses au duc et à la duchesse de Lorraine, à la comtesse de Vaudemont, à l'évêque de Toul, et à M. de Romemont leur fondateur, et le roi Louis XIII écrivit aussi pour le même sujet au duc de Lorraine et à l'évêque de Toul.

Le nombre des monastères augmentant, le chapitre général qui se tint à Picpus l'an 1625, chargea le P. Elzéar de Dombes, qui a été dans la suite vicaire général, de dresser des constitutions particulières pour ces religieuses. Sitôt qu'elles furent achevées et qu'elles eurent été examinées par les supérieurs, on les envoya dans les monastères pour être mises en pratique avant que d'en demander la confirmation en cour de Rome. Elles furent de nouveau examinées par les supérieurs, et ensuite envoyées à Rome, où, après avoir été aussi examinées par la congrégation des Réguliers, elles furent approuvées par le pape Urbain VIII, l'an 1636, et ce pontife accorda à ces religieuses les mêmes priviléges, grâces, exemptions et indulgences, dont jouissaient et pouvaient jouir à l'avenir les religieux du même ordre, ordonnant qu'elles seraient toujours soumises à la juridiction, visite, et correction des supérieurs de cette réforme, qui, nonobstant cet ordre, ont néanmoins abandonné quelques-uns de ces monastères, et n'ont pas voulu se charger de la conduite de quelques autres, qui sont ceux de Lyon, l'un sous le titre de *Sainte-Elisabeth*, dans la place de Bellecourt, un autre au faubourg de Vaize, sous le titre des *Deux-Amants*, et l'autre nommé les *Colinettes*. Les autres dont ils n'ont pas voulu s'embarrasser, sont situés à Roanne, à Marseille, à Gray, à Dôle et à Mont-Ferrand; il n'y en a présentement que cinq qui sont soumis à la juridiction de l'ordre, savoir ceux de Paris, Nancy, Salins, Arbois et Lons-le-Saulnier.

Les observances de ces religieuses sont presque les mêmes que celles des religieux de la même réforme. Ce qu'elles ont de particulier, c'est qu'elles dorment dans des linceuls de serge. Elles peuvent porter des chaussons et des chaussettes de laine, depuis la fête de Saint-François jusqu'au premier jour de mai. Elles élisent leurs supérieures dans les visites que les provinciaux ou leurs commissaires font tous les ans de leurs monastères. Elles ont deux heures de travail manuel tous les jours. Elles ne vont aux grilles qu'accompagnées de quelques religieuses, et il leur est défendu de parler les toiles tirées et ouvertes et le voile levé, sinon avec la permission de la supérieure, qui la doit accorder rarement. Les jeûnes et abstinences, les heures du silence et des offices, et tous les autres exercices, tant de dévotion que de mortification, pratiqués par les religieux, leur sont communs. Leur habillement est aussi semblable à celui des religieux, excepté qu'elles ont un scapulaire; et pour couvrir leur tête les sœurs du chœur ont un grand voile noir d'étamine, de cinq pieds de long et de trois et demi de largeur, avec un plus petit de toile blanche; les novices et sœurs converses ont un grand voile blanc, et les unes et les autres, c'est-à-dire, tant les professes que les novices ou sœurs converses portent des sandales de bois ou de cuir (1).

Les religieuses des trois monastères de Lyon et de celui de Roanne ont des constitutions particulières qui furent approuvées par le cardinal Alphonse Louis de Richelieu, archevêque de Lyon, et grand aumônier de France. Ces religieuses diffèrent des autres réformées, en ce qu'elles portent des habits de serge en été, et de drap en hiver, et qu'elles sont toujours chaussées. Elles ont des chemises de toile, et elles peuvent manger de la viande rôtie le soir : ce qui n'est pas permis aux autres, non plus qu'aux religieux, excepté sept ou huit fois l'année. Elles ne font élection de leurs supérieures et des autres officières que tous les trois ans. Les anciennes qui ont soixante ans ne disent plus de coulpes; et les sœurs converses font deux ans de noviciat. Elles se reconnaissent toujours néanmoins filles de la réforme; car, par leurs constitutions, à l'endroit où il est parlé du vœu d'observer les commandements de Dieu, il est dit qu'elles suivront la déclaration faite au chapitre général des Pères du même ordre, tenu au couvent de Picpus l'an 1625, où présidaient les commissaires apostoliques, dans lequel chapitre il fut ordonné que, par la transgression d'un commandement de Dieu, l'on ne

(1) *Voy.*, à la fin du vol., nos 31, 32.

commettait point deux péchés mortels, mais un seulement, et qu'elles suivraient aussi la déclaration faite dans le même chapitre touchant les transgressions de la règle et des constitutions, qui est que ce vœu oblige seulement à péché mortel lorsque la pénitence a été requise. Quant aux Mères Françoise, et Claire-Françoise de Besançon, leurs fondatrices, la première mourut le 4 avril 1619, dans le monastère de Salins, et sa fille dans celui de Sainte-Elisabeth à Paris, le premier jour d'avril 1637. Schoonebeck s'est trompé lorsqu'il dit que ces religieuses reçoivent toutes sortes de filles, tant honnêtes que malhonnêtes, qui sont résolues de faire pénitence de leurs péchés. Leur règle défend au contraire de recevoir des personnes qui n'auraient pas une bonne réputation. Ce qui a pu tromper cet auteur, c'est le nom de *Pénitentes*, que l'on donne à ces religieuses; mais ce nom leur est commun avec toutes les autres personnes qui font profession de la troisième règle de saint François que l'on nomme *de la Pénitence*.

Joann. Mar. Vernon. *Annal. tertii ord. S. Francisci*. Schoonebeck, *Description des ordres des femmes et filles religieuses*, p. 64. *Mémoires manuscrits*, et *Constitutions des religieuses du tiers ordre de l'Étroite-Observance*.

Le monastère de Sainte-Elisabeth, rue Saint-Louis au Marais, l'un des établissements religieux les plus importants de Paris, n'appartient point, comme on pourrait le croire, à la congrégation des Tiertiaires de Sainte-Elisabeth, dont nous avons parlé dans le volume précédent, mais les religieuses qui l'habitent suivent l'Étroite-Observance du troisième ordre de Saint-François, et étaient autrefois liées à cette réforme qu'on appelait congrégation de France ou Picpus.

Pendant le XVIII° siècle, elles restèrent, comme toute leur congrégation, et en général les communautés régulières, attachées et soumises aux ordres de l'Église. Ces dispositions devaient les mettre en garde contre la séduction lorsque la révolution éclata. A cette époque malheureuse, elles montrèrent une invincible constance et un attachement édifiant à leur saint état, en faisant auprès des autorités toutes les instances possibles pour ne point quitter leur couvent et n'être point séparées.

Leurs démarches furent inutiles, et, sur un ordre formel du commissaire, elles sortirent du couvent de Sainte-Elisabeth, le 20 août 1793, ayant chacune trente francs pour tout moyen d'existence.

La plupart rentrèrent dans leurs familles. Trois se réunirent, et bientôt cette petite réunion augmenta jusqu'au nombre de six. Robespierre vivait encore! Elles furent dénoncées et condamnées *à mort*, et, si la sentence ne fut point exécutée, c'est que Robespierre tomba et fut exécuté lui-même en l'année 1794.

Cette première réunion était dans la rue Saint-Joseph; là les religieuses vécurent des bienfaits de madame de Grisnoy, qui avait été élevée dans leur maison de Sainte-Elisabeth. Acte de reconnaissance digne d'éloges et que j'aime à consacrer ici pour en porter le souvenir et le bon exemple à la postérité avec le nom de cette famille respectable et édifiante. Le mari de madame de Grisnoy conduisait lui-même sur son cheval le panier contenant les provisions. Madame de Gourgue, épouse du président à mortier, fut aussi une bienfaitrice de la petite communauté dans ces malheureux temps.

Le nombre des religieuses réunies augmentant toujours, ces dames allèrent habiter une maison de la rue des Francs-Bourgeois, où elles furent assistées pour le temporel comme pour le spirituel par le P. Guinain, religieux de leur ordre. Ce fut dans cette maison qu'elles recommencèrent l'instruction des jeunes personnes. Cette œuvre de l'éducation des filles n'avait été adoptée par la communauté que quarante ou cinquante ans après sa fondation, sous la supériorité de la Mère Saint-Charles, baronne de Veuilly, qui le jugea nécessaire pour fournir à la subsistance des religieuses, et pour leur former de bons sujets.

La petite réunion de la rue des Francs-Bourgeois admit aussi quelques externes des enfants du peuple et des personnes moins aisées; elles prirent cette mesure qui est en dehors de leur règle et de leur profession, pour se prêter aux nécessités du temps, et pour être tolérées par le gouvernement impérial, qui exigeait cette condition. En 1805, Dieu leur continuant ses bénédictions, elles purent louer l'hôtel d'Osier, situé Vieille-Rue du Temple, n° 126, et y entrèrent la même année. Jusqu'alors elles avaient gardé l'habit séculier. Dans cette maison elles reprirent l'habit religieux, et en même temps les principaux points des constitutions qu'un travail assidu et l'éducation des filles pouvaient permettre.

De nouveaux sujets s'étaient présentés et avaient presque renouvelé la communauté, qui, avec une continuation des bénédictions de Dieu, se trouva en état d'acheter l'hôtel qu'elle occupe actuellement, au n° 40 de la rue Saint-Louis au Marais. Les religieuses y entrèrent le 12 octobre 1823, et la clôture fut établie en cette maison, l'année suivante, par M. de Quelen, archevêque de Paris. Jusqu'alors elles avaient contribué à leur subsistance et leur entretien par le travail qu'elles prenaient au dehors; depuis ce moment elles cessèrent de travailler pour le monde; elles prirent cette détermination d'autant plus volontiers qu'un pensionnat considérablement augmenté requiert tous les soins de la communauté, où la règle et les constitutions sont en parfaite vigueur, et font le bonheur de cette maison édifiante, qui possède un assez grand nombre de religieuses.

Cette maison est indépendante, et soumise uniquement à la juridiction de l'archevêque de Paris. Si les ordres religieux de femmes étaient rétablis en France, il n'en devrait pas être ainsi, et cette disposition anticanonique n'avait pas lieu avant la révolution ; les religieuses dépendaient alors des Pères de la réforme de Picpus, ce qui les mettait dans une position plus conforme au véritable esprit de l'Eglise et plus propre à les maintenir dans l'observation de leur règle.

Dans cette édifiante maison de Sainte-Elisabeth, le silence est presque continuel ; on y mène une vie retirée, pauvre, selon l'esprit de saint François. Les religieuses font abstinence quatre jours par semaine, deux carêmes par an, jeûne tous les jours, plus ou moins prolongé, selon la différence des temps. Elles couchent habillées sur la paille, se lèvent à minuit pour dire Matines et récitent le grand office, selon le rit romain et les usages du troisième ordre de Saint-François.

Comme elles dépendent de l'archevêque de Paris, c'est lui qui est dépositaire de leurs vœux, qui nomme les confesseurs, les supérieurs par qui il se fait remplacer, qui confirme et munit d'obédience la supérieure, élue pour trois ans, ainsi que le discrétoire, élu par la communauté, et qui doit faire le conseil de la supérieure. Ce discrétoire est plus ou moins nombreux suivant la quantité des religieuses. En 1847, il était composé de sept membres, y compris la supérieure, parce que la communauté était elle-même composée de vingt-neuf religieuses de chœur et de onze converses, ce qui donne un total de quarante personnes, joint à soixante élèves, qui formaient le pensionnat.

La maison de Paris n'est plus sujette à aucune autre, mais aussi n'en a aucune autre sous sa juridiction. Il existe à Lyon une communauté qui suit aussi la règle du tiers ordre, mais dont les constitutions diffèrent un peu de celle de Paris, avec laquelle elle entretient des rapports spirituels. Une petite communauté s'est formée, il y a quelques années, au bourg de Saint-Germain, près de Laval (Mayenne), de quelques pieuses femmes qui suivaient la règle du tiers ordre séculier, établi en ce lieu ; mais ses observances diffèrent de celles qu'on suit à Paris et à Lyon. Je ne connais pas d'autres maisons en France, où l'on suive la règle du troisième ordre de Saint-François, mais j'ai la persuasion qu'il en existe quelques-unes. Au milieu du dernier siècle, la maison de Sainte-Elisabeth de Paris était composée de quarante religieuses, les novices non comprises ; on demandait trois cent livres pour le noviciat, et cinq à six mille livres pour la dot et les frais de la profession. Leur église, qui était bâtie depuis peu, présente intérieurement une ordonnance dorique, et a été rendue au culte ; c'est aujourd'hui l'église paroissiale de Sainte-Elisabeth. Elle ne fut pas détruite pendant les orages de la révolution française, parce qu'on en avait fait un magasin de farine.

Dans le dénombrement des maisons religieuses de femmes, existant actuellement sous la domination de l'empereur d'Autriche, je vois, outre les Capucines, les Clarisses, les Tiertiaires, ou Tiercaires et les Franciscaines, en général dix maisons de religieuses Elisabéthines,

contenant un personnel de trois cent dix-neuf sujets. Je ne puis dire à quelle observance ou congrégation spéciale du tiers ordre de Saint-François elles appartiennent ; mais il est certain qu'elles ne suivent point la réforme du P. Vincent Mussart.

Il y a à Rome deux maisons de religieuses du tiers ordre ; l'une de l'Observance commune, l'autre de la Réforme, à Saint-Ambroise.

Mémoires fournis par les dames de Sainte-Elisabeth, de Paris. — *Etat ou tableau de la ville de Paris*, in-8°, 1762 (par de Beaumont). — *Tableau de Paris*, tome II, par M. de Saint-Victor. — *Cracas* de Rome. — *Notes communiquées*, etc. B-D-E

§ 5. — *Des religieuses Pénitentes du tiers ordre de Saint-François, dites* Récollectines.

Voy. RÉCOLLECTINES, ci-après.

PÉNITENCE (RELIGIEUX DE SAINT-JEAN-BAPTISTE DE LA).

Voy. GONZAGUE.

PÉNITENCE DE JÉSUS-CHRIST (RELIGIEUX DE LA).

Voy. SACHETS, ci-après.

PÉNITENCE DE SAINT-DOMINIQUE (ou TIERS ORDRE DE SAINT-).

Voy. MILICE DE JÉSUS-CHRIST.

PÉNITENTES.

Voy. CONVERTIES D'ORVIÈTE.

PÉNITENTS-BLANCS, PÉNITENTS-BLEUS.

Voy. PÉNITENTS (*diverses sociétés de*), et de même pour PÉNITENTS NOIRS, ROUGES, VIOLETS, ceux de SAINT-THOMAS D'AQUIN et de SAINTE-BARBE, etc., etc.

PÉNITENTS.
De quelques archiconfraternités et confraternités, ou confréries de Pénitents.

Outre les congrégations de l'un et de l'autre sexe dont nous avons parlé en leur lieu, il y a encore d'autres sociétés séculières qui prennent aussi le titre de congrégations et qui vivent dans la pratique de quelques règles et statuts, comme les congrégations de Notre-Dame établies dans la plupart des maisons de Jésuites et de Barnabites, de Saint-François et de la Doctrine chrétienne, en Italie, de Mazerat en France, et quelques autres ; mais comme ce ne sont proprement que des confréries, dont les confrères ne vivent point en commun, et que dans leurs assemblées ils n'ont point d'habillement qui les distingue des autres séculiers, c'est ce qui fait que nous les passons sous silence ; mais nous ne devons pas refuser place dans cette histoire à ces confréries de Pénitents distinguées les unes des autres par des habillements de formes et de couleurs différentes, qui ont aussi des statuts et des règles, des églises et des cimetières, qui font publiquement des processions sous leur croix particulière, qui la plupart n'admettent les confrères qu'après avoir été éprouvés pendant un certain temps sous la conduite d'un maître des novices, et qui semblent former un corps dans l'Eglise.

Nous avons déjà parlé par occasion de quelques-unes de ces confréries, dont la plus ancienne, selon Molinier (1), est celle des Pénitents Gris d'Avignon, qui fut établie l'an 1268; mais apparemment qu'il a seulement voulu parler de celles qui avaient été établies en France, puisqu'il y en avait déjà à Rome dès l'an 1264. L'on en vit un grand nombre dans le xvi° siècle, et, au rapport du même auteur, il y en eut de Blancs dans la même ville d'Avignon l'an 1527, de Blancs, de Bleus, et de Noirs à Toulouse en 1571 et 1577, et de Blancs à Lyon la même année 1577. Ils se multiplièrent fort en France dans la suite, principalement dans le Languedoc, la Provence et le Lyonnais, où il s'en est encore formé de différents sous différents instituts, habillements et couleurs différentes. L'on en vit aussi à Paris de Blancs, de Bleus, de Noirs et de Gris, sous le règne de Henri III, qui furent supprimés après la mort de ce prince, et il y en a encore quelques-uns en Lorraine. L'habillement de ces Pénitents consiste en une robe de toile ou de serge qu'ils appellent *sac*, serrée d'une ceinture avec un capuce pointu qui leur couvre tout le visage, n'y ayant que deux petits trous à l'endroit des yeux, afin qu'ils puissent voir et n'être point vus (2).

L'Italie est le pays de l'Europe où est le plus grand nombre de ces confréries de pénitents, qui prennent le nom d'*archiconfraternités* et *confraternités*. Les archiconfraternités sont ainsi appelées à cause qu'elles sont chefs et supérieures générales des confraternités qu'elles agrègent à leur institut, qui doivent suivre leurs règles et statuts, porter leur habillement, et jouir des mêmes privilèges. Il faudrait un volume entier pour parler de toutes ces archiconfraternités en particulier, puisque, dans la seule ville de Rome, où elles ont pris naissance, il y en a plus de cent de différents instituts, qui la plupart ont des habillements différents; mais nous nous contenterons d'en choisir quelques-unes des plus considérables, dont nous parlerons sous le titre de Pénitents Blancs, Bleus, Noirs, Gris, ou d'autres couleurs, qui sont les noms que l'on donne en France à ces sortes de confréries.

Les confréries de Pénitents Blancs, à Rome, sont de plusieurs sortes; la plus ancienne qui ait été érigée en archiconfraternité est celle du Gonfalon, instituée dès l'an 1264 par quelques personnes, qui, s'étant unies ensemble pour s'employer à de bonnes œuvres, s'adressèrent à saint Bonaventure, qui exerçait pour lors la charge d'inquisiteur général du Saint-Office, et lui demandèrent des règles pour leur conduite. Le saint leur dressa des règlements, leur prescrivit un habillement blanc, sur lequel il y avait une croix rouge et blanche dans un cercle, et leur donna le nom de *Recommandés de la sainte Vierge*: ce qui fut approuvé par le pape Clément IV l'an 1265. Cette confrérie fut d'abord érigée dans la basilique de Sainte-Marie-Majeure; et à son exemple il y en eut quatre qui furent établies dans l'église d'*Ara cœli*, la première sous le titre de la Nativité de Notre-Seigneur; la seconde sous l'invocation de la sainte Vierge; la troisième sous la protection des saints Innocents, et la quatrième prit sainte Elène pour patronne; et ces quatre confréries ayant été agrégées à celle des Recommandés de la sainte Vierge, l'ont fait ériger en archiconfraternité, comme mère et chef des autres. Quelques troubles s'étant élevés à Rome sous le pontificat d'Innocent IV, qui faisait sa résidence à Avignon, les confrères de l'archiconfraternité des Recommandés de la sainte Vierge s'opposèrent à la violence des seigneurs romains, qui voulaient opprimer le peuple, et firent élire, du consentement du vicaire du pape, qui était aussi gouverneur de Rome, et par l'avis des principaux citoyens, un gouverneur du Capitole. Ils donnèrent pour lors à leur société le nom de *Gonfalon*, pour marquer que sous l'étendard du zèle, de la liberté de la patrie et de la justice, ils avaient rendu à la ville de Rome sa liberté.

C'est ce qui fit que les souverains pontifes accordèrent beaucoup de priviléges à cette archiconfraternité, à laquelle ils donnèrent les églises de Saint-Pierre, de Saint-Paul, des Quarante-Martyrs au delà du Tibre, de Sainte-Madeleine, appartenant présentement aux clercs réguliers ministres des infirmes, de la Piété au Colysée, et les hôpitaux de l'Annonciade, hors des murs de Rome, et de Saint-Albert, proche Sainte-Marie Majeure, dont il ne reste plus que la mémoire. Mais présentement leur église principale, et où ils entretiennent douze prêtres pour y célébrer les divins Offices, est celle de Sainte-Luce *alla Chiavica*, et que l'on appelle aussi *du Gonfalon*, proche de laquelle ils ont fait bâtir une belle chapelle, dédiée en l'honneur des apôtres saint Pierre et saint Paul, où ils s'assemblent pour faire leurs exercices; et ils entretiennent aussi des prêtres dans les autres églises qui leur appartiennent. Ces confrères marient tous les ans un grand nombre de pauvres filles, auxquelles ils donnent une dot raisonnable avec un habit: ils entretiennent un médecin pour avoir soin des pauvres confrères malades, qu'ils accompagnent à la sépulture après leur mort, et font les frais de l'enterrement quand ils sont pauvres: ils avaient soin autrefois de l'image de la sainte Vierge peinte par saint Luc, que l'on conserve à Sainte-Marie Majeure; et lorsqu'on la descendait, ce qui arrivait une fois l'année, pour l'exposer à la vénération des fidèles, il y avait toujours des confrères qui tour à tour y faisaient la garde. Dans les années saintes ils reçoivent tous les confrères des autres confréries qui leur sont agrégées, et les entretiennent pendant le séjour qu'ils font à Rome (ce que pratiquent aussi les autres archiconfraternités), et Grégoire XIII leur donna le soin de racheter les

---

(1) *Institut. et exerc. des confréries de Pénitents*, liv. I, c. 23.

(2) *Voy.*, à la fin du vol., nos 55 et 55 *bis*.

captifs. Leur habillement consiste en un sac de toile blanche, et sur l'épaule ils ont un cercle, au milieu duquel il y a une croix pattée blanche et rouge.

Il y a un grand nombre d'archiconfraternités et de confraternités à Rome qui sont aussi habillées de blanc ; ce qui les distingue est l'écusson qu'ils ont sur l'épaule où est la marque de leur confrérie, comme celle du Saint-Sacrement à Saint-Jean de Latran, qui en porte la représentation, ayant aux deux côtés saint Jean l'Évangéliste et saint Jean-Baptiste; du Saint-Sacrement et des Cinq-Plaies, à Saint-Laurent *in Damaso* qui porte un écusson où sont les cinq plaies de Notre-Seigneur avec une couronne d'épines ; de l'Ange-Gardien, qui a un sac, une mosette ou camail, et une ceinture blanche, avec un écusson où est représenté l'ange gardien; du Saint-Suaire, qui a un sac blanc lié d'une ceinture de cuir rouge, avec un écusson où sont représentés deux anges qui tiennent le saint suaire, et ainsi des autres.

La plus considérable des confréries de Pénitents Noirs est celle de la Miséricorde, ou de Saint-Jean-Décollé. Elle fut instituée l'an 1488, sous le pontificat d'Innocent VIII, par plusieurs Florentins, qui demeuraient à Rome et qui s'unirent ensemble pour assister les criminels au supplice et les aider à faire une bonne mort. Lorsque quelqu'un de ces misérables a été condamné à perdre la vie, la justice en donne aussitôt avis à cette confrérie, qui députe quatre confrères pour aller dans la prison consoler le patient et le disposer à faire une confession générale. Ils demeurent, pour cet effet, toute la nuit dans la prison, et ne l'abandonnent point jusqu'à ce qu'il soit mort. L'heure de le conduire au supplice étant venue, les autres confrères, quelquefois en nombre assez considérable, viennent le chercher pour l'y accompagner, marchant en procession sous leur croix couverte d'un crêpe noir, à côté de laquelle il y a deux confrères qui tiennent de grands flambeaux de cire jaune. Ils chantent les sept psaumes de la Pénitence et les litanies d'un chant lugubre, et le criminel étant expiré, ils se retirent dans leur église ou dans quelque autre, d'où, quelques heures après, ils retournent au lieu du supplice avec plusieurs flambeaux, détachent le criminel du gibet, le mettent dans un bière couverte d'un drap noir, et le portent dans leur église, où, après avoir dit ce jour-là l'office des Morts, et le lendemain un service solennel pour le repos de son âme, ils le mettent en terre. Leur habillement consiste en un sac noir avec une ceinture de même, et dans les processions ils mettent un chapeau sans apprêt sur leur tête.

L'archiconfraternité de la Mort est aussi en grande estime. Le principal emploi de ces confrères est de donner la sépulture aux personnes que l'on trouve mortes dans les rues de Rome et à la campagne, y ayant toujours des confrères qui sont députés pour les aller chercher et les conduire à leur église, où ils disent pour eux l'office des Morts, et ils enterrent gratuitement les pauvres de la paroisse. Ils ont un sac noir sur le côté duquel ils mettent un écusson où il y a une tête de mort, une croix et deux horloges de sable posées sur trois montagnes. Les archiconfraternités et confraternités du Crucifix à Saint-Marcel, de Jésus et Marie de Saint-Gilles, et quelques autres, ont aussi des sacs noirs, avec des écussons différents qui les distinguent. Entre les œuvres de charité que les confrères du Crucifix de Saint-Marcel exercent, ils entretiennent les Capucines du monastère du Saint-Sacrement proche le palais de Monte-Cavallo. Ceux de Jésus et Marie, qui ont leur sac serré avec une ceinture de cuir, comme les religieux Ermites de Saint-Augustin, vont toujours nu-pieds aux processions.

Les confréries de Pénitents Bleus à Rome sont celles de Saint-Joseph, de Saint-Julien, sur le mont *Giordano*, de Saint-Grégoire à Ripette, de Notre-Dame du Jardin, et de Sainte-Marie *in Caccaberi*, qui ont sur leurs sacs un écusson où est l'image du saint patron de ces confréries. Il y a un grand nombre de ces Pénitents Bleus en France qui ont saint Jérôme pour patron, et entre les confréries de Pénitents établies à Paris sous le règne de Henri III, il y en avait une de ces Pénitents Bleus de Saint-Jérôme.

Outre l'archiconfraternité des Stigmates, dont nous avons déjà parlé en un autre endroit, et qui porte des sacs gris de la couleur de l'habillement des frères Mineurs, il y a aussi la confrérie de Sainte-Croix des Lucquois, qui porte de pareils sacs, aussi bien que celles de Saint-Homme-Bon, de Sainte-Rose de Viterbe, et de Sainte-Rosalie de Palerme. Il y a outre cela dans la même ville des Pénitents qui ont des sacs tannés comme ceux de la confrérie de Notre-Dame des Pleurs et celle des saints Barthélemy et Alexandre des Bargamaches ; toutes ces confréries n'étant distinguées que par l'image de leur patron qu'elles portent sur leurs sacs.

Entre les différentes confréries de Pénitents Rouges établies dans la même ville, il y en a une qui a le titre d'archiconfraternité, qui est celle de Sainte-Ursule et de Sainte-Catherine à la Tour des Miroirs. Ces confrères portent des sacs rouges avec une ceinture verte. Ceux de Saint-Sébastien et de Saint-Valentin portent un sac de même avec un cordon bleu ; et ceux des Quatre-Couronnés, un pareil sac, avec un cordon blanc.

Il se trouve aussi des Pénitents Verts, comme ceux de Saint-Roch et de Saint-Martin à Ripette, qui ont un sac vert avec une ceinture de même. Il ont une fort belle église et un hôpital où il y a des malades dont ils ont soin. Ceux de Notre-Dame de Pitié ont aussi un sac vert.

Il n'y a qu'une seule confrérie qui ait des sacs violets. C'est celle du Saint-Sacrement à Saint-André *Delle-Fratte*. Ces confrères ont pris saint François de Paule pour un de leurs patrons ; c'est pourquoi ils ont un cordon comme les Minimes, et mettent sur leur sac un écusson où saint André et saint François de Paule sont representés, tenant tous les deux un calice où il y a dessus une hostie.

Enfin il y en a qui sont habillées de différentes couleurs, comme les confrères de Saint-Venant, qui ont un sac rouge avec une mosette blanche ; ceux de Saint-Ambroise et de Saint-Charles des Milanais ont un sac bleu avec une mosette rouge ; ceux de Notre-Dame de Constantinople, des Napolitains, un sac blanc, avec un chapeau, une mosette bleue et un cordon de même ; ceux des Ames du Purgatoire, un sac noir et une mosette blanche, aussi bien que la ceinture et le chapelet ; ceux du Saint-Sacrement et des apôtres saint Pierre et saint André, un sac blanc avec une mosette rouge et un cordon de même couleur ; ceux de Saint-Thomas d'Aquin et de Sainte-Barbe, qui est la confrérie des Libraires, portent un sac blanc, une ceinture de cuir rouge, et une mosette noire ; ceux du Saint-Sacrement et de la Persévérance, à Saint-Sauveur *Delle-Copelle*, ont un sac blanc avec une mosette violette bordée de blanc, et ceux des Agonisants portent un sac blanc avec une mosette violette sur laquelle il y a un écusson représentant la nativité de Notre-Seigneur. Une des principales obligations de ces derniers est de prier et de faire prier Dieu pour ceux qui sont condamnés à mort par la justice, afin qu'ils puissent faire une bonne mort ; pour cet effet, la veille de l'exécution, ils en donnent avis à plusieurs monastères de religieuses, afin qu'elles se mettent en prières pour le même sujet. Le jour qu'elle se doit faire ils exposent le saint-sacrement dans leur église, où ils font célébrer un grand nombre de messes pour le criminel pour lequel le saint sacrement est toujours exposé jusqu'à ce qu'il soit expiré, et le dimanche suivant ils disent l'office des Morts dans leur église, et y font célébrer plusieurs messes pour le repos de son âme. Nous ne parlerons point des obligations des autres confréries, cela nous conduirait trop loin ; nous dirons seulement qu'entre les priviléges que les souverains pontifes avaient accordés à quelques-unes de ces confréries, celui de pouvoir délivrer tous les ans à certains jours, un criminel condamné à mort, ou à une prison perpétuelle, était un des principaux ; mais comme cela donnait lieu de commettre impunément le crime, dans l'espérance de pouvoir obtenir sa grâce par le moyen de ces confréries, Innocent X leur ôta ce privilége. L'archiconfraternité du Sauveur en délivrait deux et celles du Gonfalon, de la Piété et du Suffrage, chacune un. Il n'y a que celle de Saint Jean Décollé, qui ait conservé ce droit, dont elle jouit encore, lui en ayant vu délivrer pendant mon séjour à Rome : ce qui se fait avec beaucoup de solennité. Je me suis contenté de donner trois estampes de ces Pénitents, parce que l'habillement de tous les autres ne diffère de ceux-ci que par la couleur. (*Voy.* ces estampes à leurs articles respectifs.)

(1) Voy., à la fin du vol., n° 54.

Carlo. Battholom. Piazza, *Eusevolog. Roman.*, part. I, et part. II ; et *Ritratto di Roma moderna.*

PÉNITENTS-GRIS, A PARIS.
Voy. CONSORT.

PERRECI.
Des moines Bénédictins réformés de Perreci, en Bourgogne.

Nous croirions faire tort à l'ordre de Saint-Benoît, si nous passions sous silence une nouvelle réforme introduite de nos jours dans le prieuré de Perreci en Bourgogne par le R. P. Louis Berrier, qui en était prieur commendataire. Il avait été auparavant chanoine de Notre-Dame de Paris, et pourvu de plusieurs autres bénéfices auxquels il renonça, ne retenant que le prieuré de Perreci, dans lequel il se retira pour y vivre dans la pénitence et la mortification. Ce monastère a toujours été de la dépendance de l'abbaye de Fleuri ou Saint-Benoît-sur-Loire. Eccard, qui était un seigneur de Bourgogne, à qui les historiens donnent le titre de comte, et sa femme Richilde, donnèrent, l'an 876, le village de Perreci aux religieux de cette abbaye pour leur servir de retraite et se mettre à l'abri de la fureur des Normands, qui ravagèrent plusieurs fois cette abbaye, comme nous avons dit en parlant de la congrégation à laquelle elle a donné son nom. Perreci avait été donné à ce comte par Louis le Pieux et Pepin son fils, roi d'Aquitaine : on l'avait autrefois appelé le Val-Doré, à cause de sa situation agréable, qui est sur l'Oudrache, dans le territoire d'Autun.

Ce ne fut néanmoins qu'après la mort du comte Eccard, qui arriva l'an 885, que les religieux de Saint-Benoît-sur-Loire firent bâtir à Perreci un monastère qui leur a toujours été soumis depuis ce temps-là ; l'abbaye de Saint-Benoît-sur-Loire étant entrée dans l'union des monastères qui composent la congrégation des Exempts (dont nous avons aussi parlé), le prieuré de Perreci fut aussi l'un des membres de cette congrégation ; mais l'abbaye de Saint-Benoît ayant été séparée de cette congrégation, lorsque les religieux Bénédictins de celle de Saint-Maur y introduisirent leur réforme, le prieuré de Perreci ne voulut pas suivre son exemple, et il est toujours demeuré jusqu'à présent de la congrégation des Exempts.

Le R. P. Louis Berryer, ayant choisi ce prieuré pour le lieu de sa retraite, y établit aussi une nouvelle réforme à peu près semblable à celle de la Trappe et de Sept-Fonts, et donna à ses religieux pour habillement une tunique noire assez ample, à laquelle est attaché un petit capuce pointu, prétendant que c'était le véritable habillement de saint Benoît, ou du moins qu'on le portait ainsi il y a sept ou huit cents ans dans l'ordre, à cause que, dans une abbaye de cet ordre qui est à Chartres, saint Benoît est représenté ainsi habillé (1).

Le R. P. Berrier ne prit pas d'abord l'habit de sa réforme ; ce ne fut que l'an 1698, le mardi de la Pentecôte, et il fit sa profession l'année suivante. Voici les règlements et les exercices journaliers qu'il a établis dans sa communauté, qui est assez nombreuse : ils varient selon les saisons de l'année.

Emploi de la journée pendant l'été.

A une heure et demie après minuit, on se lève pour aller dire Matines au chœur : elles sont suivies d'un quart d'heure d'oraison, ensuite Laudes, après lesquelles on va sous les cloîtres pour y faire la lecture des Pères.

Depuis Pâques jusqu'au 3 mai, Prime se dit à cinq heures ; l'on va ensuite au chapitre, et après le chapitre au travail, qui dure jusqu'à huit heures et demie.

A neuf heures la préparation de la messe conventuelle, qui consiste en un quart d'heure d'oraison. On dit Tierce, ensuite la messe, après laquelle on va au cloître faire la lecture.

Sexte se dit à onze heures ; on va ensuite au réfectoire, et du réfectoire aux cellules pour y faire la méridienne.

On retourne au chœur à une heure trois quarts pour dire None, et ensuite au travail jusqu'à quatre heures.

A quatre heures et un quart la préparation de Vêpres, qui se fait par un quart d'heure d'oraison, et après les Vêpres on va au cloître, où il se fait une lecture, à voix haute du Nouveau Testament en français, avec l'explication des Pères.

A cinq heures et demie le souper ; ensuite la lecture particulière sous les cloîtres.

A six heures trois quarts on retourne sous les cloîtres pour y faire la lecture de devant Complies pendant un quart d'heure.

A sept heures l'examen de conscience qui se fait à l'église pendant un quart d'heure ; à sept heures un quart Complies ; à huit heures la retraite.

Les fêtes et les dimanches Matines se disent à une heure, et les fêtes solennelles à minuit, Prime à cinq heures, la préparation de la messe à huit heures et demie, le reste à l'ordinaire, et à une heure et demie None, quand on sort pour la conférence.

Depuis le 3 mai jusqu'au 15 août, Prime se dit à quatre heures et demie les jours de travail.

Les jours de jeûne la méridienne se fait après Sexte ; elle finit à midi et demi ; aux trois quarts l'on dit None ; ensuite l'on va au réfectoire, le travail et les autres exercices se font à l'ordinaire.

Depuis le 15 août jusqu'au 1ᵉʳ octobre les exercices se font comme depuis Pâques jusqu'au 3 mai.

Pendant l'hiver.

On se lève à deux heures et demie pour dire Matines depuis le 1ᵉʳ octobre jusqu'à Pâques, et on fait la lecture du psautier sous les cloîtres.

A cinq heures Laudes, ensuite l'oraison et Prime, après quoi l'on va sous les cloîtres pour faire à voix haute une lecture du commentaire sur la règle.

Depuis le 1ᵉʳ octobre jusqu'au premier lundi de carême la lecture particulière se fait sous les cloîtres, jusqu'à la préparation de la messe.

A sept heures un quart la préparation de la messe, à sept heures et demie la messe conventuelle, ensuite Tierce, le chapitre, et le travail jusqu'à dix heures trois quarts. Sexte à onze heures, et le travail jusqu'à une heure et demie. A une heure trois quarts None ; ensuite le réfectoire et la lecture particulière ; à quatre heures la préparation pour Vêpres ; à quatre heures un quart Vêpres ; ensuite la lecture du Nouveau Testament ; à six heures un quart la lecture de devant Complies ; à six heures et demie l'examen, à six heures trois quarts Complies, et à sept heures et demie la retraite.

Les fêtes et les dimanches on se lève la nuit à une heure pour dire Matines ; ensuite l'oraison, et après l'oraison les Laudes ; mais aux grandes solennités on dit les Matines et les Laudes de suite, à six heures Prime, à huit heures et demie la préparation pour la grand'messe. Les dimanches, Sexte à onze heures, puis le réfectoire ; les fêtes, Sexte à onze heures et demie, None à une heure trois quarts, puis le réfectoire. Les dimanches la préparation à Vêpres à trois heures trois quarts, les Vêpres à quatre heures, le souper à cinq. Les jours de fêtes, la préparation à quatre heures, Vêpres à quatre heures un quart. Aux mois de décembre et de janvier, les heures des petits offices changent aussi.

Pendant le carême.

Depuis Prime jusqu'à huit heures un quart, on fait la lecture, à huit heures un quart l'oraison, à huit heures et demie Tierce, ensuite le chapitre et le travail jusqu'à onze heures. Sexte à onze heures un quart, et le travail jusqu'à une heure. A une heure un quart la préparation de la messe, à une heure et demie None, ensuite la messe conventuelle, et le travail jusqu'à trois heures et demie ; à trois heures trois quarts Vêpres, ensuite le réfectoire, et le reste à l'ordinaire.

Ces religieux s'attachent uniquement à la règle de saint Benoît ; ils gardent en tout temps le silence, conformément à ce que dit cette règle : *Omni tempore silentio student monachi.* Ils ne mangent jamais de poisson, non qu'ils croient que cela soit défendu par la règle, mais parce que le poisson est rare en leurs quartiers, et qu'on n'en peut avoir qu'avec beaucoup de dépense ce qu'ils croient être contre l'esprit de pauvreté. En été ils font eux-mêmes les moissons et les vendanges, et en hiver ils défrichent des terres à la campagne. C'est ce que j'ai appris du R. P. réformateur, et on peut consulter pour la fondation de ce prieuré le P. Mabillon, dans ses *Annales Bénédictines,* tom. I, pag. 197, et Perault.

Aux détails historiques donnés par Hélyot sur l'abbé Berryer, j'ajouterai qu'il était fils d'un conseiller d'État, et vraisemblablement de la famille recommandable qui porte aujourd'hui son nom ; car l'orthographe de ce nom est telle que je la suis ici. Il fut archidiacre de Brie, abbé du Tronchet et prieur de Perréci. Son père, chargé de percevoir les revenus de ces bénéfices pendant la minorité du jeune abbé, qui devait tous ces avantages au crédit de sa famille, était un magistrat consciencieux. Voulant employer ces revenus à de pieux usages, il acquit la seigneurie de Viviers au bourg de Torcy, et y fonda un couvent de Bénédictines, où il plaça des religieuses capables de maintenir la régularité. Madame de Luynes, fille du duc de ce nom, fut prieure de cette maison ; elle était en commerce de lettres avec Bossuet et avec l'abbé de Rancé. L'abbé Berryer, devenu majeur, ratifia la fondation de son père. Ce ne fut point assez pour lui ; lié avec l'abbé de Rancé, il voulut marcher sur ses traces, et fit l'édifiante réforme du Prieuré de Perreci. Picot dans le 2° volume de son *Essai sur l'influence de la religion en France*, dit qu'on croit que Berryer vivait encore en 1734. Il vivait du moins encore en 1733, et par ce qui se passa cette année-là dans son monastère, on voit que les éloges donnés aux vertus et aux travaux de Berryer demandent un correctif. Ce réformateur avait le malheur d'être attaché aux sentiments nouveaux sur la grâce, et le jansénisme avait fait dans son monastère des ravages qui amenèrent sa ruine. Les choses en étaient venues au point dans cette maison que la cour donna ordre à M. Gaspard-Thomas de la Valette, évêque d'Autun, d'y faire la visite pour y apporter remède. Le prélat se transporta à Perreci, au mois d'août 1733, accompagné de ses officiers ecclésiastiques, du prévôt de la maréchaussée et de quelques archers, choisis dans trois brigades. La visite dura huit jours, eut deux séances par jour, quelquefois de cinq à six heures chacune, et elle avait pour objet le temporel et le spirituel. J'aurais bien, au point de vue du droit canonique, quelques petites réflexions à faire sur l'autorité dont pouvait jouir l'évêque en cette rencontre et sur les formes d'une visite de ce genre, mais je me borne au rôle d'historien et je rends justice au motif excellent qui guidait le prélat dans cette circonstance. L'abbé Berryer, prieur régulier, assista aux séances qui regardaient le temporel et rendit, dit-on, exactement ses comptes. Comme le spirituel regardait spécialement la soumission à la bulle *Unigenitus*, le prieur ne se sentit pas aussi exactement en règle, et craignant les suites de cette visite, voyant déjà la division entre ses religieux, il s'esquiva. La plupart des religieux se soumirent. L'évêque d'Autun cassa tous les officiers et en nomma de nouveaux, mesure extrême, à laquelle un prélat ne doit avoir recours que dans les circonstances les plus graves. Celle-ci était des plus graves sans doute. Le religieux qui fut fait président ou doyen du monastère se nommait Dom Odilon, autrefois appelant, mais qui devait, disait-il, sa conversion au R. P. abbé de Sept-Fonds. On cite encore un moine remarquable, qui fut nommé aux emplois de la maison, Dom Claude, ex-jésuite, qui avait autrefois, dit-on, raillé finement ses anciens confrères à la table de M. de Montclei, évêque d'Autun. Il y eut peu de résistance, surtout entre les principaux religieux, et Dom Placide fut peut-être le seul à s'entêter dans le schisme. Je crois utile de dire ici deux mots sur ce Père, pour modifier de plus en plus l'opinion des personnes bien intentionnées et d'ailleurs assez bien informées sur l'abbaye de la Trappe. Dom Placide, entré fort jeune dans la congrégation de Saint-Maur, obtint de ses supérieurs la permission de se retirer à la Trappe, où il fit de nouveaux vœux, et où il fut choisi pour être maître des novices. Mais comme il était appelant et réappelant, on le renvoya. C'était en effet un singulier maître de novices, et son fanatisme aurait bientôt mis le trouble et, avec l'esprit d'erreur, le relâchement dans la maison, qui sans doute ne l'avait pas connu d'abord. Dom Placide se rendit à Perreci, où Dom Berryer le reçut volontiers. Il eut dans la circonstance où je parle une conférence de trois ou quatre heures avec Mgr de la Valette, qui ne put le ramener à de meilleurs sentiments.

J'ai dit que le P. Berryer avait pris la fuite. Il se retira sans éclat et prit apparamment la route de Paris. La cour, bientôt instruite de la désertion de ce religieux, donna des ordres précis pour le chercher et se saisir de sa personne. On le trouva enfin dans le diocèse de Nevers. On se saisit de tous ses papiers ; on dressa un procès-verbal et on le conduisit chez les Cordeliers du Donjon en Bourbonnais, où l'on défendit au P. gardien de le laisser ni sortir, ni parler à quelqu'un, ni recevoir, ni écrire aucune lettre. Les jansénistes, qui nous ont conservé ce fait historique, ont peut-être exagéré sur la rigueur dont ce prisonnier fut l'objet. Dom Berryer était alors âgé de soixante-dix-sept ans, et était frère de Berryer de la Ferrière, doyen des doyens des maîtres des Requêtes, et conseiller d'État ordinaire.   B-D-E.

PHILIPPE DE MAJORQUE (Frères mineurs de la congrégation de).

L'an 1323, un certain Philippe de Majorque, n'étant encore que séculier, s'associa quelques compagnons et voulut instituer un nouvel ordre sous la règle de saint François, mais qui n'eût rien de commun avec celui des Frères Mineurs et ne dépendît en aucune manière des supérieurs de cet ordre, prétendant que le sien serait semblable à celui de Cîteaux, dont les religieux étaient distingués des Bénédictins, tant par l'habillement que par les observances, quoiqu'ils suivissent la règle de saint Benoît. C'est pourquoi il présenta une supplique au pape Jean XXII, dans laquelle il prit la qualité de trésorier de Saint-Martin de Tours, et demanda à Sa Sainteté de lui permettre et à ses compagnons de suivre la règle de saint François dans toute sa pureté et sans aucune déclaration, de recevoir les aumônes qui leur seraient offertes pour ne vivre que de ces aumônes et du travail de leurs mains, de l'établir dans les lieux qui leur seraient accordés hors les villes, pourvu qu'il n'y eût aucuns fonds ni rentes qui y fussent aunexés, et de leur donner pour protecteur un cardinal qui gouvernerait leur congrégation, et corrigerait les défauts qui s'y pourraient trouver. Il finissait sa requête en disant que, quoiqu'il fût indigne, à cause de ses péchés, d'obtenir la grâce qu'il demandait, ce serait néanmoins une chose indigne de la lui refuser, et que, comme le chemin où il désirait qu'on le conduisît pour arriver à la perfection chrétienne procédait du Saint-Esprit, aussi ce serait un effet de l'esprit malin de l'empêcher d'y entrer. « Si on me refuse ce que je demande, ajoutait-il, que reste-t-il ? Que le ciel entende ce que je dis, et que la terre reçoive les paroles qui sortent de ma bouche. » Le pape ayant fait examiner dans un consistoire cette requête arrogante, on lui refusa ce qu'il demandait d'une manière si peu convenable à l'esprit de la règle qu'il voulait embrasser.

Philippe de Majorque ne se rebuta pas pour cela ; il persista toujours dans sa résolution d'observer avec ses compagnons la règle de saint François à la lettre, et s'étant attiré par sa vie, austère en apparence, l'estime de plusieurs personnes, il obtint la protection de Robert, roi de Sicile, qui écrivit en sa faveur l'an 1340 au pape Benoît XII, successeur de Jean XXII, pour le prier d'accorder cette grâce à Philippe de Majorque ; mais le pape lui refusa encore, comme avait fait son prédécesseur, et fit connaître au roi de Sicile qu'il ne pouvait accorder une chose qui avait été refusée dans un consistoire, après y avoir été examinée et après une mûre délibération ; que cela pourrait avoir des suites et causer de nouveaux troubles dans l'ordre de Saint-François, où les religieux observaient la règle avec les déclarations que ses prédécesseurs y avaient faites ; qu'accorder à Philippe de Majorque d'observer cette règle à la lettre et sans les déclarations, ce serait introduire dans l'Église un cinquième ordre de religieux Mendiants ; que les frères Mineurs et les religieux des autres ordres qui ne seraient pas contents de leurs supérieurs, et qui ne voudraient pas se soumettre à leur correction, entreraient, pour l'éviter, dans ce nouvel ordre ; et enfin il lui fit connaître que Philippe de Majorque était de la secte des Begghards, qu'il était un des plus grands défenseurs de leurs erreurs ; qu'il les avait prêchées publiquement, quoiqu'elles eussent été condamnées par le saint-siége, et qu'il ne cessait de déclamer contre la conduite de Jean XXII et le saint-siége ; que c'était un rebelle, et qu'il n'avait donné jusqu'alors aucun signe de repentir. Ainsi cette congrégation n'eut aucun lieu.

Luc Wading, tom. III Annal. Minor. Dominic. de Gubernatis, Orb. seraphic., tom. I, lib. v, cap. 9, § 1.

PHILIPPINES (RELIGIEUSES), et FILLES DES SEPT-DOULEURS DE LA SAINTE VIERGE, à Rome.

Il y avait autrefois à Rome, sur le Mont-Citorio, une maison où plusieurs femmes dévotes s'unirent ensemble et suivaient la troisième règle de saint François. Leur nombre s'augmenta si fort en peu de temps, qu'elles prirent une maison voisine, où elles se séparèrent, et elles avaient chacune une église, dont l'une fut dédiée en l'honneur de la Sainte-Croix, et l'autre sous le titre de la Conception de Notre-Dame. Le pape Pie V ne fit dans la suite qu'un seul monastère de ces deux maisons, obligeant ces filles Tiertiaires à des vœux solennels, et il fit rebâtir l'église qui était dédiée à la Sainte-Croix, à cause que l'on y conservait un morceau de la vraie croix, qu'une religieuse avait préservé du pillage, lorsque la ville de Rome fut saccagée, sous le pontificat de Clément VII, par les troupes de l'empereur Charles V. Le pape Clément IX ayant supprimé plusieurs monastères de Rome l'an 1669, celui de ces religieuses du tiers ordre de Saint-François fut du nombre, et on les transféra au monastère de Saint-Bernardin, appelé In Suburra : ce fut pour lors que les Philippines, qui demeuraient à Sainte-Luce de la Chiavica, ou de l'Egoût, vinrent demeurer au Mont-Citorio à la place des religieuses du tiers ordre.

Ces Philippines sont ainsi appelées à cause qu'elles ont pris saint Philippe de Néri pour protecteur. Ce sont cent pauvres filles qu'on élève jusqu'à ce qu'elles soient en âge d'être mariées ou d'être religieuses, et qui sont sous la conduite et direction de quelques religieuses, qui leur enseignent à lire, à écrire, à travailler, et les instruisent des devoirs du christianisme. Cet établissement n'eut de faibles commencements. Un saint homme, nommé Rutilo Brandi, fut le premier qui eut la pensée de retirer des pauvres filles qui auraient été en danger de se perdre par la pauvreté de leurs parents et par leur misère. Elles furent mises d'abord sous la conduite de quelques filles dévotes ; mais leur nombre augmentant, le pape Urbain VIII voulut qu'elles fussent gouvernées par des religieuses qui suivent la règle de saint Augustin, et elles font pratiquer à ces filles les mêmes observances régulières que si elles étaient religieuses, à l'exception des jeûnes et des austérités que leur jeune âge ne permet pas de supporter ; car on ne reçoit aucune de ces filles qui ait moins de huit ans et plus de dix, et il faut que leurs mœurs soient irréprochables.

Le cardinal de Saint-Onuphre, frère du pape Urbain VIII, et qui avait été autrefois Capucin, laissa par son testament à ce monastère vingt-cinq écus tous les mois, pour être employés à acheter de la laine, du fil, du chanvre, du lin et autres choses nécessaires pour entretenir ces filles dans le travail. Ces Philippines sont restées au Mont-Citorio jusqu'en l'an 1695, que le pape Innocent XII, ayant fait bâtir un magnifique palais, pour y renfermer tous les différents tribunaux de Rome, le monastère de ces filles fut démoli pour servir à la construction d'une partie de ce palais et des maisons où demeurent les officiers de justice, et elles retournèrent à leur première demeure de Sainte-

Luce *de la Chiavica*. Elles sont, comme nous avons dit, au nombre de cent, et les religieuses qui les gouvernent ont pour habillement une robe noire sur laquelle elles mettent un rochet ou surplis ceint d'un petit cordon de fil blanc. Elles ont sur la poitrine une croix noire longue de demi-palme ; leur guimpe est carrée, et elles portent un voile blanc, sur lequel elles en mettent encore un autre qui est noir (1). Ce monastère est gouverné par une compagnie de personnes pieuses, qui ont pour chef le cardinal vicaire avec un prélat pour substitut.

Carl. Batholom. Piazza. *Eusevolog. romano.*, trait. 4, cap. 12, et Philippe Bonanni. *Catalog. ord. relig.*, part. II, pag. 82.

Saint Philippe Bénizi, propagateur et l'un des généraux de l'ordre des Servites, avait établi en plusieurs lieux des confréries en l'honneur des sept douleurs de la sainte Vierge ; mais il n'y avait aucune communauté sous ce nom. Ce fut la duchesse de Latere, D. Camille Virginie Savelli Farnèse, qui fonda celle de Rome, vers l'an 1632, voulant que cette communauté portât le nom des Sept-Douleurs de la sainte Vierge, afin d'honorer par une dévotion particulière la mère de Dieu dans ses souffrances. Elles font seulement une oblation de leur personne sans engagement de vœux, en promettant aussi une perpétuelle stabilité, la conversion de leurs mœurs et l'obéissance à leur supérieure, et elles pratiquent toutes les observances régulières, comme si elles étaient véritablement religieuses. Elles ne gardent point de clôture, et elles peuvent quelquefois sortir pour aller visiter les trois principales églises de Rome, sans pouvoir jamais sortir hors des portes de la ville. Leur habit consiste en une robe noire ceinte d'une ceinture de laine, et elles ont une guimpe de toile tirant sur le jaune aussi bien que leur voile (2). Lorsqu'elles sortent, elles mettent un grand manteau qui les couvre depuis la tête jusqu'aux pieds, retroussant par devant les deux extrémités, depuis les genoux jusqu'à la ceinture (3). Le nombre des filles destinées pour le chœur est de trente-trois, qui doivent être nobles, et ce nombre ne peut être augmenté que pour quelques grandes raisons, auquel cas on en peut encore recevoir trois, qui doivent apporter pour dot le double de ce que les autres ont donné ; et le nombre des converses est de quatorze, qui ne peut pas être non plus augmenté. Les unes et les autres observent la règle de saint Augustin, avec des constitutions qui leur ont été données par la fondatrice, et qui ont été approuvées par les papes Alexandre VII et Clément IX, et confirmées par Clément X, le 25 mars 1671.

Les filles du chœur donnent pour leur dot mille écus, et cinq cents pour les ajustements. Les converses ne donnent que deux cents écus pour dot, et cent pour leurs ajustements. La principale fin de cet institut est de recevoir des filles qui pour quelques infirmités ne pourraient pas être reçues dans d'autres monastères, pourvu que les infirmités dont elles sont attaquées ne soient pas des maladies contagieuses, et qu'elles ne les empêchent pas de pratiquer les observances de la congrégation. Voici la formule de leur oblation, qu'elles prononcent en latin : *Ego soror N. N., offero me omnipotenti Deo, gloriosæ Virgini Mariæ, beato Patri nostro Augustino, huic venerabili monasterio Sanctæ Mariæ Dolorum Congregationis, ordinis sancti Augustini, coram omnibus sanctis quorum reliquiæ in hoc loco habentur, in præsentia illustrissimi et reverendissimi Domini N. nostri superioris, et in præsentia reverendæ Matris in Christo sororis N. meæ superiorissæ et sororis N. ricariæ ejusdem congregationis, quæ Mater soror N. supra dicta, nomine et vice congregationis Sanctæ Mariæ Dolorum, me recepit pro oblata prædictæ congregationis, ejusdem monasterii, et promitto perpetuam stabilitatem in prædicta congregatione, conversionem morum morum, et obedientiam juxta constitutiones prædictæ congregationis. In quorum fidem has litteras manu propria et nomine subscripsi.*

La duchesse de Latere, fondatrice de ces Oblates, n'en prit point l'habit. Elle mourut dans une maison contiguë au monastère qui sert présentement de demeure au confesseur. Elle était fille de Jean Savelli, marquis de Palombara, et avait épousé Pierre Farnèse, dernier duc de Latere, petit village dans l'Etat de Castres, proche de Farnèse et de Montefiascone, au delà du lac de Bolzène. Les ducs de Latere descendaient, en légitime mariage, de Barthélemy Farnèse, oncle paternel du pape Paul III ; et par la mort de Pierre Farnèse, dernier duc de Latere, qui ne laissa point d'enfants ; il ne resta de cette famille qu'un prélat, Jérôme Farnèse, qui, étant gouverneur de Rome, fut fait cardinal l'an 1657, par le pape Alexandre VII. Les ducs de Parme, de la maison de Farnèse, descendent de Pierre-Louis Farnèse, premier duc de Parme, fils naturel du pape Paul III, auquel ce pontife donna ce duché l'an 1545, avec celui de Plaisance, pour les tenir en qualité de vassal du pape, auquel le duc de Parme paye dix mille écus tous les ans, pour l'hommage.

Philippe Bonanni. *Catalog. ord. religios.*, part. II, et *Mémoires envoyés de Rome en 1712.*

PICPUS (PÈRES DE).

Voy. PÉNITENCE (*Ordre de la*), ou TIERS ORDRE DE SAINT-FRANÇOIS, section 2ᵉ, § 8, *Des religieux Pénitents du tiers ordre de l'Etroite-Observance, de la congrégation de France, dits Picpus.*

PIERRE (CHEVALIERS DE SAINT-).
Voy. BETHLÉHEM.

PIERRE D'ALCANTARA (FRÈRES MINEURS DE SAINT-).
Voy. ALCANTARA et CLARISSES.

---

(1) *Voy.*, à la fin du vol., n° 35.
(2) *Voy.*, à la fin du vol., n° 36.

(3) *Voy.*, à la fin du vol., n° 37.

PIERRE DE METZ (Saint-).
Voy. Epinal.

PIERRE MALERBA.
Voy. Jérôme (*Ermites de Saint-*).

PIERRE MARTYR (Chevaliers de Saint-).
Voy. Croix-de-Jésus-Christ.

PLACIDE (Congrégation des Bénédictins réformés de Saint-), *aux Pays-Bas.*

La congrégation de Saint-Vanne a aussi produit celle de Saint-Placide dans les Pays-Bas, où les religieux de Saint-Vanne commencèrent par réformer l'abbaye de Saint-Hubert-en-Ardenne, aux frontières de l'évêché de Liége et du duché de Bouillon. Cette abbaye fut fondée vers l'an 706, par saint Bérégise, prêtre, qui avait été élevé dans le monastère de Saint-Tron. Ayant obtenu de Pepin Héristal, par le moyen de sa femme, sainte Plectrude, un lieu appelé *Andagine*, il y bâtit un monastère et une église, qui fut dédiée en l'honneur du prince des apôtres, et y mit des chanoines. Mais, l'an 817, Waléand, évêque de Liége, rétablit ce monastère, qui était déjà ruiné, et d'où les chanoines s'étaient retirés, et le donna aux moines Bénédictins; et, afin de rendre ce lieu recommandable, il y mit le corps de saint Hubert, l'un de ses prédécesseurs, qui a donné son nom à cette célèbre abbaye, où l'on va de toutes parts, principalement les personnes qui ont été mordues de quelque bête enragée, pour obtenir leur guérison par l'intercession de saint Hubert. Waléand y mit pour premier abbé Alvé, qui eut pour successeur Mareward, lequel fut tiré de l'abbaye de Prume, et à Mareward succéda Sevold, sous le gouvernement duquel les religieux de Saint-Hubert vivaient dans une si grande retraite, qu'ils laissaient entrer difficilement les séculiers dans leur monastère, et les femmes n'entraient dans leur église que le seul jour de Saint-Hubert. Les religieux s'étant éloignés dans la suite des observances régulières, elles y furent rétablies par saint Thierri, qui en était abbé l'an 1035, et ce saint fit rebâtir ce monastère avec beaucoup de magnificence. Le relâchement s'y étant encore introduit dans la suite, il fut du nombre des monastères qui composèrent la congrégation de Bursfeld, dont nous avons parlé en son lieu, et enfin il eut le bonheur d'être le premier de ceux des Pays-Bas qui embrassèrent la réforme de saint Vanne, qui y fut introduite de la manière suivante:

Il y avait en ce temps-là dans l'abbaye de Saint-Hubert un saint religieux, appelé *Dom Nicolas de Fanson*, qui, ayant entendu parler de la parfaite observance et régularité de la congrégation de Saint-Vanne, fit de grandes instances auprès de ses supérieurs pour y être reçu; ce qu'ils lui accordèrent. Mais, par une providence divine, dont les voies surpassent toute la pénétration de la sagesse humaine, l'abbé de Saint-Hubert étant mort dans le temps qu'il faisait ses poursuites, il fut élu à sa place. Surpris de cette élection, à laquelle il ne s'attendait pas, il ne savait quel parti prendre. D'un côté il ne voulait pas refuser la grâce que les Pères de Saint-Vanne lui avaient accordée, et de l'autre il ne savait si Dieu n'avait pas permis son élection, pour se servir de lui à rétablir la discipline régulière dans son monastère. Dans cet embarras, craignant de se flatter soi-même en préférant l'inclination d'une nature corrompue aux mouvements de la grâce, il aima mieux s'en rapporter au jugement des Pères de Saint-Vanne, qui lui conseillèrent d'accepter cette charge, afin de pouvoir travailler à la réforme de son abbaye. Ce conseil, qu'il regardait comme la voix de Dieu même, qui lui manifestait sa sainte volonté, le détermina à accepter cette charge, dans l'espérance d'y travailler à son salut et à celui des autres.

Lorsqu'il en eut pris possession, il demanda des religieux aux Pères de Saint-Vanne pour venir à Saint-Hubert y établir leurs observances. Ils jetèrent les yeux sur Dom Mathias Potier, ancien religieux de Sémur en Bourgogne, qui était venu de Paris à Verdun pour y prendre l'habit, et qui avait beaucoup servi à réformer les monastères du comté de Bourgogne; on lui donna pour compagnon Dom Jérôme Lamy, et quelques autres, qui eurent beaucoup de peine à réussir dans leur entreprise, ayant eu de grandes difficultés à surmonter, tant de la part des anciens religieux de ce monastère, que des officiers de l'évêque de Liége, qui n'omirent aucune chose pour détruire la réforme. L'abbé de Saint-Hubert eut aussi beaucoup de persécutions à soutenir, pour avoir voulu remettre son abbaye dans l'observance. On attenta même à sa vie; car on empoisonna le vin avec lequel il devait dire la messe. Mais Dieu, qui avait pris sous sa protection ce saint abbé, ne permit pas qu'il en mourût, quoiqu'il eût pris toutes les saintes espèces, et tout le vin de la burette que le diacre, auteur d'une si noire action, lui versa. Il se garantit de ce péril en prenant du contre-poison qu'il rencontra par bonheur dans sa chambre, lorsqu'il se sentit saisi d'un froid extrême, et il dissimula ce crime avec une patience toute chrétienne et religieuse.

Malgré tous ces obstacles, la réforme fut introduite dans cette abbaye, qui fut soumise, l'an 1618, aux observances de la congrégation de Saint-Vanne. L'on y forma un noviciat, tant de quelques-uns des anciens religieux que d'autres qui se présentèrent pour y être instruits dans les nouvelles pratiques, sous la conduite du P. Lamy, qui fut établi maître des novices, et sous l'obéissance de Dom Mathias Potier, qui fut fait prieur claustral.

Les officiers de l'évêque de Liége voyant que, nonobstant leurs oppositions et les traverses qu'ils avaient suscitées à l'abbé de Saint-Hubert, la réforme avait été introduite et y faisait du progrès, n'inquiétèrent plus les auteurs de cette réforme, et ne purent leur refuser les louanges qui étaient dues à leur zèle; mais lorsque l'abbé voulut donner la dernière main à la réforme, en unissant son abbaye à la congrégation de Saint-

Vanne, les officiers de l'évêque de Liége crurent qu'il y allait encore de l'intérêt de la juridiction de leur maître de s'opposer à cette union, et ils le firent avec tant de force et de vivacité, que les Pères de la congrégation de Saint-Vanne et l'abbé de Saint-Hubert ne jugèrent pas à propos de poursuivre cette union, qui n'était pas absolument nécessaire pour la réforme, puisque l'abbaye de Saint-Hubert avec ses dépendances pouvait faire un corps assez puissant pour se maintenir. Ainsi l'union de l'abbaye de Saint-Hubert avec la congrégation de Saint-Vanne ne se fit point. L'abbé de Saint-Hubert est non-seulement seigneur du lieu, mais il a encore seize villages de sa dépendance. Remacle, qui en était abbé dans le XVIe siècle, prétendant jouir des droits de souveraineté, refusa de comparaître à l'assemblée des Etats du Luxembourg, qui se tinrent à l'inauguration de Philippe II, roi d'Espagne. Mais le procureur général du conseil de la province ayant fait saisir son revenu en conséquence de ce refus, et l'abbé ayant appelé de la saisie au grand conseil de Malines, il y fut condamné, et ne put obtenir la mainlevée qu'après avoir ratifié tout ce qui s'était fait dans l'assemblée, et promis d'y comparaître à l'avenir.

Le bon ordre qui avait été établi dans l'abbaye de Saint-Hubert piqua de jalousie les abbés de plusieurs autres monastères des Pays-Bas, qui ne témoignèrent pas moins d'empressement pour rétablir la discipline régulière dans leurs monastères, que l'abbé de Saint-Hubert en avait fait paraître pour la faire recevoir dans le sien. Entre ces abbés, Dom François de Buzegnies, abbé de Saint-Denis en Hainaut, fut un des premiers qui employa tous ses soins pour la réforme de son monastère et de plusieurs autres des Pays-Bas. Cette abbaye de Saint-Denis fut fondée vers l'an 1081, par Richilde, comtesse de Flandre, qui y fit venir des religieux de l'abbaye de Sauve-Majour (dont nous avons parlé ailleurs), à laquelle elle fut soumise jusqu'en l'an 1426, que, sous l'abbé Guillaume Dassonville, elle fut exempte de sa juridiction moyennant une somme d'argent. L'abbé Dom François de Buzegnies, voyant que les observances régulières avaient été bannies de son abbaye, aussi bien que de ces autres monastères des Pays-Bas, et voulant y rétablir la discipline monastique, fit venir pour cet effet, de l'abbaye de Saint-Hubert, Dom Mathias Potier, pour délibérer avec lui et avec l'abbé de Saint-Adrien sur les moyens dont il fallait se servir pour réformer ces monastères et les ériger en congrégation, sur le modèle de celle de Saint-Vanne et de Saint-Hidulphe. Ils commencèrent par établir un noviciat dans les abbayes de Saint-Denis et de Saint-Adrien avec un si grand succès, qu'à la fin de l'année les deux communautés d'anciens religieux renouvelèrent leur profession avec une ferveur animée par l'exemple de leurs abbés, qui furent les premiers à faire ce renouvellement de vœux, et à se soumettre à l'étroite observance des mêmes pratiques qui se gardaient à Saint-Vanne, à quelques changements près qui regardaient le gouvernement des monastères, où les supérieurs sont toujours restés perpétuels.

Peu de temps après, le célèbre monastère d'Afflighem embrassa aussi la même réforme. C'était autrefois une abbaye qui fut fondée l'an 1083, à quatre lieues de Bruxelles, dans le diocèse de Cambrai, en un lieu qui était autrefois désert et servait de retraite à des voleurs, et qui est maintenant un des plus agréables de tout le pays. Six de ces voleurs s'étant convertis par les prédications de Gédéric, moine de Blandiny, bâtirent un petit monastère dans ce désert avec une église qui fut consacrée en l'honneur de saint Pierre, par l'évêque de Cambrai. Ils y vécurent sous la règle de saint Benoît, et sous la conduite de Fulgence, qui leur fut donné pour abbé par le même prélat. Cette abbaye acquit tant de réputation en peu de temps, qu'un gentilhomme nommé Héribrand, avec cinq de ses fils, y prit l'habit, et y donna tous ses biens qui étaient très-considérables, et Angalbert, frère d'Héribrand, suivit son exemple. Les comtes de Brabant l'ont aussi beaucoup enrichie. Godefroi Ier, par ses lettres de l'an 1138, déclara que ce monastère ayant été fondé en son pays, il prétendait (conjointement avec son frère le comte Henri) qu'il fût libre et indépendant, et que pour lui témoigner la satisfaction qu'il avait de voir qu'en si peu de temps il était devenu si fameux, tant par le grand nombre des religieux que par les exemples de leur sainte vie, il voulait avoir part à son agrandissement, et qu'il avait résolu de l'honorer, de le défendre et de l'enrichir le plus qu'il pourrait; et pour exécuter ces bonnes volontés, il lui donna plusieurs belles terres et lui accorda beaucoup de franchises et de priviléges. Ce prince voulut aussi être enterré dans cette abbaye, et invita ses descendants à faire la même chose; son fils, le comte Henri, renonçant à toutes les grandeurs de la terre, y prit l'habit de religion. Godefroi de Bouillon, Eustache et Baudouin, ses frères, qui furent tous trois rois de Jérusalem, firent aussi de grands biens à ce monastère, aussi bien que leur mère, la comtesse Ide, qui, dans un privilége qu'elle lui accorda, appela les religieux de ce monastère ses seigneurs et frères. Plusieurs autres seigneurs et dames l'enrichirent aussi, de telle sorte qu'il devint le plus considérable de tout le Brabant, et ses abbés avaient la première place dans les assemblées publiques. Il y avait aussi plusieurs monastères, tant d'hommes que de filles, de sa dépendance. Mais Philippe II, roi d'Espagne, voulant multiplier les évêchés et archevêchés en Flandre, fit ériger par le pape Paul IV l'archevêché de Malines, et pour son revenu principal lui assigna l'abbaye d'Afflighem, dont le titre abbatial fut supprimé.

Ce monastère ayant embrassé la réforme de Saint-Vanne, comme nous avons dit, et ayant fait union avec les abbayes de Saint-

Denis en Hainaut, de Saint-Adrien et quelques autres des Pays-Bas, on jugea à propos d'affermir cette réforme par l'érection d'une congrégation sous le nom de Saint-Placide, à l'imitation des monastères de France qui avaient pris saint Maur pour patron, et à cet effet on obtint des bulles du pape Urbain VIII. Cette congrégation s'augmenta ensuite. L'abbaye de Saint-Pierre de Gand, étant venue à vaquer, fut donnée par le roi d'Espagne à l'abbé de Saint-Denis, à condition qu'il introduirait la réforme dans ce monastère; mais il y a de l'apparence que cette abbaye n'entra point dans l'union des monastères qui formèrent la congrégation de Saint-Placide, et qu'elle a été toujours unie avec quelques autres monastères de Flandre qui prennent le titre d'Exempts, et dont nous avons parlé dans un autre article.

Voyez les *Chroniques générales de l'ordre de Saint-Benoît*, d'Antoine Yépès, traduites par Dom Martin Rhételois, tom. IV, chap. 2.

PONTIFES (Religieux hospitaliers), ou Faiseurs de ponts.

Quelques auteurs ont parlé de certains religieux hospitaliers Pontifes, ainsi appelés comme qui dirait faiseurs de ponts, parce que la fin de leur institut (à ce que prétendent ces auteurs) était de donner main-forte aux voyageurs, de bâtir des ponts ou d'établir des bacs pour leur commodité, et de les recevoir dans des hôpitaux sur le bord des rivières. Le P. Théophile Raynaud, de la compagnie de Jésus, dans un Traité qu'il a donné de saint Bénézet, fondateur du pont d'Avignon, sous le titre de : *Sanctus Joannes Benedictus, pastor et pontifex Avenione*, prétend que ce saint a été l'instituteur de ces hospitaliers, et il avoue qu'il ne connaît point d'autres maisons de cet ordre que l'hôpital qui fut bâti à Avignon, où ces hospitaliers demeuraient, et dont saint Bénézet fut premier supérieur. Le titre de *pastor Avenionensis*, que ceux qui ont fait des additions au Martyrologe d'Usuard ont encore donné à saint Bénézet, a fait tomber dans l'erreur M. du Saussay, qui a cru que ce saint avait été évêque d'Avignon, et c'est sous cette qualité qu'il l'a inséré dans son Martyrologe des saints de France au 14 avril; cependant on ne lui avait donné le titre de pasteur et de pontife que parce qu'il avait été berger, et qu'il avait construit le pont d'Avignon. On ne doit pas être surpris si l'on a donné le nom de pontife à ce saint, puisque le mot latin *pontifex* signifie également un faiseur de pont et un pontife; c'est pourquoi le Pont-Notre-Dame de Paris et le Petit-Pont ayant été bâtis l'an 1507, sur le dessin qu'en avait donné Jucundus, religieux de l'ordre de Saint-François, originaire de Vérone, l'on mit ces deux vers sur une des arcades du Pont-Notre-Dame :

Jucundus geminum posuit tibi, Sequana, pontem.
Hunc tu jure potes dicere pontificem.

C'est une opinion qui a été universellement reçue jusqu'à présent en Provence, que saint Bénézet, qu'on nommait ainsi comme qui dirait petit Benoît, était un berger, âgé de douze ans, à qui le ciel, par des révélations réitérées, commanda de quitter les troupeaux de sa mère qu'il gardait, pour aller à Avignon bâtir un pont sur le Rhône. Il arriva dans cette ville l'an 1176, et entra dans l'église lorsque l'évêque Ponce prêchait. Il lui exposa sa mission, et ce prélat, surpris de voir le fils d'un paysan, sans mine et sans lettres, qui se disait envoyé de Dieu pour bâtir un pont sur le Rhône, le prit pour un jeune insensé, et l'envoya au prévôt de la ville, avec menaces de le faire écorcher ou de lui faire couper les bras et les jambes. Le prévôt ne parut pas plus crédule que l'évêque ; mais aux preuves surnaturelles que le petit berger donna de sa mission divine, ayant porté aisément une pierre que trente hommes ne pouvaient soulever, le peuple accepta sa proposition. Le pont fut commencé l'an 1177; chacun contribua soit de son travail, soit de son argent, à la construction de cet édifice, qui a été regardé comme une merveille, étant composé de dix-huit arches et long de treize cent quarante pas. Saint Bénézet en eut la direction, et par le grand nombre des miracles qu'il faisait, il animait le zèle de ceux qui contribuaient à cet ouvrage. L'on employa onze années pour bâtir ce pont. Il n'y en avait que sept qu'il était commencé, lorsque saint Bénézet mourut l'an 1184, et il fut enterré dans une chapelle qu'il avait fait bâtir sur la troisième pile de ce pont, laquelle subsiste encore, le reste ayant été ruiné.

Le P. Théophile Raynaud prétend, comme nous avons dit, que ce saint fit bâtir un hôpital où il mit des religieux dont il fut l'instituteur, et qui devaient recevoir les pèlerins et entretenir le pont. M. Baillet dit que cet hôpital, et cette société religieuse ne furent établis qu'après sa mort. Mais il a paru l'an 1708 une nouvelle Histoire de ce saint, où l'auteur, qui prend le nom de Mange Agricol, le représente comme un vénérable vieillard qui, à cause de son grand âge, était obligé de se soutenir sur un bâton. Il dit qu'il était religieux de l'ordre des Pontifes, et même commandeur de leur maison de Bompas, dans l'évêché de Cavaillon, lorsqu'il vint à Avignon l'an 1176. Il rapporte en même temps l'origine de cet ordre, qu'il fait remonter jusqu'au Xe siècle.

Selon cet auteur, sur le déclin de la seconde race de nos rois et le commencement de la troisième race, lorsque l'État tomba dans une espèce d'anarchie, et que les grands, selon l'étendue de leur pouvoir, s'érigèrent en souverains, il n'y eut plus de sûreté pour les voyageurs, surtout aux passages des rivières. Non-seulement ce furent des exactions violentes, mais des brigandages, et souvent, sous prétexte de porter les passants d'un bord à l'autre, on leur ôtait la vie pour profiter plus aisément de leurs dépouilles. Ces cruautés excitèrent la compassion de quelques personnes pieuses, qui s'associèrent et formèrent des confraternités qui devinrent un ordre religieux sous le nom de Frères du Pont, et on les nommait aussi pontifes, à cause de la fabrique des ponts qu'ils entreprenaient. Les supérieurs des maisons prenaient indifféremment le titre de prieurs ou de commandeurs, et les religieux n'étaient point dans les ordres sacrés. Leur premier établissement fut dans un endroit des plus dangereux, que pour cette raison on appelait Mauvais-Pas, ou Maupas, sur la Durance, dans l'évêché de Cavaillon. Ces religieux étant établis en ce lieu, travaillèrent aussitôt à rendre le passage libre par le moyen de leur bac, et par la retraite qu'ils donnèrent aux pauvres passants, et dans la suite ce lieu ne fut plus appelé Maupas, mais Bonpas. Saint Bénézet, qu'on nommait ainsi, comme qui dirait petit Benoît, à cause de sa petite taille, ainsi que nous l'avons dit ci-dessus, était religieux de cette maison, et même commandeur ou supérieur, lorsque, inspiré de Dieu, il alla à Avignon, dans la pensée de faire sur le Rhône un établissement pareil à celui de Bonpas. Il y arriva le 13 septembre 1176, dans le temps que l'évêque Ponce prêchait dans sa cathédrale pour rassurer le peuple effrayé d'une éclipse de soleil qui avait paru ce jour-là; il entra hardiment dans l'église, et s'étant fait jour au milieu de l'assemblée, il annonça à haute voix le sujet de sa mission. La vénération que son grand âge lui attirait (car il était obligé de se soutenir sur un bâton) fit que le menu peuple entra d'abord dans son sentiment; mais il n'en fut pas de même des personnes les plus considérables de la ville, qui le regardèrent comme un visionnaire, d'autant plus que la largeur du Rhône et la rapidité de ses eaux leur faisaient croire qu'il était impossible d'y bâtir un pont. Cependant, comme la construction des ponts était la dévotion à la mode (c'est toujours l'auteur qui parle), cela fit que le peuple se porta à seconder le dessein de saint Bénézet; et comme la ville d'Avignon était pour lors en république, et que le menu peuple avait plus de voix dans le conseil, la construction du pont fut conclue. On fit avec beaucoup de diligence les préparatifs nécessaires pour commencer cet édifice; le public et les particuliers y contribuèrent par leurs libéralités, et lorsqu'on eut vu l'adresse avec laquelle saint Bénézet et ses religieux firent couler dans l'eau la première pierre qui devait servir de fondement à la première pile du pont, chacun cria miracle, et dans cette surprise, on proclama saint le religieux Bénézet. L'on fit alors une quête pour les frais de l'édifice, et l'on amassa sur-le-champ une somme considérable, parce que tous ceux qui étaient présents regardaient comme autant de prodiges tout ce qui avait été fait jusqu'alors.

C'est sur ce récit, que l'auteur nous donne pour véritable, quoique contraire en quelques faits aux actes authentiques qui furent dressés immédiatement après la mort de saint Bénézet et qui sont conservés dans les archives d'Avignon, qu'il prétend que ces mêmes actes n'étaient que des déclamations que l'on donnait à faire à de jeunes moines qui ont parlé de ces faits dans des sens figurés et hyperboliques. Le titre de pasteur qu'on y a donné, dit-il, à saint Bénézet, est par rapport à sa qualité de prieur de la maison de Bonpas, qu'il gouvernait et qu'il quitta. L'âge de douze ans que l'on donne à ce prétendu berger est le temps de sa supériorité, et la pierre que trente hommes ne pouvaient soulever, et que le saint porta avec beaucoup de facilité, fait seulement allusion à l'adresse avec laquelle saint Bénézet et ses religieux firent couler cette pierre dans l'eau, pour servir de fondement à la première pile du pont.

Après avoir ensuite rapporté ce qui se passa à la mort de ce saint et les miracles qui se firent à son tombeau, et qui attiraient de toutes parts un grand nombre de personnes, il continue à décrire l'histoire des religieux Pontifes. Le pont d'Avignon, dit-il, étant achevé, le succès de ce grand travail convia les frères hospitaliers de la maison de Bonpas d'entreprendre encore la construction d'un pont sur la Durance, près qu'il manquait à leur établissement. Le pape Clément III approuva leur dessein et les en félicita par une bulle qu'il leur adressa l'an 1189, les confirmant dans la possession de tous les biens qui leur avaient été donnés, et les mettant sous la protection du saint-siége. Cet ordre était dans toute sa splendeur au commencement du XIIIe siècle. Guillaume IV, comte de Forcalquier, l'an 1202, et Raymond III, dit le Vieux, comte de Toulouse et du Vénaissin, l'an 1203, accordèrent aux religieux d'Avignon toutes sortes de franchises dans l'étendue de leurs États, leur firent don du droit de passage qu'ils avaient sur le Rhône, et les prirent sous leur protection; la donation du comte de Toulouse fut confirmée par Raymond le Jeune, son fils, l'an 1237. Ils étaient déjà aussi sous la protection des évêques dans les diocèses desquels ils avaient des maisons. C'était à eux qu'ils avaient recours lorsqu'ils étaient troublés dans les fonctions de leur institut, comme firent ceux de Bonpas, l'an 1241, en s'adressant à l'archevêque d'Arles, comme au métropolitain, pour être conservés dans la liberté de donner passage aux pauvres voyageurs, sur un bac qu'ils avaient fait faire pendant que leur pont était occupé par les troupes du comte de Toulouse.

L'utilité que l'on retirait des ponts d'Avignon et de Bonpas, et la réputation qu'ils avaient acquise à cause des charitables fonctions qui s'y exerçaient, et des merveilles que Dieu opérait par l'intercession de saint Bénézet, portèrent les habitants de Saint-Saturnin du Port (présentement le Pont-Saint-Esprit) sur le Rhône, d'en établir un semblable. Tout le domaine de ce lieu appartenait à un prieuré de l'ordre de Cluny. Les moines de ce prieuré y donnèrent les mains. Ils voulurent même poser la première pierre du pont, et elle fut en effet posée le 12 septembre de l'an 1265, par Jean de Thyanges, leur prieur. L'on donna à ce pont le nom du

Saint-Esprit, L'on fut trente ans à y travailler ; et enfin il fut mis en l'état où il est encore à présent, ayant vingt-deux arches, qui lui donnent une étendue de douze cents pas de longueur sur quinze de largeur ; et il y a à chaque pile une fenêtre pour donner plus de facilité à ce fleuve rapide de passer quand les eaux sont fortes.

L'estime qu'on avait pour les religieux Pontifes leur fit acquérir de grandes richesses par le moyen des donations qu'on leur offrait, et qu'ils acceptaient ; et ce furent ces mêmes richesses qui leur firent perdre l'esprit de leur institut. Ceux de Bonpas furent les premiers qui tombèrent dans le relâchement. Ils voulurent s'unir aux Templiers en l'an 1277 : ils avaient donné procuration à l'un d'eux pour aller à Rome poursuivre cette union : mais Girard, évêque de Cavillon, quoiqu'il y eût donné son consentement, sollicita, l'an 1278, le pape Nicolas III de donner l'hôpital de Bonpas aux hospitaliers de Saint-Jean de Jérusalem, qui sont aujourd'hui les chevaliers de Malte, afin que du moins l'hospitalité y fût toujours continuée. Les frères du Pont ayant su ce que l'évêque de Cavaillon avait fait, donnèrent eux-mêmes leur maison aux hospitaliers de saint-Jean-de Jérusalem, et passèrent dans leur ordre.

Lorsque l'on bâtit le Pont-du-Saint-Esprit, on y établit aussi un hôpital qui devint célèbre. Les habitants de ce lieu en avaient la direction et la remplissaient, quoique séculiers, les mêmes fonctions que les religieux Pontifes exerçaient à Avignon. Ceux-ci étant devenus peu utiles au public par leur relâchement, le pape Jean XXII, l'an 1321, unit leur maison d'Avignon à l'église collégiale de Saint-Agricol de la même ville.

Il ne restait plus que des frères Pontifes du Pont-Saint-Esprit, qui, dégoûtés de leur état laïcal, se firent ordonner prêtres ; et comme ils étaient les seuls de la province qui se pouvaient faire honneur d'avoir eu saint Bénézet pour religieux de leur ordre, ils publièrent que leur maison et le Pont-du-Saint-Esprit avaient été fondés par ce saint d'une manière aussi miraculeuse que l'on disait que le pont d'Avignon avait été construit ; c'est ce que l'on remarque (continue cet auteur) dans une bulle de Nicolas IV, de l'an 1448, donnée en faveur de ces religieux, où ce pontife dit que le jeune berger Bénézet commença cet ouvrage par la grâce du Saint-Esprit et par les aumônes des fidèles : *Pastorque ipse, Spiritus sancti gratia, et fidelium eleemosynis fretus, pontem in loco indicato hujusmodi inchoavit*. Ce même pontife, à la prière de Charles VII, roi de France, et d'Alain Coëtivi, évêque d'Avignon, prieur commendataire de Saint-Saturnin du Port, confirma à ces religieux toutes les grâces qu'ils avaient déjà obtenues du saint-siège ; avec leurs statuts, leurs règlements, leurs privilèges, et généralement tous les biens qu'ils possédaient ; et ensuite il leur donna l'habit blanc pour les distinguer des autres religieux. Cet habit, qui marquait la régularité, n'y retint pas pour cela ces religieux ; mais ils passèrent à l'état séculier ; et pour s'y distinguer des autres corps ecclésiastiques, ils retirent leur habit de religion pour marquer la profession d'hospitaliers qu'ils ont conservée. Cette sécularisation était déjà faite, et même affermie l'an 1519, comme l'on voit par une bulle de Léon X, de la même année, où ce pape parle d'eux comme d'ecclésiastiques séculiers. Ils sont encore nommés *les Prêtres Blancs*, et ce sont les seuls restes de l'institut des religieux Pontifes ou Faiseurs de ponts. Ils forment comme une espèce de collégiale sous la juridiction du prélat diocésain, qui est l'évêque d'Uzès.

Voilà en abrégé de quelle manière l'auteur de la Nouvelle Histoire de saint Bénézet rapporte le commencement et la fin de l'ordre des religieux Pontifes ou Faiseurs de ponts ; mais il y a bien de l'apparence que cet ordre est le même que celui des Hospitaliers de Saint-Jacques-du-Haut-Pas, dont nous avons parlé en son lieu, et qui devait avoir plusieurs maisons en France, puisque, outre le grand maître général de l'ordre, qui faisait sa résidence en Italie, et dont même il y en eut un qui mourut à Paris l'an 1403, il y avait encore un commandeur général pour la France. L'on n'aura pas de peine à se persuader que ce n'était qu'un même ordre, si l'on considère que la fin de l'institut des hospitaliers de Saint-Jacques-du-Haut-Pas était aussi de donner main-forte aux voyageurs et d'établir des bacs pour leur faciliter le passage des rivières, et que le premier établissement se fit sur la rivière d'Arno, au diocèse de Lucques, en Italie, en un endroit dangereux appelé le Haut-Pas, ce qui a beaucoup de conformité à ce premier établissement des hospitaliers Pontifes, qui, selon cet auteur, se fit dans un passage qui n'était pas moins dangereux sur la Durance, appelé *Mau-Pas*, et qu'on a peut-être ainsi appelé par corruption, au lieu de Haut-Pas. Il est vrai que les Hospitaliers de Saint-Jacques-du-Haut-Pas qui furent établis à Paris n'avaient pas soin d'entretenir des bacs pour passer les pauvres pèlerins sur la rivière de Seine. Ils étaient éloignés de la rivière, puisqu'ils furent établis au milieu du faubourg Saint-Jacques ; mais comme la fin de leur institut était aussi de loger les pèlerins, ce fut pour cette raison que Philippe le Bel, roi de France, leur fonda cet hôpital l'an 1286.

L'auteur de l'Histoire de saint Bénézet dit, à la page 25, que les hospitaliers Pontifes, comme gens beaucoup expérimentés dans la construction des ponts, avaient eu la direction des ouvriers de celui d'Avignon : cela présuppose qu'ils avaient déjà bâti des ponts, et qu'ils avaient donné des preuves de leur habileté : cependant le pont d'Avignon fut le premier qu'ils entreprirent l'an 1177, et ce ne fut que la réussite de cet ouvrage qui leur fit naître le dessein d'en bâtir aussi un sur la Durance, l'an 1189. N'a-t-on pas sujet de croire que le peuple donna le nom de Frères du Pont, ou de Pontifes aux hospitaliers de Saint-Jacques-du-Haut-Pas, lorsqu'ils furent établis dans l'hôpital d'Avignon, qu'on nomme l'hôpital du Pont, et après que plusieurs princes et quelques particuliers leur eurent cédé les droits de péage qui leur appartenaient sur le Rhône? Ces hospitaliers ayant ensuite reçu ces mêmes droits de ceux qui passaient sur le pont d'Avignon, dont ils exemptaient les pauvres, qu'ils logeaient aussi dans leur hôpital, on a pu les appeler les Frères du Pont; et ceux de Bon-Pas et du Pont-Saint-Esprit ont pu aussi prendre le même nom, après que les ponts de ces deux endroits eurent été bâtis, et que de pareils droits eurent été accordés à leurs hôpitaux. Le peuple a donné souvent à des religieux des noms qui leur sont restés, quoique ces noms n'appartiennent pas à leurs ordres. Ainsi les religieux Jésuates de Saint-Jérôme n'étaient connus à Sienne que sous le nom des Pères de l'Eau-de-Vie : *gli Padri della aqua vita*, parce qu'ils distillaient de l'eau-de-vie dont ils faisaient trafic, sans qu'ils cessassent pour cela d'être de l'ordre des Jésuates. Les religieux hospitaliers de Saint-Jean de Dieu sont appelés en France les Frères de la Charité, en Espagne les Frères de l'Hospitalité, et en Italie les Frères *fate ben Fratelli*, quoique leur véritable nom soit celui des Hospitaliers de Saint-Jean de Dieu; et il en est de même de plusieurs ordres à qui le peuple a donné différents noms.

Saint Bénézet n'a donc point été l'instituteur de l'ordre des religieux Pontifes ou des Frères du Pont, comme a prétendu le P. Théophile Raynaud; mais il y a bien de l'apparence que, lorsque les hospitaliers de Saint-Jacques-du-Haut-Pas furent introduits dans l'hôpital du Pont à Avignon, il entra dans leur ordre, et qu'il en était procureur et tenait lieu de supérieur à ces religieux l'an 1180, lorsqu'un certain Bertrand de la Garde leur vendit le droit qu'il avait dans le port d'Avignon : *Profitetur se vendere, et venditionis titulo tradere operi pontis Rhodani, et fratri Benedicto procuratori, cæterisque Pontis fratribus, jus omne suum in portu, vel in Caudelo portus*. Les miracles que ce saint opérait tous les jours, et l'entreprise qu'il avait faite du pont d'Avignon par inspiration divine, le firent sans doute choisir pour supérieur par les religieux hospitaliers, sans avoir égard à sa jeunesse, puisqu'il ne pouvait avoir alors que dix-sept ans, quoiqu'en dise l'auteur de son Histoire, qui prétend que lorsque ce saint vint à Avignon, il était déjà si accablé de vieillesse, qu'il était obligé de se soutenir sur un bâton. Cet auteur veut être cru en cela sur sa parole, car il n'apporte aucune autorité ni aucun témoignage pour prouver ce grand âge de saint Bénézet, et qu'il n'a point été berger. Ces actes authentiques, où il est spécialement marqué qu'il était encore enfant et qu'il gardait les brebis de sa mère : *Quidam puer Benedictus, nomine, oves matris suæ regebat in pascuis*, ne sont, selon lui, que des déclamations que l'on donnait à faire à de jeunes moines qui, par des figures hyperboliques, ont voulu dire qu'il était supérieur des hospitaliers Pontifes de la maison de Bonpas, et l'âge de douze ans qu'on lui a donné marque les douze années de sa supériorité dans cette maison avant que de venir à Avignon. Ce serait une figure de rhétorique toute nouvelle, si un orateur, pour embellir son discours et faire connaître à ses auditeurs qu'une personne avait été supérieur d'un monastère, disait que c'était un enfant qui faisait paître les brebis de sa mère, et que, pour marquer qu'il avait été supérieur pendant douze ans, il disait qu'il n'était âgé que de douze ans. Je laisse au lecteur sage et prudent à porter son jugement sur le raisonnement de cet auteur.

Il ne s'accorde pas même en plusieurs endroits, et entre autres il dit à la page 18 que le zèle que saint Bénézet avait de remplir les devoirs de sa profession lui fit naître la pensée de faire à Avignon, sur le bord du Rhône, un établissement semblable à celui de Bonpas; qu'ayant formé ce dessein et se reposant de la réussite, à cause de son importance, sur la providence divine, il alla à Avignon, et entra dans cette ville dans le temps que l'évêque Ponce prêchait; que, comme ce saint religieux était très-ardent pour procurer l'avancement de son institut, il entra hardiment dans l'église et y annonça à haute voix le sujet de sa venue; que le peuple l'écouta avec beaucoup d'attention et donnait dans son sentiment; mais que les personnes les plus considérables le traitèrent de visionnaire, regardant comme impossible de faire un pont sur le Rhône, à cause de la largeur de ce fleuve et de la rapidité de ses eaux. Or, si ces hospitaliers de Bonpas n'avaient point de pont, et qu'ils n'en bâtirent un sur la Durance que l'an 1189, après que celui d'Avignon eut été achevé, comme cet auteur le dit à la page 55, et s'ils n'avaient auparavant qu'un bac à Bonpas, il n'y avait pas d'apparence que saint Bénézet ait proposé d'abord aux Avignonais de faire bâtir un pont, puisque son intention était de faire dans leur ville un établissement pareil à celui de Bonpas. Il fait en effet (selon cet auteur) la proposition de cet établissement, et les grandes difficultés qu'on y trouve et qui le font regarder comme visionnaire, c'est parce que l'on croyait qu'il était impossible de faire un pont sur le Rhône. L'auteur devait donc parler de ce pont avant que de faire remarquer les difficultés que l'on formma sur sa construction, et c'est néanmoins ce qu'il ne dit point, se contentant de faire proposer par saint Bénézet un établissement pareil à celui de Bonpas où les religieux n'avaient qu'un bac, et qui n'y bâtirent un pont que douze ans, ou environ, après celui d'Avignon. Il faut donc mieux s'en tenir à l'ancienne tradition du pays et aux actes authentiques, qui disent que saint Bénézet était un jeune berger, à qui Dieu commanda d'aller à Avignon pour y bâtir un pont sur le Rhône.

Il ajoute que le P. Théophile Raynaud s'est trompé, en donnant à ce saint le nom de Jean Benoît, et qu'il le confond avec un autre Jean Benoît, prieur des religieux Pontifes d'Avignon, qui lui succéda dans le gouvernement de leur maison. En cela il a raison ; car le P. Théophile Raynaud a cru avoir trouvé le véritable nom de saint Bénézet dans un acte de l'an 1187, qu'il rapporte, par lequel les chanoines de la cathédrale d'Avignon, du consentement de l'évêque, accordèrent à ce frère Jean Benoît prieur, et aux autres religieux Pontifes, la permission d'avoir une église, un cimetière et un chapelain : *In nomine Jesu Christi, anno ab Incarnatione ejusdem 1187, mense Augusto, hac præsenti pagina ad perennem rei memoriam præsentibus et posteris notum fiat, qualiter Dominus G. Avenionensis Ecclesiæ præpositus et ejusdem Ecclesiæ conventus, et ex altera parte Joannes Benedictus tunc temporis domus operis Pontis prior et fratres inibi constitutis coram Domino Rostagno Ecclesiæ Avenionensis episcopo, amiabiliter inter se convenerunt, ut liceret Ecclesiam et cœmeterium habere fratribus Pontis, itemque capellanum habere.* C'est aussi sans doute cet acte qui lui a fait reculer la mort de saint Bénézet jusqu'à cette année 1187 ; cependant l'opinion la plus commune est qu'il était mort dès l'an 1184, et l'auteur de la Nouvelle Histoire de ce saint fait remarquer que si le P. Théophile Raynaud avait examiné cet acte, il y aurait trouvé qu'il y est parlé de saint Bénézet, et qu'en parlant de lui, on ajoute *de pieuse mémoire*, ce qui fait connaître qu'il était certainement décédé.

Voyez Théophili Raynaldi *Opera*, tom. VIII, pag. 148. Bolland. *Act. SS.*, tom. II, *Aprilis die* 14, pag. 255. Mange Agricol, *Hist. de saint Bénézet et de l'ordre des religieux Pontifes*, et Baillet, *Vies des SS.*, 14 avril.

PONTIGNI.

Voy. Cîteaux, § 2.

PORC-ÉPIC.

Des chevaliers du Porc-Épic, ou du Camail, en France.

Louis de France, duc d'Orléans, pair de France, comte de Valentinois, d'Ast et de Blois, second fils du roi Charles V et de Jeanne de Bourbon, ayant épousé, l'an 1389, Valentine, fille de Jean Galéas, duc de Milan, il en eut un prince, l'an 1394, qui reçut au baptême le nom de Charles. Le duc d'Orléans, pour rendre les cérémonies de ce baptême plus augustes, institua l'ordre du Porc-Épic, qui devait être composé de vingt-cinq chevaliers, y compris ce prince, qui en était le chef. Ces chevaliers devaient être nobles de quatre races. Leur habillement consistait en un manteau de velours violet, le chaperon et le mantelet d'hermine, et une chaîne d'or au bout de laquelle pendait sur l'estomac un porc-épic de même, avec cette devise : *Cominus et eminus* (1). Cet ordre fut aussi appelé *du Camail*, parce que le duc d'Orléans donnait avec le collier une bague d'or garnie d'un camaïeu ou pierre d'agate, sur laquelle était gravée la figure d'un porc-épic. L'on prétend qu'il prit cet animal pour emblème de son ordre, afin de montrer à Jean, duc de Bourgogne, son ennemi, qu'il ne manquait ni de courage, ni d'armes pour se défendre, le porc épic étant un animal si bien armé, que de près il pique avec ses pointes, et de loin il les lance contre les chiens qui le poursuivent.

L'autorité que le duc d'Orléans avait dans le royaume l'avait rendu si puissant, qu'elle donnait de la jalousie au duc de Bourgogne, qui avait part aussi bien que lui au gouvernement. Comme ils avaient tous deux un parti considérable, la mésintelligence de ces deux princes causait des divisions continuelles ; mais enfin, l'an 1403, le roi de Navarre et le duc de Bourbon les réconcilièrent ensemble. Juvénal des Ursins dit que le duc de Bourgogne fit serment sur le corps de Jésus-Christ d'être vrai et loyal parent du duc d'Orléans, prompt d'être son frère d'armes, et qu'il portait son ordre. Ces deux princes entreprirent, l'année suivante, de chasser de France les Anglais. Le premier les attaqua en Guienne, et l'autre par Calais ; mais le duc d'Orléans perdit son temps et sa réputation devant Blaye, et le duc de Bourgogne, après de grandes dépenses, n'osa approcher de Calais. Ce dernier ayant conçu encore un nouveau dépit contre le duc d'Orléans, qu'il accusait d'avoir fait échouer son entreprise, en empêchant adroitement les levées de l'argent qui lui avait été accordé pour ses troupes, forma le dessein de faire assassiner ce prince : ce qu'il exécuta la nuit du 23 au 24 novembre 1407, s'étant servi, pour une si noire action, d'un gentilhomme normand, nommé *Raoul d'Ocquetonville*, qui attendit le duc d'Orléans dans la rue Barbette, comme il revenait de l'hôtel de Saint-Paul, où il était allé rendre visite à la reine, qui était en couche.

Après la mort du duc de Bourgogne, qui fut aussi assassiné sur le pont de Montereau-Fault-Yonne, l'an 1419, par Tanneguy du Châtel, qui avait servi le duc d'Orléans, Philippe II, duc de Bourgogne, ayant succédé aux États de son père, ces deux maisons d'Orléans et de Bourgogne se réconcilièrent ; mais ce ne fut que l'an 1440. Ce qui donna lieu à cette réconciliation fut la liberté que le duc de Bourgogne procura à Charles, duc d'Orléans, qui était depuis vingt-cinq ans prisonnier en Angleterre, et qui épousa à son retour Marie de Clèves, nièce du duc de Bourgogne. Ce dernier avait institué l'ordre de la Toison d'or, dont il donna le collier au duc d'Orléans, et, réciproquement, le duc d'Orléans donna au duc de Bourgogne le collier de l'ordre du Porc-Épic ou du Camail. Cet ordre subsista encore longtemps en France : car le roi Charles VIII étant mort sans enfants, et Louis XII lui ayant succédé l'an 1498, il fit de nouveaux chevaliers de l'ordre du Porc-Épic, qui n'est néanmoins nommé que *du Camail* dans les lettres

---

(1) *Voy.*, à la fin du vol., n° 58

qu'il fit expédier à Michel Gaillart et à son fils, qui étaient du nombre de ces chevaliers. Voici les lettres de ce prince :

Loys, etc., *à tous présent et avenir. Comme nous desirons à notre pouvoir ensuir le bon zele de nos progeniteurs et predecesseurs roys de France et ducs d'Orleans, et en ce faisant premier et remunerer les bons persages et loyaulx serviteurs qui journellement s'appliquent et mettent leur estude en bonnes œuvres et à nous faire service, ainsi que par bonne experience ils ont toujours demontré à nosdits progeniteurs et predecesseurs et les eslever en honneurs, authoritez et prerogatives selon leurs vertus et merites qui sont les choses qui principalement font entretenir les roys et princes chrétiens en bonne amour, crainte et obeir de leurs vassaux et sujets, scavoir faisons, que nous ces choses considerées et les tres grands, louables, vertueux et recommandables services que notre amé et feal conseiller Michel Gaillart l'ainé chevalier a par cy devant des long-tems faits à nosdits progeniteurs et predecesseurs et à nous en nos grands et principaulx affaires, ou il s'est toujours tres vertueusement et en grande sollicitude et en peine et travail employé et aquité, fait et continué chaque jour, et esperons que plus face au tems avenir : et pareillement notre amé et feal aussi chevalier Michel Gaillart son fils qui, à l'imitation de son dit pere et en ensuivant seges es, s'efforce journellement aussi à nous faire service, à iceux Michel Gaillart laisné et Michel Gaillart le jeune avons de notre certaine science et propre mouvement et par grace especial, donné et octroyé, donnons et octroyons par ces presentes et à chacun d'iceux, l'ordre du Camail qui est l'ordre ancien de nosd. progeniteurs et predecesseurs ducs d'Orleans, avec faculté d'icelui porter et eux en decorer et parer en tous lieux, toutes fois et quantes que il leur plaira et joyr des honneurs, authoritez, prerogatives et preheminences, dont joyssent et ont accoutumé joyr les chevaliers dudit ordre et qui y peuvent et doivent competer et appartenir. Si donnons en mandement par ces memes presentes à notre amé et feal chancelier et à tous nos autres justiciers et officiers et à chacun d'eux, si comme à lui appartiendra que de nos presens don et octroy, ils facent, souffrent et laissent lesdits Michel Gaillart laisné et le jeune chevalier, joyr, user, ensemble desdits droits, honneurs, authoritez, preheminences et prerogatives, doresnavant, plainement et paisiblement, tout ainsi et que il la forme et maniere que dessus est dit. Car tel est nostre plaisir, et afin que ce soit chose ferme et stable à toujours, nous avons fait mettre notre seel à cesdites presentes ; sauf en toutes autres choses, notre droit et l'autruy en toutes. Donné à Bloys au mois de mars l'an de grace* 1498, *et de notre regne le premier. Ainsi signé, par le roy Cotereau, visa contentor, B. Budé.*

Ces Lettres de Louis XII prouvent que cet ordre du Porc-Epic ou du Camail ne fut point aboli presque aussitôt qu'il fut institué, comme quelques auteurs ont avancé, puisqu'il subsistait encore plus de cent ans après son établissement. Schoonebeck, qui est de ce nombre, se contredit lui-même, puisqu'après avoir dit qu'il n'eut pas le succès que le duc d'Orléans s'en était promis, ayant été éteint presque aussitôt qu'il fut institué, il ajoute que Louis XI, l'an 1430, fit tout ce qu'il put pour le maintenir, ayant donné aux chevaliers des instituts et des règles pour la conduite de leur vie, par lesquelles il leur était ordonné de défendre l'Etat et la religion du royaume, et de promettre obéissance au souverain. Il n'est pas vrai que Louis XI ait conféré cet ordre, qui était l'ordre des ducs d'Orléans, comme il paraît par les lettres de Louis XII que nous avons rapportées ; ce prince, comme fils de Charles, duc d'Orléans, l'ayant conféré à son avènement à la couronne de France, et il fut ensuite aboli. Pierre de Belloy s'est aussi trompé, lorsqu'il attribue l'institution de cet ordre à Charles d'Orléans, puisqu'il est certain que ce fut son père Louis, duc d'Orléans. Cet ordre se donnait quelquefois à des femmes : car dans une création de chevaliers du 8 mars 1438, le duc d'Orléans le donna à mademoiselle de Murat et à la femme du sieur Potron de Saintrailles.

Favin, *Théâtre d'honneur et de chevalerie.* Le P. Anselme, *Le Palais de l'honneur.* Bernard Giustiniani, *Hist. di tutti gli ordin. militari.* Belloy, *Origine des ordres de chevalerie.* Herman et Schoonebeck, dans leurs *Histoires des ordres militaires;* et différents manuscrits.

PORTE-ANGÉLIQUE (Ermites de la).
Voy. Jean-Baptiste (*Ermites de Saint-*).

PORTE-CROIX.
Voy. Croisiers.

PORTE-ÉPÉE.
Voy. Livonie (*Chevaliers de l'ordre de*).

PORTE-ÉTOILES.
Voy. Bethléhémites.

PORTE-GLAIVE.
Voy. Teutonique.

PORT-ROYAL (Réforme de).
Des religieuses de Port-Royal de l'ordre de Citeaux, et institut du Saint-Sacrement.

L'abbaye de Port-Royal, proche Chevreuse, au diocèse de Paris, de l'ordre de Citeaux et de l'institut du Saint-Sacrement, s'appelait anciennement *le Port du Roi* ou *Port-Roi.* L'origine de ce nom est fort incertaine : cependant l'ancienne opinion est que Philippe Auguste, roi de France, chassant dans les bois qui sont aux environs de cette abbaye, s'égara, et qu'après avoir fait plusieurs tours sans savoir où il était, il trouva une petite chapelle dédiée à saint Laurent, à laquelle il s'arrêta, se doutant bien que quelques-uns de ses officiers, la voyant, ne manqueraient pas de s'en approcher, dans l'espérance d'y trouver quelqu'un qui pût le tirer de l'inquiétude où il présumait que son absence les mettait ; ce qui étant arrivé comme il se l'était imaginé, il donna à ce lieu le nom de **Port-Royal** ou **Port du Roi**, comme pour signifier que ce lieu lui avait été aussi favorable dans son égarement que l'est un port à un vaisseau qui s'y échappe du danger de la tempête et du naufrage. C'est pourquoi, en action de grâces et en mémoire de la peine où il s'était trouvé, il résolut d'y faire bâtir un monastère ; mais Odon de S Ily, neveu du comte de Champagne, favori du roi et son parent, qui était évêque de Paris, ayant su la volonté de ce prince, fit bâtir cette abbaye, ayant eu, pour le seconder dans cette sainte entreprise, Maltide, fille de Guillaume de Garlande seigneur de Livri, et épouse de Matthieu de Montmorency, premier seigneur de Marly, ce qui arriva l'an 1204, et l'on y mit des religieuses de Cîteaux, qui ont toujours été soumises à la juridiction de l'abbé général et chef de cet ordre jusqu'en l'an 1627, qu'elles en furent soustraites par bref d'Urbain VIII, comme nous le dirons dans la suite.

Le relâchement s'était introduit dans ce monastère aussi bien que dans plusieurs autres, desquels les guerres civiles, qui affligèrent la France sur la fin du XV.e siècle et le commencement du XVI.e, avaient presque banni la régularité, lorsque la mère Angélique Arnaud, vingt-cinquième abbesse de ce monastère, commença à exercer son office l'an 1602, après la mort de Jeanne de Boulehart, dont elle était coadjutrice dès l'âge de sept ans. Un de ses premiers soins fut d'y rétablir les observances régulières, et quoiqu'elle n'eût encore que dix-sept ans, elle entreprit, avec un courage autant héroïque que peu ordinaire dans un âge si tendre, de faire revivre dans cette maison le premier esprit de Cîteaux : ce qu'elle fit d'autant plus aisément, que treize religieuses qui restaient dans ce monastère entrèrent dans ses sentiments et suivirent son exemple. Elle s'acquit une si grande estime, que, l'an 1618, l'abbesse de Maubuisson ayant été déposée, et cette maison étant beaucoup divisée, elle fut nommée pour en prendre le gouvernement, y mettre la réforme et y réunir les esprits. Elle y réussit si bien, et cette maison acquit aussi une si haute réputation, que, pendant quatre années qu'elle y demeura, elle y donna l'habit à plus de vingt-cinq filles. Toutes choses étant pacifiées dans cette abbaye, et les observances régulières étant rétablies en 1622, elle se disposa pour retourner à Port-Royal, qui avait été gouverné en son absence par Catherine-Agnès Arnaud, sa sœur, qu'elle avait nommée à cet effet pour sa coadjutrice. Mais les filles qu'elle avait reçues à Maubuisson ne voulurent point l'abandonner, ne pouvant souffrir d'être séparées de leur mère. Elles la conjurèrent avec tant de larmes de les emmener avec elle, que, quoiqu'elles n'eussent toutes ensemble qu'environ cinq cents livres de pension viagère, et que Port-Royal fût très-pauvre, elle se laissa attendrir à leurs larmes, et se résolut d'en écrire à sa communauté pour en avoir le consentement, lequel étant venu par la réponse que lui firent ses religieuses, elle partit avec elles.

Ainsi la communauté de Port-Royal, qui fut encore augmentée par la réception de quelques autres filles, à qui la Mère Angélique donna l'habit à son retour, se trouva composée en peu de temps de quatre-vingts religieuses.

Elles étaient fort incommodées dans cette maison par les fréquentes maladies, aussi bien que par le grand nombre de religieuses, les revenus de cette abbaye n'étant pas suffisants pour les entretenir. Mais madame Arnaud (Catherine Marion), mère de la Mère Angélique, et qui a eu six filles et cinq nièces religieuses dans cette abbaye, lui donna une maison à Paris, au faubourg Saint-Jacques, pour en faire un second monastère. La Mère Angélique avait seulement dessein d'y envoyer une partie de ses religieuses, afin de soulager la maison de Port-Royal des Champs. L'abbé de Cîteaux y consentit l'an 1624 ; mais l'archevêque de Paris, ne voulant pas qu'elles eussent deux maisons, leur permit seulement qu'elles vinssent toutes ensemble demeurer à Paris, ce qu'elles firent l'an 1626, en vertu des lettres patentes que le roi leur avait accordées au mois de décembre 1625. La reine Marie de Médicis se déclara fondatrice de ce nouvel établissement, ce qui fut confirmé par arrêt du Parlement du 16 février 1629, et le pape Urbain VIII, en confirmant aussi cette translation, par son bref du 15 juin 1627, les exempta de la juridiction de l'abbé de Cîteaux et des supérieurs de l'ordre, les soumettant à celle de l'archevêque de Paris.

Ce fut alors que la Mère Angélique Arnaud trouva moyen d'exécuter ce qu'elle avait désiré depuis longtemps, qui était de se dépouiller de sa qualité d'abbesse ; ce que la Mère Catherine-Agnès, sa sœur, ayant aussi fait de celle de coadjutrice, cette charge fut mise en élection triennale, avec le consentement du roi Louis XIII, qu'il leur accorda, à la prière de la reine sa mère, par ses lettres patentes de l'an 1629. Ainsi les Mères Angélique et Catherine-Agnès Arnaud s'étant démises de leurs offices devant l'official de Paris, on élut pour première abbesse triennale Marie-Geneviève de Saint-Augustin le Tardif, qui avait fait profession dans cette maison.

Dans ce temps-là il se fit un nouvel établissement d'une maison religieuse, dévouée entièrement au culte du saint sacrement : de sorte que le jour et la nuit il devait y avoir toujours quelque personne en prières devant le saint sacrement. Plusieurs personnes de distinction, parmi lesquelles il y avait quelques évêques, conçurent ce dessein ; l'un des premiers projets pour réussir dans cette entreprise fut que l'archevêque de Paris, Jean-François de Gondi, donnerait la maison de Port-Royal ; l'archevêque de Sens, Octave de Bellegarde, celle de Lis, et l'évêque de Langres, Sébastien Zamet, celle de Notre-Dame du Tart, toutes trois de l'ordre de Cîteaux, dans lesquelles on commencerait ce nouvel institut ; qu'elles seraient comme les tiges des autres maisons qui en pourraient sortir, et que ces maisons vivraient dans la même union et sous les mêmes constitutions. Mais ce dessein ne fut pas exécuté : on acheta une maison dans Paris, dans laquelle on commença effectivement cet ordre. Madame Louise de Bourbon, duchesse de Longueville, se déclara fondatrice de cette maison, et obtint une bulle d'Urbain VIII, en 1627, par laquelle Sa Sainteté consentit à une nouvelle institution de religieuses, qui se consacreraient par un vœu solennel à la vénération perpétuelle de cet auguste mystère. La Mère Angélique Arnaud et trois religieuses de Port-Royal furent choisies pour en jeter les premiers fondements. Elles restèrent dans cette maison jusqu'en 1633, que madame de Longueville étant morte sans avoir assigné aucun fonds pour l'entretien de ces religieuses, elles furent obligées de retourner à Port-Royal, et afin que ce nouvel institut de la dévotion envers le saint sacrement subsistât toujours, elles résolurent de l'embrasser dans ce monastère. Elles en obtinrent les permissions nécessaires du pape Innocent X, qui permit que les biens, les revenus et les priviléges qui avaient été accordés à la maison du Saint-Sacrement fussent unis à celle de Port-Royal. L'archevêque de Paris y consentit en 1645, ce qui fut confirmé par arrêt du parlement du 4 juin 1647, et M. du Saussay, official et grand vicaire de Paris, qui fut depuis évêque de Toul, en vertu de la commission qu'il en avait reçue de l'archevêque, donna aux religieuses de Port-Royal, avec beaucoup de pompe et de solennité, l'habit de ce nouvel institut, le 24 octobre de la même année, changeant le scapulaire noir que ces religieuses portaient, selon l'usage de Cîteaux, en un scapulaire blanc, sur lequel il y avait une croix rouge, afin que par cette couleur elles apprissent que le mystère adorable du saint sacrement, au culte duquel elles se dévouaient, devait être honoré par la charité, la chasteté et la mortification (1).

Elles firent ensuite bâtir une église de l'argent qui provenait de la vente qu'elles firent de la maison du Saint-Sacrement qu'elles avaient abandonnée. Elle fut bénite par l'archevêque de Paris, et dédiée au saint sacrement et à la sainte Vierge ; et ce même prélat accorda, la même année 1647, à la Mère Angélique Arnaud, pour lors abbesse triennale, la permission de pouvoir remettre des religieuses dans la maison de Port-Royal des Champs, qu'elles avaient abandonnée en 1626, où elles avaient toujours entretenu un prêtre pour y dire la messe tous les jours.

Cette permission ne fut accordée qu'à condition que le monastère de Port-Royal des Champs serait toujours sous la juridiction et l'obéissance des archevêques de Paris ; qu'il ne ferait point un titre séparé, mais un même corps avec celui de Port-Royal de Paris, et serait soumis au gouvernement de l'abbesse de cette maison, de la même façon que s'il était en même clôture ; que pour assurer cette dépendance, on ne recevrait aucune fille à la vêture ni à la profession au monastère des Champs, mais seulement à celui de Paris, qui serait le lieu de leur stabilité : en sorte néanmoins que toutes pourraient être envoyées en la maison des Champs, selon que l'abbesse jugerait expédient de les y faire aller, et de rappeler celles qui y seraient, en obtenant néanmoins permission du supérieur, pour ce qui regarde la clôture ; que pour les sœurs converses, on leur pourrait donner l'habit au monastère des Champs, si la Mère abbesse le trouvait bon, et même qu'elles y pourraient faire profession, pourvu qu'elles eussent été examinées par le supérieur ; que celles qui demeureraient dans ce monastère, et qui auraient voix pour la profession des novices, la donneraient pour celles dont elles auraient eu connaissance, pendant le temps qu'elles auraient demeuré avec elles ; que la Mère abbesse commettrait une prieure pour avoir la conduite de cette maison, et qu'il y aurait aussi une ou deux supérieures pour présider en son absence ; mais que cette prieure n'ordonnerait rien sans la permission et l'ordre de l'abbesse, si quelque nécessité pressante n'y obligeait ; que cette même prieure prendrait aussi le soin du temporel, tant du dedans que du dehors de la maison, et que l'abbesse la laisserait dans cet office autant de temps qu'il lui plairait ; que le temps de l'élection de l'abbesse étant expiré, le supérieur se transporterait au monastère des Champs pour recevoir les suffrages des religieuses, ou commettrait pour cela quelqu'autre en sa place ; enfin que l'abbesse pourrait aller demeurer quelque temps au monastère des Champs, selon le besoin qu'il y en aurait ; en sorte néanmoins que sa principale résidence serait au monastère de Paris.

L'on dressa ensuite leurs constitutions, qui furent approuvées par M. Jean-François de Gondi, archevêque de Paris. Elles ordonnent, entre autres choses, qu'on ne recevra point de fille au noviciat qui ne soit âgée de seize ans, et qu'elle ne pourra faire profession qu'à dix-neuf ans, qu'on n'exigera aucune dot, mais qu'on recevra seulement par aumône ce que les parents voudront donner, ou une pension viagère, s'ils le jugent à propos. Les sœurs converses doivent être un an dans le monastère avant que de recevoir l'habit de religion, et pendant ce temps-là elles doivent porter une robe grise, une toque, un voile blanc et un scapulaire, qu'elles mettent seulement en allant à la sainte communion, et aux cérémonies de l'église où elles assistent (2). L'année expirée, on les reçoit au noviciat, où, après avoir été éprouvées pendant une autre année, elles font leur profession entre les mains de l'abbesse en cette sorte : *Ego tibi, Mater, promitto obedientiam de bono usque ad mortem.* Les sœurs du chœur prononcent leurs vœux en ces termes : *Ego soror N. a S. N. N. promitto*

---

(1) *Voy.*, à la fin du vol., nos 39 et 40.

(2) *Voy.*, à la fin du vol., nos 41, 42 et 43.

stabilitatem meam, conversionem morum meorum, et obedientiam secundum regulam sancti Benedicti abbatis coram Deo, beatissima Virgine Matre, et omnibus sanctis ejus, quorum reliquiæ hic habentur, in hoc monasterio Portus Regalis, Cisterliensis ordinis, per Dei misericordiam et sanctæ sedis Apostolicæ gratiam perpetuæ divinissimi sacramenti Corporis et Sanguinis Domini nostri Jesu Christi venerationi, singulariter consecrato. In præsentia, etc., *nec non et Domnæ N. a S. N. abbatissæ*.

Ces mêmes constitutions portent qu'elles se serviront du bréviaire romain, auquel elles ajouteront les saints de l'ordre, et quelques-uns de celui de Saint-Benoît. Matines se diront à deux heures après minuit en tout temps. Elles garderont une exacte pauvreté, et tous les ans, au samedi des Rameaux, en l'honneur de la pauvreté du Fils de Dieu entrant dans la ville de Jérusalem monté sur une ânesse, le confesseur publiera solennellement une excommunication contre celles qui seraient propriétaires en choses importantes, ou qui manqueraient en d'autres points contre la pauvreté, comme aussi contre celles qui troubleraient la paix du monastère. Les meubles des cellules seront une petite table de bois, une chaise de nattes, trois ais sur des tréteaux, ou bien une petite couche sans piliers, une paillasse, un blanchet dessus, un chevet de paille, un oreiller de plume couvert de serge blanche ou grise, deux grandes couvertures, et une petite, cinq images de papier, un bénitier de terre et une lampe.

La vaisselle dont on se servira au réfectoire sera de terre, les cuillers de buis, les cruches et les godets de grès, aussi bien que les salières, s'il s'en trouve; sinon on en prendra de faïence. Elles garderont continuellement l'abstinence de viande. Elles feront leurs habits, souliers, linge, ruban, comme aussi le linge et les ornements de l'église, le pain à chanter et les cierges. Elles relieront les livres, feront la chandelle, les vitres, lanternes, et autres ouvrages nécessaires à la maison. Elles ne feront point d'ouvrages de broderies, ni fleurs artificielles; et s'il y a quelque travail en commun, elles y garderont le silence, qu'elles doivent aussi observer depuis Complies jusqu'à Prime du jour suivant, et toujours dans tous les lieux réguliers où elles ne doivent parler que par signes, lorsqu'elles ont besoin de quelque chose.

Telles sont les principales observances marquées par ces constitutions, qui devaient être gardées dans les deux monastères de Paris et des Champs, où l'institut de l'Adoration perpétuelle du saint sacrement fut établi. Il y a lieu de croire que ces deux maisons auraient fait de plus grands progrès, en demeurant en paix, si les cinq fameuses propositions qui ont tant causé de troubles dans l'Eglise n'en avaient aussi excité dans les deux monastères de Port-Royal des Champs et de Paris, dont les religieuses (s'arrêtant aux sentiments des défenseurs du livre de Jansénius) ne voulurent point souscrire purement et simplement à la condamnation qui en avait été faite par les deux souverains pontifes Innocent X et Alexandre VII, dans le sens de cet auteur, mais seulement en distinguant le fait et le droit.

Dès l'an 1656, le clergé de France, dans une assemblée générale, avait ordonné que tous les ecclésiastiques du royaume signeraient le Formulaire qui fut dressé dans cette assemblée, par lequel on condamnait de cœur et de bouche la doctrine des cinq propositions de Cornélius Jansénius, contenue en son livre intitulé *Augustinus*, que les papes Innocent X, Alexandre VII et les évêques avaient condamnées, laquelle doctrine n'était point celle de saint Augustin, que Jansénius avait mal expliquée contre le vrai sens de ce saint docteur. Mais l'exécution en fut différée jusqu'en l'an 1661, que le clergé de France, qui avait commencé son assemblée sur la fin de l'année précédente, ordonna que tous les ecclésiastiques du royaume souscriraient cette formule, qui avait été dressée dans la dernière assemblée pour l'exécution sincère et uniforme des constitutions des papes Innocent X et Alexandre VII. Le roi Louis XIV l'autorisa par un arrêt du conseil du 13 avril, et joignit à l'arrêt une lettre aux archevêques et évêques du royaume, pour les exhorter à faire signer le Formulaire. Les grands vicaires du cardinal de Retz firent en conséquence un mandement, le 8 juin, dans lequel, en ordonnant la signature du Formulaire, ils faisaient connaître qu'ils ne demandaient, à l'égard du fait, qu'une soumission de respect. Le Formulaire ayant été présenté aux religieuses de Port-Royal de Paris, elles le signèrent après quelques contestations, mais en déclarant qu'elles embrassaient purement et simplement, sans aucune restriction ou exception, tout ce que l'Église croyait et voulait qu'elles crussent; qu'elles condamnaient pareillement en toute sincérité toutes les erreurs que l'Eglise avait condamnées, et que c'était pour rendre témoignage à leur foi qu'elles signaient le Formulaire. Celles du monastère des Champs firent plus de difficultés, elles le signèrent néanmoins, mais en ajoutant quelque chose à la déclaration de leurs sœurs de Paris.

Le clergé de France fit des plaintes au roi du mandement des grands vicaires de Paris, et Sa Majesté, sur l'avis des prélats qui se trouvèrent alors à la cour, ordonna que ce mandement serait révoqué, ce que fit aussi le pape Alexandre VII, par son bref du 1er août 1661. Les grands vicaires obéirent à ces ordres du souverain pontife et du roi: ils révoquèrent leur mandement, et en firent un autre par lequel ils ordonnaient la signature du Formulaire purement et simplement. On le présenta de nouveau aux religieuses de Port-Royal, et quelques instances que leur fissent les grands vicaires, ils ne purent les résoudre à donner leur signature pure et simple. Elles se contentèrent d'envoyer, quelque temps après, une déclaration de leur foi, où, sans faire mention de Jansénius, elles déclaraient qu'elles embrassaient sincèrement et de cœur tout ce que les papes Innocent X et Alexandre VII avaient décidé en matière de foi, et qu'elles rejetaient toutes les erreurs qu'ils avaient jugé y être contraires. Rien ne fut capable de les faire signer purement et simplement le Formulaire, et, sur le refus qu'elles en firent, le roi leur fit défense non-seulement de recevoir des novices à l'avenir, mais même leur ordonna de renvoyer leurs pensionnaires et postulantes.

Les choses n'allèrent pas alors plus loin par le changement qui arriva dans l'archevêché de Paris. Le cardinal de Retz s'en étant démis, M. de Marca, archevêque de Toulouse, y fut nommé; mais étant mort avant que d'en avoir pris possession, M. Hardouin de Péréfixe, évêque de Rodez, qui avait été précepteur du roi, y fut nommé par Sa Majesté, qui, peu de temps après, donna, en 1664, une déclaration qui ordonnait la signature du Formulaire. Le pape Alexandre VII en ayant dressé un autre l'année suivante, et l'ayant inséré dans sa constitution, qui est du 15 février 1665, et le roi, par une seconde déclaration du mois d'avril de la même année, ayant ordonné à tous les archevêques et évêques de France de faire signer ce Formulaire nouveau purement et simplement de la manière qu'il est conçu dans cette constitution d'Alexandre VII, l'archevêque de Paris, conformément à cette déclaration, fit une ordonnance pour obliger le clergé, tant séculier que régulier de son diocèse, de signer le Formulaire du pape, et on y obligea même les religieuses. Mais ce prélat, sachant la résistance que celles de Port-Royal avaient déjà apportée à signer celui du clergé de France purement et simplement, voulut les visiter lui-même pour les porter à se soumettre et à signer le Formulaire du pape, en vertu de son ordonnance conforme aux ordres du roi, et ne les ayant pu vaincre, il leur fit parler par plusieurs personnes, qui ne purent non plus rien gagner sur leurs esprits.

L'archevêque de Paris rendit compte au roi de la disposition de ces religieuses. Sa Majesté en parla à son conseil, où il fut conclu que ce prélat chercherait quelque religieuse d'un autre ordre pour gouverner cette maison. La Mère Eugénie de Fontaine, religieuse de la Visitation du monastère de la rue Saint-Antoine, fut choisie pour cela. L'on retira de Port-Royal de Paris, et on dispersa en différents monastères l'abbesse et la prieure, avec celles qui paraissaient le plus opposées à la signature du Formulaire. L'archevêque alla ensuite dans ce monastère, où il introduisit la Mère Eugénie de Fontaine, avec cinq autres religieuses de la Visitation, et donna à la Mère Eugénie une commission pour gouverner ce monastère en qualité de supérieure.

Cependant les religieuses de la maison, au nombre de près de quatre-vingts, ne voulant point recevoir cette supérieure, protestèrent de nullité, et appelèrent comme d'abus de ce qui se faisait contre elles. La supérieure et M. de Chamillard, qui leur fut donné pour supérieur en même temps, travaillèrent de concert pour engager ces filles à obéir. Il y en eut dix qui se soumirent peu de jours après, et qui signèrent le Formulaire. Les autres persistant toujours dans leur refus, le roi, par ses lettres patentes du mois de Juillet 1665, désunit le monastère de Port-Royal des Champs de celui de Paris. La Mère Eugénie demeura encore six mois dans ce dernier et s'en retourna ensuite dans son monastère de la Visitation de la rue Saint-Antoine, laissant la communauté de Port-Royal de Paris composée de douze religieuses, auxquelles le roi permit pour la première fois seulement de faire élection d'une abbesse, et Sa Majesté en a nommé dans la suite qui jusqu'à présent ont été perpétuelles.

Les autres religieuses retournèrent à Port-Royal des Champs, et on y renvoya aussi celles qui avaient été dispersées dans d'autres monastères; mais on ne leur permit pas de recevoir des novices; au contraire, sur le refus qu'elles faisaient toujours de signer le Formulaire, l'archevêque de Paris, par son ordonnance du 6 septembre 1665, leur interdit l'usage des sacrements, et leur fit défense de chanter l'office au chœur. Cette défense ne fut levée et elles ne furent rétablies dans la participation des sacrements que l'an 1669, qu'elles présentèrent une requête à l'archevêque de Paris, qui leva en conséquence leur interdit, après l'accommodement des quatre évêques avec Clément IX.

Ces quatre évêques, qui avaient aussi refusé de signer le Formulaire purement et simplement, ayant marqué la distinction du fait et du droit dans leurs mandements, avaient enfin pris un autre tempérament; et le pape Clément IX avait reçu leur soumission par son bref du 19 janvier 1669. C'est ce qu'on a appelé *la paix de l'Église*; mais elle ne fut pas de longue durée, car on écrivit encore en faveur du livre de Jansénius, et on répondit à ces écrits pour appuyer la condamnation qui en avait été faite. Tous ceux qui étaient favorables à la doctrine du livre passaient dans le public sous le nom de *Port-Royal*, à cause qu'effectivement la plupart avaient été composés par un grand nombre de savants qui s'étaient retirés à Port-Royal des Champs lorsque les religieuses l'avaient abandonné en 1626, et qui, après le retour de ces religieuses, charmés de la solitude de ce lieu, ne l'avaient pas voulu quitter, et avaient fait bâtir des appartements dans la cour de ce monastère, où la plupart avaient des parentes. Tous ces écrits, qui portaient le nom de *Port-Royal*, rendirent ces religieuses suspectes : on douta longtemps de leur sincérité à condamner les cinq propositions dans le sens de la condamnation des souverains pontifes, et le roi leur en demanda une nouvelle preuve en 1706, en les obligeant de souscrire à la condamnation d'un cas de conscience proposé à quarante docteurs de Sorbonne, où l'on prétendait qu'après avoir signé le Formulaire purement et sans restriction, il suffisait d'avoir une soumission de respect et de silence sur le fait de Jansénius, pour n'être pas exclu du bénéfice de l'absolution dans le sacrement de pénitence.

Ce cas fut proposé et signé en 1701, et n'ayant été rendu public qu'en 1703, il fut aussitôt proscrit par le pape Clément XI et par plusieurs prélats de France. Un grand nombre de nouveaux écrits parurent en même temps, les uns pour combattre et détruire la signature du cas, les autres pour la défendre et la soutenir. Le roi en arrêta le cours par son arrêt du conseil d'État du 5 mars 1703, en ordonnant que ces écrits seraient supprimés. La faculté de théologie de Paris censura ce cas de conscience, par son décret du 1er septembre 1704. Le pape, par un autre bref du 15 juillet 1705, sur les instances qui lui furent faites par Sa Majesté, confirma les constitutions d'Innocent X et d'Alexandre VII touchant la condamnation des cinq propositions, déclarant que l'on ne satisfait point à l'obéissance qui est due à ces constitutions apostoliques par un simple silence respectueux, et qu'on ne peut signer le Formulaire qu'en condamnant non-seulement de bouche, mais encore de cœur, les cinq propositions dans les termes énoncés dans le Formulaire. Le roi, par ses lettres patentes du dernier août de la même année, ordonna que cette constitution, qui avait été reçue par l'assemblée du clergé de France, qui se tenait pour lors, serait enregistrée au Parlement. Tous les prélats de France, par leurs ordonnances et mandements, en ordonnèrent la publication dans toutes les églises paroissiales et dans toutes les communautés régulières et séculières de leurs diocèses ; et cette publication ayant été faite dans l'abbaye de Port-Royal des Champs, la communauté étant assemblée, les religieuses refusèrent encore de souscrire à cette constitution apostolique purement et simplement, suivant les ordres qu'elles recurent du roi : ce qui fit que leur abbesse étant morte sur ces entrefaites, le roi ne voulut pas qu'elles procédassent à l'élection d'une nouvelle abbesse. Il envoya des commissaires pour prendre connaissance des revenus de cette abbaye, dont il appliqua une partie au profit du monastère de Paris, qui était endetté par le peu d'économie de quelques abbesses. On renvoya aussi de Port-Royal des Champs un grand nombre de domestiques qu'on jugea superflus pour le service de ce monastère ; et on obligea pareillement d'en sortir plusieurs personnes, qui s'étaient retirées dans les appartements qui sont dans la cour de ce monastère.

Enfin, ces filles persistant toujours dans leur refus, le roi crut qu'il n'y avait point d'autres moyens pour les soumettre que de les éloigner de ce lieu, et qu'il fallait même leur ôter l'espérance d'y pouvoir retourner. Cela fut exécuté le 29 octobre 1709 : elles furent dispersées en d'autres monastères de différents diocèses, et le monastère de Port-Royal des Champs fut entièrement détruit. Depuis ce temps-là presque toutes les religieuses ont signé. La première qui ait donné l'exemple aux autres fut la Mère Anne de Sainte-Cécile Boiscervoise. Elle fut envoyée à Amiens, au monastère de Saint-Julien des religieuses du troisième ordre de Saint-François. Elle y arriva le 2 novembre de la même année 1709, et trois jours après elle fut attaquée d'une fièvre violente, avec une fluxion sur la poitrine, qui lui fit juger que c'était sa dernière maladie. Elle se soumit sincèrement à la bulle de Clément XI et au mandement de M. le cardinal de Noailles, condamnant, selon l'esprit et les termes de cette bulle et du mandement, les cinq propositions de Jansénius que le pape condamnait comme hérétiques. Elle demanda pardon de sa résistance aux ordres de son prélat, et témoigna avec beaucoup d'empressement le désir qu'elle avait de participer aux sacrements de l'Église, dont elle avait été privée depuis si longtemps : ce qui lui fut accordé ; et elle mourut le 8 du même mois. Trois autres dans la même année, et treize l'année suivante, imitant son exemple, signèrent purement et simplement, sans restriction ni limitations quelconques, le Formulaire du pape Alexandre VII, et se soumirent de la même manière à la constitution de Clément XI. Le nombre des religieuses qui sortirent de Port-Royal des Champs au temps de leur séparation était de vingt-deux ; dix-sept s'étant soumises, il n'en restait plus que cinq qui résistaient : ce fut pour les gagner que M. le Cardinal de Noailles leur écrivit, le 12 décembre 1710, une lettre qu'il fit imprimer, à laquelle il joignit les actes des soumissions de leurs sœurs qui avaient déjà été rendus publics, et où il assurait de la vérité de ces actes. Deux autres religieuses, en conséquence, vivement touchées par les paroles de leur prélat, et qui avaient peut-être regardé auparavant les soumissions de leurs sœurs comme supposées, se soumirent aussi au commencement de l'année 1711 : de sorte qu'il n'en reste plus que trois qui n'ont pas encore reçu le Formulaire.

Les religieuses de Port-Royal de Paris élèvent des jeunes demoiselles dans la pratique des vertus et dans tous les exercices convenables à leur sexe et à leur qualité, et afin de leur rendre plus faciles les exercices de piété qu'elles leur enseignent, elles leur donnent un habit fort modeste, et n'est presque semblable à celui de la communauté. Elles ne portaient pas au refois la croix rouge, qui est sur le scapulaire des religieuses ; mais madame de Montperroux, qui en est présentement abbesse, et qui gouverne cette maison avec autant de sagesse que de piété, leur a accordé cette croix, afin de les encourager davantage à la modestie et au mépris des vains ornements des habits mondains. Nous donnons ici l'habillement de ces jeunes demoiselles dans les deux planches suivantes (1).

Sainte-Marthe, *Gall. Christ.*, tom. IV. *Vie*

(1) *Voy.*, à la fin du vol., nos 44 et 45.

de madame de Pourlan, réformatrice de l'abbaye de Tart. Constitutions de Port-Royal, et plusieurs écrits faits à l'occasion de ces religieuses.

Les religieuses de Port-Royal de Paris, après la destruction de la maison des Champs, continuèrent d'habiter leur communauté, située dans la rue qu'on appelait, il y a peu rue de la Bourbe, et à qui on a donné récemment le nom de Port-Royal, près de l'Observatoire, dans le faubourg Saint-Jacques. Elle sert aujourd'hui d'hôpital pour les pauvres femmes en couche.

Pendant tout le dernier siècle, elles gardèrent une soumission édifiante aux décisions de l'Eglise, et n'eurent aucun rapport avec les jansénistes. Le temps de la postulance n'était point fixé; le novicat était d'un an; et tant pour le noviciat que pour la dot et les frais de profession, la maison demandait l'honoraire de 7500 livres. Elle était, en 1762, composée de trente-une professes de chœur, de plusieurs novices et sœurs converses, et de quelques postulantes. L'abbesse était perpétuelle, et on ne suivait plus en cela les constitutions de Port-Royal, qu'on gardait pour le reste. Le beau tableau qui représente la Cène, peint par Philippe de Champagne, et qu'on admire au Musée de Paris était autrefois dans cette Maison.

Vers l'époque de la révolution française, les religieuses de Port-Royal se procurèrent, de l'abbaye Saint-Denis, une nouvelle relique de la sainte épine. Pendant les temps orageux, elles restèrent fidèles à leur sainte vocation, et dès qu'un peu de liberté leur fut laissée, plusieurs d'entre elles se réunirent pour vivre en communauté. A la restauration des Bourbons, elles habitaient rue Saint-Antoine, n° 172. De là elles passèrent, vers 1824, dans une maison située au n° 25 de la rue de l'Arbalète, au faubourg Saint-Marceau, maison que venaient de quitter les anciennes Visitandines du premier monastère. Hélas! les religieuses de Port-Royal ne purent que louer cette maison, et y vécurent dans une pauvreté extrême, n'ayant qu'un pensionnat très-peu nombreux. Elles étaient sous la direction d'une ancienne Mère, madame Devy, dite Sainte-Anne, que j'ai connue.

Cette supérieure portait dans la maison le titre d'abbesse et avait pour marque distinctive de cette dignité un cordon (large ruban blanc) d'où pendait une croix, qu'elle tenait habituellement cachée sous un scapulaire blanc, et sur laquelle était un christ attaché. Telles ne sont point les croix abbatiales. Aussi la maison n'avait point été érigée en abbaye, et l'abbesse n'avait reçu ni bénédiction, ni bulles. Dans un recueil historique, conservé en manuscrit dans la maison, se trouvait une décision raisonnée sur les attributs de l'abbesse, qui montrait le degré de connaissances canoniques de celui qui en était l'auteur, l'abbé Desjardins, mort grand vicaire de Paris en 1835. La crosse, disait-il, est marque de juridiction; or il n'y a plus de juridiction, donc la crosse devient superflue, en conséquence l'abbesse de Port-Royal restauré ne portait point de crosse.

En 1831, les religieuses de Port-Royal furent victimes d'un désagrément dont j'étais l'occasion et qu'il est peut-être utile d'indiquer ici; ce récit fort abrégé servira à faire connaître l'esprit et les hommes de l'époque.

Le service funèbre célébré le lundi du Carnaval, 13 février, à Saint-Germain-l'Auxerrois, pour le repos de l'âme de S. A. R. Monseigneur le duc de Berri, avait servi de prétexte aux émeutiers révolutionnaires, ou mieux à ceux qui les menaient, pour piller cette église paroissiale et l'archevêché, qu'on essayait de meubler et d'habiter depuis peu de jours (il était désert depuis juillet 1830). Ce vandalisme ne trouva nulle résistance dans les autorités civiles; au contraire, M. Odilon-Barrot, alors préfet de la Seine, se promenait silencieux et à cheval près de l'archevêché livré aux brigands. Les pillards se portèrent le lendemain sur l'église Saint-Médard, faubourg saint-Marceau, et arrachèrent les grilles en fer, posées devant la porte principale de cette église, qui resta fermée pour quelques jours, et comme j'étais attaché au service de cette paroisse et dans ce quartier, j'allais dire la messe chez les dames de Port-Royal, auxquelles je rendais quelques services. Je leur fis la distribution des cendres, le mercredi, et sur le bruit répandu dans le lieu, que les émeutiers s'étaient emparés de la communauté des dames du Saint-Cœur de Marie, alors logées en face et dans la même rue, les religieuses de Port-Royal me prièrent de consommer toutes les saintes espèces qui étaient dans le tabernacle, sans même réserver, comme on le demandait d'abord, une hostie qu'on aurait placée dans le grenier pour y continuer l'adoration. Après la messe, je vins moi-même rassurer les religieuses sur ces faux bruits; les émeutiers s'étaient portés à Conflans, pour y chercher M. de Quelen, et piller sa maison. Alors nous convînmes que je reviendrais le lendemain dire encore la messe, ce que je fis, en effet, à leur demande. Après la messe, et étant dans la cour pour me retirer, je fus reconnu pour prêtre, nonobstant l'habit laïque dont j'étais revêtu. Un ouvrier tanneur qui m'avait vu, et que j'aurais dû braver en m'en allant, réussit à attrouper devant la porte quelques personnes mal intentionnées, en disant qu'il y avait là des prêtres. Les religieuses effrayées me firent entrer au chœur dans la clôture, et de là j'entendais le groupe menaçant, et ma vie était réellement en danger. Des voisins, de leur propre mouvement, allèrent prévenir la garde nationale, qui pénétra dans le monastère et ne me trouva bientôt, je n'avais pas quitté le chœur, où je commençais, je l'avoue, à devenir un peu troublé. On voulut me reconduire chez moi; je refusai cette offre obligeante, qui m'aurait signalé et fait reconnaître. Je répondis qu'on ne m'en voulait point personnellement et que j'allais m'en aller seul. Je sortis en effet sous cette sauve-garde, qui en imposait à la multitude, et quand on vit qu'il n'était question ni d'archevêque, ni de personnage important, j'entendis dire dans la foule désappointée : *Tiens! c'est un prêtre de Saint-Médard!* Ce n'était que cela en effet, et la multitude se dispersa. Mais une heure après, un groupe menaçant se forma de nouveau dans la rue, sous prétexte de prêtres cachés, et dans sa persécution inintelligente, attaqua à coups de pierres la communauté du Saint-Cœur de Marie, au lieu de celle où j'avais été réellement! Les pensionnaires, effrayées, s'enfuirent presque toutes de ces deux établissements, qui eurent à héberger la garde nationale pendant quelques jours. Pendant quelques jours aussi, les religieuses de Port-Royal furent sans prêtres ; aucun n'osait approcher de leur maison, et désirant un confesseur, elles se disaient dans leur désappointement : « Nous nous adresserons encore à M. B–D–E ; il sera encore le plus hardi. » Elles ne se trompaient pas ; mais alors elles reçurent pourtant la visite fructueuse de l'abbé Godard, vicaire à Saint-Paul, un de leurs anciens amis dévoués.

Cette excursion n'en est pas une positivement ; elle servira à montrer que les communautés ne furent pas alors sans avoir à souffrir de ces révolutionnaires qu'on disait si honnêtes.

On disait aussi *qu'ils ne volaient pas* : témoin ce qui s'est fait aux Tuileries et en tant d'établissements. Dans le pillage de l'archevêché, les religieuses de Port-Royal perdirent ce manuscrit que je citais ci-dessus, et qui contenait la suite de leur histoire pendant le dernier siècle et jusqu'à l'époque actuelle. J'y aurais puisé d'utiles renseignements.

La mère Sainte-Anne était morte, et on avait élu pour abbesse une jeune religieuse remplie de bonnes intentions et de mérite. Cette nouvelle supérieure voulut donner à sa communauté une existence moins précaire, et elle fit une tentative décisive, en achetant une maison, qui leur donnerait une demeure fixe et convenable. Cette acquisition eut lieu, et la maison que les dames Carmélites possèdent aujourd'hui était alors au n° 67, dans la rue Vaugirard, au faubourg Saint-Germain. La communauté, qui commença à l'habiter en 1836, parut reprendre une nouvelle vie, car elle avait végété jusqu'alors. La jeune princesse de Gallitzin, qui prit l'habit dans cet institut, lui attira un peu les regards et l'attention. Cette novice ne persévéra pas et, en général, on avait fait peu de sujets depuis la révolution. Par un malheur plus grand encore, l'esprit de désunion, à ce que je crus voir, se mit dans la maison, et par je ne sais quel motif déterminant, vraisemblablement sur les offres qui leur furent faites, les religieuses résolurent de quitter Paris.

Elles s'adressèrent à l'autorité ecclésiastique, qui avait alors pour chef M. Affre, et lui dirent qu'elles pensaient à quitter le diocèse. L'autorité leur envoya une réponse qui ne les édifia pas et les confirma dans leurs velléités. Cette autorité leur fit dire nettement, et d'un air qui ne s'en inquiétait guère, qu'elles pouvaient partir. On sait quel a été l'esprit de l'administration de M. Affre, et de combien de communautés religieuses le diocèse de Paris a été privé pendant les huit grandes années qu'elle a duré!

Les religieuses, divisées dans leur manière de voir et sur les offres qui leur étaient faites, ou les espérances qui leur étaient données, se partagèrent en deux colonies, quittèrent Paris au printemps de l'année 1841, et allèrent s'établir, l'une à Lyon, l'autre à Besançon.

L'établissement de Lyon était désiré par le cardinal de Bonald, qui voulait en enrichir son diocèse. C'est dans cette ville que se rendirent l'abbesse et quelques religieuses, dont j'ignore le nom et le succès. J'ai plus de détails à fournir sur la colonie de Besançon. Voici les noms de celles qui s'y rendirent et que je consigne ici pour conserver le souvenir des fondatrices de ce nouvel établissement : Mère Saint-Louis ; sœur Julienne ; sœur Placide ; sœur Saint-Etienne ; sœur du Cœur de Marie ; sœur Rose ; sœur Saint-Benoît ; sœur Stanislas, sœur Marie ; sœur Adélaïde ; sœur Agathe. Elles furent suivies aussi par une mère Saint-Augustin et par une novice converse. C'était donc un personnel de treize religieuses. Le 22 mars 1841, vers deux heures et demie après midi, Besançon vit arriver cette colonie de Bernardines. M. Mathieu, archevêque de cette ville, qui leur avait témoigné de l'intérêt lorsqu'il était grand vicaire à Paris, leur continuait cet intérêt, et avait envoyé quelqu'un au devant d'elles avec deux voitures pour les amener directement à l'archevêché. Il les reçut avec bonté et les fit conduire à la maison de la Providence, située près de la cathédrale, où on les attendait et où elles logèrent en attendant qu'elles pussent avoir une demeure fixe. La directrice de la Providence leur avait préparé un corps de logis, afin qu'elles pussent être retirées et solitaires. Là, elles eurent un très-beau dortoir, une grande salle, avec une chapelle, dédiée sous l'invocation de la sainte Vierge, pour y dire leur office en chœur. Cette salle leur servit aussi de réfectoire. Le jour même de leur arrivée, elles reprirent leurs habits monastiques, et le jeudi elles recommencèrent leurs exercices. On sait qu'elles ont l'adoration perpétuelle, depuis la tentative de M. Jamet, évêque de Langres ; elles eurent le bonheur de ne pas l'interrompre dans cette maison provisoire, à Besançon. Elles la faisaient dans la chapelle commune de la maison de la Providence. Dans cette chapelle, elles ne pouvaient réciter l'office, qu'elles disaient dans la salle dont j'ai parlé ; par conséquent, elles ne pouvaient suppléer par leur présence au temps des *heures* à l'adoratrice, qui n'aurait point été nécessaire à ce moment-là. Il leur fallait donc, étant peu nombreuses, faire leur adoration, chacune deux ou trois fois par jour, et prolonger le temps de l'adoration. Les sœurs la faisaient pendant que les choristes étaient à l'office. Dans cette maison de la Providence, située rue du Chapitre, n° 13, elles trouvèrent avantages spirituel et temporel; l'un des aumôniers qui les dirigeait leur fit faire en peu de temps deux retraites; et comme elles ne pouvaient occuper qu'au mois de septembre la petite maison que M. Mathieu avait acquise pour leur servir de monastère, elles furent pendant six mois chez leurs hôtes charitables logées et nourries, etc., sans qu'il leur en coûtât une obole. Cependant leurs affaires n'étaient point terminées à Paris. En quittant la maison de la rue de l'Arbalète, qui n'était qu'à loyer, pour l'acquisition de celle de la rue Vaugirard, elles s'endettèrent. En quittant Paris, elles ne purent revendre aussitôt, et le prix de nouvelle vente, qui s'élevait à 156,800 fr. ne suffit pour éteindre les dettes, dont le chiffre s'élevait à 162,000. Ce déficit fut supporté par madame de Campigny (sœur Thérèse de Jésus), moyennant une indemnité à trouver sur le mobilier. L'archevêque de Besançon et les religieuses, par amour de la paix, firent un sacrifice des intérêts de la communauté, en cédant sur un travail fait par un mandataire de madame de Campigny, lequel travail lésait les dames Bernardines.

Ces dames entrèrent dans leur nouvelle maison le 11 octobre 1841. Le 28 mai 1842, M. l'archevêque bénit la chapelle et établit la clôture; ensuite il fit aux religieuses un sermon, dans lequel il leur rappela que, les prêchant autrefois à Paris, il les avait engagées à garder le feu sacré. Pas plus qu'elles, à cette époque, il ne prévoyait ce qui leur arriverait dans l'avenir.

Le 21 août 1841 eut lieu l'élection de l'abbesse de la nouvelle colonie. Mgr l'archevêque la présida et confirma la nomination de cette abbesse, la Mère Saint-Louis-de-Gonzague, à laquelle il fit présent d'un anneau; car bien entendu elles n'en avaient point apporté de Paris. La Mère Saint-Placide fut nommée prieure et maîtresse des novices; la Mère Saint-Benoît fut nommée sacristine, lingère et dépositaire.

Au mois de novembre 1843, la nouvelle communauté n'avait encore qu'une novice de chœur et une postulante converse. Les vocations étaient à désirer. Plusieurs sujets s'étaient présentés, mais venant des montagnes, et n'ayant point l'instruction et les qualités nécessaires. Les habitants de Besançon semblaient effrayés des grilles, et préféraient les communautés où il n'y en avait pas. Les Bernardines n'avaient pour ressources que leur travail, et il était insuffisant; mais la charité les aida par des personnes généreuses, non de Besançon, excepté une seule peu fortunée, mais surtout de Paris. J'ai la persuasion que depuis lors la nouvelle communauté a été plus heureuse en ressources et en sujets.

Les religieuses de Port-Royal étaient bien éloignées des préventions jansénistes : à Paris elles célébraient avec pompe les fêtes des Sacrés Cœurs de Jésus et de Marie; elles continuaient à réciter l'office parisien, introduit autrefois par les anciennes folies de Port-Royal novateur, mais elles auraient bien voulu reprendre le bréviaire de Cîteaux, et l'abbesse (la Mère Sainte-Anne) me consulta un jour à ce sujet, relativement aux frais d'acquisition que demanderait ce retour à la liturgie de leur ordre. Leur pauvreté s'effraya des dépenses à faire.

Le zèle éclairé de l'archevêque de Besançon a enrichi son diocèse d'une réforme si riche en souvenirs historiques, dont l'archevêque de Paris, M. Affre, a fait si facilement le sacrifice.

Notes communiquées, etc.   B-D-E.

PORTUGAL (BÉNÉDICTINS DE LA CONGRÉGATION DE).

La réforme des Bénédictins de Portugal commença dans le monastère de Sainte-Thyrse, et y fut portée par les Pères réformés d'Espagne, Dom Antoine de Silva, qui en était abbé commendataire, ayant obtenu, l'an 1558, du général de la congrégation d'Espagne, les Pères Dom Pierre de Chiaves et Dom Placide de Villalobos, pour rétablir dans ce monastère les observances régulières. Le premier y exerça d'abord l'office de prieur, et le second celui de sous-prieur. La régularité y étant bien établie, Pierre de Chiaves retourna en Espagne. La réforme ne fit pas pour lors de grands progrès en Portugal, parce qu'avant que de travailler à son établissement dans les autres monastères de ce royaume, la reine Catherine, veuve de Jean III, qui gouvernait ce même royaume en l'absence de son neveu, le roi Dom Sébastien, voulut, conjointement avec le cardinal infant Dom Henri, obtenir du pape une bulle pour les unir tous en une même congrégation. Mais cette bulle ne fut accordée que par le pape Pie V, qui, avant que de la faire expédier, demanda à Barthélemy des Martyrs, archevêque de Brague, et à Rodrigue Pinherro, évêque de Porto, un état de tous les monastères de Portugal, de leurs revenus, et du nombre de leurs religieux. Ce pontife envoya en même temps ordre au général de la congrégation de Valladolid de nommer de ses religieux pour faire la visite de ces monastères. Dom Alphonse Zorrilha, abbé de Saint-Benoît de Séville, et Dom Placide de Villalobos furent chargés de cette commission : ce qui ayant été exécuté, on sollicita l'expédition de la bulle que Pie V accorda l'an 1566. Ce pontife ordonna, par une autre bulle de l'année suivante 1567, que les abbés de la congrégation de Portugal seraient triennaux, et commit l'exécution de cette bulle au cardinal infant Dom Henri, qui nomma premier général de cette congrégation, et en même temps abbé de Tibaès, le P. Dom Pierre de Chiaves, que le général d'Espagne avait renvoyé en Portugal.

Pierre de Chiaves ne put pas prendre d'abord possession de tous les monastères, à cause de l'opposition des abbés commendataires ; mais le cardinal infant, qui voulait absolument la réforme et la réunion de tous les monastères sous un même chef, envoya ordre à l'archevêque de Brague et à l'évêque de Porto d'obliger les abbés commendataires à se déporter de la juridiction qu'ils avaient sur les religieux de leurs abbayes, et d'obéir à la bulle du pape. Le P. de Chiaves, ayant pris cependant possession de son monastère de Tibaès, y tint, l'an 1568, le premier chapitre général de sa congrégation, où se trouvèrent les abbés de quelques monastères, dont les commendataires, s'étant soumis à la bulle du pape et aux ordres du cardinal infant, s'étaient déjà démis de leur pouvoir et de leur juridiction entre les mains des abbés triennaux, qui furent ceux de Rendufe, de Refoyos, du collège de Coïmbre, et de Saint-Romain de Négua ; les monastères qui étaient encore gouvernés par des abbés commendataires se contentèrent d'y envoyer les prieurs. On dressa dans ce premier chapitre des constitutions pour le bon gouvernement de la congrégation, et on y fit quelques règlements.

Après la mort de Pie V, Grégoire XIII lui ayant succédé, l'an 1572, révoqua la bulle qui ordonnait que les abbés seraient triennaux, et voulut qu'à l'avenir ils fussent perpétuels. Mais Sixte V, qui succéda à Grégoire l'an 1585, rétablit et confirma la bulle de Pie V, et voulut qu'elle fût exécutée dans toute sa teneur. Cette confirmation eut tout le bon succès qu'on en pouvait espérer ; car non-seulement la réforme fut introduite dans tous les monastères de Portugal, mais encore on en fonda de nouveaux. Le premier fut commencé l'an 1571, dans la ville de Lisbonne, et ne fut achevé que l'an 1573. Le P. Dom Placide de Villalobos en fut premier abbé triennal : il le gouverna pendant six ans, ayant été continué pour un second triennal, après lequel il fut élu général de la congrégation. On fit une nouvelle fondation dans la ville de Porto, l'an 1596 ; la congrégation obtint un second monastère dans la ville de Lisbonne l'an 1598, et sous le même général Dom Placide de Villalobos, ces Bénédictins furent appelés dans le Brésil, où ils fondèrent, l'an 1581, un monastère dans la ville de Bahia.

Ascagne Tambourin, de l'ordre de Vallombreuse, met deux congrégations de Bénédictins réformés en Portugal, dont la première a commencé dans le monastère de Tibaès l'an 1549, et dont il dit qu'il n'a pu trouver qui en a été l'auteur ; et il donne à cette congrégation le titre de congrégation de Portugal. La seconde, qu'il nomme de *Lisbonne*, a commencé (selon lui) la même année, et il en attribue la fondation à Dom Jacques de Murcie, de l'ordre de Saint-Jérôme, abbé commendataire du monastère de Saint-Nicolas, qui, après en avoir obtenu la permission du pape Paul III, jeta les fondements de cette réforme dans la ville de Coïmbre, où il fit bâtir un monastère l'an 1555. Il ajoute de plus que les religieux de cette

DICTIONN. DES ORDRES RELIGIEUX. III.

congrégation ayant fait bâtir dans la suite un monastère dans Lisbonne, la congrégation prit le nom de cette capitale du royaume de Portugal. Il est vrai que Dom Didace de Murcie, et non pas Jacques de Murcie, religieux de Saint-Jérôme et abbé de Saint-Nicolas de Refoyos, fit bâtir deux collèges dans la ville de Coïmbre, l'un pour les religieux de son ordre, l'autre pour ceux de l'ordre de Saint-Benoît, l'an 1551. Mais il ne fonda point de congrégation particulière : ainsi on doit s'en rapporter plutôt à ce que dit le P. Léon de Saint-Thomas, religieux de la congrégation de Portugal, qui ne met qu'une congrégation dans ce royaume.

Leao de Santo Thomas, *Benedictina Lusitana*, tom. II, part. ultim., cap. 1 et seq. Ascag. Tambur., *de Jur. abb.*, tom. II, disput. 24, quæst. 5, n. 58 et 59.

POUILLE (Congrégation de la).
Voy. Augustins.

POUSSAY (Chanoinesses de).
Voy. Épinal.

PRÊCHERESSES.
Voy. Dominicaines.

PRÊCHEURS (Frères).
Voy. Dominicains.

PRÉMONTRÉ (Ordre des chanoines réguliers de).

§ 1er. — *Origine de l'ordre.*

Peu de temps après que la France eut produit deux ordres célèbres qui se sont répandus par toute la terre, que la province de Dauphiné eut donné à l'un le désert de Chartreuse, et que celle de Bourgogne eut donné à l'autre celui de Citeaux, dont ils ont pris les noms, aussi bien que celui que saint Étienne avait fondé à Muret, qui, quelques années après, prit le nom de Grammont, d'un lieu inhabité dans les montagnes du Limousin, la province de Champagne eut aussi le bonheur de recevoir saint Norbert, dans un lieu appelé Prémontré, et auparavant le désert de Vosge, dans la forêt de Coucy.

Plusieurs auteurs ont cru que ce nom de Prémontré venait de ce qu'Enguerrand, le premier de l'illustre maison de Coucy, ayant été pour combattre un lion qui dévorait beaucoup de monde dans cette forêt, il se trouva inopinément devant lui, et qu'il en eut une si grande frayeur, qu'il s'écria : *Saint Jean, tu me l'as de près montré !* mais qu'étant revenu de sa peur, il avait tué ce lion, et qu'en mémoire de cette action il avait fait bâtir dans ce lieu un monastère qu'il avait nommé Prémontré.

Il y en a d'autres qui ont prétendu qu'il a pris ce nom à cause d'un pré qui avait été découvert et montré par les religieux Bénédictins de Saint-Vincent de Laon ; mais le P. le Paige, qui rapporte ces opinions (*Biblioth. Præmonst.*, lib. I, cap. 2), les traite de fabuleuses, comme en effet elles le sont, et dit que la plus certaine est à cause que le lieu où est présentement la fameuse abbaye qui porte ce nom, et qui est le chef de tout cet ordre, fut montré à saint Norbert par la sainte Vierge, lorsque, étant une nuit en oraison, il vit aussi plusieurs personnes vêtues de blanc qui allaient en procession autour de ce lieu avec des croix et des lumières. Cependant le P. Hugo, dans la Vie de saint Norbert, qu'il a donnée en 1704, prétend que le nom de Prémontré est sans mystère et l'effet du pur hasard, et traite cette vision de pieuse fable, ce qui n'a pas plu à un de ses confrères, comme il paraît par les dissertations faites à ce sujet par le P. Gautier, et que le P. Hugo, avec ses réponses aux dissertations du P. Gautier et à l'auteur des Fables pieuses, a insérées dans son journal littéraire de l'an 1703, plus connu sous le nom de *Journal de Soleure*, imprimé néanmoins à Nancy.

Ce fut l'an 1119, sous le pontificat de Calixte II et sous le règne de Louis, surnommé le Gros, roi de France, que commença cet ordre. Ce qui y donna lieu fut le relâchement où étaient tombés la plupart des monastères de chanoines réguliers. Celui de Saint-Martin de Laon était de ce nombre. Barthélemy, évêque de cette ville, voulant y apporter remède et couper court aux désordres qui augmentaient de jour en jour, crut que le meilleur moyen était de demander au pape Calixte II saint Norbert (qui se trouvait pour lors dans son diocèse) pour réformer cette abbaye. Le pape y consentit; mais on eut bien de la peine à faire résoudre ce saint à prendre le gouvernement de cette maison. Il se soumit néanmoins par obéissance à ce qu'on demandait de lui; mais ce fut à condition que les chanoines recevraient les lois qu'il leur prescrirait. Cette condition l'exempta bientôt du gouvernement de cette abbaye; car il ne trouva point dans leurs esprits une disposition à recevoir la réforme qu'il y voulait introduire; ainsi il les quitta.

Il n'abandonna pas pour cela l'évêque de Laon, qui, dans l'appréhension de le perdre, lui proposa de bâtir un nouveau monastère dans quelque solitude voisine où il pourrait recevoir des disciples et établir un nouvel ordre conforme à la vie austère et pénitente dont il donnait l'exemple. Le saint y consentit, et ils furent ensemble dans un lieu appelé Foigny, où rien ne manquait pour la commodité d'une maison religieuse; mais le saint s'étant mis en prières, connut par révélation que ce lieu n'était pas pour lui, et qu'il était destiné pour les religieux de Cîteaux, qui y sont encore à présent.

Ils furent ensuite dans un autre lieu appelé Thenailles ou Thenelle, qui lui aurait été aussi fort propre; mais, s'étant mis encore en oraison, Dieu lui fit connaître que ce n'était pas le lieu qu'il lui avait préparé (quoique dans la suite on y a bâti un monastère de cet ordre). Enfin, ils vinrent dans la forêt de Coucy, dans un endroit appelé Vois, où il y avait un vallon qui dans la suite a pris le nom de Prémontré, et il y avait aussi une chapelle dédiée à saint Jean-Baptiste, que les religieux de Saint-Vincent de Laon avaient abandonnée.

Il n'eut pas plutôt aperçu ce désert, qu'il s'écria : C'est ici le lieu que le Seigneur a choisi. Il pria l'évêque de trouver bon qu'il y passât la nuit en oraison avec son compagnon. Ce fut durant cette nuit que quelques historiens prétendent qu'il eut la vision dont nous avons parlé ci-dessus. Ce prélat lui accorda sa demande avec beaucoup de joie. Il s'en accommoda avec l'abbé et les religieux de Saint-Vincent, et le donna en propre à saint Norbert, avec trois vallées voisines pour sa subsistance et celle de ceux qui se devaient joindre à lui, ce qui fut confirmé par les lettres patentes de Louis le Gros.

Peu de jours après, le 25 janvier de l'an 1120, ce prélat ôta à saint Norbert et à son compagnon les habits de pénitence qu'ils portaient, et les revêtit d'un habit blanc que la sainte Vierge avait montré à ce saint fondateur, selon ce que disent les mêmes historiens, qui ajoutent que saint Augustin lui étant aussi apparu tenant une règle écrite en lettres d'or, il lui dit qu'il était le célèbre évêque d'Hippone, et que la volonté de Dieu était qu'il suivît sa règle, et qu'il y ajoutât des constitutions pour le maintien de la discipline régulière. Ainsi, ayant eu quelque temps après jusqu'au nombre de treize disciples, il leur donna la règle de saint Augustin, les fit chanoines réguliers, et ils en firent profession le jour de Noël de l'an 1122.

Quatre ans après, il entreprit le voyage de Rome pour obtenir la confirmation de son ordre, ce que le pape Honorius II lui accorda l'an 1126, et dans la suite ses successeurs Honorius III et IV, Adrien II et IV, et un grand nombre de souverains pontifes ont aussi accordé à cet ordre beaucoup de privilèges.

Les religieux étaient si pauvres dans le commencement, qu'ils n'avaient rien en propre; ils n'avaient qu'un seul âne qui leur appartenait et qui leur servait à porter le bois qu'ils allaient tous les matins couper dans la forêt, et qu'ils allaient ensuite vendre à Laon pour avoir du pain, les religieux attendant quelquefois pour manger jusqu'à None, que le pain fût venu; mais Dieu, pour récompenser leur charité et l'hospitalité qu'ils exerçaient, suscita plusieurs personnes de piété qui en peu de temps leur firent de si grands dons, et fondèrent tant de monastères, que trente ans après la fondation de cet ordre, il se trouva déjà au chapitre général presque cent abbés, non-seulement des monastères de France, mais encore d'Allemagne.

L'on remarque que, dans le temps de sa première ferveur, tous les religieux ayant demandé comme à l'envi des privilèges à Innocent III, qui les accordait facilement, les Prémontrés furent les seuls qui n'en recherchèrent point, désirant seulement que le pape approuvât le décret qu'ils avaient fait de ne point se servir de mitres ni de gants en faisant le service divin, de peur que la vanité ne se glissât dans leur cœur; ce que leur ayant accordé, il leur donna d'autres privilèges, comme à des personnes qui étaient l'exemple de la vie religieuse et qui s'étaient attiré l'estime de toute l'Eglise. Il les honorait et chérissait en particulier aussi bien que ceux de Cîteaux. Il se recommanda souvent par lettres à leurs prières, et se servit d'eux pour la conversion des Albigeois.

C'était aussi dans ce temps de ferveur, qui dura près de six vingts ans, que ces religieux regardaient comme un grand crime d'avoir seulement mangé des œufs, du fromage et du laitage; car leur fondateur leur avait entièrement défendu l'usage de la viande, à moins qu'ils ne fussent malades : et il avait ajouté à cette austérité un jeûne perpétuel. Mais, sous le pontificat d'Innocent IV, environ l'an 1245, quelques religieux, s'éloignant de l'esprit de leur fondateur et tombant insensiblement dans le relâchement, se dispensèrent de cette abstinence. Le pape, en ayant été averti, en écrivit à l'abbé Conon et aux autres abbés assemblés dans le chapitre général ; il les reprit sévèrement du peu de soin qu'ils avaient à faire observer la régularité, et enjoignit pour pénitence aux abbés qui, étant en santé, avaient mangé de la viande et avaient permis aux religieux d'en manger, de jeûner au pain et à l'eau trois vendredis de suite pour chaque transgression, et il ordonna la même chose aux religieux qui avaient commis une pareille faute.

L'abstinence fut donc religieusement observée dans cet ordre jusqu'en l'an 1245. Dès l'an 1220, il y avait déjà quelques maisons qui s'étaient relâchées de cette sainte pratique; mais en 1288, le général Guillaume, à la prière des abbés de l'ordre, demanda et obtint du pape Nicolas IV la permission pour que les religieux voyageurs pussent manger de la viande. Tous ces adoucissements ne suffirent pas à la délicatesse humaine. On fit d'un privilége une loi commune; les sédentaires voulurent avoir part aux grâces accordées aux voyageurs. Le général Simon de Péronne, à la sollicitation des abbés, représenta, en 1460, au pape Pie II que le malheur des temps ayant produit dans le cloître l'usage de la viande sans espérance de pouvoir la supprimer, il suppliait Sa Sainteté de vouloir dispenser l'ordre de l'observance d'un article dont le violement paraissait sans remède : le pape y consentit, et ajouta à cette grâce la clause par laquelle il obligeait les religieux de garder l'abstinence tous les mercredis et samedis de l'année, pendant l'avent, et depuis le dimanche de la Septuagésime jusqu'à Pâques ; qu'outre cela ils jeûneraient tous les vendredis, et que si quelqu'un était convaincu d'avoir rompu l'abstinence les jours défendus, il serait condamné à jeûner trois vendredis au pain et à l'eau pour chaque transgression. Cependant ils ne s'accommodèrent pas de l'abstinence depuis la Septuagésime jusqu'au jour des Cendres; le général Hubert pria Sixte IV de la transférer au temps qui précède la Toussaint. Mais cette discipline ne fut pas universellement suivie, ce qui obligea Alexandre IV de remettre l'abstinence de la Septuagésime. Jules II en renouvela le statut, et c'est à cette bulle que se conforment les religieux Prémontrés de l'Observance commune.

Non-seulement les papes ont accordé beaucoup de priviléges à cet ordre, mais nos rois de France l'ont aussi enrichi par plusieurs libéralités, aussi bien que Bela, roi de Hongrie et plusieurs comtes de Flandre. Louis XIII, par ses lettres patentes du mois de juillet 1617, ordonna à tous les abbés de cet ordre en France d'envoyer un ou plusieurs religieux au prieuré et collége de Prémontré à Paris, pour y être instruits et élevés dans la piété et aux saintes lettres, et que tous ces abbés feraient à ces religieux une pension congrue, qu'il laissait à limiter au parlement de Paris, aussi bien que le nombre des étudiants.

Outre un très-grand nombre de saints canonisés qui ont été de cet ordre, il y a eu beaucoup de personnes distinguées par leur naissance qui se sont contentées de l'humble condition de frères lais ou convers, comme les bienheureux Guy, comte de Brienne; Godefroy, comte de Namur; Henri comte d'Asneberg; Louis, comte d'Arnesteim ; Bérenger, baron de Schussenriet, et plusieurs autres dont les historiens de cet ordre font mention. Il a aussi donné à l'Eglise un grand nombre d'archevêques et d'évêques, et même les évêques de Brandebourg, de Havelberg, et de Ratzebourg, étaient toujours religieux de cet ordre, et étaient élus par les chanoines de ces églises, qui étaient aussi religieux du même ordre et ne dépendaient point de leurs évêques, reconnaissant pour supérieur le prévôt de l'église de Sainte-Marie de Magdebourg, qui avait droit de faire des commandements par sainte obédience, de les excommunier, de les emprisonner, en un mot qui avait sur eux toute juridiction spirituelle. Ce prévôt était aussi supérieur de treize abbayes, qui, avec ces trois évêchés et cette prévôté de Sainte-Marie de Magdebourg, formaient la cyrcarie de Saxe. Ce prévôt se servait d'ornements pontificaux, et était exempt de la juridiction de l'abbé général de Prémontré.

Le P. Hugo, dans la *Vie de saint Norbert* (Liv. iv), dit que ces évêques de Brandebourg, de Havelberg et de Ratzebourg, étaient soumis au prévôt de Sainte-Marie de Magdebourg pour ce qui regardait la discipline régulière ; mais il a pu être mal informé, et nous aimons mieux croire Jean Buschius, chanoine régulier de la congrégation de Windesem, et prévôt de Sult en Saxe, qui, ayant été député par le concile de Bâle l'an 1437 pour faire la visite des monastères de l'une et de l'autre Saxe en Allemagne, et y réformer les abus qui s'y étaient glissés, fut invité par l'archevêque de Magdebourg Gunther de Schwarzéborch et par son successeur Frédéric de Bicheling, de venir dans le monastère de Sainte-Marie de Magdebourg, pour y obliger les religieux qui avaient entièrement abandonné les observances régulières à embrasser la réforme qu'il avait introduite dans d'autres monastères. Il composa ensuite une Histoire de toutes les réformes qu'il avait faites dans différents monastères ; et, parlant de celle qu'il tenta inutilement d'introduire dans la prévôté de Sainte-Marie de Magdebourg, il dit que le prévôt de ce monastère avait toute juridiction sur les monastères de la cyrcarie de Saxe et sur les supérieurs de ces monastères, mais non sur les évêques, quoiqu'ils portassent l'habit de l'ordre : *Præpositus autem Magdeburgensis hujus ordinis mandatum habet super omnes canonicos præfatorum monasteriorum et super prælatos eorum, sed non super episcopos illos, quamvis habitum deferant ordinis. Potest etiam dictos canonicos excommunicare, et sub pœna excommunicationis eis mandare, incarcerare et absolvere* (1). Nous apprenons du même Buschius que les religieux de cette cyrcarie portaient des chapes bleues, et qu'il fit prendre des chapes blanches à tous les religieux du même ordre dans les monastères qu'il réforma.

Le P. Hugo ajoute que, dans le temps qu'il écrivait la *Vie de saint Norbert*, M. Muller, qui était actuellement prévôt de Sainte-Marie de Magdebourg, croyait pouvoir allier avec le schisme et l'erreur les devoirs d'un chanoine Prémontré. Dans une réponse qu'il fit à ce Père, qui lui avait écrit, il disait que lui et ses confrères vivaient aux termes des constitutions de l'ordre de Prémontré ; il se plaignait de ce que le P. Hugo ne les avait pas traités de religieux et de Révérends ; et il lui marquait qu'il portait l'habit noir pour ne point faire crier contre lui, mais qu'il prendrait dans peu l'habit blanc, dans lequel il prétendait être enseveli.

Thibault, comte de Champagne et de Blois, fut un des principaux bienfaiteurs de cet ordre. Ce seigneur, voulant imiter la ferveur et le zèle de Godefroy, comte de Cappenberg, et d'Otton, son frère, qui avaient pris l'habit de cet ordre, voulut aussi embrasser le même institut et s'engager à des vœux solennels : mais saint Norbert lui déclara que la volonté de Dieu était qu'il le servît dans le mariage. Il lui donna seulement un petit scapulaire blanc pour porter sous ses habits en lui prescrivant une règle pour y vivre saintement et d'une manière religieuse au milieu du monde. Il fit ensuite la même grâce à une infinité de personnes séculières ; c'est ce qui a composé le tiers ordre de Prémontré ; mais il y a longtemps que cet usage est aboli.

Le P. Papebroch, parlant des paroissiens de l'église de Sainte-Marie d'Anvers, à qui les religieux Prémontrés de l'abbaye de Saint-Michel de la même ville avaient accoutumé de donner la règle et l'habit de Tiertiaire, dit que l'on ne sait plus ce que contenait cette règle ; qu'il y a de l'apparence qu'ils portaient d'abord le scapulaire blanc, mais que dans la suite, au lieu de scapulaire, ils portèrent des médailles de plomb sur lesquelles était représentée une custode qui renfermait le très-saint sacrement paraissant au travers d'une vitre : ce qui ne peut être arrivé qu'après que le pape Clément V eut institué la fête du Saint-Sacrement l'an 1311, la coutume n'étant pas pour lors de l'exposer à l'adoration du peuple avec une vitre par devant.

Il ne faut pas s'étonner si l'ordre de Prémontré a été si puissant, puisque plusieurs personnes distinguées lui donnaient quantité de seigneuries et faisaient bâtir de superbes monastères tant de religieux que de religieuses, y en ayant même quelques-uns en Allemagne où les abbés sont princes souverains. Il était si fort multiplié, qu'il y avait des monastères jusque dans la Syrie et la Palestine ; et quoiqu'il ait eu jusqu'à mille abbayes d'hommes, trois cents prévôtés, plusieurs prieurés et cinq cents abbayes de filles, qui étaient divisés en trente cyrcaries ou provinces, ce nombre est si fort diminué que, de soixante-cinq abbayes qu'il y avait en Italie, il n'en reste pas une seule à présent, et ce n'est que depuis l'an 1627 que les religieux de la cyrcarie de Flandre ont établi un collège à Rome proche Sainte-Marie-Majeure. La plupart de leurs monastères s'étant trouvés en Suède, Norwége, Danemark, Angleterre, Ecosse, Irlande, et autres pays qui ont embrassé l'hérésie, ont été ruinés et ont procuré la couronne du martyre à plusieurs religieux de cet ordre, qui a eu jusqu'à présent cinquante-trois abbés généraux, dont il y a eu trois cardinaux, savoir : François Pisani, évêque de Padoue, Hippolyte d'Est et Armand Jean Duplessis de Richelieu. C'est à présent le Révérendissime Père Lucas qui occupe cette dignité de général et chef de tout l'ordre. Il est premier Père de l'ordre ; le second était l'abbé de Saint-Martin de Laon ; le troisième celui de Floreff, et le quatrième celui de Cuissy.

Avant que l'abbaye de Saint-Martin de Laon fût tombée en commende et unie à l'évêché de cette ville, l'abbé, comme second Père de l'ordre, avait droit de visiter l'abbaye de Prémontré conjointement avec les abbés de Floreff et de Cuissy, et l'abbé général de Prémontré ne pouvait faire la visite des autres monastères de l'ordre s'il n'était accompagné de l'abbé de Saint-Martin ; mais présentement il prend en sa compagnie le prieur de cette abbaye. Les Continuateurs de Bollandus ont voulu laisser à la postérité la mémoire de la magnificence et de la grandeur de l'abbaye de Saint-Michel d'Anvers et de ses quatre filles, en donnant le plan et le profil de ces illustres abbayes dans leur recueil des Vies des Saints, au 6 juin.

Les religieux Prémontrés sont vêtus de blanc avec un scapulaire par-dessus leur soutane. Lorsqu'ils sortent, ils mettent un manteau, comme les ecclésiastiques, et un chapeau blanc ; dans la maison ils ont un petit camail ; au chœur, pendant l'été, ils ont seulement un surplis et une aumusse blanche, et l'hiver un rochet avec une chape et

---

(1) Joan. Busch., *de Reform. monast.*, lib. 1, cap. 38, apud Leibnit., *Script. Brunswic.*, tom. II, pag. 836,3

un grand camail blanc (1). Ils ont pour armes d'azur semé de France à deux crosses en sautoir, l'écu timbré d'une couronne ducale avec une mitre et une crosse.

Voyez le Paige, *Biblioth. Præmonst.* Aubert le Mire, *Chronic. Præmonst.* Maurice Dupré, *Annal. Præmonst.* Bollandus, *Act. SS.*, 6 *jun.* Silvest. Maurol, *Mar. Ocean. di tut. gl. relig.*, lib. II. Paul Morigia, *Orig. des relig.* Herman, *Hist. des ord. relig.*, tom. II. Natal. Alexand., *Hist. eccles.*, sæcul. XI et XII, cap. 7; et le P. Hugo, *Vie de saint Norbert.*

§ 2. — *Vie de saint Norbert, archevêque de Magdebourg, et fondateur de l'ordre des Prémontrés.*

Saint Norbert naquit à Santen, bourg du duché de Clèves et du diocèse de Cologne, l'an 1082. Son père s'appelait Héribert, et sa mère Hadewige. Ils joignaient à la noblesse et aux richesses une très-grande piété; aussi l'élevèrent-ils avec grand soin, et cette éducation, jointe à son esprit vif et tout de feu, le rendit agréable à tout le monde. Les premières années de sa jeunesse s'étant écoulées et se voyant dans un âge assez avancé pour faire choix d'un établissement, il prit le parti de l'Église, et ayant accepté un canonicat dans l'église impériale de Santen, lieu de sa naissance, il fut fait sous-diacre.

Les grands biens qu'il possédait et la fortune qui lui était favorable l'empêchèrent de se bien acquitter de son ministère. Il s'abandonna entièrement aux plaisirs et aux vanités du siècle qui se trouvent dans les cours des princes; car il suivit celles de l'empereur Henri V et de Frédéric, archevêque de Cologne, jusqu'à ce que Dieu, qui le destinait pour être le chef d'une sainte congrégation qui devait faire un des plus beaux ornements de son Église, lui ouvrit les yeux pour voir le danger où il était de se perdre au milieu de cette mer orageuse des vanités du siècle, en permettant que la foudre tombât à ses pieds et le renversât par terre, où il demeura évanoui l'espace d'une heure, de sorte qu'étant revenu à lui et repassant sur tous les désordres de sa vie passée, il changea tout d'un coup de conduite, et ayant pris une ferme résolution de se convertir entièrement à Dieu, il alla trouver l'abbé Conon, depuis évêque de Ratisbonne, qui était pour lors supérieur d'un monastère de Bénédictins à Sigebern, à trois lieues de Cologne. Il le prit pour son directeur, et profita si bien de ses conseils, qu'il n'avait plus d'autre ambition que pour la pauvreté, le mépris du monde, les opprobres et les afflictions. Il ne quitta pas pour cela ses habits précieux; mais il mortifiait sa chair par le cilice, le jeûne et l'abstinence, et passait les jours et les nuits en prières.

Le temps étant venu de conférer les ordres, il fut trouver le même Frédéric, archevêque de Cologne, à qui il découvrit le dessein qu'il avait de suivre Jésus-Christ. Il le supplia instamment de l'admettre au nombre de ceux qui aspiraient aux ordres, ce qu'il lui accorda, ce prince s'étonnant de voir une personne demander avec empressement ce qu'il lui avait offert plusieurs fois, et qu'il avait toujours refusé.

Il quitta pour lors ses habits précieux, où l'or et les pierreries paraissaient avec éclat, et se revêtit, au grand étonnement de tout le monde, d'une tunique qu'il s'était faite lui-même de peaux d'agneau, qu'il ceignit d'une corde, et reçut en même jour avec trop de précipitation le diaconat et la prêtrise, dont il demanda dans la suite pardon au pape Gélase II. Il retourna ensuite à l'abbaye de Sigebern pour y apprendre toutes les fonctions de ses ordres, et après y avoir demeuré quarante jours, il vint chez lui pour exercer les mêmes fonctions dans l'église impériale de Santen, dont il était déjà chanoine, comme nous avons dit.

Le doyen et les chanoines de cette église l'ayant prié de célébrer la sainte messe un jour de fête, il fit, selon la coutume, après la lecture de l'évangile, un discours si touchant contre les vanités de ce monde et le peu de durée de cette vie, que plusieurs personnes se convertirent. Il continua ensuite à prêcher la parole de Dieu, et reprenait si fortement les vices, et même exhortait si puissamment ses confrères à n'avoir point d'autres occupations que celles où il s'agissait de la gloire de Dieu et de leur propre salut, que cela lui attira leur haine. Il y eut même un clerc de cette église qui lui cracha au visage, outrage que Norbert souffrit avec une modération surprenante. On voulut empêcher le fruit de ses prédications en l'accusant auprès de Conon, évêque de Palestine et légat du pape Gélase en Allemagne, de ce qu'il avait usurpé ce droit, qui ne lui appartenait pas, et qu'il était vêtu d'un habit extraordinaire qui n'était point usité; mais il se justifia et donna de si bonnes raisons au légat, que ses ennemis furent confondus.

Pour céder à l'envie, il résolut de s'éloigner pour quelque temps. Il alla trouver l'archevêque de Cologne, pour remettre entre ses mains tous ses bénéfices et ses revenus ecclésiastiques. Il vendit en même temps tout ce qu'il avait de patrimoine, dont il donna l'argent aux pauvres, et vint trouver le pape à Saint-Gilles, ville de Provence, de qui il obtint permission d'annoncer la parole de Dieu.

Il accompagnait ses discours de tant de mortifications et d'austérités, qu'il convertit beaucoup de monde: car il allait nus pieds, marchait dans la neige jusqu'aux genoux, était vêtu très-pauvrement n'ayant que sa tunique de peaux d'agneau, et gardait le jeûne du carême, c'est-à-dire qu'il ne mangeait qu'une fois le jour, sur le soir.

Prêchant à Valenciennes, tous les habitants le supplièrent de ne les point quitter et de continuer chez eux les fonctions de sa mission: il ne voulut point acquiescer à leur demande, parce que son intention était d'al-

---

(1) *Voy.*, à la fin du vol., nos 46 à 49.

ler à Cologne; mais il fut obligé d'y rester plus longtemps qu'il ne pensait, à cause de la maladie dont trois compagnons, qui s'étaient déjà joints à lui, furent attaqués, et dont ils moururent.

Bernard, évêque de Cambrai, y étant venu pendant ce temps-là, Norbert voulut lui parler, parce qu'il les avaient été ensemble à la cour de l'empereur, et qu'ils se connaissaient familièrement. Lorsque ce prélat le vit nus pieds, mal vêtu, et dans un état si différent de cette propreté qu'il affectait autrefois, il l'embrassa avec beaucoup de tendresse, et ne put retenir ses larmes. Son aumônier, qui avait introduit notre saint, surpris de cet accueil, en demanda le sujet à son maître. Ce prélat lui dit qu'il ne devait pas s'en étonner; que celui qu'il voyait en un si pauvre équipage avait été un des plus propres et des plus enjoués de la cour; qu'il avait refusé beaucoup d'emplois, et même l'évêché de Cambrai qu'il n'avait qu'à son refus. Cette réponse toucha si fort cet aumônier, que, quittant dès lors tous les avantages qu'il pouvait espérer dans le monde, il se joignit à saint Norbert, et se fit son disciple. C'est le bienheureux Hugues des Fossés, qui nous a donné la Vie de ce saint fondateur, et qui a été son successeur dans le gouvernement de Prémontré.

Gélase étant mort, et Calixte II lui ayant succédé, il assembla un concile à Reims en 1119, pour remédier aux maux dont l'Église était pour lors affligée. Saint Norbert s'y rendit avec son nouveau compagnon, pour demander au pape la continuation de la permission que son prédécesseur lui avait accordée pour prêcher partout l'Évangile. Il n'y eut personne qui n'admirât son zèle apostolique, son austérité de vie et son détachement pour toutes les choses de la terre; ce qui fut cause que Barthélemy, évêque de Laon, le retint dans son diocèse, où le saint fonda son ordre à Prémontré, dans la forêt de Coucy, comme nous avons dit dans le paragraphe précédent.

Il aurait bien souhaité ne point quitter ce lieu, où il trouvait son repos et sa consolation; mais il fut obligé d'en sortir souvent malgré lui pour les affaires de son ordre, qui se multipliait beaucoup de jour en jour; et l'an 1126, après en avoir obtenu la confirmation d'Honorius II, qu'il avait été trouver à Rome pour ce sujet, à son retour il fut sollicité par l'évêque de Cambrai, qui connaissait sa charité et son zèle, pour aller secourir la ville d'Anvers, qui était toute corrompue des erreurs d'un certain hérétique nommé Thanchelin et de ses sectateurs, qui avaient fait un grand ravage dans les âmes.

C'était un homme d'esprit, éloquent, magnifique et voluptueux. Il enseignait que le sacrement de l'Eucharistie était inutile pour le salut, et que les ordres d'évêque et de prêtre n'étaient qu'une vaine fiction. Il était ordinairement suivi de trois mille hommes, qui tuaient ceux qui ne voulaient pas embrasser sa doctrine. Il marchait en grand seigneur, portait des habits magnifiques, avait les cheveux entortillés avec des petits cordons de soie, et repliés en trois avec des attaches d'or. Il se servait de douces paroles pour séduire le peuple, et lui faisait de splendides repas pour gagner ses bonnes grâces. Ses sectateurs buvaient l'eau dans laquelle il avait lavé ses mains, et la conservaient dans des reliquaires qu'ils portaient d'un lieu en un autre, aussi bien que de son urine. Il les avait si fort abusés, qu'il pouvait corrompre sans honte les femmes à la vue de leurs maris, et les filles en présence de leurs mères.

Saint Norbert, avec ses religieux, eut bien de la peine à détruire cette abominable hérésie; mais enfin, après plusieurs travaux et beaucoup de fatigues, il tira cette ville de ce misérable état, et les chanoines d'Anvers, en reconnaissance, lui donnèrent leur propre église dédiée à saint Michel, pour y établir une communauté de ses religieux, et se retirèrent dans l'église de Notre-Dame, qui est maintenant la cathédrale.

Pendant son absence, les religieux de Prémontré gardaient si fidèlement leur règle et les constitutions qu'il leur avait prescrites, qu'ils allaient même au delà de ce qu'il eût peut-être fait lui-même; car, dans une famine, ils ne mirent point de bornes à leurs aumônes, et ayant résolu de nourrir tous les jours cinq cents pauvres, ils se trouvèrent tellement épuisés qu'ils n'avaient plus d'argent dans leur maison. Saint Norbert, en ayant reçu du comte Thibault, leur en envoya; et parce qu'il avait témoigné quelque peine de ce qu'ils s'étaient engagés dans de si grandes aumônes, il leur ordonna d'ajouter encore six vingts pauvres à ceux qu'ils nourrissaient déjà, comme aussi plusieurs autres charités qu'il leur prescrivit.

L'année suivante 1127, il fut fait archevêque de Magdebourg. Il fallut un commandement exprès du cardinal Gérard, légat apostolique, pour l'obliger à consentir à son sacre. On le conduisit ensuite comme en triomphe à Magdebourg, où il fit son entrée nus pieds, monté sur un âne et vêtu si pauvrement, que le portier de l'église, le méconnaissant, ne voulut pas le laisser entrer, croyant que c'était un pauvre qui s'était mêlé dans la presse. Il y souffrit de grandes persécutions; on attenta plusieurs fois à sa vie; mais Dieu le délivra toujours et le signala par un grand nombre de miracles. Il rétablit la discipline ecclésiastique dans son diocèse; et Innocent II ayant convoqué un concile à Reims en 1131, il y assista, et fut d'un grand secours à ce pape, aussi bien que saint Bernard : ils entreprirent tous deux sa défense contre l'antipape Anaclet, qui fut excommunié dans ce concile, aussi bien que dans celui de Pise en l'année 1134, où notre saint assista aussi. Et après que le schisme eut cessé, étant de retour à Magdebourg, il y mourut la même année, le 6 juin, après avoir tenu le siège archiépiscopal huit ans.

Dieu fit beaucoup de miracles par son intercession. Saint Bernard, Pierre le Vénérable et autres écrivains ont dit qu'il avait été le plus saint et le plus éloquent de son temps. Son corps fut enterré dans l'église du monastère de Sainte-Marie, de son ordre, à Magdebourg ; mais comme cette ville a embrassé l'hérésie de Luther, l'empereur Ferdinand II le fit transporter à Prague en Bohême, l'an 1627. Il fut reçu à la porte de la ville par le cardinal de Harrac, qui en était archevêque, accompagné de plusieurs prélats, de grands seigneurs et d'une infinité de peuple qui était venu de toutes parts pour voir ses précieuses reliques, qui furent mises dans un monastère de son ordre, appelé Strahow. Innocent III le canonisa environ la dixième année de son pontificat, et Grégoire XIII, l'an 1582, ordonna qu'on en ferait la fête le 6 juin.

Voyez le Paige, *Biblioth. Præmonst.*, lib. II, *in Vit. S. Norberti.* Bollandus, *Act. SS.*, 6 *junii* : Giry et Baillet, *Vies des SS.*, 6 juin, et le P. Hugo, *Vie de saint Norbert.*

§ 3. — *Des religieux Prémontrés réformés, en France, en Espagne et en Lorraine.*

L'ordre de Prémontré étant tombé dans le relâchement, et s'étant peu à peu éloigné de l'esprit de son fondateur, les souverains pontifes ont de temps en temps fait des statuts et des règlements pour y remédier, et ont même mitigé ces anciennes austérités auxquelles saint Norbert avait engagé ses religieux. Le pape Grégoire IX, en 1233, fit des règlements pour la réforme de cet ordre, et en commit l'exécution aux abbés de Saint-Michel d'Anvers, et de Sainte-Marie de Midelbourg du même ordre, et aux abbés de Foucarmond et de Montfroid, de celui de Citeaux. Alexandre IV renouvela les mêmes règlements en 1256, et Eugène IV, sur les plaintes qu'il avait reçues de différents pays, de la conduite peu réglée de plusieurs abbés et religieux, adressa un bref, en 1438, à l'abbé général, et aux autres abbés qui devaient s'assembler au chapitre général, où il leur commanda de travailler fortement à la réforme de cet ordre et de faire exécuter les décrets et les règlements de ses prédécesseurs.

Ces décrets et ces règlements regardaient tout l'ordre en général ; mais en 1570 la cyrcarie d'Espagne étant entièrement tombée dans l'inobservance de la discipline régulière, Pie V donna ordre aux archevêques et évêques de ce royaume, qui avaient des monastères de cet ordre dans leurs diocèses, de les visiter et les réformer en prenant pour leurs coadjuteurs dans cette affaire des religieux de l'ordre de Saint-Jérôme. La mort de Pie V ayant empêché que cette réforme ne fût entièrement achevée, Grégoire XIII, à l'instance de Philippe II, roi d'Espagne, donna commission à son nonce, par un bref de l'an 1573, d'y mettre la dernière main ; ce qui fut exécuté, et cette réforme a formé une congrégation séparée, gouvernée par un vicaire général qui ne doit point être abbé, et qui a le même pouvoir sur toute la cyrcarie que le général, à moins qu'il ne soit lui-même en Espagne, où, pour lors, le vicaire général n'a point d'autre pouvoir que celui qu'il lui donne.

Les abbés et les abbesses de cette congrégation, qui étaient auparavant perpétuels, doivent être élus tous les trois ans et ne peuvent être continués dans les mêmes monastères. Elle a des règlements et des statuts particuliers, qui furent dressés par l'archevêque de Bossano, auxquels le R. P. de Pruelis, abbé général de tout l'ordre, donna son consentement, et qui furent confirmés par le pape Grégoire XIII en 1582. Il est permis au chapitre provincial et annuel de changer et ajouter des règlements tels qu'il croira propres pour le maintien de l'observance. Cette liberté, qui lui fut donnée par des motifs de religion et par une précaution de sagesse, est devenue, dans la suite des temps, la cause des variations essentielles que cette réforme s'est permises. Elle quitta le bréviaire et les usages des Prémontrés ; elle altéra la forme et la figure de son habit ; en un mot elle voulut se soustraire à la discipline de l'ordre et à l'autorité de son chef. Le pape Clément XI, informé, par ses nonces et par les remontrances du général, des innovations que ces réformés d'Espagne avaient faites au préjudice de l'uniformité, les contraignit, par un bref du 8 février 1703, de quitter l'habit monastique et le bréviaire qu'ils avaient pris.

Le R. P. Didace de Mendieta, dernier abbé perpétuel de Saint-Michel de Trévino, fut celui qui sollicita fortement cette réforme, et est reconnu pour réformateur et instituteur de cette congrégation, dont il fut deux fois vicaire général, et abbé triennal en plusieurs monastères. C'était un homme d'une vertu admirable, et qui montra surtout une grande patience et une grande humilité dans plusieurs maladies dont il fut souvent affligé. Avant que de mourir, ayant toujours les yeux vers le ciel, il répétait sans cesse ces paroles de l'Apôtre : *Cupio dissolvi et esse cum Christo ;* et ce fut en les prononçant qu'il rendit son âme à Dieu, le 10 novembre 1588. Le peuple, qui le regardait comme un saint, voulut avoir de ses reliques, chacun s'empressant pour couper un morceau de ses habits, et la foule était si grande, qu'on eut bien de la peine à le mettre en terre. Ces religieux sont habillés comme les anciens, à l'exception qu'ils ont un chapeau noir et une ceinture de cuir.

Voyez le P. le Paige, *Biblioth. Præmonst.*, et les *Constitutions* de cette réforme, imprimées en 1530.

Le R. P. Daniel Picart, abbé de Sainte-Marie-aux-Bois, à deux lieues de Pont-à-Mousson en Lorraine, qui était animé du même zèle que le P. Didace Mendieta pour la discipline monastique, voyant que son monastère était accablé de dettes, et que les religieux qui n'observaient point la vie commune violaient tous les jours leur vœu de pauvreté, entreprit de réformer ce monastère. Ses bons desseins furent d'abord traversés par quelques ennemis de la vie commune et de l'observance régulière, qui lui donnèrent du poison. Son tempérament fut assez fort pour y résister : il n'en perdit pas la vie sur-le-champ ; mais il lui resta une telle douleur dans tous ses membres, qu'il ne pouvait marcher ni même se tenir assis.

Cela ne l'empêcha pas néanmoins de surmonter avec une patience et une force d'esprit admirable toutes les difficultés qui s'opposèrent à un si bon dessein. Il en vint heureusement à bout, et après avoir, par son économie, dégagé son monastère, et l'avoir pourvu de tout ce qui était nécessaire pour maintenir l'observance de la vie commune, il le résigna au R. P. Servais de Lervelz, docteur de Sorbonne et religieux de Saint-Paul de Verdun, que Dieu avait destiné non-seulement pour achever ce que le R. P. Picart avait commencé en affermissant la réforme dans cette abbaye, mais encore pour l'introduire dans d'autres monastères de cet ordre. De sorte qu'il est regardé comme l'instituteur d'une nouvelle congrégation, qui a pris le nom d'Ancienne-Vigueur, ou plus communément de la Réforme de Saint-Norbert.

Il naquit au bourg de Soignies en Hainaut l'an 1580, et étant entré dans l'ordre de Prémontré, il en fit profession dans l'abbaye de Saint-Paul de Verdun, d'où il fut envoyé à Paris pour y faire ses études de théologie en Sorbonne, où il prit le degré de docteur. A son retour de Paris, l'abbé de Prémontré l'établit son vicaire général et visiteur de son ordre. Ce fut en cette qualité qu'il visita plusieurs fois les maisons de l'ordre, situées en France, en Lorraine, aux Pays-Bas, en Bavière, en Bohême, en Suisse, dans l'Autriche, dans la Moravie, dans la Westphalie, etc. Le zèle et la piété avec lesquels il s'acquitta de ces fonctions le firent faire coadjuteur, et ensuite abbé de Sainte-Marie-aux-Bois en Lorraine, au diocèse de Toul. Et comme, pendant le cours de ses visites, il avait reconnu la nécessité qu'il y avait de rétablir la discipline régulière dans cet ordre, il en entreprit la réforme. Le R. P. Picart, en avait jeté les premiers fondements, comme nous avons dit ; mais le R. P. de Lervelz y donna la dernière forme. Elle s'étendit par son zèle dans la Lorraine, et ensuite en plusieurs provinces de France, comme Champagne, Picardie, Normandie et Alsace, et comprend quarante-deux maisons qui y sont unies, où les religieux ont renouvelé cette ancienne austérité de ne point manger de viande que dans leurs maladies. Ils observent un jeûne rigoureux depuis la fête de l'Exaltation de la sainte croix jusqu'à Pâques, ne portent que des chemises de laine, et exercent beaucoup d'autres mortifications qui sont marquées dans leurs constitutions, qui furent approuvées par le pape Paul V l'an 1617, à l'instance de l'abbé de Lervelz et des autres abbés et chanoines de cette congrégation.

Le monastère de Sainte-Marie-aux-Bois ayant été transféré, par les soins de ce saint réformateur, à Pont-à-Mousson, le même Paul V l'établit pour chef de cette congrégation, et l'exempta de toute juridiction des circateurs, visiteurs et vicaires de Prémontré, excepté de celle de l'abbé général, qui ne pourrait néanmoins y faire la visite qu'en présence du président de cette congrégation ou d'un autre Père qui aurait été député à ce sujet.

L'an 1621, Grégoire XV, à la prière des mêmes abbés, confirmant ce que son prédécesseur avait fait, établit un vicaire général de cette congrégation, et fit plusieurs règlements qui la concernent ; et Louis XIII, roi de France, par ses lettres patentes du 2 janvier de la même année, à la réquisition du sieur de Rebetz, abbé commendataire de Saint-Paul de Verdun, du même ordre, permit au général et à ses vicaires généraux de mettre la réforme dans tous les monastères du royaume qui la voudraient recevoir.

Les réformés ayant présenté le bref de Grégoire XV au chapitre général qui se tint l'an 1625, les anciens en remirent l'examen au prochain chapitre, qui se devait tenir l'an 1627, et dans ce chapitre ils le rejetèrent, comme subreptice, d'autant qu'ils disaient qu'il allait au détriment de l'ordre. Ils députèrent un abbé pour en porter leurs plaintes au pape, et citèrent les réformés à comparaître devant Sa Sainteté ; mais le pape ayant nommé pour juge de leur différend M. Amé du Nozel, auditeur de Rote, ce prélat, après bien des discussions, prononça en faveur des réformés par une sentence du 9 février 1629, qui fut confirmée par une autre de l'an 1630. Cela n'a pas empêché qu'ils n'aient encore été inquiétés dans la suite ; mais il y a eu beaucoup d'arrêts du parlement de Paris qui les ont maintenus contre les entreprises des généraux.

Le vicaire général de cette congrégation en est supérieur et juge immédiat. Il se tient tous les ans un chapitre où doivent assister tous les abbés et les prieurs : l'on y peut déposer les officiers, y faire des statuts, et de trois en trois ans on y procède à l'élection du vicaire général.

Quant au R. P. de Lervelz, après avoir gouverné le monastère de Pont-à-Mousson pendant trente-un ans, et avoir rétabli la régularité dans plusieurs monastères de cet ordre, il mourut dans son abbaye, le 18 octobre 1631. Il a laissé quelques ouvrages, l'un pour l'éducation des novices de cette réforme, intitulé : *Catechismus novitiorum*, et un autre pour l'instruction des religieux de l'ordre, sous le titre d'*Optica Regularium, in Regul. D. Augustini*.

Ces religieux réformés sont habillés comme les anciens Prémontrés de France, sinon que leur étoffe est plus grossière, et ils ne portent point de rochet au chœur sous leur chape pendant l'hiver [1], comme font les anciens.

L'an 1704, le P. Carbon, prieur de l'ab-

---

(1) *Voy.*, à la fin du vol., n° 50.

baye du Mont-Saint-Martin, au diocèse de Cambrai, dont la mense abbatiale est unie à l'archevêché de Sens, introduisit une nouvelle réforme dans cette maison, selon le premier institut de l'ordre; car il établit l'abstinence de viande en tout temps, excepté dans les maladies; le jeûne continuel, excepté le dimanche et les fêtes; le silence perpétuel, hors une heure de conférence l'après-dîner, et autant après le souper; le travail des mains pendant trois heures le matin et autant le soir; et ils ne devaient manger que rarement du poisson, et ne boire que de la bière; mais cette réforme n'a pas subsisté.

Voyez le Paige, *Biblioth. Præmonst.* Joan. Midot. *Vindiciæ communitatis Norbertinæ antiqui rigoris et status strictioris reformat. in ord. Præmonst.*

§ 4. — *Des religieuses Chanoinesses Prémontrées.*

Ce ne furent pas des hommes seuls qui voulurent embrasser les règles étroites de la perfection sous la conduite de saint Norbert : il y eut aussi un très-grand nombre de veuves et de filles qui suivirent cet exemple. Les premiers monastères qu'il établit étaient communs pour les personnes de l'un et de l'autre sexe, qui n'étaient séparés que par un mur de clôture. La bienheureuse Ricovère, femme d'un gentilhomme nommé de Clastre, fut la première qui reçut le voile des mains de ce saint fondateur, et elle fut suivie par un si grand nombre de personnes de son sexe, que, du vivant de saint Norbert, il y avait plus de dix mille religieuses de son ordre.

Elles vivaient dans les commencements avec beaucoup d'austérité et gardaient un étroit silence; elles ne chantaient pas au chœur ni à l'église, mais récitaient en particulier le psautier ou l'office de la Vierge. Elles ne pouvaient pas sortir du monastère lorsqu'elles y étaient une fois entrées. Il ne leur était pas permis de parler à aucun homme, non pas même à leurs plus proches parents, qu'en présence de deux religieuses et de deux frères convers qui devaient entendre leur entretien. On leur coupait les cheveux jusqu'aux oreilles. Un méchant morceau d'étoffe noire leur servait de voile, et leurs habits n'étaient que de laine grossière ou de peaux de brebis; ce qui n'empêcha pas les bienheureuses Anastasie, princesse de Poméranie, Gertrude, fille de Louis, landgrave de Hesse et de Thuringe, Gude, comtesse d'Arnstin, Agnès, comtesse de Brienne, et plusieurs autres dames de même distinction, d'embrasser cet institut; et l'an 1219 huit sœurs, filles d'un gentilhomme de Brabant, nommé Reinère, prirent en même temps l'habit de cet ordre dans le monastère de Pellebergue, proche de Louvain.

Le bienheureux Hugues des Fossés, premier disciple de saint Norbert, qui lui succéda dans le gouvernement de son ordre, voyant que ce mélange de personnes de l'un et de l'autre sexe, que ce saint fondateur avait non-seulement établi dans le monastère de Prémontré, mais encore dans tous les autres de l'ordre, pouvait nuire beaucoup à la régularité, fit ordonner, par un décret du chapitre général de l'an 1137, qui fut confirmé par le pape Innocent II, que l'on ne recevrait plus à l'avenir des religieuses dans les monastères d'hommes, et que celles qui y étaient déjà seraient transférées ailleurs. C'est pourquoi, Barthélemy, évêque de Laon, dont nous avons déjà parlé dans les paragraphes précédents, transféra celles qui étaient à Prémontré au monastère de Fontenelle, qui en était éloigné d'une lieue, comme il paraît par ses lettres de l'an 1181. Les papes Innocent et Célestin II, Eugène III et Adrien IV ordonnèrent que les religieuses qui avaient été ainsi transférées seraient entretenues aux dépens des monastères d'hommes dont elles étaient sorties.

Mais ce grand nombre de religieuses, que nous avons dit avoir été de plus de dix mille du vivant même de saint Norbert, est présentement bien diminué; de cinq cents monastères qu'elles ont eus, il n'en est resté que fort peu, par l'avarice de plusieurs abbés, qui, retenant leurs revenus en les unissant à leurs abbayes, dont ils étaient sortis, n'ont plus voulu recevoir de religieuses dans la suite, ce qui fait qu'en France il n'y a aucun monastère de ces religieuses. Il n'était resté que celui de La Rochelle, sous le nom de Sainte-Marguerite, qui a eu le même sort des autres, et est maintenant occupé par les prêtres de l'Oratoire.

Quelques abbés d'Allemagne voulurent aussi les supprimer en ce pays. Dictéric, abbé de Stingade au diocèse d'Augsbourg en 1281, qui n'avait alors que le nom de prévôt, résolut, du consentement de ses religieux, de ne recevoir plus de religieuses, afin de supprimer leurs monastères. Conrad, quatorzième abbé ou prévôt de Marchtal, au diocèse de Constance, prit la même résolution en 1273, et s'engagea par serment, avec son chapitre, de n'admettre aucune fille à la profession religieuse pendant cinquante ans. Cela n'a pas empêché que la plupart des religieuses d'Allemagne n'y soient toujours demeurées, et qu'elles n'y aient des monastères très-considérables. Il se trouve même quelques monastères dont les abbesses sont princesses souveraines.

Il y en a aussi plusieurs dans le Brabant, en Flandre, en Pologne, en Bohême, où elles vivent avec édification, quoiqu'un peu déchues du premier esprit de sévérité que saint Norbert, leur instituteur, leur avait inspiré. On admire encore en elles un désintéressement toujours égal, et elles se font un point essentiel de leurs observances de ne point prendre de dot des filles qu'on reçoit dans les monastères, à ce que dit le P. Hugo, dans la *Vie de saint Norbert*. Dans quelques-uns de leurs monastères, elles portent seulement au chœur un grand manteau, et dans quelques autres elles ont aussi une aumusse blanche sur le bras avec leur man teau (1). Il y a des religieuses Prémontrées en Espagne qui ont embrassé la réforme qui a été introduite dans cette cyrcarie, comme nous avons dit dans le paragraphe précédent.

Voyez le Paige, *Biblioth. Præmonst.* Bolland, tom. I *junii*, pag. 818, et le P. Hugo, *Vie de saint Norbert.*

L'ordre de Prémontré ne se fit point remarquer en France, au dernier siècle, par son opposition à la bulle *Unigenitus*, que tant de communautés, guidées par orgueil, entêtement et esprit de parti, refusèrent d'accepter. L'abbé général fit courir une circulaire qui prescrivait la signature d'acceptation. Néanmoins, dans un corps si important et si répandu, il se trouva quelques exemples de résistance et de scandale. Au Mans, par exemple, sous Mgr Froulai de Tessé, évêque zélé pour la soumission à l'Eglise, onze Prémontrés réformés ne furent point admis aux ordres parce qu'ils refusaient eux-mêmes leur signature au Formulaire et à la bulle. Ceux de l'abbaye d'Ardenne, au diocèse de Bayeux, se firent interdire. Mais ces exceptions étaient rachetées par des actes contraires dans la généralité des établissements, et l'orthodoxie de ceux de l'abbaye de Saint-André, diocèse d'Amiens, fit qu'on leur confia plusieurs appelants exilés, auxquels ils ne donnaient que des conseils salutaires. La discipline religieuse se ressentait malheureusement de l'esprit du siècle, dans les deux branches de l'institut. La vie qu'on menait à Prémontré était une vie douce, bien éloignée des pratiques de saint Norbert, et le dernier abbé disait un jour à Picot, rédacteur du journal l'*Ami de la Religion*, qui lui parlait précisément de cette vie de Prémontré : *Nous avions une vie de château.* Cette vie douce, cette vie de château, n'avait pourtant rien de scandaleux; au contraire, elle était édifiante, utile aux pauvres, utile à l'Etat, utile à l'Eglise. Sous cet abbé, dont je parlerai plus amplement, il y eut une sorte de réforme des études, qui aurait peut-être largement contribué à la réforme religieuse, si la révolution française n'était venu arrêter son développement.

Comme la plupart des ordres religieux, à la suite de cet édit de 1768 et de la commission dite des Réguliers, dirigée par des évêques plus hostiles que favorables à la vie monastique, commission dont j'ai déjà parlé dans ce Dictionnaire, et dont je ferai l'histoire déplorable dans le volume de *Supplément*, les Prémontrés tinrent un chapitre national et firent de nouvelles constitutions en 1770. L'abbé Guillaume Manoury, sous lequel se tint cette assemblée, dans le mandement qui précède les *constitutions* qu'on y dressa, dit que jusqu'alors leurs statuts n'avaient pas eu d'approbation de l'autorité civile et n'avaient pas même été publiés. Il ajoute que la sanction civile qu'ils venaient de recevoir les rendrait plus respectables et plus forts. Jusqu'alors, ajoute-t-il, les moindres innovations dans les coutumes de l'ordre ne se faisaient que par l'autorité des chapitres généraux. Les nouveaux statuts n'auront donc de force que pour la partie de l'ordre qui est en France. L'abbé espère que les maisons établies à l'étranger voudront bien excuser les petits changements faits à la législation commune sans qu'on les ait même convoquées. Les circonstances ont exigé ce manque de forme; l'édit du roi était pressant et on demandait la rédaction des constitutions. On a eu égard à ces maisons dans les modifications qu'on a faites, et on a bien l'espérance qu'un chapitre général, quand le temps le permettra, rétablira l'uniformité partout.

D'ailleurs les papes, et surtout Jules II, avaient autorisé l'ordre à augmenter, changer ou abroger ses statuts suivant les circonstances. Ainsi, à dater de l'année 1773, les nouvelles constitutions seules firent loi pour les maisons de France.

Ces nouvelles constitutions sont divisées en deux parties, la première, intitulée : *Statuta canonici ordinis Præmonstratensis*, est pour la commune observance; l'autre, moins étendue, intitulée : *Instituta congregationis reformatæ in ordine Præmonstratensi*, est pour les réformés.

Les constitutions de la commune observance sont partagées en quatre *distinctions*, dont la première contient en vingt-six chapitres tout ce qui concerne spécialement les observances régulières, et par conséquent l'office, le jeûne, l'étude, le noviciat, la profession, etc. On prescrit Matines, à l'heure de minuit, l'office de la sainte Vierge en commun et au chœur, quand les rubriques l'indiquent, etc. Les heures du jour doivent être chantées, si l'usage légitime de quelque cyrcarie n'est contraire. Si les paroisses voisines venaient à manquer de pasteur un jour où la messe est d'obligation, les Prémontrés doivent s'efforcer de pourvoir charitablement à remplacer le curé absent, en y célébrant la messe, quand même la messe de communauté manquerait à l'abbaye. Tous les religieux, même les frères convers, doivent se confesser toutes les semaines, ou au moins tous les quinze jours. Tous les jours, au chapitre, chaque religieux doit dire, à genoux, la coulpe de ses fautes publiques, jamais de ses péchés secrets. Aussitôt après le chapitre, on chantait Tierce, à moins que dans quelques cyrcaries on n'eût la coutume légitimement établie de ne dire Tierce qu'immédiatement avant la grand'messe. Un léger déjeuner, de pain et d'eau seulement, est permis à ceux qui veulent le prendre, mais seulement de huit heures à huit heures et demie, et non plus tard. Vient ensuite le temps de l'étude, qui varie suivant l'âge et la position. Le chapitre IX, consacré à régler les études, contient des dispositions sages et dont l'observation devait être fort fructueuse à un institut canonique, dévoué au service du prochain; mais comme en

(1) *Voy.*, à la fin du vol., n° 51.

même temps cet institut était voué à la solitude et aux pratiques religieuses, on aurait dû y maintenir le travail des mains; or on l'a exclus parce que, dit l'abbé dans son mandement, le travail est tombé en désuétude pour les clercs.... *labori manuum, nunc omnino clericis obsoleto* : triste aveu pour un religieux; et un ordre entier doit-il céder à une telle prescription, au moment où il dresse ses constitutions? Je dis un ordre entier, quoique ces règlements nouveaux n'eussent été faits que par le chapitre national; car l'abbé, en signant son mandement, représentait toute la corporation, et ne parlait pas de la France seule dans la phrase que j'ai citée.

Il y aura deux années de noviciat, et le jeune homme ne pourra faire profession, s'il n'a l'âge prescrit par la loi civile. Les statuts ne désignent pas cet âge, mais c'est celui que portait l'édit désastreux de 1768, et qui faisait un des moyens chers à la malheureuse commission des réguliers. Un jeune homme, au temps de saint Norbert, pouvait se donner librement à Dieu à l'âge de seize ans, par exemple, et son sacrifice n'en était ni moins méritoire, ni moins solide. Ainsi l'avaient pensé l'Eglise et les saints.

Le noviciat se fera dans une maison spéciale pour chaque cyrcarie, ou même il n'y aura qu'une maison de noviciat pour plusieurs cyrcaries, si les circonstances le demandent. La profession, dans laquelle on promet la stabilité, se faisait d'une manière qu'il est bon d'expliquer ici. Dans les abbayes commendataires le novice faisait sa profession, ou entre les mains du R. P. général, ou d'un abbé non commendataire. S'il n'y avait ni le général, ni autre abbé, la profession se faisait entre les mains du prieur local, comme représentant l'abbé régulier du lieu.

Les règlements établis pour les infirmes, l'abstinence, le jeûne, etc., sont fort édifiants et conviennent à une société destinée au séjour de la solitude et au service du prochain. Quant à ce qui regarde l'entrée des femmes dans les lieux réguliers, je vois avec surprise qu'il n'y ait que celle du dortoir qui leur soit interdite; car à la rigueur le supérieur, d'après le chapitre XXV, peut leur permettre l'entrée des autres lieux.

La seconde *distinction*, composée de vingt-six chapitres, regarde ce qui concerne les *personnes*, c'est-à-dire l'abbé, le prieur, le cyrcateur et les autres officiers et religieux subalternes, et enfin les religieuses de l'ordre.

L'abbé aura sa table spéciale et dans son appartement. C'était sans doute alors un usage, mais je crois que c'est la première fois qu'un tel usage est consacré par un règlement. On invite l'abbé à user de meubles, de mets fort simples et à manger souvent avec la communauté. Ce qu'on nomme circateur ne semble point répondre entièrement à ce qu'on appelle, dans cet ordre, *cyrearie*, ou arrondissement religieux. Le circateur fait les fonctions d'un religieux qu'on pourrait appeler *zélateur*. Le chapitre XXIV donne des règles édifiantes et fermes pour les religieux nommés à des cures, où ils portent toujours l'habit et suivent autant que possible les usages de l'ordre.

Les convers se lèvent à l'heure des religieux de chœur, au milieu de la nuit, mais aux jours ordinaires restent moins de temps que ceux-ci à l'église.

Le chapitre XXVI prescrivant aux religieuses Prémontrées la forme de leurs habits blancs, leur conduite dans la clôture, etc., prend surtout des mesures pour éteindre le vice de la propriété, plus commun et plus enraciné chez les femmes que chez les hommes. Les servantes séculières ne sont point permises à l'intérieur; tout s'y fera par les converses qu'on prendra en nombre suffisant. Le service du dehors même se fera par des sœurs données qu'on pourra recevoir, mais qui n'entreront jamais dans la clôture, et ne parleront aux religieuses qu'au parloir commun; obligées aux mêmes prières que les converses, les sœurs données seront vêtues comme les filles pieuses du monde qui font profession de vivre dans la continence, et la couleur de leur costume sera le gris blanc.

La troisième *distinction* traite des peines et des coulpes selon l'usage des cloîtres; elle ne contient que six chapitres. La quatrième et dernière *distinction* donne les règlements d'administration de l'ordre, la tenue des chapitres, etc. Les abbés, que le P. Hélyot a désignés comme *Pères* de l'ordre, gardent dans les nouvelles constitutions les mêmes priviléges.

Les statuts ordonnent la tenue du chapitre général, tous les trois ans, mais comme les abbés des pays étrangers ne pourraient faire de si fréquents voyages, on décida en 1770 que l'on tiendrait seulement le chapitre national tous les trois ans, à Prémontré et ailleurs. Auront droit d'y assister, avec voix délibérative, les abbés réguliers, les prieurs des abbayes commendataires, avec le prieur de Prémontré, le procureur général de l'ordre près du parlement de Paris; les docteurs de Sorbonne, par maison pour les études; quatre chanoines conventuels, en sorte qu'il y en ait un député de chaque cyrcarie; quatre chanoines curés, également députés des cyrcaries et l'un de chacune. Ainsi le portent les *décrets* du chapitre de 1770, formulés et écrits à la suite des nouvelles constitutions. L'édit du roi occasionne une légère addition à la formule de la profession: on éclaircit ce qui regarde le vœu de stabilité, et autres points d'administration.

A la suite des constitutions rédigées pour la commune observance, le recueil contient celles qui furent rédigées, dans le même chapitre pour les *réformés*, et qui sont intitulées : *Instituta congregationis reformatæ in ordine Præmonstratensi*. Elles consistent en vingt-trois articles de réformations, *Articuli reformationis*, énoncés brièvement et annotés ensuite avec un peu d'étendue, et enfin suivis de neuf chapitres, écrits pour le régime de la congrégation.

Les points principaux de ces statuts de l'Observance me semblent être l'abstinence perpétuelle de la viande et le jeûne depuis l'Exaltation de la sainte croix jusqu'à Pâques; le silence régulier, l'usage des habits de laine et le costume totalement blanc; la proclamation des fautes chaque jour, et la confession des péchés chaque semaine; le maintien et le zèle pour l'extension de la réforme; la célébration de la messe à peu près quotidienne pour les prêtres; le second noviciat; l'observance des statuts communs de l'ordre de Prémontré, excepté dans les points contraires à la réforme. La réfection doit être commune même pour l'abbé, si quelques raisons ne l'obligent à manger hors du réfectoire; l'abbé doit aussi, comme tous les religieux, coucher au dortoir; l'office de la sainte Vierge est quotidien; néanmoins je vois dans l'explication de cet article une disposition usitée dans les bréviaires de Tours et de Rennes et que je comprends sans la justifier, c'est qu'aux fêtes de la sainte Vierge, son petit office n'est point d'obligation, mais seulement de dévotion, etc., etc.

Quant au régime de la réforme, ses points principaux sont que les frères ne font point vœu de stabilité pour telle maison en particulier, mais vont à celle où les supérieurs les envoient et jouissent des mêmes priviléges que s'ils y avaient fait profession.

L'abbé général de Prémontré est le supérieur des réformés, qui s'engagent par vœu à ne pas se soustraire à sa juridiction. Le général peut, quand il le veut, visiter les maisons réformées, mais en personne, et accompagné du chef de la réforme, ou d'un autre religieux choisi *ad hoc* par la congrégation des réformés, et il ne peut faire de corrections, etc., que selon la teneur des statuts et de la réforme. Tous les trois ans on élira un vicaire général pour gouverner la congrégation de l'Observance au nom de l'abbé de Prémontré, dont il remplira les fonctions, pour admettre les sujets à la vêture et à la profession, nommer les officiers (du consentement des définiteurs), nommer aux cures, rappeler les curés à la maison (du consentement des évêques), visiter les établissements, etc. Il jouit des prérogatives des abbés quoiqu'il puisse ne pas l'être, et dans les maisons où la commande n'est pas établie, il se place au chœur au-dessus de l'abbé régulier. Trois définiteurs sont élus pour suppléer le vicaire général en cas de mort ou d'empêchement, etc.

Ces règlements de la réforme sont édifiants et maintenaient la discipline dans le bel institut de Prémontré; mais je crois voir dans les exceptions ou dispenses possibles et jusque dans le style de leur rédaction quelque chose qui se ressent de l'esprit de l'époque. La réforme avait aussi son procureur général particulier, et cette disposition était très-juste; car il fallait avoir les moyens de parer les coups que la commune observance aurait pu porter. J'ai vu avec peine que dans les prescriptions nouvelles des réformés, il n'était non plus question du travail des mains. Une particularité à remarquer dans cette réforme, c'est que la coulpe s'y dit au chapitre avant Complies, et qu'on n'y chante, ainsi que dans la commune observance, qu'après l'office de Sexte, la grand'-messe de communauté.

Le chapitre s'était tenu au mois de septembre 1770; des lettres patentes du 23 juillet 1772 confirmèrent les nouveaux statuts, tant ceux de la commune que ceux de l'étroite observance, et le 26 août suivant, elles furent enregistrées au Parlement. Ces deux pièces mentionnent la demande qu'en ont faite l'abbé général de Prémontré, les abbés réguliers de Claire-Fontaine et de Lavaldieu, les prieurs des maisons de Laon, de Joyenval et du collége de Paris, et le procureur général de la commune observance d'une part, et le vicaire général de l'étroite observance du même ordre, les prieurs des maisons de Pont-à-Mousson, de Verdun, et le procureur général de ladite réforme, d'autre part.

Quand le chapitre national fut tenu et quand ces nouvelles constitutions furent rédigées, l'ordre était gouverné par Guillaume Manoury, natif d'Elbeuf, qui venait de succéder à Pierre-Antoine Parchappe de Vinay, docteur de Sorbonne, natif d'Epernay, et mort à Prémontré le 4 mars 1769, âgé de soixante-dix ans.

Pendant le xviii° siècle, l'ordre avait été assez tranquille; néanmoins le recueil des *Causes célèbres* par Richer, donne des détails sur les tracasseries que causa un religieux de cet institut dans une abbaye de Picardie. Quoique la presque totalité des membres ait été soumise à l'Eglise et opposée aux nouveautés janséniennes, ainsi que je l'ai déjà dit, néanmoins, en 1826, une lettre de cachet avait commis M. l'Escalopier, intendant de Champagne, pour assister, en qualité de commissaire du roi, au chapitre qui devait se tenir et qui se tint en effet à Prémontré. M. l'Escalopier fit valoir une lettre de cachet, enjoignant de signer le Formulaire. Les capitulants déclarèrent qu'ils ne signaient que relativement à la Paix de Clément IX. L'Escalopier reçut leur déclaration verbale, mais ils signèrent purement et simplement. Ordre fut aussi donné aux Prémontrés de déposer les supérieurs qui auraient *appelé* depuis la déclaration de 1720.

Manoury mourut en 1780, et le 18 septembre de la même année Lécuy, son secrétaire, fut appelé à lui succéder. Ce savant abbé, qui devait être le 57° abbé de Prémontré et le dernier successeur de saint Norbert dans cette maison, mérite ici une mention spéciale. Je lui ai consacré une notice étendue dans la *Biographie universelle;* j'y renvoie ceux qui veulent connaître sa vie, mais je dois consigner dans ce *supplément* ou cette addition quelques détails sur son administration. Né en 1740 à Yvois-Carignan, il étudia successivement au collége de son pays natal, à Charleville, sous les Jésuites, et à Paris, au séminaire du Saint-Esprit, et fit profession à Prémontré, en 1761. On comprit bientôt dans cette maison l'avantage qu'il y avait à tirer d'un tel sujet, et les supérieurs lui conférent des emplois importants et honorables, tels que ceux de professeur, de prieur au collège de l'ordre à Paris, etc., et il avait reçu le bonnet de docteur en Sorbonne l'année même où se tint le chapitre national dont j'ai parlé. Quand Lécuy fut mis à la tête de son ordre, l'orage amoncelé contre la religion était bien près d'éclater, et les malheureuses suites de la formation de la commission pour les réguliers s'étaient déjà souvent montrées sensibles. Lécuy n'en travailla pas moins à améliorer la Bibliothèque et les études dans sa maison. Il traita même avec le cardinal de Loménie, de l'introduction de ses chanoines réguliers dans l'école de Brienne, pour y professer. La révolution arrêta l'exécution de ce projet. Lécuy avait tenu trois fois le chapitre national, prescrit par les nouvelles constitutions, et en avait publié les décisions : je n'ai pas eu l'avantage de les consulter. Il céda à la manie de l'époque, et donna aussi une nouvelle édition du Rituel et du Bréviaire de Prémontré, dans le goût du temps. Forcé de quitter son abbaye en 1790, Lécuy n'était pas à Prémontré quand on vint signifier à ses enfants la fin de leur existence régulière. Un nommé Mauduit, chef de la commission, arrivant à Prémontré, trouva les religieux au chapitre après Tierce et avant la messe canoniale. On le reçut avec indignation ; on voulut bien lui reprocher de s'être présenté dans une maison telle que la leur en mauvaise tenue ; car il portait un pantalon, qui alors n'était pas de mise en pareilles circonstances, et sans lui laisser le temps de sortir de son état déconcerté, le circateur, nommé M. Grébert, entonna, selon l'usage, le *Salve Regina* (du 5ᵉ ton), et tous les religieux se rendirent au chœur.

Lécuy eut la consolation de voir, à son exemple, la plupart de ses Prémontrés refuser le serment à la Constitution civile du clergé. Néanmoins quelques membres de cet ordre, même de l'étroite observance, donnèrent dans les nouveautés et les erreurs du temps. Le savant abbé fut incarcéré (1793) à Chauny. Rendu à la liberté, après quelques jours de détention, il alla se réunir à son frère retiré dans une maison solitaire, aux Grandes Vallées, près de Melun. Ce frère n'était pas religieux de son ordre, comme je l'ai dit par erreur dans la *Biographie universelle*, mais il était Cistercien et homme d'une capacité fort médiocre. Il obtint l'année suivante la restitution de ses livres, déposés au district de Chauny ; et, privé de tout revenu il se décida à se charger de l'instruction de quelques jeunes gens. Il eût pu trouver dans l'émigration une position heureuse. Un de ses religieux m'a dit qu'un abbé d'une maison de l'ordre en Allemagne avait offert à Lécuy une maison digne de lui ; Lécuy préféra rester en France. Il se fixa à Paris, en 1801, coopéra à plusieurs entreprises littéraires, publia des ouvrages, et devint aumônier de Marie-Julie, épouse de Joseph Bonaparte, femme bienfaisante, qui lui fournit en peu d'années plus de 200,000 fr. à distribuer en aumônes. Il fut accueilli avec une faveur marquée par Pie VII, quand ce pape vint à Paris pour sacrer Bonaparte. Le pape ne faisait en cela que ce que demandaient l'ancienne position et l'état actuel de l'ex-abbé de Prémontré. Lécuy *demanda* et obtint une place au chœur de Notre-Dame, en qualité de chanoine honoraire. Ainsi, M. de Belloy ne lui avait pas *offert* cette mosette donnée si souvent pour des motifs que le public ne peut découvrir dans le mérite des préférés. Plus tard, Lécuy devint chanoine en titre, eut des lettres de grand vicaire, sous M. de Quelen, et fut chargé de l'examen des livres soumis par les auteurs à l'approbation archiépiscopale. Lécuy aimait à revoir ses anciens confrères, et comme on faisait, en son ordre, la fête de Saint-Norbert le 11 juillet, il choisissait quelquefois ce jour-là pour les voir ou leur donner un souvenir. Ainsi leur envoya-t-il en 1822, le *Planctus Norbertinus*, élégie qu'il avait composée en vers français et latins ; ainsi, à pareil jour encore, leur en voya-t-il, avec son portrait, l'élégie du P. Werp, Jésuite liégeois, sur saint Norbert, et la traduction en vers qu'il en avait faite quelques mois avant sa mort ; Lécuy, plus que nonagénaire, fit imprimer ces opuscules avec quelques autres ; il venait aussi, depuis peu, de publier deux volumes in-8° intitulés : *Essai sur la vie de Gerson*.

Peu de mois avant sa mort, dans l'opuscule dont je viens de parler, Lécuy donnait sur son ordre les détails suivants, et qui sont très-propres à faire connaître l'état actuel de Prémontré : « De cet ordre illustre, et autrefois si étendu, il ne reste plus que quelques débris. Le schisme d'Angleterre commença par l'appauvrir. La réformation augmenta ses pertes par la suppression d'un grand nombre de maisons dans les contrées où on l'embrassa. Les abbayes d'Espagne, vers 1573, se séparèrent du corps de l'ordre, pour former une congrégation à part, qui néanmoins en conserva l'habit et les statuts. Sous l'empereur Joseph II, d'autres suppressions eurent lieu dans les provinces héréditaires ; cependant, outre les abbayes de l'une et de l'autre observance, situées en France, et à peu près au nombre de cent, avant 1789, il restait, dans la Belgique, et dans diverses parties de l'Allemagne, de très-beaux établissements qui se distinguaient par leur régularité et le goût des sciences ecclésiastiques. La Souabe, notamment, où les abbés étaient prélats de l'Empire, n'avait rien perdu ; et malgré tant de suppressions, l'ordre de Prémontré se trouvait encore assez florissant. Toutes les maisons de France, à la révolution, subirent le sort des autres institutions ecclésiastiques, enveloppées dans une proscription générale. L'invasion de la Belgique par les armées révolutionnaires étendit à ce pays les mesures destructives prises en France ; ce que l'ordre de Prémontré possédait encore dans la Germanie dut périr avec les grands sièges et les riches dotations de l'Eglise d'Allemagne, sacrifiées à un système d'indemnités, lors de la formation de la confédération du Rhin. Du bel héritage de Saint-Norbert, soumis à la crosse de Prémontré, il restait, en 1805, dix abbayes, dont deux situées en Silésie, dans les Etats du roi de Prusse, avaient été jusque-là religieusement conservées par les princes de cette maison, quoique protestants. Il était naturel que, les princes catholiques s'emparant des biens des religieux, un prince qui ne l'était point ne fût pas plus scrupuleux, et ces deux abbayes (1) cessèrent d'exister. Il en reste donc aujourd'hui seulement huit, redevables de leur existence à la piété et à la bienveillance royale de l'empereur d'Autriche, François Ier. Trois (2) sont situées en Bohême, desquelles Strahow, dans la ville de Prague, qui est la plus considérable, est dépositaire des reliques du saint patriarche, fondateur de l'ordre. Les études y sont en honneur, même celles des langues orientales. L'Autriche a deux maisons (3) et la Moravie une (4). Deux autres en Hongrie (5), supprimées par Joseph II, ont été rétablies en 1802 par l'empereur François Ier, et sont honorées de sa protection. Il les a chargées de la desserte d'un certain nombre de cures, et de l'enseignement dans plusieurs colléges : il leur a confié en outre la garde et le soin des archives du royaume. Ces détails, sans doute, ne seront pas sans intérêt pour ceux de l'ordre de Prémontré qui survirent. Ils apprendront avec joie que s'il est infiniment réduit, il n'est pas du moins tout à fait éteint. Toutes ces maisons sont composées d'un grand nombre de religieux. D'après l'un des derniers catalogues de Strahow, cette abbaye en comptait soixante-quinze employés ou dans le ministère ou à l'enseignement. L'abbé Népomucène Pfeiffer, à la tête de ce grand établissement, est jeune encore, et est un des principaux dignitaires de l'Université de Prague. A ce titre, il en joint plusieurs autres, tels que ceux de doyen de la faculté de théologie, d'aumônier du roi, de membre du consistoire archiépiscopal, etc., etc.

« Aux huit maisons dont il a été fait mention, il faut en ajouter une neuvième, savoir : l'abbaye de Wilten dans le Tyrol, près d'Inspruck. Les événements de la guerre ayant fait passer ce pays sous la domination des Bavarois, ils avaient supprimé cette abbaye ; l'empereur François étant rentré en possession de cette partie de ses Etats, la rétablit aux mêmes conditions que les autres, c'est-à-dire en lui imposant les mêmes obligations et les mêmes services. Des journaux annonçaient, il y a quelque temps, qu'il s'agissait du rétablissement de quelques-unes des abbayes de la Belgique, et parlaient principalement de celle d'Averbode, dans la Campine, et de Grimberg, près de Bruxelles, dont les religieux avaient racheté les bâtiments. En effet, ceux d'Averbod ont écrit à leur ancien abbé général pour lui faire part de ce projet, dont l'exécution, si elle pouvait avoir lieu, consolerait un peu ses vieux ans. Voici ce qu'ils lui mandaient :

« *Reverendissime ac amplissime domine ordinis Præmonstratensis generalis.*

« *Exultantes in Domino quam maxime, a paucis diebus percepimus reverendissimam dominationem vestram esse in vivis; Deo gratias, qui nostrum tandiu incolumem conservavit patrem, cui sequentia supplices proponere non veremur.*

« *Ex occlusa hisce copia facile colliget reverendissima dominatio vestra quale sit tuorum in circaria Brabantiæ in Belgio in Christo filiorum desiderium, cum hucusque nullum Roma advenerit responsum, scilicet ut auctoritate qua caput et totius ordinis generalis (dubitamus enim de nostra qua regentes); uni ex regentibus requisitum concedere dignetur potestatem cum facultate subdelegandi, quatenus candidatos ad vestitionem et professionem, observatis observandis, solemnem admittere valeat, communitati incorporare, cætera quæ ad bonum monasterii regimen opportuna impertiri velit. Quod si Roma postea respondeat, sedi Romanæ nos subjicere, sumus paratissimi.*

« *Misericordiarum Patrem rogare pergimus, ut reverendissimam dominationem quoque pergat conservare incolumem : omni veneratione et obedientia vero filialibus signor,*

« *Reverendissimæ ac amplissimæ dominationis vestræ humill. tuus in C. J. filius fr.* IGNATIUS LOYOLA CARLEER *Rel. Avb. provisor et regens.*

« *Averbodii,* 1 *Aug.* 1823.

« Des nouvelles plus récentes apportées de Prague par une personne qui en revient, qui a visité l'abbaye de Strahow et vu l'abbé *Pfeiffer*, nous apprennent que le choléra y fait de furieux ravages. Voici, au reste, ce qu'en mande l'abbé Pfeiffer lui-même dans une lettre écrite de sa main :

« *Nostræ in Bohemia, Austria, Moravia, Ungaria, et Tyroli existentes canoniæ piissimi et clementissimi imperatoris, quasi patris, gaudent tutela, earumque incolæ; sint Deo laudes; ubique optimam disciplinæ et laborum suorum servant famam; licet tristi morte tum pestiferi morbi choleræ, tum exantlatis in cura animarum viribus, nostræ Sioneæ communitati intra decursum* 14 *mensium fratres* UNDECIM *abrepti fuerint.*

« *Meipsum ante duos annos cholera aliquantulum tetigit; ast hoc anno malevolus morbus gripp in pulmones transiit, ita ut inde a februario atroci pulmonum affectione et continua tussi laborans, magis morbi quam vitæ proximus sim, quamvis haud pridem* 51 ^{mum} *ætatis annum ingressus. Exinde supplex rogo et flagito, ut reverendissima amplitudo me piis precibus velit habere commendatum, et dignetur quamprimum possibile, aliquot lineolis illum recreare filiorum ultimum, qui profundissima veneratione paternas manus*

---

(1) Saint-Vincent, dans la ville de Breslau, et Czarnovans, maisons de femmes.
(2) Strahow, Tepla, Siloë, toutes trois dans le diocèse de Prague.

(3) Gerussen et Plaga, toutes deux du diocèse de Passau.
(4) Neureischen, du diocèse d'Olmutz.
(5) Jassau et Czorna, celle ci du diocèse de Javarin.

deosculans ac benedictionem petens, pia obedientia emoritur, etc. »

« Cette lettre, datée de novembre dernier, laisse de vives inquiétudes sur l'existence d'un prélat distingué, à qui son âge peu avancé aurait permis de rendre encore de longs et importants services (1). » Je crois savoir que cet abbé se releva de cette maladie. Depuis le jour où M. Lécuy écrivait ce qu'on vient de lire, les Prémontrés se sont effectivement rétablis à Averbode, dans la Campine, m'a dit un ancien Prémontré français, qui est allé les visiter, et je crois savoir qu'ils ont envoyé quelques-uns de leurs frères en Amérique.

Ce fut pour l'ordre de Prémontré un titre précieux à la reconnaissance de la religion et des lettres ecclésiastiques que d'avoir continué jusqu'à la mi-octobre les *Acta sanctorum,* commencés par les Bollandistes ; car on sait que l'institut Bollandien (*institutum Bollandianum*) ayant été éteint en 1788, Godefroi Hermans, abbé de Tongerlo, de l'ordre de Saint-Norbert, fit acquisition, pour son monastère, du musée et du mobilier typographique de cet *institut,* et continua avec ses religieux de travailler à cette immense entreprise jusqu'à l'année 1794.

Le 22 avril 1834, touchant à sa quatre-vingt-quatorzième année, Lécuy mourut à Paris, dans la maison qu'il habitait rue de l'Éperon, n° 8, et fut inhumé dans le cimetière dit du Mont-Parnasse. Le chapitre de Paris ne paraissait pas remarquer qu'il perdait un membre comme son corps illustre n'en avait jamais eu et n'en devait plus avoir, le général d'un ordre tel que Prémontré ! Mes sympathies et mon estime pour l'abbé et le religieux (qu'on excuse ces détails) me firent procurer à l'ornement de son cercueil, pendant la cérémonie du convoi, une partie des insignes de la dignité abbatiale, et peut-être, pour le genre de lecteurs que ceci intéresse, ne sera-t-il pas superflu d'ajouter une sorte de coïncidence due au hasard : je mis sur le catafalque du dernier abbé de Prémontré la mitre du dernier abbé de Pontigni. Lecuy avait voulu que son cœur fût porté à Prague et déposé sous les quelques reliques de saint Norbert que l'on a arrachées à la fureur des hérétiques et qu'on y conserve dans l'abbaye de Strahow. Ses intentions ont été remplies ; elles étaient consignées dans son testament, elles l'étaient aussi dans une pièce de vers hexamètres intitulée : *De corde suo ad reliquias divi Norberti Pragæ in Strahovia præsentando,* pièce trop longue pour trouver sa place naturelle ici, mais qui finit par un vœu trop touchant pour ne pas le faire connaître en parlant de Prémontré et de son dernier abbé. C'est un double souhait pour Strahow et pour Lécuy lui-même :

Ah ! semper maneat, maneat Strahovia semper ;
Ex ipsis atque exurgant frutices aliquando,

(1) *Reverendissimus, amplissimus, eximius, spectabilis ac magnificus dominus Benedictus Joannes Nep. Pfeiffer.* Tels sont les titres réunis qu'on lui donne.

Queis tuus inter eas cultus, Norberte, perennet.
Hoc vivus voveo, moriens hoc quoque vovebo ;
Tu Christum mihi propitium fac, o Pater alme !

Si les règles de l'art ne sont pas ici fidèlement gardées, on est bien édifié en lisant ces vers d'une fidélité bien plus précieuse, celle qui avait été vouée au plus noble, au plus saint des engagements.

Depuis la suppression de Prémontré, Strahow est devenue comme le chef d'ordre, et son abbé est visiteur perpétuel de plusieurs couvents de Prémontrés, et, à ce que je crois, vicaire général de l'institut.

L'histoire de Strahow a été écrite en allemand, et renfermée en trois petits volumes, que je crois inconnus en France.

Vers l'an 1130, l'ordre de Prémontré s'était établi en Palestine, et y fit de rapides progrès sous la bénédiction et la protection du pape Innocent II. Le pieux Henri Zdick, évêque d'Olmutz, fit pour la seconde fois le pèlerinage de Jérusalem en 1138, et y passa près d'un an. Il eut l'occasion d'apprécier le nouvel ordre, qu'il ne connaissait pas auparavant, et en prit l'habit, et revint en Bohême avec son costume blanc, et le projet, et sans doute aussi la mission, d'établir les Prémontrés en ce pays. Au mois de mars 1139, il visita son ami, Jean Ier, évêque de Prague, qui était malade, et il trouva dans ce prélat un coopérateur zélé qui lui accorda tout ce qui était nécessaire pour bâtir une demeure pour ses Prémontrés. Henri Zdick, protégé aussi par Wladislaw II, qui venait de monter sur le trône de Bohême, et par la reine, son épouse, fut, dès 1140, en état d'élever une petite maison, mais construite en bois, pour loger ses frères. Il la bâtit sur la montagne nommée Zizi ou Syzi, occupée par une garde préposée à la sûreté de la ville. Le nom de Strusa ou Straz, mot bohémien qui veut dire *garde,* est l'origine et l'étymologie du nom de Strahow. La maison provisoire construite, Henri Zdick chercha des colons pour l'occuper ; il n'est pas certain qu'il ait amené des religieux de Palestine ; il paraît même certain qu'il mit d'abord à Strahow des religieux d'un autre ordre, pour y célébrer le service divin et instruire le peuple, et qu'il leur donna Blasius ou Blaise pour supérieur. Après avoir assisté à une diète tenue à Ratisbonne en 1141, l'évêque Henri passant, à son retour, par la Bavière, visita les Prémontrés du couvent de Windeberg, et demanda des frères pour sa maison. On lui répondit que pour en accorder il fallait la permission du général de l'ordre. Il envoya donc à Prémontré sa demande appuyée du crédit du roi et de la reine. Il fut facilement exaucé, et s'adressa au célèbre couvent de Steinfeld, du diocèse de Cologne (où s'est sanctifié le bienheureux Herman) et le prévôt de ce monastère eut ordre du général de Prémontré de seconder et de faire réussir le projet de l'évêque Henri. Ce prévôt vint lui-

Ce prélat, né en 1785, fut bénit abbé le 16 février 1817.

même à Prague, en 1142, accompagné du pieux Gollschalk (qui dans la suite fut abbé de Scelau) et d'un certain nombre de religieux, qu'il laissa sous la direction de Gollschalk, recommandant à celui-ci d'agrandir la maison provisoirement en bâtisses en bois.

Plus tard, et probablement en 1158, Henri remplaça cette demeure provisoire par un superbe bâtiment. Ce saint évêque fit un second voyage en Bohême, et ramena avec lui Gezo, qui avait été nommé à Steinfeld premier abbé de Strahow. La sagesse et la prudence du pieux et savant abbé Gezo procurèrent à Strahow une telle renommée, que l'ordre de Prémontré s'étendit promptement au dedans et au dehors de la Bohême. Pour preuve de sa confiance, Wladislaw mit son fils cadet, Adalbert, entre les mains des Prémontrés, et plusieurs personnes illustres furent élevées aussi à Strahow.

Telle fut l'origine de cette maison destinée à remplacer le chef d'ordre; je n'ai point regardé comme un hors-d'œuvre les détails que j'ai donnés sur son établissement. L'abbaye de Prémontré, aujourd'hui enclavée dans le diocèse de Soissons, devint une fabrique de verre. Du moins ne fut-elle pas entièrement démolie, et en l'année 1847, la verrerie ayant cessé de marcher, les papiers publics offraient la vente du célèbre monastère, comme convenant parfaitement à un établissement religieux. J'ignore quel a été son sort. Que Strahow soit plus heureuse, et je dirai, en partageant vivement le vœu de l'abbé Lécuy:

Ah! semper maneat, maneat Strahovia semper.

Dans les États autrichiens il y a actuellement sept maisons de Prémontrés, contenant cent vingt-deux religieux. Peut-être que ce chiffre a été diminué à la suite des révolutions et des guerres de l'année 1848. L'ordre de Prémontré, était, suivant moi, la plus belle et la plus célèbre des familles canoniales qui suivaient la règle de saint Augustin.

Au dernier siècle on établit en Italie un institut nouveau, dit des *Norbertines*, dont je parlerai dans mon volume de *Supplément*.

Depuis que ce qui précède est écrit, j'ai visité Prémontré, qui est enclavé dans la paroisse de *Brancourt*, mais qui est actuellement une *commune civile*, ayant son maire et sa municipalité. Les ouvriers qui travaillaient à la fabrique de verre avaient établi là leur demeure, et plusieurs ont bâti des maisons fort décentes, presque élégantes, dans la gorge du vallon qui a les restes de l'abbaye à son extrémité. Ces habitations nouvelles n'ont presque rien enlevé à l'aspect solitaire qu'avait gardé Prémontré jusqu'à son dernier jour. Il est surprenant que l'une des abbayes les plus puissantes du monde eût gardé toute la majestueuse horreur de son état désert pendant sept siècles. La forêt de Coucy l'enveloppe dans un vallon de dix minutes de chemin, et la cache à peu près, comme au temps de saint Norbert, à la vue du monde. Les hêtres de cette forêt sombre et épaisse sont plantés à quelques mètres des murs de l'abbaye, dont la vaste enceinte est toute conservée. Après avoir longé le grand jardin de l'abbatiale, on entre dans la grande cour de l'abbaye, et on voit en face le corps du monastère dont la façade majestueuse, quoique abaissée sur les deux côtés par l'acquéreur, ferait illusion et porterait à croire que tout subsiste encore; mais il n'y a plus que cette façade; le cloître immense, le dortoir, l'escalier si surprenant et si célèbre, qui, du dortoir, conduisait au chœur, et les lieux réguliers sont détruits. On voit encore en entier le chapitre, etc., mais dans un état déplorable, comme le reste de ce qui n'est point démoli. Les murs de l'église sont presque à leur hauteur en certaines parties, et laissent voir quelle était l'étendue de ce monument, le plus important, le plus sacré de Prémontré, et font comprendre aussi qu'il était loin d'être en rapport avec la richesse et l'élégance des autres parties de l'abbaye. Les chanoines l'avaient compris mieux que personne, et quoique cette église fût, à ce qui m'a paru, d'une date assez récente, ils allaient en bâtir une autre, si la révolution n'était pas venue les chasser de leur demeure. Le plan de l'église projetée était arrêté, et, dans la bibliothèque publique de Laon, on voit, en relief et sur une grande échelle, tant l'intérieur que l'extérieur de cette église, qui aurait été absolument ce qu'est l'église Sainte-Geneviève à Paris.

Les entrepreneurs de la verrerie avaient construit dans l'enceinte de Prémontré une pompe à feu, des ateliers, etc., qui s'y voient encore, et qui, dans l'état d'abandon de cette usine, font un singulier contraste avec les autres bâtiments de l'abbaye, qui a encore ses écuries, son infirmerie et de vastes et nombreuses constructions servant à l'usage des religieux et à l'exploitation de leurs terres. La partie de la façade qui reste encore serait déjà suffisante pour loger une communauté; mais cette partie n'est rien auprès de l'étendue de la procure, bâtie à droite dans la cour, et qui elle-même est peu de chose comparativement à l'abbatiale, construite à l'autre extrémité de la cour, et qui est comme un immense palais, ayant une entrée majestueuse, avec ce surprenant escalier en spirale, non soutenu, qu'on retrouve dans presque toutes les maisons de Prémontrés, et ayant aussi gardé presque tout son luxe et la propreté de ses appartements si nombreux, qu'ils serviraient seuls à une grande communauté.

On voit à l'extrémité du jardin de cette abbatiale les restes de la petite église Saint-Jean, qui servait autrefois d'église paroissiale à ceux que les chanoines avaient sous leur juridiction. Le culte de saint Jean était, comme on l'a vu dans le récit d'Hélyot, établi dans ce lieu, et le vaste portail qu'on voit à l'autre extrémité de l'abbaye s'appelle encore *la porte Saint-Jean*.

Le culte de saint Norbert est encore en

honneur parmi les ouvriers qui habitent ces déserts. La statue du fondateur est conservée chez l'un d'eux, et avant la révolution de juillet, qui a anéanti l'esprit et les habitudes de religion en tant de contrées, ils portaient solennellement cette statuette, au jour de sa fête, à l'église de Brancourt. Aujourd'hui, ils se bornent à lui porter un bouquet chez le voisin qui la possède, et à tirer quelques boîtes, au retour de sa fête, qui est le 11 juillet, dans l'ordre de Prémontré.

Les propriétaires de l'usine de glaces de Saint-Gobain ont acheté et anéanti la verrerie de Prémontré, qui leur faisait concurrence; et actuellement cette belle abbaye est mise en vente avec quatre-vingts ou cent arpents de terre, ou prairie, étang, moulin, etc., et l'un des établissements les plus illustres du monde ne trouve point d'acquéreur ! *Illic sedimus et flevimus*.

Dans la bibliothèque de Laon, j'ai vu la Biographie latine de Lécuy, écrite par lui-même, et j'y ai lu que Joseph II avait supprimé dans ses Etats toutes les maisons de Prémontrés. En 1802, quelques-unes furent rétablies par la permission de François Ier, mais on imposa pour condition l'enseignement et l'administration de douze paroisses. La maison de N. (*Jassoviensis*), dont M. Maximilien Bernath était abbé, fut mise à la tête de ces chanoinies restaurées, et c'est de ce prélat que M. Lécuy connut l'état de l'ordre en Autriche, à cette époque.

Je ne sais pourquoi les statuts *nationaux* dont j'ai parlé ci-dessus prescrivent encore des dispositions pour des maisons de femmes, puisqu'il n'y en avait plus en France. Les Prémontrés avaient, dans les dernières années, modifié leur habit. De plus de soixante maisons qu'ils possédaient en Italie, il ne leur en restait pas une depuis longtemps. En Espagne, ils avaient une cyrcarie spéciale sous un vicaire général, qui devait ne pas être abbé. Dans cette cyrcarie, composée d'hommes et de femmes, la dignité abbatiale n'était que pour trois ans. Le *Dictionnaire historique portatif des ordres religieux*, dont l'auteur m'est inconnu, dit qu'il y a eu un tiers ordre de Prémontré pour les personnes séculières, mais qu'il est supprimé depuis longtemps, et l'on ne dit ni quel en était l'habit, ni quelle règle saint Norbert lui avait prescrite. J'ai peine à croire que ce tiers ordre ait existé.

Nouvelles ecclésiastiques, passim.—*Statuta sacri et canonici Præmonstratensis ordinis, renovata jussu regis Christianissimi, et auctoritate capituli nationalis*, anni 1770. — *Decreta capituli nationalis anni 1770. Instituta congregationis reformatæ in ordine Præmonstratensi*, Paris, Simon, 1773. — Ma notice sur Lécuy, dans la *Biographie universelle*. — Notes diverses. — Renseignements venus de Prague et procurés par l'abbaye de Strahow. — *Opuscula Norbertea*, par Lécuy, etc., etc.

B-D-E.

PRÉSENTATION (RELIGIEUSES, FILLES DE LA).

Des religieuses filles de la Présentation de Notre-Dame, en France et dans la Valteline, avec la Vie de M. Nicolas Sanguin, évêque de Senlis, fondateur de celles de France. — PRÉSENTATION *de Jeanne de Cambry*, etc.

Il y a deux ordres différents, sous le nom de la Présentation de la sainte Vierge au Temple, qui ne se sont point étendus depuis leur établissement : l'un en France dans la ville de Senlis, l'autre dans la Valteline, au bourg de Morbogno. Le premier reconnaît pour fondateur Nicolas Sanguin, évêque de Senlis. Il vint au monde l'an 1580, et eut pour père Jacques Sanguin, seigneur de Livry, conseiller au parlement de Paris, qui, par son grand mérite, fut élu plusieurs fois et continué prévôt des marchands de cette capitale du royaume. Sa mère se nommait Marie du Mesnil; elle était fille du président du Mesnil.

Sa jeunesse se passa dans une vie molle et sensuelle, aimant les plaisirs, sans se mettre en peine si la vie qu'il menait était conforme aux règles de l'Evangile. Après avoir achevé son cours de théologie, il étudia en droit et fut fait conseiller clerc au parlement de Paris, étant déjà pourvu d'un canonicat dans l'église métropolitaine de cette ville, sans néanmoins quitter ses premières habitudes ; mais Dieu le retira de cette vie molle, par un accident qui lui arriva lorsqu'il s'y attendait le moins. Il profita de cette disgrâce; il changea de conduite et retourna à Dieu. Cet accident fut suivi d'un autre, dont il n'échappa que par la protection de la sainte Vierge, à laquelle il fit un vœu qu'il observa le reste de sa vie.

Cette délivrance miraculeuse fut le motif de sa parfaite conversion ; car, renonçant dès lors à toutes les vanités du monde, il se donna tout entier à Dieu, il fit un aveu sincère de ses faiblesses par une confession générale, il entra dans le sacerdoce, et vécut depuis d'une manière si sainte et si édifiante, que le cardinal de la Rochefoucauld, pour lors évêque de Senlis, voulant se démettre de son évêché, crut qu'il ne pouvait pas mieux faire que de s'en démettre en faveur de M. Sanguin, qu'il fit agréer par le roi Louis XIII, qui lui en accorda le brevet. Ayant obtenu ses bulles de Rome, il fut sacré le 12 février 1623, par le cardinal de Richelieu, dans l'église de la maison professe des PP. Jésuites. Il se sentit aussitôt rempli d'un nouvel esprit, il fortifia les bonnes intentions qu'il avait commencé de contracter, et conçut tout de nouveau une grande horreur du vice. La charité, l'humilité, la mortification et la patience, furent ses vertus favorites : elles jetèrent de profondes racines dans son cœur, et autant qu'il avait senti d'opposition pour la pratique de ces vertus, il les pratiquait en toute occasion avec autant de joie et de satisfaction.

Après s'être défait de sa charge de conseiller de la cour, il fut pourvu par le roi de celle de conseiller d'Etat. Il prit ensuite possession de son évêché, et fit son entrée publique à Senlis, le 6 avril de la même année, ayant été accompagné, selon la coutume, par les barons de Braseuses, de Raray, de Surviliers et de Pontharmé, vassaux de ce prélat. Ses premiers soins, après avoir pris possession, furent de visiter les pauvres, d'assister les malades et de consoler les prisonniers, accompagnant de ses aumônes les instructions qu'il leur faisait, ne dédaignant point de leur rendre les services les plus vils, sans que sa délicatesse fût blessée d'une si profonde humilité, tant sa charité était grande pour ces misérables, dont il devenait de jour en jour le père par la tendresse qu'il leur portait en toute occasion.

Son zèle ne se borna pas à ces lieux différents qu'il visitait pour consoler tant de misérables : il se fit donner une liste de ces pauvres malades qu'il avait à voir, pour les instruire, les animer, les encourager à souffrir leurs maux avec patience, les secourant selon leur besoin, les disposant à recevoir les sacrements de l'Eglise, et s'appliquant sur toutes choses à les aider à bien mourir. Rien ne le rebutait : toujours d'un cœur gai et d'un air riant, il supportait sans se plaindre la mauvaise odeur des lieux qu'il était obligé de visiter, et il montrait l'exemple à ceux que leur grande délicatesse empêchait de rendre à ces pauvres malheureux les devoirs que la charité chrétienne exigeait de leur ministère.

Mais toutes ces charités ne furent que les préludes de celles qu'il exerça dans les premières années de son épiscopat. La peste s'étant fait sentir à Senlis en 1625 et 1626, il redoubla sa ferveur. Il fit connaître en cette occasion qu'il était pasteur, en exposant sa vie pour ses ouailles. Il se serait cru mercenaire s'il n'avait secouru les malades que chacun abandonnait pour éviter le mal contagieux : ainsi il les secourait, tant pour le spirituel que pour le temporel, sans que personne l'en pût détourner. Un Père Capucin ayant pris sa place, et l'ayant assuré qu'il ne les abandonnerait pas, il se retira pour subvenir à d'autres besoins, et il voulut leur procurer un lieu commode. Les Capucins, pour répondre au zèle du saint prélat, lui cédèrent leur couvent, qui était pour lors hors de la ville, afin d'en faire l'asile pour les pestiférés. Il donna aux Capucins la maison de Saint-Lazare pour s'y établir, et il y porta lui-même le saint sacrement. Ce lieu a été changé depuis en hôpital par les soins du saint évêque, qui le fonda pour le soulagement des pauvres, ayant dans le même temps établi une maison pour les pestiférés. Mais comme tant d'œuvres de piété ne pouvaient subsister et se soutenir que par le secours des vrais fidèles qui devaient contribuer à une si sainte œuvre, il érigea une confrérie de dames pieuses qui devaient s'employer au soulagement des pauvres honteux.

Sa charité n'avait point de bornes pour les pauvres ; ils avaient leur temps marqué pour recevoir ses libéralités. Personne n'en était exclu, persuadé qu'il était que les revenus d'un évêque sont le patrimoine des pauvres et qu'il n'en est que le distributeur. Lorsqu'il ne pouvait lui-même secourir les pauvres honteux, il le faisait faire par d'autres, en mettant des sommes considérables entre les mains de quelques personnes prudentes pour les leur distribuer : il entretenait même des familles entières, à qui il donnait des pensions annuelles, et il donnait aussi d'autres sommes aux curés des paroisses de son diocèse pour soulager leurs paroissiens : rien n'échappait à sa vigilance pastorale.

Des soins qui l'avaient occupé au dehors, il passait à une vie toute intérieure. Ses oraisons étaient continuelles, son union avec Dieu était parfaite. Il passait les nuits en prière et en contemplation : on l'a vu plusieurs fois passer du palais épiscopal dans son église pendant le temps que tout le monde était endormi, y demeurer en posture de pénitent, demandant à Dieu miséricorde pour ses péchés, priant le Seigneur de le remplir d'un esprit véritablement apostolique, pour gouverner le troupeau que l'Eglise lui avait confié ; tantôt, faisant l'office de médiateur entre Dieu et son peuple, il demandait miséricorde pour lui. Il n'épargnait rien pour sauver les âmes qui avaient été commises à ses soins. Il désirait de les renfermer toutes dans les entrailles de Jésus-Christ, à l'exemple de l'Apôtre. Sa vie était réglée : tout y était marqué, la prière, l'oraison, la lecture, l'occupation pour les affaires de son diocèse, les audiences publiques ; chaque chose s'y faisait en son temps.

Sa maison était comme un monastère : il y vivait en communauté avec ses ecclésiastiques ; la lecture s'y faisait pendant le repas, il la faisait lui-même à son tour, il servait les autres à table, ne dédaignant point de rendre le même service à ses domestiques de la seconde table. Il prenait soin de leur éducation et de leur salut ; il les assemblait de temps en temps pour les instruire et leur enseigner la voie du ciel. Il faisait tous les jours la prière avec eux et l'examen de conscience. Il leur inspirait une haute idée de la religion et de nos saints mystères, leur apprenant à les respecter. Il leur en montrait l'exemple par ses actions et par ses paroles, car il célébrait les saints mystères d'une manière pleine de foi et de religion ; il administrait les autres sacrements avec la même piété.

Sa patience fut à l'épreuve de tout. Il n'y eut point de contradiction, de reproches et de mépris qu'il ne souffrît. Il devenait insensible aux injures lorsqu'il s'agissait d'avancer l'ouvrage du Seigneur ou de le glorifier. Il était toujours d'une humeur égale, tranquille, doux, pacifique, ne cherchant qu'à faire plaisir à ses ennemis, et leur pardonnant aisément les injures qu'il en avait reçues.

Si sa modération le portait à quitter ses propres intérêts, il n'en était pas de même à l'égard de ceux de Jésus-Christ et de son Eglise. Il savait les soutenir et les faire valoir. Il fit punir des hérétiques insolents qui avaient insulté aux catholiques, et fit raser leur temple. D'un autre côté, malgré l'opposition de plusieurs personnes, il fit abolir, dans une paroisse de son diocèse, des coutumes scandaleuses, que l'on y avait introduites et qui se renouvelaient tous les ans. Il déclarait la guerre au vice, il le persécutait partout. Le salut des âmes lui était cher, et il n'oubliait rien pour ramener au bercail ceux qui en étaient sortis, soit par le vice qui les en éloignait, soit par l'erreur qu'ils avaient embrassée. On l'a vu se relever la nuit pour travailler à la conversion d'une femme hérétique qui voulait se faire instruire des vérités de la religion catholique : il lui donna l'absolution de son hérésie, il la communia, et peu de temps après elle expira. Dieu a béni plusieurs fois le zèle de ce saint prélat pour la conversion de ces personnes qui avaient demeuré dans l'erreur; car plusieurs, ne pouvant tenir contre ses raisons, ont rentré de bonne foi dans le sein de l'Eglise.

Comme l'hérésie était le plus dangereux ennemi qu'il eût à craindre, il fut toujours en garde contre la nouveauté. Il ne lui permit pas de s'introduire dans son diocèse : fidèle à conserver le précieux dépôt que Dieu lui avait confié, il fit sucer à ses diocésains la doctrine la plus pure; et par ses soins, loin de perdre aucune de ses brebis, il eut la consolation de voir que plusieurs qui s'étaient égarées rentrèrent dans le bercail.

Ce saint prélat aurait souhaité que son zèle eût passé de la réforme de son diocèse à la réforme de plusieurs monastères. Il cherchait à en établir de nouveaux dans son diocèse. Ce fut pour cela qu'il obtint des lettres patentes du roi pour établir les PP. Jésuites à Senlis; mais la chose ne réussit pas comme il l'avait espéré. Le monastère de la Présentation, dont nous allons parler, fut le seul qu'il y établit, et il travailla, conjointement avec le cardinal de La Rochefoucauld, par ordre du roi, à la réforme de la célèbre abbaye de Saint-Denis en France.

Il était pauvre au milieu de l'abondance, n'ayant aucune attache pour les biens de la terre, vivant frugalement et étant toujours vêtu modestement. Il faisait paraître beaucoup d'humilité dans toutes ses actions, et se défiant de lui-même il ne faisait rien sans consulter des personnes éclairées. Cette même humilité lui faisait fuir toutes les grandeurs de la terre : c'est pourquoi il ne voulut point accepter les archevêchés d'Arles et d'Embrun, qui lui furent offerts, et loin d'y donner son consentement, il se démit de son évêché en faveur de Denis Sanguin, son neveu. Le roi y consentit, et il le sacra dans l'église de la maison professe des Jésuites à Paris, l'an 1652.

Ce fut pour lors que, se voyant déchargé du pesant fardeau de l'épiscopat, il redoubla sa ferveur, pour travailler tout de nouveau à son salut. Il entra dans les sentiments de la plus profonde humilité, rendant à son successeur tous les devoirs qu'il lui devait, comme à son supérieur. Il passa le reste de ses jours dans l'innocence de ses mœurs, dans l'application aux fonctions du sacerdoce qu'il exerça toujours, dans les libéralités envers les pauvres. Tout était accompagné d'une piété tendre et constante, d'une foi vive et simple. Il offrait chaque jour le redoutable sacrifice de nos autels avec tant de recueillement et de modestie, qu'on l'eût pris pour un ange; et le plus souvent il passait son temps à la lecture des livres les plus édifiants.

Enfin, plein de mérite et de vertus, un mardi, 15 juillet 1653, il finit sa vie, consumée par le feu de la charité qui avait toujours embrasé son cœur. Il en donna encore des marques ce jour-là; car il sortit de chez lui, après avoir récité l'office divin, fait plusieurs heures de méditation, s'être préparé à célébrer les saints mystères, et donné l'aumône à tous les pauvres qui se trouvèrent à sa porte. Il se rendit au Louvre pour signer une lettre de remerciement que les évêques de France écrivaient au pape Innocent X, au sujet de la bulle que Sa Sainteté avait donnée contre la doctrine de Jansénius, et tomba tout d'un coup en apoplexie lorsqu'il s'entretenait avec l'archevêque d'Arles et les évêques d'Evreux et de Rennes. Le dernier lui donna la dernière absolution, et depuis ce temps-là il ne donna plus aucun signe de vie.

Tel fut Nicolas Sanguin, évêque de Senlis, instituteur de l'ordre de la Présentation de Notre-Dame en France. Une des choses que ce saint prélat prit le plus à cœur, pendant qu'il fut évêque, fut la conversion des âmes. Il fit la guerre au vice, comme nous avons dit, et il enseigna la vertu par ses paroles et par ses exemples ; mais comme l'ignorance est la source du mal, et qu'elle a toujours été la principale cause des désordres qui règnent dans le monde, il crut que l'éducation et l'instruction de la jeunesse, y apportant remède, feraient cesser le mal qu'on voyait se multiplier tous les jours au milieu du christianisme.

Ainsi touché d'un désordre qu'on ne peut assez déplorer, il prit la résolution d'en arrêter le cours en formant une communauté de filles, en qualité de maîtresses charitables, qui pussent répandre cette piété si nécessaire parmi les chrétiens. Il eut pour fin d'établir le règne de Jésus-Christ dans tous les cœurs, et de détruire le règne du péché, en établissant cette célèbre communauté qui devait procurer un si grand bien à l'Eglise. Ce ne fut pas la seule fin qu'il se proposa, il voulut établir une communauté de vierges qui, par leur institut, fussent consacrées à la sainte Vierge sous le titre de la Présentation au temple, afin que, par un culte digne d'elle, elles lui rendissent les honneurs qui lui sont dus.

Pour réussir dans son pieux dessein, il se servit des moyens qui lui étaient ordinaires, c'est-à-dire de la prière et de l'oraison : car il n'entreprit rien pendant sa vie qu'il n'eût auparavant consulté le Seigneur. Il en conféra avec des personnes éclairées. Le P. Etienne Guerri, de la compagnie de Jésus, à qui il avait fait sa confession générale lorsqu'il commença de se donner à Dieu, et qui avait toujours été le dépositaire de sa conscience, le fut aussi de son dessein. Ce Père l'autorisa dans son entreprise, il l'encouragea en se joignant à lui par ses prières pour porter la chose à une heureuse fin; et parce que ce saint religieux avait, comme lui, projeté le dessein de cet édifice, il en facilita le moyen en proposant deux filles dévotes, qu'il avait sous sa conduite, afin de commencer cet établissement.

Ces deux filles étaient Catherine Dreux et Marie de la Croix, toutes deux natives de Paris. Leur inclination était la retraite et la solitude : ainsi on les regarda comme trèspropres à commencer cette œuvre de piété. L'évêque de Senlis les envoya chercher par M. Jaulnay, curé de Saint-Hilaire, et elles arrivèrent à Senlis le samedi 28 novembre de l'an 1625, jour de l'Octave de la fête de la Présentation de Notre-Dame. Elles descendirent chez madame Boulart, qui s'estima heureuse de retirer chez elle ces deux vertueuses filles, qui ne venaient à Senlis que pour y répandre cet esprit de piété et de vertu dont elles étaient remplies.

Leur première demeure fut proche le cimetière de Saint-Rieul, en attendant qu'on pût les renfermer dans un lieu plus commode pour les établir. Elles ne laissèrent pas d'y commencer les instructions des jeunes filles, et, afin d'être moins dissipées et de mieux vaquer à cet exercice, notre saint prélat leur donna une fille, nommée Anne de Valois, pour subvenir à leurs besoins, et dans l'espérance qu'elle leur servirait de tourière lorsqu'elles seraient en clôture. Ses infirmités l'en empêchèrent. Vallerie Périgaut, native de Halie, dans le Limousin, prit sa place et fut admise pour converse le 3 mars 1627.

Le lieu où elles étaient ne se trouvait pas propre au dessein du saint prélat, qui voulait faire construire un monastère. Élisabeth le Moine, voulant se consacrer à Dieu, acheta une maison dans la rue de Meaux, dans l'intention d'en faire une donation à ces filles; mais voulant y mettre des conditions onéreuses, l'évêque de Senlis la remboursa, et après avoir acheté la maison de ses propres deniers, il établit supérieure de cette maison Catherine Dreux, le 1ᵉʳ mai 1627. Ainsi elles sortirent de leur première maison pour s'établir en celle-ci, qui a beaucoup été augmentée dans la suite. Quatre jours après la prise de possession, Henriette Brunel se présenta pour être sœur converse et fut reçue. Quelques jours après, Marie Thirement fut admise pour être religieuse du chœur, et fut suivie par Françoise Poulet. La cérémonie de recevoir ces filles se faisait ainsi : on les faisait conduire par deux ou trois dames au monastère; le grand vicaire s'y trouvait et demandait à la postulante ce qu'elle souhaitait, à quoi ayant répondu qu'elle demandait d'être admise dans la maison pour y faire l'épreuve, il lui mettait entre les mains un crucifix et un cierge, et après une courte exhortation, qui était suivie du *Veni, Creator*, il la conduisait à la porte de la maison, où la fille se mettait à genoux, recevait la bénédiction, et ensuite était introduite avec les autres. Elles furent sept mois sans être cloîtrées; elles ne sortaient néanmoins que pour aller entendre la messe.

Le saint instituteur se pressa de faire de cette maison un lieu régulier, afin d'y établir la clôture. Il y fit bâtir une chapelle pour y dire la messe, un chœur pour chanter l'office, un dortoir, un réfectoire, un parloir et un logement pour les tourières externes. Tout étant achevé, elles furent mises en clôture le 24 juin de la même année, fête de Saint-Jean-Baptiste. Le saint prélat y célébra le même jour la première messe dans la chapelle. Il y communia toutes les filles, et la messe étant finie, à la vue du grand concours de peuple qui y était accouru de toutes parts, il conduisit cette sainte troupe à la clôture de cette maison, et là, ayant aperçu les principaux magistrats de la ville, il leur déclara son dessein touchant ce nouvel établissement; il leur parla d'une manière si pathétique et si touchante, que chacun en fut charmé. Il fit voir qu'il ne cherchait que la gloire de Dieu, l'avancement du règne de Jésus-Christ, l'utilité de la ville, les avantages qu'elle retirerait de ce nouvel institut. Son cœur s'attendrit en parlant, il fondit en larmes, et il n'y eut personne qui n'en fût touché et n'en versât à son exemple. Puis, adressant la parole à ses filles, il leur dit qu'il les regardait comme des personnes qui devaient coopérer avec lui au salut des âmes par l'instruction de la jeunesse en la formant aux bonnes mœurs, lui apprenant à lire, à écrire et surtout à aimer Dieu et à le servir de bonne heure pour continuer à passer chrétiennement le reste de sa vie.

L'exhortation étant finie, la porte du monastère fut ouverte, et ces saintes filles, au nombre de six, quatre du chœur et deux converses, entrèrent dans la maison. Les noms de ces religieuses sont Catherine Dreux, dite de la Présentation, Marie de la Croix, dite de Jésus, Marie Thirement de la Trinité, et Françoise du Saint-Sacrement. Les deux converses furent Valerie Périgaut de la Visitation et Henriette Brunel de Saint-Joseph. Il y eut encore une pensionnaire qui fut aussi religieuse quelque temps après.

Tout ce qui s'était fait jusque-là n'était qu'une ébauche de ce qui se devait faire dans la suite. Il n'y avait encore aucun règlement pour leur conduite que celui que leur piété leur avait inspiré, excepté quelques maximes que leur donnait de vive voix le saint prélat. On n'y donnait pas encore l'habit en public, n'ayant pas encore obtenu la bulle de l'érection de cet ordre, ni des lettres patentes du roi; mais il leur donna, en attendant, la règle de saint Augustin, comme devant dans la suite combattre sous les étendards de ce saint docteur de l'Eglise.

Ce ne fut pas sans de grandes difficultés que M. Sanguin réussit dans cette entreprise. Les magistrats qui avaient d'abord applaudi à ce nouvel établissement furent les premiers à s'y opposer et à se plaindre; ils soulevaient le peuple pour renverser tout ce qui avait déjà été bâti : c'est ce qui obligea ce prélat de faire venir au plus tôt la bulle qui confirmait ce nouvel institut, et il obtint aussi des lettres patentes qui l'autorisaient. Ainsi toutes les oppositions furent levées, et le monastère subsista dans tout son entier.

Cette bulle, qui avait été accordée par le pape Urbain VIII, le 4 janvier 1628, ne fut communiquée aux magistrats de la ville que le 10 juillet 1629, dans une assemblée que l'on fit des principaux bourgeois de cette ville. Ils donnèrent leur consentement à cet établissement, ce qui détermina l'évêque de Senlis de donner commencement à l'ordre, en donnant solennellement l'habit régulier aux six premières filles qui s'étaient enfermées dans le monastère, auxquelles s'était jointe la sœur Louise des Anges, pour être religieuse du chœur, ce qui faisait le nombre de sept. La cérémonie de leur vêture se fit le jour de sainte Madeleine, et le deuxième jour d'août de la même année, cinq autres reçurent aussi l'habit, dont il y en avait trois du chœur et cinq converses, et en quatre mois de temps, la communauté fut composée de dix-huit religieuses.

Ce fut au mois de février de l'année 1630 que le roi Louis XIII, par ses lettres patentes, vérifiées au bailliage de Senlis le 20 mars, ordonna que la bulle d'Urbain VIII serait reçue et exécutée selon toute sa teneur, voulant que les murs du monastère de la Présentation fussent élevés, et que les religieuses pussent faire des acquisitions pour faire bâtir leur église et augmenter les logements du monastère. L'évêque de Senlis fit travailler sans différer au nouveau mur de clôture; mais cette entreprise renouvela les plaintes de la ville. L'on n'épargna rien alors pour renverser les desseins du saint prélat, tantôt en le menaçant, tantôt en intimidant les religieuses du monastère, qu'on allait trouver à la grille pour les forcer de sortir et de se retirer ailleurs avant leur profession; mais ces menaces furent inutiles : Dieu, qui avait protégé jusqu'alors cet ouvrage, continua à le favoriser.

L'année de probation étant finie, le saint évêque prit jour pour la cérémonie de la profession solennelle, qui se fit le jour de Sainte-Anne, 26 juillet 1630. Il la fit annoncer aux prônes des paroisses pour inviter le peuple à venir gagner l'indulgence accordée par le pape, dans la bulle d'érection de l'ordre. On le menaça de nouveau, et même de mort, s'il passait outre; mais il répondit, avec la fermeté digne d'un prélat des premiers siècles de l'Eglise, qu'il ne craignait rien et qu'il s'estimait heureux de verser son sang pour un si pieux dessein. Ainsi, le jour étant arrivé, il fit faire profession aux premières religieuses de cette maison, auxquelles il avait donné l'habit le 22 juillet de l'année précédente. Les échevins voulant toujours former des oppositions, ne le purent faire que par écrit; ce qui n'empêcha pas le saint prélat de faire faire aussi profession aux autres qui n'avaient reçu l'habit que le 2 août de la même année.

Il fit sa première visite dans ce monastère l'an 1631, et sur les instances de la première supérieure, il la déposa de son office, et lui substitua la Mère Anne de Saint-Bernard. Il dressa ensuite les constitutions de cet ordre; mais comme la communauté était composée de jeunes filles sans expérience, il jugea à propos de se servir du droit que lui donnait la bulle du pape, de tirer d'un ou de plusieurs monastères deux ou trois religieuses professes de semblable institut, ou qui approcheraient le plus de cet institut, pour former cette communauté naissante dans une parfaite observance de la régularité, et lui inspirer le véritable esprit de l'ordre. Il jeta les yeux sur deux de ses sœurs, religieuses de l'ordre de Sainte-Claire, en l'abbaye de Moncel, qui étaient très-capables de seconder les desseins de leur frère. Comme l'ordre de Sainte-Claire était bien différent de celui de la Présentation, il obtint un nouveau bref du pape qui lui permettait expressément de tirer de l'abbaye de Moncel Madeleine et Marie Sanguin, ses deux sœurs, et Anne-Elisabeth de Vignacourt, religieuses professes de cette abbaye, avec le consentement de leur supérieur, et il en obtint la permission du provincial des Cordeliers de la province de France, supérieur immédiat de Moncel. Ces trois religieuses arrivèrent à Senlis le 7 décembre 1632 : il les conduisit au monastère de la Présentation, et déclara Madeleine Sanguin, dite de l'Annonciation, supérieure de la communauté, après avoir déchargé de cet emploi la Mère Anne de Saint-Bernard. Il donna pour vicaire et maîtresse des novices la Mère Marie Sanguin, dite Pacifique, et commit pour dépositaire la Mère Elisabeth de Vignacourt, dite de Sainte-Marie. Tout changea de face dans la maison; il n'y en eut pas une qui ne marquât une véritable joie de se voir soumise à des personnes d'un mérite si distingué, et qui ne voulût s'engager à faire toutes les épreuves d'un nouveau noviciat, pour y prendre l'esprit de mortification et de pénitence.

Le nombre des religieuses augmentant tous les jours, il fallut aussi augmenter les bâtiments. La nouvelle supérieure, sans perdre de temps, fit faire le plan d'un nouveau bâtiment : on en jeta les fondements le 10 juillet 1633, et il fut achevé sans que le monastère fût chargé d'aucune dette, la Providence divine ayant suffisamment pourvu à tout ce qui était nécessaire pour la construction de cet édifice. L'on fit l'ouverture des classes l'an 1635, et, selon l'intention du fondateur, on y fit observer ce qu'il avait lui-même inséré dans les constitutions de cet ordre.

Les trois religieuses sorties de l'abbaye de

Moncel n'avaient point changé d'ordre; elles n'étaient entrées dans le monastère de la Présentation que pour apprendre à ces religieuses les observances régulières : ainsi les trois ans de la supériorité de la Mère Madeleine Sanguin de l'Annonciation étant finis, l'évêque de Senlis, son frère, la continua de son autorité, en ayant été sollicité par les religieuses du Monastère. Cette dispense se continua jusqu'en l'an 1639, que ces trois religieuses de Moncel s'étant laissées vaincre aux pressantes sollicitations des religieuses de la communauté de la Présentation, de changer d'ordre et d'embrasser leur institut, elles en firent profession solennelle le 17 septembre 1639. Pour lors la communauté s'étant assemblée avec le fondateur, on procéda à l'élection canonique d'une supérieure ; le choix tomba sur la Mère Madeleine Sanguin, qui avait déjà exercé cette charge, et elle fut continuée par élection jusqu'en l'an 1659, que sa sœur, la Mère Marie Sanguin, prit sa place et exerça aussi cette charge pendant plusieurs années. La Mère Madeleine mourut le 22 décembre 1670, âgée de quatre-vingts ans, et la Mère Marie le 28 janvier 1674, âgée de soixante-dix-sept ans.

L'ordre de la Présentation de Notre-Dame en France n'a pas fait de grands progrès, n'ayant que le seul monastère de Senlis, où il y a ordinairement plus de soixante religieuses. L'habillement de ces religieuses consiste en une robe de serge blanche, et une autre de serge noire par-dessus, sans scapulaire ; la robe est serrée d'une ceinture de laine, et a une queue traînante ; la guimpe est de toile blanche, à la manière de celles des autres religieuses, mais leur bandeau est noir aussi bien que le voile (1). Les sœurs converses sont habillées de même, sinon que leurs robes sont plus courtes. Elles sont obligées par leur institut d'enseigner gratuitement les jeunes filles, et leur apprendre à lire, à écrire et à faire des ouvrages qui conviennent aux personnes de leur sexe. Elles récitent tous les jours le petit office de la sainte Vierge ; et le pape Urbain VIII les a dispensées du grand office de l'Eglise à cause de l'instruction de la jeunesse, les obligeant à le dire si elles quittent cette instruction. Outre les jeûnes ordonnés par l'Eglise, elles jeûnent aussi les veilles des fêtes du Saint-Sacrement et celles de la sainte Vierge lorsqu'elles sont fêtées, celles de Saint-Augustin et de l'élection de la supérieure. Tous les mercredis de l'année elles font abstinence, pourvu qu'en ces jours-là il n'arrive pas une fête de Notre-Seigneur, de la sainte Vierge, du patron, et de la Dédicace, ou qu'ils ne soient précédés ou suivis d'un jour de jeûne, et tous les vendredis elles prennent ensemble la discipline. Voici la formule de leurs vœux qu'elles renouvellent deux fois l'an, l'une le lendemain de la fête de la Présentation de Notre-Dame, et l'autre à la fin de leurs exercices spirituels.

Au nom de Notre-Seigneur Jésus-Christ, et en l'honneur de sa très-sainte et sacrée Mère, je NN. voue et promets à Dieu de garder toute ma vie pauvreté, chasteté et obéissance, selon la règle de notre bienheureux Père saint Augustin, en l'ordre de la Présentation de Notre-Dame, sous l'autorité de Monseigneur l'Illustrissime et Révérendissime évêque de Senlis, en présence de NN. et de notre Révérende Mère supérieure de ce monastère.

Les constitutions qu'elles suivent présentement ont été données par M. Denis Sauguin, évêque de Senlis, successeur de leur fondateur. Il y a bien de l'apparence que celles qui avaient été dressées par ce fondateur, aussi bien que le cérémonial, ont été supprimées depuis que la dévotion de l'Esclavage de la sainte Vierge a été condamnée par l'Eglise; car il était souvent parlé de cette dévotion dans ces constitutions et dans l'ancien cérémonial : selon ce cérémonial, dont il y a un exemplaire à la bibliothèque de l'abbaye de Sainte-Geneviève à Paris, elles doivent prononcer leurs vœux en cette manière : *Je, N. prosternée humblement devant votre divine Majesté, me consacre pour toujours à l'exaltation et l'imitation de la sacrée Mère de votre Fils, en l'honneur de sa maternité divine et de sa présentation au temple. Je me présente à votre souveraine puissance pour être votre esclave et la sienne dans l'ordre religieux de la Présentation, dans la clôture duquel je voue entre vos mains, ô Reine des vierges, la pauvreté, la chasteté et l'obéissance perpétuelle.* Sept années après cette profession, elles en faisaient une autre de l'Esclavage de Notre-Dame, et devaient porter au cou une petite chaîne. Il y avait aussi un temps marqué pour leur donner une image de Notre-Dame, qu'elles devaient porter sur la poitrine, et il devait y avoir dans leur monastère une assemblée de dames dévotes aussi sous le titre de l'Esclavage de Notre-Dame.

Mémoires envoyés par la R. Mère Blouin, supérieure du monastère de la Présentation de Senlis. L'on peut consulter aussi les anciennes constitutions et l'ancien cérémonial de cet ordre.

L'autre ordre, dont nous avons à parler aussi, a commencé l'an 1664. Frédéric Borromée, qui fut ensuite cardinal et qui était pour lors dans la Valteline en qualité de visiteur apostolique, se trouvant à Morbegno, bourg situé sur la rivière d'Adda, dans la Valteline, fut prié par quelques filles dévotes de leur permettre de vivre en commun dans un lieu retiré et séparé de la conversation des hommes. Dom Charles Rusca, curé de ce lieu, l'ayant aussi sollicité en leur faveur, ce prélat leur assigna un lieu commode pour leur demeure et les érigea en congrégation, sous le titre de la Présentation de Notre Dame, ce qui fut confirmé par l'archevêque de Milan. Outre la clôture que ces filles observent exactement, elles font les vœux solennels de religion, et vivent sous la règle de

---

(1) *Voy.*, à la fin du vol., n° 52.

saint Augustin, avec des constitutions particulières qui ont été dressées par le P. Barthélemy Pusterla, de la compagnie de Jésus, et qu'il a tirées de celles de cette compagnie. Ces religieuses sont toujours au nombre de trente-trois, presque toutes filles nobles, outre les sœurs domestiques. Tous les ans elles font les exercices de saint Ignace, et avant que de recevoir l'habit de religion, elles doivent être éprouvées pendant six mois. Cet habit consiste en une robe noire et un scapulaire blanc, avec un voile blanc sur lequel il y a une croix noire (1).

Philipp. Bonanni, *Catalog. ord. relig.*, part. II.

Outre les deux ordres dont nous venons de parler, qui ont été fondés en l'honneur de la présentation de la Vierge au temple, il y en a encore eu un autre qu'une sainte fille, nommée Jeanne de Cambry, voulut fonder l'an 1618. Elle naquit à Douai le 15 novembre 1581, et eut pour père Michel de Cambry, premier conseiller de cette ville. Dès ses plus tendres années, elle fit vœu de virginité; mais à l'âge de vingt-deux ans, son père voulant l'obliger ou de se marier en acceptant un parti avantageux qu'il lui présentait, ou de se faire religieuse, elle lui demanda trois mois de temps pour faire réflexion sur le choix qu'elle devait faire. Elle avait toujours eu beaucoup de répugnance pour la vie religieuse; mais ayant demandé à Dieu par de fortes prières de lui faire connaître sa volonté, la répugnance qu'elle avait pour la vie religieuse se dissipa peu à peu : elle témoigna beaucoup d'empressement pour entrer dans un monastère, et s'étant adressée à l'abbesse de celui de Notre-Dame des Prés de Tournay, de l'ordre de Saint-Augustin, elle la reçut avec beaucoup de joie et lui donna l'habit de religion. Elle en fut revêtue au mois de novembre de l'année 1604, et l'année suivante elle prononça ses vœux solennels.

L'on prétend que ce fut dans ce monastère que Dieu lui fit connaître dans une vision, l'an 1618, qu'il voulait qu'on établît dans l'Eglise un ordre nouveau en l'honneur de la présentation de la sainte Vierge au temple, qu'il lui enseigna les observances que les religieuses qui entreraient dans cet ordre pratiqueraient, qu'il lui montra l'habillement qu'elles porteraient, qui consistait en une robe grise de laine naturelle, un scapulaire violet et un manteau bleu (2), et qu'il lui dit que cet ordre serait comme une étoile brillante entre les autres ordres; mais comme, depuis près de cent ans que cette religieuse a eu cette vision prétendue, cet ordre n'a point été établi, il y a bien de l'apparence que cette vision et les autres dont l'histoire de sa vie, qui a été donnée au public, est toute remplie, n'étaient produites que par son imagination, trop échauffée par les jeûnes et les austérités.

Ce fut après la vision prétendue de cet ordre que la Mère de Cambry, qui voyait beaucoup de divisions dans son monastère, demanda avec beaucoup d'instance à l'évêque de Tournay, Michel Desne, fondateur du même monastère, la permission d'en sortir pour vivre avec plus de tranquillité dans un autre. Il lui accorda sa demande, et la fit entrer dans le monastère de Sion, d'où son successeur, Maximilien Vilain, de Gand, la fit encore sortir pour être prieure de l'hôpital de Menin, afin d'y rétablir les observances régulières qui avaient été fort affaiblies par le relâchement qui s'était introduit dans cette maison.

Après que la Mère de Cambry eut demeuré quelque temps dans cet hôpital, comme elle se sentait portée à la solitude, elle sollicita l'évêque de Tournay de lui permettre de vivre dans une réclusion; mais elle ne put obtenir sa demande que quatre ou cinq ans après. Ce prélat lui fit bâtir une réclusion dans l'un des faubourgs de la ville de Lille, à côté de la paroisse de Saint-André, où elle fut enfermée en cette manière, le 25 novembre de l'an 1625.

La Mère de Cambry, vêtue d'une robe grise de laine naturelle et non teinte, accompagnée de deux religieuses de l'hôpital de Menin, qui portaient sur leurs bras, l'une un manteau bleu, et l'autre un voile noir et un scapulaire violet sur lequel il y avait l'image de la sainte Vierge tenant l'enfant Jésus entre ses bras, alla à l'église de Saint-André, où l'évêque de Tournay l'attendait à la porte. Elle se prosterna aux pieds de ce prélat qui, après lui avoir donné sa bénédiction, la conduisit jusqu'au grand autel. Il y bénit le manteau, le voile et le scapulaire, et en revêtit la Mère de Cambry, à laquelle il donna le nouveau nom de sœur Jeanne de la Présentation. Elle fit entre ses mains vœu de clôture perpétuelle, après quoi l'évêque fit un discours au peuple à la louange de la nouvelle recluse, qui fut ensuite conduite processionnellement jusqu'à sa réclusion, le clergé chantant : *Veni, sponsa Christi*, etc. L'évêque la consacra derechef à Dieu, bénit sa réclusion, et l'y enferma en perpétuelle clôture.

La sœur Jeanne de la Présentation observa dans sa réclusion les constitutions qu'elle avait dressées elle-même pour l'ordre de la Présentation, dont elle a été la seule religieuse, le pape n'ayant pas voulu accorder l'établissement de cet ordre, quoique dès l'an 1620 l'évêque de Tournay eût écrit au cardinal Gallo, pour le prier d'employer son crédit auprès du pape Paul V, pour en avoir la permission. Cette recluse mourut le 19 juillet de l'an 1639. Elle a composé plusieurs ouvrages de piété, qui sont : *L'Exercice pour acquérir l'amour de Dieu*, imprimé à Tournay, in-12, l'an 1620. *La Ruine de l'amour-propre*, in-8°, imprimé à Tournay en 1622 et 1627, et à Paris en 1645. *Le Flambeau mystique*, etc., in-12, imprimé à Tournay en 1631. Un *Traité de la Réforme du mariage*, in-8°, imprimé à Tournay en

(1) *Voy.*, à la fin du vol., n° 53.

Voy. à la fin du vol., n° 54.

1656. Un *Traité de l'excellence de la solitude*, in-8°, aussi imprimé à Tournay en 1656. Sa Vie a été donnée au public l'an 1659, par P. de Cambry, son frère, chanoine de l'église collégiale de Saint-Hermes à Renaix, et imprimée à Anvers.

Comme on a pu le voir dans le récit d'Hélyot, le monastère de la Présentation de Senlis n'envoya de colonies nulle part, et cette maison fut la seule de cet institut. Elle ne cessa, jusqu'à la suppression des maisons religieuses, de se rendre utile au diocèse et à l'Église, et à se montrer édifiante par sa régularité et sa ferveur. Elle était assez nombreuse, et le pensionnat était la principale maison d'éducation de Senlis pour les jeunes personnes. Les maîtresses avaient pris un usage qu'il est peut-être indifférent de signaler, mais qu'on sera curieux de connaître à cause de sa singularité. Elles ne se faisaient point, comme dans les autres communautés, appeler par leurs élèves du nom de Révérende Mère; ces jeunes personnes les appelaient *ma Tante*.

Quand ces religieuses furent atteintes, comme les autres, par la persécution de 1790, aucune ne faillit dans le sentier du devoir, et cet ordre, éteint pour toujours, a, du moins en s'éteignant, donné un parfum d'édification sur le chandelier de l'Église. Un de ses membres, quand un peu de liberté fut accordé sous Bonaparte, releva dans Senlis une maison particulière d'éducation, qui acquit assez d'importance pour être achetée par la ville, et qui fut appelée la maison de *Madame Sainte-Emmelie* ou *Emilie*, du nom de la religieuse qui l'avait formée, laquelle religieuse est morte à Paris, où je l'ai connue moi-même.

Dans la Bibliothèque des ecclésiastiques, formée à Senlis des débris de plusieurs autres, on conserve en manuscrit une Vie du saint évêque Sanguin, fondateur de cet institut de la *Présentation*. Le P. Hélyot a eu évidemment communication de ce manuscrit ou reçu des renseignements qui y étaient puisés ; car dans une partie du chapitre qui précède et dans le volume de Senlis, j'ai vu absolument les mêmes faits et racontés de la même manière.

A l'article de la *Congrégation de Saint-Maur*, dans le volume précédent, j'ai déjà rappelé que cette maison de la Présentation de Senlis avait été achetée par les anciens Bénédictins Mauristes, qui, sous le patronage de l'*Association des chevaliers de Saint-Louis*, devaient se rétablir et former des jeunes gens à la piété et aux lettres. Cette entreprise, mal dirigée, n'eut point de succès. Il faut ordinairement des hommes de dévouement et d'énergie pour de telles œuvres ; et de tels hommes, avec de la vertu et de la persévérance, fussent-ils pauvres et sans science, feraient plus que ceux qui ont l'appui d'un grand nom et de la fortune. Après la mort de Dom Marquet, supérieur du nouvel établissement, qui cessa bientôt ses exercices, le bâtiment devint la possession de Dom Groult, ancien Bénédictin. Celui-ci, après l'avoir laissé inhabité longtemps, en fit don, par testament, aux religieux de Picpus, qui l'ont vendu à un particulier. Ce nouveau propriétaire en a loué pour longues années et à des conditions accessibles, une partie importante aux directeurs du collège formé dans l'ancienne abbaye de Génovéfains, appelée *Saint-Vincent*. B-D-E.

PRÉSENTATION (Ursulines de la Congrégation de la).

Voy. ursulines.

PROPAGATION DE LA FOI.
Voy. Séminaires.

PROVIDENCE DE DIEU (Filles de la).

Nous n'avons garde d'omettre dans ce Dictionnaire la communauté des Filles de la Providence de Dieu, établie à Paris, puisqu'elle a donné naissance ou servi de modèle et d'exemple à plusieurs autres communautés, qui, par la diversité des noms et des observances, ont formé comme autant de congrégations particulières. C'est au zèle de madame Polaillon, Marie de Lumagne, veuve de M. Polaillon, conseiller du roi en ses conseils, et son résident à Raguse, que l'on est redevable de l'établissement de cette communauté, où, par un effet de la Providence de Dieu, l'on trouve tous les secours de la vie et du salut, et où l'on fait profession de retirer, comme dans un asile et un port assuré, les jeunes filles à qui la beauté, la pauvreté, l'abandon, ou la mauvaise conduite des parents peuvent être une occasion prochaine de leur perte et de leur damnation. Madame Polaillon, ayant conçu le dessein de cet établissement, le proposa à plusieurs personnes de piété, qui l'approuvèrent, mais qui néanmoins lui conseillèrent de ne le pas entreprendre, n'ayant pas de fonds suffisants pour soutenir cette entreprise. Mais elle leur répondit avec assurance que son fonds serait la divine Providence, qui ne manque jamais à ceux qui cherchent véritablement à honorer Dieu. En effet, cette Providence divine ne lui ayant jamais manqué, elle fut si reconnaissante des faveurs qu'elle en reçut, qu'elle ne voulut point donner d'autre nom que celui des Filles de la Providence de Dieu à sa communauté, qu'elle commença enfin, nonobstant ce que purent lui représenter ceux qui lui conseillaient de n'en rien faire, après avoir obtenu, au mois de janvier 1643 des lettres patentes de Louis XIII pour l'établissement de cette maison, où elle reçut en fort peu de temps un grand nombre de filles, les unes pour éviter le danger qu'elles couraient de se perdre, les autres pour leur instruction dans la religion, ou pour apprendre à travailler, et d'autres aussi pour leur servir de maîtresses et les instruire.

Madame Polaillon, ayant rencontré dans plusieurs des sœurs qui travaillaient à l'instruction des pauvres filles une véritable vocation au service de Dieu et du prochain, en choisit quelques-unes pour former une communauté sous la conduite de deux filles qu'elle avait fait venir de Lyon, dont l'une, appelée Catherine Florin, est morte en odeur de sainteté. M. Vincent de Paul, instituteur des Prêtres de la Mission, étant pour lors supérieur de cette maison de la Providence, et ayant été chargé par François de Gondy, archevêque de Paris, de l'ériger en communauté, y fit deux visites régulières pour reconnaître la vocation et la capacité des filles que Dieu destinait pour former cette société; en sorte qu'elle fut enfin commencée en 1647 par sept de ces mêmes filles, qui, entre trente qu'elles étaient pour l'instruction de la jeunesse, furent choisies comme les plus propres à former cette communauté et à soutenir cette entreprise par des règles certaines et par des pratiques constantes de piété.

Comme la charité de madame Polaillon n'avait point de bornes, et qu'elle recevait dans sa maison toutes les pauvres filles qui se présentaient pour y entrer, elle se trouva l'année suivante chargée de cent quatre-vingts de ces filles, et encore dans un temps où elle aurait eu plus de besoin que dans un autre, d'un fonds extraordinaire pour leur entretien; car c'était dans les premiers mouvements de la guerre de Paris, où l'incertitude de ce qui pourrait arriver, et du temps qu'elle pourrait durer, obligeait la plupart des personnes de retrancher leurs charités. Cependant, quoique cette pieuse fondatrice se vit réduite à n'avoir que douze écus pour la subsistance de ce grand nombre de filles, elle ne perdit point courage : au contraire, persuadée que la divine Providence, qui a soin des animaux les plus petits et les plus méprisables, n'abandonnerait pas ses servantes, elle s'adressa à Dieu avec une parfaite confiance, et le pria avec tant de ferveur de lui faire sentir les effets de sa protection, et de lui donner les moyens de continuer cet ouvrage, dont elle le reconnaissait l'auteur, et qu'elle n'avait entrepris que pour sa gloire, que le jour même il lui accorda sa demande, en lui procurant une aumône extraordinaire de quinze cents livres, qui lui furent envoyées de Saint-Germain en Laye, par une personne de la première qualité.

Quoique cette zélée fondatrice eût obtenu des lettres patentes de Louis XIII pour l'établissement de cette communauté, comme elle ne les avait pas fait vérifier au parlement dans le temps qu'il fallait, elle eut recours à Louis XIV, son successeur, qui lui en accorda d'autres au commencement de son règne, pour remédier à la surannation des premières. Jusqu'alors cette communauté n'avait pas eu de demeure fixe ; mais la reine Anne d'Autriche, mère du roi, étant persuadée de l'utilité de cette communauté naissante, et prévoyant qu'il était difficile qu'elle pût subsister dans une vie exacte et régulière, sans avoir une demeure fixe, leur donna, l'an 1651, l'hôpital de la Santé, situé au faubourg Saint-Marcel dans la rue de l'Arbalète. Cette maison, destinée pour les pestiférés, était une dépendance de l'Hôtel-Dieu de Paris, où les convalescents, hors le temps de contagion, allaient se rétablir, et où ils restaient quelque temps après leurs maladies, sous la direction des administrateurs et sous la conduite de quelques religieuses de cet hôpital, qui fut transféré et bâti hors la ville, entre Torabisoire et le Champ-de-l'Alouette.

Ce fut ainsi que cette pieuse et charitable princesse fonda ce séminaire de la Providence, qu'elle plaça exprès en ce lieu, contigu au magnifique et royal monastère du Val-de-Grâce, pour l'avoir sous ses yeux, comme elle le déclara elle-même dans le contrat de donation qu'elle leur fit de cette maison; ne pouvant pas perdre de vue un établissement qu'elle jugeait devoir procurer de très-grands biens. L'archevêque de Paris Jean-François de Gondy donna son consentement, et permit à ces filles d'en prendre possession le jour de Saint-Barnabé de l'an 1652. M. Talon, curé de Saint-Gervais et grand vicaire de Paris, posa la croix sur la grande porte de la maison. La reine honora de sa présence cette cérémonie, qui était comme le sceau dont la Providence de Dieu se servait pour approuver et ratifier la consécration que ces bonnes filles avaient faite de leurs personnes pour procurer la gloire de Dieu et le salut du prochain. Elles s'y appliquaient avec tant de zèle dans l'éducation qu'elles donnaient aux filles qui étaient sous leur conduite, que, oubliant leurs propres intérêts, elles négligèrent encore la vérification de leurs lettres patentes au parlement. Ce défaut de vérification les ayant obligées, en 1667, d'avoir recours une seconde fois à la bonté du roi pour arrêter l'effet d'une déclaration portant suppression de l'établissement de toutes les communautés dont les lettres patentes n'avaient pas été vérifiées au Parlement; Sa Majesté leur donna en cette occasion de nouvelles preuves de sa protection. Car elle autorisa non-seulement ce qu'elle avait déjà fait en leur faveur, mais elle leur assura par de nouvelles lettres patentes tout ce que leur avait donné le roi Louis XIII, son père, avec tous les privilèges, droits et exemptions accordés aux hôpitaux de fondation royale. Il les confirma encore dans la possession de la maison que la reine, sa mère, leur avait donnée, et leur fit une remise de toutes les finances et des droits que Sa Majesté pouvait prétendre pour le présent et pour l'avenir. Cet institut fut encore autorisé par les lettres de confirmation de M. François de Harlay de Chanvalon, archevêque de Paris, et les lettres patentes du roi furent enregistrées au Parlement, après que ces filles eurent encore obtenu le consentement du prévôt des marchands et des échevins de Paris.

Après que tout ce qui regardait la sûreté et confirmation extérieure de leur établissement fut ainsi terminé, il ne restait plus à madame de Polaillon que de mettre la dernière main à ce qui concernait la perfection intérieure de son institut, en prévenant les effets de l'inconstance humaine. C'est pourquoi elle proposa à ces sept filles, qui avaient été choisies pour former la communauté, de renouveler avec elle leur association : ce qu'elles firent au mois d'octobre de la même année, sur la fin d'une retraite où elles se confirmèrent dans les résolutions qu'elles avaient prises d'imiter autant qu'il leur serait possible la vie et les actions de Notre-Seigneur Jésus-Christ, qu'elles avaient choisi pour modèle du nouveau genre de vie qu'elles allaient établir ; et parce que les sentiments que Dieu leur donna à ce sujet furent à leur égard comme une marque assurée de sa sainte volonté sur leur vocation, elles en firent leur première règle d'union, qui fut rédigée par écrit en la manière suivante :

Au nom de Dieu, Père, Fils et Saint-Esprit, sous l'invocation de la sainte Vierge, la Providence divine ayant disposé que nous, filles séculières de diverses provinces, assemblées sous la conduite d'une sainte veuve, notre supérieure, toute consacrée à Dieu et à la charité du prochain, ayant eu pendant quelques années une mutuelle communication des sentiments de piété qu'il a plu à Dieu nous inspirer, nous avons reconnu que les lumières et les grâces que la divine bonté a départies à chacune de nous en particulier se rapportent toutes et tendent à une même fin, qui est de nous unir à Jésus-Christ par une continuelle méditation et une fidèle imitation de sa sainte vie, pour le suivre en la compagnie de ses premières saintes disciples qui le suivaient, et des autres qui l'ont suivi dans tous les siècles, cherchant les âmes, et nous faisant toutes à toutes celles de notre sexe par son esprit de charité pour les lui gagner toutes, en procurant son règne partout, professant ses maximes évangéliques par les œuvres et par l'instruction aux filles, en demeurant unies entre nous du lien indissoluble de la dilection fraternelle en son divin amour, quoique nous vinssions à être séparées en diverses provinces et même en des pays étrangers, en nous secourant et aidant les unes aux autres de tout ce qui nous sera possible, le tout avec l'agrément et les ordres de nos supérieurs. C'est ce qu'aujourd'hui, nous, au nombre de huit, avons promis à Dieu toutes ensemble, par un pur amour, en renouvelant et confirmant notre union faite ci-devant, et ce sur la fin d'une retraite de dix jours que nous achevons et que nous avons faite devant le saint-sacrement, dans un lieu retiré, et après la messe et la communion nous nous sommes donné le baiser de paix, pour témoignage de notre dévotion et union en Jésus-Christ, le tout à la plus grande gloire de Dieu et à l'édification de son Eglise catholique, apostolique et romaine. Amen. Fait à Paris ce jourd'hui 17 octobre 1652.

Après que ces bonnes filles eurent ainsi renouvelé leur union, Dieu bénit si promptement et si sensiblement cette nouvelle société, que madame Polaillon se trouva bientôt à la tête d'un grand nombre de sœurs, toutes très-capables d'établir et de conduire des communautés. L'archevêque de Paris, satisfait et édifié de cette société naissante, par les témoignages avantageux qu'une infinité de personnes de mérite lui en rendaient, après avoir confirmé tout ce qui s'était fait dans ces commencements, se déclara le protecteur de cette maison, et pour marquer l'estime qu'il faisait de cet institut, il voulut en avoir plusieurs communautés à Paris, dont les premières furent celle de Saint-Louis, dans l'île Notre-Dame, et l'hospice de la paroisse de Saint-Germain de l'Auxerrois, qui furent suivies peu de temps après par celles du faubourg Saint-Germain et de la Ville-Neuve. Plusieurs prélats, à l'exemple de l'archevêque de Paris, désirant avoir dans leurs diocèses quelques-unes de ces vertueuses filles pour y établir des couvents du même institut, les villes de Metz et de Sedan furent les premières où elles allèrent faire des établissements dans lesquels, outre les instructions qu'elles donnaient à la jeunesse, elles s'employèrent avec beaucoup de zèle à la conversion des personnes de leur sexe, engagées dans le judaïsme, dont le nombre est fort grand dans la première de ces villes, et à faire rentrer dans le sein de l'Eglise celles que l'hérésie en avait séparées, qui étaient de même en grand nombre dans la seconde. Madame Polaillon établit aussi les nouvelles catholiques à Paris. Elle avait fait le projet de l'établissement d'un séminaire de filles et de veuves vertueuses, pour donner dans toutes les provinces, et même dans les pays étrangers, s'il se pouvait, des sujets capables de contribuer à la conversion et à l'instruction des filles et femmes nouvellement converties ; mais cette pieuse institutrice n'eut pas la satisfaction de voir l'exécution de son dessein, qui, comme nous le dirons dans un autre article, ne réussit qu'après sa mort, qui arriva en 1657.

Les filles qui, après deux ans d'épreuve, sont agrégées dans la communauté de la maison de la Providence à Paris, font, à l'âge de vingt ans, des vœux simples de chasteté, d'obéissance, de servir le prochain, selon les constitutions de l'institut, et enfin de stabilité perpétuelle dans la maison, dans laquelle on reçoit aussi, moyennant une pension raisonnable, les filles vertueuses, qui, sans engagement à la communauté, veulent passer tranquillement leurs jours dans ce séminaire de vertus, où l'on n'admet jamais aucune fille qui ait fait faute contre son honneur. A l'égard de celles qui y sont reçues pour y être instruites, elles ne doivent pas avoir plus de dix ans, doivent être tellement pauvres, qu'elles soient destituées de tout secours humain. Comme cette maison a été établie par les libéralités de plusieurs dames, dont la Providence divine s'est servi pour cela, il était bien juste qu'elles eussent quelque part dans le gouvernement de cette communauté : c'est pourquoi, outre la supérieure, qui est élue tous les trois ans, et le supérieur, désigné par l'archevêque de Paris, il y a encore deux dames de piété et de vertu, qui sont présentées par le supérieur et la communauté à l'archevêque, pour être admises en qualité de bienfaitrices et administratrices de cet hôpital de la Providence. Ces dames doivent se trouver aux assemblées avec le supérieur, la supérieure, et les conseillères ou assistantes, pour les affaires importantes, et aux assemblées de toutes les sœurs vocales, lorsqu'on en convoque pour les affaires de la maison, comme pour la réception des filles de la communauté, ou l'élection des officières, sans néanmoins y avoir voix, et elles examinent tous les trois mois les comptes de la dépositaire, et les arrêtent à la fin de chaque année. Outre les sœurs du séminaire, il y a encore des sœurs Données, destinées pour les gros ouvrages de la maison. Celles du séminaire sont habillées de noir, et leur habit est fait comme celui des séculières ; les sœurs Données sont habillées de gris. Leurs constitutions furent d'abord imprimées à Paris l'an 1657, et M. de Noailles, archevêque de Paris, ensuite cardinal, leur donna d'autres règlements, en explication des premières constitutions, qui ont été aussi imprimées à Paris l'an 1700, et qu'on peut consulter.

Cet institut n'existe plus à Paris.

B-D-E.

PULSANO (ORDRE DE).

De l'ordre de Pulsano, avec la Vie de saint Jean de Matera, fondateur de cet ordre.

L'ordre de Pulsano serait peut-être entièrement resté dans l'oubli, si le père Papebrock n'en avait renouvelé la mémoire dans la vie de saint Jean de Matera, son fondateur, qu'il a insérée au 20 juin dans la Continuation des Actes des saints de Bollandus, faisant en même temps connaître que ce saint n'a pas été disciple de saint Guillaume de Verceil, fondateur de l'ordre du Mont-Vierge, comme tous les historiens de cette congrégation l'ont publié, pour lui faire honneur ; mais qu'il a été lui-même fondateur d'un ordre particulier, qui n'a rien eu de commun avec celui du Mont-Vierge. Entre les preuves que le P. Papebrock en apporte, il cite un Martyrologe de l'an 1486, qu'il a vu dans quelques bibliothèques, où saint Jean de Matera est qualifié de fondateur de l'ordre de Pulsano : *Item sancti Joannis abbatis et eremitæ, Sipontinæ diœcesis, in Apuliæ partibus, primi abbatis et fundatoris ordinis Pulsanensis, magnæ sanctitatis viri* (Act. SS., tom. IV Junii). D'où il conclut que l'ordre de Pulsano, qui y est spécialement nommé, est un ordre particulier, de même qu'on a qualifié d'ordres particuliers les congrégations de Cluny, de Camaldule, de Vallombreuse, et quelques autres, qui sont regardées comme autant de branches de l'ordre de Saint-Benoît : *Pulsanensem ordinem* (dit-il) *vides nominari, sicuti nominatur Cluniacensis, Camaldulensis, Vallombrosanus, aliique vitis Benedictinæ palmites* (Ibid).

Si le P. Papebrock n'apportait point d'autres raisons pour prouver que cet ordre de Pulsano (en la Pouille) était un ordre particulier et indépendant des autres, celle-ci ne suffirait pas pour nous en convaincre, puisqu'il y a eu d'autres abbayes de l'ordre de Saint-Benoît qui ont été regardées comme autant de chefs d'ordre, quoique ni ces abbayes, ni les monastères de leurs dépendances ne fissent qu'un corps avec celui de Saint-Benoît, de qui elles dépendaient. Telles ont été les abbayes de Marmoutier, de la Chaise-Dieu, de Thiron, de Cave et de plusieurs autres qui n'ont jamais été chefs d'ordre : ce qui n'empêchait pas que lorsque l'on parlait des monastères de leurs dépendances, l'on ne dît qu'ils étaient de l'ordre de Marmoutier, de la Chaise-Dieu, de Thiron et de Cave. Il n'en a pas été de même de l'abbaye de Cluny et des monastères de sa dépendance, qui ont formé un corps distinct et séparé, qu'on a toujours regardé comme un ordre particulier, qui a été une branche de celui de Saint-Benoît, comme aussi de ceux de Camaldule, de Vallombreuse, du Mont-Vierge, et plusieurs autres, qu'on doit regarder comme des ordres particuliers, par rapport à la diversité des observances et de l'habillement, quoique les uns et les autres suivent la règle de saint Benoît.

Ce qui prouve constamment que saint Jean de Matera n'a point été disciple de saint Guillaume, et que son abbaye de Pulsano n'était point de l'ordre du Mont-Vierge, c'est que, dans la vie de ce saint, composée par un auteur contemporain, à la sollicitation même de saint Guillaume, qui lui survécut, il y est parlé de la règle de saint Benoît, qu'il faisait observer dans son monastère, comme on le conjecture par l'histoire suivante. L'auteur y parle d'un religieux qui, par ordre du prieur du monastère de Saint-Jacques, qui avait été aussi fondé par saint Jean de Matera, étant descendu dans un lieu souterrain pour y prendre du blé pour le besoin des frères, tomba dans une espèce d'évanouissement ou d'extase qui dura assez longtemps, pendant lequel il lui sembla qu'un ange le prit par la main, et que d'un autre côté le démon faisait ses efforts pour l'arracher des mains de l'ange, en disant qu'il lui appartenait, et qu'après plusieurs contestations entre eux, il fut enfin conduit au tribunal de Dieu, où, épouvanté de sa gloire et du nombre infini de saints qui l'accompagnaient, dans la crainte que le jugement ne lui fût pas favorable, il appela à son secours saint Jean de Matera, qui, ayant comparu et pris le parti de son religieux pour achever de confondre le démon qui lui soutenait qu'il n'avait jamais été des siens, puisqu'il était actuellement sous l'obéissance d'un prieur, le saint appela saint Benoît à témoin, le conjurant qu'il eût à dire s'il n'était pas vrai que dans sa règle il avait ordonné aux religieux d'obéir aux prieurs et aux doyens, de même qu'à l'abbé, à cause que l'abbé ne peut pas tout faire dans le monastère : *Surgat divus Benedictus et testimonium mihi reddat, qui Pater omnium dignoscitur esse monachorum, si non præcepit ipse in sua regula ut præpositis et decanis omnes monachi ut Patri obediant, quia non omnia quæ in monasterio aguntur, per abbatem fieri possunt.* Et parce que cet esprit infernal persistait à dire qu'il n'était pas son religieux, puisqu'il n'avait point de scapulaire ni aucune marque d'habit religieux : *Et quomodo tuus est monachus, cum scapulare non sit indutus, et monachi habitum super se nullum habeat ?* Le saint, s'adressant encore à saint Benoît le prit de rechef à témoin s'il n'avait pas accordé aux religieux pour le travail au lieu de scapulaire une autre sorte d'habit : *Et B. Joannes, iterum portenta manu ad B. Benedictum, ait, et testimonium ferat si ipse non concessit monachis ad opera manuum, ut fratres pro scapulare schema haberent.* Cette vision, à la vérité, est rapportée avec des circonstances peu capables d'attirer la créance des lecteurs ; mais ayant été écrite par un auteur contemporain de saint Jean de Matera, dont il avait été même disciple, elle fait connaître que ce saint avait établi dans le monastère de Pulsano et ceux de sa dépendance un institut différent de celui que saint Guillaume de Verceil avait établi au Mont-Vierge, puisque la règle de saint Benoît était observée dans les monastères de l'ordre de Pulsano du vivant même de saint Guillaume, et que ce ne fut qu'après sa mort qu'elle fut reçue dans son ordre, par les soins de Robert, troisième général, comme nous l'avons dit ailleurs (art. MONT-VIERGE, au IIe vol.), outre que saint Guillaume ne laissa rien par écrit à ses religieux, au lieu que saint Jean de Matera avait, au contraire, donné à ses religieux des constitutions avec la règle de saint Benoît. C'est pourquoi, dans la prose qui se dit à la messe le jour de la fête de saint Jean de Matera, il y est loué comme étant l'auteur d'une nouvelle règle.

Sed æternus ac immensus, Rex insuperabilis,
Terram, cœlum, ima, celsa, uti ineffabilis,
Qui abbatis Pulsanensis implevit præcordia,
Vivo fonte quo potaret subditorum agmina,
Quibus novam musto plenus promulgaret regulam.

L'on pourra peut-être objecter, sur ce que nous avons dit ci-dessus, que ce religieux n'avait point de scapulaire, que saint Benoît ordonne dans sa règle que les religieux aient un scapulaire pour le travail, et non pas un autre habit au lieu de scapulaire, comme nous venons de le voir dans le dernier témoignage que saint Jean de Matera exige de lui : ce qui est une contradiction suffisante pour faire douter que la règle de saint Benoît fût observée dans le monastère de Pulsano. Mais ce n'est pas une conséquence ; car il faut remarquer que dans l'ordre de Saint-Benoît on a souvent pris la culle pour le scapulaire, et le scapulaire pour la cuculle : c'est ce qui était déjà en pratique dès le VIIIe siècle, auquel temps vivait l'abbé Smaragde, qui, dans son commentaire sur la règle de saint Benoît, dit que l'on appelait *cappe* ou *chape* ce que saint Benoît appelait *cuculle*, et qu'ils nommaient *cuculle* ce que saint Benoît a appelé *le scapulaire pour le travail* : *Cucullam dicit ille (sanctus Benedictus) quod nos modo cappam dicimus ; quod vero ille dicit scapulare propter opera, hoc nos modo dicimus cucullam* (*In cap. 55 reg. sancti Bened.*). Ce que nous venons de dire suffira pour prouver l'existence de l'ordre de Pulsano : il est temps de parler de son fondateur.

Saint Jean naquit à Matera, ville de la Pouille, de parents illustres, que l'amour de la solitude lui fit abandonner pour se retirer dans une île qui est vis-à-vis Tarente, où, après s'être dépouillé de ses habits précieux, et avoir pris les plus vils qu'il pût trouver, il demeura quelque temps inconnu : ce fut inutilement que ses parents le cherchèrent, ils ne le reconnurent point sous ces méchants habits. Jean, se voyant délivré des poursuites que l'on faisait pour le chercher, se présenta à la porte d'un monastère qui était dans cette île, où il fut reçu pour garder les troupeaux. Il joignit à cette humilité une si grande mortification, que les religieux de cette abbaye, voyant que ce jeune homme condamnait par son abstinence la vie sensuelle qu'ils menaient, et ne pouvant l'obliger à manger de leurs mets délicieux qu'ils lui présentaient quelquefois, et qu'il méprisait leurs festins, soit par dépit, soit pour éprouver s'il le faisait par un esprit de mortification, lui refusèrent ce qu'ils avaient accoutumé de lui donner pour sa subsistance, même jusqu'à du pain.

Il quitta cette île, et s'étant mis sur une petite barque qui se trouva sur le bord de la mer, il arriva en Calabre, où il redoubla ses jeûnes et ses abstinences, ne mangeant que de deux jours l'un ; et quelquefois il restait trois ou quatre jours sans manger. De là il passa en Sicile, où il demeura l'espace de deux ans dans un affreux désert, sans parler à personne, se contentant pour sa nourriture de figues sauvages et d'herbes amères, qu'il trouva dans cette solitude, y pratiquant des austérités incroyables. Il eut dans ce lieu de rudes combats à soutenir contre les démons, qui lui apparaissaient sous la forme de divers animaux ; mais ils se trouvèrent toujours vaincus, et furent contraints de le laisser en paix.

Dieu, qui voulait se servir de lui pour la conversion de plusieurs pécheurs, lui inspira de sortir de ce désert : il obéit à la voix du Seigneur, et alla à Génosa, dans la Pouille, où le tumulte de la guerre avait fait retirer ses parents. Il demeura pendant deux ans près de leur maison, et même quelque temps dans leur propre maison, sans qu'ils le reconnussent. Pendant cinq ans il ne mangea que des figues sauvages et des graines de myrte. Il garda pendant deux ans et demi un profond silence sans parler à personne ; et après ce temps-là, rempli de l'esprit de Dieu, il alla dans les places publiques pour prêcher contre les dérèglements du siècle. On ne vit jamais de prédicateur si rempli de sagesse, de science et d'éloquence. Il était l'admiration de tous ses auditeurs, et ses discours étaient si vifs et si touchants, que plusieurs personnes se convertirent et changèr nt leurs mœurs déréglées en une vie sainte et exemplaire.

On rapporte que, saint Pierre lui étant apparu et lui ayant commandé de rétablir une église dédiée en son nom proche Genosa, qui tombait en ruine, il engagea aussitôt plusieurs personnes à l'aider dans cette entreprise; que, les pierres et la chaux manquant aux ouvriers, il leur dit de fouiller dans un endroit qu'il leur indiqua; qu'ils obéirent et qu'ils en trouvèrent suffisamment pour finir leur ouvrage. Une découverte si miraculeuse devait sans doute lui attirer l'estime des hommes et le faire regarder comme un ami de Dieu; mais, par une secrète disposition de la divine sagesse, qui veut quelquefois éprouver ses saints, elle eut un effet tout contraire: car elle lui attira une persécution de la part de Robert, comte de Sicile, auprès duquel il fut faussement accusé d'avoir trouvé dans ce lieu un grand trésor. Il fut jeté dans une obscure prison, où il fut chargé de chaînes, qui, en se rompant miraculeusement, servirent à faire connaître son innocence et la malice de ses accusateurs. Il ne sortit pas pour cela de prison, quoiqu'il le pût faire facilement; mais enfin, ayant été averti par un ange d'en sortir, il passa au milieu des gardes sans qu'ils s'en aperçussent.

Jean, ayant rendu grâces à Dieu, résolut de quitter la Pouille et vint à Capoue, où, quelque temps après qu'il y fut arrivé, il reconnut par révélation divine qu'il devait retourner dans la Pouille et qu'il y gagnerait à Dieu un grand nombre de personnes de l'un et de l'autre sexe. Il retourna donc dans cette province, et alla trouver saint Guillaume, qui s'était retiré sur le Mont-Laceno, avec lequel il demeura quelque temps. Il voulut persuader à saint Guillaume de quitter ce lieu et de se séparer, prévoyant le fruit qu'ils devaient faire chacun de son côté; mais saint Guillaume n'ayant pas donné d'abord son sentiment, ils restèrent encore quelque temps en ce lieu, jusqu'à ce que Dieu, qui avait parlé à Guillaume par la bouche de son serviteur, lui déclara sa volonté par un signe si manifeste, qu'il lui ôta tout sujet d'en douter: car un jour qu'ils s'entretenaient ensemble des choses célestes, ils virent en un instant leurs cellules consumées par le feu. Un prodige si étonnant fit connaître à saint Guillaume le tort qu'il avait eu de ne pas suivre le conseil de saint Jean de Matera, et le fit enfin résoudre d'abandonner le Mont-Laceno pour aller avec lui sur celui de Cogno. Ils y restèrent encore quelque temps ensemble; mais saint Jean, poussé par un secret mouvement de la grâce, et animé d'un saint zèle pour la conversion du prochain, ayant pris congé de saint Guillaume, vint à Barry. Il y prêcha fortement et déclama contre les mœurs corrompues; mais, bien loin que ses discours fissent impression sur les esprits, on le regarda au contraire comme un hérétique, qui semait une mauvaise doctrine; et il fut déféré à l'archevêque. Le prince même en voulut prendre connaissance, et l'ayant fait interroger sur sa doctrine, il fut renvoyé absous du crime dont on l'accusait. Après avoir demeuré quelque temps dans un monastère, il alla au Mont-Gargan, où les habitants, par ses prières, obtinrent une grand abondance de pluie, dont la campagne, brûlée par la sécheresse, avait un extrême besoin; et à une lieue ou environ de cette ville, il jeta les fondements de l'abbaye de Pulsano. Il n'eut d'abord que cinq ou six disciples; mais en peu de temps le nombre s'augmenta jusqu'à cinquante. Il bâtit ensuite d'autres monastères en différents endroits. L'auteur de sa Vie n'a pas marqué quels étaient ces monastères, il s'est contenté de faire connaître qu'il y en avait plusieurs, en disant dans un endroit que le saint ayant connu, quoique absent, le péril où quelques-uns de ses religieux, qui demeuraient loin de son monastère, étaient exposés, de se laisser corrompre par un supérieur qu'il leur avait envoyé, et qui semait parmi eux une méchante doctrine, il alla les trouver, et rassura de telle sorte par sa présence les esprits chancelants, qu'ils ne purent être ébranlés, et restèrent attachés à la vérité. Il est aussi marqué dans un autre endroit qu'un bourgeois du Mont-Gargan, ayant usurpé une église proche Pulsano, touché de repentir, fit profession de cet ordre entre les mains du saint abbé, en lui faisant don de tous ses biens, et que le saint fit de cette église un monastère de religieuses. L'auteur ajoute qu'il y en avait aussi un autre, sous le titre de Saint-Barnabé, qui était aussi rempli de religieuses. Nous avons déjà parlé d'un autre pour des hommes, qui était dédié à l'apôtre saint Jacques. Ainsi la congrégation de Pulsano était composée de monastères de l'un et de l'autre sexe. Saint Jean gouverna cette congrégation jusqu'en l'an 1139, qu'il quitta la terre pour aller dans le ciel recevoir la récompense de ses travaux. Ce fut dans le monastère de Saint-Jacques qu'il mourut, le 20 juin. Ses religieux voulurent le porter à Pulsano; mais, quoique le temps fût fort serein, comme ils voulaient le mettre sur le chariot qui avait été préparé, il vint un si grand orage, mêlé de grêle, que personne n'osa sortir de l'église. Les religieux se ressouvinrent pour lors qu'il leur avait dit qu'il voulait être enterré dans cette église: ainsi ses dernières volontés furent exécutées.

Son chef fut depuis porté à Pulsano, où il est en grande vénération, et où il s'est fait beaucoup de miracles par l'intercession de ce saint et de plusieurs autres religieux de cette congrégation, qui y sont ensevelis, et auxquels on a donné le titre de bienheureux. Cette église fut consacrée par le pape Alexandre III: on ne sait point le temps qu'elle tomba en commende, mais les abbés commendataires y ont mis à leur volonté de temps en temps des religieux de différents ordres; et quoique l'abbé jouisse de plus de seize mille ducats de revenu, il n'y a présentement qu'un petit nombre de religieux Conventuels qui desservent cette église : ainsi l'ordre de Pulsano a été éteint et aboli, et afin d'en conserver la mémoire, les Continuateurs de Bollandus promettent d'insérer dans leur Supplément du mois de juin les bulles et les priviléges qui concernent cet ordre, s'ils en peuvent recouvrer.

Bollandus, tom. IV, *Junii die* 20.

PURIFICATION (Société des Vierges de la).

Des sociétés des Vierges de la Purification de la sainte Vierge à Arone, et des Vierges dites les Filles de la sainte Vierge à Crémone.

Arone, petite ville dans le Milanais, sur le lac Majeur, recommandable pour avoir donné naissance au grand saint Charles Borromée, qui naquit dans le château qui lui sert de défense, ayant été avantagée par ce saint cardinal d'un collége qu'il donna aux Pères de la compagnie de Jésus, pour y enseigner aux jeunes gens les sciences humaines, et les élever dans la piété et les bonnes mœurs, deux frères, bourgeois de la même ville, nommés Jean-Antoine, et Jean-Baptiste Séraphini, qui étaient mariés et n'avaient point d'enfants, se résolurent, à l'imitation de ce grand saint, d'employer leurs biens à la fondation d'une communauté de saintes vierges, qui auraient aussi le soin d'instruire les jeunes filles et de les élever jusqu'à ce qu'elles fussent en âge d'entrer en religion ou de s'engager dans le mariage. Ils communiquèrent leur dessein au P. Jean Mellini, pour lors recteur du collége des Jésuites de cette ville, et lui offrirent leur maison, le priant de vouloir travailler à cet établissement. Le P. Mellini accepta cette offre, et ayant assemblé, l'an 1590, dans la maison que les deux frères Séraphini avaient cédée, un nombre de filles qui voulurent s'engager à l'instruction des personnes de leur sexe, il leur dressa des constitutions tirées de celles de la compagnie de Jésus, qui furent approuvées par l'archevêque de Milan, et on donna à cette communauté le nom des Vierges de la Purification de la sainte Vierge. Elles sont au nombre de vingt-quatre. Elles font vœu de chasteté, et promettent de persévérer jusqu'à la mort dans la congrégation. Elles ne gardent point de clôture, enseignent les jeunes filles sans aucune rétribution, et prennent des pensionnaires. Leur habit est noir, elles ont un petit rabat semblable à celui que portent les ecclésiastiques en Italie avec des manchettes de même, et pour couvrir leur tête, un voile blanc qui se termine en pointe par derrière. Lorsqu'elles vont à l'église, elles portent un manteau qui leur enveloppe tout le corps, et l'on ne voit que la moitié de leur visage (1).

(1) *Voy.*, à la fin du vol., n° 55.

Le P. Mellini procura aussi à Crémone en Lombardie, l'an 1612, un autre établissement de vierges qui furent appelées les Filles de la sainte Vierge, auxquelles il prescrivit pareillement des constitutions. Ces filles sont au nombre de vingt-deux et huit sœurs converses, qu'elles appellent Ajutantes. Elles font deux vœux simples, l'un de chasteté, et l'autre de persévérance dans la congrégation jusqu'à la mort. Quoiqu'elles ne s'obligent pas à la pauvreté par vœu, elles n'ont rien néanmoins en propre. Elles prononcent leurs vœux après dix-huit mois d'épreuves, et les sœurs Ajutantes sont reçues à la profession après avoir demeuré pendant dix ans dans la congrégation. Elles unissent la vie active à la contemplative; c'est pourquoi, outre leurs exercices spirituels, elles instruisent de jeunes filles qui demeurent chez elles comme pensionnaires, et leur apprennent tous les ouvrages qui conviennent aux personnes de leur sexe. Quoiqu'elles ne soient point obligées à la clôture, elles ne sortent jamais que pour aller à l'église des Pères de la compagnie de Jésus, pour s'y confesser, communier et entendre la prédication, et pour lors elles vont deux à deux comme en procession. Elles ont tous les jours une heure d'oraison mentale, et récitent dans leur chapelle domestique l'office de la Vierge. Deux fois le jour elles font l'examen de conscience; tous les six mois elles renouvellent leurs vœux, et tous les ans elles font pendant huit jours les exercices spirituels de saint Ignace. Cette congrégation fut d'abord approuvée en 1612 par l'évêque de Crémone, Jean-Baptiste Brivio, qui la confirma encore l'an 1617, et lui accorda plusieurs priviléges, dont le principal fut celui de les exempter de la juridiction du curé de la paroisse, de sorte qu'elles satisfont au devoir pascal en recevant la communion dans leur propre chapelle, et n'ont pas besoin de recourir à la paroisse pour recevoir les derniers sacrements, qui leur sont administrés par leur confesseur. Leur habit est entièrement semblable à celui des Jésuites; elles ont seulement un bonnet blanc pour couvrir leur tête, et un voile noir qui se termine en pointe par derrière; et lorsqu'elles sortent, elles mettent un manteau qui leur couvre tout le corps, et ont sur la tête deux grands voiles noirs, l'un délié et l'autre plus épais (2). Les sœurs Ajutantes ne sont distinguées que par un voile blanc qui couvre leur tête. Les jeunes filles qui demeurent chez elles comme pensionnaires sont habillées de bleu lorsqu'elles vont avec elles à l'église, et édifient le peuple par leur modestie.

Philippe Bonanni, *Catalog. ord. relig.*, part. II, pag. 73, 74 et 86.

(2) *Voy.*, à la fin du vol., nos 56 et 57.

QUATRE-SAINTS-COURONNÉS (Religieuses du monastère des), à *Rome*.
Voy. Augustines.

QUEDLIMBOURG (Religieuses protestantes de).
Voy. Gandersheim.

R

RAISON (Chevaliers de la).
Voy. Bande.

RÉCOLLECTINES.

Des religieuses Pénitentes du tiers ordre de Saint-François, dites les Récollectines, avec la Vie de la vénérable Mère Jeanne de Jésus, leur fondatrice.

Voici encore une réforme des religieuses du tiers ordre de Saint-François qui ont eu pour fondatrice la Mère Jeanne de Néerich, dite de *Jésus*. Elle naquit à Gand, de parents qui ne faisaient pas d'éclat dans le monde par leur naissance, mais qui vivaient dans la crainte de Dieu, et eurent soin d'inspirer ces mêmes sentiments à leur fille. A peine eut-elle atteint l'âge de discrétion que Dieu lui inspira le dessein de quitter le monde, et de se retirer dans un monastère pour se consacrer entièrement à son service. Elle fut reçue dans celui de Saint-Jacques, des religieuses du tiers ordre de Saint-François de la ville de Gand, qui étaient sous la juridiction des Récollets de la province de Flandre; et pendant son noviciat, elle jeta les fondements de l'édifice spirituel qu'elle prétendait élever, sur l'humilité, le mépris du monde et la mortification du corps et de l'esprit. L'année du noviciat étant expirée, elle fit profession avec beaucoup de zèle et de ferveur. Lorsqu'elle se vit engagée à Jésus-Christ par les vœux de la religion, se croyant obligée de travailler à sa perfection, elle commença par éviter la conversation des personnes séculières le plus qu'elle pouvait, et à ne sortir du monastère (où la clôture n'était pas pour lors observée) que lorsque l'obéissance l'y obligeait. Cette conduite plut à quelques-unes de ces religieuses, et elle sut si bien leur persuader les douceurs de la retraite, que plusieurs, à son exemple, se retiraient des vains entretiens du monde, préférant la solitude à toutes les visites que les autres faisaient fort fréquemment hors le monastère.

Ces bonnes dispositions que la Mère Jeanne de Néerich voyait dans ces religieuses, qui imitaient son zèle, lui faisaient souhaiter la clôture et la réforme de son monastère; mais elle se représentait en même temps tant d'obstacles à ce dessein, que, ne croyant pas pouvoir jamais réussir, elle se contentait de garder avec elles la retraite et les observances, autant que l'obéissance le lui permettait, et de souhaiter que les autres religieuses, à leur exemple, les embrassassent et s'y soumissent volontairement : néanmoins ce désir qu'elle avait d'y voir la clôture établie se fortifiant de jour en jour, elle en parla au P. Pierre Marchaut, pour lors custode de la province des Récollets de Flandre, et lecteur en théologie au couvent de Gand. Ce bon religieux ne donna pas d'abord dans son sentiment, et voulut éprouver pendant quelque temps si ce dessein venait du ciel. Il eut à cet effet plusieurs conférences avec elle, dans lesquelles ayant reconnu, par la ferveur de son zèle et par la disposition de plusieurs religieuses qui souhaitaient la même chose, que cette inspiration venait de Dieu, il promit d'employer tous ses soins pour procurer la clôture et la réforme de ce monastère. Il en parla au provincial et aux autres supérieurs de la province, qui, ayant délibéré sur les moyens de pouvoir y réussir, ordonnèrent que, pour le plus grand bien de ce monastère et pour un plus grand avancement de ces religieuses à la perfection de leur état, la clôture y serait établie, leur donnant la liberté d'élire une supérieure qui pût seconder leurs bons desseins.

Cette ordonnance y fut reçue diversement par la communauté, qui n'était pas d'un même sentiment sur cette affaire. Celles qui aimaient la retraite et qui regardaient la clôture qu'on voulait leur donner comme le véritable moyen de se délivrer d'une infinité de distractions que produisent les conversations avec les personnes du siècle, reçurent agréablement cette nouvelle. Mais les autres, au contraire, qui aimaient ces sortes de conversations et qui se plaisaient dans l'embarras du monde, murmurèrent hautement contre les supérieurs, principalement lorsqu'elles virent que la Mère Jeanne de Néerich avait été élue supérieure, et que son élection avait été confirmée par le provincial, avec ordre de sa part à toute la communauté de la reconnaître et de lui obéir. La présence du provincial et son autorité arrêtèrent pour lors les plaintes et les murmures des mécontentes ; mais lorsqu'il fut sorti, elles employèrent tous les moyens imaginables pour empêcher qu'on ne mit la clôture dans leur monastère. Elles firent solliciter leurs parents, leurs amis et les plus qualifiés de la ville. Des religieuses de quelques autres monastères, qui ne gardaient pas non plus la clôture, se joignirent à elles, tant pour défendre l'intérêt commun que pour insulter à la Mère Jeanne de Néerich et à celles qui l'appuyaient dans son dessein. Mais toutes ces tentatives ayant été inutiles pour faire changer de résolution au provincial, elles appelèrent de son ordonnance au général, qui renvoya la connaissance de cette affaire à son commissaire établi sur les provinces de

Flandre et d'Allemagne, qui était pour lors le P. André de Soto, Espagnol, confesseur de l'Infante Isabelle-Claire-Eugénie d'Autriche, gouvernante des Pays-Bas, avec ordre de se transporter sur les lieux pour terminer cette affaire; mais il fut impossible à ce commissaire de pacifier les esprits de celles qui ne voulaient pas entendre parler de clôture, de sorte que la Mère Jeanne de Néerich, préférant le bien de la paix à celui de la réforme, dont elle remit le soin entre les mains de Dieu, se démit de sa supériorité, et le commissaire rétablit l'ancienne supérieure, accordant aux religieuses de sortir comme auparavant, avec défense toutefois d'y contraindre la Mère de Néerich et celles qui voudraient comme elle garder la clôture.

Les religieuses qui s'étaient opposées à la clôture, se voyant ainsi triomphantes, se firent un plaisir, avec la supérieure, d'exercer la patience de la Mère Jeanne de Néerich, par des mépris, des reproches et des humiliations qu'elle reçut avec beaucoup de soumission et supporta avec autant de constance, regardant en tout la main de Dieu qui lui procurait toutes ces épreuves pour son salut, et afin de se les rendre plus faciles, elle s'éleva en esprit à la contemplation des souffrances du Sauveur, et se forma un petit chapelet de dévotion sur les mystères de sa Passion. Cette dévotion est passée depuis à toutes les maisons de religieuses Récollectines, qui la continuent tous les jours, en récitant à haute voix ce petit chapelet tous les matins dans le lieu de leur travail.

Malgré les décisions du commissaire, les mauvaises dispositions des religieuses peu zélées pour le bon ordre et l'avancement spirituel de leur âme, cette pieuse fondatrice ne perdit point pour cela courage ; au contraire elle excitait et animait ses compagnes à la persévérance, en leur disant que si son dessein était un ouvrage des hommes il se détruirait, mais que s'il venait de Dieu on ne pourrait l'empêcher, et qu'il le ferait réussir malgré les oppositions qu'on y apporterait. Sa confiance en Dieu et sa soumission à sa divine volonté ne furent pas sans récompense : car on connut bientôt que Dieu en était l'auteur par les moyens suivants, dont il se servit pour le faire réussir, contre toutes sortes d'apparences humaines.

La marquise de Malespine, Françoise de Gaure, qui demeurait à Bruxelles, ayant une maison à Limbourg assez commode pour servir à l'établissement de la nouvelle réforme, le P. Marchaut lui fit l'ouverture de ce dessein, et la pria d'être la fondatrice de la première maison de cette réforme, en donnant cette maison de Limbourg pour l'y établir. La marquise de Malespine, surprise de cette proposition, qui lui parut des plus extraordinaires, demanda du temps pour y songer, et consulta sur ce sujet quelques personnes de ses amies, qui, l'ayant détournée de contribuer à cette sainte œuvre, elle écrivit une lettre de refus qu'elle cacheta et laissa sur sa table, différant au lendemain pour l'envoyer ; mais Dieu, qui est le maître des cœurs et qui conduisait cette affaire, changea bientôt celui de cette dame, qui se sentit tout d'un coup si fortement touchée de l'esprit du Seigneur, qu'il lui semblait que Dieu lui reprochait sa dureté envers ces pauvres religieuses qu'il avait choisies pour être ses fidèles épouses. Ce reproche la suivait partout où elle allait et ne lui donnait aucun repos, jusqu'à ce qu'ayant pris la lettre elle la jeta au feu et en écrivit une autre, par laquelle elle leur témoigna qu'elle leur donnait volontiers sa maison de Limbourg : ce qui rendit le repos et la tranquillité à son âme.

Le P. Marchaut, qui s'était chargé du soin de cette nouvelle réforme, alla remercier la marquise au nom de ces religieuses, et le contrat de donation ayant été passé, il alla à Limbourg, où il fit dresser une chapelle dans la maison de cette marquise, qu'il mit en état de pouvoir y loger les religieuses ; il retourna ensuite à Gand, où il trouva la Mère Jeanne de Néerich et quatre autres, résolues d'aller demeurer dans ce nouveau monastère pour y vivre sous la réforme et les constitutions qu'il voudrait leur prescrire. Le jour de leur sortie de Gand fut fixé au 16 septembre 1623, et elles arrivèrent à Limbourg la veille de la fête de Saint-Matthieu. Le P. Marchaut dit le lendemain la messe dans la nouvelle chapelle, et mit la Mère Jeanne de Néerich en possession de cette maison, dont elle fut faite supérieure. La réputation de ces religieuses se répandit bientôt dans la ville et dans le duché de Limbourg ; plusieurs demoiselles se présentèrent pour être reçues dans leur compagnie, quelques-unes pour être religieuses, d'autres pour y demeurer comme pensionnaires, et en moins d'un an cette maison fut remplie d'un grand nombre de novices et de pensionnaires.

Le P. Marchaut laissa à ces religieuses la règle du tiers ordre de Saint-François, réformée par Léon X, qu'elles avaient vouée, à laquelle il ajouta de nouvelles constitutions, qui furent approuvées par une bulle d'Urbain VIII de l'an 1633. Ces religieuses ne possèdent ni rentes, ni maisons, ni terres, ni aucun autre fonds. Les parents de chaque religieuse s'obligent de donner par an cent florins au monastère par forme de pension viagère, ce qui leur sert à subsister avec ce qu'elles retirent de leur travail : tout est en commun, et aucune religieuse ne peut rien avoir en particulier.

Elles mangent de la viande trois fois la semaine, le dimanche, le mardi et le jeudi, à dîner seulement; elles gardent l'abstinence le lundi, le mercredi et le samedi, et elles jeûnent tous les vendredis de l'année. Elles observent trois carêmes : le premier depuis la fête de Saint-Martin jusqu'à Noël ; le second commence le lendemain de la fête de l'Epiphanie et dure quarante jours ; et le troisième est celui de l'Église universelle. Les heures de l'office divin, de l'oraison mentale, du travail commun et des autres exercices sont tellement ménagées, qu'elles sont deux heures de la nuit et quatre heures du jour à l'église, trois heures le matin et autant l'après-dînée au travail commun. Le reste du temps est employé au sommeil, aux repas et au travail particulier. Telles sont les principales observances de ces religieuses, qui leur furent données par le P. Marchaut.

Après que les cinq religieuses venues de Gand eurent été un an dans ce nouveau monastère, elles firent une nouvelle profession de la règle de saint François et des trois vœux essentiels, y ajoutant celui de clôture perpétuelle, et elles prirent le nom de *Récollectines*, tant pour faire connaître leur dépendance des Pères Récollets, que pour marquer l'esprit de la congrégation, qui est la récollection intérieure de toutes les puissances de l'âme dans les plaies du Sauveur du monde, dont elles portent la croix sur leurs scapulaires ; et afin de se mieux persuader le mépris et l'oubli qu'elles devaient faire des choses du siècle, elles quittèrent jusqu'au nom de leurs familles pour en prendre d'autres. La Mère Jeanne de Néerich prit celui de Jésus, comme celui qui convenait le plus aux dispositions de son cœur et de son amour pour ce Sauveur du genre humain.

Le nombre des religieuses augmentant de jour en jour à Limbourg, et le monastère n'étant plus suffisant pour les contenir toutes, la Mère Jeanne de Jésus songea à faire de nouveaux établissements. Le premier qui se présenta fut celui de Philippeville, entre la Sambre et la Meuse, où elles furent reçues, l'an 1626, par le baron de Courrière, qui en était gouverneur, et qui leur assigna une place pour y bâtir un monastère. Elles prirent possession de cette nouvelle maison le 6 septembre de la même année, et en peu de temps il fut rempli d'un très-grand nombre de filles et de veuves, qui, poussées de l'esprit de Dieu, voulurent embrasser la troisième règle de saint François dans cette réforme. Madame de Séhingen, Jeanne de Crohin, qui demeurait chez la baronne de Roly sa sœur, à une lieue de Philippeville, voulut être aussi de ce nombre, quoique son mari fût encore vivant : elle lui en demanda la permission, mais au lieu de seconder ses bonnes intentions, il la lui refusa en colère et avec mépris. Cette sainte dame, au lieu de se rebuter et de diminuer sa ferveur, ne fit que se confirmer dans son dessein, qu'elle communiqua à M. Wanderbugue, archevêque de Cambrai. Ce prélat, ayant reconnu que sa vocation venait de Dieu, persuada à M. Séhingen d'y donner son consentement, qu'il accorda enfin d'une manière qui édifia tout le monde : car il conduisit lui-même sa femme au monastère, et assista constamment à sa vêture et à sa profession, l'honorant et l'aimant tout le reste de sa vie, non comme son épouse, mais comme sa sœur. Cette dame y mena une vie si sainte et si édifiante, sous le nom de *Sœur Jeanne de Saint-Erasme*, qu'on dit qu'elle a mérité qu'on en ait donné au public la relation.

(1) *Voy.*, à la fin du vol., n° 58.

La réputation de ces religieuses s'augmentant, les sœurs Grises de Gand, qui étaient aussi du tiers ordre de Saint-François, prièrent la fondatrice de venir avec quelques religieuses pour établir chez elles la clôture et la réforme. Elle y alla avec deux compagnes ; et ayant satisfait au désir de ces bonnes religieuses, elle retourna à Philippeville : on lui demanda encore des religieuses pour faire d'autres établissements à Fontaine-l'Evêque, Couvin, Liége, Namur, Beaumont, Avesnes, Grammont, Strachem, Ruremonde, Aix-la-Chapelle, et plusieurs autres lieux : en sorte qu'elle eut la consolation, avant que de mourir, de voir treize monastères de sa réforme.

Pendant que cette sainte réformatrice faisait de si grands progrès, elle reçut ordre du provincial de quitter Philippeville et de retourner à Limbourg pour y continuer l'office de supérieure qu'elle y avait d'abord exercé. Il n'est pas possible d'exprimer l'affliction que cette nouvelle causa à ces religieuses de Philippeville. Elles fondaient en larmes, la conjurant de ne point abandonner ; mais comme elle était résolue d'obéir aux supérieurs, elle se disposa à partir, et pour consoler ses filles, elle leur dit que la sainte Vierge serait leur protectrice, et présiderait elle-même à leur monastère : ce que ces bonnes religieuses reçurent avec tant de simplicité, ou pour mieux dire avec tant de foi dans les paroles de leur Mère, qu'elles furent un temps considérable sans élire de supérieure, laissant une place au chœur, au réfectoire, dans la chambre du travail, et dans les autres lieux de la communauté, que l'on parsemait de fleurs, pour honorer cette reine des Anges, qu'elles reconnaissaient pour supérieure, et qui était leur protectrice dans le ciel.

La Mère Jeanne de Jésus arriva enfin à Limbourg, où elle fut reçue des religieuses de cette communauté avec autant de joie que celles de Philippeville avaient témoigné d'affliction en la quittant : ce fut ce monastère de Limbourg que Dieu lui avait choisi pour le lieu de son repos : car elle y mourut le 26 août de l'an 1648, étant âgée de soixante-onze ans. Sa réforme s'est étendue considérablement après sa mort en plusieurs lieux, et le monastère de Saint-Jacques de Gand, où elle avait pris l'habit de religion, et où elle avait tant souffert de persécutions, lorsqu'elle voulut y mettre la clôture, la reçut enfin aussi bien que la réforme.

Nous avons ci-devant parlé des principales observances de ces religieuses : quant à leur habillement, il consiste en une robe et un scapulaire de drap brun, et sur le scapulaire elles ont une croix de drap noir, avec la couronne d'épines, la lance et l'éponge passées en sautoir derrière la croix, au bras de laquelle il y a deux fouets attachés (1).

Comme le P. Marchaut a beaucoup travaillé pour l'établissement de cette réforme, et qu'il en a dressé les constitutions, il peut être regardé comme le fondateur des Récollectines : c'est pourquoi nous dirons ici deux mots à son sujet. Il était natif de Couvin, petite place entre Rocroi et Mariamon, au pays de Liége, et il prit l'habit chez les Pères Récollets de la province de Liége, laquelle a été divisée dans la suite en deux, dont l'une a retenu le nom de Liége, et l'autre a pris celui de Saint-Joseph, dans laquelle le P. Marchaut resta. Il enseigna la théologie pendant plusieurs années, et son mérite le fit passer par toutes les principales charges de son ordre, ayant été gardien, custode, provincial dans les deux provinces, et enfin commissaire général de la haute et basse Allemagne. Il mourut au couvent de Gand, le 11 novembre 1661, étant âgé de soixante-seize ans, dont il en avait passé soixante en religion.

Simon Mart. *Vie de la Mère Jeanne de Jésus, fondatrice des Récollectines*; et *Mémoires envoyés de Gand en 1706, par le R. P. Robert de Plobho Dinglemunsber, Récollet.*

RÉCOLLECTION.
Voy. BIRGITTINES.

RÉCOLLECTION, ou RÉCOLLETTES.

Des religieuses réformées de l'ordre de Citeaux en Espagne, dites de la Récollection *ou* Récollettes.

La réforme des religieuses de l'ordre de Citeaux en Espagne, appelées *Récollettes*, doit son commencement et son progrès au zèle et à la piété des abbesses du célèbre monastère de las Huelgas près Burgos, dont nous avons parlé ailleurs (art. CITEAUX EN ESPAGNE). Agnès Henriquez, qui avait été la première abbesse triennale de ce monastère en 1587, ayant été élue pour la seconde fois en 1596, apporta d'abord tous ses soins pour réformer celui de Péralès, qui était de sa dépendance et d'où l'observance régulière avait été entièrement bannie. Elle dispersa les religieuses en d'autres monastères, et en fit venir de plus zélées en leur place pour y rétablir la régularité. Elle conçut ensuite le dessein d'une nouvelle réforme, et obtint pour cet effet, au mois de septembre 1599, une bulle de Camille Cajétan, légat en Espagne du pape Clément VIII. Jeanne de Ayala, qui lui succéda quelques jours après dans la qualité d'abbesse de las Huelgas, poursuivit l'exécution de cette réforme, et fit venir pour ce sujet à Valladolid des religieuses, qu'elle tira des monastères de sa dépendance. Elle choisit pour cet effet celles qu'elle jugea les plus propres pour en supporter les austérités, et elle leur fit bâtir un monastère sous le titre de *Sainte-Anne*. Elle voulut qu'elles vécussent selon l'esprit primitif de Citeaux, et elle chargea les Pères Gaspard de Véda et Augustin Lopez, religieux de la Régulière-Observance d'Espagne, de travailler à leurs constitutions ; mais la mort l'ayant prévenue, elle ne put les faire accepter. Marie de Navarre, qui fut élue abbesse l'an 1601, transféra le monastère de Péralès à Valladolid dans celui de Sainte-Anne, en ayant obtenu la permission du pape Clément VIII la même année ; et elle fit approuver, l'an 1604, par Dominique Gymnasius, archevêque de Syponte, légat en Espagne du même Clément VIII, les constitutions qui avaient été dressées pour ces religieuses réformées. La même année, celles du monastère de Malaca, quoique soumises à l'évêque, voulurent vivre sous les mêmes observances, ayant demandé seulement ces constitutions, sans qu'on y envoyât des religieuses de Valladolid pour y introduire la réforme.

L'abbesse de las Huelgas, Françoise de Villa-Mizaria, qui succéda à Marie de Navarre, fit approuver ces mêmes constitutions par le pape Paul V, l'an 1606, et obtint du même pontife la permission de fonder d'autres monastères de cette réforme. Ce fut en vertu de cette permission que cette abbesse en fonda un à Tolède, y ayant envoyé, pour faire cet établissement, des religieuses de Valladolid.

Les autres abbesses de las Huelgas firent dans la suite d'autres fondations. Jeanne de Leyna fonda un monastère à Talavéra. Anne d'Autriche, fille du roi Philippe II, fit trois autres fondations : la première l'an 1615, à Briguéra, la seconde à Madrid l'an 1616, dont le monastère fut bâti par les libéralités du duc Duzeda, et la troisième à Consuégra l'an 1617, sous le gouvernement d'Anne-Marie Manriquia. Cette réforme passa dans les Indes, Dom Christophe de la Camara, évêque des Canaries, y ayant bâti un monastère pour ces religieuses. Catherine de Arellano et Zuniga, fille du comte d'Aguillar, fit un nouvel établissement à Casarubios, l'an 1634, y ayant envoyé des religieuses de Valladolid. Cette réforme a fait dans la suite de plus grands progrès.

Conformément à leurs constitutions, ces religieuses se lèvent à deux heures après minuit pour aller à Matines ; à cinq heures, elles font l'oraison mentale jusqu'à six, qu'elles chantent Prime. Après Vêpres elles ont encore une heure d'oraison mentale. Elles prennent la discipline tous les mercredis et vendredis de l'année, et encore le lundi pendant l'Avent et le Carême. Elles observent une exacte pauvreté, n'étant permis à aucune religieuse d'avoir des pensions, et tout doit être en commun. Leur habit doit être d'une étoffe grossière. Il leur est permis d'avoir des sandales au lieu de souliers. Elles observent l'abstinence perpétuelle de la viande, et l'usage du beurre et du laitage leur est interdit ; elles peuvent seulement manger des œufs les jours qui ne sont point jeûnes. Les infirmes peuvent manger de la viande ; mais à la dernière table au réfectoire, afin qu'elles puissent entendre la lecture. Elles jeûnent depuis la fête de l'Exaltation de la sainte croix jusqu'à Pâques, excepté les trois fêtes de Noël, et celles de la Circoncision et de l'Epiphanie. Le reste de l'année, elles jeûnent les mercredis, les vendredis et les samedis ; les jours qui ne sont point jeûnes elles ne doivent ni boire ni manger hors les heures du repas; l'usage du vin leur est aussi interdit, à moins que ce ne soit dans une très-grande nécessité. On leur donne à la collation, les jours de jeûnes de règle, une salade ou quelques fruits avec du pain; mais les jeûnes d'Eglise elles n'ont que du pain. Elles gardent un étroit silence depuis Complies jusqu'à Prime du jour suivant et depuis midi jusqu'à None. Elles gardent aussi un silence exact pendant le travail; et afin de n'avoir pas occasion de le rompre pendant ce temps-là, elles doivent travailler en particulier dans leur chambre; elles font seulement la lessive en commun, et si elles rompent le silence, elles prennent la discipline au réfectoire, et y mangent à terre au pain et à l'eau. Aucune religieuse ne peut entrer dans la chambre d'une autre, et les jours de communion elles n'ont aucune récréation. Nonobstant ces observances austères, il ne laisse pas d'y avoir parmi elles des filles distinguées par leur naissance et qui sont des premières maisons d'Espagne. Le nombre des religieuses de chaque monastère est fixé à vingt pour celles du chœur, et trois converses.

Ang. Manriq. *Annal. ord. Cister.*, tom. IV, *in serie abbatiss. abb. S. M. Regalis et Chrysostom.* Henriq., *Lilia Cister.*

RÉCOLLECTION (RELIGIEUX DE LA).
Voy. MERCI (*Religieux Déchaussés de la*).

RÉCOLLETTES.
Voy. CONCEPTION.

RÉCOLLETS.

Des Frères Mineurs de l'Etroite-Observance en France, appelés Récollets (1).

Quoique l'Etroite-Observance des Frères Mineurs eût commencé en Espagne dès l'an 1484 et eût passé en Italie dès l'an 1525, elle ne fut néanmoins introduite en France que l'an 1592; car, quoique le P. François-Gonzague, général de l'ordre, écrivant en 1582 au gardien du couvent de Cluys au diocèse de Bourges, lui donnât le titre de gardien des Réformés et Récollets de Saint-François de Cluys, parce que ce couvent avait servi de maison de récollection à quelques religieux de l'Observance qui s'y étaient retirés pour vivre dans une plus grande retraite et dans une plus grande perfection, et quoique plusieurs religieux fervents et zélés travaillassent dans le même temps à introduire dans leurs provinces une pareille réforme, cela ne produisit pas un grand effet jusqu'en l'année 1597, que celle des Récollets fut solidement établie dans le couvent de Nevers, où elle avait pris naissance le 27 janvier 1592, par l'autorité de Louis de Gonzague, duc de Nevers, qui pour cet effet avait obtenu la même année un bref du pape Sixte V pour tirer ce couvent de la dépendance de la province de Touraine et l'incorporer à celle de France parisienne, et par la vigilance et fermeté de l'évêque de Nevers, qui, en exécution de bref, fit sortir du couvent de Nevers, le 27 janvier 1592, les Pères de l'Observance, pour mettre en leur place les Réformés d'Italie, que le duc de Nevers avait fait venir : ce qui fut approuvé par le général de l'ordre le 20 décembre 1593.

Ces réformés d'Italie restèrent dans le couvent de Nevers jusqu'en l'an 1597, qu'ils en sortirent à cause qu'étant étrangers ils ne pouvaient pas rendre service au peuple, qui n'entendait pas leur langue; et on leur substitua six ou sept religieux français qui y pratiquèrent les mêmes observances que ces réformés, et qui commencèrent dans ce couvent la réforme des Récollets. Deux ans après, l'an 1599, ils firent un nouvel établissement à Montargis ; et la même année, sur ce que quelques religieux de l'Observance les inquiétèrent, ils eurent recours au pape Clément VIII, qui, par un bref adressé au cardinal de Joyeuse, lui commanda d'affermir par autorité apostolique cette réforme, que cette Éminence, conformément aux ordres de ce pontife, confirma et autorisa, comme il paraît par ses lettres données à Toulouse le 2 juin 1600. L'année suivante, le même pape, par une bulle du 26 mars, confirma celles de ses prédécesseurs Clément VII et Grégoire XIII, données en faveur des Réformés d'Italie, y comprenant les Récollets de France, auxquels il prescrivit par cette même bulle la manière de recevoir les novices, d'instituer les prédicateurs et confesseurs, leur ordonnant que, dans les villes où ils auraient des couvents, ils ne pourraient aller loger chez les Observants. Sa Sainteté nomma, pour exécuter cette bulle, les archevêques de Lyon et de Tours, l'évêque de Paris et son nonce en France, et leur enjoignit de prendre la défense de ces religieux réformés contre les entreprises du général et des autres supérieurs de l'ordre qui voudraient les inquiéter. Comme le nombre de ceux qui embrassaient cette réforme augmentait tous les jours et que le nombre des couvents assignés par les Pères de l'Observance ne suffisait pas pour les recevoir, le P. Nathanaël, qui avait été nommé commissaire apostolique sur les Récollets de France, obtint encore, la même année 1601, un bref de Clément VIII, par lequel ce pontife commanda aux archevêques et évêques de France d'assigner aux Pères Récollets un ou deux couvents dans leurs diocèses, selon le nombre de leurs religieux, lorsqu'ils en seraient par eux requis, même hors le temps des chapitres provinciaux des Pères de l'Observance; il permit aussi à ces réformés d'accepter tous les lieux qui leur seraient offerts pour y faire de nouveaux établissements, et de les unir et incorporer à la plus prochaine custodie, qui n'avait pas été exprimée dans sa bulle du 26 mars. Ils firent, l'an 1602, un nouvel établissement à la Charité-sur-Loire; et en peu de temps cette réforme s'étendit à Metz, à Verdun, dans l'Anjou et en plusieurs autres provinces. On fit alors de tous les couvents de cette réforme trois custodies qui étaient dépendantes des

---

(1) *Voy.*, à la fin du vol., nos 59 et 60.

provinciaux de l'Observance des provinces de France parisienne et de Touraine pictavienne, auxquels tous les réformés, tant supérieurs qu'inférieurs, obéissaient en tout ce qui n'était pas contraire à leur réforme : ce qui dura jusqu'en l'an 1603, que ces trois custodies furent gouvernées par des custodes tirés de la réforme; et l'an 1612 on en fit une province sous le nom de Saint-Denis.

Ce fut la même année 1603 qu'ils obtinrent un établissement à Paris, au faubourg Saint-Martin, où un bourgeois de cette ville, nommé Jacques Cottart, et sa femme, Anne Grosselin, leur donnèrent une maison et un petit jardin; mais y étant incommodés à cause de sa petitesse, elle fut augmentée et amplifiée par M. Faure et Madeleine Brulart, son épouse, et plus particulièrement par la reine Marie de Médicis, qui se déclara fondatrice de ce couvent et protectrice de la réforme par ses lettres du mois de janvier 1603. Le roi Henri IV, son époux, favorisa beaucoup cette réforme. Dès l'an 1601 il avait défendu à tous ses sujets de molester les Récollets, et commanda à ses officiers de justice de leur prêter main-forte contre tous ceux qui voudraient entreprendre quelque chose contre leur réforme. L'an 1602 il les maintint, par un arrêt du conseil, dans la possession du couvent de la Beaumette, et ordonna à tous les archevêques et évêques de son royaume de lui donner avis des couvents que l'on pourrait donner aux Récollets dans leurs diocèses pour y établir leur réforme. Il leur permit en 1604 de s'établir en son royaume partout où ils le jugeraient à propos; et en 1606 il ordonna aux provinciaux de l'Observance d'assigner aux Récollets les couvents dont ils auraient besoin, selon le nombre des religieux qui voudraient embrasser la réforme; et en cas de refus ou de délai, que les archevêques et évêques assigneraient ces couvents, dans leurs diocèses et leurs provinces, aux lieux qu'ils trouveraient les plus commodes.

Les rois Louis XIII et Louis XIV ne se sont pas montrés moins affectionnés à cette réforme, qu'ils ont toujours protégée. Louis XIII posa la première pierre de leur couvent de Saint-Germain en Laye, qui fut achevé par les libéralités de ce prince et d'Anne d'Autriche, son épouse, qui en sont reconnus pour fondateurs; et Louis XIV les établit à Versailles l'an 1673. Ce prince ne se contenta pas de leur faire bâtir un couvent avec une magnificence royale, de fournir les vases sacrés, les ornements nécessaires à l'église et à la sacristie, tous les meubles et ustensiles nécessaires à l'usage des religieux, mais il promit aussi de donner tous les ans huit mille livres par aumône, pour la subsistance de vingt-cinq religieux, aussi longtemps qu'il le jugerait à propos, et que lorsqu'il ne continuerait plus cette aumône il leur serait permis de faire la quête, comme il est porté par ses lettres patentes données à Versailles au mois de décembre 1685. Sa Majesté ayant fait dresser le camp de Saint-Sébastien, proche Saint-Germain en Laye, pour y exercer ses troupes au nombre de trente mille hommes, fit venir vingt Récollets de la province de Saint-Denis, pour administrer les sacrements aux officiers et aux soldats durant le temps de ce campement : ce qu'ayant continué de faire depuis ce temps-là dans toutes les armées que le roi a eues, tant en Allemagne qu'en Flandre et en Hollande, en qualité d'aumôniers de Sa Majesté, ils présentèrent une supplique au pape Innocent XI, pour qu'il leur permît d'aller à cheval et de se servir de toutes les commodités dont ils auraient besoin sans enfreindre la règle, ce que ce pontife leur accorda par un bref de l'an 1685. Les Récollets de la même province passèrent dans le Canada l'an 1615, où ils ont quelques couvents. Ils entreprirent une autre mission l'an 1660, pour l'île de Madagascar, mais sans aucun effet, par la disgrâce qui arriva au vaisseau sur lequel les religieux destinés à cette entreprise s'étaient embarqués, qui, après un long combat avec des corsaires d'Alger, sauta enfin en l'air par le boulet d'un canon de ces infidèles, qui, ayant mis le feu aux poudres, ruina tous les projets de cette mission en faisant perdre la vie du corps à ces zélés missionnaires dans le temps qu'ils ne songeaient qu'à procurer celle de l'âme à ces pauvres peuples, qui étaient ensevelis dans la mort du péché et de l'idolâtrie. Les Récollets, tant de France que de Flandre, ont présentement douze provinces et une custodie en Lorraine.

Dominic. de Gubernatis, *Ord. Seraphic.* tom. II. Charles Rapine, *Histoire générale de l'origine, et progrès des Frères Mineurs Récollets.* Hyacinthe le Fèvre, *Histoire chronologique de la province des Récollets de Paris*

Non-seulement les Récollets passèrent au Canada, comme le dit le P. Hélyot, mais on pourrait les appeler fondateurs de l'Eglise de la Nouvelle-France. On peut voir l'histoire de leurs travaux évangéliques dans les *Mémoires* donnés par l'abbé de la Tour sur la vie de M. de Laval, premier évêque de Québec, qui fait voir aussi naïvement combien les Jésuites, qui leur succédèrent, l'emportèrent sur eux par leurs moyens et leurs succès.

Comme tout l'ordre de Saint-François en général, et surtout ses différentes réformes, les Récollets se sont distingués par leur soumission au saint-siége et aux décisions de l'Eglise. Ils ont aussi préconisé la dévotion au *sacré cœur de Jésus*, et dès 1725 ils obtinrent du pape une bulle pour en ériger la confrérie dans l'église de leur couvent, à Vitry-le-Français. Ils se montraient zélés à combattre le jansénisme et toutes les habitudes dangereuses qu'il entraînait, soit dans les retranchements exagérés de la communion, soit dans la récitation affectée de l'ordinaire de la messe, ou dans l'usage de certains livres dangereux, etc. Les novateurs ne leur pardonnèrent point ces dispositions et les *Nouvelles ecclésiastiques* (jansénistes), qui avaient tant d'éloges à consacrer soit aux Bénédictins de Saint-Maur, soit aux Oratoriens, n'avaient que des injures à donner aux Récollets. Aussi ne les épargnèrent-elles point durant tout le dernier siècle; elles leur reprochaient tantôt une thèse dédiée aux Jésuites, tantôt une thèse molinienne, tantôt une thèse soutenue sous la conduite de Dieu, *sous les auspices de sa sainte Mère conçue sans tache*, tantôt leur direction...., presque partout leurs prédications et ce qu'elles appelaient leur fanatisme. J'ai pris une sorte de complaisance à rappeler ces titres de gloire pour la réforme respectable des Récollets.

Cette corporation subit, comme les autres congrégations monastiques en France, l'influence malheureuse de la commission pour les réguliers, commission formée dans le plus mauvais esprit, composée de prélats qui avaient en vue toute autre chose que le bien de l'Église et la réforme des monastères; commission, au reste, dont j'ai déjà parlé et que je ferai connaître plus particulièrement.

Le 5 septembre 1770, il y eut, à Versailles, une congrégation ou assemblée nationale des Récollets de toutes les provinces du royaume, dans laquelle furent dressées de nouvelles constitutions, dont voici les dispositions principales.

Ces constitutions sont intitulées : *Constitutions générales*, et divisées en deux parties. La première contient quatre chapitres, subdivisés en sections, et traite en général du régime de l'*Observance*. Elle règle avant tout la manière de tenir les chapitres généraux, qui se feront par convocations ou lettres spéciales; et les chapitres provinciaux, qui se renouvelleront tous les trois ans et dans lesquels se feront les élections pour les obédiences de gardien, de vicaire, de maître de novices, de lecteur (professeur) de philosophie ou de théologie, etc. Elle règle ensuite les attributions du provincial, des gardiens; la translation des religieux d'une maison à une autre maison, translation qui devait, pour les obédiences imposées, se faire aussitôt après le chapitre provincial, et qui, dans un autre temps ou en d'autres circonstances, ne se faisait que par l'autorisation des supérieurs. La translation d'une province à l'autre ne se faisait que par la permission du chapitre provincial, et privait l'individu, qui devait être ainsi incorporé ailleurs, de voix active et passive pendant quatre ans avant son agrégation définitive. Une section du second chapitre prescrivait de garder, dans un couvent central de chaque province, les archives, composées des chroniques, des registres, etc. La révolution française est venue anéantir tout ce qu'il y avait là d'avantageux pour l'histoire et la littérature ecclésiastique! Elle règle également ce qui concerne les bibliothèques et les couvents destinés à servir de noviciat, la manière d'admettre les postulants à la vêture et à la profession. Quoique la règle de saint François réserve au général et au provincial l'admission des postulants, l'usage avait dévolu cette admission (en vertu d'une autorisation provinciale) aux PP. gardiens des maisons de noviciat, qui en traitaient avec les *Discrets*. Les nouvelles constitutions admettent et consacrent cet usage, et règlent les conditions d'admission. Elles sont les mêmes que dans la plupart des autres instituts, mais je ne croyais pas y trouver comme empêchement l'inconvénient d'être né hors mariage légitime, ou d'avoir porté l'habit d'un autre ordre. Au reste, dans ces deux cas, le provincial pouvait donner dispense. Les premiers huit jours, pendant lesquels le postulant gardait l'habit séculier, étaient employés par lui à faire sa confession générale, disposition toute contraire à ce qui se pratique dans la réforme de la Trappe, où il est défendu au postulant de commencer sa confession avant d'avoir pris l'habit religieux. Le noviciat devait durer un an, mais pas davantage, si ce n'était par exception. Enfin, la première partie règle ce qui concerne les dépenses, etc., les fonctions de prédicateur, de confesseur, et enjoint, suivant le décret du concile de Trente, de n'entendre pas même les confessions sans l'approbation épiscopale; les études littéraires, philosophiques et théologiques, de manière à favoriser l'émulation et le progrès. Il est défendu de publier un livre sans y mettre son nom et sans l'autorisation des supérieurs.

La seconde partie est partagée en cinq chapitres, subdivisés aussi en sections. Elle traite de la discipline régulière, et par conséquent de ce qui regarde les vœux, l'office divin, les autres exercices religieux; des habits; de l'emploi du temps; des fautes où l'on peut tomber et des remèdes à y apporter, etc. Le cinquième chapitre de la deuxième partie est seul donné en français; il y est traité de ce qui concerne les frères lais et les frères tiertiaires. Ces tiertiaires n'étaient pas des religieux du tiers ordre, mais des frères différents des frères convers par le costume, le temps de probation et les droits, mais non par les prières qu'ils devaient réciter comme ceux-ci, ni par les prérogatives de la perpétuité d'engagement et des avantages de la maison, qu'ils partageaient aussi avec les convers.

L'assemblée termina ses travaux le 24 septembre, et les constitutions furent approuvées et signées par le R. P. Tiburce Barat, commissaire général, et par trente-trois autres Pères, provinciaux, gardiens, anciens custodes ou anciens définiteurs, etc., députés. Au mois de décembre 1772, le R. P. Lorette, procureur général de la réforme, fit la demande de l'approbation auprès du souverain pontife, et par un bref daté du 3 avril 1773, Clément XIV approuva les constitutions, qui obtinrent aussi en leur faveur des *lettres patentes* de Louis XV, données le 14 mai de la même année et enregistrées au Parlement le 14 juillet suivant.

Ces constitutions, comme je l'ai dit ci-dessus, n'avaient été dressées que par l'exigence de la fameuse commission des Réguliers, laquelle amena l'édit, prétendu organisateur, donné par Louis XV. Les lettres patentes nous l'apprendraient au besoin, car elles disent expressément : *Les FF. Mineurs Récollets... nous ayant représenté que, conformément à notre édit du mois de mars 1768, le chapitre national dudit ordre,* etc. Ces constitutions pourtant respirent dans leur contenu une ferveur religieuse qui ne se ressent en rien de cette époque malheureuse, influencée par la philosophie. Les prescriptions sont les mêmes qu'elles auraient été deux siècles plus tôt : une heure d'oraison, la récital on de l'office de la sainte Vierge avec l'office canonial, l'obéissance passive des frères, etc. Et pour la pauvreté, qui est l'apanage et la gloire de l'ordre de Saint-François, on ne veut pas s'en écarter même en commun. Ainsi ces couvents n'accepteront pas même le legs d'une aumône annuelle ou gratuite, ou qui imposerait un titre onéreux, lequel ressemblerait à une possession. Si le novice fait une aumône volontaire à sa profession, on l'acceptera; mais, disent les constitutions, qu'on ne l'engage pas à tester en faveur du couvent, *Nemo præsumat professum inducere ad aliquid conventui elargi ndum.*

Les Récollets se sont toujours livrés au ministère de la prédication, et jusqu'à leur destruction en France, ils occupèrent les chaires chrétiennes, surtout dans les stations de l'Avent et du Carême. Les Récollets espagnols passèrent au Mexique dès l'an 1521, et plusieurs d'entre eux souffrirent le martyre. Jean de Humarragua, premier archevêque du Mexique, était de leur ordre, qui a fourni aussi quelques écrivains. Le meilleur biographe qui nous ait donné en français la vie de saint François d'Assise, le P. Candide Chalippe, était aussi de leur réforme; et il a, ainsi que leur Père Olivier Juveruay, occupé les meilleures chaires de Paris. L'ordre de Saint-François a la gloire de posséder le tombeau de Notre-Seigneur à Jérusalem et d'y faire l'office divin; c'est la réforme des Récollets qui a cet avantage. Le gardien qui y réside officie pontificalement; et ses religieux occupent encore plusieurs autres lieux de la Terre Sainte. Le célèbre et beau monastère qu'ils avaient au faubourg Saint-Martin, le seul qu'ils eussent dans la capitale, sert aujourd'hui d'hospice aux *Incurables-Hommes.* La bibliothèque de cette maison était composée de près de 30,000 volumes et possédait deux beaux globes de *Coronelli.* Il y avait dans l'église plusieurs beaux tableaux peints par le frère Luc, religieux de l'ordre, et plusieurs familles distinguées y avaient choisi leur sépulture. Au milieu du dernier siècle, la communauté y était composée de soixante religieux; peut-être comprenait-on les novices dans ce nombre. Les postulants donnaient 400 livres pour le prix de leur pension pendant le noviciat, 200 livres pour les dépenses de la prise d'habit et 200 livres pour autres frais. On a vu ci-dessus que le P. Hélyot disait qu'en France et en Flandre les Récollets avaient douze provinces et la custodie de Lorraine; l'auteur anonyme du *Dictionnaire historique portatif des ordres religieux* dit à son tour :

« Voici les noms de leurs principales provinces de France. La province de *Saint-Denis* est la première : elle contient vingt-un couvents et deux hospices, et environ quatre cents religieux. La seconde est celle de *Saint-Bernardin* de Provence, qui renferme trente couvents, et environ quatre cents religieux avec trois hospices. La troisième est celle de l'*Immaculée-Conception* d'Aquitaine ou de Guienne, qui comprend vingt-neuf maisons et un hospice, et environ quatre vingts religieux. La quatrième est celle de *Sainte-Marie-Madeleine,* en Anjou, dans laquelle il y a environ trois cent quatre-vingts religieux, dans dix-huit couvents. La cinquième est celle de *Saint-François* de Lyon, qui contient quatre cents religieux, dans trente couvents et deux hospices. La sixième est celle du *Saint-Sacrement* ou de Toulouse, érigée par une bulle du pape Urbain VIII, l'an 1635, et qui contient dix-neuf couvents, avec plus de trois cents religieux. La septième est la province de *Saint-Joseph,* autrefois nommée de *Saint-Yves* en Bretagne : elle a onze couvents et un hospice, et plus de cent-cinquante religieux. » C'est sans doute la province de Bretagne qui est désignée ici sous le nom de Saint-Joseph, dénomination qui avait disparu à l'époque de la suppression. A l'Assemblée nationale de 1770, je ne vois les signatures de députés que de onze provinces dont voici la nomenclature : 1° la province de Sain -Denis ; 2° la province de l'immaculée-Conception ; 3° la province de Bretagne (les Récollets n'avaient pas de couvent à Rennes, mais ils en avaient plusieurs dans le diocèse, par exemple à Saint-Malo, à Fougères, etc. Dans cette dernière ville, le couvent datait de l'année 1607 et n'avait plus que sept religieux au moment de la suppression; l'un d'eux prêta le serment constitutionnel qu'il rétracta avant de mourir); 4° la province de Saint-André ; 5° la province de Saint-Bernardin ; 6° la province de Sainte-Marie-Madeleine ; 7° la province de Saint-François; 8° la province du Saint-Sacrement; 9° la province de Saint-Antoine ; 10° la province de Saint-Nicolas; 11° la province de Saint-Pierre d'Alcantara. En Italie, où ces religieux sont appelés *gli Riformati,* ils y avaient autrefois plus de vingt-cinq provinces. On a fait quelques tentatives infructueuses pour rétablir les Récollets à Montbrison, en France. Pendant quelques années, à la fin du règne des Bourbons, on vit à Paris, dans une maison dépendante du séminaire du Saint-Esprit, des personnes revêtues de l'habit franciscain, et prenant le nom de Récollets, sous la direction de M. Tissot, connu encore aujourd'hui sous la dénomination de P. Hilarion, restaurateur des Frères de Saint-Jean-de-Dieu parmi nous. Cet établissement n'avait aucune forme, aucune consistance, et n'avait d'ailleurs aucune approbation, aucune liaison avec l'ordre de Saint-François. La révolution de juillet 1830 mit fin à ce projet, qui d'ailleurs n'aurait eu aucun succès. Les Récollets, depuis les troubles qui ont suivi la mort du roi Ferdinand VII, sont abolis en Espagne, où ils avaient donné autrefois tant d'édification. Ces religieux, toujours soumis au général des Observantins, ont actuellement pour procureur général à Rome le R. P. Ange da Loreto.

Dictionnaire historique portatif des ordres religieux, par M. C. M. D. P. D. S. J. D. M. E. G. — *Nouvelles ecclésiastiques*, passim. — *Tableau historique et pittoresque de Paris*, par M. de Saint-Victor, tome II, seconde partie. — *Mémoires sur la vie de M. de Laval* (par Latour). — *Le Cracos de Rome; Etat ou tableau de la ville de Paris*, 1762.

B-D-E.

RÉDEMPTEURS.

Des chevaliers de l'ordre du Rédempteur, ou du Sang Précieux de Jésus-Christ, au duché de Mantoue.

L'avantage que la ville de Mantoue a de posséder quelques gouttes du sang précieux de Notre-Seigneur Jésus-Christ, que l'on conserve dans l'église cathédrale, dédiée à saint André, donna lieu à Vincent de Gonzague, duc de Mantoue, d'instituer, l'an 1608, un ordre militaire sous le nom du Rédempteur ou du Sang Précieux de Jésus-Christ. Ce prince choisit le jour de la Pentecôte pour la cérémonie de l'institution de cet ordre, qu'il voulut faire avec beaucoup de pompe et de magnificence. Il reçut d'abord dans la chapelle de son palais, des mains du cardinal Ferdinand de Gonzague, son fils, l'habit et le collier de ce nouvel ordre; et en étant revêtu, il alla en grand cortège à l'église de Saint-André, où se trouvèrent ceux qu'il avait choisis pour être faits chevaliers, qui, chacun en particulier, avaient fait un écrit par lequel ils promirent d'observer exactement les statuts de l'ordre, dont la lecture leur avait été faite; d'être fidèles au duc et à ses successeurs, qui seraient chefs et grands maîtres de cet ordre; de porter toujours le collier et la médaille aux jours prescrits par les statuts; de le rendre en cas que pour quelques fautes ils en fussent privés, et d'obliger leurs héritiers de le renvoyer à Son Altesse ou au trésorier après leur mort, engageant pour cet effet tous leurs biens.

Le duc de Mantoue étant arrivé à l'église, et après qu'on eut adoré le saint Sacrement, on appela tous les candidats, chacun selon son rang et sa qualité. Ils furent reçus par le maître des cérémonies, et conduits par le héraut, et s'étant mis à genoux devant le prince, le premier s'étant présenté pour recevoir l'ordre, le chancelier lui dit: *Le duc notre maître, ayant égard à vos mérites et au zèle que vous avez pour la conservation de sa personne, a résolu de vous incorporer dans le très-noble ordre du Rédempteur; mais avant que de vous donner le collier, il vous demande si vous voulez vous engager par serment d'observer les instituts de l'ordre*. Le chevalier ayant répondu qu'il voulait faire le serment, le secrétaire présenta le livre des Évangiles au duc de Mantoue, et le chevalier ayant mis les mains dessus, le chancelier lui dit: *Jurez donc que vous défendrez de tout votre pouvoir la religion catholique, la dignité du pape, et Son Altesse, comme chef d'ordre, aussi bien que les autres chevaliers vos confrères; que vous les avertirez en cas qu'il se trouve quelque chose qui soit à leur préjudice; que vous défendrez l'honneur des dames, principalement des veuves, des orphelins et des pupilles; que vous assisterez au chapitre et aux solennités de l'ordre aux jours accoutumés, lorsque vous serez appelé et que vous ne serez point légitimement empêché; que dans ce chapitre vous direz tout ce qui peut contribuer à la conservation et à l'agrandissement de l'ordre; que dans ses solennités vous donnerez tout ce qui est prescrit par les statuts; que vous n'entreprendrez aucun voyage hors l'Italie sans en avoir donné connaissance au grand maître, et que vous entendrez tous les jours la messe, si vous le pouvez, et direz les prières prescrites par les statuts; qu'après votre mort, et au cas que vous soyez déclaré indigne de porter le collier de l'ordre par votre faute (ce qu'à Dieu ne plaise), vous le rendrez au grand maître; que vous accomplirez exactement tout ce qui est porté par les statuts, et qu'enfin vous serez un fidèle sujet de votre légitime souverain*. Le chevalier ayant dit: *Je le jure ainsi*, le chancelier donna l'épée nue au duc de Mantoue, qui en frappa le chevalier sur les épaules en forme de croix, en lui disant: *Que le Fils de Dieu, notre Rédempteur, vous fasse un bon chevalier*, et après qu'il lui eut fait baiser le pommeau de l'épée, le chevalier répondit: *Ainsi soit-il*. Le roi d'armes présenta ensuite le collier au duc, qui, l'ayant mis au cou du chevalier, lui dit: *Que notre Rédempteur vous accorde la grâce de porter ce collier pour son service, l'exaltation de la sainte Église et l'honneur de l'ordre, avec l'accroissement et la louange de vos mérites. Au nom du Père, du Fils, et du Saint-Esprit*. Le chevalier, s'étant levé, baisa la main du duc de Mantoue, et se mit à sa place. Les autres chevaliers furent reçus de la même manière.

Donnemondi, dans son *Histoire de Mantoue*, dit que ce prince obtint du pape Paul V la permission de faire vingt chevaliers, outre le grand maître, dont la dignité fut attachée à sa personne et à celle de ses successeurs, mais qu'il n'en fit dans cette première promotion que quatorze, qui furent François de Gonzague, son fils aîné, marié nouvellement avec Marguerite de Savoie; Jules César de Gonzague, prince du Saint-Empire et de Bozzolo, marquis de Gonzague et d'Ostiano, seigneur de Pomponesio; André de Gonzague, troisième fils de Dom Ferdinand de Gonzague, seigneur de Guastalla et prince du Saint Empire; Jérôme Adorne, marquis de Palavicino, comte de Silvano; Jourdain de Gonzague, prince du Saint-Empire et seigneur de Vescovato; le comte Alexandre Bevilaqua de Vérone; Charles Rossi, des comtes de Secondo, général des troupes de Mantoue; le comte Galéaz Canosse de Vérone, marquis de Caligniano; le marquis Frédéric de Gonzague, prince du Saint-Empire; François Brembat de Bergame; Jérôme Martinengo de Brescia; Patrice, Vénitien; Latin des Ursins, duc de Sélice; et Pyrrhe-Marie de Gonzague, marquis de Palazzuolo.

Le collier de cet ordre est composé de plusieurs cartouches d'or, dans quelques-uns desquels il y a des verges d'or dans des creusets sur le feu, et dans d'autres ces paroles : *Domine, probasti me.* Au bout du collier pend une ovale, où il y a un ostensoir soutenu par deux anges à genoux, et trois gouttes de sang dans l'ostensoir, avec ces paroles tout autour : *Nihil hoc triste recepto.* Les chevaliers portent ce collier aux jours marqués, sur l'habit de cérémonie, qui consiste en une robe de soie cramoisie, semée de creusets d'or en broderie; cette robe, ouverte par-devant, et traînant à terre, ayant de grandes manches bordées tout autour de plusieurs cartouches, de même qu'au collier, et attachée au cou par deux cordons d'or. Sous cette robe ils ont un pourpoint, et des chausses de toile d'argent, avec des bandes brodées d'or, et leurs bas sont aussi de soie cramoisie (1). Le duc de Mantoue créa aussi des officiers de cet ordre, savoir : un grand chancelier, dont l'office devait toujours être attaché à la dignité de primicier de l'église cathédrale; un maître des cérémonies; quatre rois d'armes ou hérauts; un trésorier et un porte-masse. Les ducs de Mantoue, de la maison de Gonzague, ont toujours été grands maîtres de cet ordre, jusqu'en l'an 1708, que Ferdinand-Charles de Gonzague étant mort sans enfants, l'empereur Joseph s'empara de ce duché, et les troupes allemandes y sont toujours restées jusqu'à présent, n'y ayant point eu de ducs particuliers; le temps fera connaître si ce duché sera restitué à ceux qui le doivent posséder légitimement, et s'ils maintiendront l'ordre du Rédempteur.

Hippolito Donnemondi, *Historia di Mantua.* Aubert le Mire, *Equit. Redempt. ord.* Favin, *Théâtre d'honneur et de chevalerie.* Bernard Giustiniani, *Hist. di tutti gli ord. m lit.* Mennenius, Herman et Schoonebeck, dans leurs *Histoires des ordres militaires.*

RÉDEMPTION DES CAPTIFS.
Voy. MERCI et TRINITAIRES.

RÉFORMÉS.
Voy. RIFORMATI.

RÉFORMÉS DE SAINT-BERNARD.
Voy. FEUILLANTS.

RÉFORMÉS DE SICILE.
Voy. AUGUSTINS, tom. I, col. 306.

REFUGE.
Des religieuses de l'ordre de Notre-Dame du Refuge, avec la Vie de la vénérable Mère Marie-Elisabeth de la Croix, leur fondatrice.

L'ordre de Notre-Dame du Refuge a été établi pour servir de retraite et d'asile aux filles et aux femmes pécheresses qui quittent volontairement leurs débauches, où dans la suite elles sont reçues à la profession religieuse si elles en ont la volonté et si l'on voit en elles les dispositions requises pour cela.

Il y a néanmoins de la différence entre ces congrégations-là et celle-ci, en ce que dans les premières on ne reçoit que des pénitentes pour être religieuses, et que dans celle du Refuge on reçoit aussi des filles d'honneur qu'on ne doit point confondre avec ces filles repenties ou pénitentes engagées à la profession religieuse dans le même ordre, comme font quelques-uns qui n'ont point connaissance, ni de leurs pratiques, ni de leurs règlements. Les autres congrégations établies pour la même fin sont gouvernées par des supérieures tirées de leurs corps, qu'une sincère et vraie pénitence et une longue expérience ont rendues dignes de ces emplois, comme il y en a quelques-unes en Italie et en Espagne. Les religieuses Madelonnettes à Paris empruntent des supérieures et des officières de quelques autres ordres, lesquelles sont toujours distinguées des pénitentes par leur habillement, qui est celui de l'ordre dont elles sortent et qu'elles ne quittent point. Mais dans celui du Refuge, quoique les filles d'honneur soient toujours choisies pour remplir les supériorités et les principaux offices, elles ne font avec les pénitentes qui sont religieuses qu'une même société; elles n'ont qu'un même esprit et un même cœur, elles sont entièrement conformes dans l'habillement et dans la manière de vivre, afin, par ce moyen, de gagner plus aisément à Dieu les pécheresses qui sont renfermées dans leurs monastères, et pour fortifier par leur exemple dans la pénitence celles qui sont religieuses et véritablement converties, faisant un vœu particulier de prendre soin des unes et des autres, et de ne consentir jamais que le nombre destiné pour les pénitentes, et qui doit composer les deux tiers de la communauté r. ligieuse, soit aucunement diminué. L'on doit en cela d'autant plus admirer la charité de ces saintes filles, qu'elle nous représente, en quelque manière, celle que Jésus-Christ a eue pour nous, lorsqu'il a pris la figure d'un pécheur pour nous délivrer de la servitude du péché.

Cette congrégation prit son origine à Nancy, capitale de Lorraine, l'an 1624, et reconnaît pour fondatrice la vénérable Mère Marie-Elisabeth de la Croix de Jésus, qui naquit à Remiremont dans le même duché, le 30 novembre 1592. Son père se nommait Jean Léonard de Ranfain, d'une ancienne noblesse de Remiremont, et sa mère Claude de Magnière. Elle fut leur fille unique, et en même temps fille de la Croix, qu'elle a portée en naissant aussi bien que son divin Maître. C'est de cette manière qu'elle a commencé sa vie, qu'elle pensa perdre aussitôt, par les maux qu'elle endura et qui furent si violents, qu'ils la réduisirent dans un danger évident de mort. Sa mère, qui était extrêmement malade de son accouchement, fut tellement occupée de ses douleurs, qu'elle

(1) *Voy.*, à la fin du vol., n° 61.

oublia même sa fille, et fut durant deux mois sans la demander, ni la voir, Dieu faisant connaître dès lors les desseins qu'il avait sur elle, la laissant dans l'oubli et l'abandon de sa propre mère, parce qu'il la voulait laisser d'une manière singulière à son aimable providence.

Comme il la destinait pour être l'exemple des souffrances de son siècle, il était nécessaire qu'elle s'y disposât de bonne heure; c'est pourquoi, dès ses premières années, elle ne pensait, elle ne respirait et ne soupirait qu'après les souffrances, et ne pouvant pleinement accomplir les désirs qu'elle avait de souffrir, au moins elle n'oublia rien de ce qui était en son pouvoir pour le faire. Toute jeune qu'elle était, elle portait trois fois la semaine le cilice, et de temps en temps elle prenait la discipline, avec des chaînes de fer, si rudement qu'elle en tombait en faiblesse, sans que cela pût arrêter l'impétuosité de ses ardeurs, ou la porter à la modération. Quoiqu'elle fût fort délicate et qu'une viande grossière lui renversât l'estomac, elle ne se nourrissait que de ces sortes de viandes, et elle ne prenait que celles qu'elle avait le plus en horreur. Enfin elle se mortifit tellement le goût, qu'elle le perdit, et qu'elle sortait souvent de table sans savoir ce qu'elle avait mangé.

Tant de pénitences et d'austérités, pratiquées dans un âge si tendre, la rendirent infirme, et lui causèrent des maux qui étonnaient ceux qui n'en savaient pas la cause, particulièrement son père et sa mère, qui, la regardant comme leur fille unique, l'aimaient tendrement, ce qui ne dura pas longtemps. Ils employèrent tous leurs soins à la bien traiter, et les remèdes qu'ils apportèrent pour la soulager furent inutiles. Sa mère prenait elle-même la peine de la coucher tous les soirs et d'accommoder son lit. Elle faisait tendre des tapisseries devant les fenêtres de sa chambre, de peur qu'il n'y entrât le moindre vent; mais lorsqu'elle s'était retirée, la petite Elisabeth se levait de ce lit préparé avec tant de soin, et se couchait à plate terre sur le plancher.

C'était de la sorte qu'elle châtiait son corps si délicat; et Dieu qui, dès ses premières années, en voulait faire une croix parfaite, permit encore aux créatures mortelles et aux démons de la persécuter. Ses compagnes lui imputaient des fautes qu'elle n'avait pas faites, et dont elle était châtiée; les démons la tourmentèrent visiblement, et la persécution domestique qu'elle endura lui fut d'autant plus sensible, qu'elle lui était suscitée par ses propres parents.

L'amour des pères et des mères à l'égard des enfants est si naturel, qu'ils les aiment même quoi qu'ils aient quelquefois des défauts qui les rendent insupportables à toutes autres personnes. Notre Elisabeth n'en avait aucun, elle avait toutes les qualités qu'on peut souhaiter. Elle était une des plus belles personnes de son temps. Elle avait l'esprit vif, pénétrant, accompagné d'un jugement solide, un naturel doux, obligeant, agréable, bienfaisant, pleine de reconnaissance pour les moindres choses. Elle faisait du bien à tout le monde et ne faisait jamais mal à personne. Elle était adroite à toutes sortes d'ouvrages. Elle avait la voix belle et chantait parfaitement bien. Toutes ces qualités la rendaient une personne accomplie: cependant elle devint l'objet de la haine et de l'aversion de ses parents, pour lesquels elle avait toujours eu beaucoup de respect et de soumission, lorsqu'ils virent qu'elle n'entrait pas dans le dessein qu'ils avaient de l'engager dans le monde par les liens du mariage, et qu'elle leur témoigna au contraire l'envie qu'elle avait de l'abandonner pour se retirer dans un monastère.

Sa mère lui ôta d'abord ses livres de dévotion et lui en donna d'autres à la place, pleins de l'esprit et de la vanité du siècle. Une dame mondaine se mit de la partie, et voulant favoriser l'inclination de la mère, elle conseilla à la fille d'acheter un excellent livre (à ce qu'elle disait) et qui lui donnerait beaucoup de satisfaction; mais c'était un pernicieux roman, que cette innocente fille trop crédule acheta. En ayant découvert le venin, elle en acheta d'autres de dévotion. Mais que ne fait pas une passion déréglée, lorsqu'elle possède une personne! Sa mère les prit et les brûla en sa présence, ne lui laissant que ce roman. Elle lui commanda même de quitter son confesseur, parce qu'il n'était pas du nombre de ceux qui veulent plaire aux hommes et qui entrent dans leurs sentiments par une lâche complaisance.

Voilà donc cette sainte fille privée des moyens les plus propres à son dessein. Sa mère ne s'en contenta pas, elle ajouta à la beauté naturelle tous les ajustements et les ornements qu'elle put inventer pour la rendre plus agréable au monde (elle était pour lors âgée de treize à quatorze ans); elle l'envoya chez une dame de ses amies, où se faisaient les assemblées du beau monde, pour lui en inspirer l'inclination; mais cette jeune demoiselle avait sans cesse recours à la bonté de Dieu, elle était toujours dans une continuelle défiance de soi-même dans la vue de sa faiblesse, et elle opposait au mauvais exemple qu'on lui donnait dans cette maison le jeûne, la prière, l'oraison et la fréquentation des sacrements.

Sa mère la fit revenir chez elle à quelque temps de là, pour employer des moyens plus violents, et qui ne furent pas moins inutiles, puisque notre Elisabeth était toujours ferme et immobile au milieu de tant de mouvements. Elle l'accablait d'injures sans que cette innocente brebis répondit un seul mot. Sa modestie et sa patience ne servirent au contraire qu'à allumer le feu de la colère de cette mère irritée, qui la chargeait de tant de coups, qu'elle la laissait quelquefois comme morte. Une fois elle la maltraita d'une si étrange manière, que, pour s'être trop échauffée à la battre, elle en garda deux mois le lit, ce qui donna un peu de relâche à cette innocente fille pour continuer plus librement ses dévotions; mais sa mère ayant recouvré ses forces, s'en servit pour lui donner de nouvelles afflictions. Elle commanda qu'on lui ôtât ses habits, et la fit revêtir de vieux haillons tout déchirés : en cet équipage elle la mena elle-même par les rues les plus fréquentées de la ville ; et pour lui faire plus de honte, elle s'arrêtait aux personnes qu'elle rencontrait et leur disait que sa fille était folle et avait perdu l'esprit. Ainsi exposée à la risée des hommes, elle s'estimait heureuse de participer aux anéantissements de son divin Maître, et ces mauvais traitements ne servaient qu'à augmenter sa constance.

Enfin ses père et mère résolurent de la forcer à entrer dans l'état du mariage dont elle avait horreur, et sans lui en parler, ils la promirent à M. Dubois, prévôt d'Arche, qui était un gentilhomme déjà âgé, veuf et chargé d'enfants, qui était en grande considération dans la province. Ils dressèrent les articles du mariage à l'insu de cette jeune demoiselle, après quoi ils lui firent des menaces étranges, et même de lui faire perdre la vie, si elle n'obéissait. Ils ne purent néanmoins tirer d'elle aucun consentement : elle ne parla que par ses larmes et s'enfuit dans sa chambre, persistant dans la résolution de vouloir être religieuse, et accablée de ces mauvais traitements, elle tomba malade.

Cependant le bruit de la violence qu'on lui faisait se répandit dans la province. Le gentilhomme à qui on l'avait promise la vint trouver pour savoir d'elle sa volonté, protestant de se déporter de sa recherche, sitôt qu'elle lui aurait fait connaître qu'elle n'y consentait point. Elle avoua de bonne foi que c'était contre son gré qu'on la voulait marier, que son cœur ne pouvait avoir aucune affection pour les créatures, et qu'elle ne voulait aimer que Dieu seul. Comme elle crut que ce gentilhomme lui avait parlé sincèrement, elle se trouva un peu consolée, et son mal se dissipa ; mais il ne l'avait fait que pour découvrir ses sentiments, et non pas pour s'y rendre. Son aveu sincère le mit en furie ; et la colère aurait éclaté, sans ses amis qui l'en empêchèrent. Il se contenta de presser son mariage, et on fit lever du lit cette pauvre fille, qui à peine pouvait se soutenir, pour la conduire à l'église. C'est ainsi qu'elle fut mariée.

Dieu a voulu la faire paraître dans toutes sortes d'états, comme un modèle parfait de la croix. La colère d'un père et d'une mère avait commencé à lui planter cette croix bien avant dans le cœur, durant sa jeunesse (dit l'historien de sa vie), mais elle fut élevée bien haut par l'humeur farouche d'un mari brutal, qui augmenta ses souffrances et qui s'étudiait même à en inventer de nouvelles. A peine fut-elle mariée qu'elle commença à en ressentir les effets, par le mépris qu'il fit d'elle ; car, quoiqu'elle fût une des plus belles femmes de son temps, comme nous avons déjà dit, et que sa douceur, sa modestie et ses autres vertus lui attirassent l'estime et la vénération de tout le monde, il caressait néanmoins d'autres femmes en sa présence pour lui faire de la peine. Il lui ôta la conduite de sa maison, et il donna les clefs de tout à des valets et à des servantes qui en faisaient une grande dissipation à la vue de cette illustre patiente.

Du mépris il passa à des injures atroces et indignes d'un honnête homme, et enfin sa colère dégénéra en une fureur qui le porta jusqu'à la battre et à la traiter cruellement. Il lui faisait faire quelquefois deux ou trois lieues à pied, malgré sa délicatesse, pendant qu'il était monté sur un bon cheval. D'autres fois, quoiqu'elle fût sur le point d'accoucher, il la faisait monter sur des chevaux indomptés, que lui-même n'eût pas osé essayer. Un jour qu'il faisait extrêmement froid, étant tous les deux en campagne et à cheval, il fallut passer une rivière assez rapide, et cet homme cruel était monté sur un cheval fort robuste, et il n'y avait rien à appréhender pour lui ; mais sa femme, n'ayant qu'un petit cheval, s'exposait à un péril évident en passant ainsi cette rivière. Il voulut néanmoins qu'elle la passât sur ce cheval. Elle obéit ; mais cet animal, n'ayant pu résister au courant de l'eau, fut entraîné assez loin, sans que ce mari impitoyable se mît en peine de secourir sa femme, qui aurait été noyée sans quelques paysans qui la retirèrent de l'eau. Toute mouillée qu'elle était, il ne voulut pas permettre qu'elle entrât dans une maison pour se sécher ; il fallut que, nonobstant le grand froid, elle continuât ainsi son voyage, qui était encore d'environ deux lieues.

Les domestiques, qui s'apercevaient de l'humeur de leur maître, se servaient de cette occasion pour donner de l'exercice à leur vertueuse maîtresse : aussi en souffrit-elle beaucoup ; mais surtout d'une belle-fille, dont les mauvais traitements allèrent à l'excès. Elle faisait mille faux rapports à son père, et n'oubliait rien pour animer contre sa femme et pour augmenter l'aversion qu'il avait pour elle. Parmi tous ces orages domestiques elle était paisible, toujours d'une douceur surprenante, toujours unie avec Dieu, qui était toute sa consolation : ce que le démon ne pouvant souffrir, il résolut d'ôter de la terre une vertu si admirable, qui faisait tant de peine à l'enfer et qui devait servir d'exemple merveilleux à la postérité, et il inspira à cette misérable fille d'exécuter son pernicieux dessein. Comme cette sainte femme était près d'aller en campagne, sa belle-fille mit du poison dans un bouillon qu'on lui préparait ; mais lorsque madame Dubois le voulut prendre, elle y eut de la répugnance, et elle sentit une horreur secrète qui la saisit et l'en empêcha. Cependant son mari lui commanda de le prendre, et pour lui obéir elle en prit la moitié. Elle monta ensuite à cheval, et à une demi-lieue de là, le poison commençant à avoir son effet, elle fut réduite à l'extrémité. Son mari, pour la consoler, lui reprocha sa délicatesse. Elle fit de grands efforts pour arriver au lieu où ils allaient, et elle n'eut pas plutôt mis pied à terre, qu'elle se jeta sur un lit, souffrant de grandes douleurs. Cet homme cruel, étant invité d'aller souper chez un de ses amis, voulut qu'en cet état elle lui tînt compagnie, ce qu'elle fit malgré toutes les coliques furieuses et les convulsions dont elle était travaillée ; mais à peine fut-elle à table, qu'il fallut la reporter à son logis, et en peu de temps on la vit réduite aux abois de la mort, dont elle fut préservée par un vomissement extraordinaire qu'elle eut durant la nuit. Ce ne fut pas la seule fois qu'elle fut empoisonnée ; mais il ne lui en arriva jamais aucun mal, par un effet tout particulier de la providence divine, qui la délivrait des piéges qu'on lui tendait.

Quoique les mauvais traitements qu'elle reçut de son mari passent l'imagination, elle ne s'en plaignait jamais. Jamais femme fortement passionnée pour un mari ne fut plus assidue à lui tenir compagnie et à lui rendre service. Elle le suivait partout, sans que les ardeurs de l'été et les plus grands froids l'en pussent empêcher, et quelque incommodité qui lui en dût arriver. Il était quelquefois cinq ou six mois au lit incommodé de la goutte ; elle ne le quittait point, et elle lui rendait tous les services d'une servante. Cependant il n'était pas content et il se plaignait continuellement de sa femme, ce qui faisait qu'elle redoublait ses respects, son amour et ses soins envers lui ; et cela servait aussi à augmenter sa douceur, sa paix et sa tranquillité. Elle avait pour lui une obéissance qui ne cédait en rien à celle qu'on peut remarquer dans ceux qui en ont fait vœu ; car non-seulement elle obéissait à ses volontés au moindre signe qu'il lui en donnait, mais elle tâchait de reconnaître à quoi il était porté, pour s'y rendre conforme ; et quoiqu'elle eût été portée à de grandes pénitences pendant qu'elle était fille, elle n'en faisait néanmoins aucune sans sa permission.

Mais la charité toute divine qu'elle a eue pour lui a éclaté d'une manière merveilleuse dans l'application qu'elle en a faite pour son véritable bien, et pour lui procurer une éternité bienheureuse. Elle pria tant pour lui, que ses prières furent exaucées : cet homme devint doux, pacifique, miséricordieux envers les pauvres, et après avoir donné des marques d'une véritable pénitence, il mourut au mois d'avril de l'an 1616.

Madame Dubois resta veuve, chargée de trois filles qui lui restaient de six enfants qu'elle avait eus avec son mari, qui lui laissa beaucoup de dettes par les grandes dépenses et par les pertes considérables qu'il avait faites. Sa plus grande peine fut de se voir en même temps abandonnée de ses plus proches parents et des personnes qui naturellement devaient l'assister. Son père même, qui avait aussi perdu sa femme depuis quelque temps, voulant se remarier, quoique fort au désavantage de ses enfants, la contraignit à lui céder le plus beau de son bien qui lui était échu par la succession de sa mère, et elle y consentit pour ne point encourir sa disgrâce. On lui conseilla de se remarier aussi ; elle n'avait rien diminué de sa beauté, elle n'était âgée que de vingt-trois ans : plusieurs bons partis se présentaient, on lui offrait de grands biens dans un état où elle était assez empêchée pour mettre ordre à ses affaires, on lui promettait toutes sortes d'avantages pour elle et ses enfants ; un grand seigneur la rechercha aussi en mariage, mais les biens et les honneurs ne la touchèrent pas ; au contraire, elle fit vœu de chasteté, elle quitta les habits qu'elle n'avait pris que par complaisance pour son mari, elle n'en porta plus de soie, mais seulement de laine ; et, se voyant libre, elle recommença ses veilles, ses jeûnes, ses austérités et se revêtit de la haire et du cilice.

Mais ce qu'elle avait souffert jusqu'alors n'était rien en comparaison de ce qu'elle eut encore à souffrir, et si la croix avait été plantée bien avant dans son cœur dès ses premières années (continue de dire l'écrivain de sa vie), si pendant son mariage elle y avait pris de nouveaux accroissements, elle fut dans sa dernière hauteur pendant sa viduité. Un médecin qui joignit à sa profession la magie, et qui pour ce sujet fut brûlé à Nancy le 7 avril 1622, avec une fille de Lorraine complice de ses crimes (avec cette différence qu'elle les avoua, et donna en mourant de grandes marques de repentance, ayant joint à la rigueur de la prison et à ses larmes de grandes austérités et beaucoup de mortifications, au lieu que le médecin mourut sans se vouloir confesser), ce méchant homme, dis-je, devint passionnément amoureux de notre sainte veuve, et comme il ne pouvait rien gagner par ses discours, il voulut triompher de sa chasteté par des maléfices. Ce fut le 20 février de l'an 1618 qu'il exécuta son pernicieux dessein. Elle était pour lors âgée de vingt-cinq ans, et veuve depuis vingt-deux mois. Comme elle était allée ce jour-là en dévotion au Saint-Mont, qui est une abbaye de Bénédictins proche de Remiremont, elle ressentit tout d'un coup les effets de ses maléfices ; son imagination se trouva remplie de pensées sales et honteuses, mais ayant eu recours à l'oraison, aux pénitences et à la fréquentation des sacrements, Dieu ne permit pas qu'elle succombât à la tentation, et elle éteignit par des torrents de larmes les feux qui l'embrasaient. Ce méchant homme, voyant que ses premiers maléfices pour se faire aimer avaient été inutiles, entra dans une telle rage et en si grande furie contre elle, qu'il employa la puissance des démons, par des maléfices redoublés, pour la tourmenter par des maladies extraordinaires et cruelles. Cependant on n'entendit jamais sortir de sa bouche la moindre parole d'impatience. Elle était toujours égale au milieu des excès de ses horribles souffrances, et était aussi paisible que dans une parfaite santé. Elle ne se lassait jamais de souffrir ; au contraire, elle priait Dieu sans cesse de la laisser toujours dans cet état tant qu'il lui plairait, et c'était pour elle une affliction, lorsqu'elle se trouvait guérie, même miraculeusement, de certaines maladies.

Enfin Dieu permit, pour l'éprouver davantage, qu'elle fût véritablement possédée. L'évêque de Toul, Jean des Porcelets de Maillane, apporta toute la diligence possible pour porter un véritable jugement de sa possession. Après avoir consulté les médecins, il prit l'avis de plusieurs théologiens, qui tous jugèrent qu'elle était possédée. Plusieurs évêques assistèrent aux exorcismes. Un religieux Bénédictin l'interrogea en allemand, qu'elle ne savait nullement, et elle lui répondit. On lui parla en italien, la même chose arriva. Un docteur considérable ui fit plusieurs questions en grec, elle y satisfit exactement, et lui fit même remarquer une faute en cette langue, qu'il avait faite par précipitation. Le P. de Sancy, de l'Oratoire, qui avait été ambassadeur pour le roi à Constantinople, et qui depuis a été évêque de Saint-Malo, lui fit plusieurs demandes en hébreu et lui commanda plusieurs choses auxquelles elle obéit. Elle a soutenu quelquefois pendant vingt-quatre heures des violences extraordinaires, étant élevée en haut avec une telle impétuosité, qu'à peine cinq ou six personnes des plus robustes la pouvaient retenir. Elle grimpait sur les arbres et allait de branche en branche avec la même facilité qu'on remarque dans les animaux les plus agiles.

Elle avait quelquefois de bons intervalles, pendant lesquels elle s'entretenait avec Dieu et vaquait à ses dévotions. Ce fut par l'avis de M. l'évêque de Toul, de M. Viardin, écolâtre de la primatiale de Nancy, et des PP. Cotton et Poiré, de la compagnie de Jésus, qu'elle entreprit des pèlerinages dans les lieux où la sainte Vierge veut être particulièrement honorée. Elle fut accompagnée d'un ecclésiastique d'une vertu singulière, de sa fille aînée, de deux servantes et de deux valets. Ces pèlerinages durèrent neuf mois, parce qu'on était quelquefois contraint de rester douze ou quinze jours dans un même lieu, pour l'y veiller à cause des tourments qui lui étaient causés par les malins esprits, qui enfin sortirent de son corps à la faveur de la Reine du ciel, dont elle avait principalement imploré l'intercession à Chartres et à Liesse. Ainsi elle fut entièrement délivrée, et comme elle devait être en butte à la contradiction, lorsqu'elle était possédée, on écrivit pour disputer sa possession; et lorsqu'elle fut délivrée, on fit paraître d'autres écrits pour prouver qu'elle était encore possédée.

Notre jeune veuve ne se vit pas plutôt en liberté, qu'en même temps elle prit la résolution de se rendre où Dieu l'avait appelée dès sa jeunesse. Elle jeta les yeux sur plusieurs communautés religieuses. Elle demanda d'être reçue dans le monastère de Sainte-Claire à Verdun; mais la divine providence, qui en voulait disposer autrement, permit qu'il survînt plusieurs difficultés qui empêchèrent que son dessein ne fût exécuté.

Elle demanda encore d'entrer dans une autre communauté, qui la souhaitait avec empressement, à cause de sa piété; il s'y rencontra encore d'autres obstacles. Elle était néanmoins destinée pour être religieuse, et non-seulement une excellente religieuse, mais encore la mère de plusieurs autres, et pour donner à l'Église un nouvel ordre qui serait d'une grande édification à tous les fidèles. Dieu lui fit connaître un jour quelle devait être la fin de cet institut, en lui faisant voir qu'il lui manquait quelque chose, qui était de ramener la brebis égarée; il lui sembla même qu'on lui en mettait une sur les épaules, et c'est ce qui l'obligea de faire vœu de prendre soin des filles et des femmes égarées dans le péché et qui voudraient se convertir.

Quelque temps après, l'occasion se trouva favorable pour accomplir son vœu. Ce fut l'an 1624 qu'étant à Nancy, où elle faisait son séjour depuis la mort de son mari, une demoiselle qui connaissait sa grande charité la vint trouver, et lui dit qu'elle avait rencontré dans un coin de rue deux filles débauchées auxquelles elle avait remontré le malheureux état où elles étaient; qu'elles avaient témoigné être dans le dessein de changer de vie, mais qu'elles y trouvaient de la difficulté, sur ce qu'elles n'avaient pas d'autres maisons de retraite que le lieu de leurs débauches. A ces paroles, le cœur de madame Dubois fut vivement touché, et elle s'écria : Ne faut-il pas que nous en rendions compte à Dieu? Il en faut prendre le soin. Elle pria cette demoiselle de les aller chercher, et les lui ayant amenées, elle les reçut avec des bontés tout extraordinaires, leur faisant donner à manger et les traitant avec beaucoup de douceur. Après cela, sans se mettre en peine de ce que le monde en dirait, et les humiliations qui lui en pourraient arriver, elle s'en chargea, se confiant en la divine Providence.

Le bruit s'en étant répandu, plusieurs autres la vinrent trouver, en sorte qu'en peu de temps elle se vit chargée de vingt de ces filles, dont elle prenait de très-grands soins avec une charité surprenante; car la plupart n'étaient couvertes que de méchants haillons sans coiffes ni souliers, ayant je ne sais quoi qui donnait de l'horreur; mais elle ne s'arrêtait pas à ces extérieurs, elle voyait en elles le sang de Jésus-Christ, et elle eût volontiers donné pour elles non-seulement ses soins et son bien, mais encore sa propre vie.

Quand ses affaires l'empêchaient d'être auprès de ces pauvres créatures, elle les faisait servir par ses trois filles, dont la plus âgée n'avait que quinze ans : l'une avait soin de leur apprêter leurs viandes, une autre les servait à table, et la troisième leur faisait la lecture. Le démon, qui prévoyait les grandes choses qui arriveraient de ces petits commencements, suscitait à la fondatrice des contradictions de tous côtés, par le moyen de plusieurs personnes qui murmuraient et trouvaient à redire à cette œuvre de charité; mais il ne put empêcher qu'il n'y en eût beaucoup d'autres, et même de distinction, qui ne la favorisassent.

L'évêque de Toul fut un des principaux qui en remarqua les grâces extraordinaires; c'est ce qui l'obligea d'encourager madame Dubois à continuer cette charité, donnant ordre au R. P. Poiré, de la compagnie de Jésus, de confesser ces filles et de leur faire des exhortations. Après la mort de ce prélat, son successeur, qui était de la maison de Lorraine, jugea à propos d'en faire une communauté religieuse, qui aurait pour fin de travailler à retirer les filles et les femmes débauchées qui voudraient abandonner le vice. Ce qui lui donna ce dessein furent les effets d'une miséricorde toute singulière que Dieu faisait paraître sur cette petite société. Cependant il ne voulut rien faire qu'après avoir pris l'avis d'un grand nombre de personnes illustres par leur mérite, par leur science et par leur probité. Ce qu'ayant fait, il fut ordonné que l'on choisirait un nombre de ces filles que le divin amour avait rendues, comme d'autres Madeleines, les amantes du Fils de Dieu; qu'on leur joindrait quelques filles d'honneur pour les gouverner, et que l'on garderait les autres filles dans la maison, qui y seraient comme filles réfugiées.

Celles qui furent choisies pour être religieuses en prirent l'habit, selon l'ordre de leur prélat, au nombre de treze, le 1er janvier 1631, dont il y en avait onze pour le chœur et deux converses. Du nombre des onze furent la fondatrice et ses trois filles. La Mère fut nommée Marie-Elisabeth de la Croix de Jésus; la fille ainée, Marie Paule de l'Incarnation, la seconde, Marie-Dorothée de la Sainte-Trinité, et la troisième, Marie-Colombe de Jésus. M. Viardin, docteur en théologie, écolâtre de la primatiale de Nancy, et auparavant vice-légat sous le cardinal de Lorraine, évêque de Metz et de Strasbourg, et légat du saint-siège, à qui cette congrégation est beaucoup redevable, en était pour lors supérieur et devait faire la cérémonie de donner l'habit à ces premières religieuses; mais comme il était pour lors malade de la maladie dont il mourut trois mois après, il ne put le faire; et ce fut le P. Poiré qui lui fut substitué.

On poursuivit ensuite en cour de Rome la confirmation de ce nouvel institut, et on dressa des constitutions que le pape Urbain VIII approuva, en confirmant cet ordre par une bulle qu'il accorda l'an 1634. Après quoi la Mère Elisabeth, accompagnée de ses trois filles, d'une de ses parentes et de dix autres, firent profession le premier jour de mai de la même année, entre les mains de M. Dallamont, abbé de Beaupré, neveu du cardinal de Lenoncourt, lequel était pour lors supérieur. Cette congrégation lui a encore de grandes obligations: il y était si fort attaché, qu'il fit vœu, le 8 septembre de la même année 1634, de la servir toute sa vie, de l'assister et de ne consentir jamais qu'elle fût altérée dans la forme de son gouvernement, ni en aucun des principaux points de son institut. Six autres personnes de considération se joignirent à lui pour le même sujet, et firent le même vœu, du nombre desquelles fut M. Renel, conseiller d'Etat du duc de Lorraine. Dans le même temps, une des sœurs de la Mère Marie-Elisabeth, que son père avait eue de son second mariage, prit aussi l'habit de cette congrégation, et fut appelée Marie-Angèle de la Croix.

Il y avait déjà un monastère à Nancy sous le nom de Sainte-Madeleine, où l'on renfermait par correction des filles et des femmes pécheresses, qui n'y étaient reçues qu'en payant pension, et les religieuses qui avaient la direction de ces créatures avaient été tirées du monastère des Filles Pénitentes de Paris, après que ce monastère eut été réformé par la Mère Marie Alvequin, comme nous l'avons dit ailleurs; mais lorsque la congrégation de Notre-Dame du Refuge fut établie, ses règlements furent trouvés si bons, que l'on jugea à propos, pour le bien de ce monastère de la Madeleine de Nancy, d'en donner le gouvernement aux religieuses du Refuge, ce qui fut exécuté; en sorte que toute la communauté de ce monastère passa à l'habitation de celle de Notre-Dame, en reçut l'habit et les constitutions par autorité du prince et de l'évêque, et cette bonne odeur se répandant ailleurs, plusieurs grandes villes ont souhaité d'avoir des maisons de cet institut.

La première qui en demanda fut celle d'Avignon. La Mère Marie-Elisabeth y alla avec sa fille ainée, la Mère Marie-Paule de l'Incarnation, étant aussi accompagnée de l'abbé Dallamont, leur supérieur; et y ayant réglé toutes choses pour l'établissement du nouveau monastère qui y fut fondé, elle en issa le soin à sa fille, qui fut établie supérieure. Elle retourna ensuite à Nancy, où, après avoir gouverné ses religieuses et ses filles réfugiées avec beaucoup de douceur et de charité, et leur avoir donné des exemples d'humilité, de patience, d'obéissance et de toutes les vertus, elle mourut le 14 janvier 1649, étant âgée de cinquante-six ans. Son corps fut trois jours exposé pour satisfaire à la dévotion du peuple, qui la regardait comme une sainte. On le mit ensuite dans un cercueil de plomb, et celui-ci dans un autre de bois, sous l'autel du chœur des religieuses. Son cœur fut porté au monastère d'Avignon, où il est gardé avec grande vénération dans une boîte d'argent. Son corps fut transporté, l'an 1652, en un autre endroit en grande cérémonie, et durant un long temps il exhala une odeur admirable. Enfin, l'an 1676, l'on a embelli ce tombeau de plusieurs peintures, et on l'a environné d'un balustre, avec une épitaphe de marbre noir qui contient l'éloge de cette bienheureuse fondatrice, et plusieurs personnes qui ont eu recours à son intercession en ont senti les effets.

Outre les monastères de Nancy et d'Avignon, cette congrégation en a encore d'autres, comme à Toulouse, à Rouen, à Arles, à Montpellier, à Dijon, à Besançon, au Puis à Nîmes et à Sainte-Roche. Elle est spécialement sous la protection de la sainte Vierge, refuge des pécheurs; mais elle reconnaît encore pour patrons saint Augustin et saint Ignace : le premier à cause que les religieuses professent sa règle, et le second à cause de leurs constitutions particulières, qui sont tirées en partie de celles de saint Ignace, et qui ont beaucoup de rapport à son esprit, outre que ce saint a témoigné dans Rome un zèle si généreux et si extraordinaire pour le dessein que cette congrégation a embrassé.

Trois sortes de personnes y sont reçues, comme nous avons déjà remarqué. Les plus considérables sont des personnes vertueuses et sans reproche, qui, par la profession religieuse et par vœu spécial, s'obligent au service des âmes pénitentes. Au second rang sont les pénitentes plus affectionnées au bien, et plus propres pour la religion, qui sont admises à la même profession que les premières, avec lesquelles elles ne font qu'une même communauté. Dans le troisième rang sont les filles ou femmes qui sont venues de leur bonne volonté et sans contrainte pour faire pénitence de leurs fautes, et qui, n'ayant pas les dispositions requises pour la vie religieuse, sont gouvernées par celles du premier rang en un quartier séparé. Elles ne diffèrent des religieuses que par la solennité des vœux et la sainteté de l'habit; elles ne forment toutes ensemble qu'une même maison et une même clôture; leurs règles et leurs constitutions ne forment qu'un même tout, sous le gouvernement de l'évêque et du supérieur, auquel les sœurs du Refuge sont sujettes comme les autres. De ces filles d'honneur, selon les constitutions de cet ordre, il n'en peut être reçu qu'un certain nombre, afin de laisser des places aux pénitentes, à qui cette congrégation tend particulièrement les bras; et de peur que, comme il est arrivé en quelques maisons qui avaient été établies pour le même sujet, les filles d'honneur n'occupassent à l'avenir insensiblement les places des pénitentes, chaque religieuse faisant profession, outre les autres vœux ordinaires, en fait encore un de ne consentir jamais que le nombre réservé aux pénitentes par les constitutions soit aucunement diminué.

Les mêmes constitutions ont jugé nécessaire d'admettre dans cette congrégation les filles vertueuses et sans reproche, pour remplir les supériorités et les principaux offices, à cause qu'il est plus aisé de rencontrer en ces sortes de personnes la discrétion, la droiture et les autres qualités requises au gouvernement et aux offices de la maison, et aussi afin qu'elles forment les autres par leur exemple, et les maintiennent dans la modestie et dans l'humilité dont elles se seraient plus aisément oubliées, étant toutes d'une même condition. Ces filles d'honneur étant incorporées par leur vocation à la même communauté, elles y sont plus utiles que si elles avaient été empruntées de quelque autre congrégation religieuse; car l'uniformité d'esprit les fait agir avec plus de douceur, et l'union de même corps leur donne plus d'affection et de courage au bien de la communauté de laquelle elles sont membres.

Il y a deux raisons qui empêchent la réception des pénitentes : la première, si, étant mariées, elles n'apportent pas le consentement de leurs maris ou l'acte de leur séparation par autorité de justice, ou bien si elles sont jugées dommageables aux autres, la prudence et la charité voulant que le bien particulier cède au bien public; la seconde vient de la pauvreté des maisons, qui ne peuvent et ne doivent, selon les constitutions, en recevoir un plus grand nombre que celui qu'elles peuvent entretenir, à moins que celles qui se présentent ne veuillent payer une pension raisonnable.

Quant à la manière d'élire les supérieures, elle ne se fait point par voie de suffrage, comme il se pratique dans la plupart des communautés religieuses, à cause que les pénitentes faisant les deux tiers de la communauté, et les filles d'honneur l'autre tiers, la plus grande partie des suffrages ne serait pas la plus saine, ni la plus raisonnable; et l'élection dépendant de la pluralité, les pénitentes en seraient toujours les maîtresses, comme étant en plus grand nombre : le gouvernement de la maison étant aussi entre leurs mains, les filles d'honneur en seraient exclues, et tout le règlement et le dessein de cette congrégation, qui s'appuie sur elles, serait renversé : c'est pourquoi les constitutions ont jugé à propos d'exclure cette forme d'élection par pluralité de suffrages, et ont déterminé que le pouvoir de nommer la supérieure et les principales officières serait entièrement entre les mains du supérieur particulier de la maison, qui doit être choisi par la supérieure en charge, et par le conseil, tant du dedans que du dehors de la maison, et présenté à l'évêque diocésain, qui doit approuver et confirmer ce supérieur, qui ne peut exercer sa charge sans cette approbation. Tout le gouvernement des monastères de cette congrégation se réduit à l'évêque, qui en sera le premier et principal supérieur; quand il le jugera à propos il fera la visite de la maison par soi-même ou par un autre qu'il commettra; la congrégation aura en chaque maison un supérieur sous l'évêque, dépendant de lui en toutes les fonctions de sa charge.

Personne, de quelque condition, sexe ou âge qu'il puisse être, ne sera admis dans la clôture, si ce n'est dans les cas portés dans le droit, et du consentement et approbation de l'évêque ou du supérieur.

Sitôt qu'une personne est entrée au Refuge, elle n'est plus appelée du nom de sa famille, mais d'un nom de saint ou de sainte qu'on lui aura donné; elle ne peut être appelée d'un autre nom que celui de sœur.

Les sœurs du Refuge ne sont jamais appelées aux grilles que pour parler avec le supérieur ou les directeurs de leur conscience, si ce n'est que la Mère, pour quelques nécessités très-urgentes, trouve qu'il fût nécessaire de le permettre : et cependant elles ne pourront jamais être vues des séculiers; mais la grille étant fermée, elles leur parleront brièvement, et la Mère présente, ou du moins la maîtresse, ou une autre religieuse.

Les personnes qui ont le plus contribué à l'établissement de cette congrégation, soit par leur libéralités et leurs charités, soit par leurs soins et leur crédit, sont le duc de Lorraine Charles IV, les cardinaux de Lorraine et de Bérulle, l'évêque de Toul Jean des Porcelets de Maillane, le sieur de Mauléon, vicaire général et official de Toul, le sieur Rose, archidiacre de Langres, et les sieurs Viardin, Dallamont et Renel, dont nous avons parlé ci-dessus. Ces trois derniers sont morts en odeur de sainteté, et les religieuses du monastère de Nancy, par reconnaissance des grandes charités que ces personnes ont faites à leur congrégation, ont eu soin de recueillir les principales actions de leurs vies, aussi bien que celles de leur fondatrice, de ses trois filles et d'un grand nombre de religieuses qui se sont distinguées dans cette congrégation par la sainteté de leur vie, que la R. M. Marie-Angèle, supérieure de Nancy, a bien voulu me communiquer en l'année 1702.

Ces religieuses sont habillées de serge brune tirant sur le roux, avec un scapulaire blanc. Au chœur et dans les cérémonies, elles mettent un manteau de la couleur de leur habit, et quelques-unes portent aussi un crucifix attaché sur leur robe du côté du cœur (1). Elles ont pour armes un nom de Jésus. Innocent XI leur permit de célébrer la fête de Notre-Dame du Refuge le 20 janvier, et en approuva un office propre. Il leur accorda aussi l'érection d'une confrérie, sous ce nom.

Nous avons déjà parlé des religieuses de Notre-Dame de Charité, dont le principal institut est d'avoir aussi le soin des filles et des femmes repenties; mais elles ne les admettent point à la profession religieuse, et quoiqu'il y ait dans plusieurs lieux des maisons sous le nom du Refuge, la plupart ne sont que des communautés séculières établies aussi pour le même sujet.

Mémoires communiqués par la Mère Angèle, supérieure de Nancy. Boudon, archidiacre d'Évreux, *Le Triomphe de la Croix, ou la Vie de la Mère Élisabeth de Jésus, et Déclaration de l'institut de la congrégation de Notre-Dame.*

RÉGULIERS DE LA MÈRE DE DIEU (CONGRÉGATION DES CLERCS).

De la congrégation des Clercs Réguliers de la Mère de Dieu de Lucques, avec la Vie du vénérable Père Jean Léonardi, leur fondateur.

Voici une congrégation de Clercs Réguliers dont la principale fin est d'enseigner la doctrine chrétienne, et qui ont eu pour fondateur le vénérable Père Jean Léonardi, qui, dans le temps que Dieu suscita à Rome, comme nous l'avons dit ailleurs (art. DOCTRINE CHRÉ-

(1) *Voy.*, à la fin du vol., n°s 62 et 63.

TIENNE, *en Italie*), des personnes pieuses pour s'employer gratuitement à l'instruction des jeunes gens et leur donner les premières teintures du christianisme, fut aussi inspiré de faire les mêmes fonctions à Lucques, ville et république d'Italie, dans le duché de Toscane. Il naquit à Décimo, bourg des dépendances de cette république, l'an 1581. Ses parents vivaient de leur bien, et eurent soin de cultiver les heureuses dispositions à la vertu qu'ils remarquèrent dans leur fils, qui dès ses plus tendres années ne fit rien paraître dans ses actions qui tint de l'enfance. Ils l'envoyèrent dans un autre bourg de la même république, appelé Villa-Basilica, pour y étudier sous un saint prêtre, qui en était curé, et avec lequel il fit plus de progrès dans la vie spirituelle que dans les sciences, et déjà il employait la plus grande partie du jour à la prière et à l'oraison, et mortifiait son corps par de grandes austérités.

Son père ne se souciant pas de l'avancer dans l'étude, et Léonardi ayant une obéissance aveugle et une grande soumission aux ordres de ses parents, alla, selon leur volonté, à Lucques, pour y apprendre la profession d'apothicaire, quoique, s'il eût suivi son inclination, il serait entré dans quelque maison religieuse pour s'y consacrer à Dieu; mais il ne laissa pas de mener chez son maître une vie très-retirée, qu'il accompagnait de beaucoup d'austérités. Ne croyant pas néanmoins satisfaire par ce moyen à l'ardent désir qu'il avait de se donner à Dieu, il se fit inscrire dans une confrérie semblable à celle que saint Jean Colombin avait établie à Sienne, et que pour ce sujet on appelait la confrérie des Colombins. Il ne quitta pas pour cela son maître, il demeura quelques années avec lui jusqu'à ce qu'il eût suffisamment appris sa profession, et il se retira ensuite chez un saint homme qui était comme le chef des Colombins, et chez lequel les confrères s'assemblaient pour faire leurs prières, leurs oraisons, leurs conférences spirituelles, et pourvoir aux nécessités de la compagnie. Ce chef des Colombins n'était qu'un pauvre artisan qui faisait des draps, et qui de son travail nourrissait une infinité de pauvres, de religieux et de pèlerins, auxquels sa maison servait d'hospice.

Ils menèrent d'abord une vie plus angélique qu'humaine, ce qui porta plusieurs de leurs confrères à suivre leur exemple en se retirant avec eux dans la même maison: il y eut même quelques-uns qui étaient distingués par leur naissance, comme le seigneur Bonviso Bonvisi, qui fut fait cardinal par le pape Clément VIII, et qui n'a pas été le seul de cette famille qui ait été revêtu de cette dignité.

Léonardi, après avoir demeuré dix ans dans cette société, aspirant à une plus grande perfection, voulut embrasser l'état religieux pour se séparer entièrement du monde et s'engager à Dieu par des vœux solennels. Il demanda d'être reçu dans l'ordre de Saint-François; mais Dieu, qui l'avait choisi pour être le fondateur d'une congrégation religieuse, permit qu'il se rencontrât des obstacles qui empêchèrent sa réception dans cet ordre, et par l'avis de son confesseur, il reprit ses études. Comme il n'en avait eu que de faibles teintures, il commença de nouveau par les premiers rudiments de la grammaire, et n'eut point de honte, à l'âge de vingt-sept ans, d'aller au collège et de se trouver dans les plus basses classes avec des enfants. Il fit en peu de temps de grands progrès dans les humanités et il étudia ensuite en philosophie et en théologie, à l'âge de trente ans. Il prit les ordres sacrés, ayant reçu le sous-diaconat, l'an 1570, et peu de temps après le diaconat. Au mois de décembre de l'année suivante, il fut promu à la prêtrise, et acheva ensuite son cours de théologie.

Plusieurs personnes de la ville, imitant son exemple, s'adonnèrent à la vie spirituelle; il y en eut quelques-uns qui furent ses premiers compagnons lorsqu'il commença sa congrégation. Les fêtes et les dimanches ils s'assemblaient dans le couvent de Saint-Romain, de l'ordre de Saint-Dominique, un religieux leur faisait des conférences spirituelles : il interrogeait les uns et les autres, et il était libre à un chacun, soit ecclésiastique, soit laïque, de dire son sentiment. Ces sortes de conférences attirèrent un si grand nombre de personnes, que, le lieu où ils s'assemblaient se trouvant trop petit pour pouvoir contenir tant de monde, on leur accorda l'oratoire de Chironcelle, proche l'église de ce couvent de Saint-Romain : ils y changèrent la méthode de leurs conférences, et il y fut résolu qu'à l'avenir il n'y aurait plus que les ecclésiastiques qui parleraient. Comme il y en avait peu, et que le nombre des laïques était plus grand, Léonardi se trouvait le plus souvent seul pour entretenir la compagnie; il était même en si grande estime, que, quoiqu'il n'eût alors que trente-trois ans, les ecclésiastiques d'un âge plus avancé qui s'y trouvaient quelquefois, lui déféraient l'honneur de faire les conférences.

Sur ces entrefaites, on lui donna la desserte de l'église de Saint-Jean *de la Magione*, qui était une commanderie de Malte, à condition qu'il y demeurerait, et qu'il aurait le soin du temporel de cette commanderie. Il ne laissait pas de se trouver toujours aux conférences spirituelles qui se tenaient dans l'oratoire de Chironcelle; mais comme plusieurs personnes qui étaient de ces conférences le vinrent trouver dans son église, il fut obligé d'y introduire les mêmes exercices, et afin d'attirer les jeunes gens à Dieu il y établit aussi des disputes de philosophie.

Son zèle ne se borna pas à ces sortes de personnes, il voulut encore étendre sa charité jusque sur les petits enfants. Il faisait assembler ceux de son voisinage pour leur enseigner le catéchisme, et l'évêque en ayant eu connaissance, non-seulement il approuva ces sortes d'assemblées, qui se faisaient dans l'église de Saint-Jean *de la Magione*, mais il permit encore à Léonardi d'aller avec quelques personnes, à son choix, dans les églises et les paroisses de la ville pour y enseigner aussi le catéchisme. Il s'acquitta de cet emploi avec joie, et il distribua dans ces églises les garçons et les filles en plusieurs classes, auxquels il assigna des maîtres et des maîtresses, et pour la commodité de ceux qui enseignaient, il fit imprimer un catéchisme, dont on se sert encore dans le diocèse de Lucques.

Léonardi ne pouvant suffire seul à tant d'occupations, Dieu lui envoya deux compagnons, qui furent Georges Arrighini et Jean-Baptiste Cioni, avec lesquels il jeta les premiers fondements de sa congrégation l'an 1574, et ils obtinrent une ancienne église de Notre-Dame de la Rose, avec une maison joignante qui leur fut donnée à louage pour neuf ans, ce qui ne se fit pas sans beaucoup de contradictions de la part de quelques personnes malintentionnées. A ces deux compagnons il y en eut deux autres qui se joignirent aussi peu de temps après, qui furent César et Jules Franciotti. Léonardi soumit d'abord cette petite famille sous l'obéissance et direction des religieux de l'ordre de Saint-Dominique, qui leur assignèrent deux religieux pour les gouverner et être leurs directeurs; mais ces religieux, ayant reconnu les grands talents du P. Léonardi, voulurent que, comme fondateur de cette congrégation il en fût aussi le supérieur.

Leur nombre s'étant augmenté, ils prièrent Léonardi de leur écrire des règles, afin que chacun sût ce qu'il devait observer; mais ce saint fondateur n'écrivit sur un papier que ce mot, *Obéissance*, qu'il fit attacher dans un lieu public, leur disant que c'était la règle qu'ils avaient demandée, et que pour le présent elle suffisait. Avec cette obéissance il leur demandait encore beaucoup de recueillement intérieur, l'assiduité à l'oraison, et une pauvreté exacte. Quoiqu'ils ne s'y engageassent point par vœu, tout était en commun parmi eux; personne ne possédait rien en propre, et pour les accoutumer à un entier renoncement à toutes choses, il leur commandait souvent de changer de chambre sans en rien emporter. Le silence était observé exactement à certaines heures, et toujours pendant le repas. Il leur faisait pratiquer l'humilité, les envoyant, avec des habits tout rapiécés, demander l'aumône par la ville. C'était là les moyens dont il se servait pour les conduire à la perfection; mais le principal était l'exemple qu'il donnait lui-même de toutes sortes de vertus qu'il pratiquait dans un degré éminent, principalement celle de l'humilité.

Après les avoir ainsi éprouvés, il les employa aux exercices qui regardaient le salut du prochain, qui était le principal institut de sa nouvelle congrégation. Pour les encourager, il s'appliqua à ces fonctions avec plus de ferveur qu'il n'avait fait jusqu'alors. Non content d'enseigner le catéchisme dans les églises de la ville, il allait encore dans les villages circonvoisins, afin que les gens de la campagne profitassent aussi de ses instructions, et afin d'exciter d'autres personnes à suivre son exemple, il fit ériger par l'évêque de Lucques une confraternité sous le titre de la Doctrine Chrétienne, dont l'obligation des confrères était de s'employer à enseigner aussi aux enfants le catéchisme.

La plupart des bourgeois de Lucques crurent que le P. Léonardi n'assemblait des jeunes gens avec lui que pour les élever dans la piété et leur apprendre les sciences humaines; mais lorsqu'ils entendirent parler de congrégation, de vocation, de retraite, ils appréhendèrent que leurs enfants ne s'engageassent avec ce saint fondateur. Les parents surtout de Cioni et des deux frères Franciotti, qui étaient des meilleures maisons de la république, firent tout leur possible pour les détacher du P. Léonardi et pour les obliger à l'abandonner; mais voyant que tous leurs efforts étaient inutiles, et qu'ils étaient dans la résolution de ne point abandonner la congrégation et d'y persévérer jusqu'à la mort, ils crurent les pouvoir contraindre à en sortir, en leur refusant les aliments et l'entretien qu'ils leur avaient donnés jusqu'alors, sachant bien que les biens que le fondateur avait eus de patrimoine n'étaient point suffisants pour les entretenir tous; mais il n'y en eut aucun qui se rebutât, et se voyant abandonnés de leurs proches, ils allèrent de porte en porte par la ville pour recevoir les aumônes des personnes charitables, ce qu'ils continuèrent pendant près de six ans.

Un orage plus furieux s'éleva à quelque temps de là contre cette congrégation naissante. La république voulait absolument chasser Léonardi et ses compagnons hors de ses terres, et la chose serait arrivée, si le sénateur Nicolas Narducci n'avait pris leur défense; il témoigna même dans la suite l'affection qu'il portait à cette congrégation; car étant mort dans le temps qu'il exerçait la charge de gonfalonier de cette république, il ne voulut point être enterré avec les marques de sa dignité; mais il ordonna qu'on l'ensevelit avec l'habit des frères lais de cette congrégation, et qu'on le mît dans la sépulture des Pères de cette même congrégation.

Toutes ces persécutions n'empêchaient pas le P. Léonardi de travailler avec un zèle infatigable au salut du prochain, et voyant que plusieurs filles de la ville, soit par pauvreté ou par la négligence de leurs parents, couraient risque de perdre leur chasteté, il obtint une maison qui avait autrefois appartenu à des religieuses, où il aborda il mit trois pauvres filles qu'il y entretint par les aumônes de quelques personnes charitables; mais le nombre des pauvres filles s'augmenta de telle sorte dans la suite, que l'on fut contraint de les transférer dans une maison plus ample et plus étendue, où elles commencèrent à pratiquer la vie régulière, ayant embrassé la troisième règle de saint François. Léonardi leur dressa des constitutions qui furent approuvées par l'évêque de Lucques, et l'an 1628, à la sollicitation du P. Dominique Tucci, qui était pour lors recteur général de la congrégation des Clercs Réguliers de la Mère de Dieu, elles obtinrent permission du pape Urbain VIII de faire des vœux solennels.

Après que Léonardi eut rendu un si bon service à sa patrie, il semblait que les habitants de Lucques ne dussent avoir pour lui que des sentiments de tendresse et de reconnaissance; mais tout au contraire ils renouvelèrent leurs persécutions contre ce saint fondateur et ses compagnons, et ils firent sortir de la congrégation un prêtre qui y était fort utile, y enseignant la théologie: ils empêchèrent même que les religieux de Saint-Dominique, auxquels Léonardi s'était adressé pour avoir un autre lecteur en théologie en la place de ce prêtre, ne leur en donnassent un, et non contents de cela, ils les obligèrent à abandonner Notre-Dame de la Rose, qu'ils n'avaient que par emprunt. Mais Dieu permit que dans le même temps le curé de Notre-Dame de *Cortelandini* à Lucques, cédât son église en faveur de la congrégation. Il y eut d'abord quelques difficultés entre le curé et les Pères, qui furent levées en peu de temps. La cure fut cédée sous le nom de Jean-Baptiste Cioni, et les Pères s'en mirent en possession l'an 1580. Cette affaire fut maniée si secrètement, que les bourgeois de Lucques ne surent rien de ce changement que lorsqu'ils virent les Pères en possession de cette cure.

Léonardi, voyant que, quoique sa congrégation fût considérablement augmentée, elle ne pouvait subsister si elle n'avait une maison en propre, demanda en cour de Rome l'union de cette cure à toute la congrégation, à quoi Jean-Baptiste Cioni, qui en était revêtu, consentit. Le pape Sixte V accorda cette union; mais il ordonna que ce ne serait qu'après que l'évêque de Lucques aurait érigé canoniquement cette congrégation, ce que prélat fit le 8 mars 1583, ayant donné à cette congrégation le titre de Clercs Séculiers de la Bienheureuse Vierge: il leur permit de dresser des constitutions, d'élire un supérieur, et de recevoir ceux qui se présenteraient pour entrer dans la congrégation.

Après cette approbation, ils tinrent leur premier chapitre la même année 1583, où le P. Léonardi fut élu premier supérieur, sous le nom de Recteur, que les supérieurs ont toujours pris dans la suite. Il proposa de dresser des constitutions pour le maintien de l'observance régulière dans leur congrégation. Il voulait que le chapitre les dressât, mais toute l'assemblée lui déféra cet honneur, comme au fondateur. Il y travailla donc, et après qu'elles eurent été achevées, il les présenta aux Pères de la congrégation, qui n'y voulurent rien changer, sinon qu'en ce qui regardait l'élection du supérieur, ils voulurent que le P. Léonardi fût toujours reconnu pour recteur et supérieur perpétuel de la congrégation, et elles furent ensuite approuvées par l'évêque de Lucques, en vertu du pouvoir que le pape lui en avait donné.

Ce saint fondateur fut obligé, quelque

temps après, d'aller à Rome pour des affaires concernant sa congrégation, et il fut obligé d'y demeurer presque toujours jusqu'à sa mort, afin que sa présence à Lucques n'excitât point de nouveau les esprits des Lucquois, qui avaient conçu une haine mortelle contre lui, et s'il fut obligé d'aller quelquefois à Lucques, il n'y resta pas longtemps, comme nous le dirons dans la suite. Dès le temps de son premier voyage à Rome, le sénat donna un décret qui portait que l'on procurerait que le P. Léonardi ne retournât point à Lucques, pour assurer le repos et la tranquillité de la ville; l'on mit même des gardes aux portes pour l'empêcher d'y entrer, et en effet, y étant venu, on le contraignit aussitôt d'en sortir et de retourner à Rome.

Mais tandis que dans son propre pays il était si peu considéré, l'on avait au contraire à Rome une très-grande estime pour lui, et on était si convaincu de la sainteté de sa vie, dont on avait fait une recherche particulière, que le pape l'envoya, en qualité de commissaire apostolique, à Naples, l'an 1592, pour terminer quelques différends qui étaient survenus au sujet de l'église de Notre-Dame de l'Arc, dont il lui donna l'administration. Etant de retour à Rome, et ayant rendu compte de sa commission, il songea à l'affermissement de sa congrégation. Pour ce sujet il ordonna aux Pères qui étaient à Lucques de revoir de nouveau les constitutions pour y faire les changements qu'ils jugeraient à propos, eu égard au temps présent. Il fit de même de son côté, et après s'être accordé avec les Pères de sa congrégation, il présenta ses constitutions au pape Clément VIII, qui les approuva, comme aussi la congrégation, à laquelle il accorda des privilèges, entre autres l'exemption de la juridiction des ordinaires, la soumettant immédiatement au saint-siège, par un bref du 13 octobre 1595.

Etant nécessaire qu'il allât après cela à Lucques pour les affaires de sa congrégation, les cardinaux Alexandrin et Aldobrandin écrivirent en sa faveur au sénat de Lucques, qui leur fit réponse que Léonardi pouvait venir. En effet il y fut reçu favorablement, mais après trois ou quatre mois de séjour qu'il avait fait en cette ville, il reçut un bref du pape, du 29 mars 1596, par lequel Sa Sainteté le nomma commissaire apostolique pour faire la réforme de l'ordre des moines du Mont-Vierge, ce qui nous donnera encore lieu de parler de ce saint fondateur, lorsque nous rapporterons l'origine de cet ordre, aussi bien que celui de Vallombreuse, qu'il réforma aussi l'an 1601.

Ayant fini la réforme de l'ordre du Mont-Vierge l'an 1597, et étant encore à Rome, il fut de nouveau élu recteur par les Pères de sa congrégation à Lucques; mais on n'eut pas plutôt su son élection dans la ville, qu'il se fit une émeute générale; on obligea les Pères à révoquer l'élection. On les regarda comme des ennemis de la patrie : on leur ôta les écoles, et à peine se trouvait-il quelqu'un qui leur voulût parler, non pas même l'évêque, qui avait toujours été leur protecteur, et qui ne voulait plus entendre parler d'eux depuis que le pape Clément VIII les avait soustraits de sa juridiction, et les avait soumis au saint-siège.

Léonardi ne songeait plus à retourner à Lucques; mais le pape voulut qu'il y allât pour visiter sa congrégation en qualité de visiteur apostolique : il obéit, et il lui fallut essuyer bien des difficultés pour pouvoir entrer dans la ville. Sur le refus qu'on lui avait fait d'y entrer, quoiqu'il n'en fût qu'à une lieue, il retourna sur ses pas pour se rendre à Rome, et il était arrivé à Sienne, lorsqu'il apprit que le sénat, sur les lettres qui lui avaient été écrites de la part du pape par le cardinal Aldobrandin, voulait bien lui permettre d'entrer dans Lucques. Il y alla donc et visita sa congrégation en qualité de visiteur apostolique, et entre les décrets qu'il fit, il ordonna qu'après l'année de noviciat on ferait trois vœux simples, de persévérance, de chasteté et d'obéissance. Quoique toute la ville fût soulevée contre la congrégation, cela n'empêcha pas Alexandre Bernardini, qui était archiprêtre de la cathédrale, de renoncer à toutes les prétentions du monde pour venir se joindre au P. Léonardi auquel il succéda dans la charge de recteur général.

Léonardi demeura cinq mois à Lucques, après lesquels il retourna à Rome, d'où il alla encore au Mont-Vierge pour mettre la dernière main à la réforme de cet ordre. Il resta à Aversa à son retour, pendant huit mois, où il gouverna ce diocèse en l'absence de l'évêque, qui l'avait fait son grand vicaire pendant ce temps-là. Il alla ensuite pour la troisième fois au Mont-Vierge pour y tenir le chapitre général de cet ordre, et étant retourné à Rome, il y obtint un établissement pour sa congrégation, et le pape lui accorda l'église de Sainte-Galle, dans laquelle on conservait une image miraculeuse de la sainte Vierge, honorée sous le nom de Notre-Dame *in Porticu*. Il alla encore, l'an 1601, par ordre du cardinal Justinien, protecteur de l'ordre de Vallombreuse, pour visiter les monastères de cet ordre et corriger les abus qui s'y étaient glissés. Il visita aussi, par ordre du grand-duc de Toscane, le Mont-Senaire, qui est le chef d'ordre des Servites. A son retour à Rome, on lui confia encore d'autres emplois; mais il ne négligeait pas pour cela sa congrégation, à laquelle il fit donner pour protecteur le Cardinal Baronius, qui, peu de temps après, fit Léonardi recteur général de sa congrégation. Cette protection du cardinal Baronius, et l'autorité qu'il avait donnée à Léonardi, en qualité de général, excitèrent de nouveaux troubles dans la ville de Lucques, et renouvelèrent la haine des habitants contre ce fondateur, qui tint le premier chapitre général de sa congrégation à Rome l'an 1603; on y reçut les constitutions qui avaient été de nouveau corrigées et augmentées en ce qui regardait l'office du général.

Comme par ces constitutions il était ordonné que le général ferait tous les ans en personne la visite des maisons de la congrégation, il alla à Lucques pour y visiter la maison de sa congrégation; mais ce ne fut qu'après que le sénat, à la sollicitation du pape, eut ordonné par un décret qu'il y pouvait venir. A peine y fut-il arrivé que le peuple se souleva encore contre lui, sur ce que quelques personnes malintentionnées avaient fait courir le bruit qu'il était envoyé par le pape pour établir à Lucques l'inquisition; mais le peuple ayant été persuadé du contraire, s'apaisa pour un peu de temps; il renouvela ensuite ses querelles contre Léonardi, sur ce qu'il avait consenti à un établissement à Sienne pour sa congrégation, les Siennois et les Lucquois n'étant pas pour lors en bonne intelligence : ainsi cet établissement échoua pour cette raison. Il tint un second chapitre général à Rome l'an 1608, après lequel il employa le peu de temps qui lui resta de vie à affermir de plus en plus sa congrégation; mais l'année 1609, il y eut une espèce de maladie contagieuse à Rome dont il fut attaqué et qui lui causa la mort, le 8 octobre, étant âgé de soixante-neuf ans. Il fut enterré dans l'église de Sainte-Galle; mais dans la suite son corps fut transféré dans l'église que les magistrats du peuple romain firent bâtir, l'an 1656, sous le pontificat d'Alexandre VII, avec beaucoup de magnificence, dans la place appelée *in Campitelli*, où l'on porta en grande cérémonie l'image miraculeuse de Notre-Dame *in Porticu*, qui a donné son nom à cette église : on l'accorda aux religieux de cette congrégation, qui quittèrent celle de Sainte-Galle.

Après la mort du P. Léonardi, sa congrégation fit d'autres établissements, comme à Naples, où ils ont deux maisons, aussi bien qu'en d'autres lieux. Paul V leur donna, l'an 1614, le soin des Ecoles-Pieuses de Rome, et voulut qu'à l'avenir leur congrégation s'appelât la congrégation des Clercs de la Mère de Dieu; mais lorsque le pape eut érigé une congrégation particulière pour avoir soin de ces écoles, comme nous dirons dans la suite, les clercs de la Mère de Dieu les abandonnèrent, l'an 16.7. Le même pontife, par un bref du 30 juillet 1615, leur permit d'ajouter le vœu de pauvreté aux trois vœux simples qu'ils faisaient. Par un autre bref de l'an 1619, il accorda aux supérieurs la permission de changer les constitutions, pour ce qui regardait seulement le vœu de pauvreté, sans toucher aux autres choses qui avaient été déjà approuvées; et enfin le pape Grégoire XV ordonna qu'ils feraient à l'avenir des vœux solennels, et approuva leur congrégation, comme régulière, par un bref du 3 novembre 1621.

Leur habillement est presque semblable à celui des Pères Jésuites (1), et ils ont pour armes une Assomption de Notre-Dame. Le P. Léonardi, par ses constitutions, les a obligés à réciter les litanies de la Vierge, tous les jours après le dîner. Ils jeûnent toutes les veilles de ses fêtes et renouvellent leurs vœux à celle de l'Assomption.

Voyez Ludovico Marracci, *Vita. del V. P. Giovani Leonardi.* César Franciott. *Vit. SS. quorum corp. in civitate Lucœ requiescunt.* Joseph. Matrar. *Hist. miracul. imag. S. M. in Port.* Augustin. Barb. *de Jur. eccles.*, lib. I, cap. 41, num. 102. Ascag. Tambur. *de Jur. abb.*, disp. 24, quæst. 8, num. 5. *Bull. Rom.* t. III, et Philip. Bonnani, *Catal. ord. relig.* p. 1.

Cette congrégation existe encore et a une maison à Rome. Le R. P. Michel Bertini en est recteur général. Elle a pour procureur général le P. Joseph-Marie Crescini.   B-D-E.

REMIREMONT (Chanoinesses séculières de) *en Lorraine.*

L'abbaye de Remiremont en Lorraine fut fondée l'an 620 par saint Romaric, qui était un riche seigneur d'Austrasie. Ayant été converti par saint Amé, religieux de l'abbaye de Luxeu, il se rendit aussi religieux au même lieu avec un grand nombre de ses esclaves. Il y porta une partie de ses biens et donna l'autre aux pauvres, n'ayant réservé qu'une terre peu considérable dans un lieu désert et inhabité, et où il n'y avait qu'un reste de vieux château nommé Habbond. C'était pour la convertir en usage de piété tel que celui qu'il en fit dans la suite en fondant l'abbaye qui a depuis porté son nom, ayant été appelée Romberg, ce qui parmi les Allemands veut dire montagne de Romaric, et parmi nous Remiremont, à cause qu'il fit bâtir cette abbaye sur la montagne, dans le château même d'Habbond.

Ce monastère fut d'abord double, l'un pour des filles, qui était le principal, et dont Mactefleide fut première abbesse; et l'autre pour des hommes, qui furent d'abord gouvernés par saint Amé, qui en fut premier abbé, et à qui saint Romaric succéda. Le zèle et la ferveur de ces religieuses étaient si grands dans les commencements, que plusieurs personnes de leur sexe, charmées de leur sainteté, abandonnèrent le siècle et firent un sacrifice à Dieu de leurs biens et des plus grands avantages de la fortune pour suivre Jésus-Christ dans la compagnie de ces saintes vierges : ainsi leur nombre s'étant beaucoup augmenté, saint Amé les partagea en sept bandes de douze chacune, et les disposa de telle sorte qu'elles fournissaient la nuit et le jour à l'office divin sans interruption. Il y a de l'apparence que chaque bande avait son oratoire particulier, parce que l'on voit encore à présent les vestiges de six oratoires sur cette montagne à laquelle l'on a donné le nom de *Sacré-Mont*; et le septième était sans doute au lieu où les Bénédictins ont leur monastère, qui leur a été cédé par des Chanoines Réguliers, qui l'ont occupé jusqu'en l'an 1623 : car trois cents ans après sa fondation, cette abbaye ayant été ruinée par les Huns ou Hongrois, et ensuite rétablie

---

(1) *Voy.*, à la fin du vol., n° 64.

dans la plaine par Louis IV, fils de l'empereur Arnoul, sur le rivage de la Moselle, au lieu où elle est présentement située, aussi bien que la ville de Remiremont, celui où elle avait été premièrement bâtie sur la montagne fut abandonné, et les Chanoines Réguliers s'y établirent dans la suite, et l'ont conservée jusqu'au temps qu'ils la cédèrent aux Bénédictins. Deux cents ans après ce rétablissement, l'abbaye cessa d'être double : on mit des prêtres séculiers au lieu de moines pour célébrer la sainte messe et administrer les sacrements aux religieuses, qui demeurèrent dans les observances régulières jusqu'à la fin du XV° siècle, qu'elles commencèrent à vivre avec beaucoup de licence, et vers l'an 1515 elles prirent le nom de Chanoinesses Séculières.

L'an 1613, le pape Paul V, voulant remédier aux abus qui s'étaient introduits dans cette abbaye, nomma des commissaires apostoliques pour y faire la visite, qui furent Guillaume, archevêque de Corinthe, suffragant de Besançon ; Jean, évêque de Toul, et Adam, évêque de Tripoli, suffragant de Strasbourg. Ils se transportèrent à Remiremont, en exécution de ce bref. Mais la doyenne et quelques autres Chanoinesses, s'apercevant que les commissaires avaient dessein de retrancher les abus qu'elles faisaient de leurs prébendes, en firent révoquer deux à Rome, qui furent l'archevêque de Corinthe et l'évêque de Toul. Le pape nomma en leur place l'évêque de Grenoble et l'évêque de Genève, qui était pour lors saint François de Sales. Elles récusèrent aussi ces prélats ; mais le pape, pour éviter de pareilles récusations, envoya la commission à l'évêque d'Adrie, son nonce en Suisse, pour se transporter à Remiremont, et y faire seul la visite de cette église et les réformes et règlements qu'il jugerait à propos, comme il est porté par le bref de ce pontife du 18 mars 1614. L'évêque d'Adrie exécuta sa commission, et fit un règlement qui contient cinquante-trois articles, qu'il prononça aux dames de Remiremont dans le chœur de leur église, le 10 juillet de la même année : il en commanda l'exécution sous peine d'excommunication, et ordonna à l'abbesse de veiller soigneusement à ce que ce règlement fût observé, lui donnant à cet effet tout pouvoir nécessaire.

L'abbesse, qui était pour lors la princesse Catherine de Lorraine, s'y soumit ; mais la doyenne et quelques Chanoinesses en interjetèrent appel : ce qui obligea le pape à établir une congrégation des cardinaux Mellini, Lancellotti et Suani, pour examiner et juger cet appel. A la réserve de quinze articles, qu'ils mirent en surséance, ils confirmèrent le règlement fait par l'évêque d'Adrie, et commirent l'évêque de Tripoli pour exécuter les articles qu'ils avaient confirmés. La doyenne et les Chanoinesses de son parti acceptèrent ce jugement en 1615. Elles reçurent l'évêque de Tripoli comme exécuteur du décret des cardinaux, et s'en rapportèrent au jugement de ce prélat pour les articles qui avaient été mis en surséance. Mais cet évêque s'étant contenté de donner, en 1616, une sentence arbitrale sur les articles mis en surséance, et d'accorder des délais pour l'exécution de ceux qui avaient été confirmés par les cardinaux, l'abbesse, qui n'était pas contente de ce délai, fit nommer, en 1617, les évêques de Toul et de Verdun à la place de l'évêque de Tripoli. Ces prélats s'excusèrent de recevoir cette commission, aussi bien que l'évêque de Châlons, qui fut nommé en 1618, et l'évêque de Dardanie, l'ayant acceptée en 1619, s'en déporta quelque temps après. Le pape Grégoire XV, ayant succédé au pape Paul V, nomma pour exécuteur des nouveaux articles du règlement de l'évêque d'Adrie l'archevêque de Corinthe, qui en fit le décret et la fulmination dans son palais de Besançon. Les Chanoinesses s'en plaignirent comme d'une surprise, et obtinrent en cour de Rome une nouvelle congrégation des cardinaux Mellini, Muti et Crescenzi, par-devant lesquels elles firent assigner, en 1623, la princesse Catherine de Lorraine, leur abbesse. Cette nouvelle congrégation confirma par une troisième sentence les mêmes articles du règlement de l'évêque d'Adrie, qui avaient été approuvés par la première congrégation, et décrétés par l'archevêque de Corinthe ; et pour éviter tous les obstacles que l'on apportait à la fulmination sur les lieux, les cardinaux la firent eux-mêmes à Rome, et en envoyèrent le procès-verbal exécutorial à Remiremont en 1625.

L'abbesse fit exécuter ces règlements malgré les résistances de son chapitre, et, quoique petite-fille de France, sœur et tante de trois souverains, elle fit profession solennelle, et prit l'habit de l'ordre de Saint-Benoît. Mais la guerre ayant écarté la plupart des Chanoinesses de Remiremont, l'observance des décrets ayant été négligée, son autorité n'étant plus suffisante pour les faire exécuter, et essuyant tous les jours des contradictions continuelles de la part de ces dames, elle quitta son abbaye pour venir à Paris, en 1643, auprès de la duchesse d'Orléans, sa nièce, où elle mourut l'an 1648.

Elisabeth d'Orléans lui ayant succédé, à l'âge de deux ans, et ayant été abbesse jusqu'en 1658, Marie-Anne de Lorraine ayant été aussi abbesse à l'âge de sept ans, et Dorothée, princesse de Salms, n'ayant que dix ans lorsqu'elle fut élue en 1661, les minorités de ces princesses et les guerres survenues en Lorraine empêchèrent l'exécution du règlement fait par l'évêque d'Adrie. Mais la princesse de Salms étant retournée à Remiremont, d'où elle s'était absentée pendant quelques années, à cause des guerres, proposa à son chapitre d'exécuter ce règlement, et sur le refus qui en fut fait par une délibération du chapitre, elle demanda au roi de France Louis XIV, qui était pour lors en possession du duché de Lorraine, la permission de s'adresser à Rome pour avoir un visiteur *in partibus*. Sa Majesté, voulant terminer les différends de ces dames à l'amiable, leur proposa M. l'archevêque de Paris,

François de Harlay de Chanvalon, et le P. de la Chaise, son confesseur, pour en être les médiateurs. Elle les acceptèrent, et leur envoyèrent leurs pouvoirs. Il y eut plusieurs écrits de part et d'autre, et enfin cette affaire fut terminée, par le moyen des nouveaux règlements qui furent proposés et acceptés en 1699.

Dans l'un des écrits qui furent produits de la part de ces chanoinesses, elles prétendaient que l'on n'avait jamais fait profession de la vie monastique dans leur abbaye. Mais la princesse Catherine de Lorraine était si persuadée du contraire, et que les abbesses de Remiremont sont obligées de faire des vœux solennels, qu'elle fit profession et prit l'habit de l'ordre de Saint-Benoît, comme nous l'avons dit ci-dessus.

La règle de saint Benoît n'a pas toujours été observée dans cette abbaye; car saint Romaric y fit garder la même qui s'observait à Luxeu, qui était celle de saint Colomban; mais peu de temps après, la règle de saint Benoît ayant été adoptée par les disciples de saint Colomban, elle fut aussi suivie à Remiremont, et les premiers commissaires qui avaient été nommés par le pape Paul V pour faire la visite de cette abbaye, en rendant compte à ce pontife de ce qu'ils avaient fait, ne parlent que de la règle de saint Benoît.

Ces prélats distinguent ce monastère en trois différents états : le premier depuis sa fondation jusqu'à la destruction des Huns; le deuxième depuis qu'il fut rétabli dans la plaine jusqu'à la fin du XIIIe siècle; et le troisième depuis ce temps-là jusqu'à la visite; et dans ces trois états ils disent que la règle de saint Benoît y était gardée; que dans le premier état il y avait deux maisons d'hommes et sept de religieuses; que dans chaque maison il y avait douze personnes vivant en communauté, qui se succédaient les unes aux autres le jour et la nuit dans les divins offices; que toutes ces maisons étaient situées sur la montagne qui a été depuis appelée le *Saint-Mont*; que les moines avaient la direction spirituelle des religieuses; qu'il y en avait un qui, sous le nom de syndic, avait soin de leurs affaires temporelles, et que dans la plaine, où leur principale ferme était située, il y avait mille frères convers et serviteurs.

« Dans le deuxième état, le même institut y fut observé; mais deux cents ans après ou environ, les moines, se lassant de la direction des religieuses, les abandonnèrent. Elles se servirent de prêtres séculiers pour leur administrer les sacrements, et substituèrent à la place du syndic des personnes nobles qui, sous la qualité d'officiers de ces religieuses, avaient le maniement de leurs affaires temporelles. La discipline régulière commença pour lors à s'anéantir, la mense abbatiale fut séparée de la conventuelle au commencement du XIVe siècle; la mense conventuelle fut aussi divisée en prébendes, et depuis ce temps-là on ne se mit point en peine d'y rétablir la régularité. Les abbesses affectèrent pour lors les honneurs séculiers. La qualité de princesses de l'Empire leur fut donnée par l'empereur Albert, et les religieuses s'étudièrent à bannir de ce monastère tout ce qui pouvait avoir apparence de régularité, et ne voulurent plus recevoir parmi elles que des filles nobles qui fissent preuve de noblesse de quatre races, tant du côté paternel que maternel.

« Enfin, dans le troisième état, la licence était arrivée à un tel point, que, vers l'an 1515, les religieuses quittèrent ce nom pour prendre celui de Chanoinesses, et l'abbesse avec quelques autres seulement gardèrent toujours la règle de saint Benoît. Peu à peu elles quittèrent leurs habillements de religieuses, et il n'y avait pas longtemps qu'elles avaient quitté le cuculle, lorsque les visiteurs apostoliques firent aussi la description de cette abbaye, dans les lettres qu'ils écrivirent au pape Paul V, où ils ajoutent encore que, selon les actes et les registres de cette église, tant anciens que nouveaux, et si l'on juge par les cérémonies modernes, par le bréviaire de l'ordre de Saint-Benoît, dont elles se servaient, par quelque reste d'habit régulier, par la profession de l'abbesse, par la lecture qu'elles faisaient tous les jours à Complies, de la règle de saint Benoît, et enfin par plusieurs autres pratiques régulières, on ne pouvait pas douter que le monastère ne fût véritablement de l'ordre de Saint-Benoît. Après quoi ils exposent au pape l'état présent de ce monastère, et demandent à Sa Sainteté qu'il lui plût trouver un expédient pour mettre les consciences en repos en leur prescrivant une manière de vie qui fût approuvée du saint-siège. »

Quoique ces visiteurs apostoliques marquent que ce fut au commencement du XIVe siècle que la mense conventuelle fut divisée en prébendes, il paraît néanmoins par des lettres de l'empereur Henri V, du 8 des calendes de février de l'an 1113, que l'on parlait déjà de prébendes en cette abbaye, et que les religieuses y étaient déjà appelées *Dames* : car cet empereur par ces lettres (*Invent. des titres de Lorraine au Trésor des chartres du roi*, layette de Remirem., n. 2), faisant mention de la fondation de cette abbaye, et de la protection que les empereurs ses prédécesseurs lui avaient donnée, dit que, par la négligence et la simplicité de quelques abbesses, les biens en étaient fort diminués, et les prébendes des dames réduites presque à rien : ce qui avait obligé l'abbesse Gisle d'avoir recours à son autorité pour être rétablie dans la possession des biens usurpés. C'est pourquoi, par l'entremise de l'impératrice Mathilde, son épouse, des évêques Othon de Bemberg, Burchard de Munster, d'Adalbéron de Metz, etc., il avait ordonné que la prébende de Vinoy, usurpée injustement, serait rendue. Et quoique ces mêmes visiteurs marquent aussi que ce fut vers l'an 1515 que les dames de Remiremont quittèrent le nom de Religieuses pour prendre celui de Chanoinesses, il paraît néanmoins par plusieurs titres qu'on leur a encore donné ce nom plusieurs aunées après, entre autres par un acte capitulaire du 12 septembre 1566, qui décharge Pierre Peltrement, de Besançon, de ce qu'il a géré et administré pour les dames religieuses de Remiremont, et ratifie ce qu'il a fait auprès de Sa Majesté Impériale, Etats et princes de l'Empire, au nom de ces dames pour procurer le bien de leur église contre les entreprises du duc de Lorraine. Enfin, quoique ces visiteurs apostoliques disent que, dans les trois différents Etats, la règle de saint Benoît a toujours été observée dans cette abbaye, celle de saint Colomban y fut néanmoins pratiquée, au rapport de Jonas, qui a écrit la vie de saint Eustase, abbé de Luxen. Elle fut jointe dans la suite à celle de saint Benoît, et enfin, peu de temps après, la règle de ce saint patriarche des moines d'Occident prévalut sur celle de saint Colomban, et y fut observée seule, comme nous avons déjà dit.

Les dames de Remiremont ne peuvent pas disconvenir qu'elles n'aient eu autrefois une règle, puisque, par un acte signé de l'abbesse qui gouvernait ce monastère l'an 1231, de la doyenne, de la trésorière et de tout le couvent de Remiremont, elles déclarent (*Ibid.*, n. 17) qu'*attendu la désolation, les injures et les oppressions qu'on leur faites de toutes parts, elles s'obligent, en tant que leur permet leur règle, que si aucun duc, ou avoué leur porte à l'avenir aucun dommage, injure ou grief, il n'obtiendra jamais pardon de leur église, qu'il n'ait restitué toutes les prises qu'il aura faites sur elles ou sur leurs gens, ou ne leur ait assigné un fonds en dédommagement; ce qu'elles promettent par serment d'observer*.

Cette règle était celle de saint Benoît, puisque les souverains pontifes et les empereurs, dans les priviléges qu'ils ont accordés à cette maison, l'ont toujours reconnue comme étant de l'ordre de Saint-Benoît. Les dames mêmes de Remiremont n'ont point rougi autrefois d'être filles de ce saint. C'est ainsi qu'elles se qualifient dans un acte de l'an 1286, où la doyenne et les autres dames, voulant établir un trésor commun, parlent en cette manière : *Nos Alaydis, dicta de Maroyo decana, totusque conventus monasterii Romaricensis ordinis sancti Benedicti*. Dans un acte passé l'année suivante, elles se servent des mêmes termes, aussi bien que dans plusieurs autres, où ces dames promettent, sous la foi de leur religion, c'est-à-dire de leurs vœux, de garder inviolablement le traité qu'elles faisaient par ces actes.

Mais ce qui prouve encore qu'elles ont été religieuses de l'ordre de Saint-Benoît, c'est un acte passé le 25 novembre 1403 (*Ibid.*, n. 32) devant le grand portail du château de Dinevire, par lequel *nobles demoiselles Waubrune de Blamont, âgée de quinze au plus, et Jeanne sa sœur, âgée de quatorze ans au plus, hors de toute tutelle et mainbournie, par plusieurs bonnes et raisonnables causes, par bonne et pure dévotion, ont résolu de se retirer et entrer en religion, et y vivre selon les règle et discipline de saint Benoît au monastère des dames religieuses, abbesse et chapitre de Remiremont, et en leur congrégation et compagnie, du consentement du seigneur de Blamont, leur père, présent, renonçant au profit de leurs autres frères et sœurs, à tous les biens et héritages quelconques qui pourraient leur échoir, à la réserve de quinze livrées de terre, de vingt gros par livrée, pour chacune d'elles pendant leur vie; ce qu'elles déclarent en présence du seigneur de Blamont, leur père, de Thierri d'Augevillers, abbé de Marmounster, Geoffroi, abbé de Saint-Sauveur de Vosge, et autres*. Et le roi de France Charles VII, en prenant sous sa protection cette abbaye par ses lettres patentes du mois d'octobre de l'an 1444, déclare que c'est à cause que *l'église de Remiremont est très-belle et notable de grande ancienneté et fondation, bien et louablement desservie de grande quantité de religieuses, toutes extraites de noble lignage de chevalerie qui y sont instituées de toute ancienneté*.

Il est certain que la propriété qui s'était introduite parmi ces religieuses a beaucoup contribué au relâchement; mais les guerres ont entièrement banni la régularité de leur monastère. C'est ce qui se voit par les lettres de Jean, fils du roi de Jérusalem, duc de Lorraine et de Bar, du 19 juin 1448, adressées au maréchal de Lorraine et aux baillis de Nancy, de Vosge et de Bassigni, auxquels il fait savoir que les dames religieuses, abbesse, doyenne et tout le chapitre de Remiremont, lui ont représenté qu'elles avaient été fondées au nombre de quatre-vingts, toutes de noble extraction, faisant le service continuel, et qu'elles avaient été réduites à soixante par les oppressions et les grandes guerres; qu'elles avaient coutume d'avoir leurs prébendes pour leur subsistance, et qu'elles se sont maintenues ainsi, en faisant leur devoir assez longtemps, étant paisibles, tant sous la protection du duc Charles son aïeul, que de ses prédécesseurs; mais que, depuis environ seize ans, à l'occasion des guerres survenues aux pays voisins, elles étaient réduites à une si grande pauvreté qu'elles n'étaient plus que dix-sept dames, qui avaient même peine à vivre, et que, par nécessité et indigence, l'abbesse et la plus grande partie de ses religieuses étaient obligées de se retirer et d'abandonner leur église, et que celles qui restaient seraient aussi obligées de quitter dans peu, s'il n'y était pourvu. C'est pourquoi ce prince ordonna à ses officiers de faire signifier et publier à toutes personnes et par tous les lieux où il serait besoin, qu'il prenait les dames de Remiremont sous sa sauvegarde, et qu'il défendait qu'on leur fit aucun dommage, ou qu'on usât de voies de fait à l'encontre d'elles, de leurs gens, de leurs sujets, de leurs terres et de leurs seigneuries. Ainsi il y a bien de l'apparence que ces dames qui, s'étant retirées chez leurs parents, y vivaient en séculières, se sont accoutumées à cette manière de vie, qu'elles ont trouvée plus douce que celle qu'elles pratiquaient auparavant, et qui était conforme à la règle de saint Benoît.

En effet, ce doit être à peu près dans ce

temps-là ou peu d'années après qu'elles donnèrent le titre de Collégiale à leur église, puisque l'on voit, par un acte passé le 22 juillet 1466 (*Ibid.*, layette d'Epinal, n. 147) que les dames Chanoinesses d'Epinal avaient aussi donné le même titre à leur église, et renoncé à la qualité de filles de Saint-Benoît : ce qu'elles n'ont fait, selon toutes les apparences, qu'à l'imitation de celles de Remiremont, qui, quoiqu'elles eussent donné le titre de Collégiale à leur église, ne renoncèrent pas d'abord à la qualité de religieuses, puisque, dans le serment que le même duc de Lorraine prêta à l'église de Remiremont, le 17 mai 1465, pour la garde de cette église et de la ville, elles y sont qualifiées de nobles et religieuses dames; et qu'en 1508, Mathie de Grancey, se qualifiant de religieuse de Remiremont, présenta requête à René, roi de Sicile et duc de Lorraine, pour être maintenue en la possession de l'office de sourière. Elles envoyèrent une lettre missive en forme de requête, au nom de l'abbesse, des religieuses et du chapitre de Remiremont, à messieurs du conseil du parlement de Dôle, étant pour lors à Nancy, pour le prier d'empêcher le capitaine de Fauconier de molester les gens du Valdajol. Il y a des lettres passées sous le sceau de l'église de Remiremont, le 26 décembre 1511, par lesquelles les dames Alix de Choiseul et religieuses de Remiremont présentèrent au duc de Lorraine Renaut Drouin pour être confirmé dans l'office de forestier de leurs bois. Enfin il paraît par plusieurs autres titres qu'elles prenaient dans ce temps-là la qualité de Religieuses.

Il est resté quelques anciennes peintures dans l'église de Remiremont, qui font connaître qu'elles étaient anciennement Religieuses, et cela par la forme de leur habit, qui consistait en une robe ou tunique et manteau de couleur gris blanc · elles avaient aussi une guimpe et un voile blanc, à l'exception de l'abbesse, qui avait un voile noir, avec un bord blanc de la largeur d'un doigt, et leur manteau était doublé de fourrures blanches (1). C'est ainsi que quelques-unes sont représentées dans une vitre de la chapelle de Saint-Michel dans cette église, et dans un tableau qui est dans une des chapelles de la nef, à côté de la porte du chœur. Elles ont conservé un reste de cet habit jusqu'à présent, en ce que la barbette (c'est ainsi que les dames de Remiremont appellent un petit morceau de quintin qu'elles mettent devant elles le jour de leur appréhendement) leur est donnée à leur réception, comme une marque apparemment qu'elles ont été autrefois religieuses, puisque ce morceau de linge est une espèce de guimpe. Et tous les dimanches il y a une de ces dames qui, communiant pour les besoins spirituels et temporels de leur abbaye, est obligée de porter cette barbette. On appelle cette cérémonie le *beau Sire Dieu*; et toutes les autres dames vont faire à celle qui a cette barbette une civilité à sa place, pendant la lecture du Martyrologe (2).

Les vicaires apostoliques qui furent commis par le pape pour visiter cette abbaye, furent tellement convaincus qu'elles avaient été religieuses de l'ordre de Saint-Benoît, qu'ils voulurent que la mémoire de ce saint fût conservée dans les divins offices, aussi bien que de saint Romaric et de saint Amé. Ce fut pour lors qu'ils accordèrent aux Chanoinesses de quitter le bréviaire monastique; qui avait été en usage dans cette maison jusqu'alors, et leur permirent de se servir du bréviaire romain; et, persuadés que de toute antiquité la règle de saint Benoît avait été gardée en cette abbaye, ils ordonnèrent que l'abbesse continuerait à faire profession suivant la forme qui lui serait prescrite par le pape, et que les cinq premières officières feraient des vœux simples.

L'abbesse est élue par tout le chapitre. Elle a la qualité de princesse de l'Empire, honneur qui fut accordé aux abbesses de cette maison à la prière de Thibaut, duc de Lorraine, l'an 1307, par l'empereur Albert Ier, qui en revêtit Clémence de Wiseler, pour lors abbesse, à laquelle il envoya des lettres d'investiture sur ses droits régaliens. Dans ce temps-là les abbesses de Remiremont étaient obligées, après leur élection, de prêter serment de fidélité aux empereurs, et de recevoir d'eux l'investiture pour l'administration de leur temporel ou droits régaliens, pour raison de quoi elles étaient obligées de leur donner soixante-cinq marcs d'argent, comme il paraît par les lettres de l'empereur Rodolphe, de l'an 1290. Henri, roi des Romains l'an 1310, donna à Thibault, duc de Lorraine et à ses successeurs, en augmentation de fiefs, le pouvoir de conférer ces droits régaliens aux abbesses de Remiremont : ce qui fut confirmé par Jean, roi de Bohême, comte de Luxembourg, l'an 1344. Cependant Henriette Damoncourt les reçut en 1415, de l'empereur Sigismond, et Isabelle de Mangeville, l'an 1442, des mains de Jacques, archevêque de Trèves, qui en avait reçu commission de l'empereur Frédéric III.

La seconde dignité du chapitre de Remiremont est la doyenne, qui se fait aussi par élection. Elle juge en seconde instance tous les différends des habitants de la ville de Remiremont, lorsqu'ils appellent par-devant elle des jugements rendus par la justice ordinaire de la ville; et s'il y a aussi appel de ses sentences, la connaissance en appartient à l'abbesse. La doyenne a droit d'assembler le chapitre, lorsqu'elle en a reçu l'ordre de l'abbesse. Elle reçoit les lettres et les requêtes qui sont adressées au chapitre, prononce les délibérations qui y ont été prises, et les fait savoir à l'écolâtre de l'église, qui est secrétaire ordinaire du chapitre.

La troisième dignité est celle de la secrète, ainsi nommée par corruption, au lieu de sacristine, qui est son véritable nom. Elle se fait aussi par élection. Son emploi est de pourvoir à la décoration des autels et à l'ornement de l'église. Son pouvoir s'étend sur

---

(1) *Voy.*, à la fin du vol., n° 65.
(2) *Lettre du P. Mabillon à un de ses amis touchant Remiremont.*

tout ce qui regarde l'église et sur les sacristains mêmes, qui dépendent d'elle. Elle possède en cette qualité plusieurs juridictions temporelles, et a la collation de quelques bénéfices. L'abbesse et les deux chanoinesses qui sont revêtues de ces dignités de doyenne et de secrète sont distinguées des autres en ce qu'elles seules ont droit de porter une espèce de linge qu'elles appellent *couvre-chef*, quoiqu'elles ne le mettent pas sur leurs têtes ; il s'attache seulement derrière la tête, et les deux bouts viennent joindre la petite barbette, qui leur couvre le sein en manière de guimpe ; puis elles mettent sur leurs têtes deux grandes coiffes, l'une de taffetas, dont les deux bouts se nouent sur la barbette et la cachent en partie, et l'autre de gaze ou crêpe, qui pend par-derrière : le couvre-chef n'est que de la hauteur de la personne, tombant par-derrière jusqu'à terre, et est couvert d'une gaze noire.

Après la secrète suit la sourière ou cellérière, qui jouit de plusieurs droits et juridictions temporelles qu'elle possède, aussi bien que quelques seigneuries, par indivis avec l'abbesse. Elle est pour cet effet tenue, par forme de reconnaissance au chapitre, de distribuer à toutes les dames Chanoinesses, à certains jours de l'année, de l'huile, du vin et autres choses semblables.

L'aumônière tient le cinquième rang. Elle jouit de plusieurs revenus qui sont affectés à sa dignité, mais qui lui imposent aussi de grandes charges : car elle est obligée de faire plusieurs distributions considérables à tous les pauvres qui se présentent indifféremment pendant le temps du carême et en plusieurs jours de l'année. Elle est chargée de la visite de l'hôpital. Elle a droit de présenter au chapitre un prédicateur pour le temps de l'avent seulement, et s'il est agréé, elle le doit loger pendant ce temps-là.

Outre ces cinq dignités qui se font par élection, il y en a d'autres qui sont à la disposition et nomination de l'abbesse, ou en son absence, de la doyenne, telles que sont les deux petites aumônières, deux boursières, une censière, trésorière, maîtresse de la fabrique, quatre grandes chantres et la lettrière, qui est encore un terme corrompu, et dont l'office est de lire les lettres et requêtes qui sont présentées au chapitre par la doyenne ou sa lieutenante.

Il y a encore des demi-prébendières qui ont certaines messes d'obligation à faire acquitter, et sont chargées aux fêtes doubles et autres jours de l'année de chanter le *Kyrie, eleison*, les répons et proses des messes hautes.

Huit prêtres séculiers qui prennent la qualité de chanoines, et desservent cette église, sont conseillers de la doyenne lorsqu'il y a quelque procès pendant par devers elles. Les chanoines qu'on nomme de Saint-Romaric, de la Croix et de Saint-Jean, sont distingués de ces premiers, et ont leur service et fondations à part.

Il y a outre cela d'autres officiers qui sont nommés par l'abbesse et le chapitre, dont il y en a quatre plus considérables que les autres, qui sont le grand prévôt, le grand chancelier, le petit chancelier et le sourier, qui doivent être des seigneurs qualifiés et avoir fait preuves de leur noblesse, de même que les dames Chanoinesses. Leur office est de représenter le corps du chapitre en l'administration des hautes justices dépendantes de cette église. Ils sont tenus à certaines redevances et distributions aux dames, par forme de reconnaissance, de trois en trois ans, et ils doivent fournir le dénombrement de leurs officiers subalternes.

Il y a de plus un chancelier d'État qui a pareillement quelque juridiction, dont il jouit sous l'autorité du chapitre qui a droit de le nommer. Enfin, il y a deux grands et petits ministraux qui sont des offices auxquels la sourière ou cellérière nomme. Leur office les oblige de faire des distributions aux dames et autres personnes de l'église de certaines redevances que leur rendent des officiers qui en sont chargés.

Ces redevances étaient autrefois considérables : car l'an 1403, Jean de Blamont, chanoine de Toul, ayant été pourvu de l'office de prévôt de l'abbaye de Remiremont par l'abbesse et les religieuses, et n'étant pas en état de soutenir les frais et dépenses à quoi cet office l'obligeait, Henri de Blamont, son père, s'obligea, le 29 juillet de la même année, par acte passé par-devant deux notaires apostoliques de la cour de Toul, de payer et satisfaire à tous les droits dus à ce monastère par ledit Jean de Blamont, son fils, tant qu'il exercerait l'office de prévôt, savoir, aux dames tous les jours, depuis la Purification de la Vierge jusqu'à la Saint-Martin suivant, un bon muid de vin blanc, mesure ordinaire, ou vingt sols pour chaque muid, s'il excédait cette somme, si mieux n'aimait payer en deux payements, *quatre cents bons florins d'or, moins quatre ou dix sols toulois pour florin*; de plus, au jour de Noël, un bœuf gras et vingt sols toulois pour les offrandes de l'abbesse ; à la doyenne le même jour, un cochon et cinq sols ; au jour de la Circoncision, vingt quartes de vin et neuf distributions de grands pains ; au jour de la Purification, un grand muid de vin ; le dimanche des Bures, trente quartes de vin avec du pain ; le jeudi saint, demi-muid de vin avec des dragées, et cinquante sols six deniers pour les pâtés, et le jour de Noël un muid de vin pour la sauvagire, outre plusieurs distributions de vin, de pain et d'argent à plusieurs officiers de l'église qui sont spécifiés dans cet acte. Ce qui fait voir que ces offices devaient avoir des revenus considérables, puisqu'ils étaient chargés de si grosses redevances, et que les revenus des dames étaient encore plus considérables.

En effet, dès les premiers siècles de la fondation de Remiremont, outre plusieurs beaux droits dont cette abbaye jouissait, elle possédait jusqu'à trente-deux prévôtés, tant en Lorraine qu'en Bourgogne et en d'autres provinces. Il est parlé de ces trente-deux prévôtés dans les lettres de l'empereur Henri IV de l'an 1070, sur lesquelles prévôtés se devaient prendre les redevances dues à l'empereur, lorsqu'il se trouvait dans les villes de Metz et de Toul, et que l'abbesse de Remiremont allait demander justice à ce prince : lesquelles redevances consistaient en quatre-vingts muids de froment, quatre cents muids d'avoine, dont il y en avait cent muids pour les chevaux de l'abbesse, soixante cochons gras, vingt vaches, quatre buhons gras, quatre verrats, quatre cents poules, sept muids de la boisson des sœurs, du poisson et du fromage à proportion, douze livres de poivre, douze tables de cire, sept charretées de vin et d'autres choses ; mais il y a de l'apparence que le muid de grains n'était pas si considérable en ce temps-là qu'il l'est à présent. Il est aussi fait mention dans ces lettres d'un cheval blanc que cette abbaye devait toutes les années bissextiles au saint-siége ; mais l'an 1489, ce cheval fut changé et commué en vingt florins d'or payables tous les quatre ans, après que Gratian de Villeneuve, nonce apostolique, eut reconnu que l'abbaye de Remiremont, depuis sa fondation, avait beaucoup souffert, et que ses revenus étaient diminués des deux tiers. Les guerres et les usurpations des ducs de Lorraine y avaient beaucoup contribué, et si ces princes ont fait quelques restitutions de temps en temps, les dommages qu'ils avaient causés étaient plus considérables. En 1210, Ferri ou Frédéric Ier fit un accord avec les dames de cette abbaye, par lequel il demeura quitte de tous les dommages qu'il lui avait causés. En 1223, Matthieu II quitta à la même abbaye, pour les torts qu'il lui avait faits, l'épervier qu'il avait accoutumé de prendre en la vallée d'Air. Ferri II s'obligea de payer, en 1255, une somme de six cents livres toulois pour les usurpations qui avaient été faites par la duchesse Catherine, sa mère. Ce même prince, par ses lettres de l'an 1294, déclare que, nonobstant les promesses faites à cette abbaye, il n'avait pas laissé de lui prendre des biens jusqu'à la valeur de deux milles livres, pour raison de quoi il avait été excommunié, et ses terres mises en interdit par l'évêque de Toul, à la juridiction duquel s'étant soumis, et voulant satisfaire à tous les dommages qu'il avait causés à cette abbaye, il cède aux dames certains droits qu'il avait aux bans de Champs, d'Irches et autres lieux.

Ces princes n'avaient aucun droit, en ce temps-là, d'exiger aucuns deniers des terres et des personnes dépendantes de l'abbaye de Remiremont ; mais ils étaient tenus de conserver leurs franchises, leurs droits et libertés, sous peine d'excommunication, et d'encourir les censures de l'Eglise (auxquelles ils se soumettaient), s'ils ne réparaient les dommages qu'ils pouvaient avoir faits, comme le reconnaissent les ducs Thibaut Ier et Ferri II, par leurs lettres des années 1219 et 1255. De plus, par les serments qu'ils prêtaient à cette abbaye, ils reconnaissaient qu'ils étaient *féables* de ce monastère, et qu'ils étaient tenus d'aller tous les ans à Remiremont pour y porter, en la procession solennelle qui se faisait le jour de la fête de la Division des apôtres, les corps saints de l'église de Remiremont.

L'on trouve encore plusieurs actes de ces serments que les ducs de Lorraine prêtaient à l'abbaye de Remiremont, entre autres celui du duc Charles Ier, passé l'an 1392, par-devant deux notaires impériaux de la cour de Toul, portant que *Le 5 novembre, environ heure de Tierce, en la ville de Remiremont, arriva M. Charles, duc de Lorraine, avec très-noble chevalerie et compagnie de chevaliers et écuyers, et qu'au lieu dit la* Franche-Pierre, *trouva nobles et religieuses dames, madame Jeanne d'Aigremont, abbesse; Cunégonde d'Oricourt, doyenne; Jeanne de Choiseul, sourière; Isabelle de Rouci, aumônière; Blanche de Mostant, petite aumônière; Agnès de Mont, censière, Catherine de Blamont, Jeanne de Conserol, Isabelle de Chauvirey et Béatrix de Vallesaut, toutes quatre chantres, avec autres personnes de ladite église, pour recevoir le serment que devait faire le duc pour la garde de l'église et de la ville de Remiremont; lequel duc voulant faire son devoir, étant à genoux, fit son serment en présence de tout son baronnage, sur les saints Evangiles, qu'il serait féable au monastère et à l'église de Remiremont, et à toutes les personnes dédiées à icelle; qu'il garderait et défendrait tous ses sujets, et garderait leurs franchises et libertés, les bourgeois et habitants de la ville. Reconnut encore qu'il était tenu tous les ans de porter en la procession solennelle, le jour de la Division des Apôtres, les corps saints de l'église de Remiremont, ainsi qu'il est contenu aux anciennes chartes de ses prédécesseurs qu'il confirma et ratifia. Puis le duc étant à l'entrée de la grande porte de l'église, fit le second serment de la même manière, et ensuite, devant le grand autel, il fit le troisième serment, le tout en présence de M. Ferri de Lorraine, son frère; nobles Jacques d'Amance, maréchal de Lorraine; Jean de Parroye, sénéchal; Liébaut du Châtelet, bailli de Nancy, Jean, seigneur de ville; Ancel de Darnieules, Guy de Haroué, Warry de Savigny, Henri d'Ogivillers et autres personnes.*

Mais les choses ont bien changé dans la suite des temps. Les ducs de Lorraine ont prétendu avoir droit de souveraineté dans la ville de Remiremont, à quoi les dames se sont opposées de temps en temps. Charles II, duc de Lorraine, ayant voulu contraindre l'abbesse et ses Chanoinesses de contribuer aux subventions et aides du clergé de Lorraine, elles refusèrent de payer et obtinrent des sauvegardes des empereurs Ferdinand Ier et Maximilien II, et firent mettre les armes de l'Empire sur la porte de leur église. Le duc de Lorraine les fit ôter, envoya chez elles des gens de guerre, et fit saisir tous leurs revenus ; ce qui les obligea à reconnaître ce prince pour leur souverain le 13 juillet 1566, et il leur accorda des lettres de pardon des poursuites qu'elles avaient faites vers Sa Majesté Impériale et les Etats de l'Empire, pour se soustraire à la souveraineté des ducs de Lorraine.

Ces Chanoinesses sont au nombre de soixante-douze. La pratique qu'elles ont pour se perpétuer les prébendes est qu'elles ont droit de présenter des demoiselles nobles, qu'elles adoptent pour nièces, afin de servir et faire l'office avec elles dans cette église, et maintenir entre elles une succession légitime. La dame Chanoinesse qui veut présenter une demoiselle, la propose au chapitre, elle y expose la noblesse de ses parents, et si les preuves étant faites, on juge à propos de la recevoir, et qu'elle soit en effet reçue par le chapitre, on ze jours après la dame Chanoinesse la peut nommer et adopter pour nièce, et cette nièce est censée du corps de l'Église, et succède à la prébende de celle qui l'a nommée, après sa mort, ou lorsqu'elle quitte cette église pour se marier. Il y quelques cérémonies particulières à la réception de ces sortes de nièces, comme de leur donner à manger un morceau de biscuit trempé dans du vin, etc.

Le plus ancien mémoire où il est parlé de ces nièces, dans les anciens actes et registres de Remiremont, c'est à l'occasion de l'élection de Catherine de Neufchâtel, pour abbesse, l'an 1474; car, dans la supplique adressée au pape Sixte IV pour ce sujet, les dames et les nièces disent qu'elles représentent la plus saine et la plus grande partie de la communauté du monastère de Saint-Pierre de Remiremont, ordre de Saint-Benoît.

Nous finirons ce qui regarde la fondation des Dames de Remiremont, en rapportant les paroles que M. Adam Pertz, évêque de Tripoli, l'un des visiteurs apostoliques, a insérées dans les actes de cette visite, qui sont qu'elles ne doivent nullement rougir, ni avoir honte de reconnaître qu'elles ont été de toute antiquité religieuses de l'ordre de Saint-Benoît; de même que, selon le P. Mabillon, *pas une d'entre elles ne rougirait point si l'on disait qu'elle fut extraite d'une plus grande et plus illustre lignée qu'elle n'est, d'autant que les accidents humains sont tels qu'il n'y a rien de perdurable sous le ciel* (1).

Ces dames sont habillées au chœur comme les séculières: elles ont seulement un grand manteau noir doublé d'hermine, à queue traînante de deux ou trois aunes (2). Elles ne peuvent pas porter des étoffes de couleur éclatante, mais bien modeste, comme le noir, le brun, le blanc, et des rubans de même; et elles sont toujours habillées de noir à l'église. Entre les redevances qui sont dues à ces dames, il y en a une qui est assez particulière, c'est que tous les ans, le lundi de la Pentecôte, le village de Saint-Maurice, situé au pied de la montagne du Ballon, l'une des montagnes des Vosges, leur donne de la neige: on met cette neige dans deux morceaux d'écorce d'arbre au chœur, l'un devant le siège de l'abbesse, l'autre devant celui de la doyenne; et si le village de Saint-Maurice manque à donner cette neige, il est obligé de donner deux bœufs blancs.

Joann. Mabillon., *Sæcul. Benedict.* II; An-

nal. *Ord. S. Bened.*, tom. I; *Lettre à un de ses amis, touchant l'abbaye de Remiremont*. Antoine Yépes, *Chroniques générales de l'ordre de Saint-Benoît*, tom. II. Bulteau, *Histoire de l'ordre de Saint-Benoît*, tom. I. *Inventaires des titres de Lorraine*, au *Trésor des chartres du roi*, et *Mémoires manuscrits*.

On peut voir dans la *Nouvelle Description de la France*, de Piganiol de la Force (tom. XIII, pag. 511 et suivantes), quels étaient les privilèges et les prérogatives dont jouissait l'illustre chapitre de Remiremont. La dernière abbesse de cette célèbre maison fut la princesse Louise de Condé, qui y fut nommée, en 1786, par le roi Louis XVI, et montra le plus grand zèle pour ses nouveaux devoirs, en se rendant chaque année fort exacte au séjour d'usage, trop négligé alors par la plupart des autres abbesses. Rien n'était plus édifiant que le détail de la vie qu'elle y menait. A la mort du prince de Condé, en 18 8, la ville de Remiremont, remplie du souvenir du bonheur dont elle jouissait sous la juridiction du chapitre dont la princesse Louise était abbesse au moment de la révolution, porta le deuil pendant trois jours. La princesse Louise de Condé mourut le 10 mars 1824, étant prieure des Bénédictines du monastère du Temple.

B-D-E.

RETRAITE (Maisons de)

Des Maisons de Retraite fondées en Bretagne et en d'autres provinces,

La fondation des maisons de retraite a été aussi glorieuse à ses fondateurs qu'utile à toutes les personnes de l'un et de l'autre sexe. Le premier à qui Dieu inspira ce dessein fut Louis Eudo de Kerlivio, qui naquit à Hennebont, ville de Bretagne le 14 novembre 1621. Son père, François Eudo de Kerlivio, d'une famille ancienne de la province, et considérable par ses alliances, et sa mère, Olive Guillemette Flabelle, étaient riches, vertueux et si charitables, qu'on attribue à leurs grandes aumônes les bénédictions que le ciel a répandues sur leurs enfants. Louis de Kerlivio, après avoir fait ses humanités à Rennes et sa philosophie à Bordeaux, étant de retour à Hennebont, commença à voir le grand monde et conçut de l'inclination pour une jeune demoiselle d'une rare beauté, mais sans biens, et l'engagement alla si loin qu'il lui promit de l'épouser. Son père et sa mère n'omirent rien pour l'en détourner, et lui défendirent enfin de la voir. Cette défense, qui lui causa un chagrin mortel, lui fit prendre la résolution de faire un voyage à Paris: ce que ses parents lui permirent aisément, dans l'espérance que l'éloignement amortirait sa passion. Pendant son séjour dans cette ville, la demoiselle, moins constante que lui, en épousa un autre; ce qui fit un sensible plaisir à ses parents, qui lui en donnèrent avis avec ordre de revenir au plus tôt pour l'établir selon leurs desseins;

---

(1) *Lettre du P. Mabillon à un de ses amis touchant Remiremont*.
(2) Voy., à la fin du vol., n° 66.

mais Dieu, qui avait les siens bien différents des leurs, se servant de ce contre-temps fatal à ses amours, lui inspira un grand mépris pour le monde et pour ses vanités. Cachant néanmoins sa pensée à ses parents, il les pria de lui permettre de rester encore à Paris, dans le dessein de faire une retraite chez les Carmes des Billettes, où il passa six semaines en solitude sous la conduite du P. Donatien de Saint-Nicolas, homme fort éclairé dans la conduite des âmes, qui l'assurant que Dieu l'appelait à l'état ecclésiastique et non pas à la religion, il ne songea plus qu'à suivre la voix du Seigneur, qu'il crut lui être manifestée par la bouche de ce saint homme.

Ayant donc pris la résolution de se donner à Jésus-Christ dans l'état du sacerdoce, il alla se présenter au séminaire des Bons-Enfants à Paris, où il fut reçu par M. Vincent de Paul, instituteur des Prêtres de la congrégation de la Mission. Après y avoir passé quelques jours dans la retraite, il fit savoir à son père et à sa mère sa résolution, les priant de lui donner leur agrément et leur bénédiction. Cette nouvelle, à laquelle ils ne s'attendaient pas, leur causa beaucoup de chagrin. Ils refusèrent sa demande et n'omirent rien pour le détourner de son dessein. Mais la grâce l'ayant rendu insensible aux attraits de la chair et du sang, il prit les ordres sacrés dans la vingt-quatrième année de son âge, et demeura ensuite quatre ans dans le même séminaire pour étudier en théologie dans la célèbre université de cette ville.

Sa mère étant morte pendant le cours de ses études, son père le rappela en Bretagne, où étant arrivé, il s'occupa à des exercices continuels de piété. Son père, qui n'avait pas d'abord approuvé sa conduite, en fut tellement touché qu'il se rendit imitateur de ses vertus et le prit pour son confesseur et directeur. Après sa mort, Louis Eudo, se voyant maître de tout son bien, employa presque tout son revenu en bonnes œuvres, commençant par l'hôpital d'Hennebont, qu'il acheva de bâtir et meubler, et où il fonda encore deux sœurs de la charité, outre les deux que son père y avait fondées pour avoir soin des malades. Non content de cela, il donna une maison pour recevoir les pauvres orphelins, avec une somme d'argent pour leur faire apprendre des métiers, et faisait subsister plusieurs familles honnêtes, que la honte empêchait de déclarer leurs nécessités. Il se retira ensuite dans l'hôpital d'Hennebont, où il avait fait faire un appartement pour lui, dans la vue d'y employer le reste de ses jours à servir les pauvres en qualité de chapelain et de confesseur, s'acquittant parfaitement de ces devoirs de charité, surtout à l'égard des malades qu'il visitait plusieurs fois le jour, les consolant et les assistant dans leurs besoins.

Le P. Rigoleu et le P. Huby, de la compagnie de Jésus, étant venus faire une mission à Hennebont, y eurent plusieurs conversations avec M. de Kerlivio, et ils contractèrent une si grande amitié avec lui et une union si parfaite, que rien ne fut jamais capable de l'altérer, et dès lors M. de Kerlivio prit le P. Huby pour son directeur. Le P. Rigoleu lui ayant communiqué ses vues touchant l'établissement d'un séminaire, où les jeunes gens qui aspirent à l'état ecclésiastique fussent élevés dans la piété en même temps qu'ils étudieraient au collège, ce saint homme offrit d'employer ses biens et sa personne même, s'il était nécessaire, pour exécuter ce dessein. Étant venu à Vannes pour en traiter avec le recteur des Jésuites, il acheta au nom de ces Pères un jardin joignant le collège, et pour commencer à y bâtir il donna une grosse somme au P. Rigoleu; mais ils avaient leurs vues, et Dieu avait les siennes. Leur intention était de bâtir un séminaire, et celle de Dieu était de bâtir une Maison de Retraite.

Cependant la Providence, qui voulait que M. de Kerlivio servît à l'exécution de l'un et de l'autre de ces desseins, lui en procura les moyens, en inspirant à M. de Rosmadec, évêque de Vannes, de le faire son grand vicaire. La nouvelle lui en fut portée par le P. Huby, son directeur, qui, après bien de la peine, le tira enfin de son hôpital, et lui persuada d'accepter cet emploi, dont il s'acquitta avec une fidélité et une vigilance qui égalaient la grandeur de son zèle et de sa piété : ce qui n'empêchait pas qu'il n'eût toute l'attention possible pour la continuation de son séminaire, dont l'autorité qu'il avait dans le diocèse lui faisait espérer un succès avantageux. Mais lorsqu'il fut achevé, il eut le déplaisir de voir que son évêque après l'avoir agréé, avait changé de sentiment, et que la chose ayant été proposée dans le synode qui se tint en ce temps-là, tous les curés s'y opposèrent, en invectivant contre lui et contre les Jésuites : ce qu'il souffrit avec toute la modération possible

Voyant que tout le clergé s'était déclaré contre lui, il lui vint en pensée de quitter la charge de grand vicaire et de se borner au soin de la paroisse de Plumergat, que son évêque l'avait obligé d'accepter en qualité de curé. Cependant ne voulant rien faire sans consulter le Saint-Esprit, il se mit en retraite avec son directeur, afin que par leurs continuelles et ferventes prières ils pussent obtenir les grâces et les lumières nécessaires pour la résolution qu'il devait prendre. Leurs vœux joints ensemble furent exaucés. Car M. de Kerlivio, qui demeurait déjà dans un petit appartement de cette maison qu'il avait destinée pour un séminaire, entendit par trois fois en divers temps une voix qui lui disait distinctement : *Faites une Maison de Retraite*. Il communiqua cette inspiration au P. Huby, qui avait eu aussi la même pensée; et ils conclurent d'employer le nouveau bâtiment à faire des retraites de huit jours. M. de Kerlivio en fit la proposition à l'évêque de Vannes, qui la reçut avec joie, et voulut que ses officiers fussent les premiers à y faire une retraite, employant toute son autorité à les soutenir dans ce pieux dessein et à y attirer tout le monde par le mandement qu'il envoya pour cet effet, le 11 janvier 1664, dans toutes les paroisses de son diocèse.

Nonobstant le mandement de ce prélat, beaucoup de curés et de personnes distinguées se déclarèrent contre ces Retraites et contre les auteurs d'un si saint établissement. Ils eurent besoin d'un courage invincible pour soutenir toutes les persécutions que l'enfer leur suscita dans le commencement ; mais avec le secours du ciel et la protection que leur donna l'évêque de Vannes, la tempête se dissipa peu à peu, et Dieu bénit visiblement leur entreprise. M. de Kerlivio et le P. Huby dressèrent ensemble tous les règlements qui regardent la conduite des Retraites, et le premier ne cessa de faire jusqu'à sa mort de nouvelles dépenses pour agrandir et embellir la maison. Il y fonda l'entretien de quatre Pères pour en être les directeurs, et pendant vingt-six ans il employa son pouvoir et son zèle pour donner vogue à ces Retraites, auxquelles il invitait tout le monde par des billets qu'il envoyait et faisait publier et afficher dans les églises, engageant les curés, les prédicateurs, les missionnaires et les prêtres à ces Retraites, afin d'y attirer le peuple par leur exemple : ce qui lui réussit si bien, qu'il eut la consolation de les voir fréquenter par les ecclésiastiques, la noblesse, et par toutes sortes de personnes de différentes conditions.

Les grands fruits que cette Maison produisait donnèrent lieu à un pareil établissement pour les femmes. Madame de Francheville, qui en fut la fondatrice, naquit le 21 septembre 1620, au château de Truscat, dans la presqu'île de Ruys en Bretagne. Elle eut pour père Daniel de Francheville, et pour mère Julienne de Cillart, l'un et l'autre riches et de familles distinguées dans la province. Elle reçut du ciel un naturel heureux et facile, qui commença de briller dès les premières années de son enfance. A mesure que son esprit s'ouvrait aux lumières de la raison et de la grâce, son cœur se rendait sensible aux misères du prochain, et l'on remarquait qu'elle n'avait point de plus grand plaisir que de donner l'aumône aux pauvres quand elle en trouvait l'occasion.

Après que Dieu l'eut privée de ceux qui lui avaient donné la vie, elle vint à Vannes chez son frère, où elle demeura quatre ans, pendant lesquels on lui proposa beaucoup de partis considérables pour le mariage ; mais Dieu, qui la destinait à un autre état, lui faisait toujours trouver quelque chose de désagréable dans la personne ou dans la fortune de ceux qui se présentaient, excepté une fois qu'elle s'était déterminée à épouser le doyen des conseillers du parlement de Bretagne, qui, charmé de ses belles qualités, lui avait fait faire des propositions de mariage qu'elle avait enfin acceptées. Mais la Providence divine en disposa autrement ; car en entrant dans le faubourg de Rennes, où elle était allée pour conclure cette affaire, le premier objet qui se présenta devant ses yeux fut le convoi funèbre de celui qu'elle espérait avoir pour époux, dont on portait le corps à l'église de Notre-Dame-de-Bonne-Nouvelle.

Un spectacle si triste et si imprévu ne lui permettant pas de douter que Dieu ne la voulût détacher du monde, elle ne pensa plus qu'à s'en retirer. Dès qu'elle fut de retour à Vannes, elle renonça à ses plaisirs et à ses vanités, et se consacra aux exercices de piété, quoiqu'elle n'eût alors que trente-un ans. Les premières marques qu'elle donna de sa sincère et véritable dévotion furent de distribuer aux églises ses bijoux et ses pierreries, et de faire servir à l'ornement des autels les habits mondains qu'elle avait portés jusqu'alors, ne voulant plus se servir que de vêtements simples, modestes et d'une étoffe commune. Non contente d'orner les temples des dépouilles du monde, elle commença d'employer au soulagement des pauvres ses revenus, qui étaient considérables. Elle contribua beaucoup au bâtiment de l'église des Jésuites, auxquels elle donna d'abord trois cents louis d'or, et durant le cours de treize années seize cents livres par an. Outre cela, elle entretenait des missions à ses dépens, en fondait de nouvelles en beaucoup d'endroits, et payait souvent la pension de plusieurs personnes, que leur indigence aurait empêchées d'entrer dans la Maison de Retraite qu'on avait déjà établie pour les hommes, comme nous l'avons dit ci-dessus.

Lorsqu'elle eut conçu le dessein de fonder aussi une Maison de Retraite pour les femmes, elle le communiqua au P. Daran, son confesseur, qui, bénissant celui qui le lui avait inspiré, ne songea plus qu'à chercher les moyens de l'exécuter. Elle avait dans sa maison deux étages partagés en plusieurs chambres et propres à loger des personnes séparément. Ils convinrent de les faire servir à ces usages, et ce zélé directeur y envoyait de temps en temps en retraite quelques-unes de ses pénitentes, pour y faire pendant huit jours les exercices qu'il leur prescrivait. Elles n'en sortaient que pour aller à l'église et pour prendre chaque jour ses instructions. Plusieurs dames et demoiselles de qualité se présentaient pour y être reçues et aucunes n'en sortaient sans en avoir tiré beaucoup de fruit et de consolation. Mais comme mademoiselle de Francheville refusait de prendre de l'argent pour leur nourriture, elles étaient plus réservées à y entrer : ce qui était un inconvénient auquel on remédia en louant une maison qu'on fit meubler, et dans laquelle on établit une économe qui veillerait à la subsistance de toutes les personnes du sexe qui voudraient y faire des retraites. A peine fut-elle en état qu'on y accourut de divers endroits, même des diocèses voisins, et les exercices ne s'y firent pas avec moins de succès que dans celles des hommes. Mais une œuvre si sainte ne manqua pas d'être traversée. Quelques personnes n'approuvèrent pas ces assemblées de femmes, et l'un des grands vicaires, entrant dans leur sentiment, déclama publiquement en chaire contre cette nouveauté, et défendit de continuer les retraites, soit dans cette maison, soit ailleurs. M. de Rosmadec, évêque de Vannes, était alors à Paris, d'où il partit peu de temps après pour retourner dans son diocèse, où, voulant d'une part soutenir le procédé de son grand vicaire, et de l'autre favoriser le zèle de mademoiselle de Francheville, il proposa au P. Daran, son directeur, un expédient pour contenter tout le monde, qui fut de bâtir un appartement dans quelque maison religieuse, où il semblait que les exercices de retraite se pouvaient faire avec plus de facilité et avec plus d'édification. Cette proposition fut acceptée, et l'on choisit pour cet effet la maison des Ursulines. Mais avant que de commencer le bâtiment, mademoiselle de Francheville voulut avoir l'agrément de ce prélat, qui était retourné à Paris, d'où il envoya son consentement à M. de Kerlivio, son grand vicaire, qui lui avait écrit à ce sujet. Après avoir obtenu cette permission, mademoiselle de Francheville envoya en secret une somme d'argent à la supérieure, qui, du consentement de sa communauté, fit jeter les fondements de cette maison, dont la première pierre fut posée le 20 mars 1671, par M. de Kerlivio, qui en avait dessiné le plan avec tant de justesse, qu'encore que le bâtiment fût situé dans l'enclos du monastère, il n'y avait ni commerce, ni vue, ni entrée pour les personnes qui y venaient en retraite, et on y travailla si diligemment, qu'il fut achevé et meublé, et qu'on y commença les exercices dès le mois d'avril de l'année suivante.

Pendant que l'on travaillait à cet édifice, mademoiselle de Francheville ne laissait pas de s'occuper utilement au salut des âmes ; car, pour ne pas perdre ce temps qui, quoique fort court, semblait bien long à son zèle pour l'avancement spirituel du prochain, elle pria l'évêque de permettre qu'elle assemblât au Pargo (maison de campagne aux environs de Vannes) plusieurs personnes de son sexe qui désiraient y faire une retraite, ce qu'elle obtint avec la permission d'y faire dire la messe et d'y faire faire deux exhortations par jour ; ce qui y attira tant de monde, qu'il s'y trouva jusqu'à quarante-six personnes, qui en sortirent toutes remplies de ferveur, et si enflammées de l'amour de Dieu, que quelques-unes, qui n'avaient pu se déterminer jusqu'alors à quitter le monde, eurent le courage de prendre le parti de la religion. Un tel succès redoubla le zèle de mademoiselle de Francheville, et l'excita à faire de pareilles assemblées en divers endroits des diocèses voisins. Il s'en fit une à Ploermel, composée de quarante-cinq personnes, du nombre desquelles il y en eut plusieurs qui se consacrèrent à Dieu, les unes chez les Ursulines et les autres chez les Carmélites.

Comme d'autres villes souhaitaient jouir du même bonheur, on en fit deux autres en différents temps à Quimperlé et autant au Quilio, paroisse du diocèse de Quimper, et tout le monde y accourait avec tant d'affluence qu'on ne savait où les loger. Telles furent les occupations de mademoiselle de Francheville jusqu'à ce qu'on eût achevé le bâtiment des Ursulines, dans lequel on commença pour lors à faire les retraites sous la conduite de ces religieuses, qui concoururent de tout leur pouvoir à la sanctification des personnes de leur sexe, avec les ministres de Jésus-Christ.

Mais ce qui réjouissait le ciel alarma l'enfer, et les démons excitèrent une horrible tempête pour détruire cet ouvrage. La calomnie publia mille faussetés, et l'envie noircit les choses les plus innocentes et les plus saintes, ce qui arriva dans des circonstances d'autant plus fâcheuses, que M. de Rosmadec ayant été transféré à l'archevêché de Tours, le P. Daran étant mort, M. de Kerlivio étant disgracié, le P. Huby n'étant pas écouté du nouvel évêque, qui était prévenu par ceux qui l'approchaient, il ne se trouva personne qui osât se déclarer en faveur de la Retraite des femmes, qui fut enfin interdite dans le temps qu'elle commençait à donner des marques de la plus belle espérance, et mademoiselle de Francheville eut encore une fois le déplaisir de voir ses bons desseins traversés par ceux qui les devaient soutenir et de qui elle devait attendre le plus de secours. Ce coup lui fut si sensible, qu'elle ne put s'empêcher de verser des larmes et de déclarer ce qu'elle avait caché jusqu'alors, que le logement que l'on avait bâti chez les Ursulines s'était fait à ses dépens ; ce qui ayant également surpris et touché ceux qu'elle fit les confidents de sa peine, on lui conseilla de leur demander qu'elles obtinssent la permission de continuer les retraites, ou qu'elles lui remboursassent l'argent employé à cet usage. Les religieuses lui accordèrent sa demande, et, après avoir fait de vaines tentatives auprès de l'évêque, non-seulement elles rendirent les deniers qu'on avait avancés, mais encore les meubles, les règlements et généralement tout ce qu'on avait fait à l'usage des retraites.

Cette bourrasque ne dura néanmoins qu'un temps. L'esprit du prélat se calma, et il consentit enfin, à la prière de mademoiselle d'Argouges, dont on avait interposé le crédit, au rétablissement des retraites pour les femmes, et il en donna la direction, tant pour le spirituel que pour le temporel, à M. de Kerlivio qui, sans perdre de temps, chercha une maison qui fût propre pour cela ; mais n'en ayant point trouvé d'assez grande, mademoiselle de Francheville profita de l'offre qu'on lui fit de lui louer pour quelques années la maison du séminaire, qui, venant d'être achevée, était inhabitée faute d'argent pour la meubler, à condition néanmoins qu'elle la mettrait en état d'y pouvoir loger. C'est pourquoi, comme elle connaissait l'intelligence et le zèle de M. de Kerlivio, elle le chargea du soin de cet ouvrage, en lui mettant d'abord deux mille écus entre les mains, avec lesquels il fit travailler avec tant de diligence, qu'en peu de mois la maison fut disposée pour les retraites.

La première vue de mademoiselle de Francheville était seulement de contribuer à ces retraites de son bien et non pas de sa personne, soit qu'elle crût n'avoir pas les talents nécessaires pour cet emploi, ou qu'elle craignît que cela ne la détournât de sa solitude; mais lorsqu'on lui eut fait entendre que Dieu demandait aussi sa personne, elle s'engagea, malgré ses répugnances, au travail des retraites, mettant toute sa confiance en Dieu, qui bénit tellement sa soumission à sa sainte volonté par les grands talents qu'il lui donna pour la conduite des âmes, que plusieurs personnes ont avoué que ses entretiens familiers et ses exhortations les touchaient davantage que les sermons des plus habiles prédicateurs. La première retraite se fit dans la maison du séminaire, le 6 décembre 1674. Le nombre ne fut d'abord que de douze personnes; mais il augmenta de telle sorte dans la suite, qu'on y en compta jusqu'à trois cents. Pendant que l'on était ainsi occupé à ces retraites, on ne négligea rien pour leur donner un lieu fixe et indépendant, après que le terme de cinq années, qu'elles devaient se faire dans le séminaire que mademoiselle de Francheville avait loué pour cet effet, serait expiré. C'est pourquoi on choisit, proche l'église de Saint-Salomon, un terrain fort avantageux, sur lequel on bâtit une maison qui, étant achevée en 1679, fut habitée l'année suivante, que l'on commença à y faire la première retraite, le 6 mai, dans laquelle il se trouva quatre cent douze personnes, dont le nombre fut encore plus grand aux fêtes de Pâques; d'où l'on peut juger du grand fruit que cette pieuse fondatrice a fait dans cette maison pendant quatorze ans qu'elle l'a gouvernée.

Après la mort de M. de Kerlivio, qui arriva le 21 mars 1685, dans le temps qu'il avait déjà commencé à agrandir d'un nouveau corps de logis la maison de retrait des hommes, mademoiselle de Francheville se fit une espèce de religion de remplir les dernières volontés de ce saint homme, en faisant achever l'ouvrage qu'il lui sait imparfait, et cela en reconnaissance de ce qu'il avait coopéré au succès de ses desseins, qui enfin, après lui avoir attiré l'estime des hommes, lui mérita la grâce de mourir de la mort des justes, le 23 mars 1689, âgée de soixante-neuf ans, ayant eu la consolation de voir de son vivant dans la Bretagne quatre établissements semblables au sien, l'un à Rennes, un autre à Saint-Malo, le troisième à Quimper, et le quatrième à Saint-Paul-de-Léon. Comme ces maisons, destinées aussi pour des retraites, ont été fondées en partie par ses soins, et qu'elles suivent les règlements de la maison de Vannes, elles reconnaissent pareillement mademoiselle de Francheville pour institutrice.

Le P. Huby, qui a eu tant de part à l'établissement de ces maisons de Retraite, était aussi originaire de Bretagne. Il naquit à Hennebont le 15 mai 1608, et reçut le nom de Vincent sur les fonts de baptême. Il fit ses humanités au collège des Jésuites de Rennes, et son père, ayant appris le dessein qu'il avait d'entrer parmi eux, l'envoya à Paris pour y faire son cours de philosophie dans un des collèges de l'Université; mais le changement de lieu ne changea rien dans son dessein. Il en poursuivit l'accomplissement avec tant d'ardeur, que le P. Coton se crut obligé de le recevoir dans la compagnie, le 25 décembre 1625, dans la dix-huitième année de son âge. Au sortir du noviciat, il fit une année de rhétorique à Rennes, selon la coutume de ce temps-là; trois ans de philosophie à la Flèche, trois ans de régence à Vannes, et quatre ans de théologie à Paris. Il retourna ensuite à Vannes, où il enseigna la rhétorique pendant un an, et fut préfet des classes pendant une autre année. Après avoir fait sa troisième année de noviciat, il fut envoyé à Orléans, où il fit sa profession solennelle le 18 septembre 1648. Les huit années suivantes, les supérieurs, voulant ménager sa santé, qui était faible et délicate, ne l'occupaient qu'à la préfecture des classes et à enseigner la théologie morale à Orléans, puis à Vannes, ce qui n'empêchait pas qu'il ne s'employât au salut des âmes, pour lequel il avait un si grand zèle, qu'il s'offrit au P. Rigoleu pour l'accompagner dans ses missions. Quoique ce fût l'emploi pour lequel il avait plus de talent et d'inclination, cependant on l'en retira pour l'appliquer au gouvernement, en le faisant recteur de Quimper; mais Dieu ayant fait connaître par les dispositions de sa Providence que le ministère apostolique était son partage, on l'y remit, et il vint à Vannes rejoindre le P. Rigoleu, après la mort duquel il passa ses trente dernières années avec un zèle infatigable à l'avancement des retraites des hommes et des femmes, et mourut en odeur de sainteté, le 22 mars 1803, âgé de quatre-vingt-cinq ans, dont il en avait passé soixante-huit dans la compagnie de Jésus. Son corps fut exposé pendant deux jours pour contenter le peuple, qui accourait en foule pour le voir. La Maison de Retraite des femmes demanda son cœur, et la demande ayant été appuyée de la recommandation de l'évêque de Vannes, on ne put le lui refuser.

Pierre Phonamic, *Vie des fondateurs des Maisons de Retraite: M. de Kerlivio, le P. Vincent Huby, et mademoiselle de Francheville.*

Les Maisons de Retraite se multiplièrent en Bretagne, et lorsque la révolution française vint renverser tous les établissements religieux, il y en avait dans tous les diocèses de cette religieuse province. L'usage s'en était introduit en d'autres contrées. Le P. Hélyot n'a guère donné que la vie des fondateurs. Comme cette œuvre fructueuse des Retraites a été rétablie, même avec plus d'étendue et de solidité qu'autrefois, je donnerai, dans le volume de SUPPLÉMENT, un article étendu sur ce sujet et sur la *Société de Marie*, qui en fait l'objet principal de son institut.

B-D-E.

RÉODES.

Voy. MALTE.

RIFORMATI, ou RÉFORMÉS.

Des Frères Mineurs de l'Etroite-Observance en Italie, appelés Riformati *ou les* Reformés

Quelques années après que l'Etroite-Observance eut été établie en Espagne, elle passa en Italie, où elle fut portée par le P. Etienne Molina, Espagnol, qui l'introduisit dans la province de Rome l'an 1525, ayant été secondé en cela par le zèle du P. Martin de Guzman, aussi Espagnol. Ce fut sous le généralat du P. François des Anges, qui étant religieux de la province de Saint-Gabriel des Déchaussés d'Espagne, favorisa cette réforme en Italie, où les religieux qui l'ont embrassée sont connus sous le nom de *Riformati*, à la différence de ceux d'Espagne et de Portugal, qui, comme nous l'avons dit ailleurs (art. DÉCHAUSSÉS), ont conservé celui de *Déchaussés*.

Les principaux couvents où cette Etroite-Observance fut introduite, furent ceux de Fonte-Palombo, de Grecio et de quelques autres dans les vallées de Rieti et de Spolette, où saint François avait autrefois demeuré. Les Capucins, qui s'établirent dans le même temps, auraient bien souhaité ces couvents, comme convenables par leur solitude à la qualité d'Ermites, qu'ils avaient prise dans le commencement de leur réforme; mais la régularité avec laquelle on vivait dans ces couvents fut cause que le pape Clément VII ne voulut pas leur accorder la demande qu'ils lui en faisaient avec beaucoup d'instance.

Les austérités que ces Réformés y pratiquaient étaient surprenantes : ils ne mangeaient rien de cuit que le dimanche et le jeudi, et aux autres jours ils se contentaient de manger du pain, du fruit et des herbes crues. Outre les deux carêmes ordonnés par la règle, ils jeûnaient encore très-rigoureusement celui de l'Epiphanie, les Rogations et le Carême du Saint-Esprit, depuis l'Ascension jusqu'à la Pentecôte; ils en avaient encore deux, l'un depuis l'Octave des Apôtres saint Pierre et saint Paul jusqu'à l'Assomption de la sainte Vierge, et l'autre depuis le 20 août jusqu'à la fête de Saint-Michel. Ils ne quêtaient de la viande, du poisson et des œufs que pour les malades. Si cependant on leur en apportait quelquefois par aumône, ils en mangeaient aux jours permis par la règle et par les constitutions. Les uns dormaient sur la terre nue, d'autres sur des planches, et ceux qui étaient d'un tempérament moins robuste, sur des nattes. L'usage des haires, des cilices et des ceintures de fer leur était commun. Ils employaient presque toute la nuit à l'oraison soit mentale soit vocale. Outre le grand office de l'église, ils récitaient encore tous les jours celui de la sainte Vierge au chœur, excepté les fêtes de première classe, et les jours ouvrables ils ajoutaient celui des Morts. Ils disaient encore tous les jours en commun les sept psaumes de la Pénitence avec les litanies des saints, et ils faisaient deux heures d'oraison mentale, l'une le matin et l'autre le soir.

Tandis que le P. François des Anges gouverna l'ordre en qualité de général, cette Réforme fit beaucoup de progrès; mais le temps de son office étant expiré l'an 1528, et ayant eu pour successeur Jean Pisotti, quelques supérieurs de l'ordre n'étant pas favorables à ces religieux Réformés, l'on chercha les moyens d'affermir cette Etroite-Observance dans les couvents où elle était établie, en faisant des custodies que l'on prenait de ces Réformés mêmes, afin qu'ils les gouvernassent sous l'autorité du provincial de la province où ils étaient situés, lequel provincial était élu par les Réformés conjointement avec les non Réformés ou Observants, et ne pouvait rien changer ou innover dans les custodies, au préjudice de la Réforme ou Etroite-Observance, sans le consentement des custodes.

Ces Réformés obtinrent du pape Clément VII, l'an 1532, un bref par lequel ce pontife ordonna au général et aux provinciaux de leur donner quatre ou cinq couvents dans chaque province. Ce même pontife défendit aux provinciaux et aux commissaires généraux de les troubler en aucune façon dans leur manière de vivre, et permit aux Réformés de recevoir des novices. Il fit aussi quelques autres règlements qui furent exactement observés par les Réformés, qui, l'an 1568, obtinrent un autre bref du pape Pie V qui ordonna que les Observants des provinces d'Italie, qui, après une année de noviciat dans la Réforme, y auraient fait profession, ne pourraient plus retourner parmi les Pères de la famille ou les non Réformés, ce qui n'avait pas été pratiqué jusqu'alors, plusieurs religieux étant retournés dans les couvents non Réformés après avoir vécu plusieurs années dans la Reforme. Ce bref fit naître dans l'ordre des contestations, et fut cause que les Réformés furent persécutés par ceux de l'Observance. Grégoire XIII, pour remédier aux désordres que cela causait, donna une bulle, le 3 juin 1579, en faveur des Réformés, par laquelle il ordonna que ceux qui voudraient embrasser la Réforme y feraient une année de probation, laquelle expirée, ils n'en pourraient sortir sans la permission du saint-siège, sous peine d'apostasie, déclarant que tous les profès de cette Réforme, tant ceux qui y avaient fait leur noviciat que ceux qui, après avoir fait profession dans l'Observance, y avaient passé une année entière de probation, étaient obligés à l'Etroite-Observance de la règle de saint François, selon les déclarations des papes Nicolas III et Clément V.

En vertu de cette même bulle, il est permis au custode de recevoir des novices et tous les religieux de l'Observance qui voudront embrasser la Réforme, indépendamment du provincial et des autres supérieurs de l'ordre, auxquels ce pontife ordonne expressément de donner aux Réformés certain nombre de couvents qui ne pourraient être visités que par le seul ministre général, et non par les provinciaux, leur accordant le pouvoir de tenir tous les trois ans un chapitre custodial sans préjudice à la voix active et passive qu'ils avaient aux chapitres provinciaux de l'Observance, sans la participation de laquelle ils pouvaient faire des statuts particuliers pour leur Réforme.

Les Réformés de la province de Milan, qui se trouvaient les plus vexés par les Pères de l'Observance, obtinrent cette bulle, et comme elle était commune pour tous les Réformés tant d'Italie que d'Espagne, le P. Ange du Pas, custode des Déchaussés de la province de Catalogne, qui se trouva au chapitre général tenu à Paris la même année qu'elle fut obtenue, étant de retour en Catalogne, la voulut faire exécuter, et pour mieux réussir dans cette entreprise, il se joignit aux Déchaussés des provinces de Valence et d'Aragon, qui, d'un consentement unanime, formèrent une province de Réformés ou Déchaussés qu'ils nommèrent la province de Tarragone, et dont le P. Ange du Pas fut élu provincial. Mais un commissaire général ayant voulu faire la visite d'un couvent de cette nouvelle province, et le P. Ange s'y étant opposé en vertu de la bulle de Grégoire III, le commissaire en porta ses plaintes au roi d'Espagne, qui obligea le nonce du pape à révoquer cette bulle, et cita le P. Ange à comparaître devant lui, dans l'intention de le faire arrêter; mais ce Père eut recours au pape même, qu'il alla trouver à Rome, tandis que l'on emprisonna en Espagne quelques-uns de ses religieux et que l'on chassa les autres de leurs couvents.

Le pape, indigné de la témérité de son nonce, qui était M. Taverna, évêque de Lodi, le fit revenir d'Espagne et le relégua dans son évêché, ayant substitué à sa place l'évêque de Plaisance. Ce pontife écrivit à plusieurs évêques en faveur des Réformés, et voulut maintenir ce qu'il avait ordonné; mais l'arrivée de François de Gonzague à Rome lui fit changer de sentiment, et par les sollicitations de Philippe II, roi d'Espagne, et du cardinal Ferdinand de Médicis, protecteur de l'ordre, il révoqua sa bulle. Ce ne fut néanmoins qu'à condition que le général favoriserait les Réformés, maintiendrait et augmenterait leur Réforme : ce qui fut exécuté; car quoiqu'il eût été contraire au P. Ange du Pas, il maintint la Réforme et l'augmenta considérablement, en l'établissant dans les provinces où elle n'avait pas encore été introduite, et en dressant des constitutions en leur faveur. Ces Réformés d'Italie et les autres compris dans la famille cismontaine furent gouvernés par des custodes, sous l'autorité du général et des provinciaux, jusqu'en l'an 1639, que le pape Urbain VIII affermit entièrement la Réforme, en érigeant vingt-cinq custodies, qu'ils avaient, en autant de provinces, par un bref du 12 mai de la même année; et depuis ce temps-là ils ont eu de nouvelles provinces et de nouvelles custodies. Dès l'an 1603, Clément VIII leur avait accordé un procureur général en cour de Rome, qui fut d'abord institué par les généraux; mais Urbain VIII, par un bref de l'an 1632, ordonna qu'il serait à la nomination du cardinal protecteur. L'habillement de ces religieux est semblable à celui des CÉSARINS. (*Voy.* ce mot.)

Luc Wading, *Annal. Minor.*, tom. VII, et Dominic. de Gubernatis, *Orb. Seraphic.*, tom. II.

ROMAINE (CONGRÉGATION).
Voy. BERNARD (*Congrégation de saint-*).

ROMUALD (CONGRÉGATION DE SAINT-).
Voy. MONT-DE-LA-COURONNE.

RONCERAY.

Des religieuses Bénédictines de Notre-Dame de Ronceray, à Angers (1).

Dès le VI° siècle, il y avait dans la ville d'Angers, au delà de la rivière de Mayenne, une église dédiée en l'honneur de Notre-Dame, où les saints évêques Melaine de Rennes, Aubin d'Angers, Victor du Mans, Laud de Coutances, et Marse de Nantes, s'étant assemblés au commencement du Carême, Melaine célébra la messe, et distribua à ceux qui étaient présents les eulogies que l'on donnait autrefois comme une marque d'union et de charité. Mais Marse n'ayant pas voulu manger la part de l'eulogie qu'on lui avait donnée, à cause du jeûne, et l'ayant mise dans son sein, elle se changea en serpent. Il reconnut aussitôt sa faute, et en ayant demandé pardon à Melaine, l'eulogie reprit sa première forme, et il la mangea. C'est dans ce même lieu (où, selon le P. Mabillon, il y avait des moines dès le IX° siècle) que l'on a bâti depuis la célèbre abbaye de Ronceray, l'une des plus considérables de France, qui fut fondée l'an 1028, pour des religieuses Bénédictines, par Foulques Nerra, comte d'Anjou, et Hildegarde sa femme, qui renversèrent les anciens bâtiments, et en firent construire de nouveaux, n'ayant réservé que les grottes souterraines, où les évêques dont nous avons parlé s'étaient assemblés, et où s'était fait le miracle, pour prouver que la charité devait être préférée au jeûne : ce qui fit d'abord donner à ce monastère le nom de *Notre-Dame de Charité* : on l'a depuis appelé *Notre-Dame de Ronceray*. Le comte d'Anjou et sa femme y fondèrent quatre chanoines, pour être les directeurs spirituels de ces religieuses; et ces chanoines subsistent encore.

L'abbesse jouit de plusieurs droits considérables, tant pour les terres et les fiefs qui dépendent de son monastère, que pour la seigneurie et la juridiction qu'elle fait exercer par ses officiers dans la ville d'Angers, dont une partie relève d'elle. Elle a encore à sa présentation et collation un grand nombre de bénéfices, cures, prébendes et chapelles, dont elle dispose. Mais ce qu'il y a de particulier dans cette abbaye, c'est qu'il

(1) *Voy.*, à la fin du vol., n° 67.

y a huit prieurés simples d'un revenu considérable, qui sont possédés en titre par des religieuses de ce monastère, soit par présentation de l'abbesse, soit par résignation en cour de Rome, dans lesquels bénéfices les titulaires ont été maintenues par un arrêt célèbre, rendu contradictoirement au conseil privé du roi au mois de septembre 1686, contre les prétentions de madame de Grammont, qui était pour lors abbesse, et qui voulait réunir le temporel et les revenus de ces prieurés à la mense abbatiale. Cet arrêt maintint les titulaires de ces prieurés dans leurs droits, à condition que la communauté serait conservée et observée dans cette abbaye, même à l'égard de ces prieures, qui payeraient annuellement à l'abbesse une pension pour leur nourriture et entretien, à proportion du revenu de leurs prieurés, et feraient un bon usage et louable emploi du surplus, dont elles donneraient connaissance à l'abbesse d'année en année.

On ne reçoit dans cette abbaye que des demoiselles qui sont obligées de faire preuve de leur noblesse, tant du côté paternel que maternel. La clôture et la grille n'y ont jamais été établies, et les religieuses y ont toujours vécu d'une manière si édifiante et si régulière, que l'on n'a pas cru qu'elles eussent besoin d'une autre barrière pour empêcher la corruption de se glisser dans leur monastère, que de leur propre vertu, et du bon naturel que le sang et la naissance leur inspirent.

Cependant, avec cette liberté qu'elles ont conservée, leur vie est austère : car, outre qu'elles se lèvent à minuit pour dire Matines, elles ont encore beaucoup de jeûnes et d'abstinences, et elles ne mangent de la viande que trois fois la semaine. La grand'messe est tous les jours célébrée avec diacre et sous-diacre par un des quatre chanoines qui ont été fondés en même temps que l'abbaye, pour en être, comme nous l'avons dit, les directeurs spirituels; ils sont aussi curés d'une des plus grandes paroisses de la ville, qui y est annexée, et dont l'église, sous le titre de la Trinité, est contiguë à celle de l'abbaye. On y fait l'office comme dans les collégiales. Le chanoine officiant donne, les dimanches, l'eau bénite dans le chœur à l'abbesse et aux religieuses, et aux fêtes solennelles l'encens. Le diacre leur porte le livre des Évangiles à baiser. Avant la grand'messe on fait la procession autour des cloîtres, où les religieuses sont conduites par le chanoine semainier en chape, assisté du diacre et du sous-diacre, qui porte la croix, de deux acolytes avec des chandeliers, et du bedeau portant sa masse. Mais aux jours solennels, outre l'officiant, les trois autres chanoines, quatre vicaires perpétuels de l'église de la Trinité, et deux chapelains de l'abbaye assistent tous pareillement à la procession en chape. Les religieuses les suivent deux à deux, en chantant les répons de l'office, et l'abbesse marche ensuite, précédée d'une autre religieuse qui porte sa crosse.

(1) *Voy.*, à la fin du vol., n° 68.

DICTIONN. DES ORDRES RELIGIEUX. III.

Lorsque ces demoiselles prennent l'habit de religion, elles sont vêtues de blanc; elles ont un surplis, et on leur met sur la tête une couronne de fleurs ; mais leur habillement après la profession consiste en une robe noire, avec de grandes manches, et une longue queue, qu'elles laissent toujours traîner, lorsqu'elles vont à la communion, ou qu'elles ont quelque cérémonie extraordinaire. Mais aux fêtes solennelles, leurs grandes manches sont doublées d'une toile blanche plissée en forme de surplis ; ce qui leur donne un air de chanoinesses (1).

Cette célèbre abbaye est la seule en France qui ait conservé l'usage de la bénédiction et consécration des religieuses, qui a cessé presque par toute l'Église depuis le XIIIe siècle, si on en excepte les monastères de religieuses Chartreuses, où l'on observe encore cette cérémonie. Marc Cornaro, étant évêque de Padoue au commencement du dernier siècle, la voulut rétablir dans son diocèse. Il consacra plus de deux cents religieuses en différents monastères, et il y en eut trente dans celui de Saint-Etienne de Padoue en un même jour. La cérémonie s'en fit le 11 septembre 1616, et il y en eut une relation imprimée, qui se trouve dans quelques bibliothèques. Il semble qu'elle soit encore en pratique dans l'abbaye de Saint-Zacharie à Venise : car le P. Mabillon y étant l'an 1685, dit avoir été présent à la consécration de quelques religieuses de ce monastère. Il y avait trente ans que l'on n'avait point reçu de religieuses professes à Ronceray, lorsque M. l'évêque d'Angers, Michel Poncet, fit la consécration de treize jeunes professes de ce monastère, le 25 août 1709, et de neuf autres en 1712.

La cérémonie se fait ordinairement dans l'église de la Trinité, qui est, comme nous l'avons dit, contiguë à celle de l'abbaye, y ayant une porte de communication pour aller de l'une à l'autre : et l'on observe tout ce qui est marqué dans le Pontifical romain pour la consécration des vierges. Il y a seulement quelques particularités qui sont en usage parmi ces religieuses de Ronceray, et qui seront spécifiées dans la suite.

L'évêque s'étant rendu dans cette église de la Trinité avec ses officiers, se revêt de ses habits pontificaux, pendant que les jeunes novices prononcent leurs vœux dans le chœur de l'abbaye, entre les mains de l'abbesse. Elles sont pour lors habillées de blanc, revêtues de surplis. Après que l'abbesse a reçu leurs vœux, elle sort du chœur accompagnée de quelques anciennes religieuses (dont l'une porte sa crosse devant elle), et conduite processionnellement par les chanoines officiants, dans l'église de la Trinité, où elle prend sa place dans un fauteuil vis-à-vis du trône épiscopal. Pour lors l'évêque commence la messe chantée par la musique, accompagnée de symphonie ; et après le graduel, le grand archidiacre, revêtu d'une chape, part de l'autel pour aller au chœur de l'abbaye, avertir les professes de se rendre à l'église de la

Trinité : ce qu'il leur annonce en chantant l'antienne *Prudentes virgines, aptate vestras lampades ; ecce sponsus venit, exite obviam ei.* Aussitôt elles allument leurs cierges, qu'elles tiennent à la main, et suivent l'archidiacre, accompagnées chacune d'une ancienne religieuse, qui leur sert de paranymphe.

Étant entrées dans l'église de la Trinité, et apercevant l'évêque, qui est assis dans un fauteuil devant l'autel, elles s'arrêtent et se mettent à genoux, pendant que l'archidiacre, qui est à leur tête, dit à haute voix au prélat : *Reverendissime Pater, sancta Mater Ecclesiæ*, etc. « Très-Révérend Père, l'Église, notre sainte Mère, demande que vous bénissiez et consacriez ces vierges que voici, et que vous en fassiez des épouses de Jésus-Christ. » L'évêque lui demande si elles en sont dignes : *Scis dignas esse ?* L'archidiacre répond : *Quantum humana fragilitas nosse sinit, credo*, etc. « Autant que la fragilité humaine permet de le connaître, je crois et j'assure qu'elles sont dignes de porter ce nom. » Pour lors l'évêque dit : *Auxiliante Domino nostro*, etc. « Avec le secours de Notre-Seigneur Jésus-Christ nous choisissons ces vierges pour les consacrer et en faire des épouses de Jésus-Christ. » Il les appelle ensuite en disant : *Venite* : « Venez. » Les vierges répondent : *Et nunc sequimur* : « Et nous allons à vous. » Elles font quelques pas vers l'autel, et s'étant mises encore à genoux, l'évêque hausse sa voix, en répétant *Venite*. Elles chantent : *Et nunc sequimur in toto corde* : « Et nous allons à vous de tout notre cœur. » Enfin, après avoir fait encore quelques pas vers l'autel, elles se mettent derechef à genoux. L'évêque les appelle pour une troisième fois, en haussant toujours sa voix, et disant : *Venite, filiæ, audite me, timorem Domini docebo vos* : « Venez, mes filles, écoutez-moi, je vous enseignerai la crainte de Dieu. » Elles se relèvent et répondent par cette antienne, qu'elles chantent en marchant : « Et nous allons à vous de tout notre cœur. Nous vous craignons, Seigneur, nous cherchons à vous voir, ne nous confondez point ; mais agissez avec nous selon votre douceur, et selon la grandeur de vos miséricordes. »

Toutes ces jeunes professes, étant arrivées dans le sanctuaire, se mettent à genoux, et baissant profondément la tête, presque jusqu'à terre, elles chantent l'une après l'autre, en relevant la tête peu à peu, ce verset : *Suscipe me, Domine*, etc. « Recevez-moi, Seigneur, suivant votre promesse, afin que jamais aucun vice ne domine en moi. » Elles se relèvent ensuite. Leurs paranymphes les font ranger en forme de demi-cercle devant l'évêque, qui, après leur avoir fait une exhortation sur la dignité et l'excellence de l'état qu'elles embrassent, leur demande à toutes en commun si elles veulent persévérer dans leur dessein de garder la virginité ; et ayant répondu qu'elles sont dans cette volonté, il les interroge en particulier, et demande encore à chacune si elle est dans le dessein de garder la virginité, et ayant répondu qu'elles persévèrent dans ce dessein, il leur demande derechef à toutes ensemble si elles veulent être bénies, consacrées, et devenir les épouses de Jésus-Christ, après quoi l'on chante les litanies et les prières marquées dans le Pontifical romain. L'évêque bénit ensuite les habits des jeunes professes. La bénédiction étant achevée, elles vont dans la sacristie, accompagnées de leurs paranymphes, pour quitter leurs habits blancs et leurs surplis, et se revêtir des habits noirs que l'évêque vient de bénir. Elles retournent ensuite deux à deux à l'autel, en chantant les versets et répons : *Regnum mundi et omnem ornatum sæculi*, etc. « J'ai méprisé les royaumes du monde et les ornements du siècle pour l'amour de mon Seigneur Jésus-Christ, que j'ai vu, que j'ai aimé, dans lequel j'ai cru et que j'ai chéri. Mon cœur a produit une excellente parole, et j'adresse mes ouvrages au roi, que j'ai vu, que j'ai aimé, auquel j'ai ajouté foi, et que j'ai chéri. »

Les paranymphes les font mettre à genoux en demi-cercle avec le voile baissé. L'évêque les bénit, dit plusieurs oraisons et prières, et elles reçoivent ensuite de sa main le voile noir, qu'il leur met sur la tête, un anneau d'or au doigt, puis une couronne de perles et de diamants que les paranymphes leur attachent sur la tête. Le prélat leur donne ensuite la bénédiction solennelle marquée dans le Pontifical, et l'archidiacre lit en français une excommunication que les papes ont fulminée contre ceux qui troubleraient ces vierges sacrées dans le service divin et la possession de leurs biens.

L'évêque continue ensuite la messe, et à l'offertoire les nouvelles épouses de Jésus-Christ vont deux à deux à l'offrande, et présentent au prélat leurs cierges, en baisant son anneau. Elles reçoivent aussi la sainte communion de sa main, et chantent ensuite cette antienne : *Mel et lac ex ore ejus suscepi, et sanguis ejus ornavit genas meas.* La messe étant finie, l'évêque donne la bénédiction solennelle au peuple, dit encore une oraison sur les vierges consacrées, et leur donne pouvoir de commencer l'office divin dans le chœur, leur présentant un bréviaire, sur lequel elles mettent les mains l'une après l'autre, pendant que l'évêque dit ces paroles : *Accipe potestatem legendi officium et incipiendi horas in ecclesia*, etc. « Recevez le pouvoir de dire l'office, et de commencer les heures canoniales dans l'église, au nom du Père, du Fils et du Saint-Esprit. »

La cérémonie étant achevée, toutes les religieuses retournent au chœur de l'abbaye, conduites processionnellement par le clergé. L'évêque les suit, ayant ses ornements pontificaux, et ce prélat se tenant debout à l'entrée du chœur, les religieuses étant prosternées contre terre, il adresse à l'abbesse qui est à leur tête ces paroles : « Pensez à la manière dont vous devez conserver ces vierges consacrées à Dieu, pour les lui représenter un jour sans tache, puisque vous devez rendre compte d'elles au tribunal de leur Epoux, qui doit être leur juge et le vôtre. »

Pendant neuf jours les nouvelles professes font abstinence de viande, et gardent le silence. Elles sont aussi toujours, pendant ce temps-là, revêtues de leur habit de cérémonie, avec leurs couronnes bénites sur la tête, et cinq ans durant après leur profession, elles demeurent sous la conduite de leur maîtresse, comme pendant le noviciat.

Outre les processions que ces dames religieuses font dans leur cloître et dans les chapelles intérieures de la maison, aux jours de dimanches, des fêtes solennelles et des Rogations, avec les chanoines de la Trinité, elles en font aussi plusieurs autres à certains jours, où elles sortent du chœur pour aller dans la grande église; et même autrefois elles sortaient de leur abbaye pour aller en procession à l'église cathédrale, et dans celle de l'abbaye de Saint-Nicolas, qui est aussi de l'ordre de Saint-Benoît, comme on voit par d'anciens titres; mais il y a déjà longtemps que ces processions externes ne sont plus en usage. Cependant elles reçoivent encore dans leur chœur plusieurs processions du dehors, comme celle de la cathédrale et des autres chapitres de la ville, qui vont ensemble y chanter la grand'messe le jour de Saint-Marc; celle des religieux de Saint-Nicolas un des jours des Rogations, et celle du jour de la Fête-Dieu, que l'on appelle *du Sacre*, et qui est générale, non-seulement le clergé séculier et régulier, mais aussi toutes les compagnies et communautés séculières de la ville y assistent, au nombre de plus de deux mille personnes, ayant chacun un flambeau à la main, et passent tous au travers du chœur des religieuses.

Mémoires envoyés d'Angers en 1712, par M. le Masson, chanoine et ancien curé de la Trinité.

La célèbre communauté du Ronceray n'existe plus. B-D-E.

RONCEVAUX (Chanoines réguliers de) et DE LA CATHÉDRALE DE PAMPELUNE.

L'hôpital de Roncevaux, situé dans les monts Pyrénées et dans le royaume de Navarre, reconnaît pour son fondateur l'empereur Charlemagne. Ceux qui ont dit qu'il le fit bâtir en mémoire de la bataille qu'il gagna en ce pays, où son neveu Rolland et plusieurs autres grands capitaines furent tués, se sont trompés, puisque lorsque ce fameux Rolland, si recommandable dans nos histoires, fut tué (Mézeray, *Hist. de France sous Charlemagne*), ce fut plutôt dans une défaite que dans une victoire, et cela par la trahison des Gascons des Pyrénées, qui, peu reconnaissants des services que l'empereur leur avait rendus, l'attendirent dans les défilés de Roncevaux, comme il s'en retournait en France vers l'an 778, et, accoutumés aux vols et aux brigandages, lui enlevèrent son bagage qui était à l'arrière-garde, et lui tuèrent un grand nombre de braves seigneurs. Ce fut plutôt pour faire prier Dieu pour eux qu'il fit bâtir cet hôpital, dont les rois d'Espagne se sont dits aussi dans la suite fondateurs.

Cependant Dom Prudence de Sandoval, évêque de Pampelune, convient bien que Charlemagne, après la défaite de son armée, fit bâtir en ce lieu une chapelle; mais il ne lui attribue pas la fondation de l'hôpital que l'on voit présentement, qui, à ce qu'il prétend, fut bâti par Dom Sanchez, évêque de Pampelune, vers l'an 1131. Ce prélat, à ce qu'il dit, touché de compassion de ce qu'une infinité de pèlerins qui allaient à Saint-Jacques périssaient dans ce lieu et étaient suffoqués par des tourbillons de neige ou dévorés par des loups, fit bâtir un hôpital attenant à cette ancienne chapelle, pour y recevoir les pèlerins. Il fit ensuite bâtir une magnifique église à un quart de lieue au-dessous de cet hôpital, dans une situation plus agréable par rapport à quelques prairies qui y sont, mais où le froid est si rigoureux et se fait sentir si violemment dans quelques saisons de l'année, que ce lieu paraît inhabitable.

Il joignit à cette église une maison pour y loger une chanoine de la cathédrale de Pampelune, à qui il donna l'administration de cet hôpital, voulant qu'après sa mort elle passât à un autre chanoine de la même cathédrale, avec la qualité de prieur des Chanoines qui seraient reçus à Roncevaux.

Nous aimons mieux néanmoins suivre l'opinion du célèbre docteur Navarre, religieux de cet hôpital, lequel en attribue la fondation à Charlemagne. Il y a de l'apparence que du temps de l'évêque Dom Sanchez, l'hospitalité n'y était pas pratiquée, peut-être parce que les revenus avaient été dissipés, et que ce prélat fit rétablir cet hôpital, qu'il dota de gros revenus, lui ayant donné la plus grande partie des biens qu'il avait dans le royaume de Navarre. Les princes et les seigneurs qui depuis ont passé par cet hôpital les ont si fort augmentés par leurs libéralités, qu'on y a fait de superbes bâtiments; et, malgré les pertes qu'il a souffertes, tant en France, où il avait de gros biens qui ont été ruinés par les guerres, qu'en Angleterre, où il en avait aussi de considérables, et, malgré les églises qui lui ont été enlevées lors du schisme et de l'hérésie dont ce royaume a été infecté, on y a reçu, dans des années, jusqu'à vingt mille pauvres.

Cet hôpital est principalement établi pour recevoir les pèlerins qui vont de France, d'Allemagne et d'Italie à Saint-Jacques, et pour ceux d'Espagne qui vont à Rome et dans la Terre Sainte. Ils y sont servis splendidement par les Chanoines Réguliers; s'il se trouve quelque personne distinguée, on lui défère cet honneur, comme il arriva au cardinal de Bourbon qui, ayant conduit en Espagne la reine Isabelle, fille de Henri II, roi de France, et femme de Philippe II, roi d'Espagne, servit les pauvres de cet hôpital qui se trouvaient au nombre de trois cents, et leur donna à chacun trois réaux d'Espagne.

En 1531, le prince Dom François de Navarre, dans la suite archevêque de Valence, étant prieur de cet hôpital, en divisa les revenus en trois parties, du consentement des Chanoines, dont la première est pour l'hôpital et les réparations, la deuxième pour le prieur, et la troisième pour les Chanoines. Le pape Clément VII approuva ce partage en 1532, mais la mort l'ayant empêché d'en accorder les lettres d'approbation, son successeur, Paul III, les fit expédier en 1534, à la prière de l'empereur Charles V, qui y donna aussitôt son consentement, comme fondateur de cet hôpital, en qualité de roi d'Espagne.

De Crescenze dit que les Chanoines de cet hôpital étaient disciples de saint Jean de l'Ortie, fondateur de plusieurs hôpitaux en Espagne, sous Alphonse VII. Il est certain qu'à peu près dans le temps que l'hôpital de Roncevaux fut rétabli par l'évêque Dom Sanchez, saint Jean fonda un hôpital dans un désert affreux des montagnes d'Oca, surnommé de l'Ortie, à cause des mauvaises herbes et des orties dont est rempli ce désert, qui aboutit au grand chemin par où passent les pèlerins qui vont à Saint-Jacques. Ce saint y ayant mis des Chanoines Réguliers, Dom Sanchez a pu en faire venir à Roncevaux pour desservir cet hôpital, sous la direction d'un chanoine de la cathédrale de Pampelune qui, comme nous venons de le dire, devait avoir la qualité de prieur. L'hôpital de Saint-Jean-l'Ortie, ainsi appelé après la mort de ce saint, arrivée en 1163, fut donné en 1431 aux religieux de Saint-Jérôme, par Paul de Sainte-Marie, évêque de Burgos, du consentement de trois Chanoines qui y restaient ; ce qui fut depuis confirmé par le pape Eugène IV.

Les Chanoines de Roncevaux nous donnent occasion de parler de ceux de la cathédrale de Pampelune. Le P. du Moulinet dit qu'ils furent établis par Pierre, évêque de ce lieu, en 1106, lequel avait été tiré de l'abbaye de Saint-Pons de Tomières, dont il était religieux. Mais cet évêque y avait mis des Chanoines Réguliers dès l'an 1087, comme il paraît par l'acte de cet établissement, où l'on voit qu'il prit l'avis et le conseil de l'abbé de Saint-Ponce de Tomières, du prieur de Saint-Saturnin de Toulouse, de l'archevêque d'Auch et de quelques autres évêques, abbés et personnes religieuses. Il leur donna de gros revenus et établit des Chanoines à proportion. Il y mit douze dignités, entre autres un chambrier qui devait avoir soin du vestiaire, un autre chargé de donner le nécessaire à la communauté, un infirmier, un trésorier, un hospitalier ; le prieur devait avoir la place immédiatement après l'évêque.

Le roi Dom Sanchez et son fils Dom Pierre confirmèrent les donations que leurs prédécesseurs avaient faites à cette église, et même en firent de considérables, à cause de la vie exemplaire de ces Chanoines. Le même Dom Sanchez ordonna, la même année 1087, que tous les prêtres des églises voisines qui pourraient voir les clochers de cette cathédrale ou entendre le son des cloches y viendraient

(1) *Voy.*, à la fin du vol., nos 69 et 70.

le jour des Rameaux à la bénédiction des palmes, le samedi saint à la bénédiction des fonts baptismaux, et le mercredi des Rogations. Urbain II confirma toutes les donations qui furent faites à cette église, la reçut sous sa protection, et approuva les règlements que l'évêque Pierre avait faits.

Je n'accorde pas néanmoins au P. du Moulinet que ce fut la règle de saint Augustin que cet évêque donna à ces Chanoines ; car il n'en est point fait mention dans la profession qu'ils faisaient dans ce temps-là, dont la formule est rapportée par Sandoval, évêque de cette même église, en ces termes : *Ego Fortunius regulam a sanctis Patribus constitutam, Deo juvante, servare promitto, et per vitæ æternæ præmium, humiliter militaturum me subjicio in hoc loco, qui est consecratus in honorem sanctæ Dei Genitricis Mariæ, et aliorum sanctorum, in præsentia domini Petri, Pampilonensis episcopi. Promitto et huic sedi, rectoribusque ejus, semper obedientiam et stabilitatem et conversionem morum meorum, coram Deo et angelis ejus, secundum præceptum canonum.* Les Chanoines Réguliers des autres églises ne reconnaissaient point aussi d'autre règle que celle des canons (*Apud* Martene, *de antiq. Ritib. Eccles.*, tom. III, pag. 95) ; car la formule des vœux de ceux de la cathédrale de Cuença en Espagne, qui se trouve dans un ancien Pontifical écrit il y a plus de cinq cents ans, est énoncée dans les mêmes termes que celle des Chanoines de Pampelune. Le même Sandoval dit qu'il y avait aussi des moines dans cette église, à cause qu'il en est fait mention dans une donation que l'évêque Pierre fit l'an 1101, où il dit : *Cum conventu canonicorum et monachorum mihi subditorum.* Il ne sait néanmoins s'ils étaient différents des Chanoines ; mais je crois qu'ils pouvaient être les mêmes, puisque les Chanoines étaient aussi appelés Moines dans les siècles passés. Anastase le Bibliothécaire, dans la Vie de Grégoire IV, dit que ce pontife ayant fait rétablir la basilique de Sainte-Marie au delà du Tibre, y mit des Chanoines-Moines ; et on lit dans un vieux Pontifical de saint Prudence, évêque de Troyes, que dans le premier *Memento* de la messe, on faisait mention des Chanoines-Moines de cette église : *Memento, Domine, famulorum famularumque tuorum, omnium Canonicorum Monachorum nostræ Ecclesiæ, parentum nostrorum,* etc.

Les Chanoines de Roncevaux se sont conformés, pour l'habillement, à ceux de la cathédrale de Pampelune, comme à leur mère église, à cause qu'ils étaient renfermés dans ce diocèse. Cet habit consiste en un surplis sans manche avec une aumusse noire sur les épaules pendant le temps de l'é.é, et l'hiver en une grande chape noire, et un camail avec une fourrure par devant. Lorsqu'ils sortent, ils ont un petit scapulaire de toile sur leur soutane noire, avec cette différence que ceux de Roncevaux portent une F d'étoffe verte sur le côté gauche comme hospitaliers, ce que n'ont pas ceux de la cathédrale (1).

Voyez Dom Prudencio de Sandoval, *Catalogo de los obisbos de Pampelona.* Mart. Navarr., tom. II *Comment. regul.*, num. 7. Du Moulinet, *Habillem. des Chanoines Régul.* Schoonebeck, *Hist. des ord. relig.* Philip. Bonanni, *Catalog. ord. relig.*, part. I

ROSAIRE et COLLIER CÉLESTE DU SAINT-ROSAIRE (Ordres de Notre-Dame du).

Tous les historiens demeurent d'accord que saint Dominique est l'auteur de la dévotion du Rosaire ou Chapelet, qui contient quinze dizaines d'*Ave Maria*, dont chacune commence par un *Pater*, en mémoire des cinq mystères joyeux, des cinq mystères douloureux et des cinq mystères glorieux, où la Vierge a eu part; mais ils varient sur le temps de son institution, les uns la mettant en l'année 1208, après une vision dont la Vierge honora saint Dominique, dans le temps qu'il prêchait contre les Albigeois; et plusieurs croient que ce saint avait déjà établi cette dévotion dans le cours des missions qu'il avait faites en Espagne avant qu'il passât en France. Quoi qu'il en soit, on ne doute point qu'il n'ait institué cette manière d'honorer la sainte Vierge; mais il n'en est pas de même de l'ordre militaire de Notre-Dame du Rosaire dont Schoonebeck, et après lui le P. Bonanni, de la compagnie de Jésus, lui attribuent aussi l'institution: car ce saint n'a point établi d'ordre militaire sous le nom du Rosaire, et Schoonebeck et le P. Bonanni ont fait sans doute un ordre militaire de l'armée des croisés qui, sous la conduite du comte de Montfort, combattit contre les Albigeois; car Schoonebeck parle de plusieurs victoires que Simon, comte de Montfort, qu'il prétend avoir été de cet ordre, remporta sur ces hérétiques, en quoi il semble avoir voulu imiter Favin, qui confond aussi l'ordre de la Milice de Jésus-Christ, institué par saint Dominique, comme nous l'avons dit ailleurs (art. Milice de Jésus-Christ), avec cette armée de croisés à qui il donne pour marque une croix fleurdelisée, telle que nous l'avons décrite dans un autre endroit, se fondant sur ces paroles de Ferdinand de Castillo, qui dit que la devise de la religion de Saint-Dominique est une croix fleurdelisée, blanche et noire de la couleur de l'habit, qui l'était aussi de l'ordre militaire que saint Dominique institua en France et en Lombardie, et qui fut confirmé par le pape Honorius contre les rebelles à l'Église: *Uso per devisa esta santa religion la cruz floretada de los colores de su habito, que son blanco y negro, que tombien lo fueren de la cavaleria militar, que el mismo santo Domingo instituo in Francia y Lombardia, confirmada por el papa Honorio contra los rebeldes de la Iglesia.*

L'abbé Giustiniani et M. Hermant, parlant de cet ordre militaire de Notre-Dame du Rosaire, disent que ce fut un archevêque de Tolède, nommé Frédéric, qui en fut l'instituteur peu de temps après la mort de saint Dominique. Cet archevêque (selon ces auteurs), voyant les ravages et les maux que les Maures faisaient en Espagne, conçut le dessein de leur opposer des personnes illustres par leur naissance et leur dignité, qui non-seulement pussent garantir son diocèse de leurs incursions, mais allassent aussi les attaquer dans les lieux dont ils s'étaient rendus maîtres, et les en chasser. Non-seulement beaucoup de noblesse de l'archevêché de Tolède, mais encore de toute l'Espagne, s'engagea sous les enseignes de cette milice, et on vit bientôt la province purgée de ces infidèles. Ils ajoutent que la marque qui distinguait ces chevaliers des autres ordres militaires, était une croix moitié blanche et moitié noire, terminée aux extrémités en fleur de lis, au milieu de laquelle était une ovale, où l'image de la sainte Vierge était représentée, soutenant d'une main son Fils et de l'autre tenant un rosaire (1), et qu'enfin cet archevêque leur avait donné la règle de saint Dominique, avec quelques statuts particuliers. Le P. André Mendo parle aussi de cet ordre, et dit que ces chevaliers portaient l'image de la sainte Vierge, non pas dans le milieu de la croix, mais au-dessus, et que cette croix était blanche et noire comme celle que portent les officiers de l'inquisition; qu'ils étaient obligés de réciter à certains jours le Rosaire, et qu'ils suivaient la règle de saint Dominique. Mais quelle est cette règle de saint Dominique? C'est une difficulté qu'il aurait fallu éclaircir, puisqu'on n'en connaît point, et que ce saint, en instituant son ordre, donna à ses religieux celle de saint Augustin. C'est ce qui me fait douter que cet ordre militaire soit véritable, d'autant plus que, s'il n'était point supposé, les historiens de l'ordre de Saint-Dominique n'auraient pas manqué d'en parler.

Voyez And. Mendo, *de Ord. militaribus.* L'abbé Giustiniani, Hermant et Schoonebeck, dans leurs *Hist. des ord. militaires.*

Voici un ordre où il y a un peu plus de réalité, et qui a été véritablement institué, si l'on en veut croire le P. François Arnoul, religieux de l'ordre de Saint-Dominique, qui dit que ce fut à sa sollicitation que la reine Anne d'Autriche, veuve du roi Louis XIII et mère de Louis XIV, institua cet ordre l'an 1645, sous le nom du Collier céleste du saint Rosaire. Ce collier devait être composé d'un ruban bleu enrichi de roses blanches, rouges et incarnates, entrelacées de chiffres ou lettres capitales de l'*AVE*, et du nom de la reine, qui s'appelait Anne, de cette manière ₩. La croix devait être d'or, d'argent ou autre métal, selon la qualité et les facultés de celles qui la devaient porter. Cette croix devait être à huit rais, où d'un côté il y aurait eu l'image de la sainte Vierge, et de l'autre celle de saint Dominique, chaque rayon pommeté, avec une fleur de lis dans chacun des angles de la croix, qui devait être attachée à un cordon de soie, et pendre sur la poitrine.

L'ordre devait être composé de cinquante

---

(1) *Voy.*, à la fin du vol., n°s 71 et 72.

filles dévotes sous une intendante ou supérieure. Quand la noblesse du sang se rencontrait avec la vertu et la piété dans les filles qui se présentaient, elles devaient être préférées à celles qui n'avaient que la vertu et la piété sans la noblesse. On pouvait les recevoir toutes dès l'âge de dix ans, après avoir été éprouvées pendant un mois ; mais elles devaient être associées à la confrérie du Rosaire avant que d'être admises à l'ordre du Collier céleste, qui pouvait être aussi établi dans les lieux où la confrérie du Rosaire était instituée, et s'il ne se trouvait pas cinquante filles pour établir cet ordre dans un lieu, on pouvait en prendre dans le voisinage, dans les lieux où il y aurait eu une confrérie du Rosaire, jusqu'à ce que le nombre fût complet, à condition néanmoins que dans chaque église il y en eût dix. Enfin les cérémonies requises en l'établissement de cet ordre étaient telles : la reine, ou celle qui la représentait, après plusieurs prières que l'on récitait en présence des filles que l'on recevait, tenant le cordon bleu de la main gauche, et la croix de sa droite devait faire baiser cette croix des deux côtés à chacune des postulantes, et ouvrant ensuite le cordon de ses deux mains, elle devait prononcer ces paroles : *De l'autorité et bienveillance d'Anne d'Autriche, reine régente et mère de Louis XIV, je vous reçois et vous admets à son ordre très-auguste du Cordon bleu céleste du sacré Rosaire, et pour sa fille dévote, et ma très-chère sœur, vous recommandant d'observer très-exactement nos statuts, et d'être fort curieuse de la gloire de Dieu, de sa Mère, de saint Dominique et de Leurs Majestés.* Tels étaient les projets de cet ordre, dont l'établissement n'a pas eu de suite, quoique le P. Arnoul prétende en avoir obtenu des lettres patentes du roi. Qui voudra voir de plus grandes particularités de l'institution de cet ordre peut consulter le livre qui a pour titre : *Institution de l'ordre du Collier céleste du saint Rosaire,* par le P. F. Arnoul, religieux de l'ordre de Saint-Dominique, imprimé à Lyon l'an 1645.

A ces ordres de Notre-Dame du Rosaire, et du Collier céleste du saint Rosaire, nous joindrons celui du Chapelet de Notre-Dame. Cet ordre fut institué l'an 1520, (Deutreman., *Hist. de Valenciennes* p. 397.) par quelques bourgeois de Valenciennes en l'honneur de la sainte Vierge, et en action de grâces du couronnement de l'empereur Charles V. Il fut conféré à tous les chefs de chaque quartier de la ville. L'écu de leurs armes devait être entouré d'un chapelet rouge, auquel pendait un cygne d'argent pour marquer la pureté de la sainte Vierge, et pour timbre un pot chargé de lis au milieu duquel était une étoile. Ce timbre était entouré de deux branches de saule vert.

RUF (CHANOINES RÉGULIERS DE LA CONGRÉGATION DE SAINT-).

Messieurs de Sainte-Marthe avouent qu'il est difficile de trouver des monuments authentiques pour prouver l'antiquité de l'abbaye de Saint-Ruf, qui est le premier monastère et le chef de la congrégation des chanoines Réguliers de ce nom. Choppin est tombé dans l'erreur de ceux qui ont cru que ce saint, qui a été le premier évêque d'Avignon et disciple des apôtres, en a été le fondateur. Je passe sous silence les différentes opinions que d'autres ont eues, pour ne m'arrêter qu'à celle qui m'a semblé la plus certaine.

La cathédrale d'Avignon a été desservie pendant un long temps par des chanoines qui ont vécu en commun, et qui embrassèrent dans la suite la règle de saint Augustin, qu'ils observaient encore l'an 1483, lorsque le cardinal Julien de la Rouvère, légat en France, et qui fut depuis pape sous le nom de Jules II, les sécularisa. Il y a de l'apparence qu'ils avaient abandonné pendant un temps cette vie commune, puisque, l'an 1039, quatre d'entre eux, savoir Arnauld, Odilon, Ponce et Durand, animés de l'esprit de Dieu, résolurent de les quitter pour se défendre de leur relâchement, et voulant demeurer fermes dans l'observance des saints canons et pratiquer la vie commune dans une pauvreté volontaire, ils se retirèrent dans une petite église dédiée en l'honneur de saint Ruf, que Benoît, évêque d'Avignon, leur accorda du consentement de son chapitre, avec une autre église dédiée à saint Just et quelques terres qui en dépendaient, comme il paraît par l'acte de cette donation, datée du 1er janvier de la même année.

L'on conservait dans cette église de Saint-Ruf les sacrées reliques de ce saint, qu'on prétend être fils de Siméon le Cyrénéen dont parle saint Marc dans son Évangile ; l'ancienne tradition du pays est qu'après la descente du Saint-Esprit sur les Apôtres, les Juifs, irrités de la prédication de l'Évangile, chassèrent les chrétiens, et mirent Madeleine, sa sœur Marthe et leur frère Lazare, saint Ruf et plusieurs autres, dans un vaisseau sans voiles ni cordages, pour les faire périr dans la mer ; mais que la Providence les conduisit aux côtes de Provence, où étant débarqués, saint Lazare annonça l'Évangile à Marseille dont il fut fait évêque, aussi bien que saint Ruf à Avignon, qui eut cette province en partage, et qu'après sa mort il avait été enterré dans cette église, qui avait retenu son nom.

Ce sentiment n'est pas universellement reçu, au contraire il est fort combattu ; mais quoi qu'il en soit, ce fut proche de cette église que ces chanoines s'étant assemblés, et se conformant en toutes choses sur le modèle des premiers chrétiens de Jérusalem, jetèrent les premiers fondements de cette congrégation, qui, à cause de cette église de Saint-Ruf, en a pris le nom, pour se distinguer des chanoines qui étaient restés dans la cathédrale.

La vie exemplaire qu'ils menaient, et qui consistait dans une humilité profonde, une piété sincère, une pauvreté parfaite qu'ils accompagnaient de beaucoup d'austérités, leur attira bientôt des compagnons qui se joignirent à eux, et cette petite demeure devint en peu de temps un grand édifice par le nombre de religieux et de monastères qui se multiplièrent. Il s'en forma une congrégation qui devint très célèbre, non-seulement en France, mais même en Italie et en Espagne. Elle posséda plusieurs abbayes et prieurés. Et e reçut plusieurs priviléges des souverains pontifes. Elle obtint un office propre et des constitutions particulières, avec pouvoir d'élire un général, comme il se pratique dans tous les autres ordres ; et enfin le monastère de Saint-Ruf fut reconnu pour chef de la congrégation.

Il paraît par les anciennes coutumes de cet ordre, que la pauvreté dont ces chanoines faisaient profession était très-grande aussi bien que leur austérité, et que la discipline qui était gardée dans cette congrégation était très-sévère ; car, dans l'article qui regarde la réception des novices, il est spécialement recommandé de leur bien faire connaître toutes ces choses, et combien il était difficile de soutenir ces observances : *Et interim prædicentur ei paupertas loci, asperitas domus, severitas disciplinæ, et quantus labor sit, in illius professionis observatione, quam gravis casus in transgressione*, etc. (*Apud Martene, de antiq. Rit. Eccles.*, tom. III, p. 89).

Lorsqu'on leur avait donné l'habit, celui qui avait soin de leur conduite et de les instruire des observances devait, sur toutes choses, leur apprendre à être humbles, en sorte que le novice, aux moindres mouvements qu'il faisait, devait toujours donner des marques d'une grande humilité, ayant toujours la tête baissée, ne regardant que la terre, et ayant toujours dans l'esprit le Publicain de l'Évangile qui n'osait lever les yeux au ciel : *Et in omnibus motibus suis signum habere humilitatis, caput submittere, terram aspicere, memor esse illius Publicani qui non audebat oculos suos levare in cælum, sed percutiebat pectus suum dicens : Deus, propitius esto mihi peccatori* (*Ibid.*).

Crescenze dit qu'ils suivirent d'abord la règle de saint Benoît ; mais il n'y en a aucune preuve, il y a plus d'apparence qu'ils suivirent exactement les décrets des conciles de Rome qui avaient été tenus pour la réformation des chanoines, et qui les obligèrent à la désappropriation parfaite, et qu'enfin ils se soumirent à la règle de saint Augustin, après que le pape Innocent II eut ordonné, dans le concile de Latran de l'an 1139, que tous les Chanoines Réguliers s'y soumettraient. En effet, par la formule de leur profession qui est énoncée dans leurs anciennes coutumes, qui ne peuvent avoir été écrites qu'après ce concile, il y est fait mention de la règle de saint Augustin : *Ego frater N. offerens trado me ipsum Deo, Ecclesiæ sancti N., et promitto obedientiam secundum canonicam regulam sancti Augustini*, etc.

Ces religieux demeurèrent auprès d'Avignon jusqu'à ce qu'ils furent contraints d'en sortir par la fureur des Albigeois. Ces hérétiques, faisant de temps en temps des courses sur les catholiques, commencèrent par abattre les églises et les maisons religieuses ; et étant entrés dans le comtat d'Avignon en 1210, ils ruinèrent de fond en comble l'église de Saint-Ruf et son monastère.

Ces religieux, se voyant contraints d'abandonner ce lieu, vinrent à Valence en Dauphiné, et bâtirent un superbe monastère dans l'île d'Eparvière, qui en est voisine, et que l'abbé Raymond avait acheté d'Eudes, évêque de cette ville. Ils dédièrent pareillement l'église à saint-Ruf, et établirent ce nouveau monastère chef de toute la congrégation à la place de celui d'Avignon, qui avait été ruiné.

Penot fait remarquer une faute que Chopin a faite en citant un privilége d'Urbain II, adressé à l'abbé de Saint-Ruf près de Valence, quoique cette abbaye n'ait été bâtie que l'an 1210, c'est-à-dire cent quinze ans après. Mais Penot est tombé dans la même faute, en rapportant une bulle d'Innocent VIII, qui, en confirmant tous les priviléges que ses prédécesseurs avaient accordés à la même abbaye, cite d'abord celui d'Urbain II, et fait mention de cette abbaye étant proche de Valence : *Sane dudum felicis record. Urbanus Papa II, prædecessor noster, omnibus in monasterio et ordine S. Ruf extra muros Valentiæ*, au lieu d'*extra muros Avenionenses*, qui se trouve dans le même privilége rapporté par messieurs de Sainte-Marthe dans toute sa teneur, et qui est adressé à Arbère, abbé de Saint-Ruf, en l'année 1096. Ils en rapportent encore un autre de Paschal II, de l'an 1115, adressé à Adelger, troisième abbé de Saint-Ruf au diocèse d'Avignon, et dans ces deux priviléges il est fait mention de plusieurs églises qui dépendaient déjà de cette abbaye. Quant à cet Adelger, que messieurs de Sainte-Marthe comptent pour le troisième abbé, il était le quatrième, selon le P. Colombi, qui rapporte une donation faite, l'an 1108, de l'église de Saint-Andéol à Lethert, son prédécesseur, par Léodegaire, évêque de Vivier ; mais il se peut faire que ce Lethert soit le même qu'Adelger. Cet auteur ajoute que l'abbé Adelger fut fait évêque de Barcelonne, l'an 1116, par le pape Paschal II, et ensuite archevêque de Tarragone.

Enfin, les guerres civiles ayant encore ruiné le monastère d'Eparvière l'an 1560, ils transportèrent pour la troisième fois le chef de leur ordre dans un prieuré qu'ils avaient dans l'enceinte de la ville de Valence : l'abbé général y porta les droits et la dignité du monastère qui avait été bâti dans cette île, et le roi Henri IV approuva cette translation.

Cette congrégation était en si grande estime dans le XIIe siècle, que celle de Sainte-Croix de Coïmbre en Portugal, dans le commencement de son établissement, envoya des religieux à Saint-Ruf pour apprendre ses coutumes et sa manière de vivre, afin de se former sur son modèle, et ce qui l'a rendu encore plus illustre est d'avoir fourni trois papes à l'Église : savoir, Anastase IV, Adrien IV et Jules II. Adrien était Anglais de nation et s'étant mis au service des religieux de cette abbaye, il fit tant, par son esprit et par sa vertu, qu'il fut reçu au nombre des religieux, et fut quelque temps après élu général. Quelques affaires de son ordre l'ayant obligé d'aller à Rome, Eugène III, qui reconnut son mérite, le fit cardinal, évêque d'Albe et légat *a latere* au pays de Norwége, où il prêcha l'Evangile à ces peuples, qu'il convertit à la foi de Jésus-Christ, et à son retour il fut élu pour successeur d'Anastase IV, et mourut à Anagnie en 1159.

Les cardinaux Guillaume de Vergy, Amédée d'Albret et Angélique de Grimoald de Grisac, fondateur du collège de Saint-Ruf de Montpellier, ont été aussi de cette congrégation, qui a eu quarante-cinq généraux du nombre desquels sont les trois papes et les trois cardinaux dont nous venons de parler, avec Philippe Chambaliac, évêque de Nice, et Jean II, patriarche d'Antioche. Bérenger, évêque d'Orange, était aussi de la même congrégation, aussi bien que Geoffroy, évêque de Tortose, et plusieurs autres.

Elle est présentement gouvernée par le R. P. D. de Valernod, qui porte pour armes d'azur à un croissant montant d'argent au chef cousu de gueules chargé de trois roses d'or. Chaque général fait de ses armes le sceau de la congrégation, qui n'en a point de particulières. Ces Chanoines Réguliers sont vêtus de serge blanche avec une ceinture noire et une bande de linge en écharpe, et quand ils sortent ils ont un manteau noir, comme les ecclésiastiques.

Augustin de Pavie met cinquante abbayes de cette congrégation, outre les prieurés, qui n'étaient pas seulement renfermés dans la France, mais qui s'étaient multipliés jusque dans les provinces les plus éloignées. Le P. Thomassin remarque que l'archevêque de Patras, voyant son église abandonnée par ses chanoines qui étaient séculiers, pria le pape Innocent III de lui permettre de substituer en leur place des Chanoines Réguliers de Saint-Ruf, ce qu'il lui accorda, à condition qu'il donnerait à ces chanoines des terres, des vignes, des blés et du vin pour cinquante ou soixante personnes, du poisson et de l'huile à proportion; des villages pour leur fournir trois cents poules, deux cents brebis et cent livres de cire tous les ans; que, pour assister les pauvres et recevoir les hôtes, il leur donnerait une certaine quantité de bonne terre, de bœufs, de vaches, de veaux, et autant de vignes qu'il en faudrait par an pour la subsistance de dix personnes, des paysans pour en exercer la culture sans exiger de salaire, avec la moitié des revenus de l'archevêché en dîmes, mortuaires et aumônes, à moins que les Chanoines Réguliers de Saint-Ruf, n'étant pas contents de ce partage, n'aimassent mieux la moitié de tous les biens de l'archevêché. Le pape ordonna encore que l'exemple de l'église de Patras pourrait être suivi des autres églises grecques, qui avaient embrassé il n'y avait pas longtemps le rite latin, et que les chanoines éliraient le prieur, qui serait confirmé par l'archevêque (1).

(1) *Voy.*, à la fin du vol., n° 73.

Voyez Penot, *Hist. trip. canon. reg.*, lib. II, cap. 56. Silvest. Maurol., *Mar. océan. di tut. gl. relig.*, lib. I, pag. 5. Sammarth., *Gal. Christ.*, tom. IV, pag. 801. Chopin, lib. II *Monast.*, tit. 4, num. 20. Joan. Columbi, *Opuscul. Varia*, pag. 543. Herm., *Hist. des ord. relig.*, tom. III, pag. 39.

Il paraît que les Chanoines de Saint-Ruf ne donnèrent pas dans les nouveautés orgueilleuses du jansénisme; la conduite judicieuse que tinrent les curé et vicaire de N.-D. de la Plattière, à Lyon (tous deux étaient membres de cet ordre), à l'égard du P. Richard, Oratorien appelant, fut fort blâmée par les *Nouvelles ecclésiastiques*, et fait par conséquent honneur à leurs sentiments et à leur zèle; or il est vraisemblable qu'ils pensaient comme leur corporation.

Plût à Dieu qu'ils eussent conservé en tout ces excellentes dispositions! Ils n'auraient pas été des premiers à donner l'exemple de la défection. Dans l'article additionnel à celui des *Chevaliers de N.-D. du Mont-Carmel et de Saint-Lazare* réunis, j'ai promis de revenir avec plus d'étendue sur l'adjonction des Chanoines de Saint-Ruf à cet ordre militaire. Je puiserai des renseignements précieux sur cette réunion momentanée et enfin sur l'extinction de l'ordre de Saint-Ruf lui-même dans le *Mémoire sur l'état religieux* publié par l'abbé Mey.

En 1760, l'abbé de Saint-Ruf et quelques membres de sa congrégation formèrent, par des motifs peu honorables, le projet de se réunir à l'ordre royal et militaire de Saint-Lazare. Le 5 janvier de cette année les deux ordres passèrent un concordat qui renfermait leurs conventions réciproques. Le 12 octobre ils obtinrent du roi un brevet qui permit aux Chanoines Réguliers de Saint-Ruf de poursuivre en cour de Rome leur sécularisation, ensemble la suppression, tant du titre de l'abbaye que des menses conventuelles, offices claustraux et bénéfices dépendant de leur ordre, et l'union ou incorporation de ses biens et revenus à l'ordre de Saint-Lazare.

Les tentatives que ces ordres firent à Rome n'eurent pas d'abord un heureux succès. Le concordat du 5 janvier 1760 ayant été déféré à l'assemblée du clergé de 1762, il y fut universellement réprouvé. L'assemblée chargea ses agents de s'opposer en son nom à l'union des deux ordres, et fit demander au roi la permission d'en porter les plaintes à Rome. Le pape Clément XIII ayant fait examiner l'affaire dans la congrégation préposée aux affaires consistoriales, l'avis de la congrégation ne fut pas favorable au projet, et le pape adressa, le 22 août 1764, deux brefs, l'un à M. l'archevêque de Vienne, l'autre à M. l'évêque de Valence, par lesquels il assura les deux prélats qu'il était entièrement déterminé à suivre cet avis; que les raisons exposées par plusieurs évêques étaient d'un trop grand poids pour être surmontées; qu'il lui paraissait qu'en réformant l'ordre de Saint-Ruf, et le ramenant à la vie conventuelle, il pouvait être d'une grande utilité à l'Eglise; qu'il était prêt à donner tous ses soins pour rappeler cet ordre à son premier institut. Il exhorta les deux prélats à montrer toujours la même fermeté pour la conservation de cet ordre. Cette décision déconcerta les promoteurs du projet, mais ne leur fit pas perdre toute espérance. Sous le règne de Clément XIV ils renouvelèrent leurs instances. Ils obtinrent en 1765 une commission adressée à M. l'évêque de Meaux, qui chargeait ce prélat de procéder à une information sur les faits et les motifs allégués par les deux ordres, et sur les raisons qui leur avaient été opposées. Soixante-dix témoins furent entendus, et l'information envoyée à Rome ne fut pas suivie d'une prompte réponse. Ce ne fut qu'en 1771 qu'on surprit au pape un bref, daté du 1er juillet de cette année, qui prononçait la suppression de l'ordre de Saint-Ruf, la sécularisation de son chef et de ses membres, et leur incorporation dans l'ordre de Saint-Lazare. Le clergé, assemblé en 1772, ne fut pas moins affligé que surpris de ce bref. Il réunit tous ses efforts pour en empêcher l'exécution. M. de Briane, archevêque de Toulouse, chargé de l'examiner et d'en rendre compte à l'assemblée, fit son rapport dans la séance du 23 juin. Ce rapport est trop important, pour la solidité des principes qui y sont établis, pour ne pas en rapporter un extrait assez étendu :

« Une réclamation générale vous impose, Messieurs, le devoir de vous occuper du bref, par lequel N. S. P. le pape supprime la congrégation des Chanoines de Saint-Ruf, en sécularise les membres et unit et incorpore les personnes et les biens à l'ordre de Saint-Lazare. Cette union n'était encore qu'un projet informe lorsqu'elle excita l'attention de l'assemblée de 1762, invitée par les évêques dans les diocèses de quels sont situées les principales maisons de la congrégation de Saint-Ruf; cette assemblée supplia Sa Majesté de vouloir bien retirer son consentement : elle jugea illicite le pacte qui servait de base à cette union.

« Les instances du clergé n'ayant pas eu l'effet qu'il s'en promettait, le moment auquel cette union semble devoir être consommée doit aussi réveiller ses alarmes : jamais elles ne furent plus légitimes. Si le projet de l'ordre de Saint-Lazare a son exécution, tous les biens de l'Eglise sont menacés, et ce qui excitera encore plus votre zèle, toutes les règles ecclésiastiques seront évidemment enfreintes. Mais c'est parce que nos craintes sont fondées, que l'objet qui les excite doit être examiné avec plus d'attention. Il ne faut pas que l'on puisse dire que le clergé de France n'a suivi que le mouvement de son zèle et l'impression de son intérêt. Plus votre délibération doit être ferme, plus elle doit être éclairée et réfléchie.

« Pour mettre quelque ordre dans l'examen que nous nous proposons..., nous considérerons le bref, et par rapport à l'ordre qui doit être éteint, et par rapport à celui qui doit être enrichi de sa dépouille....

« La suppression d'un ordre, sa sécularisation, et l'union de ses biens, sont, comme son établissement, du nombre de ces causes majeures, qui doivent exciter l'attention la plus scrupuleuse, et par l'étendue, et par l'importance de leurs rapports.

« Un ordre, une fois établi, a une propriété, une consistance, un état qui ne peut changer que pour des raisons de nécessité ou de la plus évidente utilité. Les formes suivant lesquelles doivent être faits ces changements, sont d'autant plus rigoureuses, qu'elles n'intéressent pas seulement l'ordre qui les éprouve, mais tous ceux à qui son existence peut donner ou promettre quelque avantage.

« Nous connaissons peu d'exemples d'extinction d'un ordre entier..... Le désordre, le scandale, peuvent être des motifs d'éteindre un ordre; mais il faut que ce désordre et ce scandale soient portés à une telle extrémité, qu'on ne puisse espérer d'y porter remède. Si la discipline peut être rétablie, il n'est pas permis d'en négliger les moyens, et l'extinction qui ne peut avoir lieu qu'après des efforts répétés, ne doit jamais avoir l'apparence de la faveur vis-à-vis de ceux qui ont rendu ces efforts inutiles.

« Si nous connaissons peu d'exemples d'extinction d'ordres entiers, nous en connaissons encore moins de sécularisation. Les sécularisations particulières ne sont pas regardées favorablement. Elles ont eu lieu principalement pour des chapitres de cathédrales, où les devoirs du cloître se conciliaient difficilement avec ceux du ministre et pour des abbayes, où la régularisation venant à s'éteindre, les lieux claustraux à être détruits, le nombre des religieux à être insuffisant, on était obligé de recourir à des séculiers pour le service de l'Eglise et l'acquit des fondations.

« Les formes qui doivent être suivies pour l'extinction d'un bénéfice particulier sont le principe de celles qui doivent avoir lieu pour l'extinction d'un ordre, ou sa sécularisation. La première est de constater juridiquement quelle en est la nécessité ou l'utilité. L'évêque, qui est juge de cette nécessité ou utilité, lorsqu'il doit prononcer le décret, doit être le premier appelé, lorsque le décret est prononcé par l'autorité supérieure du souverain pontife. Tous ceux qui ont intérêt doivent être entendus ; et quel intérêt peut être plus grand que celui de l'évêque chargé de veiller aux besoins de son diocèse et à la conservation des biens ecclésiastiques, au maintien des règles, et à l'acquit des fondations? Ce témoignage de l'évêque n'est pas la déposition d'un simple témoin, il est rendu avec une sorte d'autorité que l'exemption a pu suspendre, mais qu'elle ne détruit pas.

« Comme les unions sont, en quelque sorte, réputées des aliénations, disait M. Talon (1664), on ne pouvait y procéder sans l'autorité de l'évêque. Si nous avons cette déférence pour le pape, de recevoir ses bulles pour l'union d'un bénéfice, n'est-ce pas sous la condition que les rescrits de sa chancellerie contiennent une délégation *in partibus*, afin de reconnaître et de conserver l'autorité des évêques, et qu'il ne se passe rien sans leur autorité et leur agrément?

« Cette nécessité d'entendre l'évêque, lorsqu'il s'agit d'une extinction ou union, ou généralement d'un changement dans l'état de quelque corps ecclésiastique, ou de quelque bénéfice que ce soit, a fait rejeter par les tribunaux cette clause insérée quelquefois dans les brefs de la cour de Rome, *licentia episcopi minime requisita*. Duperray, dans ses *Moyens canoniques*, remarque en particulier qu'à l'occasion de la bulle d'union de l'abbaye de Saint-Nicaise de Reims à la Sainte-Chapelle de Paris, le Parlement, en 1712, mit dans son arrêt une restriction expresse à cette clause de la bulle, les tribunaux l'ayant toujours regardée comme contraire à nos maximes.

« C'est particulièrement lorsqu'il s'agit d'une sécularisation que l'évêque doit être entendu; le changement qui arrive dans l'état des personnes en fait une dans leur dépendance, auquel l'évêque doit concourir....

« Au témoignage de l'évêque, l'information qui doit constater les causes de la suppression d'un ordre ou de sa sécularisation doit joindre d'autres témoignages, qui, sans avoir la même importance et le même poids, doivent influer dans le jugement. Ces témoignages doivent être produits sur les lieux par des personnes instruites. Des témoins éloignés, ignorants, ou sans intérêt, ne peuvent éclairer le juge, et plus il est éloigné lui-même des lieux, plus les témoignages doivent être multipliés et les informations concluantes. »

M. l'archevêque de Toulouse fait ensuite l'application de ces principes, *qu'il ne croit pas pouvoir être contestés*, à l'affaire de Saint-Ruf.

1° Il discute les motifs de l'extinction et sécularisation de cet ordre. « Le roi avait fait diverses tentatives pour rétablir la régularité : ces tentatives avaient été sur le point d'être suivies du succès, lorsqu'après une visite, dont l'objet était de rétablir les lieux réguliers, et de remettre la règle en vigueur, l'abbé, assisté de quelques religieux, s'est déterminé à consentir et à solliciter lui-même la suppression de son ordre et sa sécularisation.

« Un relâchement tel qu'il était impossible d'y apporter remède a été supposé rendre nécessaire cette étrange et honteuse révolution. C'est aussi l'idée de ce relâchement qui, dans le bref, paraît déterminer le souverain pontife. Il a été porté à un tel point, est-il dit, que ce qui devait être un objet d'édification est devenu un objet de scandale.

« Mais ce relâchement est-il tel qu'on le dépeint, et réunit-il tous les témoignages qui doivent en assurer l'existence?

« Vous croyez bien que nous ne cherchons pas à faire l'apologie de religieux qui, oubliant leurs engagements, n'ont pas craint de se déshonorer, pour être à portée de les rompre avec impunité. Eux-mêmes ont déféré leur indiscipline au saint-père, et cet aveu est aussi criminel, et peut-être plus honteux encore que le relâchement qu'il sert à constater. Mais ces religieux, qui n'ont pas craint à Rome de se déshonorer, n'ont pas toujours tenu en France le même langage. La consultation des avocats, faite sur leurs mémoires, comme sur ceux de MM. de Saint-Lazare, ne rend point leur conduite aussi suspecte. Cette consultation ne prouve que d'un relâchement occasionné par le défaut de lieux réguliers, et la difficulté de les rétablir. Des secours pécuniaires, des arrangements économiques, le sacrifice de quelques maisons, auraient donc pu rendre plus réguliers ces religieux, qui le pape déclare, d'après eux-mêmes, être devenus un objet de scandale. »

2° « S'il n'y avait pas de cause suffisante, la procédure qu'on a suivie n'a pas été moins irrégulière. Quels sont les témoignages qui se sont joints à leur propre accusation? Ce ne sont ni les évêques des lieux où la congrégation de Saint-Ruf a ses établissements, ni les principaux habitants de ces mêmes lieux, ni les familles des fondateurs de ces établissements : ce sont cependant les témoins naturels, seuls instruits des faits qu'il s'agissait d'établir. Ils pouvaient et avaient intérêt de connaître quelle était la conduite des Chanoines de Saint-Ruf, et s'ils étaient fidèles ou non à leurs engagements. Ce n'est pas que le suffrage de quelques évêques n'ait été reçu; mais ce suffrage, opposé aux prétentions de l'ordre de Saint-Lazare, n'est pas seulement rapporté dans le bref : on n'y fait mention que des témoins favorables, et point des évêques qui ont manifesté leur légitime et constante opposition.

« La congrégation de Saint-Ruf n'a d'établissement que dans la partie méridionale de la France, et c'est à Paris que s'est faite l'information nécessaire. C'est là qu'on a présenté au commissaire nommé par Sa Sainteté des témoins imposants, à la vérité, par leur nombre, par leur dignité, quelques-uns même par leurs lumières, mais qui ne pouvaient connaître ce dont il était question d'informer, qui était sans intérêt à l'affaire, dont quelques-uns, étant parties, n'auraient pas dû être entendus. Le nombre même et l'accord de ces témoins déposent contre ce qu'ils attestent. S'ils eussent été sans partialité, si leurs réponses n'eussent pas été convenues avant de leur être demandées, serait-il possible que toutes ces réponses fussent les mêmes, et que parmi soixante-dix neuf personnes aucune ne fît la plus légère réclamation? Le procès-verbal dépose donc contre lui-même; il est suspect et sans force, et à cause des témoins qui y ont été entendus, et à cause de ceux qui ne l'ont pas été. N'y eût-il que le vice essentiel d'avoir été fait loin des lieux, il serait insuffisant pour connaître et établir la vérité. »

3° M. l'archevêque de Toulouse relève quelques dispositions du bref de suppression et de sécularisation. « Quelle peine n'avons-nous pas encore à voir dans ce bref toutes les dispenses de l'Eglise accordées à des religieux infidèles à leurs engagements? Non-seulement ils sont rendus à l'état séculier, mais ils en peuvent posséder tous les avantages. Non-seulement ces nouveaux concurrents sont donnés au clergé séculier sans le consentement de l'évêque, mais ce consentement même n'est pas requis. Non-seulement on leur donne tous les droits des prêtres séculiers dans l'ordre de la religion, on leur rend encore tous ceux auxquels ils ont renoncé dans l'ordre civil, et en conséquence on les rend habiles à recevoir des legs et donations et à en disposer par testament.

« Si nous nous abstenons de toute réflexion sur ces priviléges en eux-mêmes, il est impossible de n'en pas prévoir toutes les conséquences dangereuses pour le maintien de la discipline régulière et la conservation des monastères. Dès que les grâces du siècle et celles de l'Eglise seront ouvertes à l'indiscipline et au relâchement, dès que la facilité d'enfreindre toutes les règles sera la récompense même de l'infraction; dès que le relâchement, en montant à son comble, pourra se promettre non-seulement l'impunité, mais des faveurs, comment espérer que la régularité se maintienne dans les cloîtres ou s'y rétablisse? Comment le dégoût d'un état austère ne viendra-t-il pas à s'y introduire?

« Aussi voyons-nous que les tentatives faites sur l'ordre de Saint-Ruf se sont portées sur d'autres ordres. Celui de Saint-Antoine avait presque succombé à des offres séduisantes; et une partie des mêmes conditions qui avaient eu lieu à Saint-Ruf avait été acceptée par un grand nombre de religieux. Un brevet autorise l'ordre de Saint-Lazare à traiter avec les Célestins: plusieurs ordres ont été tentés.

« Des pensions abondantes, une décoration extérieure, l'espoir d'un état honnête et recherché, porteront bientôt dans les cloîtres le découragement et les divisions. L'asile de la paix et de la simplicité deviendra le séjour des troubles et de l'ambition; et la cupidité, excitée, fera naître un tel désordre, qu'il ne sera peut-être plus possible de l'arrêter.

« Tels sont les effets que produirait le bref. Et ces effets sont d'autant plus certains, qu'on n'attend pas même que la sécularisation soit prononcée pour jouir des distinctions qui y sont attachées. Le bref n'est que du mois de juillet 1771; les lettres patentes qui l'autorisent n'ont été enregistrées qu'au mois de septembre de la même année. Depuis cette époque, nulle procédure n'a été entamée; tout est encore dans le même état, et cependant les maisons sont en partie désertes. Les religieux ont quitté l'habit; la croix de l'ordre de Saint-Lazare les annonce comme appartenant à un autre corps que celui dans lequel ils ont fait profession, et ce changement existe depuis plusieurs années. Non contents de solliciter sans motifs la défense de l'Eglise, ces religieux la préviennent et déposent jusqu'aux marques extérieures de leur état, avant qu'il leur soit permis d'en embrasser un autre.

« Telles sont, par rapport à l'extinction et sécularisation de l'ordre de Saint-Ruf, les suites du bref que nous avons été chargé d'examiner. La sagesse du roi, celle du souverain pontife, ont été surprises; des causes légitimes ont été supposées. On a prétendu avoir observé les formes, lorsqu'elles ont été violées; mais, dans le fond et dans la forme, toutes les règles résistent à l'exécution de ce projet. Toutes les circonstances concourent à en faire voir l'irrégularité, et il est aussi vicieux dans son principe que dangereux dans ses conséquences. »

A l'égard de l'ordre de Saint-Ruf, M. l'archevêque de Toulouse fit observer, dans la séance du 14 juillet, qu'il était nécessaire de prévoir quel en serait le sort, et que le soin de prononcer sur les maisons qui le composent, lui paraissait devoir être remis aux évêques. Mais on ne voit pas que l'assemblée ait pris aucune délibération à ce sujet.

On demandera peut-être pourquoi, voulant tracer un tableau des destructions d'ordres ou congrégations qui ont été l'ouvrage de la commission royale, on parle, dans ce Mémoire, du projet de suppression, et union de l'ordre de Saint-Ruf, à l'ordre militaire de Saint-Lazare, puisque, d'une part, ce projet n'a point été effectué, et que de l'autre il est absolument étranger à la commission, qu'il a été formé plusieurs années avant son établissement, et que M. l'archevêque de Toulouse l'a combattu avec tant de zèle et de succès.

Mais deux raisons ont semblé l'exiger. Il était indispensable de rappeler les principes qui doivent servir de règles dans les extinctions et sécularités d'ordres ou congrégations régulières, soit pour faire connaître les motifs qui peuvent les rendre, soit pour fixer la forme dans laquelle il faut y procéder. Ce double objet se trouve rempli dans le rapport de M. l'archevêque de Toulouse, avec la précision et la solidité qui étaient à désirer. Les maximes qui sont exposées ont acquis, par son témoignage et par l'approbation de l'assemblée du clergé de 1772, qui a fait insérer le rapport dans son procès-verbal, une autorité nouvelle, qui ne saurait permettre de les contester ou de les obscurcir; et dans le dessein où l'on était d'avoir un guide sûr, dans l'examen des opérations de la commission, on ne pouvait en choisir un qui dût être moins suspect aux prélats commissaires, et qu'on leur opposât avec plus d'avantage. Or il eût été difficile d'entendre le rapport de M. l'archevêque de Toulouse, de sentir toute la force et la justesse de ses réflexions, sans avoir quelque connaissance du traité de l'ordre de Saint-Ruf avec celui de Saint-Lazare, des suites qu'avait eues ce traité, des moyens employés pour le faire réussir, et de ceux qui l'ont fait échouer.

Il était d'autant plus essentiel de rapporter avec quelque étendue le discours de M. l'archevêque de Toulouse, que si la commission n'a point eu de part au premier projet de suppression et union de l'ordre de Saint-Ruf, c'est sous ses auspices que cette congrégation a été depuis éteinte et sécularisée. Et c'est la seconde raison qui a déterminé à faire mention du projet de M. l'archevêque de Toulouse; ayant déjà fait à l'ordre de Saint-Ruf, l'application des principes établis dans son rapport, il n'était plus besoin que de rapprocher les deux opérations, pour démontrer par leur ressemblance que l'une n'est pas moins contraire aux règles que l'autre.

Lorsque les Chanoines de Saint-Ruf n'eurent plus aucune espérance de s'incorporer à l'ordre de Saint-Lazare, ils auraient dû sans doute reprendre leur habit, rentrer dans leurs maisons et y vivre suivant les observances de leur règle. La plupart avaient déserté leurs monastères, *et changé d'état avant même qu'il leur eût été permis d'en embrasser un autre*. On juge aisément qu'avec de telles dispositions, ils n'étaient pas fort empressés de rentrer dans le cloître et de se soumettre aux exercices de la vie régulière. Ils sollicitèrent, et obtinrent à Rome, au mois de février 1773, une bulle par laquelle le pape, annulant et révoquant l'union et l'incorporation précédemment ordonnée de l'ordre de Saint-Ruf à celui de Saint-Lazare, a autorisé les évêques qui ont des maisons de cette congrégation dans leurs diocèses à les éteindre et séculariser, et à en unir les biens à tel bénéfice, chapitre ou établissement qu'ils croiraient plus utile et plus convenable. La bulle décharge les Chanoines de l'ordre de Saint-Ruf de tous les biens de la profession religieuse; elle les restitue au siècle, en leur assignant des pensions suffisantes sur les fonds de la congrégation, et en permettant aux évêques de conférer des bénéfices de toute espèce à ceux qu'ils en croiraient capables. Le pape défend enfin d'attaquer la bulle, sous prétexte d'obreption, subreption ou tout autre défaut, et déroge, pour son exécution, non-seulement à ce que prescrivent les règles de chancellerie, et à toutes les constitutions de ses prédécesseurs, mais encore à tous les décrets des conciles, même à ceux des conciles œcuméniques.

Cette bulle a été revêtue de lettres patentes du 12 juin 1773; M. l'évêque de Valence, par un décret du 12 août 1774, a prononcé la sécularisation de tous les Chanoines Réguliers de Saint-Ruf, comme étant tous profès de l'abbaye, chef-lieu situé dans sa ville épiscopale; il les a rendus à l'état séculier; il les a déclarés libres des obligations contractées par l'émission de leurs vœux ; en réservant tous les droits des évêques qui avaient des biens, ou des Chanoines Réguliers domiciliés dans leurs diocèses, à raison des bénéfices ou offices dont ils étaient pourvus. Le décret a lui-même été confirmé par des lettres patentes du mois de septembre 1774, que le parlement de Grenoble a enregistrées le 13 janvier 1775.

Était-il donc survenu quelque nouveau motif pour anéantir l'ordre de Saint-Ruf et en séculariser tous les membres ? La bulle n'en marque aucun; elle est purement interprétative du bref de 1771, *in interpretationem brevis*, elle y renvoie, elle en confirme toutes les dispositions, auxquelles elle n'a pas dérogé; il n'y a pas de différence essentielle entre l'un et l'autre, qu'en ce que le bref unissait à l'ordre de Saint-Lazare les biens de celui de Saint-Ruf, et que la bulle en laisse la disposition à chaque évêque, pour l'utilité de son diocèse. Si donc la bulle prononce la sécularisation des Chanoines de Saint-Ruf, et la suppression de leur ordre, c'est moins par une disposition nouvelle qu'en confirmant ce qui avait déjà été ordonné par le bref de 1771; c'est sur les mêmes motifs, c'est sur les seules instructions, qui avaient servi de fondement à ce premier rescrit.

Il est sensible, par conséquent, que les moyens si convaincants que M. l'archevêque de Toulouse a développés dans son rapport ne frappent pas moins sur la bulle de 1775 que sur le bref de 1771.

Rappelons les principes de ce prélat. Les congrégations, une fois établies, ont une consistance qui ne saurait changer sans les raisons les plus fortes. Il faut une utilité très-évidente pour l'Église si l'on veut les sacrifier à quelque établissement plus avantageux pour elle; il faut une nécessité réelle si l'on a pour objet direct de les supprimer. Le désordre et le scandale sont, sans doute, des motifs légitimes d'éteindre un ordre ; mais c'est lorsque le scandale est porté à une telle extrémité qu'on ne peut espérer d'y porter remède, c'est après avoir tenté tous les moyens d'y rétablir la discipline ; et l'extinction ne doit jamais avoir l'apparence de la faveur envers ceux qu'on n'a pu soumettre à la réforme. C'est ce principe, suivant M. l'archevêque de Toulouse, qu'on doit juger du mérite de l'extinction de l'ordre de Saint-Ruf. On a supposé que le relâchement, et un relâchement tel, qu'il était impossible d'y remédier, rendait l'extinction nécessaire ; c'est le motif du bref de 1771; c'est encore celui de la bulle de 1773, qui n'en énonce point d'autres. Mais le relâchement n'était pas tel qu'on l'a dépeint au souverain pontife ; il ne réunissait pas tous les témoignages propres à en assurer l'existence. Les évêques dans les diocèses desquels l'ordre de Saint-Ruf avait des maisons, devaient être entendus comme les parties les plus intéressées; leurs témoignages nécessaires n'étaient pas même de simples dépositions de témoins, ils auraient été rendus avec une sorte d'autorité; or, ces évêques, loin de demander la suppression, s'y opposaient.

L'information faite par M. l'évêque de Meaux n'avait pu suppléer à leur témoignage, et cette information d'ailleurs était insuffisante et irrégulière: les témoins entendus n'étaient pas à portée d'être instruits de ce dont ils avaient à déposer, plusieurs étaient suspects de partialité; le nombre et l'accord des témoins prouvaient que leurs réponses avaient été concertées. Le procès-verbal du commissaire déposait donc contre lui-même; il était suspect et sans force; et à cause des témoins entendus, et à cause de ceux qui ne l'avaient pas été : n'y aurait-il eu que le vice essentiel d'avoir été fait à Paris, et fort loin des lieux, c'en était assez pour le faire rejeter.

On a toujours distingué dans l'Église deux manières dont les religieux peuvent déchoir de leur institut : l'une qui mérite la suppression de l'état régulier en réparation des crimes dont les religieux se sont rendus coupables, et alors on dispose de leurs biens en faveur d'établissements ecclésiastiques, ou l'on substitue d'autres religieux, ou même des ecclésiastiques séculiers dans leurs monastères. L'autre manière est lorsque les religieux ne sont pas chargés de crimes, et qu'on ne leur impute que de l'indiscipline et du relâchement; ce n'est pas alors le cas de les détruire, mais de les réformer. L'histoire fournit quelques exemples de suppressions fondées sur les désordres notoires des religieux. C'est ainsi que les Templiers furent détruits par le pape Clément V, qu'en 1571 le pape Pie V abolit, en Italie, l'ordre des Frères Humiliés, et qu'en 1656, Alexandre VII supprima la congrégation des Porte-Croix d'Italie. Ces exemples sont plus fréquents pour les monastères particuliers : sous le règne de Philippe Ier, en 1107, les religieuses du prieuré de Saint-Éloi ayant été convaincues de mener une vie scandaleuse, leur monastère fut donné à des religieux de l'ordre de Saint-Benoît. Sur le même motif, les religieuses d'Argenteuil furent privées de leur monastère, et le pape Honoré II l'unit à l'abbaye de Saint-Denis, à la charge d'y envoyer des religieux pour le desservir. Dans le XIIIe siècle, les religieux de l'abbaye de Saint-Paul de Verdun furent chassés pour cause de dépravation de mœurs, et l'évêque ayant mis à leur place des Chanoines Réguliers de l'ordre de Prémontré, le pape Innocent IV confirma ce changement par une bulle de l'an 1243. Il serait inutile de citer des exemples de simples relâchements, dans la vie régulière, qui ont obligé de réformer les ordres religieux ou les monastères isolés : ces exemples sont trop multipliés et trop connus pour les rappeler. Il n'est presque aucune des grandes abbayes du royaume où il n'ait été nécessaire de rétablir plusieurs fois la régularité; et personne n'ignore les heureux succès des dernières réformes des différents ordres ou congrégations religieuses.

Avait-on donc des désordres à reprocher aux Chanoines Réguliers de Saint-Ruf? Leur inconduite exigeait-elle qu'on usât envers eux du dernier remède de ces réformations éclatantes qui transportent les biens de l'état régulier à l'état séculier, ou ceux d'un ordre religieux à un autre? Ils n'ont point été accusés, et moins encore convaincus. Il n'y avait aucune plainte rendue contre eux dans les tribunaux ecclésiastiques ou séculiers. Les greffes n'étaient pas remplis d'informations faites contre les particuliers ou les communautés. Ils n'avaient point subi de jugements flétrissants de la part des officiaux ou des juges royaux; les évêques n'avaient pas même dressé, dans leurs visites, des procès-verbaux où ils fussent inculpés de crimes et de scandales. Ils n'étaient pas, enfin, du nombre de ces religieux incorrigibles que des efforts répétés n'ont pu ramener à leurs devoirs. Il ne pouvait donc pas être question de leur infliger la peine ignominieuse de la suppression.

Ce n'est pas qu'on veuille faire l'apologie de religieux qui, oubliant leurs engagements, n'ont pas craint de se déshonorer pour se procurer la liberté de les rompre avec impunité, qui ont eux-mêmes déféré leur indiscipline au saint-père. Cet aveu est plus criminel peut-être et plus honteux que le relâchement qu'il sert à constater. Mais pendant que les religieux de Saint-Ruf étaient peints à Rome sous des couleurs si noires, ils tenaient en France un langage bien différent; ils publiaient, dans des mémoires et des consultations répandus avec profusion : « qu'ils disputaient de régularité de mœurs et de doctrine avec les Chanoines Réguliers des différentes congrégations réformées de l'ordre de Saint-Augustin; que le relâchement chez eux n'était pas causé par la corruption du cœur, qu'il était involontaire, et ne procédait que de l'impossibilité où les mettait l'état de leurs maisons d'observer la vie commune et régulière... Que l'abbé de Saint-Ruf avait attesté au chapitre général assemblé que, dans le cours des visites qu'il venait de faire, sa plus grande consolation avait été de voir par lui-même la régularité et la bonne conduite des Chanoines de Saint-Ruf... Qui oserait, ajoutait-il, blâmer un ordre régulier de craindre la contagion du siècle, de redouter les suites d'une vie passée forcément hors du cloître et de recourir au remède du changement d'état quand toute autre ressource manque? »

Si ce motif eût été regardé comme légitime et suffisant, on n'aurait eu garde de l'omettre dans les suppliques présentées au pape, pour y substituer une cause déshonorante qu'on désavouait hautement dans le royaume. Mais on savait que ce motif n'aurait point été admis à Rome. On n'aurait pas oublié du moins de le faire insérer dans la bulle de 1773, surtout après les justes reproches qu'avaient éprouvés les Chanoines de Saint-Ruf sur la cause flétrissante annoncée dans le bref de 1771.

Mais le motif dont ces Chanoines cherchaient à couvrir leur réputation en France n'était ni canonique, ni réel. Des secours pécuniaires, des arrangements économiques, le sacrifice de quelques maisons, s'il eût été nécessaire, auraient donc pu rendre plus réguliers ces religieux, que le pape a déclarés, d'après eux-mêmes, être devenus un objet de scandale. C'est la remarque de M. l'archevêque de Toulouse.

Les événements postérieurs ont prouvé que

le motif n'était pas plus sincère que légitime. M. l'évêque de Valence, qui n'a pu ignorer les facultés de l'ordre, et ce que ses revenus pouvaient fournir aux Chanoines de Saint-Ruf, a assigné à chacun d'eux, par son décret du 22 août 1774, une pension de 1500 livres, et ces pensions sont régulièrement payées par l'économe séquestre, chargé de la règle d'administration des biens de l'ordre de Saint-Ruf ; cependant, quand on supposerait qu'il fût possible, sans enfreindre les règles de l'Église, d'éteindre et de supprimer la congrégation de Saint-Ruf, pourquoi fallait-il en séculariser les religieux ? Quelles raisons peuvent justifier leur restitution au siècle ?

Ce n'est pas une simple dispense des observances du cloître que leur accordent la bulle de 1773 et le décret de M. l'évêque de Valence. Tous les engagements qu'ils avaient contractés aux pieds des autels, sont rompus, tous leurs liens sont dissous, ils sont déclarés libres de toutes les obligations régulières, ils sont rendus entièrement et pour toujours à l'état séculier. Était-ce là le moyen de calmer les alarmes que leur causait *la contagion du siècle ?* Autrefois les conciles ordonnaient de renfermer dans les monastères les ecclésiastiques qui déshonoraient leur état ; auraient-ils prévu qu'il viendrait un temps, où les mauvais religieux seraient soustraits au cloître, pour les placer dans le clergé séculier ?

Nous pourrions observer que, dans la doctrine de saint Thomas, le vœu solennel étant une espèce de consécration, il n'est pas au pouvoir des prélats d'empêcher l'effet de cette consécration, de même qu'un prêtre ne peut pas cesser de l'être, un pape lui-même ne peut pas faire qu'un religieux ne le soit plus, et qu'aucun événement ne saurait servir de prétexte pour rendre au siècle le religieux qui a renoncé au monde. Nous pourrions ajouter que d'habiles théologiens, tel qu'Estius, sont, sur ce point, les fidèles disciples de saint Thomas, et que ceux mêmes qui pensent qu'en certains cas les religieux peuvent être absous de l'exécution de leurs vœux, enseignent en même temps qu'il ne faut rien moins qu'une cause publique, l'intérêt général de l'Église ou de l'État pour autoriser ces dispenses extraordinaires ; que par conséquent l'avantage particulier du religieux, et, à plus forte raison, le dégoût ou l'ennui de son état n'en sauraient être des motifs valables.

Mais bornons-nous à dire avec M. l'archevêque de Toulouse qu'en s'abstenant de toute réflexion sur ces privilèges en eux-mêmes, on ne saurait voir qu'avec la plus grande peine que toutes les dispenses de l'Église soient accordées à des religieux infidèles à leurs engagements, que non-seulement les Chanoines de Saint-Ruf soient rendus à l'état séculier, mais qu'ils en puissent posséder tous les avantages ; qu'il est impossible de se dissimuler les conséquences qui en résultent pour le maintien de la discipline régulière ; que, dès que les grâces de l'Église seront ouvertes à l'indiscipline et au relâchement, la facilité d'enfreindre toutes les règles sera la récompense même de l'infraction ; que, dès que le relâchement, en montant à son comble, pourra se promettre non-seulement l'impunité, mais des faveurs, on ne doit plus attendre que la régularité se soutienne, ou se rétablisse dans les cloîtres ; que donner aux religieux l'espoir de pensions abondantes, de décorations extérieures, une situation honnête et recherchée dans le monde, c'était porter dans les cloîtres le découragement, introduire le trouble et l'ambition dans ces asiles de la paix et de la simplicité, et que la cupidité ainsi excitée fera naître un tel désordre, que peut-être il ne sera plus possible de l'arrêter.

Ces vérités n'ont rien perdu de leur force depuis 1772. Elles étaient décisives contre le bref de 1771, elles ne le sont pas moins contre la bulle de 1773. Pourquoi donc les prélats de la commission royale n'ont-ils pas craint de se prêter à la suppression de l'ordre de Saint-Ruf, d'y concourir, d'y présider même ? Comment M. l'archevêque de Toulouse a-t-il oublié si promptement le jugement qu'il en avait porté, la dénonciation qu'il en avait faite, les preuves dont il s'était servi pour en démontrer l'irrégularité. L'assemblée du clergé de 1772 n'a ni prévu ni autorisé cette conduite étrange. Elle n'aurait pu le faire sans se rendre suspecte d'être plus affectée de la perte des biens de l'ordre de Saint-Ruf, par leur union à celui de Saint-Lazare, que du violement des règles de l'Église dans l'extinction et la sécularisation de cette congrégation. M. l'archevêque de Toulouse l'a lui-même vengé de ce soupçon injuste. *Il ne faut pas qu'on puisse dire que le clergé de France n'a suivi que l'impression de son intérêt. Si les biens de l'Église sont menacés, par le projet d'union à l'ordre de Saint-Lazare, ce qui excite encore plus son zèle, toutes les règles ecclésiastiques sont évidemment enfreintes.*

J'ai suivi ce récit judicieux et étendu du savant canoniste, sans partager sa manière de voir sur la révision d'un bref et d'une bulle par le clergé français. Il est vrai qu'on ne peut oublier que l'union malheureuse dont il est mention dans ces additions était faite par un pape tel que Clément XIV ! mais le respect dû aux décisions du saint-siège ne permettrait tout au plus au clergé français que de s'adresser au pape lui-même. Quoi qu'il en soit, l'ordre de Saint-Ruf finit ainsi, et donna le premier exemple du scandale. Dans le récit qui précède, on voit ce que nous aurons judicieusement et sévèrement à dire dans notre *Supplément* sur l'archevêque Brienne et la commission des Réguliers ; car nous avons le projet de donner sur ce sujet un travail qui le fasse mieux connaître qu'il ne l'est aujourd'hui.

Nouvelles ecclésiastiques. — Mémoire sur l'état religieux et sur la commission.

B. D. E.

RUPERT (Ordre de Saint-), *Voy.* Dragon renversé.

S

SABINE (Dominicains de la congrégation de Sainte-).

Voy. Lombardie.

SAC.

Voy. l'article suivant.

SACHETS.

Des religieux et religieuses de l'ordre de la Pénitence de Jésus-Christ, appelés aussi du Sac ou Sachets.

Plusieurs écrivains ont parlé des religieux Sachets, ou de la Pénitence de Jésus-Christ, mais ils n'ont rien dit de leur origine. Le nom de Sachets leur a été donné à cause qu'ils étaient vêtus de robes faites en forme de sacs; c'est pourquoi les uns les ont appelés *Fratres de Sacc*, d'autres *Fratres Saccorum*; Matthieu Paris les nomme *Fratres Saccati*; saint Antonin, *Fratres Saccitæ*; Ciaconius, *Saga de Pœnitentia Christi*, et le P. Marquez, dans ses *Origines des Frères Ermites de l'ordre de Saint-Augustin*, se récrie fort contre Samson de la Haye, qui, dans le livre qu'il a composé de la *Vérité, de la vie, et de l'ordre de Saint-Guillaume*, appelle ces religieux Sachets, *Fratres Saccarii*, comme s'il leur avait fait une grande injure, ce nom, dit-il, n'appartenant qu'aux crocheteurs. C'est néanmoins le nom que leur donne le P. du Breuil, dans ses *Antiquités de Paris*; et je crois que ces auteurs ont pu leur donner ce nom à cause des sacs dont ils étaient vêtus, puisque par le mot de *saccarius* on doit entendre un porteur de sacs, de même que celui de *saccaria* signifie une marchandise de sacs. M. Huet, évêque d'Avranches, dans ses *Antiquités de la ville de Caen*, dit aussi que leur habit était en forme de sac, d'où ils ont tiré leur nom que d'autres font venir de l'étoffe de leur scapulaire pareille à celle dont on fait les sacs; mais leur véritable nom était celui de la Pénitence de Jésus-Christ.

Quelques-uns ont avancé que les Jean-Bonites et les Brittiniens, dont nous avons parlé précédemment, avaient été unis avec les Sachets. Mais Marquez prétend que l'origine des Sachets n'est pas aussi ancienne que celle des Jean-Bonites, et cela sans aucune certitude; il dit qu'elle peut venir de ce qu'un homme de Mantoue ayant eu différend avec sa femme, la quitta, et alla trouver saint Jean Bon, à qui il demanda avec tant d'instance l'habit de son ordre, que ce saint, le croyant libre, lui accorda sa demande; mais qu'ayant su par révélation qu'il était marié, il le renvoya, et qu'il alla même à Mantoue pour le réconcilier avec sa femme; que quelque temps après ils vinrent tous les deux trouver ce saint, qu'ils se jetèrent à ses pieds, et le prièrent de les recevoir comme servants ou oblats dans son ordre; qu'il les admit dans l'ordre de la Pénitence, qui était divisé en deux congrégations, l'une d'hommes et l'autre de femmes, qui vivaient avec beaucoup de recueillement, sans aucune obligation de vœu, et se retiraient dans certains oratoires pour y vaquer à la prière et à l'oraison. Il se peut faire, dit-il, qu'après la mort du bienheureux Jean Bon, le nombre de ces Pénitents s'étant augmenté, ils demandèrent au saint-siége la confirmation de leur institut, une règle et une manière de vivre; qu'ils reçurent dans la suite du pape Léon X une règle, et qu'il leur donna apparemment celle de saint Augustin, parce qu'ils avaient été établis par saint Jean Bon; qu'ils prirent le nom de la Pénitence, qui était celui sous lequel ils avaient été institués, et qu'ils firent ensuite bâtir des monastères. C'est de cette manière que Marquez, sans aucune preuve et sans aucun fondement, croit que l'ordre des Sachets a pris son établissement.

Ce que l'on peut dire de certain touchant cet ordre, c'est qu'il était établi longtemps avant l'union générale des Ermites de l'ordre de Saint-Augustin, dont nous avons parlé ailleurs, car Jérôme de Zurita, dans ses *Annales du royaume d'Aragon*, dit que les Saches avaient un monastère à Saragosse du temps du pape Innocent III, qui mourut au mois de juillet 1216, et Doutreman, dans son *Histoire de Valenciennes*, dit qu'il y avait déjà une maison longtemps avant l'an 1231; qu'ils avaient la direction des Béguines de cette ville, et que pour cette raison on les appelait aussi les *Frères Béguins*.

Marquez prétend qu'ils n'entrèrent point dans cette union générale des Ermites de l'ordre de Saint-Augustin; mais il est certain qu'ils envoyèrent de leurs religieux à l'assemblée que le pape fit convoquer à ce sujet, et qu'il y eut quelques-unes de leurs maisons qui entrèrent dans l'union. La plus grande partie néanmoins resta toujours aux Sachets, qui, après cette union, obtinrent une bulle du pape Alexandre IV qui défendait aux religieux de cet ordre de passer dans un autre plus relâché. Ils firent même depuis de nouveaux établissements; car l'an 1251 saint Louis, à la recommandation de la reine Blanche, sa mère, en fit venir d'Italie, les établit à Paris, à Poitiers, à Caen et en plusieurs autres villes de son royaume. En 1257, ils entrèrent en Angleterre sous le règne d'Henri III, et firent un établissement à Londres. L'an 1263, D. James II, roi d'Aragon, confirma leur établissement à Saragosse, et leur donna encore un jardin. Ils avaient d'autres maisons en Allemagne et en Flandre; mais ils en perdirent la plus grande partie après la publication du décret du concile de Lyon, tenu l'an 1274, sous le pape Grégoire X, qui supprimait plusieurs ordres religieux, principalement ceux qui n'avaient point de rentes et qui ne vivaient que des aumônes des fidèles, excepté les quatre ordres appelés Mendiants, savoir les Dominicains, les Mineurs, les Augustins et les Carmes, et on prétendit que les Sachets avaient été compris dans le nombre des ordres supprimés.

Il paraît cependant qu'ils ont subsisté plusieurs années après, car ils ne cédèrent leur couvent de Paris aux religieux Ermites de Saint-Augustin que l'an 1293, alléguant que, sans scrupule de conscience, ils ne le pouvaient plus tenir, à cause de leur pauvreté, et que leur ordre diminuait de jour en jour. Ils étaient encore à Majorque en 1300; car Ponce du Jardin, qui en était évêque, leur laissa quelques aumônes par son testament. Leur couvent de Parme ne fut donné aux religieux Servites que l'an 1326, et ils ont subsisté en Angleterre jusqu'au malheureux schisme qui a causé la destruction de la foi catholique et des monastères dans ce royaume, où l'on appelait les Sachets, Bons-Hommes.

Quelques historiens ont cru que les Bons-Hommes d'Angleterre et les Sachets étaient deux ordres différents, et que les Bons-Hommes avaient été institués par le prince Richard, d'autres disent le prince Edmond, frère d'Henri III, roi d'Angleterre. Morigia dit qu'il fit bâtir un monastère un peu au-dessus de Bercaustède, village éloigné de Londres d'environ vingt-cinq milles, où il mit une partie du précieux sang de Notre-Seigneur Jésus-Christ qu'il avait apporté d'Allemagne, et qu'il donna ce monastère aux religieux de cet ordre, qu'on nomma Bons-Hommes; qu'ils observaient la règle de saint Augustin, que la couleur de leur habit était de gris fumée, semblable à celui des Ermites; que le principal et le plus célèbre monastère de cette congrégation se nommait Asshéridge, et qu'elle commença l'an 1257. Mais si l'on considère ce que disent Matthieu Paris et Polydore Virgile dans leurs *Histoires d'Angleterre*, on demeurera d'accord que les Sachets et les Bons-Hommes n'étaient qu'un même ordre; car Matthieu Paris dit qu'il vint à Londres, l'an 1257, des religieux qui étaient inconnus et qu'on n'avait jamais vus, qui étaient appelés *Fratres Saccati*, parce qu'ils étaient vêtus de sacs : *Eo tempore novus ordo apparuit Londinis de quibusdam fratribus ignotis et non prævisis, qui quia saccis incedebant induti, Fratres Saccati vocabantur* (Matth. Paris., Hist. Angl. sub Henric. III, ann. 1257, pag. 637). Et Polydore Virgile dit que le prince Edmond, à son retour d'Allemagne en 1257, fit bâtir un magnifique monastère à Asshéridge, qu'il le dota de plusieurs revenus, et qu'il le donna à des religieux d'un ordre nouveau qu'on n'avait pas encore vu en Angleterre, et qu'on appelait Bons-Hommes; qu'ils suivaient la règle de saint Augustin, et que leur habit était bleu, fait en la même forme que ceux des Frères qu'on appelait Ermites : *Cœnobium egregio opere exstruxit....... illudque viris novæ religionis non antea in Anglia visis, qui Boni Homines appellantur, incolendum dedit. Hi divi Augustini regulam profitentur et observant, vestimentum cærulei coloris induunt eadem pene forma atque habent fratres quos vocant Eremitani* (Polyd. Virg., Angl. Hist. lib. xxi, p. 312).

(1) *Voy.*, à la fin du vol., nos 74, 75.

Ainsi, quoique Polydore Virgile appelle ces religieux des Bons-Hommes, ce n'est pas une conséquence qu'on ne les ait pas aussi appelés les Frères du Sac dans le commencement. Le nom de Bons-Hommes ne leur a été donné sans doute que dans la suite, et si ces religieux avaient été de deux différents ordres, et qu'ils eussent paru l'un et l'autre comme une nouveauté en 1257, Matthieu Paris n'aurait pas manqué de le dire. Mais ce qui me confirme dans l'opinion que j'ai, que ces Bons-Hommes étaient les mêmes que les Sachets, c'est que M. Huet, évêque d'Avranches, parlant de ces Sachets que saint Louis avait établis à Caen, dit que leur habit était bleu, et qu'ils avaient un scapulaire d'étoffe pareille à celle dont on fait les sacs; qu'on les appelait les Frères du Sac à cause de ce scapulaire, autrement les Frères de la Pénitence de Jésus-Christ, ou les Frères de Vauvert, et qu'ils étaient nommés en Angleterre Bons-Hommes. Quant à ce que ce savant prélat ajoute qu'ils étaient une branche de l'ordre de Saint-François, il les a sans doute confondus avec les religieux du tiers ordre de Saint-François qu'on appelle aussi de la Pénitence ou Pénitents.

Ces religieux Sachets étaient très-austères dans les commencements; ils ne mangeaient point de viande, et ne buvaient point de vin. Nous avons parlé ci-dessus de la couleur de leur habit; mais pour la forme il était comme celui des Capucins; ils étaient déchaussés et avaient des sandales de bois. Il y avait aussi des religieuses de cet ordre (1). Elles avaient une maison à Paris proche la paroisse de Saint-André des Arts, dans une rue qu'on appelle encore la rue des Sachettes.

Le couvent que les Sachets avaient à Paris n'est pas le seul en France que les Ermites de Saint-Augustin aient eu de la dépouille de cet ordre de la Pénitence de Jésus-Christ ou des Sachets; car Philippe le Long, roi de France, qui voulait procurer dans son royaume des établissements aux religieux Ermites de Saint-Augustin, représenta au pape Jean XXII que les couvents des Sachets de Reims, d'Orléans et de Tournay étaient abandonnés; c'est pourquoi il priait Sa Sainteté de permettre qu'ils fussent occupés par les religieux Ermites de Saint-Augustin, la disposition en étant réservée au saint-siège. Le pape y consentit, et adressa, l'an 1320, une bulle à l'archevêque de Reims et aux évêques d'Orléans et de Tournay, par laquelle il leur ordonna que, sur la demande du roi de France qui lui avait fait représenter que les couvents que les Sachets avaient dans leurs diocèses étaient abandonnés, et que, selon le décret du concile de Lyon, la disposition en était réservée au saint-siége, ils eussent à introduire dans ces couvents les religieux Ermites de Saint-Augustin.

Voyez Jean Marquez, *Origen. de los Frayles Ermit. de la ord. de S. August.* Luigi Torelli, *Secoli Agostiniani*, tom. IV. M. Huet, évêque d'Avranches, *Antiquités de la ville de Caen*, et du Breuil, *Antiquités de Paris*.

SACRÉ-CLOU.

Voy. Clou (*Sacré-*).

SACREMENT (Congrégation du Saint-).

De la congrégation du Saint-Sacrement ou de la primitive Observance de l'ordre des Frères Prêcheurs, avec la Vie du vénérable Père Antoine le Quieu, dit du Saint-Sacrement, instituteur de cette congrégation et fondateur de l'ordre des religieuses du Saint-Sacrement à Marseille.

Saint Dominique ayant convoqué son premier chapitre général à Boulogne l'an 1220, tous les religieux de cette assemblée, d'un consentement unanime, renoncèrent à toutes les rentes et possessions que l'ordre avait pour lors, et qu'on pourrait à l'avenir lui offrir, afin d'être plus libres pour travailler au salut et à l'instruction des âmes, ce qui fut confirmé huit ans après dans un autre chapitre général, tenu à Paris sous le bienheureux Jourdain, successeur de saint Dominique. Mais comme dans la suite les religieux furent dispensés de cette étroite pauvreté, et que les papes leur permirent de posséder des biens immeubles, Dieu suscita, vers le milieu du dernier siècle, un saint religieux du même ordre, pour faire revivre le premier esprit de l'ordre, en établissant une réforme particulière, où les religieux vécussent dans une étroite pauvreté et sans aucune dispense, observant les constitutions à la lettre.

Ce fut le R. P. Antoine le Quieu qui entreprit ce grand ouvrage. Il naquit à Paris le 23 février de l'an 1601. Son père était un célèbre avocat qui se faisait admirer par son éloquence dans le premier parlement de France établi dans la capitale de ce royaume, lorsque la mort l'enleva à la fleur de son âge, n'ayant encore que vingt-six ans, et laissant orphelin le jeune Antoine, qui n'avait que vingt-cinq mois. Il resta, avec un autre frère qui était né après lui, sous la conduite de leur mère qui épousa, en secondes noces, un commissaire au Châtelet de Paris, dont elle resta aussi veuve après avoir vécu assez longtemps ensemble. Il ne faut point douter que cette femme, qui était fort pieuse, ne prît un grand soin d'élever ses enfants dans la piété, et que, demandant souvent à Dieu que ses enfants fussent saints, elle ne leur procurât les moyens de le devenir. Elle fut exaucée dans sa prière, le Seigneur lui ayant accordé la consolation de voir, avant que de mourir, qu'on considérait son fils Antoine comme un grand serviteur de Dieu, et que plusieurs personnes lui donnaient déjà le nom de saint. Il fut dès son enfance porté à de grandes austérités, et n'ayant que quatre à cinq ans, il quittait la nuit son lit pour se coucher à terre. A mesure qu'il croissait en âge, il augmentait ses mortifications, et faisait de grands progrès dans la pratique des vertus, sans que ses études les interrompissent, et lui fissent perdre le recueillement intérieur où il était continuellement. Il avait une extrême aversion pour les légèretés et les divertissements de ceux de son âge, et toute sa récréation et son plus grand plaisir était de vaquer aux exercices de dévotion et de pénitence, et il s'entretenait peu avec ses compagnons pour parler sans cesse à Dieu.

Comme dans le cours de ses études il ne songeait qu'à suivre le barreau, à l'imitation de son père qui avait excellé dans la profession d'avocat, il étudia en droit après avoir achevé sa philosophie ; mais Dieu, qui avait d'autres vues sur lui, lui donna du dégoût pour le monde, et lui inspira le désir de se faire religieux. Il avait dessein d'entrer chez les Carmes Déchaussés, mais un religieux de l'ordre de Saint-Dominique, du couvent de la rue Saint-Honoré, à Paris, auquel il se confessait pour lors, et à qui il communiqua son dessein, prévoyant de quelle utilité une acquisition de cette importance serait à son ordre, et jugeant que l'austérité des Carmes Déchaussés était le seul motif qui portait le jeune le Quieu à vouloir entrer parmi eux, lui fit un détail des austérités de son ordre, de l'abstinence perpétuelle de la viande, des jeûnes presque continuels, de l'exacte pauvreté, des disciplines fréquentes, du silence étroit et de plusieurs autres exercices pénibles, l'assurant qu'on les pratiquait dans ce couvent de l'Annonciation de la rue Saint-Honoré qui était de l'Etroite-Observance : de sorte que le jeune homme en fut persuadé et résolut de ne point choisir d'autre ordre que celui de Saint-Dominique. Il ne voulut pas différer d'en prendre l'habit, il le reçut le 16 août 1622, et le 24 du même mois de l'année suivante il fit sa profession.

Il se vit d'abord élevé à la perfection d'une manière peu commune, et acquit en peu d'années ce que d'autres n'acquièrent qu'avec beaucoup d'étude, et, par une merveille extraordinaire, l'on vit en sa personne un jeune religieux qui était à peine entré dans la maison de Dieu, et qui surpassait cependant ceux qui y avaient vieilli. Il n'eut pas plutôt achevé le temps que l'on a coutume de demeurer sous la discipline du maître des novices, et reçu les ordres sacrés, que les supérieurs jetèrent les yeux sur lui, pour lui confier l'éducation des novices, en l'absence de leur maître, qui avait été appelé ailleurs pour quelque affaire importante. Le P. Antoine, qui venait de quitter la qualité de novice, était à la vérité jeune d'âge, mais ancien en vertu et en mérite ; et il s'acquitta si dignement de cet emploi, que l'on jugea d'abord qu'il était important et même nécessaire pour le bien de la religion de l'établir maître des novices en chef. Le noviciat de Paris ne jouit pas longtemps du bonheur de le posséder. Les supérieurs, peu de temps après lui avoir donné cette charge, l'envoyèrent au couvent d'Avignon pour y exercer les mêmes emplois, dont il s'acquitta aussi avec tant de prudence et tant de sagesse, que le P. Rodolphe, pour lors général de tout l'ordre, pleinement informé de la perfection à laquelle il portait les novices dont il avait soin, lui en envoya pour être formés sous une discipline et une conduite aussi sainte que la sienne. Ce général était si persuadé du talent admirable que le P. Antoine avait pour élever la jeunesse, que, la première fois qu'il fut à Rome, il n'y fut pas plutôt arrivé, qu'il le fit loger avec les novices pour les entretenir des obligations de leur règle et de l'observance régulière. Dans le peu de temps qu'il y demeura pour lors, il alluma si vivement en eux l'amour de l'observance, et excita dans leur cœur un désir si ardent de la perfection par ses paroles et par ses exemples, que quand il fut sur le point de partir, il n'y en eut pas un qui ne le voulût suivre en France, pour y vivre avec lui dans la réforme qu'il prétendait y établir.

Le zèle qu'il avait pour le salut des âmes n'était pas seulement resserré dans l'enceinte du noviciat, ni sur un petit nombre de personnes qui se mirent sous sa conduite lorsqu'il arriva à Avignon : il visitait encore les prisons et les hôpitaux avec assiduité, devenant par ses soins le secours des malades et la consolation des affligés. Il se donna tout entier à la conversion des pécheurs dans le tribunal de la pénitence, achevant ordinairement, au pied du crucifix, par ses gémissements et par ses prières, ce qu'il avait commencé dans le confessionnal pour leur amendement, par ses remontrances et par ses charitables corrections ; et tous les samedis et les fêtes de l'année il faisait des exhortations saintes et familières dans la chapelle du Rosaire, attirant à la dévotion de la sainte Vierge un grand nombre de personnes.

Il semblait que Dieu l'avait conduit à Avignon pour lui faciliter les moyens de réformer son ordre. Dès qu'il était à Paris, il sentait une peine extrême de se voir obligé de vivre dans une maison rentée ; et peu de temps après sa profession il conçut le dessein de faire revivre la première pauvreté de saint Dominique, et de la renouveler dans son ordre ; mais étant à Avignon, il se sentit pressé de nouveaux désirs d'y travailler tout de bon. Comme il avait reçu des marques singulières d'amitié du P. Rodolphe, général, dans le cours de ses visites à Avignon, il lui écrivit pour lui communiquer son dessein, et sur les remontrances que les religieux d'Avignon firent à ce même général pour empêcher cette réforme, il fit venir à Rome le P. Antoine, où il arriva le 17 juin 1635.

Le général ayant appris de lui-même que l'étroite pauvreté en particulier et en commun serait comme la base et le fondement de l'observance qu'il prétendait établir, non-seulement il l'approuva ; mais, poussé du même désir qui portait le P. Antoine à l'entreprendre, il en fit son affaire propre. Il le pressa de la commencer au plus tôt, et il souhaitait que ce fût à Rome qu'il y travaillât d'abord ; mais le P. Antoine, croyant que l'exécution en serait plus aisée et plus heureuse en France, il en obtint le consentement du général, où il y ajouta quelques avis qu'il jugea nécessaires pour le plus grand affermissement de cette observance. Il lui conseilla d'en exclure les affiliations à certains couvents, et les élections, comme nuisant beaucoup à la discipline régulière. Et enfin il lui donna des patentes qui contenaient un plein pouvoir d'établir cette observance.

Le P. Antoine, pendant son séjour à Rome, avait si bien formé à la vie régulière les novices dont on lui avait aussi commis le soin, et avait allumé dans leurs cœurs de si ardents désirs de cette pauvreté primitive de l'ordre, que, quand il fallut les quitter, il n'y en eut pas un d'eux qui ne tâchât de l'arrêter à Rome par ses prières et par ses larmes, ou de le suivre en France pour vivre sous sa direction, ce qu'ils demandèrent avec beaucoup d'instance et d'empressement ; mais on ne lui en accorda qu'un, qui fut le P. Dominique Paravicini de la Valteline. Ils arrivèrent à Avignon au mois de juin 1636, et le P. Antoine commença d'abord l'établissement de son observance. Ce fut au petit bourg de Lagnes, à cinq lieues d'Avignon, qu'il en jeta les fondements. M. de Saint-Tronquet, qui était en partie seigneur de ce lieu, lui donna une maison pour s'y loger avec ses religieux. L'évêque de Cavaillon, Fabrice de la Bourdesière, dans le diocèse duquel Lagnes se trouvait situé, autorisa cet établissement par sa présence ; et par une estime particulière que ce prélat faisait de notre saint réformateur, il voulut qu'il bénît lui-même la chapelle et y célébrât la première messe. Ainsi commença la petite observance du P. Antoine, n'ayant qu'un seul compagnon, qui était le novice qu'il avait amené de Rome. On ne peut exprimer la joie qu'il ressentit de se voir établi dans une petite et chétive maison sans autres rentes ni revenus que les soins de la divine Providence. Le général en ayant été informé, en eut aussi beaucoup de joie, et il en écrivit des lettres de congratulation à ce saint homme, lui accordant de nouvelles patentes, par lesquelles il défendait aux religieux des autres provinces de le troubler en aucune façon, ni par effet, ni par paroles. Il vint presque en même temps un nombre suffisant de religieux pour remplir cette première maison, soit des autres provinces, qui, touchés de l'exemple du P. Antoine, se vinrent joindre à lui, soit des séculiers, qui, édifiés de sa sainteté, lui demandèrent l'habit.

On gardait dans cette maison les constitutions à la lettre sans nulle dispense. Outre les austérités de l'ordre, le P. Antoine en ajouta d'autres qui n'étaient que de dévotion, pour satisfaire aux désirs ardents qu'ils avaient de souffrir pour Dieu. Le silence y était perpétuel, le recueillement continuel, et outre les deux heures d'oraison mentale qu'ils faisaient tous les jours, ils s'étudiaient avec soin de se tenir toujours en la présence de Dieu. Il n'y avait point d'exercice de mortification et d'humilité auquel les religieux ne se portassent d'eux-mêmes avec ferveur. Ils couchaient sur une simple paillasse, et bien souvent sur des planches ou sur la terre. Ils demeuraient toutes les nuits plus de trois heures au chœur. Leur nourriture était plutôt une mortification qu'un soulagement au corps. Ils ne vivaient ordinairement que d'herbes et de racines mal assaisonnées. Quelques-uns jeûnaient au pain et à l'eau trois jours de la semaine, et si on leur donnait quelquefois quelque pitance, une petite merluche leur suffisait pour quatre jours, quoiqu'ils fussent sept ou huit religieux. A toutes ces austérités ils ajoutaient les travaux pénibles de la vie apostolique. Ceux qui étaient capables de ces fonctions laborieuses et importantes sortaient tous les dimanches et les fêtes, et même les jours ouvriers, pour prêcher aux peuples des lieux voisins et les gagner à Dieu. Une manière de vie si sainte et si austère attirait tous ces peuples à Lagnes. Plusieurs bourgs voisins demandèrent avec empressement de ces religieux, mais le nombre étant encore petit, le P. Antoine ne put accepter qu'une des fondations qu'on lui présentait : ce fut à Thor, dans le comtat Vénaissin, qu'il fit ce second établissement, et il en prit possession le 8 juin 1637.

La réputation de la vie apostolique de ce parfait religieux, sortant du comtat Vénaissin, se répandit dans les provinces voisines. Plusieurs personnes de distinction des trois principales villes de Provence, d'Aix, d'Arles, et de Marseille, écrivirent d'abord à Rome, au général Rodolphe pour avoir sa permission touchant les nouveaux établissements de l'observance étroite du P. Antoine qu'ils voulaient faire dans ces trois villes. Ce général, qui avait fait son affaire propre de l'établissement de cette réforme, et qui ne songeait qu'aux moyens de l'étendre partout la France, pour la faire ensuite passer dans les autres royaumes de la chrétienté, fit d'abord expédier trois patentes différentes, par lesquelles il donnait pouvoir au P. Antoine d'aller fonder ces trois maisons, et parce qu'il avait appris que ce réformateur n'avait pas voulu s'établir dans Avignon en considération des religieux de l'ordre qui y avaient une maison, de peur que le P. Antoine n'eût pas les mêmes égards en Provence, et qu'au lieu de s'établir à Aix, à Arles et à Marseille, il ne s'arrêtât en quelque village, il ajouta à ces patentes une défense, sous peine d'excommunication aux religieux de l'ordre, qui avaient des maisons dans ces villes, de s'opposer en aucune manière aux établissements que le P. Antoine y ferait. Il lui avait accordé quelque temps auparavant les couvents d'Orange et de Cavaillon; mais le serviteur de Dieu, dont le zèle était accompagné de charité et de prudence, s'en excusa à cause que ces couvents avaient des rentes, ce qui était contre l'esprit de sa réforme.

Quelque consolation qu'il ressentît en recevant toutes ces permissions, il ne put pas en profiter aussitôt qu'il l'aurait souhaité, car revenant de Marseille où on l'avait obligé de prêcher l'octave du Saint-Sacrement, il tomba malade à Aix d'une maladie très-dangereuse ; mais Dieu, qui le destinait à de grandes choses, lui rendit la santé. Peu de temps après, il entreprit la fondation du couvent de Marseille. Ce fut le 2 juin 1639 qu'il prit possession d'une chapelle qui est à une demi-lieue de la ville, qu'on nomme communément Notre-Dame du Rouet, laquelle relève de l'abbaye de Saint-Victor. Il s'éleva une grande tempête contre lui ; quelques personnes malintentionnées suscitèrent de noires calomnies contre lui, et obtinrent un arrêt du parlement d'Aix pour le faire sortir du territoire de Marseille ; mais le P. Antoine en eut un autre contraire à celui que ses ennemis n'avaient obtenu que par surprise. Il lui fut même favorable, car on lui permit de s'approcher de plus près de la ville, et de prendre une autre maison dans le faubourg.

Le P. Antoine crut qu'il n'avait pas rendu son observance assez austère ; il voulut encore y ajouter la nudité des pieds, ce qui fit soulever tout l'ordre contre lui, et pensa renverser sa réforme ; car le P. général, qui le favorisait en tout, se défia pour lors de sa conduite, dans l'appréhension qu'il avait que le P. Antoine ne voulût diviser l'ordre et ériger sa réforme en un nouveau corps de religion qui eût un général particulier. Ce fut donc l'an 1640 que le P. Antoine obligea ses religieux à se déchausser : il en obtint la permission de M. Sforce, pour lors vice-légat d'Avignon, qui lui en fit expédier un bref, d'autant plus volontiers qu'il avait une grande estime pour ce saint religieux, qui prit aussi en même temps un habit, selon la forme ancienne qui était en usage dans l'ordre de Saint-Dominique, et qui est assez conforme à celui des Chartreux.

Aussitôt qu'on le vit paraître les pieds nus et avec un habit si différent de ceux des autres religieux de l'ordre (1), les plus sages l'admirèrent, les libertins s'en moquèrent, et tous les autres religieux s'en scandalisèrent et changèrent tout le respect et toute la vénération qu'ils avaient pour sa personne en une espèce d'horreur. Ils le regardèrent comme le destructeur de l'ordre, et se persuadèrent que par l'observance de l'étroite pauvreté il n'avait point eu d'autre dessein que de mettre de la division dans l'ordre. Le général l'ayant appris aussi, leur ordonna de quitter la nudité des pieds qu'il avait prise à son insu et sans sa permission. Le P. Antoine s'excusa d'obéir sur ce qu'il n'avait pris la nudité des pieds qu'en vertu d'un bref qu'il avait obtenu du vice-légat d'Avignon, qui avait pouvoir apostolique de le lui donner, et dont il espérait aussi obtenir la confirmation du pape. Mais le cardinal Antoine Barberin, qui était protecteur de l'ordre de Saint-Dominique et légat d'Avignon, après avoir fait des plaintes au vice-légat d'avoir donné un bref de cette nature à un religieux d'un ordre qui était sous sa protection, sans lui en avoir donné avis, lui commanda de le révoquer et d'en donner un tout contraire, ce qui fut exécuté.

Ce fut en vertu de ce second bref que l'on fit sortir incessamment les nouveaux réformés des couvents de Lagnes et de Thor, situés dans le comtat Vénaissin; l'on ferma ces deux maisons après en avoir ôté tout ce qui était dedans, et les religieux se retirèrent dans celui de Marseille. Il fallait que ce second bref fût homologué au parlement d'Aix,

(1) *Voy.*, à la fin du vol., n° 76.

afin qu'il pût être exécuté à l'égard de cette dernière maison. Le P. Antoine fit ce qu'il put pour l'empêcher; mais il ne put réussir, il fut homologué, et le parlement ordonna seulement que le P. Antoine et ses religieux demeureraient paisibles dans le couvent de Marseille l'espace de quatre mois, pendant lesquels ils poursuivraient en cour de Rome la confirmation du premier bref. Mais le cardinal Louis-Alphonse de Richelieu, archevêque de Lyon, qui était abbé de Saint-Victor d'où dépendait ce couvent de Marseille, contraignit le P. Antoine et ses religieux d'en sortir sur-le-champ, à la sollicitation des autres religieux de l'ordre qui s'opposaient à l'observance.

Les ordres de ce cardinal furent si pressants, que le P. Antoine n'ayant pas eu le temps de chercher un autre logis, il résolut, avec huit religieux qui lui restaient, d'aller à Rome. Il fit son voyage par mer, étant parti de Marseille le dernier mars 1642. Mais à peine fut-il arrivé à Civita-Vecchia, qu'il fut arrêté par les ordres du général. Après huit jours de prison, on le conduisit à Rome, où on lui ôta tous ses compagnons qu'on renvoya en France ou en d'autres couvents d'Italie, pour leur faire prendre des habits selon la forme qui était en usage dans tout l'ordre. On fit tout pour faire changer de résolution au P. Antoine. On usa de douceur et de rigueur, on se servit de promesses et de menaces, on employa les caresses, les humiliations et les mortifications les plus sensibles, qu'il souffrit avec beaucoup de fermeté. Le pape même, que ce réformateur avait toujours regardé comme son unique refuge, et comme l'asile où il espérait toute sorte de protection, le rebuta lorsqu'il se présenta devant lui, sans lui permettre de parler; il lui donna néanmoins un cardinal pour examiner ses raisons; mais ce prélat se rendit aux fortes sollicitations de tout l'ordre, et le traita avec beaucoup de sévérité. Enfin on le pressa de si près, qu'étant contraint de se soumettre au jugement de l'ordre, il fut condamné par le chapitre général qui fut tenu par les ordres du pape Urbain VIII, l'an 1644, à être enfermé dans une prison.

Il y avait déjà six jours qu'il était dans cette prison, lorsque deux religieux de ses amis lui ayant persuadé de renoncer à la nudité des pieds, il se soumit à ses supérieurs, et on lui donna la liberté; mais dans l'appréhension qu'il ne la reprît lorsqu'il serait en France, où le roi Louis XIII avait demandé son retour par son ambassadeur à Rome, lorsque ce prince eut appris le mauvais traitement qu'on lui avait fait, on employa encore les caresses et les menaces pour l'obliger de rester à Rome, et d'écrire lui-même au roi qu'il consentait d'y demeurer; néanmoins on ne put vaincre sa constance, les supérieurs lui permirent de retourner en France, et lui donnèrent aussi pouvoir de rétablir ses maisons, et d'y vivre comme auparavant dans l'étroite pauvreté.

Étant arrivé en France, il fut d'abord à Paris, où il prêcha encore un carême; il ne put arriver à Thor que vers les fêtes de la Pentecôte de l'année 1645. Deux ans après, le général, qui était pour lors en France, lui accorda des patentes au mois de juin 1647, par lesquelles, en consentant qu'il reprît son couvent de Thor, il déclarait qu'il le retenait immédiatement sous son autorité sans qu'il fût obligé de répondre qu'à lui seul, et ce général, qui était le P. Thomas Turque, ayant visité tous les couvents de l'ordre en ce royaume, vint faire la visite dans celui-ci, et y arriva le vendredi saint de l'année 1648, où il jeûna au pain et à l'eau, de même que les religieux.

Après de si grands orages et de si violentes tempêtes que le P. Antoine avait essuyés, il se regardait dans son couvent de Thor comme dans un port assuré et tranquille; mais les religieux du couvent de la rue Saint-Honoré, à Paris, troublèrent pour un temps son repos par l'estime qu'ils avaient pour lui, l'ayant élu pour leur prieur. Il ne put refuser cet office, ayant reçu un ordre exprès du général, qui non-seulement lui ordonnait de l'accepter, mais qui lui défendait de sortir de Paris sans sa permission, de peur qu'il ne se démît de cet emploi avant les trois ans déterminés par les statuts de l'ordre. Le général étant mort en 1649, le P. Antoine, en qualité de prieur de ce couvent, alla pour la troisième fois à Rome, où il arriva le 5 juin de l'année 1650. Il fut reçu au couvent de la Minerve avec beaucoup d'honneur, et dans ce même couvent où au dernier chapitre général il fut mis en prison, on le logea en qualité de prieur d'une des plus célèbres maisons de Paris, dans la chambre qui avait été destinée pour le provincial d'Espagne, qui n'avait pas pu venir au chapitre.

Le P. Jean-Baptiste de Marinis, ayant été élu général dans ce chapitre, fut prié par le P. Antoine de confirmer son observance; mais bien loin de lui accorder sa demande, il voulait unir le couvent de Thor à la province de Toulouse ou à celle de Provence, comme il en était fortement sollicité, et voulait renvoyer le P. Antoine dans son couvent de Paris lorsque l'évêque de Cavaillon, Louis de Fortia, qui se trouva pour lors à Rome, entreprit la défense du P. Antoine qui était absent, et parla en sa faveur au général si fortement qu'il le fit changer de sentiment et ne pensa plus à cette union.

Ce prélat ayant passé de l'évêché de Cavaillon à celui de Carpentras, il augmenta l'observance d'une maison, ayant donné au P. Antoine et à ses religieux un couvent que le cardinal Bichi avait fait bâtir dans la ville de Sault pour les Capucins, et qu'ils avaient abandonné; ainsi le P. Antoine en prit possession le 8 septembre 1650, après en avoir obtenu permission du général, à qui l'évêque de Carpentras la demanda. Deux ans après, le même réformateur fit une autre fondation au bourg de Cadenet en Provence. En 1664, l'évêque de Saint-Paul-Trois-Châteaux appela ces religieux dans son diocèse, et leur donna un établissement dans sa ville épiscopale, aussi bien que l'évêque de Vaison dans la sienne.

Le P. Antoine, voyant son observance qui s'augmentait, ne songea plus qu'à faire connaître à ses religieux l'esprit de l'ordre qu'ils avaient embrassé et à le leur inspirer ensuite par tous les moyens possibles, par ses paroles et par ses exemples, dans les exhortations qu'il leur faisait, dans les conférences spirituelles et dans les entretiens familiers qu'il avait avec eux. Il les mit aussi par ses paroles et par ses exemples au plus haut point de ferveur, dans la pratique d'une infinité d'austérités terribles, et bien au delà de celles qui sont ordonnées par les constitutions, soit pour la nourriture, soit pour les veilles et les autres mortifications de la chair. Il y en avait qui jeûnaient plusieurs jours de la semaine au pain et à l'eau, d'autres qui passaient des trente et quarante jours sans manger rien de cuit. On en voyait qui ne se couchaient point après Matines, d'autres qui ne prenaient leur repos que sur le plancher. Enfin, pour ne laisser aucune sorte de mortification à pratiquer, c'était une maxime chez eux, et que tous observaient inviolablement, de ne s'approcher jamais du feu pour se chauffer, quelque rudes que fussent les hivers, et dans leurs maladies ils ne changeaient rien de ces pratiques austères, de même que s'ils eussent été dans une parfaite santé; ils suivaient indispensablement la communauté tant de nuit que de jour, jusqu'à ce que, ne pouvant plus se soutenir, ils étaient obligés de garder le lit.

Après que le P. le Quieu eut ainsi établi son observance, il s'employa aux missions le reste de ses jours. Il choisissait les plus petits lieux, et de plus difficiles accès dans les montagnes de Provence, de Dauphiné et du Bas-Languedoc. Il s'attacha surtout à la conversion des hérétiques, et le fit avec tant de succès, qu'ils le considéraient comme leur plus grand ennemi, et le maltraitèrent en plusieurs rencontres. Le pape Alexandre VII, informé des progrès qu'il faisait, lui donna en 1662 la qualité de missionnaire apostolique et beaucoup de priviléges. Ce fut dans le cours de ces missions que le P. Jean-Thomas de Rocaberti, général de l'ordre de Saint-Dominique, ayant succédé en 1670 au P. Jean-Baptiste Marinis, demanda au P. le Quieu la manière de vie qu'on observait dans sa réforme, et l'approuva l'an 1675, ce que fit aussi son successeur, le P. Antoine de Monroi. Enfin ce saint homme accablé de fatigues et d'années, mourut dans son couvent de Cadenet le 7 octobre 1676, dans sa cinquante-quatrième année de religion, et la quarante-unième année depuis l'établissement de sa congrégation, qui ne renferme que six couvents. Nous aurons encore lieu de parler de ce serviteur de Dieu en rapportant l'origine des religieuses du Saint-Sacrement de Marseille, dont il est le Fondateur.

Voyez sa Vie par le P. Archange Gabriel de l'Annonciation, religieux de sa congrégation, imprimée à Avignon en 1682.

SACREMENT (Prêtres Missionnaires du Saint-).

Des Prêtres Missionnaires de la congrégation du Saint-Sacrement, appelés dans leur origine les Missionnaires du Clergé, avec la Vie de M. d'Authier de Sisgau, évêque de Bethléem, leur fondateur.

M. d'Authier de Sisgau, évêque de Bethléem, fondateur de la congrégation du Saint-Sacrement en France, était fils d'*Antoine* d'Authier de Sisgau, seigneur de Saint-André, de l'illustre et ancienne maison des Altieri, laquelle tire son origine depuis plusieurs siècles d'un landgrave d'Allemagne, et a donné à l'Eglise le pape Clément X et plusieurs cardinaux. Sa mère s'appelait *Claire* de Séguier, de la ville d'Aix en Provence, également recommandable par sa naissance, par sa vertu et par le bonheur qu'elle eut de mettre au monde ce saint prélat, que Dieu avait choisi pour être le restaurateur de son Eglise. Il naquit à Marseille le 6 avril 1609, et reçut sur les fonts de baptême, dans la paroisse des Accoules de la même ville, le nom de *Christophle*. Dieu commença dès ce moment à manifester par un miracle quelle devait être un jour la sainteté de son serviteur : car plusieurs personnes qui étaient présentes à cette cérémonie aperçurent une petite lumière qui, environnant son corps, était un préjugé heureux de celle qu'il devait dans la suite communiquer aux autres. A peine sut-il parler qu'on lui entendit proférer ces paroles, *Sacrement de l'autel*, sans qu'on sût comment il les avait apprises. On dit même que sa mère, pendant les neuf mois qu'elle le porta, se sentit si attirée à la dévotion du saint sacrement, qu'elle ne pouvait sortir des églises, ni assez souvent s'approcher de la sainte table pour le recevoir. Il n'avait encore que six ans lorsqu'il la perdit : ce qui ayant obligé son père à lui donner pour précepteur un prêtre lorrain, pieux et savant, il fit sous sa conduite beaucoup de progrès dans la vertu et dans la science des lettres humaines.

Nonobstant sa grande jeunesse, il commença dès lors à donner des marques sensibles de l'amour qu'il aurait un jour pour Jésus-Christ dans la très-adorable eucharistie : car à peine commença-t-il d'écrire, qu'il ne prenait point de plus grand plaisir que d'orner son papier de diverses figures du saint sacrement qu'il y dessinait de son invention. Sa grande dévotion était de servir les messes. Il ne cessait de demander qu'on le conduisît à l'église pour s'offrir aux prêtres qui se préparaient pour la célébrer; et si l'on eût voulu suivre son inclination, il les aurait toutes servies. Son amour pour la retraite était si grand, qu'ayant été obligé de suivre son père à son château de la Peinne, dans la Haute-Provence, où les médecins lui avaient conseillé d'aller passer quelque temps pour recouvrer la santé qu'il avait perdue par une maladie dangereuse, il s'en fit un plaisir, dans l'espérance d'y être plus uni avec Dieu, et de l'y servir avec moins de distraction qu'il ne faisait à la ville. Effectivement, cette solitude lui fut un lieu de plaisir et de délices, mais d'une manière bien différente de celle de ses frères qui y étaient aussi : car au lieu que ceux-ci ne s'occupèrent la plupart du temps qu'aux divertissements de la campagne, pour lui il ne s'en servit que comme d'une sainte retraite pour se donner entièrement à Dieu. Il convertit sa chambre en une cellule, d'où il ne sortait que rarement, quoi qu'on pût faire pour l'en retirer. Il s'y appliquait continuellement à la prière ou à l'étude, mais avec tant d'ardeur que souvent on le voyait pleurer sur ses livres, pour ne pouvoir apprendre aussi vite qu'il le souhaitait, de peur que le défaut de science ne l'exclût un jour du sacerdoce, où il se sentait intérieurement appelé.

Après deux ans ou environ de séjour au château de la Peinne, il fut envoyé à Avignon, pour y étudier au collège des Jésuites. Il n'était encore qu'en troisième que ses compagnons, charmés de la douceur de sa conversation, commencèrent de rechercher sa compagnie, de le consulter comme leur maître, et de le considérer comme leur modèle. Il dressa en sa chambre une espèce d'oratoire où il les assemblait, pour les retirer insensiblement des vains amusements du monde, auxquels la jeunesse a coutume de s'adonner. Ils y prièrent Dieu et y faisaient quelques mortifications corporelles. Il les entretenait souvent du détachement des créatures, du chemin qui conduit à la vertu, et de la manière avec laquelle il faut aimer et honorer Jésus-Christ dans le saint sacrement. Il ne leur parlait jamais de ce divin mystère sans pleurer, et ses discours étaient si tendres et si affectifs, qu'ils ne pouvaient se dispenser de l'imiter. Pour mieux leur en inspirer la dévotion, il les conduisait, au sortir de l'oratoire, en quelque église où il était exposé, pour réciter chacun en son particulier le petit office du saint sacrement, et y demeurer quelque temps en oraison. Dieu ne tarda pas à montrer combien cette conduite lui était agréable, par les grâces qu'il accorda à la plupart de ces jeunes gens, qui quittèrent le monde pour s'enfermer dans des cloîtres où ils ont vécu saintement.

Le jeune d'Authier ne se sentait pas moins porté que ses compagnons à embrasser la vie religieuse; mais il ne voulut rien faire dans une affaire de cette importance sans l'avis de son directeur, qui, ne voyant aucun inconvénient qui dût l'empêcher de suivre son penchant, l'y excita au contraire, en l'exhortant à ne pas recevoir en vain la grâce du Seigneur. Une réponse si favorable et si conforme aux inclinations de d'Authier lui donnant lieu de croire que c'était la volonté de Dieu qui lui était manifestée par la bouche de son directeur, il crut qu'il ne devait pas différer plus longtemps l'exécution de son pieux dessein; c'est pourquoi, bien qu'il ne fût encore qu'en humanité, il alla aussitôt se présenter aux Pères Jésuites, pour obtenir d'eux la grâce d'être reçu dans leur compagnie, ce qu'ils lui accordèrent, à condition qu'il finirait auparavant sa rhétorique. Ce délai, quoique opposé au zèle et à l'empressement qu'il avait de se consacrer au service de Dieu, ne lui fut pas inutile : car pour se rendre toujours plus digne de cette vocation et mieux connaître la volonté de Dieu, il redoubla ses exercices de piété, et commença de pratiquer dans le monde ce qu'il se proposait de faire dans la religion. Il jeûnait une fois la semaine, prenait deux fois la discipline, et visitait tous les jours une église pour y adorer le saint sacrement, ce qu'il a toujours pratiqué jusqu'à sa mort. Il allait aux hôpitaux et aux prisons, pour y servir les pauvres affligés, les aider et les consoler dans leurs infirmités, et pour les instruire de tout ce qui concerne le salut éternel; ce qu'il continua jusqu'à ce qu'enfin comme il se disposait, sur la fin de sa rhétorique, à entrer chez les Jésuites, Dieu, qui avait d'autres desseins sur lui, changea tous ses projets, en permettant qu'on lui résignât un bénéfice dans l'abbaye de Saint-Victor de Marseille, qui était l'office de Capiscol, qu'il fut obligé d'accepter contre sa volonté. Il eut peine à s'y résoudre à la première nouvelle qu'il en reçut, croyant que c'était une tentation pour le retirer des voies du Seigneur. Mais le P. Michaëlis, provincial des Jésuites, qui l'avait secondé dans son premier dessein, l'ayant assuré avec son directeur que Dieu en avait ainsi disposé pour sa plus grande gloire, il se soumit à la volonté du ciel, et alla à Aubagne trouver l'évêque de Marseille, qui lui donna la tonsure le jour de l'Assomption de la sainte Vierge de l'an 1626. D'Aubagne il se rendit à Marseille, qui n'en était qu'à trois petites lieues de distance, pour prendre possession de son bénéfice et commencer son noviciat, dans lequel il ne tarda pas à donner des marques que sa vocation était toute sainte, et que ni les hommes, ni les grandeurs du monde, n'y avaient point eu de part. Les moines vivaient dans cette abbaye en leur particulier, plutôt en ecclésiastiques qu'en moines; ils n'étaient distingués des autres prêtres séculiers que par un petit scapulaire fort étroit qu'ils portent encore sur leur soutane, pour marquer qu'ils suivent la règle de saint Benoît, et ils appelaient le noviciat l'espace du temps que l'Église prescrit aux religieux pour se préparer à leur profession, sans autre obligation pour le reste de leur conduite que de vivre comme ils voulaient.

M. d'Authier n'abusa pas de cette liberté, il se fit de ce lieu une sainte demeure pour avancer plus vite dans le chemin de la vertu. Comme il n'avait personne pour l'instruire de ses obligations, il s'imposa à soi-même des règles et des pratiques de piété capables de le faire arriver à la perfection de son état. Il garda pendant cette année une continuelle retraite, et régla dès son entrée l'usage qu'il devait faire du revenu de son bénéfice, dont ce qui excédait les frais de sa dépense, qui était très-modique et conforme à celle d'un religieux le plus réformé, était distribué aux pauvres, ou employé à d'autres œuvres pieuses, ne se réservant pour lui que le seul nécessaire. Un de ses oncles, camérier de la même abbaye, lui ayant laissé ses meubles en mourant, il les vendit, les trouvant trop riches et plus propres à parer la maison d'un grand seigneur que la cellule d'un religieux, et en distribua aussi le prix aux pauvres. Enfin, après avoir passé l'année de son noviciat dans les exercices de la piété et de la mortification, il fut agrégé au corps de cette célèbre abbaye par la profession solennelle qu'il fit entre les mains du prieur claustral de ce monastère, le 11 octobre 1627.

Après sa profession, il retourna à Avignon pour y faire ses études de philosophie et de théologie. Il y logeait dans une maison de Jouage avec deux ou trois ecclésiastiques qu'il entretenait de son revenu, pour leur donner moyen d'achever leurs études. Quelques autres écoliers se rendaient chez lui les dimanches et les fêtes, et souvent les jours ouvriers lorsque le temps le permettait, et ils s'occupaient, dans un petit oratoire qu'on y avait dressé, à divers exercices de dévotion. Ils y prenaient ensemble la discipline et faisaient d'autres actions de pénitence, de mortification et d'humilité. M. d'Authier les y entretenait de bons discours pour les porter à l'amour de Dieu, en quoi il réussit si heureusement, qu'ayant fait naître dans leurs cœurs le désir d'une grande perfection, ils lui témoignèrent l'envie qu'ils avaient de s'engager par vœu au service de sa divine majesté. Le saint jeune homme, également étonné et joyeux de leur résolution, qu'il approuva, leur recommanda d'y penser sérieusement devant Dieu, et de le prier instamment qu'il leur manifestât sa sainte volonté. Ils suivirent ce sage conseil, et demandèrent cette grâce avec tant de ferveur, que ce qu'ils souhaitaient leur fut accordé. Car le 25 de mars de l'an 1632, M. d'Authier étant allé faire son oraison, selon sa coutume, dans l'église des religieuses de Sainte-Claire, Dieu lui manifesta qu'il voulait se servir de lui pour établir une congrégation de prêtres qui, vivant en commun, travaillassent à réparer, autant par la sainteté de leur vie que par leurs discours, les désordres qui s'étaient introduits dans son Église par le trop grand attachement que les ministres de ses autels avaient pour les biens de la terre et aux vanités du siècle; et afin qu'il ne doutât pas que ce ne fût sa sainte volonté, il lui fit voir en esprit un jeune homme qu'il avait choisi et destiné pour former avec lui cette bonne œuvre.

M. d'Authier, assuré par cette révélation de la volonté de Dieu, en adora les décrets, et se retira dans la résolution de se soumettre au plus tôt aux ordres de la divine Providence, dont il implora le secours, pour être confirmé dans ce que l'Esprit-Saint avait opéré en lui, ce qui lui fut accordé: car le lendemain, comme il allait en classe, il vit avec autant d'étonnement que de joie le jeune homme qui lui avait été représenté le jour précédent dans son oraison. Il était accompagné de sa mère, qui priait le préfet de lui procurer une condition, pour avoir lieu de continuer ses études, afin de se rendre capable d'embrasser un jour l'état ecclésiastique. Le préfet, ayant aperçu M. d'Authier, se sentit intérieurement pressé de lui en faire la proposition, et lui demanda s'il n'avait pas besoin d'un domestique; que ce jeune homme s'offrait à lui rendre service, et ne demandait point d'autre récompense qu'un peu de temps pour étudier et s'avancer dans les sciences. Il accepta avec joie l'offre qu'il lui faisait, et assura la mère du soin particulier qu'il prendrait de son fils, pour lequel il aurait tous les égards possibles, afin qu'il se formât à la vertu et aux sciences.

Après cette dernière faveur, qui était comme le sceau et le comble de celle que le ciel lui avait faite dans l'église de Sainte-Claire, il ne songea plus qu'à l'exécution de la volonté de Dieu. C'est pourquoi, ayant assemblé ceux de son oratoire, il leur communiqua le dessein qu'il avait d'établir une congrégation, et en choisit neuf pour lui donner commencement. Ce jeune homme dont nous venons de parler fut de ce nombre; il s'appelait *Jean-Jacques Lafon*, natif de la ville de Carpentras, et de son domestique il devint un de ses premiers compagnons. Après avoir beaucoup travaillé en Provence, en Dauphiné et en d'autres lieux à la sanctification des âmes et à la réformation du clergé, il mourut en odeur de sainteté à Senlis, étant curé de la paroisse de Sainte-Geneviève.

M. d'Authier ayant donc choisi ces neuf compagnons, qui n'étaient encore qu'écoliers, leur baisa humblement les pieds à tous, et leur déclara, dans un discours qu'il leur fit, l'ordre qu'il avait reçu de Dieu pour l'érection d'une congrégation dans laquelle leur piété lui avait fait juger qu'ils s'engageraient d'autant plus volontiers, qu'elle était destinée par le ciel même à la réforme des désordres causés par l'avarice du clergé, les priant de s'unir avec lui dans une entreprise si sainte et si utile à l'Église. Ce discours, soutenu de la grâce qui opérait en même temps dans leurs cœurs, eut tout le succès que M. d'Authier pouvait en attendre. Ils acceptèrent tous la proposition qu'il leur fit de s'associer avec lui pour une si sainte entreprise. Ils remercièrent la divine bonté de la grâce qu'elle leur faisait de les appeler à ce haut ministère, et pour s'en rendre dignes ils firent, par le conseil de leur saint fondateur, une retraite, suivie d'une confession générale qu'ils firent à un religieux du couvent des Carmes Déchaussés, qui les disposa au sacrifice qu'ils devaient faire à la divine majesté.

L'ayant fixé au jeudi saint, 15 avril de l'année 1632, ils s'assemblèrent dans une chapelle domestique du même couvent pour faire leur vœu, que M. d'Authier, qui n'avait encore que vingt-trois ans, reçut à la fin de la messe. Ils le prononcèrent l'un après l'autre, tel qu'il était exprimé dans une protestation par laquelle ils s'abandonnaient à la divine Providence; promettaient d'obéir jusqu'à la mort à celui entre les mains duquel ils remettaient cet abandonnement, renonçaient à leurs propres inclinations, jugement et volonté, à tous les honneurs, dignités, richesses et contentements, à toutes les amitiés, parentés, et généralement à toutes les créatures qui pourraient leur empêcher l'exercice de ce vœu et de cet abandonnement. Ils demandaient aussi à Dieu dans cette protestation la grâce d'accomplir sa sainte volonté; ils espéraient en mériter la connaissance par un dévouement entier et parfait au saint sacrement de l'autel; ils s'offrirent et se consacrèrent à son culte particulier, promettant de travailler de toutes leurs forces jusqu'à répandre leur sang, si l'occasion s'en présentait, pour faire connaître, aimer et adorer ce divin mystère de l'amour infini de Jésus-Christ. Après que chacun d'eux eut prononcé cette protestation, ils récitèrent le *Te Deum*, pendant lequel M. d'Authier les embrassa tous; ensuite il leur recommanda d'envelopper d'une petite peau cette protestation, que chacun avait écrite et signée de sa main en son particulier, avec une médaille du saint sacrement, et de la porter toujours à leur cou le reste de leurs jours, pour n'en perdre jamais le souvenir.

Tel fut le commencement de la congrégation du Saint-Sacrement, dont l'esprit et la conduite spirituelle ont toujours été conformes à ce qui était porté par la protestation, excepté le vœu d'obéissance, que M. d'Authier (qui ne l'avait permis dans les commencements que par condescendance aux désirs de ses compagnons) changea dans la suite en un serment de stabilité qu'il avait toujours jugé plus convenable à une congrégation purement ecclésiastique. Ces jeunes écoliers, se voyant engagés plus étroitement au service de Dieu par le vœu qu'ils venaient de faire, ne songeaient qu'à persévérer dans la ferveur de leurs exercices, et à s'appliquer plus que jamais à l'étude, afin de se rendre capables du ministère auquel ils étaient destinés; mais le démon, qui prévoyait les avantages que l'Eglise devait retirer de cette nouvelle congrégation, qu'il aurait souhaité ruiner dès son commencement, suscita contre eux des calomnies si atroces, qu'ils furent obligés de se séparer, pour se mettre à couvert de la persécution. M. d'Authier étant resté à Avignon, avec deux ou trois de ses compagnons de la même ville, y acheva sa quatrième année de théologie, pendant laquelle il célébra sa première messe, le 10 juin 1633, et reçut le bonnet de docteur le 8 juillet suivant.

Il alla ensuite pour la première fois à Rome soumettre au jugement de l'Eglise le dessein de sa congrégation. Le pape Urbain VIII témoigna qu'il en était satisfait, et après l'avoir exhorté à le poursuivre, il lui ordonna de s'occuper particulièrement aux missions et à la direction des séminaires, en attendant que le saint-siége, mieux informé de la bonté et de la nécessité de cette congrégation, jugeât à propos de l'affermir et de lui donner son approbation. M. d'Authier ne voyant pour lors aucune apparence d'en obtenir davantage, ne fit pas long séjour à Rome, et retourna en France. A son arrivée en Provence, l'archevêque d'Aix, Louis de Brétel, informé de son mérite et de sa vertu, voulant le retenir dans son diocèse pour travailler à la réforme de son clergé, lui donna, l'an 1634, dans la ville d'Aix, la chapelle de Notre-Dame de Beauvesez, avec une maison joignante pour vivre selon son institut. Il ne l'y eut pas plutôt établi dans sa première ferveur (avec le secours de ses compagnons qui vinrent l'y retrouver), qu'il en partit avec quelques-uns d'eux, pour aller au village de Cadenet, ouvrir le cours de ses missions, suivant l'ordre qu'il en avait reçu du souverain pontife. C'est en ce lieu que lui et les siens furent honorés pour la première fois par la voix du peuple du nom de *Missionnaires du Clergé*, qu'ils conservèrent jusqu'à ce que leur congrégation eût été approuvée du saint-siège. Quatre mois après, au commencement de janvier 1635, ils eurent un second établissement à Brignole, dans le même diocèse, et au mois d'avril de la même année, l'archevêque d'Aix approuva leur congrégation, sous le titre de *Congrégation des Clercs de la Mission*. Ils firent un troisième établissement à Marseille l'an 1638, y ayant été appelés par l'évêque de cette ville, François de Loménie, et par les magistrats. L'archevêque d'Aix confirma la même année cette congrégation, à laquelle il donna le titre de *Congrégation des Missionnaires du Clergé*, et approuva les statuts qui avaient été dressés par le fondateur. Ce nouvel institut faisait de si grands biens dans sa naissance, que le bruit s'en étant répandu jusqu'à la cour, le cardinal de Richelieu, ministre d'Etat, résolut, sur le crédit qu'on lui en fit, de l'établir à Paris au collége de Bourgogne, avec des revenus suffisants pour vingt-quatre Missionnaires. M. d'Authier, ayant reçu ordre du cardinal de se rendre à Paris, se mit en chemin sur la fin du mois de décembre 1638, avec vingt de ses Missionnaires, pour y arriver au temps qui lui avait été marqué. Mais ayant appris, en passant par Valence, la mort du P. Joseph Le Clerc du Tremblai, Capucin, de qui dépendait le succès de cet établissement, et jugeant par cette mort que le dessein en serait échoué, il ne pensa plus qu'à retourner en Provence. Il voulut auparavant saluer l'évêque de Valence et de Die, Jacques de Gelas de Leberon; mais ce prélat, croyant que la Providence n'avait pas tant permis leur départ de Marseille pour aller à Paris, que pour demeurer dans son diocèse, les y arrêta pour travailler à la réforme de son clergé, et pour y prendre la conduite d'un séminaire pour les ordinands de son diocèse, qui fut érigé dans la ville de Valence le 16 janvier 1639, comme il paraît par les lettres patentes que ce prélat donna pour ce sujet.

Ce progrès augmentant le zèle de ce saint fondateur, il résolut de s'appliquer encore plus fortement aux missions et à l'instruction des ecclésiastiques : il n'y avait que la résidence à laquelle il était obligé dans l'abbaye de Saint-Victor (par rapport à son bénéfice) qui lui fit obstacle. Le prieur claustral de ce monastère, dès l'année précédente, lui avait fait expédier, du consentement de son chapitre, des lettres de non-résidence. Mais cette dispense, quoique conçue en termes très-avantageux, ne le contentant pas, il alla à Marseille peu de jours après l'établissement du séminaire de Valence, et s'y démit de l'office de capiscol ou préchantre de son monastère, qu'il permuta contre un bénéfice à simple tonsure, pour lui servir de titre clérical, et revint ensuite à Valence, où l'évêque l'attendait pour commencer les visites de ses deux diocèses, dont il lui remit le soin. Il en fit l'ouverture avec six de ses Missionnaires, sur la fin de décembre de l'an 1639, au bourg de l'Etoile; et après avoir employé une année à faire des missions en d'autres lieux, il finit sa visite par la mission de Valence, qu'il fit au commencement de l'année 1642. Entre autres fruits considérables que produisirent ses missions, il ramena au sein de l'Eglise quatre-vingt-deux hérétiques.

La visite de ces deux diocèses étant achevée, il alla à Marseille, où, au mois de février 1643, il commença une autre mission pour les forçats des galères. Il l'ouvrit avec sept prêtres de sa congrégation, sur le port de cette ville, en présence de l'évêque et d'un grand nombre de peuple, qui y était accouru pour en profiter. Mais ces ouvriers ne suffisant pas pour l'ample moisson qu'il y avait à faire, ils furent secondés par quatre autres Missionnaires de la congrégation de M. Vincent de Paul, lesquels, conjointement avec M. d'Authier et ses Missionnaires, firent un si grand fruit, que la plupart des forçats changèrent de vie, plusieurs Turcs embrassèrent la foi, et l'on fut étonné de voir un lieu où ne régnaient auparavant que la confusion et le désordre, devenir une demeure de bons chrétiens, qui commencèrent à s'adonner à la vertu et à faire un saint usage de leur captivité. Après qu'il eut fait cette mission aux galériens, il en entreprit d'autres en plusieurs quartiers de la ville, et érigea dans l'église de sa communauté une congrégation sous le titre de *Saint-Homme-Bon*, en faveur des artisans. Il commença aussi un autre établissement, qui devait servir de retraite aux pauvres prêtres qui viennent tous les jours à Marseille pour passer les mers; mais cet établissement n'eut pas le succès qu'on espérait. Etant retourné à Valence, l'évêque de Viviers l'appela dans son diocèse pour y faire une visite pastorale. Il rendit le même service à celui d'Orange, et alla ensuite dans ceux d'Uzès et de Saint-Paul-Trois-Châteaux, faisant partout des missions, et y laissant des marques de son zèle et de sa charité.

Ces missionnaires ayant encore fait un établissement à Senlis, l'an 1640, M. d'Authier reprit son premier dessein de faire approuver par le saint-siège sa congrégation, qu'il voyait augmenter de jour en jour. C'est pourquoi il envoya à Rome un de ses prêtres pour solliciter cette faveur. Le refus qu'on lui en fit ne fut pas capable de rebuter le saint fondateur; au contraire, rempli de confiance que Dieu qui avait commencé cet ouvrage ne le laisserait pas imparfait, il fit tant d'instance les années suivantes, qu'enfin le pape Urbain VIII, par un bref du 4 juin 1644, approuva les statuts et règlements de sa congrégation, pourvu qu'ils ne fussent pas contraires aux saints canons et au concile de Trente; et au mois de novembre de la même année, la congrégation de la Propagation de la Foi le nomma recteur des deux collèges apostoliques à Avignon. Mais M. d'Authier n'étant pas content du bref d'Urbain VIII, qui n'approuvait que les statuts de sa congrégation, qu'il n'avait pas lus, fit de nouvelles poursuites en cour de Rome, et obtint du pape Innocent X une bulle, le 20 novembre 1647, par laquelle ce pontife après avoir fait examiner les statuts de cette congrégation, par plusieurs cardinaux, la confirma sous le titre de *Congrégation du Saint-Sacrement pour la direction des missions et des séminaires*, au lieu du premier qu'elle avait de *Mission du Clergé;* ce qui a fait donner à ses sujets le nom de *Prêtres Missionnaires de la Congrégation du Saint-Sacrement*.

Le refus que l'on avait fait d'abord d'accorder à M. d'Authier la confirmation de son institut, et de nommer dans la bulle un directeur général que l'on avait demandé pour le gouvernement de cette même congrégation, provenait de ce que ce saint fondateur étant religieux profès de l'abbaye de Saint-Victor de Marseille, on ne jugea pas à propos de le mettre à la tête d'une congrégation ecclésiastique, ni de lui en substituer un autre à sa place pendant sa vie; mais son rare mérite et la sainteté de sa vie l'emportant sur toutes sortes de considérations, on leva enfin cette difficulté en supprimant ce point, que l'on changea en un pouvoir général qui fut donné par cette bulle aux prêtres de cette congrégation de s'élire un directeur tel qu'ils trouveraient à propos, et on travailla à élever M. d'Authier à l'épiscopat, quoiqu'il eût plusieurs fois refusé cette dignité. Cela l obligea d'aller une seconde fois à Rome, où, à la nomination du duc de Nevers, il fut sacré évêque de Bethléem le 26 mars 1651, par le cardinal Spada, qui en fit la cérémonie dans l'église de Saint-Jérôme de la Charité. Il retourna ensuite en France, et prêta au roi serment de fidélité pour la chapelle de Pantenor, appelée *Notre-Dame de Bethléem*, que Gui, comte de Nevers, unit à l'évêché de Bethléem, l'an 1623, en faveur de Rainaud, évêque de Bethléem, qui l'avait suivi lorsque les chrétiens furent chassés de la terre sainte. Cette chapelle, située dans un faubourg de Clamecy, au duché de Nevers, et qui était autrefois un hôpital, sert comme de cathédrale à l'évêque de Bethléem, qui n'a néanmoins aucun diocèse ni aucun territoire.

Cette nouvelle dignité dont M. d'Authier fut revêtu, l'ayant mis en état d'exercer les fonctions de directeur de sa congrégation jusqu'à sa mort, il ne pensait plus, après son retour, qu'à donner tous ses soins pour l'établir parfaitement, lorsqu'il fut obligé de retourner pour la troisième fois à Rome. Il y fut député par les évêques de France, qui, à la sollicitation de Jean IV, roi de Portugal, écrivirent au pape au sujet du refus qu'il faisait de nommer aux prélatures de ce royaume ceux que ce prince lui présentait, nonobstant le besoin de cette Eglise, qui était tellement dépourvue de pasteurs, que de vingt-sept évêchés il n'y en avait qu'un rempli : encore celui qui l'occupait était si vieux, qu'il ne pouvait plus faire aucune fonction épiscopale. Après que M. d'Authier eut passé deux ans à Rome sans pouvoir réussir dans sa négociation, il retourna en 1654 à Paris, d'où il était parti le 6 février 1652. Aussitôt qu'il y fut arrivé, plusieurs évêques le chargèrent de la visite de leurs diocèses, dans lesquels il laissa de grandes marques de sa sainteté et de son zèle. En 1657, les bourgeois de Thiers, en Auvergne, l'ayant prié d'accepter un établissement dans leur ville, il s'y rendit sur la fin de l'année pour le commencer, selon sa coutume, par une mission, et l'évêque de Clermont érigea cette nouvelle maison en un séminaire ecclésiastique, qui a servi depuis aux retraites des curés de ce diocèse. La mission étant finie, l'évêque de Bethléem retourna à Valence, où il faisait ordinairement sa demeure, et y resta jusqu'en l'an 1659, qu'on l'appela en Provence pour un autre établissement, et pour faire la visite du diocèse d'Arles. Il procura aussi la réforme du monastère de la Celle, à un quart de lieue de Brignole, au diocèse d'Aix. Ce fut par ses soins que ces religieuses embrassèrent la plus étroite observance de l'ordre de Saint-Benoît, et que, pour mieux affermir leur réforme, elles furent transférées dans la ville d'Aix.

Il avait marqué dans les statuts de sa congrégation qu'il y aurait en chaque province une maison de solitude. Il n'attendait pour commencer cet établissement qu'une occasion favorable qu'il n'avait pu encore trouver, lorsqu'un gentilhomme lui offrit un de ses châteaux dans la Limagne d'Auvergne, pour un lieu fort propre pour cela. Ce fut le 18 novembre 1666 qu'il en jeta les fondements dans ce château, éloigné de deux lieues de la ville de Thiers. Il s'y enferma le premier avec trois Missionnaires pour en ouvrir les exercices, auxquels il admit le seigneur du château et quelques autres externes qui demandèrent d'y être reçus. Il prescrivit à ces solitaires l'adoration perpétuelle du saint sacrement, et leur défendit de parler à personne du dehors, et même entre eux, excepté au supérieur de la maison, pour lui déclarer leurs besoins spirituels. Ils s'employaient pendant quelque temps dans la journée au travail manuel. Il leur était extrêmement recommandé de n'avoir rien en propre, de ne rien négliger pour expier leurs fautes, et obtenir le pardon de leurs péchés; de s'appliquer continuellement à la destruction de leurs passions et à la mortification de leurs sens ; de se conformer en toutes choses à la volonté de Dieu, et de rechercher ce qu'il y a de plus parfait dans son amour par la prière et la lecture des bons livres. Mais comme cette maison n'appartenait point à M. d'Authier, et qu'elle n'était que d'emprunt, cette bonne œuvre fut bientôt détruite après sa mort, qui arriva peu de temps après : car les Missionnaires de la maison de Valence l'ayant prié de les venir voir pour une affaire importante, et ce saint fondateur s'étant mis en chemin au mois d'août de l'an 1667, il fut attaqué d'une fièvre tierce, qui, s'étant changée en continue, l'obligea de se mettre au lit aussitôt qu'il fut arrivé à Valence, où la maladie devint si violente, qu'il y mourut le 17 septembre de la même année, étant âgé de cinquante-huit ans, cinq mois et douze jours, la trente-septième année depuis le premier établissement de sa congrégation, et la dix-septième de son épiscopat.

Après la mort de ce prélat, sa congrégation fit de nouveaux progrès. Elle a néanmoins perdu depuis peu la maison de Senlis, pour n'avoir pas pris des lettres patentes, et cette maison a été donnée aux Missionnaires Eudistes, par M. de Chamillart, évêque de cette ville. Les emplois des Missionnaires de la congrégation du Saint-Sacrement sont présentement communs avec ceux de plusieurs autres congrégations qui les ont embrassées par un effet de leur zèle, sans aucune obligation ; mais celle dont nous parlons est chargée par la bulle de son institution de la direction des séminaires, soit pour ceux qui se disposent à embrasser l'état ecclésiastique et à recevoir les ordres sacrés, soit pour les prêtres qui désirent s'y retirer afin d'y faire les exercices spirituels, ou qui y sont envoyés par les évêques pour se perfectionner dans leur ministère. Une autre obligation qui lui est imposée par la même bulle est d'envoyer des Missionnaires aux pays des infidèles et des hérétiques, selon la disposition et la volonté du souverain pontife et de la congrégation de la Propagation de la foi, qui leur confient la conduite des âmes dans l'administration des paroisses qui leur sont commises. Quoique cette congrégation doive avoir des maisons de solitude où ceux que Dieu appelle à cet institut sont obligés de passer le temps de leur probation, il ne s'en trouve pas néanmoins en toutes les provinces ou archevêchés dans lesquels elle est établie, l'occasion d'en fonder étant plus difficile à trouver que celle des séminaires. Il doit y avoir dans cette congrégation un conseil suprême composé d'un ou de plusieurs Missionnaires députés par chaque direction, lequel conseil doit résider dans une maison de solitude et ne dépendre d'aucun directeur. Ce conseil a pouvoir de changer d'une direction à une autre les Missionnaires, de chasser les incorrigibles, de résoudre les doutes qui peuvent survenir au sujet des statuts, de faire des ordonnances pour le bien de la congrégation, d'envoyer tous les cinq ans des visiteurs dans toutes les directions, et de convoquer une assemblée générale quand la nécessité le requiert. A cette assemblée générale doivent assister ceux qui composent le conseil suprême, les directeurs de chaque direction et les Missionnaires qui sont aussi députés de chaque direction. C'est dans cette assemblée générale que l'on confirme les décrets faits par le conseil suprême. Elle peut abroger les anciens statuts, en faire de nouveaux, déposer les officiers, en élire d'autres, et faire tout ce qu'elle juge convenable pour le bien de la congrégation, dans laquelle on ne peut être reçu qu'après quatre ans de probation, et pour lors ceux qui y sont admis font le serment de stabilité qui suit, ayant les mains sur les saints Evangiles : *En présence de la très-sainte Trinité, Père, Fils et Saint-Esprit, Dieu vivant et véritable, et de mon Seigneur Jésus-Christ qui est ici présent dans le très-aimable sacrement de l'Eucharistie, que je prends pour témoin de l'action que je vais faire et que j'attends comme celui qui me doit juger, je promets et je jure par son amour, stabilité dans cette congrégation du Saint-Sacrement jusqu'au dernier jour de ma vie. Dieu me soit en aide et ses saints Evangiles.* Les prêtres de cette congrégation ne sont point distingués des autres ecclésiastiques par l'habillement. Ils reçoivent des laïques qui, conservant leur habit séculier, sont destinés à vaquer aux affaires de cette même congrégation.

Nicolas Boreli, *Vie de M. d'Authier de Sisgau*, et *Exordia et instituta congregationis sanctissimi Sacramenti*.

SAINTE-CROIX (Chanoines réguliers de).

Des Chanoines réguliers de Sainte-Croix de Conimbre en Portugal, avec la Vie de Dom Tellon, leur fondateur.

Cette congrégation de Chanoines réguliers n'a pas à la vérité tiré son origine de celle de Saint-Ruf, mais c'est sur cette congrégation qu'elle s'est entièrement conformée : elle en a pris les constitutions, les règlements, la forme et la manière de gouvernement, et elle y avait appris cette observance régulière dont elle a fait profession pendant un long temps, qui l'a rendu si célèbre en Portugal et dans quelques provinces d'Espagne, avant qu'elle fût tombée dans le relâchement qui y a fait introduire en 1527 une réforme qui l'a fait mettre au rang des ordres les plus austères.

Cette congrégation commença l'an 1131, par le zèle d'un Chanoine et archidiacre de la cathédrale de Conimbre, nommé Tellon, qui fut aidé dans cette entreprise par onze personnes d'une très-grande piété, qui avaient résolu de se consacrer à Dieu. Tellon naquit à Conimbre le 3 mai de l'an 1070. Son père s'appelait Odoart, et sa mère Eugénie, personnes illustres par leur noblesse, si on en veut croire D. Nicolas de Sainte-Marie, chanoine de cette congrégation, qui en a fait l'histoire. Cependant, selon plusieurs auteurs, ils n'étaient que bourgeois de Conimbre et d'une fortune médiocre, mais d'une probité qui les faisait plus distinguer que beaucoup d'autres qui possédaient de grands biens.

Dom Paterne, évêque de Conimbre, lui donna l'habit de Chanoine régulier dans sa cathédrale. Il s'acquit l'estime de l'évêque Maurice, qui le voulut avoir avec lui dans un voyage qu'il fit en la terre sainte, et il ne fut pas moins agréable à Gondisalve, son successeur, aussi bien qu'au clergé et à tout le peuple, qui le demanda pour évêque après la mort de ce prélat; mais Dieu ne le permit pas : il le réservait pour rétablir l'ordre canonique en Portugal ; car ce saint homme, voyant que parmi les troubles dont l'Eglise était pour lors agitée, les Chanoines réguliers de la cathédrale de Conimbre et de plusieurs autres églises de Portugal étaient tombés dans le relâchement, et que la discipline régulière en était presque bannie, prit la résolution de la rétablir dans sa vigueur, en établissant une nouvelle congrégation de Chanoines réguliers.

L'entreprise lui parut difficile, n'ayant personne pour lui donner secours, et n'ayant aucun lieu pour faire l'établissement qu'il se proposait ; mais il eut recours aux prières et aux larmes qu'il répandit devant le Seigneur, le suppliant de vouloir lui procurer les moyens de réussir dans le dessein qu'il entreprenait pour sa gloire.

Ses prières furent exaucées, car peu de temps après onze personnes se joignirent à lui. Le premier fut un Français, nommé Jean Péculiaire, qui fut dans la suite archevêque de B. ague, et qui, étant arrivé depuis quelque temps en ce pays-là, avait déjà persuadé à quelques personnes pieuses de bâtir un monastère proche Saint-Christophle. Tellon, qui connaissait sa vertu et son zèle, le pria de le vouloir aider dans son entreprise, qui réussit comme il le souhaitait par la piété d'Alphonse, prince de Portugal, qui n'avait pas encore le titre de roi qui ne lui fut donné que dans la suite ; car il lui accorda les bains royaux situés dans un des faubourgs de Conimbre, pour bâtir un monastère. Tellon acheta ensuite de l'évêque et des Chanoines de la cathédrale une place qui était contiguë à ces bains, ce qui lui donna lieu de bâtir une belle église et un cloître spacieux, qui furent achevés l'an 1132. La même année, le jour de Saint-Matthieu, Tellon, Péculiaire et quelques autres y allèrent demeurer et y prirent l'habit de Chanoines réguliers, sous la règle de Saint-Augustin, après s'y être préparés par le jeûne et l'oraison, et l'année de leur noviciat expirée, ils firent leurs vœux solennels dans ce même monastère qu'ils dédièrent en l'honneur de la croix du Sauveur du monde, pour montrer qu'ils voulaient être crucifiés avec lui par les austérités et les mortifications qu'ils pratiquèrent dans ces commencements.

Les Chanoines de la cathédrale les voulant

troubler dans leurs exercices, ils implorèrent la protection du saint-siége, qui les exempta de la juridiction de l'évêque. Tellon entreprit le voyage de Rome à ce sujet avec un compagnon, et fut très-bien reçu d'Innocent II, de qui il obtint l'approbation de sa congrégation avec des brefs en sa faveur adressés au prince Alphonse et à Bernard évêque de Coïmbre.

Il voulut en passant visiter les Chanoines réguliers de Saint-Ruf, qui vivaient pour, lors dans une grande régularité : il demeura quelque temps parmi eux et en reçut un traitement favorable ; après quoi il retourna avec son compagnon en son monastère, ayant été préservé dans le chemin, par l'assistance divine, de la mort qui lui avait été préparée par un méchant homme qui voulut l'empoisonner.

Enfin, comme, cinq mois après son retour, il s'appliquait avec beaucoup de soin à établir sa congrégation et à l'augmenter, il tomba malade ; et voyant que sa dernière heure approchait, il se munit des sacrements de l'Eglise après avoir donné des marques d'une vraie pénitence, et en présence de ses frères qui ne pouvaient se consoler de la perte qu'ils allaient faire, il rendit son âme à son Créateur, le 9 septembre l'an 1136, en prononçant ces paroles : *In manus tuas, Domine, commendo spiritum meum* ; et fut enterré dans le cloître du monastère de Sainte-Croix. Dom Michel de Saint-Augustin, étant général en 1630, lui a fait faire dans l'église un magnifique tombeau, dans lequel on transféra son corps le 7 avril de la même année.

Après sa mort, les Chanoines de Sainte-Croix délibérèrent entre eux sur les moyens que l'on pouvait prendre pour maintenir leur congrégation naissante dans la régularité ; et comme ils n'avaient encore que la seule règle de saint Augustin, ils résolurent d'un commun consentement d'embrasser les constitutions et la manière de vivre des Chanoines réguliers de Saint-Ruf ; c'est pourquoi ils leur députèrent un religieux pour les obtenir, lequel demeura quelque temps parmi eux pour apprendre leurs coutumes.

Ce qui augmenta cette congrégation et la rendit célèbre, fut la protection que lui donna le même prince Alphonse, qui l'enrichit beaucoup par ses libéralités. Outre les bains royaux qui servirent à la construction du monastère de Sainte-Croix, comme nous avons dit, il lui donna de gros revenus, des villes, des terres, et même des forteresses ; car, ayant pris sur les Sarrasins le fort de Leiria, il le céda au monastère de Sainte-Croix avec toute juridiction spirituelle et temporelle, et quelque temps après, les Sarrasins l'ayant repris, saint Théoton, premier prieur de ce monastère, ayant fait prendre les armes à ses vassaux, entra avec une petite armée dans la province de Lantajo, qui appartenait à ces barbares, et prit sur eux la ville d'Aronches.

Alphonse, de son côté, ayant repris dans le même temps Leiria, le remit entre les mains des Chanoines réguliers, qui, pour témoigner leur reconnaissance envers leur bienfaiteur, firent un décret capitulaire par lequel, outre les prières qu'ils s'engagèrent de dire pour le repos de l'âme de ce prince après sa mort et pendant sa vie, ils s'obligèrent encore de donner à manger tous les ans, le jour de son anniversaire, à cent pauvres dans leur réfectoire, qui devaient avoir les mêmes viandes et être servis dans les mêmes plats que les anciens, outre certaines fêtes de l'année qu'ils devaient encore nourrir un pauvre de la même manière.

C'est dans le couvent de Sainte-Croix de Coïmbre que l'on conserve les corps de saint Bérard et de ses compagnons, qui furent les premiers de l'ordre de Saint-François qui répandirent leur sang pour la confession de Jésus-Christ à Maroc, et qui, ayant été apportés en Portugal par les soins de l'infant Pierre, fils d'Alphonse II, dans le dessein d'en enrichir la cathédrale de Coïmbre, la mule qui les portait s'arrêta par une permission de Dieu devant l'église Sainte-Croix, et ne voulut jamais passer outre, jusqu'à ce que l'on eût ouvert les portes de cette église. Pour lors elle y entra et s'étant mise à genoux devant le grand autel, elle ne se releva point qu'on ne lui eût ôté ces sacrées reliques qui y sont restées dans des châsses d'argent garnies de pierres précieuses. C'est ce qui fit que saint Antoine de Padoue, qui était pour lors religieux dans cette maison, passa, avec la permission de ses supérieurs, dans l'Ordre de Saint-François, où il espérait trouver occasion de souffrir le martyre à l'imitation de ces saints qu'on venait d'apporter de Maroc.

Mais, soit à cause que ce monastère fut gouverné dans la suite par des prieurs commendataires ou autrement, les Chanoines réguliers tombèrent dans un si grand relâchement, qu'ayant entièrement abandonné les observances régulières, ils menaient une vie toute séculière ; ce qui fit que Jean II, roi de Portugal, imitant ses ancêtres qui avaient pris un soin particulier de cette congrégation, voulut la remettre dans l'ancienne observance en réformant les désordres qui s'y étaient glissés. Il en obtint la permission du saint-siége, en ayant eu aussi la commission du cardinal Henri son frère, qui était grand prieur commendataire de ce monastère et sous la tutelle de ce roi à cause de sa minorité. Il députa F. Blaise de Brague, religieux de l'ordre de Saint-Jérôme, pour y introduire la réforme qu'il jugerait nécessaire. Elle fut commencée l'an 1527, et entre autres statuts qui furent faits pour le maintien de la discipline régulière, on prescrivit aux Chanoines un silence aussi rigoureux que celui qui est observé dans l'ordre des Chartreux ; c'est pourquoi ils furent dispensés des processions publiques, où ils étaient auparavant obligés d'assister. L'on choisit, pour perfectionner cette réforme, les jeunes gens qu'on reconnut être les plus vertueux avec les novices qui avaient déjà été reçus à l'habit ; et cette congrégation s'est rendue si célèbre et si utile à l'Eglise, que par son moyen l'ordre canonique fut entièrement rétabli dans sa splendeur dans le royaume de Portugal. Ces Chanoines, qui s'étaient auparavant attirés un mépris universel par leur vie peu religieuse, devinrent l'admiration de tout le peuple, et ils furent extrêmement chéris de leurs souverains.

Dans cette réforme, le gouvernement de cette congrégation fut entièrement changé; les prieurs, qui étaient perpétuels, devinrent triennaux, l'on divisa les biens du monastère de Sainte-Croix, l'on assigna des rentes, des terres et des revenus qui furent tirés de la mense du grand prieur commendataire pour l'entretien du prieur claustral et de ses religieux, et le cardinal Henri étant devenu majeur, voulant contribuer de sa part à ce que la réforme pût subsister sans que les Chanoines eussent dans la suite aucun sujet de tomber dans le relâchement, et afin que la congrégation pût se perfectionner de plus en plus, il se démit du titre de grand prieur commendataire du monastère de Sainte-Croix. Il en revêtit le prieur claustral, qui avait été élu selon les nouvelles constitutions de cette réforme, et lui abandonna toute juridiction, domaine, supériorité, pouvoir et correction qui lui appartenaient en cette qualité de grand prieur, ce qui fut confirmé et approuvé par le pape Paul III.

On ne rendit pas néanmoins à ces religieux tous les biens qui avaient été possédés par les grands prieurs commendataires, et qui avaient été accordés au monastère de Sainte-Croix, principalement par le roi Alphonse Ier; car Jean III fonda l'université de Conimbre, d'une partie de la mense du grand prieur; il fit ériger en évêché la forteresse de Leiria, et unit à l'évêché de Portalègre la forteresse d'Aronches, que saint Théoton, premier prieur de Sainte-Croix, avait prise sur les Sarrasins.

Il y eut dix-neuf monastères qui embrassèrent la réforme. Il y avait aussi autrefois des monastères de religieuses qui étaient soumis à cette congrégation, dont le principal avait été bâti en même temps que celui de Sainte-Croix, où plusieurs reines et princesses avaient fait profession de la vie religieuse; mais au temps de cette réforme, ce monastère fut détruit, parce qu'il y avait très-peu de religieuses. Outre les saints et les bienheureux qui sont sortis de cette congrégation, il y a eu un cardinal et vingt archevêques et évêques.

Le prieur de Sainte-Croix de Conimbre jouit de plusieurs priviléges : 1° Il est conseiller du roi ; 2° il exerce une juridiction presque épiscopale dans plusieurs églises de l'évêché de Leiria, où il a des vicaires généraux, et il peut conférer les ordres mineurs à ses sujets ; 3° il est supérieur-né (outre le monastère de Sainte-Croix de Conimbre) de celui de Saint-Vincent hors les murs de Lisbonne, de Saint-George proche Conimbre, et de Saint-Pierre de Folques, qui sont ses filles ; il l'était aussi de ceux de Saint-Romain de Céa et de Sainte-Croix de Cortes, à Ciudad-Rodrigo en Castille, qui sont présentement supprimés, et étaient pareillement du nombre de ses filles ; 4° il est chancelier de l'université de Conimbre, qui est la première dignité de cette Université ; et enfin il est général de tous les Chanoines réguliers qui sont en Portugal.

Ces Chanoines sont vêtus de blanc, ont un surplis fermé de toutes parts qui n'est point plissé autour du cou, et portent, tant l'été que l'hiver, sur les épaules des aumusses de drap noir ; les novices ont des aumusses blanches (1). Tous les trois ans ils tiennent le chapitre général dans le monastère de Sainte-Croix le second dimanche d'après Pâques : ils y élisent un général ou confirment celui qui exerce cet office. Ils ont deux heures d'oraison chaque jour dans chaque monastère, et pendant ce temps on garde un étroit silence, on ne permet pas même aux séculiers d'y parler. Ils ne sortent que très-rarement et pour des raisons indispensables. Les prieurs ne peuvent même sortir que pour aller au chapitre, pour visiter ou réformer quelque maison de la congrégation ou quelque église de la dépendance de son monastère, quand ils sont mandés en cour par le roi ou les princes infants, et lorsqu'ils sont députés par le monastère pour solliciter quelques affaires qui le concernent. Outre les jeûnes de l'Eglise, ils jeûnent encore le lundi et le mardi de la Quinquagésime, pendant le temps de l'avent, la veille de Saint-Augustin, les veilles des fêtes de la sainte Vierge, tous les vendredis de l'année et le jour du vendredi saint au pain et à l'eau, tant le matin que le soir. Ils ne mangent jamais de viande le mercredi, excepté dans l'octave de la Nativité de Notre-Seigneur et le temps pascal. Ils ne mangent point non plus de viande les deux premiers jours des Rogations, ni le jour de Noël lorsqu'il arrive un vendredi, et ils prennent la discipline, les vendredis de l'avent et du carême et les trois derniers jours de la semaine sainte.

Voyez D. Nicolao de S. Maria, *Chronica da ordem dos Conegos regrantes de S. Agostino*, da congregaçon de *S. Cruz de Coimbra*. Penot, *Hist. trip. Canonic. regul.*, lib. II, cap. 59 et sequent. Roderic à Cunha, *Hist. episcop. Portugal.*, part. II, cap. 2. Tambur., *de Jur. abb.*, tom. II, disp. 24, quæst. 14. Hermant, *Etablissement des ord. relig.*, chap. 28, et *Constitutiones dos Conegos. reg. de S. Agostino dos Remos da Portugal, da congreg. de S. Cruz de Coimbra*.

SAINT-ESPRIT.

Voy. Esprit (*Saint-*).

SAINT-SACREMENT.

Voy. Sacrement (*Saint-*).

SAINT-SAUVEUR.

Voy. Sauveur.

SALTZBOURG (Congrégation de).

Voy. Molck.

---

(1) *Voy.*, à la fin du vol., n° 77.

SANG-PRÉCIEUX (BERNARDINES DU).

Des religieuses Bernardines réformées, dites du Sang-Précieux.

Les Bernardines réformées du monastère de Paris, qui avaient été si zélées pour les constitutions de la Mère de Ponçonas, comme nous l'avons fait voir dans un autre endroit, les abandonnèrent néanmoins quatorze ans après et formèrent encore une autre réforme de l'ordre de Cîteaux. Nous avons dit que ce monastère fut fondé par la Mère de Ponçonas, l'an 1636. Cet établissement se fit dans le faubourg Saint-Germain, du consentement du cardinal de Bourbon, évêque de Metz, abbé de Saint-Germain-des-Prés. La première supérieure fut la Mère Madeleine-Thérèse Baudet de Bauregard. Elle était d'une des plus nobles familles de Grenoble, et avait été mise pensionnaire, à l'âge de treize ans, dans l'abbaye de Saint-Just, de l'ordre de Cîteaux. Peu de temps après elle y prit l'habit, et fit profession à l'âge de seize ans. Comme cette abbaye était à peu près semblable, quant à la manière de vie, à celles de Sainte-Catherine et des Haies, et qu'on n'y gardait aucune clôture, elle eut la liberté de venir passer quelque temps chez ses parents pour une légère infirmité. La liberté où elle se trouva l'effraya, et, faisant réflexion à ce qu'elle avait voué à Dieu par sa profession religieuse, elle aperçut le précipice dans lequel elle était près de tomber en demeurant au milieu du monde auquel elle avait renoncé par son engagement à l'état religieux. Elle forma sur l'heure de saintes résolutions pour éviter ces pièges, et chercha les moyens de se garantir d'une si grande chute, résolue de tout entreprendre pour accomplir parfaitement les promesses qu'elle avait faites à Dieu au pied de ses autels.

Lorsqu'elle se disposait ainsi à se donner à Dieu sans réserve, elle visita par occasion le monastère de Sainte-Cécile à Grenoble, et y fut reçue de toutes les religieuses avec des témoignages d'une sincère affection. La modestie, l'union, la charité, la pauvreté et les autres vertus que pratiquaient les religieuses de ce monastère, lui touchèrent si efficacement le cœur, qu'elle forma le dessein de s'y retirer. Elle demanda d'y être reçue, ce qu'on n'eut pas de peine à lui accorder. Mais le supérieur et l'abbesse de Saint-Just s'opposèrent à l'exécution de son dessein. Elle surmonta néanmoins cet obstacle et entra dans le monastère de Grenoble, où elle fut d'abord admise au noviciat, et après l'année de probation elle fit profession de cette réforme, n'étant âgée que de vingt-cinq ans.

Il n'y avait que fort peu de temps que le monastère de Grenoble possédait cette sainte fille, lorsque la Mère de Ponçonas la destina pour être supérieure du nouveau monastère de Paris, où elle la conduisit avec cinq compagnes, qui furent les Mères Madeleine-Elisabeth Genton, Marie-Lucrèce Chevalier, Marguerite-Séraphique de Bains, Marie-Gertrude d'Ars, et la sœur Claude-Thérèse Martin, qui n'était encore que novice. Elles partirent de Grenoble le 22 février 1636, et arrivèrent à Paris la veille du dimanche des Rameaux. Il y eut d'abord des difficultés qui se trouvèrent dans cet établissement, qui durèrent près de quatre mois. La croix n'y fut plantée que le 5 juillet, et dès ce même jour elles reçurent des filles qui s'étaient présentées pour embrasser leur réforme.

A peine commençaient-elles à jouir du calme et de la tranquillité après quatre mois de traverses, lorsqu'elles eurent une nouvelle alarme. On leur donna avis que les Pères de l'ordre, se prévalant de l'autorité du cardinal de Richelieu, qui était abbé de Cîteaux, faisaient tout leur possible pour les faire rentrer sous leur juridiction, ou en cas qu'ils ne le pussent obtenir, de leur ôter le titre et le nom de filles de Cîteaux. Ces Pères étaient assez bien fondés dans leurs prétentions, puisque ces religieuses n'avaient que le titre de filles de Cîteaux, sans en pratiquer les observances, leur manière de vie étant entièrement conforme à celle des religieuses de la Visitation, à l'exception du grand office et de la couleur de l'habit qui était aussi semblable, quant à la forme, à celui des mêmes religieuses de la Visitation, et quoiqu'elles eussent exposé, tant aux ordinaires des lieux qu'à la cour de Rome pour obtenir le pouvoir de s'établir, et l'approbation de leurs constitutions, que leur dessein était d'embrasser l'étroite observance de l'ordre, elles n'en avaient néanmoins rien pratiqué, de sorte que les bulles qui n'avaient été accordées qu'en supposant véritable l'exposé qu'elles avaient fait, semblaient être nulles, puisque leurs règlements y étaient contraires, en sorte qu'il ne paraissait pas juste qu'elles conservassent le titre de membre d'un ordre dont elles ne suivaient pas les règles essentielles. Cependant, par le moyen de leurs amis, elles furent maintenues dans la juridiction de l'ordinaire et dans la possession de la qualité de filles de Cîteaux. Leur plus puissant protecteur fut le célèbre André Duval, docteur de Sorbonne, qui, se trouvant dans l'assemblée qu'on avait tenue pour les détruire, parla à leur avantage avec beaucoup d'éloquence et de force, disant, entre autres choses, qu'il était avantageux à l'ordre de Cîteaux d'avoir de si saintes filles, et qu'il y aurait de l'injustice de leur disputer un titre qu'elles portaient si dignement. Ce qui détermina entièrement cette assemblée à les laisser jouir en paix du titre qu'elles avaient toujours porté depuis le commencement de leur institution.

Cet orage étant dissipé, rien ne les empêcha plus de travailler à leur sanctification. Elles suivirent exactement les observances prescrites par leurs constitutions. Leur nombre s'augmenta considérablement, et leur communauté se trouva composée de filles ferventes et zélées pour le rétablissement du premier esprit de la règle de Cîteaux. Non contentes d'avoir conservé le nom de cet ordre, elles crurent qu'il était de leur devoir d'en embrasser les observances, qui, leur ouvrant le chemin à une plus grande perfection, les mettrait à l'abri des reproches qu'on leur avait déjà faits et qu'on pourrait encore leur faire, et les rendrait filles de Citeaux de nom et d'effet; c'était le sujet des prières les plus ferventes qu'elles faisaient à Dieu, lui demandant qu'il leur ouvrit quelque voie pour exécuter ce désir dont il était l'auteur. Elles exposaient sur ce sujet leurs peines à la Mère Baudet, leur supérieure, qui de son côté, n'étant pas moins zélée ni moins fervente, n'osait cependant rien entreprendre témérairement. Elles n'ignoraient pas que le désir des premières religieuses tant de leur congrégation que de celles de la Providence divine et de Saint-Bernard, avait été d'établir parmi elles toute l'austérité de l'esprit primitif de Citeaux, et qu'en quelque façon elles n'avaient pas eu la liberté de suivre leur inclination. Enfin, après bien des vœux, des épreuves, et des conférences ne doutant plus que ce ne fût la volonté de Dieu qu'elles réparassent dans leur maison ce qui semblait manquer dans les deux congrégations de Bernardines réformées, dont nous avons parlé, elles proposèrent d'abord de changer la forme de leur habillement et de leur coiffure pour les rendre plus convenables à l'habillement des autres religieuses de l'ordre de Citeaux, et pour accoutumer par ce moyen peu à peu à la réforme qu'elles projetaient quelques-unes d'entre elles qui s'y opposaient. En effet, ces religieuses opposées à la réforme ne trouvèrent aucune difficulté dans le changement d'habit: ainsi il fut fait selon l'usage des plus réformées de l'ordre, qui est d'avoir une tunique blanche dessous leur robe, faite en sac, d'une étoffe blanche un peu grossière, un scapulaire noir large d'un tiers et aussi long que la robe sans être ceint, avec un grand habit de chœur qu'on nomme coule, d'une serge blanche plus fine que la robe, sans porter ni jupes, ni corps de baleine. Pour celui des novices, on le fit semblable à celui des professes, sinon que pareillement, selon l'usage des religieuses de Citeaux, le scapulaire était blanc, et qu'au lieu de coule elles devaient avoir un manteau en forme de chape. Elles prirent aussi la guimpe ronde au lieu de la carrée qu'elles portaient comme les religieuses de la Visitation. Tous les habits étant disposés de la sorte pour la communauté, elle s'en revêtit un samedi 8 mars 1653, et dans la suite celles qui voulurent embrasser la plus étroite observance continuèrent à s'éprouver en leur particulier et à demander à Dieu la grâce de connaître et d'accomplir sa volonté.

L'année suivante, 1654, la Mère Baudet crut qu'il était temps de faire connaître à sa communauté l'inspiration qu'elle avait eue dès l'année 1651 de dédier son monastère au précieux sang de Notre-Seigneur Jésus-Christ, afin que ses filles fussent dévouées singulièrement à honorer les différentes effusions de ce sang adorable, et les engager davantage à être des victimes consacrées à la pénitence pour être plus conformes à leur époux crucifié. Le monastère était alors dans une extrême pauvreté; mais cette bonne mère, animée d'un esprit de foi, ne doutait point qu'en cherchant premièrement le royaume de Dieu et sa justice, le Père céleste ne leur accordât tout ce qui était nécessaire pour subsister. Elles s'engagèrent donc par vœu d'un commun consentement à prendre le titre de *Filles du Précieux-Sang*, dès que, leurs affaires étant remises en bon état, elles pourraient avoir une demeure fixe, sans laquelle elles ne pouvaient s'assurer de leur établissement, et se voyaient tous les jours exposées à être supprimées.

Le 6 mars de la même année, la plus grande partie de la communauté persévérant dans le désir de la réforme, pour continuer l'épreuve qu'elle faisait depuis longtemps, prit des chemises de serge, et quitta l'usage de celles de toile. Celles qui ne crurent pas avoir assez de force et de courage pour imiter des religieuses ferventes, eurent la liberté de demeurer dans la pratique des observances qu'elles avaient trouvées établies dans la maison lorsqu'elles y étaient entrées. Comme on ne voulait causer aucun trouble dans la communauté, on n'introduisait que peu à peu l'étroite observance, afin que celles qui la désiraient s'y accoutumassent plus facilement, et que les autres qui ne la voulaient pas y eussent moins de répugnance et y fussent attirées par la facilité avec laquelle elles voyaient que les plus ferventes en pratiquaient les exercices.

En 1655, leur supérieur fit une visite régulière au sujet de la réforme, afin de recueillir les sentiments de part et d'autre, et après avoir écouté toutes les religieuses, il fit assembler au séminaire de Saint-Sulpice huit docteurs, et leur ayant proposé les raisons que ces religieuses avaient d'embrasser la réforme, ces docteurs furent d'avis de les laisser quelque temps sans leur donner de décision pour voir si elles persévéreraient. Trois années se passèrent encore, pendant lesquelles chacune demeura ferme dans ses premiers sentiments. Le cardinal de Bourbon, abbé de Saint-Germain-des-Prés, sous la juridiction duquel ce monastère était, donna commission à l'abbé de Gamaches d'y faire une seconde visite, après laquelle ces religieuses présentèrent une requête au cardinal, où, ayant exposé leurs raisons pour embrasser la réforme, elles lui demandaient les permissions nécessaires pour ce changement. Ce prince conclut avec son conseil qu'elles feraient encore un an d'épreuve dans la pratique des austérités de cette réforme, et cependant il fit faire une assemblée de docteurs et de théologiens, tant réguliers que séculiers, le 7 janvier 1659, qui conclurent, après avoir examiné la première manière de vivre de ces religieuses, leurs constitutions et les bulles des années 1628 et 1634, dont nous avons parlé ailleurs, qu'elles étaient subreptices et obtenues sur un faux exposé, par conséquent de nulle valeur, et qu'ainsi leurs professions étaient nulles, puisqu'elles avaient été faites dans une congrégation non approuvée, d'autant que la bulle qui, à ce qu'on prétendait, l'avait autorisée, n'avait été donnée qu'à condition que cette congrégation professerait la règle de saint Benoît, et serait censée de l'ordre de Cîteaux, suivant l'assurance qu'elles avaient donnée que leur dessein était de prendre les coutumes de cet ordre : ce qui néanmoins était faux, puisque leurs constitutions y étaient opposées, et entièrement conformes à celles des religieuses de la Visitation ; de sorte qu'on les obligea à faire une année de noviciat dans l'observance de la règle de saint Benoît et les coutumes de Cîteaux, et d'abandonner leurs anciennes constitutions qui portaient le nom de Réforme, sous la règle de saint Benoît, quoiqu'elles n'y eussent aucun rapport. Cette délibération fut signée du cardinal de Bourbon et de tous ceux qui composaient l'assemblée, le 20 février de la même année 1659.

Après cette conclusion, qui les mettait en liberté de suivre les mouvements de ferveur dont le Seigneur les animait, elles reçurent des effets de sa protection divine, par les secours temporels qu'il leur envoya, et qui les mit en état d'avoir une maison assurée, qui est celle où elles demeurent présentement au faubourg Saint-Germain, dans la rue de Vaugirard, dont elles prirent possession quelques jours après. Elles commencèrent à prendre le titre de *Filles du Précieux-Sang de Notre-Seigneur Jésus-Christ*, et le prieur de l'abbaye de Saint-Germain-des-Prés, grand vicaire du cardinal de Bourbon, vint bénir la nouvelle maison et y planter la croix avec le nouveau titre qu'elles prenaient.

Le 20 mars suivant, elles commencèrent à se lever la nuit à deux heures pour dire Matines, selon l'usage de l'ordre de Cîteaux, et le 9 mars 1660, elles célébrèrent pour la première fois la fête du Précieux-Sang, ce qu'elles ont continué de faire jusqu'à présent tous les vendredis de l'année, en faisant l'office double majeur (tiré de celui de la Passion qui est dans le bréviaire de Paris), avec solennité, exposition du saint sacrement pendant la grand'messe, et les Vêpres, qui sont suivies de la prédication et ensuite du salut, où il y a toujours grand concours de peuple.

Les mêmes docteurs qui furent appelés pour conclure ce qui regardait leur réforme, furent chargés de travailler à des constitutions conformes à la règle de saint Benoît : ce qu'ils firent d'une manière très-exacte, ne faisant qu'ajouter à la fin de chaque chapitre de cette règle ce qui était nécessaire pour la rendre convenable à l'usage des filles, et qui avait besoin d'explication, par rapport au temps et aux lieux différents de ceux pour qui saint Benoît l'avait écrite, se conformant aussi en beaucoup de choses aux coutumes du premier esprit de l'ordre de Cîteaux.

Elles mirent aussitôt en pratique ces constitutions, dont les principaux points consistent en ce qu'elles doivent se lever la nuit à deux heures, dormir sur des paillasses posées sur deux ais soutenus par deux tréteaux, n'ayant que des draps de laine, sans tours de lits ni autres ornements qui ressentent la vanité du monde, non plus que dans leurs autres meubles qui doivent se ressentir de la pauvreté et simplicité. L'abstinence de viande leur est ordonnée en tout temps, excepté dans les maladies, aussi bien que l'usage de la serge au lieu de linge. Leurs jeûnes sont presque continuels, le silence très-rigoureux, à la réserve de deux heures de conversation chaque jour, l'une après le dîner, l'autre après le souper ou la collation. Elles font aussi deux heures d'oraison mentale chaque jour, et demi-heure de lecture spirituelle. Le travail des mains leur est recommandé, et elles ont conservé le bréviaire romain, y ajoutant seulement les fêtes principales de l'ordre. Ainsi elles peuvent porter à plus juste titre que les religieuses des congrégations de la Providence divine et de Saint-Bernard, le nom de Bernardines Réformées.

Ces règlements furent approuvés le 14 août 1661, par l'abbé de Prières, vicaire général de l'Étroite-Observance de Cîteaux en France, et par le prieur de l'abbaye de Saint-Germain-des-Prés, comme grand vicaire du cardinal de Bourbon, qui, en cette qualité, reçut aussi les vœux que ces religieuses firent de la nouvelle réforme le jour de l'octave de Saint-Bernard, le 27 août de la même année 1661, ce qui se fit avec beaucoup de solennité, et acheva l'établissement d'une parfaite réforme. Peu de temps après, leurs constitutions furent aussi approuvées par le cardinal de Vendôme, légat en France.

Dès qu'on eut appris à Grenoble ce changement, la plus grande partie de la communauté du monastère de Sainte-Cécile ne l'approuva pas : la Mère de Ponçonas surtout en témoigna beaucoup de chagrin, trouvant cette entreprise téméraire. Mais quelques-unes au contraire, touchées du désir de participer à la grâce que Dieu avait faite aux religieuses de Paris, obtinrent des obédiences pour venir se joindre à elles, dont la principale fut la Mère Françoise de Garcins, d'une illustre famille de Dauphiné, qui était pour lors supérieure de ce monastère de Sainte-Cécile de Grenoble. Elle vint à Paris avec une ferveur tout à fait touchante, se réduisant, comme la dernière des novices, aux occupations les plus basses et les plus humiliantes. Elle se signala surtout par son obéissance et son exactitude à observer la règle, et par son ardente charité envers Dieu et son prochain. Aussi fut-elle choisie pour être prieure, après avoir exercé pendant plusieurs années l'office de sous-prieure. Quant à la Mère Baudet, après avoir aussi gouverné cette communauté pendant plusieurs triennaux, elle y mourut le 6 septembre 1688, âgée de quatre-vingt-quatre ans. Le monastère de Paris a donc eu le bonheur de porter à sa dernière perfection ce qui semblait n'avoir été qu'ébauché par les Mères des congrégations de la Providence divine et de Saint-Bernard.

Mémoires communiqués par la Mère de Saint-Augustin, religieuse du monastère du Sang-Précieux.

SANG-PRÉCIEUX DE JÉSUS-CHRIST (Chevaliers de l'ordre du).

Voy. Rédempteur.

SANTÉ (Dominicains de la congrégation de la).

Voy. Lombardie.

SASSIA, ou DE SAXE.

Voy. Esprit (*Saint*-).

SASSO-VIVO (Congrégation de), *en Italie.*

Le lieu où le monastère de Sasso-Vivo dans le diocèse de Foligny est présentement situé était autrefois une forêt au pied d'une grande montagne toute de roche, appelée pour ce sujet *Sasso-Vivo*, et d'une autre montagne appelée *del Vecchio*, qui appartenait à une sainte femme de Foligny, appelée *Eustache*, qui y fit bâtir un sépulcre, où elle voulait que son corps fût mis après sa mort; mais ayant été avertie par un ange de donner une honorable sépulture à ceux des bienheureux Carpophore et Abondius, qui avaient été martyrisés dans ce bois, elle y alla, accompagnée de ses serviteurs, et ayant trouvé les corps de ces saints martyrs, elle les mit dans le sépulcre qu'elle avait fait préparer pour elle, et y fit bâtir une petite chapelle. Dans la suite, l'an 1030, le comte Hugues ou Hugolin, fils du comte Offrédo de Foligny, grand comte de l'Ombrie [dont, selon Jacobelli, descendaient les comtes d'Oppello et de Trinci, seigneurs de Foligny (1)], fit bâtir, sur un lieu éminent du mont *Sasso-Vivo*, une forteresse et un palais, où il fit sa demeure, et fit faire aussi une belle chapelle, où il fit transférer les corps des saints martyrs Carpophore et Abondius, et celui de cette dévote Eustache qui leur avait donné la sépulture.

Vers l'an 1060, du temps du pape Alexandre II et de l'empereur Henri IV, le bienheureux Mainard, religieux de l'ordre de Saint-Benoît, de l'ancienne congrégation de Saint-Benoît, désirant vivre en solitude, pria le comte Hugolin de lui permettre de se retirer avec un compagnon au pied du mont Vecchio, auprès de son château de *Sasso-Vivo*: ce que non-seulement il lui accorda, mais il lui donna même la montagne avec une fontaine qui y était. Il y bâtit d'abord un petit logement avec une petite église, à laquelle il donna le nom de Sainte-Marie-del-Vecchio, à cause qu'elle était située au pied de cette montagne; ce qu'il fit aussi avec la permission de l'évêque de Foligny. Quelques personnes ayant voulu vivre sous la conduite de ce saint homme, le comte et ses enfants leur donnèrent plusieurs terres et plusieurs maisons qu'ils avaient aux environs pour leur entretien, et avec ce secours Mainard bâtit un monastère auprès de cette église. Le pape Alexandre II lui permit de donner l'habit à ceux qui se présenteraient pour le recevoir, et l'établit premier supérieur de ce monastère, auquel plusieurs seigneurs et personnes de Foligny firent des donations considérables.

Entre ceux qui se présentèrent pour être religieux dans ce monastère, Albert, fils du comte Gautier et petit-fils du comte Hugolin, fut l'un des plus considérables par sa qualité; mais Mainard ne le reçut qu'après l'avoir beaucoup éprouvé. Lorsqu'il eut fait profession, le comte son père donna à ce saint fondateur, l'an 1085, son palais, la forteresse et la montagne de *Sasso-Vivo*, avec plusieurs terres considérables qui étaient aux environs. Il contribua aussi beaucoup au bâtiment d'un nouveau monastère que Mainard y fit faire, et d'une église beaucoup plus spacieuse que celle de Sainte-Marie-del-Vecchio, qui fut bâtie avec la permission de l'évêque, et qui fut dédiée en l'honneur de la sainte Trinité, de la sainte croix et des saints martyrs Carpophore et Abondius, où il transféra pour la troisième fois leurs corps, et cette église a retenu le nom de Sainte-Croix-del-Vecchio.

Le monastère étant achevé avec l'église qui n'était pas éloignée de l'ancienne de Sainte-Marie-del-Vecchio, Mainard et ses compagnons y vinrent demeurer: il en fut élu abbé et confirmé dans cette dignité par le pape Urbain II, l'an 1088. Il fit plusieurs règlements pour le maintien de l'observance régulière, et recommanda sur toutes choses l'hospitalité à l'égard des religieux et des pèlerins qui passaient par ce lieu. Sa charité était si grande que, non content de travailler au salut de son âme, il voulut encore être utile au prochain, non-seulement en consolant les affligés, mais principalement en aidant par ses aumônes ceux du voisinage qui étaient accablés de maladie. C'est pourquoi, afin qu'ils fussent traités avec beaucoup de soin, il fit bâtir un hôpital auprès du monastère. Quelque temps après, il en fit faire un autre auprès des murs de Foligny, des aumônes d'une sainte femme de cette ville, nommée Béatrix, qui pour ce sujet fut longtemps appelé l'hôpital de Donne Béatrix ou du monastère de *Sasso-Vivo*, ensuite de Sainte-Marie et de Saint-Georges, et enfin Saint-Georges : il en rétablit ensuite plusieurs autres, dont les principaux furent celui de la Sainte-Trinité auprès du bourg de Pale, et celui de Carpode, dont les religieux de *Sasso-Vivo* avaient soin.

Cette même charité de Mainard était d'une trop grande étendue pour qu'il se bornât à ces œuvres de miséricorde envers les pauvres malades. Persuadé que l'âme est ce que l'homme a de plus cher en ce monde, il n'ou-

---

(1) Durant les guerres des Guelfes et des Gibelins, la ville de Foligny fut presque entièrement détruite par les Pérusiens: mais ayant été rebâtie, les Trinci s'emparèrent du gouvernement, et y dominè-

rent avec assez de tyrannie, jusqu'à ce que le cardinal Vitelleschi, légat dans l'Ombrie, fit mourir le dernier de cette famille, l'an 1439, et remit la ville de Foligny sous l'obéissance du pape.

blia rien pour donner aux peuples voisins de son monastère tous les secours nécessaires pour acquérir les vertus et les sciences capables de les conduire au salut. C'est pourquoi il prêchait dans son église, confessait et faisait des catéchismes; il établit aussi dans son monastère des écoles de philosophie et de théologie, non-seulement pour ses religieux, mais aussi pour les séculiers, ce qui lui attira tant de nouveaux disciples, que, voyant que le nombre de ses religieux augmentait, et qu'on lui offrait des établissements en Ombrie et en Toscane, il institua une nouvelle congrégation de l'ordre de Saint-Benoît, sous des constitutions particulières, en retenant toujours l'habit noir. Il établit des prieurs dans les monastères qui lui furent donnés, et y envoya des religieux qui le reconnurent toujours lui et ses successeurs pour supérieurs généraux. Il permettait à ceux qui voulaient vivre en solitude de se retirer dans l'ermitage de Sainte-Marie-del-Vecchio, où ils demeuraient sous la conduite de l'abbé de *Sasso-Vivo*. Ce bienheureux fondateur mourut le 10 décembre 1090, âgé de soixante-dix ans.

Après sa mort, le bienheureux Denis, qui avait été son premier compagnon, fut élu abbé. Il ne fut pas moins zélé pour l'observance régulière que son prédécesseur; et les vingt premiers abbés de ce monastère sont réputés saints, aussi bien qu'un grand nombre de ses religieux : ce qui fit qu'on les voulut avoir en plusieurs lieux, en sorte qu'en peu de temps cette congrégation eut jusqu'à cent quarante monastères, dont il y avait vingt abbayes, six vingts prieurés, quarante et une cures et sept hôpitaux, qui tous reconnaissaient l'abbé de *Sasso-Vivo* pour général. Il nommait à sa volonté les prieurs et les curés. Les souverains pontifes accordèrent beaucoup de privilèges au monastère de *Sasso-Vivo*; ils défendirent que personne n'y pût faire la visite, ni dans ceux de sa dépendance, sans ordre de l'abbé, qui aurait seul le droit de les visiter, de les réformer et d'y faire tels règlements qu'il jugerait à propos, soit par lui, soit par ses commissaires; qu'aucun ne pourrait posséder aucun bénéfice de la congrégation, si, dans les lettres apostoliques qui en seraient expédiées, il n'y était fait mention qu'ils étaient de l'ordre de *Sasso-Vivo*; que l'abbé pourrait conférer à ses religieux les bénéfices qui dépendaient de lui, soit qu'ils eussent charge d'âmes ou non; que toutes les lettres apostoliques que les religieux de cette congrégation pourraient obtenir pour quelque bénéfice seraient nulles, si l'abbé de *Sasso-Vivo* n'y avait donné son consentement; qu'il pourrait se servir d'ornements pontificaux; et qu'enfin les religieux, après la mort de l'abbé, en pourraient élire un autre de leur congrégation ou de l'ordre de Saint-Benoît. Toutes ces grâces et plusieurs autres leur furent accordées par les papes Paschal II, Innocent II, Alexandre III, Clément III et Célestin III.

L'observance régulière fut en vigueur dans cette congrégation jusque dans le XIV° siècle, que ses grandes richesses firent tomber insensiblement les religieux dans le relâchement. On fit de temps en temps des règlements pour y rétablir la régularité; mais ce fut toujours inutilement. Thomas de Foligny, trente-troisième abbé de *Sasso-Vivo*, étant fort avancé en âge, et voyant que ses religieux ne lui voulaient pas obéir, remit cette abbaye entre les mains du pape Paul II; l'an 1467, ce pape la donna au cardinal Philippe de Serzana, évêque de Bologne, qui en fut le premier abbé commendataire. Ce prélat voulut y établir la réforme, mais il ne put y réussir; ce qui fit que le pape Innocent VIII, à la prière du cardinal Marc Barbo, Vénitien, second abbé commendataire, supprima cette congrégation; et ce cardinal introduisit dans cette abbaye les religieux de l'ordre du Mont-Olivet, qui ont augmenté ce monastère et rétabli l'église. La plupart des monastères qui en dépendaient furent donnés à d'autres ordres, ou devinrent des bénéfices simples; et quelques-uns furent entièrement ruinés. Il y avait deux abbayes, quatre prieurés, seize paroisses et quelques hôpitaux dans le diocèse de Foligny; trois abbayes, douze prieurés et dix paroisses dans celui de Spolette; sept cures et deux hôpitaux dans celui d'Assise; deux abbayes et douze prieurés dans Rome, et plusieurs autres en différents diocèses.

Dès l'an 1310, le monastère des saints Serge et Bacchus, à Rome, fut donné à des prêtres séculiers; celui des Quatre-Couronnés, dans la même ville, avait été aussi donné, l'an 1417, aux Célestins par l'abbé de *Sasso-Vivo*. Les Camaldules prirent leur place quelque temps après, et dans la suite on y mit les religieuses Philippines. Les moines du Mont-Olivet avaient eu aussi le monastère de Saint-Nicolas de Foligny dès l'an 1326. Les Ermites de l'ordre de Saint-Augustin avaient eu ceux de Pérouse et de Saint-Félix de Giano en 1434 et 1450; et après la suppression de cette congrégation, Innocent VIII donna encore aux religieux de l'ordre du Mont-Olivet le monastère de Saint-Pierre de Bovara, l'an 1484. Les Observantins eurent celui de Capro en 1487, et celui de la Sainte-Trinité fut donné aux religieuses Servites l'an 1439. Saint-Sauveur d'*Aquapagna*, qui était autrefois une petite abbaye de l'ordre des Camaldules, qui avait été unie à *Sasso-Vivo* et était tombée en commende, fut unie à la cathédrale de Camérino. L'abbé commendataire de *Sasso-Vivo* a environ quarante-quatre bénéfices à sa collation.

Voyez Jacobelli, *Chronica della chiesa et monastero di S. Croce di Sasso-Vivo.*

SAUVE-MAJOUR (Congrégation de), ou mieux SAUVE-MAJEUR, *en France.*

Saint Gérard, fondateur de la congrégation de Sauve-Majour, naquit à Corbie dans le XI° siècle, vers la fin du règne du roi Robert, et fut offert encore jeune par ses parents dans la célèbre abbaye de ce lieu, pour y être élevé dans la piété et dans les lettres, sous la discipline des religieux de Saint-Benoît.

Il parut, dans tout le temps de cette vertueuse éducation, exempt des faiblesses ordinaires à ceux de son âge. Chacun l'aimait et l'estimait. Il était, dit l'historien de sa Vie, l'admiration de tout le monde : des enfants, parce qu'il les invitait à bien faire; des jeunes gens, parce qu'il leur donnait des exemples de probité et de patience; et des vieillards, parce qu'ils trouvaient en lui une prudence extraordinaire et qui surpassait son âge. Il s'étudia à acquérir l'humilité, qui est la mère de toutes les vertus; et obéissant avec beaucoup de soumission, il voulut imiter Jésus-Christ, qui a été obéissant jusqu'à la mort.

Lorsqu'il fut parvenu à l'âge de puberté, il n'oublia pas ce qu'il avait pratiqué dans son enfance : il s'efforça au contraire de parvenir à une plus grande perfection, et y montant de vertus en vertus, comme par autant de degrés, il fut reçu à la profession monastique par l'abbé Foulques, qui avait succédé à Richard l'an 1048. A peine eut-il fait profession, que son abbé le fit procureur du monastère et le chargea du soin de toutes les affaires. Il s'acquitta de cet emploi avec une fidélité inviolable, sans que cette occupation le détournât de ses exercices spirituels. Il eut toujours la même assiduité à la prière, la même zèle pour l'abstinence et la mortification, la même vigilance sur soi-même, la même soumission à la règle et à ses supérieurs, la même charité pour servir ceux du dedans et du dehors, la même humilité dans ses sentiments, les soumettant toujours au jugement de ses supérieurs, et la même prudence dans sa conduite, ne donnant que des sujets d'édification et des exemples de sagesse dans toutes ses actions.

Il travailla extraordinairement avec l'abbé pour rétablir les affaires de l'abbaye, que les guerres précédentes avaient réduites en mauvais état; il y était occupé le jour et la nuit. Son sommeil était fort court et fort interrompu, les heures du boire et du manger peu réglées, et il ne diminuait rien pour cela de ses jeûnes et abstinences, son zèle pour ses règles, son amour pour la mortification et sa charité pour ses frères lui faisaient mépriser jusqu'à sa propre santé.

Ce genre de vie, auquel Gérard n'était point accoutumé, le rendit infirme et épuisa ses forces. Il fut attaqué d'un mal de tête si violent, qu'il ne lui donnait aucun relâche, ni le jour ni la nuit : ce qu'il souffrait avec une patience admirable. Se voyant abandonné des médecins, dont tous les remèdes avaient été inutiles, il attendit la guérison de Dieu seul. Cette maladie, capable d'abattre tout autre courage que le sien, ne l'empêchait pas de mettre en pratique les vertus héroïques dont son âme était ornée : au contraire, elle lui procura un nouveau moyen de secourir le prochain dans ses besoins; car ayant eu permission de son abbé de recevoir de ses parents et de ses amis les présents qu'ils lui enverraient pour son soulagement, au lieu de s'en servir, malgré le grand besoin qu'il en avait, il aimait mieux les faire distribuer aux pauvres, se servant pour cela d'un valet que l'abbé lui avait donné pour le servir dans sa maladie, outre que tous les jours il en servait trois à sa table, après leur avoir lavé humblement les pieds.

Son abbé ayant à Rome quelques affaires qu'il voulait communiquer au pape Léon IX, le prit pour l'accompagner, quoiqu'il fût encore fort mal et que les incisions qu'on lui avait faites à la tête ne fussent pas refermées. Il ne laissa pas, en cet état, d'entreprendre ce voyage, que des personnes fortes et robustes ne feraient qu'avec peine. Il allait toujours seul dans le chemin, parce que la conversation, qui pouvait être une consolation aux autres dans un aussi long et si pénible voyage, ne faisait qu'augmenter son mal de tête, qui était toujours si violent, qu'il ne pouvait entendre parler sans ressentir de nouvelles douleurs. Étant arrivés à l'hospice de Saint-Denis, qui, selon le P. Papebrock, était à Thiers ou à Feurs, le serviteur qui avait soin de panser les plaies de Gérard, voyant qu'au lieu de se refermer elles augmentaient tous les jours, lui conseilla de ne pas aller plus loin, et en parla à l'abbé, qui fit aussi ce qu'il put pour le résoudre à ne pas continuer son voyage. Ils jugèrent, par ses plaies extérieures, que le mal qu'il devait ressentir était grand, quoiqu'il n'en témoignât rien. Mais l'espérance de recouvrer la santé aux tombeaux des saints apôtres lui fit continuer son voyage. Il voulut même monter à pied le mont Saint-Bernard et le mont Gauci, et arriva enfin à Rome avec beaucoup de difficulté.

Après y avoir demeuré huit jours, l'abbé voulant suivre le pape, qui allait au mont Gargan, Gérard ne voulut point abandonner son abbé. Mais il leur arriva un accident dans le chemin : ils tombèrent entre les mains des voleurs, qui les dépouillèrent et leur prirent leurs chevaux. Ils allèrent au mont Cassin et de là au mont Gargan; mais Dieu ne permit pas que Gérard recouvrât la santé, ni à Rome, ni au mont Cassin, ni au mont Gargan. Ce miracle était réservé à saint Adélard, comme nous l'allons dire. Leur voyage fini, et étant de retour à Corbie, Gérard y rentra comme pour y trouver bientôt le repos du tombeau : c'est pourquoi, n'ayant plus d'espérance de vivre, il ne s'appliqua qu'à assurer le salut de son âme, redoublant ses exercices de piété et de charité.

Il y avait déjà un an qu'il était de retour lorsque le sacristain mourut. On lui donna cet emploi, qu'il accepta par obéissance. La nouvelle église qu'on avait bâtie depuis peu était abandonnée; toutes sortes d'animaux y entraient, et elle était pleine d'immondices. Il la nettoya, l'orna et l'embellit, si bien que cela engagea les religieux à y transporter les reliques de saint Adélard; et ce fut dans cette translation que, par les mérites de ce saint, Gérard recouvra entièrement la santé. Il entreprit ensuite le voyage de la terre sainte, avec la permission de son abbé; et à peine fut-il retourné à Corbie, que les religieux de Saint-Vincent de Laon le demandèrent pour abbé, à la place de celui qui venait de mourir, lequel était frère de notre saint. Il y fut donc envoyé ; et comme ces religieux s'étaient éloignés des observances régulières et étaient tombés dans un grand relâchement, sitôt qu'il y fut arrivé il mit toute son application à les exciter à la pratique des vertus, afin de rétablir la régularité. Il tâcha de les gagner par son humilité et sa douceur. Il était le premier à tous les exercices, pour leur donner exemple ; mais voyant qu'il avait affaire à des gens incorrigibles, il les quitta et alla se renfermer, à Soissons, dans le monastère de Saint-Médard, où il fut abbé quelque temps après.

Saint Arnoul gouvernait alors ce monastère : on l'y avait fait supérieur, malgré sa résistance, à la place d'un usurpateur et faux moine nommé *Ponce*. Ce saint homme, se voyant inquiété par les officiers du roi Philippe Ier, au sujet de quelques droits qu'on voulait exiger de son monastère, fut obligé de quitter l'abbaye, et Gérard fut choisi à sa place. Mais Ponce l'usurpateur vint à Soissons avec quelques soldats, en la compagnie de la reine Berthe, qui le soutenait, et joignant la violence à l'autorité du roi, il chassa de l'abbaye Gérard, qui, ayant cédé à la force, se retira avec quelques religieux de ce monastère qui ne voulurent pas le quitter, et alla sous les ordres de la Providence chercher dans ce royaume quelque solitude où il pût vivre inconnu et sans trouble dans la pénitence.

Après avoir fait ses dévotions à Saint-Denis en France, à Sainte-Croix d'Orléans et à Saint-Martin de Tours, il passa la Loire et entra dans le Poitou. Il se présenta à Guillaume VII, comte de Poitiers et duc de Guienne, qui prit plaisir à entretenir Gérard sur les vues qu'il avait de servir Dieu dans un lieu entièrement séparé du monde et inconnu aux hommes ; et comme ce prince témoignait un grand désir qu'il s'arrêtât et se choisît une solitude dans ses États, un des assistants, nommé *Raoul*, qui était prévôt de la ville ou de l'église de Bordeaux, dit à ce prince qu'il y avait un lieu propre à retirer des solitaires dans un bois du diocèse de cette ville. Le duc chargea Raoul du soin d'y conduire le saint avec ses compagnons. Ce lieu s'appelait *Silve-Majour* ou *Grande-Forêt*, à présent *Sauve-Majour*, à six lieues ou environ de Bordeaux, dans le pays qu'on nomme des *Deux Mers*. Gérard s'y rendit l'an 1077, et par les libéralités du duc de Guienne, il y bâtit un monastère, qui fut en état d'être habité l'an 1079. Il y reçut un grand nombre de disciples, à qui il fit suivre la règle de saint Benoît. Plusieurs personnes y venaient aussi pour recevoir de lui des instructions ; et après les avoir entendues en confession, il leur imposait à tous de jeûner le vendredi et de s'abstenir de viande le samedi : ce qui fait voir que l'usage de l'Église d'aujourd'hui au sujet de l'abstinence n'était pas encore établi pour lors en Guienne.

Son monastère n'étant pas assez grand pour recevoir ceux qui se présentaient pour vivre sous sa discipline, il en fonda d'autres en plusieurs endroits qui dépendaient de celui de Sauve-Majour, entre lesquels il y en avait quatre en Aragon et un en Angleterre. Entre autres pratiques qu'il établit dans ses monastères, ce que l'on devait observer à la mort des religieux est remarquable. Lorsque c'était un religieux de l'abbaye de Sauve-Majour qui était décédé, l'on devait distribuer aux pauvres tous les jours pendant un an du pain et du vin. Les religieux pendant trente jours devaient chanter l'office des Morts en commun, aussi bien que sept messes consécutives. On devait sonner toutes les cloches : chaque prêtre devait dire sept messes ; ceux qui n'étaient pas prêtres, trois psautiers ; ceux qui n'étaient pas destinés pour le chœur, sept psaumes pendant trente jours ; ceux qui ne savaient pas lire, sept fois *Miserere* ; ceux qui ne le savaient pas, sept *Pater* ; et lorsque quelqu'un mourait hors le monastère, on devait faire à Sauve-Majour la même chose que s'il avait été présent, excepté que l'aumône du pain et du vin devait être distribuée au prieuré dont il était de famille. Il y avait aussi à ce sujet une espèce de filiation ou société entre les monastères de cette congrégation et plusieurs autres, non-seulement de l'ordre de Saint-Benoît, mais aussi de celui des Chanoines Réguliers, et même des églises séculières, qui tous faisaient réciproquement des prières les uns pour les autres. Saint Gérard, après avoir gouverné sa congrégation pendant seize ans, mourut le 5 avril 1095, et non pas l'an 1050, comme Bucelin a marqué dans son Ménologe.

Pierre II, abbé de Sauve-Majour, obtint du pape Alexandre III, l'an 1169, la confirmation de toutes les églises et des biens qui dépendaient de ce monastère : ce qui fut confirmé par le pape Célestin III, l'an 1197. Il y avait environ trente prieurés qui dépendaient de cette congrégation, outre un grand nombre de paroisses. L'abbaye de Sauve-Majour appartient présentement aux Bénédictins de la congrégation de Saint-Maur, qui y entrèrent l'an 1660. La plupart des prieurés qui en dépendent ne sont présentement que des bénéfices simples, et celui d'Arbanetz est en la possession des Jésuites. Il y avait de ces prieurés dans les diocèses de Paris, de Bordeaux et de Sens, quatre en Aragon, et un en Angleterre, comme nous avons dit. L'abbaye de Saint-Denys en Hainaut était aussi de la dépendance de Sauve-Majour, et elle fut toujours sous la juridiction de l'abbé de ce monastère jusqu'en l'an 1426. Le P. Papebrock dit que, selon l'ancienne tradition de l'abbaye de Sauve-Majour, saint Gérard y établit aussi des religieuses : ce qui se prouve, à ce qu'il prétend, par une maison présentement habitée par des séculiers, où elles demeuraient anciennement, laquelle a encore la forme de monastère, et par d'anciennes chartes de cette abbaye, dans l'une desquelles on lit qu'une femme, nommée *Oregonde*, méprisant les vanités du siècle, vint à ce monastère, où elle se donna avec tous ses biens, et reçut l'habit de religion des mains de saint Gérard, et que dans une autre charte on lit la même chose d'une autre nommée *Agnès* de

Mont-Primlau. Mais c'était sans doute de ces Données converses ou Oblates qui se donnaient au service d'un monastère, comme nous avons dit en plusieurs endroits.

Voyez Bolland, 5 *Aprilis.* Baillet, *Vie des SS.* Mabillon, *Act. SS. Ord. S. Bened. sœcul.* vi, tom. II.

SAUVEUR.

Voy. BIRGITTAINS.

SAUVEUR (CHEVALIERS DE L'ORDRE DE SAINT-) *de Mont-Réal.*

Dom Joseph Michieli, écrivain espagnol, donne pour fondateur à l'ordre de Saint-Sauveur de Mont-Réal Alphonse VII, roi de Castille, et Mennenius lui donne Alphonse Ier, roi d'Aragon. Mais l'abbé Giustiniani croit avoir trouvé de l'erreur dans ces deux auteurs, et dit que cet Alphonse dont parle Michieli ne peut pas avoir été roi de Castille, puisqu'il prétend qu'il gagna trente-sept batailles. ce qui est attribué à Alphonse Ier, roi d'Aragon, qui mérita par ses victoires le surnom de Batailleur ou de Guerrier, et que Mennenius s'est trompé en donnant la qualité d'empereur des Espagnes, de roi de Navarre et d'Aragon à cet Alphonse Ier, qui, selon lui, institua l'ordre militaire de Saint-Sauveur de Mont-Réal l'an 1118, et en lui donnant aussi celle de roi de Léon et de Castille, à cause de sa femme Urraque : ce qui ne peut être, selon l'abbé Giustiniani, parce qu'Alphonse VIII, qui prit le titre d'empereur des Espagnes, et qui était fils de la reine Urraque et de Raymond de Bourgogne, comte de Galice, son premier mari, ne parvint à la couronne de Léon et de Castille que l'an 1123, par la cession que lui en fit cette princesse, à qui ces royaumes appartenaient, comme fille unique et seule héritière d'Alphonse VI, son père, qui en était roi. Mais Michieli et Mennenius ont pu donner le titre de roi de Castille à Alphonse Ier, roi d'Aragon, puisqu'il régna en Castille avec sa femme Urraque pendant quinze ans, comme l'abbé Giustiniani le reconnaît; et Mennenius lui a pu donner la qualité d'empereur des Espagnes, puisqu'il la prit aussi bien qu'Alphonse VIII, roi de Castille.

Ce fut cet Alphonse Ier, roi d'Aragon, qui institua l'ordre de Saint-Sauveur, l'an 1118, dans la ville de Mont-Réal, après qu'il en eut chassé les Maures, et pris sur eux les villes de Saragosse et de Calatajud, avec le secours de plusieurs seigneurs français, dont les principaux furent Gaston, seigneur de Béarn ; le comte de Cominge ; Rotrou, comte du Perche ; le comte de Bigorre ; le vicomte de Lavedan ; le comte de Toulouse et le comte de Poitiers. Il donna aux chevaliers de cet ordre, pour marque de leur dignité, l'image du Père éternel, qu'ils devaient porter sur un manteau blanc (1). Ils l'aidèrent à chasser les Maures de tout le royaume d'Aragon l'an 1120, et eurent beaucoup de part aux victoires que ce prince remporta depuis sur ses ennemis. Il fonda en leur faveur plusieurs commanderies dans les pays qu'il conquit, et cet ordre fut florissant sous son règne. Ils faisaient vœu de chasteté conjugale, s'obligeaient à prendre les armes pour la défense de l'Eglise, et d'obéir à leur souverain. Cet ordre fut réformé dans la suite : on donna aux chevaliers une croix de gueules ancrée; et enfin il a été aboli.

M. Hermant, dans son *Histoire des Ordres militaires,* ne met l'établissement de celui de Saint-Sauveur que dans le XIVe siècle. Voici ce qu'il en dit : « Alphonse VII, qui succéda aux royaumes de Castille et de Léon, après la mort d'Alphonse VI, dont il avait épousé la fille, ayant fait bâtir la ville de Mont-Réal l'an 1120, pour tenir en bride les Maures qui occupaient une partie du royaume de Valence, en commit la défense aux Templiers, à la prière de saint Bernard, et pour les exhorter à chasser du royaume de Valence ces infidèles, il leur donna la cinquième partie des dépouilles qu'ils leur enlèveraient; mais cet ordre des Templiers ayant été supprimé dans le concile général de Vienne, on établit de nouveaux chevaliers, qu'on tira des plus anciennes et des plus illustres familles d'Aragon, dont on composa un ordre militaire sous le nom de Saint-Sauveur, parce que sous les auspices de Jésus-Christ tous les différents ordres de chevalerie avaient sauvé l'Espagne des ennemis de son saint nom, nonobstant les grands efforts qu'ils avaient faits pour s'en rendre les maîtres. » Ce même auteur ajoute que les écrivains rapportent qu'à la faveur de leur étendard, où il y avait d'un côté une croix ancrée de gueules, et de l'autre l'image du Père éternel, ils remportèrent plus de trente mémorables victoires.

Mais comme il ne cite point les auteurs qui ont parlé de l'institution de cet ordre après la suppression de celui des Templiers, nous ne pouvons pas l'en croire sur sa parole, et il y a bien de l'apparence que ces trente victoires mémorables qu'il attribue à ces chevaliers sont celles qu'Alphonse Ier, roi d'Aragon, qui était l'instituteur de cet ordre, avait remportées, auxquelles ils peuvent avoir eu quelque part ; ce qui serait une preuve qu'ils n'ont pas été établis après la suppression des Templiers, puisque lorsqu'elle fut faite il y avait près de soixante-quinze ans que ce prince était mort. Il se trompe aussi lorsqu'il dit que cet Alphonse succéda aux royaumes de Castille et de Léon après la mort d'Alphonse VII, dont il avait épousé la fille, puisque, comme nous avons dit, Urraque qu'il épousa, qui était fille unique et héritière de ce prince, avait eu un fils de Raymond de Bourgogne, comte de Galice, son premier mari, qui fut Alphonse VIII, légitime héritier du royaume de Castille. Il est vrai qu'Alphonse Ier, roi d'Aragon, prit la qualité de roi de Castille en épousant Urraque, et qu'il jouit de ce royaume du chef de cette princesse, son épouse ; mais lorsqu'il la répudia, il lui rendit ce royaume

---

(1) *Voy.*, à la fin du vol., n° 78.

de Castille, qu'il n'avait proprement que gouverné pendant la minorité d'Alphonse VIII.

Bernard Giustiniani, *Hist. di tutt. gl. Ord. milit.*, tom. Ier. Mennenius, *Deliciæ equest. Ord. milit.* De Belloy, *de l'origine et institution des ordres de chevalerie.* Hermant, *Hist. des Ord. milit.* Schoonebeck, *Hist. des Ord. milit.* Michieli, *Tesoro militare*, et Andr. Mendo, *de Ordinibus militaribus.*

SAUVEUR (Chanoines Réguliers de Notre-).

§ 1er.—*Origine des Chanoines Réguliers de la congrégation de Notre-Sauveur en Lorraine.*

Nous avons vu, en traitant des congrégations de Saint-Victor et de France, le zèle que le cardinal de la Rochefoucauld avait témoigné pour la réforme des Chanoines Réguliers en France. Le cardinal de Lorraine, légat *a latere* en ce duché, avait aussi entrepris la réforme du même ordre dans les terres de sa juridiction, mais ce ne fut pas avec le même succès. Il avait assemblé à ce sujet, l'an 1595, les abbés de cet ordre en Lorraine, et ses paroles, soutenues par l'éclat de sa pourpre et le rang qu'il tenait en ce pays-là, semblaient avoir fait impression sur leurs esprits. Ils dressèrent pour lors quelques règlements et promirent de s'y soumettre; mais cette entreprise s'évanouit en peu de temps, par la tiédeur et la lâcheté qu'ils apportèrent à seconder les intentions de ce prince. Il ne se rebuta point néanmoins pour cette fois, et ayant de nouveau convoqué tous les supérieurs par ses lettres du 27 mai 1604, il leur allégua plusieurs motifs pour les animer à prendre cette affaire à cœur. Mais ses avis et ses conseils ne furent pas plus suivis dans cette dernière assemblée que dans la première, et l'on ne parla plus de réforme que dans l'année 1621, après la mort de ce cardinal. Grégoire XV envoya un bref, du 10 juillet de cette année, pour autoriser cette entreprise; et Jean de Maillane des Porcelets, évêque de Toul, n'épargna ni ses peines ni son crédit pour exécuter les volontés du pape et contribuer au progrès de la réforme, à laquelle le R. P. Pierre Fourier, chanoine régulier et curé de Mattaincourt, eut le plus de part; car toute la conduite spirituelle de la congrégation qui a produit cette réforme, et dont il est reconnu pour l'instituteur, était réservée à sa prudence et à sa vertu.

Tandis que cet évêque faisait tous ses efforts pour trouver une maison pour y placer ceux qui embrasseraient la réforme, le P. Fourier présentait à Dieu, pour ce sujet, ses vœux et ses prières, qui furent exaucés peu de temps après; car l'abbaye de Saint-Remi de Lunéville s'offrit pour servir de base et de fondement à cet édifice de la réforme. Il y eut six personnes, tant des anciennes maisons que de l'université de Pont-à-Mousson, qui se joignirent à ce saint homme; et tous sept, pour se préparer avec plus de ferveur à l'accomplissement d'un ouvrage de cette importance, se retirèrent pour quelques mois dans l'abbaye de Sainte-Marie-Majeure de Pont-à-Mousson, de l'ordre de Prémontré, comme dans un lieu d'emprunt, et ils y prirent l'habit de la réforme le jour de la Purification de Notre-Dame de l'année 1623, lequel habit consiste en une soutane noire chargée d'un petit rochet ou banderole de lin, large d'environ cinq doigts, dont les extrémités sont jointes du côté gauche en forme d'écharpe, à quoi ils ajoutent, pour assister au chœur, le surplis avec l'aumusse et le grand rochet, avec la chape noire l'hiver.

Ayant été ainsi revêtus, ils se retirèrent à Lunéville pour commencer leur noviciat sous la conduite et direction du P. Fourier. Ils entrèrent dans cette école de piété le jour de Sainte-Scolastique, et à peine furent-ils arrivés, qu'un ancien profès de la maison se joignit à eux. Ils firent un grand progrès sous un si habile maître, qui peu à peu introduisit l'usage des haires, des disciplines, des cilices et des autres mortifications, et les voyant animés d'un grand zèle pour le salut du prochain, il leur proposa l'instruction gratuite de la jeunesse, non-seulement pour apprendre le latin, mais encore à lire et écrire, aux riches et aux pauvres sans aucune distinction, sitôt qu'ils auraient l'usage de raison, comme il se pratiquait déjà à l'égard des filles dans l'ordre qu'il avait fondé peu de temps auparavant pour des religieuses sous le nom de congrégation de Notre-Dame, voulant que celle de ces nouveaux Chanoines Réguliers prît celui de Notre-Sauveur, et non pas de Saint-Sauveur, pour montrer qu'il est tout à nous, et afin que ses religieux en conservassent le souvenir, il leur a ordonné que quand ils s'écriraient les uns aux autres, ils commenceraient par ces paroles de saint Paul à Tite : *Gratia vobis et pax a Deo Patre et Christo Jesu Salvatore nostro.*

Ce fut pendant ce temps de noviciat que le P. Fourier ébaucha les constitutions de cet ordre, et l'année étant expirée, ces religieux prononcèrent leurs vœux solennels, à l'exception de ce saint réformateur, qui voulut différer à le faire pour des raisons que nous dirons dans la suite. Ainsi, n'ayant été que sept lorsqu'ils prirent l'habit, ils ne furent aussi que sept à faire profession, qui eut lieu le 25 mars 1624. La cérémonie s'en fit publiquement entre les mains de l'ancien prieur de la maison. Le P. Fourier, ne se contentant pas que lui, qui était le premier mobile de cet ouvrage et cinq des sept qui faisaient profession fussent religieux anciens, en voulut encore un pour recevoir les vœux, afin de les incorporer à l'ordre, et que cette réforme n'en fût différente qu'autant qu'un malade retourné en santé est différent de lui-même.

Ils entrèrent l'année suivante à Saint-Pierre-Mont, à Domèvre et à Saint-Nicolas près Verdun; en 1626, à Belchamp; en 1627, à Saint-Léon de Toul, à Saint-Nicolas de Pont-à-Mousson et au prieuré de Vivier; de sorte qu'en quatre années il y eut huit maisons qui embrassèrent cette réforme. Enfin, l'an 1628, le P. Fourier envoya à Rome deux religieux d'un grand mérite, qui ont été dans la suite généraux de cet ordre, pour obtenir l'union de ces maisons et en faire une congrégation sous le titre de Notre-Sauveur, qui serait gouvernée par un général qui en aurait la conduite pendant sa vie, ce que le pape Urbain VIII accorda par bulle de la même année, et l'année suivante le R. P. Nicolas Guinet fut, par le consentement unanime des supérieurs et des vocaux, choisi pour premier général, le P. Fourier n'ayant pas encore fait profession; car il avait bien prévu que s'il était profès, on ne manquerait pas de le choisir pour général; ainsi, croyant que le P. Guinet, qui était plus jeune que lui, vivrait plus longtemps, selon les apparences, il fit ses vœux. Mais la mort ruina tous ses desseins; car, ayant enlevé ce premier général en moins de trois ans et demi, il fut élu pour chef de cette congrégation en 1632, ce qui lui fit verser des torrents de larmes, son humilité lui faisant apporter mille oppositions à cette élection. Cette vertu accompagnait tellement toutes ses actions, qu'on peut dire qu'elle lui fit exécuter une entreprise où des cardinaux, des légats, des évêques et d'autres prélats n'avaient pu réussir avec les menaces et les forces, tant ecclésiastiques que séculières; et l'on peut croire que les Chanoines auraient fait un grand progrès, si les guerres qui arrivèrent en Lorraine, lorsque le P. de Mattaincourt travaillait à l'agrandissement de sa congrégation, n'eussent arrêté le cours de ses entreprises.

Il y en a qui leur disputent la qualité de Chanoines Réguliers, à cause de cette banderole de lin que ceux-là prétendent n'être pas l'habit des Chanoines Réguliers, et j'ai vu en l'année 1698, étant à Rome, dans la sacristie de l'abbaye de Saint-Laurent *extra muros*, qui appartient aux Chanoines Réguliers de la congrégation de Saint-Sauveur de Boulogne, un tableau nouvellement fait pour lors, qui représente tous les Chanoines Réguliers dans les différents habillements de chaque congrégation, étant au milieu d'un cercle où ils sont introduits par ceux de la congrégation de Saint-Sauveur de Latran. L'on y voit d'un côté un Chanoine de Notre-Sauveur en Lorraine en posture de suppliant, le bonnet carré à la main, qui demande d'entrer parmi les autres, et un Chanoine de Latran lui faisant signe de la main que cela ne se peut pas. L'on y voit aussi d'un autre côté un autre Chanoine à la banderole, comme il y en a plusieurs en France et en Allemagne (1), outre la congrégation de Lorraine, qui était entré par adresse dans ce cercle, et qu'un Chanoine de Latran chasse dehors en le poussant par les épaules; c'est ce que les curieux qui iront à Rome pourront remarquer dans cette sacristie de Saint-Laurent.

Cependant, le P. Bedel, Chanoine de la congrégation de Notre-Sauveur, dans la Vie qu'il a donnée du P. Fourier, leur réformateur, où il parle de l'origine et du progrès de cette réforme, marque que la dispense de porter ainsi ce petit rochet ou banderole sur la soutane a été en usage pendant plusieurs siècles, et confirmée par des bulles de l'an 1512. C'est aussi le sentiment de Penot (*Hist. Trip.*, lib. II, cap. 69), et il y en a encore plusieurs en Allemagne et en Flandre qui portent cette banderole et ne vivent point en congrégation, étant soumis aux évêques. Il y en a en Allemagne qui ne lient point à côté cette banderole, mais qui la laissent pendre entièrement, et il y a une petite bande, comme au scapulaire des Chartreux, qui tient aux deux côtés de la banderole. Ceux de Notre-Sauveur, en Lorraine, ont pour armes d'azur à l'image de notre Sauveur tenant un monde dans sa main, et outre les maisons qu'ils ont en France et en Lorraine, ils en ont aussi quelques-unes en Savoie.

Voyez Bedel, *Vie du R. P. Fourier;* du Moulinet, *Figures des différents habillements des Chanoines Régul.;* Schoonebeck, *Hist. des Ord. relig.;* Hermant, *Établissement des Ord. rel.;* et Philipp. Bonanni, *Catalog. Ord. relig.*, part. I.

§ 2. — *Vie du R. P. Pierre Fourier, appelé vulgairement de Mattaincourt, réformateur des Chanoines Réguliers en Lorraine, et instituteur des religieuses de la congrégation de Notre-Dame.*

C'est avec justice que le R. P. Pierre Fourier doit avoir rang parmi les fondateurs d'ordres, puisqu'il a donné naissance à deux illustres congrégations, qui sont celle des Chanoines Réguliers de Notre-Sauveur, dont nous venons de parler, et celle des religieuses de la congrégation de Notre-Dame, dont nous avons rapporté l'origine et le progrès dans un article précédent.

Il naquit à Mirecourt, en Lorraine, le 30 novembre 1565, de parents médiocrement pourvus des richesses de la terre, mais très-avantagés de celles du ciel. Dès ses plus tendres années, il fit paraître beaucoup d'inclination pour la piété. Son plus grand plaisir était de dresser des oratoires, de les embellir, de les parer, et il s'y retirait tous les jours après le repas pour y faire ses prières et imiter toutes les cérémonies qu'il voyait pratiquer à l'église, ce qui obligea son père de le pousser dans les études, l'ayant envoyé pour cet effet à Pont-à-Mousson, où il acheva ses humanités avec un tel progrès, qu'outre la langue latine, qu'il possédait parfaitement, la grecque lui était aussi familière que la maternelle.

La vie qu'il mena étant écolier est tout à fait admirable et extraordinaire pour un jeune homme; car souvent il se dérobait du lit pour coucher sur des fagots; il portait la haire, et toutes les fois qu'il pouvait se cacher de ses compagnons, il prenait la discipline jusqu'à l'effusion de sang. Ses parents lui ayant envoyé un cheval pour venir passer les vacances à Nancy, il le mena par la

(1) *Voy.*, à la fin du vol., n°s 79 et 80.

bride, et, pour se mortifier, fit le voyage à pied, par les boues et les eaux dont le chemin était rempli. Il ne mangeait qu'une fois le jour, sur les huit ou neuf heures du soir, et des viandes si grossières et en si petite quantité, qu'un morceau de salé de deux livres lui a duré cinq semaines entières; de sorte que son père ayant su cette manière de vivre, et craignant que l'indiscrétion, sous prétexte de piété, ne lui ravît cet enfant qu'il aimait tendrement, il le vint trouver exprès pour lui en faire une forte réprimande, et lui commanda absolument de modérer ses austérités.

Il ne buvait point de vin, et il s'est repenti le reste de ses jours d'avoir fait, à ce qu'il disait, une débauche, et commis un grand crime le jour de saint Nicolas, jour où les écoliers ont coutume de se divertir entre eux. Ils se mirent trois ou quatre ensemble, et se cotisèrent pour faire une somme de douze deniers, dont ils achetèrent du vin, qu'ils burent de compagnie : la quantité ne pouvait pas être bien grande, vu la modicité de la somme; cependant c'était pour lui un excès dont il se repentait toujours.

Il se confessait et communiait deux fois le mois; tous les jours il servait une ou deux messes avec tant de modestie et d'attention, que tous les assistants en étaient édifiés. Il avait ses heures réglées pour la prière, et quittait pour cela toute autre occupation. Étant entré en philosophie à l'âge de dix-sept ans, sa capacité le fit rechercher par les premiers de la province pour prendre le soin d'instruire et d'élever leurs enfants. Il ne refusa pas cette offre; au contraire, ayant fait attention que Dieu lui offrait par là un moyen de le servir, il fit un voyage à Mirecourt, pour communiquer ce dessein à sa mère, et lui demander son consentement; car son père était pour lors décédé. L'ayant obtenu, il s'en retourna bien joyeux, et reçut sous sa conduite la jeunesse qui lui était amenée de toutes parts. Il la gouverna avec tant de sagesse et par un ordre si judicieux, qu'il continua ce service à la province l'espace de deux ou trois ans, pendant lesquels, ayant achevé sa philosophie, il prit la résolution de se consacrer à Dieu en embrassant l'état religieux.

Il choisit, au grand étonnement de tout le monde, l'ordre des Chanoines Réguliers, à qui il ne restait plus en Lorraine de sa première gloire que le seul habit qui le déguisait en mille façons, paraissant régulier au dehors et ne l'étant nullement au dedans. Les désordres qui éclataient tous les jours dans cet ordre auraient pu dégoûter une âme qui n'eût eu d'autre conduite que celle des hommes; mais comme il était inspiré du Saint-Esprit, il n'y entra que pour détruire le vice et y planter la vertu.

L'abbaye de Chaumousey, entre Epinal et Dompaire, fut le lieu où il fut reçu, et quoique dans ce temps-là on n'entrât dans cet ordre que par argent et par la faveur, néanmoins Dieu permit qu'encore qu'il n'eût dans cette abbaye ni parents ni amis, il fût reçu au nombre des novices, où il n'eut pas peu à souffrir, puisque, selon l'auteur de sa Vie, assister à l'office tête nue, servir de même au réfectoire, ne ronger que des os comme des chiens, coucher au coin d'une cuisine, sonner les cloches et laver les écuelles, c'était l'occupation des novices de cette maison et de toutes les autres des Chanoines Réguliers de Lorraine.

Le temps qu'il employa à l'étude de la théologie, en l'université de Pont-à-Mousson, après avoir prononcé ses vœux, donna quelque relâche à ses maux; mais à peine fut-il retourné en son abbaye, que le démon, fâché de voir la vie exemplaire qu'il menait dans cette maison, suscita contre lui trois ou quatre débauchés, qui, ne pouvant souffrir la censure de leurs vices dans l'éclat de ses vertus, lui firent tous les affronts possibles. Ils vinrent souvent aux injures, le frappaient rudement, et attentèrent même à sa vie en mettant du poison dans le pot où il avait accoutumé de faire cuire des légumes, dont il ne mangeait qu'une fois le jour. Mais il fut préservé de ce péril par la providence de Dieu, qui lui donna une si grande horreur de quelques saletés qu'il aperçut dans son manger, qu'il ne lui fut pas possible d'en goûter. Depuis ce temps-là une bonne femme d'un village voisin lui apportait tous les jours autant qu'il en fallait pour ne pas mourir de faim.

Il demeura jusqu'à l'âge de trente ans parmi ces persécutions domestiques sans jamais se plaindre. Mais ses parents employèrent leurs amis pour le tirer de cette misère, et travaillèrent si efficacement, qu'en même temps ils lui firent présenter trois bénéfices, celui de Nomeny, la cure de Saint-Martin de Pont-à-Mousson, et celle de Mattaincourt, avec son annexe de Hymont. Il ne voulut rien accepter sans avoir consulté son directeur, le R. P. Jean Fourier, de la compagnie de Jésus, son parent, sur le choix qu'il devait faire de ces trois bénéfices. Il lui répondit que s'il désirait des richesses et des honneurs, il fallait prendre l'un des deux premiers, mais que s'il voulait beaucoup de peine et peu de récompense, il le trouverait à Mattaincourt. Il n'en fallut pas davantage pour déterminer ce saint homme : il accepta la cure de Mattaincourt, et en obtint la permission de son abbé le 27 mai 1597.

Il trouva dans cette paroisse tant de désordres, qu'on appelait ordinairement le lieu-là la petite Genève. Le christianisme y était presque en oubli, la messe paroissiale ne s'y célébrait qu'aux grandes fêtes. Les sacrements de pénitence et d'eucharistie ne s'y administraient à peine que dans le temps de Pâques. L'église était déserte, les autels tout nus et dépouillés, tandis que les cabarets regorgeaient tous les jours de débauchés et de buveurs. Il y entra le jour que l'on célébrait la fête du Saint-Sacrement, qu'il porta publiquement en procession avec une gravité et une modestie si ravissantes, que ce peuple, qui n'avait aucun goût des choses de Dieu et qui était tout enseveli dans le tombeau de la dissolution, ne put s'empêcher d'en être touché. Ce saint homme faisait des catéchismes deux fois la semaine, et outre ces instructions publiques, il en faisait encore de particulières dans les maisons, allant de famille en famille pour leur apprendre et leur inculquer plus profondément les choses du salut, parcourant de la sorte toute sa paroisse avec un courage infatigable, et un profit au delà de tout ce qu'on peut dire et concevoir. L'on vit tout d'un coup un tel changement dans cette paroisse, que c'était une infamie d'entrer dans les cabarets. Plusieurs personnes jeûnaient tous les vendredis et samedis; d'autres se dérobaient de leur famille pour prendre la discipline, et s'en allaient à leur travail et à la charrue la haire sur le dos. Ce n'était qu'hospitalité pour les étrangers, que charité pour les pauvres, qu'amour pour les voisins, et qu'une sainte émulation à qui mènerait une vie plus exemplaire et plus chrétienne.

Ils étaient animés par l'exemple de leur saint pasteur, qui travaillait à leur salut avec un zèle qui ne se peut exprimer. A peine était-il jour qu'il entrait au confessionnal, d'où il ne sortait que pour monter en chaire et donner quelques instructions à ses paroissiens; il n'en était pas plutôt sorti, qu'il rentrait au confessionnal, où il demeurait souvent jusqu'à neuf heures au soir, sans se donner aucun moment pour prendre sa réfection. Ce saint homme, voyant que la source de toutes les corruptions était la mauvaise éducation des enfants, trouva que le moyen le plus propre pour y remédier était celui de faire en sorte que dès leurs premières années on les pût élever et nourrir dans la connaissance et la crainte de Dieu et dans l'amour de la religion, et qu'à cette fin il y eût des personnes de l'un et l'autre sexe, les hommes pour les garçons, et les femmes pour les filles, qui fussent chargées par vœu et par profession religieuse à les instruire et à travailler sur ces jeunes cœurs comme sur de la cire molle, pour y imprimer toutes les marques de cette crainte et de cet amour, et cela gratuitement, afin que, par faute de biens ou de commodités temporelles, personne ne fût privé de cette éducation et de ces fruits (ce sont les paroles expresses de son institution). Cette résolution, prise le 20 janvier 1598, fut tenue secrète jusqu'à ce qu'il plût à Dieu de lui donner commencement en certaines filles de Mattaincourt, qui, dégoûtées du monde par les prédications de ce saint instituteur, furent les premières qui donnèrent naissance à l'ordre de la congrégation de Notre-Dame. Mais, comme il travaillait fortement à leur établissement et à la réforme des Chanoines Réguliers, dont nous avons parlé dans le paragraphe précédent, ce qui l'avait obligé de s'absenter de sa paroisse, qu'il avait laissée sous la conduite d'un vicaire fort vertueux, les démons unis ensemble y firent un étrange ravage: plus de quarante personnes furent possédées de ces malins esprits.

Ces tristes nouvelles lui ayant été portées, il en fut sensiblement touché; et comme il aimait ses paroissiens plus tendrement qu'un père n'aime ses enfants, il quitta toutes ses affaires pour courir à leur secours. Ce malheur fut suivi, quelques années après, d'un autre, celui de la guerre, qui menaçait de tout désoler; il prédit à ses religieuses une grande disette et les avertit de faire quelque réserve et des provisions de grains.

Comme il était pour lors général de sa congrégation, il résolut de visiter ses deux religions, afin de rassurer son troupeau parmi les troubles et les confusions de la guerre. Comme il allait de Bar-le-Duc à Saint-Mihiel, pour se retirer ensuite à Pierre-Mont, il fut rencontré par des voleurs, qui le contraignirent de retourner sur ses pas. Mais, ne sachant où aller pour chercher un lieu de sûreté, il vint à tout hasard à Mattaincourt, pour voir encore une fois les habitants, qu'il avait quittés de droit par sa profession, mais non pas de cœur ni d'affection. Il demeura quelque temps dans ce village, qui, n'ayant ni portes ni murailles, fut bientôt en la possession des soldats, qui le contraignirent d'en sortir, et allant d'un côté et d'un autre pour chercher un asile, il arriva enfin, l'an 1636, à Gray, dans le comté de Bourgogne, comme dans un port d'emprunt. Il y vécut comme un inconnu, sans aucune assistance et sans aucun crédit. Il secourut les pestiférés, catéchisa les plus ignorants, et, tout cassé qu'il était, il enseigna à lire et à écrire aux enfants, jusqu'à ce que, le 12 octobre de l'an 1640, il fut attaqué d'une fièvre quarte, qui après l'avoir fait languir quelque temps, le conduisit au tombeau, à l'âge de soixante-seize ans, le 9 décembre de la même année.

Je ne m'arrêterai point à décrire ses vertus en particulier, il suffit de dire qu'il les a toutes possédées dans la perfection: on peut les voir amplement décrites dans sa Vie, que plusieurs auteurs nous ont donnée. Son corps ayant été porté de Gray en Lorraine, les habitants de Mattaincourt firent bien paraître l'estime qu'ils avaient pour leur ancien pasteur; car le corps ayant reposé en passant dans leur église, ceux qui le conduisaient ne voulant demeurer qu'une nuit en ce lieu, les habitants ne voulurent jamais permettre qu'on enlevât de leur église ce précieux trésor, protestant de perdre plutôt la vie que leur père, et qu'on ne l'emporterait qu'en les foulant aux pieds. C'est dans ce lieu que ce saint homme opère continuellement des miracles, et où on accourt de toutes parts pour honorer ces saintes reliques, quoique l'Eglise n'ait encore rien déterminé sur sa sainteté; mais on attend incessamment sa béatification, qu'on poursuit à Rome; les informations sont toutes faites, et le pape n'a plus qu'à prononcer.

Voyez sa *Vie* par le P. Bedel, et Hermant, *Etablissement des Ordres religieux*.

La béatification de Pierre Fourier, dont parle Héliot en terminant son chapitre, a eu lieu en effet. Des prodiges s'opérèrent par son intercession; six guérisons, reconnues miraculeuses par tous les médecins et chirurgiens consultés, comme par les théologiens qu'on consulta également, furent enfin déclarées telles par un jugement de l'évêque de Toul, le 17 octobre 1671. Quatre autres miracles furent approuvés par Benoît XIII dans la cause de la béatification, le 4 octobre 1729, conjointement avec les vertus de Pierre Fourier, déjà déclarées héroïques par Clément XI, le 1er avril 1717 : ils servirent de base au décret de sa béatification prononcé par Benoît XIII le 10 janvier 1730, et solennisée le 29 du même mois, dans la basilique de Saint-Pierre à Rome. Depuis lors, des miracles ont été obtenus, et même de nos jours, par l'intercession du serviteur de Dieu. Son cœur était resté à Gray, dont les habitants l'enfermèrent dans une boîte de plomb, posée dans un coffre à trois clefs qui était caché dans l'épaisseur du mur de la *Chapelle des Ames*, à l'église paroissiale. Une inscription marquait la nature de ce dépôt, qu'un des plus notables habitants, ancien maire de Gray, réussit à enlever en 1669. Il y eut grand tumulte dans la ville, quand ce fait y fut connu; les magistrats s'assemblèrent, réclamèrent le secours du gouverneur de la province, de l'archevêque de Besançon et de la chambre souveraine de justice. Ces mesures énergiques effrayèrent le détenteur de la relique, qui se hâta de la restituer. On s'assura de son authenticité et on la plaça avec plus de précautions, et elle resta ainsi jusqu'à l'époque de la béatification. Alors ce cœur fut exposé à la vénération des fidèles, qui ont eu le bonheur de le voir soustrait au vandalisme révolutionnaire; et, depuis, le culte que lui rendent la ville et les provinces voisines a repris un nouveau degré de confiance, de reconnaissance et de ferveur. L'affluence est bien plus considérable encore au petit village de Mattaincourt, où les anciens paroissiens du bienheureux avaient retenu son corps. En 1732, l'évêque de Toul vint y consacrer son culte en *levant de terre* ce précieux dépôt. En 1832, le 30 août, anniversaire séculaire de l'exposition des reliques, les reliques furent placées solennellement dans un nouveau reliquaire par un grand vicaire de Saint-Dié ; car depuis le rétablissement du siége de Saint-Dié en 1823, Mattaincourt appartient à ce diocèse. Deux ans après, le 7 juillet 1834, la fête du bienheureux réunit à Mattaincourt un concours nombreux de pèlerins, pour y voir la nouvelle chapelle bâtie en l'honneur du *Bon Père*. Le tombeau et l'épitaphe du bienheureux sont au milieu du sanctuaire de l'église paroissiale de Mattaincourt.

La congrégation de *Notre-Sauveur* a disparu pour toujours dans l'orage de la révolution, mais la congrégation de Notre-Dame est aujourd'hui plus brillante que jamais; elle a vu relever plusieurs de ses maisons et en établir d'autres où il n'y en avait point auparavant. Un de ces nouveaux établissements s'était formé à Arpajon et transporté depuis à Montlhéry. Trop pauvres pour suivre strictement leurs constitutions, les religieuses de cette maison ne gardaient pas d'abord la clôture et ne furent même jamais cloîtrées. Quelques années après la révolution de 1830, le peu de régularité que laissaient dans ce couvent l'habitude et l'abondance, car elles étaient loin de leur excessive pauvreté, fit qu'elles se dispersèrent; le corps du bâtiment a été changé et en partie détruit. Vers le même temps, Dom Fréchard, ancien Bénédictin de Saint-Vanne, procurait, à Vézelise, une maison du même institut, et celle de Mattaincourt se rétablissait dans un nouveau local. Les religieuses de la congrégation de Notre-Dame, dont quelques maisons suivent les anciennes constitutions, comme à Montlhéry, par exemple, ont trois maisons à Paris, l'une au quartier du Roule; une autre, rue de Sèvres, près le boulevard (là, la clôture n'est point gardée); et la troisième dans la même rue de Sèvres, dans l'ancien local des Bernardines, dit l'Abbaye-aux-Bois; celles-ci joignent à leurs observances l'adoration perpétuelle du saint sacrement, pendant laquelle la religieuse adoratrice a la corde au cou, en signe d'humiliation et de pénitence.

Plusieurs écrivains ont récemment donné la Vie du bienheureux Pierre Fourier; nous connaissons, outre un opuscule in-18, celle de M. Baillard, en deux petits volumes in-12, et celle du R. P. Loriquet, Jésuite, en un volume du même format, publié à Paris en 1838. On peut consulter ces ouvrages sur le culte actuel du fondateur des Chanoines de Notre-Sauveur.

B-D-E.

SAUVEUR DE BOULOGNE (Chanoines Réguliers de Saint-).

Des Chanoines Réguliers de la congrégation de Saint-Sauveur de Boulogne, avec la Vie du vénérable Père Etienne Cioni de Sienne, leur fondateur.

Il était impossible qu'au milieu des troubles dont l'Eglise fut agitée par le schisme qui commença l'an 1378, après la mort du pape Grégoire XI, et ne finit que l'an 1417, par l'élection de Martin V, qui se fit dans le concile de Constance, les observances régulières fussent exactement pratiquées dans les congrégations religieuses, où chacun de ceux qui se voulaient maintenir dans la papauté accordait aisément des dispenses à ceux de son parti. L'ordre des Chanoines Réguliers était du nombre de ceux qui étaient tombés dans le relâchement; c'est pourquoi quelques auteurs ont cru que c'est ce qui donna lieu à l'établissement de la congrégation dont nous allons parler, qui a eu pour fondateur le P. Etienne Cioni. Il naquit à Sienne l'an 1354, et dès ses plus tendres années il fit paraître une forte inclination pour la vertu. Afin de la conserver, et que son esprit ne se laissât point entraîner aux vanités du siècle, il abandonna le monde de bonne heure et entra, à l'âge de quatorze ans, dans l'ordre des Ermites de Saint-Augustin, dont il prit l'habit l'an 1368, dans le couvent d'Iliceto, éloigné de Sienne de trois milles, et situé dans un lieu désert qu'on a appelé autrefois Fultigni, ensuite Liseda, et enfin Iliceto, à cause de la multitude des chênes verts qui y sont et que les Italiens appellent Ilici, du mot latin *ilex*. On lui a aussi donné le nom de la Forêt du Lac, à cause d'un petit lac qui est au milieu de ce bois, d'où la congrégation dont nous allons parler a pris le nom dans son commencement, conjointement avec celui de Saint-Sauveur de Boulogne.

Ce fut cette solitude qu'Etienne choisit pour sa retraite; les religieux qui y demeuraient avaient presque toujours été molestés par leurs supérieurs, trop faciles apparemment à croire ce que d'autres religieux leur pouvaient suggérer contre la conduite de ceux d'Iliceto, ce qui était un reproche secret de la conduite peu réglée qu'ils menaient eux-mêmes. Ils souffrirent ces persécutions domestiques jusqu'en l'an 1408, qu'Etienne, ne pouvant supporter que le général lui enlevât quelques jeunes gens qu'il élevait dans ce monastère dans la pratique des bonnes mœurs et de toutes sortes de vertus, et voyant bien que cela leur ferait tort, prit la résolution, avec les autres religieux de ce monastère, de se soustraire de son obéissance.

L'occasion s'en trouva favorable. Les historiens de cette congrégation, comme Mozzagrunus et Signius, disent que le pape Grégoire XII, voyant que l'ordre des Chanoines Réguliers était tombé dans un grand relâchement, forma le dessein d'établir une congrégation de Chanoines Réguliers qui pût servir de réforme à cet ordre, et qu'il jeta les yeux sur Etienne pour en être le chef. Penot regarde cela comme une grande injure que ces historiens font aux Chanoines Réguliers, qui, à ce qu'il prétend, n'avaient pas besoin d'être réformés dans ce temps-là, et qui vivaient dans une grande régularité. Quoi qu'il en soit, il est certain que Grégoire XII avait pris Etienne en amitié, et qu'il l'honorait de son estime à cause de la pureté de ses mœurs. Il le fit venir à Lucques, où il était en 1408, et soit que les religieux du monastère d'Iliceto eussent le dessein de demander au pape qu'il les fit Chanoines Réguliers, ou que ce pontife eût conçu lui-même le premier ce dessein, ils donnèrent procuration à Etienne et à Jacques de Andrea, en partant de Lucques, d'accepter en leur nom ce que le pape voudrait ordonner sur ce sujet.

Etienne et son compagnon furent très-bien reçus de Grégoire XII, qui leur accorda une bulle au mois d'avril 1408, par laquelle il érigeait le monastère d'Iliceto en collège de Chanoines Réguliers, permettant aux religieux qui y demeuraient d'en prendre l'habit. Il nomma à cet effet trois cardinaux pour leur prescrire des constitutions, et un règlement pour leur gouvernement, ayant aussi marqué par la même bulle quelle devait être la forme de leur habillement, qui consistait en une soutane de serge de couleur tannée, un rochet de toile, un scapulaire par-dessus le rochet, et une chape aussi tannée à la manière des frères convers des Chartreux (1). Ils reçurent cet habit par les mains des commissaires députés par le pape, avec les constitutions qui avaient été dressées; et après avoir obtenu un pouvoir de donner l'habit aux autres religieux de leur monastère, ils vinrent à celui de Saint-Dominique de Fiesoli, qui appartenait aux Dominicains, où le P. Etienne ayant fait venir les religieux d'Iliceto, leur donna l'habit de Chanoines Réguliers, excepté à un frère convers qui ne le voulut pas recevoir; ce qui fut fait en présence de douze religieux de ce monastère de Saint-Dominique, le 28 juin de la même année, et après en avoir pris acte par-devant notaire, ils retournèrent à leur monastère.

Le démon, qui prévoyait le progrès que pouvait faire cette congrégation naissante, fit ses efforts pour la détruire dans son commencement. Ce frère convers qui n'avait pas voulu prendre l'habit de Chanoine Régulier envoya donner avis à ses supérieurs de ce qui se passait, et de quelle manière les religieux de ce monastère s'étaient soustraits de l'obéissance du général (c'était pour lors le P. Nicolas de Cacia). L'intention de ce frère était de les faire tomber entre les mains des Augustins en revenant de Fiesoli; mais s'étant détournés du grand chemin, ils évitèrent l'embûche qu'on leur avait dressée. Ils arrivèrent heureusement à Iliceto, où, le dernier jour de juin, conformément à leurs nouvelles constitutions, ils s'assemblèrent pour élire un prieur. Le P. Etienne ne voulut point accepter cet emploi, afin qu'on ne le soupçonnât point d'ambition et d'avoir procuré ce changement pour s'attribuer la supériorité; ainsi l'élection tomba sur un autre.

Les Augustins, voulant rentrer dans la possession de ce monastère, ne cessèrent point d'inquiéter ces nouveaux Chanoines. Un jour ils y vinrent à main armée, accompagnés du magistrat de Sienne, prirent tous leurs papiers, pillèrent leurs meubles, et les obligèrent d'abandonner ce monastère. Ayant été ainsi chassés, ils se retirèrent dans un lieu assez proche, où pendant quelques jours ils ne vécurent que des aumônes qu'ils allaient demander de porte en porte.

Le pape ayant été informé par Etienne de ces violences, en témoigna de la douleur, et voulant procurer leur consolation et leur repos, il leur permit, par d'autres lettres datées de Rimini le 20 novembre de la même année, de reprendre leur premier habit, les rétablissant dans tous les priviléges, immunités, exemptions et autres droits dont ils jouissaient auparavant. En vertu de ces lettres apostoliques, de dix Chanoines qu'ils étaient, il y en eut six qui reprirent leur ancien habit, et rentrèrent dans l'ordre des Er-

(1) *Voy.*, à la fin du vol., n° 81.

miles de Saint-Augustin. Deux furent envoyés à Boulogne dans un autre monastère de Chanoines Réguliers, par le cardinal Corrario, et Etienne, avec un compagnon, sans changer d'habit, suivit la cour romaine, jusqu'à ce que le pape leur permît de recevoir tel établissement qui leur serait offert, pourvu que ce fût dans un lieu convenable à leur état, qu'il érigeait par avance en prieuré conventuel, leur accordant de nouveaux priviléges par un bref du 1er septembre 1409. Il donna encore dans la suite d'autres priviléges à ces Chanoines, qui n'avaient aucune demeure fixe.

Enfin, après avoir été errants pendant quatre ans, ils trouvèrent Guy Antoine, duc d'Urbin, qui leur donna un ermitage appelé de Saint-Ambroise, proche Eugubio. Il avait été occupé auparavant par quelques ermites qui ne suivaient aucune règle; mais l'évêque d'Eugubio leur avait donné celle de saint Augustin, et leur avait prescrit une forme d'habillement, ayant ordonné qu'ils seraient appelés Ermites de Saint-Ambroise. Mais ce même ordre étant éteint, et Etienne ayant pris possession de ce lieu, Grégoire XII l'érigea en sa faveur en prieuré de Chanoines Réguliers. C'est là proprement qu'a commencé cette congrégation, qui peu à peu fit un si grand progrès dans la perfection, que les religieux s'attirèrent, par la sainteté de leur vie, l'estime de tout le monde. Les papes et plusieurs princes souverains leur fondèrent des monastères et leur donnèrent des terres, des possessions et des revenus, principalement après que l'Eglise fut en paix, lorsque le schisme cessa dans le concile de Constance, où Grégoire XII s'étant démis volontairement de sa dignité, le cardinal Othon, de la famille des Colonnes, fut élu en sa place chef de toute l'Eglise, et prit le nom de Martin V. Ce fut sous son pontificat que le monastère de Saint-Ambroise commença à s'étendre, et qu'il en eut sous lui d'autres qui ont formé une congrégation très-considérable, non-seulement par le nombre des Chanoines, mais aussi par celui des monastères.

Entre ceux qu'elle a obtenus, les premiers furent ceux de Saint-Sauveur de Boulogne et de Sainte-Marie-au-Rhein, unis ensemble, qui lui furent cédés par François Ghisleri, dernier prieur de ces monastères, avec le consentement de Martin V. Ce Ghisleri était le dernier religieux resté de l'ancienne congrégation de Sainte-Marie-au-Rhein; elle avait été fondée vers l'an 1136, et avait pris son nom d'un monastère situé à cinq milles de Boulogne, qui devint chef de huit ou dix autres en Italie; mais en 1359, Galéas, duc de Milan, ayant assiégé Boulogne, il fut entièrement détruit, et uni ensuite à celui de Saint-Sauveur que ces Chanoines possédaient déjà dans la ville, la congrégation ayant toujours retenu son nom de Sainte-Marie-au-Rhein; mais elle perdit presque ses autres monastères, et se voyait, en 1418, réduite à ceux de Saint-Sauveur et de Sainte-Marie-au-Rhein, unis ensemble sous un même prieur, qui était ce Ghisleri, seul religieux qui, comme nous l'avons dit, restât de cette congrégation.

Il voulut rétablir la discipline régulière dans son monastère, par le moyen de quelques Chanoines qui vécussent conformément aux saints canons; et ayant entendu parler des Ambroisiens (c'est ainsi qu'on appelait ceux qui avaient été établis proche Eugubio, dans l'église de Saint-Ambroise), il en fit venir dans son monastère, et supplia Martin V de faire l'union de ces monastères avec celui de Saint-Ambroise; ce que le pape accorda par ses lettres du mois de juin 1418, adressées à Nicolas Albergat, pour lors évêque de Boulogne, lui donnant commission d'introduire dans ces monastères de Saint-Sauveur et de Sainte-Marie-au-Rhein les Chanoines de Saint-Ambroise, quoiqu'ils ne portassent pas le même habit, et qu'ils n'eussent pas les mêmes observances; il leur permettait de vivre selon les constitutions qui leur avaient été accordées et confirmées par le saint-siége, donnant pouvoir néanmoins à l'évêque de Boulogne d'ordonner et de disposer ce qu'il jugerait à propos touchant les changements à faire, tant à l'égard de l'habit que des observances, après que ces Chanoines auraient été reçus dans ces monastères, dont il pouvait faire l'union et introduire telle réforme qu'il trouverait nécessaire.

Cette union ne se fit cependant pas sitôt; car Ghisleri se repentit de ce qu'il avait fait, soit qu'il espérât pouvoir lui-même réparer la discipline régulière en recevant des novices qu'il aurait élevés dans la piété; soit parce que les Chanoines Ambroisiens ne voulaient pas quitter leurs habits pour se conformer à celui que les Chanoines de ces monastères avaient toujours porté, et que Ghisleri voulait conserver. Nous avons vu que celui des Ambroisiens consistait en une soutane, un scapulaire et une chape de couleur tannée, de même que les frères convers des Chartreux. Les Rheiniens au contraire portaient une tunique de serge blanche avec un rochet de toile par-dessus, et des aumusses blanches quand ils étaient dans la maison, et lorsqu'ils sortaient ils avaient une chape noire.

L'affaire fut néanmoins terminée par la prudence et l'autorité de l'évêque de Boulogne, qui, pour les mettre d'accord, ordonna que les Ambroisiens seraient reçus dans ces monastères, à condition, 1° que, pour être plus conformes avec les Chanoines Rheiniens, ils ôteraient leurs tuniques, scapulaires et chapes grises, et porteraient une tunique de serge blanche avec un scapulaire de même sur un rochet de toile; qu'ils porteraient aussi une chape noire lorsqu'ils sortiraient, ce qu'ils ont observé jusqu'à présent; si ce n'est qu'au lieu de la chape noire ils portent un manteau clérical, aussi bien que ceux de Latran et plusieurs autres Chanoines Réguliers, qui presque tous portent des manteaux hors du monastère; 2° Ghisleri devait rester prieur sa vie durant, et avoir l'administration libre de ces monastères.

A ces conditions, les Chanoines Ambrosiens prirent possession des monastères de Saint-Sauveur et de Sainte-Marie-au-Rhein, ayant établi un vicaire ou supérieur, dont l'autorité ne s'étendait que pour l'observance régulière, ce qui dura jusqu'à la mort de Ghisleri, qui arriva l'an 1430. Alors l'union de ces monastères fut entièrement consommée ; et afin qu'elle fût plus affermie, ils en demandèrent la confirmation à Martin V. Ces deux monastères furent les premiers qu'ils obtinrent après celui de Saint-Ambroise, et à cause de la dignité et de l'antiquité de celui de Saint-Sauveur, ils l'établirent chef de leur congrégation et de leur ordre, qui en a retenu le nom jusqu'à présent, comme il paraît par plusieurs bulles, particulièrement par une de Clément VIII, de l'an 1595, qui confirme les privilèges de douze congrégations de Chanoines Réguliers. Le pape Martin V leur accorda encore, en 1430, le monastère de Saint-Donat de Scopeto, proche Florence, d'où le vulgaire les a aussi appelés Scopetins. Ils avaient été aussi appelés de la Forêt du Lac, à cause de ce couvent d'Iliceto, qu'ils furent obligés d'abandonner et qui était voisin d'un lac au milieu d'un bois.

Leur premier chapitre général se tint l'an 1419, dans le monastère de Saint-Ambroise, près d'Eugubio, et le P. Etienne, instituteur de cette congrégation, y fut élu premier général. Il exerça cette charge pendant quinze années, ayant toujours été confirmé dans cet emploi jusqu'à sa mort, qui arriva le 30 octobre 1432, après trois jours de maladie. Son corps fut enterré dans l'église du monastère de Saint-Sauveur à Boulogne. Présentement ils tiennent le chapitre général tous les trois ans, et le général qui a fini sa supériorité doit vaquer pendant six ans.

Ces Chanoines Réguliers ont environ quarante-trois monastères, parmi lesquels on compte trois célèbres abbayes à Rome, Saint-Laurent *extra muros*, Sainte-Agnès aussi *extra muros*, et Saint-Pierre-aux-Liens, qui a été pendant un temps sous la protection du roi de France. Quant à leurs observances, ils ne mangent de la viande que le dimanche, le mardi et le jeudi seulement à dîner, et par dispense au souper. Ils peuvent néanmoins manger du potage à la viande le soir. Outre les jeûnes de l'Eglise, ils jeûnent tous les vendredis depuis la fête de Pâques jusqu'à la fête de l'Exaltation de la sainte croix. Ces jours-là, depuis Pâques jusqu'à la Pentecôte, on leur donne une salade à la collation et quelques fruits, et depuis la Pentecôte jusqu'à la fête de la Sainte-Croix ils n'ont que du pain. Depuis cette fête jusqu'à l'avent, et depuis Noël jusqu'au mercredi des Cendres, ils jeûnent le mercredi, le vendredi et le samedi, et à la collation ils n'ont que du pain, excepté le samedi qu'ils peuvent manger de la salade et du fromage. Ils jeûnent encore pendant l'avent, les veilles de la fête du Saint-Sacrement, de Saint-Augustin, de la Nativité de la Vierge, et de la Dédicace de l'église du Sauveur, et le vendredi saint ils jeûnent au pain et à l'eau. Tous les jours ils font l'oraison après Complies pendant une heure ou trois quarts d'heure, après laquelle ils peuvent dire leur coulpe au supérieur, outre le vendredi, qu'on tient le chapitre pour ce sujet. Voici la formule de leurs vœux : *Ego Domnus N. facio professionem et promitto obedientiam Deo et B. Mariæ et B. Augustino et tibi domno N. priori monasterii SS. NN. vice domni prioris generalis Canonicorum Regularium congregationis S. Salvatoris ordinis S. Augustini et successorum ejus, secundum regulam B. Augustini et institutiones Canonicorum ejusdem ordinis, quod ero obediens tibi tuisque successoribus usque ad mortem*. Ils n'ont que des chemises de laine. Nous avons parlé ci-dessus de leur habillement, nous ne répéterons point ce que nous avons dit. Les frères convers sont habillés comme les prêtres, excepté que leur rochet est lié d'une ceinture de cuir. Ils ont aussi des frères commis qui sont habillés de gris. Ils ont pour armes le Sauveur du monde tenant un livre ouvert où sont écrites ces lettres, A et Ω.

Voyez Joseph Mozzagrunus, *Narratio rerum gestarum Canonic. Regul.* Joan. Bapt. Signius, *de Ordine et statu Canon. Reg. S. Salvatoris*. Penot, *Hist. Tripart. Canonicorum Regul.*, lib. II, cap. 48. Silvest. Maurolic., *Mare oceano di tut. gli relig.* Paul Morigia, *Origine di tutte le religioni*. Hermant, *Etablissement des Ordres religieux*, chap. 53. Tambur., *de Jur. abbat.*, disput. 24, quæst. 4, num. 30, et les constitutions de cet ordre.

SAUVEUR DE LATRAN (Saint-).

Voy. Latran.

SAUVEUR DU MONDE.

Voy. Séraphins.

SAVIGNI.

Des congrégations de Savigni, de Saint-Sulpice de Rennes et de Cadouin, fondées par les bienheureux Vital de Mortain, Raoul de la Futaye, et Géraud de Sales, disciples du bienheureux Robert d'Arbrissel.

Nous avons dit, à l'article Fontevrault, que le bienheureux Robert d'Arbrissel, après avoir fondé son ordre, voulant continuer ses missions apostoliques, s'était associé ses anciens disciples Vital de Mortain, Raoul de la Futaye, et Bernard d'Abbeville, et que les uns et les autres ayant fait plusieurs disciples, les partagèrent ensemble, et fondèrent chacun une congrégation différente. Vital de Mortain se retira en Normandie, où il fonda, l'an 1112, l'abbaye de Savigni, qui a pris le nom d'une forêt où ce saint fondateur avait déjà rassemblé quelques disciples l'an 1105. Il naquit vers le milieu du XIe siècle au village de Tierceville, à trois lieues de Bayeux. Son père se nommait Reinfroi, sa mère Roharde. Ils avaient du bien, qu'ils faisaient cultiver, et ils en employèrent la meilleure partie en charités ; particulièrement à exercer l'hospitalité. Dès que Vital fut en état d'étudier, ils lui donnèrent un maître, qui l'instruisit dans la piété et les lettres; et dès lors il était si grave, que ses compagnons l'appelaient *le petit abbé*. Après les humanités, il quitta ses parents pour chercher d'autres maîtres, et fit un grand progrès dans les sciences; puis, étant revenu chez lui, il fut ordonné prêtre et devint chapelain de Robert, comte de Mortain, frère utérin du roi Guillaume le Conquérant. Le comte donna à Vital une prébende de la collégiale, qu'il venait de fonder en sa ville en 1082.

Environ dix ans après, Vital, désabusé de la vanité du monde, et voulant obéir à Jésus-Christ, qui dans son Evangile établit la perfection sur le renoncement à toutes choses, quitta ses bénéfices, vendit son bien, le donna aux pauvres, et se retira dans les rochers de Mortain, où il reçut aussitôt avec lui d'autres ermites qui voulurent l'imiter. Mais il y demeura peu; car en 1093 il alla trouver Robert d'Arbrissel dans la forêt de Craon en Anjou, où le nombre des disciples de ce saint fondateur de Fontevrault augmentant tous les jours, il fut obligé de les disperser dans les forêts voisines, les ayant séparés en trois colonies, dont il en retint une pour lui, et donna les autres à Vital et à Raoul de la Futaye. La forêt de Fougères, à l'entrée de la Bretagne, fut le lieu où se retira Vital avec sa colonie, qui s'y dispersa en plusieurs endroits, où ils firent séparément les uns des autres des cabanes pour se mettre à couvert des injures du temps. Raoul, qui en était seigneur, les y souffrit quelques années; mais comme il aimait passionnément la chasse, craignant que ces ermites ne dégradassent la forêt, il aima mieux leur abandonner celle de Savigni vers Avranches. Vital et toute sa troupe abandonnèrent donc la forêt de Fougères, et vinrent s'établir dans celle de Savigni. Ces nouveaux ermites, avec ceux qui y étaient déjà, se trouvant au nombre de cent quarante et plus, désirèrent vivre en commun, et engagèrent Vital à demander à Raoul de Fougères quelques restes d'un vieux château près du bourg de Savigni. Ce seigneur, par une généreuse piété, peu ordinaire dans ces derniers siècles, lui donna non-seulement les ruines qu'il demandait, mais toute la forêt pour y bâtir un monastère sous l'invocation de la sainte Trinité; l'acte de la donation fut passé au mois de janvier 1112. Turgis, évêque d'Avranches, y souscrivit avec les seigneurs du pays. Henri, roi d'Angleterre, étant à Avranches, dont il était pour lors maître, confirma la donation par ses lettres du second jour de mars, et Paschal II par sa bulle du vingt-troisième, où il accorde à cette église le privilége de n'être point comprise dans l'interdit général jeté sur tout le diocèse. Vital donna à sa communauté la règle de saint Benoît, avec quelques constitutions particulières, et ils prirent l'habit gris. Le nombre des moines augmenta bientôt, et Savigni devint un des plus célèbres monastères de France.

Le pape Calixte II ayant assemblé un concile à Reims l'an 1119, auquel il présida, Vital s'y trouva, et y prêcha avec tant de force, que ce pontife déclara que personne jusque-là ne lui avait si bien représenté les obligations des papes. Il lui fit des présents, et écrivit en sa faveur aux évêques du Mans et d'Avranches, aux comtes de Mortain et aux seigneurs de Fougères et de Mayenne. L'année suivante, 1120, Vital transféra en un lieu plus éloigné les religieuses qui étaient à la porte de son monastère : car, à l'exemple de Robert d'Arbrissel, il l'avait fait double, d'hommes et de femmes, et celui où il plaça ces religieuses fut appelé dans la suite *des Blanches-Dames*. Il prêcha la même année en Angleterre, et y fit quantité de conversions. Enfin, l'an 1122, il tomba malade dans le prieuré de Dampierre, que le roi Henri Ier, roi d'Angleterre et duc de Normandie, lui avait donné trois ans auparavant. Après avoir reçu les sacrements de l'Eglise le lendemain, 16 septembre, il se trouva le premier à l'église pour Matines, et après les avoir chantées et commencé l'office de la Vierge, il expira saintement. Sa Vie fut écrite par Etienne de Fougères, chapelain d'Henri II, roi d'Angleterre, et depuis évêque de Rennes. Son successeur fut Geoffroy, qui gouverna l'abbaye de Savigni pendant dix-sept ans, et qui a été mis au nombre des saints. Il était natif de Bayeux, et avait été moine dans l'abbaye de Cerisi au même diocèse; mais le désir d'une plus grande perfection l'en fit sortir avec Serlon, qui lui succéda dans la suite, et ils entrèrent à Savigni sous la conduite de Vital de Mortain. Trois ans après, il en fut fait prieur, et enfin élu abbé, malgré sa résistance. Il augmenta l'austérité de l'observance, quoiqu'elle fût considérable, et fonda un grand nombre de monastères, entre autres, les Vaux de Cernai, au diocèse de Paris, en 1128; Foucarmont, au diocèse de Rouen, en 1130; Aulnai, au diocèse de Bayeux, en 1131, et quelques autres en Angleterre. Il mourut l'an 1139.

Son successeur fut Evan Langlois, natif d'Avranches, qui avait été un des premiers disciples de saint Vital; mais il ne gouverna qu'un an, et Serlon de Valbodon lui succéda l'an 1140. Il fonda quatre abbayes, entre autres celle de la Trappe, au diocèse de Séez, qui s'est rendue si célèbre par la réforme dont nous avons parlé ci-dessus. Il assemblait régulièrement tous les ans les chapitres généraux; mais, voyant que quelques abbés d'Angleterre s'en absentaient, il résolut, avec les abbés de France et quelques Anglais, de se donner à saint Bernard avec toute sa congrégation, pour être de la filiation de Clairvaux. Il vint pour ce sujet au concile de Reims qui se tint l'an 1148, auquel le pape Eugène III, qui était pour lors en France, présida. Saint Bernard présenta à ce pontife les abbés Serlon et Osmond, et ils furent admis au chapitre général de Cîteaux par l'entremise de ce saint. La congrégation de Savigni était alors composée de trente-trois abbayes, sans les maisons de filles. Le pape Eugène confirma cette union par une bulle donnée à Reims le 11 avril 1148. Il y eut des abbés d'Angleterre qui s'y opposèrent ; mais après bien des contestations, tous se soumirent à Clairvaux. Cette union fut faite à condition que l'abbé de Savigni serait toujours Père immédiat de ces trente-trois monastères. Il y a quelques auteurs qui n'en mettent que trente.

Asturus du Moustier, *Neustria pia. Chron. Savig.* Baluze, *Miscell.* Pavillon, *Vie de Robert d'Arbrissel.* Angel. Manriq., *Annal. Cister.* Sainte-Marthe, *Gallia Christiana*, et Fleury, *Hist. Eccles.*, tom. XIV, pag. 170 et 291.

La congrégation que fonda le bienheureux Raoul de la Futaye avait plus de rapport avec celle de Fontevrault ; car les hommes y étaient aussi soumis aux filles. Il alla en Bretagne, et bâtit, dans la forêt de Nid-de-Merle, l'abbaye de Saint-Sulpice, vers l'an 1117. On ne sait point qui en fut d'abord abbesse. La première dont on ait connaissance est la princesse Marie, fille d'Etienne de Blois, roi d'Angleterre, laquelle mourut l'an 1156. Les religieux qui administraient les sacrements à ces filles avaient leur habitation près du monastère, et recevaient d'elles toutes les nécessités de la vie. Ils étaient en assez grand nombre, et on les appelait *Condonats*.

Le P. Lobineau, dans son *Histoire de Bretagne*, ayant dit que cet établissement subsistait encore au XIV° siècle, on pourrait croire qu'il ne subsistait plus dans le XV° : cependant il paraît, par la profession d'un religieux de cet institut, faite en 1585, qu'il subsistait encore sur la fin du XVI°. Elle est rapportée en ces termes par Pavillon, dans la Vie du bienheureux Robert d'Arbrissel : *Ego Petrus Bertrand, presbyter parochiæ de Chancio, Rhedon. diœcesis, a longo tempore manens atque permanens in hoc monasterio S. Sulpicii, Rhed. diœcesis ordinis S. Benedicti, promitto atque juro omnipotenti Deo, B. M. et S. Benedicto, nec non venerandæ D. Gabrielæ de Mores, humili abbatissæ P. monasterii et successoribus suis obedientiam, reverentiam, castitatem et paupertatem, usque ad mortem, teste meo chirographo hic apposito die 19 mensis februarii anni Domini 1585.*

Le monastère de Loc-Maria, fondé par Alain Caguart, comte de Cornouaille, comme nous l'avons dit ci-dessus (art. FONTEVRAULT), fut donné à saint Sulpice par Conan II, duc de Bretagne, et Mathilde son épouse. Du vivant de Raoul de la Futaye, la Fontaine-Saint-Martin lui fut aussi donnée par Foulques, comte d'Anjou, et sa femme Eremberge ; et le prieuré de la Fougereuse en Poitou, par Guillaume, évêque de Poitiers. A l'exemple de saint Sulpice, on établit aussi des religieux aux Coëts pour diriger les religieuses. Ce monastère, qui fut aussi donné à l'abbaye de Saint-Sulpice, fut fondé par Hoël III, comte de Nantes, l'an 1149, en faveur de sa fille, qui s'y consacra à Dieu en présence de Brice, évêque de Nantes, de Salomon, évêque de Léon, et de plusieurs seigneurs qui reconnaissaient pour duc de Bretagne ce prince que Conan III en mourant avait désavoué, l'année précédente, pour son fils, quoiqu'il eût passé pour tel jusque-là : ce désaveu causa une guerre civile en Bretagne. Les papes Calixte II, Eugène III et Innocent IV, mirent l'abbaye de Saint-Sulpice sous la protection du saint-siége. Tous les monastères qui en dépendaient sont énoncés dans la bulle d'Eugène de l'an 1148, qui défend aussi aux religieux de ce monastère d'en sortir après y avoir fait profession, sans la permission de l'abbesse et du chapitre. Depuis que le pape Eugène III eut accordé cette bulle, le nombre des monastères augmenta, comme on a vu par la fondation de celui des Coëts. Cette abbaye avait de grandes dépendances dans les diocèses de Nantes, de Rennes, de Vannes, de Quimper et de Saint-Malo. Pavillon dit avoir vu une bulle du pape Alexandre III qui marque que cette congrégation s'étendait jusqu'en Angleterre, et que dans cette bulle le pape fait aussi défense aux religieux de sortir sans la permission de l'abbesse ; mais cette congrégation ne subsiste plus.

La congrégation de Cadouin eut pour fondateur le bienheureux Giraud de Sales ; le bienheureux Robert d'Arbrissel voulut bien y contribuer, puisqu'il lui céda le lieu de Cadouin, avec le consentement de l'abbesse et des religieuses de Fontevrault, l'an 1115. On y avait déjà commencé un monastère de cet ordre ; mais le bienheureux Giraud de Sales y mit des religieux de son institut, auxquels il donna les coutumes de Cîteaux. C'est ce qui paraît par le titre de la fondation de l'abbaye de l'Absie en Gastine, qui était un monastère de cette congrégation ; il y est marqué qu'elle fut fondée l'an 1120, sous la règle de saint Benoît et l'institut des Pères de Cîteaux, par le vénérable Giraud, qui y mit pour abbé un de ses disciples : *Anno ab Incarnatione Domini 1120....... fundatum est cœnobium S. Mariæ Absiæ in primam abbatiam pagi Pictaviensis, secundum regulam S. Benedicti et institutum Patrum probatissimorum Cisterciensium monachorum a magistro venerabili Giraudeo.* Cet acte fut passé en présence des abbés de Cadouin et de Bournet. Ce dernier monastère avait été aussi fondé par le même Giraud de Sales en 1113. Pavillon dit qu'il y avait seize célèbres maisons de cet ordre. Il nomme, entre les autres, Grand-Selve, au diocèse de Toulouse ; Gondon, dans celui d'Agen ; Dallone, au diocèse de Limoges ; Bournet, dans le diocèse d'Angoulême ; Font-Douce et Chartres, au diocèse de Xaintes ; l'Absie, Châtelières et Bonnevaux, au diocèse de Poitiers, et le prieuré de Bragerac, qui, comme nous avons dit, passa à l'ordre de Fontevrault. Mais il faut retrancher de ce nombre Grand-Selve et Chartres ; car Pavillon dit que le bienheureux Giraud de Sales fonda l'abbaye de Grand-Selve : cependant elle ne fut fondée que l'an 1144, selon MM. de Sainte-Marthe ; et Giraud mourut dès 1127, selon le Martyrologe de Fontevrault : Pavillon pourrait bien avoir pris Sauve-Majour, en latin *Silva Major*, qui fut fondé par un autre Géraud ou Girard en 1077, pour Grand-Selve, en latin *Grandis Silva*. L'abbaye de Chartres fut aussi fondée en 1144, non pas sous la règle de saint Benoît, mais sous celle de saint Augustin. Il y avait dans cette congrégation des monastères de filles; mais les religieux n'y demeuraient pas, comme dans ceux de Fontevrault, et elle était plutôt semblable à celle de Savigni. L'on ne sait rien de particulier de la vie de ce fondateur: on a seulement la date de sa mort, qui est marquée au 9 d'août 1127 dans le Martyrologe de Fontevrault. Quelques monastères sont passés à l'ordre de Cîteaux, quelques-uns sous la filiation de Clairvaux, d'autres sous celle de Pontigni, et il y en a qui ont conservé seulement la règle de saint Benoît; quelques écrivains disent que Dallone (ou Dallon) était chef de congrégation.

Chronic. Malleacens., ad annum 1120. Pavillon, *Vie du bienheureux Robert;* Sainte-Marthe, *Gall. Christ.* Fleury, *Hist. eccles.*, tom. XIV, liv. LXVI, et Lobineau, *Hist. de Bretagne*, liv. IV.

Les trois célèbres monastères dont il est parlé dans ce chapitre n'existent plus aujourd'hui. Je ne sais en quel état est Cadouin, mais la maison de Saint-Sulpice conserve encore une partie de ses bâtiments, (et Saint-Sulpice est une paroisse du département d'Ille-et-Vilaine, dans l'arrondissement de Rennes). Quant à Savigni, le plus illustre et le plus important des trois, il ne conserve plus que quelques ruines majestueuses qui disparaissent tous les jours. Dans un voyage récent à cette antique abbaye, j'ai vu labourer à la place où étaient le dortoir et l'immense réfectoire, etc. Les restes de l'église et l'enceinte carrée du cloître seront encore visités pendant longues années. Beaufour, campagne du monastère, à un petit quart de lieue, et devenu, pendant quelque temps, au dernier siècle, un prieuré séparé de la maison, est toujours debout. M. de Mailli, gentilhomme des environs, par amour des arts et de l'antiquité, a racheté de l'acquéreur la façade principale ou entrée du réfectoire, afin de la conserver comme monument. Fasse le ciel qu'on la garde longtemps!

Hélyot s'est trompé en disant que le monastère et l'ordre ou congrégation prit son nom de la forêt appelée Savigni. La forêt elle-même n'était ainsi appelée qu'à cause du bourg voisin, qu'on appelle encore Vieux-Savigni, pour le distinguer de l'abbaye apparemment. Les chartes de fondation portent *Savigneium*. Il semblerait donc qu'on devrait dire, comme on le fait en Bretagne, *Savigné* et non *Savigni*, comme on prononce en Normandie. C'est effectivement ainsi qu'avait écrit Dom Lobineau, dans son *Histoire de Bretagne;* mais il a modifié sa manière d'écrire ce nom dans ses *Vies des saints de Bretagne*, où il parle de Vital et des autres disciples de Robert d'Arbrissel, à l'article du B. Robert.

Le lieu où étaient Savigni et les *Blanches-Dames* (l'Abbaye-Blanche, aujourd'hui petit séminaire) sont du diocèse de Coutances actuellement, le diocèse d'Avranches ayant été supprimé par le Concordat de 1801.

Quoique l'ordre de Savigni ait fini par son absorption dans l'ordre de Cîteaux sous le bienheureux Serlon, son quatrième supérieur général, l'importance de cet institut, des détails intéressants, bons à faire connaître, et en même temps une affection particulière pour cette célèbre abbaye, dont j'admirais et vénérais les ruines dès ma première jeunesse, m'engageront à profiter de matériaux nombreux pour lui donner un article étendu dans le volume de *Supplément*. J'ai fourni à la *Biographie Universelle* un article sur saint Vital (tome XLIX) qui a fait connaître cet illustre fondateur mieux qu'il ne l'avait été jusqu'alors.

B-D-E.

SCALA.

Voy. ECHELLE.

SÉMINAIRES (DIVERS).

Des différents séminaires établis pour la propagation de la foi.

Le plus considérable et le plus illustre des séminaires qui ont été établis pour y entretenir des ecclésiastiques destinés pour les missions parmi les infidèles et les hérétiques, et qui est comme le chef de tous les autres, est celui de Rome, auquel on a donné les différents noms de *Collége Apostolique*, parce que la fin principale de son établissement est le soin pastoral du souverain pontife; de *Séminaire Apostolique*, à cause qu'on y instruit des ouvriers apostoliques, dont les fonctions sont d'annoncer l'Évangile aux infidèles; de *Séminaire Pastoral*, parce que ceux qui y sont élevés doivent maintenir et conserver le troupeau de Jésus-Christ; de *Séminaire d'Urbain*, à cause que le pape Urbain VIII l'a fait bâtir avec beaucoup de magnificence; et enfin de la *Propagation de la Foi*, qui est celui qui est le plus commun, par rapport à l'avantage que l'Église en reçoit par la propagation de la foi qu'il procure par tout le monde.

Jean-Baptiste Virès, de Valence en Espagne, référendaire de l'une et l'autre signature, prélat domestique d'Urbain VIII et résident, en cour de Rome, de l'infante Isabelle-Claire-Eugénie d'Autriche, gouvernante des Pays-Bas, fut le premier qui, ayant conçu ce dessein en 1627, donna commencement à ce beau monument de son insigne piété, en offrant au pape tous ses biens et le palais même où il demeurait, qu'on appelait anciennement des Ferratini, dont le nom est resté à une rue voisine, qu'on appelle par corruption la rue *Fratine*. Le pape, qui prévoyait les grands avantages que l'Église devait retirer de cet établissement, écouta si favorablement la proposition que lui en fit Jean-Baptiste Virès, qu'après avoir loué son zèle il ne voulut pas différer plus longtemps à lui donner la consolation de voir exécuter un si noble et si pieux projet, en érigeant dans le même palais le Séminaire Apostolique, sous l'Invocation des apôtres saint Pierre et saint Paul, dans lequel il ordonna qu'on recevrait de quelque nation que ce fût les prêtres séculiers et les clercs qui, pouvant être promus au sacerdoce dans la même année, ou au moins à quelques-uns des ordres sacrés, se sentiraient inspirés de Dieu pour aller annoncer l'Evangile aux nations les plus barbares, et porter les lumières de la foi jusqu'aux extrémités de la terre. M. Virès assigna d'abord à ce séminaire quinze cents livres de rente, et lui fit donation de tout son bien, pour en jouir après sa mort.

Le cardinal Antoine Barberin, appelé le cardinal de Saint-Onuphre, grand pénitencier, bibliothécaire du Vatican et frère d'Urbain VIII, voyant le profit que l'Eglise retirait de ce séminaire, en augmenta considérablement les revenus, et fonda, l'an 1637, douze places pour de jeunes séminaristes orientaux, d'Asie et d'Afrique, qui ne devaient pas avoir plus de vingt-un ans et moins de quinze, et devaient être suffisamment instruits des langues latine et italienne, savoir des Géorgiens, Persans, Nestoriens, Jacobites, Melchites et Coptes, deux de chaque nation ou secte, avec pouvoir d'augmenter ce nombre jusqu'à dix-huit, en y mettant trois de chacune de ces nations, dont le nombre devait être rempli par des Arméniens lorsqu'il y aurait quelques places vacantes par le défaut de sujets.

Le zèle de ce pieux cardinal ne se borna pas là : il fonda encore, l'année suivante, treize places pour sept Éthiopiens ou Abyssins, et six Indiens, dont il ordonna les places vacantes, faute de sujets de ces deux nations, seraient remplies par des Arméniens, voulant que ceux qui demeuraient en Pologne et en Russie fussent préférés à tous autres, ensuite ceux de Constantinople et successivement ceux de la Tartarie, de la Géorgie, de la grande et petite Arménie et de Perse, lesquels séminaristes sont obligés de vivre sous la conduite et discipline du recteur, et conformément aux statuts et règlements du séminaire, dont un des principaux est celui du jurement qu'on leur fait faire en y entrant, qui est que, quand le temps de leurs études sera fini, ils retourneront dans leur pays, ou qu'ils iront en quelque autre lieu qu'il plaira à la congrégation des cardinaux établis pour la propagation de la foi, de les envoyer pour le maintien et l'augmentation de la foi, sans préjudice néanmoins à la liberté qu'ils ont d'entrer dans l'ordre de Saint-Antoine ou de Saint-Basile.

L'an 1641, le pape voulant rendre fixe et stable ce séminaire, l'unit et le soumit entièrement à la congrégation des Cardinaux que son prédécesseur Grégoire XV avait établie pour la propagation de la foi dès l'an 1622, révoquant, par sa bulle du 25 juin de la même année, l'institution qu'il avait faite de trois chanoines des églises patriarcales de Saint-Pierre, de Saint-Jean-de-Latran et de Sainte-Marie-Majeure, pour administrateurs du séminaire. Ce même pontife permit au recteur de conférer le degré de docteur aux séminaristes, et leur accorda les mêmes privilèges dont ils auraient pu jouir s'ils l'avaient reçu dans quelque université. Après que ces séminaristes ont fini leurs études, la congrégation les emploie aux missions dans leur pays, quelques-uns avec la dignité d'évêques, d'autres de vicaires apostoliques, et d'autres sous la qualité seulement de curés ou de missionnaires, selon la capacité et le besoin des provinces. On enseigne dans ce séminaire toutes les sciences nécessaires aux ministres apostoliques; comme les controverses, la théologie spéculative, les langues hébraïque, syriaque, arabe et grecque. Il y a une belle bibliothèque et une imprimerie pourvue de caractères de toutes les langues étrangères. Voici la formule du serment que font les séminaristes, tel qu'il a été prescrit en 1660 par le pape Alexandre VII, qui retrancha la liberté qu'ils avaient d'entrer en religion quand bon leur semblait.

Moi, N., fils de N., du diocèse de N., ayant une pleine connaissance de l'institut de ce séminaire ou collège et de ses lois et constitutions, que j'embrasse, selon l'explication que m'en ont faite les supérieurs, je m'y soumets et promets de les observer. Je promets en outre et je jure que tant que je demeurerai dans ce collège, et que lorsque j'en sortirai, soit que j'y aie achevé mes études, ou que je ne les aie pas achevées, je n'entrerai dans aucun ordre religieux, société ou congrégation sans la permission du saint-siège apostolique, ou de la congrégation de la Propagation de la Foi, et que je n'y ferai point profession sans la même permission. Je promets aussi et je jure que, quand il plaira à la même congrégation, j'embrasserai l'état ecclésiastique, et que je recevrai les ordres sacrés, et même la prêtrise. Je fais vœu aussi et je jure que je me fasse religieux, ou que je demeure dans l'état séculier, si je ne sors point de l'Europe, je rendrai compte à la congrégation tous les ans; et si je sors de l'Europe, tous les deux ans, de mon état, de mes exercices, et du lieu où je serai. Je voue en outre et je jure qu'au premier ordre que je recevrai de la congrégation de la Propagation de la Foi, je retournerai en ma province sans aucun délai, où j'emploierai mes soins et mes travaux pour le salut des âmes; ce que je ferai aussi, si avec la permission du saint-siège j'entre dans quelque société ou congrégation religieuse, et que j'y fasse profession. Enfin, je fais vœu et je jure que je connais la force de ce jurement et ses obligations, et que je l'observerai selon les déclarations faites par la congrégation de la Propagation de la Foi, confirmées par bref apostolique du 20 juillet 1660. Dieu me soit en aide et ses saints Evangiles.

Le même pape voulut aussi que ce jurement se fît par tous les séminaristes des séminaires ou collèges apostoliques établis dans toutes les parties du monde. Le cardinal Gallio, qui mourut l'an 1683, fut encore un des principaux bienfaiteurs de ce séminaire de Rome, et laissa à la congrégation de la Propagation de la Foi une somme considérable pour être employée aux besoins de cet institut. Les dépenses que cette congrégation fait tous les ans pour l'entretien des missionnaires apostoliques montent à près de cinquante mille écus romains (1).

Carlo Bartholom. Piazza, *Eusevolog. rom.*, part. I, trat. 5, cap. 11. Philipp. Bonanni, *Catalog. ord. religios.*, part. III, et *Bullar. Roman.*

Les séminaristes du collége des Grecs, fondé aussi à Rome par le pape Grégoire XIII, l'an 1577, sont obligés de faire le même serment que font ceux du collége de la Propagation de la Foi. On n'y reçoit que de jeunes Grecs, principalement des provinces schismatiques, qui y sont élevés dans la religion catholique et instruits de ses maximes. Ils retournent ensuite dans leur pays avec le caractère du sacerdoce, et revêtus le plus souvent de la dignité d'évêques et d'archevêques pour convertir les schismatiques, et procurer leur union avec l'Eglise romaine, et afin de conserver dans l'Eglise le rite et les anciennes cérémonies des Grecs. Le même Grégoire XIII fit bâtir, proche ce collége, une belle église sous le titre de *Saint-Athanase*, dans laquelle ces séminaristes font l'office selon le rite grec ; et dans les fêtes solennelles il se fait pontificalement par un évêque ou archevêque grec entretenu pour cet effet, et pour donner les ordres sacrés à ces séminaristes, dont l'habillement consiste en une soutane bleue, liée d'une écharpe rouge, et par-dessus ils mettent une robe aussi bleue à la Levantine (2).

Le même pontife voulant témoigner son affection paternelle pour les Maronites, qui depuis un temps considérable avaient toujours été fidèles et soumis au saint-siége, leur fit bâtir à Rome, en 1583, un hospice qu'il changea l'année suivante en un collége où les jeunes gens de cette nation sont élevés dans toutes sortes de sciences, afin qu'étant de retour en leur pays ils puissent servir d'exemple à ceux de leur nation pour conserver la pureté de leur foi contre les hérésies des Nestoriens, des Jacobites et des autres chrétiens schismatiques de ces quartiers. Son dessein était encore de tirer de ce collége tous les ans des missionnaires pour les envoyer en Orient prêcher la foi catholique ; mais la mort l'ayant empêché d'exécuter ses bonnes intentions, Dieu y suppléa par le zèle du cardinal Antoine Carafa, premier protecteur de ce collége, qui, par ses soins et ses libéralités, l'a mis en état d'entretenir (outre les officiers nécessaires) quatorze séminaristes, parmi lesquels il y en a eu un grand nombre qui non-seulement ont maintenu la foi dans leur pays, mais qui l'ont encore étendue plus loin. Leur habillement est semblable à celui des séminaristes de la Propagation de la Foi.

Le zèle de Grégoire XIII s'étendit aussi sur les hérétiques de plusieurs autres provinces d'Occident, auxquels sa charité lui suggéra d'envoyer des hommes apostoliques originaires de leur propre pays, afin qu'ils les ramenassent au sein de l'Eglise, en leur prêchant la foi dans toute sa pureté. C'est pourquoi, outre les colléges de Fulde, de Prague et de Vienne, qu'il fonda pour y élever la jeunesse destinée à ce saint ministère, il rétablit et augmenta, en 1573, celui des Allemands et des Hongrois, qu'on nomme communément le *Collége Germanique*, dont les séminaristes, qui doivent être au nombre de cent, tant de l'une que de l'autre de ces deux nations, possèdent l'église collégiale de Saint-Apollinaire, et le palais qui y était annexé pour le cardinal titulaire de cette même église, auquel palais ce même pape ajouta plusieurs maisons qui avaient appartenu au cardinal d'Estouteville, archevêque de Rouen, sans parler d'un fonds considérable qu'il leur laissa, afin qu'étant entretenus de toutes choses aux dépens du collége, ils pussent s'appliquer sans inquiétude aux sciences convenables à l'état ecclésiastique, à la conversion des hérétiques et à la destruction des erreurs dont ces pays sont infectés. On leur a encore donné depuis les églises de Saint-Sabas sur le mont Aventin, et de Notre-Dame de la Rotonde sur le mont Celius, avec les revenus qui en dépendent. Ces séminaristes disent toutes les heures canoniales dans leur église, étant revêtus pour cet effet de surplis, et portant le bonnet carré en tête (3).

Ils font le service divin avec beaucoup de magnificence, y ayant toujours une belle musique entretenue : ce qui y attire un grand concours de peuple. Il est sorti de ce collége plusieurs personnes illustres, qui ont rendu de grands services à l'Eglise, et qui en ont mérité les premières dignités, savoir le cardinal François Dietrichstein, le cardinal Albert-Ernest d'Arrach, archevêque de Prague, évêque de Trente et primat de Bohême, qui, dans l'espace d'un an ou un peu plus, ramena au sein de l'Eglise plus de trente mille hérétiques ; le cardinal François de Vartembegh, évêque de Ratisbonne ; le cardinal Guido-Baldo de Thun, archevêque de Salzbourg et évêque de Ratisbonne ; et le cardinal Scrootheubach, créé par le pape Clément XI. Il y a eu aussi quatre électeurs de l'Empire, qui sont Suicard de Cronemberg, Georges-Fridéric de Greissenchi, Anselme Casimir de Wambold, tous trois archevêques de Mayence, et Christophe de Sotein, évêque de Trèves. Outre six archevêques et trente évêques princes de l'Empire ; sans compter un très-grand nombre d'abbés, de doyens, de chanoines, de prévôts et d'autres ecclésiastiques d'une singulière piété, qui ont témoigné leur zèle pour la propagation de la foi, parmi lesquels il y en a eu cinq qui ont répandu leur sang pour la défense de cette même foi. Ces séminaristes sont habillés de rouge, et ont la même forme d'habit que ceux de la Propagation de la Foi.

(1) *Voy.*, à la fin du vol., n° 81 *bis*.
(2) *Voy.*, à la fin du vol., n° 81 *ter*.
(3) *Voy.*, à la fin du vol., n° 61 *quater*.

Le collége des Anglais, à Rome, est encore un monument de la piété du même Grégoire XIII, qui le fonda l'an 1579, et lui assigna dix mille livres, à prendre tous les ans sur la Daterie. Celui des Ecossais fut fondé en 1600 par le pape Clément VIII, et celui des Irlandais par le cardinal Ludovisio en 1628. Les séminaristes de ces trois colléges jurent en y entrant de se faire ordonner prêtres dans le temps, et de retourner dans leurs pays après leurs études, en qualité de missionnaires. Enfin, le pape Urbain VIII fonda aussi un collége à Laurette pour des Esclavons et des Bulgares, qui contractent pareillement des engagements avec la congrégation de la Propagation de la Foi. Tous ces séminaristes ont aussi le même habillement que ceux de la Propagation de la Foi.

Les Français n'ont pas témoigné moins de zèle pour la conversion des idolâtres et des hérétiques. Plusieurs personnes d'une éminente vertu s'étant unies ensemble à Paris, l'an 1632, pour chercher les moyens convenables d'avancer la propagation de la foi, leur assemblée fut érigée le 14 septembre en congrégation, sous le titre de l'*Exaltation de la sainte croix pour la propagation de la foi*, par l'archevêque de Paris, Jean-François de Gondi. Elle fut ensuite confirmée par un bref du pape Urbain VIII, du 3 juin 1634, et autorisée par lettres patentes du roi Louis XIII, du mois de mars 1635, enregistrées au grand conseil au mois de juin de la même année; mais elle ne subsista pas longtemps. Il se trouva aussi quelque temps après d'autres Français qui entreprirent la conversion des idolâtres, ce qui arriva de cette manière. L'an 1653, le P. Alexandre de Rhodes, originaire d'Avignon, jésuite et missionnaire apostolique, fut député en Europe de la part des Eglises du Tonquin, de la Cochinchine et de la Chine, pour venir solliciter le pape d'y envoyer des évêques. Il vint à Rome, où ayant exposé à Innocent X la nécessité qu'il y avait de pourvoir au plus tôt d'évêques ces Eglises chancelantes, pour les affermir contre les efforts de la persécution, la proposition qu'il en fit fut renvoyée à l'examen de la congrégation de la Propagation de la Foi, qui l'approuva, et donna un décret qui portait que le pape serait supplié d'autoriser dans ces pays éloignés un patriarche, avec un certain nombre d'évêques, et dès lors on eut la pensée de pourvoir de cette dignité le P. de Rhodes, qui s'en excusa par modestie.

Divers changements qui survinrent et la mort d'Innocent X empêchèrent l'effet de cette résolution : cependant le P. de Rhodes étant venu à Paris pour y chercher des sujets capables de remplir ces dignités et des fonds pour leur subsistance, avança beaucoup dans ce dessein, qui n'eut néanmoins son accomplissement que sous le pontificat d'Alexandre VII, qui, sur l'instance qui lui en fut faite, députa en 1658 trois évêques en qualité de vicaires apostoliques pour gouverner les Eglises de cette partie de l'Orient la plus éloignée. Ces évêques furent pris du nombre des ecclésiastiques qui, du temps de la négociation du P. de Rhodes, s'étaient offerts pour cette mission : ce furent M. Pallu, qui fut sacré évêque d'Héliopolis par le cardinal Antoine Barberin, chef de la congrégation de la Propagation de la Foi; M. de la Mothe Lambert, qui fut sacré à Paris dans l'Eglise des Filles de la Visitation de la rue Saint-Antoine, sous le titre d'évêque de Bérithe; et M. Cotolendi, qui fut aussi sacré à Aix en Provence, sous le titre d'évêque de Métellopolis. Ils se rendirent tous à Paris, et y trouvèrent tous les secours dont ils avaient besoin. Madame la duchesse d'Aiguillon et madame de Miramion y contribuèrent beaucoup de leurs biens et de leurs soins, et cette dernière leur prêta sa maison de la Couade, à dix lieues de Paris, où ils demeurèrent près de dix-huit mois avec vingt ecclésiastiques, employant ce temps-là à se préparer aux missions qu'ils allaient entreprendre.

L'évêque de Bérithe partit le premier, l'an 1660, avec deux missionnaires; l'évêque de Métellopolis les suivit l'an 1661, avec deux autres; et l'évêque d'Héliopolis partit l'an 1662, accompagné de six autres missionnaires, qui furent suivis de quatorze autres, en trois années différentes. Comme la fin principale de leur mission était de faire des prêtres naturels du pays, ils établirent en différents temps trois séminaires, l'un à Tonquin, l'autre à la Cochinchine, et le troisième à Siam : ce qui leur réussit avec tant d'avantage pour la religion catholique, que, dans le seul Tonquin, nonobstant la persécution, qui y était des plus rigoureuses, ils baptisèrent en deux années plus de vingt mille personnes, firent neuf prêtres du pays, qui y firent des progrès admirables, et établirent en peu de temps cinq communautés de filles et de veuves, qui se consacrèrent à Dieu par des vœux simples, et dont les principaux emplois étaient d'unir continuellement leurs oraisons, leurs pénitences et leurs larmes aux prières, aux douleurs, et au sang du Sauveur du monde, pour demander à Dieu la conversion des infidèles qui étaient dans l'étendue des trois vicariats apostoliques, et surtout dans le Tonquin; d'instruire les jeunes filles, tant chrétiennes que païennes, aux choses que les personnes de leur sexe devaient savoir, d'assister les filles et les femmes malades des fidèles ou idolâtres, afin qu'exerçant cette charité elles pussent traiter avec elles des affaires du salut éternel, et de veiller dans les maisons sur les petits enfants qui seraient en danger de mourir avant que d'avoir reçu le baptême, afin d'en avertir l'administrateur ou le catéchiste, et qu'en cas d'absence elles les baptisassent elles-mêmes.

Les évêques français et leurs missionnaires, ayant reconnu sur les lieux les obstacles qui se rencontrent dans ces emplois apostoliques, désirèrent qu'on ne leur envoyât aucun missionnaire qui n'eût éprouvé sa vocation pendant quelque temps : c'est pourquoi ils donnèrent ordre à leurs correspondants en France de procurer l'établissement d'un séminaire particulier pour préparer à ces fonctions ceux de ce royaume qui voudraient les suivre, ce qui fut exécuté en 1663, que les fondements en furent jetés à Paris dans la rue du Bac, au faubourg Saint-Germain, où il a été beaucoup augmenté dans la suite par les libéralités du roi et de plusieurs personnes de piété.

Un grand nombre de communautés de filles, voulant imiter en quelque façon le zèle et la piété de ces ouvriers évangéliques de la Chine, dont nous venons de parler, se sont aussi établies dans ce royaume, sous le titre de *Nouvelles Catholiques*, ou *de la Propagation de la Foi*, pour instruire des vérités de la religion les personnes de leur sexe qui ont été élevées dans l'hérésie. On les y entretient jusqu'à ce qu'elles aient fait leur abjuration, et qu'elles soient bien affermies dans la foi; elles y peuvent être reçues au nombre des sœurs de ces communautés, dans quelques-unes desquelles on fait des vœux simples de pauvreté, de chasteté, d'obéissance, et de s'employer à l'instruction des nouvelles converties. Dans d'autres on ne fait vœu que de stabilité, et dans quelques autres une association par contrat. Chacune de ces communautés a des règlements particuliers qui leur ont été donnés par les ordinaires des lieux où elles sont établies. La communauté de Paris est sous le nom de *Nouvelles Converties*; celles de Sedan et quelques autres sous celui de la *Propagation de la Foi*.

Voyez, pour l'établissement des séminaires ou collèges de Rome ou d'Allemagne, le *Bullaire romain*; et Carlo Bartholom. Piazza, *Eusevolog. Roman.*, part. 1, tratt. 5, et pour le séminaire des Missions-Étrangères en France, la *Relation des missions des évêques français aux royaumes de Siam, de la Cochinchine et du Tonquin*, imprimée à Paris, en 1674, et les *Statuts de la congrégation de l'Exaltation de la sainte croix, pour la propagation de la foi*, imprimés aussi à Paris, en 1635.

Plusieurs des précieux établissements dont il est parlé dans cet article n'existent plus aujourd'hui. Les *Nouvelles catholiques* de Paris avaient formé des maisons en d'autres diocèses, en celui d'Annecy ou plutôt de Genève, sous l'épiscopat du vertueux d'Arenthon d'Alex, pour les femmes converties au pays de Gex. Cette maison a disparu comme sa mère. Mais entre tous ces établissements le plus important, le plus célèbre, après le séminaire de la *Propagation de la foi*, nommé communément la *Propagande*, de la traduction des mots *de propaganda fide*, qui est toujours à Rome dans l'état prospère que chacun connaît, le plus célèbre et le plus connu, disons-nous, est le *Séminaire des Missions-Étrangères*, établi à Paris, qui est aujourd'hui plus florissant que jamais. Le P. Hélyot s'est borné à raconter ce qui donna occasion à sa fondation, et à dire en deux lignes l'époque à laquelle on commença à le bâtir. Nous devons suppléer à ce laconisme, qui ne laisse pas soupçonner que ceux qui habitaient, qui dirigeaient ce nouveau séminaire faisaient une véritable corporation. Le but de cette société est démontré dans un ouvrage qui en donne l'histoire la plus étendue et la mieux raisonnée qu'on eût vue jusqu'alors; nous parlons des *Lettres à Mgr l'évêque de Langres sur la congrégation des Missions-Étrangères*, par Mgr. Luquet, évêque d'Hésébon, et membre de cette congrégation. Or, dans sa lettre préliminaire voici ce qu'il dit formellement : « Faire des prêtres et des évêques indigènes dignes de leur mission, voilà le but que le saint-siège avait alors en vue et qu'il espéra pouvoir atteindre en jetant les fondements de la congrégation des Missions-Étrangères. De sorte que cette constitution ne doit pas être confondue, dans son but immédiat, avec les autres corps religieux appliqués d'une manière plus ou moins spéciale à l'œuvre apostolique chez les nations infidèles. Elle a été créée pour affermir les églises sur des bases inhérentes au sol, et c'est vers ce dernier terme qu'elle doit diriger toutes ses vues, tandis que d'autres peuvent, sans être infidèles à la condition de leur existence, s'arrêter à un but moins élevé que le nôtre sous ce rapport. Appelée à n'avoir qu'une existence vraiment transitoire, ce n'est pas à sa propre perpétuité, mais bien plutôt à son heureuse destruction qu'elle doit tendre, si elle comprend bien toute la portée des vues que le saint-siège avait en la créant. Grâces au divin Maître, cette vérité s'est toujours maintenue parmi nous dans les traditions de nos pères.... » Cette idée domine dans tout l'ouvrage de M. Luquet, et s'il paraît quelquefois à cette occasion prendre les couleurs d'une critique exagérée, qu'on se rappelle avoir lu ci-dessus dans le récit du P. Hélyot parlant des trois premiers évêques de cette mission dont M. Luquet donne plus longuement l'histoire : « *Comme la fin principale de leur mission était de faire des prêtres naturels du pays, ils établirent en différents lieux trois séminaires......* » Qu'on se rappelle aussi que cela fut écrit il y a cent trente ans, et que le P. Hélyot était franciscain ! Ces deux remarques ne sont pas sans importance.

C'est le P. de Rhodes, jésuite, dont le P. Hélyot raconte le retour en France, qui donna occasion à l'envoi des trois évêques dont il a aussi parlé. Il est utile d'ajouter à son récit quelques mots sur ceux dont les dispositions entraient le mieux dans l'esprit du P. de Rhodes; je parle des congréganistes de la Sainte Vierge dont le zèle éclairé et fécond contribua non-seulement à l'érection du séminaire des Missions-Étrangères, mais aussi à l'accroissement de l'Église du Canada, à l'érection de l'évêché de Québec, et à un nombre étendu d'autres bonnes œuvres.

Ces pieux jeunes gens étaient dirigés par le R. P. Bagot, jésuite breton, et comptaient parmi leurs associés les Boudon, les Montmorency-Laval et cent autres qui embaumaient Paris de l'odeur de leur piété. M. Luquet dit (lettre 1re) : « Cette société avait beaucoup de rapport avec l'admirable réunion formée de nos jours sous le patronage de saint Vincent de Paul. » Je ne puis admettre cette assimilation sans une restriction quelconque. Les jeunes congréganistes du P. Bagot, en se livrant aux exercices de la charité et des bonnes œuvres, ne faisaient, avec raison, de ces exercices qu'une affaire secondaire, et se livraient avant tout aux exercices de la piété, à la pratique des devoirs de leur état, et *tous* fréquentaient assidûment les sacrements. Voilà ce qui rendait leur action méritoire et vivante ; autrement elle n'eût été qu'une œuvre de bienfaisance, ou si l'on veut, de charité, toujours avantageuse à la société, sans doute, mais qui n'aurait obtenu ni le même regard de Dieu ni les mêmes bénédictions de l'Église.

Ces bons jeunes gens vivaient alors en commun, dans la rue Saint-Dominique, et ils eurent le désir d'avoir à dîner dans leur petite société le P. de Rhodes pour l'entendre raconter les détails et les besoins de ses missions. Le pieux apôtre leur accorda cette faveur, et vint en compagnie du P. Bagot, partager le repas de cette édifiante communauté séculière, qui fut enthousiasmée en l'entendant, et tous ceux qui se destinaient à l'état ecclésiastique ouvrirent au P. de Rhodes leur désir de coopérer au salut des infidèles. Enchanté de son côté, ce zélé missionnaire dit au P. Bagot en les quittant : *Je viens de trouver en ces jeunes gens des dispositions plus parfaites que celles que j'ai cherchées dans les séminaires et autres lieux de l'Europe.*

Il était édifiant et utile, je pense, de faire connaître le foyer où s'est allumé le feu dont brûlent encore les vénérables membres de la congrégation des Missions-Étrangères.

Dès le principe, les vicaires apostoliques avaient bien senti le besoin de l'établissement d'un séminaire qui fût le centre et le point de réunion pour les intérêts des Missions ; mais, appelés en Orient, ils avaient été forcés de quitter l'Europe sans mettre à exécution ce projet si sagement conçu. Un missionnaire de Perse, Jean Duval, né à Clamecy, et profès chez les Carmes Déchaussés, sous le nom de F. Bernard de Sainte-Thérèse, était revenu à Paris où l'appelaient les intérêts de son œuvre, et où le retinrent des infirmités. A une grande vertu il joignait un titre respectable, car il était vicaire apostolique, en Perse, et évêque titulaire de Babylone. Secondé par des personnages pieux et distingués, il bâtit un séminaire à l'angle de la rue de la Fresnaie, qui, de son titre épiscopal, prit le nom de *Babylone*, et donnant sur la rue du Bac. Prévoyant ne pouvoir retourner en Orient, il voulut au moins assurer l'avenir d'une mission qui lui était si chère : il traita avec la congrégation des nouveaux missionnaires. Il leur céda en conséquence sa propriété de la rue du Bac, à condition que ces nouveaux missionnaires s'engageraient à bâtir un séminaire destiné à fournir des sujets aux missions françaises de l'Orient et en particulier à celle de Perse. M. de Morangis, directeur des finances, et M. de Garibal, maître des requêtes, ayant bien voulu accepter en leur nom la donation que ne pouvait pas recevoir la société dont l'existence légale n'était pas encore reconnue, sollicitèrent et obtinrent de Louis XIV des lettres patentes pour le nouveau séminaire qu'on voulait fonder. L'acte de donation de la maison qui était du 16 mars 1663, fut enregistré au parlement le 7 septembre de la même année. Le roi accorda les lettres demandées le 27 juillet, et les fit vérifier en Parlement quelques jours après. Il joignit quinze mille livres de rente aux fonds laissés pour cet objet par les vicaires apostoliques. La maison eut aussi l'approbation ecclésiastique, d'abord le 10 octobre suivant de l'abbé commendataire de Saint-Germain des Prés (car tout le faubourg était sous la juridiction de l'abbaye de Saint-Germain-des-Prés), de l'archevêque de Paris et du saint-siège par l'organe du cardinal Chigi légat *a latere*. Les directeurs du séminaire entrèrent dans leur maison le 27 du même mois.

Il nous est impossible de suivre les missionnaires dans leurs travaux, leurs difficultés, leurs peines et leurs succès ; notre but d'ailleurs est de nous borner à montrer la congrégation dans son ensemble et à parler spécialement du séminaire de Paris. Néanmoins, les affaires d'Orient sont tellement liées à ce qui concerne l'une et l'autre, que nous en dirons aussi quelques mots, et, avant tout nous ferons remarquer que saint Joseph a été choisi par les nouveaux apôtres pour patron principal de leurs missions, et que l'évêque de Bérythe bâtit en Cochinchine, une chapelle sous son invocation. Nous devons dire aussi qu'à Siam les missionnaires s'étaient liés par des vœux simples et engagés à des austérités auxquelles comparées, les observances de la Trappe et de la Chartreuse, paraîtraient douces. Ces engagements et ces pratiques, qui pouvaient donner une grande idée de la religion aux infidèles qui avaient sous leurs yeux les grandes austérités de quelques-uns de leurs ministres et de leurs sectateurs, ne pouvaient convenir au genre de vie ni au tempérament de tous les missionnaires ; aussi ne furent-ils point au goût du séminaire de Paris, et Rome les déclara nuls. Depuis lors, la congrégation nouvelle n'a point fait de vœux. On peut voir les *Lettres* de M. Luquet et les divers ouvrages publiés à l'occasion des différends élevés entre les missionnaires d'Orient sur les rites et les cérémonies des Chinois. Les membres de la congrégation dont je parle furent de l'avis opposé à celui des Jésuites ; mais il faut toujours se rappeler, quand on traite de ces malheureuses divisions, que les jésuites n'étaient pas les seuls réguliers à suivre l'opinion contraire. La congrégation des Missions-Étrangères, que je qualifie ainsi, quoique je ne connaisse aucun décret qui lui eût donné le titre de congrégation, fournit bientôt à l'Église naissante de ces contrées lointaines l'exemple des persécutions souffertes pour la foi, et, en résumé, voici le tableau des hommes apostoliques qu'elle procura avant sa dissolution : Dans les missions de Chine, de M. François Pallu, premier vicaire apostolique de la congrégation, à M. Trenchant, parti en 1791, vingt vicaires apostoliques, évêques sacrés ou nommés, et trente-six missionnaires, dont le premier fut M. Pierre Dainville, parti en 1662, et le dernier, M. Jean-Antoine Escodécade la Boissonade, parti de Londres en 1800.

Dans la mission de Siam, de M. Louis Laneau, parti en 1662, à M. Esprit-Marie-Joseph Florens, parti en 1787, dix vicaires apostoliques, évêques sacrés ou nommés, et quarante-quatre missionnaires, y compris M. Rabeau, parti de Londres en 1799.

Dans la mission du Tong-King, où M. Pallu, dont nous avons déjà parlé, fut vicaire apostolique de tout le royaume, douze vicaires apostoliques, dont le dernier est M. Guérard, parti en 1789. (Il était évêque de Castorie, et eut pour successeur, avec le même titre épiscopal, M. Ollivier, dont j'ai été le condisciple, et dont je parlerai de nouveau dans l'article du supplément. Je ne le mentionne ici qu'on considération de ce souvenir et pour rectifier une erreur légère que je vois dans la liste de M. Luquet. M. Ollivier était, non de Rennes même, mais de l'arrondissement de Saint-Malo.) Dans le même vicariat apostolique, il y eut trente missionnaires, dont le trentième est M. l'abbé Langlois, notre vénérable compatriote, parti en 1792, et revenu à Paris, où la congrégation, dans le rétablissement de laquelle il a pris une part importante, le possède encore actuellement (1849).

Dans les missions de la Cochinchine, douze vicaires apostoliques, y compris M. Jean-Joseph Audemar, parti de Rome en 1804, tous évêques sacrés, excepté M. Le Labousse, parti en 1787, qui fut seulement évêque nommé, et cinquante-huit missionnaires, y compris M. Isoard, parti de Rome en 1803.

Dans la mission de Pondichéry, qui n'était pas un vicariat apostolique, et formée seulement au dernier siècle, quatre supérieurs, tous évêques nommés, seize missionnaires, dont le seizième est M. l'abbé Dubois, revenu depuis au séminaire, où il a eu également part à la nouvelle formation de la société.

Dans la mission de Mand-Tchourie, sept missionnaires envoyés au Pégou, à Socotora, aux îles Bourbon et de Madagascar. A ce nombre il faut joindre quelques missionnaires dont le lieu d'obédience n'est pas connu, et d'autres qui sont morts avant d'arriver à leur mission. Je vois avec bonheur, et je ne puis l'omettre ici, que la Bretagne a fourni un grand nombre de ses enfants à la liste de ces apôtres des contrées de l'Orient.

Sous le même titre de la congrégation des Missions-Etrangères, les auteurs du septième tome du *Gallia Christiana* énumèrent les vicariats apostoliques de Babylone et de Québec; c'est une confusion, je pense, ces deux vicariats n'ayant pas eu la même direction, ni les mêmes liens que ceux dont j'ai parlé et dont ils parlent eux-mêmes dans leur article. Ils donnent ensuite un article spécial au séminaire des Missions-Etrangères, dans lequel ils auraient dû parler des vicariats d'Orient qu'ils ont mentionné plus haut, et dans lequel du moins ils énumèrent les supérieurs jusqu'à 1736. Le premier fut Michel Gazil, docteur en théologie et archidiacre d'Evreux; le second, François de Meurs, docteur de Sorbonne; le troisième, qui, dans un sens, pourrait être appelé le second, fut derechef Michel Gazil; le quatrième, François Bezard, docteur en théologie, qui fut aussi nommé à la sixième élection; le cinquième, Charles de Brisacier, qui fut aussi élu plusieurs fois, et qui eut pour successeur M. Tiberge, auquel succéda, en 1709, M. Jobard, puis M. de Brisacier, et enfin M. Alexis de Combes, en 1736. Les directeurs du séminaire avaient cherché à faire de leur maison la cure d'Evry, mais ils négligèrent trop de faire homologuer leur réunion.

L'esprit des novateurs jansénistes semait partout la division et s'insinuait aussi partout; il avait même su s'introduire parmi les enfants ou les disciples de M. Olier. On avait pris des mesures dans la congrégation des Missions-Etrangères, pour ne recevoir personne qui fût suspect de la nouvelle hérésie; mais on ne montra peut-être pas assez de fermeté. Deux supérieurs distingués par leurs lumières et leur vertu, MM. Brisacier et Tiberge, après avoir montré un zèle plein de condescendance humaine, prirent hautement, depuis l'accommodement de 1720, sous le cardinal de Noailles, le parti d'accepter la bulle *Unigenitus*, et la congrégation fit de même. Ils reçurent de Rome, en 1724, une lettre du cardinal de Tencin, qui leur marquait l'intention du pape d'exclure de leur société tous les opposants à la bulle, et du cardinal de Sainte-Agnès, indiquant la même chose. Ces deux supérieurs se distinguèrent par leur soumission à l'Eglise, et donnèrent des ordres conformes à ces bons sentiments, en Asie comme en France. L'abbé de la Chassaigne avait été le seul missionnaire assez osé pour appeler de la bulle; mais l'abbé Pocquet entretenait des liaisons avec les appelants, et faisait des conférences aux communautés de Sainte-Barbe: il se retira de la société. MM. Tremblay et de Montigny acceptèrent. M. Jobard refusa d'accepter la bulle, et en même temps refusa de se démettre de la charge de supérieur et de se retirer volontairement du corps de la congrégation. Il fut, par lettre de cachet, exclu à perpétuité des exercices et des affaires des Missions-Etrangères. Les jansénistes, qui avaient loué les écrits de MM. Brisacier et Tiberge contre les jésuites, dans la dispute sur les cérémonies chinoises, se tournèrent contre eux, et accusèrent dans leur gazette ces deux respectables ecclésiastiques d'avoir eu, en 1726, le projet de mettre leur séminaire entre les mains des sulpiciens ou des lazaristes. L'anarchie qui régnait un peu dans la société des Missions-Etrangères avait peut-être inspiré quelque chose de ce genre à ces deux sages directeurs qui n'avaient point assez d'autorité, je le soupçonne, sur des sujets non liés par des vœux. Ce qui le ferait supposer, c'est que M. Lemaire, parti pour l'Orient en 1722, et mort en 1748, écrivit à ces deux directeurs pour leur en faire le reproche, et il paraît que deux évêques bretons, tous deux vicaires apostoliques de Siam, firent ces reproches à MM. Brisacier et Tiberge de leurs procédés à l'égard du sieur Jobard, dont ils prenaient le parti. Les deux sages directeurs tinrent ferme, et la paix se sera consolidée, sans doute, sous la direction de M. de Combes, prêtre respectable, lié d'amitié et de sentiments avec le célèbre Languet, archevêque de Sens. Depuis lors, la société des Missions-Etrangères continua le bien qu'elle faisait, au grand avantage de toute l'Eglise et même des intérêts de la France, pour laquelle elle fut une occasion de plusieurs mesures utiles sous divers rapports.

Cependant le moment approchait où cette précieuse institution devait subir comme les autres les suites funestes du décret porté en 1790 contre les ordres religieux, quoiqu'elle eût dû faire exception pour plusieurs motifs. Dès l'année 1791, le samedi, veille du dimanche de la Passion (9 avril) des officiers du district dans lequel était comprise cette partie du faubourg Saint-Germain, vinrent fermer la chapelle du séminaire et mirent le scellé sur toutes les portes de cet édifice, sur la porte de la sacristie, et même fermèrent un oratoire privé, établi dans l'intérieur de la maison. Sur la fin d'octobre, ces scellés furent levés; l'exercice du culte catholique fut de nouveau permis en cette chapelle jusqu'au mois de mai (ou de juin) 1792; alors toutes les chapelles catholiques furent de nouveau fermées. En mai 1792 deux directeurs du séminaire des Missions-Etrangères, MM. Boiret et Descourvières, sur l'invitation du cardinal préfet de la Propagande, partirent pour Rome. Les autres directeurs restèrent dans le séminaire jusqu'au 2 septembre, jour à jamais tristement célèbre par le massacre des prêtres renfermés aux Carmes ou en d'autres prisons. Un des élèves du séminaire des Missions était aussi enfermé aux Carmes et dévoué à la mort. Il trouva le moyen de s'échapper et passa par-dessus un mur; il se hâta de venir donner avis au supérieur et aux directeurs du séminaire de ce qui se passait dans le couvent des Carmes et du danger qui menaçait leur maison et leurs jours. Aussitôt tous les ecclésiastiques qui étaient encore dans la maison, savoir le supérieur, les directeurs, trois ou quatre élèves et quelques prêtres pensionnaires, passèrent par-dessus les murs du jardin, se cachèrent d'abord chez les voisins, puis en divers endroits. Le supérieur, M. Hody, âgé de 82 ans, M. Begrier, assistant, et M. Bilhère économe, se retirèrent à Amiens. Trois autres, MM. Alary, Blandin et Chaumont, passèrent en Angleterre. Un autre directeur, M. Brancani, octogénaire et tout à fait impotent, fut laissé dans la chambre qu'il occupait. Les révolutionnaires y laissèrent aussi le domestique qui le servait et fournirent à l'entretien de ce vieillard, qui mourut bientôt. Trois jeunes prêtres, élèves de ce séminaire, se rendirent d'abord dans les Pays-Bas autrichiens, et, munis de lettres de recommandation de leurs supérieurs, recueillirent quelques aumônes pour passer en Chine. Après avoir rejoint à Londres les trois directeurs que j'ai nommés et qui de là entretenaient correspondance avec les missions et tâchaient de leur procurer quelques secours, ils partirent en effet pour Macao, en 1794, et y arrivèrent heureusement. En 1796, quatre autres prêtres français embarqués pour la Chine sur un vaisseau à pavillon neutre, furent néanmoins capturés par les Français, et ramenés à Bordeaux. En 1799, trois autres missionnaires partirent également pour Macao, où ils arrivèrent sans accident. D'autre part, les deux directeurs retirés à Rome envoyèrent aussi plusieurs missionnaires; l'un en 1799, parti de Venise, arriva quelques années après au Ssu-Tchuen. En 1803 et 1804, deux prêtres du diocèse de Digne, s'embarquèrent à Lisbonne pour passer à Macao. Enfin, j'ajouterai par anticipation qu'en 1807, un prêtre italien, agrégé à la congrégation des Missions-Etrangères, partit aussi de Lisbonne, et au bout de quatre ans arriva au Ssu-Tchuen. Tous les biens qui avaient appartenu à la congrégation des Missions-Etrangères furent vendus comme biens nationaux. M. Bilhère, l'un des trois missionnaires retirés à Amiens, revint à Paris, après la mort de MM. Hody et Begrier, décédés en 1793. Il s'entendit avec des personnes de confiance pour racheter sous le nom de la nation, sous un nom emprunté, l'église et le grand bâtiment du séminaire avec le jardin et quelques maisons attenantes. Sa confiance fut trompée; il avait mal choisi la personne sous le nom de laquelle l'achat fut fait. En 1797, il fut obligé à racheter une seconde fois les mêmes propriétés. Pourquoi ne nous a-t-on pas conservé le nom du traître? Je le livrerais ici à l'appréciation du public, pour forcer ses héritiers à la honte ou à la restitution! L'acquéreur qui avait trompé, et qui était sans doute un de ces coureurs de bonnes-œuvres, comme on en voit tant à Paris, retint la jouissance pour sa vie durante, et celle d'une dame qui vivait avec lui d'un petit hôtel attenant à l'église et au grand bâtiment et d'une partie même de ce dernier bâtiment. M. Bilhère put racheter pour 1000 fr. la jouissance de ces chambres, mais il ne put jamais racheter celle du petit hôtel. Le nouveau propriétaire apparent, homme plus consciencieux, faisait administrer en son nom les propriétés acquises. L'église fut louée en 1798 pour l'exercice du culte catholique, qui venait d'être permis, et plus tard en 1802, quand le culte public fut rétabli, l'église des Missions-Etrangères fut choisie pour en faire l'église d'une paroisse sous le vocable de Saint-François Xavier; mais le peuple dit communément la *paroisse des Missions-Etrangères*. La municipalité se chargea d'en payer la location. Les autres portions du bâtiment furent louées à différentes personnes. L'acquéreur apparent gérait tout. Dès que plusieurs directeurs du séminaire purent se réunir, ils occupèrent les appartements nécessaires à leur usage et l'acquéreur donnait chaque année une somme modique pour l'entretien de cette communauté. Cet état de choses dura jusqu'à l'année 1822. J'en reprendrai le récit en donnant l'histoire de la nouvelle société des Missions-Etrangères.

MM. Boiret et Descourvières furent, en 1799, appelés à Venise par le cardinal Borgia, chargé des affaires de la Propagande. Ils restèrent près de lui environ un an et profitèrent de cette heureuse circonstance pour procurer aux Missions divers avantages spirituels et temporels. De retour à Rome, ils recueillirent les principaux décrets donnés par les papes relativement à la juridiction des vicaires apostoliques et aux Missions. Ils essayèrent aussi, mais en vain, d'établir en Italie ou en Suisse une maison qui fût, dans les circonstances, comme une succursale du séminaire de Paris. M. Descourvières mourut en 1804.

Les trois directeurs qui étaient à Londres s'y occupaient à entretenir la correspondance des Missions avec la Propagande et les directeurs qui étaient à Rome. M. Blandin mourut en 1801, et les membres de la société qui étaient à Rome et à Londres le remplacèrent par un ecclésiastique français, nommé M. Lamothe, qui resta peu de temps agrégé. Les autres agrégations qu'ils firent tiennent à l'histoire du rétablissement de leur société et je la ferai connaître dans le quatrième volume.

Le laconisme gardé par le P. Hélyot quand il a parlé de la société de l'Exaltation de la Sainte-Croix, avant de traiter du séminaire des Missions-Etrangères, laconisme que je soupçonnerais presque affecté quand je le vois faire un du fondateur, qui était un Capucin, m'obligera peut-être à consacrer aussi un article spécial à cette société malheureusement trop vite éteinte, quoiqu'elle n'eût aucun caractère qui en fît un institut religieux.

Le collège Germanique, dont a aussi parlé Hélyot dans l'article qui précède mes additions a été aussi rétabli à Rome. Les élèves, tous allemands, portent une robe rouge, qui les feraient facilement comparer à une grande cour royale et à un tribunal de justice, quand ils sont réunis dans la salle de Théologie du collège, où ils occupent les bancs supérieurs. Les élèves ou auditeurs libres qui viennent de la ville, occupent les bancs inférieurs.

Outre les missions qu'il dirigeait autrefois, le séminaire ou congrégation de la Propagation de la Foi a encore employé de nos jours de nouveaux ouvriers tirés des instituts des Picpussiens, des Oblats, des Maristes et d'autres sociétés, qu'il a envoyés établir des églises, surtout parmi les infidèles du nouveau monde et de l'Océanie.

Notes recueillies passim. — *Nouvelles ecclésiastiques*. —*Lettres à Mgr l'évêque de Langres, sur la congrégation des Missions-Etrangères*, par J.-F.-O. Luquet, prêtre. Paris, 1842. — *Gallia Christiana*, tome VII (qui distingue la société des Missions-Etrangères du séminaire des Missions-Etrangères). —*Mémoire et renseignements dus à l'exquise obligeance de M. l'abbé Voisin et de M. l'abbé Chameison, ecclésiastiques instruits, membres distingués de la congrégation des Missions-Etrangères, tous deux procureurs de leur mission et actuellement directeurs au séminaire de Paris.* B-D-E.

SEPT – DOULEURS.
Voy. PHILIPPINES.

SEPT-FONS (RÉFORME DE).

Des religieux Bernardins réformés de Sept-Fons.

Pendant que l'abbé de Rancé travaillait à établir la réforme dans l'abbaye de la Trappe, et à y faire revivre le premier esprit de Cîteaux, Dieu inspira aussi le même dessein à Dom Eustache de Beaufort, abbé Régulier de Sept-Fons. Cette abbaye, située dans le Bourbonnais, à six lieues de Moulins, capitale de cette province, est aussi de l'ordre de Cîteaux, et de la filiation de Clairvaux. Elle fut fondée par un duc de Bourbon, et dédiée à la sainte Vierge, sous le nom de Notre-Dame de Saint-Lieu. On lui donna le nom de *Sept-Fons* ou *Sept-Fontaines* à cause d'un pareil nombre de fontaines qui s'y trouvaient lors de son établissement; il n'en reste plus qu'une qui fournit de l'eau dans tous les offices de la maison, et va se perdre dans un ruisseau qui, passant dans le jardin, y forme un grand canal, qui donne suffisamment de quoi l'arroser. Son enclos de murs est d'environ cent arpents. Ce monastère ne fut pas exempt du relâchement qui s'insinua dans la plupart des maisons de cet ordre, et il tomba dans des désordres qui allèrent jusqu'au scandale.

Il était en cet état lorsque Dom Eustache de Beaufort en fut nommé abbé par le roi en 1654, à la sollicitation de ses parents et à la recommandation du cardinal Mazarin. Il n'avait alors que dix-neuf ans, et ne pensait guère à la religion : c'est pourquoi, pour l'engager à le faire consentir à se faire religieux (car l'abbaye de Sept-Fons a toujours été en règle), on fit briller à ses yeux une mitre et une crosse. Une vocation si peu canonique eut ses effets ordinaires; car le jeune abbé donna dans la vanité, le luxe et la mollesse; il fit son noviciat et ses vœux à Clairvaux, d'où il partit peu de jours après sa profession pour aller étudier à Paris en théologie. Il ne s'embarrassa pas beaucoup d'approfondir les mystères, mais il se contenta seulement de charger sa mémoire de quelques notions superficielles. Il revint à Sept-Fons, où il demeura peu, ne s'accommodant nullement de la solitude, et encore moins de la société des religieux. Il allait ordinairement à Moulins, où il voyait souvent les dames, dont la compagnie lui était plus agréable : en un mot, il vivait d'une manière peu conforme à son état. Il reçut les ordres sacrés dans ces dispositions, et le sacerdoce fut pour lui un sujet de vanité et d'orgueil, aimant surtout à se voir revêtu d'habits pontificaux. Mais Dieu, qui sait humilier les cœurs les plus superbes, le regarda des yeux de sa miséricorde, et le retira non-seulement du danger où il était de se perdre, mais encore le choisit pour être l'instrument dont il voulut se servir pour la sanctification d'un grand nombre d'âmes élues, qui mènent dans cette sainte maison une vie admirable, et qui n'est pas moins austère et pénitente que celle des religieux de la Trappe.

Ce fut l'an 1663 que se fit ce changement de la droite du Très-Haut. M. de Beaufort, son frère, ecclésiastique d'une grande vertu, ayant été lui rendre visite, fut surpris de l'égarement prodigieux où l'amour des créatures l'avait jeté, et le voyant plongé dans tous les plaisirs que la jeunesse lui fournissait, il lui proposa de faire une retraite de quelques jours, afin qu'il pût faire réflexion sur les désordres de sa vie. Il voulut bien même lui tenir compagnie, afin de le fortifier dans les bons sentiments que Dieu lui pourrait inspirer. L'abbé de Sept-Fons, après plusieurs combats intérieurs, qui lui faisaient toujours différer au lendemain, consentit enfin à faire cette retraite. Ils choisirent pour cet effet la maison des Carmes Déchaussés de Nevers, où ils furent reçus avec beaucoup de joie par le prieur, qui se trouva honoré d'avoir de tels hôtes. Cette retraite, qu'il entreprit plutôt par complaisance pour son frère que par les sentiments d'une véritable piété, ne laissa pas de faire dans son cœur ce que l'on n'aurait osé espérer qu'après plusieurs années d'éloignement du monde : car, en huit jours que dura cette retraite, non-seulement il changea de vie, mais encore il devint un modèle de piété et de pénitence, de manière qu'il en sortit comme un autre homme, rempli des grâces et des faveurs qu'il avait reçues du ciel avec abondance. Pénétré de l'amour de Dieu, et de zèle pour sa gloire, non content de se sanctifier soi-même, il demanda à Dieu par de ferventes prières, qu'il lui donnât la force de marcher devant lui dans l'esprit et la vertu d'Élie, pour lui préparer un peuple parfait. Dieu, qui ne veut pas la mort du pécheur, mais qu'il se convertisse et qu'il vive, exauça sa prière, et lui inspira de rétablir dans son abbaye l'observance littérale de la règle de saint Benoît, tant pour retirer du relâchement ses religieux, que pour ouvrir le chemin de la pénitence à ceux qui voudraient dans la suite entrer dans la voie étroite du salut. Il écouta cette voix du Seigneur, qui se faisait entendre dans son cœur, et résolut de le faire malgré tous les obstacles que le démon, le monde et la chair lui pourraient susciter.

La première chose qu'il fit en allant à Sept-Fons fut de s'aller prosterner devant le saint sacrement, et ayant fait assembler le chapitre, il y parla à ses religieux d'une manière touchante de la résolution qu'il avait formée, les exhortant de ne pas s'opposer à la volonté de Dieu et au bien de leur âme; mais ils y trouvèrent des difficultés, et ne voulurent point changer de vie. Ces religieux, qui n'étaient qu'au nombre de quatre, pour empêcher leur abbé d'exécuter son projet, l'accusèrent d'avoir entrepris de se défaire d'eux par le poison, comme des gens incommodes et qui s'opposaient à ses desseins. Ils lui firent signifier par un huissier la copie d'un arrêt prétendu du parlement de Paris, par lequel il était ajourné à comparaître; cela l'obligea de faire un voyage à Paris, et quoique M. de Harlay, pour lors procureur général, eût découvert la fausseté de cet arrêt, et qu'il l'eût justifié de cette accusation, l'abbé de Sept-Fons voulut remettre son abbaye entre les mains du roi, et se retirer à la Trappe, sous la conduite de l'abbé Dom Armand-Jean le Bouthillier de Rancé, qui venait d'y établir la réforme. Mais il en fut détourné, et il retourna à son abbaye, où les religieux, profitant de son absence, avaient enlevé les meubles, vendu les bestiaux, abattu les bois et dissipé les blés.

Tout cela ne servit qu'à lui donner plus de confiance en Dieu. Il rechercha ses religieux, les attira par douceur, et leur proposa de leur payer une pension, pourvu qu'ils voulussent se retirer dans des maisons de la commune observance de Cîteaux. L'accord étant signé, les religieux se retirèrent, et laissèrent leur abbé seul, plein d'espérance de se voir bientôt une nombreuse famille à la place de quatre brebis égarées. Il songea ensuite à faire quelques bâtiments; car il n'y avait pas un lieu régulier qui fût en état : il n'y avait plus que la place où avaient été le dortoir et le réfectoire, le temps et la négligence des religieux n'ayant laissé partout que des ruines.

Il ne fut point trompé dans l'espérance de se voir une nombreuse famille; car, après avoir resté quelque temps seul, Dieu lui envoya d'abord du fond de la Guyenne trois religieux de la commune observance de l'abbaye de Bonnevaux; mais il n'y en eut qu'un des trois qui resta, et qui eut assez de courage pour demeurer, les deux autres perdirent cœur. Quelques mois après, deux personnes se présentèrent encore et furent reçues. Alors, ces trois religieux, conduits et animés par l'exemple de leur abbé, entreprirent un travail dont la grandeur aurait effrayé une compagnie de pionniers : ce fut de défricher plusieurs arpents de terre qu'ils destinaient pour leur jardin. Quoique exténués par des austérités continuelles, ils vinrent à bout de dessécher un marais, de nettoyer un champ hérissé de ronces et d'épines, de combler des fossés, de transporter des terres, d'arracher des arbres, de déraciner des souches, de dresser et de planter un jardin d'une très-vaste étendue, et tout cela en moins de deux ans, sans interrompre les exercices prescrits par la règle, sans violer celle du silence, et sans discontinuer de faire oraison.

Le nombre des religieux augmentant,

l'abbé de Sept-Fons fit des règlements pour son monastère. Les principaux consistent dans la stabilité dans le monastère, le travail des mains, le silence perpétuel, l'abstinence de viande, de poisson et d'œufs, l'hospitalité, l'exclusion des études, la privation de tout divertissement et de toute récréation, et en plusieurs autres pratiques semblables à celles qui s'observent à la Trappe. La différence consiste en ce que les religieux de Sept-Fons se lèvent pour Matines à quatre différents temps, les fêtes solennelles à minuit, les fêtes des apôtres à une heure, les dimanches à une heure et demie, et les jours de féries ou de fêtes simples à deux heures. Mais à quelque heure qu'ils entrent au chœur, ils n'en sortent qu'à quatre heures et demie. La cuisine est au milieu de cinq réfectoires qu'on peut servir en même temps sans en sortir. Ces cinq réfectoires sont celui des religieux, celui des convers, celui des donnés, celui des infirmes et celui des hôtes. Le pain qu'on leur donne est fait de farine dont on n'a ôté que le gros son, et où il entre beaucoup plus de seigle que de froment. Ils ont pour tout le jour dix onces de vin, partagées en deux portions égales qu'ils prétendent être la véritable hémine ordonnée par la règle de saint Benoît. On leur donne à dîner un potage d'herbes, où il n'entre que du sel pour tout assaisonnement, un plat de légumes et un autre de racines. Depuis Pâques jusqu'à la fête de l'Exaltation de la sainte croix, on leur sert quelquefois une tranche de beurre, qui tient lieu de la seconde portion. Le sel et un peu d'huile de noix ou de navette font le seul assaisonnement de ces mets simples et tels que la terre de leur jardin les fournit. Les jours qu'ils soupent, ils ont un morceau de fromage et une salade pour leurs deux portions, ou un plat de racines et un autre de lait cru. La collation des jours de jeûne de la règle est de quatre onces de pain et un peu de fruit, celle des jours de jeûne de l'Eglise est seulement de deux onces, sans fruit, et ils ont du dessert en tout temps au dîner et au souper, et ce dessert consiste en fruits crus ou secs.

Chaque religieux a sa cellule séparée, et n'y entre qu'aux heures destinées au sommeil. Elle est meublée d'un lit composé de deux planches mises sur deux tréteaux, d'une paillasse piquée, d'un traversin de paille longue, et de deux couvertures, une chaise de bois, une table, quelques images et un bénitier. Une seule lampe éclaire tout le dortoir, et c'est à la faveur de cette lumière que chacun entre dans sa chambre et se couche tout habillé, après avoir ôté seulement sa coule. L'abbé, ou en son absence un des supérieurs subalternes, tient trois fois la semaine le chapitre des coulpes. Tant qu'il fait beau, on s'occupe au jardin à bêcher, sarcler, émonder, tailler les arbres, planter, semer, cueillir les légumes et les fruits. Si le temps est mauvais, et ne leur permet pas de travailler à la terre à découvert, ils demeurent dans leurs chauffoirs, où ils s'appliquent à teiller du chanvre, à éplucher des légumes, à piquer des couvertures pour des lits ; sinon ils tirent le fumier des étables, scient du bois ou font des fagots. Tous les samedis au soir, immédiatement avant la lecture des Complies, on lave les pieds à tous les religieux, et pendant cette cérémonie, qui se fait l'été dans le cloître et l'hiver dans le chapitre, on chante quelques répons. On fait des conférences spirituelles trois fois la semaine. Les religieux y parlent chacun à leur tour, et n'y disent précisément que ce qu'ils ont lu dans les livres de piété qu'ils reçoivent des mains de l'abbé. Ils le disent simplement, sans citer le passage autrement qu'en français, et sans y mêler leurs propres pensées. On a un fort grand soin des malades, qui reçoivent tous les soulagements qu'on peut leur donner sans blesser la pauvreté et la mortification. On leur accorde l'usage du poisson et des œufs et même de la viande quand la maladie est considérable.

Il y a ordinairement près de cent religieux au chœur. On ne peut assister à leurs offices sans sentir son cœur pénétré de la douceur d'une psalmodie qui enlève. Cent voix paraissent n'en faire qu'une, tant elles finissent et reprennent ensemble dans le même moment. La piété de ces saints religieux se fait sentir et se communique à tous ceux qui les entendent chanter jour et nuit les louanges de Dieu. Les pauses au milieu des versets sont très-longues, pour laisser le temps à l'esprit et au cœur de s'en nourrir. On n'aperçoit de mouvement que dans les seules lèvres de ceux qui chantent, sans quoi on les prendrait pour des corps sans vie. C'est ainsi qu'en parle M. de Villefore, comme témoin oculaire, pour avoir fait plusieurs voyages dans cette fameuse abbaye.

Il ajoute qu'une des choses qui édifie davantage dans ce monastère, c'est que, outre le silence inviolable qu'on y garde, on est charmé de la modestie des religieux dans leur marcher, quand ils vont tous ensemble au travail ou à la conférence : c'est ainsi que l'on appelle ce qu'on nomme ailleurs la *récréation* après le repas, et celui qui y préside y parle seul de quelque matière de piété ; aucun n'ouvre la bouche qu'il ne soit interrogé. Outre cent religieux destinés pour le chœur, qui sont présentement dans cette abbaye, il y a encore près de cinquante frères convers, qui y vivent tous par le travail de leurs mains, sans être à charge au public, faisant au contraire l'aumône à tout venant, et ne refusant l'hospitalité à personne.

Enfin, Dom Eustache de Beaufort, après avoir gouverné ce monastère près de quarante-cinq ans, depuis que la réforme y avait été établie par ses soins, y mourut le 22 octobre 1709.

Drouet de Maupertuis, *Hist. de la réforme de l'abbaye de Sept-Fons*. De Villefore, *Vies des Pères d'Occident*, et Thomas Corneille, *Dict. géographique*.

L'abbaye de Sept-Fons était la seule abbaye d'hommes qu'il y eût dans la province de Bourbonnais. Je vais suppléer en quelques lignes au récit trop succinct que le P. Hélyot a fait sur la fondation de ce célèbre monastère, qui date de l'année 1132. Cette abbaye était fille de celle de Fontenet, et pendant plus d'un siècle elle porta le nom de *Saint-Lieu*, et on a remarqué qu'elle a été la seule maison religieuse dans l'Eglise qu'on ait appelée ainsi (1). Il serait difficile de trouver le véritable motif qui l'a fait appeler Sept-Fons, nom sous lequel elle est universellement connue aujourd'hui. On a cru que sept sources ou fontaines sortaient du terrain où est bâti le monastère, et une des premières phrases d'Hélyot dans son article montre qu'il partageait cette persuasion. C'est une idée fausse et une pure fable; il n'y a pas une seule source dans l'ancien emplacement du monastère. Suivant un *Mémoire* raisonné, qui m'est fourni par Sept-Fons, et qui a été dressé, au dernier siècle, par un abbé de la maison, il est plus raisonnable de dire que l'appellation, étrange en apparence, vient de ce que les eaux propres qu'on faisait venir du dehors dans l'établissement, se distribuaient en sept endroits différents pour fournir aux divers besoins de l'abbaye. Il est à remarquer que dans le tableau des abbayes de l'ordre qu'on mettait à côté de la porte du chapitre de Cîteaux, au temps du chapitre général, Sept-Fons n'y a pas d'autre dénomination que celle d'abbaye de Saint-Lieu, *Abbatia Sancti Loci*. Quoi qu'il en soit, la véritable orthographe de ce nom est Sept-Fons, et non Sept-Fonts ou Sept-Fonds, comme plusieurs écrivent. C'est *Sept-Fons* qu'on mettait autrefois et que mettent encore aujourd'hui les auteurs les plus corrects en écrivant le nom de cette abbaye.

L'abbaye de Fontenet, deuxième fille de Clairvaux, distante de plus de trente lieues de Sept-Fons, envoya à la nouvelle fondation une colonie de douze religieux avec un abbé à leur tête. Lorsque cette abbaye de Fontenet tomba en commende, en 1547, l'abbé de Clairvaux devint père immédiat de Sept-Fons, qui n'était que sa petite-fille, selon la manière de s'exprimer dans l'ordre. La maison de Sept-Fons, qui est aujourd'hui du diocèse de Moulins, était avant la révolution, ainsi que Fontenet, du diocèse d'Autun. Elle est située à un quart de lieue de la Loire, sur le bord de la rivière de Bèbre, dans une position charmante et saine. Son enceinte est de plus d'une lieue de tour, et s'étend sur les territoires de Diou et de Dompierre, deux paroisses limitrophes, éloignées l'une de l'autre à la distance d'une demi-lieue. L'air n'y était pas aussi pur lors de la fondation. Les bois couvraient l'abbaye de toute part; le terrain et ses environs étaient en grande partie comme un marais et remplis d'eaux croupissantes, et peut-être trouva-t-on alors ce qui pourrait justifier l'étymologie de Sept-Fons. Une tradition porte là, comme à Savigny et en plusieurs autres lieux, que saint Bernard y a passé. Ce sont des conjectures fondées, et il n'y a presque pas à douter de ce qu'elles insinuent, quoiqu'elles ne soient appuyées sur aucun monument. Sept-Fons ne fit aucune fondation, et le nombre de ses religieux n'alla jamais au delà de quinze; c'était une abbaye presque inconnue et une des moins importantes de l'ordre de Cîteaux; immédiatement avant la réforme, elle ne comptait plus que quatre religieux.

On sait tout le mal que l'établissement des commendes, fruit du concordat entre Léon X et François Ier, a porté à l'état religieux en France. Sept-Fons eut du moins l'avantage d'être toujours en règle. Cette maison n'eut qu'un abbé commendataire, Charles Alboust, chanoine d'Autun, syndic général du clergé de France, qui fut nommé à l'évêché d'Autun en 1572, et mourut en 1585. Il fut plus utile au monastère que ne l'avaient été plusieurs abbés réguliers, et travailla à faire rentrer des biens aliénés.

Malheureusement les clauses du concordat de Léon X laissaient au roi la nomination aux abbayes comme aux évêchés, et les nominations étaient à peu près toujours une faveur plutôt qu'une justice, et tombaient très-souvent sur des indignes. Les abbés nommés à Sept-Fons devaient faire profession de la vie monastique, mais l'intérêt et l'ambition les poussaient à cette démarche, plutôt que la vocation, supposé qu'il fallût, pour la vie religieuse comme pour les autres états, une vocation; car il est vrai de dire que pour entrer dans un cloître il ne faut d'autres dispositions qu'un grand désir de son salut. La nomination de Dom Eustache de Beaufort ne fut pas plus juste ou plus régulière que celle des abbés qui l'avaient précédé. Il succéda à Vincent de Beaufort, 31e abbé, mort en 1656, et fut par conséquent le 32e, et les auteurs du *Gallia Christiana* se trompent en comptant deux abbés de plus avant lui. Leur erreur tombe sur celui qu'ils nomment Guillaume II, et sur celui qu'ils appellent Nicolas Ier de Rumilly, qu'ils supposent avoir pris possession en 1513. La discipline régulière dura peu à Sept-Fons et s'affaiblit même du temps de ses premiers abbés. Elle avait disparu tout à fait quand la Providence permit que Dom Eustache fût nommé abbé, mais je crois voir que l'état de la maison ne fut jamais scandaleux et ne donna point ces tristes exemples qui scandalisaient dans les monastères qui n'avaient que des abbés commendataires. La conduite du jeune abbé, après son installation, n'était guère propre à ramener la régularité. On a vu dans le récit du P. Hélyot les détails de sa conversion; je les modifierai sur un point. En 1702 parut un volume intitulé: *Histoire de l'abbaye de Sept-Fons*, où il est dit que les Carmes Déchaussés de Nevers conservaient dans leurs archives la mémoire de la retraite que fit chez eux l'abbé réformateur. En 1759 Dom Dorothée, abbé de Sept-Fons, voulut

---

(1) Nous verrons néanmoins cette appellation à l'article *Val-des-Choux*.

vérifier le fait, et les Carmes lui répondirent qu'il n'y avait rien chez eux qui en pût faire mention. C'est peut-être sur la foi de cette histoire que le P. Hélyot avance que l'abbé de Beaufort et son frère *furent reçus avec beaucoup de joie par le prieur, qui se trouva honoré d'avoir de tels hôtes.* Je ne doute pas de la politesse du prieur ; mais accoutumé à recevoir quelquefois des Retraitants, il n'aura pu ressentir une joie extraordinaire, ni un honneur inespéré, en admettant un jeune abbé mondain, dont il ne prévoyait pas d'ailleurs les œuvres admirables, ni la haute réputation de sainteté. J'appuie sur cela pour prévenir, comme on l'a déjà fait en quelques ouvrages, que l'histoire de la réforme de Sept-Fons, par Drouet de Maupertuis, est fautive, infidèle, ressemble à un roman et attira les réclamations de Dom Eustache de Beaufort, qui écrivit à l'éditeur, quand elle parut.

Ce fut en 1663 que Dom Eustache commença la réforme de l'abbaye, dans sa 27e année, et la 7e depuis sa nomination. Voici la note écrite de sa main, qu'on trouve à la tête du premier registre du noviciat. *La réforme a commencé en ce monastère au mois de novembre* 1663, *quoique l'on en ait remis la solennité au jour des Rois de l'année suivante* 1664. Il faut nécessairement qu'il ait commencé sa réforme avec les quatre religieux qu'il avait dans sa maison ; car aucun sujet ne se présenta à lui avant le 22 mai 1666. Ayant appris que l'abbé de Rancé réformait la Trappe, il alla l'y trouver et le pria de former plusieurs de ses premiers novices, parce qu'il n'avait point encore de bâtiments propres à les loger, et il établit à Sept-Fons la même réforme à peu près qu'il avait vue à la Trappe, quoiqu'il la fît moins rigoureuse pour la nourriture. Le P. Hélyot a dit les peines éprouvées par Dom Eustache ; mais il en est une qu'il n'a pas connue, et qui me paraît avoir été une des plus vives et des plus propres à attirer sur le saint réformateur les bénédictions de Dieu et les critiques des hommes, même des hommes faisant profession de piété : car les jugements imprudents sont si communs et si faciles ! et la charité, le discernement, sont si rares ! Je veux parler de l'ingratitude de plusieurs de ses premiers enfants, qui le quittèrent pour aller demeurer ailleurs. D'autres apostasièrent, et il reçut dans sa maison des causes de grands chagrins de la part d'un certain nombre de religieux de chœur ou convers ; tant il est vrai que dans les plus saints établissements tous ne sont pas parfaits, mais que plusieurs cèdent à des influences diaboliques inconcevables. Rien néanmoins n'égala la noire ingratitude du prieur, du sous-prieur et du maître des novices, qui eurent l'audace de se communiquer leurs sujets de mécontentement, et de s'en aller de concert le même jour. Quelle amertume pour le zélé réformateur ! Quel sujet de tentations pour les autres religieux ! Il est vrai que du moins ces trois malheureux se repentirent et revinrent au monastère. Il faisait face à tous les besoins de la maison, et comme il n'avait

pas livré sa première jeunesse à des études sérieuses et suffisantes, il sentit l'obligation consciencieuse d'y suppléer ; il était forcé de passer une partie de la nuit, les yeux sur ses livres, et souvent celui qui était chargé de l'éveiller le trouvait encore à son bureau. Tant d'austérités hâtèrent sa vieillesse, et sept ans avant sa mort, son esprit affaissé ne le laissait plus en état de gouverner un troupeau aussi nombreux. Ainsi en fut-il à peu près de l'abbé de Rancé. Quand je dis un troupeau nombreux, je ne veux pas dire que le troupeau des religieux de Sept-Fons l'ait été dès le commencement de la réforme, où deux ans se passèrent même, sans qu'aucun sujet se présentât pour le commencer. Il ne se multiplia sensiblement que depuis l'année 1693, époque à laquelle entra Dom Alexis, qui dans le monde était ce trop fameux abbé de Mauroy, dont l'histoire scandaleuse se trouve dans le recueil partial et irréligieux des causes célèbres, par Richer.

La retraite de ce pénitent, ancien curé des Invalides, à Paris, fit bruit dans le monde et fit connaître Sept-Fons. Dans une carte de visite de 1686, on voit qu'il y avait 18 choristes et 12 convers ; dans une autre de 1699, on trouve 47 religieux de chœur et 25 convers, et dans une autre de 1701, on voit 62 religieux de chœur et 33 convers, beaucoup de novices des deux conditions et beaucoup de Donnés. Preuve nouvelle des fruits produits par confiance en la Providence et par une vie réformée, puisque avant la réforme les revenus suffisaient à peine à l'entretien de quatre ou cinq personnes.

Dom Eustache fut inhumé dans le lieu du cimetière qu'il avait choisi lui-même sous la gouttière du sanctuaire. La gratitude et la vénération des religieux bâtirent ensuite une sorte de chapelle en ce lieu, et on mit sur la tombe du pieux réformateur une table de marbre avec une épitaphe.

Les auteurs du *Gallia Christiana* se sont encore trompés en comptant au nombre des abbés depuis la réforme Dom Joseph-Madelène, qui était prieur quand D. Eustache mourut. Le bruit courut en effet qu'il avait été nommé, et ce prieur (D. Joseph-Madelène De Fourbin-D'Oppède) le crut lui-même ; dans cette persuasion il avait pris un appartement au quartier des Hôtes et fait d'autres actes qui déplurent à ceux qui avaient du zèle et leur inspirèrent des craintes pour la suite. Le roi Louis XIV fort bien disposé envers l'abbaye, donna ordre au vicaire général d'Autun, résidant à Moulins (M. Languet, depuis archevêque de Sens) de s'y transporter pour prendre les suffrages des vingt plus anciens profès de chœur. Ces anciens, effrayés et scandalisés des procédés du prieur, ne lui donnèrent point leurs voix, et se tournèrent du côté de D. Joseph Ier Hargenvilliers, quoiqu'il fût le dernier des prêtres et qu'il n'eût que trois ans de profession. Né au Bourg-Saint-Andéol, il entra à Sept-Fons à l'âge de trente-cinq ans en 1705, et après sa profession était comme le mentor de Dom Eustache, qu'il gouvernait en quelque sorte dans ses infirmités. Le roi confirma son élection et il prit possession en 1711. Ce second abbé gouverna avec sagesse et gagna l'estime de tout le monde, en dedans et au dehors du monastère. Le roi lui donna plusieurs commissions délicates, par exemple, d'aller visiter et soumettre à la bulle le prieuré de Perreci, ainsi que je l'ai dit à l'article PERRECI dans ce volume; de faire la même chose à l'abbaye de la Trappe et aux Clairets. A la Trappe, il réussit à obtenir une soumission à peu près générale; aux Clairets, les religieuses étaient moins bien disposées, et l'abbé dut se borner à une visite qui aura sans doute amené quelque fruit, mais où il ne fit pas tout ce qu'il aurait désiré.

Ici je ne puis me défendre d'une réflexion sur la conduite de la Providence à l'égard de Sept-Fons. Il paraîtrait tout naturel de soupçonner que les opinions nouvelles y auraient eu faveur; car le réformateur n'était entré dans la voie de la pénitence que par les conseils de son frère; or, ce frère, l'abbé de Beaufort, devint vicaire général de M. de Noailles, archevêque de Paris, le chef de son conseil et son confesseur. Cependant on n'a jamais parlé du jansénisme de Sept-Fons, et ce que je viens de dire sur D. Joseph montre assez sa soumission et celle de sa maison aux décisions de l'Eglise. Dom Joseph, mourut le 20 avril 1742, et dans sa maladie, il avait désigné au cardinal de Fleury, son successeur, Dom Zozime de Guyenne, natif d'Orléans, entré à Sept-Fons, âgé de 25 ans, en 1720. Le roi le nomma en effet, et il fallut les instances du cardinal pour le faire accepter. Il mourut le 30 décembre 1749. Le quatrième abbé depuis la réforme fut D. Vincent Sibert, natif de Saint-Chamon dans le Lyonnais. Il était supérieur des Lazaristes missionnaires de Lyon, visiteur de sa province et âgé de trente-neuf ans quand il vint à Sept-Fons en 1730. A la mort de D. Zozime, il était prieur, et en cette qualité, il reçut de l'ancien évêque de Mirepoix, chargé de la feuille des bénéfices, l'ordre de recueillir les voix du chapitre par bulletins secrets, et de les envoyer dans une boîte qui aurait été cachetée devant tout le monde. Le roi était absent quand cette boîte arriva à Versailles; il voulut, à son retour, l'ouvrir lui-même, lire et compter les suffrages, dont le plus grand nombre était en faveur de Dom Vincent, qui fut en effet nommé. Cet abbé mourut le 20 février 1755.

Après lui, l'abbé fut D. Joseph II. Alpheran, natif d'Aix en Provence, neveu du grand prieur de Malte et frère de l'évêque de Malte. Cet abbé mourut le 11 août 1757, et eut pour successeur D. Dorothée Jalloutz, natif de Besançon. Cet abbé fut celui qui fit le plus à Sept-Fons et pour Sept-Fons, où il introduisit une nouvelle réforme, laquelle toutefois ne dura guère que pendant sa vie, et après sa mort arrivée en 1790, les religieux retournèrent peu à peu à la réforme de Dom Eustache de Beaufort. Le caractère de Dom Dorothée était très-ferme et peut-être sévère, et on se souvient encore aujourd'hui dans le pays de Sept-Fons de l'impression qu'il avait faite. A l'article VAL-DES-CHOUX, je dirai comment ce chef d'ordre fut uni à Sept-Fons sous D. Dorothée, qui eut pour successeur D. Bernard De Gallmard-Montfort, sous lequel eut lieu la dispersion des religieux et qui mourut à une époque qui m'est inconnue.

Je n'aurai point, hélas! comme pour toutes les autres congrégations célèbres de France, d'article à consacrer à la réforme de Sept-Fons, qui a disparu pour toujours|; c'était un motif de plus pour m'étendre sur les différents détails qu'on vient de voir dans ces additions au chapitre d'Hélyot. Il me reste à dire que sous le règne des Bourbons, après leur restauration, quelques anciens religieux de l'abbaye de Sept-Fons, désirant, à l'instar des religieux de la Trappe, rétablir leur réforme et ne possédant plus leur maison, s'établirent dans l'ancienne abbaye de Bellevaux, au diocèse de Besançon, dans le département de la Haute-Saône, près de Rioz. Agés et peu nombreux, ne recevant point assez de sujets, ils craignirent de voir leur maison s'éteindre, et la cédèrent à des Trappistes de l'observance de M. de Rancé. Ils obtinrent en effet quelques religieux de l'abbaye du Gard, située près d'Amiens, qui prirent possession de Bellevaux, le 7 juillet 1830. Triste époque pour la religion et la France! A la suite de la révolution qui triompha le 29 du même mois, il leur fallut quitter Bellevaux, mais leur histoire appartient à celle des Trappistes. Sept-Fons est maintenant habité par les Trappistes de l'abbaye du Gard qui y sont entrés en 1845, forcés à quitter cette dernière maison trop pauvre et incommodée par un chemin de fer qu'on a fait passer dans son enclos.

Vie de S. Bruno, par le P. de Tracy, Théatin. — *Notes recueillies* passim. *Nouvelles ecclésiastiques*. — *L'Ami de la Religion;* — et surtout *Mémoire manuscrit, riche de faits et parfaitement rédigé*, que nous devons à l'obligeance du Révérendissime Père Dom Stanislas, abbé de Sept-Fons et vicaire général de la congrégation cistercienne, dite de la Trappe-de-Rancé.

B-D-E.

SÉPULCRE (CHANOINES DE L'ORDRE DU SAINT-).

Des Chanoines Réguliers, et des Chanoinesses Régulières de l'ordre du Saint-Sépulcre.

Les historiens de l'ordre des Chanoines Réguliers prétendent que lorsque Godefroy de Bouillon eut conquis la terre sainte, et qu'il se fut rendu maître de la ville de Jérusalem, le 15 juillet 1099, il mit, peu de temps après, dans l'église patriarcale du Saint-Sépulcre, des Chanoines Réguliers. Le P. du Moulinet dit même que ce prince en avait amené avec lui, et qu'il ne les mit pas seulement dans cette église du Saint-Sépulcre, mais encore dans toutes les autres où il rétablit le culte divin, comme dans celles du Temple de Salomon, du Mont-de-Sion, du Mont-des-Olives, de Gethsémani, de Béthléem, d'Hébron, de Nazareth et de plusieurs autres villes de la Palestine. Mais les Chanoines que ce prince mit dans quelques-unes de ces églises (n'ayant pas vécu assez longtemps, après son élection à la royauté, pour avoir rétabli le culte divin dans toutes les églises que le P. du Moulinet nomme) n'étaient que des Chanoines Séculiers, et nous apprenons d'un cartulaire de l'église du Saint-Sépulcre quelle a été l'origine des Chanoines Réguliers qui ont pris le nom de cette église, lequel cartulaire se trouvait dans la bibliothèque de M. Pétau, conseiller au parlement de Paris, et avait appartenu auparavant à Philippe de Mazières, chancelier de Chypre, lorsque M. André Duchêne en tira une copie écrite de sa main, que l'on peut voir à la bibliothèque du Roi (vol. 10).

Il est vrai que Godefroy de Bouillon, quelques jours après avoir été proclamé roi de Jérusalem, mit dans l'église du Saint-Sépulcre des Chanoines auxquels il assigna, comme dit Guillaume de Tyr, des revenus pour leur entretien. Daibert ayant été ensuite élu pour premier patriarche latin, sur la fin de la même année, et Godefroy étant mort l'année suivante, 1100, Baudouin, qui lui succéda au royaume de Jérusalem, eut de gros différends avec le patriarche Daibert, qui, après avoir gouverné son église pendant près de trois ans au milieu des troubles qui lui furent suscités, fut enfin contraint par la force et la violence de l'abandonner, et vit mettre en sa place un intrus, qui fut Evremar, que Baudouin fit élire. Ce faux patriarche n'eut pas plutôt usurpé le siége patriarcal, qu'il retrancha une partie des prébendes des Chanoines, et leur donna seulement à chacun cent cinquante bizans par an.

Daibert étant allé à Rome pour se plaindre au pape Paschal II de l'injustice qu'on lui avait faite en l'obligeant par force d'abandonner son siége, et de ce que son légat avait déclaré ce siége vacant sans l'avoir écouté, le pape le rétablit dans son église; mais comme il s'en retournait pour en prendre possession, il mourut à Messine l'an 1107. Gibelin, archevêque d'Arles, que le même pape envoya à Jérusalem dans le même temps, en qualité de légat, pour pacifier les troubles de cette Eglise, fut lui-même patriarche de Jérusalem, et Evremar, qui avait été intrus sur ce siége, fut fait évêque de Césarée. La lettre que le patriarche Gibelin écrivit au roi Baudouin quelques jours avant sa mort, qui arriva l'an 1111, fait encore connaître que les Chanoines du Saint-Sépulcre n'étaient pas Chanoines Réguliers; car dans cette lettre il témoigne au roi qu'il aurait bien souhaité lui parler avant sa mort, mais que, ne l'ayant pu, il le prie d'appuyer de son autorité ce qu'il avait ordonné à ses Chanoines, savoir : de manger en commun, suivant la coutume des Chanoines de plusieurs églises, principalement de celles de Lyon et de Reims. Arnoul, archidiacre de Jérusalem, que Guillaume de Tyr appelle *primogenitus Satanœ et filius perditionis*, s'était déjà fait élire patriarche avant Daibert, et avait été obligé de se démettre de cette dignité qu'il avait eue par de mauvaises voies; mais après la mort de Gibelin, il fut mis à sa place par la faveur du roi. Quoique revêtu de cette dignité, il ne laissa pas de continuer une vie scandaleuse, qui obligea le légat du Pape Paschal II à le déposer en l'an 1115. Il appela de la sentence du légat, et alla trouver à Rome le pape, qui, pour le bien de la paix, le rétablit en 1117, après qu'il eut juré sur les saints Evangiles qu'il était innocent des crimes dont on l'accusait, comme il est porté par la bulle de ce pape.

Ce fut cet Arnoul qui obligea, en 1114, les Chanoines de son église d'imiter les Apôtres en vivant en commun et d'observer la règle de saint Augustin. Pour leur entretien, il leur abandonna la moitié de toutes les offrandes qui se feraient au Saint-Sépulcre et entièrement celles de la vraie croix qu'ils avaient en leur garde, excepté celles qui se feraient le jour du vendredi saint, ou lorsque le patriarche porterait la vraie croix pour quelque nécessité. Il leur céda aussi les deux tiers de la cire, toutes les décimes de la ville et des environs, excepté des terres qui appartenaient au patriarche, et tout ce que le roi avait donné au Saint-Sépulcre, pour dédommager cette Eglise patriarcale de la juridiction qu'elle avait sur Bethléem avant que cette ville eût été érigée en évêché; il leur donna encore les églises de Saint-Pierre de Joppé et de Saint-Lazare, avec toutes leurs dépendances, comme il paraît par les lettres de ce patriarche que nous rapporterons tout au long, où il affecte un grand zèle à réformer les mœurs corrompues de ces Chanoines, quoiqu'il fût le premier à leur donner mauvais exemple.

In nomine sanctæ et individuæ Trinitatis, ego Arnulfus Dei gratia patriarcha Hierosolymitanus, servus servorum Divinitatis ejusdem minimus, Balduino Dei nutu Hierosolymorum rege gloriosissimo imperante, et nobis cum omni bono, tota virtute animi consentiente, cunctis per orbem Christum colentibus notifico privilegium quod anno Incarnationis Dominicæ MCXIV, *nostri vero patriarchatus* III, *regni autem prædicti regis* XIV, *Indictione* VII, *epacta* XII, *de renovatione ecclesiæ sancti Sepulcri ipsius regis consilio a nobis est institutum et confirmatum. Cum Dominus noster Jesus Christus Dei vivi Filius Ecclesiam suam in tantum dilexit, ut pro ea homo factus, eamdem pretiosissimo sanguine suo redimere dignatus sit, passionis ac gloriosissimæ resurrectionis suæ locum in finem sua ineffabili misericordia, adeo dignatus est diligere, ut eam de manu Turcorum et Saracenorum eripere, ac Christianis fidelibus suis innumeris laboribus affectis pro ejusdem loci liberatione, sua sola divina virtute placuerit tradere. Nihil enim humana virtus, nihil sapientia, nihil exercitus nostri multitudo proficeret, nisi divina virtus inexpugnabiliter pugnaret pro nobis, nisi et nos in loco pascuæ suæ misericorditer collocaret, nisi etiam nos indignos paganis abolitis hereditatis suæ misericordius heredes efficeret.*

Sed antiqui hostis nequitia dolens se vasa irœ perdidisse, qui ovile dominicum, ut leo rugiens, millenis artibus molitur irrumpere, machinari cœpit qualiter vasa disperderet misericordiœ. Novos quippe incolas Dominici oblitos prœcepti, de die in diem plus et plus corripit qui minores nihili reputans, ad clerum etiam transcendit, et suis etiam prœstigiis agitans sibi mancipavit. Quem enim decebat ut devotior existeret, et bonum de se exemplum minoribus prœberet, proh dolor! voluptati carnis magis servivit, et honorem suum modis incredibilibus polluere non dubitavit. Et pius Dominus qui sepulturœ suœ locum oculo misericordiœ benigne respicit, nostris temporibus illorum nequitias sua severitate correxit. Defuncto enim prœdecessore nostro domno (1) Gililino, ego Arnulfus omnium Hierosolymorum humillimus a rege, clero et populo in pastorem electus, patriarchali honore sublimatus, animœ meœ periculum metuens, eorumque animabus medere cupiens, criminibus eorum diutius consentire nolui, quos correctione paterna, ut vitam suam corrigerent, multoties ammonui. Monebam enim, ut communiter viventes, vitam apostolorum sequerentur, et regula beati Augustini vita eorum regeretur, ut Domino Jesu Christo eorum devotius placeret servitium, et nos cum eis in œterna gloria reciperemus prœmium. Cum autem quidam eorum, Deo inspirante, salutifera amplecterentur monita, quidam vero eorum abdicarent instigatione diabolica, hos ut Christi famulos in sancti Sepulcri ecclesia decenter ordinavi, illos autem ut inobedientes et regularibus prœceptis inobedientes, ab eadem ecclesia penitus eliminavi. Prœsentium igitur sanctœ conversationi consulens, et futurorum bono proposito providens consilio regis inclyti Balduini, et assensu cleri, et populi patriarchatus nostri, eis partem constitui, et ut sufficienter victum et vestitum habeant, Dei gratia ordinavi. De cunctis namque oblationibus quœ ad sepulcrum Domini venient, in omnibus medietatem accipient; de cera vero, ecclesia duas partes ad luminaria, tertiam habebit patriarcha; de cruce vero Domini quam canonici custodiunt omni tempore, oblationes habebunt nisi in sola die sancti Parasceve, aut si patriarcha eam secum detulerit pro aliqua necessitate. Dedi etiam decimas totius sanctœ civitatis Hierusalem et locorum adjacentium, exceptis decimis fundœ quœ sunt patriarchœ. Dimidiam quoque partem illius beneficii quod rex Sepulcro tradidit pro excambitu episcopatus Bethleemitici. Concessi etiam eis in Joppen civitate ecclesiam B. Petri cum suo honore et cum tota dignitate quœ pertinet matri Ecclesiœ. Concessi etiam ecclesiam B. Lazari, cum omnibus appendiciis quœ adjacent ei, et omnia quœcumque possidet ecclesia, et res suas quascumque habent et possident, vel Deus daturus est eis libere habebunt et prout voluerint ordinabunt. Si quis autem hoc privilegium nostrum violare prœsumpserit, illi pœnœ subjaceat quam Deus omnibus maledictis promisit, nisi resipuerit. Gratia autem et pax a Deo Patre et Domino Jesu Christo sit ista custodienti, et sanctœ Ecclesiœ jura tenenti. Amen.

Cet acte fut confirmé par une bulle du pape Calixte II, de l'an 1122, adressée à Gérard, prieur, et aux Chanoines du Saint-Sépulcre : *Gerardo priori et ejus fratribus in ecclesia sancti Sepulcri regularem vitam professis*. Honorius II confirma encore toutes leurs possessions par une autre bulle de l'an 1128. Tous les monastères qu'ils avaient, tant dans la terre sainte qu'en plusieurs endroits de l'Europe, sont énoncés dans une autre bulle du pape Célestin II, de l'an 1143, adressée à Pierre, prieur du Saint-Sépulcre, et aux autres Chanoines, et non pas de l'an 1163, comme le dit M. Herman dans son *Histoire des Ordres religieux;* puisque le pape Célestin II mourut l'an 1144, et qu'en 1163 il avait déjà eu cinq successeurs : Lucius II, Eugène III, Anastase IV, Adrien IV et Alexandre III. Mais il ne paraît pas, par cette bulle, que ces Chanoines demeurassent au Temple-de-Salomon, au Mont-de-Sion, au Mont-des-Olives, à Gethsémani, à Bethléem, à Hébron et à Nazareth, comme le dit le P. du Moulinet. Les maisons que ces Chanoines avaient dans la terre sainte, et qui sont énoncées dans la bulle de Célestin II, sont celles du Saint-Sépulcre de Jérusalem, de Saint-Pierre de Joppé, du Saint-Sépulcre d'Acre, de Sainte-Marie de Numaz, dans le territoire de la même ville, du Saint-Sépulcre au Mont-Pérégrin, à Sainte-Marie de Tyr et à la Quarantaine, c'est-à-dire le lieu où Notre-Seigneur Jésus-Christ avait jeûné pendant quarante jours et quarante nuits. Il y avait, à la vérité, des Chanoines au Mont-des-Olives, et qui même étaient réguliers; mais ils n'étaient pas de la congrégation du Saint-Sépulcre. Ceux de l'église patriarcale ayant été, le jour de l'Ascension de l'an 1156, en procession chez ceux du Mont-des-Olives, en l'absence du patriarche, qui était allé à Rome pour quelques affaires, ils refusèrent aux Chanoines du Saint-Sépulcre l'entrée de leur église, prétendant qu'ils ne devaient y entrer qu'avec le patriarche. Mais au retour de ce prélat, dans une assemblée de plusieurs archevêques et évêques, des abbés du Temple, de la vallée de Josaphat, de Sainte-Marie de la Latine, de Saint-Samuel et de Saint-Abacuc, et des prieurs du Mont-de-Sion et du Temple, les Chanoines du Mont-des-Olives furent condamnés à aller nu-pieds depuis leur église jusqu'à celle du Saint-Sépulcre, pour demander pardon de leur rébellion aux Chanoines du Saint-Sépulcre, ce qu'ils firent dans leur chapitre; et les prélats, avec les abbés et les prieurs qui composèrent l'assemblée dont nous venons de parler, reconnurent que les Chanoines du Saint-Sépulcre avaient droit d'aller en procession le jour de la Purification, au Temple; le jour de l'Ascension, au Mont-des-Olives; le jour de la Pentecôte, au Mont-de-Sion, et le jour de l'Assomption, à la vallée de Josaphat; et

---

(1) Dans la copie de cet acte écrite de la main de M. Duchêne, il y a à la marge *Guillelmo*, mais on doit lire *Gibelino*, car il est certain que le patriarche Arnoul succéda à Gibelin.

que dans ces églises, en l'absence du patriarche, le prieur du Saint-Sépulcre devait dire la messe solennelle et faire la prédication, ou commettre quelque autre à sa place, comme il paraît par l'acte de cette rébellion et de la satisfaction faite par les Chanoines du Mont-des-Olives à ceux du Saint-Sépulcre, qui se trouve aussi dans le cartulaire dont nous avons parlé, et où l'on trouve encore plusieurs donations faites à ces Chanoines, tant par les patriarches de Jérusalem que par plusieurs autres personnes. Il y a aussi un acte par lequel Baudouin, seigneur de Saint-Eloi, et sa femme Etiennette, en présence de Roard, châtelain de Jérusalem, leur gendre, confirment l'acquisition que les Chanoines du Saint-Sépulcre firent, en 1175, de plusieurs maisons, vignes et terres à Saint-Eloi, qui leur furent vendues par l'abbé et les moines du Mont-Thabor. Mais ces Chanoines n'en jouirent pas longtemps; car les Sarrasins s'étant encore rendus maîtres de la terre sainte en 1187, sous le règne de Guy de Lusignan, ils furent contraints d'abandonner leurs monastères pour se retirer dans ceux qu'ils avaient en Europe, leur congrégation s'étant étendue en France, en Espagne, en Pologne, en Italie et dans d'autres pays. Plusieurs princes, qui avaient été dans la terre sainte, en avaient amené avec eux, et, entre les autres, Louis le Jeune, roi de France, à son retour, en mit dans l'église de Saint-Samson d'Orléans : c'est pourquoi Etienne de Tournay, dans l'une de ses epîtres, appelle cette église *filia Sion*.

Les comtes de Flandre firent de même; et un gentilhomme de Pologne, nommé Jaxa, en ayant aussi amené de Jérusalem en ce royaume, l'an 1162, il leur fonda un monastère à Miekou, à huit lieues de Cracovie, qui en a produit plusieurs autres : il est à présent chef d'une congrégation qui comprend une vingtaine de maisons, tant en Pologne que dans la Silésie, la Moravie et la Bohême, et est gouvernée par un général, qui se dit général de tout l'ordre du Saint-Sépulcre, quoique les Chanoinesses de cet ordre, tant en France qu'en Allemagne et en Espagne, ne le reconnaissent pas pour supérieur. Ces Chanoines et ces Chanoinesses prétendent une antiquité bien plus éloignée que celle que nous leur avons donnée, et ils font remonter leur origine jusqu'au temps de l'apôtre saint Jacques, premier évêque de Jérusalem, qu'ils regardent comme leur père et leur instituteur. Les Mémoires qui m'ont été communiqués par les Chanoinesses de cet ordre du couvent de Belle-Chasse, à Paris, portent qu'il y a un ancien manuscrit à la bibliothèque du Roi, écrit en hébreu, en grec et en latin, d'un catalogue des évêques et patriarches de Jérusalem, adressé par le patriarche Daibert, dont nous avons déjà parlé, à Guy, grand prieur du couvent de Saint-Luc de Pérouse, et vicaire général de tout l'ordre du Saint-Sépulcre, lequel catalogue commence ainsi : *Au nom de Notre-Seigneur Jésus-Christ, voici un abrégé de l'origine et progrès de l'ordre des Chanoines Réguliers du Saint-Sépulcre de Notre-Seigneur et Rédempteur Jésus-Christ, tiré d'un livre trouvé chez le patriarche Siméon XIII; moi, frère Daibert, par la Providence divine profès de l'ordre des Chanoines du Saint-Sépulcre, et par la grâce de Dieu et du saint-siège apostolique patriarche du même lieu, à nos bien-aimés fils Guy, grand prieur et vicaire général de notre ordre et maison de Saint-Luc à Pérouse, et tous nos frères Chanoines du même ordre, tant en Italie que par tout l'univers, à vous et à tous les profès de l'ordre canonial, salut, de la part de celui qui, pour la rédemption du genre humain, a voulu être crucifié à Jérusalem et ressusciter le troisième jour. Il faut donc, pour répondre à ce que vous souhaitez, vous dire que nous autres, qui sommes les premiers des ordres gémissants, nous devons jeter les yeux sur notre saint père saint Jacques le juste, frère du Seigneur, sacré évêque de Jérusalem par saint Pierre dans le collège des apôtres. C'est lui que nous devons imiter; c'est lui qui est le premier instituteur de notre ordre canonial*, etc.

Mais je n'ai pu trouver ce manuscrit à la bibliothèque du Roi, et quand je l'aurais trouvé, je l'aurais toujours regardé comme une pièce faussement attribuée au patriarche Daibert. Le cartulaire de l'église patriarcale de Jérusalem dont nous avons parlé, et que j'ai trouvé dans la même bibliothèque, a bien plus l'air de vérité, et ne s'accorde guère avec ce catalogue des évêques et patriarches de Jérusalem attribué au patriarche Daibert. Si ce Daibert avait été religieux de l'ordre du Saint-Sépulcre, comment n'aurait-il pas établi des Chanoines de cet ordre dans son église patriarcale, où il est certain que les Chanoines qui y étaient de son temps n'étaient pas religieux, puisque Evremar, qui fut installé à la place de Daibert, retrancha une partie de leurs revenus, et leur assigna seulement à chacun cent cinquante bezans par an, dont ils jouissaient en particulier; que Gibelin, avant sa mort, écrivit au roi Baudouin pour le prier d'appuyer de son autorité ce qu'il avait ordonné à ses Chanoines, de manger en commun suivant la coutume de plusieurs Eglises, principalement de celles de Lyon et de Reims ; qu'Arnoul contraignit de sortir de son église ceux qui ne voulurent pas imiter les apôtres en embrassant la vie commune, et qu'il donna la règle de saint Augustin à ceux qui s'y soumirent, comme nous avons déjà dit ? D'ailleurs, s'il était vrai que saint Jacques eût été l'instituteur des Chanoines Réguliers du Saint-Sépulcre, et que l'on eût été dans cette pensée dans le XII° siècle, comment ce patriarche Arnoul, dans ses lettres de 1114, par lesquelles il oblige ses Chanoines de vivre en commun, ne leur aurait-il pas proposé l'exemple de leur père et instituteur l'apôtre saint Jacques ? Enfin, s'il était vrai que le patriarche Daibert eût adressé ce prétendu catalogue des évêques de Jérusalem à Guy, grand prieur de la maison de Saint-Luc de Pérouse, et vicaire général de l'ordre du Saint-Sépulcre, comment le pape Célestin II, dans une bulle de l'an 1143, où tous les monastères que les Chanoines de cet ordre avaient, tant dans la terre sainte qu'en Europe, sont énoncés, aurait-il pu oublier le couvent de Pérouse, où était la résidence du vicaire général de l'ordre, et dont il ne fait point mention? Les mêmes Mémoires qui m'ont été donnés par les religieuses de Belle-Chasse ajoutent qu'en 1680 le général de cet ordre en Pologne vint à Paris, et qu'il leur montra un manuscrit, qu'il disait être de quatorze cents ans, où l'on voyait une image de l'apôtre saint Jacques habillé comme les Chanoines Réguliers de l'ordre du Saint-Sépulcre, savoir, d'une soutane noire, d'un rochet, un mantelet par-dessus, et dessus le mantelet un grand manteau noir traînant à terre avec un grand cordon double de couleur de feu, ayant cinq nœuds et deux houppes, et la croix patriarcale du côté gauche du manteau; mais il ne faut point d'autres preuves de la supposition de ce manuscrit, que cet habillement que l'on a donné à l'apôtre saint Jacques, et qui effectivement est l'habillement des Chanoines et des Chanoinesses du Saint-Sépulcre, mais qui est un habillement moderne. Celui d'un de ces Chanoines que nous avons fait graver avec le manteau traînant à terre, a été dessiné sur une image du bienheureux André, auquel on donne le titre de prince d'Antioche, d'archi-prieur de l'église patriarcale du Saint-Sépulcre, et de général de tout l'ordre, et c'est l'habillement que portaient les chanoines de cet ordre en Allemagne et en Flandre (1). Dans la figure que le P. du Moulinet a fait graver d'un de ces Chanoines en Pologne, il lui a donné un rochet, comme on le voit sur une image qui est au commencement du Propre des saints de cet ordre, imprimé en Pologne en 1663; mais à celle que j'ai fait graver aussi, je ne lui ai point donné ce rochet (2); car dans les Mémoires que j'ai reçus de Pologne en 1704, il est marqué que très-rarement, même dans les fonctions ecclésiastiques, ils se servent de rochet et de surplis, qu'il n'y a que quelques endroits où dans les fonctions ecclésiastiques ils mettent un surplis avec une mocette ou camail. Ceux d'Italie et d'Angleterre n'étaient pas habillés comme ceux d'Allemagne, de Pologne et de Flandre: il y avait même encore de la différence entre ces Chanoines d'Italie et d'Angleterre; car les premiers avaient une soutane noire avec un rochet par-dessus, et une chape à laquelle était attaché un capuce, et ils portaient sur le côté gauche une croix rouge un peu grande, accompagnée de quatre petites; ceux d'Angleterre avaient une chape semblable, sur laquelle il n'y avait qu'une croix patriarcale et leur soutane était blanche (3). Les uns et les autres avaient la barbe longue, et portaient aussi un bonnet carré sur leur tête.

Silvestre Maurolic fait mention de deux prieurés de cet ordre en Sicile, dont l'un hors les murs de Piazza, qui ne sont que des bénéfices simples à la nomination du roi, et dont les prieurs portent sur leurs habits la croix rouge cantonnée de quatre autres petites. Cet ordre n'ayant commencé qu'en 1114, les Chanoines du Saint-Sépulcre ne peuvent pas avoir passé en Angleterre en 1109, comme quelques historiens le disent. Ils furent d'abord établis à Warvick, et ce premier monastère devint chef de plusieurs autres en ce royaume, en Ecosse et en Irlande. Il y a eu parmi ceux de Pologne des personnes distinguées par leur science et leurs emplois, comme Mathias Libienski, général de cet ordre en Pologne, qui a été archevêque de Gnesne et primat de ce royaume.

Tous les Chanoines du Saint-Sépulcre étaient habillés de blanc lorsqu'ils étaient en possession des saints lieux de Jérusalem. Le P. du Moulinet dit qu'il a trouvé la raison pour laquelle ils ont quitté le blanc pour prendre le noir, dans une épître latine d'un bon religieux qui vivait dans les Pays-Bas, il y a plus de deux cent cinquante ans: c'est, dit-il, qu'ils portent l'habit noir en signe de deuil de ce que l'église du Saint-Sépulcre de Jérusalem est possédée par les infidèles. Cet ordre fut supprimé en 1484, et ses biens furent unis à celui des chevaliers de Saint-Jean de Jérusalem, comme nous dirons dans l'article suivant; mais cette suppression et cette union n'eurent point lieu en Pologne et en quelques provinces d'Allemagne, et il n'y a pas longtemps qu'il y avait encore de ces Chanoines en Flandre.

Quant aux Chanoinesses Régulières de cet ordre, il y a longtemps qu'elles ont des monastères en Espagne, en Allemagne et en d'autres provinces. Elles ne le sont en France que depuis l'an 1620, que la comtesse de Chaligny, Claude de Mouy, fille de Charles, marquis de Mouy, et veuve d'un prince de la maison de Lorraine, fit venir de ces religieuses du pays de Liége pour les établir à Charleville. A peine cette dame fut-elle née, que plusieurs seigneurs de la cour, charmés de sa beauté, la voulurent avoir pour épouse. Etant encore jeune, elle fut promise et fiancée au duc d'Epernon. Ce mariage ne se fit pas néanmoins; elle épousa à l'âge de onze ans George de Joyeuse, l'un des fils de Guillaume, vicomte de Joyeuse, maréchal de France. Quinze mois après son mariage, elle demeura veuve, et épousa en secondes noces, en 1585, Henri de Lorraine, comte de Chaligny, dont elle eut quatre enfants. Elle resta encore veuve de ce prince à l'âge de vingt-sept ans, et demeura dans le monde jusqu'à ce que ses enfants fussent pourvus, s'employant à toutes sortes d'œuvres de charité. Elle prit enfin la résolution de se retirer dans un cloître, et fit choix de l'ordre du Saint-Sépulcre, qui était peu connu. Il y en avait quelques maisons à Aix-la-Chapelle, à Saint-Léonard près de Ruremonde, à Sainte-Croix proche de Lymborch, à la Cavée, deux

(1) *Voy.*, à la fin du vol., n° 82.
(2) *Voy.*, à la fin du vol., n° 83.

(3) *Voy.*, à la fin du vol., n° 84.

à Liége, et à Viseu, au pays de Liége, mais elle en voulut fonder encore une à Charleville : elle fit venir des religieuses de Viseit, en 1622, pour commencer ce nouveau monastère ; et après que les lieux réguliers eurent été achevés et les observances établies, elle y prit l'habit et fit profession sous le nom de sœur Marie de Saint-François, le 25 mars 1625 ; mais elle ne vécut qu'un an et neuf mois après avoir prononcé ses vœux, étant morte le 26 octobre 1627, âgée de cinquante-cinq ans. Son fils aîné, Charles de Lorraine, évêque de Verdun, et sa fille unique la princesse de Ligne, Louise de Lorraine, voulurent imiter leur sainte mère dans la retraite. Le prince Charles entra dans la compagnie de Jésus, et la princesse de Ligne se fit religieuse du tiers ordre de Saint-François à Douai. Plusieurs dames et personnes de distinction imitèrent aussi la comtesse de Chaligny, en entrant dans l'ordre du Saint-Sépulcre ; de sorte que l'on vit en peu de temps les monastères de cet ordre augmentés. Il y en eut de nouveaux à Maestricht, à Mariembourg, à Malmedy, deux à Liége, outre les deux qui y étaient déjà ; d'autres à Hasque, à Tongre, à Paris, à Vierzon en Berry, et à Luynes en Touraine. Ce fut en 1635 que le monastère de Paris fut fondé ; quelques religieuses y furent conduites de Charleville, et on les établit au faubourg Saint-Germain au Pré-aux-Clercs, en un lieu appelé communément Belle-Chasse, dont d'autres sont sorties pour faire l'établissement de la maison de Luynes. D'autres religieuses venues de Flandre firent un quatrième établissement en France, à Vierzon dans le Berry. Leurs constitutions, après avoir été de nouveau corrigées, et revues par l'évêque de Tricarico, nonce apostolique en la Basse-Allemagne, avaient été approuvées en 1631, par le pape Urbain VIII, et elles furent imprimées en français à Charleville en 1637.

Conformément à ces constitutions, les religieuses du Saint-Sépulcre sont obligées de réciter le grand Office de l'Eglise romaine, qu'elles commencent en tout temps à cinq heures du matin, après avoir fait une demi-heure de méditation. Elles font abstinence tout le temps de l'avent et tous les mercredis de l'année ; elles jeûnent tous les vendredis, excepté depuis Pâques jusqu'à la Pentecôte, et les mercredis de l'avent elles jeûnent aussi. Une fois la semaine elles prennent la discipline en particulier, ou doivent porter le cilice en mémoire de la passion de Notre-Seigneur Jésus-Christ. Pendant l'avent et le carême, elles pratiquent cette mortification les lundis et vendredis, et dans la semaine sainte elles y ajoutent le mercredi. La pauvreté est rigoureusement observée entre elles, et afin de garder partout l'uniformité jusque dans les bâtiments des couvents, il doit y avoir dans chaque maison un modèle de toute la clôture et du bâtiment, sur lequel doit être fait le nouveau monastère que les religieuses de cette maison pourraient fonder. Ce nouveau monastère est soumis à la juridiction de la prieure de celui qui lui a donné naissance; elle y peut changer les religieuses quand bon lui semble, jusqu'à ce qu'il y ait douze religieuses professes de ce nouveau monastère. Tous les monastères de cet ordre entretiennent l'union et la correspondance entre eux par lettres, en se donnant les uns aux autres avis de tout ce qui se passe chez eux et qui peut contribuer à l'édification.

Il y a dans leur cloître plusieurs chapelles qui représentent les saints lieux qui sont les plus fréquentés par les chrétiens qui vont en pèlerinage à Jérusalem, comme le Calvaire, le jardin des Olives, la montagne de Sion, la vallée de Josaphat, etc. C'est pourquoi tous les vendredis de chaque semaine, elles vont en procession, après la méditation du soir, faire toutes ces stations, à chacune desquelles elles s'arrêtent pour prier ; elles les terminent au mont Calvaire, et tous les jours il y a une station particulière.

Quant à leur habillement, il consiste en une robe noire et un surplis de toile blanche par-dessus, auquel il n'y a point de manches, et auquel est attachée, du côté du cœur, une croix double de taffetas cramoisi. Leurs robes sont ceintes d'une ceinture de cuir pendante en bas sur le devant, avec cinq clous de cuivre en mémoire des cinq plaies de Notre-Seigneur Jésus-Christ (1). Au chœur et dans les cérémonies, elles mettent un grand manteau noir, auquel, outre la croix double, sont attachés par-devant deux cordons cramoisis de laine, qui traînent à terre avec cinq nœuds et deux houppes aux extrémités. Elles portent encore au quatrième doigt un anneau d'or où est gravé le nom de Jésus avec la croix double (2). Les sœurs converses n'ont que des surplis de toile noire avec des manches un peu longues et larges, un voile blanc pour couvrir leur tête, et n'ont ni manteau ni anneau (3).

Les constitutions permettent de recevoir des dames sous le titre de Données, lesquelles doivent demeurer dans un quartier séparé des religieuses. Elles doivent être habillées modestement, et porter un voile de taffetas ou coiffe de crêpe noir sur leur coiffure, avec une croix double sur leurs habits. Les tourières du dehors doivent aussi porter cette croix, et sont obligées à faire des vœux simples. Les prieures de cet ordre sont perpétuelles, et les autres officières sont changées tous les cinq ans ; cependant, dans le monastère de Belle-Chasse, à Paris, la supérieure est triennale depuis quelques années. Les religieuses de Flandre et d'Allemagne ont néanmoins des constitutions différentes de celles de France. Quelques-unes de ces religieuses d'Allemagne disent le bréviaire de l'Eglise de Jérusalem. Les cérémonies qui s'observent à la vêture et à la profession des religieuses de France et d'Allemagne sont aussi différentes. En France,

---

(1) *Voy.*, à la fin du vol., n° 85.
(2) *Voy.*, à la fin du vol., n° 86.

(3) *Voy.*, à la fin du vol., n° 87.

la novice sort seule de la clôture magnifiquement vêtue pour aller dans l'église entendre la prédication, et est ensuite conduite par le célébrant et ses assistants à la porte du monastère, où elle est reçue par la supérieure et les religieuses, qui la mènent processionnellement au chœur où on lui donne l'habit de religion, et à la profession elle ne sort point de la clôture, mais elle prononce ses vœux à la grille ayant les mains liées avec une serviette, qui a été préparée pour cet effet sur un carreau. Dans les autres pays, la cérémonie tant de la vêture que de la profession se fait au dehors de la clôture, d'où la novice sort accompagnée de deux religieuses et ne rentre dans le monastère que lorsqu'elle a été revêtue des habits de religion; et à la profession elle est accompagnée de la supérieure, de la maîtresse des novices et de deux autres religieuses. Elle n'entre dans l'église que les pieds nus, et les prières qui se disent dans ces sortes de cérémonies ne sont pas les mêmes que celles qui se disent à la vêture et à la profession des religieuses de France.

Penot, *Hist. tripart. canonic. Reg.*, lib. II. Silvester. Maurol., *Mar. Ocean. di tut. gl. relig.* Du Moulinet, *figures des différents habits de Chan. Régul.* Hilarion de Coste, *Elog. des dames illustres*, tom. I, dans la *Vie de la marquise de Mouy*, pag. 455. Les *Constitutions* de ces religieuses, imprimées à Charleville en 1637, et *Mémoires* donnés en 1713 par les religieuses de Belle-Chasse.

SÉPULCRE (Chevaliers de l'ordre du Saint-).

Presque tous les écrivains qui ont parlé des ordres militaires font remonter l'origine des chevaliers du Saint-Sépulcre jusqu'au temps de l'apôtre saint Jacques, premier évêque de Jérusalem, ou au moins à celui de l'empereur Constantin le Grand, et prétendent que Godefroy de Bouillon, premier roi de Jérusalem, ou Baudouin 1er, son successeur, n'ont été que les restaurateurs de cet ordre. Mais cette antiquité est chimérique, puisque les ordres militaires n'ont commencé à paraître que dans le XIIe siècle. Il n'est pas même certain que Godefroy de Bouillon, ou Baudouin, son successeur, en aient été les fondateurs. Ceux qui disent que ce fut Godefroy de Bouillon qui en fut le restaurateur, rapportent les statuts de cet ordre qui ont pour titre : *Statuta et leges à Carolo Magno imper., Ludovico VI, Philippo Sapiente, Ludovico sancto, Franciæ regibus, et Godefrido Buillonio, summis ordinis equestris sanctiss. Sepulcri Dom. nost. Jesu Christi principibus et magistris latæ, quæ etiamnum in archiviis ejusdem ordinis Jerosolymitana in urbe asservantur.* Villamont, dans la relation de ses voyages, où il a aussi inséré ces statuts en latin et en français, leur donne cet autre titre : *Extrait des ordonnances des empereurs, rois et princes de la France, qui ont été souverains et chefs de l'ordre des chevaliers du Saint-Sépulcre de Jésus-Christ, pris et copié sur l'original, és présence de frère Jean-Baptiste, gardien et commissaire général du pape en la Terre sainte.*

L'abbé Giustiniani croit que ces statuts sont supposés, parce que la date qui est du 1er janvier 1099, ne convient ni au temps de la prise de Jérusalem, ni au temps où vivaient les princes auxquels on les attribue. La première raison n'est pas recevable, et l'abbé Giustiniani s'est trompé en cela, puisque les statuts de cet ordre ont pu être faits le 1er janvier 1099, après la prise de la ville de Jérusalem, quoique ce fût le 17 juillet de la même année que les chrétiens se rendirent maîtres de cette ville. Cet auteur n'a pas fait réflexion que Godefroy de Bouillon, qui était Français, suivait l'usage de France où l'on ne commençait à compter les années qu'à Pâques, et qu'ainsi la ville de Jérusalem ayant été prise le 17 juillet 1099, ces statuts, quoique datés du 1er janvier de la même année, étaient néanmoins postérieurs de près de six mois à la prise de Jérusalem.

Quant à ce qu'il ajoute que ces mêmes statuts ne peuvent pas convenir au temps où vivaient les princes auxquels on les attribue, il a raison; et l'on est surpris de voir dans l'article 2 de ces statuts qu'il y est parlé des rois de France Louis VI, Philippe II et saint Louis, qui ne commencèrent à régner, Louis VI que l'an 1108, Philippe II, l'an 1180 et saint Louis l'an 1226. Dans le même article, on met l'empereur Charlemagne au nombre des princes qui firent vœu d'exposer leurs personnes et leurs biens et de passer les mers pour aller délivrer la terre sainte du joug des Sarrasins, et dans l'article suivant on les fait parler tous ensemble, ayant accompli leur vœu, s'étant rendus maîtres du royaume de Jérusalem, ayant chassé les Sarrasins de tout ce qu'ils occupaient dans la terre sainte, ce qui leur avait fait donner le titre de Très-Chrétien. Mais Charlemagne ne fut point en terre sainte, et l'histoire nous apprend seulement qu'Aaron, roi de Perse, qui méprisait tous les princes de la terre, faisait cas de l'amitié de Charlemagne, qu'il lui envoya plusieurs présents, et que sachant la dévotion qu'il avait pour la terre sainte et pour la ville de Jérusalem, il les lui donna en propre, se réservant seulement le titre de son lieutenant dans ce pays-là (1); mais qu'à dire vrai, ce n'était qu'un compliment.

Dans l'article 4, tous ces princes, quoique ayant vécu dans des temps si éloignés les uns des autres, se réunissent pour fonder l'ordre militaire du Saint-Sépulcre : *Insuper inspeximus atque deliberavimus fundare ordinem sanctissimi Sepulcri nostræ civitatis Jerosolymitanæ in honorem et reverentiam sanctissimæ resurrectionis; nomini nostro Christianissimo dignitatem primariam dicti ordinis adjunximus, et dictas quinque cruces rubeas, eusdem etiam in honorem quinque plagarum Domino nostro inflictarum, deferre voluimus milites dicti ordinis. Quam plurimos*

---

(1) Mézeray, *Hist. de France*, ann. 802, sous Charlemagne.

creavimus, illosque dictis crucibus contra dictos infideles insignivimus, qui fugitivi ob id remanserunt, nec non exercitu resistere nequiverunt. Nous pourrions encore apporter d'autres preuves de la supposition de ces statuts ; mais ce que nous avons dit suffira pour en convaincre le lecteur.

Ce n'est donc point sur ces statuts supposés qu'il se faut fonder pour attribuer à Godefroy de Bouillon l'institution ou le rétablissement de l'ordre des chevaliers du Saint-Sépulcre en 1099 : en effet, ce n'est point à ce prince que de Belloy et Favin l'attribuent, mais à Baudouin Ier, son successeur, en 1103. Ils disent que les Sarrasins ayant conquis la ville de Jérusalem sur les empereurs d'Orient, ils laissèrent la garde du Saint-Sépulcre à des Chanoines Réguliers ; que Godefroy de Bouillon s'étant rendu maître de cette ville, il fit de grands biens à ces Chanoines, et que Baudouin les fit chevaliers du Saint-Sépulcre. Favin ajoute que ce prince ordonna qu'ils retiendraient leur habit blanc sur lequel ils porteraient une croix d'or potencée et cantonnée de croisettes sans émail, telle que les rois de Jérusalem la portaient en leurs armes. Du Breuil, dans ses *Antiquités de Paris*, rapporte le commencement des lettres de ce prince pour l'institution de ces chevaliers : elles sont en français, ce qui en avait fait voir la fausseté ; car le langage est moderne et ne se ressent point de l'antiquité. Voici la teneur de ces lettres, telles qu'elles se trouvent dans du Breuil :

Baudouin, par la grâce de Dieu, roi de Jérusalem, à tous présents et à venir, salut en Notre-Seigneur Jésus-Christ, souverain roi du ciel et de la terre. Nous avons, pour l'exaltation de notre sainte foi, honneur et révérence que nous portons au très-saint Sépulcre de Notre-Seigneur, institué et mis sus l'ordre du Saint-Sépulcre, duquel nous et nos successeurs rois à l'avenir seront chefs et maîtres souverains, et en notre absence le Patriarche de Jérusalem, en mémoire et souvenance de la résurrection de Notre-Seigneur Jésus-Christ, par la grâce duquel nous sommes parvenu à la couronne et gagné plusieurs batailles contre les Sarrasins ennemis de notre sainte foi.

Avons, pour la singulière dévotion des Chanoines de l'église patriarcale de cette sainte cité, donné la garde et tuition du Saint-Sépulcre de Notre-Seigneur auxdits Chanoines ; pour icelui dorénavant garder tant de jour que de nuit, y entretenir le divin service ainsi qu'ils ont fait ci-devant. Pour reconnaître leur soin et diligence, les avons nommés, créés et établis soldats en Jésus-Christ de l'ordre dudit Saint-Sépulcre. Ordonnons qu'à l'avenir ils porteront sur leur robe blanche, à l'endroit de l'estomac ou autre lieu apparent d'icelle, la croix et armes qui nous ont été donnés par l'avis des princes et seigneurs chrétiens, après la conquête de cette sainte cité, recevront lesdits nouveaux chevaliers à l'avenir les marques dudit ordre de nos mains et de nos successeurs rois, et en cas d'absence ou d'empêchement par celles du révérend patriarche de cette sainte cité et ses successeurs, auxquels lesdits chevaliers feront les vœux accoutumés d'obédience, pauvreté et de chasteté, conformément aux statuts de leur règle.

Mais quand ces lettres seraient en latin ou d'un style qui se ressentît de celui du XIIe siècle, elles n'en seraient pas moins supposées, aussi bien que les statuts dont nous avons parlé, qui sont de l'an 1099 ; car nous avons fait voir dans l'article précédent qu'il n'y a eu dans l'église du Saint-Sépulcre que des Chanoines Séculiers jusqu'en l'an 1114, que le patriarche Arnoul les obligea de faire des vœux et d'embrasser la règle de saint Augustin, et il y a bien de l'apparence que les chevaliers du Saint-Sépulcre ne se sont élevés que près de quatre cents ans après sur les ruines des Chanoines qui portaient le même nom, et dont les biens furent unis et incorporés à l'ordre des chevaliers de Saint-Jean de Jérusalem. Ces Chanoines, comme nous avons dit ailleurs, ayant été contraints d'abandonner les maisons qu'ils avaient dans la terre sainte lorsque les chrétiens en furent chassés par les Sarrasins, se retirèrent dans celles qu'ils avaient en plusieurs provinces de l'Europe, où, dans la plupart, ils exerçaient l'hospitalité envers les pèlerins qui allaient visiter les saints lieux de la Palestine. Le pape Pie II, ayant institué en 1459 un ordre militaire sous le nom de Notre-Dame de Bethléem, supprima quelques autres ordres militaires et hospitaliers, du nombre desquels furent les Chanoines du Saint-Sépulcre, dont il unit les biens à ce nouvel ordre de Notre-Dame de Bethléem. Dès-lors ces Chanoines Réguliers du Saint-Sépulcre s'opposèrent à cette union, et on ne songea plus à leur suppression, l'ordre de Notre-Dame de Bethléem n'ayant pas subsisté ; mais en 1484, le pape Innocent VIII les unit derechef et les incorpora à l'ordre des chevaliers de Saint-Jean de Jérusalem, ou de Rhodes, comme on les nommait pour lors, parce qu'ils possédaient encore cette place dont ils avaient pris le nom, et par la même bulle, le pape unit aussi à cet ordre celui des chevaliers de Saint-Lazare. Il est à remarquer que dans cette bulle le pape ne parle point de l'ordre du Saint-Sépulcre comme d'un ordre de chevalerie, titre néanmoins qu'il donne à celui de Saint-Lazare : *Sancti Sepulcri domini Hierosolymitani, ac militiæ sancti Lazari Bethleem et Nazareth etiam Hierosolymitani, nec non domus Dei de Montmorillon, et eorumdem ordinum et militiæ archiprioratum, prioratus et magistratus generales....... omnia supprimimus et extinguimus.* Si les Chanoines du Saint Sépulcre avaient été chevaliers, il aurait donné le titre de milice à leur ordre comme il le donna à celui de Saint-Lazare. Ainsi il y a de l'apparence que l'on ne parlait pas encore des chevaliers du Saint-Sépulcre, et qu'ils ne se sont élevés que sur les ruines des Chanoines supprimés en Italie, en France et en Flandre, et dont les biens furent véritablement unis à l'ordre des chevaliers de Saint-Jean de Jérusalem, excepté en Pologne, où ces Chanoines ont toujours subsisté. Il y eut aussi deux ou trois maisons en Sicile qui n'entrèrent point dans l'union, et qui ne sont présentement que des prieurés en commende à la nomination des rois de Sicile. Pie IV, ayant confirmé cette union par une bulle de l'an 1560, ne parle point non plus de l'ordre du Saint-Sépulcre comme d'un ordre militaire : *Et Innocentius VIII, ex certis causis tunc expressis, inter alia sancti Sepulcri Domini Hierosolymitani ordinis sancti Augustini et militiæ sancti Lazari in Bethleem et Nazareth, nec non domum de Montemorillon dicti ordinis sancti Augustini Pictaviensis diœcesis nuncupatum, et alia ab eis dependentia membra cum suis pertinentiis, ac eorumdem ordinum et militiæ archiprioratum, prioratus et magistratus generales..... suppresserat et exstinxerat*, etc. C'est donc à tort que plusieurs écrivains disent que le pape Innocent VIII supprima les chevaliers du Saint-Sépulcre, et qu'il unit leur ordre à celui des chevaliers de Rhodes. Il y a bien de l'apparence que les chevaliers du Saint-Sépulcre ne se sont élevés que sur les ruines des Chanoines qui portaient ce nom, ou plutôt que le pape Alexandre VI, pour exciter les nobles et les riches à visiter les saints lieux de la Palestine, et pour les récompenser en quelque façon des peines et des fatigues qu'ils essuyaient dans un si long et pénible voyage, voulut qu'il y en eût qui fussent honorés de la qualité de chevaliers du Saint-Sépulcre en instituant un ordre militaire sous ce nom dont il prit la qualité de grand-maître pour lui et ses successeurs, attribuant au saint-siége le pouvoir de faire de ces sortes de chevaliers, comme disent tous les auteurs qui ont parlé de cet ordre, mais qui ne rapportent point la bulle de ce pape, assurant seulement qu'elle est de l'an 1496, et que, comme les religieux de l'ordre de Saint-François ont la garde du Saint-Sépulcre, et que leur gardien est commissaire apostolique en ces quartiers, ce pape lui donna aussi pouvoir de faire ces sortes de chevaliers. C'est de quoi néanmoins les principaux historiens de l'ordre de Saint-François ne parlent point; le P. Quaresmo, qui a été gardien du couvent du Saint-Sépulcre, ne le rapporte que sur le témoignage de Favin. Il avoue seulement qu'il a trouvé à la fin du livre des priviléges accordés au gardien des religieux de Saint-François en terre sainte, une permission qui lui a été donnée de vive voix en 1516, par le pape Léon X, pour faire des chevaliers du Saint-Sépulcre, comme avaient fait ses prédécesseurs ; ce que Clément VII accorda aussi de vive voix en 1525 ; et Pie IV confirma, par une bulle de l'an 1561, tous les priviléges qui avaient été accordés à ces religieux et au P. gardien de terre sainte par les souverains pontifes, tant par écriture que de vive voix.

Il est certain que le gardien des religieux de Saint-François en terre sainte est en possession de faire des chevaliers du Saint-Sépulcre ; et quoique ces chevaliers doivent être nobles, néanmoins la plupart ne sont que roturiers et marchands, qui entrent dans cet ordre par un faux serment; car on leur demande s'ils sont nobles d'extraction, et s'ils ont suffisamment du bien pour vivre sans faire trafic ; c'est ce qu'ils ne nient jamais, et comme on les en croit sur parole, on leur fait jurer d'observer les lois et les coutumes de l'ordre, qui consistent principalement à entendre tous les jours la messe quand ils n'ont point d'empêchement légitime, d'exposer leur vie pour la défense de la religion, lorsque les chrétiens sont en guerre avec les infidèles, ou d'y envoyer une personne à leur place ; de défendre la sainte Église et ses ministres contre les persécuteurs, d'éviter toute guerre injuste, les querelles, les gains sordides et les duels, de procurer la paix entre les fidèles chrétiens, de maintenir et protéger les veuves et les orphelins, d'observer exactement les commandements de l'Église, de ne point jurer ni blasphémer, de s'abstenir de tout excès de vin, d'impuretés et autres péchés énormes.

Après cette cérémonie, le gardien, ayant béni l'épée et les éperons dorés, met ses mains sur la tête du chevalier, l'exhorte d'être fidèle, bon et vaillant chevalier de Jésus-Christ et du Saint-Sépulcre ; et lui ayant attaché les éperons, il tire du fourreau l'épée qu'il lui met en main afin qu'il s'en serve pour sa propre défense et celle de l'Église, et pour confondre les ennemis de la croix de Jésus-Christ. Le chevalier la remet dans le fourreau ; le gardien la lui ayant ceinte au côté, la retire du fourreau, et en donne trois coups sur les épaules du chevalier, qui a la tête penchée sur le Saint-Sépulcre, et en faisant le signe de la croix, il prononce ces paroles : *Ego te constituo et ordino N. militem sanctissimi Sepulcri Domini nostri Jesu Christi, in nomine Patris, et Filii, et Spiritus sancti*. Il lui met ensuite une chaîne d'or au cou. L'on voit cependant plusieurs portraits d'anciens chevaliers qui portent un ruban rouge, ou pendu au cou, ou passé en écharpe de l'épaule gauche à la hanche droite, où est attachée la croix de Jérusalem en or, et qui portent aussi sur leur manteau, du côté gauche, la même croix en broderie rouge ; il y a présentement des chevaliers qui, pour marque de cet ordre, ont une croix d'or émaillée de rouge, cantonnée de quatre croisettes de même, qu'ils portent attachée à un ruban noir. L'habillement que Schoonebeck et le P. Bonanni ont fait graver d'un chevalier de cet ordre est supposé (1).

L'an 1558, ces chevaliers du Saint-Sépulcre en Flandre, voulant donner quelque lustre à leur ordre et le faire fleurir sous la protection d'un grand prince, élurent pour grand maître Philippe II, roi d'Espagne, et déférèrent aussi cette dignité à Charles son fils et à ses successeurs, par un acte signé de plusieurs de ces chevaliers à Hoogstrat au dio-

---

(A) Voyez à la fin du Vol., n° 88.

cèse de Cambrai, le 28 mars de la même année. Mais le grand maître des chevaliers de Saint-Jean de Jérusalem, qui appréhendait que les chevaliers du Saint-Sépulcre étant appuyés et autorisés par le roi d'Espagne leur grand maître, ne voulussent rentrer dans la possession des biens qui avaient appartenu à l'ordre du Saint-Sépulcre, et qui avaient été unis à celui de Saint-Jean de Jérusalem, fit tant d'instances auprès du roi d'Espagne, qu'il renonça à cette grande maîtrise, et l'an 1560, Pie IV confirma l'union qui avait été faite par Innocent VIII, de l'ordre du Saint-Sépulcre à celui de Saint-Jean de Jérusalem.

En 1615, Charles de Gonzagues de Clèves, duc de Nevers et de Réthelois, voulut aussi se déclarer grand maître des chevaliers du Saint-Sépulcre en France, et même avait fait faire un nouveau collier d'une forme particulière, pour donner à chaque chevalier; mais pendant qu'il poursuivait à Rome, auprès du pape Paul V, les permissions nécessaires, le grand maître de Malte, Alof de Vignacourt, envoya un ambassadeur vers le roi Louis XIII, pour lui représenter que le pape Innocent VIII avait uni l'ordre du Saint-Sépulcre à celui de Saint-Jean de Jérusalem, et que, sur les remontrances que le grand maître de Malte avait faites à Philippe II, roi d'Espagne, qui avait accepté la grande maîtrise que les chevaliers du Saint-Sépulcre en Flandre lui avaient offerte, ce prince s'en était non-seulement déporté, mais avait encore sollicité auprès du pape Pie IV la confirmation de l'union de l'ordre du Saint-Sépulcre avec celui de Saint-Jean de Jérusalem; qu'ainsi il priait Sa Majesté d'en faire autant. Louis XIII accorda au grand maître de Malte sa demande, et écrivit au marquis de Trenel, son ambassadeur à Rome, de poursuivre auprès du pape Paul V une bulle pour la confirmation de l'union de l'ordre du Saint-Sépulcre avec celui de Saint-Jean de Jérusalem; ainsi le duc de Nevers ne put exécuter son dessein.

Le P. Mendo, l'abbé Giustiniani, M. Herman, Schoonebeck et quelques autres historiens disent que Henri II, roi d'Angleterre, dans le voyage qu'il fit en terre sainte, fut si édifié des services que les chevaliers du Saint-Sépulcre rendaient aux chrétiens qui allaient visiter les saints lieux, qu'il résolut de faire un pareil établissement lorsqu'il serait de retour dans son royaume; et qu'en effet il ne fut pas plutôt arrivé en Angleterre, qu'il songea à exécuter son dessein, ayant institué cet ordre en 1174 ou 1177. Mais Henri II, roi d'Angleterre, n'entreprit point le voyage de terre sainte; il prit à la vérité la croix pour la troisième croisade, à laquelle il n'eut aucune part, ayant différé trop longtemps à cause de la guerre qu'il eut contre le roi de France Philippe Auguste, et même contre son propre fils Richard, comte de Poitiers et duc de Guyenne. Ces prétendus chevaliers étaient sans doute les Chanoines du Saint-Sépulcre qui furent établis en Angleterre sous le règne de ce prince, ou qui, étant déjà en ce royaume, avaient obtenu de lui quelque nouvel établissement, d'autant plus que Schoonebeck dit que ces prétendus chevaliers avaient une soutane blanche et un manteau noir sur lequel il y avait une croix patriarcale, ce qui était effectivement l'habillement des Chanoines du Saint-Sépulcre en Angleterre, comme on a pu le voir dans l'article précédent. Le P. Philippe Bonanni, de la compagnie de Jésus, a donné la figure d'un de ces prétendus chevaliers telle que nous l'avons fait aussi graver (1). Il prétend que leur institut fut approuvé par le pape Innocent III, sous la règle de saint Basile, et qu'ils portaient une croix verte.

Voyez Favin, *Théâtre d'honneur et de Chevalerie.* De Belloy, *Origine de la chevalerie*, chap. 4. Du Breuil, *Antiquités de Paris.* Francisc. Quaresmo, *Elucid. terræ sanctæ*, t. I, lib. v. Mennenius, *Deliciæ equestr. ord.* Bernard Giustiniani, *Hist. di tutti gl. ord. militari.* Herman et Schoonebeck, dans leurs *Hist. des Ord. relig.*, et Villamont, *Relation de ses voyages*, liv. II, chap. 20.

Entre les ordres qui ne sont point des ordres supposés ou simplement restés à l'état de projet, un de ceux dont l'histoire est le plus obscure, et même incertaine, est l'ordre des chevaliers du Saint-Sépulcre; on peut s'en convaincre par le récit du P. Hélyot. Sous la restauration des Bourbons, cet ordre, qui n'a jamais été aboli de fait, fit pour sa résurrection ou son extension des tentatives qui occasionnèrent une contestation entre les chevaliers de France et les Pères gardiens de la terre sainte. Ma première pensée était d'en rapporter ici le sujet et de me borner à cet article sur l'ordre du Saint-Sépulcre; mais les documents nombreux et inconnus à Hélyot que je possède actuellement, l'incertitude et le laconisme auxquels il a été obligé de se livrer dans son récit, l'espèce de résurrection qui s'est faite de cette chevalerie, m'ont porté à lui consacrer un chapitre très-étendu dans le volume qui complétera ce Dictionnaire; ce sera en effet une sorte d'histoire nouvelle de cet institut; travail que je ne pouvais justement confondre avec celui de mon prédécesseur. *Voy.* SÉPULCRE (*Chevaliers du Saint-*) au *Supplément.*

B. D. E.

SÉRAPHINS.

Des chevaliers des ordres des Séraphins, des Epées, du Sauveur du monde, de l'Agneau de Dieu, et de l'Amarante en Suède.

Les historiens font mention de cinq ordres de chevaleries en Suède, et même de six, si l'on veut reconnaître comme un ordre véritable et réel celui de Sainte-Birgitte, dont nous avons parlé en un autre lieu (*Voy.* BIRGITTAINS), et que nous regardons comme chimérique. Le plus ancien de ces ordres est celui des Séraphins, institué en

(1) *Voy.*, à la fin du vol., n° 89.

1334 par le roi Magnus IV. Il y en a qui prétendent que le motif qui porta ce prince à instituer cet ordre fut pour conserver le souvenir du fameux siége de la ville d'Upsal; qu'il dédia cet ordre à Jésus-Christ, et que c'est la raison pour laquelle il mit un nom de Jésus dans une ovale qui pendait au bas du collier de cet ordre, lequel collier était composé de séraphins entrelacés de croix patriarcales. Les Séraphins étaient d'or émaillés de rouge, et les croix d'or sans émail. L'ovale qui pendait au bas du collier était aussi d'or émaillé d'azur, au nom de Jésus d'or, et au-dessous quatre clous émaillés de blanc et de noir qui signifiaient la passion de Notre-Seigneur Jésus-Christ (1).

L'ordre des Epées fut aussi institué en Suède, selon quelques auteurs, par Gustave Ier, pour défendre la religion catholique contre les hérésies de Luther; mais ils n'ont point marqué en quelle année se fit cet établissement. Il y a bien de l'apparence qu'il ne subsista pas longtemps, puisque Gustave ne commença à régner qu'en 1523, et qu'il abolit la religion catholique dans la Suède en 1542, pour y introduire le luthéranisme, qu'il avait d'abord combattu, supposé qu'il soit vrai qu'il eût institué un ordre militaire à ce sujet. Les historiens ne conviennent point entre eux sur la forme du collier de cet ordre : les uns le font composé d'épées croisées les unes sur les autres, au bout duquel il y en a une qui pend la pointe en bas ; d'autres prétendent que le collier était composé de quatre épées recourbées et appointées l'une contre l'autre, au bord duquel était un ceinturon; et enfin d'autres disent qu'autour de ces épées il y avait des ceinturons, et au bas du collier un autre ceinturon, dans lequel il y avait une épée.

Mennenius, *Deliciæ equest. ordin.* Giustiniani, *Hist. di tutt. gli ordini militari.* Favin, *Théâtre d'honneur et de chevalerie*, et Schoonebeck, *Hist. des ordres militaires.*

Schoonebeck parle de deux autres ordres qui ont encore été institués en Suède, l'un sous le nom du Sauveur du monde, l'autre sous celui de l'Agneau de Dieu. Eric XIII fut fondateur du premier, selon cet auteur, et créa des Chevaliers de cet ordre le jour de son couronnement, qui se fit à Upsal en 1561, ce qui se confirme, dit-il, par des pièces de monnaie que l'on fit battre dans ce temps-là. Il ajoute que quelques-uns croient que l'établissement de cet ordre fut fait par le roi Eric le jour de ses noces avec la princesse Catherine, sœur de Sigismond, roi de Pologne, auquel jour il créa plusieurs chevaliers; mais il ne cite point les auteurs qui ont parlé de cet ordre : il ne parle seulement que d'un Elie Bremer, qui fit graver le collier de cet ordre en 1691. Ce collier était composé de Chérubins entrelacés de colonnes d'or, et au bas du collier il y avait une ovale, dans laquelle était l'image du Sauveur du monde.

Le même Elie Bremer, à ce que dit encore Schoonebeck, fit aussi graver, la même année, le collier de l'ordre de l'Agneau de Dieu, qui, selon lui, fut institué en 1564 par le roi de Suède Jean, surnommé le Grand, qui, voulant récompenser plusieurs seigneurs de sa cour, les honora du collier de cet ordre le 10 Juillet 1564, jour de son couronnement, qui se fit à Upsal. Ceux qu'il fit alors chevaliers furent Eric-Gustave, Gustave Baneer, Pontus de la Garde, le comte Passe, Etienne Baneer, Jean Slyke, et André de Fordaal. Il ajoute que sur la médaille que le roi fit graver à cette occasion, l'on voit la figure de ce collier avec ces paroles, *Deus protector noster.* Ce collier était composé de couronnes de laurier, surmontées de couronnes royales soutenues par des lions et des lézards, et entrelacées de colonnes sur lesquelles il y avait des séraphins : au bas du collier il y avait une médaille représentant l'image du Sauveur du monde ; à côté de la médaille deux anges à genoux, et au bas pendait un agneau pascal (2).

Schoonebeck, *Hist. des Ordres militaires.*

Il y a eu encore en Suède un ordre de chevalerie sous le nom de l'Amarante, qui fut institué par la reine Christine, fille du grand Gustave Adolphe. M. Ashmole s'est trompé lorsqu'il dit que cette princesse abdiqua le royaume en 1645, en faveur de son cousin Charles Gustave, comte Palatin des Deux-Ponts, parce qu'elle faisait profession de la religion catholique : elle ne céda ses Etats à ce prince qu'en 1654, et elle n'abjura la religion luthérienne que dans le voyage qu'elle fit à Rome en 1656. Ce fut un an avant son abdication qu'elle institua l'ordre de l'Amarante. C'est une coutume établie en Suède de faire tous les ans une fête, que l'on nomme *Wirtschalst*, c'est-à-dire une assemblée honnête dans une hôtellerie, où l'on introduit toutes sortes de divertissements et de jeux. Ces sortes d'assemblées sont composées d'un certain nombre de personnes qualifiées qui se déguisent, et cette fête commence ordinairement le soir et ne finit qu'au jour. Le jour des Rois de l'an 1653 fut choisi par la reine Christine pour ce divertissement ; au lieu du Wirtschalst, qui sembla trop commun à cette princesse, elle voulut imiter le festin des dieux, ordonnant pour cet effet aux seigneurs et aux dames de sa cour de paraître sous des habits qui représentassent les fausses divinités. Les tables furent couvertes avec beaucoup de magnificence ; elles étaient servies par de jeunes personnes vêtues en bergers et en nymphes, et, selon ce qui se pratiquait en pareilles cérémonies, la reine prit un nom d'aventurière et voulut qu'on l'appelât l'Amarante. Le divertissement dura jusqu'au lendemain matin; cette princesse, changeant tout d'un coup d'habits, commanda aux seigneurs et aux dames de la compagnie de quitter aussi les ornements de leurs fausses divinités, et ce fut alors qu'elle institua l'ordre de l'Amarante, donnant à ceux qui étaient présents un chiffre de diamants composé de deux A

(1) *Voy.*, à la fin du vol., n° 90.

(2) *Voy.* à la fin du vol., n° 91.

renversés l'un dans l'autre au milieu d'une couronne de laurier entourée d'un rouleau sur lequel il y avait en écrit ces paroles : *Dolce nella memoria* (1). Il y avait quinze chevaliers et autant de dames qui avec la reine faisaient le nombre de trente et un, et ceux qui avaient été ainsi honorés de cette amarante avaient le privilége de manger tous les samedis avec cette princesse dans une maison de plaisance, à un des faubourgs de Stockolm.

Bernard Giustiniani, *Hist. di tutti, gli Ord. militari;* et Schoonebeck, *Hist. des Ordres militaires.*

SERFS.

Voy. BLANCS-MANTEAUX

SERVITES (ORDRE DES).

§ 1er. — *De l'ordre des religieux serviteurs de la sainte Vierge, communément appelés Servites, avec un abrégé des Vies des bienheureux Bonfils Monaldi, Jean Manetti, Benoît de l'Antella, Barthélemy Amidei, Ricouère Lippe Uguccion, Gerardin Sostegni, et Alexis Falconieri, fondateurs de cet ordre.*

M. Hermant, dans son *Histoire des Ordres religieux*, parlant de celui des Servites, dit que l'on confond ordinairement cet ordre avec ceux qui portent le nom de l'Annonciade, mais que le premier ordre de l'Annonciade est proprement celui des Servites ou Serviteurs de la sainte Vierge ; que le second est celui de l'Annonciade, fondé par la bienheureuse Jeanne, et que le troisième est celui des Annonciades dites Célestes. M. Hermant est peut-être le seul qui ait donné le nom d'Annonciade à l'ordre des Servites ; ce qui a pu le tromper, c'est peut-être parce qu'à Florence et dans quelques autres villes d'Italie où les religieux de cet ordre ont des monastères dédiés en l'honneur de l'Annonciation de la sainte Vierge, on les appelle Religieux de l'Annonciade, parce qu'en Italie la coutume est d'appeler les religieux du nom de leurs monastères : ainsi à Rome, on appelle ces mêmes religieux les Religieux de Saint-Marcel, parce que leur principal monastère est dédié à saint Marcel pape, et personne n'a encore dit jusqu'à présent que l'ordre des Servites fût aussi appelé l'ordre de Saint-Marcel.

Je ne suis pas surpris que plusieurs écrivains aient donné à saint Philippe Benizi la qualité de fondateur de l'ordre des Servites, puisque c'est un titre que le Martyrologe romain lui avait donné ; mais je m'étonne que ceux qui ont écrit depuis la révision qui en fut faite après la canonisation de ce saint, sous le pontificat de Clément X, où on ne lui donne seulement que celui de propagateur de cet ordre, aient continué à lui donner cette qualité d'instituteur ou de fondateur de l'ordre des Servites, en citant pour garant de ce qu'ils avancent les Annales de cet ordre ; en effet l'on y remarque que saint Philippe Benizi n'est entré dans l'ordre des Servites que quinze ans après son établissement, après qu'il eut été approuvé par les souverains pontifes ; que ce saint n'y fut reçu d'abord qu'en qualité de Convers ; que l'on ne reconnut ses grands talents qui le firent promouvoir aux ordres sacrés, que lorsqu'on l'eut envoyé à Sienne, qui était la troisième maison de l'ordre, et qu'enfin lorsqu'il fut général du même ordre, il y en avait déjà plus de quinze maisons en Italie, et plusieurs autres, tant en France qu'en Allemagne.

M. Baillet est du nombre de ceux qui donnent à ce saint la qualité d'instituteur de l'ordre des Servites, quoiqu'il reconnaisse qu'il n'en a été que le cinquième général, et il renvoie aussi au P. Archange Giani, dans les Annales de son ordre, à Philippe Ferrari, qui en a été général, soit dans les leçons de l'office de ce saint, soit dans son catalogue des saints d'Italie, au 23 août ; à Raynaldi et à Bzovius, dans leurs Annales ecclésiastiques. Cependant on ne trouve dans aucun de ces auteurs que ce saint y ait eu la qualité de fondateur de l'ordre des Servites. Au contraire, le P. Archange Giani, parlant du nom de serviteurs de la sainte Vierge qui fut donné aux religieux de cet ordre, dit que ce fut à cause que lorsqu'ils parurent pour la première fois avec l'habit qui leur fut donné par l'évêque Ardinghe, les enfants qui étaient encore à la mamelle s'écrièrent : *Voilà les serviteurs de la Vierge*, et que l'on prétend que saint Philippe Benizi, qui n'avait encore que cinq mois, fut de ce nombre : *Inter eos vero Philippus Benitius, qui postea fuit religionis splendor et columen, vix quinque mensium infans idem servorum nomen solutis linguæ impedimentis protulisse fertur ;* et qu'il arriva, dit-il, l'an 1234 ; et parlant du même saint, qui prit l'habit de cet ordre l'an 1253, après une vision où la sainte Vierge lui apparut, il dit qu'il fut trouver Bonfils Monaldi, qui était supérieur de Florence, pour lui demander l'habit, et qu'il lui donna celui des Frères Convers : *Jam illucescente die, Philippus Caphagium sine ulla mora petit, loci superiorem Bonfilium adit... supplex orat patres ut illum ad habitum admittere velit..... Induitur itaque Philippus laico habitu, ad viliora statim officia et contemptibilia quæque admittitur.* Et le P. Bzovius, parlant du même saint, dit aussi qu'il fut trouver Bonfils, l'un des sept fondateurs de cet ordre, et qu'il lui demanda l'habit de Frère Convers : *Bonfilium unum ex septem ordinis fundatoribus, illius cœnobii priorem adiit, oravitque ut inter Conversos reciperetur.* M. Baillet convient bien de tout ceci ; mais il ajoute que la raison qui lui a fait donner à saint Philippe la qualité d'instituteur de l'ordre des Servites, c'est à cause des grands services qu'il y rendit en ayant été élu général, parce que les progrès qu'il avait faits depuis son établissement étaient encore très-faibles ; mais ceci est encore contraire aux Annales de cet ordre, qui font

---

(1) *Voyez*, à la fin du vol., n° 93.

mention de plus de quinze couvents de cet ordre en Italie, outre ceux de France et d'Allemagne, lorsque saint Philippe en fut général ; et lorsqu'il y prit l'habit, il avait déjà quatre maisons, savoir, le Mont-Senaire, Florence, Sienne et Pistoye, ce qui fait voir que cet ordre était déjà assez connu.

Ce n'est donc point saint Philippe Benizi qui est le fondateur de cet ordre, il en a été seulement le propagateur, ayant fondé environ douze monastères pendant son gouvernement ; et cet ordre reconnaît pour fondateurs sept marchands de Florence, nommés par les anciens écrivains, Bonfils Monaldi, Bonagiunte Manetti, Amidius Amidei, Manette de Lantella, Uguccioni, Sostegnus Sostegni, et Alexis Falconieri ; mais il est à croire que quelques-uns changèrent leurs noms en renonçant au monde, suivant la pratique de la religion, comme remarque le P. Giani dans ses Annales, où il les nomme Bonfils Monaldi, Jean Manetti, Benoit de Lantella, Barthélemy Amidei, Ricouère Lippe Uguccion, Gerardin Sostegni et Alexis Falconieri. La plupart de ces fondateurs sortaient des meilleures familles de Toscane, qui tiennent encore un rang considérable parmi la noblesse, à laquelle on ne déroge point en Italie par le trafic et le négoce. Ils étaient tous sept d'une confrérie érigée à Florence sous le titre de *Laudesi*. Comme la principale obligation des confrères de cette société était de chanter les louanges de la sainte Vierge, ils allèrent dans leur oratoire pour satisfaire à cette obligation, le jour de l'Assomption de Notre-Dame l'an 1233 ; mais ils furent tous sept divinement inspirés de renoncer au monde. Ils se communiquèrent réciproquement les visions célestes qu'ils avaient eues à ce sujet, et s'étant unis ensemble, ils commencèrent par vendre leurs biens et les distribuer aux pauvres.

Ils ne firent néanmoins ce renoncement au monde qu'après avoir consulté l'évêque de Florence, Ardinghe, qui les confirma dans leur bon dessein, les exhortant à ne point différer d'obéir aux ordres du ciel, et il leur permit d'avoir un oratoire et un autel pour y faire célébrer la messe dans le lieu qu'ils jugeraient à propos. Il se déclara leur protecteur, et comme ils ne voulaient plus vivre que d'aumônes, il leur permit aussi de la demander dans la ville et aux environs, après quoi ils se retirèrent d'abord dans une chétive maison qui était hors les murs de la ville, en un lieu appelé le Champ-de-Mars, soit qu'elle leur eût été donnée, ou qu'ils l'eussent achetée. Ce fut là que, se dépouillant de leurs habits mondains et de la robe sénatoriale qui les avait fait respecter comme membres de la république, dont ils avaient rempli les premières dignités, ils se revêtirent d'un habit pauvre, de couleur de cendre, et armèrent leur corps de haires, de cilices et de chaînes de fer, pour se mettre en état de soutenir les combats que le démon leur devait livrer.

Ce fut le 8 septembre de l'an 1233 qu'ayant foulé aux pieds de cette manière les vanités du siècle, ils commencèrent à vivre en commun dans une pauvreté parfaite et un abandon entier de toutes choses. Ils se soumirent à Bonfils Monaldi, qui était le plus ancien de leur société, comme à leur supérieur ; et comme ils n'avaient entrepris ce genre de vie que du consentement de l'évêque Ardinghe, ils le furent trouver pour recevoir sa bénédiction, et prendre encore de lui de nouvelles instructions pour pouvoir plus aisément combattre sous ces nouvelles livrées de Jésus-Christ dont ils s'étaient revêtus. Ils ne furent pas plutôt entrés dans la ville, que le peuple les regarda avec admiration, surpris de voir des personnes riches et opulentes réduites dans un état si opposé aux dignités et aux honneurs où on les avait vus élevés. Les enfants qui étaient encore à la mamelle causèrent beaucoup plus d'étonnement lorsqu'on les vit s'écrier en les montrant au doigt ; *Voilà les Serviteurs de la Vierge*. Ce prodige surprenant fit que l'évêque Ardinghe leur conseilla de ne point changer ce nom qui leur avait été donné miraculeusement, et qui leur fut confirmé lorsque, retournant à Florence pour y recevoir les aumônes dont ils vivaient, les enfants les appelèrent encore de ce nom.

Ils demeurèrent environ un an dans cette première retraite qu'ils s'étaient choisie hors la ville de Florence, dans le lieu appelé le Champ-de-Mars ; mais, n'y trouvant pas la tranquillité et le repos qu'ils cherchaient, qui était troublé par les visites fréquentes que la sainteté de leur vie leur attirait, ils résolurent de se retirer dans une solitude éloignée de la ville pour y être plus cachés aux hommes. Le Mont-Senar ou Senaire, appelé par les Italiens *Monte-Senario*, leur parut favorable à leur dessein. Ils éprouvèrent en cette occasion les effets de la protection que l'évêque Ardinghe leur avait promise ; car il leur donna, du consentement de son chapitre, une partie de cette montagne qui appartient à son église.

Ces saints fondateurs commencèrent par y faire bâtir une église sur les ruines d'un ancien château qui se trouvait sur cette montagne. La première pierre fut posée par l'évêque de Florence, qui voulut encore leur donner en cette occasion des marques de son estime, et aux environs de cet oratoire ils firent bâtir de petites cellules de bois, séparées les unes des autres. Ce fut là qu'ayant choisi la pauvreté de la croix pour leur partage, ils vivaient dans un si grand mépris du monde et une si grande innocence de mœurs, qu'ils paraissaient plutôt des anges sur la terre que des hommes. Ils n'eurent d'abord aucune inquiétude, ni pour le boire, ni pour le manger, ni pour le vêtement. Contents des racines et des herbes que leur fournissait la montagne, ils ne s'occupaient qu'à chanter les louanges de la sainte Vierge. Mais Bonfils Monaldi, qui, en qualité de supérieur, était obligé de veiller à la conservation de ses frères, voyant qu'ils ne pouvaient résister à de si grandes austérités, crut qu'il fallait avoir recours aux aumônes des fidèles pour les pouvoir faire subsister, et il envoya à Florence Jean Manetti et Alexis Falconieri. Ce dernier faisait profession d'une particulière humilité qui l'empêcha de recevoir les ordres sacrés lorsque ses compagnons en eurent obtenu la permission; il ne voulait jamais être employé qu'aux offices les plus bas; ainsi il reçut avec joie l'ordre que son supérieur lui donna de faire la quête à Florence. Ils retournaient tous les jours au Mont-Senaire, mais ce lieu étant éloigné de neuf milles de Florence, et ces bons religieux étant obligés de faire deux fois ce chemin par jour, quelquefois par des temps fâcheux, ils prirent la résolution de se procurer un petit hospice à Florence, et comme pour aller au lieu qu'ils avaient d'abord habité dans le Champ-de-Mars, il aurait fallu traverser toute la ville, ils en obtinrent un autre aussi hors de la ville, proche la porte qui conduisait à leur solitude. Ce fut dans ce lieu qui s'appelait Caphaggio, qu'ils bâtirent une petite chaumière, où ils demeurèrent deux ou trois; mais dans la suite le nombre des religieux et les bâtiments se sont tellement agrandis, que l'on aurait de la peine à croire que le célèbre monastère de l'Annonciade de Florence eût eu de si faibles commencements, si les Annales de cet ordre ne nous en assuraient.

La réputation de ces fondateurs augmentant de jour en jour, le peuple commença à fréquenter leur solitude, et le cardinal Geoffroy de Châtillon, qui faisait la fonction de légat du pape Grégoire IX dans la Toscane et dans la Lombardie, les voulut visiter. Il fut si charmé de la beauté de ce lieu, qu'il y fit quelque séjour, et pendant ce temps-là il modéra un peu leurs grandes austérités; car, s'étant aperçu qu'il y en avait qui gardaient un très-étroit silence pendant un long temps, d'autres qui passaient plusieurs mois dans des grottes affreuses, d'autres qui ne voulaient manger que des racines, il leur conseilla de n'avoir tous qu'une même observance et des exercices uniformes. Ils profitèrent de cet avis, et comme ils n'avaient rien fait jusque-là sans le conseil de l'évêque Ardinghe, ils le prièrent de leur prescrire une règle et une manière de vie. Ce prélat consentit à leurs demandes, mais il voulut qu'ils reçussent des personnes qui demandaient d'entrer dans leur compagnie. L'on prétend que, pendant que ce prélat délibérait sur les règlements qu'il leur prescrirait, la sainte Vierge, qui avait déjà favorisé ses nouveaux serviteurs de plusieurs visions, apparut encore à eux, en leur montrant un habit noir qu'elle leur commanda de porter en mémoire de la passion de son Fils. Le P. Archange Giani, qui rapporte cette vision dans ses Annales, ajoute que la sainte Vierge leur présenta aussi la règle de saint Augustin. C'est en mémoire de cette apparition, qui, selon le même auteur, arriva le vendredi saint de l'an 1239, que les religieux de cet ordre ont coutume de faire ce jour-là une cérémonie qu'ils appellent les *Funérailles de Jésus-Christ*. Le lendemain, jour du samedi saint, ils en font une autre qu'ils appellent le *Couronnement de la sainte Vierge;* et par des indults des souverains pontifes Calixte III et Innocent VIII, ils célébraient le même jour au soir une messe solennelle, ce qui a duré jusque sous le pontificat de Pie V, qui abolit cette pratique.

Après cette vision, qui leur a fait donner par quelques-uns le nom de *Frères de la Passion de Notre-Seigneur Jésus-Christ*, ils reçurent des mains de l'évêque un habit tel qu'il leur avait été montré par la sainte Vierge. Il consistait en une chemise de laine, une petite tunique blanche, et par-dessus une grande tunique noire, une ceinture de cuir, un scapulaire et une chape (1). Le P. Archange Giani prétend aussi que ce fut en cette occasion que les fondateurs, à la réserve de Bonfils Monaldi et d'Alexis Falconieri, changèrent leurs noms; que Bonagiunte Manetti prit le nom de Jean, Sostegni celui de Gérardin, Uguccioni celui de Ricouère, Lantella celui de Benoît, et Amidei celui de Barthélemy.

L'ordre commença ensuite à faire beaucoup de progrès; plusieurs personnes y voulurent être reçues, et la même année on leur offrit un nouvel établissement à Sienne, dont Alexis Falconieri, et Victor de Sienne, nouvellement entré dans l'ordre, furent prendre possession. Les fondateurs, à la réserve d'Alexis Falconieri, furent promus aux ordres sacrés par l'évêque Ardinghe l'an 1241, et l'an 1248 le cardinal Raynerius, légat du pape Innocent IV, approuva leur ordre et les mit sous la protection du saint-siège.

Bonfils Monaldi, qui le gouvernait depuis seize ans, assembla au Mont-Senaire les prieurs des quatre couvents que l'ordre avait déjà; l'on y fit des règlements, et dans un autre chapitre, qui se tint l'an 1251, le même Bonfils y fut élu premier général, n'ayant eu jusqu'alors que la qualité de prieur du Mont-Senaire. Il alla trouver le pape Innocent IV pour obtenir la confirmation de l'ordre; mais ce pontife différa de la donner, ayant quelque dessein d'unir cet ordre à celui des Ermites de l'ordre de Saint-Augustin. Il leur accorda néanmoins pour protecteur son neveu, le cardinal Guillaume, du titre de Saint-Eustache, et ce ne fut que l'an 1255, après la mort de ce pontife, que son successeur Alexandre IV donna une approbation authentique à cet ordre, en permettant aux religieux de recevoir les couvents qui leur seraient offerts, et d'avoir des églises et des monastères. Le B. Monaldi, après cette approbation, convoqua un chapitre général à Florence, où, s'étant démis de son office, le B. Jean Manetti fut élu second général. Il n'exerça cet office que peu de temps, car il mourut en 1257, et eut pour successeur Jacques de Sienne, qui obtint pour l'ordre plusieurs privilèges du pape Alexandre IV. Il convoqua le chapitre à Flo-

(1) *Voy.*, à la fin du vol., n° 93.

rence en 1260, dans lequel on divisa l'ordre en deux provinces, savoir, de Toscane et d'Ombrie. Le bienheureux Benoît de Lantella fut élu provincial de la première, et le bienheureux Sostegni, de la seconde; et comme l'ordre faisait de jour en jour de nouveaux progrès, on le divisa de nouveau en trois provinces, dans un autre chapitre qui se tint en 1263, ajoutant aux deux premières celle de la Romandiole.

Ce fut sous le gouvernement de ce général que le premier des sept fondateurs, le bienheureux Bonfils Monaldi, mourut au Mont-Senaire en 1262. Le bienheureux Benoît de Lantella ayant succédé au P. Jacques de Sienne dans le chapitre de l'an 1265, l'on ajouta encore à l'ordre une quatrième province qui fut celle de la Gaule Cisalpine, et il obtint encore de nouveaux priviléges pour son ordre. Le bienheureux Barthélemy Amidei mourut sous son généralat: il avait été l'un des sept fondateurs, prieur du Mont-Senaire et de Florence; ses austérités l'avaient réduit dans une telle faiblesse, qu'il ne faisait que languir, et que sa vie fut presque une mort continuelle. Il fut suivi, quelques années après, par ce même général, qui, après avoir renoncé à son office et avoir fait élire pour son successeur saint Philippe Benizi dans le chapitre de l'an 1267, mourut l'année suivante. Les deux autres fondateurs vécurent encore quelques années; ils furent tous deux vicaires généraux de l'ordre, le bienheureux Sostegni en France, et le bienheureux Uguccioni en Allemagne. Comme ils retournaient tous les deux au Mont-Senaire, et qu'ils discouraient ensemble de tous les événements qui étaient arrivés dans l'ordre, et de quelle manière les supérieurs l'avaient fait proviginer, ils demandèrent à Dieu avec ferveur de les attirer à lui. Leurs prières furent exaucées, car ils moururent tous les deux le même jour et à la même heure, le lundi 3 mars de l'an 1282.

Tels furent les commencements de l'ordre des Servites, qui fit encore un plus grand progrès sous le gouvernement de saint Philippe Benizi; car il fonda plusieurs couvents, il envoya des religieux en Pologne, en Hongrie et jusque dans les Indes. Il dressa les premières constitutions de l'ordre, ou plutôt il recueillit en un volume tous les règlements qui avaient été faits par ses prédécesseurs pour servir de constitutions, et ordonna qu'on les lirait au réfectoire tous les samedis. Sous son généralat, l'ordre reçut un grand échec, peu de temps après que le pape Innocent V fut monté sur la chaire de saint Pierre, qui fut l'an 1276: car ce pontife, qui avait pris résolution de l'abolir, voulant maintenir le décret du concile de Lyon tenu sous son prédécesseur en 1274, où l'on renouvelait celui du concile de Latran de l'an 1215, qui défendait les nouveaux établissements des ordres religieux, prétendit que les Servites étaient compris dans ce décret; c'est pourquoi il fit signifier ce décret au cardinal Otthoboni, protecteur de cet ordre, et cita à Rome saint Philippe Benizi, qui en était général, auquel il fit défense de recevoir aucun novice, et de vendre aucun bien appartenant à l'ordre, qu'il déclarait être confisqués au profit du saint-siége; il interdit en même temps la confession aux religieux de l'ordre. Mais ce pape n'ayant gouverné que cinq mois et quelques jours, au bout desquels il mourut, son dessein ne put être exécuté. Son successeur Jean XXI fut plus favorable aux Servites: il se contenta de laisser leur ordre sur le pied qu'il avait été établi jusqu'à ce que le saint-siége en eût ordonné autrement. Cette affaire fut agitée sous le pontificat des papes Nicolas III, Martin IV et Honorius IV. Quelques évêques, pendant ce temps-là, ne laissèrent pas d'inquiéter beaucoup ces religieux: celui de Foligny leur défendit de recevoir des novices; celui d'Orviette leur empêcha de sonner les cloches dans leurs églises, de célébrer la messe et d'enterrer dans leurs cimetières, et celui de Faenza leur interdit la prédication et leur défendit de quêter. C'est ce qui obligea ces religieux de solliciter fortement Honorius IV de vouloir bien terminer leur affaire: ce pape la donna à examiner aux cardinaux Benoît Cajétan et Matthieu de Aquas Spartas, qui était général de l'ordre des Mineurs: on consulta aussi plusieurs avocats consistoriaux pour savoir si ces religieux devaient être compris dans les décrets des conciles de Latran et de Lyon; mais leurs avis ayant été favorables à cet ordre, aussi bien que ceux des cardinaux commissaires, le pape se déclara aussi en faveur des Servites, et fit expédier presque en même temps, l'an 1286, plusieurs brefs, tous de la même teneur, pour chaque couvent de cet ordre en particulier, par lesquels il déclarait qu'il les recevait sous sa protection.

Après la mort de saint Philippe Benizi, cet ordre s'est tellement agrandi, qu'il a été divisé dans la suite des temps en vingt-sept provinces. Les souverains pontifes lui ont accordé beaucoup de grâces et de priviléges, principalement Alexandre IV, qui, comme nous l'avons dit, confirma cet ordre. Boniface IX lui accorda les mêmes priviléges que ceux dont jouissait l'ordre des Ermites de Saint-Augustin; Martin V leur accorda les priviléges des religieux Mendiants, et le pape Innocent VIII, dans le *Mare Magnum* de cet ordre de l'an 1487, en confirmant tous les priviléges qui avaient été accordés à ces religieux par ses successeurs, leur en donna encore de nouveaux, et entre les autres, il voulut qu'ils jouissent des mêmes prérogatives que les quatre ordres Mendiants, dont l'une est de prêcher aux chapelles papales les dimanches et les fêtes solennelles de l'Avent et du Carême. Ainsi il leur assigna le jour de l'Épiphanie, qui est encore compris dans l'Avent, et le cinquième dimanche de Carême. Ils sont aussi intimés, comme les quatre ordres mendiants, pour assister aux obsèques des cardinaux, où les Dominicains chantent les Vêpres des Morts; les Cordeliers, le premier Nocturne des Matines; les Augustins, le second Nocturne; les Carmes, le troisième ; et les Servites les Laudes. Le général des Servites a encore place dans les chapelles papales, comme les généraux des quatre ordre Mendiants.

Comme il y a eu quelques réformes dans cet ordre, outre celle dont nous parlerons dans le paragraphe suivant, c'est ce qui a fait qu'on l'a divisé pendant un temps en religieux Conventuels et en religieux de l'Observance, qui faisaient même des congrégations différentes ; mais le P. Ange de Azorelli, étant général, réunit à l'ordre tous les monastères qui s'appelaient de l'ancienne Réforme. Ils ne mangeaient point autrefois de viande, et avaient d'autres austérités dont ils se sont dispensés dans la suite. Crescenzio dit que, outre les noms de Servites et de Frères de la Passion, qu'on a donnés à ces religieux, on les a aussi appelés en quelques endroits les Frères de l'*Ave Maria*, à cause qu'ils avaient toujours ces mots à la bouche au commencement et à la fin du discours.

Entre les couvents dont le P. Archange Giani fait le dénombrement dans ses Annales, on en peut retrancher quelques-uns qui n'ont jamais appartenu à cet ordre, comme sont ceux des Begghards d'Anvers, de Louvain, de Bruxelles et de quelques autres endroits, qui certainement n'ont jamais été de l'ordre des Servites. Aussi cet auteur n'en parle que sur le récit qu'on lui en a fait, et qui n'a pas été fidèle. Il est vrai que dans le commencement les Begghards étaient habillés de noir ; mais cela n'empêchait pas qu'ils n'eussent la troisième règle de saint François, comme ils l'ont encore à présent, et nous voyons grand nombre de monastères de religieuses du tiers ordre de Saint-François en Flandre et en Lorraine sous le nom de Sœurs Grises, quoique quelques-unes soient habillées de blanc, d'autres de noir, et d'autres de bleu.

On peut aussi retrancher du nombre de ces couvents celui des Billettes à Paris, que le même annaliste des Servites prétend avoir appartenu à son ordre, et dont il dit que les religieux aussi bien que de plusieurs autres couvents se soulevèrent contre cet ordre, en quittant le nom de Servites pour prendre celui de Frères de la Charité de Notre-Dame. C'est ce que nous prétendons réfuter en parlant de ces religieux de la Charité de Notre-Dame. On ne peut néanmoins disconvenir que, quoique cet ordre des Servites ait perdu beaucoup de maisons en Saxe, en Hongrie et dans d'autres endroits où la religion catholique a été abolie, il ne lui en reste encore un grand nombre.

Celui de l'Annonciade à Florence est le plus considérable de tous ces couvents. C'est ce même monastère, appelé de Caphaggio, qui a eu de si petits commencements, comme nous avons dit. Le nom de l'Annonciade lui fut donné après que le bienheureux Bonfils Monaldi eut fait peindre l'image de l'Annonciation de la sainte Vierge qui est devenue célèbre par la dévotion des Florentins, qui ont eu recours dans ce lieu à l'intercession de cette Mère de Dieu, dont ils ont ressenti la protection. La chapelle où l'on conserve cette image est en entrant dans l'église à main gauche. Elle est de très-belle architecture, faite aux dépens de Pierre de Médicis. Il y a devant l'autel plus de cinquante lampes d'argent qui sont toujours allumées, et sur la balustrade quatorze grands chandeliers et douze vases d'argent. Le pavé est de granit d'Egypte, le devant d'autel est d'argent massif, à personnages en relief, enrichi de pierreries. L'autel est chargé d'un grand nombre de chandeliers et de vases d'argent, autour d'un tabernacle aussi d'argent parsemé de pierres précieuses, au milieu duquel est l'image de Notre-Seigneur ; il y a aux côtés deux anges aussi d'argent, et au-dessus l'image de la sainte Vierge dans une niche d'orfèvrerie, enrichie de perles et de diamants entre des colonnes d'argent de six pieds de hauteur ; et parmi les vœux qui sont dans cette chapelle, il y a dix figures fort hautes d'argent massif.

Près de cette chapelle il y a un oratoire de forme carrée, dont la voûte est toute dorée, et dont les murailles, depuis le rez-de-chaussée jusqu'à la hauteur de dix-huit pieds, sont revêtues d'agate, calcédoines orientales, jaspes, et autres pierres précieuses enchâssées ensemble, qui forment diverses figures en mosaïque, représentant l'histoire de la sainte Vierge. C'est dans ce lieu que l'on conserve le trésor de cette chapelle, où il y a plusieurs ornements d'un grand prix. L'on conserve aussi dans la grande sacristie de l'église plusieurs reliques enchâssées dans des reliquaires d'argent pour la valeur de plus de cent mille écus, un soleil d'or massif tout chargé de rubis, et une cassette, aussi d'or massif, pesant soixante marcs, où l'on conserve le saint sacrement le jeudi saint. Entre les privilèges dont jouit cette église, elle a quatre pénitenciers qui ont le même pouvoir et la même autorité que ceux de Notre-Dame de Lorette. Il y a dans le couvent une nombreuse bibliothèque, une belle apothicairerie et d'excellentes peintures des meilleurs maîtres d'Italie.

Les religieux Servites ont eu parmi eux beaucoup de personnages distingués, tant par la sainteté de leur vie que pour leur science et les dignités auxquelles ils ont été élevés. Outre les sept fondateurs de l'ordre, qui ont mérité le titre de Bienheureux, ils ont eu saint Philippe Benizi, qui se retira secrètement dans les montagnes de Sienne, où il demeura caché, sachant que les cardinaux avaient résolu de l'élever sur le saint-siège après la mort de Clément IV ; le bienheureux Picolomini, appelé le Thaumaturge de Sienne, à cause du grand nombre de ses miracles, les bienheureux Lorin Stuffa, Barthélemy du Bourg du Saint-Sépulcre, Ubalde Adimar, François Patrizzi, Pelegrin Latiosi, et plusieurs autres.

Entre ceux de cet ordre que l'on prétend avoir été revêtus de la pourpre, et avoir eu rang dans le sacré-collège des cardinaux, on ne peut compter certainement que Denys Lauforio, qui avait été général des Servites et qui fut créé cardinal par Paul III, et Etienne Bonutio d'Arezzo, évêque de cette ville, qui fut créé cardinal par Sixte V. Si l'on en veut croire les religieux de cet ordre et les peintures qui sont dans plusieurs de leurs couvents, ils ont encore eu Etienne Mucciachello, fait cardinal par Martin V, et Ange d'Arezzo par Léon X. Archange Giani dit que le premier mourut sans avoir pris le chapeau, et prétend que si Platine, Panvini, Ciaconius et d'autres auteurs n'en ont point parlé, c'est à cause qu'ils ont été mal informés des prélats de leur ordre. Il aurait dit sans doute la même chose du dernier, s'il avait continué ses Annales. Ce ne sont pas les seuls cardinaux qu'ils attribuent à leur ordre : ils mettent encore Antoine Cerdano, évêque de Messana, et Philippe Sarzano, évêque de Boulogne, créés par Nicolas V ; Jean Balue, évêque d'Angers, créé par Paul II ; Jean Alleman, par Alexandre VI ; Ferdinand Vilette, par Eugène IV, et Louisde Paris, archevêque de Bari, par Innocent VI. Ce dernier ne se trouve point non plus dans Platine ; mais il est dans les Mémoires qui m'ont été fournis, où l'on avoue qu'à la vérité ces cardinaux n'ont point été du premier ordre des Servites, mais bien du troisième ordre. Ils ont eu aussi un grand nombres d'archevêques et d'évêques, et parmi les personnages distingués par leur science, ils mettent Henri de Gand, archidiacre de Tournay qui leur est aussi contesté par les savants, ce qui n'a pas empêché qu'au chapitre général de l'an 1609 ils n'aient fait une ordonnance portant que dans tous les couvents où il y aurait étude, on ne pourrait enseigner d'autre doctrine que celle de Henri de Gand, comme ayant été de leur ordre. Ils ont eu aussi plusieurs célèbres écrivains, dont le plus fameux, et qui a fait plus de bruit, a été Paul Scarpi, plus connu sous le nom de Fra-Paolo, théologien et conseiller de la république de Venise, qui était très-versé dans les langues latine, grecque et hébraïque, et dans les mathématiques. On a de lui l'*Histoire du Concile de Trente*, sous le nom de Pierre Soave Polano, qui est l'anagramme de Paul Sarpi de Venise. Marc-Antoine de Dominis, s'étant retiré en Angleterre, la fit imprimer à Londres, et y mit une préface de sa façon, où il fait parler l'auteur en hérétique. Il fit d'autres ouvrages en faveur de la république contre l'interdit du pape Paul V. Ferrarius était aussi religieux de cet ordre. Dans leur couvent de Boulogne on voit en buste, au-dessus des portes de chaque cellule, les portraits de plusieurs religieux, dont quelques-uns sont nommés docteurs de Paris, et entre autres un nommé Thomas de Garganelle, qui y est loué de ce que tous les ans il disait la messe le soir la veille de Pâques. Nous avons ci-dessus décrit l'habillement des religieux de cet ordre, qui ont pour armes d'azur à une M antique d'or, entrelacée d'une S, et surmontée d'un lis tigé, passé dans une couronne d'or, l'écu timbré d'une couronne.

Il y a aussi des religieuses de cet ordre qui étaient déjà établies dès le temps des sept premiers fondateurs, si l'on en veut croire Giani. Mais comme le premier monastère de ces religieuses dont il parle est celui de Porcharia, entre Narni et Todi, il y a bien de l'apparence qu'elles n'ont commencé que du temps de saint Philippe Benizi, qui, ayant converti deux fameuses courtisanes vers l'an 1285, savoir, Flore et Hélène, les renferma dans un lieu près de Porcharia, où elles gardèrent les mêmes observances que les Servites, et vécurent dans une si grande sainteté, qu'elles ont mérité la vénération des fidèles après leur mort. Le même Giani fait aussi mention de plusieurs monastères de ces religieuses, tant en Allemagne qu'en Italie et en Flandre ; mais on en peut aussi retrancher celles de Louvain, qu'il appelle les Sœurs Noires, et d'autres semblables de Flandre qui n'ont jamais été de l'ordre des Servites. Crescenze dit que l'archiduchesse d'Autriche, Anne-Julienne de Gonzagues, mère de l'impératrice Anne-Catherine, épouse de l'empereur Matthias, a été religieuse de cet ordre avec une de ses filles ; mais cette princesse n'a été que du tiers ordre des Servites, et elle a fait bâtir en Allemagne plusieurs monastères de l'un et de l'autre sexe de l'ordre des Servites, comme nous le dirons dans le paragraphe suivant. Ces religieuses ont aussi une robe et un scapulaire noir (1), et elles portent dans les cérémonies un manteau.

Voyez Archang. Giani, *Annal. ord. Serv.* B. V. M. Michael. Pocciant, *Chron. Servor.* Philipp. Albris., *Exord. ord. Servor.* Pietr. Crescenz., *Presid. Rom.* Silvest. Maurolic, *Ocean di tutt. gl. relig.* Paul Morigia, *Histoire de toutes les religions du monde*. Hermant, *Etablissement des Ord. relig.* Schoonebeck, *Histoire des Ord. relig.*, et Philipp. Bonanni, *Catalog. Ord. relig.* part. I et II.

§ 2. — *Des religieux Ermites Servites, ou Serviteurs de la sainte Vierge du Mont-Senaire.*

Le Mont-Senaire, éloigné de Florence d'environ neuf milles, a été ainsi appelé à cause de la bonté de l'air et de son agréable température, comme qui dirait, *Mons sani aeris*, qui était autrefois son véritable nom, et que par corruption le vulgaire a changé en celui de *Mons Sanarius*. Il est au milieu de six autres montagnes, auxquelles il semble commander par son élévation, il est tout couvert de gros sapins d'une hauteur prodigieuse, dont l'épaisse verdure empêche la trop grande ardeur du soleil, et met à l'abri de la brise et des vents fâcheux une petite plaine qui se trouve sur la cime de cette montagne, ce qui forme une agréable et charmante solitude, où le printemps règne en tout temps, et où l'on trouve une partie de ce qui est nécessaire à la vie.

Ce fut dans ce lieu, qui n'était autrefois

(1) *Voy.*, à la fin du vol., n° 94.

rempli que de ronces et d'épines, que les sept fondateurs de l'ordre des Servites se retirèrent en 1234, comme nous l'avons dit dans le paragraphe précédent, et où ils menèrent d'abord une vie érémitique. La ferveur des religieux de cet ordre s'étant un peu ralentie dans la suite, et la trop grande fréquentation des gens du monde leur ayant fait perdre l'esprit de la retraite, cette solitude se trouva comme abandonnée; mais dans le chapitre général qui se tint à Ferrare en 1404, ceux qui tenaient le gouvernement de l'ordre crurent qu'il était de leur honneur de rétablir le lieu où l'ordre avait pris naissance, et de le peupler de saint religieux qui suivissent les traces des fondateurs. Pour exécuter cette entreprise, ils jetèrent les yeux sur le P. Antoine de Sienne, personnage d'une éminente vertu, et dont l'esprit était fort porté à la retraite. Mais il paraît par les Annales de cet ordre que cette réforme ne se fit que l'an 1411, et que pour lors le P. Antoine de Sienne et quelques religieux fervents qui s'étaient joints à lui sollicitèrent fortement le général de leur permettre de mener sur cette montagne une observance plus étroite que celle qui se pratiquait dans l'ordre, et d'en faire revivre le premier esprit. Le P. Etienne du Bourg du Saint-Sépulcre, qui était pour lors général, leur en accorda la permission. Ainsi commença cette première réforme, qui fut érigée en congrégation, sous le titre d'Observance, pour distinguer ceux qui l'embrassèrent des autres religieux de l'ordre, qui furent appelés Conventuels; ils acquirent dans la suite de nouveaux monastères, qui furent gouvernés par un vicaire général où la même observance fut pratiquée. On fit des règlements dans le chapitre général qui se tint à Pise en 1413. Ces règlements portaient, entre autres choses, que le Mont-Senaire, comme chef de l'ordre, serait soumis immédiatement au général, que le provincial de la Toscane ne pourrait en retirer aucun religieux, ni en envoyer, et que ceux qui y demeureraient ne pourraient jamais manger de viande. Mais cette réforme, qui avait été commencée sous l'autorité d'un Père Etienne, général de cet ordre, fut détruite, cent cinquante-sept ans après, par autorité d'un autre général qui portait aussi le nom d'Etienne, lequel réunit ensemble tous les couvents de cette réforme et les Conventuels. Il abolit les noms de Conventuels et d'Observants, et fit observer dans tout l'ordre des pratiques uniformes.

Trente ans après que cette réforme eut été abolie, il s'en forma une autre plus austère, par le zèle de Bernardin de Ricciolini, qui en fut le premier supérieur. Il fut demeurer quelque temps chez les Pères Camaldules, pour y apprendre la vie érémitique; après s'être formé dans ce genre de vie, il commença, l'an 1593, sur le Mont-Senaire, cette réforme rigoureuse qui subsiste encore aujourd'hui. Il eut pour compagnons les PP. Gabriel Buono de Cortone, Aurèle de Ferrare, Philippe de Lucciano et quatre convers. Ils obtinrent le consentement du P. Lælius Ballioni, général de cet ordre, qui sollicita auprès du pape Clément VIII la confirmation des règlements qui avaient été faits pour cette réforme, et qui portaient entre autres choses qu'ils ne mangeraient jamais de viande en quelque temps que ce fût; qu'ils jeûneraient tous les lundis, les mercredis et les vendredis de l'année; que le jeûne du vendredi et ceux des lundis, des mercredis et des vendredis de l'Avent et du Carême seraient au pain et à l'eau, et qu'ils tâcheraient en tout d'imiter la vie des premiers fondateurs : ce que ce pape approuva par un bref du 22 octobre 1593. Le 29 décembre de l'an 1600, il ordonna par un autre bref que le couvent du Mont-Senaire serait appelé le Saint-Ermitage du Mont-Senaire; que le supérieur de cet Ermitage serait toujours choisi entre les Ermites; qu'il devait être prêtre, âgé de trente-trois ans, et avoir au moins demeuré dans le même lieu pendant deux ans : que tous les Ermites devaient faire leur noviciat au Mont-Senaire, quoi qu'ils fussent déjà anciens profès de l'ordre, et après l'année de noviciat faire leur profession entre les mains du prieur de l'Annonciade de Florence, pour vivre conformément aux constitutions de cette réforme; qu'après leur profession ils ne pourraient passer au service, d'aucun prélat, pas même d'un cardinal, pour quelque peu de temps que ce fût; que les supérieurs pourraient dispenser les infirmes de l'assistance au chœur, et tous les Ermites de l'observance du jeûne, quand il se rencontrerait un jour de fête solennelle; mais qu'ils seraient tenus de le remettre à un autre jour, et de faire en sorte que chaque semaine l'on en observât trois; qu'il ne serait permis à aucun de ces Ermites voyageant de manger de la viande, à moins que ce ne fût pour cause d'infirmité, et cela de l'avis du médecin; qu'enfin aucun étranger, de quelque qualité et condition qu'il fût, ne pourrait manger de viande dans l'Ermitage du Mont-Senaire. Le même pape leur donna encore un autre bref, le 20 février de l'année suivante, par lequel il érigeait un noviciat dans le même Ermitage. Cette grande austérité les rendant fort infirmes, ils demandèrent quelques mitigations au pape Paul V, qui, par un bref du 13 octobre 1612, les dispensa seulement du jeûne au pain et à l'eau, les mercredis de l'Avent et du Carême, voulant qu'ils observassent tous les autres règlements qui avaient été faits pour cette réforme, laquelle subsiste encore à présent, et qui s'est répandue en plusieurs lieux d'Italie, et même en Allemagne. Crescenze dit que le prince Virginius des Ursins, affectionné à l'ordre des Servites, fit bâtir un ermitage sur le mont Virginio, où il mit des Ermites de cet ordre.

Le P. Ange Marie Mantorsi fut un de ceux qui travaillèrent beaucoup à maintenir cette réforme. Il fut fait général de l'ordre le 30 mai 1597, par le pape Clément VIII, qui connaissait son mérite et sa vertu, et qui l'obligea d'accepter cette charge, qu'il refusait. Il mourut en remplissant dignement les devoirs de supérieur, et il fut enterré dans le couvent de Saint-Marcel de Rome. Il paraît par son épitaphe qu'il mena une vie très-solitaire et austère, au couvent de l'Annonciade de Florence pendant dix ans, ce qui avait obligé Clément VIII à le nommer général de cet ordre. Depuis la Septuagésime jusqu'à Pâques, il ne buvait jamais de vin. Sa manière de vie pendant toute l'année était telle : Le lundi il mangeait seulement une salade avec du pain, et buvait de l'eau ; le mardi il mangeait un potage ; le mercredi et le vendredi il jeûnait au pain et à l'eau ; le jeudi et le dimanche il usait de quelques légumes et buvait du vin ; le samedi il mangeait un peu de fruits et ne buvait que de l'eau, et les trois fêtes de Pâques il mangeait de la viande, mais en petite quantité. Le P. Aurèle de Ferrare, l'un des réformateurs de l'Ermitage du Mont-Senaire, l'imita en quelque chose sur cette montagne ; car il ne buvait jamais de vin depuis la Septuagésime jusqu'à Pâques, excepté les dimanches. Pierre Berti de Sienne fit aussi la même chose, et Gabriel Buono, qui fut aussi un des premiers réformateurs, mourut en odeur de sainteté, après avoir mené une vie très-austère sur la même montagne.

Les grands ducs de Toscane, qui ont toujours témoigné l'affection qu'ils portaient à tout l'ordre des Servites, par les grands biens qu'ils ont faits au monastère de l'Annonciade de Florence, ont témoigné aussi l'estime qu'ils faisaient en particulier de cette réforme ; car, comme les chemins pour arriver au Saint-Ermitage étaient inaccessibles, et qu'on n'y pouvait monter que difficilement à cause des broussailles, des rochers et des cavernes affreuses que l'on rencontrait de tous côtés, ils ont fait aplanir les chemins, qu'ils ont rendus aisés et faciles. L'église, en l'état où elle est, est une marque de la piété de Ferdinand Ier, et comme il n'y avait qu'une fontaine sur cette montagne qui avait été obtenue miraculeusement par les prières de saint Philippe Benizi, dont la source avait été presque tarie, à cause d'un gros rocher qui était tombé dessus, et qu'elle ne rendait que fort peu d'eau, le même Ferdinand y fit bâtir une belle citerne pour recevoir les eaux du ciel. Elle ne put être achevée que sous le règne de Côme II, son fils, l'an 1616. Elle a coûté dix mille écus d'or. Ces Ermites Servites sont habillés comme les Ermites Camaldules ; leur habillement n'en diffère que par la couleur, celui des Camaldules étant blanc, et celui des Servites Ermites, noir. Ceux-ci ont encore ajouté la nudité des pieds : ils portent des sandales de cuir et la barbe longue (1).

Giani, *Annal. Servor.* B. M. V. Pietr. Crescenz., *Presid. Rom. Ascag. Tambur. De Jur. abb.*, tom. II, disp. 24, quæst. 4, n. 63. Bonanni, *Catalog. Ord. relig.*, et *Bull. Rom.*

(1) Voy. à la fin du vol., n° 95.

§ 3. — *Origine du tiers ordre des Servites.*

Le P. Archange Giani, dans ses Annales de l'ordre des Servites, dit que le bienheureux Bonfils Monaldi, premier général de cet ordre, à l'imitation de saint François, qui avait fondé trois ordres, divisa aussi celui des Servites en trois ; le premier pour les hommes, le second pour les femmes vivant en clôture perpétuelle, et le troisième pour des personnes séculières de l'un et de l'autre sexe, qui avaient formé entre elles une société sous le titre du Saint-Habit des Servites, vivant sous certaines règles qui furent approuvées dans la suite par Martin V, et que telle a été l'origine du tiers ordre des Servites. Mais sans marquer l'année de l'établissement de ce tiers ordre, il se contente de dire que les premiers qui l'embrassèrent furent Jean Benizi, et sa femme Albaverde, père et mère de saint Philippe Benizi, et que si l'on a donné à la bienheureuse Julienne Falconieri la qualité de fondatrice de ce tiers ordre, ce n'a été qu'à cause de l'excellence de sa sainteté ; qu'elle a été la première de ce tiers ordre reconnue pour bienheureuse ; qu'elle était nièce du bienheureux Alexis Falconieri ; qu'elle était disciple de saint Philippe Benizi, et que l'on prétend qu'elle a prescrit aux Tiertiaires Servites les règles qui ont été approuvées ensuite par le saint-siège. (*Annal. Servor.*, cent. 1, lib. II, cap. 1).

Si l'on a égard néanmoins à ce que dit le même auteur dans un autre endroit de ses Annales, que l'an 1302 il y eut plusieurs prédicateurs de l'ordre des Servites qui firent beaucoup de conversions, et érigèrent ou renouvelèrent beaucoup de sociétés du tiers ordre, que ceux et celles qui y entraient étaient appelés pour lors Convers et Converses, à cause qu'ils se convertissaient à Dieu, *hoc vero virorum et mulierum genus, quemadmodum re ipsa spreto mundo pro remedio animarum suarum ad Deum convertebantur, ita etiam Conversi aut Conversæ nuncupabantur*, il paraît que ces sortes de Convers et converses n'étaient pas véritablement Tiertiaires, mais seulement Oblats, semblables à ceux qui s'engageaient volontairement, ou que l'on engageait encore enfants dans les monastères. Pour en être convaincu, il n'y a qu'à lire l'acte de réception d'une de ces Converses, que le même Giani rapporte dans ses Annales. C'est en parlant d'une certaine femme nommée Diane, qui, l'an 1302, s'offrit à l'église de l'Annonciade de Florence du même ordre des Servites en qualité de Converse et d'Oblate, et qui y donna sa propre personne et ses biens meubles et immeubles présents et à venir : *In manibus eorum obtulit Deo omnipotenti et B. M. Virgini gloriosæ, et donavit animam suam et corpus suum prædictæ ecclesiæ, se Conversam exhibens et pro Conversa et Oblata, cum omnibus suis bonis mobilibus et immobilibus præsentibus et futuris, quæ sponte eidem monasterio et ecclesiæ donavit...... Qui dictus prior et F. Joannes re-*

ceperunt præfatam Dianam in suam et sui capituli Conversam, Oblatam et Offertam faciendo eam ex nunc participem omnium officiorum divinorum atque missarum quæ quotidie in dicto monasterio et ecclesia ad Dei laudem et Virginis Mariæ celebrantur. Il y a bien de la différence entre ces sortes d'Oblats ou Convers, et les Tiertiaires séculiers de quelque ordre que ce soit, puisque ceux-ci ne sont obligés et engagés à l'ordre, pour ainsi dire, qu'en tant qu'ils le veulent bien ; au lieu que les Oblats qui s'offraient dans les monastères, ou qu'on y offrait, quoiqu'enfants, et qui y étaient seulement engagés par la dévotion de leurs parents, ne les pouvaient quitter sans apostasie ; ce qui paraît par le canon 22 du concile de Wormes, tenu l'an 868, qui rétablit l'usage de ne plus permettre aux enfants de sortir du cloître quand les parents les y auraient consacrés pendant leur minorité : *Non liceat eis susceptum habitum unquam deserere, sed convicti quod tonsuram aut religiosam vestem aliquando habuerint, in religionis cultu, velint nolint, permanere cogantur.*

Si donc des enfants que l'on avait offerts malgré eux et sans leur consentement ne pouvaient pas quitter l'ordre sans apostasie, à plus forte raison ceux qui s'offraient volontairement, comme fit cette Diane dans l'ordre des Servites, et qui en portaient l'habit. Peut-être étaient-ils semblables à ces Oblats que l'on nommait autrement Donnés, qui se donnaient entièrement à un monastère, eux, leur famille et leurs biens, jusquelà qu'ils y entraient en servitude, eux et leurs descendants. La forme que l'on observait en cette cérémonie était de leur mettre autour du cou les cordes des cloches de l'église ; et pour marque de servitude ils mettaient quelques deniers sur leur tête. D'autres prenaient les deniers de dessus leur tête, et les mettaient sur l'autel. Une femme s'étant ainsi donnée à l'abbaye de Saint-Mihiel, y laissa pour témoignage un denier percé et le bandeau de sa tête (Mabill. *Annal. Bened.*, lib. LV, n. 8, et lib. LVIII, n. 8.) ; et l'on conserve dans les archives de l'abbaye de Saint-Paul de Verdun une permission donnée l'an 1360 à un homme de cette abbaye, de se marier à une femme de l'évêché de Verdun, à condition que des enfants qui proviendront de ce mariage, il y en aura la moitié qui appartiendra à l'abbaye, et l'autre moitié à l'évêque.

Le même Giani, dans un discours qui est au commencement de la règle de ce tiers ordre, imprimée à Florence en 1591, en rapporte encore l'origine d'une autre manière. Il dit que plusieurs personnes ayant été excommuniées pour avoir pris le parti de l'empereur Frédéric Barberousse, le pape Alexandre IV leur donna l'absolution des censures qu'ils avaient encourues, à condition qu'ils prendraient l'habit des Servites ; qu'il y en eut un grand nombre qui obéirent ; que ce fut aussi l'origine du second ordre : plusieurs filles et plusieurs femmes, dit-il, se renfermèrent dans des monastères pour y vivre selon les observances des Servites, et firent des vœux solennels ; mais le plus grand nombre, n'ayant point abandonné leurs maisons, se contentèrent de porter l'habit de l'ordre, et se mettaient sous la conduite des religieux, prenant le nom de Commis ou Commises, et celui d'Oblats lorsqu'ils se consacraient volontairement au service de la religion ; dans la suite on les appela Frères et Sœurs du tiers ordre des Servites. Ainsi Giani a bien de la peine à s'accorder sur l'origine de ce tiers ordre.

Mais s'il était vrai que ce tiers ordre eût été établi par le bienheureux Bonfils Monaldi, premier général, dès le commencement de l'ordre des Servites, et que ce tiers ordre eût fait tant de progrès, comme le dit Giani, l'on aurait attendu bien tard si l'on n'avait songé qu'en 1306 à le rendre stable et à lui prescrire des règlements. Le P. Giani n'est pas encore d'accord avec lui-même lorsqu'il parle de l'affermissement que l'on donna à ce tiers ordre ; car dans ses Annales (Cent. 2, lib. 1, c. 8) il dit que la bienheureuse Julienne, par le conseil du bienheureux Alexis, son oncle, et l'autorité de saint Philippe Benizi, écrivit quelques règlements pour la conduite des Tiertiaires, et que, par le commandement de ce général, elle fut la première qui les gouverna en qualité de supérieure, ce qui ne s'était pas encore pratiqué. Cependant, dans la Vie de la bienheureuse Julienne, il dit que ce fut le P. André, successeur de saint Philippe dans le gouvernement de l'ordre des Servites, et le sixième général, qui, voulant affermir pour toujours l'institut des sœurs Tiertiaires, leur proposa la nécessité qu'il y avait qu'elles eussent une supérieure, qu'il leur laissa le choix de l'élection, et qu'elles élurent la bienheureuse Julienne, qui avait alors trente-six ans ; par conséquent, ce devait être en 1306, puisqu'elle vint au monde en 1270, et dans un autre endroit il dit que, de même que le cardinal Baronius a donné le nom d'instituteur de l'ordre des Servites à saint Philippe Benizi, à cause qu'il en avait dressé les constitutions et fait les règlements pour y maintenir l'observance régulière, de même aussi on a donné à la bienheureuse Julienne le nom d'institutrice des Tiertiaires Servites, parce qu'elle a fait à leur égard ce que saint Philippe n'a pu faire.

Mais ce n'est pas par cette raison que nous donnons à cette sainte fille la qualité de fondatrice de ce tiers ordre, c'est parce que nous ne trouvons point de preuves suffisantes qu'il ait été institué avant elle, comme les historiens de l'ordre des Servites le veulent persuader. Ainsi ce n'est qu'en 1306 que l'on doit rapporter son origine, et en attribuer l'institution à la bienheureuse Julienne. Elle était fille d'un riche citoyen de Florence, et naquit en 1270. A peine eut-elle atteint l'âge de quinze ans, que le bienheureux Alexis Falconieri, son oncle, l'un des sept fondateurs de l'ordre des Servites, lui fit concevoir un si grand mépris du monde, qu'elle sollicita fortement ses parents de lui permettre de prendre l'habit des Servites, qui était, selon toutes les apparences, celui des Converses ou Oblates de cet ordre, et non pas celui des Tiertiaires, qui ne pouvaient pas être établies, pour les raisons que nous venons de dire. Elle le reçut l'an 1284, des mains de saint Philippe Benizi, et fit vœu de virginité, demeurant ferme dans sa résolution, ses parents n'ayant jamais pu l'engager dans le mariage, ni obtenir d'elle son consentement pour un parti avantageux qui se présentait pour lors. Elle jeûnait tous les mercredis et les vendredis, se contentant pour toute nourriture de la sainte communion, et le samedi elle mangeait un peu de pain avec un verre d'eau, pour honorer dans ce jour-là la sainte Vierge, à laquelle elle avait beaucoup de dévotion. Elle châtiait son corps par des disciplines continuelles, des haires, des ceintures de fer et d'autres instruments de pénitence qu'on lui trouva après sa mort. Une vie si exemplaire, qui était accompagnée de plusieurs miracles que Dieu opérait par son moyen, fit que les Converses ou Oblates des Servites l'élurent pour supérieure l'an 1306. Elle leur prescrivit une règle qui fut approuvée depuis par le pape Martin V, l'an 1424 ; ainsi ces Converses ou Oblates, ayant pour lors une règle, se purent, à juste titre, qualifier sœurs Tiertiaires ou du tiers ordre des Servites, à l'imitation des Tiertiaires des ordres de Saint-François et de Saint-Dominique, qui avaient toujours vécu sous des règles qui leur avaient été prescrites, ceux de saint François par ce patriarche des Frères Mineurs, et ceux de saint Dominique par le P. Munio de Zamorra, septième général de l'ordre des Frères Prêcheurs l'an 1285, comme nous l'avons dit dans un autre article.

La bienheureuse Julienne, voyant approcher sa fin, et ne pouvant recevoir le saint viatique, à cause des vomissements continuels qui la tourmentaient, pria son confesseur qu'on le lui apportât, afin qu'au moins elle pût adorer son Sauveur. On lui accorda sa demande, et à peine eut-elle satisfait à sa dévotion, qu'elle rendit son esprit à Dieu, et qu'en même temps la sainte hostie disparut; mais on trouva après sa mort sur son corps comme une hostie imprimée du côté du cœur. Sa mort arriva au mois de juin de l'an 1341, et elle fut enterrée dans l'église de l'Annonciade de Florence, où une infinité de malades reçurent la guérison de leurs maux par l'attouchement de son saint corps.

L'an 1632, Augustin Falconieri laissa par son testament vingt mille écus pour être mis en rente pendant vingt années, afin que les revenus et le fonds pussent servir à la poursuite de la canonisation des bienheureux Alexis et Julienne Falconieri, ordonnant de plus que si, dans ce temps de vingt années, on ne pouvait obtenir cette canonisation, l'argent serait employé à faire une chapelle et un autel de marbre pour y mettre leurs reliques. Mais en 1691, la volonté du testateur n'avait pas encore été exécutée, selon ce que dit le P. Papebrock, les papes ayant toujours accordé une prorogation de ces vingt années limitées par le testament, à cause que l'on travaille toujours à la canonisation de ces bienheureux, et le 27 octobre 1693, le pape Innocent XII donna un décret par lequel il permettait aux religieux de l'ordre des Servites, et à toutes les églises de la ville de Florence, de faire l'office de la bienheureuse Julienne, sous le titre de semi-double, et d'en célébrer la messe; mais le saint-siége n'a encore rien prononcé en faveur du bienheureux Alexis.

La règle des Tertiaires des Servites est rapportée tout entière dans la bulle de Martin V, de l'an 1424. Elle contient vingt articles ou chapitres. Il y est marqué, entre autres choses, que les frères et les sœurs doivent être habillés de noir, avec des tuniques étroites et fermées, serrées d'une ceinture de cuir, et que les sœurs doivent avoir des voiles blancs et des guimpes (1); qu'après l'année de noviciat ils doivent faire profession de vivre toujours dans cet ordre; qu'après la profession ils n'en peuvent pas sortir; qu'ils doivent dire pour leur office certain nombre de *Pater* et d'*Ave*; que tous les dimanches et toutes les fêtes de l'année, et tous les jours pendant l'Avent et le Carême, ils doivent se lever à minuit pour dire Matines; qu'outre les jeûnes de l'Eglise ils doivent encore jeûner tous les jours, depuis le premier dimanche de l'Avent jusqu'à Noël, et tous les vendredis de l'année; qu'ils ne peuvent manger de la viande que les dimanches, les mardis et les jeudis de chaque semaine, à moins qu'ils ne soient malades. Les papes Eugène IV, Clément VIII et Paul V, accordèrent beaucoup de priviléges aux frères et aux sœurs de cet ordre, et leur règle a été confirmée par le pape Innocent III, à la sollicitation d'Antoine Alabanti, vingtième général de l'ordre des Servites.

Entre les personnes illustres qui ont fait profession de ce tiers ordre, les Servites mettent Rodolphe, comte de Habsbourg, chef de la maison d'Autriche, qui fut ensuite empereur; mais ce prince ne peut pas avoir été de ce tiers ordre, puisqu'il mourut l'an 1291, et que cet ordre n'a été établi que l'an 1306. Ils mettent aussi au nombre de ces tiertiaires Ladislas IV, roi de Pologno, l'empereur Charles IV, Eléonore de Médicis, duchesse de Mantoue, et les cardinaux dont nous avons parlé dans les paragraphes précédents. Nous avons dit que l'archiduchesse Anne-Catherine de Gonzague, femme de Ferdinand d'Autriche et mère de l'impératrice Anne d'Autriche, femme de l'empereur Matthias, n'avait point été religieuse de l'ordre des Servites, comme quelques écrivains l'ont avancé; elle a été seulement Tiertiaire de cet ordre, et il n'y en a point à qui l'ordre des Servites soit plus redevable qu'à cette princesse. C'est avec raison qu'on lui a donné le titre de restauratrice de cet ordre en Allemagne, où il n'était plus connu, les couvents qu'il y possédait ayant été détruits par les hérétiques;

(1) *Voy.*, à la fin du vol., n° 96.

car non-seulement elle fit bâtir dans la ville d'Inspruck, capitale du Tyrol, deux monastères de cet ordre, l'un pour des hommes, l'autre pour des filles; mais elle y fonda aussi une célèbre communauté de filles et de femmes Tiertiaires du même ordre, où elle se retira après la mort de son mari, et prit l'habit de ce tiers ordre.

Cette princesse, qui était fille de Guillaume III, duc de Mantoue, et d'Eléonore d'Autriche, naquit le 17 janvier 1566. Elle fut mariée, à l'âge de quinze ans, à Ferdinand son oncle, archiduc d'Autriche et comte de Tyrol, qui avait épousé en premières noces Philippine, fille de François Welserd d'Augsbourg. Pendant quatorze ans que l'archiduchesse Anne-Catherine vécut avec ce prince, elle le porta, ou à bâtir de nouveau des églises, ou à réparer les anciennes et à les pourvoir de riches ornements pour la décoration des autels. L'église de Saint-Léopold, dans le palais d'Inspruck, celle de Notre-Dame de Lorette à Hall, deux autres à Grienick et à Rottolz, lieux de plaisance des comtes de Tyrol, l'église et le monastère des Capucins d'Inspruck, et un fameux ermitage près de cette ville, sont encore des marques de la piété de ce prince et de l'archiduchesse Anne-Catherine de Gonzague, son épouse, qui eurent de leur mariage deux filles, Marie, qui imita sa mère et la suivit dans sa retraite, et Anne, qui fut mariée à l'empereur Matthias.

L'archiduchesse ayant perdu son époux l'an 1595, et n'ayant que vingt-neuf ans, fut peu de temps après recherchée en mariage par l'empereur Rodolphe II; mais elle refusa cette alliance, et, voulant mener une vie retirée, elle fit bâtir à Inspruck un palais en forme de monastère, où elle pratiqua, avec ses deux filles et les personnes de sa maison, tous les exercices des monastères les plus réguliers; elle n'en sortait que pour aller à quelque lieu de dévotion. Celui qu'elle fréquentait le plus était l'église de Notre-Dame, sur le mont Waltrast, éloigné de trois lieues d'Inspruck. Un jour qu'elle priait avec beaucoup de ferveur dans ce lieu, elle fut inspirée de fonder un monastère pour les religieuses de l'ordre des Servites. Elle en fit jeter les fondements l'an 1607, et pendant que l'on travaillait à cet édifice, étant retournée au mont Waltrast, elle fut encore de nouveau inspirée de faire bâtir un autre monastère pour y faire vivre en commun des filles et des femmes qui ne seraient pas obligées à la clôture comme dans le premier, et qui suivraient la troisième règle de cet ordre; elle se sentit en même temps portée à embrasser cet état: c'est pourquoi elle fit aussitôt travailler à cette maison, qui était contiguë au premier monastère et qui n'en était séparée que par une église commune pour les religieuses et pour les Tiertiaires. Elle dressa elle-même des constitutions particulières pour ces deux maisons, autres que celles qui étaient pratiquées dans l'ordre, et elle les fit approuver par le pape Paul V, celles des religieuses l'an 1610, et celles des Tiertiaires l'an 1617.

Cette princesse ne voulut entièrement renoncer au monde qu'après le mariage de sa fille Anne d'Autriche avec l'empereur Matthias, qui n'était pour lors que roi des Romains, et qui avait envoyé des ambassadeurs à Inspruck pour la demander. Elle la conduisit à Vienne l'an 1611, et après la cérémonie des noces, elle retourna à Inspruck, où elle se retira aussitôt dans le monastère destiné pour les religieuses, parce que l'autre maison, qu'elle faisait bâtir pour les Tiertiaires, n'était pas achevée. Elle y entra le 2 janvier 1612, avec sa fille aînée la princesse Marie d'Autriche, et quelques demoiselles, dont les unes voulaient être religieuses et les autres seulement Tiertiaires. Mais comme celles qui voulaient être religieuses étaient de jeunes filles qui n'avaient aucune expérience des observances régulières, le pape accorda à l'archiduchesse la permission de faire venir quatre religieuses Augustines du monastère de Sblotz, pour leur apprendre les observances régulières, et l'une de ces religieuses Augustines fut établie prieure. L'église de ce monastère fut dédiée le premier dimanche de Carême de la même année, en l'honneur de la Présentation de la sainte Vierge au temple.

Avant que celles qui devaient être religieuses Servites fussent revêtues de l'habit de cet ordre, l'archiduchesse voulut prendre celui des Tiertiaires du même ordre. Elle le reçut le 1er juillet, avec sa fille et trois autres demoiselles. Elle changea de nom, et prit celui de sœur Anne Julienne, et la princesse Marie celui de sa mère, Anne-Catherine. Dans le même temps les religieuses Augustines de Sblotz prirent aussi l'habit de l'ordre des Servites, et le lendemain, fête de la Visitation de Notre-Dame, les autres demoiselles destinées pour être religieuses reçurent aussi l'habit de cet ordre avec beaucoup de pompe et de cérémonie, et furent toutes appelées Marie, ajoutant à ce nom celui de quelque autre sainte, conformément aux constitutions qui leur avaient été données par la sainte fondatrice, qui dans celles des Tiertiaires ordonna aussi qu'elles porteraient le nom d'Anne avec celui d'une autre sainte, en l'honneur de sainte Anne, patronne de leur maison.

Cette maison des Tiertiaires étant achevée, elles y allèrent demeurer le 3 novembre 1613, et quelque temps après elles firent leur profession, par laquelle elles promirent obéissance au général de l'ordre des Servites, chasteté, fidélité dans la dispensation du bien que l'archiduchesse laissait à ses monastères, protection et service envers les religieuses du monastère contigu à leur maison. On leur donna ensuite un voile blanc, sur lequel il y avait une étoile bleue, et un grand manteau noir, qui est la marque des professes de ce tiers ordre en Allemagne, et l'habillement que leur a prescrit la sainte fondatrice, avec une robe noire, un scapulaire et une guimpe (1).

L'archiduchesse ne se contenta pas d'avoir fait bâtir ces deux monastères : elle voulut encore faire construire un autre couvent dans la même ville pour les religieux du même ordre, qui en prirent possession l'an 1616. Outre les constitutions qu'elle avait dressées pour les deux monastères de religieuses et de Tiertiaires, elle fit encore d'autres règlements pour le bon gouvernement de ces deux maisons ; et après avoir eu la consolation de voir vingt et une religieuses professes dans la première, et vingt-sept Tiertiaires, aussi professes, dans la seconde, sans compter les sœurs Converses qu'elle y avait instituées sous le nom d'Oblates, elle mourut le 2 août 1622. L'on peut regarder cette princesse, non-seulement comme restauratrice de l'ordre des Servites en Allemagne, mais comme la fondatrice de la première communauté de Tiertiaires de cet ordre.

Les Servites mettent aussi au nombre de ces Tiertiaires la bienheureuse Santuccia Terabotti d'Eugubio. Mais outre qu'elle mourut l'an 1305, avant la naissance de ce tiers ordre, c'est que tous les monastères qu'elle fonda, et qui formèrent une congrégation dont elle fut générale, comme nous dirons en son lieu, suivaient la règle de saint Benoît, et qu'elle y établit les mêmes observances que l'on pratiquait dans la congrégation de Saint-Spérandieu, dont le chef d'ordre était le monastère de Saint-Pierre d'Eugubio, de l'ordre de Saint-Benoît. C'est de quoi le P. Archange Giani convient ; mais ce qui l'a trompé en mettant la bienheureuse Santuccia au nombre des Tiertiaires Servites, c'est que le premier monastère qu'elle fonda fut sous le titre de Notre-Dame des Servantes ou des Servites, *Santa Maria delle Serve* : ce qui a fait aussi tomber dans l'erreur Jacobilli, qui, dans ses Vies des saints de l'Ombrie, où il a inséré celle de cette bienheureuse Santuccia, dit qu'elle fut de l'ordre des Servites, et il s'est trompé davantage lorsqu'il ajoute que les Servites suivent la règle de saint Benoît. Ce qui l'a fait tomber dans l'erreur, c'est que ce monastère de Notre-Dame *delle Serve*, et les autres que fonda la bienheureuse Santuccia suivaient la règle de saint Benoît.

Voyez Archange Giani, *Annal. Servorum B. M. et Regul. soror. tertii ord. Servorum.* Bollandus, tom. III *Junii.* Giuseppe Maria Barchi, *Vita della serenissima suor Anna Juliana Gonzaga, archiduchessa d'Austria.*

SICILE (ANCIENNES CONGRÉGATIONS DE BÉNÉDICTINS DE).

Saint Placide ayant été envoyé en Sicile par saint Benoît, comme nous l'avons dit ailleurs (art. BÉNÉDICTINS, § 2), il y bâtit un monastère proche Messine sur le bord de la mer. L'église en fut consacrée à Dieu sous l'invocation de saint Jean-Baptiste, et sa communauté se trouva en peu de temps composée de trente religieux qu'il gouvernait avec une sagesse admirable. Eutiche et Victorin, ses frères, avec leur sœur Flavie, l'étant venu voir en 541, ne furent pas plutôt arrivés à Messine, qu'une armée navale d'infidèles y aborda. Ces barbares étant descendus à terre, allèrent au monastère, prirent saint Placide, ses deux frères, sa sœur et tous les religieux, auxquels ils firent souffrir d'horribles tourments pour les obliger à renoncer à Jésus-Christ. Mais les voyant fermes dans leur foi, ils leur procurèrent la couronne du martyre. Non contents de cette barbarie, ils réduisirent le monastère en cendres, et ne laissèrent que l'église, où Gordian, le seul religieux de ce monastère qui évita la fureur de ces barbares, donna la sépulture aux corps des saints martyrs. Comme l'on a donné le nom de Sarrasins à ces infidèles, qui abordèrent en Sicile en 541, cela a donné lieu à quelques-uns de douter de la vérité de cette histoire. Mais que ces infidèles aient été Sarrasins, Esclavons ou Goths ; qu'ils aient été idolâtres ou ariens, c'est une ancienne tradition qui est presque universellement reçue que saint Placide et ses compagnons ont été martyrisés en Sicile, et qu'ils ont été les premiers de l'ordre de Saint-Benoît qui aient répandu leur sang pour la défense du nom de Jésus-Christ.

Après la mort de saint Placide, on envoya du Mont-Cassin en Sicile d'autres religieux pour réparer ce monastère, auquel on donna le nom de Saint-Placide ; mais environ trois cents ans après, les Sarrasins s'étant emparés de cette île, et y ayant détruit ou ravagé les églises, ce monastère se trouva enveloppé dans cette ruine commune. Baronius rapporte des lettres des moines de Sicile à ceux de la congrégation du Mont-Cassin, en 669, qui demeuraient pour lors à Rome au palais de Latran, par lesquelles ils les prient d'avoir compassion d'eux, et de ne les point abandonner et de leur envoyer de quoi réparer le monastère de Saint-Placide, les villes, les bourgs, les châteaux et les biens qui en dépendaient. Elles sont accompagnées d'autres lettres du pape Vitalien adressées à ces moines de Sicile, par lesquelles il les console et les exhorte à aider les religieux de la congrégation de Cassin qu'il leur envoie pour rétablir les monastères de Sicile qui avaient été ruinés par les barbares ; mais ces lettres ont paru suspectes au P. Dom Mabillon, à cause qu'Anastase le bibliothécaire ne met cette incursion des Sarrasins que sous le pape Adéodat, et non pas sous Vitalien, dont Baronius met la mort en 669, quoiqu'il ait vécu jusqu'en 673, ce qui rend encore ces lettres plus suspectes. Apparemment que M. Ange de la Noce les a crues aussi supposées, puisqu'il les a omises dans la nouvelle édition qu'il donna, en 1668, de la Chronique du Mont-Cassin par Léon d'Ostie, quoiqu'elles se trouvassent dans l'appendice des anciennes éditions, et qu'Ascagne Tambourin les eût aussi rapportées tout au long ;

---

(1) *Voy.*, à la fin du v. 1, n° 97.

si l'on pouvait même ajouter foi à ces lettres, on en tirerait une induction qu'il n'y avait point de congrégation particulière en Sicile, et que les moines du monastère de Saint-Placide et des autres étaient de la congrégation du Mont-Cassin, puisque celles qui sont adressées aux moines de cette congrégation disent que les Sarrasins firent un carnage des moines du Mont-Cassin : *Effudere namque Sarraceni sanguinem monachorum Cassinensium et Christianorum cum illis habitantium, velut aquam in circuitu possessionum suarum, et non erat qui sepeliret.* Mais supposé que le monastère de Saint-Placide eût été regardé comme chef des monastères de l'ordre de Saint-Benoît en Sicile, et qu'ils eussent formé une congrégation séparée, elle fut détruite apparemment par l'incursion des Sarrasins, qui restèrent en cette île jusqu'en 1070, qu'ils en furent chassés par les Normands, qui y rétablirent le christianisme. Leur prince Roger, qui fut le premier comte de Sicile, donna le lieu où était ce monastère de Saint-Placide aux chevaliers de Saint-Jean de Jérusalem, qui le possèdent encore aujourd'hui, et qui, voulant faire travailler à leur église en 1588, trouvèrent les corps de saint Placide et de ses compagnons, dont la translation se fit avec beaucoup de pompe et de cérémonie, comme l'on peut voir dans la relation qui en a été faite par le chevalier Philippe Goth, laquelle fut imprimée à Messine en 1591.

Le monastère de Saint-Placide ayant été donné aux chevaliers de Saint-Jean de Jérusalem, ou au moins le lieu où il était situé, qui est devenu un prieuré de cet ordre sous le titre de Saint-Jean-Baptiste, l'on a bâti depuis à dix milles de Messine, en 1361, un autre monastère qui a aussi pris le nom de Saint-Placide, afin de conserver la mémoire de celui qui avait été le propagateur de l'ordre de Saint-Benoît en Sicile, et il a été membre d'une congrégation qui a subsisté pendant quelques années dans ce royaume, sous le titre de Saint-Nicolas d'Arènes.

Dès l'an 1456, les moines du monastère de Saint-Nicolas d'Arènes à Catane, avec leur abbé Jean-Baptiste Platamon, voulant ériger une congrégation en Sicile, à l'imitation de celle de Sainte-Justine de Padoue, firent d'abord union avec les monastères de *Nuova Luce*, de Sainte-Marie *della Scala*, de Josaphat de Paterne, et de Saint-Placide de Messine ; les abbés renoncèrent au gouvernement de ces monastères, pour les soumettre libres à la nouvelle congrégation. Ils obtinrent pour cet effet du pape Calixte III un bref du 3 juillet 1456, adressé à l'archevêque de Palerme et au P. Julien Maïali, moine du monastère de Saint-Martin *delle Scale*, afin qu'après avoir pris communication de toutes choses, et avoir entendu les abbés et les moines, ils érigeassent cette congrégation, s'ils trouvaient que ce fût un avantage pour l'ordre de Saint-Benoît ; mais l'année suivante, ce pontife ayant encore donné un autre bref où l'autorité du roi était blessée, cette union n'eut point lieu.

Comme la congrégation de Sainte-Justine augmentait de jour en jour, et que l'observance régulière y était exactement gardée, le P. Grégoire de la Matina, abbé de Saint-Martin *delle Scale* à Palerme, fit son possible, en 1475, pour y faire unir son monastère, aussi bien que le P. Léonard Cacciola, abbé de celui de Saint-Placide qui, sachant que le P. Grégoire de la Matina postulait cette union, se joignit à lui pour le même sujet en 1476. Les abbés de Sainte-Marie *del Parto*, de Saint-Nicolas de Catane, et de Sainte-Marie de Licodia, firent aussi la même chose, y employant le crédit du vice-roi et du sénat de Palerme, qui écrivit pour l'obtenir. L'abbé de Sainte-Marie *del Parto* fut député pour la demander aux supérieurs de la congrégation de Sainte-Justine, qui envoyèrent en Sicile les abbés de Saint-Séverin de Naples, de Saint-Ange de Gaëte, et de Pérouse, pour s'informer de l'état des monastères qui demandaient l'union.

Mais l'abbé de Saint-Placide, changeant de sentiment, sollicita les monastères de Sicile à travailler de nouveau à l'érection d'une congrégation particulière en ce royaume : ce qui lui réussit en partie ; car les abbés de Saint-Nicolas d'Arènes, de Catane, de Sainte-Marie de Licodia, et le prieur de l'église métropolitaine de Montréal s'unirent à lui, et s'adressèrent au pape Sixte IV, qui, par une bulle du 3 juillet 1483, leur permit d'ériger une nouvelle congrégation de l'observance de Saint-Benoît en Sicile, et d'élire un président général avec deux visiteurs : il ordonna qu'ils eussent à garder les mêmes constitutions et usages que les moines de la congrégation de Sainte-Justine, dont il leur communiqua les privilèges, avec pouvoir d'unir à leur nouvelle congrégation tous les monastères du royaume qui voudraient embrasser ses observances : ce qui eut un heureux succès : car les anciens abbés se démirent entièrement du gouvernement de leurs monastères, qu'ils soumirent à cette même congrégation, se contentant du simple titre d'abbés pendant leur vie.

Ainsi commença la nouvelle congrégation de Sicile, qui prit le nom de Saint-Nicolas d'Arènes, à cause de l'antiquité de ce monastère sur les autres, dont il fut le chef. Le premier chapitre général devait s'y tenir la même année : il fut néanmoins célébré dans celui de Saint-Placide, où l'on n'élut d'abord que des prieurs, à cause que les abbés des monastères s'étaient réservé ce titre pendant leur vie, et le premier général fut Dom Eusèbe de Messine, moine du monastère de Saint-Placide. L'abbé de Saint-Martin *delle Scale*, qui n'avait pu obtenir de la congrégation de Sainte-Justine d'y pouvoir agréger son monastère, l'unit à celle de Sicile ; et cette union fut reçue dans le chapitre général tenu en 1485. Le monastère de Sainte-Marie de Fondro y fut aussi uni en 1486, et celui de Sainte-Marie de Cangi en 1490. Ce furent là tous les monastères qui composèrent cette congrégation. Le général, voyant qu'en 1504 le monastère du Mont-Cassin avait été uni à la congrégation de Sainte-Justine, qui avait pris le nom de ce monastère, chef de l'ordre de Saint-Benoît, demanda que toute sa congrégation y fût aussi unie : ce que le pape Jules II accorda en 1506, et l'abbé Dom Ignace Squarcialupi, du monastère de Florence, prit possession des monastères de cette congrégation de Sicile au nom de celle du Mont-Cassin.

Voyez Bulteau, *Hist. de l'ordre de Saint-Benoît.* Mabillon, *Annal. Bened.*, tom. I. Pietro Ant. Tornamira, *Origin. et Prog. della cong.Cassinense; Bullar. Cassin.*, et Ascag. Tambur. *De Jur. abbat.*, disput. 24, quæst. 5, n. 4.

SICILE (Religieux pénitents du tiers ordre de la congrégation de).

Voy. Lombardie.

SILENCE (Chevaliers du).

Voy. Chypre.

SILVESTRINS (Moines).

Des moines Silvestrins, avec la Vie de saint Silvestre Gozzolin, leur fondateur.

La congrégation des Silvestrins a ainsi été appelée du nom de son fondateur saint Silvestre Gozzolin. Il était natif d'Osmo dans la Marche d'Ancône, et vint au monde en 1177. Son père se nommait *Chislerio*, de la noble famille des Gozzolins, et avait épousé une femme qui ne lui cédait en rien pour la noblesse. Ils eurent un grand soin de son éducation, et connurent dès son enfance ce qu'il serait un jour, car il n'avait rien de puéril, et semblait posséder toutes les vertus avant même que sa raison fût formée. Après avoir fait ses premières études en son pays, il fut envoyé à Bologne et à Padoue pour y apprendre la jurisprudence ; mais, s'apercevant que cela lui faisait insensiblement perdre le goût de la véritable piété et l'engageait dans les affaires du monde dont il ne voulait point se mêler, il abandonna cette étude pour ne plus s'appliquer qu'à celle de la théologie et à la lecture de l'Ecriture sainte. Il partageait tellement son temps entre l'étude et la prière, que l'une succédait à l'autre, sans prendre aucune part aux divertissements et aux plaisirs qui faisaient l'occupation la plus ordinaire de ceux de son âge. Ayant fini ses études de théologie, il retourna dans son pays, où il éprouva les effets de la colère de son père qui, mécontent de ce qu'il avait quitté la jurisprudence, qu'il regardait comme la voie qui le pouvait conduire sûrement aux honneurs et aux dignités de ce monde, fut pendant dix ans sans vouloir lui parler. Silvestre supporta cette disgrâce avec beaucoup de patience, sans jamais perdre le respect qu'il devait à son père. Ayant été pourvu d'un canonicat dans l'église d'Osmo, et promu aux ordres sacrés, il s'adonna plus que jamais aux exercices de l'oraison et de la contemplation, et s'animant d'un saint zèle pour le salut de son prochain, il s'appliqua à la prédication pour gagner des âmes à Dieu. Son zèle lui attira la disgrâce de son évêque, qui menait une vie peu exemplaire : car ayant pris la liberté de lui représenter avec beaucoup de respect le scandale qu'il causait à ses ouailles, ce prélat, loin de profiter des bons avis qu'il lui donnait, devint son persécuteur, et le menaça de l'interdire et de le chasser de son église.

Silvestre, se voyant en butte à la persécution, médita sa retraite. Ce qui le détermina entièrement à quitter le monde fut le spectacle affreux qu'il vit du cadavre d'un de ses parents, qui avait passé pour le plus bel homme de son temps, et qui était tout couvert de vers et de pourriture. Il se retira secrètement de la ville, n'ayant communiqué son dessein qu'à un homme, nommé André, qui, non content de l'approuver, voulut encore l'accompagner une partie du chemin qu'il fit. Silvestre, après avoir pris congé de son ami, alla se cacher en un désert éloigné de trente milles de la ville d'Osmo, dans le voisinage d'une terre qui appartenait à un gentilhomme nommé Conrad. Ce fut en 1227, Silvestre étant alors âgé de quarante ans. Il y vécut dans une pauvreté extrême et dans des austérités extraordinaires. Ayant été découvert par les habitants du bourg voisin de son ermitage, qui en donnèrent avis à Conrad leur seigneur, ce gentilhomme vint le voir et le reconnut, pour l'avoir vu souvent à la cour du gouverneur de la Marche d'Ancône, où il sollicitait une affaire qui regardait le chapitre d'Osmo. Il ne voulut pas le souffrir dans cet affreux désert, et le conduisit dans un autre qui paraissait plus commode et plus agréable, où il lui envoyait tous les jours de quoi manger ; mais le saint n'y fit pas un long séjour, à cause que ce lieu était trop humide. Un bon prêtre lui en indiqua un autre plus solitaire et plus commode pour le genre de vie qu'il voulait embrasser. Il s'appelait *la Grotta Fucile*; le saint s'y établit et y bâtit dans la suite un monastère de son ordre qui subsiste encore aujourd'hui. Il fit dans ce lieu une grande pénitence, ne mangeant le plus souvent que des herbes crues, ne buvant que de l'eau, dormant sur la terre nue et manquant de toutes choses nécessaires à la vie. Mais il ne put être si bien caché dans cette solitude qu'il n'y fût visité d'un grand nombre de personnes, parmi lesquelles il y en eut qui lui conseillèrent de se déterminer à un genre de vie. Il pria instamment le Seigneur de lui faire connaître sa volonté. L'historien de sa Vie dit que tous les fondateurs d'ordre lui apparurent, chacun tenant en main sa règle et ses constitutions, le priant de les recevoir et de se revêtir de leur habit, et qu'il préféra saint Benoît aux autres. Mais nous n'ajoutons pas beaucoup de foi à ces sortes de visions. Ce qui est plus certain, c'est que saint Silvestre, voyant que quelques personnes l'étaient venu trouver pour vivre sous sa conduite, bâtit un monastère sur le mont Fano, éloigné de deux milles de Fabriano dans la Marche d'Ancône, l'an 1231, et jeta les fondements de son ordre, qui prit d'abord le nom de *Monte-Fano*. Il donna à ses disciples la règle de saint Benoît ; qu'il leur fit observer dans toute sa rigueur, y ajoutant même beaucoup d'autres austérités. Il leur prescrivit sur toutes choses une pauvreté extrême.

L'ordre de Saint-Silvestre croissant de jour en jour par le nombre des religieux qui y entraient et des monastères que le saint fondait en plusieurs lieux, causa de la jalousie à quelques personnes qui ne cessaient de le décrier sur ce qu'il n'était point approuvé du saint-siège, et qui sous ce prétexte s'emparaient des biens qu'on lui avait donnés. Le saint, pour remédier à ces inconvénients, eut recours à l'autorité du pape Innocent IV, qui approuva cet ordre par sa bulle du 27 juin de l'an 1247. M. Baillet marque, dans la Vie de ce saint, qu'il alla pour cet effet à Rome trouver le pape, qui lui accorda l'approbation de son ordre avec beaucoup de témoignages de bienveillance, par un bref de l'an 1248, et qu'il ne quitta cette ville qu'après avoir jeté les fondements d'un nouveau monastère de sa congrégation, sur un fonds que lui donnèrent l'archiprêtre et les chanoines de Saint-Pierre. Je ne sais sur quoi cet auteur appuie son sentiment : car il est certain qu'en 1248 Innocent IV était en France, où il s'était réfugié dès l'an 1244, pour éviter les persécutions de l'empereur Frédéric II, et il y demeura jusqu'à la mort de cet empereur, qui arriva en 1250. Il ne retourna même à Rome qu'en 1252, ayant séjourné longtemps à Pérouse après être sorti de France. Nous ajoutons que la bulle de ce pape qui confirma l'ordre des Silvestrins est datée de Lyon du 27 juin de l'année 1247, et de la cinquième de son pontificat, ce qui nous fait connaître encore une autre erreur de M. Baillet, qui met cette bulle en 1248. Il ne faut, pour s'en convaincre, que lire cette bulle, qui se trouve dans le premier tome du Bullaire romain, à la fin des constitutions des Silvestrins, et dans Ascagne Tamburin, dans son Traité du droit des abbés réguliers, *Tom. II, dist. 24, quest. 4*. Quoique ce dernier ait transcrit tout au long cette bulle, et qu'elle soit aussi datée de l'an 1247, il ne laisse pas néanmoins de dire qu'Innocent IV approuva cet ordre en 1238 ; mais c'est sans doute une faute d'impression, qui a cependant fait tomber dans l'erreur le P. le Mège, dans la Vie de saint Benoît, le P. Bonanni, dans son Catalogue des ordres religieux, et quelques autres, qui ont dit la même chose après lui, ne faisant pas attention que ce pontife était mort dès l'an 1254. Enfin Silvestre Maurolic, qui a été suivi par Schoonebeck, dit que cet ordre fut fondé par saint Silvestre en 1269. Cependant saint Silvestre était mort dès l'an 1257, et son ordre avait été approuvé dès l'an 1247.

Quant au monastère que M. Baillet dit que saint Silvestre bâtit à Rome sur un fonds que lui donnèrent les chanoines de Saint-Pierre, il est vrai qu'ils accordèrent à ce saint l'église de Saint-Jacques *in Settimania* ou de la Longarre, qui avait été bâtie par le pape Léon IV, et unie à ce chapitre par Innocent III ; mais comme ils n'avaient pas cette église en toute propriété, ils acceptèrent en 1568 l'offre qui leur fut faite de l'église paroissiale de Saint-Etienne *in Cacco*, qui, outre un beau monastère qu'ils y ont fait bâtir, est plus grande, plus belle et plus riche que celle de Saint-Jacques de la Settimania, qu'ils abandonnèrent la même année, et que les chanoines de Saint-Pierre accordèrent en 1620 aux religieux pénitents du tiers ordre de Saint-François, aux mêmes conditions qu'ils l'avaient donnée aux Silvestrins, c'est-à-dire en leur payant tous les ans soixante écus de redevance, ou de canon, pour parler selon les termes d'Italie. Mais les religieux pénitents quittèrent ce lieu en 1630, qu'Urbain VIII les transféra au monastère de Notre-Dame des Miracles, qui avait été occupé par les religieux Conventuels réformés, et l'église de Saint-Jacques *de la Settimania* fut donnée aux religieuses pénitentes ou converties réformées, moyennant la même somme de soixante écus romains par an qu'elles ont toujours payée jusqu'à présent au chapitre de Saint-Pierre.

Les autres monastères que saint Silvestre fonda furent ceux de Grotta Fucile, de Saint-Bonfils de Cingoli, de Saint-Marc de Ripalta, de Saint-Jean de Sassoferato, de Saint-Benoît de Fabriano, de Saint-Barthélemy, de la Serra de San-Quirico, de Saint-Pierre du Mont-Osimo, de Saint-Benoît de Pérouse, de Saint-Marc de Sambuco, de Saint-Thomas de Jessi, et un monastère de religieuses près de la Serra de San-Quirico. Dieu l'honora pendant sa vie de plusieurs miracles qui se firent par son intercession, et après avoir travaillé avec beaucoup de zèle pour faire avancer ses disciples dans la perfection de l'état qu'ils avaient embrassé, il mourut, comblé de grâces et de mérites, le 26 novembre 1267, à l'âge de quatre-vingt-dix ans, et fut enterré dans l'église de Fano, qui a pris, aussi bien que sa congrégation, le nom de ce saint fondateur, après que les miracles qui continuèrent à son tombeau eurent obligé les souverains pontifes de lui donner le titre de saint. Ils accordèrent aux religieux de son ordre d'en faire la fête. Les habitants de Fabriano l'ont pris pour patron. L'évêque de Camerino ordonna que sa fête serait chômée dans son diocèse : ce qui fut encore observé dans celui d'Osimo ; enfin le pape Clément VIII voulut que son nom fût inséré dans le Martyrologe romain.

Après sa mort, ses religieux songèrent à lui donner un successeur. On tint un chapitre général à Monte-Fano, où le bienheureux Joseph de la Serra de San-Quirico fut élu pour second général de cet ordre le 4 janvier 1268. Il fit de nouveaux établissements et gouverna l'ordre jusqu'à sa mort, qui arriva l'an 1273. Le bienheureux Bartolle de Cingol lui succéda, et fut pendant l'espace de vingt-cinq ans général de l'ordre, jusqu'en l'an 1298, qu'il mourut le 3 d'août, auquel jour on célèbre sa fête dans l'ordre. Ce fut par ses soins que le P. Dom André Giacomo de Fabriano, qui fut son successeur, composa la Vie de saint Silvestre. Sous le gouvernement de ces généraux et de ceux qui leur ont succédé, l'ordre des Silvestrins fit de grands progrès. Il a eu jusqu'à cinquante-six maisons d'hommes et plusieurs de filles dont ils avaient la direction ; mais ils ont abandonné ces monastères de filles, qui leur donnaient trop d'occupations, et n'ont conservé que celui de Saint-Benoît de Pérouse, où les religieuses sont habillées de noir, comme les autres Bénédictines. Ils n'ont présentement que quatorze maisons dans l'État ecclésiastique, savoir, neuf dans la Marche d'Ancône, trois dans l'Ombrie, et une à Rome; ils en ont aussi une à Naples.

Les généraux étaient autrefois à vie, aussi bien que les prieurs des monastères ; mais le pape Paul III les rendit triennaux en 1543. Cet ordre fut uni avec celui de Vallombreuse en 1662, par le pape Alexandre VII, qui n'en fit qu'une congrégation sous le titre de *Vallombreuse et Silvestrine de l'ordre de Saint-Benoît*. Il ordonna que les généraux qui exerceraient leur office pendant quatre ans seraient élus alternativement entre les Silvestrins et les Vallombrosiens ; que quand un Silvestrin serait général, il y aurait deux Vallombrosiens pour visiteurs généraux, et réciproquement deux Silvestrins pour visiteurs généraux lorsqu'un Vallombrosien serait général, et qu'on dresserait des constitutions qui seraient également observées par les uns et les autres ; mais cette union n'a point subsisté. Ces deux ordres sont à présent séparés et gouvernés par deux généraux de chacun de ces ordres.

Depuis cette séparation, les généraux des Silvestrins ont exercé leur office pendant quatre ans, et dans le chapitre général tenu en 1681, où le P. Dom Jean Matthieu Feliciani fut élu général, ils firent quelques règlements pour leur ordre, qui furent approuvés en 1683 par Innocent XI ; le même pape, par un autre bref de l'an 1685, ordonna que le général venant à décéder pendant le temps de son office, le vicaire général lui succéderait pour gouverner l'ordre jusqu'au chapitre général, et en 1678 ils dressèrent de nouvelles constitutions, qui furent approuvées par le pape Alexandre VIII en 1690.

Conformément à ces constitutions, ils se lèvent la nuit pour dire Matines, mais à divers temps, selon les différentes saisons, savoir, depuis le mois de mai jusqu'en septembre, à six heures de nuit, c'est-à-dire à deux heures après minuit, selon notre manière de compter les heures, les Italiens commençant à les compter depuis le soleil couché ; dans le mois de décembre ils se lèvent à neuf heures, au mois de janvier à dix, au mois de février à neuf, au mois de mars à huit, et au mois d'avril à sept. Les jours de féries et de fêtes simples, outre le grand office, ils disent encore au chœur le petit office de la Vierge ; après Primes les litanies des saints ; la messe conventuelle se chante après Tierce. Elle est suivie de Sexte. None se dit après dîner. Ils font une conférence spirituelle après Vêpres, et après Complies une heure d'oraison, laquelle étant finie, ils se retirent au dortoir. Ils se trouvent tous les jours au chapitre, prennent un jour de la semaine la discipline en leur particulier, et tous les vendredis en commun ; pendant l'Avent et le Carême ils la prennent deux fois la semaine en particulier et les mercredis et vendredis en commun. L'usage de la viande leur est interdit, à moins qu'ils ne soient malades. Ils mangent deux fois le jour depuis Pâques jusqu'à la fête de l'Exaltation de la sainte Croix, et depuis Noël jusqu'au mercredi des Cendres. Les œufs et le laitage leur sont alors permis, excepté le vendredi et les jeûnes ordonnés par l'Eglise. Ils jeûnent encore tous les jours depuis la fête de la Sainte-Croix jusqu'à Pâques, excepté le jour de Noël et la fête de saint Silvestre ; le supérieur peut en dispenser les fêtes solennelles, hors le temps de l'Avent et du Carême. Il ne leur est pas permis de manger des œufs et du laitage les jours qu'ils jeûnent : ils sont même obligés en voyage aux jeûnes de la règle si ce n'est pour raison d'infirmité ou de longs voyages, auquel cas ils doivent avoir la dispense du supérieur.

Les principales dignités de l'ordre sont celles de général, de vicaire général, de prieur, de zélateur et de maître des novices. Ils sont élus, aussi bien que les autres officiers, dans le chapitre général qui se tient tous les quatre ans le jour de la Pentecôte. Entre les abbés il y en a qui sont absolument titulaires ; aucun abbé ne peut être supérieur d'un monastère qu'il n'ait été auparavant titulaire, ni aucun religieux abbé titulaire qu'il n'ait été auparavant ou maître des novices, ou secrétaire de la congrégation, ou lecteur de théologie, de philosophie ou d'humanités, ou bibliothécaire de Fabriano, ou qu'il n'ait eu quelque autre emploi dans l'ordre. Ces abbés titulaires assistent aux chapitres généraux avec les abbés supérieurs des monastères, le procureur général, son compagnon, les deux visiteurs généraux, le maître des novices, le secrétaire de la congrégation et les trois lecteurs de théologie, de philosophie et d'humanités. Dans le chapitre général on élit l'abbé général et quatre définiteurs pour gouverner la congrégation, et deux visiteurs généraux pour faire la visite des monastères, lorsque quelque cause légitime en empêche le général. Et afin que les constitutions soient inviolablement observées, l'abbé général, après son élection, jure de les faire observer et de n'en dispenser que dans l'extrême nécessité. Il y a encore quatre Pères commis par le chapitre général pour veiller à ce qu'elles soient fidèlement observées, et pour cet effet ils font le même serment que le général ; ce sont ordinairement les abbés de l'ermitage de Montefano et de Saint-Benoît de Fabriano, avec les deux visiteurs généraux.

Quant à l'habillement de ces religieux, il consiste en une robe et un scapulaire assez large, auquel est attaché un capuce (1). Au chœur et par la ville, ils portent une grande

---

(1) *Voy.*, à la fin du vol., n° 98.

coule à la manière des autres Bénédictins, le tout de couleur de bleu turquin; et quand il fait mauvais temps ou qu'ils sortent seuls, on leur permet quelquefois de porter un grand manteau à la manière des ecclésiastiques. Ils n'ont que des chemises de serge, leur collet et leurs manchettes ne sont aussi que de serge blanche (1). Le général est habillé de violet. Il porte le mantelet et la mosette à la manière des prélats de Rome. Il se sert d'ornements pontificaux, et peut conférer les ordres mineurs à ses religieux. Celui qui occupe présentement cette charge est de la noble famille de Mezza-Lanzia; nous en donnons le portrait et l'habillement tel qu'il nous a été envoyé d'Italie (2). Les autres abbés peuvent aussi officier pontificalement dans leurs monastères trois fois l'an. Ils sont perpétuels, mais ils ne peuvent être supérieurs dans un même monastère que pendant quatre ans. Outre le chapitre général, on tient encore tous les deux ans une diète générale, dans laquelle on change les supérieurs qui ont fini le temps de leur office, et on pourvoit au bien de la congrégation.

Cet ordre a produit plusieurs personnes recommandables par la sainteté de leur vie, entre lesquels il y en a qui ont mérité le titre de saints et de bienheureux, comme saint Bonfils, évêque de Foligny, qui quitta son évêché pour retourner dans la solitude. Le bienheureux Jean del Bastonne s'est rendu célèbre par ses miracles, aussi bien que le bienheureux Hugues de Serra di San-Quirico, et plusieurs autres. L'ordre des Silvestrins a pour armes d'azur à trois montagnes de sinople, surmontée d'une crosse d'or, accostée de deux branches de rosier avec leurs fleurs.

Sebastiano Fabrini, *Breve Chronic. della congregat. de j monachi Silvestrin.* Silvest. Maurol., *Mare Ocean. di tut. gl. relig.*, lib. III. *Constitution. della congreg. Silvestrina.* Herman, *Hist. de l'établissement des Ord. relig.* Schoonebeck, *Hist. des Ord. relig.* Bonanni, *Catalog. Ord. relig.*, part. I. Ascag. Tamburin, *De Jure abb.*, tom. II. Baillet, *Vies des saints*, 26 novemb., et *Bullar. Rom.*, tom. I et III.

SOCCOLANS (Frères mineurs).
Voy. Observantins.

SOCIÉTÉ DE JÉSUS (Chevaliers de l'ordre de la).
Voy. Bethlehem.

SOMASQUES.

De la congrégation des Clercs Réguliers de Saint-Mayeul, appelés communément Somasques, avec la Vie du vénérable Père Emilien, leur fondateur.

En parlant de la congrégation des Théatins, nous dirons aussi quelque chose de celle des Somasques qui y fut unie en 1546, et qui en fut séparée en 1555. Nous avons parlé également d'une autre union que ces Somasques firent avec les Pères de la Doctrine chrétienne en France (*Voy.* cet article), et qui n'a pas non plus subsisté. Dans la première union qu'ils firent avec les Théatins, ils étaient soumis aux supérieurs généraux de cette congrégation, et dans la seconde union qu'ils firent avec les Pères de la Doctrine Chrétienne, ceux-ci au contraire étaient soumis aux supérieurs généraux des Somasques; mais il n'était pas nécessaire que les Somasques eussent recours à des secours étrangers pour se maintenir: leur congrégation se maintient assez d'elle-même avec éclat, et est assez florissante en Italie, où elle a pris naissance. Elle reconnaît pour fondateur le P. Jérôme Emilien, que les Italiens appellent *Miani*, et à qui Ferrarius, dans son *Catalogue des saints d'Italie*, donne le titre de bienheureux.

Il naquit à Venise en 1481, et eut pour père Ange Emilien, et pour mère Eléonore Morocini, tous deux issus de maisons nobles, qui ont donné à l'Eglise plusieurs prélats, et à la république des procurateurs de Saint-Marc, des sénateurs et de grands capitaines; son père même était actuellement sénateur lorsqu'il vint au monde. Jérôme fit paraître dans son jeune âge beaucoup d'inclination pour la vertu; il s'adonna à l'étude des lettres humaines, et fit même assez de progrès jusqu'à l'âge de quinze ans, que le bruit des armes interrompit le cours de ses études et réveilla en lui le courage martial que quelques-uns de ses ancêtres avaient fait paraître.

Les grands progrès que Charles VIII, roi de France, avait faits en Italie sur la fin du XVe siècle, donnèrent de la jalousie aux Vénitiens: ils formèrent contre ce prince une ligue dans laquelle le pape, l'empereur, le roi de Castille, le roi de Naples, le duc de Milan et le marquis de Mantoue devaient entrer. Ils eurent d'abord de la peine à s'accorder; mais enfin elle fut conclue sur la fin du carême de l'année 1495. Les Vénitiens levèrent des troupes, et Jérôme Emilien s'engagea dans cette milice, sans avoir aucun égard aux pleurs de sa mère, qui, ayant perdu son mari depuis peu de temps, recevait de nouveaux chagrins par l'éloignement de Jérôme, qu'elle regardait comme l'unique consolation qui lui restât dans son veuvage, quoiqu'il fût le dernier de ses enfants, appréhendant de le perdre dans la profession qu'il embrassait, à cause des dangers où les gens de guerre sont tous les jours exposés.

Ce fut donc à l'âge de quinze ans que Jérôme prit le parti des armes, et il se laissa bientôt entraîner au torrent des dissolutions, qui règnent parmi la plupart des personnes de cette profession. Les troupes de Charles VIII ayant repassé en France, les Vénitiens mirent bas les armes, et Jérôme retourna chez lui. Mais en 1508 il servit de nouveau dans l'armée que les Vénitiens levèrent pour s'opposer aux princes qui s'étaient ligués contre

---

(1) *Voy.*, à la fin du vol., n° 99.
(2) *Voy.*, à la fin du vol., n° 100. — Quant à l'habillement des religieuses de Saint-Silvestre, *voy.* le n° 101, à la fin de ce vol., et les n°[s] 88 et 89 du tome Ier.

eux par un traité fait à Cambrai, dans lequel le roi Louis XII était entré. Le sénat de Venise commit à Emilien la défense de Castel-Novo sur les confins de Trévise, et il entra avec quelques troupes dans ce château, dont le gouverneur se voyant fortement pressé, les murailles ruinées par l'effet de l'artillerie, les ennemis prêts à donner un assaut général, et appréhendant de tomber entre leurs mains, se retira la nuit secrètement, laissant l'épouvante parmi la garnison. Emilien, pour réparer la lâcheté de ce gouverneur, fit refaire les brèches et prit la résolution de défendre la place jusqu'à la dernière extrémité. Il soutint plusieurs assauts, mais enfin le château fut forcé, la plupart des hommes de la garnison passés au fil de l'épée, et Emilien jeté dans une obscure prison. Les Allemands lui mirent les fers aux pieds et aux mains, ne lui donnèrent pour toute nourriture que du pain et de l'eau, et lui firent mille outrages. Rien ne lui semblait plus affreux que la mort qu'il attendait à tous moments de la part de ses ennemis; alors faisant réflexion sur les désordres de sa vie passée, il pleura amèrement ses péchés, et prit la résolution de changer de vie, si Dieu le délivrait du danger où il était. Il eut recours à la sainte Vierge, qu'il prit pour son avocate et sa médiatrice auprès de Dieu; et l'on prétend que par le moyen de cette Reine des miséricordes, les portes de sa prison furent ouvertes, ses chaînes se rompirent, et que, par une autre faveur qu'il en reçut, il passa au milieu de l'armée des Impériaux sans être arrêté; qu'il se trouva à Trévise, qu'il alla dans l'église où l'on révère une image miraculeuse de la sainte Vierge, pour la remercier des grâces qu'elle lui avait accordées, et que l'on y voit encore une partie des chaînes dont il était garrotté, et qui furent rompues miraculeusement.

Après que l'Italie eut été agitée de guerre et de troubles pendant quatre ans, la paix y ramena le calme et la tranquillité. Les villes qui avaient été prises sur les Vénitiens leur ayant été rendues, ils n'eurent pas plutôt reçu Castel-Novo, que le sénat, pour reconnaître la générosité d'Emilien, qui avait si courageusement défendu cette place dont on lui avait commis la défense, donna ce château à sa famille pour en jouir pendant trente ans, et Emilien en fut fait podestat, ou chef de la justice; mais il n'exerça pas cet emploi longtemps, l'ayant quitté après la mort de son frère pour aller à Venise prendre la tutelle de ses neveux. En faisant profiter leurs biens, il eut grand soin de les faire élever dans la piété: il leur servait lui-même d'exemple; car depuis qu'il eut quitté la charge de podestat, il s'acquitta des promesses qu'il avait faites à Dieu de changer entièrement de vie; et ne voulant rien faire sans l'avis d'un sage directeur, de peur que, marchant seul dans le chemin de la vertu, il ne s'égarât, il choisit un chanoine régulier de la congrégation de Latran, qui joignait beaucoup de piété à un profond savoir. Il s'abandonna entièrement à la conduite de ce saint religieux, qui lui fit fouler aux pieds tout ce qui ressentait la vanité et le luxe.

Emilien renonça à toutes les douceurs et commodités de la vie. Il n'eut plus d'autres sentiments de lui-même que ceux qu'une humilité profonde lui pouvait inspirer. Il oublia la noblesse et les dignités de sa maison, et ne retint de tous les avantages de la naissance qu'une certaine honnêteté et une politesse qui est comme naturelle aux personnes de condition, et qui lui servit dans la suite à gagner beaucoup de monde à Dieu. Il affligeait son corps par des jeûnes et des macérations extraordinaires, et n'accordait à son corps que quelque peu d'heures de sommeil, passant le reste de la nuit à la prière et à l'oraison. Ses occupations pendant la journée étaient de visiter les églises et les hôpitaux, procurant aux malades tous les secours spirituels et temporels dont ils avaient besoin. Ses libéralités ne s'étendaient pas seulement sur les pauvres des hôpitaux et les indigents qu'il trouvait dans les rues, mais lorsqu'il prévoyait que quelques filles étaient en danger de prostituer leur honneur, il leur procurait des dots et des partis avantageux pour les pourvoir.

Tout le monde fut surpris de ce changement; mais Emilien l'était encore davantage lui-même, lorsqu'il considérait qu'il avait été si longtemps sans ressentir la pesanteur des chaînes et de toutes les horreurs de l'esclavage dont Dieu l'avait délivré, et il ne pouvait penser aux désordres de sa vie passée qu'il ne versât des torrents de larmes. Plus il avançait dans le chemin de la vertu, plus il se sentait embrasé de l'amour de Dieu, et sa charité envers le prochain augmentait aussi à proportion. Il eut occasion d'exercer cette vertu dans une famine générale dont l'Italie se ressentit en 1528. Les peuples de la campagne, faute de pain, étaient obligés de manger jusqu'aux animaux les plus sales, ou de se contenter de quelque peu de racines pour conserver leur vie, qui n'était que languissante au milieu des maux qu'ils enduraient. La mort en enlevait tous les jours, et laissait sur le visage de ceux qui restaient de tristes marques qui leur faisaient croire que la mort ne les avait épargnés que pour un peu de temps. Les préfets de l'Annone ou provéditeurs *alle Biave* de la république de Venise surent d'abord par leurs soins remédier à la disette, en faisant venir à Venise des blés de plusieurs endroits; mais cette espèce d'abondance qu'ils avaient procurée à Venise y fit venir de toutes parts une si grande quantité de monde, que la disette recommença bientôt. Emilien, plus que tous les autres, eut compassion de tant de misérables; il vendit jusqu'à ses meubles pour les soulager, et sa maison devint comme un hôpital où il les recevait et leur procurait tous les secours qu'il pouvait leur rendre en cette occasion.

Une espèce de maladie contagieuse ayant succédé à cette famine, Jérôme Emilien en fut attaqué, et fut réduit à une telle extrémité, qu'après avoir reçu tous les sacrements, il n'attendait que le moment de la mort; mais, appréhendant de n'avoir pas assez satisfait à ses péchés par la pénitence, il demanda à Dieu la santé pour faire en ce monde une plus longue pénitence et pour être en état d'exécuter ce qu'il jugerait à propos de lui ordonner de plus utile pour le salut du prochain. Sa prière fut exaucée, et ses forces étant revenues, il continua ses exercices de piété avec encore plus de zèle qu'il n'avait fait. Voulant s'acquitter des promesses qu'il avait faites à Dieu en recouvrant la santé, il rendit compte à ses neveux de l'administration de leur bien, et s'étant ensuite dépouillé de la robe vénitienne, qui n'est permise qu'aux nobles, il se revêtit d'un habit vil qui se trouva par hasard chez lui, et qu'il avait sans doute acheté pour quelque pauvre; il prit de méchants souliers, et n'eut point de honte de paraître en cet état dans les rues de Venise, faisant peu de compte des risées et des mépris du peuple qui, en le voyant en cet état, le regardait comme un homme qui avait perdu l'esprit.

La famine, et la maladie contagieuse dont elle avait été suivie, ayant enlevé un grand nombre de personnes, tant dans les villes que dans la campagne, l'on trouvait partout plusieurs orphelins, qui, privés de leurs parents et des secours qu'ils en auraient pu espérer, étaient réduits à la mendicité, sans aucune éducation, et exposés à tous les vices dont la jeunesse prend facilement les impressions. Emilien se sentit inspiré de Dieu de leur servir de père. Il disposa une maison à Venise près l'église de Saint-Roch pour recevoir ces pauvres misérables. Il allait par les rues les chercher, et les assistait avec une économie, une activité et une prévoyance qui fut suivie d'un succès qui étonna toute la ville.

Tel fut le commencement de la congrégation des religieux Somasques, qui se fit environ l'an 1528, et qui ont été ainsi nommés à cause qu'ils établirent le chef de leur ordre à Somasque, village situé entre Milan et Bergame, comme nous le dirons dans la suite; mais ils firent encore auparavant d'autres établissements. Emilien ayant pourvu à celui de Venise, et en ayant confié le soin à quelques-uns de ses amis, alla, l'an 1531, à Vérone, où il n'eut point de honte de se mettre parmi les pauvres, et d'aller avec eux demander son pain de porte en porte, se servant de cette occasion pour les instruire des vérités de la religion chrétienne; et l'on prétend que ce fut par son moyen que l'hôpital de cette ville fut bâti. De Vérone il passa à Brescia, où il fonda une seconde maison pour retirer les orphelins. Un riche bourgeois de cette ville voulut en mourant le faire son légataire universel; mais il refusa sa succession, et persuada à cet homme de donner son bien au grand hôpital, à condition qu'il serait obligé de fournir les orphelins de médicaments lorsqu'ils seraient malades, de donner des ornements à leur église et de faire bâtir leur maison; ce que saint Charles Borromée, faisant la visite à Brescia, en qualité de visiteur apostolique, fit exécuter par les administrateurs de cet hôpital.

De Brescia Emilien alla à Bergame, et il trouva aux environs de cette ville de quoi exercer sa charité. Le temps de la moisson était venu; mais la plupart des grains dépérissait sur pied faute d'ouvriers, et il n'y avait que les personnes riches et opulentes qui, à l'aide de leur argent, trouvaient le moyen de faire leur récolte. Emilien, nonobstant l'ardeur du soleil et les chaleurs insupportables de l'Italie en cette saison, alla lui-même à la campagne scier les blés de ceux que la maladie et la pauvreté empêchaient d'aller eux-mêmes les recueillir ou de le faire faire par d'autres. Il assembla quelques personnes charitables qui voulurent seconder son zèle, et pendant qu'ils prenaient leurs repas et leur subsistance, il employait ce temps-là à la prière, se contentant pour toute nourriture d'un peu de pain et d'eau. Après avoir fait paraître sa charité à la campagne, il retourna à la ville, où il fit deux établissements pour les orphelins, l'un pour recevoir les garçons et l'autre pour les filles. Comme sa charité s'étendait sur toutes sortes de personnes indifféremment, il en fit un troisième en l'année 1532; car, allant dans les lieux publics pour en retirer les filles et les femmes débauchées et travailler à leur conversion, il retira du désordre plusieurs de ces prostituées, et leur procura une maison où elles pussent faire pénitence de leur vie passée, et pourvut à leur subsistance pour leur ôter l'occasion de tomber dans le vice.

Jusque-là ceux qui s'étaient joints à Emilien pour travailler avec lui au salut du prochain et à des œuvres de charité n'étaient que laïques; mais après l'établissement de Bergame, il y eut deux saints prêtres qui s'associèrent à eux, dont l'un se nommait Alexandre Bezulio et l'autre Augustin Bariso, qui étaient fort riches, et qui distribuèrent tous leurs biens aux pauvres pour mener avec Emilien une vie pauvre. Il les reçut dans sa congrégation, qui fut encore augmentée de deux nouveaux établissements qui se firent à Côme, l'un dans la ville sous le titre de Saint-Léonard, l'autre dans le faubourg sous le titre de Saint-Godard, auxquels Bernard Odescalchi, qui entra aussi dans la congrégation, contribua beaucoup par ses libéralités.

Après ces deux fondations, Emilien assembla ses confrères pour délibérer du lieu où ils établiraient le chef de leur congrégation. Ils ne voulaient point le mettre dans des villes, mais dans quelque lieu retiré qui pût servir de séminaire aux personnes qui entreraient dans la congrégation. Somasque, situé entre Bergame et Milan, leur parut favorable pour cela. Ils y allèrent, et après avoir cherché une maison commode pour y recevoir les pauvres orphelins, ils y firent leur demeure. Emilien commença à y prescrire les premiers règlements pour le maintien de sa congrégation. La pauvreté y paraissait sur toutes choses, tant dans les habits que dans les meubles. Les mets délicats étaient bannis de leur table, et ils se contentaient de la nourriture des paysans et des pauvres gens. On y faisait la lecture pendant le repas. Le silence y était exactement observé et les austérités fort fréquentes. Il y avait entre eux une sainte émulation à qui pratiquerait le plus de mortification, et Emilien était le premier à exciter les autres à la pénitence par son exemple. Ils joignaient à la mortification une prompte obéissance et beaucoup d'humilité. Ils employaient une partie de la nuit à l'oraison ; pendant le jour ils conféraient ensemble des choses saintes, ou ils s'occupaient à quelque travail manuel, et allaient dans les lieux des environs pour y instruire les pauvres gens de la campagne. Tels étaient les exercices qui se pratiquaient dans cette maison de Somasque, lorsque Emilien en partit pour aller à Milan et à Pavie faire d'autres établissements, auxquels François Sforze, duc de Milan, contribua beaucoup. Il retourna ensuite à Somasque, d'où il alla encore à Venise ; mais il n'y fit pas grand séjour, car le désir de la solitude le fit venir à Somasque, où étant tombé malade peu de temps après, il y mourut le 8 février de l'année 1537, âgé de cinquante-six ans. Plusieurs auteurs lui donnent le titre de bienheureux ; mais l'Église n'a encore rien déterminé sur sa sainteté.

Après la mort d'Emilien, il y eut plusieurs personnes qui voulurent quitter sa congrégation ; Ange-Marc Gambarana fit si bien néanmoins par ses exhortations, qu'il leur persuada de persévérer toute leur vie dans l'institut qu'ils avaient embrassé. Mais cette congrégation trouva des adversaires qui voulaient empêcher le progrès qu'elle faisait, sur ce qu'elle n'avait pas été approuvée par le saint-siège. Le même Gambarana fut député pour aller à Rome demander cette approbation, qu'il obtint du pape Paul III en 1540 ; elle fut confirmée en 1563 par Pie IV, qui lui accorda beaucoup de privilèges.

Gambarana, non content de cela, et voulant affermir davantage cette congrégation, obtint le consentement de ses confrères pour la faire ériger en vraie religion, avec permission d'y faire des vœux solennels. Le soin en fut commis à Louis Baldonio, qui, étant allé pour cet effet à Rome, obtint du pape Pie V un bref, le 6 décembre 1568, par lequel ce pontife mettait cette congrégation au nombre des ordres religieux et sous la règle de saint Augustin, permettant à ceux qui y étaient entrés de faire les trois vœux solennels, et il donna à cette congrégation le nom de Clercs Réguliers de Saint-Mayeul ou des Somasques, à cause que depuis peu ils avaient obtenu de saint Charles Borromée l'église de Saint-Mayeul à Pavie, à laquelle il avait joint un célèbre collège dont il avait donné la direction à ces Pères.

En vertu de ce bref, six des premiers de cette congrégation firent les vœux solennels, l'an 1569, entre les mains de l'évêque de Tortone, César Gambarana, auquel le pape en avait donné commission. Les autres les firent ensuite, à l'exception de Prime de Conti, qui avait été l'un des premiers compagnons d'Emilien, et qui ne voulut point s'engager par des vœux solennels, à cause de ses grandes infirmités, quoiqu'il demeurât toujours dans la congrégation, où il mourut à l'âge de quatre-vingt-quinze ans.

Après que ces religieux eurent prononcé les vœux solennels, ils s'assemblèrent pour élire un chef, et le sort tomba sur Ange-Marc Gambarana, qui fut le premier général de cette congrégation, à laquelle les souverains pontifes ont accordé beaucoup de privilèges. Sixte V, en 1585, les exempta de la juridiction des évêques. Clément VIII approuva leurs constitutions en 1594. Paul V confirma tous leurs privilèges en 1605 ; il les fit de plus participants de ceux des ordres Mendiants par un bref de l'an 1607, et par un autre de l'an 1614 il leur permit d'administrer les sacrements et de donner la sépulture à ceux qui décéderaient dans leurs collèges.

Ces religieux ont plusieurs maisons en Italie, comme à Rome, à Milan, à Venise, à Gênes, à Pavie, à Bergame, à Brescia, à Crémone et en d'autres villes. Ils ont encore des collèges dans la plupart des villes où ils ont des maisons ; les plus célèbres sont ceux de Rome et de Pavie. Celui de Rome fut fondé par le pape Clément VIII, l'an 1595, pour les Esclavons, dont il donna le soin à ces religieux ; mais quoique ces Esclavons aient été transférés, par ordre d'Urbain VIII, à Lorette, l'an 1627, le collège Clémentin de Rome, ainsi nommé à cause de son fondateur, n'a pas laissé de subsister toujours avec éclat, et l'on n'y reçoit que des personnes nobles, auxquelles on enseigne non-seulement toutes les lettres saintes et profanes, mais encore tous les exercices qui conviennent à la noblesse, et que l'on apprend ordinairement dans les académies. Il y avait en 1696 cinq cardinaux qui y avaient fait leurs études, et un très-grand nombre de prélats de la cour romaine.

L'an 1661, le pape Alexandre VII divisa cette congrégation en trois provinces, savoir de Lombardie, de Venise et de Rome : la province de Lombardie comprend toutes les maisons qu'elle possède dans les duchés de Milan, de Savoie, de Mantoue et de Parme, aussi bien que celles qui se trouvent dans la Suisse ; la province de Venise comprend toutes les maisons qu'elle a sur les terres de la république et dans la principauté de Trente ; celle de Rome, les maisons qui sont dans tout le reste de l'Italie. Sa Sainteté ordonna encore que dans chacune de ces provinces il y aurait un noviciat, et que le général serait élu alternativement, de l'une de ces provinces ; que personne ne pourrait être supérieur dans une province, à moins qu'il ne fût profès de cette même province, et que leur supériorité ne durerait que trois ans : ce qui commença à se pratiquer dans le chapitre général qui se tint l'an 1662.

L'habillement de ces Clercs Réguliers est

semblable à celui des ecclésiastiques ; ils ont seulement un petit collet large d'un pouce, comme les Pères de la Doctrine Chrétienne en France (1). Ils ont pour armes Notre-Seigneur portant sa croix avec ces mots pour devise : *Onus meum leve.*

Voyez Augustin Turtur., *Vit. Hieronymi Æmiliani.* Bolland., tom. II *Februarii.* August. Barbos., *De Jur. eccles.*, cap 41, num. 160. Ascang. Tambur., *De Jur. abbat.*, tom. II, disput. 24, quæst. 4, num. 86. Silvest. Maurolic., *Mar. Ocean di tut. li relig.* lib. v, Paolo Morigia, *Hist. de l'orig. di tutte le relig.*, lib. I, cap. 68. Hermant, *Etablissement des Ordres relig.* ; *Bull. et privileg. Congreg. Somasch.*; *Pontificia et diplom. a divers. pontif. Clericis. Regul. congreg. Somasch. concess.*, auctore Hieron. Rubeo. *Compend. privileg. ejusdem congr. et constitutiones.*

Les Somasques auront été forcés à quitter la Suisse comme tous les ordres religieux, dans les cantons victimes des révolutionnaires. Leur saint fondateur, Jérôme Emilien, a été béatifié par Benoît XIV et canonisé par Clément XIII. En 1769, le saint-siège approuva un office composé en son honneur, et permit de le réciter le 20 de juillet.

B-D-E.

SORIANO (DOMINICAINS DE LA CONGRÉGATION DE SAINT-DOMINIQUE DE).

Voy. LOMBARDIE.

SOUABE (CONGRÉGATION DE).

Voy. MOLCK.

SPIRITUELS.

Voy. NARBONNE (*Congrégation de*).

STIGMATES DE SAINT-FRANÇOIS (ARCHICONFRATERNITÉ DES).

Voici encore une congrégation ou archiconfraternité dont nous ne pouvons nous empêcher de parler, puisqu'elle appartient aussi à l'ordre de Saint-François, ayant été érigée en l'honneur des Stigmates de ce saint patriarche de l'ordre des Mineurs. Ses commencements furent peu considérables ; mais elle est devenue dans la suite une des plus illustres qu'il y ait en Italie, la plupart des cardinaux, des prélats et des princes s'étant fait honneur d'être du nombre des confrères, et de porter l'habit de cette archiconfraternité. Le zèle d'un nommé Fridéric Pizzi, chirurgien de Rome, donna lieu à son établissement. Il s'associa d'abord quelques personnes pieuses, et formant une compagnie séculière, il résolut d'imiter, autant qu'il serait possible, l'humilité et la mortification de saint François. Ils en conférèrent avec un religieux de son ordre, du couvent de Saint-Pierre *in Montorio*, qui approuva leur dessein ; après avoir recommandé cette affaire à Dieu, ils obtinrent le consentement du pape Clément VIII, pour ériger cette compagnie. Ils s'assemblèrent pour la première fois dans l'église de ce couvent, le 21 août de l'an 1594, et plusieurs personnes, animées d'un saint zèle, voulurent être inscrites dans cette confrérie, dont on dressa les statuts du consentement du cardinal Rusticucci, vicaire du pape. Ces statuts ayant été depuis corrigés et mis en meilleur ordre, furent confirmés par Clément X en 1673, et sont observés avec beaucoup d'exactitude.

La difficulté qu'il y avait d'aller à l'église de Saint-Pierre *in Montorio*, qui est fort éloignée et située sur le mont *Janiculus*, obligea les confrères à chercher un lieu plus commode ; le pape Clément VIII leur accorda l'église des Quarante-Martyrs, au quartier *della Pigna*, ou de la Pomme-de-Pin, qui était une paroisse dont le titre fut supprimé, et ce pontife érigea cette compagnie en archiconfraternité. Elle devint ensuite très-considérable par le grand nombre de prélats et de personnes de la noblesse romaine qui y entrèrent. Le même pontife lui accorda toutes les grâces, privilèges et immunités dont jouissait l'ordre de Saint-François, ce qui a été confirmé par les papes Paul V et Clément X.

Les nobles et les roturiers y sont reçus indifféremment, pourvu qu'ils soient de bonnes mœurs, dont on fait une recherche exacte. Il y a néanmoins quelques professions qui n'y peuvent être admises, comme les cabaretiers et quelques autres. Les confrères s'occupent à divers exercices de piété, dont un des principaux est la visite des malades, des hôpitaux, et en particulier de celui de Saint-Jean de Latran, où tous les mercredis ils vont tour à tour porter des rafraîchissements aux malades : ce qu'ils diffèrent au jeudi lorsqu'il arrive que le mercredi est fête. Ils ont soin des veuves et des orphelins des pauvres confrères, soutiennent leurs intérêts en justice, entretenant pour cet effet un procureur. Ils assistent gratuitement aux enterrements des confrères morts, dont les corps sont toujours portés par quatre autres confrères revêtus de leurs sacs. Ils font plusieurs processions pendant l'année, l'une après Pâques pour visiter les sept églises ; d'autres pendant les trois jours de carnaval, pour visiter les églises où sont les prières de quarante heures ; le jeudi saint ils vont à Saint-Pierre ; ils en font une autre le jour de la Portioncule ; le jour de saint Michel ils vont à Saint-Jean de Latran, où ils font la communion générale, et montent ensuite l'Echelle sainte à genoux. Mais la procession la plus considérable est celle qui se fait le jour de Saint-Matthieu, en laquelle on porte une fiole où il y a du sang qui sortit des stigmates de saint François, qu'ils conservent dans un riche reliquaire. L'on voit ordinairement à cette procession quatre à cinq cents de ces confrères avec l'habit de leur confrérie, accompagnés d'un pareil nombre de religieux de Saint-François, tant Observants, Réformés, Conventuels, Capucins, que du tiers ordre, qui s'y trouvent chacun sous sa croix particulière, avec un grand concours de peuple.

(1) *Voy.*, à la fin du vol., n° 102.

Tous les dimanches et fêtes de l'année ils récitent dans leur église l'office de la sainte Vierge, excepté le premier dimanche de chaque mois, qu'ils disent l'office du Saint-Sacrement, après lequel ils font la communion générale. Ils disent fort souvent celui des Morts pour les confrères décédés, et tous les vendredis au soir l'office de la Sainte-Croix, après lequel ils prennent la discipline en mémoire de la passion de Notre-Seigneur ; ce jour-là on leur fait une exhortation. Le lundi et le mercredi de la semaine sainte, ils prennent aussi la discipline, et tous les jours du carême ils disent les sept psaumes pénitentiaux, avec les grandes litanies des saints et les prières qui suivent. Le saint sacrement est exposé dans leur église tous les troisièmes dimanches du mois, l'après-dînée ; pendant l'octave des Stigmates, il y a soir et matin plusieurs sermons par les plus habiles prédicateurs de Rome.

Leur habillement consiste en un sac de couleur de cendre lié avec une grosse corde, à laquelle est attaché un chapelet de bois tout simple ; au côté gauche de leur sac, ils ont un écusson où sont les armes de l'ordre de Saint-François, savoir deux bras croisés l'un sur l'autre, l'un nu et l'autre revêtu d'une manche, les mains percées de clous, et ces bras sont posés sur une croix de bois. Lorsqu'ils vont en procession, ils sont nu-pieds avec des sandales de cuir ; quelquefois ils mettent un chapeau, ayant leur capuce abaissé sur le visage, qui en est entièrement couvert : ils tiennent aussi entre leurs bras une croix de bois. Je n'en donne point ici la représentation, parce qu'elle est la même que celle que j'ai donnée ailleurs (1), à l'exception de la croix et de la nudité des pieds.

Carol. Bartholom. *Piazza Eusevolog. Roman.*, tratt. 6, cap. 25.

SUISSE (CONGRÉGATION DE).

Voy. MOLCK.

SULPICE DE RENNES (CONGRÉGATION DE).

Voy. SAVIGNI.

SULPICE (SÉMINAIRE DE SAINT-).

Des séminaires de SAINT-SULPICE, *fondé par M. Olier, curé de Saint-Sulpice, à Paris, avec la Vie de ce fondateur ; — (et de* SAINT-NICOLAS DU CHARDONNET, *fondé par Bourdoise).*

M. Olier, l'un de ces hommes apostoliques que Dieu suscita dans le dernier siècle pour travailler à la réforme du clergé, naquit à Paris le 20 septembre 1608, et fut le second de trois enfants mâles dont la divine Providence bénit le mariage de M. Olier, maître des requêtes ordinaire de l'hôtel du roi, et de Marie Dolu, son épouse. Ayant été baptisé sur les fonts de la paroisse de Saint-Paul, où il reçut le nom des apôtres saint Jean et saint Jacques, il fut porté peu de temps après au faubourg Saint-Germain pour y être nourri, Dieu voulant qu'il passât les premières années de sa vie où il devait finir ses jours, et que la paroisse de Saint-Sulpice, au bien de laquelle il devait consacrer ses plus grands travaux, fût le lieu de sa première éducation. On remarqua dès ses premières années que ses cris ne pouvaient être apaisés par les amusements ordinaires des enfants, et que pour arrêter ses larmes et le mettre en repos il le fallait porter à la paroisse, où, sitôt qu'il était entré, il était tranquille et paisible. Après qu'il eut passé les premières années de l'enfance, et qu'on lui eut appris les premiers éléments de la langue latine, on l'envoya au collège, où il fit de si grands progrès dans l'étude, que ses parents le destinèrent à l'état ecclésiastique et le firent pourvoir d'un bénéfice ; mais dans la suite son esprit vif et tout de feu leur faisant douter s'il était appelé à cet état, dont toutes les fonctions demandent beaucoup de gravité et une grande modestie, ils le lui auraient peut-être fait quitter, si saint François de Sales, qui se trouva en 1622 à Lyon, où M. Olier le père était pour lors intendant de justice, ne l'en eût empêché, assurant madame Olier qu'elle ne devait point craindre, mais plutôt se réjouir, parce que Dieu, dont il avait imploré les lumières par de ferventes prières, lui avait fait connaître qu'il avait choisi cet enfant pour sa gloire et le bien de son Église, la priant non-seulement de ne point faire attention à ses doutes, mais même de lui donner son fils, du consentement de M. Olier, afin qu'étant auprès de lui il pût le former aux vertus ecclésiastiques. La mort de ce saint prélat, qui arriva peu de temps après, empêcha l'exécution de ce dessein.

Ses humanités étant achevées, il étudia en philosophie et soutint à la fin de son cours une thèse en latin et en grec. Il posséda si bien cette dernière langue, qu'elle lui servit beaucoup dans la suite pour l'étude de l'Écriture sainte et des saints Pères. De la philosophie il passa à la théologie, et après avoir reçu les leçons des plus célèbres professeurs de Sorbonne pendant trois années, il prit le degré de bachelier. Ses parents, qui voyaient avec plaisir les grands talents dont il était pourvu, voulant le mettre à la cour pour l'avancer dans les dignités ecclésiastiques, l'engagèrent à paraître dans le monde avec éclat. Il avait grand train, il voyait les personnes de la première qualité, il prêchait même quelquefois dans les chaires les plus considérables de Paris. Mais Dieu, qui le voulait entièrement pour lui, rompit les desseins et les mesures que ses parents avaient prises, lui donnant pour cela la pensée d'aller en Italie. M. Olier entreprenant ce voyage, prétendait demeurer quelque temps à Rome, afin de s'y appliquer plus librement à l'étude de la langue hébraïque ; mais ce projet ne lui réussit pas : car la Providence divine permit qu'il eût si mal aux yeux pendant son séjour à Rome, qu'il se vit privé du plaisir de l'étude et en danger de perdre la vue. Dans cette appréhension, il eut recours

---

(1) *Voy.*, à la fin du tome 1er, la gravure n° 270.

à la sainte Vierge, et fit vœu d'aller de Rome à Notre-Dame de Lorette. Il fit ce voyage à pied, dans les plus grandes chaleurs de l'été, ce qui lui causa une fièvre violente, dont il ressentit plusieurs accès ; mais en arrivant à Lorette il se trouva parfaitement guéri de cette fièvre et du mal qu'il avait aux yeux.

Après qu'il eut satisfait à ses dévotions dans ce saint lieu, il retourna encore à pied à Rome; mais la mort de son père, qui arriva quelque temps après, l'obligea de revenir à Paris, où dans une retraite qu'il fit à Saint-Lazare chez les prêtres de la Mission, il se disposa à recevoir le sous-diaconat et fut associé par M. Vincent de Paul à la compagnie des ecclésiastiques qui s'assemblaient tous les mardis à Saint-Lazare. Dès lors il conçut un si grand zèle pour l'instruction des pauvres gens de la campagne, qu'il douta s'il devait demeurer à Paris pour se mettre sur les bancs, ou suivre les mouvements de son zèle qui le portait à travailler aux missions et à prêcher dans les villages. Ayant consulté d'habiles gens, ils lui conseillèrent de préférer le fruit que les peuples pouvaient retirer de ses instructions et des études qu'il avait faites, à la réputation qu'il pouvait acquérir en prenant le bonnet de docteur en théologie ; il regarda ce conseil comme une déclaration de la volonté de Dieu, et l'exécuta avec tant d'ardeur, qu'avant qu'il eût atteint l'âge requis pour recevoir la prêtrise, il avait fait faire des missions à ses dépens presque dans tous les lieux où il avait du bien ou de l'Église ou de son patrimoine. Il n'aidait pas seulement les ouvriers de la mission, mais il travaillait sous leur conduite, et faisait assidûment le catéchisme et des prédications. Il ne rencontrait pas un pauvre qu'il ne l'instruisît, et se détournait même de son chemin pour catéchiser les laboureurs. Il s'arrêtait encore dans les rues de Paris pour instruire les pauvres qui lui demandaient l'aumône ; il les menait chez lui et les disposait à faire des confessions générales.

Sitôt qu'il fut élevé au sacerdoce, son zèle s'augmenta de telle sorte, qu'après avoir célébré sa première messe en 1633, il quitta Paris pour aller secourir les âmes les plus abandonnées. Il attira avec lui plusieurs ecclésiastiques d'une naissance distinguée, et les engagea d'aller ensemble en Auvergne (où était située son abbaye de Pebrac), pour y faire des missions dans les montagnes de cette province. Il se prépara à ce voyage par une retraite qu'il fit encore à Saint-Lazare au mois de mars de l'année 1634. Il est difficile d'exprimer quels furent les travaux de ce saint prêtre dans le cours de ses missions en Auvergne, où, après avoir demeuré six mois, il fut obligé (par suite des poursuites de ceux qui s'opposaient à la réforme de son abbaye de Pebrac qu'il avait entreprise) de revenir à Paris, où étant arrivé il se défit de son carrosse et de tous ses domestiques, à l'exception d'un seul qu'il garda par obéissance à son directeur.

Pendant son séjour dans cette ville, il fut fort sollicité, par un évêque d'une insigne piété, de vouloir prendre sa place et se charger de son évêché : ce prélat y employa même les sollicitations de M. Vincent de Paul, qui avait beaucoup d'autorité sur l'esprit de M. Olier : mais ayant formé le dessein d'aller en Canada pour y prêcher la foi, il préféra à cette dignité les fruits qu'il espérait faire dans cette mission : cependant il ne réussit pas selon ses désirs, n'ayant pu découvrir d'ouverture pour ce voyage. Dieu ne permit pas néanmoins que son zèle fût inutile ; car ayant trouvé les moyens de retourner en Auvergne, il partit de Paris avec plusieurs ecclésiastiques, qui pendant dix-huit mois firent des missions dans tous les quartiers de cette province et du Velay. M. Olier n'y contribua pas moins de sa personne et de ses biens que la première fois ; mais avec cette différence, qu'il essuya pendant tout ce temps-là de grandes mortifications. Il fut traversé dans tous ses desseins par des usurpateurs du bien de son abbaye, qui, ne pouvant souffrir qu'il leur résistât, soulevèrent une infinité de personnes contre lui, ce qui lui fut fort sensible. Pendant le temps qu'il demeura en Auvergne, il parcourut tous les cantons des diocèses de Clermont, de Saint-Flour et du Puy, dont le clergé et les peuples devinrent la bonne odeur de Jésus-Christ. On voyait les chanoines, les curés et les prieurs travailler avec une sainte émulation à instruire le peuple, à entendre les confessions générales des paysans, à faire faire les exercices spirituels aux prêtres et à visiter les hôpitaux. Tout le monde admirait la modestie et la piété avec laquelle on célébrait l'office divin dans les églises depuis le temps de la mission : ce qui fit concevoir tant de vénération pour M. Olier, qu'un chapitre députa en cour, afin de le demander au roi pour leur évêque. Ceux mêmes qui l'avaient persécuté, reconnurent leur faute et le vinrent trouver, lui amenant leur famille pour recevoir sa bénédiction.

Cette mission étant finie, il se sentit pressé par un mouvement intérieur de la grâce, de se transporter en Bretagne, où l'événement fit voir que Dieu le conduisait pour la réforme d'un monastère de religieuses qu'il entreprit, et dont il vint à bout. Il retourna ensuite à ses exercices ordinaires et aux missions. Pendant qu'il y travaillait, le cardinal de Richelieu lui écrivit que le roi l'avait nommé à la coadjutorerie de l'évêché de Châlons-sur-Marne, et lui en envoya en même temps le brevet. M. Olier reçut cet honneur avec beaucoup de reconnaissance ; mais ne pouvant se persuader que Dieu le voulût dans cette dignité, il remercia le cardinal de Richelieu, et le pria de persuader au roi qu'il nommât une autre personne pour remplir cette place. Ce refus étonna tout le monde, et fit peine à ses parents qui ne pouvaient goûter une conduite si extraordinaire, selon le monde ; mais Dieu qui le destinait à être l'instituteur de beaucoup de communautés ou séminaires d'ecclésiastiques, qui devaient faire l'ornement et le bon exemple de plusieurs diocèses, ne permit pas qu'il se fixât à la conduite d'un seul, dans lequel il aurait été obligé de borner son zèle, lui donnant pour cet effet un esprit de force et de sagesse pour mépriser les discours du monde et les intérêts de sa famille, auxquels il préféra ceux de Jésus-Christ et de son Eglise, qu'il croyait servir plus utilement par ses missions, qu'il avait dessein de continuer. Mais la divine Providence en disposa autrement.

Le Père Charles de Condren, qui était pour lors général de la congrégation de l'Oratoire, et qui n'était pas moins zélé pour le bien universel de l'Eglise, que pour l'accroissement et la perfection de sa compagnie, désirant depuis longtemps voir l'établissement de quelque séminaire, dans lequel on disposât les jeunes clercs aux ordres et aux fonctions ecclésiastiques, en communiqua avec plusieurs ecclésiastiques d'un mérite distingué, qu'il avait sous sa direction, du nombre desquels était M. Olier, qui tous, approuvant ce dessein s'unirent, ensemble pour en former un, qui dans la suite fit un très-grand progrès, et devint une école de vertu sous la conduite de M. Olier. Dieu, qui l'avait destiné à cette entreprise, voulut éprouver en le tenant, pendant les deux années qui précédèrent cet établissement, dans un état de souffrance et d'abjection si grandes, que celui qui devait être le chef des autres paraissait pendant ce temps-là le rebut des hommes.

Ces saints ecclésiastiques s'étant ainsi unis dans l'intention de former un séminaire lorsque la divine Providence leur en fournirait quelque occasion favorable, s'occupèrent pendant ce temps-là à faire plusieurs missions, jusqu'à ce que s'étant arrêtés à Chartres, ils essayèrent d'y en établir un ; mais y ayant demeuré huit mois sans que personne se joignît à eux, ni que l'entreprise eût aucun succès, ils crurent que l'heure de cet établissement n'était pas encore venue, et que Dieu réservait cette œuvre à un autre temps : ainsi ils jugèrent qu'ils devaient recommencer des missions. Mais dans le temps qu'ils s'y disposaient et que plusieurs étaient en différentes provinces pour diverses affaires, un de ces ecclésiastiques, dans un entretien qu'il eut à Paris avec une personne de piété, ayant fait le récit de leur dessein et du mauvais succès qu'ils avaient eu à Chartres, cette personne lui représenta qu'il ne fallait pas abandonner cette entreprise, qui pouvait leur réussir s'ils voulaient venir demeurer à Vaugirard près Paris. Elle fit de si grandes instances pour cela, qu'elle obligea ce bon prêtre d'en écrire à ceux de sa compagnie. Plusieurs rejetèrent cette proposition ; M. Olier s'y opposa même assez longtemps. Mais enfin, persuadé que Dieu, dans l'exécution de ses desseins, se sert quelquefois de ce qui paraît le plus opposé au jugement des hommes, il ne méprisa pas tant cet avis qu'il n'y consentît à la prière qu'on lui fit de recommander cette affaire à sa divine Majesté. S'étant retiré pour cet effet, au commencement de l'année 1641, à une maison de campagne aux environs de Paris, pour y faire les exercices spirituels et demander les lumières du ciel, il se trouva, sur la fin de sa retraite, si encouragé à l'entreprise de cet établissement, que, ne doutant point que ce ne fût la volonté de Dieu, il porta plusieurs ecclésiastiques à se joindre à lui pour ce sujet. Il fit dans le même temps une seconde retraite, où Dieu le confirma dans ce dessein, et le remplit de l'esprit qu'il devait inspirer à la communauté, qu'il établit enfin à Vaugirard, où il loua, pour cet effet, une maison au commencement de l'année 1642.

Dieu donna aussitôt une telle bénédiction à cette entreprise, que, quoique ce saint instituteur fût logé avec ses ecclésiastiques dans une des plus petites et des plus pauvres maisons du village, et que les dépenses qu'ils avaient faites pour leurs missions et pour l'établissement du séminaire de Chartres les eussent réduits à y vivre des libéralités d'une personne de piété qui les y entretenait, néanmoins, dès les premiers mois, plusieurs personnes considérables par leur naissance et par leur piété s'estimèrent heureuses d'être reçues dans cette sainte compagnie, pour se former aux vertus et aux fonctions ecclésiastiques sous la conduite de M. Olier. Ils n'eurent pas demeuré quatre mois à Vaugirard, que la Providence divine les en tira pour les établir à Paris. Elle choisit pour cela le moyen suivant, qui donna à M. Olier une grande ouverture pour faire des biens inestimables dans cette capitale du royaume. M. de Fiesque, pour lors curé de Saint-Sulpice, étant affligé des désordres qui régnaient dans sa paroisse, et ennuyé de l'opposition qu'il trouvait dans plusieurs de ses prêtres habitués qui résistaient à tous ses bons desseins, prit la résolution de quitter sa cure. Comme il avait entendu parler du mérite de M. Olier et de la vertu des ecclésiastiques qui étaient sous sa conduite, il jeta la vue sur eux pour l'exécution de son dessein, et prit l'occasion d'une procession qui se faisait de Saint-Sulpice à Vaugirard, pour demander à quelqu'un du séminaire s'il n'y avait personne dans leur compagnie qui voulût se charger de sa cure et permuter quelque bénéfice simple contre le sien. Cette proposition ne fut point écoutée d'abord ; mais le curé de Saint-Sulpice, persistant dans sa résolution, fit tant d'instances, que plusieurs personnes de piété représentèrent à M. Olier qu'il ne devait point négliger une occasion qui lui donnait entrée dans une moisson abondante : ce qui ne fut pas sans effet ; car, après avoir recommandé cette affaire à Dieu, il écouta les propositions de M. de Fiesque, accepta sa cure et en prit possession au mois d'août de la même année 1642.

Le faubourg Saint-Germain, où est située la paroisse de Saint-Sulpice, l'une des plus grandes et des plus considérables de Paris, servait de retraite à tous les libertins et à tous ceux qui vivaient dans l'impureté et dans le désordre. Pour remédier à ces maux et ramener ces brebis égarées dans le bercail de Jésus-Christ, ce nouveau et zélé pasteur se proposa d'y employer plutôt es bons exemples que les reproches et les poursuites violentes; c'est pourquoi il résolut de mener la vie la plus sainte qu'il lui serait possible, et il en fit vœu dans l'église métropolitaine de Notre-Dame, promettant à Dieu de faire, le reste de ses jours, ce qu'il croirait être le plus parfait et le plus agréable à sa divine Majesté, le suppliant en même temps de lui donner des ouvriers capables de l'aider dans son entreprise. Dieu, qui lui avait confié la conduite de ces mauvais paroissiens et qui lui en avait réservé la conversion, exauça sa prière : car il lui en envoya plusieurs qu'il logea avec quelques-uns des prêtres qu'il avait amenés du séminaire de Vaugirard, et avec lesquels il vivait d'une manière si édifiante, qu'il ne se distinguait d'eux que par la grandeur de son zèle et par son humilité profonde. Il n'omettait rien de tout ce qui pouvait servir à les établir solidement dans la vertu ; c'est pourquoi, étant persuadé que la cupidité et l'amour désordonné des biens de la terre y sont un obstacle invincible, il leur recommanda très-particulièrement de ne rien exiger pour l'administration du saint viatique, et de refuser absolument tout ce qu'on leur présenterait pour le sacrement de pénitence. Il voulut que toutes les rétributions qu'ils recevaient des peuples, pour les autres services, fussent mises en commun, et que chaque particulier se contentât, selon le désir de l'Apôtre, d'avoir sa nourriture et de quoi se vêtir : ce qui s'est toujours observé depuis ce temps-là. Ainsi il forma une communauté qui, sans être fondée, s'est toujours soutenue, et qui depuis son établissement n'a jamais manqué de sujets et de prêtres pour desservir cette grande paroisse, quoiqu'ils n'y soient attirés par aucun intérêt, ni retenus par aucun engagement.

Cette communauté ayant été remplie en très-peu de temps de plusieurs ouvriers évangéliques, il travailla à la réforme de ses paroissiens, commençant d'abord par la conversion des hérétiques qui y étaient en très-grand nombre. Il entreprit en même temps l'instruction des catholiques par des prédications fréquentes et par les catéchismes qu'il faisait faire dans son église, où il rétablit la majesté des divins offices et le culte du très-saint sacrement qui y avaient été un peu négligés. Les duels étaient si fréquents dans sa paroisse, qu'on y compta jusqu'à dix-sept personnes en une même semaine péries dans ces malheureux combats. Pour remédier à ces malheureux désordres, il persuada à plusieurs seigneurs de faire ensemble une protestation solennelle de n'accepter aucun appel et de ne servir aucun ami qui voulût se battre ; ce qu'ils observèrent fidèlement, et leur exemple fut suivi par un grand nombre de personnes avant même que l'autorité du roi eût arrêté le cours de ce désordre jusqu'alors si commun. Il abolit aussi plusieurs dérèglements superstitieux qui s'étaient répandus dans certains corps de métiers, et établit plusieurs confréries pour les disposer à célébrer dévotement toutes les fêtes. Il purgea presque tout le faubourg des mauvais lieux qui y étaient, et l'on ne peut s'imaginer les soins qu'il prit pour retirer du dérèglement les pauvres créatures qui habitaient ces lieux infâmes, et les dépenses qu'il fit pour les placer dans des retraites de piété.

Pendant que M. Olier était ainsi occupé au service de sa paroisse, il ne laissait pas de veiller à la conduite de sa communauté et de travailler à obtenir des lettres patentes du roi pour l'érection de son séminaire, qui, après quelques oppositions qu'il fut obligé de lever, et après en avoir obtenu le consentement de l'archevêque de Paris, fut enfin établi à Paris, dans la rue du Colombier. Il ne tarda guère à être rempli de plusieurs saints ecclésiastiques que ce zélé supérieur prenait la peine de former lui-même pour les missions, sans parler de ceux qu'il y préparait à recevoir dignement les ordres ; mais dans le temps qu'il commençait à jouir du fruit de ses travaux, Dieu, voulant éprouver sa constance et sa fidélité, permit que l'ancien curé, sollicité par quelques personnes malintentionnées, fît quelques démarches pour rentrer dans sa cure, prétendant que le bénéfice qu'on lui avait donné à la place n'était pas de la qualité ni du revenu qu'on lui avait fait croire. Il n'en fallut pas davantage ; quelques esprits turbulents, ennemis de la paix et du bon ordre, soit par vengeance de la guerre que ce saint homme faisait à leurs vices, soit par quelques raisons d'intérêt, répandirent ce bruit parmi la populace, et s'écrièrent que l'on faisait injustice à leur ancien pasteur. Une troupe de misérables, armés de tout ce qu'ils trouvèrent sous leurs mains, vinrent en foule à la chambre de cet homme apostolique, l'en tirèrent avec violence, le chargèrent de coups, et lui tenant le pistolet sous la gorge, le traînèrent honteusement au milieu de la rue ; ils ne le laissèrent en vie que pour aller profiter du pillage que les compagnons de leur audace faisaient dans la maison presbytérale, pendant que quelques-uns de ses amis, pour le mettre en sûreté, l'obligèrent de se retirer au palais d'Orléans. L'affaire ayant été portée au parlement, il fut aussitôt rétabli dans sa cure ; mais le même jour qu'il retourna dans son presbytère ces malheureux recommencèrent leurs violences, s'efforcèrent d'en rompre la porte et d'y mettre le feu : ce qu'ils auraient enfin exécuté, si leur fureur n'eût été arrêtée par quelques compagnies du régiment des gardes, que la reine eut la bonté d'y envoyer. Enfin, au bout de quarante jours, cette persécution ayant cessé, il profita de la paix et de la confiance qu'avaient en lui les personnes les plus considérables de sa paroisse pour y affermir le bon ordre qu'il y avait déjà établi avant cette disgrâce.

Les guerres civiles qui arrivèrent en France dans les années 1649 et 1652 lui donnèrent lieu d'augmenter sa charité, non-seulement à l'égard de ses paroissiens, mais encore à l'égard de ceux qui venaient de la campagne se réfugier à Paris dans le faubourg Saint-Germain. Il pourvut à la subsistance d'un grand nombre de religieuses de différents ordres, qu'il fit vivre en communauté autant que la diversité de leurs instituts le pouvait permettre, pour empêcher que le commerce du monde ne leur fît perdre l'esprit de leur vocation, et il prit aussi soin de plusieurs Anglais et Irlandais qui s'étaient réfugiés en France pour y vivre dans la foi catholique et éviter la persécution des hérétiques.

Après avoir servi sa paroisse environ pendant dix ans, il fut attaqué, la même année 1652, d'une violente maladie, dont il crut qu'il ne relèverait pas; il se fit administrer les derniers sacrements de l'Église, et se démit de sa cure entre les mains de l'abbé de Saint-Germain des Prés, et celui-ci la conféra à M. de Brétonvilliers, qui en prit possession au mois de juin. Mais sa dernière heure n'étant pas encore venue, et la fièvre l'ayant quitté, il se trouva en état, au mois d'août, d'aller à la campagne. Ce voyage, qu'il n'entreprit que pour le rétablissement de sa santé, lui fut une occasion de faire plusieurs choses importantes à la gloire de Dieu. Car, outre les séminaires qu'il avait établis à Paris, à Nantes et à Viviers, il en établit encore un quatrième au Puy en Vélay, à la prière de l'évêque et de son chapitre, et procura une mission générale au Vivarais, qui en avait un extrême besoin. Il fit venir pour cela des missionnaires de divers endroits, qu'il envoya en tous les quartiers de cette province pour y prêcher l'Évangile, et par ce moyen il rétablit en divers lieux, et surtout à Privas, l'exercice de la religion catholique, qui en était bannie depuis plusieurs années. De retour à Paris, il travailla sans relâche à perfectionner les âmes que Dieu avait confiées à sa conduite; l'année suivante, étant tombé en apoplexie, et devenu paralytique de la moitié du corps, il fut obligé de cesser ces fonctions de charité. Ayant recouvré quelques forces en 1654, il ne manqua pas de les employer au service de l'Église: il envoya de ses ecclésiastiques à Clermont en Auvergne, pour y établir un cinquième séminaire; il en donna d'autres aussi pour aider une colonie de Français qui allaient habiter l'Île de Mont-Réal dans la Nouvelle-France, et pour travailler en même temps à la conversion des sauvages. Enfin, après avoir rendu de grands services à l'Église, il mourut le 2 avril de l'an 1657, n'étant âgé que de quarante-huit ans, six mois et onze jours.

Depuis sa mort on a encore fondé d'autres séminaires, à Lyon, à Bourges, à Avignon, en d'autres villes considérables, et même jusque dans le Canada. Il y en a environ dix ou douze qui dépendent du supérieur de celui de Saint-Sulpice à Paris, qui est comme général de tous ces séminaires. Tous les ans, à certain jour, après la messe, qui ordinairement est célébrée dans le séminaire de Paris par un archevêque ou un évêque, tous les séminaristes, chacun à son rang, s'approchent de l'autel et se mettent à genoux devant l'évêque; ils renouvellent les promesses qu'ils ont faites à Dieu de le prendre pour leur héritage en entrant dans la cléricature, et prononcent ces paroles: *Dominus pars hœreditatis meœ et calicis mei; tu es qui restitues hœreditatem meam mihi.*

Giry, *Vie de M. Olier;* et Hermant, *Hist. des Ord. relig.*, tom. IV.

Outre le séminaire de Saint-Sulpice établi à Paris, il y a encore celui de Saint-Nicolas du Chardonnet, qui est aussi fort célèbre. M. Bourdoise, que saint François de Sales nomma *le saint Prêtre*, n'étant encore que clerc, rassembla en 1612 plusieurs de ses amis au collège de Reims, dans la pensée de travailler ensemble à leur perfection, sans faire de vœux, ni se lier autrement que par les liens communs d'une ardente charité. L'an 1620, leur petite société s'étant augmentée, ils vinrent s'établir auprès de l'église de Saint-Nicolas du Chardonnet. M. Froger, curé de cette paroisse, les admit dans son église où ils s'acquittèrent dignement de toutes les fonctions ecclésiastiques, jusqu'en l'an 1631, qu'ils furent érigés en communauté par Jean-François de Gondy, premier archevêque de Paris; en 1644, ils furent érigés en séminaire, destiné et appliqué particulièrement à élever des prêtres et les former à toutes les fonctions de leur état, pour les envoyer ensuite dans les provinces servir de curés ou de vicaires dans les paroisses: on donna le nom de *bourse cléricale* aux sommes qu'on assemblait pour ce dessein. Plusieurs dames charitables voulurent avoir part à cette œuvre de piété; elles s'assemblaient tous les trois mois dans une salle du séminaire, où celle qui avait été élue trésorière rendait compte des sommes qu'elle avait reçues. Madame de Miramion, qui s'était jointe à ces dames, voyant que cet établissement n'était fondé que sur des charités journalières, que la communauté de ce séminaire n'était que dans une maison d'emprunt dont elle n'avait la jouissance que pendant la vie de celui à qui elle appartenait, et que les lettres patentes n'avaient été accordées à ce séminaire qu'à condition de ne recevoir aucun legs ni fondation, à moins que le fondateur ne s'en réservât l'usufruit, jugea bien que toutes ces circonstances étaient autant d'obstacles à sa durée. C'est pourquoi elle travailla à les faire lever, y employant le crédit du prince de Conty, qui, à sa persuasion, leur donna trente-six mille livres pour acheter la maison du séminaire. Après avoir fait enregistrer les lettres patentes du séminaire, sans aucune restriction, elle donna encore dix-sept mille livres pour l'entretien de trois ecclésiastiques; et lorsque les directeurs du séminaire furent obligés de bâtir, faute de logement, elle donna une somme considérable, et leur en procura encore davantage. Ce séminaire a fait dans la suite de si grandes acquisitions, qu'en 1695 les assemblées de la bourse cléricale cessèrent.

L'abbé de Choisy, *Vie de Madame Miramion*.

Après la mort de M. Olier, l'éclat des miracles qu'on attribua à son intercession augmenta encore l'idée qu'on avait de sa sainteté, et l'on fit deux fois des informations juridiques sur ces prodiges, dont la réalité parut constatée. La réputation du pieux fondateur n'a fait que s'accroître jusqu'à ce jour; plusieurs auteurs nous ont donné l'histoire de sa vie, et récemment on a vu paraître celle qu'a donnée M. Faillon, Sulpicien, qui semble, sous tous les rapports, ne laisser rien à désirer.

Le séminaire prit aussi un accroissement considérable, ainsi que la communauté qui le dirige.

Le second supérieur de la société nouvelle fut M. Alexandre le Ragois de Brétonvilliers, élu sous la présidence de saint Vincent de Paul, le 13 juin 1657. Le choix des Sulpiciens ne pouvait être douteux dans une communauté animée d'un si bon esprit; car M. Olier avait désigné lui-même M. de Brétonvilliers, qui fut nommé d'une voix unanime. Ce nouveau supérieur marcha sur les traces de celui qui l'avait précédé, et fut sous tous les rapports le soutien de la maison. Il acheta, près de l'église Saint-Sulpice, dont il était aussi curé depuis l'année 1552, une place où il bâtit une chapelle particulière pour le séminaire, dans laquelle, comme on l'a vu souvent depuis, plusieurs évêques nommés reçurent la consécration. Il établit ses prêtres dans plusieurs séminaires de province et commença sur une grande échelle le plan et les constructions de celui de Paris. Il mourut au séminaire en odeur de sainteté, à l'âge de cinquante-six ans, le 12 juin 1676, et fut inhumé à côté de M. Olier. Il eut pour successeur, comme curé, M. Raguedet de Poussé, et comme supérieur du séminaire le célèbre Tronson, qui le premier eut la haute direction des séminaires sans avoir eu la direction de la cure de Saint-Sulpice. Louis Tronson, sous lequel la communauté entra encore dans quatre nouveaux séminaires, garda dans cette société l'esprit qu'y avait introduit l'illustre fondateur auquel il s'était adjoint le 1er mars 1656. Comme ce vertueux ami, comme son prédécesseur immédiat, Louis Tronson décéda à Paris, le 26 février 1700, dans une très-grande réputation de sainteté. Il était alors âgé de soixante-dix-neuf ans.

François Lechassier, sous lequel les Sulpiciens eurent l'administration des séminaires d'Avignon (1705) et d'Orléans (1707), était un des élèves de la société qu'il était appelé à gouverner. Après avoir été supérieur de la communauté des prêtres de la paroisse, il fut élu supérieur général en 1700, et mourut à l'âge de quatre-vingt-quatre ans, le 19 août 1725. Il était alors doyen de la faculté de théologie de Paris. Charles-Maurice Le Pelletier, frère de l'aimable Sousi, dont l'abbé Proyart a publié la *Vie*, fut élu supérieur général en 1725, et fut le véritable fondateur, à parler rigoureusement, du séminaire de Nantes, qui n'avait été qu'à l'état de projet sous Olier. Il mourut à l'âge de soixante-cinq ans, le 7 septembre 1731. Jean Couturier lui succéda la même année, et étant âgé de quatre-vingt-un ans, qu'il avait passés fidèlement sur les traces de ses prédécesseurs, il mourut le 30 mars 1770. Après lui vint Claude Bourachot, qui était, comme ses trois prédécesseurs immédiats, docteur en théologie de la faculté de Paris. Agé de près de quatre-vingts ans, il mourut le 2 juillet 1777 et eut pour successeur Pierre le Gallic, né en Bretagne, au diocèse de Quimper, qui se démit du supériorat en 1782, et vit nommer son successeur Jacques-André Emery, au mois de septembre de la même année. C'est sous cet homme célèbre, M. Emery, que fut détruite la société des Sulpiciens; c'est sous lui qu'elle prit cette seconde vie dont je donnerai aussi l'histoire dans un article spécial du volume supplémentaire.

On a répété jusqu'à ce jour ce mot de Fénelon, que *rien n'est vénérable comme Saint-Sulpice*, et toujours on l'a dit avec raison. De toutes les sociétés que l'esprit religieux du XVIIe siècle a produites en France, aucune n'a persévéré aussi universellement dans ses premiers sentiments, dans son édifiante régularité que la communauté de Saint-Sulpice.

Quand, en 1730, il fallut remédier aux maux produits par les directeurs de Sainte-Barbe, infectés par le jansénisme, et les éloigner de cette maison, on confia aux Sulpiciens cet établissement, ou mieux cette communauté, composée de trois catégories différentes. On installa donc à Sainte-Barbe, six prêtres de la communauté de Saint-Sulpice, Messieurs Guimbert, Parent, de la Haute-Maison, Salmon, Hameau et Tandeau; sous leur direction et sous celle de leurs successeurs, cette maison revint à une meilleure doctrine et fut véritablement digne de la réputation littéraire qu'elle avait acquise. L'année suivante on fit pour les mêmes raisons, une réforme semblable dans le séminaire des *Trente-Trois*, et on mit à la tête de cette maison, qui édifia jusqu'à la fin, M. Sarcey, ecclésiastique du séminaire de Saint-Sulpice. Cette communauté de Saint-Sulpice contribua d'une manière plus ou moins directe aux améliorations qu'on fit aussi dans les collèges de Lisieux, du Plessis, etc. Elle contribuait à propager la dévotion aux sacrés cœurs de Jésus et de Marie; elle dirigeait les fidèles dans les principes sages pour la fréquentation des sacrements, pour l'enseignement, etc. Il n'est donc pas surprenant qu'après tant de griefs auprès des Jansénistes, ceux-ci n'oubliassent aucune occasion de signaler leur haine contre les Sulpiciens. Ils les attaquaient partout, dans leurs livres, dans leur gazette, etc. Dans les notes qu'il a jointes à son édition des Opuscules de Fleury, l'abbé Débonnaire leur reproche l'enseignement des opinions ultramontaines et l'opposition aux quatre articles de l'assemblée de 1682. Je ne sais si aujourd'hui ils encourraient le même blâme à ses yeux.

Ils les accusaient de faire, comme les Jésuites, vœu d'obéissance entière au pape; ils les accusaient avec un peu plus de raison, d'être opposés au bréviaire publié par M. de Vintimille. En effet, la communauté de Saint-Sulpice eut le mérite, par les réclamations qu'elle fit, de concert surtout avec le séminaire de Saint-Nicolas du Chardonnet, appuyant les observations et les plaintes du docteur Gaillande, de M. Pacquet, curé de Saint-Nicolas-des-Champs, et même de deux grands vicaires, MM. Robinet et Regnaud, elle eut, dis-je, le mérite d'amener l'archevêque à exiger, dans une seconde édition du bréviaire, les corrections principales des passages insérés par l'esprit de parti, par exemple dans l'hymne *Ave, maris stella*, les mots *Vitam posce puram*, dont on a tant parlé.

Dans toutes les occasions, les membres de la société de Saint-Sulpice donnèrent des preuves de leur soumission aux décrets de Rome et aux décisions de l'Église, point important, qu'il est bon de faire remarquer au milieu des exemples contraires que fournirent, au dernier siècle, tant de congrégations d'ailleurs respectables.

Quoique destinés spécialement à former les prêtres aux exercices du saint ministère, les Sulpiciens dirigeaient encore d'autres œuvres; par exemple, ils avaient de petits séminaires, entre autres, celui d'Orléans et même le collége de Meung.

La réputation de saint Vincent de Paul avait donné à ses disciples le plus grand nombre des séminaires formés en France; après la congrégation de la Mission, la société de Saint-Sulpice était celle qui en dirigeait davantage; voici la liste des établissements qui lui étaient confiés: les séminaires d'Angers, d'Avignon, d'Autun, de Bourges, de Clermont, de Limoges, de Saint-Irenée à Lyon, de Nantes, d'Orléans, du Puy, de Reims, de Toulouse, où ils étaient chargés, outre le séminaire diocésain, de celui de Saint-Charles (qui servait à de jeunes ecclésiastiques de différents diocèses voisins, étudiant dans l'université de Toulouse), de Tulle et de Viviers. Aux grands séminaires étaient joints partout des petits séminaires, comme je l'ai dit pour Orléans. Néanmoins, ils n'avaient pas ceux de Nantes, du Puy, de Reims ni de Tulle. Le diocèse de Limoges avait un petit séminaire à Magnac. Ainsi MM. de Saint-Sulpice avaient quinze grands séminaires, onze petits, et de plus les cinq séminaires qu'ils tenaient à Paris, et celui de Montréal dans le Canada, où ils étaient établis depuis le commencement. En 1789, ils en formèrent un à Baltimore. Peu avant cette époque, ils étaient, ou les fondateurs, ou l'âme de quelques autres œuvres, dans le genre de celle qui était leur but principal: telle était la maison des jeunes clercs, que M. Nagot, directeur du séminaire, de concert avec M. de Tersac et avec l'abbé de Bouzonville, avait réunie dans une maison de la rue Cassette, et dont l'abbé de Savines fut le supérieur. Cette communauté des clercs de la paroisse commença en 1786. Telle était aussi la maison des clercs, plus jeunes encore, que M. Nagot forma à Issy, et dont fut supérieur M. Dubourg, élevé depuis à l'épiscopat.

La révolution, qui détruisit la communauté des prêtres, détruisit aussi et à plus forte raison, la congrégation. A cette époque, M. Emery était, comme je l'ai dit ci-dessus, supérieur général de la société; M. Gallet était supérieur de la petite communauté, dite des Robertins, nommée ainsi de l'abbé Robert, qui l'avait fondée pour des séminaristes moins avantagés de la fortune. M. de Cussac était supérieur de la communauté des philosophes (nommée ainsi parce qu'elle était habitée par les étudiants en philosophie; M. Ploquin était directeur au petit séminaire (dont le supérieur m'est inconnu). M. Psalmon était directeur de la communauté de Laon. M. Emery, tous les directeurs des grand et petit séminaire et des trois communautés, au nombre de dix-huit, refusèrent le serment demandé en 1791. Tous les autres membres de la congrégation, au nombre de cent-vingt, suivirent cet exemple dans les séminaires de province. Soit dans les massacres du 2 septembre 1792, soit à différentes époques et de différentes manières dans les provinces, la congrégation eut le bonheur de fournir dix-huit confesseurs de la foi, sans y comprendre en ce nombre MM. Boubert et Nézel, l'un diacre, l'autre tonsuré, attachés aux deux maisons de clercs nouvellement formées, comme je l'ai indiqué, qui périrent à la maison des Carmes, le 2 septembre. La congrégation était donc comme anéantie en France; plusieurs de ses membres passèrent en Amérique, où ils ont largement contribué à l'agrandissement prodigieux de cette nouvelle Église, et où l'on peut dire que leur société vivait toujours, car lorsque le Canada eut été conquis par l'Angleterre, le séminaire ayant prêté foi et hommage à cette couronne, le gouvernement qui avait jugé à propos de laisser les communautés d'hommes s'éteindre progressivement, permit néanmoins que le séminaire de Montréal continuât de renouveler ses membres et conservât les mêmes droits qu'auparavant. Il continua en effet l'exercice de ses bonnes œuvres multipliées.

Les directeurs du séminaire de Paris restèrent dans cette maison jusqu'au jour du massacre des Carmes, et ne la quittèrent que le lendemain. C'est donc du 3 septembre 1792 qu'il faut dater leur sortie de cette maison. M. l'abbé de Sambucy, qui était réglementaire, n'en sortit que deux ou trois jours après.

Cette illustre congrégation, dont les membres, comme ceux de la compagnie de Jésus, cherchaient à éviter l'éclat et à faire le bien sans renommée, a fourni plusieurs hommes distingués par leur science ou par leur position hiérarchique. Par exemple, des évêques, tels que Godet des Marais, évêque de Chartres ; Sabathier, évêque d'Amiens, Fournier, évêque de Montpellier; Frayssinous, etc., etc.; des savants, tels que Laurent-Josse Leclerc, connu par des ouvrages de critique et d'érudition ; Claude Fyot; de Vaugimois ; Claude-Louis Montagne ; Louis Legrand, Claude-François Regnier, etc. Je réserve le nom du célèbre Emery à joindre à ceux de la congrégation régénérée, qui brille aussi par l'éclat de ses vertus ecclésiastiques et par la science théologique des hommes distingués qui la composent aujourd'hui. *Voy.* SULPICIENS, au *Supplément.*

Vie de M. Olier, fondateur du séminaire de Saint-Sulpice, accompagnée de notices sur un grand nombre de personnages contemporains. Paris, 1841, 2 vol. in-8°. — *Gallia Christiana,* tom. VII. — *Ami de la Religion.* — *Nouvelles ecclésiastiques. — Règlements de la communauté de MM. les prêtres desservant la paroisse de Saint-Sulpice de Paris,* in-8°, 1782. — *Renseignements dus à l'obligeance de M. l'abbé Carrière, l'un des membres les plus distingués de la congrégation de Saint-Sulpice. — Notes prises passim.*
B-D-E.

Quoique dans le titre de ce chapitre, Hélyot n'ait parlé que du séminaire de Saint-Sulpice, il ajoute néanmoins quelques phrases sur la communauté de Saint-Nicolas du Chardonnet, et c'est la seule communauté des clercs de ce genre dont il ait fait connaître l'origine, quoiqu'il y en eût d'autres de son temps à Paris. Comme cette société a disparu pour toujours, et que je n'aurai point, par conséquent, d'article à lui donner dans le supplément, il est nécessaire d'en dire ici quelque chose, pour suppléer au laconisme d'Hélyot, et pour faire connaître ce qu'elle devint après la mort de Bourdoise et dans le dernier siècle.

Adrien Bourdoise était né en 1584, au diocèse de Chartres, de parents pauvres, mais très-vertueux. Il vint à Paris, à l'âge de vingt-un ans, et, destitué de tous moyens, il se fit domestique dans une maison, où le précepteur des enfants était un ecclésiastique qui lui promit de lui faire apprendre les premiers éléments du latin. Les progrès qu'il fit l'avancèrent bientôt vers les ordres, et il fut ordonné prêtre en 1613. Il demeurait alors dans le collège du Mans, occupé de l'idée d'établir sa société de clercs, et là il reçut, comme hôtes, Robert Baudoin et Charles Faure, chanoines réguliers de Senlis, et le P. Faure puisa parmi les disciples de Bourdoise l'esprit qui le porta à former la congrégation des Génovéfains. Bourdoise, qui contribua à l'établissement du séminaire de Saint-Sulpice, a été en estime auprès de M. Olier, de saint François de Sales, de saint Vincent de Paul. Dans le chapitre d'Hélyot, nous avons vu ci-dessus ses liaisons avec madame de Miramion, et c'est de lui que les filles de Sainte-Geneviève, fondées par cette femme célèbre, reçurent les règles de leur communauté. Il mourut le 19 juillet 1655, et les deux vers suivants, mis sous son image, disent bien ce qu'était sa vertu, dont tout le monde connaît le caractère franc et austère :

Hic fuit Elias more, et clamore Joannes,
Ore Nathan, cura Paulus, amore Petrus.

Dans la communauté du séminaire de Saint-Nicolas, la première personne en autorité portait le nom d'*économe*. Après Bourdoise, celui qui eut cette dignité, se nommait François Wiart, de Laon ; il avait été un des six premiers compagnons du fondateur, dont il suivait régulièrement les conseils ; il mourut le 4 octobre 1661, à l'âge de soixante-cinq ans. Le troisième économe fut Thomas Le Juge, de Paris, un des six coopérateurs de l'œuvre. Son élection fut la première faite solennellement, parce que les constitutions étaient approuvées, et elle fut présidée par François de Gondi, archevêque de Paris, le 27 janvier 1647. Il fut réélu en 1650. Sa mort arriva le 30 juin 1662, et, comme on l'avait fait pour Bourdoise, on mit aussi sous son image l'éloge et le caractère de sa vertu, en ces deux vers :

Ut fuit Elias Burdesius, alter ab illo,
Venit Elizæus ore manuque potens.

Le quatrième économe fut Nicolas Thiéry, de Reims, qui fut encore élu pour la troisième fois en 1675, et mourut en 1685. Après lui, Jean Barrat, de Toul, deux fois élu, mourut à l'âge de cinquante-deux ans, le 24 janvier 1668. Le sixième économe fut Gilles Pasté, de Reims, élu en 1666, et mort en 1681, à l'âge de quatre-vingts ans. Il eut pour successeur Jean de Beauvais, du diocèse d'Angers, qui fit deux triennats et mourut pulmonique en 1684. Après lui vint Michel Chamillart, de Paris, docteur et de la société de Sorbonne, qui fut vicaire de Saint-Nicolas pendant vingt-sept ans, et trois fois élu supérieur, c'est-à-dire économe du séminaire. Il mourut le 5 octobre 1692, à l'âge de soixante-quatre ans. Le neuvième supérieur fut Pierre Pillon, du diocèse du Mans, élu quatre fois. Pendant quelque temps le cardinal de Noailles le prit pour confesseur. Il mourut en 1717. Il avait été précédé dans la tombe (en 1704) par Lambert Berton, de Laon, son successeur en 1687. François Polet, d'Amiens, fut élu sept fois et remplit pendant quarante-un ans les fonctions de vicaire à Saint-Nicolas ; il mourut âgé de quatre-vingt-un an, le 22 mars 1733. Le douzième économe ou supérieur fut Gilbert Gandolin-Descouveaux, de Bourges, qu'on nomma à trois élections différentes, et qui mourut en 1723. Vient ensuite Jean Chevrelat, de Langres, qui fut élu deux fois, et mourut à l'âge de soixante-cinq ans, en 1737. Le quatorzième économe fut Philippe-Léonor le Vallois, de Coutances, vicaire de Saint-Nicolas, élu pour la seconde fois en 1741. Je ne puis donner la suite de cette liste d'économes, qui dut être nombreuse, puisque l'élection avait lieu tous les trois ans.

L'esprit de Bourdoise anima toujours la maison de Saint-Nicolas, qui, par conséquent ne donna jamais dans les nouveautés qui faisaient tant de dupes et de victimes dans presque toutes les autres corporations. Celle-ci au contraire se distingua par son zèle en plusieurs circonstances. J'ai signalé ci-dessus, en continuant l'histoire des Sulpiciens, le concours de ces deux communautés savantes dans l'opposition aux innovations dangereuses du bréviaire parisien, publié en 1736. Les Nicolaïtes surtout contribuèrent largement à faire modifier cette œuvre, donnée dans une bonne intention, je le crois, mais dirigée par l'esprit de parti. Leur société, modeste et peu répandue, a produit quelques hommes fort distingués par leur science et les postes de confiance que leur assignèrent les archevêques, tels que les fonctions de supérieur de communautés religieuses, etc. Le plus célèbre est Michel Chamillart, que j'ai nommé au huitième rang dans la liste des économes. Après son cours de philosophie, il soutint, sur toutes les parties de cette science, des thèses en grec, puis en latin. Quoique prieur de Sorbonne, il ne discontinua point, à Saint-Nicolas, ses fonctions de catéchiste des enfants. Il se déclara avec liberté, mais avec modestie contre les quatre articles, dits du Clergé de France, en 1682. Suivant lui, on ne pouvait les approuver. Sa franchise lui valut un exil de cinq ans en Berry. Il mourut néanmoins à Paris.

Fimin Polet, moins savant peut-être que Chamillart, eut peut-être aussi autant d'instruction ecclésiastique et à un degré plus élevé la confiance des évêques et des princes. C'est lui qui a fourni les décisions morales, dont s'est surtout servi le collecteur des *Conférences de Paris* sur le *mariage* et sur l'*usure*. C'est sous son administration que fut confié aux Nicolaïtes, en 1724, le séminaire de Laon, le seul qu'ils eussent en province. Sous son successeur, Gilbert Gandolin, fut formée ou restaurée cette autre communauté, qu'on appelait la *petite Communauté de Saint-Nicolas*, destinée à l'éducation et à l'instruction des jeunes clercs. Les Nicolaïtes eurent à lutter contre les Jansénistes, même dans leur paroisse, et furent obligés à faire exiler à Senlis leur propre curé, l'abbé Garnot, homme incliné aux nouveautés; il avait administré, sans exigences, le fameux docteur Boursier, et l'avait reçu dans son église. Les Nicolaïtes furent irrités d'avoir assisté, à leur insu, à cette inhumation. Les Jansénistes, de leur côté, ne les épargnèrent pas dans leur gazette. Un de leurs reproches était peut-être fondé, celui d'avoir fait jouer des pièces de théâtre, à la campagne de la petite communauté, paroisse de Gentilly, par les élèves de cette maison. Le goût des théâtres de société se propageait trop alors, suivant moi.

Quand les deux communautés furent dissoutes, en 1792, le supérieur du séminaire était l'abbé Andrieux, et le supérieur de la petite communauté l'abbé Piton, qui avait succédé à Louis Lasnier. La bibliothèque était composée d'environ quinze mille volumes bien choisis ; il y avait en outre un cabinet d'histoire naturelle. On peut voir, dans l'histoire Sauval, les pièces qui contiennent les conventions passées pour l'établissement de la communauté de Saint-Nicolas.

Gallia christiana, tom. VII. — *Nouvelles ecclésiastiques*. — *Ami de la religion*. — *Tableau historique et pittoresque de Paris*, tom. III, par M. de Saint-Victor. — *Almanach royal*.
B-D-E.

SULPICIENS.

Voy. SULPICE (*Séminaire de Saint-*).

SYNCLÉTIQUE (RELIGIEUSES DE SAINTE-).

Des religieuses de sainte Synclétique, avec la Vie de cette fondatrice des premiers monastères de filles, où il est parlé des habillements des anciennes religieuses d'Orient, tant cénobites qu'anachorètes.

Après avoir parlé de saint Antoine, qui est reconnu pour le Père des religieux cénobites, il est juste de parler de sainte Synclétique, qui a été aussi la Mère des premières religieuses qui ont vécu en communauté ; car, quoique les histoires ecclésiastiques, principalement les ménologes des Grecs, fassent mention de quelques saintes vierges qui ont vécu en communauté dès le commencement du IIe siècle, ces sortes de communautés n'étaient pas des monastères parfaits, comme ceux de Saint-Antoine et celui de Sainte-Synclétique ; ainsi nous reconnaissons cette sainte pour la Mère des religieuses cénobites, comme saint Antoine pour le Père des religieux cénobites.

La piété qui florissait dans la ville d'Alexandrie y fit venir les parents de cette sainte, qui étaient originaires de Macédoine, où ils tenaient un rang considérable ; et y ayant trouvé encore plus que ce que la renommée leur en avait publié, ils s'y habituèrent entièrement, de sorte qu'elle fut élevée dans cette capitale de l'Egypte, avec tout le soin qu'on pouvait attendre de parents aussi pieux, qui vivaient dans la crainte et l'amour de Dieu. La noblesse de sa race, sa beauté, les rares qualités de son esprit et les richesses de ses parents la firent rechercher par les meilleurs partis de la ville ; mais elle ne voulut point avoir d'autre époux que Jésus-Christ ; c'est pourquoi elle vivait, autant qu'elle pouvait, dans la retraite pour ne converser qu'avec lui seul. Tous les plaisirs du monde ne la touchaient en aucune manière. Elle ne trouvait de satisfaction que dans les entretiens spirituels. Le jeûne faisait toutes ses délices ; lorsqu'elle était obligée de manger plus tôt qu'à l'ordinaire, la peine qu'elle en ressentait paraissait jusque sur son corps. Elle s'accoutumait ainsi dans la maison de son père à tous les travaux de la retraite la plus austère.

Ses parents étant morts, elle hérita de leurs grands biens qu'elle distribua aux pauvres. Ayant pris avec elle une sœur unique qu'elle avait, qui était aveugle et qui entrait dans ses sentiments, elle se retira dans un sépulcre ; car nous avons vu, dans la Vie de saint Antoine que ceux de ce temps-là avaient des chambres. Ce fut là qu'elle apprit à mourir, en joignant les plus grandes austérités du corps à toutes les mortifications du cœur et de l'esprit; elle ne prenait pour nourriture qu'un peu de pain et d'eau, et lorsqu'elle était attaquée de quelque tentation, elle redoublait la rigueur de sa pénitence, ne mangeant alors que du pain de son et couchant sur la terre; mais quand ces tentations étaient dissipées, elle reprenait sa première manière de vivre.

Dieu ne permit pas qu'un si grand trésor fût longtemps caché. Plusieurs veuves et filles voulurent se mettre sous sa conduite, et lui demandèrent des instructions. Elle s'en défendit autant qu'elle put, et se contenta souvent de les instruire par son silence, par ses gémissements et par les larmes qu'elle versait lorsqu'on voulait l'obliger à parler de Dieu; mais son humilité les obligeant à la presser davantage, elle fut enfin contrainte de les recevoir. Elle leur enseigna avec une sagesse admirable les obligations et les devoirs de leur état. Elle voulut qu'elles regardassent l'amour de Dieu et celui du prochain comme le principe et la fin de toutes les vertus et de tous les discours de piété. Elle les avertissait de résister promptement aux mauvaises pensées, de ne point négliger les petits défauts, de préférer l'obéissance aux autres exercices, d'éviter la vanité et l'orgueil, qui est comme le dernier trait que lance le démon pour percer les cœurs, et enfin de se souvenir que, pour plaire à Jésus-Christ, qu'elles avaient pris pour époux, elles devaient revêtir leurs âmes de l'ornement des vertus, comme les femmes attachées au monde se parent de riches habits pour s'attirer l'amour et les louanges des hommes. Il se trouve, dans la Vie de cette sainte, un grand nombre de pareilles instructions, dont quelques-unes sont dans les recueils qu'on a faits autrefois des paroles les plus remarquables des Pères des déserts.

Le démon, piqué contre elle, demanda permission à Dieu de la tenter comme Job. Elle avait déjà quatre-vingts ans, et pendant l'espace de trois ans et demi qu'elle vécut encore, il la tourmenta par une maladie qui attaqua son poumon, et par des fièvres continues qui la minaient peu à peu; mais elle fit toujours paraître un courage et une patience qui firent beaucoup d'impression sur les autres malades de sa communauté et sur ceux de la ville; qu'elle ne cessait d'encourager et de consoler par ses instructions. Le démon voulut encore s'en venger en lui mettant à la bouche un cancer qui lui mangea tout le visage, et se répandit sur toutes les autres parties de son corps, qui exhalait une puanteur si insupportable, que personne ne pouvait l'approcher, même pour un moment, sans brûler beaucoup de parfums ou d'herbes odoriférantes. Elle était la seule que ce mal ne pouvait effrayer, et elle ne voulait point souffrir qu'on y apportât plus de remède qu'aux autres maux qu'elle avait endurés, persuadée qu'il y avait quelque chose de divin, et que, se trouvant exercée comme Job, elle devait comme lui se soumettre à la volonté de Dieu.

Un médecin l'étant venu voir malgré elle, la crainte qu'elle eut de voir finir ou diminuer ses maux la fit recourir à des plaintes fort vives et fort touchantes; elle se rassura néanmoins lorsque le médecin, par prudence, lui dit qu'il n'était pas venu pour la guérir, mais pour embaumer les parties de son corps qui étaient déjà mortes, et empêcher qu'une si grande corruption ne pût infecter et faire mourir les personnes qui l'approchaient. Une réponse si adroite la fit consentir qu'on étuvât son mal avec de l'aloès, de la myrrhe et du vin. Elle endura ce martyre pendant plus de trois mois, réduite pendant ce temps à n'avoir ni parole ni vue, et sans pouvoir prendre ni nourriture ni repos. Enfin, le temps de sa victoire arriva. Elle fut consolée par plusieurs visions qu'elle eut, et elle prédit à ses religieuses qu'elle mourrait dans trois jours, ce qui arriva comme elle l'avait prédit. Ainsi elle alla dans le ciel recevoir la récompense qui lui était préparée. On peut consulter ce que nous avons dit du temps auquel elle mourut, dans la dissertation préliminaire, § 8, et les différents sentiments que les écrivains ont eus à ce sujet.

Bolland., *Act. SS.*, 15 *Jan.*, pag. 242; Athanas. *Op.*, edit. *Bened.*, tom. II; Baillet, *Vies des SS.*, 5 *janv.*; de Tillemont, *Mémoires pour l'histoire ecclés.*, tom. VIII, pag. 230; Bulteau, *Hist. monast. d'Orient*, pag. 168.

L'histoire ne nous apprend point quel était l'habillement de sainte Synclétique et de ses religieuses. Saint Athanase, que plusieurs croient avoir été l'auteur de la Vie de cette sainte, dit seulement qu'elle se revêtit d'un habit de pauvreté jusqu'à une extrême vieillesse. Mais les religieuses qui vivaient dans les communautés qui dépendaient de ce saint prélat (s'il est vrai que le traité de la Virginité qui se trouve parmi ses Œuvres soit véritablement de lui), devaient s'habiller d'étoffes simples et communes. Leurs manteaux ne devaient point être teints, mais de noir naturel, ou au moins rougeâtres ou de couleur de roses sèches, aussi bien que leurs robes, qui n'avaient point de frange, et dont les manches devaient couvrir leurs bras jusqu'aux doigts. Elles avaient les cheveux coupés, et leur tête était entourée d'un bandeau de laine. Leurs capuces et leurs scapulaires devaient être simples et sans frange. Quand elles rencontraient un homme, elles se cachaient le visage, et ne levaient jamais la tête que vers Dieu.

Le P. Delle (*Antiq. monast.* t. I, p. 218) a traduit le mot d'*ependytes* par celui de robe, et a donné le nom de manteau à *maforium*; mais nous croyons que le mot d'*ependytes* se doit plutôt entendre de ces manteaux fermés de toutes parts qu'on mettait par-dessus les habits, et qu'on retroussait sur les bras, comme nous l'avons dit ailleurs, et comme on peut le voir dans la première figure qui représente une de ces religieuses d'Orient, que nous avons fait graver sur la description de leur habillement qu'en a donnée saint Athanase dans son traité de la Virginité. Nous avons cru aussi que le mot de *maforium* ne devait s'entendre que d'une robe, puisqu'il est dit ensuite au même endroit, que les manches devaient couvrir les bras jusqu'aux doigts : *Maforium sine fimbriis ejusdem coloris : manicæ laneæ brachia usque ad digitos obtegentes;* d'autant plus que le mot de *maphors* ou *maphorium*, se prend pour *palla*, et que le mot de *palla* signifie également un manteau de femme, une longue robe, une simarre et une jupe.

Saint Jean Chrysostome (*Homil.* 8 *in Epist. I ad Timoth.*) parlant des religieuses de son temps, dit qu'elles avaient une tunique noire serrée d'une ceinture, un voile blanc sur le front et un manteau noir qui couvrait la tête et tout le corps : il dit aussi qu'elles avaient des souliers pointus, et il semble qu'ils étaient blancs, puisqu'il ajoute qu'ils paraissaient plus beaux sous une robe noire : c'est de la manière que nous avons fait graver la seconde figure, qui représente aussi une de ces anciennes religieuses d'Orient (1).

Quant aux anciennes anachorètes, elles avaient différents habillements, selon que la pénitence et l'austérité qu'elles pratiquaient leur inspirait. Théodoret (*Hist. Relig.*, c. 26) fait mention de deux saintes filles de qualité de la ville de Bérée en Syrie, qui se retirèrent auprès de cette ville, n'ayant rien pour se mettre à couvert des injures du temps, et pratiquèrent pendant quarante ans tous les exercices de la mortification avec un courage presque incroyable. Elles avaient autour du cou, de la ceinture, des mains et des pieds, de grosses chaînes de fer si pesantes, que Cire, qui était la plus faible de ces deux saintes pénitentes, était courbée jusqu'à terre. Elles portaient de grands voiles qui leur couvraient entièrement la tête et le reste du corps, et descendaient par-devant jusqu'à la ceinture, leur cachant le visage, le cou, l'estomac et les mains. Elles assemblèrent quelques filles qui voulurent imiter leur manière de vivre, et leur firent faire une demeure hors de leur clôture. Pour les exciter à l'amour de Dieu et les exhorter à l'oraison, elles leur parlaient par une petite fenêtre par laquelle elles voyaient ce qu'elles faisaient. Le même auteur dit qu'il y avait encore en Syrie plusieurs filles solitaires qui s'occupaient à chanter les louanges de Dieu et à filer de la laine, non pour faire des habits ou des couvertures, car elles n'étaient vêtues que de cilices et ne couchaient que sur des nattes ; mais elles vendaient leurs ouvrages pour leur subsistance et pour secourir les personnes qu'elles estimaient plus pauvres qu'elles. Ces sortes de cilices étaient l'habillement le plus commun des anachorètes d'Orient : et nous avons déjà dit que c'étaient des robes faites de poil de chèvre (2).

(1) *Voy.*, à la fin du vol., n° 104.

(2) *Voy.*, à la fin du vol., n° 105.

T

TABLE RONDE (Chevaliers de la) *Voy.* Ampoule.

TAILLEURS (Frères). *Voy.* Cordonniers (*Frères*).

TARDON (Moines réformés de Saint-Basile, appelés de).

Ce fut vers l'an 1557 que le P. Matthieu della Fuente, dont nous avons parlé dans un article précédent, se retira avec quelques compagnons dans les montagnes de Serra de Morena, dans la province d'Andalousie, et y bâtit un ermitage dans un lieu appelé Tardon, au diocèse de Cordoue ; mais le nombre de ses disciples s'augmentant tous les jours, et l'ermitage de Tardon se trouvant trop petit pour les contenir tous, il en bâtit un second à Valle-de-Guillos, au diocèse de Séville. Ils y vaquaient à la contemplation, travaillaient des mains pour avoir leur subsistance, menaient une vie pauvre et retirée, macéraient leur chair par des mortifications et des pénitences extraordinaires, ne demandaient point l'aumône, et refusaient même d'accepter celles qu'on leur offrait.

Le P. Ambroise Marian, qui a été dans la suite un des plus fermes appuis de la réforme des Carmes Déchaussés, prit l'habit dans cet ermitage en 1562, et ses confrères se servirent du crédit qu'il avait à la cour d'Espagne pour faire approuver par le pape leur manière de vivre. Il alla pour ce sujet à Rome avec des lettres de recommandation de plusieurs grands d'Espagne, entre autres du prince Ruy Gomez, et il en obtint aussi de Sa Majesté Catholique adressées à son ambassadeur à Rome. Le pape Pie IV, qui gouvernait pour lors l'Eglise, et qui avait résolu de n'approuver aucune nouvelle religion, ne voulut point accorder autre chose à ces solitaires, que de s'unir avec quelque corps de religion approuvée, dont ils feraient profession ; et il accorda aux fortes sollicitations du prince Ruy Gomez qu'ils pussent suivre la règle des Carmes, qu'il jugeait la plus conforme à leur manière de vie solitaire. Ils ne purent néanmoins s'accoutumer à l'observance de cette règle, telle qu'elle avait été donnée aux Carmes par le patriarche Albert ; c'est pourquoi l'évêque de Cordoue leur conseilla de suivre la règle de saint Basile, qu'ils voulurent observer dans toute sa rigueur, ne vivant que de leur travail. Ils firent ensuite profession entre les mains de ce prélat ; mais ayant eu le même scrupule que ceux d'Oviédo sur la validité de leurs vœux, à cause qu'ils n'avaient pas fait profession entre les mains des supérieurs de l'ordre de Saint-Basile, ils consultèrent à ce sujet le docteur Navarre, qui leur conseilla d'avoir recours à Rome, où ils obtinrent de Grégoire XIII, l'an 1572, un bref par lequel ce pontife leur permit de renouveler leur profession entre les mains de l'abbé de Sainte-Marie d'Oviédo où de quelque autre de l'ordre de Saint-Basile. Il érigea leurs ermitages en véritables monastères de cet ordre, les unit à celui de Sainte-Marie d'Oviédo pour en faire une province, sous le nom de Saint-Basile, avec ceux que l'on fonderait dans la suite, et les soumit à l'obéissance du général de l'ordre de Saint-Basile en Italie. Il y en eut en effet d'autres qui furent fondés, mais non pas sous les observances étroites du P. Matthieu della Fuente; ce qui causa plusieurs différends entre les monastères réformés et ceux qui ne l'étaient pas, les uns et les autres ayant des manières de vie différentes. Le pape Clément VIII envoya des commissaires apostoliques pour pacifier ces troubles, mais ce fut inutilement. Les plus grandes contestations de ces religieux étaient au sujet du travail en commun, que les visiteurs ne purent jamais introduire dans les monastères qui n'étaient point réformés, ni les empêcher d'aller chercher des aumônes, à quoi les réformés avaient renoncé. Il y eut même un de ces visiteurs apostoliques qui introduisit le relâchement dans le couvent de Valle-de-Guillos par les changements qu'il y fit ; ce qui serait aussi arrivé dans celui de Tardon si, par un bref du 13 décembre 1599, le pape n'eût défendu sous peine d'excommunication de rien innover dans les observances, principalement pour ce qui regardait le travail des mains.

L'évêque de Cordoue, le dernier de ces visiteurs, tâcha de rétablir ce travail des mains et la discipline monastique qui était beaucoup relâchée dans presque tous les monastères. Ce prélat, voyant qu'il y avait beaucoup de religieux zélés pour les observances régulières, dressa des constitutions particulières à leur sollicitation, et assigna deux autres couvents avec celui de Tardon, où pourraient se retirer ceux qui les voudraient observer. Mais ces constitutions n'ayant pas été approuvées par le cardinal de San-Severino, protecteur de l'ordre, cette éminence en dressa d'autres qui furent confirmées en 1602 par le pape Clément VIII, qui donna commission à l'évêque de Jaen pour les faire recevoir dans tous les monastères.

Ce fut un nouveau sujet de trouble ; car la plupart des religieux s'opposèrent à ces constitutions, principalement parce qu'il y était marqué que les frères lais auraient préséance, voix et suffrages, et qu'on défendait à tous les religieux de se servir d'autre étoffe que de bure, d'aller nu-pieds dans quelques monastères, de chercher des aumônes, d'entendre les confessions des séculiers, et de prêcher hors de leurs églises ; ce qu'ils voulaient qu'on retranchât de ces nouvelles constitutions.

Le pape, voyant que ceux qui demandaient ces changements ne voulaient pas demeurer dans la vocation de la règle monacale de saint Basile, mais désiraient suivre l'institut des Mendiants sous la profession de cette règle, comme il est expressément marqué dans le bref de ce pontife, les laissa dans leurs observances. Cependant, voulant rétablir l'ordre de Saint-Basile dans sa primitive observance, principalement pour ce qui regardait le travail des mains et la qualité des religieux qui étaient presque tous lais dans le commencement de cet ordre, et désirant terminer les différends qui avaient toujours existé entre les monastères de Tardon, de Valle-de-Guillos et les autres non réformés, il en sépara et désunit ces deux monastères de réformés, permettant à tous les religieux zélés de s'y retirer et d'y vivre sous les constitutions qu'il leur donna, et qui sont insérées dans son bref du 23 septembre 1603.

Ces constitutions contiennent dix chapitres, et portent, entre autres choses, que les religieux de cette réforme garderont en tout l'uniformité, et qu'afin que la vie commune puisse être observée dans toute sa perfection, il ne pourra y avoir dans chaque monastère moins de vingt-quatre religieux, dont la plus grande partie sera de frères lais ; que les uns et les autres se lèveront à minuit pour prier Dieu, et que ceux qui seront destinés pour le chœur réciteront Matines et Laudes ; que dans l'hiver ils se lèveront le matin un peu avant le jour, et se trouveront tous ensemble au chœur pour y faire une demi-heure d'oraison mentale ; que pendant que les religieux du chœur réciteront Prime, les frères lais entendront la messe, après laquelle ils iront au travail ; qu'après les Complies ils se trouveront tous au chœur pour y faire l'oraison pendant une autre demi-heure ; que les prêtres seront exempts du travail pendant la matinée, et qu'afin que rien ne les puisse détourner du travail l'après-dînée, ils ne pourront réciter au chœur que ce qu'ils seront obligés de réciter par précepte hors le chœur, conformément au bréviaire romain ; que les travaux auxquels les religieux pourront s'occuper dans la maison seront de faire de la toile et des draps, coudre des habits, faire des souliers, et que hors de la maison ils pourront recueillir le grain, le vin, le miel, l'huile et autres fruits semblables, pourvu que cela ne cause point de trouble entre eux et les laboureurs ; qu'ils pourront manger de la viande le dimanche, le mardi et le jeudi seulement à dîner, excepté pendant le temps de l'Avent et aux jours que l'Eglise défend d'en manger ; que pour leur habillement ils porteraient une tunique de bure avec un scapulaire auquel serait attaché un capuce pointu ; qu'ils auraient un manteau tout simple, sans aucun pli autour du cou : que la tunique serait serrée d'une ceinture de cuir noir, et qu'ils seraient chaussés (1).

La coule ou cucule monacale leur fut défendue, comme contraire, dit ce pape, à la règle de saint Basile. Il leur fut aussi dé-

---

(1) *Voy.*, à la fin du vol., n° 106.

endu de demander des aumônes, d'entendre es confessions des séculiers, de prêcher hors de leurs églises, de tenir des écoles de philosophie, de théologie et d'autres sciences, d'envoyer leurs religieux étudier aux universités, tout cela ne se pouvant faire sans interrompre le travail des mains.

Les constitutions permettent seulement aux prêtres d'apprendre les cas de conscience nécessaires pour se gouverner soi-même, et l'explication de l'Écriture sainte. Il peut néanmoins y avoir un prêtre libre de tout autre emploi, qui doit s'appliquer à l'étude pour enseigner tous les jours pendant une demi-heure aux autres religieux les commandements de Dieu, les moyens de parvenir à la perfection et d'acquérir les vertus. Il y en a un qui peut aussi, les dimanches et fêtes, expliquer au peuple l'Évangile du jour dans leurs églises, et entendre ces jours-là les confessions des séculiers. Les monastères les plus proches des villes et des villages doivent en être au moins à deux milles, et il ne peut y avoir dans chacun moins de vingt-quatre religieux, qu'on ne peut changer ni envoyer dans un autre; à moins que ce ne soit pour être supérieurs, ou pour faire de nouvelles fondations, ou pour cause de scandale. Les religieux qui ont été reçus en qualité de frères lais ne peuvent être promus aux ordres sacrés. A l'âge de vingt-quatre ans et après cinq de profession, ils ont voix active et passive pour tous les offices, excepté ceux auxquels il y a une juridiction spirituelle annexée, tels que ceux d'abbé, de prieur, de maître des novices et autres semblables. Parmi les définiteurs et conseillers, il doit y avoir une moitié de prêtres et l'autre moitié de frères lais. Enfin ces constitutions accordent la préséance aux prêtres sur les frères lais, mais les frères lais l'ont, selon l'antiquité de religion, sur les religieux du chœur qui ne sont pas prêtres, même sur les diacres.

Le pape défendit à qui que ce fût, sous peine d'excommunication, d'empêcher en aucune manière le progrès de cette réforme, et ordonna à l'évêque de Jaen de la publier dans les couvents de cette province, afin que ceux qui voudraient l'embrasser eussent à se retirer dans l'un de ces deux couvents, permettant en même temps à ceux qui avaient déjà embrassé cette réforme, et qui la trouvaient trop austère, de passer chez les non réformés; qu'ensuite on célébrerait le chapitre provincial des réformés dans le couvent de Tardon, auquel l'évêque de Jaen présiderait, et en son absence le nonce apostolique en Espagne, et qu'après que le chapitre serait fini, la juridiction de ces prélats sur ces religieux réformés cesserait; que les réformés seraient soumis à l'abbé général de tout l'ordre, qui ne pourrait les visiter qu'en personne, ou nommer à sa place qu'un visiteur de la même réforme. Le pape leur accorda un procureur général en cour de Rome. Il permit aux non réformés de demeurer dans leurs observances; mais en même temps il leur défendit de recevoir à l'avenir des novices, et de faire de nouveaux établissements, voulant qu'il n'y eût que les réformés qui pussent recevoir des novices et faire de nouvelles fondations.

Ces religieux réformés ont eu dans la suite de nouvelles constitutions qui furent approuvées par le pape Paul V, mais qui ne dérogent point à celles de Clément VIII; au contraire, par ces nouvelles constitutions ils s'engagèrent de faire un quatrième vœu d'observer les constitutions de Clément VIII, mais ces religieux, qui n'avaient pu vivre en paix avec les non réformés lorsqu'ils étaient unis ensemble, ne purent s'accorder entre eux, et ils eurent de grands différends qui durèrent plusieurs années. Comme le pape Clément n'avait pas déterminé le nombre des religieux frères lais, cela donna lieu à de nouvelles disputes entre eux et les prêtres; c'est pourquoi Urbain VIII ordonna, en 1639, qu'il ne pourrait y avoir dans les monastères de Tardon et de Valle-de-Guillos que la quatrième partie de religieux destinés pour le chœur, et que le reste serait de frères lais; qu'en attendant que les religieux destinés pour le chœur, qui étaient dans les monastères, fussent réduits à ce nombre, on n'en pourrait recevoir aucun pour le chœur, à peine de nullité de la profession.

Par un autre bref du même jour, il ordonna à l'évêque de Cordoue de désigner un prêtre séculier pour faire la visite de ces deux monastères; et par un autre bref de l'an 1641, sur la remontrance du cardinal protecteur de l'ordre, il modifia les décrets du visiteur qui avait été nommé par l'évêque de Cordoue. Il ordonna que la constitution de Clément VIII serait inviolablement observée, et que, sur la dispute élevée pour savoir si cette constitution contenait la véritable règle de saint Basile, on s'en tiendrait au bref de Grégoire XV, du 27 mai 1623; que ces religieux feraient toujours le quatrième vœu d'observer la constitution de Clément VIII, conformément aux constitutions de l'ordre, confirmées par le pape Paul V; qu'à l'égard des vocaux qui devaient assister aux chapitres provinciaux, on observerait le chapitre onzième des mêmes constitutions; qu'il n'y aurait que les frères lais qui pourraient être infirmiers et procureurs et avoir soin du temporel; que hors le chœur il n'y aurait aucune différence entre les religieux du chœur et les frères lais, excepté les prêtres seuls, qui auraient la préséance. Il déclara aussi que les frères lais pourraient faire l'office d'acolyte et de thuriféraire, et qu'ils pourraient porter les bâtons du dais aux processions du saint sacrement. Il renouvela ce qu'il avait ordonné par son bref du 10 juillet 1639, que du nombre des religieux de Tardon et de Valle-de-Guillos, il n'y en aurait que la quatrième partie destinée pour le chœur, et que le reste serait de frères lais; il fit encore plusieurs autres règlements.

En 1646, les prêtres s'adressèrent au pape Innocent X pour le prier d'augmenter leur nombre et de diminuer celui des frères lais, ce qu'il leur accorda par un bref du 14 octobre de la même année, par lequel il réduisit le nombre des frères lais aux deux tiers, voulant que l'autre tiers fût de prêtres ou de religieux destinés pour le chœur. Jusque-là ces religieux réformés n'avaient point fait de nouvelles fondations, n'étant point sortis des couvents de Tardon et de Valle-de-Guillos, dont les communautés étaient considérables ; car il y avait près de cent religieux dans celui de Tardon, et près de quatre-vingts dans celui de Valle-de-Guillos ; mais ils en eurent deux autres dans la suite, l'un à Retamal, et l'autre à Bregna, dans chacun desquels il y a ordinairement trente religieux. Ces nouveaux établissements furent encore une source de division entre ces religieux : les supérieurs recevaient alternativement dans ces couvents un religieux destiné pour le chœur et un frère lai, ce qui obligea les frères lais d'avoir recours au pape Alexandre VII, qui en 1660 ordonna, par son bref du 16 février, que celui d'Innocent X, de 1646, serait exécuté, et que dans tous les monastères de cette réforme il y aurait toujours un tiers de religieux destiné pour le chœur, et que les deux autres tiers seraient de frères lais.

Ils n'ont que ces quatre monastères et un hospice à Séville ; chaque monastère a son infirmerie séparée, où il y a aussi plusieurs religieux qui y demeurent.

Breve de reformacion y constituciones de los monges del orden de San-Basilio llamados del Tardon; Bullar. roman., tom. IV et V. François de Sainte-Marie, *Hist. des Carmes Déchaussés*, liv. IV, chap. 3 ; et l'*Histoire prophétique des Carmes*, tom. II ; Alphonse Clavel, *Antiquedad della relig. de San-Basilio*, et D. Apolin. d'Agresta, *Vita di san Basilio*, part. V.

TART (BERNARDINES RÉFORMÉES DE L'ABBAYE DE)

Des religieuses Bernardines réformées de l'abbaye de Notre-Dame de Tart, première maison de filles de l'ordre de Cîteaux, avec la Vie de la Révérende Mère Jeanne de Saint-Joseph de Pourlan, leur réformatrice.

Si l'abbaye de Notre-Dame de Tart, qui a été la première maison de filles de l'ordre de Cîteaux et comme une source féconde d'où plus de six mille monastères sont sortis (si l'on veut ajouter foi à quelques historiens), n'a pas été des premières à reprendre l'esprit de ferveur dont les saints fondateurs de l'ordre de Cîteaux étaient animés, et qu'elle avait abandonné, étant tombée dans un grand relâchement, elle a au moins l'avantage que dans la réforme qu'elle a embrassée au commencement du XVIIe siècle, elle a surpassé les autres monastères réformés de France dans les austérités qu'elle s'est imposées, à la sollicitation de la révérende Mère Jeanne de Courcelle de Pourlan, dernière abbesse titulaire et réformatrice de cette abbaye, qui y a fait revivre l'esprit de saint Bernard, auquel elle avait l'avantage d'être alliée.

Les historiens de l'ordre de Cîteaux ont sans doute confondu cette abbaye avec celle de Jully, où se retira sainte Humbeline, sœur de saint Bernard, qui, selon eux, fut fondée en 1113, et qu'ils nous ont voulu persuader avoir été le premier monastère de filles de l'ordre de Cîteaux, ne faisant aucune mention de l'abbaye de Tart. L'auteur anonyme de la Vie de la Mère de Pourlan a été aussi de ce sentiment quoiqu'il n'en mette la fondation qu'en 1125. Il avoue cependant que, par une donation de quelques terres faite en 1132 à l'abbaye de Tart par Arnoul Cornu et Emeline sa femme, il paraît qu'il y avait déjà des religieuses dans cette abbaye, et qu'il y a lieu de croire qu'elle avait été fondée sept ans auparavant par saint Etienne, troisième abbé de Cîteaux : cette fondation qui, suivant lui, doit se rapporter à l'an 1125, est conforme à ce qui est marqué dans le livre qui a pour titre *La manière de tenir les chapitres de Cîteaux* ; en y parlant des chapitres généraux des religieuses de cet ordre qui se tenaient à Tart, on voit que cette abbaye fut fondée en 1125. Mais les conjectures que cet anonyme tire ensuite pour prouver que la maison de Tart est la même que celle de Billette ou Jully, sont très-fausses, quoiqu'il dise qu'elles sont plus certaines que probables. Car, quoique, selon lui, la maison que l'on fonda pour servir de retraite aux femmes des compagnons de saint Bernard fût bâtie le plus près possible de Cîteaux pour en être gouvernée plus facilement, il est certain que cette conjecture est mal fondée, puisque ces religieuses furent gouvernées par les religieux de Molesme, et non par ceux de Cîteaux.

Nous avons déjà dit ailleurs que saint Bernard s'étant retiré à Cîteaux en 1113, avec trente compagnons, la plupart mariés, leurs femmes imitèrent généreusement leur exemple, et qu'on avait fondé pour elles un monastère à Jully, que quelques-uns appellent *Billette*, et que sainte Humbeline, sœur de saint Bernard, avait été du nombre de celles qui s'y retirèrent. Nous avons aussi prouvé par les témoignages du P. Mabillon et du P. Chifflet que ce monastère ne fut fondé qu'en 1115, par Milan, comte de Bar, qui le donna à l'abbaye de Molesme, afin qu'il servît de retraite à des religieuses pour y vivre sous l'obéissance de l'abbé de ce monastère, qui leur donnerait pour les conduire quatre religieux. Or, Molesme ayant toujours été possédé par des Bénédictins, quelle apparence que des religieuses de Cîteaux eussent été soumises aux religieux de cette abbaye ? Il est évident au contraire que les religieuses de Jully professaient la règle de saint Benoît : car, par les titres de la fondation de l'abbaye de Tart, il paraît que ce monastère fut bâti, non en 1125, mais en 1120, par les libéralités d'Arnoul Cornu et de sa femme Emeline, qui avaient une fille, nommée Elisabeth, déjà religieuse au monastère de Jully de l'ordre de Saint-Benoît ; que cette religieuse, qui était veuve de Humbert de Mailly, seigneur de Favernai, fut tirée de ce monastère pour commencer la fondation de celui de Tart, dont elle fut première abbesse, et qu'elle et les religieuses qui la suivirent embrassèrent les statuts et les usages de Citeaux que leur donna saint Étienne, abbé de Citeaux, qui est aussi reconnu pour fondateur de ce monastère.

Ce qui prouve encore que Jully et le Tart étaient deux monastères différents, c'est que, lorsque Guillaume de Saint-Thierry dit que sainte Humbeline, sœur de saint Bernard, mourut à Jully en 1141, où elle fut visitée par ce saint dans sa maladie, il nomma ce monastère *Jully*, et non pas *le Tart*; ce qui détruit encore une des conjectures de l'auteur anonyme de la Vie de l'abbesse de Tart, qui dit que l'on a changé le nom de *Billette* en celui de Tart, par reconnaissance pour Arnoul Cornu et sa femme Emeline, qui s'étaient dépouillés si généreusement de leur seigneurie de Tart, en faveur de ces religieuses : d'ailleurs il est certain que l'abbaye de Tart fut ainsi nommée à cause qu'elle avait été bâtie dans un lieu qui s'appelait *Tart-la-Ville*, et qui fut depuis nommé *Tart-l'Abbaye*, et que Jully était encore appelé *Jully* plus de trente ans après la fondation du monastère de Tart.

Une nouvelle preuve encore que le monastère de Tart a été la première maison de filles de l'ordre de Citeaux, c'est que les chapitres généraux des religieuses s'y tenaient, et que l'abbesse avait droit de visite dans les autres monastères de cet ordre. Ajoutons que, si sainte Humbeline, sœur de saint Bernard, avait été religieuse de Tart, les religieuses de ce monastère ne manqueraient pas de s'en glorifier; elles n'auraient pas oublié de la mettre au nombre des personnes illustres de leur monastère, tandis qu'elles ne se vantent que d'avoir eu Adeline sa nièce, Adélaïde, duchesse de Lorraine, les princesses Agathe et Barthole, ses filles, et quelques autres qui ont fait profession religieuse dans cette abbaye, dont la bienheureuse Elisabeth, fille des fondateurs, fut première abbesse et fonda dix-huit autres monastères de cet ordre. Elle obtint du pape Eugène III la confirmation de son abbaye que ce pontife mit sous sa protection par une bulle de l'an 1147, ce que firent aussi ses successeurs Innocent III, Innocent IV, Lucius III, Benoît XI, Benoît XII, Clément VI et quelques autres souverains pontifes.

Les ducs de Bourgogne donnèrent des marques de leur piété dans cette abbaye par les fondations qu'ils y firent, et la duchesse Mathilde acheta de ses propres deniers la terre de Bateau, avec toutes ses dépendances, haute, moyenne et basse justice, qu'elle donna aussi à cette abbaye.

Le premier esprit de Citeaux, sa ferveur et sa régularité, se conservèrent dans ce monastère jusque vers l'an 1475; l'usage de la viande y ayant été introduit dans plusieurs maisons de l'ordre, et les guerres étant survenues, les religieuses de cette abbaye quittèrent aussi l'abstinence et abandonnèrent entièrement leurs autres observances. Bien loin d'éviter le commerce des séculiers, elles le recherchèrent. Elles reçurent dans la suite des visites si fréquentes, que ce monastère était comme une hôtellerie où tout le monde, hommes et femmes sans distinction, étaient bien venus. La solitude et l'oraison mentale en furent bannis, et on y dansait et jouait comme dans une maison séculière. Ces religieuses ne respiraient que le luxe, la vanité et les plaisirs. Elles ne voulurent plus recevoir dans leur maison que des filles nobles. Leurs robes et leurs scapulaires étaient de soie, et les jupes de dessous, de la plus belle étoffe qu'elles pouvaient avoir, avec des dentelles d'or et d'argent. Le voile qu'elles portaient ne les empêchait pas de se friser et de porter des pendants d'oreille, des colliers de perles, et leur guimpe, d'une toile empesée et fort claire, ne cachait rien de leur gorge (1).

Tel était l'état de cette abbaye, lorsque Jeanne de Courcelle de Pourlan, fille du baron de Pourlan, fut nommée à cette abbaye. Elle naquit à Pourlan, sur les frontières de Bourgogne, en 1591, et fut mise à l'âge de sept à huit ans dans l'abbaye de Tart, dont une de ses tantes était abbesse. Après quelques années de séjour, elle y tomba malade, ce qui obligea ses parents de la retirer dans le dessein de la laisser dans le monde; mais dans un voyage qu'elle fit avec eux à Migette, qui est un monastère de l'ordre de Sainte-Claire, à deux lieues de Salins, dans le comté de Bourgogne, pour y voir quelques parentes qu'ils y avaient, elle se sentit portée d'entrer dans cet ordre, et fit tant d'instances auprès de ses parents après leur retour, qu'ils furent contraints de consentir qu'elle retournât à Migette, où elle prit l'habit à l'âge de quinze ans et fit profession l'année suivante. Mais dix ans après, l'abbesse de Tart lui ayant résigné cette abbaye, elle fut contrainte de l'accepter après le commandement qu'elle en reçut des supérieurs de son ordre. Lorsqu'elle eut ses bulles, elle ne voulut pas prendre possession de son abbaye sans avoir reçu la bénédiction de l'abbé de Citeaux : elle alla pour cet effet à Citeaux, d'où elle se rendit à Tart en 1617. Elle y reçut, au mois de novembre de la même année, l'habit de cet ordre, des mains de l'abbé Dom Nicolas Boucherat, qui lui fit faire aussi profession l'année suivante.

Elle commença pour lors à prendre connaissance des affaires de son monastère; elle crut que sa principale obligation était de faire observer la règle de saint Benoît, et qu'elle ne pouvait trop travailler à la remettre en vigueur. Ayant communiqué son dessein à quelques personnes de piété, on lui conseilla de ménager les esprits dans ces commencements, et de n'aller point si vite, de peur de les effaroucher. Elle suivit ce conseil, et ne parla point d'abord de réforme à ses religieuses, se contentant de les exhorter par ses exemples à changer de conduite. Mais, après avoir patienté quelque temps, son zèle pour la régularité ne lui permettant pas de différer davantage, elle leur déclara la résolution

(1) *Voy.*, à la fin du vol., n° 107.

qu'elle avait prise de les faire vivre dans l'observance de leur règle. Elle les obligea d'être plus modestes dans leurs habits, et de s'occuper au travail, leur témoignant l'aversion qu'elle avait pour les fréquentes visites qu'elles recevaient, et les entretiens qu'elles avaient avec les séculiers, comme étant la source de leurs déréglements et de leurs irrégularités. Ces discours excitèrent beaucoup de murmures : les religieuses ne voulurent point quitter leurs anciennes habitudes. Elle leur fit néanmoins garder l'abstinence de viande les lundis et les mercredis, et leur fit observer exactement les jeûnes de la règle, ce qui ne se fit pourtant point sans beaucoup de contradiction de la part de la communauté.

Ces petits commencements d'une vie un peu plus réglée commençaient à flatter ses espérances, mais elle trouva tant de difficultés pour remédier aux autres abus causés par l'irrégularité de son monastère, qui était sans clôture, sans grilles, sans parloir et sans chœur séparé, que, se croyant plus éloignée que jamais de l'exécution de son bon dessein, principalement à cause des dettes de ce même monastère qui la mettaient dans l'impossibilité de travailler aux bâtiments qui lui étaient absolument nécessaires pour cet effet, elle résolut de renoncer à son abbaye pour se retirer dans quelque maison réformée. Mais une ancienne religieuse de la maison, qui gémissait depuis longtemps de voir les désordres qui y régnaient, et qui avait un grand désir d'y voir la réforme établie, la détourna de son dessein, en lui faisant comprendre que c'était une tentation. Elle l'exhorta à ne se point rebuter par les difficultés qu'elle trouverait dans son dessein, et l'encouragea à poursuivre la réforme.

Il y avait déjà deux ans que l'abbesse cherchait le moment favorable pour y réussir, lorsque Dieu lui envoya une fâcheuse maladie qui fit beaucoup appréhender pour sa vie, et donna occasion au baron de la Tournelle, son cousin germain, de demander au roi Louis XIII la coadjutorerie de cette abbaye pour sa fille aînée, âgée de dix-sept ans, qui était religieuse dans ce monastère. Lorsque l'abbesse eut recouvré la santé, elle reprit tous ses exercices avec plus de ferveur et de zèle qu'auparavant, et, se croyant obligée de sacrifier de nouveau à Jésus-Christ la vie qu'elle venait de recevoir tout récemment de sa bonté, elle résolut de ne rien épargner pour procurer la réforme. Cette ancienne religieuse, qui la souhaitait aussi avec tant d'empressement, lui demanda permission de faire un voyage à Notre-Dame de Grey, et dans la ferveur de son oraison, étant devant l'image de la sainte Vierge, elle crut entendre distinctement une voix qui lui disait que la réforme se ferait, et que Dieu se servirait pour cela de l'évêque de Langres. A son retour, elle le dit à l'abbesse, qui voulut aussi faire le même voyage, et revint à Tart si pénétrée de Dieu et dans une telle assurance que la réforme se ferait, qu'elle ne songea plus qu'à se disposer à recevoir cette grâce en redoublant ses austérités et ses prières.

Le baron de Pourlan étant tombé malade en 1622, de la maladie dont il mourut, l'abbesse de Tart, sa fille, alla à Auvilars pour lui rendre les derniers devoirs. Pendant qu'elle était chez son père, l'évêque de Langres, Sébastien Zamet, vint à l'abbaye de Tart, sur les instances de cette ancienne religieuse si zélée pour la réforme, qui avait été trouver ce prélat à Saint-Jean de l'Aune où il faisait la visite, pour lui découvrir l'état de cette abbaye. Il fut reçu par la jeune coadjutrice à la tête de sa communauté, et les religieuses l'ayant prié de leur faire une exhortation, il leur fit un discours si touchant sur les devoirs de la vie religieuse, qu'il gagna ce jour-là pour la réforme la coadjutrice. Ce prélat fit encore plusieurs voyages à Tart, et dans le troisième, ayant vu pour la première fois l'abbesse qui était revenue d'Auvilars, il eut avec elle un long entretien au sujet de la réforme, et y disposa deux novices de cette maison. Le quatrième voyage qu'il fit encore à Tart ne fut pas moins heureux : il fit une nouvelle conquête à Jésus-Christ, ayant gagné la nièce de l'ancienne abbesse, qui, malgré les oppositions de sa tante et de ses parents, résolut d'embrasser la réforme que ce prélat conclut avec l'abbesse ; et afin d'y mieux réussir, ils formèrent le dessein de transférer l'abbaye à Dijon : mais ce dessein fut différé pour quelque temps, à cause d'un voyage que ce prélat fut obligé de faire à Paris.

Pendant son absence, les religieuses qui ne voulaient point de réforme, ayant appris qu'on songeait à transférer l'abbaye de Tart à Dijon, se plaignirent hautement de la violence qu'on leur voulait faire : elles étaient appuyées dans leurs plaintes par un grand nombre de religieux de l'ordre, la noblesse voisine, leurs parents, leurs amis et ceux de l'abbesse et de la coadjutrice ; mais, bien loin que l'abbesse changeât de sentiment, elle se prépara à les accoutumer peu à peu à son changement. Elle quitta son habit, qui, quoique plus modeste que les autres, ne l'était pas assez pour une religieuse réformée, et s'en fit faire un de plus grosse serge, tel que les plus réformées le pouvaient porter. Elle coupa ses cheveux, qui étaient fort beaux, et les jeta au feu. Comme sa petite troupe voulait suivre son exemple, l'abbesse leur rendit ce service, en coupant elle-même leurs cheveux, qu'elle jeta aussi au feu. Elle fit sonner deux fois le jour l'oraison mentale, où toutes les religieuses se trouvaient ; car celles qui ne voulaient pas la réforme ayant honte de lui refuser tout, y venaient comme les autres ; mais c'était moins par dévotion que par politique ou par complaisance. Elle se défit de son carrosse et de ses chevaux, et ne conserva sa femme de chambre et ses laquais que jusqu'à ce que l'abbaye fût transférée à Dijon : ce qui se fit au mois de mai suivant.

L'évêque de Langres, étant de retour de Paris, vint à Tart au mois de février 1623.

Ravi de trouver l'abbesse et les autres qu'il avait gagnées à Dieu avec leurs habits de réformées, il en rendit grâces à Dieu, et se détermina absolument à mettre la dernière main à la réforme et à transférer cette communauté à Dijon; mais comme le chapitre général de Cîteaux se devait tenir au mois de mai de la même année, et qu'on ne pouvait faire la translation sans sa permission, on se contenta pour lors de commencer la réforme. L'évêque et l'abbesse partagèrent la communauté en deux : l'abbesse se mit à la tête de celles qui voulaient la réforme, et qui n'étaient qu'au nombre de cinq : la coadjutrice, deux professes et deux novices; et celles qui s'y opposaient, au nombre de huit, avaient aussi à leur tête l'ancienne abbesse. Les réformées changèrent le nom de leur famille : l'abbesse prit celui de Jeanne de Saint-Joseph ; la coadjutrice, qui se nommait Jeanne de la Tournelle, prit celui de la Mère Jeanne de la Trinité; la Mère Françoise de Longueval, cette ancienne religieuse qui avait été si zélée pour la réforme, prit le nom de Françoise du Saint-Esprit; la Mère Marguerite de Boislet, nièce de l'ancienne abbesse, fut nommée Marguerite du Saint-Sacrement ; Marguerite de Coraille, l'une des deux novices, fut appelée Marguerite de la Croix ; et l'autre, Lucrèce Mélitin de Lagor, eut le nom de Madeleine de Jésus.

Quelque temps après, l'abbé de Cîteaux vint à Tart pour y faire la visite, et savoir au vrai les dispositions des religieuses sur la réforme et la translation de l'abbaye. Il alla trouver ensuite l'évêque de Langres, qui était à Dijon ; et ayant pris des mesures avec lui pour faire réussir cette affaire, il la fit agréer par le chapitre général, qui permit à celles qui voulaient la réforme de se transférer à Dijon, et d'emporter avec elles tous leurs meubles, titres et papiers, et aux autres, de se retirer en tel monastère qu'elles voudraient, avec une pension viagère qui leur serait payée par les réformées.

La translation se fit le 24 mai 1623. Les réformées arrivèrent le même jour à Dijon, où elles furent conduites par Dom Barthélemy Joli, abbé de la Charité, et demeurèrent dans une maison que l'évêque leur avait fait préparer. Le parlement et la ville s'opposèrent d'abord à leur établissement, parce qu'il se faisait sans les permissions nécesssaires en pareil cas ; cependant, à la sollicitation de l'évêque de Langres, le parlement et la ville se désistèrent de leurs oppositions et donnèrent leur consentement. Elles eurent beaucoup à souffrir d'abord : les anciennes avaient enlevé leurs papiers, et elles ne pouvaient toucher leurs revenus. L'abbesse ne laissa pas de recevoir quatre filles la même année : deux pour le chœur et deux converses ; une des anciennes religieuses se présenta aussi pour embrasser la réforme, et fut suivie peu de temps après de la sœur de la coadjutrice.

Comme la maison où elles demeuraient n'était qu'une maison d'emprunt, en attendant qu'elles en eussent trouvé une plus commode, l'évêque de Langres leur en acheta une autre, où elles ont demeuré jusqu'à présent. Elles en prirent possession, avec beaucoup de cérémonies, le jour de la Sainte-Trinité de l'an 1624. Une ancienne religieuse vint encore à Dijon cette même année, pour embrasser la réforme : ce fut la troisième de celles qui étaient restées à Tart; toutes les autres s'étaient retirées chez leurs parents. Deux y moururent, d'autres entrèrent ensuite dans une maison de l'ordre, et l'ancienne abbesse, après avoir demeuré vingt-deux ans chez ses parents, se rendit enfin au bercail en 1645; elle vécut encore cinq ans, et mourut à l'âge de quatre-vingts ans.

A peine deux ans s'étaient écoulés depuis la réforme de l'abbaye de Tart et sa translation à Dijon, que Dom Nicolas Boucherat, abbé de Cîteaux, mourut. On lui donna pour successeur Dom Pierre Nivelle, qui fut depuis évêque de Luçon. Comme l'abbesse de Tart le connaissait particulièrement, et savait que ses sentiments sur la réforme étaient extrêmement opposés à ceux de son prédécesseur, elle voulut se soustraire à la juridiction de l'ordre et se mettre sous celle de l'évêque de Langres. Elle obtint à cet effet un bref d'Urbain VIII, du 28 janvier 1626, lequel fut revêtu de lettres patentes du roi qu'elle fit enregistrer au parlement de Dijon. Mais cette cour ayant ordonné que le bref serait communiqué à l'abbé de Cîteaux, il en appela comme d'abus au même parlement, qui fit défense aux religieuses de l'exécuter. Elles se pourvurent au conseil privé; mais comme le pape ne les avait soumises à la juridiction de l'évêque de Langres, Sébastien Zamet, que pendant la vie de ce prélat, l'abbesse, pour prévenir tous les inconvénients qui pourraient survenir à sa mort, en obtint un second, le 27 septembre, qui exemptait pour toujours son monastère de la juridiction de l'ordre. Comme il n'était point fait mention, dans ce second bref, du premier qu'elle avait obtenu, ce fut un nouveau sujet de contestations de la part de l'abbé de Cîteaux, qui obligea l'abbesse à en obtenir un troisième, que le pape lui accorda le 27 mai 1627. Ces deux autres brefs furent encore autorisés par lettres patentes du roi, et les religieuses eurent en leur faveur un arrêt du conseil, qui, conformément au bref de Sa Sainteté, les mettait sous la juridiction de l'évêque de Langres, qui prit possession de leur maison en qualité de supérieur.

L'abbesse de Tart, voyant la réforme solidement établie dans sa maison et les choses en l'état où elle les souhaitait, crut qu'il n'y avait pas de meilleur moyen, pour la conserver, que de rendre les abbesses triennales. Dès l'année précédente elle avait obtenu des lettres patentes du roi, par lesquelles il renonçait à son droit de nomination sur cette abbaye en faveur de la réforme, et permettait aux religieuses d'élire elles-mêmes leurs abbesses après la mort ou la démission volontaire de l'abbesse et de la coadjutrice. Elle obtint encore, le 1er février 1627, un arrêt du conseil qui ordonna l'enregistrement de ces lettres au grand conseil, à la charge néanmoins qu'il ne serait procédé à l'élection que dans dix ans, après lesquels elles feraient une nouvelle élection tous les trois ans. Mais ce terme de dix ans parut trop long à l'abbesse et à la coadjutrice, qui, sans attendre qu'il fût expiré, se dépouillèrent de leur qualité en 1629, et donnèrent la démission de leurs offices, après quoi on élut pour première abbesse triennale la Mère Marie de Saint-Bernard.

L'évêque de Langres, qui avait contribué à l'établissement des religieuses de Port-Royal à Paris et à leur réforme, jugea à propos de procurer l'union des deux maisons de Tart et de Port-Royal, afin qu'elles vécussent de la même manière et dans la pratique des mêmes constitutions. Il prit pour cela des mesures avec les supérieurs de Port-Royal, qui souhaitaient aussi cette union avec empressement. On convint que la Mère Jeanne de Saint-Joseph, réformatrice de l'abbaye de Tart, irait à Paris avec une compagne, et que la Mère Agnès Arnaud, de Port-Royal, irait réciproquement à Dijon avec une compagne. Cette résolution fut exécutée : la Mère Agnès Arnaud arriva à Dijon au mois de novembre 1629, et la Mère Jeanne de Saint-Joseph en partit au mois de janvier 1630, pour se rendre à Paris, où, peu de temps après son arrivée au monastère de Port-Royal, elle en fut élue prieure et maîtresse des novices. Il y eut six de ses filles qui l'allèrent trouver en divers temps. Il y avait environ trois ans qu'on avait commencé l'établissement du nouvel ordre de l'institut du Saint-Sacrement, dont la Mère Angélique Arnaud, avec trois religieuses de Port-Royal, avaient jeté les fondements, comme nous avons dit dans un article précédent. Les supérieurs de Port-Royal et les autres personnes qui prenaient soin de ce nouvel établissement, considérant que la Mère Arnaud était fort infirme, qu'elle ne pouvait résister à tous les travaux et s'acquitter exactement des fonctions de sa charge, lui voulurent donner pour la soulager notre réformatrice, dont ils connaissaient le mérite. Ils la demandèrent au pape Urbain VIII, qui la leur accorda par une bulle expresse du 15 janvier 1633 ; mais quelques autres personnes firent en sorte, auprès de l'archevêque de Paris, qu'elle ne fût point admise : ce qui fit que l'évêque de Langres, craignant que cela ne causât du trouble et de la confusion dans cette communauté, lui ordonna de retourner à Dijon avec ses filles. Elles y arrivèrent le 8 septembre 1635, et la Mère Jeanne de Saint-Joseph fut élue abbesse triennale le 6 avril 1636. Elle fut continuée dans sa supériorité trois autres années, et fut encore élue de nouveau en 1646, et continuée encore pendant trois ans.

Ce fut pendant ce triennat qu'elle crut qu'il était temps de mettre la dernière main à son ouvrage et d'affermir le bien qu'elle avait rétabli dans sa communauté, par des constitutions qui fissent observer à l'avenir toutes les choses qu'elle y faisait pratiquer et qu'elle pratiquait elle-même depuis près de trente ans. Ces constitutions furent approuvées par l'évêque de Langres en 1650, et s'observent encore exactement dans ce monastère. Il semblait que Dieu attendait qu'elles fussent achevées pour récompenser les longs et pénibles travaux de sa servante fidèle et prudente, à laquelle il avait confié le soin de cette sainte famille. Dès son premier triennat elle fut sujette à de grandes infirmités ; mais ses maux augmentèrent en 1650, et ne lui donnèrent aucun relâche jusqu'au 8 mai de l'an 1651, qu'elle mourut, à l'âge de soixante ans, dont elle en avait passé dix dans l'ordre de Saint-François, et trente-trois dans celui de Cîteaux, avec toute l'estime et la vénération possible.

Ces religieuses sont habillées comme les autres Bernardines, et ont à peu près les mêmes observances. Ce que celles de Tart ont de plus, c'est qu'elles ne mangent ni beurre ni laitage pendant l'Avent et le Carême, ne se servant que d'huile pour assaisonner leurs mets. Elles observent une exacte pauvreté, et pour la pratiquer davantage, elles ne mangeaient ni ne buvaient, au commencement de leur réforme, que dans du bois ; mais l'évêque de Langres modéra cette austérité, et leur permit de manger et boire dans de la faïence. Leurs cuillers sont de bois, aussi bien que les fourchettes ; elles n'ont pour tous meubles, dans leurs cellules, qu'une petite couche, sur laquelle il n'y a qu'une paillasse et une couverture ; un bénitier de terre, un crucifix de bois, quelques images de papier, et elles ne peuvent avoir ni cassettes ni coffres fermant à clef.

Vie de Madame de Courcelles de Pourlan, imprimée à Lyon en 1699, et *Mémoires* communiqués par les religieuses de ce monastère.

TEMPLIERS (Chevaliers).

Des Chevaliers Templiers, et de leur abolition.

De tous les ordres qui ont été supprimés, il n'y en a point qui ait eu une fin plus tragique que celui des Templiers. Il prit naissance à Jérusalem en 1118, par la piété de Hugues de Paganis, de Godefroi de Saint-Amour et de sept autres dont les noms sont inconnus, qui établirent entre eux une société pour défendre les pèlerins de la cruauté des infidèles, pourvoir à la sûreté des chemins et défendre la religion ; et afin que rien ne les empêchât d'employer toute leur vie à ces œuvres de charité, ils jugèrent qu'il était plus à propos de s'y obliger par des vœux : c'est pourquoi ils allèrent trouver Guarimond, patriarche de Jérusalem, qui approuva leur dessein, et reçut les trois vœux de pauvreté, de chasteté et d'obéissance, qu'ils firent entre ses mains : ce fut ainsi qu'ils se consacrèrent au service de Dieu et du prochain. Baudoin II, roi de Jérusalem, voyant leur zèle, leur donna pour un temps seulement une maison près du temple de Salomon, d'où ils prirent le nom de *Templiers* ou *Chevaliers de la milice du Temple*. Les chanoines réguliers du Saint-Sépulcre leur accordèrent dans la suite une place qu'ils avaient près du palais, à certaines conditions, et ils y établirent leur demeure. D'abord ils ne vivaient que d'aumônes, et cette grande pauvreté dont ils faisaient profession les fit appeler aussi les *pauvres Chevaliers du Temple*. Pendant les premières années de leur établissement, ils ne reçurent personne dans leur société, qui ne s'augmenta qu'après la tenue du concile célébré à Troyes en 1123, où présidait l'évêque d'Albe, de la part du pape Honorius II. Hugues de Paganis et cinq de ses confrères s'y trouvèrent, et demandèrent une règle, afin que, vivant en société, ils pussent avoir les mêmes observances et les mêmes usages. Cette demande paraissant juste aux Pères du concile, elle leur fut accordée; et saint Bernard, abbé de Clairvaux, qui se trouvait aussi à ce concile, fut chargé de ce soin, dont il s'acquitta avec beaucoup de prudence et de piété : il leur donna une règle conforme à leur profession et à l'esprit de leur institut.

On trouve dans Mennenius et dans quelques autres historiens la règle que l'on prétend avoir été composée par saint Bernard pour ces Chevaliers; mais M. du Pui, dans l'Histoire qu'il a donnée de la condamnation de ces Templiers, prétend qu'elle n'est pas venue jusqu'à nous, et que cette règle est plutôt un abrégé que la règle entière. En effet, il n'y est point parlé du serment que devaient faire les maîtres particuliers de cet ordre après leur élection, comme nous le voyons par un manuscrit de l'abbaye d'Alcobaza en Portugal, où l'on trouve le serment que devait faire le maître du Temple en ce royaume, conformément à la règle que saint Bernard leur avait donnée. Voici la formule de ce serment, rapportée par Chrysostome Henriquez, dans le recueil qu'il a fait des règles et constitutions des différents ordres religieux et militaires soumis à celui de Cîteaux, et qui se trouve aussi dans Manrique, Britte et autres historiens de cet ordre.

Je N., Chevalier de l'ordre du Temple et nouvellement élu maître des Chevaliers qui sont en Portugal, promets à Jésus-Christ mon Seigneur et à son vicaire N., le souverain pontife et à ses successeurs, obéissance et fidélité perpétuelle; et je jure que je ne défendrai pas seulement de parole, mais encore par la force des armes et de toutes mes forces les mystères de la foi, les sept sacrements, les quatorze articles de foi, le symbole de la foi et celui de saint Athanase, les livres tant de l'Ancien que du Nouveau Testament, avec les commentaires des saints Pères qui ont été reçus par l'Eglise : l'unité d'un Dieu, la pluralité des personnes de la sainte Trinité; que Marie, fille de Joachim et d'Anne, de la tribu de Juda, et de la race de David, est toujours demeurée vierge avant l'enfantement, pendant l'enfantement et après l'enfantement. Je promets aussi d'être soumis et obéissant au maître général de l'ordre, selon les statuts qui nous ont été prescrits par notre Père saint Bernard; que toutes les fois qu'il sera besoin, je passerai les mers pour aller combattre; que je donnerai secours contre les rois et princes infidèles, et qu'en présence de trois ennemis je ne fuirai point et leur tiendrai tête, s'ils sont aussi infidèles; que je ne vendrai point les biens de l'ordre, ni ne consentirai qu'ils soient vendus ou aliénés; que je garderai perpétuellement la chasteté, et que je serai fidèle au roi de Portugal; que je ne livrerai point aux ennemis les villes et les places appartenant à l'ordre, et que je ne refuserai point aux personnes religieuses, principalement aux religieux de Cîteaux et à leurs abbés, comme étant nos frères et nos compagnons, aucun secours, soit par paroles, par bonnes œuvres, et même par les armes. En foi de quoi, de ma propre volonté, je jure que j'observerai toutes ces choses. Dieu me soit en aide et ses saints Évangiles.

On voit par là que c'est à tort que Schoonebeck et quelques autres ont avancé que saint Bernard avait soumis par sa règle les Chevaliers Templiers à celle de saint Augustin, puisque, par la formule de ce serment, les Templiers reconnaissaient les religieux de Cîteaux pour leurs frères.

Les Chevaliers Templiers, après avoir reçu leur règle, prirent un habit blanc, tel qu'il leur avait été prescrit par le concile de Troyes, et le pape Eugène III y ajouta une croix rouge l'an 1146. Ils reçurent ensuite beaucoup de Chevaliers, et leur nombre s'augmenta de telle sorte, que Guillaume de Tyr écrit que de son temps il y avait dans la maison du Temple, à Jérusalem, plus de trois cents chevaliers, sans y comprendre les frères servants, qui étaient sans nombre; que leurs biens, tant en Orient qu'en Occident, étaient immenses; qu'il n'y avait aucun lieu dans la chrétienté où ils n'en eussent, et qu'ils allaient de pair avec les rois pour les richesses, etc. Matthieu Paris assure qu'ils avaient plus de neuf mille maisons.

Ces biens les rendirent si superbes, que non-seulement ils refusèrent de se soumettre au patriarche de Jérusalem, mais qu'ils osèrent même s'élever au-dessus des têtes couronnées, leur faire la guerre, et piller indifféremment les terres des chrétiens et des infidèles. Ils usèrent même d'une grande perfidie contre l'empereur Frédéric III. Ce prince était allé en terre sainte, dans l'intention de combattre contre les infidèles. Il communiqua son dessein à quelques Templiers, qui, oubliant tous les sentiments du christianisme, et sacrifiant les intérêts de Dieu à leur ambition et à leur jalousie, en donnèrent avis au soudan de Babylone, lui indiquant les moyens de le surprendre. Le soudan, tout infidèle qu'il était, détesta tellement cette perfidie, qu'il en avertit l'empereur qui, non moins étonné de l'indigne procédé de ces Chevaliers que charmé de la générosité du soudan, fit avec lui, soit par reconnaissance, soit par nécessité, une étroite alliance, en sorte que l'espérance que l'on avait conçue de son expédition s'évanouit, au grand regret de toute la chrétienté.

Ces chevaliers ayant eu différend avec le prince d'Antioche, armèrent sept galéasses contre lui, lui firent la guerre trois ans entiers, et auraient continué, si le grand maître de l'Hôpital n'eût terminé leur différend. Ils achetèrent de Richard Ier, roi d'Angleterre, l'île de Chypre, moyennant trente-cinq mille marcs d'argent ; mais ils n'en jouirent pas longtemps : car cette acquisition, jointe aux autres richesses et aux terres qu'ils possédaient, leur ayant fait oublier ce qu'ils devaient à Dieu et au prochain, ils donnèrent entrée dans leur cœur à toutes sortes de vices, mais principalement à l'orgueil et à l'avarice. Leur orgueil était arrivé à un tel excès, que Matthieu de Westminster rapporte que Foulques, homme de sainte vie, conseillant à Richard, roi d'Angleterre, de marier l'orgueil qui régnait à sa cour, afin de s'en défaire, comme d'une mauvaise fille, ce prince répondit qu'il avait raison, et qu'ainsi il la donnait aux Templiers. Leur avarice était si grande, qu'aimant mieux gagner de l'argent que des âmes à Jésus-Christ, ils refusèrent les offres qui leur furent faites de la part du Vieux de la Montagne, prince des Assassiniens, et de ses peuples, qui, quoique redoutables par leur courage et leur valeur, ayant été forcés à demander la paix à ces mêmes Templiers, à condition qu'ils leur paieraient un tribut annuel, demandaient à se faire chrétiens, afin que d'ennemis qu'ils étaient auparavant, ils fussent regardés comme amis et comme frères, et ainsi être déchargés de ce tribut. Un refus si indigne ne pouvait être que très-désagréable à Dieu, qui, pour les punir du mépris qu'ils faisaient de la propagation de sa gloire et de l'observance de sa loi, à laquelle ils préféraient l'or et l'argent, les abandonna à leur sens réprouvé, dans lequel ils s'aveuglèrent tellement, que, s'étant laissés entraîner au torrent de toutes leurs passions, après la ruine de la religion et la perte du royaume de Jérusalem, dont ils furent cause, ils devinrent les objets de la malédiction de Dieu ; il les dispersa tellement, qu'ils étaient comme des vagabonds sur la terre, odieux à sa divine majesté et aux hommes, mais principalement aux princes, qui, informés des excès de leurs dérèglements, ne songèrent plus qu'à abolir cet ordre, comme devenu aussi préjudiciable au royaume de Jésus-Christ qu'il lui avait été utile dans son commencement. Le prieur de Montfaucon, dans la province de Toulouse, et un Italien nommé Nosso-Dei, furent les instruments de leur perte. Le premier avait été condamné, par jugement du grand maître de l'ordre, à finir ses jours dans une prison pour cause d'hérésie et pour avoir mené une vie infâme, et l'autre avait été condamné par le prévôt de Paris à de rigoureuses peines, en punition de ses excès. Ces deux criminels, réduits à endurer ces justes châtiments de leurs crimes, crurent s'en délivrer en révélant plusieurs secrets de leur ordre qui avaient été cachés jusqu'alors. Ils accusèrent les Chevaliers de crimes si énormes, que le roi Philippe le Bel, quoique leur ennemi, eut peine à y ajouter foi. Il en parla au pape Clément V, à Lyon, lors de son couronnement en 1306, et depuis il lui en fit encore parler par ses ambassadeurs à Poitiers. Le pape, qui ne pouvait croire que ces accusations fussent véritables, écrivit au roi, lui promettant de se rendre à Poitiers dans peu de jours pour éclaircir lui-même ces accusations, que le grand maître de l'ordre soutenait être fausses. Mais le roi, craignant que cette affaire ne troublât la tranquillité de l'Etat (cet ordre étant fort puissant en France), fit arrêter en un même jour, le 13 octobre 1307, tous les Templiers, et se saisit en même temps du Temple à Paris, où il alla loger. Il y mit son trésor et les chartes de France, et fit saisir tous les biens qui appartenaient à cet ordre.

Le pape trouva mauvais qu'on eût procédé sans lui dans une affaire de cette importance, parce que les Chevaliers étaient des personnes ecclésiastiques et sujets immédiats du saint-siége. Il envoya au roi deux cardinaux pour faire remettre les choses en tel état qu'il en pût être satisfait, le priant de commander que les accusés et leurs biens fussent mis au pouvoir de ces deux cardinaux. Il suspendit en même temps le pouvoir des archevêques, évêques, prélats et inquisiteurs de France, et évoqua toute cette affaire à sa personne. Le roi témoigna du ressentiment de ce que le pape avait fait, et ne put s'empêcher de lui en faire faire des plaintes. Mais, voulant néanmoins montrer à tout le monde qu'il agissait dans cette affaire avec sincérité, il contenta les deux cardinaux, et fit conduire à Poitiers, où était le pape, quelques-uns des Templiers. Le pape les interrogea, et après eux soixante-douze autres du même ordre, qui reconnurent tous que les accusations qui avaient été formées contre eux étaient véritables. Ces crimes étaient, 1° d'obliger ceux qui entraient dans leur ordre de renier Jésus-Christ dans le temps de leur réception, et de cracher trois fois contre un crucifix ; 2° de les engager à baiser celui qui les recevait, à la bouche, au nombril et au fondement ; 3° de leur permettre de s'abandonner au crime de sodomie avec leurs confrères, pourvu qu'ils s'abstinssent du commerce des femmes ; 4° d'exposer dans cette cérémonie et dans les chapitres généraux une tête à grande barbe de bois doré ou argenté, qui était adorée par tous les Chevaliers.

Le pape, qui avait suspendu le pouvoir des prélats et des inquisiteurs de France, leva cette suspension, et permit aux ordinaires de procéder en toute diligence contre les Templiers jusqu'à sentence qui serait donnée contre les particuliers aux conciles provinciaux, à la charge de ne rien entreprendre contre le général de l'ordre ; il se réservait à lui et au saint-siége de faire le procès au grand maître et aux maîtres et précepteurs de France, d'outre-mer, Normandie, Poitou et Provence. Sa Sainteté écrivit au roi que son intention était qu'au cas que l'ordre fût aboli, ses biens fussent employés au recouvrement de la terre sainte, et qu'il avait nommé des personnes pour adminis trer ces biens, le priant d'en nommer aussi de sa part. Le roi lui fit réponse qu'il agréait cette destination, et nomma des personnes pour agir de concert avec les commissaires du pape dans l'administration de ces biens.

Le pape adressa ensuite des bulles aux prélats de France, leur ordonnant de députer dans leurs diocèses des personnes pour régir les biens qui avaient été saisis sur cet ordre, et désigna ceux qui devaient assister avec ces prélats à l'instruction des procès des Templiers, savoir : deux chanoines de leur église, deux frères Prêcheurs, et deux frères Mineurs.

Pendant que ces choses se passaient, le roi, qui voyait que le mal augmentait en son royaume, et que l'instruction du procès ne se faisait point, donna des commissions, tant à frère Guillaume de Paris, de l'ordre des Prêcheurs, inquisiteur pour le pape en France pour interroger les Templiers, qu'à quelques gentilshommes sur les lieux où étaient les prisonniers accusés, pour assister de sa part à leur interrogatoire, conjointement avec cet inquisiteur.

En exécution de ces commissions, l'inquisiteur et les gentilshommes ne perdirent point de temps, et travaillèrent sans relâche au procès des Chevaliers. L'inquisiteur, assisté de plusieurs témoins, entendit en plusieurs jours cent quarante Templiers du Temple à Paris, qui convenaient tous, à l'exception de trois seulement, des crimes dont ils étaient accusés, excepté de la tête de bois doré ou argenté, dont quelques-uns n'avaient point eu connaissance, parce qu'on ne l'exposait que dans les chapitres généraux. Le grand maître, Jacques de Molai, Hugues Péraud, et Gui, frère du dauphin d'Auvergne, furent aussi interrogés. Le grand maître et Péraud les avouèrent aussi. On fit de pareils interrogatoires en plusieurs villes de France, comme à Troyes, à Caen, à Bayeux, au Pont-de-l'Arche, à Carcassone, à Cahors et en d'autres lieux, où les accusés avouèrent aussi la même chose.

Le pape, qui ne voulait rien avoir à se reprocher dans une affaire de cette importance, crut qu'il ne devait pas s'en rapporter absolument à ses inquisiteurs français; c'est pourquoi, afin de procéder plus sûrement à la condamnation des Templiers, il députa trois cardinaux pour interroger de nouveau quelques-uns des principaux prisonniers que le roi avait fait conduire à Chinon en Touraine, du nombre desquels était le grand maître, le maître de Chypre, le visiteur de France et les précepteurs de Poitou, de Guyenne et de Normandie. Le grand maître avoua derechef que les Chevaliers, à leur réception, reniaient Jésus-Christ, crachaient sur la croix ; ce que firent aussi les précepteurs de Normandie, de Poitou et de Guyenne; et Hugues Péraud, qui fut aussi interrogé par ces trois députés, persista dans la confession qu'il avait faite à Paris.

Le pape, voyant de plus en plus la corruption de cet ordre, crut que, comme il était répandu par toute la terre, il était à propos de faire une inquisition générale ; et d'indiquer un concile général pour terminer cette affaire. Comme les informations avaient été faites en France de l'autorité du roi par les inquisiteurs, assistés de quelques gentilshommes, et que le pape n'en était pas content, par rapport à l'immunité ecclésiastique, qu'il disait être violée par ces actes juridiques des puissances séculières contre des réguliers ; que d'ailleurs il était question de juger un ordre répandu non-seulement en France, mais par toute la terre, il nomma des commissaires pour procéder tout de nouveau en son nom et par son ordre contre les Templiers.

Le roi cependant ordonna, en 1308, aux archevêques, évêques, abbés, prieurs, chapitres, villes, communautés, et à quelques grands du royaume, de se trouver par eux ou par leurs procureurs, en la ville de Tours, à l'assemblée qu'il voulait faire au sujet des Templiers. L'assemblée se tint, et après qu'elle fut finie, le roi alla trouver le pape à Poitiers pour conférer avec lui : ils convinrent ensemble de quelques articles, qui portaient, entre autres choses, que les Templiers seraient gardés par l'autorité du roi à la prière du pape, et que les prélats pourraient juger les Templiers dans leurs diocèses, excepté quelques-uns, dont le pape se réservait la connaissance.

Les commissaires qu'il avait nommés pour procéder contre eux, arrivèrent à Paris au mois d'août 1309, et citèrent tout l'ordre à comparaître devant eux, après la fête de Saint-Martin en la salle de l'évêché de Paris, et envoyèrent ensuite faire la même citation dans toutes les provinces.

Le 22 novembre, le grand maître comparut avec Hugues Péraud, commandeur de l'ordre; mais le grand maître ayant contrefait le fou, ils ne passèrent pas outre pour lors à son égard ; néanmoins, trois jours après, ayant été interrogé de nouveau, et les commissaires lui ayant demandé s'il voulait défendre son ordre, il dit qu'il était étrange que l'on voulût si légèrement procéder contre une si grande compagnie, puisque la sentence de déposition contre l'empereur Frédéric II avait été différée trente-deux ans. Et lorsqu'on lui eut lu la confession qu'il avait faite de ses crimes aux trois cardinaux qui avaient été députés par le pape pour l'interroger la première fois, il parut être dans un grand étonnement, et dit qu'il priait Dieu qu'il usât envers eux de la même punition dont on use en pareil cas comme les Sarrasins et les Tartares, qui font trancher la tête aux menteurs infâmes, et leur fendent le ventre.

Il y en eut d'autres qui déclarèrent qu'ils avaient été forcés à parler en plusieurs rencontres, et que ce qu'ils avaient confessé n'avait été que dans la crainte de mourir. Ponzard de Gyziaco, qui dit aussi la même chose, s'offrit de défendre l'ordre, et demanda qu'on lui donnât pour collègues et pour son conseil Renaud d'Orléans et Pierre de Boulogne, tous deux prêtres de l'ordre.

Les commissaires étaient chargés d'un cahier que le pape leur avait envoyé, et qui contenait un grand nombre d'articles sur lesquels ils devaient interroger les accusés qui avaient résolu de défendre l'ordre. Soixante-quatorze Templiers, qui se trouvèrent au Temple, à Paris, où on les avait conduits par ordre du roi, déclarèrent que les articles qui leur avaient été envoyés par le pape et qu'on leur avait lus étaient faux et abominables; que ceux qui les avaient faits étaient hérétiques ou infidèles; qu'ils étaient prêts à se présenter au concile, pourvu qu'on les mît en liberté; que les frères qui avaient déposé contre l'ordre l'avaient fait par les tourments ou la crainte de la mort, et que quelques-uns d'eux avaient été corrompus par argent.

Ceux qui avaient été choisis pour la défense de l'ordre dirent en sa faveur que ceux qui y entraient promettaient quatre vœux essentiels, de pauvreté, d'obéissance, de chasteté, et d'exposer leur vie pour le service de la terre sainte; que celui qui promettait ces choses était reçu par un baiser, et prenait l'habit et la croix qu'il portait devant sa poitrine; qu'on lui faisait voir ensuite la règle approuvée par l'Église et par les saints Pères; que cette forme avait été observée jusqu'alors de tout temps et par toutes les nations; que tout ce qu'on avait dit au contraire était faux et détestable, et ne pouvait avoir été dit que par des faux frères, chassés de l'ordre pour leurs impiétés et leurs scandales; que ces misérables en avaient suborné d'autres aussi méchants qu'eux, qui avaient excité le roi et son conseil contre tout l'ordre; que plusieurs des frères de l'ordre, qui avaient confessé dans les tourments, étaient prêts à changer, s'ils étaient libres, et à dire la vérité, s'ils étaient assurés que l'examen nouveau qui en serait fait fût tenu secret.

Ces commissaires furent dans Paris depuis le mois d'août 1309 jusqu'au mois de mai 1311, et pendant ce temps-là ils examinèrent deux cent trente et un témoins, tant Templiers qu'autres, qui avaient déposé devant les ordinaires. Le concile de la province de Sens, qui se tint à Paris dans le même temps, et qui fut terminé, selon quelques-uns, en 1310, rendit une sentence contre plusieurs personnes de cet ordre, dont les condamnations furent différentes : car quelques-uns furent absous purement et simplement, d'autres condamnés à quelque pénitence, puis délivrés. D'autres furent resserrés plus étroitement, plusieurs furent condamnés à finir leurs jours dans une prison; cinquante-neuf furent dégradés, comme relaps, par l'évêque de Paris, et livrés au bras séculier, puis condamnés à être brûlés; ce qui fut exécuté hors la porte Saint-Antoine. Ils déclarèrent jusqu'à la mort qu'ils étaient innocents et que tout ce qu'on leur avait imposé était faux : ce que le peuple regarda avec étonnement, les uns admirant leur vertu, les autres détestant leur opiniâtreté.

L'on faisait les mêmes poursuites dans les autres royaumes : l'archevêque de Ravenne fit assembler le concile de sa province, dans lequel il fut ordonné que les innocents seraient déclarés absous et les criminels punis ; que ceux qui avaient confessé par la crainte des tourments devaient être du nombre des innocents, et qu'il fallait conserver l'ordre si la plus grande partie se trouvait saine. A Boulogne, quelques-uns justifièrent avoir toujours bien vécu. Dans la Lombardie et la Toscane, ils furent convaincus de crimes horribles et détestables, comme ceux de France. En Castille, ils furent tous arrêtés et leurs biens saisis. A Salamanque, ils furent déclarés innocents et renvoyés toutefois au pape. En Angleterre, ils avouèrent les crimes dont on les accusait. En Provence, ils furent tous condamnés à mort, et le pape envoya l'abbé de Crudacio en Allemagne pour informer contre eux ; il donna aussi des commissions aux archevêques de Mayence et de Cologne, et aux évêques de Trèves, de Magdebourg, de Constance et de Strasbourg, pour faire la même chose dans leurs diocèses.

Dans le royaume de Chypre, les Templiers ayant su qu'Amauri, seigneur de Tyr et gouverneur du royaume, avait reçu des lettres du pape pour les arrêter, prirent les armes pour se défendre. Néanmoins le maréchal, le précepteur, le drapier, le trésorier et quelques autres chevaliers se soumirent avec leurs confrères à la volonté du pape, et le seigneur de Tyr les fit arrêter avec tout ce qu'ils avaient d'armes et de chevaux.

Ceux d'Aragon firent plus de résistance. Ils se retirèrent dans les places fortes qui appartenaient à l'ordre. La principale était le château de Monçon, où Barthélemy de Belvis commandait. Il y fut assiégé par Artaut de Luna, gouverneur d'Aragon, qui le prit quelque temps après ; les châteaux de Miravette, Cantavieja et Castellot, après avoir aussi résisté pendant un temps, se rendirent. Ceux qui s'y étaient retirés furent faits prisonniers et envoyés en divers lieux du royaume, et le pape commit l'évêque de Valence pour faire leur procès.

Le temps du concile qui avait été indiqué à Vienne approchant, les archevêques, évêques, prélats et autres ecclésiastiques s'y trouvèrent au nombre de trois cents, en 1311. La première session commença le 16 octobre. On y traita de l'affaire des Templiers. Cette première session dura jusqu'à la semaine sainte de l'année suivante, 1312 ; et dans la seconde, qui commença le 22 mai, la bulle de condamnation de l'ordre fut publiée, portant que pour les grands et énormes crimes dont les Templiers avaient été clairement convaincus, par l'approbation du concile, et non par forme de sentence définitive, tout l'ordre des Templiers était aboli, et défenses à toute personne d'y entrer et y prendre l'habit, à peine d'excommunication, et que le concile unissait à l'ordre et milice des hospitaliers de Saint-Jean de Jérusalem tous les biens des Templiers, tant meubles qu'immeubles à eux appartenant au temps de leur capture en France, exceptant néanmoins de cette union générale les biens qui leur appartenaient dans les royaumes de Castille, d'Aragon, de Portugal et de Majorque, dont la disposition appartenait au saint-siége.

Quant à la condamnation et l'exécution du grand maître de l'ordre, les historiens ne conviennent point du temps qu'elle se fit : les uns la mettent en 1307, ce qui ne peut être, les autres en 1311 ou 1312, et Guillaume de Nangis, dans la *Chronique de Saint-Denis*, la met en 1313. Mais ils conviennent tous qu'il se nommait Jacques de Molai, Bourguignon, gentilhomme cadet de sa maison, qui, se voyant peu de bien et ne voulant pas être à charge à son frère qui était fort riche, se retira chez les Templiers, où il fut pourvu d'un prieuré de l'ordre; la grande maîtrise étant venue à vaquer, il fut élu à cette dignité, qui l'égalait aux princes, ayant en cette qualité eu l'honneur de tenir sur les fonts de baptême un des enfants du roi Philippe le Bel.

Le roi, malgré cela, le fit arrêter avec tous ses confrères, et il fut réservé avec trois autres, Gui, frère du dauphin d'Auvergne, maître de Normandie, Hugues Péraud, qui avait une des principales charges de l'ordre, et un autre qui en avait eu une aux finances du roi. Guillaume de Nangis dit que quand il fut question de terminer le procès des Templiers, le pape donna pouvoir à trois cardinaux légats, à l'archevêque de Sens et à quelques autres pour juger ces quatre Chevaliers; qu'étant comparus devant ces juges, ils reconnurent publiquement les crimes dont ils étaient prévenus et persistèrent dans leurs premiers aveux. Ces juges ordonnèrent ensuite que l'on dressât un échafaud au parvis de Notre-Dame, où on leur ferait savoir ce qui serait ordonné. Le jour étant pris pour cela, un des cardinaux, dans un discours au peuple, dit que ces quatre Templiers étaient condamnés à une prison perpétuelle pour avoir franchement confessé leurs fautes. Mais lorsque les juges s'y attendaient le moins, le grand maître et Gui, maître de Normandie, se levèrent en présence de tout le peuple et des juges, et déclarèrent que tout ce qu'ils avaient dit en leurs interrogatoires était faux. Aussitôt les cardinaux les livrèrent au prévôt de Paris, qui était présent. Cette nouvelle fut portée au roi, qui assembla son conseil, sans y appeler d'ecclésiastiques : il y fut arrêté que sur le soir le grand maître et son compagnon seraient brûlés dans l'île du Palais, entre le jardin du roi et les Augustins; ce qui fut exécuté. Ils endurèrent constamment ce supplice et persistèrent jusqu'à la fin, disant que tout ce qu'ils avaient déposé était faux. A l'égard des deux autres qui ne parlèrent point, ils furent renfermés, conformément à la sentence, dans une prison pour le reste de leurs jours. Ainsi fut éteint l'ordre des Chevaliers Templiers dans toute la chrétienté, excepté en Allemagne, où ils se maintinrent quelque temps dans l'archevêché de Mayence, et se firent absoudre dans un synode que l'archevêque de Mayence avait assemblé à leur occasion. Quoique leurs biens eussent été unis à l'ordre des hospitaliers de Jérusalem, quelques princes en eurent néanmoins une partie : car Philippe le Bel retint pour les frais du procès les deux tiers de leurs biens mobiliers; Ferdinand II, roi de Castille, appliqua à son domaine tous les biens qu'ils avaient dans ses Etats; le roi d'Aragon institua l'ordre de Montesa, et le roi de Portugal celui d'Avis, auxquels les biens que les Templiers avaient en ces royaumes furent incorporés (1).

Mennenius, Bernard, Giustiniani, et Schoonebek, *Hist. Ord. milit.* Britto et Manriq., *Annal. Ord. Cistert.* Henriquez, *Regul. et Constitut. Ord. Cist. et cong. milit.* Nicol. Gurler, *Hist. Templar.* Du Pui, *Histoire de la condam. des Templ.* Guillaume de Tyr, l. xii, c. 7, *de Bello sacro.* Matthieu Paris, *Hist. Angl. Ann. Chr. 1244.* Bzovius, Sponde et Rainaldi, *Annal. Eccles.*, et Mézeray, *Hist. de Philippe le Bel.*

Entre les folies qui se firent à Paris après la révolution politique arrivée en 1830, on doit donner une large place aux prétendus Templiers qui, tout à coup, sortant de l'obscurité, firent des parades religieuses dans plusieurs quartiers de la capitale. Je dis : *sortant de l'obscurité*, car cette association date d'une époque ancienne et qui m'est inconnue. A l'article CHRIST (*Ordre de*), au premier volume de ce Dictionnaire, on a vu que cette Chevalerie n'était en quelque sorte qu'une substitution, ou une succession de l'ordre des Templiers qui venait d'être détruit. On peut voir aussi dans le second volume de son *Histoire des sectes religieuses*, les conjectures qu'indique l'abbé Grégoire sur la possibilité d'une tradition clandestine conservée par l'indignation ou l'entêtement des parents ou amis des Chevaliers abolis. Viennent les *Templiers*, dont je parle dans cette addition, qui de nos jours veulent substituer la réalité aux conjectures, et montrent, sans preuves authentiques, des monuments qu'on a droit d'attaquer, mais qu'on conteste quelquefois sans preuves. Suivant eux, Marc Larmenius succède à Jacques de Molai dans les fonctions de grand maître; à Larmenius succède François-Thomas Théobald, d'Alexandrie, par démission, et Larmenius transmet en même temps à son successeur des signes de reconnaissance *tels qu'il les a reçus du grand maître le vénérable et saint martyr*, pour être communiqués *oralement* aux Chevaliers profès et consacrés.

Suivant les Templiers actuels, de Larmenius à Fabré-Palaprat la liste des grands maîtres ne fut jamais interrompue, et ils y font figurer Duguesclin, Des Chabot-Montmorency, Philippe le régent, puis trois Bourbons immédiats, etc. Parmi les hommes affi-

(1) *Voy.*, à la fin du vol., nos 108, 109 et 110.

liés à l'ordre ils citent, en 1663, Bochart, calviniste; 1699, Fénelon, qui fut, disent-ils, seulement installé, car il était déjà consacré; en 1703, Massillon; plus tard le roi de Prusse Frédéric II; Dupuis, auteur de l'*Origine de tous les cultes*; Dulaure; le duc de Sussex; Lainé de Ville-l'Evêque; La Bourdonnaye, etc. Paris est le chef-lieu de leur ordre. En 18°8, ils célébrèrent à Saint-Paul-Saint-Louis un service solennel pour Jacques Molai. Pierre Romain de Rome (c'était l'abbé Clouet, chanoine de Coutances, et non de Notre Dame, comme l'a cru Grégoire), *primat* de l'ordre, prononça en chaire l'oraison funèbre de Jacques Molai. Cette cérémonie, où l'orateur portait le grand cordon et le grand camail de l'ordre, où des soldats de la troupe de ligne faisaient le service militaire dans l'église, l'appareil du moins de cette cérémonie se fit, dit-on, par ordre du gouvernement de Bonaparte, qui aurait voulu gagner par flatterie et employer à son profit les Templiers; ceux-ci préférèrent leur liberté. Le chef-lieu de cet ordre prétendu, qui se croit la source de la franc-maçonnerie, est à Paris. Il est certain que Salamon, évêque de Saint-Flour sous la Restauration, était membre de cette société ou agrégation, et je possède une liste manuscrite, qui me paraît véridique, où je lis plusieurs noms connus, entre autres celui de l'abbé Labouderie, auteur connu et décédé cette année 1849. Fénelon, Massillon, étaient-ils de cette milice, comme nos Chevaliers le prétendent? Je le crois; mais je crois aussi que ni eux, ni beaucoup d'autres n'étaient initiés aux idées, aux mystères, aux croyances panthéistes de cette maçonnerie. A ceux qui voudraient la connaître avec plus de détails que je ne puis en donner ici, je conseille de voir le second volume de l'*Histoire des sectes religieuses*, par l'abbé Grégoire, et les ouvrages que cet auteur indique. Peut-être en les consultant entre-ront ils avec moi dans un doute réel sur l'ancienneté dont se vante cet ordre actuel? Quoi qu'il en soit, il est bien déchu dans ses membres, et je ne sais quel degré d'importance il pouvait avoir pour obtenir la messe qui fut encore célébrée à Saint-Germain-l'Auxerrois en 1824, le jour anniversaire de la mort de Molai, sous l'épiscopat de M. de Quelen. A la révolution de 1830, ce n'était plus un Bourbon, ce n'était plus un grand personnage que les Templiers avaient pour grand maître, c'était tout simplement un médecin pédicure nommé Fabré-Palaprat, qui crut, avec quelques-uns des siens, et malgré l'opposition des autres, plus prudents, plus honteux ou plus timides, devoir agir ostensiblement, se montrer au grand jour et faire profession publique de ce qu'ils appelaient le *christianisme primitif* et le rite *joannite*. Ils firent imprimer leur *Lévitikon* où se trouve l'*Evangile* de saint Jean, qui est pour eux le chef des apôtres; ils firent aussi imprimer d'autres livres; mirent l'abbé Châtel en avant, pour sonder le terrain apparemment, et Fabré-Palaprat le sacra évêque selon le rite joannite. Cette cérémonie, qui se fit dans une chambre et sous le manteau de la cheminée, et que Châtel appelait, dit-on, une farce, me laisse pourtant un doute. Fabré-Palaprat, déjà sacré selon le rite joannite, le fut de nouveau, et pour faire cesser les doutes, par Mauviel, évêque constitutionnel de Saint-Domingue; or ce Mauviel était véritablement évêque. Donna-t-il, voulut-il donner le caractère épiscopal à Fabré-Palaprat? Celui-ci le voulut-il donner, le donna-t-il à l'abbé Châtel? et celui-ci a-t-il passé à l'abbé Reb et autres?... Revenons aux Templiers. Ils ouvrirent une église et exercèrent publiquement un culte bizarre dans une salle de la Cour des Miracles, près la porte Saint-Denis. Là je les ai vus portant le costume des Templiers, tel que nous l'avons fait graver dans ce Dictionnaire, assister l'épée nue à la main aux parodies sacrilèges de la messe, célébrée en abrégé, le soir, par leurs prélats accoutrés comme ils l'avaient jugé à propos. A une de leurs principales fêtes, ils avaient invité les membres des loges maçonniques de Paris. J'ai vu le billet d'invitation, où les Templiers se disaient des initiés à la façon de leurs frères; j'y vis ceux-ci avec leurs décorations de franc-maçon, et occupant les places du centre. Mais voilà qu'à l'apparition des Templiers de Paris vint une réclamation des Templiers du midi de la France, disant que ces jongleurs n'étaient que des faux frères, des trompeurs, et que l'ordre du Temple s'était perpétué chez eux et par eux seulement. Au reste, les cérémonies comiques cessèrent bientôt à Paris; le Temple fut fermé, mais les Templiers, vrais ou prétendus, existent toujours. Ces quelques mots sur eux suffisent, mais il était nécessaire de les joindre à l'histoire des Templiers, auxquels cette succession prétendue fait un tort réel, loin de servir leur mémoire. Peut-être est-il curieux de signaler encore l'importance ou le ridicule que nos nouveaux Templiers donnent à leur œuvre et à leurs personnes, en prenant des titres, des qualifications, etc.; puis en se faisant appeler comme Mauviel, par exemple, Guillaume des Antilles; comme Clouet, Romain de Rome; un est bailli de Jutland, l'autre, etc.

Lévitikon, vol. in-8°. — *Bible des chrétiens primitifs, contenant le Rituel, le catéchisme, ou la Doctrine chrétienne primitive; le livre de Morale universelle; et le Rituel*, etc. J. N. Déal, éditeur, 3 vol. in-18. Paris, 1819. — *Histoire des sectes religieuses...*, par M. Grégoire, ancien évêque (intrus) de Blois, 5 vol. in-8°; Paris, 1828.

B-D-E.

TEUTONIQUE (CHEVALIER DE L'ORDRE).

1er. — *Origine de cet ordre*.

Les divisions qui ont partagé l'ordre Teutonique, et l'ambition jointe à l'hérésie, ont si fort contribué à sa perte et à sa ruine, que l'on aurait de la peine à croire qu'il eût été la terreur des plus grands rois, si l'histoire ne nous apprenait que cet ordre, qui n'a présentement que quelques commanderies qui à peine peuvent fournir à la subsistance du grand maître et des Chevaliers, possédait néanmoins en toute souveraineté la Prusse royale et ducale, la Livonie et les duchés de Curlande et de Sémigal, qui sont des provinces d'une vaste étendue.

Pierre de Dusbourg, prêtre de cet ordre, qui est le premier qui en ait écrit l'histoire en forme de chronique, rapporte son origine à l'an 1190, et dit qu'au siége de la ville d'Acre par les chrétiens, il se trouva dans leur armée quelques personnes des villes de Bremen et de Lubek, qui changèrent leurs tentes, couvertes seulement de voiles de navires, en un hôpital où ils retiraient les blessés et les malades, et les soulageaient avec beaucoup d'humilité et de charité, ce qui leur attira l'estime du patriarche de Jérusalem, d'Henri, roi de Jérusalem; des archevêques de Nazareth, de Tyr et de Césarée; des évêques de Bethléem et d'Acre; des grands maîtres des hôpitaux de Saint-Jean, du Temple et de plusieurs de leurs chevaliers; de Rodolphe, seigneur de Tibériade, et de son frère Hugues; de Raynaud, seigneur de Sidon, de Cymar, seigneur de Césarée; de Jean de Hibelin, et de plusieurs autres princes et seigneurs du royaume de Jérusalem, aussi bien que de plusieurs seigneurs allemands qui se trouvaient à ce siége, tels que Conrad, archevêque de Mayence; Conrad de Wirtzbourg et chancelier de l'Empire; Volger ou Wolsflger, évêque de Passau; Frédéric, duc de Souabe; Henri, comte du Rhin et duc de Brunswick; Frédéric, duc d'Autriche; Henri de Brabant, et plusieurs autres princes et seigneurs, qui, prévoyant de quelle utilité pourrait être un jour cet établissement, furent d'avis que le duc de Souabe envoyât à l'empereur Henri VI, son frère, des députés pour le prier d'obtenir du pape Célestin III, qui gouvernait alors l'Eglise universelle, la confirmation de cet hôpital. Ce pontife leur accorda leur demande, et approuva cette pieuse institution en qualité d'ordre hospitalier et militaire sous la règle de saint Augustin, ordonnant que les frères observeraient les statuts des hospitaliers de Saint-Jean en ce qui regardait la manière de gouverner et de servir les malades et les pauvres, et les statuts des Templiers en ce qu'il y aurait de militaire et d'ecclésiastique, et que pour leur habillement ils auraient un manteau blanc, sur lequel il y aurait une croix noire; il leur accorda les mêmes indulgences, priviléges et immunités dont jouissaient, par bienveillance du saint-siége, les ordres hospitaliers du Temple et de Saint-Jean de Jérusalem.

Quelques historiens ont suivi en cela le sentiment de Dusbourg, et d'autres celui du cardinal de Vitry, qui prétend que l'ordre Teutonique était établi à Jérusalem avant que la ville d'Acre ou Ptolémaïde fût assiégée; mais M. Hartknok, qui a donné les Chroniques de Dusbourg avec des remarques qu'il y a faites, concilie ces deux sentiments en disant que l'ordre avait été établi par un particulier et sans autorité à Jérusalem; qu'il avait été confirmé par le pape, l'empereur et les princes qui s'étaient trouvés au siége d'Acre, et qu'enfin, après la prise de la ville, il était devenu si puissant, qu'il avait été connu de toute la terre, ce qui est aussi le sentiment de Nauclerc, que M. Hartknok a suivi. Mais s'il est vrai que ce soit un particulier allemand qui l'ait d'abord institué à Jérusalem, et que ces personnes de Bremen et de Lubek se soient jointes à lui, comme le disent plusieurs auteurs, on ne peut savoir en quelle année ce fut, puisqu'aucun auteur n'en a fait mention.

Lorsque le pape Célestin III eut approuvé cette nouvelle société comme ordre militaire, de même que ceux de Saint-Jean et du Temple, le roi de Jérusalem, le duc de Souabe et les autres seigneurs qui en avaient procuré la confirmation voulurent honorer de leur présence la cérémonie qui se fit à la réception des premiers Chevaliers. Quarante nobles allemands s'étant présentés pour entrer dans ce nouvel ordre, reçurent l'habit par les mains d'autant de seigneurs; le roi de Jérusalem donna la croix au premier; le duc de Souabe au second, et les trente-huit autres la reçurent des mains d'autant de princes et seigneurs qui se trouvaient au siége d'Acre; après quoi Henri de Walpot, descendu d'une noble famille d'Allemagne, fut élu grand maître de cet ordre, dont les Chevaliers prirent le nom d'Hospitaliers de Notre-Dame des Allemands, parce que l'on n'y devait recevoir que des Allemands; et dans les règlements qui furent dressés il fut ordonné que celui qui se présenterait pour être reçu, serait obligé de faire serment qu'il était Allemand de nation, né d'une famille noble et sans reproche; qu'il n'avait jamais été marié; qu'il était résolu de garder la chasteté toute sa vie; qu'il se soumettait à toutes les lois et règles de l'ordre; qu'il promettait une entière obéissance au maître de l'Hôpital; qu'il se consacrait principalement au service de Dieu, des malades et des pauvres, à la défense de la terre sainte; qu'il renonçait à toute propriété: l'ordre ne s'engageait à lui donner que du pain, de l'eau et un habit. C'était dans le commencement de l'ordre presque toute leur nourriture; ils ne couchaient même que sur des paillasses.

La ville d'Acre ayant été prise par l'armée chrétienne la même année 1191, Henri de Walpot acheta un espace de terre hors de la ville, vis-à-vis la porte de Saint-Nicolas, où il fit bâtir une église, un hôpital et plusieurs logements où il recevait les malades avec beaucoup de charité: il établit cet hôpital pour le principal lieu de la résidence des Chevaliers. Le pape Célestin III permit encore à ce grand maître, en 1193, de prendre pour armes d'argent à la croix pleine et alaisée de sable. Il fit, à la tête de ses Chevaliers, quelques actions contre les Sarrasins, qui lui acquirent une grande réputation; et après avoir gouverné cet ordre pendant quelques années, il mourut et fut enterré dans l'église de l'hôpital d'Acre, aussi bien qu'Otton de Kerpen et Herman de Barth, qui lui sucrédèrent l'un après l'autre dans la grande maîtrise, et Frédéric, duc de Souabe, qui mourut dans la terre sainte, choisit aussi ce lieu pour sa sépulture.

L'ordre ne fit pas beaucoup de progrès sous ces trois premiers grands maîtres, quoiqu'ils se fussent signalés dans plusieurs actions avec leurs Chevaliers; le dernier des trois, Herman Barth, fut même blessé au siége de Tripoli, et mourut de ses blessures à Jérusalem. Quelques écrivains disent que ce fut à ce grand maître qu'Henri, roi de Jérusalem, accorda la croix potencée d'or, qui étaient les armes du royaume, pour la joindre à la croix de sable, que le pape Célestin III avait donnée pour armes de l'ordre à Henri de Walpot, premier grand maître. Mais M. Hartknok croit, ou que le roi Henri avait accordé la même grâce aux deux premiers grands maîtres, ou que si ce fut Herman de Barth qui ait eu le premier la permission de porter cette croix d'or dans ses armes, elle ne lui peut avoir été donnée que par le roi Jean de Brême, successeur d'Henri, puisque ce prince était mort en 1195, et que, selon Hennenberger, le maître Herman de Barth ne fut élu qu'en 1206.

Après la mort de ce grand maître, arrivée en 1210, on lui donna pour successeur Herman de Salza. Il s'en fallut peu que l'ordre ne pérît au commencement de son gouvernement par les fréquentes pertes que les infidèles lui firent souffrir. Mais sa sagesse et sa bonne conduite rétablirent tellement les affaires de l'ordre, que ce fut sous son gouvernement, qui dura trente ans, qu'il devint si recommandable; qu'il subjugua toute la Prusse, devint maître de la Livonie, et que les Chevaliers se rendirent redoutables à leurs ennemis. Ce fut dans la situation fâcheuse où se trouvait l'ordre après l'élection de Herman de Salza, qu'il fut ordonné qu'afin que l'ordre ne pérît point, il n'y aurait que dix Chevaliers qui pourraient porter les armes; mais le nombre s'augmenta tellement dans la suite, qu'il y en avait plus de deux mille lorsque ce grand maître mourut: à la vérité, ce qui contribua à augmenter le nombre de ces Chevaliers fut que le landgrave de Thuringe ayant pris l'habit de cet ordre, une grande partie de la noblesse d'Allemagne voulut le suivre.

Le grand maître de Salza s'acquit une si haute estime auprès des plus grands princes, que plusieurs d'entre eux ayant tâché inutilement d'accommoder les grands différends qui s'étaient élevés entre le pape Honorius III et l'empereur Frédéric II, les deux parties prirent pour leur arbitre ce grand maître, qui ménagea cette affaire délicate et importante avec tant d'habileté, qu'il les contenta entièrement : et ces princes, pour témoigner leur reconnaissance, le comblèrent d'honneurs; le pape et l'Empereur lui conférèrent, à lui et à ses successeurs, la dignité de prince de l'Empire. Le pape lui fit encore présent d'une bague de grand prix qu'il devait toujours porter, et la coutume s'introduisit dans la suite que lorsqu'on élisait le grand maître, on lui donnait cette bague comme un monument de cette action mémorable. L'empereur lui permit aussi d'ajouter aux armes de l'ordre l'aigle impérial, et ces armes furent encore honorées dans la suite des fleurs de lis de France, que le roi saint Louis, l'an 1250, permit aux grands maîtres de porter aux extrémités de la croix d'or.

Les honneurs dont on comblait cet ordre étaient accompagnés de grands dons qu'on lui faisait : il se vit maître en peu de temps de plusieurs domaines dans la Sicile, la Romagne, l'Arménie, l'Allemagne et la Hongrie; mais c'était peu de chose en considération de la Prusse, que les Chevaliers acquirent par la force des armes : ce pays était habité par des peuples barbares qui n'avaient aucune connaissance du vrai Dieu et qui sacrifiaient à des idoles. Chrétien Ier, de l'ordre de Cîteaux et premier évêque de Prusse, y fut envoyé pour convertir ces idolâtres; mais ce fut inutilement, et peut-être fut-il cause qu'ils persécutèrent les chrétiens leurs voisins, avec lesquels ils avaient toujours vécu en bonne intelligence. Ils firent une irruption dans le pays de Culm, et réduisirent cette province en une affreuse solitude, ayant tué ou mené en captivité presque tous les habitants.

Conrad, duc de Masovie et de Cujavie, à qui quelques historiens donnent aussi le titre de duc de Pologne, se vit dans l'impossibilité de résister à ces barbares pour ne s'être pas d'abord opposé à leurs violences, ce qui les rendit plus insolents : ils vinrent fondre sur la Pologne, où ils commirent des cruautés horribles. Ils brûlèrent tous les plus beaux édifices, tuèrent tous les hommes qui étaient un peu avancés en âge, et emmenèrent captifs les femmes et les enfants. Ils commirent de si grands désordres, qu'il ne resta qu'un seul château sur la Vistule, nommé Ploczko, qui, par sa situation forte et avantageuse, évita leurs cruautés. Plus de deux cent cinquante églises paroissiales furent brûlées par ces idolâtres, outre un grand nombre de monastères d'hommes et de filles. Ils tuèrent jusqu'au pied des autels les prêtres et les religieux qui y avaient cherché un asile, et même quelques-uns dans le temps qu'ils célébraient les sacrés mystères; ils leur arrachèrent des mains les saintes hosties et les foulèrent aux pieds. Ils emportèrent les vases sacrés pour les faire servir à des usages profanes, et tirèrent de leurs cloîtres de saintes vierges consacrées au Seigneur pour les sacrifier à leur passion brutale.

Tant de cruautés obligèrent le duc Conrad, par le conseil de l'évêque Chrétien et de quelques seigneurs de sa cour, d'établir un ordre militaire sous le nom des Chevaliers de Jésus-Christ, dont la fin principale était de défendre son pays contre les incursions fréquentes de ces idolâtres. Il leur donna pour marque de leur ordre un manteau blanc, avec une croix rouge et une étoile, à l'imitation des Chevaliers établis en Livonie, qui portaient aussi des manteaux blancs avec deux épées rouges en forme de croix de Saint-André. L'évêque Chrétien donna l'habit à treize Chevaliers et à leur grand maître, nommé Bruno, et le duc Conrad fit bâtir le fort de d'Obrin, dont ils prirent ensuite le nom. Il les mit en possession de ce fort et de la terre de Cedeliz dans la Cujavie, et convint avec ces nouveaux Chevaliers qu'il partagerait également avec eux les terres qu'ils pourraient conquérir sur les Prussiens. Mais ces peuples en ayant eu avis vinrent avec une puissante armée, assiégèrent souvent le château de d'Obrin, et réduisirent les Chevaliers à une telle extrémité, qu'aucun d'eux n'osait sortir de ce château ; et même les Prussiens ne faisaient pas difficulté de les aller insulter, quoiqu'ils ne fussent quelquefois qu'au nombre de cinq ou six.

Pierre de Dusbourg rapporte ainsi l'institution de ces Chevaliers de d'Obrin, faite par le duc Conrad, qui leur avait donné la règle et l'habit des Chevaliers de Livonie. Les écrivains polonais disent que ce ne fut point un ordre nouveau institué par ce prince, mais qu'il fit venir en Prusse les Chevaliers de Livonie. Cependant M. Hartknock prétend que c'est un ordre différent de celui de Livonie, et qu'on en doit croire Dusbourg, qui est un auteur plus ancien que ceux de Pologne, et qui a rapporté l'institution de cet ordre avec des circonstances qui ne doivent point faire douter que ce ne soit un ordre différent de celui de Livonie. C'est aussi le sentiment d'Hennenberger, cité par M. Hartknock : M. Schurzfleisch, dans l'Histoire qu'il a donnée des Chevaliers de l'ordre de Livonie, les distingue aussi de ceux de d'Obrin, comme étant deux ordres différents. Mais cet ordre de d'Obrin ne fut d'aucune utilité au duc Conrad, qui, voyant tous les jours son pays exposé à la rage et à la fureur des Prussiens, résolut d'appeler à son secours les Chevaliers Teutoniques, c'est ainsi qu'on appelait les Chevaliers de Notre-Dame des Allemands. Il envoya pour cet effet une ambassade solennelle à leur grand maître Herman de Saltza, pour lui demander son amitié et le prier de lui donner du secours dans le pressant besoin où il était, et afin d'attirer cet ordre dans son pays, il lui fit en même temps don et cession des provinces de Culm et de Lubonie, et de tout ce qu'il pourrait conquérir sur les Prussiens, pour les posséder en toute propriété et souveraineté.

Le grand maître de Saltza accepta ces offres, après en avoir encore été sollicité par le pape Grégoire IX, l'empereur Frédéric II et plusieurs princes d'Allemagne, qui lui promirent de l'assister de leurs troupes et de leurs avis. Il envoya néanmoins le chevalier de Landisberg avec un autre pour reconnaître ces provinces de Culm et de Lubonie, et savoir si les ambassadeurs étaient véritablement envoyés par le duc Conrad. Ils ne trouvèrent point ce prince, qui était allé visiter quelques provinces éloignées ; mais quelques jours après leur arrivée, les Prussiens étant venus ravager les terres de Pologne et mettre tout à feu et à sang, la duchesse Agasie, femme du duc Conrad, sollicita les chevaliers de se joindre à l'armée polonaise qu'elle avait ramassée pour s'opposer à ces barbares ; mais comme c'étaient des troupes peu aguerries, les Prussiens ayant été à leur rencontre, les obligèrent à prendre la fuite, les poursuivirent, firent leur chef prisonnier, et les deux chevaliers allemands furent dangereusement blessés. Cette défaite obligea le duc Conrad à solliciter plus fortement le secours des Chevaliers Teutons, et pour cet effet il fit expédier des lettres patentes, par lesquelles il leur cédait les provinces de Culm et de Lubonie et ce qu'ils pourraient conquérir en Prusse : il envoya au grand maître cette donation, qui fut confirmée par le pape Grégoire IX.

Le chevalier Conrad de Landisberg et son compagnon, qui étaient restés auprès du duc de Masovie, le sollicitèrent de leur donner un lieu de retraite. Ce prince leur fit bâtir la forteresse de Vogelsank, qui leur servit à s'opposer aux Prussiens, en demeurant sur la défensive jusqu'en l'an 1230, qu'ils attaquèrent ces barbares et commencèrent à avoir quelques avantages sur eux, sous le gouvernement du chevalier Herman Balke, que le grand maître envoya en ce pays en qualité de proviseur ou de maître provincial, qui est le titre que ses successeurs ont pris dans la suite. Il y envoya aussi le chevalier Thierry de Bernheim en qualité de maréchal général de l'armée, et trois ou quatre autres chevaliers avec grand nombre de soldats. Ils firent bâtir, à leur arrivée, le fort de Nessow. En 1231, le pape Innocent IV fit cependant publier une croisade, accordant à ceux qui prendraient la croix et s'engageraient dans la guerre de Prusse, les mêmes indulgences que celles qui avaient été accordées aux croisés de la terre sainte.

Le maître provincial Balke fit en peu de temps de grands progrès dans la Prusse : il passa la Vistule avec une armée qu'il avait assemblée à la hâte, fit une irruption dans le pays de Culm, et y jeta les fondements du château de Thorn, qui dans la suite fut accompagné d'une ville qui subsiste encore. Poursuivant ses conquêtes, il fit bâtir en 1232 la ville de Culm ; ensuite il fit armer des barques, et descendant la Vistule, il se rendit maître d'une île nommée alors Quidzin ; il y bâtit un fort, qu'il nomma l'île de Sainte-Marie, l'an 1233. Ayant reçu du secours de Burchard, burgrave de Magdebourg ; de Conrad, duc de Masovie ; de Miezka son fils, duc de Cujavie ; de Henri, duc de Cracovie ; d'Otton, duc de Gnesne, et de Swentopol, duc de Poméranie, il eut encore quelques avantages sur les Prussiens, et fit bâtir une ville auprès du fort de l'île de Sainte-Marie. Les Prussiens mirent sur pied une grosse armée, presque dans le même temps, pour aller attaquer les Chevaliers à la faveur des glaces, le froid étant alors fort rigoureux ; mais le maître provincial et ses Chevaliers les prévinrent, tombèrent sur le territoire de Reysen, firent plusieurs prisonniers et tuèrent un plus grand nombre de païens. Ils attaquèrent ensuite leur armée, qu'ils mirent en déroute, et les Prussiens y perdirent plus de cinq mille hommes, qui furent massacrés. Ces barbares ayant été chassés de la province de Culm, Herman Balke fit encore bâtir sur la frontière le château de Reden, pour arrêter leurs courses.

Henri, marquis de Misnie, lui amena la même année un secours de cinq cents gentilshommes allemands bien équipés. Ce prince alla lui-même à leur tête attaquer les Prussiens. Il entra dans la province de Poméranie, mit tout à feu et à sang, et obligea les habitants d'embrasser le christianisme et de se soumettre à la domination des Chevaliers Teutoniques. Il fit armer ensuite deux vaisseaux, sur lesquels étant monté avec ces gentilshommes allemands qui étaient venus avec lui, il parcourut le golfe de Frisch-Haff, pour en assurer la navigation, qui était continuellement troublée par un grand nombre de corsaires idolâtres, qui n'osèrent plus y paraître depuis ce temps-là. Après que ce prince, qui n'était venu en Prusse que pour accomplir le vœu qu'il avait fait de combattre pour la foi, eut rempli son vœu et soumis aux Chevaliers Teutoniques la province de Poméranie, il s'en retourna en Allemagne, laissant encore au secours des Chevaliers les gentilshommes allemands qu'il avait amenés, et avec lesquels ils subjuguèrent les Pogesans, et bâtirent, l'an 1227, la ville d'Elbing.

Ils portèrent ensuite leurs armes contre les Warmiens, les Barthes et les Natangues, autres peuples de la Prusse; mais quelques-uns s'étant embarqués sur le golfe de Frisch-Haff, pour voir où ils pourraient bâtir une forteresse, afin de tenir en bride ces peuples idolâtres, ils en trouvèrent une qui leur appartenait, et qu'ils n'osèrent attaquer parce qu'ils n'avaient pas de forces suffisantes. Ils se contentèrent de piller et de brûler les lieux des environs; mais pendant qu'ils s'amusaient au pillage, les Prussiens tombèrent sur eux, les tuèrent tous sans qu'il en pût échapper aucun, excepté ceux qui étaient restés dans les vaisseaux, et qui portèrent la nouvelle de cet échec. Le maître provincial, en ayant eu avis, voulut avoir sa revanche : il envoya contre ces idolâtres une armée navale plus considérable, qui attaqua leur forteresse, qu'on appelait Balga, et s'en empara l'an 1339. Les Prussiens, qui connaissaient de quelle importance elle leur était, voulurent la reprendre, et y mirent le siège peu de temps après, sous la conduite de Pyopse, l'un de leurs capitaines; mais Pyopse y ayant été tué, ils furent obligés de lever le siège de cette place. Plusieurs personnes des plus considérables de la province de Warmie se rendirent avec leurs familles, et embrassèrent le christianisme.

Les Prussiens, voyant qu'ils n'avaient pu reprendre Balga, bâtirent deux autres forts aux environs, l'un nommé Partegal et l'autre Strandon, pour resserrer les Chevaliers Teutoniques; mais ceux-ci, de l'autre côté, en firent construire un autre, auquel ils donnèrent le nom de Schinkenberg. Ces idolâtres ayant remis une armée sur pied pour venir attaquer les Chevaliers, l'un d'entre eux, nommé Pommada, qui avait embrassé secrètement le christianisme, et qui agissait toujours en apparence comme ennemi des Chevaliers, persuada aux troupes de Warmie, de Natange et de Barthe, de mettre encore le siège devant Balga. Comme c'était un des principaux du pays, auquel ils avaient toujours eu beaucoup de confiance, ils le crurent, et ils se préparaient à assiéger cette place, quand les Chevaliers, à qui Pommada en avait donné avis, et qui avaient reçu un nouveau renfort d'Allemagne, que le duc de Brunswick et de Lunebourg leur avait amené, les attaquèrent brusquement lorsqu'ils s'y attendaient le moins, et en firent un si grand carnage, qu'à peine en resta-t-il un pour porter aux autres la nouvelle de leur défaite. Les Chevaliers s'emparèrent ensuite de la forteresse de Partegal, et en moins d'un an ils se rendirent maîtres des provinces de Warmie, de Natange et de Barthe, dont les habitants renoncèrent au culte des idoles et reçurent le baptême. Les Chevaliers, pour assurer leurs conquêtes, firent bâtir les forteresses de Chrisbourg, Bartenstein, Wisembourg, Resel, Brumberg et Helberg. Ces progrès rendirent l'ordre Teutonique fort puissant; mais il le fut encore davantage lorsque l'ordre des Chevaliers Porte-Glaives y fut incorporé, comme on verra dans le paragraphe suivant, où nous rapporterons aussi l'origine de cet ordre, qui rendit celui des Chevaliers Teutoniques maître de la Livonie, par le moyen de l'union qu'il fit avec lui.

§ 2. — *De l'ordre des Chevaliers Porte-Glaives ou de Livonie, et de quelle manière ils furent incorporés à l'ordre Teutonique.*

Les rois de Danemark et de Suède avaient inutilement tenté, pendant plusieurs siècles, de subjuguer la Livonie et de retirer ces peuples de l'idolâtrie. Ils avaient été, le plus souvent, ou repoussés par ces barbares, ou si le sort de la guerre avait quelquefois obligé les Livoniens à subir le joug de ces princes, ils l'avaient secoué dans la suite et étaient rentrés dans leur liberté. Mais la gloire de subjuguer et de convertir entièrement ces peuples était réservée à la nation allemande. Environ l'an 1158, lorsque Frédéric Barberousse tenait les rênes de l'empire, il arriva que quelques marchands de Bremen, qui faisaient voile avec plusieurs vaisseaux pour la ville de Wisby, qui alors était un lieu de grand commerce dans l'île de Gosland, furent jetés par la violence de la tempête sur la côte, où la rivière de Duna se décharge dans la mer. Les habitants du pays leur permirent d'abord d'y trafiquer : ils s'y établirent insensiblement, et bâtirent une chapelle où ils faisaient célébrer les saints mystères. A leur persuasion et à leur exemple, quelques petits princes de ces quartiers-là embrassèrent le christianisme, et demandèrent quelques personnes pour les instruire des vérités de la religion catholique. Mennard, moine de l'abbaye de Sigeberg, y fut envoyé, ayant été consacré évêque de Livonie par l'archevêque de Bremen. Berthold, moine du monastère de Saint-Paul, lui succéda ; et ayant été tué en 1197 par les païens, on mit en sa place Albert I*er*, qui fut tiré de l'université de Bremen. Il s'employa fortement à la conversion de ces idolâtres, et joignit la force aux exhortations; puis, voyant que ce moyen lui avait réussi, et qu'il avait pénétré fort avant dans le pays en subjuguant une partie de ces idolâtres, il reconnut ce qu'il avait conquis pour fief de l'empire, dans l'espérance que l'empereur lui fournirait les secours dont il aurait besoin pour se rendre entièrement maître de la Livonie.

L'auteur de la Description de la Livonie, traduite en français depuis quelques années, et imprimée en Hollande, prétend qu'il en reçut l'investiture de l'empereur Henri VI. Il rapporte des lettres de ce prince, à ce qu'il prétend, adressées à cet Albert, qu'il qualifie troisième du nom, par lesquelles il établissait une marche de tout son évêché, savoir : de la Livonie, la Lettie, le Hale, et des terres maritimes, et lui en cédait toute la souveraineté, avec le même droit qu'ont les autres princes, lui donnant pouvoir de faire battre monnaie et de fonder une ville à Riga et dans les autres lieux où il serait nécessaire.

Mais la date de ces lettres, qu'il dit être de 1226, selon le calcul de Helvicus, me les rend fort suspectes, et je n'y ajoute pas plus de foi qu'à ce que dit le même auteur dans le corps de son Histoire, que ce fut l'an 1200 que l'évêque Albert I*er* reçut aussi de Henri VI l'investiture de la Livonie, puisque cet empereur mourut en 1197, que Philippe de Souabe régnait en 1200, et que Frédéric II gouvernait l'empire en 1226, qui est la date de ces prétendues lettres adressées par une autre erreur à Albert III.

Mais si ce que dit le même auteur est vrai, que ce fut l'an 1202 que cet Albert fit bâtir la ville de Riga, qu'il nomma ainsi *quasi nova fide rigata*, comme qui dirait *arrosée d'une nouvelle croyance*, il y a bien de l'apparence que ce fut Philippe qui accorda à cet évêque l'investiture de la Livonie, ce qui peut être arrivé l'an 1200. Mais que ce soit en 1202 que cette ville ait été bâtie, ou en quelque autre année, il est certain qu'Albert I*er*, troisième évêque de Livonie, en a été le fondateur, comme M. Schurzfleisch, dans ses Remarques sur l'histoire des Chevaliers de Livonie, le reconnaît; car, parlant d'Herman Balke, qui fut envoyé en Livonie par le grand maître de l'ordre, en qualité de maître provincial, il dit qu'il y avait déjà dix ans qu'Albert I*er*, évêque de Livonie, et en particulier de Riga, qui avait institué l'ordre de Livonie et bâti la ville de Riga, était mort : *Cum adventaret Balko, et principatum ordinis iniret, decimus tunc annus agebatur ab excessu Alberti I Livonici, et speciatim Rigensis episcopi, qui ordinem Livonicum instituit et urbem Rigam exstruxit:*

Ce fut donc cet Albert I*er* qui, pour s'assurer l'acquisition de la Livonie, fonda en 1204 un nouvel ordre militaire, sous le nom de Chevaliers Porte-Glaives, à cause que sur leurs manteaux, qui étaient blancs, ils portaient deux croix rouges en forme de croix de Saint-André. Vinno de Rhorbach fut élu grand maître de cet ordre, qui fut confirmé par le pape Innocent III, suivant les règles des Templiers. Lorsqu'on recevait un chevalier, le grand maître frappait trois fois avec une épée sur l'épaule de celui qui se présentait pour être reçu, en disant : *Prends cette épée de ma main, pour combattre pour Dieu et pour le pays de Marie;* car cette nouvelle province avait été mise sous la protection de la sainte Vierge. Ils étaient obligés, par leurs statuts, d'aller souvent à la messe, de ne se point marier, de garder la chasteté et de défendre le saint-siège. Le pape leur céda pour toujours l'entière jouissance de ce qu'ils pouvaient conquérir sur les païens. En effet, ils se rendirent maîtres de plusieurs provinces dans la Livonie; et pendant que d'un côté ils combattaient ces idolâtres, Waldemar II, roi de Danemark, ayant fait une descente dans la Livonie avec une puissante flotte, y remporta une célèbre victoire sur les Esténiens, les Létiens, les Lithuaniens et les Russiens. Ce roi conquit encore la Courlande, où il fonda l'évêché de Pilten ; il subjugua aussi l'île d'Oesel, et bâtit les villes de Revel, de Nerva et plusieurs autres. Mais en 1223, après que ce prince eut soumis la plus grande partie de cette province à son obéissance, il la perdit : le comte Henri Swerin l'ayant surpris abusant de la comtesse sa femme, il le fit prisonnier et le retint trois ans en prison, jusqu'à ce qu'il lui eût payé quarante-cinq mille marcs d'argent pour sa rançon.

L'évêque et les Chevaliers prirent cette occasion favorable pour occuper toutes les provinces que les Danois avaient conquises, et pour les en chasser ; ils leur enlevèrent la ville de Revel, l'Esten, et tout ce qui leur appartenait dans la Livonie. Les Livoniens s'étant révoltés, et les Danois s'étant joints à eux, les Chevaliers ne se crurent pas assez forts pour leur résister : c'est pourquoi ils résolurent de s'unir aux Chevaliers Teutoniques. Wolquin Schenk, leur grand maître, qui avait succédé à Vilno de Rhorbach, envoya des députés à Herman de Saltza, grand maître de l'ordre Teutonique, pour le prier de les recevoir dans son ordre. Cette affaire fut agitée pendant quelque temps. Le grand maître de Saltza alla trouver le pape Grégoire IX, avec Jean de Megdeburg, chevalier de Livonie, qui était celui à qui le grand maître de cet ordre avait commis cette affaire, et peu de temps après, Gerlac Ruffus, chevalier de Livonie, arriva aussi à Rome pour donner avis de la mort du grand maître Wolquin, qui avait été tué dans un combat. Le pape, instruit de cette nouvelle, s'empressa de terminer cette affaire en ordonnant la réunion de ces deux ordres. Il reçut à l'ordre Teutonique les deux Chevaliers de Livonie, à qui il donna le manteau blanc avec la croix noire, décidant que les autres

Chevaliers de Livonie prendraient le même habit; et le frère Herman Balk, maître provincial de Prusse, fut envoyé en la même qualité en Livonie, avec quarante chevaliers.

Cette réunion se fit à Rome en 1238, selon quelques-uns, et selon d'autres en 1234; mais avant toutes choses le grand maître de l'ordre Teutonique donna des assurances qu'il rendrait au roi de Danemark la ville de Revel et plusieurs autres juridictions que les ministres de ce prince avaient ordre de solliciter auprès du pape. L'Esten, dont Revel était la capitale, était néanmoins à la bienséance des Chevaliers; c'est pourquoi de temps en temps ils cherchaient les moyens de s'en emparer, et ils avaient même assiégé Revel, lorsque le légat du pape les obligea à se désister de leur entreprise. Ils ne laissèrent pas néanmoins d'attaquer dans la suite les Esténiens, et la noblesse de ce pays fit promettre au roi de Danemark Christophle II, que cette province ne serait jamais démembrée de la couronne de Danemark, soit par vente, échange, ou en quelque autre manière que ce fût, ce que ce prince promit par serment. Cependant Waldemar III, son fils, la vendit à Henri Duns, grand maître de l'ordre Teutonique, en 1346, pour le prix de dix-neuf mille marcs d'argent, avec les villes de Nerva et Wessenberg, et les provinces d'Harrien, de Whyrland, d'Allen et Taken, dont l'ordre prit d'abord possession. Mais quoique ces provinces fussent soumises à ces Chevaliers, néanmoins l'évêque de Revel demeura toujours suffragant de l'archevêque de Londen en Danemark, nonobstant que les évêchés situés dans les terres qui avaient été conquises par les Chevaliers, tant dans la Prusse que la Livonie et les provinces qui en dépendaient, fussent soumis à l'archevêque de Riga comme au métropolitain; car par l'union de l'ordre de Livonie, les Chevaliers Teutoniques étant devenus fort puissants, s'étant presque rendus les maîtres de toute la Livonie et de la Prusse, où ils avaient fondé neuf évêchés; savoir, quatre en Prusse et cinq dans la Livonie.

Il y en a qui ont prétendu que ce fut au temps de la réunion de ces deux ordres que les évêchés de Prusse furent soumis à l'archevêque de Riga pour le spirituel, et que ce fut une des conditions dont les Chevaliers de Livonie convinrent avec ceux de Prusse. Ces quatre évêchés étaient Culm, Warmerland, Szamland et Pomesan; mais cela ne peut pas être, puisque Riga ne fut érigé en archevêché qu'en 1254, par le pape Innocent IV, et qu'Albert II, cinquième évêque de Livonie, en fut le premier archevêque. En effet, Dugloz, dans son Histoire de Pologne (*Lib.* vii, p. 722), dit que Henri, évêque de Culm, qui était religieux de l'ordre de Saint-Dominique, ne se contentant pas d'avoir rendu son église régulière de séculière qu'elle était, en y mettant des chanoines réguliers, sans en avoir eu le consentement de l'archevêque de Gnesne, son métropolitain,

fit aussi quitter à ses chanoines l'habit de chanoines réguliers pour prendre celui de l'ordre Teutonique, en ayant obtenu la permission, en 1264, d'Anselme, évêque de Varmie, pour lors légat du saint-siége en Prusse; et en 1296 le grand maître de l'ordre Teutonique soumit cet évêché à l'archevêque de Riga, après avoir été pendant près de trois cents ans soumis à l'archevêque de Gnesne (*Ibid.*, *lib.* viii, p. 884). Ces évêques, tant de Prusse que de Livonie et leurs chanoines prirent aussi l'habit de l'ordre, et partagèrent en partie la souveraineté avec les chevaliers dans leurs diocèses, principalement dans leurs villes épiscopales; car l'archevêque de Riga, outre cette ville, avait encore en souveraineté vingt forteresses ou châteaux, ce qui causa en partie la ruine de l'ordre (comme nous le dirons dans la suite), par les guerres intestines que les Chevaliers et les évêques se firent: les deux partis furent quelquefois si animés l'un contre l'autre, qu'en moins d'un an il se donna entre eux neuf batailles rangées.

Mais avant que de parler de ces guerres intestines, nous rapporterons en peu de mots les avantages et les pertes que ces Chevaliers eurent dans la Prusse et dans la Livonie. Nous ne ferons point un détail de toutes leurs conquêtes, cela nous conduirait trop loin. Nous nous contenterons de dire qu'ils se rendirent maîtres de toute la Prusse, où ils bâtirent plusieurs villes qui subsistent encore, comme Elbing, Marienbourg, Thorn, Dantzick, Konisberg et quelques autres. Les historiens allemands prétendent que cette dernière ville, dont le nom de Konisberg signifie en notre langue *Montagne du Roi*, fut bâtie en 1254, par le grand maître Poppo d'Osterne, en l'honneur d'Ottocar, roi de Bohême, qui, avec Otton, marquis de Brandebourg, le duc d'Autriche, le marquis de Moravie et quelques autres princes avait aidé les Chevaliers Teutoniques à subjuguer les peuples de la province de Samzland; mais les historiens français disent que ce fut en l'honneur de saint Louis, roi de France, qui avait joint les fleurs de lis de France à la croix des armes de l'ordre.

Quoique les Chevaliers employassent leurs forces et toutes leurs puissances, qu'on leur fournit continuellement de grands secours d'Allemagne, et que les papes accordassent de temps en temps des indulgences en leur faveur, ils eurent néanmoins bien de la peine à subjuguer les Prussiens qui, de temps en temps, secourus par les princes voisins, jaloux de la gloire des Chevaliers, se révoltaient contre l'ordre et retournaient au culte des idoles. La première apostasie de ces peuples arriva en 1240, et ils ne purent rentrer sous l'obéissance des Chevaliers qu'après une guerre sanglante qui dura trois ans. Ils secouèrent de nouveau le joug en 1260, et ils ne purent être domptés qu'après quinze années que dura cette seconde guerre. La troisième arriva du temps du grand maître Hannon de Sanger-Hausen, et dura sept ans. La quatrième, qui commença en 1286, ne dura qu'une année, et la cinquième et la dernière arriva en 1295; mais les Chevaliers, ayant soumis de rechef les Prussiens, firent bâtir un si grand nombre de forteresses et de châteaux pour les contenir dans le devoir, qu'ils ne se révoltèrent plus dans la suite.

L'ordre ne faisait pas un moindre progrès dans la Livonie; après avoir entièrement réduit cette province sous son obéissance, il conquit encore la Curlande et la Sémigalie. Tous les maîtres provinciaux de Livonie avaient tenté inutilement de porter leurs armes dans cette province; mais sous le maître provincial Conrad de Herzogenstein, l'an 1288, elle fut aussi soumise à l'ordre, ayant été la dernière qui lui ait résisté. Les Chevaliers ne songèrent après cela qu'à assurer leurs conquêtes contre les peuples voisins, qui venaient fondre souvent avec des troupes considérables sur les terres appartenant à l'ordre, ce qui fut cause qu'ils eurent à soutenir de rudes guerres contre les Lithuaniens et les Russiens ou Moscovites. Mais pendant qu'il se soutenait contre ces peuples, et faisait même des progrès considérables sur eux, il reçut un fâcheux échec en Syrie, sous le onzième grand maître Conrad de Feuchtwang. La ville d'Acre, où était la principale maison de l'ordre, fut prise en 1291, par Melec-Seraph, soudan d'Egypte, et ce qui restait des Chevaliers Teutoniques fut obligé d'abandonner la Palestine; ils demeurèrent quelque temps à Venise, et choisirent après la ville de Marbourg, dans le pays de Hesse, pour le lieu principal de leur résidence; mais le grand maître Geoffroy de Hoenlöe le transféra en Prusse, en 1306, dans la ville de Marienbourg; et depuis ce temps il n'y eut plus de maîtres provinciaux en Prusse. Le grand maître gouvernait entièrement la province, ayant sous lui le grand commandeur, qui fut déclaré premier officier de l'ordre; le grand maréchal, qui faisait sa résidence à Konisberg; le grand hospitalier, qui demeurait à Elbing; le drapier, qui avait soin de fournir les habits, et le trésorier, qui devait toujours demeurer à la cour du grand maître. Il y avait outre cela plusieurs commandeurs, comme ceux de Thorn, de Culm, de Brandebourg, de Konisberg, d'Elbing et de plusieurs autres villes considérables; il y avait aussi des commandeurs particuliers de châteaux et forteresses, des avocats, des proviseurs, des chevaliers qui avaient intendance sur les moulins et sur les vivres, et plusieurs autres officiers. Voici le dénombrement que Waisselius en fait dans ses Annales, et qui subsistaient, à ce qu'il prétend, sous le gouvernement de Conrad Jungingen XXIV, grand maître. Premièrement, le grand maître, et ensuite le grand commandeur, le grand maréchal, vingt-huit commandeurs, quarante-six commandeurs de châteaux, quatre-vingt-un hospitaliers, trente-cinq maîtres des couvents, soixante-cinq celleriers, quarante maîtres d'hôtels, trente-sept proviseurs, dix-huit pannetiers, trente-neuf maîtres de la pêche et quatre-vingt-treize maîtres des moulins. Selon le même auteur, il y avait sept cents simples frères qui pouvaient aller en campagne, cent soixante-deux prêtres ou frères du chœur qui portaient la croix, et six mille deux cents serviteurs ou domestiques; mais M. Harsinox prétend que ce catalogue n'est pas fidèle, puisque Waissellius omet le grand hospitalier, le drapier et le trésorier, qui étaient déjà institués.

Depuis l'an 1292 jusqu'en l'an 1341, presque tout le temps se passa en guerres intestines entre les Chevaliers et les évêques de Livonie; car les évêques voulaient se rendre maîtres, et les Chevaliers tâchaient de diminuer leur autorité. Bruno, vingtième maître provincial de Livonie, ayant voulu assister à l'élection de l'archevêque de Riga, et le clergé et les habitants s'y étant opposés, on en vint aux mains, ce qui alluma une guerre dans la Livonie. Mais si de temps en temps ils prenaient les armes les uns contre les autres, au moins ils les mettaient bas lorsqu'il s'agissait de repousser leurs ennemis communs.

Dugloz (*Hist. Polon. lib.* IX, p. 745) rapporte une bulle du pape Clément V, de l'an 1311, par laquelle il paraît que l'archevêque de Riga avait quatorze évêchés suffragants: que les Chevaliers Teutoniques en avaient entièrement ruiné sept; que des sept qui restaient il y en avait quatre dont les Chevaliers ayant chassé les chanoines, avaient mis en leur place des prêtres de leur ordre, qu'ils déposaient quand ils voulaient; que ces prêtres de l'ordre s'érigeant en chanoines, élisaient entre eux pour évêques ceux que les commandeurs de l'ordre leur ordonnaient d'élire; que ceux qui avaient été élus se faisaient sacrer, et ne reconnaissaient point l'autorité de l'archevêque de Riga, leur métropolitain; que dans les trois autres églises ils mettaient aussi telles personnes qu'ils voulaient, qui élisaient aussi pour évêques ceux que les Chevaliers souhaitaient, et que ces Chevaliers s'emparaient des revenus de ces évêchés, et les employaient à leurs usages. Le pape leur attribue plusieurs crimes qui ne font pas honneur à cet ordre; c'est pourquoi il donne commission à Jean, archevêque de Bremen, et à Albert de Milan, chanoine de Ravenne, son chapelain, pour faire des informations sur tous ces chefs, et de lui en faire un fidèle rapport.

Vers l'an 1369, les Chevaliers ayant eu encore différend avec l'archevêque de Riga, au sujet de quelque juridiction, les deux partis s'en rapportèrent au pape Urbain V, qui ordonna que les Chevaliers renonceraient à toute juridiction sur Riga, et que l'archevêque, de son côté, n'exigerait plus du maître de Livonie et de l'ordre le serment qu'ils étaient obligés de lui prêter. Blomberg, qui avait été élu archevêque de Riga peu de temps après, ayant affecté de faire quelque changement dans l'habit de ses chanoines avec le consentement d'Urbain V, les Chevaliers s'y opposèrent, prétendant que l'archevêque et les chanoines ne devaient point porter d'autre habillement que celui de l'ordre, ce qui fut le sujet d'une nouvelle guerre. En 1391, ils eurent encore de nouveaux différends ensemble, et s'en étant rapportés au pape Boniface IX, ce pontife décida en faveur des Chevaliers, ordonnant que l'archevêque de Riga dépendrait de l'ordre, et pour contenter l'archevêque, il le fit patriarche de Lithuanie ; mais les autres évêques ne voulurent point consentir à cette décision, et s'étant alliés avec les Lithuaniens, les Russiens et les peuples de la Samogitie, ils livrèrent une sanglante bataille à l'ordre en 1394, où les deux partis furent presque entièrement défaits, mais ils se réunirent en 1395.

En 1453, un nouveau différend étant encore survenu au sujet de l'habillement de l'ordre que les évêques voulaient quitter, il fut apaisé, et Sylvestre, archevêque de Riga, s'engagea pour lui et ses successeurs avec ses chanoines, à ne jamais quitter l'habit de l'ordre. Depuis 1482 jusqu'en 1495, il y eut encore des disputes entre les évêques et les Chevaliers ; ils en vinrent souvent aux mains, et en 1487, dans un combat qui se donna entre les Chevaliers et la ville de Riga, la ville remporta la victoire. Enfin il n'y eut que le maître provincial Walther Plettemberg qui, en 1495, sut par sa prudence mettre fin à toutes ces brouilleries.

Ce fut pendant le temps de ces divisions domestiques, en 1382, que les Chevaliers, qui n'avaient pris jusqu'alors que le titre de frères, aussi bien que le grand maître et les commandeurs, le quittèrent pour prendre celui de seigneurs. Conrad Zolnère de Rotenstein, qui était pour lors grand maître, s'opposa à cette nouveauté, comme contraire aux statuts de l'ordre ; mais l'ambition l'emporta. Conrad Wallerod, successeur de Zolnère, non-seulement approuva en 1391 le titre de seigneurs que les Chevaliers avaient pris, mais il voulut qu'on rendît à sa personne les honneurs qu'on rendait aux plus grands princes, et les Chevaliers, pour ne point démentir le titre de seigneurs qu'ils avaient pris, marchaient d'ordinaire avec tant de magnificence, que l'on fut contraint, dans un chapitre de l'ordre tenu à Marienbourg en 1403, de faire une ordonnance qui défendait à un chevalier d'entretenir plus de dix chevaux, et à un commandeur d'en avoir plus de cent, pour lui et ses équipages.

Sous le gouvernement du grand maître Conrad de Jungingen, Jagellon, roi de Pologne, tâcha de profiter des brouilleries qui étaient dans l'ordre Teutonique. Il attaqua la Prusse avec Witolde, duc de Lithuanie ; mais le maître provincial de Livonie étant venu au secours du grand maître, la paix se fit entre le roi de Pologne et l'ordre, en 1403. Cette paix néanmoins ne fut pas de longue durée, car elle fut rompue par Ulric de Jungingen, qui avait succédé à son frère dans la grande maîtrise, ce qui obligea Uladislas Jagellon de joindre ses forces avec celles de son père Witolde, duc de Lithuanie ; il forma une armée de cent cinquante mille hommes, avec laquelle il attaqua le grand maître, qui n'avait que quatre-vingt-trois mille hommes. Le combat se donna le 15 juillet 1411, près Tanneberg, et fut si sanglant qu'il y eut cent mille hommes tués de part et d'autre, soixante mille du côté des Polonais, et quarante mille du côté des Chevaliers, entre lesquels on trouva les généraux et les chefs ; le grand maître lui-même avec six cents Chevaliers y perdit la vie ; et cette victoire, qui coûtait si cher aux Polonais, obligea leur roi à faire la paix. On était sur le point de voir éclater une nouvelle guerre entre eux, lorsque le pape, par l'entremise de son légat, les obligea de souscrire à un accommodement. Mais, en 1453, les principales villes de la Prusse, savoir Thorn, Elbing, Konisberg et Dantzick avec quelques autres, s'étant révoltées contre l'ordre, engagèrent dans leur parti presque toute la noblesse, qui s'empara en un seul jour de treize châteaux presque imprenables, et peu à peu de toutes les autres villes et forteresses. Casimir, roi de Pologne, profitant de l'occasion, s'avança avec une forte armée en Prusse, où il reçut des villes et de leurs troupes l'hommage et le serment. Cette guerre s'alluma si fort, qu'elle dura treize ans, et ne fut terminée que par une paix honteuse à l'ordre, qui fut obligé de céder à la Pologne, en 1466, la Pomerelle, avec toutes les villes et les forts qui en dépendaient, Marienbourg, Elbing et tout le pays, et les villes de Culm et d'Obern.

Cette perte, quoique considérable, n'empêcha pas les Chevaliers de s'opposer vigoureusement à ceux qui voulurent faire des entreprises sur leurs terres. En 1500, les Moscovites ayant fait une irruption dans la Livonie avec une armée de cent trente mille hommes, y compris trente mille Tartares, Walther de Plettemberg, qui était pour lors maître provincial de la Livonie, les attaqua, quoiqu'il n'eût que quatorze mille hommes, et les défit entièrement ; plus de quarante mille hommes tant Moscovites que Tartares, restèrent sur la place, et si l'on en veut croire quelques historiens, il y en eut plus de cent mille, quoique du côté des troupes de l'ordre il n'y eût pas un seul homme de tué.

Depuis la paix honteuse que l'ordre avait faite avec la Pologne, il s'était occupé à chercher les moyens de la réparer, et quatre grands maîtres de suite n'en purent trouver l'occasion ; mais, en 1498, Frédéric, duc de Saxe, marquis de Misnie et landgrave de Thuringe, ayant été élu grand maître, voulut relever l'ordre de ces conditions de paix si honteuses. Il sollicita le pape, l'empereur et les princes de l'Empire, pour faire restituer à son ordre par le roi de Pologne les terres qu'il avait été obligé de lui céder par la paix de l'an 1466. Ces princes employèrent leurs médiations, et l'affaire fut portée si loin, qu'en Pologne on convint du jour qu'on s'assemblerait à Posnan, où les ambassadeurs de l'empereur et des princes de l'Empire s'y rendraient aussi bien que ceux du roi de Pologne et du grand maître pour terminer cette affaire. Les arbitres décidèrent en faveur de l'ordre, à qui le roi de Pologne devait restituer tous les biens qu'il lui avait enlevés; mais ce prince n'y voulut point consentir, et ainsi cette assemblée se sépara sans aucun effet.

Le grand maître Frédéric de Saxe étant mort en 1510, les Chevaliers élurent en sa place Albert, marquis de Brandebourg, chanoine de l'église de Cologne, et fils de la sœur de Sigismond, roi de Pologne, croyant que ce prince, à cause de la proximité du sang, se laisserait fléchir et restituerait à l'ordre les terres qui lui avaient été enlevées; mais ils se trompèrent, et ils se virent par cette élection dépouillés de toute la Prusse. A la vérité, ce nouveau grand maître, suivant l'exemple de son prédécesseur, fit refus de rendre hommage pour la Prusse au roi de Pologne, son oncle, ce qui lui attira la guerre qu'il soutint pendant quelque temps; mais il fut obligé de recourir à la clémence de Sigismond, qui lui accorda une trêve de quatre ans. Ayant ensuite embrassé la doctrine de Luther, il traita avec le roi de Pologne pour se rendre maître absolu de ce qui restait à l'ordre dans la Prusse, à la charge de la retenir relevante de la couronne de Pologne. En exécution de ce traité, il se rendit, le 5 avril de l'année 1525, à Cracovie, où il prêta au roi Sigismond foi et hommage pour la Prusse, qu'on a depuis appelée Prusse Ducale, et qui a été érigée en royaume l'an 1701, par Frédéric III, marquis de Brandebourg, électeur de l'empire et premier roi de Prusse. Albert renonça à la dignité de grand maître de l'ordre Teutonique; il chassa de la Prusse tous les commandeurs, les Chevaliers et les officiers de l'ordre qui étaient demeurés fermes dans la foi catholique, et violant les vœux solennels qu'il avait faits, il épousa l'année suivante la fille du roi de Danemark, la princesse Dorothée, dont il eut un fils. Mais ce que dit M. Varillas, que ce prince avait soixante-neuf ans accomplis lorsqu'il se maria, ne peut pas être; car il aurait vécu plus de cent onze ans, puisque, selon le sentiment universel, il mourut en 1568. Peut-être que M. Varillas s'est fondé sur ce que dit Gratiani, dans la vie du cardinal Commendon, que cet Albert eut un enfant à l'âge de soixante-dix ans; mais cela n'empêche pas que ce prince n'ait été marié à l'âge de cinquante-trois ans, puisque le même Gratiani, qui le vit et mangea avec lui en 1564, quatre ans avant sa mort, dit qu'il était pour lors tout cassé de vieillesse, et qu'il avait pour le moins quatre-vingt-dix ans : ainsi, quand il serait mort à l'âge de quatre-vingt-quinze ans, il ne pouvait pas avoir été marié en 1526, à l'âge de soixante-neuf ans, mais bien à cinquante-trois.

§ 3. — *Séparation des deux ordres Teutonique et de Livonie; abolition de celui de Livonie, et état présent de l'ordre Teutonique.*

Nous avons vu dans le paragraphe précédent comment le grand maître Albert de Brandebourg, après avoir embrassé l'hérésie de Luther, réduisit à ses usages particuliers les richesses communes de l'ordre, et méprisant l'autorité du pape et de l'empereur, avait partagé la Prusse avec les Polonais. Comme il ne se déclara ouvertement qu'en 1525, et qu'il avait été élu en 1510, il avait pendant ce temps-là favorisé les Chevaliers qui avaient voulu embrasser aussi l'hérésie; et la plupart, par un lâche désir d'usurper les commanderies qu'ils possédaient et de les rendre héréditaires, ne se contentèrent pas de quitter toutes les marques de leur profession, ils devinrent eux-mêmes ennemis de la religion qu'ils étaient obligés de défendre. Non-seulement ils jetèrent les croix qu'ils portaient pendues à leur cou par un statut particulier de l'ordre, mais, par un mépris extrême, ils les attachèrent contre la muraille, et s'en servant comme de blanc, ils y tirèrent leurs flèches et leurs mousquets, jusqu'à ce qu'ils les eussent brisées en pièces.

Walther de Plettemberg, qui était pour lors maître provincial de Livonie, et qui était un des plus grands capitaines de son temps, voyant tous ces désordres, et appréhendant qu'ils ne pénétrassent aussi dans la Livonie, voulut se rendre indépendant du grand maître de l'ordre Teutonique, en lui payant une somme d'argent pour le droit de souveraineté. Le marquis de Brandebourg accepta ses offres, il l'exempta du serment de fidélité que les maîtres provinciaux de Livonie devaient au grand maître de l'ordre Teutonique, et renonça au gouvernement suprême de la Livonie. Après cela, Walther de Plettemberg, pour montrer sa souveraineté, fit battre monnaie, et l'empereur Charles V le fit prince de l'Empire, avec droit de suffrage et séance dans la diète de l'Empire. Il accorda à toutes les provinces de la Livonie, savoir : à la Lettie, la Curlande, l'Estein et la Sémigalie, comme membres de l'Empire, le privilége d'appeler de leur prince à la chambre impériale de Spire : ainsi l'ordre des Chevaliers de Livonie, qui avait été incorporé pendant près de trois cents ans avec celui des Allemands, en fut désuni et démembré en 1525. Mais le nouveau grand maître Plettemberg, qui par ce moyen avait voulu le préserver de l'hérésie, fut trompé ; car elle commençait à s'introduire dans la Livonie, et si l'on veut croire les historiens protestants, Plettemberg même la favorisait, ce qui ne paraît pas vraisemblable : les historiens catholiques attribuent au contraire à sa piété et à son zèle pour la religion catholique, le démembrement qu'il procura des deux ordres Teutonique et de Livonie. Ce furent plutôt les évêques qui favorisèrent sous main l'hérésie, et qui en firent dans la suite profession publique. L'archevêque de Riga, Guillaume de Brandebourg, se déclara ouvertement pour le luthéranisme, et le peuple, à l'imitation de son métropolitain, suivit les mêmes erreurs. Ce fut peut-être une des raisons qui renouvelèrent les anciennes querelles de l'ordre avec les prélats de Livonie. Le grand maître Guillaume de Furstemberg assiégea, en 1557, ce

Guillaume de Brandebourg avec son coadjuteur Christophle de Mecklembourg, dans Kokenhausen, où il les fit prisonniers. Sigismond Auguste, roi de Pologne, qui était leur parent, demanda leur liberté avec menaces de la leur donner lui-même, si on ne lui accordait sa demande; mais la paix se fit entre eux par l'entremise de l'empereur Ferdinand Ier, qui voulut bien en être le médiateur.

Les Moscovites avaient fait plusieurs tentatives sur la Livonie, et avaient toujours été repoussés; mais y étant entrés en 1558, au nombre de plus de cent mille hommes, les cruautés qu'ils y commirent et les grands ravages qu'ils y firent jetèrent une si grande terreur parmi les habitants, que personne ne pensait à s'opposer à l'ennemi. Le grand maître Guillaume de Furstemberg, étant fort avancé en âge, se démit de sa dignité entre les mains de Gottard Kettler, son coadjuteur, qui sollicita inutilement du secours auprès des princes d'Allemagne, et les Moscovites continuant toujours leurs ravages, les Livoniens se virent réduits dans un état déplorable; il ne leur restait point d'autre ressource que d'implorer le secours du roi de Pologne et du roi de Suède, leurs voisins; mais ces princes ne voulurent s'engager à les secourir qu'à condition qu'ils se mettraient entièrement sous leur protection, avec cette différence que le roi de Pologne demandait que toute la Livonie fût annexée à sa couronne; au lieu que le roi de Suède ne demandait que Revel et une partie de l'Esten. Le grand maître, qui donnait dans les opinions de Luther, et qui regardait son avantage particulier, se détermina pour le premier parti, et pendant qu'il traitait avec la Pologne, la ville de Revel et une partie de l'Esten se donnèrent malgré lui à Éric XIV, roi de Suède, et lui prêtèrent serment de fidélité.

Cette division obligea le grand maître, l'archevêque de Riga et la noblesse, de conclure la paix avec la Pologne : les principaux articles du traité étaient que la Livonie serait annexée à la couronne de Pologne et au grand duché de Lithuanie; que le grand maître porterait à l'avenir le titre de duc des duchés de Curlande et de Sémigalie pour lui et ses héritiers mâles, à condition qu'il les tiendrait comme fiefs dépendants de la couronne de Pologne; de plus, il fut proclamé gouverneur perpétuel de tout le reste de la Livonie. Le traité fut signé à Wilna, le 28 novembre 1561, et le roi de Pologne ayant envoyé le prince de Radzivil, pour en porter la ratification, le grand maître renonça à l'ordre et en quitta l'habit avec les autres marques, aussi bien que plusieurs autres des principaux Chevaliers de l'ordre; puis renonçant à ses vœux comme avait fait Albert de Brandebourg, il épousa la princesse Anne de Mecklembourg, dont il eut plusieurs enfants. Ainsi finit l'ordre de Livonie, qui avait eu six grands maîtres depuis l'an 1525, qu'il fut séparé de l'ordre Teutonique.

Mais avant que de parler de ce qui arriva à ce dernier depuis l'apostasie de son grand maître Albert de Brandebourg, nous rapporterons en peu de mots les anciennes observances qui se pratiquaient dans cet ordre dans le temps où l'ambition n'y dominait pas encore, puisque ces mêmes observances furent reçues par les chevaliers de Livonie, après qu'ils eurent été incorporés aux Chevaliers Teutoniques. Afin qu'ils ne péchassent pas contre la chasteté qu'ils avaient vouée, et pour éviter l'occasion du péché, leur règle leur défendait tout entretien avec les femmes, principalement les jeunes; il n'était pas même permis à un Chevalier de baiser sa mère en la saluant. Ils faisaient profession d'une si grande pauvreté, qu'ils ne pouvaient rien avoir en propre, à moins qu'ils n'en eussent eu la permission du grand maître ou des autres supérieurs : c'est pourquoi ils ne pouvaient avoir aucun coffre fermant à clef, de peur qu'on ne les soupçonnât de cacher de l'argent ou d'y renfermer quelques autres choses qui n'étaient pas permises. Ce qu'ils possédaient n'était qu'au nom de l'ordre ou du chapitre, et encore était-ce pour les distribuer aux pauvres, aux malades ou à ceux de l'ordre qui en avaient besoin. Il y a des auteurs qui disent que leur premier grand maître ordonna qu'ils réciteraient chaque jour et toutes les nuits deux cents fois l'Oraison Dominicale, le Symbole des Apôtres et la Salutation Angélique; néanmoins la règle n'en ordonne pas un si grand nombre. Leurs cellules devaient être toujours ouvertes, afin qu'on vît ce qu'ils y faisaient, et que rien ne fût caché à la vue du supérieur, qui était ordinairement un commandeur. Il y avait dans chaque couvent douze Chevaliers, en l'honneur des douze apôtres, et Winric de Kniprode, dix-neuvième grand maître, ordonna qu'outre les douze Chevaliers, il y aurait encore six chapelains. Il y avait environ une quarantaine de ces sortes de couvents; il s'en trouvait quelquefois plusieurs dans un même lieu, comme à Marienbourg, où il y en avait quatre. Ils n'avaient pour lit que des paillasses. Leurs armes ne devaient être ni dorées ni argentées. L'âge déterminé par la règle pour être reçu dans cet ordre était celui de quinze ans, et ils devaient être forts et robustes pour résister aux fatigues de la guerre.

Cet ordre était divisé, comme celui de Malte, en trois classes : en Chevaliers, en Chapelains et en Frères Servants; il y avait aussi des personnes mariées à qui on accordait la permission, comme dans l'ordre de Malte, de porter des demi-croix. Il y avait encore des religieuses de cet ordre. M. Hartknok rapporte une espèce de formule de prières qu'on récitait en leur donnant l'habit.

Nous avons déjà parlé en un autre endroit du grand commandeur, du grand maréchal, du grand hospitalier, du drapier et du trésorier, qui étaient les premières dignités de l'ordre; voici quels étaient leurs emplois. Le grand commandeur présidait à tous les conseils et gouvernait la province en l'absence du grand maître; il avait l'inspection sur le trésor, les blés et la navigation, et les frères chapelains et servants d'armes qui demeuraient au premier couvent lui obéissaient. Le grand maréchal devait pourvoir à tout ce qui regardait la guerre ; c'est pourquoi tous les Chevaliers devaient lui obéir en l'absence du grand maître ; il leur fournissait les armes et les chevaux, qu'il n'achetait pas néanmoins sans permission du grand maître; sans la même permission il ne pouvait pas renvoyer de l'armée aucun chevalier, ni livrer aucun combat. En temps de paix, le grand commandeur avait le pas devant lui, mais en temps de guerre il précédait le grand commandeur. Le grand hospitalier avait le soin des pauvres et de tous les hôpitaux, et donnait ses ordres aux hospitaliers inférieurs. Il n'était pas obligé de rendre compte des dépenses qu'il faisait, et lorsque l'argent ou les choses nécessaires pour ce qui regardait les hôpitaux et les pauvres lui manquaient, c'était au grand commandeur à les fournir : il demeurait ordinairement à Elbing, comme nous l'avons déjà dit ; mais quand cette ville fut cédée au roi de Pologne, il transféra son siége à Brandebourg. Le drapier avait soin de ce qui regardait l'habillement des frères. Si l'on donnait un morceau de drap à un chevalier, il ne pouvait pas le retenir sans la permission du drapier. Si le morceau de drap qui était donné était suffisant pour faire deux manteaux, il en retenait la moitié pour lui et donnait l'autre moitié au drapier, qui devait aussi fournir aux chevaliers qu'on envoyait d'un couvent à un autre tout ce qui leur était nécessaire pour le voyage. Le trésorier, afin d'être toujours prêt pour distribuer ce qui était nécessaire, demeurait à la cour du grand maître, auquel tous ces grands officiers étaient obligés de rendre compte tous les mois des dépenses qu'ils avaient faites, excepté le grand hospitalier, qui, comme nous avons dit, ne rendait aucun compte.

Cet ordre ne fut pas aboli par la désertion et l'apostasie du grand maître Albert de Brandebourg, mais par la perte de la Prusse et de la Livonie ; il n'est qu'une ombre de ce qu'il a été autrefois. Les Chevaliers qui ne suivirent pas le mauvais exemple de leur grand maître, et qui demeurèrent fermes dans la foi catholique, transférèrent le siége de l'ordre dans la ville de Mergentheim ou Mariendal, qui leur appartient encore dans la Franconie, où ils élurent pour grand maître Walter de Cromberg, qui, pour commencer le procès que l'ordre jugea à propos d'intenter à Albert, porta ses plaintes au conseil aulique de l'empereur ; ce conseil, faisant droit sur cette plainte, cassa et annula, en 1523, le traité fait entre le roi de Pologne et Albert de Brandebourg, mettant celui-ci au ban de l'Empire, selon l'ancienne coutume. De Cromberg n'épargna ni raisons, ni peines, ni travaux, pour rentrer en possession de la Prusse et y rétablir la religion catholique : il envoya pour cet effet dans presque toutes les cours de la chrétienté ; mais ce fut inutilement, et il mourut à Mergentheim, où il faisait sa résidence. Il eut pour successeur Wolfang Schulzbar, surnommé Milchling, qui était premier commandeur de Hesse. Son élection fut confirmée par l'empereur, qui envoya même des ordres au marquis de Brandebourg de restituer la Prusse à l'ordre Teutonique ; mais comme ces ordres n'étaient pas accompagnés d'une puissante armée, ils n'eurent aucun effet. Les autres grands maîtres n'ont pas été plus heureux dans les tentatives qu'ils ont faites pour le même sujet ; en sorte que cet ordre a perdu l'espérance de rentrer dans la possession de la Prusse et de la Livonie, quoique les Chevaliers aient toujours élu pour grands maîtres des princes des plus puissantes maisons d'Allemagne. Si leur grand maître ne cultivait pas aussi bien qu'eux, par une bonne conduite, l'amitié des princes et des seigneurs sur les terres desquels les commanderies sont situées, et celle des rois et des princes voisins, ils auraient de la peine à se maintenir dans la possession de ces commanderies, et le grand maître ne retirerait pas de son bénéfice de quoi subsister, quoique l'on tienne qu'il lui rapporte près de vingt mille écus de revenu ; mais l'on considérera que c'est peu de chose, eu égard à la naissance des grands maîtres, qui descendent d'ordinaire de maisons souveraines.

Cet ordre consiste présentement en douze provinces, savoir : d'Alsace, de Bourgogne, d'Autriche, de Coblenz et d'Estch, lesquelles se nomment encore provinces de la juridiction de Prusse, comme les suivantes sont de celle d'Allemagne, savoir : la province de Franconie, de Hesse, de Biessen, de Westphalie, de Lorraine, de Thuringe, de Saxe et d'Utrecht ; mais les Hollandais sont maîtres de tout ce que l'ordre possédait dans cette dernière. Chaque province a ses commanderies particulières, dont le plus ancien commandeur est dit commandeur provincial. Ils sont tous ensemble soumis au grand maître d'Allemagne comme à leur chef, et obligés de lui rendre obéissance. Ce sont ces douze commandeurs provinciaux qui forment le chapitre, et qui ont droit, quand ils sont convoqués, d'élire le grand maître.

L'élection du grand maître se faisait d'une autre manière, lorsque l'ordre florissait dans toute sa splendeur. Le grand maître, étant au lit de la mort, pouvait donner à tel chevalier qu'il lui plaisait l'anneau et le sceau de sa dignité pour le remettre à celui qui lui succéderait. Celui auquel il avait confié ce dépôt était déclaré vice-régent, et gouvernait l'ordre jusqu'à l'élection ; mais si ce chevalier n'était pas agréable à tout le chapitre, il élisait un autre vice-régent après la mort du grand maître ; ce vice-régent donnait part de sa mort aux maîtres provinciaux, et fixait le jour de l'élection, afin que ces maîtres provinciaux, avec un ou deux chevaliers qui devaient être élus, s'y trouvassent. Pendant ce temps on distribuait tous les habits du grand maître aux pauvres, on en nourrissait un pendant un an entier, ce qui se pratiquait aussi pendant quarante jours à la mort de chaque chevalier. Le jour de l'élection étant arrivé, on célébrait la messe, après laquelle on faisait la lecture des statuts de l'ordre; tous les frères récitaient quinze fois l'Oraison Dominicale, et on donnait ensuite à manger à treize pauvres. Le vice-régent, avec l'agrément de l'assemblée, élisait un chevalier pour être commandeur des électeurs. Ce commandeur prenait un autre chevalier pour collègue. Ces deux en prenaient un troisième, et ces trois un quatrième, et toujours en augmentant jusqu'au nombre de treize. Parmi ces électeurs il y avait un chapelain, huit chevaliers et quatre frères servants; mais l'on faisait en sorte que tous les électeurs fussent de différentes provinces. Après l'élection, ce vice-régent conduisait à l'autel le nouveau grand maître; et après lui avoir représenté les obligations de sa charge, il lui mettait entre les mains l'anneau et le sceau qui lui avaient été confiés par le dernier grand maître, puis il l'embrassait.

Ces Chevaliers, dans les cérémonies, portent sur leurs habits ordinaires un manteau blanc, sur lequel il y a du côté gauche une croix noire un peu patée. Le manteau des Chevaliers n'est pas si long que celui du grand maître, et ne descend qu'au milieu de la jambe. Nous avons fait graver l'habillement des anciens grands maîtres et celui des anciens Chevaliers tels que l'abbé Giustiniani et le P. Bonanni les ont donnés dans leurs Histoires des Ordres militaires (1).

Voyez Pierre de Dusbourg, *Chronicon Prussiæ*, avec les remarques et les Dissertations de M. Hartknock. Henrici Leonardi Schurzfleischii, *Historia Ensiferorum ordinis Teutonici Livonorum*. Heiss., *Histoire de l'Empire*, tom. II. Favin, *Théâtre d'honneur et de chevalerie*, tom II. Mennens, *Delic. equestr. sive Milit. ord.* Giustiniani, Hermant et Schoonebek, dans leurs *Hist. des Ordres militaires.*

L'ordre célèbre des chevaliers Teutons, réduit, comme on vient de le voir, après l'apostasie du grand maître Albert, existe encore aujourd'hui en Allemagne. C. Cantu l'a mis avec raison, dans son *Histoire Universelle*, au nombre des ordres de chevaleries subsistant actuellement. Voici ce qu'on lisait en 1845, dans les papiers publics : « L'on apprend de Vienne que le 2 de ce mois (juin), l'archiduc Frédéric, commandant supérieur des forces maritimes de l'Autriche, a prononcé les vœux solennels des Chevaliers de Saint-Jean de Jérusalem. Cette cérémonie a eu lieu dans l'église du Saint-Précurseur, qui appartient à leur ordre. Le nouveau profès est destiné à succéder au grand bailli actuel de la langue d'Autriche. L'archiduc Guillaume, frère puîné de ce prince, se prépare à faire les vœux qui l'attacheront à l'ordre Teutonique, dont la maîtrise appartient à S. A. R. l'archiduc Ferdinand d'Este, frère de l'archiduc François, duc de Modène. Ces riches bénéfices sont ordinairement conférés à des princes de la maison impériale, ce qui rehausse l'éclat de deux ordres illustres que les empereurs ont eu soin de conserver, comme de nobles reliques des temps héroïques du moyen âge, et qui d'ailleurs ont, pour la monarchie autrichienne, une haute valeur politique, en offrant aux fils cadets de ses plus illustres maisons une très-honorable existence, qui les dédommage de la perte que leur fait éprouver l'institution des majorats. Au reste, l'archiduc Ferdinand d'Este, qui se distingue par la plus éminente piété, emploie la plus grande partie des revenus de la maîtrise de son ordre, à des fondations pieuses : c'est ainsi que récemment il a fondé un couvent de dames Teutoniques, auxquelles est imposée l'obligation de se dévouer à l'éducation de jeunes demoiselles. » On peut juger, de ce qui est dit ici de ces dames Teutoniques, qu'elles forment comme une société de chanoinesses. J'espère pouvoir faire connaître plus amplement cet institut nouveau dans le quatrième volume de ce Dictionnaire.

B-D-E.

THÉATINS (Clercs réguliers.)

Des Clercs réguliers Théatins, avec les Vies de saint Gaëtan de Tienne, du pape Paul IV, et des vénérables Pères Boniface de Collé et Paul Consiglieri, leurs fondateurs.

Il y a plusieurs congrégations religieuses qui ont pris le nom de clercs réguliers, dont le principal institut est de travailler à remettre le clergé dans l'état de sa première perfection, et qui, prétendant, à l'imitation des Chanoines réguliers, avoir la préséance au-dessus des autres congrégations religieuses, font remonter leur origine jusqu'aux apôtres, qu'ils nomment pour cet effet des Clercs réguliers, quoique les Théatins, qui sont les premiers qui ont pris ce nom, ne soient qu'une production du XVIe siècle. Nous avons fait voir ailleurs la véritable origine des premières communautés de Clercs qui dans la suite ont pris le nom de Chanoines réguliers, que nous avons cru ne pouvoir pas faire remonter plus haut qu'au temps de saint Augustin, qui les institua après avoir établi les religieux Ermites qui prirent son nom dans la suite, et nous ne croyons pas aussi devoir remonter plus haut qu'à l'an 1524, pour trouver la véritable origine des Clercs réguliers ; si on leur accorde celle qu'ils prétendent tirer des apôtres, ce ne sera que comme membres, aussi bien que les Chanoines réguliers, de l'état monastique en général, qui à la vérité a pris son origine au temps des apôtres, et qui forme un corps composé de plusieurs congrégations différentes, à qui il ne manque que le nom de Chanoines et de Clercs réguliers, puisque les religieux de toutes ces congrégations différentes pratiquent les mêmes fonctions que ceux qui ont pris les noms de

(1) *Voy.*, à la fin du vol., nos 111 à 115.

Chanoines et de Clercs réguliers. Ainsi il se trouvera que toute l'antiquité prétendue des Chanoines et des Clercs réguliers se réduira seulement à une question de nom. C'est ce que reconnaît un Chanoine régulier de l'ordre de Saint-Augustin, dépouillé de toute partialité, qui, après avoir mis saint Dominique, saint François et saint Ignace au nombre de ceux qui ont réformé l'ordre canonique, dit que les fonctions des religieux des ordres que ces saints ont fondés font assez connaître qu'ils sont Clercs par leur institut, qu'ils font tous profession de la vie apostolique, et qu'il ne leur manque que le nom de Chanoines ; et que de même que *l'habit ne fait pas le moine*, mais le mépris de soi-même et l'union avec Dieu, ainsi le nom ne fait pas le chanoine, mais la vie régulière ou canonique : *Sed re non nomine mihi quæstio est. Sane Dominicanos, Franciscanos, Jesuitas, instituto Clericos esse docent eorum functiones; profitenturque singuli vitam apostolicam. Quid ergo eis de Canonico deest præter nomen? Verum sicut habitus non facit monachum, sed sui abnegatio ac cum Deo unio ; ita nec nomen facit canonicum, sed vita regularis aut canonica.* (Laurent. Landmeter, *de Cler. Monach. vetere instituto*, part. III, cap. 5.)

Ce fut donc en 1524 que l'on vit paraître la première congrégation de Clercs réguliers, qui eut pour fondateurs saint Gaétan de Tiene, Jean-Pierre Caraffe, pour lors évêque de Théate, vulgairement Chieti, et qui fut pape dans la suite sous le nom de Paul IV, Paul Consiglieri et Boniface de Colle. Gaétan était de la famille des Thieni, l'une des plus considérables du Vicentin, dans la seigneurie de Venise, distinguée dans les dignités de l'Église et la profession des armes. Il naquit à Vicence, en 1480, de Gaspard de Tiene, et de Marie Porte, qui joignaient à leur noblesse la vertu et la piété. Ils lui donnèrent le nom de Gaétan, afin qu'il pût imiter et suivre les traces d'un autre Gaétan de Tiene, son grand-oncle, chanoine de Padoue, que quelques-uns ont appelé le prince des théologiens de son siècle, et sa mère le consacra à Dieu sous la protection de la sainte Vierge, immédiatement après son baptême. L'éducation qu'on lui procura répondit à ces pieuses intentions, et l'on eut d'autant moins de peine à le faire entrer dans les voies de la vertu, qu'il s'y trouvait tout porté de lui-même par l'heureuse inclination que Dieu lui avait donnée en naissant. Il avait un naturel doux, accompagné de beaucoup de modestie. Il était chaste, sobre, retenu et modéré dans toute sa conduite, bienfaisant envers tout le monde, et surtout fort tendre envers les pauvres. Quoique ses exercices de piété fissent sa principale occupation, ils ne l'empêchèrent pas néanmoins de faire de grands progrès dans les sciences humaines. Il devint également bon philosophe et théologien. Il étudia l'un et l'autre droit à Padoue, où il prit les degrés du doctorat, et se distingua parmi les jurisconsultes. Il avait déjà ce titre dès l'âge de vingt-cinq ans, comme il paraît par cette inscription qui est dans l'église de la Madeleine du village de Rampazzo, que son frère et lui firent bâtir en 1505 :

Baptista et Caietanus de Thienæis fratres jurisconsulti a fundamentis erexere ann. Dom. MDV, *die* X *Julii. D. O. M. ac Divæ Magdalenæ.*

Il alla ensuite à Rome, dans la résolution d'y mener une vie cachée ; mais la réputation de sa vertu le trahit, elle ne put le laisser dans l'obscurité, elle le fit connaître au pape Jules II, qui le voulut voir, et reconnaissant en lui des marques d'une éminente sainteté dont l'Église pourrait tirer un jour de grands avantages, il le pria de demeurer à sa cour ; pour l'y engager, il lui donna d'abord un office de protonotaire participant, qui est une prélature considérable à Rome. Le collége des protonotaires reconnaît encore aujourd'hui la gloire qu'il a d'avoir eu saint Gaétan dans son corps, ayant commencé dès l'an 1646 à s'assembler le jour de sa fête dans l'église de Saint-André *Della Valle* à Rome, qui est de son ordre, pour y célébrer en son honneur une messe solennelle en musique, suivie de son panégyrique, ce qu'ils ont continué tous les ans jusqu'à présent.

Cependant Gaétan, loin de se laisser corrompre au mauvais air dont la cour de Rome était encore infectée, travailla au contraire par l'exemple de ses vertus à lui faire prendre des mœurs et des manières conformes aux maximes de la piété chrétienne. Il y avait alors à Rome une confrérie appelée de l'Amour-Divin, établie dans l'église de Saint-Silvestre, dont le but était d'empêcher le libertinage, l'amour des plaisirs, la passion de l'intérêt, et d'allumer dans les cœurs le feu de l'amour de Dieu. Il entra dans cette congrégation, qui était composée de personnes les plus illustres de la ville. Il n'y fut pas plutôt reçu, que, joignant la force de ses paroles et de ses exhortations à la sainteté de ses exemples, il anima tous les confrères à travailler avec une nouvelle ferveur à leur perfection. Il y ranima l'ardeur pour les saints exercices, et y rétablit la fréquentation des sacrements. Voulant se donner entièrement au service de l'Église, il prit les ordres sacrés et reçut le sous-diaconat, le diaconat et la prêtrise en trois fêtes assez proches, par dispense du pape, qui voulut en cela seconder ses vœux.

La mort de sa mère l'obligea de retourner à Vicence. Alors il se défit de l'office qu'il avait à la cour de Rome, et du rang de prélat que cet emploi lui donnait. La première chose qu'il fit à Vicence fut de se mettre de la congrégation de Saint-Jérôme, qui était dérivée de celle de l'Amour-Divin, et qui en observait les statuts. La différence qu'il y avait seulement entre ces deux congrégations, c'est que celle de Rome n'était composée que de personnes de distinction, et il n'y avait dans celle de Vicence que des artisans et des gens de la lie du peuple. C'est pourquoi les parents de Gaétan firent ce qu'ils purent pour le dissuader d'y entrer. Comme il ne cherchait ni la grandeur ni l'éclat, mais seulement les moyens de s'avancer dans la vertu, il méprisa toutes leurs remontrances, et fit écrire sous son nom parmi ceux de ces pauvres confrères, qui retirèrent de grands avantages des assistances de ce zélé serviteur de Dieu, qui par ses fréquentes exhortations augmenta leur dévotion en plusieurs manières. Il procura l'union de sa congrégation à l'hôpital des incurables appelé de la Miséricorde, afin d'avoir lieu de satisfaire son humilité et sa patience sur les membres de Jésus-Christ. Il allait chercher les malheureux partout où il pouvait les découvrir, pour les amener à l'hôpital. Il servait lui-même les malades, et s'attachait particulièrement à ceux qui faisaient le plus d'horreur à la nature.

Il avait pour directeur le P. Jean-Baptiste de Crème, de l'ordre de Saint-Dominique, qui lui fit quitter, comme par ordre du ciel, tous les engagements qu'il avait, et même le séjour de Vicence, pour aller à Venise, où il fit de si grands fruits dans la conversion des âmes par son exemple, qui était plus efficace que la voix de tous les prédicateurs, que ce directeur éclairé jugea dès lors que la ville de Venise n'était pas le terme que Dieu avait prescrit aux travaux de notre saint ; il le crut destiné à servir l'Eglise universelle d'une manière plus étendue et plus éclatante, et dans cette vue il l'envoya à Rome, où Gaétan s'unit plus étroitement que jamais avec les principaux membres de la congrégation de l'Amour-Divin, qui se trouvaient au nombre de soixante. Il songea alors aux moyens de réformer les désordres, qui non-seulement régnaient à Rome, mais encore dans tout le reste de la chrétienté, et surtout parmi les ecclésiastiques. Le premier à qui il communiqua son dessein fut Jean-Pierre Caraffe, alors archevêque de Théate, vulgairement Chieti, qui avait aussi eu sur cela diverses pensées longtemps auparavant.

Jean-Pierre Caraffe naquit à Caprilla, au royaume de Naples, en 1476, de Jean-Antoine Caraffe, comte de Matalone. Il avait par deux fois, dans sa jeunesse, demandé avec beaucoup d'instance l'habit de l'ordre de Saint-Dominique. La première fois, son jeune âge, n'ayant encore que douze ans, servit d'obstacle à sa réception ; mais la seconde fois, ce furent les menaces de son père, qui employa la force et la violence pour l'enlever d'un couvent de Saint-Dominique de Naples, où il s'était retiré secrètement. Après qu'il eut fini ses études, il fut envoyé à Rome auprès du cardinal Olivier Caraffe, son oncle. Le pape Alexandre VI le fit son camérier secret, et après la mort de ce pontife, Jules II, qui connaissait son mérite, lui donna l'évêché de Théate au royaume de Naples. Quelque temps après, il l'envoya, en qualité de nonce, auprès de Ferdinand d'Aragon, qui prenait possession du royaume de Naples, et il sut si bien ménager l'esprit de ce prince, qu'il le réconcilia avec le pape. Il accompagna pendant tout le séjour qu'il fit à Naples, après quoi il retourna dans son diocèse, où il travailla avec beaucoup de succès à faire revivre la discipline ecclésiastique, que les désordres trop fréquents de ce temps-là avaient beaucoup affaiblie.

En 1513 il vint à Rome pour assister au concile de Latran, que le pape Jules II avait indiqué l'année précédente. Ce fut là que Léon X, successeur de Jules, connaissant le mérite de Caraffe, l'envoya nonce en Angleterre vers le roi Henri VIII. Le temps de sa nonciature étant fini, il passa avec la permission du pape en Espagne, où il fut appelé par le roi Ferdinand, qui lui donna entrée dans le conseil et le fit maître de sa chapelle. Ferdinand étant mort, les Espagnols, jaloux du crédit que Caraffe avait eu sur l'esprit de ce prince, employèrent la médisance et la calomnie auprès du roi Charles-Quint pour le faire renvoyer dans son pays ; mais ce fut inutilement, ce prince ne les écouta point ; au contraire, après qu'il eut été élu empereur, Caraffe lui ayant demandé la permission de retourner dans son diocèse, il ne la lui accorda qu'après l'avoir contraint d'accepter l'archevêché de Brindisi, pour montrer l'estime qu'il faisait de sa personne. Il garda cet archevêché avec l'évêché de Théate, suivant la coutume, ou plutôt l'abus de ce temps-là. A son retour à Rome, il fut employé par le pape Léon X dans plusieurs affaires importantes. Il fut l'un de ceux que ce pontife choisit pour examiner la doctrine de Luther, qui commençait à semer ses hérésies. Il abandonna néanmoins ces occupations pour aller faire la visite de son diocèse, où il réforma beaucoup d'abus qui s'y étaient glissés. Léon X étant mort en 1521, Adrien VI, son successeur, fit venir Caraffe à Rome, pour se servir de ses conseils dans le gouvernement de l'Eglise universelle, comme il s'en était servi dans le gouvernement d'Espagne, lorsqu'il en était vice-roi pour l'empereur Charles-Quint. Ce pape avait de grands desseins pour la gloire de Dieu et pour la réforme des mœurs ; mais la mort prévint ses pieuses résolutions et lui ôta le moyen de les exécuter, n'ayant joui du pontificat qu'un an huit mois et six jours. Clément VII, qui lui succéda, retint Caraffe à Rome, et le nomma pour examiner ceux qui se présentaient pour recevoir les ordres sacrés. Ce fut pour lors qu'il entra dans la congrégation de l'Amour-Divin. Cependant cet archevêque, qui ne respirait qu'après la retraite et la réforme des mœurs qui étaient fort corrompues, eut quelque dessein d'entrer dans l'ordre des Camaldules, principalement de la Réforme, qui avait été introduite par le bienheureux Paul Justinien, son ami. Mais la conversation qu'il eut avec Gaétan, qui lui fit part du dessein qu'il avait de travailler à la réformation des mœurs de la chrétienté, principalement des désordres qui régnaient parmi les ecclésiastiques, lui rappela les pensées qu'il avait eues souvent sur le même sujet, et lui fit changer la résolution qu'il avait prise de se retirer chez les Camaldules. Ils s'unirent donc ensemble pour le même dessein, et ils s'associèrent pour cette entreprise Boniface de Colle et Paul Consiglieri, qui étaient aussi de la même compagnie de l'Amour-Divin. Le premier était d'Alexandrie dans le Milanais, et après avoir pris dans son pays les degrés de docteur en l'un et l'autre droit, il était venu à Rome pour y exercer la jurisprudence, et était aussi entré dans la congrégation de l'Amour-Divin, aussi bien que Paul Consiglieri, qui était né à Rome de la famille des Ghisleri, qui a donné un pape à l'Église, sous le nom de Pie V, nouvellement canonisé par le pape Clément XI.

Ce fut donc à Rome que ces quatre fondateurs jetèrent les fondements de leur ordre en 1524. Ils s'adressèrent premièrement au pape Clément VII, pour être déchargés de leurs bénéfices. Caraffe lui remit l'évêché de Théate et l'archevêché de Brindisi. Ce pontife eut peine à recevoir sa démission, et ne se rendit qu'à la force de ses raisons, ou plutôt à la violence de ses prières. Il la reçut le même jour qu'il approuva et confirma ce nouvel institut, par un bref du 24 juin, où ils sont nommés Clercs réguliers, et par lequel il leur permit de faire les trois vœux de religion, d'élire un supérieur qui ne pourrait l'être que trois ans, de recevoir ceux qui se présenteraient pour embrasser cet institut, de dresser des statuts et des règlements pour le maintien de la discipline régulière, leur communiquant les priviléges des Chanoines réguliers de la congrégation de Latran.

Ce ne fut pas sans grande difficulté qu'ils obtinrent du souverain pontife cette confirmation; car leur manière de vivre ayant été proposée dans le consistoire pour y être approuvée, les cardinaux s'y opposèrent, sur ce que ces nouveaux religieux voulaient vivre non-seulement sans fonds et sans revenus fixes et assurés, tant en commun qu'en particulier, comme les religieux du premier ordre de Saint-François, mais qu'ils voulaient de plus s'obliger à ne rien demander et à attendre ce que la Providence divine leur enverrait pour leur subsistance, ce que la plupart des cardinaux jugeaient impossible, parce que l'on ne pouvait pas toujours prévoir ou deviner leurs besoins. Mais Caraffe et Gaëtan représentèrent si bien la conformité de cette manière de vivre avec celle des apôtres et des premiers disciples, qu'ils obtinrent enfin l'approbation qu'ils demandaient, le 29 juin 1524; et les quatre fondateurs firent leurs vœux solennels le 14 septembre, fête de l'Exaltation de la sainte croix, entre les mains de Jean de Bonsien, évêque de Caserte et dataire de Sa Sainteté, qui avait commis ce prélat à cet effet. Ils élurent ensuite pour supérieur Caraffe, qui avait le premier prononcé les vœux, et à qui le pape avait conservé le titre d'évêque de Théate; c'est pourquoi le peuple appelle communément les religieux de cet ordre Théatins, quoique leur propre nom soit celui de Clercs réguliers.

Après leur profession, ils se retirèrent au Champ-de-Mars, dans une maison qui avait appartenu à Boniface de Colle, et partagèrent leur temps entre les exercices de la vie active et de la contemplative. Ils entreprirent de satisfaire aux engagements de leur institut, qui étaient de faire renaître dans le clergé la parfaite pauvreté des apôtres et des premiers disciples de Notre-Seigneur, lesquels n'avaient ni or ni argent, ni fonds ni revenus certains, et néanmoins ne demandaient point l'aumône, mais l'attendaient de la charité prévenante des fidèles; de rétablir le culte et les cérémonies extérieures, la fréquentation des sacrements de pénitence et d'eucharistie; d'annoncer la parole de Dieu et de purger la chaire de vérité de tous les discours profanes et récits ridicules qu'on y avait introduits; de visiter les malades et de les assister jusqu'au dernier moment de leur vie; d'accompagner les criminels au supplice, et enfin de poursuivre partout les nouvelles hérésies. Le premier qu'ils engagèrent par leur exemple à embrasser cet institut fut Bernardin Schotto, que Caraffe, étant pape, fit dans la suite cardinal et évêque de Plaisance; peu après leur nombre s'étant augmenté jusqu'à douze, Caraffe, qui était supérieur, écrivit les premières constitutions de cet ordre.

Comme ils étaient logés trop à l'étroit, ils résolurent, dans le chapitre qu'ils tinrent en 1525, de quitter leur maison du Champ-de-Mars pour aller se mettre plus au large sur le mont Pincio, ce qu'ils ne firent néanmoins qu'en 1526, après avoir tenu un autre chapitre dans leur première maison. Mais ils se virent bientôt contraints d'abandonner cette nouvelle demeure, et même de sortir de Rome, après qu'elle eut été prise par l'armée de l'empereur Charles-Quint, sous le commandement de Charles de Bourbon, connétable de France, qui, après avoir abandonné François Ier, son roi et légitime seigneur, s'était jeté du côté de l'empereur, qui avait déclaré la guerre au pape Clément VII.

On ne peut concevoir les violences, les meurtres, les sacrilèges et les impiétés que commit cette armée victorieuse dans la capitale de la chrétienté. Comme elle était composée d'hérétiques et de libertins, qui n'avaient ni foi ni religion, ils profanèrent les églises, renversèrent les autels, foulèrent aux pieds ce qu'il y avait de plus saint et de plus sacré, violèrent les tombeaux, et allèrent chercher des richesses jusque dans les sépulcres des morts. Leur avarice étant insatiable, il n'y avait point de maison où ils n'entrassent et ne fissent des violences inouïes, non-seulement pour en emporter l'argent et les meubles, mais aussi pour faire découvrir ce qu'ils croyaient qu'on y avait caché. Ils fouettèrent les plus notables bourgeois, en appliquèrent d'autres aux plus horribles questions, en pendirent et égorgèrent même plusieurs.

Les Clercs réguliers, en cette occasion, firent des actes héroïques de générosité chrétienne. Ils tâchèrent d'arrêter l'insolence des officiers et des soldats, tantôt par leurs prières, tantôt par des remontrances terribles, les menaçant des fléaux de l'indignation de Dieu. Ils allaient de tous côtés pour secourir les blessés, pour assister les mourants, pour consoler ceux que la perte de leurs biens et de leurs enfants allait jeter dans le désespoir. Mais après que ces grands hommes eurent essuyé tant de travaux et de peines pour le secours de leur prochain, ils furent eux-mêmes l'objet de la recherche et de la fureur de ces insolents. Un de ces impies, qui avait autrefois servi saint Gaétan à Vicence, ayant reconnu son ancien maître et le croyant encore fort riche, anima ses compagnons à se jeter sur la maison des Clercs réguliers, qui fut bientôt pillée, parce qu'elle était si pauvre qu'il ne s'y trouvait presque rien à prendre; mais comme ces soldats se persuadèrent que ces Pères avaient caché quelque part leur or et leur argent, ils leur firent souffrir mille maux pour les obliger à découvrir leur trésor.

Comme on savait que saint Gaétan avait été fort riche, aussi bien que l'évêque de Théate, que les Espagnols avaient vu en Espagne dans l'opulence, ils s'attachèrent principalement à eux. Leurs compagnons ne furent pas non plus à l'abri de la fureur de ces impies : Boniface de Colle reçut un coup de sabre sur la tête, et ils furent tous jetés dans une étroite prison, d'où étant sortis et ne pouvant supporter les profanations qui se faisaient partout dans Rome, sans y pouvoir apporter de remède, ils crurent qu'il fallait céder au torrent et quitter cette ville désolée pour se retirer autre part. Ils se sauvèrent avec assez de peine au port d'Ostie, n'ayant tous que leur bréviaire sous le bras et un méchant habit sur le corps. Peu de jours après, le provéditeur général des galères vénitiennes qui se trouvaient en ce port, les fit embarquer et conduire sûrement à Venise, où l'on peut dire que leur ordre prit une seconde naissance. La République les logea d'abord dans la paroisse de Sainte-Euphémie, et leur donna ensuite l'église de la maison de Saint-Georges, jusqu'à ce qu'enfin le désir de les rendre plus utiles à la ville les fit mettre à Saint-Nicolas de Tolentin, où ils sont encore aujourd'hui.

Dans le temps qu'ils demeuraient à Saint-Georges, leur coutume étant de tenir tous les ans leur chapitre le jour de l'Exaltation de la sainte croix, ils s'assemblèrent à cet effet le même jour de l'an 1527, et les trois années de la supériorité de Caraffe étant expirées, Gaétan fut élu en sa place pour gouverner la congrégation. Il n'accepta cette charge qu'à regret et contre ses inclinations; mais cela n'empêcha pas qu'elle ne lui fût continuée pendant trois ans, comme elle avait été continuée à son prédécesseur. Ce nouvel emploi ne l'empêcha pas de travailler à la réforme des mœurs et du peuple de Venise. Il n'en fut pas moins assidu dans les hôpitaux, et sa charité parut avec admiration dans une peste que des vaisseaux du Levant y avaient apportée, et dans une famine dont elle fut suivie. Il se démit au bout de trois ans de sa supériorité, en 1530, pour en charger de nouveau Caraffe, et il fut envoyé à Vérone, où tout était en trouble par le soulèvement du clergé et du peuple contre l'évêque du lieu, Matthieu Gibert, qui avait entrepris d'y réformer les mœurs; mais à peine y fut-il arrivé que les choses changèrent de face : les plus obstinés écoutèrent ses remontrances avec respect, et se rendirent enfin aux justes désirs de leur prélat.

Il y avait déjà du temps que l'on offrait à Naples un établissement aux Clercs réguliers, et l'évêque de Théate avait toujours différé d'y consentir; mais en ayant été de nouveau sollicité en 1533, il consulta à ce sujet le pape Clément VII, dont il reçut un ordre exprès, daté du 11 février de la même année, pour accepter cet établissement : c'est pourquoi il y envoya saint Gaétan, qui prit possession d'une maison hors la ville, que Jean-Antoine Caraccioli, comte d'Oppido, leur donnait.

Cependant le chapitre se tint la même année à Venise, où Boniface de Colle fut élu général, et Gaétan supérieur de la maison de Naples, auquel on donna six compagnons pour ce nouvel établissement. Le comte, ne pouvant goûter la pauvreté dont ces religieux faisaient profession, pria instamment saint Gaétan d'accepter quelques revenus pour faire subsister sa communauté; mais, se confiant sur la Providence, il refusa ses offres, et comme il le pressait extraordinairement et qu'il revenait souvent à la charge pour l'obliger de prendre un fonds fixe, Gaétan qui ne pouvait souffrir qu'on fît une telle brèche à son institut dès sa naissance, prit le parti de tout quitter et de reprendre le chemin de Venise. Il commanda un matin à ses religieux de prendre leurs habits et leurs bréviaires, et sortant avec eux de la maison, il en fit fermer les portes et renvoya les clefs au fondateur, lui mandant qu'ils n'avaient plus que faire à Naples, s'ils ne pouvaient pas y vivre en Clercs réguliers. Ils prirent donc le chemin de Venise, et le comte l'ayant appris, fit courir après eux. Il fit tant par ses instances, qu'ils retournèrent à Naples, mais non dans sa maison. Ils s'adressèrent à une sainte femme, nommée Marie-Laurence Longa, qui fut peu de temps après institutrice des religieuses Capucines; elle leur loua une maison, où ils demeurèrent jusqu'en 1538, que par l'entremise du vice-roi dom Pierre de Tolède, le cardinal Vincent Caraffe, archevêque de Naples, leur donna l'église de Saint-Paul-le-Majeur; qui était autrefois un temple dédié à Castor et Pollux, et qui est présentement une des plus belles églises de cette grande ville.

Le pape Paul III, qui avait succédé à Clément VII, ayant donné le chapeau de cardinal à l'évêque de Théate le 22 décembre 1536, cette dignité le mit en état de servir encore davantage sa congrégation des Clercs réguliers dont il était un des fondateurs. En effet, la première chose qu'il fit fut d'employer son crédit pour leur procurer un établissement à Rome, afin d'y avoir une demeure fixe lorsqu'ils y viendaient, et de n'être pas obligés d'aller dans une maison d'emprunt, comme ils avaient été obligés de faire cette même année, ayant tenu leur chapitre à Rome dans le couvent de la Minerve des religieux de l'ordre de Saint-Dominique. Mais comme on avait proposé de leur donner l'église de Saint-Jérôme, et qu'elle ne leur parut pas convenable pour y vaquer aux fonctions de leur institut, ils résolurent de différer cet établissement.

Ce même cardinal proposa, l'année suivante, d'établir dans l'ordre une espèce de gouvernement, et alors on crut qu'il était plus à propos de choisir le gouvernement aristocratique, c'est-à-dire que toute l'autorité serait entre les mains de ceux qui auraient voix au chapitre, et que ce qu'ils ordonneraient à la pluralité des voix dans un chapitre servirait de loi et serait observé dans tout l'ordre jusqu'à l'autre chapitre, ce qui fut approuvé de vive voix par le pape Paul III; mais ce gouvernement aristocratique ne dura que jusqu'en 1588, que le pape Sixte V ordonna aux Pères assemblés dans le chapitre, qui se tint cette année-là à Gènes, d'élire un général comme il se pratique dans les autres congrégations, lequel général aurait lui seul toute l'autorité, et auquel les autres seraient obligés d'obéir. Alors le Père Jean-Baptiste Milan fut élu premier général de cet ordre. Le pape ne se contenta pas d'avoir fait Caraffe cardinal, il l'obligea de reprendre son évêché de Théate, et se servit de lui dans plusieurs affaires importantes, tant pour réprimer l'insolence des hérétiques que pour réformer les mœurs du clergé. Mais au milieu de ces occupations, il vaquait encore aux affaires de sa congrégation, à laquelle les religieux Somasques, qui avaient été institués par Jérôme Emilien, ayant demandé d'être unis, et le pape lui ayant commis cette affaire, il en fit l'union par ses lettres du 8 novembre 1546.

Les Clercs réguliers tinrent encore cette année leur chapitre à Rome, dans la maison du même cardinal, où l'union des deux congrégations fut acceptée; mais comme la fin de leurs instituts était différente, que la principale obligation des Somasques était d'avoir soin des orphelins, et que les uns et les autres eurent de la peine à prendre des observances auxquelles ils ne s'étaient pas d'abord engagés, le cardinal de Théate, étant pape, les sépara en 1555, et les remit chacun dans ses droits. Dès l'an 1547, l'ordre avait perdu saint Gaétan, qui mourut à Naples le 7 août. Son corps fut enterré avec beaucoup de solennité dans l'église de Saint-Paul, et les miracles qui se firent à son tombeau portèrent le pape Urbain VIII à le déclarer bienheureux en 1629. Le pape Clément X le canonisa en 1669, et la ville de Naples l'a choisi pour un de ses patrons.

Deux ans après sa mort, le cardinal de Théate fut pourvu de l'archevêché de Naples par le pape Paul III, qui connaissait son mérite; mais les Espagnols l'empêchèrent d'en prendre possession. La même année 1549, il eut, par son droit d'antiquité dans le sacré-collége, l'évêché de Sabine, qui est l'un des titres affectés aux six premiers cardinaux. L'année suivante il entra dans le conclave, après la mort du pape Paul III, et assista à l'élection de Jules III, dont il obtint la confirmation des privilèges que ses prédécesseurs avaient accordés aux Clercs réguliers. Marcel II ayant succédé à ce pontife en 1555, le cardinal de Théate songea de nouveau à procurer à son ordre un établissement à Rome, où il avait pris naissance; mais la mort du pape, qui arriva vingt-quatre jours après son élection, en empêcha l'exécution. Enfin il accorda lui-même cet établissement, ayant succédé au pape Marcel le 23 mai de la même année, et leur donna l'église de Saint-Silvestre sur le mont Quirinal, qui était une paroisse; dans la suite ils ont fait un autre établissement plus considérable dans la même ville, la duchesse d'Amalfi, Constance Picolomini, leur ayant donné son palais, où ils ont bâti une magnifique église sous le nom de Saint-André *Della Valle*.

Le pape prit toujours soin de sa congrégation, et au mois de décembre il établit des supérieurs pour les maisons de Venise, de Naples et de Rome. Il ordonna que les supérieurs exerceraient leur office pendant cinq ans, au lieu qu'ils ne pouvaient l'exercer que pendant trois ans, et qu'ils avaient besoin tous les ans d'une nouvelle confirmation. Il sépara, comme nous l'avons dit, la congrégation des Somasques de celle des Clercs réguliers, auxquels il accorda de nouveaux privilèges.

Ce fut sous son pontificat que Paul Consiglieri, le quatrième fondateur de cet ordre, mourut à Rome en 1557. Il avait toujours été intime ami du pape, qui le retint auprès de lui depuis qu'il fut fait cardinal, et après son élection au souverain pontificat il l'avait fait maître de sa chambre et chanoine de Saint-Pierre. Il lui avait même voulu donner le chapeau de cardinal; mais son humilité lui fit refuser cette dignité, que le pape donna à son frère, Jean-Baptiste Consiglieri. L'année suivante, Boniface de Colle mourut aussi à Venise, le 28 août; le pape ne lui survécut que d'une année: il mourut le 18 août 1559, âgé de quatre-vingt-trois ans un mois et vingt-deux jours.

Il avait accordé tant de privilèges aux Romains, que le peuple, pour lui témoigner sa reconnaissance, lui avait élevé une statue de marbre au Capitole. Il travailla sérieusement à la réforme des mœurs, et retrancha les abus qui se commettaient dans les expéditions par l'avarice des officiers; il avait même chassé ses neveux de Rome, parce qu'ils abusaient de leur autorité contre les lois de la justice et de la religion. Comme il avait conseillé l'établissement de l'inquisition à Paul III, il la confirma. Il obligea les évêques d'aller résider dans leurs évêchés. Il fit alliance avec le roi de France Henri II, qu'il sollicita d'entreprendre la conquête du royaume de Naples, et travailla pour rétablir la religion en Angleterre sous le règne de Marie; mais son zèle lui attira des ennemis secrets, qui attentèrent à sa vie dans une conjuration dont on accusa les Espagnols d'être les auteurs; et après sa mort la fureur du peuple fut si grande, qu'il brisa la statue qu'il lui avait élevée, rompit ses armes et brûla la maison de l'inquisiteur; de sorte que son corps fut mis dans un petit tombeau de brique; mais le pape Pie V le fit transférer dans l'église de la Minerve des Dominicains, dans un tombeau de marbre qu'il lui fit faire, avec une épitaphe qui marque en abrégé les vertus de ce pontife.

Nous avons vu ci-devant qu'il avait empêché les Clercs réguliers de tenir tous les ans leurs chapitres, et qu'il avait nommé des supérieurs qui devaient exercer leur supériorité pendant cinq ans. Après sa mort ils remirent les choses au premier état, et tinrent en 1566 leur chapitre à Venise, où ils prirent la résolution de le tenir tous les ans, et firent plusieurs règlements pour le maintien de l'observance régulière. Ils obtinrent une nouvelle maison à Padoue en 1565, une autre à Plaisance en 1569. Ils furent appelés à Milan l'année suivante, et en 1572, voyant que leurs maisons se multipliaient, ils établirent des visiteurs dans le chapitre qui se tint à Rome cette même année, qu'ils firent encore un autre établissement à Gènes. Ils furent reçus à Capoue en 1574, et obtinrent dans la suite des maisons à Crémone, à Spolette, à Ferrare, à Aquila et dans plusieurs autres villes d'Italie; dans quelques-unes de ces villes, ils ont fait plusieurs établissements, comme à Naples, où ils ont six maisons, et à Rome deux, aussi bien qu'à Gènes; ils en ont aussi en Espagne, en Pologne et en d'autres royaumes. Le cardinal Jules Mazarin les fit venir à Paris en 1644, et leur acheta la maison où ils sont vis-à-vis les galeries du Louvre, et où ils entrèrent le 27 juillet 1648, veille de la fête de Sainte-Anne, titulaire de leur église. Le même cardinal leur a légué par son testament cent mille écus pour bâtir cette église, qui n'est pas encore achevée. C'est la seule maison qu'ils ont en France. Comme ils s'employaient dans les missions étrangères, ils entrèrent en 1627 dans la Mingrélie, où ils ont un établissement. Ils avaient aussi des maisons dans la Tartarie, la Circassie, la Géorgie, mais ils les ont abandonnées, voyant le peu de fruit qu'ils faisaient dans ces pays-là.

Cette congrégation a donné à l'Eglise un pape, plusieurs cardinaux, un très-grand nombre d'archevêques et d'évêques, de savants théologiens et des hommes apostoliques. Le P. Paul Aresi, évêque de Tortone dans le Milanais, était le Mécène des savants de son temps, et a enrichi le public de plusieurs ouvrages, qui sont des sermons, des traités de philosophie et de théologie, des livres de dévotion et des devises sacrées. Le P. Clément Galano, qui avait demeuré plusieurs années chez les Arméniens, y recueillit ce qu'il put d'actes écrits en langue arménienne, qu'il traduisit en latin et auxquels il ajouta ses observations. Son ouvrage a été imprimé à Rome en deux volumes in-folio, en 1650, sous le titre de *Conciliation de l'Eglise arménienne avec l'Eglise romaine*, etc. Il a été aussi imprimé à Cologne en 1686. Le P. Antoine Caraccioli a fait de savantes notes sur les constitutions de cet ordre, qui avaient été dressées dans le chapitre général tenu à Rome en 1604, et qui furent approuvées la même année par le pape Clément VIII. Entre les religieux qui sont actuellement employés aux missions étrangères, le P. Louis Pidou de Saint-Olon, qui fut nommé évêque de Babylone en 1687, est l'un des plus distingués par son mérite. Le P. Jean-Baptiste Tuffo, qui a été dans la suite évêque d'Acère, et le P. Joseph de Silos, ont écrit les annales de cet ordre, le premier en italien et le second en latin. Ces religieux portent un habit clérical, et se font distinguer des autres Clercs réguliers par leurs bas qui sont blancs. Ils ont pour armes trois montagnes surmontées d'une croix (1).

Voy. Gio. Bapt. del. Tuffo, *Hist. de la Relig. de P. Chierici regolari.* Joseph Silos, *Annal. Clericorum regular.* Paul Morigia, *Hist. de Relig.*, cap. 50. Aubert. Mir., *de Orig. Clericor. regul.*, cap. 2. Baillet, *Vies des saints*, 12 août.

Aux hommes apostoliques et aux savants que la société des Théatins a produits et dont il parle dans l'article ci-dessus, le P. Hélyot semble préférer, et il a raison, le pieux cardinal Thomasi, qu'il nomme par erreur Thomassi, sur lequel il donne une *Addition*, à la fin du volume où il traite des Théatins, les détails suivants : « Le cardinal Joseph-Marie Thomassi, décédé en 1712, sept mois et quelques jours après avoir reçu le chapeau, a été l'un des plus grands ornements de cet ordre : il était Sicilien, fils du duc de Palma; et quoique l'aîné de sa maison, suivant l'exemple de son oncle Charles Thomassi, duc de Palma, qui avait quitté ce duché pour se faire Théatin, il entra aussi dans cet ordre. Il possédait le grec, l'hébreu, le chaldéen, la philosophie et la littérature païenne; mais son étude principale était l'Ecriture sainte et la théologie : il a donné sept volumes in-4°, et cinq in-8°, sur des matières qui regardent l'Ecriture sainte et l'office de l'Eglise. Clément XI, qui l'avait consulté sur sa répugnance à accepter le pontificat, le contraignit d'accepter le cardinalat le 18 mai 1712. Etant cardinal, sa maison devint l'asile des pauvres, et en six mois il leur distribua quatre mille écus d'or, quoique ses revenus fussent fort médiocres: il renouvela l'ancienne discipline touchant les titres des cardinaux; car il prêchait tous les dimanches dans le sien, et se faisait une gloire d'y apprendre la religion au menu peuple. Il est mort le 31 décembre de la même année, âgé de soixante-trois ans. Il avait souhaité être enterré dans un cimetière, sans pompe; mais sa volonté n'a pas été exécutée, et on lui a élevé un sépulcre de marbre. Nous aurons lieu de parler dans la quatrième partie de la mère Marie cru-

(1) *Voy.*, à la fin du vol., n° 116.

cifiée, sa sœur, religieuse bénédictine du Saint-Rosaire, dont on poursuit la béatification. » J'ajouterai à ce que dit Hélyot que le pape Pie VII, par un décret du 5 juin 1803, a décidé, conformément à l'avis unanime de tous les membres de la congrégation des Rites, que l'on pouvait procéder à la béatification du cardinal. Entre les hommes distingués par leur science et leur instruction, on peut encore citer le P. Vezzosi, qui a publié en 11 volumes in-4° les œuvres du saint cardinal ; le P. de Tracy, Théatin français, connu par plusieurs ouvrages solides, sortis de sa plume, et surtout par une intéressante *Vie de saint Bruno*. De tous les savants Théatins, celui qui a fait le plus de bruit est le fameux P. Ventura. Admirateur de l'abbé de Lamennais, il partagea, en 1830, la surprise et le mécontentement de toutes les personnes de bon sens, qui ne pouvaient voir sans souffrir cet ecclésiastique présomptueux donner dans les prétentions extravagantes qui l'ont conduit à l'apostasie ; puis il se réconcilia avec lui, puis donna lui-même les plus grands scandales par sa conduite et ses lettres lors de la République romaine. Son ordre ou institut, désolé et humilié de voir une chute si lourde faite par un homme qui avait été général de la société, lui fit écrire après l'assemblée générale, au mois d'août 1849, une lettre charitable, grave et même sévère, remplie de reproches fondés et de bons souhaits. Le P. Ventura s'est soumis à un décret de l'*Index*, qui condamnait un ouvrage qu'il a publié lorsque Rome était au pouvoir des ennemis du saint-siège, et il l'a fait en se servant de termes qui ont fait croire qu'il rétractait et condamnait ses erreurs et son passé. Fasse le Seigneur qu'il en soit ainsi, et que surtout ce repentir soit sincère et durable ! Les Théatins, on le sait, ont été des premiers à réformer le clergé et à donner les habitudes de la piété aux fidèles. Leur vertu et leur régularité étaient à un si haut point d'estime, qu'on confondait avec eux et l'on appelait de leur nom les ecclésiastiques les plus exacts et les plus zélés. Les Jésuites, par exemple, furent appelés *Théatins*, quand on commença à les voir en Italie. Aujourd'hui, par le même motif, mais avec d'autres sentiments, on donne le nom de *jésuite* à tout prêtre plus fidèle aux règles, et même aux laïques vertueux. Ils n'ont jamais eu en France d'autres maisons que celle dont parle ci-dessus le P. Hélyot. Pendant tout le XVIII° siècle, ils ont donné l'exemple de la soumission aux décisions de l'Eglise, et peut-être ne pourrait-on citer chez eux qu'un janséniste connu, un certain P. Leroux, élève des Oratoriens, qui avait porté chez les Théatins une partie de ses préventions contre la bulle *Unigenitus*. Des propos imprudents amenèrent son expulsion, à laquelle poussa le P. Velo, religieux zélé et instruit, quoique le P. d'Héricourt, supérieur, montrât moins d'énergie pour cet acte de vigueur exemplaire. Les novateurs dans leur gazette surent en parler à leur façon, et reprocher aux Théatins leur jésuitisme. Ils tombèrent dans une méprise honorable pour tous, en accusant un Jésuite d'avoir argumenté à une thèse, quand c'était un Théatin qui était en réalité l'argumentateur ; mais ils avouèrent leur erreur en s'excusant sur la ressemblance de l'habit, et encore plus de la manière de raisonner. Ils ajoutaient qu'il était arrivé une fois à une thèse de l'Université qu'un Théatin avait été obligé de lever sa robe, pour prouver par ses bas blancs qu'il n'était pas Jésuite. Heureuses les corporations qui, en défendant la saine doctrine, n'ont que cette différence ! Dans la nomenclature des maisons religieuses actuellement établies dans les pays soumis à la domination de l'Autriche, je ne vois pas de communautés de Théatins. L'église de la maison de Paris, que le P. Hélyot dit ci-dessus n'être pas encore achevée quand il écrivit son Histoire, avait eu pour architecte un Théatin italien, nommé Camille Guarini, qui passait pour habile, et qui fit un édifice du plus mauvais goût, et qu'on ne put terminer sur le premier plan. On reprit les travaux en 1714, et de tout l'ancien on ne garda que la croisée. Cette église fut bénite en 1720. Le portail, sur le quai, fut érigé en 1747, par les libéralités du dauphin, père de Louis XVI, et à la sollicitation de M. Boyer, évêque de Mirepoix, qui avait été religieux dans cette maison. Le 7 août 1648, le roi Louis XIV plaça lui-même la croix sur le portail de la maison, qui, d'après ses ordres, fut appelée *Sainte-Anne-la-Royale*. La bibliothèque de cet établissement était composée d'environ douze mille volumes. Le cœur du cardinal Mazarin était déposé dans l'église de cette communauté, située sur la partie du quai Malaquais, qu'on appela *Quai des Théatins*, et qu'on a cru devoir depuis appeler *Quai Voltaire*. Les bâtiments des Théatins sont occupés par des particuliers, et aujourd'hui méconnaissables. L'église, après avoir d'abord été une salle de spectacle, a été aussi convertie définitivement en habitations particulières. Vers le milieu du dernier siècle, il y avait environ vingt-quatre religieux dans cette maison, en y comprenant les frères convers. Pour être reçu à faire profession, il fallait faire quatre mois de postulance et un an de noviciat ; pendant ce temps-là il fallait payer une pension de 4 ou 500 livres, à moins que les talents du sujet ne l'en dispensassent.

Etat ou Tableau de la ville de Paris (par de Beaumont), 1762. — *Nouvelles ecclésiastiques.*—*Tableau historique et pittoresque de Paris*, par J.-B. de Saint-Victor. T. IV, II° part. — *Biographie universelle.* B-D-E.

§ 2. — *Des filles Théatines de l'Immaculée Conception de la sainte Vierge, dites de la Congrégation, avec la Vie de la Vénérable Mère Ursule Benincasa, leur fondatrice.*

Il y a deux sortes de Théatines sous le titre de l'Immaculée Conception, qui forment deux congrégations différentes, les unes engagées par des vœux solennels, et les autres qui ne font que des vœux simples, et ces deux congrégations ont eu pour fondatrice la Mère Ursule Benincasa. Nous parlerons d'abord de celles qui ne font que des vœux simples, comme étant les plus anciennes et qu'on appelle simplement de la Congrégation, pour les distinguer des autres, qu'on appelle de l'Ermitage, dont nous parlerons dans le paragraphe suivant. La Mère Ursule Benincasa était d'une famille noble au royaume de Naples, qui tirait son origine de Sienne, de la même souche dont était sortie sainte Catherine de Sienne, selon ce que dit l'auteur de la Vie de la Mère Ursule. Ce ne serait pas néanmoins de ce côté-là qu'elle devrait tirer sa noblesse, puisque les parents de sainte Catherine n'étaient que des teinturiers, et il n'y a pas d'apparence que la famille des Benincasa et celle des Borghèse sortent de la même souche, comme le dit le même auteur, puisque l'inquisition de Rome a fait effacer du bréviaire romain ce qu'on lisait dans les leçons de l'office de sainte Catherine de Sienne, où l'on avait inséré qu'elle était de la famille des Benincasa, qui sortait d'une même souche que celle des Borghèse : *Ex Benincasia una cum Burghesia familia ex eodem stipite proveniente* (*Index libr. prohib.*). Ce n'est pas ici le lieu de rapporter l'origine de l'illustre famille des Borghèse, qui a donné un pape et plusieurs cardinaux à l'Eglise; mais nous pouvons dire en passant que si la famille des Borghèse n'est pas alliée par le sang à sainte Catherine de Sienne, elle a au moins imité les vertus de cette grande sainte, et entre les superbes églises, les riches fondations, les monuments sacrés qu'on admire, non-seulement à Rome, mais dans plusieurs villes d'Italie, on en remarque un grand nombre qui sont des preuves que la piété n'est pas moins héréditaire dans la famille des Borghèse que la noblesse.

Ursule naquit à Naples, le 21 octobre 1547. Son père, Jérôme Benincasa, s'était rendu habile dans les mathématiques, et ce fut ce qui lui procura dans la suite la qualité d'ingénieur et le soin de fortifier plusieurs places du royaume. Sa mère se nommait Vincenze Genouina, qui, aussi bien que son mari, joignait à sa noblesse beaucoup de piété. Les autres vertus dont ils faisaient profession faisaient presque tous leurs héritages, ayant employé une grande partie de leurs biens au soulagement des pauvres et des misérables : ils étaient même dans l'indigence ; de sorte que Jérôme Benincasa, qui était déjà fort avancé en âge, pauvre et chargé de beaucoup d'enfants, voyant encore sa famille augmentée par la naissance d'Ursule, s'en affligea. Il entra dans la chambre de sa femme, non pas pour la congratuler sur cette naissance, mais plutôt pour s'en plaindre avec elle, regardant cette naissance comme un surcroît de misère qui allait augmenter celle dont ils se trouvaient déjà accablés ; néanmoins, mettant sa confiance en Dieu, il prit cette petite innocente entre ses mains, et se tournant vers une image de la sainte Vierge, il la lui présenta, la priant de vouloir en avoir soin, et d'être sa protectrice. Sa prière fut exaucée, et Ursule reçut quelques années après l'effet de cette protection à Citara, pays natal de ses parents, et petit château situé dans le diocèse de Cavi, sur le haut d'une montagne au pied de laquelle les flots de la mer viennent se rompre. Son père s'y était retiré avec sa famille pour y vivre plus dans la retraite et épargner la dépense qu'il aurait été obligé de faire à Naples. Ursule n'avait que trois ans lorsque les Turcs y firent une descente. Ses parents, pour avoir plus de facilité de sauver leur vie par la fuite, furent obligés de cacher leur petite fille dans un lieu où ils crurent que ces barbares n'entreraient point. En effet, elle y fut en sûreté par une singulière protection de la sainte Vierge, quoique ces infidèles fussent entrés plusieurs fois dans le même lieu pour chercher de quoi piller, ayant enlevé dans Citara jusqu'aux femmes et aux enfants qu'ils purent trouver.

Sa mère fut contrainte de l'allaiter elle-même, et Ursule ne pouvait pas avoir une plus excellente nourrice, puisqu'en suçant le lait de sa mère elle suçait aussi la piété qui lui était naturelle. Dans le bas âge où les autres enfants sont privés de raison, il semblait qu'elle en était abondamment pourvue. Elle témoignait déjà une obéissance aveugle pour tout ce qu'on lui commandait. Jamais elle ne témoigna de mécontentement par des cris ou des pleurs dans quelque situation qu'on la mît, ou qu'on oubliât de lui donner ce qui lui était nécessaire ; et à peine commença-t-elle à parler qu'elle avait cent fois à la bouche le nom de Dieu. Son frère aîné, François Benincasa, lui servit de maître et lui apprit à lire, à écrire et les mystères de notre religion. Il trouva l'esprit de son écolière si bien disposé, qu'il n'eut pas beaucoup de peine à lui faire concevoir ce qu'il voulait lui apprendre. Elle lui faisait des réponses qui passaient de beaucoup la portée de son âge, et elle ne témoignait jamais plus de joie que lorsqu'il se disposait à lui donner ses leçons.

Elle n'avait pour lors que trois ans, et déjà elle faisait l'oraison mentale. Quand elle fut dans un âge plus avancé, elle jeûnait deux fois la semaine, et le vendredi et le samedi elle ne mangeait qu'après le soleil couché. Ses extases, qui furent très-fréquentes pendant tout le cours de sa vie, qui fut de soixante et onze ans, commencèrent en 1557. La veille de la Nativité de la sainte Vierge, elle parut immobile ; on courut aux remèdes naturels pour la faire revenir, croyant que c'était quelque évanouissement ; mais ce fut inutilement, et elle resta plusieurs heures en cet état ; la même chose lui arriva dans la suite toutes les fois qu'elle s'était approchée de la sainte table ; et alors elle se retirait chez elle pour ne pas causer de trouble dans l'église, ni interrompre le service divin ; mais le plus souvent elle se trouvait surprise et on était obligé de la porter chez elle, où elle demeurait quelquefois pendant cinq et six heures privée de tout sentiment, n'y ayant que son esprit qui communiquât avec Dieu. Je ne veux point parler de toutes les choses extraordinaires que l'on prétend être arrivées à cette sainte fille, et qui ont été rapportées par les historiens de sa vie. Il y en a auxquelles on aurait sans doute de la peine à ajouter foi, et je ne crois pas qu'il se trouvât des personnes en ce temps-ci (où l'on est moins crédule que dans les siècles précédents) qui voulussent croire que le plus souvent vingt personnes des plus robustes ne suffisaient pas pour la lever de terre lorsque ses extases la prenaient, et que la cause de cette pesanteur (à ce qu'elle disait) provenait de ce qu'elle était chargée des péchés de tout le monde; l'Église ne nous oblige point d'ajouter foi à ces sortes de choses. Je veux croire seulement qu'il n'y a point eu d'illusion dans toute sa conduite, puisque plusieurs personnes doctes et pieuses l'examinèrent et en rendirent au pape un témoignage favorable, comme nous le dirons dans la suite.

Ce fut à Naples que toutes ces choses se passaient, comme on le prétend : ses parents y étaient retournés depuis quelques années, et Dieu avait voulu pour lors récompenser la charité qu'ils avaient eue pour les pauvres, en leur rendant au double ce qu'ils avaient donné si libéralement pour l'amour de lui. Le vice-roi, voulant faire fortifier plusieurs places, en avait donné le soin à Jérôme Beninçasa, père de notre fondatrice, et avait non-seulement payé ses travaux au delà de leur juste valeur, mais pour témoigner qu'il en était content, il lui avait fait plusieurs gratifications considérables qui l'avaient mis à son aise, après quoi il était mort, laissant orpheline sa fille Ursule, qui n'avait que sept ans. Ses extases avaient commencé lorsqu'elle n'en avait que dix, et les choses merveilleuses que l'on voyait tous les jours lui arriver, et qui n'étaient pas naturelles, attiraient à sa maison un grand nombre de personnes ; c'est pourquoi elle voulut se retirer dans quelque solitude. La montagne où est situé le château de Saint-Elme, aussi bien que le couvent des Chartreux, lui parut favorable à son dessein, à cause d'un bois qu'il y avait alors en cet endroit. Elle y bâtit une petite cellule, dans laquelle elle ne s'occupait que des choses du ciel. Elle châtiait son corps par des mortifications inouïes, et passait les jours et les nuits dans la prière et l'oraison. Elle ne demeura pas longtemps tranquille dans ce lieu, qui fut bientôt fréquenté par plusieurs personnes qui venaient ou pour la consulter ou pour lui apporter ce dont ils croyaient qu'elle avait besoin. Elle souhaitait fort qu'il y eût sur cette montagne une église dédiée en l'honneur de la sainte Vierge, sa protectrice, comme elle en avait eu plusieurs révélations dans ses extases ; mais un jour qu'elle était dans ses ravissements ordinaires en présence de plusieurs personnes, du nombre desquelles était un prêtre espagnol, nommé Grégoire de Navarre, qui avait beaucoup de confiance en cette sainte fille, elle lui fit connaître que la sainte Vierge l'avait choisi pour jeter les fondements de cette église, à quoi il fut d'autant plus porté qu'il avait fait vœu depuis longtemps de bâtir une église en l'honneur de la sainte Vierge : ainsi cette église fut bâtie par les soins et les libéralités de ce prêtre, et elle fut dédiée en l'honneur de l'Immaculée Conception de la sainte Vierge.

Après que cette église fut bâtie, Ursule alla à Rome pour porter le pape Grégoire XIII, qui gouvernait alors l'Église, à travailler à la réformation des mœurs, qui étaient fort corrompues. Elle eut deux audiences du pape, et chaque fois elle tomba en extase pendant un assez long temps. Ce pontife, appréhendant qu'il n'y eût de l'illusion, nomma des commissaires pour examiner la conduite d'Ursule. Saint Philippe de Néri fut du nombre de ceux qui furent nommés. On l'éprouva d'abord par l'humiliation, pour voir si l'esprit d'orgueil ne s'était point emparé de son cœur. On se servit des remèdes de la médecine pour voir si ses extases et ses enthousiasmes ne provenaient point d'un cerveau gâté et affaibli par les jeûnes et les austérités. On usa de rigueur et de violence, et on l'enferma pendant plusieurs mois dans une étroite prison ; comme on vit que toute sa consolation était de recevoir très-souvent le corps de Notre-Seigneur, on l'en priva. On s'aperçut que cette dernière épreuve la réduisit dans une faiblesse et dans une langueur qui l'auraient sans doute conduite au tombeau, si on ne lui eût permis de communier à son ordinaire, et aussitôt ses forces et sa santé lui revinrent. Enfin, après plusieurs mois d'épreuve, on reconnut qu'il n'y avait point d'illusion, et que tout ce que l'on voyait d'extraordinaire dans cette fille étaient autant de grâces particulières que Dieu lui accordait ; c'est pourquoi on lui permit de retourner à Naples, et depuis ce temps-là il y eut une sainte union entre saint Philippe de Néri et cette servante de Dieu.

A son arrivée à Naples, sa sainteté se répandit de tous côtés ; chacun s'estimait heureux de pouvoir lui parler et se recommander à ses prières. Elle exhortait les uns à faire pénitence, elle encourageait les autres à demeurer fermes dans le service de Dieu. Quelque temps s'écoula de la sorte, et ce ne fut qu'en 1583 qu'elle donna commencement à sa congrégation. Les premières qui y entrèrent furent deux de ses sœurs et six de ses nièces. Plusieurs demoiselles de la ville voulurent aussi y entrer, mais toutes celles qui se présentèrent ne furent pas admises ; car elle fixa le nombre de sa communauté à soixante-six filles, en l'honneur des soixante-six années que quelques-uns prétendent que la sainte Vierge a vécu. L'on bâtit pour leur demeure une maison à côté de l'église que Grégoire Navarre avait fait construire, comme nous avons dit ci-dessus, et la fondatrice leur prescrivit des lois en la manière suivante.

Elle voulut qu'elles chantassent l'office divin de même que les Théatins, sans aucun chant musical, et récitassent l'office de la Vierge en particulier ; elle leur prescrivit une heure d'oraison le matin en commun, et une autre après les Vêpres, et tous les jours le *Veni, Creator Spiritus*, et un *De profundis* après None. Depuis la supérieure jusqu'à la dernière des sœurs, elles doivent tour à tour faire une heure d'oraison devant le saint sacrement, en sorte qu'à toutes les heures tant du jour que de la nuit, il doit y en avoir une devant le saint sacrement. Elles communient trois fois la semaine, outre les fêtes, savoir le dimanche, le mercredi et le samedi. Tous les vendredis il y a exposition du saint sacrement dans leur église, et il faut que pendant ce temps il y en ait plusieurs au chœur à faire l'oraison. Tous les jeudis après midi elles vont au chœur pour chanter le *Pange, lingua*, le *Veni, Creator Spiritus*, et l'antienne de l'Immaculée Conception. Il leur est permis pendant le silence de chanter dans leurs chambres quelques cantiques spirituels. L'usage des orgues et de tous instruments de musique leur est défendu, tant dans l'église que dans la maison. Tous les quinze jours, le vendredi, elles s'accusent de leurs fautes au chapitre, et pendant l'avent et le carême, aussi bien que tous les mercredis et vendredis de l'année, elles prennent la discipline l'espace d'un *De profundis*, d'un *Salve* et d'un *Miserere*. Outre les jeûnes ordonnés par l'Eglise, elles jeûnent encore pendant l'Avent, les veilles de la fête du Saint-Sacrement, de la Conception et Purification de la sainte Vierge, et on les exhorte à porter le cilice le vendredi.

Elle leur prescrivit une manière de chapelet qu'elles doivent réciter tous les jours en disant sur chaque *Ave*: *Très-douce Marie, Mère de Dieu, priez pour moi*; et sur les *Pater*: *Jésus-Christ, Fils de Dieu vivant, ayez pitié de moi*. Outre ce chapelet, elles doivent aussi réciter chaque jour la troisième partie du rosaire, et dire trente fois, devant le crucifix: *Jésus crucifié, mon amour, assistez-moi à l'heure de la mort*. Elle voulut que sa congrégation prît le nom de l'Immaculée Conception de la sainte Vierge, et que tous les samedis de l'année on chantât une messe en son honneur, ce qui a été accordé par la congrégation des Rites; que l'on célébrât sa fête avec beaucoup de pompe et de magnificence; qu'elle durât trois jours avec exposition du saint sacrement, pendant lesquels on pourrait se servir de musique; elle ordonna qu'il y aurait plusieurs prêtres qui assisteraient le célébrant. Le travail des mains, le vivre en commun, la pauvreté, la charité et l'humilité sont recommandés dans les chapitres 26, 27, 30 et 31. Quant à l'habillement, elle ordonna qu'elles porteraient celui des Théatins, savoir une tunique blanche, et par-dessus, une robe noire serrée d'une ceinture de laine et des manches larges. Elles couvrent leur tête d'un voile blanc et n'ont point de guimpes; mais le collet de leur robe est semblable à celui des Théatins (1). Elles ne font que des vœux simples, comme nous avons déjà dit; elles

(1) *Voy.*, à la fin du vol., n° 117.

ne sortent point de leurs monastères, et lorsqu'on leur parle, ce n'est qu'au travers d'une grille, comme aux religieuses cloîtrées.

Ce ne fut point à la sollicitation des religieux Théatins que la Mère Ursule entreprit de fonder sa congrégation. Ils n'y eurent aucune part; au contraire, ils firent beaucoup de difficulté de se charger de la conduite de ces filles; ce ne fut qu'en 1616 qu'elles eurent le premier confesseur Théatin, et en 1633 que, dans le chapitre général qui se tint à Rome, elles furent agrégées à l'ordre. La première supérieure de cette congrégation fut la Mère Christine Benincasa, sœur de la Mère Ursule, qui par humilité ne voulut point accepter cet emploi, et qui, après avoir encore fondé une autre congrégation de Théatines véritablement religieuses, et leur avoir prescrit des règles et des constitutions différentes de celles de la congrégation, mourut à Naples, le 20 octobre 1618, âgée de soixante et onze ans. Son corps fut enterré trois jours après sa mort, dans l'église de la Conception, et quatre ans après on ouvrit son tombeau, où il fut trouvé tout entier et sans aucune corruption.

Elle avait prédit que son institut s'étendrait dans toutes les principales villes de la chrétienté; mais on n'a pas encore vu l'effet de cette prédiction, puisqu'il n'y a que la ville de Naples et celle de Palerme en Sicile où il soit établi. La congrégation de Palerme fut fondée par la princesse Françoise d'Aragon, qui, après la mort de son mari, ayant dessein de se retirer dans un monastère, et délibérant sur le choix de l'ordre qu'elle embrasserait, fut inspirée de fonder à Palerme un monastère de la congrégation de la Mère Ursule. Elle s'habilla premièrement en Théatine, et ayant acheté une place dans la ville, elle destina pour cette fondation vingt mille écus romains; mais elle ne put exécuter son dessein, étant morte peu de temps après. Elle laissa néanmoins par son testament cette somme, et sa volonté a été exécutée après sa mort. La Mère Ursule Benincasa avait choisi pour protectrice de sa congrégation, la duchesse d'Aquara, Isabelle Caraccioli. Après la mort de cette princesse, les Théatines ne songèrent à prendre d'autres protectrices qu'en 1635, que celles de Palerme élurent la princesse Borghèse Camille des Ursins.

Voyez Gio Baptist. del Tuffo, *Hist. della Relig. de Pad. Chierici regulari*. Joseph de Silos, *Hist. Clericor. regular*. Francesco Maria Maggio, *Vita della Mad. Orsola Benincasa*. Placid. a sancta Theres., *Compend. Vitæ Matris Ursulæ*, et Philipp. Bonauni, *Catalog. Ord. relig.*

§ 3. — *Des religieuses Théatines de l'Immaculée Conception de la sainte Vierge, dites de l'Ermitage.*

La Mère Ursule Benincasa, en fondant deux congrégations différentes, a prétendu que l'une fît l'office de Marthe en s'adonnant à la vie active, et l'autre l'office de Marie en s'appliquant à la vie contemplative. Après qu'elle eut fondé la première, et qu'elle eut été solidement établie, le P. dom Clément Alphonse, son confesseur, lui proposa, en 1610, de faire dans ce lieu une demeure séparée, où les filles de la Congrégation qui seraient les plus portées à la retraite pourraient se renfermer sans avoir aucune communication avec les autres, sinon dans le temps de leurs maladies qu'elles retourneraient à la congrégation pour se faire soulager, et qu'après leur guérison elles retourneraient dans le lieu de retraite; mais la Mère Ursule n'y voulut point consentir alors, disant que le Seigneur ne lui avait pas encore manifesté sa volonté. Ce ne fut que peu de temps après la mort de son directeur que, sur une révélation qu'elle prétendait avoir eue, elle voulut fonder une seconde congrégation toute différente de la première, et avec laquelle cette seconde a néanmoins tellement de rapport, que ce sont les filles de la première congrégation qui ont entièrement le soin du temporel de celles-ci et qui leur fournissent toutes leurs nécessités, de sorte que les Théatines de la seconde congrégation, que l'on appelle de l'Ermitage, ne sont occupées que du soin de prier Dieu dans une retraite et une solitude austère, à laquelle elles s'engagent par des vœux solennels.

Le monastère de ces filles de l'Ermitage est contigu à la maison de la Congrégation. Il y a néanmoins deux églises différentes pour chacune de ces maisons, qui ne sont séparées que par une grande salle où il y a deux portes, l'une pour entrer à la Congrégation, l'autre pour entrer à l'Ermitage (*Cap.* vii *Regul. Virg. Eremit.*); et près de celle de la Congrégation il y a un escalier par où l'on fait entrer les provisions de ces deux maisons, qui sont reçues par la supérieure de la Congrégation, laquelle a le soin de fournir aux religieuses Ermites ce qui leur est nécessaire, afin qu'on ne puisse voir celles-ci en aucun temps par la porte qui est dans cette salle, et qui est commune aux deux maisons; de cette porte on entre dans une autre salle, dont on ferme la porte sitôt que l'on y a fait entrer le confesseur, le médecin, le chirurgien et les autres personnes qui ont été appelées à l'Ermitage pour de pressants besoins; alors on en donne avis à la supérieure, qui vient ouvrir la porte, et afin que le confesseur, le médecin et le chirurgien ne puissent pas aller bien avant dans le monastère, l'infirmerie doit être toujours près de la porte.

La Mère Ursule avait seulement acheté la place pour bâtir cet ermitage; mais elle ne put exécuter son dessein, étant morte peu de temps après en avoir fait jeter les fondements. Elle ordonna le plan des bâtiments et de la construction de ce monastère dans les constitutions qu'elle dressa pour les religieuses qui y seraient renfermées, et nomma par son testament, pour exécuter ses volontés, la duchesse d'Aquara, protectrice de sa congrégation, et les élus de Naples, qui, voulant, en 1623, continuer le bâtiment de cet ermitage conformément aux intentions de la fondatrice, s'adressèrent au pape Grégoire XV pour obtenir de ce pontife l'approbation des constitutions que la Mère Ursule avait dressées: le pape la leur accorda le 7 avril de la même année, approuvant ce nouvel institut sous la règle de saint Augustin, et ordonnant que les religieuses seraient soumises à la juridiction, correction et visite des Clercs réguliers Théatins; que néanmoins l'archevêque de Naples serait tenu d'y faire la visite une fois seulement, et que les religieuses seraient tenues, pour cette fois seulement, de lui obéir et de recevoir ses ordonnances, approuvant dès lors les peines et les sentences qui seraient prononcées contre les rebelles pour leur désobéissance.

Soit que les Théatins eussent fait d'abord difficulté d'accepter la conduite de ces religieuses, ou que les élus de Naples et la duchesse d'Aquara eussent été bien aises de la leur ôter, le pape Urbain VIII, par un bref du 21 mai 1624, sur les remontrances qui lui avaient été faites par les élus de Naples et par la duchesse d'Aquara, que les Théatins n'avaient pas encore pris la conduite de ces religieuses, et que peut-être ils ne s'en souciaient pas, exempta ces religieuses de l'obéissance, correction et visite des Théatins, et les soumit à celle de son nonce à Naples; mais, en 1668, le vice-roi dom Pierre de Tolède et ceux qui étaient pour lors élus de Naples représentèrent au pape Clément IX que les Théatins avaient accepté la conduite de ces religieuses dans leur chapitre général de l'an 1633, conformément au bref de Grégoire XV, et que l'exposé fait au pape Urbain VIII n'avait pas été véritable, puisque ces religieux avaient toujours eu la conduite de ce monastère depuis ce temps-là jusqu'alors sans aucune interruption; c'est pourquoi ils prièrent Sa Sainteté d'ordonner que les Théatins auraient seuls la conduite de ce monastère, ce que le pape accorda par un autre bref du 9 juillet 1668, par lequel il annula et cassa la substitution que le pape Urbain VIII avait faite du nonce à Naples pour gouverner les Théatines de l'Ermitage aux lieu et place des Théatins, et approuva derechef les constitutions de ces religieuses.

On avait continué à bâtir leur ermitage dès l'an 1623; la première pierre fut posée en présence du vice-roi, des conservateurs et des magistrats de tous les tribunaux de la ville, au bruit de tout le canon des forts et des vaisseaux; il fut commencé aux dépens du trésor public; mais les constructions furent interrompues à cause des guerres qui survinrent et des calamités publiques. On continua à y travailler dans la suite; les travaux furent de nouveau interrompus: ce ne fut qu'en 1667 que l'ermitage fut achevé, et l'année suivante les Ermites Théatines y entrèrent. Le nombre de ces filles, fixé à trente-six par les constitutions, ne fut rempli qu'en 1668.

Les constitutions de cet ermitage furent imprimées à Naples en 1680. Elles contiennent dix-huit chapitres, qui renferment toutes leurs observances, outre les règlements qui ont été dressés pour le maintien des mêmes observances, et qui contiennent encore douze chapitres. En vertu de ces constitutions et de ces règlements, les religieuses Théatines ne doivent jamais manger de viande que dans leurs maladies ; elles doivent jeûner toutes les veilles des fêtes de la sainte Vierge, et plus étroitement la veille de la fête de la Conception de Notre-Dame ; elles jeûnent aussi les veilles des fêtes de l'Ascension de Notre-Seigneur et du Saint-Sacrement, outre les jeûnes prescrits par l'Eglise, et tous les samedis de l'année, l'Avent et les deux derniers jours de carnaval.

Le saint sacrement doit être exposé dans leur église tous les vendredis, l'espace de cinq heures, pendant lesquelles il doit y avoir toujours cinq religieuses en oraison. Le même jour elles sont obligées de porter le cilice pendant plusieurs heures. Tous les vendredis de l'Avent et du Carême, et une fois en quinze jours le mercredi pendant le cours de l'année, elles prennent la discipline ; laquelle étant finie, la prieure, après avoir demandé pardon aux sœurs des fautes qu'elle peut avoir commises, leur baise les pieds ; et réciproquement les religieuses, après avoir demandé pardon à la supérieure de leurs fautes, les lui baisent aussi.

Les filles qu'on reçoit dans cet ermitage doivent avoir vingt ans ; elles font deux ans de noviciat, et lorsqu'elles sont reçues pour la profession, on leur permet de sortir dans l'église, où elles peuvent s'entretenir avec leurs plus proches parents pour la dernière fois, sans aucune espérance de les voir jamais et d'en entendre jamais parler; on leur accorde un jour entier pour leur parler, hors le temps du dîner qu'elles vont manger avec les sœurs de la Congrégation. Cette grâce n'est accordée qu'à celles qui quittent immédiatement le monde pour entrer dans l'Ermitage ; car à celles qui ont passé de la Congrégation à l'Ermitage, on ne leur accorde qu'un jour pour pouvoir rester seulement avec les sœurs de la Congrégation; et afin que l'on sache plus particulièrement quel est leur engagement dans leur profession, nous en rapporterons ici la formule dans toute sa teneur :

Je N. fais aujourd'hui profession, et promets à Dieu, à la bienheureuse Vierge Marie, à saint Jean-Baptiste, à saint Pierre apôtre, à notre Père saint Gaétan, à la vénérable congrégation des Clercs réguliers, au révérendissime père général de la même congrégation, au révérend père ordinaire et leurs successeurs, et à vous, révérende mère supérieure de cet ermitage de l'Immaculée Conception, et à toutes les autres supérieures qui seront canoniquement élues, l'obéissance et révérence dues, selon les trois vœux de pauvreté, de chasteté et d'obéissance, et le quatrième de perpétuelle clôture; espérant, par la grâce de Dieu, d'être toujours vivante à Dieu seul, morte au monde, et unie avec Jésus-Christ, mon divin Epoux, et d'imiter, autant qu'il me sera possible, par son moyen, la bienheureuse Vierge Marie, observant la règle prescrite par la vénérable mère Ursule, et approuvée par les souverains pontifes Grégoire XV et Clément IX.

Alors la supérieure dit : *Puisque notre sœur, embrasée et éclairée du feu du Saint-Esprit, renonce au monde, à Satan et à ses pompes, à l'exemple de ceux qui, selon qu'il est écrit, n'avaient qu'un cœur et qu'une âme, et vendaient leurs biens pour en porter le prix aux pieds des apôtres pour le distribuer aux pauvres, selon le besoin d'un chacun, et désirant avec ardeur imiter ceux qui, pour s'éloigner de l'embarras du monde et de la fréquentation des hommes, se retiraient dans les solitudes de l'Egypte et de la Syrie, afin qu'ils fussent plus unis avec Dieu, souhaite avec empressement d'être admise dans notre ermitage de l'Immaculée Conception, et combattre sous la protection spéciale de la Mère de Dieu et de notre Père saint Gaétan, afin que, ne tendant qu'à l'acquisition de la perfection et à prier pour le renouvellement d'esprit de tout le monde, elle puisse plus librement et avec plus de facilité suivre l'Epoux qui doit venir aux noces et aux joies célestes : c'est pour cela que nous l'admettons dans la société des Ermites Théatines, et qu'en tant que nous le pouvons avec le Seigneur, nous lui accordons le droit de vivre en commun avec nous et nos autres compagnes de cet ermitage; afin qu'au jour de sa mort, quand elle verra son Epoux, elle puisse aller à sa rencontre avec joie, avec la lampe allumée de ses bonnes œuvres, et qu'elle puisse recevoir la récompense que le même Epoux Notre-Seigneur Jésus-Christ promet aux vierges prudentes, lequel vit et règne avec le Père et le Saint-Esprit dans tous les siècles des siècles.*

La professe ayant répondu Amen, la supérieure continue en lui disant : *Prenez bien garde, ma chère sœur, que par raison de notre institut, vous devez être morte au monde, vous ressouvenant toujours que le Seigneur vous a appelée à cet état pour y vivre séparée du monde, et ne tendre qu'à la contemplation des divins mystères; c'est pourquoi, par l'autorité des souverains pontifes qui ont approuvé nos règles, et en vertu de ces mêmes règles, je vous fais savoir, vous signifie et vous recommande, en vertu de la sainte obéissance, de ne jamais parler avec aucune personne vivante qui ne soit pas de ce monastère, à moins que ce ne soit quelquefois par raison de votre office ; et pour cela je vous défends encore d'écrire à vos parents, à quelque autre personne que ce soit hors le monastère, et aussi de recevoir ou envoyer aucun message ou billet.*

Je vous avertis et vous charge que dans toutes vos oraisons et vos exercices spirituels vous devez prier le Seigneur pour la sainte Eglise et la république chrétienne, la réforme des mœurs, le renouvellement d'esprit dans tout le monde, particulièrement de Rome et de notre ville, pour notre saint Père le Pape, notre roi, notre archevêque, pour tous ceux qui gouvernent notre ville et le royaume, tant dans le spirituel que le temporel, et pour tous ceux qui ont fondé, protégé et aidé, ou qui, en quelque temps que ce soit, voudront protéger, aider et favoriser ce saint ermitage, comme étant nos bienfaiteurs ; parce que c'est l'intention de la mère Ursule, notre fondatrice.

La professe répond : *J'accepte et me soumets volontiers au précepte et commandement par sainte obédience qui vient de m'être signifié, de ne parler jamais à mes parents ni à quelque autre personne que ce soit ; de ne jamais envoyer ni recevoir aucun billet ou message ; et j'espère et promets, par la grâce du Seigneur, de l'observer jusqu'à la mort. Je promets de plus de prier tout le temps de ma vie, selon le commandement qui me vient d'être fait présentement.*

Deux fois l'an, savoir le jour de la Purification de la sainte Vierge et le jour de la fête de saint Gaétan, elles renouvellent leurs vœux en cette manière : *Je N. renouvelle ma profession solennelle, et promets à Dieu tout puissant, à la bienheureuse Vierge Marie, à saint Pierre apôtre, à saint Gaétan et à vous, révérende mère, obéissance, chasteté, pauvreté et clôture perpétuelle. De plus, je renouvelle l'acceptation que j'ai faite du commandement par la sainte obédience ordonnée par la règle, de n'avoir jamais de communication, ni par paroles, ni par lettres, ni par message, avec aucune personne qui ne soit de ce monastère, et promets de l'observer, avec la grâce du Seigneur, jusqu'à la mort.*

Le nombre des religieuses du chœur est fixé à trente-six, comme nous avons déjà dit ; mais celui des converses n'est point limité. Leur habillement consiste en une robe de drap blanc, un scapulaire et un manteau bleu ; la robe est serrée d'une ceinture de cuir noir, et elles portent un voile noir avec la guimpe comme les autres religieuses (1).

Voyez Gio Bapt. del Tuffo, *Hist. della Relig. de Pad. Chierici regol.* Joseph de Silos, *Hist. Clericor. regular.* Franc. Mar. Maggio, *Vit. della Mad. Orsos. Benincasa.* Placid. a sancta Theres., *Compend. Vit. ejusdem*, et *Regol. per le Vergini Romite Teatine.* Philipp. Bonanni, *Catalog. relig. Ord.*, part. II.

THÉRAPEUTES.

Voy. la Dissertation préliminaire, au premier volume.

THÉRÉSIENNES (nom moderne donné aux Carmélites de la réforme de sainte Thérèse).

Voy. CARMÉLITES DÉCHAUSSÉES.

THOMAS DE VILLENEUVE (FILLES DE SAINT-).

Voy. VILLENEUVE.

(1) *Voy.*, à la fin du vol., n° 118.

TIERCELETS (nom donné aux confrères du tiers ordre de Saint-François de Paule).

Voy. MINIMES.

TIERS ORDRE DE SAINT-AUGUSTIN.

Voy. AUGUSTINS ; et de même, pour le *Tiers ordre de Saint-Dominique*, voy. MILICE DE JÉSUS-CHRIST ; pour le *Tiers ordre de Saint-François d'Assise*, voy. PÉNITENCE (Ordre de la). Pour les autres *Tiers ordres*, voy. MONT-CARMEL, MINIMES, PRÉMONTRÉS, SERVITES, TRINITAIRES, etc.

TIROL ou TYROL (ERMITES DE SAINT-JÉRÔME, DE LA CONGRÉGATION DU).

Voy. JÉRÔME, sect. 2, § 1. *Des Ermites de Saint-Jérôme, de la congrégation du bienheureux Pierre de Pise.*

TIRON (CONGRÉGATION DE).

De la congrégation de Tiron, avec la Vie du bienheureux Bernard d'Abbeville, fondateur de cette congrégation.

La congrégation de Tiron, regardée aussi comme un ordre particulier, eut pour fondateur le bienheureux Bernard, qui fut encore un des disciples du bienheureux Robert d'Arbrissel, comme nous l'avons dit dans plusieurs articles précédents. Il naquit vers l'an 1046, dans le territoire d'Abbeville, au pays de Ponthieu, de parents honnêtes, pieux et hospitaliers, qui, selon leurs moyens, recevaient les pauvres et les soulageaient dans leurs besoins avec beaucoup de charité. Ils eurent un soin particulier de faire élever Bernard dans la vertu et dans les lettres, où il fit de grands progrès. Dès ses plus tendres années, il fit paraître un si grand amour pour la vie religieuse, qu'il voulait imiter les religieux jusque dans leurs habits : ce qui lui attira la risée de ses compagnons. Mais il s'éleva au-dessus des railleries, et à l'âge de vingt ans il quitta son pays et alla en Poitou avec trois de ses compagnons, qui, touchés du même désir que lui, cherchaient à se retirer dans un monastère où la régularité fût exactement observée.

Ils s'arrêtèrent quelque temps à Poitiers, et s'informèrent des observances régulières qui étaient en pratique dans les monastères de cette province. Il y en avait un aux environs de Poitiers, sous le nom de Saint-Cyprien, dit vulgairement *Saint-Cyran*, dont était abbé Renaud qui avait été disciple de Robert, fondateur de celui de la Chaise-Dieu. Dans ce même monastère se trouvaient plusieurs religieux de maisons nobles, mais plus recommandables encore par l'éclat de leurs vertus ; de ce nombre étaient Hildebert, qui fut ensuite abbé de Bourgh-de-Deols sur l'Indre, et archevêque de Bourges ; Gervais, qui fut abbé de Saint-Savin, et Garnier, qui avait été seigneur de Montmorillon. Bernard, excité par leurs exemples, se joignit à eux, et reçut l'habit monastique des mains de l'abbé Renaud. Gervais ayant été demandé pour être abbé de Saint-Savin, à douze lieues de Poitiers, sur la Gartemble, ne voulut point accepter cette charge à moins qu'on ne lui eût donné Bernard pour travailler avec lui au rétablissement de la discipline régulière, dont les religieux de cette abbaye s'étaient éloignés. On lui accorda donc Bernard, qui à l'âge de trente ans fut fait prieur de ce monastère. Il eut beaucoup de part au rétablissement des observances régulières ; mais il eut auparavant beaucoup à souffrir de l'abbé Gervais et de ses religieux, qui ne faisaient point de scrupule de recourir à des moyens simoniaques pour procurer à leur monastère une église qu'ils voulaient lui soumettre. Il y eut même un religieux qui eut la hardiesse de le frapper ; mais Dieu vengea l'injure faite à son serviteur : car ce religieux qui avait osé mettre la main sur lui mourut sur-le-champ. La persévérance de Bernard, son zèle, sa douceur, son humilité, son assiduité à l'oraison, sa fidélité à remplir tous ses devoirs, gagnèrent enfin le cœur des religieux les plus obstinés : ils changèrent de vie et se soumirent à la réforme. Notre saint, après avoir donné vingt ans de ses soins et de ses veilles au rétablissement spirituel de cette maison en qualité de prieur, voyant que les religieux voulaient le choisir pour remplir la place de Gervais, mort dans la Palestine, se retira, pour éviter cet honneur, et se cacha quelque temps dans une solitude du Maine, où demeuraient plusieurs solitaires sous la conduite des bienheureux Robert d'Arbrissel, Vital de Mortain et Raoul de la Futaie. De là il passa aux extrémités de la Bretagne, dans la presqu'île de Chaussey, sur la côte septentrionale.

Revenu au Perche dans sa première solitude, il y fut rencontré par Renaud, abbé de Saint-Cyprien, qui l'obligea de retourner avec lui dans son monastère, afin de le faire élire pour son successeur. Cet abbé étant mort quatre mois après, Bernard fut élu en effet abbé de ce monastère, qu'il quitta quelque temps après, les religieux de Cluny prétendant le soumettre à leur juridiction. Il alla rejoindre le B. Robert d'Arbrissel, qu'il accompagna dans ses missions apostoliques. Il fut ensuite à Rome pour défendre les droits de son monastère de Saint-Cyprien. Il obtint ce qu'il demandait, et refusa la dignité de cardinal que lui offrait le pape Pascal II ; quoique le pape l'eût rétabli dans son office, dont il l'avait privé à la sollicitation des religieux de Cluny, il ne voulut pas retourner dans son abbaye ; il aima mieux se retirer dans son ancienne solitude au Perche, où le comte de Rotrou lui donna un lieu nommé *Arcisses*, pour y bâtir un monastère. Ce lieu très-agréable est entouré de bois, arrosé de plusieurs fontaines qui coulaient dans de grandes prairies, et éloigné d'un mille de Nogent-le-Rotrou. Comme les religieux de Cluny y avaient déjà un monastère, Béatrix, mère du comte de Rotrou, craignant que le voisinage de ces deux monastères ne causât des querelles entre ces religieux, persuada à son fils d'établir Bernard et ses disciples dans le bois de Tiron. Ce fut là que Bernard jeta, en 1109, les fondements du monastère qui a donné le nom à sa congrégation. Il ne fut d'abord bâti que de bois ; Yves de Chartres, évêque de ce diocèse, favorisa cet établissement, et Bernard y dit la première messe le jour de Pâques suivant.

Ce que la comtesse du Perche avait voulu éviter en empêchant que son fils ne donnât la terre d'Arcisses à Bernard et à ses disciples arriva néanmoins : les religieux de Cluny prétendirent recevoir la dîme de ce lieu, et avoir droit sur les mortuaires. Mais Bernard, qui ne cherchait qu'à servir Dieu dans un esprit de paix, de charité et de renoncement à toutes choses, aima mieux leur abandonner entièrement le monastère, et alla trouver l'évêque de Chartres, auquel il demanda quelques-unes des terres qui appartenaient à son église pour y construire un monastère : ce prélat, du consentement de ses chanoines, leur accorda un espace de terre sur la rivière de Tiron. Souchet, qui rapporte la charte de cette donation, faite en 1113, et que les continuateurs de Bollandus prétendent n'être que de 1114, croit néanmoins que ce premier monastère, abandonné par Bernard, avait été bâti dans la paroisse de Brunelle, qui dépendait du monastère de Nogent-le-Rotrou, et non à Tiron, où ces religieux n'ont jamais eu aucun droit. Quoi qu'il en soit, dès que notre saint eut obtenu le terrain, il y bâtit un monastère, qui fut bientôt rempli d'un grand nombre de religieux, qui s'estimaient heureux d'y servir Dieu sous sa conduite. Il y recevait tous ceux qui avaient un véritable désir de se convertir, et il voulait qu'on y exerçât toutes sortes d'arts, tant pour en bannir l'oisiveté, mère de tous les vices, que pour lui procurer les choses nécessaires à la vie, qui n'y étaient pas en abondance dans ces commencements. On y voyait des peintres, des sculpteurs, des menuisiers, des serruriers, des maçons, des vignerons et des laboureurs, qui obéissaient au commandement d'un ancien ; tout leur profit se mettait en commun pour l'entretien des religieux : ce qui, joint à tous les exercices de piété et de mortification qui sont l'âme et le fondement de la vie religieuse, fit regarder le saint fondateur comme le restaurateur de l'ordre de Saint-Benoît, dont il faisait revivre le premier esprit ; sa congrégation, qui conserva le nom du premier monastère qu'elle posséda, fut regardée comme une excellente réforme de cet ordre, par la régularité de ses observances, qui étaient telles qu'elles avaient été dans son commencement à Cluny, en Bourgogne, à Cave, en Italie et en Sicile, et à Sauve-Majour en Guyenne. Dieu y répandit une si grande bénédiction, qu'elle eut environ soixante-cinq maisons de sa dépendance, tant abbayes que prieurés, et environ trente églises paroissiales.

M. Baillet dit que le bienheureux Vital de Mortain fut si touché de l'excellence de ce nouvel institut, qu'il voulut soumettre à l'abbaye de Tiron tous les monastères et toutes les églises qui dépendaient de celle de Savigni, dont il était le fondateur, et qui se trouvaient déjà au nombre de cinquante, tant abbayes que prieurés. Il s'est peut-être fondé sur ce que dans la Vie de saint Bernard, composée par Geoffroi-Gross, l'un de ses disciples, on lit que Vital, après avoir bâti l'abbaye de Savigni en Normandie, la céda ensuite à Bernard avec tous les monastères qui en dépendaient : *Vitalis vero de Mauritonio suum fabricabat in Normannia nempe Savencium in diœcesi Abrincensi, quod postea domno Bernardo cessit cum monasteriis inde pendentibus.* Mais M. Baillet n'est pas le seul qui s'est trompé. Il est vrai qu'après la mort de Vital, Savigni, avec trente monastères qui en dépendaient, fut cédé à saint Bernard, abbé de Clairvaux, comme nous l'avons dit ailleurs (art. SAVIGNI), mais non à saint Bernard de Tiron : cette union de la congrégation de Savigni à l'ordre de Cîteaux ne fut faite qu'en 1148, près de trente ans après la mort du bienheureux Vital, qui ne fonda que la seule abbaye de Savigni pour des hommes, et celle des Blanches-Dames pour des filles. On a même prétendu que Savigni était de l'ordre de Tiron : c'étaient cependant deux congrégations différentes. Souchet a donné le catalogue des monastères de ces deux congrégations, en parlant de l'union qui fut faite de Savigni et de trente de ses monastères à l'ordre de Cîteaux ; il dit que cet ordre fut éteint presque dans son berceau, et que les deux autres qui furent fondés dans le même temps, Tiron et Fontevrault, subsistaient encore de son temps, c'est-à-dire en 1649, époque à laquelle il écrivait. *Atque ita celebris ordo ipsis pene incunabulis periit, et in alios mores transiit : duobus aliis, Tironense, scilicet et Fonte Abraldense, in hunc diem in priori instituto permanentibus.*

Pour revenir au bienheureux Bernard et à ses disciples, ils vivaient dans une pauvreté universelle. A peine avaient-ils dans les commencements ce qui était nécessaire à la vie. Souvent il fallait partager une livre de pain pour deux religieux, quelquefois pour quatre. Ils furent même quelques jours contraints de vivre d'herbes et de racines. Ils ne buvaient point de vin, et pratiquaient des austérités presque incroyables, ce qui n'empêcha pas un grand nombre de personnes de venir à Tiron pour y vivre sous la conduite du bienheureux Bernard, qui, à moins de trois ans, se vit père de plus de cinq cents religieux. La sainteté de ce fondateur se répandit bientôt jusque dans les lieux les plus éloignés : plusieurs provinces de France lui demandèrent de ses religieux ; et Henri, roi d'Angleterre et duc de Normandie, lui envoya Thibaud, comte de Blois, et Rotrou, comte du Perche, pour lui en demander aussi. Ce prince, pour marquer l'estime qu'il faisait de sa personne et de son institut, donna à son monastère de Tiron à perpétuité quinze marcs d'argent tous les ans, sans compter cinquante à soixante autres qu'il leur fit remettre tous les ans jusqu'à sa mort, après leur avoir fait bâtir un dortoir avec beaucoup de magnificence.

Le roi de France Louis le Gros, après une conférence qu'il eut avec ce saint fondateur, n'eut pas moins d'estime pour lui, et lui donna tout le territoire de Covitrey. Thibaud, comte de Blois, outre deux prieurés qu'il avait fait bâtir du vivant du saint, donna encore après sa mort au monastère de Tiron un grand nombre d'ornements d'église, et y fit bâtir l'infirmerie. Nombre de princes qui vinrent voir Bernard dans sa solitude, non-seulement lui firent de grands présents, mais même bâtirent, de son vivant et après sa mort, des monastères qu'ils soumirent à celui de Tiron ; tels furent Guillaume, duc d'Aquitaine ; Foulques, comte d'Anjou, qui fut ensuite roi de Jérusalem ; Gui le Jeune, comte de Rochefort ; Robert, Martin et Guichard de Beaujeu ; Geoffroi, vicomte de Châteaudun, etc. Rotrou, comte du Perche, rendit aux religieux de Tiron le monastère d'Arcisses, qui fut depuis érigé en abbaye. Robert, que l'on croit être le même que celui dont nous venons de parler, et auquel le roi d'Angleterre avait donné des terres en ce royaume, y conduisit treize religieux de Tiron, auxquels il fit bâtir l'abbaye de Notre-Dame de Cameis, au diocèse de Saint-David. David, duc de Northumbre, qui fut ensuite roi d'Écosse, ayant entendu parler du bienheureux Bernard, voulut aussi avoir de ses religieux, auxquels il fit bâtir l'abbaye de Kaburk, dans le diocèse de Saint-André. Ce prince passa en France pour y voir ce saint, mais il le trouva mort. Non-seulement il confirma les donations qu'il avait faites à son monastère, mais même il les augmenta. Il emmena encore avec lui douze autres religieux avec un abbé, auxquels il fit bâtir un second monastère en Écosse, et l'on y donna le nom de Tiron. Ce fut en 1116 que le bienheureux Bernard mourut, selon Souchet ; mais Henschenius ne met sa mort qu'en 1117. Le nombre des monastères de sa congrégation augmenta considérablement après sa mort. Il y avait dix abbayes, outre celle de Tiron qui en était le chef. Les abbayes étaient celle des Arcisses, au diocèse de Chartres, occupée présentement par des religieuses ; la Pelisse et le Guai de Launai, dans celui de Poitiers ; Joudieu, dans celui de Lyon ; le Tronchai, dans le diocèse de Dole ; Notre-Dame de Cameis en Angleterre, Rokaburk et Tiron en Écosse. Il y avait aussi dix prieurés et quinze cures au diocèse de Chartres ; huit prieurés et quatre cures au diocèse du Mans ; quatre prieurés au diocèse de Paris ; neuf prieurés et deux cures au diocèse de Rouen ; deux prieurés et deux cures au diocèse d'Avranches ; deux prieurés au diocèse de Nantes, et sept cures et cinq prieurés dans le diocèse de Poitiers, un dans celui de Meaux, deux dans le diocèse d'Orléans, et un dans celui de Soissons, outre trois offices claustraux de l'abbaye de Tiron, qui étaient ceux de camérier, de sacristain et d'infirmier. Les religieux de cette congrégation étaient habillés de gris cendré, et ne prirent le noir que dans la suite ; mais quoique Souchet dise que cette congrégation subsistait en 1649, il est certin que l'abbaye de Tiron, qui était tombée en commende dès l'an 1550, et dont le cardinal du Bellai avait été le premier abbé commendataire, fut agrégée à la congrégation de Saint-Maur en 1629. Ainsi au temps que Souchet écrivait, il pouvait y avoir encore quelques monastères où l'institut de Tiron était toujours en pratique ; mais la congrégation ne subsistait plus ; elle avait alors perdu son chef, et une partie des autres monastères avait aussi passé à d'autres ordres, ou avait été supprimée.

Gaufridus Gross, *Vit. B. Bernardi de Tironio, cum notis Joann. Souchet.* Bolland., tom. II, *Aprilis.* Baillet, *Vies des SS.*, 14 *Aprilis.*

TOISON D'OR (CHEVALIERS DE L'ORDRE DE LA), en *Espagne*.

L'ordre de la Toison d'Or a été institué par Philippe le Bon, duc de Bourgogne, en 1429 ; mais les historiens ne conviennent point du motif qui porta ce prince à donner à cet ordre le nom de *Toison d'Or :* les uns croient qu'il eut en vue la Toison d'Or dont il est parlé dans les Métamorphoses d'Ovide, que Jason, fils d'Eson, roi de Thessalie, conquit dans la Colchide, ayant tué par le secours de Médée le dragon qui la gardait. D'autres disent qu'il eut pour objet la toison que Dieu fit voir à Gédéon, pour l'assurer que c'était lui qui l'établissait juge d'Israël. Olivier de la Marche écrit qu'à l'âge de soixante-seize ans il fit ressouvenir Philippe Ier, roi d'Espagne, père de l'empereur Charles V, que Philippe le Bon, duc de Bourgogne, son aïeul, avait institué l'ordre de la Toison d'Or dans la vue de celle de Jason, et que Jean-Germain, évêque de Châlons-sur-Saône et chancelier de cet ordre, étant venu sur ces entrefaites, le fit changer de sentiment et déclara au jeune prince que cet ordre avait été institué dans la vue de la toison de Gédéon. Mais Guillaume, évêque de Tournay, qui était aussi chancelier de l'ordre, prétend que le duc de Bourgogne eut pour objet la toison d'or de Jason et la toison de Jacob : ce qu'il entend par ces brebis tachetées de diverses couleurs que ce patriarche eut pour sa part, suivant l'accord qu'il avait fait avec son beau-père Laban : ce qui donna lieu à ce prélat de composer un gros ouvrage où, sous le symbole de la toison de Jason, il parle de la vertu, de la magnanimité et de la grandeur d'âme dont un chevalier doit faire profession ; et sous le symbole de la toison de Jacob, la vertu de justice dont l'âme d'un chevalier doit être ornée ; voici comme il en parle dans la préface qu'il adressa à Charles, duc de Bourgogne :

Je votre très-humble orateur et serviteur, en obéissant à vos très-humbles plaisirs et commandemens, ai icy rédigé et mis par escript en deux livres les deux manieres de toisons desquelles je avoye entreprins de parler si le tems et heure l'eussent adoncques souffert. Et traitera le premier livre de la Thoison de Jason que communément on nomme et qu'on peut nommer la Thoison d'or, et de laquelle parle Ovide en son septiéme livre des Methamorphoses, et le met par fiction de poeterie comme fable ; mais nous trouvons qu'Eustacius le Poete et autres le mettent pour vraye histoire, comme au plaisir de Dieu, sera cy-après deduit et montré, par laquelle Thoison nous sera declairée la noble vertu de magnanimité. Le second livre sera de la Thoison de Jacob le saint patriarche de laquelle est escript par Moyse au XXX. chapitre de Genesis, et laquelle nous apprendra la vertu de justice, lesquelles vertus affierent principalement à roys, princes, chevaliers et nobles hommes, et pour ce peuvent lesd. Thoisons estre raisonnablement attribuées à l'ordre de la Thoison d'or ou sous le nom de la Thoison peut avoir esté meut ce tres devot, tres reluysant et tres catholique prince monseigneur le duc votre bon pere à qui Dieu soit misericors, d'avoir institué cette tres sainte et devote ordre mesmement attendue et considerée la fin de laquelle contendent les chapitres et statuts d'icelle, qui ne sont que à bonnes mœurs et à vertus telles que celles qui doivent resider et être en cueur de noble homme. Et dans un autre endroit, il dit encore : Pour ce qu'ainsi est, mon tres redouté seigneur que nous avons à parler de la Thoison, il me semble expedient, mais necessaire, sçavoir et entendre que c'est dont premierement elle vient, laquelle chose connuë on trouvera que ce n'est pas vanité ne chose qui fasse peu a estime ; car par cette Thoison d'or de Jason et celle de Jacob seront demontrées plusieurs vertus appartenantes à notre sainte chrétienne foy, pourquoy faut conclure que tres noble, tres catholique et tres prudent prince, feu de tres noble memoire mon tres redouté seigneur, monseigneur le duc Philippes votre pere, que Dieu pardoint n'a pas comme dit est en vain institué icelle ordre sous l'enseigne de la Thoison d'or.

Mais que ce soit la toison d'or de Jason, ou celle de Gédéon, ou celle de Jacob, qui aient servi d'objet au duc de Bourgogne pour donner le nom de toison d'or à l'ordre qu'il institua, le motif qu'il eut en l'instituant fut saint et pieux, puisque ce fut pour l'honneur et l'agrandissement de la foi catholique, comme il paraît par les statuts de cet ordre qui commencent ainsi : *Philippes par la grâce de Dieu duc de Bourgogne, de Lothier, de Brabant, et de Limbourg, comte de Flandres, d'Artois, de Bourgogne, palatin de Haynaut, de Hollande, Zelande et Namur, marquis du saint Empire, seigneur de Frise, de Salins, et de Malines : sçavoir faisons à tous presens et avenir que pour la tres-grande et parfaite amour, qu'avons au noble estat de chevalerie, dont de tres-ardente et singuliere affection desirons l'honneur et l'agrandissement : par quoy la vraye foy catholique, l'état de notre mere sainte Eglise et la tranquilité et prosperité de la chose publique soient comme esire peuvent deffenduës, gardées et maintenuës ; nous à la gloire et louange du tout-puissant notre Créateur et Redempteur, en reverence de sa glorieuse Mere Vierge, et à l'honneur de monseigneur saint Andrieu glorieux* apôtre et martyr, à *l'exaltation de la foy et de sainte Eglise, et excitation des vertus et bonnes mœurs, le dix du mois de janvier l'an de notre Seigneur 1429, qui fut le jour de la solemnisation du mariage de nous et de notre très chère et aimée compagne Elizabeth, en notre ville de Bruges, avons prins créé et ordonné et par celles presentes, creons et ordonnons un ordre et fraternité de chevalerie ou aimable compagnie de certain nombre de chevaliers que voulons estre appellé l'ordre de la Toison d'or*, etc. Georges Castellan, dans un poëme qu'il fit à la louange du duc de Bourgogne, dit aussi que cet ordre fut institué pour la propagation de la foi.

> Mais n'est oubly le haut eslevement
> De la Toison haute et divine emprise
> Que pour confort, aide et repaiement
> De notre foy, en long proposement
> Tu as mis sus divulgé et emprise
> Sous autre grand religion comprise
> Touchant honneur et publique équité,
> Pour estre mieux envers Dieu aquisté.

Ce qui se confirme aussi par l'épitaphe de ce prince, où on lui fait dire :

> Pour mieux maintenir l'Eglise qui est à Dieu maison,
> J'ay mis sus, le noble ordre qu'on nomme la Toison.

Le duc de Bourgogne ayant donc institué cet ordre le 10 janvier 1429, dans la ville de Bruges, le premier chapitre se tint l'année suivante à Lille, où furent faits les premiers chevaliers au nombre de vingt-quatre, et en 1431 ce prince dressa dans la même ville les statuts que ces chevaliers devaient observer. Ils contiennent soixante-six articles, auxquels les successeurs du duc de Bourgogne ont fait dans la suite plusieurs changements; car, par le vingt-deuxième article, il était porté que l'on devait solenniser la fête et tenir le chapitre de l'ordre tous les ans le jour de saint André, apôtre, sous la protection duquel il fut mis ; mais comme les jours sont courts en hiver, et que les chevaliers auraient eu de la peine à s'y trouver et venir si souvent dans cette fâcheuse saison, il fut ordonné que cette fête se célébrerait tous les trois ans le deuxième jour de mai, et Charles, dernier duc de Bourgogne, fils du fondateur, ordonna que les chapitres de l'ordre se tiendraient en tel temps et en telle saison de l'année que le souverain de l'ordre jugerait à propos, ce qui a toujours été observé depuis. Le même prince, dans le chapitre qu'il tint à Valenciennes, en 1473, voulut que les manteaux et les chaperons des chevaliers fussent à l'avenir de velours cramoisi doublés de satin blanc, au lieu qu'auparavant ils n'étaient que de drap ; et que sous ces manteaux ils portassent aussi des robes de velours cramoisi. Il ordonna de plus que les officiers de l'ordre, qui sont le chancelier, le trésorier, le greffier et le roi d'armes, auraient aussi des manteaux, des robes et des chaperons de velours cramoisi, et que la différence qu'il y aurait entre cet habillement et celui des chevaliers, c'est que le manteau des chevaliers aurait un bord semé de fusils,

(1) *Voy.*, à la fin du vol., n° 119.

pierres, étincelles et toisons brodés d'or, comme il était porté par les statuts ; tandis que ceux des officiers seraient tout unis. Il les obligea aussi de porter, le troisième jour de la solennité du chapitre, lorsqu'ils assisteraient à l'office de la Vierge, une robe de damas blanc avec un chaperon de velours cramoisi. Il engagea les souverains de l'ordre à leur fournir seulement les manteaux de velours cramoisi, et voulut que les chevaliers achetassent à leurs dépens les robes et chaperons noirs pour le second jour et les robes blanches pour le troisième jour (1).

Ce prince ayant été tué en Lorraine devant la ville de Nancy qu'il assiégeait, ne laissa qu'une fille unique, Marie, qui hérita de ses Etats. Elle avait épousé Maximilien d'Autriche, qui fut depuis empereur, et de ce mariage naquit Philippe d'Autriche, qui, ayant épousé Jeanne, fille des rois catholiques Ferdinand et Isabelle, unit par ce moyen les Etats du duc de Bourgogne à la monarchie d'Espagne, et depuis ce temps-là les rois d'Espagne ont toujours conféré l'ordre de la Toison d'Or. Ce Philippe Ier, roi d'Espagne, tint un chapitre de l'ordre à Bruxelles en 1500, où il déchargea les chevaliers de l'obligation qu'ils avaient de payer quarante écus d'or à leur réception, conformément à l'article 62 des statuts. Charles Ier, son fils, qui fut depuis empereur sous le nom de Charles V, fit aussi plusieurs changements et déclarations sur les statuts dans le chapitre qui se tint à Gand en 1516. Entre autres il augmenta le nombre des chevaliers jusqu'à cinquante-un, y compris le chef et souverain ; et comme ils étaient obligés de porter toujours ostensiblement le grand collier de l'ordre, ce qui était incommode, il ordonna qu'on le porterait à l'avenir à découvert aux fêtes de Noël, de Pâques, de la Pentecôte et de saint André, patron de l'ordre, ainsi qu'aux obsèques des chevaliers, dans toutes les assemblées ordinaires et extraordinaires, et dans d'autres cérémonies marquées par son ordonnance ; et qu'aux autres jours les chevaliers porteraient seulement une toison d'or attachée à un filet d'or ou à un ruban de soie.

La fortune n'ayant pas été favorable à cet empereur sur la fin de son règne, le fit résoudre à la retraite : c'est pourquoi, se trouvant à Bruxelles en 1555, il céda ses Etats d'Allemagne à Ferdinand son frère, et ceux d'Espagne, de Bourgogne, de Flandre et autres à Philippe II, son fils ; mais comme la grande maîtrise de l'ordre de la Toison d'Or appartenait à l'Espagne, il fit aussi son fils grand maître de cet ordre, et lui mit la couronne sur la tête. Ce nouveau roi d'Espagne fit encore des changements aux statuts de l'ordre ; et dans le chapitre qui se tint à Gand en 1559, il ordonna que les manteaux noirs et les chaperons, qui n'étaient que de drap, seraient aussi à l'avenir de velours noir, et qu'ils seraient donnés par le souverain aux chevaliers et officiers ; que le collier se porterait dès les premières Vêpres de toutes les fêtes auxquelles les chevaliers e devaient porter, aussi bien qu'à la grand'-messe et aux secondes Vêpres, toutes les fois qu'ils sortiraient de leurs maisons pour aller à l'office divin, ou qu'ils paraîtraient en public pour leurs propres affaires ; et comme cet ordre avait été institué pour la propagation de la foi, il voulut que l'on n'y reçût aucune personne suspecte d'hérésie, et obligea les chevaliers, avant que de procéder à l'élection d'un nouveau chevalier, de faire serment qu'ils n'éliraient aucune personne hérétique ni suspecte d'hérésie.

Cet ordre, qui du vivant du fondateur avait été approuvé par le pape Eugène IV en 1433, fut confirmé par Léon X en 1516. Ce pontife accorda aux chevaliers plusieurs privilèges ; entre autres il donna pouvoir au chancelier de l'ordre, dont l'office est toujours exercé par un prélat ou personne constituée en dignité ecclésiastique, de les absoudre, aussi bien que les officiers, de tous cas réservés ; de commuer leurs vœux ; d'accorder une indulgence plénière chaque année et à l'article de la mort. Il permit aux chevaliers de manger des œufs et du laitage en carême, de choisir dans une église deux autels à la visite desquels il attacha toutes les indulgences des stations de Rome. Il leur permit aussi de faire célébrer la messe chez eux, et à leurs femmes et filles d'entrer dans les monastères de l'ordre de Sainte-Claire et des autres religieuses avec le consentement des supérieurs. Quoique cela leur ait été contesté depuis le concile de Trente, ils ont néanmoins conservé ce privilège en Espagne.

Les chevaliers de cet ordre étaient autrefois élus à la pluralité des voix dans les chapitres, et le nombre avait été fixé à cinquante-un par l'empereur Charles V, comme nous l'avons dit ; mais Philippe II, voulant que la création de ces chevaliers dépendît entièrement de lui et des souverains de l'ordre, obtint, en 1572, du pape Grégoire XIII, un bref qui lui accordait le pouvoir de conférer cet ordre quand bon lui semblerait, et à telles personnes qu'il voudrait, sans la participation des chevaliers ; Clément VIII accorda la même faveur à Philippe III en 1596, et le nombre des chevaliers n'est plus limité. Les chapitres de l'ordre se tenaient d'abord tous les ans, ils se tinrent ensuite tous les trois ans, et furent enfin laissés à la disposition et volonté des rois d'Espagne. Ils ont envoyé le collier de cet ordre à un grand nombre de souverains : car, sans parler de tous les empereurs qui ont succédé à Charles V jusqu'à présent, et qui sont au nombre de douze, François Iᵉʳ, François II et Charles IX, rois de France, Édouard IV, Henri VII et Henri VIII, rois d'Angleterre, des rois de Bohême, de Hongrie, de Naples, de Sicile, de Portugal, de Pologne, de Danemark et d'Écosse, et un grand nombre de princes souverains d'Allemagne et d'Italie se sont fait honneur d'être de cet ordre. Charles II, roi d'Espagne, étant mort en 1700, et ayant appelé à la succession universelle de la monarchie d'Espagne Philippe de France, duc d'Anjou, second fils de Louis, dauphin de France, et petit-fils de Louis XIV et de Marie-Thérèse d'Autriche, sœur du même Charles II, roi d'Espagne, ce prince après avoir pris possession de cette monarchie, sous le nom de Philippe V, envoya le collier de l'ordre de la Toison d'Or à Louis, duc de Bourgogne, et à Charles, duc de Berri, ses frères, qui le reçurent de la main du roi Louis XIV, son aïeul, auquel il avait donné une commission pour cet effet. Les ducs d'Orléans et de Vendôme et plusieurs seigneurs françois ont depuis reçu cet ordre, que l'archiduc d'Autriche, Charles II, fils de l'empereur Léopold, a donné aussi à plusieurs gentilshommes en qualité de roi d'Espagne, dont, malgré la juste possession de Philippe V, il a pris le titre, et qu'il conserve encore aujourd'hui, sans aucun fondement, avec la dignité impériale où il fut élevé en 1711 par une partie des électeurs de l'Empire qui, contre les lois, concoururent à son élection, malgré l'absence des électeurs de Bavière et de Cologne, après la mort de l'empereur Joseph son frère, qui arriva cette même année.

Nous avons vu quel était l'habillement de ces chevaliers. Le grand collier est composé de fusils et de cailloux d'où sortent des étincelles de feu, et au bas du collier pend une toison d'or. Il était défendu d'y rien ajouter ni de l'enrichir d'aucunes pierreries ; mais cela a été permis dans la suite, et il y a de ces sortes de colliers qui sont d'un très-grand prix, selon la quantité et la qualité des pierreries dont ils sont enrichis. Les statuts de l'ordre qui avaient d'abord été donnés en françois aux chevaliers, furent mis en latin par Philippe Nigri, prévôt d'Harlebek et chancelier de l'ordre, et Nicolas Nicolaï, greffier du même ordre, les a rajeunis et mis en français plus moderne. Le duc d'Urbain-Guy-Ubald de la Rouère, fait chevalier de la Toison par Philippe II, roi d'Espagne, a été le seul qui ait refusé de recevoir ces statuts en françois, à cause de son aversion pour la France. On trouve de ces statuts imprimés en plusieurs langues.

Guillaume de Tournay, *La Toison d'Or*. Laurent Bouchel, *Bibliothèque ou Trésor du Droit français*. Favin, *Théâtre d'honneur et de chevalerie*. Bernard Giustiniani, *Hist. di tutti gli Ord. militari*. Du Belloy, *Origine des Ordres de chevalerie*. Schoonebeck, *Histoire des Ordres militaires*. *Toison d'Or, ou Recueil des statuts de l'Ordre de la Toison d'Or*. Jean-Baptiste Maurice, *Le Blason des armoiries des chevaliers de la Toison d'Or*; *Mausolée ou tombeau des chevaliers de l'ordre de la Toison d'Or*, et *Mémoires du temps*.

TOSCANE (Congrégation des Dominicains de).

Voy. Lombardie.

TOSCANE ET LOMBARDIE (Congrégation de).

Voy. Bernard (*Congrégation de Saint-*), en Toscane.

TOULOUSE (Congrégation de).

Voy. Ursulines *de la Congrégation de Toulouse*.

TOURAINE (Congrégation de).
Voy. Carmes *de l'Étroite-Observance.*

TRAPPE (Réforme de la).

Des religieux de la Trappe, avec la Vie de Dom Armand-Jean le Bouthillier de Rancé, leur réformateur.

L'abbaye de Notre-Dame de la Maison-Dieu de la Trappe, de l'ordre de Cîteaux, dans le Perche, fut fondée en 1140 par Rotrou, comte de Perche, et son église fut consacrée, sous le nom de la sainte Vierge, par Robert, archevêque de Rouen, Raoul, évêque d'Evreux, et Sylvestre, évêque de Séez, à la sollicitation de Guillaume, cinquième abbé de ce monastère, qui était un des membres de l'ordre de Savigni ; il fut uni à celui de Cîteaux en 1148, par Serlon, son quatrième abbé ; et par l'entremise de saint Bernard, cet ordre fut mis sous la filiation de Clairvaux, avec tous les monastères qui en dépendaient, comme nous l'avons dit ailleurs.

L'abbaye de la Trappe fut longtemps célèbre par l'éminente vertu de ses abbés et de ses religieux : la sainteté et les miracles d'Adam, son second abbé, la rendirent encore plus fameuse, et plus de deux cents ans après sa fondation elle était si considérée des princes et des papes, qu'on trouve jusqu'à quatorze ou quinze bulles des souverains pontifes adressées aux religieux de la Trappe, pour confirmer et approuver les droits et les privilèges qui leur avaient été accordés par leurs prédécesseurs. Mais elle eut enfin le sort de plusieurs autres maisons de cet ordre, où les religieux, dégénérant de la vertu de leurs pères, abandonnèrent les observances régulières. Nous avons fait voir ailleurs que les guerres avaient été cause en partie du relâchement dans lequel les monastères de France étaient tombés, et que la plupart des religieux n'avaient point fait difficulté d'abandonner leurs monastères, pour n'être point exposés à la fureur des soldats. Cependant les religieux de la Trappe, quoique réduits à l'extrémité par la violence des Anglais, qui avaient plusieurs fois saccagé leur abbaye, et les avaient réduits à manquer de tout, prirent un parti qu'on ne saurait assez louer : ils ne voulurent point quitter leur solitude, pour aller par le monde chercher les secours dont ils avaient besoin, et trouvèrent dans leurs jeûnes et dans un travail continuel le peu qui leur était nécessaire pour subsister. Ils se soutinrent de la sorte pendant quelque temps ; mais les Anglais revenant de temps à autre leur enlever le peu qu'ils avaient amassé, ils furent enfin contraints de se séparer, et ne revinrent que lorsque la guerre fut finie ; mais ils étaient bien différents de ce qu'ils avaient été, par la corruption qu'ils avaient contractée dans le monde.

Les commendes ayant été établies en France, le cardinal du Bellai fut nommé abbé commendataire de la Trappe. Les religieux s'opposèrent pendant plusieurs années à cette nomination, et continuèrent à élire leurs abbés, avec l'approbation et confirmation de la cour de Rome ; mais enfin ils furent contraints de céder à l'autorité du roi et au crédit du cardinal. Depuis ce temps, le déréglement fit de si grands progrès dans cette abbaye, que ses religieux devinrent le scandale du pays. La ruine du temporel suivit de près celle du spirituel. Les lieux réguliers dépérirent, et les bâtiments tombèrent tellement en ruine, qu'à peine s'en trouvait-il assez pour loger six ou sept religieux, qui les avaient même laissé occuper par des serviteurs, des femmes et des enfants. Ils ne vivaient plus en communauté, et, dispersés çà et là, ils ne se rassemblaient que pour des parties de chasse et de divertissement.

Les choses étaient en cet état lorsqu'en 1662 Dieu suscita Dom Armand-Jean le Bouthillier de Rancé, abbé commendataire de la Trappe, et lui inspira le dessein de réformer cette abbaye et d'y faire revivre, autant que le malheur des temps le permettait, comme dit un auteur de sa Vie (Marsollier), que nous avons exactement suivi, l'ancienne pénitence, l'esprit, les sentiments et la pratique de cet heureux âge de l'Eglise, auquel la discipline monastique paraissait dans sa perfection et dans toute sa vigueur.

Il était fils de Denis le Bouthillier, seigneur de Rancé, baron de Veret, secrétaire des commandements de la reine Marie de Médicis, et conseiller d'Etat ordinaire. Il naquit le 9 janvier 1626. Les premières vues de son père étaient de le faire chevalier de Malte ; mais, quoiqu'il le destinât à porter les armes, il ne laissa pas de lui faire continuer ses études : il lui donna en même temps trois précepteurs, dont l'un lui apprenait la langue latine, l'autre la grecque, et le troisième était occupé à former ses mœurs, à veiller sur sa conduite, et à lui apprendre les principes de la religion chrétienne ; ce qui n'empêchait pas qu'il ne lui fît enseigner les exercices qui convenaient à une personne de qualité et à la profession des armes : il lui avait donné à cet effet des maîtres expérimentés dans ces exercices.

Mais la mort de son frère aîné obligea M. de Rancé son père à changer de vues pour son établissement. Il lui fit quitter l'épée pour prendre l'état ecclésiastique, que son frère avait embrassé, et en lui succédant dans la qualité d'aîné, il succéda également aux bénéfices dont il était pourvu, et son père lui en procura plusieurs autres : ainsi en peu de temps il se vit chanoine de Notre-Dame de Paris, abbé de la Trappe, de l'ordre de Cîteaux ; de Notre-Dame du Val, de l'ordre de Saint-Augustin, et de Saint-Symphorien de Beauvais, de l'ordre de Saint-Benoît ; prieur de Boulogne près de Chambord, aussi de l'ordre de Saint-Benoît, et de Saint-Clément en Poitou. Ainsi, à l'âge de dix à onze ans, sans avoir rendu aucun service à l'Eglise, et n'ayant pas même l'âge de lui en rendre, il jouissait de quinze à vingt mille livres de revenus ecclésiastiques.

L'abbé de Rancé regarda son engagement dans l'état ecclésiastique comme un nouveau motif de s'appliquer à l'étude ; il y était déjà porté d'inclination, et il y fit de si grands progrès qu'à l'âge de douze ans il donna au public une nouvelle édition des poésies d'Anacréon, qu'il accompagna d'un commentaire grec qui fut admiré des savants; il fit ensuite une traduction française de ce poëte. Après avoir fait son cours de philosophie au collége d'Harcourt, il étudia en théologie. Il soutint sa *tentative* à l'âge de vingt et un ans, et fit ensuite sa licence avec succès. Ses qualités naturelles lui donnaient de grands avantages pour le monde. Il l'aimait et en était aimé. Les plaisirs le cherchaient, et il ne les fuyait pas. Il ne donnait pas néanmoins dans des désordres grossiers auxquels la jeunesse ne s'abandonne que trop aisément : tout ce que le monde appelle les belles passions occupait son cœur tour à tour. La délicatesse régnait dans sa table, beaucoup de propreté et de luxe dans ses meubles, dans ses équipages et dans ses habits; il avait une passion extraordinaire pour la chasse, ce qui lui faisait aimer sa belle maison de Veret en Touraine, dont il avait hérité à la mort de son père.

Une vie si peu convenable à un ecclésiastique ne lui donnait aucun scrupule, et ne l'empêcha pas de recevoir la prêtrise en 1651, des mains de l'archevêque de Tours, son oncle, dont il se flattait d'être un jour coadjuteur : ce qui lui fit refuser l'évêché de Léon; il reçut le bonnet de docteur en 1654.

Plus il avançait en âge, plus il s'égarait. Un jour qu'il était dans sa maison de Veret avec trois de ses amis, après s'être bien divertis, ils prirent la résolution de mettre chacun mille pistoles dans une bourse, et d'aller comme des chevaliers errants, tant que leur argent durerait, chercher leur aventure par terre et par mer, et, suivant leur expresion, partout où le vent les pourrait porter; mais des obstacles qui survinrent rompirent leur dessein, lorsqu'ils étaient près de l'exécuter.

L'abbé de Rancé n'eût pas manqué de se perdre, si Dieu, qui le regardait des yeux de sa miséricorde, n'eût commencé de le rappeler à lui-même par des accidents imprévus. Le premier fut la mort de Léon le Bouthillier de Chavigni, son cousin germain, sur lequel il mettait toutes les espérances de sa fortune, et dont il fut vivement touché. Le second ne l'affecta pas moins. En se promenant sur le terrain qui est derrière l'église de Notre-Dame de Paris, où il avait porté son fusil pour tirer par divertissement à quelque oiseau, des gens tirèrent sur lui du bord de la rivière, ou par mégarde ou à dessein. Les balles donnèrent dans l'acier de sa gibecière, qui en arrêta le coup et lui sauva la vie : sans cela il tombait mort sur la place. La protection de Dieu était trop visible pour ne la pas reconnaître; il en fut touché, et, dans le premier moment de sa reconnaissance, il ne put s'empêcher de crier : *Hélas! que devenais-je, si Dieu n'eût eu pitié de moi!*

Mais les réflexions n'allèrent pas alors plus loin : la gloire et l'ambition, qui le tenaient trop fortement attaché au monde, étouffèrent en lui ces premiers mouvements de la grâce. Les louanges qu'il reçut dans l'assemblée du clergé de France, en 1655, où il assista comme député du second ordre; l'estime qu'on y fit paraître de son savoir, lorsque l'assemblée le pria de prendre soin d'une édition plus correcte d'Eusèbe et de quelques autres Pères grecs; la survivance de la charge de premier aumônier de Gaston de France, duc d'Orléans, qu'il obtint dans le même temps : tout cela renouvela en lui cette passion qu'il avait pour la gloire, en sorte qu'il ne pensa plus qu'aux moyens d'en acquérir. Mais Dieu, qui sait confondre les pensées des hommes, et qui se sert quelquefois des plus petits moyens pour opérer de grandes merveilles, sut bientôt dissiper tous ces projets d'une ambition mondaine, par un simple soupçon, qu'il permit qu'on lui inspirât, que son procédé dans l'assemblée du clergé n'était pas agréable à la cour. Il n'en fallut pas davantage pour abattre ce cœur ambitieux; ne pouvant supporter un coup si fatal à sa fortune, il prit le parti de se retirer à Veret, avant même que cette assemblée fût finie.

Cette retraite, à laquelle Dieu avait fixé le moment de sa conversion, lui donna tout le temps de réfléchir sur l'inconstance de la fortune et sur le peu de fond qu'il y devait faire; la mort de M. le duc d'Orléans, arrivée en 1660, le fit enfin résoudre à changer de vie. Pour se déterminer sur l'état qu'il devait embrasser, il consulta les évêques de Pamiers, d'Aleth, de Châlons et de Comminge, qui lui conseillèrent de commencer par quitter ses bénéfices. Il le fit, et ne retint que l'abbaye de la Trappe, dans le dessein de s'y retirer; mais sachant que, pour être parfait et vrai Jésus-Christ, il faut se défaire de tout, il vendit encore son bien de patrimoine, à la réserve de deux maisons qu'il avait à Paris, et qu'il donna à l'Hôtel-Dieu de la même ville. Tous les biens qu'il vendit se montaient à la somme de trois cent mille livres, sur laquelle il donna à son frère et à sa sœur la part de la succession de leur père, dont il paya aussi les dettes. Il récompensa ses domestiques, et ne conserva que deux valets, dont l'un le suivit dans sa retraite à la Trappe, dont il fut un des plus fervents religieux. Ces obligations remplies, il donna le reste de son argent à l'Hôtel-Dieu et à l'hôpital général de Paris, à l'exception d'une modique somme qu'il réserva pour réparer son abbaye, dont tous les bâtiments tombaient en ruine, et il se contenta d'environ trois mille livres de rente, à quoi se réduisait tout le revenu de cette abbaye.

Ses affaires réglées, il se retira à la Trappe. Ses premiers soins furent de remédier aux désordres qui y régnaient; mais ce fut en vain qu'il exhorta les religieux à changer de conduite : c'est pourquoi, les voyant résolus de persévérer dans leur libertinage, il leur déclara qu'il était dans la résolution d'appeler les religieux de l'Étroite-Observance pour prendre leur place. Sur cette proposition, ils se soulevèrent contre lui, et se portèrent aux dernières extrémités : les uns le menacèrent de le poignarder, les autres de l'empoisonner ou de le noyer dans leurs étangs. Ces menaces ne l'étonnèrent point; les religieux de l'Etroite-Observance furent introduits dans cette abbaye, et les anciens furent obligés d'y consentir par un concordat, qu'ils signèrent le 17 août 1662, et qui fut ensuite homologué au parlement de Paris, le 16 février de l'année suivante. Ces anciens, au nombre de sept, dont six de chœur et un convers, eurent, en vertu de ce concordat, chacun quatre cents livres de pension. L'abbé de Rancé, pour mettre les réformés en état de faire dans la suite les réparations nécessaires dans cette abbaye, leur céda la terre de Nuisement, qui était de la mense abbatiale, consentant qu'elle fût unie pour toujours à la mense conventuelle; il se chargea encore, comme abbé, du rétablissement d'une partie des lieux réguliers, aussi bien que des réparations actuelles, qu'il fit à ses dépens.

Il ne se contenta pas d'avoir rétabli les observances régulières dans son abbaye : il voulut lui-même les mettre en pratique et vivre avec la même austérité que la communauté. C'est pourquoi, après avoir obtenu un brevet du roi pour pouvoir tenir son abbaye en règle, il prit l'habit religieux dans celle de Perseigne, d'où étaient sortis les religieux réformés qui étaient à la Trappe. Il y commença son noviciat le 13 juin 1663, âgé alors de trente-sept ans cinq mois, et fit sa profession le 26 juin 1664, entre les mains de Dom Michel Guiton, commissaire de l'abbé de Prières, vicaire général, avec deux novices, dont l'un avait été son domestique, comme nous l'avons dit ci-dessus.

La bénédiction abbatiale qu'il reçut ensuite le mit dans une puissance entière d'exécuter les projets qu'il avait médités. Il ne trouvait pas que les religieux de l'Etroite-Observance fussent assez réformés. Il demeurait d'accord qu'on avait rétabli dans cette réforme d'excellentes pratiques, et que la vie qu'on y menait était saine; mais il était persuadé que la règle de saint Benoît, dont on y fait profession, demandait quelque chose de plus. L'exemple des premiers religieux de Cîteaux le touchait vivement, et il ne pouvait approuver qu'on n'en eût pas rétabli tous les usages. Il prit donc la résolution de porter les choses plus loin qu'on ne l'avait fait dans l'Etroite-Observance, et de faire revivre le premier esprit de cet ordre. Peu à peu il en rétablit dans sa maison les pratiques les plus austères. Il commença par déterminer les religieux de sa communauté à se priver de l'usage du vin et de celui du poisson. Ils ne se permirent celui des œufs que fort rarement, et celui de la viande que dans les plus grands besoins. Le commerce avec les séculiers fut moins fréquent, et on rétablit le travail des mains.

Pendant que l'abbé de la Trappe ne pensait qu'à se sanctifier lui-même et à porter ses frères à la plus haute perfection de l'état monastique, il fut obligé de se trouver à une assemblée des abbés et supérieurs de l'Etroite-Observance, qui se tint au collège des Bernardins à Paris, en 1664, pour le sujet dont nous avons rendu compte dans un article précédent, et qui l'obligea de faire deux fois le voyage de Rome sans avoir réussi dans sa commission. Pendant son absence, le prieur de son monastère, qu'il avait choisi lui-même comme un religieux sur la piété et l'austérité duquel on pouvait compter, au lieu de maintenir la régularité, ne songeait qu'à l'altérer et à y introduire du relâchement : il alla même jusqu'à faire servir du poisson au réfectoire, à donner à ses religieux l'exemple d'en manger, et à violer l'abstinence qu'ils s'étaient prescrite et dont ils avaient promis à l'abbé de ne point transgresser l'observance. Le sous-prieur, qui avait du zèle et de la fermeté, s'y opposa; les autres religieux se joignirent à lui, et se maintinrent malgré le prieur dans toutes ces pratiques d'austérités qu'ils avaient rétablies à la persuasion de leur abbé. L'abbé de Prières fut obligé d'aller au monastère pour y rétablir la paix et la tranquillité, et se crut obligé, pour mieux y réussir, d'envoyer le prieur dans un autre monastère jusqu'au retour de l'abbé, qui ne revint qu'au mois de mai 1666. L'éloignement du prieur ayant eu tout le bon succès qu'on pouvait en espérer, l'abbé de la Trappe eut la consolation de trouver à son retour la même observance régulière qu'il y avait établie. C'est pourquoi, se voyant tranquille dans son monastère, il ne songea plus qu'à y établir la réforme dans sa plus grande rigueur : il y fit donc revivre tous les anciens usages de Cîteaux. Mais comme parmi ces anciennes pratiques il se trouvait beaucoup de choses qui ne convenaient pas au temps, il crut qu'il devait se restreindre à la pauvreté et à la simplicité qui s'y trouve établie, aux jeûnes, aux veilles, à la prière, aux couches dures, au travail des mains, au silence, à la nudité des pieds du mercredi des Cendres et du vendredi saint, à l'abstinence des six vendredis de carême, dont les trois premiers sont à une seule portion et les trois autres au pain et à l'eau, et à toutes pratiques semblables, qui s'observent encore exactement dans ce monastère.

L'abbé de la Trappe ne se contentait pas de vivre comme ses religieux : il enchérissait encore sur leur pénitence. Ses jeûnes étaient si continuels et si austères, qu'on ne pouvait comprendre comment il pouvait vivre en mangeant si peu. Il choisissait toujours les travaux les plus humiliants et les plus rudes, et revenait quelquefois du travail si fatigué qu'il ne pouvait se soutenir; il était toujours le premier à l'office, à la prière et à tous les exercices réguliers; il n'ordonnait rien dont il ne donnât l'exemple, et il allait même toujours au delà de ce qu'il prescrivait aux autres.

L'arrêt du conseil d'Etat qui fut rendu en 1675, et qui accordait à l'abbé de Cîteaux une autorité absolue sur les religieux de l'Etroite-Observance, fit appréhender à l'abbé de la Trappe qu'on n'entreprit d'affaiblir la discipline de son monastère; afin de la mieux affermir, il proposa à ses religieux de renouveler leurs vœux, ce qu'ils firent le 26 juin de la même année, et promirent d'observer jusqu'au dernier soupir de leur vie toutes les pratiques établies dans leur maison, protestant de résister par toutes sortes de voies légitimes à tous ceux qui voudraient, sous quelque prétexte que ce pût être, introduire dans leur monastère le moindre relâchement.

La mort lui ayant enlevé en peu d'années plus de trente religieux des plus fervents, et lui-même étant tombé dangereusement malade, le bruit s'en répandit dans le monde et donna occasion à beaucoup de discours. On ne manqua pas de l'attribuer à la mauvaise nourriture, aux jeûnes et aux autres austérités. On ne garda sur cela aucune modération : l'abbé fut déchiré de la manière la plus étrange. Des prélats lui écrivirent pour lui persuader d'adoucir la pénitence et les autres austérités de son monastère; mais loin de faire attention à toutes ces plaintes, il s'appliqua avec d'autant plus d'ardeur à les maintenir, que les maladies qui les avaient causées étaient cessées. Sa santé, qui était rétablie, ne lui servit pas seulement à faire observer les pratiques qu'il avait introduites, mais elle lui donna encore le moyen de composer plusieurs ouvrages pour leur défense. Celui qui fit le plus de bruit fut son *Traité de la sainteté et des devoirs de l'état monastique*, qui lui attira bien des censeurs. On l'attaqua personnellement; on calomnia les motifs de sa retraite; on le traita d'ambitieux et d'hypocrite, et on le déchira par de sanglantes satires. Le P. Mabillon défendit contre lui les études monastiques avec beaucoup de modération. L'abbé de la Trappe lui répondit; et le P. Mabillon donna sur la réponse de l'abbé des réflexions d'autant plus fortes et convaincantes, pour prouver ce qu'il avance en faveur de ces études, qu'elles étaient soutenues par la vie exemplaire de ce savant écrivain, qui a su allier à une profonde érudition beaucoup d'humilité et de modestie, jointes à une exacte observance de ses règles et des autres pratiques qui font un parfait religieux, malgré l'opposition que l'abbé de la Trappe met entre l'état monastique et l'étude, qu'il prétend en être la ruine.

Le zèle de l'abbé de la Trappe ne se borna pas au dedans de son monastère : il s'étendit aussi sur celui des Clairets, abbaye de filles de l'ordre de Cîteaux, fondée en 1213. Guillaume V, abbé de la Trappe, en fut le premier père et supérieur immédiat, et elle demeura toujours sous la conduite des abbés de ce monastère, tant qu'il en eut de réguliers; elle ne retourna sous la filiation de Clairvaux, à laquelle elle appartient naturellement au défaut des abbés de la Trappe, que lorsque cette abbaye fut tombée en commende. Mais Dom Armand, d'abbé commendataire qu'il était étant devenu abbé régulier, devait reprendre sur cette abbaye des Clairets l'autorité qu'avaient eue ses prédécesseurs. Personne ne la lui disputait : au contraire, le chapitre général de Cîteaux de l'an 1686 le remettait dans son droit, et l'engageait à prendre la direction de cette maison. Les abbés de Cîteaux et de Clairvaux l'en pressaient; cependant, soit indifférence pour cette direction, soit déférence pour l'abbé de Clairvaux, qui en était en possession depuis longtemps, il ne pouvait s'y résoudre, et le laissait jouir paisiblement de son droit. Mais Angélique-Françoise Destampes de Valençai ayant été nommée par le roi à cette abbaye, pressa si fort l'abbé de la Trappe de ne pas résister davantage aux ordres des chapitres généraux, et de se rendre aux intentions des abbés de Cîteaux et de Clairvaux, qu'il se chargea enfin de la direction de l'abbaye des Clairets, et y fit sa première visite en 1690. Il en fit une seconde en 1691; et dans les exhortations qu'il fit aux religieuses, il les disposa de telle sorte à la réforme, qu'elles embrassèrent celle de l'Étroite-Observance en 1692, ce qui lui donna lieu de faire une troisième visite dans ce monastère, afin de mettre la dernière main à ce qu'il avait commencé dans les deux premières. Ses pénitences et ses austérités le réduisirent enfin dans un état qui l'obligea de se relâcher de son exactitude. Il n'assistait plus au travail et se trouvait rarement au chapitre. Ses exhortations ne furent plus si fréquentes; et, appréhendant que le relâchement ne se glissât insensiblement, ou que du moins la ferveur que son exemple avait toujours soutenue ne s'affaiblît, il se démit de son abbaye entre les mains du roi, qui lui donna le choix d'un successeur. L'abbé pria Sa Majesté de lui accorder Dom Zozime, prieur de la Trappe. Ce religieux fut agréé du roi, mais il mourut avant que de recevoir ses bulles. Dom François-Armand fut proposé pour remplir sa place; le roi l'accepta et le nomma à cette abbaye, dont il reçut les bulles, et il fut béni au mois d'octobre 1696. Mais Dom Armand le Bouthillier ne fut pas longtemps à s'en repentir : ce nouvel abbé prit une conduite tout opposée à la sienne. On vit les moines de la Trappe partagés en deux factions : les uns tenaient pour lui, les autres pour le nouvel abbé, qui, se faisant scrupule de cette division dont il était l'auteur, se démit de son abbaye. A peine eut-il fait cette démission qu'il s'en repentit, et fit tout son possible pour la ravoir; mais toutes ses poursuites furent inutiles, et le roi nomma Dom Jacques de la Tour, qui prit possession de cette abbaye en 1699, et qu'il a gouvernée jusqu'à présent selon l'esprit du réformateur, qui mourut l'année suivante 1700, le 29 octobre, à l'âge de soixante-quinze ans.

Il ne nous reste plus qu'à parler des observances de ces saints religieux. En été, ils se couchent à huit heures, et en hiver à sept. Ils se lèvent la nuit à deux heures pour aller à Matines, qui durent ordinairement jusqu'à quatre et demie, parce que, outre le grand office, ils disent aussi celui de la Vierge, et entre les deux ils font une méditation d'une demi-heure. Les jours où l'Eglise ne solennise la fête d'aucun saint, ils récitent encore l'office des Morts. Au sortir de Matines, si c'est en été, ils peuvent s'aller reposer dans leurs cellules jusqu'à Prime, et l'hiver ils vont dans une chambre commune proche du chauffoir, où chacun lit en particulier. Les prêtres prennent d'ordinaire ce temps-là pour dire leurs messes. A cinq heures et demie, ils disent Prime, et vont ensuite au chapitre, où ils sont environ une demi-heure, excepté certains jours qu'ils y demeurent plus longtemps à entendre les exhortations de l'abbé ou du prieur. Sur les sept heures ils vont travailler : chacun quitte sa coule, et retroussant l'habit de dessous (1), ils se mettent les uns à labourer la terre, les autres à cribler, d'autres à porter des pierres, chacun suivant la tâche qui lui est assignée, car il ne leur est pas libre de choisir ce qui convient le plus à leur inclination. L'abbé lui-même est au travail et s'emploie souvent à ce qu'il y a de plus abject. Quand le temps ne permet pas de sortir (2), ils nettoient l'église, balayent les cloîtres, écurent la vaisselle, font des lessives, épluchent des légumes; quelquefois ils sont deux ou trois assis contre terre les uns auprès des autres à ratisser des racines, sans parler jamais ensemble. Il y a aussi des lieux destinés à travailler à couvert, où plusieurs religieux s'occupent, les uns à écrire des livres d'église, les autres à en relier, quelques-uns à des ouvrages de menuiserie, d'autres à tourner, et à d'autres travaux différents, car ils font presque tout ce qui est nécessaire à la maison et à leur usage. Quand ils ont travaillé une heure et demie, ils vont à l'office, qui commence à huit heures et demie : on dit Tierce, ensuite la messe, suivie de Sexte, et ils se retirent dans leurs chambres, où ils s'appliquent à quelque lecture, après laquelle ils vont chanter None, et ce n'est aux jours de jeûnes, que l'office est retardé, et qu'on ne dit None qu'un peu avant midi. De là ils se rendent au réfectoire, qui est fort grand, et dans lequel est un long rang de tables de chaque côté. Celle de l'abbé est en face au milieu des autres, et contient les places de six ou sept personnes. Il se met à un bout, ayant à sa main gauche le prieur, et à sa droite les étrangers, lorsqu'il y en a qui mangent au réfectoire, ce qui arrive rarement. Ces tables sont nues et sans nappes, mais fort propres. Chaque religieux a sa serviette, sa tasse de faïence, son couteau, sa cuiller et sa fourchette de buis, qui restent toujours à la même place. Ils ont devant eux du pain plus qu'ils n'en peuvent manger, un pot d'eau, un autre pot d'environ chopine de Paris, un peu plus qu'à moitié plein de cidre, parce que l'on garde pour la collation ce qu'il en faut pour achever de le remplir; leur pain est fort bis et gras, à cause qu'on ne sasse point la farine, et qu'elle est seulement passée par le crible, ce qui fait que la plus grande partie du son y demeure. On leur sert un potage, quelquefois aux herbes, d'autres fois aux pois ou aux lentilles, et ainsi indifféremment d'herbes et de légumes, mais toujours sans beurre et sans huile, avec deux petites portions, aux jours de jeûnes, savoir un petit plat de lentilles et un autre d'épinards ou de fèves, ou de bouillie, ou de gruau, ou de carottes, ou quelque autre racine, selon la saison. Leurs sauces ordinaires sont faites avec du sel et de l'eau épaissie avec un peu de gruau et quelquefois un peu de lait. Au dessert on leur donne deux pommes ou deux poires cuites ou crues. Après le repas, ils rendent grâces à Dieu, et vont achever leurs prières à l'église, au sortir de laquelle ils se retirent dans leurs cellules, où ils peuvent s'appliquer à la lecture et à la contemplation. A une heure ou environ, ils retournent au travail, reprenant celui qu'ils ont quitté le matin, ou en commençant un autre. Ce second travail dure encore une heure et demie ou deux heures quelquefois. La retraite sonnée, chacun quitte ses sabots, remet ses outils dans un lieu à ce destiné, reprend sa coule, et se retire à sa chambre, où il lit et médite jusqu'à Vêpres, qu'on dit à quatre heures. A cinq heures on va au réfectoire, où chaque religieux trouve pour sa collation un morceau de pain de quatre onces, le reste de sa chopine de cidre, avec deux poires ou deux pommes ou quelques noix aux jeûnes de la règle; mais aux jeûnes d'Église ils n'ont que deux onces de pain et une fois à boire. Les jours qu'ils ne jeûnent pas, on leur donne pour leur souper le reste de leur cidre, une portion de racines et du pain avec quelque pomme ou poire au dessert, mais pour lors à leur dîner on ne leur présente qu'une portion de légumes avec leur potage. Quand ils ne font que la collation, un quart d'heure leur suffit, il leur reste encore une demi-heure pour se retirer, après laquelle ils se rendent dans le chapitre, où l'on fait la lecture de quelque livre spirituel jusqu'à six heures, que l'on dit Complies, après lesquelles on fait une méditation d'une demi-heure; au sortir de l'église, on rentre au dortoir après avoir reçu l'eau bénite des mains de l'abbé. A sept heures on sonne la retraite, afin que chacun se couche, ce qu'ils font tout vêtus, sur des ais où il y a une paillasse piquée, un oreiller rempli de paille et une couverture; ils ne se déshabillent jamais, même quand ils sont malades. La seule douceur qu'ils aient à l'infirmerie, c'est que leurs paillasses ne sont pas piquées. Il arrive rarement, si malades qu'ils soient, qu'on leur donne du linge, à moins que la maladie ne soit extraordinaire. Ils ne laissent pas d'y être gouvernés avec grand soin. Ils y mangent des œufs et de la viande de boucherie; mais on ne leur donne jamais de volaille, ni fruits confits ni sucrés, et lorsqu'un malade paraît en danger de mort, l'infirmier prépare de la paille et de la cendre sur quoi on le met quand il est prêt d'expirer. Il n'y

---

(1) *Voy.*, à la fin du vol., n° 120.

(2) *Voy.*, à la fin du vol., n° 121.

a dans l'église ni chandeliers d'argent, ni riche ornement : tout y est simple et se ressent de la pauvreté : les chasubles et les parements des autels ne sont pas de soie. Un crucifix d'ébène sur l'autel et aux deux extrémités du contre-autel, deux plaques de bois, d'où sortent deux branches qui portent deux cierges, en font tout l'ornement. Les étrangers sont reçus dans ce monastère avec beaucoup de charité ; de petits tableaux attachés à la muraille de la chambre où on les reçoit d'abord, les instruisent de la manière dont il faut se comporter dans ce saint lieu. Les mets ordinaires qu'on leur présente sont un potage, deux ou trois plats de légumes, un plat d'œufs, et jamais de poisson, quoique les étangs en soient remplis. On ne leur donne aussi que du cidre, et même le pain que mangent les religieux.

La réputation que ces saints solitaires se sont acquise par une vie si austère et si pénitente a inspiré au grand-duc de Toscane, Côme III, l'envie d'établir une maison de cette même réforme dans l'abbaye de Buon-Solasso, près de Florence, et qui lui a été accordée par le pape Clément XI. Il en fit disposer les lieux à la manière de la Trappe, d'où on lui envoya dix-huit religieux en 1705, avec la permission du roi. Un de ces religieux, connu dans le monde sous le nom du comte d'Avia, Piémontais de naissance, et qui a figuré autrefois avec éclat à la cour du duc de Savoie, a été nommé abbé de cette maison. Le frère Arsène, frère aîné de M. le marquis de Janson et de M. l'abbé de Janson, et qui a porté dans le monde le nom de *comte de Rosemberg*, est aussi du nombre de ces religieux.

Marsollier et Maupeou, *Vie de l'abbé de la Trappe. Constitutions de la Trappe*. Félibien, *Description de la Trappe*. Moreri, *Dictionnaire historique*. Corneille, *Dictionnaire géographique et historique*.

Le mot *Trappe* signifie, dit-on, dans le langage ancien des habitants du pays où est situé le célèbre monastère, la même chose que *degré*. Il existe dans la commune d'Origny-le-Butin une ferme appelée la *Petite-Trappe*, et cette commune est, comme l'abbaye actuellement, dans l'arrondissement de Mortagne, département de l'Orne, dans la province du Perche. Y eut-il quelques relations autrefois d'intérêt, de coexistence, etc., entre la Trappe et la Petite-Trappe ? je l'ignore, et ne l'ai vu nulle part. S'il n'y eut jamais de communauté à la Petite-Trappe, je serais porté à croire que ces deux localités, ou mieux ces deux endroits, portaient leur nom avant la fondation du monastère dont il est parlé dans cet article. Un historien dit même positivement que de tous temps ce lieu s'appelait la Trappe.

Il est peut-être utile de modifier un peu ici ce que dit Hélyot sur l'effet produit à la Trappe par les guerres et les incursions des Anglais. En 1362, les religieux de cette maison furent forcés de se retirer dans le château de Bons-Moulins, pour s'y mettre à l'abri de la fureur des Anglais, mais je n'ai pas vu que les moines se soient dispersés. En 1434, l'abbaye fut pillée ; Eugène IV excommunia les brigands.

Adam, distingué par ses miracles et sa vertu, lequel est, par quelques auteurs, désigné sous le nom de *Gauthier*, ne fut point, comme le dit Hélyot d'après Marsollier, le second abbé, mais le troisième abbé du monastère. Il avait succédé à Gervais Lambert, institué en 1173, lequel avait succédé à Albolde, institué par Eugène III, en 1146. Ce premier abbé gouverna sa communauté pendant trente-quatre ans, et mourut le 25 octobre vers l'an 1180. C'est du gouvernement d'Adam que date l'autorité paternelle des abbés de la Trappe sur les *Clairets*, monastère de filles qui, du temps de Rancé, embrassa la réforme. Ce fut aussi du temps de cet abbé que fut consacrée l'église de la Trappe, à laquelle Hélyot, comme la plupart des historiens, fait assister Raoul, évêque d'Evreux, quoique ce prélat ait gouverné son église à une époque beaucoup plus reculée, s'il faut en croire le *Gallia Christiana*; mais cet ouvrage immense renferme des fautes nombreuses et concevables.

Le quatrième abbé de la Trappe fut Jean Herbert, qui obtint plusieurs diplômes de saint Louis, et du pape Alexandre IV une permission de célébrer les offices divins dans leurs chapelles de Granges. Il mourut le 30 novembre 1274, et fut, comme son prédécesseur, inhumé dans le chapitre. Après lui vient Guillaume, qui mourut le 20 août 1279, et fut inhumé à côté de son prédécesseur.

Robert Ier, institué en 1280, mourut le 14 août 1297. Viennent ensuite dans la nomenclature des abbés, Nicolas Ier, mort le 24 avril 1310 ; Richard Ier, mort le 29 décembre 1317 ; Robert II, mort le 24 juin 1346 ; Michel, qui ne fut que très-peu de temps à la tête de la maison ; Martin Ier, qui obtint de Charles de Valois le droit d'avoir une forge de fer (*ferrarium jus*), car les guerres avaient ruiné ce monastère comme tant d'autres. Il mourut le 3 avril 1376. Le douzième abbé de la Trappe fut Richard II, qui eut la douleur de voir les Anglais dévaster encore son monastère. L'église et le chapitre furent seuls épargnés. Sa mort eut lieu le 1er octobre 1382, et Jean-Olivier Parisy lui succéda et gouverna sa maison pendant près de soixante-seize ans, supposé qu'il en ait pris le gouvernement après la mort de Richard II, ce qui n'est pas vraisemblable ; l'état désolé de la maison avait sans doute retardé l'élection de l'abbé. Robert III Lavolle fut élu en 1458, et vit encore piller son abbaye. Il dut donner sa démission, ou fut momentanément déposé. Il mourut en 1485. Henri Hoardou-Hoart était prieur de Morte-Mer, maison de Cisterciens, au diocèse de Rouen, quand il fut élu abbé de la Trappe. C'était le temps des commendes, époque si funeste à toutes les abbayes ! Il eut pour compétiteur Auger de Brie, chanoine du Mans, qui, supposant faussement que Lavolle avait donné sa démission on sa faveur, fut nommé abbé commendataire, et fut, comme la plupart de ses semblables, nuisible à la maison qui lui était confiée, et aliéna plusieurs biens du monastère : ce malheur fut réparé par Henri Hoart, qui parvint, grâce à Dieu, à évincer l'intrus. Avant sa mort, arrivée en 1520, il s'était démis en faveur de Robert IV Ravey, après lequel vint Julien des Noës ; tous deux avaient été procureurs de la Trappe avant d'en être abbés ; tous deux furent abbés réguliers ; mais des Noës, deux fois élu canoniquement, et même bénit par l'abbé de Citeaux, ne fut point agréé par le roi. Il fut donc forcé de céder sa place au cardinal du Bellay, évêque de Paris, et ami de Rabelais, que le roi avait nommé abbé commendataire, en vertu du concordat de 1526. Dès lors les commendes furent continuées, et le relâchement vint bientôt anéantir la discipline dans presque toutes les maisons religieuses. Après Jean du Bellay, il y eut encore treize abbés commendataires avant Armand-Jean le Bouthillier de Rancé, qui se démit, cinq ans avant sa mort, en faveur de Zozime Ier Foisil, qui continua la chaîne des abbés réguliers renouée par Rancé. Le troisième abbé de la réforme fut le fameux Dom Armand-François (et non François-Armand) Gervaise, nommé par le roi en 1696, et qui fut amené, par les contradictions et les injustices, à donner sa démission deux ans après. Dom Jacques de la Cour fut nommé en 1698 et bénit le 22 juin de l'année suivante. Il mourut en 1720, le 2 juin, et non le 25 mai, comme le dit le *Gallia Christiana*. Son successeur, Dom Isidore (Maximilien d'Ennetières) mourut le 24 juin 1727. Après lui, Dom François-Augustin Gouche gouverna pendant sept ans et eut pour successeur Dom Zozime II Hurel, qui prit possession à l'âge de soixante-dix-sept ans, et gouverna pendant treize années. Sa mort arriva le 7 février 1747. Dom Malachie Brun fut bénit par l'évêque de Séez le 26 juin de la même année. Cet abbé fut peut-être, après Rancé, le plus remarquable de ceux qui gouvernèrent depuis la réforme. L'abbé de Citeaux lui donna, le 22 avril 1760, une commission de vicaire général de l'ordre. Il mourut subitement le 10 juin 1766, à l'âge de soixante-sept ans : il en avait passé trente dans le monastère. Dom Théodore Chambon fut aussi distingué que son prédécesseur par son instruction, et il laissa plusieurs ouvrages en manuscrit. Enfin le dernier abbé, et le quarante-unième dans la nomenclature de tous les abbés de la Trappe, réguliers ou commendataires, fut Pierre Olivier, qui prit possession le 31 mars 1784, et fut bénit le 16 mai suivant. M. Louis Dubois, dans son *Histoire..... de la Trappe*, dit qu'il était encore à la tête de la communauté lors de la suppression définitive en 1790 ; du moins il ne vivait plus lors de la dispersion.

A cette époque, le prieur s'appelait Dom Gervais Brunet ; le sous-prieur, Dom Jérôme Magnier, et le cellérier, Dom Timothée. Le P. Hélyot, comme tous les biographes de Rancé, à l'exception de Dom Lenain, a jeté le blâme sur l'administration de D. Armand-François Gervaise, second successeur du réformateur. Il a suivi aveuglément le texte fourni par les historiens Maupou et Marsollier, qui ont donné un roman plutôt qu'une Vie de l'abbé de la Trappe. Dans les difficultés ou les différends qui s'élevèrent, sous l'administration de Dom Gervaise, entre cet abbé et son vénérable prédécesseur, presque tous les torts étaient du côté de Rancé. Hâtons-nous d'ajouter que ces torts étaient peut-être uniquement matériels. Affaibli par les années et les infirmités, l'abbé de Rancé se laissait dominer par son secrétaire. Ce secrétaire était un séculier nommé Mayne, qu'il employait depuis longtemps, et qui, abusant de son ascendant sur le réformateur, donnait de la tablature aux supérieurs de la maison, et poussa l'audace jusqu'à donner des permissions à l'insu de Rancé : il fit venir à la Trappe l'abbesse des Clairets, qui entra un jour dans la clôture! Les choses allèrent si loin que le roi exila, par lettre de cachet, ce malheureux séculier, qui ne put résider à une distance de la Trappe moindre que vingt lieues! Les lecteurs sérieux ne seront ni surpris ni scandalisés de ce que je rapporte ; dans les plus saintes communautés on peut voir des faits analogues ; saint Bernard lui-même fut trompé par son secrétaire, qui était pourtant un des religieux de Clairvaux, qui se servit du sceau de l'abbé à son insu! Si Mayne eût été chassé plus tôt, peut-être Dom Gervaise n'eût-il pas donné sa démission, et la réforme n'eût pas été compromise et dans le danger d'affaiblissement où elle se trouva ; mais Rancé ne pouvait se résoudre à s'en passer, et répondit à Bossuet, qui lui donnait lui-même avis du besoin de remédier aux désordres causés par cet homme, qu'il était fait à son caractère, qu'il aurait peine à s'habituer à un autre et qu'il fallait attendre le peu d'années qui lui restaient à vivre.

Le P. Hélyot dit encore ci-dessus que Dom Jacques de la Cour (qu'on a écrit à tort de la Tour dans les éditions précédentes) *prit possession de l'abbaye en 1699... , et jusqu'à présent l'a gouvernée selon l'esprit du réformateur....* Il se trompe aussi sur ce point. Dom Jacques de la Cour s'éloigna, à l'intérieur, de l'esprit ou des formes de l'abbé de Rancé. Il fit exploiter sans assez de prudence une forge de fer, qui endetta la maison de 50,000 livres. Il traita avec une rigueur extrême, et peut-être avec excès d'injustice, son prédécesseur immédiat, Dom Gervaise, qui se vit obligé à partir, et plusieurs religieux sortirent avec lui ; il prit mal avec Dom Lenain, qui avait été un des piliers de la réforme, et qui gémissait de voir l'abbé de la Cour s'éloigner de l'esprit de l'abbé de Rancé.

La révélation de ces faits contribuera à modifier le jugement des écrivains, qui se répétaient tous sans examen et sans remonter aux sources dans la condamnation sévère de Dom Gervaise. Ce religieux dut peut-être à son genre de caractère une partie des contradictions qu'il éprouva ; mais ses désagréments, son peu de succès dans son gouvernement étaient dûs principalement aux persécutions de ce Mayne, qui me paraît avoir été un homme de peu de foi, de peu de conscience et lié aux jansénistes ; c'était d'ailleurs un homme qui devait tout à l'intrigue, car il n'avait pas fait d'études. On doit donc bien se garder de croire sur Dom Gervaise les calomnies absurdes insérées dans les *Mémoires* jansénistes et intéressés du duc de Saint-Simon, et sa justification se trouve entière dans l'opposition que mit Rancé à la démission de ce successeur, dans les bons certificats qu'il lui donna, dans l'estime mutuelle qu'ils se gardèrent.

Dom Théodore Chambon avait eu le projet de publier la vie de Rancé par Dom Gervaise, avec une préface de sa composition, dans laquelle il se proposait de répondre aux articles du *Dictionnaire Encyclopédique*, intitulés : RANCÉ et LA TRAPPE ; mais il fut détourné de ce projet par l'abbé de Cîteaux. Si l'on avait demandé à l'abbé de Cîteaux les motifs de sa singulière défense, il aurait peut-être été fort embarrassé à en chercher. Quoi qu'il en soit, il est à regretter que Dom Théodore n'ait pas publié cet ouvrage, qui aurait probablement jeté un grand jour sur le point que je viens d'indiquer. Il aurait probablement aussi justifié Rancé et sa maison du soupçon et même du reproche de jansénisme. L'abbé de Rancé n'était point janséniste, et il se soumit aux décisions de l'Église sans difficultés et sans distinctions ; mais la vérité due à l'histoire m'oblige à dire que les anciennes liaisons de l'abbé, certaines phrases sorties de sa plume donnaient prétexte à ces accusations. L'esprit de nouveauté ne domina point à la Trappe ; mais il y domina quelques religieux, et même après la mort du réformateur on vit des membres de sa famille faire une résistance coupable lorsqu'il fut question de reconnaître la bulle *Unigenitus* comme règle de foi. J'ai dit ci-dessus, à l'article SEPT-FONS, comment un abbé de cette maison alla, par ordre du roi, au monastère de la Trappe pour gagner ceux qui faisaient difficulté de se soumettre. Au surplus, une nouvelle Vie de l'abbé de Rancé va bientôt paraître, plus riche de faits que les histoires fautives qui l'ont précédée; elle vengera, en outre, Rancé des accusations portées contre lui, et Gervaise des préventions et des calomnies dont il fut victime.

Pendant tout le reste du xviiie siècle, la maison de la Trappe, d'où le jansénisme était définitivement banni, continua de donner la même édification à l'Église, et garda aussi dans tout le monde chrétien sa réputation de régularité et d'austérité. Cette réputation, elle la possédait à un bien plus haut degré que Sept-Fons, elle ne la méritait pourtant pas mieux ; mais Sept-Fons était moins connu, avait eu moins d'éclat dans sa réforme, et Beaufort était moins célèbre et moins recherché que Rancé, qui avait eu des liaisons avec les hommes puissants et instruits de son temps.

La Trappe servait de lieu de retraite à des hommes de tous rangs qui voulaient passer quelques jours dans la solitude. Le duc de Penthièvre s'y retirait souvent et y conduisait Florian. L'hospitalité y était exercée envers tous les étrangers honnêtes qui s'y présentaient. La généreuse résistance de M. de Beaumont, archevêque de Paris, aux innovations et aux attaques des ennemis de l'Église lui mérita, comme on sait, un honorable exil à la Trappe. Cette sainte maison possédait alors tous les sentiments, professait tous les principes du vénérable prélat. On en vit la preuve positive, qui d'ailleurs n'était pas nécessaire, dans le refus qu'essuya, au mois de novembre 1789, un religieux d'une congrégation réformée qui voulait y prendre l'habit ; il ne fut point reçu à cause de son attachement aux propositions de Quesnel. Les jansénistes ne manquèrent pas de jeter ce reproche au visage des Trappistes (c'est la première fois que je vois le mot *Trappiste* usité) dans un numéro de leur gazette.

Quand, en 1790, le coup fatal fut porté par l'Assemblée constituante contre les ordres religieux, les Trappistes espérèrent un moment échapper à la destruction générale. On les flatta de cette illusion, ils l'accueillirent avec les transports de l'allégresse. Vers la fin de la même année, ils adressèrent à l'Assemblée nationale un *Mémoire* pour leur conservation. Le comité ecclésiastique le fit connaître à l'Assemblée qui, avant de prononcer ou de rejeter une telle exception à ses décrets, consulta les autorités locales. Le conseil général du département de l'Orne, séant à Alençon, dans lequel département se trouvait la Trappe, fut donc consulté sur la question de savoir : « s'il était avantageux à la nation de conserver le monastère de la Trappe, de lui permettre de se perpétuer par des vœux simples, et de lui laisser l'administration de ses biens. » Le quatrième bureau du conseil général présenta un rapport, le 20 novembre 1790, et y lut toutes les pièces qui pouvaient mettre le mieux à portée d'apprécier l'état de la question, telles que deux lettres des Trappistes, l'une au roi, l'autre à l'Assemblée nationale ; le mémoire présenté au comité ecclésiastique et renvoyé au département de l'Orne....; les délibérations des municipalités de Mortagne, de Laigle, de Verneuil, de Soligni, etc., qui toutes rendaient le témoignage le plus éclatant à l'esprit de bienfaisance et de piété qui régnait à la Trappe, et votaient en conséquence pour sa conservation ; enfin une délibération du directoire de district de Laigle, par laquelle il adhérait à la demande des religieux qui sollicitaient la faveur d'être conservés. Je ne puis donner une plus juste idée de l'esprit qui animait alors l'administration, qu'en faisant connaître, par un extrait fidèle, ce premier rapport, présenté par les hommes les plus influents du département :

« Cette unanimité d'assentiment, ce concert de témoignages en faveur de l'abbaye de la Trappe, disait le rapporteur, font sans doute l'éloge le plus complet de cette maison fameuse, et semblent devoir former un motif du plus grand poids pour vous déterminer à conserver un établissement réclamé par les municipalités voisines, qui par conséquent sont le plus à portée de l'apprécier et d'en juger l'utilité. Cette apparence est trompeuse : des convenances purement locales, des intérêts particuliers ont seuls déterminé le vœu des administrations que vous avez consultées. Elles ont vu les Trappistes verser leurs aumônes dans le sein des pauvres.... Dès lors, et sans un examen plus étendu, elles se sont, par un mouvement de sensibilité, intéressées à la conservation du monastère. Tout porte à penser qu'elles n'ont pas étendu leurs vues au delà de leurs territoires ; elles n'ont pas envisagé la Trappe dans ses rapports avec l'esprit de notre Constitution ; elles n'ont pas considéré que les lois, tout en supprimant cette maison secourable à l'indigence, ne laisseront pas au dépourvu les enfants du besoin, et qu'il est possible de remplacer cet établissement, que l'expérience a prouvé ne servir qu'à alimenter la pauvreté et la fainéantise, par d'autres institutions moins dispendieuses et mieux dirigées, qui préviendraient le mal sans favoriser l'oisiveté et le vagabondage.

« Sous les points de vue de la politique, de l'agriculture et de la bienfaisance, la Trappe ne paraît pas devoir échapper à la suppression générale. »

La suite de ce rapport prouve que l'administration de l'Orne était bien loin d'être favorable à la conservation du monastère de la Trappe. Le rapporteur s'exprime ainsi : « Cet établissement n'est fondé que sur un renoncement anti-social à la patrie et aux plus doux sentiments de l'humanité. La loi qui veille sur ses enfants ne peut leur permettre de s'engager dans une association isolée du grand ensemble..... Quel danger n'y aurait-il pas dans cette tolérance ! L'expérience ne prouve-t-elle pas que ceux qui ont eu une fois la faiblesse d'entrer dans ce tombeau des vivants n'en peuvent plus sortir ? C'est l'avare Achéron qui ne lâche plus sa proie. La séduction s'empare de leurs faibles cœurs ; les terreurs de la religion, ses espérances, viennent cimenter les chaînes du despotisme claustral, et les rendent indestructibles. L'âme, anéantie sous ce double joug, perd son ressort, son énergie et jusqu'au désir de le secouer. »

Le rapporteur, défavorable à la demande des Trappistes, insista pour qu'ils ne reçussent pas l'avantage d'une exception aux décrets de l'Assemblée nationale. Il prétendit que ce sol de la Trappe était susceptible d'une meilleure culture et de produits plus abondants, parce que des bras, affaiblis par les jeûnes, les austérités et les veilles, ne sauraient triompher d'un sol rebelle qui ne cède qu'aux travaux opiniâtres et continuels d'un robuste agriculteur.

Il attaqua ensuite le plan que ces religieux avaient proposé, et qui lui sembla impraticable. A mesure que leur nombre eût diminué, soit par le décès, soit par la sortie de quelques-uns d'entre eux, il eût fallu réduire à proportion la jouissance de la terre qui leur aurait été cédée. Une telle opération serait nuisible à l'intérêt du gouvernement qui vendrait avec moins d'avantages ces parties morcelées que la totalité du terrain, ou du moins des fermes complètes. Le rapporteur assura que le revenu de la Trappe, évalué seulement à 36,000 francs par les religieux, s'élevait réellement à plus de 50,000. Un des membres du bureau, dont l'opinion ne fut pas accueillie, avait seul voté pour la conservation de la Trappe, et il appuyait son vote sur les motifs les plus raisonnables et les plus philosophiques, tels qu'on pût les présenter à une Assemblée ainsi constituée. Les efforts de cet homme estimable méritent la reconnaissance de la postérité, et je veux conserver ici son nom, croyant faire honneur à sa famille en consacrant le souvenir d'une action qui, à une telle époque, a bien mérité de la religion. Cet homme, qui osa seul émettre son avis en présence de tant d'hommes égarés, était M. Barbotte, qui mourut à Domfront, dans les premières années de la Restauration (1). Comme le rapporteur pensait que les signatures apposées par les Trappistes au bas de la demande qu'ils avaient faite d'être conservés, pouvaient avoir été obtenues par l'influence des supérieurs qui subjuguaient les religieux, le conseil général nomma deux commissaires pour se transporter à la Trappe. Ce furent MM. le Veneur et Barbotte, membres du conseil et du directoire, qui furent chargés de recevoir individuellement et séparément les déclarations de chacun des Trappistes, et sur l'acte capitulaire et sur leur désir de sortir. Le samedi 27 novembre 1790, ils firent leur rapport au conseil général et disaient : « A l'exception de cinq ou six moines qui nous ont paru d'un sens très-borné, les religieux de chœur ont en général un caractère énergique et prononcé, que les jeûnes et les austérités n'ont point affaibli... Chez quelques-uns, et ils sont faciles à reconnaître par les expressions de leurs déclarations, la piété est portée au suprême degré de l'enthousiasme. Les autres, en très-grand nombre, sont pénétrés d'un sentiment de piété plus calme et plus touchant. Ceux-là nous ont paru aimer leur état du fond du cœur et y trouver une tranquillité, une sorte de quiétude qui en effet doit avoir ses charmes. » Sur cinquante-cinq religieux de chœur qui étaient à la Trappe quand les commissaires y arrivèrent, deux moururent pendant leur séjour. Sur les cinquante-trois qui restaient, quarante-deux déclarèrent

---

(1) M. Barbotte fut depuis député à l'Assemblée législative, puis juge au tribunal du département de l'Orne et ensuite sous-préfet à Domfront.

qu'ils voulaient vivre et mourir dans la maison, sous le régime de l'Etroite-Observance. Des onze religieux dissidents, deux étaient aliénés, deux désirèrent quitter la Trappe pour une maison moins rigoureuse ; deux se réservèrent cette faculté pour l'avenir; quatre manifestèrent l'intention de se retirer dans le cas où la règle actuelle éprouverait quelques changements notables. Le onzième annonça qu'il lui serait agréable de se retirer dans sa famille pour y rétablir sa santé délabrée. Quant aux frères convers, qui étaient au nombre de trente-sept, ils montrèrent moins d'énergie, et même sept rétractèrent les signatures qu'ils avaient données aux délibérations et mémoires du chapitre, sans connaissance de cause, dirent-ils. Nonobstant tout ce que les commissions avaient vu d'édifiant à la Trappe, nonobstant ce que leur rapport eut de favorable, l'Assemblée nationale ne crut pas devoir déroger aux principes qu'elle avait adoptés ; la Trappe fut donc supprimée comme les autres corporations religieuses. Les commissaires, pendant leur mission à la Trappe, y avaient trouvé un religieux qui exerçait sur ses frères une grande influence et qui était parvenu à se faire un certain nombre de prosélytes. Il est temps de faire connaître ce religieux, qui alors était le père-maître des novices, qui devint depuis le conservateur de sa réforme, et à qui nous devons de posséder encore les Trappistes.

Né en 1754, au château de Colombiers-le-Vieux (aujourd'hui du département de l'Ardèche), Louis-Henri de Lestrange, issu d'une famille noble et pieuse, élevé au sacerdoce, se plaça en 1778, à la *communauté des prêtres de Saint-Sulpice*, à Paris, où il exerça quelque temps le saint ministère. Les honneurs ecclésiastiques venaient au-devant de lui, lorsqu'en 1780, âgé de vingt-six ans, il prit l'habit à la Trappe, avec le nom de frère Augustin, et c'est sous le nom de Dom Augustin qu'il est connu dans l'histoire de sa réforme et que je le désignerai désormais. On le fit maître des novices après quelques années, et il exerçait cette obédience importante quand la Révolution vint supprimer les instituts religieux en France. Il ne partageait guère l'opinion de ceux qui espéraient que la Trappe ferait exception; plus avisé que quelques-uns de ses confrères, il comprenait au contraire que l'esprit et l'austérité de la Trappe fournissaient de nouveaux motifs pour la détruire. Il n'était pas non plus de ceux qui venaient dire qu'il fallait se soumettre aux desseins de Dieu qui, dans ces suppressions, exerçait un châtiment. Sous prétexte de soumission et de résignation, ces hommes, religieux et autres, supérieurs comme simples confrères, donnaient dans un raisonnement ridicule et qui tient de la faiblesse ou de l'aveuglement. Dom Augustin croyait qu'il fallait chercher à sauver son état et sa position par tous les moyens possibles. Il écrivit de tous côtés et à des personnages éminents, pour obtenir de s'établir quelque part, à l'étranger, avec ceux qui voudraient garder leur habit et leur profession au lieu de rentrer dans le monde. Cette correspondance était permise par son prieur (l'abbé, comme je l'ai dit, était mort au commencement de la Révolution); mais ce prieur et quelques autres supérieurs, riant quelquefois, se fâchant souvent de sa correspondance, tantôt supprimaient ses lettres, tantôt supprimaient celles qu'on lui répondait. Ils le traitaient de fou, en le voyant s'agiter ainsi et à une pareille époque, pour fonder une nouvelle maison. Quelques-uns allaient même jusqu'à dire, avec une niaiserie qui a quelque chose de la stupidité ou de la passion, que ce n'était pas là le temps de penser à de nouvelles fondations. Il fallait apparemment, mes Pères, penser à établir une maison de refuge lorsqu'on ne vous tracassait point à la Trappe! et, suivant vous, ceux qui tenaient à leur saint état, à leur habit, à leurs exercices, devaient tout bonnement rentrer dans leur famille, où ils faisaient triste figure, étaient peu propres au ministère ecclésiastique, en attendant qu'il plût à la Nation de vous permettre une réintégration que vous n'eussiez pas été les premiers à rechercher? Ainsi raisonnaient pourtant au fond des hommes importants, disons plutôt d'une position importante, et souvent on a vu des supérieurs déraisonner ainsi ! Pour ôter tout moyen d'action extérieur et arrêter les projets de Dom Augustin, on le dénonça à son supérieur majeur, l'abbé de Clairvaux, qui, sans les informations nécessaires et sur la dénonciation des supérieurs locaux, le destitua brutalement de ses fonctions de maître des novices. C'était là qu'il fallait se soumettre aux desseins et à la volonté de Dieu ; Dom Augustin ne manqua pas de le faire et se résigna. Mais une lettre dont on n'avait pas soupçonné l'importance et dont on n'avait pas supprimé la réponse, avait avancé les choses près du diocèse de Fribourg, en Suisse, au point que l'établissement projeté se fit dans ce pays. Pour abréger un récit que j'aurai à reprendre plus tard, je me bornerai à dire ici qu'on répondit qu'il fallait venir en faire la demande au suprême sénat, et que, par un coup inespéré de la protection de la Providence, Dom Augustin obtint de son prieur l'autorisation de faire le voyage; il partit aussitôt chargé d'une demande aux autorités de Fribourg, signée de sept religieux. Il était muni d'une lettre de l'évêque de Séez, et à Paris, ceux qu'il consulta jugèrent à propos qu'il allât prendre l'avis de l'abbé de Clairvaux, pour lequel des prélats distingués lui donnèrent des lettres de recommandation. Arrivé à Clairvaux, Dom Augustin ne trouva que le secrétaire de l'abbé, qui, connaissant les préventions de son supérieur contre cet étranger, le reçut fort mal et voulut à peine se charger de ses lettres. Tels sont ordinairement les subalternes : ils partagent et professent les idées de leurs patrons et font les importants en parlant de leur hauteur à des hommes qui souvent les surpassent. Si l'abbé de Clairvaux avait été porté pour Dom Augustin, son secrétaire eût été poli et honnête. Quoi qu'il en soit, Dom Augustin alla descendre à une hôtellerie voisine. L'abbé de Clairvaux arrive, voit les lettres qu'on lui écrit en faveur du projet de Dom Augustin ; aussitôt il est changé ; il invite le religieux étranger à dîner avec lui, et, *en présence de ceux qui devaient être du repas*, il le compare à saint Bernard lorsqu'il allait faire ses fondations, et lui donne une autorisation écrite pour l'établissement qu'il allait entreprendre.

Ici je ne puis me défendre de deux réflexions : Dom Augustin, membre d'une maison de la filiation de Clairvaux, va descendre à une hôtellerie du voisinage ! l'abbé l'invite à dîner, et des personnes privilégiées, *devaient être du repas!* Ah! si l'abbé avait dîné au réfectoire avec ses moines, le religieux voyageur aurait été de la famille, et sa place aurait été entre ses frères. Il y avait loin de ces temps à ceux de saint Bernard ! Il est vrai que la règle de saint Benoît autorise la table de l'abbé, mais autorisait-elle à ne pas donner l'hospitalité, à un religieux cistercien ?

Dom Augustin va bientôt ramener les habitudes du siècle d'or de son ordre ; mais avant de le suivre dans son voyage, disons qu'à la Trappe les esprits changèrent à son égard dès qu'il fut parti. Son prieur se repentit bientôt de la permission irréfléchie qu'il lui avait donnée, et quand on sut qu'il voyageait avec sa coule (habit de chœur), chacun rit de lui, et on vit en cela un trait de folie. Cette folie était celle des patriarches de leur institut, dans lequel on voyageait autrefois ainsi, et moi-même j'ai vu l'abbé du monastère du Port-du-Salut accompagné de son secrétaire, tous deux remplis des sentiments que Dom Augustin avait rajeunis dans leur ordre, voyager aussi avec la coule ; et, rigoureusement parlant, un religieux ne doit pas non plus quitter la coule pour dire la messe et se revêtir des habits sacerdotaux.

Dom Augustin fut reçu à bras ouverts par l'évêque de Fribourg, et sa demande fut agréée du suprême sénat, qui l'autorisa à venir, en faveur de vingt-trois religieux, habiter dans le canton et occuper les bâtiments de la Val-Sainte, Chartreuse abandonnée depuis dix ans. Ce voyage se fit au mois de mars 1791. Quelle différence dans la manière de le juger à son retour à la Trappe! Quand on connut l'autorisation qu'il avait reçue de l'abbé de Clairvaux, de l'abbé de Cîteaux (car il était allé trouver aussi le premier supérieur de l'ordre) ; quand on vit qu'il était admis au canton de Fribourg, il y eut empressement à remplir le nombre de vingt-quatre, que le sénat avait ainsi limité. Les religieux de la nouvelle colonie écrivirent à l'abbé de Clairvaux pour lui demander un supérieur, et, dans la supposition fondée qu'il s'en rapporterait à leurs suffrages, n'ayant point de temps à perdre, ils envoyaient, dans des bulletins individuels, leur vote en faveur de Dom Augustin, qui fut effectivement nommé supérieur par l'abbé de Clairvaux.

Le nouveau supérieur eut des pouvoirs fort étendus et donnés par écrit par l'abbé de Clairvaux ; il partit avec son troupeau, monté avec eux sur une charrette couverte, presque sans viatique et tous revêtus de l'habit religieux. En passant à Paris, les voyageurs furent reçus dans le couvent des Chartreux, et plusieurs personnes s'empressèrent d'aller les voir ; quelques-unes même offraient quelque argent pour contribuer à leur établissement. La section du Luxembourg mit obstacle à cet épanchement et à ces visites des fidèles ; l'Assemblée nationale elle-même mit en question s'il ne fallait pas les arrêter : la Providence en disposa autrement, les religieux de la Trappe arrivèrent en Suisse à la fin de mai 1791, et après avoir passé huit jours chez les Bernadins de l'abbaye de Hauterive, ils se rendirent le 1er juin au monastère qui leur avait été accordé et qui fut depuis lors appelé *la Maison-Dieu de la Val-Sainte de Notre-Dame de la Trappe*, appellation trop peu concise, et qu'on abrégeait communément ainsi : *La Trappe de la Val-Sainte*. Cet établissement fit grand bruit dans toute l'Europe ; sa réputation lui attira des visiteurs nombreux et des postulants. Je voudrais savoir ce qu'en disaient ceux des religieux de la Trappe qui avaient regardé ce projet comme une folie, qui avaient dit que ce n'était pas le temps de penser à de nouveaux établissements, qui avaient parlé de résignation à la volonté de Dieu, et s'ils se seraient bien résignés à aller partager les austérités de leurs confrères, au lieu de rester dans le monde, où il leur était difficile de tenir à tous leurs engagements. Ils sont morts obscurs et inutiles ; Dom Augustin a rendu un service immense à l'Église. Son monastère fut érigé en abbaye ; mais comme, dès le mois qui suivit leur installation, les Trappistes y commencèrent une nouvelle réforme, la suite de leur histoire appartient à celle de cette réforme, que je ferai connaître dans un article spécial du *Supplément*. Voyez au IVe volume, TRAPPE, TRAPPISTES, VAL-SAINTE.

Gallia Christiana. — *Jugement critique, mais équitable des Vices de l'abbé de Rancé*, etc., in-12 (par D. Gervaise). — *Histoire civile, religieuse et littéraire de l'abbaye de la Trappe*, par M. L. D. B. (Louis Du Bois), in-8°, 1824. — *Nouvelles ecclésiastiques.* — *Notice historique sur Dom Augustin de Lestrange, abbé des Trappistes*, par M. l'abbé Badiche. — *Règlements de la Maison-Dieu de Notre-Dame de la Trappe*, par M. l'abbé de Rancé, son digne réformateur, *mis en nouvel ordre et augmentés des usages particuliers de la Val-Sainte de Notre-Dame de la Trappe, au canton de Fribourg en Suisse, choisis et tirés par les premiers religieux de ce monastère de tout ce qu'il y a de plus clair dans la règle de saint Benoît*, etc., 2 vol. in-4°, Fribourg en Suisse, 1794. B-D-E.

TRINITAIRES (ORDRE DES).

§ 1er. — *Des religieux Trinitaires ou de la Rédemption des captifs*, appelés en France

Mathurins, avec les Vies de saint Jean de Matha et de saint Félix de Valois, leurs fondateurs.

Quoique les religieux Trinitaires aient une règle particulière, beaucoup d'historiens les mettent néanmoins au nombre des enfants de saint Augustin; nous les plaçons au rang des Chanoines réguliers, puisque le P. le Paige, dans sa Bibliothèque de Prémontré, dit qu'on ne peut pas leur refuser cette qualité. Il est vrai qu'elle est même contestée aux Prémontrés; mais parmi ceux qui la leur disputent, il y en a qui n'ont point de meilleurs titres qu'eux pour prendre cette qualité. Ce qui m'a déterminé à parler ainsi des Trinitaires, c'est que m'étant proposé de mettre dans la seconde partie non-seulement les véritables Chanoines réguliers, mais encore ceux qui sont réputés tels, je n'ai point fait difficulté d'y joindre ces religieux, dont l'habillement, que quelques-uns ont pris depuis quelques années, est assez conforme à celui des Chanoines réguliers. Ils prétendent même avoir le titre de Chanoines réguliers, comme nous le dirons dans la suite.

Cet ordre commença en 1198, sous le pontificat d'Innocent III. SS. Jean de Matha et Félix de Valois en sont les fondateurs. Le premier prit naissance en 1160, dans un petit bourg appelé Faucon, aux extrémités de la Provence, de parents illustres par leur noblesse. On lui donna le nom de Jean, parce qu'il vint au monde le jour de saint Jean-Baptiste. Il commença dès le berceau à donner des marques de sa future sainteté, car il refusait dès lors de sucer la mamelle à certains jours de la semaine, et même ces jours-là on ne pouvait lui faire prendre aucun aliment. A peine eut-il quitté le berceau, qu'il méprisa les jeux et les habitudes des enfants; à l'âge de douze ans, il vint étudier à Aix, capitale de la Provence, où il apprit en même temps les autres exercices ordinaires à la noblesse.

Après avoir achevé ses humanités et fini tous ses exercices, il retourna dans la maison de son père, résolu d'y vivre dans la pratique de la dévotion : en effet il se retira dans un petit ermitage qui n'en était guère éloigné, afin de ne vaquer qu'aux choses du ciel; mais comme il se vit trop exposé aux visites de ses parents, qui tâchaient de l'engager dans le monde; il vint à Paris, où il étudia en théologie, afin de se rendre capable d'embrasser l'état ecclésiastique, auquel il aspirait avec une ardeur incroyable. Il se distingua tellement dans cette célèbre université, qu'on lui fit prendre les degrés et ensuite le bonnet de docteur, malgré les oppositions que son humilité lui fit faire pour ne pas recevoir cet honneur. Il fut ensuite ordonné prêtre, et lorsque l'évêque, dans l'imposition des mains, lui dit ces paroles, *Recevez le Saint-Esprit*, on vit paraître une colonne de feu sur sa tête.

Cette merveille fut suivie d'une autre quand il célébra sa première messe dans la chapelle de Maurice de Sully, évêque de Paris, qui y voulut assister avec l'abbé de Saint-Victor, celui de Sainte-Geneviève, et le recteur de l'université, lesquels furent tous témoins de ce qui s'y passa. Comme le nouveau prêtre élevait la sainte hostie, un ange, sous la figure d'un jeune homme, apparut au-dessus de l'autel. Il était vêtu d'une robe blanche avec une croix rouge et bleue sur sa poitrine. Il avait les bras croisés et les mains posées sur deux captifs, comme s'il en eût voulu faire l'échange. L'évêque et les autres dont nous avons parlé conférèrent ensemble sur cette vision, et ne sachant ce qu'elle pouvait signifier, ils furent d'avis que Jean de Matha, muni des témoignages authentiques de cette apparition, irait à Rome pour en informer le pape et apprendre de lui ce qu'il devait faire.

Notre saint consentit à faire ce voyage; mais, considérant que cela ne servirait qu'à le produire davantage dans le monde, où il voulait être caché, il résolut de se retirer dans quelque solitude, jusqu'à ce que Dieu lui eût fait connaître plus particulièrement sa volonté sur cette apparition.

Il y avait alors un saint ermite nommé Félix de Valois, non de la famille royale des Valois, comme quelques-uns l'ont avancé, mais qui portait peut-être ce nom à cause qu'il était du pays de Valois. Il s'était retiré dans un bois du diocèse de Meaux, près du bourg de Gandelou en Brie, et il y menait une vie tout angélique. Jean de Matha alla le trouver pour le prier de le recevoir dans sa compagnie et de l'instruire des voies de la perfection. Il n'est pas possible de dire avec quelle ferveur ils travaillèrent ensemble à la pratique de toutes les vertus, ni les austérités qu'ils exercèrent pour mortifier leur chair. Leurs veilles et leurs jeûnes étaient presque continuels, leurs entretiens n'étaient que pour s'embraser de plus en plus de l'amour divin, et leur occupation ordinaire était l'oraison et la contemplation.

Un jour qu'ils s'entretenaient auprès d'une fontaine, ils aperçurent un cerf d'une grande blancheur, qui portait au milieu de son bois une croix rouge et bleue. Ce prodige les surprit, et ayant rappelé à Jean de Matha la vision qu'il avait eue à sa première messe, il la raconta à Félix. Ils jugèrent par ces merveilles que Dieu demandait d'eux quelque chose de particulier. Ils redoublèrent leurs jeûnes et leurs prières, afin qu'il lui plût de leur faire connaître sa volonté. Leurs prières furent efficaces, car un ange leur apparut en songe par trois diverses fois pour leur dire d'aller à Rome trouver le souverain pontife, de qui ils apprendraient ce qu'ils devaient faire.

Ils se mirent aussitôt en chemin pour exécuter cet ordre du ciel, et l'ardeur avec laquelle ils firent ce voyage leur fit surmonter les rigueurs de l'hiver durant lequel ils l'entreprirent. Innocent III, qui venait d'être installé sur la chaire de saint Pierre lorsqu'ils arrivèrent à Rome, en 1193, les reçut avec beaucoup d'humanité; après avoir appris d'eux et par les lettres de l'évêque de Paris, qu'ils lui présentèrent, le sujet de leur voyage, il fit assembler les cardinaux et quelques évêques à Saint-Jean de Latran pour avoir leurs avis sur cette affaire. Il ordonna des jeûnes et des prières pour obtenir de Dieu une entière déclaration, et invita ces prélats à se trouver à la messe qu'il dirait le lendemain à cette intention.

L'Église solennisait ce jour-là l'octave de sainte Agnès. Le pape, accompagné de tout son clergé et des deux saints ermites, se rendit à l'église pour y célébrer les saints mystères. Durant le sacrifice, lorsqu'il éleva la sainte hostie pour la montrer au peuple, l'ange parut de nouveau devant cette illustre compagnie, de la même manière et dans la même posture qu'il avait fait à Paris. Le pape, après ces merveilles, ne pouvant plus douter que Jean de Matha et Félix de Valois ne fussent inspirés de Dieu, leur permit d'établir dans l'Église un nouvel ordre religieux, dont la fin principale serait de travailler à la rédemption des captifs qui gémissaient sous la tyrannie des infidèles. Pour cet effet, le 2 février suivant, fête de la Purification de la sainte Vierge, il leur donna lui-même l'habit qu'il voulut être composé des mêmes couleurs sous lesquelles l'ange leur était apparu; savoir une robe blanche, sur laquelle était attachée une croix rouge et bleue, et donna à ce nouvel ordre le titre de la Sainte-Trinité, qui fut aussi nommé de la Rédemption des captifs, à cause de la fin pour laquelle il a été établi.

Le pape renvoya en France ces deux saints religieux comblés de bénédictions apostoliques avec des lettres en leur faveur pour l'évêque de Paris et pour l'abbé de Saint-Victor, à qui il ordonnait de leur prescrire une règle et leur procurer un couvent. A leur arrivée, ils se présentèrent au roi Philippe-Auguste, à qui ils firent le récit de ce qui s'était passé à Rome, le priant d'agréer l'établissement de leur ordre dans son royaume. Ce prince, non-seulement y donna son consentement, mais il contribua beaucoup à son progrès par son autorité et par ses libéralités. Gauthier ou Gaucher de Châtillon fut le premier qui leur donna un lieu dans ses terres pour y bâtir un couvent; mais ce lieu s'étant trouvé bientôt trop petit, à cause de la multitude des personnes qui embrassèrent ce nouvel institut, il leur accorda celui où ils avaient eu la vision du cerf, qui pour ce sujet fut nommé Cerfroy, entre Gandelu et la Ferté-Milon, sur les confins de la Brie et du Valois, où l'on a bâti un monastère qui depuis a toujours été reconnu pour chef de tout l'ordre. Marguerite, comtesse de Bourgogne et femme de Gauthier d'Avesnes en troisièmes noces, y fit aussi des donations pour entretenir vingt religieux.

Entre les personnes qui embrassèrent d'abord cet institut, on en compte plusieurs distinguées par leur science et par leur mérite, dont quelques-unes avaient été disciples de saint Jean de Matha, tels que Jean Anglic de Londres, Guillaume Scot d'Oxford, Pierre Corbellin, qui fut depuis archevêque de Sens, et Jacques Sournier, qui fut évêque de Todi. Comme le pape avait renvoyé les saints fondateurs de cet ordre à l'évêque de Paris et à l'abbé de Saint-Victor, afin qu'ils leur dressassent une règle, aussitôt qu'elle fut composée, Jean de Matha retourna à Rome pour la faire approuver par Sa Sainteté, qui non-seulement la confirma, mais y ajouta encore de grands privilèges; outre cela, il lui donna la maison de Saint-Thomas, *della Navicella*, appelée aussi *In formis*, ou *di forma Claudia*, à cause de l'aqueduc de Claude, qui fut rétabli en ce lieu par Antonin, fils de Lucius Septimius Severus; et pour conserver la mémoire de l'apparition de l'ange et des captifs, le pape la fit représenter sur le portail en ouvrage de mosaïque, qui s'est conservé tout entier jusqu'à présent.

Jean de Matha, voyant son ordre établi, envoya Jean Anglic et Guillaume Scot à Maroc en Afrique, vers le miramolin, afin de traiter avec lui pour la rançon des pauvres captifs chrétiens : leur négociation fut si heureuse, qu'ils en ramenèrent en 1200 cent quatre-vingt six esclaves. La même année, Guillaume de Honscotte fonda, dans sa terre de Honscotte en Flandres, un couvent pour ces religieux ; et Jean de Matha ayant résolu d'aller en Espagne, passa par la Provence, où il reçut une autre fondation pour son ordre, qui fut faite dans la ville d'Arles, par Imbert d'Arguière, qui en était évêque. Il continua ensuite son voyage, et étant arrivé en Espagne, il exhorta avec un si grand zèle les rois, les princes et les peuples à avoir compassion des pauvres chrétiens qui gémissaient dans les fers des infidèles, que plusieurs personnes contribuèrent à la fondation de beaucoup de monastères et d'hôpitaux en ce pays. Il passa ensuite à Tunis, où il eut beaucoup à souffrir, et d'où il vint à Rome avec six-vingts esclaves qu'il avait rachetés. Ce ne fut pas sans une protection visible du Ciel qu'il échappa avec eux des mains cruelles des infidèles ; car quelques-uns ayant fait complot de les lui enlever, leur dessein ne put réussir, et, honteux de tremper leurs mains dans le sang de tant d'innocents, comme ils avaient résolu, ils prirent le parti de les exposer loin d'eux à une mort inévitable. Ils ôtèrent le gouvernail au vaisseau qui devait les transporter en Europe, en déchirèrent les voiles, et les abandonnèrent ainsi au gré des vents. Saint Jean, en cet état, n'eut d'autre ressource que dans sa confiance en la miséricorde divine ; il exhorta sa troupe pour lui inspirer la même confiance; et ayant pris, pour servir de voile, sa chape ou manteau et celles des frères qui étaient avec lui, il pria Dieu de vouloir être le pilote du vaisseau qui s'exposait en mer sous sa seule providence. Il se mit à genoux sur le tillac, le crucifix à la main, chantant des psaumes durant tout le cours de la navigation, et Dieu permit que le vent fût si favorable, qu'en peu de jours ils arrivèrent au port d'Ostie, à l'embouchure du Tibre.

Tandis qu'il travaillait avec tant de succès en Espagne et en Italie, le bienheureux Félix de Valois ne se faisait pas moins admirer en France, où il procura particulièrement l'établissement d'un couvent à Paris, au lieu où il y avait une chapelle dédiée à saint Mathurin, ce qui a fait donner à ces religieux en France le nom de *Mathurins;* ce saint fondateur ayant eu connaissance par révélation du jour de sa mort, il assembla tous ses religieux pour les exhorter à l'observance des commandements de Dieu et de la discipline régulière; et après leur avoir donné sa bénédiction, muni des sacrements de l'Église, il rendit son âme à Dieu, le 20 novembre de l'an 1212.

Saint Jean de Matha, après son voyage de Barbarie, employa les deux dernières années de sa vie à visiter dans Rome les prisonniers, à consoler et assister les malades, à soulager les pauvres dans leurs besoins, à annoncer la parole de Dieu; ces travaux ayant épuisé ses forces, qui avaient été beaucoup atténuées par ses austérités et ses grands voyages, il mourut dans cette capitale de l'univers, le 21 décembre de l'an 1213, et selon quelques-uns de l'an 1214. Il fut enterré dans l'église de Saint-Thomas *In formis*, que cet ordre a perdu pour l'avoir abandonné en 1348, dans un temps de peste : ce monastère fut dès lors donné en commende. Le dernier qui le posséda fut le cardinal Pons des Ursins, qui mourut en 1395, et, après sa mort, le pape Boniface IX l'unit à l'église de Saint-Pierre avec les revenus qui se montaient à des sommes très-considérables, dont un tiers, conformément à la règle de ces religieux, était pour l'entretien de l'hôpital, un autre pour celui des religieux, et le troisième pour le rachat de captifs. On voit encore à Saint-Thomas *In formis* le tombeau de saint Jean de Matha, dont le corps a été transporté en Espagne.

Le pape Honorius III confirma encore leur règle, qui, ayant été depuis corrigée et mitigée par l'évêque de Paris et par les abbés de Saint-Victor et de Sainte-Geneviève, commis à cet effet par le pape Urbain IV, fut approuvée par son successeur Clément IV en 1267. Par leur première règle, ils ne pouvaient acheter pour leur nourriture, outre le pain, que des légumes, des herbes, de l'huile, des œufs, du lait, du fromage et des fruits, et jamais de viande et de poisson. Ils pouvaient néanmoins manger de la viande les dimanches, pourvu qu'elle leur fût donnée par aumône. Les ânes étaient les seules montures dont il leur fût permis de se servir dans les voyages; c'est pourquoi on les appelait autrefois *les Frères aux ânes*, et on trouve dans un registre de la chambre des comptes à Paris, de l'an 1330 (Du Cange, *Gloss. Lat.* Mézeray, *Hist. de France sous Philip. IV*, et *Diction. Univers.*, au mot ANS) que les religieux du couvent de Fontainebleau y sont appelés *les Frères des asnes de Fontainebliaut*. Par la seconde règle, il leur fut permis de se servir de chevaux, d'acheter de la viande, du poisson et les autres choses nécessaires à la vie.

Cet ordre possède environ deux cent cinquante couvents, qui sont divisés en treize provinces, dont six en France, savoir : France, Normandie, Picardie ou de Flandres, Champagne, Languedoc et Provence; trois en Espagne, Castille-la-Neuve, Castille-la-Vieille et Aragon; une en Italie et une en Portugal. L'Angleterre avait quarante-trois maisons; l'Écosse neuf; l'Irlande cinquante-deux; mais toutes ont été ruinées par les hérétiques, aussi bien qu'un grand nombre en Saxe, en Hongrie, en Bohême et en plusieurs autres provinces. Les provinces de France, de Champagne, de Picardie et de Normandie avaient autrefois seules le droit d'élire le ministre général, dans le chapitre qui se tient toujours au couvent de Cerfroy, chef de tout l'ordre; les autres provinces étrangères devaient reconnaître le général ainsi élu par ces quatre provinces. Sous le pontificat d'Innocent XI, les religieux espagnols firent schisme dans l'ordre, et obtinrent permission d'élire un général entre eux, ce qu'ils firent en 1688, dans un chapitre tenu à Madrid, où ils élurent pour général en Espagne le P. Pigueroles. Mais Philippe V étant monté sur le trône d'Espagne, le général de tout l'ordre en France fit des poursuites pour rentrer dans ses droits, et en vint heureusement à bout, l'affaire ayant été décidée en sa faveur par l'autorité du pape Clément XI et les ordres du roi d'Espagne. Le R. P. de la Forge, qui avait été élu général par les Français, les Portugais et les Italiens après la mort du R. P. Tissier, assembla en 1705 le chapitre général à Cerfroy, où ayant renoncé à son office, il fut derechef élu par tous les vocaux, du nombre desquels étaient les religieux espagnols. Ainsi il n'y a plus présentement qu'un ministre général universellement reconnu par tous les religieux de l'ordre, si nous en exceptons néanmoins les Déchaussés d'Espagne, qui en ont eu un particulier dès l'an 1636, comme nous le dirons en parlant de leur réforme.

Robert Gaguin, qui a écrit les chroniques de France, a été ministre général de cet ordre; étant ambassadeur à Rome pour le roi Charles VIII, il transigea par écrit avec Philippe Cluys, bailli de la Morée, et Guillaume Caoursin, vice-chancelier, et tous deux députés du grand maître de Rhodes, pour l'union de ces deux ordres, en retenant chacun leur habit. L'acte en fut signé le 4 juillet 1456 : il n'a pas néanmoins eu d'effet, et Davity, dans sa Description du monde, en parlant des ordres religieux, dit avoir vu l'original de cet acte entre les mains du R. P. Louis Petit, alors général des Trinitaires.

Quoique ces religieux aient une règle particulière, il y a néanmoins des souverains pontifes qui les ont reconnus pour être de l'ordre de Saint-Augustin. Clément VI, dans la bulle d'union de la cure de Saint-Wast de Verberie au couvent de la Trinité du même lieu, faite en 1350, les appelle les Frères de la Sainte-Trinité de l'ordre de Saint-Augustin : *Fratres sanctæ Trinitatis ordinis sancti Augustini*. Boniface IX, Pie V et Clément VIII ont dit la même chose. Dans le chapitre général de cet ordre qui se tint à Cerfroy en 1420, on dressa des règlements où, dans le chapitre qui traite de la manière de célébrer l'office divin, il est dit : *Fratres cum timore et reverentia Deo serviant secundum Regulam B. Patris nostri Augustini.* Les chapitres généraux des années 1375 et 1562 ont aussi reconnu saint Augustin pour père et patron de l'ordre. Son office avec octave se trouve marqué dans les bréviaires, les anciens ordinaires et les calendriers de cet ordre, qui célèbre aussi les fêtes de ses translations et de sa conversion.

Ils prétendent être Chanoines réguliers, et cette qualité leur est donnée dans une transaction faite en 1468, entre les Chanoines réguliers de l'église de Saint-Trophime d'Arles, et les religieux Trinitaires de la même ville, où ils sont qualifiés Chanoines réguliers sous la règle de saint Augustin : *Canonici regulares ordinis sanctæ Trinitatis sub regula sancti Augustini.* Thibaud, comte de Champagne, leur donna en 1260 un canonicat dans l'église de Saint-Etienne de Troyes. Ils en ont aussi un dans la collégiale de Mortagne au diocèse de Séez. En 1206, les Chanoines de la cathédrale de Meaux unirent la cure de Saint-Remy de cette ville à l'ordre des Trinitaires, et trente-deux ans après, en 1238, sur ce que quelques-uns prétendaient que ces religieux ne pouvaient pas posséder de cures, l'affaire fut portée devant Guillaume, évêque de Paris, qui, après avoir examiné leurs titres, déclara qu'ils pouvaient posséder des cures, et même qu'ils en avaient en plusieurs lieux : *Omnibus præsentes litteras inspecturis G. divina permissione Parisiensis Ecclesiæ minister licet indignus, salutem in Domino. Quoniam dubitari posset a quibusdam, utrum fratres ordinis sanctissimæ Trinitatis et Captivorum possint de jure tenere ecclesias quibus annexa est cura animarum universitati vestræ significamus quod licet illis habere villas et ecclesias tam parochiales quam alias præbendas et omnimodam curam animarum, prout audivimus et scivimus, et de jure et de facto habent in pluribus locis, sicut in chartis eorum vidimus et privilegiis. Bene et diu valeatis in Domino.* Ce titre est scellé d'un sceau de cire verte représentant cet évêque de Paris avec ses habits pontificaux. Depuis cette décision, plusieurs cures furent unies aux maisons de cet ordre. Celle d'Avon, autrefois paroisse de Fontainebleau, y fut unie par le cardinal de Bourbon, archevêque de Sens, à la prière du roi François Ier. Ces religieux sont encore à présent chapelains de la chapelle royale du château, et curés primitifs de la paroisse de Fontainebleau. Ils possèdent dans le diocèse de Meaux la cure de Brumet, dépendante de la maison de Cerfroy. Ils en ont trois dans le diocèse de Toul, treize dans celui de Trèves, quatre dans celui de Lisieux, et plusieurs dans d'autres diocèses.

Le chapitre général de l'an 1598 ordonna qu'aucun religieux de l'ordre ne pourrait, sans la permission du supérieur, s'immiscer dans la desserte des églises paroissiales, et que ceux qui étaient pourvus de cures pourraient être rappelés ; ce qui fut aussi arrêté dans le chapitre de l'an 1610, avec cette explication, qu'à l'égard des cures qui ne sont pas de l'ordre, les religieux ne pourraient les accepter et les tenir que du consentement de leurs supérieurs, et aussi longtemps qu'il plairait à ces derniers ; qu'à l'égard de celles qui sont annexées à l'ordre, ceux qui en étaient pourvus du consentement des supérieurs ne pourraient être révoqués que pour des fautes qu'ils auraient commises, et qu'ils pourraient appeler de leur révocation au ministre général ou au chapitre général. Le roi, par une déclaration du 27 février 1703, enregistrée au grand conseil le 17 mars de la même année, ordonna, conformément à ce qu'il avait accordé aux supérieurs des Chanoines réguliers de la congrégation de France, et de ceux de l'ordre de Prémontré, par ses lettres patentes de l'an 1679 et sa déclaration de l'an 1700, qu'aucun religieux Trinitaire ne pourrait être pourvu d'aucun bénéfice, soit cure, prieuré-cure, ou vicairie perpétuelle ou autre, que du consentement par écrit du général de cet ordre ; et que ceux qui en seraient pourvus pourraient être révoqués par le chapitre ou supérieur général pour fautes commises, ou scandale connus à l'archevêque ou évêque diocésain, et à leur supérieur, ou même pour le bien et l'avantage de l'ordre, du consentement néanmoins des archevêques ou évêques dans les diocèses desquels les bénéfices seraient situés.

Quant à leur habillement, il est différent en chaque pays ; car en France ils ont une soutane de serge blanche avec un scapulaire de même étoffe sur lequel il y a une croix rouge et bleue. Lorsqu'ils sont au chœur, ils mettent l'été un surplis et l'hiver une chape avec une espèce de capuce fendu par-devant. Dans la maison ils ont un camail, et quand ils sortent ils ont un manteau noir à la manière des ecclésiastiques. Ce n'est néanmoins que depuis environ vingt ou vingt-cinq ans qu'ils ont pris cet habillement ; car ils étaient auparavant vêtus de drap avec un grand camail tant au chœur et à la maison que dans la ville ; les réformés, dont nous parlerons dans le paragraphe suivant, ont conservé cet habillement. Les religieux d'Italie sont habillés à peu près comme les réformés, sinon que leurs habits sont plus amples et de serge, et qu'ils portent une chape tant au chœur que par la ville. Ceux de la Nouvelle et Vieille Castille, dans l'Aragon, la Catalogne et le royaume de Valence, ont des robes blanches et une chape noire. Dans le reste de l'Espagne, ils n'ont point de chapes, mais seulement le grand camail noir qui descend jusqu'à la ceinture ; ceux de Portugal portent aussi la chape noire, et tous, excepté les Déchaussés, dont nous parlerons dans la suite, ont sur le scapulaire et sur la chape ou manteau une croix pattée rouge et bleue. Ces religieux portaient anciennement au chœur sous leurs chapes des surplis, certains jours qui sont marqués dans un ancien Ordinaire manuscrit, conservé dans le couvent des Mathurins à Paris. Ces jours-là, aux processions, ils quittaient la chape et n'avaient que le surplis. Le ministre général et le ministre de Fontainebleau ont le titre de conseillers et aumôniers du roi. Cet ordre a pour armes d'argent à une croix pattée de gueules et d'azur, à une bordure aussi d'azur, chargée de huit fleurs de lis d'or, l'écu timbré de la couronne royale de France, et deux cerfs blancs pour supports (1).

Voyez Bonaventure Baron., *Annal. SS. Trinitatis;* Gaguin, *Chroniq. de France,* liv. vi. Tambur., *de Jur. Abb.,* tom. II, disput. 24, quæst. 4. Sanmarth., *Gall. Christ.,* tom. IV. Natal. Alexand., *Hist. Eccles.;* sæcul. 13 et 14. Gonon., *Vit. PP. Occident.* Baillet et Giry, *Vies des SS.* Hermant, *Etablissement des Ordres religieux et origine du scapulaire et du tiers ordre de la Sainte-Trinité.*

§ 2. — *De la congrégation des religieux Trinitaires réformés.*

L'ordre des Trinitaires était tombé dans un grand relâchement et avait besoin de réforme : elle fut ordonnée dans les chapitres généraux des années 1573 et 1576 ; mais l'on se mettait peu en peine dans l'ordre d'exécuter cette ordonnance, lorsque Dieu suscita deux saints ermites pour être les fondateurs de cette réforme : ce furent les Pères Julien de Nantonville, du diocèse de Chartres, et Claude Aleph, du diocèse de Paris, qui demeuraient dans un ermitage voisin de Pontoise, sous le nom de Saint-Michel (*Origine du scapulaire de la très-sainte Trinité,* § 13). Ils demandèrent permission au pape Grégoire XIII de porter l'habit de l'ordre de la Sainte-Trinité, et ce pontife, informé de la vie austère et régulière qu'ils avaient menée avec dix autres compagnons dans cet ermitage de Saint-Michel, le changea en une maison de cet ordre, par bulle du 18 mars 1578, et ils en firent profession à Cerfroy le 8 octobre 1580. Ils s'attachèrent ensuite fortement à l'observance de la règle et de ce qui concerne l'institut, avec tant de ferveur, que plusieurs religieux de l'ordre se voulurent imiter en prenant le premier esprit de leurs saints fondateurs, et on leur accorda de nouveaux établissements.

En 1601, Clément VIII permit à ces réformés de présenter deux ou trois sujets d'entre eux au général, afin qu'il en choisit un pour visiteur général. En 1619, Paul V leur donna pouvoir d'ériger de nouvelles maisons et d'introduire leur réforme dans les anciennes, comme aussi d'élire tous les trois ans un vicaire général, voulant qu'ils fussent toujours soumis au général. Urbain VIII, en 1624, ayant donné pouvoir au général de visiter son ordre, déclara par un bref qu'il ne voulait point déroger aux privilèges des réformés, ni leur préjudicier, ordonnant au contraire qu'ils ne pourraient pas être visités contre leurs statuts qui avaient été approuvés du saint-siège. Ces bulles et ces brefs furent autorisés par lettres patentes du roi Louis XIII, nonobstant l'opposition des anciens, et enregistrés au conseil le 19 mai 1627.

Les anciens n'ayant pas laissé que d'inquiéter toujours les réformés, ceux-ci obtinrent un bref du pape Urbain VIII, le 25 octobre 1635, par lequel Sa Sainteté nomma le cardinal de la Rochefoucauld, et le commit pour faire la visite et réformer par lui ou tel autre qu'il jugerait à propos tous les couvents des Trinitaires de France. Les anciens s'y opposèrent ; mais, malgré leurs oppositions, le roi, par ses lettres du mois de septembre 1637, voulut que ce bref fût exécuté, et nomma des commissaires qui furent MM. de Roissy, Fouquet, Sanguin, évêque de Senlis, Séguier, évêque de Meaux, et Lainé de la Marguerie, conseillers d'Etat, de Lezeau, Barillon, Morangis, Verthamon, Mangot, Villarceaux, d'Irval, Beaubourg, Thiersaut, Fouquet et de Hâire, maîtres des requêtes, pour entendre et régler ces religieux sur tous leurs différends. Le général des Trinitaires et les anciens, voulant empêcher l'exécution de ce bref, qu'ils prétendaient subreptice, en appelèrent comme d'abus au parlement de Paris ; mais le roi évoqua en son conseil cet appel par un arrêt du mois de décembre de la même année 1637, par lequel il renvoya les parties devant les commissaires qu'il avait nommés pour entendre leurs différends et en faire rapport à Sa Majesté.

Le cardinal de la Rochefoucauld, voulant exécuter le bref du pape, donna commission le 30 décembre de la même année au P. Faure, réformateur des Chanoines réguliers de la congrégation de France, pour visiter le monastère des Trinitaires de Paris, appelés Mathurins. Le cardinal s'étant fait représenter l'état des maisons, dont le tiers des revenus doit être employé au rachat des captifs, et ayant vu que la maison de Paris, de dix mille livres par an, n'était taxée pour le rachat qu'à dix-huit livres seulement ; que celle de Meaux, de dix-huit cents livres, celle de Fontainebleau, de seize cents livres, celle de Clermont, de douze cents livres, et celle de Verberie, aussi de douze cents livres, n'étaient taxées qu'à six livres, et les autres à proportion ; ayant vu aussi que l'observance régulière n'était point pratiquée parmi ces religieux, et ayant pris l'avis de quelques-uns des commissaires et de douze religieux de différents ordres réformés, savoir des Chanoines réguliers, des Feuillants, des Dominicains, des Capucins et des Carmes Déchaussés, donna une sentence le 1er juin 1638, par laquelle il ordonna que le général des Trinitaires aurait deux assistants nommés par Son Eminence de tel ordre religieux qu'il trouverait plus convenable, et qui tous ensemble gouverneraient l'ordre ; que tous les actes seraient signés par eux trois à la pluralité des voix, à peine de nullité de ces actes ; que

---

(1) *Voy.,* à la fin du vol., nos 122 à 131, où sont représentés les divers religieux Trinitaires dont il est question dans les quatre premiers paragraphes de cet article.

deux religieux Feuillants demeureraient au couvent de Paris, pour instruire les religieux dans l'observance régulière pendant le temps qu'il serait jugé nécessaire ; et que deux Pères de la compagnie de Jésus iraient au monastère de Cerfroy pour y faire les mêmes fonctions.

Quant aux règlements pour l'observance régulière, il ordonna que la règle dont on devait faire profession en cet ordre était la règle primitive, expliquée et approuvée par le pape Clément IV, comme elle se trouve dans un livre qui a pour titre : *Regula et statuta fratrum ordinis sanctissimæ Trinitatis*, imprimé à Douai en 1586, et dans un autre intitulé : *Regula fratrum sanctissimæ Trinitatis*, imprimé à Paris en 1635, laquelle règle ainsi imprimée est conforme à la bulle de Clément IV donnée à Viterbe en 1267, dont l'original est conservé dans les archives du couvent de Paris; que les trois vœux d'obéissance, chasteté et pauvreté, seraient exactement gardés ; qu'aucun religieux du chœur ne pourrait sortir seul hors le monastère ; qu'ils pourraient être chaussés par l'ordonnance du général ou du provincial ; que la stabilité mentionnée dans la règle devait être entendue dans l'ordre, et non pas dans un couvent, suivant la déclaration du pape Clément VIII, confirmée par Paul V, et qu'ils ne pourraient porter que des chemises de laine.

Ces règlements contiennent dix chapitres ou principaux articles. Le premier traite de la règle et des vœux, dont nous venons de parler ; le second, de la mission des frères ; le troisième, de la rédemption des captifs, qui ordonne ponctuellement tout ce que la règle prescrit touchant le tiers du revenu de chaque maison, qui doit être employé à la rédemption des captifs ; le quatrième, des vêtements, où l'usage des chemises de linge est défendu ; le cinquième, du vivre, de l'abstinence et du jeûne ; le sixième, des lieux réguliers ; le septième, des chapitres locaux ; le huitième, du chapitre général ; le neuvième, des maisons de noviciat ; et le dixième, de l'office divin, où il est marqué qu'ils doivent se lever à minuit pour dire Matines.

La sentence fut ensuite confirmée par un arrêt du conseil d'Etat du 23 novembre 1588, et le cardinal déclara qu'il n'entendait point comprendre dans cette sentence et dans les règlements les anciens religieux, qui jusqu'alors n'avaient pas été nourris dans l'observance en ce qui concerne l'abstinence de la viande, l'usage des chemises de laine et les Matines de minuit, sinon qu'autant que leur conscience les y porterait : ainsi ces austérités ne regardent que les réformés, auxquels il n'est pas permis de manger de la viande si ce n'est le dimanche et quelques fêtes solennelles marquées par la règle. Les papes Léon X et Adrien VI ont dispensé ceux de la grande observance ou anciens, de l'abstinence, et leur ont permis de manger de la viande au réfectoire. Les supérieurs des provinces de Champagne, Picardie et Normandie, sont perpétuels et se nomment ministres.

Ceux des provinces d'Espagne et de celle d'Italie, et les supérieurs des réformés sont triennaux. Ils ont deux provinces, qui sont celles de France et de Provence, dans lesquelles ils ont environ vingt-quatre couvents, du nombre desquels est celui de Cerfroy, chef de l'ordre. Jean III, roi de Portugal, ayant procuré la réforme des ordres religieux dans son royaume en 1554, fit réformer les Trinitaires, et les obligea à reprendre l'observance de la règle modifiée.

Voyez *divers factums et arrêts concernant cet ordre*.

§ 3. — *Des religieux Trinitaires Déchaussés d'Espagne, avec la Vie du R. P. Jean-Baptiste de la Conception leur fondateur*.

L'an 1594, les religieux Trinitaires des provinces de Castille, d'Aragon et d'Andalousie, tinrent un chapitre général auquel présida le R. P. Didace Gusman ; et comme cet ordre était tombé en Espagne dans un grand relâchement, on résolut dans ce chapitre qu'en chaque province on établirait deux ou trois maisons où l'on observerait la règle primitive, et où les religieux vivraient avec plus d'austérité, soit par rapport à leurs habits, qui seraient d'étoffes plus grossières, soit par rapport à leur manière de vivre, avec néanmoins la liberté de pouvoir retourner dans leurs anciens couvents lorsqu'ils voudraient. Les religieux zélés et observateurs de leur règle furent ravis des dispositions du chapitre ; mais on y trouva beaucoup d'opposition de la part des autres religieux, et les supérieurs mêmes qui avaient fait le décret ne se mirent pas beaucoup en peine de le faire exécuter.

Un an et demi se passa de la sorte, lorsque le marquis de Sainte-Croix, dom Alvarez Bazan, commandeur de l'ordre de Saint-Jacques, général des galères de Naples, et ensuite de celles d'Espagne, etc., allant à Almagro, prit en sa compagnie un Père Trinitaire, auquel il témoigna dans la conversation qu'il avait dessein de fonder un couvent à Valdepegnas, village du diocèse de Tolède. Ce religieux le pria de le donner à son ordre ; mais ce seigneur s'en excusa sur ce que son intention était d'y mettre des religieux réformés et qui fussent Déchaussés. Ce Père lui répliqua que la chose n'était pas impossible, en y mettant des religieux de son ordre, puisque par un décret du chapitre général, on avait résolu d'établir en chaque province des maisons de récollection.

Le marquis de Sainte-Croix se laissa persuader à ces raisons ; on transigea avec les habitants de ce lieu, et entre autres articles il fut convenu qu'on ne recevrait que des religieux réformés et qui fussent Déchaussés. Le couvent fut bientôt bâti, et la première messe y fut célébrée le 9 novembre 1596 ; les religieux qui y entrèrent changèrent leurs habits pour en prendre de plus grossiers, et conformément à l'accord fait avec les habitants de Valdepegnas, ils se déchaussèrent pour aller au-pieds, ayant seulement de petites sandales de cuir ou de cordes à la manière d'Espagne. Le P. Jean-Baptiste de la Conception fut un des premiers qui se joignirent à eux, et il fut établi supérieur de cette nouvelle maison.

C'est ce saint religieux qui est reconnu pour l'instituteur de cette réforme, parce que ce fut par son zèle et par sa fermeté qu'elle fut soutenue, les autres religieux qui l'avaient précédé dans ce couvent ayant bientôt abandonné leurs saintes résolutions pour retourner parmi les religieux chaussés.

Il naquit à Almodovar, village d'un territoire que les Espagnols appellent *Campo-di-Calatrava*, au diocèse de Tolède. Son père se nommait Marc Garcias, et sa mère Isabelle Lopez, qui eurent huit enfants, quatre garçons et quatre filles, qui se rendirent tous recommandables par leur vertu et par leur piété. Cette famille vivait dans une si grande réputation, que sainte Thérèse, passant par Almodovar, ne voulut point prendre d'autre logis que celui du père de notre saint religieux, qui vint au monde le 10 juillet de l'année 1561, et reçut au baptême le nom de Jean. A peine eut-il atteint l'âge de raison, qu'il imitait les anciens Pères des déserts par sa retraite, son silence, ses jeûnes et ses mortifications. A l'âge de dix ans il redoubla ses austérités ; et ni les représentations de ses père et mère, ni les prières de ses frères et sœurs, ne purent l'obliger à les modérer. Il portait continuellement le cilice, prenait presque tous les jours la discipline, et dormait dans une auge de bois, n'ayant qu'une pierre pour chevet.

Un jour son père, le voyant sur ce lit de pénitence, ne put s'empêcher de pleurer, et le prenant entre ses bras le porta dans sa chambre ; mais à peine ce saint enfant vit son père endormi, qu'il retourna dans son lit ordinaire. A cet âge il jeûnait presque toute l'année au pain et à l'eau, quelquefois il mangeait un peu de raisiné ; sa mère lui ayant voulu persuader de manger du miel au lieu de raisiné, il ne put s'y résoudre, croyant que c'était un trop grand régal pour lui. Les fêtes et les dimanches il mangeait un peu de viande, quelquefois aussi il prenait ce qu'on lui donnait, et faisant semblant de le manger, il le portait à un pauvre. Il garda cette manière de vivre pendant treize ans ; mais comme ces grandes austérités le réduisirent pendant deux ans dans une espèce de langueur, il fut obligé de les modérer dans la suite.

L'exemple des Carmes Déchaussés, chez lesquels il fit ses études d'humanités, ne contribua pas peu à ces austérités ; car ces religieux, en lui enseignant les lettres humaines, ne prenaient pas un moindre soin de son avancement spirituel. Il voulut entrer parmi eux, et communiqua son dessein au P. Augustin de los Royes, son maître, qui fut ravi de voir la résolution de son disciple, dans l'espérance des grands avantages que son ordre en retirerait ; mais ses parents s'y opposèrent, parce qu'ils voulaient qu'il fit son cours de théologie dans quelque université. Ils l'envoyèrent pour cet effet premièrement à Baeça, et ensuite à Tolède, et ce fut dans ce lieu qu'il fut inspiré d'entrer chez les Pères Trinitaires. Il en prit l'habit la veille des apôtres saint Pierre et saint Paul, en 1580, étant alors âgé de dix-neuf ans, Dieu en ayant ainsi disposé et l'ayant destiné pour être un des réformateurs de cet ordre.

Il était le premier à tous les exercices de religion. Sa modestie, son silence, sa prompte obéissance, lui attirèrent l'estime de tous ses confrères. Après sa profession, on l'envoya pour finir ses études de théologie sous le P. Simon de Royas, provincial de Castille et confesseur de la reine Elisabeth de France, première femme de Philippe IV. Après ses études il s'adonna à la prédication, et ayant été envoyé dans la province d'Andalousie, il y exerça cet emploi pendant plusieurs années avec applaudissement, faisant un grand fruit dans le salut des âmes.

Il demeura ainsi dix-sept ans chez les Pères anciens jusqu'à ce qu'il allât joindre les autres qui avaient embrassé la réforme qu'on avait établie dans le nouveau couvent de Valdepegnas en 1596, et dont il fut supérieur. Les religieux qu'il y trouva et qui s'étaient montrés si fervents et si zélés pour la gloire de Dieu, se rebutèrent bientôt de la vie austère qu'il leur faisait pratiquer : la plupart retournèrent dans leurs anciens couvents, suivant la liberté qu'ils en avaient, et qui leur avait été accordée par le décret du chapitre général. Comme ce décret portait qu'on établirait en chaque province trois maisons de récollection, la réforme avait été aussi introduite dans les couvents de Ronda et de Bienparada. Mais les religieux qui y demeuraient ne firent pas paraître plus de zèle que ceux de Valdepegnas ; c'est pourquoi le P. Jean-Baptiste, voyant que cette réforme ne pourrait subsister tant que les religieux auraient la liberté de retourner chez les anciens et que ceux-ci seraient les maîtres, il résolut d'aller à Rome pour obtenir du pape Clément VIII l'établissement de cette réforme, et que les Déchaussés fussent entièrement séparés de ceux qui en gardaient pas la règle primitive : les religieux Chaussés y firent de grandes oppositions. L'ambassadeur d'Espagne, qui avait d'abord favorisé le réformateur, fut celui qui le traversa le plus dans son dessein. Le P. Jean-Baptiste obtint néanmoins ce qu'il souhaitait, et le pape lui accorda un bref, le 20 août 1599, qui autorisait cette réforme et qui accordait aux réformés les trois maisons de récollection de Valdepegnas, Ronda et Bienparada. Mais s'il eut de la peine à obtenir ce bref à Rome, il rencontra encore plus de difficultés à le faire exécuter en Espagne. Les religieux de Ronda et de Bienparada n'y voulurent point obéir, et rentrèrent avec les Pères chaussés qui se rendirent maîtres de ces deux couvents, et consentirent par force que celui de Valdepegnas restât aux Déchaussés, parce qu'ils ne pouvaient faire autrement, puisque les habitants de ce lieu n'y avaient reçu les Trinitaires qu'à condition qu'ils seraient réformés et Déchaussés : ainsi le P. Jean-Baptiste en prit possession en 1600, et y donna commencement à la réforme, laquelle fut réduite d'abord à ce seul couvent.

Ceux qui l'avaient abandonné et qui avaient consenti qu'il lui restât, se repentant d'avoir été trop faciles à l'accorder, voulurent y rentrer; pour venir à bout de leur dessein, ils y vinrent à dix heures du soir pour en chasser les réformés. Comme ils connaissaient la maison, il leur fut facile d'y entrer. Ils furent d'abord à la cellule du réformateur, qui, sortant au bruit pour voir ce qui se passait, trouva trois ou quatre de ces religieux munis de cordes, qui se saisirent de lui en le poussant rudement à la sacristie, où il tomba à terre. Ils lui lièrent les mains derrière le dos, avec tant de violence, lui mettant les genoux sur les épaules, qu'il en eut les bras tout écorchés. Ils le conduisirent, ainsi garrotté, à une fosse pleine d'eau, pour le jeter dedans; mais, considérant qu'il était si faible, qu'il y mourrait bientôt, ils aimèrent mieux le mettre dans une prison avec un autre religieux. A peine eurent-ils commis une action si noire, qu'ils reconnurent leur faute; et, faisant réflexion aux suites fâcheuses qu'aurait cette affaire, ils se retirèrent avant que le jour parût, et n'inquiétèrent pas davantage ces religieux réformés, qui jouirent paisiblement de ce couvent dans la suite.

Il se fit en deux ans quatre nouvelles fondations, savoir à Socullamos, Alcala, Madrid et Valladolid. En 1605, Clément VIII, voyant qu'il y avait huit couvents de cette réforme, leur permit d'élire un provincial tous les trois ans. Ils tinrent leur premier chapitre à Valladolid, où le P. Jean-Baptiste fut élu provincial; enfin, après avoir fondé dix-huit couvents de la réforme, il mourut à Cordoue, le 14 février 1613, le même jour que, seize ans auparavant, il avait passé à la récollection. Les miracles qui se sont opérés à son tombeau, et qui continuent encore tous les jours, ont obligé ses religieux à poursuivre sa béatification.

Paul V, en 1609, divisa cette congrégation en deux provinces, qui devaient être gouvernées chacune par un provincial. Il leur permit aussi par le même bref d'avoir un vicaire général pour gouverner toute la congrégation, dont l'élection devait être confirmée par le ministre général de tout l'ordre des Trinitaires. Par un second bref de la même année, il les mit au rang des religieux mendiants, et par un autre de l'année suivante, il leur permit de faire un quatrième vœu, de ne point prétendre directement ni indirectement aucune prélature dans l'ordre. Enfin, en 1636, Urbain VIII les exempta entièrement de la juridiction du général de tout l'ordre et leur permit d'en élire un pour leur congrégation.

Le nombre des couvents s'étant encore augmenté dans la suite en Espagne, on divisa cette congrégation en trois provinces, auxquelles l'on donna les noms de la Conception, du Saint-Esprit et de la Transfiguration. En 1686, par le moyen du cardinal Denof, ces religieux obtinrent du roi de Pologne Jean III un couvent à Léopol, dans la Russie Rouge, d'où sont sortis quelques autres couvents qui ont été fondés dans différentes provinces de Pologne, et qui ont formé une quatrième province de cette congrégation; elle en a eu aussi une cinquième en Allemagne, où cette réforme passa de Pologne sous l'empire de Léopold 1er, qui accorda à ces religieux une maison à Vienne en Autriche, laquelle en a produit d'autres en Hongrie et en Bohême. Enfin, le pape Clément XI a érigé une sixième province en Italie, sous le nom de Saint-Jean de Matha, à laquelle il a uni les couvents de Turin, de Livourne et de Faucon en Provence, qui appartenaient aux Déchaussés de France; ce pontife soumit ces couvents à l'obéissance du général des Déchaussés d'Espagne par un bref du 20 novembre 1705. Depuis l'an 1688, les religieux de cette congrégation ont racheté plus de deux mille captifs. Le pape Clément XI chargea ces religieux de la Rédemption que son prédécesseur, Innocent XII, avait ordonnée. Le P. Pierre de Jésus, procureur en cour de Rome, fut à Tunis en 1701 : il y racheta cent quarante un captifs, qu'il conduisit à Rome, où ces religieux ont un couvent sous le titre de Saint-Charles-aux-quatre-Fontaines.

Il y a eu parmi eux plusieurs personnes d'une éminente vertu : le P. Didace de la Mère de Dieu en a donné les Vies dans les chroniques de cette congrégation, où il est aussi parlé de leurs écrivains. Le P. Raphaël de Saint-Jean, ci-devant général de cette réforme, a donné depuis peu un traité sur l'élection canonique et plusieurs autres ouvrages. Entre les personnes qui se sont rendues recommandables par la sainteté de leur vie, on compte le P. Michel des Saints, mort en 1625 ; le P. Jean de Saint-Joseph, mort en 1616, et le P. Thomas de la Vierge, mort en 1647. Leurs Vies ont été écrites par le P. Alphonse de Andrada, de la compagnie de Jésus, et on poursuit leur béatification. Le premier commissaire général en Pologne fut le P. Jean de la Nativité, en Allemagne le P. Joseph des Anges, et le P. Michel de l'Assomption fonda le collège de Presbourg.

Ces religieux ont pour habillement une robe de drap blanc, avec un scapulaire de même étoffe, sur lequel est attachée une croix toute simple, rouge et bleue, avec un capuce attaché à une mosette et ils vont nu-pieds avec des sandales de cordes. Lorsqu'ils sortent, ou qu'ils sont au chœur, ils mettent un capuce et un manteau assez court, de couleur tannée. Ils ont pour armes d'argent à une croix alaisée de gueules et d'azur l'écu timbré de la couronne d'Espagne.

Voyez Diego de la Madre de Dios, *Chronic. de los Descalços de la sanctissima Trinidad* Barbosa, *de jur. eccles.*, lib. I, cap. 41, num. 47. Lezana, *Summ. quæst. Regul.*, tom. III. Tambur., *de jur. abbat.*, Tom. II, disput. 24, num. 75, et *Mémoires manuscrits envoyés par* le P. Michel de Saint-Joseph, procureur général de cette réforme en cour de Rome.

§ 4. — *De la congrégation des religieux Trinitaires déchaussés de France, avec la Vie du vénérable Père Jerôme du Saint-Sacrement, leur réformateur.*

La réforme des Trinitaires déchaussés de France est due au zèle du P. Jérôme Helies, dit du Saint-Sacrement. Il était né en Bretagne, et ayant connu les vanités du siècle, il entra dans l'ordre des Trinitaires à l'âge de trente-trois ans. Il y reçut l'habit dans le temps que l'on travaillait en France à la première réforme de cet ordre, dont nous avons parlé dans le deuxième paragraphe de cet article, et il ne contribua pas peu à l'introduire dans quelques monastères, puisque, deux ans après sa profession, il fut envoyé à Rome en qualité de procureur général, pour en solliciter la confirmation auprès de Sa Sainteté. Ce fut lui qui obtint de Clément VIII, en 1601, le bref dont nous avons aussi parlé, par lequel ce pontife non-seulement confirma la réforme avec la mitigation de la règle, mais l'établit lui-même premier visiteur, afin de donner un plus grand progrès à cette réforme. Le P. Jérôme, donnant à son zèle toute l'étendue possible, ne travailla pas seulement à réformer plusieurs monastères en France où le relâchement s'était introduit, mais il en fonda encore de nouveaux. Renvoyé à Rome, dans la même qualité de procureur général, il y fonda un convent sous le titre de Saint-Denis l'Aréopagite, obtint du pape Paul V la séparation des couvents réformés d'avec ceux de l'ancienne observance, et les fit ériger en deux différentes provinces, qui doivent être gouvernées par un vicaire général.

Quoique le succès de cette réforme eût dû satisfaire le zèle du P. Jérôme, il voulut néanmoins le pousser encore plus loin ; car, considérant que, malgré les austérités et les mortifications pratiquées dans les deux provinces de sa réforme, les religieux étaient encore bien éloignés de la règle primitive de l'ordre, il voulut introduire dans l'ordre une nouvelle réforme où cette règle fût observée dans toute sa pureté. Il en parla au cardinal Baudini, alors protecteur de l'ordre ; celui-ci la proposa au pape Grégoire XV, qui approuva cette réforme, et fit expédier un bref, le 4 août 1622, par lequel il donna pouvoir au P. Jérôme d'y travailler.

Ce saint religieux dès lors n'eut plus d'autres pensées que d'exécuter ce qu'il avait projeté, et voulant donner lui-même l'exemple à ses frères, il fit profession de la règle primitive, avec quelques autres religieux, dans le couvent de Saint-Denis à Rome. Il persuada ensuite aux religieux des couvents d'Aix en Provence et de Châteaubriant en Bretagne, de faire la même chose, et il joignit avec l'observance de la règle primitive l'austérité de l'habit et la nudité des pieds, afin que les religieux de cette réforme pussent mener une vie pénitente et conforme à la sainteté de leur état.

Cependant, comme les commencements des réformes sont toujours traversés, et que l'ennemi commun des hommes se sert de toutes sortes de voies pour en empêcher le progrès, le P. Jérôme, pour prévenir toutes les difficultés contre sa nouvelle réforme, en demanda la confirmation au pape Urbain VIII, qui, par un bref du 27 septembre 1629, érigea cette réforme en une province séparée des autres lorsqu'il y aurait un nombre suffisant de couvents. Il voulut être lui-même le porteur de ce bref en France pour le faire recevoir ; mais il y trouva tant d'opposition, soit de la part du général de l'ordre, soit de celle des religieux des deux provinces, qui avaient été auparavant réformées, qu'il ne fallût pas moins d'une vertu aussi constante que la sienne pour lever toutes les difficultés qui se rencontraient dans l'exécution de ses bons desseins. Outre les oppositions qu'on y forma, on le chargea, lui et ses frères, d'impostures et de calomnies atroces. Mais comme c'est le partage des justes d'être persécutés, particulièrement lorsqu'ils travaillent pour le bien des âmes et la gloire de Dieu, il souffrit tout ce qu'on voulut lui imposer avec tant de patience et de résignation à la volonté de Dieu, qu'il trompa enfin des ennemis de sa réforme. Le bref d'érection fut enregistré aux parlements de Paris et d'Aix ; et le saint-siège imposa silence perpétuel aux parties, particulièrement au général de l'ordre, qui était le principal auteur des oppositions, parce que le bref d'érection ne lui donnait point d'autre juridiction sur les Déchaussés que celle de pouvoir faire la visite dans leurs couvents, en personne et non autrement, à moins qu'il ne voulût en donner commission à un religieux de la même réforme.

Comme il y avait des religieux espagnols qui avaient établi une réforme pareille à celle des Trinitaires déchaussés de France, le P. Jérôme alla à Madrid pour se former dans les pratiques austères de l'observance régulière et des vertus qui étaient en usage parmi ces Déchaussés d'Espagne, afin de les communiquer ensuite à ses frères. Il y demeura onze mois, pendant lesquels, quoique âgé de soixante ans, il s'adonna à tous les exercices de la vie la plus régulière et la plus austère, et s'attira une si grande estime que la reine d'Espagne, Elisabeth de France, et la plupart des personnes distinguées de la cour le voulurent connaître. Mais l'amour de la retraite et de la solitude et le désir de vivre inconnu le firent retourner en France, où, affaibli par les fatigues qu'il avait essuyées en chemin, il fut sensiblement touché d'apprendre que ses frères d'Aix étaient tous morts de la peste, à la réserve d'un frère convers. Sa seule consolation fut d'apprendre que ces religieux, qu'il regardait comme les principaux soutiens et les appuis de sa réforme, étaient morts dans les exercices de la charité, en secourant leur prochain. Il fit venir à Aix de nouveaux religieux de Rome et de Châteaubriant, et en ayant été élu ministre, il y reçut des novices auxquels il communiqua tellement son esprit pour le soutien de cette réforme, que les vertus qu'ils ont pratiquées depuis n'ont pas été d'un petit secours pour la defendre contre les attaques multipliées pour la détruire. En effet, comme elle commençait alors à faire quelques progrès, on se servit de toutes sortes de moyens pour la détruire; mais l'odeur des vertus de ces religieux déchaussés se répandant de toutes parts, et les cours de Rome et de France ayant été convaincues de leur vie austère et édifiante, on imposa de nouveau silence au général de l'ordre et aux religieux des deux provinces auparavant réformées qui avaient résolu de détruire les Déchaussés.

Après que le P. Jérôme eut remis sur pied le couvent d'Aix, et introduit sa réforme dans celui d'Avignon (que l'on fut pourtant obligé d'abandonner dans la suite ainsi que celui de Châteaubriant), il fut élu derechef ministre du couvent de Saint-Denis à Rome; il continua à y pratiquer beaucoup d'austérités et de mortifications, et à animer ses frères dans l'observance régulière par son exemple. Il mourut le 30 janvier 1637, et fut enterré dans ce monastère. Son tombeau ayant été ouvert quelque temps après, du consentement du cardinal vicaire, à la sollicitation d'une personne de considération à laquelle il avait prédit la mort d'un de ses fils, son corps fut trouvé encore tout entier, et rendit même du sang par le nez.

Après sa mort, ses religieux, animés de son zèle, étendirent cette réforme, et fondèrent plusieurs couvents tant en France qu'en Italie. Ils en ont abandonné quelques-uns, par la difficulté d'y pouvoir subsister; il leur est resté ceux de Saint-Denis à Rome, d'Aix en Provence, de Seyne, du mont de Saint-Quiris, près de Brignole, de la Paluds-lès-Marseille, de Brignole, de Luc et de Marseille. Ils avaient encore ceux de Livourne, de Turin et de Faucon, qui furent érigés en province, en 1705, par le pape Clément XI, et soumis au général des Déchaussés d'Espagne, comme nous l'avons dit dans le paragraphe précédent. Ce ne fut qu'en 1670 qu'ils eurent le nombre de couvents porté par le bref d'Urbain VIII, qui les érigeait en province séparée, et ils tinrent la même année le premier chapitre formel de la réforme, en présence du cardinal Grimaldi, archevêque d'Aix, qui en avait reçu commission du pape Clément X.

Ces Trinitaires déchaussés sont gouvernés par un vicaire général, et ont à peu près les mêmes observances que les Trinitaires déchaussés d'Espagne; leur habillement est assez semblable; toute la différence entre celui des Français et celui des Espagnols, c'est que le manteau et le capuce des Espagnols allant par la ville est de couleur tannée, et que celui des Français est blanc, aussi bien que le reste de leur habillement, et qu'ils ont des sandales de cuir. Ils ont aussi pour armes d'argent à une croix alaisée de gueules et d'azur, à la bordure d'azur chargée de huit fleurs de lis d'or, l'écu timbré de la couronne royale de France. Ce que nous avons dit de cette réforme a été tiré d'une chronique manuscrite conservée dans le couvent de Rome, par le R. P. Chrysostome de Saint-Joseph, procureur en cour de ces religieux.

§ 5. — *Des religieuses Trinitaires ou de la Rédemption des captifs, tant de l'ancienne observance que Déchaussées.*

Saint Jean de Matha, sachant qu'il y avait un grand nombre de chrétiens en Espagne que les Maures tenaient dans la captivité, résolut d'y aller pour établir son ordre. Il partit pour cet effet en 1201, muni de lettres de recommandation que le pape Innocent III lui avait données pour les princes de ces contrées. Il fut reçu favorablement d'Alphonse IX en Castille, de Pierre II en Aragon, et de Sanche V en Navarre. Ces princes contribuèrent eux-mêmes à la fondation de plusieurs monastères dans leurs Etats, et plusieurs seigneurs suivirent aussi leur exemple. Pierre II, roi d'Aragon, était alors à Barcelone. Il fit bâtir un couvent à Aytone au diocèse de Lérida, que Pierre de Belluys, de l'illustre famille de Moncada, dota de gros revenus. Jean de Matha, prêchant en ces quartiers, fit un tel effet sur l'esprit des peuples, que plusieurs personnes, ne se contentant pas de contribuer par leurs aumônes au rachat des captifs, offrirent encore leurs propres personnes en embrassant cet institut. Quelques saintes femmes, voyant qu'elles ne pouvaient pas aller elles-mêmes racheter les captifs et suivre ces saints religieux, demandèrent d'être associées à eux, afin de les seconder dans leurs pieux desseins, au moins par leurs prières. Elles prirent l'habit de l'ordre, que ce saint fondateur leur donna lui-même, et se retirèrent dans un monastère que ce saint homme leur fit bâtir dans un ermitage près d'Aytone, dans une tour appelée Avingavia, que Pierre de Belluys leur donna en 1201.

Elles ne s'engagèrent pas d'abord à cet état par vœu : ce n'était proprement qu'une assemblée de pieuses femmes, qu'on pouvait appeler *Oblates*, ou, selon l'usage d'Espagne, des *Béates*, comme il y en a dans plusieurs ordres; mais en 1236, ce monastère fut rempli de véritables religieuses, sous la conduite de l'infante dona Constance, fille du même roi Pierre II et sœur de Jacques Ier. Le P. Nicolas, sixième général de l'ordre, transigea avec cette princesse, et, par l'acte qui fut dressé entre eux du consentement du provincial de Catalogne et d'Aragon, il céda aux religieuses cette maison, avec toutes les terres et les revenus qui en dépendaient, avec pouvoir d'administrer par elles tout le temporel, à condition qu'elles relèveraient pour le spirituel, et seraient entièrement soumises à l'obéissance et à la visite des supérieurs de l'ordre, et que le tiers de leur revenu, conformément à la règle, serait employé au rachat des captifs; il les dispensa aussi par le même acte de plusieurs austérités de la règle.

La princesse d'Aragon fut ainsi la première religieuse de cet ordre, et première abbesse ou supérieure de ce monastère. Elle avait été mariée à Guillaume de Moncada, vicomte de Béarn, sénéchal du royaume d'Aragon, qui fut tué à la prise de Majorque. Se voyant veuve, elle s'était entièrement dévouée à Dieu dans cet ordre, à qui elle fonda un couvent dans la ville de Majorque en 1231, et lui donna plusieurs biens qui étaient échus en partage à son mari après que le roi Jacques Ier, son frère, eut conquis cette île. Elle augmenta les revenus de celui d'Avingavia, dédié à Notre-Dame des Anges, où, après avoir vécu saintement pendant quelques années, elle mourut en 1252. On lui dressa un magnifique tombeau, que l'on voit encore aujourd'hui dans la chapelle de Notre-Dame du Remède. Le P. Baron, religieux de l'ordre des Mineurs de Saint-François, qui avait commencé les Annales de celui des Trinitaires, fait la description de ce tombeau, qui est assez particulier, et qui mériterait une explication par rapport à la quantité de figures, dont plusieurs représentent des religieuses de cet ordre, quelques-unes avec des baudriers et des épées à leur côté, et d'autres à cheval avec des étendards à la main.

Cette princesse d'Aragon n'a pas été la seule de sang royal qui ait rendu cet ordre illustre; d'autres l'ont imitée en se faisant religieuses dans le même monastère d'Avingavia, comme dona Sanche d'Aragon, sa sœur, qui prit l'habit avec elle, et mourut en 1254. L'infante dona Marie, fille de Jacques Ier, fut abbesse de celui de Cannes au diocèse de Perpignan dans le Roussillon, comme on le voit par cet épitaphe qui est dans l'église de ce monastère : *Obiit venerabilis abbatissa domina Maria, filia illustris regis Jacobi, anno Domini 1307, Non. aprilis. Orate pro anima ejus, et requiescat in pace.* Ce monastère avait été fondé par Pierre Taroïas, évêque de Perpignan, en 1248. Celui d'Avingavia fut occupé par les religieuses de cet ordre jusqu'en 1529, que, n'y ayant plus qu'une religieuse de chœur et une converse, il fut cédé aux religieux qui y demeurent encore. Il y a d'autres monastères de filles du même ordre qui subsistent encore : leur habillement consiste en une robe blanche et un scapulaire de même couleur, sur lequel il y a une croix parée rouge et bleue; au chœur, elles mettaient une grande chape noire (1).

Baron., *Annal. ord. SS. Trinitatis.*

Il y a aussi des religieuses Trinitaires Déchaussées dont nous rapporterons l'origine d'après les Mémoires que nous avons reçus du R. P. Michel de Saint-Joseph, procureur général des Trinitaires Déchaussés d'Espagne. Vers l'an 1612, Françoise de Romero, fille de Julien de Romero, lieutenant général des armées du roi d'Espagne en Flandre, et veuve d'Alphonse d'Avalos et de Gusman, voulant fonder un monastère de religieuses Déchaussées de l'ordre de Saint-Augustin, fit venir de Tolède à Madrid trois religieuses de cet ordre, et ayant assemblé un nombre suffisant de filles pour former une communauté, elle se retira avec elles dans quelques maisons qui lui appartenaient dans la rue que l'on nomme *de Cantarranas*, où elle voulut fonder son monastère. Comme, en attendant que la clôture y fût établie et qu'elles eussent une église, elles allaient au monastère des Trinitaires Déchaussés, qui n'était pas éloigné, pour y entendre la messe et recevoir les sacrements, elles se mirent sous la conduite du P. Jean-Baptiste de la Conception, instituteur de cette réforme, dont nous avons parlé dans un des paragraphes précédents. La fondatrice et les filles de sa communauté, quittant le dessein qu'elles avaient pris d'être Augustines Déchaussées, lui demandèrent avec tant d'instances d'être admises en son ordre, qu'il leur en donna l'habit, qu'elles ne portèrent d'abord que comme Béates de l'ordre; mais, sur leurs instances d'être entièrement sous la juridiction de ces religieux et d'avoir leur règle et leurs constitutions, ils s'y opposèrent. Ils voulurent même les obliger de quitter leur habit, et comme le P. Jean-Baptiste voulait qu'on leur accordât leur demande, ils l'éloignèrent de Madrid et l'envoyèrent dans la province d'Andalousie.

Françoise de Romero et ses compagnes, voyant que les Trinitaires Déchaussés ne voulaient point les recevoir sous leur juridiction, s'adressèrent au cardinal de Sandoval, archevêque de Tolède, qui leur ayant permis de vivre selon les coutumes et les observances de cette réforme, et même de porter l'habit de ces religieux, elles le prirent de nouveau, le 9 novembre 1612, et commencèrent leur année de noviciat. Mais la fondatrice Françoise de Romero, qui, malgré les oppositions des religieux Trinitaires Déchaussés, avait voulu conserver leur habit et suivre leurs observances, fut la première à le quitter et sollicita fortement les autres à suivre son exemple. Elles persistèrent néanmoins dans la résolution qu'elles avaient prise. La fondatrice et les religieux y consentirent enfin, et après l'année de probation elles prononcèrent leurs vœux solennels, à l'exception de la fondatrice, et se soumirent à la juridiction de l'archevêque de Tolède. Françoise de Romero leur fournissait tous leurs besoins; mais, prétendant que sa qualité de fondatrice lui donnait aussi celle de supérieure, elle y exerçait cet office avec un pouvoir absolu, recevant les filles qui se présentaient sans le consentement de sa communauté et contre les statuts de l'ordre. Elle obligeait même les religieuses de sortir de leur clôture, et les détournait de leurs observances. Ces religieuses s'étant adressées à l'archevêque de Tolède

(1) *Voy.*, à la fin du vol., n°s 152 et 153.

pour remédier à cet abus, il leur permit d'élire entre elles une supérieure. Elles s'assemblèrent pour cet effet à l'insu de la fondatrice, et élurent d'une commune voix pour supérieure la Mère Agnès de la Conception. Françoise de Romero, se voyant par ce moyen privée du gouvernement, renonça à la qualité de fondatrice, et cessa en même temps de fournir aux religieuses leurs besoins. Elle fit des efforts pour détruire ce monastère ; elle sollicita même en cour de Rome pour faire annuler la profession de ces religieuses, qui renouvelèrent encore leurs vœux en 1619, et élurent de nouveau pour supérieure la Mère Agnès de la Conception. Le cardinal de Zapata, qui avait l'administration de l'archevêché de Tolède pendant la minorité du cardinal infant Ferdinand d'Autriche, ayant retranché des constitutions des religieux Trinitaires Déchaussés ce qui ne convenait point à des filles, en dressa de particulières pour ces religieuses, qu'il leur donna en 1627, et qui furent approuvées en 1634 par le pape Urbain VIII. Ces religieuses Trinitaires, au lieu de Françoise de Romero, trouvèrent une autre fondatrice en la personne de Marie de Villena, veuve de dom Sanche de la Cerda, qui leur laissa de grosses sommes par son testament en 1631.

Il est à remarquer que le pape Innocent III ayant donné à tous les religieux Trinitaires une règle qu'il approuva en 1198, le pape Paul V la donna aussi aux religieux Trinitaires Déchaussés en 1619. Urbain VIII y fit quelques changements en 1628, la réduisit en une meilleure forme en 1631 ; c'est cette dernière que les religieux et les religieuses Trinitaires Déchaussés suivent présentement. Ces religieuses sont habillées comme les religieux. Le P. Bonanni a donné la représentation de leur habillement dans son Catalogue des ordres religieux. En 1651, le cardinal Baltasar, de Sandoval, archevêque de Tolède, en tira cinq de ce monastère pour aller jeter les fondements d'un monastère de Carmélites que dona Béatrix de Silvera fonda à Madrid la même année, et après avoir instruit ces Carmélites des observances régulières, elles retournèrent dans leur monastère en 1655. Il y a aussi à Lima dans le Pérou un monastère de Trinitaires Déchaussées.

§ 6. — *Du tiers ordre de la Sainte-Trinité et Rédemption des captifs.*

Il y avait autrefois dans l'ordre de la Sainte-Trinité et Rédemption des captifs des personnes qui s'y donnaient en qualité d'Oblats ; on compte parmi eux Bérenger, seigneur d'Anguillare, l'un des premiers barons de Catalogne, et Angline sa femme, qui en 1209 fondèrent un hôpital qu'ils donnèrent aux religieux de cet ordre. Ce sont peut-être ces Oblats qui ont donné lieu à l'établissement d'un tiers ordre de la Sainte-Trinité. Quoiqu'on range parmi les personnes illustres qui, dit-on, en sont sorties, Philippe-Auguste et saint Louis, rois de France, et qu'on prétende que ce dernier allait en chape au chœur avec les religieux ; quoiqu'on mette aussi au nombre de ces Tiertiaires Alphonse VIII, roi de Castille, et plusieurs autres personnes distinguées par la sainteté de leur vie ou par leurs dignités, il en est sans doute de ce tiers ordre de la Sainte-Trinité comme de quelques autres tiers ordres de différentes religions, où l'on fait entrer des personnes qui étaient mortes quelques centaines d'années avant la naissance de ces ordres. Il y a bien de l'apparence que le tiers ordre dont nous parlons n'a été établi que sous les auspices du général Bernard Dominici, vers l'an 1584, puisque ce fut cette année qu'il approuva, confirma et permit qu'on imprimât les règles et les statuts des frères et sœurs du tiers ordre de la Sainte-Trinité ; et quoique dans son approbation, à la fin de cette règle, il dise que ce tiers ordre est fondé sur les bulles des souverains pontifes, il serait néanmoins difficile d'en produire une seule où il en soit parlé. Il se trouve, il est vrai, plusieurs bulles en faveur du scapulaire de la Sainte-Trinité, mais cette confrérie est différente du tiers ordre de la Sainte-Trinité, comme on peut voir par les règles de ce tiers ordre et de cette confrérie, imprimées pour la seconde fois, séparément et dans le même temps, à Rouen en 1670, avec la permission des supérieurs de l'ordre.

L'habillement de ces Tiertiaires de la Sainte-Trinité consiste en une robe blanche avec un scapulaire, sur lequel il y a une croix rouge et bleue ; mais l'usage n'est point en plusieurs pays de porter publiquement cet habit. Les personnes de ce tiers ordre le portent ordinairement sous leurs habits séculiers. Ils font un an de noviciat, après lequel on leur fait une exhortation sur l'observance de la règle ; et le supérieur ayant béni les habits, celui qui fait profession dit à haute voix ces paroles : *Je frère N., ayant confiance en la très-sainte Trinité, à la très-sainte Vierge Marie, aux bienheureux saint Jean et saint Félix, et à vous, mon Père, propose avec intention pure, simple et droite, délibérément et fermement de garder les commandements de Dieu, d'amender mes mœurs, vivant ci-après avec plus d'amour de Dieu et de mon prochain, méprisant les plaisirs du siècle, quittant les affections mondaines, me détachant de mon amour-propre, renonçant à jamais au diable et à la chair, pour pouvoir avancer mon salut et aider à celui de mon prochain, par la grâce de Notre-Seigneur, et participer comme associé aux priviléges, prérogatives, grâces et indulgences de la Sainte-Trinité pour la rédemption des captifs, en recherchant l'avancement, l'honneur et le bien en toute fidélité, à la plus grande gloire du Père, du Fils et du Saint-Esprit. Ainsi soit-il.*

Il s'est érigé depuis quelques années à Paris une communauté de filles séculières qui vivent selon la règle des religieux de la Sainte-Trinité et Rédemption des captifs ; on les appelle aussi sœurs de la Sainte-Trinité. Leur habit est semblable à celui des religieux ; mais au lieu de manteau elles ont sur leur robe blanche une soutane ou veste ouverte par devant, au lieu de guimpe, un mouchoir de cou en pointe, et sous un voile noir une cornette blanche. Elles portent aussi au cou une médaille d'argent en triangle, comme on peut voir dans la figure qui représente une de ces sœurs Trinitaires (1). Elles apprennent à lire, écrire et travailler à de pauvres filles. Cette communauté est présentement au faubourg Saint-Antoine, où elles n'ont qu'une maison à louage, et elles ne subsistent que de leur travail, n'ayant pas encore de revenus considérables.

Environ sept mille esclaves durent leur liberté aux deux saints fondateurs ou à leurs compagnons. Depuis lors jusqu'à l'an 1787, les Trinitaires de France opérèrent quatre cents rédemptions, et délivrèrent environ quarante mille captifs. Les trois provinces d'Angleterre, d'Ecosse et d'Irlande, de l'époque de leur fondation à l'an 1530, en firent trois cents, et rachetèrent une foule d'esclaves dont on ne sait pas exactement le nombre. Des religieux de diverses provinces avaient déjà opéré, en Perse et en Tartarie, avant l'an 1422, soixante rédemptions, qui se multiplièrent surtout au XVIIe siècle. L'an 1455, les religieux de Palestine en avaient fait cent dix-sept en Orient. La province d'Allemagne en avait opéré cent quarante-trois, lorsque les hérésies vinrent interrompre cette œuvre de civilisation. — Celle de Naples et de Sicile en compte plus de deux cents. — En Espagne, les diverses provinces de l'ordre de la Sainte-Trinité, depuis leur établissement jusqu'au commencement de ce siècle, se signalèrent par plus de cent cinquante rédemptions *générales*, où elles rendirent la liberté à plus de quarante mille captifs. — Si à ce nombre on ajoute les rédemptions *particulières* que firent ces provinces, on aura un nombre de plus de cent mille captifs rachetés ; car les couvents de ce pays, fondés pour la plupart par saint Jean de Matha, faisaient très-souvent des rédemptions partielles, sans compter celles qu'ils firent du vivant de ce grand saint. La province de Portugal fit soixante-quinze rédemptions, et délivra environ seize mille esclaves.

On sait en outre que lorsque l'ordre de la Sainte-Trinité put avoir des couvents à Alger et sur les côtes d'Afrique, les supérieurs de ces maisons parvenaient souvent, à force d'adresse, de prières et de sacrifices, à obtenir la liberté d'un très-grand nombre d'esclaves chrétiens. L'ordre multiplia encore de si grands bienfaits lorsque, divisé en plusieurs congrégations, il vit s'augmenter dans son sein le nombre des rédempteurs ; en sorte qu'on ne s'éloignerait point de la vérité en portant jusqu'à neuf cent mille le nombre des esclaves rachetés par l'ordre de la Sainte-Trinité.

J'ai puisé ces détails à l'ouvrage si intéressant, si plein d'érudition, que le R. P. Prat, jésuite, publia en 1846 sur la vie de saint Jean de Matha et de saint Félix de Valois, et lui-même les devait à la source la plus saine, aux *Mémoires* que lui avait fournis un des principaux Trinitaires, le R. P. Sigismond Casas, vice-procureur général de l'ordre. C'est ainsi, ajoutait-il, que les enfants des deux saints fondateurs ont toujours rempli leur glorieuse devise : *Gloria Deo uni et trino, et captivis libertas.*

Les Trinitaires, qu'on appelait généralement et presque uniquement *Mathurins* en France, furent des premiers à subir les effets de l'influence de la commission des Réguliers, et dès le commencement de l'année 1768, ils tinrent leur chapitre national pour leur nouvelle organisation, que, dans leur aveuglement, leurs généreux désirs ou leur faiblesse, ils regardèrent comme une ère heureuse. Dans l'encyclique publiée par le R. P. Pichault, ministre général, en tête des constitutions qui furent dressées, ce supérieur dit que les provinces de l'ordre variaient d'observances au point qu'il n'y avait guère d'unité dans le corps, si ce n'est dans la qualification de Trinitaires ; que dès son entrée au généralat il avait projeté de ramener son institut à son ancienne régularité; qu'il avait enfin vu arriver le jour heureux qui établissait cette restauration désirée. Le chapitre national se tint donc au mois de février 1768, dans la maison de Saint-Mathurin, en présence de M. de la Marthonie de Caussade, évêque de Meaux, nommé à cet effet commissaire du roi, et on y avisa à établir un régime et à dresser des constitutions qui pussent consommer l'union et la fusion des provinces entre l'ancienne observance et les réformés ; cette fusion n'ajouta rien assurément à l'avantage des réformés. Un décret du conseil privé de Louis XV, porté au château de Compiègne le 25 juillet 1767, donnait ordre d'élire des députés dans les provinces de l'ancienne observance en France, pour qu'ils se réunissent, en ce chapitre national, aux députés des réformés qui avaient été élus pour cela dans le chapitre général de l'ordre tenu à Cerfroi, au mois de mai 1767. En vertu de ce décret royal, dix députés des cinq provinces les plus anciennes, savoir des provinces de France, de Champagne, de Normandie ou Bretagne, de Picardie, de Languedoc et de Provence ; quatre des deux provinces de la congrégation des Réformés se réunirent au couvent de Saint-Mathurin, et suivant la déclaration du commissaire du roi, le chapitre s'ouvrit le 25 février, en présence de tous les députés, du P. François-Maurice Pichault, ministre général de tout l'ordre, et du R. P. Henri de Manson de Saint-Roman, vicaire général des Réformés. On établit d'abord les droits des suffragants, et on nomma aussi dans la première session les officiers du chapitre. Pendant les six mois que dura ce chapitre on y décréta pour les deux observances des décrets dont nous parlons ici en abrégé. Ils sont contenus en deux parties. Le premier traite des observances ré-

---

(1) *Voy.*, à la fin du vol., n° 134.

gulières, l'autre du régime de l'ordre. Entre les dix-neuf chapitres du premier livre, un des plus remarquables est celui qui règle la rédemption des captifs, but spécial de l'institut. Dans les commencements de l'ordre, la troisième partie de tous les dons faits aux religieux, de quelque part qu'ils vinssent, était destinée aux captifs, après qu'on en avait prélevé ce qui était nécessaire à la culture des terres et à l'entretien des édifices. Les difficultés qu'offrait cette division, le détriment qu'en souffraient les captifs firent que bientôt on changea de méthode, et on destina uniquement aux captifs tout ce qui était donné pour leur rédemption. Les nouveaux règlements établissent des troncs pour recevoir les aumônes faites en ce but charitable dans toutes les maisons, établissent aussi un procureur général des captifs, qui devra résider à la maison de Saint-Mathurin, à Paris, où, comme de coutume, on enverra les recettes de toutes les autres maisons de France, dans lesquelles il y aura aussi un tronc pour la recette des offrandes et un procureur particulier pour l'œuvre des captifs. Des mesures sévères sont prescrites, même contre le général, à l'égard de ceux qui manqueraient à leur devoir en ce qui concerne cette œuvre majeure dans l'ordre,

Les premières austérités de l'ordre ayant été modifiées par Léon X et Adrien VI, les Trinitaires devront, pour les jeûnes, s'en rapporter aux prescriptions de ces deux papes. Pendant tout l'avent, chaque jour, et le reste de l'année, hors le temps pascal, chaque vendredi non empêché par une fête double ou une octave, les religieux devront jeûner ainsi qu'aux jours de jeûne ecclésiastique. Dans tous les autres temps de l'année, l'usage de la viande est permis. Le diner à onze heures et demie, le souper à sept heures, auront lieu pendant qu'on fera une lecture, laquelle ne sera pas omise dans les cas rares où l'on admettrait des séculiers au réfectoire. Le vendredi on y lira les constitutions. On sortira peu de la maison, et jamais sans permission : on fermera les portes une demi-heure après le soleil couché.

Tous les habits des religieux, intérieurs et de dessus, doivent être de laine blanche. Ils porteront une soutane fermée par des boutons (c'est une forme que n'aurait pas eue la tunique des premiers Pères de l'ordre). En voyage ils pourront se servir d'un habit plus court ou d'un manteau noir, mais partout l'habit de dessous doit être blanc sous coulpe de *peine grave*. Hors de la maison, les religieux doivent avoir un manteau, une ceinture et un chapeau de couleur noire. Suivant l'usage de toutes leurs provinces en France, l'habit de chœur, en hiver, sera la chape noire, avec un rochet ; en été le surplis, le bonnet carré et l'aumusse. Les religieux pourront porter du linge, et en user aussi dans leur lit. Les nouvelles constitutions prescrivent, comme l'ancien usage, la récitation de l'office divin suivant le rite des Chanoines de l'abbaye Saint-Victor, *Juxta morem sancti Victoris*. On le dira en commun et au chœur ; il sera toujours chanté, à moins que, pour des raisons particulières et transitoires, le ministre d'une maison ne le fasse seulement psalmodier. On garde l'office et le chant romain, mais on se réserve, et ceci prouve bien l'engouement d'innovation qui régnait au dernier siècle, d'en prendre un de ceux qui seraient usités en France et *légitimement approuvés* (innovation qui n'aurait lieu que pour les provinces que l'ordre possède dans le royaume), si le chapitre national le juge à propos.

A cinq heures et demie, en tout temps, on récitera au chœur Matines, Laudes et Prime ; et ensuite on fera un quart d'heure de méditation. A dix heures la messe conventuelle précédée de Tierce et suivie de Sexte et de None. Les dimanches et fêtes on chantera Vêpres à deux heures et Complies à cinq heures. On fera ensuite un quart d'heure de méditation.

Dans les diocèses où l'utilité le demandera, on pourra assigner d'autres heures pour l'office. Le dernier chapitre de ce livre prescrit, *pro gravissima culpa*, la peine de la prison, mais il est dit que cette prison sera une chambre aérée, où le coupable usera des mets de la communauté, aura des livres pieux, un ouvrage manuel et de charitables visites d'un religieux discret ou du supérieur lui-même. Nul ne sera puni pour toute sa vie.

La deuxième partie traite du chapitre général pour l'élection du supérieur de tout l'ordre, du chapitre général *correctif*. La règle prescrivait de le tenir tous les ans ; mais le temps avait sinon abrégé ce point, du moins rendu son exécution très-rare. La discipline en souffrait. Innocent IX le prescrivit pour tous les six ans. Les distances des maisons, les dépenses, les guerres firent encore obstacle à l'exécution de cette prescription. Néanmoins, sur la demande du procureur général résidant à Rome, le P. Claude de Massac, général, dont je parlerai plus bas, réunit le chapitre général et y présida, à Marseille. Il y eut des députés de toutes les contrées où l'institut a des maisons, et on y décida qu'à l'avenir le chapitre général ne se tiendrait qu'en cas d'urgence, à la demande du ministre général et de trois provinces. Les nouvelles constitutions admettent provisoirement cette mesure. Le chapitre national se tiendra tous les neuf ans, le chapitre provincial tous les trois ans ; l'un et l'autre, le quatrième dimanche après Pâques ; dans le chapitre provincial se feront les nominations aux principales obédiences. Le chapitre conventuel se tiendra dans les circonstances majeures, par exemple, la réception d'un novice, etc., et au moins une fois par mois et plus souvent si le ministre le juge à propos ou si deux vocaux le demandent.

Le ministre de chaque maison sera désormais élu tous les six ans seulement et par les profès de cette maison. Le supérieur général pourra seul convoquer le chapitre pour cette élection. Deux frères germains n'y pourront assister ensemble, l'aîné seul y prendra part, et ici aîné veut dire celui qui est le plus ancien par sa profession. Comme les Trinitaires sont aptes à posséder des cures et des canonicats séculiers, il est réglé que ceux qui se trouveront en jouissance de bénéfices de cette sorte continueront de porter l'habit de l'ordre et assisteront avec voix active aux élections qui se feront dans leurs maisons professes, et même avec voix passive s'ils se démettent de leur bénéfice séculier.

Les mesures prescrites pour la réception des sujets sont sages et sévères ; les postulants ne peuvent être admis qu'en chapitre, et on devra suivre pour la réception des novices les dispositions de la déclaration royale du 29 avril 1736. Tous les trois ans le chapitre provincial assignera une maison de noviciat. Le reste des règlements nouveaux est consacré à ce qui concerne les études, les collèges, la bibliothèque, les privilèges des gradués, les fonctions et les choix pour l'exercice du saint ministère.

Soit prévention, soit justice, je vois dans ces nouvelles constitutions quelque couleur de l'époque malheureuse où elles ont été rédigées, et l'on peut dire, à leur mise à exécution, que la congrégation des réformés, absorbée par l'observance commune, n'existait plus.

Ces constitutions avaient été soumises à Clément XIII, qui, prévenu par la mort, ne put leur donner l'approbation qu'elles reçurent de Clément XIV, par une bulle datée du 15 des calendes de décembre 1769, sur la présentation et à la demande du P. Charles Malachane, procureur général de l'ordre en cour de Rome. Louis XV donna des lettres patentes, datées du mois de novembre 1771, pour autoriser l'usage de la bulle et des constitutions nouvelles. Dans ces lettres patentes on lit : « Nous... *approuvons, confirmons et autorisons* lesdites *bulle* et constitutions !!! » Le parlement enregistra les lettres patentes, la bulle et les constitutions le 16 mars 1772.

Il n'y aurait plus lieu à discuter la légitimité du titre ou de la qualification de *Chanoines réguliers* que se donnent les Trinitaires, dans la supposition que quelqu'un conservât à cet égard le moindre doute. Ils sont appelés *Chanoines* dans la bulle et dans les lettres patentes. L'hésitation du P. Hélyot, si elle a eu lieu, à placer les Trinitaires dans la catégorie de ceux qui suivent la règle de saint Augustin, n'aurait plus de base, et n'en eût peut-être jamais, quoiqu'il semble se justifier de les classer ainsi ; dans la formule de leur *profession*, ils s'engagent verbalement à suivre cette règle.

A saint Jean de Matha succédèrent dans le généralat, deux hommes illustres qu'il avait connus et gagnés pour amis lorsqu'il étudiait en l'université de Paris : Jean l'Anglais, mort à Rome en 1217, et Guillaume l'Écossais, ou Scot, mort en Espagne en 1222. Après eux vinrent en dignité Roger le Lépreux, mort à Châlons, Michel l'Espagnol, mort à Rome en 1230, et Nicolas, qui accompagna le roi saint Louis à la terre sainte, et mourut à Cerfroi en 1256. Parvinrent ensuite au généralat Jacques, dont on ne connaît que le nom ; Alard, qui mourut en Sicile ; Pierre de Cuizi ; Jean Boileau, mort en 1319, Thomas Loquet, mort en 1357 ; Pierre de Bouri, mort le 21 septembre 1373, qui fut, comme ses trois prédécesseurs immédiats, enterré à Cerfroi. Les généraux suivants furent Jean de la Marche, mort en 1391, Renauld de la Marche, mort en 1410 ; Thierri ou Théodoric de Varreland, mort en 1414. Il arriva alors une chose inusitée dans l'ordre et contraire à ses statuts : après deux ans de vacance du généralat, Etienne Dumesnil Fouchard y fut promu par un bref du pape Jean XXIII. Cette promotion choqua, comme de juste, un très-grand nombre de ministres ; le chapitre général fut assemblé, et les suffrages se réunirent en faveur de Pierre Candote, qui fut proclamé supérieur de l'ordre. De là une dissension entre les deux prétendants, et les prétentions mutuelles furent déférées au parlement de Paris. La mort des deux rivaux leva les difficultés. Etienne mourut à Paris en 1421 : Pierre mourut à Cerfroi vers le même temps.

Parlons franchement : Jean XXIII fit une faute et un passe-droit en nommant au généralat par un diplôme ; l'ordre fit un mal et un acte presque schismatique en appelant de cette affaire au parlement ! Cette tempête domestique étant calmée, les Mathurins ne pouvant se réunir à Cerfroi, probablement à cause de la guerre des Anglais sur le continent, tinrent le chapitre général à Paris, et y nommèrent à l'unanimité, pour général Jean Halboud, ministre de la maison de Troyes, qui mourut en 1440. L'année suivante, fut élu à Cerfroi, Jean Thibaud, qui était ministre de la maison de Châlons, et qui mourut le 8 mars 1459. Raoul Duvivier lui succéda, se fixa à Paris après quelque séjour à Cerfroi, ne fut peut-être pas le meilleur administrateur du monde, et mourut en 1472, le 23 juillet et non en 1442, comme le dit par erreur le catalogue donné à la suite des nouvelles constitutions. Le vingtième supérieur général fut le célèbre Robert Gaguin, chroniqueur et savant connu, qui mourut à Saint-Mathurin, le 22 mai 1501. Son neveu, Gui Meusnier, religieux distingué par sa piété et sa science, lui succéda et mourut à Meaux, le 24 octobre 1508. Ce fut encore un parent qui reçut la succession du généralat ; car Nicolas Meusnier était neveu de Gui, à la place duquel il fut élu. Il ternit les excellentes qualités qu'il avait montrées pendant un long généralat, en résignant sa supériorité à Philippe Meusnier, son neveu, évêque de Philadelphie, résignation qui ne fut point du goût des Trinitaires, qui, au chapitre général tenu à Cerfroi, en 1546, du vivant même de Nicolas, qui mourut cette année, l'annula et nomma Thibaud Meusnier, frère de Philippe. Ce neveu du général démissionnaire était ministre de la maison de Paris, administra avec sagesse, et mourut le 27 avril 1571. Après lui vint Bernard Dominique, nommé en latin *Dominici*, controversiste et prédicateur, qui mourut en février 1597. On élut à sa place François Petit, qui mourut à Paris, le 7 juillet 1612. Dès le 22 du même mois il eut pour successeur Louis Petit, qui décéda aussi à Paris le 5 octobre 1652. Son secrétaire, Claude Ralle, fut nommé à sa place et ne gouverna que deux ans, étant mort à Paris le 14 novembre 1654. Sous Pierre Mercier, son successeur, eut lieu le schisme que firent dans l'ordre les provinces situées hors de France. Ce général mourut en 1685 et fut inhumé à Saint-Mathurin. Le 20 mars de l'année suivante, on élut à sa place Eustache Teissier, ministre de la maison de Fontainebleau, où il mourut le 8 janvier 1693. Ce fut encore un ministre de Fontainebleau qui eut après lui le généralat. Ce supérieur, Grégoire de la Forge, eut la consolation de voir une bonne issue aux soins qu'il avait pris pour ramener à l'unité les provinces ultramontaines, et réunissant leurs députés en chapitre général, l'an 1704, il se concilia tous leurs suffrages et se vit soumis l'ordre entier. Une mort prématurée l'enleva à Pontoise en 1706. La guerre de la succession au trône d'Espagne empêcha la tenue du chapitre général, et la première dignité de l'ordre vaqua dix ans. Enfin ce chapitre se tint à Cerfroi en 1716, et on y élut supérieur général le P. Claude de Massac, qui fut une des gloires de l'ordre, et gouverna pendant trente-deux ans; il mourut en 1748. Il eut pour successeur comme général et en même temps comme ministre de la maison de Paris, Guillaume Lefebvre, qui décéda le 11 avril 1764. L'année suivante, le 5 mai, fut élu François-Maurice Pichault, également docteur de la faculté de théologie de Paris, et ministre de Saint-Mathurin. C'est sous ce général, le trente-troisième de l'ordre, que se tint le chapitre national où fut malheureusement fondue la réforme dans la commune observance, et où furent faites les constitutions dont j'ai donné un court abrégé ci-dessus.

A l'époque de la suppression en France, le procureur général en cour de Rome était le P. Doigebray, et le général était le R. P. Chauvier, qui, s'il fut le successeur immédiat du P. Pichault, compta pour le trente-quatrième général et grand ministre de l'ordre, et le dernier de cet institut dans sa splendeur réelle; car il est aboli vraisemblablement pour toujours en France, et s'il y formait jamais des établissements, le chef-lieu resterait au delà des monts. Je ne sais par quels moyens ni dans quelle étendue le général français réussit, au commencement du dernier siècle, à rallier sous sa juridiction immédiate et jusqu'à la fin, les provinces qui s'étaient détachées au delà des monts; car on connaît l'abus tyrannique que faisait le roi d'Espagne de sa souveraine autorité, en obligeant les religieux de son royaume à n'avoir de supérieur que dans ses Etats. Aujourd'hui le chef d'ordre est en Espagne, et le ministre général était, il y a quelques années, comme actuellement encore, peut-être, le R. P. François Marti, résidant à Murcie, et le vice-procureur général à Rome était le P. Sigismond Calas. Les Trinitaires réformés avaient pour général, à la même époque, le R. P. Antoine ou B. Michel *de Sanctis*, et pour procureur général le P. Joseph de Saint-François, l'un et l'autre résidant à Rome. Aujourd'hui le ministre général des mêmes réformés est le P. Jean-Baptiste de la Visitation.

Cet ordre possède actuellement à Rome quatre maisons, qui n'ont point été fermées lors de la république romaine, en 1848 et 1849. Seulement, les soldats de Garibaldi ont mutilé, dans le couvent de la Madona dei Fornaci, un tableau de Léon XII, en lui crevant les yeux et lui coupant la tête. Ces quatre couvents sont le couvent de la *Via Condotti*, appartenant à l'ancienne observance, et servant de collège aux Espagnols; le couvent de Saint-Chrysogon, appartenant à la réforme, qui y a son noviciat, et qui renferme environ vingt-cinq religieux : c'est là que réside le P. Jean-Baptiste de le Visitation; le couvent de Saint-Charles aux Quatre-Fontaines, où il y a douze religieux; le couvent de Notre-Dame dei Fornaci, où sont sept à huit religieux : ces deux dernières maisons appartiennent aussi à la réforme. A Rome, les Trinitaires sont nommés *Trinitari del Riscato*, Trinitaires du Rachat, et dans la nomenclature des ordre religieux donnée par le *Cracas*, ils sont classés parmi les *Frati*, c'est-à-dire parmi les ordres mendiants, et non parmi les Chanoines réguliers.

Le P. Hélyot affirme sans hésitation que saint Félix, l'un des fondateurs de cet ordre, s'appelle de Valois, à cause du pays qu'il habita, et qu'il n'était pas de la famille royale de cette branche. C'est bien vite prononcé. En lisant le troisième chapitre de *l'Histoire de saint Jean de Matha et de saint Félix de Valois*, par le P. Prat, et *l'Histoire chronologique.... de la maison royale de France*, par le P. Anselme, on pourrait prendre un autre sentiment, ou du moins hésiter à partager celui du P. Hélyot. Vers le milieu du dernier siècle, la maison de Saint-Mathurin, à Paris, pouvait avoir trente-cinq religieux. Là se faisait le noviciat pour lequel les sujets payaient 400 livres. Les frais d'habillements et de la solennité de la profession étaient aussi de 400 livres. La dot était de 300 livres. On exigeait une pension viagère de 200 livres, mais la maison donnait à chaque religieux prêtre 200 livres par an pour honoraire de ses messes. Les nouvelles constitutions auront sans doute apporté à ces usages des modifications que j'ignore. On sait que l'Université tenait ses assemblées dans une salle de la maison des Mathurins; mais elle les transféra en 1764 au collège de Louis-le-Grand, dont la possession venait de lui être donnée après l'inique expulsion des Jésuites. Dans le chœur de l'église des Mathurins on voyait sur les panneaux, au-dessus des stalles, les vies de saint Jean de Matha et de saint Félix de Valois, en dix-neuf tableaux peints par Théodore van Tulden, élève de Rubens. La bibliothèque n'était composée que de cinq à six mille volumes, parmi lesquels se trouvaient plusieurs manuscrits précieux. La rue qu'ils habitaient conserve encore le nom des *Mathurins*, mais leur église est détruite, et la maison, méconnaissable aujourd'hui, est habitée par des particuliers.

Le goût pour les œuvres de charité avait donné à cet ordre une grande et prompte extension ; mais à cette époque, ceux qui se livraient aux exercices de miséricorde, n'ayant pas d'attrait pour la vie préférable de l'intérieur d'un cloître, en prenaient du moins l'habit, les engagements, les exercices et surtout les austérités ; aujourd'hui ceux qui aiment tant à se mêler à toutes les œuvres où il faut agir et se montrer, ne seraient plus aussi zélés pour les actes où leur cœur trouve tant de satisfaction, s'il fallait, pour s'y livrer, prendre la vie obscure et mortifiée des religieux.

Aujourd'hui le but des Trinitaires semble rempli ou moins important ; néanmoins, il y a quelquefois encore des esclaves à racheter ; l'Afrique nous en fournit la preuve ; mais leur ordre respectable pourrait modifier l'action de sa charité en se livrant au service des pauvres ou des infirmeries, et donnerait à ceux qui exercent par attrait les œuvres de miséricorde, le moyen de le faire avec plus de mérite.

Quand le fameux concile national eut lieu en France, l'ordre comptait, si je ne me trompe, 199 maisons, dont 93 en France ; 24 d'hommes et 10 de femmes en Espagne ; en Italie, Portugal, etc., 22. J'ignore où est aujourd'hui le chef-lieu ; sous le gouvernement désastreux de la reine Christine et d'Isabelle, cet ordre a été aboli en Espagne, où il avait été si florissant. Nous ne voulons pas omettre de dire que l'institut des Trinitaires fut en France, au dernier siècle, un de ceux qui donnèrent le moins dans les nouveautés du jansénisme ; le P. Massac, général, montra un grand zèle pour la soumission à l'Eglise. Des dissensions intérieures affligèrent néanmoins cette famille, et un religieux publia des MÉMOIRES contre ce qu'il appelait le despotisme du général. Ces *Mémoires* au nom de plusieurs plaignants, en montrant le mauvais esprit du principal auteur, le P. de la Rue, ne laissent pas que de faire voir des torts dans la conduite habituelle des autres, et même des supérieurs dans leurs procédés ; de donner au public un vrai scandale, et de prouver que les constitutions du chapitre national n'avaient pas ramené l'esprit religieux dans cette corporation déchue et devenue peu nombreuse.

Gallia christiana, tom. VII. — *Etat ou tableau de la ville de Paris*, 1762, in-8°. — *Tableau historique et pittoresque de Paris*, par M. de Saint-Victor, t. III, II° partie. — *Nouvelles ecclésiastiques*. — *Constitutiones canonicorum regularium sanctissimæ Trinitatis... Editæ in capitulo nationali,.*, in-12, an. 1772. — *Histoire de saint Jean de Matha et de saint Félix de Valois*, par M. l'abbé Prat, Paris, 1846.
B-D-E.

TRINITÉ-CRÉÉE (FILLES SÉCULIÈRES DE LA).

Voy. JOSEPH (*Filles séculières hospitalières de Saint-*).

TRINITÉ (OUVRIERS DE L HOSPICE DE LA SAINTE-).

Voy. CLOU (*Sacré-*).

TRUXILLO (CHEVALIERS DE).

Voy. MONT-JOIE (*Chevaliers de l'ordre de*).

TULLE (CONGRÉGATION DE).

Voy. URSULINES DE LA CONGRÉGATION DE TULLE.

TUNIS (ORDRE DE).

Voy. AMPOULE.

TURIN (CONGRÉGATION DE).

Voy. CARMES DE L'ÉTROITE-OBSERVANCE.

TUSIN (CHEVALIERS DE L'ORDRE DU)

Voy. DRAGON RENVERSÉ.

U

UNION-CHRÉTIENNE.

Des filles et veuves des séminaires de l'Union-Chrétienne, avec la Vie de M. le Vachet, prêtre, leur instituteur.

Nous avons vu, à l'article PROVIDENCE (*Filles de la*), que madame de Polaillon, non contente d'avoir fondé la communauté des filles de la Providence de Dieu, et d'avoir donné naissance à plusieurs autres communautés, tant dans Paris qu'en différentes provinces, avait aussi voulu former un séminaire de veuves et de filles vertueuses, pour donner dans toutes les provinces du royaume, et même dans les pays étrangers, des sujets capables de contribuer à leur conversion et à l'instruction des personnes de leur sexe nouvellement converties, mais que la mort lui avait empêché d'exécuter ce projet. La gloire de cet établissement était réservée à M. Vachet, qui avait beaucoup assisté de ses conseils madame de Polaillon dans ceux qu'elle avait entrepris. Il vint au monde au commencement du dernier siècle, dans la ville de Romans en Dauphiné, et reçut au baptême le nom de *Jean-Antoine*. Son père, *Gabriel Vachet*, et sa mère, *Alix Cot*, alliés aux familles les plus considérables de la province, n'épargnèrent rien pour son éducation ; et dès ses premières années, on remarqua en lui de si fortes inclinations pour le bien, qu'on ne douta point qu'il ne fît de grands progrès dans la vertu. Il fut envoyé à Grenoble pour y étudier chez les Pères Jésuites ; et après y avoir achevé sa philosophie, il eut dessein de se retirer dans quelque solitude ; mais ayant consulté plusieurs religieux, ils l'en détournèrent, l'assurant que Dieu le destinait pour un autre état. Un oncle qu'il avait à Grenoble, le regardant comme son héritier, parce qu'il n'avait point d'enfants, voulut lui donner une charge de conseiller ; mais ne se sentant point d'attrait ni aucune disposition à suivre le barreau, il le pria de le dispenser de cet emploi, et craignant de ne pouvoir résister aux pressantes sollicitations qu'il lui pourrait faire dans la suite, il prit le parti de retourner à Romans, où ses parents le demandaient.

M. Vachet ne fut pas plutôt de retour à la maison de son père, que la mort lui ayant enlevé une sœur, qui le laissa seul héritier de tous les biens de sa famille, ses parents voulurent l'engager dans le mariage, et lui proposèrent un parti avantageux. D'un côté la soumission qu'il avait à leurs volontés le portait à les suivre aveuglément ; et de l'autre il appréhendait de déplaire à Dieu, en s'engageant dans un état où il ne se sentait point appelé. Cela lui donna des inquiétudes qui le réduisirent dans une langueur dont on craignait les suites ; mais ayant consulté le Seigneur sur le choix qu'il devait faire, il se sentit si fortement inspiré de se consacrer à son service, que renonçant à toutes les vanités du monde, il laissa la pompe et l'appareil de ses noces, abandonnant ses parents, ses biens et son pays, comme autant d'obstacles au sacrifice qu'il voulait faire à Dieu de son cœur et de sa volonté. A peine fut-il sorti de la maison de son père, qu'il donna son habit à un pauvre qu'il rencontra dans son chemin ; et s'étant revêtu de sa dépouille, il s'embarqua pour Avignon, où étant arrivé, il se vit réduit à mendier son pain. Il alla ensuite à Notre-Dame de Lorette, où les vieux haillons dont il était couvert le firent d'abord traiter fort indignement ; mais on reconnut dans la suite quelque chose de si extraordinaire en lui, qu'on lui fit une glorieuse réparation du mépris qu'on avait eu pour sa personne. Ce fut dans cette sainte chapelle que, prévenu des bénédictions du ciel, il se consacra au service de Dieu par les trois vœux qu'il fit, de chasteté, de pauvreté et d'obéissance. Étant de retour en France, il acheva ses études à Dijon, où il vivait d'aumônes, et pratiquait des mortifications si extraordinaires, que peu s'en fallut qu'il n'y succombât. Sa mère étant devenue veuve, et ayant su comme par miracle le lieu où il était, lui écrivit de la venir trouver pour être sa consolation dans sa viduité. Ce fut pour lui un nouveau sujet d'inquiétude, par la crainte qu'il avait de se laisser vaincre à la tendresse d'une mère dont il n'avait que sujet de se louer. Mais par une admirable disposition de la divine providence, qui avait ses desseins, la chose réussit tout autrement. Car au lieu d'être obligé de reprendre les maximes du monde, ce qu'il craignait, il eut au contraire le bonheur de persuader à sa mère de se faire religieuse. Elle le fit avec beaucoup de courage, s'enfermant chez les filles de la Présentation de Notre-Dame, à l'âge de cinquante-cinq ans.

M. Vachet se voyant pour lors libre et maître de ses biens, les vendit et en donna l'argent aux pauvres, ne se réservant que ce qu'il lui fallait pour se faire un titre, dans le dessein qu'il avait d'entrer dans le sacerdoce. Il quitta son pays et vint à Paris, où s'étant fait prêtre, il travailla avec un zèle infatigable et une charité ardente au salut des âmes, dans les missions, où il s'employa pendant vingt-cinq ans. Sa plus grande occupation était d'instruire les pauvres dans les hôpitaux, et de diriger plusieurs communautés célèbres, et tout cela avec un si grand désintéressement, que si on le forçait quelquefois à recevoir quelque récompense, c'était toujours pour en faire des aumônes aux pauvres et aux prisonniers qu'il allait souvent visiter, tâchant de les gagner à Dieu par ces secours et de les engager à faire des confessions générales. Enfin il n'y eut point de saintes entreprises de son temps auxquelles il n'eût quelque part. Il a vu naître et former les communautés séculières dont nous avons parlé ailleurs, et a beaucoup contribué à leur établissement par ses soins et par ses conseils. Mais ce qui lui est le plus glorieux, c'est d'avoir été l'instituteur du séminaire des filles et veuves de l'Union-Chrétienne, que madame Polaillon avait projeté, comme nous l'avons dit.

L'estime que la sœur Renée des Bordes s'était acquise dans l'établissement des filles de la Propagation de la foi à Metz, ayant engagé ce saint ecclésiastique à choisir cette servante de Jésus-Christ pour jeter les fondements du séminaire de l'Union-Chrétienne, il la fit revenir à Paris, et la joignit à la sœur Anne de Croze, jeune demoiselle, qui, pour vaquer plus librement aux exercices de piété, s'était retirée au village de Charonne près Paris, dans une maison qui lui appartenait, où la première communauté de l'Union-Chrétienne fut commencée en 1661, par deux des sept premières filles qui s'étaient jointes à madame Polaillon, dont l'une était la sœur des Bordes ; lesquelles, sous la conduite de M. Vachet et aidées de la sœur de Croze, qui leur donna sa maison, furent en peu de temps suivies de plusieurs filles de piété, qui se présentèrent pour embrasser le même institut.

Elles firent leur noviciat avec tant de régularité et de ferveur, que dès lors le séminaire commença à produire des fruits de bénédiction par les bonnes œuvres qui s'y pratiquèrent. On y secourut les pauvres et les malades des environs, on y fit des instructions réglées aux enfants et aux personnes qui ignoraient les obligations du christianisme. On y éleva de jeunes filles dans les exercices de la religion et de la piété. Enfin on y reçut grand nombre d'orphelines et de nouvelles catholiques, qui s'y réfugiaient de toutes parts, tant du royaume que des pays étrangers. Elles y étaient gardées et instruites avec tant de charité, que l'on ne s'en déchargeait après un long temps que pour leur procurer un établissement conforme à leur état, dans lequel elles pussent faire aisément leur salut et vivre avec édification.

L'intention de M. Vachet, dans l'établissement de ces séminaires, fut d'employer les sœurs qui les composeraient dans la suite, premièrement à la conversion des filles et femmes hérétiques, à l'exception néanmoins de celui de Charonne dans lequel elles ne recevaient que celles qui avaient fait leur abjuration : secondement à retirer et instruire des filles et veuves de qualité destituées de biens ou de protection, qui ne pouvant être reçues en d'autres communautés, voudraient entrer dans l'Institut, ou apprendre et se disposer à vivre saintement dans l'état où il plairait à la divine majesté de les appeler ; et troisièmement à élever de jeunes filles à la vertu et dans la piété, et leur enseigner non-seulement les vérités de la religion, mais encore à lire, écrire et travailler à des ouvrages qui conviennent à des personnes de leur sexe.

Ce premier séminaire établi d'abord à Charonne et depuis transféré à l'hôtel de Saint-Chaumont, rue Saint-Denis, à Paris, où elles demeurent depuis l'an 1685, fit en peu d'années des progrès si surprenants, que M. Vachet eut la consolation de voir plusieurs communautés établies par les filles de ce même séminaire à Paris et dans les provinces. Ces communautés reçurent toutes les règlements qu'il avait dressés et fait approuver l'an 1662 par M. de la Brunetière, qui, après avoir été archidiacre de Paris et l'un des administrateurs de ce diocèse pendant la vacance du siège, fut ensuite évêque de Saintes. La maison de Metz, établie du vivant de madame Polaillon par la sœur des Bordes, reçut la première ces règlements qui quelque temps après furent approuvés par le cardinal de Vendôme, légat *a latere* en France du pape Clément IX, comme il paraît par ses lettres données à Paris le 15 mai 1668. La sœur des Bordes, qui avec les sœurs du séminaire de Charonne avait déjà fait un troisième établissement à Caen, en fit un quatrième et un cinquième dans les années 1672 et 1673, l'un à Loudun et l'autre à Sédan, qui furent suivis de ceux de Noyon et de Libourne au diocèse de Bordeaux, en 1675, et ceux de Tours, Luçon, aux Sables d'Olonne et à Angoulême dans les années suivantes. M. Vachet, voyant que Paris était rempli de filles que la nécessité réduisait à se mettre en service, et souvent sans savoir de quelle manière elles devaient s'y comporter tant pour le bien de leur âme, que pour l'intérêt et l'avantage des personnes qu'elles servaient, d'où il s'ensuivait beaucoup de négligence pour leur salut et peu de capacité pour contenter ces mêmes personnes, entreprit par une charité peu commune de former une communauté où les dames engagées dans le monde pussent prendre des femmes de chambre et des servantes après qu'elles y auraient été élevées dans la piété et dans le travail, et qui pût être un asile pour ces filles quand elles seraient sorties de condition. Ce dessein paraissait difficile à cause des sommes d'argent qu'il fallait pour établir cette maison; mais rien n'étant impossible à celui qui, animé d'une charité ardente et d'une foi vive, espère en la Providence de Dieu, ce saint prêtre eut le bonheur de le voir réussir lorsqu'il y pensait le moins, et cela par les soins de M. de Noailles, pour lors évêque, comte de Châlons, à présent cardinal et archevêque de Paris. Ce prélat, touché de l'état malheureux auquel ces filles sont exposées, en parla à mademoiselle Lamoignon, fille du premier président de ce nom, et à mademoiselle Mallet, toutes deux d'une piété insigne, mais particulièrement la première, laquelle ayant hérité de la piété de ses ancêtres avait part à toutes les bonnes œuvres qui se faisaient dans Paris : ce qui avait obligé le roi de lui confier la distribution de ses aumônes. Elles lui furent d'un grand secours pour cet établissement, que ces trois illustres personnes résolurent enfin après une mûre délibération, et qui fut exécuté en 1679, par l'érection d'une nouvelle communauté qu'on nomme ordinairement *la Petite-Union*, pour la distinguer du séminaire qui est à l'hôtel de Saint-Chaumont. M. Berthelot et sa femme y contribuèrent beaucoup, en donnant une maison qu'ils avaient fait bâtir à la Villeneuve pour retirer les soldats estropiés et invalides, jusqu'à ce que le roi les eût logés dans le superbe hôtel royal des Invalides. Sa Majesté confirma cette donation par ses lettres patentes de la même année, et permit aux sœurs du séminaire de l'Union-Chrétienne d'en prendre possession pour y vivre conformément à leur institut. M. Vachet ne vécut pas beaucoup après cet établissement. Il y avait déjà du temps qu'il était attaqué d'une maladie qu'il supporta pendant trois ans avec une patience admirable, et il mourut enfin l'an 1681 âgé de soixante et dix-huit ans, après avoir reçu les sacrements de l'Eglise avec une piété qui répondait à sa vie. Il fut enterré à Saint-Germain-l'Auxerrois.

Après sa mort, l'institut des filles de l'Union-Chrétienne a fait de nouveaux établissements à Poitiers, à Auxerre, à Saint-Lô, à Bayonne, à Partenay, à Alençon, à Mantes, à Chartres, à Fontenay-le-Comte, sans compter plusieurs hospices formés sur le modèle de ces communautés. Quoique, dans les lettres que le cardinal de Vendôme donna pour l'approbation de cet institut, la sœur des Bordes soit nommée la première, et que même dans la préface des Constitutions imprimées l'an 1703, on lui donne la qualité de fondatrice et d'institutrice de la congrégation, la sœur Anne de Croze est néanmoins la véritable fondatrice de l'institut conjointement avec M. Vachet. Ce fut son humilité qui lui fit donner ce titre à la sœur des Bordes, qui mourut quelques années avant elle. Il est vrai que ses infirmités ne lui permettant pas d'entreprendre de longs voyages, elle n'a pas fait de nouveaux établissements comme la sœur des Bordes ; mais elle n'était pas moins nécessaire à Paris pour y soutenir par son exemple le poids de la régularité de ces communautés, où elle formait les sœurs, qui, après avoir pris l'esprit du séminaire sous sa direction, étaient trouvées dignes de remplir les places de supérieures dans les autres maisons.

Cette sainte fille naquit le 30 avril 1625. Elle donna dès sa plus tendre jeunesse des marques d'un esprit supérieur, qui dans la suite fut cultivé par la connaissance des belles-lettres et par l'étude de la philosophie qu'elle se rendit familière. Elle était douée d'un jugement solide, avait le cœur grand et généreux, une mémoire heureuse qu'elle a conservée jusque dans son extrême vieillesse, et tous ces avantages de la nature étaient soutenus par une modestie et une douceur qui lui attiraient l'estime de tout le monde. Pourvue par la naissance et par la fortune de tout ce qui pouvait la faire distinguer dans le monde et y paraître avec honneur, elle n'eut jamais d'autre ambition que celle de plaire à Dieu et de se consacrer dès ses premières années à son service. Pénétrée des vérités éternelles qu'elle avait gravées dans son cœur, elle fut toujours fidèle aux mouvements de la grâce. Elle y coopérait avec tant de soumission et de facilité, qu'elle s'en fit une sainte habitude qui devint en elle la source d'une infinité de saintes actions qui la faisaient avancer à grands pas dans les voies de Dieu. Sa ferveur ne fut point passagère, elle s'accrut et se fortifia avec l'âge. L'amour de Dieu fut toujours l'unique motif qui lui fit entreprendre les grandes choses qu'elle a faites pour sa gloire et le salut des âmes. Cet amour divin la dépouilla de tous ses biens, et elle compta pour rien le sacrifice qu'elle en fit à Dieu, si elle ne se consacrait elle-même à son service. C'est pourquoi elle entra dans l'institut des filles de l'Union-Chrétienne qui n'avait encore aucune forme d'établissement. Elle le commença avec les sœurs des Bordes et de Martaigneville, et donna sa propre maison, comme nous avons dit, pour en faire le premier séminaire et le chef de toutes les communautés qui en sont sorties. Elle y a vécu dans une vie exemplaire et toute sainte; elle y a exercé les emplois de supérieure, de première assistante et de maîtresse des novices, dont elle a rempli dignement tous les devoirs jusqu'en l'an 1710, qu'elle décéda, le premier jour de septembre, à quatre heures du soir, après avoir reçu tous les sacrements de l'Eglise, étant âgée de plus de quatre-vingt-cinq ans.

Nous avons dit quelle était la fin principale de l'institut de ces filles et veuves de l'Union-Chrétienne; il ne nous reste plus qu'à parler de leurs principales observances. Elles ont choisi pour dévotion spéciale la sainte famille de Notre-Seigneur Jésus-Christ. C'est pourquoi elles solennisent comme fêtes de patron celles de la Nativité de Notre-Seigneur, de l'Annonciation de la sainte Vierge et de saint Joseph, et elles renouvellent tous les ans leurs vœux le jour de la Présentation de la sainte Vierge. Tous les jours elles disent en commun son petit office, et font l'oraison mentale de demi-heure le matin et autant le soir. Les fêtes et dimanches, elles y emploient trois quarts d'heure. Tous les ans elles font une retraite de neuf jours, vers les fêtes de l'Ascension et de la Toussaint. Pendant les huit jours de la fête de l'Attente des couches de la sainte Vierge, il y a chaque jour quelques sœurs en retraite pour se préparer avec l'Eglise à la naissance du Sauveur du monde. Elles font la même chose pendant les trois derniers jours du carnaval, et les jours de jeûne des Quatre-Temps. Elles prient aussi tous les jours en commun pour le pape, les prélats de l'Eglise, le roi, leurs supérieurs spirituels et temporels, pour leurs fondateurs et bienfaiteurs, pour la conversion des pécheurs, des hérétiques et infidèles, et pour les missionnaires apostoliques qui s'emploient à leur conversion. Elles ne font point d'autres pénitences corporelles que celles qui sont ordonnées par l'Eglise, excepté le jeûne du vendredi qu'elles observent pendant toute l'année. Elles tiennent les petites écoles gratuitement pour les pauvres filles. Lorsqu'elles savent qu'il a quelque division entre des personnes de leur sexe, elles tâchent autant qu'il leur est possible de les réconcilier. En un mot, elles font tout le bien qu'elles peuvent sans jamais rien refuser. Celles qui veulent être reçues dans cet institut doivent faire deux années d'épreuve avant que d'y être associées, après lesquelles elles font trois vœux simples de chasteté, d'obéissance et de pauvreté, et un quatrième d'union, en la manière suivante :

O mon Seigneur Jésus-Christ, je N., prosternée en esprit d'humilité, en présence de votre divine Majesté au très-saint sacrement de l'autel, et entre vos mains, monsieur notre très-honoré supérieur, sous l'autorité de monseigneur l'archevêque ou évêque de N., fais vœu à Dieu de pauvreté, de chasteté perpétuelle, d'obéissance et d'union avec mes sœurs de cette maison, comme aussi avec toutes les communautés du même institut, qui entreront par uniformité de constitution dans l'obligation de ce vœu d'union; par lesquels vœux j'entends m'obliger aux termes et conditions énoncés dans l'explication desdits vœux et dans lesdites constitutions, que je promets de garder et observer de tout mon pouvoir, espérant que Dieu me fera cette grâce, et d'y persévérer jusqu'au dernier soupir de ma vie, par les mérites de Notre-Seigneur Jésus-Christ, le tout dans une parfaite soumission à la sainte Eglise catholique, apostolique et romaine, sous l'invocation et protection de la sainte famille de Notre-Seigneur Jésus-Christ, à laquelle cet institut est dédié. Au nom du Père, du Fils et du Saint-Esprit. Ainsi soit-il.

Quant à l'habillement de ces filles, il consiste en un manteau de laine noire, soit de crépon ou d'étamine, et une jupe de même. Elles n'ont point de cheveux abattus sur le front : la pointe de leur coiffure, qui est aussi noire, ne paraît point trop bas au-dessous de la coiffe, qui est de taffetas noir; celle de dessous est d'étamine, de soie, ou de crapaudaille. Leurs mouchoirs de cou sont de taffetas noir, avec un bord double de toile de baptiste, environ de la hauteur de trois doigts, et elles portent une croix d'argent sur la poitrine. Les sœurs de service ont les jours ouvrables un habit gris brun, les fêtes et dimanches un manteau noir de serge, une jupe un peu courte, et un tablier aussi de serge noire, un mouchoir de biais et une coiffe blanche. Elles peuvent néanmoins avoir une coiffe noire de gros taffetas, et après leur engagement elles portent aussi une croix d'argent (1).

Les constitutions de l'institut furent d'abord dressées par M. Vachet, et imprimées à Paris l'an 1673. Ces constitutions ayant été présentées, l'an 1677, à M. François de Harlay de Chanvalon, archevêque de Paris, il les approuva, y fit ajouter des remarques qu'il jugea nécessaires pour les mettre en meilleur ordre, et donna ce soin à M. Coquelin, chancelier de l'Université de Paris; mais ses maladies continuelles l'empêchèrent d'achever cet ouvrage. Les maisons de l'institut s'étant multipliées, les sœurs de ces maisons envoyèrent à celle du séminaire de Paris quelques remarques sur les différents usages qu'elles avaient été obligées de prendre, selon les lieux où elles étaient situées, ce qui ayant été examiné et confronté avec leurs anciennes constitutions dressées par M. Vachet, et l'ouvrage commencé par l'ordre de M. de Chanvalon, après avoir pris l'avis de plusieurs serviteurs de Dieu, il se tint en 1695 une assemblée générale dans le séminaire de Paris, où, avec le consentement unanime, tant des sœurs de ce même séminaire que de celles qui y assistaient comme députées des autres communautés, et de l'avis de M. l'abbé d'Argenson, alors supérieur du séminaire, leurs constitutions furent mises en ordre et présentées à Son Éminence Mgr le cardinal de Noailles, archevêque de Paris, qui, ayant fait encore quelques changements, chargea M. l'abbé de Roquette, supérieur du séminaire à la place de M. d'Argenson, qui avait été nommé à l'évêché de Dol, de consommer cet ouvrage, qui étant fini fut approuvé, non-seulement par Son Éminence l'an 1703, mais encore par les évêques de Metz, de Poitiers et de la Rochelle, et imprimé la même année à Paris. Cette congrégation a pour armes un cœur enflammé, surmonté d'une croix avec ces paroles pour devise : *In charitate Dei et patientia Christi.*

Richard, *Vie de M. Vachet.* Herman, *Histoire des ordres religieux*, tom. IV; les *constitutions* de cet inst., édit. de 1673 et 1703, et *Mémoires donnés par les sœurs du séminaire de Paris.*

Chez les filles de l'*Union-Chrétienne*, la *postulance* était de trois mois; ensuite on faisait un an de *noviciat*, pour lequel, y compris les frais de la *réception* et de la *dot*, les sœurs demandaient six mille livres; cependant les talents et une véritable vocation pouvaient modifier cette somme. Une partie de la maison de Saint-Chaumont, ainsi que la chapelle, avaient été rebâties, en 1781, sur les dessins de M. Convers,

(1) *Voy.*, à la fin du vol., n° 135.

architecte de la princesse de Conti. Ce fut cette princesse, protectrice de la communauté de Saint-Chaumont, qui en posa la première pierre, et, l'année suivante, la bénédiction en fut faite par l'archevêque de Paris. Cette chapelle, dont la façade existe encore, offre une décoration composée de colonnes ioniennes au-dessous desquelles règne une voûte ornée de caissons. On y voyait sur le maître autel un tableau représentant une *nativité*, par Ménageot. Les bâtiments de cette communauté existent encore et sont occupés par des marchands et des particuliers. Des vingt maisons formées par la société de l'Union-Chrétienne en différentes villes de France, quelques-unes existent encore probablement. La chapelle de cet établissement était sous l'invocation de saint Joseph. La maison du Petit-Saint-Chaumont ou mieux des filles de la Petite-Union-Chrétienne, située rue de la Lune, avait sainte Anne pour patronne titulaire; elle fut habitée par les sœurs jusqu'au commencement de la révolution. Ses bâtiments, qui n'ont point été détruits, sont maintenant habités par des particuliers.

État ou Tableau de la ville de Paris, in-8°, par de Beaumont. — *Tableau historique et pittoresque de Paris*, par J.-B. de Saint-Victor, tom. II.
B-D-E.

URBANISTES.

Des religieuses de Sainte-Claire, dites Urbanistes, appelées aussi anciennement de l'ordre de l'Humilité de Notre-Dame, avec la Vie de sainte Isabelle de France, leur fondatrice.

Quoique le cardinal Cajétan, protecteur de tout l'ordre de Saint-François, eût obtenu en 1264, du pape Urbain IV, que toutes les Clarisses observeraient une même règle, cela n'empêcha pas qu'il n'y en eût de trois sortes, puisque l'on trouve dans le recueil des règles, statuts et priviléges des trois ordres de Saint-François, trois règles pour les religieuses de Sainte-Claire, l'une sous le titre de *première règle*, qui est celle que saint François donna à sainte Claire; l'autre sous le titre de *seconde règle*, qui est celle que le pape Innocent IV, voulant adoucir les austérités de cette première règle, donna en 1246, par laquelle il était permis à celles qui la suivaient d'avoir des rentes en commun, et de faire leur profession de la manière suivante : *Moi N., promets à Dieu, à la bienheureuse Vierge Marie, à saint François et à tous les saints, de garder une perpétuelle obéissance selon la règle et la forme de vie prescrite par le saint-siège apostolique à notre ordre; et de vivre tout le temps de ma vie sans propre et en chasteté;* la dernière enfin, sous le titre de *troisième règle*, qui est celle d'Urbain IV, donnée l'an 1264, dont les sectatrices sont appelées Urbanistes, à cause des modifications que ce pape a apportées à la règle de saint François, et auxquelles nous ne pouvons refuser pour mère et institutrice sainte Isabelle de France, fondatrice du couvent de Longchamps, proche Paris ; car, quoique cette sainte eût obtenu une règle du même pape dès l'an 1263, et que les Urbanistes n'eurent ce nom qu'après celle qu'il donna en 1264, cependant ce titre ne lui en est pas moins dû, puisque cette règle de 1264 ne diffère point ou peu de celle de 1263, qu'elle fit observer dans son couvent de Longchamps et dans plusieurs autres de France qui l'ont toujours suivie : c'est pourquoi le P. François de Gonzague, parlant du monastère de Longchamps, l'appelle *archi-monastère*, c'est-à-dire *chef des autres monastères* qui embrassèrent cette règle, et qui étaient véritablement de Clarisses, quoique, par une erreur du vulgaire, ils furent regardés pendant un fort long temps, comme de l'ordre de l'Humilité de Notre-Dame, par rapport au monastère de Longchamps qui portait ce titre, qui lui fut donné par sainte Isabelle.

Cette sainte était fille de Louis VIII, roi de France, et de Blanche de Castille. Elle vint au monde dans le mois de mars de l'an 1225. Ayant perdu le roi son père, n'ayant encore que vingt mois, la reine sa mère, qui l'aimait tendrement, en prit un soin tout particulier. Elle voulut l'instruire elle-même dans toutes les maximes de la piété chrétienne, et lui donna pour gouvernante Louise de Buisemont, dont la sagesse et la vertu lui étaient connues : elle ne négligea pas même de lui donner des maîtres pour les arts et les sciences, et Isabelle apprit si parfaitement le latin, qu'elle corrigeait souvent les écritures des chapelains.

La pompe et le luxe ne firent jamais aucune impression sur son cœur, et elle ne se revêtait d'habits convenables à son rang que pour obéir à la reine sa mère. Elle marquait beaucoup de mépris pour les vains ajustements, et une aversion singulière de tout ce qui la pouvait détourner de l'attache qu'elle avait pour Dieu. Elle joignit bientôt à l'oraison l'abstinence, qu'elle pratiquait avec tant de rigueur, que sa gouvernante assurait que ce qu'elle mangeait n'était pas capable de la soutenir sans miracle. Quoique la reine admirât de si saintes inclinations dans sa fille, elle ne laissait pas de faire son possible pour mettre des bornes à son zèle, dans la crainte que la délicatesse de son tempérament ne lui permît pas d'en soutenir longtemps la rigueur. C'est pourquoi, connaissant sa compassion pour les pauvres, elle lui offrit de l'argent pour le leur distribuer, pourvu qu'elle voulût modérer cette grande sévérité qu'elle exerçait sur elle-même. Mais la jeune princesse supplia la reine de favoriser ses inclinations à faire l'aumône par d'autres moyens que ceux qui étaient incompatibles avec le jeûne : de sorte que cette pieuse princesse, qui ne voulait pas absolument s'opposer aux bonnes dispositions de sa fille, lui laissa la liberté de suivre la sainte coutume qu'elle avait prise de jeûner trois fois la semaine.

Quoiqu'une vie si sainte fît assez connaître que cette pieuse princesse n'était point destinée pour le monde, cependant la reine sa mère, et le roi saint Louis son frère, ne laissèrent pas d'écouter pour elle des propositions de mariage, dans la vue d'une alliance avantageuse à l'État, qui était celle de l'empereur Frédéric II, qui la demanda en mariage, l'an 1244, pour son fils Conrad, jeune prince de seize ans. Tous les deux souhaitaient ce mariage avec d'autant plus d'ardeur que la princesse, âgée pour lors d'environ dix-neuf ans, joignait à une rare beauté de corps une vertu encore plus rare. La France y donnait volontiers les mains, voyant que Conrad était seul héritier des royaumes de Sicile et de Jérusalem, et des terres héréditaires de la maison de Souabe, et que d'ailleurs, selon toutes les apparences, l'empire d'Occident ne lui pourrait pas manquer. Le roi saint Louis désirait aussi ce mariage, tant pour l'appui de la famille royale, que pour le repos de l'Europe : et le pape Innocent IV, croyant que c'était un moyen pour procurer la paix en Italie, en écrivit à la princesse, et la pressa de consentir à ce mariage ; mais elle s'en excusa avec tant de constance, et d'une manière si humble et si judicieuse, que Sa Sainteté, reconnaissant par sa réponse que sa vocation venait de Dieu, lui écrivit une seconde fois pour l'en féliciter, et pour la fortifier dans le dessein qu'elle avait pris de faire à Dieu un sacrifice de sa virginité.

Après que cette sainte épouse de Jésus-Christ eut surmonté cet assaut contre sa pureté, elle commença à vivre dans le monde comme n'y étant plus : car quoiqu'elle n'eût point intention de l'abandonner entièrement, ni d'embrasser l'état religieux, elle était aussi retirée dans son palais qu'elle aurait pu l'être dans un cloître, et elle y continuait toujours ses jeûnes et ses abstinences avec autant d'exactitude que si elle y avait été obligée par les règles de la religion. Elle envoyait tous les jours la meilleure et la plus grande partie de ce qu'on lui servait à quelque hôpital ou à quelque pauvre couvent, ne mangeant que ce qu'il y avait de moins délicat et de moins propre à flatter le goût. Elle pratiquait d'autres austérités, qui n'étaient pas moins grandes que celles du jeûne et de l'abstinence, afin de retenir ses sens, soumis à l'esprit et à la raison : souvent elle se donnait la discipline jusqu'à l'effusion du sang, ce qu'elle pratiquait ordinairement après la confession de ses péchés, qu'elle faisait presque tous les jours avec beaucoup de componction et de larmes. Ses veilles étaient longues et toutes consacrées à la prière ou à la méditation. Elle se levait longtemps avant le jour pour dire Matines, et ne se recouchait point après. Elle ne parlait à personne depuis les Complies jusqu'à Primes du lendemain ; alors elle prescrivait en peu de mots tout ce qui regardait ses aumônes et ses autres œuvres de charité pour la journée, dont elle passait une bonne partie à la prière et à l'oraison. Une vie si sainte ne fût pas exempte des tribulations dont il plaît quelquefois à Dieu d'éprouver les justes qui s'attachent à son service. Elle fut attaquée de maladies fort longues et fort violentes ; mais ces douleurs ne lui donnèrent que de la joie, parce qu'elle n'avait point de plus grande satisfaction que de souffrir quelque chose pour celui qu'elle avait choisi pour son époux. Ce qui fut pour elle une épreuve bien sensible fut le mauvais succès des armées chrétiennes dans le Levant, l'oppression des fidèles de la terre sainte, la captivité du roi saint Louis, et la mort de la reine Blanche sa mère, qui arriva l'an 1252. Aussi cette sainte princesse en conçut tant de dégoût pour toutes les choses de la terre, que rien n'étant capable de la retenir à la cour, sitôt que le roi son frère fut revenu de son voyage d'outre-mer, elle prit la résolution de s'en retirer tout à fait. Elle délibéra si elle devait faire bâtir un monastère de religieuses, pour y passer le reste de ses jours, ou un hôpital, pour y vaquer à l'assistance des malades ; mais Henri, chancelier de l'université de Paris, et son directeur, qu'elle consulta sur ce sujet, lui conseilla de faire plutôt bâtir un monastère. Elle suivit cet avis, et résolut de fonder une maison de filles de l'ordre de Saint-François, et elle en jeta les fondements à Longchamps près Paris, l'an 1255, avec le consentement du roi son frère.

Pendant que l'édifice s'élevait, songeant à donner une règle aux filles qu'elle voulait mettre dans ce monastère, elle employa six docteurs de l'ordre de Saint-François pour en composer une sur celle de sainte Claire, mais un peu modifiée. Ces six religieux furent saint Bonaventure, docteur de l'Eglise, Eudes Rigaud, qui fut depuis archevêque de Rouen, Guillaume Milleenconne, Eudes de Rosny, Geoffroi de Vierson, et Guillaume d'Hartembourg. Sitôt que cette règle eut été dressée, cette princesse l'envoya au pape Alexandre IV, pour en avoir la confirmation, qu'il lui accorda l'an 1258. Les bâtiments du monastère furent achevés en 1260, et vingt filles y entrèrent la veille de saint Jean-Baptiste de la même année. Elles furent d'abord instruites des observances régulières par quatre religieuses Damianistes, que l'on avait fait venir du monastère de Reims (1). Ces quatre religieuses furent Isabelle de Venise, Odone, Etiennette et Gilles de Reims. La bienheureuse Isabelle donna le nom d'*Humilité de Notre-Dame* à ce monastère, et voulut que ses religieuses fussent appelées *les Sœurs Mineures*. Agnès d'Harcourt, qui a écrit la première la Vie de cette sainte, dit qu'elle ne voulut point recevoir la règle, à moins que ce nom n'y fût inséré : *Seur toutes choses elle voloit que les sreurs de l'Abbeye fuissent appellées Sreurs Meneurs* (ce sont les paroles d'Agnès d'Harcourt), *et en nulle manière la riule neli point souffrer se ce nom, ni fust mis. Son benoit cueur* (ajoute-t-elle) *alloit à mettre en l'abbeye ce benoit nom ouque N. S. Jesus-Crist eslut Nostre-Dame à estre sa mere; c'est le nom de l'Umilité Nostre Dame que le mit nom à l'abbeye et de ce nom elle vaut que le fust nommée ; et je sreur Agnés d'Harcourt li domandai, Dame distes moi pour Dieu si vous plet, pourcoi vous avez mis ce nom en nostre abbeye ? elle me répondit, pour ce que noi onques parler de nulle personne qui le prist dont je memerveil, qui me semble qu'ils ont lessiet le plus haut nom et le meilleur qu'ils peuissent prendre, et si c'est le nom* <quel *N. S. eslut Notre-Dame à être sa mere et pour ce lege pris à nostre meson.* Il y a néanmoins bien de l'apparence que sainte Isabelle ne put obtenir du pape Alexandre IV le nom de Mineures pour ses filles, puisqu'il paraît par la règle d'Urbain IV, dont nous allons parler, qu'Alexandre IV leur avait donné le nom de Sœurs Recluses, et que celui de Mineures ne leur fut donné que par Urbain IV.

Quoique ces premières religieuses ne manquassent pas de ferveur dans ces commencements, cependant la règle que leur sainte fondatrice leur avait donnée leur parut si austère qu'elles ne purent s'empêcher de lui témoigner leur peine dans l'observance de cette même règle, qui semblait, à ce qu'elles disaient, avoir été faite plutôt pour les accabler que pour les mortifier. Cette sainte ayant égard à leur remontrance en écrivit conjointement avec saint Louis au pape Urbain IV, qui avait succédé à Alexandre IV, pour le prier d'y apporter quelques modifications. Ce pontife en donna commission au cardinal de Sainte-Cécile, Simon de Brie, son légat, qu'il avait envoyé en France pour offrir la couronne de Naples et de Sicile à Charles, comte d'Anjou, frère du roi et de la princesse ; et après que cette règle eut été corrigée, il l'approuva l'an 1263. Il ne laissait pas d'y avoir encore bien des austérités dans cette seconde règle, car elle les obligeait à s'abstenir de viande en tout temps, à jeûner depuis la fête de saint François jusqu'à Pâques, depuis la fête de l'Ascension jusqu'à la Pentecôte et tous les vendredis de l'année. Elles pouvaient manger du poisson, des œufs, du fromage et du laitage, depuis Pâques jusqu'à la Toussaint ; ce qui ne leur était pas permis depuis la Toussaint jusqu'à Noël, ni pendant le carême, non plus que les vendredis et les jeûnes d'Eglise. Il était à leur volonté d'assaisonner leurs mets de graisse, excepté les vendredis et les samedis, depuis Noël jusqu'à la Septuagésime. Elles ne devaient jamais se parler les unes aux autres sans permission, et elles ne devaient porter que des chemises de serge, et conformément à cette règle, elles devaient faire leur profession en ces termes : *Je sœur N., promets à Dieu et à la bienheureuse vierge Marie, à saint François et à tous les saints entre vos mains* (ma mère) *de vivre tout le temps de ma vie selon la règle donnée par le pape Alexandre IV à notre ordre, ainsi qu'elle a été corrigée par le pape Urbain IV, en obéissance, en chasteté, sans propre et sous clôture, ainsi qu'il est ordonné par la même règle.*

---

(1) Guillelm. Marlot, *Métropol. Rhemens. Hist.*, t. II, p. 504.

La bienheureuse Isabelle s'était retirée dans son monastère aussitôt qu'on y eut mis la clôture; elle n'en prit pas néanmoins l'habit et ne fit pas profession religieuse. Entre les raisons qui ont pû empêcher qu'elle ne prît l'habit religieux, on allègue les fréquentes infirmités auxquelles elle était sujette, et qui lui faisaient craindre que sa faiblesse ne l'obligeât à des dispenses qui n'auraient pas été d'un bon exemple, surtout dans des commencements. Ces infirmités augmentèrent à un tel point que les six dernières années de sa vie, elle ne fut pas un moment sans souffrir des maux violents. Elle y donna l'exemple d'une patience et d'une soumission aux ordres de Dieu, qui fut le sujet de l'admiration de tous ceux qui la voyaient dans cet état ; et Dieu après l'avoir ainsi éprouvée par les souffrances, la retira du monde le 22 février de l'an 1270. Son corps fut revêtu après sa mort de l'habit de sainte Claire, et enterré dans le monastère, comme elle l'avait souhaité; et Dieu a fait connaître aux hommes la sainteté de cette bienheureuse princesse par les divers miracles qui se sont faits à son tombeau. Les religieuses firent solliciter le pape Léon X de faire reconnaître publiquement la sainteté de leur fondatrice, et de leur donner la permission d'honorer sa mémoire d'un culte religieux et d'une fête solennelle; ce qui leur fut accordé après que le cardinal de Boizy, légat en France, eut avéré les faits exposés dans leur supplique, suivant la commission qu'il en avait reçue. Le pape donna, l'an 1521, un bref par lequel il déclara Isabelle bienheureuse, et permit aux religieuses de Longchamps de faire l'office de sa fête le 31 août. Cent seize ans après, le pape Urbain VIII, permit de lever de terre le corps de la sainte et de le mettre dans une châsse d'argent, pour l'exposer à la vénération publique. La cérémonie en fut faite avec beaucoup de pompe, le 4 juin 1637, par Jean François de Gondi, premier archevêque de Paris. Il y a eu plusieurs princesses qui ont fait profession dans ce monastère, comme Blanche de France, fille du roi Philippe le Long, Jeanne de Navarre, Madeleine de Bretagne, Marguerite et Jeanne de Brabant, et quelques autres.

La bienheureuse Isabelle eut la consolation, de son vivant, de voir que la règle qu'elle avait donnée aux religieuses de Longchamps fut demandée par plusieurs autres monastères. Le premier qui la demanda fut celui de Provins, à qui le pape Urbain IV l'accorda le 22 juin 1264, quoique le 7 mai de la même année il en eût fait une autre pour tous les monastères de Clarisses. Nonobstant l'ordre que ce pontife avait donné que toutes les religieuses qui observaient la règle de sainte Claire quitteraient les différents noms qu'elles avaient, comme nous avons déjà dit, pour prendre celui de leur fondatrice, on a néanmoins appelé depuis ce temps-là *Urbanistes* les religieuses qui ont suivi les règles de ce pape, tant celle de Longchamps, que cette dernière de l'an 1264, pour les distinguer de celles qui ont renoncé aux rentes et aux possessions, et qui observent à la lettre la règle que saint François donna à sainte Claire. Les deux règles de ce pape ne diffèrent qu'en peu de choses : au lieu que par la règle de Longchamps elles devaient seulement jeûner depuis la fête de saint François jusqu'à Pâques, il ordonna à celles qui suivent la seconde règle de commencer leurs jeûnes à la fête de la Nativité de Notre-Dame, et il ne permit pas à celles-ci de se servir de graisse pour assaisonner leurs mets, depuis Noël jusqu'à la Septuagésime. Mais le pape Eugène IV ayant, l'an 1447, déclaré que toutes les religieuses de Sainte-Claire ne commettraient aucun péché mortel par la transgression de leur règle, sinon pour ce qui regarde les quatre vœux essentiels d'obéissance, de pauvreté, de chasteté et de clôture, et lorsqu'elles manqueraient à faire l'élection de l'abbesse, ou à déposer celle qui se serait rendue indigne d'exercer cette charge ; et les ayant dispensées de tous les jeûnes et abstinences auxquelles elles étaient obligées, à l'exception de ceux que les Frères Mineurs ont accoutumé d'observer, les Urbanistes se sont servies de ces dispenses, et elles mangent de la viande lorsque les Frères Mineurs en mangent, conformément à la bulle de ce pontife. Eugène IV, trouvant aussi que le silence perpétuel était trop rigoureux pour des filles, donna pouvoir au général et aux provinciaux de toutes les provinces d'en dispenser, avec l'avis et le conseil des discrètes de chaque monastère. C'est aussi en vertu de ce même pouvoir accordé au général et au provincial de l'ordre, que les Urbanistes ont été dispensées des chemises de serge, et qu'elles en portent de toile. Celles qui ne suivent pas la règle de Longchamps font leur profession en cette manière. *Je N., promets à Dieu, à la bienheureuse vierge Marie, à saint François et à sainte Claire et à tous les saints, et à vous (mère abbesse) de vivre tout le temps de ma vie sous la règle accordée à notre ordre par le pape Urbain IV, en obéissance, sans propre, et en chasteté, et sous clôture.*

Ce n'est pas seulement en France, comme à Provins, à Saint-Marcel dans l'un des faubourgs de Paris, à Moncel, à Nogent-l'Artaud, et en plusieurs autres monastères de ce royaume, que la règle de Longchamps a été reçue ; les religieuses de saint Silvestre *in Capite* à Rome la demandèrent au pape Honorius IV, qui la leur accorda l'an 1285. Boniface VIII, la donna aussi l'an 1295, aux religieuses de sainte Claire qu'Édouard Ier, roi d'Angleterre, et Jeanne de Navarre, sa femme, fondèrent à Londres ; les religieuses Damianistes de Reims, qui avaient instruit les religieuses de Longchamps des observances régulières, abandonnèrent aussi la première règle de sainte Claire l'an 1507 ou environ, pour prendre celle des Urbanistes (1). Ainsi c'est avec raison que François

---

(1) Guillelm. Marlot, *Metropol. eccles. Rhemens. Histor.*, tom. II, p. 504.

de Gonzague a appelé le monastère de Longchamps archi-monastère, comme ayant été chef de plusieurs autres, et que l'on ne peut refuser à sainte Isabelle de France le titre de fondatrice de l'ordre de l'Humilité de Notre-Dame et des religieuses Urbanistes. L'habillement de ces religieuses est semblable à celui des Clarisses (*Voy.* ce mot) quant à la façon, et consiste en une robe de serge grise, serrée d'un cordon de fil blanc : en France et en Espagne elles ne portent point de scapulaire, mais elles en ont en quelques endroits, et au chœur et dans les cérémonies elles ont un manteau de même que leur robe.

Luc Wading, *Annal. Minor.*, tom. I, et II. Franc. Gonzag. *de Orig. Seraph. relig.* Dominic. de Gubernatis, *Ord. Seraphic.* Sébastien Rouillard. *Vie de sainte Isabelle de France.* Giry et Baillet, *Vie des saints*, et les *constitutions* de cet ordre.

L'institut des *Urbanistes*, ou pour mieux dire cette mitigation de l'ordre de Sainte-Claire, s'étendit principalement en France; mais, comme on vient de le voir dans le récit d'Hélyot, toutes les maisons mitigées ne suivaient pas la même règle. Les plus connus entre les monastères qui suivaient la règle de Longchamps étaient sans doute ceux de la ville d'Argentan, diocèse de Séez, de la ville de Laval, dit monastère de *Patience*, de la filiation d'Argentan ; de la ville de Fougères , diocèse de Rennes, formé par des religieuses venues d'Argentan et de *Patience* de Laval. Je n'oserais même assurer qu'elles suivissent absolument la règle de Longchamps , et peut-être le monastère d'Argentan était-il le chef-lieu de ces quelques filiations. Le monastère de Fougères, appelé le *Couvent-Neuf*, ou simplement les *Urbanistes*, avait reçu de la mère Sainte-Madeleine de la Paumerie, du monastère d'Argentan, un exemplaire manuscrit de la règle dont je possède une copie, ou très-probablement l'original, car il porte sur la couverture ces mots écrits de la même main que le corps du livret : *Sainte-Claire d'Argenten pour le monastère de Sainte-Claire de Fougère;* puis d'une main différente cette signature : *Sainte - Magdeleine - la - Paumerie.* Et enfin à la dernière page du manuscrit cette attestation de deux mains différentes : *J'ateste que les présentes statues sont conformes à l'original sœur de la Pomerie, humble abbesse de Sainte-Claire d'Argenten. Sr Magdeleine de Lonlay (?) vicaire, ce 17 avril 1695.*

C'est dans ce monastère de Fougères que vécut la sœur *Nativité*, simple converse , si connue par ses *Révélations*, dont le recueil fut publié en quatre volumes peu après la restauration des Bourbons. Cette pieuse fille, née à La Chapelle-Janson, fut expulsée comme les autres, de son abbaye en 1792, et mourut à Fougères en 1798.

Quatre des religieuses de cette même maison de Fougères ont été comme les colonnes de l'institut nouveau des *Trinitaires* , formé à **Saint-James** , département de la Manche , où elles reprirent leur habit , et formèrent aux habitudes monastiques les fondatrices de la nouvelle fondation, que je ferai connaître dans le quatrième volume de ce *Dictionnaire.*

L'habit de ces *Urbanistes* consistait en une tunique de drap gris cendré , serrée d'un cordon blanc en poil d'animal , sans scapulaire. Les sœurs converses portaient habituellement le voile blanc, par mesure d'économie. Les autres portaient le voile noir, sur lequel elles mettaient aux grandes cérémonies un autre grand voile noir, qui pendait presque jusqu'à terre, qu'elles appelaient le voile de communion. Au chœur elles portaient, du moins dans les fonctions solennelles, un grand manteau de drap brun.

Plusieurs monastères de Clarisses se sont rétablis en France ; quelques-uns, tels que celui de Marseille , celui d'Amiens , celui de Lyon, etc., suivent l'ancienne observance, quelques-uns , par exemple en Auvergne, dans le Périgord , suivent une observance mitigée, mais j'ignore si cette mitigation est celle des Urbanistes.

Dans la statistique des couvents de femmes, existant actuellement dans les Etats autrichiens, je vois *six* couvents de Clarisses et *cinq* couvents de *Franciscaines*, contenant en tout vingt-sept personnes; peut-être, et vraisemblablement cette expression générique de Franciscaines , distinctes des Clarisses et des Elisabéthines, que je vois énumérées séparément , désigne-t-elle des Urbanistes.

Il y a actuellement à Rome un couvent d'*Urbanistes*, dirigé par des prêtres séculiers. La célèbre maison de *Longchamps* , ou de l'*Humilité de Notre-Dame* est détruite; il ne reste plus que quelques vestiges du monastère au village qui s'établit sous le même nom de *Longchamps*, depuis la récente construction d'un pont sur la Seine, donnant communication avec Surène. La maison la plus remarquable après celle-ci, dont elle suivait la règle, était le monastère des Cordelières, établi dans la rue dite par corruption de *Loursine* , en 1289 , sous le titre de *Filles de Sainte-Claire de la Pauvreté Notre-Dame.* Au lieu où était ce monastère est aujourd'hui l'hôpital des femmes, dit de *Loursine.* Dans l'ordre de Sainte-Claire , les abbesses n'ont jamais porté les insignes de leur dignité, et même depuis plus d'un siècle, les abbesses des Urbanistes étaient triennales , par décision d'un chapitre des Frères Mineurs. Le roi Louis XIV, qui n'avait pourtant aucun droit en ces choses, sous le rapport spirituel, eut même le caprice, vers 1674, de défendre aux Urbanistes d'élire des abbesses ; c'est pour cela que la mère Elisabeth Mérault, le 26 novembre 1674, fut élue simplement *supérieure* des Cordelières du faubourg Saint-Marceau : néanmoins quelques années après , le titre d'abbesse fut porté de nouveau à Longchamps, à Fougères, aux Cordelières du faubourg Saint-Marceau, aux *Petites-Cordelières* du faubourg Saint-Germain de Paris, etc.

Gallia Christiana. — *Cracas* ou *Calendrier de Rome.*— *Tableau historique et pittoresque de Paris*, par M. de Saint-Victor. — *Manuscrit de ma bibliothèque*, etc.

B-D-E.

URSULINES (Religieuses).

§ Ier. — *De l'origine des Ursulines, avec la Vie de la bienheureuse Angèle de Bresse, leur fondatrice.*

L'ordre des Ursulines est semblable à ceux de Saint-Augustin, de Saint-Benoît, et de Saint-François, qui, ont produit plusieurs congrégations, qui, par la diversité de leurs habillements et de leur manière de vivre, forment comme autant de différents ordres ; et de même que dans celui de Saint-François, il y a des Tiertiaires séculiers parmi lesquels il y en a quelques-uns qui vivent en communauté, et d'autres en particulier, sans s'engager, ni les uns ni les autres, par des vœux solennels, il y a aussi parmi les Ursulines de saintes filles qui ne font que des vœux simples, et dont plusieurs vivent en communauté et quelques-unes en particulier. C'est proprement ces dernières que la bienheureuse Angèle de Bresse institua vers l'an 1537, ayant voulu que toutes ses filles restassent dans le monde, chacune en la maison de ses parents, afin d'être plus en état de remplir les devoirs de charité qu'elle leur prescrivit. Quelques-unes dans la suite s'unirent en communauté ; ces communautés se répandirent dans la France, et embrassèrent dans la suite l'état religieux comme l'état le plus parfait, et cela avec tant de succès, que depuis l'an 1612, que les Ursulines de Paris commencèrent l'état régulier de cet ordre, on a vu jusqu'à présent plus de trois cent cinquante monastères divisés en plusieurs congrégations, dont nous parlerons séparément, après avoir rapporté l'origine des Ursulines congrégées par la bienheureuse Angèle de Bresse, le nom de *congrégées* ayant été donné à celles qui sont toujours restées dans l'état séculier.

Angèle, surnommée de Bresse, à cause du séjour qu'elle fit dans cette ville et qu'elle y est morte, naquit à Dezenzano, sur le lac de Garde, de parents qui étaient nobles selon quelques historiens, et qui selon d'autres n'étaient que de pauvres artisans. Mais quand il ne serait pas vrai qu'elle fût descendue de ces familles qui font bruit dans le monde par l'éclat de leur noblesse, ses parents étaient au moins nobles en vertu, et ils prirent un grand soin de son éducation et de l'élever dans la crainte de Dieu. Elle passa les premières années de son enfance dans le lieu de sa naissance, avec tant de modestie et de gravité, qu'elle s'abstenait même des plaisirs les plus innocents. Elle était naturellement portée au bien, l'ombre du mal lui faisait horreur, et elle commença à être vertueuse aussitôt qu'elle commença d'être raisonnable.

Ayant perdu de bonne heure ses parents, elle fut sous la tutelle d'un de ses oncles qui n'eut pas moins de tendresse pour elle que ses père et mère en avaient eu ; et comme il avait aussi beaucoup de piété, il laissa sa nièce dans la liberté de continuer ses dévotions avec une sœur aînée qu'elle avait, et dont toutes les inclinations sympathisaient fort avec les siennes. Toutes les deux, quoiqu'enfants, n'avaient pas de plus grand plaisir que de s'occuper dans des pratiques de dévotion, non pas des communes et ordinaires, mais des plus ardentes et des plus ferventes. Elles se levaient la nuit pour faire leurs prières après avoir pris quelque peu de repos sur la terre nue ou sur quelques planches ; elles ajoutaient à cette mortification des jeûnes fréquents et de grandes austérités. Le désir de la solitude et de la retraite avait fait de si fortes impressions sur leurs cœurs, et elles la trouvaient si favorable à leur dessein de ne communiquer qu'avec Dieu seul, qu'elles s'enfuirent un jour pour se retirer dans un ermitage ; mais elles en furent détournées par leur oncle qui les suivit et les ramena chez lui. Angèle n'avait point de plus grande consolation que d'être toujours avec sa sœur ; mais Dieu l'ayant attirée à lui, cette mort lui fut d'autant plus sensible, qu'elle considérait cette sœur comme son appui et son guide dans le chemin de la vertu ; néanmoins, quoique pénétrée de douleur, elle souffrit cette séparation avec une constance admirable, et la parfaite soumission de cette sainte fille à la volonté de Dieu étouffa ses soupirs et ses plaintes.

Après la mort de sa sœur elle redoubla ses oraisons et ses austérités, et voulant suivre les attraits de la grâce, elle reçut l'habit du tiers ordre de Saint-François. Elle ne se contenta pas d'en observer exactement la règle, mais elle ajoutait de nouvelles austérités à celles qui y sont prescrites. La pauvreté de saint François fut le principal objet de notre bienheureuse, qui ne voulait rien dans sa chambre, ni dans ses habits, ni dans ses meubles, que de pauvre et de simple. Elle se revêtit d'un cilice qu'elle ne quittait ni jour ni nuit. Son lit était composé de quelques branches d'arbres sur lesquelles elle étendait une natte. Ses mets ordinaires n'étaient que du pain, de l'eau et quelques légumes. Elle ne buvait du vin qu'aux fêtes de la Nativité et de la Résurrection de Notre-Seigneur, et pendant tout le temps du carême elle ne mangeait que trois fois la semaine.

Le P. Parayré, religieux ermite de l'ordre de Saint-Augustin, qui a fait les Chroniques des Ursulines de la congrégation de Toulouse, a cru faire honneur à son ordre en mettant la bienheureuse Angèle du tiers ordre de Saint-Augustin. Je ne sais si un privilège des sœurs de ce tiers ordre est de communier tous les jours ; mais cet auteur ajoute que cette sainte ayant pris la résolution de communier tous les jours, et appréhendant qu'il n'y eût quelqu'un qui s'en scandalisât, elle prit l'habit du tiers ordre de Saint-Augustin pour le faire avec plus de liberté. Je ne prétends pas rapporter tous les historiens de l'ordre de Saint-François qui ont parlé de la bienheureuse Angèle comme ayant été du tiers ordre de Saint-François ; mais l'auteur de la grande Chronique des Ursulines, le P. Hugues Quarré, de l'Oratoire, et plusieurs autres écrivains qui n'étaient pas de cet ordre, ont cru rendre justice à la vérité, en mettant cette sainte au nombre des enfants de Saint-François.

Quoi qu'il en soit, elle voulut aller visiter les saints lieux que Notre-Seigneur Jésus-Christ a honorés de sa présence : les tombeaux des saints apôtres, et de tant de glorieux martyrs qui sont à Rome, ne furent pas oubliés. Elle les visita à son retour de Jérusalem, et elle voulut encore donner des marques de sa piété sur le mont de Varalle, dans le Milanais, où sont représentés plusieurs mystères tant de l'Ancien que du Nouveau Testament dans des oratoires séparés. Enfin, après avoir satisfait à sa dévotion en tous ces lieux différents, elle retourna à Bresse, où, après plusieurs visions et révélations que l'on prétend qu'elles a eues, et plusieurs commandements qui lui furent faits de la part de Dieu, de fonder la compagnie des filles de Sainte-Ursule, elle donna commencement à l'institut dans la ville de Bresse l'an 1537, et d'abord plusieurs jeunes filles furent inspirées d'y entrer, ce qu'elles firent avec une ferveur d'esprit et un zèle extraordinaire.

Angèle n'avait alors que vingt-six ans, et c'était dans le temps que les nouvelles hérésies ruinaient les cloîtres, condamnaient la virginité, et violaient la sainteté des religions. Ce qui fit paraître que cette sainte fille était conduite par des mouvements secrets de la divine providence, c'est que, pour fonder son ordre, elle choisit sagement la manière la plus convenable à la misère du siècle, et apporta les remèdes selon la nature du mal ; car en ce temps-là couvert d'ignorance et de corruption, il fallait chercher les pécheurs dans leurs propres maisons, les contraindre d'ouvrir les yeux pour voir la lumière et courir après eux pour les ramener au chemin du salut. C'est ce qui obligea cette sainte fondatrice de s'accommoder à la nécessité du prochain : elle voulut que toutes ses filles demeurassent dans le monde chacune en la maison de ses parents, afin de répandre plus facilement l'odeur de la grâce et de la doctrine chrétienne, et de profiter à toutes sortes de personnes par l'exemple de leurs vertus. Elle leur donna pour loi d'aller chercher les affligés pour les consoler et les instruire, de soulager les pauvres, visiter les hôpitaux, servir les malades, et se présenter humblement à toutes sortes de travaux où la charité les appellerait. Elle voulut qu'elles s'employassent à toutes sortes d'exercices de charité pour contribuer à la conversion et au salut de tous les hommes, et quoique ses filles fussent libres et la plupart de qualité, elle les obligea de se rendre comme esclaves de tous, à l'imitation de l'Apôtre, afin d'en engager plusieurs à Dieu. Enfin, par une prévoyance qui accompagne toujours la sagesse du ciel, elle ordonna que selon l'exigence des temps l'on pourrait changer la forme de vie qu'elle avait introduite. Elle en fit une mention particulière dans ses règles, et elle eut soin que cela fût inséré dans l'approbation de ce nouvel ordre, puisqu'en effet on a vu que le temps ayant apporté un notable changement aux mœurs des chrétiens, et l'Eglise ayant reçu de nouveaux moyens pour le secours du prochain, la plus grande partie de cette dévote compagnie de vierges, après avoir vécu long-temps dans l'état d'association, par une sainte résolution, embrassa la vie commune dans des congrégations, et choisit la solitude du cloître pour s'y renfermer le reste de leurs jours.

Le commencement de l'institution de cet ordre fut accompagné de tant de bonheur, que l'on connut facilement que la main de Dieu y travaillait, car d'abord soixante et treize filles y entrèrent et se sacrifièrent à la gloire de Dieu et à l'utilité du prochain ; de sorte que presque en un instant, on vit renaître dans la ville de Bresse l'esprit des premiers chrétiens, tant pour le secours des pauvres que pour l'instruction des ignorants. Ces filles d'un consentement unanime élurent Angèle pour supérieure, et lui donnèrent la qualité de fondatrice qu'elle refusa. Elle accepta néanmoins la supériorité ; mais elle leur persuada de mettre ce nouvel institut sous la protection de sainte Ursule, qui avait autrefois gouverné tant de vierges et les avait conduites au martyre. Ainsi ce nouvel ordre fut appelé la Compagnie de Sainte-Ursule, quoique d'abord le peuple lui eût donné le nom de la Divine-Compagnie. Elle donna à ses filles pour confesseurs et directeurs le P. Paul de Crémone, chanoine régulier, et dom Chrysante, chanoine de Saint-Pierre d'Olivet, personnages doctes et pieux ; et comme quelque temps après dom François Alsianello, qui était un prêtre d'une éminente vertu, et qui fut depuis fondateur de la compagnie des Pères de la Paix, arriva à Bresse, et qu'il s'attacha fortement aux intérêts d'Angèle et de la compagnie de Sainte-Ursule, il prit en 1556 la conduite de tout l'ordre et il en fut élu directeur quelques années après la mort de la bienheureuse Angèle, qui n'oubliait rien de ce qui pouvait servir à l'avancement et à la conservation de son institut. Elle choisit huit dames dont elle connaissait le zèle ; l'une des principales était la comtesse Lucrèce de Lodronne, et elle les pria de le vouloir prendre sous leur protection. Après avoir laissé à ses filles des instructions pour leur conduite, elle mourut le 21 mars 1540.

Il est assez difficile de ne point trouver d'erreur dans Schoonebek, lorsqu'on veut examiner son Histoire des Ordres religieux ; nous en avons déjà remarqué beaucoup ; en voici encore une qui ne sera pas la dernière ; car en parlant de ces Ursulines, il dit que ce fut le pape Pie III qui approuva leur institut. Ce pape néanmoins était mort dès l'an 1503, n'ayant tenu le saint-siége que quelques jours. Ce ne fut donc point ce pontife qui confirma cet ordre ; mais bien le pape Paul III, l'an 1544, et qui lui donna le nom que la bienheureuse Angèle avait choisi, l'appelant la Compagnie de Sainte-Ursule. Il déclara qu'elle était canoniquement instituée, et donna pouvoir aux supérieurs d'augmenter, diminuer, ou changer ce que l'on trouverait convenable selon le temps ou les lieux où cette Compagnie serait établie. Saint Charles Borromée avait beaucoup d'estime pour les filles de Sainte-Ursule, en ayant fait venir de Bresse à Milan, qui s'y multiplièrent jusqu'au nombre de quatre cents. Ce fut à la prière de ce saint cardinal, que le pape Grégoire XIII accorda, l'an 1571, une nouvelle approbation de cet institut, et de nouveaux priviléges qui furent augmentés par ses successeurs Sixte V et Paul V. Baillet dans la Vie de sainte Ursule (21 oct.), parlant de cet ordre des Ursulines, dit que ce fut cette année 1572 qu'elles furent mises sous clôture, et qu'elles firent les vœux solennels; et que l'an 1611 elles furent introduites en France. Il est néanmoins certain que les Ursulines de Paris, qui y avaient été établies dès l'an 1604, furent les premières qui embrassèrent l'état régulier, et qu'elles ne firent les vœux solennels sous clôture perpétuelle que l'an 1614, en vertu d'une bulle de Paul V, du 13 juin 1612, comme nous le dirons dans la suite; et les premières Ursulines Congrégées furent établies en Provence dès l'an 1594. Il n'y a pas même de monastère d'Ursulines véritablement religieuses en Italie, sinon un seul qui est à Rome, qui fut fondé par la duchesse de Modène, Laure Martinozzi, l'an 1688. Cette princesse eut même recours aux Ursulines de Flandre pour commencer cet établissement.

Il est vrai qu'il y a en Italie quelques Ursulines qui vivent en commun, et qui pratiquent dans leurs maisons les mêmes observances que celles qui se pratiquent dans les monastères de religieuses, mais elles ne font point de vœux solennels: nous parlerons dans la suite d'un monastère de ces sortes d'Ursulines établi à Rome, qui est différent de celui dont nous avons parlé ci-dessus. Il y a bien de l'apparence que ces sortes d'Ursulines vivant en commun étaient peu connues l'an 1642: car Ranuce Pic, dans son *Théa.re des saints et bienheureux de la ville de Parme*, qu'il a donné la même année, après avoir rapporté l'origine des Ursulines instituées par la bienheureuse Angèle de Bresse, dit qu'une pareille compagnie s'établit à Parme, avec cette différence que les autres vivaient dans leurs maisons particulières, et que celles de Parme vivaient en communauté avec des constitutions particulières, sous la conduite d'une prieure qu'elles élisaient à vie, qu'elles ne sortaient point de leur maison que plusieurs ensemble pour aller à l'église de Saint-Roch, qui était proche de leur maison, et que lorsqu'elles sortaient elles étaient couvertes d'un manteau bleu. Il ajoute qu'elles sont sous la conduite des PP. Jésuites, et exemptes de la juridiction de l'évêque, ne reconnaissant point d'autre supérieur et pro-

(1) *Voy.* à la fin du vol., nos 136-155, où sont représentées les diverses religieuses Ursulines dont

tecteur que le duc de Parme, et que les autres Ursulines sont soumises aux ordinaires; nous parlerons aussi de ces Ursulines de Parme dans le § 13.

Celles de France ont été aussi toujours sous la juridiction des évêques depuis leur établissement en ce royaume. Leur fondatrice fut la Mère Françoise de Bermond, qui, l'an 1574, engagea, dans la ville d'Avignon, vingt ou vingt-cinq filles à instruire la jeunesse, suivant l'institut de la bienheureuse Angèle de Bresse. Elles ne vécurent pas d'abord en communauté, chacune demeurant en son particulier ou chez ses parents. Ce ne fut que l'an 1596, qu'à la persuasion du P. César de Bus, fondateur des Pères de la Doctrine Chrétienne, elles vécurent en commun, et établirent la première communauté de filles Ursulines à Lille, ville du comté Venaissin, La Mère de Bermond alla ensuite établir une communauté à Aix et ensuite à Marseille, et ces premières maisons furent les pépinières d'où sont sorties ces autres communautés qui se sont formées dans la suite, et qui se sont répandues en si grand nombre dans la France. Nous parlerons plus amplement de cette fondatrice des Ursulines de France en parlant de la congrégation des religieuses Ursulines de Lyon, dont elle a été aussi fondatrice; et quoiqu'elle ait aussi formé la communauté des Ursulines Congrégées de Paris, comme celles-ci ont été les premières qui ont embrassé l'état régulier, il est juste de donner le premier rang à ces religieuses de Paris, dont nous allons rapporter l'origine dans le paragraphe suivant. L'habillement des Ursulines Congrégées de France consistait en une hongreline de serge noire, avec un mouchoir de cou de toile blanche. Elles portaient une coiffe noire et par-dessus une espèce de petit voile de taffetas noir qui faisait deux pointes par-devant, par le moyen d'un morceau de baleine qu'elles mettaient dedans, comme on peut voir dans la figure que nous en donnons, et qui a été gravée sur un dessin envoyé par la Révérende Mère de Monfort, religieuse Ursuline de Tarascon (1).

Voyez la Chronique générale des Ursulines et les Chroniques particulières de la congrégation de Toulouse. Ranuc. Pic. *Theatro de SS. et BB. della citta di Parma*, pag. 328. Hermant, *Hist. des Ordres relig.* Schoonebek, *Description des Ordres de filles relig.*, pag. 32, et Philipp. Bonanni, *Catalog. Ord. relig.*, part. II

§ 2. — *Suite de l'origine des religieuses Ursulines, avec la Vie de madame de Sainte-Beuve, leur fondatrice.*

Après que l'ordre des Ursulines eut demeuré en état d'association et de congrégation, selon son institution primitive faite par la bienheureuse Angèle de Bresse, environ l'espace de soixante-quinze ans, et qu'il se fut suffisamment étendu par toute l'Italie et le royaume de France pour faire connaître son excellence et son utilité, Dieu voulut le

il est traité dans les treize paragraphes qui composent cet article.

perfectionner en l'élevant à l'état religieux, et cet heureux changement commença en France l'an 1612, par le zèle et la piété de madame de Sainte-Beuve, à qui on ne peut refuser la qualité de fondatrice des religieuses Ursulines, quoi qu'elle n'en ait pas porté l'habit. Les Ursulines congrégées avaient été instituées en Provence par la Mère Françoise de Bermond, comme nous avons déjà dit dans le paragraphe précédent, dès l'an 1594; elles s'étaient établies dans plusieurs villes du royaume, et elles avaient été inconnues dans Paris jusqu'en l'an 1604, que l'on y vit une colonie de ces saintes filles, qui y furent établies par les soins de mademoiselle Acarie, à qui la France est redevable de l'établissement des religieuses Carmélites de la réforme de sainte Thérèse, parmi lesquelles elle entra dans la suite en qualité de sœur converse, sous le nom de la sœur de l'Incarnation. On avait entretenu jusqu'à ce temps-là un séminaire de filles pour les Carmélites proche l'église de Sainte-Geneviève ; mais cette vertueuse demoiselle et les supérieurs ayant jugé à propos de rompre ce séminaire, ils furent inspirés de retenir une bonne partie de ces filles, pour les employer à l'instruction gratuite des jeunes filles. Ils les logèrent pour cet effet à l'hôtel de Saint-André, au faubourg Saint-Jacques, et firent venir de Pontoise à Paris la sœur Nicole le Pelletier, pour leur enseigner la méthode de bien instruire, suivant la pratique des Ursulines Congrégées de Pontoise et des autres maisons établies en ce royaume. Il ne manquait plus qu'une fondatrice pour cette nouvelle maison ; mais mademoiselle Acarie trouva madame de Sainte-Beuve, qui s'offrit volontiers pour une si sainte œuvre.

Elle était fille de Jean Luillier, seigneur de Boulencourt, de Chansenay et d'Angeville, président en la chambre des comptes de Paris, et de dame Renée Nicolaï, tous deux issus des plus nobles familles du royaume, qui eurent de leur mariage neuf garçons et neuf filles, et ce grand nombre d'enfants n'empêcha pas qu'ils ne fussent tous pourvus avantageusement dans le monde selon leur naissance, à l'exception d'une seule fille qui fut religieuse à Fontaine-lès-Nonains. Notre fondatrice fit paraître dès son plus bas âge de fortes inclinations pour toutes sortes de vertus, que sa mère, qui était une dame pieuse, prit soin de cultiver, y contribuant beaucoup par son exemple. Ainsi sa fille, instruite dans une si bonne école, apprit à fuir les vices ordinaires de la jeunesse, principalement celui du mensonge. A mesure qu'elle avançait en âge, elle augmentait en perfection, et le brillant de son esprit joint à son excellente beauté la firent rechercher en mariage par plusieurs partis avantageux. Celui qui fut préféré fut Claude le Roux, seigneur de Sainte-Beuve, conseiller au parlement de Paris, qu'elle épousa à l'âge de dix-neuf ans, et le ciel versa tant de bénédictions sur leur mariage que dans la parfaite union où ils vivaient ensemble, il semblait qu'il n'y avait plus rien à désirer qu'une longue durée de vie. Mais Dieu, saintement jaloux du cœur de cette jeune dame, fit par la mort de son mari la dissolution d'un mariage où à peine avait-elle eut le temps de cueillir quelques roses. Cette séparation lui fut sensible, et au fort de sa douleur, avant même que son mari fût porté en terre, reconnaissant l'inconstance et la fragilité des choses humaines, elle prit une ferme résolution de demeurer dans l'état de viduité, et de n'avoir plus pour époux que celui qu'elle ne pouvait jamais perdre. Elle n'avait alors que vingt-deux ans, et elle n'avait pas eu d'enfants. Elle persévéra dans cet état pendant quarante-six ans qu'elle vécut encore, et elle s'acquit une si grande estime par sa bonne conduite et sa sagesse, que l'on disait communément dans Paris, qu'il n'y avait qu'à changer une lettre de son nom pour être aussi bien de nom que d'effet la *Sainte Veuve*.

Quelque temps après la mort de son mari, elle se retira, par l'avis de son confesseur, dans un monastère. Elle alla d'abord dans l'abbaye de Chelles, près de Paris, et ensuite à Saint-Pierre de Reims, où ayant demeuré quelques années, elle revint à Paris qu'elle n'avait quitté que pour éviter les compliments de galanterie qu'on lui faisait sur sa beauté. Le roi même avait témoigné de l'estime pour elle, et en avait donné des marques en plusieurs occasions. A son retour, ce prince n'eut pas moins d'inclination pour elle, et pour témoigner l'estime qu'il en faisait, il lui faisait souvent l'honneur de l'entretenir familièrement. On remarquait toujours chez elle un grand concours de personnes de condition, qui la venaient consulter, et de pauvres qui s'adressaient à elle pour être secourus dans leurs misères. Elle contribua à la conversion des hérétiques, elle retira plusieurs personnes de mauvaise vie du malheureux état où elles étaient ; et une fille qui prit la résolution de quitter le vice où elle s'était plongée, l'ayant priée de la protéger et de l'assister dans sa nécessité, notre vertueuse veuve lui tendit charitablement la main et si libéralement tout ensemble, que pour la pourvoir elle lui donna huit cents écus.

Ce furent ce zèle et cette charité de madame de Sainte-Beuve qui firent que mademoiselle Acarie jeta les yeux sur elle pour être la fondatrice de la nouvelle congrégation des filles de Sainte-Ursule, qu'on avait déjà établie au faubourg Saint-Jacques. Cette sainte veuve ayant accepté ce titre, l'on vit tout d'un coup cette petite communauté fleurir avec éclat. Jusqu'à ce temps-là on n'avait pas voulu confier aux filles de cette congrégation l'éducation des jeunes filles en qualité de pensionnaires ; mais quand on sut le fort appui qu'elles avaient d'une fondatrice considérable que madame de Sainte-Beuve, on lui en confia sans difficulté et des meilleures maisons de Paris, dont les premières furent la fille et la nièce de M. de Marillac, maître des requêtes et dans la suite garde des sceaux. Elles entrèrent dans la congrégation le 28 décembre 1607, et furent incontinent suivies par les filles du marquis d'Urfé et des barons de Vieux-Pont et de Lésigny, et sitôt qu'elles furent jusqu'au nombre de onze, par l'entrée de la fille de M. Gelée, lieutenant criminel de Paris, on jugea que c'était un nombre suffisant et convenable pour leur faire le catéchisme en commun; et tous les jours une des maîtresses expliquait la doctrine chrétienne. La fondatrice fit venir à ses frais, de Provence à Paris, des sœurs de Sainte-Ursule, afin qu'elles instituassent cette congrégation selon les mêmes règles qu'elles observaient, et sous lesquelles elles en avaient établi d'autres. Elles furent reçues des filles de Paris avec beaucoup de joie. Elles n'étaient que deux; mais l'une était la Mère Françoise de Bermond, première Ursuline Congrégée de France, qui fut établie prieure, et l'une et l'autre formèrent les filles à leur manière de vivre. Tandis qu'elles travaillaient au spirituel, madame de Sainte-Beuve songeait à leur établissement temporel, et leur acheta une maison dans le même faubourg M. de Marillac, qui avait une affection particulière pour cette congrégation, et qui y avait mis une de ses filles en pension, comme nous avons dit, aidait la fondatrice. Il contribua à la dot de quelques pauvres filles, dressa lui-même le plan du bâtiment, ajoutant le vieux au neuf qu'il fallait faire : il prit la charge de le conduire, et il y fit travailler avec tant de diligence qu'il fut achevé le 29 septembre 1610, auquel jour on y célébra la première messe. Les pensionnaires sortirent de l'hôtel de Saint-André pour y assister, et le 8 octobre suivant elles quittèrent cet hôtel, qui n'était qu'à louage, pour prendre possession de leur nouvelle maison.

Le premier dessein de la plupart de ceux qui gouvernaient cette petite communauté n'était que d'établir une congrégation pareille à quelques-unes de celles qui étaient en Provence, et même on prétendait la borner à douze filles seulement qui instruiraient la jeunesse. Mais madame de Sainte-Beuve déclara que son intention avait d'abord été de faire ériger cette maison en monastère, où les filles gardassent la clôture, et s'obligeassent par des vœux solennels. Le respect qu'on avait pour elle fit que chacun consentit à ce qu'elle désirait, et comme il n'y avait pas encore de religion de cet institut, les supérieurs avec quelques religieux, principalement les PP. de la compagnie de Jésus, en formèrent une idée pour insérer dans la supplique que madame de Sainte-Beuve, en qualité de fondatrice, présenta au pape Paul V. On fut près de deux ans à obtenir l'expédition d'une bulle, et pendant ce temps-là la fondatrice passa le contrat de sa fondation, que M. de Marillac accepta de la part de ces filles assemblées et du monastère futur, et quand il y eut des professes de la maison, elles le ratifièrent. Madame de Sainte-Beuve obtint, l'an 1611, un brevet du roi pour l'établissement qu'elle poursuivait, par lequel Sa Majesté permit de faire non-seulement cet établissement à Paris, mais dans les autres villes de son royaume. Elle en obtint aussi au mois de décembre des lettres patentes qui lui permirent d'ériger ce monastère, et d'y recevoir tous les dons, les legs et les présents qu'on y ferait, tant en fonds de terre qu'en rentes, lesquelles furent vérifiées au parlement de Paris le 12 septembre 1612.

Cependant, comme on eut nouvelle que le pape accordait la bulle d'établissement, la fondatrice et mademoiselle Acarie allèrent ensemble en l'abbaye de Saint-Etienne de Soissons, depuis transférée à Reims, pour demander quelques religieuses qui vinssent donner l'esprit, aussi bien que l'habit religieux aux Ursulines de Paris. L'abbesse Anne de Roussy, à qui elles en firent la proposition, voulant contribuer à une si bonne œuvre, choisit trois de ses filles et une sœur converse, avec lesquelles elle vint à Paris. Les Ursulines de Provence, apprenant qu'on allait ériger la maison de Paris en monastère, rappelèrent promptement les deux compagnes qu'elles y avaient, de crainte qu'elles ne se rendissent religieuses; et la divine Providence le permit ainsi, ayant destiné la Mère Françoise de Bermond pour être la fondatrice des religieuses Ursulines de la congrégation de Lyon, ce qui arriva cinq ans après. Cependant l'abbesse de Saint-Etienne et ses religieuses étant arrivées à Paris, celle qui présidait sur les sœurs lui remit les clefs et tout l'état de la maison pour être gouvernée à l'avenir par elle. Elle consacra tous ses soins et tous ceux de ses religieuses à perfectionner les filles de cette congrégation, et à leur inspirer l'esprit de religion. D'environ vingt-cinq filles qu'elle trouva en la congrégation, elle en congédia plusieurs qui ne désiraient pas embrasser la vie religieuse, ou qui n'étaient pas propres à l'institut des Ursulines : elle mit les autres à l'épreuve, et en reçut quelques-unes avant même que personne eût pris le voile.

Le pape Paul V ayant accordé, le 13 juin 1612, la bulle qu'on désirait, elle fut reçue le 25 septembre avec beaucoup de joie : le *Te Deum* fut solennellement chanté par les sœurs et les pensionnaires. Le pape par cette bulle donnait pouvoir d'établir le monastère de Paris sous la règle de saint Augustin et l'invocation de sainte Ursule, le soumettant à la juridiction de l'évêque de Paris, et sous son autorité à trois docteurs en théologie, voulant que pour plus grande stabilité, les filles qui y feraient profession ajoutassent aux trois vœux solennels ordinaires un quatrième vœu d'instruire les petites filles : et il accordait à la fondatrice l'entrée dans la clôture du monastère avec deux autres filles ou femmes modestes, et d'y coucher et demeurer tant qu'elle persévérerait dans l'état de viduité.

Cette bulle fut acceptée de l'évêque de Paris, Henri de Gondi, qui pour l'exécuter se transporta, accompagné du cardinal de Gondi, son oncle, en la maison destinée pour le monastère, afin d'y faire la visite des lieux réguliers. Ils prirent ensuite jour pour donner l'habit aux premières filles, lequel fut fixé au 11 novembre, fête de saint Martin. L'abbesse de Saint-Étienne et madame de Sainte-Beuve en avaient choisi douze, de trente qu'elles étaient, selon qu'elles furent jugées plus propres pour être les pierres fondamentales de tout l'ordre régulier de Sainte-Ursule. On résolut, pour leur habillement, de prendre le milieu entre les religieuses Carmélites et les religieuses de Saint-Augustin, de sorte qu'on leur donna un habit de dessous gris, et une robe noire avec un manteau d'église aussi noir et sans manches, et la ceinture de cuir des Ermites de Saint-Augustin. La cérémonie de leur vêture se fit le matin en cette manière : Plusieurs princesses et dames de distinction qui l'honorèrent de leur présence, conduisaient les douze filles qu'on allait faire novices. La duchesse de Mercœur et la comtesse de Saint-Pol, les princesses de Longueville, la marquise de Verneuil, la marquise de Maignelay et la comtesse de Moret étaient les principales dames. L'évêque de Paris y officia et chanta la messe pontificalement, et l'abbesse de Sainte-Étienne avec ses religieuses leur ôtèrent leurs habits séculiers et leur donnèrent ceux de la religion, et après la cérémonie, l'évêque laissa le saint sacrement dans le tabernacle, et ordonna l'après dîner la clôture du nouveau monastère pour y être exactement gardée à l'avenir. L'abbesse de Saint-Étienne ayant demeuré sept mois en ce monastère, le quitta pour retourner en son abbaye, et laissa à Paris en sa place la Mère de Villers Saint-Paul, prieure de cette abbaye, qui trois ans après y retourna aussi, et dont elle fut ensuite abbesse.

On avait d'abord prétendu que ces douze premières religieuses ne feraient qu'une année de probation ; mais pour de bonnes raisons et pour donner l'exemple de ce que l'on désirait établir pour l'avenir, on résolut qu'elles porteraient deux années entières le voile blanc, à quoi elles se soumirent. Néanmoins ce long noviciat et la rigueur avec laquelle on éprouvait les novices, en fit sortir trois de ces douze premières, et les autres furent reçues à la profession au mois de septembre 1614. Le nombre des douze professes du chœur fut complet l'année suivante, et on en reçut plusieurs autres au noviciat. Enfin les religieuses de Saint-Étienne ayant gouverné cette maison jusqu'en l'an 1623, on obligea les Ursulines à élire une supérieure entre elles, et Dieu a répandu tant de bénédictions sur ce premier monastère, qu'il en est sorti immédiatement quinze autres qui en ont encore produit beaucoup d'autres en différentes provinces.

Voilà comme l'état congrégé des Ursulines a été changé en vraie religion, et comme fut érigé le premier monastère de cet ordre, où madame de Sainte-Beuve entreprit dans la suite de grands bâtiments qu'elle fit achever à ses dépens, et où elle a eu la consolation de voir plus de soixante religieuses et un plus grand nombre de pensionnaires. Ce fut encore une plus grande joie pour elle de voir avant que de mourir un grand nombre de monastères qui en sont sortis, et plusieurs autres congrégations de religieuses Ursulines instituées à l'imitation de celle de Paris. Ce premier monastère des Ursulines de Paris n'est pas le seul monument qui soit dans cette ville, de la piété de madame de Sainte-Beuve : elle fonda encore le monastère des Ursulines de la rue Sainte-Avoye et le noviciat des Jésuites au faubourg Saint-Germain.

Sa charité envers les pauvres n'avait point de bornes ; elle avait dans la ville et dans les faubourgs des personnes qui l'avertissaient des nécessités des pauvres honteux, pour le soulagement desquels elle distribuait quantité d'argent. Son plus grand contentement, à ce qu'elle disait, était en s'éveillant le matin, de savoir qu'elle pourrait donner quelque chose ce jour-là ; et pour se conformer à celui qui étant riche s'est fait pauvre pour l'amour de nous, elle se retranchait tout ce qu'elle pouvait. Commençant la fondation des Ursulines, elle vendit sa vaisselle d'argent, à la réserve d'une écuelle et de quelques cuillers. Elle se défit dans la suite de ses tapisseries et de tous ses meubles de prix ; elle n'eut plus qu'un simple lit de droguet, et ne porta plus que des habits de laine. Elle quitta peu de temps après son carrosse, congédia peu à peu ses domestiques, et ne retint que deux ou trois filles, afin d'épargner la dépense à laquelle l'engageait un grand équipage, et pour l'employer plus utilement aux besoins des pauvres, qui par leurs cris et leurs gémissements annoncèrent tout d'un coup sa mort, qui arriva l'an 1630, le 29 août, la pleurant comme leur mère et leur protectrice. Elle fut enterrée dans le chœur des Ursulines du faubourg Saint-Jacques, et ces religieuses, par leur psalmodie lugubre entrecoupée de soupirs et de sanglots qui interrompaient la pompe funèbre, donnèrent à connaître quelle était leur douleur pour la perte qu'elles venaient de faire de leur fondatrice.

Voyez les *Chroniques des Ursulines*, tom. I, et le P. Hilarion de Coste, *Éloge des dames illustres*.

§ 3. — *Des religieuses Ursulines de la congrégation de Paris, avec la vie de la Mère Cécile de Belloy, première religieuse Ursuline.*

Nous avons montré dans le paragraphe précédent l'origine des religieuses Ursulines en général ; il faut maintenant parler en particulier de la congrégation de Paris, qui a été ainsi appelée à cause qu'elle est composée de plus de quatre-vingts monastères, qui sont sortis immédiatement du premier monastère de Paris, ou qui s'y sont unis dans la suite, et ont suivi les constitutions qui ont été dressées pour les religieuses de Paris. La Mère Cécile de Belloy, qui avait été la première admise à la profession religieuse dans cet ordre, fut aussi employée la première aux nouveaux établissements. Son père, Louis de Belloy, seigneur de Morangle et de Fontenelle, était un gentilhomme de Picardie, qui avait beaucoup de biens dont il employait une partie au soulagement des pauvres. Sa mère, qui enchérissait encore sur la piété de son mari, faisait de sa maison l'asile des misérables ; souvent elle y logeait des pauvres, et leur donnait abondamment tous leurs besoins, non-seulement dans le temps qu'elle se vit dans la prospérité, mais encore dans le temps de l'adversité, lorsque par un revers de fortune elle se vit dépouillée de la plus grande partie de son bien. Mais Dieu en récompense prit soin de ses enfants tant du premier que du second lit, s'étant remariée à un autre gentilhomme de la même province, après la mort de M. de Belloy, duquel entre autres enfants elle avait eu Cécile de Belloy, qui naquit le 18 novembre 1583. Ses parents prirent soin de son éducation et de l'entretenir dans la piété, dont elle donna des marques en plusieurs rencontres, dès ses plus tendres années. Pendant un long temps elle n'eut point d'autre directeur que le Saint-Esprit, jusqu'à ce que les religieux pénitents du tiers ordre de Saint-François de l'Étroite-Observance, étant venus s'établir à Franconville près de Morangle, d'où ils allaient prêcher dans les lieux circonvoisins, l'un deux étant venu à Morangle, mademoiselle de Belloy, qui n'avait pas alors plus de douze ans, lui déclara le grand désir qu'elle avait de servir Dieu parfaitement. Ce religieux, qui était le Père François Mussart, l'encouragea, et dans la suite elle suivit ses avis en toutes choses. Elle se défit premièrement de tout ce qui ressentait la vanité, elle ne prit soin que de parer son âme pour plaire à Dieu seul, à qui elle s'était consacrée ; elle jeûnait au pain et à l'eau très-souvent, et elle se cachait avec tant d'adresse qu'on ne s'en aperçut que longtemps après. Le grand désir qu'elle avait d'être religieuse la fit entrer en plusieurs communautés ; mais ne trouvant pas, dans la plupart, que l'on y vécût dans une grande observance régulière, ou que même la vie commune n'y était pas en pratique, elle en sortit pour aller chez les Carmélites de Pontoise, qui y commençaient un établissement. Elle y serait sans doute restée, si son confesseur, à qui elle obéissait à l'aveugle, ne lui eût représenté que Dieu ne l'appelait pas à cet état, et qu'elle devait aller au lieu qu'il lui indiquerait, jusqu'à ce que sa divine Majesté en eût disposé autrement.

C'était une assemblée de filles que mademoiselle de Raconis gouvernait à Paris, prétendant l'établir en religion. Elle en fut reçue avec beaucoup de joie, et ces filles peu de temps après, à cause de ces excellentes vertus, la choisirent pour supérieure. Les desseins de cette demoiselle n'ayant pas réussi, les filles qu'elle avait assemblées prirent parti ailleurs, et il y en eut une qui entra dans la maison congrégée des Ursulines dont madame de Sainte-Breuve se rendait fondatrice, à qui elle dit tant de bien de mademoiselle de Belloy, qu'elle lui fit naître l'envie de la voir, et après lui avoir parlé, elle l'engagea d'entrer dans cette maison de Sainte-Ursule, où, quelque temps après, elle fut aussi élue supérieure.

Toutes les mesures étant prises pour établir cette maison en véritable monastère, comme nous l'avons dit plus au long dans le paragraphe précédent, la Mère Cécile fut du nombre des douze qui furent choisies entre les autres pour prendre l'habit religieux qu'elle reçut la première : elle fut aussi la première qui fit profession. Comme toutes les filles changèrent de nom, la Mère Cécile prit aussi celui de la Croix, et sept mois après sa profession elle sortit de ce monastère pour aller donner commencement à celui d'Abbeville en Picardie, qui dans la suite a produit celui d'Évreux : elle a aussi contribué à l'établissement de quelques autres en y envoyant des religieuses.

La Mère Cécile, en quittant ses sœurs de Paris, leur demanda pardon à genoux et leur baisa les pieds ; cette séparation ne se fit pas sans qu'il y eût beaucoup de larmes répandues de part et d'autre. Elle partit donc de Paris avec une professe et une novice ; mais elle ne demeura à Abbeville que quatre mois. Ayant été élue assistante du monastère de Paris, elle y fut rappelée, et y rentra avec joie : elle n'y fit pas cependant un long séjour, parce que les heureux commencements qu'elle avait donnés à celui d'Abbeville la firent encore choisir pour un autre établissement à Amiens, où elle demeura environ cinq ans. Étant encore retournée à Paris, elle exerça les charges d'assistante et de maîtresse des novices ; mais une fondation s'étant encore présentée à Crépy, on l'envoya en cette ville pour y donner l'habit religieux aux premières filles. Elle y séjourna quatre mois, et après y avoir établi l'observance régulière, elle revint dans son couvent de Paris pour occuper les charges de dépositaire et de première portière.

Dans tous ces emplois elle se maintint dans une si parfaite union avec Dieu, et pratiquait avec tant d'exactitude les obligations de son état, que c'est avec raison qu'elle fut choisie pour toutes ces fondations, étant très-propre pour établir la régularité. C'est ce qui fit qu'on la destina encore pour aller établir le couvent de Montargis. Elle sortit pour la dernière fois de son monastère de Paris au mois de septembre de l'an 1632, et arriva à Montargis le jour de l'Exaltation de la sainte Croix. Les cinq premières années, cet établissement ne fit pas grand progrès : il fut beaucoup persécuté, soit par les parents des filles qu'elle ne put pas recevoir, soit par le mépris que faisaient de ce monastère ceux qui n'estiment que les choses de la terre ; mais ce fut au contraire ce qui donna plus de constance à la Mère Cécile, et qui lui fit espérer qu'il prospérerait un jour. Elle disait souvent à ses sœurs qu'il y avait lieu d'espérer que Notre-Seigneur serait glorifié dans cette maison, puisqu'il permettait qu'il y fût persécuté dans les commencements.

Pendant ce temps de tribulation, elle eut une grande résignation à la volonté de Dieu, lui remettant tout entre les mains. Mais pour ne rien omettre de ce qui dépendait d'elle, elle fit un vœu à saint Charles Borromée. Les effets montrèrent bientôt qu'elle avait choisi un puissant intercesseur, parce que delà en avant la maison prospéra.

Après les six premières années de l'établissement de ce monastère de Montargis, la Mère Cécile, qui en avait toujours été supérieure, se démit de sa charge; mais comme elle ne l'avait été que par commission, elle fut encore confirmée dans cet emploi par élection : elle n'exerça cet office qu'un an, car elle mourut le 21 août de l'année 1639.

Les monastères qu'elle avait fondés ne furent pas les seuls qui se firent de son vivant : d'autres religieuses travaillèrent de leur côté à étendre cet ordre par les fondations qui se firent à Rennes, à Eu, à Rouen, à Paris dans la rue Sainte-Avoye, à Caen, à Saint-Omer, à Saint-Denis, à Bourges, à Falaise, à Bayeux, et en plusieurs autres villes du royaume. Neuf couvents de la congrégation de Dijon et vingt-six de celle de Lyon se sont joints dans la suite à celle de Paris, et ont pris ses constitutions ; de sorte qu'il y a présentement plus de quatre-vingts maisons de cette congrégation.

La première maison des Ursulines de la congrégation de Lyon, qui s'associa à celle de Paris fut le monastère de Mâcon, qui avait produit celui de Metz; par ce moyen, la congrégation de Paris s'est étendue en Allemagne, à cause des monastères de Kistzingen dans la Franconie, et d'Erford en Turinge, qui étaient sortis de Metz. L'électeur de Mayence leur donna à Erford un monastère où l'observance régulière avait été exactement gardée depuis la fondation jusqu'au temps de l'hérésiarque Luther, que les religieuses furent contraintes d'en sortir et de l'abandonner. Elles étaient de l'ordre de la Madeleine, dont nous avons parlé ailleurs. Les Ursulines d'Autun ayant pris la clôture et embrassé l'état régulier, en vertu de la bulle que les religieuses Ursulines de la congrégation de Lyon avaient obtenue, et qui leur avait été communiquée, suivirent d'abord des règles et des constitutions qui leur furent dressées par le grand vicaire de l'évêque d'Autun, et les autres couvents, qui en étaient sortis, les avaient aussi suivies; mais chacun, dans la suite, y fit tant de changements, qu'en 1637, de plus de treize monastères qui étaient dans ce diocèse, il n'y en avait pas deux qui eussent les mêmes observances ; c'est pourquoi l'évêque d'Autun, Claude de la Madeleine de Ragni, dans le dessein de les unir tous ensemble, assembla les supérieures de tous ces monastères avec chacune une compagne, dans celui d'Autun, où, après plusieurs conférences auxquelles ce prélat présida, on convint que les constitutions et les coutumes des Ursulines de Paris seraient à l'avenir observées dans le diocèse d'Autun.

Tous les couvents de la congrégation de Paris suivirent jusqu'en l'an 1640 les constitutions qui avaient été dressées pour le premier monastère des Ursulines de Paris dès le temps de leur institution; mais on jugea à propos d'y changer quelque chose. On en obtint la permission du pape Urbain VIII, et on fit d'autres constitutions qui furent approuvées le 23 mai de l'année 1640, par Jean-François de Gondi, archevêque de Paris. Elles sont divisées en trois parties, dont la première traite de l'instruction de la jeunesse, la seconde des vœux et des observances régulières, et la troisième de l'élection des officières.

Par le premier chapitre de la première partie, où il est parlé du quatrième vœu que font les religieuses de cette congrégation d'instruire les jeunes filles, il leur est défendu de sortir de cet ordre pour en aller réformer ou établir un autre, et même d'accepter aucune abbaye ni prieuré hors du même ordre. On ne doit donner l'habit de religion qu'à celles qui ont l'âge de quinze ans accomplis, et on ne les doit admettre à la profession qu'après deux ans de noviciat. Voici la formule de leur profession : *Au nom de Notre-Seigneur Jésus-Christ et en l'honneur de sa très-sainte Mère, de notre bienheureux Père saint Augustin, et de la bienheureuse sainte Ursule, moi sœur N., voue et promets à Dieu pauvreté, chasteté, obédience, et de m'employer à l'instruction des petites filles, selon la règle de saint Augustin, et selon les constitutions de ce monastère de Sainte-Ursule, conformément aux bulles de nos SS. PP. les papes Paul V et Urbain VIII, sous l'autorité de monseigneur l'illustrissime et révérendissime archevêque, ou évêque de N.*

Les sœurs converses n'ajoutent point à leur profession le quatrième vœu. On doit recevoir autant de religieuses que le monastère en pourra nourrir selon ses revenus, si ce n'est que celles qui sont reçues n'indemnisent la maison et n'apportent suffisamment pour leur nourriture et leur vêtement, et pour contribuer aux frais communs du monastère. Le nombre néanmoins ne pourra excéder celui de soixante religieuses pour le chœur, à moins que ce ne soit du consentement du chapitre et la permission des supérieurs : et le nombre des converses doit être proportionné à celui des religieuses du chœur; à condition qu'il n'excédera pas le tiers des religieuses du chœur.

Comme elles sont obligées d'instruire la jeunesse, elles ne disent que le petit office de la Vierge, qu'elles récitent au chœur. Quant au grand office selon l'usage de l'Eglise romaine, elles le disent seulement à certains jours de fêtes qui sont marquées dans ces constitutions; mais elles ne doivent point avoir de plain-chant ni de musique. Les dimanches et fêtes ordinaires, elles ne disent que les vêpres et les complies du grand office. Le silence est observé depuis la fin de la récréation du soir jusqu'au lendemain sept heures. L'instruction de la jeunesse leur tenant lieu d'austérités, elles ne prennent la discipline que tous les vendredis de l'année, et le mercredi, le jeudi, et le vendredi de la semaine sainte : elles jeûnent aussi tous les vendredis de l'année, comme aussi les veilles des fêtes de la sainte Vierge, de saint Augustin, et de sainte Ursule : elles font aussi abstinence tous les mercredis de l'année.

Quant à leur habillement, leurs robes sont noires, et de serge ou d'autre étoffe selon les différents pays ; elles ne sont pas fort larges, ni coupées à la ceinture : il n'y a ni arrangement de plis, ni aucun autre ornement : et les manches en sont médiocrement larges. Elles sont ceintes d'une ceinture de cuir noir, large d'environ un pouce avec une boucle de fer : leurs jupes sont de serge grise, sans être teintes : leur voile de toile noire doublé par dedans de toile blanche de lin, avec une guimpe de même, aussi bien que le bandeau et la bande de toile qui couvre leurs cheveux et tout le front : par-dessus le voile noir elles en portent un autre d'étamine ou de toile noire claire, qu'elles doivent abaisser quand elles parlent à quelqu'un ; en sorte qu'on ne les puisse pas reconnaître. A l'église et dans les cérémonies, elles ont de grands manteaux aussi de serge noire ; mais plus légère que celle des robes. Les sœurs converses sont habillées comme les religieuses du chœur, excepté que leurs manteaux sont de demi-pied plus courts que leurs robes, et les manches des robes plus courtes et plus serrées au poignet.

Schoonebek, parlant de l'institution des religieuses Ursulines, a confondu la congrégation de Paris avec celle de Bordeaux, ou plutôt il n'a fait qu'une congrégation d'Ursulines de huit ou dix congrégations qu'il y a. Il dit que la Mère Anne de Roussy, ayant une maison à Paris, la fit rebâtir l'an 1612, pour en faire une demeure propre pour les Ursulines, et qu'elle leur fit prendre un habit noir et la règle de saint Augustin ; que cet ordre fut autorisé par le pape Paul V, l'an 1619, par l'entremise du cardinal de Sourdis, évêque de Bordeaux (il devait dire archevêque) ; qu'elles ont été confirmées pour les Pays-Bas par le pape Urbain VIII, et qu'elles ont passé à Liège l'an 1629.

Nous avons fait voir ci-dessus que cette Mère Anne de Roussy, dont il parle, était cette abbesse de Saint-Etienne, que madame de Sainte-Beuve et mademoiselle Acarie allèrent prendre à Soissons, avec plusieurs de ses religieuses, pour mener à Paris instruire les Ursulines des observances régulières, lorsque l'on voulut ériger en monastère leur maison qui fut achetée par madame de Sainte-Beuve, et cette maison n'appartenait en aucune manière à l'abbesse de Saint-Etienne. Il est vrai que le cardinal de Sourdis obtint du pape Paul V, l'an 1619, une bulle pour ériger la maison des Ursulines en monastère ; mais c'était pour l'érection du monastère de Bordeaux, qui se sont répandues dans les Pays-Bas, comme nous dirons en parlant de cette congrégation, qui a des constitutions et des coutumes toutes différentes de celle de Paris, et qui fut approuvée par le même pape l'an 1612 ; les Ursulines,

qui avaient été établies à Liège dès l'an 1614 ayant embrassé l'état régulier, firent union avec celles de Bordeaux l'an 1622 ; par conséquent elles étaient établies à Liège avant l'an 1629.

Voyez les *Chroniques des Ursulines*, les *Constitutions de la Congrégation de Paris* imprimées à Paris en 1641. Malingre, *Antiquités de Paris*, et Schoonebek, *Histoire des Ordres religieux*.

§ 4. — *Des religieuses Ursulines de la congrégation de Toulouse, avec la Vie de la Mère Marguerite de Vigier, dite de Sainte-Ursule, leur fondatrice.*

L'auteur de la *Chronique générale des Ursulines* n'a parlé que fort succinctement et comme en passant de celles de la congrégation de Toulouse ; c'est pourquoi le P. Parayré, religieux de l'ordre des Ermites de Saint-Augustin, a fait les Chroniques particulières de cette congrégation, où il semble insinuer que le silence de l'auteur de la *Chronique générale* vient de ce que les religieuses Ursulines de Toulouse ne sont pas regardées comme véritables Ursulines, à cause qu'elles sont habillées de blanc les jours ouvrables, et de noir les fêtes et dimanches, étant obligées en conscience (à ce qu'il prétend) à porter l'habit blanc et la ceinture de cuir, à cause qu'elles ne suivent pas seulement la règle de saint Augustin, comme font les autres Ursulines, mais qu'elles sont véritablement de l'ordre de ce saint docteur de l'Eglise, en vertu d'un bref du pape Paul V, qui érigea leur maison de Toulouse en monastère de l'ordre de Saint-Augustin. S'il était vrai que ces religieuses Ursulines ne portassent l'habit blanc et noir qu'à cause qu'elles y sont obligées en conscience comme religieuses de l'ordre de Saint-Augustin, il s'ensuivrait que les religieuses Ursulines de la congrégation de Bordeaux ne seraient pas en sûreté de conscience, puisqu'elles n'ont jamais porté l'habit blanc, ni la ceinture de cuir, quoique le même Paul V ait aussi érigé leur maison de Bordeaux en vrai monastère de l'ordre de Saint-Augustin, comme nous le dirons dans la suite, et qu'il soit expressément marqué dans la formule de leurs vœux qu'elles vouent chasteté, obéissance et pauvreté perpétuelle en l'ordre de Saint-Augustin. Si l'auteur des Chroniques des Ursulines de Toulouse n'avait pas été Augustin, il aurait donné peut-être quelque autre raison du silence de l'auteur de la *Chronique générale des Ursulines*. Mais pour moi, je l'attribue au défaut de Mémoires qui ne lui ont peut-être pas été fournis de la part de ces religieuses, auxquelles on ne peut refuser le titre d'Ursulines.

Elles reconnaissent pour fondatrice la Mère Marguerite de Vigier, dite de Sainte-Ursule, qui était fille d'un marchand de la ville de Lille, dans le comté Venaissin. Elle fut une des premières disciples de la Mère Françoise de Bermond, qui, comme nous l'avons déjà dit, institua les premières Ursulines Congrégées de France dans la ville de

Lille, et qui dans la suite fonda aussi les religieuses Ursulines de la congrégation de Lyon. Ce fut donc sous la conduite de cette excellente maîtresse que la Mère de Vigier fit de grands progrès dans toutes sortes de vertus, qui, jointes aux grands talents que Dieu lui avait donnés, pour l'instruction des jeunes filles, la firent aussi dans la suite devenir Mère d'un grand nombre de saintes vierges qui entrèrent dans l'ordre de Sainte-Ursule et formèrent la congrégation de Toulouse.

Après que la Mère de Vigier eut demeuré quelque temps avec la Mère de Bermond à Lille, le P. de Vigier, son frère, premier compagnon du P. César de Bus, fondateur des Pères de la Doctrine Chrétienne, la fit venir à Avignon pour entrer dans une communauté d'Ursulines qui avait été fondée par le conseil et l'avis de ce saint fondateur qu'elle prit pour son directeur, et qui, peu de temps après, l'envoya à Chabeuil, dans le Dauphiné, pour y faire une autre fondation. Son exemple et les prédications de son frère firent un si grand fruit en ce lieu, que, quoique à leur arrivée il ne se trouvât dans cette ville que cinq maisons de catholiques, il n'y en eut au contraire, trois ans après, qu'un pareil nombre d'hérétiques.

Pendant qu'elle faisait son séjour à Chabeuil, le cardinal François de Joyeuse, archevêque de Toulouse, ayant appris que les Ursulines et les Doctrinaires s'employaient également à l'instruction de la jeunesse, voulut en avoir dans Toulouse, et pour ce sujet il en demanda au P. César de Bus, qui, pour l'établissement des PP. de la Doctrine Chrétienne ou Doctrinaires, destina le P. de Vigier, et pour celui des Ursulines, la Mère Marguerite de Vigier, sa sœur. Ils arrivèrent en 1604 à Toulouse, où ils trouvèrent d'abord beaucoup de difficulté pour l'établissement de ces deux congrégations, de la part du parlement, sur ce qu'elles n'étaient point reçues dans le royaume par lettres patentes du roi. Ils furent contraints de se loger dans un des faubourgs de la ville, et étaient sur le point de s'en retourner, lorsque M. Bouret, conseiller au parlement de cette ville, les prenant sous sa protection en l'absence du cardinal de Joyeuse, qui les avait fait venir, obtint du parlement et des capitouls ou échevins leur entrée dans la ville, avec le libre exercice de toutes les fonctions de leur institut, promettant d'obtenir des lettres patentes du roi pour leur réception. Il ne put néanmoins les obtenir que sept ans après, au mois de décembre de l'année 1611, et elles furent enregistrées au parlement de Toulouse au mois d'avril de l'année suivante. Sa Majesté, par un brevet du dernier février de la même année, avait accordé l'établissement des congrégations d'Ursulines, tant dans Paris que dans les autres villes du royaume, comme nous avons déjà dit dans le § 1ᵉʳ; mais ces lettres patentes du mois de décembre ne furent données que pour les Ursulines de Toulouse et de Brive-la-Gaillarde, qui était une seconde fondation que la Mère de Vigier avait encore faite en 1608.

Dès l'an 1605, M. Bouret, fondateur de ces Ursulines de Toulouse, leur avait acheté une maison dans cette ville; mais comme il se trouva quelques difficultés de la part des vendeurs et de quelques autres personnes qui y avaient des prétentions, elles ne purent être terminées qu'en 1607, et pour lors la Mère de Vigier et ses compagnes en prirent possession. Elles n'en sortirent plus, et commencèrent à mener une vie plus retirée et dans un parfait recueillement; car cette maison se trouvant contiguë à une chapelle, qui était une annexe de la paroisse de la Daurade, elles obtinrent du prieur de la Daurade, Jean Daffis, de qui cette chapelle dépendait, et qui était alors évêque de Lombez, la permission de percer la muraille afin d'y entrer pour entendre la messe et les prédications; mais comme ce n'était qu'une simple tolérance, et que d'ailleurs cette chapelle menaçait ruine, ce prélat, l'an 1610, en fit une entière cession aux Ursulines, à condition qu'elles la feraient réparer à leurs dépens, et lui payeraient de redevance à lui et à ses successeurs deux cierges de cire blanche d'une livre chacun, et sept sols six deniers en argent pour chacun an.

La Mère de Vigier, voyant que sa communauté augmentait, fit des règlements pour y maintenir une observance uniforme. Elle faisait faire un an de noviciat à celles qui se présentaient pour y être reçues, après lequel elles faisaient les vœux simples de chasteté, de pauvreté et d'obéissance. La pauvreté était si rigoureusement observée, qu'une de ses filles n'eût osé recevoir ou garder la moindre chose sans sa permission. Tout était en commun et distribué à chacun selon ses besoins. Elles récitaient le petit office de la Vierge, avaient plusieurs heures d'oraison, et leurs mortifications étaient grandes; mais afin d'engager ses filles à persévérer dans cet état, elle prit la résolution de faire ériger sa congrégation en vraie religion. Son frère, le P. de Vigier, fut pour ce sujet à Rome, et obtint du pape Paul V un bref en 1615, par lequel il érigeait la maison de Toulouse en vrai monastère de religieuses de l'ordre de Saint-Augustin, et leur accordait toutes les immunités, exemptions, prérogatives, privilèges et autres grâces dont jouissaient les religieux et religieuses de l'ordre de saint Augustin.

Elles se disposèrent ensuite à recevoir l'habit religieux qui leur fut donné le jour de la Nativité de la sainte Vierge de la même année. Elles étaient au nombre de vingt-quatre du chœur; quelques jours après on donna aussi l'habit à sept sœurs converses. La Mère de Vigier qui avait reçu la première l'habit, fut établie prieure; et dès lors elles commencèrent à chanter le grand office de l'Eglise, auquel elles s'obligèrent par leurs constitutions, quoique les autres congrégations d'Ursulines en aient été dispensées les jours ouvrables, à cause de l'instruction de la jeunesse, excepté celle de la congrégation de Tulle, qui disent aussi le grand office. Comme la bulle de Paul V ne parlait point de l'instruction qu'elles devaient faire aux externes, elles en demandèrent une seconde pour joindre à l'état religieux l'institut de la Doctrine Chrétienne, et elle leur fut accordée le 3 octobre de l'an 1616. Elles firent ensuite profession le 27 décembre de la même année, et changèrent leur nom du monde : c'est pourquoi la Mère de Vigier prit celui de Sainte-Ursule.

Ces nouvelles religieuses redoublèrent leur zèle et leur ferveur, et augmentèrent leurs austérités : elles se levaient à minuit pour dire Matines, couchaient tout habillées sur des paillasses, ne portaient point de linge, et jeûnaient très-souvent, ce qui dura jusqu'à ce que leurs supérieurs leur ordonnèrent de modérer leurs austérités, et de faire des constitutions plus douces, conformément au pouvoir que le pape leur en avait donné ; et comme leur obligation d'enseigner les jeunes filles avait été cause qu'on leur avait ordonné des adoucissements, elles voulurent au moins que ce point essentiel de leur institut pût leur tenir lieu des austérités qu'on leur avait fait quitter, et afin qu'il y en eût plusieurs en même temps qui en ressentissent la peine, elles s'engagèrent par leurs constitutions d'avoir toujours cinq classes ouvertes. Non contentes de s'occuper les jours ouvrables dans ce saint exercice, elles employaient encore une partie des dimanches et des fêtes à l'instruction des servantes et des gens de métier qui ne peuvent venir à leurs classes.

Pendant qu'elles furent dans l'état de Congrégées, elles ne firent qu'un établissement à Brives-la-Gaillarde, comme nous avons dit ci-devant, et cette maison fut aussi érigée en monastère l'an 1620 ; mais ayant embrassé l'état régulier, plusieurs villes les demandèrent. Celle de Limoges fut des premières, et les religieuses de Brive y allèrent faire un établissement l'an 1620. Celles de Toulouse allèrent à Bayonne pour un même sujet l'an 1621. La Mère de Vigier mena, en 1623, à Auch, six religieuses pour y faire une nouvelle fondation, et elle fit la même chose à Villefranche en 1627. Ces couvents en ont produit d'autres, comme à Grenade, à Angoulême, à Eymoutiers, à Gimont, à Montpezat, à Béziers, à Oléron, à Lodève, à Saint-Jean de Luz, à Pamiers, à Dax, à Pau ; et l'an 1677, il se fit encore un second établissement à Auch, de sorte que la congrégation de Toulouse est composée d'environ vingt couvents qui suivent tous les mêmes constitutions qui furent dressées par les premières religieuses de Toulouse, et approuvées par Jean Daffis, archevêque de cette ville.

Quant à la Mère de Vigier, après avoir été supérieure dans le couvent de Toulouse pendant vingt-un ans, et pendant dix ans dans celui de Villefranche, elle fut attaquée d'une hémiplégie, ou paralysie qui lui tenait la moitié du corps entrepris, ce qu'elle souffrit avec une constance admirable et une parfaite résignation à la volonté de Dieu ; et pour se fortifier davantage dans ses maux et dans ses souffrances, elle s'approchait souvent de la sainte table, se faisant porter au chœur pour recevoir avec plus de respect le corps adorable de Jésus-Christ. Elle employa ce qui lui restait de vie pour lui rendre de continuelles actions de grâces des bienfaits qu'elle en avait reçus : elle soupirait sans cesse après l'éternité bienheureuse, et enfin pleine de mérites et de vertus, elle rendit son âme à Dieu le 14 décembre de l'an 1646, dans le couvent de Villefranche, regrettée de toutes les religieuses, qui lui rendirent tous les honneurs qu'elles purent.

L'habillement de ces religieuses consiste en une robe et un scapulaire de cadis blanc, qu'elles portent les jours ouvrables. Les dimanches et fêtes, pendant la semaine sainte, à la vêture, à la profession et aux enterrements des sœurs, elles ont un habit de cadis noir ; les manches, tant de cet habit noir que de celui qui est blanc, ont trois pans et demi de large ; et lorsqu'elles vont à la communion, aux offices des fêtes solennelles, à la réception et sépulture des sœurs, et à toutes les assemblées de chapitre, où il y a quelque délibération à faire, elles portent un manteau noir traînant à terre de la longueur d'un pan, en quoi elles sont distinguées des autres religieuses Ursulines qui sont toujours vêtues de noir en tout temps. Ce qui les distingue encore des autres, c'est que nonobstant l'instruction qu'elles font aux filles externes, ayant toujours cinq classes ouvertes, comme nous avons déjà dit, elles disent toujours le grand office de l'Eglise romaine. Elles ont presque dans tous les couvents, des congrégations de dames de piété qui doivent visiter les hôpitaux, les malades, les prisonniers, instruire les serviteurs, les servantes et autres domestiques dans la crainte de Dieu, et leur apprendre les principes du christianisme. Ces dames sont obligées de dire l'office de la Vierge, de jeûner toutes les veilles de ses fêtes et tous les vendredis de l'année. Outre la supérieure de la congrégation de dames séculières, qui est une religieuse du monastère où elle est établie, elles en élisent une d'entre elles pour en être la mère, et plusieurs officières. La première de ces congrégations fut érigée dans le monastère de Toulouse en 1607, dans le temps que les Ursulines n'étaient encore que Congrégées, et elles eurent dans la suite des constitutions qui furent approuvées en 1635 par Charles de Montchal, archevêque de Toulouse.

Voyez le P. Parayré, *Chronique des Ursulines de la congrégation de Toulouse.*

§ 5. — *Des religieuses Ursulines de la congrégation de Bordeaux, avec la Vie de la Mère Françoise de Cazères, dite de la Croix, leur fondatrice.*

Ce fut le cardinal de Sourdis, archevêque de Bordeaux, qui conçut le premier dessein de l'établissement des Ursulines de Bordeaux, et la Mère Françoise de Cazères de la Croix que l'on doit reconnaître pour fondatrice de la congrégation qui porte ce nom, et qui est composée de plus de cent monastères.

dont il y en a plus de quarante qui ont été commencés et la plupart solidement établis par cette fondatrice ou par ses religieuses, de son vivant. Le cardinal de Sourdis, passant à Avignon pour aller à Rome, voulut voir les Ursulines qui y étaient établies, et assister à leurs instructions : il en fut si satisfait, que dès ce moment il résolut d'avoir une pareille congrégation dans Bordeaux; il fut confirmé dans ce dessein en passant à Milan, lorsqu'il eut vu le grand fruit que celles qui y avaient été établies par saint Charles Borromée, y avaient fait. A peine fut-il arrivé à Bordeaux, qu'il voulut exécuter son dessein. Son confesseur conduisait alors, par une heureuse rencontre, des filles dont il connaissait la vertu par de longues épreuves : il les proposa à ce prélat comme les sujets de son diocèse les plus propres à l'exécution de son dessein; et Françoise de Cazères avec Jeanne de la Mercerye, furent choisies pour être les pierres fondamentales de ce grand édifice. Françoise de Cazères était la principale; elle était entrée à Bordeaux dans un temps où il n'y avait pas d'autres monastères de filles que celui des Annonciades; et elle prétendait demeurer toujours inconnue aux hommes. Elle consentit néanmoins à ce que le cardinal de Sourdis souhaitait d'elle, et selon l'auteur de la Chronique générale des Ursulines, elle demanda six mois pour faire ses exercices spirituels, avant que de s'engager à l'instruction du prochain. Elle choisit, selon ce que dit le même auteur, la ville de Libourne, où elle espérait être plus solitaire, et s'étant renfermée dans une maison particulière avec sa compagne Jeanne de la Mercerye, et une de ses cousines qui s'appelait Marie de Cazères, elles y menaient une vie angélique; les six mois étant expirés, elles retournèrent à Bordeaux, où la Mère Françoise de Cazères donna commencement à sa congrégation. Cependant le P. Parayré, dans la Chronique particulière des religieuses Ursulines de Toulouse, prétend que ce fut chez ces Ursulines que le cardinal de Sourdis envoya cette fondatrice avec sa compagne, et qu'elles y demeurèrent un an pour apprendre de quelle manière elles instruisaient les jeunes filles ; ce que je n'aurais pas de peine à croire; car les Ursulines de la congrégation de Bordeaux ont beaucoup d'observances qui leur sont communes avec celles de Toulouse, d'où il semble qu'elles les aient prises et qu'elles aient, aussi à leur imitation, établi dans leurs monastères des congrégations de dames de piété, comme nous le dirons dans la suite.

Quoi qu'il en soit, ce fut le jour de saint André de l'an 1606 que la Mère de Cazères commença sa congrégation et changea de nom pour prendre celui de la Croix, pour l'amour qu'elle portait à Jésus crucifié. Plusieurs demoiselles, et même quelques-unes des maisons les plus distinguées de la province, se joignirent à cette zélée institutrice et entrèrent dans sa congrégation. On lui amenait de toutes parts de jeunes filles pour être sous sa conduite et pour recevoir ses instructions. Il y en avait toujours un si grand nombre, qu'à peine la Mère de la Croix et ses filles y pouvaient suffire. Le cardinal de Sourdis visitait souvent cette école de vertu, et animait les maîtresses à persévérer dans le travail de leur institut, dont la réputation s'étant répandue par toute la France, plusieurs villes s'adressèrent à la Mère de la Croix pour avoir des Ursulines de sa maison. La ville de Libourne en eut des premières dès la même année 1606. Elle fit un troisième établissement à Bourg, près de Bordeaux, l'an 1607, et à Saint-Macaire la même année. Elle fit celui de Laval l'an 1616, et en 1618 ceux de Poitiers et d'Angers, qui furent les derniers de l'état congrégé ; car en cette même année, en vertu d'une bulle du pape Paul V, ces six maisons, avec celle de Bordeaux, d'où elles sortaient, furent érigées en vrais monastères, et la Mère de la Croix fut établie première supérieure de celui de Bordeaux, où les religieuses firent les premières les vœux solennels.

La Mère de la Croix allant pour faire un nouvel établissement, passa à Saumur, où étant entrée dans l'église de Notre-Dame des Ardiliers, elle eut une forte pensée que Dieu voulait se servir d'elle pour établir une maison d'Ursulines dans cette ville : elle fit prier une personne qui menait une vie toute sainte, et qui se nommait mademoiselle de la Bare, de la venir trouver, et lui ayant demandé l'état de la religion catholique dans cette ville, elle eut une extrême douleur d'apprendre que l'hérésie y était beaucoup favorisée, et qu'il n'y avait que très-peu de maisons catholiques dont même les filles étaient sans instruction : c'est pourquoi elle concerta avec cette demoiselle pour aviser aux moyens d'établir à Saumur un monastère d'Ursulines, et lui prédit qu'elle serait religieuse et qu'elle mourrait dans ce monastère après y avoir travaillé utilement.

Cette femme était pour lors mariée, et quoiqu'elle ne devint veuve que vingt-quatre ans après, néanmoins la prédiction de la Mère Françoise fut véritable, car elle fut religieuse Ursuline après la mort son mari. Elle entreprit cependant cet établissement, et Dieu bénit son zèle, ayant inspiré à une de ses parentes de donner une maison pour le commencer ; mais parce que les locataires qui étaient hérétiques ne voulaient point en sortir, il fallut, pour les y contraindre, employer l'autorité de la reine qui passa dans ce temps-là à Saumur, et qui donna ordre au gouverneur de tenir la main à l'établissement des Ursulines.

La Mère de la Croix prit possession de cette maison au retour de la fondation qu'elle fit à Angers, et y mena des religieuses l'année suivante, 1619. Elle fit dans la suite d'autres établissements au Mans, à Tours et en plusieurs autres villes. Le Port-de-Sainte-Marie fut le dix-huitième et le dernier ; elle se disposait à en faire un dix-neuvième, et était partie pour ce sujet de son monastère de Bordeaux avec plusieurs religieuses. En attendant la commodité du voyage, elle se retira dans une maison nommée Moulerins, qu'elle avait fait bâtir à la campagne assez près de Bordeaux; mais ayant un pressentiment que son heure approchait, elle demeura dans cette maison sans aucun autre dessein que celui de se préparer à la mort. Lorsque ses filles, qui l'avaient suivie, la firent souvenir de la résolution qu'elle avait prise et la pressèrent de l'exécuter, elle leur dit avec beaucoup de douceur et de soumission aux décrets de la Providence, qu'elle serait enterrée dans la chapelle de cette maison, et qu'elle ne ferait plus d'établissements. Elle mourut quelques mois après, le ..... novembre 1649, et fut enterrée à Moulerins; mais son corps fut ensuite porté à Bordeaux, par ordre de M. de Béthune, qui en était archevêque.

Cette congrégation est la plus considérable de toutes celles des Ursulines, car elle comprend plus de cent maisons. Elle s'est étendue en Flandre, en Allemagne et dans la Nouvelle-France. La maison de Liége avait commencé par une congrégation qui en avait produit d'autres; mais en 1622, la supérieure de Liége écrivit à la Mère de la Croix pour demander la participation de la bulle qu'elle avait obtenue pour ses monastères, et aussi la communication de leurs privilèges et de leurs règles, ce qu'elle lui accorda; et par ce moyen l'union de leurs monastères se fit la même année. Liége a produit les monastères de Dinand, de Huy, de Cologne, de Ruremonde, de Prague en Bohême, de Givet et de Mons, d'où est sorti celui de Bruxelles.

L'impératrice Éléonore, veuve de l'empereur Ferdinand II, avait conçu le dessein de faire venir des Ursulines à Vienne en Autriche; mais il ne fut exécuté que par l'impératrice, femme de Léopold Ier, l'an 1660. Elles vinrent de Cologne, et celles qui y furent reçues les premières furent la Mère Jeanne-Christine, baronne de Gaiman; la Mère Anne-Catherine, baronne de Blier; Thérèse, comtesse de Gaurian; trois sœurs, baronnes de Salburg, de Lasperg et de Haiberg; Marie-Élisabeth, baronne de Poulz, Anne-Catherine, comtesse de Fuchs, et Anne, baronne de Volhra. La clôture n'y fut néanmoins parfaitement établie qu'en 1667. Cette congrégation fait tous les jours de nouveaux progrès, principalement en Allemagne, et elle a passé aussi en Italie, où la duchesse de Modène Laure Martinozzi procura à ces religieuses un établissement dans la ville de Rome : elle y fit venir six religieuses du monastère de Bruxelles, et obtint pour cet établissement un bref du pape Innocent XI. La reine d'Angleterre, veuve de Jacques II, et fille de la duchesse de Modène, a beaucoup contribué à la fondation de ce monastère, qui fut commencé l'an 1688 : les religieuses Ursulines de Mons y ont aussi envoyé dans la suite quatre religieuses.

Avant que les religieuses Ursulines de la congrégation de Bordeaux eussent obtenu du pape Paul V une bulle pour ériger leur maison en vrai monastère, les constitutions de cette congrégation avaient déjà été dressées et approuvées par le cardinal de Sourdis en 1617. Ainsi le pape les confirma seulement par cette bulle, par laquelle il fixe aussi la dot de chaque religieuse à cinq cents écus, et les meubles qu'elles doivent apporter à cent écus. Ces religieuses ne chantent l'office de Notre Dame qu'aux jours de fêtes, et au lieu d'office les jours ouvrables, elles disent seulement le rosaire divisé en trois parties, l'une le matin, l'autre à midi et l'autre le soir. Outre les jeûnes ordonnés par l'Eglise et tous les samedis de l'année, elles jeûnent encore les veilles de saint Augustin, de sainte Angèle, de sainte Catherine, de sainte Agnès, de sainte Agathe, de sainte Marguerite, de la Madeleine, et tous les jours de l'Avent. Tous les vendredis elles prennent la discipline. Elles ne parlent à personne que le rid au fermé ou le voile baissé, et toujours avec une compagne, à moins qu'elles n'en soient dispensées par la supérieure. Elles gardent le silence depuis l'examen du soir jusqu'à la prière, ou première partie du rosaire qui se dit après l'oraison du matin, qui commence à cinq heures et dure une heure. Elles font deux ans de noviciat, qu'elles peuvent commencer néanmoins à quatorze ans, afin de faire à seize leur profession, qu'elles prononcent en ces termes : *Mon Dieu, Père, Fils et Saint-Esprit, je N., votre très-indigne servante, me confiant en votre miséricorde et bonté infinie, et en l'assistance de votre sacrée Mère, et de sainte Ursule, ma patronne, vous voue chasteté, obéissance et pauvreté perpétuelle en l'ordre de Saint-Augustin, sous le nom et invocation de sainte Ursule, ma patronne, et promets à votre divine majesté de ne me départir de l'observance de ces miens vœux. Je demande à votre bonté infinie, avec une profonde humilité, la persévérance jusqu'à la fin de mes jours, par les mérites infinis de votre Fils, mon Sauveur et Rédempteur Jésus-Christ, et par l'intercession de la Vierge immaculée, et de sainte Ursule, ma patronne, de mon bon ange et de tous les saints que je supplie de m'assister. Ainsi soit-il.* Toutes les fêtes annuelles, celles de la sainte Vierge et le jour de sainte Ursule, elles renouvellent ces vœux, étant toutes assemblées au chapitre

Il paraît par la formule de ces vœux qu'elles ne suivent pas seulement la règle de saint Augustin, mais qu'elles sont de l'ordre de Saint-Augustin; cependant elles ne portent point la ceinture de cuir ni l'habit blanc et noir, car leur habillement consiste en une robe de serge noire ceinte d'un cordon de laine noire : ainsi c'est une faible raison que le P. Parayré a avancée dans ses Chroniques des Ursulines de Toulouse, lorsqu'il a dit qu'elles étaient obligées en conscience de porter l'habit blanc et noir avec la ceinture de cuir, et de réciter tous les jours le grand office du bréviaire romain, à cause qu'elles ne suivaient pas seulement la règle de saint Augustin, mais qu'elles étaient véritablement de l'ordre de Saint-Augustin ; et que si les autres Ursulines avaient été aussi de l'ordre de Saint-Augustin, elles seraient aussi obligées en conscience de porter la ceinture de cuir et l'habit blanc et noir, et de réciter aussi tous les jours le grand office, comme nous l'avons remarqué dans un autre endroit. Les Ursulines de la congrégation de Bordeaux ne portent point non plus de manteau dans les cérémonies, ni en allant à la communion ; mais elles ont seulement un grand voile de toile claire et noire, qui leur couvre la tête et descend jusqu'aux pieds; les novices, au lieu de voile de toile blanche, en ont un d'étamine blanche. Anciennement leur habillement et leur coiffure étaient différents de l'habillement et de la coiffure qu'elles portent présentement, comme on peut voir dans la figure que nous donnons d'une ancienne religieuse de cette congrégation (N° 144, à la fin du vol.). En 1667, à la prière de l'archevêque de Cambrai et de la duchesse d'Aremberg, le pape Clément IX accorda un bref par lequel il confirma cette congrégation, et tous les privilèges, grâces, rémissions et prérogatives que le pape Paul V lui avait accordés.

Elles ont dans la plupart de leurs monastères, comme les religieuses de la congrégation de Toulouse, une congrégation de dames qui sont soumises à leur direction. La supérieure commet une religieuse pour conduire les exercices de cette congrégation, tant pour le spirituel que pour le temporel. Elle doit procurer, par le moyen de ces dames, le soulagement des pauvres de l'hôpital et des prisonniers, et prendre garde qu'elles aient soin, non-seulement de leur entretien et nourriture, mais aussi du salut de leurs âmes. Elle donne charge à quelques-unes de ces dames de les faire confesser et communier tous les quinze jours, d'enseigner la doctrine chrétienne aux pauvres filles de l'hôpital, et de leur faire apprendre des métiers, afin de pouvoir gagner leur vie. Ces dames doivent être reçues en la congrégation après avoir été éprouvées pendant trois mois, pendant lesquels on leur fait faire tous les exercices ordonnés par les statuts. Lorsqu'on les reçoit, elles récitent une certaine oraison marquée dans les constitutions des religieuses, qui est leur engagement dans la congrégation, et le prêtre qui les reçoit leur donne un cordon de laine noire.

Voy. les *Chroniques générales des Ursulines,* les *Chroniques particulières de celles de Toulouse,* et les *Constitutions des Ursulines de la congrégation de Bordeaux,* imprimées en 1623.

§ 6. — *Des religieuses Ursulines de la congrégation de Lyon, avec la Vie de la Mère Françoise de Bermond, dite de Jesus-Maria, leur fondatrice, et institutrice des premières Ursulines Congrégées en France.*

C'est avec justice que l'on doit donner le nom de fondatrice à la Mère Françoise de Bermond, puisqu'ayant été la première Ursuline de France, et qu'ayant institué la première communauté de filles de cet institut, elle a servi de modèle à ce grand nombre de communautés qui se sont répandues par toute la France, et qui sous la protection de sainte Ursule et conformément aux constitutions de la bienheureuse Angèle, se sont si utilement employées à l'instruction des jeunes filles, comme nous avons dit dans le § 1er, en parlant des Ursulines Congrégées. Mais comme plusieurs de ces communautés ont devancé la Mère de Bermond dans l'état régulier, qu'elles ont été les premières à se consacrer à Dieu par des vœux solennels, et qu'elles ont formé les congrégations de Paris, de Toulouse et de Bordeaux, comme nous avons vu dans les paragraphes précédents, nous nous sommes réservés de celui-ci à parler plus amplement de cette institutrice des Ursulines de France, qui a été aussi la fondatrice des religieuses Ursulines de la congrégation de Lyon, dont on doit rapporter l'érection en l'an 1619, puisque ce fut au mois d'avril de cette même année qu'elles obtinrent du pape Paul V une bulle pour embrasser l'état régulier.

La Mère Françoise de Bermond naquit à Avignon en 1572, et eut pour père Pierre de Bermond, trésorier de France en la généralité de Provence, et receveur de la douane de Marseille, et pour mère Perette de Marsillon. Ils furent très-heureux en enfants, puisque de huit filles et d'un garçon que Dieu leur donna, deux ont été religieuses à Sainte-Praxède d'Avignon, trois ont été Ursulines, et que le fils est mort prêtre de l'Oratoire, en odeur de sainteté. Notre fondatrice reçut au baptême le nom de Françoise et fut dans l'instant même offerte par ses parents à la sainte Vierge, la mettant sous la protection de cette Reine des anges. Ils prirent un grand soin de son éducation, et lui inspirèrent de très-bonne heure tant d'horreur du péché, et du mensonge en particulier, et un si grand amour pour la piété, que dans son jeune âge elle s'exerça à toutes sortes de vertus. Elle prenait beaucoup de plaisir dans la lecture de la Vie des saints, qui lui fournissait plusieurs saintes affections ; mais elle pensa se perdre par la lecture des histoires profanes à laquelle elle s'attacha pendant un temps. Elle composa même et fit imprimer des vers, elle se plaisait dans les compagnies, elle aimait, elle était aimée réciproquement, et demeura pendant trois ans dans ces sortes de curiosités et de vanités.

Mais Dieu, pour l'en retirer, permit qu'on la mit chez une de ses tantes, qui était pieuse et qui continuellement s'occupait dans des œuvres de charité. La complaisance qu'elle eut pour cette tante fit qu'elle lui tenait toujours compagnie dans toutes ses bonnes œuvres : elle s'y accoutuma, son amour pour le monde se refroidit peu à peu, elle reprit goût pour les livres de piété, et Dieu répandit tant de douceurs dans son âme, que pour les mieux goûter elle se retira des assemblées pour se donner uniquement à Dieu, qui lui fit prendre la résolution de lui consacrer sa virginité, malgré les oppositions du démon qui lui dépeignait la vie dévote et retirée comme une triste chimère qui la ferait mourir de chagrin. Elle fit donc vœu de chasteté à l'âge de quatorze ans, et se mit sous la direction du P. Romillon de la Doctrine-Chrétienne. Sa conversion fit beaucoup de bruit dans la ville, parce qu'elle y avait respiré l'air de la plus haute galanterie : chacun en raillait, et elle était l'entretien et le divertissement des jeunes personnes de la ville. Mais celles qui avaient le plus désapprouvé son changement de vie, et qui la pressaient le plus fortement de retourner dans les compagnies, furent les premières à suivre son exemple. Elles s'associèrent avec elle, et dès lors, entres leurs exercices de piété, elles enseignèrent charitablement la doctrine chrétienne.

La première pensée d'être Ursulines à l'exemple de celles d'Italie leur fut inspirée par Dominique Grimaldi, archevêque d'Avignon. La fille du baron de Vaucleuse, renonçant généreusement au monde et faisant vœu de virginité entre les mains de l'évêque de Carpentras, reçut de ce prélat le livre des Constitutions des Ursulines de Milan : cette demoiselle le montra au P. Romillon, qui était son directeur : ce Père, ravi de l'avoir, le communiqua à mademoiselle de Bermond et à ses compagnes, qui s'offrirent d'embrasser cet institut ; et quoiqu'elles en fussent détournées par plusieurs personnes, elles persistèrent néanmoins dans leur résolution. Elles louèrent d'abord une maison dans la ville de Lille dans le comté Venaissin ; et la fille du baron de Vaucleuse la fournit de meubles, paya même le louage, et promit de rester avec ces filles quand elle serait sortie de l'embarras des affaires où la mort de son père venait de la jeter.

Ce fut dans cette maison que la Mère Françoise de Bermond et ses compagnes commencèrent à vivre en communauté. Elles étaient d'abord au nombre de vingt-cinq ; mais en peu de temps elles reçurent plusieurs autres filles, et firent plusieurs autres établissements. Le Père Romillon prit soin de cette première communauté d'Ursulines : il leur disait la messe, leur administrait les sacrements et les dressa à tous les exercices de leur institut. Elles firent le vœu simple d'obéissance entre ses mains, comme à leur supérieur, et ce Père eut si grande part dans l'établissement de cet ordre, que l'auteur de sa Vie lui donne le titre de fondateur des premières communautés d'Ursulines de France. Il établit la Mère de Bermond supérieure, et elle eut le même titre et le même emploi dans toutes les autres qu'elle établit : elle s'y comporta avec tant d'humilité, que dans les voyages qu'elle fit pour les différentes fondations et même les plus éclatantes, telle que fut celle d'Aix, elle n'y alla jamais que montée sur un âne, ne voulant point se servir d'autre commodité.

Étant à Marseille, où elle avait fait aussi un établissement, elle fut appelée à Paris pour y gouverner cette assemblée de filles qui y avaient été établies (comme nous avons dit dans le § 2), et leur communiquer les règles qu'elle avait données à celles de Provence. Elle eut bien désiré demeurer avec elles lorsqu'elles embrassèrent l'état régulier et la clôture : mais ses supérieurs de Provence n'y ayant pas voulu consentir, elle s'en retourna par obéissance. En passant à Lyon elle fut contrainte d'y rester pour un nouvel établissement d'Ursulines Congrégées, qui se fit en cette ville ; ce fut la dernière de ces sortes de communautés qu'elle établit, et la première qui embrassa l'état régulier.

Cette maison fut fondée, l'an 1610, par un riche marchand de cette ville, qui y retint la Mère de Bermond pour en être supérieure, et former cette communauté sur le modèle de celles qu'elle avait établies en Provence. Elle y assembla plusieurs filles qui vécurent dans l'état de Congrégées jusqu'en l'an 1619, qu'elles se résolurent à prendre la clôture. La proposition leur en fut faite par l'archevêque de Lyon, Denis de Marquemont, qui voulait faire ériger cette maison en vrai monastère, sans priver les sœurs de leur premier institut. Beaucoup de difficultés s'élevèrent sur cette proposition ; mais elles furent terminées ; et le même prélat, allant en ambassade pour le roi à Rome, obtint à cet effet une bulle au mois d'avril 1619, et la donna à ces bonnes sœurs qui se disposèrent à ce changement d'état par des retraites, des prières et des oraisons. En exécution de la bulle, l'archevêque de Lyon établit la clôture régulière dans leur maison le 25 mars 1620 ; le même jour il célébra la messe pontificalement : après l'épître il donna le voile à la Mère de Bermond et aux trois plus anciennes ; et vers la communion, elles prononcèrent les trois vœux solennels et reçurent le voile noir des mains du même prélat, qui jugea à propos de ne pas engager ces filles à un nouveau noviciat, parce qu'elles avaient déjà de longues expériences de la vie régulière, et que même les deux premières l'avaient enseignée aux autres. Ainsi la Mère de Bermond reçut à Lyon l'avantage d'être religieuse, qu'elle n'avait pu obtenir à Paris : elle changea le nom de sa famille en celui de *Jesus-Maria*, qu'elle joignit à celui de son baptême.

Quelques mois après, l'évêque de Mâcon la demanda pour ériger en monastère une congrégation d'Ursulines qui était en cette ville, et après cinq mois de séjour qu'elle y fit pour instruire ces jeunes filles des observances régulières, elle retourna à Lyon, d'un an après elle alla faire une autre fondation à Saint-Bonet-le-Châtel-en-Forez. Elle fut ensuite demandée pour aller à Grenoble ; mais quoique l'archevêque de Lyon la sollicitât fortement pour y aller, elle voulut rester à Saint Bonet, parce que ce monastère était pauvre, qu'elle y était méprisée et qu'elle avait plus de temps pour vaquer à l'oraison. Elle eut occasion en cette ville, plus qu'ailleurs, d'exercer sa patience, par les persécutions qu'on lui fit à cause qu'elle avait renvoyé une fille de qualité qu'elle ne jugea pas propre pour la religion, et ce fut en ce lieu qu'elle mena une vie plus angélique qu'humaine, et qu'après avoir été saisie d'une apoplexie, de laquelle elle revint, pour avoir seulement le temps de recevoir les sacrements, elle mourut le 19 février 1628, âgée de cinquante-six ans.

Sa congrégation s'agrandit notablement après sa mort, et fut composée de cent monastères ; mais il n'en reste plus présentement qu'environ soixante et quatorze, à cause, comme nous avons dit ailleurs, qu'il y en eut vingt-six qui s'associèrent aux Ursulines de Paris, et qui prirent leurs constitutions. Celles de ces Ursulines de la congrégation de Lyon furent dressées par le cardinal de Marquemont, qui avait procuré à Rome leur établissement en état régulier ; mais son successeur dans l'archevêché, Charles Miron, y fit quelques changements, en retranchant et ajoutant quelque chose, et ordonna qu'on les imprimât ainsi corrigées, afin que tous les monastères de cette congrégation gardassent l'uniformité dans l'observance régulière, et les pratiques de l'instruction de la jeunesse ; et conformément à l'ordonnance de ce prélat, elles furent imprimées pour la première fois en 1628.

Le deuxième chapitre de ces constitutions renferme en abrégé leurs observances principales, qui sont expliquées plus au long dans les autres chapitres, au nombre de quarante-cinq. Elles ne font que les trois vœux solennels de pauvreté, de chasteté et d'obéissance, elles font néanmoins deux ans de noviciat, qu'elles peuvent commencer à quatorze ans, comme celles de la congrégation de Bordeaux, afin de faire profession à seize. Outre les jeûnes ordonnés par l'Eglise, elles jeûnent encore tous les samedis de l'année, les veilles des fêtes de Notre-Dame et de leurs patrons, elles prennent la discipline tous les vendredis, et en carême le mercredi ; le vendredi et les trois jours des Ténèbres ; et pendant l'avent elles font abstinence les mercredis. Elles n'ont d'autres obligations que de réciter au chœur l'office de la Vierge, de faire une heure de méditation le matin et une demi-heure le soir, de dire tous les jours le chapelet à leur commodité, de faire l'examen de conscience le matin avant dîner, celui du soir avant que de se coucher, avec les litanies de la sainte Vierge. Les fêtes et dimanches elles chantent les Vêpres du grand office de l'Eglise, selon l'usage du bréviaire romain, et le jour de Noël et les trois jours des Ténèbres elles le disent tout entier. Voici la formule de leurs vœux :

Je N., fais ma profession, voue et promets à Dieu, à la glorieuse Vierge Marie, à notre Père saint Augustin, à la bienheureuse sainte Ursule, et à vous, Monseigneur, et à vos successeurs ; ou bien, à Monseigneur l'archevêque ou évêque de N. et à ses successeurs, obéissance, chasteté et pauvreté, selon la règle de saint Augustin et les constitutions de ce monastère de Sainte-Ursule, conformément au bref de notre saint-père le pape Paul V, et ce jusqu'à la mort, etc.

Quant à leur habillement, il est semblable à celui des Ursulines de la congrégation de Paris, sinon qu'au lieu de ceinture de cuir elles ont un cordon de laine noire de la grosseur d'un doigt avec quatre ou cinq nœuds : les sœurs converses ne portent point de manteau ni de voiles noirs. Les unes et les autres ne vont point au parloir sans être accompagnées d'une religieuse, et l'on n'ouvre le châssis de toile que pour les pères et les mères, les frères et les sœurs auxquels elles ne peuvent parler que le voile baissé ; elles peuvent néanmoins se faire voir à eux pour un peu de temps. Elles étaient obligées par la bulle de leur érection en état régulier de dire tous les jours le rosaire ; mais elles en furent dispensées de vive voix par le pape, et elles récitent seulement le chapelet après l'oraison du soir.

Voy. les *Chroniques des Ursulines*, et les *Constitutions de la congrégation de Lyon.*

§ 7. — *Des religieuses Ursulines de la congrégation de Dijon, avec la Vie de la Mère Françoise de Xaintonge, leur fondatrice.*

La congrégation des religieuses Ursulines de Dijon commença l'an 1619. Il y avait déjà quatorze ans qu'une congrégation d'Ursulines Congrégées avait été érigée en cette ville : les commencements en avaient été fort faibles, Dieu n'ayant pris d'abord pour instrument de cette œuvre qu'une jeune demoiselle nommée Françoise de Xaintonge. Elle était fille de Jean-Baptiste de Xaintonge, conseiller au parlement de Dijon et commissaire aux requêtes du palais, et de dame Marie Cossard. Quand elle fut en état de choisir un genre de vie, ses parents voulurent la marier ; mais Dieu, qui voulait s'en servir pour être la Mère d'un grand nombre de religieuses, permit qu'on lui parlât de l'ordre des Carmélites qui s'établissait pour lors à Paris. Elle se sentit vivement touchée du désir d'entrer dans cet ordre, et commença dès lors à travailler fortement auprès des supérieurs, afin d'avoir quelques religieuses Carmélites pour en établir une maison à Dijon : elle en obtint au mois de septembre 1605. Elle persuada ensuite à une de ses parentes, non-seulement de donner une maison qui lui appartenait pour commencer l'établissement de ces religieuses à Dijon, mais elle lui inspira encore le dessein d'entrer dans cet ordre, où elle prit l'habit et fit profession.

Les Carmélites étant arrivées à Dijon, mademoiselle de Xaintonge prétendait aussi entrer avec elles ; mais sa mère n'y voulut jamais consentir, et son refus l'affligeant beaucoup, elle fit un voyage à Dôle pour se consoler avec sa sœur, la Mère Anne de Xaintonge, fondatrice des Ursulines du comté de Bourgogne, dont nous parlerons dans la suite, qui avait fondé la première maison de son institut à Dôle. Elle lui communiqua son dessein et les contradictions qu'elle recevait de ses parents ; mais sa sœur lui conseilla de ne se point presser, et lui dit qu'elle ne savait pas ce que Dieu désirait d'elle. Son esprit se calma, et elle résolut d'attendre avec patience que Dieu lui fit connaître quelles étaient ses volontés. Pendant qu'elle demeura avec sa sœur, elle goûta la manière de vivre des Ursulines que la Mère Anne de Xaintonge gouvernait sur le modèle de celles d'Italie. Elle prit la résolution d'en faire de même à son retour à Dijon, et découvrit son dessein à une de ses compagnes; ces deux saintes filles résolurent d'embrasser ensemble cette forme de vie consacrée au salut du prochain, et elles furent confirmées dans leur résolution par les Pères de la compagnie de Jésus.

M. de Xaintonge, averti des prétentions de sa fille, s'y opposa d'abord; mais, appréhendant d'agir contre la volonté de Dieu, il consulta quelques docteurs et quelques personnes pieuses, auxquels il exposa le dessein de sa fille, et ils furent tous d'avis de la laisser agir, lui représentant que ce serait priver la ville de Dijon d'un secours qui lui serait très-utile. Ces deux saintes filles, après avoir encore obtenu le consentement de madame de Xaintonge, commencèrent à instruire les jeunes filles, à visiter les malades et les pauvres, quelque temps fâcheux qu'il fît. Deux autres filles de la même ville se joignirent à elles, et une autre vint exprès de Châtillon pour être la cinquième. Elles demeuraient chacune chez leurs parents, et lorsqu'elles voulaient conférer ensemble, le rendez-vous était chez la sœur de Xaintonge jusqu'à ce qu'étant persécutés de toute part, leurs parents en conçurent un tel déplaisir, qu'ils résolurent de rompre entièrement cette affaire qui était bien avancée, ne pouvant supporter les confusions qu'ils recevaient à leur sujet. La mère de la sœur de Xaintonge, retirant la permission qu'elle avait donnée à sa fille, leur interdit l'entrée de sa maison, ce qui les obligea de se séparer tout à fait du monde et de vivre en communauté. Elles cherchèrent une demeure où elles pussent avec liberté exercer les fonctions de leur institut. Quoiqu'elles n'eussent pas de quoi payer le louage d'une maison, se fondant néanmoins sur la divine Providence, elles en louèrent une à 54 livres par an, et y entrèrent la nuit de Noël de l'an 1605, après avoir entendu la messe dans l'église des PP. Jésuites; ce que M. de Xaintonge ayant appris, touché de l'amour paternel, il leur envoya quelques aumônes, et sans ce secours elles étaient en danger de faire un jeûne rigoureux ce jour-là. Elles expérimentèrent de jour à autre les effets de la Providence, sur laquelle elles avaient fondé toutes leurs espérances, plusieurs personnes charitables leur distribuèrent aussi des aumônes, dont elles faisaient part aux pauvres. Leur joie était extrême lorsqu'elles se privaient du nécessaire pour assister les membres de Jésus-Christ, et elles se contentaient le plus souvent de pain et d'eau pour leur réserver le surplus.

Elles s'adressèrent à l'évêque de Langres, Charles Descars, pour obtenir la permission de vivre en congrégation, et de tenir des classes ouvertes dans leur maison, pour instruire les jeunes filles, ce que ce prélat leur accorda le 4 octobre 1607. Elles demandèrent aussi la même permission aux magistrats de la ville, qui leur fut aussi accordée le 2 mai de l'année suivante, après quoi elles obtinrent du roi Henri IV des lettres par lesquelles Sa Majesté les prenait sous sa protection, leur permettant de jouir des priviléges qui avaient été accordés aux autres communautés du royaume. Leurs classes furent en peu de temps si remplies, qu'elles ne pouvaient contenir le grand nombre d'écolières qui se présentaient. Elles n'étaient que cinq maîtresses; mais le Père de famille leur envoya bientôt des ouvrières pour les aider. Il y en eut beaucoup qui se présentèrent; mais elles n'en reçurent que trois. Elles observaient autant qu'il leur était possible la règle de la bienheureuse Angèle : elles avaient fait venir cette règle d'Italie, avec la Vie de cette fondatrice des Ursulines, afin de se former sur ses exemples et sous ses préceptes, et ces deux livres sont gardés dans le monastère de Dijon, comme l'origine d'où il a pris sa naissance.

Ces nouvelles Ursulines préparèrent une chapelle, et n'ayant pas de quoi orner l'autel, des personnes charitables y pourvurent en leur fournissant des ornements, des vases sacrés et du linge. Cette chapelle fut bénite par l'abbé général de Cîteaux, qui en avait reçu commission de l'évêque de Langres. Il y dit la messe, communia les sœurs, qui prirent certains habits modestes et particuliers à cette congrégation, et firent les vœux simples de pauvreté, de chasteté et d'obéissance. Elles étaient logées si étroitement, qu'elles étaient contraintes de tenir leurs classes dans leur chapelle; mais Dieu inspira à un gentilhomme, qui se rendit religieux, de leur laisser une somme d'argent pour l'acquisition de quelques classes : par ce moyen leur chapelle demeura libre pour y garder le saint sacrement, qui leur fut accordé par une grâce spéciale. Les premiers fruits que la ville de Dijon recueillit de cette congrégation furent si utiles que plusieurs autres villes souhaitèrent d'y participer : il y eut des sœurs qui allèrent faire un établissement à Langres l'an 1613, et à Pouligny l'an 1616, où six demoiselles des principales maisons de la ville se joignirent à elles.

La première maison que ces sœurs avaient acquise à Dijon n'étant pas capable de tenir le grand nombre de pensionnaires et d'écolières qui leur venaient de toutes parts, elles la vendirent et en achetèrent une plus ample, où l'on a bâti dans la suite le premier monastère de cette congrégation. Elles en prirent possession avec beaucoup de pompe et de solennité. Cent petites filles parurent d'abord vêtues de blanc, marchant deux à deux, tenant chacune un cierge à la main, et chantant les litanies de la Vierge. Elles étaient suivies de trois autres un peu plus grandes et richement parées, dont la première représentait la bienheureuse Angèle, et les deux autres, sainte Marthe et la Madeleine, pour marquer que les filles de cet institut devaient joindre l'action à la contemplation. Après elles marchait le grand prieur de Saint-Bénigne, leur supérieur, portant le saint sacrement, accompagné de plusieurs ecclésiastiques et de six jeunes enfants vêtus en anges, tenant en leurs mains des flambeaux et des encensoirs: derrière eux était un autre ange, tenant la palme de sainte Ursule, puis une fille représentant cette sainte, tenant en sa main un cœur et deux flèches, comme les peintres la représentent ordinairement. Elle était vêtue magnifiquement, et son manteau semé de perles et de pierreries, était soutenu par quatre anges qui l'accompagnaient. Onze filles, aussi richement parées, la suivaient de près, ayant chacune deux anges à leurs côtés, et enfin marchaient les Ursulines, conduites chacune par les dames les plus qualifiées de la ville, lesquelles, avec des flambeaux allumés, se rendirent à la chapelle de leur nouvelle maison, où le saint sacrement fut posé.

Quand elles entrèrent dans cette nouvelle maison, elles n'avaient rien pour leur subsistance que la seule Providence qui ne les avait pas abandonnées jusqu'alors; mais les personnes qui les avaient secourues dans leurs besoins, retranchèrent leurs aumônes, les croyant hors de la nécessité, et se persuadant qu'ayant acheté une maison, elles avaient suffisamment de quoi vivre. Il leur fallut encore souffrir pendant un temps les incommodités qui accompagnent la pauvreté; mais madame de Sauzèle, veuve de M. le Beau de Sanzelle, maître des requêtes et fille de M. de Montholon, garde des sceaux de France, ayant fait le voyage de Paris à Dijon, sur la parole que mademoiselle Acarie, dont nous avons déjà parlé, lui avait donnée que Dieu désirait se servir d'elle en cette ville, voulut être leur fondatrice, et commença par leur donner la somme de seize mille livres. Dans le même temps elles obtinrent de l'évêque de Langres, Sébastien Zamet, qui avait succédé à M. Descars, la confirmation de leur établissement le 5 novembre 1615. Après cela elles pensèrent à faire ériger leur maison en monastère, et à obtenir les permissions nécessaires pour embrasser l'état régulier. Elles consultèrent leur supérieur et quelques savants religieux, qui approuvèrent leur dessein et leur conseillèrent d'ajouter aux trois vœux solennels, le quatrième, d'instruire la jeunesse comme faisaient les Ursulines de la congrégation de Paris. Elles se pourvurent donc à Rome pour avoir une bulle qui leur permît d'embrasser l'état régulier; elles y envoyèrent à cet effet leur confesseur, qui y trouva de grandes difficultés, et qui ne put obtenir qu'après huit mois de sollicitations la bulle qu'elles souhaitaient, et qui leur fut accordée par le pape Paul V, le 23 mai 1619.

En vertu de cette bulle, on prit jour pour faire les premiers vœux de religion, et ce fut le 22e jour d'août de la même année, dans l'octave de la Sainte-Vierge. La mère de Xaintonge, désirant que ses compagnes absentes au sujet des fondations, fissent aussi la même chose dans la maison de Dijon, appela celles qui pouvaient quitter le lieu où elles étaient, et avertit les autres de faire leur profession au jour marqué, afin qu'elles se sacrifiassent toutes ensemble à Dieu dans un même temps. L'évêque de Langres officia pontificalement à cette cérémonie, et après la messe, onze filles, représentant la compagnie de Sainte-Ursule, prononcèrent les trois vœux ordinaires, sous la règle de saint Augustin, conformément à la bulle, avec un quatrième vœu de l'instruction de la jeunesse: et en se vêtant de l'habit religieux elles quittèrent tout ce qui était du siècle, même jusqu'à leur nom de famille, et la mère de Xaintonge prit celui de la Sainte-Trinité.

Quelques années après, le pape Urbain VIII fit expédier un bref en leur faveur, par lequel, entre autres choses, il leur accorda de pouvoir faire choix d'un directeur pour la conduite de leur communauté, sous l'autorité et avec l'approbation de l'évêque de Langres. La congrégation étant ainsi établie en état religieux, plusieurs filles se présentèrent pour y être reçues, et l'on fit plusieurs établissements. Celui de Langres avait été fait dès l'an 1613, comme nous l'avons dit; mais cette maison embrassa la clôture et l'état régulier en même temps que celle de Dijon. La même année il en sortit des religieuses pour aller fonder un monastère à Chaumont en Bassigny, elles y furent conduites par la Mère de Xaintonge, qui en tira d'autres encore la même année, pour aller faire un nouvel établissement à Châtillon-sur-Seine. Neuf ans après elle envoya encore des religieuses à Bourg en Bresse, à Tonnerre, à Bar-sur-Seine, pour faire d'autres fondations, et elle sortit de Châtillon pour aller faire un établissement à Troyes, qui fut le dernier qu'elle fit, étant morte dans ce monastère le 4 novembre 1639, jour de saint Charles, auquel elle avait toujours eu une singulière dévotion. Elle fut inhumée le lendemain par l'évêque de cette ville, René du Bellay.

Après sa mort, sa congrégation s'augmenta. Elle comprenait autrefois trente-six monastères; mais neuf depuis leur établissement ayant pris les constitutions des Ursulines de la congrégation de Paris, celle de Dijon ne comprend plus que vingt-sept monastères, dont ceux de Melun et de Sens sont du nombre. Les religieuses de cette congrégation entrèrent en Lorraine en 1646, et furent premièrement établies à Ligny en Barrois par Charles-Henri de Clermont, duc de Luxembourg, et Marguerite-Charlotte de Luxembourg, son épouse, en considération de la Mère Charlotte de Clermont, dite de Saint-François, professe du couvent de Tonnerre, et qu'ils désiraient avoir auprès d'eux; mais les guerres qui désolèrent la Lorraine les obligèrent de sortir de Ligny. Cette ville ayant été prise quatre fois, elles se réfugièrent dans un château du duc de Luxembourg, et retournèrent ensuite à Ligny, où elles ont reçu des marques de la protection de la maison de Luxembourg en plusieurs occasions. L'on ne fait qu'une année de noviciat dans cette congrégation, elles ont à peu près les mêmes observances et le même habillement que celles de la congrégation de Paris. Elles n'ont point de ceinture de cuir, mais seulement un cordon de laine.

Voy. les *Chroniques des Ursulines*.

§ 8. — *Des religieuses Ursulines de la congrégation de Tulle, avec la Vie de la Mère Antoinette Micolon, dite Colombe du Saint-Esprit, leur fondatrice.*

La Mère Antoinette Micolon, dite Colombe du Saint-Esprit, naquit l'an 1592, en un petit château nommé Desescures en Auvergne, où son père et sa mère demeuraient ordinairement, y vivant commodément dans une condition bourgeoise. Sitôt qu'elle fut née, elle demeura un jour entier sans mouvement et sans donner aucun signe de vie, et on allait la mettre en terre, si sa mère ne s'y fût opposée, ne pouvant se persuader qu'elle fût morte : enfin elle commença à remuer et reçut le baptême. Sa mère, qui l'aimait tendrement, mourut lorsque cet enfant n'avait encore que trois ans : son père s'étant remarié peu de temps après, sa seconde femme fut, à l'égard de la petite Antoinette, une vraie marâtre. Cette fille avait l'esprit agréable et de très-bonnes inclinations; mais on ne prit aucun soin de les cultiver : car on la laissa aux champs parmi les paysans jusqu'à l'âge de douze ans, qu'on la fit venir à Ambert, où elle demeura jusqu'à quinze ans, vivant pendant tout ce temps-là dans une si profonde ignorance, qu'elle n'avait aucune connaissance du christianisme.

Mais Dieu, qui se plaît avec les simples, prit possession de cette âme, et suppléant à la négligence de ses parents, il fut lui-même son maître, et lui inspira d'abord tant d'amour pour l'humilité qu'elle en donnait des marques en toutes occasions, de quoi sa belle-mère la reprenait, attribuant ces actes d'humilité à bêtise et stupidité. Elle avait du mépris pour les ajustements, et ne pouvait souffrir les jeux qui étaient tant soit peu immodestes, et même les plus innocents, lorsqu'il y avait des hommes de la partie. Sa tendresse envers les pauvres était si grande, qu'elle leur donnait tout ce qu'elle avait; par-dessus toutes choses, on admirait sa patience à supporter les insultes et les outrages de sa belle-mère, dont elle ne faisait jamais la moindre plainte.

Deux fois, le jour fut pris pour la fiancer : toutes choses étaient disposées pour cela; mais Jésus-Christ, qui la voulait pour épouse, permit qu'il s'y rencontrât à chaque fois des empêchements qui firent rompre cette affaire. Un jour qu'elle entendit une de ses parentes, qui faisait l'éloge de la vie religieuse, elle en fut d'autant plus touchée qu'elle n'en avait jamais entendu parler; elle courut à l'église et se jeta à genoux devant une image de la sainte Vierge, où avec des paroles fort simples, mais proférées avec beaucoup d'affection de cœur, elle voua à Dieu sa virginité. Elle comprit, avec le secours de la grâce, ce que c'était que d'être vierge et qu'elle devait être religieuse. Dès ce moment elle sortit de son ignorance, et eut une si grande connaissance de nos saints mystères, qu'elle n'eut plus besoin de s'en instruire ailleurs.

La déclaration qu'elle fit de vouloir être religieuse lui attira du mépris et des injures, et on la traita de folle : on ajouta au mépris la raillerie, lorsqu'on vit qu'elle s'était coupé les cheveux, et on la mit pendant deux heures dans un état fort ignominieux. Elle servit de divertissement aux valets de la maison, aussi bien qu'à ses parents, et elle essuya une infinité de moqueries des uns et des autres. Persistant néanmoins dans son dessein, elle quitta tous ses ajustements et prit un habit fort simple. Sa belle-mère se radoucit un peu à son égard; mais son père la menaça de lui faire souffrir tous les maux imaginables, si elle lui parlait davantage de vouloir être religieuse. Trois ans se passèrent ainsi pendant lesquels elle eut de rudes combats à soutenir contre le démon; mais elle fut souvent consolée par son époux, qui lui donna des forces suffisantes pour résister aux attaques du malin esprit.

Son père consentit enfin qu'elle fût religieuse, et elle entra à l'âge de dix-neuf ans dans un monastère, où de nouveaux obstacles s'étant présentés, elle demeura deux ans sans y prendre l'habit; mais Dieu le permettait ainsi, l'ayant choisie pour fonder un monastère de filles par son moyen, et il lui fit connaître ses intentions dans ses oraisons. Elle sortit donc de ce monastère pour aller à Ambert dans le dessein d'y fonder ce monastère; mais à la première proposition qu'elle en fit, on la regarda comme une extravagante : elle y fut raillée publiquement et elle n'osait sortir de sa maison. Le diable, qui ne perdait point d'occasion de lui nuire, lui voulut persuader qu'elle avait eu tort de quitter son couvent pour venir tenter l'impossible; elle s'aperçut de la tentation, et elle eut recours aux larmes et à la pénitence; mais elle expérimenta sa faiblesse, elle se laissa aller à elle-même, et, pressée par la tentation, elle se relâcha de son assiduité à la prière. Elle se para pour plaire aux hommes : elle fréquenta les compagnies, et chacun admirait son esprit : tout le monde changea à son égard, et on fut surpris de la voir si bien faite, si sage et si savante, parlant bien de toutes choses; mais Dieu, qui avait permis qu'elle fût tombée dans ces vanités, sut l'en relever en peu de temps. Elle devint tellement pleine de gale, que tout le monde la fuyait et ne la voulait point approcher. Ce châtiment l'obligea d'avoir recours à Dieu et de déplorer son égarement qui ne dura que cinq semaines. Elle recouvra la santé, et prit la résolution de ne plus vivre que pour Dieu.

Elle chercha ensuite les moyens d'exécuter les ordres qu'elle avait reçus de Dieu, de fonder un monastère. Elle engagea trois autres demoiselles à être ses compagnes, et ayant consulté les PP. de la compagnie de Jésus, ils leur conseillèrent d'embrasser l'institut des Ursulines, et d'aller au Puy en Vélay en apprendre les pratiques, chez les filles de la congrégation de Notre-Dame, qui étaient encore séculières et dans l'emploi des Ursulines. Mille difficultés s'élevèrent pour empêcher leur voyage; mais, malgré la résistance de leurs parents, elles prirent la route du Puy. Cependant quelques amis qu'elles avaient à Ambert tâchaient de leur trouver une maison pour y faire leur demeure à leur retour : une personne de la ville leur en donna une, et elles vinrent pour en prendre possession. La sœur Antoinette fut élue supérieure de cette petite communauté, après qu'elles eurent fait les vœux simples. En toute la maison il ne se trouva qu'un seul lit pour tous meubles. Quelques personnes charitables fournirent à leur subsistance, jusqu'à ce que leurs parents, s'étant un peu adoucis, leur donnèrent à chacune deux cents écus, et les meublèrent passablement. Elles obtinrent permission de chanter l'office de Notre-Dame au chœur, de faire toutes les fonctions d'Ursulines, et de recevoir les filles qui se présenteraient pour entrer dans leur communauté, ce qu'elles exécutèrent le jour de l'Ascension de l'année 1614.

La sœur Antoinette fut appelée à Clermont par un de ses oncles qui y était chanoine, pour y faire un établissement : elle y fut en 1616, et y trouva trois filles qui l'y attendaient. Sitôt que la maison qu'on leur avait destinée fut un peu avancée, l'évêque de Clermont, Joachim d'Estaing, voulut faire lui-même la cérémonie de leur donner le voile de religion, et recevoir leurs vœux le jour de Pâques de la même année. Ce prélat ayant célébré la messe pontificalement dans l'église des Carmes, donna, après l'épître, le voile de novice à la Mère Antoinette et à deux de ses compagnes; à la fin de la messe il leur donna le voile noir en leur faisant faire profession, et en même temps quatre autres sœurs reçurent le voile blanc. Elles retournèrent après cette cérémonie en leur maison, qui fut dès lors en clôture : néanmoins, comme elles n'avaient point de bulle pour l'ériger en véritable monastère, l'évêque ne permit pas qu'elles fissent davantage de professes. Elles sollicitèrent les Ursulines de Bordeaux pour leur communiquer leur bulle et s'associer à elles, ce qui leur fut refusé. On procura pendant ce temps à la Mère Antoinette un autre établissement à Tulle : elle sortit de Clermont malgré la résistance des habitants, qui firent tous leurs efforts pour la retenir; elle y arriva le 4 septembre 1628, et reçut des mains de l'évêque le sacrement de confirmation, où elle prit le nom de Colombe du Saint-Esprit.

Il n'y avait plus que le défaut de bulle qui empêchât de faire cet établissement : elle avait désiré l'union de toutes les Ursulines, qui était fort aisée à faire dans ce temps-là; elle en prit encore les moyens, mais ils ne lui réussirent pas. Elle tenta derechef d'avoir la communication de la bulle des Ursulines de Bordeaux; mais quoiqu'elle y fût elle-même, et qu'elle demeurât pendant cinq semaines chez elles, elle ne put l'obtenir. Enfin elle eut recours à Rome, et elle en obtint une l'an 1623, non-seulement pour ériger le monastère de Tulle, mais pour les autres qu'elle voudrait établir. En exécution de cette bulle, elle se soumit au noviciat et à l'habit que prescrit la bulle : l'année de noviciat étant finie, elle renouvela ses vœux, et de vingt-quatre filles qu'elle avait, plusieurs firent profession en même temps.

Quand elle commença les bâtiments du monastère de Tulle, elle n'avait que quatre livres, qu'elle donna au maçon qui mit la première pierre; mais les aumônes des fidèles se trouvèrent si considérables, qu'elle fit bâtir un monastère assez ample pour contenir plus de soixante-six religieuses qu'elle y laissa lorsqu'elle en sortit pour faire d'autres établissements. Elle dressa elle-même les constitutions qui s'observent en cette maison et dans celles qui y sont unies; et après y avoir demeuré pendant quatorze ans, elle en sortit, en 1632, pour aller faire une fondation à Beaulieu, au diocèse de Limoges. Elle n'établit ce couvent que comme elle avait fait les trois autres, sur la seule confiance qu'elle avait en la divine providence. Elle n'y demeura que six mois, ayant été obligée d'en sortir, à la sollicitation de la comtesse de Clermont de Lodève, pour faire un établissement à Epalion. Elle prit en passant à Tulle six religieuses qu'elle y conduisit en 1633, et, trois ans après, elle y vit vingt-six religieuses. Elle y demeura dix-sept ans, et fut ensuite appelée à Arlane pour un nouvel établissement par le même évêque de Clermont, qui l'avait reçue dans sa ville épiscopale. Cet établissement se fit l'an 1650, et fut le dernier des six que fit cette fondatrice, qui mourut dans ce couvent le 11 mars 1659. Des religieuses du couvent de Tulle étaient sorties, dès l'an 1641, pour fonder aussi un monastère d'Ursulines à Ussel, capitale du duché de Ventadour, dans le Limousin, qui ont suivi pendant un temps les constitutions de la congrégation de Tulle; mais l'évêque de Limoges leur fit prendre celles des Ursulines de son diocèse, qui sont présentement la congrégation de Toulouse.

Ces religieuses de la congrégation de Tulle suivent les constitutions qui ont été dressées par leur fondatrice, et qui furent approuvées, l'an 1623, par l'évêque de Clermont, Jean de Genouillac de Vaillac. Conformément à ces constitutions, elles ne font qu'un an de noviciat, après lequel elles ne font que les trois vœux solennels, de chasteté, de pauvreté, d'obéissance et de clôture perpétuelle, ne s'engageant point par vœu à l'instruction de la jeunesse. Quatre fois l'année, savoir : le vendredi saint et aux fêtes de la Pentecôte, de saint Augustin et de sainte Ursule, elles renouvellent leurs vœux au chapitre : voici la formule de ces vœux : *Je, sœur N. N.*, en *votre présence, mon Dieu, et de toute la cour céleste, quoique très-indigne de m'y présenter, me confiant en votre bonté, vous promets et vous voue, et à la glorieuse Vierge Marie, au bienheureux saint Augustin, à la bienheureuse sainte Ursule, aux onze mille vierges ses compagnes, à vous, révérende Mère, et à celles qui vous succéderont, pauvreté, chasteté, obéissance et clôture, selon le concile de Trente, et de persévérer en ces miens vœux jusqu'à la mort, en la compagnie de sainte Ursule, suivant la règle de saint Augustin et les constitutions de ce monastère, approuvées par notre saint-père le pape Grégoire XV, priant Notre-Seigneur de m'en faire la grâce. Ainsi soit-il.* Après avoir fait profession, elles sont pendant un an sous la conduite d'une maîtresse qui leur apprend les observances régulières qu'elles n'auraient pu apprendre dans leur noviciat. Deux ans après elles recommencent un second noviciat d'un an, après lequel elles peuvent être employées dans toutes les charges et les offices de la maison. Quoique les jeunes professes soient dans ce second noviciat, elles ne laissent pas d'avoir voix au chapitre, car c'est dans cette année qu'elles commencent de l'avoir. Elles gardent les mêmes exercices que les autres de la communauté, excepté qu'elles ont une demi-heure d'oraison de plus, qu'elles disent tous les samedis le rosaire de la sainte Vierge, que tous les mois elles font une retraite d'un jour, et qu'elles font ce jour-là quatre heures d'oraison.

Toutes les religieuses disent au chœur le grand office de l'Eglise selon le bréviaire romain. Les jours ouvriers elles le récitent en psalmodiant; mais les dimanches et les fêtes elles doivent chanter en plain-chant Tierce, Vêpres et Complies. Outre les jeûnes ordonnés par l'Eglise, elles jeûnent encore les veilles des fêtes de la Nativité, de la Conception et de la Purification de la sainte Vierge, de sainte Ursule, de saint Augustin, de sainte Monique, de saint Charles Borromée, et tous les vendredis de l'année, excepté dans le temps pascal; mais s'il arrive dans la semaine un jeûne de précepte ou de la règle, elles sont dispensées de jeûner le vendredi. Elles se lèvent en tout temps à quatre heures; à quatre heures et demie elles font en commun l'oraison mentale, qui dure jusqu'à cinq heures et demie, après quoi elles disent Prime, Tierce et Sexte. Les dimanches et les fêtes, Tierce et Sexte sont retardées; tous les jours après Complies, elles disent aussi en commun les litanies et le chapelet de la sainte Vierge. Les Matines se disent à huit heures du soir, et elles font ensuite un quart d'heure d'examen de conscience, qui se fait aussi le matin avant le dîner. Quant à leur habillement, il consiste en une robe de serge noire serrée d'une ceinture de cuir. A l'office, allant à la communion, et dans les cérémonies, elles mettent un manteau noir, qui s'attache au cou: leurs habits de dessous sont blancs. Outre le voile noir ordinaire, elles en ont encore, en certaines occasions, un autre long de deux aunes, et ne vont jamais au parloir qu'accompagnées d'une écoute.

Voy. les *Chroniques des religieuses Ursulines*, part. III, et les *Constitutions de celles du monastère de Tulle*, approuvées par l'évêque de Clermont l'an 1623.

§ 9. — *Des religieuses Ursulines de la congrégation d'Arles, avec la vie de la Mère Jeanne de Rampale, dite de Jésus, leur fondatrice.*

Les religieuses de la congrégation d'Arles reconnaissent pour fondatrice la Mère Jeanne de Rampale, dite de *Jésus*. Elle naquit à Saint-Remi, ville de Provence et du diocèse d'Avignon, l'an 1583. Ses parents, qui étaient d'une condition médiocre, la consacrèrent à Dieu dès son enfance; et la suite fit connaître qu'ils ne s'étaient point trompés dans le choix qu'ils firent d'elle, préférablement à deux autres enfants qu'ils avaient, pour en faire une offrande à Dieu. Elle était encore toute petite, lorsque la contagion étant entrée à Saint-Remi, on la mena à un village voisin, où s'étant laissé tomber sur un rocher et fait une plaie profonde à la tête, elle commença à témoigner son courage, souffrant qu'on la pansât sans jeter une seule larme, et sans pousser le moindre soupir.

Ses parents allèrent demeurer ensuite à Avignon, où, après avoir vécu dans les pratiques continuelles de dévotion, ils se séparèrent quelque temps après pour passer le reste de leurs jours en perpétuelle continence, le mari s'étant retiré chez les PP. de la compagnie de Jésus en Savoie, et sa femme, nommée Delphine Lanfrèze, étant entrée dans la congrégation de Sainte-Ursule d'Avignon, avec deux de ses filles, Jeanne et Catherine Rampale. Jeanne, qui était encore jeune, prit néanmoins dans le même temps le voile des sœurs de Sainte-Ursule, pour s'engager de bonne heure au service de Dieu. Sa grande sagesse et la maturité de son esprit la faisaient passer pour plus âgée qu'elle n'était; son adresse et son habileté la firent exceller en beaucoup d'ouvrages, et lorsqu'elle y travaillait, elle les posait sur une tête de mort, pour avoir toujours dans la pensée ce qu'elle deviendrait un jour. Son travail n'interrompait point l'instruction des petites filles, elle leur enseignait la doctrine chrétienne, et les conduisait dans la pratique des vertus. Elle avait beaucoup de douceur pour les autres; mais pour elle elle n'avait que des rigueurs extrêmes, et ses moindres austérités étaient de porter sur sa chair nue, des noms de Jésus, des croix et des cœurs armés de pointes de fer.

L'an 1602, les consuls d'Arles ayant demandé quelques sœurs de Sainte-Ursule d'Avignon pour instruire la jeunesse de la ville, on y envoya la Mère Delphine Lanfrèze avec ses deux filles, Jeanne et Catherine Rampale, et deux de ses nièces qui étaient aussi de cette congrégation. Elles y allèrent, par soumission au choix des Ursulines d'Avignon. On les logea fort pauvrement à Arles, ce qui n'empêcha pas qu'elles ne tinssent leurs classes pour l'instruction des jeunes filles. La communauté s'augmenta notablement, et la Mère Delphine, après l'avoir gouvernée pendant quelque temps, fit tant d'instances auprès de l'archevêque d'Arles pour être déchargée de la supériorité et pour mettre sa fille en sa place, qu'on lui accorda sa demande ; mais on eut bien de la peine à y faire consentir Jeanne Rampale, que son humilité portait à ne point accepter cette charge, et il fallut lui faire un commandement par sainte obédience. En vingt années qu'elle gouverna cette maison, elle ne reçut qu'une fille, et elle perdit sa mère et sa sœur ; mais cette communauté fit beaucoup de progrès, lorsqu'elle eut embrassé l'état religieux. Pour y parvenir, la Mère de Rampale se servit du crédit de son frère, docteur en théologie, chanoine et théologal de l'église d'Apt, qui obtint du vice-légat d'Avignon une bulle, l'an 1624, pour ériger la maison de Sainte-Ursule d'Arles en vrai monastère de religieuses professant les trois vœux solennels, et elles joignirent à cette bulle des lettres patentes du roi pour cet établissement, qui furent vérifiées au parlement d'Aix le 25 septembre de la même année.

Comme la bulle était adressée à l'archevêque d'Arles, le frère de la Mère de Rampale la lui présenta le 11 octobre. Ce prélat l'ayant acceptée et voulant la mettre en exécution, il visita la maison, et l'ayant trouvée en bon état, avec un fonds suffisant pour l'entretien des sœurs, il prit jour pour faire la cérémonie de leur vêture qu'il fixa au 26 octobre, fête de sainte Ursule, patronne de cet institut. Il se rendit ce jour là à leur maison, il dit la messe pontificalement, fit un discours sur l'excellence de l'état religieux, et ensuite envoya M. de Rampale donner le voile blanc, et recevoir au noviciat la Mère de Rampale, sa sœur, qui était au lit, malade. Ce prélat donna lui-même le voile aux autres sœurs, et trois mois après, le 19 janvier 1625, il reçut à la profession les premières novices en considération de la vie exemplaire qu'elles avaient menée dans la congrégation. La Mère de Rampale prit à la profession le nom de Jeanne de Jésus, et elle dressa les constitutions qui s'observent encore dans cette congrégation et dans les monastères qui lui sont associés.

Les premières Ursulines qui demandèrent cette association furent celles de Vaulréas, ville du comtat Venaissin ; elles envoyèrent, l'an 1627, leurs principales filles pour prendre l'habit et faire profession religieuse sous la Mère Jeanne de Jésus. La ville d'Avignon, désirant aussi avoir un monastère de religieuses Ursulines, cette même fondatrice y envoya de ses religieuses l'an 1632. Cette absence ne diminua rien de la tendresse qu'elle avait pour elles. Elle les faisait visiter deux fois la semaine ; elle pourvoyait à leur entretien, leur fournissait les provisions nécessaires, les exhortait, les consolait et les instruisait par ses lettres. Non contente de leur parler par écrit, l'amour lui donnant une sainte impatience de les revoir, elle se transporta en personne à Avignon, avec la permission de son prélat qui jugea ce voyage nécessaire pour fortifier les religieuses Ursulines d'Avignon, qui étaient déjà éprouvées par beaucoup de difficultés. Ses infirmités, qui étaient presque continuelles, s'étant augmentées dans le chemin, l'empêchèrent d'arriver à Avignon aussitôt qu'elle l'aurait désiré ; elle fut contrainte de rester un mois à Saint-Remi, et nonobstant la violence de ses maux, elle alla à Avignon, où elle arrêta, par sa prudence, tous les troubles que quelques personnes malintentionnées avaient suscités dans son monastère. Après qu'elle y eut demeuré quinze mois, on lui demanda encore de ses religieuses, pour faire un autre établissement à Saint-Remi, ville de sa naissance ; elle en fit venir pour cet effet d'Arles, qui commencèrent cette fondation le jour de sainte Catherine, de l'an 1634. Elle avait encore promis d'entreprendre un établissement à Tarascon ; mais cette fondation ne fut exécutée qu'un peu après sa mort, qui arriva le 7 juillet 1636. Dieu l'avait éprouvée pendant plus de trente ans par des maladies fréquentes qu'elle avait souffertes avec une patience admirable, et quoique ce fût une assez grande mortification, elle ne laissait pas encore d'affliger son corps par beaucoup d'austérités. Ce fut au monastère d'Avignon qu'elle termina ses jours, et elle fut enterrée, comme elle l'avait désiré pour humilité, sous une montée, vis-à-vis la porte du chœur des religieuses. Mais les miracles qui se firent à son tombeau obligèrent les religieuses de l'ouvrir onze mois après, pour transporter son corps dans un lieu plus décent : il fut trouvé tout entier sans aucune corruption, et il se fit encore plusieurs miracles à cette translation.

Cette fondatrice recommanda en mourant à ses filles l'établissement de Tarascon, qu'elle n'avait pu faire à cause de sa maladie. Peu après sa mort, toutes les permissions nécessaires ayant été obtenues, douze religieuses, dont il y en avait onze professes du monastère d'Arles et une de saint-Remi, commencèrent cette fondation en 1637. Tout le clergé séculier et régulier, accompagné des principaux de la ville, les conduisirent processionnellement à l'église de Sainte-Marthe, où le saint sacrement avait été exposé, et après quelques prières on les conduisit de même avec le saint sacrement, qui était porté par l'official, jusqu'à l'ancienne église de Saint-Nicolas, qui se trouva dans l'enclos de la maison qu'on leur avait préparée, et ce monastère a produit des filles de grande vertu.

Cette congrégation n'est pas fort considérable : elle ne comprend qu'environ huit maisons. Ces religieuses étaient toutes obligées à faire deux ans de noviciat, mais quelques monastères se sont fait dispenser d'une année. Celles d'Avignon font toujours deux années de noviciat. L'habillement des religieuses de cette congrégation est assez semblable à celui des Ursulines de la congrégation de Bordeaux, quant à la robe qui est plissée ; mais celles d'Arles portent au chœur

§ 10. — *Des religieuses Ursulines dites de la Présentation, avec la Vie de la Mère Lucrèce de Gastineau, leur fondatrice.*

Entre les communautés de filles Ursulines Congrégées qui sont immédiatement sorties de celle de Lille, dans le comté Venaissin, où la première communauté de cet institut a commencé par les soins de la Mère de Bermond, celle du Pont-Saint-Esprit a été une des plus considérables. Elle fut établie l'an 1610, et gouvernée longtemps par la Mère de Luynes, qui, pour étendre davantage cet institut, envoya en 1623 à Avignon deux de ses filles pour y faire un nouvel établissement, qui fut agréé, tant par le vice-légat d'Avignon, Guillaume du Broc de Nozet, que par l'archevêque de la même ville, Etienne Dulci, qui désirèrent aussi que la Mère de Luynes y vînt en personne. Elle leur obéit, et ayant encore amené avec elle trois compagnes, cette communauté fut solidement établie la même année.

La sœur Lucrèce de Gastineau fut du nombre de celles qui furent choisies pour cet établissement par la Mère de Luynes. Elle naquit vers l'an 1594, à Courteson, dans la principauté d'Orange, de parents très-considérables, qui, étant morts peu de temps après sa naissance, la laissèrent orpheline sous la conduite d'un de ses oncles. On ne pouvait dire qui de son corps ou de son esprit avait le plus d'avantages, l'un et l'autre étant prévenus de grâces et de charmes : son visage avait un air majestueux et une certaine fierté, qui portaient ceux qui la voyaient et l'entretenaient, à l'aimer et à la respecter. Elle fut longtemps assujettie à la vanité ; son occupation n'était qu'à se parer et à chercher de nouveaux ajustements, prévenant même les modes pour se faire regarder davantage dans toutes les assemblées et s'attirer des amants. Elle avait tant de complaisance pour elle-même, qu'on la pouvait appeler une idole toute profane ; mais depuis sa conversion, elle devint la victime de la grâce. Ce fut dans le temps qu'elle était le plus fortement occupée de ses vanités et dans sa vingt-troisième année qu'elle commença à connaître les périls où elle était exposée de perdre son âme. Les discours d'un prédicateur qui parla des dernières fins de l'homme, sur lesquelles il fit mille réflexions touchantes, furent les puissants motifs dont Dieu se servit pour l'attirer à lui. Elle avait néanmoins de la peine à se résoudre à changer de vie, il se présentait à son esprit plusieurs difficultés qui s'opposaient à ses bonnes intentions ; mais par une sainte résolution, brisant tout d'un coup les liens qui tenaient son cœur dans l'esclavage, elle renonça aux vanités du monde et réforma ses habits mondains. Demeurant pour lors avec un de ses oncles, président au parlement d'Orange, elle ne voulut pas se trouver à un bal qui se donnait chez lui ; et pour se dégager des importunités qu'on lui faisait,

elle en sortit pour aller chez un autre de ses parents. Cette première violence qu'elle se fit et cette première victoire qu'elle remporta sur elle-même dans cette occasion lui donnèrent lieu de pratiquer la vertu, et elle consacra le temps qu'elle employait auparavant aux visites et aux vains amusements, à soulager les malades et à visiter les prisonniers et les misérables.

La clôture lui ôta la pensée d'être religieuse, non pas qu'elle ressentît de la peine à ne point sortir, mais parce que, chérissant ses oncles et les aimant beaucoup de tendresse, elle croyait devoir à leurs soins beaucoup de reconnaissance, et elle voulait être en liberté pour leur en donner des marques au moins dans leurs maladies. Elle eut quelque dessein d'entrer chez les filles de la Visitation, dont l'institution était encore toute récente, et qui ne gardaient pas pour lors la clôture. Mais une de ses parentes et intimes amies l'engagea insensiblement à se retirer au Pont-Saint-Esprit, dans la maison de Sainte-Ursule, où les filles, sans être liées par des vœux solennels, vivaient néanmoins dans une grande régularité, et étaient gouvernées par la Mère de Luynes, qui passa par Orange dans ce temps-là. Dans un seul entretien que la sœur de Gastineau eut avec elle, elle promit de la suivre, et ne voulant point le faire sans avoir communiqué sa résolution à ses parents, elle leur dit adieu et se rendit ensuite dans l'église des Capucins, où l'évêque d'Orange l'attendait avec la Mère de Luynes. Ce prélat devant toute l'assemblée approuva sa résolution, et lui ayant donné sa bénédiction, il la remit entre les mains de la Mère de Luynes, qui l'emmena au Pont-Saint-Esprit, où elle fut reçue par toutes les filles de cette congrégation avec beaucoup de joie.

Dès le premier jour de son noviciat, on la jugea capable de tous les emplois de la maison. D'abord elle fut infirmière et exerça cet office avec tant de charité, que les sœurs s'en trouvèrent beaucoup soulagées dans leurs infirmités. Jamais le monde ne lui parut si beau qu'après qu'elle l'eût quitté, jamais les compagnies ne lui semblèrent plus agréables que lorsqu'elle eut fait profession de ne converser qu'avec Dieu, et jamais les plaisirs de la vie n'eurent pour elle de plus grands attraits que lorsqu'elle se fut vouée à la croix du Sauveur. Ce ne fut pas sans peine qu'elle résista à ces tentations, et elle employa pour cela les veilles, les oraisons et les mortifications. Dans ce temps-là un de ses oncles qui tomba malade, l'envoya solliciter de venir à Orange pour l'assister dans sa maladie, suivant la promesse qu'elle lui en avait faite en se séparant de lui. Cette proposition paraissait légitime : la tendresse qu'elle avait pour ses parents la sollicitait de rendre ce service à son oncle, elle s'y sentait portée ; mais elle voulut remporter une victoire sur elle-même dans cette occasion, et elle refusa d'y aller, s'excusant sur la manière de vie qu'elle avait embrassée.

Peu de temps après elle consentit à sortir

du Pont-Saint-Esprit ; mais ce ne fut que par obéissance et pour rendre service à sa congrégation. Le nouvel établissement qu'on allait faire à Avignon en fut la cause, et elle fut une des principales que la supérieure choisit pour y aller travailler, quoiqu'il n'y eût que trois ans qu'elle fut dans la congrégation. Elle y alla donc avec quelques compagnes l'an 1623, comme nous avons déjà dit : elles se logèrent d'abord dans une petite maison ; mais le grand nombre de filles qui se présentèrent pour être reçues, les obligea de changer de demeure avant que l'année fût finie. Elles eurent une grande maison qui avait autrefois appartenu au roi René, et c'est pour cette raison que les Ursulines qui y demeurent ont toujours retenu le nom de *Royales*. La sœur Gastineau y fut d'abord maîtresse des novices, et eut ensuite la conduite de la maison en qualité de supérieure.

Il y avait déjà quinze ans qu'elles étaient établies en cette ville, et sept ans que la sœur de Gastineau les gouvernait, lorsqu'elle leur proposa de se consacrer à Dieu par les vœux solennels, en faisant ériger leur maison en vrai monastère, à l'exemple de quantité d'autres Ursulines. Elles y consentirent et elles présentèrent, pour cet effet, au nombre de vingt-trois, une supplique au pape Urbain VIII, qui leur accorda, le 19 février 1637, un bref très-avantageux, leur permettant d'ériger leur communauté en monastère sous la règle de saint Augustin, l'invocation de sainte Ursule et le titre de la Présentation de Notre-Dame, qui est un titre particulier que ce monastère choisit, et qui a été communiqué à ceux qui lui ont été associés pour honorer la sainte Vierge en ce mystère. En exécution de ce bref, la Mère Lucrèce de Gastineau, qui prit aussi pour lors le nom de la Présentation, fut reçue première religieuse, et fit solennellement ses vœux le dernier mars de la même année, ayant été aussitôt confirmée supérieure par les députés de l'archevêque d'Avignon ; et conformément au bref, les sœurs commencèrent un second noviciat sous la conduite de la Mère de Gastineau, qui, se considérant comme appartenant davantage à Jésus-Christ dans ce nouvel état religieux, s'anima d'un plus grand zèle pour porter ses sœurs à la perfection de leur vocation et de leur institut.

Son esprit était naturellement un peu impérieux ; mais elle se proposa l'anéantissement d'elle-même, concevant une si forte horreur de l'attachement qu'elle avait eu au monde, qu'elle n'y pensait que pour verser des torrents de larmes, et l'on ne vit jamais plus d'humilité que dans toutes ses actions. On ne peut exprimer la charité qu'elle avait pour ses filles : après le chœur, l'infirmerie était le lieu de la maison qu'elle fréquentait le plus souvent, s'y rendant presque à toute heure pour voir si les malades avaient tout ce qui leur était nécessaire. Ce fut cet excès de charité et de tendresse qu'elle avait pour ses sœurs qui lui causa la mort ; car un jour qu'il y avait des maçons qui travaillaient dans la maison, voyant qu'ils jetaient des pierres par la fenêtre d'une chambre qu'ils nettoyaient, et que les religieuses qui allaient sortir du réfectoire devaient passer par ce lieu-là, elle y courut pour faire cesser les ouvriers, dans l'appréhension que quelque religieuse ne fut blessée ; mais une de ces pierres tomba dans ce moment sur sa tête et lui donna un coup mortel. Cet accident fit sortir toutes les religieuses du réfectoire pour lui donner secours. Elles la trouvèrent étendue par terre sans aucun mouvement, les bras croisés sur sa poitrine et toute baignée dans son sang. Quoique les chirurgiens jugeassent bien qu'elle n'en pouvait pas revenir, on la trépana néanmoins ; elle reçut le soir l'extrême-onction, et elle mourut le lendemain, 30 août 1657, âgée de soixante-trois ans, après avoir été quinze ans supérieure de cette maison.

Les constitutions de cette congrégation furent dressées par le R. P. Bourgoin, troisième général de la congrégation des Prêtres de l'Oratoire, et elles ont été reçues en plusieurs autres monastères qui se sont associés à cette congrégation d'Ursulines. Elle est composée d'environ vingt-deux monastères, dont la plupart étaient des maisons congrégées, comme celle de Lille dans le comté Venaissin, où les premières Ursulines de France ont commencé leur premier établissement, Apt, Martigue, Pertuis et plusieurs autres. Elles ont deux monastères à Avignon, et elles y ont été établies les premières ; mais celles de la congrégation d'Arles, qui y ont aussi une maison, quoique établies après elles, les ont devancées dans l'état régulier.

En vertu de leurs constitutions, elles devraient faire deux ans de noviciat dans tous les monastères ; mais la plupart se sont fait dispenser d'une année, aussi bien que quelques-unes de la congrégation d'Arles.

§ 11. — *Des Ursulines du comté de Bourgogne, avec la Vie de la Mère Anne de Xaintonge, leur fondatrice.*

Les Ursulines du comté de Bourgogne et en Suisse prennent le titre de religieuses ; mais je crois qu'il peut leur être contesté légitimement, puisqu'elles ne font que des vœux simples de pauvreté, de chasteté et d'obéissance, et que celui de stabilité qu'elles font aussi ne les empêche pas de sortir de la congrégation, et qu'on les oblige d'en sortir quand il y a des raisons pour le faire. La Mère Anne de Xaintonge fut leur fondatrice, et naquit à Dijon l'an 1567. Elle était sœur de la Mère Françoise de Xaintonge, fondatrice des Ursulines de la congrégation de Dijon : c'est pourquoi nous ne dirons rien de ses parents, dont nous avons déjà parlé dans le § 7 de cet article. Elle mena pendant plusieurs années une vie particulière et retirée ; mais ayant entendu parler des Ursulines et du grand fruit qu'elles faisaient, elle voulut les imiter : elle commença par faire des catéchismes dans les églises pour instruire les jeunes filles, et enfin elle prit la résolution d'assembler une compagnie de filles pour instruire les personnes de leur sexe, à l'exemple des PP. de la compagnie de Jésus, dont l'institut est d'enseigner les hommes. Elle fut inspirée de Dieu d'aller faire cet établissement à Dôle, ville du comté de Bourgogne, pour lors sous la domination du roi d'Espagne, qui était en guerre avec la France, circonstance dont ses parents se servirent pour s'opposer à son entreprise, aussi bien que de plusieurs autres raisons que la tendresse qu'ils avaient pour elle leur suggérait. Le monde et le démon n'oublièrent rien pour la détourner d'un dessein qui devait procurer beaucoup de gloire à Dieu, et faciliter le salut d'un grand nombre de filles qui auraient toujours vécu dans l'ignorance ; mais enfin elle surmonta toutes ces difficultés, et à l'âge de trente-sept ans elle commença sa congrégation à Dôle, en ayant obtenu la permission de l'évêque de Lausanne, suffragant de l'archevêque de Besançon, qui gouvernait ce diocèse pendant la vacance du siége. Le parlement de cette ville s'y opposa d'abord ; mais enfin il y donna aussi son consentement le 16 juin 1606.

La Mère de Xaintonge, voyant sa congrégation établie, dressa les règles pour y maintenir l'observance. Elle était la première à tous les exercices, et s'employa pendant vingt-sept ans à l'instruction de la jeunesse, prenant pour son partage les filles les plus mal faites et les plus dégoûtantes, tâchant surtout de leur inspirer une grande dévotion à la sainte Vierge. Elle fondait toute la perfection sur une humilité sincère. Ses austérités étaient prodigieuses : elle n'était pas contente si elle se retirait le soir sans avoir remporté quelque victoire sur ses sens. Je ne parle point de son amour envers Dieu, de son zèle pour le salut du prochain, de sa dévotion envers le saint sacrement, ni de ses autres vertus en particulier, cet abrégé ne me permettant pas d'entrer dans un grand détail : on peut consulter sa Vie imprimée à Lyon en 1691. Elle eut la consolation de voir six maisons de sa compagnie établies encore à Vesoul, à Besançon, à Arbois, à Saint-Hippolyte et à Porentruy ; et ce ne fut qu'après sa mort que la communauté de Vesoul prit la clôture et fut unie à la congrégation des Ursulines de Lyon. Enfin, après une maladie d'environ vingt et un mois, pendant lesquels il semblait que tous les maux se succédaient les uns aux autres pour tourmenter son corps, elle mourut d'apoplexie à Dôle le 8 juin 1621, âgée de cinquante-deux ans.

La fin particulière de cet institut est de sanctifier toutes les personnes qui le composent, par la pratique des vœux simples de chasteté, de pauvreté, d'obéissance et de stabilité, qui les engagent à demeurer dans la compagnie. Il y a néanmoins de certains défauts pour lesquels on les met dehors, comme nous avons dit ci-dessus. Ces filles doivent aussi travailler à la sanctification des personnes de leur sexe. Cette obligation d'instruire et d'enseigner est si essentielle à cet institut, qu'aucun office n'en peut dispenser, pas même les anciennes. Leur habit est noir excepté le collet, et il est tel que le portaient autrefois les veuves de qualité qui vivaient dans la dévotion. Elles ne portent point de voile, mais elles ont un bonnet noir et par-dessus comme une espèce de chaperon : leur robe est serrée d'une ceinture de laine noire. Elles font trois ans de noviciat ; elles sortent deux à deux de la maison avec la permission de la supérieure, pour aller visiter les malades, pour rendre visite à leurs parents, lorsque la nécessité ou la charité les y oblige, et n'ayant point d'église particulière chez elles, elles vont dans les autres églises pour y entendre la messe et la prédication, et assister aux divins offices.

Quand leurs maisons se trouvent dans une ville où il y a des Jésuites, il leur est ordonné de se confesser à ces Pères, et il est libre à chacune de ces Ursulines de choisir parmi eux tel confesseur que bon lui semble. Dans les lieux où il n'y a point de Jésuites, elles choisissent, du consentement de l'ordinaire, un prêtre séculier, et dans les affaires importantes, elles consultent les Jésuites des villes voisines. La raison qui a obligé la Mère Anne de Xaintonge à recommander à ses filles de choisir toujours des Jésuites pour directeurs, c'est parce qu'elle a formé la compagnie de Sainte-Ursule sur le modèle de la compagnie de Jésus, qu'elle a tiré ses règles de celles de saint Ignace, et qu'elle avait pendant sa vie donné toute confiance à ces révérends Pères.

Elles se lèvent en tout temps à quatre heures, elles font le matin une heure d'oraison mentale dans leurs chambres, elles s'assemblent ensuite dans une chapelle domestique pour y psalmodier l'office de Notre-Dame, après quoi elles vont entendre la messe. L'instruction des jeunes filles commence à sept heures et demie et finit à dix, après laquelle elle font un quart d'heure d'examen de conscience avant le repas, qui est suivi d'une heure de récréation qui se termine par les litanies de la sainte Vierge, qu'elles récitent ensemble dans la chapelle domestique. Elles gardent ensuite le silence en s'occupant à des ouvrages, selon l'ordre de la supérieure, jusqu'à deux heures, qu'elles retournent en classe ; après la classe elles font une demi-heure de prière, pendant laquelle elles récitent le chapelet en particulier, ensuite une demi-heure de lecture spirituelle, et les vêpres et complies en commun. Enfin, après le souper, la récréation finit par les litanies des saints ; on lit tout haut le sujet de la méditation pour le lendemain : elles font l'examen de conscience en particulier, et elles se retirent dans leurs chambres à neuf heures.

Elles sont obligées tous les ans de faire les exercices spirituels de saint Ignace pendant huit jours. Elles renouvellent leurs vœux le jour de la conception de la sainte Vierge, après une retraite de trois jours. Tous les vendredis, elles font entre elles une conférence spirituelle, elles jeûnent toutes les veilles des fêtes de la sainte Vierge et de quelques autres fêtes de l'année : elles jeûnent aussi en quelque manière le vendredi, ce qu'elles appellent faire abstinence : elles communient deux fois la semaine, et tous les dimanches et les fêtes les filles et femmes de service de la ville, et même de la campagne, s'assemblent chez elles pour être instruites, soit en public ou en particulier, comme il est plus expédient.

L'archevêque de Besançon et les autres évêques qui avaient des maisons de cet institut dans leurs diocèses l'approuvèrent ; mais celle de Besançon présenta une supplique au pape Innocent X pour en obtenir la confirmation du saint-siège, aussi bien que leurs statuts et ordonnances, ce que le pape accorda par un bref du 6 mai de l'an 1648. Quoique cette approbation et cette confirmation fussent suffisantes pour les maisons du même institut, néanmoins elles présentèrent une autre supplique à Innocent XI pour avoir une approbation générale qui s'étendît sur toutes les maisons d'Ursulines qui suivent les règles de cet institut. Ce pape fit examiner la supplique par la congrégation du Concile, qui écrivit à l'archevêque de Besançon pour s'informer de l'institut et de la conduite de ces filles, et sur le témoignage favorable que ce prélat rendit le 26 octobre 1677, on examina dans la congrégation du Concile s'il était nécessaire de donner une nouvelle approbation à cet institut; mais les cardinaux jugeant qu'il n'en fallait point donner une nouvelle, le cardinal Colomne, au nom de la congrégation, répondit, le 30 juillet 1678, qu'il s'en fallait tenir au bref d'Innocent X, qui avait été donné à la réquisition des Ursulines de Besançon. Quoique les Ursulines de Suisse suivent les constitutions qui ont été dressées par la mère Anne de Xaintonge pour celles du comté de Bourgogne, elles sont néanmoins habillées diversement, comme on peut voir dans la figure que nous en donnons (Nos 148 et 149, à la fin du vol.). Le P. Bonanni dit qu'elles font un quatrième vœu d'aller en quelque partie du monde que ce soit, pour la plus grande gloire de Dieu, lorsque les supérieures leur en feront un commandement.

Voy. les *Chroniques des Ursulines*, la *Vie de la Mère Anne de Xaintonge*, par le P. Grosez, de la compagnie de Jésus, et Philipp. Bonanni, *Catalog. Ord. relig.*, part. II.

§ 12. — *Des Ursulines vivant sans clôture au monastère des saintes Rufine et Seconde à Rome.*

Quoique ces Ursulines ne fassent pas vœu de vivre en perpétuelle clôture, non plus que celles dont nous avons parlé dans le paragraphe précédent, et qu'elles sortent quelquefois pour aller à quelque lieu de dévotion, elles pratiquent néanmoins dans leur maison, qui est en forme de monastère, les exercices réguliers, et avec autant d'exactitude que ceux qui se pratiquent dans les véritables monastères. Elles eurent pour fondatrices deux saintes filles, l'une Française, l'autre Flamande. La première, qui se nommait Françoise de Monjoux, naquit à Paris vers l'an 1578, de parents nobles et opulents, qui sans son consentement voulurent l'engager dans le mariage; mais pour se délivrer de leurs poursuites elle prit la résolution, n'ayant encore que quinze ans, de quitter la maison paternelle et d'aller en pèlerinage à Jérusalem. Pour ce sujet elle se revêtit de l'habit des religieuses de Sainte-Claire, savoir, d'une tunique de gros drap brun, avec une corde blanche et un voile blanc, et nu-pieds elle se mit en chemin pour exécuter sa résolution. Elle s'arrêta dans plusieurs lieux de dévotion, et avant que de s'embarquer pour la terre sainte elle voulut passer par Rome pour y visiter le tombeau des saints apôtres et recevoir la bénédiction du souverain pontife qui était alors Clément VIII.

Elle arriva dans cette capitale de l'univers le 23 mars 1598, et s'arrêta dans le palais de la comtesse de Sainte-Flore, qui était une dame d'une singulière piété, et sous la direction de saint Philippe de Nery : par son moyen elle fut admise à l'audience du pape, et baisa les pieds de Sa Sainteté, qui, ayant appris le sujet de son voyage, et la résolution qu'elle avait prise d'aller dans la Palestine, la jugea d'une complexion trop délicate pour essuyer les fatigues d'un si long voyage, et lui conseilla de quitter ce dessein et de regarder la ville de Rome comme une autre Jérusalem, où elle pourrait se sanctifier. Elle suivit le conseil de ce pontife et résolut de faire sa demeure à Rome, où elle porta continuellement le même habit, tant l'hiver que l'été, et marcha toujours nupieds, jusqu'à ce que le pape Paul V, ayant compassion de ses infirmités, lui commanda sur la fin de ses jours de se chausser.

L'autre fondatrice se nommait aussi Françoise, et était de la noble famille de Gourcy en Flandre. Elle fut élevée dès ses plus tendres années dans un monastère et quoiqu'elle eût le désir de consacrer à Dieu sa virginité, néanmoins, pour obéir à ses parents, elle fut mariée à un gentilhomme flamand dont elle resta veuve dix-huit mois après. Se voyant pour lors libre et dégagée des liens du mariage, elle ne voulut plus avoir d'autre époux que Jésus-Christ, et pour être inconnue aux hommes, et n'être plus connue que de Dieu seul, elle alla en habit de pèlerine à Cologne, où elle demeura pendant cinq ans, travaillant de ses mains pour vivre, en donnant le superflu aux pauvres.

L'an 1600, que se fit l'ouverture du grand jubilé, elle alla à Rome pour le gagner, en habit de pénitente; elle entra à l'hôpital de Pont-Sixte avec les autres pèlerins, dans l'intention de retourner à Cologne, lorsqu'elle aurait satisfait à ses dévotions : mais le P. Antoine Riccioni, de la compagnie de Jésus, à qui elle se confessa, reconnaissant les grands talents de cette sainte fille, lui persuada de demeurer à Rome, et de se joindre à la sœur Françoise de Montjoux. Elle y résista d'abord, dans la résolution où elle était de retourner à Cologne ; mais n'ayant pu refuser une conférence qu'il lui demandait avec cette sainte fille, elle fut si édifiée de ses discours, de sa piété, de sa modestie et de sa vie pénitente et retirée, que, changeant tout d'un coup de volonté, elle se détermina de vivre avec elle, et de ne la point quitter qu'à la mort.

Ces deux saintes filles, s'étant donc unies ensemble du lien de la charité chrétienne, prirent le dessein de retirer les jeunes filles qui, ne voulant pas s'engager à une perpétuelle clôture, ni faire des vœux solennels, voulaient vivre néanmoins retirées du monde et des dangers où on y est exposé, et en former une congrégation sous la protection de sainte Ursule, à l'imitation d'un grand nombre de filles qui, dans le diocèse de Milan et dans plusieurs autres lieux de l'Italie, sous la protection de sainte Ursule, fournissaient aux personnes de leur sexe les moyens faciles de tendre à la perfection, et de se donner au service de Dieu. Elles achetèrent autant de maisons, derrière l'église des saintes Rufine et Seconde, qu'elles crurent nécessaires pour pouvoir faire un bâtiment assez ample et spacieux, pour recevoir le plus de filles qu'elles pourraient ; et comme l'église de ces saintes martyres, qui était autrefois une paroisse qui avait été unie à celle de Sainte-Marie au delà du Tibre, était abandonnée, elles l'obtinrent du pape Paul V, l'an 1602 ; ce qui fut confirmé, le 5 mars 1611, par le pape Urbain VIII, qui approuva aussi les constitutions qui avaient été dressées pour cette maison et congrégation, qu'il exempta de la juridiction du curé de la paroisse. Par les soins des deux fondatrices, les aumônes augmentèrent dans la suite et en même temps le nombre des filles. La Mère Françoise de Montjoux était si estimée du pape Paul V, qu'il lui donnait souvent audience, et lui accordait tout ce qu'elle lui demandait en considération de son éminente vertu. Et cette bonne mère, a ant ainsi établi cette congrégation, mourut le 29 février 1628, âgée de cinquante ans ; après sa mort, la Mère Françoise de Gourcy gouverna seule cette communauté, et mourut en odeur de sainteté le 5 août 1641.

Les constitutions de cette congrégation furent réformées et approuvées par Alphonse Sacrato, vice-régent, le 11 février 1643. Ces filles ne font aucun vœu, leurs règles ne les obligent ni à péché mortel, ni à péché véniel, excepté ce qui est de précepte divin. Elles sont immédiatement soumises au cardinal-vicaire ou au vice-régent. Les filles qu'on reçoit dans cette congrégation doivent être saines du corps, nées de légitime mariage, de bonne réputation, et n'avoir pas moins de quinze ans, ni plus de vingt-cinq. Elles doivent faire un an de noviciat en habit séculier. L'habillement de la congrégation consiste en une tunique de laine bleu obscur ; une robe de serge noire, ceinte d'une ceinture de cuir : lorsqu'elles vont à la communion, elles mettent un manteau noir qui descend jusqu'à mi-jambe. Elles ont un voile blanc dans la maison, et lorsqu'elles sortent elles mettent un grand voile qui les couvre depuis la tête jusqu'aux pieds : il leur est permis de sortir quelquefois toutes ensemble pour visiter quelque lieu de dévotion. Elles célèbrent avec grande solennité la fête des saintes Rufine et Seconde, titulaires de leur église, et celle de sainte Ursule, patronne de leur congrégation.

Voy. l'abbé Piazza, *Eusevolog. Rom.*, trattat. 5, cap. 34, et Philipp. Bonanni, *Catalog. Ord. Religios.*, part. II, pag. 103.

§ 13. — *Des Ursulines de Parme et de Foligny.*

Les Ursulines ayant été instituées à Bresse en 1537, par la bienheureuse Angèle, et leur principal engagement étant d'enseigner gratuitement les pauvres filles, cet institut fut trouvé d'une si grande utilité, qu'il se répandit bientôt dans toutes les provinces de la chrétienté : saint Charles en ayant fait venir à Milan, elles s'y multiplièrent en peu de temps jusqu'au nombre de quatre cents. Elles ne vivaient pas en communauté dans les commencements, elles demeuraient seulement chez leurs parents, et se contentaient d'élire une supérieure à laquelle elles obéissaient. L'une des premières communautés d'Ursulines fut établie à Parme en 1575, par le duc de Parme Ranuce Farnèse. Il assembla quarante filles des premières familles de ses États, auxquelles il donna des règlements et le nom d'Ursulines ; voulant qu'à l'imitation de celles qui avaient été instituées par la bienheureuse Angèle de Bresse, elles enseignassent aux filles à lire, à écrire et à faire les ouvrages qui conviennent à leur sexe. Il voulut que leur nombre fût fixé à quarante ; c'est pourquoi on n'en reçoit aucune qu'il n'y ait des places vacantes. Quand elles sont reçues, elles font une oblation à Dieu de leur personne, en cette manière : *Dieu très-clément, Moi N., quoique indigne de paraître en votre présence, me confiant néanmoins dans votre divine bonté et clémence, et poussée par un saint désir de vous servir, en présence de la très-sainte Vierge, de sainte Ursule, et de sa sainte compagnie, fais vœu de chasteté perpétuelle, et de vivre et mourir dans cet institut. Je demande donc à votre immense bonté et clémence, par le sang précieux de Notre-Seigneur Jésus-Christ, qu'elle veuille bien me recevoir pour une de ses servantes, et comme elle m'a fait la grâce de m'inspirer ce désir, elle me la donne aussi pour l'accomplir.*

L'habillement de ces Ursulines consiste en une robe noire faite en la manière qu'elle est représentée dans la figure que nous en donnons (n⁰ˢ 151 et 152 , à la fin du vol.) : quand elles sont dans la maison, elles ont un voile noir assez clair, pour couvrir leur tête, et ont toujours un tablier blanc : lorsqu'elles sortent, elles mettent un manteau bleu qui les couvre depuis la tête jusqu'aux pieds, et elles en relèvent les extrémités, qu'elles attachent à leur ceinture. Le duc de Parme en les instituant voulut aussi que le nombre des sœurs converses, ou de service, fût fixé à vingt. On les appelle *le Bianche*, les Blanches, à cause qu'elles portent un voile blanc, et que quand elles sortent elles en ont aussi un qui les couvre depuis la tête jusqu'aux pieds. Ranuce Pico dit que ces Ursulines sont sous la conduite d'une prieure qu'elles élisent, et qui exerce cet office sa vie durant; qu'elles ne sortent que plusieurs ensemble pour aller à l'église de Saint-Roch qui est proche de leur maison, sous la conduite des PP. de la compagnie de Jésus; qu'elles sont exemptes de la juridiction des évêques, et ne reconnaissent point d'autre supérieur et protecteur que le duc de Parme. Il y a aussi une pareille communauté à Plaisance, fondée par Laure Mafi et Isabelle Lampagnani, qui étaient toutes deux sorties de la communauté de Parme pour faire cet établissement. Elles ont le même habillement et les mêmes observances. C'est à l'occasion de ces Ursulines de Parme que le P. Bonanni, de la compagnie de Jésus, dans son Catalogue des Ordres religieux, dit que ce fut en 1516 que la bienheureuse Angèle de Bresse institua les Ursulines, ce qui ne peut être, puisqu'elle n'avait pour lors que cinq ans, étant née en 1511; ainsi ce ne fut pas en 1516, mais bien en 1537, comme nous l'avons dit ailleurs, cette sainte fille ayant pour lors vingt-six ans.

Philipp. Bonanni, *Catalog. Ord. relig.*, part. II, et Ranuc. Pico, *Theatro de SS. et BB. della cita di Parma.*

A l'exemple des Ursulines de Bresse et de Parme, la sœur Paule Foligny, ainsi nommée parce qu'elle prit naissance dans cette ville capitale de l'Ombrie le 25 janvier 1581, fonda aussi dans la même ville de Foligny une congrégation de filles de Sainte-Ursule, en l'année du grand jubilé 1600. L'évêque de Foligny, N. Bizzoni, fit d'abord difficulté d'approuver cet établissement; mais en ayant été sollicité par le cardinal Baronius, qui voulut être protecteur de cette nouvelle congrégation, non-seulement ce prélat approuva la congrégation des Ursulines de Foligny, mais il voulut contribuer par ses libéralités à l'édifice de l'oratoire et de la maison; et le 29 juin, fête des apôtres saint Pierre et saint Paul, il bénit l'église ou oratoire, y dit la première messe, et donna l'habit de la congrégation à la fondatrice, à Camille Barnabei, et à Baptiste Cialdelli, qui furent les premières filles de cette congrégation. Paule fut élue supérieure de cette petite communauté, qui fut augmentée peu de jours après par trois autres filles qui reçurent aussi l'habit des mains de l'évêque de Foligny, qui permit à ces filles d'avoir dans leur oratoire le saint sacrement, et de l'exposer publiquement aux fêtes solennelles; et peu de temps après le nombre des sœurs augmenta jusqu'à cinquante.

L'on ne reçoit dans cette congrégation que des filles nobles, ou qui aient du bien suffisamment pour vivre, sans être obligées de vivre de leur travail. La plupart restent dans leurs maisons particulières. On ne leur permet pas d'aller souvent par la ville, si ce n'est à leur oratoire, non pas même d'aller par dévotion aux autres églises. Le confesseur de la congrégation leur permet seulement d'aller quelquefois par dévotion à Notre-Dame de Lorette, ou à Notre-Dame de la Portioncule, ou à Rome pendant l'année sainte, pourvu qu'elles soient accompagnées de personnes de probité, et qui puissent répondre de leur conduite. Il n'y a que la supérieure et sept autres qui demeurent sous clôture, avec quelques servantes dans une maison proche l'oratoire. Ces sœurs sont choisies par toutes les filles de la congrégation : elles ne parlent jamais à personne qu'au travers d'une grille; elles n'ont pas même communication avec les autres dans l'oratoire, étant séparées par une grille. Personne n'entre aussi dans la maison, non pas même les plus proches parentes des sœurs, sous prétexte de les voir pendant leur maladie : il n'y a que le confesseur, le médecin et le chirurgien qui y puissent entrer au cas de nécessité.

Leur principal institut est d'enseigner gratuitement à lire, à écrire, et le catéchisme aux jeunes filles, et d'appliquer continuellement leurs prières pour le bien de l'Eglise et pour tous les ordres ecclésiastiques. La Mère Paule de Foligny, par ordre de N. Feliciani, évêque de cette ville, fit en 1621 un pareil établissement à Vescia, lieu peu éloigné de Foligny : peu de temps après, elle en fit encore un autre à Pergala, dans le duché d'Urbin. Les sœurs de ces deux congrégations reconnaissent aussi pour leur supérieure celle de Foligny, qui est comme la générale de ces congrégations, qui ont toutes trois les mêmes règles et le même habillement.

Le pape Urbain VIII était si persuadé de la sainteté de la Mère Paule de Foligny, que les monastères des filles de cette ville ayant besoin de réforme, il lui permit en 1638 d'entrer dans ces monastères, et de demeurer dans chacun pendant deux jours entiers avec deux compagnes, afin que les religieuses de ces monastères pussent profiter des bons exemples et des vertus de cette fondatrice, qui mourut le 20 juillet de l'an 1647, dans sa soixante-seizième année. L'an 1650, l'évêque de Foligny, sur les instances des Ursulines et des bourgeois de cette ville, fit faire des informations juridiques de la vie et des vertus de cette sainte fille, pour servir un jour au procès de sa béatification. L'habillement de ces Ursulines consiste en une robe ou soutane noire fermée par-devant avec des agrafes, ayant des manches étroites par le poignet, et ceinte d'un cordon de laine rouge. Dans la maison elles ont un voile blanc, et quand elles sortent elles en mettent un noir par-dessus le blanc qui descend jusqu'à la ceinture. Il y a aussi dans quelques villes d'Italie des Ursulines qui sont habillées de noir, avec une espèce de manteau qui se trousse par derrière, une jupe dessous, et qui pour coiffure ont un petit voile sur leurs cheveux, comme on peut le voir dans la figure (n° 155, à la fin du vol.).

Michel Angelo Marcelli, *Vita del Madre Paola da Folino, fondatrice della compagnia et oratorio di S. Orsola di della cita.*

On serait surpris de cette rapide extension de l'ordre des Ursulines, si l'on ne se reportait au temps où il parut et aux fonctions qu'il choisit entre les œuvres de la charité. Au xvi° siècle, et même plus tard, on était persuadé à Rome que l'enseignement des jeunes personnes ne pouvait guère se concilier avec la vie cloîtrée, et l'on fit beaucoup de difficulté pour approuver la *Congrégation de Notre-Dame*, fondée par le B. Pierre Fourier, parce qu'elle se destinait à l'éducation des filles, et voulait en même temps avoir la clôture. D'un autre côté, les saintes femmes qui se sentaient de la vocation à cet acte de charité voulaient être véritablement religieuses, et les congrégations séculières étaient alors peu connues. Les Ursulines firent donc ce qu'ont fait depuis et ce que font encore actuellement les corporations diverses connues sous les noms de sœurs de la Croix, de la Providence ; et comme elles étaient sans concurrence pour leur bonne œuvre, car les abbayes ne s'y livraient que par concession, elles eurent un succès immense. Aujourd'hui, un ordre *cloîtré* qui se dévouerait à la même œuvre si méritoire, n'aurait pas, je crois, le même succès, ou, si l'on veut, la même extension. Cet ordre utile se multiplia en France plus que partout ailleurs, et, quoique réduit aujourd'hui, il y compte peut-être encore plus d'établissements que dans toutes les autres contrées.

Il n'y eut peut-être point d'ordre religieux qui fournît en France, au dernier siècle, plus de femmes rebelles à l'Église que l'ordre des Ursulines. Sur tous les points du royaume, pour ainsi dire, les supérieurs ecclésiastiques trouvèrent des maisons où l'on refusait de recevoir la bulle *Unigenitus*. L'énumération des scandales que donna leur résistance à Aix, à Beauvais, à Bayonne, à Blois, à Caen, à Châlons-sur-Marne, à Chatillon-sur-Seine, à Clermont en Auvergne, à Clermont en Beauvoisis, à Dax et ailleurs dans ce diocèse, à Falaise, à Mâcon, à Melun, à Montargis, à Montpellier, à Nevers, etc., etc., et en plusieurs autres lieux, car il faut interrompre cette nomenclature fatigante ; cette énumération, dis-je, ferait un volume. Il fallut même disperser et éteindre la maison d'Orléans. Néanmoins le scandale n'était pas général, la partie saine de ce grand corps fut toujours la plus forte ; et ce qu'il y a de singulier, c'est qu'il paraît que le jansénisme était tout à fait banni du couvent d'Auxerre, où l'influence de l'évêque Caylus aura dû d'abord l'insinuer.

À l'époque de la Révolution, cet institut fut édifiant comme toutes les maisons de femmes. Plusieurs des religieuses, sorties de leurs cloîtres, profitèrent de leur liberté forcée pour donner l'instruction aux enfants des lieux qu'elles habitaient. Plusieurs profitèrent aussi du peu de liberté laissée à la religion après le Directoire, pour essayer des noyaux de communautés, qui ont, en quelques lieux été consolidées, et durent encore aujourd'hui. Le bien que la société en recevait leur obtint de Bonaparte le décret suivant, daté du 9 avril 1806 :

« L'association religieuse des dames charitables connues sous le nom de sœurs ou dames de Sainte-Ursule, dites Ursulines, et qui a pour but de former gratuitement les jeunes filles de la classe indigente aux bonnes mœurs, aux vertus chrétiennes et aux devoirs de leur état, est provisoirement autorisée. Elle est placée, pour sa discipline intérieure, sous la surveillance des évêques diocésains. Les statuts de cette association, soumis à notre approbation impériale, seront vus et vérifiés en conseil d'État, sur le rapport de notre ministre des cultes ; ils y seront portés dans les six mois qui suivront le présent décret.

« L'association des dames de Sainte-Ursule pourra admettre de nouvelles associées, en se conformant aux lois de l'Empire qui proscrivent les vœux perpétuels. Quand les dames de Sainte-Ursule voudront se réunir dans une commune, elles exposeront au préfet du département, qu'elles désirent profiter du bénéfice de notre présent décret, et elles lui transmettront copie de leurs statuts, signée individuellement de chacune d'elles, et que l'évêque du diocèse certifiera être conforme aux statuts généraux soumis à notre approbation ; le préfet du département en donnera avis à notre ministre des cultes, ainsi que des mesures d'exécution qu'il aura jugé devoir prendre. »

On voit aujourd'hui, en France, des communautés d'Ursulines à Vitré, à Nantes, à Caen, à Desnes, à Montpezat, à Montauban, à Toullins, à Saint-Étienne de Saint-Geoirs, à Grenoble, à Ploërmel, à Orléans, à Châteaugiron, à Montfort (diocèse de Rennes), à Luçon, à Bourbon-Vendée, à Tours, à Bordeaux, à Bourges, à Évreux, et dans un nombre considérable d'autres localités. Je ne puis dire à quelle congrégation spéciale appartiennent ces maisons. Il est vraisemblable qu'un grand nombre appartient à la congrégation de Paris ; quelques-unes, comme celle de Vitré, par exemple, sont de la congrégation de Bordeaux. Plusieurs ont, sous le gouvernement de la restauration des Bourbons, obtenu l'approbation et l'autorisation légales ; on peut les voir mentionnées dans le *Dictionnaire raisonné de droit et de jurisprudence civile ecclésiastique*, de M. l'abbé Prompsault, tome III (édit. Migne).

Il est surprenant qu'au sein de Paris, où tant d'œuvres utiles ont surgi depuis la Révolution, aucun établissement d'Ursulines n'ait pu se consolider. Je dis se consolider, car quelques réunions partielles et sans résultat se sont faites. Dans la rue de Vaugirard, à peu près au lieu où est actuellement l'établissement charitable des enfants *de Saint-Nicolas*, on vit, pendant quelques années, une communauté d'Ursulines, établie et dirigée par une Mère *Sainte-Agathe*, qui semblait avoir de la consistance, et qui ne se dispersa qu'après la révolution de 1830. La fondatrice et supérieure n'avait point, à ce qu'il paraît, la prudence convenable à sa position, et ses religieuses se sont retirées en Bourgogne. Dans plusieurs villes, à Rennes, par exemple, il y avait deux maisons d'Ursulines ; il y avait aussi, à Paris, la maison de la rue Sainte-Avoye, outre la maison fondée au quartier Saint-Jacques, dans la rue dite aujourd'hui des Ursulines. Cette maison était le chef-lieu de la congrégation de Paris. M. de Saint-Victor, dans le tome III de son *Tableau historique et pittoresque de Paris*, dit que *les bâtiments des Ursulines ont été démolis*; ils ne l'ont été qu'en partie, si tant est qu'on en ait abattu quelque chose, car ils sont mis en location. Il ajoute : « L'ordre (des Ursulines) était divisé en onze provinces, et celle de Paris contenait quatorze monastères. » Je ne sais ce qu'il entend par cette province de Paris. Je ne connais aucune dépendance ni rapports de juridiction d'une maison à l'autre. Il ajoute enfin qu'*on comptait plus de trois cents maisons d'Ursulines en France*; mais il aurait dû faire remarquer que toutes n'étaient pas de la congrégation de Paris, et cette maison n'était pas non plus, rigoureusement parlant, *le berceau et le modèle de toutes celles qui se sont établies depuis dans les... Etats de l'Europe*. Au milieu du dernier siècle, cette maison était composée de trente-cinq religieuses. L'année du noviciat se *payait quatre cents livres*; on donnait quatre à cinq mille livres pour les frais de profession et pour la dot; on en exigeait sept à huit mille à la maison de Sainte-Avoye, qui avait à la même époque trente religieuses, et qui datait de l'année 1622.

La révolution faite en Suisse par la victoire des libéraux et radicaux sur le *Sunderbund* a amené la destruction de presque toutes les maisons religieuses. A la fin de l'année 1848, les Ursulines qui tenaient l'école de filles à Sion furent exilées, et les autorités libérales voulaient mettre des maîtresses d'école vaudoises. Dans les Etats autrichiens, les maisons d'Ursulines étaient il y a quelques années et sont peut-être encore au nombre de vingt-six, contenant 785 religieuses. Il y a actuellement à Rome un couvent d'Ursulines, dirigé par des ecclésiastiques séculiers.

La restauration des Ursulines en France n'ayant rien de spécial, il n'y a pas eu lieu à leur réserver un article dans le volume du *Supplément*, dans lequel nous parlerons d'instituts nouveaux sous la même désignation d'Ursulines. Ainsi nous y consacrerons un article aux *Ursulines de Jésus*, dites de Chavagne; aux *Talantines*, etc.

Voir le *Cracas de Rome.—Tableau historique et pittoresque de Paris*, in-8°, par M. de Saint-Victor. — *Etat ou Tableau de la ville de Paris*, in-8°, 1762. — *Nouvelles ecclésiastiques*, passim. — *Mélanges de philosophie, d'histoire et de littérature*, in-8°, par Picot. — *Almanachs du clergé*.   B-D-E.

V

VAL-DE-GRACE (BÉNÉDICTINES DU).

Des religieuses Bénédictines du Val-de-Grâce à Paris, avec la Vie de la Révérende Mère Marguerite d'Arbouze, leur réformatrice.

L'abbaye du Val-de-Grâce à Paris, auparavant nommée *le Val-Profond*, doit sa fondation aux libéralités d'une reine de France qui la fit bâtir dès le IXᵉ siècle dans la paroisse de Bièvre-le-Châtel, à trois lieues de Paris. La régularité s'y conserva jusqu'en l'an 1300 ou environ, qu'elle commença à tomber dans un si grand désordre, tant pour le spirituel que pour le temporel, qu'à peine y voyait-on les traces des observances régulières. Elle était dans cet état, lorsque le roi Louis XIII y nomma pour abbesse Marguerite de Venix d'Arbouze, afin d'y rétablir la régularité. Elle naquit en Auvergne au château de Villemont, le 15 août 1580. Son père fut *Gilbert* de Venix d'Arbouze, seigneur de Villemont, et sa mère *Jeanne* de Pinac, fille d'un lieutenant du roi en Bourgogne. Elle reçut une si bonne éducation, et fut prévenue d'un si puissant attrait de la grâce, qu'elle fut dès son enfance un modèle de modestie et de dévotion.

Ayant perdu son père à l'âge de neuf ans, elle entra comme pensionnaire dans l'abbaye de Saint-Pierre de Lyon, et trois ans après elle y prit l'habit, et y fit sa profession à l'âge de dix-neuf ans. Elle apprit les langues latine, italienne et espagnole, auxquelles elle s'appliqua si fort, qu'elle se les rendit familières ; mais ce qui était admirable en elle, c'est que cette étude ne la détournait point de ses autres exercices. Comme elle souhaitait garder dans toute sa rigueur la règle de saint Benoît, à laquelle sa profession l'avait liée, et que son monastère n'était pas réformé, elle prit la résolution de passer dans une maison plus régulière. Elle vint pour cet effet, l'an 1611, au monastère de Montmartre, où l'abbesse Marie de Beauvilliers avait rétabli les observances régulières. Elle y fit un second noviciat, et après son année de probation elle fit une nouvelle profession, sous le nom de *Marguerite de Sainte-Gertrude*, le 11 août 1612.

Pendant le temps qu'elle demeura dans cette maison, elle y donna de si grands exemples de vertu, que l'abbesse la choisit pour être du nombre de celles qu'elle envoya, l'an 1613, pour faire le nouvel établissement du prieuré de la Ville-l'Evêque : elle y fut établie maîtresse des novices, et ensuite prieure. Elle fit paraître dans ces deux emplois un si grand zèle pour l'observance régulière, que les religieuses, à son exemple, étaient animées d'une ferveur qui les rendait l'admiration de tout le monde ; pendant les trois ans qu'elle gouverna cette maison, elle y établit une si exacte discipline, qu'elle devint très-florissante. Elle s'acquit elle-même tant de réputation par sa piété, qu'elle fut souvent visitée par la reine Anne d'Autriche et les princesses Elisabeth, Henriette et Christine de France, sœurs du roi Louis XIII.

Le temps de sa supériorité étant fini, elle fut rappelée à Montmartre, où elle eut beaucoup à souffrir de la part de quelques religieuses; mais quelque temps après le roi la nomma à l'abbaye du Val-de-Grâce, située à Bièvre-le-Châtel. Elle sortit l'an 1618 du monastère de Montmartre, avec trois religieuses qu'elle prit pour l'aider à rétablir les observances dans son nouveau monastère, qui était tombé dans un grand relâchement; ses bulles étant arrivées, elle fut bénite l'an 1619, en présence de la reine et de la princesse de Piémont; la cérémonie fut faite par l'évêque d'Angers, Charles Miron, qui fut depuis archevêque de Lyon.

Elle travailla d'abord à la réforme de ce monastère. Afin d'affermir le bon ordre qu'elle y avait établi, on lui conseilla de le transférer à Paris, afin qu'il ne fût plus exposé aux désordres de la guerre, comme il l'avait été par le passé. La reine Anne d'Autriche approuva ce dessein, et voulut être la fondatrice du nouveau monastère. Cette princesse ayant acheté pour cela l'hôtel du Petit-Bourbon au faubourg Saint-Jacques, le donna à la Mère Marguerite d'Arbouze, qui y mena ses religieuses l'an 1621, après qu'elle eut obtenu des lettres patentes du roi qui autorisaient cette translation. Elles ne furent néanmoins enregistrées au parlement de Paris que l'an 1624. Le pape Grégoire XV, dès l'an 1622, avait accordé une bulle qui approuvait et confirmait aussi cette translation; la même année 1624, ces religieuses commencèrent à bâtir un monastère où la reine mit la première pierre le 3 juillet.

La Mère d'Arbouze, qui avait dressé les constitutions de sa réforme dès l'année 1623, se voyant bien établie dans son nouveau monastère, commença à les faire observer, aussi bien que la règle de saint Benoît, qu'elle rétablit dans sa plus grande perfection, malgré les sollicitations de plusieurs personnes qui tâchaient de lui persuader de ne prendre qu'une règle mitigée. Elle obligea ses religieuses à l'abstinence perpétuelle de viande, excepté dans les maladies; à ne porter que des chemises de laine; à ne coucher que dans des draps de serge, et même à ne manger que dans de la terre. Cette austérité, qui, selon le sentiment de ceux qui n'en jugeaient que selon la chair et les sens, devait bientôt abattre sa réforme, en faisant déserter son monastère, eut un effet tout contraire : car sa piété et son zèle furent récompensés de tant de bénédictions, qu'elle eut la consolation de voir un grand nombre de filles de qualité se présenter pour vivre sous cette étroite observance. Ces constitutions furent d'abord approuvées en 1623, par l'archevêque de Paris, et confirmées en 1625, par le cardinal Barberin, légat en France. Mais elle crut n'avoir encore rien fait pour rendre sa réforme parfaite, si elle n'y rendait la supériorité triennale : c'est pourquoi elle s'en démit, avec la permission du pape et du roi

entre les mains de ses religieuses, le 7 janvier 1626; et ayant fait assembler sa communauté, afin qu'on procédât à l'élection d'une autre supérieure, la Mère Louise de Saint-Etienne, qu'elle avait amenée avec elle de Montmartre, lui fut substituée. Elle lui obéissait avec la même humilité qu'une novice aurait obéi à sa maîtresse. Elle ne voulut point de dispense, de singularité, ni de prééminence. Elle demandait permission d'écrire, reconnaissait sa coulpe au chapitre, prenait une compagne pour aller à la grille, et demandait d'être employée aux offices les plus bas et les plus humiliants. Elle fut faite maîtresse des novices, mais comme elle ne songeait qu'à s'acquitter de cet emploi avec son zèle et sa prudence ordinaires, l'évêque d'Auxerre et la Mère Madeleine de Rochechouart la demandèrent pour aller mettre la réforme au prieuré du Mont-de-Piété établi dans la ville de la Charité.

Elle partit de Paris avec trois religieuses du chœur et une sœur converse, le 28 août 1626, après s'être disposée à cette entreprise par une retraite de dix jours. Pendant la route, elle pratiqua exactement la règle, comme dans le monastère, récitant l'office divin, faisant l'oraison, observant le silence aux heures ordonnées, et gardant même une espèce de clôture, puisqu'elle ne permettait à personne d'entrer dans la chambre où elle se retirait avec ses compagnes. Elle couchait toujours sur la paille comme dans sa cellule, de sorte que la sortie du monastère ne fut point pour cette sainte troupe un sujet de dissipation. Elle arriva à la Charité au mois de septembre, et entra dans le prieuré du Mont-de-Piété le jour de l'Exaltation de la sainte croix. La clôture y fut mise d'abord; les lieux réguliers furent bâtis en peu de temps, et la réforme y fut parfaitement établie.

A peine la Mère d'Arbouze eut-elle demeuré deux mois en ce monastère, que l'abbesse de Charenton en Bourbonnais la pria de venir dans son abbaye afin d'y rétablir l'union qui avait été altérée entre ses religieuses, et les disposer à recevoir la réforme. Elle y alla, quoique déjà malade et languissante, et y travailla avec un succès si heureux, que les religieuses se réconcilièrent avec leur abbesse, et embrassèrent la réforme. Elle était si malade, qu'elle ne pouvait pas même se soutenir : elle n'avait néanmoins que sa paillasse pour lit, une tunique de grosse serge lui servait de chemise, et elle n'avait point d'autre repos après ses travaux continuels que la prière et l'oraison. Elle ne demeura à Charenton que trois semaines. Les médecins voulurent qu'elle en sortît au plus tôt, à cause que l'air lui était contraire : elle se laissa conduire et arriva avec beaucoup de peine au bourg de Sery, chez la maréchale de Montigny, où quelques jours après elle mourut, le 16 août 1616. Son corps fut d'abord porté à la Charité, et ensuite à Paris.

La reine Anne d'Autriche n'eut pas moins d'affection pour les religieuses du Val-de-

Grâce, après la mort de cette sainte réformatrice, qu'elle en avait eu de son vivant. Cette princesse étant régente du royaume pendant la minorité du roi Louis XIV (croyant ne pouvoir rendre assez d'actions de grâces à Dieu pour l'heureuse naissance de ce monarque, dont elle accoucha le 5 septembre 1638, après vingt-deux ans de stérilité) fit jeter les fondements d'une nouvelle église et d'un nouveau monastère. Le roi, qui n'était âgé que de sept ans, y mit la première pierre le premier jour d'avril de l'an 1645, et ces bâtiments furent achevés l'an 1665, vingt ans n'étant pas un trop long espace de temps pour la construction et l'embellissement d'un édifice dont on ne saurait assez admirer la magnificence.

Quelques monastères de filles de l'ordre de Saint-Benoît ont aussi embrassé la réforme du Val-de-Grâce, depuis le décès de la Mère Marguerite d'Arbouze. Un des plus considérables est celui de la Celle en Provence, proche Brignoles, lequel a été transféré dans la ville d'Aix en 1660, pour mieux affermir la réforme qui y fut introduite la même année par la Mère Marie de Croze, qui prit le nom de sœur Marie du Saint-Sacrement, en recevant l'habit de la réforme des mains de M. Dauthier de Sisgau, instituteur de la congrégation du Saint-Sacrement, et qui fut ensuite évêque de Bethléem. Ce monastère de la Celle dépend de la célèbre abbaye de Saint-Victor de Marseille.

Ferrège et Fleury, *Vie de la Mère Marguerite d'Arbouze*. Jacqueline Bouette de Blemur, *Année Bénédictine*; et Giry, *Vies des saints*, tom. II. Hug. Menard, *Kalendarium Benedictinum*. Les Constitutions du Val-de-Grâce; et Nicolas Borely, *Vie de M. Dauthier de Sisgau, évêque de Bethléem*.

Le récit d'Hélyot laisse supposer et même dit positivement que la réforme n'avait jamais été introduite à l'abbaye du *Val-Profond* avant le gouvernement de la Mère Marguerite d'Arbouze; il n'en fut pourtant pas ainsi. En 1514, Etienne Poncher, évêque de Paris, mit dans cette maison, qui comptait alors vingt-quatre religieuses, vivant dans la plus grande indigence, une réforme dont les règlements sont entre les mains de plusieurs amateurs, et qui, ayant été reçus en plusieurs maisons, pourraient fournir un article particulier, comme formant congrégation spéciale. Alors les abbesses devinrent triennales, et depuis Anne de Broie jusqu'à Anne le Bret, qui, y compris la précédente et Anne de Harville, fut la troisième du même nom, quoique le *Gallia Christiana* ne la compte que pour la seconde. En 1576, elle avait encore une année à gouverner pour compléter les trois années données par son élection. Néanmoins, une de ses religieuses, Louise de Reilhac, fut, le 12 février de cette année-là, nommée abbesse par lettres du roi et confirmée par Grégoire XIII. Le 4 décembre suivant, l'official de Paris la mit en possession. Anne le Bret se démit entre les mains du couvent, pour maintenir par cette forme le régime du gouvernement triennal. Néanmoins, les abbesses perpétuelles et de nomination royale recommencèrent alors une série qui en compte trois seulement, y compris Marguerite d'Arbouze, qui rétablit le régime triennal dans les élections. Une réforme avait encore été faite au Val-de-Grâce par Arnoul Dumesnil, chanoine de Paris, sous le gouvernement de Louise de Reilhac, qui fut d'abord traversé par des compétiteurs, mais qui fut long et à la fin fort heureux. A compter de Marguerite d'Arbouze jusqu'à Gabrielle Migornes du Bourgneuf, qui vivait lorsque les auteurs du *Gallia Christiana* donnaient l'Histoire du Val-de-Grâce, il y eut quatorze abbesses triennales, qui, comme les autres religieuses, depuis la réforme portaient le nom d'un saint à la prise d'habit. Ainsi, Marguerite d'Arbouze s'appelait *la Mère Sainte-Gertrude*; Louise de Milley, qui lui succéda, s'appelait *la Mère Saint-Etienne*. Des nombreux édifices consacrés à la religion dans le XVIIe siècle, aucun peut-être n'eut la protection royale comme le vaste et beau couvent du Val-de-Grâce, que les auteurs du *Gallia Christiana* nous présentent comme une sorte de succursale des tombes princières de Saint-Denis. Le prieuré de *Nainvaix* (non *Nainval*) et d'autres peut-être dépendaient du Val-de-Grâce, qui fut appelé, comme on l'a vu, l'abbaye de Val-Profond et même *Vau-Parfond*, dans les lettres de François Ier en 1515. Au milieu du dernier siècle, quand tout était encore en vigueur, l'abbaye du Val-de-Grâce comptait environ cinquante religieuses; il n'y avait point de pensionnaires. La postulance était de six mois; le noviciat durait un an, il coûtait avec la prise d'habit 2000 livres, ou environ. La dot n'était point déterminée; le désintéressement des religieuses la variait selon le mérite des sujets. La dernière abbesse fut la Révérende Mère du Jarry du Parc, nommée en 1781. Dans les almanachs royaux le revenu de la maison est coté 20,000 livres. Tout prouve encore aujourd'hui que l'église et la maison du Val-de-Grâce étaient consacrées au mystère de la Nativité de Jésus-Christ; mais je me permettrai de blâmer ici l'inscription qu'on lit sur le frontispice : *Jesu nascenti Virginique Matri*, car elle est trop peu rigoureuse et semble égaler Marie à Jésus. Le monastère du Val-de-Grâce porta la réforme en diverses autres maisons : au *Mont-de-Piété*, établi à la Charité-sur-Loire; à l'abbaye de Charenton, en Bourbonnais; à Sainte-Austreberte, à Montreuil-sur-Mer, en 1628; à Châtillon-sur-Seine; à Saint-Jean, à Autun; à Saint-Julien, à Auxerre, en 1646; à Estival, au diocèse du Mans, en 1648; aux Bénédictines de Melun; au prieuré de Tresnel, à Paris, en 1656; à Saint-Andoche, à Autun, etc. Plusieurs religieuses du Val-de-Grâce ont été aussi nommées supérieures en divers monastères. Ce fut Catherine de Torcy, seizième abbesse, qui, le 13 novembre 1494, promit obéissance à l'évêque et à l'Eglise de Paris, et soumit ainsi le Val-Profond à la juridiction de l'ordinaire. Cette abbesse vivait encore en 1510, et on voit à cette époque l'abbaye appelée *Notre-Dame-des-Ardans*. Ce fut dans l'hôtel que remplace le Val-de-Grâce que Bérulle commença, en 1611, la congrégation de l'Oratoire, dont la maison mère fut bientôt établie dans la rue Saint-Honoré, au lieu où est maintenant le temple des calvinistes. La maison du Val-de-Grâce existe encore, et il avait été, à la restauration des Bourbons, question d'y placer les Bénédictines dont la Mère Marie-Joseph, princesse de Condé, leur supérieure, fit l'établissement au Temple; rien n'aurait mieux convenu. Ce projet n'eut point de suite, et le Val-de-Grâce est aujourd'hui, comme toujours depuis la révolution, un hôpital militaire.

Almanach roya. — *État ou Tableau de la ville de Paris*, in-8°, 1762. — *Gallia Christiana*, tome VII.

Jacques Ferraige, docteur en théologie, et le célèbre abbé Fleury ont écrit la Vie de la R. M. Marguerite de Venix d'Arbouze, réformatrice du Val-de-Grâce. B-D-E.

VAL-DE-SAINT-LIEU.

Voy. VAL-DES-CHOUX.

VAL-DES-CHOUX (ORDRE DU).

La plupart des historiens qui ont parlé de l'ordre du Val-des-Choux se sont trompés en lui donnant pour fondateur un moine Bénédictin nommé *Viard*, et en mettant son établissement en l'an 1220. Ce Viard n'était point Bénédictin, mais un religieux convers de la Chartreuse de Lugni au diocèse de Langres, qui, se sentant appelé à une vie plus austère et plus éloignée des soins temporels que ne permettait son état de convers, se retira avec la permission de ses supérieurs dans un bois, à deux lieues de Lugni, et y demeura quelque temps caché dans une caverne, pratiquant des austérités extraordinaires. Enfin il fut découvert par les habitants du voisinage, et il s'acquit une si grande réputation par la sainteté de sa vie, qu'il vint même à la connaissance du duc de Bourgogne, qui le visita souvent. Ce prince, étant sur le point de livrer un combat dangereux, promit à Viard que s'il en revenait vainqueur, il lui fonderait un monastère dans le même lieu. Il remporta la victoire, exécuta sa promesse, et le nouveau monastère garda le nom de ce lieu, qu'on nommait *le Val-des-Choux*. Une ancienne inscription de l'église porte que Viard y entra le second jour de novembre 1193. Il donna à ses disciples des constitutions fort semblables à celles des Chartreux, et qui furent confirmées depuis par le pape Honorius III.

Le cardinal Jacques de Vitri, auteur contemporain, s'est trompé lorsqu'il a cru que ces religieux suivaient l'institut de Cîteaux. Il est vrai qu'ils prirent l'habillement des Chartreux (tel qu'ils le portent aujourd'hui), mais leurs coutumes et leur manière de vivre furent bien différentes. Selon ce que dit ce cardinal, ils logeaient dans des cellules très-petites, afin que dans le temps de l'oraison, de la lecture et de la méditation, ils pussent être plus recueillis, étant seuls avec Dieu. Ils ne nourrissaient ni bœufs ni moutons. Ils n'avaient point de terres labourables, et avaient renoncé à toutes les possessions qui les auraient pu détourner de leurs exercices spirituels, par le soin qu'il leur aurait fallu prendre pour les faire valoir. Ils avaient marqué des bornes hors l'enclos du monastère, au delà desquelles il ne leur était pas permis de s'éloigner. Il n'y avait que ceux que le prieur prenait avec lui pour faire les visites des monastères de sa dépendance qui pouvaient sortir. Ils cultivaient eux-mêmes leurs jardins, et n'y allaient qu'aux heures destinées pour le travail. Ils se contentaient de quelques revenus qu'ils recevaient sans se donner beaucoup de peine, et qui leur étaient seulement nécessaires pour leur entretien: afin que la nécessité ne les réduisît point à sortir du monastère pour aller chercher les choses nécessaires à la vie, ils ne recevaient dans leur ordre qu'autant de religieux que les revenus étaient capables d'en entretenir. C'est tout ce que le cardinal de Vitri nous a appris des observances de ces religieux, lorsque leur ordre était encore dans sa ferveur.

Chopin, dans son *Traité des droits des religieux et des monastères*, parlant de cet ordre, dit qu'il y avait trente prieurés qui dépendaient de celui du Val-des-Choux, qui en est le chef. Il nomme entre autres: le prieuré de Vaux-Bénite près d'Autun, celui de Vaux-Croissant, celui de Saint-Lieu du Petit-Val-des-Choux, fondé dans la ville de Dijon par une duchesse de Bourgogne; il ajoute que le roi nomma pour prieur du Val-des-Choux, en 1585, Dom Frémiot, frère du président Frémiot, lequel était infirmier de l'abbé de Savigni; qu'il fut pourvu à Rome de ce prieuré par permutation de son office claustral, et que Dom Nicolas Bazinet, religieux de Saint-Bénigne de Dijon, fut encore nommé par le roi en 1593, après la mort de Dom Frémiot, quoiqu'il eût été élu par les religieux.

Jacob. de Vitriaco, *Hist. Occid.*, cap. 17. Chrysostom. Henriquez, *Fascicul. SS. Ord. Cist.* Chopin, *Traité des droits des relig.* liv. II, tit. 1, n° 20.

Quoique le P. Hélyot ait parlé plus longuement sur l'ordre du Val-des-Choux que les autres auteurs, même que l'abbé Hermant, qui, dans sa seconde édition, ne lui a consacré que quelques lignes, on voit par son laconisme qu'il n'a été guère plus heureux que les écrivains dont il se plaint au commencement de son article. Il avait été aussi renseigné insuffisamment sous le rapport de l'exactitude, puisqu'à la fin de son huitième volume il avait mis sur l'ordre du Val-des-Choux des corrections que j'ai ici insérées dans son texte.

Il dit, d'après Chopin, que le roi nomma prieur du Val-des-Choux, en 1585, Dom Frémiot, *lequel était infirmier de l'abbé de*

Savigni, et qu'il fût pourvu à Rome par permutation de son office claustral. Doutant, s'il en était ainsi, que le mot *infirmier* de L'ABBÉ fût celui qu'il fallait lire ; qu'il fût question de Savigni, situé près de Louvigné-du-Désert, où je ne crois pas qu'il y eût d'offices claustraux, même en 1585, mais plutôt de Savigni, ordre de Saint-Benoît, j'ai consulté la traduction de l'excellent et rare ouvrage de Chopin, au lieu indiqué, et j'y ai trouvé la correction de cette faute, inconcevable sous la plume d'Hélyot. Je lis donc, que *le religieux Frémiot estant enfermier en* L'ABBAYE *de Flavigny ;* or on sait que Flavigny, habité aujourd'hui par les Dominicains du P. Lacordaire, était de l'ordre de Saint-Benoît, et est situé au diocèse de Dijon, et que le P. Frémiot était ENFERMIER (infirmier) DE L'ABBAYE et non *de l'abbé*.

Grâce à l'obligeance du T.-R. P. Dom Stanislas, abbé de Septfons, j'ai des renseignements curieux et inédits sur le Val-des-Choux. Je crois donc devoir les réserver pour en faire un article entièrement nouveau, ce que je ferai pour les sœurs Trinitaires ou Mathurines, dont Hélyot n'a dit que deux mots, et ce que j'aurais dû faire aussi, peut-être, pour l'article ORVAL, où j'ai modifié tout le récit d'Hélyot dans l'histoire de la réforme de cette abbaye. On verra donc quel fut l'ordre du Val-des-Choux à son origine, comment il tomba et s'agrégea enfin à la réforme de Septfons, entrant ainsi dans l'institut de Cîteaux, mais gardant néanmoins une sorte de priorité dans la maison-mère, qui garda aussi depuis lors une édifiante régularité jusqu'à l'époque de la dissolution des monastères en France, où celui-ci a disparu pour toujours. *Voy.* VAL-DES-CHOUX ou VAL-DE-SAINT-LIEU, au *Supplément,* tom. IV. B-D-E.

VAL-DES-ECOLIERS

Des Chanoines réguliers de la congrégation du Val-des-Ecoliers, unie à celle de France.

Comme la congrégation du Val-des-Ecoliers est présentement unie à celle de France, aussi bien que quelques abbayes et prieurés de Chanoines réguliers qui faisaient autrefois comme des ordres particuliers par rapport à leurs différents habillements et aux différentes constitutions qu'ils observaient, nous rapporterons aussi leur origine. Nous parlerons d'abord de la congrégation du Val-des-Ecoliers, et ensuite des autres abbayes et prieurés.

L'an 1201, selon quelques auteurs, et selon d'autres l'an 1202, quatre docteurs et professeurs en théologie de l'université de Paris, savoir Guillaume, Richard, Evrard et Manassès, étant un jour dans un même lieu éloignés les uns des autres et occupés à leurs études, eurent une même vision : c'était un arbre d'une grosseur et d'une hauteur surprenantes, et dont les branches et les feuillages semblaient orner le monde entier. L'heure étant venue qu'ils conféraient ensemble et se communiquaient les uns aux autres les remarques qu'ils pouvaient avoir faites sur les livres qu'ils avaient lus, la conversation tomba sur le bonheur dont les bienheureux jouissaient dans le ciel, et sur les tourments qu'enduraient ceux qui étaient condamnés aux flammes éternelles.

Guillaume leur dit que pendant qu'il lisait le prophète Ezéchiel, qui avait été le sujet de son étude, il avait eu jusqu'à trois fois la vision de cet arbre dont nous venons de parler. Ses compagnons, qui avaient eu autant de fois la même vision, surpris de cette merveille, jugèrent bien que Dieu demandait d'eux quelque chose d'extraordinaire : c'est pourquoi, ayant délibéré entre eux, ils communiquèrent cette vision aux plus habiles de l'université, qui leur conseillèrent de renoncer au monde et de se retirer dans quelque solitude où ils ne songeassent plus qu'à l'éternité dont ils devaient à l'avenir faire leur principale étude.

Guillaume fit alors un discours si touchant à ses écoliers sur le mépris du monde, qu'il y en eut trente-sept qui résolurent de l'abandonner entièrement, et de suivre l'exemple de leur maître, dont ils voulurent être les disciples aussi bien dans la pratique des vertus qu'ils l'avaient été dans l'étude des sciences humaines ; pendant qu'ils mirent ordre à leurs affaires, Guillaume, avec ses autres compagnons, Evrard, Richard et Manassès, furent chercher un lieu propre à la retraite qu'ils méditaient.

Ils partirent donc de Paris en 1201, et arrivèrent sur les confins de Champagne, vers Langres ; là ils s'arrêtèrent pour prendre du repos dans un lieu environné de rochers affreux, qui n'avait jamais été habité que par des bêtes, et qui semblait devoir être plutôt leur retraite que celle des hommes : ils prirent la résolution d'y fixer leur demeure, après qu'ils eurent aperçu une fontaine qui sortait de dessous un rocher, et en obtinrent la permission de Guillaume de Joinville, alors évêque de Langres, qui fut dans la suite archevêque de Reims.

Comme ils étaient allés à Langres pour obtenir cette permission, ils y trouvèrent Frédéric ou Fery, aussi docteur de Paris, qui avait été élu évêque de Châlons, et qui était venu à Langres pour s'y faire sacrer. Il fut si touché de voir des personnes qui se faisaient admirer par leur science chercher la retraite et la solitude pour se cacher aux yeux des hommes, qu'il voulut les suivre dans ce désert, abandonnant toutes les espérances qu'il pouvait avoir dans le monde. Ces saints personnages bâtirent d'abord de petites cellules, ou plutôt des chaumières, et voulant se prescrire une manière de vivre, ils prirent la règle de saint Augustin et les constitutions des chanoines de Saint-Victor ; ce qui fut approuvé par l'évêque de Langres et confirmé par le pape Honorius III en 1218.

Cependant, les trente-sept écoliers qui avaient pris la résolution d'abandonner le monde, ayant appris que ces saints religieux s'étaient établis dans ce désert, les vinrent trouver et reçurent l'habit de Chanoines réguliers. Cette sainte communauté acquit une si grande réputation, que l'on souhaita de ces Chanoines en plusieurs endroits, et qu'en moins de vingt ans ils établirent seize autres monastères : mais ce premier étant trop exposé aux inondations fréquentes causées par les ravines d'eau qui tombaient des montagnes, ces chanoines demandèrent en 1234, à Robert *de Torrota*, alors évêque de Langres et depuis évêque de Liége, un lieu plus favorable, ce qu'il leur accorda dans une autre vallée proche Chaumont en Bassigny, où ils bâtirent dans la suite un magnifique monastère, qui a toujours été le chef de cette congrégation, dont les supérieurs n'avaient que le titre de prieurs. Mais Nicolas Cornuot, prieur conventuel de ce monastère et général de l'ordre, obtint du pape Paul III la dignité d'abbé pour lui et ses successeurs, et le privilége de se servir d'ornements pontificaux. Ils ont toujours été perpétuels jusqu'en l'an 1637, que Laurent Michel, abbé général de cette congrégation, ayant embrassé avec ses religieux la réforme de la congrégation de France, avec la permission de Sébastien Zamet, évêque de Langres, se démit de sa dignité d'abbé. Il consentit qu'on en élût un autre tous les trois ans, et que les monastères de sa congrégation avec tous leurs droits fussent unis à celle de France ; ce qui fut confirmé par le roi, le cardinal de la Rochefoucauld, le parlement de Paris, et autorisé par une bulle d'Innocent X de l'an 1646. Le premier abbé triennal ne fut néanmoins élu que l'an 1653 : l'élection tomba sur le P. Gabriel Barbier, qui était prieur de Saint-Loup de Troyes, et cette élection fut confirmée dans le chapitre général, qui se tint au mois de septembre de la même année dans l'abbaye de Sainte-Geneviève à Paris.

Lorsque la congrégation du Val-des-Ecoliers subsistait, l'abbé du Val-des-Ecoliers, général de cet ordre, était élu par tous les religieux de cette abbaye, et cette élection devait se faire en présence des prieurs des maisons de Bonneval proche de Dijon, de Bel-Roi proche de Bar-sur-Aube, et de Spineuse-Val proche de Saint-Dizier, ces maisons étant les premières filles du Val-des-Ecoliers ; tous les trois ans on tenait le chapitre général où se trouvaient tous les abbés, les prieurs et les sous-prieurs de toutes les maisons qui dépendaient de cette congrégation.

Le prieuré de Sainte-Catherine du Val-des-Ecoliers à Paris dépendait aussi de cette congrégation, et avait été fondé par saint Louis l'an 1229, en mémoire de la fameuse bataille de Bouvines, gagnée par son aïeul Philippe-Auguste, en 1213, contre l'empereur Othon IV, Ferrand, comte de Flandre, Renaud, comte de Boulogne, et plusieurs confédérés, qui avaient mis sur pied une armée de cent cinquante mille hommes (Mézeray, *Histoire de France sous Philippe* II, ann. 1213). Quoique celle de Philippe fût plus faible de moitié, il ne laissa pas que de donner la bataille. Ce prince y courut les plus grands dangers : il fut foulé aux pieds des chevaux et blessé à la gorge ; mais il demeura enfin victorieux. Othon fut mis en fuite, et cinq comtes, entre lesquels étaient Ferrand et Renaud, avec vingt-deux seigneurs portant bannière, furent faits prisonniers. Philippe avait fait vœu, dans la joie de cet heureux succès, de bâtir une abbaye en l'honneur de Dieu et de la sainte Vierge. Son fils Louis VIII acquitta ce vœu en fondant celle de Notre-Dame-de-la-Victoire, proche de Senlis ; et son petit-fils saint Louis, en mémoire de la même bataille, fonda le prieuré de Sainte-Catherine du Val-des-Ecoliers à Paris, dont quelques abbayes ont depuis tiré leur origine, comme celle de Mons en Hainaut, fondée en 1252, par Marguerite, comtesse de Flandre, qui fit venir sept religieux de Paris pour établir la discipline régulière dans cette maison, que Paul V érigea en abbaye l'an 1617. Celle de Géronsart près de Namur était aussi de la même congrégation. Elle fut fondée l'an 1221, et devint mère de l'abbaye de Liége et des prieurés de Homphalise, Lihoux et Hauwic au faubourg de Malines ; mais toutes ces maisons sont présentement unies à la congrégation de France, comme étant autrefois de la dépendance de celle du Val-des-Ecoliers. Elles n'ont pas néanmoins pris les usages et coutumes des Chanoines réguliers de la congrégation de France : l'abbé général de cette congrégation y a seulement droit de visite et de correction et y peut envoyer des religieux.

Les Chanoines du Val-des-Ecoliers étaient habillés de serge blanche avec un scapulaire sans rochet ; leur robe était serrée d'une ceinture de laine noire ou de cuir, et les prêtres avaient un bonnet carré pour couvrir leur tête (1). Pendant l'été, soit au chœur, soit allant par la ville, ils avaient un surplis. Les prêtres portaient sur le bras une aumuce de peau d'agneau noire, faite de manière qu'elle pouvait couvrir leur tête lorsqu'ils étaient au chœur. Les diacres et les sous-diacres, au lieu d'aumuce, portaient sur le bras un camail plié ; les autres portaient le camail sur les épaules. L'hiver, tant au chœur qu'allant par la ville, ils avaient une chape noire avec son capuce, et dans le temps qu'ils portaient ces chapes ils avaient un camail pour couvrir leur tête dans la maison ; les diacres, les sous-diacres et les autres clercs le portaient en tout temps dans la maison, à la différence que les diacres et les sous-diacres ne s'en servaient pas pour couvrir leur tête, mais avaient un bonnet carré dont l'usage n'était pas permis à ceux qui n'étaient pas dans les ordres sacrés. Les frères convers étaient habillés comme les autres, mais leurs habits étaient plus courts ; ils serraient leurs robes et scapulaires avec une ceinture de cuir, et leurs chapes, tant au chœur que par la ville, étaient de couleur tannée. Dans la maison ils portaient un camail ou bonnet rond de même couleur ; ce qui s'observe encore dans les maisons de Flandre et de Brabant.

Ceux qui avaient des prieurés, des cures ou des bénéfices, étaient obligés de rendre

(1) *Voy.*, à la fin du vol., n° 156.

compte tous les ans au prieur claustral de ce qui leur restait des fruits des bénéfices ou des aumônes, ce qu'ils étaient obligés de faire dans le carême ou dans l'octave de Pâques ; pendant la semaine sainte ils étaient obligés de se confesser au prieur claustral ou à quelqu'un de ses religieux. Quant aux observances régulières, elles étaient à peu près les mêmes que celles qui se pratiquent dans la congrégation de France, à laquelle la plupart des maisons de celle du Val-des-Ecoliers ont été unies. L'abbé Laurent Michel, qui procura cette union, avait dressé des constitutions pour cette congrégation du Val-des-Ecoliers, qui furent reçues dans le chapitre général tenu en 1629, et qui furent imprimées à Reims la même année. Ascagne Tamburin, Arnaud Wion et quelques autres se sont trompés lorsqu'ils ont dit que cette congrégation avait suivi la règle de saint Benoît.

Voyez Labbe, *Biblioth.*, tom. I. Le Cointre, *Hist. du Val-des-Ecoliers*. Du Boulay, *Hist. univers. Paris.*, tom. III, pag. 15, Sanmarth., *Gall. Christ.*, tom. IV. Du Moulinet, *Figures des diff. habits des Chanoines régul.* Ascag. Tambur., *de Jur. abb.*, tom. II, disp. 2, quæst. 5, num. 44. Bonanni, *Catalog. Ord. relig.*, et les Constitutions de cette congrégation imprimées en 1629.

VALDOSNE (Bénédictines du).

Des religieuses Bénédictines de l'Adoration perpétuelle du saint sacrement du Valdosne.

Le prieuré de Notre-Dame du Valdosne, qui est de l'ordre de Saint-Benoît, membre de l'abbaye de Molesme et situé dans le diocèse de Châlons en Champagne, a été fondé, vers l'an 1116, par Godefroi, sire de Joinville, qui fonda aussi, dans les terres de sa dépendance, plusieurs autres monastères. Celui du Valdosne a éprouvé depuis sa fondation plusieurs révolutions, sa situation sur les frontières de Lorraine l'ayant exposé plusieurs fois à la fureur des soldats, dans les guerres qui ont été portées dans ce duché : au dernier siècle il fut cinq fois entièrement pillé, comme il paraît par plusieurs procès-verbaux. Mais enfin la providence divine, voulant relever ce monastère, permit qu'Henriette de Chauvirey en fût nommée prieure l'an 1661. Elle rétablit parfaitement le spirituel et le temporel de cette maison, qu'elle fit accommoder le mieux qu'elle put, en attendant quelque occasion favorable pour l'agrandir, afin que les religieuses y fussent plus commodément, et elle la soumit à la juridiction de l'ordinaire. M. le cardinal Louis-Antoine de Noailles, archevêque de Paris, était alors évêque de Châlons. Ce prélat ayant été au Valdosne pour y faire la visite, dissuada la prieure d'y faire aucun bâtiment, lui conseillant de se conformer au concile de Trente, qui ordonne de transférer dans les villes les monastères de filles aussi exposés que le sien. On jeta alors les yeux sur Vassy, petite ville assez voisine, où il y avait eu un temple de calvinistes qui avait été nouvellement détruit ; on crut qu'il serait utile et édifiant d'y substituer un temple de vérité. L'évêque de Châlons obtint à cet effet des lettres patentes du roi Louis XIV, qui ne furent pas pour lors exécutées. Ce prélat ayant été transféré à l'archevêché de Paris conserva toujours pour ce monastère les mêmes sentiments de bonté, et lui en donna des preuves convaincantes dans une occasion favorable que lui fournit la Providence.

Depuis quelque temps Dieu avait inspiré à une personne de piété le dessein d'établir une communauté de religieuses à l'endroit même où était autrefois le temple des calvinistes à Charenton près Paris, afin que, par les saints exercices de la vie monastique et plus encore par une adoration perpétuelle du très-saint sacrement, elles s'appliquassent à réparer les outrages qui avaient été faits en ce lieu au plus auguste de nos mystères. Ce grand dessein, après avoir été longtemps en suspens, fut enfin exécuté par les soins du cardinal de Noailles, qui le proposa à la prieure du Valdosne. Elle le communiqua à sa communauté, qui accepta cette offre avec beaucoup de reconnaissance du choix que Dieu voulait bien faire d'elle pour un si grand ouvrage. On y travailla aussitôt, et tout fut heureusement conclu : les religieuses du Valdosne étant arrivées à Paris, on les mit en possession de ce lieu, et on disposa tout ce qui était nécessaire pour mettre le très-saint sacrement dans une petite chapelle construite dans la grande salle du consistoire de ces hérétiques. La première messe y fut célébrée le 9 mai 1701, jour de l'Ascension de Notre-Seigneur : on laissa le saint sacrement dans le tabernacle, et le lendemain M. l'évêque de Châlons, Jean-Baptiste-Louis-Gaston de Noailles, frère du cardinal, en fit l'exposition. Le P. de la Mothe, supérieur des Barnabites et directeur de la dame inconnue à qui Dieu avait inspiré ce pieux dessein, y prêcha le 6 août de la même année. M. le cardinal de Noailles bénit et posa la première pierre de la nouvelle église, et l'on enclava dans cette pierre une plaque de cuivre, sur laquelle est l'inscription suivante :

Religione Ludovici XIV Franc. regis, et liberalitate nobilis et præ humilitate incognitæ feminæ, cujus nomen in cœlis scriptum est, super destructa calvinistarum synagoga, templum hoc Christo sacrum sub invocatione B. Mariæ et S. Roberti ædificatum est. Ibi Christus dominatur in medio inimicorum suorum, et a sanctis monialibus prioratus Vallisonis, ord. S. Benedicti in Campania nuper huc translatis, sub priorissa D. Henrica de Chauvirey, perpetuo adoratur. Lud. Ant. card. de Noailles, titul. S. Mariæ super Minervam, arch. Parisiensis, dux S. Clodoaldi, par Franciæ, regis ordinis S. Spiritus commendator, hanc in fundamento primam petram benedixit et posuit die sexta mensis Augusti 1701. On trouva, en fouillant les fondements, une autre pierre sur laquelle étaient gravés ces mots : *Par la grâce de Dieu et la bonne volonté du roi Louis XIII, ce temple a été bâti pour la seconde fois le 23 juin 1623.*

Louez l'Éternel. Après que l'église eut été achevée, elle fut bénite par le même prélat, qui y dit la première messe la seconde fête de la Pentecôte, le 29 mai 1703, et l'on admira comme une providence de Dieu particulière, que, sans y avoir pensé, cette cérémonie se rencontrait le jour auquel on lit à la messe l'évangile tiré du x° chapitre de saint Jean, où Jésus-Christ, proposant la parabole du bon Pasteur, avertit ses disciples de se précautionner contre les faux pasteurs, dont il leur découvre la malice et les impostures. Les religieuses ne commencèrent pas dès lors l'adoration perpétuelle du très-saint sacrement: elle fut différée jusqu'au jeudi saint de l'année suivante, 1704, et elle a été continuée jusqu'à présent avec beaucoup de ferveur et de dévotion : en sorte qu'à toutes les heures tant du jour que de la nuit il y a toujours une religieuse devant le saint sacrement.

Ces religieuses, comme nous avons dit, sont de l'ordre de Saint-Benoît ; mais elles ne suivent la règle de ce saint qu'avec des mitigations. Elles mangent de la viande trois fois la semaine, portent des chemises de toile, ne se relèvent point la nuit pour dire Matines, et par la translation qui a été faite du prieuré de Valdosne (dont elles ont retenu le nom) à Charenton, elles sont dans l'obligation indispensable de l'adoration perpétuelle du saint sacrement. Leur habillement est semblable à celui des autres BÉNÉDICTINES (*Voy.* ce mot) : comme elles, elles ont sur la poitrine la figure du saint sacrement en forme de soleil de cuivre doré (1).

Mémoires communiqués par la Révérende Mère Chauvirey de Saint-Benoît.

Le nouveau monastère de Charenton, conservant son nom, comme le Val-de-Grâce, l'Abbaye-aux-Bois, avaient gardé le leur à Paris, ne garda pas longtemps sa ferveur, ni la véritable régularité. Le jansénisme s'y insinua et y fit des ravages. Il était dit dans les constitutions que les livres de parti seraient entièrement bannis du monastère, et pourtant on y gardait, on y lisait l'*Année chrétienne* de Letourneux, l'*Instruction de Pénitence* de Treuvé, la traduction du Missel romain de Voisin, etc. Dieu fit remédier à ce mal par une prieure venue d'un autre monastère. La prieure de Valdosne, qui avait vraisemblablement les idées jansénistes de sa communauté, ayant été nommée abbesse d'une autre maison, un religieux, qui témoignait du zèle pour Valdosne, l'engagea à résigner cette maison en faveur d'une Bernardine de Clermont en Auvergne, ce qu'elle fit. Cette Bernardine, étant canoniquement instituée prieure et installée, mit tous ses soins à rétablir dans cette maison la soumission à l'Église et à bannir les causes de troubles. Elle eut beaucoup à souffrir et de la part de quelques religieuses anciennes et de la part de dames pensionnaires, qui étaient dans ce couvent ou par choix ou par lettres de cachet. Elle fut secondée par le concours de M. l'archevêque de Paris, de quelques bons confesseurs qu'elle procura au couvent et de quelques jeunes religieuses qu'elle reçut et forma à de meilleurs sentiments.

La maison qui servit à ce nouveau prieuré était celle où les protestants tenaient leur consistoire, et une autre appelée le *Château de la Rivière*, qui appartenait au maréchal de Schomberg. On voyait aussi dans la cour extérieure du couvent, bâti sur les débris du temple, le logement du ministre Claude. Il n'était resté de ce temple qu'une grosse pierre qui paraissait avoir été la base d'une colonne ; elle était au milieu d'un parterre et soutenait une grande croix. Les *Nouvelles Catholiques* de la rue Sainte-Anne, à Paris, eurent les bâtiments qu'on avait conservés et elles en firent une maison de campagne. C'est d'elles qu'on acheta le lieu pour le nouveau prieuré, avec les fonds fournis par cette *dame inconnue* dont parle Hélyot, laquelle se nommait Élisabeth le Lièvre, épouse de M. d'Orieux, président de la cour des aides, qui fit lui-même plusieurs établissements dignes de sa piété. Madame d'Orieux ne fut effectivement connue qu'après sa mort pour fondatrice de cet établissement, dont l'achat fut le fruit de ses épargnes. Dans le sanctuaire de l'église du couvent, du côté de l'Épître, on voyait un grand tableau, où était consacrée la mémoire de cette fondation. Madame d'Orieux tenait entre ses mains la maison et la mettait sous la protection de la sainte Vierge. A côté, on voyait Louis XIV à qui M. de Noailles présentait les religieuses. Hélyot a fait un rapprochement de circonstances dans un à-propos des paroles de l'office ; en voici un plus frappant encore. Les religieuses entrèrent dans la maison et y commencèrent leurs exercices le dimanche 10 octobre 1700 ; or ce jour l'Église chante, dans les premières leçons de Matines, ces paroles des Machabées, liv. I, c. iv. : *Ecce contriti sunt inimici nostri; ascendamus nunc mundare sancta et renovare*, etc. Ce ne fut qu'au Valdosne de Charenton que s'établit régulièrement la *réforme*, qui donne à cette maison droit à un article spécial de notre Dictionnaire. Dès le commencement du XVIII° siècle les fureurs de la guerre avaient déjà forcé les religieuses du Valdosne de se réfugier non-seulement à Joinville, mais aussi à Paris, et elles n'étaient que six tout au plus quand elles rentrèrent de nouveau au Valdosne, sous le priorat de Marie de Mallebarbe de Borromée, qui résigna en faveur de Marie-Henriette de Chauvirey, réformatrice dont parle Hélyot, laquelle mourut, âgée d'environ soixante-treize ans, le 16 avril 1714, et eut pour successeur, par résignation en 1711, sa nièce, *Henriette-Thérèse de Chauvirey*. La maison de Valdosne, aujourd'hui détruite, était près de l'hospice des aliénés, qu'on voit encore à Charenton.

Gallia Christiana, tome VII. — *Nouvelles*

---

(1) *Voy.*, à la fin du vol., n°⁸ 156 *bis* et 156 *ter.*

ecclésiastiques; et surtout *Nouvelles recherches sur la France,* tom I, p. 117.

B-D-E.

VALLADOLID (Bénédictins de).

Des moines Bénédictins de la congrégation de Saint-Benoît, en Espagne, communément appelée de Valladolid.

Le monastère de Saint-Benoît, surnommé *le Royal,* à Valladolid, fondé vers l'an 1390, pour des religieux Bénédictins, n'a pas eu le même sort qu'une infinité d'autres monastères du même ordre, qui, après avoir vécu dans une observance exacte, sont enfin tombés dans le relâchement. Il a au contraire toujours conservé cet esprit de ferveur dont ses premiers religieux étaient animés, et il a servi de modèle à tous les monastères d'Espagne, qui, se conformant à ses usages et à ses pratiques, lui ont été enfin soumis comme à leur chef. Ce monastère fut surnommé *le Royal* parce qu'il eut pour fondateur Jean Ier, roi de Castille, qui le fit bâtir à l'endroit où était l'ancienne citadelle, et qui y mit de saints religieux qu'il fit venir du prieuré de Saint-Sauveur de Nogal, une des dépendances de la célèbre abbaye de Sahagun. Le premier prieur de cette abbaye royale fut Dom Antoine de Zélinos, homme d'une très-sainte vie. La richesse de ce nouveau monastère, dont les religieux étaient pourvus, par les libéralités de leur fondateur, de toutes les choses nécessaires à la vie, au lieu d'y introduire le relâchement (qui suit ordinairement l'abondance), ne fit qu'augmenter le zèle de ces serviteurs de Dieu : car ils ne se contentèrent pas d'observer exactement la règle de saint Benoît, ils y ajoutèrent encore de nouvelles austérités, et s'obligèrent à garder une clôture perpétuelle. Leur réputation se répandit bientôt par toute l'Espagne, où ils étaient en si grande vénération, qu'on appelait ordinairement leurs monastère *San Benito de los beatos.*

Leur exemple excita quelques autres monastères à embrasser le même genre de vie. L'on voyait de temps en temps de célèbres abbayes se soumettre à Saint-Benoît de Valladolid et en embrasser la réforme ; comme celles de Saint-Jean de Burgos en 1436, Saint-Sauveur d'Onie en 1455, et Notre-Dame de Monserrat en 1493, sous le règne des rois catholiques Ferdinand et Isabelle, qui, pour témoigner l'estime qu'ils faisaient de cette réforme, voulurent que tous les monastères de l'ordre de Saint-Benoît en Espagne y fussent soumis ; ils obtinrent du pape Innocent VIII, pour faciliter davantage la réforme, que les abbés ne seraient pas perpétuels. Tous les monastères réformés étaient gouvernés par le prieur de Valladolid, comme général de la congrégation ; le pape Alexandre VI lui donna le titre d'abbé, et ordonna qu'il serait élu par les seuls religieux de ce monastère, et que celui sur qui tomberait l'élection serait chef, visiteur et réformateur général de toute la congrégation. Le pape Paul IV changea néanmoins cette disposition dans la suite, et fit des règlements pour la tenue des chapitres généraux, où tous les supérieurs des maisons devaient se trouver, pour procéder à l'élection du général, qui, au lieu de deux ans qu'il restait dans cet office, l'exercerait dans la suite pendant quatre ans, ce qui s'observe encore : les religieux de cette congrégation ne gardent plus une clôture si rigoureuse. Ils ont des constitutions à peu près semblables à celles de la congrégation du Mont-Cassin, jouissent des mêmes priviléges, et ont un bréviaire particulier, qui fut imprimé à Paris en 1704.

Ils étaient autrefois habillés de couleur tannée, et leur habillement consistait en une robe de cette couleur et un scapulaire noir : ce qui a subsisté jusque vers l'an 1550, que le pape Paul III les obligea de se conformer pour l'habillement aux moines de la congrégation du Mont-Cassin (1).

L'un des premiers monastères qui fut uni à cette congrégation fut l'abbaye de Saint-Jean de Burgos, comme nous l'avons déjà dit. Elle avait été fondée l'an 1091, par saint Lesmes, abbé de la Chaise-Dieu en France, qui alla en Castille à la prière de la reine Constance, femme d'Alphonse VI, qui voulut, conjointement avec cette princesse, que ce nouveau monastère fût incorporé et uni à l'abbaye de la Chaise-Dieu, à laquelle il a été soumis jusqu'en l'an 1436, qu'il en fut séparé sous le règne de Jean II. Ce prince, à la prière des religieux espagnols, qui se lassaient d'être sous l'obéissance des Français, eut recours à l'autorité du pape Eugène IV, et obtint de ce pontife un bref adressé à l'évêque de Burgos, pour examiner les inconvénients qui résultaient de l'union de ces deux monastères. Ce prélat, après avoir écouté les religieux, qui alléguèrent que cette union leur causait un tort considérable, à cause des voyages qu'ils étaient souvent obligés de faire en France, affranchit le monastère de Burgos de la soumission et de l'obéissance qu'il devait à l'abbaye de la Chaise-Dieu. Il en fit sortir les religieux qui y étaient, les envoya en d'autres monastères; et mit en leur place des religieux de celui de Saint-Benoît de Valladolid, auquel il unit le monastère de Burgos. L'abbé et les religieux de la Chaise-Dieu se plaignirent au pape du tort qu'on leur faisait de soustraire de leur dépendance un monastère si considérable, dont ils étaient en possession depuis près de trois cent cinquante ans. Le pape renvoya cette affaire à l'abbé de Cardaigne, qui approuva ce que l'évêque de Burgos avait fait, et l'abbaye de la Chaise-Dieu perdit ce monastère, qui fut aussi uni à la congrégation de Valladolid.

La célèbre abbaye de Saint-Sauveur d'Onie y fut aussi unie en 1455, par le pape Calixte III. Ce monastère fut d'abord fondé pour des religieuses vers l'an 1011, par Dom Sanche, comte de Castille, qui eut pour successeur Dom Garcias II, son fils. Après la mort de ce dernier,

(1) Voy., à la fin du vol., n° 187.

qui fut assassiné par les enfants du comte de Véla, l'an 1033, Dom Sanche, roi de Navarre, qui avait épousé la princesse Elvire, sœur de Dom Garcias, hérita de la Castille et fit sortir les religieuses du monastère de Saint-Sauveur d'Onie, pour y mettre en leur place des religieux de Cluny. Ce monastère devint si riche et si puissant dans la suite, qu'il a possédé jusqu'à cent trente-huit villes, bourgs ou villages, où l'abbé et les religieux avaient toute juridiction civile et criminelle. Il fut exempté de celle de l'ordinaire, et immédiatement soumis au saint-siège. Il avait aussi plus de soixante-dix prieurés de sa dépendance, dans la plupart desquels il y avait des religieux, et l'abbé d'Onie était autrefois grand aumônier des rois de Castille. Les divisions qui arrivèrent entre les religieux de ce monastère y firent introduire les réformés de Saint-Benoît le Royal de Valladolid, par autorité du roi Henri IV. Les divisions ne cessèrent pas pour cela : les anciens religieux, ne pouvant souffrir que leur abbé ne fût élu que pour deux ans, après lesquels il fallait procéder à une nouvelle élection suivant la pratique de la réforme de Valladolid, eurent recours au pape Innocent VIII, qui leur permit d'élire leur abbé pour un temps plus long, et les dispensa d'en demander la confirmation à l'abbé de Valladolid ; en 1521, ils renoncèrent à ces priviléges, et demandèrent d'être parfaitement unis avec ceux de Valladolid : ce qui leur fut accordé. Depuis ce temps l'observance régulière y fut gardée si exactement, et la clôture perpétuelle y fut observée avec tant de rigueur, que Dom Pierre de la Rue, nouvellement élu abbé, étant sorti de son monastère pour aller prendre un repas auquel certaines églises étaient obligées envers lui, le comte de Haro le fit déposer en plein chapitre. Ce monastère a produit plusieurs personnages illustres par leur science, tels que Pierre Ponce, qui, à ce qu'on prétend, trouva par la subtilité de son esprit l'art de faire parler des muets, entre autres les deux frères et la sœur du connétable de Castille, et un conseiller du royaume d'Aragon.

L'abbaye de Saint-Sauveur de Celle-Neuve, sur les confins du royaume de Galice, au pied du mont Léboire ou Léporare, près la rivière de Sorgue, dans l'évêché d'Orense, fut aussi unie à la congrégation de Valladolid par le pape Jules II en 1506. Elle fut fondée vers l'an 935, par saint Rosinde, d'abord évêque de Dume, ensuite de Mondonedo, et enfin de Compostelle, qu'il quitta pour prendre l'habit de Saint-Benoît dans l'abbaye de Celle-Neuve, dont il fut abbé dans la suite. Ce monastère est devenu l'un des plus considérables de l'Espagne, par les donations qui y ont été faites, et par les priviléges que les rois lui ont accordés. Il est seigneur de plusieurs bourgs et villages, avec haute, moyenne et basse justice, et la plupart des lieux de sa dépendance sont considérables : le seul bourg de Villar, où il est situé, contient plus de cinq mille habitants. L'abbé nomme un grand bailli qui jure de défendre et de conserver les biens de cette abbaye, et qui connaît de tous les différends qui s'élèvent entre ses vassaux, sur lesquels il a toute juridiction. Cet office est ordinairement possédé par les plus grands seigneurs du royaume. Cette abbaye a droit, aussi bien que quelques autres de l'ordre de Saint-Benoît, d'exempter de toutes tailles et impositions royales cinquante-deux de ses vassaux et officiers, privilége qui lui fut accordé par les rois Dom Sanche et Ferdinand IV ; le même Ferdinand accorda encore la moitié de cette grâce et franchise à tous les officiers de l'abbaye, voulant qu'ils fussent affranchis de la moitié du payement des tailles et des subsides. Elle nomme à plus de deux cents cures, et elle avait autrefois plus de cinquante monastères de sa dépendance, outre un grand nombre d'hôpitaux. Cette abbaye était immédiatement soumise au saint-siège : elle avait une juridiction presque épiscopale dans tous les lieux et sur toutes les églises qui en dépendaient, et l'abbé était et est encore à présent archidiacre d'Orense.

L'abbaye de Najara, aussi unie à la congrégation de Valladolid, n'est pas moins considérable que celle de Celle-Neuve. Elle fut fondée par Dom Garcias, roi de Navarre, l'an 1032, dans un lieu où il trouva une image de Notre-Dame proche la ville de Najara. Il y mit des religieux de Cluny qu'il demanda à saint Hugues, qui en était pour lors abbé, et le monastère de Najara fut appelé Notre-Dame la Royale. Le roi y unit d'abord l'évêché de Valpuesta, voulant que l'évêque fût aussi abbé. L'évêché de Calahore y fut aussi uni dans la suite ; mais Dom Alphonse VI rendit à la ville de Calahore son évêque, à celle de Najara le diocèse de Valpuesta, et conserva seulement à l'abbaye de Notre-Dame la Royale les monastères qui lui étaient soumis, au nombre de plus de soixante. Ce prince voulut que les religieux dépendissent de l'abbaye de Cluny, et fussent gouvernés par un prieur, ce qui dura jusqu'en 1486, que les religieux, sans le consentement de l'abbé de Cluny, élurent non un prieur, mais un abbé. L'abbé de Cluny s'y opposa : cette affaire fut portée à Rome, où Dom Paul Martinez de Urugnuela, qui avait été élu abbé de Notre-Dame la Royale de Najara, reçut non-seulement la confirmation de son élection, mais obtint encore la désunion de son monastère d'avec celui de Cluny. Cependant il n'eut pas plutôt pris possession de cette abbaye, que les rois catholiques Ferdinand et Isabelle l'obligèrent d'unir son monastère à la congrégation de Valladolid, ce qui arriva l'an 1497 : l'abbé Dom Paul Martinez remit cette abbaye entre les mains du pape, qui la rendit triennale.

Celle de Saint-Pierre d'Eslonce, au royaume de Léon, fut aussi unie à cette congrégation par le pape Jules II, en 1512, ce qui fut confirmé par Léon X en 1513. Ce monastère avait été fondé des premiers en Espagne lorsque l'ordre de Saint-Benoît y passa. Ordogne II, roi de Léon, y fit de grandes donations, aussi bien que Ferdinand Ier et l'infante Urraque, sa fille. Prudent de Sandoval remarque une chose assez singulière touchant une association ou filiation qu'il y avait entre l'église cathédrale de Léon et ce monastère : c'est que le jour de saint Barnabé, auquel se tenait un synode, l'abbé d'Eslonce célébrait la messe et avait pour diacre et sous-diacre deux chanoines ; le jour du vendredi saint, le monastère envoyait au chapitre de Léon neuf poireaux en trois bottes liées chacune de trois brins d'osier, douze pains de deux livres chacun, et six poignées de molues liées deux à deux. Celui qui en était le porteur attendait au milieu du chœur des chanoines que l'évêque eût fini les cérémonies, et en lui présentant ce que le couvent envoyait il lui disait : *Que votre seigneurie reçoive ce que l'abbé et le couvent d'Eslonce vous envoient, non par droit, mais par aumône et à cause de la confraternité qu'ils ont avec cette église ;* le procureur du chapitre sortait ensuite de son siège, et, recevant le présent qu'on envoyait, disait au député du couvent : *Nous recevons ceci non pas par aumône, mais comme une chose que vous nous devez de droit.*

Mais de tous les monastères de cette congrégation il n'y en a point de plus célèbre que celui de Notre-Dame de Mont-Serrat, où l'on vient de tous côtés, même des pays les plus éloignés, pour y révérer une image de la sainte Vierge. On prétend que cette dévotion était en usage dès le VIIIe siècle, mais que les dégâts que firent les Sarrasins, qui ravagèrent l'Espagne et la Catalogne en ce temps-là, l'ayant fait cesser, l'image demeura cachée dans une caverne jusque vers la fin du IXe siècle, et que quelques bergers la découvrirent ; on bâtit d'abord un ermitage au même lieu, et peu de temps après l'an 888, un monastère où on mit des religieuses qu'on tira de celui de Saint-Pierre des Pucelles en Catalogne. Elles y demeurèrent jusqu'en l'an 966, qu'on mit en leur place des religieux Bénédictins ; ce monastère fut érigé en abbaye par l'antipape Benoît XIII en 1401, qu'il le désunit d'avec l'abbaye de Notre-Dame de Ripoli, à laquelle il avait été soumis jusqu'alors, ce qui fut confirmé par le pape Martin V en 1430. Il fut enfin uni à la congrégation de Valladolid en 1493, sous les règnes des rois catholiques Ferdinand et Isabelle. Dom Garcias de Cisneros fut élu premier prieur de la réforme. Il fut ensuite nommé abbé par le pape Alexandre VI, lorsqu'il accorda ce titre à tous les supérieurs de la congrégation.

Ce célèbre monastère de Notre-Dame de Mont-Serrat est situé dans la Catalogne, à deux lieues de Manrèse et à neuf de Barcelone. Il est presque tout au haut d'une montagne appelée de *Mont-Serrat*, selon quelques-uns, à cause qu'il est entouré de pointes de rochers séparées les unes des autres qui s'élèvent en forme de dents de scie que les Latins appellent *serra*. Il y a ordinairement soixante-dix religieux du chœur dans ce monastère, quatre-vingt-dix frères Oblats ou Donnés qui ont soin des métairies et de recueillir les aumônes, dix-huit ou vingt solitaires qui demeurent dans des ermitages séparés les uns des autres sur la montagne, et doivent venir à certains jours au monastère qui leur fournit tous leurs besoins, et trente séminaristes, tous de familles nobles, qu'on nomme les pages de la sainte Vierge. Les séminaristes portent des robes noires et des surplis à l'église, où ils servent les messes par semaines et chantent la messe et les hymnes qui se disent tous les jours en l'honneur de la sainte Vierge.

Les ermites sont de deux sortes : les premiers sont ceux qui dès le commencement ont pris l'habit en intention d'être ermites ; ceux-ci font le même noviciat que les religieux de la communauté et font aussi profession de stabilité, avec cette différence qu'ils y promettent de ne jamais sortir du circuit de la montagne pour quelque affaire qui leur puisse arriver, ni pour aller vivre en quelque autre monastère de la congrégation, et renoncent dans leur profession au droit de voix active et passive.

Après leur profession ils restent encore sept ans dans le monastère, où ils sont exercés dans l'obéissance, l'humilité et la mortification ; pendant tout ce temps-là ils vont au chœur nuit et jour, mais ils n'y chantent point. Après cette épreuve l'abbé prend l'avis des anciens de la maison pour savoir s'ils sont propres pour la vie érémitique, et, s'il le juge à propos, il les envoie dans un ermitage. Leur habit est de drap de couleur brune, et ils portent la barbe longue s'ils ne sont pas prêtres. Que si on élève quelqu'un d'entre eux au sacerdoce, ce qui ne se fait que très-rarement, ils prennent l'habit noir, se rasent la barbe et portent la couronne comme les religieux de la communauté.

L'autre espèce d'ermites se compose des religieux qui, après avoir fait profession de la vie cénobitique et aspirant ensuite à une plus grande perfection, demandent de passer leur vie dans quelque ermitage ; ce qui ne leur est pas facilement accordé. On leur fait désirer cette grâce plusieurs années, et si l'on remarque que le retardement leur fait souhaiter ce bien avec ardeur, on les envoie en un ermitage où ils passent sept ou huit mois pour s'éprouver ; si après cette épreuve ils persistent dans leur désir, on leur accorde leur demande et ils renoncent aussi à la voix active et passive. Ils sont vêtus de noir, se rasent la barbe et portent la couronne comme les religieux de la communauté.

Tous ces ermites sont sujets à l'abbé du monastère. Ils lui obéissent comme à leur supérieur, et il les change d'ermitage quand il le juge à propos. Il nomme parmi ses religieux un vicaire qui les gouverne, leur fait des exhortations et leur dit la messe tous les dimanches, les fêtes et les jeudis de l'année, dans l'église de Sainte-Anne. Il leur administre aussi le sacrement de pénitence et la communion. Aux fêtes solennelles, ils descendent à l'abbaye pour assister à la procession et à la grand'messe, à laquelle ils communient. Ils font un carême perpétuel et observent si rigoureusement l'abstinence de la viande, qu'il n'est pas permis aux religieux et aux séculiers d'en manger aux environs de la montagne où sont situés les ermitages. On leur porte trois fois la semaine des vivres ; lorsqu'ils tombent malades, on les transporte à l'abbaye et on les met à l'infirmerie. Ils y sont servis comme les religieux de la communauté, et après leur mort ils ont la même sépulture. Ils se lèvent à deux heures, disent leur office, vaquent à l'oraison jusqu'à environ cinq heures du matin ; ils emploient le reste de la journée à des lectures spirituelles et au travail des mains. Ils ne peuvent nourrir ni chiens, ni chats, ni oiseaux.

Le trésor que l'on montre dans la sacristie de ce monastère n'a point son semblable en toute l'Espagne : on y admire principalement deux pièces dont la première est une couronne d'or massif d'un assez grand poids, toute chargée de diamants. Elle a au-dessus un petit arc de douze pierres de grand prix en forme d'étoile, et l'on admire surtout au milieu de cet arc une pierre précieuse taillée en forme de navire où l'on distingue les mâts, les voiles et les cordages. On estime cette couronne deux millions. On a travaillé quarante ans pour la faire. La seconde pièce est une autre couronne d'or toute remplie d'émeraudes, la plupart d'une grandeur surprenante, entre lesquelles il y en a de quatre ou cinq mille écus chacune. Il y a aussi deux autres couronnes d'or, trois beaux soleils, l'un d'or parsemé de diamants et de grosses perles, et les deux autres de vermeil doré orné de diverses pierres et de corail ; deux calices d'or, dont l'un est enrichi de plusieurs grosses perles, et l'autre garni de rubis, qui a été donné par l'empereur Maximilien avec un plat et deux burettes d'or aussi garnies de rubis ; un ciboire d'or, dont on se sert le jeudi saint, et un autre ciboire d'or émaillé, dont l'arbre est une Vierge, qui porte sur la tête une pierre précieuse en forme de boîte où l'on met la sainte hostie. Outre cela ils ont un très-grand nombre de vases d'or et d'argent, de croix, de chandeliers, et quatre-vingts lampes d'argent qui brûlent continuellement devant l'image de la sainte Vierge, et dont deux pèsent chacune plus de trois cents marcs. M. Corneille, qui a fait la description de cette sainte montagne et de ce monastère, s'est trompé lorsqu'il dit qu'il fut d'abord fondé pour des religieuses de l'ordre de Saint-Augustin, en la place desquelles on mit des religieux du même ordre. Car non-seulement les religieux ont toujours été et sont encore Bénédictins, mais les religieuses pour lesquelles il fut fondé et qui y sont restées jusqu'en 966 étaient de l'ordre de Saint-Benoît et avaient été tirées du monastère de Saint-Pierre des Pucelles, qui a toujours été de cet ordre depuis le commencement de sa fondation. Outre le grand nombre de religieux, de Donnés, d'ermites et de pensionnaires qui demeurent dans le monastère de Mont-Serrat, il y a encore plus de trois cent quarante tant serviteurs qu'officiers : on y donne le couvert à tout le monde, et aux pauvres du pain et de la viande, ou du poisson suffisamment. Les revenus de ce célèbre monastère ne sont pas suffisants pour fournir à une si grande dépense; mais les aumônes qu'on y fait et qui sont très-considérables y suppléent. L'habillement de ces religieux est semblable à celui du Mont-Cassin ou de Sainte-Justine, comme nous l'avons déjà dit.

Antonio Yépès, *Chronica general de la orden de San Benito.* Basilio de Arce, *Hist. del monasterio. de N. S. de Sopetram;* et Louis de Montagut, *Histoire de Notre-Dame de Mont-Serrat.*

Cette congrégation a été supprimée en Espagne sous le gouvernement de la reine-régente Marie-Christine, veuve du faible et imprudent Ferdinand VII.   B-D-E.

VALLICELLE.
Voy. ORATOIRE *d'Italie.*

VALLOMBREUSE (ORDRE DE).

§ 1. — *Origine de l'ordre de Vallombreuse, avec la Vie de saint Jean Gualbert, fondateur de cet ordre.*

L'ordre de Vallombreuse a eu pour fondateur saint Jean Gualbert. Son père, qui se nommait aussi Jean Gualbert, seigneur de Petroio au Val de Pesa, était d'une ancienne famille qui descendait, à ce que l'on prétend, de Bonacorso Bisdomini, lequel avait été fait chevalier par l'empereur Charlemagne. Il eut deux fils, Hugues et Jean, qui était notre saint. Il était déjà en état de porter les armes lorsqu'un de leurs parents ayant été tué (quelques-uns veulent que ce fut Hugues, son propre frère), son père l'engagea à en prendre vengeance, et l'obligea à chercher comme lui toutes sortes de moyens pour perdre celui qui avait commis cet homicide.

Un jour que ce saint, allant à Florence avec ses écuyers, pensait en lui-même où il pourrait aller chercher son ennemi, tant pour obéir aux ordres de son père que pour satisfaire sa propre vengeance, il fut aussi joyeux que surpris lorsque, par un hasard auquel il ne s'attendait pas, il aperçut celui dont il avait juré la perte venait au-devant de lui dans un lieu si étroit que ni l'un ni l'autre ne pouvait se détourner. Il crut que la fortune lui présentait une occasion favorable de s'en défaire, et il se préparait déjà à lui passer son épée au travers du corps, lorsque son adversaire, se jetant promptement à ses pieds, le supplia, les bras étendus en croix, de lui accorder le pardon pour l'amour de Jésus-Christ crucifié. Cette prière le désarma aussitôt, se ressouvenant que le Sauveur étant en croix avait pardonné à ses ennemis ; il apaisa sa fureur, et tendant la main au suppliant il l'assura qu'il lui pardonnait pour toujours.

Après cette action héroïque il entra pour faire sa prière dans l'église de Saint-Miniat, qu'il trouva peu après sur son chemin ; le crucifix devant lequel il priait baissa la tête et s'inclina, comme pour le remercier du pardon qu'il avait si généreusement accordé pour son amour. On garde encore ce crucifix dans cette église.

Ce miracle changea de telle sorte l'esprit et le cœur de ce jeune homme, qu'il pensa sérieusement à quitter le monde et à se donner tout à Dieu. Quand il fut arrivé près de Florence, il y envoya ses gens, sous prétexte de préparer le logis ; par ce moyen se trouvant seul et sans témoin, il retourna sur ses pas à Saint-Miniat, et demanda avec beaucoup d'instance l'habit monastique : l'abbé, pour l'éprouver, lui représenta toutes les rigueurs de la vie qu'il voulait embrasser, et combien une personne de sa qualité aurait de peine à souffrir la pauvreté dans la fleur et la force de sa jeunesse. Ses gens, ne le voyant point revenir à Florence, retournèrent à la maison et avertirent son père de ce qui s'était passé : ce qui obligea ce gentilhomme, qui en fut alarmé, d'aller à Florence, où il chercha partout son fils, et l'ayant enfin trouvé dans Saint-Miniat, il le redemanda à l'abbé et aux religieux, les menaçant de sa vengeance s'ils ne lui accordaient sa demande ; mais Jean Gualbert, animé d'un esprit extraordinaire de ferveur, et craignant que les religieux ne se rendissent aux volontés de son père, porta à l'église la cucule d'un des religieux qu'il avait trouvée, la mit sur l'autel, et après s'être coupé les cheveux, il s'en revêtit avec joie en présence de toute la communauté qui ne put s'empêcher de lui applaudir. Cette action héroïque de zèle et de piété ayant été rapportée à son père, il en fut tellement touché qu'il cessa ses menaces contre les religieux, eut pour lui des sentiments plus doux et approuva enfin sa résolution.

Il s'occupa, pendant l'année de son noviciat, à déraciner de son cœur le vice et à acquérir de solides vertus. Il employa pour cela les abstinences, les jeûnes, les veilles et les macérations corporelles. Son humilité était très-grande, et il obéissait aveuglément à la volonté de ses supérieurs. A peine eut-il fait profession, que l'abbé de Saint-Miniat vint à mourir ; Jean Gualbert fut élu en sa place par les suffrages de toute la communauté ; mais il fit tant d'instance pour être déchargé de cette dignité, qu'il fit consentir les religieux à procéder à une nouvelle élection.

Les historiens de l'ordre de Vallombreuse prétendent qu'après la renonciation de ce saint à cette abbaye, un religieux nommé Ubert l'obtint, moyennant une somme d'argent qu'il donna à l'évêque de Florence que quelques-uns disent avoir été Lambert, et d'autres Atthon 1er ; ils ajoutent que ce fut pour ce sujet que saint Jean Gualbert quitta ce monastère, mais qu'avant de se retirer dans la solitude il alla à Florence avec un autre religieux, et que, voulant soulever la populace contre l'évêque qu'ils accusaient publiquement de simonie, ils furent fort maltraités par ceux qui favorisaient ce prélat ; mais le P. Mabillon n'attribue la retraite de saint Jean Gualbert et sa sortie du monastère de Saint-Miniat qu'à l'amour qu'il avait pour la solitude, afin d'y vivre éloigné du tumulte du monde. Ni Lambert, ni Atthon, dit ce savant historien, n'ont été simoniaques. Lambert au contraire était un très-saint homme, qui, animé du désir d'une plus grande perfection, quitta son évêché en 1032, pour embrasser la vie monastique, et Atthon, son successeur, est appelé par Ughel un prélat digne d'une mémoire éternelle, pour ses belles actions et les grands bienfaits dont il enrichit, tant son église cathédrale que le monastère de Saint-Miniat.

Ce fut donc l'amour de la solitude et le désir d'une plus grande perfection qui firent sortir saint Jean Gualbert de Saint-Miniat avec cet autre religieux. Après avoir passé par divers lieux, ils vinrent à Camaldoli et y demeurèrent assez longtemps. Le prieur, Pierre Daguin, voulut engager Jean Gualbert à prendre les ordres et à promettre stabilité en ce lieu, mais il le refusa et se retira à Vallombreuse. La raison qu'en donnent le P. Mabillon et M. l'abbé Fleury, c'est parce que l'attrait de ce saint était pour la vie cénobitique. C'est aussi ce que disent les historiens de cet ordre ; mais, selon le plan de ce premier monastère que saint Jean Gualbert fit bâtir à Vallombreuse, il paraît qu'il avait d'abord plus d'inclination pour la vie érémitique, puisqu'il le fit bâtir à peu près sur le modèle de Camaldoli, les cellules étant séparées les unes des autres, comme on peut voir dans la représentation qu'en a donnée Didace de Franchi, abbé de Ripoli, dans la Vie de saint Jean Gualbert, et qu'il a fait graver sur le dessin qu'en avaient aussi donné avant lui Xante de Pérouse et Thadée Adémar.

Ce lieu, qui est situé dans les Apennins, à dix milles de Florence, plut à Jean Gualbert ; il a été nommé *Vallombreuse*, à cause que c'est une petite vallée ombragée de forêts de sapins qui couvrent les montagnes voisines ; mais il se nommait *Aqua-Bella* lorsque le saint y arriva, vers l'an 1038. Les historiens de cet ordre en mettent l'établissement en 1015, et même, selon Ascagne Tamburin, en 1012. Ils prétendent que leur saint fondateur y arriva en 1008, et qu'il y demeura sept années dans cette solitude avant que de jeter les fondements de son ordre. Mais il est aisé de les convaincre par eux-mêmes qu'ils se sont trompés : car si André de Gênes, Thadée Adémar, Eudose Locatelli et Didace de Franchi, dans la Vie de ce saint, mettent sa mort, selon l'opinion la plus universellement reçue, l'an 1073, à l'âge de quatre-vingts ans, il faut donc qu'ils conviennent qu'il est né en 993. Cela supposé, selon les mêmes auteurs, il quitta le monde et prit l'habit monastique à l'âge de dix-huit ans et demeura quatre ans dans le monastère de Miniat, avant que d'être élu abbé : ainsi son élection doit avoir été faite en 1015 ; après quoi, sans parler du temps qu'il passa à Camaldoli, il resta dans sa solitude sept ans avant que de travailler à l'établissement de son ordre : par conséquent il ne peut avoir commencé plus tôt qu'en l'année 1023, selon leur propre supputation.

Mais ce qui doit mieux les convaincre d'erreur, c'est qu'ils attribuent, comme nous l'avons dit, la sortie de saint Jean Gualbert du monastère de Saint-Miniat à la prétendue simonie d'Atthon Ier, évêque de Florence. Or il est certain que cet Atthon ne succéda à Lambert qu'en 1032, et si l'on y ajoute les sept années que ce saint fondateur passa dans la solitude, il est évident que leur ordre ne peut avoir commencé, selon cette dernière remarque historique, que vers l'année 1039.

La réputation de ce saint s'augmentant peu à peu, il lui vint de divers endroits plusieurs disciples, tant clercs que laïques ; et même plusieurs religieux du monastère de Saint-Miniat, qu'il avait quitté, se joignirent à lui. Son monastère avait plus la forme d'un ermitage que d'un couvent de cénobites : aussi a-t-il retenu pendant longtemps le nom d'ermitage de Vallombreuse. Le saint y fit bâtir un hospice où il recevait d'abord ceux qui se présentaient pour être ses disciples ; après les avoir éprouvés pendant quelque temps à garder les cochons, nettoyer tous les jours leurs étables, et en ôter les immondices avec leurs mains, sans se servir de pelles, il les admettait au noviciat, où il leur faisait observer exactement la règle de saint Benoît. L'année de probation étant finie, il leur faisait faire profession, et pour leur bien imprimer dans l'esprit et dans le cœur le mépris du monde, auquel ils étaient entièrement morts par cette même profession, il les faisait rester prosternés contre terre pendant trois jours, revêtus de leur cucule ou coule, gardant un silence exact et méditant la passion de Jésus-Christ.

Itte, abbesse de Saint-Ellero ou Saint-Hilaire, à qui appartenait le lieu où ils s'étaient établis, leur envoya quelques secours de vivres et de livres, et enfin leur donna le même lieu, appelé *Aqua-Bella*, avec un ample terrain pour étendre la fabrique de leur monastère, y ajoutant des prés, des vignes et des bois. Elle voulut qu'en reconnaissance les religieux de Vallombreuse donnassent tous les ans à son église une livre de cire et une livre d'huile ; mais elle se réserva, en qualité de fondatrice, le droit de nommer le supérieur. Quelque temps après, l'empereur Conrad étant à Florence et ayant ouï parler de ce monastère, envoya Rodolphe, évêque de Paderborn, pour en dédier l'église : car le siège de Fiesoli, dans le diocèse duquel Vallombreuse se trouvait, était vacant : ce qui paraît par l'acte de la donation de l'abbesse, datée de l'an 1039. Ce droit de censive, auquel les religieux étaient obligés par la même donation, dura longtemps : car il en est fait mention dans un privilége de Grégoire IX, de l'an 1228, accordé à Agnès, deuxième abbesse de Saint-Ellero ; mais l'an 1255, Alexandre IV ayant transféré ces religieuses dans un autre monastère, à cause de leur relâchement, accorda celui de Saint-Ellero aux religieux de Vallombreuse, avec toutes les terres et seigneuries qui en dépendaient. Quant au droit de nommer le supérieur, que l'abbesse Itte s'était réservé, il ne dura pas longtemps : car le pape Victor II accorda aux religieux la permission d'élire leur abbé.

Le monastère de Vallombreuse étant ainsi formé, Jean Gualbert en fut fait supérieur, malgré sa résistance extrême. Il s'appliqua à faire observer la règle de saint Benoît dans toute sa rigueur, principalement quant à la clôture des religieux, et il les fit habiller d'une étoffe grise : ce qui, selon les historiens de cet ordre, les fit appeler *les Moines gris*, pendant les quatre premiers siècles de leur établissement, c'est-à-dire jusque sous le généralat de Dom Blaise de Milan, qui leur fit prendre, en 1500, la couleur tannée. Quelque temps après la mort de leur fondateur, ils portaient sur leurs habits gris des scapulaires blancs, ce qui leur fut défendu, en 1453, par le général Dom François Altouity, qui leur recommanda l'observance de la couleur grise, comme étant l'ancien habillement de l'ordre. Pour leur tonsure, ils se rasaient le dessus de la tête, et laissaient en bas des cheveux en forme de cercle ; c'était la couronne des Romains, qui prétendaient imiter l'apôtre saint Pierre, comme nous l'avons dit ailleurs. Nous donnons ici la figure d'un de ces religieux de Vallombreuse avec la tonsure (1).

Cet habillement avait beaucoup de conformité avec celui des religieux de saint François, appelés *Frères Mineurs*, selon Didace de Franchi. D'après cet auteur, saint François, vers l'an 1224, étant venu à Vallombreuse par un temps de pluie, l'abbé Dom Bénigne, qui le vit tout mouillé, lui donna sa propre coule pour changer ; le saint ayant voulu la lui rendre avant son départ, l'abbé ne voulut pas la reprendre, et saint François, s'étant ceint de sa corde, la garda, et continua à s'en servir, ne trouvant que très-peu de différence entre ce vêtement et le sien. Cet auteur ajoute encore que l'on voit en peinture, dans le couvent de Sainte-Croix de Florence, l'habillement des religieux de Vallombreuse et de Saint-François, où l'on remarque la grande conformité qu'il y avait entre eux (2).

Les biens de Vallombreuse augmentant de jour en jour par les donations qu'on y faisait, saint Jean Gualbert reçut des laïques et frères convers pour avoir soin du temporel. Ils menaient la même vie que les moines, et ne différaient d'eux que par l'habillement, qui était plus court, et par un bonnet de peau d'agneau dont ils se couvraient la tête (3). Ils ne gardaient pas un silence aussi exact que ceux qui étaient destinés pour le

---

(1) *Voy.*, à la fin du vol., n° 158.
(2) *Voy.*, à la fin du vol., n° 159.
(3) *Voy.*, à la fin du vol., n° 160.

chœur, le silence étant incompatible avec les travaux du dehors, auxquels ils étaient occupés. C'est le premier exemple que l'on trouve des frères laïques ou convers distingués par leur état des religieux du chœur, qui étaient dès lors clercs pour la plupart, ou propres à le devenir, suivant la remarque de M. l'abbé Fleury.

Plusieurs personnes nobles offrirent à saint Jean Gualbert des places pour bâtir de nouveaux monastères, et plusieurs le prièrent d'en réformer d'autres. Entre les nouveaux qu'il fonda, le premier fut celui de Saint-Salvi, ainsi appelé à cause d'une chapelle dédiée à ce saint évêque d'Amiens, qui se trouvait dans le lieu qui lui fut donné l'an 1044. Mais il en fonda d'autres dans les Apennins, l'un à Moscheto, l'autre à Razzuolo, un troisième à Monte-Scalari. Ceux qu'il réforma, et où il mit de ses religieux, furent les abbayes de Passignano près de Sienne, de Sainte-Réparate, proche Florence, de Saint-Fidèle de Strumi au diocèse d'Arezzo, et de Fontaine-Thaone au diocèse de Pistoie. On lui donna encore Sainte-Marie de Coneo, Saint-Pierre de Mont-Verde et Saint-Sauveur de Vaiano.

Les monastères qu'il fondait étaient selon la pauvreté : il n'y avait rien de superflu. Étant allé visiter un jour celui de Moscheto, que M. l'abbé Fleury appelle *Muscetan*, il en trouva les bâtiments trop grands et trop beaux ; il appela Rodolphe, qui en était abbé, et lui dit d'un visage serein : *Vous avez bâti des palais à votre gré, et vous avez employé des sommes qui auraient servi à soulager un grand nombre de pauvres.* Puis, se tournant vers un petit ruisseau qui coulait auprès, il dit : *Dieu tout-puissant, vengez-moi promptement par ce ruisseau de cet énorme édifice.* A peine s'était-il éloigné que le ruisseau commença à s'enfler, et, tombant de la montagne avec impétuosité, il entraîna des arbres et des roches si grosses qu'elles ruinèrent le bâtiment de fond en comble. L'abbé, épouvanté d'un cas si extraordinaire, et songeant à rebâtir son monastère, voulait le changer de place ; mais saint Jean Gualbert l'en empêcha, et l'assura que ce ruisseau ne leur ferait plus de mal. Une autre fois, ayant appris que dans un de ses monastères on avait reçu un homme qui y avait donné tout son bien au préjudice de ses héritiers, il y alla aussitôt et demanda à l'abbé l'acte de la donation ; l'ayant pris, il le mit en pièces, en priant Dieu et l'apôtre saint Pierre de le venger de ce monastère. A peine se fut-il retiré que le feu prit au monastère et en brûla la plus grande partie. Ce saint homme, animé d'une sainte colère, ne daigna pas même se retourner pour le regarder.

Dieu, qui n'abandonne jamais les siens, et qui, par un effet de sa providence, pourvoyait abondamment aux besoins de ses religieux, permit un jour qu'ils manquassent de vivres. Notre saint fit tuer un mouton pour le leur distribuer avec trois pains qui restaient ; mais ils ne voulurent point toucher à la viande, et se contentèrent chacun d'un petit morceau de pain. Cette modération fut si agréable à Dieu, qu'il ne voulut pas la laisser sans récompense : le lendemain on leur amena des ânes chargés de blé et de farine, suivant la prédiction du saint abbé. Une autre fois il fit tuer un bœuf en pareille occasion, aimant mieux donner de la chair à ses religieux que de les laisser mourir de faim ; mais comme ils étaient résolus de souffrir plutôt la faim que de transgresser leur règle, Dieu, par un nouveau prodige, pourvut encore à leur besoin. Pareil miracle arriva encore lorsqu'il reçut le pape Léon IX, avec sa suite, dans son monastère de Passignano : ayant demandé à l'économe s'il avait du poisson, et apprenant qu'il n'en avait point, il envoya les frères convers pour pêcher dans un lac voisin du monastère ; et quoique tous les religieux l'assurassent qu'on n'avait jamais vu de poisson dans ce lac, il ordonna néanmoins à deux frères convers d'y aller. Ceux-ci ayant obéi, ils y trouvèrent deux gros brochets, qu'il présenta au pape.

L'exemple de Jean Gualbert et ses exhortations convertirent plusieurs clercs, qui, laissant leur vie efféminée et scandaleuse, commencèrent à s'assembler près des églises, à embrasser une vie toute spirituelle et à vivre en commun. Il fit aussi bâtir plusieurs hôpitaux et réparer plusieurs églises. Ce saint se déclara l'ennemi de la simonie, qui était fort répandue de son temps parmi les évêques. Pierre, évêque de Florence, était accusé d'avoir donné trois mille livres pour avoir son évêché : les religieux de son diocèse, ayant à leur tête saint Jean Gualbert, ne voulurent plus reconnaître Pierre pour leur évêque, et firent soulever une partie du peuple et du clergé contre lui ; ils soutenaient que l'évêque étant simoniaque, et par conséquent hérétique ; il n'était pas permis de recevoir les sacrements de sa main, ni de ceux qu'il avait ordonnés. Saint Pierre Damien, qui se trouvait à Florence, tenta, mais inutilement, d'apaiser ce différend : il n'approuvait pas le sentiment des religieux, et soutenait qu'on ne devait pas se séparer de l'évêque, tant qu'il n'était pas juridiquement condamné.

Celui qui avait le plus d'autorité sur ces religieux et sur saint Jean Gualbert était un reclus nommé *Theuzon*, qui passa cinquante ans enfermé près du monastère de Sainte-Marie à Florence, d'où il donnait des avis à ceux qui l'allaient consulter. Il avait beaucoup de zèle contre la simonie, et ce fut par son conseil que Jean Gualbert alla crier dans la place publique que l'évêque était manifestement simoniaque, ne craignant point d'exposer sa vie pour l'utilité de l'Église. L'évêque, voyant une partie de son clergé et de son peuple animé contre lui, crut les intimider en faisant tuer les religieux, auteurs de la sédition. Il envoya pour cet effet, de nuit, une multitude de gens à pied et à cheval, avec ordre de brûler le monastère de Saint-

Salvi, et de faire main basse sur les religieux. L'évêque croyait que l'on y trouverait saint Jean Gualbert, mais il en était sorti la veille. Les gens de l'évêque entrèrent dans l'église pendant que les religieux célébraient les Nocturnes; ils se jetèrent sur eux l'épée à la main, en blessèrent plusieurs, renversèrent les autels, pillèrent ce qu'ils trouvèrent et mirent le feu au monastère. Cette violence rendit l'évêque plus odieux et grossit beaucoup le parti des religieux. Dès le lendemain, plusieurs personnes de l'un et l'autre sexe vinrent à Saint-Salvi, apportant, chacun selon son pouvoir, ce qui était nécessaire aux religieux. Ils s'estimaient heureux d'en voir quelqu'un ou de recueillir de leur sang et le garder pour relique. Jean Gualbert ayant appris cette nouvelle à Vallombreuse, en sortit aussitôt pour aller à Saint-Salvi, dans l'espérance d'y souffrir le martyre. Il félicita l'abbé et les religieux des maux qu'ils avaient endurés pour la justice, et après quelques moments de conversation qu'ils eurent sur ce sujet, ils prirent la résolution d'aller à Rome accuser l'évêque dans le concile qui s'y tenait pour lors, l'an 1063, par le pape Alexandre II. Plus de cent évêques y étant arrivés, ils y dénoncèrent publiquement l'évêque comme simoniaque et hérétique, déclarant qu'ils étaient prêts à entrer dans un feu pour le prouver; mais le pape ne voulut ni déposer l'évêque, ni accorder aux religieux l'épreuve du feu, voyant que d'un côté la plus grande partie des évêques favorisait celui de Florence, et que de l'autre l'archidiacre Hildebrand, qui fut depuis pape sous le nom de Grégoire VII, prenait le parti des religieux.

L'évêque de Florence, voyant qu'il n'avait point été condamné à Rome, en devint encore plus fier et recommença à persécuter davantage ceux de son clergé qui continuaient, avec les religieux, à se séparer de lui comme simoniaque; en sorte que l'archiprêtre et plusieurs autres, ne pouvant souffrir ces violences, furent obligés de sortir de la ville, et se réfugièrent au monastère de Settimo, qui, après avoir été de l'ordre de Cluny, était alors de celui de Vallombreuse, et est passé depuis entre les mains des religieux de Cîteaux. (Il est nommé Settimo à cause qu'il n'est éloigné de Florence que de sept milles.) Saint Jean Gualbert, qui s'y trouvait alors, les reçut avec beaucoup de charité et leur donna tout le secours qui lui était possible; mais le parti de l'évêque était protégé par Godefroi, duc de Toscane, qui menaçait de mort les religieux et les clercs qui lui étaient opposés, ce qui leur attira une grande persécution.

Le pape, qui vint alors à Florence, vit le bois préparé pour le feu où les religieux voulaient entrer, afin de prouver que l'évêque était simoniaque; mais il refusa de consentir à leur demande, et se retira, laissant dans la division et le trouble le clergé et le peuple, qui enfin, lassés de tant de calamités, sollicitèrent fortement l'évêque, dans une assemblée qui se tenait pour lors, de se justifier des accusations portées contre lui. Les clercs s'offrirent de subir pour lui le jugement de Dieu s'il était innocent, ou, s'il voulait recevoir l'épreuve du feu, que les religieux avaient voulu faire à Rome et à Florence, d'aller les en prier.

L'évêque refusa l'un et l'autre : il obtint au contraire un ordre de faire mener prisonniers au gouverneur ceux qui ne le reconnaîtraient pas pour évêque et ne lui obéiraient pas; si quelqu'un s'enfuyait de la ville, ses biens devaient être confisqués, et les clercs qui s'étaient réfugiés à l'église de Saint-Pierre, pour lors hors des murs de la ville, devaient se réconcilier avec lui, ou être chassés de Florence, sans espérance d'être écoutés. En exécution de cet ordre, le soir du samedi après le mercredi des Cendres de l'année 1067, ces clercs étant assemblés dans l'église de Saint-Pierre pour réciter les divins offices, on les chassa de cette église sans avoir égard à la sainteté du lieu. Il se fit alors un grand concours de peuple, et principalement de femmes, qui, ayant ôté leurs voiles de dessus leurs têtes, marchaient les cheveux épars, se frappant la poitrine et jetant des cris pitoyables, comme si elles avaient perdu leurs maris ou leurs enfants. Elles se prosternaient dans les rues pleines de boues : elles disaient dans leurs plaintes : *Hélas! hélas! Jésus, on vous chasse d'ici, on ne vous permet pas de demeurer avec nous! Vous le voudriez bien, mais Simon le Magicien ne vous le permet pas. O saint Pierre! comment ne défendez-vous pas ceux qui se réfugient chez vous? Etes-vous vaincu par Simon? Nous croyions qu'il était enchaîné en enfer, et nous voyons qu'il vient vous attaquer impunément à votre honte!* Les hommes menaçaient de brûler la ville, résolus d'en sortir avec leurs femmes et leurs enfants, pour suivre Jésus-Christ. *Vous voyez,* disaient-ils, *que Jésus-Christ se retire d'ici, parce que, suivant sa doctrine, on ne résiste point à celui qui nous chasse; et nous aussi, mes frères, brûlons cette ville, afin que le parti hérétique n'en jouisse pas, et allons-nous-en avec nos femmes et nos enfants partout où Jésus-Christ ira, suivons-le si nous sommes chrétiens.*

Les clercs qui suivaient le parti de l'évêque, touchés de ces discours, fermèrent les églises, ne sonnèrent plus les cloches, ne chantèrent plus publiquement les offices divins ni la messe, et s'étant assemblés, ils délibérèrent d'envoyer au monastère de Settimo, pour prier les religieux de leur faire connaître la vérité, promettant de la suivre. Ils prirent jour au mercredi suivant, qui était celui de la première semaine de carême. Le lundi et le mardi ils firent des prières particulières pour ce sujet. Le mercredi matin, un clerc fut député vers l'évêque, et le pria, si ce que les religieux de saint Jean Gualbert disaient de lui était véritable, de l'avouer franchement, sans tenter Dieu et fatiguer inutilement le clergé et le peuple, et s'il était innocent, de venir avec eux. L'évêque refusa d'y aller, et sollicita même ce clerc à ne point s'y rendre; mais il lui répondit que, puisque tout le monde allait au jugement de Dieu, il irait aussi et s'y conformerait; en sorte que ce jour-là il l'honorerait plus que jamais, ou qu'il le mépriserait entièrement.

Sans attendre ce député, tout le clergé et le peuple accourut au monastère de Settimo. Les femmes ne furent point effrayées par la longueur et l'incommodité du chemin rempli d'eau bourbeuse; les enfants ne furent point retenus par le jeûne : car ils l'observaient alors, en sorte qu'il se trouva à la porte du monastère environ huit mille personnes, qui demandèrent aux religieux l'épreuve du feu pour prouver ce qu'ils avaient avancé contre l'évêque de Florence. Aussitôt le peuple dressa deux bûchers, l'un à côté de l'autre, chacun long de dix pieds, large de cinq et haut de quatre et demi; et entre les deux était un chemin large d'une brasse, semé de bois sec et aisé à brûler. Cependant on chantait des psaumes et des litanies, et dès que les deux bûchers furent prêts, on choisit un religieux nommé *Pierre* pour entrer dans le feu. Par ordre de l'abbé il alla à l'autel pour célébrer la messe, qui fut chantée avec grande dévotion et quantité de larmes, tant de la part des religieux que des clercs et des laïques. Quand on vint à l'*Agnus Dei*, quatre religieux s'avancèrent pour allumer les bûchers : l'un portait un crucifix, l'autre de l'eau bénite, le troisième douze cierges allumés, et le quatrième l'encensoir plein d'encens. Le peuple en les voyant éleva sa voix vers le ciel. On chanta *Kyrie eleison* d'un ton lamentable, on pria Jésus-Christ de venir défendre sa cause. Les femmes principalement eurent recours à la sainte Vierge, pour prier son Fils d'entreprendre sa défense. L'on entendait le nom de saint Pierre qui retentissait en l'air, parce qu'il avait condamné Simon le Magicien, et celui de saint Grégoire pape, qu'on priait d'être présent à cette cérémonie pour vérifier ses décrets.

Pendant que chacun priait à sa manière, le religieux Pierre ayant communié et achevé la messe, ôta sa chasuble, gardant les autres ornements sacerdotaux et portant une croix; il chantait les litanies avec les abbés et les religieux, et rempli de confiance en Dieu il s'approcha ainsi des bûchers déjà embrasés. Le peuple redoubla ses prières avec une ardeur incroyable. Enfin on fit faire silence pour entendre les conditions auxquelles se faisait l'épreuve du feu. On choisit un abbé qui avait la voix forte pour lire distinctement au peuple une oraison contenant ce que l'on demandait à Dieu. Tous l'approuvèrent, et un autre abbé ayant imposé silence et élevé sa voix dit : *Mes frères et mes sœurs, Dieu nous est témoin que nous faisons ceci pour le salut de vos âmes, afin que désormais vous évitiez la simonie, dont presque tout le monde est infecté, et qui est si abominable que tous les autres péchés ne sont rien en comparaison.*

Les deux bûchers étaient déjà réduits en charbon, et le chemin d'entre deux en était couvert, en sorte qu'en y marchant on en aurait eu jusqu'aux talons, comme on vit depuis par expérience. Alors le religieux Pierre, par ordre de l'abbé, prononça à haute voix cette oraison, qui tira les larmes de tous les yeux : *Seigneur Jésus-Christ, qui êtes la lumière de tous ceux qui croient en vous, j'implore votre miséricorde, et je prie votre clémence, afin que, si Pierre de Pavie a usurpé le siége de Florence pour de l'argent (ce qui est l'hérésie simoniaque), vous me secouriez dans ce terrible jugement, et me préserviez par un miracle de toute atteinte du feu, comme vous avez autrefois conservé les trois enfants dans la fournaise.* Après que tous les assistants eurent répondu *Amen*, il donna le baiser de paix à ses frères. On demanda au peuple combien il voulait qu'il demeurât dans le feu; il répondit qu'il suffisait qu'il passât gravement au milieu.

Le religieux Pierre, faisant le signe de la croix sur les flammes, et portant sa croix sur laquelle il arrêtait sa vue sans regarder le feu, y entra gravement nu-pieds, avec un visage gai; on le perdit de vue tant qu'il fut entre les deux bûchers; mais on le vit bientôt paraître de l'autre côté sain et sauf, sans que le feu eût fait la moindre impression sur lui. Le vent de la flamme agitait ses cheveux, soulevait son aube et faisait flotter son étole et son manipule; mais rien ne brûla, pas même le poil de ses pieds. Il raconta depuis qu'étant près de sortir du feu, il s'aperçut que son manipule lui était tombé de la main, et qu'il retourna le reprendre au milieu des flammes. Quand il fut sorti du feu, il voulut y rentrer : mais le peuple l'arrêta, lui baisant les pieds; chacun s'estimait heureux de baiser la moindre partie de ses habits. Peu s'en fallut qu'il ne fût étouffé par le peuple qui était autour de lui, et les clercs eurent bien de la peine à l'en tirer. Tous chantaient à Dieu des louanges, répandant des larmes de joie; on exaltait saint Pierre et on détestait Simon le Magicien.

Le peuple et le clergé de Florence écrivirent aussitôt au pape Alexandre II tout ce qui s'était passé, le suppliant de les délivrer de cet évêque simoniaque. Le pape y eut égard, et déposa Pierre de Pavie, qui se soumit à ce jugement, et se convertit si bien, qu'il se réconcilia avec les religieux, et prit même l'habit de leur ordre dans le monastère de Settimo, auquel (à ce qu'on prétend) il laissa quelques biens, qui furent appliqués par Pierre II, abbé de ce monastère, à l'hôpital de ce lieu.

Après ce miracle du feu, les religieux de Vallombreuse furent en grande estime : le comte Guillaume Bulgare donna à saint Jean Gualbert l'abbaye de Fucecchio dans le diocèse de Luques, le priant d'y mettre pour abbé ce religieux Pierre qui avait passé par le feu, et qui fut, à cause de cela, surnommé *Igné*. Ce religieux, que l'ordre de Vallombreuse compte au nombre de ses saints, fut fait dans la suite cardinal et évêque d'Albane en 1074, par Grégoire VII. Il était de la famille des Aldobrandins. S'étant fait religieux à Vallombreuse, il s'appliqua à la recherche de toutes les vertus, mais principalement à celle de l'humilité, qu'il pratiquait dans un si haut degré de perfection que, malgré la noblesse de son extraction, il ne dédaigna pas de garder les ânes et les vaches, selon l'ordre qu'il en avait reçu de son supérieur; mais son mérite ne permettant pas qu'il restât toujours dans un emploi si bas et si humiliant, il fut fait dans la suite prévôt de Passignagno.

Saint Jean Gualbert, après avoir par son zèle extirpé la simonie, qui était alors si commune, donna tous ses soins au gouvernement de son ordre ; étant allé en 1073, à Passignagno pour y faire la visite de ce monastère, il y tomba malade et y mourut. Peu avant sa mort, il fit assembler ses religieux, et ayant pris par la main le bienheureux Rodolphe, abbé de Moscheto, il le nomma pour son successeur, ce qui n'empêcha pas qu'après qu'on eut donné la sépulture à son corps, les religieux, pour observer les formalités ordinaires, ne s'assemblassent à Vallombreuse, où, conformément aux intentions de leur fondateur, ils élurent pour général le bienheureux Rodolphe, qui obtint du pape Grégoire VII la confirmation de cet ordre et de ses privilèges. Le bienheureux Rustique de Florence lui succéda en 1076, et celui-ci eut pour successeur le bienheureux Erizzo de Florence, l'an 1092. Ces généraux augmentèrent si considérablement cet ordre que, dans le premier siècle de son établissement, on y comptait déjà plus de cinquante abbayes. Ils furent d'abord perpétuels, ensuite triennaux; à présent ils exercent leur office pendant quatre ans. Ils se servent d'ornements pontificaux, honneur qui fut premièrement accordé à Nicolas de Sienne, abbé de Passignagno, l'an 1352, par le pape Clément VI, et l'an 1372, par Grégoire XI, à l'abbé de Vallombreuse, qui était autrefois le premier prélat de la Toscane et juge apostolique dans les diocèses de Florence et de Fiésoli, sur les taxes qui se payaient au pape. Lorsque les généraux étaient perpétuels, ils prenaient la qualité d'abbés de Notre-Dame et de tout l'ordre de Vallombreuse, et de comtes de Canette, de Mont-Verde, de Guald et de Magnal. Ils avaient aussi séance dans le sénat de Florence, et étaient souvent commis par les souverains pontifes pour pacifier les différends qui s'élevaient entre les ecclésiastiques de Toscane.

Dom Averard Nicolini, abbé de Vallombreuse, qui avait été auparavant général de cette congrégation, fit rebâtir en 1637 cette abbaye, avec toute la magnificence dans laquelle on la voit présentement. Les femmes n'entrent qu'à certains jours dans l'église, et Clément VIII, par un bref de l'an 1596, ordonna qu'elles n'y pourraient entrer que le jour de saint Jean Gualbert, le jeudi et le vendredi saints et le jour de l'Assomption de Notre-Dame, à cause que ce jour-là on distribue pour quatre cents livres de dot à de pauvres filles.

Quoique Didace de Franchi dise que cet ordre n'a jamais eu besoin de réforme, il y a bien de l'apparence que si l'observance régulière y avait toujours été fidèlement gardée, on ne lui aurait pas donné quelquefois pour généraux des religieux d'un autre ordre, comme Placide Pascanelli, religieux du monastère de Saint-Benoît de Mantoue, qui fut le vingt-neuvième général de Vallombreuse, nommé par le pape Eugène IV, et Blaise de Milan, trente-unième général, qui, après avoir gouverné cet ordre pendant trente-six ans, fut privé de son office et envoyé en exil à Gaëte par le pape Léon X en 1515, à la place duquel ce pontife mit Jean-Marie de Florence, de l'ordre de Saint-Dominique, qui gouverna celui de Vallombreuse pendant huit ans; ayant été fait évêque d'Hippone et suffragant de Pistoie en 1523, par le pape Adrien VI, le généralat fut rendu à Blaise de Milan, qui fut le dernier général perpétuel. Nous apprenons par l'Itinéraire d'Ambroise le Camaldule que ce savant homme fut nommé par le pape Eugène IV pour visiteur général de l'ordre de Vallombreuse ; et le cardinal Justinien, protecteur de cet ordre, voulant le réformer en 1601, nomma pour son commissaire, visiteur et réformateur de cet ordre, le P. Léonardi, fondateur des clercs réguliers de la Mère-de-Dieu de Lucques ; celui-ci retrancha plusieurs abus qui s'étaient glissés dans cet ordre, et fit plusieurs règlements pour y établir l'observance régulière.

Nous avons dit que les religieux de Vallombreuse ont été les premiers de l'ordre de Saint-Benoît qui ont admis des frères convers. Il y avait aussi des sœurs converses qui faisaient une espèce de profession entre les mains de l'abbé, et vivaient comme en société sous l'obéissance des supérieurs de l'ordre. Leur habit consistait en une robe et un scapulaire gris, et elles avaient un voile noir pour couvrir leur tête (1). Quelques-unes étaient veuves : il y en avait aussi qui étaient mariées et qui embrassaient cet état du consentement de leurs maris, qui se retiraient de leur côté dans des cloîtres d'hommes. Après avoir offert leurs héritages au monastère, elles en jouissaient leur vie durant, et y demeuraient sous la conduite d'un frère convers d'un âge avancé et d'une vie mortifiée. Elles étaient obligées à certains jeûnes et à réciter quelques prières; mais ces converses, qui ne furent admises qu'après la mort de saint Jean Gualbert, ne durèrent pas plus d'un siècle. Les convers étaient religieux, au lieu que les converses n'étaient pas religieuses; elles étaient, selon toutes les apparences, du nombre de celles qui se donnaient en servitude, elles et leurs descendants, à un monastère, comme nous l'avons dit dans un autre article. Celles de Vallombreuse jouissaient leur vie durant de

---

(1) *Voy.*, à la fin du vol., n° 161.

leurs biens, s'il en faut croire Didace Franchi et quelques autres historiens de cet ordre.

Saint Jean Gualbert fut canonisé par le pape Célestin III en 1193. Saint Atton, huitième général, qui écrivit sa Vie, fut évêque de Pistoie ; saint Bernard d'Ubertis et saint Thésauro de Pavie, qui avaient été aussi généraux de cet ordre, furent faits cardinaux, le premier par Urbain II, l'autre par Paul III. Saint Guale, évêque de Bresce, et saint Lanfranc de Pavie, s'étant démis de leurs évêchés, se firent religieux de cet ordre, qui a aussi fourni à l'Eglise plusieurs autres saints, quantité d'illustres prélats, et grand nombre d'écrivains, dont un des plus célèbres est Ascagne Tamburin, qui a été aussi général de cet ordre. Le P. Venant Simii en a donné, en 1693, un catalogue où il marque les papes Grégoire VII et Pascal II comme religieux du même ordre, qui a eu aussi, selon lui, sept cardinaux et trente-quatre archevêques et évêques.

Ces religieux, qui, comme nous avons dit, avaient pris en 1500 la couleur tannée, sont présentement habillés de noir, aussi bien que les convers, qui ont quitté leurs bonnets de peau d'agneau pour prendre des chapeaux. Ils ont pour armes d'azur à un bras issant du côté senestre de l'écu, revêtu d'une manche de coule noire et tenant un bâton pastoral en forme de crosse appointée de deux têtes de lion, que le général Bernard Gianfigliazzi y ajouta.

Quelques historiens de cet ordre parlent de trois congrégations différentes qui en sont sorties ; ce sont celles de Saint-Salvi, de Saint-Ariald et de Vallombroselle. Didace de Franchi prétend que le monastère de Saint-Salvi n'a point formé avec ceux qui lui étaient unis de congrégation différente de celle de Vallombreuse, mais seulement une province particulière. Quoi qu'il en soit, il est au moins certain que le monastère de Salvi et celui de Passignano se séparèrent du chef de l'ordre, sous l'autorité du pape Calixte III, et qu'ils firent union avec quelques autres, ce qui dura jusque sous le pontificat d'Innocent VIII, qui les réunit à leur chef en 1484. Quant à la congrégation de saint Ariald, Ascagne Tamburin est le seul écrivain qui en parle. Il cite les Vies manuscrites de saint Jean Gualbert et du bienheureux Rodolphe, qui sont conservées dans les archives de Vallombreuse, où il dit qu'il en est fait mention. Mais il se trompe fort lorsqu'il dit que cette congrégation de saint Ariald fut instituée en 1080 par ce saint et ses compagnons : ce qui est impossible, puisqu'il est certain qu'il avait déjà souffert le martyre, en 1066, pour avoir combattu avec force et courage contre les simoniaques, condamné avec une sainte liberté les débauches excessives des clercs, qui dans ce temps-là vivaient d'une manière fort licencieuse et impudique, et attaqué en particulier Gui, archevêque de Milan, qui, ne pouvant souffrir son zèle pour la foi et les bonnes mœurs, le fit

mourir. Ce qui me paraît le plus probable, c'est que cette congrégation n'a jamais été, et qu'elle est supposée ; car, outre qu'Ascagne Tamburin est le seul qui en ait parlé, l'histoire ecclésiastique, qui n'aurait pas omis cette circonstance, ne dit point que saint Ariald ait été religieux, mais seulement archidiacre de l'Eglise de Milan.

Ceux qui combattirent avec lui contre les simoniaques furent le comte Herlembaud, qui était un homme de guerre et qui souffrit aussi le martyre pour la même cause l'an 1073 ; Syrus, qui était un prêtre de l'Eglise de Milan, et André de Parme, qui, après la mort de saint Ariald, devint disciple de saint Jean Gualbert, et fut ensuite abbé de Strumi. Tels furent les compagnons de saint Ariald : ainsi il n'y a point lieu de douter que la congrégation qu'Ascagne Tamburin prétend qu'ils ont formée ne soit supposée.

On pourrait porter le même sentiment de la congrégation de Vallombroselle, que les historiens de l'ordre de Vallombreuse disent avoir été instituée par le roi saint Louis, qui, pour la dévotion qu'il portait à saint Jean Gualbert, fit bâtir un monastère près Paris, où il mit la main droite de ce saint qu'il avait reçue de l'abbé Bénigne, quinzième général de cet ordre, et que ce prince unit à ce monastère plusieurs autres abbayes qui formèrent la congrégation de Vallombroselle, qui s'étendit beaucoup en France, principalement en Dauphiné. Il y a des historiens de cet ordre qui disent que ce fut à Paris même que saint Louis fit bâtir ce monastère, qui fut dédié à saint Jean Gualbert ; mais le lieu où ce monastère était situé n'est pas venu à la connaissance de ceux qui ont fait la recherche des antiquités de Paris. Je ne trouve qu'un monastère de l'ordre de Vallombreuse en France, qui est celui de Corneillac au diocèse d'Orléans, dont Dussaussoy parle dans les Annales ecclésiastiques de ce diocèse. Il dit qu'il fut fondé par un seigneur qui, en revenant de Jérusalem sur la fin du XIe siècle, et ayant passé par Rome, où il obtint du pape des reliques de saint Corneille et de saint Cyprien, amena avec lui en France des religieux de l'ordre de Vallombreuse, avec leur prieur André, auxquels il fit bâtir, dans le diocèse d'Orléans, un beau monastère qu'il nomma *Corneillac*, à cause des saints Corneille et Cyprien dont il avait obtenu des reliques, qu'il mit dans l'église de ce monastère.

Avant de finir ce qui regarde l'ordre de Vallombreuse, nous ferons remarquer l'erreur de Schoonebek, qui, en parlant de cet ordre, dit que saint Jean Gualbert alla à Camaldoli en 1008, et qu'il établit son ordre en 1040, ce qui est une erreur fort considérable, puisque ce saint, au sortir de Camaldoli, se retira à Vallombreuse, ou peu de temps après il jeta les fondements de son ordre. Outre cela, il dit que ce saint fondateur donna à ses religieux des habits bleus, selon la forme

---

(1) *Voy.*, à la fin du vol., n° 162.

de ceux des Camaldules, mais que présentement ils sont habillés de violet, ce qui fait voir le peu d'exactitude de cet auteur, puisqu'ils n'en ont jamais eu de bleus, et que présentement ils en ont de noirs.

Voyez Diego de Franchi, *Hist. del patriarcha S. Giovanni Gualberto* ; Ascagn. Tamburin, *de Jur. abbat.*, disput. 24, quæst. 5, num. 20 ; Silvestr. Maurolic, *Mar. Ocean. di tutt. le relig.*, lib. II, pag. 120 ; Paul Morigia, *Hist. delle Relig.*, cap. 26 ; Joan. Mabillon, *Acta SS. Ord. S. Bened.*, sæcul..... et *ejusd. Ord. Annal.*, tom. IV ; Fleury, *Hist. eccles.*, tom. XIII ; Hermant, *Establiss. des Ordres religieux*, et Schoonebek, *Hist. des Ordres religieux.*

§ 2. — *Des religieuses de l'ordre de Vallombreuse, avec la Vie de sainte Humilité, leur fondatrice.*

Saint Jean Gualbert ne fut point le fondateur des religieuses de son ordre, puisqu'elles ne furent instituées que près de deux cents ans après sa mort par sainte Humilité. Elle naquit l'an 1226, et reçut le nom de Rosane sur les fonts de baptême. Le P. Papebroch (Bolland., 22 *Maii*) prétend que ce nom lui fut donné par rapport à la comté de Rosane ou Rossan, qui est située entre Parme et Reggio, suivant la coutume de quelques Italiens, qui prennent le nom du pays ou du lieu d'où ils tirent leur origine. Mais ce ne doit pas être là la raison qui fit donner à sainte Humilité le nom de *Rosane*, puisqu'elle naquit à Faënza, ville de la province de la Romandiole. Son père, qui était un gentilhomme de cette ville, nommé *Altimonte*, et sa mère *Richilde*, prirent un grand soin de son éducation. Dès ses plus tendres années elle s'adonna à l'oraison et à la contemplation des choses célestes ; elle était éloignée des amusements ordinaires aux personnes de son âge. Elle avait horreur de toutes les vanités si communes au sexe. Plus elle avançait en âge, plus elle sentait les effets de la grâce dans son cœur ; ce qui lui donnait tant de dégoût pour le monde et un si grand attrait pour la retraite, qu'elle résolut enfin de demander à ses parents la permission de quitter le monde, et de se consacrer à Dieu par la profession religieuse. Elle les en pria avec toutes les instances possibles ; mais comme ils n'avaient qu'elle d'enfants, et qu'ils voulaient l'établir dans le monde, bien loin de lui accorder sa demande, ils la firent garder à vue, de peur qu'elle ne leur échappât, et qu'à leur insu elle n'entrât dans un monastère.

L'empereur Frédéric II ayant assiégé Faënza, qu'il prit l'an 1241, un des parents de ce prince, charmé de la beauté de Rosane, la voulut épouser ; mais elle répondit qu'elle ne voulait point d'autre époux que Jésus-Christ. Cependant, son père et sa mère étant morts, elle fut contrainte d'obéir à ses tuteurs et d'épouser un gentilhomme de Faënza nommé *Ugolotte Caccia-Nemici*, dont elle eut plusieurs enfants. Après avoir passé neuf ans ensemble, elle lui proposa de se séparer et de garder la continence, ce qu'il rejeta ; mais Dieu permit qu'étant tombé malade, les médecins lui dirent que pour recouvrer sa santé et la conserver il n'y avait point d'autre remède que de vivre dans la continence, et qu'autrement il courait risque de tomber dans une langueur qui lui causerait la mort. Ugolotte fut par ce moyen obligé d'accorder à sa femme ce qu'elle désirait.

Mais comme il se défiait de ses forces, pour mieux réussir dans son dessein, il se fit religieux dans le monastère de Sainte-Perpétue, près Faënza, qui était de l'ordre des chanoines réguliers de Saint-Marc de Mantoue ; comme ce monastère était double, Rosane entra aussi parmi les filles du même ordre, où elle changea son nom de Rosane en celui d'*Humilité*. Ne voulant pas être seulement humble de nom, mais encore d'effet, elle s'employa aux plus vils ministères de ce monastère. Quelque temps après, pressée intérieurement d'un ardent désir de la solitude, elle en sortit, et se renferma dans une cellule près l'église de Saint-Apollinaire, qui dépendait de l'abbaye de Saint-Crespin, de l'ordre de Vallombreuse. Elle y demeura recluse pendant douze ans, avec une constance et une austérité dignes de sa vertu, ne vivant que de pain et d'eau, et ajoutant à cette nourriture quelques herbes amères aux jours de fêtes solennelles. Son abstinence était si grande, que trois onces de pain lui suffisaient chaque jour ; elle ne faisait jamais qu'un repas, portait continuellement un cilice, dormait sur la terre nue, macérait son corps par de nouvelles mortifications qu'elle inventait chaque jour, et employait tout le jour et la plus grande partie de la nuit à la prière et à la méditation.

Plusieurs saintes filles voulurent l'imiter et se renfermer dans des cellules aux environs de la sienne, ce qui ayant été connu de l'évêque de Faënza et de plusieurs autres personnes pieuses, ils la sollicitèrent de sortir de sa réclusion pour bâtir un monastère. Celui qui la persuada le plus d'en sortir fut Dom Plebano, général de l'ordre de Vallombreuse, qui gouverna cet ordre depuis l'an 1258 jusqu'en 1272. Elle sortit donc de sa cellule, et bâtit un monastère dans un lieu appelé Sainte-Marie-Nouvelle. Elle eut en peu de temps beaucoup de disciples qui voulurent vivre sous sa conduite. Elle leur fit pratiquer la règle de saint Benoît et les observances de l'ordre de Vallombreuse, soumettant son monastère à la juridiction du général de cet ordre, auquel elle promit obéissance. Dieu lui donna un merveilleux talent pour gouverner ses filles ; elle s'acquittait de sa charge de supérieure avec une prudence admirable, et elle connaissait par révélation divine le secret du cœur de ses filles ; ce qui parut manifestement dans l'avis qu'elle donna à une d'entre elles d'une faute que la honte l'avait empêchée de confesser.

Après avoir gouverné son monastère de Faënza pendant quelques années, elle alla à Florence, où, avec le consentement de Valentin II, général de Vallombreuse, elle bâtit un autre monastère, dont les fondements furent jetés en 1282, et l'église fut consacrée par l'évêque de Florence en 1297. Les miracles qu'elle fit rendirent son nom célèbre : elle ressuscita un enfant, fit beaucoup de guérisons, et eut le don de prophétie. Un gentilhomme de la ville étant venu la consulter, elle lui conseilla de mettre ordre aux affaires de sa conscience, parce qu'il devait mourir le jour du vendredi saint suivant, ce qui arriva selon sa prédiction.

Enfin, arrivée à une extrême vieillesse, malgré sa vie pénitente et austère, dont elle ne relâcha rien tout le temps qu'elle vécut, elle tomba dangereusement malade, et mourut le 13 décembre de l'an 1310, âgée de plus de quatre-vingt-quatre ans. Elle fut enterrée dans l'église de son monastère de Saint-Jean-l'Evangéliste de Florence. Mais les Florentins, appréhendant que leur ville ne fût assiégée par les troupes du pape Clément VII, jointes à celles de l'empereur Charles V, et voulant la fortifier, firent abattre ce monastère, qui était hors de la ville, dans un poste d'où l'armée ennemie aurait pu les incommoder. Le corps de la sainte fondatrice fut porté dans un autre monastère de la ville, qui fut donné à ces religieuses, où elles restèrent jusqu'en 1534 (et non 1524, comme le dit le P. Papebroch, en deux endroits); mais Alexandre de Médicis, premier duc de Toscane, voulant faire bâtir une citadelle à Florence au lieu où se trouvait ce monastère, obligea les religieux de Vallombreuse d'abandonner à ces religieuses leur monastère de Saint-Salvi, qui leur fut cédé par le général de l'ordre; la Mère Dianore Machiavelli, qui était alors abbesse de ces religieuses, en prit possession, et y fit transporter le corps de leur fondatrice, qui y repose depuis ce temps-là, avec celui de sainte Marguerite, aussi religieuse de cet ordre.

Quant au monastère de Faënza, que sainte Humilité avait aussi fondé, comme il était exposé aux insultes des gens de guerre, à cause qu'il était aussi hors de la ville, le pape Alexandre VI, l'an 1501, consentit qu'on le transférât dans la ville, au lieu où était auparavant celui de Sainte-Perpétue, qui, ayant été abandonné par les Chanoines et religieuses de l'ordre de Saint-Marc de Mantoue, avait été ruiné.

Quelques auteurs prétendent que l'origine des religieuses de Vallombreuse est beaucoup plus ancienne, et la font remonter jusqu'à l'an 1100; d'autres se contentent de la mettre en 1153; mais la plus commune opinion est qu'elles ont eu pour fondatrice sainte Humilité. C'est le titre que lui donne Dom Ignace Guiducci, qui a écrit sa Vie, et Bucelin, dans son Ménologe des saints de l'ordre de Saint-Benoît, dit qu'elle a été la première institutrice des religieuses de cet ordre; ainsi elles ne peuvent pas être si anciennes, puisque cette sainte ne naquit qu'en 1226. Ces religieuses sont habillées de noir; cet habillement consiste en une grande coule, elles ont sur la tête un grand voile blanc, et par-dessus un voile noir, mais plus petit (1). Elles ont aussi les mêmes observances que les religieux du même ordre, et ont huit ou dix monastères en Italie. Sainte Berte était aussi de cet ordre. Il y en a qui prétendent que ce fut elle qui fonda le monastère de Cauriglia, et d'autres qu'elle fut seulement tirée d'un autre monastère par le bienheureux Gualdo, général de l'ordre, pour en être supérieure; ces religieuses et tout l'ordre de Vallombreuse mettent aussi au nombre de leurs saints sainte Viridiane, qui demeura trente ans recluse; mais le tiers ordre de Saint-François réclame cette sainte comme lui appartenant, et en fait l'office double le 1er février.

Voyez Ignazio Guiducci, *Vita di S. Humilita da Faënza, badessa et fondatr. delle monache. dell. ord. di Vallomb.*; Bolland., 22 Maii. Jacqueline Bouète de Blémure, *Année Bénédict.*; Bucelin, *Menolog. Benedict.*; le P. Bonanni, *Catal. de gl. Ord. relig.*, et Ascag. Tamburin, *de Jur. abbat.*, disp. 24, quæst. 5, num. 21.

L'ordre de Vallombreuse ou Valombreuse n'eut d'extension qu'en Italie. Il y existe encore et y possède quelques maisons. Le général réside à Florence. C'était, il y a quelques années, et c'est peut-être encore aujourd'hui le R. P. abbé Dom François Groppelli qui possédait cette première dignité de l'ordre. Le procureur général est le Père abbé Dom Romain Camerucci, résidant à Rome.
B-D-E.

VALVERT DE NUYS (Congrégations de), *unies à celle de Vindeseim.*

Voy. Vindeseim, § 2.

VALVIN (Ermitage de).

Voy. Passion *de Notre-Seigneur-Jésus-Christ.*

VANNE et SAINT-HIDULPHE (Bénédictins de la congrégation de Saint-).

Des Bénédictins réformés de la congrégation de Saint-Vanne et de Saint-Hidulphe, avec la Vie de Dom Didier de la Cour, leur réformateur.

Les congrégations des Exempts (dont nous avons parlé sous ce mot) ayant été formées par quelques monastères, plutôt pour se soustraire à la juridiction des évêques, que pour réformer les mœurs corrompues de la plupart des religieux de l'ordre de Saint-Benoît, ne pouvaient pas rendre à cet ordre son ancien lustre, puisque le motif de ces institutions n'était pas l'acquisition d'une plus grande perfection, mais au contraire l'envie de n'être point inquiétées dans leurs manières de vivre, libres et opposées à l'esprit de leur état ; ce fut en vain que le cardinal Charles de Lorraine, légat du pape dans les évêchés de Metz, Toul et Verdun, travailla à la réforme des monastères de ce pays-là : il jugea le mal si incurable, qu'il sécularisa les abbayes

(1) *Voy.*, à la fin du vol., n° 165.

de Gorze et de Saint-Martin de Metz, et les prieurés de Notre-Dame de Nancy, de Salone, de Varangeville et de Saint-Nicolas, dont il fit appliquer les revenus à l'Église primatiale de Nancy ; il proposa même au pape Clément VIII de supprimer entièrement l'ordre de Saint-Benoît dans les provinces de sa légation.

Mais lorsque tous les moyens de réforme semblaient le plus désespérés, et qu'on avait résolu d'en abandonner l'entreprise, Dieu suscita un saint homme qui fut le restaurateur de la discipline monastique en France et en Lorraine, et qui y fit revivre l'esprit de saint Benoît, dont il professait la règle. Ce fut Dom Didier de la Cour, qui naquit à Monzeville, à trois lieues de Verdun, l'an 1550. Son père se nommait *Bertrand* de la Cour, et sa mère *Jeanne* Bonccart, tous deux alliés aux premières maisons de la province, mais pauvres des biens de la fortune, puisqu'ayant perdu tout ce qu'ils avaient pendant la guerre, ils furent obligés de labourer leurs terres pour subsister. Didier de la Cour fut envoyé, à l'âge de dix-sept ans, à Verdun, où, par un secret de la Providence, s'étant logé près de l'abbaye de Saint-Vanne, il prit la résolution, quelque temps après, de s'y rendre frère convers, n'ayant aucune teinture des sciences. Il en parla à N. Bonccart, son oncle maternel, lieutenant général de la ville, et par son moyen il obtint de l'évêque, qui était aussi son parent et abbé de Saint-Vanne, d'être reçu non-seulement au nombre des religieux de cette abbaye, mais d'avoir encore rang parmi les religieux du chœur. La communauté en murmura beaucoup, se plaignant que c'était faire tort à une maison si célèbre, d'y donner entrée à un ignorant, toujours élevé à la campagne ; cependant l'autorité de l'évêque les obligea à lui donner l'habit. Il reçut d'abord beaucoup de mauvais traitements, mais sa patience et sa douceur lui gagnèrent enfin l'affection de quelques religieux du monastère, qui prirent soin de lui enseigner les premiers éléments de la grammaire. Il se rendit fort assidu, et après avoir surmonté les premières difficultés, il fit voir tant de dispositions pour les lettres, qu'afin de lui donner plus de moyen de s'y avancer, on l'envoya étudier en l'université de Pont-à-Mousson. Il y fit son cours de philosophie et de théologie, et passa maître ès arts.

Au commencement de sa théologie, qui fut en l'année 1581, il reçut l'ordre de prêtrise à l'âge de trente ans, et après avoir fini son cours de théologie, il prêcha quelques sermons qui firent connaître le talent qu'il avait pour la prédication, où il aurait excellé si ses occupations lui eussent permis de s'adonner à cet exercice. Il retourna à son monastère avec une forte résolution d'observer exactement la règle dont il faisait profession ; mais il y trouva de grands obstacles de la part des autres religieux, qui ne pouvaient souffrir qu'il voulût se distinguer. Il ne pouvait s'empêcher de leur représenter l'obligation qu'ils avaient de vivre d'une manière plus conforme à leur état qu'ils ne faisaient. Ces discours, au lieu de faire impression sur leurs esprits, lui attirèrent au contraire leur aversion ; pour se défaire de lui comme d'un censeur incommode, ils lui persuadèrent de retourner à Pont-à-Mousson, afin de se perfectionner dans l'étude de la théologie et d'apprendre les langues grecque et hébraïque : ce qu'il accepta comme une chose qui lui était fort avantageuse, et qui flattait la grande passion qu'il avait pour les sciences.

Après quelques années de séjour dans cette université, il retourna à Saint-Vanne, sans y trouver aucun changement dans la conduite des religieux, qui, ne pouvant souffrir la vie exemplaire du P. Didier, et craignant la réforme de leur monastère (l'évêque qui en était abbé leur ayant donné souvent des avis de réformer leurs mœurs), résolurent d'éloigner celui qui pouvait contribuer à cette réforme. Ils feignirent pour cet effet de la vouloir embrasser, et engagèrent le P. Didier d'aller à Rome, afin de travailler à la désunion de la mense abbatiale de Saint-Vanne d'avec celle de l'évêché de Verdun, à laquelle elle avait été unie, lui faisant accroire que c'était le moyen de réussir dans la réforme. Il partit donc de Verdun en 1587 ; mais étant arrivé à Rome il ne fut pas longtemps sans s'apercevoir de la fourberie de ses confrères : car, bien loin de trouver les lettres de change qu'ils lui avaient promises, ils l'abandonnèrent entièrement, ce qui l'obligea de revenir en Lorraine.

De retour dans son abbaye, il eut quelque dessein de changer d'ordre, parce que celui de Saint-Benoît n'avait plus rien en France de son premier esprit : il consulta sur ce sujet des personnes de piété, qui lui conseillèrent de demeurer dans son état et d'y vivre le plus régulièrement qu'il pourrait. Il suivit cet avis, et pour mettre sa conscience en repos, il alla trouver le prieur, mit à ses pieds le peu d'argent qu'il avait, le priant d'en disposer aussi bien que de ses meubles et de ses livres, et lui proposa de se retirer dans un ermitage pour y vivre à la manière des anciens solitaires. Il en obtint facilement la permission ; le prieur lui donna pour retraite l'ermitage de Saint-Christophle, dépendant du monastère de Saint-Vanne, à quatre lieues de Verdun. Il demeura dix mois dans ce lieu, ne vivant que de pain et d'eau, et il aurait continué ce genre de vie jusqu'à sa mort, si Dieu, qui l'avait choisi pour réformer son ordre, n'en eût disposé autrement. Les guerres que l'hérésie causa en France l'obligèrent de sortir de sa solitude pour se mettre à couvert des insultes des soldats. Au sortir de son ermitage, il entra chez les Minimes, qui le reçurent avec beaucoup de joie et lui donnèrent l'habit de leur ordre. Mais, conservant toujours beaucoup d'affection pour celui de Saint-Benoît, il sortit quelque temps après du couvent des Minimes, et rentra à Saint-Vanne, plus résolu que jamais de travailler à la réforme de son ordre : ce qui réussit enfin comme il le souhaitait.

L'évêché de Verdun, auquel était unie la mense abbatiale de Saint-Vanne, comme nous l'avons déjà dit, étant tombé entre les mains du prince Erric de Lorraine, ce prélat se trouva si plein de bonnes intentions, que le P. Dom Didier de la Cour n'eut pas de peine à le faire entrer dans le dessein de réformer son monastère. Ces dispositions du nouvel évêque de Verdun furent comme les premières ouvertures à la réforme générale, et la démission volontaire du prieur de Saint-Vanne, qui fit en même temps élire en sa place Dom Didier, acheva de faciliter l'entreprise. Ce fut en 1596 que le nouveau prieur prit soin de cette maison : n'ayant accepté cette charge qu'aux instances réitérées de l'évêque, il se crut en droit d'exiger de lui qu'il le soutînt dans le ministère où il entrait par ses ordres. Comme il était résolu de mettre l'observance régulière dans cette maison, malgré l'opposition des religieux, l'évêque fut obligé de seconder ses désirs ; mais il ne lui accorda pas tout d'un coup ce qu'il demandait : il proposa la chose à son conseil, qui ne conclut d'abord qu'à une mitigation qui tendait seulement à empêcher que les religieux ne violassent ouvertement leurs vœux, sans toutefois retrancher ni les jeux ni les divertissements qui leur étaient ordinaires. On s'aperçut bientôt du peu d'effet de ce conseil, qui retournait à la confusion de ceux qui en étaient les principaux auteurs, puisqu'il n'empêchait pas le scandale que causait une liberté si contraire à l'état religieux : ce qui obligea enfin l'évêque à déférer aux instances de Dom Didier, qui proposait d'entreprendre le rétablissement de l'étroite observance de la règle de saint Benoît, en donnant l'habit à des jeunes gens de bonne volonté qu'il prendrait soin de former lui-même aux exercices de la réforme, sans s'arrêter aux anciens religieux, incapables pour la plupart de se réduire à une vie régulière ; afin qu'ils ne servissent pas d'obstacles à ses desseins, il obtint, vers l'an 1598, un bref qu'il exécuta avec le consentement de l'évêque, envoyant dix-huit de ces anciens religieux à Moyenmoutier en Vosge, qui, ainsi que Saint-Vanne, était aussi sous la juridiction de ce prince.

Le P. Dom Didier reçut dans le même temps quatre jeunes hommes qui, après l'année de probation, firent leurs vœux entre ses mains, le 30 janvier 1600, après avoir renouvelé lui-même sa profession entre celles de son évêque, qui était venu exprès à la cérémonie de ces nouveaux profés. Ils furent bientôt suivis de plusieurs autres, et l'abbaye de Saint-Vanne fut remplie en peu de temps d'excellents sujets, tous animés de ferveur et de zèle. C'était à qui se surpasserait par une sainte émulation dans la pratique de la vertu, et surtout dans l'exercice de la charité. L'abstinence, les jeûnes, les veilles, l'oraison continuelle, les saintes lectures, le travail des mains et le silence, étaient si bien rétablis dans Saint-Vanne, que tout le monde en était dans l'admiration et louait la piété et le zèle du réformateur, qui, non content d'avoir banni de son monastère les mœurs déréglées des anciens, crut en mieux oublier les manières, devoir changer jusqu'à l'habit, qu'il fit faire selon les modèles qu'il avait fait venir du Mont-Cassin, où il croyait que la forme de l'habit de saint Benoît s'était mieux conservée qu'ailleurs.

L'observance régulière étant parfaitement établie à Saint-Vanne, l'évêque de Verdun lui proposa la réforme de son abbaye de Moyenmoutier en Vosge, dédiée à saint Hidulphe, archevêque de Trèves. Dom Didier y envoya en 1601 plusieurs de ses religieux, sous la conduite de Dom Claude-François, qui, par l'amour qu'il avait pour l'observance régulière, aussi bien que par les autres beaux talents dont il était doué, fut jugé très-capable d'exécuter une telle entreprise ; il y réussit en effet. La liaison que contractèrent ensuite ces deux abbayes, qui furent les premières réformées, donna lieu à l'érection de la congrégation connue sous le nom de Saint-Vanne et de Saint-Hidulphe, titulaire des deux monastères. Le P. Rozet fut député pour aller à Rome en demander la confirmation au pape Clément VIII ; l'évêque de Verdun employa son crédit et ses amis pour en obtenir les bulles nécessaires ; le pontife, à la recommandation de plusieurs cardinaux, principalement du cardinal Baronius, érigea ces deux monastères en congrégation sur le modèle de celles du Mont-Cassin et de Sainte-Justine de Padoue, et communiqua à tous les monastères qui voudraient s'agréger à ceux de Saint-Vanne et de Moyenmoutier les privilèges, grâces, indulgences, immunités, libertés, faveurs et indults octroyés auparavant par le saint-siège à la congrégation du Mont-Cassin, comme on le voit par la bulle de ce pontife du 7 avril 1604. Le premier chapitre général fut célébré dans Saint-Vanne au mois de juillet de la même année, où Dom Didier fut élu président tant du chapitre que du régime, et prieur de Saint-Vanne, Dom Rozet visiteur, et Dom Claude-François prieur de Saint-Hidulphe ; mais parce que les supérieurs de la congrégation n'étaient pas abbés, comme ceux de la congrégation du Mont-Cassin, Dom Rozet fut envoyé une seconde fois à Rome, au commencement du pontificat de Paul V, afin d'obtenir la confirmation de ce que son prédécesseur avait accordé, et demander à Sa Sainteté que les visiteurs et supérieurs eussent le même pouvoir que les abbés de la congrégation du Mont-Cassin, qui avait servi de modèle à celle de Saint-Vanne. Le pape accorda cette demande par un bref du 23 juillet 1605, ce qui obligea le P. Rozet d'aller au Mont-Cassin pour s'instruire parfaitement des points nécessaires au rétablissement de la règle dans toute sa perfection, aussi bien que des droits et des privilèges dont jouissaient les abbés de l'ordre.

Pendant que le P. Rozet agissait si utilement en Italie, le cardinal Charles de Lorraine, dont nous avons parlé, voyant qu'il pouvait alors exécuter plus facilement le dessein qu'il avait formé de rétablir la discipline régulière dans tous les monastères qui étaient situés dans les terres de sa légation, obtint un bref du pape, du 27 septembre 1605, pour pouvoir unir tous les monastères de l'ordre de Saint-Benoît à la nouvelle réforme de Saint-Vanne. Il commença par son abbaye de Saint-Michel en Lorraine, dont plusieurs autres monastères de Lorraine et des environs suivirent l'exemple, en sorte que peu d'années après on compta près de quarante monastères unis à cette congrégation, dont les principaux furent Saint-Mansui et Saint-Evre à Toul, Saint-Nicolas à deux lieues de Nancy, Saint-Arnoul, Saint-Clément, Saint-Symphorien et Saint-Vincent à Metz, et Saint Pierre de Luxeuil. Enfin, après que Dom Didier eut beaucoup travaillé pour l'augmenter, Dieu voulut couronner ses travaux par une mort précieuse. Il employa un an entier à s'y préparer avec beaucoup de ferveur, et mourut dans le monastère de Saint-Vanne, le 14 novembre 1623, à l'âge de soixante-douze ans. Il y a dans cette congrégation quelques abbayes qui ne sont point en commende, et qui sont gouvernées par des abbés réguliers, comme celles de Moyenmoutier, de Saint-Michel, de Sénone, Munster, Saint-Avold, Longueville et quelques autres. L'église du monastère de Sainte-Croix à Nancy ayant été bâtie depuis peu d'années avec beaucoup de magnificence, le duc de Lorraine Léopold I*er* fit ériger ce monastère en abbaye, sous le titre de Saint-Léopold, par le pape Clément XI. L'abbé, qui est aussi régulier, n'est que pour cinq ans, et ceux qui en ont été abbés succèdent aux autres abbés perpétuels des autres monastères lorsqu'ils meurent.

Le chapitre général de cette congrégation se tient tous les ans. On y procède à l'élection d'un président dont le pouvoir finit au bout de l'année. Ces religieux sont habillés comme ceux du Mont-Cassin et ont pour armes une couronne d'épines au milieu de laquelle est le mot (*Pax*) surmonté de trois larmes et un cœur enflammé en pointe.

Chronic. général. de l'ord. de Saint Benoît, tom. IV, centur. IV, chap. 6 et seq. Dom Michel Félibien, *Histoire de l'abbaye de Saint-Denis*, liv. VII, pag. 451, et M. Jaqueline de Blemure, *Année Bénédictine*.

Pendant le XVIII*e* siècle, le trouble se mit aussi, à la suite de la désobéissance, dans la congrégation de Saint-Vanne. Plusieurs Bénédictins, et en plusieurs maisons, ne voulurent point recevoir la bulle *Unigenitus*, et en appelèrent au futur concile général. Le corps de la congrégation et ses supérieurs ne partageaient point, grâces à Dieu, ces malheureuses dispositions. Le célèbre et savant Dom Calmet fit à la diète tenue à Verdun en 1730 de louables efforts pour amener tout le monde à la soumission, en représentant qu'après ce qui avait été dit en faveur de la bulle, on ne pouvait sans présomption s'opposer au pape et à presque tous les évêques du monde unis de sentiments. Il proposa un projet d'acceptation qu'il envoya dans toute la province de Champagne, lequel mentionnait le retrait de l'appel, la condamnation des *Réflexions morales* du P. Quesnel, et l'acceptation formelle de la bulle *Unigenitus*. Presque tous les religieux de l'abbaye de Mouzon le rejetèrent. Au chapitre général qui se tint à l'abbaye de Saint-Mansuy à Toul, au mois d'avril de la même année, et où l'évêque de Toul était commissaire du roi, il y eut aussi de nombreuses oppositions, et on décréta que les prieurs, sous-prieurs, maîtres et procureurs, avant de commencer l'exercice de leur emploi, signeraient le Formulaire, et accepteraient les bulles *Vineam* et *Unigenitus*. Il y eut des protestations multipliées contre ce chapitre, que les jansénistes appelèrent le *brigandage de Toul*. L'année suivante, le chapitre général, indiqué comme ci-devant à Luxeu en Franche-Comté, fut par ordre du roi encore tenu à Toul, où Bigon (l'évêque diocésain) eut de nouveau des mesures fâcheuses à prendre. On fut obligé, alors et plus tard, de sévir contre les révoltés. En 1737, plusieurs se soumirent, et le chapitre général tenu à Saint-Mihiel apporta un mieux à cette congrégation malheureuse. Il faut convenir que l'évêque de Toul, commissaire du roi, la tenait trop sous sa dépendance, et qu'il en était d'elle comme de tant d'autres corporations religieuses au dernier siècle, qui n'avaient pas la liberté dont elles doivent jouir. Quel droit naturel et religieux peut exercer un commissaire du roi dans un chapitre de communauté ?

La congrégation de Saint-Vanne était composée de trois provinces ; son général était appelé président, et le chapitre général se tenait chaque année, tantôt dans une abbaye de l'ordre, tantôt dans l'autre. Le jansénisme y avait énervé la discipline et la subordination, mais le corps de l'institut restait toujours édifiant et utile. Les choses étaient sur ce pied quand, en 1766, parut la trop fameuse congrégation des Réguliers, dont il sentit un des premiers la malheureuse influence. Comme d'autres corporations, il sembla y vouloir une ère de réforme et de renaissance ; il le dit du moins par l'organe de son président en écrivant la préface de ses constitutions nouvelles, réglées et adoptées dans son chapitre général. Ce chapitre se tint à l'abbaye de Moutier-en-Der, et s'ouvrit le premier mai 1768, en vertu de l'édit donné par Louis XV, au mois de mars de la même année.

Les nouvelles constitutions sont divisées en deux parties, dont la première, composée de deux sections, traite du régime de toute la congrégation. La première section, qui contient vingt-six chapitres, règle l'administration de la congrégation pendant la tenue du chapitre général ; l'autre, dans cinq chapitres seulement, règle le régime de la congrégation hors le temps du chapitre général. Une première modification, ou même innovation importante, c'est qu'il est statué que les chapitres généraux n'auront plus lieu que tous les trois ans, quinze jours après Pâques. Ils seront composés du président, des visiteurs, à quelque distance qu'ils demeurent du lieu où se ferait la réunion capitulaire; de tous ceux qui auront dans la congrégation une prélature, et par là on n'entend pas ceux qui ont la charge de commissaires, mais ceux qui sont prieurs ou abbés; et enfin d'un moine élu et député par chaque monastère. Ces derniers, c'est-à-dire les députés conventuels, ne prendront pas part à tous les votes. On élira sept définiteurs entre les prélats composant le chapitre, et l'un d'eux sera choisi pour président du chapitre. On nommera aussi un secrétaire, un chancelier du chapitre, des portiers ou huissiers, des Pères définiteurs, un dépositaire de la congrégation. Après avoir examiné les affaires des monastères, on procédera à l'élection des prélats et dignitaires des maisons et de la congrégation. Il faudra que celui qu'on élira pour président de tout le régime ait occupé une prélature, et avant de le choisir on célébrera solennellement la messe de saint Benoît, et il ne sera élu qu'à la majorité de plusieurs voix au delà de la moitié des votants, et il ne lui sera pas permis de refuser la charge qu'on lui donne. C'est également dans le chapitre général qu'on nommera les sous-prieurs, doyens, maîtres des novices. A la dernière séance du chapitre on proclamera le président élu pour trois ans, lequel recevra la communauté au baisement des pieds; les prélats, après la proclamation desquels les capitulaires se réuniront de nouveau pour choisir les diétaires, qui devront être trois prélats, un de chacune des provinces de Lorraine ou Bar-le-Duc, de Champagne et du comté de Bourgogne. Ces diétaires ne pourront être choisis entre ceux qui auront été président, général, visiteurs ou diétaires dans le dernier triennat. En dernier lieu on proclamera les noms des sous-prieurs, du chancelier, des procureurs généraux, du maître des novices, du doyen, de ceux qui sont appelés aux ordres; on publiera les admonitions, le nom des profès reçus depuis le dernier chapitre général, des frères défunts en chaque monastère, des fugitifs ou apostats, le nom du lieu où se tiendront le premier chapitre triennal et les diètes annuelles.

La seconde section des constitutions traite, comme je l'ai dit ci-dessus, du régime ou gouvernement de la congrégation hors le temps du chapitre général. Le R. P. président du régime sera considéré comme premier visiteur et père de la congrégation; partout il aura les honneurs et la première place. C'est lui qui autorisera les emprunts que feront les monastères, soit gratuitement, soit à charge de rente; il aura possession du grand sceau de la congrégation, duquel les Pères font usage pour les affaires importantes; il aura aussi le registre du chapitre, et en tiendra un spécial de ses actes les plus importants, etc. Il ne pourra aller à Rome sans l'assentiment des deux visiteurs de la province qui l'aura député. Les visiteurs, et à plus forte raison les simples prélats et simples frères, ne pourront y aller sans permission. Il visitera les monastères, excepté celui où il aurait été prieur l'année précédente, et qui serait gouverné par un religieux qui aurait eu de son temps la seconde place. La même mesure est prescrite à l'égard des visiteurs. Il autorisera les mutations de demeure, la réception des novices à la profession, les édifices plus importants à élever dans quelque monastère, jugera les différends élevés entre les monastères ou les personnes de la congrégation. Le P. président et les visiteurs auront un cachet à leur usage; sur ce cachet sera écrit le mot *Pax;* ainsi l'avait aussi la congrégation de Saint-Maur. Les visiteurs feront leurs fonctions au temps et dans les formes prescrits.

Dans l'intervalle d'un chapitre à l'autre, si le président ou un visiteur se met dans un cas grave, après quatre admonitions, il sera déposé par les visiteurs, les diétaires et trois Pères pris dans le voisinage. On pourra suspendre, non le visiteur, mais le président, qui alors reprendra son rang dans son monastère, où il sera privé de toute juridiction, et même de voix active et passive.

Tous les ans, excepté quand aura lieu le chapitre général, on tiendra une congrégation ou diète solennelle le second dimanche après Pâques, où le président et six autres Pères seront réunis. Ceux qui n'y sont point convoqués ont, comme pour le chapitre général, ordre de se rendre ou dans le lieu de la réunion, ou dans les lieux circonvoisins. Comme dans les ordres qui n'ont point perdu leur ferveur et dans les congrégations bien administrées, les membres ne seront point liés absolument à une maison, mais iront où l'obéissance les enverra. Les mutations ne se feront pourtant point sans cause ni à la discrétion seule du président.

Le cinquième chapitre est consacré à régler le mode à suivre pour accepter de nouveaux monastères au nombre de ceux de la congrégation. On ne les acceptera pas sans des réflexions mûres, même hors le temps du chapitre général, à qui le droit d'acceptation est décerné, si ce n'est dans des cas exceptionnels. On députera deux religieux graves pour examiner le monastère offert, et voir s'il est situé dans un lieu aéré, solitaire, ou dans une ville; s'il n'est point exposé à ce que le gouvernement, en cas de guerre, y fasse des tours et une citadelle; si les lieux réguliers sont en ordre, ainsi que la bibliothèque et le mobilier de la sacristie; s'il y a des revenus suffisants pour l'entretien de neuf personnes, car on veut qu'il n'y ait pas moins de neuf religieux dans chaque maison de la congrégation; s'il n'a point de dettes; si on peut espérer d'y faire le bien, etc. Si les conditions requises s'y trouvent, on n'acceptera que selon les prescriptions des lois civiles et ecclésiastiques. Si le monastère accepté a un abbé régulier ou commendataire qui ne voudrait pas donner sa démission, on fera avec ce prélat un arrangement selon qu'il paraîtra être plus avantageux à la congrégation, et cet arrangement ou accord devra être muni de l'autorisation ecclésiastique et royale. Pour aliéner un monastère du corps de la réforme, il faut des circonstances impérieuses et le consentement des trois quarts des voix au chapitre général, et encore ce n'est que pour les cas de mutation dans le même diocèse, c'est-à-dire que la congrégation n'abandonnerait un de ses monastères qu'à condition d'en prendre un autre dans le même diocèse. On évitera, autant que possible, d'accepter la tutelle des monastères de religieux, soit sous la protection de toute la congrégation, soit sous la protection d'une seule maison, et il faut même le consentement de la moitié des prélats réunis au chapitre général pour accepter seulement l'usage de visite d'une communauté de femmes.

La seconde partie des nouvelles constitutions règle le régime des monastères en particulier, comme la première avait donné des règles au régime de toute la congrégation. Elle est également divisée en deux sections, dont la première traite des exercices spirituels, et d'abord de ce qui regarde l'église et l'office divin. Les religieux entreront gravement au chœur deux à deux et faisant une génuflexion devant le saint sacrement. Toutes les fois que le saint sacrement sera exposé, il y aura toujours au moins une personne en adoration. Les fautes commises au chœur seront, comme il se pratique avec édification dans les communautés réformées, punies immédiatement suivant leur gravité. L'office de la sainte Vierge, dit au jour marqué par les rubriques, se chantera avec la même gravité que le grand office, et toujours debout, même à Matines et à Laudes, si ce n'est qu'on s'asseoira pendant les leçons. A cause de la brièveté des nuits et pour laisser plus de loisir à la lenteur que demande la récitation du grand office, Matines et Laudes de la sainte Vierge se diront hors du chœur depuis la Purification jusqu'au premier d'octobre. La confession est prescrite chaque semaine pour les religieux non prêtres. Quant aux prêtres, il leur est enjoint d'en approcher fréquemment. Il se tiendra une conférence spirituelle tous les dimanches.

Le sixième chapitre est consacré à recommander et à régler le silence, d'où dépend, dit-il, principalement la discipline monastique (*Ex quo pendet monasticæ disciplinæ pars præcipua*). Outre qu'il est prescrit dans les lieux réguliers, et depuis Complies jusqu'au lendemain après Prime, il l'est encore dans le jour pendant l'heure de la méridienne et plus longtemps aux jours de jeûne d'Église. On le gardera en tout temps dans la maison, excepté à la récréation du dîner, à laquelle il est pourtant joint dans les jeûnes d'Église, et même en certains jeûnes de règle. Les promenades extérieures auront lieu (excepté dans l'avent et le carême) toutes les deux semaines dans l'intervalle du dîner à Vêpres, et même toutes les semaines pour les étudiants qui auront vacances la semaine qui précédera le premier dimanche de l'avent. Il y aura même promenade tous les jours, si ce n'est le vendredi dans la semaine de la Sexagésime, et récréation plus prolongée le lundi et le mardi avant le carême. Les jeux de cartes sont défendus; les jeux de hasard, à partie intéressée, sont également prohibés, et même les jeux honnêtes ne seront permis que durant le temps de la récréation. Pour donner plus d'avantages aux frères dans leurs méditations et leurs études, le dortoir ne sera pas commun, mais divisé en cellules, ce qui est cependant contre l'esprit et la lettre de la règle de saint Benoît. On couchera sur une paillasse, et on se servira d'une chaise couverte de paille, ou tout au plus de cuir noir. Au dîner, il y aura, les jours de jeûne comme les autres jours, le potage, deux plats, avec un dessert composé de fruits ou un troisième plat. Au souper, même service, moins la soupe : le jour du vendredi saint fera exception. Les supérieurs seront servis absolument comme les autres religieux. Le dîner aura lieu à onze heures, le souper à cinq heures et demie. Aux jours de jeûne d'Église, le dîner sera à midi et la collation à l'heure ordinaire; mais en carême cette collation se fera immédiatement après Complies. On fera toujours maigre, et l'on n'aura point de poissons ni de vins délicats. Le sujet des lectures du réfectoire est prescrit par les constitutions. Dans l'avent, les deux jours de carnaval, le carême et quelques vigiles, l'usage des œufs et du fromage est défendu. Tous les vendredis de l'année, même au temps pascal; les religieux, s'ils n'ont pas fête chômée, auront jeûne de règle, de plus le mercredi à partir de la Pentecôte jusqu'à l'Exaltation de la sainte croix, et depuis cette fête jusqu'au carême tous les jours non fériés, si ce n'est la semaine qui précède l'avent et celle qui précède le carême, dont les vendredis restent cependant jours de jeûne. Dans les jeûnes de règle, le soir on permettra des légumes cuits et des fruits à la collation, mais dans les jeûnes d'Église on ne permettra que trois onces de pain sec. On prendra la discipline une fois la semaine pendant le cours de l'année, deux fois en carême, et quatre fois dans la semaine sainte.

On aura le plus grand soin des malades, et sur ce point je remarque dans les constitutions une disposition qui prouve le bon esprit et la bonne administration de la congrégation. Les monastères où l'on enverra les frères atteints d'une infirmité ou maladie habituelle ne pourront demander aucune indemnité à la maison d'où viendra ce religieux. Voilà comment il faut entendre dans un ordre l'esprit de pauvreté, d'obéissance et de communauté.

Tous les jours après Prime, le supérieur assignera un travail manuel, pendant une heure, aux frères qui ne seront point employés aux études ou aux affaires temporelles du monastère. En cas d'urgence, le travail devra être plus long et plus fréquent. Personne ne sera exempté du nettoyage de propreté qui se fait tous les samedis. Les occupations étant si diverses, on ne peut assigner un temps précis pour tous, relativement aux lectures pieuses. Les plus sages précautions sont prescrites pour la promotion aux ordres, la direction spirituelle, etc.

Le chapitre treizième est consacré à régler les études. L'édit funeste donné par Louis XV, cette année-là même (1768), reculant la profession jusqu'à la vingt-unième année, la congrégation a cru devoir prendre des mesures contre les effets désastreux de ce décret. On recevra des jeunes gens dès l'âge de dix-huit ans, et même plus jeunes s'il est nécessaire ; on leur donnera une sorte d'habit monastique en présence de la communauté réunie au chapitre, et on leur fera faire une sorte de noviciat préparatoire, en leur enseignant les humanités, et, l'année de la probation légale et canonique, on leur donnera avec cérémonie la coule ou manteau sans manches, qu'ils ne porteront point auparavant. On tient à garder, par la culture des sciences ecclésiastiques, la réputation que la congrégation a gagnée dans l'application aux études. Il y a dans ce chapitre une réflexion judicieuse digne de servir de modèle, et qui, reprochant à la plupart des maîtres, dans les colléges, de dédaigner les auteurs chrétiens, dit que dans l'état monastique les professeurs suivent une autre voie et donnent à traduire par leurs élèves les auteurs qui ont la meilleure réputation de bonne latinité : comme saint Cyprien, Lactance, saint Jérôme dans ses lettres, Salvien ; ce qui ne les empêchera pas de faire un choix dans les livres des auteurs profanes. Il y a aussi dans ce même chapitre des prescriptions fort sages pour l'enseignement des sciences profanes, de la philosophie, de la théologie, dans le cours de laquelle on a cru devoir prescrire de traiter des quatre articles donnés par le clergé gallican en 1682, et ce, pour se conformer à l'édit de 1768. Les étudiants seront alternativement exemptés de l'assistance à l'office de la nuit, à Prime, à Vêpres, à Complies ; les professeurs n'assisteront aux offices que les dimanches et fêtes, excepté pourtant qu'ils feront la méditation du matin. Les termes des constitutions pris à la lettre sembleraient même les exempter de la récitation du bréviaire, je n'ose leur donner ce sens. On appliquera aussi les sujets à des études spéciales et variées, suivant leur attrait et leurs facultés, l'un aux mathématiques, un autre aux langues savantes, etc. On établira des religieux pour transcrire les chartes, préparer l'histoire du monastère ou de la province. On n'oublie pas de recommander l'étude du droit civil et canonique, les conférences littéraires, etc.

Ce chapitre contient des lois fort étendues, fort bien classées sur les diverses branches de l'instruction, et trop peut-être, et j'ose ne point approuver des discours publics trop fréquents, tels que les répétitions que feront trois fois par semaine et en la chaire du réfectoire les jeunes religieux étudiants, ce qui ne convient point, ce me semble, au genre monastique tel que celui des Bénédictins. Je trouverais mieux la mesure prescrite d'envoyer des trois provinces aux monastères de Nancy, de Metz et de Besançon, le résultat des recherches pour concentrer les travaux sur l'histoire, et les présenter sur une grande échelle. Il reste toujours à appréhender que les priviléges nombreux accordés aux religieux qui écrivent, tels qu'une chambre chauffée, n'excitent la jalousie des religieux réduits à observer plus strictement la lettre de la règle.

La section deuxième de cette seconde partie règle ce qui concerne le personnel des monastères et de la congrégation, depuis le supérieur jusqu'aux serviteurs perpétuels ; et la troisième section traite de ce qui regarde les choses temporelles de chaque maison. Il nous suffit d'en indiquer ici quelques dispositions. Le supérieur mangera au réfectoire. Il y aura au moins une maison de noviciat dans chacune des trois provinces. Un religieux s'engage à ne point recevoir de bénéfices sans permission, et à ne point les perpétuer dans la congrégation... Le cellérier sera prêtre... Les convers ne pourront demander à changer de monastère. Ceux qui sauront lire seront tenus à réciter chaque jour l'office de la sainte Vierge ; ceux qui ne sauront pas lire diront, à la place de chaque heure canoniale, un certain nombre de *Pater* et *Ave*. Il ne sera point permis aux convers d'apprendre le latin, ni d'être reçus au rang des religieux de chœur. L'habit de dessus des religieux sera noir, ainsi que les tunicelles : mais les habits de dessous seront d'un gris cendré, et l'étoffe sera la même pour tous sans exception. Il est défendu d'aller au chœur, au réfectoire, au chapitre, sans la tunique et le scapulaire ; il était donc permis d'assister aux exercices de ces lieux réguliers, même au chœur, sans avoir la cuculle, ce qui me paraît peu convenable. Dans les prières pour les défunts, il en est de prescrites pour les religieux de la congrégation de Saint-Maur, laquelle en faisait autant pour les Vannistes, en vertu d'une convention. A la mort d'une Bénédictine du monastère de Saint-Maur, de Verdun et des autres religieuses spécialement associées à la congrégation, on célébrera une messe conventuelle à leur intention ; les prêtres diront une messe, et les clercs ou autres frères feront une communion.

Le 15 juillet suivant, ces constitutions obtinrent des lettres patentes de Louis XV, enregistrées d'abord au parlement de Paris, le 5 août de la même année 1768 ; puis au parlement de Besançon, le 29 janvier 1770 ; au parlement de Metz, le 29 du même mois ; en la cour souveraine de Lorraine et de Barrois, le 3 février ; au conseil souverain d'Alsace, le 17 mars de la même année, avec les modifications apportées par l'arrêt du parlement de Paris, lesquelles modifications ont été insérées dans le corps des constitutions, en vertu d'un arrêt du conseil d'État du roi, du 26 juillet 1769. Le parlement de Paris avait, en effet, ordonné quelques modifications qui me paraissent attenter à la liberté du chapitre et de la congrégation, et qui portaient sur plusieurs chapitres, entre autres sur le chapitre intitulé : *De culpis et pœnis*, arrêtant que les peines qui seraient en conséquence de ses prescriptions ne pourraient être que jusqu'à amendement, ou pour un temps déterminé ; sur d'autres chapitres, prescrivant que les articles qui y avaient été formulés ne sauraient avoir force de loi qu'après avoir été confirmés dans une autre assemblée générale, etc. Le volume qui les contient fut imprimé sous ce titre : *Regula sanctissimi Patris nostri Benedicti, ad usum congregationis SS. Vitoni et Hydulphi accommodata*. Puis, avec une pagination nouvelle : *Constitutiones congregationis SS. Vitoni et Hydulphi in regulam sanctissimi Patris Benedicti, de novo editæ et in meliorem ordinem dispositæ a capitulo generali ejusdem congregationis in monasterio beatæ M. Dervensis habito*, mense Maio anni M. D. CC. LXVIII. La date en est de 1769, quoiqu'on y trouve mentionnés les arrêts des parlements de Besançon et de Metz, du conseil souverain d'Alsace, etc., qui ne furent portés qu'en l'année 1770. Avec tant d'approbations parlementaires j'aurais aimé à voir demander celle du souverain pontife, ainsi que le firent les Récollets, par exemple, comme je l'ai dit à leur article ci-dessus. Les constitutions de Saint-Vanne me paraissent portées avec plus d'esprit religieux, écrites avec plus d'onction que plusieurs autres rédigées dans le même temps. J'y vois avec édification prescrire l'exposition et l'adoration continuelle du saint sacrement, jour et nuit, pendant toute la durée du chapitre général ; le *chapelet* prescrit pour suffrage mortuaire aux frères convers, etc. Néanmoins, j'y vois avec peine, ou j'y crois voir aussi, l'esprit de l'époque où cette nouvelle réformation ou modification fut faite, et il faut avouer que la congrégation n'y gagna que peu ou point du tout. On vit bientôt y dominer les innovations et le relâchement. La congrégation avait déjà un bréviaire spécial à son usage ; elle céda à la manie du siècle et s'en donna un nouveau, calqué sur le parisien récent, sans néanmoins y prendre les modifications de quelques hymnes que celui-ci avait adoptées dans ce temps, par exemple, à None dans l'hymne *Prono volutus impetu*, qu'on commençait par ces mots : *Labente jam solis rota*, mis à la place du vers composé par l'auteur. Il parut un *Specimen novi Breviarii monastici recens editi ad usum congregationis SS. Vitoni et Hydulphi, Nanceii*, apud Hœner, 1778, brochure in-12. L'auteur, pour en faire sentir le mérite, ne manque pas de rappeler, comme tant d'autres l'ont fait, ces paroles du pape Célestin : *Legem credendi lex statuat supplicandi*. C'est bien, mais il y ajoute aussi ces paroles de saint Cyprien : *Amica et familiaris oratio est Deum de suo rogare*. Par conséquent, il assure qu'il a pris, pour les invitatoires, les antiennes, les répons et les versets, les paroles de l'Écriture sainte dans leur sens naturel, *juxta genuinum ejus sensum accepimus, caventes quam maxime ne alienum ipsi et adventitium præfigeremus*. S'il a réussi, il a été plus heureux que beaucoup d'autres dans un travail semblable. Il développe ensuite et déroule le tableau systématique de la rédaction du bréviaire sous le rapport historique et religieux, système qui peut avoir son côté avantageux, mais qui prouve que les rédacteurs moins bien intentionnés pouvaient avoir et avaient effectivement aussi leur système dans la confection du bréviaire de Paris, ou de quelque autre diocèse. En parlant de la *charité*, et citant pour lors en note le 8ᵉ dimanche après la Pentecôte (car à chaque partie de l'année ou des fêtes s'applique une partie du système), il écrit ces mots qui m'effrayaient d'abord : *Nullaque sine fide in Christum vera virtus* : il est vrai qu'il ajoute aussitôt et que j'ai vu avec bonheur ces autres paroles : *Virtutem dico supremæ dignam beatitudinis*. Il ajoute (page 13) qu'il a conformé ce bréviaire nouveau aux prescriptions de la règle de saint Benoît ; mais en disant de plus qu'il a suivi les usages modernes de l'Église : *Juxta hodiernos Ecclesiæ usus*. Il aurait dû aussi nous dire s'il s'est assez rappelé la déclaration donnée par la congrégation des Rites, le 14 janvier 1616, et qui porte que tous ceux et celles qui sont engagés dans l'ordre de Saint-Benoît doivent suivre le bréviaire édité par ordre du pape Pie V, pour tous ceux qui suivent la règle de saint Benoît.

Bientôt la congrégation de Saint-Vanne donna un scandale qui prouvait l'état de son relâchement et de sa déchéance. Elle avait paru à peu près jusqu'alors moins atteinte par la pernicieuse influence de la commission pour la réforme des réguliers ; mais au chapitre du 10 mai 1783, elle montra son mal intérieur ou la faiblesse de sa constitution. Ce chapitre, ou plutôt le définitoire, prit sur lui d'introduire le gras dans un grand nombre de maisons de la congrégation. Une pareille entreprise ne manqua pas d'attirer l'attention de la commission réformatrice ; mais Dieu sait si le remède qu'elle aurait voulu y apporter n'aurait pas été pire que le mal, comme on le vit en tant d'autres occasions ! Le R. P. Dom Étienne-Pierre, président de la congrégation, ne manqua pas d'essayer de prévenir ce malheur, en adressant à ses confrères une lettre imprimée (15 pages in-4°) datée du monastère de Novy, diocèse de Reims, au mois de septembre 1783. Il leur représente que « la loi de l'abstinence est une loi sacrée, sévèrement imposée par la règle de saint Benoît, expressément confirmée dans les constitutions anciennes et modernes. Une telle innovation, ajoute-t-il, établie sans cause nécessaire, sans autorité suffisante, et *dans la circonstance qui devait le plus en détourner*, a surpris et affligé tous nos confrères qui conservent quelque amour pour leur état. Elle nous a causé en particulier une douleur amère ; et nous avons senti aussitôt l'obligation où nous mettait notre charge, d'opposer à ce renversement des règles une réclamation publique, qui, en tranquillisant notre conscience, réveillât celle de nos frères qui ont eu part à cette irrégularité, et réunît à nous ceux qui ont encore du zèle pour la loi : *Qui habet zelum legis, exeat post me.* »

Le R. P. président cite plusieurs auteurs, et premièrement le vénérable Pierre de Cluny, qui faisait remarquer à ses religieux qu'il est des pratiques de discipline claustrale qui peuvent être supprimées ou modifiées, sans toucher à l'essence de l'état monastique; mais qu'il y en a d'autres qui doivent être inviolables, qui sont si essentielles à un institut, que c'est le défigurer entièrement et lui ôter son caractère propre que d'y faire le moindre changement; en sorte que personne ne peut avoir le droit d'y toucher, parce que personne n'a le pouvoir d'altérer la nature des choses, et que c'est équivalemment détruire un corps que d'anéantir ce qui le constitue. Or, le point de la règle que le saint abbé prend pour exemple de ces pratiques immuables, c'est précisément *l'abstinence de la chair*, excepté dans le cas de maladie. Il a été un temps où cette abstinence paraissait si indispensable, qu'on y obligeait jusqu'aux ouvriers laïques, pour cela seul qu'ils travaillaient dans l'intérieur des monastères; et qu'on n'en dispensait pas les religieux élevés aux dignités de l'Église ; témoin Hincmar, devenu moine de Saint-Denis, archevêque de Reims, que Pardule de Laon exhortait à ne pas reprendre sitôt le maigre, qu'une maladie l'avait forcé d'interrompre, parce que sa convalescence était mal affermie.

Polidore Virgile, que quelques auteurs croient avoir été disciple de saint Benoît, regarde l'abstinence comme si essentielle à l'état des Bénédictins, que ceux qui la violent, hors le cas de maladie, lui paraissent pour cela même renoncer à leur profession, s'annoncer impudemment comme en méprisant les lois (*Impudenter fateri se contra leges suas facere*), abjurer la qualité d'enfant de saint Benoît (*Negas sanctum Benedictum patrem tuum*). Suivant l'expression d'Odon, ils méritent le titre d'*apostats*. Aussi cette abstinence avait-elle été inviolablement observée, jusqu'au temps où un relâchement universel introduisit dans l'ordre des dérèglements multipliés. Lorsque l'on entreprit la réforme dans le siècle dernier, le point de la règle que l'on crut devoir rétablir avant tout fut celui de l'abstinence.

« C'est, poursuit le Père président, par l'attention à remettre en honneur cette observance, si étroitement liée à notre profession, que la congrégation de Saint-Vanne s'est rendue si recommandable dès son berceau ; qu'elle est devenue en peu de temps un modèle de réforme pour les autres corps, la mère des congrégations de Saint-Maur, de Cluny et de tant d'autres, qui toutes ont pris pour base du rétablissement de la régularité l'abstinence de la chair, selon la règle de saint Benoît.

« De quel œil donc, continue-t-il, peut-on envisager la dispense presque générale qui a été accordée, d'une observance aussi sacrée ? Comment a-t-on pu mépriser avec si peu de décence ce serment que nous avons fait à Dieu, de garder l'abstinence prescrite par la règle ; ce serment que nous avons réitéré au souverain, en lui demandant, sans restriction, de suivre dans ses États l'effet de nos serments ? Quelle autorité assez puissante a pu nous permettre cette infraction ? Serait-ce celle du chapitre (ou plutôt du définitoire) de 1783 ? Nous ne craignons pas de le dire, il ne l'a pas pu.

« Les constitutions primitives de la réforme ne donnent pas ce pouvoir au chapitre. Celles qui viennent d'être homologuées tout récemment ne le donnent pas davantage. On n'a rien obtenu, rien sollicité sur cet objet ; et les papes, loin d'accorder le droit de modifier sur ce point les constitutions, n'ont pas même été consultés. Peut-être se flatte-t-on de pouvoir invoquer un article des constitutions où il est effectivement question de dispense d'abstinence ? Mais il suffirait de lire cet article pour se désabuser. Il porte que si la nécessité oblige d'accorder l'usage de la viande pour un temps, *ad tempus*, à tout un monastère, à cause d'une maladie dont tous les religieux sont atteints, *propter morbum toti conventui communem*, le supérieur ne doit pas présumer d'accorder cette dispense sans la permission du R. P. président (ou général), et sans lui en donner aussitôt avis par lettre. »

Il est certain qu'il y a une grande différence entre une telle permission, nécessaire pour la conservation de toute une communauté, et le droit que s'arroge un chapitre de dispenser toute une congrégation, ou un très-grand nombre de ses maisons, d'un point de la règle essentiel et fondamental. J'ajouterai ici une réflexion : c'est que c'est une apostasie en religion, ce me semble, que de transgresser une loi que l'on a juré, au pied des autels, de garder fidèlement toute sa vie, quand elle se passe dans la communauté où on a fait solennellement ses vœux ; que ceux qui demandent une dispense d'un point essentiel de la règle pour tout un ordre, et ceux qui l'accordent, sont bien loin de la perfection de leur état, s'ils n'en ont pas perdu l'esprit tout à fait.

« Supposons cependant, continue encore le R. P. président, que ce chapitre ait eu le droit de dispenser du maigre, comment et avec quelles précautions devait-il en user ? Les constitutions le marquent, en prévoyant des cas extraordinaires, qui peuvent exiger qu'on s'écarte de la lettre de la loi. Elles ordonnent : 1° que ceux qui exercent en cette occasion l'autorité du corps, n'en usent qu'avec réserve, avec modération, et, pour ainsi dire, avec épargne : *Caute, moderate, parce* ; 2° qu'ils examinent soigneusement les raisons qui font demander un changement ; s'il y a nécessité urgente, manifeste, évidente : *Si gravissimæ rationes, vel urgens et manifesta necessitas* ; 3° que la question soit discutée d'abord dans le comité du définitoire, et que de sept membres cinq au moins soient de l'avis du changement : *Ut primum quinque ex septem definitoribus consensum præbeant;* 4° qu'ensuite l'affaire soit portée au chapitre assemblé, et que les deux tiers des suffrages se réunissent pour le changement proposé : *Omnes capituli suffragatores ad duas partes suffragiorum;* 5° enfin que ces suffrages soient donnés par scrutin et secrètement; parce que ce'ui qui n'oserait s'élever hautement contre un relâchement trop appuyé, suivra plus librement, dans un scrutin secret, sa conscience et son attachement à la loi. »

Voilà des précautions très-sages, réfléchies, qui accordent le respect pour la règle avec la nécessité, quelquefois indispensable, de s'en écarter momentanément. Ce sont celles dont on a usé dans certaines occasions très-rares, où l'on a cru pouvoir dispenser de l'abstinence.

Le R. P. président cite l'exemple de deux maisons de Metz, Longueville et Bouzonville, qui demandaient la permission de faire gras, que nécessitait la misère occasionnée par la guerre, en 1746. On la leur accorda, mais la concession fut révoquée en 1748, et on ordonna à ces deux maisons de garder l'abstinence.

D'après ces considérations, le P. président fait très-bien sentir l'irrégularité de la permission accordée par le dernier chapitre. «On doit, dit-il, 1° discuter les motifs de la dispense avec toute l'attention et la sévérité possibles dans ce définitoire; mais on ne s'en est pas seulement occupé. Plusieurs membres n'en ont pas même été informés, et leurs noms ont été inscrits à leur insu dans la liste de ceux qui jugeaient le gras nécessaire. 2° On doit prendre des informations préalables, pour s'assurer du besoin des maisons, occasionné par la disette ou par le prix excessif des nourritures maigres; on n'a pas seulement daigné se procurer le moindre éclaircissement. 3° On doit en délibérer dans le chapitre, recueillir les voix, en réunir les deux tiers; et la demande n'y a pas même été discutée. 4° Enfin tout doit se traiter gravement, par suffrages secrets; et tout a été déterminé dans un petit comité clandestin; en sorte que trois définiteurs assurent qu'ils n'ont pas même été consultés sur la généralité de cette dispense. »

Après bien d'autres réflexions, pleines de sagesse et de force, le R. P. président se flatte que de telles dispositions ne sont pas devenues assez communes dans la congrégation, pour qu'elle ait à redouter le même sort. Il finit par conjurer ses confrères de n'attribuer la sainte liberté avec laquelle il leur écrit qu'au zèle qui l'anime pour leur salut et à l'attachement que Dieu lui a donné pour les devoirs de sa vocation, et à l'obligation que sa place lui impose d'empêcher, autant qu'il est en lui, des innovations dangereuses, qui bientôt en entraîneraient d'autres, et aboutiraient infailliblement à l'entière ruine de la congrégation.

Lors de la suppression des ordres religieux, et pendant les années malheureuses qui ont suivi immédiatement la révolution française, la congrégation de Saint-Maur ne donna point de scandales, que je sache; elle s'éteignit sans bruit, et, si je suis bien informé, presque tous ses membres refusèrent le serment à la Constitution civile du clergé. Un de ses enfants les plus fidèles, Dom Fréchard, a fait depuis des tentatives réitérées pour la rétablir. Né en Lorraine et élevé chrétiennement, il se fit Bénédictin à l'âge de dix-neuf ans et fut élevé au sacerdoce à la dernière ordination faite dans son ordre. Pendant la révolution, fidèle aux bons principes, il rendit des services nombreux aux catholiques; car il fut peu de temps hors de France, et il exerça le saint ministère en secret. Il fut néanmoins découvert et incarcéré pendant six mois à Saint-Dié, mais il fit une partie de cette incarcération dans un hôpital de la ville. Sous le règne des Bourbons, il fonda à Vezelise, près de Nancy, une congrégation de frères pour l'instruction primaire. Cette société naissante, nommée de la *Doctrine Chrétienne*, se dispersa par la peur à la révolution de 1830. Quelques années plus tard, Dom Fréchard tenta une entreprise plus importante. Il conservait une tendre et louable affection à sa congrégation; il aimait à rappeler que son père avait servi la dernière messe de Dom Calmet. Il voulut rétablir les Bénédictins de Saint-Vanne dans le couvent des Capucins de Vezelise, qu'il avait acheté et où était auparavant sa société de Frères. Il fit connaître son projet par les journaux, en demandant qu'on lui procurât les livres liturgiques à l'usage de sa congrégation. Il eut chez lui pendant quelque temps deux Bénédictins étrangers; il essaya d'autre part et à diverses reprises, avec des jeunes gens, de former du moins une communauté dans son local; moi-même je cherchai à seconder ses vues; les Bénédictins de Solesmes essayèrent un arrangement à leur tour; rien n'eut de suite, et le genre particulier que Dom Fréchard suivait dans la tenue domestique de son monastère, où il vivait avec quelques bonnes filles qui le servaient, les conditions qu'il imposait, ont été probablement les causes de son échec dans cette louable entreprise, qui n'entrait peut-être pas dans les desseins de Dieu. Dom Fréchard, plus qu'octogénaire, mourut le 24 juillet 1849, et la congrégation de Saint-Vanne, mère de la congrégation de Saint-Maur, son émule dans la culture des sciences ecclésiastiques, est vraisemblablement détruite pour toujours.

B-D-E

VENISE (Bénédictines de).

Voy. Bourbourg.

VERBE INCARNÉ (Ordre du).

Des religieuses de l'ordre du Verbe Incarné, avec la Vie de la vénérable Mère Jeanne-Marie Chezard de Matel, leur fondatrice.

Voici un ordre dont la fin principale est d'honorer le mystère de l'Incarnation du Fils de Dieu, qui choisit la Mère Jeanne-Marie Chezard de Matel pour en être la fondatrice. Elle naquit à Rouanne dans le Forez, le 16 novembre 1596, et eut pour père Chezard, seigneur de Matel, gentilhomme de la chambre des rois Henri IV et Louis XIII, et capitaine de chevau-légers pour le service de leurs majestés. Dès ses premières années elle fit paraître beaucoup d'inclination pour la piété : tout son plaisir était d'apprendre tout ce qui porte à la dévotion, et bien loin d'aimer les petits divertissements des enfants, elle les fuyait pour être instruite des principes du christianisme. A l'âge de sept ans, Dieu lui inspira l'esprit de mortification, qu'elle commença à pratiquer par un jeûne austère toutes les veilles des grandes fêtes ; quand elle eut atteint l'âge de dix ans, elle n'y ajouta pas seulement les vendredis et les samedis, mais encore l'avent et le carême. L'absence de son père, qui était presque toujours à la cour ou à l'armée, favorisa beaucoup son dessein, aussi bien que la piété de sa mère, personne très-distinguée par sa vertu et par son mérite.

Ayant eu permission de communier à l'âge de douze ans, sa dévotion augmenta d'une manière si fervente, que, pour s'approcher plus dignement de ce grand mystère, elle commença à jeûner depuis l'Ascension jusqu'à la Pentecôte, et passa ces dix jours dans un grand recueillement, ajoutant aux jeûnes des disciplines et d'autres mortifications, quoiqu'elle fût fort délicate. Son plus grand plaisir était de lire la Vie des saints, principalement celles des vierges et martyres, qu'elle estimait infiniment heureuses d'avoir donné leur vie pour la défense du nom de Jésus-Christ. Elle soupirait sans cesse après ce bonheur, et comme on lui disait que la vie religieuse est une espèce de martyre, elle prit une forte résolution d'embrasser cet état.

Si nous en croyons l'auteur de sa Vie, ses oraisons étaient presque continuelles, toujours accompagnées d'extases et de ravissements ; il prétend que ce fut dans plusieurs de ces ravissements que Dieu lui ordonna de fonder l'ordre du Verbe Incarné, qu'il lui en fit le plan, et qu'il lui prescrivit la forme et la couleur de l'habillement que les religieuses devaient porter. Ce fut en 1625 que notre fondatrice commença cet institut. Ayant obtenu la permission de sa mère, elle se retira avec ses compagnes dans une maison que les religieuses Ursulines de Paris avaient abandonnée. Toutes leurs richesses ne consistaient qu'en quarante écus, que sa mère lui avait donnés, et en dix-huit qu'une de ses compagnes avait aussi apportés. Son père, ayant appris sa retraite, en fut irrité : il écrivit des lettres pleines de menaces contre elle et contre sa mère, à laquelle il défendit de lui donner à l'avenir aucun argent, espérant l'obliger par ce moyen à retourner dans sa maison. Mais Jeanne de Matel avait trop de courage pour abandonner l'œuvre de Dieu ; et quoique délaissée de ses parents et privée de tous biens, elle ne laissa pas de continuer son entreprise. Elle alla à Lyon pour communiquer son dessein à l'archevêque, qui non-seulement approuva sa congrégation, mais lui témoigna même qu'elle lui ferait plaisir si elle la commençait à Lyon. Elle obéit, et elle y vint demeurer avec ses compagnes ; mais le prélat qui s'était rendu si favorable à son entreprise mourut quelque temps après, et eut pour successeur le cardinal de Richelieu Louis-Alphonse, qui fut plus difficile à accorder à la fondatrice ce qu'elle demandait : la maladie contagieuse dont la ville de Lyon fut affligée dans le même temps, fut encore un obstacle qui empêcha que sa congrégation ne fît d'abord un grand progrès.

Dans un temps si peu favorable à son dessein, on lui conseilla, on la pressa même de quitter sa petite communauté, composée alors de six personnes, pour aller à Paris, en attendant que la Providence disposât mieux les choses pour un parfait établissement religieux. A peine y fut-elle arrivée que madame de Sainte-Beuve, fondatrice des religieuses Ursulines, ayant appris que la Mère de Matel avait dessein d'y établir son institut, vint trouver le P. Jacquinod, supérieur de la maison professe des Jésuites, pour s'opposer à cet établissement auquel ce Père prenait intérêt, ayant été longtemps le directeur de la Mère de Matel ; cette dame fut si bien appuyée dans son dessein, que le P. Jacquinod reçut ordre de son général de ne point se mêler de cet établissement, et d'abandonner entièrement la Mère de Matel. Comme les hommes ne peuvent rien contre la volonté de Dieu, la persécution excitée contre notre fondatrice cessa ; le général des Jésuites, bien informé de ses bonnes intentions, écrivit des lettres en sa faveur, et exhorta le P. Jacquinod et les autres Pères de sa société à l'appuyer.

Il ne s'agissait plus que d'avoir une bulle de Rome pour commencer son ordre : c'est à quoi elle s'appliqua en faisant présenter une supplique au souverain pontife, dans laquelle elle exposait à Sa Sainteté que son dessein, en fondant un ordre sous le titre du Verbe Incarné, était d'honorer le Verbe Incarné en tous ses mystères, principalement dans le saint sacrement de l'autel, où elle désirait réparer les outrages que les Juifs avaient faits à sa personne lorsqu'il vivait parmi les hommes, et ceux que lui font chaque jour les hérétiques et les mauvais chrétiens. Les cardinaux Cajétan et Bentivoglio furent nommés pour examiner la supplique, et sur leur rapport, le pape Urbain VIII accorda la bulle d'érection de cet institut, sous le titre du *Verbe Incarné,* le 12 juin 1633.

Le P. Lingendes, qui avait la direction de la fondatrice, ayant écrit au P. Suffren, confesseur du roi, pour le prier de demander à Sa Majesté, qui était alors à Lyon, la permission d'établir cet ordre à Paris, il lui répondit que la duchesse de Longueville avait demandé depuis peu l'établissement des filles du Saint-Sacrement, et que le roi ayant promis d'accorder à cette princesse que les lettres patentes pour cet établissement, il n'osait dans cette conjoncture parler à Sa Majesté pour les filles du Verbe Incarné, et qu'il valait mieux unir ces deux ordres, puisqu'ils avaient grand rapport. L'opinion du P. Suffren fit songer à trouver les moyens de faire cette union ; mais comme les filles du Saint-Sacrement avaient de grandes espérances d'être bientôt établies, elles répondirent qu'il fallait que celles du Verbe Incarné se soumissent à leur bulle et à leur institut ; mais la Mère de Matel n'y voulut point consentir. Elle reçut enfin la bulle qu'elle avait demandée ; ayant appris que le roi avait donné permission aux filles du Saint-Sacrement de s'établir, et que l'on méprisait son institut, elle prit la résolution de retourner à Lyon. Quatre ans s'étaient déjà écoulés depuis qu'elle en était sortie, et ce qui lui fit quitter Paris plutôt qu'elle n'aurait souhaité, furent des lettres que les filles de sa congrégation de Lyon lui avaient écrites, par lesquelles elles lui faisaient savoir qu'elles étaient dans une extrême nécessité, et que sa présence leur était absolument nécessaire, parce qu'il y en avait qui étaient dans le dessein de quitter, à moins qu'elle ne vînt à leur secours. C'est ce qui l'obligea de retourner à Lyon, emmenant avec elle trois filles pour augmenter sa communauté. Dès son arrivée elle souffrit de grandes persécutions de la part de quelques personnes qui voulaient détruire sa congrégation, et l'on mit tout en œuvre pour renverser tous ces desseins. Quoique les Jésuites approuvassent sa conduite, néanmoins le P. Gibalin, recteur de leur collège de Lyon, était un de ses adversaires, s'étant opposé pendant quatre ans à l'établissement de cet ordre : il n'oublia rien pour détourner ses nièces d'y entrer ; mais après qu'il eut entendu les raisons de la fondatrice, il changea de sentiment, et l'ordre du Verbe Incarné n'eut point depuis de plus puissant protecteur ; ses nièces furent les premières religieuses de cet ordre, où elles sont mortes en odeur de sainteté.

La Mère de Matel fit présenter la bulle de l'érection de cet institut au cardinal de Richelieu, archevêque de Lyon ; mais ce prélat, bien loin d'avoir pour la fondatrice des sentiments aussi favorables que ceux que son prédécesseur avait eus pour elle, lui fut toujours opposé, et il ne voulut point recevoir cette bulle. Etant même obligé d'aller à Rome, comme on lui recommandait toutes les filles de son diocèse, il répondit à son grand vicaire que les filles du Verbe Incarné n'étaient pas du nombre, ce qui causa une nouvelle affliction à la fondatrice, car des parents de quelques-unes des filles de sa congrégation, désespérant du succès de son établissement, les firent sortir ; en peu de temps il ne resta que vingt filles, de trente qu'elles étaient. La Mère de Matel, loin de les retenir par violence, fit assembler sa communauté, et lui déclara que l'établissement de l'ordre du Verbe Incarné étant fort incertain, elles pouvaient se retirer et prendre parti ailleurs ; mais elles se jetèrent à ses pieds, protestant qu'elles voulaient toutes la suivre et qu'elles ne quitteraient point la congrégation. Elles firent une retraite sous la conduite du P. Gibalin, jésuite, et plusieurs ajoutèrent au vœu de chasteté un vœu particulier de mourir à la poursuite de l'établissement de l'ordre. Il est vrai que comme ces filles avaient fait ces vœux sans en avoir rien communiqué à la fondatrice, elle ne les approuva pas d'abord, parce qu'il ne s'agissait pas seulement du spirituel, mais encore du temporel pour nourrir des filles qui n'avaient rien ; néanmoins elle les fit aussi, et le jour de l'octave du Saint-Sacrement elles furent dix qui renouvelèrent ces vœux, ce qui a donné lieu au renouvellement des vœux que l'on fait tous les ans dans cet ordre le jour de l'octave du Saint-Sacrement et à la fête de l'Epiphanie. Quoique ce ne fussent alors que des vœux simples et qu'elles ne fussent pas encore obligées à des observances régulières, elles vivaient cependant dans un exercice continuel d'oraison et de retraite, de silence, de pénitence et de mortification. Elles chantaient l'office divin avec tant de dévotion et édifiaient tellement toutes les personnes qui les fréquentaient, qu'on ne parlait dans toute la ville que de leur ferveur.

Dans l'espérance que l'on accorderait à la fin les permissions nécessaires pour l'établissement de cet ordre, la fondatrice acheta en 1637 la maison où est présentement le monastère, et où elle demeurait déjà. Deux ans néanmoins se passèrent encore sans qu'elle pût faire cet établissement ; ce ne fut que le 15 novembre 1639 qu'il se fit à Avignon. N. de Cohon, évêque de Nîmes, qui avait toujours favorisé le dessein de la Mère de Matel, y vint et donna l'habit aux cinq premières religieuses de l'ordre, qui furent Marguerite de Jésus, du Villar Gibalin ; Marie du Saint-Esprit, Nalard ; Thérèse de Jésus, de Gibalin ; Jeanne de la Passion, Fiot ; et Marie de Saint-Joseph, Malarcher. Quatre mois après on donna aussi l'habit à la nièce du président d'Orange, et le 1er avril 1640 la fondatrice, après avoir donné le gouvernement du monastère à la Mère Marguerite de Jésus, du Villar Gibalin, partit d'Avignon pour retourner à Lyon ; après avoir demeuré dans la maison de sa congrégation jusqu'au commencement de janvier de l'an 1643, elle fut obligée d'aller à Grenoble pour y établir un second monastère de son ordre, et obtint des lettres patentes du roi pour cet établissement, dont elle prit possession le jour de l'octave du Saint Sacrement.

A peine l'établissement de Grenoble fut-il achevé, que la Mère de Matel reçut des lettres de la reine Anne d'Autriche, veuve de Louis XIII et mère de Louis XIV, par lesquelles Sa Majesté l'invitait à venir à Paris pour y fonder un monastère de son ordre. M. le chancelier Séguier lui fit aussi des instances pour cela. Elle vint donc dans cette ville et y établit un troisième monastère, dont elle prit possession le premier jour de novembre 1644. Elle souhaitait avec beaucoup d'empressement prendre l'habit de son ordre ; mais les supérieurs ne le jugèrent pas à propos ; elle le prit néanmoins, en présence des sœurs, après que le supérieur l'eût bénit, et afin qu'elle ne causât point de scandale en paraissant en public avec cet habit, elle le couvrit d'un habit noir, en attendant que les affaires de l'ordre lui permissent de s'engager à la clôture et de faire des vœux solennels.

La haute idée qu'on eut à Paris de sa vertu et la douceur de ses entretiens lui attirèrent les visites de plusieurs prélats, de M. le chancelier et d'une infinité de personnages distingués, ce qui donna de la jalousie à quelques personnes, qui blâmèrent sa conduite et tâchèrent de rendre sa vertu suspecte à tous ceux qui en faisaient de l'estime. On prétendait surtout qu'elle avait beaucoup de vanité et de présomption, puisque n'étant pas religieuse elle ne laissait pas de gouverner des monastères comme supérieure; on mit donc tout en œuvre pour l'obliger à quitter cet emploi et à abandonner ses desseins. On la pressa de retourner à Lyon pour y établir encore un monastère, parce que le cardinal Louis-Alphonse de Richelieu, qui en était archevêque, étant mort, son successeur pouvait aisément lui accorder la permission de changer la maison de sa congrégation en monastère de son ordre. Mais ceux qui la persuadaient de quitter Paris avaient des sentiments bien différents; car, doutant de sa vertu ou n'en pouvant soutenir l'éclat, ils voulaient son éloignement pour satisfaire leur passion sous un beau prétexte; les autres croyaient de bonne foi que sa présence était nécessaire à Lyon pour y faire un établissement.

Elle se laissa vaincre, quoiqu'elle crût que sa présence serait beaucoup plus nécessaire à Paris. Elle en partit, et elle arriva à Lyon le 1er novembre 1653. Cependant la maison de sa congrégation ne fut changée en monastère qu'en 1655, qu'elle en obtint la permission de l'archevêque de Lyon, Camille de Neuville, qui la lui accorda, à la recommandation du chancelier. Alors la sœur Catherine Flurin, qui avait été sa première compagne et première fille de la congrégation, qu'elle avait toujours gouvernée en qualité de supérieure en l'absence de la fondatrice, prit l'habit de l'ordre avec celles qui étaient toujours restées dans cette maison de la congrégation.

Ce qu'elle avait prévu arriva : son absence de Paris y causa dans son monastère un tort considérable. Il y avait dix ans qu'elle en était sortie, on la sollicita d'y retourner et elle y arriva en 1663. D'abord elle y fut reçue avec beaucoup de joie, la supérieure fut la première à lui témoigner beaucoup d'empressement, au moins en apparence; mais dans la suite elle lui causa beaucoup de peines et de chagrin. Elle fit entendre aux personnes qui entraient dans les intérêts de l'ordre que la fondatrice était trop attachée à son bien, qu'il fallait l'obliger à s'en dépouiller en faveur du monastère de Paris, afin de le rendre plus florissant et plus estimé par ses richesses. Mais la Mère de Matel, quoiqu'elle ne fût pas encore religieuse, pour les raisons que les supérieurs jugèrent à propos, n'avait cependant aucune attache à son bien; elle voulait seulement, comme une mère commune, en faire part aux autres monastères, et même en établir un cinquième à Rouanne, qui était le lieu de sa naissance.

On ne peut dire combien de violences on lui fit pour l'obliger à signer un contrat de donation en faveur du couvent de Paris. On employa tant de personnes pour lui persuader de le faire, et on usa de tant de menaces, qu'elle fut enfin contrainte de signer un bil et par lequel elle promettait de donner à ce monastère tout ce qu'on lui demandait. Il semble qu'après cela on devait être satisfait et n'avoir plus que des sentiments d'amour et de reconnaissance pour la fondatrice; mais la supérieure et la plupart de ses filles la décrièrent comme une personne qui avait l'esprit faible, et qui avait besoin d'un bon directeur pour la remettre dans les voies dont elle s'était égarée. La supérieure lui ôta son confesseur, et lui en donna un sans expérience, dont elle se servit pour parvenir à ses fins. Non contente de lui avoir ôté son confesseur et une personne qui lui était fortement attachée, qui la servait depuis longtemps, on la chassa honteusement du monastère, sans lui donner un lieu de retraite et sans aucun secours pour retourner à Lyon. Le supérieur de la maison, qui était prieur de l'abbaye de Saint-Germain des Prés, voulut y établir une supérieure perpétuelle qui était d'un autre ordre : on fit beaucoup de violence pour la faire recevoir, on enfonça les portes, on rompit les grilles, on fit sortir les religieuses qui avaient été les plus attachées à l'ordre, et on les enferma dans d'autres monastères sans leur donner la liberté de parler à personne.

Au milieu de ces persécutions, la fondatrice fit paraître une constance extraordinaire : elle ne donna jamais la moindre marque d'impatience, et ne dit jamais aucune parole qui pût offenser légèrement la charité. Les incommodités qu'elle souffrit hors de son couvent, ayant été obligée de loger dans un endroit serré et malsain, augmentèrent les maux dont elle était tourmentée depuis longtemps, et la réduisirent dans un état si pitoyable, que l'on crut qu'elle en mourrait. On la ramena dans son monastère le 29 août 1670, et le lendemain matin elle reçut le saint viatique. Elle voulut ensuite être revêtue de l'habit de l'ordre et faire profession avant de mourir. On en donna avis au prieur de Saint-Germain des Prés, afin qu'il vînt faire lui-même la cérémonie, ou en donner commission à un autre; mais ce supérieur, qui prétendait changer ce monastère en un prieuré de Saint-Benoît, n'écouta point cette première demande. Comme la maladie de la Mère de Matel augmentait tous les jours, elle renouvela ses instances pour recevoir l'habit et mourir religieuse de l'ordre; enfin le supérieur lui accorda sa demande : elle reçut l'habit, et peu de temps après elle fit profession en vertu d'un bref qu'elle avait obtenu pour ce sujet du cardinal de Vendôme, légat en France.

Après la cérémonie de sa profession, sa fièvre étant diminuée, il y avait quelque espérance de guérison; mais un remède qu'on lui avait donné pour modérer ses douleurs les ayant au contraire augmentées, elle tomba dans l'agonie et demeura tranquille jusqu'à la mort. On ne se serait pas même aperçu du moment qu'elle expira, si on ne lui avait entendu prononcer par trois diverses fois le saint nom de Jésus, après quoi elle rendit doucement son esprit à son Créateur le 11 septembre 1670. Son corps fut ouvert après sa mort, et on en tira le cœur qui fut porté en son monastère de Lyon.

Peu de temps après la mort de cette fondatrice, l'ordre perdit le monastère de Paris. Les religieuses, dont la mauvaise conduite n'avait servi qu'à augmenter la patience et le mérite de leur Mère, n'avaient pas pensé à faire enregistrer au parlement de Paris les lettres patentes du roi pour leur établissement : ce fut le prétexte que l'on prit pour les en faire sortir. Elles ont voulu tenter, sur la fin du dernier siècle, de rentrer à Paris, et ont fortement sollicité (appuyées de la protection d'un grand cardinal) pour avoir des lettres patentes d'établissement. Cinq ou six religieuses sorties du monastère de Lyon demeurèrent pendant quelques années dans une maison au faubourg Saint-Jacques; mais n'ayant pu obtenir ce qu'elles demandaient, elles s'en retournèrent à Lyon. Outre les monastères de Lyon, d'Avignon et de Grenoble, elles en ont encore à Roquemaure et à Anduze.

Leur habillement consiste en une robe blanche, un manteau et un scapulaire rouges, la robe ceinte d'une ceinture de laine aussi rouge, et sur le scapulaire un nom de Jésus dans une couronne d'épines, et au-dessous du nom de Jésus un cœur surmonté de trois clous avec ces mots : *Amor meus* (1). Le tout en broderie de soie bleue. Leurs constitutions ont été approuvées par Innocent X.

Voyez la *Vie de la Vénérable Mère Jeanne-Marie Chezard de Matel*, par le Père Antoine Boissieu, de la Compagnie de Jésus.

La destruction du monastère de Paris tut peut-être une punition de Dieu à l'égard de la supérieure et des filles du Verbe Incarné, qui avaient montré une telle ingratitude envers la fondatrice de leur institut. Ce n'est pas le seul exemple que l'histoire des ordres religieux nous fournisse en ce genre de conduite. On sait comment le pieux abbé de la Salle fut traité par certains frères des *Ecoles-Chrétiennes*, et avant lui, le P. Eudes, par les filles de *Notre-Dame de Charité*, qu'il venait d'établir. Ce qu'il y a de cruel, c'est qu'une telle conduite est quelquefois sanctionnée plus ou moins directement par la faiblesse ou la présomption des supérieurs ecclésiastiques, dont il faut toujours néanmoins vénérer l'autorité, même dans l'abus de sa puissance; mais rien n'est plus propre à nourrir l'illusion de la tourbe ignorante, et rien n'est plus dur au cœur d'une personne dont les intentions sont droites et les lumières ordinairement supérieures à celles de ses détracteurs.

La maison du Verbe Incarné établie à Paris avant donc été détruite, même lorsque la fondatrice vivait encore (et cette destruction est malheureusement racontée d'une manière confuse et obscure par le P. Helyot), nous ne trouvons que cinq établissements formés depuis l'origine jusqu'à l'époque de la suppression des ordres monastiques en France, en 1790 ; ces cinq établissements étaient ceux d'Avignon, de Grenoble, de Lyon, de Roquemaure et d'Anduze. Un pieux et intéressant usage établi dans cet institut, comme en quelques autres instituts, aurait dû néanmoins fournir à son histoire des détails que malheureusement on n'y trouve pas. Je parle des nécrologes et biographies. Un fragment du nécrologe du monastère d'Avignon, qui est entre les mains de l'ecclésiastique à qui je dois ces renseignements, remonte à l'année 1731 et se continue jusqu'à 1787. Le nécrologe de Roquemaure commence à 1705, celui d'Anduze commence à la même année, et l'un et l'autre vont jusqu'à l'année 1788. Le recueil de Lyon est plus étendu ; commençant à 1692, il ne finit qu'à l'année 1790. Tous les monuments de la maison de Grenoble ont péri ou n'ont encore pu être retrouvés. Mais ces ressources historiques se bornent à des vies de religieuses plus ou moins étendues. Le fragment du nécrologe d'Avignon, par exemple, ne rompt son édifiante uniformité que par le récit de la cérémonie séculaire de la fondation de l'ordre le 15 décembre (2) 1739, et par celui de deux inondations qui vinrent jeter l'épouvante et la terreur chez les filles du Verbe Incarné et dans la ville d'Avignon en 1755 et en 1763. Les maisons de Grenoble, d'Avignon, de Lyon et de Paris avaient été établies par la Mère de Matel elle-même. La maison de Roquemaure était une colonie de Grenoble, et la Mère de Saurel, qui, du vivant de la fondatrice, avait été la première supérieure de Lyon, et avait ensuite exercé la même charge à Paris et à Grenoble, fut l'instrument dont Dieu s'était servi pour la fonder. Elle l'établit d'abord à Sarrians, sous le patronage de la duchesse de la Roche-Guyon, mais la petite colonie se trouvant trop à l'étroit en ce bourg, à cause de l'accroissement inespéré qu'elle y prit, elle la transféra à Orange. Bientôt la malveillance de l'hérésie l'obligea à quitter aussi cette ville pour séjourner tranquille pendant quelque temps à Roquemaure. En mars 1683, la Mère de Saurel avait conduit ses filles à Sarrians, quatre ans plus tard à Orange et dix ans après à Roquemaure. L'établissement formé à Anduze eut plus longtemps à souffrir de la persécution de l'hérésie. Néanmoins la vertu des saintes filles leur attira la vénération de quelques égarés, au

---
(1) *Voy.*, à la fin du vol., n°* 164 et 165.
(2) Helyot dit pourtant que l'établissement de l'ordre se fit à Avignon le 15 *novembre* 1639.

point qu'on fit un acte de générosité dont le récit mérite ici sa place. Un jour on vit un de ces formidables camisards ennemis des ordres religieux, et surtout irrités contre les filles du Verbe Incarné, lancer du bois et du pain par-dessus le mur de la clôture pour subvenir aux besoins de celles qui l'habitaient. Un autre genre de contradiction leur était réservé. A peine la maison était-elle établie, qu'elle fut encombrée, pour ainsi dire, par une troupe nombreuse de femmes protestantes, que les ordres du roi confinaient dans les monastères, et qui à chaque instant menaçaient de la mort et du feu celles qui leur rendaient les offices les plus délicats de la charité chrétienne. Grâce à Dieu, la régularité s'y maintint malgré ces obstacles, et les dangers cessèrent. Cette maison d'Anduze était de la filiation de celle de Lyon et eut pour première supérieure la Rév. Mère Marie-de-la-Mère-de-Dieu, dont on raconte plusieurs faits miraculeux, et qui y vint en 1697, conduite avec cinq autres religieuses par la Rév. Mère Louise de la Résurrection de Rhodes. Ces cinq maisons de l'ordre, les seules qu'il possédât, s'étaient maintenues dans la ferveur, et à peine pouvait-on y remarquer un ou deux légers adoucissements à la rigueur primitive, qui du reste ne se trouvaient pas partout, et partout néanmoins étaient compensés par des pratiques plus sévères que n'exigeait la règle. Le décret inique de 1790 frappa l'institut du Verbe Incarné comme toutes les autres congrégations religieuses, mais plus heureux que quelques autres sociétés qui l'emportaient sur lui par l'ancienneté et le nombre des établissements, il a survécu à son anéantissement illégal et est sorti de ses ruines avec une nouvelle et puissante sève de vie. Dieu a choisi pour le conserver à son Église deux pieux personnages que le malheur de l'exil appela à se connaître, s'estimer et s'aider dans l'exécution d'une œuvre si méritoire; ces deux personnages sont la feue Rév. Mère de Quiquerant et M. l'abbé Denis, actuellement chanoine de Limoges. Issue d'une noble maison du midi de la France, la Mère de Quiquerant avait fait profession dans le monastère du Verbe Incarné, à Avignon, et eut la douleur de sortir de son cloître supprimé. Émigrée en Italie, elle y connut M. Denis, exilé comme elle et logeant dans un monastère dédié sous l'invocation de saint Apollinaire, et y puisa une grande dévotion envers ce célèbre évêque de Ravenne. Le fruit de cette dévotion fut plus tard sensible pour lui par une protection évidente. Au nombre de ses pénitentes il compta la Mère de Quiquerant, remplie d'un saint enthousiasme pour son ordre, et qui répétait souvent à son directeur que s'ils avaient un jour le bonheur de revoir leur patrie, il fallait qu'ils s'occupassent ensemble de la restauration de l'institut du Verbe Incarné. Le jeune ecclésiastique souriait, donnait un signe négatif ou répondait un *non* dit une fois ou deux avec un accent de lenteur et de brièveté qui prouvait bien que le Seigneur ne lui avait pas donné les idées qui préoccupaient la pieuse religieuse, et quand ils rentrèrent en France, l'un et l'autre n'avaient pu se comprendre ou s'accorder sur ce point. La Mère rentra dans sa famille, et l'abbé Denis alla évangéliser Azérable, sa paroisse natale. Là les souvenirs de l'exil, les pieux entretiens de la Mère de Quiquerant revinrent à son esprit; il sentit de l'attrait pour l'œuvre qu'elle lui avait tant de fois proposée, et résolut de l'entreprendre sans se laisser rebuter par les difficultés. Il se hâta de réunir quelques pieuses filles pour les mettre à l'essai de ce rétablissement. Deux d'abord se joignirent à lui, puis un plus grand nombre, dont quelques-unes vivent encore aujourd'hui. Ces personnes étaient presque toutes pauvres, et comme les pasteurs qui allèrent adorer le Verbe incarné à Bethléem, prises dans les champs et à la garde des troupeaux. Elles se réunirent en 1805 ou 1806, et enfin le 5 juillet 1807 les trois premières réunies prononcèrent leurs vœux. Ce jour-là l'établissement d'Azérable fut définitivement formé et devint communauté religieuse. M. Denis lui avait donné le nom de *Société du Verbe Incarné*, par réminiscence; mais ce n'était pas l'ordre dont lui avait si souvent parlé la Mère de Quiquerant, et pour lequel il avait montré plus que de l'indifférence. N'était-il pas naturel et surtout fort sage, puisqu'il s'avisait de former une communauté pour laquelle il manquait d'éléments, d'appeler à son aide une religieuse qui lui avait si souvent proposé la même œuvre et sa coopération? N'était-il pas nécessaire même qu'il l'appelât, puisqu'il voulait former l'institut du Verbe Incarné ou quelque chose de semblable? Point du tout. Soit par aveuglement, soit par une disposition particulière de la Providence, il n'appelle point, il ne désire même pas son ancienne pénitente, beaucoup plus capable que lui de bien diriger cet établissement naissant. Il tente un nouvel institut, pour lequel il fait composer une règle par deux théologiens de la société de Saint-Sulpice, MM. Hugon et Beaudry. Cependant, vers le même temps, la Mère de Quiquerant apprend *par les journaux* que M. Denis est curé d'Azérable (diocèse de Limoges), et qu'il vient d'établir une société religieuse sous le nom de *Verbe Incarné*. Elle n'hésite point, elle part aussitôt, après avoir recueilli ce qu'elle put rassembler de monuments ou débris de son ordre. Sans avoir prévenu M. Denis de son voyage, elle arrive à son presbytère, revêtue extérieurement d'habits convenables au rang qu'elle tenait dans le monde, mais revêtue en dessous du costume majestueux de l'ordre du Verbe Incarné. Elle entre, et sans dire mot, ouvre l'habit qui cachait son costume monastique, afin d'annoncer par cette espèce de langage muet le motif qui l'amenait. Le pieux curé comprit; mais, pour l'éprouver et par un motif que je n'ose approuver, il lui dit froidement : Qu'êtes-vous venue faire ici? Je n'ai pas de logement pour vous recevoir. — Pourvu que vous me donniez une place dans votre écurie, lui dit à son tour l'humble religieuse, plus avisée que lui, ce me semble, je serai contente, et ce sera assez pour faire renaître un ordre qui porte le nom du divin enfant de Bethléem. L'exemple de la Mère de Quiquerant ne tarda pas à être suivi ; deux anciennes religieuses du Verbe Incarné de la maison de Lyon arrivèrent bientôt à Azerable, et on travailla à former les pieuses filles de la première réunion aux règles et aux coutumes pratiquées autrefois. M. Denis brûla la règle composée par les deux Sulpiciens, et adorant les desseins de la Providence, remit à plus tard l'exécution de ses premiers projets. Il avait en effet et conserve encore le projet de faire une société d'hospitalières. Ce serait une nouvelle phase pour l'institut du Verbe Incarné, qui jusqu'alors s'était uniquement occupé de l'instruction des jeunes personnes. J'aurai donc à donner dans le quatrième volume un article spécial sur cette palingénésie de l'ordre du Verbe Incarné, comme je l'ai promis sur plusieurs autres sociétés qu'on a vues renaître en France avec éclat ; je me bornerai à dire ici qu'après avoir essayé pendant quelque temps un établissement dans le diocèse de Bourges, mais sans succès, la communauté d'Azerable a été plus heureuse à Eveaux, au diocèse de Limoges, où elle envoya en 1827 une colonie qui a prospéré et formé une communauté florissante. *Voy.* VERBE INCARNÉ, au *Supplément*.

Renseignements fournis par M. l'abbé GRAVIER, *aumônier de la communauté d'Eveaux, et dus à l'obligeance de M. Brun, étudiant en médecine.* B-D-E.

VERTUS DE NOTRE-DAME (ORDRE DES).

Voy. ANNONCIADES.

VICTOIRE (CHEVALIERS DE L'ORDRE DE NOTRE-DAME DE LA).

Voici encore un ordre sous le titre de Notre-Dame de la Victoire, qui devrait appartenir à celui des Frères Prêcheurs, mais qui, selon toutes les apparences, n'a été qu'en idée et ne fut projeté qu'après la fameuse bataille de Lépante, dont nous avons parlé ailleurs (*Voy.* MALTE), puisque ce fut dans ce temps-là qu'on institua dans l'Église une fête en l'honneur de Notre-Dame de la Victoire, ce qui peut avoir donné lieu à l'inventeur de cet ordre de lui faire porter le même nom. Les statuts qui en furent dressés, et qui se trouvent manuscrits à Rome dans la bibliothèque de M. le cardinal Otthoboni, ont pour titre : *Regulæ et statuta novi ordinis in Ecclesia, seu novæ religionis sub hoc titulo : Ordo S. Mariæ de Victoria Matris Dei.*

Il est marqué dans le premier chapitre que le général de l'ordre des Frères Prêcheurs devait envoyer douze religieux par toute la chrétienté pour y prêcher dans les villes et exciter les fidèles à entrer dans cet ordre. Après la messe, l'évêque devait recevoir ceux qui se seraient présentés pour y entrer ; ils devaient faire un serment solennel entre les mains, et promettre fidélité, stabilité et obéissance, et après leur profession porter sur la poitrine du côté droit une croix et une étoile. Le second chapitre traite de la manière dont on devait bâtir les églises. Le troisième ordonne qu'à côté de l'église on bâtira une maison de piété où il y aura quatre appartements différents ; dans le premier il y aura des cellules pour les hôtes, dans le second un dortoir pour le prieur de l'église et les frères ; le troisième sera destiné pour les filles, et le quatrième servira de demeure aux femmes mariées. Le quatrième chapitre concerne la sacristie, et il est marqué dans le cinquième que l'église sera gouvernée par quatre maîtres.

Le livre second regarde les offices des maîtres de l'église ; le troisième, l'habillement et les manières d'agir des femmes ; les trois suivants traitent des œuvres spirituelles, de piété et de miséricorde, que les frères et les sœurs doivent exercer, et les devoirs de charité qu'ils doivent rendre aux défunts. Le septième concerne le général de l'ordre des Frères Prêcheurs. Il paraît par le huitième qu'il devait y avoir une église dans Rome qui aurait été chef de toutes les autres. On voit dans le neuvième de quelle manière les chapitres ou conseils généraux se seraient tenus. Le dixième traite du conseil manifeste, de la manière et en quel temps on le devait célébrer ; le onzième traite du conseil secret : on y trouve plusieurs lettres à l'empereur, aux religieux et communautés d'Allemagne, au roi de France, aux princes d'Espagne, aux rois de Portugal, de Hongrie, de Bohême et autres, aux Vénitiens, aux Florentins et à tous les fidèles de l'Église. Enfin le douzième donne plusieurs conseils pour multiplier cet ordre. Il paraît partout beaucoup de simplicité de la part de l'auteur de ces statuts. Ils furent présentés au pape, comme il paraît par la préface que nous rapporterons ici pour la curiosité du lecteur.

Cum omnipotens Deus elegerit in ducem et pastorem ovium Victorianarum sanctum Dominicum, qui ab utero matris suæ vocatus fuit in tale officium, ut sit in mundo canonicus, præco, resonansque tuba manifestans veritatem verbi : et ut auferat ab Ecclesia sua multas hæreses et falsa dogmata, ut sit Romana Ecclesia, gratia juvante Dei, semper lucida et sincera in catholica fide; et quicumque non crediderint secundum illam, nec fuerint cum humili obedientia sub jugo ipsius, judicentur et condemnentur perpetuis et æternalibus pœnis infernalibus. Et cum in præsentia totus mundus fere sit infestus multis hæresibus variisque dogmatibus falsis, unde est in præcipitio erroris exaltans mendacium et iniquitatem, et quotidie præliantur contra Agnum, cumque Lazarus mortuus sit, jamque quatriduanus feteat, nuper intercessionibus Marthæ et Mariæ hospitium Domini nostri Jesu Christi iterum revertitur in Judæam ut resuscitet illum, ut vivat et habeat vitam æternam. Ecce igitur Dominus mittit novam lucem in mundum sedentem in tenebris et in umbra mortis, ut ipse mundus cognoscat veritatem Verbi incarnati in virgineo ventre Mariæ matris et sponsæ Dei, ut mundus credat huic veritati et salvetur a suo peccato, misericorditer Deus ordinavit et instituit in

Ecclesia sancta sua intercessionibus suæ dilectæ Matris et sanctorum suorum hanc sanctam religionem militum Victorianorum filiorum sanctæ Mariæ de Victoria matris Dei quem novum religionis ritum Deus manifestavit per typicas sorores Martham et Magdalenam, ut mortuus fetensque frater Lazarus habeat vitam æternam. Placuit Domino decorare Ecclesiam hac nova religione per sanctum Brunonem Carthusiensem patrem et auctorem et ducem contemplativæ et solitariæ vitæ in officio Mariæ; et pro pastore et duce instituit beatum Dominicum qui in vinea ejus exercet officium Marthæ, ut ligone linguæ exstirpet et radat silvestres et malas herbas, quæ in vinea ejus natæ sunt, et etiam dedit gladium ferri, quem Petrus in vagina tenet, ut amputet et resecet luxuriantes vites, ut majorem fructum producant, et ut semen quod ceciderit in cultum agrum, unum faciat centum, et centum duo millia, favente sanctitate vestra, cui omnium animarum cura commissa est, et qui solus potes, juvante Christo, cadentem mundum relevare et reficere, quod pius et misericors Deus nobis concedat per merita et intercessiones suæ piissimæ matris sanctæ Mariæ de Victoria. Amen.

MSS. de la bibliothèque du cardinal Otthobon, n° R. VIII, 45.

VICTOR (CHANOINES RÉGULIERS DE SAINT-).
La célèbre abbaye de Saint-Victor à Paris était autrefois chef d'une congrégation très-florissante, qui n'était pas seulement renfermée dans la France, mais qui s'étendait dans les pays les plus éloignés. Cette abbaye fut bâtie par la magnificence de Louis, surnommé le Gros, roi de France, vers l'an 1113, près des murs de Paris, dans un lieu appelé *Calla Vetus*, où demeurait une recluse nommée Basilia. Elle fut dédiée en l'honneur de saint Victor, qui souffrit le martyre à Marseille, sous l'empire de Maximin, ce qui a donné le nom à cette fameuse congrégation, qui commença la même année par la retraite de Guillaume de Champeaux, dit le Vénérable, qui, étant archidiacre de Paris, où il enseignait aussi la philosophie dans l'évêché, fit choix de ses principaux disciples, personnages d'une singulière piété et d'une grande érudition, pour vivre avec eux dans ce lieu sous les règles et constitutions des Chanoines réguliers dont ils prirent l'habit.

Cette retraite n'empêcha pas Guillaume de Champeaux d'y continuer ses leçons publiques, ainsi que le témoigne Pierre Abailard, dans la première épître de ses disgrâces, ce qui a été observé par ses disciples et successeurs, qui ont toujours donné cet emploi aux plus célèbres religieux de cette maison. On remarque entre les autres le bienheureux Thomas de Saint-Victor, insigne défenseur de la justice, qui fut tué entre les bras d'Etienne, évêque de Paris, dont il était pénitencier, l'an 1130, par les neveux de Thibaut Noterius, archidiacre de Paris, qu'il avait souvent repris de simonie. Ce bienheureux Thomas eut pour successeur Hugues, aussi surnommé de Saint-Victor, auquel succéda, après la mort du prieur Nanterus, le grand Richard de Saint-Victor.

Ce n'étaient pas seulement la science et la profonde érudition des religieux de cette maison qui les rendaient recommandables : la piété dont ils faisaient profession augmenta bien l'estime qu'ils s'étaient acquise; de sorte que plusieurs églises collégiales et plusieurs communautés religieuses désirèrent embrasser la même observance régulière, ce qui forma une congrégation considérable.

Les premières maisons qui s'y joignirent furent les abbayes de Saint-Vincent et de la Victoire de Senlis, qui furent suivies par plusieurs autres, non-seulement en France, mais aussi hors du royaume; et après que les Chanoines séculiers qui étaient à Sainte-Geneviève en eurent été chassés pour les raisons que nous avons dites à l'article de la *Congrégation de France*, Suger, qui était alors régent du royaume, mit en leur place des Chanoines de Saint-Victor.

Les statuts et constitutions qu'on observait alors dans cette congrégation, et dont les originaux sont en l'abbaye de Saint-Victor, ont pour titre : *Liber Ordinis*. On y remarque qu'ils ne mangeaient point de viande dans le réfectoire, qu'ils travaillaient de leurs mains; qu'ils gardaient un silence si étroit, qu'ils ne parlaient que par signes : que leur coutume était de n'accorder à leurs abbés, ni la crosse ni la mitre, et qu'il ne leur était pas permis de fréquenter les cours des princes. Mais Hébert, septième abbé de Sainte-Geneviève-du-Mont, à Paris, obtint du pape Grégoire IX la permission de porter la mitre et la crosse avec les autres ornements pontificaux. D'autres l'imitèrent dans la suite, et crurent être autant d'évêques indépendants les uns des autres, ce que reconnaissant l'abbé et les religieux de Saint-Victor, et voyant qu'il n'y avait plus de progrès à faire avec eux, ils les abandonnèrent entièrement : ainsi la congrégation se démembra. La guerre des Anglais et la bataille de Poitiers, où le roi Jean fut fait prisonnier, y contribuèrent beaucoup; car les troubles du royaume empêchant la tenue des chapitres provinciaux ordonnés par Benoît XII, le relâchement s'introduisit dans toutes les maisons, à l'exception de celle de Saint-Victor, qui se maintint toujours dans l'observance exacte de ses règles et de ses constitutions.

En 1514, comme il se trouva quelques religieux qui désiraient vivre dans la vraie observance des Chanoines réguliers de Saint-Augustin dans certains monastères du royaume de France, l'abbé Jean Bordier et le couvent de Saint-Victor à Paris les sommèrent de se joindre à eux; ce qui fut fait en présence de l'évêque de Paris et de son consentement, le quatrième dimanche d'après Pâques, dans le chapitre qui se tint dans cette abbaye en 1515, et la congrégation reprit l'ancien nom de Saint-Victor, qui avait déjà agrégé vingt-deux maisons, lorsque les guerres civiles en ce royaume en empêchant le progrès, furent cause qu'elle se démembra de nouveau. L'abbaye de Saint-Victor se trouva encore seule, sans qu'elle quittât pour cela son ancienne manière de vivre, sous l'autorité de l'évêque de Paris, qui en était supérieur et visiteur, et qui fut reconnu pour tel par arrêt de la cour de parlement de Paris du 11 janvier 1620 ; ce qui a continué jusqu'à présent, que l'archevêque de Paris est encore supérieur de cette abbaye.

Il y eut néanmoins quelque apparence que cette congrégation dut se réunir cette même année ; car Louis XIII ayant entrepris de travailler à la réforme des ordres religieux dans son royaume, obtint de Grégoire XV un bref adressé au cardinal de la Rochefoucauld, qui lui donnait pouvoir de faire ce qu'il jugerait à propos pour rétablir en France la discipline régulière dans les monastères où il y avait du relâchement.

Comme ce prélat était abbé de Sainte-Geneviève, il avait une inclination particulière pour la réforme des Chanoines réguliers. Il crut qu'il valait mieux relever les anciennes congrégations que d'en ériger de nouvelles ; c'est pourquoi il fit faire une assemblée de quelques-unes des maisons qui avaient autrefois composé la congrégation de Saint-Victor. Le prieur de cette abbaye fut élu général de ces maisons, qui n'étaient qu'au nombre de sept ou huit, et son élection fut reconnue à Saint-Victor. Il se trouva, quelques jours après, dans une autre assemblée, où, sur les plaintes qu'on eut des désordres qu'il y avait dans quelques maisons de sa dépendance, il fut chargé d'y mettre ordre ; mais ce nouveau général étant toujours de sentiment opposé à celui du cardinal, le prélat ne put pas s'empêcher de lui témoigner un jour son mécontentement ; ce qui fit que ce général ne parut plus depuis ce temps-là dans les assemblées qui se tinrent pour la réforme. Peu à peu les maisons qu'on lui avait soumises se détachèrent les unes après les autres ; de sorte que le cardinal de la Rochefoucauld, voyant bien que cette nouvelle congrégation ne pouvait subsister longtemps, fit assembler le chapitre, où il reçut la démission que fit ce général de sa charge, et il fut résolu que la maison de Saint-Victor renoncerait à tous les droits qu'elle pouvait avoir et prétendre sur les autres, et les abandonnerait entièrement.

Avant que de parler de quelques-uns des abbés de cette illustre abbaye, il faut dire un mot de Guillaume de Champeaux, qui a été le premier instituteur de l'observance régulière dans cette maison, quoiqu'il n'ait pas eu le titre d'abbé ; car il y resta trop peu de temps, ayant rempli, l'année suivante de sa fondation, le siège épiscopal de Châlons-sur-Marne.

Il était natif du bourg de Champeaux en Brie, au diocèse de Paris, à trois lieues de Melun. Ce bourg est recommandable par une insigne collégiale, dont il y a une prébende annexée à l'abbaye de Saint-Victor. Il prit le nom du lieu de sa naissance, et son grand mérite y fit ajouter celui de Vénérable.

Nous apprenons du fameux Pierre Abailard, qui avait été son disciple, qu'il fit ses études sous Anselme, doyen de l'église de Laon, qui était alors en grande vénération, et il fit un si grand progrès sous cet habile maître, qu'étant devenu archidiacre de l'Eglise de Paris, il y enseigna la dialectique avec applaudissement, passant pour le premier homme de son temps en cette science, suivant le témoignage du même Abailard.

La grande familiarité qu'il avait avec saint Bernard, qui en faisait un si grande estime qu'il voulut être béni de sa main abbé de Clairvaux pendant la vacance du siège de Langres, montre assez que ce n'était pas l'ambition qui l'avait porté à se retirer du monde, comme Abailard semble nous le vouloir persuader lorsqu'il dit qu'il ne prit l'habit de Chanoine régulier que pour monter plus aisément à la prélature, ayant été fait évêque de Châlons-sur-Marne en 1112 ou 1113. Mais c'est une calomnie d'Abailard, qui s'était déclaré ennemi de ce grand homme. Guillaume, à la sollicitation d'Hildebert, évêque du Mans, continua ses leçons de dialectique après sa retraite. Non-seulement ce prélat lui donna de grandes louanges, mais Yves de Chartres en parle avec éloge, aussi bien que saint Bernard, Othon de Frisingen et plusieurs autres. Il fonda l'abbaye de Trois-Fontaines, de l'ordre de Cîteaux, en 1117 ; deux ans après il quitta l'épiscopat pour prendre l'habit de cet ordre. Il mourut au commencement de l'an 1121, et fut enterré dans l'abbaye de Clairvaux.

Gilduin, l'un de ses disciples, lui succéda dans le gouvernement de l'abbaye de Saint-Victor et en fut premier abbé. Il se rendit recommandable par sa vertu et par la sainteté de sa vie, qui lui ont acquis autant de louanges qu'Antoine Caracciolo, dernier abbé régulier, a mérité de blâme par son apostasie de l'Eglise. Celui-ci était fils de Jean, prince de Melphe, au royaume de Naples, maréchal de France et vice-roi en Piémont. Il obtint du roi par adresse la nomination à cette abbaye, et en même temps des lettres d'économat, en vertu desquelles il en fit saisir les revenus l'an 1543 : après avoir obtenu ses bulles, il se fit bénir avec la mitre et la crosse, contre la coutume de cette abbaye. Il voulut ensuite ordonner du spirituel et du temporel sans conseil ni procureur, refusant de prêter le serment ordinaire, et voulant disposer des bénéfices.

Les religieux opposèrent à ses entreprises plusieurs arrêts du parlement qui déclaraient la nomination qu'il avait faite à quelques bénéfices nulle et abusive, et le condamnaient à restituer à la maison les sommes qu'il avait reçues. Il y eut des commissaires nommés par le grand conseil pour faire le partage des menses abbatiale et conventuelle, dont les règlements furent confirmés par Paul III ; et par la sentence rendue en 1545, au sujet de ce partage, il fut ordonné que l'abbé, ne voulant pas vivre dans l'observance régulière, serait tenu de nommer pour son vicaire général celui des religieux que la communauté de Saint-Victor lui présenterait, et qui ne pourrait être révoqué; ce qui se pratique encore actuellement.

Ces arrêts et ces règlements déplurent si fort à l'abbé Caracciolo, qui voulait vivre dans le désordre, qu'il permuta son abbaye avec Louis de Lorraine, frère du grand cardinal de ce nom, pour l'évêché de Troyes, auquel il avait été nommé par Henri II. Il en prit possession et fut sacré le 15 novembre 1551. L'an 1563 il abandonna aussi son évêché pour prendre une femme, après avoir embrassé le calvinisme, et par un juste jugement de Dieu, la mort le surprit dans ce misérable état, à Châteauneuf, au diocèse d'Orléans.

Pierre Lizet, premier président au parlement de Paris, ayant osé choquer le cardinal de Lorraine en ne voulant pas souffrir que son avocat lui donnât la qualité de prince, fut privé de sa charge par le crédit de ce cardinal, qui avait beaucoup de pouvoir sur l'esprit du roi; Lizet ayant été contraint ensuite d'avoir recours à son intercession pour obtenir quelque bénéfice pour sa subsistance, le cardinal lui fit donner l'abbaye de Saint-Victor, dont son frère n'avait pas encore obtenu les bulles; de sorte qu'il fut le premier abbé commendataire et en prit possession le 8 août 1550, ce qui a continué jusqu'à présent.

Elle a toujours joui de grands priviléges. Le cardinal Jacques de Galla de Bichieris, légat en France en 1208, déclara que les écoliers et suppôts de l'université de Paris ne pourraient être absous des cas réservés que par l'abbé de Saint-Victor ou le chancelier de l'université. Il y avait alors, comme depuis, des religieux de cette maison commis alternativement pour pénitenciers de l'université de Paris.

Outre les personnes illustres dont nous avons déjà parlé, qui ont été religieux de cette congrégation, il y a encore eu Yves, surnommé de Saint-Victor, cardinal et légat en France, que son grand mérite éleva à cette dignité; Pierre Comestor, qui avait été auparavant doyen de l'église de Troyes et qui a compilé l'histoire ecclésiastique; Jean de Montholon, frère du garde des sceaux de France, de ce nom; Jean Pastoureau, président en la chambre des comptes; le président le Maître, et un très-grand nombre de personnes distinguées qui y ont pris l'habit de Chanoines réguliers, parmi lesquels on compte sept cardinaux, deux archevêques, six évêques et cinquante-quatre abbés en plusieurs endroits. Nous ne devons pas oublier le P. de Santeuil, qui s'est rendu recommandable par ses belles poésies. Ce qui rend encore cette abbaye très-célèbre auprès des étrangers, c'est sa fameuse bibliothèque, qui consiste principalement dans un nombre infini de manuscrits très-rares, et qui est ouverte trois fois la semaine à tous les savants.

De tous les monastères qui composaient cette congrégation, il y en a présentement plusieurs qui sont unis à celle de France ou de Sainte-Geneviève; les autres sont demeurés sous les ordinaires, comme l'abbaye de la Victoire près Senlis et quelques autres. Il y en avait aussi en Angleterre et en Irlande, qui furent supprimés dans le temps que la religion catholique en fut bannie; il y avait même des abbés qui avaient séance dans les chambres hautes des parlements de ces deux royaumes.

Augustin de Pavie et Jean Mauburnus se sont trompés lorsqu'ils ne lui ont donné que trente abbayes, quarante prieurés et quatre-vingts prévôtés, puisqu'elle avait seulement en France quarante-quatre abbayes, ce qui se confirme par le testament de Louis VIII, père de saint Louis, qui donna à quarante abbayes de cette congrégation, situées dans son royaume, quatre mille livres, qui sont cent livres pour chacune, outre le legs de mille livres à celle de la Victoire de Senlis. Il ordonna encore que l'on bâtirait une autre abbaye en l'honneur de la sainte Vierge, qu'il voulut être annexée à cette congrégation, ayant nommé pour exécuteur de son testament l'abbé de Saint-Victor, conjointement avec les évêques de Paris et de Chartres.

Ces Chanoines sont habillés de serge blanche, avec un rochet par-dessus leur soutane et un manteau noir comme les ecclésiastiques quand ils sortent; au chœur pendant l'été, ils portent un surplis par-dessus leur rochet avec une aumusse noire sur les épaules, et l'hiver une grande chape noire avec un grand camail (1). Anciennement ils portaient la couronne monacale, comme on peut voir dans la figure que nous avons fait graver d'un de ces anciens Chanoines qui avaient pour habit ordinaire une aube descendant jusqu'à trois doigts du bord de la robe (2), et au chœur ils portaient sur la tête une aumusse de drap noir doublée de peaux de même couleur (3). Ils ne reçoivent plus de frères convers; l'habillement de ces frères convers était de couleur tannée (4). Leurs armes sont d'azur au rais pommelé et fleuronné d'or, l'écu timbré d'une couronne ducale, orné d'une mitre et d'une crosse.

Il y a encore en Flandre plusieurs Chanoinesses régulières qui étaient de la congrégation de Saint-Victor (Aubert le Mire, *Donat. Belgic.*, lib. I, c. 121), savoir celles de *Ter-Nonnen* à Anvers, de *Blüinderbech* à Malines, de *Groenen-Briel* à Gand, de *Saint-Trudon* à Bruges, de *Roesbruge* à Ypres, de *Nieuclooster* à Berg-Saint-Winoc, de *Vaesmunster*, de *Beaulieu-lez-sin* à Douai, et *Belem* près de Mons. Leur habillement consiste en une robe et scapulaire de serge blanche, le scapulaire serré d'une ceinture de fil

---

(1) *Voy.*, à la fin du vol., nos 166, 167, 168.
(2) *Voy.*, à la fin du vol., n° 169.

(3) *Voy.*, à la fin du vol., n° 170.
(4) *Voy.* à la fin du vol., n° 171.

blanc de la largeur de trois doigts ; et au chœur elles ont un manteau noir (1).

Voyez Penot, *Hist. Tripart. Canonic. regul.*, lib. II, cap. 57 ; le Paige, *Biblioth. Premonst.*, lib. I, sect. 15 ; Tambur, *de Jur. abb.*, tom. II, disput. 24, quæst. 4 ; Jacob de Vitriaco, *Hist. Occident.*, lib. II, cap. 24 : Sainmarth, *Gall. Chri t.*, tom. IV ; du Breuil et Malingre, *Antiquités de Paris*, liv. II ; du Moulinet, *Habill. des Chan. régul.*

Dans les auteurs qui nous ont donné l'histoire civile ou religieuse de Paris, tels que l'abbé Lebeuf, Jaillot, Piganiol, M. de Saint-Victor, etc., on trouve des détails curieux mais appuyés sur des traditions incertaines, relativement à la destination primitive de la chapelle Saint-Victor, où fut depuis bâtie la célèbre abbaye qui fait le sujet de cet article. Il suffit donc de se borner à ce qu'en a dit Hélyot et de renvoyer les amateurs aux sources que je viens d'indiquer. Hélyot cite avec raison le fameux Santeul (qu'il écrit Santeuil... comme plusieurs l'ont fait, quoiqu'on dût mettre *de Santeul*) au nombre des hommes célèbres de Saint-Victor ; mais comment se fait-il qu'il n'ait rien dit, à son occasion, du déchet qu'avait reçu sans doute alors la discipline religieuse dans cette maison ? Il est impossible en effet que le genre de vie qu'on laissait suivre au célèbre poëte, les pensions privées qu'il recevait, ses nombreuses et lointaines sorties, etc., pussent s'accommoder avec la sévérité d'une maison bien tenue. Le jansénisme avait fait des ravages indicibles dans cette abbaye, et il n'y avait, à la fin du XVII° siècle qu'une exception remarquable entre les Chanoines, tous victimes de l'esprit d'erreur. Cette exception se trouvait en la personne du R. P. Simon Gourdan, connu par quelques productions ascétiques ; connu surtout par sa profonde piété, sa grande régularité, son amour de la retraite, qui ne lui permit de sortir de son cloître qu'une seule fois en l'espace de quarante ans, et encore par un motif de charité ; remarquable enfin par sa soumission à l'Église et son éloignement du schisme, qui l'engagea à mourir sans être administré plutôt que de recevoir les sacrements de la main de son prieur entaché de jansénisme. La vie de cet homme admirable a été donnée au public. Hélyot dit deux mots de la bibliothèque de Saint-Victor ; j'ajouterai qu'elle avait commencé à devenir importante par les soins du P. Lamasse, abbé de cette maison. Nicolas de Lorme, l'un de ses successeurs, y fit de nombreuses additions, et la plaça dans un nouveau bâtiment qu'il fit construire exprès en 1495. Elle devint ensuite publique par les soins et la libéralité de M. du Bouchet, qui, par son testament du 27 mars 1652, légua sa bibliothèque à Saint-Victor et laissa un fonds annuel pour son entretien, à condition que : « L'un des religieux se trouvera aux jours marqués à la bibliothèque, pour avoir soin de bailler et de remettre les livres après que les étudiants en auront fait. » Elle devint plus considérable encore par le don que M. Cousin, président de la cour des Monnaies, fit de la sienne en 1707. Elle fut augmentée de nouveau par plusieurs autres donations, et spécialement par celle de M. du Trulage qui l'enrichit d'un recueil immense de dessins, mémoires, cartes géographiques. Le tout formait une collection remarquable par le choix et le nombre des livres, surtout par dix-huit à vingt mille manuscrits parmi lesquels il y en avait de très-précieux. On y voyait entre autres beaucoup de manuscrits orientaux au nombre desquels était un Alcoran, dont un ambassadeur turc reconnut l'authenticité ou véracité, au dernier siècle, en le baisant, et en apposant sur le premier feuillet un certificat écrit de sa propre main. Peu de temps avant la révolution on avait construit un nouveau bâtiment pour placer cette bibliothèque ; ce bâtiment a été détruit avant d'être entièrement achevé. Ces détails, où je suis entré avec complaisance, me font ajouter avec des regrets inexprimables : Que sont devenus tant d'établissements si précieux ! Les jardins de l'abbaye de Saint-Victor (dans lesquels le P. Gourdan ne mettait jamais le pied) étaient immenses. Sous le grand dortoir régnait une salle basse, soutenue par des piliers gothiques, qu'on disait être l'école où Abailard avait enseigné la théologie. Au XIII° siècle, les évêques de Paris avaient une sorte de *campagne*, ou maison de retraite, dans l'enclos de cette abbaye.

Le *Gallia Christiana* compte quarante-deux abbés de Saint-Victor, à commencer par Guillaume de Champeaux jusqu'à François II, duc de Fitzjames, qui devint évêque de Soissons, et il ne fait point de distinction entre les abbés commendataires et les abbés réguliers, qui furent au nombre de trente-cinq et finirent à l'apostat Caraccioli. Il y eut de 1545 à 1659, six vicaires perpétuels. Depuis lors le *vicariat* était triennal et ne pouvait se continuer plus de six ans par le même individu. Vers le milieu du dernier siècle, la maison de Saint-Victor, qui jouissait, disait-t-on, de 40,000 livres de rente au moins, comptait trente Chanoines réguliers. Pour le noviciat, qui était de quinze mois, les postulants payaient 1,000 livres. Les frais pour la profession, y compris l'habillement et le repas, étaient de 2,500 livres ; mais en outre il fallait payer la dot, qui était de 3,000 livres et 200 livres de pension viagère.

A l'état où était réduite la congrégation, elle avait néanmoins encore à cette époque dans les provinces douze prieurés et cures, qui toutes étaient desservies par des *Victorins*, car c'est ainsi qu'on appelait les religieux de Saint-Victor, dénomination que Hélyot n'a point connue. Dans l'*Almanach royal* de l'année 1789, par conséquent à la veille de la suppression, je trouve encore dans le nombre des quatre vicaires perpé-

---

(1) *Voy.*, à la fin du vol., n° 172.

tuels dans l'église de Paris, M. Le Roux de Saint-Victor, avec la date de 1738, probablement celle de sa nomination. Il n'est sans doute pas question ici du vicaire perpétuel dans le sens que nous avons ci-dessus dans le récit de Hélyot et dans mes additions. Je ne sais quelle était cette dignité, puisque Saint-Victor n'avait aucune union avec Notre-Dame. Les autres vicaires perpétuels étaient ceux de Saint-Denys de la Chartre, de Saint-Martin-des-Champs et de Saint-Marcel. L'archevêque de Lyon, de Malvin de Montazet, était en 1788 abbé commendataire de Saint-Victor, et il avait été nommé à ce bénéfice en 1764, probablement après l'évêque de Soissons. L'église de Saint-Victor, dont j'ai encore vu quelques ruines après la révolution de Juillet, était située à l'extrémité de la rue qui porte son nom et de la partie septentrionale de la rue dite aujourd'hui *de Buffon*, près du jardin des Plantes et de l'hôpital de la Pitié. Rien n'indique aujourd'hui les traces de cette illustre abbaye. Son vaste enclos est occupé par des rues nouvellement percées, des maisons récemment bâties et l'Entrepôt des vins. Le pied de saint Victor, qui y était vénéré, a été transféré et est honoré à Saint-Nicolas-du-Chardonnet.

Gallia Christiana, tom. VII.—*Tableau historique et pittoresque de Paris*, tom. III, par M. de Saint-Victor.—*Almanach royal.*—*Etat ou Tableau de la ville de Paris*, in-8°, 1762.

B-D-E.

VICTOR (Congrégation de Saint-) *de Marseille.*

Comme le temps auquel la règle de saint Benoît fut reçue dans l'abbaye de Saint-Victor de Marseille est inconnu, nous avons cru ne devoir parler de l'origine de ce monastère qu'après que nous aurions parlé des règlements faits pour l'ordre monastique dans le concile d'Aix-la-Chapelle en 817, temps auquel il n'y a point de doute que la règle de saint Benoît ne fût universellement reçue dans tous les monastères de France, distingués de ceux des Chanoines, pour lesquels on dressa aussi des règlements dans le même concile. La célèbre abbaye de Saint-Victor eut pour fondateur Cassien, qui vint de Rome en France au commencement du v° siècle. Il était Scythe de nation, si l'on s'en rapporte à Gennadius; mais Holstenius croit qu'il était Français, sur le témoignage même de Cassien, qui semble insinuer qu'il était né en Provence. Etant fort jeune il passa dans la Palestine, où il se fit religieux dans un monastère de Bethléem; s'étant joint ensuite à un de ses confrères, nommé Germain, il visita les solitudes d'Egypte, pour y voir ceux d'entre les solitaires qui étaient les plus célèbres en sainteté. Il alla ensuite à Constantinople, où il reçut le diaconat des mains de saint Chrysostome; après avoir été pour la seconde fois à Rome, il vint en France et s'arrêta à Marseille, où ayant été ordonné prêtre, il bâtit en 409 un monastère en l'honneur de saint Pierre et de saint Victor, martyr. Il en fonda aussi un autre pour des filles, et l'on prétend qu'il eut dans la suite plus de cinq mille moines sous sa conduite, auxquels il faisait observer la même discipline qu'il avait vu pratiquer dans les monastères de l'Egypte.

Ce fut vers l'an 420 que Castor, évêque d'Apt, qui avait fondé un monastère dans son patrimoine, désirant savoir quelle était cette discipline que Cassien avait vu pratiquer en Orient, et qu'il avait introduite dans les monastères qu'il avait fondés, le pria de la lui faire connaître. Pour le satisfaire, il composa douze livres des Institutions monastiques, qu'il lui adressa et qui servirent de règle à quelques autres monastères. En 423, il composa ses conférences pour expliquer l'intérieur des moines d'Egypte, dont il n'avait décrit que l'extérieur dans ses Institutions. Il en composa premièrement dix, qu'il adressa à Léonce, évêque de Fréjus, et à Hallade, anachorète, qui fut aussi depuis évêque. Environ deux ans après il en composa sept autres, qu'il adressa à saint Honorat, abbé de Lérins, et à saint Eucher, religieux du même monastère. Quelques années après, vers l'an 428, il en écrivit encore sept autres, qu'il adressa à quatre moines des îles de Marseille, qui font en tout vingt-quatre conférences.

Mais quoique le monastère de Saint-Victor de Marseille ait été très-célèbre dès son origine, on n'en peut néanmoins rien dire de certain que depuis le x.° siècle, n'y ayant aucuns monuments anciens qui en soient restés jusqu'à ce temps-là, par le malheur des guerres qui ont souvent réduit cette abbaye en solitude ; car, selon ce que dit Ruffi dans son *Histoire de Marseille*, cette abbaye fut ruinée plusieurs fois par la fureur des Visigoths, qui s'emparèrent de Marseille en 464, et par les Normands dans le ix° siècle. Les religieux y vivaient avec tant de régularité, que ce monastère était appelé *la porte du Paradis*. On y venait de toutes parts chercher de ces saints hommes pour réformer de célèbres abbayes; et pendant plus d'un siècle et demi plusieurs maisons religieuses se soumirent à l'abbaye de Saint-Victor qu'elles regardèrent comme leur chef.

Cependant, quelque nombreuse que pût être la communauté de cette abbaye pendant les six premiers siècles de sa fondation, elle était bien diminuée au commencement du xi° siècle, puisqu'elle était réduite à cinq religieux lorsque Guillaume, vicomte de Marseille, la répara en 1000. Guifred ou Wifred en était alors prieur, et avait été établi dans cet office par l'abbé Guarnier, qui n'était que séculier, aussi bien que quelques-uns de ses prédécesseurs qui s'étaient emparés de ce lieu, presque réduit en solitude. Guifred, après avoir été prieur pendant cinq ans, fut ensuite abbé pendant vingt autres années, et rétablit si bien la discipline monastique dans ce monastère, qu'au lieu de cinq religieux qui en formaient la communauté lorsqu'on le répara, elle était de cinquante lorsque cet abbé mourut. Le vicomte de Marseille, ne se contentant pas d'avoir été le restaurateur de cette célèbre abbaye, voulut y être enterré parmi les religieux, et étant près de mourir en 1004, il se fit raser et reçut l'habit de l'ordre de Saint-Benoît. C'était la coutume de ce temps, lorsqu'on était à l'extrémité, de prendre l'habit monastique, afin de pouvoir être secouru par les prières des religieux : c'est ce que l'on appelait *monachi ad succurrendum*.

L'abbaye de Saint-Victor ayant été ainsi réparée par Guillaume, vicomte de Marseille (qui lui donna aussi quelques terres), fut enrichie dans la suite par les libéralités de plusieurs personnes qui y firent de grandes donations. L'an 1013, Guillaume, comte de Provence, lui donna l'église de Saint-Martin de Manosque, qui est encore aujourd'hui un prieuré dépendant de ce monastère, et l'année suivante il lui donna encore quelques métairies. Pierre, qui fut élu abbé en 1048, s'étant trouvé en 1050 au concile de Verceil, où le pape Léon IX condamna l'hérésie de Bérenger, archidiacre d'Angers, qui fut le premier qui osa avancer que le saint sacrement n'était que la figure du corps de Jésus-Christ, obtint du pape la confirmation et la restitution de la petite abbaye de Saint-Victor près de Valence : le même pontife exempta celle de Saint-Victor de Marseille de la juridiction de l'évêque, et la soumit immédiatement au saint-siège. Pierre, évêque de Vaison, donna au même abbé l'abbaye de Saint-Pierre et de Saint-Victor de Grasèle, qu'il soumit à celle de Saint-Victor de Marseille. Eldebert, évêque de Mende, lui donna aussi l'abbaye de Saint-Martin de la Canonica, située au territoire de Bannace; on voit par un acte de donation qu'il y fut excité par sa grande régularité : car ce prélat y témoigne que l'on venait de toutes parts à Saint-Victor pour y être instruit des observances régulières. L'abbé Pierre vivait encore : mais étant mort l'année suivante, Durand, qui lui succéda, fut commis, conjointement avec Raymbaud, archevêque de Narbonne, qui avait été religieux de ce monastère, par le pape Nicolas II, pour réformer l'abbaye de Vabres, qui fut soumise à celle de Saint-Victor, du consentement de Robert, comte d'Auvergne, et de Berthe, son épouse; cette abbaye fut érigée en évêché par le pape Jean XXII en 1317, aussi bien que celle de Castres, qui dépendait aussi de Saint-Victor. Il y avait encore des monastères en Espagne de sa dépendance, comme celui de Saint-Servand, qui lui fut uni par le roi de Castille, à cause qu'il était en réputation d'une très-parfaite observance. C'était aussi le même motif qui obligeait plusieurs seigneurs qui fondaient des monastères à les y unir. Le pape Grégoire VII voulut qu'il y eût une association entre cette abbaye et celle de Saint-Paul de Rome, dans l'espérance que par l'union de ces deux monastères l'observance de celui de Saint-Paul s'augmenterait et se perfectionnerait : ce qui fait voir, comme il le déclare dans sa bulle, qu'on observait dans l'abbaye de Saint-Victor une grande régularité. Enfin ce pontife la mit encore sous la protection immédiate du saint-siège, et lui accorda les mêmes priviléges dont jouissait celle de Cluny.

Mais peu de temps après, ces religieux, qui avaient servi de modèle à plusieurs monastères que l'on avait réformés par leur moyen, se relâchèrent eux-mêmes de la pureté de leur règle, en sorte qu'en 1196, Bernard, cardinal du titre de Saint-Pierre aux Liens, légat du pape Célestin III en Provence, voulant remédier aux désordres qui s'étaient introduits parmi eux, fit des règlements avec l'avis de Frédol d'Anduse, qui avait été religieux de cette abbaye, de Geoffroy de Marseille, évêque de Béziers, et de l'évêque de Sisteron. Ces règlements portaient, entre autres choses, que personne ne mangerait de la viande qu'il ne fût malade ou débile, et ce avec permission de l'abbé ou du prieur en son absence ; qu'ils mangeraient en commun et dans le réfectoire, à la réserve du sacristain, qui garderait l'église, et de ses compagnons ; que personne, à la réserve de l'abbé, ne dormirait dans des chambres, mais dans le dortoir ; que les religieux ne pourraient se servir de linge en leurs lits ni en leurs habillements. Mais ces règlements ne furent pas longtemps observés, par la mésintelligence et la division de ces religieux, qui, ayant obtenu de Rome plusieurs commissions les uns contre les autres, obligèrent le pape Innocent III de nommer, en 1208, son légat Guillaume, évêque de Séez, Foulques, évêque de Toulouse, et Guillaume de Aligno, prieur de Saint-Honorat d'Arles, pour terminer ces différends. Michel de Moriers, archevêque d'Arles, se trouva par forme de visite à leur assemblée, comme aussi Rainier, évêque de Marseille, l'abbé de Toronet, Pierre, prévôt de Marseille, Etienne, prévôt d'Arles, le prévôt et le sacristain d'Aix, et quantité d'autres personnes religieuses qui par leurs exhortations parvinrent à les réconcilier, et leur firent promettre d'observer les règlements qui seraient faits par l'assemblée. Ceux qui furent dressés leur défendirent, entre autres choses, de manger de la viande devant les séculiers, quand même ils seraient malades, de peur de scandale, et fixèrent le nombre des religieux à soixante.

Il y eut dans la suite d'autres règlements. Le cardinal Trivulce, qui en était abbé en 1531, ayant été délégué, en qualité de commissaire apostolique, par le pape Clément VII, pour réformer cette abbaye, fit pour cet effet des règlements dans lesquels il était fait mention de deux autres règlements qui avaient été faits par le chapitre de cette abbaye dans les années 1517 et 1526. Mais ces règlements ayant été encore inutiles, on en fit d'autres, par ordre du pape Jules III, en 1549, qui portent, entre autres choses, que les religieux de ce monastère mangeraient de la viande le dimanche, le lundi, le mardi et le jeudi de chaque semaine; que l'abbé, le prieur et leurs serviteurs auraient, pendant le temps qu'ils résideraient dans l'abbaye, une certaine portion de pain et de vin de la table conventuelle, et de la cellérerie leur portion de viande, de poisson, d'huile et autres denrées; que les religieux quitteraient leurs habits pour se mettre au lit; qu'ils coucheraient dans des linceuls et se serviraient de chemises de toile. Enfin le nombre des religieux, qui était autrefois de soixante-dix, fut fixé à quarante, y compris l'abbé. Ainsi ces règlements furent bien différents de ceux de 1208, qui défendaient de manger de la viande devant les séculiers, même dans les maladies, de peur de causer du scandale. Ces mêmes règlements de 1549 accordèrent encore aux religieux l'entière disposition des revenus de leurs bénéfices, et dans la bulle de Jules III qui confirme ces règlements, il est fait mention d'une autre bulle de Grégoire IX qui confirme les anciens usages de cette abbaye.

Cependant, quelque adoucissement que l'on pût apporter pour faire vivre ces religieux dans quelque apparence de régularité, ces règlements devinrent encore inutiles. Le parlement de Provence, par un arrêt du 26 mars 1602, ordonna que l'abbé de Saint-Victor ferait réformer son monastère, faute de quoi il y serait procédé par le procureur général; cet arrêt fut confirmé par un autre du 14 juin 1614. Le pape Paul V, en 1615, ordonna au vice-légat d'Avignon de visiter et de réformer cette abbaye, tant au chef qu'aux membres. Le parlement de Grenoble ayant, par un arrêt du 12 juin 1621, réglé quelques différends arrivés entre ces religieux, ordonna en outre qu'ils se pourvoiraient en exécution de la bulle de Paul V, pour la réformation de ce monastère. Tout cela ayant encore été inutile, l'abbé commendataire de cette abbaye la voulut unir à la congrégation des religieux Bénédictins réformés de Saint-Maur: pour cela il passa un concordat avec eux le 18 mars 1662, qui fut autorisé par un arrêt du conseil d'État du 4 avril de la même année. Mais cela ne réussit pas, par l'opposition qu'y formèrent les religieux de cette abbaye, à l'exception de quelques-uns qui avaient signé le concordat. Le parlement de Provence, par un arrêt du 19 janvier 1664, fit plusieurs règlements pour ce monastère, tant provisionnels que définitifs. Louis XIV, toujours attentif à ce que les religieux ne s'éloignassent pas de leur devoir, et à maintenir par son autorité la discipline monastique dans les cloîtres, voulant travailler efficacement au rétablissement des observances régulières dans l'abbaye de Saint-Victor, commit, par un arrêt du conseil d'État du 7 mars 1665, l'archevêque d'Arles, l'évêque de Marseille et le premier président du parlement de Provence, pour s'informer des différends arrivés entre les religieux de cette abbaye, et des causes du relâchement de la discipline monastique, pour donner ensuite leur avis à Sa Majesté de ce qu'ils estimeraient nécessaire pour la rétablir.

Il paraît par les procès-verbaux qui furent faits par ces commissaires en exécution de cet arrêt, que ces religieux avaient reconnu par leurs propres confessions et leurs dépositions que plusieurs d'entre eux ne faisaient point de noviciat; que d'autres le prolongeaient autant qu'ils voulaient; que si quelques-uns l'avaient fait, ce n'avait pas été avec les circonstances essentielles et nécessaires; qu'on ne leur donnait aucune connaissance de la règle, qu'ils ignoraient absolument celle de saint Benoît, que jusqu'alors la bulle même de Jules III, de 1549, qu'ils prenaient pour fondement ou pour prétexte de leur mitigation, et qui d'ailleurs était inutile, se trouvant révoquée par le concile de Trente, n'avait été connue que par très-peu d'entre eux; que leur profession était défectueuse, non-seulement par les considérations ci-dessus rapportées, mais même par la forme des vœux que faisaient ces religieux, qui était extraordinaire, particulièrement à l'égard de celui de chasteté; que celui de la pauvreté était absolument détruit, tant par la libre disposition qu'ils prétendaient avoir de leurs biens et facultés, lors même de leur mort, à la réserve des ornements et de l'argenterie d'église, que par l'occasion que cela avait donné à leurs parents de prétendre qu'ils pouvaient prendre et recueillir leurs successions, même *ab intestat*; qu'enfin le vœu d'obéissance n'y était presque point observé, chacun méprisant les ordres et l'autorité du supérieur; que ces religieux n'avaient aucune table commune, excepté celle des novices, et qu'ils n'étaient pas même tous logés dans l'enceinte du monastère: d'où les commissaires concluaient que ce monastère avait besoin de réforme, et qu'il n'y avait que deux moyens pour y parvenir, ou par eux-mêmes, ou par leur union à une congrégation réformée. Mais d'autant que les commissaires, en suggérant à Sa Majesté ces deux moyens d'établir l'observance régulière, lui firent connaître en même temps les difficultés qui se pouvaient rencontrer dans leur exécution, le roi voulut avoir encore l'avis de quelques autres personnes pieuses, savantes et constituées en dignité. Il commit à cet effet l'archevêque d'Arles et l'évêque de Mende, conjointement avec MM. Grandin et Morel, docteurs de Sorbonne, qui projetèrent un règlement, conforme à l'institut de l'ordre de Saint-Benoît, laissant la liberté aux anciens religieux de l'embrasser, si bon leur semblait, ou bien de vivre sous une règle plus mitigée, conforme néanmoins à la discipline régulière, retranchant ce qu'il y avait de défectueux dans leurs vœux, se réduisant à garder la clôture et à vivre en commun, se départant en même temps de toutes dispositions testamentaires, même des résignations de leurs offices claustraux et places monacales.

Sur ces avis, le roi, au lieu d'obliger les religieux à opter, ou l'union à une congrégation réformée, qui avait été résolue par le concordat de 1662, autorisé par l'arrêt du conseil d'État de la même année, ou du moins l'observation du règlement qui avait été dressé, et auquel les religieux avaient de la peine à se soumettre, crut ne devoir pas gêner leur inclination ; mais par un arrêt du conseil d'État du 16 mars 1668, Sa Majesté ordonna que par manière de provision, en attendant que les religieux eussent pris eux-mêmes quelque résolution convenable à leur profession, ils vivraient à l'avenir en commun; qu'ils n'auraient qu'une même table; qu'ils garderaient exactement la clôture; qu'ils feraient leur demeure dans l'enceinte du monastère, sous peine de privation de leur mense conventuelle. Elle leur fit aussi défense de recevoir à l'avenir des novices, ni faire aucun profès ; de résigner leurs offices claustraux et les places monacales, dont ils jouiraient par forme de simples administrations, sans pouvoir faire aucunes dispositions testamentaires, et déclara les parents des religieux incapables et inhabiles de leur succéder, ni d'avoir aucune part à leur cote-morte, laquelle demeurerait convertie au profit de la communauté, et lesdits offices claustraux et places monacales supprimés à mesure qu'ils viendraient à vaquer par le décès de ceux qui les remplissaient, pour les revenus provenant de leur mense monacale être employés à rétablir les lieux réguliers, sans qu'il en pût être rien détourné. Le roi ordonna en outre que toutes les lettres nécessaires en cour de Rome pour faire autoriser ce règlement seraient incessamment expédiées. Sa Majesté commit aussi l'archevêque d'Arles, l'évêque de Digne, Toussaint de Forbin de Janson, et le premier président du parlement de Provence, pour l'exécution de cet arrêt, enjoignant au gouverneur de Provence et à tous officiers de justice de leur donner main forte lorsqu'ils en seraient requis.

Les commissaires trouvèrent de si grands obstacles au rétablissement de la discipline monastique de cette abbaye, qu'ils crurent qu'il était difficile que les religieux pussent se réformer par eux-mêmes ; l'évêque de Digne, pour lors évêque de Marseille et depuis de Beauvais, cardinal de la sainte Église romaine et grand aumônier de France, ayant plus particulièrement informé le roi de l'état de cette abbaye, et les religieux ayant résolu de se soumettre aveuglément aux règlements que Sa Majesté voudrait faire pour la réformation de ce monastère, le roi, par un arrêt du conseil d'État du 26 juillet 1669, de l'avis de l'évêque de Marseille, sans s'arrêter au concordat du 18 mars 1662, fait avec les religieux de la congrégation de Saint-Maur, à l'arrêt qui l'autorisait, ni à tout ce qui s'en était suivi, et en attendant qu'il plût au pape homologuer et autoriser ses règlements, ordonna :

1° Que l'arrêt du 16 mars 1668 demeurerait en sa force et vertu et serait exécuté en tous ses points, si ce n'était en ceux auxquels Sa Majesté dérogea par ce dernier arrêt de 1669 ; 2° que, conformément aux saints canons et à la règle de saint Benoît, les offices claustraux, chapelles et autres bénéfices réguliers de cette abbaye ne pourraient être résignés qu'en faveur des religieux actuellement profès de l'abbaye, et que les places monacales ne seraient point tenues à l'avenir en titre ni résignées comme elles l'avaient été depuis plusieurs années, par un abus très-grand ; 3° que les religieux de l'abbaye qui avaient des offices claustraux seraient tenus d'en employer les revenus aux charges de leurs offices, ce qui serait aussi observé à l'égard des autres religieux qui se trouveraient pourvus de chapelles régulières et autres bénéfices dépendant de l'abbaye, et pour ce qui regarde les pensions monacales qui étaient payées ordinairement à chaque religieux en particulier, qu'elles seraient à l'avenir administrées par le chapitre de l'abbaye pour être employées à la table, comme pour nourriture, vestiaires et autres nécessités des religieux ; 4° que les religieux seraient obligés de résider dans la clôture de l'abbaye, de laquelle ils ne pourraient sortir sans la permission du supérieur, et coucheraient dans un dortoir commun, à l'exception des officiers, qui pourraient coucher dans les appartements de leurs offices ; 5° qu'il ne serait donné aucune entrée dans la clôture du monastère aux femmes et aux filles, de quelque qualité et condition qu'elles fussent, et que lesdits religieux ne pourraient converser avec elles, sinon dans l'église ou autres lieux à ce destinés ; 6° que tous les religieux prendraient leur réfection en commun, et seraient nourris de même viande, si quelque nécessité n'obligeait le supérieur d'en user autrement, et que durant le repas on ferait la lecture ; 7° qu'il serait établi une infirmerie commune en quelque lieu commode et en bon air dans la clôture du monastère, dans laquelle seraient reçus et charitablement traités tous les malades tant officiers que religieux, sans qu'il fût permis de les faire traiter hors le monastère ; 8° que lesdits religieux demeureraient, conformément à quelques bulles des papes, dans l'usage de la viande les jours permis par l'Église, excepté le mercredi de chaque semaine qu'ils s'en abstiendraient, et que pareillement ils demeureraient dans l'usage du linge ; que l'habillement ils continueraient de porter une soutane de laine noire, avec un scapulaire par-dessus, et lorsqu'ils iraient à l'église, qu'ils porteraient le froc selon leur usage, et auraient aussi la tonsure ; 9° que les offices divins s'y feraient avec dévotion, et que les supérieurs tiendraient la main à ce que tous y assistassent avec assiduité, qu'aucun ne pourrait s'absenter sans cause légitime approuvée par le supérieur, sous peine d'être puni conformément à la règle, et en outre que les religieux vaqueraient à l'oraison mentale suivant la pratique de l'ordre de Saint-Benoît ; 10° que, pour éviter l'oisiveté, les supérieurs auraient soin que tous les religieux employassent utilement leur temps à l'étude des lettres, à la lecture spirituelle ou à quelque travail honnête, suivant la règle ; 11° que l'obéissance serait rendue exactement au supérieur par tous les officiers et autres religieux, sans qu'il fût permis à aucun d'y manquer, sous les peines portées par la règle ; 12° qu'il serait établi un noviciat dans lequel on ne recevrait aucun novice qui n'eût été soigneusement examiné, qui n'eût l'âge requis de droit, et qu'aucun ne serait reçu à la profession qu'il n'eût été suffisamment instruit de la règle et de toutes ses obligations par le maître des novices pendant son noviciat ; que cette profession, qui ne pourrait être différée après l'année de probation, se ferait selon qu'il est porté par la règle et en la forme qui leur serait prescrite par l'évêque de Marseille, que Sa Majesté commit pour l'exécution de son arrêt, et auquel elle donna aussi pouvoir de faire tels règlements et telles ordonnances qu'il jugerait nécessaires, tant pour le rétablissement et la conservation de la discipline régulière dans cette abbaye, que pour l'établissement d'un supérieur et d'un maître des novices.

Voilà les règlements que le roi Louis XIV fit pour le rétablissement de la discipline régulière dans l'abbaye de Saint-Victor, auxquels les religieux se soumirent en apparence, mais qui, pour dire la vérité, ne furent pas mieux exécutés que les autres. Il y eut encore d'autres règlements qui furent dressés par l'archevêque d'Aix par ordre du roi, et auxquels ces religieux ne se soumirent qu'après y avoir été contraints par un arrêt du conseil d'État de l'an 1709. On ne peut refuser à cette abbaye le titre de chef d'ordre et de congrégation, ayant eu autrefois sous sa dépendance une grande quantité d'abbayes et de monastères : *Multitudinem membrorum ipsi monasterio subjectorum*, dit le pape Urbain V, dans une de ses bulles. Quelques-unes de ces maisons ont été érigées en évêchés, comme nous avons dit, quelques autres se sont soustraites de sa dépendance. Il y en a qui sont entièrement supprimées; mais il reste encore un grand nombre de prieurés situés non-seulement en France, mais aussi en Espagne, en Sardaigne, dans l'État de Gênes, en Toscane, dans le comté de Nice et dans le comtat d'Avignon. Toutes ces maisons étaient obligées d'assister tous les ans aux chapitres généraux qui se tenaient dans cette abbaye, et les supérieurs ou députés de ces mêmes maisons juraient solennellement, en présence de toute l'assemblée, d'être toujours obéissants et fidèles à l'abbé de Saint-Victor. Clément III ordonna de tenir tous les ans ces chapitres généraux. Le roi Louis XII permit aux religieux de les tenir tous les ans, ou au moins de trois en trois ans. Ruffi dit que cette qualité de chef d'ordre fut tellement reconnue à Rome, que, dans une congrégation consistoriale qu'on tint pour la sécularisation de cette abbaye, que le cardinal Louis-Alphonse de Richelieu, archevêque de Lyon, qui en était abbé, demandait par ordre du roi, on refusa de la séculariser, par cette seule raison qu'elle était chef d'ordre.

Depuis la bulle de Jules III, de l'an 1549, il n'y a plus, comme nous l'avons dit, que quarante religieux dans cette abbaye avec l'abbé ; on compte parmi eux quinze officiers ; le prieur claustral, qui est à la nomination de l'abbé, et que celui-ci peut déposer quand bon lui semble ; le sacristain, auquel est uni le prieuré-cure de Notre-Dame de Sales, au diocèse de Riez, avec la juridiction temporelle de ce lieu ; l'office d'aumônier, auquel sont unis les prieurés de Saint-Pierre de Gérasque, de Notre-Dame de Fosquières au diocèse d'Aix, et de Saint-Victor de Marignane au diocèse d'Arles ; l'office d'infirmier, auquel sont unis quatre prieurés; l'office de camérier, qui en a un ; l'office de pitancier, deux ; l'office d'hôtelier, un ; l'office d'armarier, deux ; le prieur claustral de Saint-Geniez, un ; le prieur claustral de Saint-Pierre, deux ; le prieur claustral de Saint-Nicolas, un ; le prieur claustral de Notre-Dame de la Garde, un ; le capiscol, quatre ; le sous-prieur, un ; le portier, un, et le drapier qui en a deux.

Cette abbaye a donné plusieurs prélats à l'Église. Le pape Urbain V en avait été abbé, et il y a sa sépulture. Il confirma tous ses privilèges aussi bien que Grégoire VII, Honorius III, Nicolas III et Nicolas IV. Les rois de France lui en ont aussi accordé, ainsi que l'empereur Charles IV et René d'Anjou, comte de Provence. Conrad, marquis de Malespine, en reconnaissance de ce que les religieux de Saint-André de Pise, qui dépendaient de l'abbaye de Saint-Victor, l'avaient fait participant de leurs prières, exempta les religieux de Saint-Victor et ceux des maisons de sa dépendance, de tous les droits qu'ils pouvaient payer sur ses terres.

Une pratique singulière de cette abbaye est la communion générale que les religieux de cette maison font le jour du vendredi saint dans leur église. Quelques-uns croient que c'est en vertu d'une bulle qui leur a été accordée ; mais entre deux cent cinquante que Ruffi témoigne avoir vues, il dit n'en avoir trouvé aucune qui en fasse mention : de sorte que, selon cet auteur, il faut plutôt l'attribuer à une ancienne coutume qui s'est conservée sans interruption jusqu'aujourd'hui. Les séculiers n'y peuvent communier que par une permission expresse du pape, comme il y en a un exemple en la personne de Renée de Rieux, baronne de Castellane, à qui Clément VIII, par un indult donné à Rome le 1er juin 1591, permit de communier le jour du vendredi saint dans l'église de cette abbaye : ce même pape la fit aussi participante de toutes les prières et de toutes les bonnes œuvres des religieux (1).

Joan. Bapt. Guesnai, *Massilia sacra*, et *S. Joan. Cass. Illust., sive Chron. monast. S. Victoris*. Ruffi. *Histoire de Marseille*, tom. II, liv. II. Mabillon, *Annal. Bénéd.* Robert et Sainte-Marthe, *Gallia Christiana* ; comme aussi les arrêts du conseil d'État qui ont été donnés pour la réforme de cette abbaye.

Si ce que dit la *Chronique* d'Albéric (Cistercien) était vrai, c'est-à-dire qu'il y eût un prieuré de *Moines noirs de Marseille* au lieu où fut bâtie depuis l'abbaye de Saint-Victor, à

---

(1) Voy., à la fin du vol., n° 173.

Paris, il serait très-probable que ce prieuré était de l'ordre ou de la congrégation de Saint-Victor de Marseille, mais on peut voir dans le *Gallia Christiana* et dans l'ouvrage de M. de Saint-Victor, que j'ai cité à l'article précédent, combien il y a d'incertitude dans le récit du chroniqueur Albéric. Le titre de la consécration de l'église de cette abbaye de Marseille par saint Léon le Grand est de l'année 440. On gardait dans cette abbaye les reliques de saint Victor, martyr, à la réserve d'une partie du chef, qui fut donnée à Jean Comnène, empereur de Constantinople, et du pied, qui fut donné en 1362, à l'abbaye de Saint-Victor de Paris par Jean, duc de Berri, fils du roi Jean, qui l'avait reçu d'Urbain V, ancien abbé de Saint-Victor. Ce pied, comme je l'ai dit dans mes additions à l'article précédent, est aujourd'hui à l'église paroissiale de Saint-Nicolas-du-Chardonnet. La relique la plus précieuse peut-être du trésor de Saint-Victor de Marseille était la croix de saint André, couverte d'un ouvrage d'orfèvrerie en filigrane, dont un camérier de la maison de Jarente l'avait enrichie. Cette abbaye avait été mise en commende par Sixte IV en 1480. Ruffi dit que la qualité de chef d'ordre en l'abbaye de Saint-Victor fut tellement reconnue à Rome, que dans une congrégation consistoriale tenue pour la sécularisation de cette abbaye, sécularisation demandée par le cardinal Alphonse de Richelieu, archevêque de Lyon, qui en était abbé et agissait en cela au nom du roi, on refusa de la séculariser pour cette seule raison qu'elle était chef d'ordre. Néanmoins cette concession se fit au dernier siècle. L'abbaye Saint-Victor fut sécularisée par diverses bulles successivement expédiées par Clément XII et Benoît XIV : le roi, ayant approuvé cette sécularisation, a donné au chapitre qu'il y a érigé par ses lettres patentes du mois de juillet 1751, le titre de *noble et insigne collégiale*, et a affecté à la noblesse de Provence les dignités et canonicats, qui sont au nombre de vingt, en y comprenant la place de l'abbé, dont le revenu est d'environ 40,000 liv. Sa Majesté a de plus établi six places nobles pour de jeunes ecclésiastiques, qui sont soumis, ainsi que les autres membres du chapitre, à faire preuve de 150 ans de noblesse, et de sept degrés du chef paternel. Enfin depuis peu d'années les dignitaires et chanoines ont été décorés d'une croix d'or émaillée, sur une des faces de laquelle saint Victor est représenté à cheval, foulant et perçant un dragon de sa lance, et sur le revers l'enceinte et les tours de l'abbaye, avec cette légende : *Monumentis et nobilitate insignis*. Cette croix est attachée à un large ruban cramoisi moiré. En 175, le prince de Lorraine, grand doyen de l'église de Strasbourg, fut nommé abbé commendataire de Saint-Victor ; il l'était encore en 1788. *L'Almanach royal* de 1789 l'indique comme vacante.

Dictionnaire des sciences ecclésiastiques, par Richard et Giraud. — *Dictionnaire univer-*
sel *de la France*, par Robert de Hesseln, etc.

B-D-E.

VIE COMMUNE (CLERCS SÉCULIERS DE LA).
Voy. BARTHÉLEMITES.

VIERGES (AUGUSTINES DU MONASTERE DES) à *Venise*.
Voy. AUGUSTINES.

VIERGES DE HALL, *de Castiglione, de Stiviera.*
Voy. HALL.

VIERGES DE LA PURIFICATION DE LA SAINTE VIERGE, dites *Filles de la Sainte-Vierge*, à Crémone.
Voy. PURIFICATION.

VIERGES DE JÉSUS.
Voy. HALL.

VILLACREZÈS.
Des Frères Mineurs de la Réforme de Villacrezès.

Cette réforme a pris le nom de son fondateur, le bienheureux Pierre de Villacrezès, frère de Jean, évêque de Bruges. Les auteurs sont partagés sur le temps de son origine ; Gonzague, Marc de Lisbonne, et Pierre Gonzalve de Mendoça, archevêque de Grenade, disent que ce fut en 1366 ; mais Wading apporte plusieurs raisons pour prouver qu'elle ne peut avoir commencé cette année : premièrement, parce que les anciens titres mettent la naissance du bienheureux réformateur sous le règne du roi de Castille Jean Ier, qui ne commença à régner qu'en 1379 ; secondement, parce que Gonzague et d'autres disent que l'Observance fut établie en Espagne et en France dans le même temps, et que ce ne fut qu'en 1393 qu'elle fut introduite en France, ou au plustôt en 1388 ; troisièmement, que le même Gonzague fait vivre Pierre de Villacrezès jusqu'en 1440 : par conséquent il aurait vécu dans la religion plus de cent ans, puisque avant l'établissement de sa réforme, il avait reçu le degré de docteur chez les Conventuels, et était demeuré caché dans une grotte pendant vingt ans, où il attendait l'occasion d'exécuter son dessein : c'est pourquoi Wading conclut que cette réforme n'a pu commencer qu'en 1390.

Quoi qu'il en soit, ce fut dans le couvent de Notre-Dame de la Salceda, en Castille, que le bienheureux Pierre de Villacrezès jeta les fondements de sa réforme. Il avait pris l'habit chez les Conventuels, et reçu le degré de docteur, comme nous avons dit ; mais, peu édifié de la conduite de ces religieux, qui étaient tombés dans le relâchement, et voulant vivre d'une manière plus conforme à l'esprit de la règle, il se retira dans une grotte près de Saint-Pierre d'Arlanza, où quelques personnes, attirées par son exemple et animées du même zèle, s'étant jointes à lui, il fut obligé de chercher une demeure plus commode et plus propre pour y observer avec eux la règle de saint François dans toute sa pureté. S'étant mis en chemin pour cet effet, il s'arrêta sur le mont Célia, où il y avait une chapelle dédiée à la sainte vierge sous le titre de la Salceda. Ce lieu lui parut si conforme à ses désirs, et si propre à l'établissement de la réforme qu'il projetait, qu'il n'oublia rien pour l'obtenir : ce qui lui ayant réussi, il y fit d'abord un petit logement; mais il fut bientôt obligé de l'agrandir, parce que le nombre de ses compagnons augmenta; il y établit si parfaitement le véritable esprit de l'observance régulière et de la mortification, qu'il s'y est toujours conservé sans aucun relâchement.

Ayant obtenu du général la permission d'y recevoir ceux qui voudraient se joindre à lui pour y vivre dans l'étroite observance, il y reçut entre autres, l'an 1402, le bienheureux Pierre Régalate, dont on poursuit présentement à Rome la canonisation. Il eut un second couvent à Aguilar en 1404, et un troisième à Abrajo, près Valladolid. Il fit ensuite deux nouveaux établissements, l'un sous le titre de Saint-Julien, près Tordelaguna, et l'autre sous celui de Saint-Antoine de Cabrera, dans la province de Castille. Ce saint homme s'étant trouvé au concile de Constance, obtint des Pères qui le composaient la permission de faire observer dans ses couvents la même règle que celle que saint François avait fait observer à ses premiers disciples dans le couvent de la Portioncule. Ses couvents paraissaient comme autant de prisons, et les religieux dans leurs cellules, comme autant de reclus. Le jeûne y était continuel; il n'y avait de vin que pour les messes. Si on leur donnait par aumône quelque petit poisson, c'était pour eux un grand festin. Leur mortification faisait l'admiration de tout le monde, et l'on s'étonnait comment ils pouvaient pratiquer une règle si austère, contents pour tout vêtement d'une pauvre tunique toute déchirée, avec un capuce, et une corde pour ceinture. Lorsque la rigueur du froid les obligeait à se couvrir plus qu'à l'ordinaire, plutôt par crainte qu'il ne les mît hors d'état, par des rhumes ou autres incommodités, de satisfaire à leurs obligations et à leurs pénitences, que par délicatesse et par sensualité, ils mettaient sur leurs épaules quelques peaux de chèvre ou de brebis : en un mot, leur pauvreté était si grande, et ils étaient si accoutumés à manquer des choses même les plus nécessaires à la vie, que, dans un chapitre qu'ils assemblèrent de leur custodie, ils crurent que l'abondance y avait été grande parce qu'ils avaient eu assez de lait pour les religieux et que le vin n'avait pas manqué pour les messes.

Il y avait cependant un assez grand nombre de couvents où l'on pratiquait une vie si austère. Le bienheureux Pierre de Villacrezès eut plusieurs disciples, qui furent si fidèles à l'observance de ces austérités, que quelques-uns ont mérité le titre de bienheureux et ont été favorisés du don des miracles. Ce saint réformateur, après avoir beaucoup étendu sa congrégation, mourut au couvent de Penafield en 1422. Après sa mort, le bienheureux Pierre Régalate soutint par son zèle et par la sainteté de sa vie cette réforme dans toute sa ferveur; mais Pierre

Santoyo, qui était aussi un des disciples de Villacrezès, revenant de la terre sainte et passant par l'Italie, eut une conférence avec saint Bernardin de Sienne, dont il fut si édifié, aussi bien que de la sainteté de l'observance et du grand progrès qu'elle avait fait dans ce pays, qu'il ne voulut pas en sortir sans avoir obtenu une bulle du pape pour introduire aussi en Espagne la même réforme, soit dans les couvents qu'on fonderait de nouveau, soit dans ceux qui seraient déjà réformés. Cela causa quelques divisions entre lui et les autres disciples du bienheureux Pierre de Villacrezès, qui ne voulaient rien changer dans les pratiques que leur maître avait établies. Les religieux des couvents d'Aguilar et d'Obrojo vécurent toujours dans les mêmes observances, et en 1460, Henri, roi de Castille, leur en obtint la permission du pape Pie II, et même le pouvoir de fonder d'autres maisons où l'on pratiquerait les mêmes austérités, à condition qu'elles seraient soumises à la juridiction de l'ordre. Enfin tous les monastères de cette réforme furent incorporés dans la suite dans ce que l'on appelle l'observance régulière dont nous avons parlé dans l'article OBSERVANTINS.

Comme le couvent de Notre-Dame de la Salceda a été le premier de la réforme de Villacrezès, et que ce lieu est d'une grande dévotion en Espagne, nous en ferons la description. Il est situé sur le mont Célia, qui est très-solitaire et couvert d'arbres, entre Tendilla et Pennaluer. Il y avait auparavant cette petite chapelle (dont nous avons déjà parlé) qui y avait été bâtie par deux chevaliers de l'ordre de Saint-Jean de Jérusalem, et cela en mémoire du miracle suivant. Ces deux gentilshommes étant allés un jour sur le mont Célia, qui leur appartenait, pour s'y divertir à la chasse, furent surpris d'un si furieux orage, mêlé d'éclairs et de tonnerre, qu'ils crurent être au dernier de leurs jours : dans ce péril ils eurent recours à la sainte Vierge, dont ils implorèrent l'assistance. Elle leur apparut aussitôt, les assurant qu'ils n'avaient rien à craindre et qu'elle les prenait sous sa protection. La tempête cessa sur-le-champ, et ces chevaliers, pour témoigner leur reconnaissance à leur bienfaitrice, firent bâtir cette chapelle en son honneur, et posèrent l'autel sur le tronc d'un saule où elle leur était apparue, d'où ce lieu a pris le nom de Notre-Dame de la Salceda, à cause que les Espagnols appellent *salce* l'arbre que nous appelons *saule*. Le bienheureux Pierre de Villacrezès ayant obtenu cette chapelle, comme nous l'avons déjà dit, y bâtit d'abord ce petit monastère, qui est devenu dans la suite très-considérable : on y construisit dans l'enclos plusieurs ermitages faits de branches d'arbres au milieu des buissons, où les religieux vont tour à tour pour vaquer plus particulièrement à la retraite et à la pénitence. La solitude de ce lieu donna occasion aux Pères de l'observance d'Espagne de le choisir pour un des couvents de récollection qui furent établis dans toutes les provinces. C'est dans ce couvent que le cardinal Ximenès était gardien lorsque la reine Isabelle le choisit pour son confesseur. Les miracles qui se font tous les jours dans son église par l'intercession de la sainte Vierge, particulièrement à l'égard des possédés, y attirent une grande affluence de tous les points de l'Espagne. Philippe III y vint en 1604, et y admira la vie austère des religieux qui y demeuraient. Pierre Gonzalez de Mendoza, fils de Rodrigue Gomès de Silva et d'Anne Mendoza, princes d'Eboli et de Pastrano, s'y fit religieux, et étant devenu successivement archevêque de Grenade, de Saragosse, et de Siguença, il agrandit beaucoup l'enclos, le fit fermer de murailles, augmenta les ermitages, enrichit la sacristie de peintures curieuses et d'ornements considérables, remplit la bibliothèque de livres, fit bâtir dans l'église une belle chapelle, et chargea les ducs de Pastrano de l'entretien des bâtiments; afin que les religieux ne fussent pas troublés dans leurs exercices, il fit encore bâtir hors le monastère un logement pour les étrangers. C'est de ce même prélat que nous tenons l'Histoire de ce lieu, imprimée *in-folio* à Grenade en 1616, où il a inséré les vies de plusieurs religieux qui ont pris l'habit dans ce couvent et y sont morts en odeur de sainteté, dont quelques-uns ont mérité un culte public, comme le bienheureux Pierre Régalate et saint Didace. Il y a présentement quatorze ou quinze ermitages dans ce couvent.

Luc Wading, tom. IV, V et VI, *Annal. Minorum.* Francisc. Gonzag., *De Orig. Seraph. Relig.* Marc de Lisboa, *Chronica dos Menores.* Dominic de Gubernatis, *Orb. Seraphic.* lib. v, cap. 9, § 2. Ped. Gonzal de Mendoza, *Hist. del. Monte-Celia di nuestra Signora de la Salceda.*

VILLENEUVE (HOSPITALIÈRES DE SAINT-THOMAS DE).

Des filles hospitalières, dites de la société de Saint-Thomas de Villeneuve, du tiers ordre de Saint-Augustin.

Le tiers ordre de Saint-Augustin serait peu connu en France sans le zèle du P. Ange le Proust, de l'ordre des Ermites de Saint-Augustin de la communauté de Bourges, qui, étant prieur du couvent de Lamballe en Bretagne, touché de compassion de voir les pauvres sans secours par la ruine de plusieurs hôpitaux qui étaient négligés et abandonnés, institua une société de pieuses filles pour le service et le rétablissement de ces hôpitaux. La canonisation de saint Thomas de Villeneuve, archevêque de Valence, qui fut faite en 1659 par le pape Alexandre VII, lui en fit venir la pensée, et l'attention qu'il fit alors aux actions de charité de ce père des pauvres le porta à marcher sur ses traces, autant que son état le pouvait permettre.

Le P. Louis Chaboisseau, religieux du même ordre, dont la mémoire est en vénération dans plusieurs villes de Bretagne, lui prédit le succès de son entreprise, et la suite a prouvé que ces deux serviteurs de Dieu ne s'étaient pas trompés dans leurs vues, nonobstant les peines et les contradictions qui se trouvèrent dans l'établissement de cette société, que le P. Ange le Proust mit sous la protection de saint Thomas de Villeneuve, dont elle a retenu le nom. Il s'y présenta d'abord un grand nombre de filles auxquelles il prescrivit des statuts et des règlements conformes à la règle de saint Augustin. L'hôpital de Lamballe fut le premier établissement qu'elles firent; mais elles en ont eu beaucoup d'autres dans la suite, comme à Moncontour, à Saint-Brieuc, à Dol, à Saint-Malo, à Rennes, à Quimper, à Quonquerno, à Landerno, à Brest, à Morlaix, à Malestroit, à Châteaubriant et en quelques autres lieux.

Elles ont aussi une maison à Paris au faubourg Saint-Germain, près des Incurables, qui est comme un séminaire des filles de cette société, où demeurent la directrice générale et la procuratrice générale, auxquelles on s'adresse pour avoir de ces filles lorsqu'on veut faire de nouveaux établissements. Ainsi on ne peut refuser au P. Ange le Proust la qualité d'instituteur d'une congrégation qui s'est étendue en plusieurs provinces, principalement dans la Bretagne, et qui est d'une grande utilité dans l'Eglise. Ce saint homme était entré jeune chez les Augustins de la communauté de Bourges. Il fit paraître dès les premières années de sa profession beaucoup d'exactitude à tous les exercices de la vie religieuse. Ses leçons de théologie, ses prédications fréquentes à la ville et à la campagne, ses conférences spirituelles, son application aux affaires temporelles des veuves et des orphelins, ses soins pour le gouvernement de sa congrégation et son assiduité au confessionnal, étaient un effet du zèle qu'il avait pour sa propre perfection et pour le salut des âmes que la providence divine avait soumises à ses soins lorsqu'il avait été provincial.

Quoique ses voyages et les peines qu'il prit pour l'agrandissement de la société qu'il avait établie lui causassent beaucoup de fatigues, néanmoins la vigueur de son tempérament le soutenait dans son travail ; quoique plusieurs maladies dangereuses, suivies d'une indigestion presque continuelle, l'eussent beaucoup affaibli, il semblait pourtant qu'il tirait alors des forces de sa propre faiblesse, et qu'il faisait paraître plus de fidélité dans l'acquit de ses devoirs : il était toujours le premier au chœur à minuit, et n'en sortait ordinairement que le dernier, passant de l'oraison aux affaires de la société qu'il avait instituée. Quelques voyages qu'il fit, le plus souvent à pied, il ne manquait jamais de célébrer la sainte messe. La longueur de sa maladie ne fut point un obstacle à sa piété. Quand il ne pouvait se communier lui-même chaque jour de ses propres mains, il priait son confesseur de lui rendre ce bon office. Il ne perdait point de vue la présence de Dieu, priait très-souvent en poussant des soupirs et sollicitant les religieux qui le venaient voir à lui parler de Dieu. Il goûtait surtout les entretiens tirés des psaumes de la Pénitence, se montrant en cela, comme en toute autre chose, digne fils de saint Augustin, qui, dans la maladie dont il mourut, fit mettre les psaumes auprès de son lit pour avoir la consolation de les lire jusqu'au dernier soupir. Enfin, ce saint homme termina sa vie le 16 octobre 1697, âgé de soixante-treize ans, laissant de grands exemples à ses frères, sa règle et son esprit aux filles de la société de Saint-Thomas de Villeneuve.

Quoique ces filles aient une maison à Paris, je n'en ai pas tiré un grand secours pour connaître des particularités de leur institut : elles m'ont seulement donné une lettre imprimée, adressée à madame de Lanjamet, sur la mort du P. Ange le Proust, leur instituteur, d'où j'ai tiré ce que j'ai dit de ce saint religieux. Ce que j'ai pu apprendre d'elles, c'est qu'il avait été leur supérieur général pendant sa vie, qu'après sa mort elles avaient élu en sa place M. de la Chétardie, curé de Saint-Sulpice, et qu'après la mort de ce digne pasteur, qui avait refusé l'évêché de Poitiers, elles avaient élu son successeur dans la cure de Saint-Sulpice, M. l'abbé Languet, frère de M. l'évêque de Soissons ; que ce supérieur général est élu par toutes les maisons de la société, qui envoient leur voix par écrit à celle de Paris. Elles m'ont dit aussi qu'elles avaient voulu faire approuver leur société par le saint-siége, qu'elles ont même obtenu pour cet effet une bulle du pape Innocent XII, mais sous certaines conditions qui n'étaient pas exprimées dans l'exposé qu'elles avaient fait ; c'est pourquoi elles n'ont pas reçu cette bulle, et se sont contentées de l'approbation des ordinaires des lieux où elles sont établies. Quant à leurs observances, elles sont fort mystérieuses sur cet article, et ne m'en ont rien voulu communiquer, sinon qu'elles font des vœux simples, et qu'en les prononçant on leur met un anneau d'argent au doigt.

Leur habillement consiste en une robe noire fermée par-devant et ceinte d'une ceinture de cuir. Pour coiffure elles ont des cornettes de toile blanche, une coiffe blanche par-dessus ces cornettes, un mouchoir de cou en pointe, et un tablier blanc lorsqu'elles sont dans la maison ; lorsqu'elles sortent, elles mettent sur leurs cornettes une coiffe de pomille ou gaze noire, et par-dessus un grand voile noir (1).

Il semblerait que tout ce que j'aurais à ajouter sur l'histoire des filles hospitalières de Saint-Thomas de Villeneuve devrait se trouver à la suite de l'article qui précède, et que je n'ai point à parler du rétablissement de cette congrégation, car si l'on peut dire que quelques instituts n'ont jamais eu d'interruption dans l'exercice de leurs œuvres ni dans leur existence, cela est vrai surtout des dames de Saint-Thomas, qui n'ont jamais cessé d'habiter leur maison-mère à Paris, même au plus fort des orages de la révolution. Elles y étaient encore, non-seulement à l'époque des massacres des 2 et 3 septembre 1792, où de leur communauté on entendait les cris et le bruit de cette scène d'horreur, mais aussi dans le temps qu'on nomme avec tant de raison l'*époque de la Terreur*. Je dirai même, à propos de ces souvenirs, qu'un des *massacreurs* de la prison des Carmes vint pendant ces orgies sanguinaires se faire panser par ces pieuses filles, qui ne lui refusèrent pas leur charité, et lui en prodiguèrent les soins moins par crainte que par dévouement. La Rév. Mère Walsh, supérieure générale, fut incarcérée pendant plus d'un an ; mais à peine eut-elle recouvré sa liberté qu'elle vint, contre l'avis de quelques personnes prudentes et timides, habiter de nouveau sa maison. Cette maison, chef-lieu de la congrégation, qui était alors, comme elle est encore aujourd'hui, située au faubourg Saint-Germain, au n° 27 de la rue de Sèvres, fut mise plusieurs fois en vente, comme propriété nationale ; mais toujours des mains amies et précautionnées arrachèrent les affiches. Cette maison était la seule dans la capitale habitée par des religieuses, et toutes les autres étaient envahies ou dévastées. Bien plus, quand les membres des autres congrégations n'osaient encore se montrer publiquement, la Rév. Mère Walsh déclara que, sans contraindre ni presser personne, elle allait reprendre l'exercice de ses règles et son habit, et rassembla ses filles autour d'elle. Dans quelques hôpitaux, quelques religieuses de la congrégation avaient continué de servir les pauvres et s'étaient bornées, par une précaution nécessaire, à prendre, pour cette œuvre méritoire, l'habit séculier. On peut donc dire que cet institut n'a été détruit en aucune façon, n'a pas eu besoin de renaissance, et par conséquent n'a pas besoin qu'on donne ailleurs son histoire, comme on le fera à l'égard de ceux qui ont eu, soit en général, soit spécialement en France, une palingénésie réelle. Néanmoins, comme le P. Hélyot avoue qu'il a été peu renseigné sur l'origine, le fondateur et les fonctions de cette congrégation, comme il dit, il est vrai, des choses intéressantes sur le P. Ange le Proust, mais sans faire connaître ni le lieu de sa naissance, ni celui de sa mort ; comme j'ai été plus amplement instruit de l'histoire de la société des dames de Saint-Thomas, que je puis faire connaître avec des détails étendus, l'article que je lui consacrerai est donc essentiellement ou au moins substantiellement neuf, et mérite sa place dans le volume consacré aux sociétés ignorées par le P. Hélyot ou instituées depuis la publication de son ouvrage. Je me bornerai donc à rappeler ici que la société des hospitalières de Saint-Thomas de Villeneuve est aujourd'hui plus florissante que jamais ; qu'elle se distingue entre les congrégations du même genre par le bon esprit qui l'anime,

---

(1) *Voy.*, à la fin du vol., n°s 174, 175.

les qualités de ses membres; qu'elle est répandue non-seulement en Bretagne, mais en divers lieux de la France et jusque dans les départements du Midi ; qu'elle a aussi des maisons du côté du Nord, par exemple à Soissons, à Noyon; qu'elle dirige non-seulement le service des malades dans les hôpitaux, mais aussi des pensionnats de jeunes personnes ; que sa maison chef-lieu et le noviciat général sont à Paris. Dans le quatrième volume, je ferai connaître son histoire depuis son origine jusqu'à nos jours, et je donnerai un précis de ses constitutions avec le dessin du costume que portent les sœurs converses; Hélyot n'a fait graver, mais très-fidèlement, que le costume des dames de Meaux, sans même mentionner les autres. — *Voy.* VILLENEUVE (*Hospitalières de Saint-Thomas de*), au Supplément.

Les renseignements donnés dans l'article additionnel qu'on vient de lire, comme ceux dont je composerai l'article plus étendu destiné à faire connaître la congrégation des Dames de Saint-Thomas et l'histoire de son pieux fondateur, sont dus à l'obligeance de la Rév. Mère Riolay, assistante de la supérieure générale de la dite congrégation. B·D·E.

VINCENT-FERRIER (DOMINICAINS DE LA CONGRÉGATION DE SAINT-) ou *de Bretagne.* *Voy.* LOMBARDIE.

VINDESEIM (CHANOINES RÉGULIERS DE LA CONGRÉGATION DE).

§ 1er. — *Origine de la congrégation.*

Gérard Groot ou le Grand, dont nous avons parlé à l'article BARTHÉLEMITES, ne se contentant pas d'avoir institué les clercs de la Vie commune, voulut aussi établir une maison de Chanoines réguliers, qu'il avait choisis entre les mêmes clercs de la Vie commune, et qu'il avait reconnus les plus portés à la vie religieuse ; mais il mourut lorsqu'il était occupé à chercher un lieu pour faire cet établissement. Radivivius, son successeur, et ses confrères, voulant continuer l'ouvrage que leur fondateur avait commencé, songèrent à l'établissement qu'il avait projeté de ces Chanoines réguliers. Windeseim ou Vindeseim, situé près de Swol, leur parut un lieu favorable à leur dessein. Ils obtinrent à cet effet les permissions nécessaires de Guillaume, duc de Gueldres, et de l'évêque d'Utrecht ; un riche bourgeois, nommé Bertholde Thenhave, leur donna un espace de terre qui lui appartenait, et où ils jetèrent, en 1386, les fondements de ce monastère, d'où la congrégation de Windeseim a pris son nom. Il fut achevé l'année suivante, plusieurs personnes y ayant contribué par leurs libéralités, et l'église fut consacrée en l'honneur de la sainte Vierge et de saint Augustin. En même temps six frères de la Vie commune y prirent l'habit de Chanoines réguliers et firent leurs vœux solennels, après avoir demeuré quelque temps avec les Chanoines réguliers d'Emsteim, pour apprendre leurs constitutions et leurs coutumes. Ils élurent pour prieur, en 1388, Wernère Keynkan de Lochem, et pour sous-prieur Henry Wilde. Cette élection fut confirmée par l'évêque d'Utrecht.

Après la fondation de ce couvent, ces nouveaux Chanoines menèrent une vie si exemplaire que leur réputation se répandit par tout le Brabant, de sorte qu'il se fit dans la suite plusieurs nouvelles fondations, et quelques anciens monastères de Chanoines réguliers s'unirent à eux. Ceux d'Emsteim, de Fontaine-Marie, près d'Arnhem, et un autre voisin de Horn, furent les premiers qui s'incorporèrent au chapitre de Windeseim. On fonda ensuite ceux d'Amsterdam, de Wrendeswel, près de Northon, et du Mont-Sainte-Agnès proche Swol ; ces sept monastères, dans le chapitre général tenu en 1402, reçurent les nouvelles constitutions qui avaient été dressées pour le gouvernement de Windeseim, et formèrent la congrégation qui prit le nom de ce monastère, parce qu'il fut reconnu pour chef.

Boniface IX permit que l'on célébrât tous les ans les chapitres généraux au Dimanche *Misericordia*. Ce pape fit aussi pour cette congrégation plusieurs règlements qui furent confirmés par le pape Martin V, et elle devint si célèbre, que, selon Buschius, qui en a fait les Chroniques, elle comprenait, dans les Pays-Bas et l'Allemagne, six-vingts monastères d'hommes et quatorze de filles. Ce qui servit à augmenter d'abord cette congrégation, fut l'union qui y fut faite de celles de Val-Vert et de Nuys, dont nous parlerons dans le paragraphe suivant.

En 1423 ils furent obligés d'abandonner pendant quelques années les monastères de Windeseim, de Swol, et les autres qu'ils avaient dans le diocèse d'Utrecht, à cause de l'interdit que les papes Martin V et Eugène IV jetèrent sur ce diocèse après la mort de l'évêque Frédéric de Blankenkem, et que ces Chanoines réguliers voulaient observer pour obéir à ces souverains pontifes. Les Chanoines de l'église d'Utrecht avaient élu par voie de postulation pour évêque Rodolphe de Diepholt ; mais le pape Martin V, le jugeant indigne de cette prélature, ne voulut pas le confirmer, et pourvut de cet évêché l'évêque de Spire, qui le permuta avec Zweder de Culemborch, prévôt de l'église d'Utrecht, ce qui fut agréé par le pape. Cependant les villes de Deventer et du territoire de Swol, ne le voulant point reconnaître pour pasteur, prêtèrent toujours obéissance à Rodolphe de Diepholt, ce qui fit que le pape Martin V et son successeur Eugène IV fulminèrent excommunication contre les villes désobéissantes, et mirent le diocèse d'Utrecht en interdit. Mais une partie du clergé et le peuple, ayant méprisé ces censures, obligèrent les religieux à entrer dans leurs sentiments ou à sortir de leurs monastères ; c'est pourquoi, en 1429, une partie des Chanoines de la cathédrale et les magistrats vinrent dans les monastères des Chanoines réguliers de la congrégation de Windeseim, et leur commandèrent de chanter l'office en leur présence ; s'y étant refusés, ils furent chassés des couvents de Windeseim, de Swol, du Mont-Sainte-Agnès, et de quelques autres; et n'y rentrèrent qu'en 1342, après que les choses eurent été pacifiées par l'entremise du légat du pape, que l'interdit eût été levé, et que le pape eût consenti que l'on reconnût Rodolphe pour évêque, Zweder de Calemborch étant mort à Bâle pendant la tenue du concile.

Le nombre des monastères de cette congrégation augmentant de jour en jour, quelques-uns voulurent vivre dans une plus grande récollection et garder la clôture à la manière des Chartreux. Ils firent tant d'instances auprès du chapitre général pour en avoir la permission, qu'enfin on la leur accorda. Il y eut quinze monastères qui embrassèrent cette clôture, et où les religieux firent un quatrième vœu de clôture perpétuelle. Les principaux monastères qui s'y engagèrent furent ceux de Val-Vert, de Saint-Paul à Rouge-Val, de Fontaine près d'Arnhem, de Saint-Martin de Louvain, de Sainte-Marie de Bethléem près la même ville, et de Saint-Jean-l'Évangéliste proche Amsterdam.

Cette congrégation est divisée en deux provinces, l'une de l'Allemagne supérieure, l'autre de l'Allemagne inférieure. Le chapitre général se tient tous les trois ans, le troisième dimanche après Pâques, dans l'une de ces provinces alternativement. On y élit deux commissaires pour ces provinces, et douze définiteurs, du nombre desquels sont le général et les deux commissaires qui traitent des affaires concernant la congrégation. Ils ne peuvent être continués dans un autre chapitre, et si le général meurt pendant son triennal, le commissaire de la province où il demeure gouverne l'ordre pendant le reste du triennal. Les prieurs sont élus par leurs monastères et par deux autres prieurs des monastères les plus proches, qui les confirment dans leurs offices. La régularité est strictement observée dans tous les monastères, et les religieux y sont en grande estime. Ils se lèvent en tout temps à quatre heures du matin pour dire Matines. Ils gardent un silence exact à l'église, au dortoir, à la bibliothèque et au réfectoire; mais dans les autres lieux, seulement depuis Complies jusqu'à Prime du jour suivant. Outre les jeûnes d'Eglise, ils jeûnent encore tous les vendredis de l'année, excepté les fêtes des première et seconde classe, et pendant le temps pascal. Ils jeûnent aussi les lundis et les mercredis de l'année, à moins qu'il ne se rencontre ces jours-là un semi-double, et encore le jour de la Commémoraison des morts, le lundi et le mardi de la Quinquagésime, le jour de Saint-Marc, les trois jours des Rogations, les veilles des fêtes de la Vierge, du Saint-Sacrement et du patron du monastère. Les frères convers ne sont obligés qu'aux jeûnes des vendredis, aux fêtes de la Vierge, du Saint-Sacrement,

de Saint-Marc, des Morts, et des Rogations.

Quant à leur habillement, il consiste en une robe blanche avec un rochet et un camail noir en tout temps lorsqu'ils sont à la maison. A l'église ils portent l'été un surplis et une aumusse noire sur les épaules, et l'hiver une chape noire et un grand camail (1). Les frères convers portent aussi le camail, mais ils ont un scapulaire qui descend jusqu'aux genoux, et au chœur ils mettent des chapes grises (2). Il y a plusieurs cures qui dépendent de cette congrégation, et qui sont desservies par des Chanoines réguliers, mais chaque curé est obligé de venir une fois l'an au monastère dont sa cure dépend. Après avoir dit sa coulpe au chapitre, il demande d'être révoqué, et rend compte des revenus, rétributions et autres choses qu'il a reçues; il arrive même quelquefois qu'on les révoque lorsqu'ils ne se sont pas acquittés de leur devoir pastoral.

Cette congrégation a perdu beaucoup de monastères dans le changement de religion qui s'est fait en Hollande et en Allemagne, et qui a procuré la couronne du martyre à un grand nombre de religieux. Le monastère de Windeseim, qui était chef-lieu de cette congrégation, et où elle avait pris naissance, a été du nombre de ceux dont les hérétiques se sont emparés. Elle a aussi eu plusieurs personnes illustres par leur science et par leur piété; Thomas à Kempis, mort en 1471, et qui a été un des ornements de cette congrégation, en a donné les Vies. Martin Lipse, mort en 1555, était aussi de la même congrégation, aussi bien que Jean Garot, mort en 1571, Jean Latome, mort en 1578, et Jean Mauburne, qui tous ont donné des ouvrages au public. Il y en a qui mettent au nombre des religieux de cette congrégation Gabriel Biel, mort en 1495; mais il a été seulement du nombre des clercs de la Vie commune. Il fut en estime dans le XVe siècle et on se fit admirer dans l'Université que le duc Evrard de Wittemberg fonda dans la capitale de ses Etats, et où il enseigna la théologie. Il composa quatre livres de Commentaires sur le Maître des Sentences, une Exposition sur le Canon de la messe et quelques autres ouvrages.

Il y a aussi quelques monastères de filles de cette congrégation: le premier fut fondé en 1394, près d'Amsterdam; le second en 1400, à Diepenhem, où furent transférées les sœurs que Gérard Groot avait établies à Deventer dans sa maison. Elles y vivaient en commun du travail de leurs mains; mais cette maison n'étant pas suffisante pour contenir toutes les filles qui se présentaient pour être reçues parmi elles, lorsqu'elles eurent fait profession religieuse en qualité de Chanoinesses, selon les constitutions de la congrégation de Windeseim, elles achetèrent une maison à Diepenhem, où elles furent transférées, et leur communauté devint si considérable, qu'il y avait près de cent

(1) *Voy.*, à la fin du vol., n 176.

(2) *Voy.*, à la fin du vol., n° 177.

trente filles dans ce monastere, dix sœurs au dehors et vingt serviteurs pour la culture des terres; mais les hérétiques ont détruit ces deux monastères et quelques autres. Ces religieuses sont habillées comme les Chanoinesses de Latran.

Voyez Joann. Busch., *Chronic. Canonic. regul., capitul. Windesem;* Aubert le Mire, *de Windesem, et aliis cong. Canonic. regul., et Constitut. Canonic. et Cleric. in comm. viventium;* Thomas à Kempis, *Chronic. Canonicor. Montis Agnetis;* Penot, *Hist. Tripart. Canonic. regul.,* lib. II, cap. 63, et *Constitut. ejusd. congreg.*

§ 2 — *Des congrégations de Val-Vert et de Nuys, unies à celles de Vindeseim et de la congrégation de Château-Landon.*

Le monastère de Val-Vert, nommé en langage du pays *Groenendael,* n'a eu que de faibles commencements. Ce n'était d'abord qu'un ermitage, où Jean de Bosco, descendu des anciens ducs de Brabant, se retira au commencement du XIV° siècle; Jean II, duc de Brabant, lui accorda ce lieu par ses lettres de l'an 1304; deux autres ermites l'occupèrent successivement jusqu'en 1343, que Lambert, le dernier de ces ermites, céda ce lieu à Jean Hinkaert, Franco de Mont-Froid, ou Froid-Mont, et Jean Rusbroch, tous trois prêtres, qui s'étaient unis pour mener une vie retirée et pénitente. Ils y bâtirent une église à laquelle Franco de Mont-Froid donna tous ses biens, qui étaient considérables, ce qui fut confirmé par le duc de Brabant Jean III la même année, à condition qu'il y aurait au moins cinq personnes pour y célébrer l'office divin, et que de ces cinq il y en aurait au moins deux qui seraient prêtres.

La donation que fit Franco de Mont-Froid de tous ses biens à cette église est sans doute ce qui lui a fait donner la qualité de fondateur du monastère de Val-Vert, comme il paraît par son Épitaphe rapportée par Gazet : *Hic jacet sepultus V. P. D. de Franco de Frigido-Monte, fundator et primus præpositus hujus monasterii, qui obiit anno millesimo trecentesimo sexto, ii die Julii.*

Ces saints prêtres conservèrent leurs habits séculiers et ne s'engagèrent à aucune règle pendant les six premières années de leur retraite; mais en 1339, Franco de Mont-Froid et Jean Rusbroch, du consentement d'André, évêque de Cambrai, reçurent l'habit de Chanoines réguliers (1) et la règle de saint Augustin des mains de Pierre de Saux, prieur de l'abbaye de Saint-Victor à Paris, Jean Hinkaert n'ayant pas voulu s'engager à l'état religieux à cause de ses infirmités. Le lendemain le même prélat établit Franco de Mont-Froid prévôt, et Jean Rusbroch prieur de ce nouveau monastère, qui devint dans la suite si considérable, par les biens qu'il acquit et par le nombre des religieux qui y firent profession, que le monastère de Korsendoc fit union avec lui en 1400. Celui de Rouge-Val fit la même chose en 1409, Val-Vert devint chef d'une congrégation de Chanoines réguliers : Pierre d'Ailly, évêque de Cambrai, depuis cardinal, lui ayant soumis, outre les monastères de Korsendoc et de Rouge-Val, ceux de Bethléem près de Louvain, de Grobbendonck, et de Sainte-Barbe de Tene, ce prélat ordonna que tous les ans on tiendrait le chapitre général, et que l'on ferait la visite des monastères.

Le monastère de Korsendoc, qui avait été le premier à s'unir avec celui de Val-Vert, fut aussi le premier qui s'en sépara pour se soumettre à la congrégation de Windeseim, à condition néanmoins que l'on ne pourrait les contraindre à changer leurs statuts; que les religieux qui auraient fait profession dans un couvent ne pourraient être transférés dans un autre; que tous les confesseurs auraient pouvoir d'absoudre de tous les cas réservés aux prieurs, et qu'ils jouiraient des privilèges qui leur avaient été accordés. Ainsi il y eut pendant quelque temps de la différence dans les observances entre les Chanoines de ces deux congrégations, quoiqu'ils fussent unis. Enfin, l'an 1448, le monastère de Val-Vert embrassa la réclusion dont nous avons parlé dans le paragraphe précédent, ce qui fut confirmé par le pape Nicolas V.

C'est apparemment pour faire honneur à la congrégation de Windeseim, à laquelle celle de Val-Vert a été unie, que le P. Mastelin, Chanoine régulier de Windeseim, qui a donné l'histoire de la congrégation de Val-Vert, sous le titre de *Necrologium monasterii Viridis Vallis,* dit, après Silvestre Maurolic, Tambourin et quelques autres écrivains, que la congrégation de Val-Vert s'étendait en Italie, où elle avait plusieurs monastères. Il est vrai qu'il y avait en Italie plusieurs monastères sous le titre de Val-Vert; mais ils ne pouvaient être de la congrégation de Val-Vert en Brabant, puisqu'elle n'a commencé à paraître qu'en 1349, et quelques-uns des monastères d'Italie, qui portaient le même nom, étaient déjà fondés dès le commencement du XIII° siècle.

Maurolic dit que ces couvents de Val-Vert en Italie étaient aussi de l'ordre des Chanoines réguliers; qu'il y en avait deux à Crémone, l'un de Chanoines, qui fut uni à celui de Saint-Pierre de Prado, et l'autre de Chanoinesses, qui est présentement possédé par les religieuses de Cîteaux; un autre à Bologne, qui a été uni à la mense de l'archevêque; un autre de Chanoinesses, à Messine, sous le titre de Sainte-Catherine de Val-Vert, fondé en 1200 hors des murs de cette ville, par une reine de Chypre, sous le titre de Sainte-Marie de Val-Vert, et qui, ayant été transféré dans la ville, fut rebâti, et l'église dédiée en l'honneur de la sainte Vierge et de sainte Catherine, dont il a retenu le nom. Il ajoute que ce monastère est fort illustre et recommandable; qu'il était autrefois chef de plusieurs autres monastères de filles en Si-

---

(1) *Voy.,* à la fin du vol., n° 178.

cile, et en quelques autres endroits ; que l'abbesse de celui de Messine était comme provinciale des autres et y faisait la visite ; mais que depuis le concile de Trente, qui défend les sorties des religieuses, cette abbesse confirme seulement à présent les supérieures de ces monastères, qui lui payent depuis ce temps-là quelques redevances. C'est ce que confirme aussi Roch Pyrrhus, dans sa *Sicile sacrée*; mais il ne dit pas que ces religieuses de Sainte-Catherine de Val-Vert fussent Chanoinesses régulières, il dit au contraire qu'elles avaient pris l'institut des Carmes, et que pendant un temps elles ont été soumises à leur juridiction ; c'est pourquoi les Carmes réclament ce couvent comme ayant été de leur ordre.

Une autre preuve que tous les monastères qui portaient le nom de Val-Vert en Italie n'étaient pas de la congrégation de Val-Vert en Brabant, c'est qu'il y en avait quelques-uns de la congrégation de la bienheureuse Santuccia-Terrabotti, où l'on faisait profession de la règle de saint Benoît. Ces monastères étaient ceux de Sainte-Marie du Val-Vert à Arezzo ; Saint-Mathias et Sainte-Marie du Val-Vert à Cesena, et Sainte-Marie du Val-Vert à Modène, qui avaient été fondés par la même Santuccia-Terrabotti, qui mourut en 1305. Comme il y avait une générale qui faisait la visite des monastères de cette congrégation, et que l'abbesse de Sainte-Catherine de Val-Vert avait le titre de provinciale et faisait aussi la visite de quelques autres monastères en Sicile, ces monastères avaient peut-être embrassé l'institut de la bienheureuse Santuccia, soit avant d'avoir pris celui des Carmes, soit après l'avoir quitté.

Quant à la congrégation de Val-Vert dans le Brabant, Rusbroch en a été l'un des plus grands ornements. Il avait été premièrement prêtre et vicaire de l'église de Sainte-Gudule de Bruxelles, et avait été ensuite l'un des fondateurs du monastère de Val-Vert. Il était si attaché à la méditation, qu'il fut surnommé *le très-excellent contemplatif et le docteur divin*. Il a fait plusieurs ouvrages de théologie mystique, dont celui qui a pour titre : *De Nuptiis spiritualibus*, fut censuré par le célèbre Gerson. Jean de Schonwole prit la défense de Rusbroch par une apologie qu'il publia en sa faveur, et Gerson avoua ensuite qu'on pouvait l'excuser.

La congrégation de Nuys fut aussi unie à celle de Windeseim en 1430, avec douze couvents qui en dépendaient. Elle avait été fondée vers l'an 1170, par quelques Chanoines de Cologne, qui, voulant persévérer dans la vie commune que leurs confrères avaient abandonnée, se retirèrent dans un bourg de ce diocèse, anciennement appelé Nussie, à présent Nuys, où ils bâtirent un monastère qui devint si célèbre, que plusieurs se joignirent à lui et formèrent la congrégation de Nuys, du nom de ce premier monastère qui en fut le chef. Lorsque les Chanoines de cette congrégation s'incorporèrent avec ceux de Windeseim, ils eurent quelque difficulté touchant leur habillement, qu'ils ne voulaient point quitter. Il ne s'agissait que d'une bagatelle, qui retarda néanmoins cette union de quelques années ; mais enfin les difficultés furent levées : les Chanoines de Windeseim, pour se conformer en quelque façon à ceux de Nuys, prirent les chapes que ceux-ci portaient, lesquelles étaient ouvertes et repliées par-devant, au lieu que celles dont on se servait dans la congrégation de Windeseim étaient fermées de toutes parts ; de leur côté, ceux de Nuys consentirent que ces chapes ne fussent pas plissées autour du cou, comme ils avaient coutume de les porter, afin de se conformer aussi aux Chanoines de Windeseim, qui portaient leurs chapes sans plis. Après cela, les supérieurs de la congrégation de Nuys se trouvèrent au chapitre général de Windeseim en 1430, et apportèrent le consentement de tous les religieux de leurs monastères ; on choisit des définiteurs généraux des deux congrégations, qui n'en formèrent plus qu'une seule sous le nom de Windeseim.

Cette même Congrégation de Windeseim a donné aussi commencement à une autre qui a fleuri en France pendant quelques années sous le nom de Saint-Séverin de Château-Landon. Vers l'an 1497, Jacques d'Aubusson de la Feuillade, ayant été nommé premier abbé commendataire de cette abbaye située dans le Gâtinais, et ayant fait rétablir ce monastère qui avait été entièrement ruiné, fit venir six Chanoines de la congrégation de Windeseim, sous la conduite de Jean Mauburne, qui en fut prieur, pour y rétablir l'observance régulière. Ils acquirent une si grande estime, que plusieurs autres monastères se joignirent à celui de Saint-Séverin, comme ceux de Saint-Victor de Paris, de Saint-Calixte de Cissoing, de Notre-Dame de Livry, de Chaage, d'Épernay, de la Victoire de Senlis, de Saint-Sauveur de Melun, de Saint-Acheul d'Amiens, de Saint-Maurice de Senlis, de Saint-Samson d'Orléans, de Saint-Martin de Nevers, et quelques autres qui tenaient leur chapitre général dans cette abbaye de Saint-Séverin de Château-Landon, où l'abbé de cette maison avait droit de présider, même en présence de celui de Saint-Victor. Mais en 1517, l'abbaye de Saint-Victor ayant été trouvée plus commode pour la tenue des chapitres généraux, on s'y assembla dans la suite, ce qui fit revivre l'ancienne congrégation de Saint-Victor. L'abbaye de Saint-Séverin de Château-Landon lui fut unie jusqu'en 1624, qu'elle se sépara de cette congrégation, qui ne subsiste plus, et en 1636, la réforme de la congrégation de France fut introduite dans l'abbaye de Saint-Séverin de Château-Landon, qui lui est présentement soumise. Jacques d'Aubusson, premier abbé commendataire de cette abbaye, en ayant procuré la réforme, comme nous l'avons dit, s'en démit en faveur de cette réforme, et Noël Ozoüs fut élu abbé en 1519 ; il fut fait ensuite général des Chanoines réguliers en France en 1529, et la préséance au-dessus de l'abbé de Saint-Victor lui fut accordée. Après sa mort, qui arriva en 1540, l'abbaye de Saint-Séverin retourna en commende ; elle fut donnée à Prégence de Monstier, fils du gouverneur de Château-Landon, et cet abbé ayant embrassé l'hérésie de Calvin, il permit aux hérétiques de tenir leurs assemblées dans cette abbaye. Ils la ruinèrent entièrement en 1567, mais elle fut réparée par les successeurs de cet apostat.

Voyez Joann. Buscn., *Chronic. Canonic. regul. capitul. Windesem*; Aubert le Mire, *de Windesem et aliis congregat. Canonic. regul.*, Penot. *Hist. Tripart. Canonic. reg.*, lib. II, cap. 66; Sammarth., *Gall. Christian.*, tom. IV, pag. 232; Tambur, *de Jur. abb.*, tom. II, disp. 24, quæst. 4.

VISITANDINES.
Voy. Visitation.

VISITATION (Ordre de la).

§ 1er. — *Origine de l'ordre de la Visitation de Notre-Dame, avec la Vie de saint François de Sales, évêque et prince de Genève, leur instituteur.*

On doit regarder l'ordre des filles de la Visitation de Notre-Dame comme un monument éternel de la charité de saint François de Sales, évêque et prince de Genève, et l'on ne peut considérer l'éclat où cet ordre est aujourd'hui, tant au dedans qu'au dehors du royaume, tant de maisons si bien bâties et si bien fondées, ce grand nombre de filles et cette union si parfaite qui règne entre elles, sans remarquer la main de Dieu, qui a formé, qui appuie et qui soutient ce saint ordre, comme dit un célèbre historien de nos jours, dans la vie de ce saint fondateur. Il naquit au château de Sales, dans le diocèse de Genève, le 21 août 1567. Son père et sa mère, qui sortaient d'une des plus illustres et des plus anciennes maisons de Savoie, voulurent qu'il reçût au baptême le nom de François, tant à cause de la dévotion qu'ils portaient au saint patriarche de l'ordre des Mineurs, qu'à cause qu'il était né dans une chambre que l'on appelait de saint François. Lorsqu'il fut en état d'apprendre les sciences humaines, on l'envoya au collége d'Annecy, et après y avoir fait ses humanités il vint à Paris, où il apprit les langues, sous le docte Génébrard, de l'ordre de Saint-Benoit, et la philosophie et la théologie chez les PP. Jésuites, où il eut pour maître en théologie le savant Maldonat. Il apprit aussi les exercices qui conviennent à la noblesse, et partout il donna des marques d'une piété sincère et d'une solide dévotion. Il ne s'étudiait pas seulement à polir son esprit par la connaissance des lettres, mais il s'appliquait avec une ferveur extrême à la science des saints, et passait en prières les heures que ses compagnons donnaient au divertissement.

Après avoir achevé ses études à Paris, il passa en Italie, pour obéir aux ordres de son père, qui l'envoya en l'université de Padoue pour y apprendre la jurisprudence. Cette ville était alors en grande réputation pour l'étude du droit civil et canonique, et les habiles professeurs qui l'enseignaient y attiraient des écoliers de toute part. Le docte Pancirole fut celui que saint François de Sales choisit pour maître, et sous lequel il fit tant de progrès, qu'il reçut le bonnet de docteur avec beaucoup d'applaudissement.

Il quitta ensuite Padoue pour aller à Rome visiter les tombeaux des saints apôtres et les autres lieux de dévotion de Rome. Il passa à Lorette, et étant retourné en Savoie il fut reçu avocat au sénat de Chambéry; mais comme il avait depuis longtemps résolu d'embrasser la profession ecclésiastique, il s'en expliqua ouvertement avec ses parents, qui voulaient l'engager dans le mariage, et il fut pourvu de la dignité de prévôt de l'église cathédrale de Genève. Il n'était encore que diacre lorsque l'évêque de cette ville, Claude de Granier, lui ordonna de prêcher. François accepta ce ministère avec un cœur plein de charité et de zèle, et dans sa première prédication il toucha si vivement son auditoire, que trois personnes de qualité, fameuses par leurs désordres, changèrent de vie sur l'heure et donnèrent autant d'exemples de pénitence à la ville qu'elles lui avaient causé de scandales.

Son humilité le portait à demeurer dans l'état de diacre, et jamais il n'eût pensé à se faire promouvoir à la prêtrise, si l'évêque de Genève, qui avait dessein de le faire son coadjuteur et qui voulait l'employer dans les affaires les plus importantes de son diocèse, ne lui eût conseillé de recevoir le caractère de la prêtrise. Il obéit donc à son évêque et il se donna tout entier aux fonctions pénibles de ce ministère. Il assistait assidûment au chœur, employait le reste de la matinée à entendre les confessions, se donnait avec une ardeur incroyable à l'exercice de la prédication dans les villes et dans les bourgs, et allait dans la campagne instruire les pauvres gens.

Son évêque l'ayant employé à la conversion des hérétiques du Chablais, et des bailliages de Ternier et de Gaillard, où les hérésies de Zuingle et de Calvin s'étaient introduites, il s'acquitta de cette mission avec un zèle et un courage qui lui firent surmonter toutes les difficultés qu'il y rencontra, ayant évité, par une protection toute particulière de Dieu, les embûches qu'on lui dressa pour lui faire perdre la vie. Le fruit de ses travaux, tant dans ce pays-là que dans les autres lieux où il prêcha dans la suite, fut si merveilleux, que la bulle de sa canonisation porte qu'il convertit jusqu'à soixante-douze mille hérétiques.

Ce fut au retour de cette mission du Chablais qu'il fut nommé à la coadjutorerie de Genève, par le duc de Savoie qui en avait été prié par l'évêque, qui, se voyant accablé d'années et d'infirmités, crut qu'il ne pouvait pas laisser en mourant son troupeau sous la conduite d'un meilleur pasteur que saint François de Sales. Ce fut en vain qu'il refusa cette dignité, il fut enfin contraint de l'accepter, par l'autorité du pape Clément VIII, qui lui ordonna d'obéir à son évêque et à son prince; il le fit même venir à Rome pour y recevoir la coadjutorerie et y traiter de la mission de Savoie; il l'appela en plein consistoire l'apôtre du Chablais, et le renvoya comblé de ses bénédictions, avec des bulles pour se faire sacrer sous le titre d'évêque de Nicopoli et coadjuteur de l'évêché de Genève.

A peine se fut-il rendu auprès de son évêque, que les nécessités du diocèse dont on le chargeait, et l'affermissement de la religion catholique dans le pays de Gex, l'obligèrent d'aller à Paris en 1602, où le bruit des merveilles que Dieu avait opérées par son ministère et la conversion de tant d'âmes l'avaient déjà mis en grande réputation. Sa présence augmenta de beaucoup l'estime qu'on en avait, et après neuf mois de séjour qu'il y fit, il retourna en Savoie, où il trouva l'évêque de Genève mort depuis peu de jours. La première chose qu'il fit, se voyant évêque de Genève, fut de régler sa famille, qu'il composa d'un petit nombre de personnes bien choisies et toutes portées à la vertu. Il fit ensuite la visite de son diocèse, il y rétablit la régularité dans toutes les maisons religieuses dont elle avait été bannie : il y établit en quelques lieux de nouvelles communautés, comme les Feuillans dans l'abbaye de l'Abondance, et les Barnabites dans les collèges d'Annecy et de Thonon, où il est regardé pour cette raison comme le fondateur de l'une et de l'autre de ces maisons religieuses. Il institua une congrégation d'Ermites sur la montagne de Voëron dans le Chablais, sous le titre de la Visitation de Notre-Dame, afin de rétablir l'ancienne dévotion de ce lieu dédié à la sainte Vierge; il leur donna la forme de l'habit qu'ils portent, et leur prescrivit des constitutions qu'ils observent avec beaucoup d'édification. Enfin, en 1610, il voulut donner encore à l'Eglise une nouvelle congrégation d'épouses de Jésus-Christ, à laquelle il donna aussi le nom de la Visitation de Notre-Dame. Il en eut la première vue dès l'an 1604, qu'ayant été prié par le maire et les échevins de Dijon de prêcher dans leur ville, il voulut, selon sa coutume, pour se disposer à cette action et pour y vaquer plus à loisir, se retirer au château de Sales, où, selon les historiens de sa vie, il eut une vision dont il plut à Dieu de le favoriser touchant l'ordre dont il devait être un jour le fondateur.

On prétend qu'étant en méditation et demandant à Dieu avec sa ferveur ordinaire qu'il pût être utile à sa gloire et au salut des âmes, Dieu lui fit connaître qu'il établirait un jour un nouvel ordre de religieuses qui édifieraient l'Eglise par l'éclat de leurs vertus, et qui perpétueraient dans sa postérité son esprit, ses sentiments et ses maximes ; et que Dieu lui ayant fait connaître les principales personnes qui le devaient seconder dans ce dessein, l'idée lui en resta si nette, qu'il reconnut depuis la baronne de Chantal pour être celle que Dieu avait destinée à être la première religieuse de ce nouvel ordre. En effet, prêchant à Dijon, il la remarqua parmi son auditoire et se souvint de la vision qu'il avait eue au château de Sales. Il crut la reconnaître pour celle qui lui avait été montrée, comme l'instrument dont Dieu voulait se servir pour l'aider à fonder un nouvel ordre. Il apprit de l'archevêque de Bourges, son intime ami, qu'elle était sa sœur, veuve du baron de Chantal. Il lui parla, elle se mit sous sa conduite, et en prenant congé d'elle pour retourner dans son diocèse, il lui dit qu'il lui semblait que Dieu approuvait qu'il s'en chargeât, qu'il s'en convainquait tous les jours de plus en plus, mais qu'il ne fallait rien précipiter, et qu'il ne voulait pas qu'il y eût rien d'humain dans cette affaire. Elle lui fit une confession générale à Saint-Claude, où le saint évêque était allé avec la comtesse de Sales, sa mère, et il lui donna de sa main une méthode pour la règle de sa vie. La baronne de Chantal étant allée dans la suite à Sales voir la mère de saint François, avec laquelle elle avait lié amitié, ce saint prélat, qui s'y trouva, lui dit qu'il méditait un grand dessein pour lequel Dieu se servirait d'elle. Elle lui demanda ce que c'était ; mais le saint évêque lui répondit qu'il voulait à loisir en méditer l'exécution, et qu'il ne pouvait le lui dire que dans un an, qu'il la priait cependant de joindre ses prières aux siennes et de bien recommander cette affaire à Dieu.

Cette année étant écoulée, il lui écrivit qu'il était nécessaire qu'elle fît un voyage à Annecy. C'était pour lui communiquer ce dessein : il lui dit qu'il avait mûrement examiné devant Dieu la proposition qu'elle lui avait faite si souvent de quitter le monde pour embrasser l'état religieux, qu'il y avait rencontré de grandes difficultés, mais qu'enfin il était temps de lui rendre réponse. Il lui proposa de se faire religieuse de Saint-Claire, puis sœur de l'hôpital de Beaune, et enfin carmélite. La sainte veuve consentit à chaque proposition avec autant de docilité que si elle n'avait point eu de volonté, et qu'il ne se fût pas agi d'un engagement qui devait durer autant que la vie. Alors le saint évêque, charmé de sa soumission, lui communiqua les projets qu'il avait faits pour l'établissement de l'ordre de la Visitation : elle y trouva de grandes difficultés : mais lorsque le saint évêque les eut levées, tous les deux, se confiant plus sur la providence divine que sur les secours des hommes, résolurent l'établissement de cet ordre à Annecy. Mademoiselle de Brechart, d'une bonne maison du Nivernais, mademoiselle Faure, fille du premier président de Savoie, deux autres aussi de Savoie et du Chablais, et mademoiselle Fichet du Folligny, furent les premières compagnes de madame de Chantal. Toutes choses ayant été préparées pour le jour de la Pentecôte de l'année 1610, auquel on avait projeté, de faire ce nouvel établissement, on fut obligé de le différer pour quelques jours. Une dame qui avait donné parole de se joindre à madame de Chantal, et avait fait le marché de la maison où l'on devait s'assembler, se dédit : la grandeur de l'entreprise l'étonna, et elle la trouva au-dessus de ses forces. Le saint évêque prit le marché que la dame avait fait de la maison, il y fit faire une chapelle et les lieux réguliers propres à une communauté, et disposa tout pour faire la cérémonie de la fondation au jour de la Sainte-Trinité de la même année.

Ce fut donc le 6 juin de l'année 1610 que madame de Chantal et ses compagnes, sous la conduite de saint François de Sales, commencèrent l'établissement de l'ordre de la Visitation de Notre-Dame. Le saint évêque, après les avoir confessées et communiées, leur donna les règles qui leur devaient servir de modèle pour leur conduite. Il ne leur enjoignit la clôture que pour l'année de leur noviciat, ne changea point la forme de l'habit qu'elles portaient dans le monde, se contenta d'ordonner qu'il serait noir et que les règles de la plus exacte modestie y seraient gardées. Il les obligea à peu d'austérités corporelles, par rapport aux personnes infirmes qu'elles pouvaient recevoir, mais bien à une vie intérieure et détachée de toutes les choses de la terre.

Cependant la douceur et la sainteté de leurs mœurs et la parfaite charité chrétienne qui régnait parmi elles attira dans peu de temps un grand nombre de filles : madame de Chantal, dans son noviciat, ne reçut pas moins de dix filles, et dans la suite le nombre étant augmenté au point que la maison où elles demeuraient n'était plus suffisante pour les loger, elle songea à changer de demeure. Le saint prélat s'employa pour cela, mais le public s'y opposa ; le prince même leur fut contraire, et tout le monde se souleva contre elles : la patience et la prudence de saint François de Sales surmontèrent néanmoins tous ces obstacles, et il eut enfin la satisfaction de voir commencer et achever le premier monastère d'Annecy.

La réputation des filles de la Visitation se répandit dès lors en plusieurs lieux ; quelques villes en demandèrent, mais il était impossible dans ces commencements de satisfaire à leur désir. Il n'y eut que l'archevêque de Lyon, Denys-Simon de Marquemont, qui fut dans la suite cardinal, à qui saint François de Sales n'en put refuser, ayant été encore incité à cela par la dévotion de madame d'Auxerre, qui voulut non-seulement être leur fondatrice, mais encore entrer parmi elles avec deux autres personnes qui s'associèrent à elle. La Mère de Chantal partit d'Annecy le 25 janvier 1615, accompagnée de trois autres personnes, et elle arriva à Lyon le 1er février. Elles descendirent dans la maison que madame d'Auxerre, leur fondatrice, avait fait préparer en Bellecour. Le cardinal de Marquemont fit la cérémonie de leur fondation avec toute la solennité possible, et madame d'Auxerre, entra dès le même jour au noviciat. Cet établissement souffrit d'abord de grandes contradictions, qui furent pacifiées par la prudence et la douceur de la Mère de Chantal, qui, pendant neuf mois qu'elle demeura dans cette maison, reçut sept filles, et qui, après l'avoir solidement établie, y laissa pour supérieure la Mère Favre et retourna à Annecy.

Jusque-là les filles de la Visitation n'avaient fait que des vœux simples, elles ne gardaient point de clôture, elles s'appliquaient aux œuvres de charité, visitaient les malades, les soulageaient, leur faisaient des bouillons et les secouraient dans tous leurs besoins. Mais le cardinal de Marquemont jugea qu'il était expédient que cette congrégation fût érigée en religion, pour plusieurs raisons que sa sagesse et sa piété lui suggérèrent, comme le dit saint François de Sales dans la préface de ses Constitutions. Ce dessein fut béni de Dieu, car après plusieurs difficultés, dont les projets du service de Dieu ne sont jamais exempts (dit encore ce saint instituteur), le pape Paul V commit ce prélat pour ériger cette congrégation en titre de religion sous la règle de saint Augustin, avec toutes les prérogatives et les privilèges dont jouissent les autres ordres religieux ; ce que fit ce saint évêque en 1618, et il leur dressa des constitutions qui furent approuvées après sa mort par le pape Urbain VIII, en 1626. On délibéra ensuite si l'on donnerait un chef, c'est-à-dire une supérieure ou un supérieur général, à l'ordre de la Visitation, ou si on le soumettrait aux évêques et aux ordinaires des lieux. Quelques personnes furent d'avis qu'on lui donnât un chef, prétendant que c'était ce qui entretenait dans l'union les différents membres dont les corps politiques, ecclésiastiques et religieux sont composés. Mais le saint évêque de Genève fut de sentiment contraire : il fut ordonné que les monastères de la Visitation seraient soumis au gouvernement des évêques, ce qui n'a pas empêché qu'il n'y ait toujours eu une union très-parfaite entre les monastères de cet ordre qui se secourent dans leurs besoins, l'abondance des uns suppléant à l'indigence des autres.

Ce changement arrivé dans cet institut, bien loin d'en arrêter le progrès, ne servit qu'à l'augmenter. Dès l'année suivante il se fit un autre établissement à Moulins. Les villes de Grenoble et de Bourges demandèrent aussi des religieuses, et il y aurait eu de l'injustice d'en refuser à cette dernière, qui avait pour archevêque l'ami de saint François de Sales et le frère de la Mère de Chantal, laquelle fut encore envoyée pour faire ces établissements. L'archevêque de Bourges espérait la garder pendant plusieurs années ; mais après avoir demeuré six mois dans cette nouvelle fondation, elle en partit pour aller en commencer une autre à Paris, où elle arriva en 1619, et cet établissement se fit au faubourg Saint-Jacques, cette maison étant la première des trois que cet ordre a dans cette capitale de la France.

La Mère de Chantal y fit un assez long séjour ; car elle n'en partit qu'au mois de février de l'année 1622, pour aller à Dijon fonder encore une maison, où la présidente le Grand, âgée de soixante-quinze ans, fut du nombre de celles qui reçurent l'habit de cet ordre. D'un autre côté, le saint évêque de Genève envoya d'autres religieuses pour faire des établissements en d'autres endroits, en sorte que de son vivant il eut la consolation de voir treize monastères de cet ordre. Ce fut la même année 1622 qu'ayant reçu ordre du duc de Savoie de se rendre à Avignon, où il avait dessein d'aller trouver le roi Louis XIII, qui retournait victorieux de la guerre contre les huguenots, il partit d'Annecy, déjà indisposé, et après avoir séjourné huit jours à Avignon, il alla à Lyon, où il descendit en la maison du jardinier des religieuses de la Visitation. Il passa quelques jours dans ses exercices ordinaires de piété, prêchant et faisant des conférences spirituelles jusqu'au 27 décembre. Il dit encore la messe ce jour-là, et se disposait à partir pour retourner en Savoie lorsqu'il tomba dans une défaillance qui fut suivie d'une apoplexie dont il mourut le lendemain, âgé de cinquante-six ans, après en avoir passé vingt-sept dans l'épiscopat. Les miracles qu'il a faits de son vivant et après sa mort obligèrent le pape Alexandre VII à le déclarer bienheureux en 1659. Il confirma sa béatification par un bref du 28 décembre 1661, et quatre ans après, le 19 avril 1665, il le mit au nombre des saints. Dès les années 1625 et 1645, le clergé de France avait fait de fortes instances auprès des papes Urbain VIII et Innocent X, pour cette canonisation ; le roi, la reine, le duc de Savoie, l'ordre des Minimes et celui de la Visitation y ont joint dans la suite leurs prières et ont obtenu cette grâce d'Alexandre VII.

§ 2. — *Continuation de l'histoire de l'ordre de la Visitation de Notre-Dame, avec la Vie de sainte Chantal, fondatrice et première religieuse de cet ordre.*

Il manquerait quelque chose à l'histoire de l'ordre de la Visitation de Notre-Dame, si nous ne donnions point un abrégé de la Vie de la vénérable Mère Jeanne-Françoise Frémiot de Chantal, qui en a été la fondatrice, aussi bien que saint François de Sales le fondateur, puisqu'elle a été la coopératrice de ce saint dans l'établissement de cet ordre, dont elle a fondé quatre-vingt-sept monastères, y compris les treize qui avaient été établis du vivant de saint François de Sales.

Elle naquit à Dijon, en Bourgogne, le 23 janvier 1572, de Bénigne Frémiot, avocat général, puis second président au parlement de Dijon, et de Marguerite Barbesy ; elle eut pour frère André Frémiot, archevêque de Bourges, l'un des plus savants prélats de son temps. Elle perdit sa mère à l'âge de dix-huit mois ; mais elle ne laissa pas d'être élevée avec un très-grand soin par son père, qui se dérobait aux affaires importantes de sa charge pour instruire ses enfants et leur inspirer la piété avec l'amour de la véritable religion. Notre sainte fondatrice conçut par ses instructions une si grande aversion pour les hérétiques, qu'elle ne pouvait pas même souffrir qu'ils la touchassent. Lorsqu'elle fut en âge d'être mariée, elle refusa constamment un seigneur calviniste, nonobstant les espérances qu'on lui donna qu'il pourrait se convertir, et elle épousa Christophe de Rabutin, baron de Chantal, gentilhomme de la chambre du roi, et maître de camp d'un régiment d'infanterie, lequel pendant la Ligue avait rendu de bons services au roi Henri IV.

Ce mariage fut heureux, l'union de leurs cœurs et de leurs esprits était parfaite, et Dieu répandit tant de grâces sur cette heureuse famille, qu'on y voyait briller toutes les vertus, en sorte que leur maison pouvait être le modèle de tous les vrais chrétiens. Pendant les longs voyages que le baron de Chantal faisait à la cour, la baronne, son épouse, vivait dans une retraite si exemplaire, que ce seigneur voulut prendre part à cette bénédiction. Il quitta la cour et tous les avantages qu'il pouvait prétendre pour ne plus sortir de sa maison. Il y tomba malade en 1601, et pendant cette maladie, qui dura six mois, il y fit, par le conseil de cette sainte femme, de saintes réflexions pour sa perfection ; mais à peine fut-il revenu en convalescence qu'il fut malheureusement tué à la chasse par l'imprudence d'un de ses amis.

La baronne de Chantal demeura veuve à l'âge de vingt-huit ans, avec trois enfants, de six qu'elle avait eus. Elle ressentit ce coup avec toute la générosité chrétienne, elle pardonna au meurtrier de son mari, et sachant qu'une véritable veuve ne doit penser qu'à plaire à Dieu, elle se consacra à son service par le vœu de chasteté ; elle ne porta plus que des habits modestes, et ayant congédié les domestiques de son mari après les avoir récompensés, elle ne se réserva qu'un petit train, conforme à la vie qu'elle voulait mener, ayant résolu de se donner tout à Dieu.

M. de Chantal, son beau-père, qui était âgé de soixante-quinze ans et fort caduc, lui ayant ordonné de venir demeurer avec lui, elle reçut par obéissance ce commandement et y alla avec ses enfants : mais une servante, à laquelle M. de Chantal avait donné le maniement de ses biens et l'intendance de sa maison, exerça d'une étrange manière pendant sept ans et demi la patience de notre sainte veuve. Cette servante, qui avait cinq enfants avec elle, les faisait aller de pair avec les enfants de la baronne de Chantal, qui ne pouvait pas seulement obtenir un verre d'eau d'aucun des domestiques, s'ils n'en avaient reçu l'ordre de cette maîtresse servante, laquelle animait souvent le beau-père contre la bru, et poussait même l'insolence jusqu'à lui faire des reproches. Mais la baronne de Chantal, loin de s'en plaindre, voulut au contraire rendre à cette femme le bien pour le mal : non contente d'instruire elle-même les cinq enfants de cette misérable créature, elle les habillait, les peignait et leur rendait tous les services les plus vils et les plus abjects. Notre sainte veuve, voyant que cette servante dissipait le bien de cette maison, tâcha d'y apporter remède; mais s'étant aperçue que cela excitait de nouveaux troubles, elle se résolut à une nouvelle patience.

En 1604, les échevins de Dijon ayant prié saint François de Sales d'y prêcher le carême, M. le président Frémiot, qui connaissait la piété de sa fille, l'avertit de venir passer le carême chez lui pour entendre les sermons de ce saint prélat. Elle ne manqua pas de s'y rendre avec l'agrément de son beau-père, et ce fut dans cette ville qu'elle eut la première conférence avec saint François de Sales et qu'elle se mit sous sa direction, comme on l'a vu dans le paragraphe précédent, où nous avons aussi dit de quelle manière l'ordre de la Visitation fut établi, et le progrès qu'il fit du vivant du saint instituteur; comme nous y avons rapporté de plus ce qui regardait la Mère de Chantal touchant les établissements qu'elle fit jusqu'à la mort de ce saint, nous passons à ce qu'elle a fait depuis.

Saint François de Sales étant décédé, notre sainte fondatrice se vit chargée du soin et de la conduite de tout l'ordre. Elle était à Belley lorsqu'elle apprit la triste nouvelle de la mort de ce saint prélat; elle prit toutes les mesures nécessaires pour faire transporter son saint corps à Annecy, et après avoir fait le changement des officières du monastère qui avait été fondé à Belley, elle en partit pour se rendre à Annecy, afin d'y recevoir le corps du saint évêque de Genève. En passant par Chambéry, où on lui demandait un établissement, elle prit quelques mesures convenables pour le faire, et elle en remit l'exécution après qu'elle aurait rendu les derniers devoirs à saint François de Sales. Aux approches d'Annecy, plusieurs amis de ce saint et du monastère allèrent au-devant d'elle, mais comme eux elle ne put parler que par des larmes et par un triste silence qui témoignait la douleur commune, et les pleurs et les sanglots redoublèrent lorsqu'elle fut arrivée dans son monastère. Dès le lendemain elle fit préparer tout ce qui était nécessaire pour la pompe funèbre. Le saint corps fut apporté de Lyon dans leur église et posé près de la grille, en attendant qu'on lui eût élevé un tombeau.

Les religieuses d'Annecy, craignant que l'humilité de la Mère de Chantal ne la portât à se démettre du gouvernement, l'avaient élue supérieure perpétuelle avant son arrivée; mais elle renonça en plein chapitre à cette dignité, protestant qu'elle ne ferait jamais la fonction de supérieure sous ce titre. Elle fut obligée de faire un voyage à Moulins pour quelques affaires pressantes, terminées heureusement, elle s'en retourna par le monastère de Lyon. Elle envoya des sœurs pour faire une nouvelle fondation à Marseille, s'étant réservé celle de Chambéry, que le prince Thomas de Savoie désirait avec empressement. Elle y demeura quatre mois, reçut plusieurs filles, y laissa la Mère Fichet pour supérieure et retourna ensuite dans son monastère d'Annecy, un peu avant la fête de la Pentecôte de l'année 1624, temps auquel elle avait indiqué une assemblée générale des Mères de l'institut; quand elles furent arrivées, elles commencèrent ensemble à chercher tout ce que le saint fondateur avait dit et avait fait, jusqu'aux moindres petites choses, pour la perfection de leur congrégation. Les réduisant ensuite par écrit, elles en formèrent un corps dont elles composèrent un livre qu'elles appelèrent leur *Coutumier*; il contenait le directoire, le cérémonial, le formulaire, et autres avis utiles pour la perfection religieuse, le tout suivant les mémoires et les pratiques que le saint prélat avait laissés ou établis dans le monastère d'Annecy.

Les miracles qui se faisaient tous les jours au tombeau de saint François de Sales donnèrent beaucoup de consolation à la Mère de Chantal, qui n'épargna rien pour contribuer aux frais des informations, qui furent faites par ordre du pape, lequel, sur les pressantes sollicitations de cette fondatrice, avait, dès les années 1623 et 1624, nommé à cet effet pour commissaire apostolique l'évêque de Genève. Elle mena ensuite des sœurs à la fondation de Tonon, et peu de temps après à celle de Rumilly. A quelque temps de là, elle alla à Pont-à-Mousson pour en faire une autre. Elle partit le 27 avril 1626, et passa par Besançon, où l'on souhaitait aussi un établissement de cet ordre. L'année suivante elle perdit son fils, Bénigne, baron de Chantal, qui mourut au service de Louis XIII, s'opposant aux Anglais à la descente de l'île de Ré. Elle reçut la nouvelle de cette mort en mère véritablement chrétienne et soumise aux ordres de Dieu, ce qu'elle fit aussi lorsqu'elle apprit la mort de la baronne de Chantal, sa bru, et de son gendre, le comte de Toulongeon, qui moururent en 1633.

Je passe sous silence toutes les autres fondations qu'elle a faites, et les voyages qu'elle fut obligée de faire pour le bien et l'avancement de son ordre, dont elle avait la conduite et le gouvernement. Le dernier voyage qu'elle fit fut en 1641, année de sa mort. Elle était supérieure d'un des monastères d'Annecy lorsqu'elle demanda avec beaucoup d'instance sa déposition, qui lui fut accordée; mais peu de temps après elle fut élue supérieure par toutes les sœurs de Moulins: elle ne voulut point accepter cette charge; elle partit néanmoins d'Annecy le 28 juillet pour se rendre à Moulins, où elle ne fut pas plus tôt arrivée qu'elle fit faire l'élection d'une autre supérieure. Elle alla ensuite à Paris, où quelques années auparavant elle avait établi un second monastère de son ordre dans la rue Saint-Antoine. Après qu'elle y eut fait quelque séjour, elle retourna à Moulins, où, cinq jours après son arrivée, elle tomba dans une maladie qui ne dura aussi que cinq jours, et elle mourut le 13 décembre 1641, universellement regrettée, non-seulement de toutes les religieuses de l'ordre, mais de toutes les personnes qui l'avaient connue et qui avaient en plusieurs rencontres éprouvé les effets de sa charité. Les religieuses d'Annecy avaient appréhendé que, leur bienheureuse mère mourant en France, on ne retînt son corps. Elles ont eu néanmoins le bonheur de le posséder, et il fut porté de Moulins à Annecy où il repose présentement, et Dieu a fait connaître la sainteté de sa servante par plusieurs miracles opérés à son tombeau.

A la mort de cette sainte fondatrice, l'ordre de la Visitation avait quatre-vingt-sept monastères ; mais il s'est bien augmenté depuis ce temps-là : il en a présentement plus de cent soixante, dans lesquels il y a plus de six mille six cents religieuses, et il s'est étendu dans l'Italie, le royaume de Naples, l'Allemagne et la Pologne. Ces religieuses avaient aussi autrefois en quelques villes le soin des pénitentes ou repenties, comme à Paris aux Madelonettes près du Temple, dont elles prirent soin en 1629, et qu'elles ont quitté dans la suite. Elles ne furent d'abord reçues en Pologne qu'à condition qu'elles auraient aussi le soin des pénitentes, ce qui fut stipulé dans le contrat de fondation par la reine Louise-Marie de Gonzague, épouse du roi Ladislas Sigismond IV ; mais lorsque les religieuses furent arrivées à Varsovie, où se fit leur premier établissement en 1654, la reine changea de sentiment ; elle les obligea seulement de faire instruire les pauvres petites filles, et pour cet effet d'entretenir six tourières qui seraient chargées de ces instructions et de la visite des pauvres malades et des autres pauvres de la ville, tant pour subvenir à leurs besoins que pour leur fournir les drogues et les médicaments nécessaires à leur soulagement. Cette princesse les obligea encore de recevoir douze filles sans dot, après que le bâtiment de leur monastère serait entièrement achevé, ce que ces religieuses n'eurent pas de peine à accepter, puisque, outre les grandes sommes d'argent que la reine de Pologne leur fit délivrer, elle leur donna encore une starostie de vingt-deux mille livres de revenu, qui en temps de paix en vaut plus de trente mille.

Il y a eu dans cet ordre beaucoup de personnes distinguées par leur piété et par leur naissance ; l'une des principales a été la duchesse de Montmorency, Marie-Félix des Ursins, fille de Virginio des Ursins, duc de Braciano, laquelle, après la mort tragique du duc son mari, qui fut enterré dans le monastère de la Visitation de Moulins en Bourbonnais, où elle lui fit élever un superbe tombeau, se retira dans le même monastère pour y pleurer la perte de son époux ; elle s'y fit religieuse vingt-cinq ans après, et y mourut supérieure en réputation de sainteté, le 5 juin 1666, âgée de soixante-six ans.

Il y a dans cet ordre des religieuses de trois sortes, des choristes, des associées et des domestiques. Les choristes sont destinées pour chanter l'office au chœur. Les associées, aussi bien que les domestiques, ne sont point obligées à l'office, mais seulement à dire un certain nombre de *Pater* et d'*Ave*. Les choristes et les associées sont seules capables de remplir toutes les charges du monastère, excepté que les associées ne peuvent être élues assistantes, dont un des principaux emplois est d'avoir la direction de l'office au chœur. C'est pourquoi, si les associées sont supérieures, elles font tout ce qui appartient à cette charge, sinon en ce qui regarde l'office du chœur qu'elles doivent laisser faire à l'assistante, laquelle ne peut jamais être que du nombre des sœurs choristes. Les sœurs domestiques sont employées à la cuisine et aux offices qui regardent le ménage. Les unes et les autres ne peuvent excéder le nombre de trente-trois, dont au moins vingt choristes, neuf associées et quatre domestiques, à moins que, pour quelque raison légitime, le père spirituel, la supérieure et le chapitre ne trouvassent à propos d'augmenter ce nombre avec dispense de l'ordinaire.

Saint François de Sales ayant institué cet ordre pour la retraite des filles et femmes infirmes, ne les a point obligées par les constitutions à de grandes mortifications ni austérités : c'est pourquoi, outre les jeûnes commandés par l'Eglise, elles ne sont obligées de jeûner que les veilles des fêtes de la Trinité, de la Pentecôte, de l'Ascension, de la Fête-Dieu et de celles de Notre-Dame, de Saint-Augustin et tous les vendredis, depuis la fête de Saint-Michel jusqu'à Pâques. Aux autres vendredis de l'année elles font une simple abstinence le soir, laquelle consiste à ne manger qu'une sorte de mets avec le pain. Aucune ne peut entreprendre des jeûnes, des disciplines ou autres austérités corporelles, qu'avec la permission de la supérieure : si plusieurs ont eu la permission de prendre la discipline, elles la doivent prendre le vendredi l'espace d'un *Ave maris stella*, toutes ensemble, afin d'observer en toutes choses, autant qu'il se peut, la communauté. Celles qui sont destinées à chanter l'office au chœur ne sont obligées qu'au petit office de la Vierge. Après la récréation du dîner, toutes les religieuses se présentent devant la supérieure, qui leur ordonne ce qu'elles doivent faire jusqu'au soir ; après la récréation du soir, elles se présentent aussi devant la supérieure pour recevoir de nouveaux ordres jusqu'au dîner du jour suivant. Tous les mois elles doivent rendre compte à la même supérieure de leur intérieur, et lui découvrir avec beaucoup de simplicité, de fidélité et de confiance, jusqu'aux moindres replis de leur cœur. Elles ont deux oraisons mentales chaque jour, l'une le matin d'une heure, et l'autre de demi-heure après Complies. Le silence est inviolablement observé dans leurs monastères, depuis le premier coup de Matines jusqu'à Prime du jour suivant, depuis la récréation du matin jusqu'à Vêpres, et pendant le dîner et le souper. Afin que la pauvreté soit plus exactement observée entre elles, tous les ans elles doivent changer de chambre, de lit, de croix, de chapelets d'images et autres choses semblables.

Quant à l'habillement, il doit être noir et le plus simple qu'il se pourra, tant pour la matière que pour la forme. Les robes sont faites en forme de sac, assez amples néanmoins pour faire des plis lorsqu'elles sont ceintes, les manches longues jusqu'à l'extrémité des doigts, et assez larges pour pouvoir y mettre les mains; leur voile est d'étamine noire sans doublure; elles portent sur le front un bandeau noir, et au lieu de guimpe une barbette de toile blanche sans plis, avec une croix d'argent sur la poitrine (1). Les tourières du dehors sont aussi habillées de noir de même que les séculières, et elles ont pareillement une croix d'argent comme les religieuses. Elles sont obligées, comme elles, aux mêmes observances de l'ordre; elles font deux ans de noviciat, après quoi elles sont agrégées à la congrégation par un vœu simple d'obéissance et d'oblation.

Les armes de cette congrégation sont un cœur, sur lequel est le nom de Marie en chiffre, surmonté d'une croix, et le tout enfermé dans une couronne d'épines.

Voyez Marsolier, *Vie de saint François de Sales*; Henry de Maupas, *Vie de la Mère de Chantal*; Louis Jacob, *Bibliothèque des femmes illustres*; Hilarion de Coste, *Éloge des dames illustres et Hist. cathol.*; les *Vies des premières Mères de la Visitation de N. D.*, et les Constitutions de l'Ordre.

La vénération si fondée et si générale pour le saint fondateur de la Visitation contribuèrent encore plus à la propagation de cet institut, que le régime, la douceur et la spécialité de cet ordre. La première chose qu'on doit ajouter au récit d'Héliot concerne la pieuse coopératrice de saint François de Sales, madame de Chantal. Une vision, donnée comme certaine dans la bulle de canonisation de cette vénérable Mère, mérite d'être mentionnée succinctement ici, et c'est saint Vincent de Paul qui en fut favorisé. Il avait été confesseur de madame de Chantal. Lorsqu'on eut appris par les nouvelles publiques la maladie de la Mère de Chantal, saint Vincent de Paul se mit à genoux, afin de prier pour elle. A peine avait-il fini qu'il aperçut comme un petit globe de feu qui s'élevait de terre, et qui alla se joindre, dans la région supérieure de l'air, à un autre globe plus grand et plus lumineux. Ces deux globes, qui, par leur réunion, n'en firent plus qu'un, continuèrent de monter en haut, et se perdirent dans un troisième, qui était immense et beaucoup plus brillant que les autres. Alors une voix intérieure dit à Vincent que le premier globe était l'âme de la vénérable Mère de Chantal, le second celle du bienheureux évêque de Genève, et le troisième l'essence divine. Quelques jours après il apprit la mort de la Mère de Chantal. Il crut avoir aperçu, dans les derniers entretiens qu'il avait eus avec elle, certaines paroles qui semblaient tenir du péché véniel. Ainsi, quoiqu'il l'eût toujours regardée comme une grande servante de Dieu, il pria pour

(1) *Voy.*, à la fin du vol., n°s 179 et 180.

elle avec ferveur. Dans l'instant même, il eut pour la seconde fois la même vision. Il ne douta plus alors que la Mère de Chantal ne fût dans la gloire avec le Seigneur. Il fit part de cette révélation à l'archevêque de Paris et à plusieurs autres personnes recommandables par leur piété et par leurs lumières. S'il s'écarta de la loi qu'il s'était faite de ne jamais découvrir les grâces extraordinaires que Dieu lui accordait, ce fut uniquement pour rendre témoignage à l'éminente sainteté de la Mère de Chantal. Plusieurs miracles opérés par l'intercession de cette sainte femme ayant été juridiquement constatés, elle fut béatifiée par Benoît XIV en 1751. Clément XIII la canonisa en 1767, et fixa sa fête au 21 août. Sa Vie a été écrite par plusieurs auteurs, et elle se trouve en abrégé dans tous les recueils agiographiques un peu complets.

L'ordre de la Visitation, pour lequel les personnes intérieures ont un grand attrait a produit et possède encore des religieuses distinguées par une vertu héroïque; il a possédé aussi, il faut l'avouer, des filles désobéissantes à l'Église. Les communautés de Blois, de Troyes, donnèrent presque tout entières dans l'erreur du jansénisme; à Tours, à Villefranche, etc., on vit aussi des actes de rébellion. Une chose digne de remarque, c'est que si les Visitandines de Castellane furent séduites par leur affection à leur évêque (Soanen, évêque de Senez), celles d'Auxerre résistèrent à l'entraînement qui fut presque général dans ce diocèse sous le fameux Caylus, et à Montpellier l'évêque Colbert ne put gagner toutes les religieuses de la Visitation du monastère de la ville épiscopale. Hâtons-nous de dire que l'immense majorité des maisons de cet ordre se distingua par une obéissance éclatante et empressée, par sa soumission à la bulle *Unigenitus* et par son ardeur à professer et propager la dévotion au Sacré Cœur de Jésus. On sait que c'est cet ordre vénérable qui a possédé la Mère Marie-Marguerite Alacoque, dont Dieu s'est servi pour donner une extension plus grande à cette dévotion solide déjà prêchée et préconisée par le P. Eudes, fondateur de la congrégation de Jésus et Marie. Dans plusieurs villes, par exemple à Paris, à Rennes, on voyait plus d'un monastère de Visitandines. Il y en avait aussi deux à Annecy. Ni l'un ni l'autre n'est rétabli; l'un est occupé, en partie par l'établissement des frères des Écoles chrétiennes, en partie par un atelier de menuiserie, l'autre par des religieuses d'une congrégation différente. Néanmoins, il y a actuellement un grand et beau monastère de la Visitation, où j'ai eu le bonheur de dire la messe et de vénérer les précieuses reliques des deux fondateurs. Le corps de saint François de Sales, vêtu de riches ornements épiscopaux, est dans une grande châsse d'argent, au dessus du maître-autel. Sainte Chantal, vêtue en religieuse, et ayant sur la poitrine la croix même qu'elle portait pendant sa vie, est dans une châsse semblable à la première, et placée sur un autel, dans une chapelle latérale, du côté de l'épître. Il y avait à Paris trois monastères de Visitandines, rétablis depuis la Révolution : un de ceux-là a quitté le diocèse sous l'administration de M. Affre. On voit aussi des Visitandines à Nantes, à Rennes, à Mayenne, à Voiron, à Saint-Marcellin, à la Côte-Saint-André, à Nancy, à Alençon, etc. Dans les Etats soumis à l'empereur d'Autriche, il y a quatorze maisons de ces religieuses, qu'on y nomme les Salésiennes, contenant 435 personnes. Elles en ont une aussi à Rome, et même l'ordre s'est étendu jusqu'en Amérique, aux Etats-Unis, et jusqu'en Asie, car on voit une communauté de Visitandines à Antoura.

Notes communiquées.—Nouvelles ecclésiastiques.—Vies des Pères, etc., par Godescard. *—Cracas*, etc. B-D-E.

VRAIE-CROIX (ORDRE DE LA). *Voy.* HACHE.

WAST (ABBAYE DE SAINT-), à *Arras. Voy.* EXEMPTS.

A l'article EXEMPTS (*Congrégation des*), on trouve ce qui regarde spécialement l'abbaye de Saint-Wast d'Arras. Il est néanmoins utile d'ajouter ici que cette célèbre abbaye conserva jusqu'à la suppression de 1790 l'amour de ses saints engagements et de ses observances. En 1789, la rigueur de l'hiver obligea la plupart des communautés à se priver de l'exercice du chœur pour l'office de la nuit. Deux communautés seulement, à Arras, ne voulurent point se permettre cet adoucissement, et Saint-Wast fut l'une de ces deux communautés. Elle était membre de la congrégation des *Exempts*, mais quand celle-ci eut succombé sous le poids de la pression et de la perfidie des évêques de la *Commission des réguliers* formée sous Louis XV, comme je le dirai dans un article additionnel à la fin de ce volume, l'abbaye de Saint-Wast se hâta d'assurer sa conservation en se réunissant à la congrégation de Cluny. B-D-E.

WINDESEIM. *Voy.* VINDESEIM.

ZEPPEREN. *Voy.* BEGGARDS, pour *Begghards.*

ADDITIONS.

Le R. P. Hélyot, nonobstant ses relations étendues et vingt-cinq années de travail, se vit dans la nécessité, ainsi que le religieux qui continua son œuvre, de joindre à presque tous ses volumes des additions, des corrections quelquefois considérables. Dans un ouvrage de ce genre il était difficile d'éviter cet inconvénient, à plus forte raison quand cet ouvrage revêt une forme plus rigoureuse et demande les strictes séries de l'ordre alphabétique. Il n'est donc pas surprenant que, malgré nos intentions, et, nous osons dire, un travail consciencieux, il se soit trouvé par erreur des omissions à quelques articles de ce Dictionnaire. Nous allons y suppléer ici et donner en même temps des compléments importants qui enrichiront les détails historiques sur plusieurs instituts religieux.

Le P. Hélyot a parlé de quelques congrégations dont il mêlait l'histoire à celle de quelques autres sociétés sans l'avoir indiqué dans le titre des chapitres; ainsi l'a-t-il fait, par exemple, pour la société des Prêtres de Saint-Nicolas du Chardonnet, dont il rapporte l'origine dans le chapitre consacré aux Sulpiciens, etc. Nous allons ici, pour donner plus d'avantage à notre Dictionnaire et de facilité au lecteur, indiquer les principales de ces sociétés avec le renvoi aux articles où elles sont mentionnées. B-D-E.

AIGLE-BLANCHE. *Voy.* DRAGON RENVERSÉ.

BRITTINIENS. *Voy.* AUGUSTIN (*Ermites de Saint-*).

CALABRE (CONGRÉGATION DE). *Voy.* AUGUSTIN (*Ermites de Saint-*).

CENTORBI ou DE SICILE (CONGRÉGATION DE). *Voy.* AUGUSTIN (*Ermites de Saint-*).

COLORITES (CONGRÉGATION DES). *Voy.* AUGUSTIN (*Ermites de Saint-*).

NICOLAS DU CHARDONNET (COMMUNAUTÉ DE SAINT-). *Voy.* SULPICE (*Séminaire de Saint-*).

OBASINE (CONGRÉGATION D'). *Voy.* CITEAUX.

PRÊCHERESSES. *Voy.* DOMINICAINES.

ARMÉNIENS (Tom. I*er*, col. 274).

Il paraît que depuis que le P. Hélyot a écrit sur les Arméniens de l'ordre de St-Antoine, des changements ont eu lieu dans leur croyance, comme il y en a eu dans les diverses descriptions ou relations géographiques qu'il donne, changements amenés et renouvelés souvent de nos jours par les mouvements politiques. Ainsi, il semble ne reconnaître que des schismatiques pour religieux arméniens de saint Antoine abbé; or, il y a des religieux de cet ordre qui sont catholiques. Ils sont classés à Rome dans l'ordre des moines. Leur abbé général, qui réside au Mont-Liban, est actuellement (1) le P. Dom Timothée TELLAL. Leur procureur général est le Père abbé Dom Arsène Angiarakian, et le procureur général réside à Rome, près du Vatican. B-D-E.

---

(1) Quand nous disons *actuellement*, nous voulons dire une époque récente, une date peu reculée, etc. Nous prions le lecteur de l'entendre ainsi pour les cas où nous croirions devoir nous exprimer de la même manière. On comprend qu'il est difficile, impossible même d'avoir une statistique absolument actuelle des lieux ou des personnes.

AUGUSTIN (*Ermites de Saint-* [t. Ier, § III, col. 30]).

L'ordre des Ermites de Saint-Augustin a subi les chances des révolutions qui ont, dans les temps modernes, bouleversé toutes les institutions monastiques et en ont même anéanti quelques-unes. Cet ordre montra aussi un zèle édifiant à cette époque désastreuse, et nous voulons, comme pour quelques autres, en citer du moins un fait qui porte à apprécier l'ensemble. Nous dirons auparavant que cet ordre nous paraît avoir été en France, dans les derniers temps, moins florissant que quelques autres par le nombre ou les talents de ceux qui le composaient.

Quand la Belgique fut unie à la république française, les monastères disparurent dans ce pays comme en France.

A Gand, l'église et le couvent des Augustins ayant été mis en vente, ces religieux s'étaient cotisés et avaient mis à l'enchère pour se faire adjuger leur ancienne demeure (et ce, après leur dispersion, tant il était vrai, comme le disait la philosophie, que les religieux, lassés de la vie commune, soupiraient après la vie du monde). Ils en étaient en possession et y vivaient en communauté, avec édification, sous l'habit séculier, se reposant sur la garantie des lois et de la foi publique, quand ils reçurent brusquement du Directoire, en 1797, l'ordre de démolir ce vieil édifice. Ils eurent beau réclamer contre cette vexation nouvelle ; on leur dit que ces sortes de maisons n'avaient été vendues que pour être démolies. Ainsi ces infortunés religieux n'eurent plus que des ruines et des pierres, et chacun fut dans la nécessité de chercher un asile.

A Paris, l'église et le couvent des Grands-Augustins (maisons protégées par nos rois) ont été entièrement démolis. Sur l'espace qu'ils occupaient on a élevé une halle pour la vente du gibier et de la volaille ; c'est le marché dit de la Vallée, quai des Augustins. Le monastère des Petits-Augustins est aujourd'hui le palais des Beaux-Arts. Le clergé de France tenait ses célèbres assemblées dans le couvent des Grands-Augustins. La chambre des comptes, le Châtelet et des commissaires du conseil y ont aussi tenu des séances, etc. L'ordre des Augustins est de nouveau aboli en Espagne. Il existe encore dans les divers États d'Italie, pour ses différentes observances. Il a aussi pour les deux sexes des couvents de religieux chaussés et déchaussés, dans les États de l'empereur d'Autriche. En 1832, en la province de Mohilow (Russie), trois monastères d'Augustins furent supprimés, deux existent encore. L'ordre existe encore aussi en Suisse, etc. En France, plusieurs monastères de femmes suivent la règle de saint Augustin ; mais nous croyons qu'aucun ne suit actuellement les observances de l'ordre dont nous parlons ici. Quant aux établissements d'hommes, il n'a été jusqu'ici fait aucune tentative pour les y rétablir, car nous ne pouvons mettre en ligne de compte l'agglomération singulière tentée depuis quelques années à Avignon, etc., par des hommes qui se mettent en dehors de la direction des supérieurs ecclésiastiques.

B-D-E.

AUGUSTINS DÉCHAUSSÉS (Tom. I, col. 338).

La réforme des Augustins s'était avec le temps étrangement relâchée et rapproché de la commune observance. Un bref de Benoît XIII, du 22 janvier 1726, enregistré au parlement le 27 juillet suivant, dispensa les religieux de porter la barbe ; par un autre bref du 1er février 1746, enregistré aussi au parlement le 7 mai de la même année, Benoît XIV leur permit la chaussure, en sorte qu'ils ne différaient plus alors des anciens que par le régime. Remarquons en passant cette pression du parlement, et l'immixtion de l'autorité civile dans les choses qui paraîtraient le moins de son ressort. Est-ce que les Augustins réformés ne pouvaient, sans danger pour l'État, couper leur barbe et prendre des souliers, à moins que le parlement ne visât le bref qui les autorisait à ce relâchement ? C'est d'après les mitigations dont je viens de parler que le chapitre général de cette congrégation, assemblé à Paris, au couvent de Notre-Dame-des-Victoires, près de la place qui porte ce nom, le 23 septembre 1769, rédigea de nouvelles constitutions, en conséquence de l'édit de Louis XV du mois de mars 1768, lancé selon le vœu de la commission formée en 1766 pour la réforme des réguliers. Ces constitutions sont divisées en deux parties, partagées en sections. La première partie, subdivisée en quatre sections, traite, dans les premières, du régime de toute la congrégation, soit durant, soit après le temps du chapitre général, qui doit avoir lieu tous les six ans ; et dans les dernières, du régime des provinces, soit durant, soit après les chapitres provinciaux, qui doivent se tenir tous les trois ans. Dans les mesures prescrites, se trouve la défense de donner voix passive ou active à ceux qui ne seraient pas prêtres ou qui n'auraient pas trois ans de profession ; deux religieux, parents au premier ou second degré, ne pourront suffrager dans le même chapitre. Outre ceux qui, par leurs obédiences, ont droit aux chapitres, on y députera, pour le chapitre général, un religieux de chaque province, pour le chapitre provincial, un religieux de chaque maison. On prescrit que les règlements qu'on pourra faire et dont un exemplaire restera dans les archives de la congrégation, au couvent des Petits-Pères à Paris, car c'est ainsi qu'on appelait ces religieux dans la capitale, soient en petit nombre et puissent être annihilés à chaque chapitre général. Les religieux ne pourront, sans la permission du vicaire général, ni aller à Rome, ni même sortir de la province à laquelle ils appartiennent, quand ce serait pour aller à un couvent de l'ordre qui serait dans le voisinage. Il faut aussi sa permission pour recevoir l'habit de l'ordre, être promu aux ordres sacrés, employé au ministère de la confession ou de la prédication, pour changer de couvent etc. Si ce n'est le maître des novices, entre les officiers principaux, tous les supérieurs ne pourront être réélus, après le temps de leur obédience écoulé. Le vicaire général, qui est le chef et la tête de la congrégation, est élu pour six ans. Après lui, les premiers en dignité sont le procureur général en cour de Rome et le procureur général en cour de France, excepté cependant le provincial dans sa province, et le prieur local dans son couvent. Le provincial, pour être élevé à cette dignité, doit être âgé de quarante ans et avoir eu déjà une obédience élevée dans la congrégation. Les définiteurs ne peuvent être supérieurs locaux, et sont, comme le provincial, élus pour trois ans. A la fin du chapitre provincial on lit la liste des prieurs qu'on vient d'élire, etc., et de tous les religieux des monastères de la province, en désignant leur qualité de prêtre, de diacre, etc., ou de convers. Les fautes pour lesquelles un prieur serait privé de son emploi sont signalées et sont nombreuses. Il faut qu'il y ait dans chaque province une maison où l'on placera le noviciat, qui sera tellement séparé du reste du couvent que personne, ni religieux, ni séculier n'y puisse communiquer. Les couvents, au reste, désignés régulièrement pour cette chose, sont le couvent de Paris, qualifié de couvent royal, pour la province de France; dans la province du Dauphiné, les couvents de la *Croix-Rousse*, pour la portion du Lyonnais, et de Grenoble pour l'autre portion. Pour la province de Provence, les maisons de Marseille et d'Aix. Le maître des novices devra avoir au moins trente-cinq ans, et les novices se confesseront tous à lui, sauf néanmoins la liberté de la confession. Ils seront exhortés à faire leur confession générale dans le mois qui suivra leur vêture, ou même avant cette vêture, s'il est possible. Pendant le noviciat, qui sera d'une année, dans le cours de laquelle on les proposera trois fois au chapitre, les novices pourront se livrer aux études, même des sciences, pourvu que leurs exercices spirituels n'en souffrent point. Avant sa profession, comme en entrant, le postulant sera tenu à déclarer en conscience qu'il n'est lié par aucun des empêchements dont on lui fera lecture. Il est défendu de faire prononcer les vœux à un novice avant l'âge de seize ans, disposition que je ne puis concilier avec la défense du pouvoir civil, qui, par suite de ses préventions contre l'état religieux, reculait la profession jusqu'à l'âge de vingt-un ans. On ne recevra point, au moins sans dispense, ceux qui auraient déjà quitté l'habit de l'ordre ou d'un autre institut, à plus forte raison ceux qui auraient fait profession ailleurs. Les convers ne pourront sans dispense être reçus après l'âge de trente ans. On ne recevra aucun sujet chargé de dettes ou illégitime, etc. Les novices garderont, en vertu de ces nouvelles constitutions, leurs noms et surnoms, comme dans le monde, et ces nouveaux statuts une fois approuvés, les anciens religieux, pour garder l'uniformité, reprendront leurs noms de famille! On conviendra avec les familles et même les récipiendaires de la pension du temps de noviciat. Le bréviaire est selon le romain, avec les offices propres. Matines se chanteront à minuit (hors les trois jours saints et l'octave de la Fête-Dieu) dans les maisons de noviciat et dans celles qui compteront dix religieux de chœur au moins; dans les autres maisons, les Matines se chanteront à cinq heures du matin, de Pâques à la Toussaint, et en hiver à cinq heures du soir. Tous les offices seront chantés régulièrement; les nouvelles constitutions prescrivent rigoureusement d'y assister. Il y aura deux méditations chaque jour, pendant une demi-heure chacune; le soir il y aura, à sept heures et demie, la prière du soir, avec un demi-quart d'heure d'examen de conscience. Les convers ont leurs prières particulières, tenant lieu d'office; néanmoins aux jours de fêtes, ils seront tenus à assister aux Vêpres, et même ils assisteront à une partie de Matines, de Laudes, à l'oraison, et quelques autres exercices. Les religieux pourront quelquefois aller ensemble à la promenade hors du monastère. Je remarque une singularité dans la lecture prescrite au réfectoire, c'est que tous les samedis, pendant le souper, il est prescrit de lire le livre des *Cérémonies des Pères de la Mission de saint Lazare*.

Outre les jeûnes d'Eglise, il y a certains jeûnes de règle, tels que ceux du vendredi de chaque semaine, de la veille de saint Augustin, de la Nativité de la sainte Vierge, des lundi et mardi de la Quinquagésime. L'usage des aliments gras est permis tous les jours de la semaine, excepté le mercredi. Il y a aussi jeûne de règle pour tout le temps de l'Avent, et le prieur peut, pour des raisons fortes, dispenser de ces jeûnes de règle les religieux qui ont besoin de dispense, mais jamais tout le couvent à la fois.

On prescrit les plus grandes précautions pour envoyer les religieux aux ordres sacrés, pour leur confier les fonctions de prédicateur et de confesseur. Ceux qui seront nommés pour confesser des femmes, devront être âgés de quarante ans; les supérieurs examineront ceux qu'ils veulent nommer pour les fonctions de confesseur, et celui qui sera ainsi trouvé capable par ses supérieurs pour la fonction du tribunal de la pénitence, sera tenu de se *présenter* devant l'évêque du lieu ou devant son vicaire général.

Les nouvelles constitutions traitent aussi des trois vœux de religion, et relativement à celui de pauvreté, on voit que la congrégation peut posséder. Elles règlent également ce qui concerne les fautes qui encourent *peine*, lesquelles fautes sont, comme dans tous les ordres, distinguées par leur *gravité*. En dernier lieu, elles prescrivent ce qui concerne la bibliothèque et le temporel du monastère, etc., etc. En prescrivant le costume, qui doit être noir, et varier un peu au capuce pour les novices, lesquels y joindront une sorte de scapulaire commencé, les constitutions disent que les religieux seront chaussés. Les précédentes constitutions, comme le lecteur doit bien le voir, ne furent faites que pour la congrégation des réformés de France. Quoique ces constitutions respirent un peu plus l'air de l'austérité religieuse que plusieurs autres dressées en divers instituts à la même époque, elles se ressentent pourtant d'une manière sensible du temps où elles furent faites, et du pays où était la congrégation. Ici se présente une réflexion : comment se fait-il que la commission dite des réguliers trouvât bien ces constitutions des Augustins, qui favorisaient évidemment le relâchement où la réforme était tombée, tandis que chez les Grandmontains, par exemple, elle exigeait absolument les rigueurs primitives de l'ordre, sous peine d'extinction, qui eut lieu, et ne se contentait pas des constitutions d'une réforme faite au siècle précédent? C'est qu'évidemment elle agissait par hypocrisie, servait le mauvais vouloir de la philosophie contre les ordres religieux ; et cette commission malheureuse avait des évêques pour ses organes !

Ces constitutions des Augustins furent approuvées par un bref de Clément XIV, le 4 juillet 1772, revêtues de lettres patentes le 1er août suivant, enregistrées au parlement de Paris le 17 août, et enfin exécutées par le chapitre général qui se tint à Paris au couvent de Notre-Dame-des-Victoires, le 25 septembre de la même année.

L'approbation donnée par l'autorité civile a bien aussi la couleur du temps ; ainsi elle n'est accordée qu'à condition que les religieux ne pourront être retenus en prison par leurs supérieurs pendant plus d'une année; qu'on enseignera en théologie la doctrine des quatre articles de 1682, et rien de contraire, soit directement, soit indirectement ; qu'on ne recevra les novices à la profession qu'à l'âge de vingt-un ans, conformément à l'édit de mars 1768, etc. Quand ces constitutions furent dressées, en 1769, le commissaire du roi, au chapitre, était l'abbé de Caulincourt, grand vicaire de Reims ; quand elles furent mises à exécution, en 1772, le commissaire du roi présent était Phelypeaux, archevêque de Bourges. Elles sont signées par le R. P. *Gaspard de Sainte-Jeanne* et dix autres religieux, qui prennent aussi leur nom de religion.

La congrégation de France des Augustins réformés était partagée en trois provinces très-peu nombreuses : la province de Paris ou de France, la province du Dauphiné et celle de Provence, comme je l'ai déjà indiqué en parlant de la distribution des noviciats.

Quelque temps avant que ces constitutions fussent rédigées, il y avait dans la maison de Paris quatre-vingts religieux, non compris les frères convers. La pension et l'habillement du noviciat coûtaient cinq cents francs. On détruit en ce moment ce monastère et on y construit l'hôtel de la mairie pour le 3e arrondissement. L'église est actuellement l'église paroissiale de Notre-Dame-des-Victoires, dite communément des Petits-Pères.

Regula S. Augustini et constitutiones fratrum Eremitarum reformatorum ordinis S. Augustini congregationis Galliarum, etc. Paris, 1773. B-D-E.

CALVAIRIENNES (Tom. Ier, col. 565).

Le jansénisme avait fait beaucoup de ravage dans la congrégation du Calvaire ; plusieurs religieuses avaient été exilées en divers monastères par suite de leur entêtement. La supérieure générale elle-même avait donné dans l'erreur. Après la Révolution, quelques maisons de cet institut se rétablirent en France ; il n'en avait jamais possédé à l'étranger. Un monastère de Calvairiennes s'était formé à Paris dans la rue du Cherche-Midi, et la règle y était observée avec une grande ponctualité. Cette maison édifiante n'est plus dans la capitale. Les religieuses, sous l'administration de M. Affre, sont allées s'établir dans l'ancienne abbaye de Bassac, au diocèse de Cahors. B-D-E.

CÉLESTINS (Tom. Ier, col. 715).

J'ai parlé, à l'article des CÉLESTINS, de leur suppression en France ; mais les détails que je crois devoir ajouter ici sont trop importants pour que je puisse me résoudre à les omettre.

L'ordre avait en France dix-neuf maisons qui ne formaient qu'une seule province, gouvernée par un provincial, sous l'autorité de l'abbé de Murrhon, général. Quand la commission pour la réforme (ou mieux la destruction) des ordres religieux fut formée en France, c'est-à-dire en mai 1766, la maison des Célestins de Paris comptait de trente à quarante religieux et plusieurs novices. La pension du noviciat était de 600 livres, et il fallait environ 1500 livres pour les frais de la profession. A cette époque de la formation de la commission royale, la discipline était fort déchue chez les Célestins français, sans néanmoins que les Célestins eussent donné de ces scandales qui exigent une punition éclatante. Néanmoins l'astuce des commissaires profita des abus qui régnaient dans les maisons des Célestins pour les supprimer toutes.

Un religieux nommé Saint-Pierre, prieur des Célestins de la ville de Lyon, conçut, vers 1767 ou 1768, le projet de faire séculariser tous les Célestins de France. Etait-il l'auteur du projet, ou n'était-il qu'un instrument qu'on faisait agir ? On l'ignore. Ce qu'il y a de certain, c'est que ce religieux quitta sa maison, sans la permission de ses supérieurs, qu'il courut de couvents en couvents de son ordre, pour prêcher son nouveau système ; que, sous l'appât de fortes pensions qu'il promettait, avec la liberté de vivre hors du cloître, il fit beaucoup de prosélytes ; qu'il se rendait à Paris, où il fit un assez long séjour, déguisé en ecclésiastique séculier, et errant d'hôtel garni en hôtel garni ; que M. l'archevêque de Paris, instruit de sa conduite, fit d'inutiles efforts pour le faire renvoyer dans son cloître ; il était protégé. Dès que ce prélat avait découvert sa demeure, il était averti, et se retirait promptement dans une autre.

Ce frère Saint-Pierre, qui aurait mérité qu'on le déposât de sa supériorité dans le couvent de Lyon, et qu'on le déclarât incapable d'en jamais posséder aucune, crut que, pour le succès de son projet, il était important qu'il fût fait provincial dans le prochain chapitre, qui devait s'assembler en 1770 ; il dressa ses batteries, et, pour y réussir plus sûrement, il lui parut nécessaire que le chapitre qui devait se tenir à Paris, suivant l'usage et les statuts, fût transféré ailleurs.

Par un arrêt du conseil, il fut ordonné que le chapitre serait assemblé à Limay-les-Mantes. Le chapitre y fut convoqué pour le mois d'octobre 1770, et fut présidé par un prélat député par la commission, et muni de ses instructions. Le frère Saint-Pierre fut élu provincial. Le prélat président y proposa l'exécution des articles 5 et 7 de l'édit de 1768, c'est-à-dire l'obligation d'établir la nouvelle conventualité dans toutes les maisons, et d'y faire revivre l'ancien institut. Les religieux qui composaient l'assemblée, peu disposés à embrasser la réforme, se hâtèrent de demander la *dispense* des deux articles de l'édit, et par là provoquèrent eux-mêmes la dissolution de leur corps en France.

La délibération du chapitre fut arrêtée le 4 octobre ; le 10, l'assemblée, regardant *la suppression future comme une conséquence nécessaire de sa délibération du 4*, prit quelques précautions pour assurer, pendant le court intervalle de temps que la congrégation devait subsister, la bonne administration des biens, et le maintien du bon ordre dans les maisons.

Le chapitre dérogea au droit que pouvaient prétendre les religieux de résider dans leurs maisons de profession, et ordonna qu'ils seraient distribués dans les maisons, conformément à un tableau qui fut dressé, et qu'ils y demeureraient irrévocablement affiliés. Il enjoignit à tous les prieurs et religieux de prouver par leur « conduite édifiante, que le refus de faire revivre l'ancien institut n'était point la suite du dégoût de leur état, mais seulement la crainte de s'obliger à des observances dont la pratique serait au-dessus de leurs forces. » Il fut encore décidé par ce chapitre que le provincial, qui est faussement dénommé *supérieur général*, demeurerait triennal et électif, en la manière accoutumée.

Le chapitre de 1770 fut confirmé par un arrêt du conseil du 21 mars 1771, qui, *de l'avis des sieurs commissaires établis pour l'exécution de* « *l'arrêt du 23 mai 1766*, et par provision, en attendant que Sa Majesté fît expédier ses lettres patentes à ce sujet, *dispensa* l'ordre des Célestins de son royaume de l'exécution des articles 5, 7 et 10 de l'édit de 1768 ; ce faisant, permit aux religieux de demeurer jusqu'à leur décès, *ou jusqu'à ce qu'il y ait été autrement pourvu*, dans les monastères auxquels ils avaient été affiliés par le chapitre général. L'arrêt exhorta les évêques dans les diocèses desquels étaient situés les monastères et biens dudit ordre, à envoyer incessamment aux sieurs commissaires, tous mémoires et renseignements nécessaires, tant sur l'état spirituel et temporel desdits monastères, que sur la nature des biens, et sur la meilleure destination, qui, s'il y échéait, pourrait en être faite, pour, sur l'avis desdits sieurs commissaires, être ordonné ce qu'il appartiendrait »

L'arrêt ajoutait : 1° « Que par provision, et jusqu'à ce qu'il y eût été autrement pourvu, les prieurs et religieux seraient tenus de se conformer pour la pratique des observances régulières et la gestion des biens, aux règlements faits par le chapitre du mois d'octobre dernier. 2° Que l'article 45 de ces règlements serait observé ; qu'en conséquence il serait procédé sans délai à l'inventaire ou bref état de tous les biens, de quelque nature qu'ils fussent..., en présence de telles personnes qu'il plairait à Sa Majesté de commettre à cet effet ; que ces inventaires seraient signés triples..., et que le troisième serait remis aux sieurs commissaires. Que les prieurs et religieux demeureraient gardiens et responsables des choses contenues auxdits inventaires... 3° Que les comptes prescrits par l'article 34 desdits règlements seraient rendus sans délai, et joints aux inventaires par ceux qui auraient été commis par Sa Majesté pour y assister. »

Cet arrêt fut adressé par la commission à tous les évêques avec une lettre circulaire, où ils étaient invités à prendre des *précautions pour que les biens de cet ordre fussent soigneusement conservés, et pussent être un jour utilement employés*. La lettre entre dans quelques détails sur les différents emplois qu'on pourrait faire des biens des Célestins, et prie les évêques de faire part *incessamment* (à la commission) *des vues qu'ils pourraient avoir sur l'emploi de ces biens*, en cas que, d'après les délibérations du chapitre et les dispositions des Célestins, il fût impossible de rétablir parmi eux la régularité. Cette dernière clause semblait attacher le sort des Célestins à la résolution qu'ils prendraient de se soumettre à la régularité, ou de s'y refuser. Mais c'était une affaire politique ; on ne voulait pas effrayer les évêques. M. de la Roche-Aymon, président de la commission, écrivait à M. l'archevêque de Paris, le 18 mai 1771, en lui envoyant l'arrêt et la lettre circulaire : « Je crois devoir vous prévenir, *mais vous seul*, s'il vous plaît, que le roi a cru (devoir), *sur notre avis*, faire solliciter le pape pour *dissoudre ladite congrégation*, et remettre toutes les maisons qui pourraient subsister sous la juridiction de l'ordinaire. Ce moyen me paraît entrer dans vos vues, par rapport à la maison de Paris. J'ai lieu de croire que le pape ne tardera pas à donner satisfaction sur cet objet. *Vous sentez de quelle importance il est que le secret soit gardé.* En attendant, *nous prenons le parti de faire nommer au roi des commissaires dans chaque diocèse*.... qui aillent faire des inventaires de tous les effets mobiliers de chaque maison, sans quoi vous sentez que ces religieux ne manqueraient pas de les distraire. »

Ces événements ne purent être longtemps ignorés à Murrhon, et dans les autres monastères étrangers de l'ordre des Célestins. Ils y causèrent les plus vives alarmes. L'abbé général se transporta à Naples, et y fit par-devant notaires une ample protestation contre les démarches des Célestins français. Le parti honteux qu'ils avaient pris à son insu était un mépris de son autorité, en même temps qu'ils violaient leurs constitutions et les droits de l'ordre. Tout ce qui se faisait en France, au préjudice du corps et de son chef, ne pouvait donc être que nul et invalide, *nullum atque invalidum*.

Le même jour, 3 février 1772, l'abbé général envoya au sous-prieur de la maison de Paris une procuration pour s'opposer, tant pour lui qu'au nom de la congrégation, à la suppression des Célestins de France, et poursuivre par-devant tous juges, même au conseil du roi, le rétablissement de la province gallicane, en demandant que tout ce qui avait été fait fût déclaré nul et irrégulier. L'abbé de Murrhon écrivit en même temps à M. l'archevêque de Paris, pour le supplier de lui faire accorder par le roi la permission de se rendre dans cette capitale; il espérait que sa présence pourrait calmer la tempête.

Le zèle de cet abbé général était louable, mais il ne servit qu'à l'acquit de sa conscience. Le religieux fondé de sa procuration, fit d'inutiles efforts pour faire valoir la juste réclamation de son commettant, il ne fut point écouté.

Cependant les prélats-commissaires sollicitaient vivement à Rome le bref de dissolution dont M. l'archevêque de Reims avait fait la confidence à M. l'archevêque de Paris. Le pape ne crut pas devoir porter d'abord la rigueur si loin; il voulut connaître auparavant si le mal était sans ressource. Par un bref du 1ᵉʳ mars 1773, il chargea les évêques qui avaient dans leurs diocèses des maisons de Célestins, d'y faire des visites, et d'y rétablir l'ordre et la régularité, s'il était possible.

On voit, par la supplique présentée au nom du roi et rapportée dans le bref, quel portrait on avait fait au pape de la conduite des Célestins. On avait représenté à Clément XIV que la régularité était tellement déchue dans leurs monastères; qu'ils avaient eux-mêmes si peu d'amour pour la religion et la piété, qu'ils étaient pour les fidèles une pierre d'achoppement et de scandale; qu'on avait fait différentes tentatives, soit en particulier dans leurs maisons, soit lorsqu'ils étaient assemblés dans leur chapitre, pour les ramener à la pratique des observances de leur institut et à l'accomplissement de leurs vœux, pour y faire revivre l'ancienne ferveur de leurs pères; mais qu'ils n'avaient pas seulement commencé l'ouvrage de la réforme dont ils avaient un si grand besoin, et même que toute espérance de les y déterminer était absolument perdue. Le pape Clément XIV, donnant pour un an des pouvoirs aux évêques, leur recommanda d'examiner, dans leurs visites chez les Célestins les remèdes qu'il fallait apporter pour le spirituel et le temporel, et d'employer tout leur zèle pour réformer et *conserver* cet ordre en France; il les autorisait même non-seulement à faire tels règlements qu'ils jugeraient à propos, mais même à déplacer, *pour cette fois*, les supérieurs et les officiers, et leur en substituer d'autres. Le pape avertissait aussi sagement les évêques à se rappeler, dans les règlements qu'ils feraient pour les Célestins, les dispenses accordées par le saint-siége, et les adoucissements qu'une longue possession aurait autorisés, aîn d'y avoir égard. En envoyant le bref, revêtu de lettres patentes, aux évêques intéressés, les prélats de la commission y joignirent une grande circulaire, comme si le bref n'avait pas été assez clair. Il faut convenir qu'une partie de cette circulaire donnait des raisons assez spécieuses, et qui auraient pu faire croire que ces commissaires désiraient la réforme; mais bientôt on voit leur véritable dessein en défendant de faire venir des Célestins étrangers ou des religieux d'un autre ordre pour opérer cette réforme. Au mois d'octobre 1773, suivant les statuts de l'ordre, la décision du chapitre de 1770 et le vœu de beaucoup de religieux, il fallait remplacer le P. *de Saint-Pierre*, dont le triennat était fini; mais il était utile aux vues de la commission dans lesquelles il entrait; il fallait donc le garder; le chapitre ne fut même pas convoqué. Les évêques commissaires du pape Clément XIV commencèrent néanmoins à procéder à l'exécution de son bref, suivant les prescriptions de la lettre circulaire; ils se renfermèrent, dans leurs visites, à proposer aux Célestins de leurs diocèses l'alternative rigoureuse de la destruction de leur ordre en France, ou leur soumission précise et littérale à la réforme de 1670, c'est-à-dire à l'obligation de dire Matines à minuit, à l'abstinence perpétuelle et à la remise de tout en commun. Deux maisons de cet ordre se trouvaient dans le diocèse de Paris, celle de Marcoussi et celle de Paris même. A Marcoussi, la visite qu'y entreprit l'archevêque, par l'un de ses grands vicaires, car la maladie l'empêcha de s'y rendre en personne, ne trouva que des hommes décidés à refuser toute réforme et à accepter la dispersion. A Paris, douze religieux étaient dans les mêmes sentiments; mais l'archidiacre les engagea à réfléchir, et, dans une autre séance, six revinrent sur cette funeste protestation, et l'un des six protesta même avec zèle contre toute dissolution de sa congrégation, et le fit au nom du général de l'ordre. On se plaignit de ce que le R. P. de Saint-Pierre, cet ex-provincial si cher à la commission des Réguliers, *avait un cocher, un laquais et deux chevaux à la charge du monastère*. En se plaignant, le prieur ajoutait qu'il serait fort à désirer qu'il ne fût pas plus longtemps dans la maison. L'archevêque de Paris était animé des meilleures intentions, mais il avait trop négligé de commencer sa visite. Voulant en continuer les séances en 1775, le 26 janvier, les Célestins ne voulurent plus le recevoir, sous prétexte que l'année accordée par le pape contre leur exemption était écoulée. L'archevêque de Paris aurait pu prétexter que c'est un principe en droit, que le pouvoir d'un délégué, lorsqu'il a fait usage de sa commission dans le temps utile, susbsiste jusqu'à ce que sa commission soit remplie; mais il eût fallu recourir aux tribunaux séculiers, M. de Beaumont préféra sagement de recourir au saint-siège, et écrivit à Clément XIV, qui ne reçut point sa lettre, car le cardinal de Bernis, à qui elle fut confiée, ne voulut point la remettre sans une permission du roi, et il le déclara à l'archevêque de Paris. Comme celui-ci savait bien qu'il ne l'obtiendrait pas des ministres, influencés par la commission, il ne la demanda point. Le pape, n'ayant point reçu le procès-verbal des visites de l'archevêque de Paris avec ceux des autres évêques, ne put donner une décision générale, et on se borna à éteindre isolément les maisons des autres diocèses par des brefs particuliers. Les religieux étaient libres, ou de se retirer dans la maison de Marcoussi, ou de rentrer dans le monde, sous la juridiction des évêques. Presque tous prirent ce parti et jouirent des grosses pensions que la commission leur fit assigner sur leurs biens. Les maisons du diocèse de Paris n'étaient point détruites par le pape, mais elles l'étaient de fait par la désertion des religieux. La commission s'empara audacieusement de la direction de leurs biens qu'elle confia à un curateur, tandis que, dans le cas même de suppression, elle eût appartenu au syndic du diocèse. Disons, en finissant, que quelques religieux étaient attachés à leur ordre, en demandaient la conservation en demandant un nouveau chapitre qui réparerait les honteuses démarches de celui de 1770, où l'influence funeste du fameux P. de Saint-Pierre se fit tant sentir. Vain espoir! J'ai dit ci-dessus que, grâce au mauvais esprit de la commission, ce chapitre ne fut pas même convoqué. Ainsi finit en France la province des Célestins, sur la destruction de laquelle j'aurais eu des détails plus étendus à donner. Ce que j'en ai dit suffit pour faire connaître à quelle malheureuse influence fut due cette plaie faite à l'Eglise.

Mémoire de l'abbé Mey, etc.

B-D-E.

CROISIERS (Tom. Ier, § II, col. 1158).

L'ordre des Chanoines Réguliers de Sainte-Croix n'avait que douze maisons en France; il fut un de ceux qui subirent les premiers les funestes effets de l'action de cette commission dite de la réforme des Réguliers, dont j'ai souvent parlé dans ce Dictionnaire, et dont je ferai connaître l'histoire et les ravages dans l'introduction au Supplément dont se composera le quatrième volume. Cet institut se vit, comme les autres, dans la nécessité de se réunir en chapitre général pour aviser à la réforme de ses constitutions et de ses membres. Le chapitre général de Sainte-Croix fut donc convoqué pour le 12 septembre 1769, et Brienne, archevêque de Toulouse, s'y rendit en qualité de commissaire du roi. L'hypocrite y fit lire deux lettres de cachet, datées du 18 août précédent, l'une par laquelle le prélat était chargé d'assister au chapitre, *pour veiller à ce que tout s'y passât avec la décence et la régularité convenables*, comme si les religieux avaient besoin de la présence d'un prélat étranger à leur ordre pour agir avec décence et régularité; l'autre, adressée aux supérieurs et religieux assemblés, leur mandait qu'ils pouvaient tenir librement leur chapitre, et que M. l'archevêque de Toulouse s'y trouverait *pour tenir la main à ce que tout s'y passât avec la liberté* (avec liberté!), *la décence et la régularité convenables*. Après la lecture des ordres du roi, le prieur de la maison de Paris, où se tenait le chapitre, fit un discours dans lequel il témoigna le désir extrême qu'ils avaient tous « d'être maintenus dans la jouissance paisible de leur état et dans la liberté d'y vivre jusqu'à la fin de leurs jours, conformément aux saints engagements qu'ils y avaient contractés. »

L'archevêque de Toulouse, aux termes de l'ordre du roi, devait seulement veiller à ce que tout se passât librement et décemment; il annonça brusquement au chapitre que sa convocation avait pour unique objet l'exécution de l'édit de 1768, concernant les ordres religieux dans les deux points *principaux* qui y sont prescrits, savoir : la rédaction des constitutions et le rétablissement de la conventualité...; que s'ils avaient des raisons à faire valoir sur leur impossibilité de rétablir ces deux points, S. M. les entendrait avec bonté, et pourrait même les dispenser de l'exécution des deux points en question; mais qu'il croyait devoir les avertir qu'une pareille dispense... entraînerait en même temps et *nécessairement la suppression et extinction entière de la congrégation*.... (Le roi éteindre une congrégation!) L'astucieux prélat n'attendit pas que le chapitre eût fait ses réflexions et eût délibéré. Il avait eu la précaution de se munir d'une lettre de cachet, qui, « pour de bonnes considérations dont le roi se réservait la connaissance, leur défendait de recevoir à l'avenir aucun sujet au noviciat et à la profession. » Il fit lire la lettre de cachet et leur dit qu'il y aurait remède à cela s'ils remplissaient la condition de l'édit. Il n'ignorait pas que la congrégation n'était point en état de remplir alors les conditions de la conventualité; il remit sur-le-champ la séance au 15 de septembre, pour qu'ils eussent le temps de *réfléchir mûrement*, et il venait aussi de leur dire que s'ils demandaient au roi la dispense qu'il était prêt à leur accorder sur le point impossible à remplir, leur dissolution était définitive!!! Les religieux virent bien qu'ils n'avaient autre chose à faire que de demander la dispense en question, pour obtenir au moins de pouvoir vivre dans leur établissement, et professer jusqu'à leur mort dans leur saint état. Dans leur requête à l'archevêque Brienne, ils représentèrent donc que, quoiqu'on leur proposât une réforme opposée à la manière de vivre qu'ils avaient trouvée en faisant profession, ils l'embrasseraient volontiers et même avec joie, mais que, dans une congrégation qui ne conservait alors en France que *quarante-sept* chanoines, avec des maisons trop pauvres, excepté celle de Paris, on ne pouvait établir la conventualité partout, comme elle était demandée, ni se maintenir en forme de congrégation, si on réunissait plusieurs maisons ensemble. Le roi donna donc, au mois d'octobre 1769, des lettres patentes accordant la dispense des points de l'édit, défendant la réception des sujets, et autorisant les évêques à procéder, *si faire se devait*, suivant les formes prescrites par les saints canons et par les ordonnances du royaume, à l'extinction et union des monastères après le décès des prieurs et profès, ou durant leur vie, de leur consentement. Les chanoines de Sainte-Croix de la maison de Paris vécurent, suivant leurs usages habituels, jusqu'au mois de mai 1778. À cette époque, le procureur ayant éprouvé de la difficulté sur la forme de rendre ses comptes, eut recours à la commission, qui saisit avec empressement cette occasion pour étendre sa juridiction sur l'administration temporelle de ce monastère. L'évêque de Rodez eut l'audace d'écrire au prieur qu'il se transporterait, le 14 mai, dans sa maison pour entendre les comptes du procureur. La communauté lui répondit qu'elle ne pouvait le recevoir tout au plus que comme témoin, mais que la dispense qu'ils avaient obtenue du roi, maintenait les chanoines dans leur droit habituel de gouvernement, et qu'ils ne connaissaient d'autre supérieur ecclésiastique immédiat que Mgr l'archevêque de Paris. L'évêque de Rodez se rendit néanmoins au monastère de Sainte-Croix; il assembla le chapitre et témoigna sa surprise sur ce que contenait la délibération ; il prétendait que le *vœu de la commission et sa visite* n'étaient contraires ni aux lettres patentes, ni à l'autorité de l'archevêque de Paris, mais que la démarche de la communauté était une *contradiction formelle à la disposition de l'arrêt du conseil du 23 mai 1766*. La communauté fut respectueuse, mais tint bon et ne fit point cette reddition de comptes, qui ne devait d'ailleurs avoir lieu qu'au mois de juillet. La commission fut offensée des représentations des religieux, toutes fondées qu'elles étaient, et surprit un arrêt du conseil, en date du 10 juin, qui séquestrait les biens des chanoines de Sainte-Croix, et les faisait régir par un économe, assignant une pension aux religieux, et même à ceux qui étaient absents *et à ceux qu'ils* (les membres de la commission) *jugeraient être dans le cas de s'absenter*... Ainsi cette commission *royale* faisait attribuer à ses membres, qui n'avaient absolument aucune juridiction sur le monastère de Sainte-Croix, le pouvoir d'autoriser les religieux à quitter leur état et à sortir de leur cloître, à se soustraire à l'autorité de leurs supérieurs réguliers ! Ce n'est pas tout : le temps d'élire un nouveau prieur (dont les fonctions n'étaient que triennales) échéait en 1779; la commission voulut encore diriger l'élection à son gré, et fit écrire au prieur par le ministre, qui défendait d'y procéder sans l'en instruire un mois d'avance, *afin que Sa Majesté pût prendre les précautions que sa sagesse lui dicterait pour s'assurer de la bonté du choix !!!* L'évêque de Rodez vint encore s'immiscer à cette affaire importante ; en conséquence il manda le P. prieur, et lui fit voir une lettre de cachet où l'on faisait dire au roi que le chapitre et ses séances ne devaient avoir lieu *qu'aux jours et heures indiqués par ledit* SIEUR *évêque de Rodez*. Mais tous les évêques, grâce à Dieu, n'avaient pas prévariqué. L'archevêque de Paris, qui ne voyait qu'en gémissant les désastres causés par la commission, écrivit à l'évêque de Rodez et lui marqua sa surprise; car, disait-il, la maison de Sainte-Croix, étant isolée et ne faisant plus congrégation, était rentrée de plein droit sous la juridiction de l'ordinaire, qui devait, par conséquent, veiller seul au choix des supérieurs. (Peut-être l'archevêque de Paris se trompait-il; car l'autorité civile n'avait pu détruire canoniquement une congrégation.) L'évêque répondit, l'archevêque tint bon, et l'élection demeura suspendue, quoique l'évêque de Rodez en eût précisé le jour.

Réduit à son petit nombre, étant dans l'impossibilité de recevoir des sujets, l'ordre de Sainte-Croix s'éteignit en France avant la suppression faite en 1790.

Pour la réception des sujets dans la maison de Sainte-Croix-de-la-Bretonnerie, on avait moins égard à la dot qu'à la famille. Les novices portaient d'abord une soutane noire, et le noviciat ne commençait qu'au jour où le postulant revêtait l'habit de l'ordre. Les pensions viagères que les familles faisaient aux religieux étaient arbitraires ; mais pour être de la maison de Paris, il fallait au moins 200 livres. C'était dans cette maison que demeurait le provincial des maisons de France, et à l'époque où commencèrent les tracasseries contre les ordres religieux, cette place était occupée par M. de Ballincour, frère du maréchal de France de ce nom. L'église, monument gothique assez vaste, et bâti par Eudes de Montreuil, architecte de la Sainte-Chapelle, sous le titre de l'Exaltation de la sainte Croix, est aujourd'hui détruite, ainsi que la maison ; une moitié a été remplacée par des maisons particulières ; l'autre partie forme un passage qui donne dans l'impasse ouvert vis-à-vis les Billettes.

Voir les Mémoires des assemblées du Clergé. Le *Mémoire sur l'état religieux*, par l'abbé Mey. *Tableau historique et pittoresque de Paris*, par M. de Saint-Victor, tome I. *État ou Tableau de la ville de Paris*, in-8°, 1762. B-D-E.

EXEMPTS (*congrégation des* [tom. II, col. 264]).

Après tout ce qu'on vient de lire dans cet article, il semblerait que la commission pour la réforme des réguliers serait plus excusable dans ses procédés envers la congrégation des Exempts, réduite à peu de religieux et peu d'observances, que dans ceux qu'elle garda à l'égard des autres instituts ; je suis loin néanmoins de la trouver sans reproches nombreux et mérités. Il est impossible de réitérer à chaque récit l'histoire de la commission et les édits qu'elle obtint du roi ; il suffit de rappeler ici que le but apparent de son établissement était la réforme des maisons religieuses dans lesquelles elle exigeait absolument huit religieux de chœur dans toutes les maisons, sous peine d'extinction des ordres qui n'auraient pas un pareil nombre de sujets à fournir à chaque établissement, quel que fût d'ailleurs leur plus ou moins d'observance. On voit que la congrégation des Exempts ne pouvait résister à sa ruine ou à la perte d'un grand nombre de ses monastères.

Le 6 novembre 1769, on fit assembler, conformément à l'article 5 de l'édit de 1768, le chapitre de cette congrégation, et il fut présidé par une commission royale. Le commissaire fit connaître dans cette assemblée tenue au Mas-d'Azyl, qu'il n'était pas possible que la congrégation se maintînt, moins encore qu'elle se conformât à l'esprit de l'édit de 1768, et que cette impossibilité résultait non-seulement de l'état de plusieurs monastères de cette congrégation, où le défaut de bâtiments et de revenus ne permettait pas d'établir une conventualité régulière; mais encore du petit nombre de religieux dont la congrégation était composée, de l'âge, des infirmités de quelques-uns d'entre eux, et de la manière de vivre du plus grand nombre, suivant laquelle ayant prononcé leurs vœux, ils ne pourraient pas pratiquer la règle de saint Benoît dans son intégrité, ainsi qu'ils y avaient été exhortés par le commissaire.

Ce récit est tiré du préambule de lettres patentes du 25 mars 1770, enregistrées au parlement de Paris le 30 avril 1770, pour être exécutées *conformément aux décrets et ordonnance du roi, maximes et usages du royaume.*

Le résultat du chapitre du 6 novembre fut de supplier le roi de dispenser les religieux de la congrégation des articles 5, 7 et 10 de l'édit de 1768 ; le chapitre, au surplus, s'en rapportant à ce qu'il plairait à Sa Majesté de statuer à leur égard.

Sur le procès-verbal dressé dans ce chapitre, les prélats de la commission firent expédier les lettres patentes du 25 mars 1770, dans lesquelles on fait dire au roi que, s'étant fait rendre compte de la manière dont la règle de saint Benoît a été jusqu'à présent observée dans les monastères de cette congrégation, du petit nombre de ses religieux, lesquels se trouvent réduits à 67 au plus, ensemble de l'état des maisons, bénéfices et offices claustraux, dépendants de ladite congrégation, et finalement du procès-verbal, Sa Majesté aurait jugé à propos de faire connaître ses intentions, et de remplir tout à la fois, à l'égard des religieux, ce que leur situation pouvait attendre de sa bonté, et ce qu'exige de lui le *maintien des règles*, et l'intérêt des diocèses, dans lesquels sont situés les monastères de ladite congrégation.

Les lettres patentes annoncent par leur titre qu'elles sont destinées à *dispenser les religieux de la congrégation des Exempts de l'exécution des articles* 5, 7 *et* 10 *de l'édit de mars* 1768, *concernant les ordres monastiques.* On lit en effet dans ce dispositif : *Nous avons dispensé et dispensons les religieux de l'ordre de Saint-Benoît, connus sous nom de congrégation des Exempts, de l'exécution des art.* 5, 7 *et* 10 *de notre édit du mois de mars* 1768.

Cette dispense est un piége et une sentence d'abolition. En effet, l'article 5 ordonne de faire de nouvelles constitutions ; on en dispense cette congrégation, donc on la laissera vivre suivant ses usages et pratiques ? Point du tout, ceux qui ne remplissent pas soit par dispense, soit autrement, les dispositions de l'article 5, sont par là même abolis et ils ne pourront plus recevoir de sujets à la profession ni au noviciat ; ainsi l'entendaient et l'exécutaient nos prélats commissaires, et ainsi des autres articles dont on obtenait ce qu'on nommait si improprement une dispense. Ce n'est pas tout : le dispositif des lettres anéantissait l'exemption des monastères, sauve-garde de la discipline, les remettait sous la juridiction des évêques, livrait à la nomination des évêques les bénéfices dont les Bénédictins de la congrégation des Exempts avaient la collation, et tout cela sans avoir consulté le pape, ni obtenu son agrément ; et ces infractions aux règles de l'Église, au nom d'un roi qui n'a rien à voir à ces choses du ressort du droit canonique, ces infractions sont faites par des prélats qui auraient puni avec hauteur le prêtre de leur diocèse qui aurait été coupable de la moindre infraction à la moindre de leurs ordonnances ! les lettres patentes exhortent les évêques *à procéder incessamment à la suppression* des monastères qui sont dans leurs diocèses, et assurent un sort avantageux à chaque religieux, *même en cas de translation ou de* SÉCULARISATION, ce qui était ouvrir le champ aux sécularisations. Les maisons de la congrégation n'étaient pas toutes en état, mais c'était aux abbés commendataires à faire les réparations. Elles n'étaient pas riches, mais on pouvait améliorer le revenu conventuel, en supprimant les offices claustraux ; la congrégation ne comptait plus que 67 religieux, mais avec ce nombre elle pouvait du moins établir la conventualité dans un certain nombre de monastères, il fallait donc au moins conserver ceux-là ! Voilà mes raisons, qu'a-t-on de sérieux à y répondre ? La congrégation fut donc indûment annulée par les lettres patentes de 1770.   B-D-E.

GRANDMONT (*Ordre de* [Tom. II, col. 412 et 422]).

L'ordre de Grandmont, à peine connu dans un grand nombre de provinces de France, au dernier siècle, entièrement voué à la vie solitaire, devait peu offusquer les philosophes du jour. Comment s'est-il donc fait qu'il ait été une des premières victimes de sa haine contre le catholicisme? Cet ordre, qui ne donnait point matière aux prétextes des langues scandaleuses et médisantes, devait-il s'attendre à se voir vexé par des archevêques et des évêques, qui avaient bien besoin de se réformer eux-mêmes avant d'entrer dans la commission de la réforme des réguliers? Devait-il s'attendre aussi, cet institut qui avait reçu tant de preuves de la protection de nos rois, et surtout de saint Louis, à se voir détruit et renversé par une commission royale. Il n'y avait pas trois mois que l'édit de 1768 avait été enregistré, lorsque les prélats de la commission firent rendre, le 17 juin de cette année, un arrêt du conseil qui ordonna à l'abbé de Grandmont de convoquer le chapitre général de l'ancienne observance seulement, pour le 25 septembre, avec ordre aux prieurs d'y apporter l'état de la situation présente de leurs maisons. L'abbé de Grandmont reçut avec l'arrêt du conseil, une lettre de cachet qui défendait d'admettre aucun novice à profession dans l'une et dans l'autre observance, jusqu'à la tenue du chapitre. Quelle précaution ! Le 18 septembre, M. l'archevêque de Toulouse et M. l'évêque de Mirepoix furent nommés commissaires pour assister au chapitre qui devait s'assembler le 25, à l'effet *de veiller à ce que tout s'y passât avec tranquillité et décence*. M. l'archevêque de Toulouse eut la précaution de se faire donner, le même jour 18 septembre, un ordre du roi qui « faisait défense au sieur abbé général de l'ordre de Grandmont d'admettre ou de permettre qu'il fût admis, soit dans l'ancienne observance, soit dans la réforme dudit ordre, aucun novice à la profession religieuse, jusqu'à ce qu'il plût à sa majesté de lui faire connaître de nouveau ses intentions. »

Les deux prélats commissaires se rendirent à Grandmont le 23 septembre ; le 25 le chapitre fut ouvert. M. l'archevêque de Toulouse y fit lire une lettre de cachet datée encore du 18 septembre, qui ordonnait au chapitre de recevoir les deux prélats en qualité de commissaires du roi, et de leur donner entrée dans ledit chapitre, pour cette fois seulement et sans tirer à conséquence.

Lecture faite de cet ordre, M. l'archevêque de Toulouse fit lire les articles principaux des instructions secrètes, qu'il s'était fait remettre. Vous y verrez, dit ce prélat, « que la protection de sa majesté, et l'existence même de votre ordre est attachée à deux conditions également dignes de la religion et de la sagesse de Sa Majesté (1). » Ces deux conditions étaient les deux armes offensives de la commission, c'est-à-dire les art. 5 et 7 de l'édit de 1768. M. l'archevêque de Toulouse, en annonçant les deux conditions, avertit les religieux que leur *position était difficile et critique* et les exhorta « à peser avec réflexion ce qui était possible, à ne se décourager que dans le cas de l'impossibilité la plus réelle et la plus absolue, et à faire tous les efforts qui étaient en eux pour rendre à l'ordre son premier lustre, et mériter pour jamais la protection de l'Eglise et celle de son souverain. »

Il fallut que le chapitre délibérât sur-le-champ sur les articles proposés. Pour satisfaire au premier, ce n'était point assez de reprendre et de suivre les constitutions de 1643, il fallait remettre en vigueur la première règle de l'institut, dont on sait l'austérité, sans autres mitigations que celles qui avaient été autorisées par les papes Innocent IV et Clément V. Le résultat de la délibération précipitée fut que l'âge et les infirmités de plusieurs ne leur permettaient pas d'adopter cette réforme, et que tous ne s'étaient engagés à pratiquer la règle que suivant ce qui était en usage lors de leur profession, qu'en conséquence ils suppliaient le roi de vouloir bien les laisser vivre suivant les statuts de 1643.

On ne conçoit pas aujourd'hui comment les religieux en étaient à ce point de *supplier un roi* de leur permettre de suivre des statuts dressés dans un chapitre de leur ordre ; on ne doit pas voir avec moins d'admiration le grand zèle de deux hommes tels que l'archevêque de Toulouse, Loménie de Brienne, et Louis XV à ramener les Grandmontains aux austérités de saint Etienne de Nures ! Quant au deuxième article, les religieux consentaient à le suivre, à établir la conventualité qu'il prescrivait, c'est-à-dire à entretenir vingt-quatre religieux, y compris les novices, dans la maison de Grandmont, et neuf dans les autres, et consentaient par conséquent à la suppression des maisons où cette conventualité ne pourrait avoir lieu. L'archevêque de Toulouse parut « *extrêmement affligé* de voir que la délibération ne comprenait pas les deux objets, parce que séparer la conventualité de la réforme, c'était prendre le moyen sans atteindre le but. » Alors il lut la lettre de cachet datée du 18 septembre, qui défendait aux deux observances de prendre des novices. Remarquez, lecteur, que la défense est faite aussi aux réformés. Le prélat ajouta que si les religieux avaient quelques demandes à faire au roi, ils avaient la liberté de les exposer, et il remit la séance au lendemain 26, pour avoir le temps de les entendre et de les rédiger. Les religieux les présentèrent ; le prélat *promit de les appuyer* et déclara le chapitre terminé. Par une de ces demandes, le chapitre sollicitait particulièrement la conservation de l'abbaye de Grandmont, chef-lieu, et la permission d'y admettre des novices. L'abbé de cette maison offrait de faire tout ce qui serait en lui pour y rétablir la règle de saint Etienne dans sa première pureté, se soumettant à y appeler des réformés, s'il était nécessaire. Pouvait-

---

(1) Procès-verbal du chapitre dressé par M. l'archevêque de Toulouse et M. l'évêque de Mirepoix, Tristan de Cambon.

on mieux agir? Les bons offices promis par le prélat hypocrite aboutirent à une lettre du duc de la Vrillière, par laquelle ce ministre manda, le 21 octobre 1768, à l'abbé de Grandmont qu'il avait rendu compte au roi de sa demande, mais que Sa Majesté avait pensé « ne pouvoir se déterminer sur un *objet aussi important* qu'après qu'il aurait mis sous ses yeux un projet de constitutions vraiment régulières, et conformes pour le genre de vie à la règle et aux bulles des souverains pontifes. Et comme la rédaction de ce projet, *qui ne doit comprendre que la seule maison de Grandmont,* demande nécessairement du temps, Sa Majesté m'a chargé de vous marquer que son intention est que vous renvoyiez les novices qui sont actuellement dans l'ordre, auxquels, dans toute hypothèse, le noviciat actuel ne pouvait être utile, puisqu'il s'agit d'un autre genre de vie que celui qu'ils comptaient pratiquer et PERDRAIENT *un temps précieux à leur âge pour leur établissement.* » L'abbé de Grandmont promit de rétablir la règle primitive dans sa maison, d'y entretenir vingt-quatre religieux. Il comptait sur les réformés, mais hélas ! le vicaire général de la réforme, sans le consulter, s'était livré à la commission sous prétexte que, vu son petit nombre (7 maisons et 36 religieux), elle ne pourrait remplir l'article de l'édit qui prescrivait la conventualité; c'est pour cela que les réformés n'avaient point été appelés au chapitre, où pourtant ils avaient droit, puisqu'ils ne formaient point une province particulière, et où ils étaient nécessaires, puisqu'il s'agissait d'une affaire si importante pour l'ordre! Mais telles n'étaient pas les vues de l'archevêque Brienne! Cet homme voulait la perte de l'ordre de Grandmont et il lui eût été difficile de donner les mêmes prétextes en présence des réformés, qui auraient animé les autres; et leur nombre, joint au 72 religieux qui restaient dans l'ancienne observance, aurait pu faire établir la conventualité dans un certain nombre de monastères. Déconcertés, le prieur et les religieux de Grandmont, sans l'aveu de leur abbé, se soumirent aux dispositions de la lettre patente, demandèrent des pensions, mais pour en jouir seulement après la mort de leur abbé, sous lequel et avec lequel ils demandaient à rester. Ils ne tardèrent pas à se repentir de cette folle démarche; quand ils virent faire l'inventaire de leur maison, ils voulurent revenir sur leur déclaration; ce fût en vain.

Un brevet du 25 mai 1771 avait permis à l'évêque de Limoges de poursuivre en cour de Rome la suppression du titre de l'abbaye et l'union à perpétuité à son siège de tous les biens et droits, tant de la mense abbatiale que de la mense conventuelle. On fit au pape un portrait peu ressemblant de l'état de l'ordre de Grandmont, et la bulle d'union fut accordée le 6 août 1772. L'abbé et les religieux de Grandmont firent de vains efforts, soit à Rome pour empêcher la concession de la bulle, soit en France pour en empêcher l'exécution. Les seigneurs et les curés des paroisses voisines qui voyaient avec peine une suppression si injuste et si préjudiciable à la religion, s'unirent aux religieux pour les sauver; tout fut inutile. L'abbé de Grandmont avait fait des constitutions nouvelles, le ministre, qui n'en voulait point, dit que cela ne suffisait pas, mais qu'il fallait vingt-quatre religieux de bonne volonté et gagnés par la douceur pour les observer. On se demande pourquoi ce nombre de vingt-quatre posé arbitrairement par Brienne? Pourquoi d'ailleurs ôter aux religieux les moyens de le réaliser? En statuant de donner des pensions aux religieux même transférés ou *sécularisés*, on insinua la tentation de demander cette sécularisation; aussi la maison de Thiers, par exemple, l'une des réformées, fut bientôt évacuée tout à fait. L'ordre vénérable de Grandmont comptait donc, dans les deux observances, cent huit religieux quand il a été supprimé. Son supérieur général a montré du zèle pour sa conservation, sa conduite a été digne et louable. Celle de l'archevêque a mérité le mépris qui s'attache à tout ce que ce malheureux a fait de semblable, comme membre de la commission. L'ordre de Grandmont a succombé sous le poids de l'oppression et de la violence.

B-D-E.

FIN DU DICTIONNAIRE.

Appendices.

I.

DE L'ÉTAT RELIGIEUX,

PAR M. L'ABBÉ DE B***, ET M. L'ABBÉ B. DE B***, AVOCAT AU PARLEMENT (1);

SECONDE ÉDITION,

PRÉCÉDÉE D'UNE INTRODUCTION ET D'UNE NOTICE,

Par l'abbé Marie-Léandre BADICHE, *prêtre du clergé de Paris, membre de plusieurs sociétés littéraires.*

> On ne peut nier qu'il n'y ait eu dans le cloître de très-grandes vertus. Il n'est guère encore de monastère qui ne renferme des âmes admirables, qui font honneur à la nature humaine. Trop d'écrivains se sont plu à rechercher les désordres et les vices dont furent souillés quelquefois ces asiles de la piété. Nul état n'a toujours été pur.
> VOLTAIRE, *Essai sur les mœurs et l'esprit des nations*, chap. 39.

BUT ET MOTIFS DE CET OUVRAGE. — NOTICE SUR LES AUTEURS. — PLAN QU'ILS ONT SUIVI DANS SA COMPOSITION.

En se proposant de détruire la religion, l'impiété du dernier siècle, parée du nom de philosophie, dirigea ses premières attaques contre les ordres monastiques. Elle procéda avec une certaine précaution, n'employant d'abord que l'arme du ridicule, jetant de temps à autre des traits qui ne semblaient dirigés que contre les parties défectueuses et trop saillantes de l'édifice qu'on voulait renverser. Son succès fut désastreux, et l'un de ses fruits fut de jeter le trouble dans l'enceinte des cloîtres en inspirant aux uns le dégoût, aux autres le découragement, aux religieux les plus solides des sentiments de peine et de tristesse. Les asiles de la vertu et de la perfection se ressentirent presque tous de l'influence de l'air qui corrompait alors la France et eurent besoin d'amélioration ou de réforme. Alors leurs ennemis, profitant de leurs succès, prirent des mesures de destruction. Ce n'est pas ici le lieu d'en développer l'occasion, le plan et la réussite. Dans le quatrième volume du *Dictionnaire des Ordres religieux* je ferai suffisamment connaître cette commission hypocrite, affublée du titre de Commission pour la réforme des réguliers. Je me borne à dire actuellement que l'état religieux trouva ses plus puissants adversaires dans des hommes honorés d'un caractère sacré, qui auraient dû être ses plus ardents défenseurs. Alors les écrits contre les moines n'eurent ni mesure ni nombre. Ainsi se hâtait l'arrivée de la révolution française! Hâtons-nous de dire aussi qu'il y eut des plumes généreuses et capables, qui produisirent des écrits dignes de la sainte cause à laquelle elles se consacraient, la défense de l'état religieux, qui tient, et trop de gens semblent l'ignorer, à l'essence de la religion chrétienne. Entre ces productions d'un zèle et d'un savoir généreux, je crois qu'on doit placer avec distinction l'ouvrage dont je donne une seconde édition. Quoiqu'il ait été fait pour d'autres circonstances, les vérités qu'il proclame, la cause qu'il défend sont les mêmes aujourd'hui et ont encore aujourd'hui besoin de défenseurs. Il parut en 1784, sous le titre modeste que nous lui devons laisser — *De l'État religieux,* — e sous le voile de l'anonyme. Le quatrième volume de la *France Littéraire*, l'année même de la publication du livre, plus tard le *Dictionnaire des Anonymes* de Barbier, ont fait connaître le nom de l'auteur, sur lequel je vais donner ici une courte notice.

François-Lambert de *Bonnefoy de Bonyon*, né au diocèse de Vaison, en 1749, embrassa l'état ecclésiastique et devint vicaire général et official d'Angoulême. Instruit et studieux, il publia en 1780, un *Éloge his-*

---

* (1) Quoique très-court, cet ouvrage a été composé par deux amis; l'objet qu'ils y discutent tient, sous plusieurs rapports, à une science étendue qu'ils cultivent en société. (*Note préliminaire de la première édition.*)

torique du Dauphin, sujet qui exerça alors la plume de plusieurs écrivains tels que Filassier, Milon, Lottin, et surtout l'abbé Proyart et l'abbé Boulogne. Il était lié avec Bernard de Brindelles, ecclésiastique du diocèse de Besançon et avocat au Parlement (1), qui partageait sa manière de voir sur des matières ecclésiastiques occupant alors les esprits et quelques-uns de ses travaux. Ils publièrent donc de concert, à Paris, où vraisemblablement ils vivaient l'un et l'autre en 1784, une apologie de la profession monastique sous ce titre : *De l'Etat religieux*, ajoutant comme argument le titre des huit chapitres qui le composent. A une pareille époque un tel livre était un acte de générosité et même de courage. Tant de membres du clergé, même du premier ordre, étaient alors victimes de préjugés funestes. Le mal avait déjà fait tant de progrès, que cette publication n'aura peut-être pas eu alors le succès que demandait son mérite. Barbier, dans son *Dictionnaire des Anonymes*, sous le n° 18567, attribue à l'abbé de Bonnefoy une brochure in-8°, publiée en 1788 sous ce titre : *Un peu de tout*, par L. B. de B., initiales que Barbier explique ainsi : L'abbé *Bonnefoy de Bonyon*, et il le fait avec raison, puisque le nom de l'auteur se trouve en entier sur quelques exemplaires, et c'était à tort qu'on attribuait cet opuscule au baron DE BOCK. J'ignore si c'est avant ou depuis la publication de l'ouvrage que nous rééditons que Bonnefoy devint grand vicaire et official d'Angoulême ; il est probable que ce fut depuis. Un homme de ce caractère ne devait pas voir de bon œil une révolution dont il avait d'avance combattu les principes, et il ne prêta point le serment à la constitution civile du clergé. Ayant quitté la France, en 1792, il résida quelque temps en Allemagne. Il n'accepta aucune fonction après le concordat et vécut dans la retraite chez la princesse de Talmont. Un soupçon qui m'est venu sur son attachement au parti des anticoncordataires ne me paraît point fondé, et sur une liste des prêtres de la Petite-Eglise de Paris, fournie aux supérieurs ecclésiastiques du diocèse et tombée depuis entre mes mains, je n'ai point vu son nom. L'abbé Bernard de Brindelles, qui n'était pas prêtre, et qui partageait les opinions de Bonnefoy, survécut aussi longtemps aux troubles de la révolution, et eut la satisfaction de voir le retour des Bourbons et la peine d'être témoin de leurs imprudentes concessions. Il mourut en 1823, âgé d'environ soixante ans, suivant Barbier, et de plus de soixante-dix ans, suivant Picot. Ce dernier chiffre paraît plus probable, car il n'est guère croyable qu'à l'âge de vingt-un ans il eût pu être le collaborateur de l'abbé Bonnefoy dans la composition d'un ouvrage aussi sérieux que l'est le livre *De l'Etat religieux* ? Bonnefoy s'occupait à la fin de sa vie d'un ouvrage sur la Révolution, auquel il attachait beaucoup d'importance ; il venait de le terminer et il se proposait de le publier lorsqu'il fut attaqué d'une apoplexie foudroyante qui l'enleva en quelques instants. Sa mort arriva, à Paris, le jeudi 14 janvier 1830. Bonnefoy était un ecclésiastique plein d'un vif attachement à la religion et pénétré de l'esprit de son état. Il en a donné la preuve dans l'ouvrage que nous rééditons ; il ne nous reste plus qu'à faire connaître la marche que ses auteurs ont suivie en l'écrivant.

Après avoir traité de l'esprit religieux, dans les vœux, les observances monastiques, dans la solitude, le travail manuel, les austérités de la pénitence, etc., ils tracent un tableau synoptique de l'origine, des progrès, des phases diverses de l'état monastique. C'est une histoire rapide et néanmoins entière de tous les instituts principaux que l'esprit de Dieu a fait établir dans l'Eglise, avec l'exposé de leur but et de leur objet spécial ; les deux écrivains y montrent une érudition bien rare dans une partie de la science si peu familière même aux ecclésiastiques, et qu'envieraient ceux qui ont fait de ces matières leur étude de choix ou de prédilection ; ce chapitre prouverait seul combien nos auteurs possédaient le sujet qu'ils avaient en vue. Ils prouvent ensuite, par des faits nombreux, l'utilité de l'état religieux, par les services nombreux et en tous genres qu'il avait toujours rendus et rendait encore à la société comme à l'Eglise. Ils parlent ensuite sur un sujet que longtemps l'impiété n'avait abordé qu'avec hypocrisie, mais sur lequel elle parlait alors avec audace et franchise, les biens et les possessions des monastères, objets de sa convoitise. Pour réussir aussi sur ce sujet elle n'épargnait pas plus que sur les autres l'exagération ni la calomnie. Nos auteurs, armés de leur science et de leurs raisons, n'ont pas de peine à réfuter ce que leurs adversaires avançaient sans conviction ni bonne foi ; mais les coups avaient, hélas ! déjà porté trop vivement ! Enfin, dans un dernier chapitre, plus sincères, plus chrétiens que les évêques de la commission de réforme, ils abordent aussi cette question de *réforme* dont ils ne nient pas la nécessité pour le grand nombre d'instituts, mais ils ne la confondent pas, eux, avec la destruction, et se montrent des apologistes intelligents et zélés d'une profession toujours si chère à l'Eglise catholique.

Le style de cet ouvrage est soigné, élégant sans emphase, et présente l'attrait d'un discours historique, moins abondant en réflexions qu'en faits curieux et citations intéressantes. Ce livre est comme le résumé de tout ce que nous avons dit dans notre *Dictionnaire des Ordres religieux*, et j'ai cru devoir clore notre œuvre par ce traité, qui fut peut-être le dernier, mais surtout le plus important, le plus solide bouclier offert aux ordres monastiques dans leur défense contre les traits de leurs nombreux ennemis, avant la destruction qu'il n'était plus possible d'empêcher.

(1) Quelques exemplaires de l'ouvrage que nous réimprimons portent à la suite des initiales de Bernard : *avocat* EN *parlement*.

J'avais projeté de joindre quelques notes au texte de cette nouvelle édition; mais, outre qu'elles auraient eu rarement une importance majeure, les opinions des estimables auteurs sont tellement les miennes que je les adopte entièrement et les présente avec confiance au lecteur. Je n'en excepterais peut-être que celles qu'ils paraissent avoir sur les exemptions, en parlant de l'ordre de Cîteaux, etc., sur l'usage des biens des monastères en certains cas, etc.; mais aujourd'hui ces questions n'ont malheureusement plus guère d'application, et la manière dont procèdent, dont concluent nos savants auteurs, nous laisserait toujours d'accord.

L'abbé BADICHE.

INTRODUCTION.

Depuis quelques années la profession religieuse fixe l'attention publique : citée au tribunal des écrivains et des sociétés, elle trouve peu de juges favorables. La plupart de ceux qui paraissent avoir donné le ton à notre siècle, ont prétendu qu'elle est à la fois absurde et onéreuse à l'Etat. Pour suppléer à la faiblesse de leurs preuves, ils ont employé le ridicule, cette arme si puissante parmi nous; et la multitude, qui ne juge jamais, souscrit aveuglément à la proscription des religieux, en répétant les sophismes ou les sarcasmes d'un auteur célèbre. Ils ont encore, nous l'avouons, d'autres adversaires plus respectables : ce sont ceux qui, vivement touchés des scandales de quelques hommes voués à la pratique de toutes les vertus, étendent leur anathème sur le corps entier. Si leur zèle trop amer les rend injustes, leur attachement à la religion et leur amour du bien semblent autoriser les déclamations universelles.

Cependant les instituts monastiques furent toujours chers à l'Eglise; et en les favorisant, les princes crurent laisser un double monument de leur piété et de leur affection pour leurs sujets. Longtemps les cloîtres ont été l'objet de la vénération des peuples, et souvent l'école des rois.

Frappés de ce contraste, cette protection constante de nos pères, avons-nous dit, n'at-elle donc été que l'effet de leur ignorance? Sans doute nous sommes plus éclairés; les sciences et les arts ont fait de grands progrès; le temps nous a révélé des vérités importantes : mais ces avantages nous donnent-ils le droit de rejeter tout ce qu'ils ont estimé bon et utile?

Après avoir étudié dans l'histoire les motifs qui ont déterminé les évêques et les souverains à propager la vie religieuse, nous pensons qu'on peut les soumettre avec confiance à la critique de la raison dégagée de tout préjugé, persuadés que cet examen doit en faire désirer la conservation. Quoique soutenus du témoignage de quatorze siècles, nous avons besoin d'une sorte de courage pour en prendre la défense au milieu des opinions nouvelles, nous aurons celui qui naît de la conviction. Comme on est peu disposé à lire des dissertations volumineuses sur ce sujet, la brièveté sera au moins un mérite de cet ouvrage. On y trouvera des raisonnements simples, appuyés de faits authentiques et d'autorités irréprochables : notre plume impartiale le marquera du sceau de la vérité : nous parlerons sans amertume contre les détracteurs des religieux, comme sans ménagement pour ceux qui déshonorent leur profession.

DE L'ÉTAT RELIGIEUX.

CHAPITRE PREMIER.

DE L'ESPRIT DE L'ÉTAT MONASTIQUE.

Pour juger sainement d'une institution, il ne suffit pas de calculer les services qu'elle a rendus ou les inconvénients qu'elle a produits; il faut surtout en étudier avec soin les principes fondamentaux. Un établissement est nécessairement nuisible quand sa constitution est vicieuse, et le bien qu'elle aurait fait, ne devant être attribué qu'à des causes étrangères, ne saurait légitimer son existence aux yeux d'un gouvernement éclairé. Au contraire, si on ne peut reprocher à un corps que d'avoir oublié quelquefois ses propres principes, avoués de la religion et de la politique, la prudence dit alors : Redressez, mais conservez un arbre utile.

Lorsque le relâchement commença à s'introduire parmi les chrétiens, plusieurs de ceux qui avaient conservé la ferveur des temps apostoliques se retirèrent dans les déserts, pour s'y vouer à l'observance des conseils de l'Evangile, qui mènent plus sûrement à la perfection. Tel est l'objet de l'état monastique, et telle est la vocation des religieux.

Des règles monastiques.

D'abord, chacun de ces pieux solitaires se livrait aux exercices de la pénitence, suivant son attrait particulier et l'impulsion de la grâce : par des voies différentes, ils arrivaient tous au même but. Bientôt se réunissant, ils se choisirent un chef, qui les ramena à l'unité de prières et d'occupations, et dont la volonté leur servait de loi. Saint Augustin nous représente ces premiers cénobites, écoutant avec attention, exécutant avec docilité les instructions et les préceptes que les supérieurs leur donnaient de vive voix. Cette forme de gouvernement ne convenait qu'à des jours de ferveur et à une société naissante. L'état monastique ayant fait des progrès, on sentit la nécessité d'une législation ; et la prudence ne permettant plus que le sort des monastères dépendît entièrement de ceux qui les dirigeaient, les maximes, les conseils, les ordonnances des abbés et des plus saints solitaires furent recueillis, et l'on en forma des règles à l'usage des maisons religieuses.

C'est dans ces codes primitifs que nous allons chercher quel est l'esprit de l'état monastique, quels sont les engagements des religieux et les raisons de leur manière de vivre, si différente de celle du reste des chrétiens. Nous consulterons spécialement la règle de saint Benoît ; sa sagesse, les éloges qu'elle a reçus de l'Eglise pendant douze siècles, le grand nombre de ceux qui l'ont embrassée, placent son auteur à la tête des législateurs des cloîtres (1).

Une règle a nécessairement trois objets, la piété chrétienne, les vœux et les observances régulières. Avant de pratiquer les conseils de l'Evangile, il faut en avoir accompli les préceptes. Presque toutes ces règles ne sont que des abrégés de la morale évangélique. Lorsque saint Basile ou saint Benoît disent : *Aimez Dieu, votre prochain; priez sans cesse; mortifiez vos sens; soyez humbles;* ils prescrivent des vertus commandées à tous les disciples de Jésus-Christ. Aussi, dit M. Mésangui, *la profession monastique ne diffère en rien de la vie d'un chrétien dans le monde, quant aux obligations essentielles* (2). Outre ces engagements communs, le cénobite en a contracté de particuliers, qui distinguent et constituent son état.

Des vœux.

Un religieux est un chrétien engagé par un vœu solennel à pratiquer toute sa vie les conseils de l'Evangile, suivant une règle approuvée de l'Eglise (3). Au commencement, la profession n'obligeait que dans le for intérieur, sans produire aucun effet public : elle rendait bien le mariage illicite, mais elle n'était pas encore un empêchement dirimant (4). En plusieurs endroits de sa règle, saint Benoît suppose qu'un religieux peut sortir du cloître : il passait alors sous l'autorité de l'évêque, comme les autres laïques. *On regardait toujours comme un grand péché,* dit M. Fleury, *si un moine, par légèreté ou autrement, quittait sa sainte profession pour retourner dans le siècle ; on le mettait en pénitence ; mais pour le temporel, il n'était* puni que par la honte du changement (5). Frappée des inconvénients qui naissaient de la liberté laissée aux religieux, la puissance civile, pour fixer leur inconstance et assurer le repos des familles, établit l'irrévocabilité des vœux, qui fut adoptée par toute l'Eglise. On doit regarder la profession monastique comme un contrat synallagmatique, par lequel le religieux renonce à tous droits, à toute propriété, sous la condition que l'Etat le fera jouir des exemptions et des priviléges réguliers. Les vœux sont donc des liens tissus par la religion et par la politique.

Les anciens moines ne promettaient autre chose que de tendre à la perfection en se conformant aux usages du monastère où ils entraient. Saint Benoît, qui le premier voulut que le religieux signât ses engagements, à la promesse de conversion de mœurs et d'obéissance, ajouta le vœu de stabilité. Saint François alla plus loin, et fit promettre à ses disciples l'obéissance, la pauvreté et la chasteté, par trois vœux distincts (6). Mais dans tous les temps, quelle qu'ait été la formule de profession, ces trois vœux ont constitué l'essence de la vie monastique (7).

Quelle est leur étendue? Quelle est leur utilité? Sont-ils proportionnés au but que se propose le religieux? C'est ce qu'il faut examiner.

I. *Vœu d'obéissance.* — Avant toute institution humaine, l'homme était déjà soumis à des lois ; son cœur fut son premier code. En réunissant les hommes, la civilisation établit de nouveaux rapports et multiplia nos devoirs. Les lois nous suivent partout ; partout elles nous montrent l'ordre pour lequel nous sommes nés. Comme sociétés particulières, les ordres religieux ont des règles qui leur sont propres et qui dérivent de leur nature : mais c'est à l'obéissance que les lois les plus sages doivent leur force et leur effet ; souvent un Etat se maintient florissant, moins parce que ceux qui gouvernent commandent bien, que parce que les sujets obéissent avec docilité. D'ailleurs, si l'orgueil est un vice qu'il faut combattre, l'humilité, une vertu recommandée par l'auteur de notre religion ; l'obéissance doit être le premier pas d'un religieux vers la perfection.

Celui qui fait trop légèrement le sacrifice de sa liberté s'expose à un malheur terrible et irréparable. Si le regret naît dans son cœur, il le déchirera. Pour prévenir les funestes effets d'un engagement imprudent, saint Benoît veut qu'on éprouve la vocation du novice par les traitements les plus durs, qu'on ne lui parle d'abord que de ce que la règle a de pénible. *Quand quelqu'un se présente, qu'on l'entretienne des rigueurs et des austérités qui l'attendent. S'il persiste, on lui expliquera la règle ; on lui dira : Voilà la loi sous laquelle nous vivons : si vous vous*

---

(1) *Regulam discretione præcipuam.* S. Greg. Dialog. lib. II, cap. 36.
(2) *Exposition de la doctrine chrétienne,* tom. II, pag. 393.
(3) *Institution au Droit ecclés.* Fleury, chap. 23.

(4) *Jus universum Ecclesiast.* Van-Espen, part. II, sect. 1, tit. 13, cap. 5.
(5) *Mœurs des chrétiens.* Fleury, pag. 553.
(6) Van-Espen, part. I, tit. 30, cap. 4.
(7) S. Thom. 2—2, quæst. 186, art. 9, *ad unum.*

croyez capable de l'observer, entrez ; sinon, vous êtes libre encore, retirez-vous (1). C'est ainsi qu'avant de s'engager irrévocablement, le novice est forcé de modérer sa ferveur et son zèle, d'étudier et de remplir les obligations de son nouvel état : pendant ce temps d'épreuve, il soulève, il essaie le joug qu'il va s'imposer. Si, dans la suite, ses désirs l'emportent au delà du cercle de ses devoirs, la règle devient un point d'appui qui le soutient; et sa vertu est le prix de son obéissance.

Ce qui la justifie et la rend plus aisée, c'est la sagesse du gouvernement. *La police des monastères*, dit le savant P. Thomassin, *a été formée sur celle de l'Eglise, et ses plus saints enfants ont été aussi ses plus fidèles imitateurs* (2). Un abbé, un prévôt, des doyens destinés à soulager l'abbé dans ses fonctions spirituelles et temporelles ; un cellérier, chargé du détail de l'administration, de la subsistance de la communauté, du soin des malades, des enfants et des pauvres ; voilà les principaux officiers que saint Benoît a jugés nécessaires pour une grande communauté. Quand on lit dans sa règle les qualités qu'il exige de l'abbé, dont il confie le choix aux religieux, on admire l'esprit de modération et de sagesse qui a tracé ses devoirs et déterminé ses fonctions. *Le nom d'abbé*, dit-il, *qui signifie père, oblige celui qui le porte d'aimer ses inférieurs comme ses enfants. Il faut qu'il tempère l'autorité par la douceur, et qu'il soit plus jaloux d'être aimé que d'être craint* (3). On est touché de la tendre sollicitude avec laquelle il lui recommande le soin des enfants et des vieillards; d'une main vraiment paternelle, il écarte devant eux les épines de la vie religieuse : *Je veux que les sentiments que l'humanité nous inspire pour ces deux âges, soient consacrés par la règle.*

Ordinairement on se représente les religieux comme autant d'esclaves asservis aux caprices de ceux qui les gouvernent. D'après cette idée, on se plaint ou on se méprise : le vœu d'obéissance paraît même une arme dangereuse dans la main des supérieurs.

Etouffer les suggestions de l'amour-propre et de la cupidité, toujours ennemis de l'ordre, tel est l'objet du dévouement religieux : mais il a des bornes qu'ont posées la raison et la religion. S'il n'en était ainsi, dit saint Bernard, *il faudrait effacer de l'Evangile ces paroles adressées à tous les chrétiens : Soyez prudents comme des serpents* (4). La prudence chrétienne, selon Van-Espen, règle la soumission du religieux. Si, par ignorance ou par corruption, un supérieur lui ordonne quelque chose de contraire à la loi de Dieu, il est obligé de lui résister : sa déférence serait un crime (5). Pour qu'elle soit un devoir, la volonté de celui qui commande doit être conforme aux statuts, dont il est le conservateur et qu'il ne peut changer. Saint Benoît n'a pas prescrit à ses disciples une obéissance indéfinie, mais l'obéissance selon la règle (6). *On ne saurait exiger de moi*, dit saint Bernard, *que ce que j'ai promis*. Ce vœu n'est donc point imprudent, puisque le religieux en connaît l'étendue : il n'a rien de dangereux pour l'Etat, puisqu'il approuve la règle, mesure de l'obéissance. Ajoutons que de la fidélité des particuliers à remplir leurs engagements, résulte l'harmonie de la société.

II. *Vœu de pauvreté.* — La propriété de nos biens est aussi sacrée que celle de notre vie, dont ils sont l'aliment et le soutien. Ce principe a été la première base de toute société. De la certitude de posséder naquit le désir d'augmenter ses possessions, qui bientôt, peu délicat sur les moyens, enfanta les rixes, les dissensions, les procès, et tous les maux que la cupidité verse sans cesse sur les humains. Le monde fut souillé des vices de l'opulence et des crimes de la misère. Fatigué de ce spectacle, l'homme en accusa la propriété; on crut qu'il y avait été un temps où les peuples, usant des biens de la terre comme des enfants qui s'asseyent à la table de leur père, coulaient des jours heureux dans une entière égalité. Cette communauté de biens est encore un des traits les plus séduisants dont on nous peint l'âge d'or, cette chimère de tous les âges. Des législateurs en firent une loi : Minos l'établit en Crète, Lycurgue à Lacédémone ; et il faut avouer que les beaux jours de ces deux peuples sont marqués par la durée de cette institution.

Dieu, descendu parmi les hommes, leur prêcha le mépris des richesses, et se montra pauvre à l'univers étonné. *Si tu veux être parfait*, dit-il au jeune homme de l'Evan-

---

(1) *Noviter quis veniens ad religionem, non ei facile tribuatur ingressus ; sed, sicut ait Apostolus, probate spiritum, si ex Deo est. Prædicentur ei omnia aspera et dura per quæ itur ad Deum. Si promiserit de stabilitatis suæ perseverantia, post duorum mensium circulum, legatur ei hæc regula per ordinem, et dicatur ei: Ecce lex sub qua militare vis: si potes observare, ingredere; si vero non potes, liber discede. Si adhuc steterit, probetur in omni patientia, et post sex mensium circulum legatur ei regula, ut sciat ad quod ingreditur; et si adhuc stat, post quatuor menses iterum relegatur ei eadem regula. Et si, habita secum deliberatione, promiserit omnia custodire et cuncta sibi imperata servare, tunc suscipiatur in congregatione, sciens se jam sub regulæ lege constitutum, quod ei ex illa die non liceat egredi de monasterio nec collum excutere sub jugo regulæ, quam sub tam morosa deliberatione licuit aut excusare aut suscipere.* Reg. S. Bened., c. 58.

(2) Ancienne et nouvelle discipl. de l'Egl., part. I, liv. XXXIII, chap. 23.

(3) Voyez sa règle.

(4) S. Bernard. Epist. 7 : *Admonendi sunt monachi ne plusquam expedit sint subjecti.* Greg. apud Grat. 2, quæst. 7, can. 57.

(5) *Quoties vero aliquid quod mandato Domini aut repugnet, aut aliqua ex parte vitiet contaminetve, facere ab aliquo jussi fuerimus, oportet obedire Deo magis quam hominibus. Tunc commode illud usurpabimus, oportet,* etc. S. Bas. in reg. breviter disputat., quest. 114.

(6) *Is qui profitetur, spondet quidem obedientiam, non tamen omnimodam, sed determinate secundum regulam.... Solum id a me exigi posse arbitror quod promisi.* S. Bern. de Præcept. et de Dispens., cap. 4 et 5.

gile, *vends tout, et suis-moi.* Les premiers chrétiens, fidèles imitateurs de leur maître, se dépouillaient de leurs biens pour en former le patrimoine de l'Eglise. Leur nombre croissant tous les jours, rendit impraticable la désappropriation et la vie commune, qui se réfugièrent dans les cloîtres. C'est là qu'on voit, dit saint Augustin, des hommes qui n'ont qu'une âme et qu'un cœur : leur habit et leur nourriture sont simples et semblables à ceux des pauvres. *Mais*, selon M. Fleury, *la pratique de la pauvreté ne consiste pas tant pour les religieux, à manquer des commodités de la vie, qu'à n'avoir rien en propre dont ils puissent disposer* (1). De toutes les choses à leur usage, il n'en est aucune dont il leur soit permis de dire : Ceci est à moi. En un mot, le dépouillement des premiers fidèles ayant été introduit par les fondateurs dans les monastères, ils doivent offrir, comme l'offrit autrefois l'Eglise de Jérusalem, *l'exemple sensible et réel de cette égalité de biens, que les législateurs et les philosophes de l'antiquité avaient regardée comme le moyen le plus propre de rendre les hommes heureux, sans pouvoir y atteindre : ils voyaient bien que, pour faire une société parfaite, il fallait ôter le tien et le mien, et tous les intérêts particuliers* (2).

III. *Vœu de chasteté*. — Les détracteurs de l'état monastique en attaquent surtout avec complaisance le dernier vœu. La reproduction, disent-ils, est une loi imposée à chaque individu ; et, en promettant la continence, on s'engage à violer la nature. Si la reproduction n'était que l'effet d'un appétit sensuel, dont l'engagement n'eût de durée et de suites que celles du désir, peut-être on pourrait croire que nous sommes tous soumis à cette loi. Mais si la continence publique est naturellement jointe à la propagation de l'espèce (3) ; si tous les chrétiens sont rigoureusement obligés à la chasteté ; si le mariage est un nœud sacré, formé par la religion et la politique ; si ce contrat impose des obligations immenses ; si enfin une union mal assortie fait le supplice des époux, trouble les familles, et cause dans la société un scandale funeste : il faut convenir que tous les hommes ne sont pas indistinctement appelés à cet état respectable. Aussi M. Morin a-t-il prouvé que le célibat est de tous les lieux, comme de tous les temps (4) ; et parmi ceux qui s'élèvent contre le vœu de continence, combien ne pourrions-nous pas compter de célibataires ? Ajoutons que le nombre des mariages est nécessairement subordonné aux moyens de subsistance.

Aussi, puisqu'on trouve des célibataires chez tous les peuples et dans tous les temps, qu'importe qu'ils vivent dans le monde ou dans le cloître ? En effet, pour que le reproche qu'on fait au célibat religieux d'avoir arrêté la population fût fondé, il faudrait l'appuyer sur des faits, il faudrait que l'histoire nous montrât toujours les progrès de l'un en raison des pertes de l'autre. Or une simple observation prouve précisément le contraire. L'époque où l'état monastique a été le plus nombreux, est sans contredit celle des Croisades. M. de Voltaire, qui s'est plu à calculer les millions d'hommes que ces guerres malheureuses ont coûtés à l'Occident, en nous effrayant par ses résultats, nous apprend que l'Europe ne fut jamais si peuplée. On lit dans le Dictionnaire encyclopédique, art. *Population*, que la France s'est accrue de plusieurs grandes provinces ; et que, malgré ces réunions, ses peuples sont diminués d'un cinquième. Oserait-on dire que les corps religieux se soient multipliés dans cette proportion ?

Un auteur estimé a traité de nos jours la matière de la population et des moyens de l'augmenter. Sans doute, si les ordres monastiques ont dépeuplé la terre, il se déclarera contre cette institution pernicieuse. Ouvrons *l'Ami des hommes :* « J'ai habité, dit M. de Mirabeau, dans le voisinage d'une abbaye à la campagne. L'abbé, qui partage avec les moines, en tirait 6000 livres ; je veux bien que la portion conventuelle fût plus forte, mais c'est peu de chose. Sur les 6000 livres de rente restant, ils étaient trente-cinq ; à savoir, quinze de la maison, et vingt jeunes novices étudiants, attendu qu'il y avait un cours dans cette maison. Ces trente-cinq maîtres avaient en comparaison peu de domestiques ; mais ils en avaient au moins quatre. Or, je demande si un gentilhomme, vivant dans sa terre de 6000 livres de rente, en aurait eu davantage ? Ainsi donc, entre lui, sa femme, et quelques enfants, à peine auraient-ils vécu dix dans ce territoire ; et en voilà quarante d'arrangés en vertu d'une institution particulière. En conséquence donc du principe établi, qu'il ne saurait s'élever de nouveaux habitants dans un État, qu'à proportion des moyens de subsistance ; que plus cette subsistance est volontairement resserrée par ceux qui occupent le terrain, plus il en reste pour fournir à une nouvelle peuplade : il serait impossible de nier que, toutes autres choses mises à part, les établissements des maisons religieuses ne soient très-utiles à la nombreuse population. Que ce soit de par le roi, de par saint Benoît, de par saint Dominique qu'un grand nombre d'individus s'engagent volontairement à ne consommer que cinq sols par jour ; toujours est-il vrai que ces sortes d'institutions aident fort à la population, simplement en donnant de la marge et laissant du terrain à d'autres plançons.

» Si les Etats protestants sont plus peuplés et plus florissants que ceux où la discipline ecclésiastique de la communion romaine est aussi exactement observée et réglée qu'elle l'est en France (fait, à tout prendre, dont je voudrais d'autres preuves que des

---

(1) Fleury, *Institut. au Droit eccl.*, chap. 23.
(2) *Mœurs des Chrétiens*, pag. 7.
(3) *Esprit des Lois*, liv. XXIII, chap. 8.

(4) *Voyez* les Mémoires de l'Académie des Inscriptions, tom. IV, pag. 308 ; *Hist. critique du célibat*.

allégations), je crois qu'il serait aisé d'en donner d'autres raisons que la suppression des moines. 1° La prétendue réforme fit universellement des révolutions dans tous les États; et il est certain qu'il est des secousses qui avivent les esprits politiques et régénèrent les ressorts du gouvernement et de l'industrie. La Suède changea entièrement son gouvernement en embrassant la prétendue réforme; mais qui l'eût considérée après les règnes durs et absolus de Charles XI et de Charles XII, eût été bien étonné d'y voir si peu de moines, et tant de dépopulation et de misère. Ce n'est pas le rétablissement des moines qui a fait tomber de moitié le commerce et la richesse de la Hollande depuis le commencement de ce siècle; mais le luxe y a enfin engrainé, la consommation y a doublé, et le commerce diminué. Ces célèbres Danois d'autrefois, qui ont fait trembler toute l'Europe, sont morts; mais depuis deux cents ans qu'ils ont chassé les moines, il serait temps de voir cette antique pépinière se repeupler de héros. Henri IV et Louis XIV ensuite trouvèrent le moyen de rétablir leur royaume sans rien changer à la religion établie. Je vois que le judicieux David Hume et plusieurs autres Anglais se plaignent que leur patrie se dépeuple; ils en cherchent des raisons de détail, faute d'avoir touché au vrai point, qui est que l'Angleterre est devenue riche, que la richesse augmente la consommation, et diminue en conséquence d'autant la population (*Tr. de la pop.* ch. 2). »

Les charges inséparables du mariage, celles que le luxe y ajoute, l'égoïsme, ce principe antisocial, tout semble concourir à le faire regarder comme un état pénible. Un jeune homme, né avec les qualités qui font l'époux honnête et le bon père, craint de le devenir; parce que, obligé de partager un médiocre patrimoine, il ne trouverait dans le mariage qu'une vie malaisée. Son frère se consacrant à la religion, sa fortune est doublée; il se marie, et la société est par là enrichie d'une nouvelle famille.

Mais si tous les hommes étaient religieux?... Qui ne sait que la nature leur donne des mœurs, un caractère, des talents différents, et que cette heureuse diversité fait l'ornement de la société, comme dans le monde physique l'ordre naît des éléments opposés? Ce n'est pas quand le célibat ne promet qu'austérités, pauvreté et pénitence, que ses progrès sont à craindre. Il est séduisant, lorsqu'il offre à l'homme l'affranchissement de tout lien, la facilité de se livrer indistinctement à ses désirs, et l'exemption de toute peine. Celui qui s'engage par le vœu de chasteté, se voue à la pratique de toutes les vertus; c'est au luxe et à l'amour de l'indépendance, que la plupart des célibataires sacrifient les nœuds du mariage, coupables envers la postérité et corrupteurs de la génération présente. Voilà le célibat qui doit alarmer et qu'il faut flétrir. Enfin, et c'est notre dernière réponse, à laquelle n'ont rien à opposer les disciples de Jésus-Christ, l'homme, par cette vertu, s'élève à une perfection plus qu'humaine.

Des observances régulières.

Les vœux d'obéissance, de pauvreté et de chasteté sont, comme nous l'avons dit, l'essence de la profession monastique. Pour en rendre l'observation plus facile, on a établi certaines pratiques de discipline et de police, qui forment la seconde classe des devoirs d'un religieux. Elles portent à la fois l'empreinte de la modération et du zèle. Saint Pacôme, premier législateur des cénobites, enjoint à chacun de jeûner et de se mortifier suivant ses forces; c'est d'après les mêmes principes que saint Benoît ordonne à l'abbé de mettre les exercices à la portée des plus faibles, afin qu'ils n'en soient pas accablés, et que les plus forts aient quelque chose à désirer au delà de ce qu'on leur commande (1). Toutes ces observances, selon M. Fleury, peuvent se rapporter à quatre articles principaux : la solitude, le travail, le jeûne et la prière (2).

De la solitude. — Les premiers solitaires vivaient dans des déserts, non-seulement inhabités, mais inhabitables. Saint Basile les rapprocha des villes, en bâtissant un monastère au faubourg de Césarée. En Occident, ils restèrent séparés des hommes, moins par distance des lieux que par le peu de communication qu'ils entretenaient avec eux. Suivant la règle de saint Benoît, les monastères doivent être pourvus de tout ce qui est nécessaire à la vie, pour éviter les occasions de dissipation : cependant il ne défend pas absolument à ses disciples de sortir, puisqu'il prescrit la manière dont ils en demanderont la permission, et la prière qu'ils feront en rentrant. Mais les religieux ne sauraient user de cette liberté avec trop de circonspection; c'est au sein de la retraite qu'ils sont venus chercher le bonheur, là seulement ils le trouveront. Si, lorsqu'ils vont au milieu du monde, il leur était donné de lire au fond des cœurs, les inquiétudes et les soucis qui les agitent seraient pour eux une nouvelle raison de chérir la tranquillité de leur cloître. Trop souvent ils n'en aperçoivent que les dehors trompeurs; ils y rencontrent des hommes qui, libres de leurs obligations, goûtent des plaisirs auxquels ils ont renoncé : les liens de leur état leur paraissent alors des chaînes trop pesantes, et ce commerce devient la source du dégoût et de l'ennui qui les consument dans leur solitude. Combien est différent le sort de ceux qui s'aiment! ils se plaisent avec leurs frères, ils s'excitent mutuellement à l'amour de la vertu, et chacun regarde comme aisé ce qu'il voit pratiqué par tous.

Du travail des mains. — Quittant le monde après avoir distribué tous leurs biens aux

---

(1) *Fortes sint qui cupiant, et infirmi non refugiant.* Reg. S. Bened. cap. 66.

(2) Fleury, *Disc. sur l'hist. ecclés.*

pauvres, les anciens cénobites n'avaient d'autres moyens de subsister que le travail des mains. Cassien nous montre ceux de la Thébaïde, occupés à des ouvrages qu'ils vendaient pour vivre et pour faire l'aumône. Saint Benoît l'impose à ses disciples, moins à la vérité pour fournir aux besoins du monastère, qu'afin de combattre l'oisiveté, qu'il appelle avec raison l'ennemie des âmes; il veut qu'on y applique, même le dimanche, ceux qui n'auront pas la force ou la bonne volonté de lire ou d'étudier. Il suppose des maisons rentées, lorsqu'il dit que les frères ne doivent pas s'attrister, si la pauvreté du lieu le rend nécessaire. Quant au genre de travail, il ne le spécifie pas; seulement il exhorte l'abbé à le proportionner aux forts, aux faibles, aux vieillards et aux enfants, de sorte qu'ils ne soient ni oisifs ni surchargés.

Par cet article de sa règle, saint Benoît conservait ou rétablissait une pratique commune parmi les clercs des premiers siècles. A l'imitation de Jésus-Christ et des apôtres, presque tous travaillaient des mains, et plusieurs canons d'Afrique leur ordonnent d'apprendre un métier (1). Cette vie dure et laborieuse n'inspirant que du mépris aux peuples grossiers qui enlevèrent l'Occident à la faiblesse de l'empire romain, l'Eglise fut forcée de changer sa discipline sur ce point. Les religieux, appelés aux fonctions du ministère, durent s'y conformer. Dans un concile d'Aix-la-Chapelle, les évêques, par honneur pour le sacerdoce, leur interdirent expressément le travail des mains, et lui substituèrent un certain nombre de psaumes à chanter (2).

De la prière. — Dégagés de tous les embarras de la vie, les religieux sont plus particulièrement obligés à la prière continuelle, recommandée à tous les fidèles. On sait combien les prières faites en commun sont puissantes auprès de Dieu; c'est d'ailleurs une dette que leur ont imposée la plupart des fondateurs. Les frères, dit saint Benoît, se lèveront au milieu de la nuit pour prier; cet usage, rare aujourd'hui, était autrefois général. Longtemps les laïques assistèrent aux nocturnes qu'on chantait à minuit; la ferveur s'étant ralentie, presque toutes les églises cathédrales et collégiales transportèrent cet office au matin, d'où lui vient le nom de Matines. Cette ancienne coutume, tant louée par nos pères, le plus grand nombre de nos monastères l'observent encore religieusement.

De l'abstinence. — Les premiers chrétiens renonçaient aux grands repas, et ne mangeaient rien qui fût apprêté avec art. Ils prenaient à la lettre ce que dit saint Paul : *Il est bon de s'abstenir de chair et de ne point boire de vin.* Les solitaires d'Egypte poussaient encore plus loin cette abstinence, ne vivant que de pain et d'eau; par ce régime ils arrivaient cependant à une extrême vieillesse Aucune règle n'exige une telle austérité. Saint Benoît dit, d'après saint Basile, que ce n'est qu'avec une sorte de scrupule qu'il règle la nourriture; tant les forces et les tempéraments sont différents ! Pour s'accommoder aux mœurs et à la faiblesse des Occidentaux, il accorde à ses disciples deux mets cuits et un peu de vin. Quoiqu'il défende la chair des quadrupèdes, il semble permettre la volaille : cette distinction, qui nous paraît une bizarrerie, est fondée sur l'usage des temps anciens et sur l'économie. Si les premiers chrétiens, dit M. Fleury, mangeaient quelquefois de la chair des animaux, c'était plutôt du poisson ou de la volaille que de la grosse viande des animaux à quatre pieds, qu'ils estimaient trop nourrissante et trop succulente (3). Au mont Cassin les oiseaux étaient abondants, et la grosse viande rare et chère. Au reste, tous les détails des différentes règles touchant les aliments ne tendent qu'à établir la frugalité et la tempérance. On trouve l'esprit qui les a dictées dans ces paroles de saint Basile à ses religieux : *Pour la nourriture, conformez-vous aux usages de chaque pays, choisissant la plus commune et la moins dispendieuse, de crainte que, sous prétexte d'abstinence, vous ne paraissiez rechercher les mets les plus délicats* (4).

De l'habillement des religieux. — Mais pourquoi les religieux ont-ils un extérieur si singulier et des habits si différents des nôtres? Condamnés par la mode, ne seraient-ils pas absous par la raison? Il faut, autant qu'il est possible, instruire les hommes par les sens; cette leçon se grave bien mieux dans l'esprit : ainsi la politique a marqué, pour diverses fonctions de la société, un costume particulier, propre à rappeler aux individus leurs obligations et leurs engagements; l'habit du militaire diffère de celui du magistrat. Quand les devoirs d'un homme sont plus difficiles, et les occasions de les violer plus fréquentes, alors il est bon de les écrire en quelque sorte autour de lui : voilà pourquoi les religieux furent toujours distingués du reste des fidèles par leurs habillements. *Les moines d'Egypte,* dit Cassien, *ont en leurs habits plusieurs choses qui servent moins aux besoins du corps qu'à faire connaître quelles doivent être leurs mœurs; de manière que la modestie et la simplicité de leur conduite étaient exprimées par leur vêtement* (5). *Parlons,* dit saint Jérôme, *comme nous sommes vêtus, ou soyons vêtus comme nous parlons* (6).

---

(1) Can. 51 et 52 du IVe conc. de Carthage.
(2) *Statuerunt episcopi, concordante D. papa, ut monachi a gravi opere et labore propter honestatem sacerdotii cessent, et loco laboris ad horas psalmos quosdam cantent.* Fragment historique d'un concile l'Aix-la-Chapelle, recueilli par D. Bouquet, tome VI, pag. 445.

(3) *Mœurs des chrétiens,* art. 10.
(4) *Oportet tamen omnino illis uti cibis qui et facilius et vilius comparantur, ne occasione abstinentiæ, inveniamur pretiosiora quæque et difficiliora sectari.* Reg. fus. interp., cap. 19.
(5) *Lib.* 1 *Instit.,* cap. 4.
(6) S. Hieron., epist. 54, *ad Pammachium.*

En Occident, leur habit ne fut guère remarquable que par la couleur qui était uniforme, et par la grossièreté de l'étoffe, qui annonçait l'humilité dont ils faisaient profession. M. Fleury prouve que saint Benoît ne donna à ses disciples que celui des paysans de son temps (1). Notre amour seul pour le changement et notre mobilité l'ont rendu singulier. Faut-il s'étonner que les religieux gardent un habit qu'ils portent depuis douze cents ans, et sous lequel ont vécu les saints et les grands hommes qu'ils se proposent pour modèles ? Comme une espèce de barrière, il sert à garantir les cloîtres des vices du siècle. Le moyen le plus sûr de conserver les mœurs est de consacrer les usages et les manières, qu'on peut appeler des mœurs extérieures ; ce n'est que l'écorce, il est vrai ; mais cette écorce défend l'arbre.

Pourquoi les noms de Père et de Frère sont en usage dans les monastères. — Que les jeunes gens honorent les anciens ; que les anciens traitent les jeunes avec amitié ; que tous se respectent et se chérissent d'un amour fraternel (2) : ainsi s'exprime saint Benoît. Ces noms de Pères et de Frères sont aujourd'hui un objet de ridicule ; on a donc oublié qu'ils étaient communs parmi les premiers chrétiens ! Eh ! quels noms pouvaient mieux convenir à ceux à qui Jésus-Christ avait dit : *Aimez-vous les uns les autres ; à cette marque on vous reconnaîtra pour mes disciples !* Ce mépris n'est-il pas contradictoire avec les sentiments d'humanité, qui sans doute échauffent tous les cœurs, puisqu'ils se trouvent dans toutes les bouches et sous toutes les plumes. La philosophie, qui s'afflige de voir partout l'opulence et le crédit opprimer l'humble vertu et le mérite indigent, ne doit-elle pas se reposer avec complaisance sur ces asiles peuplés de Frères ? Dans le monde, les hommes se donnent des titres qui désignent les rangs et prescrivent la dépendance et le respect ; ici les noms rappellent l'égalité et commandent l'attachement réciproque.

De l'hospitalité. — Ne croyons pas que, concentrant en eux-mêmes toutes leurs affections, ils aient rompu tous les liens qui les unissaient à leurs semblables. *Les moines,* dit saint Augustin, *qui semblent se passer du reste des hommes, ne peuvent se passer de les aimer* (3). Malgré son zèle pour la retraite, saint Benoît ouvre ses monastères aux voyageurs et aux malheureux. Il avait tellement à cœur l'hospitalité, qu'il trace jusqu'aux moindres détails la manière de l'exercer. *Qu'on reçoive les étrangers comme si c'était Jésus-Christ lui-même ; que le prieur ou les Frères aillent au-devant d'eux, et les servent avec les égards et les soins de la charité la plus officieuse ; que le jeûne et le silence soient rompus, quand l'hospitalité l'exige* (4).

Telles sont les principales observances régulières, qu'on ne méprise que parce qu'on en ignore la nature et l'objet. Reconnaissons enfin, avec M. Fleury, que *les saints législateurs ne cherchaient point à introduire des nouveautés, ni à se faire admirer par une vie singulière et extraordinaire ; mais seulement à vivre en véritables chrétiens* (5). Moyens sages de faciliter aux moines l'accomplissement de leurs vœux, ces institutions sont encore vénérables, comme vestiges et monuments des usages et des mœurs des premiers fidèles, dont l'Eglise propose sans cesse l'exemple à ses enfants.

Ce que nous venons de dire des principes et des obligations de la vie monastique, nous l'avons puisé, comme on l'a vu, dans les règles des fondateurs, ou dans des sources aussi respectables. Maintenant, quelle idée doit-on avoir d'un religieux véritablement animé de l'esprit de son état ? C'est un chrétien appelé à la pratique des conseils évangéliques ; effrayé des dangers dont il aurait été environné au milieu du monde, il vit au sein de la retraite. La règle qu'il a choisie, est comme le creuset où il épure toutes ses affections ; il combat la cupidité et l'égoïsme par la pauvreté et la fidélité à ne rien posséder en propre, l'impureté et l'intempérance par la prière et par le jeûne, la paresse par le travail, la vanité et l'orgueil par la simplicité et l'obéissance ; son cœur devient ainsi le sanctuaire des mœurs et de la religion. Aimant les hommes, parce qu'il aime vraiment Dieu, il s'efforce de se rendre utile à l'Eglise et à l'Etat, suivant la destination particulière du corps dont il est membre.

Tel a toujours été aux yeux de l'Eglise le bon religieux ; et telle est la perfection à laquelle, dans tous les temps, ils doivent tous aspirer. Ne soyons donc plus étonnés que les Jérôme, les Basile, les Augustin, les Chrysostome, les Grégoire, etc., ces hommes aussi grands par leurs lumières que par leur sainteté, aient loué, vengé, et embrassé la vie monastique. Entre les grands, les princes, et les rois, plusieurs se sont revêtus de l'habit religieux, et tous l'ont honoré ; enfin, au rapport de l'histoire, la profession religieuse mérite cet éloge, qu'elle n'a jamais compté ses ennemis que parmi les libertins et les hérétiques (6).

CHAPITRE II.
DE L'ORIGINE ET DE L'ÉTABLISSEMENT DES ORDRES RELIGIEUX.

Pendant les deux premiers siècles de l'Eglise, la foi fut vive et la sainteté commune. Le sang des martyrs, qui coulait en abondance, devenait le germe de sa fécondité : mais les enfants ne se montrèrent pas toujours dignes de leurs pères ; et vers le milieu du IIIe siècle, plusieurs étaient déchus de la première ferveur. C'est à ce relâchement que, selon saint Cyprien, doit être attribuée la persécution de Dèce, plus longue et plus cruelle que les précédentes. La terreur qu'elle

---

(1) *Mœurs des chrétiens*, art. 54.
(2) *Reg.* cap. 63, 64.
(3) *Retract.* I, cap. 31.
(4) *Ut ergo nuntiatus fuerit hospes, ei occurrat a priore vel a Fratribus, cum omni officio charitatis.* Reg. cap. 53.
(5) *Mœurs des chrétiens*, art. 54.
(6) Troisième Discours de Fleury, n° 22.

inspirait, porta un grand nombre de chrétiens à assurer leur salut par la fuite. Paul, déféré aux juges, aima mieux abandonner ses biens que de s'exposer à perdre son âme. Il choisit la solitude comme un tombeau, où il s'ensevelit tout vivant : il est le premier auteur connu de la vie érémitique. A la vue du scandale naissant, Antoine se sentit embrasé du désir de pratiquer la perfection évangélique dans toute son étendue ; après avoir distribué son patrimoine aux pauvres, il se sépara du commerce des hommes. La juste défiance de la faiblesse humaine au milieu des tourments qu'il fallait endurer pour conserver sa foi, et le zèle pour la réforme des mœurs, voilà les deux motifs qui ont peuplé les déserts et produit au monde tant de sublimes vertus.

IVe siècle. *Saint Antoine, saint Pacôme et autres.* — La sainteté d'Antoine, ses instructions, ses miracles, lui attirèrent des disciples ; en peu de temps il se trouva le chef d'une famille immense : sa sœur ouvrit un asile à la faiblesse du sexe, et conduisait une communauté de filles. Dans la retraite vivaient en même temps Ammon et Pacôme, qui le premier traça une règle aux cénobites et les réunit en congrégation. Les deux Macaire s'animaient à la pratique des plus grandes austérités, et donnaient tous leurs soins à la conduite des Frères. Hilarion transporta la vie monastique en Palestine, en Syrie, d'où elle se répandit en Mésopotamie. Saint Basile, qui n'avait trouvé la vraie philosophie que chez ces solitaires, en devint le disciple et le protecteur, et tira de leurs actions des maximes qui servent encore de loi aux monastères d'Orient. Tous ceux qui s'élevaient, par leur piété ou par leurs lumières, au-dessus du commun des fidèles, étaient moines ou honoraient les moines. De ce nombre sont saint Grégoire de Nazianze, saint Ephrem, saint Arnoë et saint Moïse, qui les établit dans la Perse dont il est l'apôtre, d'où ils passèrent aux Indes.

L'Égypte et les pays voisins virent ce nouveau genre de vie se former et s'étendre si rapidement, qu'avant la fin du IVe siècle on y comptait soixante-seize mille moines et vingt mille religieuses. Pour leur établissement, ils n'avaient besoin d'aucun secours humain : ils se retiraient dans des déserts qu'on croyait inhabitables, plaines immenses de sables arides, coupées par des montagnes et des rochers regardés comme inaccessibles. Un ruisseau, quelques arbres, étaient toutes leurs richesses et suffisaient à leur nourriture. Loin de chercher les hommes, ils les fuyaient, et de toutes parts on venait à eux. Bientôt les lieux affreux où ils avaient fixé leur séjour furent changés en des champs fertiles et en de vastes ateliers.

Sans nous arrêter au développement des causes morales et physiques qui ont contribué à la propagation de la vie religieuse, nous observerons en passant qu'elle n'est pas moins digne de faire partie de l'histoire de l'esprit humain que de l'histoire ecclésiastique.

Comme née en Orient et comme nouvelle, cette profession ne fut qu'un objet de mépris pour les Occidentaux, jusqu'à ce que saint Athanase, qui, pendant son exil au désert, en avait étudié l'esprit et le régime, l'eût fait connaître à Rome (*environ l'an* 340). Dans tout l'Occident, c'est sous les auspices de la puissance ecclésiastique qu'elle se propage : les évêques fondent les premiers monastères. Eusèbe de Verceil forme une communauté de religieux, et allie les austérités de leur état avec les travaux du sacerdoce. Leur naissance chez nous est due au zèle de saint Martin, et Marmoutier en est encore un témoignage subsistant. Maxime, son disciple, les deux frères Romain et Lupicin, se retirèrent sur les montagnes du Dauphiné et du Lyonnais : la Provence devient l'émule de l'Égypte, et Lérins, l'école des savants et la pépinière des évêques. Par le concile de Saragosse, en 380, nous apprenons qu'il y avait dès lors des religieuses en Espagne. Saint Ambroise entretenait la piété parmi celles de Milan. En Afrique (V^e *siècle*), saint Augustin avait engagé son clergé à mener la vie commune, et prouvait aux manichéens que la vertu des religieux était plus grande et plus vraie que celle des stoïciens. Saint Chrysostome les vengeait et des railleries des mauvais chrétiens, et de la fureur des hérétiques. Au sein de sa retraite, saint Jérôme se livrait aux travaux les plus utiles. En Syrie, sur les bords de l'Euphrate, saint Alexandre avait réuni des Syriens avec des Grecs, des Latins avec des Égyptiens, qui, divisés par chœurs, chantaient nuit et jour les louanges de Dieu (*ce sont les Ascemetes*). Saint Séverin, à qui toute la nature était soumise, ne quitta sa solitude que pour aller prêcher la foi dans la Norique (*aujourd'hui l'Autriche*). Quelques années après sa mort, Clovis fit asseoir la religion chrétienne sur le trône des Francs.

Il n'a fallu que l'espace de deux siècles pour que la profession monastique ait été répandue, même au delà des bornes de l'empire. Sans les secours vivifiant des souverains, malgré la diversité des mœurs et du génie, des climats et des gouvernements, chez tous les peuples policés ou barbares, s'était introduite cette vie obscure, laborieuse et pénitente, tant la vertu a de pouvoir sur les hommes, quel que soit leur caractère ! Les rois et les empereurs convertis au christianisme devinrent les protecteurs de l'Église et de sa discipline. Cette qualité leur donnait le droit ou leur imposait l'obligation de veiller à ce qui se passait dans son sein ; et leur autorisation formelle ou présumée, désormais nécessaire, devait consolider les nouveaux établissements. D'après ces principes, dont on remarque l'exécution aussitôt que la religion chrétienne fut la loi des princes, nous les voyons traiter favorablement les religieux, louer leur institut et leur piété, leur fonder des monastères, leur accorder des privilèges, les rapprocher des villes, et permettre aux évêques de les y appeler. Constantin honore Antoine et ses nombreux disciples. Théodose détrompé révoque l'ordonnance sévère qu'il avait rendue contre eux (1). Si la plupart des autres empereurs les persécutent, c'est qu'au lieu de veiller à la défense de l'empire, attaqué de toutes parts, ils ne s'occupent que de discussions dogmatiques, et semblent ne conserver quelque vigueur que pour propager, par des châtiments, les hérésies que l'imagination orientale multiplie sans fin. Ils sévissent surtout contre les moines, qu'ils ont vainement tenté de séduire, et dont ils n'ont pu faire servir la vertu à l'appui de leurs fausses opinions. Clovis exempte de toute contribution plusieurs monastères, pour ne pas diminuer le patrimoine qu'assurait aux pauvres le travail des religieux (2). Ses successeurs en dotent d'autres, où ce travail, regardé par les Francs comme ignoble, était négligé; où l'on consacrait tout son temps à la prière, à l'étude et à copier des livres, et où se formaient des missionnaires zélés. Les évêques avaient déjà renoncé à une partie de l'autorité qu'ils exerçaient sur eux, soit en leur laissant le choix de leur abbé, et à l'abbé l'entière administration des biens, soit en n'élevant les moines aux ordres sacrés que de son consentement : parce que l'ordination les émancipait en quelque manière de son autorité, et les assujettissait à l'évêque. C'est ainsi qu'en s'agrandissant dans l'Église, les corps monastiques acquéraient une existence dans l'État.

VIe siècle. Saint Colomban, saint Benoît. — Le siècle suivant vit paraître parmi eux deux grands législateurs, saint Benoît et saint Colomban. Jusqu'ici les religieux avaient suivi l'Évangile, les canons, et les écrits des Pères : la discipline claustrale n'était pas uniforme; ils s'attachaient indistinctement aux règles de saint Pacôme, de saint Basile, de saint Macaire, de saint Augustin, et de Cassien. Les maisons religieuses ne conservaient aucune dépendance les unes des autres, à un petit nombre près, que conduisait un seul abbé, qui les avait fondées. Les nouvelles règles, en fixant les devoirs des supérieurs et des inférieurs, en déterminant l'emploi de chaque moment, et pourvoyant à tout ce qui constitue un gouvernement sage, maintinrent les corps religieux au milieu des invasions, des troubles, des cruautés, et de la barbarie. Les cloîtres devinrent alors presque l'unique asile des vertus et des lumières : aussi les plus saints évêques qui illustrèrent l'Église en étaient-ils sortis ; et tous ceux qui dans l'État aimaient les mœurs ou avaient quelque habileté, les favorisaient. La fondation des monastères était regardée comme une des expiations des grands crimes qui étaient fréquents; c'est la double cause de cette multitude de monastères, érigés sous les descendants de Clovis jusqu'à Charlemagne.

VIIe siècle. Saint Augustin, apôtre de l'Angleterre. Ses disciples. — Dans ces nouvelles maisons on introduisait la règle de saint Benoît; les anciennes l'adoptaient volontairement, et insensiblement elle fut la seule loi qu'observaient les moines. Saint Augustin, disciple de saint Grégoire, l'apporta de Rome en Angleterre. Les princes qui gouvernaient alors les sept provinces dont elle était composée, convertis successivement par les religieux missionnaires apostoliques, bâtirent et enrichirent beaucoup de monastères ; saint Wilfrid et Benoît Biscop en furent les principaux ornements. En France ils se multipliaient par les soins de saint Éloi, de saint Ouen, de la reine Bathilde. On leur accordait de grands biens ; déjà ils avaient des serfs, et depuis longtemps les désordres du clergé avaient fait passer leurs priviléges en droit commun, comme l'attestent les Formules de Marculphe. Saint Isidore et saint Fructueux, en Espagne, les affermissaient, en leur donnant des règlements pleins de sagesse. Les Lombards les ravageaient en Italie ; les Musulmans les attaquaient partout et les détruisaient en A'rique ; en différentes parties de l'Orient la première ferveur se soutenait, malgré les guerres des Perses et la fureur des hérétiques. La vie religieuse fut encore établie chez les Frisons, par les moines anglais, qui vinrent leur annoncer l'Évangile ; nous la voyons ensuite tomber dans la langueur et le dépérissement.

VIIIe siècle. — La plus stupide et la plus profonde ignorance, qui entraînait après soi la barbarie des mœurs et des lois, et les superstitions les plus grossières ; les irruptions des Lombards et des Sarrasins ; la faiblesse des empereurs et celle de nos rois ; la violence des seigneurs laïques, qui usurpaient les biens des monastères et s'en rendaient abbés ; la trop grande part que les ecclésiastiques et les moines, même les plus vertueux prenaient aux affaires séculières ; voilà les principales sources de l'affaiblissement de la discipline monastique.

Deux souverains, qui regrettaient les pertes de l'état religieux, s'occupèrent de sa régénération, Alfred et Charlemagne. Alfred, à qui l'histoire, comme le dit M. de Voltaire, ne reproche ni défaut ni faiblesse, et qu'elle met au premier rang des héros utiles au genre humain, rechercha de tous côtés ceux des religieux qui se distinguaient encore par leur science et par leur vertu. Il retint les uns auprès de sa personne pour s'instruire avec eux ; il en plaça d'autres dans les nouveaux monastères qu'il fondait, et dans les anciens où l'on savait à peine lire les constitutions écrites en latin. A la persuasion d'un religieux, nommé Néot, son parent, il établit l'université d'Oxford. C'est avec le secours de ces vertueux et savants hommes qu'il releva les études, et renouvela la piété par tout son royaume (3).

Au sein des erreurs et des préjugés, Char-

---

(1) Voyez Fleury, Hist. ecclés.
(2) Voyez le P. Le Cointre, ann. 496.
(3) Voyez Guill. de Malmesbury, de Gestis reg. Angl., lib. II ; Polid. Virg., Angl. Hist., lib. IV, et Ingulf. Hist.

lemagne, tout à la fois conquérant et législateur, traça ce beau plan de réforme générale, dont la plupart des dispositions seront utiles aux temps les plus éclairés : mais son siècle était trop au-dessous de son génie, et sa postérité dégénéra trop promptement, pour que sa législation produisît des effets durables ; cependant la révolution qu'il avait préparée pour les monastères fut consommée sous son successeur, par les soins de Benoît d'Aniane.

IX⁹ *siècle. Saint Benoît d'Aniane.* — Ce saint moine, pénétré de l'esprit de son état, et revêtu de l'autorité que lui avait donné Louis le Débonnaire et le fameux concile d'Aix-la-Chapelle en 817, remit en vigueur la règle de saint Benoît. Quelque grand que fût son zèle, et quelque étendue que fût son inspection, le renouvellement ne put être universel ; on était trop peu instruit, il resta beaucoup de relâchement. On vit bientôt les anciens abus renaître : soit goût, soit nécessité, les abbés, à la tête de leurs serfs et de leurs vassaux, se mêlaient de toutes les guerres civiles. Les Normands, qui ne trouvaient que peu ou point de résistance, causaient partout les plus tristes ravages ; le gouvernement féodal commençait à se former ; la puissance des évêques et du pape ne connaissait plus de bornes ; tout dans l'État et dans l'Église se ressentait de la décadence de la maison régnante. *Au milieu de tant de désordres,* dit M. l'abbé Millot, *la réforme de Cluny présenta un spectacle édifiant ; elle rétablit la discipline ecclésiastique, aussi méprisée que les canons* (Éléments de l'histoire de France).

X⁰ *siècle. Guillaume, fondateur de Cluny.* — Guillaume, comte de Toulouse et duc d'Aquitaine, avait fondé ce monastère en 910, et l'avait soumis au pape, à l'exclusion de toute autre puissance, afin d'empêcher les usurpations tant des évêques que des laïques. Ses premiers abbés, aussi distingués par leur vertu que par leur science, y firent fleurir l'exacte observance de la règle de saint Benoît, l'étude de la religion, et la charité envers les pauvres. Les souverains, les évêques, les seigneurs se disputèrent, comme à l'envi, l'avantage de combler de biens ces religieux, de leur bâtir de nouvelles maisons, et de les préposer aux anciennes pour y renouveler l'esprit primitif. Dans plusieurs églises on les substitua aux chanoines séculiers, dont la plupart étaient scandaleux et ignorants : ainsi, Cluny devint une congrégation qui s'étendit par toute la France, en Italie, en Espagne, en Allemagne. Saint Dunstan opérait en même temps la même révolution en Angleterre ; saint Romuald et saint Nil de Calabre retraçaient, par leurs austérités et par un désintéressement universel, la vie des premiers moines d'Égypte. Ces deux hommes vénérables sont ceux qui, au X⁰ siècle, ont le mieux compris quel est l'esprit de l'état religieux ; cet esprit avait été étouffé en Orient par les persécutions des empereurs protecteurs des hérésies, par la pente au schisme que fomentaient toujours les patriarches de Constantinople, par l'amour des fables et des superstitions, et par les progrès de l'ignorance, mère de tous ces désordres. On ne voit alors de religieux fervents, parmi les Grecs, que saint Nicon, surnommé le Métanoïte, saint Paul de Latre, et saint Luc le jeune ; encore étaient-ils plus occupés de la conversion des pécheurs que du renouvellement de la vie cénobitique.

XI⁰ *siècle. Saint Gualbert, saint Étienne de Muret, saint Bruno, les Antonins.* — En Occident, la réforme de Cluny la soutenait avec splendeur. Malgré des possessions immenses et des privilèges trop étendus, elle conserva, par une espèce de prodige, l'intégrité de sa discipline pendant deux cents ans. Ulric, qui à la fin du XI⁰ siècle réunit les coutumes de Cluny, en est garant. Dans cet intervalle parurent plusieurs ordres pour le bien de l'humanité et pour la restauration des mœurs. Jean Gualbert forma la congrégation de Vallombreuse ; Étienne de Muret fut fondateur de Grammont ; saint Bruno institua les Chartreux. L'épidémie, appelée feu sacré ou feu de Saint-Antoine, donna naissance aux Antonins. A Vallombreuse, il y eut entre les moines une distinction inconnue jusqu'alors, et qu'adoptèrent ensuite tous les fondateurs ; saint Gualbert admit, au nombre de ses disciples, des laïques ou frères convers, qui, chargés des travaux du dehors, ne devaient jamais être promus aux ordres sacrés. Les enfants de Bruno présentent un exemple unique dans l'histoire des peuples, celui d'une association d'hommes, perpétuant, depuis six cents ans, l'esprit de leur Père, et observant avec une fidélité entière le genre de vie qu'il leur a tracé : la solitude, l'occupation, le silence perpétuel, les fréquentes visites des supérieurs ; tels sont les moyens qui rendent parmi eux la sainteté héréditaire.

XII⁰ *siècle. Ordre de Cîteaux. Robert de Molesme, saint Bernard, Robert d'Arbriselles, saint Norbert.* — Le dernier des instituts que vit naître le XI⁰ siècle, est celui de Cîteaux. En 1098, Eudes I⁰ʳ en jeta les fondements, par la donation de cette abbaye, chef de la nouvelle congrégation ; et son premier abbé, Robert de Molesme, y fit suivre la règle de saint Benoît, avec quelques modifications. Au gouvernement monarchique il substitua le gouvernement aristocratique, en ordonnant l'assemblée annuelle des chapitres généraux, et renonçant d'ailleurs à toute espèce d'exemptions, pour ne pas donner lieu aux plaintes des évêques et des curés. Saint Bernard fut l'ornement de cet ordre, comme celui de l'Église. La vertu de ces religieux était si grande, la protection des seigneurs si active, qu'en moins de cent ans il y eut environ deux mille monastères de Cisterciens répandus par toute la chrétienté. Calixte II confirma la charte de charité, dressée en 1119, qui consolida leur union ; et, pour arrêter les exactions simoniaques qu'exerçaient sur eux la plupart des évêques, Innocent IV les déclara exempts de leur visite et de leur correction ; ce remède au mal présent produisit les abus les plus funestes.

Guillaume le Conquérant augmentait le nombre des maisons religieuses, soit en Angleterre, soit en Normandie ; sur son lit de mort, son âme se consolait par le souvenir des bienfaits qu'il leur avait accordés, et par l'espérance qu'elles continueraient le bien qu'elles faisaient.

Robert d'Arbrisselles dévoua ses disciples à l'obéissance des religieuses qu'il fondait, et au service des pauvres, des estropiés, et des lépreux. La maison seule de Fontevrault réunit jusqu'à trois mille personnes, que le désir de se sanctifier y avait amenées : par un ancien privilége, son abbesse est encore chef de l'ordre, et jouit d'une juridiction quasi-épiscopale. Deux amis de cet homme apostolique imitèrent son exemple, Bernard de Tiron et Vital de Savigny, pères de deux congrégations nombreuses, dont la première s'étendit en Ecosse et en Angleterre, et l'autre se confondit avec celle de Cîteaux. La piété pratiquée par les moines de Tiron leur mérita tant de considération et de respect, que Louis le Gros voulut que deux abbés, successeurs de Bernard, tinssent sur les fonts baptismaux ses deux fils aînés, Philippe et Louis.

Depuis longtemps les mœurs altérées du clergé avaient besoin d'une entière régénération. La règle de saint Chrodegand, et les ordonnances du concile d'Aix-la-Chapelle en 816, étaient ouvertement violées ; l'incontinence et la simonie couvraient les ecclésiastiques de mépris, et ne servaient pas peu à relever les vertus des religieux et leur application à l'étude : malgré la sévérité des canons, ces vices subsistèrent jusqu'à ce que les congrégations des chanoines réguliers, celle de Saint-Ruf entre autres, formée par quatre prêtres de l'Eglise d'Avignon, et celle des Prémontrés, par saint Norbert, archevêque de Magdebourg, vinrent produire un changement heureux. Ces nouveaux chanoines embrassèrent la règle de saint Augustin, qui ordonne la vie commune, et furent destinés à unir les rigueurs des monastères aux fonctions de la cléricature. Du temps même de saint Norbert, il y eut à Cappenberg, en Westphalie, une maison de son ordre, où les religieux n'étaient admis qu'en faisant preuve de cinq quartiers de noblesse, tant paternels que maternels.

Ordres militaires. — On vit alors une autre alliance inconnue à toute l'antiquité, et qui devait paraître incompatible : celle de l'état religieux avec la profession des armes. Valeureux et pieux, suivant le génie du temps, nos pères crurent sanctifier leur bravoure, en la dirigeant contre les ennemis de la religion, et pouvoir observer les trois vœux monastiques au milieu des exercices militaires. Il faut bien présumer qu'ils marquèrent leurs commencements par quelque ferveur, puisque les papes et les rois contribuèrent de concert à l'agrandissement de ces ordres. Tels furent à Jérusalem les chevaliers de Saint-Jean, fixés à Malte depuis 1530 ; les Templiers, dont les crimes peu vraisemblables, quoique constatés par des procédures juridiques, augmentent le nombre des problèmes de l'histoire ; ceux de l'ordre Teutonique, employés d'abord au service des pauvres malades de la nation allemande, et qui prirent ensuite les armes pour la défense de la Palestine ; et ceux de Saint-Lazare, confirmés par une bulle de 1255 : tels en Espagne ceux de Calatrava, de Saint-Jacques, d'Alcantara, et plusieurs autres semblables, qui, établis postérieurement, subsistent encore dans divers royaumes de l'Europe.

XIIIe *siècle. Jean de Matha. Pierre de Nolasque. Ordres mendiants.* — Jean de Matha et Pierre de Nolasque connurent mieux l'esprit de l'Eglise, en fondant, l'un l'ordre des Trinitaires, et l'autre l'ordre de la Merci, tous deux consacrés à échanger ou à racheter, des mains des infidèles, les chrétiens captifs dont le nombre s'était beaucoup multiplié, surtout depuis les croisades. Saint Louis ramena de ses voyages d'outre-mer, des ermites qui menaient sur le mont Carmel une vie très-pénitente, conformément à la règle que leur avait donné Albert, patriarche de Jérusalem, environ l'an 1190, et qui fut confirmée par le pape Honorius en 1226. Sous le règne de ce prince parurent à Paris les ermites de Saint-Augustin, en 1259. Trois ans auparavant, Alexandre IV avait rassemblé, en une seule observance, différentes congrégations indépendantes, qui prétendaient suivre la règle de l'évêque d'Hippone ; elles embrassèrent la pauvreté absolue et s'appliquèrent aux études : telle est l'origine des Augustins, religieux mendiants.

L'esprit humain avait fait quelques efforts pour briser le joug de l'ignorance sous lequel il était asservi depuis tant de siècles ; mais nos pères se livrèrent d'abord en entier aux vaines subtilités d'une fausse dialectique ; et la manie de sophistiquer, appliquée surtout aux mystères de la religion, enfanta une foule d'hérésies. Celle des albigeois, la plus étendue, donna naissance à deux ordres religieux, dévoués à combattre les erreurs et les vices qu'on imputait aux novateurs ; et parce que les richesses étaient la cause du relâchement et du discrédit des anciens religieux, saint François et saint Dominique, renchérissant sur la règle de saint Benoît, défendirent à leurs disciples toute espèce de propriété, même en commun ; ils devaient vivre d'aumônes, quand leur travail ne fournirait pas à leur subsistance. *Ces premiers religieux,* dit M. l'abbé Millot, *humbles, patients, zélés, infatigables, charmèrent les peuples, autant par la singularité d'une perfection inconnue, que par leurs travaux apostoliques.* Cette mendicité, qu'ils choisirent comme humiliante et les ravalait au dessous des derniers rangs de la société, parut en quelque sorte divine ; saint François renonça d'ailleurs à toute espèce de priviléges, et défendit de donner à sa règle aucune interprétation. C'est le dernier article de son testament.

Mais l'esprit de chicane et la corruption

des mœurs qui régnaient au XIIIᵉ siècle, ne laissèrent pas subsister longtemps une si grande simplicité; néanmoins, surpassant leurs contemporains dans les études, et forçant leur estime par leurs vertus et leur zèle pour la propagation de la foi, les Frères Mineurs et les Frères Prêcheurs se rendirent également chers à l'Eglise et à l'Etat. Ils obtiennent des chaires dans les universités naissantes de Paris et de Boulogne; la charge de maître du sacré palais est créée pour les Dominicains; ils président les uns et les autres au tribunal de l'inquisition; on les soustrait à la juridiction des évêques; les papes les emploient à des négociations importantes. On en voit plusieurs des deux ordres élevés aux premières dignités de l'Eglise, même à la papauté: saint Louis aurait voulu pouvoir se donner à eux par égale moitié, et la charité des fidèles leur fournit des ressources certaines et abondantes.

Tant de faveurs et tant de prérogatives, récompense de leurs vertus et de leurs travaux, produisirent des effets divers. Les anciens moines, réveillés de leur assoupissement, reprirent les études qui autrefois leur avaient mérité la considération publique. La fondation du collége des Bernardins à Paris, le premier de l'Université, remonte à cette époque. Les nouveaux ordres se répandirent partout et firent beaucoup de bien; mais la raison n'était pas assez formée pour peser et pour prévoir les inconvénients inséparables des exemptions de toute espèce qu'on leur accordait.

Ces inconvénients se manifestèrent bientôt d'une manière déplorable. A la faveur de leurs priviléges, ils s'emparaient aisément de la confiance des peuples; et de là les richesses dans les deux ordres et les plaintes du clergé contre eux. Trop occupés d'ailleurs d'affaires temporelles, pouvaient-ils conserver l'amour du recueillement et de la prière, et cette tranquillité d'esprit si nécessaire à la faiblesse humaine, pour se maintenir dans la ferveur de la vie religieuse? Les Dominicains troublèrent l'Université de Paris; et à force de bulles et d'excommunications, ils triomphèrent de ses docteurs. Par leurs longues et chimériques disputes sur la propriété des choses, les Franciscains scandalisèrent la chrétienté, l'agitèrent ensuite par leur désobéissance aux décisions de Jean XXII; et, soutenu par Louis de Bavière, l'un d'entre eux osa rendre à ce pontife anathème pour anathème, prononça sa déposition, et fut antipape.

XIVᵉ et XVᵉ siècles. *Minimes, Filles pénitentes*, etc. — Les grands mouvements qui bouleversèrent l'Europe, et les maux de toute espèce qui désolèrent l'Eglise pendant le XIVᵉ siècle, ne contribuèrent certainement pas à épurer les mœurs générales. Au milieu des troubles et de la dépravation, comment les corps religieux auraient-ils conservé la pureté de leur institut? Quelques vertus et quelques talents qu'offrent alors les cloîtres, il faut avouer qu'on y voit aussi de grands désordres. Les disciples de saint Benoît, tant de l'ancienne observance que de celles de Cluny et de Cîteaux, jouissaient mollement de leurs richesses, négligeant entièrement le travail des mains, s'appliquant peu à la prière, et méprisant les mendiants. Parmi ceux-ci, la rivalité avait dégénéré en jalousie, et la diversité de leurs opinions scolastiques devenait pour eux un sujet éternel de querelles. Le concile de Vienne, d'après les remontrances du célèbre Durandi, évêque de Mende, connut le mal sans y remédier: les papes, qui résidèrent à Avignon, et ceux qui, pendant le schisme, se disputèrent la tiare, étaient peu propres à renouveler l'esprit primitif. La réforme de Benoît XII, le plus estimable de tous, ne produisit pas des effets durables. La peste, qui fit de si terribles ravages en Europe, fut encore une occasion de relâchement chez les religieux, surtout chez les mendiants; dévoués au service des malades, ils ne pouvaient observer leur règle dans toute sa rigueur; les plus fervents, victimes de leur zèle, furent enlevés par ce fléau; et après que la maladie eut cessé, on ne pensa point à réparer la discipline affaiblie. Tel a été l'état des ordres monastiques jusqu'aux réformes, qui, au XVIᵉ siècle, les ont relevés de la décadence où ils étaient tombés. Il y eut néanmoins, durant cet intervalle, différentes congrégations qui embrassèrent la pratique de la pénitence et de l'humilité; celles du mont Olivet, des Jésuates, des Minimes, des Filles pénitentes et autres.

XVIᵉ siècle. *Réformes et nouveaux instituts, Théatins, Barnabites, Jésuites, Frères de la charité*. — Tandis que Luther et Calvin, sous prétexte de réformer l'Eglise, attaquaient ses dogmes, ses rites, sa hiérarchie, et qu'ils alléguaient la conduite scandaleuse des prêtres et des religieux, comme une preuve convaincante de l'absurdité de notre croyance et de la profession monastique; des hommes remplis de zèle, afin de couper le mal par la racine, épuraient les mœurs des chrétiens et rétablissaient la régularité dans le clergé et dans les monastères.

Cajétan et ses compagnons, instituteurs des Théatins, firent revivre l'esprit des apôtres, en se consacrant au ministère avec la même ferveur et le même désintéressement; non-seulement ils renoncèrent à toute espèce de propriété, mais, pour être un exemple toujours subsistant de la Providence, ils se privèrent de la dernière ressource des indigents, la mendicité. A ces obligations, les Clercs Réguliers de Saint-Paul, connus sous le nom de Barnabites, ajoutèrent celle d'occuper des colléges et des séminaires, où ils élèveraient la jeunesse et la rendraient propre aux missions. Cette congrégation, née à Milan, s'est étendue en Allemagne, en Bohême, en France, en Italie; et dès son origine, la république des lettres compta plusieurs de ses membres parmi ses citoyens. Vers le même temps, Ignace de Loyola formait la société dont nous avons vu la destruction: on connaît les grands hommes qui l'ont illustrée, dont la mémoire ne périra jamais ; et tout le monde sait le bien et le mal qu'on en a dit. L'instruction du peuple est le but que se proposa Philippe de Néri, en instituant l'Oratoire de Rome.

Pendant que le clergé recouvrait ainsi, et par d'autres établissements, son ancien lustre, les corps monastiques recevaient une nouvelle vie. En Espagne, en Italie, en France, parurent de grandes réformes de l'ordre des Frères Mineurs, celles des Capucins, des Récollets et des Pénitents du tiers ordre de Saint-François, vulgairement appelés Picpus. Les papes les approuvèrent, comme ressuscitant l'esprit de saint François et son amour pour la pauvreté. Favorisés par les souverains, ils se sont répandus dans toute la chrétienté ; et de tous les ordres religieux, c'est celui des Capucins qui est le plus multiplié. Ils refusèrent la permission de posséder des immeubles, donnée aux mendiants par le concile de Trente. Aux mitigations que les Carmes avaient obtenues, sainte Thérèse fit succéder la première austérité de la règle ; et en soumettant un sexe délicat à la vie la plus dure et la plus mortifiante pour la vanité, elle le conduisit au bonheur. Nous avons vu une fille de roi sacrifier à ce régime tous les agréments d'une cour brillante, donner un grand exemple à un siècle qui méprise les moines comme le rebut de la société, et acquérir en échange cette paix de l'âme si précieuse aux yeux du vrai philosophe et si rare hors du cloître. Par les conseils de la courageuse réformatrice des Carmélites, Jean de la Croix fit la même révolution parmi les Carmes. Saint Bernard parut être rendu au monde en la personne de Jean de la Barrière, qui rappela les Feuillants à l'observance sévère de Clairvaux, si bien accueillie au XI° siècle, et tant traversée par ses contemporains. Jean Michaëlis, dominicain, surmonta également tous les obstacles que le relâchement opposait à son zèle. Enfin, à l'honneur de la religion et pour le bien de l'humanité, Jean de Dieu établit ce corps dont les membres s'obligent, par un quatrième vœu, au service des indigents malades, et qui vient de prendre un nouvel accroissement aux portes de cette capitale. Pourquoi cet ordre si utile est-il le moins étendu ? En l'introduisant dans leurs États, les souverains pourvoiront d'une manière aussi sûre que religieuse à la conservation de leurs sujets.

Pendant que la vie cléricale et monastique se renouvelait par toute l'Europe, Henri VIII, roi d'Angleterre, prince bizarre, cruel, et despote, persécutait les religieux, détruisait leurs maisons, et sacrifiait à ses penchants la religion de ses pères. Par les dispositions du concile de Trente, la discipline claustrale venait d'être raffermie ; et, restreignant les exemptions, il avait prévenu le renouvellement des anciens abus et des anciennes plaintes.

XVII° siècle. *Vincent de Paul.* — Dans l'histoire des ordres religieux, Vincent de Paul remplit presque seul celle du XVII° siècle, soit par ses propres établissements, soit par la part qu'il eut à tous ceux qu'on forma de son temps. Il fut également l'homme de la religion, de l'humanité et de la patrie. Conduire ses semblables à Dieu par la voie des bienfaits, tels ont toujours été et ses moyens et son but.

Réforme de Saint-Vannes, par Didier de la Cour. Réforme de Saint-Maur, par Jean Regnault, abbé de Saint-Augustin de Limoges. Réforme de l'ordre de Citeaux par l'abbé de Rancé. Réforme des Chanoines réguliers de Sainte-Geneviève, par le P. Charles Faure. — Tout, au milieu de ce siècle, prit un caractère de grandeur, qui assure sa supériorité sur les siècles précédents, et sa célébrité jusques dans la postérité la plus reculée, par les modèles qu'il fournit en tout genre. Les Bénédictins, qui embrassèrent les réformes naissantes de Saint-Vannes et de Saint-Maur, ne crurent pas s'éloigner de l'esprit de leur fondateur, en alliant à la piété la culture des lettres. Ces congrégations ont produit des hommes aussi religieux que savants, dont les ouvrages ne sont pas un des moindres ornements du règne de Louis XIV. Le cardinal de la Rochefoucauld, évêque de Senlis et abbé de Sainte-Geneviève, en réunit tous les chanoines en une seule congrégation, que la régularité a multipliée parmi nous ; et le célèbre abbé de Rancé, qui, par la beauté de son esprit et par son caractère doux et insinuant, avait charmé le monde, l'étonna par sa retraite à la Trappe, où il observa à la lettre la règle primitive de Citeaux. Cette abbaye, celle de Septfonts, et quelques autres, sont encore aujourd'hui des asiles où s'ensevelissent des âmes admirables, qui, ne soupirant qu'après les biens de l'éternité, font tant d'honneur à la nature humaine.

Telle est l'histoire abrégée des principaux ordres religieux, et des différentes révolutions qu'ils ont éprouvées. Nous les avons vus naître d'abord obscurément dans l'Égypte, se répandre promptement dans le reste du monde, et croître partout sous la protection de l'Église et des empires.

CHAPITRE III.
DES SERVICES QUE LES RELIGIEUX ONT RENDUS A L'ÉGLISE.

En faisant connaître la sainteté de la destination des ordres religieux (1) et la sagesse de leurs règles, nous avons assigné la première cause de leur établissement et de leurs progrès. Nous allons en développer une seconde ; ce sont les services qu'ils ont rendus : nous commençons par ceux qu'en a reçus l'Église.

Les religieux ont été utiles à l'Église par leurs vertus. — La paix donnée à l'Église fit fleurir l'état monastique. Ce nouveau peuple, qui, pour principes de gouvernement, avait pris non-seulement les préceptes, mais aussi les conseils évangéliques, était fidèle à ses

---

(1) Aucun d'eux, dit M. de Voltaire, n'a été fondé dans des vues criminelles, ni même politiques.

engagements. Des milliers d'hommes renonçaient à leurs proches, à leurs biens, à leur patrie ; étouffaient tout désir d'ambition au milieu des révolutions qui bouleversaient l'empire ; et se privaient volontairement des douceurs et des avantages que procurent le travail, la naissance, ou le génie. C'est le premier pas qui les conduisait à la profession religieuse. Préférer à toute espèce de curiosité l'étude de la morale et le soin de son âme ; pratiquer les plus grandes austérités, pour conserver son innocence ou pour la réparer ; vouer une éternelle chasteté et un silence perpétuel ; à la prière et à la lecture unir et faire succéder le travail des mains ; se regarder tous comme membres d'une même famille ; immoler jusqu'à sa propre volonté, et renouveler chaque jour ce sacrifice de soi-même ; se séquestrer du commerce des hommes, afin de se dérober à leur admiration : ce sont les devoirs imposés à ces premiers moines ; et ils les remplissaient avec autant de sagesse que de persévérance. Selon le judicieux Fleury, *leur dévotion était de même goût, si on ose le dire, que les pyramides et les autres ouvrages des anciens Égyptiens, c'est-à-dire, grande, simple, et solide. Vivant dans une chair étrangère, dit saint Basile, ils montraient par les effets ce que c'est que d'être voyageurs ici-bas et citoyens du ciel.* Leur vertu croissait avec leurs années ; et l'extrême vieillesse, à laquelle ils arrivaient communément, ne la rendait que plus vénérable.

Ce fut un grand triomphe pour la religion, d'avoir formé ces sociétés d'hommes, que le dépouillement de toutes choses élevait à une si haute perfection. Quelle idée de la morale évangélique ne devaient pas donner ces pieux solitaires, aux nations qui ne la suivaient point encore ? et quels exemples n'offraient-ils pas aux chrétiens, dont le nombre ne s'était accru qu'au détriment de la ferveur ? Aux yeux des uns et des autres, ils justifiaient la sainteté de la doctrine qu'ils professaient, et prouvaient que ses préceptes les plus pénibles ne sont pas impossibles à observer. Aussi les Pères opposaient-ils leur pénitence aux macérations hypocrites des hérétiques, et leurs vertus aux vertus fausses ou incomplètes des païens. En naturalisant la profession religieuse parmi les Occidentaux, avec les modifications qu'exigeait la différence des mœurs, saint Benoît rappela la piété des temps apostoliques ; et ceux qui, dans le cours des siècles, réformèrent son ordre, et ceux qui en fondèrent de nouveaux, conservèrent la vertu au sein de la férocité des temps barbares et parmi les désordres des temps de fausse science.

Sans doute toutes ces institutions renfermaient en elles-mêmes des germes d'affaiblissement. Elles sont nées en des siècles de ténèbres, et l'homme, quelque éclairé qu'il puisse être, n'imprime-t-il pas à tous ses ouvrages le sceau de son imperfection ? à moins de contredire tous les monuments historiques, il faut l'avouer, la réforme de Cluny rétablit une régularité édifiante ; celle de Cîteaux, la plus rigide austérité ; à Fontevrault, à Tiron, à Savigny, etc., se formèrent de nombreuses colonies de saints pénitents : les Chartreux donnèrent l'idée de cette piété éminente qu'une profonde retraite met à couvert de toute vicissitude. L'esprit ecclésiastique fut renouvelé par les Chanoines Réguliers ; les religieux mendiants firent connaître au monde une simplicité touchante, et le désintéressement de toutes choses ; et la ferveur primitive a été rajeunie en chacun de ces ordres, par les changements heureux qu'ils ont adoptés dans les deux derniers siècles.

Constamment vertueux, les religieux ont été aussi constamment qu'universellement protégés. Cette protection commença avant même que l'ignorance eût obscurci les vrais principes du christianisme ; et remonte à ces beaux jours, où la piété, pure encore, n'avait pas été souillée par le souffle de la superstition. La sainteté de leur institut paraissait une raison suffisante, non-seulement pour le tolérer, mais pour en favoriser la propagation. A différentes époques il fallut le consentement des souverains afin de pouvoir être admis dans le clergé : l'entrée des cloîtres était moins gênée, parce qu'ils n'offraient ni richesses ni délices ; Justinien la permit même aux esclaves que leur maître n'aurait pas réclamés pendant les trois années de noviciat, et qui devaient retomber en servitude si, par légèreté, ils abandonnaient leur monastère. Quand Maurice l'eut défendue aux soldats, saint Grégoire s'opposa avec autant de courage que de respect à l'exécution de cette loi, comme contraire aux intérêts de la religion et de la justice, *quia plerique*, dit-il, *nisi omnia reliquerint, salvari apud Deum nullatenus possunt*. On continua de les recevoir, pourvu qu'ils ne fussent pas comptables des deniers publics ; et l'empereur ne désapprouva pas la résistance du pontife : *Qua de re, etiam serenissimus et christianissimus imperator omnimodo placatur, et libenter eorum conversionem suscipit*, etc.

La mode de l'irréligion ne régnait pas encore. On regardait comme des citoyens très-utiles ces solitaires, que leur vie angélique rendait si vénérables. On ne pensait pas s'écarter des principes d'une saine politique, en multipliant ces pieux intercesseurs auprès de l'arbitre des destinées et du souverain modérateur des choses. Au contraire, nos pères, convaincus de la nécessité des prières ferventes, mirent à ce prix presque toutes leurs donations : une vertu aussi pure leur paraissait inaltérable et à l'abri des atteintes de l'opulence. Quand la ferveur s'affaiblit dans un ordre, on la voit renaître en d'autres lieux ; et de sages réformes, mûries par le temps, lui rendent la vigueur que le relâchement des anciennes congrégations lui fait perdre. C'est ainsi que d'âge en âge la profession religieuse a transmis la pratique de la vie pénitente, de la fuite du monde, du renoncement à soi-même ; et que, depuis Antoine jusqu'à Vincent de Paul, les cloîtres ont été le sanctuaire de la piété, et celui des sciences ecclésiastiques.

Les religieux cultivent les sciences ecclésiastiques. — A l'exception du dogme, dont l'immutabilité n'est susceptible que de simples développements, il en est des sciences ecclésiastiques comme des lettres qu'on appelle profanes; elles ont leur temps de splendeur et d'affaiblissement, et fleurissent tantôt chez un peuple, tantôt chez un autre, subissant les vicissitudes des choses humaines. En attestant que tel a été leur sort depuis la naissance de l'Eglise jusqu'à nos jours, ses annales nous représentent les corps religieux constamment appliqués à les cultiver. Nous voyons en effet, dès le premier établissement de la vie monastique, sortir des déserts de l'Orient saint Basile, saint Grégoire de Nazianze son ami, saint Épiphane, saint Ephrem, Théodoret; vivre et se former parmi les moines occidentaux, saint Jérôme, saint Isidore de Peluse, les savants de Lérins, saint Grégoire le Grand, saint Fulgence, et tant d'autres qui ont été la gloire de l'Eglise, lors même qu'elle nourrissait en son sein une pépinière de grands hommes. Par leurs doctes ouvrages, ces auteurs ont fixé le véritable sens des saintes Ecritures; conservé le dépôt de la tradition; réfuté les hérésies anciennes, qui avaient encore des partisans, et les nouvelles, qui cherchaient des sectateurs. Ils nous ont laissé des abrégés de la morale chrétienne, des Vies des saints, des sermons, une foule de lettres sur des objets dogmatiques et moraux, des histoires de différentes Eglises, des recueils de canons propres à constater la discipline primitive et à donner une jurisprudence aux siècles futurs; en un mot, ils ont mesuré toute l'étendue de la science ecclésiastique.

Les conquêtes des peuples du Nord furent également funestes à l'Eglise et à l'empire. Sous un gouvernement purement militaire, qui méprisait toute culture de l'esprit comme ne pouvant qu'énerver les courages, l'ignorance fit de rapides progrès. La religion chrétienne était, à la vérité, la religion dominante des Etats; mais les mœurs triomphèrent de sa douceur. Par une monstrueuse alliance, les superstitions les plus grossières et les plus bizarres obscurcirent sa noble simplicité. Cet ancien esprit, qui l'avait rendue si vénérable, semble, pendant plusieurs siècles, n'avoir animé ni les papes, ni les évêques, ni les ministres inférieurs, ni même les souverains zélés. Les premiers pasteurs étaient occupés de puissance et de biens temporels; le reste du clergé menait une vie trop licencieuse : et entre les bons rois, les uns n'employaient pas toujours les moyens les plus propres pour que la religion fût observée par tout leur royaume, et pour la faire aimer des peuples à qui elle était nouvellement annoncée; et les autres embrassaient la vie austère des cloîtres, au lieu de se sanctifier en travaillant au bonheur de leurs sujets (1). *Dans ces temps misérables, les monastères*, dit le profond Fleury, *sont un des principaux moyens dont la Providence se sert pour conserver la religion.* C'est à leurs écoles et à celles des églises cathédrales, desservies presque toutes par les réguliers, que, sans exclure les sciences humaines, on enseigne principalement et on étudie la théologie, le droit canon et l'histoire ecclésiastique.

Théologie. — Les théologiens de ce moyen âge puisaient toutes leurs connaissances dans l'Ecriture et dans les Pères des six premiers siècles; ils se bornaient à les copier, à les compiler, à les abréger; et c'est toujours leur autorité qu'ils opposent aux hérétiques. Ainsi, saint Jean Damascène a vengé le culte des images et exposé la foi orthodoxe, d'après la tradition et le témoignage des Pères, dont il augmente le nombre. Bède appuie des principes de saint Augustin (2) tous les commentaires des différents livres des saintes Ecritures. Alcuin (ixe siècle), dont les ouvrages suffisent pour faire juger de l'état de toutes les sciences au ixe siècle, s'est spécialement appliqué à l'étude des Pères, et nous a laissé des explications de l'Ecriture et des traités de théologie. Ratram de Corbie établit, contre les Grecs, la procession du Saint-Esprit par des preuves tirées de saint Grégoire de Nazianze, et surtout des Latins. Loup de Ferrières fixa la doctrine de l'Eglise touchant la grâce et la prédestination, en rappelant celle de l'évêque d'Hippone; et Lanfranc, moine du Bec (xe siècle), a fait connaître ce que pensaient du mystère de l'Eucharistie les anciens docteurs, dont Bérenger altérait les sentiments. Ces savants, et tant d'autres que nous ne citons pas, se ressentent du temps où ils ont vécu, et il est aisé de trouver des défauts à leurs ouvrages; mais ils ont rendu un service essentiel à l'Eglise, en perpétuant l'étude de l'Ecriture et des Pères, et en arrêtant toute innovation sur la croyance.

Cérémonies. — Elle était constatée dans les monastères, par un moyen plus sensible encore. On y observait, avec plus de pompe et de fidélité que partout ailleurs les cérémonies qu'emploie l'Eglise pour ses offices. Ce témoignage leur est rendu par Fleury, ce savant connaisseur de l'antiquité ecclésiastique. Ces différentes cérémonies forment un symbole tacite, qui déclare quel est l'état de la foi. En les pratiquant telles qu'ils les avaient reçues de leurs pères, et les transmettant soigneusement à leurs successeurs, les religieux attestaient qu'ils croyaient ce qu'avaient cru les premiers, et léguaient aux seconds des preuves toujours faciles contre les changements en cette matière. Ce sont ces faits précieux, qu'il faut extraire de leurs traités de liturgie et des offices divins, sans s'arrêter aux significations mystiques que

---

(1) L'histoire ecclésiastique compte quatre rois des divers royaumes d'Angleterre qui descendirent de leur trône pour vivre dans le cloître, Cenred, Offa, Ethelrède et Ina. Ethelburge, femme de ce dernier, prit en même temps le voile.

(2) Ils vivaient l'un et l'autre au viiie siècle.

recherchait avidement une piété peu éclairée.

Droit canonique. — Pendant ce laps de temps, où l'ignorance universelle parmi les laïques était trop commune dans le clergé, les moines ont non-seulement étudié, enseigné, et vengé la foi catholique; ils se sont encore appliqués à cette science, qui règle sa discipline. Chez une société naissante dont chaque membre était fortement animé de l'amour de la vertu, la police exigeait peu de lois. La législation ecclésiastique n'est devenue difficile et obscure que par les funestes atteintes qu'elle a reçues de la férocité des mœurs, de la barbarie des temps, et des troubles des empires. Toujours destinée à rétablir l'ordre, elle a été soumise à de fréquentes modifications; et en quelques circonstances, les abus l'ont presque anéantie. Heureusement les divers excès qu'occasionnèrent les fausses décrétales ne sont plus à craindre aujourd'hui. L'antiquité est connue: nous avons des règlements qui lui feraient honneur; mais ils ne sont pas suivis: nos mœurs plus polies, plus décentes que celles des siècles moyens, sont bien éloignées de la pureté du premier âge de l'Eglise; et comme si la science de sa discipline se bornait à la jurisprudence des matières bénéficiales, c'est la partie qu'on cultive le plus généralement, parce que la cupidité la rend importante.

Elle n'avait pas encore été souillée par tous ces désordres, lorsque Denys le Petit, moine d'Italie, et saint Martin de Dumes, fondateur de ce monastère, dont il porta depuis le nom, en recueillirent les monuments; Denys traduisit du grec le code des canons, et rassembla les décrétales des papes Sirice, Innocent, Zozime, Boniface, Célestin, Léon, Gelase et Anastase; saint Martin fit sa fameuse collection, divisée en deux parties, touchant le clergé et les laïques, et contenant quarante-huit canons, tant de l'ancien code de l'Eglise universelle, que des conciles d'Espagne tenus jusqu'à lui. Pour conserver, à la police ecclésiastique, sa vigueur et sa dignité, il ne fallait qu'observer les dispositions que renferment ces deux ouvrages: non-seulement elles furent violées ouvertement, le mal alla plus loin encore; deux siècles après elles étaient entièrement ignorées, et les fausses décrétales introduisirent des maximes nouvelles sans réclamation. Par cet oubli de la discipline, on peut juger quelle plaie firent à l'Eglise les conquêtes des peuples du Nord, et quelle révolution leur établissement dût produire en Europe.

L'erreur se répand plus promptement que la vérité, et les abus se maintiennent plus longtemps que les règles. Le monstrueux système d'Isidore Mercator n'a été reconnu que depuis deux siècles. Cependant, en ces temps malheureux, cette branche de la science ecclésiastique n'était pas à beaucoup près négligée; des hommes, à qui il n'a manqué, pour être estimés sans réserve de la postérité, que d'être nés plus tôt ou plus tard, la cultivaient avec zèle. Hincmar, transféré du cloître sur le siège de Reims, et Réginon (IXe siècle), abbé de Prom, Abbon de Fleuri, et Rathier, religieux de Lobbes, depuis évêque de Vérone (Xe siècle); Bouchard, moine de Liége et évêque de Worms (XIe siècle); Pierre de Damien, saint Bernard, Ives, d'abord abbé de Saint-Quentin de Beauvais, évêque de de Chartres par la suite (XIIe siècle): voilà les plus habiles canonistes qui ont veillé à l'observation de la discipline, et dont les compilations réunissent les canons des conciles anciens et nouveaux, les sentiments des Pères, les décrétales des papes et plusieurs dispositions des capitulaires des empereurs.

Ces ouvrages sont remplis d'érudition, mais totalement dépourvus de critique. Les savants croyaient alors travailler utilement pour la religion, soit en publiant leurs écrits sous des noms vénérés, soit en étendant au delà de toutes bornes la puissance ecclésiastique d'après des titres supposés, soit en attribuant aux saints des miracles, des actions qu'ils n'ont jamais faites, et des discours qu'ils n'ont jamais tenus. La crédulité et l'amour du merveilleux faisaient recevoir avec empressement toutes ces pieuses exagérations; et l'art de distinguer les pièces fausses des véritables était universellement inconnu. C'est à ce défaut qu'on doit surtout attribuer la décadence de la discipline. Par leur zèle et par leur étude, les religieux, seuls canonistes de ces temps, n'ont pu qu'en empêcher la ruine entière; le vrai bien qu'ils ont produit, c'est d'avoir conservé à l'Eglise une jurisprudence qui soumettait, à des formes légales et la discussion des intérêts, et la punition des coupables. Elle était bien supérieure à la jurisprudence civile, qui, pour preuve de prévarication ou d'innocence, se contentait du sort des saints, des duels, des épreuves de l'eau et du feu. Serait-il permis de dire, que, sous ce rapport, la trop grande puissance des ecclésiastiques, effet de l'ignorance et de l'ambition, a été plutôt utile aux peuples que nuisible? Un des moyens les plus sûrs qu'ont employés les rois pour affaiblir l'autorité de leurs vassaux, c'est d'avoir fait adopter par leurs tribunaux la procédure ecclésiastique: elle accrédita les appels des justices inférieures; et cet agrandissement de l'autorité royale fut favorable au bien de l'humanité. Ce même mélange de bien et de mal, on le remarque dans les histoires ecclésiastiques.

Histoire ecclésiastique. — Ce n'est pas un médiocre service rendu à l'Eglise, que d'avoir soigneusement recueilli tout ce qui, durant le cours des siècles, a intéressé, ou sa croyance, ou sa discipline, ou les mœurs des chrétiens. Ses décisions, ses lois, ses progrès, ses pertes, les hommes qui l'ont illustrée ou par leur science ou par leur vertu, ceux qui ont déchiré son sein ou par l'hérésie ou par le schisme, la protection que lui ont accordée les souverains, les persécutions qu'elle a essuyées de la part de ses ennemis, tels sont les objets que nous ont transmis les religieux. Ils manquaient de trop de choses, pour qu'ils aient pu écrire leurs histoires universelles avec ordre et discernement. Celles des Églises particulières, celle de leurs temps, et la vie des saints leurs contemporains, ou dont la mémoire était encore entière, méritent plus de confiance : ce sont aussi des décombres, si l'on veut, mais en des temps plus heureux, des architectes habiles ont su en tirer des matériaux pour construire de beaux édifices. Qu'auraient fait Ussérius, Bollandus, Tillemont, Fleury, et les autres historiens ecclésiastiques, si, depuis Hugues, chanoine régulier de Saint-Victor, écrivain du XII° siècle, jusqu'au moine Pallade, qui vivait au v°, les monastères ne leur eussent offert une succession de témoins qui attestent les événements de leur âge ? C'est à eux encore que nous devons les meilleurs martyrologes : après celui d'Eusèbe, ceux de saint Jérôme, de Bède, d'Usuard, sont les plus connus. En un mot, sans les moines, nous ignorerions ce qui s'est passé dans l'Église pendant sept à huit siècles.

Quand le goût de l'étude ne fut plus concentré dans les cloîtres, et que le clergé s'y consacra avec une ardeur aussi vive que générale, on vit les religieux parcourir encore avec distinction la carrière qu'ils ne fournissaient plus seuls. Pour suppléer à la rareté des livres et pour faciliter les études saintes, on composa, à ce premier réveil de l'esprit, des Sommes en tout genre. Pierre Lombard, évêque de Paris, publia son *Maître des Sentences*; Pierre Comestor, chancelier de la même Église, son Histoire ecclésiastique; et le moine Gratien, sa Concorde des canons. Avec ces trois ouvrages, on croyait avoir un corps de doctrine complet, et pouvoir devenir habile en théologie scolastique et positive et en jurisprudence ecclésiastique. A peine les universités furent-elles établies, que les religieux s'y rendirent considérables. L'école de Saint-Victor, fondée par Guillaume de Champeau, eut dès sa naissance une grande célébrité, et fut la pépinière de savants et pieux théologiens (1). Quelles que fussent les études, *agissant*, dit M. Fleury, *avec des intentions pures, ne cherchant que la gloire de Dieu, ils réussissaient mieux que les autres étudiants*. Albert le Grand, Alexandre de Halès, saint Thomas, saint Bonaventure, etc., etc., passèrent pour les lumières de leur siècle. Nous ne saurions à la vérité justifier, d'après leurs ouvrages, les titres scientifiquement fastueux qu'on leur a indistinctement prodigués : mais en les déprisant entièrement, ne sommes-nous pas injustes? Sous ces bons moines, tant exaltés et tant rabaissés, l'état des sciences ecclésiastiques, il est vrai, était bien différent de ce qu'il avait été sous les Augustin, les Basile, les Cyprien; on avait trop perdu, et on pouvait trop peu réparer : leur application au travail n'en est pas moins étonnante; ce n'est d'ailleurs que par l'emploi des secours qu'ils ont conservés que les études se sont renouvelées. Ce renouvellement était-il possible avant l'invention de l'imprimerie? De plus grands moyens ont procuré des avantages plus solides.

Saint Bernard. — Avant de passer à des siècles plus heureux, nous devons distinguer deux savants, qui se sont élevés au-dessus des temps que nous venons de parcourir, et qui seront toujours comptés parmi les hommes célèbres, saint Bernard, le dernier Père de l'Église, et saint Thomas, le premier docteur de l'école. Saint Bernard a écrit une multitude de lettres, où il donne la décision de plusieurs questions de discipline et de morale, et des avis sages et mesurés sur les affaires pour lesquelles on le consultait. Son *Traité de la Considération*, adressé au pape Eugène III, son disciple, et le *Livre des mœurs et des devoirs des évêques*, renferment d'importantes instructions pour ces premiers pasteurs. Il y condamne les fréquentes appellations à Rome, comme attentatoires aux droits des évêques; et il censure encore des abus de ce genre dans le *Traité des Commandements et des dispenses*, ouvrage lumineux et rempli de maximes solides. Ses différents traités de piété prouvent une grande connaissance de l'homme, de ses relations avec son auteur et ses semblables, et ne sont point infectés des pieux préjugés qui régnaient alors. Formé à l'école des Pères pour la théologie, qu'il traite suivant leur méthode, il expose, surtout d'après les principes de saint Ambroise et de saint Augustin, l'accord de la liberté et de la grâce, et réfute les subtilités erronées de ses contemporains. Ce sont les sermons sur le Cantique des cantiques, qui font principalement connaître le talent de saint Bernard : les pensées morales, nobles, et profondes y abondent avec une fécondité prodigieuse; son éloquence a tous les tons, tantôt forte et vive, tantôt douce et pleine d'onction; et si quelquefois son style est trop chargé d'ornements, c'est qu'il fallait payer le tribut à son siècle. Ajoutons que sa sainteté et son zèle le rendirent l'oracle de l'Église, l'arbitre des affaires, et qu'il semble avoir tenu les rênes de la chrétienté.

Saint Thomas. — Saint Thomas, moins distrait de l'étude que saint Bernard, a laissé un plus grand nombre d'ouvrages; ils peuvent être divisés en philosophiques et théologiques, en commentaires sur l'Écriture sainte, et opuscules ou divers traités. En éclaircissant cinquante-deux livres d'Aristote, il s'est proposé de répondre aux sophistes qui, pour attaquer les dogmes de la foi, abusaient de l'autorité de cet ancien philosophe alors si respecté. Ceux de ses écrits théologiques les plus estimés sont les *Traités de l'Incarnation, des Vertus et des Vices*, la *Somme contre les gentils*, où, à l'exemple de saint Augustin, il démontre l'existence et l'unité de Dieu, établit avec force toutes les vérités qu'enseigne la religion, combat toutes les superstitions païennes et toutes les hérésies; et où l'auteur est toujours au niveau de son sujet par l'élévation de son génie et l'étendue de ses lumières : enfin, cette autre *Somme* qui contient l'exposition et la preuve de tous les dogmes, et de presque toutes les questions qu'agi-

---

(1) *Histoire de l'Université de Paris*, liv. 1, par M. l'abbé Crevier.

taient les écoles ; ainsi que des maximes, des principes et des lois, que suivent les ministres de l'Eglise et ceux de la justice; elle passe pour une bibliothèque entière, où l'on apprend ce qu'il faut croire et pratiquer. De tous ses commentaires sur divers livres de l'Ecriture, nous ne citerons que celui des quatre évangélistes d'après les Pères : le texte et le sens de l'auteur sacré y sont expliqués par un enchaînement de passages de ces saints docteurs, de sorte que l'un paraît continuer le discours de l'autre ou développer sa pensée. N'est-il pas bien étonnant que cet ouvrage, où toute l'antiquité est fondue, ait été composé dans un temps où les livres, comme l'on sait, étaient d'une rareté extrême? Nous avons encore de lui des sermons et de petits traités, soit contre les Grecs, soit contre Averroès, philosophe arabe; une Théologie abrégée, où toute la doctrine chrétienne est réduite à la foi, l'espérance et la charité, etc., etc.

Saint Thomas, dit Fontenelle, *dans un autre siècle et dans d'autres circonstances, aurait été Descartes.* La théologie entière a été embrassée par saint Thomas; il expose sa doctrine avec un ordre admirable. On ne peut être bon théologien sans l'avoir lu; mais, en le lisant, il faut passer plusieurs questions ou inutiles ou particulières à son temps. Tel est le jugement qu'en porte un des hommes les plus instruits de notre siècle.

Dans les deux derniers siècles, les savants de tous les ordres, Dominicains, Franciscains, Augustins, Barnabites, Jésuites, Bénédictins, qu'il n'est plus possible de nommer parce qu'ils sont trop nombreux, ont concouru à faire rentrer l'Eglise en possession de ses anciennes richesses. Les recherches les plus rebutantes, les études les plus arides, les veilles, si pénibles à l'homme naturellement paresseux, rien n'a pu affaiblir leur zèle pour l'utilité de l'Eglise. Toutes les sources découvertes; l'Ecriture étudiée dans les langues originales, entendue et traduite d'une manière digne de son auteur; les Pères mieux connus; la théologie débarrassée de toutes ses entraves, réduite au dogme, à la morale, et rendue formidable aux hérétiques; les lois de l'Eglise recueillies; ses vœux, son but observés à travers les changements de sa discipline; sa jurisprudence rétablie sur ses antiques fondements, et circonscrite en de justes bornes; la liturgie présentée telle qu'elle est, vénérable sous tous ses rapports; la Vie des saints, les histoires particulières, et l'histoire générale éclairées par le flambeau de la critique, écrites d'un style simple, noble et édifiant ; l'éloquence de la chaire entièrement régénérée : voilà les services qu'ils ont rendus à l'Eglise. Leurs doctes mains ont déchiré une grande partie du voile qui avait caché si longtemps la majesté de la religion. Ils ont si bien justifié la certitude de ses dogmes et la sainteté de ses préceptes, que nous serions à jamais croyants et bons, si la **vérité** et la vertu nous servaient de guide.

Les religieux appliqués aux différentes fonctions du ministère. — Après avoir honoré la religion par leur piété, l'avoir vengée et perpétuée par leurs lumières, il fallait encore, pour mériter entièrement de l'Eglise, remplir la carrière de l'apostolat et les fonctions du ministère ecclésiastique; c'est ce que les religieux ont fait avec succès. Quoique leur principale destination ait été, comme nous l'avons dit, de se sanctifier loin du monde, ils sont néanmoins sortis de leur désert, pour rendre témoignage à la foi, que combattaient les hérétiques, et pour l'annoncer aux nations idolâtres. Antoine, qui avait encouragé constamment les martyrs pendant la persécution de Maximin, confond l'audace des ariens, qui, afin d'accréditer leur erreur, la lui attribuaient. *Les disciples de saint Basile*, dit M. Fleury, *servirent très-utilement l'Eglise contre les hérésies d'Eunome et d'Apollinaire : les peuples ne voulaient pas abandonner une doctrine que professaient des hommes si vénérables par la sainteté de leur vie.* Les moines étaient principalement l'objet de la haine des iconoclastes. La fureur de l'empereur Constantin Copronyme fut aussi barbare que ridicule : les tourments épuisés et reconnus inutiles, il rechercha tous ceux qui avaient un moine pour parent, pour ami, ou pour voisin ; il les envoya en exil, après les avoir déchirés de coups. Il est aussi facile qu'inutile de faire ici une longue énumération de semblables faits, qu'on trouve à chaque pas dans l'histoire ecclésiastique. Il suffit d'observer que les religieux ont été calomniés et persécutés par tous les hérétiques, depuis les ariens jusqu'à ceux de nos jours.

Le premier soin de saint Pacôme et de saint Benoît fut de s'appliquer, eux et leurs disciples, à la conversion des peuples voisins de Thabennes et du mont Cassin. Saint Jérôme ne suspendait ses doctes travaux que pour préparer les catéchumènes au baptême. Saint Euthyme le conféra à une multitude de Sarrasins qu'il avait instruits. Ce sont les moines choisis par saint Chrysostome, qui rendirent la Phénicie chrétienne : la Perse le devint, comme nous l'avons dit, par les prédications de saint Moïse, et l'Autriche, par celles de saint Séverin. On peut voir plus en détail, dans le Philotée de Théodoret (*Chap.* 52 et 54), combien, dès leur naissance, les religieux ont servi à la propagation de la foi.

En devenant possesseurs de grands fiefs, les évêques cessèrent d'être apôtres. Goths de naissance pour la plupart, chasseurs par inclination, guerriers par goût et par nécessité, attachés en grand nombre à la cour souvent ambulante des princes, trop occupés en un mot d'affaires temporelles, comment auraient-ils pu étudier la religion et la prêcher aux nations qui ne la connaissaient pas ? L'ignorance et la corruption des mœurs qui dominaient le reste du clergé, le rendaient peu digne et peu jaloux d'un si saint et si pénible ministère. Néanmoins, à ce second âge, l'Eglise ne fut point frappée de stérilité. Saint Grégoire, à qui les révolutions de son siècle annonçaient une partie de ces maux indiqua par quels moyens on pouvait les réparer ou les compenser. Il avait employé les ressources que lui offrait le cloître, et l'événement répondait à ses espérances. L'Angleterre était soumise à l'Evangile ; le moine saint Augustin et ses compagnons avaient enfin dompté la férocité de ces peuples. En lisant l'histoire des commencements de cette Eglise, on croit être témoin des vertus et des prodiges qui illustrèrent les premiers jours du christianisme (1) : les religieux composaient tout le clergé de ces îles : la profession monastique s'y était propagée avec la foi ; et de ces monastères sortirent les apôtres de l'Allemagne et du Nord. Saint Vilfrid, saint Villebrod, d'autres saints moines instruisirent successivement les Frisons ; saint Boniface cimenta et féconda par son sang son apostolat en Allemagne ; saint Anscaire et ses coopérateurs portèrent la lumière évangélique en Suède, en Danemark, en Norvège. Les autres terres septentrionales, la Prusse, la Livonie, la Sibérie, etc., la reçurent des religieux de Citeaux, des Frères Prêcheurs, et d'autres religieux de différents ordres (2). Les Dominicains et les Frères Mineurs pénétrèrent en Tartarie et jusqu'en Chine. Jean de Montcorvin, archevêque de Cambalu 3), nous a donné une relation, où sont détaillés les progrès qu'avait faits la foi dans le Levant.

A la vérité ces missions, surtout celles du Nord, se ressentent en plusieurs points de l'affaiblissement de la discipline ; les conversions n'étaient plus, comme autrefois, le fruit de la seule persuasion. C'est en portant la guerre chez les idolâtres qu'on les force d'entrer dans l'Eglise ; et le baptême ou la mort est pour eux une alternative inévitable. Les souverains, entre autres Charlemagne et Jagellon, roi de Pologne(x⁼ siècle), couvraient ces missionnaires de toute leur autorité ; mais ceux-ci n'en étaient pas moins animés d'un zèle vraiment apostolique ; l'histoire reconnaît la droiture de leurs intentions. Par leurs travaux, des peuples ignorants, farouches et barbares ont embrassé la religion avec sa simplicité et toutes les vertus qu'elle commande ; elle réparait ainsi les pertes qu'elle faisait en ces divers temps.

Afin d'affermir ces nouvelles Eglises, on y fonda des monastères. C'étaient des séminaires, où l'on élevait les enfants du pays, pour les instruire de la religion et des lettres, les former à la vertu, et les rendre capables des fonctions ecclésiastiques (*Fleury, discours* 3, n° 24). Ainsi, en peu de temps ces Eglises furent en état de se soutenir elles-mêmes, sans avoir besoin de secours étrangers. Par les soins de ces pasteurs, la religion et les mœurs, affaiblies en France et en Italie aux vii⁰ et viii⁰ siècles, se fortifient en Angleterre, d'où ils les ramènent en France, et les transportent ensuite, ce semble, en Allemagne et dans le Nord.

(1) *Voyez* le Vénérable Bède.
(2) Innocent III leur ordonna de prendre tous le même habit, de peur que les infidèles ne fussent choqués de voir si diversement habillés. *Hist.*

Longtemps auparavant, et dès l'origine même de la profession religieuse, il était ordinaire, dit le guide que nous suivons constamment (*Disc.* 2, n° 3), de prendre les plus saints d'entre les moines pour en faire des prêtres et des clercs. C'était un fonds où les évêques étaient assurés de trouver d'excellents sujets ; et les abbés préféraient volontiers l'utilité générale de l'Eglise à l'avantage de leur communauté. Saint Pacôme cède deux de ses disciples pour être élevés à l'épiscopat ; saint Athanase cite au moine Dracouce l'exemple de sept solitaires qui l'avaient accepté. Cet usage, confirmé par la sanction que lui donna Honorius (4), fut d'abord très-fréquent, et devint sous les autres empereurs, protecteurs des canons, une loi générale et exclusive. Le clergé renonça lui-même à cette dignité, parce que, pour y être promu, il fallait observer la continence, qu'il ne voulut point garder, et à laquelle s'engageaient les religieux. Telle est encore la pratique journalière de l'Orient ; par les décrétales des papes Sirice, Innocent, Boniface, etc., nous voyons qu'elle était également approuvée par l'Eglise latine. Les successeurs des disciples qu'avait formés saint Augustin furent la force de l'Eglise d'Afrique ; saint Fulgence en est témoin. D'autres saints religieux rendirent les mêmes services à l'Eglise d'Espagne ; saint Ildefonse et saint Fructueux en fournissent des preuves irréprochables. L'île de Lérins a été longtemps en possession de donner aux Eglises des Gaules leurs plus grands évêques et leurs prêtres les plus vénérables : *Hæc est quæ eximios nutrit monachos, et præstantissimos per omnes provincias erogat sacerdotes* (*S. Cæs. Arel., homil.* 29). Nous prenons au hasard nos exemples de ces temps reculés, parce qu'alors le ministère ecclésiastique n'était confié qu'à ceux qui réunissaient le double mérite de la science et de la vertu.

On a pu remarquer que les religieux mendiants furent principalement institués pour en exercer les fonctions ; ils travaillèrent avec succès à la conversion des pécheurs et à l'instruction des fidèles. C'est cet objet que se sont aussi proposé les nouveaux instituts et les dernières réformes.

La plupart de ces évêques, tirés du cloître, se sont distingués dans les conciles. On y appela par la suite les abbés, et même de simples religieux ; on en voit de fréquents exemples, dit Mabillon (*Etudes monastiques*), en France et en Espagne pendant les vi⁰ et vii⁰ siècles. Le iii⁰ concile de Constantinople contre les monothélites voulut avoir le suffrage de plusieurs d'entre eux. Pierre, abbé de Sabas de Rome, fut l'un des légats qui présidèrent, au nom du pape, le ii⁰ de Nicée contre les iconoclastes. Souvent ils y assistaient et signaient comme les représentants de leurs évêques. Enfin, depuis le 1ᵉʳ concile de Nicée jusqu'à celui de Trente, toutes ces

Eccles., xiii⁰ siècle
(3) Aujourd'hui Pékin.
(4) *Ex monachorum numero rectius ordinabunt.*

vénérables assemblées ont trouvé en eux et des Pères zélés et de savants docteurs.

Il serait trop long d'entrer dans de plus grands détails sur tout le bien qu'a retiré l'Eglise des divers ordres monastiques; et peut-être impossible de rapporter ici le nombre des saints, des papes, des cardinaux, des archevêques, des évêques et des auteurs qu'ils lui ont fournis (1). Nous nous bornons à justifier tout ce que nous venons de dire par le témoignage de Fleury, d'autant plus digne de foi, qu'il n'atténue jamais ni les inconvénients des instituts ni le relâchement des religieux. « Je regarde, dit-il, ces saints solitaires comme les modèles de la perfection chrétienne. C'étaient les vrais philosophes, comme l'antiquité les nomme souvent.... La plupart des écoles étaient dans les monastères (il parle de notre moyen âge), et les cathédrales mêmes étaient servies par des moines. C'étaient des asiles pour la doctrine et la piété : on y suivait l'ancienne tradition, soit pour la célébration des offices, soit pour la pratique des vertus chrétiennes.... On y gardait des livres de plusieurs siècles, et on en écrivait de nouveaux exemplaires : c'était une des occupations des moines, et il ne nous resterait guère de livres, sans les bibliothèques des monastères.... Malgré les incursions redoublées des barbares, le renversement des empires, l'agitation de toute la terre, l'Eglise, fondée solidement sur la pierre, a subsisté toujours ferme et toujours visible : elle a toujours eu des docteurs, des vierges, des pauvres volontaires et des saints d'une vertu éclatante... Je sais que, dans tous les temps, il y a eu de mauvais moines comme de mauvais chrétiens; c'est le défaut de l'humanité et non de la profession. Vous, qui avez vu dans cette histoire leur conduite et leur doctrine, jugez par vous-mêmes de l'opinion que vous devez en avoir... Enfin, les siècles moyens ont eu leurs apôtres, qui ont fondé de nouvelles Eglises chez les infidèles aux dépens de leur sang, et ces apôtres ont été des moines (*Fleury*, discours 2 et 3). »

CHAPITRE IV.

DES SERVICES QUE L'ÉTAT RELIGIEUX A RENDUS A LA SOCIÉTÉ.

A la chute de l'empire d'Occident, quand les Goths, les Huns et les Francs se partagèrent le patrimoine du faible Honorius, l'Europe éprouva la plus cruelle révolution que l'histoire nous ait transmise. Ces conquérants, peuples guerriers et farouches, méprisaient l'art paisible de l'agriculture; la plupart habitaient des forêts; leurs maisons n'étaient que des antres souterrains, et leur ignorance allait si loin, qu'ils ne connaissaient pas même l'usage des lettres ou caractères. Sous la domination de ces barbares, les sciences et les arts furent traités comme les vaincus; et, pour comble de malheur, le système féodal et les longues guerres qu'il enfanta, naturalisèrent dans les pays conquis la férocité de leurs nouveaux habitants.

Enfants de ces barbares, nous sommes nés en des temps plus heureux. Par le travail et l'industrie, tout a pris une forme nouvelle : partout la terre offre un aspect riant et fécond, et les voies de communication des provinces entre elles sont comme les longues allées d'un jardin magnifique. La raison s'est affranchie du joug des préjugés et de la superstition : des connaissances précieuses au bien de l'humanité ont été le fruit de l'étude et des recherches; enfin, les hommes, éclairés sur leurs vrais intérêts, se correspondent par le commerce d'une extrémité du monde à l'autre. Si nous jouissons mal de nos avantages, c'est que, oubliant la condition de nos aïeux, nous ne sommes frappés que de ce qui nous reste à faire. Transportons-nous quelquefois au milieu du chaos qui couvrit si longtemps la face de l'Occident : suivons le fil des événements dont l'influence a concouru au rétablissement de l'ordre; examinons ce que l'état de civilisation où nous sommes arrivés a coûté de temps et d'efforts; observons quels individus, quelle classe de citoyens ont le plus contribué à cette heureuse révolution. Cette étude, digne d'un philosophe, aura le double mérite de nous faire mieux sentir notre bonheur, et de nous acquitter envers ceux qui l'ont préparé. Nous allons chercher ici quelle part les ordres religieux ont eue aux progrès de l'esprit humain et de la société en Europe.

Les religieux défrichent. — A l'époque de la fondation des plus fameuses abbayes, on ne voyait que vastes forêts et marécages, que les religieux défrichèrent (2); et ces nouveaux établissements furent dotés avec des biens qui n'étaient d'aucun rapport. Pour s'éloigner encore plus du monde, la plupart des instituteurs des ordres monastiques choisirent leur retraite au fond de vallées affreuses ou sur des montagnes inaccessibles. Dans la nécessité de tirer leur subsistance de ces lieux incultes, obligés d'ailleurs par leur règle à travailler des mains, les moines tantôt desséchaient un marais malfaisant, afin d'en rendre le sol fécond; tantôt, défrichant des bruyères et portant de la terre sur les rochers, ils les forçaient à devenir fertiles. Par les travaux d'une utile pénitence, ils ont exécuté ce que n'eût jamais tenté l'intérêt des particuliers, et le voyageur s'étonne encore aujourd'hui de trouver des habitations, en des endroits que la nature semblait avoir condamnés à une éternelle stérilité. Si Pline, ce sage naturaliste, a osé écrire que les champs d'Italie, fiers d'être cultivés par les mains triomphantes des généraux romains, se couvraient de plus abondantes moissons; ne serait-il pas permis de dire, qu'arrosée

---

(1) L'abbé Trithème dit qu'au temps de Jean XXII, on comptait dans le catalogue des saints quinze mille cinq cent cinquante-neuf religieux de l'ordre de Saint-Benoît; dix-huit papes, cent quatre-vingt-quatre cardinaux, quinze cent soixante-quatre archevêques, trois mille cinq cent douze évêques. *Préf. de la règle de saint Benoît.*

(2) Velly, *Hist. de France*, tome I, pag. 216.

de la sueur de ces pieux solitaires, la terre répondait avec complaisance à leurs vœux? Mais, sans avoir recours au langage de l'enthousiasme, il est aisé d'expliquer comment l'agriculture se perfectionna parmi les religieux. La faveur dont ils jouissaient, la continuité de leurs travaux, des expériences faites avec soin et transmises avec exactitude, voilà les moyens par lesquels ils parvinrent à changer des déserts arides qu'on leur avait donnés en des campagnes riches et agréables. De cette utilité particulière résulta le bien public. Avertis par les établissements monastiques des avantages de l'agriculture, accoutumés à voir des hommes que leur vie rendait recommandables, cultiver la terre de leurs propres mains, nos pères, qui n'estimaient que la force et la valeur, posant les armes de la discorde, prirent les paisibles instruments du labourage.

L'agriculture, ce premier des arts, la source de tout commerce et de toute vraie richesse, doit être regardée comme la base de la société. Aussi les Grecs avaient-ils un temple consacré à Cérès législatrice. Avoir détruit dans l'esprit de nos pères, trop guerriers, le préjugé qu'ils avaient conçu contre l'agriculture, est donc un bienfait important dont l'Europe est redevable à l'ordre monastique. Si l'influence n'en fut pas aussi active qu'elle aurait pu l'être, il faut en accuser une constitution politique qui s'opposait à toute espèce de civilisation.

Les religieux possédaient des domaines trop étendus pour suffire seuls à leur culture; ils s'associèrent une foule de malheureux qui trouvaient auprès d'eux une existence moins pénible et plus assurée. A plusieurs ils distribuaient une partie de leurs terres à titre de fermes, et fournissaient à ces nouveaux colons les avances nécessaires pour les mettre en valeur. D'autres s'établissaient autour des monastères, attirés par la consommation abondante qui s'y faisait et par les arts qu'entretient l'agriculture. Tous, vivant à l'ombre de la protection qu'on accordait à leurs bienfaiteurs, s'enrichirent, se multiplièrent; et les peuples étonnés virent les déserts qu'on avait cédés aux moines couverts d'habitants heureux.

On peut dire en général que presque toutes les paroisses où les religieux sont curés doivent leur origine aux monastères; mais indépendamment de ces petites peuplades, combien de bourgs, de villes même épiscopales, n'ont d'autres fondateurs que ceux de l'abbaye qu'elles environnent. M. Fleury, parlant des missions faites en Allemagne par les religieux, s'exprime ainsi : « Ils furent utiles à l'Allemagne, même pour le temporel, par le travail de leurs mains. Ils commencèrent à défricher les vastes forêts qui couvraient tout le pays ; par leur industrie et leur sage économie, les terres ont été cultivées ; les serfs qui les habitaient se sont multipliés ; les monastères ont produit de grosses villes, et leurs dépendances sont devenues des provinces considérables. Qu'était autrefois la nouvelle Corbie, qu'était Brême, aujourd'hui deux villes de Saxe? Qu'étaient Fritzlar, Herfeld, villes de la Thuringe? Qu'étaient, avant les moines, Salzbourg, Frizengue, Echstet, villes épiscopales de la Bavière? Qu'étaient les villes de Saint-Gal, de Kempten, dans la Suisse? Qu'étaient enfin tant d'autres villes d'Allemagne avant l'établissement des moines dans cet empire? » (Disc. III, n° 22.) Qu'étaient en France, aurait-il pu dire encore, Luxeuil, Saint-Claude, Abbeville et une foule d'autres lieux aussi considérables?

Ils secourent et protégent les malheureux. — Pendant que les religieux augmentaient leur revenu par leurs défrichements et par leur économie, l'humanité et la charité étaient les heureux canaux qui le reversaient sur la société. Si, au rapport de saint Augustin (*Retract.* I, 68), les moines d'Egypte, vivant dans des solitudes affreuses, occupés à faire des corbeilles ou à des métiers aussi simples, chargeaient cependant des vaisseaux entiers de leurs aumônes, combien ne durent pas être abondantes celles des religieux d'Occident? Pour en donner une idée, il suffit de dire que Cluny a nourri quelquefois jusqu'à dix-sept mille pauvres en un seul jour (1). On conteste peu ce genre de bien, mais on prétend que ces aumônes manuelles, toujours accordées à la fainéantise, entretiennent une pépinière d'hommes dangereux à l'Etat. Aux temps dont nous parlons, des guerres intestines ou étrangères ruinaient tout à coup une foule de citoyens : lorsque ces infortunés, sans ressources, allaient chercher leur subsistance à la porte d'un monastère, il faut convenir que les religieux, en satisfaisant promptement à des besoins pressants, se conduisaient en sages administrateurs des biens des pauvres et en fidèles ministres de la Providence.

Outre ces secours, les cloîtres procuraient encore aux malheureux un asile contre l'injustice et l'oppression. Combien n'évitèrent les tourments, la mort même, qu'à la faveur du respect qu'on avait pour les monastères? Dans un gouvernement où l'administration de la justice est telle que l'innocent est toujours en sûreté, le coupable toujours puni, celui qui échappe au glaive des lois les énerve en donnant l'espérance de l'impunité. Mais quand on sait que des combats et des épreuves cruellement absurdes faisaient alors l'innocence ou le crime, on doit penser que le droit d'asile était aussi cher à la justice qu'à l'humanité.

De simples religieux, à qui leur vertu avait attiré une considération particulière, devenaient les protecteurs du peuple auprès des grands, et plus d'une fois ils arrêtèrent les effets d'une vengeance souvent féroce, adoucissement heureux préparé à la faiblesse au milieu de ces mœurs barbares. Par cette conduite généreuse, ils imitaient l'exemple des moines d'Orient, dont les premiers pas vers

---

(1) Uld. *Consuet. Clun.* III, 22.

les villes eurent pour objet de consoler Antioche, menacée de l'indignation de Théodose justement irrité (*Hist. ecclés.*, liv. xix, n° 4).

La sainteté de leur vie, leur extérieur pénitent et mortifié, donnant de l'autorité à leurs vives remontrances, ils obtinrent des juges le pardon des coupables.

Au bien que les établissements monastiques ont fait aux hommes en ces temps reculés, pourquoi n'ajouterions-nous pas de bonheur même des religieux? Ils étaient heureux, puisqu'ils jouissaient, au sein de la solitude, de la paix et de la tranquillité, tandis que l'Europe, livrée à une foule de petits tyrans, ne connaissait qu'un gouvernement monstrueux, qui réunissait à la fois et les malheurs de l'anarchie et ceux du despotisme. Sans doute l'humanité applaudit alors à une institution qui venait arracher plusieurs milliers d'hommes à la misère universelle. « Ce fut longtemps une consolation pour le genre humain, dit M. de Voltaire, qu'il y eût de ces asiles ouverts à tous ceux qui voulaient fuir les oppressions du gouvernement goth et vandale. Presque tout ce qui n'était pas seigneur de château était esclave. On échappait, dans la douceur des cloîtres, à la tyrannie et à la guerre (1). »

Après avoir défriché des provinces entières, après avoir mis l'agriculture en honneur, les moines ne pouvaient rien faire de plus utile aux progrès de la civilisation, de plus important au bonheur de la société, que de cultiver les sciences et d'en inspirer le goût. Si l'homme est le roi de la nature, s'il est au-dessus des animaux, c'est par l'âme intelligente qu'il a reçue de son auteur : mais quand elle est négligée, sa raison est un guide moins sûr que leur instinct ; l'étude et les recherches peuvent seules l'étendre et la perfectionner. La culture de l'esprit est donc un besoin comme un devoir pour l'homme, et les arts et les sciences en sont les heureux fruits.

Ils cultivent les lettres. — Loin de cette ignorance première, que rachètent en quelque sorte la simplicité et l'innocence, nos aïeux étaient livrés à l'erreur et à la superstition, violents dans leurs passions et féroces dans leurs mœurs : la société n'avait encore fait que les corrompre ; et toute idée nouvelle devait être un bienfait pour eux. Au sein de cette barbarie, les cloîtres servirent d'asile aux lettres. Les religieux s'appliquèrent d'abord à un travail aussi pénible qu'intéressant : les bibliothèques avaient été ruinées, on ne connaissait presque plus l'art d'écrire, et nous allions perdre pour toujours les modèles en tout genre que les Grecs et les Romains nous ont laissés, quand, de toutes parts et avec un zèle égal, les moines se vouèrent à recueillir les exemplaires des meilleurs ouvrages de l'antiquité. Ceux du monastère de Tours préféraient cette occupation à toute autre : *Ars ibi, exceptis scriptoribus, nulla habebatur* (2). Au temps de saint Benoît, les moines d'Italie y consacraient leurs loisirs : « J'avoue, dit aussi Cassiodore, écrivant à ses religieux du monastère de Viviers, que de tous les travaux du corps, celui de copier des livres a toujours été le plus de mon goût : *Antiquariorum studia mihi non immerito forsitan plus placere* : d'autant plus que, pendant cet exercice, l'esprit s'instruit par la lecture, et que d'ailleurs c'est une espèce de prédication pour ceux à qui ces livres se communiquent (*Instit.* II, 3). » Pierre le Vénérable, et Guigue, ce célèbre général des Chartreux, en parlent à peu près de même. La réforme de Cîteaux rétablit ce genre de travail ; saint Nicolas de Clairvaux, secrétaire de saint Bernard, appelle sa cellule *Scriptoriolum* (3). « Il nous reste encore de précieux monuments de cette sage et utile occupation dans les abbayes de Cîteaux et Clairvaux, et dans la plus grande partie des abbayes de l'ordre de Saint-Benoît. »

Si l'on pensait que les religieux ne transcrivaient que les livres de l'Écriture sainte, ou ceux qui ont quelque rapport aux sciences ecclésiastiques, qu'on lise les Institutions de Cassiodore : il recommande de rassembler avec soin, non-seulement les ouvrages des saints Pères et des historiens, mais encore les écrivains qui traitent de la cosmographie, de la géographie, les rhétoriciens, et jusqu'à ceux qui ont écrit sur l'orthographe. Enfin, comme s'il craignait de ne pas embrasser toutes les sciences, il veut qu'on recherche les principaux auteurs de la médecine, afin, dit-il, que ceux qui sont chargés de l'infirmerie, y puissent trouver les moyens de soulager les malades. On sait que l'abbaye de Corbie nous a conservé les cinq premiers livres de Tacite. C'est ainsi que, sans cesse occupés à copier et à transcrire, les moines empêchèrent les effets de la barbarie et du génie destructeur des Omars d'Occident ; et l'on est forcé de convenir que nous leur devons tout ce qui nous reste de l'antiquité, tant sacrée que profane. « Les Alexandre, les César, les Homère, et les Virgile nous seraient inconnus sans de pauvres solitaires, qui n'ont pas même attaché leur nom à ceux qu'ils ont sauvés de l'oubli. »

Par leurs recherches et leurs travaux soutenus, ils formèrent ces précieuses collections de livres, les premières connues en Europe. Suivant la règle de Tarnate et celle de saint Benoît, chaque monastère était obligé d'avoir une bibliothèque ; et on regardait celui qui en manquait comme un camp dépourvu des choses les plus nécessaires à sa défense : *Claustrum sine armario, quasi castrum sine armamentario* (4). On n'en confiait le soin qu'à un religieux élevé dans la maison dès sa plus tendre enfance. Rien dans la suite des temps ne devint plus célèbre que les bibliothèques des monastères ; on y con-

---

(1) *Essai sur l'esprit et les mœurs des nations*, tom. III, pag. 158.
(2) Sulp., in *Vita sancti Martini*.
(3) *Dictionn. Encyclop.* au mot *Bibliothèque*.
(4) Thomass., *Anc. et nouv. Discipl.*, part. I, liv. II, ch. 106.

servait les livres de plusieurs siècles, dont on avait soin de renouveler les exemplaires ; et sans ces bibliothèques, il ne nous resterait guère d'ouvrages des anciens : c'est de là en effet que sont sortis presque tous ces manuscrits, d'après lesquels on a donné au public, depuis l'invention de l'imprimerie, tant d'excellents ouvrages en tout genre de littérature.

Écoles des monastères. — En même temps que les religieux travaillaient, avec tant d'ardeur et de constance, à sauver de la barbarie de nos pères les chefs-d'œuvre de l'antiquité, ils s'efforçaient de leur en montrer les beautés et de leur en faire sentir le prix. Ils avaient deux sortes d'écoles : les unes intérieures, destinées aux moines ; les autres extérieures, où se rendaient les séculiers. On peut rapporter l'origine de cette double école à saint Pacôme (1), qui recevait des enfants outre les catéchumènes qu'on disposait au baptême. Pour ne parler que de celles d'Occident, au mont Cassin furent élevés, par saint Benoît, saint Maur et saint Placide, ainsi que la plupart des enfants des premières familles de Rome. Les moines qu'envoya saint Grégoire aux Îles-Britanniques y bâtirent des monastères qui furent des écoles de vertu et de science. Au siècle suivant, le Vénérable Bède les enseignait avec succès à ses frères dans le cloître, et au public dans l'église d'York ; saint Anselme et plusieurs autres suivirent cet exemple : Glatemburi, Malmesburi, Croyland, etc., étaient des écoles fameuses : c'est de là que saint Boniface les transporta à Fulde et à Fritzlar. Vers le même temps fleurirent celles de Saint-Gal, de Richenau et de Prom.

Au commencement du règne de Charlemagne, les écoles monastiques étaient faibles et languissantes ; la discipline régulière se ressentait des troubles précédents. Une foule d'abbayes avaient été ruinées par les Sarrasins, et d'autres accordées à des ducs ou comtes, en récompense de leurs services militaires. Ces événements, funestes au bon ordre des maisons régulières, en bannirent les bonnes études.

Quoique Charlemagne n'eût d'autres connaissances que celles de son temps, saisissant avec avidité tout ce qu'il trouvait de grand et de beau en quelque genre que ce fût, son génie semblait être échappé du siècle d'Auguste. Au second voyage qu'il fit à Rome, il connut Alcuin, savant moine anglais, et sentit son mérite. Il importait à sa gloire et à ses projets de s'attacher un tel homme ; il l'attira et le fixa en France par ses bienfaits et par son amitié. Honoré de la confiance de son nouveau maître, Alcuin ne s'en servit que pour faire fleurir les sciences et les lettres. Afin de les rendre d'abord respectables à un peuple ignorant et grossier, il plaça leur sanctuaire dans le palais des rois ; à Aix-la-Chapelle se forma une acadé-

mie, où l'on s'occupait de toutes les sciences : l'empereur tenait à honneur d'être de cette société aussi utile qu'agréable ; il assistait assidûment à toutes les conférences, et donnait son avis sur toutes les matières. Il aimait à se regarder comme le disciple d'Alcuin ; et en lui écrivant, il l'appelait toujours son maître : c'était l'Aristote de ce nouvel Alexandre. Charlemagne apprit de lui la rhétorique, la dialectique, et surtout l'astronomie, pour laquelle il avait un goût particulier, comme on le voit par ses Annales, qui renferment des observations astronomiques fort curieuses.

Qu'on juge de l'effet que dut produire cet établissement sur l'esprit des Français, cette nation qui prit toujours les mœurs de ses souverains avec encore plus de docilité qu'elle ne reçut leurs lois. Les grands voulurent être de l'académie de l'empereur, et les autres tâchèrent, par leurs travaux et par leurs efforts, de s'en rendre dignes. Bientôt les provinces demandèrent des écoles sur le modèle de l'académie impériale. En Occident, tous les esprits se portèrent vers les sciences avec une émulation si vive, qu'elle mérita à Charlemagne le titre de Restaurateur des lettres (2). Pour en maintenir le goût parmi ses sujets, il crut surtout nécessaire de le ranimer dans les cloîtres et dans les églises, comme dans leur véritable foyer. Tel est l'objet d'une lettre circulaire qu'il écrivit aux évêques et aux abbés, adressée à celui de Fulde : « Ayant résolu, dit ce prince, de remettre le bon ordre dans les églises cathédrales et dans les monastères, nous avons pensé qu'outre la pratique exacte de la discipline régulière, et de tout ce qui peut faire refleurir la religion et les mœurs, il était à propos d'y renouveler l'étude des lettres, afin que chacun s'y appliquât suivant sa capacité, parce qu'il est bienséant que ceux qui mènent une vie conforme aux bonnes mœurs que la religion prescrit, soient aussi capables de parler d'une manière sage et réglée ; et que ceux qui s'efforcent de plaire à Dieu par une conduite irréprochable, puissent aussi édifier les autres par leurs discours (3). »

Dès cette époque, les religieux se livrèrent à l'étude avec une ardeur nouvelle ; ils rétablirent partout leurs écoles, où venaient s'instruire le peuple et le clergé. En France, les plus distinguées étaient celle de Fontenelle, célèbre sous saint Vandrille et saint Ansbert ; celle de Fleuri, connue par les Aimoin, les Mommol, les Abbon, qui la présidaient. Il serait facile d'en citer un grand nombre d'autres, qui soutinrent l'amour des lettres et l'honneur de l'ordre monastique. On y donnait à la jeunesse la meilleure éducation qu'elle pût recevoir alors. Quand nous lisons les Coutumes de Cluny, nous sommes forcés de convenir avec Ulric que le moindre des jeunes gens y était élevé

---

(1) *Regul. Sanct. Pac.*, cap. 159.
(2) *Hist. de France.* tom. I, pag. 410 ; Fleury, *Hist. eccl.*, tom. IX, n°ˢ 47, 54 ; tom. X, n° 48.

(3) *Carol. Epist. ad Bauguif. abbat. pro instit. schol.*, tom. II, pag. 278.

avec autant de soin que les enfants des rois au sein de leurs palais (1). Aussi plusieurs monastères ont eu la gloire de former des héritiers de la couronne. Lothaire, fils de Charles le Chauve, fut confié, dès son enfance, à l'abbaye de Saint-Germain d'Auxerre; Robert II, ainsi que Louis le Gros et beaucoup d'autres, le furent à Saint-Denis. Les études suivaient le cours et le sort de la discipline régulière; leur rétablissement fut toujours le premier pas vers la réforme, ou le premier règlement des ordres nouveaux; et si le flambeau des sciences s'éteignait dans un monastère, on le voyait se rallumer dans un autre.

On y apprenait la rhétorique, la dialectique, l'astronomie, la grammaire et la musique. Au temps de Pierre le Vénérable, un écrivain ayant reproché aux Clunistes de s'appliquer aux lettres profanes, et d'enseigner les auteurs du paganisme, ils s'en justifièrent par l'exemple des monastères les plus fameux. Obéissant à un capitulaire de Charlemagne, qui leur ordonne d'étudier la médecine, les religieux la cultivèrent avec succès. Par leurs soins, les ouvrages des Arabes, nos premiers maîtres, commencèrent à se répandre en Europe. Pendant plusieurs siècles, on ne connut point d'autres médecins que les clercs et les réguliers; eux seuls exerçaient aussi la profession d'avocat. Quoique l'ignorance des laïques les autorisât en quelque manière, la plupart des conciles leur interdirent ces fonctions, comme contraires à la retraite et à la discipline régulière; exclus du barreau, ils pouvaient encore s'adonner à l'étude des lois: et c'est à un religieux que l'Angleterre doit la connaissance du droit romain. Thibaud, abbé du Bec, devenu archevêque de Cantorbéry en 1138, y porta le code de Justinien, découvert depuis peu en Italie.

Ils répandent parmi nous le goût des arts. — Les religieux contribuèrent aussi à répandre parmi nous le goût des arts, et les cloîtres furent souvent des ateliers. Au XIIe siècle, les Prémontrés de l'abbaye de Vigogne firent une châsse qui excita l'admiration de tous leurs contemporains: les ouvriers les plus renommés en tout genre étaient appelés de toutes parts pour la construction des églises. Formés à leur école, plusieurs d'entre eux nous ont laissé des preuves qui attestent encore aujourd'hui leurs connaissances en architecture. Cluny a été bâti par le moine Hézelon; et Prémontré, par Hugues, compagnon de saint Norbert.

Nous leur devons en outre des monuments d'utilité publique. Le Petit-Pont et celui de Notre-Dame sont l'ouvrage d'un cordelier nommé Jean Joconde. De nos jours même, le frère Romain, dominicain, architecte et ingénieur du roi, a dirigé le Pont-Royal, si estimé des gens de l'art.

Ils nous ont conservé les monuments de l'histoire. — Mais c'est surtout par les services qu'ils ont rendu à l'histoire, qu'ils ont bien mérité de la société. Lorsque le peuple ne savait pas même lire, ils recueillaient les événements dont ils étaient témoins. Il était d'usage en plusieurs monastères de choisir un écrivain exact et habile, qui rassemblait les actions du souverain et tout ce qui arrivait de plus mémorable sous son règne. A sa mort, chacun rapportait au chapitre général le plus prochain ce qu'il avait observé. Après un mur examen, on le rédigeait en forme de chronique, qu'on conservait pour l'instruction de la postérité. Ces chroniques nous ont fourni la plupart des matériaux de l'histoire sacrée et profane, générale et particulière. Aussi le chevalier Marsham ne craint pas de dire que, sans les moines, les Anglais ne seraient que des enfants dans celle de leur pays (2).

En effet, combien ne doit-elle pas à Bède, à Ingulf, à Turgot, à Guillaume Malmesbury, aux deux Matthieu, Matthieu de Westminster et Matthieu Paris? celle de France, à l'archevêque de Vienne Adom, à Guillaume de Saint-Germer, à Odric de Saint-Evroul, à l'un et l'autre Aimoin, à Hugues de Flavigny? celle d'Italie, à Orkempert, à Léon de Marsiac, au diacre Pierre? celle d'Allemagne, à Réginon abbé de Prom, à Vittekind et Lambert de Chasnabourg, à Dithmar et Herman le Raccourci?

En sauvant de l'oubli les monuments des siècles passés, les religieux acquéraient des droits à la reconnaissance de la noblesse, dont ils assuraient l'état. Sans leurs archives, combien de descendants de ces grands hommes, que l'histoire offre à notre admiration, languiraient dans la classe des hommes obscurs? Par le soin qu'ils ont pris de conserver les preuves de leur origine, ils les ont placés au rang qui leur appartient, les ont environnés de dignités, et ont attaché à leur nom le respect que la nation aime à rendre au rang de ses chefs et de ses défenseurs.

Des causes qui s'opposaient au progrès des sciences. — Quand on considère que toutes les sciences ont été constamment cultivées et enseignées par les moines, on est étonné que leurs progrès aient été si lents. C'est que la situation politique de l'Europe leur opposait des obstacles presque invincibles. Filles de la paix, les lettres dépendent du sort des empires. C'est après les révolutions des États, lorsque le gouvernement a pris une assiette tranquille et fixe, que l'ambition des citoyens, forcée de changer d'objet, cherche dans les beaux-arts un aliment à son activité: voilà le moment des chefs-d'œuvre. Tels furent les règnes d'Alexandre, d'Auguste, de Léon X; tel, le règne plus glorieux encore de Louis le Grand. Mais aux temps que nous avons parcourus, la férocité des mœurs et les troubles sans cesse renaissants résistaient, de toutes parts, aux efforts que faisaient les clercs et les religieux pour inspirer le goût des étu-

---

(1) *Consuet. Cluniac.*, lib. III, cap. 8.
(2) *Præf. ad Matth. Paris. et Monast. anglic.*, tom. 1, p. 54 et 55.

des. Il faut même convenir qu'ils ne suivirent pas la route la plus propre à les conduire à leur but.

Les langues étaient encore barbares, dénuées d'élégance, de force, de clarté, et manquant de principes. Au lieu de les perfectionner, les savants trouvèrent plus simple et plus noble d'écrire en latin, qu'ils entendaient mal et dont ils altéraient la pureté. Ils auraient cru dégrader un sujet important, s'ils l'eussent traité en langue vulgaire. Ce préjugé, bornant les connaissances à un cercle étroit, dévouait à l'ignorance le reste des hommes. La méthode scolastique, qu'on adopta vers le XIIe siècle, nuisit aussi aux bonnes études. L'imagination est la première de nos facultés qui se développe, et les méditations de la philosophie ne conviennent qu'à l'âge mûr. Les nations, comme les individus, sentent avant de penser; et chez tous les peuples policés, les poëtes ont précédé les philosophes. Nos premiers maîtres contrarièrent cette marche naturelle de l'esprit humain, et commencèrent par sonder les profondeurs de la métaphysique. Il fallut revenir sur ses pas; et le règne de François Ier, qui nous a donné nos premiers poëtes et nos premiers romanciers, est la véritable époque de la renaissance des lettres (1).

Quelles que soient les causes qui en ont arrêté les progrès, il restera toujours aux religieux la gloire de nous avoir conservé les monuments précieux de l'antiquité, d'avoir constamment lutté contre la barbarie de nos aïeux, éclairci les ténèbres de l'ignorance, et formé, pour ainsi dire, le crépuscule du jour brillant qui nous éclaire.

Parmi eux ont vécu des hommes qui auraient honoré les plus beaux siècles. Aidés des secours que leur fournissaient les cloîtres, plusieurs sont devenus les bienfaiteurs de la société par des découvertes dont nous jouissons, sans en connaître les auteurs. Sous le règne de Hugues Capet parut Gerbert, moine d'Aurillac, dont les connaissances en mathématiques passèrent pour des enchantements. On lui attribue la première horloge à balancier; on s'en est servi jusqu'à ce que Huygens eût inventé l'horloge avec un pendule. Il introduisit encore en France, à ce que l'on croit, le chiffre arabe, ou indien, qu'on emploie dans les mathématiques et l'astronomie. *Celui qui trouva le premier les roues et les pignons,* dit M. d'Alembert, eût

(1) Introd. à l'Hist. de Charles-Quint, par Robertson, pag. 161.
(2) Histoire de France, tom. II, pag. 325.
(3) Histoire de France, tom. VI, pag. 443.
(4) Hist. criq. de la philos., chap. 40, art. 3.
(5) Dans le rapport fait à l'Académie des Sciences, sur les expériences aérostatiques, qui fixent aujourd'hui l'attention du peuple et des philosophes également étonnés, MM. les commissaires rappellent en peu de mots ce qu'on a tenté, ou plutôt proposé en ce genre avant MM. de Montgolfier. Ils ne font mention que de trois physiciens, et par une singularité remarquable, ce sont trois religieux. Les circonstances nous autorisent à extraire ici ce qui les concerne.

« Nous nous contenterons de dire que l'on regarde

inventé les montres dans un autre siècle; et Gerbert, placé au temps d'Archimède, l'aurait peut-être égalé (Disc. prélim. de l'Encycl.):

C'est à Gui, moine d'Arezzo, que la musique, cet art si puissamment employé par les anciens législateurs, et qui fait aujourd'hui partie de toute éducation soignée, doit un de ses plus grands pas vers la perfection. Avant lui, elle consistait dans le chant d'une ou plusieurs voix, l'une après l'autre. Maintenant encore les Orientaux n'aiment que la mélodie, et ne peuvent souffrir le contraste des sons graves et aigus. Gui, né musicien, découvrit, à force de méditation, qu'en gardant certaines proportions, il était possible de faire chanter ensemble plusieurs voix différentes, et d'en former une harmonie qui charmât l'esprit et l'oreille. Il imagina les lignes et la gamme, et prit, dit-on, les six fameuses syllabes de la première strophe de l'hymne de saint Jean-Baptiste, *Ut queant* (2). L'Europe applaudit à l'invention du bénédictin d'Arezzo; et par ce moyen, un enfant sut au bout de quelques mois ce qu'auparavant un homme n'apprenait qu'en plusieurs années.

Entre les docteurs de l'école, distinguons un Albert le Grand, religieux dominicain, qui s'appliqua avec succès à la mécanique, et fut l'auteur d'une foule d'inventions ingénieuses, entre autres d'une tête parlante, ou bien d'une figure parfaitement semblable à l'homme (3). Admirons Roger Bacon, cordelier, dont le génie entrevit presque toutes les découvertes des siècles postérieurs : par des expériences multipliées, ce savant homme trouva les miroirs ardents, et toutes sortes de lunettes propres à grossir et à diminuer les objets. Ses connaissances en astronomie, en chimie et en physique, étonnèrent tellement ses contemporains, qu'ils l'accusèrent de sortilége. On sait combien cette imputation était commune au temps où il vivait; la jalousie et l'ignorance ne manquaient jamais de se servir de cette arme contre le mérite distingué. Roger vengea les sciences dans son fameux ouvrage intitulé : *De secretis Operibus naturæ et artis. Qu'est-il besoin,* dit-il (4), *d'avoir recours à la magie, puisque la physique nous apprend tant de beaux secrets, qui ont le double avantage de satisfaire notre curiosité et de surprendre le vulgaire ignorant* (5)?

Si Christophe Colomb, Améric Vespuce, en général Roger Bacon, ce génie si fort au-dessus de son siècle, comme le premier qui ait parlé d'une machine pour voler : selon ce qu'il nous en dit, cette machine portait un siége dans lequel un homme étant placé, il pouvait, par son action, se donner un mouvement progressif, et voler comme un oiseau. Le P. Lana, longtemps après, ou vers la fin du siècle dernier, imagina une machine qui devait aussi se soutenir dans l'air, mais il va plus loin que Bacon, car il en indique le moyen. La machine consistait en quatre globes de cuivre vides d'air, qui devaient, par l'excès de légèreté résultant de leur capacité, être en état de la faire flotter au milieu de ce fluide; elle était à voiles et à rames. On voit par là qu'il avait sagement pensé à diviser en deux parties l'acet Fernand Cortès sont devenus justement célèbres par la conquête de l'Amérique, ne devons-nous pas quelques éloges à celui qui le premier l'annonça, et montra, pour ainsi dire, le nouveau monde aux nations indolentes de notre continent? « Un dominicain missionnaire, qui avait passé la ligne, dit un de nos historiens (1), adressa ses découvertes à Philippe de Valois. On ne peut attribuer qu'à l'espèce d'engourdissement où l'ignorance avait plongé les plus puissantes nations de l'Europe, le peu d'ardeur qu'on témoigna de suivre ces premières connaissances du nouveau monde. Ce religieux affirmait dans son ouvrage, *De Mirabilibus mundi*, non-seulement que les peuples chrétiens ne formaient pas la vingtième partie des habitants de l'univers, mais encore que l'existence des antipodes n'était pas une fable. »

Si les arts ne peuvent se proposer de but plus utile que d'aider nos sens, quelle reconnaissance ne devons-nous pas à cet Alexandre Spina, dominicain, qui, faisant une heureuse application de la propriété des verres convexes, inventa les lunettes, communément appelées *bésicles*. Jusqu'à lui, les hommes perdaient la vue longtemps avant la vie. Avec le secours de ces lunettes, les objets que n'apercevaient plus les yeux affaiblis du vieillard, ou qui lui paraissaient confus et embrouillés, il les voit d'une manière claire et distincte. Depuis Spina, la vieillesse est moins triste et moins pénible pour l'humanité (2).

Le seul homme de notre nation qui ait obtenu les honneurs du triomphe qu'à la renaissance des lettres on décernait aux plus fameux poëtes, est un religieux augustin de Toulouse, nommé Bernard André; l'Angleterre fut le théâtre de sa gloire. Il y voyageait pour s'instruire, lorsque Henri VIII, averti de son mérite, l'accueillit à sa cour et le fixa près de lui. Bientôt se prépare la pompe du couronnement; une guirlande de myrte et de roses est posée sur la tête de ce savant cénobite au milieu des acclamations publiques, et le titre de poëte lauréat lui est déféré dans une charte royale. Il l'avait mérité par des poésies sacrées et profanes, fort admirées alors, et dont trois livres d'hymnes, qu'on chante encore aujourd'hui, donnent une idée avantageuse. André s'exerça en plusieurs genres avec un égal succès; il fut choisi pour être historiographe des Iles-Britanniques, et nous avons de lui une Vie très-estimée de Henri VII, le Salomon de l'Angleterre. En plaçant son buste à côté de son illustre fondatrice, l'Académie des jeux floraux vient de faire reverdir sur le front de Bernard André les lauriers qu'il reçut au XVIᵉ siècle (3).

Français, rappelant à des Français les services que les religieux ont rendus à l'Etat, pourrions-nous oublier qu'un de nos rois, descendant de son trône pour porter la guerre au delà des mers, sur l'avis et le choix de la nation, alla chercher dans un monastère celui qui, pendant son absence, devait tenir les rênes de l'empire? Par une administration également heureuse et habile, Suger y maintint la paix et la tranquillité. Quand il remit à son maître le précieux dépôt de la félicité publique, Louis VII et les Français reconnaissants lui donnèrent de concert le nom de *Père de la patrie* (4).

Nous terminerons ce chapitre par le témoignage de l'abbé Velly. Après avoir parlé de la fondation des principales abbayes au VIIᵉ siècle, et des privilèges qui leur furent accordés : *Le gouvernement*, dit-il, *retira de grands avantages de tant de pieux établissements. Ils ont donné des saints à la religion : c'étaient des écoles de vertu; des historiens à la postérité : ce sont eux qui nous ont conservé les fastes de la nation; des citoyens utiles à l'État : c'est à leur industrie que la France doit une partie de sa fécondité* (5).

CHAPITRE V.

UTILITÉ ACTUELLE DES ORDRES RELIGIEUX (6).

Si nous honorons les descendants de ceux qui ont bien mérité de la patrie; si presque tous les États leur accordent des privilèges et des distinctions pour s'acquitter envers leurs aïeux; si l'éclat du nom relève toujours les talents personnels : en prononçant sur les religieux de nos jours, peut-on, sans injustice, oublier les services et les vertus de leurs prédécesseurs, et ne pas reconnaître le droit qu'ils leur ont acquis à notre reconnaissance ? Mais fermons, si l'on veut, tous les livres d'histoire ecclésiastique et civile; renversons, s'il est possible, tous les monuments qui attestent le bien dont nous leur sommes redevables; dépouillons les enfants de la gloire dont les couvre le mérite de leurs pères : pour les juger, n'examinons que les faits dont nous sommes témoins; et voyons si l'utilité qu'en retirent encore la religion et la société ne doit pas les rendre chers à l'une et à l'autre ?

---

tion employée pour aller dans l'air; l'une, au moyen de laquelle on devait s'y soutenir; l'autre, par laquelle on devait s'y mouvoir.

« En 1755, ou près d'un siècle après qu'eut paru l'ouvrage du P. Lana, on imprima à Avignon un livre intitulé, *l'Art de voyager dans les airs; amusement physique et géométrique*. L'auteur de cet ouvrage, le P. Galien, paraît avoir bien senti en quoi consistait principalement le moyen de surmonter la difficulté d'élever des corps creux dans l'air : il remarque judicieusement que ce n'est qu'en augmentant considérablement la capacité de ces corps, qu'on pourra parvenir à les faire flotter dans ce fluide, en les remplissant d'un air beaucoup plus rare. »

(1) *Histoire de France*, tom. XI, pag. 126 et 127.
(2) *Essai sur l'esprit et les mœurs des nations*, chap. 81.
(3) Le discours d'inauguration fut fait par madame la comtesse d'Esparbès, qui consacre ses loisirs à la culture des lettres.
(4) *Histoire de France*, tom. III, pag. 147.
(5) *Histoire de France*, tom. I, pag. 216.
(6) Nous remontons dans ce chapitre au commencement de notre siècle, et nous n'y parlerons presque que des religieux français : il nous eût été trop difficile de nous procurer des renseignements certains sur le bien que font ceux qui habitent les autres empires catholiques.

Les corps religieux servent l'Eglise par leurs vertus, par la culture des saintes lettres, par leur application au ministère ecclésiastique.

On trouve encore dans le cloître de grandes vertus. — Quoiqu'il ne soit ni dans notre cœur ni de notre plan de faire la satire de notre siècle, nous ne saurions dissimuler que les mœurs ont reçu de funestes atteintes. Cette altération, nous croyons qu'il faut imputer à l'effervescence irréligieuse qui s'est emparée de toutes les têtes, à l'amour trop dominant pour les sociétés, et à celui des jouissances qu'a tant multipliées le luxe. Pour nous garantir de l'excessive crédulité de nos aïeux, leurs censeurs ont voulu lui substituer un pyrrhonisme plus dangereux : les vertus formées par la religion ont perdu leur force et leurs motifs; et l'égoïsme, fruit des nouvelles maximes, a remplacé l'abnégation de soi-même et tous les généreux sacrifices qu'ordonne ou conseille l'Evangile. A la faveur de la grande communication établie entre les différentes classes des citoyens et de la licence qui y règne, ce mépris s'est aisément communiqué. Le commerce de la vie parmi les hommes, et surtout parmi les chrétiens, devrait-il être autre chose qu'un mutuel échange de bons offices? Ne sont-ils pas obligés de s'exhorter par leurs exemples et par leurs discours à s'acquitter envers Dieu et envers la patrie? et le besoin qu'ils ont de plaisirs ne peut-il pas être satisfait par des jouissances d'autant plus douces, que la source en est plus pure? En observant l'état actuel de la société, on est promptement averti que nous ne nous réglons pas sur ces principes : les âmes s'énervent, les vertus domestiques deviennent rares, les devoirs civils et religieux ne sont plus respectés. Le luxe ajoute encore à ces misères : renfermé en de justes bornes, il exercerait suffisamment l'industrie, alimenterait le commerce autant qu'il est nécessaire; et, sans nuire à l'agriculture ni à la simplicité des mœurs, il procurerait de l'aisance aux nations. Quand il domine tous les ordres d'un empire, c'est de la bouffissure qu'il leur donne, et non de l'embonpoint; excitant dans tous les cœurs l'avidité pour l'or, il étouffe la pitié, et laisse le malheureux sans ressource : on ne ressent que trop partout combien il est fécond en désordres et en crimes. Ainsi, la religion, qui commande les bonnes mœurs, qui sanctifie toutes les obligations et tous les sentiments humains, est également affligée et pour ses propres pertes et pour les pertes de l'Etat.

Parmi tant de sujets de larmes, elle trouve dans la piété des religieux une de ses plus douces consolations. En portant ses regards vers les cloîtres, elle en découvre encore dont la fidélité à leur profession est entière : par la pratique des conseils évangéliques, s'élevant au plus haut degré de la perfection chrétienne, ils convainquent d'imposture tous ses calomniateurs : loin de redouter la solitude, ils la chérissent comme la sauvegarde de leur ferveur : observateurs exacts de la pauvreté qu'ils ont vouée, ils méprisent les biens et les commodités de la vie, ajoutent même des privations volontaires aux privations que la règle prescrit. Quel spectacle aux yeux de la religion, que celui qu'offrent des hommes sans cesse occupés à chanter les louanges de Dieu avec le respect dû à sa majesté suprême, qui, pendant quarante et soixante ans, vivent ignorés et portent un joug austère sans se lasser de leur sacrifice, qui ne sont avides que des délices de la vertu ! Qu'au sortir d'un cercle, où l'on croit avoir joui de tous les plaisirs réunis, on se transporte dans un monastère pour y voir un de ces pieux anachorètes, on sera frappé du contraste que forment, avec la frivolité, sa simplicité, sa modestie, sa candeur, son aménité, son air serein, qui décèle une âme tranquille et vraiment heureuse, et ce je ne sais quoi de pénitent et de saint, qui, répandu sur toute sa personne, pénètre d'un sentiment religieux dont il est impossible de se défendre.

Voilà ce que nous avons vu plus d'une fois. Ceux de nos lecteurs qui fréquentent les cloîtres attesteront que nous n'exagérons rien ; et nous ne demandons aux autres que de suspendre leur censure, jusqu'à ce qu'instruits par eux-mêmes ils puissent juger avec équité. On regrette comme inutile, mais on ne conteste pas la vertu des enfants de saint Bruno. Notre mollesse effrayée taxe d'extravagance, mais reconnaît la rigidité de la Trappe, d'Orval, de Septfons. Ces religieux ne paraissent-ils pas avoir appartenu aux plus beaux siècles de l'Eglise ? Quelque admiration que nous inspire leur persévérance, et quelque sincère que soit l'hommage que nous leur rendons, nous ne faisons néanmoins aucun vœu pour que leurs maisons se multiplient et deviennent plus nombreuses, parce qu'un régime si sévère ne saurait convenir à une grande multitude d'hommes. C'est ce qu'avait bien senti le vénérable Guigues (1), qui fut vingt-sept ans prieur de la Chartreuse de Grenoble. *Notre ordre,* dit-il, *ne se soutient que par le petit nombre de ceux qui l'embrassent.* Nous citerons encore l'exemple des religieuses en général : celles surtout qui n'ont que peu de relations avec le monde continuent de pratiquer courageusement les rigueurs de la pénitence. Dans les autres corps, l'esprit du fondateur ne vivifie pas tous les membres ; amis de l'ordre, nous solliciterons bientôt l'exécution d'une réforme nécessaire ; amis de la vérité, nous devons avouer ici que, malgré le relâchement, l'Eglise y compte encore un grand nombre de saints, comme un grand nombre de savants.

Les religieux cultivent les sciences ecclésiastiques.—Si les religieux sont obligés par état de s'appliquer aux sciences ecclésiastiques, nous ne craignons pas de dire que, depuis le commencement de ce siècle, ils

(1) Il mourut en 1436.

ont été fidèles à remplir ce devoir. Marchant sur les traces de leurs prédécesseurs, ils nous ont donné des ouvrages utiles, et, pour de nouveaux besoins, la religion a trouvé en eux de nouveaux secours. Théologie, histoire de l'Eglise, jurisprudence ecclésiastique : voilà le champ immense dont il fallait continuer la culture. Dans quelques parties ils ont travaillé seuls et sans coopérateurs ; pour les autres, ils ont réuni leurs efforts aux efforts de tous ceux qu'animaient l'utilité et la gloire de l'Eglise.

Ecriture sainte. — Comme l'Ecriture sainte est le premier fondement de notre foi, les religieux se sont voués à cette étude avec un zèle digne du sujet. En expliquer le texte, en développer les sens, en concilier les contrariétés apparentes, tel est l'objet que se sont proposé, sur toute la Bible ou sur quelques-uns de ses livres, Dom Calmet entre autres dans son *Commentaire littéral*; Dom Poncet, dans ses *nouveaux Eclaircissements sur le Pentateuque des Samaritains*; le P. Goudou, capucin, en exposant les *Psaumes dans leur véritable sens*; le P. Colomne, barnabite, dans son *Dictionnaire* et sa *Notice de l'Ecriture sainte*; Dom Girardet dans son *Lexicon hebraicum et chaldæo-biblicum*; et Dom Sabathier dans son *Ancienne Version italique*.

S'enfoncer dans la nuit des temps écoulés et interroger tous les monuments et tous les livres, soit pour recueillir ce qu'on peut savoir des usages anciens, soit pour former l'histoire des auteurs inspirés ; approfondir la religion des diff. rents peuples et assigner l'origine de leurs traditions ; débrouiller divers points de chronologie et de géographie, et par là éclaircir plusieurs endroits de l'Ecriture, qui, sans ces connaissances, auraient toujours été obscurs : c'est ce qu'ont exécuté Dom Calmet, par son *Histoire de l'Ancien Testament*, et par ses savantes *Dissertations*; Dom Cellier, par son *Histoire générale des Auteurs sacrés*; Dom Rousseau, par ses *Lettres sur la Géographie de la Palestine*; Dom Martinai, par sa *Chronologie du texte hébreu*; Dom Martin, par son *Explication de divers monuments, qui ont rapport à la religion des peuples les plus anciens*.

Démontrer l'authenticité et l'intégrité de ces livres, en prouver l'inspiration, et justifier la croyance qui leur est due, voilà la tâche qu'ont remplie le P. Barre, génovéfain, en publiant ses *Vindiciæ librorum deutero-canonicorum*; plusieurs qui sont déjà cités, et tant d'autres que nous ne citons pas.

Fondre tous ces travaux en un seul travail ; donner à la traduction, faite sur les langues originales, la précision et la clarté propres à relever la justesse et la beauté des idées ; puiser des explications dans les Pères et dans les plus doctes interprètes , et y joindre des notes critiques, historiques, géographiques et grammaticales, appuyées de l'autorité des plus habiles grammairiens et lexicographes hébreux ; distinguer les temps et les caractères des deux alliances ; démêler la variété des sens ; rapprocher les diffé-rentes prophéties dont l'objet est le même, et faire sentir partout l'accord et l'harmonie : n'est-ce pas là ce qui occupe la Société hébraïque depuis 1744 jusqu'à ce jour ? Par sa libéralité envers ces savants capucins, le clergé de France vient de consacrer leur travail et les encourage à le poursuivre.

Edition des Pères. La seconde base de notre foi, c'est la tradition perpétuelle et universellement attestée des points approfondis. Transmise d'abord dans des instructions de vive voix, elle a été soigneusement recueillie par saint Polycarpe, disciple de saint Jean l'évangéliste ; par saint Irénée, saint Clément Alexandrin, contemporains de ceux qui avaient entendu les apôtres , et ainsi d'âge en âge par les autres Pères. *Leurs ouvrages qui sont venus jusqu'à nous,* dit M. Fleury, *au travers de treize à quatorze siècles, après tant d'inondations de peuples barbares, tant de pillages et d'incendies, malgré la fureur des infidèles, la malice des hérétiques, l'ignorance des temps moyens* ; leurs ouvrages contiennent, outre le fond de la doctrine, la manière de l'enseigner, les règles et les exemples de la discipline et des mœurs. Leur étude, nécessaire à la religion, est donc d'un devoir indispensable à ceux qui sont obligés de la servir.

Vers la fin du siècle dernier, la revue et la correction de tous leurs écrits furent entreprises par plusieurs savants, et surtout par les Bénédictins de la congrégation de Saint-Maur. De nos jours, elle a été continuée exclusivement par eux et par quelques autres religieux. C'est en 1700 que sortit de Saint-Germain-des-Prés le dernier volume de l'édition de saint Augustin, la plus correcte et la plus complète de toutes, et si estimée par le choix et l'arrangement des matières qui règnent dans la table, chef-d'œuvre en ce genre. En 1704, Dom de Sainte-Marthe donna l'édition de saint Grégoire ; Dom Massuet, celle de saint Irénée, en 1705 ; Dom Martinai, celle de saint Jérôme, en 1706; Dom le Nourri, celle de saint Ambroise, en 1707 ; Dom Touttée, celle de saint Cyrille de Jérusalem, en la même année; et, en 1715, le dernier volume de son grand ouvrage de l'Apparat à la Bibliothèque des Pères, où tout ce qui regarde ceux des quatre premiers siècles est éclairci avec la plus saine et la plus judicieuse critique ; Dom Coustant, celle de saint Hilaire, en 1711 ; Dom Garnier, en 1713, celle de saint Basile, qu'a retravaillée Dom Maran, à qui nous devons les OEuvres de saint Cyprien et de saint Justin ; en 1762, Dom Maran, coopérateur de tant d'autres éditions, a redonné ce dernier Père. Le Quien, dominicain, a publié l'édition de saint Jean Damascène, en 1723 ; Dom de la Rue, les œuvres d'Origène, en 1729 ; Dom de Montfaucon, les Hexaples du même auteur, et les ouvrages de saint Athanase et de saint Chrysostome, etc.

Pour juger tout ce que ce travail a coûté de peines, qu'on se rappelle la confusion où étaient ces monuments de l'antiquité. Les bibliothèques publiques n'offraient que peu de ressource: les communautés religieuses s'étant relâchées pendant les XIVᵉ et XVᵉ siècles, le zèle de les transcrire ne les animait plus, et elles en avaient laissé dissiper les anciennes copies. Il a donc fallu réunir ces précieux débris épars en différents monastères, les débrouiller, les comparer, leur rendre leur intégrité originale, et en rejeter tout ce que des mains ignorantes y avaient ajouté d'étranger. L'intelligence de ces monuments a été facilitée par des notes et des dissertations savantes, où l'on apprend, non-seulement ce qui concerne personnellement ces saints dépositaires de la doctrine, mais aussi quelles sont les hérésies de leur temps, les raisons qu'ils emploient pour les combattre, quels conciles les ont condamnées, et tout ce qui, durant leur vie, est arrivé de plus considérable à l'Eglise.

Enfin, après avoir posé les règles suivant lesquelles on doit étudier les Pères; après avoir distingué judicieusement en eux les docteurs particuliers, les témoins de la croyance catholique, et les divers degrés de confiance qu'ils méritent sous ce double rapport; après avoir assigné le triple caractère des articles de foi, conservés par la tradition (1), Dom Mareschal montre leur constante uniformité sur tous les points qui tiennent essentiellement au dogme, à la morale et à la discipline.

En approfondissant ainsi l'Ecriture, et en ressuscitant les Pères, s'il est permis de le dire, les religieux sont remontés aux véritables sources de la théologie. On connaît plus généralement aujourd'hui les principes de celle qu'on appelle positive. Il n'est plus à craindre que la scholastique soit à l'avenir surchargée de tant de questions oiseuses et de tant de raisonnements captieux. L'énonciation claire de divers points du dogme; la preuve tirée des textes de l'Ecriture entendus littéralement, appuyée du témoignage des Pères, confirmée par le raisonnement d'une logique solide: voilà ce qu'on enseigne généralement aujourd'hui dans les monastères comme dans les universités, et ce qu'on trouve dans les auteurs de ce genre. Nous ne citerons que l'ouvrage sur les Sacrements, du P. Drouin, dominicain; à peine a-t-il paru, qu'il est devenu livre classique.

Théologie positive, scolastique, morale. — Noël-Alexandre, du même ordre, a développé, avec beaucoup de clarté, les importantes vérités de la morale, par son *Apologie de celle des Pères*. Dom Cellier montre qu'ils ne sont que les fidèles interprètes de l'Evangile, où ils ont puisé les règles des mœurs qu'ils établissent si solidement. Tant qu'on suivra ces auteurs, on ne substituera point des opinions humaines aux préceptes évangéliques; et ils ne seront plus, comme ils l'ont été autrefois, interprétés et appliqués d'une manière arbitraire.

Controverse. — La controverse a eu, de nos jours, une carrière malheureusement trop vaste à parcourir. Depuis que Constantin a fait monter la religion sur le trône des Césars, les attaques qu'elle a soutenues n'avaient été successivement dirigées que contre quelques-uns de ses dogmes. Les hérétiques reconnaissant la divinité des Ecritures et l'infaillibilité de l'Eglise, il suffisait, pour les réduire au silence, de justifier l'explication littérale des textes dont ils abusaient, ou bien la décision des conciles ramenait ceux qui s'égaraient de bonne foi. De toutes parts l'indignation s'était élevée contre les monstrueux systèmes de Vanini, de Spinosa et de quelques autres. Leurs idées diversement fondues en une multitude d'ouvrages plus licencieux encore, et que les grâces de l'exécution rendent plus séduisants, ont été accueillies par notre siècle. Il a fallu renouveler les combats que les Pères avaient autrefois livrés aux païens; et nous voyons plusieurs religieux entrer dans cette lice honorable. Pour repousser les coups de l'incrédulité, les uns exposent simplement *les titres primitifs de la Révélation;* les autres prouvent que la raison est d'accord avec la foi.

Dom Lamy établit, d'une manière victorieuse, *la vérité de la religion chrétienne;* Dom Maran, *la divinité de Jésus-Christ;* Dom Toussaint, *l'autorité des miracles;* le P. Hayer, récollet, *la spiritualité et l'immortalité de l'âme* (2). Il fallait encore réfuter les erreurs de toute sorte, si audacieusement avancées par nos écrivains modernes, et leur opposer leur propre témoignage en faveur de la religion; employer ainsi à sa défense les armes destinées contre elle, et donner aux hommes une importante leçon, en leur offrant le tableau des contradictions où sont tombés les plus grands génies, c'est ce qu'ont fait différents religieux. Si tous ces ouvrages ne sont pas embellis par les ornements du style dont se parent leurs adversaires, on ne peut nier qu'ils ne brillent par la clarté des preuves, et qu'il n'y domine une force de raisonnement capable d'éclairer et d'entraîner tous les esprits qui ne cherchent que la vérité.

Nous ajouterons ici que quelques religieux ont beaucoup contribué à introduire, dans nos écoles, la dignité avec laquelle y est traitée maintenant la science de Dieu (3)

---

(1) C'est la fameuse règle donnée par Vincent de Lérins, que cite Dom Mareschal: lorsqu'il s'élève quelque contestation touchant la foi, il faut s'en tenir à ce que tous ont toujours cru dans tous les lieux de la chrétienté: *Quod ubique, quod semper, quod ab omnibus traditum est,* a dit ce savant moine.

(2) Jusqu'ici, a dit M. Fréron en rendant compte de cet ouvrage, lorsqu'on demandait quel était le meilleur livre sur l'immortalité de l'âme, on indiquait celui du docteur Sherlok, traduit de l'anglais en notre langue. Aujourd'hui si vous vouliez lire l'ouvrage le plus philosophique, le plus profond, le mieux détaillé, le plus complet, et le mieux écrit que nous ayons sur cette matière, je vous proposerais trois volumes in-12, intitulés *la Spiritualité et l'Immortalité de l'Ame,* par le P. Hayer, récollet.

(3) C'est Melchior Canus, dominicain, mort en 1560, qui a commencé cet heureux changement. Son traité *De Locis theologicis* est très estimé, soit pour l'importance des choses, soit pour l'élégance du style.

que loin d'avoir à craindre qu'elles s'en écartent, nous devons espérer que, l'antiquité étant pleinement approfondie, elles adopteront, autant que le permettront les circonstances, la méthode même qu'en suivait pour l'enseignement pendant les beaux siècles de l'Eglise. Quoi qu'il en soit, chaque ordre a plusieurs maisons d'études, où se forment les jeunes profès. D'autres, choisis par leurs supérieurs, viennent, conformément à leurs règles, terminer leur cours en Sorbonne ; et la plupart des universités du royaume les voient ensuite occuper avec distinction les chaires qui leur sont affectées.

Par tous ces écrits, les réguliers ont vengé la religion et affermi la foi ; par d'autres, ils entretiennent la piété. Quelque dédain qu'ait conçu pour le genre ascétique une délicatesse excessive, on ne peut nier qu'il ne soit très-utile au commun des fidèles. Instruits par l'expérience, les religieux ont traité divers sujets de dévotion et de morale, ont tracé la manière de passer chrétiennement différents temps de l'année, ont donné des conférences pour servir à l'instruction du peuple. La plupart de ces ouvrages offrent à leur lecteur des réflexions sages, des maximes solides, des principes lumineux et des sentiments pleins d'onction ; et quelques-uns sont écrits avec netteté, élégance et précision. C'est au même but que tendent une foule de sermons, de panégyriques, d'oraisons funèbres, composés par des religieux célèbres.

Histoire ecclésiastique. — Outre ces savants auteurs et ces auteurs pieux, encore aujourd'hui les monastères fournissent à l'Eglise des auteurs qui, par leurs recherches sur l'histoire, ont découvert des monuments inconnus et l'ont enrichie d'un travail nouveau. L'*Oriens christianus*, l'*Amérique chrétienne*, et le *Gallia christiana*, sont des mines abondantes pour l'histoire ecclésiastique.

Dans le premier, le P. le Quien, dominicain, nous instruit de tout ce qui concerne les quatre patriarcats de Constantinople, d'Alexandrie, d'Antioche et de Jérusalem. Remontant à l'origine de ces Eglises-mères, suivant leur agrandissement, arrivant enfin à leur décadence, il fait connaître les divers états de la foi et des mœurs, la suite des patriarches, la manière de les élire et de les sacrer, les lois canoniques et impériales d'après lesquelles ils gouvernaient, les troubles qui, agitant l'Eglise et l'empire, ont causé des interrègnes, les privilèges accordés à ces grands sièges, leur autorité sur les vastes provinces de leur dépendance, et, autant que le permettent la perte et la confusion des monuments, le nom de chacun des évêques de ces diocèses et les actions qui ont illustré leur pontificat.

En lisant l'Histoire du P. Touron, disciple aussi de saint Dominique, on voit, d'un côté, des peuples nombreux, humains, simples, pacifiques, et dociles aux instructions des ministres de l'Evangile ; de l'autre, une nation chrétienne, en qui la soif de l'or étouffe le cri de l'humanité et de la religion. Si les conquérants du nouveau monde n'avaient pas été presque tous des monstres, il leur était facile de l'unir à l'ancien par des alliances libres et avantageuses : entre deux hémisphères se serait établie une correspondance plus solide et moins injuste. Sans égorger les Américains, on pouvait policer ceux qui n'étaient pas encore policés, et les éclairer tous : l'Europe n'y eût rien perdu, et ces peuples auraient reçu avec soumission et reconnaissance la religion de leurs bienfaiteurs. C'est ce qu'il est impossible de ne pas croire d'après l'heureuse révolution qu'opéra le zèle de quelques missionnaires aux Antilles, au Mexique, au Pérou, au Chili, et au nouveau royaume de Grenade, malgré les attentats de toute espèce qu'y commettaient les Espagnols. Quoique révoltés de leurs mœurs atroces, les habitants de ces divers pays donnaient une confiance sans réserve à ces hommes apostoliques, qu'ils regardaient comme leurs pères ; et dans les fastes de l'Amérique sont écrits, avec les caractères de l'amour, les noms de Las-Casas, de Julien Garcés, d'Antoine Valdivieso, de Jean Ramirez, de François de Saint-Michel, d'Alphonse de la Cerda, et de tant d'autres pieux religieux qui ont constamment protégé les Indiens. Jamais l'établissement du christianisme n'a coûté moins de sang à l'Eglise ; et jamais ses progrès n'ont été si rapides que chez ces hommes véritablement nés pour une religion fraternelle. Aussi vit-on se multiplier promptement parmi eux les monastères, les évêchés, les chapitres, les séminaires, les hôpitaux. On établit des écoles, où les naturels du pays furent instruits des sciences ecclésiastiques (1) ; on tint des synodes et des conciles ; et cette Eglise naissante invoqua bientôt des saints qu'elle avait formés. Tel est l'objet de l'*Amérique chrétienne*. Si cet ouvrage, fruit de la vieillesse de l'auteur, était écrit d'une manière plus serrée, on sentirait mieux le prix des faits soigneusement recueillis, scrupuleusement vérifiés, et disposés avec méthode et clarté.

Le *Gallia christiana*, modèle de l'*Oriens christianus*, contient tout ce qu'offre de plus

---

(1) De ces écoles sortirent plusieurs savants indiens. Les premiers dignes d'être nommés sont Dom François d'Avila, natif de Cusco, auteur d'un *Traité de Morale sur tous les évangiles de l'année*, très utile pour l'instruction des nouveaux chrétiens ; Dom Jean de Salazar, religieux de Saint-Jacques, premier professeur de droit canon dans l'université de Lima, qui a fait imprimer les *Primicias del nuevo mundo* ; Dom Guttière Velasquez, qui a composé deux volumes *sur la puissance des vice-rois, et sur la manière de policer les Indiens* ; Dom François Ugarte d'Hermosa, qui a traité des *Principes du gouvernement spirituel et politique*, et donné les *Moyens de mettre ces principes en pratique dans les Indes*. Les lecteurs de l'*Amérique chrétienne* remarqueront sans doute Jean de Castille, Jean de Lorenzana, et plusieurs autres qu'il serait trop long de citer.

remarquable l'histoire ecclésiastique de France, suivant les anciennes limites des Gaules, situées entre la Méditerranée, l'Océan, le Rhin, les Pyrénées et les Alpes. La formation des archevêchés, évêchés, abbayes, et des autres Eglises considérables, est suivie du catalogue des prélats qui les ont gouvernées. Le temps où ils vivaient est assigné; leur genre de vie et les événements notables arrivés pendant leur prélature sont rapportés. Ainsi, le lecteur se trouve environné d'une multitude d'évêques célèbres, ou par le martyre qu'ils ont souffert, ou par leurs miracles et par l'austérité de leur pénitence, ou par leur doctrine et par leurs travaux pour la défense de la foi, ou par la pourpre romaine dont ils ont été décorés, ou par les emplois qu'ils ont remplis, ou par leur descendance des maisons régnantes, puisque parmi eux on compte des fils et des frères de nos rois; tous enfin illustres, ou par la noblesse de leur sang, ou par celle de leur vertu. Ce grand nombre de pontifes forme comme un concile général et de tous les siècles de l'Eglise gallicane.

Cet ouvrage, conçu par Claude Robert, chanoine de Langres, qui, en 1626, donna un volume in-folio, augmenté par MM. de Sainte-Marthe, qui en publièrent quatre en 1656, n'est devenu ce qu'il doit être que de nos jours, et par les soins des Bénédictins de la congrégation de Saint-Maur. Dom Denis de Sainte-Marthe, encouragé par le suffrage et par les secours du clergé de France, l'a continué suivant un ordre plus naturel, qui classe sous chaque métropole les évêchés qui en dépendent, et dans chaque diocèse les abbayes qui y sont situées. L'impression du treizième volume est avancée; et avec deux ou trois autres encore, dont les matériaux sont déjà rassemblés, cet important ouvrage sera complet.

C'est de l'instruction des jeunes gens que s'est occupé le P. de Graveson, dominicain. Dans un petit nombre de volumes sur l'histoire de l'Ancien Testament et sur l'histoire ecclésiastique poussée jusqu'en 1730, il leur facilite la connaissance de la doctrine, de la discipline et de la morale de l'Eglise, employant la méthode des dialogues, dont se servit autrefois Alcuin, et joignant toujours la clarté à la brièveté. Ses tables chronologiques sont faites avec beaucoup d'ordre.

Noël-Alexandre, son confrère, mort en 1724, s'est arrêté à l'année 1600. On peut lire avec fruit ses dissertations historiques, chronologiques, critiques et dogmatiques; et son ouvrage, dont il faudrait retrancher les longueurs, est accompagné de ses réponses modestes et judicieuses aux inquisiteurs qui l'avaient censuré.

Liturgie.—Si les anciens moines, en écrivant sur la liturgie, l'avaient défigurée par des interprétations arbitraires, en se bornant à nous en donner l'histoire, ceux de nos jours lui rendent sa noble simplicité. Ce motif a porté Dom Martène à réunir les anciens rites. L'exposition des cérémonies employées dans l'administration des sacrements, dans les offices divins, dans les sacres, dans les punitions canoniques, suffit seule pour faire connaître quel a été, en tout temps, l'esprit de l'Eglise. Cette piété solide et dégagée de préjugés semble avoir dicté les nouveaux ouvrages de ce genre.

Vie des saints, etc. — A l'histoire ecclésiastique appartient encore la Vie des saints, et des autres personnages qui ont été l'honneur du clergé et des cloîtres. Nous citerons seulement la Vie de saint Charles Borromée; celles de saint Dominique et de saint Thomas (1), par le P. Touron, etc.

Ouvrages de discipline et de jurisprudence canonique. — Sans la connaissance du droit canon, la théologie et l'histoire ecclésiastique ne seraient traitées qu'incomplètement. Cette science des lois de l'Eglise et de sa discipline ne pouvait être étrangère ni aux théologiens ni aux historiens que nous avons nommés: nous trouvons encore d'autres religieux qui s'y sont appliqués d'une manière particulière. Dom Bessin est éditeur des *Conciles de Normandie*, ouvrage posthume de dom Belaise, son confrère. Par ses *Lettres critiques sur le pontificat d'Eugène III*, Dom Dupui, bernardin, éclaircit tous les événements ecclésiastiques de cette époque. Les Bénédictins continuent le recueil des conciles de l'Eglise gallicane; et, parmi les savants en cette partie, personne n'ignore combien elle a été enrichie par les recherches du laborieux Dom Martène, qui a retiré de la poussière où ils étaient ensevelis, des conciles, plusieurs statuts synodaux, d'anciens décrets des monastères et des congrégations (2).

Les membres des différentes congrégations régulières s'étant ainsi distingués dans ces diverses sciences, il était digne de leur zèle d'entreprendre de les réunir toutes en un seul ouvrage, qui formât un corps de doctrine, et fût une encyclopédie ecclésiastique, d'autant plus utile que l'usage en serait plus facile. Ce projet a été tenté par une société de Dominicains, à laquelle présidait le P. Richard. Le *Dictionnaire universel des sciences ecclésiastiques* renferme tout ce qui concerne l'Ecriture sainte, la tradition, la théologie, l'histoire, la jurisprudence et les rites. De doctes dissertations sur les endroits les plus difficiles et les plus importants de la Bible, et de courtes explications de tous les mots qui la composent; le catalogue et la notice des ouvrages des Pères, d'après les meilleurs éditeurs; des traités complets des points essentiels de la doctrine, et la simple

---

(1) Après le récit des actions de ce saint docteur, le P. Touron, rapprochant tous ses principes de doctrine, forme un plan qui en développe l'étendue et l'unité.

(2) *Thesaurus novus anecdotorum, et veterum scriptorum et monumentorum historicorum, dogmaticorum, moralium, amplissima collectio,* 15 vol. in-fol., ouvrage d'une érudition immense, qui fait suite au *Spicilége* de Dom Luc d'Acheri.

exposition des opinions qui partagent les écoles, sans mélange de questions inutiles ; la narration abrégée des faits historiques, dans laquelle sont insérés les principaux traits de la vie de tous les personnages qui marquent par leurs vertus et leurs travaux ; le dernier état de notre droit canon ; les vrais principes de l'éloquence chrétienne, et des modèles bien choisis : telles sont les différentes matières qu'embrasse ce grand ouvrage : faiblement exécuté, s'il ne peut être regardé comme fini, c'est au moins un heureux essai, qui mérite d'être perfectionné.

Religieux missionnaires. — Après avoir exposé les travaux littéraires des religieux, il ne nous reste plus qu'à parler de leurs travaux évangéliques. Dans le temps que Luther et Calvin enlevaient à l'Église une grande partie de son ancien domaine, le nouveau monde, depuis peu découvert, lui offrait une vaste moisson capable de la dédommager de ses pertes. Par une de ces dispositions où la sagesse de la Providence se manifeste visiblement, la réforme régénérait alors les ordres monastiques ; et en divers royaumes étaient établies des congrégations de Clercs Réguliers. Du sein de ces communautés sortirent les apôtres des deux Indes ; et leurs successeurs perpétuent encore le même ministère, soit en conservant l'antique croyance parmi les catholiques qui vivent sous la domination des Turcs et des princes séparés de nous par l'hérésie, soit en propageant la lumière évangélique chez les infidèles.

Pour l'Europe, nous trouvons en Hollande des Carmes français ; des religieux de différents ordres, et surtout des Bénédictins et des Capucins de notre nation, dans les Iles-Britanniques. Leur nombre n'est pas si considérable en Danemark, en Suède, en Russie (1). Les Capucins de la basse Allemagne sont chargés de la mission des cercles voisins, comme les Italiens, de celle des divers cantons de la Suisse. La partie de la Hongrie soumise au Turc, est confiée aux Pères de Saint-Paul, premier ermite, et aux Mineurs Observantins ; la Valachie, aux religieux de la même observance ; la Moldavie, à d'autres Franciscains. On voit avec regret que la Tartarie-Crimée soit dénuée de tout secours ; la Bosnie est mieux pourvue ; on y compte dix-huit couvents de Mineurs Observantins : leurs confrères de la Bulgarie, naturels du pays, en forment le seul clergé, et y observent une exacte discipline. Outre un clergé séculier, l'Albanie possède une mission de moines réformés, et quelques maisons de Mineurs Observantins, régies par un provincial. Ceux de Visouar prennent soin des catholiques de la Dalmatie ; les conventuels de Corfou et les Capucins français de l'Archipel, de ceux de la Grèce. Ces Capucins ont douze maisons répandues dans ces îles, et deux à Constantinople : ils y partagent les fonctions du ministère avec des Mineurs Observantins et des disciples de saint Dominique. Non-seulement le zèle de ces missionnaires est utile aux enfants de l'Église de ces divers lieux, ils en augmentent le nombre, en ramenant au bercail plusieurs de ceux que le schisme et l'hérésie en éloignaient. Ces religieux, et d'autres que nous n'avons pas nommés, travaillent aussi à la conversion des hérétiques qui vivent dans les différentes provinces des royaumes que nous venons de parcourir, appartenant à des princes catholiques.

Les corps religieux portent à l'Asie les mêmes secours spirituels. L'île de Chypre est entre les mains des Capucins et des Observantins ; les uns et les autres sont mêlés au clergé des Maronites : il y a des Carmes sur le mont Carmel. *Depuis plus de quatre siècles, les Récollets et les autres Franciscains français entretiennent les lieux saints dans la décence convenable ; on y compte environ vingt-quatre couvents de leur ordre, qui fournissent des curés et des missionnaires à une grande partie des églises du pays, qui, sans cela, se trouveraient sans aucun exercice de religion* (2). Ce sont les Carmes et les Capucins français qui évangélisent par toute la Syrie. En Perse, la foi est soutenue par les Augustins, les Carmes et des Capucins de France. Des Carmes, des Dominicains et des Capucins desservent l'Arabie, l'Arménie et la Géorgie ; et, outre ceux-ci, on trouve dans la Mingrélie des Théatins. Cultivant la médecine, ils se rendent recommandables au public et agréables au prince ; et si la grossièreté et l'opiniâtreté des Mingréliens pour leurs erreurs et le schisme, opposent à leur zèle des obstacles presque invincibles, ils ont au moins la consolation de donner le baptême aux enfants que les parents leur apportent lorsqu'ils désespèrent de leur vie. Comme de tous les États gouvernés par des princes mahométans, le Mogol est celui où notre religion a été le moins gênée, les Capucins y travaillent avec succès, ainsi que les disciples de saint Philippe de Néri dans l'Indostan. Ils reçoivent parmi eux des naturels du pays, plus propres que les Européens à avancer les progrès de la foi. Les Capucins français sont établis dans le petit Tibet ; et ceux qui vivent à Surate rendent de grands services aux missionnaires qui vont aux Indes ou en reviennent. Le Malabar est sous la direction des Carmes ; et le Bengale, sous celle des Augustins. Enfin, les îles Philippines sont le dépôt des missions des alentours ; presque tous les ordres monastiques y ont des sujets ; la chrétienté y est florissante ; et c'est de là qu'ils partent pour le Japon et la Chine, malgré tous les

---

(1) Le P. Villa-For, d'Alexandrie, missionnaire capucin, a passé plusieurs années à Astrakan. Dans ses loisirs que lui laissait son laborieux ministère, il a composé un Dictionnaire arménien, littéral et vulgaire, latin et italien. Les Capucins de la Société ébraïque, dépositaire de l'original, y ont ajouté les mots français. Cet ouvrage, utile à la religion, et qui enrichirait la république des lettres, ne peut être imprimé, faute de moyens.

(2) Mandement de M. de Juigné, archevêque de Paris, permettant les quêtes pour les églises de la terre sainte.

périls qui les attendent. Ils arrivent avec plus de liberté à Siam, en Cochinchine, et au royaume de Ciampa. Nos Dominicains français vont au Tonquin, dont la plus grande et la plus belle partie est catholique.

En 1771, les PP. dominicains, missionnaires en Asie, ramenèrent à l'unité de l'Église le patriarche des nestoriens résidant à Mosul, et cinq autres évêques de la même province. Après qu'ils eurent reconnu le pontife romain pour seul chef de l'Église universelle, et fait une profession de foi orthodoxe, ils furent confirmés dans les dignités dont ils étaient revêtus (1). De nos jours encore, sept religieux du même ordre ont consommé leur apostolat par le martyre (2). En 1748 et en 1775, Benoît XIV et Pie VI, actuellement régnant, annoncèrent leur triomphe au monde chrétien ; leurs discours, adressés au consistoire, attestent l'état de la foi parmi les habitants de la Chine et du Tonquin.

C'est aux Franciscains des diverses observances, aux Augustins, aux Dominicains et aux Pères de la Rédemption des captifs, que sont commises les missions de l'Afrique. Ainsi on trouve des Capucins français au grand Caire, des Récollets à Alexandrie, des Capucins, des Récollets, des Observantins, en Égypte. Avec eux sont, à Fez, et à Maroc, les Pères de la Rédemption. Aux royaumes d'Ovério et de Bénin, les Capucins cultivent encore la foi que leurs prédécesseurs y ont plantée. Ceux de la province de Bretagne l'ont portée et l'entretiennent chez ces malheureux peuples de la Guinée. On voit des Récollets à Alger et dans toute la Barbarie, des Capucins à Tunis et à Tripoli, des Augustins dans l'île de Tabarca, des Capucins à Mélille, des Pères de la Rédemption à Trémisen, l'ancienne Mauritanie césarienne ; les Capucins français et les Dominicains ont pénétré jusqu'aux extrémités de cette partie du monde, puisqu'ils prêchent aux royaumes de Congo, d'Angola et au Monomotapa.

Après avoir été les premiers apôtres de l'Amérique, comme nous l'apprend le P. Touron, les religieux en forment encore le seul clergé. Les Capucins français, au nombre de soixante et treize, administrent une partie des cures de nos îles du Vent ; les Carmes et les Dominicains remplissent les autres. *Nous avons la satisfaction de voir,* disait Louis XV dans son édit de 1743, *que nos sujets y trouvent, par rapport à la religion, tous les secours qu'ils pourraient espérer au milieu de notre royaume.* Les curés de la Martinique surtout maintiennent parmi leur troupeau l'ordre et les bonnes mœurs ; ils catéchisent les nègres avec une patience vraiment paternelle, et les consolent au milieu de leurs pénibles travaux, en leur donnant l'espérance d'une meilleure vie. Par les requêtes qu'adressèrent au ministère, en 1773, ces paroisses menacées de perdre leurs pasteurs, nous savons assez le bien qu'ils y font, et jusqu'à quel point elles les chérissent. Au Brésil, les Capucins français et les religieux de Saint-Philippe de Néri soignent aussi, d'une manière particulière, cette portion de l'humanité la plus infortunée. Les Carmes, les Bénédictins, les religieux de Saint-François ont chacun une maison à Saint-Sébastien, capitale du pays de Rio-di-Gennaro. Les Frères Prêcheurs, les Frères Mineurs, les Pères de la Merci et les Augustins sont les missionnaires du Chili et du Pérou. Les Capucins français, les Observantins, les Dominicains, instruisent les peuples qui habitent le long de la rivière des Amazones ; leurs confrères, avec des Carmes et des Augustins, s'acquittent du même ministère auprès de ceux du nouveau royaume de Grenade, de Terre-Ferme et de la Californie. Il n'y a que des Mineurs et des Dominicains dans le nouveau Mexique ; mais, dans l'ancien, les religieux de tous les ordres sont en grand nombre et y travaillent avec zèle.

Évangélisant sur toute la face du globe, les réguliers assurent à l'Église l'auguste caractère de catholicité. Séparés par état de leur famille, pliés de bonne heure au joug de l'obéissance, voués à la pauvreté, et ne recevant rien ou presque rien du gouvernement, ne paraissent-ils pas, dans la position actuelle des choses, plus propres que le reste du clergé, à un ministère où tout est sacrifice ? On ne peut au moins disconvenir que, depuis trois siècles, l'expérience dépose en leur faveur.

Ce que l'expérience journalière rend encore bien sensible, c'est leur coopération

---

(1) *Gazette de France,* art. *Rome,* 5 juin 1771.
(2) « Ces cinq hommes, dit le magistrat chinois, établirent chacun des Églises, et ils étendirent beaucoup leur fausse secte. Les femmes, aussi bien que les hommes, l'ayant embrassée, la pratiquent et s'y soutiennent mutuellement. » *Rapport de l'interrogatoire subi par le P. Pierre Martyr Sanz, ses missionnaires, et les autres chrétiens arrêtés dans la cité de Fo-Gan, au mois de juin 1746....* « Lorsqu'on les fit partir (les missionnaires) pour venir à la métropole (la ville de Fo-Cheu), on vit plusieurs milliers de personnes sortir pour les accompagner, en criant et pleurant à côté des chaises sur lesquelles on les transportait. Les femmes et les filles se mettaient à genoux, leur offraient du thé et des fruits ; les uns et les autres les retenaient par leurs habits, et faisaient retentir les airs de leurs cris et de leurs sanglots. Le bachelier Tchhing-Tchheou eut bien l'audace de dire hautement à cette multitude, qu'il ne se repentirait pas d'avoir embrassé cette religion, dût-il souffrir toute sorte de tourments, et la mort même, pour le Seigneur du ciel. Et actuellement, au milieu des interrogatoires les plus sévères, tous d'une voix unanime assurent avec fermeté qu'ils ne veulent point changer ni abandonner la religion chrétienne.... Ces coupables Européens ont si bien su s'attacher les cœurs, que le nombre de leurs sectateurs augmente de jour en jour, et qu'on ne saurait les dissiper...... Les lettrés, comme le peuple, s'y laissent séduire, embrassent cette religion, et ne veulent plus l'abandonner quoi qu'on leur fasse. Ils l'ont si fort étendue, qu'elle a presque rempli toute la juridiction de cette cité ; jusque-là que les satellites mêmes et les soldats s'emploient aussi pour son service. *Mémorial du vice-roi adressé à l'empereur.* Voyez ce qui concerne les deux autres martyrs dans le discours de Pie VI.

parmi nous aux travaux du sacerdoce. Les corps monastiques fournissent en effet à l'Eglise de France un grand nombre de curés, de prédicateurs et de sujets employés en différentes manières au service des fidèles (1). Dès leur origine, les Chanoines réguliers, tels que ceux de Saint-Norbert, de Sainte-Geneviève, de Saint-Victor, furent destinés à remplacer auprès des peuples le clergé séculier, vicieux ou négligent. Depuis leur établissement ou leur réforme, ils ont toujours exercé les fonctions curiales : les Prémontrés de l'étroite observance, par exemple, occupent plus de cent cures dans leur seule province de Normandie ; et en général on peut dire de ce corps, que ceux de ses membres qui restent dans les cloîtres sont moins nombreux que ceux qui desservent les paroisses. Les Génovéfains en gouvernent à peu près neuf cents en divers diocèses du royaume. Entre nos pasteurs, nous comptons encore plusieurs autres chanoines qui suivent la règle de saint Augustin, plusieurs religieux de l'ordre de Fontevrault et de celui de la Rédemption des captifs.

Dans tous ces ordres, et surtout dans ceux que leur institut et nos lois excluent des bénéfices, s'est formée cette foule de prédicateurs qui sont répandus par toute la France. Le religieux de province, à qui le ministère de la parole serait étranger, ferait exception dans sa maison, si un autre genre de travail n'occupait pas ses loisirs. Aussi les réguliers sont-ils chargés de presque toutes les stations des bourgs, des petites et grandes villes ; et l'on ose assurer, sans crainte d'être démenti, qu'ils remplissent les trois quarts de nos chaires. Comment les curés et les vicaires, obligés de veiller sur leur troupeau, pourraient-ils s'en éloigner pendant l'avent et le carême ? la défense expresse en est prononcée par les statuts synodaux de la plupart des diocèses. Jusque même dans cette capitale, où le clergé séculier arrive de toutes les parties du royaume, les religieux prêchent et plus souvent et en plus grand nombre (2). C'est à eux encore qu'ordinairement on confie les missions consacrées à l'instruction des habitants de nos provinces.

Religieux appliqués aux différentes fonctions du ministère. — Utiles à l'Eglise de France par tous ces services, ne semblent-ils pas lui être devenus nécessaires pour suppléer à la rareté de ses ministres ? Il n'y a peut-être pas un diocèse où l'ordre ecclésiastique, en lui agrégeant même les religieux curés, suffise à toutes les fonctions pastorales. Les autres viennent à son secours ; ils prônent, ils catéchisent, ils confessent dans les paroisses, procurent à tous leurs habitants les moyens d'assister aux saints mystères, et remplacent les pasteurs en leur absence, quelquefois indispensable, et pendant leur maladie. Enfin, du sein des cloîtres sont tirés les aumôniers des vaisseaux et des régiments ; et si quelques-uns abusent d'une liberté à laquelle ils n'étaient pas accoutumés, il est aisé de remédier à ce scandale, en faisant ce choix avec plus de soin et en n'envoyant que ceux dont la vertu, longtemps exercée, peut se conserver hors de la retraite.

Voilà les titres d'après lesquels nous croyons que les ordres monastiques peuvent, même aujourd'hui, prétendre à la reconnaissance et à la protection de l'Eglise. Il nous eût été facile de les multiplier et de les étendre ; mais, quoique exposés succinctement, nous les offrons à tous ceux qui tiennent à la religion, ecclésiastiques ou séculiers, avec l'entière confiance qu'ils les trouveront assez puissants pour ne pas nous accuser d'une indulgence molle ou aveugle, et pour s'intéresser sincèrement à la conservation de l'état religieux. Ceux qui lui sont défavorables, parce qu'ils regardent les réguliers comme inutiles à l'Etat, seront détrompés, nous l'espérons, par la seconde partie de ce chapitre.

On ignore trop communément parmi nous la part qu'ont les corps religieux à la culture des sciences humaines : ils forment la classe la plus nombreuse de la république des lettres ; ils s'appliquent à y défricher des terrains, qui sans eux, resteraient toujours incultes, et dans tous leurs travaux ils se proposent un but d'utilité plus ou moins marqué. C'est après le développement de ce fait littéraire, qu'on jugera le premier genre de services qu'ils rendent à la société.

Les religieux travaillent aux différentes parties de notre histoire. — Une des connaissances les plus importantes à un peuple, c'est sans contredit celle de sa propre histoire. L'histoire de notre nation, qui ne laisse rien à désirer, est encore à faire, et il paraît que les religieux ont conçu le projet de nous la donner. Pour y parvenir, ils en rapprochent et en éclaircissent toutes les parties. Dom Martin et Dom Brezillac sem-

---

(1) Indépendamment des secours sans nombre que fournissent les corps réguliers pour la prédication et la confession, qui d'entre vous, Messeigneurs, n'a pas éprouvé de quelle ressource ils sont dans les campagnes, pour toutes les fonctions du saint ministère, et notamment pour la desserte des cures, par la disette des prêtres séculiers.

Pour moi je dois leur rendre cette justice, que je les ai toujours trouvés dans mon diocèse empressés à me fournir tous les secours dont j'ai pu avoir besoin, et que, même dans les points où ils auraient pu, avec fondement, m'opposer leur exemption, ils n'en ont pas fait usage et sont entrés avec docilité dans toutes mes vues. *Rapport fait à l'assemblée du clergé par M. l'archevêque de Paris, le 18 novembre 1775.*

Les religieux seuls remplacent dans les paroisses, et principalement dans celles de la campagne, auprès des troupes de Votre Majesté, sur terre et sur mer, le vide et la disette des prêtres séculiers. Prêts à toutes les œuvres du saint ministère, ils accourent à nos ordres dans tous les lieux où nous jugeons à propos de les employer. *Mémoire présenté au roi par la même assemblée.*

(2) On peut aisément vérifier ce fait par les listes des prédicateurs ; on en compte soixante-seize dans celle de cette année.

blent en avoir préparé l'introduction en traitant l'*Histoire des Gaules et des conquêtes des Gaulois, depuis leur origine jusqu'à la formation de la monarchie française.* D'abord ils attaquent les préjugés répandus contre la nation gauloise par les historiens grecs et latins, et adoptés par les modernes ; ils expliquent ensuite tout ce qu'on peut savoir touchant son gouvernement, ses lois, ses mœurs, ses coutumes, sa langue, les caractères dont elle se servait et sa manière de combattre. Ils ont recueilli un grand nombre de ses monuments que le temps a respectés, temples, cirques, amphithéâtres, ponts, sépulcres, médailles, etc. ; ils se plaignent du silence qu'elle gardait sur tous ses exploits. Enfin, suivant ses colonies dans l'Italie, la Grèce, l'Asie, l'Illyrie, jusque dans la Judée, l'Egypte et la Parthie, ils représentent nos ancêtres comme vainqueurs de l'Europe et de l'Asie, comme dispensateurs des couronnes et l'appui des royaumes et des républiques ; et lors même qu'ils sont vaincus, ils paraissent avec un éclat dont nous ne sommes pas accoutumés de les voir environnés. Si, séduits par leur sujet, ces auteurs imaginent quelquefois, au lieu d'être constamment fidèles à observer et à raconter, personne au moins jusqu'à eux n'avait si bien éclairci les antiquités gauloises. Le second volume est précédé d'un dictionnaire géographique et topographique qui présente les établissements des Gaulois dans nos Gaules, et dans les différentes parties de l'Europe et de l'Asie. D'un simple coup d'œil, on voit combien notre histoire peut s'enrichir de ces savantes recherches, et combien elles sont propres à nous faire connaître ce que nous tenons de nos pères, et les divers avantages que nous ont procurés le cours des siècles et le changement d'opinions.

Pour le corps de l'histoire, ses différentes parties seront formées par le travail des autres Bénédictins, occupés au recueil des historiens de France, à son histoire littéraire, et à l'histoire de ses provinces.

C'est à la persuasion du grand d'Aguesseau que Dom Bouquet entreprit de rassembler tout ce qu'ont écrit sur notre nation les auteurs grecs, latins, gaulois, francs, etc. Depuis l'origine des Celtes et des Gaulois, jusque bien avant dans les temps postérieurs, lui et ses successeurs offrent tout ce qui est important, sous chaque règne, touchant le droit public, féodal et ecclésiastique du royaume, et touchant les coutumes, les mœurs, les préjugés, les arts et les sciences. Testaments des rois, des reines, des grands, apanage des princes, traité de paix et de guerre, lois salique et autres, monuments anciens, actes divers, en un mot, tout ce qui peut servir à une histoire générale, a été aussi soigneusement que judicieusement recueilli. Chaque volume est accompagné d'une préface, d'une table et de notes critiques, pour débrouiller et juger tous les textes ; et des cartes géographiques représentent l'étendue des États possédés par chaque race. Malgré les fautes qui s'y sont glissées, il faut avouer, avec M. Fréret, que *cet ouvrage a été conduit par de très-habiles gens.*

Puisque l'histoire ne doit pas se borner au simple récit des combats, défaut trop ordinaire de nos historiens de France, n'est-ce pas travailler utilement pour elle, que de constater l'état des sciences dans les différents âges de notre monarchie ? Tel est l'objet de l'*Histoire littéraire de la France.* Au commencement de chaque siècle sont placés des discours qui assignent leur période de splendeur et le terme de leur décadence. On y trouve réunis jusqu'au XII° tous les auteurs français ; des analyses et des jugements de leurs œuvres, et, pour ne rien omettre, des notices des éditions qui en ont été faites. On y donne en outre la Vie de ceux qui méritent d'être connus, avec la liste des livres qui ne sont pas parvenus jusqu'à nous. Cet ouvrage d'une profonde érudition, au jugement des auteurs de l'Encyclopédie, est mis à côté des Mémoires du savant Tillemont, pour l'exactitude des citations. Quoique le style en soit traînant et incorrect, il n'en offre pas moins le vaste et fidèle tableau des connaissances de nos pères, et fournit par conséquent à notre histoire une de ses parties les plus nécessaires et les plus intéressantes.

On les possédera toutes rassemblées, et l'historien de la nation pourra les employer, quand les histoires particulières des provinces seront finies. Depuis plusieurs années, les Bénédictins, pour l'exécution de cette entreprise, se transportent sur les lieux, fouillent tous les dépôts, interrogent tous les monuments : d'après ce qu'ils ont publié, nous savons ce que nous devons attendre. Ainsi Dom Taillandier a mis la dernière main à l'Histoire de Bretagne ; et c'est surtout aux auteurs de celle-ci qu'il faut appliquer les éloges donnés, dans les Mémoires de Trévoux, à celle de Dom Lobineau, puisqu'ils ont augmenté et perfectionné son travail. « On ne saurait leur refuser la gloire que méritent des critiques justes et délicats, qui, fidèles à n'aller pas plus loin que leurs preuves, n'imposent jamais au lecteur par un air de confiance ; qui préfèrent une sage incertitude à des conjectures hardies ; qui proposent avec netteté les raisons de se déterminer, mais qui ne cachent pas les raisons de douter. On ne leur refusera pas non plus la gloire d'avoir le style net, ferme et coulant, sans affectation et sans rudesse. » Pour compléter l'histoire de cette province, Dom Pelletier a fait un dictionnaire de la langue bretonne, où il montre son affinité avec les langues anciennes ; Dom Taillandier, qui en est éditeur, traite, dans une préface savante, de l'origine et de la décadence de la langue celtique.

C'est Dom Plancher qui le premier entreprit celle de Bourgogne, si étroitement liée à l'histoire de France, et Dom Merle est actuellement occupé à la finir. Les auteurs exposent d'abord l'origine, les mœurs, le gouvernement, et la religion des anciens Bourguignons avant leur entrée dans les

Gaules. Ils font connaître ensuite l'état de ce pays sous nos rois des trois races, comme royaume et comme duché ; ses démembrements, et les réunions passagères et alternatives de ses différentes parties ; la succession de ses rois et de ses ducs, leur règne, leurs actions, leurs guerres, leurs exploits, etc. Ils ont détaillé, sans aucune omission, tout ce qui concerne les ducs révocables ou héréditaires ; et cette Histoire est conduite jusqu'à l'année 1674, époque où furent terminées les guerres qui subsistaient depuis longtemps entre les deux Bourgognes, et où la Franche-Comté fut réunie à la couronne. La vérité des faits qui font la matière de cette Histoire est constatée par des titres originaux, dont on voit des extraits parmi les preuves ; ou par les registres des parlements et des chambres des comptes des deux Bourgognes et du bailliage de Dijon ; ou par les cartulaires, les inventaires, etc. Si toutes les dissertations qui accompagnent cet ouvrage ne sont pas également propres à intéresser tous les lecteurs, il y en a plusieurs aussi curieuses que savantes : telles sont entre autres celles qui regardent les rois de l'ancien royaume de Bourgogne, et le recueil des anciennes lois des Bourguignons ; l'étendue du second royaume de Provence, dit le royaume de Bozon ; la prérogative des ducs de Bourgogne, où il est prouvé qu'ils n'ont point eu la préséance sur les autres ducs et pairs du royaume avant l'an 1380. A la suite de cette Histoire générale, le continuateur se propose de donner celle des grands fiefs et des terres titrées du gouvernement de Bourgogne : elle est précédée d'une notice des gouvernements gaulois et romains, et des républiques qui formèrent le premier royaume des Bourguignons. Dans cette source, les familles de Bourgogne et des provinces voisines pourront puiser les preuves de la noblesse de leur origine ; et elles y trouveront une indication non suspecte des charges qu'ont occupées leurs ancêtres, et des grades militaires qu'ils ont obtenus en servant la patrie.

Avant les Bénédictins, auteurs de l'Histoire de Languedoc, elle n'était qu'ébauchée. Ils y rapportent tout ce qui s'est passé de mémorable dans cette province et dans les pays particuliers qui la composaient, et appuient, sur les titres les plus authentiqués, ses usages, ses droits, ses prérogatives. Ils ont recueilli les actions de tous ceux qui l'ont illustrée, soit par leur vertu, soit par leurs dignités ecclésiastiques ou civiles, soit par leur valeur, soit par leurs talents ou leurs ouvrages. A différentes époques est tracée la description du gouvernement et des mœurs ; ils remontent à l'origine et suivent l'accroissement de ses principales villes ; ils donnent aussi la généalogie ou la succession des ducs, comtes, vicomtes, et des principaux barons. Dans des notes placées à la fin de chaque volume sont discutés des points importants ou curieux, et elles sont suivies des pièces justificatives des divers monuments qui servent de fondement à cette Histoire. Dom Bourrote l'a enrichie d'un mémoire sur la description géographique et historique de ce pays, du recueil des lois qui constituent son droit public en matière de nobilité et de roture, et de celui des arrêts et des décisions sur la propriété du Rhône. Comme ses habitants se sont distingués par leurs exploits militaires, avant même la conquête qu'en firent les Romains, et que d'ailleurs, sous la dénomination de Languedoc, on a longtemps compris une grande partie des Gaules, cette Histoire est plutôt l'histoire générale de nos pays méridionaux, que l'histoire particulière de cette province. Ainsi en a jugé l'abbé des Fontaines. *Peu d'histoires générales*, dit-il, *sont mieux écrites en notre langue ; l'érudition y est profonde et agréable*. Elle peut être proposée comme modèle pour toutes celles que nous attendons encore en ce genre.

Dom Calmet commence l'histoire de la Lorraine à l'entrée de Jules César dans les Gaules, et l'a continuée jusqu'à la cession qui en a été faite à la France en 1737. Suivant sa manière, il ne passe aucun détail touchant les événements ecclésiastiques et civils arrivés pendant ce long cours de siècles. Il accumule les pièces justificatives et les monuments, sceaux, médailles, monnaies, etc.; il l'a ornée de cartes géographiques et de plans de villes et d'églises. A cette Histoire, la meilleure, malgré ses défauts, de toutes celles qui avaient été publiées avant l'auteur, il faut joindre sa *Bibliothèque des écrivains de Lorraine*.

Puisque nous reconnaissons pour nos pères les anciens Francs, peuples de la Germanie qui, comme l'on sait, s'emparèrent de nos Gaules ; puisqu'à différentes époques, l'Allemagne et la France ont été soumises au même souverain, et que, depuis leur démembrement, il y a toujours eu entre ces deux empires des rapports d'amitié ou de rivalité ; l'histoire de l'un rentre sans cesse dans l'histoire de l'autre. L'histoire d'Allemagne nous était donc absolument nécessaire ; mais son exécution présentait de grandes difficultés. Elle exige pour les premiers temps la méditation la plus réfléchie de tout ce qu'en ont écrit les auteurs grecs et latins ; le moindre récit, un simple témoignage est important, soit qu'il faille y croire ou le réfuter. Pour les temps postérieurs, l'historien doit bien connaître le chef et les membres de l'empire, les intérêts qui les divisent ou les réunissent, la forme du gouvernement, sa population, son commerce, toutes ses ressources, l'autorité des tribunaux, l'ordre des jugements, les démêlés qu'ont eus ensemble et avec les puissances voisines les divers princes de cet État ; ce qui a procuré l'élévation des uns et produit l'abaissement des autres, enfin les causes de toutes les révolutions arrivées en Allemagne. Quoique le P. Barre n'ait pas toujours employé ces matériaux avec un égal succès, son Histoire cependant est un vaste dépôt de faits, et l'on y trouve quelquefois le bon historien.

Nous pourrions citer encore ici les Histoires de Normandie, de Franche-Comté, de Champagne, et de Brie ; et annoncer celles du Berri, de la Touraine, de l'Orléanais, de la Guienne, et de l'Auvergne : par ce que nous venons de dire, on comprend aisément combien les travaux des réguliers en général sont utiles à notre histoire ; et surtout l'on voit suffisamment développé le plan qu'exécutent les membres de la congrégation de Saint-Maur, que la plupart de nos provinces ont adopté pour leurs historiographes.

Outre ces grandes masses, il est d'autres parties, qui, quoique d'une utilité locale ou plus circonscrite, peuvent n'être pas indignes de la majesté de notre histoire générale, ou plutôt contribuent à l'enrichir. Nous parlons des histoires des pays, des villes, de certaines époques, et de quelques corps particuliers. Nous ne citerons qu'un petit nombre d'ouvrages de ce genre. Tels sont l'histoire du duché de Luxembourg, par Dom Cajot, auteur plus érudit qu'élégant écrivain ; l'histoire de la ville de Paris, par Doms Félibien et Lobineau ; l'Histoire civile et politique de la ville de Reims, par le P. Anquetil, génovéfain ; et par le même auteur, justement estimé, celle de la Ligue et celle des temps qui la suivirent immédiatement, sous le titre d'*Intrigues du Cabinet* ; celle des lois et des tribunaux de justice, par le P. Barre, déjà nommé. Tels sont encore le *Mémoire sur les limites de l'empire de Charlemagne*, couronné par l'Académie des Belles-Lettres (1) ; les Dissertations sur les anciennes villes des Séquanais, par le P. Joly, capucin ; sur l'origine des Français, par Dom Vaissette ; sur l'établissement des Francs dans les Gaules, par le P. Biet, etc., etc. Tels enfin les Nobiliaires ; car la noblesse en France tient à la constitution du royaume. Dom Pelletier a composé celui de Lorraine. Le P. Caquet, augustin, a continué l'Histoire généalogique et chronologique de la maison de France, laissée par le P. Anselme dans un état informe, et perfectionnée par plusieurs de ses confrères : on sait que son objet est de faire connaître l'origine et la descendance des rois des trois races, celle des grands officiers de la couronne et des anciens barons ; et que, malgré les fautes inséparables d'une compilation de cette nature, les recherches y sont abondantes et curieuses.

Le plan de Dom Caffiaux était plus étendu : embrassant toutes les familles anciennes, nobles et bourgeoises ; pendant quarante ans, il en a poursuivi l'exécution sans relâche ; et par son *Trésor généalogique*, imprimé en 1777, il a publié une infinité de titres, qui peut-être auraient toujours été inconnus à la noblesse, ou qu'elle ne se serait procurés qu'à force d'argent. Mais en prouvant le zèle de l'auteur, cet ouvrage a fait sentir les difficultés de l'entreprise ; et, pour le continuer, ses confrères ont été obligés de le réduire à de justes bornes.

D'après la simple exposition de ces ouvrages, on voit que les Bénédictins, s'étant proposé le but de rechercher les monuments de notre histoire, ne l'ont jamais perdu de vue : aussi reconnaît-on hautement que la savante congrégation de Saint-Maur a *fourni plus des trois quarts des matériaux nécessaires pour en construire l'édifice, et qu'elle seule peut aller tirer des souterrains, où ils sont encore ignorés, tant de débris qui nous manquent et qui doivent contribuer à lui donner sa dernière forme*.

Monuments de notre droit public. — La connaissance des titres de l'histoire conduisait à la connaissance des titres de la législation. Quoique distinctes, ces deux sciences sont inséparablement liées, et souvent ce n'est que par les faits historiques qu'on parvient à expliquer le droit public d'une nation. Quelque essentielle qu'en soit l'étude, depuis la renaissance des lettres elle avait été peu cultivée. Les Bénédictins s'y consacrèrent : Dom Mabillon la tira de l'obscurité, et fraya le premier des routes sûres pour prévenir les écarts (2). Dom Tassin est revenu sur le même sujet : dans son nouveau Traité de Diplomatique, il enseigne l'art de juger sainement des anciens diplômes, en fait connaître la nature, l'usage et le prix ; les fondements de l'art examinés, les règles pour discerner le vrai du faux établies, l'auteur expose historiquement les caractères des bulles et des diplômes publiés en chaque siècle, avec des éclaircissements sur un nombre considérable de points d'histoire, de chronologie, de littérature, de critique et de discipline ; il réfute diverses accusations intentées contre beaucoup d'archives fameuses, et surtout contre celles des anciennes églises ; il facilite la lecture et montre la vérité de toutes les écritures dont on s'est servi dans les manuscrits et les diplômes depuis le IVe siècle jusqu'au XVIe, et elles sont représentées dans trente-huit planches. Ce Traité de Paléographie comme de Diplomatique est suivi d'un autre sur les sceaux et les contrescels, qui est complet, et manquait à notre littérature : le style, l'orthographe, les formules des diplômes et autres actes, le temps où ils ont parlé la langue vulgaire, y sont éclaircis avec netteté et précision. Lors de sa publication, cet ouvrage fut jugé favorablement par les savants français, italiens, et de Leipsig. En simplifiant les principes, expliquant chaque mot, indiquant les sources, et donnant à tous les articles importants un juste degré de développement, également éloigné de l'extrême concision et de l'extrême prolixité, Dom de Vienne a rendu cette science accessible à tout le monde : son *Dictionnaire raisonné* est un livre classique pour les commençants, et économise le temps des hommes instruits.

---

(1) C'est Dom Lièble qui a remporté ce prix : il est éditeur des Œuvres d'Alcuin, et coopérateur de plusieurs autres ouvrages.

(2) La Diplomatique de Dom Mabillon est le premier ouvrage lumineux sur cette matière. Il fut complet par le Supplément qu'il y ajouta en 1704, en réponse à toutes les objections qui lui avaient été faites. La meilleure édition est celle qu'en donna, en 1709, deux ans après la mort de l'auteur, Dom Ruinart, qui l'augmenta de nouveaux titres.

Les règles que les uns ont posées, les autres les ont suivies. Notre histoire est informe, nous le répétons, et notre ancienne législation peu connue. On pouvait néanmoins en trouver les monuments dans les archives de nos rois et dans les dépôts de nos monastères; mais il fallait les y chercher, les juger, les choisir, les employer. Les Bénédictins (1) et quelques autres savants isolés avaient commencé à débrouiller le chaos immense et ténébreux de notre antiquité. Le *Gallia Christiana*, l'Histoire de plusieurs de nos provinces, les plus doctes Traités de Diplomatique, et d'autres précieuses collections, fruits de leurs travaux, nous ont fait jouir de richesses que nous possédions sans le savoir. Extraire de ces ouvrages ce qui appartient à notre histoire et à notre droit public; prendre des doubles exacts d'une prodigieuse quantité de monuments, que d'autres avaient dans leur portefeuille; diriger vers ces deux objets les veilles des nombreux littérateurs qui sont parmi eux; leur associer une foule de collègues de tous les états, animés du zèle du bien public; leur indiquer à tous une marche commune; leur fournir les instruments dont ils ont besoin; donner à cette multitude d'ouvriers un centre d'activité, des encouragements d'honneur, des motifs d'émulation; établir un magasin où ils puissent tous déposer le produit de leurs recherches, les y trouver, et s'en faire même rendre compte : voilà peut-être l'unique méthode que l'on doive suivre aujourd'hui, pour profiter des découvertes déjà faites, pour en faciliter de nouvelles, et pour assurer à la France l'inestimable avantage de pouvoir rassembler tous les matériaux de son histoire, et de connaître enfin les principes de son ancienne législation. Ce plan, agréé et protégé par le gouvernement, est précisément celui dont l'exécution a été confiée à des hommes capables d'en assurer le succès. Déjà trente mille copies de pièces inconnues pour la plupart à nos historiographes, et environ sept mille notices d'autres qu'on n'a pas trouvées encore, attestent la fécondité des mines, quoiqu'on n'en ait exploité qu'un petit nombre. Quand toutes ces archives seront reconnues, quand tous les trésors qu'elles recèlent en seront retirés, la France aussi aura son Rymer, mais plus correct et plus parfait que le Rymer dont se glorifie l'Angleterre : elle le devra principalement aux soins des Bénédictins; puisqu'entre les vingt-trois membres de la société qui s'en occupe, soit à Paris, soit dans les provinces, on compte dix-sept de ces religieux qui actuellement y travaillent, et six qui pendant leur vie l'ont enrichi : puisqu'ils ont été envoyés en grand nombre en différents districts, pour en découvrir tous les chartriers et pour les dépouiller; puisque c'est à eux surtout que l'on distribue les chartres, afin de les examiner sous toutes leurs faces et d'en faire leur rapport à l'assemblée, qui se tient régulièrement tous les quinze jours en présence du ministre des lois ; puisqu'enfin leur travail supplée à la modicité des fonds destinés à cette immense entreprise (2).

Outre ceux qui se sont consacrés à l'étude de notre antiquité nationale, plusieurs autres ont embrassé l'antiquité en général. De ce nombre est Dom de Montfaucon, l'un des hommes les plus érudits, et peut-être l'écrivain le plus abondant de notre siècle. Dans sa *Dissertation sur la vérité de l'Histoire de Judith*, première production qui l'annonça d'une manière si avantageuse au monde savant, il répandit de doctes éclaircissements sur l'empire des Mèdes et des Assyriens, et discuta, d'après les règles de la critique, l'Histoire de ce dernier peuple, qu'on attribuait à Hérodote. Par ses *Analectes grecques*, son *Recueil d'anciens écrivains grecs*, sa *Paléographie grecque*, où, donnant des exemples des différentes écritures employées en divers temps, il a exécuté pour le grec ce que Mabillon a fait pour le latin dans sa diplomatique; par son *Diarium italicum*, qui offre une description exacte de plusieurs monuments, et une notice d'un grand nombre de manuscrits grecs et latins qu'on n'avait pas encore retirés de la poussière ; par sa traduction française du livre de Philon, *de la Vie contemplative* ; par sa *Bibliotheca bibliothecarum manuscriptorum nova*, et sa *Bibliotheca Coisliniana* ; enfin, par ses *Monuments de la monarchie française*, et par son *Antiquité expliquée et représentée en figures*, où en peu de temps on apprend tant de choses, l'on voit qu'ayant cultivé avec une égale ardeur la philosophie, l'histoire sacrée et profane, la littérature ancienne et moderne, les langues vivantes et mortes, il est devenu l'homme de tous les âges. Si peu d'auteurs lui sont comparables pour l'érudition, un grand nombre l'emportent sur lui pour le style : quand on accumule autant de faits, la manière de les écrire est nécessairement négligée (3).

---

(1) Doms Luc d'Acheri, Mabillon, Martène, etc. ; Ducange et Baluze. Le Glossaire donné par Ducange, en 3 volumes *in-folio*, a été augmenté jusqu'à 10 volumes, par différents Bénédictins, en y comprenant le supplément de Dom Carpentier, à qui nous devons aussi l'*Alphabetum Tironianum*.

(2) Ils ne montent qu'à dix mille livres. « Je ne puis me dispenser d'ajouter que ce qui, en employant des savants isolés ou répandus dans le monde, nous eût coûté mille écus par an, ne nous coûtait pas cinq cents livres avec la congrégation de Saint-Maur.... Elle assigne une somme sur ses propres revenus pour les frais et les encouragements des travaux littéraires, dont elle est sans cesse occupée; et ne demande au roi que les déboursés que coûtent les copies. » Tout ce que nous venons de dire de cet établissement national, et de la manière dont y concourent nos Bénédictins, est tiré du *Plan des travaux littéraires ordonnés par Sa Majesté, pour la recherche, la collection, et l'emploi des monuments de l'Histoire et du droit public de la monarchie française*.

(3) On peut regarder comme un Supplément à l'Antiquité expliquée, l'Introduction à la science des Médailles, pour servir à la connaissance des dieux, de la religion, des sciences, des arts, et de tout ce qui appartient à l'histoire ancienne, avec les preuve

I. DE L'ETAT RELIGIEUX.

Un ouvrage de la plus grande commodité et d'une nécessité absolue, dont notre siècle peut avec raison se glorifier, et qui obtiendra tous les suffrages de la postérité ; c'est l'*Art de vérifier les dates* (1). Le titre seul de ce livre indique suffisamment combien il est utile aux savants qui étudient l'histoire dans les sources, aux dépositaires des chartres, aux magistrats, aux avocats ; à tous ceux qui sont occupés par goût, par état ou par intérêt, des anciens monuments et du dépouillement des titres. Le travail le plus opiniâtre, les recherches les plus étendues, les connaissances les plus variées, ont mis l'auteur en état d'en donner une nouvelle édition, plus correcte et plus riche que les précédentes. Les deux volumes dont il sera composé présenteront l'esquisse d'une histoire universelle, beaucoup plus complète que celles qui ont paru jusqu'ici. « Ne doit-on pas être étonné qu'un seul homme ait eu le courage de se livrer à un travail qui demande autant de recherches que de constance, qui présente autant de difficultés, et qui ne promet pas toute la gloire qu'on espère ordinairement de ses veilles ? Mais la reconnaissance des savants doit être un dédommagement pour l'auteur. »

Les religieux physiciens. — En s'appliquant aux sciences que nous venons d'indiquer, et dont on sent facilement l'importance, les religieux n'avaient que peu ou point de coopérateurs et de modèles. Pour les sciences plus généralement connues, ils grossissent le nombre de ceux qui les cultivent. De leurs mains sont sortis une foule d'ouvrages de physique. Ainsi, en mathématiques, ils nous ont donné divers cours, des éléments du calcul intégral, des traités d'algèbre et de perspective : en statique, *la Règle des horloges, moyen de trouver le vrai méridien ;* et en hydraulique, différents projets, dont l'exécution a procuré des eaux à plusieurs de nos villes : en acoustique, une manière nouvelle de propager le son et la voix à une grande distance (2) ; des livres élémentaires en gnomonique (3). Ils ont écrit sur la botanique, l'agriculture et le jardinage ; sur la médecine, la chirurgie et la pharmacie ; enfin, sur l'astronomie (4) et la météorologie, etc.

Enfin, nous rappellerons ici le P. Feuillée, minime, associé de l'Académie des Sciences et botaniste du roi, mort en 1732. Il voyagea, par ordre de Louis XIV, dans différentes parties du monde ; et le premier fruit de ses voyages fut un journal d'observations physiques, mathématiques et botaniques, faites sur les côtes de l'Amérique méridionale et à la Nouvelle-Espagne. De retour de la mer du Sud, il présenta au roi un grand volume *in-folio*, où il avait dessiné d'après nature tout ce que ce vaste pays contient de plus curieux. A la bibliothèque du roi, on voit aussi le journal de son voyage aux Canaries, pour la fixation du premier méridien, à la fin duquel se trouve l'histoire abrégée de ces îles. Pour récompenser ce religieux, qui justifiait si bien son choix, Louis XIV lui fit construire un observatoire à Marseille.

Quel que soit le mérite de ces ouvrages, ils laissent beaucoup à désirer. Jusqu'ici les religieux physiciens ne l'ont été que par goût : entre eux nulle correspondance ; point de centre commun où pussent être rapportées

tirées des Médailles. Dom Mangeart, de la congrégation de Saint-Vannes, a réuni en ce seul volume les principes de la science numismatique, et toutes les notions intéressantes éparses dans un grand nombre de dissertations, qu'il est difficile de rassembler et qui sont presque toujours trop longues.

Dom Banduri, qui mérite d'être distingué de la foule des compilateurs, a parcouru un espace plus resserré. Son *Imperium Orientale, sive Antiquitates Constantinopolitanæ ;* ses *Numismata imperatorum romanorum a Trajano Decio ad Palæologos Augustos*, répandent la lumière sur les objets qui font la matière de cette collection. Elle est enrichie d'une Bibliothèque numismatique, que Jean-Albert Fabricius fit reparaître à Hambourg, avec un recueil de dissertations sur les Médailles par plusieurs savants.

(1) L'art de vérifier les dates des faits historiques, des chartes, des chroniques, et autres anciens monuments depuis la naissance de Notre-Seigneur, par le moyen d'une table chronologique, où l'on trouve les olympiades, les années de Jésus-Christ, de l'ère Julienne de Jules-César, des ères d'Alexandrie et de Constantinople, de l'ère des Séleucides, de l'ère Césaréenne d'Antioche, de l'ère d'Espagne, de l'ère des martyrs, de l'hégire ; les indictions, le cycle pascal, les cycles solaire et lunaire ; le terme pascal, les Pâques, les épactes, et la chronologie des éclipses ; avec deux calendriers perpétuels, le glossaire des dates , le catalogue des saints, le calendrier des Juifs ; la chronologie historique du Nouveau Testament ; celle des conciles, des papes, des quatre patriarches d'Orient, des empereurs romains, grecs ; des rois des Huns, des Vandales, des Goths, des Lombards, des Bulgares, de Jérusalem, de Chypre ; des princes d'Antioche ; des comtes de Tripoli ; des rois des Parthes, des Perses, d'Arménie ; des Califes, des sultans d'Iconium, d'Alep, de Damas ; des empereurs ottomans, des shahs de Perse ; des grands maîtres de Malte, du Temple ; de tous les souverains de l'Europe ; des empereurs de la Chine, des grands feudataires de France, d'Allemagne, d'Italie ; des républiques de Venise, de Gênes , des Provinces-Unies, etc.

(2) *Expérience sur la propagation du son et de la voix dans des tuyaux prolongés à une grande distance*, par Dom Gauthey, bernardin. MM. le marquis de Condorcet et le comte de Milli nommés, par l'Académie des Sciences, pour examiner ce nouveau moyen d'obtenir et d'établir une correspondance très-rapide entre des lieux très-éloignés, déclarent, dans leur rapport du 14 juin 1782, qu'il leur a paru praticable, ingénieux et nouveau.... Qu'on pourrait donner, par ce moyen, un signal à trente lieues en quelques secondes, sans stations intermédiaires ; qu'ils répondraient même du succès, du cabinet d'un prince à celui de ses ministres ; et que l'appareil n'en serait ni très-cher, ni très-incommode.

(3) Dom Bedos, qui a donné *l'Art de faire des cadrans solaires avec la plus grande précision*, est encore l'auteur du *Facteur d'orgues*. Ces deux ouvrages lui valurent, en 1758, la place de correspondant de l'Académie des Sciences de Bordeaux.

(4) *Voyez* la mappemonde projetée sur le plan de l'horizon de Paris, par le P. Chrysologue, capucin, et ses planisphères, grands et petits. Ils sont accompagnés d'une instruction courte, aisée, et suffisante pour les commençants.

leurs recherches. Nous voudrions que les ordres réguliers employassent toujours et exclusivement une partie de leurs savants à l'étude de la physique et de l'histoire naturelle. Puisqu'elles consistent, l'une à observer les opérations, l'autre à décrire exactement les productions de la nature; qui est-ce qui pourrait les examiner d'une manière plus suivie, rassembler plus de détails, et donner, par conséquent, plus d'idées, que des corps qui, répandus par toute l'Europe, et presque sur toute la surface du globe, ne meurent jamais, et dont la subsistance est partout si peu coûteuse? D'ailleurs, comme dans l'univers tout atteste aux bons esprits la sagesse, la puissance, et la magnificence du Créateur, cette science, loin d'éloigner les religieux de la sainteté de leur état, les y ramènerait sans cesse; et l'on peut juger ce qu'elle leur devrait, par les progrès qu'ont faits, entre leurs mains, celles auxquelles ils se sont livrés.

On sait que le P. Pingré, génovéfain, est astronome-géographe de la marine; qu'il a été de ce voyage si fameux, qui, à jamais, honorera le règne de Louis XV, et qu'il enrichit de savantes dissertations les Mémoires de l'Académie des Sciences. Son grand ouvrage sur les comètes est actuellement sous presse.

Séquestrés par état du monde, dont le commerce est nécessaire jusqu'à un certain point pour former l'esprit et le goût, et voués à la gravité et à l'austérité des mœurs, les réguliers n'ont pas dû s'adonner à cette littérature légère dont nous sommes si avides aujourd'hui. Mais, en écrivant sur les belles-lettres et les beaux-arts, ils ont préféré l'instruction et l'utilité des lecteurs à leur amusement. C'est dans cette vue que plusieurs d'entre eux ont publié des livres classiques et ont traité de l'éducation; qu'ils ont donné des traductions élégantes et fidèles de bons ouvrages latins et italiens, et qu'ils en ont composé d'autres sur la peinture, la sculpture et la gravure. Tout le monde consulte les Mémoires pour servir à l'histoire des hommes illustres dans la république des lettres, du P. Niceron, barnabite: malgré tous ses défauts, cet ouvrage suppose des recherches et des connaissances étendues en bibliographie et en littérature; et tout le monde doit se procurer le nouveau Dictionnaire historique de Dom Chaudon, comme le meilleur en ce genre, et qui, par la suite des temps, peut devenir encore plus exact et plus utile (1). On sait que le P. Mercier, ancien bibliothécaire de Sainte-Geneviève, mérite d'être compté parmi nos plus habiles bibliographes.

Cette classe de savants, nombreuse dans les corps monastiques, rappelle un autre genre de service qu'ils rendent à la république des lettres: c'est la conservation des plus vastes dépôts de livres. Il n'est presque pas de maisons religieuses qui n'ait une bibliothèque plus ou moins considérable, et composée des meilleurs ouvrages de chaque science et de saine littérature. Quand de riches amateurs forment des collections précieuses, rarement ce goût, qui les honore, tourne-t-il au profit du public; plus rarement encore se communique-t-il à leurs descendants: inaliénables, et partageant, pour ainsi dire, l'éternité de leurs propriétaires, les richesses littéraires acquises par les religieux ne peuvent que recevoir de nouveaux accroissements; et, pour en jouir, il ne faut que le vouloir. Les petites villes de province n'ont presque que cette ressource; dans les grandes, dans cette capitale même, les gens de lettres savent que c'est un des avantages le plus propre à faciliter leurs travaux (2).

Pour donner une juste idée du nombre des écrivains religieux et de leurs ouvrages, nous aurions pu extraire les Bibliothèques et les Annales des divers ordres monastiques: cette analyse, quelque concise qu'elle fût, aurait outrepassé les bornes que nous nous sommes prescrites: nous nous contentons d'y renvoyer; et, sans prétendre les disculper d'exagération, nous osons dire que le monde savant y trouvera toujours une multitude d'hommes qui l'ont éclairé.

Enfin, les palmes de nos différentes académies ont été souvent décernées à des religieux de différents ordres. Le P. Mongès, génovéfain, a reçu la dernière qu'a distribuée l'Académie des belles-lettres de Paris. Nous ne citerons que cet exemple, parce qu'il en faudrait trop citer, et nous terminerons ce simple exposé par une observation dont on ne saurait contester la vérité. En France, il n'est aucune de ces sociétés littéraires, qui, pendant l'espace de temps que nous venons de parcourir, n'ait admis, ou ne compte actuellement parmi ses membres quelques religieux. Nul d'entre eux n'y a été reçu sans titres; et, la plupart de ces titres, nous ne les avons pas même désignés.

Qu'on prononce maintenant: les cloîtres ne sont-ils que l'asile de l'ignorance et de l'oisiveté? Ne doit-on pas plutôt les regarder comme des pépinières d'hommes instruits, dont il est possible d'accroître le nombre, et dont on peut aisément diriger les travaux vers des objets de la plus grande utilité? S'il est beau d'éclairer les hommes, il est encore plus beau d'adoucir et de soulager leurs peines: les religieux remplissent cet honorable emploi; et, après les avoir représentés dans le silence et le recueillement du cabinet, nous allons les montrer dans l'action,

---

(1) L'édition qui vient de paraître est augmentée: on y a corrigé plusieurs fautes échappées dans les précédentes.

(2) On ne citerait peut-être pas une de ces superbes bibliothèques, transmise à la troisième génération de son auteur; elles sont presque aussitôt détruites que formées, et les monuments les plus rares passent souvent chez l'étranger. D'ailleurs, les réguliers, tels que les génovéfains, ouvrent au public leur bibliothèque sans y être obligés; et l'entrée des autres est également aisée: nous saisissons cette occasion pour donner, aux Dominicains de la rue du Bac, un témoignage public de notre reconnaissance.

Religieux dévoués au service des malheureux et à l'éducation de la jeunesse. — A combien de maux l'homme, pendant la courte durée de la vie, n'est-il pas exposé? De tous les êtres animés, lui seul peut en naissant être flétri de l'opprobre de l'illégitimité, et délaissé par des parents également dénaturés et libertins. Trop souvent, lorsqu'il ouvre les yeux à la lumière, celle dont il a reçu l'existence les ferme pour toujours, et jamais son cœur ne répondra à la tendre voix d'une mère. Quelque belle que soit son organisation, elle souffre des altérations plus fréquentes, plus longues, plus affligeantes que l'organisation des autres animaux. Il n'est pas rare qu'en courant à la fortune il tombe dans l'esclavage. S'il ne réprime l'excès de ses penchants, il se dévoue au remords ou à l'avilissement éternel. Quelquefois la cupidité arme la justice contre lui, et la force de demander la perte de sa liberté, et même son supplice. Son âme, faible comme son corps, ne se développe et ne se forme que par degrés; et sa vieillesse n'est ordinairement qu'une lente dissolution. A tant de misères volontaires ou inévitables que ressentent exclusivement, ou de la manière la plus amère, les classes de la société les plus infortunées, la bienfaisance et la religion ont préparé quelques secours, et tous les établissements de ce genre sont confiés en France à des religieux et à des religieuses. En s'acquittant avec zèle de leurs fonctions, ils s'associent aux bienfaiteurs de l'humanité, et méritent comme eux le tribut de la reconnaissance publique.

Avant que les filles de la Charité fussent chargées du soin des enfants trouvés, quel était leur sort? Les uns sacrifiés au moment de leur naissance, les autres exposés à la porte des églises et ailleurs, livrés au hasard, vendus, égorgés même pour des opérations magiques et pour des bains de sang, ils n'éprouvaient en la vie que les peines et les horreurs; ni la nature, ni la patrie n'avaient entendu leur cri. Vincent de Paul en fut ému, et, avec le concours de quelques dames vertueuses, il jeta les premiers fondements de cet établissement, qui, dans cette seule capitale, élève annuellement quatorze mille sujets à l'Etat. On les y nourrit soigneusement; dès leur enfance, on leur inculque des principes de probité et de religion, et on leur procure des moyens de subsistance en leur donnant un métier. Nos rois leur ont accordé des aumônes et des priviléges; de nouvelles Paules recueillent pour eux les charités des fidèles, et les sœurs grises règlent les détails pénibles, et sont préposées à tous les exercices.

Les orphelins ont également besoin de secours. A la vérité, l'enfant qui n'a jamais connu sa mère a fait la plus grande des pertes : néanmoins ces infortunés retrouvent en quelque sorte le fonds inépuisable de la tendresse maternelle dans le cœur des filles que la religion engage à veiller sur eux. Vers le milieu du siècle dernier, mademoiselle de Lestang établit, pour ceux de la paroisse Saint-Sulpice, un asile qui manque encore aux autres. Il n'est presque pas de ville de province un peu considérable qui n'ait assuré leurs jours par quelque fondation semblable. C'est aussi des mains des religieuses que reçoivent la nourriture, l'entretien et l'éducation, d'autres enfants que l'indigence chasse des foyers domestiques. On peut espérer qu'au sortir de ces maisons les uns et les autres deviendront d'utiles citoyens, et de bonnes mères de famille.

Dès l'origine de la profession religieuse, les moines desservirent les hôpitaux. Saint Basile fit construire à Césarée un monastère et un vaste logement pour les pauvres, adossés l'un à l'autre, afin que le service fût plus facile. Par le testament de Vandemir, de l'année 691, on apprend qu'à l'Hôtel-Dieu de Paris les malades étaient assistés par des religieuses, dont la supérieure avait le titre d'abbesse. Suivant le concile d'Aix-la-Chapelle, il y aura en chaque monastère de chanoines et de chanoinesses un hôpital pour tous les pauvres passants, malades et invalides; vinrent ensuite les ordres hospitaliers; en un mot, telle a été la pratique constante de l'Orient et de l'Occident : elle s'est maintenue jusqu'à nos jours, et actuellement même, presque tous les hospices de charité, anciens et nouveaux, sont commis à des corps monastiques. Ainsi, l'on voit traiter les différentes maladies qui travaillent l'humanité chez les disciples de Jean-de-Dieu (1) et chez des religieuses de diverses observances. Plusieurs d'entre elles soignent ceux que la perte de la raison réduit à l'état le plus triste, et ceux qui attendent la mort comme un bienfait, puisque toute espérance de guérison leur est interdite; d'autres se dévouent à panser les plaies et les blessures des pauvres. Quel est l'homme qui, après avoir été témoin de l'ordre qui règne dans les maisons des frères de la Charité, ne désire qu'ils puissent se multiplier assez pour se charger du plus grand nombre de nos hôpitaux, même des hôpitaux militaires? Qu'on calcule tous ceux de ce royaume qu'administrent les moines et les religieuses; comptons les malheureux qu'annuellement ils soulagent, et bénissons à jamais et les pieux fondateurs et leurs généreux agents.

D'autres religieux ont été établis pour une autre classe d'infortunés, pour ceux qui, s'exposant aux périls de la navigation, sont pris par les corsaires musulmans. « Cette congrégation héroïque, car ce nom, dit M. de Voltaire, convient aux Pères de la Rédemption des captifs et de Notre-Dame de la Merci, se consacre, depuis six cents ans, à briser les chaînes des chrétiens chez les Maures. Ces religieux emploient à payer la

---

(1) Il n'est pas rare de trouver parmi les religieux de très-habiles gens, soit par leurs connaissances en chirurgie et en médecine, soit par leur légèreté dans les opérations. Tels sont les PP. Calixte et Potentien, et le célèbre frère Côme.

rançon des esclaves, leurs revenus et les aumônes qu'ils recueillent, et qu'ils portent eux-mêmes en Afrique. » Le dernier rachat, fait, en 1767, à Saffie, dans le royaume de Maroc, leur a coûté un million : avec cette somme, à laquelle contribuèrent le roi et le clergé, ils rendirent environ deux cents citoyens à la France.

Une autre espèce d'esclavage, qui dégrade la nature humaine, c'est celui où conduit l'incontinence : par elle ordinairement commence l'altération des mœurs publiques. Afin d'en prévenir et d'en arrêter les funestes effets, des hommes zélés et des femmes pieuses ont formé divers établissements parmi nous. Le XVe siècle vit naître l'ordre des Filles Pénitentes, ou Madelonettes, qui reconnaissent pour fondateur le P. Tisseran, cordelier, et pour bienfaiteur Louis XII. Sous Louis XIV, mesdames de Pollalion, de Miramion et Combé préparèrent des asiles, soit aux jeunes personnes de leur sexe, dont la beauté et la misère exposent l'innocence, soit à celles qui, touchées de leurs désordres, veulent les expier. De là nous sont venues les maisons de l'ordre de la Providence, de Sainte-Pélagie, du Refuge, du Bon-Pasteur et autres semblables. Dans ces dernières, de solides instructions et des pénitences tempérées par la douceur, ramènent à la sagesse; et il est rare que ce retour se démente. Au commencement, les filles publiques y étaient renfermées de force, et les suites justifièrent cette violence. C'est aux magistrats chargés de la police de nos villes à chercher tous les moyens de les purger du libertinage, eux qui ne peuvent ignorer combien il produit de crimes.

Dès que les malheureuses victimes de la justice sont détenues dans les prisons, les sœurs de la Charité leur administrent tous les secours temporels (1); et, en province, les religieux s'efforcent, en les rappelant aux sentiments de la religion, de les soustraire à des supplices plus longs et plus terribles que ceux auxquels les condamneront les lois humaines. Les forçats avaient des droits sur le cœur compatissant de Vincent de Paul; il fut touché de l'état horrible où ils étaient réduits : par ses soins, des scélérats, dont la bouche n'exhalait que des imprécations, se familiarisèrent avec la vertu. Il parvint à leur faire bâtir un hôpital à Marseille; et, en divers endroits, ses filles sont appliquées à les servir.

Les religieux et les religieuses rendent à la jeunesse des services non moins pénibles, mais plus consolants. Nous l'avons déjà dit, presque tous les monastères autrefois étaient des écoles nationales. A un petit nombre près, ceux qu'habitent les filles sont ouverts aux personnes de leur sexe; pauvre ou riche, noble ou roturière, la moitié de notre jeunesse est élevée par des Ursulines, des Visitandines, des Augustines, des Dominicaines, etc. En France, elle n'a point d'autres institutrices; et quand on remonte à l'origine de la plupart de leurs maisons, on découvre que la nécessité de pourvoir au défaut total d'instruction, ou de remédier à la licence des maîtres à qui elle était confiée, leur a donné naissance. Si cette éducation n'est pas, chez les religieuses, aussi complète qu'on le désire, comment en seraient-elles responsables? nous n'avons pas encore, sur cet important objet, un plan universellement approuvé, et qu'il soit possible de mettre en exécution. Appliquons ces observations aux religieux.

Ils sont chargés du plus grand nombre de nos colléges. Les Bénédictins de la congrégation de Saint-Maur président à la plupart des écoles royales militaires nouvellement fondées. Ceux de Cluny et de Saint-Vannes, les Cordeliers, les Barnabites remplissent les mêmes fonctions en différentes villes du royaume. Les Dominicains, dans leur seule province de Toulouse, occupent trente-deux chaires ou maisons d'éducation : ainsi, d'un bout de la France à l'autre, l'on voit les religieux et les religieuses utilement employés auprès de la jeunesse. Si la religion est la base de toute bonne éducation, et si les connaissances qu'il faut donner aux enfants, quoique plus approfondies et mieux déterminées qu'autrefois, exigent néanmoins qu'on s'y livre entièrement, quels hommes peuvent être plus propres à remplir cet emploi, que ceux qui, par état, sont dévoués à la vertu et à l'étude? Pourquoi ne pas étendre ce genre d'avantages que procurent les corps monastiques? Le dernier chapitre renfermera quelques développements touchant cette matière si essentielle.

Comme l'enfance, la vieillesse expose à de grands besoins, et soumet aux entraves de la dépendance : triste même pour les classes riches, elle est affreuse pour les indigents. En vain la religion et l'humanité sollicitent en leur faveur; les asiles qu'on a ouverts aux vieillards pauvres ne sauraient les contenir. Puissent des âmes vertueuses et sensibles être touchées de leur misère, et tellement pourvoir à leur sort, qu'après avoir travaillé toute leur vie, et donné peut-être une multitude d'enfants à leur pays, ils n'aient plus qu'à mourir paisiblement, sans regretter d'avoir trop vécu! Le petit nombre de maisons qui leur servent de retraite sont administrées par des religieux ou des religieuses, surtout par des sœurs grises. Aux Invalides on en compte quarante; il y en a vingt aux Incurables, et plus de quatre-vingts dans les principales paroisses de Paris. Nos provinces doivent s'applaudir de leur avoir procuré des établissements et confié leurs hôpitaux. Cette congrégation et les autres instituts consacrés au soulagement

---

(1) A Paris, ce sont des docteurs de Sorbonne qui accompagnent les criminels à l'échafaud. Les religieux, surtout les Récollets et les Capucins, y confessent les prisonniers dont la détention est longue.

On sait assez combien les Capucins se rendent utiles lors des incendies : trop souvent ils sont victimes de leur zèle héroïque.

des pauvres méritent l'hommage que leur a rendu M. de Voltaire (1). « Peut-être, dit cet auteur, n'est-il rien de plus grand sur la terre que le sacrifice que fait un sexe délicat de la beauté et de la jeunesse, souvent de la haute naissance, pour soulager dans les hôpitaux ce ramas de toutes les misères humaines, dont la vue est si humiliante pour l'orgueil humain, et si révoltante pour notre délicatesse. Les peuples séparés de la communion romaine n'ont imité qu'imparfaitement une charité si généreuse. »

Tout ce qu'on vient de lire n'est que le commentaire, justifié par des faits, du témoignage consigné dans l'édit de 1768. « Nous avons la satisfaction, y est-il dit, de voir un nombre considérable de religieux offrir le spectacle édifiant d'une vie régulière et laborieuse..... Ils ne cessent de rendre à la société les services les plus importants, par l'exemple de leurs vertus, par la ferveur de leurs prières, par les travaux du ministère, auxquels l'Eglise les a associés; » ajoutons, par la culture des sciences et par tous les secours qu'ils donnent à l'humanité.

CHAPITRE VI.
DES BIENS DES CORPS MONASTIQUES.

Dans le dessein d'opposer un jugement impartial et motivé aux déclamations contre l'état religieux, nous en avons fait connaître l'esprit et les principes; nous en avons tracé en peu de mots l'origine et les progrès : les services qu'il a rendus à l'Eglise, ceux qu'il a rendus à la société, son utilité actuelle, ont été, comme on l'a vu, l'objet de trois chapitres différents : nous montrerons bientôt qu'en corrigeant quelques abus, il est possible qu'il devienne plus respectable en devenant plus utile. Mais peu d'hommes examinent et discutent; et en vain aurons-nous prouvé que les corps réguliers doivent être également chers à la religion et à la politique, il faut encore les justifier sur les biens dont ils jouissent.

Plus on est avide, moins on pardonne aux autres leurs richesses; la plupart de ceux qui s'élèvent contre les religieux le seraient avec moins de zèle ou plutôt avec moins de fiel, s'ils ne possédaient rien; ils leur paraissent coupables parce qu'ils sont riches; l'envie, fortifiée par le mépris pour la religion, les regarde comme des oisifs qu'enrichirent l'ignorance et la superstition, et qu'il faut dépouiller dans un siècle éclairé. Ne peut-on pas comparer la multitude qui demande ainsi leur expoliation, à la populace romaine, sollicitant les lois agraires? Cicéron, s'opposant à l'injustice et au délire de ses concitoyens, défendit avec succès la loi sacrée de la propriété.

Quelle est l'origine des biens monastiques? Quel est leur usage? Quelle est la propriété des religieux? Ces trois questions, qui nous paraissent embrasser toute la matière que nous traitons, seront le sujet de ce chapitre.

Par la sainteté de leur vie et par leur zèle contre les ennemis de la foi, les premiers moines ayant excité l'admiration de l'Orient, l'état religieux s'étendit bientôt par toute la chrétienté. Les évêques fixèrent auprès d'eux ces nouveaux athlètes de la religion, et se tirent de leurs vertus et de leurs lumières un double rempart contre l'hérésie et la corruption des mœurs. Comme ils vivaient dans la retraite et loin des affaires séculières, il fallut pourvoir à leur subsistance.

Origine des biens des religieux. — Les monastères reconnaissent trois sortes de fondateurs, les évêques, les rois et les grands.

Puisque les canons (2) défendent d'en bâtir aucun sans le consentement des évêques, et qu'ils les constituent juges de l'utilité de ces établissements, on peut dire en général qu'ils ont eu part à la fondation de tous les monastères. Un grand nombre y concourut d'une manière plus directe, en les dotant des biens de leur Eglise. Les conciles le leur permettaient en termes exprès, et presque toutes les anciennes abbayes sont de fondation épiscopale. Il nous suffira d'attester ici celles du célèbre patriarche d'Alexandrie, de Martin de Bragues, de saint Eloi et de ses successeurs; celles enfin de saint Ouen, père de ces fameuses abbayes que l'on rencontre dans le diocèse de Rouen. « Ces évêques pensaient, dit le P. Thomassin (3), après Ives de Chartres, que les biens des pauvres ne pouvaient être trop libéralement distribués à ceux qui s'étaient dévoués à la pauvreté évangélique. » Nous ajouterons qu'associés de bonne heure aux travaux du ministère, ils avaient un droit légitime au patrimoine du clergé. Cette libéralité envers les religieux alla même si loin, que le IX° concile de Tolède fut obligé d'y mettre un frein, en défendant aux évêques de donner aux monastères plus de la cinquantième partie des biens de leur évêché.

Instruits par les évêques des avantages que l'Eglise pouvait retirer de ces pieuses colonies; pensant d'ailleurs que c'était travailler au bonheur de leurs sujets, que d'étendre une classe d'hommes consacrés à la pratique de toutes les vertus, les souverains en favorisèrent à l'envi l'établissement dans les différentes parties de leurs Etats. Dès le temps de Charlemagne, on distinguait déjà les abbayes royales des abbayes épiscopales. Qui ne sait combien ce grand homme s'occupa des monastères? dix-sept furent construits ou rétablis par Louis le Débonnaire; et depuis Clovis, il n'est pas un de nos rois qui n'ait été le fondateur, ou le bienfaiteur de quelques maisons religieuses.

De toute part les grands se firent un honneur d'imiter leurs chefs et de les égaler en magnificence. Pour apprécier leurs bien-

---

(1) *Essai sur les mœurs et l'esprit des nations,* tom. III.
(2) *Placuit ullum quidem usquam ædificare aut construere monasterium, vel oratorii domum, præter conscientiam civitatis episcopi.* Conc. Chalc., can. 44.
(3) *Ancienne et nouvelle Discip.* part. 1, liv. 1, chap. 16.

faits, il faut se transporter au temps qui les vit naître : l'anarchie féodale versait alors sur l'Europe tous les maux qu'elle enfante; c'était un état de guerre habituel, où tout devenait la proie de la force et de la violence : le respect pour la religion ne pouvait même défendre les biens de ses ministres; on usurpait les dîmes et jusqu'aux sanctuaires des églises. Or, il arrivait quelquefois que les ravisseurs, pressés par le cri de leur conscience, ou intimidés sur la fin de leur carrière par la crainte de l'avenir, cherchaient à réparer et leurs propres excès et ceux de leurs pères.

Sans doute il eût été plus simple et plus juste de rendre les biens usurpés à leurs véritables propriétaires ; mais souvent ils étaient inconnus. D'un autre côté, les ecclésiastiques, en négligeant leurs devoirs, avaient perdu la confiance des peuples : les religieux, au contraire, les édifiant et s'occupant avec zèle des fonctions du ministère, semblaient s'offrir naturellement à leur reconnaissance. Voilà pourquoi tant de monastères ont été dotés de ces amples restitutions : peut-être aussi les ducs et les comtes étaient-ils poussés par la gloire d'être fondateurs.

S'ils leur donnaient de leur propre patrimoine, leur libéralité ne diminuait presque pas leurs revenus : ces bienfaiteurs possédaient des terres immenses, souvent même des provinces entières, dont une grande partie, stérile et déserte, n'était pour eux d'aucune utilité réelle. « Les Français, dit un de nos historiens, fondèrent les grandes abbayes sans qu'il leur en coûtât beaucoup. On cédait à des moines autant de terres incultes qu'ils pouvaient en mettre en valeur ; ces troupes pénitentes, ne s'étant pas données à Dieu pour mener une vie oisive, travaillaient de toutes leurs forces à dessécher, à défricher, à bâtir, à planter (1). On leur donnait volontiers, ajoute Fra-Paolo Sarpi, parce que ces biens étaient employés à nourrir et faire instruire des enfants, et à des œuvres de miséricorde et de pénitence (2). »

La fondation des monastères, nous le savons, est regardée comme le luxe de ces temps. Que ce luxe différait de celui qui règne aujourd'hui ! il consistait à doter la vertu.

Depuis huit ou neuf siècles, le nom de chaque fondateur retentit dans le temple qu'il a élevé ; et tous les jours de pieux cénobites s'efforcent par des vœux ardents d'attirer sur sa postérité les bénédictions célestes. Ce tribut de prières n'est pas le seul prix de ses bienfaits : si sa famille tombe dans l'indigence, le monastère lui doit des secours proportionnés à ce qu'il en a reçu et à la qualité du patron (3). Ordinairement la collation du bénéfice lui appartient, et ce droit lui rend souvent beaucoup plus qu'il ne lui en a coûté pour l'acquérir ; en sorte que les donateurs semblent n'avoir fait que des échanges utiles avec les religieux :

Le peuple même a contribué aux richesses et à l'agrandissement de l'ordre monastique : pour le prouver, il nous suffirait de dire que plus d'une fois des familles entières se sont données aux monastères ; et, ce qui doit surprendre, c'est que cette conduite, qui ne paraît d'abord qu'un dévouement aveugle, leur était cependant dictée par la prudence et par leur propre intérêt.

Le peuple était alors réduit à un véritable état de servitude, ou traité comme s'il eût été réellement esclave. Le roi, dépouillé de presque toutes ses prérogatives, sans autorité pour former ou faire exécuter des lois salutaires, ne pouvait ni protéger l'innocent, ni punir le coupable. Ceux qui étaient encore appelés libres, sans cesse opprimés par les grands, étaient forcés de leur vendre leur liberté, afin que, devenant leur propriété, ils fussent au moins intéressés à leur conservation. Les formes de cette soumission, connue sous le nom d'*Obnoxiation*, nous ont été conservées par Marculphe (4). On ne doit donc pas s'étonner que plusieurs se soient donnés aux monastères.

Cette condition n'était-elle pas plus avantageuse ? ils y trouvaient des maîtres, dont les mœurs étaient adoucies par les vertus de leur état et par la culture des lettres, et qui n'étaient souvent que les compagnons de leurs peines. Parmi ceux que la misère n'avait pas dégradés à ce point, pour conserver à la fois leur liberté et leurs possessions, plusieurs imploraient la protection des monastères ; et couverts, pour ainsi dire, du respect de leur portail aux religieux, ils jouissaient de la paix et de la sûreté, tandis qu'autour d'eux régnait un désordre universel. Heureux et reconnaissants, ces colons leur payaient une redevance, ou leur rendaient quelques services. C'est ainsi que tous les ordres de la société ont concouru à former un patrimoine aux religieux : entre leurs mains laborieuses et économes, ces biens se sont accrus ; leur piété et leurs travaux, voilà les sources pures des richesses que la cupidité leur envie.

Nous connaissons trop les hommes, et nous sommes trop justes pour prétendre que, dans un si long espace de temps, les religieux ne se soient jamais laissé séduire par le désir de leur agrandissement, ou même par le bon usage qu'ils faisaient de leurs acquisitions. Si quelque portion de leurs biens a été le fruit de ce zèle indiscret ou trop avide, ceux qui sont sortis de leurs mains de tant de manières différentes n'établissent-ils pas une compensation assez forte ? Combien de fois d'ailleurs n'ont-ils pas arrêté eux-mêmes les effets de la libéralité des princes et des particuliers ? D'une foule de traits, nous n'en citerons qu'un, dont la preuve est encore sous nos yeux. Le premier asile que les Dominicains aient eu à Paris, celui qui leur a donné le nom sous

---

(1) Le Gendre, *Hist. de France*, pag. 4.
(2) *Traité des Bénéfices*, art. 8.
(3) *Habito respectu ad facultates ecclesiæ, et qua-litatem personæ.* Van-Espen, *Jus univ.*
(4) Robertson. *Introduct. à l'Hist. de Charles V*, not. 9.

lequel ils y sont connus, le couvent de la rue Saint-Jacques est pauvre, ses murs l'attestent; cependant il a été fondé par saint Louis, et il a donné dix-huit confesseurs à nos rois. Un riche particulier, qui s'était retiré dans cette maison, témoin de sa pauvreté, et reconnaissant des soins charitables des religieux, voulait leur léguer une fortune considérable qu'il avait faite aux îles. Il consulte celui qui dirigeait sa conscience : Laissez, lui dit-il, à votre famille un héritage qui lui appartient. — Ce que je possède, je l'ai acquis par mon industrie, je ne me connais point de parents, et je veux en disposer en faveur de l'Eglise : — En ce cas, répond le vertueux Dominicain, il est un genre de bien digne de vous intéresser. J'ai vu souvent des curés malheureux, à qui l'âge et les infirmités rendaient le repos nécessaire, et qui ne pouvaient quitter des fonctions trop pénibles, parce que la modicité de leur bénéfice et le soulagement des pauvres ne leur avaient pas permis de se ménager une ressource pour leur vieillesse : préparez-leur une retraite ; posez la première pierre d'un monument destiné à leur procurer des secours à la fin d'une carrière utile et honorable. Son vœu fut rempli ; cette succession est le premier fonds dont a été dotée la maison de Saint-François de Sales ; et cet établissement, qui manquait à l'Eglise, que sollicitait l'humanité, nous le devons au désintéressement et au zèle éclairé d'un religieux (1).

Usage des biens monastiques. — C'est beaucoup qu'on ne puisse reprocher aux religieux l'origine de leurs biens ; et sans doute c'est un avantage qu'ils ont sur un grand nombre de leurs ennemis : voyons maintenant si leur usage est tel qu'il puisse être avoué par la religion et par la politique. Puisque les revenus publics sont une portion de biens que chacun sacrifie pour avoir la sûreté de l'autre (2), le tribut, par sa nature et sa destination, est la première dette de tout propriétaire. Sans traiter ici de l'immunité des biens ecclésiastiques, question étrangère à notre objet, nous dirons que le clergé de France jouit d'une prérogative très-précieuse ; la contribution, que les autres sujets payent au roi, il l'offre comme un hommage libre de son amour et de sa reconnaissance. L'Eglise gallicane s'est toujours montrée digne de ce beau privilège ; dans tous les temps, on l'a vue proportionner ses secours aux besoins de l'Etat ; et outre les grands efforts qu'elle avait faits en 1780, et dont ses annales ne présentaient pas d'exemple (3), elle a donné, en 1782, de nouvelles preuves de son patriotisme, pour aider aux frais de la guerre et pour réparer les maux qu'elle a causés : si le clergé est le premier corps du royaume par le rang et les honneurs, il l'est encore par son zèle et son dévouement : les religieux, comme on sait, contribuent au don gratuit, et supportent ainsi le poids des charges publiques (4).

Les bénéfices mêmes, auxquels sont attachés les biens monastiques, étant presque tous à la collation du roi, on peut les regarder comme autant de récompenses, qui, sans rien coûter au peuple, doivent servir à exciter l'émulation des vertus et des talents. Pour ne parler que des avantages qu'en retire la politique, quelle ressource pour la noblesse ! Un bon gentilhomme se repose du soin de sa fortune, sur la reconnaissance de sa patrie ; il ne veut s'enrichir qu'à force de gloire : mais, chez une nation généreuse, il y a toujours plus de services rendus que de grâces à donner. Un bénéfice accordé au mérite du frère, ou du fils d'un brave et pauvre militaire, est un bienfait pour toute sa famille dont il devient le soutien. Combien n'a-t-on pas vu d'anciennes maisons connues par notre histoire, et dont les rejetons, victimes de la misère, languissaient obscurément loin d'une province, reprendre leur premier lustre, aidées du revenu d'une riche abbaye ? Plus d'une branche de ce grand arbre qui croît dans le champ de l'Etat, pour la gloire et l'honneur, aurait péri desséchée, faute de sève et d'aliment, si l'Eglise, de ses sources fécondes, n'en avait souvent arrosé les racines.

Depuis l'introduction de la commende, le clergé séculier, jouissant des deux tiers du patrimoine des religieux, on ne peut leur demander compte que de la portion qui forme la masse conventuelle. Selon toutes les règles monastiques, leurs besoins sont bornés à l'absolu nécessaire ; elles ne leur permettent qu'une nourriture frugale et des vêtements grossiers. Des relations indispensables, les égards dus aux personnes en place, obligent, il est vrai, les chefs d'une communauté d'admettre quelquefois un luxe étranger sur leurs tables ; mais entrez au réfec-

---

(1) Il est mort dernièrement à Sampierredaréna, un particulier riche de 200,000 liv., qui, n'ayant point d'enfants, a laissé sa veuve usufruitière de ses biens, en instituant le couvent de Coronata son héritier universel. La veuve a suivi de près son mari au tombeau ; et les religieux étaient en droit de réunir l'usufruit à la propriété : mais le supérieur, instruit que le défunt laissait des neveux indigents, nés d'une de ses sœurs, qui était pauvre, a cru devoir ne point accepter ce riche héritage : il en a fait la renonciation entre les mains d'un notaire public, et a écrit à Rome pour obtenir l'approbation du saint-siège, sans laquelle elle ne serait pas valable. Cet acte de désintéressement et de délicatesse n'a besoin que d'être présenté, et porte avec lui son éloge. *Gazette de France,* n° 16, art. *Gênes,* 18 janvier 1784.

(2) *Esp. des Lois,* liv. XIII, chap. 1.
(3) *Voyez* le procès-verbal de l'Assemblée de 1780.
(4) Nous aurions pu choisir dans les différentes époques de notre histoire une multitude de faits qui attestent le patriotisme des ordres réguliers. Par exemple : « Pendant les troubles qui agitèrent le règne de Charles VII, les religieux de Saint-Denis donnèrent à leur légitime souverain une marque éclatante de zèle et de tendresse ; ils firent fondre jusqu'à la vaisselle de leur réfectoire, pour le payement des troupes. De pareilles actions doivent assurer aux religieux l'estime et l'attachement de leurs compatriotes. » *Hist. de France,* tom. XV et XVI. *Année littéraire,* tom. VIII (1765), n° 36.

toire, elle n'excitera ni votre envie ni vos reproches.

Leurs maisons sont trop vastes ; des solitaires habitent des palais. . . . .
Après avoir parcouru ces beaux édifices, nous avons pénétré dans les cellules. Là, nous nous retrouvions au sein de la simplicité. Une chambre étroite ne présentait à nos yeux étonnés que quelques meubles et des livres, seuls ornements de ces asiles consacrés à la retraite et à l'étude. Là, souvent, nous avons vu des hommes dont les ouvrages nous avaient instruits.

Les salles d'assemblées, ou destinées à recevoir les séculiers, et surtout les églises, voilà les lieux qu'ils ont pris soin d'embellir. Par ces dépenses, ils fournissent un aliment aux beaux-arts, dont les progrès et les chefs-d'œuvre fixent le rang des nations entre elles : l'architecture, la sculpture et la peinture, presque toujours aux gages d'un luxe indécent, et devenues les complices de la corruption des mœurs, rappelées dans ces monuments à la pureté de leur origine, nous offrent des beautés que l'innocence peut admirer. Au milieu de ces maisons fragiles dont nous sommes environnés, qui périront avec leurs auteurs égoïstes, on doit voir avec satisfaction s'élever des bâtiments solides et durables, qui, marqués pour ainsi dire du sceau de l'éternité, porteront aux siècles futurs un long souvenir de notre âge.

Quand les monastères situés dans des petites villes, ou des villages sans ressource, commencent leurs constructions, tout change de face ; le commerce s'anime, les artisans sont occupés, le malheureux y trouve des moyens de subsistance ; et quatre-vingt ou cent mille francs employés à rebâtir une abbaye, ont répandu l'aisance par tous les environs. Puisque tels en sont les effets, nous ne saurions les condamner : seulement nous exhortons les religieux à se garantir du goût pour la bâtisse, qui depuis quelque temps a gagné tous les ordres de la société : un supérieur est aisément séduit par le désir d'agrandir ou de décorer sa maison ; il croit en devenir le bienfaiteur, mais ce n'est souvent qu'une illusion de l'amour-propre : il espère par là sauver son nom de l'oubli ; espoir qu'on peut nourrir encore après avoir renoncé au monde. Ces dépenses diminuent le bien que faisait la maison, les dettes qu'elles lui occasionnent sont un scandale et quelquefois le germe de sa destruction.

(1) Voyez le Diction. Encyclop. au mot *Agriculture*.

(2) « Depuis longtemps, en France, on ne voit de domaines supérieurement cultivés, fournis d'habitations convenables et d'habitants laborieux, que les domaines des ordres religieux, surtout des grands propriétaires, tels que les Bénédictins, les Bernardins, les Chartreux, etc. Cela seul, indépendamment de la reconnaissance qu'on leur doit et de l'utilité de leur profession, devrait les mettre à l'abri de la destruction épidémique qui les poursuit. Il me semble qu'avant de procéder à l'abolition d'un ordre monastique, il faudrait examiner d'une manière im-

Qu'ils emploient bien plus utilement, et pour eux et pour l'État, le fruit de leur économie, en versant leurs épargnes dans le sein de la terre ! Depuis quelques années, on s'est beaucoup occupé en France de l'agriculture ; dans plusieurs villes se sont formées des sociétés agronomes ; il a paru une foule d'ouvrages sur les moyens de nous procurer de plus abondantes récoltes ; enfin, cette importante matière a excité, pendant quelque temps, un enthousiasme presque universel. Toutes nos recherches, sans rien changer à l'état actuel des choses, n'ont servi qu'à nous apprendre combien il nous restait à faire. « Si l'on parcourt quelques-unes des provinces de la France, dit un auteur très-estimé, on trouve non-seulement que plusieurs de ses terres sont en friche, qui pourraient produire des blés et nourrir des bestiaux ; mais que les terres cultivées ne rendent pas, à beaucoup près, à proportion de leur bonté, parce que le laboureur manque de moyens pour les faire valoir (1). »

En effet, l'unique moyen de rendre nos champs plus féconds, c'est de faire à la terre des avances qu'elle rend toujours avec usure. Mais les grands propriétaires, attirés et retenus dans nos villes par les jouissances du luxe, dédaignent les détails de l'économie rurale, et ne connaissent leurs terres que par les rapports qu'elles leur donnent avec des fermiers, qu'ils foulent, pour fournir à un faste ruineux. Comment attendre des améliorations de ceux qui se refusent même à l'entretien et aux réparations les plus indispensables ? Tirant tout des campagnes, et n'y reportant rien, ils dessèchent pour ainsi dire, le sol qui les nourrit.

Pour faire des avances à la terre et les placer d'une manière intelligente et avantageuse, il faut aimer la campagne ; il faut l'habiter pour en connaître les besoins et les ressources : telle est la position des religieux. Attachés en quelque sorte à la glèbe, et fixés au milieu de leurs possessions, ordinairement ils les font valoir eux-mêmes, ou ils surveillent l'administration de ceux à qui ils en ont confié la culture. Comme il ne leur est plus permis d'étendre leurs domaines, ils s'efforcent de les rendre plus fertiles : opposer une digue au débordement nuisible d'un étang ou d'une rivière, dessécher un marais ou défricher des landes, voilà les objets de leur utile ambition. Leurs maisons sont donc autant d'écoles pratiques d'agriculture, répandues dans nos provinces pour la richesse de la France (2).

partiale, si son existence est nuisible ou avantageuse à l'État ; si les biens dont on dépouillera ces moines, tomberont en de meilleures mains ; si leurs possessions seront mieux cultivées ; si, dans les cantons qu'ils habitent, les pauvres seront mieux secourus par de nouveaux propriétaires, soit laïques, soit ecclésiastiques. Je laisse à l'écart, comme on voit, l'intérêt de l'Église et de la religion : ces objets-là n'entrent guère aujourd'hui dans les considérations politiques. N'envisageons, dans toutes les suppressions faites ou à faire, que le bien physique et temporel : quel sera-t-il ? Qu'y gagneront le prince et l'État ? Quelle qu'en soit la destination, elle n'enri-

Ces corps permanents se consolent des efforts et des sacrifices qu'exigent ces travaux longs et dispendieux, par la certitude d'en jouir. Aussi, dit l'*Ami des hommes*, « il est passé en proverbe, que les Bénédictins mettent cent sur un champ pour lui faire produire un(1). » Les avances qu'on fait à la terre sont un bienfait pour la patrie, parce qu'elles multiplient la subsistance des citoyens; les ouvrages des religieux occupent une multitude de bras, répandent l'argent et favorisent la population, véritable mesure de la prospérité des empires.

Un voyageur instruit, traversant les campagnes, distingue, à leur culture, la classe de leurs propriétaires. S'il rencontre des champs bien environnés de fossés, plantés avec soin, et couverts de riches moissons : Ces champs, dit-il, appartiennent à des religieux. Presque toujours à côté de ces plaines fertiles, une terre mal entretenue et presque épuisée, présente un contraste affligeant : cependant la nature du sol est égale, ce sont deux parties du même domaine; on voit que cette dernière est la portion de l'abbé commendataire.

Trop souvent cette distinction honorable devient funeste aux monastères. Un abbé voit avec chagrin que les deux tiers dont il jouit rapportent à peine autant que la mense conventuelle. Il se croit lésé, se plaint et obtient un nouveau partage. Les religieux veulent conserver le prix de leurs soins et de leurs travaux; de là naissent une foule de contestations, sous prétexte que l'on ne défend que les droits de sa place; on s'accuse réciproquement de cupidité et de mauvaise foi; on s'agite, on se tourmente, la paix s'enfuit des cloîtres, et l'atelier de la chicane est placé dans des asiles consacrés à la charité chrétienne. Lorsque, au grand scandale des mœurs et de la religion, les tribunaux retentissent de ces discussions malheureuses, trop souvent les abbés peignent les religieux à leurs juges et à leurs sociétés, comme des hommes avides et turbulents; et peut-être ces déclamations n'ont pas peu contribué à former le préjugé contre lequel lutte en ce moment l'état monastique.

Pour éteindre ces guerres intestines, que ne pouvons-nous faire tomber les préventions qui les enfantent! Cessez, dirons-nous aux religieux, de regarder les commendes comme des usurpations : établies pour votre avantage, l'Eglise les approuve encore; et vous devez respecter le choix du souverain dans la personne des commendataires. En jouissant de vos droits, dirons-nous aux commendataires, n'oubliez jamais que les religieux ont acquis et défriché le champ que vous moissonnez aujourd'hui.

Dans quelques mains que soient les biens monastiques, ils sont affectés au soulagement des malheureux. Sans établir ici de comparaison, voyons comment cette dette est acquittée par les monastères. Quand on oublierait ce que nous croyons avoir prouvé, que les religieux sont également utiles à l'Eglise et à l'Etat, ils resteront encore hommes et citoyens. Nés pour la plupart de parents peu fortunés, ils trouvent dans les cloîtres des ressources que ne leur offrait pas la maison paternelle. Les places monacales sont pour eux ce que les commendes sont pour la noblesse; en sorte que les revenus monastiques tournent au profit de toutes les classes de la société. C'est un patrimoine commun. A l'abri du besoin, chaque religieux sollicite des secours pour sa famille indigente; et presque tous les corps, comme la congrégation de Saint-Maur et celle de Cluny, ont des fonds destinés à cet usage respectable. Le pauvre n'est jamais refusé à la porte des maisons religieuses; les unes, tous les jours, les autres, plusieurs fois par semaine, font d'amples distributions de pain (2). Combien de jeunes gens sont élevés dans nos collèges à leurs dépens!

Mais c'est surtout lors des accidents qui affligent les campagnes qu'éclatent le zèle et la charité des religieux. Un orage vient de détruire toute espérance de moisson, un village a été la proie d'un cruel incendie; pères des laboureurs, ils s'empressent de les soulager, en distribuant aux uns des matériaux pour rebâtir leur habitation, aux autres des grains pour ensemencer leurs champs et pour les nourrir jusqu'à la récolte prochaine. C'est un prêt pour ceux qui peuvent rendre, c'est un don pour les malheureux. Parmi une foule de traits de cette nature, connus de nos lecteurs, nous en citerons un, trop authentique et trop honorable à l'humanité pour nous refuser au plaisir de le trans-

---

chira ni n'embellira les campagnes. Comment seront administrés tant de riches établissements monastiques? car il y en a, je l'avoue, de nombreux et de considérables. Comment seront entretenus ces vastes bâtiments construits avec tant de solidité, ces magnifiques temples du Seigneur, ces belles fermes peuplées d'ouvriers et de cultivateurs? Que tout cela soit livré à des établissements militaires, à des fermiers du domaine, à des abbés commendataires, à qui l'on voudra, nous n'y trouverons bientôt que *les champs où fut Troie*. Jetons les yeux sur les terres d'une abbaye quelconque. Quelle différence énorme entre la mense abbatiale et la mense monacale! La première a souvent l'air du patrimoine d'un dissipateur; l'autre est comme un héritage où l'on n'épargne rien pour l'amélioration. Je ne plaide point ici la cause des moines; je plaide celle de toutes les cultures, de tous les propriétaires, des pauvres, du travail, et de la population. Ressuscitons un moment Virgile, Varron, Columelle : employons-les comme experts dans l'examen de nos campagnes. Ils riront, comme païens, de nos institutions monastiques; mais ils combleront d'éloges, comme économes et cultivateurs, les enfants de saint Bruno, de saint Bernard, et de saint Benoît. » *Œuvres de M. le marquis de Pompignan.*

(3) *L'Ami des hommes*, chap. 2.

(4) Les Chartreux de Paris donnent huit cents livres de pain par semaine. Pendant cet hiver les aumônes ont été augmentées dans toutes les maisons religieuses : leurs fermiers distribuaient des secours aux habitants de la campagne; et pour fournir à des besoins extraordinaires, plusieurs communautés ont ajouté à la rigueur de leur abstinence.

crire. En 1781, le territoire de la ville de Saint-Maximin, en Provence, fut dévasté par un ouragan terrible : non-seulement on ne recueillit rien, les vignes et les oliviers furent frappés pour plusieurs années. Tandis que Saint-Maximin réclamait les secours de la province, tandis que la province elle-même implorait les bontés du roi, les Dominicains consumaient leurs épargnes à réparer des malheurs qu'ils avaient déjà partagés sur leurs domaines et sur leurs dîmes. Le monastère renvoya plusieurs de ses membres dans d'autres maisons, afin de secourir plus d'infortunés. Touchée de ce dévouement digne des plus beaux siècles de l'Église, l'assemblée des états de la province en a consigné le témoignage dans ses cahiers. « La ville de Saint-Maximin ne compte-t-elle pas au nombre de ses bienfaiteurs une communauté de religieux, dont la fondation signala la piété d'un de nos anciens souverains, et dont la célébrité tient plus aux vertus pastorales qu'elle exerce sur tout un peuple qu'à ses richesses? Les greniers de cette maison ont été ouverts à la misère du peuple ; des distributions de pain, des secours manuels ont été prodigués à la porte du cloître. Avec quel empressement chaque religieux ne s'est-il pas privé de son vestiaire pour en soulager les familles? » Ajoutons encore un fait qui prouve que les religieux sont aussi bons citoyens que bienfaiteurs éclairés. A la naissance du prince qui a comblé l'espoir du roi et les vœux de la nation, les Augustins de la ville de Montmorillon, dans le haut Poitou, outre les prières publiques et les marques de réjouissance qui ont eu lieu partout, ont cru devoir plus particulièrement signaler ce bienfait du ciel en payant de leurs deniers, suivant le rôle des collecteurs, la quote-part des tailles et corvées de cent dix-neuf pauvres familles, tant de Montmorillon que de Comise (1).

Aujourd'hui que les déclamations contre les religieux sont universelles (2), il est étonnant qu'ils ne leur opposent pas un recueil de leurs actions de charité et de patriotisme : la calomnie serait réduite au silence, et, dans ce siècle philosophique, les religieux seraient le plus bel hymne à la bienfaisance.

Propriété des religieux. — Il n'y a donc qu'une prévention aveugle qui puisse former des vœux pour la ruine des monastères ; vœux injustes et coupables, puisqu'ils tendent à violer la loi sacrée de la propriété. Pour connaître quelle est celle des religieux, il suffit de lire les actes en vertu desquels ils possèdent. Ils annoncent tous clairement que la volonté des fondateurs a été de doter un corps utile, d'en assurer l'existence, et d'en perpétuer les services pendant la durée des siècles. « Voulant, dit Guillaume, duc d'Aquitaine, dans la chartre de fondation de l'abbaye de Cluny, employer utilement pour mon âme les biens que Dieu m'a donnés, j'ai cru ne pouvoir mieux faire que de m'attirer l'amitié de ses pauvres ; et afin que cette œuvre soit perpétuelle, d'entretenir à mes dépens une communauté de moines. Je donne donc, de mon propre domaine, la terre de Cluny, sise sur la rivière de Graune, à condition qu'on y bâtira un monastère en l'honneur de saint Pierre et de saint Paul, pour y assembler des moines vivant suivant la règle de saint Benoît, et que ce soit à jamais un refuge pour ceux qui, sortant pauvres du siècle, n'apporteront avec eux que la bonne volonté. Ils exerceront tous les jours les œuvres de miséricorde, selon leur pouvoir, envers les étrangers et les pèlerins. Aucun prince séculier ni aucun évêque, ni le pape même, les en conjure au nom de Dieu et de ses saints, ne s'emparera des biens de ces serviteurs de Dieu, ne les vendra, échangera, diminuera, ni donnera en fief à personne (3). » Cette donation est souscrite par le duc, sa femme, des évêques et plusieurs grands seigneurs.

Tous les actes de fondation sont conçus à peu près dans les mêmes termes. Les bienfaiteurs transmettent aux monastères tous leurs droits sur les biens qu'ils leur lèguent ; et les moines les ont reçus sous la garantie des deux puissances. « Que les monastères, dit le 1er concile de Chalcédoine, construits et établis dans un lieu du consentement de

---

(1) *Gazette de France*, n° 5 (1782).
(2) Voici ce qu'on lit dans la nouvelle *Encyclopédie méthodique* au mot *Bèze* : « Abbaye de France en Champagne, où quatre cénobites, consomment 100,000 liv. de rente aux yeux d'un village famélique. On ne s'aperçoit que trop de sa richesse dévorante, à l'indigence extrême et au délabrement du bourg de même nom, dans lequel elle est située ; il semble que le fer et le feu y aient passé : les terres, les prés, les bois, tout est aux religieux. »
Si l'auteur eût été mieux instruit, il ne se serait permis ni des reproches aussi injustes ni un ton aussi amer. L'abbaye de Bèze a été fondée en 614, par un duc de Bourgogne, pour servir de retraite à l'un de ses fils, qui en fut le premier abbé. Le bourg de Bèze et les villages voisins lui doivent leur origine.
En 1732, la mense abbatiale ayant été affectée à la dotation de l'évêché de Dijon, la totalité des revenus de l'abbaye ne fut estimée que 20,000 livres : par une sage administration et par des dépenses considérables, les religieux portèrent leurs terres à leur plus haut point de valeur ; en sorte que depuis le dernier partage ils jouissent de près de 50,000 livres de rente. Cette abbaye est composée de dix religieux : sans doute elle est riche ; mais sa richesse n'est point dévorante ; ses domaines sont répandus dans le territoire de douze villages. Quoique le bourg de Bèze *soit sujet à des inondations extraordinaires,* comme le dit l'auteur lui-même, cependant les habitants, loin d'être réduits à *l'indigence extrême,* sont tous propriétaires. La dîme s'afferme 4,000 livres : ils jouissent donc au moins de 40,000 livres de rente en fonds de terre ; tout n'est donc pas aux religieux.
L'auteur du *Tableau de Paris* n'est pas plus exact, quand il dit que, « huit religieux consomment 10,000 livres de rente dans la maison des Blancs-Manteaux. » Il y en a seize, et ils ne possèdent pas le tiers de ce revenu. Combien de déclamations de ce genre ne sont pas mieux fondées !
(3) Fleury, *Hist. ecclés.*, liv. LIV, art. 45.

l'évêque, soient toujours monastères ; qu'on leur conserve soigneusement les biens qui leur ont été donnés, en sorte que ces maisons ne deviennent jamais des habitations séculières (1). » Contribuer à ce changement ou le permettre sans les raisons les plus fortes, c'est, au jugement du IIe concile de Nicée, encourir une terrible condamnation.

Les biens des religieux, disent leurs ennemis, appartiennent à l'Eglise en général, qui peut en disposer arbitrairement. Sur quel canon, sur quelle loi appuient-ils donc ce système absurde ? Nous les défions d'en citer une seule. Jésus-Christ, au contraire, n'a-t-il pas défendu à son Eglise toute domination ? Les biens sont à ceux qui les ont acquis. Quand, à force de soins et de travaux, les anciens moines agrandissaient leurs domaines, ils étaient soutenus par l'espérance de donner à leurs successeurs de nouveaux moyens de perpétuer et d'augmenter le bien qu'ils faisaient eux-mêmes. Le patrimoine des Eglises particulières appartient à l'Eglise universelle, comme celui des sujets appartient à l'Etat, qui doit conserver à chacun sa propriété. Elle déclare elle-même, « qu'elle n'approuvera jamais qu'aucun évêque, aucun clerc, ou quelque autre personne, ose, à quelque titre que ce soit, solliciter et présumer accepter les biens d'une autre Eglise, soit qu'elle se trouve située dans le même royaume, ou dans un royaume étranger (2). » Elle ordonne que celui qui l'aura fait soit privé de la communion, jusqu'à ce qu'il ait restitué à l'Eglise dépouillée ce qui lui appartient de plein droit. Croyant leur devoir une protection spéciale, les conciles font aux monastères l'application de cette règle générale (3) : « Si quelqu'un de nous, dit celui de Séville, soit par cupidité, soit par fraude ou artifice, entreprend de dépouiller ou de détruire quelque monastère que ce puisse être ; que les évêques s'assemblent, et qu'ils suspendent de la communion ce destructeur d'une communauté sainte ; qu'ils rétablissent le monastère, en lui rendant tout ce qui lui avait appartenu, et que la piété les animant tous, les porte à réparer ce que l'impiété seule aurait détruit. » Après avoir pourvu, autant qu'il était en eux, à la stabilité des maisons religieuses et à la conservation de leurs biens, ils emploient encore en leur faveur la puissance civile. En divers endroits, ils représentent aux princes qu'ils sont les garants des vœux des fondateurs, et qu'il est de leur devoir de veiller à leur exécution. Pour répondre aux désirs de l'Eglise, nos rois ont donné à ses décrets la sanction de leur autorité, par des ordonnances sans nombre, qu'il serait superflu d'accumuler ici. Elles découlent toutes de ce principe consigné dans les Capitulaires de Charlemagne, monuments authentiques et respectables de notre droit français. « Les monastères, une fois consacrés à Dieu, doivent être à perpétuité monastères, et leurs biens fidèlement conservés (4). »

Il ne sera donc jamais permis de toucher aux biens des religieux? Pour saisir les vrais principes de la matière, pour apprécier l'étendue et les bornes de leurs droits, il faut connaître la volonté des fondateurs, et la connaître tout entière. En dotant les monastères, ils se sont proposé d'étendre le culte divin, et de placer dans l'Eglise de nouvelles sources d'édification. La destination particulière d'un ordre, les besoins d'un canton, ont déterminé le lieu de ces établissements et le choix des sujets. Ce désir du bien général qui les animait fut le fondement du droit de l'Eglise et de l'Etat sur les biens des réguliers ; mais ce droit est modifié par les conditions qu'ils ont apposées à leurs bienfaits. L'acte de fondation d'un monastère est un contrat synallagmatique, par lequel le fondateur donne une portion de ses biens à l'Eglise, pour être, à perpétuité, possédée par les religieux qu'il désigne et de la manière qu'il l'ordonne : les religieux acceptent, en se soumettant aux charges qui leur sont imposées : enfin l'Eglise et l'Etat impriment de concert, à cet acte, le sceau de leur autorité, et s'obligent envers le fondateur de veiller à l'exécution de ses volontés. Tant que les religieux restent fidèles à leurs engagements, leur droit est entier et leur propriété inviolable : s'ils les oublient, on doit employer tous les moyens propres à les rappeler à leur devoir, et à procurer ainsi le bien que les donateurs ont eu en vue et qui les a portés à se dépouiller en leur faveur. Ces soins et ces efforts sont-ils inutiles ? Un monastère n'est-il plus qu'un scandale irréparable pour la religion ? La fin particulière que s'est proposée le fondateur ne pouvant plus être remplie, ces biens doivent tourner d'une autre manière à l'avantage commun de l'Eglise ; pour qu'elle puisse en disposer, il ne suffit pas que l'emploi qu'elle en veut faire soit utile, il faut encore que la destruction du monastère soit démontrée nécessaire (5).

---

(1) *Quæ semel ex voluntate episcopi dedicata sunt monasteria, perpetuo manere monasteria ; et res quæ ad ea pertinent, monasterio reservari ; nec posse ea ultra fieri sæcularia habitacula. Conc. Chal.*, can. 28, anno 451. Ce canon est renouvelé dans le Concile d'Aix-la-Chapelle, en 789, et dans le 4e de Constantinople de 870.
(2) *Conc. Aurel.* anno 549, can. 14.
(3) *Si quis autem, quod absit, nostrum vel nobis succedentium sacerdotum quodlibet monasterium aut vi cupiditatis spoliandum, aut simulatione aliqua fraudis convellendum vel dissolvendum tentaverit, anathema effectus maneat a regno Dei extraneus ; nec proficiat illi bonum fidei vel operis ad salutem, qui tantæ et tam salutaris vitæ destruxerit tramitem. Super hoc etiam universi episcopi provinciæ congregati, eumdem sacri cœtus eversorem a communione suspendant, convulsum monasterium cum rebus suis restaurent ; et quod impie unus subverterit, omnes pie refermant. Conc. Hisp.* ann. 619. *Vid. Synod. apud Celichit,* can. 8, et *conc. Heryford* ann. 673.
(4) *Capitul. Aquisgran.* anno 789.
(5) « L'Eglise, toujours ennemie des innovations et plus encore des opérations destructives, ne porte

Mais le bien public? « Le bien public, dit M. de Montesquieu, est que chacun conserve invariablement la propriété que lui donne la loi civile. Faire le bien public aux dépens du bien particulier, c'est un paralogisme (1) ». Cicéron soutenait que les lois agraires étaient funestes, parce que la cité n'était établie que pour que chacun conservât ses biens. C'est dans un siècle où l'on se vante d'avoir fixé les droits respectifs des peuples et des souverains, et ce sont des philosophes qui méconnaissent ce premier principe de droit public (2).

Comment ne sont-ils pas effrayés des conséquences funestes de leur système de destruction? Nous possédons au même titre que vous, leur répondront les religieux; comme vous, nous avons acquis par les voies marquées dans le droit civil; donations, testaments, contrats de vente, tous ces actes nous sont communs avec vous. Ce qui distingue ceux que nous vous présentons, c'est qu'ils sont appuyés sur une possession solennelle et respectée pendant plusieurs siècles; c'est qu'ils sont spécialement revêtus du sceau de l'autorité souveraine; c'est que les conciles, consacrant nos droits, frappent d'anathème ceux qui oseront y porter atteinte. Si ces titres, les plus authentiques et les plus sûrs qui puissent se trouver dans la main des hommes, ne nous suffisent pas, dites quel garant plus saint vous assure vos propriétés?

Lorsque nous voyons la constitution d'un État s'altérer, nous en accusons l'ambition de ceux qui gouvernent. Insensés, nous l'éveillons nous-mêmes par nos jalousies et nos discussions intestines, et par une sorte d'inquiétude toujours avide d'innovations. De ces diverses causes naissent des erreurs politiques, qui égarent le gouvernement, après avoir corrompu l'opinion publique. Les maximes que nous combattons appellent la tyrannie, en invitant les rois à briser la loi de la propriété. Heureusement nous vivons sous un prince juste et bon, qui sait que le premier de ses devoirs, comme le premier de ses bienfaits, est de n'exercer sur ses sujets qu'une autorité légitime. Sans doute si ses intentions sont suivies, les religieux n'éprouveront, sous son règne, que les effets d'une surveillance paternelle; et lorsqu'il sera forcé de supprimer un monastère, ce monarque vertueux et éclairé ne souscrira qu'à regret à la ruine d'un édifice destiné à l'utilité de l'Église et de l'État.

S'il était possible qu'un de ses successeurs oubliât ces principes de justice et de modération, les religieux lui rappelleraient alors les conseils que donnait à son fils un prince connu par sa bravoure et par la sagesse de son gouvernement : « O mon fils, disait en mourant Hugues Capet à Robert, je vous conjure, par la Trinité sainte et individue, de ne jamais acquiescer aux conseils des flatteurs, et de ne pas vous laisser gagner par les dons et les présents empoisonnés qu'ils pourraient vous faire, dans le dessein de vous amener à leurs vues intéressées et frauduleuses sur les abbayes que je vous confie à perpétuité : prenez garde que la légèreté d'esprit ne vous porte à en distraire et à en piller les biens, ou qu'un mouvement de colère ne vous excite à les dissiper (3) »

CHAPITRE VII.
DE LA RÉFORME.

L'homme empreint sa destinée sur tous les ouvrages de ses mains. Le temps, qui ronge et détruit le marbre, altère et corrompt les établissements les plus solides. En vain a-t-on voulu fixer irrévocablement la constitution d'un corps : les passions, luttant sans cesse contre les lois les mieux combinées, usent à la longue le frein qui les contenait; et dans la suite des gouvernements politiques que l'histoire nous présente, il n'en est pas un qui ait été exactement le même d'un siècle à l'autre. Le sage voit donc avec regret, mais sans s'étonner, les plus belles institutions s'affaiblir : il se contente d'en désirer le rétablissement.

Les ordres religieux sont tellement dégénérés, disent leurs adversaires, qu'il est impossible d'y voir refleurir la régularité : les

---

jamais qu'à regret la main sur les fondations anciennes. Il faut, pour y toucher, une nécessité absolue ou du moins le plus grand intérêt de la chose publique, le tout constaté sur les lieux dans une procédure légale, solennelle et contradictoire, afin que le choc de la discussion et l'éclat de la notoriété répandent une lumière bienfaisante, également propre à faire évanouir les préventions et à contenir l'injustice. Ce serait une espèce de sacrilège, selon M. le chancelier d'Aguesseau, d'attenter aux intentions des fondateurs. Les diocèses et les lieux au profit desquels ces fondations ont été décrétées, les regardent avec raison comme une portion précieuse de leur propriété. De là l'enquête *de commodo et incommodo*, et l'audition des parties intéressées obligatoire et de rigueur. » Proc.-verb. *de l'Assembl. génér. du clergé de France*, 17 août 1780.

(1) *Esprit des Lois*, liv. xxvi, chap. 15.
(2) « On ne peut attaquer une propriété sans alarmer les autres : elles se tiennent toutes; la propriété publique est essentiellement liée à la particulière. Quand une fois on a franchi les limites du droit naturel, source unique du droit positif, il n'y a plus de

terme pour s'arrêter : on entre dans une confusion désastreuse, où l'on ne connaît plus d'autre nom que la faiblesse qui cède et la force qui opprime.

« Les notions les plus simples et les plus certaines de l'ordre social conduisent à cette conséquence. Chaque individu, chaque corps a une propriété; c'est elle qui l'attache à la société; par elle et pour elle seule il travaille ou contribue à la chose publique, qui, en échange, lui en garantit la conservation. De là tous les intérêts particuliers, dont le faisceau réuni produit l'intérêt public. Donc toute propriété, quelle qu'elle soit, d'un citoyen, d'une communauté, d'un ordre religieux, a droit à la justice de la société, ou du souverain qui en est le chef. »

(3) *Optime fili, per sanctam et individuam Trinitatem te obtestor, nequando animus subripiat acquiescere consiliis adulantium vel muneribus donisque venenatis, te ad vota sub maligna adducentium cupientium ex iis abbatiis quas tibi postmodum perpetualiter delego : neve animi levitate ductus, quolibet modo distrahas, diripias, aut, ira excitante, dissipes*. Recueil des Histoires de France, tom. X.

cloîtres ne renferment plus que des hommes paresseux et ignorants; engourdis par la fainéantise, ils ne s'occupent qu'à défendre leur indolence; lorsque les organes de la règle veulent les rappeler à leur devoir, ils leur opposent une résistance scandaleuse; des partis, des cabales agitent et divisent ceux qui ont renoncé à toute volonté; parmi eux la haine et la jalousie acquièrent une activité qu'on ne connaît point ailleurs; et leurs effets se mêlant nécessairement aux exercices de la religion, l'hypocrisie et la calomnie sont comme leurs armes naturelles; enfin ces moines ennemis ressemblent à des esclaves qui se battent avec leurs chaînes.

C'est avec ces couleurs odieuses que l'on se plaît à peindre dans le monde les désordres de congrégations régulières, pour avoir le droit de les déférer à la société, comme inutiles et dangereuses.

En retraçant à nos lecteurs les services qu'elles rendent encore à l'Église et à l'État, nous avons prouvé d'avance l'exagération de ces reproches trop amers. Nous conviendrons ici, avec la même impartialité, que les instituts religieux ne sont pas tout ce qu'ils doivent être, et qu'entre les enfants des Antoine et des Benoît plusieurs n'ont pas hérité des vertus de leurs pères.

De toutes les causes qui concourent à conserver ou à détruire la discipline d'un corps, la plus puissante est sans doute l'influence des mœurs publiques. Si elles sont pures, il se maintiendra facilement dans la vigueur de ses principes; les individus qui le composent participent toujours à l'esprit général : mais en vain espère-t-on qu'il résistera longtemps à la corruption universelle. Mettez une plante dans un mauvais terrain, quelque bonne et quelque forte qu'elle soit, bientôt elle languira. Soyons donc moins surpris du relâchement des religieux, aujourd'hui que peu d'hommes ont encore des principes fixes de religion et de morale. Que la profession qui n'a souffert aucune altération ose leur jeter la première pierre.

Une éducation vicieuse n'offre plus, aux différentes classes de la société, que des sujets vains et frivoles, peu propres à les régénérer. Développées de bonne heure, nos passions ont abrégé les jours de l'innocence; on suce, avec le lait, le goût des plaisirs criminels ; la dépravation commence, pour ainsi dire, avant la raison, et l'on ne rougit déjà plus, dans un âge où nos pères n'avaient pas encore l'idée du vice. Les vertus religieuses pourront-elles germer dans une terre aussi mal préparée; que de soins, que d'efforts ne faudra-t-il pas, pour arracher les ronces qui la couvrent!

Supposons que le cénobite soit parvenu à détruire en lui les premières impressions qu'il a reçues, et qu'au sein de la retraite il se soit fait un cœur nouveau : rappelé au milieu de nous par ses occupations, qu'y verra-t-il qui ne contraste avec ses devoirs, et qui ne lui présente un écueil? Le plus dangereux de tous ceux qui l'attendent, celui qui a été marqué par plus de naufrages, est le mépris de sa profession qu'il trouvera presque universellement répandu. Ses engagements, ses observances, tout ce qu'il doit respecter et chérir, est l'objet d'une indécente plaisanterie. Comment conserver de l'estime pour son état contre le soulèvement de l'opinion publique? Et, sans l'amour de son état, comment en remplir les obligations?

Bien plus sages, nos pères, en condamnant les excès des particuliers, n'en avaient pas moins de vénération pour les instituts monastiques; et ce sentiment honorable soutenait les religieux, ou les ramenait quand ils étaient égarés. Pour nous, loin de les inviter à devenir meilleurs, nous cherchons à jeter le découragement dans leur âme; nous leur montrons, avec une secrète complaisance, plusieurs branches de l'arbre frappées de stérilité sous nos yeux; nous les menaçons sans cesse de leur ruine, non pour leur inspirer une frayeur utile, mais pour rendre leur destruction nécessaire. Les plus fidèles à leur vocation ont peine à se défendre d'une incertitude toujours funeste; et les faibles ouvrent déjà leur cœur à l'espoir d'une vie plus douce et plus indépendante. Faut-il s'étonner que les chutes soient moins rares, et le monde doit-il reprocher aux religieux le mal qu'il leur a fait?

La réforme est possible. — Quelles que soient les causes du relâchement des corps réguliers, il n'est pas impossible d'y remédier; et nous pouvons revoir encore les beaux jours de l'état monastique. En effet, combien de fois, à des abus plus nombreux, n'a-t-on pas vu succéder la régularité, la pénitence, et les vertus les plus éminentes? Nous établissons des faits; l'histoire va les prouver: elle n'a mérité d'être appelée la maîtresse de la vie que parce qu'en rappelant le passé elle nous dévoile en quelque sorte l'avenir, et nous apprend ce que nous devons espérer et ce que nous devons craindre. On ne trouvera point ici le tableau de toutes les révolutions qu'ont éprouvées les corps réguliers; cette matière serait trop vaste, et passerait les bornes de notre ouvrage : nous rappellerons seulement à nos lecteurs quelques-unes des plus intéressantes.

Pendant le ixe siècle, les religieux, ainsi que les ecclésiastiques, s'appliquaient moins au service de Dieu qu'aux exercices militaires, à monter des chevaux, à lancer des traits; ils s'adonnaient au jeu, à la bonne chère, et se mêlaient de toutes les affaires temporelles. Par les conciles du temps, nous voyons qu'on leur défendit d'être fermiers, procureurs, et même farceurs. Au milieu de ces désordres incroyables, un religieux nommé Benoît fonde, sur les bords de la petite rivière d'Aniane, un monastère où l'on pratique les plus rudes austérités, où les fautes les plus légères sont sévèrement punies. Néanmoins sa sainteté lui attire un si grand nombre de disciples, qu'en peu d'années on en comptait plus de trois cents. Réveillés de leur assoupissement, ramenés à l'esprit de leur état par cet exemple, les autres religieux demandèrent à Benoît quelques-uns des siens, pour les aider à rétablir chez eux l'observance de la règle. Le pieux abbé, secondé par les évêques et soutenu de la faveur de l'Empereur, fit briller les vertus d'Aniane dans un grand nombre de monastères.

L'ouvrage de sa piété ne fut pas d'une longue durée; puisque M. Fleury nous peint ainsi l'état monastique au commencement du siècle suivant (1) : « Les guerres civiles et les ravages des Normands avaient ruiné la plupart des monastères : les moines avaient été partie tués, partie mis en fuite, emportant leurs reliques et ce qu'ils pouvaient sauver du trésor de leurs églises; ils se retiraient aux lieux les plus sûrs, ou demeuraient errants, et menant une vie vagabonde et méprisable; s'ils pouvaient respirer quelque part, ils s'y bâtissaient des cabanes, où ils cherchaient plutôt à subsister qu'à pratiquer leur règle. »

Ce que Benoît avait fait, Odon le fit alors : Cluny fut la source où l'état monastique se régénéra; la réforme reparut presque partout. Elle produisit des effets plus durables, et jeta plus d'éclat que la précédente. L'autorité de l'abbé d'Aniane sur les maisons qu'on lui confiait, n'avait été que personnelle, en sorte qu'à sa mort chacun était devenu indépendant. Ceux au contraire qui reçurent la réforme d'Odon, se donnèrent pour toujours à son abbaye, et formèrent une association, dont le gouvernement servit beaucoup au maintien de la discipline. Un autre avantage de Cluny, c'est que, par une sage prévoyance, ses premiers abbés, parvenus à la vieillesse, se désignaient un successeur, dont les vertus et les talents pussent ajouter à la gloire de leur ordre; et c'est aux travaux soutenus d'une suite de chefs illustres, tels que les Mayeul, les Odilon, que cette congrégation dut le rang distingué qu'elle tint longtemps dans l'Eglise et dans l'Etat.

La vie monastique, imposant des devoirs pénibles, a besoin d'être ramenée souvent à ses véritables principes. Plus les digues que vous opposez à un torrent le pressent et le resserrent, plus les réparations en seront nécessaires et fréquentes. Les représentants de la nation, assemblés sur la fin du XVIe siècle à Orléans et à Blois, nous apprennent, par leurs plaintes, le relâchement honteux dans lequel étaient tombés les corps réguliers; la licence allait si loin, qu'on ne trouvait, suivant le testament du cardinal de Richelieu, que des scandales partout où l'on devait chercher de l'édification (2). Le cardinal de Vaudémont, légat pour les évêchés de Metz, Toul et Verdun, après quelques tentatives infructueuses, jugeant le mal incurable, sécularisa deux célèbres abbayes avec plusieurs prieurés, et proposa au pape de détruire entièrement l'ordre de Saint-Benoît. « Votre proposition, lui répondit Clément VIII, est contraire aux saints canons et à tous les règlements des conciles. Je vous ai envoyé pour guérir les malades et non pour les étouffer. L'ordre de Saint-Benoît a rendu de si grands services à l'Eglise, que la seule pensée de l'abolir est elle-même criminelle : il n'y a rien au contraire de si glorieux que de travailler à son rétablissement (3) ».

L'événement justifia la résistance qu'opposa Clément aux sollicitations de son imprudent légat. De ces mêmes monastères de Lorraine sortit la réforme qui se répandit si rapidement dans toutes les provinces de la France. Des religieux, qui semblaient livrés sans retour au désordre et à la corruption, embrassèrent tous les exercices de la piété et de la pénitence; et ceux qu'ils avaient scandalisés furent forcés tout à coup d'applaudir à la sagesse et à l'austérité de leur nouvelle vie. Pour faire l'éloge de cette révolution, il suffit de dire qu'elle a donné naissance à la célèbre congrégation de Saint-Maur, ce corps aussi cher aux lettres qu'à la religion. C'est ainsi que nous voyons quelquefois les débris épars d'un vieux monument, qui n'offrait que l'image de la destruction, former, par un heureux arrangement, un édifice qui inspire l'étonnement et l'admiration.

Pourquoi, de nos jours, l'état monastique ne recouvrerait-il pas, avec son ancien lustre, ses premiers droits au respect des peuples? Ce changement serait moins surprenant que celui dont nos pères ont été les témoins.

Nous sommes loin de ces temps malheureux, où les troubles du gouvernement influaient d'une manière si funeste sur toutes les classes de la société; où les moines, ne gardant pas même le simulacre de leur profession, ne suivaient aucune règle, et se défendaient à main armée contre les évêques et contre les envoyés des rois. Cependant l'Eglise et l'Etat ne désespérèrent jamais, et leurs efforts furent toujours couronnés par le succès.

Nous connaissons les services de tout genre que rendent encore les religieux : il y a des abus, nous ne les avons pas dissimulés; mais, nous le répétons, combien ne les grossit-on pas? On relève avec complaisance leurs fautes les plus légères; un scandale est raconté comme un triomphe. A ces déclamations se joint la voix des faux frères, qui, pour autoriser leur dissipation, calomnient ceux qu'ils devraient prendre pour modèles; et le public, sans cesse entretenu d'anecdotes peu honorables, croit le désordre universel et le mal sans remède. On peut placer ici la comparaison qu'employait saint Augustin contre les ennemis de l'Eglise, qui lui reprochaient les dérèglements des chrétiens : « Regardez, dit ce Père, une aire où les gerbes viennent d'être battues : au premier coup d'œil vous n'apercevez qu'une paille légère et de peu de

---

(1) *Hist. ecclés.*, liv. LV.
(2) Testam. du card. de Rich., part. I. chap. 2, sect. 1.

(3) *Histoire de Saint-Denis*, par Dom Félibien, tom. VIII, pag. 451.

valeur; écartez-la, vous verrez le bon grain, et vous pourrez apprécier les richesses du père de famille. »

Le monde ne connaît guère que les mauvais religieux; ceux qui ont véritablement l'esprit de leur état vivent au sein de la retraite, et cachent des vertus sublimes dans le secret des cloîtres. C'est là qu'on apprend quelles ressources restent encore à l'ordre monastique : mettez en activité ce précieux levain, et la masse entière sera bientôt renouvelée.

Peut-être espère-t-on qu'après avoir montré la possibilité d'une heureuse révolution dans les corps religieux, nous allons indiquer les moyens de la préparer. Ce n'est pas à nous à les prescrire; nous nous permettrons seulement d'examiner ici avec impartialité quelques-uns de ceux que nous avons entendu proposer par des personnes qui paraissent désirer le bien.

Moyens qu'on propose communément pour la réforme des ordres religieux. — Trois causes principales ont produit, dit-on, l'affaiblissement de la discipline : la jeunesse de ceux qui font profession, les exemptions, le petit nombre des religieux qui se trouvent dans plusieurs monastères : d'où l'on conclut qu'il faudrait reculer l'émission des vœux, et ne pas permettre à l'homme de disposer de sa liberté avant qu'il soit capable de disposer de ses biens; abolir les exemptions, et détruire les maisons peu nombreuses. Voyons si ces moyens sont véritablement propres à procurer l'effet qu'on en attend.

Si nous naissions avec une disposition irrésistible pour une science ou pour un art, si la nature marquait à chaque individu la place qu'il doit occuper, on ne se tromperait jamais sur sa vocation, et dans la société régnerait une harmonie inaltérable : mais la raison et l'expérience nous apprennent assez que nous apportons en général une indifférence et une aptitude égale à toutes les conditions de la vie. L'éducation seule distingue nos goûts et nos mœurs : d'où vient que nous préférons presque toujours les occupations de nos parents. Un homme a embrassé de bonne heure une profession, il s'y est attaché, par un plus long exercice il en acquiert plus de connaissances, il excelle sur ses rivaux; et nous disons alors, quoique improprement, qu'il était né pour son état.

Puisque telle est l'influence des premières impressions, que ne pourront-elles pas sur le cœur d'un religieux? Jeune, il s'appliquera à l'étude avec plus de docilité et de succès. Semblable à l'arbre, qui, tendre encore, se plie facilement, il s'accoutumera sans peine aux exercices de la pénitence : les plaisirs du monde ne viendront point souiller son imagination, il ne les connaît pas : la gloire du monastère qui lui a servi comme de berceau lui deviendra personnelle; et s'il pouvait être ébranlé, tous les sentiments dont il a nourri son âme, se réunissant alors, le soutiendraient dans le chemin de la perfection : orné de science et de vertu, il croîtra pour l'éducation des fidèles.

Au concile de Trente, où l'on s'occupa beaucoup de la réforme de l'état monastique, la question de l'âge des vœux fut traitée avec toute la maturité et les lumières qu'on devait attendre des saints et des savants qui le composaient. Après bien des développements, l'expérience décida : les Pères, considérant que les meilleurs religieux l'avaient été presque dès leur enfance, permirent la profession à seize ans (1). Par l'ordonnance d'Orléans elle fut défendue, il est vrai, avant vingt-cinq ans : mais on sait que l'esprit de la religion prétendue réformée dominait dans cette assemblée de la nation. Ce fut moins le zèle pour la régularité et l'avantage des monastères qui dicta cette innovation que le désir secret de les détruire. On s'en aperçut; et les Etats de Blois s'empressèrent d'adopter la disposition du concile de Trente (2).

Il faut écarter des cloîtres les regrets et le repentir... Puisse-t-on les écarter aussi de toutes les professions; car quelle est celle qui ne les voit pas naître dans son sein? L'amour de son état est un bien aussi rare qu'il est précieux. Nos goûts sont-ils jamais irrévocablement fixés? N'est-ce pas de l'homme de tous les âges que l'on a dit : Ce qui lui plaît le matin, lui déplaît le soir? En est-il qui ait assez comparé toutes les conditions, pour être sûr qu'il aimera toujours celle qu'il embrasse?

Gardons-nous cependant de nous arrêter trop à ces considérations et à ces craintes : il en résulterait des inconvénients les plus funestes; tourmenté par des désirs inquiets, changeant sans cesse de vœux et de projets, l'homme consumerait sa vie à poursuivre l'image trompeuse d'une parfaite félicité, et mourrait dans son incertitude. L'intérêt de

---

(1) *Primum est fuisse paratum canonem quo statuebatur fas non esse regularem professionem emitti ante annum decimum octavum : sed archiepiscopus Bragensis, vir claustri peritus, pervalide dehortatus est Patres ab eo consilio, affirmans deteriorem fructum reddi plerumque in cœnobiis ab iis qui a teneris annis non fuerint, adeoque adhuc illæsi a vitiis laxioris libertatis : satius esse sancire, ut probationis tempus ad duos annos produceretur; ita tamen ut fas esset professionem emitti anno decimo sexto..... Si vero religiosus habitus suscipiatur anno decimo quinto, teneram adhuc ac puram ætatem esse ut per regularem educationem recte formetur.* Pallav., *Hist. concil. Trid. Lib.* XXIV, cap. 6, an. 1563.

(2) Ce fut par une pure surprise, dit le P. Thomassin, que le roi très-chrétien et très-catholique Charles IX, dans l'art. 19 de l'ordonnance d'Orléans, défendit la profession religieuse aux garçons avant vingt-cinq ans, et aux filles avant vingt ans. Cet article de l'ordonnance d'Orléans fut entièrement révoqué par l'art. 28 de l'édit de Blois, qui fut comme une promulgation des décrets du concile de Trente sur l'âge de la profession. L'édit de Blois eut sans doute plus de poids que l'ordonnance d'Orléans, qui avait été faite par un roi mineur, assiégé d'une faction d'hérétiques, auxquels on croyait que le chancelier était un peu trop favorable. *Ancienn. et nouv. discipl. de l'Égl.*, part. I, liv. III, chap. 4.

la société demande que nous entrions de bonne heure dans la carrière que nous devons parcourir : elle n'exige pas un âge avancé, pour autoriser l'engagement le plus important à notre bonheur et le plus intéressant pour le bonheur public; le lien indissoluble du mariage est formé par des enfants de douze et quatorze ans. Tous les corps savent que ceux qui se sont le plus distingués par les vertus de leur état, y avaient été reçus dès l'âge le plus tendre. La force de l'habitude est le seul contrepoids qu'on puisse opposer à la légèreté de l'esprit humain.

Si les monastères sont fermés aux jeunes gens au moment où la société les appelle, en vain sentiront-ils un attrait pour la solitude, avoué par leurs parents ; ils seront obligés de suivre une autre route ; et les religieux, mourant sans successeurs, laisseront bientôt les monastères déserts. Nous nous trompons ; pour successeurs, ils auront ceux qui, n'ayant ni bien ni ressource, viendront, par des vœux sacrilèges, acheter une subsistance assurée, ceux que leur impéritie rend incapables de toute profession, ceux enfin qui, déjà déshonorés, voudront cacher leur opprobre sous l'habit monastique. Les cloîtres ne s'ouvriront plus qu'à des hommes que la société aura repoussés de son sein. Mais que doit-on en attendre? Espère-t-on qu'après avoir mené une vie licencieuse, ils s'habituent aisément à l'obéissance ; qu'à la corruption des mœurs, ils fassent tout à coup succéder des vertus austères? Ces religieux dont la nécessité fut la vocation, oubliant les causes humiliantes de leur retraite, ne se souviendront plus que des plaisirs qui au milieu du monde se mêlaient à leurs misères. C'est alors que les regrets et le repentir habiteront véritablement les cloîtres : impatients du joug qu'ils se seront témérairement imposé, quel frein pourra les contenir? Les scandales se multipliant autour des maisons religieuses, on sera forcé de détruire les corps réguliers, après les avoir avilis.

« Encore une fois, disait au roi le clergé assemblé, loin de nous le criminel projet d'immoler sur l'autel de la religion de tristes et infortunées victimes. Nous ne cesserons jamais de penser, avec les Pères du dernier concile de Bordeaux, qu'un petit nombre de vrais religieux est incomparablement préférable à des légions innombrables de moines sans vocation et sans vertu. Mais toutes les personnes consommées dans la science des cloîtres enseignent unanimement, qu'en général le goût des pratiques religieuses n'est porté avec gloire et édification que par ceux qui s'y sont pliés de bonne heure, et avant la saison orageuse de l'effervescence des passions (1). »

Pour détruire les préventions trop générales contre les exemptions régulières, essayons de les présenter à nos lecteurs dans leur véritable point de vue, en montrant leur origine, leurs progrès, et leur état actuel.

Au commencement, les moines, presque tous laïques, n'étaient distingués des autres chrétiens que par une vie plus parfaite (2) : avec eux ils allaient à l'église commune (3) ; ainsi qu'eux ils étaient soumis à la juridiction épiscopale. Quand, devenus plus nombreux, ils prirent part aux affaires ecclésiastiques, on crut qu'il fallait les mettre d'une manière spéciale sous la main des évêques. A la réquisition de l'empereur Marcien, les Pères du concile de Chalcédoine formèrent un décret qui leur donna sur eux une autorité fort étendue (4). Bientôt ils en abusèrent, en vendant aux religieux la bénédiction, l'installation, l'ordination et le saint chrême. Ils faisaient de fréquentes visites dans les monastères avec un cortège tumultueux, également à charge à la maison et contraire à la solitude du cloître (5) Contre le texte précis de la règle de saint Benoît, ils prétendaient élire les abbés. Enfin ils poussèrent si loin leurs vexations, que le v° concile de Tolède, tenu dans le vii° siècle, se plaint de ce qu'ils employaient les religieux à des travaux serviles ; en sorte, disent les Pères, qu'une portion illustre du troupeau de Jésus-Christ est réduite en servitude (6).

Les monastères opprimés obtinrent des franchises et des prérogatives qui les garantirent de toutes ces entreprises. Saint Grégoire, ce zélé protecteur de la discipline, leur en accorda le premier ; et les plus saints évêques l'imitèrent : souvent nos rois les sollicitaient, et on les voit toujours intervenir dans les actes qui les leur assuraient, comme l'attestent les Formules de Marculphe. Suivant l'opinion des canonistes, ces privilèges n'avaient d'autre objet que la conservation des biens temporels (7). Vers le xi° siècle, les religieux soutinrent qu'ils les exemptaient de la juridiction de l'ordinaire ; les papes accueillirent leurs prétentions, parce qu'elles favorisaient celles de la cour romaine. Dès cette époque, les religieux exempts ne furent plus soumis qu'au saint-siège (a).

---

(1) Mémoire au roi en faveur des ordres réguliers. Procès-verbal de l'Assemblée du clergé en 1780.

(2) August., de Morib. Eccl. cathol., lib. 1, cap. 31.

(3) Morin., lib. xvii.

(4) Anno 451, can. 8.

(5) Thomassin, Ancienne et nouvell. Discipl. de l'Église, part. 1, liv. iii.

(6) Nunlatum est praesenti concilii, quod monachi episcopali imperio servili operi mancipentur, et jura monasteriorum contra statuta canonum illicita prae- sumptione usurpentur.... ita ut illustris portio Christi ad ignominiam servitutemque perveniat. Conc. Tol. iv, can. 5.

(7) Van-Espen, Jus. univ. Eccl., part. iii, liv. xii.

(a) Le lecteur voudra bien se rappeler ici que j'ai dit dans l'Introduction que je ne partageais pas toutes les opinions de nos auteurs sur quelques points, entre autres sur les exemptions et leur origine. Les exemptions remontent plus haut et ont une autre source, un autre but, un autre motif. Qu'on lise, par exemple, la Vie de S. Merblon, etc., etc. (B-D-E.)

Quoique l'abus que les évêques firent de leur ministère ait beaucoup servi, comme le remarque M. Talon, avocat général (1), au désordre des exemptions, il faut cependant convenir que l'ambition des abbés en fut la principale cause : aussi puissants par leur crédit et leurs richesses que les évêques eux-mêmes, ils portaient avec peine le joug de l'obéissance ; pour s'y soustraire, ils pillaient leur monastère, selon l'expression de saint Bernard (2). Ces immunités achetées à Rome dans des temps de trouble et de schisme, ils les étendaient à leurs domestiques et à tous ceux qui habitaient leur enclos. Sans autre autorisation que celle du pape, les réguliers, surtout les mendiants, prêchaient, confessaient, administraient les sacrements par toute la chrétienté ; et les premiers pasteurs, comptables à Dieu de leur troupeau, étaient forcés d'en partager le soin avec des hommes qu'ils ne connaissaient pas. Affranchis de toute autre autorité, les religieux n'avaient qu'un supérieur qui vivait loin d'eux, et c'était le chef de l'Église universelle. Comment le désordre aurait-il été prévenu ou corrigé ? Yves de Chartres, Pierre le Chantre, et tous les écrivains canonistes de ce temps, s'élevèrent avec force contre l'étendue de ces priviléges abusifs, qui ruinaient la discipline régulière et renversaient la hiérarchie ecclésiastique (3). Leurs plaintes, vaines alors, furent entendues dans le XVIᵉ siècle ; le concile de Trente (4), plusieurs ordonnances de nos rois, et surtout l'édit de 1695, ont réprimé ces excès. Saint Bernard applaudirait lui-même aux nouvelles règles que nous avons adoptées.

Quelque authentique que soit l'exemption d'un monastère, il ne peut en jouir, s'il n'est uni en congrégation, c'est-à-dire, s'il n'est soumis à un visiteur, à un provincial, à un chapitre général. Mais on a pensé que ces trois supérieurs, tirés du corps régulier, instruits de ses principes, intéressés à sa gloire, suffisaient au maintien de la régularité.

Au moyen de cette forme de gouvernement, un même esprit anime tous les membres : trouvant partout une constante uniformité d'observances et d'usages, les religieux changent de maison, sans rien changer à leur manière de vivre : la législation des cloîtres est plus simple ; et l'exercice de l'autorité, dans le régime intérieur, n'est point gêné par des entraves étrangères : ces grandes congrégations, qui ont fait tant d'honneur à l'Église et à l'État, ne se sont formées et soutenues qu'à l'ombre de cette discipline et à la faveur des exemptions.

Au reste, telles qu'elles subsistent aujourd'hui, elles ne portent aucune atteinte à la juridiction essentielle de l'ordinaire : les religieux lui sont soumis en tout ce qui concerne l'administration des sacrements : ceux qui exercent les fonctions curiales sont sujets à l'examen et à la visite de l'évêque ; tous ont besoin de son approbation pour prêcher, confesser et même pour exposer le saint sacrement ; quant à la police générale du diocèse, ils doivent observer les fêtes, les jeûnes, et assister aux processions publiques ; hors du cloître, toute exemption cesse ; enfin si l'évêque découvre quelque abus intérieur, après avoir averti le supérieur de le corriger sous trois mois ou un plus court délai, il peut et doit y pourvoir en cas de négligence (5).

Ainsi, les exemptions, autrefois excessives, ont été restreintes à de justes bornes ; l'ordre et l'harmonie, rétablis dans la juridiction ecclésiastique ; et les évêques, contents d'avoir assez d'autorité pour faire le bien, voient sans peine les corps réguliers jouir d'un reste d'immunités nécessaires à leur conservation.

Que les communautés nombreuses soient ordinairement plus régulières, nous sommes bien éloignés de le contester. Ceux qui les composent, moins exposés à la dissipation, se soutiennent par des exemples mutuels : les exercices s'y faisant avec solennité, ces maisons forment des corps d'édification imposants : enfin elles tiennent, dans l'ordre monastique, le même rang que les cathédrales entre les autres églises. Il serait donc à désirer qu'il y eût partout un grand nombre de religieux ; mais cela n'est pas tellement nécessaire, que la régularité ne puisse régner dans les monastères moins considérables. Malgré le relâchement actuel, plusieurs ne méritent aucun reproche. Bientôt elles seront toutes aussi chères à la religion qu'à la patrie, si les supérieurs majeurs ne les composent que de sujets d'un âge mûr et d'une vertu longtemps éprouvée.

Parce que les commendes et le malheur des temps ont réduit plusieurs maisons à ne pouvoir nourrir que peu de religieux, faut-il se priver encore du bien qu'elles font ? La plupart fournissent aux fidèles des secours spirituels, et soulagent ainsi le pasteur d'un troupeau souvent trop dispersé. On sait qu'il importe à la population et à la félicité publique que les propriétés soient divisées ; que c'est fertiliser une terre que d'y consommer les fruits qu'elle donne (6) : sous ce rapport, combien n'est-il pas intéressant de conserver les petites communautés ? Les dépenses des maîtres et des domestiques, l'entretien des bâtiments, les aumônes abondantes qu'y trouve le pauvre, reversent sur les lieux mêmes le revenu qu'ils produisent. Qu'on les réunisse, ou qu'on les détruise, que de ressources enlevées aux campagnes ! Quelques congrégations ayant rappelé ceux qui habitaient ces maisons, les paroisses voisines alarmées firent de vives remontran-

---

(1) *Journal des Audiences*, tom. II, liv. II, chap. 10.
(2) *Spoliant ecclesias ut emancipentur, redimunt se ne obediant.* Epist. 42.

(3) *Voyez* l'Histoire ecclésiastique, t. XV, liv. LXXII.
(4) Sess. 5, *de Reform.*, cap. 2 ; sess. 23, cap. 15.
(5) Édit. de 1695, art. 10, 11, 15, 16.
(6) *Optima stercoratio gressus domini.*

ces sur la perte qu'elles allaient souffrir ; les supérieurs cédèrent à leurs instances, et ces établissements ont l'avantage de devoir leur conservation à la reconnaissance et à l'attachement des peuples.

Au reste, il n'est pas étonnant que le public se trompe sur les moyens de réformer les corps réguliers : cette entreprise exige tant de ménagement et de circonspection, elle touche à tant d'intérêts et à tant de droits, qu'il nous paraît bien difficile d'y travailler avec succès, si l'on n'est consommé dans la science de la discipline monastique : sans cela on court risque de confondre l'essentiel avec l'accessoire (1), et de détruire au lieu d'édifier ; un œil étranger ne peut assez percer l'obscurité des cloîtres, pour y reconnaître les secrètes issues par où s'échappe la régularité, et pour y découvrir ces causes imperceptibles, dont l'action lente, mais continue, rend inutiles les lois les plus sages. Aussi, comme on l'a vu, les plus heureuses révolutions ont-elles été, dans tous les temps, l'ouvrage des religieux eux-mêmes.

Puissent ceux de nos jours, imitant ces grands exemples, s'occuper sérieusement de leur régénération ! Il y va, leur dirons-nous, de vos plus chers intérêts : la cognée est à la racine de l'état monastique ; hâtez-vous d'en détourner les coups. Pourquoi dissimuleriez-vous les abus qui se sont glissés parmi vous ? c'est un malheur attaché à l'humanité ? il est beau de convenir quand c'est pour les réparer ; et l'on porte avec gloire le joug qu'on s'est imposé soi-même.

Marquez le premier pas de votre retour à la règle, en étouffant vos querelles intestines. Ah ! quand on vous attaque au dehors avec fureur, pourquoi faut-il que des dissensions domestiques déchirent votre sein, et préparent le triomphe de ceux qui ont juré votre ruine ? Ils auraient moins de confiance, si vous ne leur aviez souvent fourni vous-mêmes des armes contre vous : vos ennemis veillent à vos portes pour profiter de vos divisions; qu'ils ne voient plus régner dans vos enceintes qu'une paix qui les désespère. Toutes les fois que des hommes seront assemblés, il y aura sans doute entre eux diversité d'opinions et d'intérêts, et il est bien difficile qu'il n'en résulte quelque injustice ; mais qu'il est glorieux de se dire à soi-même : J'immole de justes ressentiments à l'honneur et au salut de mon corps ! Par ce sacrifice généreux, combien ne s'élève-t-on pas au-dessus de ses rivaux et de leurs vains succès? Unissez-vous pour mieux résister à la tempête, et conjurez l'orage par une sainte concorde.

Travaillez alors à votre réformation; armez-vous d'une utile sévérité : remontant à l'origine du mal, suivez-en les progrès pour en découvrir plus sûrement le remède : ressuscitez l'esprit de vos fondateurs, et pénétrez-vous des grandes vues de religion et de patriotisme qui ont présidé à la naissance de vos Instituts.

Cette réforme doit avoir pour base le rétablissement de la subordination et des bonnes études. Si l'autorité n'est pas respectée, que servent les règles? On se prévaut de la faiblesse des supérieurs ; leur fermeté enfante des révoltes. Ces désordres naissent souvent de l'incertitude des lois : plusieurs sont obscures, équivoques, susceptibles de fausses interprétations ; les nouvelles contredisent les anciennes ; quelquefois ni les unes ni les autres ne s'accordent avec l'usage ; enfin les particuliers peuvent, en mille circonstances, substituer leur volonté à la règle. Pour tarir la source de ces abus, donnez aux constitutions de la clarté, de la précision, de l'ensemble : réduites à un petit nombre, qu'elles forment un code fixe, invariable et qui soit à la portée de tout le monde. L'amour-propre et la cupidité n'y chercheront plus de prétextes pour se soustraire à l'obéissance qu'ils ont vouée, et le ressort précieux de l'autorité recouvrera toute son influence.

En réprimant l'insubordination, craignez un autre excès : l'abus du pouvoir produit l'indépendance. Qu'à la tête des maisons particulières et des administrations générales soient placés des hommes vigilants et instruits, qui sachent que, s'il leur est donné de commander à leurs frères, c'est pour l'utilité commune ; dont l'exemple et les vertus ajoutent à l'autorité de la règle ; et qui, prévenant les murmures par la douceur et la persuasion, s'efforcent de faire aimer la loi pour la faire mieux observer. Alors le régime monastique marchera d'un pas ferme et sûr entre le double écueil d'un despotisme accablant ou d'une funeste anarchie.

La paix ramenée ainsi dans les cloîtres, les religieux l'affermiront encore et la mettront à profit en se livrant à l'étude. Un véritable savant n'a que l'ambition de s'instruire : heureux de vivre libre de tout autre soin, il fuit les charges et les honneurs, objets ordinaires des brigues et des cabales. Elles n'ont commencé d'agiter cette congrégation, dont les malheurs affligent les lettres et l'Eglise, qu'à l'époque où l'amour des sciences a cessé d'en être comme le génie tutélaire.

Voulez-vous ranimer l'émulation ? veillez sur les novices : ce sont les sources où vous vous renouvelez ; il faut donc qu'elles soient pures. Eprouvez avec soin les dispositions des jeunes aspirants ; assurez leurs premiers pas dans la carrière qui s'ouvre devant eux ; proposez-leur les grands modèles que fournit votre histoire ; qu'ils entendent souvent les noms de ces religieux devenus si chers à la religion et à la société : Voilà les hommes, leur direz-vous, que vous devez remplacer ; voilà ceux auxquels on a droit de vous comparer : voués à la perfection, ne comptez plus sur l'indulgence publique : les services de nos pères nous ont mérité la faveur et la protection de tous les

---

(1) *In reformando distinguenda essentialia religionis ab accidentalibus.* Van-Espen, part. I, tit. 32, cap. 35.

ordres de l'État; elles sont encore au même prix : de vos talents et de vos vertus dépendent à la fois votre gloire et votre conservation.

Supposons les abus des cloîtres réformés, les religieux vertueux et instruits, pourquoi ne proposerions-nous pas d'étendre leurs services, et de les faire concourir plus puissamment au bonheur de la nation, en les appliquant à l'éducation publique? Dans notre siècle ce projet paraîtra sans doute un paradoxe. Quels hommes cependant sont plus propres à ces fonctions, que ceux qui, déchargés de l'embarras de pourvoir à leurs besoins, se consacrent sans distraction à la culture des lettres, et qui pour leurs travaux n'ambitionnent d'autre récompense que l'utilité de leurs concitoyens?

Les préjugés de leur profession sont à craindre.... Nous ne sommes plus dans ces temps de ténèbres, où, les saines maximes étant méconnues, l'autorité mal affermie, les peuples pouvaient être aisément séduits. Quel intérêt les religieux auraient-ils de troubler l'harmonie de la société? Les liens les plus chers à l'homme les attachent à nous; Français, ils vivent au milieu de leurs parents et de leurs amis; ils doivent à l'État les privilèges dont ils jouissent; enfin ils n'ont rien à attendre d'une puissance étrangère : ils sont donc vraiment citoyens; et cette nouvelle marque de confiance ne fera qu'accroître leur amour pour leur pays.

Nous pensons qu'il serait avantageux de confier l'éducation publique aux corps religieux. Qu'est-ce en effet qu'un collége gouverné par des séculiers? Des hommes que le hasard réunit, y vivent indépendants; presque jamais ils ne jouissent de cette considération qui produit la confiance; leur état n'est pour eux qu'un métier; sans objet d'émulation, destinés à vieillir en répétant les mêmes leçons, comment se défendraient-ils du dégoût et de l'ennui (1)?

Que les écoles soient entre les mains des corps; les chefs, étudiant les dispositions et le génie des individus, prépareront des sujets pour toutes les chaires; leurs besoins étant bornés, le même revenu suffira à l'entretien d'un plus grand nombre de maîtres; éloignés du monde par état, ils seront forcés de s'appliquer à l'étude; les supérieurs locaux veilleront habituellement sur eux; à la fin des cours, des visiteurs viendront juger leurs travaux et les progrès des élèves; au moyen de la subordination, le professeur coupable sera corrigé ou remplacé avant que sa négligence ou sa faute ait été préjudiciable. Après avoir passé dans les colléges le seul temps propre à l'enseignement, l'âge de l'activité, les religieux se livreront aux sciences pour lesquelles ils sentiront un attrait particulier; et rassemblant les connaissances qu'ils auront acquises par l'expérience, ils nous donneront de bons livres élémentaires. Le désir de se distinguer dans leur ordre sera pour eux un aiguillon utile; les prieurés et les honneurs monastiques deviendront alors la récompense de ceux qui auront bien mérité du public.

En proposant d'employer les religieux à l'éducation, nous ne craignons pas qu'ils nous désavouent. Une multitude de faits attestent leur bonne volonté; nous n'en citerons qu'un. En 1780, l'abbé et la communauté de Saint-Bertin, fondateurs du collège de Saint-Omer, offrirent aux États d'Artois de s'en charger et de le défrayer aux dépens de l'abbaye, en formant, du revenu actuel, des bourses ou pensions gratuites pour les pauvres enfants de la province : ils ont été refusés.

De toutes parts les corps réguliers sollicitent le droit d'être plus utiles à la patrie : mais pour qu'ils le deviennent, il faut commencer par détruire le principe de langueur qui les consume. D'après les opinions régnantes, nous l'avons dit, le cénobite le plus vertueux paraît encore un être inutile et méprisable : cette odieuse prévention a jeté le découragement dans les cloîtres. Quel ressort reste-t-il à des hommes qui ne peuvent aspirer à l'estime de leurs concitoyens? et comment s'occuperaient-ils avec succès de la réforme d'un corps auquel ils craignent de survivre?

Effrayée des malheurs que produirait ce désespoir, l'Église de France s'est empressée de rassurer les religieux par des marques authentiques d'intérêt et de bienveillance : « Opposons, disaient les prélats assemblés en 1780, opposons à la funeste tendance d'un siècle si fécond en projets et en révolutions, les fortes et touchantes leçons de nos pères, persuadés que l'esprit de conservation est une des bases fondamentales d'un heureux gouvernement. Ne nous lassons pas d'exposer à tous les yeux les droits immortels que ces établissements ont acquis à la reconnaissance de la patrie.... Ils forment dans l'Église et dans l'État comme autant de redoutables et puissantes citadelles qui veillent sur le dépôt sacré de la foi, des mœurs, des lettres et même de l'autorité... Que tous nos actes et monuments déposent à l'envi du vœu de l'Église gallicane en faveur de leur conservation (2) ».

Puissent ces témoignages glorieux du clergé de France, véritablement juge de l'utilité des ordres monastiques, imposer aux déclamateurs et concilier aux religieux l'estime et la considération publiques! Sous ces heureux auspices, « il refleurira cet arbre antique et vénérable, qui toujours couvrit les infortunés de son ombre bienfaisante, dont

---

(1) Ce que nous disons ici ne convient aux Universités sous aucun rapport : elles forment des corps; et les honoraires en sont assez considérables pour fixer des hommes de mérite. Ce double avantage manque aux collèges isolés.

(2) Voyez le procès-verbal de l'Assemblée de 1780. En conséquence de ce rapport, fait par M. l'archevêque d'Arles, il fut délibéré de saisir avec empressement toutes les occasions de consigner, de la manière la plus expresse, la plus authentique et la plus honorable, le vœu persévérant de l'Église gallicane en faveur de l'institut monastique en lui-même, et des différents corps qui composent cette sainte et respectable milice.

les fruits ont si souvent porté dans le monde savant l'abondance et la lumière, et qui, même dépouillé d'une partie de sa gloire, orne avec tant d'éclat les vastes domaines de l'Eglise universelle (1). » Faibles et obscurs dans leur origine, les divers établissements de la société ne se sont étendus et affermis que par des progrès plus ou moins rapides. Les circonstances, l'utilité qu'on en attendait, leur ont mérité la faveur publique et une existence légale. Plus d'une fois aussi ces espérances ont été trompées ; des principes mal analysés ont produit, en se développant, des inconvénients dangereux ; et pour n'en avoir pas prévu toutes les conséquences, la politique a souvent été forcée de proscrire ce qu'elle avait adopté.

Mais supposons qu'à la naissance des ordres religieux, les dépositaires de la puissance civile et ecclésiastique se fussent assemblés afin de délibérer sur cette nouvelle association, et qu'un homme savant dans la connaissance de l'avenir, ayant été admis dans ce conseil auguste, leur eût dit : « Une religion sainte favorise nécessairement les principes d'un gouvernement éclairé, et concourt au but qu'il se propose, en commençant dans le temps le bonheur qu'elle promet pour l'éternité. Vous n'avez donc rien à craindre de toute institution avouée par l'Evangile. Ministres des autels, pourriez-vous ne pas admirer des chrétiens qui, prenant pour modèles les apôtres et les premiers disciples, pratiquent la vie commune et la désappropriation, et se vouent à la perfection, en accomplissant tous les conseils que Jésus-Christ nous a laissés. Tel est l'esprit qui les anime ; voici quels en seront les effets.

« C'est loin du monde, c'est au milieu des déserts que doit être placé le berceau de l'état monastique ; là va se former une source abondante de vertus qui se répandra par toute la chrétienté, pour la gloire de l'Eglise et l'édification des peuples. Appelés aux fonctions du ministère et chargés des plus glorieuses et des plus pénibles, les moines quittant leur solitude, combattront l'hérésie et porteront la lumière aux nations infidèles. Par eux, les sauvages connaîtront Jésus-Christ ; instruits par eux, les Bretons et les Germains idolâtres adoreront un jour le même Dieu que nous, et désormais les conquêtes du christianisme seront le prix du sang de ces zélés missionnaires.

« Embrasés d'une charité sans bornes, ils se partageront, pour ainsi dire, tous les besoins de la religion et de l'humanité. Les uns, occupés de l'instruction des fidèles, feront sans cesse retentir nos temples des vérités du salut ; d'autres iront arracher aux fers des musulmans les malheureuses victimes de la guerre et du commerce, et rendront à leur patrie des citoyens utiles ; d'autres se dévoueront au généreux et sublime emploi de soulager les infortunés qu'accablent à la fois les maladies et la misère ; enfin il viendra des jours malheureux où, le clergé oubliant ses devoirs, le vaisseau de l'Eglise paraîtra n'être sauvé du naufrage que par leurs soins et leurs travaux. Parmi eux, combien de docteurs, d'évêques et de souverains pontifes ! qui pourra compter les saints qui vivront dans les cloîtres ?

« Ardents propagateurs de la foi, les religieux seront en même temps les bienfaiteurs des Etats. Encore quelques années, et le colosse de la puissance romaine tombe de toutes parts. Des barbares viennent s'asseoir sur ses vastes débris, et font régner avec eux la férocité de leurs mœurs. Sous leur domination destructrice, les plus belles contrées seront frappées de stérilité ; toutes les lois seront méconnues ou sans force, tous les droits violés, et la société humaine sera prête à se dissoudre.

« Dans ce bouleversement universel, les monastères serviront d'asile à la paix ; ceux qui auront été assez heureux pour y trouver, sensibles aux maux de leurs frères, occupés de les adoucir, lutteront contre l'influence d'un gouvernement absurde et s'efforceront de ramener l'ordre et la tranquillité publics. Par leur défrichement l'agriculture est remise en honneur ; le fruit de leur sueur devient la richesse du pauvre ; ils associent les malheureux à leurs travaux, et les couvrent d'une protection utile. Entre leurs mains les lieux les plus arides se changent en habitations riches et agréables : du milieu des forêts s'élèvent des villes importantes, et chaque empire leur doit quelques-unes de ses provinces.

« Ainsi que nos champs, toutes les sciences seront incultes et abandonnées, et ce sont encore les moines qui défricheront le domaine de l'esprit humain ; ils conserveront les monuments et les chefs-d'œuvre de l'antiquité. Les cloîtres deviendront autant d'écoles, où les enfants des barbares iront abjurer l'ignorance de leurs pères, et les religieux répandront également l'abondance et les lumières.

« N'espérons pas cependant qu'inaccessibles aux révolutions de la politique, des mœurs et des opinions, ils restent inébranlables, quand tout se troublera autour d'eux. Quelquefois, oubliant leurs propres principes, ils partageront les fautes et les erreurs de leur siècle ; mais ils auront cet avantage qu'alors ils céderont au torrent, au lieu que le bien qu'on leur devra, ils le feront souvent seuls et toujours comme religieux. »

Nous en attestons leurs ennemis mêmes ; d'après cet exposé, dont chaque proposition vient d'être prouvée, avec quel empressement et quelle reconnaissance n'aurait-on pas accueilli une institution si précieuse ! Et nous parlons de l'anéantir lorsqu'il est possible d'en accroître l'utilité par une heureuse réforme ! Plutôt que de les réparer, nous aimons mieux renverser des monuments antiques et respectables. Quand l'Eglise manque de ministres, pourquoi la

---

(1) *Ibid.* Mémoires sur les conciles provinciaux.

priver des ressources qu'elle trouve dans les monastères? Quand de toutes parts elle est attaquée, quel moment pour abattre ses remparts et pour licencier ses troupes auxiliaires! Est-ce donc pour que l'impiété marche triomphante au milieu des tombeaux des plus zélés défenseurs de la religion? Loin de nous les fanatiques qui prétendraient que sa durée dépend de celle de l'état religieux : mais nous pensons, avec tous les Pères, que cette institution importe à la gloire du christianisme. Avant qu'on connût les moines, l'Eglise subsistait florissante : oui, sans doute, parce que les vertus du cloître étaient communes parmi les fidèles ; et c'est un mérite de la vie religieuse d'offrir aux siècles les plus corrompus l'image de celle des premiers chrétiens.

Nous nous flattons que nos lecteurs ne les accuseront plus d'oisiveté ni d'ignorance ; on les a montrés utiles par l'exercice des fonctions du ministère et par la culture des lettres saintes et profanes. Eux seuls semblent avoir conservé le goût du siècle dernier pour ces vastes dépôts de science et d'érudition. Par ordre du gouvernement, ils sont chargés de l'Histoire de toutes nos provinces, de la collection des historiens de France, du Recueil de toutes les chartes du royaume. Ces grands et importants ouvrages, qui exigent des recherches longues et suivies, le concours d'une multitude de coopérateurs, et qui, confiés à d'autres mains, coûteraient tant à l'Etat, sont exécutés avec succès par les religieux, qui, consacrant leurs veilles à la nation, ne lui demandent pour salaire que de pouvoir les continuer.

Ils sont trop riches..... On ne veut donc pas voir qu'ils jouissent à peine du tiers des biens qu'ils ont acquis ; et ce tiers, nous sommes tous appelés à le partager. Nous en profitons réellement, puisque les religieux sont nos concitoyens et nos parents ; c'est comme un supplément aux fortunes particulières. Les seuls ordres riches sont ceux qui, en défrichant, ont enrichi leur pays et fait naître des peuplades, qui ne subsistent aujourd'hui même que par l'emploi qu'ils font de leurs revenus (1) ; en sorte qu'il n'y a pas un propriétaire dont les richesses aient une source aussi pure, et dont l'usage tourne aussi directement au bien de l'Etat.

Si, malgré les services de tous les genres que les religieux ont rendus, malgré ceux qu'ils rendent encore, malgré les titres les plus sacrés, qui assurent leur existence et la conservation de leurs biens, leurs adversaires, séduits par l'espérance d'un emploi plus utile, pouvaient encore solliciter leurs dépouilles, nous leur dirions : Des ordres entiers ont été anéantis sous vos yeux, quel fruit en a retiré la société ? nos terres sont-elles mieux cultivées ? la dette du pauvre est-elle plus exactement acquittée ? vos patrimoines se sont-ils accrus ? Enfin nous leur dirions avec un auteur moderne : « Henri VIII, gorgé de richesses ecclésiastiques, ne s'en trouva que plus pauvre ; et deux ans après ses rapines, il fut obligé de faire banqueroute. »

Ecartons ces présages funestes ; écartons l'idée d'une injuste destruction, dont gémiraient à la fois les lettres, l'Etat et l'Eglise : « Tant que, disait au Parlement de Paris, le 16 avril 1764, M. de Saint-Fargeau, alors avocat général, tant que les vertus et l'esprit de leur pieux ministère subsisteront dans leur sein, les ordres religieux subsisteront eux-mêmes. Si quelque injuste préjugé s'élevait contre eux, ils trouveraient des défenseurs dans les magistrats. Nous ne craignons pas que vos cœurs désavouent l'engagement dont nous sommes ici l'organe. » Ils ont pour défenseur, ajouterons-nous en finissant, l'auguste héritier du trône et des vertus de saint Louis ; Louis XVI a promis à l'Eglise gallicane de *protéger toujours les corps réguliers*, parce qu'il en connaît *l'utilité* (2).

[Ici se place naturellement une réflexion : nous voyons que les auteurs de l'excellent ouvrage que je viens de reproduire disaient, en 1784, époque à laquelle ils le publièrent : *Des ordres entiers ont été anéantis sous vos yeux, quel fruit en a recueilli la société ?* En effet, des ordres anciens et vénérés, tels que ceux de Grandmont, des Célestins, des Croisiers, etc., avaient été abolis en France ; en somme, quinze cents monastères avaient été supprimés avant la révolution ; quels fruits ces suppressions iniques avaient-elles produits pour le bien-être de la France ?

Mais ajoutons que les décrets désastreux de 1790 supprimèrent toutes les abbayes, déclarèrent nationales leurs riches possessions, et, par suite, en amenèrent la vente au profit de la nation ! Quel avantage en a retiré la nation, sous quelque rapport qu'on

---

(1) A l'occasion des secours de toute espèce que les Chartreux ont donnés aux habitants de Cairy, attaqués d'une épidémie cruelle, l'auteur du Journal général de France fait une observation judicieuse que nous rapporterons ici, parce que nous n'avons pu la connaître plus tôt. « Il nous semble que ces exemples, qu'on ne saurait disconvenir être très-multipliés de la part des moines rentés, devraient servir à trancher la question agitée depuis si longtemps sur leur utilité ou leur inutilité pour l'Etat. Ils consomment leurs revenus dans les cantons qu'ils habitent, ils répandent par conséquent l'abondance dans les villages des environs : ce sont des preuves de fait, qui ne sont trop constatées que par l'opposé de ce qui arrive lorsqu'on supprime des couvents dans certains endroits, où la plus affreuse misère succède à l'aisance dont avaient joui jusqu'alors les habitants. Les pauvres trouvent des secours dans leurs aumônes constamment soutenues. Dans quelles mains pourrait-on placer leurs biens pour en faire un meilleur usage ? Il est inutile d'entrer dans des détails à cet égard : mais on peut faire toutes les suppositions qu'on voudra ; et si l'on n'est aveuglé ni par l'intérêt personnel, ni par le préjugé, que l'on décide si, pour l'intérêt même des malheureux, il ne vaut pas encore mieux laisser les choses telles qu'elles sont dans l'état actuel ». *Affiches, Ann. et Av. div.* du 25 mai 1784.

(2) *Voyez* la réponse du roi au Mémoire de l'Assemblée du clergé. *Procès-verbal* de 1780.

envisage les suites de cette mesure ? Le trésor public en a-t-il été plus riche ? Nullement. Les cantons où étaient ces monastères ont-ils été plus avantagés sous les nouveaux propriétaires ? Demandez-le aux quelques vieillards qui restent dans le voisinage de ces abbayes en ruines. Ils vous apprendront ce que faisaient autrefois les religieux et ce que ne font pas les acquéreurs. Les habitants des monastères étaient les pères nourriciers de tous les pauvres de leurs quartiers, le recours et la providence des voyageurs indigents. Aujourd'hui les couvents détruits, devenus la possession de leur dixième acquéreur, n'ont enrichi que quelques spéculateurs qu'ils n'ont pas toujours préservés de la faillite.

Plût à Dieu que tout le corps épiscopal eût montré plus tôt l'énergie dont fit preuve l'assemblée du clergé en 1780, et qu'il eût paralysé l'influence funeste de la commission pour la prétendue réforme des réguliers ! Plût à Dieu que l'*héritier du trône de saint Louis*, qui toujours fut à même de *connaître l'utilité des corps réguliers*, les eût *toujours protégés !* Que de maux auraient été épargnés à l'Eglise et à la France !

L'abbé BADICHE.

II.

CONSIDERATIONS

SUR LES ORDRES RELIGIEUX,

ADRESSÉES AUX AMIS DES SCIENCES ;

PAR LE BARON AUGUSTIN CAUCHY,

Membre de l'Académie des sciences de Paris, de la Société Italienne, de la Société royale de Londres, des Académies de Berlin, de Pétersbourg, de Prague, de Stockholm, de Gœttingue, de la Société Américaine, etc.

AVERTISSEMENT DE L'AUTEUR.

Ceux qui ne liront pas cet ouvrage s'étonneront peut-être que je l'aie écrit et publié. Mais, en France, où l'on aime la loyauté, où l'on apprécie le courage, tout étonnement cessera pour ceux qui, ayant pris la peine de me lire, pèseront les motifs de ma détermination. Peut-être la confiance que je témoigne ici redouble-t-elle la curiosité du lecteur. Je ne le ferai point attendre : j'énoncerai dès l'abord, sans hésiter et sans rougir, ces motifs qu'il est impatient de connaître, et que je vais indiquer en peu de mots.

Je suis chrétien, c'est-à-dire que je crois à la divinité de Jésus-Christ, avec Tycho-Brahé, Copernic, Descartes, Newton, Fermat, Leibnitz, Pascal, Grimaldi, Euler, Guldin, Boscovich, Gerdil, avec tous les grands astronomes, tous les grands physiciens, tous les grands géomètres des siècles passés. Je suis même catholique avec la plupart d'entre eux ; et, si l'on m'en demandait la raison, je la donnerais volontiers. On verrait que mes convictions sont le résultat, non de préjugés de naissance, mais d'un examen approfondi. On verrait comment se sont gravées à jamais dans mon esprit et dans mon cœur des vérités plus incontestables à mes yeux que le carré de l'hypoténuse ou le théorème de Maclaurin. Je suis catholique sincère, comme l'ont été Corneille, Racine, Labruyère, Bossuet, Bourdaloue, Fénélon ; comme l'ont été et le sont encore un grand nombre des hommes les plus distingués de notre époque, de ceux qui ont fait le plus d'honneur à la science, à la philosophie, à la littérature, qui ont le plus illustré nos académies. Je partage les convictions profondes qu'ont manifestées par leurs paroles, par leurs actes et par leurs écrits, tant de savants distingués du premier ordre, les Ruffini, les Haüy, les Laennec, les Ampère, les Pelletier, les Freycinet, les Coriolis ; et, si j'évite de nommer ceux qui nous restent, de peur de blesser leur modestie, je puis dire du moins que j'aimais à retrouver toute la noblesse, toute la générosité de la foi chrétienne dans mes illustres amis, dans le créateur de la cristallographie, dans les inventeurs de la kinine et du stéthoscope, dans le navigateur célèbre que porta l'*Uranie*, et dans l'immortel auteur de l'*électricité dynamique*.

Ce n'est pas tout. M'étant, depuis près d'un demi-siècle, beaucoup occupé d'analyse et de géométrie, je passe pour géomètre aux yeux d'un grand nombre de personnes, et en particulier aux yeux de mes confrères les membres de l'Académie des sciences et du Bureau des longitudes.

Mais les titres mêmes de catholique et de géomètre, ces titres que je chercherai de plus en plus à mériter, m'imposent des devoirs auxquels je ne saurais me soustraire. Catholique, je ne puis rester indifférent aux intérêts de la religion ; géomètre, je ne puis rester indifférent aux intérêts de la science.

Or, ces deux intérêts se trouvent simultanément compromis par le préjugé qui repousse les ordres religieux, et les frappe d'incapacité, en les déclarant inhabiles à l'éducation, à l'instruction de la jeunesse.

Je ne saurais adopter un tel préjugé, dont les conséquences me paraissent désastreuses pour la gloire et pour la prospérité de notre belle patrie. Je le repousse au nom de la religion et de la science, au nom de la civilisation et du progrès des lumières.

Catholique, je ne puis croire que la société ait un intérêt quelconque à proscrire précisément celui de tous les états que l'Évangile considère comme le plus parfait, en sorte que la perfection évangélique devienne, dans le royaume très-chrétien, non un titre d'honneur, mais un titre d'ignominie.

Académicien et géomètre, je ne puis voir avec indifférence des préventions sans fondement, opposées aux savants modestes et laborieux qui ont enrichi les sciences de tant d'utiles découvertes, à ceux-là même dont les travaux sont encore chaque jour approuvés, couronnés par nos académies.

Je n'ignore pas que, dans certains esprits, les préventions que je combats commencent à se dissiper. De grandes vérités ont été proclamées par des écrivains doués d'un beau talent et d'une belle âme ; et, en France, on ne résiste pas longtemps aux charmes de l'éloquence jointe à la vertu. La France aime les explications franches et loyales, et l'on est sûr de se faire écouter d'elle quand on lui parle à cœur ouvert. Il y a donc lieu de croire qu'un jour les préjugés s'effaceront devant la lumière. Toutefois, nous ne sommes point encore arrivés à cet heureux jour ; et d'ailleurs, en supposant même qu'il soit, comme je l'espère, rapproché de nous, je ne veux point attendre pour entrer dans la lice le moment où, la France entière étant lasse des persécutions et des proscriptions dirigées contre la vertu, l'éloquence et le génie, il n'y aura plus aucun courage à dire hautement la vérité.

J'oserai donc adresser aux amis des sciences, j'oserai adresser aux hommes de bon sens et de bonne foi, j'oserai particulièrement adresser à la jeunesse quelques réflexions qui ne lui déplairont pas, j'en suis sûr. Je me rappelle avec bonheur que, pendant de longues années, je l'ai vue se rassembler autour de ma chaire, à l'école Polytechnique, à la Faculté des sciences et au Collège de France. Je me rappelle avec bonheur que les cours qu'il m'était permis de faire à cette époque étaient suivis, non-seulement par des savants distingués de toute l'Europe, et par la plupart des géomètres que l'Académie a reçus depuis dans son sein, mais encore par de modestes religieux, qui sont aujourd'hui devenus des maîtres habiles. Ne pas défendre ces derniers lorsqu'on les attaque, ce serait trahir les devoirs d'un père qui, dans un pressant danger, refuserait aide et assistance à des fils dont les talents et les vertus ne peuvent être pour lui que le sujet d'un noble orgueil.

Je prouverai que le premier besoin de notre siècle est, non pas d'entraver, mais de favoriser par tous les moyens la pratique et l'exercice de la perfection évangélique. Cette assertion sera démontrée, avec une précision mathématique, par la méthode expérimentale et par la synthèse, c'est-à-dire par le raisonnement et par l'observation.

D'ailleurs mon intention étant de convaincre, s'il est possible, ceux-là même qui, jusqu'à présent, ont été les adversaires les plus ardents des ordres religieux, et ne voulant laisser à personne le moindre prétexte de se plaindre de moi, je ne nommerai personne. Tout ce que je demande à ceux qui seraient tentés de repousser mon ouvrage à cause de son titre, c'est de suspendre leur jugement, et de ne point condamner la cause que je plaide sous leurs yeux, avant de l'avoir entendue. Souvent il est arrivé que des ennemis acharnés du christianisme l'ont étudié pour le combattre, et que cette étude, entreprise dans un esprit hostile, mais avec bonne foi, les a rendus chrétiens. Souvent il en a été de même de ceux qui avaient en horreur la perfection évangélique ; et je connais tel écrivain qui, cherchant des armes dans l'histoire contre les ordres religieux, est devenu leur plus ardent apologiste. Qui sait si, après avoir lu ce livre, quelque frère égaré dans sa route, et séduit par des erreurs involontaires ou par des préjugés funestes, ne voudra pas les abdiquer pour jamais, et travailler à devenir un illustre défenseur de la vérité ?

Pour ne pas fatiguer le lecteur, je serai court, très-court. Quoique le sujet que je traite soit inépuisable, il eût été inutile que je songeasse à composer sur cette matière un long ouvrage. Je n'aurais pas trouvé le temps de le faire, et personne n'aurait trouvé le temps de le lire. On doit donc s'attendre à me voir énoncer seulement ici quelques vérités fondamentales qui pourront être développées par des mains plus habiles.

CONSIDÉRATIONS SUR LES ORDRES RELIGIEUX.

CHAPITRE PREMIER.
Questions à résoudre.

Les ordres religieux sont-ils nés pour le bonheur ou pour le malheur de la société ? Nous apportent-ils la civilisation ou la barbarie, la science ou l'ignorance, la lumière ou les ténèbres ?

Pour résoudre ces questions, il est nécessaire d'examiner quels sont les besoins de la société, quels sont les maux dont il importe de guérir. Il faut examiner ensuite

CHAPITRE II.

Besoins de la société. Maux dont il importe de la guérir. L'esprit de sacrifice peut seul répondre à ces besoins, remédier à ces maux.

L'homme n'est pas seulement un morceau de matière que l'on peut voir et toucher; il est encore intelligence. Esprit et corps tout à la fois, il a des besoins de natures diverses qu'il importe de satisfaire.

Enfant ou adolescent, l'homme n'a pas seulement faim et soif du pain qui le nourrit, du breuvage qui le désaltère; il a encore faim et soif de la vérité, qui doit être l'aliment de son âme. Il a besoin de cette vérité qui éclairera son esprit, dirigera les mouvements de son cœur, et lui indiquera la voie dans laquelle il doit marcher.

Malade, l'homme n'a pas seulement besoin de médicaments qui calment ses douleurs, il a surtout besoin de consolations et d'espérances. Ce besoin devient plus impérieux, quand l'homme est en proie, non plus aux maladies et aux douleurs du corps, mais aux maladies et aux douleurs de l'âme; quand, par suite d'un crime qu'il a commis ou d'une erreur de la justice, il se trouve confiné dans une prison ou renfermé dans un noir cachot. Alors, plus que jamais, cet homme abandonné par ses semblables a besoin d'être soutenu, fortifié contre lui-même, d'être prémuni contre les tentations du plus farouche désespoir.

Mais à quels pénibles soins, à quels travaux, à quels sacrifices ne devra pas se dévouer celui qui se proposera d'instruire de pauvres enfants, de servir des malades, de consoler des prisonniers, de ramener des criminels dans le chemin de la vertu. Ce sera donc l'esprit de charité, l'esprit de dévouement et de sacrifice, que devront surtout acquérir ceux qui seront chargés de ces difficiles emplois.

D'ailleurs l'homme n'est pas né pour vivre seul, il est né pour vivre en société avec ses semblables; et, pour que cette société subsiste et fleurisse, il devra s'imposer des sacrifices continuels et de chaque jour. Si la société se voit aujourd'hui affligée de plaies si honteuses et si profondes; si la cupidité, l'égoïsme, l'ambition menacent de la détruire; si les délits et les crimes se multiplient d'année en année dans une progression effrayante, cette multiplication désastreuse des délits et des crimes ne tient-elle pas précisément à ce que l'esprit de sacrifice s'affaiblit et disparaît au milieu de nous?

Ainsi, le besoin le plus pressant de la société, c'est de renouveler dans tous les rangs, dans toutes les conditions, cet esprit de sacrifice; en sorte que nous soyons tous disposés, s'il est possible, non pas à sacrifier les autres à nous-mêmes, mais à nous sacrifier nous-mêmes aux autres hommes.

CHAPITRE III.
Des associations.

L'homme étant né pour la société, il est tout simple, tout naturel que des individus s'associent les uns aux autres, et forment ainsi ce qu'on appelle des *associations*. Tant que ces associations ont un but louable, il est de l'intérêt de tous, non de les entraver, mais de les protéger. Croire que, sans motif raisonnable, on peut détruire impunément des associations particulières, qu'on peut les dissoudre sans nuire à la société générale, c'est comme si l'on prétendait conserver intact un morceau de glace ou de cristal, en liquéfiant néanmoins par l'action dissolvante du calorique les diverses parties dont il se compose.

L'individu isolé reconnaît bientôt sa faiblesse. Les hommes ont besoin de s'associer pour se fortifier, pour s'exciter au travail, pour s'encourager mutuellement à poursuivre d'utiles entreprises, pour en assurer le succès par des efforts qui concourent vers un même but. L'association est un besoin tellement impérieux de la nature humaine que, s'il n'est pas permis de s'associer pour le bien, on s'associera pour le mal. Proscrivez les associations utiles qui poursuivent avec persévérance un dessein qu'elles ne craignent pas d'avouer, et bientôt vous verrez se multiplier des associations ténébreuses qui, semant partout le désordre, ne tarderont pas à mettre l'Etat en péril. Il n'est pas au pouvoir du législateur d'anéantir la force indestructible qui pousse les hommes à s'associer les uns aux autres, plus qu'il n'est au pouvoir du chimiste ou du physicien d'anéantir les actions intimes, transmises de molécule à molécule dans les corps solides ou fluides, ces actions qui, bien ou mal dirigées, produisent de salutaires ou de funestes effets.

Voyez ce wagon fugitif et ce navire armé de palmes ou de roues. Contemplez ces voyageurs qui semblent avoir des ailes, qui glissent sur deux lames de métal, ou sur les vagues de l'Océan, avec une telle rapidité que l'œil à peine à les suivre. C'est à l'action moléculaire qu'ils sont redevables de leur étonnante vitesse. C'est la force élastique de la vapeur ou des gaz, qui, mise à profit par une main amie, a produit tant de merveilles. Mais essayez d'opposer à cette force un obstacle qui la contrarie; essayez de comprimer la vapeur, fermez la soupape qui lui ménageait une issue, cette vapeur comprimée va réagir contre les parois de la chaudière, et une explosion désastreuse jettera de tous côtés l'épouvante; et ceux qu'elle n'atteindra pas auront le regret de ne pouvoir porter secours aux victimes de la catastrophe. Ils n'auront qu'à pleurer sur des ruines.

Parmi les associations particulières qui peuvent être utiles à la société générale, celles qui méritent surtout protection et faveur, celles qu'il importe surtout d'étendre et de propager, ce sont les associations pour le sacrifice. Que des hommes s'associent pour défricher le sol, pour creuser des canaux, pour construire des chemins de fer, pour tirer un parti avantageux de découvertes récentes, ils pourront rendre des services à l'agriculture, au commerce, à l'industrie. Mais, s'ils s'associent pour le sacrifice, quels services ne rendront-ils pas à leur patrie, à la civilisation, au genre humain tout entier?

Attaquée par les nombreux bataillons que Xerxès avait réunis, la Grèce allait être livrée à toute la fureur des Perses. Trois cents Spartiates se rassemblent aux Thermopyles; ils s'associent pour y faire le sacrifice de leur vie, et la Grèce est sauvée.

Calais était assiégé par Édouard. Réduit aux horreurs de la famine la plus cruelle, Calais frémissait à la vue d'un vainqueur sans pitié. Eustache de Saint-Pierre et ses compagnons se dévouent pour le salut de leurs concitoyens; ils s'associent pour le sacrifice, et Calais échappe à sa ruine.

Mais les sacrifices les plus héroïques, ceux qui coûtent le plus à la nature humaine, ne sont pas toujours ceux qui excitent l'admiration des hommes, et frappent leurs regards. De tels sacrifices peuvent quelquefois être le produit d'une exaltation momentanée. L'amour de la gloire, la certitude de recueillir pour prix d'un dévouement généreux l'admiration et les hommages des contemporains, ou même de la postérité la plus reculée, peuvent adoucir de tels sacrifices et les rendre plus faciles. Mais les sacrifices qui se renouvellent tous les jours et à tous les instants, des sacrifices qui durent autant que la vie, qui échappent aux regards de la multitude, et quelquefois deviennent un sujet de reproches de la part de ceux-là même pour lesquels on se dévoue, de pareils sacrifices sont au-dessus des forces de la nature : et, si ce qui ne paraît pas possible à l'homme se réalise, si des associations se forment, dont le but unique soit de ranimer dans les âmes l'esprit de sacrifice; dont l'unique ambition, l'unique pensée soit de renouveler sans cesse des sacrifices accomplis sans faste et sans ostentation; s'il se forme des associations d'hommes qui, constamment animés du zèle le plus pur, se sacrifient par amour pour un monde qui les oublie, de telles associations doivent être évidemment considérées comme le plus beau présent que le ciel ait fait à la terre.

CHAPITRE IV.

L'esprit de sacrifice est le caractère propre de la religion chrétienne. Le sacrifice accompli sans restriction, dans la vue de plaire à Dieu, est la perfection évangélique.

L'esprit de charité, de dévouement, de sacrifice, étant le besoin le plus pressant de la société, devait être le caractère propre de la véritable religion. Aussi le divin auteur du christianisme a-t-il voulu nous enseigner la grande loi du sacrifice, non seulement par ses paroles, mais encore par ses exemples; aussi, après avoir aimé les hommes jusqu'à leur sacrifier sa vie sur l'arbre de la croix, a-t-il voulu que cette croix devint, pour les nations régénérées, le signe de salut et d'espérance; aussi a-t-il appelé chaque fidèle à se renoncer soi-même et à porter la croix; aussi a-t-il affirmé que l'esprit de sacrifice et d'amour serait le caractère auquel on reconnaîtrait ses vrais disciples.

Cet esprit de sacrifice, qui ne pouvait venir que du ciel, est précisément ce qui a donné à la religion chrétienne une si prodigieuse influence sur les destinées des peuples, une influence telle, que la civilisation se développe là où fleurit le christianisme, qu'elle disparaît là où il vient à disparaître, et que Montesquieu a pu dire avec vérité : *Chose étonnante! la religion chrétienne, qui semble avoir pour unique objet les intérêts de l'autre vie, fait encore notre bonheur dans celle-ci.*

La perfection évangélique, c'est le sacrifice accompli sans restriction, dans la vue de plaire à Dieu, dans la vue de servir nos frères; dans la vue d'apporter la lumière à ceux qui gémissent au sein des ténèbres, les consolations à ceux que poursuit la souffrance. Ne vous étonnez pas de l'empire qu'exercent sur les autres hommes ceux qui ont le courage de se dévouer à la pratique d'une si haute perfection. Ils sont, comme l'a dit quelque part l'auteur de l'*Essai sur l'indifférence*, « habitués à vaincre l'homme. » Vous vous plaignez de ce que la soif de l'or s'empare de toutes les âmes, de ce que le vol et la fraude se multiplient à tel point que bientôt il n'y aura plus de sûreté nulle part, ni pour les propriétés, ni pour les personnes. Eh! qui donc pourra aux âmes dégradées par l'amour d'un vil métal rendre la délicatesse et l'honneur? Qui pourra réveiller les consciences endormies? Qui pourra leur prêcher avec fruit le détachement des richesses, sinon celui qui a fait à Dieu le généreux sacrifice de tous les biens qu'il possédait? Vous vous plaignez de ce que la soif des plaisirs corrompt tous les cœurs, de ce que des passions exaltées jusqu'au délire multiplient les crimes autour de vous ; de ce que la soif de commander, de ce qu'une ambition sans limites bouleversent la société tout entière; de ce qu'elles ouvrent sous nos pas un volcan dont les flammes homicides menacent de tout consumer. Mais qui donc pourra essayer d'éteindre les feux qui nous dévorent, d'arrêter les ravages de l'incendie? Qui pourra prêcher avec fruit la modération, la soumission, l'obéissance, sinon celui qui a fait à Dieu le sacrifice des plaisirs les plus légitimes, celui qui n'a d'autre ambition que de se vaincre et d'obéir?

Mais la faiblesse naturelle de l'homme permet-elle d'espérer qu'il puisse jamais atteindre à des vertus si héroïques? En supposant même qu'il y parvienne, permet-elle d'espérer qu'il se puisse maintenir dans un état de perfection si sublime? Au dehors, au dedans de lui, tout ne conspire-t-il pas pour renverser un édifice élevé au prix de tant de fatigues? Les états les plus saints rendent-ils l'homme infaillible; et ne peut-il arriver que le prêtre lui-même soit infidèle à la noble mission qu'il avait reçue des cieux? Vous qui parlez de la sorte, ne vous figurez pas que votre science et vos discours apprennent rien à l'Église catholique. Autant et mieux que vous elle connaît la faiblesse de notre nature. Seulement elle ne se contente pas de la connaître; elle a voulu la secourir. Elle sait que de généreux exemples ont un grand pouvoir sur les âmes; que la force et le courage se puisent surtout dans l'union des esprits et des cœurs; et l'Église, éclairée par les pures lumières de l'Évangile, inspirée par Dieu lui-même, n'a pas reculé devant une pensée qui atterre et confond l'esprit humain, devant la pensée d'associer des hommes pour le sacrifice; devant la pensée d'établir, non pas des associations passagères et momentanées, mais des associations durables et permanentes, dont l'esprit de sacrifice serait la règle souveraine et l'unique loi. Elle a voulu opposer aux terribles maladies qui minent la société, des remèdes efficaces, en ouvrant au milieu de nous des sources intarissables de dévouement et d'amour. Elle a voulu que les âmes énervées, amollies par les joies de la terre, pussent venir se retremper dans ces fontaines sacrées. En un mot elle a institué les ordres religieux pour donner au monde la leçon et l'exemple des plus angéliques vertus.

Et cet immense bienfait ne serait pas l'objet éternel de notre reconnaissance! Et nous ne serions pas empressés de repousser loin de nous ces préjugés qui, dans le dernier siècle, ont porté à la société des coups si funestes, en semant de tous côtés la dévastation et la terreur! Et nos mains avares voudraient mesurer à un siècle nouveau le pain qui doit lui rendre la vie! Nous voudrions mesurer la rosée du ciel à la terre desséchée par le souffle des passions, mesurer les consolations à des malades qui succombent sous le poids de la douleur, mesurer la lumière à des peuples qui se tournent vers elle, assis dans les ténèbres et l'ombre de la mort!

Infortunés que nous sommes, une désolation profonde s'est emparée de nous. Affamés de la vérité, nous sommes en proie aux horreurs de la famine la plus cruelle. Vainement, à la sueur de nos fronts, nous labourons un sol aride qui trompe toujours nos espérances. Nous gémissons de ce qu'autour de nous tout se dessèche, tout se flétrit et tout meurt. Aveugles, nous ne voyons pas que l'on a sapé les murailles et dispersé les pierres de ces réservoirs sacrés, que l'on a obstrué le lit et les issues de ces mille canaux, d'où s'épanchait sur nos campagnes la source bienfaisante qui seule peut leur donner la vie et la fécondité.

En résumé, le besoin le plus pressant de la société en général, et de notre siècle en particulier, c'est l'esprit de sacrifice. Pour arrêter, pour guérir les maux qui nous affligent, il est nécessaire que cet esprit s'élève jusqu'à la hauteur du dévouement le plus sublime et le plus absolu. Or, l'esprit de sacrifice est le caractère propre du christianisme. Le sacrifice accepté pour toute la vie et accompli sans restriction constitue la perfection évangélique : donc la perfection évangélique, exercée et pratiquée par des hommes qui, dans la vue de plaire à Dieu, se dévouent à servir leurs frères, est le besoin le plus pressant de notre siècle.

Mais la perfection évangélique est au-dessus des forces naturelles de l'homme. Pour en rendre la pratique plus facile, et même pour la rendre populaire, l'Église catholique, inspirée de Dieu, a conçu l'admirable pensée d'associer les hommes pour le sacrifice; et cette association merveilleuse constitue les ordres religieux. Nous sommes donc conduits par le raisonnement à conclure que les ordres religieux répondent au premier besoin de notre siècle. Il nous reste à prouver que cette conclusion est encore une conséquence rigoureuse, on pourrait dire une conséquence mathématique, de l'observation et de l'expérience.

CHAPITRE V.
La Sœur de charité.

Voyez cette jeune fille dont la beauté toute céleste n'est, pour ainsi dire, que le rayonnement d'une belle âme. Quelle innocence, quelle candeur virginale brille dans tous ses traits! Comme elle est tendrement aimée d'un père, d'une mère dont elle a fait, dès son enfance, la joie et le bonheur! Elle est née peut-être au sein de l'opulence et dans un rang élevé. Il ne tiendrait qu'à elle d'unir son sort au sort du riche héritier d'un nom vénéré dans sa patrie; et vous félicitez déjà l'heureux mortel qui pourra se flatter de posséder un si rare trésor. Détrompez-vous. Elle est dévorée d'une ambition que vous aurez peine à comprendre. Son ambition à elle, c'est d'aller dans les campagnes instruire les filles du pauvre laboureur. Son ambition, c'est de recueillir dans nos villes l'enfant qui n'a plus de mère; c'est d'aller dans nos hôpitaux servir les malades et panser leurs plaies. Sans craindre ni la famine, ni la peste, ni la guerre, elle volera partout où se présenteront des infortunés à secourir; et, toujours prête à leur sacrifier sa propre vie, elle affrontera tous les périls, elle ira, s'il le faut, jusqu'aux extrémités du monde, pour calmer la souffrance ou consoler la douleur.

Je viens de peindre la *Sœur de charité*. Cet esprit de sacrifice, qui lui inspire pour le malheur et pour l'indigence un dévouement porté jusqu'à l'héroïsme, répond admirablement, vous en convenez, aux besoins les plus pressants de l'humanité souffrante. La sœur de charité est si chère, non-seulement à la France, mais encore aux autres peuples; elle leur est si nécessaire que, partout où elle apparaît, en Europe, en Asie, en Amérique, elle est reçue comme un ange descendu des cieux. Elle est si nécessaire à la consolation des infortunés, qu'on a respecté les bonnes sœurs, qu'on n'a pas osé se passer d'elles, même aux époques les plus désastreuses. Vous qui seriez tenté de repousser, comme inutile au bonheur du genre humain, la perfection évangélique, dites-nous, je vous prie, comment, sans vous résoudre à prendre conseil de l'Evangile et de la croix, vous parviendriez à former une seule fille de Vincent de Paul, une seule sœur de charité.

CHAPITRE VI.

Sœurs de Notre-Dame de Bon-Secours.

Nous avons vu la sœur de charité se dévouer au service des pauvres et des affligés. Nous avons vu quels soins affectueux elle prodigue à l'indigent atteint par la maladie. Le riche, malade à son tour, n'y aura-t-il aucune part? Sans doute le Dieu de l'Evangile a voulu que le pauvre fût, aux yeux de ses disciples, un objet de prédilection. Sans doute, pour leur inspirer l'esprit de sacrifice, l'esprit de dévouement et d'amour; pour les animer à secourir l'infortune, à consoler la douleur, il a voulu qu'on le reconnût lui-même dans la personne de l'indigent. Mais la douleur n'atteint-elle jamais le riche? Ne va-t-elle pas le saisir et le surprendre au milieu des plaisirs qui l'enivrent, d'autant plus cruelle qu'aux souffrances du corps se joignent souvent pour lui des souffrances de l'âme? C'est à les adoucir toutes à la fois que se dévoue la *Sœur de Bon-Secours*. Comme un ange tutélaire, elle prie, elle veille à côté de ce riche dont la vie, profondément atteinte par une fièvre brûlante et peut-être par des chagrins amers, semble déjà prête à s'éteindre. Elle relève le courage de cet infortuné, elle fait renaître l'espérance dans cette âme abattue ; et une maladie terrible, qu'il semblait impossible de maîtriser, cède aux soins éclairés de la bonne sœur, dont l'expérience et l'habileté sont rendues plus efficaces par le zèle inépuisable d'une industrieuse charité.

Quels services n'ont pas rendus les sœurs de Bon-Secours à tant de malades sauvés par elles? Combien d'époux qui doivent à ces saintes filles la vie de leurs épouses? Combien d'enfants qui leur doivent la vie d'un père tendrement aimé? Mais, si leur zèle infatigable a tant de puissance pour chasser la maladie ou calmer la douleur, c'est qu'il a pour principe l'esprit de sacrifice. Cet esprit est le mobile de toutes leurs actions, la pensée de toute leur vie, le trésor qu'elles se transmettent mutuellement; et la sœur Angélique était l'interprète fidèle des sentiments qui animent toutes les sœurs, lorsqu'un jour de fête elle adressait à la mère des novices ces vers que le lecteur aimera peut-être à retrouver :

> Agréez, bonne et tendre mère,
> Les vers qu'a dictés notre amour :
> Mes sœurs et moi, dans ce beau jour,
> Fêtons notre ange tutélaire.
> Si nous avons fait quelque bien,
> C'est qu'à vos préceptes fidèle,
> Chaque sœur vous prend pour modèle:
> Votre zèle allume le sien.
> Si nous éprouvons tant de charmes

> A fuir un monde séducteur,
> D'un frère à calmer la douleur,
> D'un malade à sécher les larmes;
> Si notre bonheur, en tout lieu,
> Est de pouvoir, par la prudence,
> La douceur et la patience,
> Ramener les âmes à Dieu ;
> A vous seule en est le mérite.
> Vos avis, gravés dans nos cœurs,
> De moi, toujours, et de mes sœurs
> Seront l'étude favorite.
> Toujours fidèle à revenir
> A cette salutaire étude,
> Du nom vénéré de Gertrude
> Je garderai le souvenir.

CHAPITRE VII.

Le Frère des Ecoles Chrétiennes.

Considérez ces petits enfants qui se groupent avec amour autour d'un religieux dont le costume sévère ne les effraye pas. Que viennent-ils faire dans cette vaste salle, dont l'enceinte est encore trop étroite pour eux ? Ces haillons qui les couvrent, cette robe grossière dont est revêtu leur humble et modeste précepteur, ces murailles nues, tout vous présente l'image de l'indigence. Rien ne paraît digne de fixer vos regards. C'est ici néanmoins que s'opère une des plus étonnantes merveilles. Ici la plus haute sagesse est enseignée avec succès au fils du pauvre artisan. Instruit par un *bon Frère*, l'enfant se trouvera initié aux mystères les plus sublimes, aux secrets d'une philosophie bien supérieure à celle des plus illustres philosophes. Il aura sur Dieu, sur la fin de l'homme, sur ses destinées immortelles, des notions plus exactes et plus étendues que celles dont se glorifiaient les sages de la Grèce. Après lui avoir montré la route qu'il doit suivre, la doctrine chrétienne lui inspirera le courage dont il a besoin pour surmonter les obstacles qu'il rencontrera ; et, après avoir éclairé son intelligence des plus vives lumières, les rayons de la céleste vérité allumeront dans le cœur de cet enfant l'amour des plus pures et des plus solides vertus.

Mais, pour accomplir cette œuvre merveilleuse dont la société est appelée à recueillir les heureux fruits, quelle humilité, quelle douceur, quelle patience ne sont pas nécessaires au Frère des Ecoles chrétiennes. Entouré de nombreux disciples, il leur enseignera, non des systèmes qui puissent flatter son orgueil, mais des vérités qui puissent leur être utiles. Il ne sera point soutenu dans son laborieux ministère par l'amour de la gloire, par l'espérance de voir son nom transmis à la postérité. Sa vie tout entière se consumera dans des travaux obscurs ; elle sera consacrée tout entière à l'éducation de la classe indigente. Il ne sera point soutenu par l'espoir de parvenir à la fortune, ni même d'acquérir quelque jour une honnête aisance ; car il a fait vœu de pauvreté. Son existence ne sera révélée aux riches et aux puissants du siècle que par l'habit grossier qui dérobe à leurs yeux une âme élevée, par l'esprit de sacrifice, à la hauteur d'un dévouement qu'ils ne peuvent même concevoir.

Cet esprit de sacrifice, de dévouement et d'amour, saura encore, s'il le faut, opérer d'autres merveilles. Ce bon Frère, si expérimenté dans l'art de former à la vertu les âmes naïves des enfants du peuple, ne sera pas moins habile à la faire germer de nouveau dans l'âme dégradée du coupable que la société rejette de son sein avec horreur.

On se plaint de ce que les délits et les crimes se reproduisent, se propagent, se multiplient dans une proportion désespérante ; et les tableaux officiels de la statistique, en nous faisant voir que de 1830 à 1840 le nombre des poursuites judiciaires s'est élevé de soixante-deux mille à quatre-vingt-dix-huit mille, viennent redoubler notre effroi. On se plaint de l'insuffisance et de l'inefficacité de la législation criminelle, de ce que les moyens de répression, loin de guérir la plaie qui nous dévore, semblent l'envenimer chaque jour; et, en effet, comme l'a dit un de nos publicistes les plus renommés (1), *non-seulement nos prisons actuelles ne réforment pas, mais elles dépravent; cela est hors de doute. Elles rendent à la société des citoyens beaucoup plus dangereux que ceux qu'elles en ont reçus.*

Hélas ! cette triste vérité nous est trop bien démontrée par une expérience de tous les jours. Mais que les criminels les plus endurcis soient remis à la garde d'humbles religieux ; que le soin d'éveiller le remords dans leur âme, de les instruire, de les ramener à la vertu, soit, comme dans la maison centrale de Nîmes, confié aux bons Frères des Ecoles chrétiennes ; et bientôt, comme il est arrivé dans cette ville, on verra l'ordre se rétablir parmi les détenus, on verra la soumission, l'amour du travail succéder à l'émeute, à la révolte ; bientôt le changement merveilleux qu'auront opéré les bons Frères prouvera que l'esprit de sacrifice peut tenter, peut réaliser ce qui nous semblait si difficile à obtenir, la réforme des prisons et même la réforme des criminels.

CHAPITRE VIII.

Le Révérend Père de la compagnie de Jésus.

Est-il possible, sur notre planète, de fonder une société d'hommes qui suivent librement et volontairement les lois de la morale la plus pure, une société dans laquelle on n'entende jamais parler de fraude ni d'injustice, dans laquelle règnent universellement l'innocence et la bonne foi; une société qui ne connaisse ni les cachots, ni les bagnes, ni les prisons; ni même les procès et les détours de la chicane ? Vous me direz que les passions humaines ne permettent pas de supposer que l'on puisse jamais parvenir à résoudre un problème si difficile, et devant lequel ont dû nécessairement échouer toute la sagesse, toute la puissance des législateurs; et pourtant il fut un jour où d'humbles missionnaires entreprirent de résoudre ce grand problème. Se fiant à la parole de leur divin maître, ayant appris de lui que ce qui est impossible à l'homme devient possible à Dieu, ils appelèrent, non pas des peuples policés, mais des sauvages égarés dans les bois, des sauvages plus féroces que les lions et les tigres, des sauvages dont la nourriture favorite était la chair et le sang de leur semblables, à réaliser cet âge d'or qu'avaient rêvé les poètes, à donner aux nations civilisées l'exemple des vertus les plus pures, à transporter sur la terre une vive image du bonheur des cieux;

Et les apôtres du Paraguay eurent l'audace de persévérer dans une entreprise dont la seule pensée semblait être une folie; et pour adoucir, pour éclairer des barbares qui leur étaient inconnus, ils prodiguèrent leurs sueurs, s'imposèrent tous les genres de sacrifices, affrontèrent tous les dangers, sans craindre ni les persécutions, ni la mort la plus cruelle; et le succès couronna leurs efforts, et l'évêque de Buénos-Ayres put adresser à Philippe V ces naïves et touchantes paroles qu'a rappelées l'auteur du *Génie du Christianisme* : Sire, *dans ces peuplades nombreuses composées d'Indiens naturellement portés à toutes sortes de vices, il règne une si grande innocence, que je ne crois pas qu'il s'y commette un seul péché mortel.*

Et ces apôtres intrépides, qui avaient trouvé le secret de dompter les passions brutales, le caractère féroce et sanguinaire des hordes indiennes, qui avaient su fixer au milieu d'elles la paix et le bonheur, qui leur avaient appris à cultiver les arts sans perdre l'innocence des mœurs; ces apôtres, dont chacun était vénéré comme un tendre père par les habitants fortunés d'une vaste contrée : ces habiles et puissants législateurs étaient si ennemis de la dissimulation, de l'intrigue, de la révolte, qu'au moment où un arrêt de proscription devint la récompense de leurs glorieux travaux, ils acceptèrent cet arrêt sans murmurer, se dérobèrent sans se plaindre, à l'amour de leurs chers néophytes; et l'histoire a conservé le souvenir d'un désintéressement si parfait, d'un si héroïque sacrifice. Elle a béni les apôtres des *réductions*, elle a flétri leurs persécuteurs ; et un célèbre astronome a fait entendre ce cri de l'indignation et de la douleur : *Deux ministres ont détruit sans retour le plus bel ouvrage des hommes, dont aucun établissement sublunaire n'approchera jamais, l'objet éternel de mon admiration, de ma reconnaissance et de mes regrets !*

Me demanderez-vous quels étaient ces infatigables apôtres qui ont su porter si loin le désintéressement, qui, tout pénétrés de l'esprit d'abnégation et de sacrifice, ont opéré de si étonnants miracles? Leurs noms seraient-ils inconnus de vous? Si pourtant vous ignorez ce que sait tout l'univers, permettez que je diffère un instant de répondre à votre demande. Avant de satisfaire votre

---

(1) Voir le rapport fait en 1843, au nom de la commission chargée d'examiner le projet de loi sur les prisons, par M. de Tocqueville.

curiosité, j'ai d'autres choses à vous dire, j'ai à vous raconter encore d'autres merveilles.

Voyez ces vastes régions placées aux extrémités de l'ancien monde. Là, comme l'a dit un orateur dont je m'estimerai heureux de pouvoir emprunter quelquefois les paroles, *une civilisation fière d'elle-même s'arme contre l'étranger d'une jalouse défiance;* et pourtant des lois barbares y autorisent l'infanticide; et, sous la protection de ces lois, de cruels parents, sourds au cri de la nature, assassinent l'enfant auquel ils ont donné le jour. C'est dans ces mêmes contrées qu'une absurde philosophie confond la créature avec le Créateur; c'est là que de prétendus sages prostituent à d'impures idoles un encens et des hommages qui n'étaient dus qu'au maître de l'univers. Quelle prudence, quelle persévérance, quels efforts inouïs ne seront pas nécessaires pour substituer ici aux clartés vacillantes d'une raison orgueilleuse les véritables lumières, les divines clartés de l'Evangile? et cependant un François Xavier osera concevoir la pensée de soumettre à Jésus-Christ ces peuples si ombrageux, de conquérir au Dieu du Calvaire les Indes, les Moluques et le Japon. Il aura le bonheur de convertir cinquante-deux royaumes, d'arborer l'étendard de la croix sur une étendue de trois mille lieues, de baptiser de ses propres mains un million de mahométans et d'idolâtres, et tout cela en dix ans. Le Japon et les Indes se couvriront d'églises florissantes, et verront briller l'héroïsme au milieu des persécutions. Si, à la vue des rivages de la Chine, Xavier meurt, plein de gloire, dans une cabane abandonnée de l'île de Sancian, ses émules, ses disciples, hériteront de son zèle et poursuivront ses nobles conquêtes; ils affronteront un sol inhospitalier, ils emploieront tous les prestiges de l'art et de la science pour se faire pardonner l'enseignement évangélique; en sortant du palais de l'empereur ou du tribunal des mathématiques, ils iront évangéliser le pauvre, instruire les petits enfants; et les souverains du céleste empire s'étonneront de compter parmi leurs sujets de nombreux chrétiens.

Me presserez-vous de vous dire ce qu'étaient François Xavier et ses émules, à quelle race appartenaient ces illustres et paisibles conquérants? Attendez un moment. Ecoutez encore.

Vous êtes, je le suppose, ami des sciences; et vous aimez à rencontrer dans ceux qui les cultivent cette candeur, cette modestie qui rehaussent encore l'éclat des talents. Vous aimez la littérature, la saine philosophie et le progrès des lumières. Vous aimez les discussions amicales, les dissertations claires et précises. Vous désirez que la science vous soit présentée sans faste et sans ostentation, avec bienveillance, avec douceur, avec charité; et que le savant, le littérateur dont vous admirez les livres, puisse devenir votre ami. Eh! bien, il existe dans le monde une Société à laquelle nous devons des ouvrages devenus classiques en littérature, en morale, en philosophie; de savants traités sur les origines, les langues, les mœurs et les institutions des divers peuples; d'utiles et importantes découvertes dans les arts et les sciences; en médecine le plus précieux des spécifiques, le quinquina; en physique la découverte des ballons aérostatiques et les premières expériences qui nous ont révélé le singulier phénomène de la diffraction de la lumière; une Société qui a pris une grande part dans la réforme du calendrier; qui a donné aux mathématiques, à la physique, à l'astronomie les Scheiner, les Clavius, les Gaubil, les Guldin, les Kircher, les Grimaldi, les Lana, les Boscovich; à l'art des fortifications et à la tactique navale les Breuil et les l'Hoste; aux sciences historiques, les Petau, les Sirmond, les Daniel, les Duhalde, les Charlevoix, les Prémare, les Eckhel; à la philosophie chrétienne les Buffier, les Bellarmin, les de Lugo, et ce Suarez et ce Vasquez que Benoît XIV nommait les deux flambeaux de la théologie; à l'Eglise catholique tant de docteurs éminents, tant d'illustres orateurs, tant d'admirables modèles de la perfection évangélique, tant de glorieux martyrs, les François Xavier, les Sameron, les Claver, les Canisius, les Rodriguez, les Segneri, les Griffet, et ce Laïnez que les Pères du concile de Trente révéraient comme un oracle au point de suspendre leurs séances quand il ne pouvait y assister; et ce Bourdaloue dont Bossuet a pu dire: *Cet homme sera éternellement notre maître à tous;* une Société qu'exaltait avec transport l'âme si tendre de Fénelon, devant laquelle s'inclinait avec respect le génie de Leibnitz. Dévouée à la noble tâche de plaider partout et toujours la cause de la vérité, toujours prête à combattre jusqu'à la mort pour la gloire de ce Dieu qui est la source infinie de toute science, de toute lumière; cette illustre Société a eu l'heureux privilège de ne jamais faillir à sa vocation sublime. Elle est restée fidèle à la grande mission qu'elle avait reçue de protéger l'homme tout à la fois contre les préjugés de l'orgueil et contre les tentations du désespoir. Debout auprès de la colonne immuable de vérité, adoptant pour règle unique de sa foi la pure et sainte doctrine de l'Eglise catholique, elle a d'une part revendiqué les droits du ciel contre les passions en délire, contre ces tyrans domestiques dont un Dieu juste et bon ne demande à l'homme le sacrifice que pour lui rendre la paix de l'âme; et d'autre part revendiqué les droits de la liberté, de la raison humaine contre Luther, contre Calvin, contre tous ces novateurs théologiens ou philosophes qui voulaient nous imposer les doctrines oppressives et désespérantes d'un absurde fatalisme. Elle a été dominée constamment par une seule pensée, celle d'affranchir réellement les âmes, de soutenir la faiblesse de l'homme, de le consoler, de l'encourager, de le conduire, sous l'action de la grâce divine, à la plus belle de toutes les victoires, à cette victoire qui doit nous assurer la possession de la vérité souveraine, à cette victoire dont Dieu lui-même doit être le prix.

Une si sainte, si salutaire pensée ne pouvait apporter à la terre que les gloires et les douceurs de la paix. *J'ai désiré la sagesse*, disait Salomon, *et tous les biens me sont venus avec elle. Cherchez premièrement le royaume de Dieu et sa justice*, a dit le divin auteur du christianisme, *et vous recevrez le reste par surcroît*. On ne doit donc pas s'étonner de ce que, sur les pas de cette société qui avait pris pour devise Ad majorem Dei gloriam, on voyait partout fleurir le commerce et l'industrie, les arts et les sciences ; de ce que les peuples de l'ancien et du nouveau monde, sur lesquels elle avait fait luire les doux rayons de justice et de vérité, se félicitaient sans cesse de recueillir de nouveaux fruits de bénédiction.

Mais ce qui, dans notre siècle, pourra paraître surprenant, c'est que les membres d'une société à laquelle nous sommes redevables de tant de bienfaits, de tant de lumières, de tant de trésors, sont les plus doux et les plus humbles de tous les mortels. Après avoir civilisé tant de peuples, après les avoir dotés de gloire et de bonheur, les modestes religieux auxquels Bacon appliquait ces paroles d'un ancien : *Etant ce que vous êtes, plût au ciel que vous fussiez des nôtres* ; ces religieux dont Grotius n'hésitait pas à reconnaître *les mœurs irréprochables, la sagesse et la science* ; ces religieux auxquels *une grande renommée, une grande autorité sur l'esprit des peuples* avait été acquise, disait-il, par la *sainteté de leur vie*, n'ont revendiqué pour eux-mêmes que le droit de ne rien posséder sur la terre, le droit d'obéir et de s'immoler sans cesse, le droit d'épuiser leurs forces et leur zèle dans les travaux que leur inspire une inépuisable charité.

Mais, demanderez-vous, quels sont ces savants, ces littérateurs, ces philosophes si extraordinaires, qui ne recherchent ni la gloire, ni la fortune, ni les commodités de la vie ; qui s'exposeront avec joie, si l'intérêt de la vérité l'exige, au martyre, aux supplices et à la mort ?

Attendez un moment, écoutez encore.

Les religieux que je viens de vous dépeindre jouissent de cette singulière prérogative qu'on ne peut les connaître sans les aimer. Ceux qui ont eu le bonheur d'être leurs disciples sont pénétrés pour eux d'une reconnaissance qui ne s'éteint qu'avec la vie. Ils sont toujours heureux de les revoir ; ils aiment sans cesse à se rappeler le souvenir de ces bons maîtres ; et Voltaire lui-même, cet ennemi si acharné du christianisme, prononçait avec respect, avec amour, le nom du père Porée (1) dont il avait, jeune encore, écouté les leçons. Cet amour, cette reconnaissance sont faciles à comprendre : les humbles religieux se sacrifient tout entiers à leurs élèves. Entrons, à ce sujet, dans quelques détails.

Nous avons vu la plus haute sagesse enseignée à l'enfant du pauvre par le Frère des Écoles chrétiennes. Mais la doctrine de l'Évangile, cette doctrine si féconde en consolations et en espérances, cette doctrine qui nous révèle les vérités les plus sublimes, les vérités dont la connaissance, si nécessaire au bonheur de la famille et de la société, peut seule y maintenir la subordination et la paix ; cette doctrine deviendra-t-elle le patrimoine exclusif de ceux qui sont nés dans l'indigence ou dans une condition obscure ? Sans doute ils sont particulièrement chers au Dieu qui est venu évangéliser les pauvres, qui a pris sous sa protection les faibles et les petits. Mais l'enfant du riche devra-t-il être déshérité de la part qui lui revient dans les trésors de grâce et de lumière que nous a légués le Sauveur du monde ? L'enfant du riche, comme l'enfant du pauvre, n'a-t-il pas un besoin impérieux de la céleste vérité, un esprit fait pour la connaître, un cœur fait pour l'aimer ? comme l'enfant du pauvre, n'a-t-il pas des passions à vaincre, et des passions d'autant plus menaçantes, d'autant plus redoutables, qu'il a plus de moyens de les satisfaire ? L'attrait des plaisirs et des fêtes, les illusions de l'orgueil et de la fortune, ne l'exposent-elles pas à mille dangers que l'enfant du pauvre ne connaît point ? L'instruction elle-même, si elle est séparée de l'éducation, n'aura-t-elle pas l'inconvénient de révéler à l'enfant du riche le mal qu'il ignorait, la licence effrénée des opinions et des passions des hommes, sans lui donner la force de résister à de séduisantes maximes, à de pernicieux exemples ? En présence de tant d'obstacles, de tant d'écueils, quelle prudence, quelle habileté, quel zèle courageux et persévérant ne devront pas être l'apanage du maître auquel un père de famille confiera le soin d'élever ses enfants, de protéger leur innocence, de semer, de faire fructifier dans leur âme les germes précieux de la science et de la vertu ! C'est surtout ici que deviendra nécessaire l'esprit de sacrifice. Il faudra qu'à tous les instants le maître veille sur ses élèves, qu'il les instruise de leurs devoirs par ses exemples, plus encore que par ses paroles ; il faudra qu'il étouffe en eux l'esprit de légèreté par sa patience, l'esprit d'orgueil par son humilité, l'esprit de mollesse par l'austérité de sa vie, l'esprit de vengeance par sa douceur, l'esprit de haine par son amour. On ne doit donc pas s'étonner si les maîtres qui transmettaient à la jeunesse les lumières les plus pures, si ceux qui savaient

---

(1) Voltaire a dit : « Rien n'effacera jamais de mon cœur la mémoire du père Porée, qui est également chère à tous ceux qui ont étudié sous lui. Jamais homme ne rendit l'étude et la vertu plus aimables. Les heures de ses leçons étaient pour nous des heures délicieuses ; et j'aurais voulu qu'il fût établi dans Paris comme dans Athènes qu'on pût, à tout âge, assister à de telles leçons. Je serais revenu souvent les entendre. »

le mieux lui inspirer les vertus les plus héroïques, le désintéressement, le respect des lois, le dévouement à la famille et à la patrie, ont toujours été ceux-là mêmes qui s'étaient plus profondément pénétrés de l'esprit de sacrifice ; si les maîtres les plus chers aux familles, les plus renommés pour l'éducation de la jeunesse, si ceux que Leibnitz, Vincent de Paul, Henri IV, Bossuet et Fénelon considéraient comme les plus sages, les plus expérimentés et les plus habiles, ont été de modestes religieux qui avaient dit un éternel adieu aux richesses, aux plaisirs, aux honneurs de la terre, qui avaient fait le triple vœu de pauvreté, de chasteté, d'obéissance.

Dans les écoles les mieux organisées, il est bien difficile d'obtenir un concours unanime d'efforts dirigés vers le même but, de faire en sorte que tous les chefs, tous les maîtres apportent à l'éducation de la jeunesse les mêmes soins qu'ils se donnent pour son instruction ; et quand même ils seraient tous animés par une pensée commune, quand tous comprendraient la nécessité de travailler, non pas seulement à développer l'intelligence ou à orner la mémoire, mais encore à élever les âmes et à purifier les cœurs ; il est bien difficile que ces chefs et ces maîtres n'appellent pas quelquefois des subalternes moins instruits et moins dévoués, à partager avec eux, sous le nom de surveillants ou de maîtres d'études, une tâche ingrate et rebutante, une surveillance active et qui ne s'endorme jamais. Ces difficultés disparaissent dans les collèges dirigés par les religieux dont Henri IV, devant les membres du parlement, se plaisait à louer la sagesse, la science et la vertu. Ne croyez pas que ces bons maîtres permettent à des mercenaires de remplir auprès de leurs chers disciples les fonctions les plus modestes, le plus humble ministère. Ils veillent sur eux avec amour, à chaque instant du jour et de la nuit, comme une tendre mère veille sur le berceau de son fils qui vient de naître. Aussi, voyez comme partout, dans ces collèges, règnent l'ordre, la discipline et la paix. Là jamais de révolte, jamais de dissensions et de haines. Voyez comme une douce joie se peint sur tous les visages, comme chaque élève chérit et honore ses maîtres, comme il aime à leur donner le doux nom de père. La perfection, la supériorité de l'éducation reçue dans ces collèges est tellement sentie, tellement constatée par l'expérience que, là où ils subsistent, on a vu l'incrédule même les choisir de préférence pour y placer son fils ; et que là où ils disparaissent, on voit souvent la jeunesse chrétienne s'expatrier pour avoir le bonheur de les retrouver hors de la frontière.

Me demanderez-vous quels sont les directeurs de ces collèges ? Me presserez-vous de répondre enfin à des questions dont vous êtes impatient de connaître le nœud ? Il est juste de ne pas prolonger votre attente. Je vais accéder à votre désir.

Eh bien ! ces sages législateurs du Paraguay ; ces intrépides conquérants de la Chine et du Japon ; ces savants, ces philosophes, ces orateurs si humbles et si élevés tout à la fois, qui, aux dons de l'éloquence, du génie et d'un invincible courage, joignent la modestie la plus touchante et une douceur inaltérable ; ces maîtres habiles, si tendrement aimés de leurs nombreux élèves, ce sont les disciples du grand Ignace, ce sont les Pères de la Compagnie de Jésus.

—

Je ne doute pas, me direz-vous, que la Compagnie de Jésus ne soit une Compagnie très-respectable ; mais quel rapport y a-t-il entre cette Compagnie et la Société des Jésuites ?

Un rapport très-intime, puisque les Jésuites sont membres de la Compagnie, et les révérends Pères, membres de la Société.

C'est-à-dire que les révérends Pères ne diffèrent pas des Jésuites, ni les Jésuites des révérends Pères.

Vous avez deviné juste.

Mais n'assure-t-on pas qu'il y a des Jésuites de diverses natures, des Jésuites en robes noires, et des Jésuites en robes de couleur ; des Jésuites en robes longues, et des Jésuites en robes courtes ; des Jésuites qui ne se marient pas, et des Jésuites qui se marient ; des Jésuites qui restent toujours pauvres, et des Jésuites qui nagent dans l'opulence ; des Jésuites qui vivent dans la retraite, et des Jésuites qui occupent toutes les places ; enfin des Jésuites qui habitent des cellules et d'autres Jésuites qui habitent des palais ? Si ce qu'on dit est vrai, comment vous serait-il possible d'approuver un abus intolérable ? Comment concevoir que le triple vœu de pauvreté, de chasteté, d'obéissance puisse jamais s'allier avec une vie mondaine, avec la possession de tous les biens auxquels on avait solennellement renoncé ?

Je vais vous expliquer ce mystère. Notre France s'est toujours fait gloire de marcher à la tête des nations civilisées : toujours elle a vu avec joie, et même avec orgueil, le zèle des bonnes œuvres propagé au milieu des peuples par des Français de tout rang, de tout âge, de toute condition, qui souvent descendaient du faîte de la grandeur pour porter des consolations efficaces à tous les genres d'infortune. Que ces bienfaiteurs de l'humanité souffrante n'aient pas recherché les louanges des hommes, vous ne devez pas en être surpris. Ils se dévouaient au service de leurs frères, dans la vue de plaire à Dieu ; et si, en raison de cette circonstance, le monde leur a fait l'honneur de les croire incorporés à cette illustre Société qui avait pris pour devise : *Ad majorem Dei gloriam*; devaient-ils renoncer au plaisir de faire le bien dans la crainte de se voir imposer, par une multitude frivole et inconsidérée, un nom qu'ils vénéraient ? Sans doute, le noble duc Matthieu de Montmorency et le comte Alexis de Noailles, tel guerrier, tel magistrat, tel savant, tel académicien que je pourrais citer, l'inventeur de la kinine, l'auteur du stéthoscope, et bien d'autres encore, n'ont pas perdu à vos yeux tout le mérite de leurs belles actions ou de leurs brillantes découvertes, parce que, fidèles à une résolution qui, selon toute apparence, leur avait été inspirée par quelque Jésuite, ils consacraient souvent leurs soirées et le temps que les heureux du siècle donnent à leurs plaisirs, soit à visiter les prisons et la maison de refuge des jeunes condamnés, soit à consoler les malades dans les hôpitaux, soit à instruire les enfants des pauvres Savoyards. Sans doute vous ne leur faites pas un crime d'avoir ainsi mérité ce titre de Jésuites qu'acquièrent aujourd'hui à si peu de frais, non-seulement ceux qui ne le craignent pas et qui s'en font honneur, mais encore ceux-là même qui le recherchent le moins, et qui ne se soucient guère de le porter.

Ainsi, vous le voyez, l'existence de Jésuites comblés d'honneurs et de richesses, de Jésuites hommes de guerre et hommes d'état, de Jésuites pères de famille, ne prouve en aucune manière que les Pères de la Compagnie de Jésus aient oublié leur sainte vocation, ni qu'aucun d'eux ait cessé d'être fidèle au triple vœu de pauvreté, d'obéissance et de chasteté.

CHAPITRE IX.

De tous côtés le vœu des peuples appelle les ordres religieux, dans l'intérêt de la science et de la civilisation.

Nous avons prouvé que le premier besoin de notre siècle était, non pas d'entraver, mais de favoriser l'exercice de la perfection évangélique ; et nous avons reconnu que les faits eux-mêmes viennent à l'appui de cette assertion dont ils fournissent une démonstration nouvelle. Nous avons rappelé les immenses services que rendent journellement à la société les Sœurs de Charité, les Sœurs de Bon-Secours, les Frères des Ecoles chrétiennes, enfin les disciples d'Ignace de Loyola, de cet homme si extraordinaire, dont le puissant génie se peint dans ses écrits comme dans les institutions qu'il nous a léguées ; de cet intrépide législateur d'une légion d'apôtres, rangé par l'histoire au nombre des plus grands hommes, et par l'Eglise au nombre des plus grands saints. Nous aurions pu signaler encore beaucoup d'ordres religieux, dont les travaux, inspirés et dirigés par l'esprit de sacrifice, ont été si éminemment utiles. Nous aurions pu dire les services rendus à l'agriculture par l'ordre de Saint-Bernard ; aux prisonniers, aux aliénés, par les Frères de Saint-Jean-de-Dieu ; aux missions, par l'ordre de Saint-François, par les Lazaristes et les Dominicains ; à l'éducation des filles par les dames du Sacré-Cœur, etc... Nous en avons dit assez pour que, dans l'esprit de tous ceux qui recherchent sincèrement la vérité, il ne reste aucun doute sur la question que nous avons posée dès le début de cet ouvrage ; nous en avons dit assez pour prouver que les ordres religieux apportent à la société, non pas l'ignorance, les ténèbres et la barbarie, mais la science, les lumières et la civilisation.

La proposition que nous venons d'énoncer est tellement évidente que, là où règne une liberté véritable, les populations empressées accueillent avec amour les ordres religieux. Pour que le sol sur lequel ils viennent s'établir produise avec abondance des fruits de bénédiction et de vie, il n'est nullement nécessaire que les hommes accordent une protection souvent désastreuse et cruelle à l'œuvre du Tout-Puissant ; il suffit que des lois oppressives ne punissent pas de la proscription et de l'exil quiconque a l'audace de croire qu'il plaît à Dieu, quand, au prix des plus grands sacrifices, il se dévoue sans restriction et sans mesure au service de l'humanité souffrante, à la consolation de toutes les infortunes ou à l'éducation de la jeunesse. Aussi voyez comme partout les peuples repoussent avec dédain les sophismes amoncelés contre l'exercice de la perfection évangélique par les incrédules du dernier siècle. Voyez comme la vérité, se faisant jour de toutes parts, pénètre dans les masses et triomphe des préjugés dont une philosophie mensongère se plaisait à envelopper le genre humain. En vain quelques philosophes ont-ils solennellement déclaré que l'intérêt ou le plaisir doit être la seule règle de nos actions, qu'il est impossible à l'homme de résister aux plus doux penchants de la nature et qu'il est absurde de lui en demander le sacrifice. Sans discuter avec ces philosophes, sans se laisser éblouir par des raisonnements qui sont au-dessus de la portée de la multitude et qu'elle ne cherche même pas à comprendre ; les peuples répondent que le sacrifice dont il s'agit n'est ni absurde, ni impossible, puisqu'il est éminemment utile et se réalise tous les jours. Aussi, voyez de quels respects, de quels hommages sont partout entourées ces saintes filles de Vincent de Paul, ces vierges considérées comme des divinités tutélaires par les Musulmans de Smyrne et les sauvages de l'Amérique, qui sont tentés de les adorer ; voyez de quelle reconnaissance sont pénétrés ces malades dont elles calment les douleurs ; voyez avec quelle joie le pauvre confie ses enfants au Frère des Ecoles chrétiennes ! Voyez les habitants de l'ancien et du nouveau monde, les nations civilisées et les hordes sauvages, les peuples du nord et du midi, les peuples de l'Italie, de la Belgique, de l'Irlande, de la nouvelle Grenade, appelant de tous leurs vœux, accueillant avec transport, comme apôtres, comme consolateurs, comme instituteurs de la jeunesse, ces *robes noires* que l'Amérique a toujours saluées avec tant de respect et d'amour, les humbles disciples d'Ignace, les Pères de la Compagnie de Jésus.

Je sais que le nom de Jésuite réveille encore, dans notre France, le souvenir de quelques préventions trop longtemps accréditées par les passions aveugles, trop longtemps acceptées sans examen par une funeste crédulité. Peut-être vous-même, qui lisez cet ouvrage, avez-vous cédé à la tentation de suivre de dangereux exemples, avez-vous trouvé plus commode d'adopter, sans y réfléchir, les opinions qui vous étaient imposées par des philosophes intolérants. Mais êtes-vous bien sûr que ces opinions s'appuient sur des bases solides ? Si, comme j'aime à le croire, vous gardez au fond du cœur l'amour de la justice, l'amour de la vérité; ah ! de grâce, prenez la peine d'approfondir la question, d'interroger l'histoire ; et bientôt la frivolité, l'incohérence des reproches contradictoires adressés par le fanatisme philosophique à la Compagnie de Jésus, seront à vos yeux si manifestes, qu'après vous être montré, peut-être, un des plus zélés détracteurs de cette Société, vous deviendrez à votre tour un de ses défenseurs les plus intrépides.

Permettez-moi de vous soumettre quelques réflexions bien simples et bien faciles à saisir.

Sans doute, vous ne considérez pas comme ennemis de la civilisation et des lumières ceux-là même qui ont éclairé, qui ont civilisé tant de peuples divers ; ceux dont les paisibles conquêtes sur l'ignorance et la barbarie ont été si hautement, si éloquemment célébrées par les Bacon, les Grotius, les Bossuet et les Fénelon. Vous ne sauriez considérer comme ennemis de la civilisation et des lumières les François Xavier, les Ricci, les Claver ; les apôtres de la Chine et du Japon ; les apôtres des Îles de la Sonde, du Thibet, du Mogol, de la Tartarie, de la Cochinchine, du Camboge, du pays de Malaca, de Siam, du Tonquin, de la Perse, de la Syrie ; les apôtres du Brésil, du Maragnon, du Chili, de la Nouvelle-Grenade, du Mexique, de la Californie, de Guatimala, du Paraguay ; les apôtres des Hurons, des Illinois, des Algonkins, de la Nouvelle-Orléans ; les apôtres de Cayenne, de la Guadeloupe, de la Martinique ; les habiles instituteurs dont Grotius et Henri IV disaient qu'ils surpassaient tous les autres par la science et par la vertu. Vous ne considérez pas comme ennemis des talents et du génie les maîtres qui eurent pour élèves Corneille, Bossuet, Fléchier, Larochefoucault, Rousseau, Crébillon, Molière, Montesquieu, Buffon, Gresset et Fontenelle. Vous ne considérez pas comme ennemis des gloires de la patrie ceux dont les leçons ont formé les Condé, les Luxembourg, les Villars, les Broglie, les Molé, les Lamoignon, les Belzunce, les Séguier.

Sans doute vous ne considérez pas comme ennemis des sciences physiques et mathématiques les instituteurs des Descartes, des Cassini, des Tournefort ; ceux-là même dont les louanges ont été célébrées par Leibnitz et par l'astronome Lalande ; ceux dont les travaux ont été si souvent cités avec honneur par les Lagrange, les Laplace, les Delambre ; ceux qui, de nos jours encore, ont eu pour admirateurs et pour amis les Ampère, les Pelletier, les Freycinet, les Coriolis ; ceux dont les noms se trouvent souvent rappelés dans les savantes notices que renferme l'*Annuaire du Bureau des longitudes*.

Sans doute vous ne faites pas un crime aux Jésuites de la découverte des aérostats. Vous n'accusez de magie et de sortilége ni le Père Lana, pour avoir donné en 1670 la théorie des ballons, ni le Père Barthélemi de Gusmao, pour avoir osé, dès l'année 1720, s'élever dans les airs, à Lisbonne, en présence de toute la cour de Portugal.

Sans doute vous ne prétendez pas, en haine de la Compagnie de Jésus, enlever à la France la gloire d'avoir enseigné à l'Angleterre la tactique navale ; et regarder comme non avenu le savant traité du père L'hoste, ce traité qui, sous le nom de *Livre du Jésuite*, était devenu le manuel de la marine anglaise.

Sans doute vous n'exigez pas qu'en réimprimant les œuvres de Laplace on raye de sa Mécanique céleste ou de son Système du monde les noms des Gaubil et des Boscovich; vous n'exigez pas que l'on bannisse des programmes de l'enseignement public, des cours du Collége de France, de l'école Polytechnique et de la Faculté des sciences, ni la diffraction de la lumière découverte par le jésuite Grimaldi, ni le théorème du jésuite Guldin, ni l'équation de ce Riccati, père célèbre d'un fils plus célèbre encore, père de ce jésuite ingénieur et géomètre, auquel, pour prix des services qu'il avait rendus à l'Italie, la république de Venise décerna une médaille d'or. Vous n'exigez pas que l'on interdise aux médecins l'emploi du quinquina, si connu sous le nom de poudre des Jésuites, ni de la kinine, que nous a léguée un des amis et des admirateurs de la Compagnie de Jésus.

Sans doute vous ne faites pas un crime à l'Institut de France d'avoir tout récemment loué, approuvé les travaux des Pères de la Compagnie de Jésus, leurs beaux ouvrages d'archéologie, leurs traités de calcul différentiel, leurs observations astronomiques, d'avoir même accordé une médaille d'or aux monographies des Pères Martin et Cahier. Vous ne faites point un crime à l'Académie des sciences, ni à la Société astronomique de Londres, d'avoir considéré le Père de Vico comme digne d'être inscrit sur la liste de leurs correspondants. Vous ne faites pas un crime à ce Père, des témoignages d'estime et de considération qu'il a reçus de nos astronomes, pour avoir le premier observé en 1835 le retour de la fameuse comète de Halley, ou pour leur avoir appris comment il est possible de parvenir à observer en toute saison les satellites de Saturne.

Sans doute vous n'accusez pas d'intrigue ceux dont l'unique mobile est l'esprit de sacrifice ; ceux qui, ne paraissant jamais dans le monde, s'interdisent toute visite dont le but serait de se procurer une pure distraction, de satisfaire à une simple bienséance ; vous n'accusez pas de lier inséparablement dans leurs pensées les intérêts immortels de la religion aux intérêts passagers du siècle, ceux que chaque heure de la vie rappelle à la contemplation exclusive de l'éternité.

Sans doute vous n'accusez pas d'ambition et d'avarice ceux qui, ayant fait le triple vœu de pauvreté, de chasteté, d'obéissance, s'engagent solennellement à n'accepter jamais aucune dignité, même ecclésiastique; ceux qui courent au martyre avec la même ardeur avec laquelle d'autres poursuivent les honneurs et les plaisirs.

Sans doute vous n'attribuez pas aux Jésuites une doctrine qui, dans le moyen âge, avait occupé les esprits les plus graves. Vous ne trouvez pas extraordinaire qu'au moment où la légitimité du tyrannicide en certaines circonstances était publiquement enseignée par la Sorbonne et les Universités, publiquement admise par des membres du parlement, quelques Jésuites aient cru pouvoir adopter à cet égard, non pas l'opinion fougueuse de certains auteurs étrangers à leur Compagnie, mais l'opinion de saint Thomas. Surtout vous n'accusez pas d'être favorables à la doctrine du régicide, ces Jésuites dont le général, dès l'année 1614, défendit, sous peine d'excommunication et en vertu de la sainte obéissance, à tout membre de la Compagnie d'affirmer ou d'énoncer en aucune manière, même la doctrine du tyrannicide en certaines circonstances, telle que saint Thomas l'avait admise.

Sans doute vous avez été saisi d'une profonde indignation en lisant l'histoire du Père Guignard, soumis plusieurs fois à de cruelles tortures qui n'ont constaté que son innocence; du Père Guignard, condamné à la mort et conduit à l'échafaud, comme complice d'un crime commis par un homme qu'il ne connaissait pas.

Sans doute vous n'accusez pas les Jésuites d'avoir été les ennemis de Henri IV, lorsque Henri IV lui-même a déclaré devant le parlement qu'il avait toujours trouvé en eux ses sujets les plus dévoués et ses amis les plus fidèles.

Sans doute vous ne considérez pas comme ennemie de la raison et de la liberté naturelle de l'homme, une Compagnie qui a constamment défendu leurs droits, qui n'est devenue la victime de tant de persécutions que pour avoir sans cesse repoussé de l'enseignement catholique les doctrines désolantes de Luther, de Calvin et de leurs successeurs; que pour avoir osé lutter en faveur de la liberté naturelle de l'homme au moment même où les attaques dirigées contre cette liberté par des écrivains célèbres se fortifiaient de tout le prestige attaché au nom de Pascal.

Mais d'un autre côté, vous ne considérez pas non plus comme propre à ébranler la foi chrétienne, comme propre à renverser l'autorité de l'Église et du siège apostolique, une Société qui n'a d'autre règle de foi que la doctrine même de l'Église; une Société qui se fait gloire de suivre partout et toujours cette belle maxime de saint Augustin: *In necessariis unitas; in dubiis libertas, in omnibus charitas;* une Société dont l'Église universelle, rassemblée au concile de Trente, a proclamé l'excellence (*pium institutum*); une Société que Benoît XIV, Fénelon et Bossuet ont exaltée comme appelée par la divine Providence à porter en tous lieux les lumières de l'Évangile, comme suscitée de Dieu, dans les temps difficiles, pour la consolation de l'Église catholique et pour le triomphe de la vérité; une Société que le corps des évêques a constamment défendue quand on a voulu la proscrire; une Société que vingt papes ont approuvée, louée, confirmée, que n'a jamais voulu condamner celui-là même auquel un siècle impie avait arraché l'acte qui la supprimait; une Société rétablie par le saint pontife qui deux fois bénit le sol français, qui, au milieu des douleurs de son long exil, se reposa dans la pensée de rendre gloire à Dieu par une réparation éclatante, et crut ne pouvoir laisser à l'Église un monument plus authentique de sa vive sollicitude, ni aux siècles à venir un gage plus assuré de salut et d'espérance.

Sans doute, convaincu par des témoignages si imposants de la piété, de la sainteté des bons Pères, vous regrettez que l'immortel auteur des *Pensées sur la religion* ait accueilli trop légèrement les préventions de ses amis. Sans doute, en admirant son rare talent, vous regrettez qu'il ait avancé des faits qui ne soutiennent pas l'examen; attribué à la Compagnie de Jésus des propositions qui n'ont pas des Jésuites pour auteurs, et vous êtes bien éloigné de vouloir considérer comme une histoire sérieuse le roman des *Provinciales*.

Mais ce qui vous paraît surtout incompréhensible, c'est qu'en présence des déclarations solennelles des évêques, des papes et des conciles, certains membres du parlement aient osé condamner les Jésuites sans les entendre, les condamner même comme notoirement coupables d'avoir enseigné *en tout temps et persévéramment, avec l'approbation de leurs supérieurs et généraux*, « la simonie, le blasphème, le sacrilège, le maléfice, l'astrologie, l'irréligion, l'idolâtrie, la superstition, l'impudicité, le parjure, le faux témoignage, les prévarications des juges, le vol, le parricide, l'homicide, le suicide, le régicide;... comme favorisant l'arianisme, le socinianisme, le sabellianisme, le nestorianisme;... comme favorisant les luthériens, les calvinistes et autres novateurs du XVIe siècle;... comme reproduisant l'hérésie de Wiclef; comme renouvelant les erreurs de Tichonius, de Pélage, des semi-pélagiens, de Cassius, de Fauste, des Marseillais;... comme favorisant l'impiété des déistes;... enfin, comme enseignant une doctrine injurieuse aux saints Pères, aux apôtres, à Abraham. »

Sans doute vous ne sauriez considérer comme ennemi de la saine morale un institut qui fut si cher à François de Sales et à Vincent de Paul; un institut qui a produit des docteurs, des prédicateurs aussi éminents par leur vertu, leur science et leur sainteté que les Lainez, les Suarez, les Griffet et les Bourdalou ». Sans doute vous n'épousez pas les fureurs d'une Pompadour, de cette nouvelle Hérodiade, qui réclamait avec instance la condamnation du juste, parce qu'un autre Jean-Baptiste avait osé dire *Non licet*; de cette femme qui, sur la foi de Pascal, avait cru pouvoir trouver, dans la célèbre Compagnie, des casuistes accommodants, et qui s'étonnait qu'un Jésuite eût l'insolence de ne pas sanctionner, comme parfaitement conforme à la plus pure morale de l'Evangile, ce que les grands philosophes de l'époque se gardaient bien de censurer.

Sans doute, la condamnation en masse des Jésuites, prononcée en 1762 par le parlement de Paris, est par vous attribuée aux causes si peu honorables que Voltaire et Dalembert ont indiquées. Sans doute l'arrêt de ce parlement vous paraît mériter la flétrissure que lui imprimait Lally-Tollendal, quand il l'appelait (1) « une affaire de parti « et non de justice; un triomphe orgueilleux « et vindicatif de l'autorité judiciaire sur « l'autorité ecclésiastique, même sur l'au- « torité royale; une persécution barbare; « l'acte le plus tyrannique et le plus arbi- « traire qu'on pût exercer; un acte duquel « était résulté généralement le désordre « qu'entraîne une grande iniquité. »

Sans doute vous plaignez ces ministres et ces magistrats qui avaient poussé l'esprit de parti jusqu'à ambitionner le triste honneur de devenir les complices d'une favorite.

Sans doute vous félicitez ces membres du parlement d'Aix, qui eurent le courage de déclarer qu'ils ne condamneraient pas l'innocence; vous félicitez ce président d'Eguilles, qui eut la gloire d'être lui-même victime de la persécution; qui, pour échapper à la mort, fut contraint de s'exiler de sa patrie, parce qu'il avait donné l'exemple d'une fermeté courageuse, parce qu'il n'avait pas voulu se ranger au nombre des prévaricateurs.

Sans doute vous n'accusez pas d'imposture le fondateur des prix de vertu; et M. de Monthyon ne vous paraît pas avoir perdu tout droit à sa renommée, parce qu'après s'être renfermé, pendant un hiver, dans la tour du palais, pour y étudier avec soin les pièces du procès de 1762, il a déclaré y avoir trouvé beaucoup *d'actes de passion et pas un seul acte d'instruction*.

Mais, si l'arrêt de 1762 est un arrêt injuste; si les Jésuites n'enseignent ni le parricide, ni l'homicide, ni le suicide, ni le régicide; s'ils ne sont ni ariens, ni sociniens, ni sabelliens, ni nestoriens, ni pélagiens, ni sémipélagiens, ni luthériens, ni calvinistes; s'ils ne sont point coupables d'irrévérence envers les saints Pères, ni envers les apôtres, ni même envers Abraham; s'ils ne sont atteints et convaincus que d'avoir travaillé pour la plus grande gloire de Dieu; d'avoir aimé les hommes dans la vue de plaire à Dieu, et de s'être sacrifiés pour eux avec joie; d'avoir ambitionné les palmes du martyre, d'avoir porté les lumières de l'Evangile et le flambeau de la civilisation chez les peuples les plus sauvages; d'avoir rendu par leurs travaux d'éminents services à la religion, à la philosophie, à la littérature, aux sciences et aux arts; enfin d'avoir toujours été considérés comme les maîtres les plus propres à former tout à la fois l'esprit et le cœur des élèves qui leur étaient confiés; dites-moi donc, je vous prie, quelles préventions hostiles et incompréhensibles pourraient s'élever encore contre la Compagnie de Jésus? Pourquoi ne pas rendre justice aux Jésuites comme à d'autres? pourquoi seraient-ils moins estimés de nous que de nos voisins, plus maltraités par une nation polie que par les sauvages du Paraguay?

CHAPITRE X.

Conclusion.

Vous désirez, vous appelez de tous vos vœux le progrès des lumières. Je le désire comme vous, et c'est pour contribuer à ce progrès que j'ai composé cet ouvrage.

Il m'a paru nécessaire d'éclaircir une question que les passions et les préjugés avaient couverte d'un voile épais; il m'a paru nécessaire de l'éclaircir dans l'intérêt des pères de famille et de la société tout entière, dans l'intérêt des sciences et de la civilisation.

Pour y parvenir, il m'a suffi d'exposer purement et simplement la vérité.

Nous avons recherché quel était le premier besoin de notre siècle; nous avons recherché ce qu'exigeaient impérieusement l'intérêt de la civilisation et le progrès des véritables lumières.

Nous avons reconnu que l'esprit de dévouement, d'amour et de sacrifice, peut seul sauver la société, sapée jusque dans ses fondements par l'esprit d'égoïsme et d'ambition, par l'esprit de haine et de révolte. Nous avons vu que l'esprit de sacrifice, apporté sur la terre par le Sauveur du monde, est le caractère propre et spécial des ordres religieux. Nous avons vu que l'Eglise catholique a établi ces ordres précisément afin de maintenir et de perpétuer parmi les hommes cet esprit de sacrifice, dont la plénitude est la perfection évangélique; afin de le propager par

---

(1) M. de Lally-Tollendal a écrit dans le Mercure du 25 janvier 1806: « Nous croyons pouvoir avouer dès ce moment que, dans notre opinion, la destruction des Jésuites fut une affaire de parti et non de justice, que ce fut un triomphe orgueilleux et vindicatif de l'autorité judiciaire sur l'autorité ecclésiastique; nous dirions même sur l'autorité royale, si nous avions le temps de nous expliquer; que les motifs étaient futiles, que la persécution devint barbare; que l'expulsion de plusieurs milliers de sujets hors de leurs maisons et de leur patrie pour des métaphores communes à tous les ordres religieux, était l'acte le plus tyrannique et le plus arbitraire qu'on pût exercer; qu'il en résulta généralement le désordre et qu'entraîne une grande iniquité, et qu'en particulier une plaie jusqu'ici incurable fut faite à l'éducation publique. »

l'exemple du désintéressement le plus complet et de la plus ardente charité. Ayant ainsi reconnu que les ordres religieux répondent au besoin le plus impérieux de notre siècle, nous avons déduit de l'expérience une nouvelle preuve de cette assertion, à laquelle le raisonnement nous avait conduits ; et nous avons constaté la grandeur, l'opportunité des services que les ordres religieux ont rendus ou peuvent rendre encore à la société.

Cette conclusion est d'autant plus incontestable, qu'elle ressort de tous les faits. Ici, la véracité est facile à saisir; il suffit qu'on veuille prendre la peine de la chercher de bonne foi.

Il y a plus ; la vérité que je viens d'énoncer est en quelque sorte populaire. Son évidence produit une conviction qui, jusqu'à un certain degré, se trouve au fond de toutes les âmes.

Tout le monde admire les soins que la Sœur de Charité prodigue aux malades ; tout le monde est d'accord sur l'excellence de l'éducation que donne à l'enfant du pauvre le Frère des Ecoles chrétiennes. On est heureux de voir ces bons Frères inspirer en même temps à leurs élèves l'amour du travail et l'amour de la vertu. Partout le pauvre artisan sollicite pour son fils une petite place dans l'Ecole des Frères. Partout aussi les villes appellent à grands cris ces modestes instituteurs. Pouvait-il en être autrement ? Personne n'a intérêt à être volé, à être assassiné ; et l'on sait bien que la classe pauvre, quand elle n'est plus dirigée par les préceptes de la religion, fournit en grand nombre des voleurs et des assassins.

Toutefois, l'artisan et le laboureur ne sont pas les seuls qui désirent assurer à leurs fils une bonne éducation. Pourquoi serait-il défendu au riche de concevoir ou d'exprimer un semblable désir ? Une bonne éducation donnée à l'enfant du riche n'est-elle pas un besoin pressant de la famille, de la société elle-même ? Laissez donc les familles libres de choisir, pour l'éducation de la jeunesse, les instituteurs qui leur paraîtront les plus dignes de confiance. Si elles sont convaincues que la meilleure éducation, celle qui inspire le mieux aux élèves l'amour et le respect des parents, celle qui développe le mieux la science dans les esprits, la vertu dans les cœurs, est l'éducation donnée par d'humbles religieux ; n'allez pas faire violence à des convictions que justifient à la fois le raisonnement et l'expérience de tous les peuples. Si des pères et mères se regardent comme chargés par Dieu lui-même de veiller aux intérêts éternels de leurs enfants ; si, préoccupés de cette pensée, ils attachent un prix immense à ce que ces enfants reçoivent une éducation chrétienne ; de quel droit vous opposeriez-vous à l'accomplissement d'un devoir sacré pour eux ? de quel droit oseriez-vous les violenter dans le choix d'un instituteur ? de quel droit oseriez-vous proscrire, comme n'offrant pas de garanties suffisantes, comme incapables, comme inhabiles à l'éducation de la jeunesse, les maîtres le plus profondément pénétrés de cet esprit de sacrifice qui, aux yeux d'un grand nombre de parents, est la première de toutes les garanties, la première de toutes les capacités ?

Mais, dira-t-on, si les familles restent libres dans leur choix, beaucoup de pères et de mères confieront l'éducation de leurs enfants à des prêtres, à des religieux, ou même à des Jésuites.

Eh ! qu'importe ? si d'ailleurs ces enfants sont bien élevés, s'ils deviennent des magistrats intègres et vertueux, des savants distingués, de bons citoyens, de grands capitaines. Serait-ce donc un si grand malheur de voir s'ouvrir dans notre France, comme en Belgique, comme en Angleterre, comme en Amérique, quelques collèges dirigés par les Pères de la Compagnie de Jésus ? Devrions-nous être inconsolables, si les heures de leçons de quelque nouveau Porée étaient encore, suivant l'expression de Voltaire, *des heures délicieuses*, des heures où l'on apprit à connaître *tous les charmes de l'étude et de la vertu* ? Devrions-nous être inconsolables, si, aujourd'hui comme autrefois, des Jésuites parvenaient encore à former, pour la gloire et pour la patrie, un Condé ou un Corneille, un Molé ou un Cassini, quelque nouveau Descartes ou quelque nouveau Bossuet ?

Mais, dira-t-on encore, on laisserait donc sans exécution l'arrêt de 1762 et les lois de 1793 ?

Eh ! qu'importe ? La France n'a aucune prédilection pour les décrets qui ont préludé aux actes du Comité de salut public. Elle ne veut pas se constituer l'exécutrice testamentaire des arrêts prononcés par les adorateurs ou les complices de Jeanne de Pompadour.

Mais, de nos jours encore, quelques personnes pensent, écrivent même, que l'esprit des ordres religieux ne saurait s'accorder avec l'esprit du siècle.

J'aime à croire que vous n'étiez pas de ces personnes ; ou que, si vous en étiez, vous rendez maintenant justice à la cause que je défends. Si, pourtant, après les détails dans lesquels je suis entré, il restait dans votre esprit quelques doutes à éclaircir, quelques préventions à dissiper, deux moyens se présenteraient de les faire entièrement disparaître, de les extirper jusqu'à la racine.

Voyez-vous cette immense basilique, trop étroite encore pour contenir cette multitude innombrable d'hommes distingués par le rang ou le savoir, cette jeunesse active et studieuse, qui s'y précipite, à flots pressés, à deux époques différentes de l'année ? Voyez quel religieux silence, quelle attention, quels témoignages de respect, quels élans de reconnaissance et d'amour accueillent ici la parole de vérité, qui, comme une céleste rosée, descend du haut de la chaire chrétienne, pour rafraîchir les âmes, pour féconder les intelligences, pour vivifier les cœurs.

Venez, joignez-vous à l'élite de la société; suivez les conférences de Notre-Dame; et vous reconnaîtrez que, pour dissiper toutes vos préventions, il vous aura suffi d'entendre, pendant une heure chaque semaine, la voix douce et persuasive d'un disciple de saint Dominique ou d'un Père de la compagnie de Jésus. Oui, quand vous aurez suivi ces conférences, toutes vos difficultés seront résolues. Vous saurez alors si le siècle accueille ou repousse les Dominicains et les Jésuites; si les religieux, fidèles à leur sainte vocation, sont ou ne sont pas les hommes du siècle; s'ils favorisent ou s'ils contrarient le progrès des lumières et de la civilisation.

Voulez-vous faire mieux encore? Vous êtes Français; vous êtes donc homme d'honneur. Vous deviendriez un lâche à vos propres yeux, si vous aviez le malheur de calomnier ceux qui ne peuvent opposer à la calomnie d'autres armes que la douceur et la patience; si vous aviez le malheur d'insulter une femme, un religieux ou un prêtre. Surtout, vous êtes brave, et vous auriez honte de céder aux inspirations d'une crainte puérile, à une frayeur pusillanime. Eh bien! voici le moment de mettre à l'épreuve cette bravoure dont vous aimez à vous faire gloire. Celui qui ne reculerait pas, si le devoir l'exigeait, devant des soldats ennemis, devant une armée rangée en bataille, ne saurait avoir peur d'un humble religieux. Entrez donc avec moi dans cette modeste cellule, ou allons assister ensemble à la récréation des bons Pères. Vous serez tout étonné de la franche cordialité, de la joie vive et pure avec laquelle ils vous accueilleront, fussiez-vous leur plus grand ennemi; et bientôt vous m'adresserez mille remercîments pour vous avoir fait connaître le dominicain Lacordaire ou le jésuite Ravignan.

Seriez-vous, par malheur, du nombre de ces hommes passionnés sur lesquels certains mots exercent un pouvoir magique? Le seul nom de Jésuite suffirait-il pour soulever des tempêtes dans votre âme? Ne désespérez pas encore de vous-même. Commencez par vous dire qu'il n'est pas raisonnable de condamner des concitoyens sans les entendre, de les insulter sans les connaître; puis, quand votre irritation sera calmée, quand votre raison aura repris assez d'empire sur votre cœur, pour que vous puissiez voir ou écouter un religieux sans frémir, suivez le conseil que je vous ai donné. Allez assister aux conférences de Notre-Dame, ou visiter la cellule d'un bon Père. Bientôt toutes vos préventions s'évanouiront comme un songe. La vérité a une force qui n'appartient qu'à elle; et, quand elle vous sera connue, elle vous subjuguera malgré vous. Heureux de l'avoir retrouvée, vous regretterez seulement de vous être laissé quelque temps entraîner loin d'elle par des préjugés dont la folie deviendra évidente à vos regards.

Ainsi vainqueur de ces préjugés, et débarrassé de toutes les craintes qu'une vaine fantasmagorie cherchait à vous inspirer, vous ne songerez point à éloigner de nos hôpitaux, de nos prisons, de nos écoles ou de la chaire évangélique, les sœurs de charité, les bons Frères, les disciples de saint Dominique ou les Pères de la Compagnie de Jésus. Surtout vous ne repousserez pas de nos collèges ceux qui, partout où il leur est permis d'enseigner, sont considérés comme les instituteurs les plus vertueux, les plus dévoués et les plus habiles; vous ne les exclurez pas sous l'inconcevable prétexte qu'ils s'associent afin de s'exciter mutuellement au zèle, à la vigilance, à tous les soins, à tous les travaux qui doivent faire fleurir de plus en plus, parmi la jeunesse, la science et la piété; sous le prétexte qu'ils font partie d'une société sans laquelle ils ne seraient pas ce qu'ils sont; d'une société où ils puisent et renouvellent sans cesse, comme dans une source intarissable, cet esprit de dévouement et de sacrifice qui leur est si nécessaire. Trouverait-on raisonnable d'exclure de l'enseignement public tous les membres des académies, par le seul motif qu'ils s'associent, afin de s'exciter mutuellement à la culture des sciences historiques, physiques ou mathématiques, et de pouvoir ainsi en accélérer le développement et les progrès?

FIN DES APPENDICES.

TABLE DES APPENDICES (1).

PREMIER APPENDICE.
DE L'ÉTAT RELIGIEUX, par M. l'abbé de B., et M. l'abbé B. de B., avocat au parlement. 957-958
But et motifs de cet ouvrage. Notice sur les auteurs.
— Plan qu'ils ont suivi dans sa composition; par M. l'abbé Badiche. *Ibid.*
Introduction. 961-962
CHAPITRE PREMIER. De l'esprit de l'état monastique. *Ibid.*
Des règles monastiques. *Ibid.*
Des vœux. 963

I. Vœu d'obéissance. 964
II. Vœu de pauvreté. 966
III. Vœu de chasteté. 967
Des observances régulières. 970
Du travail des mains. *Ibid.*
De la prière. 971
De l'abstinence. *Ibid.*
De l'habillement des religieux. 972
De l'hospitalité. 973
CHAP. II. De l'origine et de l'établissement des

(1) Nous donnerons, à la fin du quatrième et dernier volume de l'ouvrage, une table méthodique qui indiquera à quels ordres se rattachent les divers articles alphabétiques de ce *Dictionnaire*.

ordres religieux. 974
  IVᵉ *Siècle*. Saint Antoine, saint Pacôme et autres. 975
  VIᵉ *Siècle*. Saint Colomban, saint Benoît. 977
  VIIᵉ *Siècle*. Saint Augustin, apôtre de l'Angleterre, et ses disciples. *Ibid.*
  VIIIᵉ *Siècle*. Affaiblissement de la discipline monastique. Alfred et Charlemagne s'efforcent de la rétablir. 978
  IXᵉ *Siècle*. Saint Benoît d'Aniane. 979
  Xᵉ *Siècle*. Guillaume, fondateur de Cluny. *Ibid.*
  XIᵉ *Siècle*. Saint Gualbert, saint Etienne de Muret, saint Bruno, les Antonins. 980
  XIIᵉ *Siècle*. Ordre de Cîteaux, Robert de Molesme, saint Bernard, Robert d'Arbrisselles, saint Norbert. *Ibid.*
  XIIIᵉ *Siècle*. Jean de Matha, Pierre de Nolasque. Ordres mendiants. 982
  XIVᵉ et XVᵉ *Siècles*. Minimes, Filles pénitentes, etc. 983
  XVIᵉ *Siècle*. Réformes et nouveaux instituts. Théatins, Barnabites, Jésuites, Frères de la Charité. 984
  XVIIᵉ *Siècle*. Vincent de Paul. Réforme de Saint-Vannes, par Didier de la Cour;—de Saint-Maur, par J an Regnault, abbé de Saint-Augustin de Limoges;— de l'ordre de Cîteaux, par l'abbé de Rancé; — des Chanoines reguliers de Sainte-Geneviève, par le P. Charles Faure. 986
CHAP. III. Des services que les religieux ont rendus à l'Eglise. *Ibid.*
  Les religieux ont été utiles à l'Eglise par leurs vertus. *Ibid.*
  Ils cultivent les sciences ecclésiastiques. 989
  Théologie, Cérémonies, Droit canonique, Histoire ecclésiastique. 990-992
  Saint Bernard, saint Thomas. 994
  Les religieux appliqués aux différentes fonctions du ministère. 996
CHAP. IV. Des services que l'état religieux a rendus à la société. 997
  Les religieux défrichent les terres, secourent et protégent les malheureux, cultivent les lettres : écoles des monastères. Ils répandent parmi nous le goût des arts et nous ont conservé les monuments de l'histoire. 1000-1007
  Des causes qui s'opposaient au progrès des sciences. 1009
CHAP. V. De l'utilité actuelle des ordres religieux. 1012
  On trouve encore dans le cloître de grandes vertus. 1013
  Les religieux cultivent les sciences ecclésiastiques : Ecriture sainte ; édition des Pères ; théologie positive, scolastique, morale ; controverse ; histoire ecclésiastique ; liturgie ; Vie des saints ; ouvrages de discipline et de jurisprudence canonique. 1014-1022
  Religieux missionnaires et appliqués aux différentes fonctions du ministère. 1023-1027
  Ils travaillent aux différentes parties de notre histoire. 1028
  Monuments de notre droit public. 1034
  Les religieux physiciens ;—dévoués au service des malheureux et à l'éducation de la jeunesse. 1037-1041
CHAP. VI. Des biens des corps monastiques. 1045
  Origine des biens des religieux. 1046
  Usage des biens monastiques. 1049
  Propriété des religieux. 1056
CHAP. VII. De la réforme. 1060
  La réforme est possible. 1062
  Moyens qu'on propose communément pour la réforme des ordres religieux. 1065

DEUXIÈME APPENDICE.
CONSIDÉRATIONS SUR LES ORDRES RELIGIEUX, adressées aux amis des sciences, par le baron Augustin Cauchy, de l'Académie des Sciences de Paris, etc. 1079-1080
Avertissement de l'auteur. *Ibid.*
CHAPITRE PREMIER Questions à résoudre. 1081
CHAP. II. Besoins de la société. Maux dont il importe de la guérir. L'esprit de sacrifice peut seul répondre à ces besoins, remédier à ces maux. 1083
CHAP. III Des associations. 1084
CHAP. IV. L'esprit de sacrifice est le caractère propre de la religion chrétienne. Le sacrifice accompli sans restriction, dans la vue de plaire à Dieu, est la perfection évangélique. 1085
CHAP. V. La Sœur de Charité. 1088
CHAP. VI. Sœurs de Notre-Dame de Bon-Secours. 1089
CHAP. VII. Le Frère des Ecoles-Chrétiennes. 1090
CHAP. VIII. Le Révérend Père de la compagnie de Jésus. 1091
CHAP. IX. De tous côtés le vœu des peuples appelle les ordres religieux, dans l'intérêt de la science et de la civilisation. 1099
CHAP. X. Conclusion. 1106

FIN DE LA TABLE.

ERRATUM.

ARONAISE, tome Iᵉʳ, col. 279, lig. 29, lisez ARROUAISE. — Nous donnerons dans le quatrième volume des détails sur cette ancienne congrégation double, qui était entièrement inconnue du R. P. Hélyot.

N° 1. — Oblate de Sainte-Françoise.

N° 2. — Oblationnaire de l'Ecole de Saint-Ambroise, comme ils sont dans les processions publiques.

N° 3. — Oblationnaire de l'Ecole de Saint-Ambroise, portant l'offrande du pain.

N° 3 bis. — Femme oblationnaire de l'Ecole de Saint-Ambroise, comme elles sont dans les processions publiques.

N° 4. — Femme oblationnaire de l'Ecole de Saint-Ambroise, portant l'offrande du vin.

N° 5. — Frère hospitalier du tiers ordre de Saint-François, dit Obrégon.

N° 6. — Frère Mineur de l'Observance, sans manteau.

N° 6 bis. — Frère Mineur de l'Observance, en manteau.

N° 7. — Prêtre de l'Oratoire, en Italie.

N° 8. — Prêtre de l'Oratoire, en habit ordinaire dans la maison.

N° 9. — Ouvrier-Pieux.

N° 10. — Moine de Saint-Pacôme.

N° 10 bis. — Religieuse de l'ordre de Saint-Pacôme.

N° 11. — Bénédictine de Notre-Dame de la Paix.

N° 11 bis. — Sœur converse de Notre-Dame de la Paix.

N° 12. — Grand maître de l'ordre de la Passion de Jésus-Christ.

N° 13. — Chevalier de l'ordre de la Passion de Jésus-Christ, en habit ordinaire.

N° 14. — Chevalier de l'ordre de la Passion de Jésus-Christ en habit de guerre.

N° 15. — Hospitalière de l'ordre de la Passion.

N° 16. — Saint Paul, premier ermite.

N° 17. — Religieux de l'ordre de saint Paul, premier ermite, en Hongrie, en habit ordinaire dans la maison.

N° 18. — Religieux de l'ordre de saint Paul, premier ermite, en Hongrie, allant par la ville.

N° 19. — Religieux de l'ordre de saint Paul, premier ermite, en Portugal.

N° 20. — Religieux de l'ordre de saint Paul, premier ermite, en France.

N° 21. — Religieux de l'ordre des Pauvres-Catholiques.

N° 22. — Religieux de l'ordre des Pauvres-Volontaires, en Flandre.

N° 22 bis. — Religieux de l'ordre des Pauvres-volontaires, en Allemagne.

N° 23. — Ancien habillement des religieux du tiers ordre de Saint-François.

N° 24. — Religieux du tiers ordre de Saint-François, en Espagne, avec le manteau.

N° 25. — Religieux du tiers ordre de Saint-François, en Espagne, sans manteau.

N° 26. — Religieux du tiers ordre de Saint-François, de la congrégation de France, sans manteau.

N° 27. — Frère servant du tiers ordre de Saint-François, de la congrégation de France.

N° 28. — Religieux du tiers ordre de Saint-François, de la congrégation de France, en manteau.

N° 29. — Frère du Chapeau du tiers ordre de Saint-François, de la congrégation de France.

N° 30. — Religieuse du tiers ordre, vivant en clôture.

N° 30 bis. — Religieuse du même ordre, en manteau.

N° 31. — Religieuse Pénitente du tiers ordre de Saint-François de l'Étroite-Observance, en habit ordinaire dans la maison.

N° 32. — Religieuse Pénitente du tiers ordre de Saint-François de l'Étroite-Observance, en habit de chœur.

N° 33. — Pénitent Blanc.

N° 33 bis. — Pénitent noir, dit de la Miséricorde.

N° 34. — Bénédictin de la Réforme de Perci.

N° 35. — Religieuse Philippine, à Rome.

N° 36. — Sœur de la communauté de Notre-Dame des Sept Douleurs, à Rome, en habit ordinaire dans la maison.

N° 37. — Sœur de la communauté de Notre-Dame des Sept Douleurs, à Rome, allant par la ville.

N° 38. — Chevalier du Porc-Épic, ou du Camail.

N° 39. — Religieuse de Port-Royal, en habit ordinaire dans la maison.

N° 40. — Religieuse de Port-Royal, en habit de chœur.

N° 41. — Novice de Port-Royal.

N° 42. — Sœur converse de Port-Royal, en habit ordinaire dans la maison.

N° 43. — Sœur converse de Port-Royal, en habit de chœur.

N° 44. — Demoiselle pensionnaire de Port-Royal, en habit ordinaire dans la maison.

N° 45. — Demoiselle pensionnaire de Port-Royal, en habit de chœur.

N° 46. — Chanoine Régulier Prémontré, en habit de ville.

N° 47. — Chanoine Régulier Prémontré, en habit ordinaire dans la maison.

N° 48. — Chanoine Régulier Prémontré, en habit de chœur l'été.

N° 49. — Chanoine Régulier Prémontré, en habit de chœur l'hiver.

N° 50. — Chanoine Régulier Prémontré réformé, en habit de chœur l'hiver.

N° 51. — Religieuse de l'ordre des Prémontrés.

N° 52. — Religieuse de l'ordre de la Présentation de Notre-Dame, en France.

N° 53. — Religieuse de l'ordre de la Présentation de Notre-Dame, en Italie.

N° 54. — Religieuse de l'ordre de la Présentation de Notre-Dame en Flandre.

N° 55. — Vierge de la Purification de la sainte Vierge.

N° 56. — Vierge dite fille de la sainte Vierge, en habit ordinaire dans la maison.

N° 57. — Vierge dite fille de la sainte Vierge, en habit de ville.

N° 58. — Religieuse du tiers ordre de Saint-François, dite Récollectine.

N° 59. — Frère Mineur de l'Étroite Observance, dit Récollet, sans manteau.

N° 60. — Frère Mineur de l'Étroite-Observance, dit R'collet, avec le manteau.

N° 61. — Chevalier du Rédempteur ou du Sang Précieux.

N° 62. — Religieuse de l'ordre de Notre-Dame du Refuge, en habit ordinaire.

N° 63. — Religieuse de l'ordre de Notre-Dame du Refuge, en habit de cérémonies.

N° 64. — Clerc régulier de la Mère de Dieu, de Lucques.

N° 65. — Religieuse de Remiremont, comme elles étaient anciennement.

N° 66. — Chanoinesse de Remiremont, en habit de chœur.

N° 67. — Religieuse Bénédictine de Notre-Dame de Ronceray, à Angers.

N° 68. — Novice Bénédictine de Notre-Dame de Ronceray, en habit de cérémonie lorsqu'elles prennent l'habit ou qu'elles font profession.

N° 69. — Chanoine régulier et hospitalier de Roncevaux.

N° 70. — Chanoine Régulier, de la cathédrale de Pampelune.

N° 71. — Chevalier de l'ordre du Saint-Rosaire.

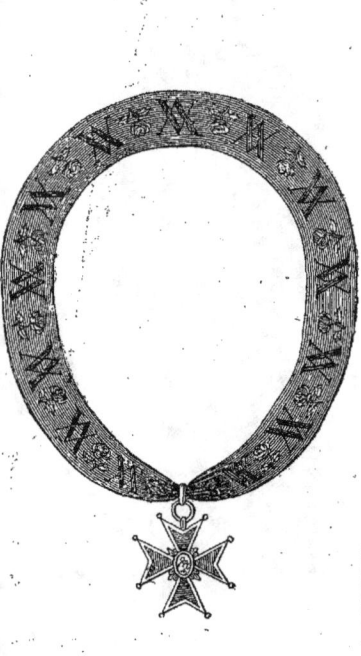

N° 72. — Collier de l'ordre du Collier céleste du Saint-Rosaire.

N° 73. — Chanoine Régulier de la congrégation de Saint-Ruf.

N° 74. — Religieux de l'ordre de la Pénitence de Jésus-Christ, communément appelé des Sachets.

N° 75. — Religieuse de l'ordre de la Pénitence de Jésus Christ, communément appelée des Sachets.

N° 76. — Religieux réformé de l'ordre de Saint-Dominique, de la congrégation du Saint-Sacrement.

N° 77. — Chanoine Régulier de la congrégation de Sainte-Croix de Conimbre, en Portugal.

N° 78. — Chevalier de Saint-Sauveur de Mont-Réal.

N° 79. — Chanoine Régulier de la congrégation de Notre-Sauveur, en Lorraine.

N° 80. — Chanoine Régulier à la Banderole, en quelques monastères d'Allemagne.

N° 81. — Chanoine Régulier de la congrégation de Saint-Sauveur de Bologne, en Italie.

N° 81 bis. — Séminariste du collége de la Propagation de la foi.

N° 81 ter. — Séminariste du collége des Grecs.

N° 81 quater. — Séminariste du collége Germanique.

N° 82. — Ancien Chanoine Régulier de l'ordre du Saint-Sépulcre en Allemagne et en Flandre, en habit de chœur.

N° 83. — Chanoine Régulier du Saint-Sépulcre, en Pologne.

N° 84. — Chanoine Régulier du Saint-Sépulcre, en Angleterre.

N° 85. — Chanoinesse Régulière de l'ordre du Saint-Sépulcre, en habit ordinaire.

N° 86. — Chanoinesse Régulière de l'ordre du Saint-Sépulcre, en habit de chœur.

N° 87. — Sœur converse de l'ordre des Chanoinesses Régulières du Saint-Sépulcre.

N° 88. — Ancien habillement supposé des chevaliers de l'ordre du Saint-Sépulcre.

N° 89. — Chevalier supposé de l'ordre du Saint-Sépulcre, en Angleterre.

N° 90. — Chevalier de l'ordre des Séraphins.

N° 91. — Chevalier de l'Agneau de Dieu.

N° 92. — Chevalier de l'Amarante.

N° 93. — Religieux de l'ordre des Servites.

N° 94. — Religieuse de l'ordre des Servites.

N° 95. — Religieux Servite réformé du Mont-Sénaire.

N° 96. — Sœur du tiers ordre des Servites, en Italie.

N° 97. — Sœur du tiers ordre des Servites, en Allemagne.

N° 98. — Moine de Saint-Silvestre, en habit ordinaire dans la maison.

N° 99. — Moine de Saint-Silvestre, en habit de chœur et de ville.

N° 100. — Général des moines de Saint Silvestre.

N° 101. — Religieuse de Saint-Silvestre en habit ordinaire dans la maison.

N° 102. — Clerc régulier Somasque.

N° 103. — Ancienne religieuse d'Orient.

N° 104. — Ancienne religieuse d'Orient.

N° 105. — Ancienne religieuse d'Orient.

N° 106. — Moine réformé de l'ordre de Saint-Basile, en Espagne, dit de Tardon.

N° 107. — Religieuse de l'abbaye de Tart, avant la réforme.

N° 108. — Templier en habit de maison.

N° 109. — Autre Templier, aussi en habit de maison.

N° 110. — Templier en habit de guerre.

N° 111. — Grand maître de l'ordre Teutonique.

N° 112. — Chevalier de l'ordre Teutonique.

N° 113. — Chevalier de l'ordre d'Obrin.

N° 114. — Chevalier de l'ordre des Porte-Glaive.

N° 115. — Ancien chapelain de l'ordre Teutonique.

N° 116. — Clerc régulier Théatin.

N° 117. — Sœur Théatine de la Congrégation.

N° 118. — Religieuse Théatine de l'Ermitage.

N° 119. — Chevalier de la Toison d'Or.

N° 120. — Religieux de la Trappe sans coule, comme ils sont au travail.

N° 121. — Religieux de la Trappe, en coule, comme ils sont hors du travail.

N° 122. — Religieux Trinitaire de l'ancienne Observance, en habit de ville, en France.

N° 123. — Religieux Trinitaire de l'ancienne observance, en habit ordinaire dans la maison, en France.

N° 124. — Religieux Trinitaire de l'ancienne Observance, en habit de chœur l'été, en France.

N° 125. — Religieux Trinitaire de l'ancienne Observance, en habit de chœur l'hiver, en France.

N° 126. — Religieux Trinitaire, en Italie.

N° 127. — Religieux Trinitaire, en plusieurs provinces d'Espagne.

N° 128. — Religieux Trinitaire, dans les provinces de Castille, Aragon, Catalogne et Valence.

N° 129. — Religieux Trinitaire, ou Mathurin réformé, en France.

N° 130. — Religieux Trinitaire déchaussé, en Espagne.

N° 131. — Religieux Trinitaire déchaussé, en France.

N° 132. — Religieuse Trinitaire, en habit de chœur.

N° 133. — Religieuse Trinitaire déchaussée, en Espagne.

N° 134. — Sœur de la communauté des Filles Trinitaires, à Paris.

N° 135. — Fille de l'Union chrétienne.

N° 136. — Ancienne Ursuline Congrégée, en Provence.

N° 137. — Ancien habillement des religieuses Ursulines, de la congrégation de Paris.

N° 138. — Ursuline de la congrégation de Paris.

N° 139. — Sœur converse Ursuline, de la congrégation de Paris.

N° 140. — Ursuline de la congrégation de Toulouse, en habit ordinaire les jours ouvriers.

DICTIONN. DES ORDRES RELIGIEUX. III.

N° 141. — Ursuline de la congrégation de Toulouse, en habit ordinaire les dimanches et fêtes.

N° 142. — Ursuline de la congrégation de Toulouse, en habit de cérémonie et allant à la communion.

N° 143. — Ursuline de la congrégation de Bordeaux.

N° 144. — Ancien habillement des religieuses Ursulines de la congrégation de Bordeaux.

N° 145. — Ursuline de la congrégation de Lyon.

N° 146. — Ursuline de la congrégation de Tulle, en habit de cérémonie.

Nº 147. — Ursuline de la congrégation d'Arles.

Nº 148. — Ursuline du comté de Bourgogne.

Nº 149. — Ursuline en Suisse.

Nº 150. — Ursuline du monastère des saintes Rufine et Seconde, à Rome.

Nº 151. — Ursuline de Parme, allant par la ville.

Nº 152. — Ursuline de Parme, en habit ordinaire dans la maison.

N° 153. — Ursuline de Foligny, en habit ordinaire dans la maison.

N° 154. — Ursuline de Foligny, allant par la ville.

N° 155. — Ursuline en quelques villes d'Italie.

N° 156. — Chanoine Régulier de l'ancienne congrégation du Val des Écoliers, en France.

N° 156 bis. — Religieuse de l'Adoration perpétuelle du saint sacrement, à Marseille, en habit ordinaire.

N° 156 ter. — Religieuse de l'Adoration perpétuelle du saint sacrement, à Marseille, en manteau.

N° 157. — Bénédictin de la congrégation de Valladolid.

N° 158. — Religieux de Vallombreuse, en habit ordinaire dans la maison.

N° 159. — Religieux de Vallombreuse, en coule ou habit de chœur.

N° 160. — Frère convers de Vallombreuse.

N° 161. — Sœur converse de Vallombreuse.

N° 162. — Religieux de Vallombreuse.

N° 163. — Religieuse de Vallombreuse.

N° 164. — Religieuse de l'ordre du Verbe incarné, en habit ordinaire.

N° 165. — Religieuse de l'ordre du Verbe incarné, en habit de cérémonies.

N° 166. — Chanoine Régulier de Saint-Victor, en habit de ville.

N° 167. — Chanoine Régulier de Saint-Victor, en habit de chœur l'été.

N° 168. — Chanoine Régulier de Saint-Victor, en habit de chœur l'hiver.

N° 169. — Ancien habillement des Chanoines Réguliers de la congrégation de Saint-Victor, avec le surplis sur le rochet.

N° 170. — Ancien habillement des Chanoines Réguliers de la congrégation de Saint-Victor, avec l'aumusse sur la tête.

N° 171. — Frère convers de la congrégation des Chanoines Réguliers de Saint-Victor.

N° 172. — Chanoinesse Régulière de l'ancienne congrégation de Saint-Victor.

N° 173. — Bénédictin de l'abbaye de Saint-Victor de Marseille, en habit de chœur.

N° 174. — Sœur de la société de Saint-Thomas de Villeneuve, en habit ordinaire dans la maison.

N° 175. — Sœur de la société de Saint-Thomas de Villeneuve, allant par la ville.

N° 176. — Chanoine Régulier, de la congrégation de Vindeseim.

N° 177. — Frère convers de la congrégation des Chanoines Réguliers de Vindeseim.

N° 178. — Chanoine Régulier de l'ancienne congrégation du Val-Vert.

N° 179. — Religieuse de l'ordre de la Visitation de Notre-Dame.

N° 180. — Ancien habillement des religieuses de l'ordre de la Visitation de Notre-Dame.

Quelques figures ont été omises parmi celles que nous avons placées en forme d'atlas à la fin de chaque volume de ce Dictionnaire : nous les reproduisons ici, en énonçant sous chacune d'elles l'ordre auquel elles se rapportent.

Art. Dragon renversé, *ordre de la* Fidélité, t. II. — Chevalier de l'Aigle Noire.

Art. Écoliers de Bologne, t. II. — Chanoine Régulier de Monte-Corbulo, en Italie.

Art. Jean Baptiste, t. II. — Ermite de Mont Luco.

Art. MADELEINE, t. II. — Ancien habillement des religieuses du monastère des filles pénitentes à Paris, avant leur réforme.

Art. MADELEINE, t. II. — Ancien habillement des Religieuses du monastère des filles pénitentes à Paris, après leur réforme.

Art. MARTHE, t. II. — Madelonnette de la congrégation de Sainte-Marthe.

Art. MILICE DE JÉSUS-CHRIST, t. II. — Sœur du tiers ordre de Saint Dominique de la congrégation du Corps de Christ.

Art. PÉNITENTS, t. III. — Pénitent Blanc de Saint-Thomas d'Aquin et de Sainte-Barbe.